克拉玛依年鉴

—— 2011 ——

中共克拉玛依市/新疆油田公司委员会史志办公室 编

新疆人民出版社

《克拉玛依年鉴》（2011年卷）
编纂委员会

《克拉玛依年鉴》（2011年卷）
编辑人员

编辑说明

一、《克拉玛依年鉴》是区域性年鉴，也是综合性地方、企业联合年鉴。在中共克拉玛依市、新疆油田公司委员会领导下，由市、油田公司党委史志办公室负责编纂。

二、《克拉玛依年鉴》以年为周期，逐年出版。其宗旨是全面、系统、真实地反映克拉玛依区域内经济建设和社会发展的基本情况，为社会各界提供准确可靠的信息，为克拉玛依的物质文明、政治文明、精神文明服务，为广大读者服务。

三、《克拉玛依年鉴》（2011年卷）分35个部类：特辑、概况·大事记、市油田党委、人大·政府·政协、地方军事、驻市石油石化企业、法治、群众团体、油气勘探、油气开发、石油工程技术服务、质量·安全·环保、科学技术、综合经济管理、财政·税收·审计、银行·保险、城市建设与管理、人事·劳动·社会保障、油田辅助生产、油田基本建设、油品生产销售·化工园区建设、公用事业、商贸·旅游·非公经济、农业、交通·通信、教育、文化·体育·新闻、卫生·医药、社会生活、市辖区建设、驻市生产建设兵团团场、接待服务·驻外机构、人物、文件选辑、附录。

年鉴编纂以部类为单元，由栏目、分目和条目组成。条目标题用黑体字加【 】。

四、《克拉玛依年鉴》（2011年卷）翔实反映2010年克拉玛依区域内各行各业在改革开放和社会主义现代化建设中的新举措以及所取得的新进展、新成就、新经验。

五、《克拉玛依年鉴》（2011年卷）所使用的国民经济和社会发展统计资料均按克拉玛依市统计局的统计公报口径。

六、《克拉玛依年鉴》（2011年卷）中，中国石油天然气集团公司、中国石油天然气股份公司、中国石油独山子石化分公司、中国石油克拉玛依石化分公司、新疆维吾尔自治区在第一次出现时用全称，其余简称“集团公司”、“股份公司”、“新疆油田分公司”或“油田公司”、“独山子石化公司”、“克拉玛依石化公司”、“自治区”；克拉玛依市与新疆油田公司并称时简称“市、油田”；中共克拉玛依市、新疆油田公司委员会简称“市、油田党委”。

七、《克拉玛依年鉴》（2011年卷）所用稿件均经过各撰稿单位审核，全书内容均由《克拉玛依年鉴》编纂委员会审定，具有权威性。

八、《克拉玛依年鉴》（2011年卷）的编纂工作得到克拉玛依市、新疆油田公司、独山子石化公司、克拉玛依石化公司各级领导和新疆维吾尔自治区地方志编纂委员会的大力支持，在此谨表谢忱！

2010 · 荣誉克拉玛依

克拉玛依市被确定为全国白内障无障碍城市
克拉玛依市被评为中国优秀生态文化旅游城市
克拉玛依市国税局被评为全国社区服务先进单位
克拉玛依市妇联被评为全国妇女舆论宣传阵地建设先进单位
克拉玛依市科协被评为全国科技创新大赛基层赛事优秀组织单位
克拉玛依市、油田工会女职工委员会被评为全国维护妇女儿童合法权益先进集体
克拉玛依区被评为全国文化先进县（区）
克拉玛依区被评为全国生态文明先进区
克拉玛依区被评为全国关心下一代先进集体
克拉玛依区被评为科普益民试点区
克拉玛依区被授予全国妇女健康示范点
克拉玛依区被评为全国残疾人社区康复示范区
克拉玛依区被评为全国社区养老服务先进单位
独山子区被评为全国社区教育示范区
独山子区被评为全国社区养老服务先进单位
独山子区被评为第三批全国白内障无障碍县（区）
白碱滩区被评为全国法治县（市、区）创建活动先进单位
白碱滩区被评为全国平安畅通县（区）
新疆油田公司机关党工委计划生育QC小组获全国优秀质量管理小组
新疆油田公司退管中心被评为全国老龄工作先进单位
新疆油田公司百口泉采油厂被评为全国企业文化建设优秀单位
独山子石化公司炼油厂被评为全国企业文化建设优秀单位
克拉玛依石化公司被评为全国群众体育先进单位

2010·数字克拉玛依

地区生产总值710.2亿元
原油产量1089万吨
天然气产量38亿立方米
乙烯产量119.3万吨
原油加工量1344.1万吨
规模以上工业企业总产值1326.1亿元
规模以上地方企业总产值91.9亿元
规模以上工业企业主营业务收入1435.3亿元
中央石油石化企业总产值1234.2亿元
四大类产品产量累计801万吨
地方财政收入46.4亿元
农牧民人均纯收入10296元
金融机构人民币各项存款余额792.5亿元
金融机构人民币各项贷款余额150.6亿元
农林牧渔业总产值8.1亿元
农作物播种面积1万公顷
牲畜存栏头数15.5万头
固定资产投资178.7亿元
房地产开发投资9.2亿元
住宅施工面积101.8万平方米
建筑业增加值15.0亿元
邮政业务总量6102.6万元
电信业务收入33949万元
国内旅游收入9.27亿元
国际旅游收入外汇收入841万美元
社会消费品零售总额34.8亿元
城镇消费品零售额34.7亿元
居民人均可支配收入17295.4元
居民人均消费性支出15957.2元
恩格尔系数30.4%
居民消费价格比上年上涨4.5%
城镇居民储蓄存款余额195.6亿元
保险保费收入10.6亿元
普通高考综合录取率97.3%
参加各类职业培训人员56247人
受理申请评定（验收）科技成果57项
城市空气环境质量Ⅰ、Ⅱ级天数100%
城市生活污水处理率92.12%
参加自治区以上赛事共获金牌41枚
基本养老保险参保人数15.97万人
失业保险参保人数13.90万人
医疗保险参保人数18.09万人
工伤保险参保人数16.43万人
生育保险参保人数14.96万人
销售社会福利彩票9788.7万元
就业、再就业人数4369人

克拉玛依市政区图

图例
地级行政中心
县（市）级行政中心
乡级行政中心
农垦团场
自然村
地级界
县级界
铁路 桥
高速路及编码
国道及编码
省道及编码
县乡道
航空港
比例尺 1：810 000
克拉玛依市
白碱滩区
乌尔禾区
独山子区
和布克赛尔蒙古自治县
准噶尔盆地
古尔班通古特沙漠
玛纳斯湖
艾里克湖
小艾里克湖
百口泉
金龙镇
三平镇
小拐
五五新镇
奎屯市
沙湾县
乌苏市
石河子市
玛纳斯县

قاراماي رايونىنىڭ كوچا - مەھەللە خەرىتىسى
克拉玛依区街区图
阿依库勒水库
（西月潭水库）
图例
市委、市政府
区政府
街道办事处
居委会
企事业单位
医院
银行
学校
市场
宾馆

2010年新疆油田公司所属油气田分布图

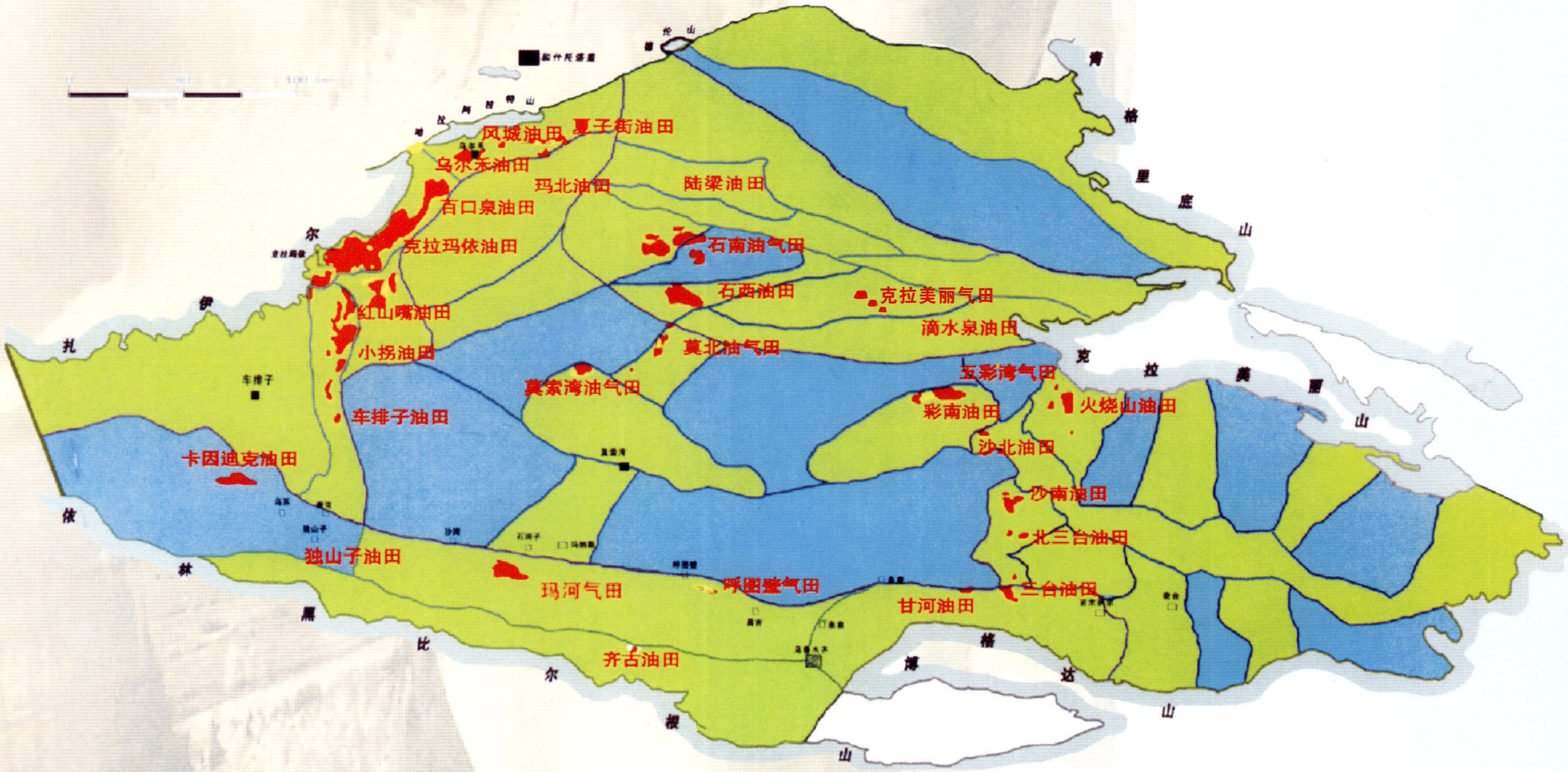

2010年2月16日，中共中央政治局委员、新疆维吾尔自治区党委书记王乐泉在独山子石化公司调研。

2010年3月25日，中共中央政治局委员、自治区党委书记王乐泉，自治区主席努尔·白克力在自治区党委会议室专题听取克拉玛依市委、市人民政府和驻克拉玛依市石油石化企业工作汇报。

2010年7月6日，全国政协副主席李兆焯在克拉玛依调研时考察碳汇林基地。

2010年2月5日，中国石油天然气集团公司副总经理李新华在新疆油田公司王家沟油库区调研。

2010年2月5日，自治区党委常委尔肯江·吐拉洪在克拉玛依市白碱滩区文化科技中心调研。

2010年2月5日，自治区副主席靳诺为克拉玛依市白碱滩区颁发国家科技进步示范县（市）牌匾，同时奖励白碱滩区科技进步奖100万元。

2010年4月13日，新疆军区政委王建民少将在独山子石化公司炼油厂炼油控制中心考察。

2010年4月15日，中国人民武装警察部队副参谋长姬延芳少将在武警克拉玛依支队调研。

2010年4月19日，国务院国资委纪委书记贾福兴率领中央企业检查组在独山子石化公司检查指导工作。

2010年4月19日，集团公司党组成员、纪检组组长陈明在独山子石化公司调研。

2010年4月20日，集团公司总会计师王国樑在独山子石化公司调研。

2010年6月21日，自治区人大常委会副主任乔吉甫带领自治区天山环保世纪行执法检查组，对克拉玛依市节能减排工作进行执法检查。

2010年7月15日，集团公司总经理蒋洁敏在新疆油田公司考察时参观克拉玛依展览馆。

2010年7月15日，集团公司副总经理曾玉康在克拉玛依市南林小区调研物业管理工作。

2010年8月1日，国家能源局原副局长、集团公司原总经理马富才在独山子石化公司参观千万吨炼油、百万吨乙烯生产装置。

2010年8月11日，自治区人大常委会副主任张国梁在克拉玛依市调研《规范性文件备案审查条例》立法情况。

2010年8月12日，集团公司副总经理王宜林看望和慰问新疆油田石油勘探开发战线离退休老专家。

2010年8月12日，中国科协书记处书记冯长根在克拉玛依市调研时参观克拉玛依展览馆。

2010年8月14日，中共中央候补委员、中国科学院副院长詹文龙在新疆油田公司陆梁油田作业区调研。

2010年8月15日，自治区党委常委宋爱荣为克拉玛依市颁发自治区信息化示范城市牌匾。

2010年9月17日，全国政协社会和法制委员会副主任张俊九在克拉玛依调研时参观碳汇林基地。

2010年10月6日，自治区党委书记张春贤在克拉玛依市考察调研时参观克拉玛依展览馆。

2010年10月20日，武警新疆总队政委侯小勤少将在武警克拉玛依支队独山子区大队考察新营区建设情况。

2010年10月28日，新疆军区副司令员王聪民少将在独山子石化公司炼化新区参观。

2010年11月12日，集团公司副总经理喻宝才在新疆油田公司采气一厂玛河气田进行安全生产检查。

2010年12月10日，自治区党委常委、自治区副主席库热西·买合苏提在独山子石化公司调研。

2010年12月30日，自治区党委常委、纪委书记、政法委书记符强在克拉玛依市检查党风廉政建设、综合治理、维护稳定等工作。

2010年8月20日，徐卫喜做客“实现新疆跨越式发展和长治久安”系列访谈节目，接受天山网记者采访。徐卫喜指出，克拉玛依市的目标就是在新疆跨越式发展中走到全疆的前列，在新疆长治久安中做出示范。

2010年4月3日，徐卫喜在北京召开的克拉玛依市红色旅游推介会上，向与会者介绍克拉玛依市旅游项目开发情况。

2010年7月5日，徐卫喜在克拉玛依市南泉社区居家养老站调研。

2010年4月14日，徐卫喜、陈新发做客“克拉玛依网·强市论坛”，与克拉玛依市网友进行在线互动交流。

2010年9月4日，陈新发与在克拉玛依市考察的中国驻伊朗大使解晓岩进行工作交流。

2010年2月9日，陈新发在新疆油田公司勘探开发研究院调研勘探项目落实情况。

2010年10月13日，宋友立在克拉玛依市客运站调研长途客运服务、城市公交管理、客运安全管理等工作。

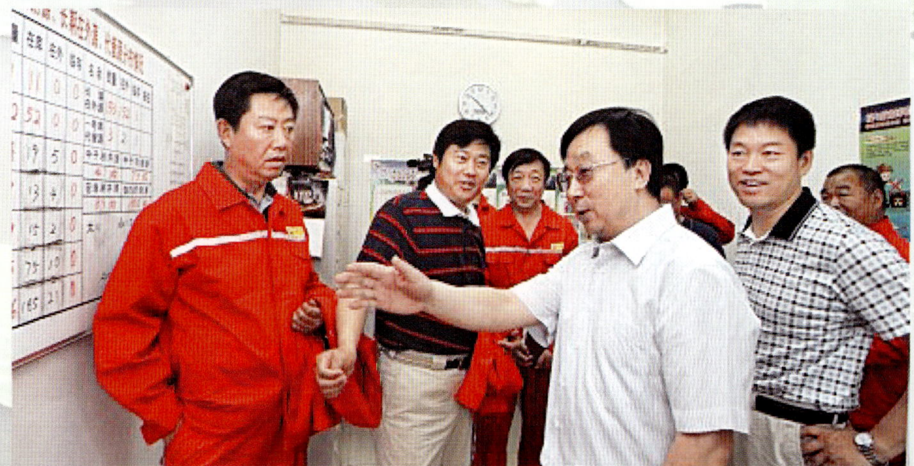

2010年6月17日，韩炜在中国石油西部钻探公司克拉玛依测井公司检查安全工作。

2010年2月14日，付德新在独山子石化公司新区炼油厂慰问节日值班职工。

2010年7月20日，冯经礼在克拉玛依区昆仑街道雅典娜社区调研。

2010年9月28日，包尔汉·卡哈尔在克拉玛依市慰问自治区劳动模范。

2010年3月8日，张红彦在油田公司油气储运公司看望慰问获全国女职工建功立业标兵岗与标兵称号的总站调度岗女工。

2010年11月11日，郭仲军在克拉玛依市文化街参观克拉玛依市第十届摄影艺术展，并调研相关工作。

2010年8月26日，默新社在克拉玛依石化公司热电厂调研创先争优活动开展情况。

2010年12月9日，孙晓岗在油田公司重点工程——克拉玛依供电公司110千伏昆仑变电所调试现场调研。

2010年11月9日，杨学文在新疆油田公司开发公司第三项目经理部检查指导工作。

2010年12月17日，克拉玛依市委召开九届七次全委会，审议通过《关于推进克拉玛依跨越式发展和长治久安的意见》，对打造世界石油城战略的实施进行具体部署。

2010年11月6日，克拉玛依市与国家开发银行新疆分行签署支持克拉玛依市跨越式发展战略合作协议。

截至2010年，克拉玛依市提前超额完成“十一五”主要污染物减排任务，空气优良级天数达到362天，在全疆19个环境保护重点城市中名列前茅，在全国113个城市中位列前10名。

2010年6月1日，克拉玛依市入围中国最具国际影响力城市初选名单，是新疆入围的3个城市之一。

2010年6月10日，新疆油田公司重点预探井——风南5井获高产油流，对深化该区地层认识、拓宽勘探思路、谋求规模油气发现具有重要的指导意义。

2010年6月16日，新疆油田公司井下作业公司首次在侧钻水平井中，利用连续油管对陆梁油田LU1021井成功实施气举解堵作业，标志着新疆油田已形成利用连续油管在直井、定向井及水平井中开展冲砂洗井、气举解堵、钻灰塞等工程技术服务体系。

2010年7月9日，新疆油田公司在准噶尔盆地南缘重点预探井上首次成功实施水力喷砂射孔分层加砂压裂技术获得成功。该技术的成功应用，进一步拓展新疆油田试油工程技术领域，推动新疆油田的工程技术进步与发展。

2010年7月12日，新疆油田公司井下作业公司对塔里木油田大北301超深、超高压井成功实施加砂压裂作业，创造单井加砂压裂工作压力和施工最高压力两项世界纪录。

2010年7月13日，新疆油田公司勘探公司完成股份公司重点风险探井——西湖1井二开中完作业。大直径套管下深和固井水泥用量刷新南缘山前构造纪录。

2010年，新疆油田公司共实施二次开发区块7个，累计增产原油170.1万吨。

2010年11月26日，新疆油田公司在车排子凸起的石桥1井中途测试喜获油气流，获股份公司重要发现一等奖。

2010年3月30日，新疆油田公司风城油田稠油、百口泉油田低凝油、克拉玛依油田稀油、玛河气田凝析油、盆5气田凝析油和黑油山油苗6种原油及两种岩心在上海世博会石油馆中展出。

2010年1月8日，新疆油田公司采气一厂稀油业务整体划转至采油二厂，正式确立采气一厂为天然气开发的专业化队伍，形成天然气专业化管理格局。

2010年5月，新疆油田公司承担的"温室气体提高石油采收率的资源化利用及地下埋存"项目通过国家阶段验收，标志着二氧化碳地质埋存及提高石油采收率研究获得重大进展。

2010年6月24日，新疆油田公司采气一厂承办全国天然气安全环保技术研讨会，这是该厂连续3年承办此会议。

2010年7月16日，新疆油田公司与中石油宝鸡钢管有限责任公司签订新疆石油钢管生产线项目合作框架协议。该项目是集团公司支持新疆跨越式发展的项目之一，投产后每年可生产60～160厘米大口径螺旋焊管12万吨。

2010年7月19日，新疆油田公司与中国石油阿姆河天然气公司签订智能化油气田科研合作和阿姆河右岸自备电站生产运营呈报服务两份合作协议。这是新疆油田公司服务海外的最大项目，标志着新疆油田公司智能化油气田科研合作项目开始由内陆服务向海外服务拓展。

2010年8月13日，新疆油田公司与中国节能环保科技投资有限公司签订节能减排合作框架协议书。

2010年11月3日，中国石油天然气股份有限公司对外合作经理部和新疆油田公司与澳大利亚道拓能源（大井）有限公司在北京举行准噶尔盆地大井区块天然气合同签字仪式。

2010年10月28日，新疆油田公司风城油田作业区重37井区SAGD实验区无盐水处理站竣工投产。

2010年7月12日，克拉玛依市政府与中国联合网络通信有限公司新疆分公司签订克拉玛依数字城市建设战略合作框架协议。

2010年11月25日，新疆油田公司近十年来探明储量规模最大的稠油区块——红003井区60万吨稠油处理站成功投产。

2010年12月21日，新疆油田公司首个合同能源管理项目——彩南油田作业区联合站供热系统节能改造项目投产。为新疆油田公司在油田节能中推广应用以效益分享型为主的合同能源管理模式提供先导性示范经验。

2010年11月，全国首个砾岩油藏聚合物驱试验——克拉玛依油田七东1区克下组油藏聚合物驱工业化试验完成设计注入量，9口注聚井总注入量117.5万立方米。

2010年8月12日，克拉玛依市与俄罗斯新西伯利亚依斯吉姆市签订建立友好城市关系意向书，结为友好城市。

2010年7月23日，克拉玛依区数字城市管理平台“社区通”系统正式开通。该系统可提供居民信息登记、修改、录入、查询等多项服务功能。

2010年4月4日，新疆油田公司举行循环流化床燃煤锅炉项目改造工程奠基仪式，该项目可以代替目前的燃油气锅炉，也是国内第一台用于稠油注汽开采的流化床燃煤锅炉。

2010年5月4日，台湾见龙机构年生产16万吨的可发性聚苯乙苯（EPS）项目落户克拉玛依市石化工业园区。

2010年7月1日，新疆油田公司采气一厂玛河气田作业区生活基地工程在石河子市奠基。

2010年8月10日，克拉玛依市第五净化水厂建设工程开工。

2010年12月9日，克拉玛依电网建设投资最大、自动化水平最高的110千伏昆仑变电所一次送电成功。标志着昆仑变电所具备带负荷能力，将极大地满足克拉玛依西南城区中长远负荷发展需求。

2010年12月24日，克拉玛依市黄羊泉水库除险加固工程通过自治区验收。

2010年8月26日，克拉玛依市水节经贸洽谈会签约金额40.6亿元，签约项目数量和签约金额双双创历史新高。

2010年，克拉玛依市农牧民人均纯收入突破万元大关，达到10 296元。农牧民人均收入位于全疆首位。

2010年5月28日，经过3年建设的独山子重要地标性建筑物——文化中心开馆投用。该中心设置智能视频监控、入侵报警、电子巡更等系统，是一座集档案馆、图书馆、规划馆、会议中心、青少年活动中心、影剧院等为一体的综合性建筑。

2010年1月6日，由自治区交通厅投资的社会主义新农村建设的标志性工程——克拉玛依区小拐乡客运站、招呼站竣工投用。

2010年8月16日，克拉玛依市启动中巴车管理体制改革方案，作出个体中巴车分批退出公交线路的决定。

2010年9月16日，克拉玛依市社保中心就城镇企业退岗职工家属基本养老保险统筹工作开展情况和基本政策等做客“强市论坛”，解答市民提出的各种疑问。

2010年11月19日，在北京人民大会堂举行的第三届全国职工优秀技术创新成果表彰大会上，新疆油田公司“一趟管柱挤注桥塞工艺技术研究”和“9.2吨系列压力油田注汽锅炉研制”获全国技术创新成果奖。

2010年6月，新疆油田公司驻乌鲁木齐办事处开发建设的鄯善沙疗所投入使用。

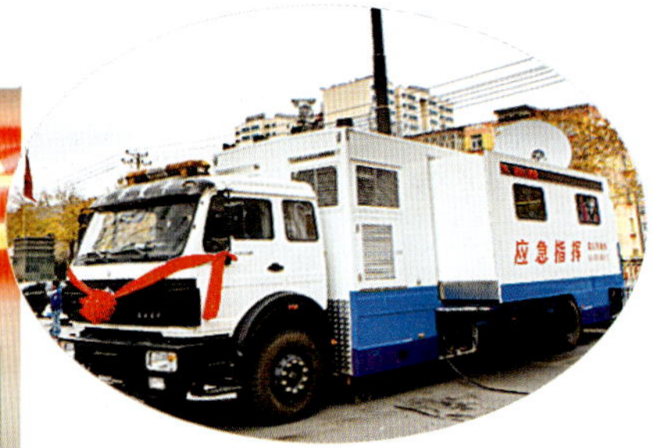

2010年10月24日，克拉玛依市引进全国气象部门功能最强、容量最大、仪器最全的舱房级应急指挥车。该车通过卫星通信系统涵盖广域网、局域网、无线网桥等多种网络构架，满足不同环境网络需要。

2010年，新疆油田公司首次在呼图壁气田等部分生产一线单位实行民汉合就清真餐，达到同吃、同住、同劳动目标。

2010年11月12日，克拉玛依市中心医院五官科成功实施针对玻璃体积血、视网膜脱离、外伤性白内障进行玻璃体切除、晶状体切除、视网膜复位、硅油填充手术。

2010年8月19日，在青海西宁召开的抗震救灾表彰大会上，克拉玛依市卫生应急防疫队被中共中央、国务院和中央军委授予全国抗震救灾英雄集体。

2010年9月2日，克拉玛依市举行武汉同济医院对口援助克拉玛依市中心医院启动仪式暨联盟医院揭牌仪式，签署10年对口医疗支援合作协议。

2010年7月30日，克拉玛依市中心医院引进的东芝320排CT投入使用，这是中国西北地区首批引进的该医疗设备。

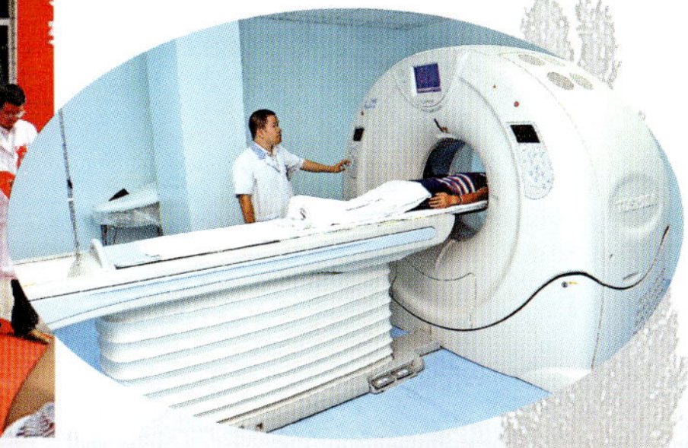

2010年5月30日，由克拉玛依市作家、国家一级编剧张红军编剧的儿童故事片——《变成太阳的手鼓》，在克拉玛依市油城新天地电影城举行首映式。

2010年11月6日，克拉玛依日报社编辑阿迪力江·阿不力孜在乌鲁木齐举办个人漫画展，这是近30年来克拉玛依在疆内举办的首个个人漫画展。

2010年6月27日，克拉玛依市举办残疾人联合会成立20周年暨第四届残疾人艺术汇演。

2010年5月7日，克拉玛依市举行第五届残疾人运动会暨第二届特奥运动会。

2010年12月20日，克拉玛依市领导欢迎参加广州亚残会并获得铁饼亚军的市运动员陈立平凯旋。

2010年9月22日，克拉玛依市建成新疆首个标准轮滑体育休闲场馆。

2010年2月8日，克拉玛依市魔鬼城景区被评为自治区优秀旅游景区。

2010年，克拉玛依市克拉玛依河中心景区被国家旅游局批准为国家AAAA级旅游景区。

目　　录

特　　辑

中国科协领导讲话

自治区领导讲话

集团公司领导讲话

市油田党委书记、市长、油田公司总经理讲话选录

党和国家领导人考察

上级领导考察调研

概况·大事记

克拉玛依市概况

2010年克拉玛依市经济建设和社会发展统计公报

2010年克拉玛依大事记

市、油田党委

领导名单

重要会议

重要文件

市、油田党委常委调研活动

办公室工作

督查工作

信息工作

保密工作

纪检监察

组织工作

宣传思想工作

政法工作

统战工作

史志工作

机关党工委工作

市直机关党工委

油田公司机关党工委

人大·政府·政协

市人大常委会

市人民政府

市政府机关事务管理

市外事侨务管理

市政协

地方军事

克拉玛依军分区

武警克拉玛依市支队

武警克拉玛依市消防支队

人民防空

法　治

公　安

检　察

审　判

司　法

仲　裁

群众团体

克拉玛依市总工会 新疆油田公司工会

中国共产主义 青年团克拉玛依市、新疆油田公司委员会

克拉玛依市 妇女联合会

克拉玛依市 科学技术协会

克拉玛依市 文学艺术界联合会

克拉玛依市 工商业联合会(商会)

克拉玛依市 归国华侨联合会

驻市中央石油石化企业

新疆油田公司

领导调研

石油外事

企业信访

西部钻探工程公司

独山子石化公司

克拉玛依石化公司

油气勘探

勘探概况

勘探成果

勘探技术

油田公司勘探公司

油气开发

油气生产

油气田开发形势

油藏评价

油气开发单位

油田公司开发公司

油田公司采油一厂

油田公司采油二厂

油田公司百口泉采油厂

工程技术服务

井下作业

试油服务

钻井生产

测井服务

录井服务

质量·安全·环保

市质量技术监督

市安全生产监督

市环境保护

油田公司安全环保

安全生产

环境保护

油田公司质量管理与节能

质量标准化管理

计量工作

节能减排

油田公司治安保卫

油田公司消防

科学技术

市科技管理

油田公司科技信息管理

科技管理

信息建设与管理

油田公司数据管理

科研单位

油田公司勘探开发研究院

油田公司采油工艺研究院

西部钻探公司克拉玛依钻井工艺研究院

财政·税收·审计

财　政

市财政管理

油田公司财务资产管理

税　收

国家税收

地方税收

审　计

市审计

油田公司审计

银行·保险

银　行

中国人民银行克拉玛依市中心支行

中国银行克拉玛依市石油分行

物资供应

机械制造

油田基本建设

建设工程管理

油田勘察设计

石油工程建设

工程监理

老龄工作

离退休职工管理

民族宗教

市辖区建设

克拉玛依区

独山子区

白碱滩区

乌尔禾区

驻市生产建设兵团团场

农七师 129 团场

农七师 130 团场

农七师 137 团场

农七师五五机械制造有限责任公司

农八师 136 团场

接待服务·驻外机构

文件选辑

政策·规定

方案·意见

细则·办法

附　　录

石油信息

世界石油信息

中国石油信息

对外宣传成果

机构设置

特　辑

中国科协领导讲话

进一步认识感受克拉玛依

——中国科协书记处书记、党组成员冯长根在克拉玛依市举办的首届信息化创新国际学术论坛上的致辞

（2010年8月12日）

今天，由中国科协学术学会部、新疆维吾尔自治区科协、中国科学院院士工作局、中国工程院学部工作局、中国石油学会、克拉玛依市政府共同举办的首届信息化创新克拉玛依国际学术论坛正式开幕了。这是新疆科协2010年“天山南北院士行”主题活动的重要组成部分，也是克拉玛依市的一件学术盛事，相信在大家的共同努力下，论坛一定会为克拉玛依市的跨越式发展注入新的活力。这次我谨代表中国科协对论坛的召开表示热烈的祝贺，对于长期以来给予科协工作大力支持和为本次论坛的召开付出辛勤劳动的有关部门、专家学者和国际友人表示衷心的感谢。

信息化是当今世界发展的大趋势，是推动社会变革的重要引擎。上世纪90年代以来，以信息技术为代表的技术革命风起云涌，迅猛推进，以前所未有的力量推动人类生产生活方式发生变革。目前，我们已经进入了一个全球化和信息化的时代，包括物联网等在内的信息技术迅猛发展，不仅极大地加速了全球化进程，使我们的沟通和联系越来越便捷，而且作为一项基础性技术，正在飞速地改变着传统产业的发展方式，日益改变着我们的城市生活，不断影响着我们的行为方式。克拉玛依正是在全球信息化快速发展之际，提出了依托数字油田、数字城市建设，大力发展信息产业，并将其作为打造世界石油城战略目标的重要内容。这次来到克拉玛依，通过深入了解这座崛起于戈壁荒滩的石油城市，大家对这一发展定位有了更进一步的认识，同时也被克拉玛依坚韧、执著、不断创新的独特城市魅力深深吸引。

近年来，新疆科协紧紧围绕自治区党委政府中心工作，积极动员组织广大科技工作者为新疆的科学发展贡献智慧和力量，特别是决策咨询工作开展得有声有色，“天山南北院士行”已逐渐打造成为重要的品牌项目，本次国际学术论坛，正是贯彻中央新疆工作座谈会精神，促进经济发展方式转变的积极举措，是中国科协大联合、大协作工作方式的重要体现，也是各主办方鼎力支持、通力合作的典范。对这一数字油田和数字城市信息产业化的盛会，中国科协将一如既往地给予支持，希望大家共同努力把论坛办出实效、办出内涵、办出水平，促进数字油田、数字城市升级发展，不断推进全国油田建设和新疆城市信息化建设，为中国信息产业的发展，为新疆的跨越式发展和长治久安作出新的更大的贡献。

自治区领导讲话

新疆维吾尔自治区党委书记张春贤在克拉玛依考察结束时的讲话(摘要)

(2010年10月7日)

在这次考察期间,我有4点体会非常深刻。

一是克拉玛依五十多年的发展成绩是值得肯定的。自油田开发建设55年来,克拉玛依市委、市政府始终保持了石油系统、石油战线的优良传统,充分发扬了克拉玛依精神,具体的讲就是五句话,即爱国奉献、艰苦创业、民族团结、求真务实、追求卓越。

二是克拉玛依市委、市政府贯彻落实"以人为本"的工作是扎实的。你们真正把"以人为本"落实到具体的民生工作中,落实到市民生活品质的提高上,在解决有关民生问题、城乡统筹等方面都得到了很好的体现。

三是克拉玛依建成了一座适宜人居住的现代化城市。

四是克拉玛依市委、市政府追求卓越的精神值得表扬和肯定。你们把城市发展始终定位在一个较高的起点上,争取各方面走在新疆前列,起到示范作用。我相信克拉玛依在这种追求卓越精神的引领下,各项工作一定会再上一个新台阶。

对于今后的发展,我提几点希望:

一是要为新疆跨越式发展和长治久安,尤其是经济增长方面作出更大贡献。新疆要实现跨越式发展,必须抓住优势的城市、优势的地区、优势的企业、优势的资源、优势的产业、优势的行业,石油是我们的优势资源,因此,克拉玛依一定要再为新疆的发展作出重大贡献。

二是要为新疆新型工业化带好头。要优化和调整产业结构,创新发展观念、加快发展方式转变,提高工业化素质,包括工业装备,要搞一流的,逐步打造现代化的石油城市。

三是要在新型城市化建设上带好头。将来要让克拉玛依更加有品位,有风格,成为全疆的样板,要让百姓增强归属感和自豪感,构建现代化石油城,为全新疆做示范。

四是要成为现代文化引领的样板。克拉玛依五十多年来,一直在追求卓越,今后,要在现代文化的引领和支撑下,坚持高起点、高水平,使城市文明和谐,不断充满生机和活力。

最后,希望新疆跨越式发展和长治久安目标在克拉玛依能够率先实现,在新疆真正起到示范带头作用。

自治区党委常委、纪委书记、政法委书记符强在克拉玛依市调研检查时的讲话(节选)

(2010年12月31日)

为进一步推进反腐倡廉建设,自治区党委决定由常委带队,对7个地州市、10个厅局相关工作进行重点检查。按照自治区党委的统一安排,我和自治区纪委、自治区党委政法委有关领导和同志来到克拉玛依市,对推进惩治和预防腐败体系建设任务落实情况进行检查,并对经济社会发展、维护社会稳定等工作进行调研。与基层的同志进行了交流,召开了承担惩治和预防腐败体系建设重点任务单位负责同志参加的座谈会,并查阅了有关材料。刚才,听取了市委书记徐卫喜代表市委作的工作汇报。从实地考察和听取汇报以及我平时了解的情况看,这些年来,在自治区党委、人民政府的正确领导下,克拉玛依市深入贯彻落实科学发展观,全面推进改革发展,经济效益大幅度提升,综合实力和竞争力显著增强。用一句话来概括:真正实现了大建设、大开放、大发展。主要有以下几点感受:

一是市委、市政府工作思路清晰、重点突出、特色鲜明、措施得力,经济社会发展各项工作成效明显。市委、市政府以科学发展观统揽全局,深入贯彻落实中央新疆工作座谈会及自治区党委七届九次(全委)扩大会议精神,以新型工业化、新农村建设及构建和谐社会为重点，建设学习型城市，努力推进经济社会发展。积极应对国际金融危机的挑战，抢抓机遇，保持了经济平稳较快发展。年初，市委、市政府提出了“632”发展战略，实施“三步走、打造世界知名的现代化石油城市”战略目标，着力建设油气生产、炼油化工、技术服务、机械制造、石油储备、工程教育等六大基地，突出发展金融、信息、旅游产业等三大新兴产业，全力打造高品质城市、最安全城市两大平台，努力实现由“单一资源型城市”逐步向“综合型城市”迈进，由“工业型经济”逐步向“服务型经济”迈进。初步核算，全年实现地区生产总值700亿元，比上年增长15%；实现两税收入203.5亿元，增长32.4%；地方财政收入46亿元，增长26%；城镇居民人均可支配收入16 935元，增长10%；农牧民人均纯收入9 000元，增加1 000元以上，增幅列全区前列。市委、市政府始终把保障和改善民生作为全部工作的出发点和落脚点，不断加大对重点民生工程的支出保障力度，全年重点民生领域的投入14.6亿元，在群众就业、医疗卫生、基础教育、社会保障等方面取得了显著成效。“十一五”规划目标全面完成。

二是以完善惩治和预防腐败体系为重点的反腐倡廉建设不断取得新成效。市委、市政府高度重视反腐倡廉建设，严格执行党风廉政建设责任制，认真抓好惩防体系实施方案和年度推进计划的组织落实。惩治和预防腐败体系建设各牵头单位充分发挥职能作用，积极完成所承担的任务，惩防体系2010年工作目标基本完成。积极开展廉政风险防控，针对容易发生腐败问题的部位和环节，完善制度，加强防范。深入开展反腐倡廉教育，认真贯彻执行《党员领导干部廉洁从政若干准则》，推行领导干部公开廉洁承诺，加强对权力运行的制约监督。认真开展商业贿赂、“小金库”、工程建设领域突出问题的专项治理，纠正了一批违规问题。加大查办案件工作力度，坚决惩处腐败分子。加强国有企业党风廉政建设，认真落实《国有企业领导人员廉洁从业若干规定》，把企业负责人遵纪守法、廉洁从业、工作生活作风等作为考核重要内容，制定《国有企业落实“三重一大”制度暂行办法》、《规范市属国有企业负责人职务消费的指导意见》等制度，认真开展企业效能监察，全面实行厂务公开。加强城市社区党风廉政建设，推进廉政文化进社区和街道社区党风廉政示范点建设，党风廉政建设各项工作取得阶段性成效。

三是维稳工作扎实，确保社会大局稳定。市委、市政府认真贯彻落实中央和自治区关于维护稳定工作的一系列指示要求，结合实际，高位推动，强化措施，狠抓落实。全面加强维稳力量建设，加大投入，组建了一支企地联合应急处突队伍，健全了社会治安防控体系。以源头预防为核心，率先在新疆探索开展了重大事项社会稳定风险评估工作。大力加强社会建设，推进社会管理创新。数字城市建设初具规模，有效整合各方资源，实现了各部门互通互动，社会管理综合能力显著跃升。基层工作运行机制进一步完善，社区服务管理精细到位，社区组织在维护稳定、服务群众方面较好地发挥出主体作用，为全区的社会管理创新工作探索出了重要经验。

四是各族干部群众的精神状态很好。中央新疆工作座谈会和对口支援新疆工作会议召开后，全区各地按照自治区党委七届九次全委（扩大）会议部署，充分运用优惠政策，掀起了蓬勃发展、后发赶超的热潮。克拉玛依市虽然不在对口支援的范围，但是，充分运用中央支持新疆发展的特殊政策，依托地缘优势、资源优势，以及经济发展的阶段优势，按照张春贤书记到克拉玛依考察时提出的，克拉玛依要为新疆经济发展作出更大贡献，要为新疆新型工业化带好头，要成为现代文化引领的样板的要求，抢抓千载难逢的历史机遇，力争率先实现跨越式发展和长治久安的目标。克拉玛依市广大干部群众历来就有艰苦奋斗、开拓进取的优良传统。我这次来，感到克拉玛依改革创新的意识很强，在经济社会发展、反腐倡廉建设、维护社会稳定等方面都有许多突破性的创新成果，各族干部群众干事创业的积极性很高，危机感和抢抓机遇的意识很强，各级领导励精图治，各族群众埋头苦干。特别是社区的干部，在基层第一线，工作热情高、爱岗敬业、老百姓都非常信任他们，这是基层干部工作作风的体现。克拉玛依市委较好地发挥了领导核心作用，几大班子团结一致，工作上互相配合，形成了工作的合力。这种良好的精神状态，必将有力地促进克拉玛依市经济社会又好又快发展。

下面，我讲几点意见。

一、关于推进新疆跨越式发展和长治久安

今年5月中央召开新疆工作座谈会，作出推进新疆跨越式发展和长治久安的战略决策，对新形势下新疆工作作出全面部署，对改善民生、加快发展、加强民族团结、维护社会稳定、加强党的领导等提出了明确要求。党中央、国务院印发《关于推进新疆跨越式发展和长治久安的意见》明确了新疆工作的指导方针、目标任务、重点工作和特殊支持政策。党的十七届五中全会将新疆经济社会发展摆在重要位置，进一步作了强调和部署。中央的决策部署，为新疆的大建设、大开发、大发展创造了千载难逢的历史性机遇，对于解决制约新疆发展和稳定的根本性、长远性、基础性问题具有重大而深远的影响，揭开了新疆改革开放和社会主义现代化建设新的辉煌篇章。

自治区党委七届九次全委（扩大）会议，认真贯彻中央新疆工作会议精神，在全面总结以往经验、深刻分析新疆区情、准确把握区域经济发展规律的基础上，创造性地提出了实现新疆跨越式发展和长治久安的战略选择，确定了《贯彻落实〈中共中央、国务院推进新疆跨越式发展和长治久安的意见〉任务分解方案》，这是对新疆迈向大建设、大开放、大发展崭新历史阶段的总动员。刚刚结束的自治区党委七届十次全委（扩大）会议，全面贯彻党的十七届五中全会和中央经济工作会议精神，紧密联系自治区实际，从实践层面对自治区党委七届九次全委（扩大）会议确定的战略选择进行了深化，科学谋划了自治区“十二五”规划，对明年全区经济社会发展总体要求和目标任务进行了部署。

当前，要把认真学习贯彻好十七届五中全会、中央经济工作会议以及自治区党委七届十次全委（扩大）会议精神作为一项重要政治任务，切实把党员干部的思想和行动统一到对中央新疆工作座谈会精神的再认识、再深化、再提高上来，把中央和自治区的要求落实到跨越发展、改善民生、维护稳定的各项重大举措之中。要教育引导广大党员干部增强责任感、使命感和紧迫感,增强机遇意识和忧患意识,把学习贯彻会议精神与落实中央关于新疆改革发展稳定各项决策部署有机结合起来,加快制定推进经济社会发展的思路、办法和具体措施,为"十二五"开好局、起好步。特别是张春贤书记对克拉玛依已经提出明确要求,作为新疆重要石油石化基地,石油石化产业必将对自治区跨越式发展产生决定性影响。因此,克拉玛依要继续做大做强石油石化产业,按照"十二五"期间的部署,为新疆经济增长作出更大贡献。

二、关于加强反腐倡廉建设和作风建设

党风廉政建设和反腐败斗争关系党和国家生死存亡。党中央历来高度重视党风廉政建设和反腐败工作,党的十六大以来,在总结历史和改革开放以来经验的基础上,完善了标本兼治、综合治理,惩防并举、注重预防的反腐倡廉战略方针,提出了建立健全惩治和预防腐败体系的反腐倡廉战略决策,并出台了一系列政策措施和法规制度,不断加大从源头上预防和治理腐败力度,思路越来越清晰,措施越来越具体。自治区党委高度重视反腐倡廉建设,把反腐倡廉建设作为贯彻落实中央新疆工作座谈会精神谋篇布局整体中的重要一环。张春贤书记强调,要严防腐败、严格管理、严明纪律,做到吏治清明、严惩腐败。克拉玛依市委、市政府要进一步深化对反腐倡廉建设重要性、紧迫性的认识,按照中央新修订的党风廉政建设责任制的规定,深入推进反腐倡廉各项工作。

(一)严明党的纪律。要加强纪律教育,保证政令畅通。教育引导党员领导干部深入贯彻落实科学发展观,自觉遵守党的纪律,同以胡锦涛为总书记的党中央保持高度一致,坚决贯彻中央和自治区党委推进新疆跨越式发展和长治久安各项决策部署及政策措施。

要把遵守党的政治纪律情况的监督作为第一位的监督,加强对党员干部在维护祖国统一和民族团结、反对民族分裂斗争中现实表现的监督,促进党员干部自觉做到立场坚定、旗帜鲜明,坚决纠正各种错误言行,对危害国家安全和社会稳定、破坏民族团结的行为,依纪依法严肃处理。

(二)加强监督检查。要加强对中央和自治区各项重大决策部署贯彻落实情况的监督检查。重点是加强对坚持科学跨越发展情况,保障和改善民生情况,贯彻党的民族宗教政策、巩固和发展各族人民大团结情况,以及维护社会大局稳定情况的监督检查。要加强对经济社会建设中各类项目和资金的检查、稽查、审计,严格防止挤占、挪用、贪污和失职渎职造成重大浪费或资金流失,坚决杜绝"豆腐渣工程"和"形象工程"、"花架子",确保项目和资金高效、安全、廉洁运行。近期,我们召开了19个省市援疆项目监督检查会议,会上我们提出要通过各级党委、政府和纪检监察部门的工作,确保中央政策落实、项目优质、资金安全、干部廉洁,这四个要求虽然是对援疆省市提出的,但对克拉玛依的监督检查工作同样适用。

要加强对责任落实情况的监督检查。对自治区党委《推进新疆跨越式发展和长治久安若干政策和重大项目的任务分解实施方案》部署的各项任务的完成情况及实际效果进行检查,对办事拖拉、推诿扯皮造成严重影响和重大损失的,要进行问责追究。

根据中央和自治区党委的安排,明年自治区三级党委将进行换届。要严肃换届工作纪律,严格执行党政领导干部选拔任用工作有关规定,防止和纠正"带病上岗"、"带病提拔"等问题,严厉整治跑官要官、买官卖官、拉票贿选等问题。要加强监督工作,坚决查处违纪行为,确保有一个风清气正的换届环境。

(三)推进体系建设。胡锦涛总书记在党的十七届五中全会上发表了重要讲话,对加强反腐倡廉建设,建立健全惩治和预防腐败体系提出了新的更高要求,强调要推进反腐倡廉制度创新,严格执行党风廉政建设责任制,深化党性党风党纪教育,加强领导干部廉洁自律和严格管理,严格权力运行制约和监督,加大查办违纪违法案件力度。明年是贯彻落实中央《建立健全惩治和预防腐败体系2008~2012年工作规划》和自治区实施办法的关键一年。我们要认真学习贯彻胡锦涛总书记的重要讲话精神,深刻领会、全面把握,采取有力措施,抓紧惩治和预防腐败体系各项任务的落实。

要加强对领导干部的教育和监督。针对党员干部思想作风方面存在的突出问题,大力开展党性党风党纪教育,深入开展示范教育、警示教育和岗位廉政教育,推进廉政文化建设,增强反腐倡廉教育的针对性和有效性,筑牢思想道德防线。严格执行《廉政准则》和国有企业领导人员廉洁从业有关规定,认真落实领导干部报告个人有关事项和对配偶子女均已移居国(境)外的国家工作人员加强管理的规定,进一步清理纠正领导干部利用职权和职务影响,违反规定收受现金、有价证券、支付凭证,违反规定插手工程建设,以及为本人或配偶、子女及其配偶以及其他特定关系人谋取不正当利益的行为。要加强对权力运行的制约和监督。认真贯彻党内监督条例,严格执行述职述廉、民主生活会、诫勉谈话、函询等监督制度,加强对民主集中制执行情况的监督检查,认真落实领导干部经济责任审计。积极推进廉政风险防控工作,排查岗位廉政风险,制定防范措施,加强监督管理。克拉玛依廉政风险防控工作做得比较好,明年要把这方面的经验给各州市交流介绍。廉政防控工作全面推行政务公开,做到行政权力、公共服务公开透明运行,切实防止以权谋私行为的发生。

要着力推进反腐倡廉制度建设和改革创新。积极推进各项改革,特别是行政管理体制、干部人事制度、财税管理体制、投资体制和国有资产管理体制等重点领域的改革,这方面的经验克拉玛依也要认真归纳总结,到时向其他地州市进行介绍和交流。要加快建立健全惩治和预防腐败体系各项制度,努力形成一整套用制度管权、按制度办事、靠制度管人的有效机制。加强对制度执行情况的监督检查,建立健全制度执行问责机制,对执行制度不力的坚决追究责任。推进反腐倡廉工作创新,鼓励基层针对新情况新问题,积极探索有效开展反腐倡廉工作的做法,对比较成熟具有推广价值的,要及时总结,大力推广。希望克拉玛依在这方面走在全区的前列,拿出具有普遍意义的好做法好经验。

要严肃查办违纪违法案件。坚决查处违反政治纪律特别是在反分裂斗争中违反政治纪律以及危害国家安全和社会稳定、破坏民族团结的违纪违法案件。严肃查处发生在领导机关和领导干部中滥用职权、贪污贿赂、腐化堕落、失职渎职的案件,官商勾结、权钱交易和严重侵害群众利益的案件,以及利用人事权、司法权、行政执法权、行政审批权谋取非法利益的案件。紧密结合新疆进入经济社会发展新时期新阶段出现的新情况新问题,严肃查办工程建设、土地出让、资源开发、产权交易、政府采购、医药购销、开发区建设等重点领域和行业的违纪违法案件。深入开展治理商业贿赂专项工作,进一步规范市场经济秩序,净化发展环境。要切实发挥查办案件的治本功能,克拉玛依要结合赵德军案件,深入开展警示教育,用身边的反面典型教育身边的人,使党员干部特别是各级领导干部引以为戒,做到警钟长鸣。对于克拉玛依来说,一个是有案必查,对群众举报比较明确的一定要调查,通过查办案件,不仅仅是要惩治人,而是要强化我们制度的约束力,强化制度的威慑力,这才是我们的目的。

(四)切实转变作风。自治区党委七届九次全委(扩大)会议提出大力倡行"新疆效率",我们要把"新疆效率"落实到加快经济社会发展各项工作的方方面面。要积极推进思想解放,引导党员干部转变思维方式,转变不适应大发展的思想观念,在解放思想中推动工作落实。要弘扬党的优良作风,保持锐意进取、奋发有为的精神状态。教育引导党员干部大兴密切联系群众之风、求真务实之风、艰苦奋斗之风、批评和自我批评之风,力戒官僚主义、形式主义。

临近岁末年初,最近中办国办就切实做好元旦春节期间有关工作发出通知,中央纪委监察部也就防止不廉洁行为发出通知,自治区党委也下发了有关通知。我们要认真落实通知要求,大力发扬艰苦奋斗、勤俭节约的优良传统,坚决防止讲排场、比阔气、挥霍公款、铺张浪费现象,严禁用公款搞相互走访、相互送礼、相互宴请等拜年活动,严禁用公款大吃大喝、旅游和参加高消费娱乐、健身活动。要严肃财经纪律,严禁以各种名义年终突击花钱和滥发津贴、补贴、奖金和实物,严格控制年终评比达标表彰活动,减少各种茶话会、联欢会,不得举办各类没有实质内容的节日庆典活动。

(五)关注民生问题。要坚持群众第一、民生优先,集中力量把住房建设、用电用气、社会保障、就业和再就业等改善民生的大事实事办好。加强对惠民利民政策落实情况和群众关心的热点问题开展监督检查,保证"得民心工程"真正惠及各族群众。

要认真解决群众反映强烈的突出问题,坚决纠正损害群众利益的不正之风。加强对环境保护、节能减排、安全生产、食品药品安全等工作的监督检查。切实纠正征收征用土地、城镇房屋拆迁、企业重组改制和破产中侵害群众利益等问题。深入开展纠风专项治理工作,不断深化政风行风评议和行风示范窗口建设。

要做好纪检监察信访工作,加大解决信访问题的力度。畅通群众诉求渠道,健全利益协调机制,努力化解不安定因素,把问题解决在萌芽状态。全力做好因损害群众利益而引发大规模集体访和群体性事件的预防工作,积极排查突出矛盾和纠纷,促进社会和谐发展。

(六)推进基层反腐倡廉建设。一是加强国有企业反腐倡廉工作。国有企业反腐倡廉工作是整个党风廉政建设和反腐败工作的重要组成部分,是国有企业改革发展的重要保证。克拉玛依在企业反腐倡廉方面有许多好的经验做法,要继续努力走在全区的前列。要以企业领导人员廉洁从业为重点,认真落实《国有企业领导人员廉洁从业若干规定》,加强对企业权力运行的监督制约。要把强化制度建设贯穿于企业决策、管理和生产经营的全过程,形成企业决策权、执行权和监督权既相互制约又相互协调的机制。要坚持"三重一大"事项集体决策制度,完善议事规则和决策程序。要进一步完善职工民主管理制度,发挥职工代表大会的积极作用,深化厂务公开,保障职工群众的知情权、参与权、表达权和监督权。要提高内部管理水平,加强企业经营管理关键环节的制度建设,有效堵塞漏洞。要积极探索与现代企业制度相适应的纪检监察工作机制,充分发挥国有企业党组织的政治核心作用,切实加强企业纪检监察机构建设,有效发挥纪检监察机构的监督作用。要建立健全纪检监察机构与监事会、审计部门强化协作配合的机制制度,整合监督资源,形成监督合力,增强监督实效。

二是加强社区党风廉政建设。加强社区党风廉政建设对于巩固党的执政基础,提升城市现代化管理和服务水平,构建社会主义和谐社会具有十分重要的作用。自治区党委、人民政府高度重视社区党风廉政建设,今年11月以两办名义下发了《关于加强城市社区党风廉政建设的意见》,明确了社区党风廉政建设的指导思想、主要任务、具体措施和领导责任。克拉玛依市的社区建设水平、管理水平都比较高,在社区党风廉政建设方面也具有相当的基础。希望进一步加大工作力度,在党风廉政教育、廉政文化建设、民主政治建设、政务居务党务公开、资金资产资源管理使用、为居民服务等方面整体推进,创造出好经验好做法。

三、关于稳定工作

2010年12月24日自治区召开稳定工作会议,分析研判当前全区稳定形势,对维护社会稳定工作进行部署。我们要认真贯彻会议精神,切实抓好各项维护稳定工作,坚决防止发生大规模群体性事件,坚决防止发生特大恶性暴力恐怖案件,严密防范,严厉打击分裂破坏、暴力恐怖活动。大家要认识到不是发展了就一定能带来稳定,发展是为稳定创造物质条件和前提条件的,能不能稳定,还需要具体做一些工作。西方敌对势力不会因为你发展了就不会遏制你,"三股势力"也不会因为你发展了就不会搞破坏活动,大家也千万不能认为发展了社会自然就稳定了,要认识到经济发展了,越要抓好稳定,以稳定促发展、保发展,为发展创造良好的法制环境。大家在这两个方面都要有清醒的认识,要切实把思想认识统一到中央和自治区党委对稳定形势的分析判断和决策部署上来。

(一)进一步认清形势、统一思想、提高认识。当前,全疆社会大局稳定,形势总体向好可控,稳定形势不断向好的方向发展。但受境内外各种复杂因素的影响,新疆社会稳定的形势还比较脆弱,敌社情形势依然严峻复杂。我们必须清醒地看到目前敌情依然严峻，社情依然复杂，维护社会稳定的任务依然十分艰巨。长期的对敌斗争工作经验表明，民族分裂势力及其活动始终是影响新疆社会稳定的主要危险，新疆存在的分裂和反分裂斗争是长期的、复杂的、尖锐的，有时甚至是十分激烈的，是不以我们的意志为转移的。克拉玛依市各级党政干部特别是领导干部要认清当前的稳定形势，将思想和行动统一到中央新疆工作座谈会和自治区党委七届九次、十次全委(扩大)会议以及刚刚召开的自治区稳定工作会议精神上来，不断增强政治意识、大局意识和忧患意识，在千载难逢的发展机遇面前始终保持清醒的头脑，在抓好经济发展政策落实、项目落实以及推进民生工程的同时，万万不可忘记“七五”事件血的教训，万万不可忘记稳定的“硬任务”和“第一责任”，牢固树立“稳定压倒一切”的思想，真正做到“两手抓、两手硬”。市委、市政府要定期分析研究稳定形势，安排部署稳定工作，坚持把自治区党委“反暴力、讲法制、讲秩序”和“两个防止”的要求贯穿于工作始终，确保社会大局稳定，为新疆的跨越式发展和长治久安创造良好的法治环境和安定有序的社会秩序。

(二)继续严打严防暴力恐怖活动和各种刑事犯罪。针对当前区内暴力恐怖案件的发案特点和克拉玛依市刑事犯罪活动出现的新情况，要充分发挥基层组织、群众的作用，延伸工作触角，随时掌握社情民意，及时发现不稳定苗头，力争把暴力恐怖活动打掉在未发之时和行动之前，坚决遏制刑事案件高发势头。各维稳力量要密切配合、上下联动。要加强基层基础工作。城中村、城乡结合部和流动人口仍然是当前克拉玛依刑事案件高发地区和高危人群。在“两沟”片区的拆迁和整治工作中，克拉玛依已经探索出了一系列行之有效地工作经验，希望继续按照自治区稳定工作会议精神和自治区两办《关于进一步加强社会治安综合治理基层基础建设的实施意见》要求，妥善处理好热点、难点问题，加大城乡结合部整治工作力度，进一步加强基层党组织建设、政权建设以及综治维稳中心建设，进一步加强派出所、群防群治队伍等基层维稳力量建设，真正做到全面覆盖、夯实基础。基层党政干部要进一步提高群众工作能力和水平，团结发动各族群众，摸清掌握基层情况，做好维护社会稳定工作。

(三)加强社会面稳控工作，确保社会大局持续稳定。一是抓好巡逻执勤工作，社会面巡逻防控工作是维护社会稳定的基础性工作，始终不可有丝毫懈怠。要健全完善制度化、规范化巡逻防控机制，明确公安、治安联防、企业内保等力量的配置、巡逻区域和巡逻方式，协同配合开展巡逻执勤，做到无缝隙、全覆盖，逐步实现维稳工作常态化。二是抓好重点部位防控，加强重点部门、要害部位、重要目标和人员密集场所的安全保卫工作，不仅武警、公安要加强安保防卫力量部署，各企业、单位也要加强自身安保防范措施，真正做到“看好自己的门、管好自己的人”。三是充分发挥基层组织和社区作用，对刑释解教人员特别是危安刑释解教人员既要加强教育管控，逐一落实管控措施和责任，又要坚持以人为本理念，平等对待，做好安置帮教，积极协调解决他们在就业、就学、社会保障等方面存在的困难，教育引导他们向善自新、融入社会。对有轻微违法犯罪等重点青少年群体，要主动关心关爱，做好教育帮助工作。

(四)强化应急处突体系建设，健全完善维护稳定长效工作机制。总结处置“七五”事件的经验教训，极为重要的一点就是在处置重大突发事件时，必须有贴近实战、真正管用的处突预案，必须建立上下联通、统一高效、运转顺畅的指挥体系和工作机制。当前要进一步完善处突指挥体系建设，明确指挥员的权限和职责，让各级指挥员清楚一旦发生突发事件，就知道在什么位置、干什么事情。要进一步完善应急处突预案建设，定期开展处突演练，不断提高各级领导处置突发事件的实战能力，确保指挥体系运转顺畅，应急处突预案真正管用，各维稳力量配合默契。

(五)坚决遏制非法宗教活动，依法打击宗教极端势力。要继续按照“保护合法、制止非法、抵御渗透、打击犯罪”的方针，依法加强宗教事务管理，团结、发挥好爱国宗教人士作用，落实好干部联系清真寺等行之有效的工作措施，依法打击披着宗教外衣利用宗教进行的各种分裂破坏活动，努力铲除“三股势力”滋生的温床。

(六)继续加强意识形态领域反分裂斗争。意识形态领域历来是敌人开展分裂渗透活动的重点，同时也是维护社会稳定工作的难点。做好意识形态领域反分裂斗争，要加强正面宣传教育，坚持以现代文化为引领，加强基层文化阵地建设，综合运用广播、电视、网络、书报等多种传播媒介，大力宣传党的政策、宣传大好形势、宣传健康向上的现代文化，占领舆论制高点和主阵地。要加大非法宣传品查处工作力度，深入开展清理整顿文化市场活动，重点查缴非法书刊、音像制品和移动存储介质，坚决堵住民族分裂思想传播的渠道与途径，坚决查处反动宣传品印刷窝点、运输渠道、经费来源、传播网络以及幕后组织者。

(七)加强社会建设，创新社会管理。克拉玛依在社会管理创新、数字化城市建设方面取得了一些成绩，希望进一步加大力度，努力走在全区前列，创出样板、创出经验。在重点地区排查整治方面，要将刑事案件、非法宗教活动高发地区作为重点集中整治对象，集中时间，集中力量，加强摸排，加强教育，加强管理，扎扎实实开展整治行动，确保整治效果。在流动人口服务管理方面，要按照“以房管人、以业管人、以证管人”的要求，坚持以服务促管理，通过高效、优质的服务与基层群众打成一片，赢得理解支持。要学习借鉴乌鲁木齐市天山区建立的“出租房屋流动人口网络信息数据库系统”经验，将辖区流动人口、出租房屋情况纳入数据库系统，实现管理科技化，提高工作效率，坚决做到“底数清、情况明”。

(八)继续加大人民内部矛盾的排查化解。要化解存量、控制增量，下大力气解决一批久拖难结的突出矛盾，最大限度地预防矛盾纠纷扩大升级。要注重源头治理，扎实推进重大事项社会稳定风险评估工作，积极创新调解工作机制，提高工作前瞻性、预见性和主动性。要落实责任，严格落实领导包案责任制，高度重视，高位推动信访案件办理工作，相关部门要因案施策、多策并举、想尽办法，最大限度的实现案结事了、息诉罢访。

克拉玛依市资源丰富，开发潜力巨大，在新疆具有重要的战略地位。面对发展的重大机遇，站在新的历史起点上，我相信，克拉玛依市委、市政府一定能够团结带领全市各族人民，进一步解放思想、开拓创新，奋发进取、追求卓越，率先实现跨越式发展和长治久安的目标。

克拉玛依信息化成绩显著

——自治区党委常委宋爱荣在克拉玛依市举办的首届信息化创新国际学术论坛上的致辞

（2010年8月12日）

8月的新疆瓜果飘香、气候宜人。在这美好的季节，我们大家相聚在美丽的克拉玛依，共同迎接参加首届信息化创新克拉玛依国际学术论坛的隆重开幕。这次论坛的举办既是中国科协、中国科学院、中国工程院等部门贯彻落实中央新疆工作座谈会精神的具体体现，也是新疆信息化建设的一件大事。对于进一步提升克拉玛依数字城市、数字油田的发展水平，加快推进新疆信息化建设，促进新疆跨越式发展和长治久安都将产生积极而深远的影响。在此，我代表新疆维吾尔自治区党委、自治区人民政府，对论坛的召开表示热烈的祝贺。对出席论坛的两院院士、国内外著名专家、学者和各界朋友表示热烈的欢迎。对联合举办首届信息化创新克拉玛依国际学术论坛的国家各有关部门和单位表示衷心的感谢。

改革开放以来，特别是实施西部大开发战略以来，新疆各族干部群众团结奋斗、开拓创新，推动新疆经济社会快速发展，城乡面貌发生了巨大变化，综合经济实力进一步增强，各项社会事业长足进步。2009年，全区生产总值达到4 274亿元，比实施西部大开发的1999年增加1.6倍。人均生产总值达到19 926元，比1999年增加1.2倍。全口径财政收入884亿元，其中地方财政一般预算收入达到388亿元，比1999年增加4.5倍。全区城镇居民人均可支配收入12 258元，比1999年增加1.3倍；农牧民人均纯收入4 005元，比1999年增加1.6倍。从2000年到2009年，全区社会固定资产投资累计完成1.4万亿元，是前10年的4.4倍。2010年，新疆国民经济继续呈现平稳增长的良好势头。上半年实现生产总值1 718亿元，比上年增长10.7%。全社会固定资产投资1 128亿元，增长20.7%。进出口贸易总额增长13%。地方财政一般预算收入增长29%。

多年来，自治区人民政府高度重视信息化建设，始终把促进信息产业发展、推动经济社会信息化建设作为推进新疆现代化建设的一项重要任务，不断加大信息基础设施建设力度，大力推进电子政务、电子商务、“两化”（工业化、信息化）融合、农村信息化进程，促进具有新疆特色的电子信息材料、软件产业发展，为新疆经济社会发展提供了有力支撑和保障。2009年，新疆信息产业主营业务收入已达170亿元。乡镇宽带接入率达到100%，行政村已经99%实现通电话。互联网用户达到133万户，3G业务已经在主要城市全面开通。

克拉玛依市是伴随着新中国前进的步伐而成长壮大起来的石油新城。改革开放以来，克拉玛依市各族人民团结奋斗，顽强拼搏，继续创造着一个又一个奇迹，为中国石油工业和自治区经济社会发展作出了重大的贡献。今天的克拉玛依市已经成为一座生态环境优美、充满勃勃生机的现代化石油工业城市和中国重要的石油石化工业基地。近年来，克拉玛依市不断探索和创新油田和城市信息化发展的新模式，信息技术取得突破性进展，在“数字油田”、“数字城市”建设方面都取得了很好的成绩，成为新疆数字城市建设的典范。这次首届信息化创新克拉玛依国际学术论坛的召开，是对克拉玛依市信息化建设的充分肯定，并将在更新更高的层面上推动克拉玛依市信息化产业迈上新台阶。

信息产业是最具活力的新兴产业。在全球经济一体化日益发展的新形势下，信息化水平已经成为衡量一个国家和地区经济发展能力的最重要标志。当前，新疆已经进入新时期新阶段，站在新的历史起点上，党中央和自治区党委描绘了新疆跨越式发展和长治久安的宏伟蓝图。面对新形势新任务新要求，各级政府要从战略和全局的高度出发，深化认识信息化建设的极端重要性，主动迎接信息化发展带来的新机遇、新挑战，切实把加快推进信息化建设作为促进富民强区、确保社会稳定、不断改善民生的重要任务抓紧抓好。要以此次国际学术论坛的召开为契机，进一步加快推进新疆信息化基础设施建设；加强面向“三农”的农村综合信息服务体系建设，促进农牧业现代化；以两化融合为核心，不断提升企业在产品研发、经营管理、电子商务等方面的能力和水平，促进新型工业化加快发展；加快推进以文化、教育、科技、卫生医疗、社会保障为核心领域的信息化建设，不断提升全社会信息化水平；以提升政府管理水平和公共服务能力为核心，进一步推动电子政务能力建设，努力开创新疆信息化建设的新局面。

希望克拉玛依市以此次论坛为新的起点，以信息化为驱动力，以“两化”融合为着力点，不断创新，充分吸收国际新技术、新工艺、新方法，在全疆率先建立起技术水平不断提高、资源消耗不断降低、经济效益持续增长的生产体系；以“数字城市”建设为工作重点，建立环境优美、服务配套、便捷高效、面向市民的城市公共服务体系，不断拓宽应用领域和范围，不断深化应用效果，为新疆信息化建设提供更多的、可借鉴的成功经验。各地区要学习和借鉴克拉玛依市信息化建设的经验，抓紧制定和完善信息化建设和发展规划，全力做好“两化”融合工作，加快推进地方信息化建设快速发展，为新疆跨越式发展和长治久安作出新的更大贡献。

展示克拉玛依建设的平台

——自治区人大常委会副主任、自治区科协主席张国粱在新疆克拉玛依市举办的首届信息化创新国际学术论坛上的致辞

(2010年8月12日)

今天,2010年“天山南北院士行”系列活动之一——首届信息化克拉玛依国际学术论坛隆重开幕,我代表自治区科协向大会的召开表示热烈的祝贺,向专程出席论坛的中国科协书记处书记冯长根教授和中石油王宜林副总经理与各位国内外院士专家和学者致以崇高的敬意和热烈的欢迎。

举办首届信息化创新克拉玛依国际学术论坛,是贯彻中央新疆工作座谈会精神,促进经济增长方式转变,实现经济社会科学发展的具体举措。克拉玛依是全国闻名的资源型城市,近年来,在保持原油产量持续稳定发展的同时,石油企业信息技术取得突破性进展,数字油田及中央企业的信息化建设居全国先进水平,与此同时,信息技术在城市规划、建设、管理与服务领域的应用也取得了显著成效,科学技术在转变传统产业发展方式和提高城市管理水平方面发挥了重要作用。举办本次论坛,旨在吸引科技界、IT界、企业界的专家、学者关注新疆、关注克拉玛依,通过互动研讨共谋发展大计,展示克拉玛依数字城市、数字油田成果,吸引国内外信息技术和人才,带动信息产业加快发展,进一步提升克拉玛依数字城市、数字油田的发展水平。这对于站在克拉玛依看新疆、站在新疆看全国,提升以信息化带动新型工业化水平以及改善民生都将产生积极而深远的影响。

本次论坛以“信息化城市与数字油田”为主题,突出一个“实”字,就是要高标准、高要求,把论坛办出实效;突出一个“长”字,就是要建立论坛长效机制,确保首届论坛圆满成功,使信息化创新克拉玛依国际学术论坛持续举办下去;突出一个“示”字,就是要发挥好论坛的示范作用,推动全国油田建设和新疆城市建设的数字化水平,促进经济发展方式转变,为实现新疆跨越式发展和长治久安作出贡献。

自治区科协将和各主办方一起,持续举办好克拉玛依学术论坛活动,使论坛成为展示克拉玛依数字化建设的重要平台和国内一流的学术论坛,为打造世界石油城贡献智力支持。

集团公司领导讲话

中国石油天然气集团公司总经理蒋洁敏在克拉玛依石化公司考察时的讲话

(2010年7月19日)

克拉玛依石化公司的情况是好的,每次来都发现有很大变化。这一次看到的最大的变化就是整个厂区控制室的数量在急剧减少,现在一共有两个集中控制室,这是第二个。这个控制室把十几套装置全部都纳了进来,这是集约化生产和管理的一个缩影,我借这个机会对克拉玛依石化公司这几年的努力以及对集团公司的贡献表示慰问和感谢。

新疆油田的发展,特别是这几年资源勘探力度的不断加大,使得资源的基础更加雄厚,特别是稠油、超稠油这一部分的资源现在已经有3亿多吨。这次集团公司决定:将整体开发新疆油田的风城油田。风城油田的储量3亿多吨,可以规模的保持300万~400万吨年生产能力,按照“同步规划、同步建设克石化”的总体安排,集团公司决定:克拉玛依石化公司要在现在的基础上,对稠油集中加工的扩建工程进行前期准备工作,在不远的将来,克拉玛依石化公司就会成为年加工能力1 000万吨的大炼油厂,成为全国最大的稠油集中加工基地。

克拉玛依石化公司的特色产品很多,有160多种,最重要的是两大类或者说两大系列:一个是沥青。沥青的生产和研发是

集团公司重点发展的业务之一，克拉玛依石化公司、辽河石化公司都各具优势，下一步我们的沥青要在全国占有40%以上的市场，克拉玛依石化占有重要的位置。高等级沥青、改性沥青要不断适应各种条件要求。第二个就是环烷基润滑油基础油系列，这在全国也是最具优势的，为什么别人要买我们的，为什么我们能卖给别人，原因有两条：一个是我们原油的性质决定，我们有环烷基稠油，别人没有。另一点就是我们的加工技术。因为我们有先进的加工技术，我们的产品才能出口日本、韩国，才能被我们同行的高水平企业使用，这就是克石化的地位所在。

克拉玛依石化公司现在的盈利水平总体上是好的，下一步要作更大的贡献，特别是在新疆实现跨越式发展、长治久安当中作大贡献。这次我和周总、王总一起讨论，克拉玛依市在新疆发展中要走在前面，也就是说在新疆的发展中克拉玛依不能落后，不能拉新疆发展的后腿只能作新贡献。二是要建设示范市，就是在稳定和谐矿区的建设中是一个示范矿区，是一个模范城市，大家在这个地方生活得更加幸福。

新疆油田信息化走在前列

——中国石油天然气集团公司副总经理王宜林在克拉玛依市举办的首届信息化创新国际学术论坛上的致辞

（2010年8月12日）

值此新疆谋划跨越式发展的关键时期，在中国石油工业的西圣地——克拉玛依，隆重举行信息化创新国际学术论坛，充分体现了克拉玛依市和克拉玛依人民推进"两化"融合、助力新疆发展的高度责任感和强烈创新意识。在此，我代表中国石油天然气集团公司，对论坛的成功举办表示热烈的祝贺，对克拉玛依的未来发展致以美好的祝愿。

克拉玛依是因油而生、因油而兴的城市。52年前，伴随着克拉玛依油田的勘探开发，克拉玛依市应运而生。多年来，在新疆维吾尔自治区、中国石油集团公司的领导下，在历届市委、市政府的团结和带领下，勤劳勇敢的克拉玛依人民，艰苦创业，改革创新，用忠诚和责任、青春和生命、智慧和汗水，在昔日人迹罕至的戈壁荒滩上，建成了中国西部第一个千万吨大油田和两千万吨炼油化工基地，建成了一个繁荣、文明、美丽的现代化城市，为中国石油工业和新疆经济社会的发展建设作出了卓越贡献。

中国石油始终高度重视新疆地区的油气发展。不久前，我们在新疆召开了集团公司领导干部会议，会议的一项重要内容就是贯彻落实中央新疆工作座谈会精神，研究部署集团公司在疆业务和支持新疆发展的重要任务。未来十年，我们将把新疆建成全国最大的油气生产基地，重要的炼油化工基地、石油储备基地、工程技术服务保障基地和引进利用国外油气资源的重要通道。对于克拉玛依，我们将继续加大投资和政策支持力度，使新疆油田未来油气当量达到2 000万吨/年，克拉玛依石化炼油规模扩大到1 000万吨，独山子石化千万吨炼油百万吨乙烯稳定生产。我们还要统筹协调好各石油石化企业之间以及企业与地方的关系，营造良好发展环境，努力构建平安和谐的石油石化矿区，促进克拉玛依市和谐社会建设。希望通过这次论坛，进一步推进信息化创新，提升克拉玛依数字城市、数字油田发展水平，推动资源型城市向综合性城市转型，增强可持续发展能力，为克拉玛依在新疆率先基本实现现代化作出贡献。

信息化是当今世界经济和社会发展的主要趋势与推动因素，是衡量国家、企业和城市竞争力的一项重要标志。信息化创新是快速提升信息化建设水平、推动经济社会发展的新动力。中国石油作为国有特大型能源企业，信息技术应用起步较早，从上世纪60年代开始，就在勘探开发和炼化生产领域引入计算机技术进行数据处理和生产控制。进入新世纪以来，我们认真贯彻国家"走新型工业化道路"和"两化融合"的战略部署，把信息化作为建设综合性国际能源公司的重要支撑，作为转变发展方式、实现科学发展的重要手段，坚持按照信息技术总体规划，整体规划，分步推进，搭建了集中统一的信息系统平台。覆盖几十万口油气水井、千余套炼化装置、上万座加油站、数万公里长输管道的一批生产运行管理系统建成应用并达到了国际先进水平。ERP系统按8个业务领域、92个单位上线运行，年底在各业务领域基本建成应用，并创造性地实现了ERP与财务系统的融合，提升了信息化建设的集成创新水平。规模大、功能全的人力资源管理、HSE管理、办公管理、信息门户等系统持续深化应用。国内外17个区域网络中心和双路互备、动态升级的网络体系全面建成。多年来，克拉玛依的石油石化单位持续推进数字化企业建设，建立了比较完备的信息网络基础设施、数据库和应用系统体系，实现了生产建设各业务过程的数字化管理，有效提高了工作效率和管控水平，降低了生产经营成本，在集团公司信息化建设中始终走在前列，新疆油田连续多年被评为信息化工作先进单位。

今后一个时期，中国石油将继续推进信息技术总体规划的实施，持续完善和提升集中统一的信息系统平台，努力使信息化建设总体达到国际先进水平，通过信息系统的深化应用，推进企业管理创新，加快转变发展方式，推动和促进综合性国际能源公司的建设，一是开展以ERP系统为核心的应用集成。二是积极推进物联网技术应用，加强信息化与自动化的结合。三是加快推进数据中心建设。中国石油在疆企业要以ERP系统为核心，集成各应用系统，实现科学调度、实时优化，提高生产运行效率和经营管理的精细化水平；建设和提升完善物联网生产管理系统，不断提升生产作业的数字化、智能化水平；建设先进控制与优化应用系统，不断提高装置操作平稳率和产品收率。我们还将在新疆建设区域数据中心，推进信息共享和高效利用，提高信息系统运行和数据资产安全的保障能力。

克拉玛依的信息化、在疆石油企业的信息化乃至中国石油的信息化建设和信息化创新，始终离不开国家和各界朋友的大力支持。衷心希望我们的信息化工作继续得到在座各位一如既往的关心、指导和帮助。让我们携手并进，共同创造信息化美好的未来。

市油田党委书记、市长、油田公司总经理讲话选录

克拉玛依市、油田党委书记徐卫喜在克拉玛依市“热爱伟大祖国、建设美好家园”主题教育活动动员会上的讲话

（2010年7月7日）

在全市上下深入学习贯彻中央新疆工作座谈会和自治区党委七届九次全委（扩大）会议精神，全力推进克拉玛依全面建设小康社会的关键时期，在集团公司领导干部会议即将召开之际，今天，我们在这里召开“热爱伟大祖国、建设美好家园”主题教育活动动员会，同时，传达贯彻集团公司思想政治工作会议精神。这对于我们抓住新的历史性机遇，凝聚全市各族干部群众的智慧和力量，形成建设克拉玛依美好家园强大合力，推进克拉玛依跨越式发展和长治久安，打造世界石油城，在新疆率先基本实现现代化具有十分重要的意义。

会上，张红彦部长传达了集团公司思想政治工作会议精神。这次集团公司思想政治工作会议是集团公司在积极推进综合性国际能源公司进入关键时期、改革发展面临重大机遇和挑战的新形势下召开的一次十分重要的会议，也是近十年来第一次召开的思想政治工作会议。会议主题鲜明、重点突出，为今后我们进一步加强和改进思想政治工作指明了方向，开阔了思路，明确了重点。当前，贯彻落实集团公司思想政治工作会议的主要任务，就是要吃透精神，领会实质，切实把广大干部群众的思想和行动统一到会议精神上来，并结合工作实际，明确下阶段的工作目标和任务，强化责任的落实和执行，真正使我们的思想政治工作在凝心聚力促发展，维护稳定构和谐，创新思路抓机遇，推动克拉玛依科学跨越新发展上发挥更大的作用。

刚才，郭仲军部长宣读了克拉玛依市开展“热爱伟大祖国、建设美好家园”主题教育活动的实施意见，并对活动的有关内容作了说明和要求。在新疆组织开展的“热爱伟大祖国、建设美好家园”主题教育活动，是中央新疆工作座谈会确定的一项重大任务，中央对此高度重视。按照中央部署，近日，中央四部委、自治区党委联合下发具体实施意见，提出用两年半的时间来开展这一活动。自治区党委专门召开全疆电视电话会议，对全区开展好这一主题教育活动进行了全面安排部署。今天，我们召开全市干部大会，主要任务就是根据中央、自治区党委的统一安排，对我市开展“热爱伟大祖国、建设美好家园”主题教育活动进行动员和部署，并就学习贯彻集团公司思想政治工作会议精神提出要求。

下面，我就如何做好这两方面的工作讲五点意见。

一、站在推进跨越式发展和长治久安的高度，充分认识主题教育活动的重大意义

开展“热爱伟大祖国、建设美好家园”主题教育活动，是推进新疆跨越式发展和长治久安的重大举措，对实施“稳疆兴疆、富民固边”战略，具有重大意义。历史和现实证明，巩固和发展平等团结互助和谐的社会主义民族关系，巩固各族干部群众共同团结奋斗、共同繁荣发展的思想基础，是推进新疆振兴发展和长治久安的力量源泉和重要法宝。正是基于这一历史和现实经验的科学总结，中央新疆工作座谈会在对新疆的战略决策部署中，把全面加强和改进宣传思想文化工作摆在突出位置，提出要组织开展以“热爱伟大祖国、建设美好家园”为主题的教育活动。可以说，中央把针对新疆的这项宣传思想教育活动摆在国家层面来部署，活动时间之长、要求之高、意义之大，都是前所未有的，充分体现了中央对做好新形势下新疆工作的高度重视，充分体现了中央对巩固新疆各族干部群众共同思想基础的深谋远虑。

克拉玛依是新中国成立后发现的第一个大油田。在戈壁荒漠上，经过50多年开发建设，成为中国西部重要的石油石化基地，建成繁荣、和谐、文明的现代化石油城，就是依靠着全市各族人民艰苦奋斗、自强不息、奉献能源、产业报国的坚定信念和

共建美好家园的强烈愿望。这种长期形成的深厚情谊和团结和谐的社会氛围是克拉玛依经济社会又好又快发展最大的基础和保障，也是克拉玛依人值得自豪和传承的宝贵财富。

当前，全国对口援疆工作全面展开，自治区和集团公司推动新疆跨越式发展和长治久安的各项部署正在实施，新疆迎来了大建设、大开放、大发展的重要时期。作为自治区重点新型工业化城市和石油化工基地，市委、市政府紧抓机遇，提出加快推进"五大基地"建设、突出发展"三大产业"、打造世界石油城，早日在新疆率先实现现代化的奋斗目标。结合油田发展实际，我们正在制定"十二五"规划，到2015年，油气当量要达到2 000万吨，到2020年达到3 000万吨。这个发展目标和任务非常艰巨，需要全市各族干部群众团结一心，共同努力，发挥超前的思维、超常的措施、超人的能力才能实现。在这种形势下，开展以"热爱伟大祖国、建设美好家园"为主题的教育活动，就是要全面激发各族干部群众干事创业的激情和干劲，抢抓机遇，万众一心，开拓创新；就是要引导各族干部群众牢固树立"三个离不开"思想，增强"四个认同"，打牢民族团结的思想基础，构筑反渗透、反分裂斗争的坚强防线；就是要增强各族干部群众的国家意识、公民意识和法制意识，坚定不移地维护社会稳定、维护社会主义法制、维护祖国统一和国家安全，确保克拉玛依和谐稳定大局，推动跨越式发展和长治久安。

对此，各区、各单位、各部门要从全局和战略的高度，充分认识开展主题教育活动的重大意义，切实增强责任感、紧迫感和使命感，引导各族干部群众把思想和行动统一到中央、自治区和市委的部署和要求上来，把各族干部群众建设美好家园的积极性、主动性、创造性充分调动起来，紧紧抓住、切实用好历史性大机遇，以昂扬向上的精神风貌和奋发进取的工作状态，以思想的大解放、观念的大更新、作风的大转变，不断开创各项工作的新局面，为推进克拉玛依跨越式发展和长治久安建功立业。

二、强化重点内容，扎实开展好主题教育活动

根据中央和自治区党委的统一部署，克拉玛依市主题教育活动从现在开始，到2012年10月基本结束，历时近两年半的时间，主要是围绕建党90周年和迎接党的十八大这两个关键节点展开的，大致分三个阶段。虽然每个阶段主题和侧重点有所不同，但教育的基本内容是一致的，重点要强化以下几个方面。

一是深入开展爱国主义和维护国家统一的宣传教育。热爱祖国、维护祖国统一是每个公民应当承担的法律义务和道德责任。要广泛宣传中国五千年历史，特别是千百年来新疆各族人民共同抵御外侮、共同艰苦奋斗、共同开发建设的历史，教育和引导各族干部群众大力发扬爱国主义精神，增强民族自尊心和自信心，把维护祖国统一作为最高利益，以热爱祖国、报效人民为最大光荣，以损害祖国利益、民族尊严为最大耻辱。要把对伟大祖国的深厚感情，转化为建设克拉玛依美好家园的自觉行动，努力为推动克拉玛依的科学发展、和谐稳定贡献力量。

二是深入开展中国特色社会主义的宣传教育。中国特色社会主义是引领中国发展进步、实现国家富强和人民幸福的正确道路。要广泛宣传中国特色社会主义建设发展的历程，教育和引导全市各族干部群众，深刻认识中国特色社会主义无可比拟的优越性，深刻认识中国的发展道路和模式具有强大的生机和活力。要激励各族干部群众坚持中国特色社会主义道路，增强加快克拉玛依发展、维护社会政治稳定的历史责任感和使命感，始终不渝地把克拉玛依现代化建设推向前进。

三是深入开展党的民族宗教理论和政策的宣传教育。党的民族宗教理论和政策是维护各民族大团结的生命线。要广泛宣传党的民族宗教理论和政策，引导各族干部群众了解和掌握党的民族宗教理论、民族宗教政策和民族区域自治制度的基本知识，增强贯彻落实党的民族宗教理论和政策的自觉性、坚定性。特别是按照党的民族宗教政策，坚持尊重少数民族文化习俗与增强国家意识、法律意识、公民意识相统一，自觉抵制、反对各种狭隘民族意识和民族歧视；在爱国主义基础上增进穆斯林与非穆斯林群众的团结和谐，自觉抵制、反对任何形式的极端宗教思想渗透和非法宗教活动。

四是深入开展增进民族团结、维护社会稳定的宣传教育。加强民族团结、维护社会稳定始终是关系新疆和克拉玛依工作全局的两项重大任务。历史和现实一再证明：民族团结、社会稳定，则政通人和、百业兴旺；民族冲突纷争，则社会动荡、人民遭殃。从1982年开始，我们就在全疆率先开展了民族团结进步教育月活动，至今已连续开展了29年，筑牢了各民族团结奋斗的思想基础。应当说，克拉玛依民族团结的基础是牢固的，克拉玛依是历代各族石油人经过艰苦创业、奋勇拼搏建设的共同家园。要紧紧围绕各族群众都是"克拉玛依人"和"共同建设克拉玛依美好家园"这个基础，以活生生的事实和民族团结典型加以宣传推广，引导各族干部群众深刻认识到，民族团结友爱是中华民族的生命所在、力量所在、希望所在，也是克拉玛依健康快速发展的前提和保障。只有团结稳定才能巩固克拉玛依经济社会发展所取得的丰硕成果，才能维护各族群众来之不易的幸福生活，没有民族团结和社会稳定，什么事情都干不成。要深入开展马克思主义"五观"和"三个离不开"思想的教育，继续开展反分裂斗争的形势教育，引导各族干部群众充分认识反分裂斗争的长期性、复杂性和尖锐性，倍加珍惜克拉玛依来之不易的大好局面，以实际行动维护克拉玛依团结稳定大局。

三、突出重点对象，实现主题教育活动全覆盖

这次主题教育活动是面向全市各族干部群众的普遍性宣传教育活动。要坚持从实际出发，区分不同层次，突出重点对象，分类施教，以点带面，全面推动主题教育活动进机关、进学校、进社区、进农村、进家庭、进清真寺。

一是突出抓好机关党员干部的教育。机关广大党员干部是各项工作的组织领导者，在主题教育活动中起着重要的示范、带动和引领作用。要围绕增强机关党员干部党的意识、执政意识、大局意识、责任意识，有针对性地强化宣传教育，不断提高政策理论水平和思想政治素质。要加强党的基本理论、基本路线、基本纲领、基本经验的教育，加强新疆历史、民族发展史和宗教演变史，以及克拉玛依油田勘探开发史的教育，引导广大党员干部进一步坚定理想信念，增强政治敏锐性和政治鉴别力。各级党组织要有计划地安排专题学习和研究讨论，市委党校、行政学院要举办中国特色社会主义教育专题培训班，对全市处

(区)级领导干部进行普遍轮训。

二是突出抓好各类学校师生的教育。学校是进行爱国主义和民族团结教育的主阵地。要高度重视在广大教师中开展主题教育活动,举办思想政治理论课教师培训班,强化其思想政治素质和师德建设,尤其是正确阐释和传授党的理论方针政策、民族宗教政策和新疆历史文化的能力,引导其争做学生健康成长的指导者和引路人。要把主题教育活动与未成年人思想道德建设和学生思想政治教育结合起来,与丰富多彩的假期活动结合起来,坚持从儿童抓起,推动爱国主义和民族团结思想进教材、进课堂、进学生头脑。把主题教育活动贯穿于学校教育的全过程,贯穿于青少年学校生活、成长成才的各方面,发挥课堂教学的主渠道作用,发挥校园文化的陶冶作用,发挥实践活动的养成作用,使爱国主义和民族团结思想深深扎根于青少年的心灵深处。

三是突出抓好企业职工的教育。要把主题教育活动与企业发展和文化建设结合起来,与民族团结进步教育活动结合起来,不断充实和完善企业文化内涵,为增强企业的凝聚力、创造力,提升企业的核心竞争力提供文化支撑和精神动力。要继续开展争创民族团结模范单位、模范个人活动,大力开展"一帮一"、"结对子"活动,运用多种形式和载体,积极营造增进民族团结的浓厚氛围,形成各族职工群众思想上相互交流、工作上相互支持、生活上相互关心、感情上相互交融的良好局面,自觉肩负起加强民族团结、维护社会稳定,促进企业科学发展的重要使命。

四是突出抓好农村和社区居民的教育。要深入农村、街道社区和"两新"组织,结合辖区居民的思想实际,有针对性地开展面对面的宣传教育。要把活动开展到商场市场、宾馆饭店、车站公园等窗口行业和公共场所,开展到千家万户、各阶层各群体之中,做到全面覆盖,不留死角。要把主题教育融入各类群众性创建活动中,多运用群众喜闻乐见的形式,多搭建群众乐于参与的平台,多开辟群众便于接受的渠道,让各族群众在日常生活、休闲娱乐中受到教育熏陶。

五是突出抓好宗教人士和信教群众的教育。要发挥民族宗教部门、爱国宗教团体和爱国宗教人士的作用,通过培训、座谈、面对面宣讲等方式,开展好宗教人士和信教群众维护民族团结、维护社会稳定、维护祖国统一、维护法律尊严的教育,引导他们抵御渗透、反对分裂。要突出信教群众国家意识、公民意识、法制意识教育,引导信教群众自觉爱国爱教、自觉遵纪守法。要通过历史对比、国际比较,结合现实生活的沧桑巨变,证明党的民族宗教政策的优越性和适应性,证明加强民族团结符合各族人民的根本利益,帮助部分思想偏颇的宗教人士和信教群众厘清思想、明辨是非。

四、加强组织领导,确保主题教育活动取得明显成效

这次主题教育活动涵盖内容广、持续时间长、涉及部门多,各区各单位各部门要以高度的政治责任感,把主题教育活动作为当前和今后一个时期的重要政治任务,切实加强领导,精心组织,狠抓落实,务求实效。

一是加强组织领导。各级党委(党组)要抓紧成立相应的领导机构和工作机构,全面负责本区、本单位、本部门的主题教育活动。各级党委(党组)书记作为第一责任人要亲自抓,分管领导要具体抓,其他领导干部要结合分工协助抓。领导机构要明确职责分工,认真制定细化方案,切实履行好活动的组织、协调、指导和督查责任。各级宣传、统战、教育、民族宗教等部门既要发挥主渠道、主阵地作用,又要密切配合、协调行动,形成齐抓共管、共同推进的合力。工会、共青团、妇联等群众团体要发挥自身优势,动员和组织所联系的各界群众积极参与到活动中来,取得教育成效。

二是创新方式方法。这次主题教育活动开展效果如何,很大程度上取决于活动的方式方法。各级、各部门特别是宣传、组织、教育、民族宗教等部门要适应群众参与意识增强的新形势,充分调动各种宣传教育资源,多用事实说话、多用典型说话、多用群众身边的事例说话,把大道理和小道理贯通起来,增强主题教育的感染力、感召力。要突出实践特色,切实把主题教育活动与深入贯彻落实中央新疆工作座谈会、自治区党委七届九次全委(扩大)会议精神结合起来,与"创先争优"活动结合起来,与各自实际工作结合起来,着力增强主题教育活动的针对性、实效性,把参与主题教育活动的成果转化为促进全市经济社会发展的强大动力,转化为促进本职工作的实际行动,真正为各族群众办上几件看得见、摸得着的实事好事,让各族群众感受到主题教育活动的成效。

三是加强舆论宣传。宣传部门要分阶段制定详细的宣传方案,指导和督促新闻媒体,搞好主题教育活动的舆论宣传。各宣传单位和新闻媒体要发挥优势,及时反映主题教育活动的新进展、新成效,深度报道我市经济社会发展的新变化、新成就,广泛宣传民族团结进步事业中涌现的先进典型和先进经验,形成良好的舆论氛围。要充分利用自治区开展"魅力新疆"宣传活动,全方位宣传克拉玛依,不断提升克拉玛依的知名度和美誉度。要认真抓好自治区"热爱伟大祖国、建设美好家园"万人宣讲团——克拉玛依分团(200人)的组织培训工作,7月中旬将深入各单位进行全面宣讲,各区、各单位、各部门要认真做好配合协调工作。

四是加强统筹协调。各区各单位各部门要坚持围绕中心、统筹兼顾、合理安排的原则,正确处理好主题教育活动和各项工作的关系,统筹安排好主题教育活动与其他各类教育实践活动,防止顾此失彼、轻重失度。在具体活动中,绝不能脱离正在进行的各项工作。要妥善安排时间和精力,努力做到"两不误"、"两促进"。

五是加强监督检查。各区各单位各部门要坚持时间服从质量,合理把握进度,以保证质量、取得实效为前提,扎实开展好主题教育活动。市主题教育活动领导小组将适时派出专门督察组,对各区、各单位、各部门主题教育活动开展情况进行检查指导。要严格落实工作责任制,对思想上不重视、部署上不到位、工作上不落实的部门和单位,要及时进行通报,限期进行整改,坚决防止形式主义,防止走过场。

五、以开展主题教育活动为契机,进一步加强和改进思想政治工作,为推进跨越式发展和长治久安提供思想保证和精神

动力

思想政治工作是我们党的优良传统和政治优势，是实现党的根本任务的保障，是经济工作和其他一切工作的生命线。历史经验告诉我们，任何时候、任何情况下，思想政治工作这个政治优势都不能丢。

长期以来，各级组织始终把思想政治工作融入全市改革、发展、稳定全局，融入到企业生产经营管理各个环节，充分发挥了思想政治工作把握方向、服务大局、凝心聚力、释政解惑、构建和谐、推动发展的作用，确保市、油田党委的各项决策部署在各单位得到有效落实，为全市改革发展稳定提供了强有力地思想政治保证。面对当前国际国内日益复杂的严峻形势，面对推进我市跨越式发展和长治久安的重大机遇和繁重任务，面对思想政治工作难度不断加大的不利局面，迫切需要进一步加强和改进思想政治工作，以此凝心聚力、鼓舞士气，激发斗志；以锐意进取、争创一流的精神状态，不断开创各项工作的新局面，为克拉玛依跨越式发展和建设美好家园贡献力量。

一要在增强思想政治工作的针对性和实效性上下工夫。要认真分析研究思想政治领域的新形势，新变化、新特点，切实增强思想政治工作的针对性和实效性，充分发挥其统一思想、凝聚人心、鼓舞士气、解疑释政、化解矛盾、教育引导的重要作用，使思想政治工作始终与我市加快发展的要求相适应，同不断变化的油田环境相符合，始终保持生机与活力。要坚持马克思主义在意识形态领域的指导地位，树立社会主义核心价值体系，始终唱响"我为祖国献石油"的主旋律，切实加强优良传统作风教育，进一步激励市、油田广大干部员工发扬大庆精神、铁人精神和克拉玛依精神，传承石油优良传统，为市、油田发展贡献智慧和力量。

二要在强化基层组织建设上下工夫。"基层不牢、地动山摇"。不管内外部环境如何变化，加强基层建设始终是我们工作的主题和根基。要继续强化"以基层党组织建设为核心的基层建设"理念，全面推进企业、城市社区、农村、机关、学校和"两新"组织等基层党组织建设，实现党的组织和党的工作全社会覆盖。围绕迎接建党90周年和党的十八大，认真组织开展好市、油田各级组织的创先争优活动。要深入推进学习型党组织建设，强化企业基层组织建设，提高党委班子执行民主集中制的自觉性，推进"标准化党支部"建设，开展党建"三联"示范点创建工作，增强基层党组织和党员队伍活力。要进一步加强社区党组织实体化建设，全面开展社区共驻共建活动，深入开展农村"三级联创"活动，强化"四知四清四掌握"工作机制落实，不断提高社区农村党组织服务群众和掌握社情的能力。以促进基层建设工作规范化、科学化为目标，以提高员工队伍综合素质为核心，深入开展"强三基、夯基础、练内功"主题活动，大力推进"五型"班组创建活动，切实提高基层建设水平，提高员工队伍业务技能，为企业科学发展、和谐发展奠定基础。

三要在深入推进企业文化建设上下工夫。加强企业文化建设，打造企业软实力，是对一个现代企业的基本要求，也是企业加快发展的动力源泉、管理创新的重要支撑、构建和谐的必然要求。各单位、各部门要结合实际，注重特色，以凝心聚力的特色企业文化，为油田科学发展提供精神动力和智力支持。要深入落实集团公司《企业文化建设纲要》，在"四统一"的前提下，充实和完善内涵，加强企业文化阵地建设，持续创建有特色、有实效的团队文化、安全文化、环保文化，廉洁文化、班站文化、和谐文化，进一步用企业文化凝聚队伍、用企业文化培育员工、用企业文化激发员工干劲，实现企业凝聚力、执行力、竞争力的持续提升。

四要在发挥群团组织桥梁纽带作用上下工夫。要坚持以人为本，突出人文关怀，切实关心维护各族人民群众的合法权益。要充分发挥群团组织和各类文体协会的作用，开展丰富多彩的特色活动，继续实施"送温暖"工程，大力弘扬"热爱伟大祖国、建设美好家园"的主旋律，不断丰富各族群众的精神文化生活，营造健康、文明、和谐的社会氛围，增强全市各族人民的向心力和凝聚力，增强自豪感和幸福感，形成共谋发展的合力，共建我们的美好家园。

深入开展"热爱伟大祖国、建设美好家园"主题教育活动，意义重大、影响深远。让我们紧密团结在以胡锦涛为总书记的党中央周围，在自治区党委和集团公司党组的正确领导下，以高度负责的精神和求真务实的作风，切实把主题教育活动组织好、开展好，凝聚市、油田各族干部群众的力量和智慧，为促进克拉玛依跨越式发展和长治久安作出新的更大的贡献。

克拉玛依市、油田党委书记徐卫喜在克拉玛依市、油田党委九届七次全委会上的工作报告

（2010年12月17日）

2010年以来，市、油田党委在自治区党委和集团公司党组的正确领导下，以邓小平理论和"三个代表"重要思想为指导，深入贯彻落实科学发展观和党的十七届四中、五中全会、中央新疆工作座谈会以及自治区党委七届九次全委（扩大）会、集团公司2010年领导干部会议精神，紧紧围绕全面建设小康社会目标，按照年初既定的工作思路，以科学发展为主题，以加快转变经济发展方式为主线，以保障和改善民生为根本，团结带领全市各族人民努力实现"十一五"规划目标任务，有效应对国际金融危机延续影响，不断巩固全市经济回升向好趋势，继续推进经济、政治、文化、社会和党的建设，各项工作都取得了新的成绩。在这里，我受市、油田党委常委会的委托，向全委会作工作报告。

一年来，常委会坚决贯彻中央和自治区党委、集团公司党组的决策部署，根据形势和发展的要求，集中力量抓了几件大事。我先报告这方面工作情况。

一、深入学习贯彻中央新疆工作座谈会和自治区党委、集团公司党组的重要会议精神

2010年5月，中央新疆工作座谈会和自治区党委七届九次（全委）扩大会议相继召开，明确了当前和今后一个时期新疆工作的指导思想、目标任务、重点工作和重大政策措施，为新疆的大建设、大开放、大发展创造了千载难逢的历史性机遇。为贯彻落实中央和自治区的决策部署，我们及时召开市、油田党委中心组学习（扩大）会进行传达学习，并强调克拉玛依虽然没有全国省市对口支援，但能否抓住这一机遇，实现克拉玛依在新疆率先跨越发展和长治久安，是对各级领导班子执政能力的重大考验，是对干部队伍综合素质的全面检验。我们要进一步强化机遇意识、发展意识、责任意识，不断解放思想、转变观念、自加压力，在加快推进克拉玛依在全疆率先基本实现现代化、打造世界石油城的进程中抓住新机遇、谋求新发展、实现新跨越。按照《中共中央、国务院关于推进新疆跨越式发展和长治久安的意见》和自治区《关于落实〈中共中央、国务院推进新疆跨越式发展和长治久安的意见〉任务分解方案》的要求，立足克拉玛依自身实际，制定了《关于推进克拉玛依跨越式发展和长治久安任务分解方案》，建立了具体的目标责任制和项目督促检查机制，并按方案内容形成了任务分解大表，逐条落实到相关部门，确保任务分解方案的有效落实。各级党组织积极行动，通过组织党员大会、举办专题形势报告会、加强媒体宣传等形式，迅速在全市上下掀起了学习贯彻中央新疆工作座谈会的热潮。

在7月集团公司领导干部会议上，集团公司提出要进一步加大新疆地区油气业务发展力度，支持新疆跨越式发展和长治久安。蒋洁敏专门指出：克拉玛依要在新疆跨越式发展中走在前列、在长治久安上作出示范。10月初，自治区党委书记张春贤亲临克拉玛依考察指导工作，要求克拉玛依要为新疆经济增长作出更大贡献，要为新疆新型工业化带好头，在新型城市化建设上带好头，要成为现代文化引领的样板，并希望新疆跨越式发展和长治久安目标在克拉玛依能够率先实现。张春贤和蒋洁敏的重要指示，为克拉玛依跨越式发展和长治久安指明了方向。为将这系列精神落到实处，经常委会研究，决定出台《关于推进克拉玛依跨越式发展和长治久安的意见》，用于指导“十二五”以及今后一个时期克拉玛依经济社会发展的各项工作。为了起草好这个《意见》，常委会进行了深入调查研究。《意见》初稿形成后广泛征求党委委员、纪委委员，市人大、政府、政协及驻市中央石油石化企业的意见，现提交此次全委会讨论，一旦通过，将对克拉玛依今后发展具有现实的指导意义。这也是我们深入贯彻落实中央、自治区党委、集团公司党组重大决策部署的具体实践，将为克拉玛依实现经济社会科学跨越发展，在新疆跨越式发展中走在前列、在长治久安上作出示范提供有力保障。

二、全面启动学习型城市建设工作

2009年，市、油田党委站在全局和战略的高度，制定了《关于建设学习型克拉玛依的意见》，把建设学习型城市作为克拉玛依市经济社会发展的一项重大战略任务。我们强调，建设学习型克拉玛依，要紧紧围绕克拉玛依市的奋斗目标，以提高市民的综合素质为目的，以构建终身教育体系为基础，以建设各类学习型组织为重点，坚持在创新载体、完善机制、抓好示范、力求实效上下工夫、求深入，不断增强城市的综合创新力和持续发展力。为抓好学习型城市的建设工作，市、油田党委及时成立了领导小组，明确了专门工作机构和工作职责，制定了年度学习计划，精心组织了多层次、宽领域、有实效的学习活动，调动全市各级党组织、广大市民学习的积极性和主动性，保证了学习型城市建设工作的有序开展。在学习型组织创建活动中，常委会坚持以身作则、率先垂范，全年组织集体学习12次，对学习型党组织建设，世界学习型城市的科学发展，信息、金融产业战略发展等方面进行了专题学习，不断提高班子成员的思想理论水平和引领发展的能力。全市各级党组织按照市、油田党委的安排部署，以确立学习型城市理念、宣传学习型组织理论和营造全民学习氛围为重点，开展了大量工作，初步形成了良好的创建氛围和工作态势。

三、2010年全面建成小康社会目标和“十一五”规划目标基本实现

全面建设小康社会是党的十六大确定的中国在本世纪头20年的奋斗目标。结合克拉玛依发展实际，市、油田党委在2007年九届三次全委会上明确提出到2010年全面建成小康社会、到2020年在新疆率先基本实现现代化的发展目标。今年是克拉玛依市全面建成小康社会的收官之年，也是兑现我们庄重承诺之时。按照国家统计局制定的《全面建设小康社会统计监测指标体系》中经济发展、社会和谐、生活质量、民主法制、文化教育、资源环境六个方面23项指标来看，克拉玛依市2010年预计实现程度为86.5%，以2009年82.4%的测算指标计算，比全国实现程度74.6%高11.9个百分点，比新疆实现程度56.09%高30.4个百分点，实现程度走在新疆前列、全国中上水平。

目前，我们主要有三项指标短期内不能完全达到国家小康社会目标值，主要是第三产业增加值占GDP比重，克拉玛依市为9.6%，与目标值50%仍有不少差距；文化产业增加值占GDP比重，克拉玛依市为0.25%，与目标值5%相比差距很大；单位GDP能耗，克拉玛依市为2.9%，只实现目标值0.84%的29%。这三项短板，主要与克拉玛依市产业结构单一，石油石化产业增加值占GDP比重大，第三产业规模小以及自然环境恶劣等客观原因有关。当然全国小康社会指标体系是从全国范围内制定，并未针对某一个地区专门制定标准，因此每个地区在个别评价标准上有一定的差异，所以指标体系的局限性也从一定程度上限制了克拉玛依市完全达到全国指标体系的目标值。排除客观原因，综合来看，克拉玛依市全面建成小康社会的目标基本实现。但是，我们不能刻意强调客观，要从主观上增强工作的紧迫感和责任感，要针对存在的问题和不足，进一步加大工作力度，采取有力措施，创新破难、补缺补弱，聚全市之智、举全市之力全面提高全市小康社会的实现度，推动克拉玛依向更高水平的小康社会迈进，力争到2015年跨入全国小康社会先进市行列，让老百姓得到更多的实惠。

今年是“十一五”的收官之年，经初步核算，“十一五”地区生产总值规划2 588亿元，实际完成2 829.9亿元，比“十五”期间增加1593.6亿元，年均增长8.8%；地方财政规划184.3亿元，实际收入190.7亿元，比“十五”期间增长133%，年均增长12.9%；两税收入规划647亿元，实际696.2亿元，比“十五”期间增长173%；固定资产投资规划948.9亿元，实际1 081.6亿元，比“十五”期间增长114.5%；城镇居民人均可支配收入年均增长8%；农牧民人均纯收入年均增加700元以上，“十一五”规划确定的主要奋斗目标顺利完成。可以说，“十一五”期间的五年是克拉玛依经历考验和挑战最多、经济实力提升最快、群众得到实惠最多的5年，为加快提升克拉玛依市全面建设小康社会水平打下了坚实的基础。

四、学习实践科学发展观活动圆满完成，创先争优活动全面展开

今年2月底，为期一年半的全党深入学习实践科学发展观活动基本结束。全市407个单位，49171名党员圆满完成了第一批、第二批的学习实践活动。通过学习实践活动，集中解决了一批影响和制约克拉玛依市科学发展的突出问题，提高了各级党员干部运用科学发展观指导实践、推动工作的能力，切实让全市各族干部群众感受到了学习实践活动带来的新变化、新气象和新成效，取得了明显成效。

从2010年4月开始，中央部署在党的基层组织和党员中开展以深入学习实践科学发展观为主题的创先争优活动，进一步巩固和拓展学习实践活动成果。按照自治区和集团公司的统一部署，我们及时成立了领导小组和专门工作机构，制定实施意见，健全工作机制，召开动员大会，对全市开展创先争优活动进行广泛动员和全面部署。全市各级党组织以“党组织争先科学发展、党员争做油城先锋”为实践载体，按照“五个好”、“五带头”的目标要求，广泛开展了形式多样、富有特色的创争活动。市、油田2 571个党组织和41 525名党员作出公开承诺，承诺事项为8 786件和104 881件，充分体现了开展活动与推动工作的双促进，双落实。目前创先争优活动正全面有序地推进。

五、“热爱伟大祖国、建设美好家园”主题教育活动启动迅速、扎实推进

根据中央部署，中央四部委和自治区党委决定，从今年6月至2012年10月，历时两年半在新疆开展“热爱伟大祖国、建设美好家园”主题教育活动。这是推进新疆跨越式发展和长治久安的重大举措，对于引导各族干部群众牢固树立“三个离不开”思想，打牢民族团结的思想基础，不断增强“四个认同”，坚定不移地维护社会稳定、维护社会主义法制、维护祖国统一和国家安全，具有重大意义。活动中，我们进行了广泛动员和细致安排，积极组织宣讲队伍，开展了大规模面对面的宣讲活动，同时调动各新闻媒体进行了高密度、多角度的宣传。各级党组织按照市、油田党委的部署，迅速行动、全面展开，通过座谈研讨、演讲比赛、文艺演出等形式，扎实做好主题教育活动的各项工作，基本实现了主题教育进学校、进机关、进社区、进农村、进清真寺、进家庭，呈现出开局良好、稳步推进、成效显著的良好态势。

六、圆满完成抗雪救灾任务

今年年初，由于强冷空气入侵，阿勒泰、塔城地区遭遇严重的暴雪灾害，给当地群众生产生活造成了重大影响。根据自治区党委、自治区人民政府关于支援受灾地区的指示精神，我们连夜协调、组织联合抢险救援队，紧急调集抢险救灾设备，迅速赶赴灾区开展抢险救援。新疆油田公司第一时间向阿勒泰、塔城地区各捐款100万元，帮助受灾地区解决困难所需。在当地有关部门的统一指挥下，经过25天的艰苦奋战，累计打通道路4 243千米，解救211个村庄，救助农牧民18 401户70 154人，协助运送救灾物资（草料、食品、煤炭）961.5吨。通过市油田党委、市人民政府和驻市中央石油石化企业的共同努力，胜利完成了阿勒泰、塔城地区的抗雪救灾任务，充分展现了中石油作为国有大型企业的政治责任和社会责任，体现了克拉玛依各族人民对受灾群众的深情厚谊。

下面，我报告市、油田党委常委会一年来所做的其他重要工作。

一、坚持以科学发展观为统领，努力实现全市经济平稳较快发展

今年年初，市油田党委、市人民政府着眼于长远发展，研究提出了打造世界石油城的战略发展目标，围绕实现这一战略目标，今后一个时期将加快建设油气生产、炼油化工、技术服务、机械制造、石油储备、工程教育“六大基地”，突出发展金融、信息、旅游“三大新兴产业”，着力打造高品质城市、最安全城市“两个平台”。一年来，我们坚持以科学发展观为统领，围绕打造世界石油城发展战略，积极争取自治区和集团公司在推进新疆跨越式发展中的更多支持，抓紧谋划和制定与打造世界石油城相结合的“十二五”规划，同时按照既定的工作部署，进一步巩固经济企稳向好趋势，实现了全市经济平稳较快发展。初步核算，预计2010年，克拉玛依市实现地区生产总值700亿元，按可比价计算，比上年增长15%；实现两税收入203.5亿元，增长32.4%；地方财政收入45亿元，增长26%；地方财政支出57.5亿元，增长26.7%；城镇居民人均可支配收入16 935元，增长10%；农牧民人均纯收入增加1 000元以上，达到9 000元。

一是油气生产保持稳步发展。新疆油田公司按照集团公司的总体部署，围绕建设现代化大油气田目标，大力实施资源、科技和人本“三大战略”，切实做好“发展、转变、和谐”三篇文章，确保了生产经营目标的顺利实现。勘探获得一批重要成果，车排子凸起预探获股份公司重大油气发现一等奖，莫北油田滚动勘探获得重大突破，风南5井风城组云质岩再获高产油气流。预计全年生产原油1 089万吨，生产天然气38亿立方米。天然气产销保持平衡，保障了北疆地区居民和工业用气的正常供应。

二是炼化生产优化平稳。独山子石化公司稳步推进大石化工程安全、环保、平稳、达标生产，全面提升加工能力，炼油综合商品率、乙烯加工损失率等13项指标名列中石油第一。克拉玛依石化公司全面启动完善稠油集中加工配套工程暨600万吨/年加工能力建设项目，并积极筹备1 000万吨/年产能扩建工程。克拉玛依石化园区依托克拉玛依石化公司炼化能力增产建设，确定了后续产业发展及项目开发基本思路和方案，持续加大招商引资力度，积极吸引企业入驻。预计全年，两大石化公

司累计加工原油1 340万吨，比上年增长28.2%；生产乙烯105万吨，增长114%。

三是工程技术服务能力显著增强。西部钻探公司紧紧围绕建设以“强精特优”为显著特征、具有国际竞争力和EPC功能的工程技术服务公司为目标，持续开展科技研发和攻关，积极开拓内外部市场，在西部油田的关联交易市场主体地位更加稳固，国内外市场服务领域进一步扩大。预计全年完成钻井进尺280万米，实现经营收入73.85亿元，比上年增长15%。新疆石油工程建设公司以保障集团公司国内外油气地面产能、油气储运、长输管道建设等重点工程项目为主，做大做强EPC，做精做专施工总承包，预计全年实现经营收入20亿元，利润总额750万元。新疆石油勘察设计研究院紧跟集团公司国内外油气核心业务发展步伐，以勘察设计为龙头，全力打造EPC工程总承包产业构架，预计全年实现经营收入5亿元，利润总额3 500万元。

四是石油储备基地建设初具规模。独山子300万立方米的国家石油储备库完成了主体工程，200万立方米商业储备库已投入运营，王家沟45万吨原油储备库建设进展顺利，呼图壁气田40亿方天然气储备库正在加紧筹划。

五是工程教育基地前期工作稳步推进。以克拉玛依技师学院和职业技术学院“两院合一”为主导，拟建的工程教育基地总体规划基本完成，筹建工作进展顺利，计划分两期建设，近期规划5年，按1万人规模建设；远期规划10年，总规模达到2万人。积极开展工程教育合作和改革试点工作，与中国石油大学签订协议，决定共建“中国石油大学工程师学院”，并拟在“十二五”期间将学院建成全日制本科工程院校，得到了自治区的认可和支持，基地建设工作取得突破性进展。

六是地方经济健康快速发展。利用中石油昆仑银行落户克拉玛依市的有利时机，全力争取自治区和集团公司的支持，加快昆仑保险、昆仑证券落户克拉玛依市。同时积极引导金融机构加大信贷投入规模和对地方企业的支持力度，11月末，金融机构人民币贷款余额152.58亿元，较年初增长9.8%。依托数字油田、数字城市体系的内容数字化产业、软件研发业和信息服务业稳步发展，克拉玛依市信息产业规模不断壮大。成功举办了由国内外专家、院士，各大油田、城市和参展商700多名代表参加的“首届信息化创新克拉玛依国际学术论坛”，进一步提高了克拉玛依的国际知名度，为克拉玛依市信息产业的快速发展搭建了平台。旅游业组织开展了总体规划修编和发展战略研究，完成了魔鬼城游览体系的设计和重点旅游景区、景点的修建性详规，开展了系列旅游和宣传活动，旅游接待水平和服务质量显著提升。预计全年旅游收入9.07亿元，比上年增长35%。大力扶持地方企业发展油气技术服务高端业务，加快龙头企业上市进度，目前，已有5家地方企业着手筹划上市。继续加大招商引资工作力度，积极组织地方企业参加乌洽会、西博会、厦洽会和“水节”经贸推介会等重要招商展会，努力吸引大企业、大集团落户克拉玛依市。与中石油宝鸡钢管公司、中节能环保科技投资公司签订了落户协议，落地项目的建设将进一步优化克拉玛依市的产业结构，提升地方经济的实力。预计全年落实招商引资项目129个，实现到位资金38亿元（不含昆仑银行），比上年增长30%。积极稳妥地开展大农业综合开发，深入推进社会主义新农村建设，全市农牧民生产生活条件明显改善。

七是城市规划和基础设施建设扎实推进。针对城市发展的总体定位和产业发展新的要求，初步完成了克白中部组群远景规划编制工作，同步实施了中部城镇群园林绿地景观系统规划、近期建设规划、老城区整体控制性详细规划、克拉玛依河两侧区域详细规划等一批规划的编制和课题研究。科技博物展览馆、图书馆等一批重大项目正在抓紧实施。数字城市建设进展顺利，公共数据交换平台、信息平台、民政系统等一批信息化项目建设按计划推进。大力推进节能减排，加大环境监察执法力度，对群众反映强烈的环境信访问题进行了重点落实和整改，保障了人民群众的切身利益。

二、坚持以保障和改善民生为根本，促进经济社会协调发展

2010年是市、油田党委确定的“关注民生年”的第三年。一年来，我们始终把保障和改善民生作为全部工作的出发点和落脚点，继续加大对重点民生工程的支出保障力度，预计全年重点民生领域的投入14.6亿元，比上年增长19%，切实把改革发展的成果更好地体现到提高人民生活水平和质量上。

全力促进和稳定就业。完善并实施了一系列更加积极的就业政策，采取多渠道、多方式开发就业岗位，持续开展就业援助活动，扩大就业见习基地范围，加强就业培训力度等措施，实现了“零就业”家庭动态为零。预计全年实现就业再就业3 800人，完成目标任务的126%，其中少数民族1 250人，就业困难人员369人，城镇登记失业率继续控制在2%以内。

医疗卫生服务水平不断提高。以国家深化医院卫生体制改革为契机，进一步加强覆盖城乡的基本医疗卫生服务体系建设，逐步推行基本药物零差率销售，继续扩大社区卫生惠民服务项目范围，全面推行“小病在社区、大病到医院、康复回社区”的分组医疗和双向转诊新格局，有效解决群众“看病贵”、“看病难”问题。加强与先进地区的交流合作，建立了同济医院与市中心医院对口支援关系，不断提升克拉玛依市医疗卫生服务水平。

基础教育质量稳步提升。坚持科教强市和教育优先发展战略，大力推进基础教育课程改革，积极构建教、研、训一体化的校本培训模式，教学质量和教师队伍素质明显提高。进一步优化双语教学的内外部环境，稳步推进“民汉合校”工程，促进“双语”教学优质、均衡发展。通过面向全国公开招聘教师，加强与国内外先进教育机构的交流合作，着力提高克拉玛依市教育工作的整体水平。2010年克拉玛依市普通高考民汉综合上线率为90.1%，录取率97.3%，高中会考成绩继续名列自治区前茅。

社会保障体系进一步完善。不断扩大社会保险覆盖面，修订完善了《克拉玛依市城乡居民基本医疗保险办法》，扩大了社会保险、住房公积金和职业培训补贴范围，全年“五险”参保新增扩面人数12 359人，基金征缴率达到95%以上。各项社会保险待遇按时足额发放，社会化发放率保持100%。持续为“低保户”减免水、电、暖等五项费用，及时调整了城乡低保标准和企业退休人员基本养老金，统一为符合自治区条件的城镇未参保集体企业退休人员办理了基本养老保险。目前，全市符合参保条件的退岗职工家属15 926人，计划年底全部完成补费参保。

居民住房保障工作进一步加强。全面落实房地产宏观调控政策，不断加大住房保障和房地产市场监管力度，对11家房地产开发企业违规收取预售房款行为进行了全面整顿，维护了消费者权益。不断加强保障性住房建设，全年新建经济适用住房3 145套、廉租住房80套，基本解决了中低收入住房困难家庭和无房户的住房问题。

群众关注的民生工程扎实推进。稳步推进居家养老服务进程，完成了老年活动中心主体工程，15个街道、社区居家养老服务中心也于年内投入使用。完成17个小区、约2.6万户居民的天然气入户安装任务，气化率30%，力争到2012年实现全市天然气入户全覆盖。抗震加固工程进展顺利，教育系统已全部完成，卫生系统完成86%。完成既有居住建筑节能改造10万平方米。积极推进矿区民用水电气和物业服务收费制度改革工作。实施了个体中巴车退市工作，妥善解决了中巴车主再就业等一系列后续问题。大力提升公交服务质量，全年投入9 565万元购置公交车170辆，进一步改善了市民的出行条件。

三、坚持稳定压倒一切的思想不动摇，全力维护克拉玛依社会政治稳定

维护社会政治稳定，始终是市、油田党委的中心工作。我们时刻紧绷稳定这根弦，牢固树立稳定压倒一切，稳定是第一责任、是硬任务的思想不动摇，按照“反暴力、讲法治、讲秩序”的工作要求，狠抓各项维稳措施的落实，全力维护了克拉玛依社会政治的持续稳定。

始终坚持严打高压和严密防范不放松。坚持把打击和防范放在突出位置，按照“主动进攻、露头就打、先发制敌”的方针，始终保持对“三股势力”、“法轮功”等邪教组织及各种敌对分子的严打高压态势。特别是在上海世博会、中央新疆工作座谈会、“七五”事件一周年等敏感节点和重点阶段，组织开展了重点区域清查整治行动，全面落实各项稳控措施，牢牢掌握了工作主动权。以建立健全社会治安长效工作机制、加强基层基础工作和社会治安综合治理为重点，深入推进社会管理创新，不断深化平安创建活动，集中整治了一批治安突出问题，净化了社会治安环境。

始终加强意识形态领域反分裂斗争不放松。我们高度重视意识形态领域反分裂斗争，坚决遏制民族分裂势力和宗教极端势力在思想文化方面的渗透破坏，通过深入开展民族团结进步教育活动，举办爱国宗教人士大讨论、大宣讲，发挥新闻媒体的引导作用，进一步提高了各族干部群众的政治鉴别力和思想免疫力。依法加强对宗教事务的管理，严格落实领导干部联系清真寺和宗教人士谈话制度，坚决禁止未成年人参加各种宗教活动。开展了异常宗教现象专项整治行动，有效遏制了异常宗教现象增多的趋势。进一步规范了朝觐组织管理工作，制止零散朝觐活动，维护了朝觐活动的正常秩序。

始终加强群众工作不放松。从解决群众关心的热点、难点问题入手，深入开展了矛盾纠纷排查化解、信访积案化解年和大接访活动，充分发挥“联合大调解”机制的作用，综合运用法律、经济、行政等手段和教育、协商、调解、仲裁等方法，有效化解了各类社会矛盾、纠纷和问题，切实维护了群众的合法利益。

始终强化安全生产不放松。牢固树立安全是天字号工程理念，全面抓好安全环保责任制的落实，认真汲取“七一六”大连输油管道爆炸等重大安全事故教训，强化职工安全教育培训，加大隐患排查治理力度，狠抓整治“三违”行为，全市安全生产形势整体平稳。继续加强公共安全体系建设，健全完善了公共安全应急救援机制和应对灾害综合防御体系，预防、应对和处置公共突发事件的能力不断增强，为人民群众生命财产安全提供了有力保障。

四、坚持推进民主法治建设，加强和改进宣传思想文化工作

我们充分发挥市、油田党委“总揽全局、协调各方”的领导核心作用，进一步加强和改进对人大、政府、政协、军分区和驻市中央石油石化企业的领导。支持人大及常委会依法履行职权，支持人大代表开展调研、视察活动，加强代表议案建议办理和督办工作，更好地发挥人大的监督职能。支持政府履行职责，推动依法行政，建设法制型、服务型、效能型政府。支持政协围绕团结和民主两大主题履行职能，支持政协委员围绕重大课题和社会热点问题开展调研，建言献策。积极推进基层民主，继续深化政务、厂务、村务公开，不断提高人民群众民主参与的积极性。大力推进依法治市，深入开展了社会主义法治理念教育，规范执法行为，促进司法公正。不断扩大爱国统一战线，支持工会、共青团、妇联等群众团体依照法律和各自章程开展工作，参与社会管理和公共服务，密切了党与人民群众的血肉联系。

常委会始终强调要深刻认识宣传思想文化工作在经济社会发展中的重要作用，要坚持以现代文化为引领，高度重视石油文化优势的发掘利用，大力弘扬石油工业的优良传统和克拉玛依精神，切实把各族干部群众的智慧和力量凝聚起来，以文化事业大发展、大繁荣努力提高发展软实力。一年来，我们扎实推进宣传思想文化工作。一是始终把社会主义核心价值体系融入公民道德建设和精神文明建设全过程，认真开展全国公民道德宣传日和自治区公民道德建设月活动，提高典型宣传的影响力和感染力，深入推进全国文明城市创建工作，通过开展各类群众性精神文明创建活动，进一步推动社会文明新风尚的形成和发展，城市文明和市民素质进一步提升。二是加强重大主题和重大活动宣传工作，精心策划了打造世界石油城、落实中央新疆工作座谈会精神，信息化创新国际学术论坛、克拉玛依油田勘探开发55周年等主题宣传，组织开展了退岗职工家属参保等民生问题的集中宣传，推出了《聚焦民生》、《民生改善行动》等系列专题，牢牢把握了正确的舆论导向。三是制定了《克拉玛依市“十二五”城市文化发展纲要》，持续发展文化事业和文化产业，加强公共文化基础设施建设，加强对文化市场的培育和管理，积极开展文化科技卫生“三下乡”、水节、社区展演等群众性文化活动，营造了良好的文化氛围。四是紧紧围绕“民族团结是各族人民的生命线”和“谁是我们的敌人，谁是我们的兄弟姐妹”等主题，开展了大规模面对面的宣讲活动，筑牢全市各族人民共同团结奋斗、共同繁荣发展的思想基础。五是进一步加大对外宣传力度，加强与中石油媒体、新疆主流媒体的深入合作和交流，组织采写的多篇新闻稿件在国内主流媒体上报道，大力度提高了克拉玛依的知名度和影响力。

五、坚持以改革创新精神全面加强党的建设

常委会认为，保持克拉玛依当前良好的发展态势，加快发展步伐，必须把执政能力建设和先进性建设作为提高引领科学发展能力的主线，切实加强党的思想、组织、作风、制度建设和反腐倡廉建设，为克拉玛依跨越发展和长治久安提供根本保证。

不断加强常委会班子自身建设。我们强调，在推进克拉玛依跨越式发展的关键时期，各位常委更要以身作则、当好表率，切实加强自身建设，真正成为各级党组织和广大党员干部的旗帜和标杆。认真贯彻民主集中制，坚持重大问题集体讨论、集体决定，使各项决策更加科学并符合实际，较好地发挥了班子的整体功能。积极配合集团公司党组巡视组开展了为期一个月的党内监督巡视工作，针对巡视组提出的意见和建议，认真抓好整改落实工作。我们要求常委会成员在党风廉政建设方面标准要更高，要求要更严，带头遵守廉洁自律的各项规定，自觉接受社会各方面的监督，切实担当起新时期引领克拉玛依发展的重任。

着力加强领导班子和干部队伍建设。组织开展了大规模干部培训，进一步加强各级干部特别是领导干部的思想政治建设和能力建设。坚持德才兼备、以德为先的用人导向，对市、油田各单位缺员领导岗位和工作急需岗位做到了及时配备，对9个处级岗位实行公开选拔，干部选拔任用的科学化、规范化水平和选人用人的公信度进一步提高。认真抓好以高层次人才和高技能人才为重点的人才队伍建设，制定了《克拉玛依市"十二五"人才发展规划》、《克拉玛依市对口支援人才规划》，积极争取国家部委对克拉玛依在教育、医疗卫生等方面人才和智力支援，为克拉玛依市科学跨越发展提供人才支撑。

切实增强基层党组织和党员队伍的活力。坚持抓基层、打基础不放松、不动摇，全面落实党建工作责任制，结合"四强"党组织、"五个好"和"六个一"党支部创建活动，深入推进标准化党支部创建工作，党的基层组织的战斗堡垒作用和党员先锋模范作用得到充分发挥。继续强化社区阵地建设，扎实推进"四知四清四掌握"工作机制、"五百"服务机制的落实和强化，基层党组织服务群众、掌握社情、维护社会稳定的能力不断加强。不断扩大党组织的覆盖面，积极开展百日组建活动，实现了非公有制企业和新社会组织党组织应建已建率100%。通过开展党建"三联"示范点创建活动，深化"党员示范岗"、"党员责任区"、"党旗飘扬"等主题实践活动，全面加强党员队伍建设。

全力推进反腐倡廉建设。坚持标本兼治、综合治理、惩防并举、注重预防的方针，认真抓好惩防体系实施方案和年度推进计划的组织落实，严格落实党风廉政建设责任制。加强反腐倡廉教育，深入开展了第十二个党风廉政教育月活动，进一步筑牢党员干部拒腐防变的思想道德防线。强化对权力运行的制约和监督，认真贯彻执行《党员领导干部廉洁从政若干准则》、《国有企业领导人员廉洁从业若干规定》和"三重一大"集体决策等党内监督制度，推行领导干部公开廉洁承诺，取得了较好效果。深入开展专项治理工作，加强对商业贿赂、"小金库"、工程建设领域突出问题的专项治理，查找并纠正了一批违规问题。加大查办案件工作力度，坚决惩处腐败分子，对违纪违法案件坚决查处，绝不手软，维护了党纪政纪的严肃性。

以上报告的是第九届市、油田党委常委会今年以来的主要工作。这些工作的开展和成绩的取得，是自治区党委和集团公司党组正确领导的结果，是全体委员大力支持的结果，是全市各级党委、政府、广大党员干部和各族群众共同奋斗的结果。在此，我代表市、油田党委常委会，向全市各级党组织、广大党员和各族群众表示衷心的感谢并致以崇高的致意！

在总结工作的同时，常委会也深入分析了面临的挑战和存在的不足，主要是：国际国内经济形势的不确定性仍然较大，国际金融危机深层次影响依然存在；克拉玛依市产业结构单一、经济结构调整难度大，加快经济发展方式转变的任务仍然繁重；准噶尔盆地油气资源的勘探难度不断加大，实现新疆油田油气产量规模增长困难较多；工程技术服务企业核心竞争力有待进一步提升；石油石化产业链还需要进一步延伸；第三产业规模较小，文化产业发展滞后；人才引进培养还需高度重视；保障和改善民生工作亟待加强，影响社会和谐的不稳定因素依然存在；党的建设特别是领导班子和干部队伍建设仍然存在薄弱环节，个别领导干部违纪违法案件时有发生，加强反腐倡廉工作任重道远。我们必须高度重视这些问题，进一步采取有针对性的措施，加强和改进有关工作。希望同志们对市、油田党委常委会的工作提出意见和建议，以帮助我们把工作做得更好，不辜负全市各族人民的殷切希望。

2011年是中国共产党成立90周年，是实施"十二五"规划的开局之年，也是克拉玛依市积极推进经济发展方式转变和结构调整，促进经济跨越发展和社会长治久安的关键之年。进一步解放思想、抢抓机遇、开拓进取，在全疆跨越式发展和长治久安上作表率、起示范、带好头是市、油田党委当前和今后一个时期的中心工作。特别是市、油田党委即将出台的《关于推进克拉玛依跨越式发展和长治久安的意见》，明确了今后五年全市工作的指导思想、目标任务和重点工作，提出了具有战略意义的"三步走"发展目标，进一步丰富和发展了打造世界石油城的战略构想，为克拉玛依跨越式发展和长治久安指明了方向。对此，我们要认真学习、深刻领会中央、自治区党委和集团公司党组一系列重要会议精神，切实把思想和行动统一到市、油田党委的决策部署上来，认真抓好《意见》的贯彻落实，努力使新疆跨越式发展和长治久安的目标在克拉玛依率先实现。

2011年全市工作指导思想是：全面贯彻落实党的十七届五中全会、自治区党委七届九次全委（扩大）会，以及集团公司领导干部会议精神，以科学发展为主题，以加快转变经济发展方式为主线，全面实施《关于推进克拉玛依跨越式发展和长治久安的意见》和克拉玛依市"十二五"经济社会发展规划，始终把推动科学发展作为解决一切问题的基础，始终把改革开放作为促进发展的强大动力，始终把保障和改善民生作为全部工作的出发点和落脚点，始终把加强民族团结作为长治久安的根本保障，始终把维护社会稳定作为发展进步的基本前提，进一步解放思想、抢抓机遇、奋发进取，努力推动克拉玛依市在新疆跨越式发展中走在前列、在长治久安上作出示范，为克拉玛依在新疆率先基本实现现代化奠定基础，以优异的成绩迎接建党90周年。

面对新疆加快推进跨越式发展和长治久安的重大机遇，站在新的历史起点上，我们肩负的使命光荣、责任重大、任务艰巨。让我们紧密团结在以胡锦涛为总书记的党中央周围,高举中国特色社会主义伟大旗帜,带领全市各族人民,切实把心思凝聚在干事创业上,把精力集中在率先跨越上,把功夫下在抓好落实上,团结一心、开拓进取、追求卓越,全力推进克拉玛依跨越式发展和长治久安,为实现在全疆率先基本实现现代化、打造世界石油城而努力奋斗。

坚持科学发展 突出资源战略
持续推进现代化大油气田建设

——新疆油田公司总经理陈新发在油田公司三届三次职代会暨2010年工作会议上的报告

(2010年2月2日)

这次会议的主要任务是,学习贯彻中央经济工作会议和集团公司2010年工作会议、自治区党委七届八次全委(扩大)会议精神,总结2009年工作主要成果,部署2010年重点工作,深入学习实践科学发展观,动员各族干部员工认清形势、统一思想,坚定信心、扎实工作,持续推进现代化大油气田建设。

现在,我代表油田公司向大会作报告,请予审议。

一、2009年工作回顾

刚刚过去的2009年,是一个不平凡、不寻常的年份,面对国际金融危机、乌鲁木齐"七五"事件、甲型H1N1流感疫情的严重冲击和影响,公司党委和管理层团结带领广大干部员工,坚持以邓小平理论和"三个代表"重要思想为指导,深入贯彻落实科学发展观,牢牢抓住"科学发展、构建和谐"两大主题,科学筹划部署,积极应对挑战,油田生产平稳健康运行,各项工作都取得了新进展、新成果。全年生产油气1 089万吨、36亿立方米,完成商品量1 070万吨、17.9亿立方米。新增石油探明储量7 701.47万吨(可采1 639.25万吨)、控制储量1.09亿吨、预测储量1.16亿吨;新增天然气预测储量537.65亿立方米。完成投资96.3亿元,实现总收入369.39亿元、利润90.94亿元、税费72.37亿元,油气单位操作成本8.74美元/桶。

(一)突出整体勘探,资源基础得到夯实。坚持"大勘探"指导思想,强化和推进风险勘探、甩开预探和滚动勘探,锲而不舍地寻找油气大发现,获得了一批重大成果。

落实了风城稠油一个亿吨级油田。储量近5亿吨的风城超稠油油田,经开发试验,有2亿吨储量可以有效动用。落实了六个千万吨级整装区块。陆151井在侏罗系头屯河组获得新发现,形成1 500万吨储量规模,展示了盆地腹部良好的勘探前景。莫109井区3口井获工业油流,落实石油地质储量1 600万吨,莫北油田形成3 500万吨储量规模。北三台凸起西泉地区7口井获工业油流,展现千万吨储量场面。红山嘴油田红003井区在白垩系、侏罗系30口井获工业油流,滚动探明储量4026万吨,为稠油持续稳产提供了优质资源。百口泉油田百乌28井区11口井获工业油流,滚动探明石油地质储量1 120万吨。在乌尔禾鼻凸落实控制储量2 087万吨。

准备了六个大场面目标。车排子凸起斜坡区风险勘探获得重大突破,沙门1井在白垩系获得折算日产油32立方米、天然气8万立方米高产工业油气流,展现了中生界大型地层岩性油气藏勘探潜力,获得中国石油2009年重大油气发现一等奖。西北缘风城组勘探取得重要进展,初步展现亿吨级储量规模。其中风险探井百泉1井见到良好油气显示,风南4井、风城011井获得工业油气流,初步证实了风城组分布广泛、大面积含油的认识。南缘前陆斜坡带、腹部夏盐凸起多口探井获得工业油气流,初步展现了一批新的规模效益储量区。天然气勘探在滴北凸起-滴南凸起东段泉6井、南缘前陆冲断带上组合金河1井、下组合长山1井见到良好显示,展现了千亿方勘探场面。北疆石炭系海相含油气盆地基础研究进展顺利,首次在塔城区、福津区等新领域部署风险探井和参数井,塔参1井、吉参1井发现烃源岩,大井1井试获天然气,为盆地评价提供了重要依据,新增探矿权面积4.24万平方千米,并优选出探矿权储备区16万平方千米。

全年滚动探明石油储量6 345万吨,创历史最高水平,为全国石油系统滚动探明石油储量之最。同时,为2010年准备了200万吨产能建设区块,为今后准备了10个现实目标区。

(二)突出精细开发,稳产基础得到巩固。深化地质综合研究,精细管理油气藏,精心组织原油限产和复产,加强产运销综合平衡,确保了油气生产安全平稳运行。红车地区油藏评价、重32井区水平井整体开发、六-七区二次开发等3个项目获中国石油2009年度油田开发优秀项目奖。

克拉玛依油田二次开发工程进展顺利,累计完成三维地震采集处理858.1平方千米、新井1 088口、建产能88.1万吨,区块井网完善程度、水驱储量控制程度和采油速度得到较大幅度提高。启动“油田开发基础年”活动，对克拉玛依稀油、石南、陆梁、彩南四个油田开展综合治理，陆梁油田综合立体调整效果显著，累计建产能22.14万吨。砾岩油藏提高水驱采收率、聚合物驱三次采油、复合驱工业化、浅层稠油火驱、超稠油SAGD开发五个股份公司级重大开发试验进展顺利。克拉玛依砾岩油藏提高水驱采收率工业化试验顺利通过股份公司验收；红浅1井区火驱先导试验首次在新疆油田成功点火投产，为稠油开发后期大幅度提高采收率闯出了一条新路。

原油产能建设优化方案部署，细化技术措施，强化跟踪研究，完钻新井674口，建产能79.51万吨，新井产油30.34万吨。积极推广应用水平井技术，完钻水平井64口，建产能16.52万吨。持续推行标准化设计，突出井身结构和地面工程简化优化，缩短了建产周期，节约投资2.05亿元。开展配套技术攻关，超稠油SAGD开发先导试验在浅层钻井、高效举升、地面工艺、油气水处理等方面取得12项成果，为风城超稠油资源规模开发储备了技术。

深入研究克拉美丽气田火山岩有利储层分布，优化井位部署，开展提高单井产量攻关，克拉美丽气田二期工程顺利投产，新增动用天然气可采储量122.9亿立方米，建产能3亿立方米，日新增产气量93万立方米。精细管理已开发气藏，错峰检修天然气装置，加强产销综合平衡，保障了安全平稳供气，满足了独石化大炼油项目和乌鲁木齐市的民用气需求。

生产服务单位围绕生产经营目标，深挖内部潜力，提高服务质量，全力以赴保障油气生产业务发展。全年完成试油230层、大修2857标次、小修4.3万标次、工程勘察设计327项、发供电37.9亿千瓦时、产供水0.7亿立方米、客运周转量9.7亿人千米、物资供应32.57亿元，工程建设、机械制造分别创产值8.6亿元和2.08亿元。

（三）突出整体效益，改革管理得到深化。坚持“油公司”发展方向，积极调整结构，优化资源配置，向集约化、专业化、一体化整体协调发展迈出坚实步伐。

结构调整有序推进。完成海外浅钻、油田勘察设计和地面工程建设等业务向专业公司的划转；整合减排造林、农业用地管理、物资供应、石油工程监理、明园地区接待等业务，调整油田治保业务；清理规范长投项目、债权项目和非主营业务实体，提高了产业集中度。落实“三控一规范”要求，优化调整机关机构，压缩7个机关处室及直附属机构。按照“加强一线、控制二线、退出三线”的思路，压缩大小修及试油队伍规模。强化市场管理，逐步退出高风险、低收益的外部市场，有序开放内部低端服务市场；完善市场准入管理，严格控制工程技术服务队伍总量。

管理系统得到优化。“十二五”规划完成5个专业一体化规划和10个专项规划的编制工作。开展重大专题规划研究，落实了王家沟储备库等一批重大项目。ERP系统在集团公司首批推广实施单位中率先上线，未上市业务内控体系完成试运行。加强规章制度修订和集中培训，促进了制度体系的完善和落实。全面梳理和评估经营风险，为建立风险防范体系提供了依据。拓展审计领域，创新工作方法，审计涉及金额165亿元。调整考核指标设置及业务难度系数，增强了绩效考核体系的导向作用。

降本增效成效显著。牢固树立“过紧日子”的思想，着眼于强基础、控投资、降成本，大力开展“节约挖潜、降本增效”劳动竞赛活动，促进了全员、全要素、全过程控制。实施降本增效项目459项，节约挖潜4.8亿元。全员节约意识得到增强，挖潜增效长效机制初步建立，涌现出了一批“金点子”、优秀方案和典型人物。推行大预算模式，加强重点成本费用项目控制，关停低效油井1 187口，压缩材料、维修、运输等费用3亿元，五项费用比预算指标下降1 224万元。加强过程控制，实施动态分析，确保了成本费用全面受控。按照“三保、三缓、两严控”的思路，优选投资项目，积极争取投资，实际到位投资及费用112.3亿元，比年初增加35.6亿元，确保了勘探开发等重点领域投资。

（四）突出科研攻关，创新能力得到提升。作为集团公司实施重大科技支撑方案的试点单位，编制完成勘探开发及工程技术“十二五”科技支撑方案。投入资金3.95亿元，开展271项课题攻关和新技术推广应用，9个公司级重大项目取得阶段性成果；特殊储层改造、超长裸眼井段中途测试、油水井带压作业、大吨位高干度油田注汽锅炉等配套技术攻关取得突破；取得授权专利72件、发明专利4件，获得省部级以上科技进步奖19项，《准噶尔盆地克拉美丽气田的发现与探明》获得自治区科技进步一等奖。

建立数字油田成果应用集成平台，实现了108套系统的集中应用。新建信息运行监控等7套应用系统，完善升级生产指挥、生产自动化数据管理等16套应用系统，一体化集成应用功能进一步增强。启动智能化油田建设，制定了实施框架和前景蓝图。信息运行监控室和数据中心机房建成投用，为信息化成果融入油田生产和数字城市建设创造了条件。公司荣获集团公司信息化工作先进单位和自治区新型工业化与信息化融合工作先进集体。

（五）突出基础管理，发展根基得到夯实。深入开展“安全环保基础年”活动，积极推行“直线责任、属地管理”和“有感领导”理念，强化安全环保责任，落实反违章“六条禁令”，深化“五会”达标活动，推进安全经验分享，完善“1+18”预案体系，开展应急预案培训与实战演练，加强重点领域、关键环节和要害部位的事故隐患排查治理，狠抓承包商安全管理、施工作业现场监督和交通安全管理，提高了全员安全素质、突发事件处理能力和油田本质安全水平。深化“创建绿色油气田”活动，处理含油污泥11.4万吨，回收原油8 000吨，含油污泥实现无害化、减量化、资源化治理；井下作业废水和含油污水治理取得突破，含油污水处理率、达标率均达到100%，回用率达到90%，形成人工湿地32平方千米。公司连续9年实现无生产亡人事故和重大环境污染事故，评为集团公司、自治区安全生产先进单位。

深入开展“节能节水型企业”创建活动，推进重点节能节水工程，完成克拉玛依电厂和克浅10污水处理回用锅炉节能技术改造，将准东电网与自治区电网连接，关停三台电厂、彩南燃气电站等低效高耗能设施，全油田综合能耗同比下降11%，耗水下降5%，减排二氧化碳36万吨，被自治区评为节能工作先进集体。加强减排造林基地管理，国家973重大基础研究项目—“二氧化碳植物吸收减排基础研究”课题进展顺利。推进标准体系建设，新发布企业标准138项；严格质量责任追究，查处3起质量事故；加强质量监督，自产产品和采购产品质量保持稳定。

（六）突出整体素质，队伍建设得到加强。围绕“科学审视油田发展现状，又好又快建设现代化大油气田”的实践载体，深入开展学习实践科学发展观活动，认真查找影响和制约科学发展的突出问题、党性党风党纪等方面群众反映的突出问题、群众关心的现实问题，对查出的571个问题，都逐一制定了整改措施，当年完成整改364项，初步实现了提高思想认识、解决突出问题、创新体制机制、促进科学发展的目标。

坚持任人唯贤、德才兼备、以德为先的用人导向，突出选拔的政治标准，加大领导干部公开选拔、公开竞聘和交流力度，调整任免干部89人次，进一步优化了领导班子结构。坚持从制度建设入手，完善考核评价体系，强化考评结果综合应用，促进了领导班子整体功能的发挥。推进惩防体系和党风建设，强化廉洁自律、案件查办、效能监察和源头治理，规范人权、物权、财权、事权，廉洁从业环境得到巩固。基层建设持续推进。以创建标准化党支部为目标，认真落实基层建设实施细则，深入开展“党员责任区”、“油城先锋”创先争优等活动，党支部的战斗堡垒和党员的先锋模范作用得到有效发挥；加强班组长和班站建设，60%的一线班组达到“五型班组”创建标准。

以高层次管理、技术和技能人才队伍建设为重点，加强培训基地、设施、教材和师资队伍建设，落实培训责任，强化全员培训，开展多层次岗位练兵，全年培训员工4.2万人次。采气、井下作业工种获得集团公司技能竞赛团体第二、第三名的好成绩。加强核心骨干人才队伍建设，选聘集团公司级高级技术、技能专家20名；公司级技术、技能专家73名，学科技术带头人80名。做好海外人才对口支持工作；在全公司范围内调剂315人充实到采油生产一线；规范用工管理，2 139名优秀劳务合同工转为市场化用工，清退外雇工1 839人。落实管理、技术和技能骨干的津贴和激励制度，上调一线员工生活补贴标准，调动了员工的积极性。

广泛开展“形势、目标、任务、责任”主题教育，增强了应对危机、战胜困难的信心；落实“油田先锋号”、“创新创效”、“巾帼建功”等创建活动，发挥了员工的主人翁作用；深化厂务、队务和班务公开，保障了员工的民主权利；发布实施视觉形象识别手册，规范了公司视觉形象体系；开展“千场演出下基层”活动，组织职工业余艺术团到油田一线单位演出；开展节约挖潜、降本增效“每周一星”评比、厂歌征集和企业文化知识竞赛等活动，推动了企业文化建设蓬勃开展。

加强民族团结进步教育，编印《民族团结进步教育读本》、《生命线》等主题特刊，举办民族团结进步教育工作成果展览、“民族团结，共克时艰”演讲比赛、民族团结先进事迹报告会等活动。特别是“七五”事件发生后，及时组织举办纪实图片展，开展维护民族团结集中教育，加强正面宣传和舆论引导，使各族员工群众了解了事件真相，统一了思想认识，提高了加强民族团结、维护社会稳定的责任心和自觉性，维护了民族团结和大局稳定，被评为“全国民族团结进步模范集体”。

（七）突出和谐建设，发展环境得到改善。组织实施了一批矿区建设工程，联合办公楼、技术信息楼建成投用，市区中心110变电所、风城油田作业区乌尔禾前线生活基地一期公寓建设、石西油田作业区公寓餐厅扩建等十多项工程顺利完工。新投公交车49辆，优化公交运营，改进公交服务，方便了油城人民出行。推进天然气入户工程建设，强化工程安全质量管理，新增天然气用户6 000户；完善物业管理与服务标准，开展“星级服务物业小区”、“星级服务供热车间”劳动竞赛活动。居民水电气远程抄表集中监控系统工程稳步推进，安装单项表5.83万块，系统软件通过测试并上线试运行；住宅楼大修、改造314栋，抗震鉴定5万平方米。

积极开展“信访积案化解年”活动，落实领导包案责任，强化矛盾纠纷排查，集中化解了一批影响突出的信访历史积案。以防破坏、防爆炸、防恐怖袭击为重点，充分发挥企地联动优势，强化“三防”措施，深化“一岗两责”，加强预案演练，扎实做好“七五”特殊时期、新中国成立60周年期间的安保和防恐工作，确保了油田安全生产和社会稳定。信访、治保两项工作均受到集团公司通报嘉勉。积极应对甲型H1N1流感疫情，广泛开展疫情防范知识宣传，加强疫情监测，做好防控用品、药品储备，防控工作取得明显成效。

切实履行社会责任，大力支持地方经济建设，全年缴纳税费74.34亿元。加大对地方企业的帮扶力度，统筹调配和均衡释放全年工作量，引导、支持改制企业开拓外部市场，帮助改制企业度过了难关。重视做好困难群体的帮扶工作，投入资金3 658万元，帮扶3.1万人次；投入对口扶贫和援建资金1 500万元，帮助托里县及和布克赛尔县实施抗震安居工程，支援自治区援疆干部交流服务中心、福海县石油希望小学维修等项目建设；向遭受暴雪灾害的阿勒泰、塔城地区捐助救灾款200万元。

回顾过去一年的工作，我们克服了诸多困难，实现了协调可持续发展，积累了应对特殊困难形势和复杂事件的宝贵经验，使企业发展在整体上更加适应新形势、新任务的要求。一是做到了“三个坚持”，即坚持突出发展油气核心业务不动摇，坚持以人为本、构建和谐不动摇，坚持维护民族团结、维护社会稳定不动摇。二是实现了“三个转变”，即在发展理念上，更加注重速度、质量和效益的统一；在发展方式上，更加突出技术、管理和节约的内涵；在发展保障上，更加强调整体、局部与内外的协调。三是完善了“三个机制”，即主营清晰、规范精细、绩效并重的管理运行机制，整体部署、全员参与、项目推进的投资成本控制机制，整体统一、资源共享、协调联动的和谐共建机制。公司科学发展、竞争创效、保障和谐的能力得到显著提升。

这些成绩的取得，是自治区党委、集团公司党组正确领导的结果，是克拉玛依市以及各兄弟单位、改制企业大力支持、密切协作的结果，也是公司深入学习实践科学发展观活动的重要成果，更是油田各族干部员工顾大局、识大体，团结一心、同舟共济、共渡难关的结果。在此，我代表油田公司，向为油田发展付出辛勤劳动、作出重要贡献的各族干部员工，向对油田发展给予鼎力支持的各级政府、驻市各单位,以及一直关心支持油田工作的离退休老领导、老同志,表示崇高的敬意和衷心的感谢。

二、公司发展面临的形势和任务

(一)集团公司2010年工作会议精神。

1月14~16日,集团公司2010年工作会议在河北廊坊召开。会议在全面总结集团公司新世纪以来主要工作成果的基础上,提出了在复杂环境中推动又好又快发展的六条重要经验:一是全面履行经济、政治和社会三大责任是集团公司价值的集中体现,必须牢记责任,不辱使命,实现三大责任的有机统一。二是突出集中发展油气主营业务是根本立足点,必须坚定不移地突出油气主营业务,实现集团公司持续有效健康发展。三是统筹国际国内两个大局是加快发展的战略选择,必须树立全球视野和战略思维,实现国际业务与国内业务相互促进、协同发展。四是综合一体化是集团公司的独特优势,必须坚持集中统一的管理体制和集约化、专业化、一体化发展方向,实现整体效益、作业效率最大化。五是安全环保稳定是推进改革发展的重要基础,必须强化环保优先、安全第一、质量至上、以人为本的理念,实现安全发展、清洁发展、和谐发展。六是党组织的政治核心作用和大庆精神铁人精神始终是集团公司最大的政治优势,必须切实加强和改进企业党的领导,实现中国石油文化向企业核心竞争力的转化。

会议在深刻分析面临的国际国内形势、集团公司的比较优势及存在的主要矛盾和问题的基础上,进一步明确了建设综合性国际能源公司的工作目标和要求,其中对油气生产业务及相关工作的目标要求是:到2015年或稍长一点时间,公司国内外油气总产量基本翻一番、达到4亿吨以上;国内五个规模油气生产区稳步发展,原油、天然气产量占全国的份额保持在60%~70%,天然气产量大幅增长、占公司国内油气总产量的50%。经济发展方式明显转变,自主创新能力不断增强,建立起充满活力的体制机制;经营管理水平持续提高,投资资本回报率10%以上;节能减排主要指标总体达到国内先进水平,重点企业基本达到国际先进水平;安全环保形势根本好转,HSE管理达到国际同行业先进水平;发展改革创新成果进一步惠及广大员工群众,石油石化矿区服务管理上新水平,科学发展、和谐发展、绿色发展局面基本形成。

为实现上述目标,会议提出当前和今后一个时期,集团公司总的工作要求是:紧紧围绕建设综合性国际能源公司目标,全面履行经济、政治和社会责任,继续大力实施资源、市场、国际化战略,统筹国际国内两个大局,把转变发展方式作为重中之重,突出油气主营业务,突出战略工程建设,突出提高质量效益,大力推进结构调整、节能减排、技术创新和基础管理,注重改善民生,保持和谐稳定,进一步增强全面协调可持续发展能力。主要任务是:着力增强发展的协调性和有效性,扎实推进结构优化调整,推动各项业务发展上水平,努力实现增长速度与结构质量效益相统一,企业发展与环境保护、民生改善及员工素质相协调,全面提升规模实力、盈利能力和可持续发展能力;努力提升创新能力和基础管理水平,积极推动科技、制度和管理创新,完善经营管理机制,有效解决制约科学发展的主要矛盾和深层次问题;建设一支高素质的干部员工队伍,切实加强对全体干部员工的教育、培训和管理,着力打造一支忠诚事业、业务精湛、作风过硬、奉献石油的高素质干部员工队伍,为综合性国际能源公司建设提供强有力的政治、组织和人才保障。

(二)面临的形势与任务。

贯彻落实集团公司工作会议精神,持续推进现代化大油气田建设,我们必须清醒认识油田的发展状况和面临的形势任务。首先,我们面临不少挑战和困难。一是国际金融危机的影响仍在持续,宏观经济形势依然十分复杂,影响石油市场的不确定因素增多,国际油价仍将持续震荡,增加了保持生产经营平稳运行的难度。二是随着准噶尔盆地的勘探程度不断提高,勘探对象日益复杂,寻找优质、有效储量的难度越来越大;北疆石炭系海相含油气盆地勘探获得实质性突破还需要做大量的工作。三是盆地油气藏类型复杂,已开发油田多处于“双高”开发阶段,低渗透及稠油油藏储量、产量比重大,油田稳产基础薄弱。四是受资源品位和多井低产等因素影响,勘探开发业务提高投资效益、控制成本费用的压力增大;生产服务业务解困扭亏、矿区服务业务增收节支的任务艰巨。五是基础管理有待加强,“三违”现象依然比较突出,质量管理存在薄弱环节,风险管理机制需要进一步完善。六是加快发展方式转变,实施精细化管理,完善内部经营管理机制,充分调动全员增效节支积极性等方面还有很多工作要做。

其次,我们拥有诸多机遇和优势。一是中央确定今年经济增长预期目标为8%左右,未来较长时期中国经济仍将保持平稳较快发展,对油气的需求将继续增长。二是国家将新疆作为重要的能源生产基地、炼化生产基地和能源战略通道,加大政策支持力度;集团公司将新疆地区作为5 000万吨级油气生产基地之一,加大勘探开发投入。三是准噶尔盆地油气资源探明率仅为23%和4%,勘探潜力巨大;北疆石炭系海相含油气盆地勘探刚刚起步,发展空间广阔。四是对盆地和油藏的认识不断深化,二次开发、三次采油、特超稠油开采等一系列配套技术逐渐成熟,成为提高最终采收率的有力支撑;企业科技创新体系不断完善,数字新疆油田全面建成,智能化油田建设已经启动,为油田持续发展架起了高效之路。五是通过深入开展学习实践科学发展观活动,科学审视油田发展现状,查找解决存在的突出问题,进一步夯实了科学发展、构建和谐的基础。六是坚持“油公司”发展方向,持续推进业务结构调整、资源优化配置和管理系统整合,进一步提高了一体化整体协调发展的能力。七是我们拥有一支用大庆精神、铁人精神武装起来的责任心强、素质较高,善于攻坚啃硬、勇于拼搏奉献的员工队伍。

贯彻落实集团公司工作会议精神,持续推进现代化大油气田建设,机遇和挑战并存,优势和困难同在,但总体上来看,机遇大于挑战,优势大于困难。抓住机遇、迎接挑战,发挥优势、克服困难,对我们提出了一系列新的要求:一是必须坚持勘探龙头地位不动摇,突出甩开预探和风险勘探,强化油藏评价和滚动勘探,锲而不舍地寻找规模整装油气田,努力掌控更多的油气资源。二是必须坚持以经济效益为中心,突出规模与效益并重,推进勘探开发一体化,加快科技成果转化应用,转变开发方式,实施精细管理,强化安全环保,注重质量效益,走低成本、内涵式、集约式发展道路。三是必须坚持"油公司"发展方向,优化业务结构和资源配置,完善管理体制和经营机制,提高资源集中度和科学管理水平,调动和发挥各族员工的工作积极性和创造性,形成推动发展的强大内在动力。四是必须进一步加强党的建设、思想政治工作和企业文化建设,改进工作作风,提高工作效率和执行力,增强发展的责任感、使命感和紧迫感。五是必须更加重视维护民族团结,加强民族团结进步教育,强化凝聚力,增强和谐力,促进各族员工共同进步、共同提高。六是必须更加重视维护稳定,做好信访工作,加强安保防恐,营造和谐稳定的发展环境。在积极应对挑战中抓住发展机遇,在不断战胜困难中发挥体制优势,在努力推动发展中不断固本强基,积极开创新疆油田发展改革稳定的新局面。

公司当前和今后一个时期的发展思路是:深入学习实践科学发展观,牢牢把握"科学发展、构建和谐"两大主题,大力实施资源、科技和人本"三大战略",按照"两步走"总体部署,突出资源掌控,实施精细开发,积极推进结构调整、资源优化配置和发展方式转变,大力加强安全生产、环境保护和节能减排,推行精细管理,夯实发展根基,持续推进现代化大油气田建设。

发展目标是:稳步落实"两步走"目标,到 2011 年原油产量稳定在1 000万吨以上、天然气产能规模增长到 50 亿立方米以上,现代化大油气田的格局基本形成;到 2015 年油气产能规模达到1 600万吨以上和 100 亿立方米,实现由大油田向大油气田的历史性跨越,全面建成绿色、数字和人文特征鲜明、充满生机与活力的现代化大油气田。

落实发展思路,实现既定目标,必须持续推进大油气田建设。积极推进勘探开发一体化,将勘探、评价、开发工作紧密结合、统筹安排,整体研究、整体部署,提高勘探开发整体效益。坚持实施"大勘探"工程,立足大盆地,推进大联合,进一步集成勘探主力军和采油厂滚动勘探力量,加强风险勘探,积极甩开预探,推进评价勘探和滚动勘探,巩固和发展领域、场面、储量良性接替的勘探格局,实现油气储量大增长,确保每年完成油气三级储量 8 亿吨,3 年探明油气储量 3 亿吨和2 000亿立方米,为实现产量规模增长打牢资源基础。抓住"稳定并提高单井产量"这个牛鼻子,在地质研究、工程设计、地面建设等方面采取综合措施;以精细管理为抓手,持续推进"油田开发基础年活动"。力争到2015 年,全油田平均单井日产由目前的 1.68 吨上升到 1.78 吨,为实现高效开发打牢稳产基础。

落实发展思路,实现既定目标,必须持续推进现代化建设。

一是以高效生产、安全生产、清洁生产为目标,持续推进生产现代化建设。坚持实施"大科技"工程,不断完善科技创新体系,完善落实各项激励政策,扩大科技交流与合作,强化自主知识产权管理,加强科技基础条件平台建设,不断提高勘探开发综合研究实力和自主创新能力。以掌控资源为核心,以提高"三率"为主线,开展九个重大科技项目攻关,推广先进成熟适用技术,为实现高效生产提供有力支撑。稳步推进智能化油田建设,升级数字油田建设成果,加强数据共享、知识管理、过程控制、人工智能等的系统研究和应用集成,实现生产、管理、决策业务的智能协同,力争"十二五"期间全面建成智能化油田。持之以恒地把"环保优先、安全第一、质量至上、以人为本"的理念贯穿到生产建设全过程,不断完善和推进 HSE 管理体系建设,实施以安全环保、节能减排、质量计量、标准化及流程管理、制度建设为主要内容的基础建设工程;培育发展低碳经济、绿色经济,大力发展循环经济,加强资源综合利用,推进资源节约型、环境友好型企业建设。

二是以系统管理、规范管理、精细管理为目标,持续推进管理现代化建设。坚持"油公司"发展方向,调整优化业务结构,进一步提高资源集中度,突出油气勘探开发主营业务。按照"三控制一规范"要求,认真落实组织机构设置规范,严格控制管理层级,提高管理效率和效力;调整优化队伍结构,完善用工总量调控机制和薪酬分配机制,加强人力资源挖潜、调剂力度,控制人工成本过快增长;借鉴华北油田"全方位整体优化、全要素经济评价、全过程系统控制"的经验,以规划、预算、制度、考核和市场管理为重点,以完善实施内控体系、ERP 体系为抓手,持续优化内部管理,把精细管理贯穿于生产经营全过程实施,不断提高投资和成本管理水平,提升管理效率和整体效益。

三是以提升执行力、创造力和团队精神为目标,持续推进队伍现代化建设。推进学习型企业建设,以加强经营管理、专业技术和操作技能人才队伍建设为重点,抓住人才引进、培养、使用等关键环节,不断加大人力资源开发力度,着力打造一支忠诚事业、业务精湛、作风过硬、奉献石油的高素质员工队伍。加强领导班子建设,深入开展"四好"班子创建活动,不断完善民主决策程序,扎实推进惩治和预防腐败体系建设,着力提高领导干部队伍引领科学发展、实施民主决策、推行科学管理和拒腐防变的能力。加强员工队伍建设,实施"大培训"工程,完成培训基地建设设计和员工培训规划,整合油田内部教育培训资源,力争用 3~5 年时间建成中国西部综合实力最强的石油技术工人培训基地,通过多种途径和方法加强全员教育培训,促进员工队伍整体素质不断提高。加强基层建设,深入开展"四强、四优"创先争优和"六个一"党支部创建活动,强化大庆精神、铁人精神再学习再教育,充分发挥党员的先锋模范作用和基层党组织的战斗堡垒作用;深入开展社会主义核心价值体系、职业道德、民族团结进步、法制教育和形势目标任务责任教育,引导各族员工正确处理个人与集体、当前与长远、局部与全局的利益关系。

落实发展思路,实现既定目标,必须持续推进和谐建设。坚持以人为本,持续推进"好环境、好身体、好心情、好精神"建设,不断改善员工生产生活条件,着力解决员工群众最关心、最直接、最现实的利益问题。加强企业文化建设,以制度文化、安全文化和廉洁文化建设为重点,健全完善公司企业文化体系,持续推进人文油田建设,充分发挥企业文化凝心聚力、提升管理、塑造形象的功能。坚持全心全意依靠员工办企业的方针,重视落实员工的参与权、知情权、评议权和监督权,完善深化厂务公开,把以人为本的理念贯穿到企业生产经营管理各个环节,从源头上促进劳动关系和谐。加强信访稳定工作,加大排查调处力度,强化责任落实,及时化解各类矛盾。正确把握和处理不同群体的利益诉求,在政策允许的范围内,帮助员工妥善解决实际问题,使不同层面、不同群体共享改革发展的成果。积极履行社会责任,进一步树立负责任大公司的良好形象,营造和谐的外部发展环境。

三、2010年重点工作部署

2010年是克拉玛依油田勘探开发55周年,也是"十一五"收官,为"十二五"发展打牢基础、做好准备的关键之年,做好各项工作意义重大。全年工作总的要求是:以科学发展观为统领,认真落实中央经济工作会议、集团公司工作会议、自治区党委七届八次全委(扩大)会议和市油田党委九届六次全委会议精神,紧紧围绕现代化大油气田目标,牢牢把握"科学发展、构建和谐"两大主题,实施资源、科技和人本三大战略,突出资源掌控和精细开发,强化投资管理和成本控制,抓实安全环保、质量管理和节能减排,全面加强党的建设、队伍建设和企业文化建设,深入开展"民族团结年"活动,努力构建和谐稳定矿区,为集团公司推进综合性国际能源公司建设、为自治区、克拉玛依的经济发展作出新贡献。

公司2010年的主要生产经营指标是:

新增探明石油地质储量7 500万吨(可采1 560万吨),控制石油地质储量8 000万吨,预测石油地质储量8 000万吨。新增控制天然气地质储量500亿立方米。

生产油气1 399万吨,其中原油1 089万吨、天然气38亿立方米。原油商品量1 079万吨,天然气商品量17亿立方米。

安排投资及费用111.6亿元;上市业务实现预算利润80.55亿元;桶油现金贡献70.2美元/桶;桶油完全成本22.65美元/桶(其中油气单位操作成本控制在8.92美元/桶);未上市业务亏损控制在考核指标以内。

杜绝生产亡人事故,确保第十个"零事故"目标年实现。

杜绝重大质量事故。全面完成集团公司和自治区下达的节能减排指标。

员工总量控制在集团公司下达的57 966人以内。

要着力抓好以下几项重点工作:

(一)推进"大勘探"工程,增强科学发展的资源基础。油气预探开展"战略目标进攻年"主题活动,面向新领域,大胆探索低勘探程度区。以地层油气藏勘探和前陆盆地勘探为新的突破口,在西北缘—准东富烃区带、南缘前陆斜坡区、南缘冲断带、陆梁—乌伦古低勘探程度区等6个具战略意义的重大领域大打勘探进攻仗,力争在玛湖凹陷西斜坡二叠系风城组、北三台凸起-吉木萨尔凹陷二叠系梧桐沟组落实1个亿吨级规模储量区,在车排子凸起周缘斜坡中生界大型地层岩性、南缘前陆冲断带下组合呼-牧构造带构造岩性、四棵树凹陷大构造等6个领域,控制"两油一气"3个亿吨级规模储量场面,并为2011年准备6个亿吨级规模储量目标。突出矿权在资源战略中的核心地位,加快北疆海相含油气盆地基础研究,落实地层构造格架和碳酸盐分布范围,加强有利勘探区的探矿权申报工作。同时积极开展地震攻关,优选目标部署上钻预探井。

油藏评价继续坚持继承性、注重整体性、突出进攻性,主攻西北缘、深化腹部、拓展准东、准备南缘,努力为油田开发提供规模优质储量,为2011年准备200万吨产能建设区块。全年计划部署评价井78口,进尺18.26万米。跟踪预探重点突破夏盐凸起、北三台凸起、乌尔禾地区二叠系;滚动勘探主攻莫北凸起、三个泉凸起、红-车断裂带和乌-夏断裂带等富油区带,确保完成年度探明储量任务,培育出3 000万吨规模储量目标区。

(二)推进"稳定并提高单井产量"工程,增强科学发展的创效基础。以稳定并提高单井日产量为目标,强化老区稳产,高效建设新区,努力使全油田单井日产量稳定在1.68吨以上。以"注好水、注够水、精细注水、有效注水"为目标,深入开展"油田开发基础年"活动,在全油田开展动态分析竞赛,持续推进四个油田的综合治理,筑牢稳产基础,提高开发水平。结合深部调驱,规模实施二次开发,力争提高采收率7%以上。克拉玛依砾岩油藏"十二五"末力争建成产能300万吨。组织好聚合物驱、二元复合驱、稠油火驱、超稠油SAGD四个重大开发试验,实施稠油综合治理,努力减缓产量递减。加大老井重复压裂和侧钻工作力度,力争单井日增油2吨以上。优选新区产能建设区块,优化井网井距,实施低渗透油藏同步注水,拓展水平井应用领域,科学组织新井产能建设,新建产能140万吨,新井产油63万吨,进一步提高新井日产量。

天然气开发重点围绕全面建成克拉美丽气田10亿立方米产能规模目标,加快实施滴西14、滴西18井区产能建设,新增动用天然气可采储量180亿立方米,钻井14口,新建产能4.99亿立方米。推进滴西10、滴西17井区前期评价,开展裂缝、产能评价及储层发育主控因素研究;继续开展火山岩气藏提高单井产量现场攻关,形成配套的开发系列技术,确定合理的开发技术政策,为火山岩气藏高效开发和长期稳产提供科学指导。加强已开发气藏动态管理,特别要加强盆5、呼图壁、玛河、克拉美丽四大主力气藏的精细描述和动态监测,深化气藏地质和开发规律认识,提高运行效率和安全保障能力。立足保障油田生产自用和自治区首府、周边地区民用气供应,加强天然气产销综合平衡,确保安全平稳供气。

(三)推进"油公司"建设,增强科学发展的管控能力。进一步调整优化结构。根据总部要求和各业务板块定位,继续推进业务结构调整,提高资源集中度,突出公司的市场主体地位。积极推进供热收费体制改革与驻外机构整合,有序退出市场发育程度高、社会依托性强的业务。严格国有股权转让程序,继续推进股权处置工作,全面完成非主营业务清理规范任务。按照"三控制一规范"要求,规范二级单位机构设置,压缩管理层级,明晰职责界面,优化管理流程,使组织结构更趋扁平、精干。

进一步提升管理平台。编制完成"十二五"发展规划，形成统一、协调、配套的规划体系。推广应用ERP系统，完善内控体系、风险防控体系和规章制度体系，加强普法工作，提高经营管理的可控性。推进大预算管理，把节能减排、老油田调整改造、新技术应用投入所产生的经济效益、效果纳入预算管理，优选建设项目，开展对标体系研究，增强成本费用投入的有效性。按照"稳步发展生产服务业务、配套发展矿区服务业务、规范发展其他辅助业务"的思路，制定实施增效节支工作计划，推动3～5年内扭亏解困目标的实现。按照"整体协调发展、坚持市场化方向、共享效率提高和效益增长成果"原则，研究制定合理的甲乙方结算价格，明确双方的共同责任，进一步优化资源配置，增强服务单位的发展能力。按照市场定价原则，建立与勘探、开发建设工作量、投资规模相适应的钻井计价体系，完善工程技术作业计价标准方法。持续推进"节约挖潜、降本增效"活动，有效控制成本费用，建立节约生产、集约发展的长效机制。

完善经营机制。根据总部新的管理思路和经营机制，调整完善经营机制和相关政策，探索投资回报、利润和成本为一体的预算管理机制。按照"三保、三缓、两严控"的原则安排建设项目，确保勘探开发主营业务资金需求。加强生产运行与资金运行的过程监控，建立生产经营联动快速反应机制，发挥好市场在资源配置中的基础性作用。按照"总量控制、适度从紧"的原则，有序开放内部市场，严格市场准入管理，杜绝无市场准入证的产品、施工和技术服务供应；加强招投标与合同管理，杜绝事后合同。推进物资集中采购和建设工程甲供料模式，加强服务商和供应商的动态管理，不断提高服务保障水平，合理控制投资成本费用。推行全面业绩指标管理，完善激励与约束机制，围绕公司工作目标，突出工作效益和效率，合理设置考核指标，逐步建立计划、实施、考核评估和改善为一体的"平衡计分卡"绩效管理体系，提高考核管理工作的科学化、规范化水平，有效调动各方面的工作积极性和创造性。积极适应业绩考核制度的变化，认真做好推行经济增加值(EVA)考核的准备。

(四)推进"大科技"工程，增强科学发展的技术支撑。抓住集团公司实施科技支撑方案的机遇，逐步改造和更新升级直属研究院的大型科学仪器、关键实验设备和装置，为"十二五"建成2～3个拥有准噶尔盆地特色技术的集团公司重点实验室和先导试验基地打好基础。加快推进9个重大科技项目攻关研究，创新重大科技项目特殊管理模式和激励机制，进一步集成和优化科技资源配置，形成多方支持的保障体系，努力多出成果、多出人才。工程技术要强化自主创新能力，突出抓好水平井高效开发、欠平衡钻井推广应用和复杂地质条件下的井筒技术攻关配套，支撑新领域勘探开发，努力形成一批拿得出手、走得出去的自主产权核心技术。以"一体化勘探研究平台"技术有形化为示范，整体策划和推进公司技术有形化、集成化工作，促进科技成果的共享和推广应用。完善海外科技支撑体系建设，以公司特色技术集成应用为重点，全面推进中亚技术支持服务，通过2～3年的努力，形成国外现场生产性技术服务、国内综合研究互为联动的"一体化"工作模式和技术服务基地。

进一步深化数字油田成果应用，提升油田各专业信息化建设应用的整体水平。升级油田信息管理平台和生产信息管理系统，开展生产指挥系统、信息运行监控系统、GPS车辆监控系统完善和集成整合，逐步建立起覆盖油气生产、处理、集输全过程的自动监控和实时预警分析系统。启动应急救援信息系统建设，提升油田应急救援指挥能力。进行水电讯暖业务和燃气地理信息数据采集和应用，提高未上市业务数字化管理水平。加快油田监控系统建设，建立覆盖公司各重点要害部位、重要生产场所，集成统一的治安保卫监控系统。积极推进智能化油田建设，抓好建设方案制定、关键技术研究和应用试点，将总体建设目标分解落实为年度工作目标。全力推进总部勘探与生产板块生产调度指挥系统升级和勘探信息系统完善推广。支持克拉玛依数字城市建设，协助办好首届信息化创新克拉玛依国际学术论坛。

(五)推进"基础管理年"活动，增强科学发展的保障能力。全面落实安全环保责任制，推行"直线责任、属地管理"，推进HSE管理体系建设，深化"五会"活动，狠反"三违"行为，加大安全经验分享力度，夯实安全发展的根基。健全隐患排查治理管理程序，加快矿区安全环保现状评价和隐患治理，加强安全生产过程控制，改善作业场所职业健康环境，提升本质安全环保水平。全面规范承包商管理，加强现场监管，确保施工安全。巩固和发展"绿色油气田"创建成果，开展环保处理技术攻关，实现油田废水和含油污泥资源化利用和减量化处理，争创环境友好型企业。以推进和提升公司安全文化建设为主旨，开展"安全环保工作风雨十年回顾"主题活动，组织评选"十大有突出示范作用的安全环保基础站队"等先进站队(班组)，挖掘典型事例，加强深度宣传，分享先进经验，确保实现第十个"零事故"目标年。

推进节能减排，深化质量管理。以争创"节能节水型企业"为目标，以注水、机采、稠油、集输和供配电五大系统节能监测和效率分析为重点，加强地质与工程的有机结合，强化节能减排源头控制和过程监测，逐步更新淘汰低效高耗能设备，完善数字化节能节水管理平台，稳步实施效率提高工程，全面完成集团公司和自治区下达的"十一五"节能减排指标。抓好减排造林中长期发展规划编制和"以林养林、以地养林"试点工作，组织好"二氧化碳植物吸收减排基础研究项目"课题研究，积极争取国家、自治区政策扶持，择机纳入碳汇交易。完善质量管理体系，加强自产产品的质量监控，严格采购物资的质量认可、驻厂监造和监督抽查，严格落实质量责任。加强重点区块、重点工程和关键环节的管理和监督，不断提升工程建设质量。推进数字化质量管理平台建设，增强企业质量保障能力。

(六)推进员工队伍建设，增强科学发展的人力支持。推进"四好"班子建设。以创建学习型班子为抓手，深入开展领导干部读书学习活动，完善学习考核激励机制；进一步健全民主决策机制，深入开展党内巡视，强化日常监督，不断增强领导班子引领企业发展的能力，维护安全和稳定的能力，科学、民主、制度化决策的能力，培育先进企业文化的能力和拒腐防变的能力。加强对年轻干部教育培养和后备干部队伍建设，优化各级领导班子结构，加强机关、基层干部交流，加大少数民族、妇女干部的培养力度，注重从基层、生产一线和条件艰苦的岗位上选拔优秀干部。

推进人力资源开发。进一步健全人才评价体系，调整优化人才结构，完善激励约束机制，抓好青年人才成长通道建设，加强以各级专家、学科技术带头人等为重点的核心骨干专业技术人才队伍建设，完善核心骨干人才激励政策，疏通拓宽进出通道，促进人才向基层和重点岗位有序流动。继续实施“大培训工程”，开展全员教育培训。制定实施《少数民族汉语培训五年规划》；编制完成石油技术工人培训基地规划方案，进一步完善培训教材，完成采气、集输等工种实训场地建设；大力开展岗位练兵，特别是要加强市场化用工培训，严格考核和持证上岗，全面提升员工履职能力。规范劳动用工管理，控制总量、盘活存量，优化人力资源配置，完善一线人员补充接替与有序退出机制。

落实基层建设实施细则。全面巩固和发展学习实践科学发展观活动成果，进一步落实党建工作责任制，逐步完善党务公开制度，推进基层民主建设，深入开展“油城先锋”主题实践活动和标准化党支部创建活动，促使党支部的战斗堡垒和党员的先锋模范作用得到充分发挥。坚持标本兼治、综合治理、惩防并举、注重预防的方针，拓展从源头上防治腐败的工作领域，继续以完善惩防体系为主线，抓好工程建设领域突出问题专项治理，扎实推进反腐倡廉建设。加强基层站队建设，力争使80%以上一线班组达到“五型”班组创建标准。选树基层建设先进典型，强化各项措施落实，构建基层建设的长效机制。

推进企业文化建设。加强职业道德教育、民族团结进步教育和“形势、目标、任务、责任”主题教育，大力发扬大庆精神、铁人精神，不断提高员工队伍的凝聚力、战斗力和执行力，增强投身大油气田建设的责任感、使命感和紧迫感；加强学习型企业建设，提升员工综合素质，增强公司综合实力。深化厂务公开，加强民主管理；充分发挥各级工青妇组织的作用，带领广大员工为建设现代大油气田建功立业；编写企业文化培训教材，加强企业文化手册和形象识别手册的宣贯工作。加强品牌管理，规范标识应用，选树先进典型，规范基层示范点，推广企业文化建设的成果和经验，展示良好的企业形象。

深入开展以“同心协力、携手并进”为主题的“民族团结年”活动。加强马克思主义国家观、民族观、宗教观和党的民族宗教政策宣传教育，提高各族员工的思想政治、民族团结和民主法律素质；完善实施少数民族员工培训规划，加大生产、管理、技术、技能等领域少数民族专家的培养力度，提高少数民族员工的岗位履职能力；深化各族员工之间的结对子、传帮带、学语言活动，开展丰富多彩的文体活动，促进思想相互交流、工作相互支持、生活相互帮助、感情相互交融，增进各族员工的凝聚力和向心力；加大民族团结先进集体模范、模范人物的选树宣传力度，形成人人讲民族团结、人人讲拼搏奉献的新风尚。通过开展“民族团结年”活动，使各族员工反对民族分裂、维护祖国统一和社会稳定的态度更加鲜明，“三个离不开”、“团结稳定是福、分裂动乱是祸”的思想更加深入人心。

（七）推进和谐建设，增强科学发展的环境保障。加强矿区工程建设，建成投用生产调度指挥中心、采油二厂科研生产办公用房；抓好天然气入户、第五净化水厂、110千伏昆仑变电所及配套、克拉玛依体育馆配套设施、玛河气田生活基地、油田公路整体大修改造等建设项目。按照矿区服务业务精细管理上档次、增收增效上台阶、节支降耗上水平的总体要求，持续提升矿区业务的后勤保障能力和服务水平。制定发布87项服务标准，做到物业服务行业标准全覆盖；争取三年内供热、供气、离退休服务、医疗卫生、有线电视服务、文化体育等标准覆盖率达到95%。继续加强矿区安全环保隐患治理，推进水电气远程集抄系统项目建设。在准东、明园物业管理中心推行“一站式”服务管理模式。深化专项成本费用项目预算管理，开展纵向比较和横向对标，科学核定单位供暖面积标准煤耗、单位绿化面积水耗、单位服务面积人工耗费以及物料消耗标准定额，找准成本费用控制的薄弱环节和突破口，落实管控措施和责任，确保实现收支平衡。高度关注员工身心健康，热情关心离退休老同志，健全完善扶贫帮困机制，切实把各项惠民生的事情办实办好。

加强信访稳定和油田治保工作。准确把握新时期、新阶段信访工作的特征和规律。持续开展信访积案化解活动，深入做好困难员工家庭基本生活、子女上学、大病医疗、意外灾害的帮扶救助工作，采取积极措施解决员工群众关心的热点、难点问题。继续深化落实“一岗两责”，加快推进油田“三防”标准规范化建设，切实提高内保防范能力；开展油田生产治安秩序专项整治行动，加强油田重点生产区域和油气长输管道的安保工作，严防重大涉油刑事案件发生。

积极履行社会责任。继续做好地方企业帮扶工作，支持具有较强竞争力和影响力的改制企业发展油气技术服务高端业务，走出去拓展西部和中亚的油气技术服务市场。认真践行“奉献能源、创造和谐”的企业宗旨，积极支持地方经济建设，支持社会建设和公益事业，做好对口扶贫和地方援助，加强与周边地区和地方政府的联系，促进油田与地方互利共赢、融合发展。

当前公司正处于持续推进现代化大油气田建设的关键时期，改革发展稳定各项任务十分艰巨，时间紧迫，形势催人。让我们携起手来，坚持科学发展，突出资源战略，夯实发展基础，坚定不移地推进现代化大油气田建设，为促进集团公司、自治区和克拉玛依的经济社会发展作出新的更大贡献。

克拉玛依市市长陈新发在克拉玛依市第十二届人民代表大会第四次会议上的政府工作报告

（2010年2月24日）

现在，我代表市人民政府向大会作政府工作报告，请予审议，并请市政协委员和其他列席人员提出意见。

2009年工作情况

2009年，是新世纪以来克拉玛依市经济社会发展最为困难的一年，也是我们沉着应对、接受严峻考验的一年。一年来，我们在自治区党委、自治区人民政府和市委的正确领导下，深入开展学习实践科学发展观活动，积极应对国际金融危机冲击，努力克服"七五"事件造成的不利影响，沉着防控甲型H1N1流感暴发，团结和带领全市各族人民，坚定不移地把保持经济平稳健康发展作为全年工作的重中之重，全力做好保发展、保民生、保稳定工作，有效遏止了经济下滑的态势，经济回升向好的趋势不断巩固，民生工作成效显著，社会大局保持和谐稳定，各项事业蓬勃发展。

初步核算，2009年全市实现地区生产总值480亿元（现价，下同），按可比价格计算，比上年下降1.2%，其中第一产业增加值3亿元，增长1.7%；第二产业增加值416亿元，下降1.8%；第三产业增加值61亿元，增长3.5%。地方财政收入35.7亿元，下降13.8%；地方财政支出45.4亿元，下降6.4%。全社会完成固定资产投资180.3亿元，下降23.8%。扣除中央石油石化企业贡献份额，实现地方生产总值78亿元，与上年基本持平，其中第一产业增加值3亿元，增长1.7%；第二产业增加值25亿元，下降10%；第三产业增加值50亿元，增长4.5%；实现地方财政收入11.85亿元，下降9%。

全年实现社会消费品零售总额29.6亿元，比上年增长9.3%；居民消费价格总指数为100.2%，增长0.2%；城镇登记失业率连续9年控制在2%以内；城镇居民年人均可支配收入15395.2元，同口径增长3.9%；农民年人均纯收入7876元，增长9.4%；人口自然增长率4.31‰。

一、以发展为第一要务，经济运行回升向好

工业经济触底回升。受宏观经济下行影响，2009年，克拉玛依市工业经济与上年相比出现较大降幅，但4季度以来工业生产回升明显。全市规模以上工业企业累计实现工业总产值873.2亿元（现价，下同），下降1.5%（按可比价计算，下同）。中央石油石化工业累计实现工业总产值813.6亿元，下降1.5%。规模以上地方企业累计实现工业总产值59.5亿元，下降5%。

新疆油田公司坚持突出整体勘探，获得了一批重大成果，落实了1个亿吨级油田、6个千万吨级整装区块，准备了7个大场面目标和1个勘探新领域。全年生产原油1 089万吨，天然气36亿立方米，新增三级油气储量3.46亿吨，夯实了油气田发展的资源基础。两大石化公司加工原油1 045.2万吨，增长10.6%；四大类产品产量651.8万吨，下降0.3%；生产乙烯49.2万吨，增长90.1%。独山子千万吨炼油、百万吨乙烯工程正式竣工投产，国家300万立方米石油储备基地开工建设；克拉玛依石化公司大修改造项目圆满完成，60万吨/年连续重整装置配套项目进展顺利，铁路专用线建设基本完工。西部钻探公司大力实施"133"发展战略，全年完成钻井进尺195.4万米，好于限产后全年进尺133万米的预期，井身质量、固井质量、测井资料合格率、岩心卡准率均为100%。

石化工业园区继续呈现快速发展势头。随着基础设施的完善和投资环境的改善，园区对企业投资的吸引力显著增强，产业集聚功能逐步显现。全年新引进项目15个，新建成项目9个。2×350兆瓦热电联供项目取得阶段性进展，全球最大的聚苯乙烯（EPS）生产商台湾见龙集团落户园区，油田化工和石油机械加工业发展良好，煤化工项目积极推进，铁路专用线建设加快进行，物流业成为新的投资增长点。

招商引资和外贸工作成效显著。修订完善了《鼓励投资促进产业结构调整若干政策》，加大了对热电联供等20个重点招商引资项目的跟踪服务力度，一批大项目在克拉玛依市落地。全年落实招商引资项目115个，实现到位资金29.65亿元，比上年增长26.9%。组织地方企业参加了区内外重要招商展会，签约项目总额67.65亿元，为历年之最。全年完成进出口总额1.81亿美元，增长47.3%，其中进口完成7 588万美元，增长48.2%，出口完成1.05亿美元，增长46.7%，实现贸易顺差2 944万美元。

地方企业不断发展壮大。出台了鼓励地方企业发展的政策措施，继续引导地方企业做大、做强、做优，向科技型转变、创新型发展。突出市科技扶持资金、中小企业发展资金、节能减排资金的导向作用，累计投入各类扶持资金8 705万元，积极帮助企业争取国家、自治区各类资金1 877万元。成立了小额贷款公司，全年为地方企业发展及个体人员创业提供贷款担保1.35亿元。稳妥做好上市公司孵化培育工作，蓝德股份公司、金源股份公司已被自治区纳入拟上市后备企业储备库。2009年，全市年销售收入（产值）1亿元以上的地方企业有30家，10亿元以上的企业有4家。地方国有及国有控股企业国有资产保值增值率118.2%，实现了收入和利润双增长。

加大改制企业帮扶力度。建立和完善了改制企业帮扶监管机制，采取援企稳岗措施，及时协调处理制约改制企业发展的结算价格、股权纠纷等现实困难。新疆油田公司通过调配和均衡释放全年工作量，引导、支持改制企业开拓外部市场，帮助改制企业度过了难关。

第三产业稳定增长。在石油主业增速下滑的态势下，第三产业保持了稳定增长，成为推动地方经济发展的重要力量。2009年，批发和零售业实现商品零售额23.6亿元，增长8.8%；房地产业、住宿和餐饮业、旅游业均实现了两位数增长，克拉玛依河景区成为国家4A级旅游景区。

非公经济健康发展。继续把非公有制经济作为最具活力的经济增长点，认真落实各项优惠政策，积极提供优质服务，全力创造良好的发展环境。2009年，全市私营企业数、从业人员、注册资金分别增长4.07%、19%和0.68%；个体工商户数、从业人员、注册资金略有下降。

农业和新农村建设稳步推进。认真贯彻落实中央、自治区和克拉玛依市一系列强农惠农政策，为农牧民发放各项担保贷款391.1万元，争取各项惠农政策资金1 800多万元。加快调整农业种植结构步伐，传统生产型农业加速向现代经营型农业转变。积极推进农业产业化进程，绿成、中太等农业龙头企业的产品市场竞争力和占有率持续提高。积极发展节水农业，完成1.48万亩农业高效节水(滴灌)工程并投入使用。全年无重大动物疫病、重大农产品质量和农机安全事故发生。社会主义新农村建设取得重要进展，抗震安居等实事工程扎实推进，中小学教育、劳动就业、医疗保障、公交服务基本实现城乡一体化。

财税金融工作持续加强。坚持依法治税，强化征管措施，优化纳税服务，深化政策研究，切实做到了应收尽收。国、地两税分别实现税收收入126.6亿元和27.1亿元，扣除燃油消费税的增长因素，分别下降28.1%和6%。集中有限财力，优化支出结构，重点保障了发展、民生、稳定支出。积极引导金融机构加大信贷投入规模和对地方企业的支持力度，金融保险业平稳运行。中石油集团公司增资入股克拉玛依商业银行，为克拉玛依市金融业的发展奠定了坚实的基础。

二、以改善民生为根本出发点，各项社会事业蓬勃发展

就业局势保持基本稳定。完善并实施了一系列更加积极的促进就业的政策措施，多渠道、多方式开发就业岗位，持续开展就业困难人员援助活动，实现了“零就业”家庭动态为零。强化公共就业服务，有针对性地加强就业前培训和创业培训，扩大就业见习基地范围，提升了就业人员的技能。全年发布就业岗位信息6 136个，开发公益性岗位1 082个，实现就业再就业4 147人，其中少数民族1 484人，女性2 306人，就业困难人员369人。

住房供给得到有效保障。全面落实房地产宏观调控政策，不断加大住房保障和房地产市场监管力度，进一步落实廉租住房保障制度，全年新建经济适用住房4 160套、廉租住房36套，基本解决了低收入住房困难家庭、其他住房困难群体和无房户的住房问题，进一步提高了群众居住水平。

交通管理力度持续加大。积极整合全市交通资源，稳步推进中巴车运营管理体制改革，大力发展城市公共交通。通过加快公交基础设施建设，合理调整运力，科学安排线路布局和发车密度，有效缓解了市民乘车难的问题，乘车环境明显改善。积极开展“交通文化建设年”活动，交通从业人员的服务水平进一步提高。奎—克铁路建成通车，奎—克高速公路建设工程、国道217线白碱滩至布尔津段公路改造工程及第三批农村公路建设项目正在实施。

社会保障体系不断完善。启动了新型农村社会养老保险工作。适时、适度提高了克拉玛依市城乡最低生活保障标准及农村五保供养标准，发放低保金935.8万元，各项优抚政策得到全面落实。新改扩建了18个居家养老日托中心(站)，提高了养老机构服务水平。目前，我市居家养老工作已走在新疆前列。大力发展慈善事业，积极开展困难群体援助行动，累计发放一次性帮扶金610.7万元，切实保障了困难群体的基本生活和合法权益。科技工作全面加强。国家级可持续发展实验区建设取得突破性进展，克拉玛依市成为新疆首个开展国家可持续发展实验区建设的地区。大学科技园建设全面推进，创业中心(孵化大楼)主体工程基本完工，已有13家企业通过审核入驻。组织实施了47项市级科技项目，38项成果被授予市科技进步奖。全年有17个项目通过国家、自治区验收，获得国家、自治区扶持资金475万元。全年高新技术产业实现增加值63亿元，综合实力继续位居全疆第三。

教育工作继续深化。积极推进基础教育课程改革，教学质量和教师队伍素质进一步提高。稳步实施“民汉合校”工作，大力推进“双语”教学优质、均衡发展。进一步提升教育信息技术的应用水平，不断提高教育城域网的利用效率。2009年，克拉玛依市基础教育主要指标继续位居新疆各地州市前列，普通高中入学率保持在80%以上，普通高考民汉综合录取率达94%，民汉普通高中会考成绩继续名列前茅。

医疗卫生和计划生育工作成效显著。高度重视甲型H1N1流感防控工作，并取得明显成效。继续抓好免疫规划和传染病控制，接种疫苗22.19万人次。大力推进社区卫生服务机构规范化建设，社区卫生服务能力进一步增强。深入开展“医院管理年”活动，严厉打击销售和使用假劣药品行为，医院管理水平和医疗服务质量逐步提高。积极开展健康教育与健康促进活动，全面推进健康城市建设。认真落实人口和计划生育奖励优惠政策，继续稳定低生育水平。全年人口出生率6.12‰，出生人口政策符合率99.95%。

文化体育事业健康发展。文体中心各项目前期工作稳步推进，科技博物展览馆开工建设。积极组织开展群众性文化活动，成功举办了庆祝新中国成立60周年暨第十届水节系列活动。不断整合文化体育资源，积极推进企业、学校文体设施向社会开放。继续加强“扫黄、打非”专项治理，进一步规范了文化市场秩序。顺利完成了全国文物普查第二阶段调查工作。引导和组织广大群众积极参与全民健身活动，不断提高群众的身体素质。组队参加了自治区青少年体育竞赛等区内赛事，共获28枚金牌、22枚银牌、32枚铜牌。

社区和基层政权建设取得新成绩。顺利通过民政部和谐社区及社会工作者队伍建设试点检查验收，克拉玛依区、白碱滩中兴路街道、独山子第十一社区分别被命名为全国和谐社区建设示范城区、示范街道和示范社区。完善社区建设工作联络员制度，打造社区服务品牌，全面提升了社区建设水平。农村社区建设有序推进，各项民主公开制度不断健全完善，村级事务管理更加有章可循。

三、以稳定压倒一切为根本保障，社会大局保持安定和谐

维护稳定工作扎实有效。“七五”事件发生后，全市迅速行动，切实把维护稳定工作作为最重要、最紧迫的政治任务，教育

和引导广大党员干部、各族群众清醒认识“七五”事件的背景和实质,打牢维护社会稳定的思想基础。坚持主动出击、露头就打、先发制敌的方针,加强和落实防范恐怖袭击各项工作措施,严密防范和及时粉碎境内外“三股势力”的渗透破坏图谋。采取巡逻防控、设卡盘查、清查整治、群防群治等措施,强化了对社会面的控制。深入开展意识形态领域的反分裂斗争,依法加强对宗教事务的管理,积极开展集中整治异常宗教现象活动,旗帜鲜明地保护爱国宗教活动。“七五”事件发生以来,全市共调集应急力量近6万人次,发动群防群治力量14万多人次,及时挫败了敌对分子企图在我市制造事端的各种图谋,取得了维稳防控工作的阶段性胜利。

民族团结教育深入人心。为尽快弥合“七五”事件给克拉玛依市民族团结带来的创伤,在全市各族群众中扎实开展了理顺情绪、消除隔阂的民族团结宣传教育工作,增强了各族群众的政治鉴别力和思想免疫力。强化“三个离不开”的思想,通过结对子、扶贫济困等有效载体和形式,在全社会广泛开展民族团结互助活动,推动各民族和睦相处、和衷共济、和谐发展,以实际行动自觉维护祖国统一、民族团结和社会稳定。

公共安全管理得到强化。依法严厉打击各类犯罪活动,完善“大走访”工作制度,强化社会治安综合治理,全面提升治安管理水平。组建了应急救援专业机构,加强应急培训和救援演练,切实提高了应对突发事件的能力。深入开展各类安全生产专项整治,全面开展地企联合检查,及时发现和消除事故隐患,杜绝了重特大安全事故的发生。全年共发生各类安全生产事故1 290起,比上年上升3.9个百分点,死亡63人,下降25%。不断加强食品药品安全日常监管工作,积极开展专项治理活动,确保了群众饮食用药安全。

群众信访问题得到妥善处理。进一步健全联系群众的工作机制,深入开展矛盾纠纷集中排查化解工作,及时掌握信访动态、信息和苗头,妥善解决好各类信访问题。认真落实“信访积案化解年”各项措施,下大力气解决了一批疑难复杂信访问题。全年处理群众来信来访2 610件次,受理率100%,办结率85%以上。市长接待日、市长专线受理问题的办结率均达90%以上。

四、以民生项目为重点,城市建设取得新进展

规划管理工作继续加强。按照新一轮城市总体规划,开展了近期建设项目的前期规划研究,实施了供水、供电、供热等专项规划的编制工作。完成了中心城区旅游专项规划和乌尔禾区旅游发展战略规划。大力推行“阳光规划”,向公众开放城市规划展厅,广泛征求社会各界意见和建议,构建了政府与公众的良性互动平台。不断优化土地资源配置,加强了建设用地预审和审批工作,土地交易进一步规范。深入开展了整顿和规范矿产资源开发秩序工作,确保了矿产资源合理、有效利用。

重点项目建设有序开展。组织实施了市科技博物展览馆、南湖中学、老年活动中心、独山子区文化中心、社区卫生服务设施、新农村建设、石化工业园区基础设施等重点项目建设。完成了世纪公园、克拉玛依河道改造和一批城区道路改扩建工程。继续加强生态环境和安全保障设施建设,石化园区污水处理厂、武警支队基地建设工程已建成使用,中心医院污水处理站等一批项目正在按计划有序实施。无障碍设施改造工程基本完工。城乡抗震安居工程和教育、卫生系统公共设施抗震加固改造进展顺利。供热计量改造试点范围68万平方米,供热计量改革取得阶段性成果。

环境建设扎实推进。开展了饮用水源地保护、大气污染防治等环境保护专项行动。重点污染减排工程建设成效显著,全年实现二氧化硫减排871吨,化学需氧量减排308吨。加强了建设项目环境监管工作,提高了环评和“三同时”执行率。继续深入开展国家环境保护模范城市复查迎检和环境保护目标责任考核工作,在全疆城市环境综合整治定量考核中名列第一。大力推广节约型园林绿化,道路节水滴灌改造工程取得明显成效。乌尔禾区成功创建为“自治区园林城区”。

数字城市建设取得新进展。完成了数字城市中心数据库建设,网络基础设施平台与城市应用服务平台一期工程基本结束。人口、企业法人、地理信息三大数据库基本建成,为城市数据中心建设和智能化管理奠定了基础。以市、区两级政府一体化协同办公平台为代表的一批数字强政、数字惠民与数字兴业工程陆续建成并投入使用。

城市管理更加科学规范。落实城市管理长效机制,大力推进城市精细化管理,逐步形成了科学、规范、有序的城市管理体系。开通了12319城市管理服务电话,城市管理监控中心和110指挥中心全面投入使用。强化道路施工、城市照明、园林绿化管理工作,加大了市政公用设施监管力度。集中开展了以饲养宠物、乱搭乱建、交通行业管理为重点的专项治理活动,城市管理效能进一步提高。

五、以公共服务为重要抓手,政府自身建设全面加强

学习实践科学发展观活动取得显著成效。围绕“保发展、保民生、保稳定,全面实现小康社会”实践载体,扎实开展了学习实践科学发展观活动,大力推进政府职能转变,强化政府的社会管理和公共服务职能,切实提高了服务效能。集中力量解决了一批与群众生活密切相关的热点、难点问题,有力促进了保发展、保民生、保稳定各项工作的顺利开展。

依法行政工作全面推进。强化行政执法责任制,完善和推行了依法行政考核。加强规范性文件备案审查工作,持续开展了行政许可事项清理和法制宣传培训活动。健全了相对集中行政处罚权衔接机制,认真落实行政复议制度,行政行为进一步规范。大力推进政府信息公开工作,健全政府信息公开和查阅制度,加强了政府信息公开应用管理,提高了政府工作的透明度。

效能建设取得新成效。扎实开展了以“两提高一降低”为主要内容的效能建设活动,健全了项目关联审批及跟办、督办、协办工作机制,提高了行政审批效能。推进节约型机关建设,控制一般性支出,压缩了17%的行政经费。继续巩固纠风工作成果,开展了“小金库”和工程建设领域突出问题的专项治理,强化审计监督,提高了政府的公信力。

公务员队伍建设持续加强。进一步优化人才队伍结构,严把公务员、事业单位工作人员入口关。加大了机关干部下基层

锻炼和绩效考核力度,健全并推行了公务员选拔任用、事业单位岗位管理和竞争上岗制度,稳步实施了中小学绩效工资制度。加强了人事人才公共服务体系建设,将公务员普及学习与干部队伍素质提高相结合,提升了公务员的整体素质和服务水平。

2009年,我们遭受了国际金融危机的巨大冲击,经历了“七五”事件的严肃政治斗争和严峻政治考验,经受了甲型H1N1流感疫情大面积暴发的巨大压力。在前所未有的困难和压力面前,我们临危不惧、积极应对,经过全市各族人民的共同努力,我市经济建设、社会建设、城市建设和政府自身建设都取得了新的成绩。这些成绩的取得,是自治区党委、自治区人民政府关心、支持和市委正确领导的结果,是全市各族干部群众坚定信心、团结奋斗的结果,是市人大及其常委会有效监督和市政协积极参政议政的结果,是驻市石油石化企业与地方“发展共谋、责任共担、稳定共抓、环境共建”的结果,是英勇的人民解放军、武警官兵、公安干警、广大民兵无私奉献的结果,是所有关注克拉玛依发展的驻市各单位、兵团团场、社会团体、友好人士大力关心和支持的结果。在此,我代表市人民政府表示最真挚的感谢和最崇高的敬意。

在肯定成绩的同时,我们还应该看到,我市经济社会发展还存在一些不容忽视的矛盾和问题:产业结构相对单一,地方经济实力不强,可持续发展的基础仍然薄弱;财政的“软增长”与“硬支出”矛盾日益显现;民生工作与群众日益增长的需求相比,仍有一定差距;规划指导城市科学发展的作用发挥不够;政府部门的工作作风、工作效率有待进一步改善和提高。对于这些问题,我们将采取切实有力的措施,在今后的工作中逐步加以解决。

2010年重点工作安排

2010年是实施“十一五”规划的收官之年,是市委、市人民政府确定的开展“关注民生年”活动的第三年,也是我们建成全面小康社会,在新疆率先基本实现现代化总目标由打基础向加快发展转变的关键一年。做好今年的各项工作,必须更加关注发展质量,更加关注群众诉求,更加关注和谐稳定,从而进一步巩固经济回升向好势头,为“十二五”规划的启动奠定坚实的基础。

当前,国际金融危机影响仍然存在,世界经济复苏基础并不牢固,国内经济回升动力仍然不足,我们发展面临的挑战依然严峻。但同时也要看到,随着中央经济工作会议各项部署的落实,对经济增长的拉动效应必将进一步显现,中央对加快新疆发展的支持力度也将持续加大。随着新疆油田公司140万吨产能建设的投入和原油产量的提高,独山子千万吨炼油、百万吨乙烯工程的竣工投产、国家300万吨石油储备基地的开工建设,克拉玛依石化公司稠油集中加工项目的完善,都为我们加快发展创造了良好条件。特别是中石油建设综合性国际能源公司步伐的加快,为我市金融业的发展和地方企业在石油技术服务领域做大做强提供了难得的历史机遇。我们既要清醒地认识到面临的形势和肩负的责任,增强发展的紧迫感和危机感,更要善于把握机遇,变压力为动力,坚定信心,迎难而上,努力在新的起点上把改革发展稳定各项工作做得更好。

2010年,政府工作的总体要求是:坚持以邓小平理论、“三个代表”重要思想和科学发展观为指导,全面贯彻党的十七大、十七届三中、四中全会和胡锦涛关于新疆工作的重要讲话精神,认真落实中央经济工作会议、自治区党委七届八次全委(扩大)会议各项工作部署,按照市委九届六次全委会的总体安排,全力确保石油石化产业平稳较快发展,着力发展地方经济,巩固和扩大经济回升向好势头;全力维护社会稳定,着力推进民生工作持续深入开展,确保社会安定和谐;全力抓好城市规划建设和精细化管理,着力发展公共服务事业,进一步提升城市现代化品质。更加注重发展定位和产业规划,更加注重统筹地企资源优化配置,促进区域、产业、城乡协调发展,推进克拉玛依市经济社会全面协调可持续发展。

2010年,克拉玛依市国民经济和社会发展的主要预期目标是:地区生产总值比上年增长6%左右;全社会固定资产投资200亿元,增长11%;财政收入40.3亿元,增长13%;社会消费品零售总额增长9%;居民消费价格指数在103%左右;发布就业岗位4 500个,城镇登记失业率控制在3%以内;城镇居民人均可支配收入增长6%以上;农牧民年人均纯收入达到8 200元以上;人口自然增长率控制在8‰以内;每万元生产总值能耗下降4%以上。

根据2010年政府工作的总体要求和发展目标,我们将重点抓好以下工作:

一、着力推动经济快速发展

做大做强核心产业。石油石化产业是克拉玛依的核心产业,只有做大做强,才能巩固发展基础,拓展发展空间,为城市的可持续发展提供坚实的物质保障、内在动力和智力支撑。要全力支持中央石油石化企业做大做强,逐步将克拉玛依建设成为集油气生产、油气技术服务、炼油化工、国家石油战略储备和技术工人培训为一体的、国内最重要的石油石化基地,打造成为世界的石油城。以打造中国西部和中亚地区石油技术服务基地为目标,着力在工程技术、工程建设、生产服务、机械制造等方面谋求更大发展,创出品牌。与中央企业一道,大力扶持地方企业发展油气技术服务高端业务,加大在原料供应、高端技术转让、市场开放等方面支持地方企业发展的力度,借助中央企业品牌优势,通过劳务输出、技术支持、设备租赁等方式,帮助他们走出去占领外部市场,提高整体实力和市场竞争力。突出石化下游产业在我市可持续发展中的重要作用,积极争取国家、自治区及中央企业在产业政策、项目规划、资源配置等方面的政策倾斜,推进石化下游产业加快发展。切实发挥石化工业园区产业聚集和招商引资的平台作用,努力吸引大企业、大项目向园区聚集。进一步改善和优化经济发展环境,在城市规划、土地利用、资源开发等方面,主动为石油石化企业提供优质、高效服务。

加快发展新兴产业,积极培育多元产业。金融、信息、旅游这三个新兴产业既是低碳产业,又是发展前景好、吸纳就业能力强、产业关联度高、效益好的外向型产业,在我市具有良好的发展空间。要把金融、信息、旅游三个新兴产业放到更加突出的位置，明确其发展的重点领域和具体措施，提高发展质量和水平。通过政府引导和积极培育，推动教育、医疗、养老等公益性事业当中具备条件的领域朝产业化方向发展；改造和提升商贸、流通等传统服务业，大力支持现代物流、节能环保、中介服务、物业服务等行业健康快速发展；鼓励社会资本投入三产领域，把发展现代服务业作为扩大居民消费的重要渠道，加强规划和引导，着力提升地方经济发展的活力。

力促地方企业发展壮大。坚持扶优扶强，大力实施大企业、大集团战略。重点扶持产业龙头企业，细化扶持措施，为其做大做强创造更加宽松的环境；抓住政策机遇，加大培育上市公司力度，加快地方企业上市进程。重点扶持一批科技含量高、比较优势大、吸纳就业能力强、具有较好品牌的地方企业，使其成为促进地方经济发展的骨干力量。积极引导企业进行多种形式的重组整合，避免同业过度竞争。进一步加大对改制企业的帮扶力度，通过完善法人治理结构、规范企业行为、协调解决历史遗留问题等措施，促进改制企业健康稳定发展。

继续加大招商引资工作力度。进一步明确招商引资工作重点和标准，大力引进有利于提高我市经济发展质量的大企业、大集团。持续改善招商引资软环境，认真落实重大项目引进和落地的政策措施，有效安排各项支持资金。加强各类招商会展活动的参会组织工作，做好项目推介和洽谈对接，促使2×350兆瓦热电联供等重大招商项目早日开工建设，力争招商引资到位资金实现新的突破。

全面提升外经外贸工作水平。加强外经贸发展战略研究，鼓励和支持企业实施“走出去”战略，大力开拓外部市场。积极培育重点外贸龙头企业，加大对企业发展涉外业务的扶持力度，力争培育出几家具有带动和辐射作用、外贸业务额在千万美元以上的重点外贸龙头企业。

进一步加强农业和农村工作。加快实施农业结构调整和品牌战略，推行标准化生产，推进农业产业化进程。加快农业综合开发区农产品加工园区各项前期工作。积极发展设施农业和节水农业，建设设施农业生产基地。完成造林减排基地1 333.33公顷(2万亩)节水灌溉工程建设和黄羊泉、白碱滩两座水库除险加固。不断强化重大动物疫病、有害生物防控体系建设。抓好农副产品供给与储备，扎实做好“放心肉”、“放心菜”工程。落实各项强农惠农政策，积极推进农村二、三产业发展，千方百计抓好农业增效、农民增收工作，办好农村实事工程，推进城乡一体化发展。

二、着力保障民生工作持续深入开展

积极促进和稳定就业。继续完善和实施扩大就业和稳定就业并举的政策措施，鼓励和帮助各类企业采取多种方式吸纳和稳定就业，全方位促进就业增长。加大技能培训力度，提高失业人员就业技能，推动就业结构优化。加强创业培训和创业服务，强化政策扶持，指导大中专毕业生和失业人员创业。加大公共就业服务，推进就业服务平台建设，健全区级人力资源市场，规范和扩大就业见习基地，落实就业援助和帮扶措施，努力保持就业局势基本稳定。

全面推进社会保险体系建设。稳步实施城乡居民医疗保险和新型农村养老保险试点工作。完善进城务工人员住院医疗保险参保管理，探索建立医疗保险定点零售药店制度。加大社会保险稽核力度，提高基金征缴率。规范和加强各项社保基金管理，确保基金应收尽收。全面推进金保工程一期建设，实现医疗保险参保人员持卡就医。加强劳动监察执法监管，全面落实劳动合同、集体合同和劳动用工备案制度，建立推行劳动争议预防和纠纷调处机制，保持劳动关系和谐稳定。

依法保障“三个群体”的合法权益。加大对城市低保、农村五保户等困难群体，老人、残疾人、儿童等特殊群体，现役军人及家属、退役军人等优抚群体的保障力度。积极开展困难群体援助行动，进一步完善救助标准核算机制。降低医疗救助门槛、扩大救助范围，使之与城乡居民基本医疗保险实现有效对接。大力推进“康复关爱工程”，切实做好创建“全国残疾人工作示范城市”的工作。全面推进居家养老，拓展服务领域，加快养老服务市场化进程。认真落实各项涉军优抚安置政策，扎实做好创建全国双拥模范城市工作。

强化公共交通管理和住房保障。统筹全市交通资源，进一步完善城乡交通路网建设，大力推进城乡公交一体化。树立优先发展城市公交的理念，优化交通资源配置，完善公交管理体制和运行机制，合理设置线路布局、站点和发车密度，方便百姓出行。继续加强经济适用房和廉租住房建设，重点解决中低收入家庭住房问题。2010年，规划建设经济适用住房3 500套(含廉租住房)，普通商品住房1 000套。

进一步提高卫生医疗和计划生育服务水平。扎实做好甲型H1N1流感等重大疾病预防控制与治疗工作。大力促进基本公共卫生服务均等化，重点实施好公共卫生服务项目。进一步健全社区卫生服务体系，力争社区卫生服务覆盖率达到100%，社区服务人员持证上岗率达到95%以上。继续深入开展医院管理年活动，通过引进高技术人才、与先进地区交流合作、争取对口支援等措施，全力打造一流的医疗服务。巩固国家卫生城市创建成果，全面推进健康城市建设。继续抓好出生缺陷实施干预和人口早期教育基地建设工作，进一步提升新形势下人口与计划生育管理水平和服务质量。

继续加强科技工作。强化发展低碳经济、循环经济和实施优势资源转换等重大问题的研究，促进重点领域和重点产业加快发展。积极推动科技成果转化，促进科技合作与交流。以准噶尔盆地油气藏综合地质勘探研究等6个可持续发展实验区科技支撑项目为切入点，大力开展可持续发展政策研究，力争将一批项目纳入自治区、国家相关计划。研究制订促进大学科技园发展的各项优惠政策，积极推进科技合作项目的对接和入园企业的孵化。继续实施知识产权试点示范工程，培育一批知识产权“大户”企业。组织开展克拉玛依首届学术年会系列活动。

突出抓好教育工作。大力推进基础教育课程改革，深入实施素质教育。大力加强教师队伍建设，促进广大教师不断提高教育教学能力。完善教师选用机制，创造条件引进国内高水平的师资力量，加强与内地院校的交流与合作，全力打造一流的基础教育。继续强化双语教师培训,切实做好“民汉合校”各项工作。进一步提高少数民族幼儿入园率和出勤率,不断提升区内初中班、高中班的教育教学质量,在更高层次上促进民汉教育同步发展。深入推进家庭教育工作,构建和谐育人体系。整合全市优质教育资源,大力发展学历教育,为创办综合性大学创造条件。突出石油特色,加快发展以石油石化专业技术培训为主导、面向国内外的特色职业教育,创出石油城的品牌。

繁荣文化体育事业。认真落实文化发展规划,继续推进文体中心大项目建设。积极做好文化为基层服务工作,大力发展文化产业。进一步健全文化市场长效管理机制。研究制定工业遗产保护规划,促进工业旅游发展。举办好克拉玛依第七届运动会、第二届民运会,组织开展好“全民健身日”活动,掀起全民健身新高潮。积极开展阳光体育进校园活动,提高青少年的健康水平和身体素质。扩大公共体育设施开放范围,切实提高利用率。加快竞技体育发展步伐,全力备战自治区第十二届运动会和第七届民运会。

三、着力维护社会和谐稳定

严密防范和坚决打击“三股势力”与各类刑事犯罪。坚持“主动进攻、露头就打、先发制敌”的方针,始终对“三股势力”保持严打高压态势。高度警惕境内外“三股势力”利用群体性事件制造事端,提高预防和处置群体性事件的能力。采取有效手段,坚决遏止敌情上升和非法宗教活动上升趋势。推进社会治安防控体系建设,严厉打击严重刑事犯罪、社会黑恶势力、“黄赌毒”违法行为,铲除“三股势力”滋生的社会土壤。以社区和农村为重点,切实加强情报信息工作,牢牢把握斗争的主动权。

深入开展意识形态领域的反分裂斗争。切实加强广播电视、互联网、手机短信等现代传媒的舆论引导作用,坚决抵御各种错误思潮的渗透和传播,牢牢占领思想文化阵地。加强各级学校的思想政治工作,建立和完善从幼儿园、小学到中学的民族团结教育体系,使课堂成为反对民族分裂、维护祖国统一、促进民族团结和社会稳定的重要阵地。坚决防范“三股势力”的文化渗透、反动宣传和分裂破坏活动。

扎实推进民族团结工作。坚持把民族团结教育纳入公民道德教育和社会主义精神文明建设全过程,引导各族群众正确认识民族和国家的关系,自觉维护祖国统一、民族团结和社会稳定。在全社会广泛深入地开展群众性民族团结进步教育与表彰活动,通过手拉手、结对子、扶贫济困等有效载体和形式,使各民族互帮互助、互敬互爱成为风尚。

依法加强对宗教事务的管理。全面落实党的民族宗教政策,保证宗教活动规范有序进行。认真做好宗教信仰普查登记,深入开展民族宗教领域矛盾隐患排查。继续推行少数民族领导干部联系宗教活动场所、与宗教人士谈话制度。认真做好“平安宗教活动场所”创建工作,着力培养一支政治上靠得住、学识上有造诣、品德上能服众的爱国宗教人士队伍。切实做好有组织、有计划的朝觐工作,力争零散朝觐人员保持“零控制”。认真抓好未成年人禁入清真寺和参加各种宗教活动工作,坚决杜绝师生参加宗教活动。

妥善处理人民内部矛盾。全面加强社会基层组织建设,积极开展普法宣传和社区矫正工作。继续推进党员干部深入社区和农村开展面对面宣传教育工作。坚持和完善人民调解、行政调解、司法调解三位一体的大调解工作体系,把矛盾化解在基层,把问题解决在基层。进一步强化信访工作和领导包案责任制,加大基层信访工作力度,采取有效措施破解重信重访问题。持续开展领导干部定期接待群众来访和机关干部下访活动。进一步强化安全生产工作。建立和完善重点领域的安全监管联席会议制度,落实整改责任,有效预防和坚决遏制重特大事故发生。大力推进安全生产示范区、街道(乡)、社区(村)创建活动。积极开展“平安畅通市”创建工作,力争在智能化管理上取得新突破。全面落实食品药品安全责任,建立健全食品药品安全监管长效机制,确保人民群众饮食用药安全。加强应急预案体系和应急平台建设,强化应急演练和事故预警,有效整合应急救援队伍和物资储备,不断提升预防和处置突发事件的能力。

四、着力推进城市建设科学发展

强化规划和土地管理工作。完成西部新城、城市风貌、重点地段的控制性详细规划。做好中心城旅游专项规划和独山子、乌尔禾区旅游项目规划。进一步完善城市污水处理和总体利用、绿化管网等专项规划。严格规划审批程序,继续开展规划综合执法专项治理,保证城市总体规划顺利实施。加强土地管理,做好重点建设项目用地保障。完善建设用地招标、拍卖、挂牌和土地收购储备制度。严禁非法开荒,依法查处违法开荒行为。启动并完成小拐乡666.67公顷(1万亩)土地整理项目。加强矿产资源管理,提高保护和合理利用水平。

全力推进城乡基础设施建设。高度重视建设项目的前瞻性研究,切实做好论证、筛选和储备工作。积极做好环城西路和西部新城建设的前期工作,推进奎屯—克拉玛依高速公路、农村公路网工程加快建设,力争克拉玛依—乌尔禾高速公路年内开工建设。切实抓好文体中心、火车客运站、第二污水处理厂、南新公园一期、社区卫生服务设施、老年服务设施、石化园区基础设施等重点工程建设。继续做好中水利用工作,加快完善市区和乌尔禾区污水收集系统。加大市区公交站场建设和改造力度,加快独山子、白碱滩区消防站建设。继续抓好城乡抗震安居工程和城市抗震加固改造,重点提高公共建筑的抗震防灾能力。认真开展无障碍城市创建工作,切实抓好各项工作的落实。继续开展供热计量改革试点工作,逐步推行两步制热价,稳步推进供热改革。研究制定支持市政公用事业改革的政策措施,加快公交等市政公用事业改革步伐。积极实施天然气入户工程建设,力争在3年内让所有居民用上天然气。

进一步巩固环境建设成果。继续强化环境保护目标责任,完善检查考核机制。加大重点污染减排工程监督管理力度,全面完成“十一五”总量控制和污染减排目标。强化环境监管力度,确保环境质量全面达标。继续加强建设项目环境管理工作,努力实现环境影响评价和“三同时”执行率达到100%。深入开展建筑、市政公用设施节能工作,重点推动公共机构节能,加大建筑节能改造力度，确保新建建筑节能65%以上。进一步推进机动车尾气污染防治。继续开展绿色创建和绿色消费活动。扎实开展节约型园林绿化建设，大力实施精品绿化。

稳步推进数字城市建设。依托数字油田建设成果，进一步加强网络基础设施硬件平台与城市应用服务软件平台建设。强化行业信息资源整合利用，建设具有基础性、公益性、开放性的信息化基础设施及业务管理应用系统，促进各行业协同推进。加大电子政务一体化协同办公平台应用力度，建立统一的克拉玛依内外网站门户。积极做好由我市承办召开的首届“信息化创新克拉玛依国际学术论坛”，展示克拉玛依数字城市、数字油田建设成果，吸引国内外信息技术人才聚集克拉玛依，提高国际知名度，带动信息产业加快发展。

切实提高城市综合管理水平。以城市建设“天山杯”竞赛活动为契机，积极开展各类专项治理，进一步改善城市环境面貌。强化城市基础设施管理，修订完善供水、燃气、供热、公交等行业管理办法，加强安全监管和日常维护，确保城市重大基础设施运行安全。进一步规范机动车停放管理，积极创造条件开发停车空间，有效缓解停车难的问题。强化房地产市场专项整治和管理，规范房地产开发建设行为，稳定住房价格，促进房地产业健康发展。

五、着力抓好发展定位和产业发展规划

以促进城市可持续发展为重点，准确把握发展定位。在认真总结、全面评估“十一五”规划执行情况的基础上，结合“十二五”规划的编制，突出资源型城市向综合型城市转型这一主题，有序调整经济结构，大力发展以油气产业、新兴产业和多元产业为主体的地方经济，努力提高社会保障水平，不断提升现代化城市品质，持续打造人才强市平台，从根本上推进城市可持续发展。着眼于统筹地企资源，推进城乡、区域、产业整体协调发展，进一步明确城市和各区发展方向、规模、功能定位，促进区域经济和产业布局不断优化，促进地企融合、兵地融合。统筹各区经济和社会协调发展，加快城乡一体化进程。着力转变经济发展方式，大力发展低碳经济和低碳产业，全力打造低碳城市。

以推进经济又好又快发展为重点，精心实施产业规划。做大做强核心产业，夯实克拉玛依可持续发展的基础。大力发展以昆仑银行为主体的金融产业，以数字油田和数字城市为主体的信息产业，以旅游消费为主体的旅游产业，使这三个新兴产业尽快成为地方经济发展的骨干力量。通过政府引导或市场调节等不同手段，因地制宜地培育和发展多元产业，逐步形成产业互补、梯次发展、良性互动的结构布局，增强地方经济发展活力。突出“克拉玛依”这一响亮品牌，把“引进来”和“走出去”有机结合起来，加强与内地及周边地区和国家的经济技术合作，大力发展外向型产业，积极吸引外地资金、技术、人才参与克拉玛依市经济建设，努力实现地方经济发展的新突破。

以实施“人才强市”战略为重点，建设高素质的人才队伍。加强企业经营管理人才和专业技术人才队伍建设，注重培养少数民族人才，着力提高人才队伍整体素质。以培养和用好现有人才为主导，建立健全人才激励机制，加快企事业单位技术专家、学科带头人和技术骨干队伍建设。不断优化人才结构，积极引进石油石化、金融保险、信息技术、旅游、文教卫生、高新技术等行业高层次人才和紧缺人才。创新思维和工作方式，发展一流的教育，建设一流的医疗，打造一流的城市管理，建设发达的通讯网络，营造秀美宜居的环境，大幅度提高城市的品质和美誉度，形成人才汇集和大企业总部落户克拉玛依的条件，使之成为推动克拉玛依市可持续发展的动力支撑和创新源泉。

六、着力推进政府工作水平全面提升

坚持依法行政。加强对行政执法行为的监督，继续深化依法行政考核，严格行政过错责任追究，不断增强依法行政能力。完善社情民意反映机制、重大事项集体决策制度、专家咨询制度，支持和扩大公众对政府决策的参与。主动接受人大的依法监督和政协的民主监督，自觉接受社会公众和新闻舆论的监督。认真办理人大代表建议和政协委员提案。加强同民主党派、工商联、无党派人士和人民团体的联系。

提高行政效能。调整和完善各部门职能，逐步建立健全政府工作标准体系，规范行政行为，提高行政效率。继续推进行政审批制度改革，减少行政审批事项，加强和改进服务方式，不断提高服务水平。积极开展行政机关绩效考核工作，继续推进事业单位绩效工资制度。强化政务公开，加大政务信息公开力度。大力推进电子政务项目建设和推广应用，拓展网上服务项目，提高政府工作透明度。

推进党风廉政建设。主动深入基层，认真解决事关群众切身利益的问题。集中精力、财力为群众办好事、实事，增强群众对党和政府的向心力和凝聚力。改进机关工作作风，进一步提高工作效率。严格控制一般性支出，坚决制止铺张浪费。认真落实廉政建设责任制，积极推进惩治和预防腐败体系建设。深入开展“小金库”和工程建设领域突出问题专项治理，切实解决以权谋私、损害群众利益的问题，坚决惩治腐败。

提升学习能力。认真贯彻落实市委《关于建设学习型克拉玛依的意见》，加强学习型领导班子建设，建立政府常务会议学习制度。在政府机关广泛开展“爱读书、读好书、善读书”活动，切实提高各级领导综合素质和驾驭全局、协调各方、解决矛盾的能力。加大公务员队伍教育培训力度，加强政治理论和业务知识学习，坚持理论联系实际、学以致用，使机关干部向高素质、复合型人才方向发展，努力建设学习型政府。

新的目标催人奋进，新的任务光荣而艰巨。让我们更加紧密地团结在以胡锦涛为总书记的党中央周围，在自治区党委、自治区人民政府和市委的正确领导下，团结和带领全市各族人民，坚持以经济建设为中心不动摇，坚持维护社会大局稳定不动摇，坚持各民族共同团结奋斗、共同繁荣发展不动摇，转变作风、开拓创新，为实现“十一五”发展目标，不断开创我市改革开放和现代化建设新局面而努力奋斗。

党和国家领导人考察

【王乐泉在独山子石化公司调研】 2010年2月16日，中共中央政治局委员、自治区党委书记王乐泉在独山子石化公司考察，并看望和慰问坚守一线的员工及管理人员。随行考察的有自治区政协副主席、经信委主任王永明，新疆军区副司令员万宗林，自治区党委副秘书长、办公厅主任张明理，自治区党委副秘书长、农办主任代宁祥，自治区民政厅党组书记莫涓以及公安厅、海关、铁路局的领导。王乐泉在炼油控制中心、百万吨乙烯控制中心与在场的员工互道春节问候。随后在产品展示台参观产品样品，并听取独山子石化公司副总经理陈俊豪关于千万吨炼油的投产和生产情况的汇报。王乐泉指出，独山子千万吨炼油百万吨乙烯项目在建设和开工期间，组织工作与管理工作很出色。今后还要在延伸加工、精细化加工方面下工夫，增加技术含量，把效益再扩大。中国石油天然气集团公司独山子石化公司千万吨炼油百万吨乙烯项目从一开始就引起世人高度的关注，这是新疆最具标志性的一个项目。大项目建成并一次性投产成功，这在中国的炼油化工建设史上都是很少有的，大家是功不可没的。2009年困难重重，石油石化行业受世界金融危机影响严重。2010年形势大为好转，1月新疆财政收入超过100亿元，其中独山子石化占相当大的比重。新疆瞄准的目标是确保经济增长9%，争取实现两位数的增长。王乐泉勉励独山子石化全体员工再接再厉，注重资源的综合利用，发展低碳循环经济，为新疆经济的腾飞再立新功，造福新疆各族人民。 （纪 宣）

【王乐泉听取克拉玛依和驻克石油石化企业工作汇报】 2010年3月25日，中共中央政治局委员、自治区党委书记王乐泉在自治区党委常委会议室专题听取克拉玛依市委、市人民政府和驻克石油石化企业（新疆油田公司、西部钻探公司、独山子石化公司、克拉玛依石化公司）的工作汇报并讲话。自治区党委副书记、自治区主席努尔·白克力以及杨刚、符强、宋爱荣、白志杰、王永明、田建荣等领导听取汇报。克拉玛依市、新疆油田公司、西部钻探公司、独山子石化公司、克拉玛依石化公司领导陈新发、韩炜、杨盛杰、付德新、徐福贵、默新社、张有林、石永春、谢鹏飞等参加汇报会。会上，克拉玛依市、新疆油田公司党委书记，中国石油天然气集团公司驻新疆地区企业协调组组长徐卫喜首先代表克拉玛依市及驻克石油石化企业汇报克拉玛依及驻克石油石化企业2009年的工作情况、今后的发展目标思路和2010年的重点工作情况。王乐泉指出，在2009年新疆经济社会发展面临严峻形势的情况下，克拉玛依及驻克石油石化企业克服各种困难，大力促进经济发展，为新疆经济发展和社会稳定作出很大贡献。特别是在抗击雪灾过程中，速度之快、力度之大、作战能力之强令人感动，克拉玛依和驻克石油石化企业体现出的全局意识、大局观念、社会责任感值得肯定。王乐泉强调，新疆的石油石化产业是自治区经济重要的支柱产业，关系到新疆能否与全国同步实现小康社会目标，克拉玛依和驻克石油石化企业提出的今后一个时期的奋斗目标振奋人心，自治区党委、人民政府对克拉玛依和石油石化产业的发展寄予厚望。 （纪 宣）

【李兆焯在克拉玛依考察】 2010年7月6日，由全国政协副主席李兆焯为组长的全国政协提案委员会专题调研组一行56人到克拉玛依考察。自治区政协副主席黄昌元等领导陪同考察。李兆焯听取克拉玛依市政协领导有关方面的情况汇报，对克拉玛依市政协作用得到有效发挥表示赞许。李兆焯在徐卫喜、陈新发等陪同下到造林减排作业区考察，详细询问林木生长情况；对克拉玛依市、油田公司党委未雨绸缪、提前策划资源型城市可持续发展的做法以及以工业理念从事生态产业建设和国有企业主动承担社会责任的实际行动给予高度评价。李兆焯指出：造林绿化是造福一方的千秋伟业，希望克拉玛依人发扬当年石油工人的创业精神，以科学发展观为指导，确保林地健康持续发展。当日下午，李兆焯参观公司二号集中控制室，听取公司的发展建设、生产经营、特色油品等相关情况汇报，对克拉玛依石化公司工作给予高度评价。李兆焯指出，克拉玛依石化公司建设和发展，对国家加快西部大开发战略的实施，对促进新疆经济和社会的发展和稳定以及中国石油石化行业增强国际竞争力作出了积极贡献。李兆焯希望克拉玛依石化公司再接再厉，充分利用高新技术，加快新产品开发，进一步提升市场竞争力，为国家经济建设作出新贡献。 （纪 宣）

上级领导考察调研

【尔肯江·吐拉洪、靳诺在白碱滩区参加授牌仪式】 2010年2月5日，自治区党委常委尔肯江·吐拉洪、自治区副主席靳诺在克拉玛依市白碱滩区参加国家科技进步示范县（市）授牌仪式暨表彰大会。国家科技部农村司综合处处长候立宏宣读国家科技部《关于确定北京石景山区等62个县（市、区）为第三批国家科技进步示范县市的通知》。授牌仪式上，靳诺向白碱滩区颁发国家科技进步示范县（市）牌匾。同时靳诺还对白碱滩区奖励100万元，作为一把手抓第一生产力示范工程项目实施经费。尔肯江·吐拉洪指出，长期以来，白碱滩区坚持依靠科技进步促进经济发展，取得突出成效。特别是围绕石油、石化工业发展壮大一批创新企业的同时，荒漠生态产业和现代化服务业也得到快速发展，经济多元化取得明显进展。他希望白碱滩区不断开拓进取，扎实工作，不断开创科技工作的新局面，在新疆真正起到示范、带头、引领作用，为推动自治区科技兴新战略强化实施、加快新疆发展作出更大的贡献。 （纪 宣）

【李新华在新疆油田公司王家沟油库检查工作】 2010年2月5日，中国石油天然气集团公司副总经理李新华在新疆油田公司王家沟油库库区检查工作，并看望慰问一线干部员工。李新华进入新疆油田公司王家沟原油库检查。孙建刚代表新疆油田公司向李新华详细了解了王家沟库区整体规划、45万立方米原油储罐和公用工程建设情况以及库区生产衔接、安全保卫、员工生活保障的相关情况，并察看库区视频监控和周界防范系统的运行状况，西部管道公司乌首站、西北销售公司的生产站场，听取出疆原油、成品油管道运行情况的汇报。李新华指出，油库上连着油气田，下连着炼油厂和用户，是非常重要的中间环节，希望油田公司要继续把工作干好，抓好油库的管理，为中石油整体的安全生产、平稳运行作出贡献。（纪 宣）

【王建民在独山子石化公司调研】 2010年4月13日，新疆军区政委王建民少将在独山子石化公司调研。王建民参观大项目现场。在大项目展示台前，独山子石化公司副总经理吕蔷介绍了独山子的总体情况及大项目的建设生产情况。王建民对独山子石化公司的工作和管理水平给予高度赞扬。他指出，独山子石化公司管理精细扎实，队伍作风过硬，经济指标先进，广大石化人员付出了辛勤努力，为新疆石化工业的发展和新疆经济发展作出了重要贡献。（纪 宣）

【姬延芳在克拉玛依调研】 2010年4月15日，武警部队副参谋长姬延芳少将在武警克拉玛依支队调研。姬延芳一行听取武警克拉玛依市支队关于部队建设、政治工作、部队装备以及存在问题等方面工作的汇报，对武警克拉玛依市支队的工作给予肯定。随后姬延芳参观了部队训练基地、支队办公设施、作战勤务值班室等场所，检查指导驻市区部队。姬延芳要求武警克拉玛依市支队进一步加强执勤训练，加强部队思想工作，为克拉玛依的经济建设和社会发展作出新贡献。（纪 宣）

【黄昌元在克拉玛依调研】 2010年4月16日，新疆维吾尔自治区政协副主席黄昌元在克拉玛依市考察。黄昌元听取克拉玛依市政协工作汇报，随后到克拉玛依南林社区养老日托站和银河金色桑榆居家养老服务中心参观考察，听取社区居委会主任关于巩固全国学习型家庭的具体做法介绍。黄昌元对银河街道通讯社区的医疗保险政策宣传工作给予肯定，对学习型社区建设工作给予好评。黄昌元指出，克拉玛依市的社区建设工作取得了很好的成绩，今后要妥善化解企业用劳务派遣工的问题和党政机关事业单位、社会团体编外用工问题，开展以创业带动就业命题研究，大力开展创业活动，拓宽创业思路。黄昌元希望社区工作人员继续做好城乡居民医疗保险政策的宣传工作，让每一位居民都能参与，让每一位愿意参保的居民都能从中受益。（纪 宣）

【贾福兴在独山子石化公司检查指导工作】 2010年4月19日，国务院国资委纪委书记贾福兴率领中央企业检查组在独山子石化公司，全面检查和指导工作。检查组听取独石化工作汇报、查看现场、翻阅资料。特别对300万立方米国家原油储备库项目进行全面检查，并对项目进行综合评估，认为300万立方米国家原油储备库项目的组织机构健全，项目程序整体合法合规，论证科学充分，项目规范严格，重要指标全面受控，严格控制质量、安全、环保等体系。在评估会上，贾福兴指出，独石化是中国石油发展史的见证，是传承中国百年开采史和74年炼油史的石化基地，是中国石油发展史的先行者。独石化生产指标先进，在中油集团的19项主要经济技术指标中，15项列中国石油前三，五项第一；2次获全国五一劳动奖章，是首批国家环境友好企业，是中国石油、中央企业的骄傲。独石化是西部大开发的见证。特别是独石化千万吨炼油百万吨乙烯工程，是西部大开发的标志性工程，4万名建设者用3年时间共同努力，取得一次试车成功，创造了国内大型炼化工程建设的新纪录，对延伸石化产业链、繁荣地方经济、保障国家能源安全上起着重要的作用。贾福兴强调，300万立方米国家原油储备库项目是国家援疆七大项目之一，是国家能源保障项目，独石化责任重大，使命光荣。独石化要在项目建设过程中全面落实质量、安全、廉政管控机制，把国储库建成一流的工程。贾福兴希望独石化在千万吨炼油百万吨乙烯工程取得辉煌成就的同时，充分利用大项目的建设成果，保证重要指标受控，总结建设经验，为中央企业起到提供借鉴经验的作用。要继续发扬成绩，为中国争光，为中央企业添彩。要建设一支善打硬仗，作风过硬的队伍。要把300万立方米国家原油储备库建设成让国家放心、让中油集团公司放心的优质、安全、清洁、阳光的工程。（纪 宣）

【陈明在独山子石化公司检查指导工作】 2010年4月19日，中国石油天然气集团公司纪检组组长陈明在独山子石化公司检查指导工作。陈明深入到大项目炼油控制中心、化工控制中心等生产现场看望一线员工，与员工进行交流。在听取公司管理层的工作汇报后，陈明对独山子石化公司的工作给予高度评价。他指出，独石化千万吨炼油百万吨乙烯工程一次顺利投产，为中油集团、为新疆经济发展立了大功。2009年，国际金融危机和乌鲁木齐"七五"事件发生在大项目建设开工的关键时期，独山子石化公司管理层针对困难沉着应对，做到坚定、稳健、妥当，保持队伍稳定，保证生产和建设的稳步推进。独石化充分发扬铁人精神，各级党组织发挥出政治优势、队伍优势和堡垒作用，在不平凡的一年中实现一次开车成功，实现总部要求的优质、绿色、安全、阳光工程这一目标。独石化在大项目建设和管理方面形成一整套成熟的经验，概括起来有四点：一是公司带领大家全面完成中油党组和自治区交给的重大任务，全面体现出蒋洁敏总经理提出的忠诚事业、承担责任、艰苦奋斗、清廉奉献的工作要求。二是独石化的工作有标准、有规矩、有章法，管理上有特色，所以生产运行、工程建设得到保证。三是独石化贯彻以人为本，关爱员工，调动大家的积极性，体现出独石化是一个和谐、团结奋进的群体。四是独石化管理层重视廉政建设，强化教育和监督，发挥纪检审计部门的作用，形成一套有效的内部监督机制，积累成功的经验。陈明强调，独石化在生产、效益、规模等方面都提升了一大步，希望独石化不断努力，把大炼油大乙烯装置管理成经济效益一流、技术指标一流的装置，成为中油炼化装置的榜样。希望独石化更加努力，让大炼油大乙烯成为中石油炼化装置的榜样。（纪 宣）

【王国樑在克拉玛依调研】 2010年4月20日，集团公司总会计师王国樑在新疆油田公司调研。王国樑说，在电视剧《奠基者》中多次提到新疆油田，新疆油田在过去为中国石油的发展作出重要贡献，相信今后将扮演更为重要的角色。王国樑对新疆油田的发展提出几点希望和要求。一是对油田未上市业务的扭亏解困工作，要分年度制定出减亏计划，认真组织实施，加快解困扭亏的步伐。二是作为上游板块，要向管理要效益，要认真学习华北油田精细管理的经验，提升企业发展创效的能力。三是要认真落实集团公司人事管理工作“三控制，一规范”的要求，严格控制人工成本，利用信息化、自动化等先进技术和管理方式，节约人力资源，提高劳动效率。四是要进一步推进昆仑银行的发展，克拉玛依是中国石油范围内唯一企地合一的城市，要充分发挥优势，采取多种措施支持昆仑银行的发展。王国粱指出，这两年昆仑银行正处于发展的关键时期，新疆油田要围绕主营业务发展，积极支持和带动金融业务发展，并以此为契机，助推克拉玛依的发展。昆仑银行将按照向客户提供有特色、差异化金融服务的定位，努力提高服务水平，拓展服务内容，提高服务效率和意识，为广大客户提供更加高效、便利的服务，更好地树立昆仑银行的品牌形象。

同日，王国樑在独山子石化公司调研，听取独山子石化公司工作汇报，详细了解新装置运行情况。王国樑对大炼油大乙烯运行平稳，各项指标保持领先，管理科学先进、效益稳步提升表示赞赏。在炼油控制中心，王国樑听取炼油厂建设运行情况的介绍和第一联合车间班组核算工作的汇报，指出，第一联合车间的班组核算很直观，能调动员工的积极性，要求炼油厂和该车间继续总结经验，在全厂建立起科学的管理机制更好地促进生产。在化工控制中心，王国樑听取大乙烯生产情况的介绍和乙烯联合车间班组绩效管理系统的汇报。指出，乙烯厂特别是小乙烯各项指标在全国名列前茅，这很不容易，要继续保持，乙烯联合车间的班组绩效管理很有成效。在中石油控股的克拉玛依商业银行各网点，王国樑一行了解银行经营状况。要求克拉玛依商业银行的管理要向石化公司学习，核算要精细化，要从每个人、每个班组、每笔业务做起。他希望克拉玛依商业银行积极依托石化公司等石化产业链，延伸服务链迅速提高业务能力。（纪　宣）

【王永明参加台湾见龙机构在克拉玛依投资剪彩活动】 2010年5月14日，自治区政协副主席、自治区经信委主任王永明参加台湾见龙机构在克拉玛依石化工业园区举行的投资16万吨/年可发性聚苯乙苯（EPS）项目开工典礼。王永明指出，见龙机构在克拉玛依市石化工业园区投资的16万吨/年可发性聚苯乙烯（简称EPS），是一种良好的节能保温、包装缓冲材料。EPS项目落户石化工业园区，是克拉玛依市引进大企业、大集团战略，大力发展石化下游加工产业的又一具体体现，同时也表明克拉玛依市承载大型项目的能力又进一步提高。作为克拉玛依市2009年重点招商项目和落户的首家台商企业，克拉玛依市委、市政府对这个项目高度重视，成立专门的机构负责项目运行中具体问题的协调和跟踪服务，加快项目的前期工作进度。开工典礼的举行，标志着该项目跨进实质性的一步，项目建成将完成见龙机构在中国内地的战略投资的布局。王永明强调，要充分利用独山子大石化提供的上游资源，加快工程项目建设，加强管理与合作，将工程建设成为优质高效工程，为新疆经济建设和发展作出新贡献。（纪　宣）

【乔吉甫在独山子调研】 2010年6月21日，自治区人大常委会副主任乔吉甫带领自治区人大天山环保行执法检查组在独山子调研。乔吉甫听取独山子区领导的工作汇报，随后，深入到独山子石化公司大项目化工控制中心、炼油控制中心听取千万吨炼油、百万乙烯安全生产和环保工作介绍，并到新区常减压装置实地考察。乔吉甫对独山子石化公司环保工作给予高度赞扬，并希望独山子区再接再厉，继续抓好环保设施建设，为环保工作作出新贡献。（纪　宣）

【蒋洁敏在新疆油田公司调研】 2010年7月15日，集团公司总经理蒋洁敏，副总经理周吉平、王宜林在集团公司总经理助理李润生、股份公司副总裁赵政璋、孙龙德及集团公司等部门的领导陪同下到新疆油田公司调研。蒋洁敏一行在公司数据中心参观考察油田信息化建设工作。在信息运行监控室，数据中心主任曾颖向集团公司领导汇报新疆油田信息化建设情况，并且演示有关油田生产信息系统。蒋洁敏详细查看沙门1井的出油地层、动态数据等。他对新疆油田信息化建设所取得的成绩给予肯定，对今后油田信息化的建设思路和发展方向提出指导性意见。其中心思想就是信息化建设必须以油田生产业务需求为导向，在油田的研究决策领域更好地服务，为油田增储上产发挥更大的作用。蒋洁敏指出，新疆油田信息化建设与管理工作做得不错，走在了中石油上游业务的前列。通过搭建信息化应用一体平台，形成八大系统，建成113套信息应用系统，并且有一只规模化、专业化的信息技术队伍来支撑，基本建成数字化油田的雏形，并且为油田发展发挥了积极作用。蒋洁敏强调，信息化和工业化融合实际上仅仅处于一个初级阶段，只有当信息化达到改造工业化的时期，才是真正意义上的现代化，这还需要相当长的一个建设时期。按照集团公司“十二五”规划目标，到“十二五”末期，要达到国际公司的先进水平，信息化建设水平是关键。要通过网络和信息技术逐步将传统工艺转变成为现代化的工艺，这是信息化建设的根本目标。

当日下午，蒋洁敏、周吉平、王宜林一行在克拉玛依市、油田公司领导徐卫喜，陈新发等陪同到克拉玛依石化公司调研。蒋洁敏听取克拉玛依石化公司的工作汇报，参观公司2号集中控制室，并听取公司基本情况、特色产品、上半年生产经营等情况汇报。蒋洁敏指出，新疆油田这几年资源勘探力度不断加大，资源的基础更加雄厚，特别是稠油、超稠油资源储量已达3亿多吨，风城油田实行整体开发，生产规模每年可达300万到400万吨。按照集团公司稠油加工要与油田稠油上产同步规划、同步实施总体部署，克拉玛依石化公司要在现在的基础上，对稠油集中加工进行前期准备，在不远的将来，克拉玛依石化就会成为年加工能力1 000万吨的大炼油厂，成为全国最大的稠油集中加工基地。蒋洁敏指出，克拉玛依石化公司这几年总体情况较好，变化很大。第二集中控制室把十几套装置都纳了进来，这是集约化生产和管理的一个缩影，他对公司为中国石油建设综合性国际能源公司作出的贡献表示感谢和慰问。他强调，克拉玛依石化生产的特色产品主要可以归纳为两大系列：第一系列产品是沥青。他说，沥青是集团公司重点发展的业务之一，下一步集团公司生产的沥青要在全国占有40%以上的市场，克拉玛依石化占有重要的位置；第二系列产品是环烷基润滑油基础油，这在全国也是最具优势的。这类产品之所以能出口日本、韩国，能被高水平企业使用，主要是因为克拉玛依拥有独特的环烷基稠油资源，克拉玛依石化拥有先进的稠油加工技术。蒋洁敏要求克拉玛依石化要在较好盈利水平的基础上，为集团公司的发展作出更大的贡献。特别是在新疆实现跨越式发展、长治久安中作好贡献。要把矿区建设成为示范矿区、模范矿区，让生活在这里的员工更加幸福。（纪　宣）

【曾玉康在克拉玛依调研】 2010年7月15日，集团公司副总经理曾玉康在集团公司总经理助理徐文荣、集团公司矿区服务工作部主任马桂成等领导的陪同下在克拉玛依调研矿区物业管理工作。曾玉康听取新疆油田公司副总经理、矿区服务事业部主任况军的工作汇报，随后深入到克拉玛依市国家级示范小区——南林小区和金龙镇地区油龙小区、田园小区检查克拉玛依物业管理工作，实地考察物业公司小区建设工作和发展情况。曾玉康指出，克拉玛依的物业管理工作制度落实，人员到位，小区内绿树成荫、鸟语花香。物业管理公司各族员工，按集团公司和油田公司的标准进行小区绿化整治建设，各方面的工作都取得显著成效。他希望克拉玛依物业公司再接再厉，继续抓好绿化工作，进一步推进平安、秀美、和谐小区的建设，努力保障矿区的建设发展，实现生产与生活、能源与环境、人与自然和谐发展。

（纪　宣）

【王宜林看望新疆油田老专家】 2010年7月19日，集团公司副总经理王宜林途经乌鲁木齐时到明园看望新疆油田老专家。新疆油田公司总经理陈新发等陪同。王宜林为他们送去慰问品。王宜林与老专家亲切交谈，畅谈新疆油田的发展和克拉玛依城市建设的美好前景，询问老专家们生活起居、身体健康等情况，向他们转达集团公司对他们的关心和问候，对他们曾经为克拉玛依油田建设发展付出的努力表示感谢。（纪　宣）

【沈殿成在克拉玛依石化公司调研】 2010年8月11日，中国石油天然气股份有限公司副总裁沈殿成在克拉玛依石化公司调研。沈殿成对克拉玛依石化公司的工作给予肯定，他指出，克拉玛依石化公司精细管理、精心操作，多项经济指标多年来一直排在集团公司炼化板块前列，为集团公司建设国际性能源公司作出很大贡献。他强调，集团公司的安全环保形势非常严峻，克拉玛依石化公司要认真贯彻落实集团公司工作会议精神，把安全环保"天字号"工程抓好抓实。要把推进HSE管理体系和生产受控紧密结合起来，真正把各项安全管理制度有效的落实到各项工作中去。他希望克拉玛依石化公司在抓发展的同时，要转变经济发展方式，强化管理手段，狠抓装置的安全平稳生产，最终实现公司健康、和谐发展。（纪　宣）

【宋爱荣参加首届信息化创新克拉玛依国际学术论坛】 2010年8月12日，由中国科学技术协会学会学术部、新疆维吾尔自治区科学技术协会、中国科学院院士工作局、中国工程院学部工作局、中国石油学会、克拉玛依市政府共同主办的首届信息化创新国际学术论坛会议在克拉玛依举行。自治区党委常委宋爱荣参加首届信息化创新克拉玛依国际学术论坛，参加会议的还有，中国石油天然气集团公司副总经理王宜林，中国科协书记处书记冯长根，自治区人大常委会副主任、自治区科协主席张国梁，国家工信部信息化推进司副司长董宝青，中国科学院院士工作局局长周德进，中国工程院学部工作局副局长阮宝君等。来自两院的12位院士、英、法、日、俄、韩、伊朗、伊拉克等国的18位外籍专家和代表团、国际知名IT企业的专家300多人参加会议。新华社、中新社、中央电视台、人民日报社、中央人民广播电台、香港商报社、香港文汇报社、新疆经济日报社等20多家媒体到会采访。其中克拉玛依电视台、克拉玛依广播电台、新丝路热线全程直播论坛。中国工程院院士刘韵洁、日本东京大学教授坂村健、克拉玛依市市长陈新发等10位专家和领导在主论坛上作主题演讲，各位专家就加快工业化与信息化的融合进程，不断提高城市的创新能力与竞争力进行了深入探讨。

（纪　宣）

【张俊九在独山子石化公司调研】 2010年9月15～17日，全国政协社会和法制委员会副主任张俊九率全国政协社会和法制委员会调研组，在集团公司副总经理曾玉康等领导陪同下，先后在独山子石化公司、新疆油田公司调研。调研组一行听取了独山子发展历程、独山子石化主要经济技术指标及清洁生产情况、千万吨炼油百万吨乙烯工程规模、现状和装置达标等情况介绍，参观了公共事务管理公司锅炉车间、独山子区体育中心、文化中心、众鑫花园、第一口油井遗址、泥火山喷发口等处。

16日，张俊九先后到全国城市物业管理优秀住宅小区——南林小区和自治区级优秀住宅小区——通讯小区实地调研考察矿区物业服务工作。张俊九对新疆油田公司矿区建设、物业服务等方面取得的成果给予高度评价。他指出，克拉玛依物业管理公司在物业服务方面，为方便居民需要，在小区内设立物管站，狠抓小区环境卫生、治安防范、绿化养护、小区精神文明建设等方面的综合管理，并对小区的硬件设施进行完善，增设宣传栏、平面指示牌、安全标志牌、果皮箱等，使过去的戈壁荒滩变成鸟语花香、枝繁叶茂、优美舒适的绿色家园。

9月17日，张俊九在新疆油田公司调研。全面了解中石油集团公司在剥离办社会职能、大集体职工社会保险、协议解除劳务合同和矿区建设等方面的情况。曾玉康说，全国政协社会和法制委员会调研组来新疆油田公司调研和指导工作，充分说明全国政协对集团公司以及新疆石油石化企业各项事业的关心和支持。同时希望新疆油田公司充分发挥好现有的机制优势，认真做好生产工作，加强矿区和谐建设，维护好职工利益，为资源型城市实现可持续发展做出示范。张俊九指出，克拉玛依作为一个边陲的石油城，为中国的能源保障作出重大的贡献。这样一个既有传统又有创新的城市，曾经孕育并丰富大庆精神和铁人精神，保留了中国石油工人和石油工业的光荣传统。作为中石油的一个企业，克拉玛依的领导既要管理企业又要管理城市，在很多方面有着自己的创新，很了不起。在当前全国支援新疆这一大好机遇下，克拉玛依要抓住机遇，早日达成现代化世界石油城这样一个目标。

（纪　宣）

【张春贤在独山子石化公司考察】 2010年10月3日，自治区党委书记张春贤在独山子石化公司调研。张春贤代表自治区党委、政府，慰问节日坚守岗位的各族职工群众，他详细了解独山子石化公司资源配置、生产流程、产品开发、设备国产化、指标水平和经济效益等情况，并与一线员工亲切交流，询问工作、生活、家庭和学习情况。在现场调研时，张春贤到千万吨炼油百万吨乙烯参观台，听取徐福贵关于独山子发展历程、独山子石化主要经济技术指标及清洁生产情况，千万吨炼油百万吨乙烯工程规模、现状和装置达标等情况的介绍。张春贤指出，新疆贯彻中央新疆工作座谈会精神，其中一条就是要加快新疆新型工业化、农业现代化发展的步伐。新型工业化在新疆若干年内都是一个龙头，由新型工业带动新疆经济社会全面、健康、快速发展。新型工业化也要由新型企业来带头，中石油独山子千万吨炼油、百万吨乙烯就是新型工业化带头的企业基地。大石化工程建得好，开得好，小乙烯指标领先，大乙烯消化技术，代表了国内、国际水平，也代表了新疆水平，为新疆新型工业化作出了重大贡献。张春贤强调，新疆在中国具有特殊地位，新疆是国家的安全屏障，是西部发展重点，是能源发展基地。独山子石化有现代化的工厂，有世界级的规模，有扎实的基础工作，有感召力强的班子，有训练有素的队伍，有高水平的企业管理，有优美的环境和具有活力的城市，一定能够完成中央、中石油及自治区交给的任务。（纪　宣）

【张春贤在克拉玛依考察】 2010年10月6～7日，自治区党委书记张春贤在克拉玛依考察。张春贤指出，必须正确认识和处理加快经济社会发展与维护社会稳定的关系。要把发展作为解决一切问题的基础，按照中央和自治区党委的决策部署，坚持惠及民生的发展，坚持"两个可持续"的发展，坚持不断调整结构、提高经济发展质量、占领制高点的发展，用发展来破解各项难题。张春贤强调，克拉玛依一贯以来追求卓越的精神值得肯定，今后要继续发扬。面对新的机遇，克拉玛依更要为新疆的跨越式发展和长治久安作出表率，尤其是争取在经济增长方面作出更大贡献。（纪　宣）

【王聪民在独山子石化公司调研】 2010年10月28日，新疆军区副司令员王聪民少将在独山子石化公司调研。王聪民听取石化公司副总经理吕蔷关于工程建设及生产运行情况的介绍，参观石化公司炼化新区。在化工控制中心，王聪民了解乙烯生产流程，观看化工产品样本，对公司工作表示赞许。他指出，独山子的大石化工程代表目前国内最高水平，一流的装备，一流的人员。这里也是中国石油的重要生产基地，代表了中石油国内的高水平，也是中石油的经济增长点，是对新疆新型工业化作出贡献的单位。（纪　宣）

【喻宝才在新疆油田公司调研】 2010年11月12日，集团公司副总经理喻宝才带领集团公司冬季安全生产检查第11检查组成员，在新疆油田公司现场检查。喻宝才对油田公司的各项工作给予肯定，他评价说：新疆油田公司员工执行安全环保规章制度已成习惯，HSE理念融入企业文化中，真正成为夯实基础的重要手段。他要求，对HSE的认识要提高一个境界，不光是对安全领域的管理，还是中石油履行社会责任的重要组成部分，是提升企业形象的方法，是构建和谐企业的重要指标，也是提升竞争能力的手段，要进一步完善科学有效的HSE管理体系，为企业发展提供支撑。喻宝才指出：克拉玛依油田要长期发展不是问题，关键是如何科学发展，不要盲目追求速度，而是要注重质量和效益，按照适合自己的速度发展才是科学的发展。喻宝才强调，新疆油田天然气的安全输送对促进北疆炼化企业的发展、保障乌鲁木齐等地区的居民用气起着至关重要的作用，为此，一定要将天然气输送和调控能力达到最佳状态，全力确保安全平稳供气，为新疆经济建设和发展作出新贡献。（纪　宣）

【尔肯江·吐拉洪在克拉玛依调研】 2010年12月6日，自治区党委常委、全国总工会副主席、自治区总工会主席尔肯江·吐拉洪，自治区政协原副主席李东辉带领自治区相关部门领导在克拉玛依调研。尔肯江·吐拉洪与克拉玛依市、油田党委领导徐卫喜等进行座谈，了解克拉玛依关于元旦节前安全管理、社会稳定等方面工作的安排情况，对克拉玛依的工作给予赞许。随后，尔肯江·吐拉洪先后看望慰问自治区政协原副主席、原市局党委书记张毅和劳模代表克尤木·买提尼牙孜。（纪　宣）

【宋爱荣在克拉玛依石化公司调研】 2010年12月10日，自治区党委常委宋爱荣在克拉玛依石化公司调研，并为克拉玛依石化公司铁路专用线开通运行仪式剪彩。宋爱荣指出，克拉玛依石化公司铁路专用线建成通行是中国石油贯彻中央新疆工作会议精神的具体体现，是克拉玛依石化公司发展史上的一个新的重要的里程碑。铁路专用线的开通运行，将打通克石化公司产品运输的又一条大动脉，消除克石化公司产品运输瓶颈，同时对加速新型工业化、新型城镇化进程，打造世界石油城、在新疆率先基本实现现代化具有十分重要的意义。（纪　宣）

【库热西·买合苏提在独山子石化公司调研】 2010年12月10日，自治区党委常委、自治区副主席库热西·买合苏提，自治区政协副主席王永明在独山子石化公司调研，他先后参观千万吨炼油百万吨乙烯工程参观台、炼油控制中心、化工控制中心，并听取独山子石化工作汇报。库热西·买合苏提称赞此项工程是国际一流工程，对工程顺利投产表示祝贺。他详细地询问各类化工产品的特点及具体用途，指出，大项目的建成投产是中国石油在新疆继续保持正增长的重要因素，也是支撑自治区经济发展的一个新的增长点，勉励独山子石化公司要继续保持装置安全平稳运行，为新疆经济腾飞作出新贡献。（纪　宣）

【符强在克拉玛依调研】 2010年12月30日，自治区党委常委、纪委书记、政法委书记符强在克拉玛依市调研党风廉政建设、社会治安综合治理以及维护稳定等方面的工作。现场调研结束后，克拉玛依市油田党委召开专题汇报会，市委书记徐卫喜向符强汇报克拉玛依市经济建设和社会发展情况、反腐倡廉工作情况以及政法工作、维稳工作等情况。听取汇报后，符强对克拉玛依市的纪检监察、政法、维稳等方面的工作表示赞许。他指出，克拉玛依的工作取得显著成效，突出表现在四个方面，一是思路清晰，重点突出，特色鲜明，措施得力，经济社会发展各项工作成效显著。二是以完善惩治和预防腐败为重点的反腐倡廉建设不断取得新成效。三是维稳工作扎实，确保了社会大局稳定。四是各族干部群众的精神状态很好。符强还就推进新疆跨越式发展和长治久安、加强反腐倡廉建设和作风建设以及稳定工作等提出明确要求。（纪　宣）

概况·大事记

克拉玛依市概况

【基本情况】 克拉玛依市是以石油命名的城市。“克拉玛依”系维吾尔语“黑油”的译音，得名于市区东北角一群天然沥青丘——黑油山。

克拉玛依市境内石油资源发现早，开采历史长。20世纪初，有关独山子原油、黑油山沥青丘、乌尔禾沥青脉的记述，已经出现于地方官吏编撰的方志书籍和中外地质学家的著述中。1909年，新疆商务总局在独山子钻凿第一口工业油井，开新疆近代石油工业之先河。1936～1943年，新疆地方政府与苏联合作，在独山子进行石油开采和炼制，独山子油矿成为当时与甘肃玉门、陕西延长齐名的三大油矿之一，原油年产量最高达到7 321吨。1943～1949年，独山子油矿经历了甘肃油矿局乌苏油矿筹备处和新疆“三区”革命政府经营管理两个时期，采油、炼油生产时断时续，产量时起时落，到1949年新中国成立时，独山子油矿仅有职工150人，2口出油井，日产原油3～5吨。

中华人民共和国的成立，开创了新疆石油工业发展的新纪元。1950年3月27日，中国与苏联两国政府签订中苏关于在新疆创办中苏石油股份公司的协定；同年9月30日，在迪化（乌鲁木齐）成立中苏石油股份公司。到1954年末中苏石油股份公司结束时，年生产原油4.88万多吨，有职工5 500多人，这批职工成为建设和发展新疆石油工业的骨干力量。根据1954年10月12日中苏两国政府联合公报，1955年1月1日，中苏石油股份公司移交给中国，移交后成立新疆石油公司。1956年7月1日，更名为新疆石油管理局。

克拉玛依是新中国成立后勘探开发的第一个大油田。1955年6月14日，由8个民族36名职工组成的独山子矿务局钻井处1219青年钻井队，在技师陆铭宝、副技师艾山卡日·艾拜拉木带领下进军克拉玛依，在距黑油山东南方向5.5千米处的1号井现场布置打井。7月6日开钻，10月29日完井出油，标志着新中国成立后第一个大油田——克拉玛依油田的发现，揭开了新疆石油工业大发展的序幕。同年11月26日，新华社报道了克拉玛依黑油山地区1号井出油的消息。此后，克拉玛依油田经过20世纪50年代开发，70年代发展、80年代腾飞，90年代创新，取得累累硕果，2002年，原油产量突破1 000万吨，成为中国西部第一个原油产量上千万吨的大油田。2008年，新疆油田在准噶尔盆地全面完成“数字油田”建设，成为国内第一个数字化油气田。

在克拉玛依市辖境内有新疆油田公司、独山子石化公司、克拉玛依石化公司3个特大型中央石油石化企业，西部钻探公司在克拉玛依注册。境内有60多个县级厂、处、公司、院校、所等单位。境内还有新疆生产建设兵团农七师129团场、130团场、137团场、五五农机厂以及农八师136团场5个团场（厂）。已建成具有勘探、钻井、采油、输油、炼油、科研、建筑、电力、通信、运输、机械制造等门类比较齐全的石油工业生产基地和医疗、卫生、文化、体育、轻工、商贸以及公用事业基本配套的现代化石油工业新城。近年来，先后获得国家优秀创新城市、国家环保重点城市、全国科技进步先进市以及创建全国文明城市先进单位等称号。

【自然条件】

地理位置　克拉玛依市位于东经84°44′～86°1′，北纬44°7′～46°8′之间，地处准噶尔盆地西北缘。地形呈斜条状，南北长，东西窄。西北傍加依尔山，南依天山北麓，东频古尔班通古特沙漠。北部、东北部与和布克赛尔蒙古自治县相接，西南与托里县为邻，南面与乌苏市、沙湾县接壤。中部、东部地势开阔平坦，向准噶尔盆地中心倾斜，地貌大部分为戈壁滩。市域东西最宽处110千米，南北最长处240千米，全市面积约9 500平方千米，市区面积约16平方千米。海拔高度在270～500米之间。市区距自治区首府乌鲁木齐公路里程313千米，飞机航程280千米。克拉玛依市独山子区被奎屯市隔开于克拉玛依市南端，成为距市区150千米的“飞地”。

气候　克拉玛依市位于中纬度内陆地区，属典型的温带大陆性气候。其特点是：寒暑差异悬殊，干燥少雨，春秋季风多，冬夏温差大。积雪薄，蒸发快，冻土深。大风、寒潮、冰雹、山洪等灾害天气频发。四季中，冬夏两季漫长，且温差大，春秋两季为过渡期，换季不明显。累年平均气温为8.6℃。1月为最冷月，历年月平均气温为-15.4℃，极端最低气温为-40.5℃，出现在1984年12月23日小拐地区。7月为最热月，历年月平均气温均在27.9℃，极端高温曾达到44℃，出现在2004年7月14日克拉玛依市区。全年日照以7月为最多，达302.5小时，12月为最少，仅99.8小时。年平均降水量为108.9毫米，蒸发量为2 692.1毫米，是同期降水量的24.7倍。累计平均大风日数为64.5天，夏季炎热日（≥35℃）年平均为27.6天，无霜期232.3天。

【自然资源】

土壤与植被　克拉玛依市全境大部分为戈壁荒漠，从南到北分布的土壤依次为棕钙土、荒漠灰钙土和灰棕色荒漠土，土中多含沙砾，土质低劣，境内不少地方土壤含盐量很高。境内有自然林地约2.81万公顷，主要是胡杨次生林和荒漠灌木林。20世纪50年代至70年代，由于生活用柴而砍伐植被，使林地面积有所减少。从80年代开始，随着燃料和供热方式的改变，再不需要砍伐植被作燃料，戈壁荒漠植被逐渐得到恢复，胡杨次生林和荒漠灌木林覆盖率达3.5%。境内有天然草地约10.5万公顷，其中牧草地约8.16万公顷。草场质量较差，且由于地下水位下降和过度放牧，造成了草场逐年退化现象。

动植物 克拉玛依市境内野生动物主要有鹅喉羚、盘羊、野兔、狐狸、鼠、狼、蛇、蜥蜴、蟾蜍野鸡、野鸭、天鹅、麻雀、黄鹂、喜鹊、百灵、乌鸦、斑鸠等30多种。野生荒漠植物主要有梭梭、红柳、胡杨、半灌木的沙枣、枸杞、芦苇等230多种。

主要水系 克拉玛依的自然水系主要是河流水源和境内地下泉水。现存地表水有白杨河、克拉苏河、达尔布图河3条间歇性河流，湖泊有艾里克湖和小艾里克湖。

白杨河发源于额敏县境内乌肯拉卡尔山的艾来斯奇山口，流经哈拉阿拉特山口，最后注入乌尔禾以南的艾里克湖。属于高山融雪型季节河流。全长180多千米，在克拉玛依境内流域长度45千米，平均径流量1.09亿立方米。每年4~6月为洪水期，7~10月为平水期，11月至次年3月为枯水期。

克拉苏河发源于加依尔山北麓，在克拉玛依境内流域长度约40多千米。上游常年有水，进入百口泉冲洪积扇后为季节性河流。每年3~4月水量较大，最大流量12.3立方米/秒，多年平均流量0.37亿立方米。20世纪50年代初期，河水可以到达百口泉冲洪积扇南缘的小艾里克湖。60年代后水量逐渐减少，80年代后河水到达阿（勒泰）—独（山子）公路附近时因散流而被蒸发。

达尔布图河发源于加依尔山南麓，为季节性河流。在克拉玛依境内流域长度约50千米。每年4~6月有水，其余时间多为枯水期。多年平均径流量为0.168亿立方米，洪水期最大流量12.3立方米/秒，河水流至百口泉附近时逐渐渗入地下。百口泉水源位于克拉玛依市东北，距离市区65千米，属新第三系承压水水源。由于受到克拉苏河、达尔布图河和白杨河3条河流的渗透滋润，水资源比较丰富。1958年查明其储水面积565平方千米，水层埋藏深度25米，平均水层厚度15米，静储水量16亿立方米。1960年投入开发，曾为克拉玛依生产生活用水的主要水源之一。

2007年5月，克拉玛依市正式开工建设引水工程。2000年8月，克拉玛依河（引水工程）建成投产后，有效缓解了克拉玛依用水紧张状况，白杨河来水重新注入艾里克湖，艾里克湖湖面和百口泉水源地下水位得到逐步回升。克拉玛依主要水库有白杨河水库、黄羊泉水库、白碱滩调节水库、风城高位水库、三坪水库和市区西郊（西月潭）水库。市南部的独山子区主要引用奎屯河水。

矿产 克拉玛依的主要矿产资源是石油和天然气。石油天然气油层浅、储量大，原油质地优良。分布状况是横向连片，纵向叠合，由多种油气层系和油藏类型组成。主要分布在准噶尔盆地腹部、西北缘和南缘地区。其他矿产主要有天然沥青和沥青砂、煤炭、食盐、石膏、芒硝、耐火材料、砂石等。其中天然气沥青和沥青砂储量丰富，沥青地质储量约2.5亿吨。

【建制沿革】克拉玛依辖境内历史上属北疆草原地带，许多游牧部族曾在此繁衍生息。秦代，今克拉玛依辖境为塞种等人游牧之地。汉初，辖境为西迁的大月氏人控制。南北朝时期，辖境为高车、突厥诸部落游牧之地，后为突厥汗国辖地。隋代，辖境为西突厥铁勒等部之地。唐初，辖境为西突厥五咄陆部胡禄屋等部游牧之地。公元657年，唐朝平定西突厥汗国后，在其地设盐泊都督府（地址在今克拉玛依市区附近），归安西大都护府治下的昆陵都护府管辖。公元702年，归北庭都护府管辖。唐末，今克拉玛依市辖一带为葛逻禄等回鹘别部游牧地，后为喀喇汗王朝东北境。

1130年，辽宗室耶律大石率部西迁叶密立（今额敏县），今克拉玛依辖境为其领地。1132年西辽建立后属西辽。1218年，成吉思汗击灭西辽政权，今市辖境为蒙古汗国辖地。成吉思汗分封诸子时，今克拉玛依地区为窝阔台封地。1251年，蒙哥汗即位后，设别失八里行尚书省，今克拉玛依一带归其管辖。1309年，今克拉玛依一带属察合台汗国。明代，瓦剌蒙古土尔扈特部在此游牧，1628年，土尔扈特部西迁后，属准噶尔部游牧地。

1755年，清朝平定准噶尔部后，今克拉玛依辖境内附。1762年，清政府在库尔喀喇乌苏设办事大臣，今市境南部独山子及五五新镇、共青镇等地归其统领。1764年，清政府设塔尔巴哈台参赞大臣，今克拉玛依辖境西北部一带归其统领。1778年，清政府在玛纳斯河流域设绥来县（今玛纳斯县），属迪化直隶州管辖。辖区包括今克拉玛依百口泉、夏子街、大拐、中拐、小拐等地区。至1886年，库尔喀喇乌苏直隶厅设立，仍辖今市境南部一带，属镇迪道管辖。1888年，塔尔巴哈台直隶厅成立，辖区包括今市境北部地区。市境东部大拐、中拐、小拐一带则仍属绥来辖区，归迪化府管理。

1913年，塔尔巴哈台、库尔喀喇乌苏直隶厅改置为县，仍分辖市境南、北二部。1916年，裁塔尔巴哈台参赞大臣，设塔城道，下辖塔城、乌苏、沙湾县，今克拉玛依市境一带统归其管辖。其后，今市境相继隶属于第五行政区、塔城专区管辖。至新中国成立前，分属于沙湾县、乌苏县、克烈半个县（今托里县）、和丰县（今和布克赛尔蒙古自治县）管辖。

中华人民共和国成立后，1955年2月成立独山子矿区行政工作委员会。1956年，成立县级建制的独山子镇，行政工作委员会改为镇人民委员会，直辖于自治区人民委员会。今市境其余各地仍为邻县管辖区：乌尔禾一带属和布克赛尔蒙古自治县，大拐、中拐、小拐属沙湾县，黑油山、白碱滩一带属托里县，五五新镇、共青镇一带属乌苏县。至1958年5月，国务院批准克拉玛依设市后，其辖地也随之正式划定。

【行政区划】 1956年，克拉玛依油田进入大规模开发和建设时期，石油工业的不断发展和油田人口的不断增加，使一个新型的石油工业城市初具雏形。1957年1月24日，新疆维吾尔自治区人民委员会第14次会议决定设立克拉玛依市，并报请国务院批准进行建市的筹备工作。同年3月18日，国务院同意成立克拉玛依市筹备委员会，进行建市筹备工作。6月20日，正式成立新疆维吾尔自治区克拉玛依市筹备委员会。1958年5月29日，国务院批准设立克拉玛依市（县级市）。其行政区域包括克拉玛依、独山子、奎屯、六十户、乌尔禾、百口泉、红山嘴、前山涝坝、白碱滩、小拐、中拐、大拐等地。同年6月17日，自治区人民委员会发出《关于设立克拉玛依市和撤销独山子镇的通知》，决定撤销独山子镇，克拉玛依市下设独山子区和乌尔禾区。并在克拉玛依、大拐、中拐、小拐等地设立3个街道办事处。克拉玛依市受自治区人民委员会直接领导。

1958年7月25日，克拉玛依市召开第一届人民代表大会第一次会议，宣告克拉玛依市正式成立。1982年2月16日，自治区批准克拉玛依市由县级市升格为设区的地州级市。市下设4个区：独山子区、克拉玛依区、白碱滩区、乌尔禾区。同年3月，开始进行区县级直接选举。6月底至7月初，分别召开各区人民代表大会，成立区人大常委会和区人民政府。此后直至1984年，市人大常委会、市人民政府因故未成立。1984年8月17日，自治区决定克拉玛依市为自治区直辖的不设区的县级市，市下设街道办事处、乡和独山子镇。1985年3月，进行县级市的选举工作，7月20~25日，召开市七届人大一次会议，正式成立市人大常委会和市人民政府，组建所属办事机构。但国家及民政部一直承认克拉玛依市为设区的市，1990年1月8日，自治区恢复克拉玛依市为设区的地级市，下辖4个区：克拉玛依区、独山子区、白碱滩区、乌尔禾区，2个乡：乌尔禾乡、小拐乡，6个街道办事处（天山路、胜利路、金龙镇、五五新镇、三平镇、百口泉）。克拉玛依市受自治区直接领导。

1997年12月前，克拉玛依市与新疆石油管理局为一个党委（简称市、局党委，即一套班子，同时行使克拉玛依市委和新疆石油管理局党委两种职权），市人民政府与石油管理局政企机构分设。2007年12月28日，中国石油天然气集团公司对新疆油田进行业务整合和专业化重组，撤销新疆石油管理局，克拉玛依市与新疆油田公司为一个党委（简称市、油田党委，即一套班子，同时行使克拉玛依市委和新疆油田公司党委两种职权），市人民政府与新疆油田公司政企机构分设。

【旅游资源】 克拉玛依市主要旅游参观景点大致分为四大部分：一是自然遗址（景观）。主要有世界魔鬼城、黑油山、艾里克湖、白杨河大峡谷、野生胡杨林、彩石滩、油砂山、恐龙化石丘、红山丘、未名湖、玛河古道、西部隔壁地质公园吐孜沟、中拐荒漠自然植被保护区、清代居民村落遗址、乌尔禾天然沥青脉、独山子泥火山。二是石油工业遗址（景观）。主要有独山子油井遗址、独山子蒸馏釜遗址、独山子石油工人俱乐部、克1号井、英雄193井、克拉玛依展览馆、克拉玛依地质陈列馆、中国石油西部井控中心、克拉玛依石化公司、独山子石化公司以及石西、陆梁、彩南、准东沙漠油田和野生动物逍遥油区。三是城市景观。主要有世纪公园、新行政区、文化一条街、人民广场、克拉玛依河、九龙潭、黑油山公园、朝阳公园、东湖公园、阳光水世界、风城高位水库、大漠国际高尔夫球俱乐部、侏罗纪冰雪世界、西月潭（水库）、白碱滩游乐园、魔鬼城恐龙奇石馆、龙吟山庄、独山子滑雪场以及朱德视察独山子下榻处。四是荒漠生态农业景观。主要有大农业观光园区、林业基地、普林生态科技园、庭院经济区和永升度假村等。其中，最著名的有世界魔鬼城、黑油山、艾里克湖、白杨河大峡谷和野生胡杨林。

世界魔鬼城　又名乌尔禾风城。位于准噶尔盆地西北缘，克拉玛依市东北部乌尔禾区境内，距克拉玛依市约100千米，呈北西—南东走向，整体面积约120平方千米。其中景区长约5 000米，宽约3 000米，面积约15平方千米，地面海拔350米左右。景区内地表沟壑纵横，岩层千姿百态，属于典型雅丹地貌，是世界著名的两大雅丹地貌之一。因该地处于风口，四季多风，每当大风到来，黄沙漫天，故称"风城"。又因大风在群岩间激荡回旋，凄厉呼啸，如同鬼哭狼嚎，令人毛骨悚然、惊恐万状，继而成为奇观美谈，故又得名"魔鬼城"。多年来，魔鬼城吸引了世界及全国各地众多游客旅游观光。2008年11月，魔鬼城景区被命名为国家4A级旅游景区。2009年，被评为自治区优秀旅游景区。

黑油山　位于克拉玛依市中心城区东北2 000米处，其外观是一个不高的山丘，相对高度只有13米左右，面积约0.2平方千米。是地下原油经过长年自然喷发外溢，凝结和风化而成的沥青沙丘，由被石油浸染的砂岩或被石油凝结的砂砾岩构成。整个山丘呈黑褐色，地表凹凸不平。迄今为止，山丘上仍有多处油泉和油泡不断涌出，形成众多小油沼。油质色泽黝黑，呈粘稠状，为珍贵的低凝原油。1982年，克拉玛依市人民政府在山丘顶设立了一座花岗岩石碑，呈棱锥装，碑高2.5米，正面书写"黑油山"3个大字。

艾里克湖　位于克拉玛依市乌尔禾区境内，距乌尔禾东南约20千米处，是克拉玛依境内唯一的天然淡水湖泊，也是白杨河的终点，由白杨河水储集而成。盛水期湖泊面积约70平方千米，平均水深3.1米。1972年修建白杨河水库后，湖水日趋萎缩，水质逐渐变差。1991年修建黄羊泉水库后，河水不在进入艾里克湖，1992年后濒临干枯。2000年克拉玛依引水工程竣工后，白杨河水重新注入艾里克湖，湖面得到逐渐恢复。艾里克湖入口处生长着大片芦苇，湖内有鱼类腾跃，湖面有野鸭嬉戏。

白杨河大峡谷　也称白杨河谷地。是白杨河水库至乌尔禾区之间的一段河道谷地，为东西走向，由白杨河水冲积而成。峡谷全长24千米，两侧河岸陡峭，徒壁险峻，岸高20~30米不等。河谷水面5~10米不等。河水曲曲折折沿谷地蜿蜒而下，历经亿万年的风雨剥蚀，早就了千奇百怪的形状。水流两侧是茂盛的胡杨林以及灰杨、毛柳、尖果沙枣、铃铛刺、蔷薇、白刺、甘草、芨芨草等灌木杂草。野鸡、野鸭、黄羊、野兔、狐狸、狼、鼠等野生动物出没其间。谷内绿地覆盖面积达60%以上，整个峡谷犹如一条翠绿长廊，是旅游休闲的理想之地。

克拉玛依河景区　克拉玛依河又名穿城河，起自城区东北的九龙潭，在城中曲折横穿进入城区西南的西月潭（又名阿依库勒）水库，全长8.51千米，河宽15米，水深1.8~2.3米。克拉玛依河是克拉玛依引水工程中风城高位水库至克拉玛依干渠上景致最精彩的段落，是一条给予缺水的油城带来绿色和生机的神灵之川。河岸两侧平坦的沥青路和人行道曲折延伸，道路两旁绿树成荫。2000年8月8日克拉玛依河正式通水，此日也是克拉玛依的水节。克拉玛依河两岸景观带自东向西大体分为5个景区：九龙潭景区、准噶尔景区、昆仑景区、中心景区和西城景区。此外还有世纪公园紧靠克拉玛依河。景区有20座跨河桥，其中15座为人行桥和非机动车桥，5座为机动车交通桥。20座桥中有石拱桥、混凝土桥、钢结构桥,桥桥造型各异,夜晚彩灯点缀,夜幕下的克拉玛依河犹如一条五颜六色的彩带。友谊桥是克拉玛依河上20桥之首,为斜拉索桥主桥长249.05米,引桥长563米,是进入克拉玛依中心城区的门户。世纪公园是克拉玛依最大的人造山水公园,园内有河流、假山、喷泉、草坪、多种树木和彩色沥青道路,各种娱乐设施配套齐全。2009年12月,克拉玛依河景区被命名为国家4A级旅游景区。

2010年克拉玛依市经济建设和社会发展统计公报

2010年,在市委、市政府的正确领导下,全市上下认真贯彻落实党的十七届四中、五中全会、中央新疆工作座谈会和自治区党委七届九次、十次全委会精神,积极应对国际金融危机,转变发展方式,围绕打造世界石油城的战略目标,整体策划、全面部署,着力推进"五大基地"建设,大力发展"三大新兴产业",积极构建"两个平台",加快克拉玛依跨越式发展和长治久安,全年经济健康稳步发展,全面建设小康社会目标基本实现,人民生活水平显著提高,城市功能和人居环境明显改善。

一、综合

全年完成地区生产总值710.2亿元(现价,下同),按可比价格计算,比上年增长17.4%。其中第一产业增加值3.5亿元,增长4.6%;第二产业增加值638.7亿元,增长18.4%;第三产业增加值68亿元,增长10%。三次产业比例为0.5:89.9:9.6。

二、农业

农林牧渔业总产值8.1亿元,按可比价格计算,比上年增长5%。其中农业产值2.7亿元,增长7.5%;林业产值1.3亿元,下降19.8%;畜牧业产值2.7亿元,增长18.2%;渔业产值0.1亿元,下降24.9%;农林牧渔服务业产值1.3亿元,增长11.5%。

农作物播种面积1.01万公顷,比上年增长7.7%。其中粮食作物播种面积0.07万公顷,下降34.1%;棉花播种面积0.73万公顷,增长15.6%;蔬菜类播种面积0.02万公顷,增长22.7%;瓜果类播种面积0.01万公顷,下降39%。

三、工业

全市规模以上工业企业实现工业总产值1 326.1亿元(现价,下同),按可比价格计算,比上年增长18.6%;工业产品销售率100.2%。其中中央石油石化企业累计实现工业总产值1 234.2亿元,增长17.9%,工业产品销售率100.5%;规模

2010年克拉玛依市主要农畜产品产量及牲畜存出栏情况表

产品名称	单位	产量	比上年增长%
粮食	吨	5463	-12.3
其中小麦	吨	143	-88.1
玉米	吨	5320	5.9
棉花	吨	11127.9	8.2
蔬菜	吨	6200	18.0
瓜果	吨	3598	-30.7
肉类	吨	9944	17.6
禽蛋	吨	990	4.2
牛奶	吨	8959	28.9
水产品	吨	606	-22.8
牲畜存栏头数	万头	15.5	7.4
其中大畜	万头	0.9	5.9
猪	万头	8.2	3.5
羊	万只	6.4	13.2
牲畜出栏头数	万头	14.3	10.1

规模以上工业主要工业产品产量及增速

产品名称	单位	产量	比上年增长%
天然原油	万吨	1089.0	持平
天然气	亿立方米	38.0	5.6
原油加工量	万吨	1344.1	28.6
乙烯	万吨	119.3	142.8
四大类产品产量	万吨	801.0	22.9
其中汽油	万吨	122.0	4.6
煤油	万吨	29.5	27.2
柴油	万吨	601.8	29.7
润滑油	万吨	47.8	-0.4
石油沥青	万吨	75.0	6.6
液化石油气	万吨	24.1	38.9
聚乙烯树脂	万吨	105.2	149.6
聚丙烯树脂	万吨	61.1	125.1

以上地方工业企业实现工业总产值91.9亿元，增长35.3%，工业产品销售率96.4%。

全市规模以上工业企业实现主营业务收入1 435.3亿元，比上年增长46.3%；实现利税总额429.8亿元，增长80.6%，其中利润总额226.2亿元，增长137.9%。

四、投资和建筑业

全社会固定资产投资178.7亿元，比上年下降1.3%。其中中央项目投资145.1亿元，下降5.1%；地方项目投资33.6亿元，增长18.9%。按三次产业划分，第一产业投资0.07亿元，下降56.1%；第二产业投资155.95亿元，下降1.9%；第三产业投资22.7亿元，增长3.2%。在第二产业中，工业投资15.4亿元，下降0.25%，其中采矿业投资123.7亿元，增长24.8%；制造业投资29亿元，下降47.8%。

2010年，房地产开发投资9.2亿元，比上年下降8.7%。其中经济适用房投资1.6亿元，比上年下降71.8%。房屋施工面积124.3万平方米，下降20.4%，其中，住宅施工面积101.8万平方米，下降28.1%。竣工房屋面积21万平方米，下降46.4%，其中住宅竣工面积16.5万平方米，下降3.3%；商品房销售面积57.6万平方米，下降40.7%，其中住宅销售面积53.8万平方米，下降41.9%。

全社会建筑业增加值15亿元，按可比价格计算，比上年增长8.5%。全部建筑业企业完成产值75.4亿元，增长33.4%。竣工产值36.3亿元，下降13.7%。

五、邮电、交通、旅游

邮政业务总量6 102.6万元，比上年增长15.4%；电信业务收入33 949万元，增长1.4%。固定电话用户19.2万户，其中城市电话用户18万户，农村电话用户1.2万户。移动电话用户50.7万户，其中3G移动电话用户2.5万户。互联网用户9.5万户。

年末全市民用汽车保有量6.8万辆（包括三轮车和低速货车），比上年增长16.8%，其中私人汽车保有量4.3万辆，增长22.7%。民用轿车保有量3.2万辆，增长8.1%，其中私人轿车2.9万辆，增长8.4%。

全市有城市公交汽车299辆，城市公交线路29条。

全年旅游接待156.1万人次，比上年增长55.6%；国内旅游收入9.27亿元，增长37.9%。入境旅游人数（含一日游游客）3.8万人次，增长88.7%。其中外国人2.1万人次，增长90.5%；香港、澳门和台湾同胞1.7万人次，增长86.6%。国际旅游收入外汇收入841万美元，增长160.4%。

全市旅游企业183家，其中旅行社17家，星级饭店20家（五星级1家、四星级4家、三星级9家、二星级6家），"旅游接待达标饭店"18家，景区景点37家，"农家乐"31家，滑雪场4家，其他旅游餐饮住宿购物娱乐单位56家。旅游业直接从业人员8 506人。

六、国内贸易和市场物价

社会消费品零售总额34.8亿元，比上年增长15.1%，扣除价格因素，实际增长10.5%。

按经营地统计，城镇消费品零售额34.7亿元，比上年增长15.2%；乡村消费品零售额0.1亿元，增长11%。按行业统计，批发和零售业零售额29.8亿元，增长15.8%；住宿和餐饮业零售额5亿元，增长11.2%。

2010年，在限额以上企业商品零售额中，汽车类零售额比上年增长10.2%，粮油类增长90.7%，肉禽蛋类增长24.3%，服装类增长28%，日用品类增长26.2%，文化办公用品类增长14.4%，通信器材类增长38.8%，化妆品类增长19.3%，金银珠宝类增长53.7%，中西药品类下降5.6%，家用电器和音像器材类增长36.5%，建筑及装潢材料类下降12.1%。

全年一般货物进出口额2.8亿美元，比上年增长54.8%。其中出口2.55亿美元，增长142.9%；进口0.25亿美元，下降67%。

居民消费价格比上年上涨4.5%。其中食品类价格上涨11.3%，拉动全市居民消费价格上涨3.7个百分点，影响程度82.9%；其他非食品类价格涨幅均在2%以内。

2010年克拉玛依市

居民消费价格涨跌幅度情况表

指　　标	涨跌幅度%
居民消费价格	4.5
食品	11.3
其中粮食	23.6
肉禽及其制品	9.1
蛋	11.1
水产品	4.1
菜	26.2
烟酒及用品	1.8
衣着	1.6
家庭设备及用品及服务	0.8
医疗保健及个人用品	0.7
交通和通信	1.0
娱乐教育文化用品及服务	1.1
居住	1.3

七、财政、金融、保险

地方财政收入46.4亿元，比上年增长30.2%。地方财政一般预算收入42.4亿元，增长27.5%，其中各项税收收入38.1亿元，增长30.7%。四大主要税种增值税、营业税、企业所得税和个人所得税分别增长32.8%、13.7%、93.5%和10.4%。

地方财政支出59.2亿元，比上年增长30.4%。地方财政一般预算支出54.8亿元，增长28.1%。其中医疗卫生支出、交通运输支出、教育支出和公共安全支出分别增长19.6%、118.1%、19.8%和27.4%。

年末金融机构人民币各项存款余额792.5亿元，比年初增加302.6亿元，增长61.8%。其中企业存款511.4亿元，增长115.3%；储蓄存款余额195.6亿元，增长13.5%。

年末金融机构人民币各项贷款余额150.6亿元，比年初增加11.7亿元，增长8.4%。其中短期贷款41.7亿元，下降33.1%；中长期贷款余额108.5亿元，增长42.1%。

全年保险公司各项保费收入10.6亿元，比上年增长21.4%。其中财产险收入3.2亿元，寿险收入7.4亿元。赔款金额1.1亿元，下降44.8%。

八、教育、科技

年末有大中专院校2所,聋哑学校1所,普通中学18所,普通小学31所,幼儿园34所。

小学生入学率、巩固率100%;初中入学率100%,毕业合格率达到98%以上;高中毕业会考合格率达95%。普通高考民汉综合上线率90.1%,综合录取率97.3%。教师学历合格率、义务教育巩固率、高中教育普及率等教育教学指标,都名列全疆各地、州(市)前茅。

在全市中小学中,已有自治区级示范性高中3所,自治区级"德育示范学校"3所,自治区级"德育达标学校"3所。市级示范学校11所、规范化学校14所。在全市34所幼儿园中,已有市级示范幼儿园10所、规范化幼儿园6所。

全年参加成人自学考试的考生1 281人,有52人取得自考毕业证。

加大科技兴市(区)实施力度,保持全国科技进步先进市称号;4个区在通过全国科技进步考核的基础上,白碱滩区获全国科技进步示范县(市、区)、克拉玛依区获全国科技进步先进县(市、区)称号;此外克拉玛依区获首批自治区科技强警先进县(市、区);乌尔禾乡、小拐乡获自治区科技进步先进乡(镇),昆仑街道办事处获首批自治区科技进步先进街道称号。全市高新技术企业23家;全市民营科技企业84家。

举办首届信息化创新克拉玛依国际学术论坛。出席论坛的有中国、美国、英国、加拿大、法国、日本、韩国、新加坡8个国家的来宾和俄罗斯、伊朗2个国家的代表团共计760多人。来自包含中国科学院、中国工程院11名院士在内的100多名专家和参展商参加论坛。本次论坛设1个主论坛、3个分论坛,共有48位国内外院士、专家、学者作了专题报告,共提交论文452篇,最后有81篇论文入选《首届信息化创新克拉玛依国际学术论坛》论文集。

全市有3项科技项目获自治区科技进步三等奖。13项成果获自治区科技进步奖。受理申请评定(验收)的科技成果57项,其中52项成果通过专家评审,49项被授予克拉玛依市科技进步奖。专利申请332件,授权281件。

九、环保、安全

城市空气环境质量状况良好,空气环境质量全年Ⅰ、Ⅱ级天数达到100%,其中达到Ⅰ级(优)的天数有192天,Ⅱ级(良)的天数有173天;全年没有出现Ⅲ级以上空气污染天数。城市声环境质量符合国家《声环境质量标准》。地表水、饮用水源白杨河、风城高库、调节水库、三坪镇水库、独山子一水源水质符合国家《地表水环境质量标准》(GB3838-2002)中的Ⅲ类标准,水质状况良好;艾里克湖水质达到《渔业水质标准》(GB11607-1989);百口泉地下水、独山子二水源水质符合国家《地下水质量标准》(GB/T14848-1993)中的Ⅲ类标准,水质状况良好。

城市生活污水处理率92.12%,比上年提高0.31个百分点;生活垃圾处理率保持100%;城市集中供热面积1 559.8万平方米,增长7.8%;建成区绿化覆盖率42.9%,提高0.19个百分点。

全市发生各类安全事故1 332起,比上年增长2.4%;死亡71人,下降1.4%;受伤人数203人,下降12.1%;直接经济损失229.5万元,增长37.3%。各类伤亡事故中,生产安全事故3起,死亡3人,直接经济损失94万元;道路交通事故1 280起,死亡68人,伤203人,直接经济损失106.88万元;火灾事故49起,无人员伤亡,直接经济损失28.62万元。未发生农机安全生产事故。

2010年全市亿元GDP死亡率0.1人;10万人从业人员生产安全事故死亡率1.905人;道路交通万车死亡率6.16人。

2010年克拉玛依市师生分布情况表

单位:人

名称	在校生	毕业生	招生	教职工	教师
大中专	4796	1874	786	979	501
普通中学	25175	7882	8770	2577	2123
普通小学	24256	4705	3680	2250	1956
幼儿园	8774	2162	3364	1072	483

十、文化、卫生、体育

年末拥有群众艺术馆、职工文化中心、少年宫、少儿活动中心、图书馆各1座,有广播电台、电视台各1座,中短波广播发射和转播台1座、调频发射台和转播台1座,广播人口覆盖率99%;卫星地面站7座,电视人口覆盖率99%。

全年图书馆接待读者7万人次,借阅书刊15万多册次,办理借阅证2 146个,累计达23 580个。邮政局全年订阅报纸1 233.9万份、杂志94.7万册。

举办第八届社区文艺展演大赛和第九次百日广场文化竞赛活动。克拉玛依市第八届社区文艺展演大赛历时五个月,全市有210个作品(节目)参加比赛,181个作品(节目)获奖。第九次百日广场文化竞赛活动,有4个行政区、92个社区参与,全市活动总场次1 106场,参演群众30.2万人次,观众58.2万人次。

年末全市有卫生机构(不含生产建设兵团)89个,拥有床位1 730张,卫生技术人员3 342人。其中医院、卫生院7个,床位1 730张;社区卫生服务中心(站)18个;疾病预防控制中心5个。乡镇卫生院2个,床位12张,卫生技术人员15人。

举办市第七届运动会和2010年自治区青少年轮滑年度赛暨自治区首届"油城杯"轮滑公开赛。组织参加广州2010年亚洲残运会和自治区第二届少数民族传统体育运动会等赛事,共获得41枚金牌、36枚银牌、32枚铜牌。其中克拉玛依市残疾人运动员在广州2010年亚洲残运会上,获2金1银;在自治区第十二届运动会,综合成绩排名第五,比上届运动会上升三位。

十一、人民生活

城镇居民人均可支配收入17 295.4元,比上年增长12.3%;城市居民人均消费性支出15 957.2元,增长0.1%。全市恩格尔系数30.4%,提高1.2个百分点。

2010年克拉玛依市城市居民人均消费性支出额及增长速度

单位:元

主要指标	支出额	比上年增长%
人均消费性支出	15957.2	0.1
其中食品	4849.9	4.1
衣着	2150.7	5.7
家庭设备用品及服务	1018.5	16.5
医疗保健	1308.5	-2.1
交通和通信	3270.6	-7.2
教育文化娱乐服务	1773.9	2.5
居住	806.3	-15.5
其他商品和服务	778.8	-5.8

家庭耐用消费品拥有量继续增加。每百户城市居民家庭家用汽车、彩电、冰箱、空调、电脑拥有量分别为21.3辆、118.8台、107.1台、65.0台、77.5台。

全市农牧民人均纯收入10 296元,人均增收2 420元,比上年增长30.7%。

年末全市基本养老保险参保人数15.97万人,比上年增加11 451人;失业保险参保人数13.9万人,增加3 355人;城镇职工基本医疗保险参保人数18.09万人,增加3 565人;工伤保险参保人数16.43万人,增加4 927人;生育保险参保人数14.96万人,增加9 936人。城乡居民基本医疗保险参保人数7.87万人,增加5 052人。离退休人员养老金社会化发放率保持100%。全市征收残疾人就业保障金2 581万元。为626名残疾人发放基本生活费165万元,为249名重度残疾人发放慰问金12万元,为10名残疾学生发放自强奖学金4.3万元。259名生活困难的残疾人纳入城乡居民最低保障范围。

年末全市各类收养性社会福利单位床位492张,年末在院266人。全年销售社会福利彩票9 788.7万元,筹集社会福利资金744.2万元。

全市通过各种途径实现就业、再就业4 369人,其中少数民族失业人员实现就业1 554人,占实现就业总数的33.5%;女性失业人员实现就业2 278人,占实现就业总数的52.1%。零就业家庭动态为零,城镇登记失业率2%。

参加各类职业培训人员56 247人,其中在岗职工培训36 461人,就业再就业培训4 337人,职业资格证书取证10 487人,创业培训637人,农村劳动力转移培训14 812人。

注:1. 地区生产总值(GDP)、三次产业增加值及各行业增加值指标绝对数按现价计算,增长速度按可比价格计算。

2. 规模以上工业指年销售收入500万元以上的工业企业。

3. 自2010年起,社会消费品零售总额口径及统计分组有所调整,社会消费品零售总额中不包括除批发和零售业、住宿和餐饮业以外的其他行业零售额;统计分组由城市、农村分组改为城镇和乡村分组。基期数做同口径调整。

4. 按照国家统计局的统一规定,人口数据与人口普查数据一并发布。

(克拉玛依市统计局)

2010年克拉玛依大事记

1 月

4日 克拉玛依市召开干部大会,由自治区党委组织部副部长张明平为组长的干部考核考察组,对克拉玛依党政领导班子成员进行年度考核。

△ 自治区住房和城乡建设厅来克拉玛依考核验收自治区保障性住房和城乡重要建(构)筑物抗震防灾工程。

△ 乌鲁木齐石化公司与新疆销售公司来新疆油田公司走访交流。

5日 市委书记徐卫喜和代市长陈新发会见国电新疆电力有限公司党组书记毕可利、总经理张成龙,双方就如何做好国电克拉玛依热电联供项目下一阶段工作座谈交流。

7日 油田公司被评为自治区"两化"(新型工业化和信息化)融合工作先进集体、自治区节能工作先进集体,陈新发总经理被评为第四届新疆优秀企业家。

8日 塔城地委书记彭家瑞带领塔城地区党政代表团来克拉玛依走访交流,双方签署新疆油田公司与塔城地区融合发展框架协议。

△ 油田公司采气一厂原油生产业务及759名员工整体划转采油二厂。

9~11日 新疆油田公司副总经理阿不来海提·克尤木赶赴遭受暴雪灾害的阿勒泰和塔城地区慰问,分别向两个地区捐助资金100万元。

10~17日 克拉玛依市人大常委会组织自治区人大代表到乌鲁木齐参加自治区十一届人大三次会议。

19日 克拉玛依市十二届人民政府召开第二十七次常务会议,审定政府工作报告、计划报告、财政报告,研究创建全国残疾人工作示范城市有关问题。

20日 克拉玛依市政府召开会议,研究个体中巴车管理体制改革有关问题。

22日 克拉玛依市、油田党委下发《关于印发〈市、油田党委领导班子成员党风廉政建设责任分解意见〉通知》。

△ 克拉玛依市政协、市委统战部联合召开迎新春茶话会。市各民主党派、工商联、无党派人士参加茶话会。

△ 按照自治区紧急通知精神,新疆油田公司和中国石油西部钻探工程有限公司工业紧急抽调143人和54台设备,组成联合抢险救援队赴阿勒泰地区抗雪救灾。

25日 自治区建设厅到克拉玛依评价考核自治区节能目标责任完成情况。

26日 克拉玛依市十二届人民政府召开第三次全体会议。

△ 油田公司召开2010年勘探工作会暨"6136"工程动员会,启动2010年战略目标进攻年主题活动 。

27日 昌吉州党政代表团来克拉玛依市考察交流。

△ 克拉玛依市召开国税工作会议,总结上年度工作,安排部署2010年工作。

29日 克拉玛依市委召开2010年业务工作会议,听取政法工作、组织工作、宣传思想工作和统战工作报告。

△ 克拉玛依市召开2010年度地方税务工作会议,总结上年度工作,安排部署2010年工作。

30日 克拉玛依市委书记徐卫喜、新疆油田公司总经理陈新发与来访的中石油乌鲁木齐石化公司、石油天然气运输公司、新疆销售公司领导就进一步加强合作交流进行座谈。

2　月

1日　克拉玛依市召开统筹城乡就业和职业培训工作领导小组办公室会议，讨论拟提交领导小组会议研究的就业目标计划和经费预算安排意见。

2日　克拉玛依市召开市信息化工作领导小组会，研究审定2010年数字城市建设项目安排意见，部署2010年信息化建设各项工作。

2～3日　新疆油田公司召开三届三次职代会暨2010年工作会议，陈新发作题为《坚持科学发展，突出资源战略，持续推进现代化大油气田建设》的工作报告。

3日　克拉玛依市委办公室下发《关于印发〈克拉玛依市社会治安治理委员会成员单位职责任务〉的通知》。

4日　新疆生产建设兵团农八师石河子市党政代表团和农七师党政代表团来克拉玛依走访交流。

△　阿勒泰地委领导来克拉玛依赠送锦旗，对克拉玛依支援阿勒泰地区抗雪救灾工作，表示感谢和敬意。

△　共青团克拉玛依市新疆油田公司十届四次全委（扩大）会暨学校团队工作会议召开，总结上年度工作，安排部署2010年工作。

△　克拉玛依市召开2010年财政工作会议，总结上年度工作，安排部署2010年工作。

5日　克拉玛依市委、克拉玛依市政府在白碱滩区举行国家科技进步示范县（市）授牌仪式暨表彰大会。自治区党委常委尔肯江·吐拉洪和自治区副主席靳诺向白碱滩区颁发国家科技进步示范县（市）牌匾。

△　克拉玛依市召开2010年信访工作会议，总结上年度工作，安排部署2010年工作。

△　集团公司副总经理李新华在油田公司油气储运公司王家沟油库调研慰问。

8日　克拉玛依市委、克拉玛依市政府召开迎春茶话会。

△　克拉玛依市召开2010年公安消防安全工作会议，总结上年度工作，安排部署2010年工作。

△　克拉玛依市常务副市长宋友立主持召开市政府2010年安全生产工作会议。会议表彰2009年度安全生产工作优秀单位，代市长陈新发与各区政府、各有关部门签订2010年安全生产目标管理责任书并讲话。

△　克拉玛依市召开2010年司法工作会议，总结上年度工作，安排部署2010年工作。

△　克拉玛依市魔鬼城景区被评为自治区优秀旅游景区。

10日　克拉玛依市、油田纪委召开第九届五次全委会，总结上年度工作，安排部署2010年工作。

16日　中共中央政治局委员、自治区党委书记王乐泉在独山子石化公司调研。

22日　克拉玛依市召开2010年审计工作会议，总结上年度工作，安排部署2010年工作。

23日　克拉玛依市十二届人大四次会议举行预备会议。会议邀请新疆大学法学院刘静波博士作《学习贯彻侵权责任法，促进社会和谐》专题报告。

△　克拉玛依市召开2010年交通工作会议，总结上年度工作，安排部署2010年工作。

23～26日　克拉玛依市政协召开六届四次全体委员会议。会议审议通过市政协主席玉素甫江·阿不都热西提所作的工作报告和市政协副主席王新明所作的提案工作情况的报告，补选杨平为市政协秘书长。

24～26日　克拉玛依市第十二届人民代表大会召开第四次会议。会议接受唐健辞去克拉玛依市第十二届人民代表大会常务委员会主任职务的请求；选举徐卫喜为克拉玛依市第十二届人民代表大会常务委员会主任，选举陈新发为克拉玛依市市长。

25日　在北京昌平十三陵召开的集团公司2010年纪检监察工作会议上，油田公司纪委、监察处被评为集团公司2007～2009年度纪检监察先进集体，欧阳军、刘焕华被评为集团公司2007～2009年度纪检监察先进个人，唐伏平当选集团公司2007～2009年度廉洁从业模范干部。

26日　新疆油田公司被评为集团公司预算管理工作先进集体。

3　月

1日　克拉玛依市委下发《中共克拉玛依市委2010年工作要点》。

1～22日　克拉玛依市、油田党委宣传部组织开展形势、目标、任务、责任巡回宣讲活动，共为油田公司39家单位面对面宣讲。

2日　克拉玛依市召开2010年环境保护工作会议，总结上年度工作，安排部署2010年工作。

△　克拉玛依市召开2010年农业农村工作会议，总结上年度工作，安排部署2010年工作。

△　克拉玛依市召开2010年水务工作会议，总结上年度工作，安排部署2010年工作。

3日　新疆油田公司党委书记徐卫喜会见中石油工程设计公司党委书记朱忠虎，就有关问题进行洽谈交流。

△　克拉玛依市召开2010年城乡规划、建设（绿化）、管理和房产工作会议，总结上年度工作，安排部署2010年工作。

△　克拉玛依市召开2010年市卫生工作会议，总结上年度工作，安排部署2010年工作。

△　克拉玛依市召开2010年市食品药品安全工作会议，总结上年度工作，安排部署2010年工作。

4日　克拉玛依市委下发《关于转发〈中国共产党党员领导干部廉洁从政若干准则〉的通知》。

6日　克拉玛依举行表彰大会，表彰50名三八红旗手和22家三八红旗集体。

△　新疆油田公司宝石花志愿者队伍正式成立并为各宝石花志愿者服务大队授旗。

9日　昌吉州党政代表团到油田公司走访交流。

10日　克拉玛依市召开深入学习实践科学发展观活动总结大会。

11日　克拉玛依市召开市慈善总会一届六次常务理事会议，总结上年度工作，安排部署2010年工作。

△　克拉玛依市、油田工会女职工委员会召开八届五次全委（扩大）会暨关爱女工健康行推进会，总结上年度工作，安排部署2010年工作。

12日　克拉玛依市十二届人民政府召开第二十八次常务会议，审定2010年基本建设投资计划，修订《市相对集中行政处罚权工作衔接规定》，研究开展境外卫星电视传播秩序专项整治工作，明确克拉玛依市部分食品安全领域监管职责。

13日 新疆油田公司抗雪救灾救援队参加和布克赛尔蒙古自治县抗雪救灾工作。

△ 克拉玛依市召开2010年国土资源工作会议，总结上年度工作，安排部署2010年工作。

16日 新疆油田公司党委下发《关于印发〈新疆油田公司2010年民族团结年活动方案〉的通知》。

△ 克拉玛依市召开2010年公交行业(出租汽车)文明竞赛总结表彰大会，总结上年度工作，安排部署2010年工作。

17日 克拉玛依市政府召开专门会议，研究穆斯林新公墓选址有关问题。

18日 克拉玛依市政府召开会议，听取促进克拉玛依市金融产业发展的专题汇报，并对引进中石油昆仑保险、支持小额贷款公司发展、加强金融政策研究、争取昆仑银行享受西部大开发政策等方面的工作提出具体要求。

19日 克拉玛依市政协召开六届十二次主席会议，确定6件提案为六届四次会议重点提案。

△ 克拉玛依市政府召开会议，听取卫生工作专题汇报，并对完善克拉玛依市医疗发展定位与规划、加强硬件投入、推进医疗合作、培养和引进医疗人才，打造一流的医疗服务提出要求。

21日 奎屯—北屯铁路建设指挥部举行奎—北铁路克拉玛依站站房开工奠基仪式。

22～23日 自治区政协人口资源环境委员会调研组来克拉玛依专题调研应对人口老龄化和老龄化产业发展情况。

23日 中国石油大学(华东)国家大学科技园克拉玛依分园第三次领导小组工作会议在克拉玛依市召开，克拉玛依市副市长赵武生与中国石油大学(华东)副校长孙海峰为中国石油大学(华东)西部研究院成立揭牌。

24日 克拉玛依市政府召开会议，研究北京旅游推介相关工作。

△ 自治区纪委检查组来克拉玛依市检查中央扩大内需政策落实和工程建设领域突出问题及重点项目建设情况。

24～26日 克拉玛依市政协开展“十二五”规划区域经济发展专题调研。

25日 自治区党委、自治区人民政府专题听取克拉玛依市委、市人民政府和驻克石油石化企业的工作汇报。

△ 新疆油田公司召开基础管理建设工程启动会暨质量管理与节能工作会议，总结上年度工作，安排部署2010年工作。

26日 克拉玛依市、油田工会召开八届六次全委(扩大)会。会议总结2009年各项工作，部署2010年重点工作。

△ 克拉玛依市人大常委会与市政协联合召开市十二届人大四次会议议案建议、市政协六届四次会议提案交办会。

△ 克拉玛依市十二届人民政府召开第二十九次常务会议。会议通报市人民政府近期重点工作及进展情况，部署安排清明节期间安全、文明祭扫等相关工作。

△ 新疆油田公司召开QC小组活动成果发布会，总结上年度工作，安排部署2010年工作。

△ 新疆油田公司甄选的风城油田稠油、百口泉油田低凝油、克拉玛依油田稀油、玛河气田凝析油、盆5气田凝析油和克拉玛依黑油山油苗共6种原油和百口泉油田的灰绿色荧光砂砾岩、红山嘴油田的黑褐色富含油沙砾岩、风城油田重43井区的黑褐色饱含油细砂岩、克拉玛依油田的黑褐色富含油中砂岩共四段岩心抵达上海世博会石油馆项目部，并在上海世博会石油馆中展出。

28日 中国节能环保科技投资公司来新疆油田公司走访，就市政公共系统节能减排、油田企业节能减排和发展清洁能源领域的合作交流座谈。

△ 新疆油田公司采气一厂在准噶尔盆地西北缘中拐凸起克021井在石炭系获得高产工业油流。

29日 新疆油田公司颁发2010年第1、2号总经理嘉奖令，分别对勘探开发研究院和采气一厂在滴20井和克021井获得的勘探发现进行嘉奖。

30日 克拉玛依市召开地方企业家座谈会，了解地方企业发展情况，鼓励有条件的企业向外发展，加强合作与技术研发，提高创新能力。

△ 中国石油天然气股份公司组织审查通过《红山嘴油田红003井区清水河组、齐古组稠油油藏注蒸汽开发方案》。

31日 中国石油天然气股份公司审查通过新疆油田公司《克拉美丽气田开发方案》。

4 月

1日 宝鸡石油钢管公司领导到新疆油田公司走访交流，双方就落实中国石油天然气集团公司领导指示、建设油气输送管生产线等有关事宜达成一致意见，签署《油气输送管生产线建设备忘录》。

2日 新疆油田公司消防支队调集1辆多功能抢险救援车、7名指战员前往和布克赛尔沙集海煤矿参与煤矿坍塌被埋矿工的搜救工作。

3日 克拉玛依红色旅游推介会在北京新闻大厦举行。全国红色旅游工作协调小组办公室常务副主任罗迪辉，国家旅游局、中宣部和自治区旅游局领导，以及全国50多家知名旅行商和20家国内主流新闻媒体参加推介会。

4日 《新疆克拉玛依推出石油特色旅游》新闻分别在央视《新闻联播》、《东方时空》及《午夜新闻》栏目播出。

△ 新疆油田公司新港公司九$_2$区2号供热站注汽系统锅炉改造工程开工奠基，130吨/小时循环流化床燃煤锅炉建设工程正式开建。

5日 哈萨克斯坦阿姆河天然气公司负责人来新疆油田公司走访交流，就新疆油田公司采用劳务输出方式承包阿姆河天然气公司自备电站生产运行事宜达成一致意见。

8日 克拉玛依市、油田党委下发《关于对2008～2009年度惩防体系建设和落实党风廉政建设责任制检查考核情况的通报》。

8～11日 自治区人口计生委调研组在克拉玛依市调研计划生育工作。

9日 中国残联组联部检查组在克拉玛依市检查指导全国残疾人工作示范城市的创建工作。

13日 新疆军区政委王建民少将在独山子石化公司炼油厂炼油控制中心参观考察。

14日 克拉玛依市委书记徐卫喜和市长陈新发做客“克拉玛依网·强市论坛”，与网友进行两个小时的在线互动交流。

15日 中国人民武装警察部队副参谋长姬延芳少将到武警克拉玛依支队考察。

△ 克拉玛依市委书记徐卫喜主持召开市油田党委中心组理论学习会。会议特邀国家信息中心信息化研究部首席专家单志广博士作《关于克拉玛依信息化产业战略研究思路报告》。

△ 自治区政协副主席黄昌元在克拉玛依市调研。

△ 新疆油田公司召开会议,研究公交车采购、克拉玛依市运营线路及发车密度等有关问题。

16日 克拉玛依市十二届人民政府召开第三十次常务会议,研究创建全国双拥模范城实施方案、向自治区申请2010年新增建设用地计划指标,通报克拉玛依商业银行拟在克拉玛依市设立行政办公区,中油燃料油股份有限公司、中石油昆仑燃气公司在克拉玛依市设立分公司情况。

△ 东方地球物理公司领导来油田公司走访。

△ 克拉玛依市政府召开会议,研究"双语"学校搬迁问题。

17日 莫北油气田评价井——莫117井,在侏罗系三工河组获得日产天然气67 120立方米工业气流,预示该区滚动勘探形势喜人。

20日 中国石油天然气集团公司党组成员、总会计师王国樑在新疆油田调研。

22日 克拉玛依市委办公室下发《关于开展第29个民族团结进步教育月活动的通知》。

△ 水利部安全监督司检查组到克拉玛依市检查病险水库除险加固工程开展情况。

△ 克拉玛依召开市效能领导小组会议,讨论通过《克拉玛依市行政效能监督员管理办法》。

23日 克拉玛依市十二届人大常委会召开第十三次会议。

24日 克拉玛依市、油田团委举办庆五四入团宣誓仪式暨"民族团结杯"第九届青年体能挑战赛。

26日 克拉玛依市委书记徐卫喜主持召开市油田党委中心组理论学习(扩大)会议。传达中共中央关于自治区党委主要领导同志调整的决定,学习习近平在自治区干部大会上的重要讲话精神以及王乐泉、张春贤、努尔·白克力在自治区干部大会上的讲话精神。

△ 班江·阿不都克里木等25个集团公司劳动模范及陆梁油田作业区石南采油站等19个集团先进集体代表,通过远程视频参加中石油集团公司劳动模范和先进集体表彰大会。

△ 新疆油田公司党委下发《关于转发集团公司〈关于认真学习贯彻胡锦涛总书记在全党深入学习实践科学发展观活动总结大会上的重要讲话精神的通知〉的通知》。

△ 克拉玛依市召开会议,研究120急救体系接入方案。

27日 克拉玛依市召开会议,研究农业综合开发区庭院区房地产交易有关问题。

△ 由自治区国土资源厅主办、新疆油田公司承办的自治区石油天然气钻井及配套设施建设遗留用地协调会议在乌鲁木齐召开。

△ 克拉玛依市十二届人民政府召开第三十一次常务会议,审定《克拉玛依市社会保障卡管理暂行办法》,通报政府重点工作进展情况,并从发展经济和改善民生两个方面安排下一步工作。

△ 李晓华赴京参加在人民大会堂举行的全国劳动模范和先进工作者表彰大会。

29日 新疆油田公司举行红003井区60万吨稠油处理站及35千伏变电所开工仪式。

30日 克拉玛依市委办公室下发《关于转发〈克拉玛依市创建全国"双拥"模范城实施方案〉的通知》。

5 月

3日 自治区住房和城乡建设厅调研组来克拉玛依市调研。

△ 自治区教育厅、中国石油大学(北京)联合调研组来油田公司调研技术工人培训基地建设、人才培养等方面情况。

7日 克拉玛依市、油田工会召开八届七次全委(扩大)会议,表彰市、油田模范(先进)工会、模范职工之家、工人先锋号(油田先锋号)单位和优秀工会干部代表。

△ 克拉玛依市举行第五届残疾人运动会暨第二届特奥运动会。

10日 新疆油田公司党委下发《关于转发集团公司〈关于开展向集团公司劳动模范和先进集体学习的通知〉的通知》。

△ 美国恩比建建筑咨询公司设计专家来克拉玛依市考察城市规划设计情况。

11日 克拉玛依市、油田党委办公室下发《关于印发〈2010年克拉玛依建设学习型城市工作计划〉的通知》。

△ 自治区国土资源厅检查组到克拉玛依市检查国土资源系统党风廉政工作情况。

△ 新疆油田公司11项QC小组活动成果和13个QC小组获石油工业奖励,采油一厂、重油开发公司获2010年度石油工业QC小组活动优秀企业称号。

12日 自治区团委调研组来克拉玛依调研共青团工作。

12~13日 克拉玛依市政协副主席管峰云、田富林以及办公室有关人员参加全国22城市政协横向联系会第45次会议。

13日 克拉玛依市政府召开会议,专题研究生产建设兵团农七师129团场和130团场邮政所归属问题。

△ 国家土地督查组西安专员段怡春来克拉玛依市检查指导工作。

14日 由台湾见龙机构投资的16万吨/年EPS项目举行奠基仪式。

△ 克拉玛依市市十二届人民政府召开第三十二次常务会议。会议原则通过克拉玛依石化工业园区污水处理厂"三一三"硫化氢中毒事故调查组关于事故调查情况的报告和处理意见,听取市编委办关于成立各区公安巡逻(巡警)大队的报告。

14~19日 新疆油田公司第六届职业技能大赛在中国石油新疆技师学院举行,公司20家单位的204名选手分别参加采油、集输、维修和热注运行4个工种的比赛,11个单位获团体优胜奖,66名选手分获一、二、三等奖,12名选手被授予新疆油田公司技术能手称号。

17日 自治区住房和城乡建设厅纪检组来克拉玛依检查工作。

17~19日 克拉玛依市委书记徐卫喜随同新疆代表团出席中共中央、国务院在北京召开的新疆工作座谈会。

18日 首都航空有限公司市场营

销部副总经理张斌来克拉玛依市考察航线有关事宜。

△ 克拉玛依市政府召开一季度交通安全联系会议。总结2009年道路交通安全工作,分析研判2010年一季度交通安全工作。

△ 塔城地区行署副专员魏国良来新疆油田公司走访交流,就进一步加强油地互相支持、积极推进融合发展等事宜达成共识。

19日 新疆油田公司召开智能化油田规划编制启动工作会,标志着克拉玛依智能化油田建设工作正式启动。作为全国首个提出并建设智能油田的企业,新疆油田公司本着站在高起点、达到高水平,为国内智能化油田建设做示范的原则,采取与全球知名IT公司联手的方式,于5月15日在全球招标。IBM公司在6家公司中脱颖而出,成为油田公司的合作方。

△ 自治区天山北坡经济带调研组在独山子召开座谈会。

△ 自治区国税局调研组来油田公司调研。

20日 新疆油田公司党委办公室下发《关于进一步做好学习实践科学发展观活动整改方案落实工作的通知》。

△ 自治区城市地名规划推介会在克拉玛依市召开。

21日 克拉玛依市委书记徐卫喜主持召开市、油田党委中心组理论学习(扩大)会议,学习传达中央新疆工作座谈会议精神。

△ 克拉玛依市委常委、宣传部部长郭仲军参加克拉玛依2010年国防教育联席会议,并向预备役工兵团颁发自治区国防教育示范基地牌匾。

24日 克拉玛依市召开会议,研究农业开发区产业加工区征地拆迁有关问题。

26日 国家发改委天山北坡经济区发展规划调研组到克拉玛依市调研。

26~27日 克拉玛依市委书记徐卫喜出席自治区党委七届九次全委(扩大)会议。

27日 克拉玛依市副市长祝贺香参加市长接待日接访工作,协调处理来访群众反映的就业、改制企业、购买经济适用住房过户等问题。

28日 经过三年建设的独山子重要地标性建筑物——文化中心开馆投用。该中心占地面积4.8万平方米,设置了智能视频监控、入侵报警、电子巡更等系统,是一座集档案馆、图书馆、规划馆、会议中心、青少年活动中心、影剧院等为一体的综合性建筑。

30日 由克拉玛依市作家、国家一级编剧张红军编剧的儿童故事片——《变成太阳的手鼓》,在克拉玛依市油城新天地电影城举行首映式。

31日 克拉玛依市委书记徐卫喜与来克拉玛依走访交流的新疆销售公司领导就如何进一步加强合作交流座谈。

6 月

1日 克拉玛依市入围中国最具国际影响力城市初选名单,是新疆入围的3个城市之一。

△ 克拉玛依市政府召开会议,听取首届信息化创新克拉玛依国际学术论坛展示组工作进展情况汇报。

2日 新疆油田公司组织召开存量土地利用规划会议。

△ 自治区国土资源厅、自治区测绘局联合检查组在克拉玛依市检查工作。

3日 新疆油田公司召开2010年油气上产动员会,安排部署上产会战工作重点。

4日 河北省委常委、组织部部长梁滨在独山子石化公司调研。

△ 全国厂务公开民主管理第六互检组在克拉玛依调研检查厂务公开民主管理工作。

△ 克拉玛依市政协召开六届十五次常委(扩大)会议,传达中共中央、国务院召开的新疆工作座谈会以及自治区党委七届九次全委(扩大)会议精神。

8日 克拉玛依政府研究讨论《市公务用车节能管理办法》、《市公共机构节电管理办法》、《市公共机构节水管理办法》。

△ 中国旅游研究院学术委员会调研组在克拉玛依市调研旅游工作。

9日 在北京会议中心召开的第八届光华工程科技奖颁奖大会上,新疆油田公司副总经理况军获得青年奖。

△ 克拉玛依市委书记徐卫喜主持召开市、油田党委中心组理论学习(扩大)会。会议特邀国家级有突出贡献专家、上海明德学习型组织研究所所长张声雄教授进行《世界学习型城市的新发展和支持系统》的专题讲座。

10日 克拉玛依市、油田党委办公室下发《关于印发〈关于在市、油田党的基层组织和党员中深入开展创先争优活动的实施意见〉的通知》

△ 新疆油田公司党委办公室下发《关于开展党建"三联"示范点创建工作的通知》。

△ 新疆油田公司准噶尔盆地风南5井中途测试获得高产油流,5毫米油嘴试产,日产气12 537立方米,折日产油236.05立方米。

△ 克拉玛依市首次举行高层商住楼重特大火灾事故应急演练活动。

11~19日 克拉玛依市人大常委会在中国石油新疆培训中心举办第五期市十二届人大代表培训班。

12日 国家气象局副局长王守荣在克拉玛依市调研。

13日 俄罗斯新西伯利亚校长代表团在克拉玛依市访问交流。

16日 新疆油田公司井下作业公司首次在侧钻水平井中,利用连续油管对陆梁油田作业区LU1021井成功实施气举解堵作业,标志着新疆油田已形成利用连续油管在直井、定向井及水平井中开展冲砂洗井、气举解堵、钻灰塞等工程技术服务体系。

17日 自治区纪委调研组在克拉玛依调研

18日 克拉玛依市十二届人民政府召开第三十三次常务会议。听取克拉玛依市1~5月经济运行情况汇报,审定市政府2009年本级财政决算完成情况及审计情况报告,原则通过《城乡医疗救助暂行办法》(修订)、《城乡居民基本医疗保险实施办法》(修订)。

△ 车503井在新近系发现埋深仅450米的沙湾组油藏,并获得高产工业油流,3.5毫米油嘴日产油17.2吨。车排子油田车503井于5月2日开钻,5月9日完钻。是新疆油田发现的埋藏最浅的沙湾组油藏。

20~23日 自治区人大常委会副主任、天山环保行组委会主任乔吉甫带领自治区天山环保行执法检查组,对克拉玛依市节能减排工作进行执法检查。

△ 新疆油田公司副总经理聂海光带队到石河子走访,双方就玛河气田前线倒班公寓建设项目调整方案达成一致

意见，拟定于7月1日举行开工仪式。

22～23日 国家文物局调研组来克拉玛依市调研。

22～24日 宝鸡石油钢管公司领导到新疆油田公司公司走访交流，协商制管厂选址、铁路专线、工作机制建立、项目运行计划等有关事宜。

24日 油田公司采气一厂承办全国天然气安全环保技术研讨会，这是该厂连续3年承办此会议。

25日 克拉玛依市十二届人民政府召开第三十四次常务会议。会议讨论落实中央新疆工作座谈会精神推进克拉玛依跨越式发展和长治久安的任务分解方案，通报了政府重点工作进展情况、《克拉玛依市社会保障卡管理暂行办法》、自治区进一步减轻企业负担优惠政策有关内容。

27日 克拉玛依市举办残疾人联合会成立20周年暨第四届残疾人艺术汇演。

28日 克拉玛依市委书记徐卫喜、新疆油田公司总经理陈新发与来油田公司走访的中国石油西部钻探公司党委书记韩炜、总经理马永峰就加强合作交流座谈，沟通油田共建部分的分摊机制、子女就业、社会稳定等问题。

29日 克拉玛依市召开庆祝建党89周年暨第十二个党风廉政教育月动员大会。

△ 克拉玛依市、油田党委办公室下发《关于开展第十二个党风廉政教育月活动的通知》。

△ 自治区妇联检查组在克拉玛依市检查指导工作。

30日 克拉玛依市委办公室下发《关于进一步加强社区“五百”工作机制的通知》。

△ 克拉玛依市十二届人大常委会召开第十四次会议。

△ 克拉玛依市最大的，集生活照料、家政服务、医疗卫生保健和精神慰藉为一体的为老服务中心——投资2 300万元的白碱滩区为老服务中心投入使用。

7 月

1日 新疆油田公司采气一厂玛河气田生活基地工程奠基暨开工典礼仪式在石河子市举行。

1～2日 中国石油集团公司总经理助理、办公厅主任李润生来克拉玛依检查集团公司2010年领导干部会议筹备情况。

2日 中国石油天然气集团公司在乌鲁木齐召开驻疆企业安保防恐维稳信访工作协调会。

△ 克拉玛依市委办公室下发《关于印发〈克拉玛依市创建全国残疾人工作示范城市总体实施方案〉的通知》。

△ 克拉玛依市政府召开魔鬼城游览体系设计方案评审会。

△ 新疆油田公司颁发2010年第3、4号总经理嘉奖令，分别嘉奖勘探公司、勘探开发研究院和采油一厂在风南5井、车503井获得重要发现。

5日 克拉玛依市、油田党委办公室下发《关于印发〈克拉玛依开展热爱伟大祖国、建设美好家园主题教育活动第一阶段(2010年6月至12月)实施方案〉的通知》。

△ 中国节能环保科技投资有限公司领导在新疆油田公司走访交流，双方就油田节能减排、建设低碳世界石油城等达成一致合作意向。

6日 以全国政协副主席李兆焯为组长的全国政协提案委员会专题调研组来克拉玛依考察调研。李兆焯对克拉玛依市、油田公司党委提前策划资源型城市可持续发展的做法以及以工业理念从事生态产业建设和国有企业主动承担社会责任的实际行动给予高度评价。

7日 克拉玛依市、油田召开热爱伟大祖国、建设美好家园主题教育活动动员大会，标志着主题教育活动正式启动。

△ 克拉玛依市召开会议，专题讨论研究《家庭旅馆管理暂行办法》及《达标宾馆评定办法》。

9日 克拉玛依市、油田党委举办党员领导干部学习贯彻《廉政准则》培训会。

△ 克拉玛依市十二届人民政府召开第三十五次常务会议，通报重点工作进展情况，研究讨论推进克拉玛依跨越式发展和长治久安任务分解大表和拟向自治区反映的有关问题，通报基础设施完善“十二五”规划编制、土地卫片执法检查等情况。

△ 克拉玛依市召开会议，研究省道201线方案调整有关问题 。

△ 克拉玛依市召开第十一届水节筹备工作协调会，听取并研究第十一届水节筹备工作有关问题。

△ 油田公司在准噶尔盆地南缘重点预探井上首次成功实施水力喷砂射孔分层加砂压裂技术获得成功。水力喷射分层加砂压裂技术的成功应用，进一步拓展新疆油田试油工程技术领域，推动新疆油田的工程技术进步与发展。

11日 国家环保部西北督查中心检查组在克拉玛依市检查环境保护工作。

12日 克拉玛依市政府与中国联合网络通信有限公司新疆分公司举行克拉玛依数字城市建设战略合作框架协议签字仪式。

△ 油田公司井下作业公司对塔里木油田大北301超深超高压井成功实施加砂压裂作业，创造了单井加砂压裂工作压力和施工最高压力两项世界纪录。

△ 新疆油田公司被评为自治区质量管理小组活动优秀企业。

△ 克拉玛依市政府与中国联合网络通信有限公司新疆分公司签订克拉玛依数字城市建设战略合作框架协议。

13日 中国石油勘探开发研究院西北分院领导来新疆油田公司进行技术服务交流。

13～15日 中国石油天然气集团公司副总经理曾玉康、总经理助理徐文荣、集团公司矿区服务工作部主任马桂成先后在准东矿区、白碱滩物业公司、克拉玛依物业管理公司考察。

14日 中国石油天然气集团公司总经理蒋洁敏在克拉玛依调研，专题听取新疆油田公司工作汇报。先后到黑油山、克拉玛依展览馆、九龙潭、减排造林基地、数据中心、接待中心选址处参观。在黑油山参观时，蒋洁敏总经理题词：黑油山 西圣地 大油田。中国石油天然气集团公司党组纪检调研组在油田公司调研。集团公司总经理助理徐文荣在新疆油田公司白碱滩物业管理公司的远征小区参观。

15日 巴音郭楞州党委副书记、援疆干部领队王进江在克拉玛依市考察。

△ 中国石油天然气集团公司副总经理李新华在克拉玛依石化工业园区新疆石油钢管生产线项目选址现场调研。

16日 新疆石油钢管生产线项目签字仪式在独山子举行。新疆油田公司总经理陈新发与宝鸡钢管公司总经理白功利签订新疆石油钢管生产线项目合作协议，克拉玛依市副市长赵武生与宝鸡钢管公司党委书记李逵、新疆油田公司副总经理聂海光签订招商引资框架协议。

△ 克拉玛依市政府召开会议，研究讨论将重度残疾人纳入城市居民最低生活保障有关方案。

△ 国有重点大型企业监事会主席牛越生在独山子石化公司调研。

△ 新疆油田公司在独山子石化公司举行新疆石油钢管生产线项目签字仪式。

16～18日 中国石油天然气集团公司2010年领导干部会议在克拉玛依市独山子区召开。

18日 中国石油天然气集团公司审计部、中国石油天然气股份公司审计部审计组在克拉玛依宾馆听取新疆油田公司审计工作汇报。

19日 中国石油天然气集团公司副总经理王宜林在乌鲁木齐慰问勘探老专家。

△ 新疆油田公司与哈萨克斯坦阿姆河天然气公司在乌鲁木齐签订智能化油气田科研合作和阿姆河右岸自备电站生产运行承包服务合作协议。

20日 克拉玛依市政府召开非上市公司股权集中托管业务暨推进克拉玛依企业上市宣介会。

21日 国务院国资委国有重点大型企业监事会01办事处主任孔建国在新疆油田公司陆梁油田作业区检查指导工作。

21日 自治区建筑安全文明施工现场观摩会在克拉玛依市召开。

22日 西部地区第八届党校校长论坛在克拉玛依市党校开幕。来自湖北、广西、四川、重庆、内蒙古、云南、贵州、陕西、青海、宁夏和新疆的11个省区市的67所党校的120名党校负责人参加论坛。

△ 克拉玛依市委常委、宣传部部长郭仲军出席克拉玛依市网络评论员工作会议，向首批聘任的42位网络评论员颁发聘任证书。

23日 克拉玛依市十二届人民政府召开第三十六次常务会议，通报上半年经济运行、财政收支、重点工作进展、机关职工疗养政策调整、市属机关职工补充医疗保险政策调整等情况，审定自治区绿化先进集体、绿化奖章推荐意见和《住房公积金管理办法》、《荣誉市民称号授予办法》。

23～24日 由独山子区和白碱滩区人大常委会联合承办的克拉玛依市、区人大工作联系会第51次会议在独山子召开。

25日 克拉玛依市向四川娇子集团推介克拉玛依市文体中心投资项目。

26日 北京时间18时，反映克拉玛依的专题新闻《戈壁荒滩起绿地，“油城”也宜居》在中央电视台新闻频道的“特别关注”栏目播出，时长达4分30秒。克拉玛依市“打造世界石油城”首次亮相央视。

△ 克拉玛依市召开会议，研究成立地震灾害紧急救援专业分队有关问题。

27日 克拉玛依召开市十二届人民政府第三次工作例会，会议通报上半年各项重点工作进展情况和全市经济运行情况，并安排部署下半年的各项工作。

27～28日 中国石油天然气股份公司董事会秘书局与部分证券投资商、基金经理在油田公司考察。

28日 全国社区居委会建设工作推进会暨2010年社区工作委员会常委会在克拉玛依市召开。

28～29日 新疆石油学会2010新疆油(气)田设备管理与技术研讨会在乌鲁木齐召开。

29日 国家民委调研组在克拉玛依市调研。

△ 克拉玛依市召开创建自治区文明城市工作汇报会总结上年工作，安排部署2010年创建工作。

△ 国务院国资委“五五”普法检查验收组在新疆油田公司检查验收“五五”普法工作。

29～30日 新疆油田公司在独山子召开2010年规划计划工作会，总结上年工作，安排部署2010年工作。

30日 新疆石油学会第六次会员代表大会在乌鲁木齐召开。

△ 《新疆石油地质》第九届编委会在乌鲁木齐召开。新疆油田公司总经理陈新发当选第九届编委会主任。

△ 中国西北地区首批引进的东芝320排CT在克拉玛依市中心医院投入使用。

8 月

1日 国家能源局副局长、集团公司原总经理马富才在独山子石化公司参观千万吨炼油、百万吨乙烯生产装置。

△ 克拉玛依军分区举办庆祝建军83周年克拉玛依领导干部军事日活动。

△ 西安石油大学领导在新疆油田公司走访交流。

△ 中国石油大学(华东)领导在新疆油田公司走访交流。

3日 克拉玛依市召开资源型城市可持续发展战略研究汇报会。

△ 克拉玛依召开市第六次全国人口普查领导小组会议，具体安排克拉玛依市开展第六次全国人口普查工作。

△ 常州大学领导到新疆油田公司走访交流。

4日 全国政协常委、北京市政协副主席、北京师范大学副校长葛剑平在克拉玛依市考察。

△ 克拉玛依召开中国规划设计院来疆调研座谈会，总结上年工作，安排部署2010年工作。

5日 中国石油天然气集团公司新疆联合监督中心筹备会在克拉玛依召开。

6日 克拉玛依市十二届人民政府召开第三十七次常务会议，通报重点工作进展情况，研究调整城乡最低生活保障标准有关问题，审定《社会旅馆管理暂行办法》，通报市属机关事业单位退休人员实施生活补贴和离退休人员实施冬季采暖补贴和推荐人防系统先进个人的意见。

7～27日 克拉玛依市举办第十一届水节系列活动。本届水节举办“水水水”夺标大赛、文艺展演、书法、绘画、摄影展、千名老人游油城、旅游美食文化节、汽车文化节以及奇石、根雕暨旅游纪念品设计大赛、经贸洽谈会、旅游产品推介会等活动。

8日 在新疆人民会堂举行的纪念新疆科协成立50周年大会上，克拉玛依油田发现及开发被评为新疆10大科技事件，陈新发当选新疆10位优秀科技人物。

△ 克拉玛依市第十一届水节开幕晚会在市灯光球场隆重举行。

9日 中国石油天然气集团公司未

上市企业解困扭亏工作领导小组在油田公司调研。

10～11 日 中国石油天然气股份公司原副总裁、中科院院士贾承造在新疆油田准东探区和克拉美丽气田调研。

11 日 中国石油天然气股份有限公司副总裁、炼油与化工分公司总经理沈殿成在克拉玛依石化公司调研。

△ 新疆油田公司召开三届三次职代会第一次联席会议。会议审议并通过《中石油集团公司劳动合同管理办法》、《中石油股份有限公司劳动合同管理办法》和《新疆油田公司劳动合同管理工作程序》。

△ 克拉玛依市人大常委会举行市十二届人大常委会第十五次会议。

△ 自治区人大常委会副主任张国梁在克拉玛依市对《规范性文件备案审查条例》进行立法调研。

△ 国家保监会发改部调研组在新疆油田公司调研。

△ 首届信息化创新克拉玛依国际学术论坛信息化创新成果展览会在世纪公园开幕。来自国内外 37 家知名 IT 企业、克拉玛依市政府以及公司数字油田成果参展。

12 日 俄罗斯新西伯利亚州依斯吉姆市代表团在克拉玛依市访问交流，克拉玛依市副市长赵武生与依斯吉姆市代表团座谈。克拉玛依市市长陈新发代表克拉玛依市与依斯吉姆市签订建立友好城市关系意向书。

△ 前来出席首届信息化创新克拉玛依国际论坛的中国石油天然气集团公司副总经理王宜林看望新疆油田石油勘探开发战线离退休的老专家姜建衡、董培基、李立诚、欧远德、蔡志山、丁玉甫、张万钧并与他们座谈。

△ 新疆油田公司举行 ERP 系统单轨运行揭牌仪式。

12～13 日 克拉玛依市举办首届信息化创新克拉玛依国际学术论坛。本届论坛有 8 个国家的来宾、11 名中国科学院和中国工程院院士、2 个外国特邀代表团及国内各大油田、城市以及 150 多名参展商代表共 700 多名代表参加论坛。中国科协书记处书记冯长根、自治区党委常委宋爱荣、自治区人大常委会副主任张国梁、中石油集团副总经理王宜林、国家工信部信息化推进司副司长董宝青、中国科学院院士工作局局长周德进、中国工程院学部工作局副局长阮宝君等领导出席论坛开幕式并致辞。

13 日 伊朗国家钻井公司（NIDC）代表团在克拉玛依市访问，克拉玛依市副市长赵武生与伊朗国家钻井公司（NIDC）代表团座谈。

△ 新疆油田公司和中国节能环保科技投资有限公司举行节能减排合作框架协议书签约仪式。

14 日 新疆油田公司、克拉玛依市政府与中国石油大学（北京）座谈会。会上，中国石油大学（北京）校长张来斌为市长陈新发颁发兼职教授聘书。

16 日 克拉玛依市副市长赵武生就克拉玛依石化公司1 000万吨处理能力扩建后与克拉玛依石化工业园区原料对接等问题，与克拉玛依石化公司领导座谈协商，并达成共识。

△ 自治区 2010 年抗震加固改造（更新）工程检查组来克拉玛依市检查城乡重要建（构）筑物抗震防灾工程。

△ 住房和城乡建设部检查组在克拉玛依市检查工作。

△ 昆仑能源有限公司副总裁、新捷公司总经理文江在新疆油田公司就三达公司有关事宜座谈交流。

△ 克拉玛依市启动中巴车管理体制改革，作出个体中巴车分批退出公交线路的规定。

16～18 日 中石油海外项目土库曼斯坦阿姆河气田常务副总经理邓民敏、伊拉克绿洲石油公司总工程师汪绪刚来油田公司走访交流，并到数据中心、陆梁油田作业区和红有软件公司考察。

17～18 日 新疆生产建设兵团农九师领导在克拉玛依市考察交流

18 日 克拉玛依市委书记徐卫喜与在克拉玛依考察的国家旅游局全国红色旅游工作协调小组办公室常务副主任罗迪辉座谈交流。

19 日 在青海西宁举行的全国抗震救灾总结表彰大会上，克拉玛依市卫生应急防疫队被中共中央、国务院、中央军委授予全国抗震救灾英雄集体。

△ 新疆油田公司在阿依库勒水库举行首次原油泄漏引发污染事故应急处置实战演练。

19～20 日 自治区妇联督导检查组在克拉玛依市督导检查。

20 日 克拉玛依市委书记徐卫喜做客天山网、昆仑网，接受天山网、昆仑网实现新疆跨越式发展和长治久安系列访谈栏目的采访。

△ 克拉玛依市十二届人民政府召开第三十八次常务会议，通报重点工作进展情况，审定《市政府贯彻落实国务院〈全面推进依法行政实施纲要〉第二个五年规划（2010～2014 年）》。

△ 新疆油田公司西湖 1 井技术研讨会在成都召开。

△ 新疆油田公司召开《石油天然气管道保护法》宣传贯彻会议

21 日 辽宁省锦州市委常委、副市长王伟国在克拉玛依市考察。

23 日 中央军委委员、中国人民解放军总参谋长陈炳德考察克拉玛依黑油山、九龙潭、展览馆。

24 日 新疆油田公司党委下发《关于对〈集团公司党组第一巡视组对新疆油田公司巡视工作反馈意见〉整改情况的报告》。

△ 广东省政协人口资源环境委员会副主任姚宇翔在克拉玛依市考察。

24～25 日 中国石油 2010 年北疆石炭系研讨会在北京召开。

25 日 “打造世界石油城·克拉玛依经济合作与项目推介会”暨 2010 年全国石油化工技术服务论坛在克拉玛依市开幕。新疆油田公司党委办公室下发《关于转发集团公司思想政治工作部〈关于持续推进中国石油新时期党建、思想政治工作“十大亮点工作”的通知〉的通知》。

26 日 克拉玛依市水节经贸洽谈签约 24 个项目，签约资金 40.6 亿元，签约项目数量和签约金额双双创下历史新高。

27 日 中国石油天然气股份公司勘探与生产分公司副总经理王元基在新疆油田公司调研，并到红浅 1 火驱、红 003 井区现场参观。

28～29 日 中国石油天然气集团公司干部人事档案及 ERP 数据检查验收组在新疆油田公司检查工作。

△ 自治区人民政府参事、自治区质监局原党组书记苏力坦·马木提在克拉玛依市调研考察食品安全工作。

30 日 克拉玛依市人大常委会举行十二届人大常委会第十六次会议。

△ 自治区食品药品监督管理局审

核专家组首次对新疆油田公司机械制造总公司医用氧生产许可证进行换证审核。

9 月

1 日 台湾海峡交流基金会董事长江丙坤、海峡两岸关系协会会长陈云林在克拉玛依考察。

2 日 克拉玛依市举行同济医院对口支援克拉玛依市中心医院启动仪式暨联盟医院揭牌仪式。

△ 自治区农机信息统计工作会议在克拉玛依召开。

3 日 克拉玛依市十二届人民政府召开第三十九次常务会议，通报重点工作进展情况，审定职业教育培训（工程教育）基地规划、文体中心建设、信息产业发展实施计划，研究全国环保系统先进集体和个人的推荐意见。

4 日 中国驻伊朗大使解晓岩在克拉玛依市考察。

5 日 在克拉玛依出生的新疆首位维吾尔族钢琴演奏博士古丽米娜在克拉玛依市举办首场个人钢琴演奏音乐会。

6～8 日 自治区住房和城乡建设厅检查组在克拉玛依市检查创建全国无障碍建设城市工作。

7 日 自治区强农惠农资金专项清查工作重点检查组检查克拉玛依市相关工作。

9 日 克拉玛依市委书记徐卫喜与来访的新疆消防总队总队长李济成就进一步加强油田重点单位的消防保卫工作进行会谈。

△ 克拉玛依市、区人大工作联系会第52次会议在乌尔禾区召开。

△ 克拉玛依市长陈新发代表克拉玛依市与中国石油大学（北京）签订中国石油大学工程师学院共建框架协议。

9～10 日 自治区公安消防部队资产管理与预算管理相结合工作现场会在克拉玛依市召开。

10 日 克拉玛依召开全市干部大会，安排部署退岗职工家属纳入自治区基本养老保险社会统筹工作。

12 日 克拉玛依市市长陈新发在北京听取中国科学院地理科学与资源研究所研究员、重点实验室主任、新疆天山北坡经济区发展规划研究课题组组长刘卫东关于《克拉玛依石化产业聚集区发展定位与空间布局研究》阶段成果汇报，并与陆大道院士及地理所5位专家进行座谈交流。

13～14 日 自治区国土资源执法监察总队土地卫星图片执法检查验收组在克拉玛依市检查、验收2009年度土地卫生执法检查工作。

△ 国家土地督察西安局调研组在克拉玛依就奎—北铁路建设项目用地情况进行工作调研。

16 日 全国党建研究会副会长刘是龙在新疆油田公司风城油田作业区调研。

△ 新疆油田公司稠油产能建设重点试验区块——风城油田重18井区实验区成功投产，为该区稠油资源高效合理开发提供借鉴和依据。

16～18 日 全国政协社会和法制委员会调研组在新疆油田公司调研。中国石油天然气集团公司副总经理曾玉康主持调研会，陈新发总经理代表新疆油田公司作工作汇报，徐卫喜书记就相关问题作解释说明。

17 日 克拉玛依市十二届人民政府召开第四十次常务会议，通报重点工作进展情况，研究全国绿化先进集体和绿化劳动模范、先进工作者的推荐意见。

19 日 国务院法制办信息中心主任孔祥清在克拉玛依考察。

22 日 克拉玛依市建成新疆首个标准轮滑体育休闲场馆。

25 日 新疆油田公司与克拉玛依石化公司举行液化气统一销售交接协议签字仪式。

26 日 克拉玛依市副市长赵武生主持召开工程教育基地筹建工作领导小组会，中国石油大学（北京）党委副书记吴小林参加会议。会议对克拉玛依工程教育基地规划方案（第三稿）组织审查，基本确定基地的设计规划，并对基地外部系统及内部配套方案等提出意见。

△ 克拉玛依市第七届运动会开幕，来自市属各区、油田公司、矿区服务事业部、西部钻探、CPE新疆分公司、克拉玛依石化公司等48个单位的2 800多名运动员参加开幕式。

△ 新疆油田公司井下作业公司举行成立50周年庆祝大会。

26～28 日 克拉玛依市第七届运动会开幕。

28 日 自治区节能减排督察组在克拉玛依检查节能减排工作，对部分重点用能企业情况进行调查。

△ 克拉玛依市召开会议，专题研究市歌舞团重组改革相关事宜。

△ 新疆油田公司总经理陈新发颁发2010年第5号总经理嘉奖令，表彰勘探开发研究院、开发公司在莫122井获得的重大发现。

29 日 中央军委委员、空军司令员许其亮上将在克拉玛依市考察调研克拉玛依机场建设情况。

△ 武警新疆总队副总队长邢伟志少将在武警克拉玛依支队宣布支队长任命。

10 月

1～3 日 中央文明办专职副主任王世明对克拉玛依市创建全国文明城市工作进行检查指导。

4 日 全国政协办公厅巡视员魏洪罗在克拉玛依考察。

6～7 日 自治区党委书记张春贤在克拉玛依市考察调研。张春贤先后到克拉玛依世纪公园、克拉玛依河中心景区、克拉玛依展览馆、黑油山、九龙潭、数字化城市管理中心、金色桑榆居家养老中心、新疆油田公司数据中心、克拉玛依石化公司、克拉玛依石化工业园区、魔鬼城和乌尔禾区乌尔禾乡实地考察和调研。

8 日 克拉玛依市十二届人民政府召开第四十一次常务会议，听取政府近期重点工作进展情况汇报，研究做好市农副产品市场供应和价格调控工作及宝鸡钢管厂项目落地等有关问题，审定2010年财政预算调整方案、《城市供用热管理办法》和《燃气管理办法》。

9 日 克拉玛依市召开转业军人安置工作会议。

△ 江苏金石集团董事长殷舜时来新疆油田公司走访交流，双方就金石集团在克拉玛依投资建设高压井口生产厂事宜进行磋商。

10 日 历时三年建成的克拉玛依区生态休闲健身公园开园迎客。

11 日 博尔塔拉州党委书记史少林、州长奥曲尔在克拉玛依走访交流。

12 日 自治区工程领域突出问题治理联合监督检查组来克拉玛依检查指导工作。

△ 克拉玛依市召开会议，专题讨论研究石油企业分离办社会学校退休教师有关问题。

△ 中国石油天然气股份公司经济责任审计组进驻新疆油田对陈新发总经理进行届中经济责任审计。

△ 国务院国资委办公厅巡视新疆油田公司数字油田建设情况，并前往数据中心、陆梁油田作业区、红有软件公司现场调研。

14～16日 自治区政协民族宗教社会法制委员会考察组在克拉玛依考察。

15日 克拉玛依市召开市级部门预算编制会议，全面总结2010年预算管理工作情况，部署2011年预算编制工作。

△ 新疆油田公司与斯伦贝谢公司合作25周年庆祝大会在新疆油田公司举行。

18日 国家住房和城乡建设部建筑施工安全生产专项督察组与自治区住房和建设厅督查组在克拉玛依检查建筑施工安全生产工作。

19～21日 自治区人大常委会副主任杜秦瑞带领自治区重点项目检查组社会事业组来克拉玛依市检查自治区2010年重点项目新开工项目建设情况。

20日 武警新疆总队政委侯小勤少将考察武警克拉玛依支队独山子区大队新营区建设。

21日 克拉玛依市人大常委会副主任王俊生带队赴湖北黄石市参加全国24城市人大工作研讨会第22次秘书长会议。

24日 全国气象部门最大方舱级应急指挥车抵达克拉玛依市。这辆应急指挥车是目前我国气象部门功能最强、容量最大、仪器最全的方舱级应急指挥移动平台。

25～27日 在中油股份总部召开2010年度新增油气储量审查会上，经中油股份专家审查，新疆油田公司2010年预计新增探明石油地质储量、可采储量、滚动探明石油地质储量的比例创造新疆油田勘探开发史上的最新纪录，位居中国石油之首。

△ 自治区政协委员、自治区安监局党组书记买买提·艾沙率领自治区政协职业病防治工作调研组在克拉玛依考察。

27日 自治区政协副主席柯赛江·赛力禾加在克拉玛依市考察。

28日 新疆军区副司令员王聪民少将在独山子石化公司炼化新区参观。

△ 克拉玛依市十二届人民政府召开第四十二次常务会议，会议听取政府近期重点工作进展情况汇报，研究克拉玛依市歌舞团重组改革、组建市政府专家委员会、修订《市地震应急预案》和市场用工价格等有关问题，审定信息产业发展实施计划。

△ 油田公司风城油田作业区重37井区SAGD实验区无盐水处理站竣工投产。

28～29日 新疆油田公司承担的国家重点基础研究发展计划项目“温室气体提高石油采收率的资源化利用及地下埋存”第九课题“二氧化碳植物吸收减排的基础研究”通过项目验收。

29日 新疆油田公司召开纪念克拉玛依油田勘探开发55周年座谈会、克拉玛依1号井出油55周年暨采油一厂成立50周年庆祝大会。油田公司总经理陈新发为采油一厂颁发2010年第6号总经理嘉奖令。

11 月

2日 中国石油天然气集团公司咨询中心调研组在新疆油田公司对石油钢管生产线项目进行调研。

△ 新疆油田公司召开《风城油田超稠油油藏全生命周期开发方案》审查会。

3日 克拉玛依市政协召开六届十三次主席会议。

△ 中国石油天然气集团公司与澳大利亚道拓能源有限公司在北京签署中华人民共和国准噶尔盆地大井区块天然气合同。

4日 新疆油田公司党委下发《关于转发集团公司党组〈关于中国石油思想政治保障体系建设的意见〉的通知》。

5日 油田公司党委下发《关于印发〈新疆油田公司党委创先争优活动公开承诺书〉的通知》。

△ 中国石油大学与克拉玛依市共建的中国石油大学工程师学院能源领域工商管理硕士研究生（MBA）克拉玛依进修班开班。

6日 国家开发银行新疆分行与克拉玛依市签署支持克拉玛依市跨越式发展战略合作协议。

△ 克拉玛依市召开2010年改制企业帮扶监管工作会议。

△ 克拉玛依日报社编辑阿迪力江阿不力孜在乌鲁木齐举办个人漫画展，这是近30年来疆内举办的首个个人漫画展。

11日 由俄罗斯科学院西伯利亚分院、新疆科技厅和克拉玛依共同主办的俄罗斯科学院西伯利亚分院创新科研成果与技术推介会在克拉玛依举行。

11～13日 自治区残联检查组在克拉玛依检查残疾人工作情况。

12日 克拉玛依市十二届人民政府召开第四十三次常务会议。会议听取政府近期重点工作进展情况的通报。

△ 中国石油天然气集团公司副总经理喻宝才带领集团公司安全生产检查组在油田公司调研。

△ 中心医院五官科成功实施玻璃体积血、视网膜脱离、外伤性白内障进行玻璃体切除、晶状体切除、视网膜复位、硅油填充手术。

13日 克拉玛依市召开维稳工作紧急会议，安排部署古尔邦节期间及近期维稳工作。

15日 克拉玛依市十二届人大常委会召开第二十三次主任会议。

15～17日 新疆油田公司在准噶尔盆地腹部勘探基地召开2010年度油气勘探研讨会。

16日 常州大学校长浦玉忠在克拉玛依市开展交流合作，克拉玛依市副市长赵武生与常州大学签署战略合作协议。

18日 克拉玛依召开中小企业发展专项资金支持项目评审会，确定15个支持项目，支持金额约680万元。

19日 新疆油田公司风城油田作业区举行庆祝原油年产突破100万吨庆典大会。公司总经理陈新发为风城油田作业区颁发2010年第7号总经理嘉奖令。

△ 在北京人民大会堂举行的第三届全国职工优秀技术创新成果表彰大会上，新疆油田公司申报的两项技术创新成果“一趟管柱挤注桥塞工艺技术研究”和“9.2吨系列压力油田注汽锅炉研制”获三等奖。获奖项目的第一完成人、采油工艺研究院骆向杰及机械制造总公

司郝卫国作为新疆地区代表赴京参加表彰大会。

21日 新疆油田公司首个合同能源管理项目——彩南油田作业区联合站供热系统节能改造项目投产。为新疆油田公司在油田节能中推广应用以效益分享型为主的合同能源管理模式提供先导性示范经验。

23日 克拉玛依市委书记徐卫喜带队参加自治区民族工作暨第六次民族团结进步表彰大会。克拉玛依市两家单位及黎建东、依沙克·司马依等4人分别获自治区民族团结进步模范单位和个人称号。

24～25日 国家卫生部监督局督导检查组在克拉玛依市督导检查卫生监督工作。

25日 国家二级档案馆测评组在克拉玛依市检查档案管理工作。

△ 红003井区60万吨稠油处理站成功投产。红003井区是新疆油田近十年来探明储量规模最大的稠油区块，肩负着建设绿色油田、打造地面工程标准化的重任。

27日 武警新疆总队政治部主任许世宏少将与武警克拉玛依支队官兵座谈交流。

29日 国家教育部考察组在克拉玛依考察工程教育基地筹建情况。

△ 自治区2010年新疆城镇供热协会年会在克拉玛依召开。

△ 新疆油田公司在车排子凸起的石桥1井中途测试喜获油气流，获股份公司重要发现一等奖。新疆油田公司总经理陈新发颁发2010年第8号总经理嘉奖令，奖励石桥1井勘探获得重要发现。

12 月

1日 克拉玛依市委召开市、油田党委中心组理论学习会。学习中央、自治区、集团公司《关于严厉整治干部选拔、任用工作中行贿受贿行为》的有关文件精神；李长春在学习型党组织建设工作座谈会上的讲话精神；中央、自治区医疗卫生改革的有关文件精神。

△ 克拉玛依市十二届人民政府召开第四十四次常务会议，听取政府近期重点工作进展情况的通报，审定2011年基本建设计划、鼓励投资扶持重点产业发展若干政策的修订意见，研究保障克拉玛依今冬明春市场供应和价格稳定的意见、农业开发区农用水价格调整意见、城市供热计量热价核定意见。

1～2日 自治区水利厅纪检组在克拉玛依市督导检查地方病防治工作。

2日 克拉玛依召开市政府预算委员会2010年第二次会议，听取1～11月财政收支情况和全年收支预测分析、市级重点支出及对各区补助情况、市债务情况及2011年预算安排初步意见和工作思路，研究住宿费及通信费调整建议。

2～3日 中国石油天然气股份公司审查通过《风城油田侏罗系超稠油油藏全生命周期开发规划方案》，同意2015年风城稠油年产油量达到400万吨并稳产17年、到2044年全生命周期结束的规划。

3日 全国无障碍建设城市检查组、住房和城乡建设部标准定额司以及自治区住房和城乡建设厅标准定额组在克拉玛依市检查验收无障碍建设城市工作。

4日 新疆油田公司采油二厂召开“重上200万·辉煌50年”庆典大会。油田公司总经理陈新发颁发2010年第9号总经理嘉奖令，对采油二厂原油产量重上200万吨进行嘉奖。

6日 克拉玛依市召开会议，专题研究讨论国家和自治区公益林分级界定有关问题。

6～9日 自治区关心下一代工作委员会在克拉玛依市召开关心下一代工作经验交流会。

7日 自治区社区工作社区现场经验交流会在克拉玛依召开。

△ 克拉玛依市召开会议，专题研究新兆基房地产公司违规预售有关问题。

9日 克拉玛依市委书记徐卫喜会见乌鲁木齐铁路局局长唐士晟，双方就克拉玛依石化建设铁路运输专线一事进行座谈。

10日 克拉玛依石化公司举行铁路专用线开通仪式。克拉玛依石化公司结束51年来没有铁路的历史，标志着国内500万吨级以上的炼化企业全部通上了铁路。

11日 新疆油田公司和中石油勘探开发研究院共同主办的准噶尔盆地油气勘探交流会在杭州召开。

14日 克拉玛依市召开会议，评审公安视频监控规划。

15日 自治区国土资源厅执法监察总队检查组在克拉玛依市检查国土执法监察工作。

16日 东方地球物理公司副总经理张玮在油田公司走访交流，双方就加强合作进行座谈。

17日 克拉玛依市、油田党委召开九届七次全委会。会议对徐卫喜所作的工作报告和《关于推进克拉玛依跨越式发展和长治久安的意见（讨论稿）》、《关于编制克拉玛依市“十二五”发展规划纲要（草案）的说明》以及《2010年基层党建工作的报告》进行审议和讨论。对市2010年度干部选拔任用工作以及新提任的市属党政正职领导干部进行评议。

18日 克拉玛依机场与新疆机场集团公司举行移交仪式，克拉玛依市副市长杨晓伟与新疆机场集团公司副总经理张军签订克拉玛依机场移交协议。

20日 阿勒泰地区党政代表团在克拉玛依走访交流。

21日 克拉玛依市委下发《中共克拉玛依市委关于推进克拉玛依跨越式发展和长治久安的意见》。

22日 克拉玛依市、油田党委召开企业基层党组织建设暨创先争优活动推进会。

23日 克拉玛依市法学会召开揭牌成立暨第一次会员代表大会，会议通过克拉玛依市法学会章程，选举克拉玛依市委副书记、常务副市长宋友立为克拉玛依市法学会会长。

24日 克拉玛依市十二届人民政府召开第四十五次常务会议，听取政府近期重点工作进展情况的通报，研究市属机关事业单位劳务费标准调整、2010年依法行政工作考核和绿成农业开发有限责任公司3 333.33公顷土地勘测定界等问题。

28日 克拉玛依市克拉玛依河中心景区被国家旅游局批准国家4A级旅游景区，填补了新疆夜间旅游景观。

30～31日 自治区党委常委、纪委书记、政法委书记符强在克拉玛依检查指导工作。

31日 新疆油田公司公布全年共生产原油1 089万吨、天然气38亿立方米，完成原油商品量1 080万吨、天然气商品量18.5亿立方米。

市、油田党委

领导名单

【中共克拉玛依市、新疆油田公司第九届委员会成员名单】

书记：徐卫喜

副书记：陈新发、宋友立

常委：韩炜、付德新、冯经礼、包尔汉·卡哈尔、张红彦、郭仲军、默新社、孙晓岗

委员：王荣、王俊生、王智深、玉素甫江·阿不都热西提、石永春、田清生、田富林、白克力·吾麻尔、刘翠、孙振江、孙晓岗、匡立春、杨建堂、杨学文、杨晓伟、吴会军、吴西华、张虎、张中洲、阿不来海提·克尤木、阿不都热合曼·克里木、阿提卡木·达吾提、赵玉建、赵武生、赵彩玲、哈巴西·哈瓦嗯、祝贺香、袁玉敬、聂海光、崔树林、雷红霞、管峰云、熊跃伟、潘仁杰

候补委员：乌布里艾山·马合木提、吾拉木丁·依不拉音、余国孝、刘刚、许树谦、杜勇、黄鹤、张峰

【中共克拉玛依市、新疆油田公司纪律检查委员会成员名单】

书记：张红彦（11月离任）、杨学文（11月任职）

副书记：欧阳军（10月离任）、王建江、胡丽华、吐尔逊江·阿不拉（12月离任）

常委：默新社、乌布里艾山·马合木提、王军

委员：马琳、王军、王振中、王晓琳、韦怀琴、尹照强、冯福生、杨汉荣、苏衍桥、严祖国、何元科、张辉、张春光、张建国、阿不都热西提·阿不力米提、阿合买提·依不拉音、邵静华、呼安尼西·穆罕默德克力木、施苏强、姚建国、黄春燕

重要会议

【市、油田党委九届七次全委会】 2010年12月17日，克拉玛依市、油田党委召开九届七次全委会。会议由市、油田党委副书记、市长陈新发主持，市、油田党委书记徐卫喜代表市、油田党委常委会向全委会作工作报告；市、油田党委常委张红彦代表市、油田党委常委会作《干部选拔任用工作专题报告》。会议对徐卫喜所作的工作报告和《关于推进克拉玛依跨越式发展和长治久安的意见（讨论稿）》、《关于编制克拉玛依市“十二五”发展规划纲要（草案）的说明》以及《2010年基层党建工作的报告》进行审议和讨论。同时，各委员对克拉玛依市2010年度干部选拔任用工作以及新提任的市属党政正职领导干部进行评议。徐卫喜在会议结束时讲话。市、油田党委常委宋友立、韩炜、付德新、冯经礼、包尔汉·卡哈尔、郭仲军、孙晓岗以及市、油田党委委员、候补委员出席会议，市、油田纪委委员和有关方面负责人列席会议。 （姜 惟）

【市、油田党委常委会】 2010年1月26日，徐卫喜主持召开克拉玛依市、油田党委九届40次常委会，主要议题：听取克拉玛依市维稳办关于2010年春节期间稳定工作安排的汇报；听取市、油田纪检监察工作汇报；听取工会、团委、妇联工作汇报；听取工会、油田公司社保中心、市民政局、油田公司离退休管理中心关于春节期间扶贫帮困、慰问工作的汇报；听取市委宣传部、市民宗委关于民族团结工作职能安排的汇报；听取市委宣传部关于克拉玛依政研会换届事宜的汇报；研究人事问题。陈新发、宋友立、韩炜、冯经礼、包尔汉·卡哈尔、张红彦、郭仲军、默新社等市、油田党委常委出席会议，市政协主席玉素甫江·阿不都热西提、市人大常委会副主任王俊生列席会议。

4月1日，徐卫喜主持召开克拉玛依市、油田党委九届41次常委会，主要议题：听取市委统战部关于自治区统战部长会议精神的汇报；听取市委宣传部关于2010年克拉玛依市委中心组理论学习计划和自治区党委宣传部长会议精神的汇报；听取市委纪委关于对2008～2009年度惩防体系建设和责任制落实情况检查考核的汇报；听取市委政法委关于克拉玛依市依法办理自治区移送“七五”案件有关情况和稳定工作的汇报；听取市政府关于“克白城镇组群”远景空间发展战略规划纲要的汇报和有关事项的通报；听取市政协关于成立白碱滩区政协意见的汇报；研究人事问题。陈新发、韩炜、付德新、冯经礼、郭仲军、默新社、孙晓岗等市、油田党委常委出席会议，市政协主席玉素甫江·阿不都热西提、市委办公室主任石永春列席会议。

6月29日，徐卫喜主持召开克拉玛依市、油田党委九届42次常委会，主要议题：听取克拉玛依石化公司关于公司规划发展工作情况的汇报；听取市委政法委关于“七五”重点时段维稳工作的安排及措施的汇报；听取市委办公室、市政府办公室关于推进克拉玛依跨越式发展和长治久安任务分解方案的汇报；听取市委办公室关于协调解决2010～2012年克拉玛依市社会公共事业建设项目资金的汇报；听取市委宣传部关于克拉玛依开展热爱伟大祖国，建设美好家园主题活动筹备情况的汇报；听取市委组织部关于党建工作的情况汇报；研究人事问题。陈新发、韩炜、包尔汉·卡哈尔、张红彦、郭仲军、默新社、孙晓岗等市、油田党委常委出席会议，市政协主席玉素

甫江·阿不都热西提、市人大常委会副主任王俊生列席会议。

8月9日，徐卫喜主持召开克拉玛依市、油田党委九届43次常委会，主要议题：听取市政府关于2010年上半年经济社会发展情况和重要工作进展情况的汇报；听取市民政局《关于调整城乡最低生活保障标准的意见》的汇报；听取油田公司社保中心关于适当调整油田退岗职工家属生活待遇问题和调整油田职工遗属生活困难补助费标准问题的意见，以及贯彻执行自治区对企业退休人员实施生活补贴通知精神的意见的汇报；研究人事问题。陈新发、宋友立、付德新、冯经礼、包尔汉·卡哈尔、郭仲军、孙晓岗等市、油田党委常委出席会议，市政协主席玉素甫江·阿不都热西提、市人大常委会副主任王俊生列席会议。

10月13日，徐卫喜主持召开市、油田党委九届44次常委会，讨论自治区纪委办公厅《关于赵德军处分问题征求意见的函》及附件《关于赵德军违纪事实及定性处理依据》。陈新发、宋友立、韩炜、付德新、冯经礼、包尔汉·卡哈尔、张红彦、郭仲军、默新社、孙晓岗等市、油田党委常委出席会议。

10月22日，徐卫喜主持召开市、油田党委九届45次常委会，主要议题：听取市委政法委《克拉玛依重大事项社会稳定风险评估工作实施意见》、《克拉玛依市社会治安综合治理委员会关于加强社会治安综合治理基层基础建设的具体意见》、《克拉玛依市关于加强社会建设创新社会管理工作的实施意见》的汇报；听取油田公司人事处、油田公司社保中心关于退岗职工家属缴费参保工作情况以及调整再就业人员、内部退养人员待遇的建议的汇报；听取市委组织部关于市、油田基层党建工作情况的汇报；研究人事问题。陈新发、宋友立、韩炜、冯经礼、包尔汉·卡哈尔、张红彦、郭仲军等市、油田党委常委出席会议，市政协主席玉素甫江·阿不都热西提列席会议。

12月16日，徐卫喜主持召开市、油田党委九届46次常委会，主要议题：审议市、油田党委常委会工作报告；审议《推进克拉玛依跨越式发展和长治久安的意见》；听取关于九届七次全委会筹备情况的汇报；听取市政府2010年主要工作汇报及2011年工作思路的汇报；听取市政府关于克拉玛依市"十二五"规划纲要的说明的汇报；审议农业开发区农业用水价格调整方案；审议城市供热计量价格的核定意见；审议矿区民用水、电、气、暖及物业服务收费制度改革方案；听取社保中心关于退岗家属补费参保有关问题的汇报；听取市人大关于召开市十二届人大五次会议的汇报；听取市政协关于召开市政协六届五次全委会议的汇报；听取市委组织部关于市油田九届党委委员拟调整等情况汇报；学习传达胡锦涛、温家宝在中央经济工作会议上的讲话精神，以及周永康在中央新疆工作协调小组第11次全体会议上的讲话精神；研究人事问题。陈新发、宋友立、韩炜、付德新、冯经礼、包尔汉·卡哈尔、张红彦、郭仲军、孙晓岗等市、油田党委常委出席会议，市政协主席玉素甫江·阿不都热西提、市人大常委会副主任王俊生列席会议。 （崔　利）

【油田公司党政联席会议】 2010年1月20日，徐卫喜主持召开油田公司第1次党政联席会，研究人事问题。陈新发、阿不来海提·克尤木、孙晓岗、包尔汉·卡哈尔、杨学文、张红彦、郭仲军、余同钢、况军、赵玉建参加会议。

3月8日，徐卫喜主持召开油田公司第2次党政联席会，研究人事问题。陈新发、阿不来海提·克尤木、孙晓岗、匡立春、聂海光、杨学文、张红彦、郭仲军、余同钢、况军、赵玉建、吕焕通参加会议。

3月31日，徐卫喜主持召开油田公司第3次党政联席会，研究推荐有关人事事宜。陈新发、孙晓岗、聂海光、张红彦、余同钢、况军、赵玉建参加会议。

6月28日，徐卫喜主持召开油田公司第4次党政联席会，研究推荐有关人事事宜，听取2009年度单位和干部考核情况汇报。陈新发、阿不来海提·克尤木、孙晓岗、匡立春、包尔汉·卡哈尔、杨学文、张红彦、郭仲军参加会议。

8月23日，徐卫喜主持召开油田公司第5次党政联席会，讨论审定关于集团公司党组第一巡视组对新疆油田公司巡视工作反馈意见整改情况的报告。陈新发、宋友立、孙晓岗、包尔汉·卡哈尔、聂海光、杨学文、郭仲军、赵玉建参加会议。

9月13日，徐卫喜主持召开油田公司第6次党政联席会，听取关于退岗职工家属补费纳入基本养老保险统筹工作的汇报。宋友立、包尔汉·卡哈尔、聂海光、杨学文、张红彦、郭仲军、余同钢、况军、吕焕通、陈荣灿、范炳章等参加会议。

10月22日，徐卫喜主持召开油田公司第7次党政联席会，讨论关于调整再就业人员待遇的建议、关于调整离岗内部退养人员待遇的建议，讨论《新疆油田公司党委创先争优活动公开承诺书（征求意见稿）》，讨论有关人事事宜。陈新发、宋友立、匡立春、包尔汉·卡哈尔、聂海光、张红彦、郭仲军、余同钢、况军参加会议。

12月15日，徐卫喜主持召开油田公司第8次党政联席会，研究推荐有关人事事宜。陈新发、宋友立、孙晓岗、包尔汉·卡哈尔、杨学文、张红彦、郭仲军、赵玉建参加会议。 （崔　利）

【书记办公会议】 2010年3月19日，徐卫喜主持召开书记办公会议，听取近期诺肉孜节有关情况汇报。包尔汉·卡哈尔、石永春、田清生、杜勇、白新泰、魏天峰、王荣、韦怀琴、张国栋、杨汉荣、曾宪江参加会议。 （崔　利）

【市委财经领导小组会议】 2010年4月1日，徐卫喜主持召开克拉玛依市委财经领导小组第一次会议，听取市发改委关于克拉玛依市2010年投资计划及重点工程建设意见的汇报，听取市财政局关于克拉玛依市2010年财政收支预算情况的汇报。陈新发、付德新、孙晓岗、石永春、赵武生、杜勇参加会议。

9月15日，徐卫喜主持召开市委财经领导小组第二次会议，听取市发改委关于克拉玛依市"十二五"规划情况工作的汇报。宋友立、张红彦参加会议。

（崔　利）

【市委业务工作会议】 2010年1月29日，克拉玛依市委召开2010年业务工作会议。市委副书记、代市长陈新发主持会议。宋友立、张红彦、郭仲军、王新明分别代表市委作政法工作、组织工作、宣传思想工作和统战工作报告。市、油田党委书记徐卫喜讲话。 （姜　惟）

【迎春节茶话会】 2010年2月8日，克拉玛依市委、市政府召开迎春茶话会。市委副书记、代市长陈新发主持会议。市委副书记、常务副市长宋友立通报

2009年全市经济、政治、社会发展情况。市先进科技工作者代表、劳动模范代表、离退休人员代表、民营企业代表和民主党派与宗教人士代表分别发言。市、油田党委书记徐卫喜代表市委、市政府向全市各族群众、各企事业单位干部职工、各界人士和离退休人员,向公安干警、武警官兵和驻市部队致以节日的祝福,并总结全市2009年各项工作,对2010年工作提出期望和新的要求。（姜惟）

【深入学习实践科学发展观活动总结大会】 2010年3月10日,克拉玛依市委召开深入学习实践科学发展观活动总结大会。市长陈新发主持会议。陆梁油田作业区、克拉玛依区和市教育局3家单位代表第一、二批各层面参学单位作经验交流发言;自治区学习实践活动巡回检查组组长、自治区党建研究会副会长吴民生讲话,高度评价克拉玛依学习实践科学发展观活动;市、油田党委书记徐卫喜全面总结克拉玛依学习实践活动总体工作,并对下步工作提出要求。市委常委张红彦、郭仲军出席会议。

（姜惟）

【向自治区党委专题汇报会】 2010年3月25日,自治区党委、自治区政府专题听取克拉玛依市委、市人民政府和驻克石油石化企业的工作汇报。市委书记徐卫喜代表克拉玛依市及驻克石油石化企业汇报克拉玛依以及驻克石油石化企业2009年工作情况以及今后的发展目标思路和2010年重点工作。中共中央政治局委员、自治区党委书记王乐泉听取汇报,并对下步工作作出重要指示。自治区主席努尔·白克力,以及杨刚、符强、宋爱荣、白志杰等自治区领导听取汇报。陈新发、韩炜、杨盛杰、付德新、徐福贵、默新社、张有林、石永春、谢鹏飞等领导参加汇报会。（姜惟）

【创先争优活动动员会议】 2010年5月29日,徐卫喜、张红彦等市委领导,以及市人大、政府、政协,法检两院和市、油田公司相关部门、单位的领导在克拉玛依分会场参加自治区创先争优活动安排部署视频会。视频会后,克拉玛依市、油田党委召开克拉玛依创先争优活动动员会议,市、油田党委书记徐卫喜对克拉玛依市深入开展创先争优活动提出明确要求。（姜惟）

【庆祝建党89周年暨党风廉政教育月动员大会】 2010年6月29日,克拉玛依市委召开庆祝建党89周年暨第12个党风廉政教育月动员大会。会议表彰2008~2009年度先进基层党组织、优秀共产党员和优秀党务工作者,安排市、油田第12个党风廉政教育月活动。市、油田党委书记徐卫喜出席会议并讲话。市长陈新发主持会议。市委常委包尔汉·卡哈尔、张红彦、郭仲军、默新社出席会议。

（姜惟）

【党内监督巡视工作反馈会】 2010年7月14日,市、油田党委书记徐卫喜主持召开集团公司党内监督巡视工作反馈会。集团公司党组纪检组副组长、监察部主任李正光等党内监督巡视组领导,油田公司陈新发、孙晓岗、阿不来海提·克尤木、匡立春、杨学文、张红彦、郭仲军、余同钢以及市、油田纪委领导参加会议。

（姜惟）

【集团公司领导干部会议】 2010年7月16~18日,集团公司2010年领导干部会议在克拉玛依市独山子区召开。市、油田党委书记徐卫喜和市油田党委副书记、新疆油田公司总经理陈新发代表新疆油田公司参加会议,陈新发在会上作题为《突破2 000万吨,实现跨越发展,加快建设充满生机与活力的现代化大油气田》的发言。（姜惟）

【领导干部大会】 2010年1月4日,克拉玛依市委召开干部大会,自治区党委组织部干部考核考察组对克拉玛依市进行干部年度考核。市委书记徐卫喜主持会议。会议对克拉玛依市党政班子正职、副职、法检正职、市辖区党政正职后备干部进行民主推荐,对市辖区党政正职进行民主测评;克拉玛依市党政领导班子和领导干部进行2009年度述职述廉,并开展民主测评。

9月10日,克拉玛依市委召开干部大会,传达《自治区关于解决城镇未参保集体企业退休人员基本养老保障等遗留问题的试行办法》、《集团公司关于新疆油田公司退岗家属养老统筹申报审批政策的电话答复通知》和《市、油田解决城镇未参保集体企业退休人员基本养老保障等遗留问题的实施方案》,对全面做好退岗职工家属纳入自治区基本养老保险社会统筹工作进行部署。市委书记徐卫喜在会议上讲话。（姜惟）

重要文件

【市、油田党委文件(部分)】

2010年1月22日,市、油田党委印发《关于印发〈市、油田党委领导班子成员党风廉政建设责任分解意见〉的通知》。

3月1日,市委印发《中共克拉玛依市委2010年工作要点》。

3月4日,市委印发《关于转发〈中国共产党党员领导干部廉洁从政若干准则〉的通知》。

3月16日,油田公司党委印发《关于印发〈新疆油田公司2010年民族团结年活动方案〉的通知》。

4月8日,市、油田党委印发《关于对2008~2009年度惩防体系建设和落实党风廉政建设责任制检查考核情况的通报》。

4月26日,油田公司党委印发《关于转发集团公司〈关于认真学习贯彻胡锦涛总书记在全党深入学习实践科学发展观活动总结大会上的重要讲话精神的通知〉的通知》。

4月28日,市、油田党委办公室印发《关于开展庆七一党旗飘扬主题实践活动的通知》。

5月10日,油田公司党委印发《关于转发集团公司〈关于开展向集团公司劳动模范和先进集体学习的通知〉的通知》。

8月24日,油田公司党委印发《关于对〈集团公司党组第一巡视组对新疆油田公司巡视工作反馈意见〉整改情况的报告》。

11月4日,油田公司党委印发《关于转发集团公司党组〈关于中国石油思想政治保障体系建设的意见〉的通知》。

11月5日,油田公司党委印发《关于印发〈新疆油田公司党委创先争优活动公开承诺书〉的通知》。

12月21日,市委印发《中共克拉玛依市委关于推进克拉玛依跨越式发展和长治久安的意见》。（王红梅）

【市、油田党委办公室文件(部分)】

2010年1月7日,市、油田党委办公

室印发《关于印发〈克拉玛依市、新疆油田公司机关党群部门机构编制方案〉的通知》。

4月22日,市委办公室印发《关于开展第29个民族团结进步教育月活动的通知》。

4月30日,市委办公室下发《关于转发〈克拉玛依市创建"全国双拥模范城"实施方案〉的通知》。

5月11日,市、油田党委办公室印发《关于印发〈2010年克拉玛依建设学习型城市工作计划〉的通知》。

5月20日,油田公司党委办公室印发《关于进一步做好学习实践科学发展观活动整改方案落实工作的通知》。

6月10日,市、油田党委办公室印发《关于印发〈关于在市、油田党的基层组织和党员中深入开展创先争优活动的实施意见〉的通知》。

6月10日,油田公司党委办公室印发《关于开展党建"三联"示范点创建工作的通知》。

6月29日,市、油田党委办公室印发《关于开展第12个党风廉政教育月活动的通知》。

6月30日,市委办公室印发《关于进一步加强社区"五百"工作机制的通知》。

7月2日,市委办公室印发《关于印发〈克拉玛依市创建全国残疾人工作示范城市总体实施方案〉的通知》。

7月5日,市、油田党委办公室印发《关于印发〈关于在市油田开展"热爱伟大祖国、建设美好家园"主题教育活动的实施意见〉的通知》。

7月5日,市、油田党委办公室印发《关于印发〈克拉玛依开展"热爱伟大祖国、建设美好家园"主题教育活动第一阶段(2010年6~12月)实施方案〉的通知》。

8月25日,油田公司党委办公室印发《关于转发集团公司思想政治工作部〈关于持续推进中国石油新时期党建、思想政治工作"十大亮点工作"的通知〉的通知》。

9月15日,油田公司党委办公室印发《关于转发集团公司〈关于在创先争优活动中做好公开承诺工作的通知〉的通知》。

12月21日,市委办公室印发《关于做好2011年"两节"期间有关工作的通知》。 (王红梅)

市、油田党委常委调研活动

【市油田党委常委调研活动】 2010年1月1日,徐卫喜、陈新发、宋友立、包尔汉·卡哈尔、张红彦、郭仲军、孙晓岗分别带领市委、市政府、油田公司相关部门负责人,分组到福利院、各街道社区居民家庭看望和慰问福利院孤寡老人、困难家庭、劳动模范和市油田老领导等,了解孤寡老人、困难家庭的生活状况,并送去慰问金和慰问品。对劳动模范和老领导为克拉玛依油田建设和发展作出的贡献表示感谢。

1月1日,付德新带领独山子石化公司相关部门领导先后到公司炼油厂重整装置现场、乙烯厂小乙烯装置现场、乙烯管廊抢修现场、炼油厂新区炼油控制中心、乙烯厂新区全密度聚乙烯装置等地检查节日安全工作,慰问坚守岗位的员工。

1月3日,付德新带领独山子石化公司相关部门领导到天利高新甲乙酮厂、乙烯厂新区了解生产情况。付德新一行认真检查甲乙酮硝酸球罐区和乙烯厂新区控制室,听取生产情况汇报,要求有关人员做好安全工作,在抓好生产的同时,抓好基础管理。

1月6日,孙晓岗带领油田公司安全环保处、生产运行处等相关部门负责人到风城油田作业区特稠油联合处理站调研。听取汇报后,孙晓岗一行与有关人员针对该站污水处理情况、油田开发引起的污水大量增长以及下一步如何解决等一系列问题进行讨论。随后,到现场查看。要求相关部门针对该问题拿出科学合理、安全环保的解决办法,以适应今后油田开发的需要。

1月13日,包尔汉·卡哈尔带领市油田工会相关部门负责人到重油公司九区调度室检查指导工作。检查组检查了重油公司九区调度室的办公情况、值班人员宿舍和食堂等硬件设备,对重油公司为员工谋取福利所做的工作给予肯定。

1月31日,付德新带领独山子石化公司相关部门负责人到公司乙烯厂新区联合装置压缩机房、火炬和乙烯厂碳四罐区等处进行安全检查。在听取各处的汇报后,付德新要求有关人员将安全工作放在首位,强化安全责任管理,及时排除安全隐患,确保设备正常运行。

2月5日,徐卫喜、宋友立带领市人大常委会、市政协等有关部门领导到市福利院慰问孤寡老人、残疾儿童,并深入居民区走访慰问部分困难家庭,送去慰问金和慰问品。徐卫喜指出,克拉玛依的和谐社会建设就是要困难群众也能幸福生活。他要求现场社区工作人员继续做好困难群众的帮扶工作。

2月5日,徐卫喜带领由市人大常委会、市政府、市政协、民政、工青妇等组成的"双拥"慰问团到驻市部队进行节前慰问,送去笔记本电脑、数码相机、图书、乐器、健身器材等慰问品,并与军分区、刑警支队、消防支队、预备役工兵团、通信连领导座谈。徐卫喜对驻市部队在维护稳定、抢险救灾、扶贫帮困等各项活动中所发挥的作用,为克拉玛依市的建设发展和社会稳定所作出的贡献予以肯定。

2月8日,徐卫喜、陈新发到供水公司调研,听取供水公司造林减排作业区林地中长期规划汇报,对作业区的发展规划给予肯定。要求供水公司以科学发展观为统领,保证造林减排林地健康持续发展;从讲政治、顾大局的角度出发,结合克拉玛依市和农业开发区整体规划要求,进一步完善林地的中长期发展规划;充分利用中水资源,实现以水定地目标;开展以地养林、以林养林试点工作,申请国家、自治区有关项目和资金的支持,保证造林减排林地健康持续发展。

2月9日,徐卫喜带领油田公司相关部门负责人到采油二厂第四采油作业区巡检四班中心站看望坚守生产岗位的一线职工,带去慰问品,并检查生产运行情况和基础资料。徐卫喜强调,为保障油城社会稳定,要确保油田生产安全平稳运行,让各族群众度过一个欢乐祥和的节日。

2月9日,徐卫喜、陈新发、宋友立、冯经礼、张红彦、郭仲军、孙晓岗带领市委、市人大常委会、市政府、市政协、军分区、油田公司等相关领导,先后到新港公司、绿成公司、矿区服务事业部、克拉玛依石化公司、克拉玛依润滑油厂等单位看望和慰问坚守岗位的员工,送去慰问品,并检查了解各单位的生产情况。参加慰问的领导还有玉素甫江·阿不都热西提、李建兴、阿不来海提·克尤木、王俊生、陈娟、雷红霞、石永春、赵武生、哈巴西·哈瓦嗯、匡立春、聂海光、田清生、赵玉建、杜勇、况军等。

2月9日，陈新发带领市、油田公司相关部门负责人先后到市气象局和油田公司勘探开发研究院进行节日慰问并检查工作。对慰问单位的工作给予肯定的同时，要求市气象局人员更加努力工作，提高预报服务水平，为地方经济建设和百姓安康福祉服务。陈新发感谢勘探开发研究院科研人员的辛勤劳动，对勘探开发研究院的工作成绩给予充分肯定，并就今后的工作提出新的期望和要求。

2月9日，宋友立、张红彦带领油田公司保卫处、治保中心等相关部门负责人，检查物资供应总公司和治安保卫中心要害部位的治安保卫工作和各项防范措施落实情况。宋友立一行先后对炸药库的消防、安全保卫物防、技防设施，驻守人员的工作、生活条件等情况进行现场考察。随后召开现场安全办公会，听取各单位负责人就本单位在炸药库安全生产和治安保卫工作的汇报。要求相关部门和人员从大局出发，以高度的警惕性和责任心做好各项工作，严防不法分子的破坏和捣乱，确保危险品管理和重要岗位的安全。

2月9日，宋友立带领市政府相关部门负责人到克拉玛依石化公司慰问并检查节日安全工作。宋友立指出，在过去的一年里，克拉玛依石化公司各族员工面临国际金融危机带来的各种影响，团结奋斗，积极进取，生产经营取得显著的经营业绩，为克拉玛依的经济发展作出很大贡献。宋友立要求公司在场人员坚守岗位，认真操作，确保石化生产装置安全平稳运行。

2月10日，付德新带领独山子石化公司和独山子区政府相关部门负责人走访慰问老红军、老领导、劳模代表及患病职工，送去鲜花和慰问品，表示良好的新春祝愿。对老领导、老红军关心独山子的发展，特别是大项目运行情况、原油战略储备库建设等表示感谢。叮嘱老领导、老红军保重身体，开心生活，安度晚年。

2月10日，张红彦带领市委相关部门负责人到风城油田作业区参加作业区民主生活会并对作业区工作情况进行调研。张红彦指出，作业区领导班子责任意识和压力意识强，敢于承担责任，体现出作业区班子对发展、对效益、对人才的渴望；作业区虽然队伍发展快，但员工思想稳定，队伍稳定，说明作业区班子的凝聚能力强；作业区面对人员数量不足、素质不高的现状，以学习促进作业区发展是一项重要工程。

2月10日，默新社带领克拉玛依石化公司有关领导和相关部门负责人走访慰问公司离退休干部、劳动模范、退休职工遗孀、特困户及患重病职工，并送去慰问品和慰问金。默新社希望老干部们多加强锻炼，合理饮食，保重身体。

2月11日，张红彦带领油田公司相关部门负责人到克拉玛依电厂调研，并对春节期间的工作安排进行检查。张红彦详细听取电厂厂长李辉关于春节期间安全生产、维护稳定以及近期工作等方面的汇报，询问电厂在春节期间的人员值班安排情况。张红彦强调，电厂作为要害单位要抓好春节期间的安全生产和维护稳定工作，让克拉玛依市民过一个祥和、稳定、快乐的春节。

2月14日，付德新带领独山子石化公司相关部门负责人到公司新区炼油中控室、化工主控室、老区炼油催化、110指挥中心检查节日安全工作。付德新详细询问生产情况以及假期里对在岗职工生活安排情况，嘱咐大家千万不能麻痹，边边角角也不能放松。一定要安排处理好节日期间生产与生活的关系，节日期间更要做好安全升级管理工作。

2月23日，付德新带领独山子石化公司相关部门负责人到公司炼油厂、乙烯厂等处察看大雪后各厂生产运行情况。付德新详细了解各处清理积雪工作进展情况后指出，这场独山子历年罕见的大雪给生产和生活带来很大考验，公司已紧急启动应急预案，全力保障生产安全平稳，保障职工群众生活秩序正常。

3月4日，韩炜带领西部钻探公司相关部门负责人到国际钻井公司就公司“三会”精神落实情况进行督查调研。韩炜听取该公司领导关于基本概况、主要工作业绩、“三会”精神落实情况、下步工作部署以及当前存在的问题等6个方面的工作汇报。韩炜指出，国际钻井公司的各项工作做得比较扎实，措施也比较得当，特别是贯彻落实公司“三会”精神，做到了指标层层分解，人人肩上有指标。韩炜对该公司2010年的工作提出具体要求。

3月5日，徐卫喜带领市人大常委会、市油田党委办公室和市政府等相关部门负责人到红有软件公司就如何加快信息产业化发展相关问题进行调研。听取汇报后，徐卫喜对红有软件公司在软件设计、研发和应用等方面取得的成绩，特别是对该公司在油田公司数字油田建设和克拉玛依数字城市建设方面提供的良好信息技术服务给予肯定。徐卫喜要求红有软件公司进一步增强加快信息技术研发，带动克拉玛依信息化产业发展的责任感和紧迫感，高起点、高水准地制定和规划好公司长远发展目标，通过雄厚的研发实力和丰富的实践经验，设计研发出多项拥有自主知识产权的软件服务体系，全面提升信息技术服务水平，努力跻身为国内一流的软件企业，为加快克拉玛依信息化产业的发展作出贡献。

3月6日，郭仲军带领市委宣传部等相关部门负责人参加宝石花志愿者队伍成立授旗仪式，并对有关工作进行调研指导。在听取汇报后，郭仲军指出，开展交通文明劝导志愿服务活动，将进一步展现新疆油田公司奉献社会、共建和谐的良好形象。油田公司团委要对宝石花志愿者队伍进行统一管理，并在今后的活动中进一步充实和规范，使其发挥积极作用。

3月8日，韩炜带领西部钻探公司相关部门负责人到准东钻井公司就公司“三会”精神落实情况进行督查调研。听取汇报后，韩炜强调，企业最终的目的就是要盈利，要尽最大努力实现控亏指标，不但使本单位早日实现盈利，也要为公司早日实现扭亏脱困目标作出贡献。同时，韩炜对准东钻井公司的工作提出要求。

3月8日，张红彦带领市妇联、工会等相关部门负责人到勘探开发研究院调研，并看望和慰问坚守在科研一线的女工。张红彦详细询问女职工的工作和生活情况，了解女职工存在的问题和困难。张红彦指出，勘探开发研究院女工勤奋好学、锐意进取，在科研生产中发挥着重要的作用，许多人都承担着重要的科研任务。张红彦希望院领导多关心女工生活，切实解决女工的实际困难。

3月9日，陈新发带领油田公司勘探处等相关部门负责人到勘探开发研究院调研。听取汇报后,陈新发对研究院科研工作各方面所取得的成绩给予充分的肯定和较高的评价,并详细询问研究院重点科研工作的进展情况、人才培养、组织机构等的状况和面临的问题。陈新发指出,研究院的发展关系到油田公司的发展,油田公司的发展关系到整个克拉玛依的发展,克拉玛依能平稳的走到今天,研究院的贡献功不可没。陈新发希望研究院继续发扬团结协作精神,出更多的成果。

3月12日,徐卫喜、张红彦带领市委办公室等相关部门负责人到采油二厂检查指导工作。听取汇报后,徐卫喜就采油二厂2010年工作提出要求:一是建立学习型克拉玛依、学习型组织、学习型社会;二是努力做好油田发展、油气生产的各项工作,把稳产的方式落实到单井上去,不断提高采收率,让老油区焕发新青春;三是以党的建设带动基层建设,维护稳定,抓好民族团结工作,深化各族员工在语言、文化等方面的融合。

3月23日,孙晓岗带领油田公司生产运行处等相关部门负责人到克拉玛依物业公司金龙镇污水提升泵房、白碱滩物业公司试油污水提升泵房,检查硫化氢防治工作。孙晓岗认真查看工艺流程,检查操作规程,询问防范措施。对于员工熟练的操作技能、现场有效的安全防范措施、准确迅速的正压式呼吸器穿戴,孙晓岗给予肯定。孙晓岗要求物业管理单位将这些一线员工从实际中摸索出来的好的做法和经验编印成手册,便于传承和推广,使油田和矿区各单位从中受益。并要求公司污水处理系统必须加装监控系统,防止和杜绝硫化氢泄漏事故的发生。

3月31日,韩炜带领西部钻探公司相关部门负责人到克拉玛依测井公司检查安全工作。韩炜先后检查测井公司放射源库、火工品库,详细查看要害岗位的管理规章制度、安全防范措施、在岗人员配备以及危险品库的周边环境情况。韩炜对测井公司源库和火工品库的人防、物防、技防等具体工作给予肯定。韩炜指出,放射性源库、火工品库作为公司一级要害部位,测井公司要切实做好安全管理日常工作,尤其是要提高特殊时期的安全风险防范意识,确保公司安全生产的平稳运行。

4月4日,孙晓岗带领油田公司开发处等相关部门负责人参加新疆油田九$_1$－九$_5$区块合作项目九$_2$区注汽系统锅炉改造工程奠基仪式,并调研项目建设情况。孙晓岗指出,稠油注汽开采由于工艺的问题能耗高、成本高,特别是每年冬季在北疆地区用气量大幅上升、天然气匮乏等因素的影响下,合作项目都要烧掉大量的原油来保证冬季生产热能的需要。这个循环流化床燃煤锅炉项目经过多年的论证,可以代替燃油气锅炉。同时,也是国内第一台用于稠油注汽开采的流化床燃煤锅炉。孙晓岗对工程提出保工期、保安全、保质量3点要求。

4月10日,付德新带领独山子石化公司相关部门负责人检查公司小乙烯裂解装置和炼化新区裂解装置、常减压装置的安全工作。付德新实地详细了解小乙烯裂解装置高压脱丙烷塔回流泵的抢修工作,对乙烯车间工艺二班监控到位,发现泄漏后处理果断、迅速、有效给予充分肯定,并要求深入总结经验,举一反三,发现短板,全面整改。付德新要求各单位把安全生产作为重中之重的工作来抓,深入开展安全生产大检查,扎实、彻底、有效地抓好当前的安全生产工作。

4月13～14日,韩炜带领西部钻探公司相关部门负责人到吐哈录井工程公司、钻井工艺研究院和吐哈钻井公司调研指导工作。韩炜对3家单位的总体工作给予充分肯定。韩炜要求各单位领导班子要坚强有力,工作作风要扎实细致;打造一支班子过硬、团结奋进、能征善战、蓬勃向上的员工队伍和一支作风过硬、政治坚定的党员干部队伍,在市场开拓力度与关联交易工作等方面取得新成就。

4月14日,徐卫喜、陈新发做客"克拉玛依网·强市论坛",与网友进行2个小时的在线互动交流。两位领导表示愿意借这种方式和大家一起讨论网民关心的热点问题,了解市民诉求,共同关注民生。并表示此次交流活动是一次有益的尝试,网民提出的建议和意见将成为开展工作的参考。徐卫喜希望今后多组织类似活动,通过多种方式搭建交流平台,加强和市民之间的沟通交流,为克拉玛依更美好的明天、为打造世界石油城的目标一起努力。

4月16日,陈新发陪同中石油东方地球物理勘探有限责任公司总经理王铁军一行到油田公司数据中心参观调研。在信息运行监控室,陈新发等领导为来访人员就新疆油田信息系统建设方面和信息运行监控系统情况作简要介绍。陈新发指出,东方地球物理勘探公司长期以来为新疆油田公司提供物探方面的技术服务,特别是近年来,该公司所属信息技术中心派出的A1项目组技术人员与中心协作人员密切配合,为油田信息化数据建设发挥了积极的作用。

4月22日,陈新发带领油田公司总经理办、安全环保处等相关部门负责人到新疆培训中心调研。听取汇报后,陈新发指出,要依靠培训中心教职工的共同努力和新疆油田公司的大力支持,把新疆培训中心建成国内一流的石油培训基地。陈新发就继续办好新疆培训中心强调,要明确定位,走差异化发展之路,突出特色;要创新做好经营管理干部的培训,开发出高水平的课件,培养实用型人才;解决好培训学员的食宿问题,把新疆培训中心建成国内一流的石油培训基地。

4月23日,孙晓岗带领市水务局及油田公司生产运行处等相关部门负责人检查白杨河沿线的大峡谷、乌尔禾龙口、乌尔禾大桥、风城油区的防洪工程。孙晓岗强调,2010年克拉玛依周边地区下了60年不遇的大雪,白杨河流域的各个部门要从思想上高度重视,做好防洪物资准备工作,为确保人民生命及财产不受损失,在洪水来临之前做好白杨河流域沿线的牧民及群众的疏散工作,在洪水来临之时白杨河大峡谷严禁游玩。孙晓岗对风城油田作业区的防洪工作给予积极评价,希望作业区与地方政府、各相关部门加强联系和配合,密切关注水情变化,做好各项防洪工作。

4月26日,陈新发带领市财政局、人事局等相关部门负责人到独山子区调研。听取汇报后,陈新发一行观看独山子区的地理信息共享平台、三维辅助决策系统、一站式网上审批既监察系统、政民互动平台等数字城市建设方面的成果演示。陈新发指出,独山子区的许多做法很好,思路超前、管理到位,一些思路和市政府的想法不谋而合,许多工作走在了全市前头。陈新发简要阐述市政府提出的打造世界石油城的新思路以及建设"五大基地"、"三大产业"、"两个平台"的深刻内涵和美好前景。要求独山子区抓住石化大发展的机遇,紧紧围绕上述目标要求开展工作，为石化生产服好务；加快城市基础设施建设，建设现代化宜居城市；以人为本，关注民生，认真解决群众关心的问题。

4月26日，包尔汉·卡哈尔到油田公司北京联络处调研，与联络处医疗协调服务中心的工作人员座谈，了解情况。包尔汉·卡哈尔代表市、油田工会对医疗协调服务中心为市、油田公司的职工家属来京就医、解决看病难所做出的成绩给予高度评价。要求联络处从市、油田党委提出的打造民心工程的高度来认识所做的工作，真正做到为广大油田职工家属办实事、解难事。

4月27日，徐卫喜、张红彦带领市、油田相关部门负责人到风城油田作业区调研并看望和慰问一线员工。徐卫喜一行先后到值班室、民汉食堂察看，详细询问民汉职工在一起就餐情况。徐卫喜指出，各民族是个整体，团结就要从基层抓起，就要像亲兄弟一样，互相关心，互相爱护，大家共同努力把产量搞上去。徐卫喜希望作业区打头阵、当先锋、做模范，在油气上产中起带头作用，努力实现跨越式发展。

4月27日，陈新发带领市财政局、人事局等相关部门负责人到克拉玛依职业技术学院就学院办学情况开展调研。听取汇报后，陈新发一行15人参观克拉玛依职业技术学院的石化实训基地、石油工程实训基地、电化教学楼、学生食堂以及校园等。陈新发指出，克拉玛依职业技术学院培养出大批的人才，为克拉玛依地区经济的发展起到推动作用。陈新发希望学院能够继续发挥学校的优良传统，为社会输送更多有用的人才。

4月28日，徐卫喜、张红彦、郭仲军、孙晓岗带领市政法委和油田公司人事处等市、油田公司相关部门负责人组成的调研组一行17人到准东地区调研。准东地区领导王少峰就准东采油厂基本情况、生产经营指标完成情况、厂党委重点工作开展情况以及近几年来维稳工作中的突出问题等作汇报。徐卫喜就准东基地建设、产能建设、组织建设、宣传思想教育、民族团结、维稳安保等各项工作提出的思路、办法和具体要求。

4月28日，陈新发带领油田公司总经理办公室、油藏评价处等相关部门负责人到陆梁油田作业区检查指导工作，看望慰问奋战在沙漠油田的生产一线员工。陈新发就作业区在滚动勘探、油田开发中存在的难点问题，同与会人员进行探讨和交流，并提出意见和建议。陈新发对彩南油田作业区提出要求：一是做好掌控资源工作，二是提高员工队伍整体素质，三是发挥窗口作用。强调作业区要充分发挥石油工业窗口优势，加强与协作单位的合作，推进克拉玛依建设。

4月29日，徐卫喜、张红彦、孙晓岗带领市、油田公司相关部门负责人一行10人到彩南油田作业区检查指导工作并慰问和看望一线员工。徐卫喜一行先后到作业区联合站、天然气站检查，查看工艺流程、设备运行情况等。徐卫喜指出，彩南作业区目标明确，“三步走”的思路提得好，“六大工程”又是“三步走”的保障。徐卫喜希望彩南抓好每一大工程，踏实走好每一步；在滚动评价见到良好苗头的基础上，要强化老区管理，在精细注水方面狠下工夫；要一如既往高度重视安全生产，让员工养成良好的安全习惯，严格遵守各项操作规程，认真履行岗位职责。

4月29日，陈新发带领油田公司油藏评价处、开发处等相关部门负责人到石西油田作业区调研并看望慰问一线员工。石西油田作业区经理、党委书记胡学雷从基本情况、主要工作成果、油田勘探开发形势、存在问题、2010年工作安排和未来3~5年滚动勘探开发工作规划6个方面汇报油田开发情况，重点汇报2010年的重点工作和一季度生产指标完成情况，阐述“513880”的“十二五”奋斗目标和工作规划。听取汇报后，陈新发就油田生产、滚动评价、队伍建设等方面提出指导性意见和要求。

4月29日，郭仲军带领市委宣传部等相关部门负责人到广播电视局进行五一节前安全检查。听取汇报后，郭仲军详细询问安全整改项目的落实情况，对广电局领导班子重视安全工作给予肯定。郭仲军指出，广播电视局是重要的安全要害岗位，全局上下一定要牢固树立安全意识，认真落实历次安全检查暴露出来的问题，使安全检查更有针对性，从而达到更好的效果。郭仲军还就HSE体系建设、做好安全隐患的整改落实、做好电视塔的安全监测工作以及对职工开展节前安全教育等提出具体要求。

4月30日，陈新发带领油田公司相关部门负责人到开发公司第二项目经理部调研，并看望和慰问奋战在油藏评价和产能建设战线上的一线员工。陈新发到项目经理部地质办公室，向大家表示慰问，并了解油藏评价的最新进展，向在场人员介绍地质研究中资料收集、整理、分析的重要性和评价工作中应该注意的问题。陈新发要求经理部在基础地质研究等基本功方面打下坚实基础，重视并做好这方面工作。

5月1日，孙晓岗带领油田公司生产运行处等相关部门负责人到白杨河流域抗洪第一线，查看达尔不图河、克拉苏河和730水文站的来水水情。孙晓岗强调，730水文站是白杨河水库的门户，是第一道关卡，要及时准确地传递洪水信息，为维护白杨河流域人民生命财产安全发挥信息先行的作用。孙晓岗要求供水公司一定要有抗大洪的思想意识，要严防死守，打好抗洪保库这一攻坚战。

5月4日，郭仲军带领市、油田团委等相关部门负责人到机械制造总公司调研，并慰问该公司阀门制造厂的各族团员青年，表达节日的问候，向团支部赠送文体用品，看望市级民族团结模范对子阿布都卡德尔·亚生和李静。郭仲军指出，多年来，机械制造总公司各族团员青年加强民族团结，发扬优良传统，为建设现代化大油气田作出了很大贡献。郭仲军希望公司团员青年立足岗位，再接再厉，为实现克拉玛依跨越式发展再作新贡献。

5月5日，孙晓岗带领油田公司安全环保处等相关部门负责人到消防支队调研。听取支队长对战训业务和“四一九”西北销售公司王家沟储备库油罐火灾的基本情况、扑救过程、火灾特点以及火灾原因分析等汇报。孙晓岗指出，消防指战员没有辜负公司的期望和重托，大家出警迅速、处置正确、指挥果断，避免了更大危险的发生，在当前全力保增长、保民生、保稳定的情况下，意义尤为重大。孙晓岗对消防支队成功处置这起火灾给予肯定，并对参与灭火的全体指战员给予奖励。

5月7日，孙晓岗组织油田公司开发处、勘探开发研究院等相关部门负责人围绕呼图壁气田储气库建设进展情况进行座谈。各单位分别汇报了目前地质与气藏工程、钻井工程、采气工程、地面工程和现场工作的进展以及取得的成果认识，并提出工作中存在的问题及下一步的工作安排。孙晓岗指出，为确保储气库建设项目顺利进行，各单位要加强交流，尽快解决方案中存在的问题，加快研究进度，务必于6月中上旬完成整体方案的设计，6月下旬向股份公司汇报。

5月10日，孙晓岗带领安全环保处、设备管理处、生产运行处、市交通局等部门领导到客运公司，就天然气动力公交客车使用情况进行调研。孙晓岗充分肯定客运公司在使用和管理天然气公交车当中，对新型燃料车辆安全隐患防范所采取的积极措施。同时，对客运公司加强和整治天然气客车管理，提升城市公交的新品质提出要求。就客运公司反映的问题，孙晓岗督促有关部门要配合、协调客运公司，尽快制定解决方案，全力保障燃气客车在克拉玛依地区安全平稳运行。

5月10日，孙晓岗带领油田公司生产运行处、企业管理处、消防支队有关领导到供水公司造林减排作业区检查指导林地安全消防工作。孙晓岗一行详细查看春季植树现场、苗圃基地、消防器材库和再就业员工生活站点等几个重点区域。孙晓岗指出，要把林地消防安全工作放在首位来抓，进一步加大消防队伍建设力度，做好林地及与林地接壤庭院小区的消防安全宣传工作；要培育适合克拉玛依地区生长的乡土树种，加快苗圃基地的建设，为今后林地更新提供优良树种，同时为克拉玛依及周边地区提供苗木，降低造林成本。

5月15日，孙晓岗带领油田公司人事处等相关部门负责人到克拉玛依技师学院调研，现场察看油田公司第六届职业技能大赛主赛场，巡视采油、集输和电工竞赛基地各工种的技能竞赛情况。孙晓岗充分肯定各承办单位、各单位领导、教练和参赛选手为此次大赛所付出的努力。孙晓岗要求各参赛单位借大赛这个平台，进一步提高操作员工的技能操作水平，一带十，十带百，营造一个公司全体职工学技能的氛围，从而全面提高公司职工的整体技能水平，为实现市委提出的把克拉玛依打造成世界石油城而奋斗。

5月25日，陈新发利用在北京出差的间隙，专程到红有软件北京技术研发中心看望工作人员，并就克拉玛依数字城市、数字油田建设进行调研，对红有软件公司提出更新、更高的要求。陈新发指出，红有软件公司作为克拉玛依油田、克拉玛依数字化建设的龙头企业，今后要在技术研发的同时进行技术的预研；要放开思想、活跃思路，加快平台技术的研发创新；要站在行业技术领域的制高点，发挥前瞻作用；要加大对技术研发人员的培养力度，增强对人才的凝聚力和吸引力，建立老中青技术研发梯队。

6月4日，徐卫喜带领市政府相关部门负责人到独山子区调研，就贯彻自治区七届九次全委（扩大）会议精神，推动独山子区跨越式发展和长治久安进行指导。徐卫喜对独山子区的各项工作表示满意。徐卫喜指出，独山子区建成千万吨炼油、百万吨乙烯工程，体现了克拉玛依当代石油人的管理水平、思想素质，它对于展示独山子区，乃至整个克拉玛依的社会、经济、文化快速发展情况及综合风貌是一个难得的机会。徐卫喜强调，集团公司工作会议将在独山子召开，这对独山子区发展又是一个难得机遇，独山子区要创造一个良好的社会环境，保证会议的顺利召开。

6月4日，包尔汉·卡哈尔陪同全国厂务公开民主管理第六互检组先后到勘探开发研究院和永升公司分别就厂务公开、职代会建制情况、厂务公开民主管理工作、应对国际金融危机方面成功的做法和经验等进行调研，并与互检组一行座谈交流。包尔汉·卡哈尔要求各单位结合实际、注重实效，促进企业发展，维护职工权益，提升企业凝聚力，实现企业和员工的双赢。

6月12日，郭仲军带领市委宣传部等相关部门负责人到采油二厂对该厂宣传思想工作进行调研。听取汇报后，郭仲军指出，2010年是采油二厂建厂50周年、原油产量重上200万吨的关键一年，企业发展处在一个新的阶段。采油二厂下步工作要在各组学习型建设中，抓出特点，通过载体活动提高学习效果，要体现到提高经济增长水平中同时还要将形式目标责任教育深入到生产一线。

6月17日，韩炜带领西部钻探公司相关部门负责人到克拉玛依测井公司检查安全工作。韩炜先后现场检查测井公司放射源库、火工品库，详细查看要害岗位的管理规章制度、安全防范措施、在岗人员配备以及周边环境情况，并现场查看测井公司火工品分库以及测井二分公司厂区。韩炜对测井公司人防、物防、技防、信息防等工作给予肯定。韩炜指出，放射性源库、火工品库作为公司一级要害部位，要切实做好安全管理日常工作，尤其是在当前高温生产季节，更是要做好放射源以及火工品的保管运输，提高安全风险防范意识，确保生产平稳运行。

6月25日，孙晓岗带领油田公司相关部门负责人就呼图壁储气库建设工作与西部钻探工程有限公司交流，针对钻井过程中存在的难点和问题，双方展开讨论，在钻井周期、井身结构、泥浆密度、储层保护、完井方式等方面达成共识。孙晓岗强调，这次储气库建设工作量大、时间紧、任务重、安全要求高，尤其是盆地南缘水平井钻井难度大，希望新疆油田公司与西部钻探密切配合，提前做好钻井设计及长周期订货工作，确保储气库建设保质保量的顺利完成。西部钻探工程有限公司副总经理佟德安表示保证井架及时到位，确保钻井质量和安全，积极配合新疆油田公司做好储气库建设工作。

7月1日，徐卫喜、包尔汉·卡哈尔、张红彦带领市委相关部门负责人到市、油田公司纪委和克拉玛依党校共同打造的反腐倡廉教育基地调研。徐卫喜简要询问基地建设情况，并到现场参观。徐卫喜指出，市、油田公司纪委要利用这个阵地，加强对领导干部的廉政教育，要组织全市和油田公司各单位的基层党员干部参观学习，接受廉政教育。

7月1日，孙晓岗带领油田公司相关部门负责人到采气一厂玛河气田检查指导工作。孙晓岗一行在参观过程中，详细查看处理站基础下沉情况，并了解相关整改工作的进展情况，叮嘱玛河气田地基下沉整改工作务必要逐项落实，将隐患治理工作开展到位。孙晓岗与石河子师市领导为玛河气田作业区生活基地工程开工仪式揭牌。

7月2日，包尔汉·卡哈尔带领市民宗委等相关部门负责人到油建北清真寺及穆斯林殡葬服务中心调研。包尔汉·卡哈尔向宗教人士和中心工作人员详细询问清真寺和服务中心的运行情况及存在的问题，对存在的问题提出整改意见，并就近期的安全维稳工作提出要求。鼓励工作人员安心本职工作，向穆斯林群众提供更加优质的服务，加强安全保卫巡视力度，确保穆斯林殡葬服务中心运行正常。

7月2日，孙晓岗带领油田公司相关部门负责人到采油一厂调研，并对该厂实现重上百万吨目标进行嘉奖。孙晓岗指出，采油一厂实现原油产量120.3万吨目标，创下历史产量新高。这些成绩的取得，凭借的就是一股为石油发展奉献的热情和敢想敢干的作风。孙晓岗希望采油一厂抓住机遇，作好"油"文章，争取2010年率先在油田公司二级单位实现累积探明储量突破1亿吨目标，为后续发展打下基础。

7月5日，徐卫喜、张红彦带领市委相关部门负责人到昆仑路街道南泉社区调研。徐卫喜一行到南泉社区居家养老日托站查看建设和运行情况，并与在这里从事健康服务的工作人员、参加活动的老人们交谈，了解老人们的身体健康状况和参加活动情况。徐卫喜充分肯定南泉社区居家养老日托站的做法，认为应该鼓励更多的老人到这个良好的环境中交流和活动。徐卫喜强调，要发挥基层党组织和党员的作用，主动、用心地关心弱势群体，善于化解社会矛盾，把党组织和社会的温暖带给弱势群体。

7月9日，孙晓岗带领油田公司规划计划处、基本建设工程处、设备管理处、矿区事业部等相关部门领导对重油公司克浅109号站1号供热站噪声超标治理示范工程进行现场检查及验收，了解噪音治理主要技术及现场应用情况。听取汇报和现场演练后，孙晓岗对噪音超标治理工作表示满意，并就噪声超标治理示范工程存在的问题提出意见和建议，做出验收结论。

7月20日，冯经礼带领市油田党委组织部、克拉玛依区相关领导到克拉玛依区雅典娜社区调研。在参观雅典娜社区养老日托站、六点钟学校、绿色网吧、社区图书室、舞蹈室等社区活动场所时，社区工作人员向冯经礼详细介绍开展社区服务工作情况，冯经礼对社区工作表示赞许。冯经礼指出，社区居委会工作的范围越来越宽，服务项目和服务方式考虑得很细致，并在改善民生上下了很大工夫，回去要跟军分区的官兵讲讲这些做法，这对军队管理也很有启发。

7月20日，张红彦带领市纪委等相关部门负责人到市直机关和油田公司机关工委调研督导党风廉政教育月活动。张红彦对两个机关工委在党风廉政教育月活动中，组织党员干部认真开展反腐倡廉教育活动，认真贯彻《中国共产党党员领导干部廉洁从政若干准则》，以此促进机关党风廉政建设的做法给予肯定。张红彦指出，党员要用自己的模范行为树立党的形象，以良好的党风政风积极引导社会风气，提高公信力和群众满意度。

7月21日，陈新发、宋友立带领市政府相关部门负责人和油田公司相关处室领导组成的工作调研组，就企业科学发展和新厂区规划搬迁工作到新疆油田公司机械制造总公司调研。机械制造总公司总经理齐天喜从基本情况，履行职责、科技创新、保油田上产，搬迁筹备工作进展和下一步工作思路等4个方面进行专题汇报。调研组成员围绕企业发展定位和企业科学发展与公司领导座谈交流。陈新发要求市、油田公司相关部门和相关企业立即行动起来，加快工业园区建设和引进联合步伐。

7月21日，陈新发、宋友立带领市经贸委等相关部门负责人到威奥、创拓、地威诺3家地方企业调研。听取汇报后，陈新发一行参观各企业生产车间，了解产品性能和生产情况，对各企业的工作给予肯定。陈新发指出，地方企业发展要在现有的基础上，转变发展思路，在创新和优化产品结构上下工夫，加大研发力度，掌握核心技术，进一步做大做强。陈新发强调，市政府和油田公司对地方企业的先进技术、先进产品要给予大力支持，并要求政府和油田公司相关部门协助企业做好相关工作。

7月28日，陈新发带领市政府相关部门负责人到绿成公司示范牛场、农业开发区苜蓿地种植基地调研。陈新发询问公司产业发展情况，特别是详细了解公司饲草饲料种植基地情况，对公司在食品安全所做的工作给予充分肯定和高度的重视，并提出具体工作要求。陈新发指出，绿成公司要认真落实市政府有关精神，带领全体员工振奋精神，齐心协力完成全年任务，同时要抓好夏季安全生产管理，立足新起点，找准公司定位，为油城百姓提供放心、安全的食品。

8月4日，张红彦陪同自治区选派工作队到农村、社区深入推进"四知四清四掌握"工作机制巡回检查组一行到银河路街道北斗新月社区检查指导工作。张红彦指出，克拉玛依的社区不是管理型的，是服务型的，社区工作更加人性化。社区为民服务从身边点滴小事做起，社区的人管社区的事，人人都能感受到这个大家庭的温暖，"四知四清四掌握"工作机制能真正得以落实。要在克拉玛依成立女社会工作者协会，像管理家庭一样管理社区，像关爱家庭成员一样关爱社区居民。社区工作要注重掌握社情民意，把老百姓所思所想及时反映上来，为克拉玛依跨越式发展和长治久安打好根基。

8月5日，宋友立带领市政法委等相关部门负责人到市检察院调研并慰问全体检察干警。听取汇报后，宋友立对检察院的工作给予肯定。宋友立指出，克拉玛依社会经济发展、人民生活改善、社会稳定形势的总体情况较好，各行各业围绕市委提出的打造世界石油城的宏伟目标开展一系列活动，各项工作有条不紊。政法机关、政法干警在建立和保障推进克拉玛依经济社会和谐、稳定、发展的良好社会环境过程中作出了积极的贡献。宋友立要求检察机关认真履行法律监督职责，进一步提高工作能力、工作水平及队伍整体素质，完成好工作任务。

8月10日，孙晓岗带领市政府相关部门负责人和油田公司基建工程处等相关部门负责人参加新疆克拉玛依第五净化水厂奠基仪式，并调研相关情况。孙晓岗指出，建设第五净化水厂是克拉玛依实现协调可持续发展过程中的一件大事，也是克拉玛依打造世界石油城进程中的又一惠民利民工程。孙晓岗要求各参建单位按照建一流工程、创一流质量、树一流品牌的目标，紧密协作，相互配合，严格执行建设施工设计方案，强化全过程安全管理、质量管理和施工监理，安全、优质、快速地完成工程建设任务。

8月17日，包尔汉·卡哈尔带领民族团结年活动督查调研组对油田公司重油公司、井下作业公司等基层单位开展民族团结年活动情况进行督查调研。听取各单位汇报后，包尔汉·卡哈尔对被调研单位的民族团结工作提出3点要求：一是坚持把民族团结工作作为一项长期的、日常性的工作抓紧抓实抓好；二是结合建设学习型克拉玛依、学习型企业、学习型组织活动，积极探索提高少数民族员工汉语水平、操作技能水平的方法和途径；三不断加大少数民族专业技术干部、管理干部的培养力度。

8月18日，陈新发带领油田公司相关部门负责人到数据中心了解智能化新疆油田方案编制工作情况。听取汇报后，陈新发指出，智能化油田是个新概念，没有循规蹈矩的模式。所以，还是要像建设数字化油田那样，依靠超前的思维和理念，运用科学研究的手段、发扬开拓创新的精神干好此项工程。在研究和分析时要有所把握，按照化繁为简、由浅入深的策略，逐步积累，齐心协力，在国内率先建成智能化油田。

8月18日，包尔汉·卡哈尔带领民族团结年活动领导小组一行11人，对油田公司采油一厂、百口泉采油厂、物资供应总公司等单位的民族团结工作开展情况进行督导调研，详细听取各单位开展民族团结年活动的具体做法和取得的成效。包尔汉·卡哈尔要求各单位党委进一步强化对民族团结工作的认识，建立民族团结工作的长效机制，进一步抓好少数民族员工的技能培训，提升少数民族的整体素质，深化民汉结对子工作，不断对师徒结对子活动注入新内容。同时要高度重视少数民族干部的培养。

8月19日，徐卫喜带领市委和油田公司开发处等相关部门负责人到试油公司调研。听取汇报后，徐卫喜对试油公司的工作给予肯定。徐卫喜要求该公司扎扎实实干好工作，确保完成全年业绩指标；扎扎实实带好队伍，领导班子相互支持，心往一处想，劲往一处使；安全生产警钟长鸣，什么时候都不能放松；抓好稳定和民族团结这个发展的基石，让各族职工团结成一家人；切实抓好廉洁工作。

8月19日，包尔汉·卡哈尔带领民族活动年督查调研组到采油二厂督导调研。包尔汉·卡哈尔对该厂与培训机构相结合提高学习质量，使该厂成为油田公司提高少数民族汉语表达能力试点单位表示赞赏。包尔汉·卡哈尔指出，采油二厂汉族、少数民族员工“双语”互学、指定一名汉族领导干部跟踪培养一名刚走上基层领导岗位优秀的少数民族青年干部、“三个必须”等好的经验做法，值得在全油田公司范围内推广。

8月20日，徐卫喜、宋友立、郭仲军带领市委、市政府相关部门负责人到乌尔禾区调研。听取汇报后，徐卫喜指出，农民市民化的目的是要尽快实现乌尔禾乡的现代化，只有乌尔禾乡实现现代化了，克拉玛依才能在率先基本实现现代化。乌尔禾遍地都是资源，要很好地利用这些资源，让农牧民过上幸福的生活；同时吸引市民来乌尔禾乡度假，享受农家乐。这不仅是双赢，还能拉动克拉玛依消费。徐卫喜强调，乌尔禾乡新农村建设一定要走在全疆的前列，为了这一目标，要扎扎实实做好各项工作。

8月24日，陈新发带领市政府相关部门负责人到市民政局调研。听取汇报后，陈新发对民政部门的工作给予充分肯定。陈新发指出，近年来，民政系统做了很多细致的工作，在全国、自治区获得很多荣誉，希望能继续保持这种勇于争先、为民办实事的精神。陈新发要求民政局制订好民政发展规划，确定好正确的发展方向，善于从社会发展数据变化中发现问题和解决问题，推动城市科学发展。

8月25日，徐卫喜带领市委、市政府相关部门负责人到白碱滩区调研。听取汇报后，徐卫喜指出，白碱滩区经济要实现加快发展，一定要抓住市政府打造“克—白一体化”和“世界石油城”的机遇，切实拿出白碱滩区具体的产业发展规划和企业发展目标，同时要进一步抓好改制企业的发展，不能让此前政府对这些改制企业的大力帮扶付诸东流，一定要让改制企业实现良性发展。徐卫喜强调，当前要认清抓好社会稳定、廉洁从政的重要性，提前做好预防，同时加强各项监督制度的落实。

8月25日，韩炜带领西部钻探公司相关部门负责人到内蒙古乌审旗苏里格项目部，慰问奋战在这里的公司全体员工，并进行工作调研。韩炜一行先后到正在钻进的青海钻井公司50572、50575钻井队，听取项目部的工作汇报，对项目部所做的工作和取得的成绩给予充分肯定。韩炜指出，苏里格项目部成立时间短，工作中遇到许多难以想象的困难，项目部的领导和员工们不畏困难，扎实稳步推进各项工作，并不断取得新的成绩，展现了公司良好形象，树立了西部钻探品牌。韩炜勉励干部员工，一定要坚定信心，克服重重困难，竭尽全力建设好苏里格项目，为公司打造新的经济增长点。

8月26日，默新社带领克拉玛依石化公司相关部门负责人到公司热电厂检查指导创先争优工作开展情况。默新社听取热电厂党委副书记杨华梁就创先争优活动方案制定、成立组织机构、动员学习、民族团结教育、开展党旗飘扬实践活动、宣传工作、落实党员承诺七个方面及下步工作安排情况进行汇报，对热电厂创先争优工作的部署和开展情况给予肯定，并指出创先争优活动要与公司的整体发展、安全生产、十七大报告和新疆的经济工作会议紧密联系、相互促进，要通过加强基层党组织建设的具体目标和措施，确保创先争优活动取得实效。

9月3日，徐卫喜带领市政府和油田公司生产运行处等相关部门负责人到西干渠沿线调研。徐卫喜实地查看西干渠沿线的各个重点设施，与沿线各站点在岗职工交流，并仔细查看和询问在岗职工的工作和生活情况，对供水公司的管理与运行工作表示肯定。徐卫喜指出，供水公司要进一步强化渠道的安全运行管理，保障克拉玛依市居民生活、工农业生产和林业的用水需求。随后，徐卫喜一行到上游水库与自治区引水管理局的领导就加强双方合作与沟通、保障供水安全平稳等问题进行交流。

9月3日，孙晓岗陪同中国石油天然气运输公司副总经理赵百成一行到客运公司调研油田生产客车送班服务工作。孙晓岗对客运公司长期以来油田生产送班服务工作给予肯定，要求客运公司做到在油田送班服务业务未交接前，继续做好各采油（气）厂、作业区单位职工的送班任务，保证服务单位生产不受影响；要全力配合好此次接收单位的接收工作，毫无保留提供油田值班车辆、设施相关资料。

9月4日，付德新带领独山子石化公司相关部门负责人对乙烯老区石脑油火车卸车设施改造项目、东区变110千伏防舞动改造、乙烯2号工业水、新区乙烯装置、矿服液化气充装站进行安全检查。要求对检查组发现的问题及时跟踪整改落实情况，加大督查力度。

9月5日，付德新带领独山子石化公司相关部门负责人深入西气东输天然气门站、大项目轻烃汽车卸车设施和原油储罐项目以及一催化检修等重点场所，检查安全工作，提出要进一步转变观念，适应发展，精细管理，追求一流。

9月4日，孙晓岗带领油田公司基本建设工程处、生产运行处等相关部门负责人9人到呼图壁进行储气库选址勘查。在认真查看预定的3个选址点防火规范、现场周边开阔度、环境影响等方面情况后，孙晓岗指出，储气库项目已进入选址和建设规划阶段，采气一厂要配合上级部门与储气库建设所在地政府协调，确保改建所需用地，以促进项目尽快进入建设期。孙晓岗要求采气一厂认真贯彻集团公司、油田公司储气库建设会议精神，有效落实上级要求和协调相关工作，按照呼图壁气田改建储气库工作思路、措施及目标，着手推进各项建设和管理工作，逐步构建储气库人才培养、技术攻关和科学管理模式。

9月13日，徐卫喜带领市、油田党委办公室等相关部门负责人到陆梁油田作业区检查指导工作。作业区经理、党委书记霍进就作业区基本情况、生产经营工作、党群工作、2010年主要工作、存在问题、"十二五"油气生产规划进行汇报。听取汇报后，徐卫喜对作业区多年来生产经营工作给予高度评价，对作业区主动自加压力、负重前行的工作作风表示赞赏。徐卫喜还就退岗职工家属纳入自治区基本养老保险社会统筹工作，要求作业区按照市油田党委的总体部署向员工们做好宣传，形成强大的舆论氛围，把好事办好。

9月14日，徐卫喜带领市、党委办公室等相关部门负责人到石西油田作业区调研。听取汇报后，徐卫喜肯定石西油田作出的巨大贡献。徐卫喜指出，当前，克拉玛依面临着实现跨越式发展的良好机遇，而油气生产尤为关键。石西油田要继续发扬优良传统，敢于担责，勇挑重担。徐卫喜提出4点要求：一是在思想认识上不断突破。要借助在浅层勘探上的新发现，进一步创新思维，努力开拓，向150万吨目标奋勇进军。二是继续加强对老区的精细管理，尽最大努力减缓油田的递减。三是继续搞好队伍建设。充分发挥领导班子团结协作精神，起好带头作用。四是把成果惠及广大职工，发展的目的就是要提高职工的生活水平。

9月22日，付德新带领独山子石化公司相关部门负责人到乙烯厂甲醇车间、销售车间、输电架空线路、大项目焚烧炉工地等地检查生产、安全工作，巡视千万吨炼油装置、动力站、百万吨乙烯装置，慰问节日坚守岗位的一线员工。

9月25日，陈新发带领市农牧局等相关部门负责人调研克拉玛依食品安全情况。陈新发一行先后到克拉玛依区熟食品加工基地、市农副产品批发市场、汇嘉时代超市等处查看了解环境卫生、蔬菜交易、农副产品批发等情况，详细了解农副产品市场供应、运输、销售等情况。陈新发指出，政府相关部门要采取有力措施，做好稳定市场、保证供应工作。要加强与农副产品地的沟通与联系，采取合作方式培育一批农副产品长期供应基地，稳定货源。政府要加大帮扶力度，减免费用，吸引货源，控制流通环节费用，降低物价。陈新发强调，农副产品的生产及市场供应关系到百姓生活，各级各部门要联动协作，做好这项涉及民生的"菜篮子"工程，确保市民吃上放心菜和安全食品。

9月28日，陈新发、孙晓岗、包尔汉·卡哈尔、张红彦带领油田公司相关部门负责人到莫北油田、彩南油田作业区、开发公司天然气项目经理部、克拉美丽气田调研，并向主要贡献单位和贡献者颁发总经理嘉奖令。陈新发指出，莫北油田滚动勘探取得重大进展，不但为公司增储上产提供一块整装、优质储量，而且集中体现油田公司广大科研工作者敢于在老区寻找大油气田的创新勇气以及锲而不舍、精雕细刻、实事求是的探索精神和科学态度。

9月28日，包尔汉·卡哈尔带领工会等相关部门负责人到集团公司劳模买买提·加马力家中慰问，并了解情况。包尔汉·卡哈尔希望买买提·加马力继续潜心研究，为新疆油田找到更多的石油，作出更多的贡献，作为少数民族专业技术人才，起好带头作用，带领少数民族专业技术人才整体上一个新台阶。随后，包尔汉·卡哈尔慰问自治区先进工作者宗文英，供热公司困难职工遗属、孤寡老人和客运公司困难职工遗属，送去慰问品和慰问金。

9月29日，陈新发、张红彦带领油田公司相关部门负责人到准东采油厂调研。听取汇报后，陈新发就东部勘探项目、民族团结、未上市单位扭亏解困、富余人员安置等相关问题同与会人员交流，分析准东采油厂在生产运行、矿区建设、社会稳定等方面面临的形势，肯定准东采油厂在油藏评价、矿区建设、基层党建等方面取得的成绩，重申勘探工作的重要性。陈新发希望准东采油厂干部职工进一步解放思想，振奋精神，扎实工作；抓好党员创先争优工作，打造更加和谐团结的队伍；管理人员和科技干部要勤于思考，加强分析研究，做好技术储备，寻求新的突破。

9月29日，孙晓岗带领油田公司安全环保处等相关部门负责人到消防支队二大队检查节日安全工作，并慰问消防指战员。孙晓岗指出，节日期间也是事故频率高发阶段，希望全体消防指战员加强执勤监督，做好灭火救援准备工作，确保节日期间消防工作安全稳定。

9月30日，孙晓岗带领油田公司相关部门负责人到油气储运公司总站、701油库进行节前安全检查。孙晓岗一行一边检查总站设备设施，一边详细询问节日期间值班安排和安保布置情况，当听到站队领导汇报节日期间施行正职带班值班、运行班组一岗两责、大班员工充当安保力量24小时在站值班后，对总站节日期间的安全工作予以肯定，并嘱咐总站员工提高警惕、加强防卫。

10月1日，付德新带领独山子石化公司相关部门负责人先后到乙烯厂新区、炼油厂新区、乙烯厂聚丙烯车间、乙烯厂乙烯车间、天利高新甲乙酮厂和公安分局慰问节日在岗员工，送去节日问候。要求管理人员加强装置安全生产管理，提高管理水平。

10月12日，孙晓岗陪同国务院国资委办公室巡视员、信息化工作办公室副主任刘长虹一行到陆梁油田作业区检查指导信息自动化工作。孙晓岗对作业区自动化建设及应用、信息化建设及应用和"十二五"发展规划给予肯定，并希望作业区在信息自动化建设中积累的好经验要及时总结和推广。

10月13日，陈新发、宋友立带领市政府和油田公司相关部门负责人到供热公司进行调研。陈新发一行先后到南泉小区、前进小区供热生产车间，仔细查看锅炉运行情况，详细询问供暖管道检修保养情况，与有关人员座谈，对供热公司所做的工作给予肯定。陈新发指出，民生无小事，尤其是涉及水、电、暖、通信、燃气等基本生活方面的问题，要无条件地在第一时间予以解决，不得拖延和耽误，更不得推诿扯皮，确保全市每一户居民都能过上一个温暖的冬天。要求供热公司积极做好与热电联供项目的对接，统筹考虑好供热发展问题，大力推进清洁生产和节能降耗工作。

10月13日，陈新发、宋友立带领市政府和油田公司相关部门负责人到克拉玛依客运站、公交大队，就涉及民生的长途客运服务、城市公交方面工作进行检查指导。陈新发一行先后查看客运站内公共厕所、无障碍设施，询问了解客运站近期的运行情况和安全管理情况并与职工进行交流。陈新发要求客运公司在企业转型过程中加强企业成本控制，做好长途、公交客运服务工作；在公交服务质量上下工夫，满足市民出行需求，使公交真正成为克拉玛依市的一张名片；提前准备，抓好入冬前各项安全生产工作；做好中巴退市、油田值班业务的移交的衔接工作；不断学习和借鉴好的经验。

10月14日，孙晓岗带领油田公司生产运行处等相关部门负责人到石西公路23千米处调研公路防洪工作，并成立临时指挥部指挥抗洪。临时指挥部调集人员100多人、施工机械12台、交通运输工具10辆，当日将泄洪口成功封堵。孙晓岗要求有关人员时刻注意观察洪水情况，做好应急预案，采取有效措施缓解石西沙漠公路抗洪压力。

10月19日，陈新发带领市政府及油田公司相关部门负责人到供水公司水质化验中心和三坪水厂检查指导工作。陈新发一行仔细查看水质化验中心的微生物、原子吸收、离子色谱、气相色谱、液相色谱、放射性、红外分光光度和气相色谱/质谱联用8个实验室，详细询问最新引进的美国新型水质化验检测设备的运行使用情况。随后，前往三坪水厂查看净水间、泵房和值班室等重点部位，了解水厂的工艺流程、供水产能和水质状况。陈新发指出，供水公司生产的自来水不仅要达到国家标准，还要争取超过国家标准，为全市人民提供最高品质的生活饮用水。

10月19日，陈新发带领市政府及油田公司相关部门负责人到供电公司调研。陈新发一行到供电公司北郊集控站认真了解电网运行情况。听取供电公司领导关于克拉玛依电网发展情况以及供电公司"十二五"期间逐步实现电网智能化、数字化电网建设目标等情况介绍，观看集控站主控室对远方分站电气设备进行遥控操作过程演示，与该公司领导及相关人员座谈。陈新发对该公司在企业经营、人力资源、城市电网建设方面取得的成绩给予肯定，并希望供电公司各族员工再接再厉为克拉玛依发展作出更大贡献。

10月19日，陈新发带领矿区服务事业部相关部门领导到克拉玛依物业管理公司调研。陈新发一行先后到红山小区和国光小区，查看小区物业管理站工作情况，详细询问物业服务及小区内各项改造工程的情况，与公司领导、基层干部交流，对物业公司所做的工作给予肯定。陈新发强调，民生无小事，尤其是涉及小区业主各项基本生活方面的问题，要无条件地在第一时间予以解决，不得拖延和耽误，更不得推诿扯皮，确保小区业主能舒心地生活。同时就小区改造工程及乱搭乱建问题提出具体的要求和措施。

10月19日，陈新发带领矿区服务事业部主任况军以及相关部门领导一行到燃气公司调研。陈新发一行先后参观燃气公司信息中心呼叫班、营销大厅、液化气储备站，仔细查看燃气公司在服务用户、安全生产等方面的运行情况，对燃气公司在安全生产、客户服务等工作给予肯定。陈新发指出，对老百姓的需求，要无条件地在第一时间予以解决，不能拖延和耽误。要求燃气公司抓好天然气入户工程，继续提升服务水平，做到服务第一、安全第一，为油城市民提供一个更加方便快捷的服务。

10月25日，韩炜带领西部钻探公司相关部门负责人到克拉玛依片区各单位调研，部署相关工作。克拉玛依钻井公司、测井公司、克拉玛依录井工程公司、固井压裂工程公司、克拉玛依钻井工艺研究院、新疆油田生产协调部(特殊工艺井项目经理部)主要党政领导参加工作汇报会。韩炜详细听取6家单位分别汇报各自的基本情况、生产经营指标完成情况、存在的问题及措施等，对各单位前期的各项生产经营工作所取得的成绩给予肯定，并就做好当前和今后的生产经营工作提出意见。

10月26日，韩炜带领西部钻探公司相关部门负责人到克拉玛依测井公司进行安全生产大检查。韩炜一行先后到放射源、火工品库检查测井公司危险品库的各项安全生产措施。韩炜要求工作人员加大巡检力度，严格落实直线责任、属地管理，全面夯实冬季安全环保基础，确保冬季安全生产平稳有序进行。

10月27日，陈新发带领市卫生局、教育局等相关部门负责人到市人民医院和市实验小学调研。听取汇报后，陈新发走访医院的有关科室，与当班的医护人员进行交谈，还专门到病房看望看患者，询问患者身体治疗情况。陈新发指出，市人民医院作为医疗保障部门，要充分利用好先进的医疗设备和人才优势，最大限度地为广大患者提供热情周到的医疗服务。陈新发要求教育部门培养和引进高素质人才，打造克拉玛依一流教育，并就相关问题提出具体要求。

11月4日，韩炜带领西部钻探公司相关部门负责人到沙特项目经理部调研。听取汇报后，韩炜对沙特利雅得基的工作予以肯定，并要求项目部认真总结经验，坚持灵活的市场策略和战略管理，稳扎稳打，谋求更好的发展。韩炜介绍公司2010年以来的发展形势，激励大家树立信心、带好队伍，创造和谐、干事业的工作环境，为全面完成准东钻井公司的生产经营目标作出更大贡献。

11月7日，韩炜带领西部钻探公司相关部门负责人到埃及首都开罗石油谷的ECDC公司总部，听取ECDC公司的工作汇报。韩炜对ECDC公司表示满意。韩炜指出，西部钻探作为ECDC的第一大股东，如果效益有保证，会全力支持ECDC未来的发展。韩炜希望强化与有关方面的合作，使ECDC公司今后的发展越来越好。

11月9日，孙晓岗陪同集团公司冬季安全生产第11专业检查组到新疆油田公司消防支队王家沟大队考察消防安全保障工作，听取大队干部介绍队伍管理建设等情况，参观消防车辆装备、火警调度室和营区、宿舍等基础设施建设以及了解大队执勤实力、通信联络、信息覆盖、接警出动等情况。孙晓岗指出，新疆油田消防素质强、业务技能展示快，充分体现保障速度、保障安全的特点，充分证明这支队伍是一支服务地方企业发展、服务地方经济发展大局、促进社会和谐稳定的主力军。

11月10日，孙晓岗带领油田公司安全环保处等相关部门负责人到采油二厂对天然气处理站进行冬季安全生产大检查。孙晓岗一行听取该站主要生产工艺和装置运行情况介绍，详细询问站人员构成、员工思想动态等情况，并对该站冬防保温措施落实、消防安全设备检查维护、生产运行参数控制、安全目视化管理、压缩机检修现场管理情况等进行检查。就冬季安全等提出具体要求。

11月12日，韩炜带领西部钻探公司相关部门负责人到非洲撒哈拉沙漠腹地ECDC7钻井队施工现场检查安全工作，看望慰问员工。韩炜召开座谈会，与现场员工座谈交流。韩炜针对员工提出的问题，当即责成有关部门和准东钻井公司领导负责落实，并要求把落实情况向他汇报。韩炜指出，大家常年在海外工作，远离亲人，条件艰苦，饮食不习惯，文化生活单调，单位在抓发展的同时一定要努力改善员工生产生活条件，努力创造一个比较舒畅的工作环境。

11月13日，付德新带领独山子石化公司相关部门负责人到生产重点区域和外围工地检查冬季安全工作落实情况，巡视一线员工住房、用餐等事宜以及经济适用房建设情况。要求各施工项目继续做好施工收尾和防冻工作，项目部要监督施工单位足额发放农民工工资，不得拖欠。

11月18日，孙晓岗带领油田公司安全环保处等相关部门负责人对治保中心各项工作开展情况进行调研。听取汇报后，孙晓岗对治保中心近年来在确保油田生产区域治安秩序、维护社会和谐稳定工作中作出的突出贡献给予肯定。强调治保中心要切实担负起统管新疆油田内部治安保卫工作职能，一要讲政治，二要讲责任，三要讲素质。强化教育和培训，打造精干高效的治安保卫队伍。

11月17日，付德新带领独山子石化公司相关部门负责人看望和慰问苏尔坦·艾斯帕尔、杨海光等老领导，送去节日祝福。付德新指出，老领导为独山子的发展奠定基础，作出许多贡献，希望老领导生活更美好。

11月19日，徐卫喜、陈新发、孙晓岗带领油田公司相关部门负责人到风城油田作业区调研，并就作业区年产原油踏上百万吨步伐进行嘉奖。陈新发要求作业区坚持从油、地、兵和谐发展的大局出发，积极履行好经济、政治和社会责任，树立大局观念，加强环境保护，支持地方建设，为公司建设充满生机活力的现代化大油气田、为克拉玛依打造世界石油城、为建设美丽富裕的乌尔禾再立新功。

11月24日，徐卫喜带领市政府相关部门负责人到华隆投资有限责任公司调研。听取汇报后，徐卫喜对华隆公司在科技创新中取得一系列成果表示赞许。徐卫喜指出，企业发展规划和目标要与克拉玛依市跨越式发展的整体规划和目标同步，企业发展要与员工收入同步；要努力成为克拉玛依市地方企业发展的楷模，要让企业发展成果惠及员工。徐卫喜强调，在制定企业长远发展规划中，要高起点、有重点；要通过文化引领，提高企业的凝聚力、向心力，提升企业的软实力，在克拉玛依市打造世界石油城的宏伟目标中作出积极贡献。

11月24日，包尔汉·卡哈尔带领市、油田党群工作联合检查组调研风城油田作业区、新港公司、供电公司、采油工艺研究院4家单位，听取各单位的专题汇报。汇报内容包括热爱伟大祖国、建设美好家园主题教育活动、维稳工作责任书落实情况、综治工作情况、无邪教创建工作、企业武装工作、民族团结工作和青工主题实践活动7个方面。包尔汉？卡哈尔对各单位的党群工作表示肯定，并就有关方面的工作提出要求。

11月25日，徐卫喜、包尔汉·卡哈尔带领油田公司勘探处等相关部门负责人到勘探开发研究院调研。听取汇报后，徐卫喜指出，勘探是龙头，勘探开发研究院的持续发展，推动整个克拉玛依的发展，克拉玛依的今天与研究院的贡献是分不开的。徐卫喜强调，勘探研究工作是油田各项工作的重中之重，在新的形势和新的挑战下，研究院要站在一定的高度上，不断总结、不断提高，结合新形势、新任务做好油气勘探开发研究工作，在油田发展中承担起油田增储上产的艰巨任务。同时，要进一步抓好研究院领导班子、干部队伍和人才队伍建设，要出油、出成果、出人才。

11月26日，徐卫喜带领油田公司相关部门负责人到采油工艺研究院调研，听取该院的工作汇报。徐卫喜希望采研院继续发挥好院领导班子的核心保障作用，突出在同心管射流负压冲砂技术、浅层稠油水平井清砂工艺技术、风城超稠油SAGD配套工艺以及煤层气井开采工艺研究等方面的技术及研究优势，努力打造出两三项采油工艺方面的“杀手锏”技术，形成一批具备国内一流甚至是世界领先的特色品牌技术，为油田公司二次开采及老井重新开采提供技术保障。

11月26日，徐卫喜带领油田公司相关部门负责人到重油公司调研。听取汇报后，徐卫喜对近年来重油公司推行人才强企战略和大力开展系列企业文化活动，同时涌现出一批少数民族干部和集团公司技能专家，形成重人才、重安全、重科技、重效益、重团结的“五重”企业文化给予高度赞扬。徐卫喜指出，只有油田发展了，社会才有发展；只有油田稳产，社会才会稳定。要求重油公司继续加强基层建设，同时利用先进技术，提高油田采收率，做好油田的精细开发，在安全生产的同时保持油田稳产，为油田公司建成千万吨大油气田、再现克拉玛依辉煌贡献力量。

11月26日，陈新发、宋友立带领市政府相关部门负责人到白碱滩区调研，听取白碱滩区的工作汇报，并深入荣昌有限责任公司的工厂、车间了解情况。陈新发指出，白碱滩区委、区政府要根据水资源状况，站在城市可持续发展的高度，立足当前，着眼长远，明确城区发展的准确定位，做好长远规划。陈新发强调，白碱滩区要依托资源条件，在控制城区建设规模，把现有城区规划好、建设好、管理好的同时，积极推进与中心城区的一体化融合发展，创造良好的人居环境，使老百姓安居乐业。

11月27日，徐卫喜、陈新发、宋友立、张红彦带领市委、市政府相关部门负责人到克拉玛依军分区，就维稳防控和国防后备力量建设工作情况进行调研。军分区司令员李建兴、政委冯经礼、副司令员黄文学、参谋长张振铁、政治部主任倪新、后勤部部长刘崇科等军分区领导参加调研。冯经礼对分区年度主要工作进行简要介绍。徐卫喜、陈新发希望军地有关部门加强协调配合，对调研中发现的制约部队科学发展、全面建设、协调发展的问题，要认真加以梳理、深入研究思考、科学筹划设计，下大力突破瓶颈，不断推进克拉玛依市国防后备力量建设再上新台阶，力争走在自治区前列。

11月29日，徐卫喜、张红彦带领油田公司相关部门负责人到采油二厂调研。徐卫喜书记指出，采油二厂50多年的发展历史集中反映克拉玛依的发展史，是一部艰苦奋斗的创业史，是为克拉玛依人民造福的50年，感谢采油二厂几代人为油田作出功不可没的贡献。徐卫喜强调，采油二厂要不断提高服务水平，创造自身的核心技术；加强与政府合作，在解决当地就业的同时为企业引进人才;加强科学管理及员工培训,提高企业竞争力。

11月30日,包尔汉·卡哈尔带领市、油田党群部门联合检查考核评组到物资供应总公司考评调研。分别听取物资供应总公司、治安保卫中心、绿城公司、消防支队、电视网络公司5家单位关于热爱伟大祖国、建设美好家园主题教育活动及维护稳定、综合治理、企业武装、青工民族团结等方面工作汇报。听取汇报后,包尔汉·卡哈尔对各单位的工作给予肯定,并对今后的党群工作提出具体要求。

12月3日,包尔汉·卡哈尔带领市、油田党群部门联合检查考核评比组到客运公司,听取客运公司、市委党校、克拉玛依日报社、广播电视中心、退管中心5家单位关于热爱伟大祖国、建设美好家园主题教育活动及维稳工作、综合治理、企业武装、青工工作、民族团结工作等方面的汇报。包尔汉·卡哈尔鼓励各单位继续努力,为克拉玛依市打造世界石油城创造良好的社会环境,为世界石油城目标的实现提供强有力的助推力。

12月8日,徐卫喜、张红彦带领市卫生局、人事局等相关部门负责人到市中心医院调研。听取汇报后,徐卫喜指出,"十一五"期间,克拉玛依市市民的医疗保障在新疆是领先的,但医疗软硬件水平仍无法满足市民的医疗需求。"十二五"期间,要大力提高医疗水平,为老百姓服好务。医疗技术人才断层和匮乏,这是许多医院普遍存在的问题。徐卫喜强调,中心医院要解放思想,用新的理念引进人才,分批次、有针对性地培养人才,想办法留住人才。

12月9日,徐卫喜带领油田公司相关部门负责人到供热公司调研。听取汇报后,徐卫喜肯定供热公司取得的成绩。徐卫喜说指出,到2015年,克拉玛依要率先进入全国先进小康城市行列,迈出打造世界石油城的第一步。徐卫喜希望供热公司领导班子把公司发展放到城市发展的大局中去考虑,扎扎实实抓好管理,踏踏实实干好服务。徐卫喜强调,供热是事关民生的大事,供热公司要提升自身管理水平,把温暖送到千家万户。 (文 博)

办公室工作

【市、油田党委办公室领导名单】
主任:石永春
副主任:王庆林、崔利、唐建清

【基本情况】 2010年,克拉玛依市、油田党委办公室是市、油田党委的办事机构,实行一套机构两块牌子,即市委办公室和新疆油田公司党委办公室。办公室共有工作人员30人,其中副处以上领导6人,下设内部机构7个,即机要局、保密局、秘书科、信息科、督查科、文书科、值班室。主要承担联系、协调和服务全市各级党组织、中央驻市石油石化企业党委和新疆油田公司所属各单位党委等职能。 (吴 平)

督查工作

【决策督查】 2010年,克拉玛依市、油田党委办公室围绕市、油田党委一系列重大决策、重要会议决议、重要工作部署的落实情况,有计划、有步骤地组织开展一系列督促检查活动。一是针对学习贯彻中央新疆工作座谈会精神和自治区党委七届九次全委(扩大)会议精神的落实情况进行督促检查,各单位认真组织做好集中学习传达工作,同时把学习贯彻中央新疆工作座谈会精神和自治区党委七届九次全委(扩大)会议精神与本部门本单位实际结合起来,扎扎实实地推动各项工作,努力实现克拉玛依跨越式发展和长治久安。二是针对学习贯彻中共十七届五中全会和张春贤书记在克拉玛依考察工作时的重要讲话精神的落实情况进行跟踪督办,督促各单位切实按照张春贤书记对克拉玛依今后的发展提出的四点要求,即要为新疆跨越式发展和长治久安作出更大贡献、要为新疆新型工业化发展带好头、要在新型城市化建设上带好头、要成为引领现代文化的样板,将广大干部群众的思想统一到自治区的安排部署上来,进一步增强克拉玛依跨越式发展的紧迫感和责任感。三是针对自治区关于解决城镇未参保集体企业退休人员基本养老保障等遗留问题的落实情况进行督促检查,各单位切实按照市油田党委的统一部署,积极引导广大干部群众和退岗职工家属正确认识补费参保工作的重要性,深入扎实地做好政策宣传解释、申请登记、审查公示和费用征缴等各项工作,把好事办好,最大限度地解决了退岗职工家属基本养老保障问题,迅速在市油田上下形成关心和帮助退岗职工家属的良好社会氛围。四是认真做好《督查专报》的上报和《督查情况通报》的编发工作,及时向自治区党委办公厅和本级党委反映克拉玛依市2009年国民经济运行状况、2010年经济工作安排部署、春节期间社会稳定和扶贫帮困送温暖工作、贯彻自治区党委七届九次全委(扩大)会议精神等情况。 (吴 平)

【专项查办】 2010年,克拉玛依市、油田党委办公室根据市、油田党委领导批办、交办事项,以解决问题、化解矛盾为目标,认真做好调查、核实、协调、督办工作,确保市、油田党委领导批办、交办事项件件有回音、事事有结果。重点协调并督促落实以下问题:协调解决克拉玛依市2010~2012年社会公共事业建设项目资金问题、督促相关部门落实市委主要领导在关于井下作业公司和试油公司外招毕业生劳务工落户克拉玛依市问题的批示、督促相关单位做好春节(古尔邦节)一次性节日慰问金(帮扶金)发放工作等。向自治区党委办公厅上报有关落实努尔兰·阿不都满金在"乌苏市巴音沟牧场全体牧民要求独山子矿区归还牧场问题"来信上的批示、白志杰针对准东采油厂退休职工热依木·买买提上访一事的批示、白志杰针对在小拐乡种植的沙湾县农民到自治区上访的批示以及"一二·八"善后工作情况等。其中针对克拉玛依市委关于克拉玛依市2010年社会公共事业部分重点项目建设资金由油地共同承担的决定能够顺利制定出台,市委办公室根据市委主要领导指示精神,全力以赴做好督办协调工作,重点抓好分摊资金方案呈报市委常委会之前的意见统一工作,提出解决问题的初步方案。经过市委的积极努力争取,各单位明确表示支持市委的相关决定,中国石油天然气集团公司总经理蒋洁敏对此专门作出指示。随后，市委办公室按照市委常委会的要求，做好分摊资金的落实工作。2010～2012年，克拉玛依市社会公共事业部分重点建设项目合计需要安排资金10.32亿元(5大类11个项目)，由市政府、油田公司、西部钻探公司、克拉玛依石化公司、新疆油建公司和新疆设计院按照40:37:14:7.7:0.8:0.5的比例分摊。全年市委办公室共办理领导批办、交办事项15件，全部办结，向领导反馈办理情况报告20件，起草印发《阅办通知》6件。同时，承办自治区党委领导批示件4件，全部办结，反馈办理情况报告11件。（吴　平）

【人大议案、建议和政协提案办理】 2010年，克拉玛依市委办公室收到市人大常委会建议、政协提案合计24件(人大常委会建议6件、政协提案18件)，其中政协提案《关于在全社会弘扬中华优秀传统文化促进社会和谐的提案》是市政协重点督办提案，由政协主席玉素甫江·阿不都热西提、秘书长杨平负责督办。克拉玛依市人大常委会建议、政协提案主要包括关于尽快解决市区两级检察机关审判机关编制滞后的建议、关于加强克拉玛依市文化艺术研究工作的建议、关于加大对科技兴市(区)的宣传力度的建议、关于解决农业开发区居民看电视难的建议、关于充分发挥到龄改任非领导职务的领导干部作用的提案、关于在全社会弘扬中华优秀传统文化促进社会和谐的提案、关于增加有线电视频道的提案、关于加强克拉玛依市维稳防控工作的提案、关于推动民族团结进步事业实现新发展的提案等。克拉玛依市、油田党委办公室依托党委督查工作平台，引入分解立项、跟踪督查、综合反馈等党委督查工作方法，重点抓好办前、办中、办后3个环节，有效地提高人大常委会建议和政协提案办理工作质量。根据反馈情况，多数人大代表和政协委员对于建议、提案的办理和答复都表示比较满意，对于一些因政策或现实条件所限解决不了的问题，代表、委员们也都给予充分的理解。市委办公室2010年被评为市政协提案办理工作先进单位。（吴　平）

信息工作

【基本情况】 2010年，克拉玛依市、油田党委办公室积极主动地做好信息服务工作，尤其是做好重大紧急信息报送工作，为党委提供高效、优质、全面的信息服务，充分发挥党委系统信息主渠道作用。全年收集各类信息5 339条；上报自治区党委《信息报告》720条，上报中石油集团公司信息20条；编辑信息内刊《情况反映》13期。（姜　惟）

【《情况反映》编发】 2010年，克拉玛依市、油田党委办公室围绕党委工作部署，突出重点、关注热点、剖析难点、捕捉亮点，以《情况反映》的形式将克拉玛依市政治、经济、文化、社会发展各方面的信息及时向领导反馈。同时，高度重视预警信息的编发，及时发现苗头性、倾向性问题，增强工作的主动性和预见性，为领导及时掌握情况、有效解决各种矛盾和问题提供参考。（姜　惟）

【信息调研】 2010年，克拉玛依市、油田党委办公室紧贴市、油田党委决策重点，深入基层有针对性地开展信息调研工作，分别就克拉玛依市全面建设小康社会的实现情况、社区居家养老工作开展情况以及全市各单位厂务公开工作开展情况等进行专题调研，及时向领导提供有参考价值的调研报告。（姜　惟）

【节日值班】 2010年，克拉玛依市委办公室根据自治区党委信息调研处关于切实做好节日期间有关情况报送工作的要求，春节、国庆节期间，市、油田党委办公室信息科坚持每天按时向自治区报送全市节日期间社会稳定、安全生产、假日经济和假日旅游工作情况。并将节日期间有关情况汇总，于节后上班第一时间呈送市、油田党委主要领导阅知。（姜　惟）

【业务建设】 2010年，克拉玛依市、油田党委办公室进一步完善信息通报制度，将所采用的信息条目逐条进行通报，这一做法对各单位和机关各部门报送适用对路的信息起到积极的促进作用。根据自治区党委办公厅信息调研处下发的信息需求要点，分别给全市相关单位和部门下发信息约稿，不仅增加了信息上报数量，而且提高了信息上报质量。（姜　惟）

【先进集体和个人】 2010年，克拉玛依市、油田党委办公室被评为自治区党委系统信息工作先进单位，张斌、杜毅被评为自治区党委系统信息调研工作先进个人。（姜　惟）

保密工作

【机构设置】 2010年，克拉玛依市、油田党委根据领导变化情况及时调整保密委员会，进一步完善保密工作机构。调整后的保密委员会由市、油田党委副书记、常务副市长宋友立担任主任，有成员29人，全面领导克拉玛依市、油田的保密工作。克拉玛依市、油田党委保密委员会下设办公室，与克拉玛依市国家保密局一个机构，两块牌子，既是市、油田党委保密委员会的日常办事机构，也是主管市、油田保密工作的行政管理部门，有专职保密干部3人。（张拥军）

【领导责任制落实情况】 2010年，克拉玛依市、油田党委领导全面贯彻落实保密工作领导责任制，推动市、油田保密工作的开展。一是根据人员变动和工作需要，及时调整市、油田党委保密委员会成员，确保党委对保密工作的坚强领导。二是召开2010年市、油田党委保密委员会全体会议，对自治区保密局长和集团公司保密工作会议精神进行传达学习，对市、油田当前和今后一个时期的保密工作进行安排部署。三是党委持续保持保密经费的投入。党委保密委员会及时研究解决保密工作中遇到的困难和问题，全年仅解决保密设施投入、购买保密宣传资料、购买办公设备等就投入资金超过37万元，确保了各项工作的顺利开展。（张拥军）

【保密宣传教育】 2010年，克拉玛依市、油田党委保密委员会办公室以提高广大干部职工和市民的保密意识、强化敌情观念、提高保密工作实效为目标，利用多种途径，持续开展宣传教育。一是完成“五五”保密法制宣传教育总结验收工作。根据市、油田《“五五”普法期间保密法制宣传教育规划》安排，把“五五”保密法制宣传教育检查验收工作纳入克拉玛依市“五五”普法验收工作之中，对克拉玛依市、油田110个党政机关部门、中央企业、地方企业等各级组织的“五五”普法工作进行检查验收，并通过自治区检查组的验收。二是认真开展新修订的《中华人民共和国保密法》学习宣传活动。10月1日，新修订的《保守国家秘密法》公布实施，根据自治区和集团公司工作部署，在克拉玛依市、油田开展多层次、全方位的《保密法》宣传活动。组织各单位中心组观看《责任重于泰山》等警示教育片，购买和发放《保密技术防范常识（图文本）》、新修订的《保密法》单行本、《保密法释义》、挂图等1 000余册（套），并组织清理、修订现行制度，通过宣传，强化管理，增强了人员的保密意识。三是完成《保密工作》杂志的征订工作。《保密工作》是保密宣传的重要阵地，共完成征订1 169份，连续多年位居自治区征订数量前列。（张拥军）

【保密监督检查】 2010年，克拉玛依市、油田党委保密委员会办公室认真组织开展保密监督检查工作，不断提高保密工作法制化水平。一是开展涉密载体清理专项检查。成立检查领导小组。对克拉玛依市、油田160多个单位和部门开展涉密载体清理工作，达到提高认识、完善制度、强化管理的目的。二是完成2010年各类全国统一考试的督促检查。严格执行《国家教育考试考务安全保密工作规定》，重点确保试（答）卷运送存放安全保密，全年各类全国性重大考试工作顺利完成，未发生任何失泄密问题。三是完成文件资料印刷、电子设备维修定点单位的保密资质年度审查。克拉玛依市、油田14家国家涉密载体复制定点单位和9家涉密电子设备维修定点单位通过2010年度保密资质审查。四是开展各类重大节日前的保密检查。确保克拉玛依市、油田在放假和重大活动期间不出泄密问题。五是完成文件资料的销毁监督和借阅审查。加强对内部文件资料销毁工作的管理，对85批次的油田生产资料的内部借阅和对外提供工作进行保密审查。（张拥军）

【日常管理】 2010年，克拉玛依市、油田党委保密委员会办公室做好日常保密管理，不断强化保密服务职能。积极参与市政府和油田公司信息化工作会议，提出保密指导意见；进一步规范对3G手机的保密管理；开展克拉玛依市、油田保密承诺书签订人员知识竞赛活动，克拉玛依市、油田160多个单位和部门的1万多人参加答题活动，做到市、油田签订人员的全覆盖；进一步规范定密工作，印制2 000本《中国石油天然气集团公司秘密信息分级保护目录（试行）》下发到新疆油田公司机关和各二级单位；转发《中国石油天然气集团公司领导干部保密责任制实施办法（试行）》，进一步规范新疆油田公司各级领导干部保密工作职责的落实。（张拥军）

【保密科技发展】 2010年，克拉玛依市、油田党委保密委员会办公室认真总结市、油田保密科技发展工作，不断推动保密技术防范水平的提高。从领导重视、加强保密宣传和培训、加强保密技术防护、加强保密技术检查、制度建设、资金保障6个方面，总结验收克拉玛依市、油田保密科学技术“十一五”发展规划落实情况，并向自治区上报验收工作情况。（张拥军）

【获得荣誉】 2010年，克拉玛依市国家保密局连续17年被自治区评为保密工作先进单位。在6月集团公司保密工作会议上，新疆油田公司被评为保密工作先进单位；保密委员会办公室张萍花、新疆油田公司勘探开发研究院吕长军被评为保密工作先进个人。（张拥军）

纪检监察

【市、油田纪委、监察局（处）领导名单】

市、油田纪委书记：张红彦（11月离任）、杨学文（11月任职）

市、油田纪委副书记、油田公司监察处处长：欧阳军

市、油田纪委副书记、市监察局局长：王建江

市、油田纪委副书记：胡丽华、吐尔逊江·阿不拉（12月离任）

市监察局副局长：马琳、冯福生

【基本情况】 2010年，克拉玛依市、新疆油田公司纪检监察实行合署办公。市、油田纪委机关、监察局、监察处设13个内设机构：办公室（干部室）、信访室、纪检监察一室、纪检监察二室、案件审理室（案件监督管理室）、党风廉政建设室、宣传教育室、监察综合室、效能监察室、市政府纠正部门和行业不正之风办公室、市行政效能投诉室。至年末，共有人员36人，其中监察局12人。主要履行党的纪律检查、案件监督审理、党风廉政教育以及政府和企业监察职能，依法行使纪检监察职权。（刘芳）

【市、油田纪委九届五次全体会议】 2010年2月10日，市、油田纪委召开九届五次全体会议。会议主要议题是贯彻十七届中纪委五次全会、自治区纪委七届六次全会和集团公司纪检监察工作会议精神，总结市、油田2009年党风廉政建设和纪检监察工作，部署2010年工作任务。市油田党委副书记、代市长、油田公司总经理陈新发主持会议。会上，市油田党委常委、纪委书记张红彦代表市油田纪委常委会作工作报告；市油田党委书记徐卫喜讲话。市油田党委常委宋友立、冯经礼、包尔汉·卡哈尔、郭仲军、孙晓岗出席会议。市油田纪委常委、委员，市中级法院、市检察院的领导，市人大常委会、市政府、市政协办公室领导，各区、各单位党委书记、纪委书记、纪委副书记、监察局（科）长以及市委、市政府、油田公司、矿区服务事业部机关各部门领导和自治区驻克拉玛依单位纪检组长、纪委书记共294人参加会议。（李正康）

【惩防体系建设】 2010年，克拉玛依市、油田纪委认真落实市油田惩防体系建设实施方案和工作计划确定的各项任务。制定年度计划，将6个方面、37项重点工作分解落实到市委、市政府机关49个局委办，21家牵头部门。市油田纪委加强组织协调，定期召开有关牵头部门联席会议，通报工作进展，安排部署惩防体系建设阶段性自查评估工作，对16个单位惩防体系建设重点工作进行督查调研，对20家单位进行重点检查考核，推动全年工作任务的完成。以规范权力运行为核心，建立完善“三重一大”实施细则等反腐倡廉制度14项，涉及招投标、物资采购、人事管理等制度43项。（单华）

【反腐倡廉教育】 2010年，克拉玛依市、油田纪委结合忠诚事业、承担责任、

艰苦奋斗、清廉奉献主题教育活动,深入开展贯彻落实《廉政准则》、《国有企业领导干部廉洁从业若干规定》学习教育活动。党委中心组带头学习,党政领导上廉政党课430期,举办专题报告会37场次,500多名副处以上领导干部参加集中培训,813名领导干部撰写心得体会,5 400名副科级以上党员干部和关键岗位管理人员参加知识测试。开展第12个党风廉政教育月活动,下发廉洁从政教育读本近2万册,组织2万多名党员干部观看警示教育片420场次。采取赠送廉洁贺卡、周历,发送廉洁短信等形式,开展节日期间廉洁自律教育。

(苏川运)

【廉政文化建设】 2010年,克拉玛依市、油田纪委依托反腐倡廉教育基地,开展正面典型宣传和反面警示教育,7 600名党员干部参观反腐倡廉基地,1 053名党员干部和关键岗位人员到新疆第三监狱接受警示教育。将反腐倡廉教育作为党校各类干部培训班的必修课,课时不少于总课时的10%,4 000多名党员干部接受培训。发挥大宣教格局优势,通过开播大型反腐倡廉专题节目《中国廉政报道》,在报纸开辟"廉政杯"征文专栏,在各单位门户网站开辟廉政文化栏目,对反腐倡廉进行全面、集中、系统地宣传报道。整合区域特点和文化资源,积极搭建廉政文化宣传教育平台,不断创新教育形式,丰富文化载体,使廉政理念深入人心。

(刘红喜)

【领导干部监督】 2010年,克拉玛依市、油田纪委认真落实党内监督制度,全面贯彻民主集中制。对37个单位执行"三重一大"集体决策制度情况进行监督检查;对2个单位进行巡视,发现问题11个,提出整改建议15条;处级以上领导干部有897人报告个人有关事项,836人在职代会上述职述廉,876人对照《廉政准则》和《若干规定》开展自查和整改、填报"对照检查表",748人重新签订承诺书,569人在门户网站上公开承诺内容。坚持落实干部任前公示、函询诫勉和廉政谈话等各项监督制度,对提拔或调整的79名处级干部进行任职廉政谈话,对20名党政主要领导进行届中、离任审计。领导干部主动上缴礼品、礼金、有价证券合计34.41万元。加强领导干部作风建设,开展厉行节约纠正不正之风自查活动,严格控制公款出国(境)和行政运行费用,成效明显。加强对党员干部8小时之外的监督管理,对参与赌博的党员干部进行处理和教育。

(单 华)

【案件查办】 2010年,克拉玛依市、油田纪检监察机关受理信访举报112件,立案查处违纪违法案件19件,结案20件,20人受到党纪、政纪处分。在重点查办县处级党员领导干部违纪案件的同时,加大对重点领域、关键岗位党员干部违纪问题的查处力度。纪检监察机关与市检察机关、公安机关密切协作,形成资源共享、合力突破案件的局面。信访举报工作坚持发现问题、了解民意、为群众排忧解难,坚持关注网络舆情,主动介入、超前防范,以高度负责的态度处理事关民生的问题,对可能引发集体访等影响社会稳定的苗头性问题,及时协调,妥善处理。坚持"一案两报告"制度和处分决定宣布会制度,增强查办案件的治本功效。对2009年以来查办的案件质量和党政纪处分决定执行情况进行检查督导,纠正个别党政纪处分决定执行不到位的问题。

(李正康)

【纠风工作】 2010年,克拉玛依市、油田纪委开展强农惠农政策和减轻农民负担各项制度执行情况的监督检查、涉企收费专项检查、行业协会收费专项检查。对克拉玛依市、区两级党政机关举办庆典、研讨会、论坛活动开展情况进行清理摸底,巩固和深化清理评比达标表彰活动成果。开展治理"三乱"、纠正医药购销和医疗服务中的不正之风等专项治理工作。落实食品药品安全监管责任,开展药械市场专项整治,立案查处药品案件39起、医疗器械案件6起。深化和完善免费义务教育,减免义务教育阶段贫困学生学杂费,惠及1 417人次。加强对社保基金、住房公积金、救灾资金以及扶贫资金征缴、支付、管理等环节的监督检查;开展商品房预售市场专项整治,严查11家房地产开发企业违规预售问题,责令退还违规售房款7 230.1万元。

(王多俊)

【政风行风建设】 2010年,克拉玛依市、油田纪委组织开展政风行风评议,发现和整改涉及信息公开、依法行政、清正廉洁、服务质量等方面的问题13条。在各行业基层站所继续推进行风建设示范窗口创建工作,全市18个自治区级政风行风示范窗口行风综合满意度测评结果均达到90%以上,复检考核结果均为合格。根据有诉必应、有案必查的原则,办理群众反映的政风行风问题22件次。举办行风热线节目48期,共解答、解决群众咨询投诉的各类问题42个。

(王多俊)

【执法监察】 2010年,克拉玛依市、油田纪委突出对重点部位和关键环节的监督,开展建设用地容积率管理、粮食清仓查库、安全生产、环境保护等10余项执法监察工作,进一步规范市场经济秩序。深入开展工程建设领域突出问题专项治理工作。以履行项目审批、核准和工程项目决策、环境影响评价等方面为重点,对市油田72个重点项目建设单位、1 410个重点项目开展自查自纠和排查工作,督促纠正环评不规范、招标不公开、竣工资料不健全等问题548个。抓好商业贿赂专项治理,查处商业贿赂案件16件,涉案金额164.11万元。开展"小金库"专项治理,重点检查31个单位、30个社团。严格落实重大事故责任追究的监督检查,6人受到责任追究。

(张玉鑫)

【行政效能建设】 2010年,克拉玛依市、油田纪委开展"四查四规范"监督检查活动。组织全市40多个行政事业单位进行自检自查和自我剖析。组织义务监督员,对克拉玛依市、区两级政府机关办公场所、对外服务窗口办事大厅、行政执法机构和社会服务窗口单位开展暗访检查,查找问题120多个,提出整改建议26条。开展"两提高、一降低"主题效能建设活动。印发《关于进一步提高投资项目行政审批工作效率的通知》,建立起缩短审批时限、提高审批效率工作机制。推行"两集中、两到位"和关联审批等审批制度改革试点工作,在试点单位建立相对集中的行政审批管理服务模式。建立投资项目行政审批绿色通道工作制度,使投资项目行政审批周期缩短40%。关注网络舆情,强化行政效能投诉工作。制定《关于规范网络投诉答复办理工作的意见》,使群众反映问题件件有落实,提高政府公信力。

(王占东)

【油田公司效能监察】 2010年,克拉玛依市、油田纪委开展油田公司工程建设项目管理效能监察,重点抽查督导7家单位，剖析检查项目19个。组织开展“小金库”专项治理效能监察，安排各单位自查自纠，成立6个小组进行重点检查。开展企业物资采购管理效能监察，提出整改建议37件，全部被采纳。对生产调度中心大楼工程实施派驻稽查，使管理层及时掌握项目进度、质量及资金运作情况，提高了重点工程建设项目的管理水平。 （尉宏坚）

【纪检监察队伍建设】 2010年，克拉玛依市、油田纪委纪检监察机关深入开展创先争优活动，以“三服务”、“三强化”为实践载体，提升纪检监察干部整体素质和工作水平，推进工作作风持续改进。按照建设学习型机关的要求，建立健全学习制度，加强理论学习研讨，加强教育培训，先后派出82人参加各类培训班，进一步提高纪检监察干部的业务能力和工作水平。开展纪检监察课题研究确定5个重点课题、10个参考调研课题，撰写论文71篇。 （黄文良）

组织工作

【市、油田党委组织部领导名单】

部长：张红彦

常务副部长：赵玉建

副部长：王习军、乌布里艾山·马合木提、吴刚（4月离任）、王正才（4月任职）

【基本情况】 2010年，克拉玛依市、油田党委组织部内设机构有6个科室：办公室、组织科（市委基层办）、干部管理科、业绩考核及监督科（调研室、市党建研究会秘书处办公室）、人才办（培训科）、干部综合科（干部档案管理室，公务员参照办），共有人员20人。主要承担克拉玛依市、新疆油田公司党的组织建设、党员教育与管理、领导班子与干部队伍建设、干部教育培训与管理、干部业绩考核与监督、人才选拔培训与管理、干部档案管理以及党建研究等工作。

（黄万青）

【第二批学习实践科学发展观活动】 克拉玛依市从2009年9月中旬到2010年10月开展第二批学习实践科学发展观活动，克拉玛依市辖区所属的9个街道、69个社区，2个乡、6个村，58所中小学校，95个改制企业和非公有制经济组织，8个新社会组织，共计247个单位、6 050名党员参加。学习实践活动中，全市各级党组织牢牢把握“党员干部受教育、科学发展上水平、长治久安固根基、人民群众得实惠”总体要求，结合第二批参学单位的特点，借鉴第一批学习实践活动的经验、做法，通过及时部署、创新实践载体、突出实践特色、科学进行废改立，较好地完成第二批学习实践活动的各项任务。在第二批学习实践活动结束时整改问题511个，进一步促进学习实践活动的成果转化，达到了学习实践活动的目的。 （张丽霞 党 建）

【创先争优活动】 2010年，克拉玛依市、油田党委组织部自6月初开始，在市、油田党的基层组织和党员中，开展为期2年的以深入学习实践科学发展观为主题的创先争优活动，并成立领导小组及办公室。按照先进基层党组织努力做到“五个好”、优秀共产党员努力做到“五带头”的主要内容，召开动员大会，制定实施意见，启动创先争优活动。活动中，坚持把对科学发展观的学习实践贯穿全过程，以落到实处、见到实效作为衡量活动是否有效的标准，紧紧围绕推进跨越发展、增进民族团结、促进和谐稳定、强化服务群众、强化基层组织的目标任务，以党组织争先科学发展、党员争做油城先锋为实践载体，各级党组织通过正在干的事为出发点，分别确定主题突出的创争载体和活动主题，至年底，克拉玛依市、油田有2 571个党组织和41 525名党员参与到创先争优公开承诺活动当中，党组织和党员承诺事项分别为8 786件和104 881件。 （党 建 郭建伟）

【落实“四知四清四掌握”工作机制】 2010年，克拉玛依市、油田党委组织部按照自治区党委深入推进社区、农村“四知四清四掌握”工作机制的要求，成立领导小组和办公室，先后印发《实施方案》和《工作制度》等文件，明确目标任务、实施步骤及工作职责。抽调10人组成2个巡回检查组，3个督导组，对各区进行指导检查，并从市、区、街道机关中抽调199名干部组成50个工作队，深入社区、农村开展工作。各工作队与社区工作者结合社区网格化管理特点，通过深入小区、楼栋，收集社情民意，强化社区服务，促进社区管理。对居民进行分类管理，及时掌握辖区每个居民家庭状况、流动人口的准确情况、出租房屋的变动情况、宗教活动的异常情况、重点人员等情况，切实做到情况明、动态清。工作中共清查出租房屋18 508户，清查流动人口39 295人次。结合热爱伟大祖国、建设美好家园主题教育活动，各工作队成员和198名宣讲员，深入各街道（乡）、社区（村）和各单位，引导各族干部群众牢固树立“三个离不开”的思想，共计宣传教育群众66 156人次，入户走访66 156次，召开座谈会188次，组织宣讲106次，发放材料23 556份。深入开展扶贫帮困活动，各工作队入户慰问困难群众227户。为深入推进工作，市委、市政府专门下发文件，将市委、市政府主要领导在社区、农村的基层党组织联系点作为落实工作机制的联系点，市委常委、市政府主要领导先后到联点社区督导检查，对社区建设工作和工作机制的落实提出明确要求，使联系点成为落实“四知四清四掌握”工作机制的示范点。实施区域化党建管理，4个社区率先成立社区党委，开创了区域化党建新格局。全面实施“红细胞”工程，实现在职党员单位党组织和居住地社区党组织双向共管，已有12 376名党员在社区亮明身份，9 927名党员积极参与社区活动。

（张丽霞 党 建 郭建伟）

【百日集中组建工作】 2010年，克拉玛依市委召开会议对百日集中组建工作进行安排部署，建立健全市委组织部全盘抓，市委统战部、市民政局等业务主管部门具体抓，相关部门协助抓的工作管理格局。通过深入调查研究、制定实施方案、召开创先争优活动暨百日集中组建推进会、建立党政领导党建联系点、拟定组建销号名单和时间表、定期通报有关情况等措施，扎实推进百日组建活动。通过单独组建、派员组建、联合组建和依托行业管理部门组建等方式，新建非公有制经济党组织34个、新社会党组织16个，非公有制企业和新社会党组织应建已建率100%，非公有制企业和新社会组织中的党员100%纳入党组织管理中，基本达到党组织和党的工作双覆盖。市委组织部与工商部门协调，及时登记新建立的非公经济组织或新社会组织，实现动态管理,确保新建组织及时成立党组织,逐步形成保障党建工作长效开展的新机制。同工、青、妇等其他各类基层组织建设同部署、同启动、同要求、同检查,市总工会召开集中组建暨创先争优推进会,采取抓大放小、先建会后规范和边组建、边规范、边提高的方法,新组建工会委员会34家、工会小组88个,发展会员2 939名。团市委通过组织街道、社区召开党建工作联席会等形式,协调有关单位推进团组织建设,建立非公经济组织团组织117家,吸收团员2 454人,年产值在500万元以上的规模以上企业符合建团条件的全部建立团组织。市妇联率先在个体私协中成立妇女组织,召开市私个协会妇女第一次代表大会,对组建活动进行安排,在新社会组织中新建妇女组织17个。 (张丽霞 党 建)

【基层党组织和党员队伍建设】 2010年,克拉玛依市、油田党委组织部深入开展"四强"、"五个好"、"六个一"党组织和"五带头"、"四优"党员队伍创建活动,为标准化党支部建设注入新的活力。对87个2007年以前命名的标准化党支部开展自查和抽查。编发《党支部工作制度汇编》和《关于进一步加强组织员队伍建设的通知》。在油田公司各级党组织中,开展党建"三联"示范点创建工作,进一步加强对基层党组织工作的指导和督促。制定印发《社区"五百"工作机制》、《市机关部门联建社区》等制度文件,扎实推进"五百"网格化管理模式,将"五百"工作机制纳入"五个好"街道社区党组织、和谐社区创建内容,及时协调解决社区工作中的重大问题,逐步构建区域化党建格局。围绕党员教育、管理工作制定印发加强党员教育培训的文件,举办4期党支部书记培训班、1期街道社区党建工作培训班、1期国有企业党建工作培训班、10期新党员培训班,开展党员责任区、党员示范岗、油城先锋等活动。开展以党旗飘扬主题实践活动为统揽的庆七一系列活动,表彰72个先进基层党组织、65名优秀党务工作者和136名优秀党员。创新市、油田党委庆祝建党89周年纪念大会的组织形式,主题上与党风廉政教育月活动、与党性锻炼教育相结合,内容上增加新党员入党宣誓、老党员重温誓词、齐唱红歌和诗朗诵等环节,场地上从室内改为广场庆祝,宣传上在电台直播、电视转播、报纸宣传的基础上引入电子杂志这一新的宣传方式。 (张丽霞 党 建)

【党内统计】 截至2010年底,克拉玛依市、油田有共产党员52 748人,其中在职党员33 280人,妇女党员15 634人,少数民族党员6 351人,35岁以下党员8 175人,大专以上学历的党员22 715人,管理、专业技术人员中的党员19 289人,党政机关工作人员中的党员3 032人。新发展党员1 300人,其中新发展妇女党员493人,新发展少数民族党员164人,新发展35岁以下党员881人,新发展管理、专业技术人员党员589人,新发展党政机关工作人员党员116人,新发展生产、工作一线的党员1 022人。克拉玛依市、新疆油田公司被评为2009年度全区党内统计全优报表单位。 (孙运玉)

【领导班子和干部队伍建设】 2010年,克拉玛依市、油田党委组织部以选准人、用好人为目标,合理拟定领导班子调整配备方案,为党委选人用人发挥好参谋助手作用。全年调整配备领导干部257人(提拔79人,新提正处1人,新提副处47人,副处提正处27人,4人进班子,交流178人)。完成市人大常委会主任、市人民政府市长、市政协秘书长选举工作。推进处级领导职位空岗预告制,共向常委会通报58个空缺岗位及配备建议。完善考察对象个人事项报告制度,凡是列为拟提拔考察人选的,必须填写考察对象个人事项报告表。认真落实干部选拔工作实录制,建立干部考察文书档案。完成2009年领导班子和领导干部年度考核工作,共对166个单位和部门的822名干部进行考核,与2800余名干部进行个别谈话,了解领导班子和领导干部整体表现情况。竞争性选拔干部工作实现新的突破,正处级岗位首次实行公开选拔,首次对基层党务副职实行公开竞聘,首次将油田公共服务领导岗位放到全市范围进行公开竞聘。全年共对市油田工会副主席、团委副书记、市农牧局副局长、城投公司副经理、人民医院副院长、燃气公司副经理、物业公司副经理、石西油田作业区党群副职、物资管理部副主任9个处级岗位实行公开选拔或公开竞聘,并对基层单位总会计师人选实行公开竞聘,有95人报名参加上述各岗位的选拔,通过竞争性选拔提拔的副处级干部人数占全年新提拔副处级总数的57.4%。有针对性地加强少数民族干部、女干部、年轻干部培养工作。进一步加大对紧缺专业后备干部的发现、培养力度。新提拔副处级干部中后备干部占57.4%。选派4名处级干部到自治区厅局和白碱滩区、乌尔禾区挂职,并接收自治区3名科技副职、集团公司3名挂职干部。 (程 飞)

【领导干部培训】 2010年,克拉玛依市、油田党委组织部全面加强干部培训工作。全年选派370人次参加中央党校、国家部委、自治区和集团公司举办的各类培训班,其中县处级干部350人次、厅局级干部20人次。积极做好组织部重点班次培训工作,在上海市委党校举办中青年干部培训班,46人参加学习;在新疆培训中心举办新提任领导干部培训班,33人参加学习;在清华大学举办领导干部高级研修班班,36人参加学习。加强对领导干部培训的统一协调和部署,注重对培训工作培训内容、培训方式的探索和改进,干部培训的统筹性、针对性和实效性进一步提高。

(黄万青 崔迎龙)

【干部监督】 2010年,克拉玛依市、油田党委组织部开展干部选拔任用工作四项监督制度和严厉整治干部任用中行贿受贿行为的专题学习,并通过媒体多渠道进行宣传,提高领导干部的思想认识、强化责任意识。在克拉玛依市、区及5个有干部任免权的政府工作部门和事业单位开展干部选拔任用工作"一报告两评议",对2010年干部选拔任用工作以及年内新提任的党政正职领导干部进行民主评议,并扩大民主评议参加人员范围。检查4家单位贯彻执行《干部任用条例》情况,派员列席参加克拉玛依区委、白碱滩区委讨论研究干部任免会议。实行干部选拔任用工作有关事项报告制度,加强对干部选拔任用工作的监督检查。开展严厉整治干部选拔任用工作中行贿受贿行为有关工作,与纪委联合在网上发布关于严厉整治干部选拔任用工作中行贿受贿行为的通告,对2008年5月以来的举报情况进行梳理排查。加强和改进"12380"举报受理工作,注重网络舆情,共受理举报39件,对涉及选人用人的14件全部直接查核。共函询领导干部3人，诫勉谈话1人，约谈15人，暂缓任用副处级领导干部2人。完成克拉玛依市、油田党员领导干部2009年度集中报告个人有关事项工作，符合报告条件的868名领导干部全部进行报告。坚持把重点单位部门、重点岗位和群众有反映的领导干部作为重点审计对象，对20名领导干部进行经济责任审计。认真受理申诉求决类信访问题，接待来访10人次，做好政策解释工作。审批因公出国（境）102批291人次，审批36名领导干部因私出国（境），审定80名领导干部的人事信息。（钟安源　孙运玉）

【人才工作】 2010年，克拉玛依市、油田党委组织部牵头组织开展《市中长期人才发展规划》和《市"十二五"人才发展规划》的编制，并指导市所辖各区做好区中长期人才发展规划编制工作。编制完成《市对口支援人才专项规划》，积极开展对口支援克拉玛依干部人才的争取工作。组织开展市教育和医疗卫生专业高层次骨干人才的选拔聘任工作，选聘市医学专家12人、卫生专业学科带头人27人、市特级教师19人、教育专业学科带头人49人。组织开展2010年度增补集团公司高级技术专家选拔推荐工作，经选拔推荐，4人获聘集团公司高级技术专家。组织油田公司11名技术专家赴上海、成都进行学术休假活动。

（黄万青　崔迎龙）

【干部综合管理】 2010年，克拉玛依市、油田党委组织部采取民主推荐、公开竞聘和民主测评相结合的方式，对公司党委政法委等7个单位的17名科级干部进行任免。完成2010年度市、区两级党委、人大、政协、法检以及人民群众团体的一般干部的年度考核，考核科级及以下干部635人，110人考核定档为优秀，1人定档为基本称职。选派20名党政机关科级及以下干部到基层锻炼。组织完成市区两级党群系统、法检系统公务员招录工作，录用公务员40名，其中党群系统4名、法院系统25名、检察院系统11名。开展纪念公务员法实施5周年学习宣传活动。向自治区党委组织部申报18家事业单位列为参照公务员法管理单位。单独设立市委基层办，为市委直属事业单位，挂靠市委组织部管理。各区均设立基层办，为区委直属事业单位，挂靠区委组织部管理。增设干部档案管理室，为市油田党委组织部内设科室。推进市人力资源系统建设，完成党群系统市属工作人员的市人力资源系统数据的采集、审核。完成油田公司480余名处级领导干部ERP人员信息的补充录入、修改审核工作。全年办理市、油田公司157人调动手续、6人退休手续。（梁武军　王　谊）

【干部档案管理】 2010年，克拉玛依市、油田党委组织部对市、油田干部人事档案工作领导小组成员进行调整，制定《市、油田干部人事档案管理办法》、《干部人事档案工作人员职责》、《干部人事档案查（借）阅制度》等10项制度。依据中组部及集团公司下发的检查验收程序及评分标准，对克拉玛依市、油田公司所属54家单位的干部人事档案达标复检及审核验收工作情况进行督促检查，并对每家检查验收情况进行书面反馈。做好集团公司干部人事档案检查验收组迎检工作，经过集团公司检查组综合评定，油田公司干部人事档案审核工作达到优秀标准，目标管理工作获得109.2分（满分110分），公司人事档案审核工作和目标管理工作通过集团公司检查验收。（梁武军　王　谊）

【党政机关干部统计】 2010年，克拉玛依市、油田党委组织部完成市年度党群机关公务员统计表、参照公务员法管理的群团机关工作人员统计表和参照公务员法管理的事业单位工作人员统计表的审核汇总上报工作。至年底，市委部门、人大常委会、政协、法检院、工商联机关共有公务员646人，其中女性221人，少数民族133人，45岁以下458人，大学本科以上学历483人（研究生学历28人）；参照公务员法管理的群团机关工作人员76人，其中女性38人，少数民族13人，45岁以下51人，大学本科以上学历46人（研究生学历1人）；参照公务员法管理的事业单位工作人员21人，其中女性13人，少数民族3人，45岁以下15人，大学本科以上学历11人。市委组织部被自治区党委组织部评为干部统计优秀报表单位。（王　谊）

【组工调研和党建研究】 2010年，克拉玛依市、油田党委组织部开展年度组工调研和党建研究工作，确定市、油田组工调研和党建研究课题22个。选定承担自治区重点组工调研课题4个，申报自治区党建研究会立项课题1个，按时完成研究报告。对2009年度组工调研报告、党建研究论文进行评审，评出优秀文稿39篇，并奖励。（钟安源　孙运玉）

【自身建设】 2010年，克拉玛依市、油田党委组织部制定《市油田党委组织部深入开展创先争优活动实施方案》，在部党支部率先开展创先争优活动，着力打造模范部门和过硬队伍。组织部全体党员结合岗位和工作实际，开展公开承诺活动并予以公开主动接受监督。注重学习型组织部门建设，制定《市油田党委组织部创建学习型机关部门活动方案》，灵活采取多种方式进行学习，定期组织专题研讨和集体学习，开展多读书、读好书活动，并深入基层调查研究和实地学习，组工干部的素质和能力进一步提高。加强组织部门作风建设，以"讲党性、重品行、作表率"为主题开展党性教育和理想信念教育，使组工干部做到内修党性、外塑形象。（黄仁珍）

【先进表彰】 2010年6月24日，市、油田党委召开会议，表彰2008～2009年度先进基层党组织、优秀共产党员和优秀党务工作者，决定授予准东采油厂火烧山作业区联合站党支部等72个党支部（党总支）先进基层党组织称号；授予客运公司吴德荣等136人优秀共产党员称号；授予克拉玛依区银河路街道北斗新月社区党支部书记冯秀云等65人优秀党务工作者称号。

一、先进基层党组织（共72个）

克拉玛依区：银河路街道北斗新月社区党支部、克拉玛依市华隆实业总公司华隆鸿通管材有限公司党支部、区人民检察院党支部

独山子区：金山路街道第二社区党支部、第二中学党总支

白碱滩区：中兴路街道五亭社区党支部、克拉玛依市迪马有限责任公司党总支

乌尔禾区：区地税局党支部

市直机关：市档案局党支部、市审计局党支部、市地税局机关党委第一党支部

油田公司机关：总经理办公室党支部、油藏评价处党支部

准东采油厂：火烧山作业区联合站党支部、沙南作业区沙采一队党支部、供热公司供热三车间党支部、供电公司变电车间党支部

采油一厂：J129采油作业区党支部、百重七供汽联合站党支部、油田地质研究所党支部

采油二厂：第四采油作业区党支部、第六采油作业区党支部、油田地质研究所党支部

采气一厂：盆5采气作业区党支部、玛河采气作业区党支部

百口泉采油厂：检188作业区党支部

重油开发公司：采油作业五区党支部、供汽四联合站党支部、集输联合站党支部

彩南油田作业区：中心控制室党支部

石西油田作业区：石西集中处理站党支部

陆梁油田作业区：陆梁采油站党支部

风城油田作业区：夏子街采油站党支部

新疆新港作业分公司：集输作业区党支部

油气储运公司：701站党支部

井下作业公司：大修项目部C08339队党支部、酸化压裂公司压裂五队党支部、钻井项目部钻井20979队党支部

试油公司：第一试油项目部S80312队党支部、特殊作业分公司作业一队党支部

勘探开发研究院：石油工程研究所党总支、地物所资料处理中心党支部

采油工艺研究院：技术研发中心党支部

克拉玛依电厂：运行维护中心党支部

供电公司：自动化所党支部

供水公司：第一水厂党支部

通讯公司：克拉玛依一分公司党支部

机械制造总公司：阀门制造厂党支部

物资供应总公司：乌鲁木齐供应站党支部

客运公司：克拉玛依客运站党支部

消防支队：消防三大队党支部

治安保卫中心：金龙镇治保大队克石化中队党支部

新疆培训中心：培训部党支部

克拉玛依职业技术学院：基础教学部党支部

技术工人培训中心：石油工程学科党支部

供热公司：一分公司三车间党支部

燃气公司：市区液化气供应站党支部

克拉玛依物业管理公司：金龙镇分公司党总支

白碱滩物业管理公司：维修分公司维修一队党支部

市中心医院：门诊部党支部

市第二人民医院：内一科党支部

离退休职工管理中心：南区总站南林退休站第四党支部、北区总站石油退休站第九党支部

广播电视中心：广播电台党支部

新疆石油报社：汉文编辑部党支部

市教育局：实验中学第一党支部、十三中学高中党支部

市公安局：胜利路派出所党支部、交警支队车辆管理所党支部

明园职工医院：医技党支部

明园新时代大酒店：第三党支部

黑油山有限责任公司：稀油作业区党支部

二、优秀共产党员（共136人）

克拉玛依区：苗丽玲、戴文英、顾法春、曾佩志、张海萍、高同堂、汪花香、毛瓦利亚

独山子区：尚冬梅、张琼峰、程淼、甫拉提·祖马洪、艾尼瓦尔·艾买提

白碱滩区：郭明、艾合买提·木合塔尔、秦玉珍、曾克兵

乌尔禾区：李刚、安明生

市直机关：孙晓辉、李立人、叶戈、朱剑钊、宋良

油田公司机关：冯旭军、刘爱中、胡筱波

准东采油厂：单敏、李培斌、石爱忠、袁代文、王洪忠、李秀云、陈静、艾尼瓦尔·祖农

采油一厂：伊克拉木·克依木、赵香、陈波、董全忠

采油二厂：高贵前、孜克力亚·艾力马吉、侯怀智、叶洋

采气一厂：刘善琳、刘德青、王远新、李军仁

百口泉采油厂：王林生、彭桂芳、瞿建华、乌马尔汗·达吾力

重油开发公司：金恩斯·哈里别克、杨俊英、吴勇忠、吕其军

彩南油田作业区：张新、董文秀

石西油田作业区：陈雪松、徐建江

陆梁油田作业区：易新愚、谭建华

风城油田作业区：张咏红、杨兆臣、刘江林

新疆新港作业分公司：鲁梅、谢方新

油气储运公司：巴拉提·塔西买买提、迟尚安、赵玉萍

井下作业公司：吴明胜、俞永生、张钢、孙锡斌、刘飞

试油公司：唐建军、李宁、苏建华

勘探开发研究院：刘继山、覃建华、杨迪生、陈玉芬、周春梅

采油工艺研究院：王洋、吴志凯

克拉玛依电厂：艾力宝·乌拉孜拜克、刘威

供电公司：薛扬、陈红春

供水公司：王秀艳、许建军、闵首军

通讯公司：陈斌、成书军

机械制造总公司：刘牧洲、徐玮

物资供应总公司：张萍、经德利

客运公司：买买提依明·乌布力、吴德荣

消防支队：王照秀

治安保卫中心：于国江

新疆培训中心：安悦君

克拉玛依市委党校：吉淑芳

克拉玛依职业技术学院：张忠良、陈玲

技术工人培训中心：邓琴

供热公司：周亚伟、董淑琴

燃气公司：杨克辉

克拉玛依物业管理公司：陶全友

白碱滩物业管理公司：马德芳

市中心医院：秦万平

市人民医院：方静

市第二人民医院：李荣

离退休职工管理中心：程池渊、孙玉振、王启禄、徐孝京、王延明、聂玉华、色依提乌马尔·阿尤普

广播电视中心：王江

新疆石油报社：徐红

市教育局：热发提·买买提、吕向东、张铁莲

市公安局：李存章、艾比布鲁·色依提、李海涛

中国电信克拉玛依分公司：向前

接待服务总公司：赵军卫

乌鲁木齐办事处：阿不力孜·热合曼

北京联络处：刘云平

绿成农业开发有限责任公司：王克贤

新疆石油工程建设监理有限责任公司：蒋纲

黑油山有限责任公司：任小红

三、优秀党务工作者(共65人)

克拉玛依区：冯秀云、阿佛尼亚、王彦

独山子区：于梅玲、徐辰

白碱滩区：邵争鸣、张庆

乌尔禾区：黎明

市直机关：张毅、朱万同

准东采油厂：李晓华、刘宏强、冯喜萍、刘国新

采油一厂：康朝斌、黄新斌、杨志冬

采油二厂：张胜、魏勇、甄双成

采气一厂：闫京友、徐新强

百口泉采油厂：俞江龙

重油开发公司：李国庆、张建升、邹瑜

彩南油田作业区：陈亚颐

石西油田作业区：王音平

陆梁油田作业区：张维新

风城油田作业区：韩德熙

新疆新港作业分公司：闫奎

油气储运公司：王治国

井下作业公司：刘志亮、徐永江、张文华

试油公司：江涛、潘学军

勘探开发研究院：梁承敏

采油工艺研究院：谢斌

克拉玛依电厂：张文平

供电公司：吴健康

供水公司：付志虎

通讯公司：韩金盛

机械制造总公司：韩振东

物资供应总公司：方梅

客运公司：邵明堂

消防支队：陈继华

治安保卫中心：秦金平

克拉玛依职业技术学院：黄杰

技术工人培训中心：陈建元

供热公司：杨广林

燃气公司：朱宝君

克拉玛依物业管理公司：王增平

市中心医院：彭旺宝

市第二人民医院：侯红波

离退休职工管理中心：郁成兴、支玉凤

广播电视中心：曾成忠

新疆石油报社：吴燕

市教育局：周春燕、李国莲

市公安局：杨大利、帅军

明园职工医院：王炜

黑油山有限责任公司：李学源

（张丽霞　党　建）

宣传思想工作

【市、油田党委宣传部领导名单】

部长：郭仲军

副部长：谭向东(7月任职)、常锋英、孙庆奎、江永红(4月任职)、木塔力甫·克力木、余世庆(10月离任)

【基本情况】 克拉玛依市、油田党委宣传部是市油田意识形态领域的主管部门，同时挂对外宣传办公室、精神文明指导委员会办公室、油田公司企业文化处的牌子。2010年，党委宣传部内设部长1人，副部长6人(兼职3人)。内部机构有宣传科、文明办、理论科、文化科、办公室(网络科)、政研会秘书处(讲师团)、国防教育办公室、未成年人思想道德建设工作办公室、“扫黄打非”办公室9个科室，有人员17人，其中企业编制14人、国家行政(事业)编制3人。主要承担克拉玛依市干部理论教育、党的方针政策宣传、新闻宣传、网络管理、对外宣传、文化建设以及爱国主义与社会主义教育等工作任务。

（吴莲蔚　付露斌）

【理论教育】 2010年，克拉玛依市理论教育工作围绕中心，服务大局，为促进克拉玛依加快发展和社会稳定奠定思想基础。改进市委中心组学习方式，将理论学习落到实处。围绕打造世界石油城战略目标、创建学习型城市理论等确定12个专题讲座，突出学习的针对性和实效性，为全市创建学习型领导班子起到示范作用。成立创建学习型克拉玛依领导小组及办公室，组织多层次、宽领域、有实效的学习活动，通过举办报告会、专题讲座等，丰富活动载体。《准噶尔大讲堂》、《油城讲坛》等报告讲座常态化，为市民搭建起学习交流的平台。在企业员工中开展“学习在石油·每日悦读10分钟”全员读书活动和服务、质量、作风主题教育，连续编发创建学习型组织、打造世界石油城等主题学习资料，成为各级党组织开展面对面教育的重要辅导材料。创新培训内容，10月，在新疆石油培训中心举办政工干部人本管理培训班，进一步提高基层政工人员理论水平和业务素质。（吴莲蔚　付露斌）

【政研会(讲师团)工作】 2010年，克拉玛依市、油田党委宣传部充分发挥讲师团的作用，运用宣讲辅导、讨论座谈等形式，深入开展理论宣讲和政策解读。围绕市委九届七次全委会及集团公司、新疆油田公司职代会及工作会议精神，宣讲团深入基层单位，宣讲200余场次，直接听众达3万余人。宣讲国际国内经济形势对石油石化企业的影响、挑战与机遇，增强广大群众克服困难、建设现代化大油气田的信心。开展思想政治工作研究，组织“克拉玛依市宣传文化研究队伍建设”等4个专题的研究，为自治区党委政府提供资政服务；合作研究“沙漠高效油田企业文化发展战略研究”等项目。在集团公司2008～2009年度优秀政研成果奖评选活动中，《以科学发展观为指导全面推进和谐矿区建设》等3篇论文分获优秀政研成果一、二、三等奖；《石西人的“说、唱、做”》等3篇案例被评为思想政治工作优秀案例。

（吴莲蔚　付露斌）

【爱国、建家主题教育】 2010年，克拉玛依市、油田党委宣传部根据中央四部委和自治区党委《关于在新疆开展热爱伟大祖国、建设美好家园主题教育活动的意见》，适时启动克拉玛依市的主题教育活动。制定实施意见，健全工作机制。7月7日，召开动员大会，对全市开展主题教育活动进行广泛动员和全面部署。与第29个民族团结进步教育月活动紧密结合，选拔200名优秀宣讲骨干组成宣讲队伍。通过层层宣讲、座谈研讨、演讲比赛、文艺演出等形式，做到主题教育活动进机关、进企业、进农村、进学校、进社区、进家庭、进清真寺。深入进行马克思主义“五观”、新疆“三史”、“六好”、党的民族理论和民族政策、维护社会稳定和社会主义法制的宣传教育，各族人民群众“四个认同”思想进一步巩固。（吴莲蔚　付露斌）

【新闻宣传】 2010年，克拉玛依市、油田党委宣传部新闻宣传主题鲜明、导向正确，完成一系列重大宣传任务。一是组织推出打造世界石油城、发展战略系列评论解读以及城市形象、城市规划、地企巡礼、我是克拉玛依人典型宣传等系列专题报道。二是完成集团公司领导干部会议、信息化创新国际学术论坛、全国石油化工论坛、油田勘探开发55周年座谈会、市油田党委九届七次全委会等重大会议新闻宣传任务。三是组织好创先争优以及热爱伟大祖国、建设美好家园主题活动的宣传报道。四是完成好文明城市创建、无障碍城市创建、双拥共建、人口普查、挖潜增效、安全生产、抗雪救灾等专题宣传工作。五是正确引导退岗职工家属补费参保等民生工程的宣传，做到措施有力，引导到位。六是做好《油城记忆·人物篇》、《油田家族》系列报道的刊播。七是不断创新宣传形式。在《克拉玛依日报》推出内容丰富、版面新颖的纪念特刊；《克拉玛依手机报》正式开通并投入使用；电视节目改(扩)版工作进展顺利；新闻频道、自办频道按期播出，效果显现；广播节目形式灵活，听众增多；网络页面更新及时，主题宣传内容突出。

(吴莲蔚　付露斌)

【网络管理】 2010年4月14日，在克拉玛依市、油田党委宣传部的组织下，克拉玛依市委书记徐卫喜、市长陈新发联合做客“克拉玛依网·强市论坛”，与网民在线互动交流，在2个小时的交流中，徐卫喜、陈新发针对网民关心的教育、交通、住房、天然气入户、城市发展等热点问题及相关意见和建议进行现场答复，收到良好社会效果。7月22日，市委宣传部组织召开全市网络评论员工作会议，组建政治素质好、理论水平高、文字功底强的网络评论员队伍，针对热点敏感问题及时引导。密切关注网上热点，加大网上舆情信息研判力度，及时编印《网络舆情通报》10余期，为领导决策提供信息依据。(吴莲蔚　付露斌)

【精神文明建设】 2010年，克拉玛依市委宣传部深入开展精神文明建设活动，取得显著效果，城市的文明水平和市民的综合素质进一步提高。一是进一步强化思想道德建设。把社会主义核心价值体系融入公民道德建设和精神文明建设的全过程，开展文明在我感恩中、文明在美好环境中、文明在我行进中、文明在我奉献中、文明在我微笑中道德实践活动和迎世博、讲文明、树新风文明礼仪知识系列活动，调动广大市民踊跃参与的积极性。3月19日，邀请自治区道德模范庄仕华和王燕娜来克拉玛依市作先进事迹宣讲。评选出木尼热等15位我身边的好人事迹，利用媒体、板报、宣传栏等形式广泛宣传，引领道德风尚。二是进一步开展文明创建活动。在保持自治区文明城市荣誉基础上，通过全国和自治区文明城市指数测评，在全国117个地级以上(含地级)城市测评中排名第22位。基本实现创建工作数字化管理。对新申报和届满的文明单位、行业、社区进行测评检查，树立和宣传一批创建工作先进典型。10月1日，中央文明办专职副主任王世明对克拉玛依市创建工作给予高度评价，认为克拉玛依是一座幸福的城市、美丽的城市、文明的城市。三是进一步加强未成年人教育工作。针对社会环境中出现的新情况、新问题，建立各相关部门协调联动机制，及时研究解决未成年人思想道德建设中的新问题，定期开展专项整治行动。把民族团结教育与爱国主义教育相结合，贯穿到课堂教学，融入到课外活动，延伸到爱国歌曲大家唱活动，在中小学生中广泛开展学唱、传唱民族团结与红色革命歌曲。抓住主要纪念日、节庆日，开展丰富多彩的文体活动，大兴文明道德新风。

(吴莲蔚　付露斌)

【对外宣传】 2010年，克拉玛依市委宣传部进一步拓展对外宣传工作领域，创新宣传方法和手段，为推动全市又好又快发展营造良好的外部舆论环境。一是在中央电视台的外宣实现重要突破。在《新闻联播》、《东方时空》等栏目播出新闻28条，创历史新高。在央视5个频道推出为期1个月的信息化创新克拉玛依国际学术论坛广告宣传，在《走进科学》栏目播出两部专题片。二是在国内其他主流媒体的外宣取得进展。在《人民日报》、《经济日报》、《香港商报》以及新华社、中新社等媒体刊发大量图片报道或深度报道，在《中华儿女》杂志推出12期36个整版的有关克拉玛依油田发现故事的系列深度报道。三是在省部级媒体的外宣收到明显效果。在《中国石油报》、《新疆日报》、新疆电视台等媒体刊播新闻3 000余条，在《中国石油报道》连续播出《油城记忆》10集。四是在网络媒体的外宣产生较大反响。在新浪网、天山网开办专栏，在优酷、土豆等国内知名视频网站播出克拉玛依城市形象宣传片，在集团公司网发布信息270余篇。此外，首次在南航《假日旅游》杂志推出有关打造世界石油城和旅游产业发展的宣传专版，并在南航37架飞机上连续投放4个月，产生良好的外宣效应。

(吴莲蔚　付露斌)

【文化艺术】 2010年，克拉玛依市的城市文化和企业文化建设取得新的进展，各族职工群众的精神文化生活进一步改善，社会主义先进文化引导社会、教育人民、推动发展的功能进一步发挥。一是城市文化进一步繁荣。市委宣传部组织编制完成《克拉玛依文化发展第“十二个五年规划”(讨论稿)》，积极探索文化繁荣创新途径，建立实施签约艺术家聘任办法和重点文艺作品扶持办法和多层次文化交流，城市文化工作取得新进展、新成效。工业遗产文化保护取得阶段性成果。对克拉玛依1号井、机械制造总公司厂区等一批具有历史、社会、建筑或科研价值的工业文化遗存，启动保护、规划、发掘、利用工作。群众性文化活动主题突出，特色鲜明。组织开展的企事业单位及群众团体文艺展演、“上井下乡”慰问巡回演出、水节系列文艺展演、第九次百日广场文化竞赛、群众美术书法摄影作品大赛等活动，参与群众达10余万人。常态化的“扫黄打非”工作，使克拉玛依市文化市场环境不断净化。二是企业文化建设进一步加强。市委宣传部组织编制完成《新疆油田公司“十二五”企业文化建设规划》，修订完善《新疆油田公司企业文化手册》，完成集团公司部署的《中国石油建设新疆员工手册》的编写任务，集团公司特别致函感谢。以陆梁油田作业区为试点，与西南石油大学协作实施“新疆油田沙漠高效油田企业文化战略研究”课题研究，对进一步、有针对性地做细做实公司基层文化建设进行探索。完成油田公司员工企业文化培训资料和多媒体教材编制工作，并对公司51家单位的近150名基层企业文化建设辅导员进行培训。11月26日，油田公司企业文化建设经验在自治区第二届企业文化论坛上进行交流推广。(吴莲蔚　付露斌)

政法工作

【市、油田党委政法委员会领导名单】

书记:宋友立(兼)

副书记:阿不都热合曼·克里木(兼)、杜勇(兼)、白新泰(兼油田公司保卫处处长、武装部部长)、曾宪江(10月任职,兼)

【基本情况】 2010年,市、油田党委政法委员会内设办公室、执法监督室,与市维护稳定办公室(内设信息科、督查科)、综合治理办公室(内设综合管理科)合署办公。有人员19人。油田保卫处设有3个科室:油田保卫科、综合治理科、综合科,人员6人(领导职数2人)。主要承担开展对敌斗争、打击刑事犯罪、进行执法监督、消除矛盾纠纷、维护社会稳定等职能。 (郭京瑞 郑向才)

【完善维稳机制】 2010年,克拉玛依市政法委员会深入推进反恐严打斗争、社会矛盾化解、社会管理创新、公正廉洁执法4项重点工作,着力解决影响社会和谐稳定的源头性、根本性、基础性问题,推动政法、维稳工作全面发展进步。一是进一步完善多警种联动摸排工作机制,不间断地开展"三股势力"、"法轮功"重点人员及涉恐涉暴团伙的摸排,对各种重点人员和团伙按列控等级区别管控,确保不漏管失控。二是进一步健全完善涉危重点案件协查联办机制,对涉及民族分裂势力、非法宗教活动的案件,公安机关快侦快破,检察机关快批快捕,审判机关快审快结。破获"一二·九"等多起危安犯罪案件,打掉"伊吉拉特"团伙,抓获流入克拉玛依市活动的外地籍"法轮功"人员,查缴"法轮功"书籍、"法轮功"光盘等宣传品及"法轮功""护身符"数十个。三是实施国保、派出所、街道社区联动机制,采取定期摸排与随机摸排相结合的方式对城乡结合部、外来人口聚集地等重点复杂区域开展不间断滚动式调查摸排,最大限度地压缩了犯罪分子赖以生存和活动的空间。

(梁定彦 郑向才)

【打击刑事犯罪】 2010年,克拉玛依市政法机关、公安机关、治安管理部门联合作战,集中开展打黑除恶、打击侵财犯罪、打击"两抢一盗"、禁毒等一系列专项斗争和行动,严厉打击违法犯罪活动。全年刑事案件立案比上年上升2.3%,破案上升6%;8类案件立案下降11%,破案率85%。检察机关强化刑事检察职能,严厉打击民族分裂势力、非法宗教活动及各类刑事犯罪活动,积极参与集中整治和专项治理,全年受理逮捕案件321件427人,分别下降12.74%和14.79%,批准和决定逮捕案件302件400人,分别下降15.94%和17.68%,不批准逮捕18件26人;受理移送审查起诉案件581件844人,分别增长11%和12%,提起公诉470件666人,不起诉25件30人;受理危害国家安全案件10件19人;受理职务犯罪案件28件30人。审判机关强化刑事审判职能,不断提高办案效率和办案质量,对受理的各类刑事案件依法快审理、快结案,依法惩处各类刑事犯罪。全年受理一、二审刑事案件555件,下降0.54%;审结488件,审结率87.93%,上升0.65个百分点。

(郭京瑞 梁定彦)

【反分裂斗争】 2010年,克拉玛依市政法委员会全面开展意识形态领域反渗透反、分裂斗争,重点进行无神论宣传教育,用先进文化占领思想阵地,深刻揭露"三股势力"的罪恶行径和反动本质,不断增强各族群众明辨是非和抵御渗透的能力。一是贯彻《宗教事务管理条例》,加大对宗教人士、宗教场所、宗教活动的管理力度,引导宗教与社会主义社会相适应。二是落实少数民族领导干部联系清真寺和与宗教人士谈话制度,加强宗教人士和信教群众的思想教育,揭批非法宗教活动的现实危害,不断增强民族团结、维护社会稳定的自觉性和责任感。三是公安、宣传、民宗、文化、工商等部门加强配合,加大对各种反动宣传品的查缴力度,依法罚处、严厉打击利用书刊、音像制品、网络、传单、移动存储介质等途径进行的渗透活动。四是市属各区、各相关部门、各企事业单位通过媒体广泛宣传教育。 (郭京瑞 梁定彦)

【执法监督】 2010年,克拉玛依市政法委员会深入开展清理执行积案行动,对案件的办理,严格落实"四定",即定责任人、定责任部门、定方案、定时间,切实做到"四清",即案情清、诉求清、原因清、症结清,进一步健全党委领导、人大监督、政府支持、法院主办、各级配合的执行积案工作新格局。开展信访积案化解年活动,充分发挥由政法委牵头、法院、维稳、信访等部门共同参与的积案化解工作联席制度,化解信访积案15件。做好涉法涉诉信访案件化解工作,逐案研究化解措施,逐案明确工作主体,严格落实包案责任,实行责任倒查制度,最大限度地予以化解。全年接待处理较大的信访案件71件,其中来访51件、来信20件。办理自治区移送"七五"案件多起,清理涉法涉诉信访积案39件42人,化解23件25人,协调处理重大案件30余件,解决执行难度大的案件10余件。加大解决特殊疑难信访问题配套资金的投入和使用力度。出台《克拉玛依市司法救助专项资金使用管理办法(试行)》,通过司法救助和政府个案救助化解4件,救助金额29.34万元。

(梁定彦 刘爱中)

【维护稳定】 2010年,克拉玛依市政法委员会按照中央政法委32号文件精神和自治区《关于对〈中央政法委员会、中央维护稳定工作领导小组关于加强新疆维稳力量建设的实施意见〉的分工方案》要求,制定分解方案,积极整合全市各方维稳力量,健全完善工作机构,形成党委统一领导、主管部门牵头协调、各级组织具体运作、社会各界广泛参与的维稳工作格局。一是加强维稳力量建设。充分发挥政企党委合一的体制优势,有效整合社会资源,把全市、驻市中央企业各单位全部纳入维稳工作成员单位,工作覆盖到各行业和领域。市维稳工作队伍总体上分为自治区派驻、专业、兼职、群众性4支,总人数2万多人,搭建起横到边、纵到底、全覆盖的维稳工作网络。二是加强维稳机制建设。修订完善符合实战需要的市、区两级处置突发事件应急预案,实现各类预案和各方应急力量的有效对接,组建一支企地联合的,以公安、武警、油田治保为骨干,民兵、预备役、卫生、通信等为基础的一专多用复合型应急处突队伍。定期开展联合实战演练,增强快速启动、协同应对、有效处置的应急处突能力。抓好油地联防共建工作,有机整合企地之间应急力量,各区与辖区内各企事业单位建立联席会议制度和应急反应联动机制,确保有异常情况能够相互支援、联防联动，共同处置突发事件。投入上亿元资金用于“三防”建设，促进“人防、物防、技防”充分发挥各自作用，实现优势互补，不断强化整体防控效果。在维稳特别重点阶段，应急力量始终保持24小时待命状态，确保在关键时刻能够拉得出、冲得上、打得赢。三是加强统筹协调，形成强大的维稳工作合力。成立由克拉玛依市委、市政府主要领导任总指挥，主管稳定工作的领导任副总指挥，市政府、驻市中央企业、公安、武警、军分区及有关部门负责人参加的市维护稳定工作领导小组联合指挥部，统筹协调指挥军警民企各方维稳力量，统一开展各项维稳工作，为做好维稳、安保和防恐工作提供坚实的组织体系保障。市委、市政府主要领导定期听取稳定工作专题汇报，明确阶段性工作目标和任务；每逢重点阶段、敏感时期，都召开市委常委会、常委扩大会议和维稳专题会，专题研究部署重点工作；市委维护稳定工作领导小组每月召开1次稳定工作联席会，梳理社会矛盾纠纷，针对重大疑难问题进行研究会办，研究部署工作措施；市委政法委、维稳办坚持每周召开1次对重点人员、重点群体、重点态势的情况分析会，排查梳理不稳定因素，研究措施对策。按照油地双方发展共谋、成果共享、责任共担的共识，不断完善地方、企业、部门之间整体联席联动工作机制，形成党委领导、条块结合、上下联动的维稳联席联动工作体系，推动各方面协作配合，实现矛盾联调、治安联防、警务联勤、问题联治、平安联创、稳定联保。 （梁定彦　郑向才）

【维稳信息收集】 2010年，克拉玛依市政法委员会进一步健全完善情报信息工作机制，牢牢掌握对敌斗争的主动权。一是加强秘密力量和人民防线建设，不断增强深层次、内幕性信息的获取能力，及时收集掌握境内外“三股势力”具有现实危害的预警性、行动性情报信息，做到敌动我知、未动先知。二是按照专群结合的思路，发展壮大各级专兼职信息员和社会信息员队伍，进一步完善横向以公安、国家安全、政法等部门为主体，纵向到各区、街道、社区的全方位、多层面的信息工作网络，不断拓展情报信息的触角。三是在工作中加强情报信息的沟通、会商、研判工作，政法、公安、国家安全等部门定期召开情报信息交流会，互通情况，研判形势，形成互补，确保及时发现、及时预警、及时应对。全年本级维稳办收集报送各类维稳信息近1 000条，有效处理预警性信息100多条。

（梁定彦　郑向才）

【风险评估】 2010年，克拉玛依市政法委员会按照重心下移、关口前移、主动维稳的工作思路，在克拉玛依区试点实施重大事项社会稳定风险评估工作，先后对克拉玛依市西大沟、大西沟拆迁、民汉合校和中巴车退市等重大事项进行稳定风险评估，对实施过程中可能出现的影响社会稳定的问题进行先期预测、先期研判，制定并落实维稳措施，从源头上预防和减少不稳定隐患，保证项目的顺利实施。白碱滩区、乌尔禾区对涉及2个区的东方园整体搬迁联合开展风险评估工作，独山子区对集团公司领导干部大会期间维稳、安保工作进行风险评估。开展社会稳定风险评估试点工作的主要做法被中央政法委《政法动态》采编，在全国范围内介绍。8月，自治区重大事项社会稳定风险评估工作座谈会上，克拉玛依市介绍经验，得到中央维稳办和自治区的肯定认可。9月，市委、市政府联合发文，发布实施《克拉玛依重大事项社会稳定风险评估工作意见》，在全市范围内全面铺开风险评估工作。

（梁定彦　郑向才）

【重点排查】 2010年，克拉玛依市政法委员会切实抓好重点排查工作。各区、各部门、各单位按属地管理原则，由区党委、政府组织相关部门，采取联勤、联动、联办、联查“四联”方式，对辖区内重点人员、重点群体、重点区域及不稳定因素进行排查，对本单位存在的可能引发影响社会稳定的因素进行排查。具体坚持5项排查制度：一是日常排查制度。各级组织、各单位适时组织开展矛盾纠纷排查工作，随时随地了解、发现、掌握各种社会不稳定因素。二是集中排查。坚持每年开展1～2次矛盾纠纷集中排查工作，各区、各部门、各单位按要求在规定的期限内，组织对本区、本系统、本单位存在的矛盾纠纷进行排查。三是专项排查。公安、消防、交通等部门开展打黑除恶、严查彻改火灾隐患等专项排查工作，组织开展流动人口和出租房屋大清查等活动，保障社会治安秩序的平稳有序。四是明察暗访。先后3次对石油石化基地、各类库站等要害部位和水、电、气、党政机关等重点单位以及商场、学校等重要区域进行暗访。累计对存在维稳、安全隐患的60多家单位下发“维稳工作明察暗访隐患整改通知书”，督促限期整改，及时消除一批隐患和问题。五是特别重点阶段期间排查。在上海世博会等特别重点阶段，各级组织、各单位集中力量采取分片包干、进家入户的形式，对管辖范围内的流动人口、出租房屋、重点区域组织开展全面深入的排查工作，做到“四清四知四掌握”，确保重点人员、重点群体底数清、动态明，不漏查、不漏管。 （梁定彦　郑向才）

【矛盾纠纷化解】 2010年，克拉玛依市政法委员会针对可能引发影响社会稳定的苗头隐患和矛盾纠纷，认真落实包案责任制，做到责任不落实不放过、工作不到位不放过、隐患不排除不放过。一是对特别重大的问题，由市委、市政府主要领导牵头督导有关部门和单位妥善化解；对一些涉及面广、解决难度大的热点敏感问题，明确牵头责任部门和包案领导，协调有关部门和单位共同参与，落实矛盾纠纷化解会办制度，认真组织化解；针对近两年来排查出的16类不稳定因素，先后向30多家责任单位下发领导包案任务书，各有关单位、部门成立40多个包案领导小组，共落实500多名干部开展包保、稳控、疏导和化解工作。二是发挥人民调解、行政调解、司法调解三位一体大调解机制的作用，综合运用法律、经济、行政等手段和教育、协商、调解、仲裁等方法有效化解各类社会矛盾纠纷和问题。三是整合基层政法、综治、维稳、信访等方面力量，明确负责领导，细化工作责任和措施，形成综合化解矛盾的大平台。全年调解矛盾纠纷1 602起，化解成功率96.7%，化解成功率比上年上升1.4个百分点。四是以预防为主，从源头上预防新矛盾、新问题的产生。积极搭建群众与政府、群众与企业之间的沟通平台，发挥广播、电视、报纸、互联网等媒体以及工会、社区等组织的作用，积极拓宽社情民意表达渠道，使群众的诉求能够顺畅表达，情绪能够有效疏导。五是坚持把政策宣传和思想教育贯穿于信访始发期、接访现场和案件调处全过程，大力宣传信访条例等法律法规，不断提高群众的法制意识，引导群众合理合法表达诉求。六是落实领导干部定期接待群众来访和定期组织干部下访工作，各级领导深入一线采取现场接访、带案下访、重点约访等方式直接听取群众诉求，解决群众反映的问题，全市信访总量呈逐年下降的走势。扎实开展书记大接访工作，始终保持全天候信访接待机制，做到有访必接、随访随接，全年各级领导干部累计接访、下访813件次，答复率100%，稳妥化解一批群众关心的热点敏感问题。七是发挥联席工作机制的作用，多方联手、积极稳妥地化解少数民族职工子女就业上访、销售公司业务整合引发的油品销售员工上访等一批重点热点敏感问题。（梁定彦　韩胜辉）

【互联网管理】　2010年，克拉玛依市政法委员会制定出台《加强互联网安全稳定工作的意见》，成立网络舆情监测部门，与公安机关、国家安全、宣传等单位网络侦查和监测部门实现优势互补，确保网络监管工作衔接有序，不留死角和盲区。互联网行业主管部门和论坛网站进一步加强对网络监管，及时了解网民动态，掌握重点群体、重点人员在网上的动向，主动回应社会关切，积极引导网上舆论导向，发现蛊惑、造谣、煽动、串联等涉及影响社会稳定的内容，及时报告，及时预警。公安、国家安全机关加大对互联网上各种危害国家安全、破坏社会稳定的行为依法查处力度，特别是加大对重点网站、QQ群、论坛、博客等监测力度，严防敌对势力利用现代通信技术遥控煽动境内人员制造事端，一旦发现利用互联网内外勾结、组织串联煽动危害社会稳定或发布、跟帖、传播不良信息影响社会稳定的行为，立即封堵并落地查处，依法依规严肃处理。全年查处封堵有害信息60多条。（梁定彦　郑向才）

【社会管理与创新】　2010年，克拉玛依市政法委员会把加强社会管理作为适应经济社会发展、维护社会和谐稳定的关键环节，紧紧依靠党委、政府的统一领导，相关部门、社会组织的具体实施，社会各界和公众力量的共同参与，围绕社会管理中的薄弱环节，突出重点、整合资源、统筹谋划、循序渐进，抓好各项管控措施落实，不断提高社会管理创新的水平。成立由市委、市政府主要领导同时担任组长的社会建设领导小组，制定《克拉玛依市关于加强社会建设、创新社会管理工作的实施意见》，从指导思想、理念原则、主要目标等11个方面对加强社会建设和管理创新的主要内容、工作措施、具体要求、责任追究等作出明确和规范。按照自治区加强社会管理创新的要求，把加强社会建设、创新社会管理工作置于保发展、保民生、保稳定的高度进行谋划和推进，进一步明确工作目标，细化工作措施，狠抓责任落实，稳步推进社会管理创新工作有效落实。（梁定彦　马智军）

【专项整治】　2010年，克拉玛依市政法委员会贯彻落实自治区社会治安重点地区排查整治工作电视电话会议精神，成立社会治安重点地区排查整治工作领导小组，制定排查整治工作方案，对全市的社会治安重点地区排查整治工作进行部署。各区、各行业主管部门均成立领导小组，明确负责单位和具体责任人，按照调查摸排到位、防范打击到位、专项整治到位、综合管理到位的要求，开展社会治安重点地区排查整治专项行动。各行业主管部门、市4个辖区、12个乡镇街道、85个社区对辖区内的各个场所、行业、单位进行全面排查整治，确定涉及3个区的5个县级重点区域（克拉玛依区八一新村、建工新村、两沟流管办，白碱滩区东方新村管委会，独山子区新北区办事处），明确专项整治方案和负责人。在排查整治中，对27个违规企业、904人次进行处罚；侦破刑事案件64起。加大对朝觐事务的管理力度，有效打击遏制零散朝觐活动。进一步强化重点区域管控。市政法委对克拉玛依市区大西沟、西大沟、八一新村等外来人口密集重点区域设立固定安全检查卡点，不间断地开展集中大清查工作，累计清查重点区域外来人口32 600多人次，入户清查1万多户次。在201省道、217国道沿线各收费站和进出克拉玛依市的主要交通要道设立安检卡点，安排巡特警、交警、武警14 900多人次联合执勤，对过往车辆和人员例行检查。（梁定彦　马智军）

【流动人口服务】　2010年，克拉玛依市登记流动人口80 614人，出租房屋27 967户。市政法委对流动人口服务管理工作做到"三个帮助"，实施"两个服务"。三个帮助：一是帮助解决劳资纠纷，确保流动人口合法利益。集中开展清理整顿劳动力市场秩序专项行动和拖欠工程款及外来务工人员工资问题的专项治理工作，积极调处劳资纠纷，对违规单位进行曝光，对于发生拖欠问题并造成不良影响的一律清理出市场。二是帮助提高技能水平，增强流动人口适应能力。各级政府、驻市中央企业、改制企业建立并利用新市民学校，每年针对外雇工开展大量的培训工作，不断提高流动人口的技术水平和安全意识，一大批外雇工在生产建设中已经成为行家里手和企业的技术骨干。三是帮助解决实际困难，解除流动人口后顾之忧。积极落实国家有关政策，确保每个流动人口的适龄子女都能入学接受义务教育；创造性地开办6点钟学校，解决流动人口子女放学后无人照看的问题；为改善流动人口生活条件，市政法委组织相关部门在城市中心区修建西霞公寓，建成多套廉租房，基本满足流动人口的购买和租赁。两个服务：一是实施优生优育服务，落实流动人口生育政策。对流动人口居住相对集中的地区送药具上门，街道每年为流动人口育龄妇女免费妇检，为流动人口设立计划生育服务窗口，提供避孕节育、优生优育、妇幼保健、性安全、性健康等咨询服务。二是实施法制宣传服务，增强流动人口法律意识。依托各街道社区、单位举办法律知识讲座、模拟法庭等形式多样的法制教育活动，扩大流动人口法律援助、法律服务的覆盖面；安装有线广播设施，及时宣传时事政治、法律知识，不断提高流动人口的法律意识。（梁定彦　马智军）

【流动人口管理】　2010年，克拉玛依市政法委员会把流动人口纳入社区整体管理，不断创新思路，积极引导社区流动人口参与社区管理。一是选拔流动人口中素质较高的人员组建治安联防队伍，选派协管员，开展治安联防工作。二是在商户密集的区域实行"店户联防"管理模式，每天每个经营户指定一人负责治安联防。三是在各类非公有制经济组织和流动人口聚居地建立健全党组织，在流动党员集中的地方创建党员服务中心。四是在流动人口集中的社区专门成立流动人口管理协会，制定《流动人口管理协会章程》，在一些社区设立流动人口之家、流动人口法制学校、流动人口管理服务站等，为流动人口提供服务和管理保障。（梁定彦　马智军）

【特殊群体服务与管理】 2010年,克拉玛依市政法委员会认真做好特殊群体人员的服务与管理工作,保持社会稳定。一是进一步加强刑释解教人员接茬帮教工作,实现接茬帮教工作无缝对接。成立街道社区、单位、亲属组成的帮关小组,制定帮助、关心、教育措施,多种渠道解决刑释解教人员的就业问题。全年登记接收刑释解教人员76人,帮教率100%,安置回归人员53人,重新犯罪率控制在2%以下。二是注重抓好预防青少年犯罪工作。调整充实预防青少年违法犯罪工作领导小组,制定预防青少年违法犯罪工作制度,对网吧等娱乐场所联合开展专项清理检查活动,全面实施预防青少年违法犯罪工程,为青少年健康成长创造良好的社会环境。对于闲散青少年,形成多部门相互配合、基层组织密切协作的帮扶帮教和培训工作合力,千方百计解决就学、就业等困难,防止走上违法犯罪的道路。三是对有危害社会倾向和行为的精神病人、吸毒人员等高危人群,联合卫生、残联、民政、公安等部门,依托社区、村(居)委会及企事业单位,逐乡村、逐社区深入细致地逐门逐户排查,完善台账,实行动态管理,有针对性地落实管控措施,街道社区、家庭多方联手共同做好教育、管理和服务工作,防止漏管失控。 (梁定彦 马智军)

【综合治理】 2010年,克拉玛依市各乡镇(街道)社会治安综合治理委员会及办公室建设稳步推进,乡镇(街道)综合治理组织健全。12个乡镇(街道)都已建立综治工作中心,其中有8个乡镇(街道)以不同的形式基本实现集中办公,逐步完善基层工作运行机制。社会面、各社区、企事业单位多管齐下,最大限度地调动群众的力量,以社区居民中的老党员、老干部为主体,建立社区义务联防队伍,实现社区治安全天候巡逻;建立由政法干警、老党员、干部、教师、矫正对象的亲属原工作单位人员参加的社区预防和减少未成年人违法犯罪义工队伍;建立社区矫正及社区戒毒帮教义工队伍,并探索逐步建立社区内问题青少年、吸毒人员的预防和减少犯罪的义工队伍。建立多个基层群防群治队伍,其中义务联防队员1 749人,交通协管员73人,治安协管员770人,流动平安岗100人(出租车司机),综治维稳特派员45人。在居民区设立社区楼栋长1 895人,单元长4 197人,社区信息员1 577人。制定《克拉玛依市社会治安综合治理委员会关于加强社会治安综合治理基层基础建设的具体意见》,计划在全部乡镇、街道建立综治维稳工作中心并实现集中办公,各乡镇、街道根据维护社会稳定的实际需要,按照实有人口800:1(每个乡镇、街道最少不得少于12人)的标准,配备由政府出资的乡镇、街道综合治理专职联防队伍。并落实综治基层基础建设的组织领导、机构设置、人员配备、宣传引导、经费保障、人员待遇和奖惩责任等一系列要求。 (梁定彦 马智军)

【企业人民武装建设】 2009年12月23日,新疆油田公司将油田公司企业人民武装管理职能调整到政法委,政法委同时挂油田公司武装部的牌子,撤销井下作业公司第三企业武装部。根据克拉玛依市委办公室《关于印发〈克拉玛依市新疆油田公司机关党群部门机构编制方案〉的通知》精神,市政法委协调各编制单位抽调人员,组建应急力量,担负战备维稳、应急处突、巡逻执勤等任务。在春节、国庆节等重大节日以及敏感时期,先后7次参加召开战备工作会议,部署战备工作,遵照军分区年度战备工作指示精神,紧密结合辖区社会形势,修改完善《维护社会稳定预案》、《抢险救灾预案》和《兵员动员预案》等10份应急处突预案。人武部全力配合公安巡逻执勤。重大节日、敏感时期及转入常态维稳以来,适时组织民兵进行街面巡逻和配合公安执勤,全年累计执勤217天,出动兵力2 512人次,制止偷盗、打架等违法违纪事件40余起,抓获吸毒人员28人。全面抓好民兵队伍训练。年度民兵训练任务380人,实训688人,超额完成年度训练任务。全年组织民兵应急分队训练3期,参训人员293人,重点完成巡逻执勤、"八一汇报课目"表演、紧急集结、防偷袭、班组战术等内容的训练。着眼提高素质,大力开展业务培训。区人武部组织全区55名专(兼)职武装干部进行业务培训。广泛开展军训,组织市、区两级地方党政干部、职工、教师和学生军训8期,受训500余人。

(梁定彦 赵好文)

【政法队伍建设】 2010年,克拉玛依市政法委员会深入开展社会主义法治理念教育工作,开展公安干警大走访等爱民实践系列活动。一是进一步加强党风廉政宣传教育,推进政法机关惩治和预防腐败体系建设,坚决防止政法系统出现消极腐败现象。二是围绕政法队伍建设,开展十佳政法干警评选活动。三是开展政法系统党委书记大接访、局(院)长大接访活动,有效化解各类社会矛盾。四是开展大练兵、案件评查等活动,促进政法干警业务素质的不断提高。五是推进执法规范化建设,建立案件指导制度,进一步规范自由裁量权的行使。六是全面整合、细化执法业务工作流程,确保执法人员公正廉洁、文明规范执法。七是建立完善执法档案制度,把执法档案作为政法干警绩效考核、晋级晋职和追究执法过错责任的重要依据。八是建立健全错案追查机制,加大责任追究力度,确保各项制度得到严格落实。九是努力提高执法监督水平。制定克拉玛依市《执法监督检查制度》、《案件倒查制度》等6项工作制度,进一步健全完善监督制约机制,做到政法机关的权力行使到哪里,监督制约的措施就跟进到哪里。十是推行阳光执法,自觉接受公众监督,保障群众的知情权、参与权、监督权。 (梁定彦)

统战工作

【市、油田党委统战部领导名单】
部长:王新明(兼)
常务副部长:陆世安(正处)
副部长:阿不力孜·乌马尔江

【基本情况】 2010年,克拉玛依市、油田党委统战部人员编制10人,其中市编6人、油田编制4人。下设3个科室,办公室2人,党外人士管理科(台办)1人,民族宗教科2人。克拉玛依市有3个民主党派,成员183人,其中民革支部有党员37人、民盟支部有盟员97人、九三学社有社员49人。在市政协委员中,民革支部有3人,主委董长合是市政协常委;民盟支部有4人,主委臧汉民是市政协常委;九三学社有4人,主委刘世科是市政协常委、自治区政协常委。市人大代表中民盟1人、九三学社1人。全市有高级以上专业技术职务的党外人士320

人,副厅级干部1人、正、副处级18人。在市政协委员中党外政协委员84人,占政协委员总数的53.16%;市人大代表中,党外人大代表72人,占市人大代表总数的28.7%。全市有37个少数民族,信仰伊斯兰教的有9个民族,5.77万人,约占常住人口的22%。依法登记的伊斯兰教活动场所21所,其中主麻寺17个、一般寺4个;伊斯兰教活动点1个(小拐乡)。共有30名正、副伊玛目,75名民主管理小组成员。到2010年底,市工商联(商会)会员153个。有台胞2人,台属1800人,共800多户。市委统战部主要承担着宣传党的统战政策,贯彻落实《归侨、侨眷保护法》和党的侨务政策;全面了解和掌握反映统一战线各界人士思想动态和意见建议,协调统一战线各方面成员的关系,及时排查和化解各种矛盾纠纷;调查研究、协调检查和落实有关民族宗教工作方针、政策的贯彻执行情况;指导克拉玛依市统一战线有关社团、协会的工作等职能。

（宁 飞）

【统战业务工作会议】 2010年1月29日,克拉玛依市委与市委相关部门召开统战业务工作会议。会议的主题是贯彻落实党的十七届四中、五中全会精神和深入开展创先争优活动,进一步贯彻落实自治区统战部长会议精神。会议传达自治区统战工作会议精神,全面总结2009年的统战工作,部署2010年的统战工作。市、油田党委书记徐卫喜在会上讲话。市政协副主席、市委统战部部长王新明作统战工作报告。（宁 飞）

【民主党派、党外人士座谈会】 2010年3月中旬,市、油田党委统战部召开各民主党派负责人、党外代表人士、基层统战干部会议,传达自治区统战部长会议精神,对全年的统战工作提出具体要求。同时介绍新疆11个地州市统战工作的好经验、好做法。11月上旬,召开民主党派工作座谈会,听取各民主党派全年工作情况汇报,对下年工作提出建议。此外,统战部组织接待56名自治区第七期爱国宗教人士骨干培训班学员到克拉玛依市的参观考察活动,就如何做好新时期的统战工作相互交流与探讨。

（宁 飞）

【党外人士迎春茶话会】 2010年1月22日,克拉玛依市政协、市委统战部联合召开党外人士迎春茶话会。市政协主席及3名副主席,市、油田党委统战部领导,各民主党派、市工商联、党外代表人士及有关部门负责人等60余人出席会议。会议由市政协副主席、市委统战部部长王新明主持。市政协委员、各民主党派、市工商联等6名代表在会上发言。市政协主席玉素甫江·阿不都热西提在茶话会上讲话。会后,统战部慰问了各族各界党外代表人士。（宁 飞）

【庆国庆迎中秋座谈会】 2010年9月17日,市、油田党委统战部组织庆国庆61华诞,迎中秋团圆佳节各界代表人士座谈会。克拉玛依市的3个民主党派代表、民族宗教人士代表、党外知识分子代表、台属代表、非公有制经济人士代表以及市侨联、市工商联的领导参加会议并发言。会议结束时,市政协副主席、市委统战部部长王新明讲话,就新时期统战工作的任务、对象、目标以及各界党外人士、爱国宗教人士的作用等提出具体要求。王新明希望各族各界党外代表人士要以全面建设小康社会和打造世界石油城为指导,积极反映社情,倾听民意,抢抓机遇,开拓创新,扎实工作,为建设平安富裕文明和谐秀美的克拉玛依而不懈努力,为实现全面建设小康社会和克拉玛依于2020年在全疆率先基本实现现代化宏伟目标作出积极贡献。

（宁 飞）

【基层统战组织建设】 2010年,市、油田党委统战部为把自治区统战部长会议精神落到实处,及时将会议主要精神向市委常委会汇报,并针对克拉玛依市基层统战组织不落实等问题提出在克拉玛依区成立统战部,在白碱滩区、独山子区和乌尔禾区3个区配备专职统战干部的建议。此建议受到常委会的认同,并责成各区尽快落实。9月,克拉玛依区委统战部正式成立,白碱滩区、独山子区和乌尔禾区3个区配备了专职统战干部,使基层统战组织基本得到落实。

（宁 飞）

【非公经济组织创先争优活动】 2010年,市、油田党委统战部在非公有制组织开展创先争优活动。一是成立市非公有制经济组织创先争优活动指导小组,在工作中发挥指导小组的作用,加强对百日组建工作的指导。二是制定《克拉玛依市非公有制经济组织党组织和党员深入开展创先争优活动实施意见》、《克拉玛依市开展非公有制经济组织党组织百日集中组建活动实施方案》、《克拉玛依市非公有制经济组织党建工作推进计划》、《关于做好非公有制经济组织创先争优承诺书领导点评和群众评议活动方案》等,重点围绕贯彻落实中央推动新疆跨越式发展、自治区关于加快非公有制经济发展的政策措施、迎接建党90周年开展创先争优活动。三是统战部、工商联、工商局加强协调,密切配合,把做好日常业务工作与指导创先争优活动结合起来。统战部、工商联积极引导非公有制经济代表人士利用创先争优活动推动企业科学发展。在活动中发现和培养一批自觉接受党的领导、坚持走中国特色社会主义道路的非公有制经济代表人士。四是加强与基层党组织和党员的联系互动,经常深入非公企业调查研究,对创先争优情况适时进行点评,召开市非公有制经济组织创先争优活动推进会,让开展党建工作有特色的非公企业党组织介绍做好党建工作的主要做法和经验,确保活动不走形式、不走过场。

（宁 飞）

【非公经济组织党建工作】 2010年,市、油田党委统战部认真开展非公有制经济组织百日集中组建工作。市委统战部组织相关人员,利用3个月的时间调查非公经济单位的组织建设情况,共调查摸底非公有制经济组织1 755个,党员3 859人,共建立党组织146个,其中建立党委13个、党总支12个、党支部121个。在百日集中组建活动中新组建党组织32个,覆盖党员141人,新发展党员224人。非公有制企业党组织应建已建率100%,使非公有制企业中的党员全部纳入党组织管理中,为非公经济组织开展正常组织活动奠定基础。（宁 飞）

【贯彻中央新疆工作座谈会精神】 2010年,中央新疆工作座谈会召开以后,克拉玛依市、油田党委统战部立即组织统战系统的干部传达学习,要求全体干部认真学习领会会议精神,深化对新疆特殊战略地位的认识,深刻认识中央关于做好新形势下新疆工作的指导思想、主要目标和重点任务,抓好有关统战、民族宗教工作方面的新精神、新要求、新举措的学习贯彻,抓好中央关于推进新疆跨越式发展政策措施的贯彻落实。学习过程中，坚持把维护社会稳定、加强民族团结、促进社会和谐作为统战工作的重点，凝聚人心、汇聚力量，开拓进取、扎实工作，为克拉玛依的稳定大局服务。统战部派出1名干部参加自治区关于做好中央新疆工作座谈会精神宣讲培训，回来后分别对宗教人士、信教群众、各单位少数民族职工进行宣讲，共开展宣讲活动5场次。宣讲活动紧密结合宗教人士和信教群众的思想实际，大力宣传中央新疆工作座谈会、自治区党委七届九次(全委)扩大会议精神，从历史和现实、理论和实践的结合上，深入进行党的民族宗教政策以及改革开放和现代化建设成就教育。（宁　飞）

【主题教育活动】 2010年，市、油田党委统战部在全体宗教人士和信教群众中开展热爱伟大祖国、建设美好家园的主题教育活动。一是做好调查工作。从5月底开始，市委统战部组织少数民族联点干部，坚持每个周五主麻日深入所联系的宗教活动场所了解掌握宗教人士和信教群众的思想动态和宗教活动情况，检查指导宗教活动场所的安保工作。二是召开干部会议，传达学习张春贤书记在自治区“热爱伟大祖国、建设美好家园”主题教育活动电视电话会议上的讲话精神，研究制定开展主题教育活动的意见措施。三是针对2009年乌鲁木齐“七五”事件周年等敏感节点，对做好宗教领域的维稳工作进行部署。四是统战部、宣传部联合组织由全体宗教人士、信教群众和少数民族干部职工参加的坚持马克思主义宗教观，正确认识新疆宗教工作现状的专题报告会。报告从如何充分认识做好宗教工作的极端重要性、如何认识马克思主义宗教观、新疆宗教现状及其特点以及如何做好宗教工作4个方面进行阐述。教育引导爱国宗教人士和信教群众提高思想认识，自觉维护民族团结和社会稳定。（宁　飞）

【第三轮爱国宗教人士培训】 2010年初，克拉玛依市第三轮爱国宗教人士培训工作领导小组制定第三轮第二期培训方案及培训计划，先后组织14名回族宗教人士参加培训。重点突出政治培训，强化党的民族宗教政策和有关法律法规、新疆历史、新疆民族发展史、新疆宗教演变史、《自治区民族团结教育条例》等内容的学习，改进培训方式，提高针对性，在解决宗教人士思想认识方式等问题上下工夫。市辖各区分别举办宗教人士和信教群众培训班，共有300余名宗教人士和信教群众参加培训。

（宁　飞）

【敏感节点期间维稳工作】 2010年，市、油田党委统战部认真做好敏感节点期间宗教领域的稳定工作。针对“七五”一周年等敏感节点，认真落实自治区维稳工作会议精神，全面启动宗教领域维稳措施。一是召开少数民族联点干部和基层统战、民宗工作负责人会议，对做好“七五”事件一周年等敏感节点期间宗教领域稳定工作进行部署，要求大家全力以赴抓好宗教领域的维稳工作。二是发挥宗教工作领导小组成员单位的作用，加强对涉及宗教领域稳定的重点区域、重点人员进行摸排，消除不稳定因素。三是依法加强对宗教事务的管理，加大对非法宗教出版物的清理整顿力度，加强对流动人员的管理。四是会同市民宗委、市伊协及各区统战部、民宗委走访社区、街道、宗教活动场所，要求少数民族联点干部经常深入所联系的宗教活动场所了解情况，加强宣传，及时反馈信息。五是落实谈话制度。要求少数民族领导干部经常深入自己所联系的清真寺并与其联系的宗教人士进行谈话，检查指导宗教活动场所的安保工作，教育引导爱国宗教人士和信教群众提高思想认识，自觉维护民族团结和社会稳定。六是要求非党基层干部认真履行职责，积极配合党和政府做好信教群众的宣传教育工作，引导宗教界正确认识和阐释党的民族宗教政策和新疆历史，宣传伊斯兰教主张和平、和谐的宗教教义，自觉同三股势力作斗争。七是组成调研组对未成年人参与宗教活动情况进行摸底、调查，并起草调研报告。（宁　飞）

【未成年人教育】 2010年，市、油田党委统战部认真做好制止未成年人进入宗教活动场所参与宗教活动的教育工作。组织相关部门制定适合克拉玛依市实际的实施方案，组成由市委统战部等4个部门组成的考察组，于10月中旬前往巴音郭楞、阿克苏、喀什、和田等地州考察学习，重点学习他们依法管理宗教活动场所以及在制止未成年人进入宗教活动场所参与宗教活动方面的政策措施及方式方法。同时要求各相关部门做到执行要坚决、措施要有力、落实要到位，对未成年人进入宗教活动场所参与宗教活动进行专项治理，形成长效机制。各区统战部门及联点干部积极行动，全面开展专项治理工作，抽调专人组成工作组，每逢主麻日在清真寺大门口值守，配合宗教人士实施劝堵。经过专项治理，使未成年人进入宗教活动场所参与宗教活动现象从根本上得到遏制。（宁　飞）

【制止零散朝觐】 2010年，市、油田党委统战部在制止零散朝觐工作中，认真落实“五个到位”，取得好的效果。一是思想认识到位。市区两级党委、政府定期召开制止零散朝觐工作会议，分析研究稳定形势，安排制止零散朝觐工作，明确目标任务，提出具体要求。二是责任分解到位。层层签订制止零散朝觐工作责任书，制定工作方案，做到工作任务、责任追究落实到单位，形成制止零散朝觐工作各部门相互配合、相互监督的长效机制。三是宣传教育到位。通过举行专题报告会、发放宣传手册等方式，提高宗教人士和信教群众对零散朝觐危害性的认识，引导信教群众自觉抵制零散朝觐，走有组织朝觐之路。四是强化审批机制。严格执行护照办理由社区、街道基层出具证明，公安、外事部门审批的规定，加大护照查验力度。五是强化责任追究机制。实行朝觐报名、排队、收费公示制度，严格落实谁主管谁负责、谁审批谁负责的责任追究制。全年全市零散朝觐人员达到零控制，58名参加正常朝觐的穆斯林群众全部完成朝觐。

（宁　飞）

【慰问宗教人士】 2010年，市、油田党委统战部积极开展对宗教人士的慰问活动。在穆斯林群众的传统节日古尔邦节来临之际，市政府领导带领统战、民族宗教等部门慰问组，慰问爱国宗教人士，送去慰问品，对爱国宗教人士在维护社会稳定、民族团结、宗教和睦方面所做的工作表示感谢。市委统战、民族宗教部门分别对全市30名宗教人士和78名管委会成员进行慰问，同时4个区政府统战人员对所属地区的宗教人士进行慰问。

（宁　飞）

【党外干部培训】 2010年，市、油田党委统战部举办市、油田公司党外干部培训班，来自市、油田公司机关和基层单位的33名党外干部参加为期10天的培训。培训班开设专题讲座10个。统战部部长王新明、常务副部长陆世安分别结合克拉玛依市的统战工作实际进行授课。同时,统战部组织完成党外人士到遵义等革命传统教育基地的学习考察工作。（宁 飞）

【加强对工商联领导】 2010年,市、油田党委统战部指导市工商联领导班子抓好机关建设,创新工作载体,健全工作机制,改善工作作风,促进非公有制经济发展和非公有制经济单位健康成长。至年底,全市有工商联会员153个,全年发展新会员16个,走访会员单位40多家次,召开座谈会6次,组织各种形式会员联络活动20余次,组织会员企业产品和会员代表产品推介会3次。统战部根据工商联会员的需求,组织筹建工商联会员企业联合办公大楼,市工商联在广泛征求意见的基础上,向规划和土地部门提出用地申请,得到有关领导和部门的支持,并开始动工建设。统战部与市档案局协助地质工程公司、泰盛公司等会员单位做好档案管理工作。积极参与市经贸委组织的中小企业高层管理培训班,全年派出20多名企业负责人参加培训。先后组织2次共35名企业家赴台湾考察。（宁 飞）

【涉台工作】 2010年,市、油田党委统战部搭建克拉玛依市与台湾经贸领域的沟通平台,进一步招商引资,积极做好赴台考察交流工作。先后组织克拉玛依地威诺公司赴台参加两岸LED研讨会及克拉玛依市2010年经贸赴台考察活动。考察团一行在台期间,开展广泛的经贸交流和招商项目推介活动,广泛宣传克拉玛依的建设成就,并参观考察台湾科技园区。办理油田公司数据中心应邀赴台参加学术交流活动的相关手续,为赴台交流提供支持。举办台海形势报告会。7月29日,市政协、市油田党委统战部、台湾工作办公室联合在克拉玛依市举办两岸关系形势报告会,报告会邀请中央台办、国台办研究局局长黄文涛作专题报告。克拉玛依市、新疆油田公司、西部钻探公司、克拉玛依石化公司等各单位党委领导、涉台负责人,市各民主党派、工商联领导班子成员和市政协委员、港澳台侨代表人士近400人参加报告会。做好从台湾来克拉玛依考察交流人员的接待服务工作。先后接待国民党中央副主席、海基会会长江丙坤,接待台湾国民党立法委员丁守中和台湾全教会教育参访团。做好对台胞台属的服务工作。（宁 飞）

【理论研究与信息报送】 2010年,克拉玛依市委统战部进一步开展调查研究和理论研讨工作,印发统战理论研究课题,组织人员撰写论文3篇报送自治区党委统战部。其中宁飞撰写的《非公有制经济组织党建工作现状及如何发挥党组织作用的调查与思考》获自治区统战理论研究三等奖。加强统战信息收集上报工作,全年向自治区党委统战部上报统战、宗教工作信息62条。（宁 飞）

史志工作

【市、油田党委史志办公室领导名单】

主任:陈根法

副主任:王泓

【基本情况】 2010年,克拉玛依市、油田党委史志办公室内设3个科室:志书编纂科、年鉴编纂科和党史编纂科,人员8人。主要职责是研究克拉玛依党史和油田发展史,负责地方志书、党史书籍、《克拉玛依年鉴》等有关书籍的编纂出版以及史志资料的收集、整理、保管和存档工作,完成自治区党史研究室、自治区地方志编纂委员会以及中国石油天然气集团公司相关部门安排的工作任务,指导克拉玛依市辖行政区及相关单位和部门编纂出版年鉴和史志书籍。年内,史志办按照上级的工作部署和要求,不断加强政治学习、业务培训,提高办公室人员综合素质,遵循系统地、完整地记载克拉玛依发展历程的编纂思路,面向历史、服务现实,扎实、细致开展工作,推动克拉玛依史志事业的繁荣发展,较好地实现办公室年初工作计划,指导克拉玛依区、独山子区和白碱滩区3个区开展年鉴编纂工作。（韩世琪 陈 鹏）

【《克拉玛依年鉴》(2010年卷)出版】 《克拉玛依年鉴》(2010年卷)是史志办公室编纂出版的第13部年鉴。史志办高度重视年鉴编纂工作,不断在实践中探索,力求年鉴编纂质量逐年提高。年初,针对上年年鉴编纂过程中存在的问题,办公室先后召开2次专题会议,按照整体稳定、部分调整、力求创新、与时俱进的原则以及克拉玛依市、新疆油田公司机构变化情况,讨论修订年鉴编纂大纲,制定工作计划,进一步提高年鉴编纂质量。结合克拉玛依地区改革发展的实际,确定2010年需要调整的部类和栏目,拟定重点图片专题,提出时间进度要求。制定下发《关于编纂出版克拉玛依年鉴(2010年卷)的通知》。同时根据领导变化情况,对年鉴编纂委员会进行调整。根据机构变化情况,对年鉴部类进行归类调整,将年鉴部类由2009年的38个部类归类合并为35个部类,即特辑、概况·大事记、市油田党委、人大·政府·政协、地方军事、驻市石油石化企业、法制、群众团体、油气勘探、油气开发、石油工程技术服务、质量·安全·环保、科学技术、综合经济管理、财政·税收·审计、银行·保险、城市建设与管理、人事·劳动·社会保障、油田辅助生产、油田基本建设、油品生产销售·化工园区建设、公用事业、商贸·旅游·非公经济、农业、交通·通信、教育、文化·体育·新闻、卫生·医药、社会生活、市辖区建设、驻市生产建设兵团团场、接待服务·驻外机构、人物、文件选辑、附录。撤销油田矿区服务、气象·地震和外事·侨务部类。全书180万字,彩页主题插图3个印张,设置克拉玛依社区建设剪影、新疆油田公司挖潜增效活动剪影、乌鲁木齐"七五"事件后克拉玛依市维稳工作剪影和克拉玛依市化工业建设剪影4个特色专题,共收录图片160余幅。《克拉玛依年鉴》(2010年卷)于2010年12月由新疆人民出版社出版。（韩世琪 陈 鹏）

【指导各区编纂年鉴】 2010年,克拉玛依市、油田党委史志办公室认真指导辖区3个单位的年鉴编纂工作,取得预期效果。年内,市所辖4个区中,有3个区开展年鉴编纂工作,其中独山子区和白碱滩区是首次编纂年鉴。史志办按照有关要求组织办公室相关人员,有计划、有步骤地对3个区报送的年鉴资料进行审核、修改,共审核3个区的年鉴资料200余万字。同时加强与各区史志办的联系，对各区在年鉴编纂过程中，在正文和彩页编辑、文稿报审、制版印刷等各方面和各环节出现的各种问题及时予以指导，保证3个区年鉴编纂工作的顺利开展。《克拉玛依区年鉴》、《独山子区年鉴》和《白碱滩区年鉴》于12月出版。

（韩世琪　陈　鹏）

【启动《地方党史》编纂】 2010年，克拉玛依市、油田党委史志办公室启动《地方党史》编纂工作。地方党史编纂是史志办自身承担的一项重要的基础性工作。为确保该编纂任务的顺利展开，史志办预先启动调研机制，多次组织编纂人员赴周边先进地区学习交流，并组织包括自治区党研室领导在内的专家对编纂方案进行研讨，于1月正式启动《中国共产党克拉玛依市简史》的编纂工作。1月19日，市、油田党委办公室印发《关于成立〈中国共产党克拉玛依市简史〉编纂工作领导小组的通知》，成立编纂工作领导小组及顾问组，返聘2名有工作经验的退休人员参与编纂，编纂工作领导小组办公室成员由史志办工作人员和返聘人员组成。党史编纂小组多方查找资料，严谨论证，反复修改大纲。至2010年底，编写大纲报送自治区党史研究室审定，资料长编工作基本完成。

（韩世琪　陈　鹏）

【启动口述史编纂】 2010年，克拉玛依市、油田党委史志办公室按照中国石油天然气集团公司要求，启动口述史编纂工作。其指导思想是本着还原历史真实面目的目的，抢救亲身经历者的记忆资料，真实、客观、全面地记载历史，从各个不同的角度反映克拉玛依创业史和发展史，给后人留下宝贵精神财富。编纂方法是除依靠大量的档案资料外，着重记载亲历者的口述记录。3月，《〈新疆油田口述史·勘探卷〉》编纂工作正式启动。3月29日，市、油田党委办公室印发《〈新疆口述史·勘探卷〉编纂方案》，成立编审委员会和编辑组，明确口述人和相应的采访整理工作人员，至年底，基本完成资料征集任务。

（韩世琪　陈　鹏）

【编纂《十年变大样》专题书】 2010年，克拉玛依市、油田党委史志办公室启动《十年变大样——克拉玛依城市建设巡礼》一书的编辑工作。1997年，克拉玛依市委、市政府提出城市建设要实现“十年变大样”；2008年，市委、市政府正式宣布“十年变大样”的目标已经基本实现。为总结这段历史，宣传市委、市政府以人为本的执政理念，2009年，市、油田党委史志办启动《十年大变样》编纂工作。其指导思想是采用图文并茂形式，全面反映克拉玛依市10年来的建设成就，展示和记载克拉玛依各个时期的重点工作，使史志工作能够充分发挥总结经验、鼓舞士气、扩大宣传的资政、育人作用。2010年，在上年收集图片和资料的基础上，对图片和资料进行编纂整理、补充完善，至年末，该书完成排版设计，进入后期审核阶段。

（韩世琪　陈　鹏）

【指导《克拉玛依区志》编纂】 《克拉玛依区志》是纳入自治区编纂规划的克拉玛依市第二轮修志任务中首部启动的志书，为做好区志的编纂工作，史志办多次与克拉玛依区委、区政府有关领导协调，共同研究、部署、协调《克拉玛依区志》编纂规划、编纂进程及其他相关工作。2010年初，《克拉玛依区志》进入最后的审核修改阶段，史志办积极指导、认真审核，确保该书按时送审，并保质保量完成。至年底，100多万字的区志全部审核修改完毕，并报送自治区地方志编委会验收。此外，为总结第一轮修志经验，摸索二轮修志的新路子，提高二轮修志质量，以教育为突破口，史志办开展二轮修志的前期预研，并取得进展。

（韩世琪　陈　鹏）

【克拉玛依市情网建设】 2010年，克拉玛依市、油田党委史志办公室进一步加强信息网站建设工作，克拉玛依市情网建设取得积极进展。建设市情网是史志办根据市政府建设数字化城市的统一要求，也是为与时俱进，实现地情文献资料的数字化、网络化的需要而开展的一项重点工程。年内，办公室组织专人完成数据库需求报告和设计需求报告的制定，并于4月底完成招标任务，网站建设进入数据库建设阶段。为确保年底按时完成网站建设任务，自6月起，史志办采取提前开展工作，随后补办程序的做法，在与承担项目的宏友公司陆续签订合同、制定实施细则的同时，数据库设计、制作和资料电子化同步展开，极大地节约了时间，保障了项目进度。至11月，市情信息与应用项目进展顺利，完成数据库设计与建设任务，已完成3 600万字的电子化任务，项目进入审核验收阶段。（韩世琪　陈　鹏）

【资料收集与报送】 2010年，克拉玛依市、油田党委史志办公室按照有关部门要求，相继完成部分资料的收集。一是继续开展《天南地北克拉玛依人》资料征集活动。《天南地北克拉玛依人》是办公室2009年启动的跨年度课题调研工作。至11月，共确立108名征集目标人选，已寄出资料66人，收回反馈信息51人。二是完成“克拉玛依第一”的资料收集考证任务。为推动克拉玛依文化建设，史志办接受给市文化局提供有关“克拉玛依第一”的资料任务。经过查阅并反复考证，共搜集上起1906年、下至2008年的“克拉玛依第一”资料97条，其中提供小专题8个。三是完成自治区党史研究室交付的《天山先锋》资料的收集上报任务。根据上级要求，史志办对市、油田范围内受全国表彰的劳动模范、先进生产者（工作者）、民族团结模范、优秀党员情况进行摸底，多方查找搜集相关资料，共整理出符合条件的劳模39人，按要求完成其个人资料的搜集撰写任务后上报。四是完成集团公司下达的《巨大的鼓舞》一书资料收集上报任务。8月，集团公司给史志办下达为该书上报党和国家领导人考察克拉玛依油田相关资料的任务。史志办抽调专人，迅速投入该资料的收集整理工作。至11月，撰写文字性资料50余条，搜集照片资料42幅，涵括从1955～2009年期间党和国家领导人考察克拉玛依的文字及图片资料。（韩世琪　陈　鹏）

【对外协作】 2010年，克拉玛依市、油田党委史志办公室协助市委宣传部和市文化局承担克拉玛依展览馆的整改任务。5月，为迎接在克拉玛依召开的中石油领导干部大会和信息化创新克拉玛依国际论坛，史志办按照党委部署，抽调对克拉玛依历史情况掌握最为全面、业务精专人员1名，协助市委宣传部和市文化局对克拉玛依展览馆进行整改。史志办参与展览馆整改人员根据上级领导的要求，在整改方案的反复修改中，多次提供重大建议，并承担全部历史资料的搜集和考证重任，提供大量珍贵的文字和照片资料，撰写各展馆大量的说明文字和讲解员解说词。

（韩世琪　陈　鹏）

【基础建设】 2010年，克拉玛依市、油田党委史志办公室进一步加强学习与交流，全面提高史志人员业务素质。史志办突破过去仅仅只重视本部门人员培训的局限，坚持有计划地派员外出参加业务培训和学习，充分利用党史地方志学会这个平台，先后组织市油田范围内2批60名史志工作人员赴内地进行专业培训，提高市、油田范围内史志工作人员的业务素质和队伍的凝聚力。史志办内部坚持加强专业学习和培训，坚持每月的政治学习和业务学习制度，先后学习《图书编校质量差错认定细则》、《方志编纂人员的职责和素质》、《图书质量管理规定》等10余篇专业知识材料和理论文章。同时办公室派外参加专业会议、学习班、研讨班12人次，撰写专业论文和相关类论文4篇。史志办被评为全国地方志工作先进集体，陈根法被评为全国地方志工作先进工作者，刘宝宏、童惠芳被评为新疆地方志工作先进个人。（韩世琪　陈　鹏）

机关党工委工作

市直机关党工委

【领导名单】

党工委书记：邵永来

党工委副书记、纪工委书记：唐勇

工会工委主任：王劲

【基本情况】 2010年，克拉玛依市直机关党工委所辖市人大常委会、市政府机关、市政协机关、市中级人民法院机关、市人民检察院机关及人民团体、企事业单位73个部门（单位）的党组织，其中基层党委2个，党总支11个，党支部116个，共有党员2 408人。机关工委工会所属基层工会77个，专兼职工会干部255人，有会员2 921人。机关团工委所辖团支部27个，有团员青年537人，其中团员241人。（金　虎　黄　捷）

【创建活动】 2010年，克拉玛依市直机关党工委在机关各部门深入开展学习型机关、学习型党组织创建活动。机关党工委作为牵头部门，积极做好活动相关工作。制定、下发《市直机关党工委关于进一步加强和改进中心组学习的意见》，全年组织6次中心组学习，邀请自治区社科院院长吴福环等有关专家学者，先后作《中央新疆工作座谈会议精神》、《关于推进新疆跨越式发展和长治久安》等专题报告，邀请市消防局有关领导举办“扎实推进构筑社会消防安全‘防火墙’工程”专题讲座等。组织先进集体和先进个人代表110人，分3批参观世博会，赴革命老区和经济发达地区学习考察，进行革命传统教育和改革开放辉煌成就的教育。出资7万元购买1 600余册图书，通过公开授书激励建设职工书库的单位，市直机关有60个部门（单位）恢复和建起职工书库，存书3万多册。开展以新时代、新女性、新生活为主题的职工征文活动和读书心得活动。共青团组织通过发放购书券、电子笔记等形式推进学习型团组织建设。（金　虎　黄　捷）

【创先争优活动】 2010年，克拉玛依市直机关党工委下发《关于在市直机关基层党组织和党员中深入开展创先争优活动的实施意见》，坚持书记抓、抓书记，确定9个领导小组成员联系点，与创建标准化党支部、主题教育、“五比五看”作风建设及创建学习型机关等有机结合起来开展活动。为各基层党组织下拨专项经费16.51万元。工委领导先后8次深入基层调研、座谈，加强对活动开展情况的督导，总结推广基层党组织工作经验，培养树立先进典型。各部门（单位）围绕中心工作层层动员，狠抓落实，通过党员先锋岗、公开承诺、行风评议等活动接受群众监督，使活动取得了实实在在的效果。（金　虎　黄　捷）

【组织建设】 2010年，克拉玛依市直机关党工委进一步加强基层党组织建设，取得成效。一是加强党组织建设和党员教育管理。先后下发《关于认真学习宣传贯彻新修订〈中国共产党党和国家机关基层组织工作条例〉的通知》和《学习党务公开工作有关资料》的通知，召开创建标准化党支部工作经验交流会，对120余名基层党务干部进行党支部基础工作网络运用专题培训。批准新成立基层党支部2个，撤销党总支1个。对4个党总支和16个党支部按时进行委员增补和换届选举。发展党员37人，转正党员52人，对34个部门（单位）的100多名入党积极分子进行培训。至年底，市直机关有市级标准化党支部13个，市直级标准化党支部84个，达到党支部总数的84%。二是开展庆祝建党89周年系列活动。组织200名新党员、入党积极分子和市级优秀党员、优秀党务干部参加市油田党委庆七一表彰大会及宣誓仪式；召开市直机关庆祝建党89周年暨七一表彰大会，表彰19个先进基层党组织、108名优秀共产党员、20名优秀党务工作者、23名优秀纪检干部；组织40余名党员开展义务奉献咨询活动，发放宣传单2 000多份；慰问4名新中国成立前入党的老党员、28名30年党龄的在职党员、44名当年退休的党员及446名党务干部，送去慰问金和慰问品34万元，为各基层党组织开展庆祝活动下拨经费23.1万元。（金　虎　黄　捷）

【主题教育活动】 2010年，克拉玛依市直机关党工委根据市委热爱伟大祖国、建设美好家园主题教育活动的部署，努力确保开展活动和工作任务“两促进、两不误”。一是分层次开展面对面教育活动。在市直机关全体职工中，举办题为“党的民族宗教政策和民族团结教育”讲座6期；邀请市、油田党委讲师团成员作专题辅导，对3 000多名干部职工进行形势、目标、任务、责任和感恩伟大祖国，建设和谐克拉玛依的教育。分片集中宣讲、授课3场，各部门（单位）自办、联办培训29场次。二是强化中国特色社会主义和社会主义核心价值体系的教育，爱国主义和维护国家统一的教育，党的民族宗教政策、民族区域自治制度和社会主义法制的教育，改革开放和现代化建设成就的教育，接受培训8 350人次。组织民族团结先进集体、先进个人代表38人，参观独山子千万吨炼油、百万吨乙烯大项目，用党的民族宗教政策在新疆成功实践的具体实例教育各族干部职工群众。各部门（单位）组织座谈会、报告会、专题讲座等大学习、大讨论73次。三是丰富活动内容，强化活动主题。把民族团结进步教育月活动延长到全年。运用宣传标语、图片展览、板报橱窗、电梯专栏等方式，大力宣传民族团结先进典型的事迹。全年制作、张挂与民族团结有关的电梯宣传栏8期，向各党支部发放自治区党委宣传部制作的“热爱伟大祖国、建设美好家园”宣传画5张114套，宣传折页300套。向新闻媒体提供各类宣传稿件89篇。各部门(单位)广泛开展办班培训、派外进修和岗位练兵、结对子等活动,在民汉职工间结技术对子、生活对子、师徒对子、家庭对子、思想对子、语言对子等98对,在窗口服务行业开展学习"双语"活动,提升行业服务水平。四是举办以"民族团结·共创和谐"为主题的市机关第五届职工文艺汇演。600多名职工演出43个节目,观众3 000多人。结合庆七一、国庆节、水节等节日庆典,各有关部门(单位)积极开展"三下乡"和文化广场等活动,把主题教育活动取得的成果转化为各族职工立足本职、做好工作的自觉行动。五是工会开展各族干部群众广泛参与的"民族团结杯"系列体育比赛。有关部门为乌尔禾乡、小拐乡赠送乐器、演出服装、图书等文化设备5万余元;组织文艺演出和电影放映活动;组织医务人员为农牧民诊治疾病,赠送药品3万余元,发放科普宣传资料2000份;投入33万元扶持农业产业化和龙头企业发展,为农牧民增收创造条件。六是认真梳理问题,推动工作促发展。根据市主题教育活动领导小组办公室的安排,市直机关党工委对梳理、回答问题两个阶段的工作进行了部署,各部门(单位)在集中学习的基础上,组织职工按要求认真梳理问题,对发现的问题,分门别类,积极制定整改方案和整改措施。(金　虎　黄　捷)

【文明单位创建】 2010年,克拉玛依市直机关党工委认真落实一级抓一级、层层抓落实的文明创建工作责任制。一是制定市直机关文明单位测评体系,移植、推广文明单位创建工作管理系统软件,组织6期近200人次的专题培训,基本实现文明创建工作规范化、基础资料数字化和业务管理动态化。二是加强对各部门(单位)文明创建工作的具体指导,市科协、新特药公司被授予市直级文明单位称号;市科技局、规划局被授予市级文明单位称号;市旅游局被市文明委推荐为自治区级文明单位。机关党工委协助市文明办对市直系统的自治区级文明单位的市审计局等3家单位的文明创建工作进行复验。市直机关75个部门(单位)中,取得自治区文明单位称号的18个,市级文明单位22个,市直级文明单位24个。三是协助市文明委做好全市"窗口行业"文明创建的相关工作。成立11个工作督察组,对全市医疗、交通、金融、城建等22个行业近50家单位的文明创建工作进行指导和督查,推动克拉玛依市创建全国文明城市工作的扎实开展。四是以第9个公民道德建设月活动为载体,开展树文明机关形象、争当人民满意公务员的文明机关创建活动。开展社会公共服务咨询日、消费者权益保护日和法律咨询维权日等活动。市直机关各部门(单位)以文明在我微笑中为主题,开展社会公德、职业道德、家庭美德和个人品德教育活动和道德实践活动。(金　虎　黄　捷)

【党风廉政建设】 2010年,克拉玛依市直机关党工委严格执行党风廉政建设责任制,推进党风廉政建设和反腐败工作的深入开展。一是加强反腐倡廉宣传教育。围绕学习准则、严守纪律、廉洁从政活动主题,扎实开展第12个党风廉政教育月活动。全年为基层购买《廉政准则》教育书籍500余套(本),将《廉政准则》多媒体学习资料29张计1 136分钟发布到网上廉政教育基地,观看人数达1 000余人次。举办《廉政准则》专题辅导讲座,213名党员领导干部就学习贯彻《廉政准则》结合思想和工作实际撰写学习体会。积极参加"廉政杯"征文活动,10人分获一、二、三等奖。二是开展示范教育和警示教育。组织副处级以上领导干部、各党组织书记、入党积极分子、团员青年和执法部门人员1 200多人观看《第一书记》、《复兴之路》、《女检察官》、《绽放》等影片。组织机关2 300多名党员干部参观市委党校反腐倡廉教育基地,观看姜瑞峰的先进事迹和电视剧《远山的红叶》,开展向身边先进人物、优秀共产党员学习活动。发送廉政短信,提出廉政要求,警示党员干部严格遵守《廉政准则》及廉洁自律相关规定。三是开展廉政文化活动。开展廉政主(专)题讲座、演讲、知识答题、文艺汇演、书法摄影展评、读书活动、参观教育基地活动,举办"廉政杯"系列文化体育活动,发放家庭廉政倡议书,签订家庭助廉承诺书,营造浓厚的机关廉政文化氛围。四是加强反腐倡廉制度建设,积极开展源头治腐,努力构建"不能为"的制度体系。逐步形成一套规范科学、管用有效、便于操作、相对完整的制度体系,基本形成按制度办事、用制度管人的良性机制,对加强管理、防止腐败发挥了积极作用。五是加强制约监督,确保权力规范运行,努力构建"不敢为"的监督机制。积极推进领导干部廉洁从政承诺。市直机关74个部门(单位)的230名领导干部将廉政承诺、照片、职务等信息通过政府公众信息网向社会公开,主动接受社会监督。六是推行政务公开。贯彻落实《政府信息公开条例》,规范公开内容,丰富公开形式,将政务公开内容上传门户网站。19个具有办证、审批等职能的部门建起办证(事)服务(接待)大厅,设立电子屏幕(触摸屏),将办事流程等相关内容公布上墙,公开监督举报电话,提供一站式服务,方便群众。七是聘请义务监督员。建立检企共建关系,加大对执法权、行政处罚权等重点岗位和自由裁量等敏感执法权重点监控,将执法人员亲属纳入监控范围,开展基层执法人员向市场主体和服务对象述职述廉活动,加强对权力运行的全程监控。八是以"五比五看"为载体,加强机关作风建设。市直机关21个部门(单位)从社会各界聘请100多名义务监督员,广泛征求意见,积极改进工作。积极参加新广行风热线和相约演播室节目,认真解答人民群众关心的热点难点问题,解决服务质量、工作效率等方面存在的突出问题。九是落实党风廉政建设责任制,推进反腐倡廉建设各项工作的深入开展。十是落实领导干部"一岗双责",加大廉政责任履行和责任追究的检查考核工作力度,对廉政职责履行不到位、单位发生问题的严格责任追究,撤销3个市直级标准化党支部和文明单位称号。

(金　虎　黄　捷)

【平安单位创建】 2010年,克拉玛依市直机关党工委牢固树立稳定压倒一切的思想不动摇。按照反暴力、讲法治、讲秩序的工作要求,形成以法治保平安、以平安促和谐的机关社会治安综合治理工作格局。一是坚持抓综治及平安创建不放松,确保市直机关和谐稳定。按照普法和法治进机关的有关要求,积极组织学习《中华人民共和国宪法》、《中华人民共和国公务员法》、《中华人民共和国保密法》等,全年普法覆盖率100%。组织2 000余名干部职工参加《新疆维吾尔自治区社会治安综合治理条例》知识竞赛、纪念《公务员法》颁布5周年网络答题等主题鲜明、形式多样的宣传教育活动。

坚持重大活动必须制定安全预案的工作要求,确保职工文艺汇演、水节首场晚会等大型活动顺利进行。各部门(单位)及时答复信访、解决民事纠纷,把不安定隐患消灭在萌芽状态。全年命名75家市直机关平安单位,市直机关党工委被评为2010年度市级平安单位。二是抓好维稳工作,较好地完成各项维稳任务。认真贯彻落实市油田维稳办《做好特别重点阶段专项稳控任务书》,开展维稳纠纷排查工作及治安状况调查和分析,组织130多人在春节期间上公交车做维稳工作,有关部门(单位)加强外来、流动人员的管理和教育,完成世博会期间、重要敏感时期、重点阶段的各项维稳任务。工委机关等8个集体、15名机关工作人员分获克拉玛依市级维护稳定工作先进集体和先进个人称号。三是坚持做好禁毒、反邪教工作。将禁毒工作纳入年终党群工作、文明单位和平安单位考核。有关部门(单位)深化、细化帮教措施,确保对重点人员的管理工作落到实处。

(金　虎　黄　捷)

【工会工作】 2010年,克拉玛依市直机关党工委进一步加强机关工会建设,调整机关工会工作委员会和经费审查委员会成员,规范岗位分工、会员管理、财务管理等工作,理顺自治区垂管单位和部分企事业单位工会经费收缴关系,扩大工会活动的参与面和覆盖面。召开创建模范职工之家经验交流和验收会,新建成8个市直级模范职工之家和5个市级模范职工小家,实现市直级"建家"率90%、市级"建家"率65%的目标。全年为174名职工办理带薪疗养,按新疗养政策为2 061名职工补发疗养费650万元。组织90多名职工前往禾木休养4天。机关职工每人每月捐助1元钱资助11名困难家庭学生。节日慰问劳动模范5人次,送慰问金5 000元。全年下拨活动经费35万元,支付困难职工慰问、生病探望、探亲慰问金、新婚和生育贺礼等温暖工程费用14万多元。举办第五届职工文艺汇演。以"我运动,我健康,我快乐"为主题,举办职工拔河、"廉政杯"排球、羽毛球、钓鱼等系列比赛和交谊舞培训班。组队参加市第七届运动会,获团体第五名及道德风尚奖。3个基层工会获得克拉玛依市工人先锋号称号,女职工委员会获得克拉玛依市级2008~2009年度先进集体称号,工会财务工作获得市总工会先进单位称号,市直机关工会首次获得市级模范工会称号。

(金　虎　黄　捷)

【共青团工作】 2010年,克拉玛依市直机关团工委以视频播放的方式进行共青团工作年度考核,发放考核经费2.42万元。通过团建经验交流会、换届公推直选、规范基层团组织民主生活会加强基层团组织建设。开展青年交友联谊、滑雪健身、新年团拜、驾驶培训、趣味比赛等活动,举办婚姻保鲜和亲子教育专题知识讲座、青年恳谈会及新参加工作人员座谈会,参观爱国教育基地。充分发挥市直机关青年志愿者献血队、环保队、助学队、扶贫队、咨询队、网络队的作用,全年参与志愿者230余人次,志愿服务累计100余小时。3个团支部、6名个人分别被命名为市级五四红旗团支部和优秀团干部、优秀团员。2个集体、2名个人分别获得市级青年文明号、青年岗位能手称号。市农牧局依力哈木被授予自治区百名青少年民族团结标兵称号。团工委获得克拉玛依市五四红旗团委标兵、"一团一品"创建活动优秀组织单位称号。

(金　虎　黄　捷)

【女工工作】 2010年,克拉玛依市直机关党工委先后举办提升女职工素质工程、关爱女工健康行等专题知识讲座,召开巾帼文明岗创建工作推进会,参加市妇联成立50周年手工艺术作品展,组织纪念三八节系列主题活动,全年为545名女职工免费妇检,为1 066名女职工办理特大疾病保险的续保。机关党工委坚持人口与计划生育工作一票否决,将人口与计划生育工与党建、文明单位、平安单位工作同安排、同考核,完成克拉玛依市、克拉玛依区人口计生委下达的人口与计划生育目标管理责任考核任务,被评为2010年计划生育一类单位。

(金　虎　黄　捷)

油田公司机关党工委

【领导名单】

书记:施苏强

副书记、纪工委书记、工会主任:张生贵

【基本情况】 截至2010年底,新疆油田公司机关共有党总支5个、党支部60个。党员1 129人,其中正式党员1 095人,预备党员34人,女党员285人,少数民族党员61人,本科以上文化程度770人、大专文化程度227人、中专以下文化程度132人。机关党工委内设2个科室:综合办公室、组织科,有人员5人。主要承担新疆油田公司机关党的方针政策的宣传学习、机关党员干部的思想教育、党的组织建设、纪律检查、工会以及计划生育工作等职能;按照市、油田党委要求,围绕生产建设组织开展各项活动,管理和处理机关党工委的日常事务。

(张永祥)

【机关党员教育活动】 2010年,油田公司机关党工委以科学发展观为统领,围绕建设现代化大油气田的目标,深入开展创先争优活动,加强机关干部队伍的思想建设、组织建设和作风建设,不断增强机关党组织的创造力、凝聚力和战斗力。机关各级党组织积极有效地开展党员教育活动,不断提高全体机关干部的思想素质。

创先争优活动　机关各级党组织认真开展以争创"五个好"先进基层党组织,争当"五带头"优秀共产党员为主要内容的创先争优活动。机关党工委成立创先争优活动领导小组,下发《油田公司机关深入开展创先争优活动实施意见》。机关各党支部紧紧围绕讲党性、重品行、作表率,维护社会稳定和服务基层这一主题,深入开展创先争优活动。10月底至11月初,分5组召开机关各党支部创先争优活动经验交流汇报会,有39个党支部汇报交流各自开展活动的情况。

热爱伟大祖国、建设美好家园主题教育活动　下发《油田公司机关开展热爱伟大祖国、建设美好家园主题教育活动暨第一阶段实施方案》。机关各党支部组织党员干部深入学习中央新疆工作座谈会和胡锦涛总书记重要讲话精神,学习自治区党委书记张春贤关于新疆和克拉玛依稳定发展的重要讲话和建设世界石油城奋斗目标的内容,并组织开展以"谁是我们的敌人,谁是我们的兄弟姐妹"为主题的大学习、大讨论活动。机关党工委于7月28日邀请市、油田党委讲师团领导为机关科级干部举办一场热爱伟大祖国、建设美好家园主题教育报告会,公司机关各单位的部分科级干部和党支部委员共计90余人参加宣讲会。

民族团结年活动 机关党工委制定《油田公司机关2010年“民族团结年”活动方案》。各党支部围绕同心协力、携手并进的主题,开展民族团结主题宣传教育活动。机关各党支部广泛深入开展争做民族团结的好员工、正确教育子女的好家长、遵纪守法的好公民活动。机关党工委购买《三爱教育读本》等辅导教材,下发给各党支部组织学习使用。机关工会举办“民族团结杯”排球赛、羽毛球赛等活动,积极烘托民族团结氛围。

建设学习型机关活动 机关党工委组织油田公司机关全面开展建设学习型机关活动。一是制定下发油田公司机关2010年开展建设学习型机关工作计划。二是机关各单位普遍建立学习制度,将每人的学习情况纳入年度业绩考核之中。在学习方法上推行“四个一”学习方式,即半月一集中、一月一交流、定期一辅导、半年一检查。采取集体通读、主要领导专题辅导、学习心得交流的形式,使学习活动形式多样、内容丰富。在学习内容上做到5个结合,即建设学习型机关与加强机关干部的政治教育相结合,与加强机关全体员工专业知识相结合,与加强机关全体员工的法律知识、提高法律意识相结合,与提高机关全体员工的业务能力相结合,与机关作风建设相结合。机关党工委为各单位提供《七个“怎么看”——理论热点面对面·2010》、《深入开展创先争优活动党员干部学习读本》、《未来企业之路》、《“五五”普法企业管理人员读本》等学习教材。 (樊君萍)

【机关作风建设】 2010年,油田公司机关各部门狠抓机关作风建设。机关工作人员牢固树立为基层服务的意识,转变思想观念,改进工作作风,把工作着力点放在基层,掌握基层实际工作的情况,解决存在的突出问题。10月,石西公路遇险,被洪水冲破多处决口,导致生产车辆通行受阻,生产运行处领导得知情况后,迅速组织本处室党员干部连夜抢修,每天工作达20多个小时,在其他单位的积极配合下,公路得以全线贯通。信息档案中心开展看谁修复档案的速度快、档案多、质量高,看谁节约纸张多、节约水电多活动,收到明显成效。信访办公室对事实清楚、符合政策的信访件,积极与相关部门协调沟通,督促问题早日解决。对不符合政策规定的问题,做好解疑释惑工作,取得群众的理解和信任,多名群众赠送锦旗以示感谢。总经理办公室党支部在开展创先争优活动中,恰逢集团公司领导干部会议和自治区党委书记张春贤来克拉玛依考察工作,总经理办公室的党员干部协调相关部门,努力做好材料汇总、线路安排、后勤保障等,确保顺利完成各方面工作。 (樊君萍)

【机关组织建设】 2010年,油田公司机关各级党组织狠抓党支部基础建设工作,充分发挥党支部战斗堡垒作用和党员的先锋模范作用。一是狠抓标准化党支部的建设工作。以创建标准化党支部工作为契机,加强党支部的班子建设和党员队伍建设。七一前夕,对9个获机关级标准化党支部称号的党支部进行授牌。二是做好先进党支部和优秀党员的推先选优和评比表彰工作。召开庆七一座谈会,总经理办党支部、开发公司党总支、数据中心党支部、团委党支部畅谈中国共产党建党89周年的光辉历程,同时就如何发挥党组织的战斗堡垒作用和党员的先锋模范作用,如何加强党员队伍建设、作风建设以及创建学习型党支部的先进经验和典型做法进行交流发言。会上,表彰奖励18个机关级先进党支部和64名优秀党员。总经理办党支部、油藏评价处党支部被评为克拉玛依市、油田公司级先进党支部;冯旭军、刘爱中、胡筱波被评为克拉玛依市、油田公司级优秀党员。三是狠抓发展党员工作。发展党员11人,预备党员转正11人。全年共回函15件,接转党组织关系116人次。四是做好入党积极分子的培训工作。举办入党积极分子培训班1期,27名入党积极分子参加培训。参观周恩来纪念馆、军垦博物馆、八路军办事处旧址,参加拓展训练。五是做好党支部改选暨业务培训工作。机关党工委对10个党支部进行改选、调整和增补。选派5名党支部书记参加克拉玛依市、油田党委组织部举办的党支部书记培训班。六是做好党员、党组织数据库的信息维护、报表统计和党费收缴等工作。按照上级组织部门的要求,认真做好党内统计报表的季报、年报和民主评议党员统计报表工作,并及时准确报送党内各类信息。 (张永祥)

【党风廉政建设】 2010年,油田公司机关各级党组织贯彻落实惩防体系建设各项任务,卓有成效地开展各项工作。一是传达贯彻落实市油田纪委九届五次全会精神,安排公司机关2010年反腐倡廉建设工作。机关党工委组织机关各处室、部门的主要领导参加市、油田纪委召开的九届五次全会。3月4日,召开各党总支、支部书记会议,对公司机关全年党建和党风廉政建设工作进行安排。组织公司机关26个职能部门、10个直属单位与公司党委领导签订2010年党风廉政建设责任书。二是加强制度建设,加大从源头上治理腐败的力度。公司机关各级党组织紧密结合市委深入开展创先争优活动的要求,加强制度建设。认真执行党支部“三会一课”制度、党员发展和入党积极分子培训制度、党员日常管理制度,完善机关作风自查、监督和改进等制度,落实领导干部廉政、勤政和自律廉洁等制度。三是坚持以教育为主,预防为主的方针,加大党风廉政建设教育力度,认真落实领导干部廉洁从业承诺制。组织机关173名处级领导干部签订廉洁从业承诺书,部分单位在网上公开承诺。四是开展贯彻落实《廉政准则》集中教育活动。五是开展第12个党风廉政教育月活动。机关党工委组织机关各处室及直、附属单位的93人参加克拉玛依市、油田公司党委召开的党风廉政教育月动员大会,并下发通知对机关的教育月活动进行具体安排。公司机关各级党组织开展《廉政准则》的学习宣讲活动;组织副处级以上党员干部参加市油田纪委组织的《廉政准则》的宣讲报告会;组织收看《廉政准则讲座》、《国企蛀虫》、《蜕变的权利》、《铲除小金库》、《欲之害》等教育光碟。机关工委发放《中国共产党党员领导干部廉洁从政若干准则学习问答》、《从政提醒》、《创先争优活动党员干部读本》等书籍,共计600余册。为各党支部借阅廉洁教育光碟23次。六是加强现身说法教育。组织机关160余名干部前往市委党校教育基地和乌鲁木齐第三监狱参观;组织机关副处级以上的党员领导干部按照要求撰写心得体会,59名处级领导干部撰写心得体会。机关党工委对领导干部撰写心得体会情况进行通报,对8个单位和14名领导干部进行表扬奖励。七是在处级干部中开展对照准则的自检自查活动,开展

《廉政准则》的知识测试活动。按照市、油田纪委《关于开展〈廉政准则〉和〈若干规定〉等法规文件知识答题活动的通知》精神，组织机关人员开展答题活动，机关1 005名党员干部参加答题活动。八是认真受理群众来信来访，严肃查处违纪违规案件。全年公司机关纪工委处理信访件3件。（樊君萍）

【工会工作】 2010年，油田公司机关工会围绕机关生产建设开展各项活动。一是加强工会组织建设。改选、增补基层工会8家，办理入会手续10人次。二是组织各项体育活动。在五一、十一期间，机关工会举办排球、羽毛球比赛等活动，丰富职工文化生活。三是开展职工健康疗养工作。按照集体合同有关规定，全年办理疗养手续1 272人次。四是为困难职工办好事、办实事。全年办理职工大病救助6人，金额66 771元；互助会补偿2人，补偿金6 000元；为5名家庭困难的学生捐款9 000元；办理5名员工补交互助补充保险事宜；办理退保5人次。组织机关伙委会不定期地监督检查各职工食堂的伙食、卫生和服务质量。发放劳模慰问金9 000元。四是做好会费收缴工作，按要求收取工会会员会费，全年表彰52名工会积极分子。五是做好工会女职工工作。以提升女职工素质为目标，积极开展建功立业活动，开展女职工喜闻乐见的文体活动。4月，举行油田公司机关健身操比赛。公司机关有11个代表队参加比赛，有6支代表队分获一、二、三等奖。三八节期间，举办"五加三"拔河比赛和男女双人背对背运球比赛，机关有500余人参加活动。组织机关362名女职工免费妇检。组织机关569名女职工参加特定疾病健康互助保险活动。六是做好内部退养职工的教育管理工作。全年对31名内退职工进行节日补助，共计24 800元。节日期间，慰问机关56名历年退休职工遗孀，慰问金共计28 000元。（张永祥　樊君萍）

【计划生育工作】 2010年，新疆油田公司认真贯彻自治区有关部门的指示精神，切实抓好计划生育工作，完成人口与计划生育目标。公司机关全年共出生12人，其中特批1人，计划生育率达100%。落实计划生育目标管理责任制。年初，在召开机关计划生育工作会议上，与所辖各处室签订人口与计划生育目标管理责任书，做到目标明确、责任到人，形成横向到边，纵向到底的目标管理体系。强化培训。坚持每季度1次的计划生育例会，及时总结交流工作经验，查找存在的问题，明确今后的措施任务，不断提高计划生育宣传员的工作水平和整体素质。加强计划生育宣传员交流活动。利用"九二五"计划生育纪念日组织宣传员联谊活动，加强计划生育宣传员之间的交流、学习。确保计划生育工作经费投入到位，保证计划生育工作的顺利开展。强化避孕节育措施的落实，推进优质服务。签订育龄妇女避孕措施知情选择协议书，为育龄妇女印发《妇科病防治知识宣教手册》。加强信息化建设，努力打造"数字计生"。推广应用自治区人口与计划生育综合管理信息系统，录入672户、1 552人信息，录入准确率100%。创新思路，以全面质量管理推进优质服务全面发展。公司机关计划生育QC小组开展以"提高育龄妇女妇科病防治知识知晓率"为题的全面质量管理活动，被评为全国优秀质量管理小组、石油工业优秀质量管理小组，获石油工业质量管理成果三等奖，同时被评为新疆维吾尔自治区优秀质量管理小组。完善利益导向机制，认真执行计划生育奖励政策。全年25人获得独生子女家庭一次性奖励共计12.5万元。（刘利群）

·小资料·

《中国共产党章程》中对党员处分的规定

对党员的纪律处分，必须经过支部大会讨论决定，报党的基层委员会批准；如果涉及的问题比较重要或复杂，或给党员以开除党籍处分，应分别不同情况，报县级或县级以上党的纪律检查委员会审查批准。在特殊情况下，县级和县级以上各级党的委员会和纪律检查委员会有权直接决定给党员以纪律处分。

对党的中央委员会和地方各级委员会的委员、候补委员，给以撤销党内职务、留党察看或开除党籍的处分，必须由本人所在的委员会全体会议三分之二以上的多数决定。在特殊情况下，可以先由中央政治局和地方各级委员会常务委员会作出处理决定，待召开委员会全体会议时予以追认。对地方各级委员会委员和候补委员的上述处分，必须经过上级党的委员会批准。

严重触犯刑律的中央委员会委员、候补委员，由中央政治局决定开除其党籍；严重触犯刑律的地方各级委员会委员、候补委员，由同级委员会常务委员会决定开除其党籍。

人大·政府·政协

市人大常委会

【市十二届人大常委会主任、副主任、秘书长、副秘书长名单】

主任:唐健(2月离任)、徐卫喜(2月任职)

副主任:王俊生、雷红霞、努尔买买提·阿曼、石永春、田清生

秘书长:雷红霞

副秘书长:苏江林、严祖国(4月离任)

【市十二届人大常委会工作机构及领导名单】

办公室

主任:苏江林

副主任:艾尼瓦尔·米吉提、吴长河

法制工作委员会

主任:翟军元

代表人事工作委员会

主任:严祖国(4月离任)

副主任:刘在军(2月任职)

民族宗教侨务工作委员会

主任:阿不都克里木·热合曼

教科文卫工作委员会

主任:彭相兴

副主任:张新江

财经工作委员会

副主任:高华

城乡建设环境与资源保护工作委员会

主任:赵洪斌

副主任:陈新勇

【基本情况】 2010年,克拉玛依市十二届人大常委会组成人员31人,其中主任1人、副主任5人、委员25人,兼职秘书长1人。常委会机关设法制、财政经济、教育科学文化卫生、代表人事、城乡建设环境与资源保护、民族宗教侨务6个工作委员会和办公室。克拉玛依市人大常委会是克拉玛依市人民代表大会常设机关,对本级人民代表大会负责并报告工作,负责讨论、决定本行政区域内的重大事项,监督本级人民政府、人民法院、人民检察院的工作,依照法律规定的权限决定市级国家机关工作人员的任免。

(韩万春)

【市十二届人大四次会议】 2010年2月24~26日,克拉玛依市召开十二届人大四次会议,218名代表出席会议;克拉玛依市的全国、自治区十一届人大代表,市政协副主席和市政协委员,克拉玛依市委、市人大常委会、军分区、市人民政府各部门、新疆油田公司、矿区服务事业部、克拉玛依石化公司等驻市中央石油石化企业有关部门及市属单位、驻市单位负责人列席会议。大会听取和审议市人大常委会、市人民政府、市中级人民法院、市人民检察院工作报告。审议克拉玛依市2009年国民经济和社会发展计划执行情况及2010年计划草案的报告、克拉玛依市2009年财政预算执行情况和2010年财政预算草案的报告。会议审查批准各项工作报告,通过了各项决议。会议期间,代表向大会提出议案8件。白新泰、刘刚等20名代表提出的《关于整合资源,建立克拉玛依市120应急救援体系的议案》通过大会议案审查委员会审查。会议期间,代表对全市各方面工作提出的建议、批评和意见76件,由代表议案转为建议、批评和意见的7件,共计83件,会后交有关部门办理,并负责答复代表。大会通过关于接受唐健辞去市十二届人民代表大会常务委员会主任职务请求的决定。选举徐卫喜为市人大常委会主任,陈新发为市长。

(韩万春)

【市人大常委会会议】 2010年,克拉玛依市第十二届人民代表大会常务委员会举行会议6次,即第十二次至第十七次会议。

第十二次会议 2月1日,市十二届人大常委会举行第十二次会议,会议听取审议市人民政府关于贯彻实施《突发事件应对法》情况的报告;听取市人大常委会执法检查组关于对克拉玛依市贯彻实施《突发事件应对法》情况的检查报告;讨论通过市人大常委会工作报告(讨论稿);听取市人大常委会代表资格审查委员会关于终止陈岩等5人市十二届人大代表资格的报告;通过市人大常委会公告;听取审议关于调整市十二届人大常委会代表资格审查委员会组成人员的报告、关于召开市十二届人大四次会议有关事项的报告;通过关于召开克拉玛依市第十二届人民代表大会第四次会议的决定。会议通过有关人事任免:任命刘在军为克拉玛依市人大常委会代表人事工作委员会副主任;任命李宁为克拉玛依市人民检察院检察员、检察委员会委员;任命穆合塔尔·麦麦提为克拉玛依市中级人民法院副院长、审判委员会委员、审判员;免去吐拉洪·马木提的克拉玛依市中级人民法院审判员职务;免去陈振军的克拉玛依市中级人民法院审判员职务;免去项杰的克拉玛依市司法局局长职务。

第十三次会议 4月23日,市十二届人大常委会举行第十三次会议,会议听取和审议市人民政府关于克拉玛依市国有资产管理情况的专项工作报告、关于贯彻实施《中华人民共和国传染病防治法》情况的报告、关于实行“两制”工作情况的专项工作报告;听取和审议市中级人民法院、市人民检察院关于实行“两制”工作情况的专项工作报告;听取市人大常委会关于对克拉玛依市贯彻实施《中华人民共和国传染病防治法》情况的执法检查报告、关于克拉玛依2008~2009年度实行“两制”工作检查、评

比、审核情况的报告;通过克拉玛依市人民代表大会常务委员会关于表彰2008～2009年度实行"两制"工作模范集体、先进集体、先进个人的决定。会议通过有关人事任免:免去严祖国的克拉玛依市人大常委会副秘书长、代表人事工作委员会主任职务;免去倪国新的克拉玛依市中级人民法院副院长、审判委员会委员职务;李军的克拉玛依市中级人民法院立案庭庭长职务;卡哈尔·阿不力米提的克拉玛依市中级人民法院审判委员会委员、审判员职务;免去王廷祥的克拉玛依市人民检察院检察委员会委员、检察员职务;任命赵永强为白碱滩区人民检察院检察长、乌尔禾区人民检察院检察长;免去李宁的白碱滩区人民检察院检察长、乌尔禾区人民检察院检察长职务;免去李美疆的克拉玛依市统计局局长职务、欧阳卫的克拉玛依市旅游局局长职务;任命张辉为克拉玛依市人民检察院副检察长、检察委员会委员、检察员。

第十四次会议　6月30日,市十二届人大常委会举行第十四次会议,会议听取和审查市人民政府关于克拉玛依市2009年财政决算情况的报告、关于2009年度市本级预算执行和其他财政收支情况的审计工作报告;听取和审议市人民政府关于贯彻实施《中华人民共和国广告法》情况的报告、关于贯彻执行《新疆维吾尔自治区旅游管理条例》情况的报告;听取市人大常委会关于克拉玛依市2009年本级财政决算的审查报告、关于克拉玛依市实施《中华人民共和国广告法》情况的执法检查报告、关于克拉玛依市实施《新疆维吾尔自治区旅游管理条例》情况的执法检查报告;通过市人大常委会关于批准2009年克拉玛依市本级财政决算的决议。

第十五次会议　8月11日,市十二届人大常委会举行第十五次会议。会议通过人事任免:经表决,赵德军不再担任克拉玛依市人民检察院检察长职务;任命王大军为克拉玛依市人民检察院副检察长、检察委员会委员、检察员、代理检察长。

第十六次会议　8月30日,市十二届人大常委会举行第十六次会议。会议听取审查市人民政府关于2010年上半年克拉玛依市国民经济和社会发展计划执行情况的报告、关于2010年上半年克拉玛依市财政预算执行情况的报告、关于贯彻实施《中华人民共和国消防法》情况的报告、关于克拉玛依市机动车停车场建设和管理情况的专项工作报告;听取市人大常委会关于全市贯彻实施《中华人民共和国消防法》情况的执法检查报告、关于克拉玛依市机动车停车场建设和管理情况的调研报告;通过人事任免:免去曾云飞的市交通局局长职务、免去康建军的市城市规划管理局局长职务。

第十七次会议　11月16日,市十二届人大常委会举行第十七次会议。会议听取和审议市人民政府关于克拉玛依市2010年重点工程进展情况的报告、关于2010年克拉玛依市本级财政预算调整情况的报告、关于科研成果管理和转化情况的专项工作报告、关于市十二届人大四次会议议案办理情况的报告;听取市人大常委会相应的视察报告、审查报告、调研报告和市十二届人大四次会议期间代表提出建议、批评和意见办理情况的报告;通过克拉玛依市人民代表大会关于批准2010年克拉玛依市本级财政预算调整情况的决议。会议进行人事任免:免去杜勇的市人民政府秘书长职务、崔树林的市公安局局长职务;任命王军为市人民政府秘书长、曾宪江为市公安局局长、谢军为市交通局局长、王朝晖为市统计局局长、刘刚为市旅游局局长、陈路为市城市规划管理局局长;免去古丽娜尔·铁木洛夫的市中级人民法院审判员职务。　(韩万春)

【代表建议办理情况】　2010年,克拉玛依市十二届人大四次会议期间,全市各族人大代表认真履行职责,积极参政从政,围绕贯彻党的十七大、十七届三中、四中全会、自治区党委七届八次全委(扩大)会议和市委九届六次全委会议精神,以全面落实科学发展观、构建和谐社会、实现克拉玛依市"十一五"规划为目标,对克拉玛依市各方面的工作提出建议、批评和意见(以下简称建议)93件(含议案改作建议的7件)。其中关于城市建设与环境保护方面的34件,教科文卫方面的27件,财政经济方面的8件,劳动和保障方面的8件,交通运输方面的3件,社会管理方面的11件,民族宗教事务方面的1件,社会治安综合治理方面的1件。根据代表们提出的建议内容,将93件代表建议分别交市委办公室6件、市人民政府办公室77件、油田公司总经理办公室9件、市人大常委会办公室1件;其中,市人民政府办公室与油田公司总经理办公室联合办理的2件。截至8月底,代表在大会期间所提建议基本办理完毕。市人大常委会代表人事部门及时将承办部门的办理答复意见和征询意见表寄送各位代表。从征询意见表反馈的情况来看,大部分代表们对建议的办理答复表示满意或基本满意。至此,市十二届人大四次会议代表建议全部办理完毕。　(韩万春)

【代表视察活动】

全国、自治区人大代表视察活动

2010年12月9日,克拉玛依市人大常委会组织市部分全国、自治区人大代表开展集中视察活动。代表们深入克拉玛依区、独山子区、白碱滩区和乌尔禾区视察克拉玛依市城市建设、民生建设工程、执法情况以及对克拉玛依重大事项的落实情况。全国人大代表夏热娃娜·阿不都克依木,自治区人大代表王俊生、关静、古丽基娜·尼亚孜、何湘君、贺文华、木尼热·肉孜等参加集中视察活动。

市人大常委会组成人员视察活动

2月3～4日,王俊生带领视察组视察克拉玛依市监管场所。

3月18日,王俊生带领执法检查组检查克拉玛依市贯彻实施妇女权益保障法及自治区实施办法情况。

3月22～25日,王俊生带领调研组调研克拉玛依市道路运输市场发展和管理情况。

3月23～26日,石永春带领执法检查组检查克拉玛依市贯彻传染病防治法情况。

3月30日至4月2日,王俊生带领检查组检查克拉玛依市开展"两制"工作情况。

4月6～8日,王俊生带领执法检查组检查克拉玛依市贯彻实施《中华人民共和国中小企业促进法》情况。

4月19～22日,王俊生带领执法检查组检查克拉玛依市贯彻实施《自治区旅游管理条例》情况。

4月20～21日,民侨委组织部分人大代表对克拉玛依市伊斯兰宗教活动管理情况进行专项调研。

5月18～20日,王俊生带领执法检

查组检查克拉玛依市贯彻实施《中华人民共和国广告法》情况。

5月25~27日，王俊生带领视察组视察克拉玛依市重点公益林管理和保护情况。

6月17~18日，雷红霞带领执法检查组检查克拉玛依市《中华人民共和国消防法》贯彻执行情况。

7月14~16日，雷红霞带领调研组调研克拉玛依市实施《互联网上网服务营业场所管理条例》情况。

7月20~22日，雷红霞带领调研组调研克拉玛依市禁毒情况。

8月23~25日，王俊生带领调研组一行调研克拉玛依市农村环保工作情况。

9月13~16日，王俊生带领常委会调研组调研克拉玛依市生活必需品储备、供应、调控、管理情况。

9月20~21日，王俊生带领视察组视察克拉玛依市部分重点工程进展情况。

10月12~13日，王俊生、田清生、苏江林带领视察组视察克拉玛依市十二届人大四次会议确定的1件议案和代表提出的部分重点建议意见办理情况。

11月22~26日，王俊生带领执法检查组检查克拉玛依市实施《自治区清真食品管理条例》情况。

11月22~26日，雷红霞带领视察组视察克拉玛依市实施《中华人民共和国老年人权益保障法》情况。（韩万春）

【来信来访】 2010年，克拉玛依市人大常委会进一步关注社会焦点问题，加大对可能影响社会稳定的信访事项的督办力度。按照件件有着落、事事有回音的信访工作要求，把工作着力点放在推动信访问题的解决上，综合运用发函督办、电话催办、听取汇报、召开协调会等方式，加大协调督办力度，一批涉及社会稳定的重要信访事项和久拖不决的诉求得到解决或逐步解决。全年受理各类上访申诉信访件119件572人次，其中来信15件15人次（包括自治区人大转办5件）、来访100件553人次、来电4件4人次。（韩万春）

【代表工作】 2010年，克拉玛依市人大常委会坚持把创新代表工作的方式方法、拓宽人大代表的履职渠道、加强闭会期间的活动组织作为主要着力点，努力实现代表工作新提升。做好对人大代表的培训工作，举办培训班2期，培训人大代表和人大常委会机关干部71名。邀请164名代表列席人大常委会会议和政府的各类会议，有80多名代表参加各类执法检查、视察和调研活动。坚持为常委会组成人员和人大代表订阅《中国人大》、《人民代表报》、《新疆人大》、《克拉玛依人大》等杂志，寄送《克拉玛依政报》等刊物，为代表知情知政提供服务。坚持经常性走访代表，了解代表履行职责的情况。开展人大代表进单位、进社区、进家庭活动，认真倾听群众呼声，及时反映群众意愿。广泛宣传人大代表的履职风采，激发代表履职的信心和热情。组织全国、自治区人大代表开展集中视察，整理形成5件建议分别提交十一届全国人大四次会议和自治区十一届人大四次会议。市人大代表围绕克拉玛依市的中心工作和人民群众关注的热点难点问题，主动开展代表组集中学习、视察调研等活动，有429人次参加各种形式的代表活动，累计执行代表职务1 161天。（韩万春）

【法制宣传教育】 2010年，克拉玛依市人大常委会坚持把民主法治宣传教育作为一项重要工作，拓宽渠道，强化措施，为依法治市营造良好的法治环境。参与“五五”普法检查验收工作，全面掌握“五五”普法进展情况。坚持举办法制讲座，不断提高人大代表、行政执法人员的法制意识和依法办事的能力。认真做好2008~2009年度实行“两制”工作的检查总结表彰，表彰“两制”工作模范集体4个、先进集体8个，先进个人43名。参与综合治理和平安建设的组织、指导、协调工作，为切实形成综合治理与平安建设共同参与、齐抓共管良好局面起到积极推动作用。（韩万春）

【解决机动车停车难问题】 2010年，克拉玛依市人大常委会针对克拉玛依市私家车拥有量不断增加的现状和停车难的问题，在上年调研的基础上，进一步了解社会各界反映的停车场建设和管理、停车难等方面的意见，听取审议市人民政府关于停车场建设和管理情况的专项工作报告。市人民政府对常委会调研报告中提出的停车场建设步伐缓慢、小区配建标准过低、管理滞后等突出问题，采取有效措施，在城市总体规划中加强对居住密度的控制，把停车场建设纳入控制性详细规划中加紧实施，解决市民停车难问题。（韩万春）

【公开征集监督议题】 2010年1月，克拉玛依市、区两级人大常委会首次尝试开展面向社会公开征集监督议题的活动，受到各族人民群众、各级人大代表的广泛关注。围绕改革发展稳定的大局，围绕社会普遍关注、事关人民群众根本利益的热点难点问题，各族群众通过网络、信函、电话、传真等方式，向克拉玛依市、区人大常委会提出意见建议123件，其中采暖费补贴方式改革、天然气入户工程建设、新建居民小区物业管理、市区停车难和提高医疗服务质量等方面的建议较为集中。常委会将5件最受群众关注、市民反映强烈的建议列入年度重点监督议题，加大督办落实力度，进一步增强常委会监督工作的针对性和实效性。（韩万春）

【运输市场发展管理专题调研】 2010年3月22~25日，克拉玛依市人大常委会组成以副主任王俊生为组长的专题调研组，调研市道路运输市场发展和管理工作情况。调研组先后深入油田公司客运公司、凯通公司、扬帆工贸公司、独山子捷安旅客运输公司和独山子永兴公共交通公司等部分城市公交、长途客运、普通运输及危险货物运输企业现场查看，听取企业道路运输经营情况的汇报，召开由克拉玛依市部分车辆维修、配件销售、车辆检测以及机动车驾驶培训机构负责人参加的座谈会，征求意见和建议，并听取独山子区、乌尔禾区政府及市政府道路运输市场发展和管理工作情况的汇报。调研组认为，克拉玛依市各级政府非常重视道路运输市场的发展，坚持从完善制度入手，积极发挥政府的宏观调控作用，通过加强监管，创新服务，不断推动克拉玛依市道路运输市场的快速发展。建议完善克拉玛依市道路交通系统总体规划；加大对客运站的扶持力度；支持运输企业的发展；规范机动车维修和驾驶员培训市场经营行为，提高机动车维修和驾驶员培训质量水平；加快道路运输现代物流业的发展。（韩万春）

【检查《传染病防治法》实施情况】 2010年3月23~26日，克拉玛依市人大常委会副主任王俊生、石永春分别带领由市人大常委会委员、市人大代表组成的执法检查组,检查全市实施《传染病防治法》情况。检查组听取市、区两级政府关于实施传染病防治法情况的汇报,查阅4个区制定传染病预防控制预案及建立健全传染病防治的预防控制、医疗救治和监督管理体系等情况的文件和相关资料,召开市卫生、农牧、教育、疾控等部门参加的汇报座谈会,实地查看克拉玛依中心医院、人民医院、第二人民医院、独山子石化职工医院、乌尔禾疾控中心及市、区两级动物卫生监督站等相关医疗卫生机构。检查组认为,克拉玛依市、区两级人民政府高度重视传染病防治法的贯彻实施,注重加强公共卫生体系建设,将疾病预防控制体系、卫生监督体系、医疗救治体系建设纳入城市发展整体规划,积极应对公共卫生突发事件,全市传染病防治工作的综合实力和整体水平逐步提高。建议进一步加大学习、宣传和贯彻实施传染病防治法的力度;进一步加强传染病防治专业队伍建设;加强传染病防治基础设施建设,尽早建立传染病专科医院;强化重点传染病的防治工作;完善防治工作日常管理机制,使传染病防控工作高效有序进行。

(韩万春)

【检查《自治区旅游管理条例》实施情况】 2010年4月20~23日,克拉玛依市人大常委会成立以王俊生副主任为组长、部分常委会委员和人大代表为成员的执法检查组,对全市贯彻《新疆维吾尔自治区旅游管理条例》(以下简称旅游管理条例)的情况进行执法检查。执法检查组分别听取独山子、乌尔禾、白碱滩、克拉玛依区政府、市农业综合开发管委会办公室和市人民政府的情况汇报,深入魔鬼城、白杨河大峡谷、白沙滩、克拉玛依河、大漠高尔夫球场等景区和独山子油田第一口井遗址、中苏石油公司办公遗址、黑油山、英雄"193"井、百里油区观景点以及哈斯加甫庄园、乡村庄园和农业植物标本馆等旅游景点察看旅游基础及服务设施建设,召开由旅游、宾馆、购物单位代表参加的座谈会。检查组认为,市人民政府认真贯彻旅游管理条例,制定旅游业的发展优惠政策,形成政府主导、旅游部门主管、相关部门配合、社会参与的工作格局;旅游企业迅速成长,旅游从业者队伍不断壮大,旅游服务业迅猛发展;初步建成"吃、住、行、游、购、娱"配套的旅游市场和旅游产业体系。建议加大宣传力度;明确旅游发展各阶段性目标,制定高水平旅游发展规划;提高城市品位,采取有效措施,保障旅游业的大发展;制定政策,强力推进旅游业发展;依托石油工业文化,发展特色旅游;加大景区、景点的开发和保护力度;狠抓服务质量的提升和建立长效机制。(韩万春)

【检查《中小企业促进法》实施情况】 2010年4月6~8日,克拉玛依市人大常委会执法检查组对市贯彻实施《中华人民共和国中小企业促进法》进行检查。检查组先后深入4家中小企业实地查看、了解企业的生产经营情况及面临的主要困难和问题,并召开由部分中小企业以及担保机构和中介服务机构负责人参加的座谈会,征求意见和建议。听取克拉玛依区、白碱滩区政府和市政府贯彻实施《中小企业促进法》情况的汇报。检查组认为,市人民政府高度重视中小企业的发展,利用克拉玛依市独特的体制优势,加强领导,制定一系列鼓励和支持企业发展的政策措施,通过认真落实国家、自治区及鼓励地方中小企业发展的政策,规范管理,提高服务意识和工作效率,初步建立起为企业服务的长效机制,不断引导、推动市中小企业的生存和发展壮大。存在的问题:产业结构比较单一;中小企业整体竞争实力不强;中小企业融资难度较大;中小企业的各种人才普遍短缺;有关法律法规政策的宣传落实不到位;市中小企业服务体系尚不健全。建议加强对中小企业发展的宏观调控和引导;推进中小企业信用制度建设;加大对中小企业人才引进和培养工作力度;加强对有关法律法规政策的宣传和贯彻落实工作;完善中小企业服务体系建设;尽快建立中小企业职工收入增长机制。(韩万春)

【检查《广告法》实施情况】 2010年5月18~20日,克拉玛依市人大常委会组成以副主任王俊生为组长,部分常委会委员和人大代表为成员的执法检查组,对市实施《中华人民共和国广告法》情况进行执法检查。检查组先后深入市广播电视局和克拉玛依日报社,听取广告经营单位工作情况的汇报,召开由市委宣传部领导和市广告协会、部分广告经营单位负责人参加的座谈会,征求意见和建议。听取独山子区、克拉玛依区政府和市政府实施《广告法》情况的汇报。检查组认为,自《广告法》颁布实施以来,克拉玛依市各级政府及工商行政管理部门积极采取各项措施,加大宣传和执法工作力度,加强制度建设,不断规范广告市场秩序,有力地维护和促进市地方经济的繁荣发展。建议推动市广告业的进一步发展;进一步提高市广告监督管理工作水平;完善对户外广告设置规划,加强户外广告的管理;继续加大对虚假违法广告行为为防范和查处的力度;进一步发挥广告协会的作用。(韩万春)

【视察国家重点公益林管理和保护情况】 2010年5月25~27日,克拉玛依市人大常委会成立以副主任王俊生为组长的视察组,视察全市国家重点公益林的管理和保护、基础设施建设情况。视察组实地察看克拉玛依区前山涝坝、康佳、大拐管护站,乌尔禾区尊太来、白杨河、乌尔彩管护站,白碱滩区哈尔扎克、盐湖管护站。视察组认为,市、区两级政府不断强化管护措施,在管护设施建设、人员配备、组织机构、制度建设、资金使用、区域划分、植被恢复、封育林地、打击毁林开垦、乱砍滥伐违法行为等方面做了大量工作,为保护生物多样性、维护生态平衡、改善环境做出艰苦努力。存在的问题:宣传力度不够,公益林保护意识不强;管护基础设施和配套设施不完善;管护队伍不稳定,致使管护工作不到位;林业公安机构未成立,林业执法不能有效开展。建议加大宣传力度,提高保护森林资源社会意识;加强基础设施建设,不断充实管护队伍,提高管护质量;加强管理,健全制度,充分调动管护人员的工作积极性;进一步加强公益林资源档案管理;尽快成立林业公安机构,加大林业执法力度;做好退耕还林、恢复生态工作。

(韩万春)

【调研《互联网上网服务营业场所管理条例》实施情况】 2010年7月14~16日,克拉玛依市人大常委会成立以副主任、秘书长雷红霞为组长,部分市人大常委会委员、市人大代表和市人大常委会教科文卫工作委员会委员为成员的调研组,对全市贯彻实施《互联网上网服务营业场所管理条例》情况进行调研。调研组先后听取市文化局、市行政执法局、独山子区政府、白碱滩区政府和乌尔禾区政府的情况汇报(克拉玛依区因工作原因,上报汇报材料),查阅相关资料;召开由互联网上网服务营业场所负责人参加的座谈会;现场查看互联网营业场所19家。调研组认为,自2002年《条例》颁布以来,市、区两级政府高度重视《条例》的贯彻实施,结合实际,按照科学规划、有序准入、有效管理、规范经营、宏观调控、可控发展的总体要求,以提高文化市场管理者和经营者的素质为重点,注重拓展和提升文化营业场所规模与品位,强化管理,不断优化市场格局,使互联网上网服务营业场所的经营秩序得到明显改善,推进市互联网服务经营活动的健康发展和长足进步。存在的问题:对《条例》的宣传应进一步加强;未成年人进入网吧的情况有待进一步整治;网吧管理制度有待进一步完善;网吧和网络安全管理有待进一步加强;个别网吧的环境和经营范围有待进一步改善和规范。建议进一步深入各网吧的经营场所,广泛宣传《条例》;加强对网吧的管理,严格按照《条例》禁止网吧违规接纳未成年人,加强公益性上网场所建设;市文化市场长效机制管理领导小组认真对重复实名登记问题加以研究,使其既达到有效管理要求,又减轻业主工作量;各政府相关部门要加强网吧制度建设的指导,使管理制度规范化、科学化;白碱滩区政府和乌尔禾区政府尽早在辖区网吧安装视频监控系统,做到统一管理和存储;网吧管理部门加强与卫生、宣传等部门的合作,开展文明守法经营业户评选活动,树立行业典型,引导网吧营业场所向规模化、连锁化、主题化和品牌化方向健康发展,努力把克拉玛依市网吧建设成为传播先进文化和文明风尚的窗口。

(韩万春)

【检查《消防法》实施情况】 2010年6月17~22日,克拉玛依市人大常委会成立以副主任、秘书长雷红霞为组长,部分市人大常委会委员与市人大代表为成员的执法检查组,对全市实施《中华人民共和国消防法》情况进行执法检查。检查组听取克拉玛依市、区两级政府关于实施《消防法》情况的汇报,实地查看部分消防安全重点单位,查阅有关资料,召开相关人员参加的座谈会。检查组认为,《消防法》颁布实施以来,克拉玛依市、区两级政府高度重视,坚持预防为主、防消结合的方针,按照政府统一领导、部门依法监管、单位全面负责、公民积极参与的原则,以落实单位消防安全责任制为重点,全面建立消防安全的各项制度,制定预防、灭火救援等预案,狠抓落实与演练;加强消防组织建设,建立消防协调机制,健全社会化消防工作网络,积极开展《消防法》基本知识宣传教育,不断加强消防设施和装备建设,强化消防安全监督检查,严格消防执法,预防火灾和灭火救援能力不断提升。存在的问题:消防知识的宣传尚不普及和深入;消防协调机制运行不力;一些单位和个人消防安全意识淡薄;消防设施不适应城市发展需要;查处消防违法行为不严。建议消防知识宣传应普及和深化;充分发挥消防协调机制作用;强化社会单位消防安全责任制的落实;继续加强消防基础设施建设;加大消防违法行为的处罚力度。 (韩万春)

【调研市禁毒工作】 2010年7月20~22日,克拉玛依市人大常委会副主任雷红霞带领调研组调研克拉玛依市禁毒工作。调研组听取市、区两级政府关于禁毒工作情况汇报,实地查看市人民医院美沙酮替代治疗门诊,查阅相关资料,召开相关人员参加的座谈会。调研组认为,克拉玛依市、区两级政府十分重视禁毒工作,认真贯彻执行禁毒工作的国家法律法规和政策规定,坚持禁种、禁制、禁贩、禁吸并举的方针和"预防为主,综合治理"的禁毒工作原则。加强禁毒工作机构建设,开展禁毒宣传教育,不断完善禁毒工作制度和机制,落实禁毒工作措施,严厉打击涉毒犯罪活动,为维护全市的社会稳定发挥重要作用。存在的问题:禁毒宣传教育针对性不强;禁毒机制的作用没有充分发挥;社区戒毒工作薄弱;禁毒工作不适应形势发展。建议进一步加强禁毒宣传教育工作;加强禁毒工作的统一领导;扎实有效推进社区戒毒工作;切实加大禁毒工作力度。

(韩万春)

【调研市农村环境保护工作】 2010年8月23~25日,克拉玛依市人大常委会副主任王俊生带领调研组调研克拉玛依市农村(农业)环境保护工作情况。调研组采取实地查看和调阅汇报材料的方式,先后听取克拉玛依区、乌尔禾区、市人民政府的汇报,赴小拐乡团结水厂、榆树村新居民点、小拐村和乌尔禾查干村实地查看两乡规划、环境保护规划以及新农村建设总体规划的实施情况,并查阅有关基础资料,分别召开小拐乡、乌尔禾乡农民代表参加的座谈会,征求对农村环境保护工作的建议和意见,调阅独山子区和农业开发区管委会的汇报材料。调研组认为,克拉玛依市、区两级政府,农业开发区管委会重视农村(农业)环境保护工作,狠抓"三农"工作,按照生产发展、生产宽裕、乡村文明、村容整洁、管理民生的要求,以农民增收为核心,因地制宜稳步推进新农村建设,农村(农业)面貌发生深刻变化。存在的问题:对农村污染及其特点重视还不够,投融资渠道难以解决农村面源污染治理所需的资金问题,畜禽养殖污染问题没有得到有效遏制;乌尔禾饮水安全保障程度不高;农民不科学使用化肥、农药和农膜对农业生态环境的污染问题还没有有效根治,致使化学元素对生物多样性破坏的严重后果已经显露。建议加强宣传教育,增强环境意识;建立长效机制,完善监管体系;发展生态农业,重视科技支持;加大资金投入,加强能力建设;加强环境整治,改善村容村貌。 (韩万春)

【视察市重点工程进展情况】 2010年9月20~21日,克拉玛依市人大常委会副主任王俊生带领视察组视察克拉玛依市部分重点工程(包括2009年跨年度工程)进展情况。视察组先后听取克拉玛依市、白碱滩区政府重点工程进展情况汇报,听取部分施工企业工程进展情况介绍,并现场查看科技博物展览馆、火车站、第二污水处理场、老年活动中心工程、西霞小区经济适用房建设等项目进展情况。常委会会议听取审议市人民政府关于2010年重点工程进展情况的报告。针对建设中存在的项目储备不足、拆迁征地困难、新建小区规模小、新建建筑不能很好地提升城市品位和展现城市魅力等问题,建议市人民政府进一步加强领导,加强项目前期工作的统筹协调和项目责任落实;注重建筑造型、体现城市特色、提高城市品位;加大保障性住房建设力度,切实保障事关克拉玛依市经济发展的基础设施建设工程的质量和进度。 (韩万春)

【调研重要生活必需品储备、供应、调控及管理工作】 2010年9月14~16日，克拉玛依市人大常委会副主任王俊生带领调研组调研市重要生活必需品储备、供应、调控、管理情况。调研组认为，由于受国际国内各种因素影响，国内粮油蔬菜价格大幅上扬，呈现明显的结构性上涨态势，加之克拉玛依市特殊的地理位置和产业结构，粮、油、牛羊肉、蔬菜等生活必需品供应90%以上来自周边地区，供求关系和价格受外埠影响较大。调研组指出，要加强政府部门协调工作，积极疏通供应渠道，尽快制定和完善克拉玛依市重要生活必需品市场相关制度和应急预案；要充分发挥企业作用，建立健全市场供应信息披露机制，通过价格调节手段平抑物价，保障城乡居民生产、生活稳定。（韩万春）

【检查《清真食品管理条例》实施情况】 2010年11月23~26日，克拉玛依市人大常委会副主任王俊生带领执法检查组，对市实施《条例》情况进行执法检查。检查组先后听取市民宗委和各区政府的工作汇报，实地抽查3家超市、7家清真餐馆、3家清真食品糕点加工点和1家牛羊销售点。检查组认为，克拉玛依市、区两级政府及行政主管部门围绕《条例》的贯彻实施，在宣传教育、依法监督管理等方面都做了大量工作，促进了清真食品市场的健康发展。存在的问题：《条例》的宣传教育需继续加强；部分商品流通企业经营清真食品不规范；部分餐饮经营网点经营不规范。建议进一步加强《条例》的社会宣传教育；进一步加大监督检查力度，维护清真食品商业流通秩序；进一步加强规范管理，推进清真餐饮市场的健康发展。（韩万春）

市人民政府

【市长、副市长，市人民政府秘书长、副秘书长名单】

市长：陈新发（2月任职）

常务副市长：宋友立

副市长：赵武生、杨晓伟、阿不都热合曼·克里木、祝贺香、杜勇

秘书长：杜勇（11月离任）、王军（11月任职）

副秘书长：郜瑞宏、邱长林、图荪江·苏莱曼、陈路、孙振江、贾庆昌（12月任职）

【市政府办公室领导名单】

主任：王军（兼市信访局局长）

副主任：艾孜木江·木沙、王咏剑、潘瑞、魏鹏程

市信访局副局长：褚凤英（副县级）、魏安权（副县级）

市政府法制办公室主任：黄毅（副县级）

【基本情况】 2010年，克拉玛依市政府办公室内设5个职能科室：文书科、秘书科、信息督察科（市政府督察室）、综合科、翻译科；有4个挂靠单位：市政府新闻办公室、市语言文字委员会办公室、市应急管理办公室、市信息化和电子政务办公室；2个归口管理部门：市信访局（市委信访局）、市政府法制办公室。市政府办公室是协助市人民政府领导处理市人民政府日常工作的办事机构，承担着市政府日常事务的协调处理、文字综合管理、信息督察、文书会务、信访接待、法制建设、新闻宣传、语言翻译、应急值守和电子政务等工作。（崔进）

【市政府常务会议】 2010年，克拉玛依市十二届人民政府共召开19次常务会议，即第二十七次至第四十五次常务会议。

1月19日，代市长陈新发主持召开市政府第二十七次常务会议，审定政府工作报告、计划报告、财政报告，研究创建全国残疾人工作示范城市有关问题。赵武生、杨晓伟、阿不都热合曼·克里木、祝贺香、杜勇等政府领导出席会议，市政府相关部门负责人列席会议。

3月12日，市长陈新发主持召开市政府第二十八次常务会议，审定2010年基本建设投资计划、个体中巴车管理体制改革方案和推荐市人大"两制"工作先进集体、个人的建议，修订《市相对集中行政处罚权工作衔接规定》，通报政府领导分工、完善政府常务会议制度情况，研究开展境外卫星电视传播秩序专项整治工作，明确克拉玛依市部分食品安全领域监管职责，听取全市安全生产大检查情况报告。杨晓伟、阿不都热合曼·克里木、祝贺香、杜勇等政府领导出席会议，市政府相关部门负责人列席会议。

3月26日，祝贺香主持召开市政府第二十九次常务会议，通报市人民政府近期重点工作及进展情况、近期发生安全生产事故情况，安排清明节期间安全、文明祭扫等相关工作。市政府相关部门负责人列席会议。

4月16日，赵武生主持召开市政府第三十次常务会议，研究创建全国"双拥"模范城实施方案，通报克拉玛依商业银行拟在克拉玛依市设立行政办公区，中油燃料油股份有限公司、中石油昆仑燃气公司在克拉玛依市设立分公司情况。同时，研究讨论与塔城地区开展交流合作的情况和下一步重点工作；关于加强政府重点工作督察落实和进展情况反馈，强化政策分析研究；金融产业发展考察；"五五"普法总结表彰及国务院、自治区近期重要文件精神落实等事项。市政府相关部门负责人列席会议。

4月28日，陈新发主持召开市政府第三十一次常务会议，审定《克拉玛依市社会保障卡管理暂行办法》，通报政府重点工作进展情况。副市长赵武生、阿不都热合曼·克里木、祝贺香、杜勇等出席会议，市政府相关部门负责人列席会议。

5月14日，赵武生主持召开市政府第三十二次常务会议，原则通过克拉玛依石化工业园区污水处理厂"三一三"硫化氢中毒事故调查组关于事故调查情况的报告和处理意见，听取市机构编制委员会关于成立各区公安巡逻（巡警）大队的报告。杨晓伟、祝贺香、杜勇等出席会议，市政府相关部门负责人列席会议。

6月18日，陈新发主持召开市政府第三十三次常务会议，听取克拉玛依市1~5月经济运行情况汇报，审定市政府2009年本级财政决算完成情况及审计情况报告，原则通过《城乡医疗救助暂行办法》（修订）、《城乡居民基本医疗保险实施办法》（修订）。赵武生、杨晓伟、祝贺香等出席会议，市政府相关部门负责人列席会议。

6月25日，陈新发主持召开市政府第三十四次常务会议，讨论落实中央新疆工作座谈会精神推进克拉玛依跨越式发展和长治久安的任务分解方案，通报政府重点工作进展情况、《克拉玛依市社会保障卡管理暂行办法》、自治区进一步减轻企业负担优惠政策有关内容。赵武

生、杨晓伟、祝贺香、杜勇等出席会议，市政府相关部门负责人列席会议。

7月9日，陈新发主持召开市政府第三十五次常务会议，通报重点工作进展情况，研究讨论推进克拉玛依跨越式发展和长治久安任务分解大表有关问题，通报基础设施完善、"十二五"规划编制、土地卫片执法检查等情况。赵武生、杨晓伟、阿不都热合曼·克里木、祝贺香、杜勇等出席会议，市政府相关部门负责人列席会议。

7月23日，陈新发主持召开市政府第三十六次常务会议，通报上半年经济运行、财政收支、重点工作进展、机关职工疗养政策调整、市属机关职工补充医疗保险政策调整等情况，审定自治区绿化先进集体、绿化奖章推荐意见和《住房公积金管理办法》、《荣誉市民称号授予办法》。宋友立、杨晓伟、阿不都热合曼·克里木、祝贺香等出席会议，市政府相关部门负责人列席会议。

8月6日，陈新发主持召开市政府第三十七次常务会议，通报重点工作进展情况，研究调整城乡最低生活保障标准有关问题，审定《社会旅馆管理暂行办法》，通报市属机关事业单位退休人员实施生活补贴和离退休人员实施冬季采暖补贴、推荐人防系统先进个人的意见。宋友立、赵武生、杨晓伟、阿不都热合曼·克里木、祝贺香、杜勇等出席会议，市政府相关部门负责人列席会议。

8月20日，陈新发主持召开市政府第三十八次常务会议，通报重点工作进展情况，审定《市政府贯彻落实国务院〈全面推进依法行政实施纲要〉第二个五年规划（2010～2014年）》。宋友立、赵武生、杨晓伟、阿不都热合曼·克里木、杜勇等出席会议，市政府相关部门负责人列席会议。

9月3日，陈新发主持召开市政府第三十九次常务会议，通报重点工作进展情况，审定职业教育培训（工程教育）基地规划、文体中心建设、信息产业发展实施计划，研究全国环保系统先进集体和个人的推荐意见。宋友立、赵武生、杨晓伟、阿不都热合曼·克里木、祝贺香、杜勇等出席会议，市政府相关部门负责人列席会议。

9月17日，杨晓伟主持召开市政府第四十次常务会议，通报重点工作进展情况，研究全国绿化先进集体和绿化劳动模范、先进工作者的推荐意见。市政府相关部门负责人列席会议。

10月8日，陈新发主持召开市十二届人民政府第四十一次常务会议，听取政府近期重点工作进展情况汇报，研究做好农副产品市场供应和价格调控工作等有关问题，审定2010年财政预算调整方案、《城市供用热管理办法》和《燃气管理办法》。宋友立、杨晓伟、阿不都热合曼·克里木、祝贺香、杜勇等出席会议，市政府相关部门负责人列席会议。

10月28日，陈新发主持召开市政府第四十二次常务会议，听取政府近期重点工作进展情况汇报，研究了市歌舞团重组改革、组建市政府专家委员会、修订《市地震应急预案》和市场用工价格等有关问题，审定信息产业发展实施计划。宋友立、赵武生、祝贺香、杜勇等出席会议，市政府相关部门负责人列席会议。

11月12日，赵武生主持召开市政府第四十三次常务会议，听取政府近期重点工作进展情况的通报。阿不都热合曼·克里木、祝贺香等出席会议，市政府相关部门负责人列席会议。

12月1日，陈新发主持召开市政府第四十四次常务会议，听取政府近期重点工作进展情况的通报，审定2011年基本建设计划、鼓励投资扶持重点产业发展若干政策的修订意见，研究保障克拉玛依市今冬明春市场供应和价格稳定的意见、农业开发区农用水价格调整意见。赵武生、杨晓伟、阿不都热合曼·克里木、祝贺香、杜勇等出席会议，市政府相关部门负责人列席会议。

12月24日，宋友立主持召开市政府第四十五次常务会议，听取政府近期重点工作进展情况的通报，研究市属机关事业单位劳务费标准调整、2010年依法行政工作考核等问题。阿不都热合曼·克里木、祝贺香、杜勇等出席会议，市政府相关部门负责人列席会议。

（崔　进）

【副市长、秘书长、副秘书长调研】 2010年1月4日，陈路陪同自治区住房和城乡建设厅标定处处长陈平验收克拉玛依市保障性住房和城乡重要建（构）筑物抗震防灾工程。

1月25日，杨晓伟、陈路陪同自治区建设厅副厅长徐彬考核克拉玛依市节能目标责任完成情况。

3月15日，杜勇、王军、孙振江陪同自治区经信委党组副书记、副主任苏国平调研克拉玛依市"两化"工作开展情况。

4月8～11日，祝贺香、图苏江·苏莱曼陪同自治区人口计生委副主任杨茂林调研克拉玛依市计划生育工作。

4月9日，祝贺香陪同中国残联组联部副主任邹柏林指导检查克拉玛依市全国残疾人工作示范城市创建工作。

4月22日，阿不都热合曼·克里木、邱长林陪同水利部安全监督司副司长张汝石检查克拉玛依市病险水库除险加固工程开展情况。

4月27日，赵武生、杜勇、郜瑞宏、王军带领市政府相关部门负责人前往独山子区、独山子职业技术学院调研。

5月5日，阿不都热合曼·克里木带领市农牧局等相关部门负责人前往三达公司调研。

5月6日，杨晓伟、陈路陪同自治区住房和城乡建设厅副厅长肖徽调研克拉玛依市相关工作。

5月6～7日，阿不都热合曼·克里木带领市农牧局等相关部门负责人调研克拉玛依区和白碱滩区春季动物防疫工作。

5月10日，杨晓伟、陈路陪同美国恩比建建筑咨询公司黄锡权就克拉玛依市城市规划设计进行考察。

△　阿不都热合曼·克里木带领市农牧局等相关部门负责人调研克拉玛依农业综合开发区春季动物防疫工作。

5月11日，杨晓伟、阿不都热合曼·克里木、陈路陪同自治区国土资源厅党组成员、政治部主任平新来检查克拉玛依市国土资源党风廉政工作。

5月13日，杨晓伟、陈路陪同国家土地督察组西安专员段怡春检查指导克拉玛依市相关工作。

△　杜勇带领市政府相关部门负责人前往克拉玛依区油建北社区居委会、天山路街道办事处调研就业工作。

5月17日，杨晓伟、陈路陪同自治区住房和城乡建设厅纪检组长张永昆检查克拉玛依市相关工作。

5月26日，阿不都热合曼·克里木、郜瑞宏、孙振江陪同国家发改委天山北坡经济区发展规划调研组成员调研克拉玛依市相关工作。

6月2日，杨晓伟、陈路陪同自治区国土资源厅党组成员、自治区测绘局党组书记、副局长刘戈青检查调研克拉玛依市相关工作。

6月10日，祝贺香陪同中国旅游研究院学术委员会主任、教授魏小安调研克拉玛依市旅游工作。

6月12日，阿不都热合曼·克里木、邱长林陪同国家气象局副局长王守荣、自治区气象局局长史玉光调研克拉玛依市相关工作。

6月17日，赵武生陪同自治区纪委副书记、监察厅厅长艾山·吐拉克调研克拉玛依市相关工作。

6月22~23日，祝贺香、杜勇、图荪江·苏莱曼陪同国家文物局副局长董保华调研克拉玛依市相关工作。

6月29日，图荪江·苏莱曼陪同自治区妇联副主席郑平检查指导克拉玛依市相关工作。

7月11日，杨晓伟、陈路陪同环保部西北督察中心副主任张军检查克拉玛依市环境保护工作。

7月15日，祝贺香陪同巴音郭楞蒙古自治州党委副书记、援疆干部领队王进江考察克拉玛依市。

7月21日，赵武生、部瑞宏、王军等市领导带领市、油田相关部门负责人分别前往机械制造总公司和威奥、创拓、地威诺3家地方企业调研。

7月28日，阿不都热合曼·克里木、王军等市领导前往克拉玛依区小拐乡和农业开发区调研。

8月16日，杨晓伟、陈路陪同自治区2010年抗震加固改造(更新)工程检查组检查克拉玛依市城乡重要建(构)筑物抗震防灾工程。

8月17日，杨晓伟、陈路陪同国家住房和城乡建设部副司长李秀检查克拉玛依市相关工作。

8月19~20日，阿不都热合曼·克里木等市委、市政府领导陪同自治区妇联主席迪来赛木·热西提督导检查克拉玛依市相关工作。

8月21日，杨晓伟、陈路陪同辽宁省锦州市委常委、副市长王伟国在克拉玛依市考察。

8月24日，祝贺香、部瑞宏、王军、图荪江·苏莱曼等市领导在市民政局调研。

8月25日，阿不都热合曼·克里木带领市政府相关部门负责人前往乌尔禾区，调研城乡一体化发展有关问题。

8月28~29日，祝贺香、图荪江·苏莱曼陪同自治区人民政府参事苏力坦·马木提调研克拉玛依市食品安全工作。

8月30日，杨晓伟、王军、陈路前往市城投公司调研。

8月31日，祝贺香、杜勇、王军前往市文化局调研。

8月31日，阿不都热合曼·克里木前往农业开发区碳汇林基地调研高效节水工作开展情况。

9月6~8日，祝贺香、陈路陪同自治区住房和城乡建设厅副厅长李礼平检查克拉玛依市创建全国无障碍建设城市工作。

9月7日，阿不都热合曼·克里木陪同自治区强农惠农资金专项清查工作重点检查组检查克拉玛依市强农惠农资金专项清查工作。

9月19日，杨晓伟、王军陪同国务院法制办信息中心主任孔祥清在克拉玛依考察。

9月25日，杜勇、部瑞宏、王军等市领导前往克拉玛依区熟食品加工基地、蔬菜副食品批发市场及相关零售网点调研食品安全情况及蔬菜副食品价格。

9月26日，祝贺香、王军等市领导前往市体育局调研。

10月11日，杨晓伟、王军、陈路等市领导前往市建设局调研。

10月12日，杨晓伟、陈路陪同自治区工程领域突出问题治理联合监督检查组检查克拉玛依市相关工作。

10月13日，杨晓伟、王军、陈路等市领导前往客运公司、供热公司调研。

10月14日，杨晓伟、王军、陈路等市领导和市、油田相关部门负责人前往市房产局调研。

10月19日，王军、陈路等市、油田公司领导前往供电、供水、物业、燃气等企业调研。

10月20日，陈路陪同自治区农业综合开发办公室主任张小庚检查克拉玛依市保障性安居工程建设工作。

10月21日，陈路陪同自治区交通厅副厅长王太调研克拉玛依市相关工作。

10月26日，赵武生、杜勇、王军等市领导前往市实验小学、实验中学调研。

10月27日，祝贺香、王军等市领导前往市医疗卫生系统调研。

11月11~13日，祝贺香、图荪江·苏莱曼陪同自治区残联纪检组长杨丰连检查克拉玛依市残疾人工作。

11月15日，王俊生、阿不都热合曼·克里木等领导带领团市委、市妇联、市民政局等相关部门负责人前往乌尔禾区慰问少数民族贫困户。

11月18日，阿不都热合曼·克里木、王军、邱长林、孙振江等市领导前往农业综合开发区调研。

11月24~25日，阿不都热合曼·克里木、图荪江·苏莱曼陪同国家卫生部监督局副局长齐贵新督导检查克拉玛依市卫生监督工作。

11月25日，杨晓伟陪同国家二级档案馆测评组组长、自治区档案局局长吴志强检查克拉玛依市档案管理工作。

11月29日，赵武生陪同中国石油大学(北京)副校长徐春明、国家教育部高教司理工处处长李茂国考察克拉玛依市工程教育基地筹建情况。

11月30日，阿不都热合曼·克里木前往市农业综合开发区和碳汇林基地调研苗圃基地建设情况和高效节水灌溉项目完成情况。

12月1~2日，祝贺香陪同自治区水利厅纪检组长吴秋生督导检查克拉玛依市地方病防治工作。

12月3日，杨晓伟、陈路陪同全国无障碍建设城市检查组、住房和城乡建设部标准定额司副巡视员杨瑾峰、自治区住房和城乡建设厅标准定额处副处长张妍检查验收克拉玛依市无障碍建设城市工作。

12月15日，杨晓伟、陈路陪同自治区国土资源厅党组成员、执法监察总队党委书记刘彦明检查克拉玛依市国土执法监察工作。

12月21日，王军、部瑞宏、陈路、孙振江等市领导前往克拉玛依区和白碱滩区调研。 (崔 进)

【重要文件】 2010年，克拉玛依市人民政府印发的文件(部分)：

3月26日，发出《关于印发〈克拉玛依市相对集中行政处罚权工作衔接规定〉的通知》。

3月31日，发出《关于印发〈克拉玛依市2010年开展"关注民生年"活动实施方案〉的通知》。

6月28日，发出《关于印发〈克拉玛依市中巴车管理体制改革方案〉的通知》。

7月1日，发出《关于印发〈克拉玛依市城乡医疗救助办法〉的通知》。

7月7日，发出《关于印发〈克拉玛依市城乡居民基本医疗保险办法〉的通知》。

7月28日，发出《关于印发〈克拉玛依市社会保障卡管理暂行办法〉的通知》。

8月3日，发出《关于印发〈克拉玛依市荣誉市民称号授予办法〉的通知》。

8月3日，印发《关于调整克拉玛依市最低工资标准的通知》。

8月10日，发出《关于印发〈克拉玛依住房公积金管理办法〉的通知》。

8月13日，印发《关于公布第一批市级文物保护单位的通知》。

8月17日，印发《关于调整克拉玛依市城乡居民最低生活保障标准和市属"五七"工生活补贴标准的通知》。

8月25日，发出《关于印发〈克拉玛依市人民政府贯彻落实国务院《全面推进依法行政实施纲要》第二个五年规划(2010～2014年)〉的通知》。

9月1日，发出《关于印发〈克拉玛依市国家机关企事业单位和社会团体补充医疗保险管理办法〉的通知》。

11月8日，发出《关于印发〈克拉玛依市供用热管理办法〉的通知》。

11月8日，发出《关于印发〈克拉玛依市燃气管理办法〉的通知》。

12月7日，发出《关于印发克拉玛依市鼓励投资促进重点产业发展若干政策的通知》。

市人民政府办公室文件(部分)：

1月11日，印发《关于进一步完善规划决策制度的通知》。

1月11日，发出《关于印发〈进一步规范市政府会议和领导活动新闻报道实施办法〉的通知》。

3月1日，发出《关于印发〈开展境外卫星电视传播秩序专项整治工作实施方案〉的通知》。

3月1日，印发《关于举办市机关第五届职工文艺汇演的通知》。

3月1日，发出《关于印发〈2010年克拉玛依市应急管理工作要点〉的通知》。

3月2日，印发《关于进一步明确克拉玛依市部分食品安全领域监管职责的通知》。

3月19日，印发《关于自动消防设施操作与管理人员实行消防安保派遣制的通知》。

3月29日，发出《关于印发〈克拉玛依市安全生产三项建设实施方案〉的通知》。

3月29日，发出《关于印发〈克拉玛依市2009年度土地卫片执法检查工作方案〉的通知》。

4月21日，发出《关于印发〈克拉玛依市2010年油气田及输油气管道保护工作要点〉的通知》。

4月26日，印发《转发国务院办公厅〈关于加强对行政机关公文中涉及字母词审核把关通知〉的通知》。

4月28日，发出《关于印发〈克拉玛依市建设工程地震安全性评价管理实施方案〉的通知》。

4月30日，发出《关于印发修订后的〈克拉玛依市中小企业信用担保管理暂行办法〉的通知》。

5月17日，印发《关于全面推进居家养老服务工作的指导意见》。

5月17日，印发《关于转发〈克拉玛依市构筑社会消防安全"防火墙"工程工作方案〉的通知》。

6月13日，印发《转发自治区人民政府办公厅〈关于进一步做好规章清理工作通知〉的通知》。

6月24日，印发《关于规范克拉玛依市廉租住房建设的意见》。

7月1日，印发《关于落实市委、市政府推进克拉玛依市跨越式发展和长治久安任务分解方案有关事项的通知》。

7月9日，印发《关于建立青少年学生校外教育工作联系会议制度的通知》。

7月12日，发出《关于印发〈克拉玛依市开展依法行政示范单位创建活动工作方案〉的通知》。

7月30日，印发《转发自治区第六次全国人口普查领导小组办公室、公安厅〈关于认真做好自治区第六次全国人口普查户口整顿工作实施意见〉的通知》。

7月30日，印发《关于将克拉玛依市生活困难的重度残疾人纳入城乡居民最低生活保障范围的通知》。

8月3日，印发《关于进一步做好促进就业工作有关问题的通知》。

8月5日，印发《关于开展土地利用总体规划修编工作的通知》。

8月17日，印发《关于加强土地储备与管理的通知》。

9月20日，发出《关于印发〈克拉玛依市火灾隐患排查整治专项行动实施方案〉的通知》。

9月27日，发出《关于印发〈克拉玛依市耕地保护责任目标考核办法〉的通知》。

10月14日，印发《关于进一步加强土地监管维护良好土地管理秩序的通知》。

10月22日，印发《转发市打击发票违法犯罪活动工作协调小组〈关于开展克拉玛依市党政机关、事业单位、社会团体发票检查工作方案〉的通知》。

11月10日，印发《关于认真做好2010年度耕地保护责任目标履行情况自检自查工作的通知》。

11月23日，印发《关于对2010年度环境保护目标责任单位进行检查考核的通知》。

11月30日，印发《关于克拉玛依市2010年度耕地保护责任目标考核情况的通报》。

12月3日，印发《关于开设克拉玛依市12345政府服务热线的通知》。

12月13日，印发《关于保障克拉玛依市今冬明春农副产品市场供应和价格稳定的意见》。

12月13日，发出《关于印发〈克拉玛依市发挥骨干企业积极作用健全和完善政府对大宗农产品市场调控体系和机制工作方案〉的通知》。

12月24日，印发《关于命名机械制造总公司(机械厂)和物资供应总公司厂区为首批市级工业遗产保护区的通知》。　(崔　进)

【会议纪要】 2010年，克拉玛依市人民政府办公室印发的会议纪要(部分)：

3月30日，印发《关于清明祭扫活动有关问题的会议纪要》。

8月20日，印发《关于与中国石油大学(北京)座谈会的会议纪要》。

(崔　进)

【信息督察】 2010年，克拉玛依市政府办公室做好为本级政府领导和部门的信息服务工作，及时提交反映部门工作动态、重大建设项目进展情况、突发性事件等方面的信息，为政府领导科学决策提供可靠依据。全年向自治区人民政府办公厅上报政务信息571篇，有61篇信息被自治区人民政府办公厅采用，得分218分。全年收集编发信息与反馈51期，送阅紧急重大信息及反映各部门、单位工作动态信息19件，为政府领导及时掌握工作动态和进行科学决策提供可靠依据。对各区、市政府各相关部门和驻外办事机构信息报送工作进行考核，促进全市政务信息工作的稳步开展。（崔 进）

【政务督察】 2010年，克拉玛依市政府办公室紧紧围绕市委、市政府中心工作，加大政务督察工作力度，严格贯彻落实政府重大决策部署和领导批示件的落实。全年完成市委督察事项3件，下发督促通知31件，办理人大议案1件、建议79件和政协提案131件，办结率及代表、委员满意率均为100%，向市政府领导反馈重要督察事项18件，编辑《督查周报》36期。在工作中，重点督促检查各部门、各单位落实打造世界石油城发展战略目标和政府重点工作，以及市政府主要领导在政府常务会议和工作调研中提出的工作要求，及时跟踪反馈，分阶段反馈重点督察内容，先后撰写中巴车管理体制改革及旅游、金融、信息、教育、卫生等工作进展情况。开展甲流防控、违章建筑拆迁、防洪抗旱、重点工程前期和建设等工作的督察落实。对重大事项紧抓不放，认真跟踪督办检查，定期报告落实结果，重点反馈工程建设、安全生产、城市管理等方面的工作情况及遇到的问题。加强科室协作配合与联系沟通，定期交流政府重点工作进展情况，确保督察事项不漏项、不缺项，推进全市各项工作的开展。（崔 进）

【政府法制】 2010年，市政府法制办公室以贯彻国务院《全面推进依法行政实施纲要》为主线，履行法律事务参谋、助手和法律顾问职责，推进各项工作。一是深入推进依法行政。在对5年来依法行政工作情况进行调研、回顾、分析和总结的基础上，编制《克拉玛依市人民政府贯彻落实国务院〈全面推进依法行政实施纲要〉第二个五年规划（2010～2014年）》。二是开展依法行政示范单位创建活动，完成对4个区政府和53个行政执法部门的年度依法行政考核工作。三是强化规范性文件清理、审核及备案工作。对历年市政府的157份规范性文件进行全面清理，确认继续有效70份、废止40份、修订47份。加强与部门的沟通协调，严把规范性文件制定关、审核关、备案关，全年审核规范性文件草案60余件次，向自治区备案规范性文件8件。协助对自治区现行108部规章进行清理，就其中14部规章提出清理意见。四是加强法制宣传和培训工作。规范政府法制信息传递、使用和报送等相关工作，共向自治区上报法制信息100余篇，其中自行编发30篇，收集、整理70余篇。举办综合法律知识培训班3期，培训行政执法人员239人、法制机构业务骨干60人。核发行政执法证件241个。开展行政执法论文征集活动，经评选产生一等奖1篇、二等奖3篇、三等奖5篇、鼓励奖36篇。五是完善相对集中行政处罚权工作。修订《克拉玛依市相对集中行政处罚权衔接工作规定》，进一步明确衔接工作的具体内容、要求及各部门的职责，并将衔接工作纳入依法行政考核，努力形成执法合力，进一步加强各部门之间的协作配合。六是强化行政执法监督。进一步完善行政许可法律文书式样，主动服务到单位，指导有关部门依法规范办案程序、证据收集和法律文书制作。加强对重大具体行政行为的监督检查，克拉玛依市、区两级行政执法部门全年办理重大行政处罚案件1 642件。七是突出行政复议功能，充分发挥行政复议在解决行政争议和化解人民内部矛盾过程中的重要作用，努力兼顾各方利益关系，注重法律效果和社会效果紧密结合。共办理行政复议案件6件，其中不予受理1件、决定维持3件、申请人撤回申请2件。对当事人不服市政府"不予受理行政复议申请决定书"提起的行政诉讼，积极做好应诉准备，经审理，市中级人民法院对市人民政府的具体行政行为依法予以维持。该案系市人民政府首起行政应诉案件。八是积极履行服务和协调职能，充分发挥法律事务的参谋、助手和法律顾问作用。为市政府及各部门处理涉法事务及制定重大决策提供法律服务，办理重大法律服务事项11件，审核各类合同30件次，有效避免法律风险。（张 辉）

【信访专线】 2010年，克拉玛依市信访局进一步畅通信访渠道，开通群众来信绿色邮政，试运行12345政府服务热线，加强信访信息分析研判，完善信访风险评估机制，以推动事要解决为工作目标，深入开展矛盾纠纷排查化解活动和信访积案化解提速年活动，清理各类矛盾纠纷苗头隐患和沉积的信访疑难问题，推动大量信访问题的解决，维护群众合法权益。全年受理群众来信来访1 801件（人）次，比上年下降32%，信访形势继续保持"四个下降"的良好局面。市长专线办公室和各网络单位受理市民来电2 678个，受理问题2 561个，受理建议意见117件，答复率100%，办结率95%以上。市长接待日共接待来访群众71批135人次，受理问题91件，答复率100%，办结率98%。（王智祥）

【新闻宣传】 2010年，克拉玛依市政府新闻办公室把握正确的舆论导向，全面准确宣传市委、市人民政府确定的中心工作，为打造世界石油城营造良好的舆论氛围。一是及时跟进，围绕主题，多角度、全方位宣传打造世界石油城战略目标。组织媒体联动，对政府11个部门进行系列专访，发表专访报道51篇、系列评论14篇。组织各媒体开设一系列打造世界石油城宣传专栏，累计刊发新闻报道、评论360余篇。二是做好首届信息化创新克拉玛依国际学术论坛宣传工作。邀请新华社、中央电视台、中央人民广播电台、新浪网、香港文汇报、法国《欧洲时报》、美国《侨报》等国内外主流媒体竞相报道，期间刊发新闻报道2 230余篇；在主城区重点地段设置70余幅户外广告，营造浓郁的宣传氛围；首次通过电台、电视台、新丝路网站对主论坛进行全程直播；先后3次召开新闻发布会，及时审核把关新闻稿件。三是加强投资环境宣传。大力开展石油石化、旅游等重点招商领域宣传，在国内专业媒体、网站开辟专版、专栏，发布优势推介项目。积极配合有关部门在对外经贸交流活动中做好招商整体推介，制作并发放招商引资宣传册8 000本、宣传光碟2 000张。四是大力开展城市形象宣传。历时7个月，完成城市形象片和广告片的制作工作，并在中央电视台和上海世博会播发；在新疆人民广播电台《新广早新闻》和《新疆新闻联播》开设"和谐克拉玛依"新闻专栏，播发新闻报道200余条；在《中国城市年鉴》、《新疆年鉴》、《世博会专刊》等刊物开设城市宣传专栏；配合有关部门组织水节旅游推介会、新疆第六届国际旅游节大型记者采访，多层次、多角度地宣传克拉玛依的城市形象。五是组织做好政府重要会议和政务活动的新闻宣传工作，全年安排各类会议、重大活动采访报道580余次，组织撰写新闻通稿25篇，审核新闻宣传稿件209篇。同时，做好政府重点工作宣传报道，全年协助各媒体采编新闻8 000余篇。六是做好政府新闻发布工作。对赴阿勒泰抗雪救灾、中巴车退市以及保障农副产品市场供应和价格稳定措施、职工补充医疗保险政策等与市民日常生活紧密的公共信息，及时组织媒体、网站发布，全年累计发布公共信息36次。（绳志勇）

【电子政务】 2010年，克拉玛依市信息化和电子政务办公室全面推进市信息化建设。一是城市信息资源管理中心第一期工程建成并启用。初步建成人口、法人、地理信息三大战略性基础数据库。二是建成以“二网一站”为基本架构的政府电子政务网络系统。完成克拉玛依市电子政务内外网从国家、自治区、市、区、街道和社区六级的纵向连接，实现各级政府和部门之间文件和各类信息资料的下传与上报，同时实现电子政务外网与油田企业网、数字城市网的对接。已接入电子政务内外的党群部门、人大、政协、政府组成部门及工作机构和自治区垂直管理部门共计104个。完成市属47个部门、16个自治区垂管部门和6家社会团体等126个部门的组织机构框架平台搭建，平台注册用户4 846人。自政府信息公开工作开展以来市政府信息化和电子政务办公室已发布各单位公开信息近2万条。全年发布信息8 569条，其中主动公开政府信息8 193条、依申请公开政府信息244条、不予公开政府信息132条。三是建设药械生产经营使用安全电子监管信息系统，实现对药品企业、医药销售代表、药品流通环节以及对药品经营企业资格证照和经营记录的实时监控。该系统已覆盖163家药品经营企业，入网率98%。在克拉玛区试点推行建设基于健康档案的社区卫生信息系统，已完成路区属的5个社区卫生服务中心、12个社区卫生服务站和2个医务室的卫生信息系统的建设和医疗资源的整合，实现克拉玛依卫生许可证的网上申请受理、审核、复审、审定、核发的业务处理，统一各区的业务流程，提高卫生行政许可审批信息化水平，至年底，已发放卫生许可证5 931个，入库数据90万余条。四是完成29万名参保人员基本信息与公安局二代身份证基本信息的核对，实现参保人员照片提取。“五保合一”5.0版业务软件进入测试阶段，首批社保卡进入制卡和试运行阶段。五是为各教育实体提供相应的管理平台，将现代信息技术应用到教育教学领域，无纸化办公系统、各级教育资源库、数字化图书馆、数字化教学平台促进教师的专业成长。六是编制《克拉玛依信息产业发展战略研究报告》，争取自治区重要数据灾备中心在克拉玛依市落地，扶持本地IT企业，推动信息产业发展。（笪　智）

【应急管理】 2010年，克拉玛依市政府应急管理办公室开展应急平台一期建设和应急体系“十二五”建设规划编制工作强化常态和非常态应急管理。一是加强克拉玛依市应急管理组织体系建设。4月，市政府将市应急管理办公室调整为正县级，增设信息综合科和资源保障科，成立副县级市政府应急指挥中心，并与公安局110指挥中心合署办公，加强统一领导、分类管理、分级负责、条块结合、属地为主的应急管理组织体系建设，组建市综合应急救援支队。二是加强对克拉玛依市应急预案编制修订工作的指导和督促，稳步推进基层预案管理工作向规范化方向发展。通过规范健全应急预案体系，推动基层应急预案全覆盖，初步形成纵向到底、横向到边的应急预案体系。加强应急预案管理，协助规范《地震应急预案》、《气象应急预案》等专项编制工作。在《市专项应急预案处置程序简本》编制完成的基础上，编写《专项预案处置流程》，明确在处置突发事件中应急办工作职责流程。健全应急管理工作制度，编制应急办工作手册。三是配合参与预案演练计划和实施，检验各部门预案的实用性和操作性，先后协助开展高层建筑、森林防火、原油泄漏、油气站库爆炸等方面综合救援演练。积极配合新疆油田公司开展突发事件应急救援实战，提高市应急管理机构的综合协调能力。四是推进克拉玛依市应急宣教培训工作，加大应急知识的宣传力度，提高社会公众应对各种突发事件的意识和能力。编制完成面向社会的《公众应急指南》。协助开展全国第19个“一一·九”消防宣传日活动，配合组织提高市民火灾逃生自救技能的大型火灾应急救援演练。五是加强应急信息管理工作，强化突发事件信息快速反应和收集报告制度，及时准确地掌握突发事件的动态信息。（侯少华）

市政府机关事务管理

【市机关事务管理局领导名单】
局长：陈琦（1月任职）
副局长：田光航

【基本情况】 2010年，克拉玛依市机关事务管理局内设办公室、安全保卫科、机场资产管理办公室、行政总务科、公房管理科、财务科、市政府采购中心7个部门，所属事业单位有市机关车队、市机关锅炉房、克拉玛依迎宾馆、市永安建筑安装总公司。主要负责市政府机关的总务管理、公房管理、车辆管理、供热管理、安全管理以及物资采购等后勤服务和保障工作。（张　艳）

【公房管理】 2010年，克拉玛依市机关事务管理局及时解决各单位提出的维修问题，保证各局、委、办的正常工作。为改善市政府单身宿舍的住宿条件，向市财政局申请专项维修资金，维修部分单身宿舍。组织施工力量抢修好被大风毁坏的民政局办公楼屋面。制定《市机关事务管理局工程建设项目管理暂行办法》，规范市机关事务管理局基建项目管理，提高资金使用效率。完成世纪大厦A座中央空调新风系统清洗工作及政府办公楼等无障碍设施的改造工作，保证与全市无障碍设施检查验收工作同步推进。（张　艳）

【行政总务】 2010年，克拉玛依市机关事务管理局为做好世纪大厦物业服务的监管工作，修改完善物业考核规定，在更加合理、更加规范的情况下，协同相关部门完成对物业部门全年的考核工作。做好生态林的管护工作，并按照造林减排指挥部的要求，更换市机关生态林基地的电线及部分用电设备。3月底，根据市政府的工作安排，市机关生态林基地移交克拉玛依区园林局管理。世纪大厦A座、B座、C座3座办公楼和110指挥中心楼前摆花2.5万盆。1～11月，发放

办公用品189项,6 218次,160.97万件,金额36.55万元。(张 艳)

【财务管理】 2010年4月,克拉玛依市机关事务管理局经国库支付中心检查,没有发现任何资金安全隐患。按照市财政局的要求,完成机关车队固定资产的重新录入及对已完工程的清理。进一步加强对经费支出的管理,特别是采取措施严格控制"五项费用"支出,保证全年费用均未超出指标。(张 艳)

【机场资产移交】 2010年,在克拉玛依市机关事务管理局协调下,克拉玛依机场巡场道工程,标识、标志改造工程均完工。按照自治区《关于克拉玛依机场移交新疆机场集团公司有关问题的通知》精神,按时完成机场资产审计、资产移交、档案移交、房屋产权证的变更、资产评估、土地变更、车辆过户等机场移交的全部工作。12月18日,克拉玛依市副市长杨晓伟与新疆机场(集团)公司副总经理张军签订克拉玛依机场移交协议,标志着克拉玛依机场移交工作完成。(张 艳)

【物资采购】 2010年,克拉玛依市机关事务管理局进一步加强物资采购工作的管理。截至12月下旬,采购中心完成采购金额约2.51亿元,节约财政资金约5 000万元。其中货物类采购金额18 220.69万元、服务类6 280.66万元、工程类691.44万元,公开招标金额13 212.23万元,占采购总额的53%。在具体工作中,一是扩大协议供货和定点采购工作的实施范围,二是加强与自治区及其他地州的区域联动,三是加强对供应商履约情况的跟踪管理。加大对验收环节的参与、检查力度,对重点单位、重点项目必须组织验收;对供应商提供的货物,组织专家严格核对,验收过程中有出入、有问题的项目一律排查清楚;对多次发现供应商不按要求供货,或与用户单位双方私下变更需求的情况,均作出相应的处理。(张 艳)

【节能宣传】 2010年,克拉玛依市机关事务管理局编写克拉玛依市公共机构节能文件汇编,收录《中华人民共和国节约能源法》、《公共机构节能条例》、《国务院关于加强节能工作的决定》、《中共中央办公厅、国务院关于党政机关厉行节约若干问题的通知》等16篇政策法规。加强对机关节能减排工作的指导和监督。推行联网监测、实地抽查、定期考核等方式检查各单位节能情况。在市机关公共机构节能工作中实现以2005年为基数,节电20%、节水20%、公务用车车均百千米油耗节油达5%以上、单位建筑能耗和人均能耗同比分别降低20%的目标。在6月举行的节能宣传周活动期间,机关事务局以"联合环保—公共机构在行动"为主线,以"绿色办公、低碳生活"为主题,推动全民树立能源节约意识。活动周期间,在机关办公楼A、B、C及110指挥中心机关大门口悬挂宣传横幅;在机关办公楼4座大厦电梯内张贴节能宣传海报;在政府办公楼4座大厦大厅内放置宣传展板、节能提示牌;在办公楼电视大屏和电梯口电视滚动播出公共机关节能宣传内容;利用广播、电视、报纸广泛宣传;在政府办公楼A座大门外悬挂节能宣传气球。在6月12日的绿色出行日和6月17日的能源紧缺体验日中,机关工作人员践行活动要求,积极倡导机关工作人员乘坐公共交通工具、骑自行车或步行上班;机关单位除长途、执法、接待等特殊之用外,均停驶;政府办公楼电梯1、3、4、5停驶;停开空调、电扇和非办公用电器,关闭不使用的办公设备,不使用一次性办公用品;全关闭公共区域门厅、走廊、楼梯照明灯和室外景观照明灯等。仅能源紧缺体验日当天全市共停驶公务用车270余辆,一天节约油耗3 240升,市级机关办公楼节电2万余千瓦时。(张 艳)

【车队服务与管理】 2010年,克拉玛依市机关事务管理局用车满意率达到98%以上。车队全年车辆行驶里程累计587万千米,其中长途行驶里程194万千米、短途行驶里程393万千米(短途值班车每天按120千米计算),年平均每辆车行驶4.6万千米。全年修保车辆550辆次,其中小修280辆次、二级保养270辆次。车队现运行车140多辆。全年机关车队召开各类安全会议18次,专题会议4次,安全演练2次(其中1次是书面演练),查处曝光车辆违法违规行为186人、227辆次,基础设施消防安全检查12次,按照要求排查隐患。市机关车队全年没有发生任何因为车辆服务问题而影响和耽误用车部门工作的情况,没有发生重大道路交通事故及火灾和人员伤亡事故。(张 艳)

【供热管理】 2010年,克拉玛依市机关事务管理局做好冬季供暖工作,保证市民取暖需求。市机关锅炉房供暖设施覆盖7个新村50万平方米的供暖范围。从停炉开始,锅炉房就组织专修人员对所有的管线阀门进行维修,保证下一个供暖期不发生"跑、冒、滴、漏"的现象。为方便服务,机关锅炉房专门设立24小时值班电话,应对各种突发事项,保障居民的正常用暖。机关锅炉房制定严格的操作规程,同时上岗人员均获取相关上岗证书。(张 艳)

【宾馆服务】 2010年,克拉玛依市机关事务管理局指导并协调宾馆做好服务工作。克拉玛依迎宾馆全年接待中外宾客25 621人,承接大小会议60多次,客房部实现营业收入245万元,餐饮部营业收入508万元,与上年同期相比有所增长。宾馆主要抓好员工的技能培训和微笑服务工作,先后派宾馆11名中层以上管理人员外出学习。4月,宾馆参加新疆油田公司接待服务总公司举办的服务技能大赛,宾馆的6名员工取得好成绩。(张 艳)

【安全保卫】 2010年,克拉玛依市机关事务管理局分别与下属单位签订机关事务管理局安全责任书,同时要求每个单位逐级签订安全责任书。在隐患排查治理工作中,局安委会每月对全局检查1次,部门自检自查共155次,共发现大小隐患17起,整改率100%,投入整改资金3.36万元。在安全生产月活动期间悬挂横(条)幅22条,制作板报23块。基层各单位在开展安全宣传教育活动中充分利用晨会、例会、办宣传栏和展板、安全应急演练等形式进行宣传教育,组织安全技能培训学习39次,参加培训人员1 034人。在机关办公楼安全保卫方面,针对机关物业服务特点,加强物业安全监督管理,确保机关安全万无一失。(张 艳)

市外事侨务管理

【市外事侨务办公室领导名单】

副主任:孙志强、李军(4月任职)

【基本情况】 2010年，克拉玛依市外事侨务办公室领导职数3人，定员编制13人，内设综合科、外事科、侨务科和国际交流科。实有人数11人。市归国华侨联合会编制定员3人，其中专职副主席1人、管理人员2人；市人民对外友好协会编制定员4人，其中专职领导1人、管理人员3人。两套机构属社团组织，与外事侨务办公室合署办公。外事侨务办公室是克拉玛依市政府主管全市外事、侨务、对外友好交流的职能部门。

（王　军）

【出入境管理】 2010年，克拉玛依市外事侨务办公室做好出入境人员管理工作，确保出入境工作正常运行。克拉玛依辖区（含克拉玛依市、新疆油田公司、西部钻探工程公司、克拉玛依石化公司、独山子石化公司、CPE新疆石油工程建设有限责任公司、CPE新疆油田勘察设计研究院）全年共派出团组279批，784人次。报自治区审批229批，580人次；自治区外办委托克拉玛依市外办审批32批，75人次；报中国石油天然气集团公司审批54批，208人次。在上述派出团组中，海外工程服务和技术贸易团组有221批，626人次；技术培训19批，68人次；考察访问17批，49人次；边境贸易9批，14人次；参加会议12批，24人次；其他1批，3人次。共组织接待各类外国团组31个，106人次。其中交流23个，84人次；经贸8个，22人次。分别来自美国、俄罗斯、哈萨克斯坦、伊朗、加拿大、英国、菲律宾、澳大利亚、日本等国家。

（程铭哲　鲁　斌）

【侨务工作】 2010年，克拉玛依市外事侨务办公室接待归侨侨眷来信来访34人次，办理侨眷证14本，咨询维权、住房、就业、探亲、出入境待遇、身份证明等各类问题25人次。积极开展扶贫帮困送温暖活动，全年组织慰问归侨侨眷10人次。（王海燕）

【外教情况】 2010年，克拉玛依市外事侨务办公室办理聘请外国文教专家8批次，13人次；续聘3人次。至年底，有16个外聘教师在克拉玛依任教，分别来自菲律宾、美国、英国等国家。（鲁　斌）

【对外友协工作】 2010年，克拉玛依市人民对外友好协会加强与中西亚国家和俄罗斯的交往，发挥渠道优势，促进经贸、教育、文化等领域的国际交流与合作。全年组团及参团出访6批77人次，接待外国团组5批41人次。（王海燕）

【重要外事活动与涉外工作】 2010年1月27日，美国驻华使馆代表团经济处处长莫伟棠一行3人到克拉玛依考察。克拉玛依市外办组织安排此次考察活动。副市长赵武生就克拉玛依市经济、社会发展整体情况、经贸发展近况、劳动和社会保障等问题与美国驻华使馆代表团座谈。克拉玛依市发改委、经贸委等单位参加座谈并回答代表团的问题。会谈后，市外办副主任孙志强陪同代表团考察独石化公司、克拉玛依职业技术学院等。

3月29日，克拉玛依市外侨办副主任孙志强参加自治区外事工作会议，根据自治区要求，调整克拉玛依市外事工作领导小组，重新确定外事工作领导小组人员构成及职责。

4月29日，克拉玛依市外侨办领导赴自治区外侨办、自治区党委请示召开信息化创新克拉玛依国际论坛的报批工作。

6月6日，为提高地方企业的油气专业服务技术水平和竞争能力，协助企业实施走出去发展战略，克拉玛依市外侨办组织新疆科力公司等6家企业赴加拿大参加全球石油展。

6月13日，自治区对外友协秘书长张家虎带领俄罗斯新西伯利亚校长代表团到克拉玛依市参观考察。期间，俄罗斯新西伯利亚第三学校与克拉玛依市第六中学签订协议，结为友好学校，双方同意开展教育交流与合作，内容包括加强人员交往，互派教师和学生访问团，开展学生夏令营或冬令营活动，开展俄罗斯教师来华教授俄语和中国教师赴俄罗斯教授汉语等项目。

6月25日，澳大利亚凤凰学院院长武澳石（Brian Walsh）一行2人到克拉玛依市参观考察，与市教育局签订教育合作意向书。合作项目包括选派优秀外籍教师到克拉玛依市任教、开展教师培训与交流以及为克拉玛依市符合条件的中学生提供赴澳留学、大学快捷入学服务等多个方面。克拉玛依市副市长赵武生接见代表团。

8月12日，克拉玛依市举办首届信息化创新克拉玛依国际学术论坛。俄罗斯伊斯基季姆市市长普费菲尔·维克多·甘立哈维奇应邀到克拉玛依市出席论坛。期间，两市签订建立友好城市关系意向书。

8月12日，伊朗国家石油钻井公司代表团应邀到克拉玛依市出席首届信息化创新克拉玛依国际学术论坛。

9月14日，俄罗斯新西伯利亚第三学校12名学生在3名教师的带领下到克拉玛依市第六中学进行为期10天的友好交流访问。

9月3日，应克拉玛依市政府邀请，中国驻伊朗大使解晓岩、商务参赞王晶平到克拉玛依市进行友好访问。克拉玛依市市长陈新发会见大使，并向大使介绍克拉玛依市经济社会发展和打造世界石油城的目标规划。

9月21日，应俄罗斯新西伯利亚州前任州长维克多·达拉孔斯基和伊斯基季姆市市长的邀请，克拉玛依市政府及企业代表团对新西伯利亚市和伊斯基季姆市进行友好访问。代表团还参加在新西伯利亚市举办的第二届国际青年创新论坛开幕式，与新西伯利亚州州长进行会晤，并就文化、教育、科技、旅游、企业合作等问题与两市的相关部门深入交流。

11月2日，克拉玛依市外事侨务办公室、市人事局在新加坡举办为期3周的公共管理科级干部骨干培训班，包括各区、市政府相关委办局的25名学员参加培训。学员门对新加坡快人一拍、高人一筹的机遇意识，敢想敢干的开拓意识，居安思危的忧患意识，协调发展的和谐意识有更深的感触；对如何借鉴新加坡的经验提出建设性意见。

11月4日，克拉玛依市外事办公室、市科技局共同组织召开开拓中亚经济技术合作市场经验交流座谈会，克拉玛依市20多家涉外企业参加座谈会。会议邀请中石油哈萨克斯坦阿克陶北部扎奇油气公司总工程师孙志坚介绍中亚各国的国情、法律法规、市场、人文地理等情况，并就如何开拓中亚经济技术合作市场与参会的企业领导进行交流。

11月12日，俄罗斯科学院西伯利亚分院创新科研成果与技术推介会在克拉玛依举行，自治区科技厅及新疆科技情报研究所领导参加会议。来自俄罗斯的18名专家推介俄罗斯科学院西伯利亚分院的科技项目，展示俄方的技术优势和智力资源。克拉玛依市市长陈新发会见代表团,副市长赵武生与专家进行座谈,希望中俄双方进一步加强技术交流、合作。

12月1日,经向自治区侨联和克拉玛依市主管领导请示同意,市外事侨务办公室、市侨联利用全国第六次人口普查契机,在全市开展侨情调查工作。初步统计显示入户调查率98.2%,新增侨眷458人。

12月1日,应俄罗斯新西伯利亚市第三学校的邀请,克拉玛依市第六中学师生代表团一行19人对新西伯利亚市进行为期8天的访问与交流活动。期间,代表团应邀对克拉玛依市的友好意向城市——伊斯基季姆市进行为期1天的友好访问。

12月22日,受俄罗斯新西伯利亚跨地区间竞赛评选委员会邀请,克拉玛依选派7家地方企业参加评选交流,并均获得本届最佳商品和服务—GEMMA金奖。在俄罗斯期间,克拉玛依市代表团与伊斯基季姆市市长进行会晤,双方表示将继续发挥两市政府的桥梁与纽带作用,积极促进双方企业开展实质性合作。

(王海燕 鲁 斌)

市政协

【市政协六届委员会主席、副主席、秘书长名单】

主席:玉素甫江·阿不都热西提

副主席:王新明、陈娟、管峰云、邓国良、哈巴西·哈瓦嗯、田富林、赵玉建

秘书长:贺兴国(2月离任)、杨平(2月任职)

【市政协工作机构领导名单】

办公室

副主任:阿扎提·霍加不都

提案委员会

副主任:杨昌武(专)、黄松波、王习军、郑前贺

经济科技委员会

副主任:苏建民(专)、部瑞宏、臧汉民、贺文华、胡克

民族宗教侨务法制委员会

副主任:阿不力孜江·阿不都热依木(专)、吾拉木丁·依布拉音、赵卫国、乌布里艾山·马合木提、胡丽华

教文卫体委员会

主任:木尔扎别克(专)

副主任:彭建伟、常锋英、许强、郭仲平、李显坤

注:各专委会副主任未标明专职的均为兼职。

【基本情况】 2010年,市政协内设提案委员会、经济科技委员会、民族宗教侨务法制委员会、教文卫体委员会4个专门委员会和市政协办公室。其中提案委员会、经济科技委员会、民族宗教侨务法制委员会设专职副主任1名、工作人员1名,教文卫体委员会设专职主任1名、工作人员1名。市政协办公室下设秘书科、政策研究和文史资料科、综合科、文书科。其中办公室设主任1名、副主任1名;秘书科设科长1名、副科长1名;政策研究和文史资料科设科长1名、副科长1名;综合科设科长1名、工作人员1名;文书科设科长1名、工作人员1名、打字员1名。主要负责政协提案的审议、政协工作报告的审议,克拉玛依市经济、科技、教育、卫生、体育等提案的审议以及民族宗教事务的管理、法制管理、政策研究和文史资料汇编等工作,发挥政协政治协商、民主监督和参政议政作用。

(周 江)

【市政协六届四次全委会】 2010年2月23~26日,克拉玛依市政协召开第六届第四次会议。会议经过审议,同意玉素甫江·阿不都热西提代表市政协常务委员会所作的工作报告和王新明代表常务委员会所作的提案工作情况的报告。会议认为,2009年,市政协坚持以邓小平理论和"三个代表"重要思想为指导,深入贯彻落实科学发展观,认真学习贯彻胡锦涛总书记在庆祝人民政协成立60周年大会上的重要讲话精神,牢牢把握团结和民主两大主题,围绕中心、服务大局,切实履行政治协商、民主监督、参政议政职能,推动工作创新,加强自身建设,各项工作都取得新的进展,为促进全市经济社会又好又快发展和社会和谐稳定作出积极贡献。会议期间,全体与会人员列席市十二届人大四次会议,听取并协商讨论政府工作报告、市中级人民法院工作报告、市人民检察院工作报告,协商讨论克拉玛依市2009年国民经济和社会发展计划执行情况及2010年计划(草案)的报告、关于克拉玛依市2009年财政预算执行情况和2010年财政预算(草案)的报告。会议对政府工作报告和其他报告表示赞同。会议收到提案177件,立案162件。其中党派、团体提案11件。有关经济建设方面的42件;有关教育文化卫生体育方面的47件;有关民族宗教、政策法规、群众生活等方面的73件。会议选举杨平为市政协第六届委员会秘书长。市委、市人大常委会、市政府、军分区、市中级法院、市检察院、油田公司、西部钻探公司领导出席会议开幕式和闭幕式。市委书记徐卫喜对市政协2009年的工作给予充分肯定,对今后市政协充分发挥优势、积极履行职能、加强自身建设提出希望和明确要求。

(周 江)

【市政协常委会议】 2010年,克拉玛依市政协共召开5次常委会议。即六届十一次常委会议至六届十五次常委会议。

1月28日,市政协召开六届十一次常委会议。会议审议通过市政协常委会工作报告、提案工作报告;关于召开市政协六届四次会议的决定;审议通过六届四次会议秘书长、副秘书长名单;六届四次会议议程、日程、列席单位、各组召集人员名单、邀请领导名单、秘书处工作机构和各组负责人名单;协商通过有关人事事宜;听取市政协六届四次会议委员大会发言准备情况;书面审议市政协专委会报告。会议由玉素甫江·阿不都热西提主持。王新明、陈娟、邓国良、赵玉建及部分常委参加会议。

2月23日,市政协召开六届十二次常委会议。会议听取政协秘书长候选人建议人选的说明;确定六届四次会议选举办法;协商提出了选举大会的总监票人、监票人名单;听取六届四次会议各组讨论情况汇报。会议由玉素甫江·阿不都热西提主持。王新明、陈娟、管峰云、邓国良、哈巴西·哈瓦嗯、田富林、赵玉建以及部分常委出席会议。

2月24日,市政协召开六届十三次常委会议。会议听取各组酝酿、协商市政协第六届委员会秘书长候选人建议名单、选举办法、总监票人、监票人建议名单的情况汇报;确定市政协第六届委员会秘书长候选人名单;讨论市政协六届四次会议决议(草案)。会议由玉素甫江·阿不都热西提主持。王新明、陈娟、

管峰云、邓国良、哈巴西·哈瓦嗯、田富林以及部分常委出席会议。

2月25日，市政协召开六届十四次常委会议。会议审议通过市政协六届四次会议决议（草案）；审议通过提案委员会关于六届四次会议提案审查情况报告（草案）。会议由玉素甫江·阿不都热西提主持。王新明、陈娟、管峰云、邓国良、哈巴西·哈瓦嗯、田富林以及部分常委出席会议。

6月4日，市政协召开六届十五次常委（扩大）会议，传达学习中央新疆工作座谈会精神和自治区党委七届九次全委（扩大）会议精神。会议由玉素甫江·阿不都热西提主持。王新明、管峰云、哈巴西·哈瓦嗯、田富林、杨平以及部分市政协常委和部分政协委员参加会议。

（周 江）

【市政协主席会议】 2010年，克拉玛依市政协召开3次主席会议。

1月26日，市政协召开六届十一次主席会议，会议审议通过市政协第六届委员会常务委员会工作报告和提案工作情况报告；审议通过关于召开市政协六届四次会议的决定（草案）；审议通过市政协六届四次会议秘书长、副秘书长名单；审议通过六届四次会议议程（草案）、日程（草案）、分组名单、列席单位名单、秘书处工作机构；协商通过人事事宜；确定六届十一次常委会的召开时间和议程；听取大会发言准备情况汇报；书面审议各专委会2009年工作总结及2010年工作要点。会议由玉素甫江·阿不都热西提主持。王新明、陈娟、哈巴西·哈瓦嗯、田富林、赵玉建参加会议。

3月19日，市政协召开六届十二次主席会议，会议确定六届四次会议重点提案。会议由玉素甫江·阿不都热西提主持。王新明、管峰云、田富林、赵玉建、杨平参加会议。

11月3日，市政协召开六届十三次主席会议，会议协商通过优秀委员建议名单、优秀提案、先进承办单位及先进承办个人，确定优秀委员暨提案工作表彰会时间和议程。会议由玉素甫江·阿不都热西提主持。王新明、邓国良、哈巴西·哈瓦嗯、赵玉建、杨平参加会议。

（周 江）

【参政议政】 2010年，克拉玛依市政协坚持围绕中心、服务大局的原则，积极为推动克拉玛依经济社会发展建言献策。在年初召开的六届四次会议上，委员们通过大会发言、提交提案和小组讨论，对克拉玛依市经济、政治、文化、社会建设中的重大问题进行广泛深入的协商讨论，提出许多有价值的意见和建议。市委领导对委员的大会发言给予充分肯定和高度评价。《关于对克拉玛依市地方企业发展的建议》、《关于加快乌尔禾区发展的建议》等发言，引起市委、市政府领导的高度重视。

市政协充分发挥委员的智力优势，组织委员开展协商讨论，为市委、市政府及有关部门科学、民主决策提供智力支持。将“十二五”规划的制定作为协商讨论的重点，邀请市发改委向政协委员通报克拉玛依市制定“十二五”规划的基本思路，就“十二五”规划的制定，组织委员协商讨论，为制定和完善克拉玛依市“十二五”规划献计出力。就克拉玛依市城市规划的编制、克拉玛依可持续发展战略等重大问题，组织委员讨论，提出建设性的意见和建议。一些意见和建议已被吸收到相关的规划和政策之中。

市政协按照市委领导的指示和委托，就改制企业退休人员和有偿解除劳动合同人员退休后的管理问题，专门成立由市政协主席为组长，2名副主席及秘书长为副组长，有关单位和部门负责人、部分政协委员为成员的调研组，通过到克拉玛依市30多家改制企业和内地部分油田的实地走访、座谈、学习考察，结合克拉玛依市的实际，提出相应的意见和建议供市委决策参考。

市政协发挥政协组织的特点和优势，组织政协委员围绕克拉玛依市打造世界石油城的总体目标以及经济社会发展中的重大问题进行调研视察，形成一批调研视察成果，提出具有一定深度和参考价值的意见和建议。为推动世界石油城的建设，就克拉玛依市区域经济社会发展的重点问题进行调研，提出《关于支持克拉玛依转型，实现可持续发展的建议》报送自治区政协。就风城油田作业区开发等进行专题考察，积极为推进油气生产基地建设鼓劲出力。就克拉玛依市中小企业发展问题，组织委员到区内外调研，向市委、市政府提交《关于加快中小企业发展等问题的考察调研报告》。调研报告送市委后，市委书记徐卫喜批示：政协对中小企业发展等相关建议非常好，克拉玛依市在“十二五”和今后发展中可以借鉴和结合实际利用；市长陈新发批示交有关部门研究。

市政协密切关注和努力促进民生的改善。就克拉玛依市的幼儿学前教育、推进保障性住房建设以及城市交通智能化管理等问题，通过组织委员座谈讨论、学习考察，提出积极的意见建议。就竞技体育、侨务工作等社会事业的发展，听取有关方面的情况通报，组织委员进行座谈讨论，为下步深入调研打下基础。

（周 江）

【民族团结进步教育】 2010年，克拉玛依市政协成立专题调研组，于3月下旬深入市属克拉玛依区、独山子区、白碱滩区和乌尔禾区听取各区开展民族团结教育工作情况的通报，征求各区对贯彻落实好《新疆维吾尔自治区民族团结教育条例》、进一步做好民族团结进步工作方面的意见和建议。召开4个区由各民族基层党政领导干部、中小学教师、各类企业负责人、工人、社区工作人员、离退休人员代表参加的座谈会和宗教人士座谈会，广泛了解各族各界群众对乌鲁木齐“七五”事件的认识和各族群众普遍关心的热点问题。通过调研，总结克拉玛依市近年来在民族团结工作中取得的主要工作成绩和特点，提出存在的问题，并围绕解决这些问题提出意见和建议。建议送市委后，市委书记徐卫喜批示：建议很好，各有关部门结合实际提出针对性的办法和意见，扎实推进民族团结教育工作。为学习借鉴外地的经验和做法，协助市委、市政府进一步做好民族团结工作和宗教事务管理工作，组织部分委员和机关工作人员组成学习考察组，在市政协领导的带领下，赴宁夏银川市、青海西宁市等民族团结工作和宗教管理工作与克拉玛依市有一定相似性的地区，通过听取当地有关部门情况介绍、与当地各族宗教人士、干部群众座谈和走访宗教活动场所等方式进行学习考察，根据学习考察的经验，结合克拉玛依市工作的实际，提出做好克拉玛依市民族团结和宗教事务管理工作的意见和建议。认真落实少数民族领导联系宗教活动场所和与宗教人士谈话的制度。市政协及机关各专门委员会和办公室的少数民族领导坚持每月1次到定点联系的清真寺，宣传党和政府的民族宗教政策，了解宗教人士的思想情况，为促进宗教与社

会主义社会相适应，维护民族团结、宗教和睦发挥了积极作用。（周　江）

【提案工作】 2010年，克拉玛依市政协突出提案工作的全局性地位，从制度、检查、评比、考核等方面确保提案工作的深入开展。建立并完善政协领导督办重点提案、专委会参与督办提案、委员实地检查提案落实情况的工作机制。提案委员会充分发挥主观能动性，着力推进提案工作制度化、规范化、程序化建设，不断改进和创新工作方式，积极为委员和承办单位提供热情周到的服务；加强与承办单位和承办人员的联系和沟通，及时发现和解决提案办理工作中的问题，保证提案按时按质办理落实。各专委会主动将调研、考察工作与提案联系起来，对提案的办理落实起到督促作用，使提案在政协工作中发挥越来越重要的作用。（周　江）

【政协委员文萃】 2010年，克拉玛依市政协根据市委《关于建设学习型克拉玛依的意见》精神，向市本届和历届的各级政协委员广泛征集散文随笔、短篇小说、回忆录、报告文学等文学作品。按照精选精编、择优出版的原则，编辑出版政协委员文萃《雨润》。其中收录的作品以政协委员独特的视角，抒发政协委员热爱生活、追求真善美的崇高境界，表达各界政协委员热爱祖国、热爱政协、热爱生活、情系发展的思想内涵和积极向上的崭新精神风貌。（周　江）

【文史资料】 2010年，克拉玛依市政协坚持文史资料的"三亲"原则，加强文史资料的征集和整理工作。完成《克拉玛依文史资料》汉文第22辑20万字和维吾尔文第20辑11万字的出版工作，进一步丰富克拉玛依市的传统教育史料。（周　江）

【社情民意反映】 2010年，克拉玛依市政协通过走访、召开委员座谈会收集社情民意信息，将专题调研、各类座谈会上反映的信息及时整理，以《社情民意》、《克拉玛依政协》等形式报送市委、市人民政府，发挥党和政府与人民群众之间的桥梁和纽带作用。（周　江）

【自身建设】 2010年，克拉玛依市政协把建设学习型政协作为重要任务来抓，坚持在学习中工作，在工作中学习，不断提升整体素质。一是进一步强化学习制度。市政协常委会集中学习中央新疆工作座谈会精神和自治区党委七届九次全委(扩大)会议精神。坚持每周三集中学习政协理论、统战政策。二是注重加强领导班子建设。市政协适时召开党组民主生活会，沟通思想，增进团结。政协领导定期或不定期开展走访委员活动，了解委员的工作生活情况，听取委员对政协工作的意见和建议，进一步密切与委员和人民群众的联系。三是开展表彰先进活动。首次开展本届优秀政协委员表彰活动，对评选出的29名优秀委员进行隆重表彰。同时，对2010年度优秀提案及提案办理先进单位、先进个人进行表彰。四是开展教育活动。在市政协机关深入开展创先争优和热爱伟大祖国、建设美好家园主题教育活动，大力倡导实事求是、精益求精、廉洁奉公、合作共事的工作作风，机关工作效率进一步提高。五是加强廉政建设。由市政协领导向机关工作人员作学习贯彻《廉政准则》专题学习讲座，进一步增强机关工作人员的廉洁自律意识。六是加强组织建设。从加强民主政治建设和发扬社会主义民主的高度出发，积极推动成立各区政协。向市委提出成立白碱滩区政协的建议。市委常委会经研究，决定成立白碱滩区政协。市机构编制委员会办公室也相应下达白碱滩区政协机构设置与人员编制。就成立克拉玛依区政协的有关工作进行前期调研。（周　江）

【外省市政协领导及部门领导考察调研】 2010年5月26～28日，湖南省株洲市政协副主席段桂生一行12人到克拉玛依考察，市政协副主席管峰云、秘书长杨平、教文卫体委员会以及办公室有关人员陪同考察。

6月18日，云南省政协副秘书长高德明一行16人到克拉玛依考察，市政协副主席王新明、秘书长杨平、提案委员会领导以及办公室有关人员陪同考察。

6月22日，甘肃省金昌市政协一行9人到克拉玛依考察，市政协副主席王新明、秘书长杨平以及办公室有关人员陪同考察。

7月7日，甘肃省张掖市政协副主席阎玉海一行6人到克拉玛依考察，市政协副主席陈娟陪同考察。

7月21日，湖南平江县政协主席唐锡康以及库尔勒市政协主席张喜模一行17人到克拉玛依考察，市政协副主席陈娟以及办公室有关人员陪同考察。

8月5日，山东济宁市政协副主席李良品一行8人到克拉玛依考察，市政协副主席管峰云、民族宗教侨务法制委员会以及办公室有关人员陪同考察。

8月8日，安徽省淮北市政协原主席李风龙一行3人到克拉玛依考察，市政协副主席王新明、秘书长杨平以及办公室有关人员陪同考察。

8月18日，内蒙古包头市政协董汉忠一行11人到克拉玛依考察，市政协副主席王新明、秘书长杨平以及办公室有关人员陪同考察。

8月22日，福建漳州市政协副主席罗春生一行9人到克拉玛依考察，市政协副主席王新明、秘书长杨平以及办公室有关人员陪同考察。

8月23日，安徽黄山市政协副主席杨震一行11人到克拉玛依考察，市政协副主席王新明、秘书长杨平以及经济科技委员会以和办公室有关人员陪同考察。

8月24日，广东省政协人口资源环境委员会副主任姚宇翔一行12人到克拉玛依考察，市政协副主席王新明、经济科技委员会以及办公室有关人员陪同考察。

8月24日，甘肃省定西市政协副主席牛芳琴一行8人到克拉玛依考察，市政协副主席管峰云、秘书长杨平以及办公室有关人员陪同考察。

8月31日，陕西省宝鸡市政协副主席陈靖劳一行4人到克拉玛依考察，市政协副主席管峰云、经济科技委员会以及办公室有关人员陪同考察。

9月2日，河北省秦皇岛市政协副主席王广新一行26人到克拉玛依考察，市政协副主席管峰云以及办公室有关人员陪同考察。

9月4日，上海市政协副秘书长朱志诚一行14人到克拉玛依考察，市政协秘书长杨平以及办公室有关人员陪同考察

9月7日，湖北神农架林区政协副主席李培振一行12人到克拉玛依考察，市政协副主席管峰云、秘书长杨平以及办公室有关人员陪同考察。

9月8日，陕西咸阳市政协主席李效民一行8人到克拉玛依考察，市政协

秘书长杨平以及办公室有关人员陪同考察。

9月26日，广东肇庆市政协副主席李力强一行17人到克拉玛依考察，市政协副主席管峰云、民族宗教侨务法制委员会以及办公室有关人员陪同考察。

10月4日，全国政协办公厅巡视员魏洪罗一行16人到克拉玛依考察，市政协秘书长杨平以及办公室有关人员陪同考察。（周　江）

【自治区政协领导及部门领导考察调研】 2010年3月22～23日，自治区政协人口资源环境委员会主任张作祖一行7人到克拉玛依就克拉玛依市应对人口老龄化和老龄化产业发展情况进行专题调研。市政协主席玉素甫江·阿不都热西提，副主席王新明、管峰云，副市长祝贺香以及市委、市政府有关部门和克拉玛依区机关部门的负责人参加调研。

9月15日，自治区政协文史委员会副主任艾景顺一行4人到克拉玛依考察，市政协副主席王新明、秘书长杨平、各民主党派负责人以及办公室有关人员陪同考察。

10月14～16日，自治区政协民族宗教社会法制委员会主任艾尔肯·吾西尔一行8人到克拉玛依考察，市政协主席玉素甫江·阿不都热西提，副主席管峰云，秘书长杨平，民族宗教侨务法制委员会、教文卫体委员会以及办公室有关人员陪同考察。

10月25～27日，自治区政协委员、自治区安监局党组书记买买提·艾沙率领的自治区政协职业病防治工作调研组一行8人到克拉玛依考察，市政协副主席王新明，秘书长杨平，市政府办、市安监局、经济科技委员会以及办公室有关人员陪同考察。

10月27日，自治区政协副主席柯赛江·赛力禾加一行6人到克拉玛依考察，市政协主席玉素甫江·阿不都热西提，教文卫体委员会、民族宗教侨务法制委员会以及办公室有关人员陪同考察。（周　江）

【市政协领导考察调研】 2010年3月24～26日，克拉玛依市政协开展"十二五"规划区域经济发展专题调研。玉素甫江·阿不都热西提、王新明、杨平及部分政协委员，企业代表，政府相关部门负责人以及经济科技委员会和办公室有关人员参加调研。

3月25日，市政协对市属4个区的民族团结进步教育工作进行调研。管峰云以及民族宗教侨务法制委员会、教文卫体委员会及办公室有关人员参加调研。

5月4～20日，王新明、杨平带领部分政协委员前往内地，考察保障性住房建设、中小企业发展、城市交通智能管理等方面情况。

7月13日，市政协组织委员考察风城油田作业区，玉素甫江·阿不都热西提以及部分政协委员和经济科技委员会有关人员参加考察活动。

8月5日，玉素甫江·阿不都热西提、王新明、管峰云、长杨平以及部分政协委员和机关工作人员到克拉玛依区调研。

9月26～28日，玉素甫江·阿不都热西提、管峰云、杨平带领市政协、市政府、油田公司有关部门人员，对再就业和改制企业退休人员管理问题进行专题调研。

12月23～29日，市政协组成调研组到克拉玛依区、独山子区、白碱滩区和乌尔禾区，对4个区的经济发展情况和社情民意进行调研。玉素甫江·阿不都热西提、王新明、管峰云、杨平以及部分政协委员、经济科技委员会、教文卫体委员会和办公室有关人员参加调研活动。（周　江）

【专题会议】 2010年1月7日，克拉玛依市政协在独山子区召开创建学习型机关专题讲座，副主席王新明、秘书长杨平以及办公室有关人员，部分市政协委员、独山子区政府部分委办局以及区政协机关工作人员参加讲座。会上，王新明作创建学习型机关专题讲座。期间，市政协领导走访慰问独山子区的市政协委员以及独山子区政协机关工作人员。

1月22日，市政协、市委统战部联合召开迎新春茶话会。副主席王新明主持会议。主席玉素甫江·阿不都热西提在茶话会上讲话。副主席哈巴西·哈瓦嗯、赵玉建以及部分市政协委员，市各民主党派、工商联、无党派人士参加茶话会。

4月26日，市政协召开情况通报会，邀请市发改委通报克拉玛依市第一季度经济运行情况及"十二五"规划工作进展情况。副主席王新明及部分政协委员和各专委会领导参加会议。

6月24日，市政协召开情况通报会，向克拉玛依政府有关部门通报市政协针对加快中小企业发展、城市保障性住房建设、城市智能化交通建设等方面问题的考察情况。会议由市政协副主席王新明主持。秘书长杨平以及市政府办公室、经贸委、发改委、公安局、财政局、房产局、工商联等部门领导和考察组成员参加会议。

7月14日，市政协召开社情民意座谈会，副主席管峰云、秘书长杨平以及部分政协委员、机关干部参加会议。

7月15日，市政协召开竞技体育、侨务工作情况通报会，副主席管峰云、秘书长杨平以及部分政协委员、民族宗教侨务法制委员会、教文卫体委员会和办公室有关人员参加会议。

8月25～28日，副主席陈娟、秘书长杨平以及办公室有关人员在石河子市参加全国22城市政协横向联系会第46次会议。

9月3日，教文卫体委员会召开对口部门座谈会，副主席管峰云主持会议，市妇联、市教育局、计生委等部门参加会议。

10月15日，市政协召开健康知识讲座，邀请市政协委员、市中心医院干部病房主任高锦凤作健康知识讲解。副主席管峰云、秘书长杨平以及部分政协委员和机关干部参加讲座。

10月2日，市政协召开重点提案协调会，副主席王新明及经济科技委员会和相关部门人员参加会议。

11月15日，市政协召开优秀政协委员暨2010年度提案工作总结表彰会。副主席王新明、陈娟、赵玉建，秘书长杨平、副市长杜勇等参加会议。

12月16日，市政协召开社情民意座谈会。副主席王新明、管峰云，秘书长杨平参加会议。

12月21日，市政协召开政协委员文萃《雨润》暨王新明个人文集《心路》发行座谈会。主席玉素甫江·阿不都热西提，副主席王新明、管峰云、邓国良、哈巴西·哈瓦嗯、秘书长杨平，市委常委、宣传部部长郭仲军，部分政协老领导和政协委员出席会议。（周　江）

地方军事

定起到重要作用。（刘兆刚）

克拉玛依军分区

【领导名单】
党委第一书记：徐卫喜（预备役大校）
司令员：李建兴（大校，4月离任）、李林（大校，4月任职）
政治委员：冯经礼（大校）
副司令员：黄文学（大校，4月离任）
副政治委员：马合木提·乃买提（大校）
参谋长：张振铁（大校，2月离任）、高文杰（大校，2月任职）
政治部主任：倪新（大校）
后勤部部长：刘崇科（上校，4月离任）、刘俊山（上校，4月任职）

【战备维稳】 2010年，克拉玛依军分区修订反恐维稳、抢险救灾、防偷袭等各类预案。组织情报信息员培训2次，召开军地联席会议12次，搜集信息157条，分区采用25条，军区采用5条。先后组织民兵预备役人员500多人次参加托里县火箭牧场胡杨林灭火救灾、白杨河流域、小拐乡136团场、石西公路抗洪救灾等抢险救灾任务。完善分区“三室四库”建设，开通分区所属单位的视频会议系统，完善重点、要害目标的防卫设施，修建或维修民兵武器装备仓库监控、防卫设施，购买民兵应急分队战备物资器材。召开维稳战备专题研究部署会8次，先后组织民兵预备役官兵3 000多名，协同地方公安、武警、协管，出动车辆600多辆次，参加执勤巡逻18 000多人次，盘查过往人员1.5万多人次，车辆8 000多辆次，查获嫌疑人员11名，入户清理清查人员6 500多人，查出“三无”等可疑人员500多人，在主麻日等敏感时期，紧急出动24次，为维护油城社会稳定起到重要作用。（刘兆刚）

【八一军事日活动】 2010年7～8月，克拉玛依军分区采取多课目串联式推进的演练方式，组织由市国防动员委员会全体成员及35个成员单位、500多名预备役官兵和民兵参加的八一军事日演练，展示国动委各级国防动员工作情况，广大预备役人员、民兵在基础训练、专业训练和反恐维稳训练方面的训练成果，进一步强化各级国防动员工作职责使命意识，有效锻炼民兵预备役应急队伍，反恐维稳和应急处突能力得到进一步提高，同时激发了广大官兵训练热情。（刘兆刚）

【情报信息】 2010年，克拉玛依军分区组织2次各为期7天的信息员培训班。先后20次与地方有关部门召开军地联席会议，在敏感时期和重大节日时，15次走访相关单位，互通情况，研判形势。在“三节”、“两会”、“三一四”、“七五”、上海世博会敏感期和广州亚运会期间，进一步加大情报侦察工作力度。各单位对情报信息员进行再次培训，出动信息组6 000多次，派出信息员26 780人次，搜集信息157条，分区采用25条，军区采用5条。（刘兆刚）

【军事训练】 2010年，克拉玛依军分区以首长机关、预备役部队、民兵应急分队和专业技术分队为重点，采取基地组训、挂钩代训、岗位练兵等方法，狠抓基础课目、专业技能和反恐维稳训练，完成年度训练任务161%，考核合格率95%。组织学生、职工军训16期，训练5 230人。完成军区对分区司令部考核和预备役工兵团核生化应急救援分队考评等工作，采取统一计划、整体编组、分项实施的方式，严密组织干部和士官以体能、技能为主要内容的年终军事训练考核，部队训练水平不断提高。年底，军分区通报表彰了军事训练先进单位和军事训练先进个人。（刘兆刚）

【安全管理】 2010年，克拉玛依军分区认真抓好安全管理工作，取得好的成效。全年组织专项教育整顿、安全检查、督导检查等大小活动37次，突出人、车、枪弹、重要目标和季节性事故预防，以解决问题、堵塞漏洞为突破口，确保部队安全稳定。第一季度开展学法规、用法规、守法规教育活动，学条令、训队列、整秩序专项教育整治活动和团以上领导机关公勤人员整顿训练活动，驾驶员教育整训、新条令集训等活动。修订完善《分区部队管理规定和补充规定》、《车辆管理规定》、《首长机关办公规则》等制度规定。第二季度，分区部队广泛开展安全隐患排查活动，查找出109个问题，并进行认真的研究梳理，制定纠改方法和时限。第三季度，以违章驾车、私自离队、不假外出、乱拉关系、违规消费为主要内容，组织分区机关和各团级单位开展“五个倾向性问题”集中整治活动。深入抓好开封集训会议精神学习贯彻。第四季度，组织分区部队开展安全隐患排查整改和防火灾排查整改活动。落实保密委会议制度12次，向军区档案馆移交1986～2000年永久性档案工作。年底，分区部队被军区表彰为安全管理工作先进单位。（张疆明）

【国防动员】 2010年，克拉玛依军分区组织预备役工兵团和4个人武部开展组织整顿，在其他分队、人数保持不变的基础上，组建核生化应急救援分队。出黑板报20块，编写教案32份，组织集中教育33次。对基干民兵和预备役官兵进行政审，点验基干民兵分队和预备役连队，到点率90%以上。采取在《克拉玛依日报》、电视台开辟国防知识宣传专栏、专版等方式，大力开展国防法宣传教育活动。2010年7～8月，采取多课目串联式推进的演练方式，组织国防动员委员会综合演练暨八一军事日活动。征兵工作情况，从9月下旬至12月30日，严格按照组织准备、宣传报名、体检政审、复查定兵、新兵起运、总结上报、回访调查8个阶段进行。通过广泛深入的宣传动员，全市适龄青年报名514人。经目测初审，对符合条件的286名应征青年进行严格体检，合格138人，体检淘汰率48.3%，政审合格114人，合格率82.6%。为确保征集新兵的文化素质和身体素质，各区征兵办公室组织对应征青年进行文化考核、对预定新兵进行全面复查复审和吸食毒品检测，市征兵办公室组织抽检，最后确定批准104名新兵应征入伍。（王书海）

【装备管理】 2010年，克拉玛依军分区紧紧围绕“一个根本”，抓住“三个要素”，常委会3次专题研究民兵武器装备仓库建设问题，协调地方政府，先后投入1 500多万元，新建民兵武器装备仓库，并进一步建立和完善视频监控、报警、脉冲电网、消防器材等基础设施设备。对民兵武器装备仓库进行安全风险评估，对武器库看管队伍进行调整和政治考核。规范双人联管、干部住库、警卫执勤和出入库登统计等制度，完善应急预案并反复组织“六防”演练，确保重要目标安全稳定。完成27吨报废弹药上缴和民兵应急分队装备的补充调入工作，配合军区军械装备巡修队检修部分枪械设备，提高武器装备的技术性能。组织民兵武器装备仓库和武器装备检查5次，有效促进了民兵武器装备仓库规范化建设。（张付炯）

【党委班子建设】 2010年，克拉玛依军分区针对分区党委班子成员调整变化比较大的实际，始终坚持以能力建设和先进性建设为重点，严格落实党委中心组带机关学习制度，加强民主集中制学习教育，认真抓好军区工作组对分区党委班子进行考评及成果转化，强化核心领导作用发挥，班子凝聚力战斗力不断增强。严密组织7名调整、交流、提升的正团职干部进行工作交接和集中谈话，抓好团以上干部队伍的教育管理工作，严格按照步骤程序，由分区常委带队，集中对5个团级单位党委班子进行考察帮建，各团级单位党委班子建设质量不断提高。（陈祥虎）

【干部培训】 2010年，克拉玛依军分区认真筹划设置培训内容，严密组织88名现役干部，分2期进行新《纲要》集中学习培训。军分区分4个专题，由分区常委担任培训连领导并组织授课辅导，扎实抓好理论学习、专题辅导、讨论交流等重点环节，有效提高培训质量，进一步强化各级按纲抓建意识，提高按纲抓建能力。（陈祥虎）

【后勤保障】 2010年，克拉玛依军分区坚持党委理财制度，确保后勤保障。一是严格执行各种财经纪律、财务法规，为党委理财发挥参谋助手作用。研究制定《行政消耗性开支货币化支付改革实施方案》、《公务卡使用管理办法》。对本级机关和“四区一团”的军事训练费开支情况进行审计和“小金库”治理整顿的检查。结合年终检查对2010年度财务管理情况进行综合考评并向各单位党委进行交底。全年审核经费5 000多笔，开支各项经费1 000多万元，做到无一差错，确保分区财务管理正规，审核报销严格，有效提高军分区各项经费的使用效益。请领发放2010年度服装，并2次到乌鲁木齐787被装库调换官兵不合体的服装，适体率98%以上。二是严格军粮管理。核对“一团四区”2007～2010年度粮秣账目，协调29分部和地方粮食部门，按时足额对分区部队所需米、面、油进行供应保障。三是严格落实伙食管理5项制度，不断加强炊事人员岗位培训，适时组织炊事人员现场讲评饭菜质量，广泛征求官兵意见，适时调剂和改善伙食，落实主食每餐2种以上，副食保证每餐不重样，抓好分餐制和饮食卫生工作，严把食品采购关，确保官兵饮食安全，确保官兵吃得放心、吃得健康。四是深入开展狠抓军车运行秩序、维护军车良好形象专项整治活动和车辆油料节能评比活动。结合季节转换和军区驾驶员作风教育等机会，及时做好车辆换季保养和驾驶员安全行车教育，请地方交警讲授交通法规和预防车辆事故一般常识2次，组织驾驶员观看预防车辆事故教育片3次，配合司令部组织落实车场日45次，使车勤人员遵章守纪观念和安全意识进一步增强。全年动用车辆570多辆次，安全行驶40多万千米，日常维修保养65辆次，更换轮胎11条，完好率95%以上。配合联勤29分部军交运输处完成车辆、驾驶员年度审验、驾驶技能鉴定考核、换发2010式车辆驾驶证，年度车辆及驾驶员审核合格率100%。协调29分部运输车完成报废弹药上缴和拉动装备器材任务，安全无事故。五是严格油料管理，狠抓经常性节油工作，车辆加油落实了按千米数计算的方式，累计加油次数690多次，增强驾驶员节能意识，油料、材料消耗和往年相比逐步下降。全年请领拉运实物油料105吨，并及时下拨各单位，协调29分部办理长途车智能加油卡4个，保障车辆油票4吨，各种油料保障到位，车辆运行安全。六是加强主人翁意识教育，对库房进行分类管理，进行营产营具登记挂账，资产定位责任制管理。七是坚持经常性营房维修管理制度，组织施工单位对营区门窗、路灯、水电暖进行5次维修，更换灯泡灯头800个，冲洗阀、水龙头100个，镇流器62个，电缆线30米，维修门窗60扇，更换玻璃20块，更换自动放气阀8个。加强营区绿化管理，更换种植土200多立方米，种植花草树林130多棵，维修更换绿化管线180多米。认真贯彻预防为主、服务至上的宗旨，保障部队官兵身心健康。八是做好卫生防病知识宣传工作，根据军区疫情通报，协调克拉玛依市疾控中心专家，对分区官兵进行手足口病的预防常识教育。结合季节变化特点，先后2次组织分区全体官兵进行甲型H1N1流感知识教育。为分区全体官兵、职工、家属及小孩注射普通流感预苗。九是开展卫生防病工作，在营区、食堂、宿舍、厕所等公共场投放灭鼠毒饵68处，喷洒农药5次，有效地消灭各种鼠、蟑螂、蝇、蚊等各类疾病的发生和传播。全年协调驻地医院为分区官兵和报考军校干部子女体验68人，向市医院和十五医院转诊20人次，办理分区官兵及家属子女医疗卡15张，使分区官兵及家属身体健康得到有效保障。十是成立军人保障卡工作领导小组，设立军人保障卡独立办公室，安装防盗系统，购置办公设施，安装军人保障卡网络系统，统计上报分区现役军人保障卡各种资料，稳步推进军人保障卡的管理使用。（雷永江）

武警克拉玛依市支队

【领导名单】
支队长：郝志印（上校，9月离任）、徐长亮（上校，9月任职）
第一政治委员：崔树林（兼）
政治委员：陈新远（上校）
副支队长：常建辉（中校，1月离任）、崔永强（中校）、陈平（中校，1月任职）
参谋长：汪白云（中校）
政治处主任：于建文（中校）
后勤处长：宫照虎（中校）

【基本情况】 2010年，武警克拉玛依市支队隶属于中国人民武装警察部队新疆总队，支队下设司令部、政治处和后勤处3个部门，下辖直属大队和7个建制中队（直属大队一中队、二中队、三中队、四中队、克拉玛依市中队、独山子区中队、警通勤务汽车中队）。主要担负中国石油独山子石化公司千万吨炼油百万吨乙烯厂区和国家300万立方米原油储备库守卫勤务、克拉玛依市公安局看守所、独山子区公安局看守所的看守勤务。担负城市武装巡逻、长途押解、公审公判、处置突发事件、恐怖事件、抢险救灾等临时性机动任务。（井　涛）

【组织建设】 2010年，武警克拉玛依市支队党委坚持以能力建设和先进性建设为重点，认真抓好党委机关理论学习，先后集中学习12次24天，开展心得交流21次。2月，集中4天时间，在党委机关深入开展建设学习型党委机关，争做学习型领导干部学习教育活动。8月，支队召开第四次党员代表大会，认真总结2005年以来党的建设和部队建设的经验教训，明确今后5年的主要任务和奋斗目标，选举产生新一届党的委员会和纪律检查委员会，设立8人党委常务委员会。全年先后组织干部骨干培训8期。（井　涛）

【政治教育】 2010年，武警克拉玛依市支队认真开展深入培育践行当代革命军人核心价值观主题教育，并指导各中队利用警营小广播、宣传橱窗、战士小报、影视评、演讲竞赛、歌咏比赛等载体和形式，配合主题教育。玉树地震、南方洪涝灾害和舟曲泥石流灾难发生后，支队注重将抗震救灾感人事迹和救援生动事例与主题教育紧密结合起来，增强教育的感染力。4月、8月，先后举办核心价值观引领我成长主题演讲比赛和庆八一践行当代革命军人核心价值观主题文艺汇演。采取多种形式，开展形势任务、优良传统等经常性教育，取得明显成效。全年转化“个别人”（有可能发生违纪犯罪问题、需要特别关注的人员）2名，思想工作重点对象280名，确保了部队内部安全稳定。注重加强宣传报道工作，先后被武警新疆总队转发经验材料6篇，在军内外报刊刊稿28篇，总部网刊稿2篇，总队网刊稿553篇。深入开展群众工作，对6所学校7 000名师生进行国防教育，走访慰问44户困难群众，并广泛开展“双拥”共建，密切了警政警民关系。（井　涛）

【执勤训练】 2010年，武警克拉玛依市支队狠抓执勤工作，加大针对性教育和训练，确保中心工作万无一失。支队采取网络监控、现地检查、突击巡查等方法，先后组织36次执勤检查，有效正规了执勤秩序，确保中心任务完成。4月初，认真抓好新兵专勤专训，并集中3天时间对新兵进行执勤能力和政治考核。结合按纲建队考核，先后2次对执勤中队进行执勤正规化等级评定。7月，严密组织勤务教育整顿活动，深入治理执勤设施老化、执勤动作不规范等问题和隐患，并争取地方资金179万元，对执勤中队执勤设施升级改造，进一步提升安防系数。根据总队备战敏感期指示，支队及时研判驻地敌社情，加强针对性训练，突出防袭击演练，并以看守目标为实战背景，多次与公安机关协同演练，12次组织机关带部分实兵拉动演练，确保“七五”一周年节点、肉孜节、古尔邦节等重大敏感期和重要节点部队内部安全稳定。直属大队转隶后，支队争取地方经费，按照性能优良、攻防兼备、系统配套、平战兼容的要求，拟购置车辆、排爆、探测、防化、监听、突击、攀登、救护等8大类62种特战装备，力争将直属大队打造成驻地履职胜任、周边震慑有力、跨区支援高效的一流机动大队。支队举行庆八一军事训练成果汇报表演，并邀请克拉玛依市市委书记徐卫喜、市长陈新发、市政法委书记宋友立、市军分区政治部主任倪新等党政军领导现场观摩，并在支队长郝志印、政委陈新远的陪同下，检阅了部队。当天，支队出动24辆车、200多名官兵进行城市武装威慑，达到了展示力量、震慑敌人、锤炼部队的目的。暑期训练中，政治处能够认真指导基层各单位深入开展“三战（舆论战、法律战、心理战）”学习、研究和战法演练，使基层政工干部熟练掌握开展“三战”的方法、程序和手段，有效提升政治工作的直接作战功能。2月、9月，举办狙击手、特等射手集训班各1期，为各中队培养特战人才。8～10月，严密组织预提指挥士官集训，为支队长远建设奠定素质基础。年初以来，支队担负长途押解、“七五”案审现场警戒、城市武装巡逻、中石油会议安保等勤务50多起，押解人犯318人。（井　涛）

【行政管理】 2010年，武警克拉玛依市支队以大抓安全年活动为主线，狠抓安全管理工作。针对假日多、人员外出频繁的特点，支队采取定期与不定期相结合的方法，18次派出督查组对机关、基层安全管理实地检查，督导官兵过节不忘战备。4月，为认真抓好直属大队转隶工作，支队党委高度重视，专门成立抓日常工作和抓转隶工作两套班子，确保各项工作有序进行。大队转隶后，及时指派1名副职蹲点直属大队，狠抓人员、车辆、枪弹管理，严格一日生活秩序，确保转隶期部队平稳过渡。坚持以总部、总队安全隐患大排查活动为契机，突出机关、直属单位、干部士官、身边人、放心人、重要岗位人员、在外人员7个重点，深入开展排查整治。集中2天时间点验部队装备、物资和个人物品、官兵私存子弹情况，并与每名官兵签订严禁私存弹药保证书。投资5万多元，对机关、各中队库室不符合安全规定的设施进行更换或加固，对支队军械库监控系统升级改造，提高安全系数。集中10天时间开展士官教育整训活动，并依据士官管理规定，对违规使用手机的士官做出处理。集中3天时间开展治酗酒、严纪律、保安全教育整顿活动，基本达到安全工作零起点、安全指导零距离、隐患排查零空档、隐患整改零搁置的“四零”要求。3月，支队在直属大队四中队召开精细化正规管理现场会，支队全体干部、司务长及正副班长分两批参观见学，并拍摄精细化正规管理录像片下发部队参照执行。支队采取交叉检查、录像曝光、突击督查等形式，督促各级严格按标准抓好日常管理和养成。8月，支队严密组织条令学习月活动，采取边学边查、网上抽查、队列训练、警容风纪检查等方法，着力纠治条令意识淡化、学用脱节等问题，进一步提升支队精细化正规管理水平。（井　涛）

【后勤建设】 2010年，武警克拉玛依市支队围绕保中心、保生活的要求，先后4次组织后勤人员督查基层冬防冬备、节日战备及后勤工作，及时建立完善后勤应急保障体系，科学编配应急保障力量，开展经常性战备教育和训练，有效提升后勤综合保障能力。年初以来，采取外出送学、岗位练兵、业务竞赛等形式，结合司务长之家活动，先后组织驾驶员复训4期，军械员培训2期，炊事员培训3期。支队制定《财务管理实施细则》，逐项对照落实，促进各类经费正规管理。定期检查维修基层"四项设施"，充分发挥使用效益。严格落实伙食管理五项制度和《副食品集中采购实施办法》，确保官兵伙食质量。狠抓人员、枪弹、车辆管理，杜绝各类事故的发生。争取40万元用于营区绿化，重点更换营区绿化管线，种植草坪1.3万平方米，补种各类树木、灌木5 000多株。大力抓好营房建设，支队与独山子区委、政府协调，争取资金8 000多万元建设直属大队新营区。（井　涛）

【警民共建】 2010年，武警克拉玛依市支队大力做好群众工作。投资1万元制作宣传标语200多条，集中在市区主要街道和重要场所悬挂，营造浓厚的群众工作氛围。先后4次组织400多人次在城区主要街道开展义诊和环境卫生整治活动，为上千名群众进行义诊和健康咨询，发放价值4 000多元的药品和3 000多份宣传单，打扫街道12条，清理垃圾10吨。对6所学校7 000名师生进行军训和国防教育。派出党委成员带着价值2万多元的慰问品，走访慰问4个街道办12个社区的44户困难群众，并协助地方相关部门深入做好"七五"案审期间的宣传教育群众工作，进一步巩固和密切警政警民关系。八一、春节前，克拉玛依市地方政府和企事业单位先后来支队慰问，赠送照相机、海鲜、各类副食约10万元的慰问品。（井　涛）

【干部考核】 2010年，武警克拉玛依市支队认真做好干部考核工作，进一步提升干部素质。10月15～20日，支队党委按照先基层后机关的顺序，全面考核支队营以下干部。工作组通过素质测试、个人述职、民主测评、个别谈话、实地考察、情况反馈等基本方法，在全面了解干部的德、能、勤、绩、体、廉情况的基础上，坚持德才兼备、实绩突出、群众公论的原则，重点考核干部的综合素质、工作实绩、群众公论，进行综合评价。（井　涛）

【第四次党代会】 2010年8月19～20日，武警克拉玛依市支队召开第四次党代表大会，党委机关、基层54名党代表出席会议。会议认真听取第三次党代会以来的工作报告，全面总结第三次党代会以来党的建设和部队建设的经验教训，明确今后五年的主要任务和奋斗目标，选举产生新一届党的委员会，委员21人，设立8人党委常务委员会，崔树林为第一书记，陈新远为书记，郝志印为副书记，委员有崔永强、陈平、汪白云、于建文、宫照虎。同时，选举产生新一届纪律检查委员会，书记为崔永强，副书记为王引峰，委员有李雅鑫、井涛、喻锦江。（井　涛）

【部队转隶】 2010年4月26日，武警克拉玛依市支队根据总队《关于调整部分单位编制和组建工作的通知》精神，在武警新疆总队副参谋长李伟和后勤部副部长王金勇一行工作组的具体指导，总队第二支队一大队转隶支队，组建支队直属大队，下辖4个中队，一中队、二中队、三中队、四中队，其中大队部和一、二、三中队驻独山子区，四中队驻克拉玛依区。（井　涛）

【立功受奖】 2010年，武警克拉玛依市支队被武警总部表彰为连续10年预防事故案件工作先进单位，被武警新疆总队表彰为党风廉政建设先进单位、安全工作先进单位、装备管理先进单位、计划生育工作先进单位。直属大队被武警总部表彰为镇守维稳先进单位。直属大队二中队、独山子区中队、警通勤务汽车中队被武警新疆总队表彰为基层建设先进中队。警通勤务汽车中队被武警新疆总队表彰为红旗车分队。司令部机要参谋贺兴兵被武警新疆总队表彰为密码工作先进个人，卫生队队长汪奎胜被武警新疆总队表彰为心理服务工作先进个人。政治处副营职干事井涛被武警新疆总队记三等功，直属大队一中队指导员张海燕、二中队指导员李本富、克拉玛依市中队中队长巨晓波、警通勤务汽车中队中队长贺春剑被支队记三等功一次。直属大队四中队中队长张勇被克拉玛依市政法委表彰为十佳政法干警。（井　涛）

武警克拉玛依市消防支队

【领导名单】

支队长：瓦建疆（上校）

政治委员：邓勇刚（上校）

副支队长：李存新（中校）

参谋长：白如江（中校）

政治处主任：刘家明（中校）

后勤处处长：宋先国（中校，3月离任）、赵廷峰（中校，3月任职）

防火监督处处长：尹彩虹（少校，3月任职）

防火监督处副处长：白伟（少校，3月离任）

【基本情况】 2010年，武警克拉玛依市消防支队为正团级编制，内设司令部、政治处、后勤处、防火监督处4个副团级部门，下设4个基层消防大队，分别分布在克拉玛依区、独山子区、白碱滩区、乌尔禾区。设克拉玛依区特勤中队、独山子区特勤中队、一中队、二中队、石化园区中队5个中队，白碱滩区消防中队正在筹建中。有执勤车辆35辆，主要担负着克拉玛依市的消防监督、灭火执勤、抢险救援、处置突发事件等任务。（李晓波）

【班子建设】 2010年，武警克拉玛依市消防支队党委始终把加强各级班子建设摆在首要位置来抓，同时合理调配各区大队班子的建设，提高各级班子的核心领导和战斗堡垒作用，各级组织建设和党员模范作用得到明显加强。年初，支队党委制定下发考核标准，激发各级班子成员的主动性和创造性，部队全面建设的能力得到进一步提高。一是狠抓理论建设，有力提升党委班子综合素养。严格落实党委中心组理论学习制度，开展专题研讨7次，班子成员累计撰写读书笔记13万字，在总队、部局内网发表调研文章10多篇。二是狠抓作风建设，不断增强党委核心领导作用。支队党委成员深入基层联系点，蹲点帮扶、调研时间累计230天，党委成员与基层官兵开展座谈、讨论35次，认真倾听基层官兵意见、建议，科学研判，有效破解基层大、中队在业务建设和队伍建设中遇到的难题。党委成员带头落实"五条禁令"、"四个严禁"等规章制度，为基层单位和广大官兵带好头、引好路。三是狠抓组织建设，不断夯实基层正规化建设基础。严格落实基层党组织生活制度，提高基层党委（支部）标准化建设和规范化运行的水平。调整基层党组织10个，发展党员16人，转正12人。四是狠抓廉政建设，牢固树立消防部队良好形象。以教育警示、监督关怀、制度约束营造风清气正的氛围，严格落实党风廉政建设责任，深入查找廉政风险点，开展任前廉政谈话34人次。加强社会监督，召开民主评议政风行风座谈会、廉政建设座谈会、警民恳谈会，广泛征求社会群众意见、建议，开展3次社会评议，群众综合满意率98.32%。（李晓波）

【政治建设】 2010年，武警克拉玛依市消防支队以抓班子、强核心，抓经常、强基础，抓典型、强活力为重点，最大限度发挥政治工作的服务保障作用，实现全市消防工作和部队建设跨越式发展。一是思想政治教育保障作用明显。支队以强化纪律作风建设为目标，有针对性开展思想政治教育，让全体官兵将思想教育的成效充分体现在立足岗位创先争优的具体工作中，牢固树立队荣我荣、队耻我耻的集体观念。二是干部队伍建设稳步推进。支队建立良好的干部管理机制，把干部8小时以外、社会交往、家庭和谐3个方面的内容纳入监督视线；落实建立谈心交流、提醒诫勉、通报工作、家访联系等制度，及时发现、纠正和处理干部业余时间发生的影响公正执行职务、有悖社会公德、有损消防部队形象的行为，形成内控防范有制度、岗位操作有标准、事后考核有依据的风险防控管理体系。建立落实从优待警政策，规范干部福利发放、休假探亲制度等内容。三是开展警营文化活动。支队紧贴使命任务，结合自治区消防总队组建一支专业文艺队伍、推进5项重点文化工作，建立一套工作长效机制的"151"警营文化建设工程，科学筹划，精心组织，挖掘特色文化资源，不断提升基层文化建设的品味和吸引力，初步形成以警营文化建设促进警营和谐，以和谐警营推动部队全面建设的良好局面。针对营区围墙的空白，支队联系地方广告公司，设计文化墙图纸，经支队党委批准，投入3万多元建立灯箱式警营文化墙。带领相关人员，制作28块宣传名言警句的牌匾竖立在营区明显处，增添营区政治文化氛围。四是政风行风民主评议反应良好。抓住民主评议政风行风工作机遇，内强素质、外树形象，坚持向评议组主动汇报工作、争取理解支持，2次邀请评议员参加评议座谈会，广泛征求意见，促进整体工作。五是拥政爱民工作深入民心。支队认真落实资助100个贫困学生、照顾100个孤寡老人、帮扶100个贫困家庭、设立100个民族团结宣传点、建立100个民族团结共建单位工程，开展单位对单位、干部对个人的爱心帮扶工程，全年为贫困家庭捐款捐物累计20多万元。支队坚持在传统节日时间段，走访和慰问老领导老干部。克拉玛依区大队被自治区民委和公安厅联合表彰为民族团结进步模范集体，大队教导员胡志江被表彰为民族团结进步模范个人。（李晓波）

【部队管理】 2010年，武警克拉玛依市消防支队以队伍建设、火灾处置，抢险救援和部队的安全稳定为基础，完成自治区消防铁军比武，新条令竞赛和灭火救援"三化"建设达标等任务，取得新疆消防部队新条令知识竞赛第一名、消防铁军比武竞赛团体第二名的优异成绩。一是扎实开展纪律作风整顿，细抓一日生活制度。严格落实一日生活制度和请销假、查铺查哨、点名、领导干部值班等管理制度，并随时掌握官兵8小时以外的活动情况，消除盲点，防止失控漏管。二是严格车辆安全管理规定，坚决预防安全事故。支队高度重视车辆安全防事故工作，坚持从严治警方针，运用GPS系统对车辆实行动态管理监控，结合实际工作，严格执行领导批准、执勤调动、干部跟车、随车人员、驾驶人员"五位一体"的联管责任制，坚决杜绝车辆安全事故。同时加强车辆的维护保养，及时消除各类故障，确保车辆始终处于良好状态。三是学习宣传贯彻新条令，严格落实规章制度。深入推进学习贯彻新共同条令，召开动员大会，制定宣传贯彻方案，要求全体官兵把贯彻落实新共同条令和部队各项规章制度作为经常性工作，使各项规章制度贯穿于部队工作和一日生活的全过程，真正通过制度的落实规范部队管理，建立队伍管理的长效机制。在总队组织的贯彻新共同条令知识竞赛中，支队取得第一名的好成绩。四是严格部队管理，推进部队正规化建设。认真开展条令条例教育，强化部队官兵的条令意识，规范部队正规秩序，打牢从严治警基础。狠抓网络信息工作，认真开展网络安全大检查，从硬件、软件着手，防止网络违规、泄密等各类事故发生，确保以良好的管理工作秩序促进各项工作的顺利开展。深入开展士官标准化管理，不断规范士官的管理和使用。五是定期开展安全形势分析会，认真整改存在问题。支队针对部队管理中出现的问题，定期召开部队管理安全形势分析会议。（李晓波）

【执勤战备训练】 2010年，武警克拉玛依市消防支队接警出动102起（火警47起、抢险救援23起、社会救助19起、公务执勤13起），出动车辆275台次，出动警力1 551人次，抢救41人，疏散22人，抢救财产价值667.5万元。一是构建灭火救援一体化信息指挥平台。支队投入40万元改造通信指挥车，投入15万元购置4套单兵无线传输系统，达到火灾现场与通信指挥车、支队指挥中心的图像、语音传输，投资10多万元安装车辆GPS定位系统。利用110GIS地理信息地图资源，做到水源、道路、重点单位与报警电话有机结合，彻底做到"一键式调度系统"，公安、交警、医疗等单位联动的指挥模式。完善掌上PDA查询系统，将重点单位预案、水源道路、各类事故处置方法以及"六熟悉"手册录入查询系统，方便指挥员利用PDA系统查询灾害事故处置预案及事故区域的基本情况。二是创新训练手段，推进训练改革，实施基地化模拟化实战化训练，探索新形势下程式化处置模式。制定《克拉玛依支队各类火灾事故处置基本程序》，进一步加大训练力度，规范灭火救援专项行动程式化处置模式。用多媒体电脑技术，PDA手机及计算机网络录入处置预案及重点单位“六熟悉”手册，供基层部队学习掌握。将灭火执勤势力、责任区综合情况、危险化学品理化性质、各类型火灾扑救程序等业务基础资料录入信息系统，实行信息共享，提高训练和熟悉效果。认真落实总队《火灾扑救演练标准》，完成和更新辖区所有重点单位的预案编制工作。三是打造公安消防铁军，强化官兵整体素质。支队党委坚持以围绕打造消防铁军工作来谋划思想教育，使打造消防铁军的思想教育落实到每位官兵，用思想凝聚铁军军心，鼓励铁军斗志，鼓舞铁军干劲。坚持科学合理施训的原则，成立铁军训练领导小组，严格按照铁军训练大纲循序渐进训练，探索训练方法，开拓训练新思路，确保打造公安消防铁军训练取得实效。3月，成立消防铁军比武集训队，全面开展铁军比武集训，制定《克拉玛依市消防支队打造消防铁军比武集训方案》和奖惩措施，明确各级人员的职责。在集训过程中，支队党委一班人坚持集训第一线，切实帮助解决集训队员中存在的困难和问题，使广大集训队员投入到打造铁军的集训工作当中。在全区铁军比武活动中，支队取得团体第二名的好成绩。四是开展大跨度大空间建筑测试演练工作。支队对全市70家单位建立资料档案，并对9家大跨度大空间单位进行重点演练。对35辆消防车进行战斗编成，修订完善支队级预案24家，大队级预案15家，中队级预案191家。截至12月10日，支队开展大型联合演练3次，支队级演练10次，大(中)队级演练148次，出动530车次，出动官兵3 727人次。开展单位“六熟悉”129家，出动466车次，出动3 396人次。（李晓波）

【应急救援支队建设】 2010年，武警克拉玛依市消防支队针对全市灾害事故特点，提请市政府协调整合社会资源，健全社会应急救援机制，加大投入，完善救援队伍和装备建设，全面推进克拉玛依市综合应急救援队伍协调发展，整体增强社会抗御自然灾害和突发事故的能力。一是主动作为，争取政策支持。支队领导就应急救援队伍建设工作多次向市油田党委、市政府和公安机关领导进行专题汇报，市委、市政府将加强应急救援队伍建设作为完善应急管理体系、全面加强应急管理工作、打造安全石油城市的重要举措来抓。市委书记徐卫喜带领市委、政府相关职能部门到支队调研，并就应急救援队伍建设作出批示。市政府专门下发《关于成立克拉玛依市应急救援支队的通知》和《克拉玛依市应急救援队伍建设3年规划》。二是加强队伍建设，完善救灾救援功能。支队立足救大灾、抢大险实战需要，按照统一领导、拓展职能、平战结合、逐步完善的建设原则，加快推进应急救援队伍建设步伐。支队已组建交通事故救援分队、石油化工专业救援队、地震救援分队、搜救犬分队、搜爆犬分队、水难救援分队和灭火救援攻坚组、防护处突组等8个分队，其中搜救犬分队包括8名驯犬员和8只搜救犬；搜爆犬分队包括3名驯犬员和3只搜爆犬；水难救援分队由4名经自治区消防总队潜水救援专业培训的官兵组成；4支灭火救援攻坚组由16名官兵组成；化工专业救援队、地震救援队、交通事故救援分队、石油化工专业救援队由特勤中队50名官兵组成。在发生各类灾害事故时，各类救援队伍能迅速行动，主动出击，充分发挥抢险救灾“拳头”和“尖刀”作用，全力保护人民群众生命和财产安全。6月10日，市政府举行应急救援支队授旗仪式，标志着克拉玛依市应急救援支队正式成立。三是加大资金装备投入，提高处置攻坚能力。支队向政府请示、汇报，先后争取专项经费400万元，为搜救犬分队购置8只搜救犬，并修建犬舍等基础设施，为水上救援分队购置潜水服、冲锋舟、水上漂浮绳等救援装备；为灭火救援攻坚组购置大量防护、救援装备；为处突防护组购置盾牌、大头棒、橡胶棒、防弹衣、防弹头盔、电警棍等防暴器材装备，所属执勤中队个人基本防护装备(11类)已全部达到《城市消防站建设标准》要求。市政府投入2 150万元购入11辆消防车；克拉玛依区政府投入300万元为街道、社区配备必要的应急物资；独山子区政府在一期工程建设斥资2 500万的基础上，再次投入1 200万用于执勤车辆、器材装备的购置；投入287.7万元，建设1座400平方米应急物资储备库，并购置119万元的应急物资；白碱滩区政府安排500万元资金用于处置突发公共事件；乌尔禾区政府安排50多万元应急经费；新疆油田公司投入1 256万元，建成3个应急物资储备库。（李晓波）

【安全重点单位管理】 2010年，武警克拉玛依市消防支队确定消防安全重点单位348家，比上年减少61家。其中公众聚集场所171个（商场、市场41个；旅馆、饭店27个；体育场〈馆〉、会堂7个；公共娱乐场所77个；网吧6个；大型餐饮场所13个），医院、养老院和寄宿制的学校、托儿所、幼儿园16个（医院4个；养老院、敬老院、福利院3个；住宿制学校9个），国家机关13个，广播、电视和邮政、通信枢纽13个，客运车站、码头、民用机场4个，公共图书馆、展览馆、博物馆、档案馆以及具有火灾危险性的文物保护单位4个，电网经营企业3个，易燃易爆化学物品的生产、充装、储存、供应、销售单位67个，重要的科研单位4个，高层公共建筑、重点工程的施工现场42个，其他重点单位11个。支队做好重点单位安全管理，全年无责任安全事故发生。（李晓波）

【执法规范化建设】 2010年，武警克拉玛依市消防支队狠抓执法规范化建设，监督执法等各项工作取得喜人成绩。一是健全机构。支队成立消防监督执法示范单位创建工作领导小组，具体负责组织、协调和指导创建工作。严格按照国家公安局消防局下发的《消防监督执法示范单位实施意见》和总队下发的《新疆消防监督执法示范单位创建标准》开展创建筹备工作，并于年初在克拉玛依区公安消防大队召开现场会规范全市消防执法工作。支队创建工作领导小组多次督查各大队执法示范单位的创建工作情况，制定下发《克拉玛依市消防支队消防监督执法服务队工作制度》和《克拉玛依市消防支队消防行政执法规范化建设绩效考核奖惩暂行规定》，确保创建工作取得实效。二是做好调研。支队以防火监督处为主体成立执法服务队，采取走访调研、集中培训、业务例会、实地操相结合的形式，对各大队每月开展1次服务指导工作，对发现的问题及时纠正，有效提高执法质量。三是强化演练。支队开展以“四会”和“十查”为中心内容的消防监督检查实地操法训练，组织脱产集中培训6次，开展文化夜校业务学习46课时，学习相关国家法律、法规20

多部，国家消防技术标准40多部，组织考试6次，网上测试12次。6月，针对成立由支队主要领导任组长，防火处、政治处有关人员组成的考评组，具体实施市级执法示范单位的考评命名工作，按照申报条件，严格审核把关，对所属的4个大队进行排名，对拟命名的3个市级执法示范大队在公安网和互联网上进行公示，并及时进行命名。四是以执法规范化建设为基础，从实战化培训、信息化管理、科技化建设、试点化带头等方面入手，努力提高消防监督管理“四个水平”。修订、完善现行36项执法规范化制度，结合实际制定出台《克拉玛依市消防监督人员执法量化标准》、《消防监督执法示范样卷》、《基层派出所消防监督工作手册》，进一步规范执法办事程序。五是从涉及群众切身利益的民心工程着手，提高办事效率，推行阳光执法，实行日常消防行政许可、行政处罚、重大火灾隐患整治情况网上公开运行制度，自觉接受社会监督。六是开展消防监督执法岗位技能竞赛和网上练兵比武活动，克拉玛依区公安消防大队被武警新疆总队命名为自治区级消防监督执法示范大队，有5人次在总队大比武活动中取得前五名，其中监督检查和火灾事故调查科目团体成绩名列全区第一。

（李晓波）

【防火墙工程建设】

动员部署 2010年，武警克拉玛依市消防支队认真传达学习全国构筑社会消防安全防火墙工程会议精神，采取多项措施扎实推进防火墙工程。市政府于5月18日召开克拉玛依市构筑社会消防安全防火墙工程动员大会，副市长阿不都热合曼·克里木动员部署。《克拉玛依市构筑社会消防安全“防火墙”工程实施方案》明确各部门、各单位及农村、社区的工作职责和任务分工及建设标准，提出具体工作要求，细化各区2010至2012年3年目标任务及具体实施步骤。市政府与各区政府、市、区两级政府与各职能部门、各街道办事处与各社区居委会、各行业系统主管部门与行业系统单位、大队与大队参谋签订五级目标责任书，形成一级抓一级、层层抓落实的消防工作格局。阿不都热合曼·克里木在《克拉玛依日报》刊发题为《筑牢消防安全“防火墙”打造世界平安石油城》的文章。

强力推进 支队提请市安全生产委员会专门研究制定《2010年克拉玛依市构筑“防火墙”工程落实消防工作责任绩效评价细则》，针对细则内容落实情况进行检查指导，年底实施考核验收，并推动市综治办将此纳入克拉玛依市综治工作考评内容。支队制定下发《克拉玛依市构筑社会消防安全“防火墙”工程各阶段工作任务分解表》，要求各大队按各阶段工作任务分解表制定推进表，任务量化责任到人，确保构筑社会消防安全“防火墙”工程扎实有效开展。

全面开展 支队依托各区街道办事处、社区居委会、公安派出所建立消防管理网络，健全乡镇、街道消防联席会议制度，在农村、社区建立起基层火灾综合防控体系，在重点单位和火灾高危场所，配备专职消防安保人员。支队分类建立社会单位“四个能力”工作台账，编印《社会单位消防安全‘四个能力’建设指导手册》，制作各类防火墙工程系列宣传品。通过内部培训和外部培训相结合，分批、分类开展“四个能力”建设培训宣讲工作，并通过加强对社会各单位“四个能力”建设宣讲员的指导和帮助，推动全社会开展“四个能力”建设活动。社会单位按照《社会单位“四个能力”建设达标验收细则》先进行自我评价，自我评价合格后由大队进行初验，初验合格后再由支队进行复验，争取做到检查1个，验收1个，达标1个。支队加大社会火灾防控力度，推进消防工作社会化进程，整改一大批火灾隐患，社会单位消防安全意识明显提高。全市发生火灾47起，无人员伤亡，直接财产损失28.4万元。火灾起数比上年下降53.92%，受伤人数下降100%，直接财产损失上升40.33%，未发生重特大火灾和群死群伤火灾事故，全市火灾形势持续平稳。（李晓波）

【火灾隐患排查整治】 2010年9月至年底，武警克拉玛依市消防支队在全市范围内部署开展火灾隐患排查整治专项行动。一是周密部署，强力推动专项整治工作进程。支队通过召开动员大会、专题会议研究部署，下发《火灾隐患排查整治专项行动实施方案》，成立专项行动领导小组，明确工作目标、任务，制定7项工作措施，分4个阶段有针对性地开展专项整治工作。支队党委先后多次向市委、政府进行专题工作汇报，并提请政府下发《关于印发克拉玛依市火灾隐患排查整治专项行动实施方案的通知》，成立以副市长阿不都热合曼·克里木为组长的专项行动领导小组，在全市范围内部署开展为期3个月的建筑消防设施专项治理。期间，副市长杨晓伟、阿不都热合曼·克里木、杜勇等领导先后作出相关批示，并多次带队督导检查消防安全工作，各区党政领导召开动员会部署专项行动。克拉玛依市、区各级政府召开消防专题会议13次，县级以上领导深入社会单位督导检查23人次。二是突出重点、全面整治。专项治理行动中，支队以开展社会单位“四个能力”（消除火灾隐患、扑救初期火灾、组织人员疏散、消防宣传教育）建设为抓手，党委成员实行分片包干，强化对各大队和辖区社会单位的督察指导力度，加强与治安、安监、工商、质监等部门的协作，充分发动社区、村民委员会、派出所等基层组织，深入开展“网格化”检查巡查，加大十一等重大节假日和棉花收购等火灾高发季节的检查，严格落实错时检查工作制，充分利用法律、行政、经济等多种有力手段，严厉打击和震慑各类消防违法单位和个人，专项整治工作取得显著成效。三是抓好整治检查。支队分阶段、分重点对高层和地下建筑、人员密集、易燃易爆等设有消防设施的建筑、场所开展拉网式检查，提请政府挂牌督办重大火灾隐患，落实隐患整改资金300多万元，推行消防安保职业化管理工作，实现纳入统一管理的503名消防安保人员所在的110家社会单位零火灾发生的良好态势。分类建立《建筑消防设施场所消防工作基本情况台账》、《消防控制室值班操作人员基本情况台账》、《建筑自动消防设施“三化”建设达标验收台账》和《社会单位“四个能力”建设达标验收台账》，实现4个百分之百的工作目标：即全市196家人员密集场所的消防安全重点单位“四个能力”建设100%达标；消防控制室操作人员100%实现职业化管理；属于单位消防安全管理人100%经过消防培训；设有自动消防设施的新、改、扩建工程在投入使用前“三化”建设100%达标。四是全面督察、施策加压，确保各项工作措施落实到位。专项整治行动期间，支队党委成员按照分片包干责任制成立督察组，全面督察各大队专项整治工作开展情况，进一步明确工作标准和工作重点,并以督察通报的形式下发各单位落实整改。同时支队提请市政府各相关职能部门构筑社会消防安全工程和建筑消防设施专项治理工作开展情况进行督查指导,召开专项整治工作协调会,通报各单位工作落实情况。五是创新形式,拓宽渠道,全面推进消防宣传工作社会化进程。支队充分利用广播、电视、报刊等媒体,集中开展针对性、实效性强的消防宣传教育活动。市、区举办构筑防火墙工程专题讲座,分批、分类开展“四个能力”建设培训宣讲工作。支队依托政府网站建立克拉玛依消防网,并在全市主流媒体设立工作专栏,大力开展“三提示”宣传工作,利用口头温馨提示、楼宇电视、广播、led电子屏等有效途径,统一规范消防安全“三提示”,将消防安全“三提示”纳入日常工作内容和员工考评机制,制作1万多份社会单位建设指导手册、演示光碟、宣传挂图等宣传品,及时发放至各社会单位。依托2个全国消防科普教育基地,全面普及消防知识。全年各级政府召开消防会议25次,15位市级领导带队开展消防安全检查。六是加强与职能部门的协作,以人员密集场所、易燃易爆场所、高层建筑、校园周边为重点,相继开展“天山利剑”系列以及大清查、大整治和百日攻坚战等专项治理行动,查处一大批火灾隐患。七是强化敏感节点火灾防控,完成上海世博会、广州亚运会、中石油领导干部年会等重大消防安全保卫任务。八是狠抓重大火灾隐患整改,累计投入整改资金300多万元,确保按期整改销案。治理期间,检查单位1 137家,发现火灾隐患1 249处,已整改1 186处,“三停”单位15家,处罚个人27人次,罚款18.79万元。拆除门斗及侧拉门203个、防盗窗和铁栅栏12 568处,拆除影响逃生疏散的障碍物面积5 264平方米。 （李晓波）

【消防宣传】 2010年,武警克拉玛依市消防支队不断推动消防宣传工作社会化进程,进一步完善支队、大队、中队三级消防宣传网络,提高专兼职消防宣传队伍和宣传装备水平。一是充分利用广播、电视、网络、报刊等新闻媒体开辟宣传阵地,广泛普及宣传消防知识和消防法规。在“三一五”、“三二九”、安全生产月、“一一·九”、“四个能力”宣传教育、总队后勤现场会以及重大节日、重大活动等专题宣传报道工作中,支队宣教中心发挥广播、电视、报刊、网络宣传的作用,建立健全新闻通报会制度,成立专门的宣传机构,及时宣传报道消防工作动态,准确把握社会舆论导向。支队在自治区消防总队内网刊稿1 111篇,在《中国消防信息网》刊稿112篇,在《中国消防在线》刊稿278篇,在《人民公安报——消防周刊》发表稿件19篇,在各类报刊发表文章350多篇,在各类电视、广播播放新闻100多条,在各类网络媒体发表信息300多篇,在地级以上主流媒体设立宣传专栏3个,发布相关信息(新闻)500多条、播放公益广告2 000多条、发送短信50万条。发放构筑社会消防安全防火墙工程光碟、挂图、手提袋、消防鼠标垫、“四个能力”建设示范片和手册等系列宣传品10万多件。实现消防宣传报道电视有图片、广播有声音、报刊有文章、网络有阵地的良好局面。 （李晓波）

【消防设施专项治理】 2010年,武警克拉玛依市消防支队全面普查辖区内设有消防设施的110家社会单位,摸清人员密集场所、易燃易爆单位、高层和地下建筑及其他设有建筑消防设施的单位底数及设施运行情况;分类建立工作台账,明确各具体列管的消防监督人员,切实将设有自动消防设施的易燃易爆场所纳入“三化”建设达标验收范畴;支队联合公安、综治、安监部门成立联合工作机制,以人员密集场所、易燃易爆场所、高层地下建筑和校园周边等为重点,结合重大节假日、火灾多发季节、粮棉收购季节火灾防控工作和上海世博会、广州亚运会、乌鲁木齐“七五”事件周年等敏感节点,深化建筑消防设施专项治理,严打整治各类火灾隐患和消防违法行为,使建筑消防设施存在的隐患得到有效整改,确保消防设施功能完善、运行正常、管理规范。在全市110家单位推行消防安保职业化管理工作,解决社会单位对自动消防设施操作和管理工作无从下手的难题,打牢建筑自动消防设施“三化”建设的基础。 （李晓波）

【火灾情况】 2010年,克拉玛依市发生火灾47起,无人员伤亡,直接财产损失28.4万元。与上年同期相比,火灾起数下降53.92%,受伤人数下降100%,直接财产损失上升40.33%,未发生重特大火灾和群死群伤火灾事故,全市火灾形势持续平稳。 （李晓波）

【后勤保障】 2010年,武警克拉玛依市消防支队党委理财意识不断强化,理财水平不断提高,年度经费预算、大宗物资采购、大项经费开支等重大工作均经党委会议集体研究决定,经费收支公开、透明。9月10日,由自治区武警消防总队主办,武警克拉玛依市消防支队承办的资产与预算管理现场会在克拉玛依市召开。支队党委改革资产管理体制,探索资产管理与预算管理相结合工作新途径,在资产标准制定、清查、处置、预算编制、购建等方面形成一套完整的管理制度,充分利用资产管理数据库,使资产管理、使用部门和财务部门信息数据共享,内部资源共用,实现实时查询资产状况,全面、准确、及时反映部队资产存量情况,做到底数清、情况明,真正使部队资产形成保障力和战斗力。充分利用社会资源,形成警地兼容的保障新模式。在营区绿化、食堂管理等方面实行社会化,为执勤一线补充警力11名。加大从优待警力度,提高官兵福利待遇,严格落实官兵伤亡补偿统筹金制度,办好官兵人身意外伤亡保险。做好疾病预防和卫生安全工作,认真制定疫情防疫预案,组织官兵体检并建立健全健康档案。为执勤备战和灭火救援等各项中心工作的顺利完成提供了扎实的保障。 （李晓波）

【立功受奖】 2010年,武警克拉玛依市消防支队被评为自治区安全生产工作先进单位。在新疆消防安保职业化管理考评、社会单位消防安全“四个能力”建设、消防执法质量考核中均被评为第一名。支队取得总队新共同条令宣贯知识竞赛团体第一名,铁军比武竞赛团体第二名、灭火救援“三化”建设考核第二名。克拉玛依区大队被国家公安部消防局命名为全国消防监督执法示范单位,被自治区民委和公安厅联合表彰为民族团结进步模范集体,荣立集体三等功。克拉玛依特勤中队和二中队被武警新疆总队表彰为基层建设先进中队。胡志江被自治区民委和公安厅联合表彰为民族团结进步模范个人。尹彩虹和田峰2人立二等功,17人次立三等功,74人次受到嘉奖,41人次被表彰为优秀士兵。 （李晓波）

人民防空

【市人防办公室领导名单】
主任：王福禄（4月离任）
副主任：李晓宏（4月主持工作）、张克

【基本情况】 2010年，克拉玛依市人民防空办公室实行长期准备、重点建设、平战结合的方针，坚持与经济建设协调发展、与城市建设相结合，战时防空与平时防灾、减灾、救灾相结合，国家建设与社会建设相结合的原则开展工作。办公室设有综合科、指挥通信科、工程计划科（挂执法监察科牌子）、财务物资科（挂人防国有资产管理科的牌子）、人防通信站、人防平战结合管理站。人防通信站于12月30日更名为人防指挥信息保障中心。其中人防办综合科、指挥通信科、工程计划科、财务物资科为行政单位，人防指挥信息保障中心为全额拨款的事业单位，人防平战结合管理站为自收自支的事业单位。截至年底，市人防办在编22人，其中干部15人，工人7人；男职工15人，女职工7人（其中哈萨克族1人，苗族1人）；大学文化程度4人，大专文化程度12人，中专文化程度1人，高中文化程度5人；中共党员19人；高级政工师1人，高级工程师1人，政工师2人，会计师1人，助理工程师3人，助理会计师2人，助理馆员1人。（易红辉）

【安全管理】 2010年，克拉玛依市人防办坚持以人为本、防治结合、加强教育、群防群治的原则落实安全责任，人防办主任与各科、站长和地下街经理层层签订人防办2010年安全生产目标管理责任书，将安全责任进行岗位分解。坚持战备效益、社会效益、经济效益相结合，突出管理，注重安全，做好安全生产执法、隐患排查、宣传教育行动方案的实施。在准噶尔地下商城经营处于停业状态的情况下，始终把安全工作放在首位，定期进行安全检查。通过逐级落实安全责任制，从根本上把好安全生产、消防、治安防范等几个重要环节，全年没发生安全责任事故。（易红辉）

【工程维护与管理】 2010年，克拉玛依市人防办完成《克拉玛依市区人防工程建设规划》（2008～2020年），由克拉玛依市规划委员会审查原则通过。人防办按照规划委员会的要求，完成补充和修改的内容。开始编制白碱滩区和独山子区的人防专项规划，完成初稿初审工作，完成工程维护与管理工作。全面普查早期人防工程，维护早期工程（包括独山子区）10 000平方米。每月定期巡查市区地面人防工程，巡查31次，发现问题及时整改，及时消除安全隐患。（易红辉）

【指挥通信】 2010年，克拉玛依市人防办加强人防指挥所的管理。一是制定“十二五”人防指挥通信科工作规划；完成600人的人防专业队整组；完成“九一八”防空警报试鸣有关指挥通信方面的工作；参加并组织有关国防教育，应急行动保障等方面的工作。二是严格执行电台值班制度，及时接收并上报有关信息。全年电台联络全勤，联络次数440次，电台数传训练170次。为提高业务水平，不断加强通信业务方面知识的学习。在警报器管理中，对各警报管理部门每月联络1次，及时了解人员变动、通讯工具变动情况，每季度对警报器检查1遍，并要求各部门做好维护保养记录，确保警报器都处于良好状态。三是为警示全市各族人民居安思危，增强国防观念和人民防空意识，根据自治区人民政府有关要求，办公室9月18日12时进行防空警报器试鸣，试鸣取得成功，为克拉玛依市的防空袭打下良好的基础。（易红辉）

【行政执法】 2010年，克拉玛依市人防办完成结建申报审批项目56项。其中办理人防结建工程审批项目53项，收缴易地建设费2 547万元；结建项目3个，结建工程面积7 500平方米。独山子区人防办2名执法人员参加法制办组织的法制培训，换领《行政执法证》。每月组织办公室进行1次法制学习，并向法制办报1次人防法制信息。做人防法制宣传展板1期，迎接自治区和市法制办对人防执法情况的检查3次。进一步完善有关法制资料，制定有关人防执法的规范性文件，制定法制学习计划，组织大家学习与人防有关的法律知识。解答有关人防工程建设和法制的信息咨询60多次，下发《转发市人防办等四部门关于结合民用建筑修建防空地下室有关问题的通知》，使相关问题得到解决。（易红辉）

【队伍建设】 2010年，克拉玛依市人防办公室深入开展学习实践科学发展观、创先争优、廉政教育等一系列学习，对干部职工进行思想教育。一是建立和谐机关，确保一方平安。人防办领导征求职工对人防发展的意见和建议，全面分析、总结、查找工作中存在的问题，制定整改措施，及时向群众沟通、公布各项工作的处理意见。二是落实党建目标管理责任制，抓好廉政建设。办领导与各科、站长签订党风廉政建设责任状，明确各级领导应负的廉政职责。认真开展学习《廉政准则》活动，办领导带头提倡节俭，树立廉洁奉公、务实高效的公务形象。三是以完善制度为重点，继续抓好机关准军事化建设。制定《克拉玛依市人民防空办公室准军事化机关建设实施办法》，将办公室的各项工作带入科学化、规范化、制度化的轨道。自治区人防系统准军事化机关建设评比中，克拉玛依市人防办获二等奖。四是认真执行《人民防空财务管理规定》、《人民防空预算外资金管理规定》、《人民防空会计制度》等，做好收费许可证、产权登记证、事业单位法人证的审验工作。坚决杜绝小金库，严格报账程序，落实人防预算外资金收支2条线、专款专用等管理制度，坚决做到账账相符、账物相符。（易红辉）

【宣传庆祝活动】 2010年，克拉玛依市人防办公室开展庆祝新中国人民防空成立60周年宣传活动，制定克拉玛依市庆祝活动《实施方案》，协调克拉玛依市委宣传部、市直属机关工作委员会、克拉玛依日报社举办庆祝新中国人民防空成立60周年活动知识竞赛，收到市机关、油田机关、社会各界答题983份。9月18～19日，在克拉玛依电视台油城新闻之后黄金时间，播放自治区人防办制作的人防专题片《永远的蓝天》。9月18日，在《克拉玛依日报》上刊登人防知识专版和市领导对人防工作指示的专稿；制作4块宣传展板，在市政府办公楼大厅展示克拉玛依人民防空办公室40年来的发展历程和成就。召开座谈会，走访人防离退休职工，征求人防离退休职工对人防发展的意见和建议。组织办公室职工撰写对中国人民防空、克拉玛依市人防发展的心得体会，筛选13篇稿件，出版《庆祝新中国人民防空成立60周年征文集》。（易红辉）

法　　治

公　安

【市公安局领导名单】

党委书记、局长：崔树林(11月离任)、曾宪江(11月任职)

党委副书记、纪委书记、工会主席、督察长：张辉(4月离任)

副局长：曾宪江(11月离任)、依德列斯·买买提(7月离任)、邓正涛、李剑、谢军(11月离任)、巴托江·买买提(6月任职)

【基本情况】 2010年，克拉玛依市公安局下辖克拉玛依区、独山子区、白碱滩区、乌尔禾区4个分局和国内安全保卫支队、治安防暴支队、刑事侦查支队、经济犯罪侦查支队、技术侦察支队、交通警察支队、监管支队、网络安全保卫支队、警务督察支队、法制支队10个支队及22个派出所(含水上治安派出所)，机关设指挥中心、政治处、纪委、信息中心、出入境管理科、装备科、财务科等部门。市公安局全年接报警26 605起，比上年下降2.3%；抓获犯罪嫌疑人841人，与上年持平；受理查处治安案件2 156起，结案1 585起，下降4.68%；查处违法人员2 561人，上升8%；发生交通事故1 240起，死亡68人，上升8.95%，受伤198人，下降14.2%；发生火灾事故48起，下降53%，受伤1人，下降53%；全局接报警数、刑事案件数、治安案件数、火灾事故数实现“四下降”。 (孙成新)

【深化反恐严打】 2010年，克拉玛依市公安局研究制定《打造“最安全城市”实施方案》，确定“12343”工程，细化任务，落实责任，抓住重点，以点带面，全力打造最安全城市，全力维护克拉玛依的政治社会稳定。一是落实七项硬性措施，夯实国保基础。精选一批民警充实国保队伍，增加国保工作经费，强化派出所国保基础，落实全警布建信息员制度，启动与安全部门合作交流机制、敌社情定期分析机制，建设国保战略支撑点并通过验收。形成突出国保、全警参与的国保工作新机制，布建国保信息员，提供线索456条，发现、防范、控制和打击能力全面增强。二是组织开展“三大专项检查”和“三项重点行动”，实现稳准狠打击。组织重点要害部位检查、危爆物品检查、网上有害信息检查和“伊吉拉特”打击专项行动、危安逃犯追捕专项行动和非法宣传品查缴专项行动，成功侦破“三·三”、“三·二二”、“五·二二”专案等危安案件13起。 (孙成新)

【打击刑事犯罪】 2010年，克拉玛依市公安局开展六大专项行动，营造良好社会治安环境，即深化社会治安冬季行动、严打整治行动、打黑除恶专项行动、侦破命案专项行动、禁毒专项斗争和打击整治假发票犯罪专项行动，侦破刑事案件1 276起，刑拘631人，逮捕400人，抓获逃犯165人，强制戒毒51人，摧毁犯罪团伙7个。 (孙成新)

【治安行政管理】

维稳防控　2010年，克拉玛依市公安局积极稳妥处置群体性上访事件，针对各类社会矛盾群体加强信息动态掌控，跟踪调查率、分析研判率100%，妥善处置群体上访，有效防止事件恶化扩大。深入社区基层，排查重点人员79人，加强管控措施落实。治安、刑侦部门对5类重点青少年群体排查摸底，梳理130人，深入家庭结成帮教帮扶对子49对。

治安巡防　市公安局落实城市巡防体系建设，招录协警450人建成5支巡逻队伍；统一调动巡特警、武警、派出所民警、机关民警、协警和群防群治力量，构建大巡逻防控体系，实施24小时网格化巡逻防控网，防控力量覆盖街面、社区和重点要害部位，提高了见警率、管事率。

宗教事务管理　市公安局对非法教经人员、危安重点人员和音像制品销售点、重点阵地实施重点管理，开展梳理、摸排、调查、整治工作，建立重点人员信息库。实施国保、派出所、社区和宗教部门配合联动机制，落实列管重点人员，非法宗教活动得到有效遏制。

创新治安管理　市公安局落实案件回访制和首接负责制等执法办案制度，积极探索弹性工作制、错时工作制，确保民警下沉基层，深化实有人口管理。创新防范手段，利用短信、网络、报纸等媒介及时发布案件防范、预警信息200多次。集中开展第六次人口普查户口整顿工作，核对户口27万人，提供线索22条，破案78起。扎实开展治爆缉枪、社会治安重点区域整治行动、打击黄赌毒专项斗争，检查单位210家次，查处黄赌毒案件426起，抓获违法人员596人，有效管理枪弹、危爆物品。

校园治安管控　市公安局周密布警，密切协作，全力落实中小学、幼儿园保安、协警、监控等安保措施，做到每所学校见警灯、见警车、见民警，全市未发生侵害幼儿、学生和教师的案件。

社会矛盾化解　市公安局认真落实大走访长效机制，广大民警共走访群众6万人次、企事业单位1 693家，发放宣传资料6万份，收集意见、建议107条，收集信息234条，整治治安乱点和突出问题27个，排查化解矛盾纠纷1 230起。

交通管理　市公安局交警支队在全疆率先建立交通事故纠纷人民调解制度，建立警、保、消、移联动机制和恶劣天气应对机制，推出网上车管所。深入开展交通安全“五进”宣传活动，有效预防和减少交通事故的发生。科学研判交通规律特点，积极开展专项治理行动，强化路面管控、疏导和巡逻控制，确保各项任务指标有效控制，创造安全、畅通、文明、有序的道路交通环境。

消防管理　市公安局深入开展“天山利剑”1号消防安全专项整治行动、建筑设施“三化”建设回头看、防火宣传等活动，积极推进派出所消防监督管理工作，持续开展拉网式安全大检查，消除大批火灾隐患，“三化”单位及新增单位实现防火零隐患，社会面火灾防控工作成效显著。

出入境管理　市公安局简化出入境审批手续，提高办事效率，严把审批“三关”，严格执行面见申请人和询问制度，建立外国人住宿登记信息通报制度，做好护照审批和外国人管理工作，全年审批办理出境人员1.2万人次，登记管理外国人1 700人次。

网络安全管理　市公安局积极开展全警触网、网上舆情导控工作，建立专兼职网络舆情监控员和网络评论员机制，落实网吧实名制管理，集中整治网络违法犯罪，确保网上秩序安全有序。全年处置有害信息3 000条，侦办网上案件37起，抓获违法犯罪人员44人。

监所管理　市公安局开展监管场所安全隐患排查专项活动，取得实效。积极做好被监管人员医疗保障工作，进一步完善发现、报告、救治、处置等工作流程，建立危重病人员紧急处置机制，与医院建立在押、收拘人员救治绿色通道。医务人员为在押、收拘人员体检、会诊30次。全年无发生在押、收拘人员非正常死亡事故。积极做好监管场所对社会开放和推行拘留所管理教育新模式工作。设立警务公开栏，面向社会聘请执法监督员5名。邀请执法监督员、留所服刑人员家属和民警家属共5批58人次参观看守所，使在押人员家属了解监管工作。市拘留所以保障安全为前提，做到教育管理多样，警务勤务科学，主动向社会开放，自觉接受监督，执法办案规范，切实保障被拘留人的合法权益。

保安服务　市保安服务总公司更新经营理念，转变经营方式，加强员工培训，提高队伍素质，全面做好市属要害部位、校园安全警卫、机动车审验服务、银行押运等工作。　（孙成新）

【警务保障与管理】

应急处突平台建设　2010年，克拉玛依市公安局坚持科技强警，完善110报警联动机制，将“120”并入“三台合一”系统。加强无线图传系统和视频指挥系统建设，建成350兆无线警用集群通信系统，实现视频指挥、电视会议系统互传互通，通信指挥系统高效通畅。年底实现政府应急指挥与公安局“110”指挥合署办公。

反恐指挥协调机制建设　市公安局以市联合指挥部为核心，健全预警、指挥、处置、保障体系，定期研究部署维稳工作，强化反恐处突演练，做到指挥顺畅，即时调动，应对有力，组织处置打砸抢烧严重暴力犯罪、处置爆炸案件现场等各类演练和推演活动32次，进一步健全统一指挥、反应灵敏、协调有序、运转高效的突发事件应急机制。

监控系统联网建设　市公安局城市报警监控系统已建成监控基本点位456路、分监控中心10个，通过监控系统直接抓获犯罪嫌疑人21人，提供线索194条，发现警情524次，救助群众115次。制定监控联网平台实施方案，统一规划市区54家物业小区监控，全市监控联网平台稳步推进，警用地理信息系统投入建设，为提升实战可视化能力奠定强有力基础。

“三大平台”建设和应用　市公安局全力推进“金盾工程”二期建设，加强大情报平台建设、警务信息综合应用平台、警用地理信息平台建设，全力打造信息化警务体系。警综平台完成基础信息导入、本地请求服务、警务平台接口与推广应用，完成移动警务应用系统建设。

信访处理　市公安局坚持心贴心化解涉警上访，严格落实信访问题一把手负责制，逐级落实领导挂牌督办制度，接待来信来访89件次97人次，信访办结率和答复率均达到100%。　（孙成新）

【后勤装备】　2010年，克拉玛依市公安局按照保障标准化、装备现代化、管理科学化、队伍正规化的工作目标，加强装备管理工作。一是进一步加强资产管理，制定《克拉玛依市公安局国有资产管理办法》，全年清理核对两次。二是进一步加强警车管理，制定《克拉玛依市公安局警车管理办法》，建全警车信息台账，按一车一档建立电子台账，推行车辆维修定点制度，每月下达油料管理定额消耗指标。三是进一步加强安全管理，全面落实安全责任制，深入开展安全大检查和专项整治，及时排查治理隐患，全年未发生重大事故。四是进一步加强基础建设，完成市区分局办公楼、交警支队办公楼抗震防火加固的前期立项、施工图设计、项目估算、加固办公楼外立面美化设计等工作；完成石莫派出所、白碱滩分局宿舍楼、昆仑派出所、水上派出所、拘留所、九公里派出所维修计划及其他维修项目。五是进一步加强装备工作，全年投入600万元，新购置警车35辆，基本满足警务用车需要；加强警用防暴装备管理，实现保障有力、管理规范、基础扎实、服务到位的工作目标。　（孙成新）

【队伍建设】

政治建警　2010年，克拉玛依市公安局深入开展对敌斗争形势任务、社会主义法治理念、人民警察核心价值观、忠诚教育和民族团结教育活动，组织“振奋精神迎世博，团结一心保稳定”大讨论、国保知识讲座、主题教育宣讲和民族团结先进事迹演讲，发倡议书，人人写决心书，开展民汉结对、互学双语等活动，为维稳安保任务统一思想、凝聚力量。

创先争优活动　市公安局各级党组织深入开展党徽挂起来、党旗飘起来、党员示范岗等活动，开展重温入党誓词、党员义务奉献、亮牌示诺、党组织结对、学唱红歌等。完善党支部工作细则，规范组织生活制度，选树党内先进，营造出创先争优的浓厚氛围。

构建和谐警民关系　市公安局大力开展便民、利民、助民活动，各窗口单位积极落实文明服务措施。一是车管所推出对待群众热心、处理问题耐心、开展工作细心、服务群众诚心、接受监督虚心的“五心”活动等。各派出所推出办证绿色通道和送证上门等便民措施。全年出台便民利民措施145条，建立联系点327个，开展执法服务2 269人次，办好事、实事644件。二是加强警民互动，开展警民恳谈会、交通宣传“五进”活动、“110”宣传日、警营开放日以及我当一日警察换位体验活动等，组织警民恳谈会150次，警营开放日56次，有近万名群众参与。

纪检监察　市公安局组织民警学习《廉政准则》、《人民警察纪律条令》，深入开展第12个党风廉政教育月和作风建设年活动;深入推进廉政风险排查,认真查找执法、服务中容易滋生腐败或发生问题的关键点,确保民警廉洁自律,完善制约监督机制,积极推进公正廉洁执法;加强警示教育,及时开展廉政教育;积极开展效能建设,深化政风行风评议活动,杜绝损害群众权益问题。全年队伍实现零违法违纪。

警务督察　市公安局严抓民警8小时以外管理,建立民警家庭定期走访制度、饮酒报备制度。严格警车管理,完善制度规定,警车和涉案车辆专项治理成绩显著,1名民警受国家公安部通报表扬,2个集体受到自治区公安厅通报表扬。严格落实"三级"督导检查制度,提高队伍执行力,确保党委决策部署落到实处,确保各项重点任务顺利完成。

宣传工作　市公安局紧密围绕推进"三项建设"、"四项重点工作"和防反弹、保稳定、强基础的公安中心工作,大力宣传广大民警舍小家、顾大家和确保社会稳定、维护民族团结的崇高精神,树立公安机关的良好形象。

教育训练　市公安局立足实用实战,建立大教育、大培训格局。创新培训模式,举办警综平台教官培训班1期、警综平台培训班10期、基层所队班子成员推进落实"三项建设"专题培训班2期。开展教官大比武、社区民警大比武、警综平台信息录入大比武活动,提高民警的实战技能。

从优待警　市公安局加大关爱民警力度,提高福利待遇,为民警购买4种保险,安排民警体检,及时慰问民警及亲属,切实做好后勤保障工作,全年慰问180人次。

执法规范化建设　市公安局加强执法主体、执法培训、执法监督和执法制度建设,建立目标责任考核,健全兼职法制员制度,实行疑难案件处理监督制度、案件倒查制度等,进一步规范执法程序,完善执法制度,提高执法效率。加强执法信息化建设,强推网上执法办案,录入案件信息近2.2万起,采集嫌疑人1.2万人、涉案物品5 000多件。全力打造执法规范化建设品牌,全局树立10个优秀基层执法单位,胜利路派出所、白碱滩分局刑警大队、白碱滩交警大队被自治区公安厅评为自治区执法示范单位。　(孙成新)

【克拉玛依区公安分局】　2010年,克拉玛依区公安分局组织建立300人的专职巡逻协警力量,实现社会面网格化巡逻和防控工作全天候无缝对接。开展反诈骗宣传月活动,建立健全社会联动、跨部门协作的防控诈骗犯罪长效机制,电信诈骗案件得到有效遏制。严厉打击毒品违法犯罪活动,共侦破贩毒案46起,强制隔离戒毒14人,社区戒毒42人。辖区刑事发案整体下降4%,其中八类严重暴力刑事案件下降19.6%。加强信息化建设,组建社会管理创新和信息化建设推进办公室,加强信息化培训考核,有效提高各级领导和民警信息化实战应用水平。建立警综平台数据录入监督、检查通报制度,数据录入数量及质量提高,信息化建设取得明显成效。以创建全国平安建设先进区为依托,以实战需求为导向,积极探索公安科技发展规律,优化配置内外科技资源,全面实施科技强警战略,克拉玛依区获新疆科技强警先进县(区)称号。　(孙成新)

【独山子区公安分局】　2010年,独山子区公安分局始终坚持对"三股势力"主动进攻、露头就打方针,全警联动破获危害国家安全案件多起。对危安重点人员依法公开管理,建立二级动态管控机制。开展"两类人员"治理,落实社会化监控制度。对外来人员摸清底数,及时发现危安可疑人员。7月14～18日,中国石油天然气集团公司领导干部会议在独山子召开。区公安分局按照市公安局统一部署,成立临时治安保卫指挥部,制定《中国石油天然气集团公司领导干部会议治安保卫方案》等12项方案,积极组织演练5次,扎实做好会前各项准备工作。会议期间,严格出入人员、车辆、消防安全检查,出动警力306人次、警车60辆次,全力做好会场、住地安保工作;实施线路警卫5次,临时交通管制3次,共出动警力1 050人,切实做好线路警卫工作;组织民警、武警、厂区民兵应急分队等5个部门100多名警力,每天24小时巡逻,确保社会面治安稳定。　(孙成新)

【白碱滩区公安分局】　2010年,白碱滩区公安分局与企事业单位、社区密切配合,开展大清查、大排查活动,共出动巡逻警力30 990人次,出动警车5 178台次,盘查人员346人,抓获盗窃嫌疑人2人,现场制止打架斗殴11起。以防爆炸、防破坏为重点,落实重点单位和要害部位的安全措施,与20家企事业单位签订治安保卫防范工作责任书,加大巡逻力度,坚持每日查岗,确保要害部位的安全。以治安突出问题整治、重点青少年群体帮教帮扶、为群众排忧解难等工作为重点,召开义务联防队员、楼栋长、居民代表座谈会、治安状况通报会130多次。走访慰问辖区困难群众、孤寡残疾军属。为学校、企事业单位上法制课40余场次,发放张贴宣传资料5 000份。走访群众13 605人,建立联系点45处,出台便民措施19条,构建和谐警民关系。

(孙成新)

【乌尔禾区公安分局】　2010年,乌尔禾区公安分局把"三项建设"作为加强和改进基层基础工作的重要载体和切入点,对存在的难点重点问题集中开展攻坚,取得突破性进展。一是大力开展公安信息化年活动,进一步明确采、用、补、建、训5方面的要求。二是社会管理创新推进。制定"六个创优"的工作措施。做优实有人口管理、强化场所行业管控,优化出入境管理。三是开展忠诚、为民、敬业、奉献的核心价值观讨论活动,提升民警的职业素养和价值追求,拓展服务渠道,提高服务效率,群众对公安机关的满意度98%。　(孙成新)

【荣誉称号】　2010年,克拉玛依市公安局先后获自治区文明单位、自治区落实行政执法责任制工作先进单位、新疆公安机关集中换发第二代居民身份证工作先进集体、克拉玛依市级社会治安综合治理模范单位、克拉玛依市级民族团结模范单位等8项称号。克拉玛依市看守所被评为全国公安监管部门信息技术应用先进单位,市拘留所被评为全国推行拘留所管理教育新模式先进单位,白碱滩区公安分局刑警大队获集体二等功,克拉玛依区公安分局胜利路派出所、白碱滩区公安分局刑警大队、白碱滩区交警大队获新疆公安机关执法示范单位,交警支队被评为新疆公安交警安全保卫工作先进支队,全局基层单位共获地市级以上荣誉25项。民警尤力瓦斯·毛拉吐尔地被评为自治区先进工作者,刘元元被评为全国公安机关打击整治网络淫秽色情专项行动先进个人,姚新华被评为全国交警系统执法标兵,王治民、艾拉地里·乌拉斯汉被评为新疆公安机关民族团结先进个人,田宏国、白桦被评为新疆人民满意派出所所长,赵峰、周立新、房辉、欧阳军被评为新疆人民满意派出所社区民警,穆磊被评为新疆人民满意公安派出所户籍窗口民警,全局民警有61人获得地市以上个人荣誉。 (孙成新)

检 察

【市人民检察院领导名单】

检察长:赵德军(8月免职),王大军(8月代理检察长)

副检察长:阿不都热合曼·艾孜木、张春光、张辉(4月任职)

纪检组长:李宁(2月任职)

【基本情况】 2010年,克拉玛依市人民检察院下辖克拉玛依区、白碱滩区、独山子区和乌尔禾区4个县级人民检察院,其中白碱滩区和乌尔禾区人民检察院合署办公。市检察院有干警61人。其中汉族干警50人、少数民族干警11人;中共党员48人;本科以上学历50人。市检察院有13个内设机构,分别是办公室、政治部、纪检组、反贪污贿赂局、反渎职侵权局、侦查监督处、公诉处、职务犯罪预防处、监所检察处、民事行政检察处、控告申诉检察处、检察技术处、法律政策研究室。主要职权是对国家工作人员贪污、受贿、挪用公款等职务犯罪以及国家机关工作人员渎职、侵犯人权等犯罪行为进行侦查和预防;对公安等侦查机关办理的刑事案件犯罪嫌疑人审查批准逮捕和自行决定逮捕;对刑事立案活动实行法律监督;对刑事案件决定起诉、不起诉和出庭公诉;对法院的刑事、民事、行政判决、裁定行使审判监督权;对监狱、看守所的刑罚执行情况进行监督;受理各种刑事控告、申诉以及职务犯罪举报线索等。 (郭 华)

【维护稳定】 2010年,克拉玛依市检察机关充分发挥逮捕、公诉职能,依法严厉打击危害国家安全、严重暴力犯罪及"两抢一盗"等多发性侵财犯罪,保障社会安定有序和人民群众安居乐业。一是依法严厉打击暴力恐怖、危害国家安全和邪教组织犯罪。自治区人民检察院将2批共15件20人的乌鲁木齐"七五"打砸抢烧严重暴力犯罪案件指定克拉玛依市检察院审查起诉。由于此类案件案情重大复杂、社会影响巨大,两级院迅速成立专案组,在最短时限内依法办结。全年受理危害国家安全案8件15人,做到快捕快诉。二是保持对严重刑事犯罪活动的高压态势。以增强人民群众安全感为首要目标,注重提高审查批捕、审查起诉效率,确保稳、准、狠地打击各种严重刑事犯罪。全年两级院受理审查批捕案件321件427人,批准和决定逮捕302件400人;受理移送审查起诉案件581件844人,提起公诉470件666人。无一错捕、错诉,实现批捕准确率、起诉准确率100%的目标。 (郭 华)

【社会矛盾化解】 2010年,克拉玛依市检察机关及时处理案件申诉工作,努力化解社会矛盾,取得好的效果。一是做好控告申诉、来信来访工作。全年两级院受理各类举报线索87件,受理各类控告、申诉48件。两级院文明接待来访群众,妥善处理来信来访,及时化解社会矛盾。以依靠群众、反腐倡廉、服务大局为主题,组织两级院开展举报宣传周活动。开展化解涉检信访积案专项活动和百万案件评查活动,进一步规范执法行为,提高社会各界对检察机关的满意程度。二是深入贯彻宽严相济的刑事司法政策。坚持对轻微刑事犯罪落实依法从宽政策,最大限度地减少不和谐因素。着眼于加强教育转化、促进社会和谐,对主观恶性较小、犯罪情节轻微的初犯、偶犯、过失犯和未成年人、老年人犯罪案件,以及因家庭邻里纠纷引发,犯罪嫌疑人真诚悔过、赔偿损失并取得被害人谅解的轻微刑事犯罪依法决定不批捕或不起诉。全年两级院共适用简易程序办理案件117件,占所有公诉案件的24.9%,不予批准逮捕19件27人,决定不起诉25件30人,建议公安机关撤案7件9人。 (郭 华)

【社会管理创新】 2010年,克拉玛依两级检察院立足检察职能,认真履行打击、监督、预防、保护职责,积极参与社会管理创新工作。一是积极做好对未成年犯罪嫌疑人的帮教工作。通过不定期开展未成年人违法犯罪调查活动,掌握其违法犯罪规律,探索适合未成年人特点的办案模式。围绕未成年犯罪预防,两级院认真开展担任法制副校长、法制进校园、送法进课堂等活动,全年举办中小学法制讲座21场次。二是积极配合做好社区矫正人员的帮教管理工作。市检察院成立领导小组,确立社区矫正试点单位。监所检察部门对每个监外执行罪犯做到心中有数。至年底,矫正试点工作已取得初步成效。三是积极参与社会治安综合治理。广泛开展法制宣传教育进社区、进企业、进学校活动。紧密结合执法办案,加强预防工作,实行一案一分析,一案一建议,全年发出检察建议23件,帮助发案单位整章建制,堵塞漏洞,促进制度完善和管理创新。 (郭 华)

【查办和预防职务犯罪】 2010年,克拉玛依市检察机关加强和改进新形势下的查办和预防职务犯罪工作,注重加大办案力度、提高办案质量、增强办案效果。一是依法严肃查处职务犯罪。全年两级检察院立案侦查15件16人。其中大案12件12人。所办案件中,5件5人属于工程建设领域中行贿受贿案件,占立案总数的33%。通过办案为国家挽回经济损失500余万元。二是注重加大办案力度,提高办案质量和办案效果。严格规范侦查活动,加强办案监督管理,落实办案安全防范措施。严格执行逮捕职务犯罪嫌疑人报上一级检察院审查决定制度,完善落实讯问职务犯罪嫌疑人全程同步录音录像制度。三是加强预防,强化治本功能。做好重大城市建设工程的专项预防工作;切实加强预防调研和法制宣传、教育工作。进一步明确检察机关与企业在职务犯罪案件查办、信息交流、预防对策研究、检察建议落实、预防宣传教育以及预防机制建设等方面的联系和配合。两级预防部门开展廉政建设讲座、座谈75次;加强行贿档案查询管理工作,全年受理行贿档案查询157次,查询单位546个,个人530人。 (郭 华)

【法律监督】 2010年,克拉玛依市检察机关突出监督重点,完善监督机制,切实履行对诉讼活动的法律监督职责。一是积极开展刑事诉讼监督。加强对有案不立、有罪不究、以罚代刑等问题的监督,努力做到纠错防漏,坚持打击犯罪与保障人权并重。两级院纠正漏捕2人,追诉1人,1件抗诉案件被改判。二是加强民事行政检察监督。全年民事行政检察部门建议提请抗诉4件,提请抗诉3件,发再审检察建议1件,改判1件。坚持抗诉与息诉并重,对符合条件的案件果断抗诉,对正确裁判积极做好当事人的息诉工作。三是加强刑罚执行和监管活动监督。加强对超期羁押、减刑、假释和暂予监外执行不当的监督,坚持维护监管秩序。全年监所检察部门接待来访群众20人次,审查减刑案件3件,解答法律咨询34人次,与在押人员谈话教育43人次,进行法制教育讲座8次,进行安全防范检查12次,召开联席会议15次。全年无超期羁押案件的发生。

（郭　华）

【检察队伍建设】

领导班子建设　2010年,克拉玛依市检察机关领导班子成员不断强化自身党性党风廉政建设,按照政治坚定、求真务实、开拓创新、勤政廉洁、团结协调的要求,切实抓好领导班子的思想政治建设、组织建设和纪律作风建设。同时严格贯彻落实党组中心组学习、民主生活会等制度,领导班子的民主决策水平有了新的提高。

队伍建设　市检察机关在全市检察机关深入开展创先争优以及建设学习型党组织、创建学习型检察院活动和恪守检察职业道德、促进公正廉洁执法等专项教育活动。组织干警学习《检察官职业道德准则》、《廉政准则》、党章等,引导干警进一步统一执法思想,牢固树立服务发展的大局观、执法为民的权力观。大力弘扬以忠诚、公正、清廉、文明为核心的检察职业道德。干警的执法水平和执法理念不断提高,公正廉洁执法的自觉性和坚定性进一步增强。

干警教育培训　市检察机关多措并举,进一步强化干警的业务素能。组织开展全市检察机关出庭能力考核、"双馨公诉"等活动。以执法办案一线的检察官为重点,大力开展岗位练兵、法律文书评比、案件质量查评等活动,达到以赛促学、以学强能的目的。选派干部和业务骨干到自治区和国家检察官学院、中国政法大学等院校培训。

廉洁自律教育　市检察机关强化自律意识,增强干部拒腐防变思想意识。市院成立由纪检组、政治部、办公室组成的联合督查组,重点检查落实教育推进、车辆管理、群众来访、检容风纪、规范执法、干警8小时以外行为以及全年目标任务完成等情况。在本市检察系统内开展获国家级、自治区级、市委政法委及市院表彰的优秀检察官及工作人员廉洁奉公、公正文明执法、勤奋敬业先进典型事迹的学习宣传活动,弘扬正气。全年两级院领导作专题学习辅导10次,组织干警观看教育片21次,开展警示教育13次,组织中心组学习35次。　（郭　华）

【接受监督】　2010年,克拉玛依市检察机关努力加强自身建设,主动接受社会各界监督,取得好的效果。一是自觉接受人大监督。市检察院主动向人大及其常委会汇报工作,积极配合常委会开展专题调研和执法检查。全市检察机关共向人大及其常委会报告工作6次,接受人大代表视察7次,认真办理人大代表、政协委员的意见和建议3件。二是自觉接受民主监督和社会监督。深入推进人民监督员制度试点工作,人民监督员监督职务犯罪案件中拟作撤案、不起诉处理和犯罪嫌疑人不服逮捕决定的"三类案件"1件,开展执法检查3次,旁听案件审理2次。完成13名人民监督员的换届工作。积极推行"阳光检务",完善和落实不起诉、申诉案件公开审查等机制,进一步增强检察工作的透明度。三是自觉加强内部监督。进一步完善职务犯罪审查逮捕程序,实行立案侦查的职务犯罪案件由上一级人民检察院审查逮捕制度。严格执行立案报上一级检察院备案,撤案、不起诉报上一级检察院批准制度。认真执行检察委员会议事和工作规则、检察建议工作规定等,完善办案规则等内部监督制度。健全抗诉工作与职务犯罪侦查工作内部制约监督机制。　（郭　华）

审　判

【市中级人民法院领导名单】

党组书记、副院长:孙新科

院长:袁玉敬

纪检组组长:宋庆德

副院长:邵静华、倪国新(4月离任)、穆合塔尔·麦麦提(2月任职)

【基本情况】　2010年,克拉玛依市中级人民法院下辖4个区人民法院,即克拉玛依区人民法院、白碱滩区人民法院、乌尔禾区人民法院、独山子区人民法院。内设机构15个,分别是政治部、办公室、监察室(与纪检组合署办公)、立案庭、刑事审判第一庭、刑事审判第二庭、民事审判第一庭、民事审判第二庭、民事审判第三庭、行政审判庭(挂赔偿委员会办公室牌子)、审判监督庭、执行局、研究室(挂审判委员会办公室牌子)、法医技术室、司法警察支队。人员编制核定编制75名,其中干部72名、工人3名。市中级人民法院有党组成员5人,副处级法官4人。主要职责是审理法律规定应当审理的刑事一审、民商事一审、行政一审案件;审理不服本辖区基层法院判决、裁定,依法提出上诉或抗诉的二审刑事、民事、行政案件;审理按照审判监督程序提起的应当由本院审理的再审案件;负责本院审结的一审民商事、一审刑事附带民事案件中附带民事部分的执行工作,协调全市法院的执行工作。　（黄显阳）

【案件审理】　2010年,克拉玛依市中级人民法院及所属人民法院受理各类案件6 178件,比上年增长0.46%;审结5 381件,审结率87.1%。受理诉讼案件4 580件,上升7.66%;审结4 121件,审结率89.98%;法定期限内结案率99.88%。市中级人民法院受理各类案件723件,上升0.28%;审结662件,审结率91.56%,上升1.68%。受理诉讼案件559件,上升6.88%;审结530件,审结率94.81%,上升1.31%;法定期限内结案率99.47%。　（黄显阳）

【刑事审判】　2010年,克拉玛依市中级人民法院及所辖法院共受理刑事一、二审案件590件,比上年上升2.97%;审结579件,审结率98.14%,上升0.76%;法定期限内结案率99.31%。市中级人民法院受理刑事一、二审案件135件,上升8%;审结131件,审结率97.04%;法定期限内结案率98.47%。2月、4月,根据自治区党委政法委和自治区高级人民法院的统一安排,市中级人民法院及所辖法院先后受理两批涉及乌鲁木齐"七五"移送案件共14件17人。全年判处罪犯583人。其中判处5年以上有期徒刑至死刑84人,占判决罪犯总数的

14.4%；5 年以下有期徒刑 469 人（含拘役、管制、单处附加刑），占 80.45%；给予免予刑事处分 30 人，占 5.15%。坚持"教育、感化、挽救"相结合的方针，抓好青少年犯罪案件审理工作，大力开展回访帮教、社区矫正、非监禁犯就业援助等工作，取得良好成效。农民工、未成年人、工人、私营企业主、个体劳动者犯罪比例明显降低。（黄显阳）

【民商事审判】 2010 年，克拉玛依市中级人民法院及所辖人民法院受理民事一、二审案件 3 948 件，比上年上升 8.58%；审结3 501件，审结率 88.68%；法定期限内结案率 99.97%。市中级人民法院受理民事一、二审案件 417 件，上升 8.03%；审结 392 件，审结率 94%，上升 1.51%；法定期限内结案率 99.75%。全市人民法院积极建立多元调解纠纷机制，按照能调则调，当判则判，调判结合的调解工作方针，努力达到案结事了。尤其是涉及少数民族案件，要求法官站在维护民族团结高度，牢固树立"三个离不开"指导思想，加大调解力度，立足化解和疏导矛盾。在审结的民商事案件中，调解结案 1018 件，撤诉结案 990 件，调撤率 57.36%，上升 6.09%。做好司法救助工作，加大对弱势群体的保障力度。共实施司法救助案件 24 件，为弱势群众和特困当事人缓、减、免交诉讼费 15 万元。全市人民法院坚持能动司法，在案件审理中及时提出司法建议，为石油石化重点项目推进、重点工程建设提供优质的司法服务。全年向政府、企业发出司法建议 5 份。（黄显阳）

【行政审判】 2010 年，克拉玛依市中级人民法院及所辖人民法院受理行政一、二审案件 42 件，占受理案件总数的 0.68%；审结 41 件，审结率 97.62%，比上年上升 8.73%；法定期限内结案率 100%。市中级人民法院受理行政一、二审案件 7 件，审结 7 件，审结率 100%，上升 16.67%；法定期限内结案率 100%。（黄显阳）

【执行工作】 2010 年，克拉玛依市中级人民法院及所辖人民法院受理执行案件 1 524件，占受理案件总数的 24.67%；执结1 189件，执结率 78.02%；执限内执结率 92.6%。执结标的额9 903万元。市中级人民法院受理执行案件 128 件，执结 98 件，执结率 76.56%；执限内执结率 98.98%。执结标的额5 256万元。在执行工作中坚持以和解工作为主线，以强制措施为补充，积极探索多元化解决矛盾纠纷的机制。加大执行和解工作力度，促使当事人自觉履行义务。在执结案件中，当事人自动履行或通过执行和解方式结案 316 件，占 26.58%。大力推行被执行人保证、第三人担保等执行工作新方式，积极推进"阳光执行"工程建设，不断提高执行工作的公开性、公正性。（黄显阳）

【涉诉信访与审判监督】 2010 年，克拉玛依市中级人民法院及所辖人民法院畅通群众信访渠道，受理再审案件 24 件，占受理案件总数的 0.39%；审结 21 件，审结率 87.5%，比上年上升 3.5%。市中级人民法院受理再审案件 16 件，上升 45.45%；审结 14 件，审结率 87.5%，上升 5.68%。全市人民法院积极健全信访工作机制，引导当事人合理依法表达诉求。持续推进立案信访窗口建设，扎实推进"便民诉讼"服务。完善领导涉诉接访日制度，由有关部门负责编排好领导接待时间，保障来访人员的诉求能够及时反映给领导，疏通了当事人与法院之间的沟通渠道。（黄显阳）

【队伍建设】

思想建设　2010 年，克拉玛依市中级人民法院及所辖人民法院紧紧围绕公正、廉洁、为民的司法核心价值观，始终坚持以"热爱伟大祖国、建设美好家园"和"人民法官为人民"主题实践活动，深入开展创先争优。通过邀请宣讲团授课、本院法官宣讲、参加市直机关集中学习、撰写学习心得、到优秀法院考察、大力开展传统教育和廉政教育，使全体法官及工作人员深刻认识到团结稳定的重要性，牢固树立"三个离不开"的思想和社会主义法治理念。坚持说话和气，办事认真，公平正义，人民满意的工作目标，不断提高为民执法的自觉性。

组织建设　坚持以党建带队建，以队建促审判，充分发挥党支部战斗堡垒和党员的先锋模范作用。始终把握党建工作的正确方向，严格按照党组决策、部门执行、纪检监督的工作规程来运作。发扬党内民主，强化学习型党组织、学习型法官建设等活动，切实增强党支部的创造力。发挥党员的先锋模范作用，以实际行动创一流工作业绩。

廉政建设　坚持标本兼治、综合治理、惩防并举、注重预防的方针，采取多项措施推进人民法院反腐倡廉制度建设和创新，积极开展司法作风年活动，加强司法作风和党风廉政教育。增强法官拒腐防变意识和抵御风险能力，把反腐倡廉建设融入审判、执行工作各个环节，确保班子不出问题、队伍不出问题、案件不出问题。

宣传文化建设　积极开展法制宣传工作，着力推进法院文化建设，形成风正、气顺、人和、队伍健康、思想向上的法院文化氛围。紧密结合人民法院审判、执行工作实际，通过媒体报道、法律咨询、"法官进学校、进企业、进社区"、展出宣传板报等形式，广泛开展法制宣传教育及民族团结教育。组织中学生开展模拟法庭活动，增强各族学生的法制意识。全年各级媒体刊发全市人民法院宣传报道稿件 349 篇，其中中央级 26 篇、省级 88 篇、地级以下 235 篇。

人才培养　为提升法官执法能力和综合素质，不断加强人才培养。采取法官传帮带和岗位练兵方式，加强法官业务学习，提升法官司法能力。认真落实教育培训计划。培训各类人员 529 人次。（黄显阳）

司　法

【市司法局领导名单】
局长：项杰（2 月离任）
副局长：阿合买提·依不拉音、赵永强（1 月离任）、王玉新（4 月任职）

【基本情况】 2010 年，克拉玛依市司法局内设政治处（警务督察室、纪检监察室）、办公室、法制宣传科、公证律师管理科、基层工作科、监狱劳教工作科、司法鉴定管理科以及市依法治市领导小组办公室、法律援助中心、天缘律师事务所。司法行政专项编制 37 名，市司法局协调指导管理克拉玛依区、白碱滩区、独山子区、乌尔禾区 4 个区司法局、14 个司法所、3 个公证处、6 个律师事务所、5 个法律服务所、3 个司法鉴定所，全市司法行政系统列编78名、9名工勤编制,有律师60人,公证员5人,法律服务所人员24人,人民调解员(含企业)3 328人。主要承担克拉玛依地区及4个辖区的法律宣传、法律服务、法律保障职能。

(李蛟龙)

【案件庭审辩护】 2010年,克拉玛依市司法局加强社会舆情研判,健全完善信息网络,加大矛盾纠纷排查调处力度,对各种隐患做到早发现、早介入、早处置。引导群众理性合法表达利益诉求,解决矛盾,防止矛盾沉淀激化,全力维护克拉玛依的政治稳定和社会安定。按照自治区和克拉玛依市委政法委的要求,加强对乌鲁木齐"七五"案件参与辩护的组织领导工作,成立以局长为组长的辩护指导小组,充分实现律师在对"七五"事件人员辩护过程中取得政治效果、社会效果、法律效果的有机统一。为使案件审理辩护不出差错,司法局制订克拉玛依市司法局"七五"事件刑事辩护工作指导方案、临庭预案,同时做好辩护所需翻译人员的选调工作,在整个辩护工作中做到指导律师或委托律师参与刑事辩护的统一领导,统一管理,统一协调,统一实施,统一保障,统一组织律师阅卷、会见被告、参加庭审。分配到克拉玛依市的"七五"案件两批17个被告人的一审、二审辩护工作圆满完成。(李蛟龙)

【基层建设】 2010年,克拉玛依市司法局大力加强司法所规范化建设,以规范化建设为载体,全面加强司法所组织机构、干部队伍、业务能力建设,进一步健全管理体制、完善管理制度,全面提高司法所履行职责能力。大力加强区司法局建设,全面活跃基层司法行政工作。制定和落实司法行政经费保障标准,提高经费保障水平。至年底,全市司法行政系统经费得以保障,全体司法行政干警全部着制式服装。乌尔禾区通过全区公开竞聘上岗,在编到位区司法局副局长1名、柳树街街道司法所所长1名,并配备相关办公设备。(李蛟龙)

【人民调解】 2010年,克拉玛依市司法局加强人民调解与行政调解、司法调解的衔接配合,发挥人民调解在社会矛盾纠纷调解工作体系中的基础作用,筑牢第一道防线,努力做到小事不出社区(企业)、大事不出市、矛盾不上交。一是加强调解组织网络建设,加快各级矛盾纠纷调处中心建设,积极建立行业性、专业性人民调解组织,发展专业化、社会化人民调解队伍。二是加快调解工作机制建设,着力构建以人民调解为基础的多元化矛盾纠纷调解机制,进一步整合和发挥大调解机制的功能和作用。克拉玛依区司法局会同交管部门成立市第一家交通事故矛盾纠纷调解室,在克拉玛依市交警支队有专门的办公调解场所,采用坐班调案的方式调解各类交通事故赔偿问题,为探索多元化的矛盾纠纷化解机制和建立专业化调解委员会工作做了有益的尝试。三是深化和拓展人民调解工作。深入开展矛盾纠纷排查活动,加大对各类矛盾纠纷的调处力度,积极介入社会难点、热点纠纷和群体性纠纷的调解,最大限度地把矛盾化解在基层,解决在萌芽状态。四是进一步整合利用好系统资源,积极引导鼓励律师、基层法律服务工作者充分发挥专业优势,参与人民调解工作,增强人民调解力量,提高人民调解质量。五是及时总结、宣传调解工作的典型经验和案例,提升司法行政工作的社会地位。组织开展人民调解化解矛盾纠纷专项攻坚活动,集中力量化解一批多年积累的矛盾。六是把防范矛盾纠纷的发生和解决涉及群众切身利益问题结合起来,把集中排查和重点排查、定期排查和经常排查有机结合起来,不放过任何可能影响稳定的苗头和问题。七是充分发挥司法助理员和人民调解员、基层法律服务工作者身在基层、接触群众、了解实情的优势,及时发现矛盾纠纷,及时了解掌握当地社情动态,做到全面掌握并记录在案。对排查出的矛盾纠纷,科学分类,综合分析,客观准确地掌握和预测纠纷发生、发展的特点和规律,增强排查调处工作的针对性和有效性。全市全年调解各类纠纷1 469起(其中邻里纠纷1 021起、婚姻家庭纠纷208起、其他纠纷240起),比上年下降36.5%,调处1 469起,调解率100%,调处成功1 441起,成功率98%,调解协议的履行率98%,参与调解重大疑难纠纷化解184起,防止因民事纠纷转化为刑事案件2起,达到无民间纠纷转化为刑事案件、引起非正常死亡、聚众械斗、群体性上访"四无"目标。法律服务所共代理诉讼案件283件,代写法律文书610份,接待法律咨询1 250人次,调解纠纷28件,挽回和避免经济损失910.42万元,业务收费20.8万元。(李蛟龙)

【普法宣传】 2010年,克拉玛依市司法局开展维护宪法法律权威、促进社会和谐稳定主题宣传活动,加强维护民族团结、促进社会和谐稳定法制宣传。广泛开展和推进"法治六进"活动,提高法治宣传的针对性和时效性。认真开展"法治城区"创建工作,白碱滩区被自治区定为"法治城区"创建示范区。开展以法治讲座等形式多样的宣传活动,以深入宣传宪法精神为主线,抓好《民族区域自治法》、《刑法》、《刑事诉讼法》、《宗教事务管理条例》、《自治区民族团结教育读本》、《自治区社会治安综合治理条例》等法律法规的宣传教育,在社区,法治宣传队伍、法治文艺队伍、法治志愿者队伍不断壮大,采取文艺晚会、黑板报、手抄报等形式进行法治宣传。6月,克拉玛依市成立由市人大常委会、政府、政协领导组成的"五五"普法检查验收领导小组,检查验收全市申报先进单位和先进集体的117家单位、部门落实"五五"普法规划工作情况。检查重点:一是各区及单位、部门落实"五五"普法规划及"法治六进"工作情况;二是各单位在开展"五五"普法及"法治六进"工作的基础材料整理是否齐全;三是在活动开展过程中是否有好的经验,好的做法。检查采取听(听取工作情况汇报)、看(看工作规划、相关制度、工作资料)、查(检查各单位各项工作规范化运行情况)、考(对"五五"普法及"法治六进"有关知识了解程度)、实地走访、调查问卷等方式进行。通过验收,有107家达到验收标准,其他的进一步整改。在企业,"五五"普法讲师团根据不同对象和不同行业的特点,高质量地为各企事业单位提供理论辅导和实践指导。乌尔禾乡司法所利用乡广播站开展"每月一法"广播,加强对农牧民《宪法》、《反分裂国家法》、《村民委员会组织法》、《婚姻法》等法治宣传教育。司法局在市电视台、广播电台、《克拉玛依日报》、《新疆法制报》等媒体集中开展法制专栏宣传报道。7月20～29日,由市普法办牵头举办"五五"普法工作成果板报展,评出一等奖5名、二等奖15名、三等奖30名。市依法治市领导小组办公室通过新闻媒体集中报道各执法单位典型执法案例20

多起。油田公司法律事务处在油田公司系统内部组织开展以宪法、法律宣传月为主题的征文活动,有力推动活动深入开展。司法局组织各相关企业及单位积极报名参加国家司法部、全国普法办举办的第八届全国法制宣传暨廉政建设书画摄影作品展。8月24日至9月8日,司法局在乌鲁木齐举办"五五"普法骨干培训班,全市60多名普法骨干参加培训。全年全市组织各类法律法规宣传咨询讲座140期,参与群众2万人,悬挂横幅300多条,出宣传板报400多块,发放宣传资料4万份,向学校发放法律知识读本10 160本。（李蛟龙）

【安置帮教】 2010年,克拉玛依市司法局认真贯彻落实《关于进一步加强刑满释放解除劳教人员安置帮教工作的若干意见》,做好刑释解教人员的帮教安置工作,强化帮教措施,实施促进创业带动就业工程试点,加强对刑释解教人员的职业技能培训,鼓励和促进依靠自身努力实现就业,有效预防和减少重新犯罪。对回归的刑释解教人员及时登记,做到1人1卡,定期走访,及时了解掌握刑释解教人员生活、思想、工作状况。司法所为每个刑释解教人员都建立档案,根据每个人的特点、专长情况,分类帮教,专人负责跟踪教育,层层落实责任制,一方面加强对其思想改造,一方面帮助解决生活上的困难。全年有刑释解教人员69名,其中刑释66人、解教3人,帮教率100%,全市安置回归人员49人,就业安置率72%,重新犯罪率控制在2%以下。（李蛟龙）

【社区矫正】 2010年,克拉玛依市司法局根据自治区社区矫正试点电视电话会议精神,研究制定《克拉玛依市社区矫正试点工作实施方案》,拟定独山子区作为克拉玛依市社区矫正试点区,并与市中级人民法院、市检察院、市公安局联合起草《关于印发〈克拉玛依市社区矫正试点工作实施方案〉的通知》,印发《关于成立克拉玛依市社区矫正工作领导小组的通知》。5月20日,副市长、市委政法委副书记阿不都热合曼·克里木带领市委政法委、公检法司、劳动保障、编委、人才交流中心等部门负责人,到独山子区调研社区矫正试点工作,了解工作进展情况和存在的问题、困难,独山子区党委、政府高度重视,通过面向社会公开招聘、借调等方式,为所属2个街道司法所选配3名专职社区矫正工作人员,区政府明确要求劳动人事部门,招录2～3名符合条件的人员,安排从事社区矫正工作。各街道和社区也指定专人负责社区矫正工作,社区居委会工作人员也是自己辖区内矫正对象的帮教小组成员。至年底,承担试点任务的金山路司法所有4名工作人员、西宁路司法所有3名工作人员。克拉玛依区司法局还面向社会选聘14名具有法学本科学历的在职人员,组建社区矫正志愿者队伍,专门协助社区矫正执法人员对社区矫正对象进行监督管理、教育疏导、心理矫正等日常事务管理。7月,对相关人员进行业务培训,并颁发证书。独山子区接收各类矫正对象38人,其中3名女性、35名男性,汉族24人、少数民族14人。分别进行谈话教育,并与监护人签订帮教监护协议,完成一人一档资料的整理,并组织社区矫正对象参加2次公益劳动。3月以来,市司法局对全市矫正对象进行摸底排查,了解和掌握其个人信息、犯罪类别、服刑状态、分布特点等,并进行初步分析和研判。全市有矫正对象139人,其中克拉玛依区81人、白碱滩区22人、独山子区34人、乌尔禾区2人,全部是缓刑人员。市司法局制定出台《克拉玛依市社区矫正对象管理规定(试行)》、《克拉玛依市社区矫正工作突发事件应急处置预案(试行)》、《克拉玛依市社区矫正工作实施细则(试行)》、《克拉玛依市社区矫正工作制度及职责》、《克拉玛依市社区矫正对象分类、分阶段管理暂行办法》、《克拉玛依市社区矫正衔接工作规定(试行)》等文件。编成《克拉玛依市社区矫正工作者手册》,并针对社区矫正对象特别汇编了一本《走出混沌 沐浴阳光》的小手册。（李蛟龙）

【法律服务】 2010年,克拉玛依市司法局大力深化专项法律服务活动,组织律师、公证员等专业服务团队,为油田生产、关系民生的重点领域、重点工程和重点项目提供专项法律服务。大力加强政府法律顾问工作,为政府部门加强和改善宏观调控、转变经济发展方式,提供法律意见和建议。大力加强企业法律顾问工作,为企业转型升级、自主创新、节能减排等提供法律服务。鼓励律师、公证员为油田企业到境外经营发展提供法律服务,认真履行司法协助职能,协调和参与办理重大涉外案件,做好民商事司法协助工作。公证律师科深入基层,进行信息采集和调研工作,建立一整套公证、律师管理工作的基础台账。司法局建立和完善公证、律师诚信制度、污点记录、公示制度及义务监督员制度。全面建立公证、律师的执业档案。以民生为重点,强化社会责任,大力推进律师服务进企业、进社区、进乡村,围绕油田建设和企业改制、新型社区建设、土地征收征用、城市建设拆迁、环境治理保护等涉法涉诉问题,以及就业、就学、就医、社会保障等民生问题,提供及时便捷的法律服务,促进人民群众最关心、最直接、最现实利益问题的有效解决。司法局全年办理143起刑事诉讼案件,960起民事诉讼案件,2起行政诉讼案件,153起经济案件,担任法律顾问129家,办理非诉讼业务63件。公证行业共办理各种公证5 703件,其中国内公证5 062件、涉外公证641件。代写各类法律文书87份,接待法律咨询4 068人次。审批新执业律师5名和11名实习律师。（李蛟龙）

【法律援助】 2010年,克拉玛依市司法局深化法律援助便民服务主题活动,落实10项便民措施,不断扩大法律援助覆盖面,进一步做好下岗失业人员、农民工、低收入人群、残疾人、老年人、未成年人等困难群体的法律服务和法律援助工作。紧紧围绕改善民生、维护民生、保障民生,研究制定为民、便民、利民的具体措施,把法律援助延伸到社区、学校、建筑工地,促进维护社会公平正义。重点落实专人负责制、全程跟踪监督制、联系人回访制、重点案件旁听制等质量监督管理制度,从指派到案件归档各个环节进行规范要求,保证各项监督程序到位,确保案件质量。全年办理法律援助案件214起,其中刑事案件54起、民事案件157起、行政案件3起,未成年人案件39起,外来务工劳动报酬补偿60起,交通事故赔偿4起,法院指定为刑事案件被告人提供援助的49起,占全年援助案件的22.8%,为受援群众挽回经济损失300余万元,提供法律咨询718人次,代写法律文书43份,"12348"法律咨询服务专线为群众提供法律咨询550人次。受援对象234人中,农民工、妇女、未成年人、残疾人占比重为76.5%。（李蛟龙）

【队伍建设】 2010年,克拉玛依司法局进一步加强社会主义法治理念教育、职业道德教育、纪律作风教育。一是以建设学习型、和谐型、高效型、实干型班子为目标,注重班子成员的表率作用,发挥中层干部的骨干作用、参谋作用、榜样作用,不断增强班子的凝聚力、战斗力和感召力。二是以创建学习型机关为目标,狠抓社会主义荣辱观和社会主义法治理念教育,深入开展加强机关效能建设优化发展环境活动,推行争创零违法违纪单位活动。三是进一步强化市、区两级司法局、律师事务所、司法所、法律服务所、司法鉴定事务所、公证处、法律援助中心、司法考试规范化建设。四是深化主题教育实践活动,着力抓好律师中国特色社会主义法律工作者主题教育实践活动。五是大力加强律师行业党的建设,在巩固组织建设的基础上,全面加强思想、作风、制度和反腐倡廉建设,充分发挥律师行业党组织的战斗堡垒和律师党员的先锋模范作用。六是严格落实党风廉政建设责任制。组织开展创先争优活动及"热爱伟大祖国、建设美好家园"主题活动,组织司法干警开展学习讨论活动、整理下发宣传教育口号、张贴宣传教育挂图以及红歌廉唱等多种形式大力宣传主题教育活动,努力形成大学习、大宣传中央新疆工作座谈会精神的热潮。克拉玛依区司法局开启"3365"管理模式建设,至年底,正在按照ISO9001体系要求建立体系文件和相关的工作制度以及管理制度,结合规范化建设,建立局内岗位之间,岗位与司法所之间以及司法所岗位与岗位之间的工作流程和管理流程。市司法局举办迎新年联欢会,全市司法行政系统80人参加联欢会,看望4名生病住院的职工和家属,组织女职工参加团体女性特定疾病保险。

(李蛟龙)

【获得荣誉】 2010年,白碱滩区获全国法制县(市、区)创建活动先进单位,克拉玛依区银河街道人民调解委员会被评为全国模范人民调解委员会,克拉玛依市司法局被评为2008~2009年度先进工会及2010年档案、依法行政、计划生育、纠风、信访先进单位。司法干部马玉莲被评为全国模范人民调解员,李刚被评为克拉玛依市十佳政法干警,4名干警被评为克拉玛依市优秀公务员。

(李蛟龙)

仲裁

【克拉玛依仲裁委员会秘书处领导名单】

秘书长:何建林

副秘书长:李锐

【基本情况】 2010年,克拉玛依仲裁委员会常设办事机构为秘书处,内设办公室、立案科、审理科。秘书处有专职工作人员7人,其中女性3人,中共党员7人,大专以上学历7人。秘书处的主要工作职责是负责仲裁案件的受理、审理等程序性工作;负责仲裁案件收费管理;负责仲裁员的管理;负责仲裁委员会日常事务的办理;按照仲裁委员会的决定,负责相关事务的处理。在昌吉、石河子、奎屯、乌苏、博乐、伊犁、塔城、阿勒泰、独山子9个城市和中国国际贸易促进会新疆分会、塔城消费者协会2个行业设立11个仲裁代表处,代表克拉玛依仲裁委员会在所在地区和行业负责仲裁法律制度的推行工作和仲裁案件的受理,业务上受克拉玛依仲裁委员会秘书处的指导和管理。

(于志海)

【专业会议】 2010年4月21日,克拉玛依仲裁委员会召开三届八次全体会议,按照市委、市政府确立的打造世界石油城的中心工作,明确提出以建设最安全的城市为仲裁工作切入点,全面推行仲裁法律制度,优化仲裁工作环境。会后,秘书处开展学习、领会打造世界石油城的内涵和重要意义,以及如何在建设安全城市活动中突显仲裁工作特点的大讨论活动。

(于志海)

【仲裁宣传】 2010年,克拉玛依仲裁委员会秘书处认真加强业务建设,积极开展全方位、多角度的宣传工作,在全社会大力推行仲裁法律制度,进一步优化仲裁工作的社会环境。一是借助各类媒体在全社会积极开展全方位、多角度的仲裁法律制度宣传工作。二是抓住各种时机,广泛宣传仲裁工作,树立仲裁机构良好形象。秘书处积极参加公民道德建设月、法制宣传日等宣传活动,组织工作人员上街开展法律咨询活动,发放宣传资料600多份,现场解答法律咨询30余人次。三是抓住重点,深入宣传仲裁工作。领导班子成员带头,组织工作人员深入到重点行业、单位、组织开展走访活动,深入宣传仲裁法律制度的特点和优势,扩大仲裁协议的签订量,不断巩固案源基础。

(于志海)

【案件受理】 2010年,克拉玛依仲裁委员会秘书处坚持创新办案方式是手段、提高办案效率是关键、巩固办案质量是目的的工作思路,合理安排、配置人员和资源,努力提高仲裁案件水平。全年受理各类仲裁案件100件,涉及标的5 505.21万元。审结案件90件,其中和解、调解结案37件,裁决结案53件,当事人自动履行率96%以上。

(于志海)

【业务建设】 2010年,克拉玛依仲裁委员会进一步加强业务建设,提升仲裁素质与水平。一是联系实际开展各类主题活动,提高队伍整体素质。秘书处结合开展争先创优、民族团结进步教育月、党风廉政建设教育和热爱伟大祖国、建设美好家园等主题活动,提高对解决民商事纠纷,保障社会秩序安全稳定重要性的认识,明确履行好解决民商事纠纷的法律责任,依法、公正、高效地解决民商事纠纷。二是完善内设机构职责,合理配置人员。秘书处根据内设机构的调整情况,明确各科室工作职责权限,合理配置科室长和工作人员。根据调整情况,完善和规范制度建设,梳理、整理和修订23项涉及仲裁制度、程序、职责等规范性文件,进一步规范内设机构、仲裁员、工作人员的职责范围、工作原则、工作标准和工作程序。三是以党建促创建,以创建促工作,进一步提高仲裁机构公信力。秘书处领导班子和党支部始终坚持将巩固市级文明单位和标准化党支部的创建成果,融入仲裁工作实际中。四是加强队伍培训工作。克拉玛依仲裁委员会全年组织3次仲裁员、代表处工作人员的培训,参训人员78人次。同时积极参加市组织、人事部门的各类培训,受训人员6人次。五是营造良好的仲裁工作环境。全体干部说文明话、办文明案、做文明人,树立公正、文明、健康、向上的良好社会形象,进一步巩固仲裁机构的公信力。

(于志海)

群众团体

克拉玛依市总工会 新疆油田公司工会

【市、油田工会领导名单】

主席：包尔汉·卡哈尔

副主席：周耀邦、谭向东（9月离任）、阿不力克木·艾则孜（9月离任）、王丽

【组织概况】 2010年，克拉玛依市总工会、新疆油田公司工会（以下简称市、油田工会）设主席1人，副主席4人。内设办公室、财务部、经济工作部、法律工作部、组织民管部、保障工作部、宣传教育部、女职工部、经费审查委员会办公室，改制、非公企业工会工作指导管理办公室。有专职工会干部31人，其中油田公司20人、公务员8人、事业单位3人。主要职能是负责克拉玛依市、油田工会职工民主管理、劳动竞赛与挖潜增效、群众性技术创新、职工文化建设等活动以及扶贫帮困和社会救助等工作。

（吴迎春）

【重要会议】 2010年2月2日，油田公司召开三届三次职代会暨2010年工作会议，公司党委书记徐卫喜主持会议。大会听取并审议总经理陈新发作的工作报告；工会主席包尔汉·卡哈尔作的职代会工作报告；听取总会计师余同钢作的财务状况通报、纪委书记张红彦作的反腐倡廉建设情况通报、副总经理孙晓岗作的安全环保情况通报。徐卫喜、陈新发分别与公司所属单位的党政正职签订绩效合同、党风廉政建设责任书、安全环保责任书及维护稳定工作责任书。公司领导宋友立、阿不来海提·克尤木、匡立春、聂海光、郭仲军、况军参加会议。会议结束时，徐卫喜讲话。

3月5日，油田公司召开2010年经营管理工作会暨节约挖潜、降本增效劳动竞赛总结表彰会，油田公司副总工程师王从乐主持会议。会议听取油田公司副总经理聂海光作的公司经营管理工作报告；包尔汉·卡哈尔宣读表彰决定；余同钢宣读2010年劳动竞赛活动安排。会上表彰22个劳动竞赛先进单位、387名劳动竞赛先进个人及298个优秀项目。阿不来海提·克尤木、孙晓岗、张红彦等公司领导及公司机关、各基层单位的相关负责人参加会议。公司总经理陈新发参加会议并讲话。

3月11日，市、油田工会女职工委员会召开八届五次全委（扩大）会暨关爱女工健康行推进会。会议听取市、油田工会副主席王丽作的工作报告；表彰2008～2009年度11个模范工会女职工委员会、28个先进工会女职工委员会和66名优秀女工干部。包尔汉·卡哈尔参加会议并讲话。

3月26日，市、油田工会召开八届六次全委（扩大）会。会议全面总结市、油田工会2009年各项工作，安排2010年重点工作；传达自治区总工会十届四次委员（扩大）会议和市、油田工会《关于开展母体单位工会对改制企业工会工作帮扶指导活动的通知》精神。包尔汉·卡哈尔参加会议并讲话。市、油田工会委员会委员、经审委员会委员，各区、街道、部分改制、非公企业的工会主席和聘用工会工作人员，公司各单位工会主席参加会议。

5月7日，市、油田工会召开八届七次全委（扩大）会。会议传达胡锦涛在2010年全国劳动模范和先进工作者表彰大会上的讲话精神；表彰市、油田模范（先进）工会、模范职工之家和市工人先锋号（油田先锋号）单位代表及优秀工会干部代表。包尔汉·卡哈尔参加会议并讲话。

8月11日，油田公司召开三届三次职工代表大会第一次联席会，包尔汉·卡哈尔主持会议。会议审议通过《中国石油天然气集团公司劳动合同管理办法》、《中国石油天然气股份有限公司劳动合同管理办法》和《新疆油田公司劳动合同管理工作程序》。油田公司工会委员会委员、各基层单位工会主席和职代会各职能委员会组长参加会议。

9月15日，市、油田工会召开克拉玛依市工会系统创先争优活动暨工会集中组建工作推进会。王丽主持会议。会议传达《关于在全市工会系统中开展创先争优活动的实施意见》和《克拉玛依市工会系统组建工会活动推进工作方案》。克拉玛依区、独山子区、白碱滩区总工会分别汇报开展集中组建工会工作情况及下一步安排。

（吴迎春）

【劳动竞赛活动】 2010年，市、油田工会组织各级工会开展多种形式的主题劳动竞赛、创建“五型”班组活动。油田企业节约挖潜、降本增效劳动竞赛扎实推进，全年基层单位劳动竞赛项目立项1 366个，实施1 267个，实现节约投资1.5亿元、成本1.7亿元、费用3 500万元的工作目标。油田公司工会被自治区授予重点工程劳动竞赛优秀组织单位；油田公司开发公司、新疆石油工程建设有限责任公司被授予自治区重点工程建设先进单位；解永海等4人被评为自治区劳动竞赛先进个人。市、油田公司有1 932个班组被命名为“五型”班组，占一线班组总数的83%，实现了集团公司“五型”班组达标80%以上的目标。2个集体获全国工人先锋号称号，7个集体获自治区工人先锋号称号，182个基层车间（队）获新疆油田先锋号称号。市、油田工会积极开展“安康杯”竞赛，组织职工参加全国职工职业安全卫生知识答题竞赛，油田公司工会获优秀组织奖，重

油开发公司、陆梁油田作业区等单位获全国“安康杯”竞赛优胜企业称号，采气一厂、彩南油田作业区获自治区“安康杯”竞赛优胜企业称号。市属4个区总工会及各改制、非公企业工会积极开展当好主力军、建功“十一五”、和谐奔小康为主题的劳动竞赛活动，涌现出一大批技术能手和岗位标兵。全年有1.5万多人次参加各类岗位练兵、技术比武活动，职工队伍整体素质显著提高。 （吴迎春）

【民主政治建设】 2010年，市、油田工会坚持和发展职代会制度，不断深化厂务公开，基层民主政治建设持续加强。油田企业坚持以职代会制度为抓手，不断深化企业民主管理，制定《公司职工代表述职办法》，坚持把热点、难点问题摆上重要议事日程并向职工报告，坚持职代会民主评议领导干部制度，将评议工作延伸到机关部门和基层车间（队）。全年民主评议308名厂处级领导干部、3 625名科级和车间（队）干部，职工满意率93.8%。认真开展职工提案的征集、答复、落实和反馈，表彰奖励8个优秀提案。厂务公开制度不断深化，油田企业厂务公开建制率100%，形成公司、厂处、车间队、班组四级公开网络。改制企业职代会建制率100%，厂务公开建制率98%，非公企业职代会建制率85%，25人以上企业普遍建立职代会和职工大会制度，25人以下企业普遍建立了区域性、行业性联合职代会制度，覆盖非公企业300多家。各改制企业坚持以职代会为主要载体，采取厂务公开公示栏、党政工联系会、生产例会、情况通报会等形式，扩大企业经营管理的透明度。市总工会获全国推动厂务公开民主管理工作先进单位称号，勘探开发研究院、永升建设集团有限公司获自治区厂务公开民主管理工作先进单位称号。 （吴迎春）

【和谐劳动关系创建】 2010年，克拉玛依市、区两级工会积极发挥劳动关系三方协商机制的作用，对具有倾向性、代表性的劳动关系问题积极协商，及时化解，把问题解决在萌芽状态。建立健全各级劳动争议调解组织机构，完善劳动争议调解和处理的各项制度。至年底，全市建立劳动争议调解委员会160个，劳动争议调解员1 540人；建立工会劳动保障、法律监督委员会140多个，监督员1 330人。全年参与各类劳动争议案件调处、劳动纠纷化解以及有关劳动法律咨询110起，职工满意率98%以上。全面推行平等协商集体合同制度，通过调查研究、民主评议、召开座谈会等形式，监督检查《集体合同》和《女职工权益保护专项集体合同》履行情况，发现问题及时协调，通过平等协商，签订新一轮集体合同。油田企业和各区直属改制企业综合类集体合同签订率100%；改制企业工资平等协商协议书签订率85%以上，女职工权益保护专项集体合同签订率85%以上。加强对改制、非公企业工会的帮扶指导，充分发挥社会化聘用工会工作者的作用，建立母体单位工会与改制企业工会的对应帮扶机制。油田公司20家基层单位工会与46家改制企业工会签订帮扶指导协议书。 （吴迎春）

【扶贫帮困送温暖】 2010年，市、油田工会深入实施扶贫帮困送温暖工程，切实为职工办实事、做好事、解难事。一是全面开展各项慰问活动。组织党政工领导带队，在重大节日及高温、严寒季节慰问基层一线职工；在传统佳节，慰问各级劳模、困难企业、困难职工、退岗家属、职工遗属。全年进行各类慰问2.2万人次，发放慰问金2 150万元。二是深入开展帮扶救助活动。对困难职工减免五项费用，发放基本生活补助、天然气入户初装费补助及购药卡，帮扶5 203户次730万元；开展金秋助学活动，帮扶212人次92万元，向慈善机构划拨助学金74万元；开展大病救助、职工互助补偿、应急解困等活动，帮扶1 426人次1 297万元。三是多渠道、全方位开展关爱职工活动。组织职工健康疗养2万人次，发放疗养费1.59亿元。实行体育场馆集中管理，首批统一向职工开放场馆15个，推行职工健身“一卡通”制度。加强与驻外医疗协调服务机构的沟通协调，对赴内地就医的1 650名患病职工提供及时有效的服务。组织3.5万人参加团体女性特定疾病保险。 （吴迎春）

【职工队伍建设】 2010年，市、油田工会把提高职工队伍素质作为服务大局的重要任务部署和实施。一是深入开展创先争优活动，提升职工队伍凝聚力和战斗力。组织实施千万图书送基层、百万职工品书香和职工书屋、流动书箱等活动，职工队伍整体素质显著提升。“油田注汽锅炉研制”等2项成果获第三届全国职工优秀技术创新成果三等奖。李晓华获全国劳动模范称号；肉孜麦麦提·巴克等18人获自治区劳动模范称号；魏昌建等25人获集团公司劳动模范称号；数据中心等19个集体获集团公司先进集体称号。二是组织开展丰富多彩的文体活动。以庆百年、促和谐、万名女工展风采，劳动者之歌、庆水节、迎国庆等为主题，组织各类文体比赛300多场次。市、油田工会获自治区全民健身活动优秀组织奖。三是油田企业广泛开展民族团结年活动，取得显著成效。以同心协力、携手并进为主题，制定2010年“民族团结年”活动方案，认真组织开展民族团结年活动，大力营造民族团结、和谐发展、共同进步的宣传舆论氛围，广泛推行同吃、同住、同劳动制度，增进各族职工思想感情的沟通交融。 （吴迎春）

【工会组织建设】 2010年，市、油田工会把着力点放在夯实各项基础工作、发挥基层工会作用及提高服务基层的能力上。一是大力开展创先争优活动，形成党建带工建、工建服务党建的工作机制。开展百日集中组建工会活动，全力做好新经济组织、新社会组织建会和发展会员工作，超额完成自治区总工会下达的建会和发展会员任务。二是规范指导8家单位职代会、工会换届工作，调整13家工会领导班子，举办工会主席上岗资格培训班等各类培训41期1 257人次。三是广泛开展创建模范职工之家活动，2家单位被评为全国模范职工之家，98家单位被评为市、油田模范职工之家和职工小家，对50家模范（先进）工会组织进行表彰。油田公司工会和4家基层单位被评为集团公司先进工会组织。市、油田工会女职工委员会获全国维护妇女儿童合法权益先进集体称号。 （吴迎春）

【提案征集】 2010年下半年，市、油田工会开展征集三届四次职工代表大会提案活动。共收到20家公司所属单位和机关部门上报的提案55条。经公司职代会提案委员会研究，将同类提案合并整理为36条，立案14条，立案率38.9%。其中关于油田生产方面的1条，占立案总数的7.1%；关于经营管理方面的9条，占64.3%；关于民生工作方面的4条,占28.6%。不具备立案条件的22条。其中4条属于个案,相关部门已直接答复;4条正在解决或已经解决的;1条与上级政策有关暂时无法解决;10条往年已经答复;3条不属于公司职权范围,已作为"建议"送达市政府及有关部门。 (吴迎春　郑　莉)

【集体合同履行情况】 2008年4月,油田公司签订第三轮集体合同。3年来,公司坚持以"三个代表"重要思想和科学发展观为指导,认真贯彻落实《中华人民共和国劳动法》、《中华人民共和国劳动合同法》、《中华人民共和国工会法》,坚持推行集体协商和集体合同制度,全面履行集体合同,构建和谐稳定的劳动关系,公司获自治区模范劳动关系和谐企业称号。

企业民主管理不断深化　油田公司坚持职工代表大会制度,制定《职工代表大会实施办法》、《基层车间(队)职工大会实施办法》、《职工代表述职办法(试行)》,每年召开职工代表大会,落实职工代表大会各项职权。坚持在职代会上审议企业行政工作、职代会工作、集体合同履行情况;将财务工作、提案答复、安全环保和反腐倡廉等情况向职代会报告;对企业领导班子及其成员进行民主评议。涉及企业重大决策、生产经营管理和职工切身利益等重要事项,都经过职代会或职代会联席会议审议。职代会后,坚持对职代会工作质量进行测评,职工满意度不断提高。

职工劳动保护不断加强　油田公司严格执行国家、集团(股份)公司及公司有关劳动安全卫生的规章制度,建立健全安全生产管理制度,为职工提供符合国家标准的劳动安全卫生条件和劳动保护用品,保证职工生产安全和身体健康。不断改善野外一线作业职工的工作、生活和文体活动条件。落实高温、严寒特殊天气及有毒有害岗位作业的劳动保护措施。落实职工健康体检和疗养制度。3年来,安排职工健康体检15.2万人次、特殊岗位职工职业健康体检1.1万人次、女职工特殊体检5.7万人次、职工健康疗养10.1万人次。

主题劳动竞赛成效显著　油田公司组织开展多种形式的劳动竞赛活动。先后开展增储上产、挖潜增效,创建绿色油气田和节约挖潜、降本增效主题劳动竞赛活动。共实施立项2 039项,实现挖潜8亿多元,其中投资节约挖潜3.4亿元、成本节约4.6亿元;恢复油田地貌2 140万平方米,清理油区垃圾114万吨,油区自然地貌明显改善。

职工合法权益得到保障　油田公司落实职工患病基本生活保障制度。帮助和关心患病职工,享受病假工资待遇7 337人次、疾病救济待遇457人次。一是落实职工培训制度。油田公司投入职工培训费2.4亿元,培训职工5.4万人次,其中少数民族职工汉语培训2 000余人。公司获国家级高技能人才培训奖。二是落实女职工特殊权益保护。组织8 000名女职工参加乳腺疾病筛查,3.8万名女职工参加团体女性特定疾病保险,400多名女职工享受产后休长假待遇,增发在岗女职工特殊劳动保护用品1 000余万元。

监督检查机制不断完善　油田公司建立集体合同监督检查制度。公司人事处、工会检查3年来集体合同履行情况,组织8 400多名职工对8大类18项条款进行调查和评议,职工综合满意率97.8%。基层各单位每年对集体合同履行情况进行自检自查,并对查出的问题进行整改。 (吴迎春　郑　莉)

中国共产主义青年团克拉玛依市、新疆油田公司委员会

【克拉玛依市、油田团委领导名单】
书记:刘刚(11月离任)
副书记:卢磊磊、艾尔肯·赛买提、糜善(7月任职,挂职)

【基本情况】 2010年,中国共产主义青年团克拉玛依市、新疆油田公司委员会内设办公室、组织部、青宣部、学少部4个科室,编制15人,实有专职团干部11人。截至年底,全市有团委108个,团支部1 406个,直属团总支4个。35岁以下青年66 083人,28岁以下青年38 927人,团员总数26 994人,其中女团员11 745人、少数民族团员5 893人。主要职责是承担克拉玛依市团员青年的思想道德教育、民族团结进步教育、青少年传统文化教育、青少年权益保护、青少年文体活动;克拉玛依市企事业单位团组织建设、非公企业团组织建设等工作;克拉玛依市团员青年培训和考核工作;组织团员青年开展青年志愿者活动、尊老爱幼活动等健康有益的活动,提高团员青年的思想道德素质。 (郭　锐)

【市、油田团委十届四次全委(扩大)会】 2010年2月4日,克拉玛依市、油田团委召开十届四次全委(扩大)会议暨2010年学校团队工作会议。市、油田团委十届委员会委员、各单位团组织负责人、各中小学团委书记、大队辅导员、少先队代表、优秀青年代表150人出席会议。克拉玛依市、油田团委书记刘刚作题为《全面实施"12345"工程,团结带领各族团员青年在服务克拉玛依改革发展稳定大局中贡献力量》的工作报告。大会表彰共青团和少先队各类先进集体和先进个人。市油田党委常委、纪委书记、组织部长张红彦出席会议并讲话。 (郭　锐)

【青少年民族团结教育】 2010年4月,克拉玛依市、油田团委全面启动感恩塑行,融情油城青少年民族团结工作,全市49家企事业单位团委与18所中小学的200个班级结对,各企业单位团员青年和少先队员共同开展实践体验、参观学习、文体娱乐等活动,组织学生到油田生产现场参观体验,接受油田知识普及和油田传统教育。5月1日,团市委与市教育局联合举办"感恩塑行·融情油城"成人宣誓仪式,来自市区6所中学的近800名高中生参加活动。8月24日,举行《热爱祖国,同心同行》青少年民族团结教育读本发行仪式,市油田党委常委、宣传部部长郭仲军出席发行仪式并讲话,全市各中小学校校长及中层以上干部400余人参加发行仪式。团市委在开学前将5 000本《热爱祖国,同心同行》青少年民族团结教育读本发放到全市各中小学校和各街道社区。9月1日,全市各中小学举行升国旗仪式,在仪式上开展国旗下讲话主题教育活动。全市各中小学校二年级以上班级以《热爱祖国,同心同行》青少年民族团结教育读本为主要教材,广泛开展开学第一课——"热爱祖国·同心同行"主题班队会活动。团市委、市少工委在肉孜节、中秋节来临之际,启动开展"民族团结"主题融情实践

活动。各级团队组织开展中华民族大家庭节日和民俗习惯学习了解、各民族困难家庭节日慰问、少数民族和汉族青少年相互做客联欢等活动，进一步深化青少年民族团结“感恩·塑形·融情”教育活动。（郭　锐）

【青少年传统文化教育】 2010年，克拉玛依市、油田团委认真开展青少年传统文化教育活动。六一期间，各级少先队组织举行以共同学习、共同成长、共同快乐为主题的少先队入队仪式、鼓号队检阅仪式等活动庆祝六一儿童节，全市3 000余名学生加入少先队组织。7月15日，组织昆仑路街道、胜利路街道辖区的97名各族少先队员和70余名返乡大学生，以吃水不忘挖井人——我爱克拉玛依为主题，在九龙潭引水纪念碑前开展油田传统教育和热爱家乡教育活动。7～8月，团市委联合克拉玛依展览馆举办第二期红领巾讲解员培训班，培训学员60名，对青少年进行油田传统教育和热爱家乡的教育。（郭　锐）

【青少年权益保护】 2010年5月，克拉玛依市、油田团委下发《2010年度克拉玛依市预防青少年违法犯罪重点工作安排》，部署重点青少年群体管理、网络经营场所专项整顿、校园周边环境治理等工作。6月，开辟“12355”中高考心理咨询专线通道，为广大中高考考生提供考前心理咨询和心理调适服务。7月，联合市“12355”青少年服务台开展关注成长暑期青少年心理关爱月行动。在52个社区开展“12355关注成长·心理调试社区行”系列讲座活动，围绕青少年成长烦恼、交友择友、独生子女抗压能力培养等青少年普遍性问题，开展青春期心理调适、网瘾对青少年的危害、主动伸出友谊之手、如何规划人生等主题讲座。（郭　锐）

【青少年暑期校外教育】 2010年7月1日，克拉玛依第29个暑期校外教育工作拉开帷幕。团市委下发《关于做好2010年暑期校外教育管理工作的通知》，统计、分类各暑期辅导站活动计划，按照培训、比赛、夏令营、社会实践活动分类编印2010年克拉玛依市暑期活动运行大表3万份发放到全市各中小学生手中；统计全市爱国主义教育基地、社会实践基地、科普教育基地、各体育场馆开放时间表编印1 000份发放到各学校班级。团市委在暑假前还通过加强基层调研、设计暑期精品活动项目、招募大学生暑期校外辅导员等措施，为暑期活动顺利开展提供保障。全市各级暑期辅导站以热爱伟大祖国、建设美好家园为主题，以民族团结融情教育为主要内容，组织各类实践活动43项、各类培训37项、各类比赛11项、各类夏令营22项，同时街道社区组织活动629项，参加暑期活动的学生29 227名。暑假期间，开展心理关爱系列教育活动66场次，参加人数3 200人次。（郭　锐）

【企事业单位团组织建设】 2010年4月24日，克拉玛依市、油田团委举行新团员集中入团宣誓仪式，来自企业事业单位、非公经济组织的800余名新团员参加入团宣誓仪式，拉开举团旗、戴团徽、唱团歌、过团日主题活动的序幕。4月20日至5月10日，全市各级团组织开展举团旗、戴团徽、唱团歌、过团日主题活动，进一步深化团员意识教育。6月29日，克拉玛依市、油田团委配合市油田党委组织部联合召开庆祝建党89周年大会，800多名党员、入党积极分子参加大会。9月，团市委在市属系统基层单位，特别是在公务员和事业单位团组织开展创先争优团员青年恳谈活动。传达自治区陆续出台的9项惠民举措、退岗家属补费纳入养老统筹等内容，并要求各单位团组织及青年代表要将此次会议的精神要传达到本单位每位团员青年，号召团员青年立足岗位，踏实工作。（郭　锐）

【非公企业团组织建设】 2010年3月，克拉玛依市、油田团委开展“送文明礼仪·展青春风采”主题实践活动，通过举办非公企业青年文明礼仪培训班、送文明礼仪服务培训进企业、非公企业青年文明礼仪服务展示、编印《非公青年文明礼仪服务指南》等系列活动，提升非公企业青年的文明服务水平。3月，团市委与克拉玛依区石油红星社区、白碱滩区北坡社区、独山子区第十一社区、第十三社区结为联建单位，并结合各社区实际需求签订联建协议，与联建社区共同制定联建目标和具体措施，保证联建工作落到实处，向联建社区捐赠价值15万元的图书。7～11月，团市委开展非公经济团组织百日集中组建活动，积极引导各团区委、各街道团工委全面实施“1251”工作计划，全市共有非公团组织137家，非公团员3 115名。开展非公经济团组织百日集中组建成果验收考核工作。（郭　锐）

【“一团一品”活动】 2010年2月，克拉玛依市、油田团委组织部启动“一团一品”创建成果评选展示活动，从中收选出96个优秀创建成果编册下发推广，促进基层团支部的活跃发展。9月3日，市、油田团委举办克拉玛依市共青团组织创先争优暨活力团组织建设经验交流会。会议由市、油田团委书记刘刚主持，自治区团委副书记朱刚，市人大常委会副主任、秘书长雷红霞等领导出席会议。会上，重油开发公司、克拉玛依物业管理公司、油气储运公司团委代表发言，介绍团干部管理、基层团建制度建设、加强企业劳务派遣青年群体管理等方面的工作经验。市第十中学、市建设局等6家代表基层支部分别发言，展示民族团结型、民主建设型等特色团支部品牌成果。（郭　锐）

【培训和考核】 2010年9月6～11日，克拉玛依市、油田团委举办克拉玛依市第42期团干部培训班。来自市、油田各基层单位、克拉玛依石化公司等中央驻市企业的100名团支部书记参加培训。12月中旬，对8名基层团委书记进行年终述职、民主测评、背靠背谈话等全方位考核，掌握考核对象年度履行岗位职责情况以及德、能、勤、绩、廉5个方面的现实表现，为进一步加强共青团干部队伍建设，充分调动广大团干部的工作积极性和责任感，推进共青团事业的健康发展提供重要保障。（郭　锐）

【青少年文体活动】 2010年4月24日，克拉玛依市、油田团委举办“民族团结杯”第九届青年体能挑战赛，市油田党委常委、纪委书记、组织部部长张红彦出席活动并为青年体能挑战赛揭幕。大赛设4个团体项目，来自全市48家单位的1 000余名运动员参加比赛。百口泉采油厂获团体一等奖，风城油田作业区、武警消防支队、井下作业公司获团体二等奖，采油二厂、重油开发公司、克拉玛依区、克拉玛依润滑油厂、市教育局、市第二人民医院获团体三等奖，市公安局获道德风尚奖。5月22日，团市委与市网球协会联合举办克拉玛依“共青杯”第十届网球比赛，来自全市各企事业单位和中小学的143名选手参赛。市油田党委常委、纪委书记、组织部部长张红彦，市油田工会主席包尔汉·卡哈尔观看决赛。5月22日，团市委举办民族团结阳光伙伴集体绑腿跑比赛，来自全市各小学的14支队伍共340名学生参加比赛。8月7日，克拉玛依第十一届水节系列活动之"水水水"夺标大赛举行，来自克拉玛依各行业的26家单位共500多名选手参加比赛，克拉玛依市副市长祝贺香、市油田有关部门领导出席活动。

（郭　锐）

【青年志愿者工作】　2010年，克拉玛依市、油田团委对宝石花志愿者队伍进行统一管理，进一步规范42个服务大队的9 439名志愿者的活动。3月6日，宝石花志愿者队伍举行成立授旗仪式，克拉玛依市委领导孙晓岗、郭仲军等出席活动并为各宝石花志愿者服务大队授旗。市油田团委书记刘刚宣读《关于成立新疆油田公司宝石花志愿者服务队伍的决定》，各单位团委书记、宝石花志愿者代表共计150余人参加活动。公民道德建设月期间，300余名宝石花志愿者在每个周末走上街头，开展交通文明劝导志愿服务活动，进一步展现新疆油田公司奉献社会、共建和谐的良好形象。5月7～9日，市第五届残疾人运动会暨第二届特奥会举行，宝石花志愿分队的110名志愿者全程参与活动。团市委组织开展交通文明劝导，以及讲文明、树新风排队日社会公益活动和爱老、扶幼、助困、康复、环保、教育等为服务内容的各类专业化青年志愿服务活动。学校团队组织以成人预备期志愿者、雏鹰假日小队开展孝敬父母、爱护环境、美化家园的道德实践活动。

（郭　锐）

【青工提素工程】　2010年12月21日，克拉玛依市、新疆油田公司第四届青工论坛举行，市油田党委常委、纪委书记、组织部部长张红彦出席活动并讲话，240名市油田青年代表参加论坛发布会。9月8～10日，首届中国石油勘探开发青年学术交流会在北京举行，新疆油田公司推荐的3位优秀青年科技人员获1项一等奖、2项二等奖。根据公司安全生产10周年系列活动安排，市、油田团委开展风雨10年安全征文和经验分享活动，共收集安全征文1 362篇，从中精选60篇编印《风雨十年·祝您平安》讲述故事专集3 000册。市、油田各级团组织积极宣传发动，鼓励广大团员青年就如何提高单井产量和实现安全生产进行实践探索，涌现出一大批青年技术新秀。全年成立青年技术攻关小组161支，立项230个，开展油水井分析活动11场次，在油田公司油水井三级地质动态分析竞赛活动中，35岁以下青年选手占选手总数的78%；举办厂（公司）安全经验分享会27场，团支部安全经验分享活动162次，团员青年撰写安全征文1 121篇。准东采油厂团委等11家油气生产单位团委被评为"单井增产·青年争先"主题实践活动优秀组织单位；百口泉采油厂等8家单位被评为"风雨十年·祝您平安"主题活动优秀组织单位。同时，各级团组织在基层青年班组中广泛开展讲安全，送亲情、青年安全语录、青年安全家书等活动，全年创建15个市级青年文明号和17个青年安全生产示范岗。油田公司开展学习型企业建设工作，结合青年在学习方面的需求和特点，在各级团组织广泛开展青年小讲堂活动，共举办青年小讲堂286次，参与人数5 000多人。

（郭　锐）

克拉玛依市妇女联合会

【市妇联领导名单】

主席：张守华

副主席：米娜瓦尔·苏来曼、王丽（兼）

【基本情况】　2010年，克拉玛依市妇联下设4个科室：办公室、宣传部、妇女发展部、妇儿工委办公室。有人员编制10名，其中行政编制8名，事业编制2名。下辖区妇联4个：克拉玛依区妇联、白碱滩区妇联、独山子区妇联、乌尔禾区妇联；机关和事业单位妇委会8个，团体会员9个；街道妇联10个，社区妇联84个；乡妇联2个，村妇代会6个。2010年底，全市女性人口136 016人，占总人口的48.9%。儿童46 722人，其中女童24 116人。全市常住家庭103 670户。

（汪正巧）

【三八妇女节庆典活动】　2010年是三八国际劳动妇女节100周年，也是克拉玛依市妇联成立50周年。市妇联组织开展一系列丰富多彩、寓教于乐的庆祝活动。并以三八百年庆典活动为契机，大力宣传克拉玛依市妇女儿童事业50年来取得的辉煌成就和妇女界的先进典型，全方位展示克拉玛依市各级妇联组织在妇女工作中取得的成绩，进一步激发各族妇女群众团结一心创先争优的工作热情。妇女节期间，市妇联召开表彰大会，表彰"三八"红旗集体和三八红旗手。先后举办"记忆50年"摄影图片展、"岁月如歌"家庭档案展、手工艺术作品展等展览活动，展示克拉玛依市各族妇女、家庭在城市发展进程中的成长和变化。举办"我心中的歌"赛歌会，来自克拉玛依市、新疆油田公司以及非公经济单位的15支代表队参加赛歌会。市妇联组织节日慰问活动，为市妇联执委、基层妇联干部送去节日的祝福。克拉玛依市领导张红彦、祝贺香分别看望和慰问全国三八红旗集体、巾帼建功标兵和市妇联老领导。

（汪正巧）

【创先争优活动】　2010年，克拉玛依市妇联在广大妇女中积极开展创先争优活动，取得好的成效。一是加强组织领导。市妇联成立妇联系统创先争优活动领导小组，制定印发《关于在克拉玛依市妇联系统中开展创先争优活动的实施方案》、《克拉玛依市妇联关于开展社区妇女基层组织建设工作试点实施方案》，确定15个社区作为试点单位。4月，召开妇联基层组织建设工作座谈会，安排妇联基层组织建设工作。二是做好调研工作。市妇联深入试点社区调研指导，协助社区妇联理清思路、抓住重点，更加有效地开展工作。7月14日，市妇联与市委组织部联合召开妇联基层组织建设推进暨创先争优践行会，汇编市妇联、各区妇联以及15个试点社区的经验交流材料，对妇联系统开展创先争优活动做出具体部署，克拉玛依区天山路街道妇联等5个单位结合各自工作特色作大会发言。三是抓好工作落实。市妇联紧紧抓住党建带妇建、百日集中组建、党群共建创先争优三大机遇，积极在新经济组织和新社会组织中组建妇女组织。8月10日，指导克拉玛依市私营企业和个体企业协会召开私营企业和个体企业会妇女第一次代表大会，选举产生克拉玛依市私营企业和个体企业协会第一届妇代会，将妇联组织工作网络延伸到非公经济领域，得到市委组织部和创先争优办公室的充分肯定。在百日集中组建活动中，市妇联积极与新经济组织和新社会组织2个领导小组建立联系，联手对克拉玛依市非公经济组织和新社会组织数量规模、党群组织建设情况进行调研摸底，帮助指导爱心妈妈协会召开第一次党员代表大会，成立党员活动支部。通过创先争优百日集中组建活动，妇女组织在"两新组织"中的组建率有较大提升。11月29日，市妇联在自治区妇联党群共建创先争优电视电话会议上作典型发言。 （汪正巧）

【主题教育活动】 2010年，克拉玛依市妇联积极响应市委和自治区妇联关于开展"热爱伟大祖国，建设美好家园"主题教育活动的统一部署，制定下发《关于在全市各族妇女中开展"热爱伟大祖国，建设美好家园"主题教育活动的实施方案》。白碱滩区新河社区妇联和独山子区第二社区妇联分别承办经典诵读和红歌赛主题教育活动。市妇联与基层妇联密切配合，收到良好效果。 （汪正巧）

【巾帼建功活动】 2010年，克拉玛依市妇联与克拉玛依市、油田公司工会女工部以及区妇联等单位组成联合检查组深入基层，对克拉玛依市全国级、自治区级巾帼文明岗进行检查指导。市妇联大力推行巾帼文明岗创建活动动态化管理，深入基层指导开展巾帼文明岗创建工作，为市建设局污水厂南郊泵站单独授牌。全市各级妇联（女工）组织通过开展各种岗位练兵和技能竞赛活动，为广大妇女提供展示风采的平台，不断推进巾帼文明岗创建活动持续创新发展。

（汪正巧）

【"三学三比"活动】 2010年，克拉玛依市妇联高度重视在农村妇女中开展"三学三比"活动。克拉玛依区等4各区以及乡妇联组织围绕社会主义新农村建设大局，积极组织农村妇女参与乡村文明建设，开展村庄环境卫生集中整治和家庭卫生评比活动。带领女农牧民发展庭院经济，开办农家乐，开发民族手工艺品、大棚蔬菜种植和花卉生产等项目。利用农闲时节，举办科技之冬活动，加强文化素质、农牧业先进生产技术和职业技能等方面的培训，提高农村妇女整体素质。通过举办巧手大赛、手工艺作品展、表彰致富模范等形式，调动农村妇女致富奔小康的积极性。 （汪正巧）

【文明家庭创建】 2010年，克拉玛依市妇联与克拉玛依市文明办联合在全市范围内开展文明家庭标兵、文明家庭、特色家庭和优秀家庭角色评选活动，共评选出10户文明家庭标兵、190户文明家庭、50户特色家庭和99名优秀家庭角色。为弘扬家庭美德、促进主题教育活动深入开展，市妇联制定印发《学习型家庭创建活动五年规划》，深入开展学习型家庭创建活动；举办2场和谐讲堂；在"六五"世界环境日活动期间，市妇联与市环保局联合开展低碳生活启动仪式，文明家庭代表宣读低碳生活倡议书。

（汪正巧）

【母亲教育工程】 2010年，克拉玛依市妇联认真做好母亲教育工程特色品牌工作，尝试把互动交流为主的家庭教育沙龙作为弘扬和传播先进家庭教育理念的新载体，举办3次沙龙式家庭教育活动。9月，全国妇联儿童部领导及家庭教育专家组调研克拉玛依市儿童工作，对克拉玛依市的儿童教育工作给予高度评价，专家组成员举办2场家庭教育方面的讲座。 （汪正巧）

【未成年人思想道德建设】 2010年，克拉玛依市妇联始终坚持以各类活动为载体，不断加强未成年人思想道德建设。六一儿童节期间，市妇联牵头与4个区以及各成员单位共同合作，举办家庭趣味运动会、大型游园活动、少儿文艺汇演、现场书画大赛等文体活动。为掌握克拉玛依市0～6岁幼儿学前教育状况，市妇联组织开展专题调研，调查走访4个区的公立、私立幼儿园情况和幼儿学前教育情况，撰写调研报告，提交给市人代会和政协会讨论。7月，自治区小公民道德建设暨"双合格"家庭教育宣传实践活动领导小组会议在乌鲁木齐召开，市妇联就克拉玛依市未成年人思想道德建设工作作专题发言。10月，受全国妇联儿童部特邀，市妇联在全国家庭教育研讨会上作克拉玛依市建立家庭、学校、社区"三结合"教育网络，推动家庭教育工作创新与发展的情况介绍。 （汪正巧）

【女性就业创业帮扶】 2010年，克拉玛依市妇联与财政、金融等有关部门沟通合作，积极开展妇女小额担保贷款工作，帮助77名妇女完成小额贷款658万元。充分发挥市妇女技能培训中心的职能作用，先后举办家庭服务员培训班、妇女创业培训班和烹饪师培训班共4期，培训未就业女性55人次。8月，市妇联在白碱滩区举办女大学生座谈会，听取大学毕业生对就业工作的意见和建议。

（汪正巧）

【维权工作】 2010年，克拉玛依市妇联为进一步做好维权工作，协调克拉玛依市有关部门，开通"12338"妇女维权热线；积极参与公民道德建设月活动，走上街头开展妇女维权宣传及心理咨询；发挥妇联人民陪审员作用，参与区法院庭审32起；"一一·二五"国际反家庭暴力日，在电台制作维吾尔语、汉语2期专题节目。12月4日，全国第10个法制宣传日期间，市妇联组织举办模拟法庭活动，近200名学生在亲身体验法院庭审过程中，学习法律知识，接受法制教育，进一步推动克拉玛依市青少年法制教育工作的扎实开展。6月，自治区妇联检查指导克拉玛依市维权工作，听取市妇联维权工作情况汇报，对克拉玛依市妇女维权工作给予高度评价。在8月召开的自治区维护妇女儿童权益工作会议暨平安家庭创建活动现场推进会上，克拉玛依市妇联代表和克拉玛依区婚姻调解中心调解员李惠英分别作大会交流发言和典型发言。 （汪正巧）

【"两纲"贯彻落实情况】 为促进克拉玛依市"两纲"指标顺利完成，市妇女儿童工作委员会于2010年4月7日召开"两纲"统计监测工作会议，通报"两纲"指标达标情况，对未达标数据进行分析。针对重难点指标，妇儿工委办公室主动与成员单位沟通协调，督促相关部门完成指标任务。7月20日，召开"两纲"监测评估会议，对未达标和无数据的指标进一步细化落实。8月10日，召开妇女儿童工作委员会全体会议，就完成"两纲"终期评估任务作出具体安排，并成立新一轮"两纲"编制领导小组。8月，自治区"两纲"督导检查组检查克拉玛依市"两纲"实施情况。自治区督导组认为，克拉玛依市"两纲"实施取得明显成效，妇女儿童生存环境得到进一步优化。 （汪正巧）

【妇女社会地位调查】 2010年，克拉玛依市妇联为客观反映市妇女社会地位的状况和变化，根据全国妇联关于组织开展第三期中国妇女社会地位调查的统一部署和自治区妇联的具体安排，自12月1日起，在克拉玛依区和独山子区开展妇女社会地位抽样调查专项工作。截至12月15日，2个区150户入户调查和数据收集整理工作已完成，抽样调查资料按时上报自治区。 （汪正巧）

【组织建设】 2010年，克拉玛依市妇联先后通过招录、公开选调等方式新增4名工作人员，妇联机关干部进一步年轻化，队伍结构日趋合理。以创先争优和主题教育活动为契机，在克拉玛依市妇女组织中积极开展党性和党风廉政教育，组织开展重温入党誓词、诵读红色诗歌、参观反腐倡廉教育基地、观看爱国主义影片、党员公开承诺等形式多样的活动。市妇联开展先进妇女组织和优秀妇联干部评选活动，共评选出35个先进妇女组织和55名优秀妇联（女工）干部。 （汪正巧）

【妇联干部培训】 2010年，克拉玛依市妇联注重提升妇联干部的业务素质能力和实践水平，进一步加大妇联干部培训力度，组织开展妇联干部岗位读书征文活动与大学习、大讨论活动。一是积极落实人员参加上级部门举办的培训，全年安排77人次参加全国妇联、自治区妇联举办的各类培训班；二是开展自主培训，在市委党校举办妇联干部岗位培训班，42名基层妇联干部参加培训。三是采取送培训下基层的方法，对社区妇联组织建设、妇女小额信贷等业务工作进行重点培训。 （汪正巧）

【妇联六届五次执委（扩大）会】 2010年12月31日，克拉玛依市妇联召开六届五次执委（扩大）会议。会议由市妇联副主席王丽主持，市妇联执委、各区妇联、妇委会、各单位女职工委员会、自治区第十届妇代会代表等60余人参加会议，市文明办、市委组织部相关领导应邀出席。会上，市妇联副主席米娜瓦尔·苏来曼作题为《贴近基层，上下联动，共同推进妇女儿童事业跨越式发展》的工作报告，总结回顾2010年的工作，安排2011年的工作任务。市委组织部充分肯定全市各级妇联组织一年来所作的工作和取得的成绩，并对如何进一步做好工作提出明确要求。会上，增补王琴芝、王晓丽2人为市妇联执委。会议表彰克拉玛依市35个先进妇女组织、55名优秀妇联（女工）干部、10户文明家庭标兵、190户文明家庭、50户特色家庭和99名优秀家庭。 （汪正巧）

【获得荣誉】

国家级荣誉 2010年，克拉玛依市妇联被评为全国妇女舆论宣传阵地建设先进单位；克拉玛依区妇联被评为全国城乡妇女岗位建功先进集体；克拉玛依市、油田工会女职工委员会被评为全国维护妇女儿童权益先进集体；克拉玛依区天山路街道被评为全国妇联基层组织建设示范街道；克拉玛依区天山路街道风华社区被评为全国妇联基层组织建设示范社区；独山子区西宁路街道第14社区被评为全国创建学习型家庭示范社区；克拉玛依市妇女健身培训基地被评为全国妇女健身示范站点。克拉玛依市妇联宣传部赵桓艺被评为妇女舆论宣传阵地建设先进个人；小拐乡农牧业生产技术服务中心主任樊红梅被评为全国城乡妇女岗位建功先进个人；独山子区环保局黄新梅被评为全国低碳生活创新明星；独山子区第二社区居委会主任于梅玲被评为全国维护妇女儿童权益先进个人；独山子区何卫国家庭获第七届全国五好文明家庭称号。

自治区级荣誉 克拉玛依市、油田工会女职工委员会被评为自治区“三八”红旗集体和自治区维护妇女儿童权益先进集体；克拉玛依区妇联被评为自治区城乡妇女岗位建功先进集体和自治区维护妇女儿童权益先进集体；乌尔禾区妇联被评为自治区城乡妇女岗位建功先进集体；克拉玛依区昆仑路街道被评为自治区妇联基层组织建设示范街道；克拉玛依区昆仑路街道南泉社区、胜利路街道胜利社区、独山子区金山路街道第二社区、白碱滩区中兴路街道新河社区被评为自治区妇联基层组织建设示范社区；克拉玛依区昆仑路街道雅典娜社区和独山子区第五小学被评为自治区未成年人思想道德建设工作先进集体。克拉玛依区天山路街道康乐社区党支部书记、居委会主任阿孜古丽·热合曼，克拉玛依市第二中学教师阿尔孜古力·吐尔逊，CPE新疆设计院炼化道路所副所长、总工程师刁建华，克拉玛依市第十八小学校长、党支部书记秦玉珍获自治区三八红旗手称号；小拐乡农牧业生产技术服务中心主任樊红梅、小拐乡小拐村村委会委员古丽木江、乌尔禾区妇联干部努尔扎提、乌尔禾区乌尔禾乡查干草村女农牧民段晓玲获自治区城乡妇女岗位建功先进个人称号；克拉玛依市妇联发展部副部长王晓丽，克拉玛依区委常委、纪委书记黄春燕，克拉玛依区婚姻家庭调解中心调解员李惠英，白碱滩区妇联主席傅新玲，独山子区金山路街道第二社区居委会主任于梅玲获自治区维护妇女儿童权益先进个人称号。 （汪正巧）

克拉玛依市科学技术协会

【市科协领导】

主席：赵武生

副主席：刘鸿新、雷红霞、哈巴西·哈瓦嗯、徐洪德、秦本记、刘明辉、田效山、况军、胡克

秘书长：吴德

【基本情况】 2010年，克拉玛依市科学技术协会内设2个科室：科普办公室（挂学会学术部、反邪教协会办公室牌子）、科学技术普及部（挂青少年工作部牌子），有工作人员5名。市科协主要承担着全市的科学学术交流、青少年科技创新、科普教育、全民科学素质提高工作和反邪教工作等。市科协积极实施《全民科学素质行动计划纲要》和开展科学技术普及、学术交流、农牧民技术培训、科技咨询服务等方面的工作，努力提高全市各族群众的科学素质和科技意识，为促进市经济社会协调发展作出贡献。 （韩明升）

【学术交流】

承办首届信息化创新克拉玛依国际学术论坛 2010年8月，克拉玛依市科协会同新疆油田公司科技信息处、数据中心等相关部门承办首届信息化创新克拉玛依国际学术论坛。论坛以数字油田与信息化城市为主题。来自中国科学院、中国工程院的院士，中石油、中石化、中海油所属各大油田公司，中国石油大

学、西安石油大学、西南石油大学、长江大学、北京航空航天大学等高校，以及美国、英国、加拿大、法国、日本、韩国、新加坡、伊朗、伊拉克、俄罗斯及国内十几个城市的100多名专家、760多位代表和参展商参加论坛。克拉玛依市委书记徐卫喜致开幕词，中国工程院学部工作局副局长阮宝君，中国科学院院士工作局局长周德进，国家工信部信息化推进司副司长董宝青，中国石油天然气集团公司副总经理王宜林，自治区人大常委会副主任、自治区科协主席张国梁，中国科协书记处书记冯长根和自治区党委常委宋爱荣分别在开幕式上致辞。开幕式上，自治区向克拉玛依市授予信息化示范城市和自治区级工业化、信息化融合试验区的牌匾。论坛设1个主论坛和数字城市、数字油田、信息产业3个分论坛，48位国内外院士、专家、学者在主论坛、分论坛上作专题报告，交流国际、国内信息产业、数字城市、数字油田发展的经验，研讨今后的发展对策。论坛共提交论文452篇（其中克拉玛依200多篇），有81篇论文入选《首届信息化创新克拉玛依国际学术论坛》论文集。论坛组委会组织院士与克拉玛依市党政领导恳谈会，就克拉玛依打造世界石油城提出许多合理化的建议。新华社、中新社、中央电视台、中央人民广播电台、《人民日报》、中国国际广播电台、《经济日报》、《中国石油报》、香港《文汇报》、香港《商报》等30多家国内外主流媒体多次到克拉玛依采访和报道。《新疆日报》、《新疆经济报》、新疆电视台、新疆人民广播电台、天山网、自治区人民政府网等10余家疆内媒体给予本届论坛极大关注。克拉玛依市媒体也对论坛进行全面、准确的宣传报道。

学术活动资助 克拉玛依市科协实施《克拉玛依市科协资助科学技术学术活动管理办法》，抓好学术交流促进活动。从克拉玛依市15家单位申报的15个项目中择优资助，先后为克拉玛依市档案学会2010年度学术交流研讨会、克拉玛依市第六届计划生育全面管理成果发布会、克拉玛依市糖尿病预防与教育经验交流会等6个高层次学术项目发布会和研讨会提供资助，资助经费5万多元。 （韩明升）

【兴农富民工程】 2010年，克拉玛依市科协积极实施兴农富民工程，促进农业转型。一是积极申报中国科协和自治区科协科普惠农兴村计划，认真做好中国科协、自治区科协科普惠农兴村计划的推荐与初评工作。由克拉玛依市科协、财政局共同推荐的克拉玛依区小拐乡榆树村花卉苗木种植协会和乌尔禾区乌尔禾乡张兰江分别获全国科普惠农兴村先进农村专业技术协会和先进个人称号；乌尔禾区乌尔禾乡农家乐协会和普林生态孔军分别获得自治区科普惠农兴村先进农村专业技术协会和先进个人称号。克拉玛依市全年获科普惠农奖补资金35万元。二是开展科技强乡富民工程。克拉玛依市科协实施科技强乡富民工程，共确定棉花种植等各类科技示范户88户。投入资金50万元培育和扶持各类农村经济合作组织，重点补助神农、兴民、绿康等18个农村经济合作组织开展的科技活动；投入资金60万元扶持《高效磁化液体复合肥的研制及推广》等4个农业项目。三是抓好科技强乡富民工程扶持。带动一批科技示范户和农村经济合作组织，给两个乡及农业开发区带去大量科学、实用的增产增收技术，为实现共同富裕奠定科技基础。四是积极组织专业培训工作。市科协在小拐乡、乌尔禾乡举办测土配方施肥培训班，印制发放测土配方施肥技术指导手册；组织开展平安农机宣传教育。五是在农村开展放心农资下乡进村宣传周活动，普及识假辨假和科学使用农资知识，增强农民维权意识和农资企业守法诚信意识，切实保障农民切身利益。 （韩明升）

【科普活动】 2010年，克拉玛依市科协履行社会团体责任，科普为民、惠民、富民取得新成效。一是抓好科普宣传。全市科协组织认真贯彻《全民科学素质行动计划纲要》，找准科普为民、惠民、富民服务方向，开拓创新工作方式，贴近公众需求，大力完善科普基础设施、丰富科普资源、积极搭建社会化科普活动平台，为公众提供人性化、专业化、特色的科普服务，广泛传播科学知识，提高公众科学素质以及提高公众的生活质量，促进人与社会全面和谐发展。二是突出特色，精心组织开展科普品牌活动，营造浓厚科普氛围。市科协围绕节约能源资源、保护生态环境、保障安全健康工作主题，重点组织开展全国科普日、科技活动周、科教进社区、科技之冬、科普“四进”等科普品牌活动，坚持全社会联动性、内容实效性、形式多样性、重点突出、特色鲜明的原则，形成市、区、街道、社区上下联动，社会公众广泛参与的崭新局面，收到良好的社会效益。在全市各类科普品牌活动中举办科普讲座750多场次、播放科普影片30余场，举办科普大篷车巡展26次，举办科普展览115场，举办科普竞赛20次，发放科普书籍、科普挂图等宣传资料3万多份。科普宣传活动覆盖4个区10个街道70多个社区，直接参与活动7万多人次，间接受益群众20万人。克拉玛依市科协被评为自治区科普工作先进集体。 （韩明升）

【未成年人科普】 2010年，克拉玛依市科协以校内外科学教育为重点，提升未成年人科学素质。市科协、市科技局、市教育局和各有关单位开展形式多样的青少年科技活动，激发青少年参与科技活动的热情，培养青少年创新意识和实践能力。举办青少年科技创新大赛、“尚德电力杯”青少年创意大赛、克拉玛依市首届机器人表演赛、计算机奥林匹克竞赛等科技竞赛活动，并组织青少年参加国家、自治区各类科技竞赛；举办“放飞梦想·爱我油城”科普一日游、青少年科学调查体验、科普大篷车进校园等科技实践活动。全市5 000多人次学生参与各项科技活动。克拉玛依市科协获全国科技创新大赛基层赛事优秀组织单位和自治区科技创新大赛优秀组织奖。组织的科普成果获全国科学幻想绘画一等奖3项、二等奖6项、三等奖2项；获全国科技实践活动三等奖1项；获自治区科学幻想绘画一等奖13项、二等奖12项、三等奖6项；获自治区青少年优秀科技实践活动一、二、二等奖各1项；获自治区青少年优秀科技竞赛项目二等奖、三等奖各2项；获自治区青少年金点子创意项目一等奖1项、二等奖2项、三等奖2项；组织参加第十届全国机器人竞赛，克拉玛依市实验小学获全国机器人基本技能项目小学组三等奖；市第十四小学获全国FLL机器人挑战赛三等奖；在FLL机器人世锦赛中国公开赛中，克拉玛依市第十四小学获团体二等奖；在“飞向北京”全国青少年航模比赛新疆赛区比赛中，独山子区代表队获13块金牌、3块银牌。 （韩明升）

【干部科普培训】 2010年，克拉玛依市科协以增强领导干部和公务员贯彻落实科学发展观的自觉性和科学决策能力为重点，加强科学素质培训。市科协会同市委组织部、市人事局、市科技局多次邀请区内外知名专家、市直机关有关部门领导，分别举行技术创新、知识产权保护等培训班5期，培训领导干部800人；选派90多名科级以上领导干部和业务骨干参加国家有关部委和自治区有关部门举办的与科技创新有关的培训学习；加强对后备干部和新录用公务员科学素质的考核，把科学素质作为测试的重要内容。3月9日，由中国科协科技咨询服务中心与自治区科协联合主办，克拉玛依市科协、新疆石油学会协办的技术创新方法专题报告会在克拉玛依市举行，特邀中国科技咨询服务中心总工程师、中国著名技术创新专家李赤泉作《TRIZ方法——促进企业自主创新的利器》报告。市直机关管理人员及新疆油田公司所属单位、西部钻探驻克拉玛依单位、克拉玛依石化公司、CEP驻克拉玛依等单位主管科技工作领导、工程师、地质师、专业技术骨干等400余人参加报告会。

（韩明升）

【农牧民科技培训】 2010年，克拉玛依市科协切实加强农牧民科技培训，提高农牧民获取和运用科技知识的能力。一是积极推进农牧民科学素质行动。市科协实施农牧民培训工程，培育有文化、懂技术、会经营的新型农民，为农村建设提供可靠的人才支持和智力保证。1～3月，组织开展科技之冬活动，共举办各类专题培训班37期，培训农民1 000余人次，发放各种图书资料1 000余份。在第21届科技之冬活动期间，市科协为农业综合开发区和两乡赠送价值3 000多元的科普书籍。市科协在农村科普及实用科学技术传播方面取得优异成绩，被授予自治区科技之冬先进集体称号。二是组织开展"科普大篷车"下乡活动，通过举办科普展览、赠送科普图书和科普宣传资料等形式，宣传科普知识、倡导科学、文明的生活方式。活动中，赠送畜牧、养殖、农村建设等汉语、哈萨克语、蒙古语各类农业科普图书500册，展出展板68块，展出声光电展品累计48件。

（韩明升）

【科普资源建设】 2010年，克拉玛依市科协加大科普资源建设力度，提高公共科普服务能力。一是多渠道拓展、丰富科普资源内容。11月，中国科协与华硕集团共建华硕图书室在克拉玛依区世纪公园读书园地揭牌，并为其配备2台计算机、1台打印机及2 000册图书；购置科普大篷车车载《海洋生物》三维立体科普图板1套；市第一部科普童话《尤奇的一生》正式出版2 000册，市科协举行首发仪式并向社区居民、青少年赠送图书；制作内容包括"低碳生活我先行"、"优秀科学幻想画"、"纪念自治区科协成立50周年4个10评选活动"等主题科普展板在全市巡展；印制《星座科普知识》、《纪念自治区科协成立50周年》、《科普大篷车》宣传册2 500册。二是加大各类传媒的科学教育传播力度。市科协与电视台合作录制1期《相约演播室》栏目，详细介绍青少年科技创新大赛及市青少年科技创新活动，并在现场演示机器人竞赛项目；与克拉玛依电台开设《科普先锋》栏目，每星期两次，每次半小时，共播出60期；与《克拉玛依广播电视报》合作开办《科普天地》专栏，每周1期；《克拉玛依日报》开设《天天保健》等一系列科普栏目；市委宣传部、克拉玛依日报社共同打造《准噶尔大讲堂》栏目，每两周1次，市民可点单免费听讲，至年底，已邀请疆内外知名专家开办26期讲座，讲座内容同步刊登在《克拉玛依日报》和克拉玛依网；克拉玛依电视台与市科技局合作开播社教栏目《油城讲坛》，选材涉及经济、历史、法律、文化、石油科普、健康等多个方面。栏目每周1期，每期30分钟；人民广播电台与市科技局联合开办《科技在线》栏目，在每周一至周五下午时段播出；《克拉玛依日报》继续开设《天天保健》、《食品、药品安全常识》等科普栏目。8月26日，克拉玛依市电视台配合中央电视台《走进科学》栏目组拍摄1期有关黑油山地表原油的节目《神奇的黑泉》。通过新闻媒体广泛宣传节约能源资源、保护生态环境、疾病防治、文明卫生习惯等方面科普知识，在全社会营造浓厚的科普氛围。（韩明升）

【科普示范与交流】 2010年，克拉玛依市科协加强科普示范、交流，提升科普工作品质。一是承办自治区城镇科普工作经验交流会暨科普惠民社区行动计划启动仪式。6月27～29日，自治区城镇科普工作经验交流会暨科普惠民社区行动计划启动仪式在克拉玛依市举行，总结交流近年来自治区城镇科普工作取得的经验，研究确定新时期城镇科普工作的有效方式方法，创新拓展科普工作思路，广泛动员各级科协和广大科技工作者，努力开创城镇科普工作新局面，为自治区战略选择实现提供有力的科技支撑。克拉玛依市科协、克拉玛依区科协、独山子区西宁路街道办、白碱滩区新河社区在会上做经验交流。会上自治区科协副主席魏生贵宣布科普示范单位命名决定，命名克拉玛依市为自治区科普示范城市。命名独山子区为自治区科普示范区。二是深入开展科普示范创建活动，增强基层科普工作活力。市科协深入开展科普示范创建活动，有24个市级创建单位开展复查和创建工作。克拉玛依区获全国科普示范城区复查资格，独山子区获创建全国科普示范城区资格。各创建和复查单位完善组织网络、注重抓特色亮点、抓基础设施建设，开展形式多样的科普活动，科普工作质量和水平显著提高。三是组织开展申报全国科普益民、科普惠民等项目工作。克拉玛依区科协获中国科协科普益民项目资助资金5万元；克拉玛依区南苑社区、拓湖社区、独山子区第三社区、白碱滩区沁苑社区、乌尔禾区柳园社区获自治区科协科普惠民资金各5万元；市科协获全国优秀科普画廊资助经费3万元。

（韩明升）

【科普创新活动】 2010年，克拉玛依市科协坚持以科技工作者为本，着力为科技工作者提供优质高效服务。一是企业科协建设逐步推进。市科协坚持以小企业、大联合的方式，以企业的行业性质为纽带，引导有条件的企业成立企业科协，新疆油田公司数据中心已申请成立企业科协，荣昌公司有成立企业科协的意向。截至年底，全市有企业科协24家。在全市讲理想、比贡献的活动中，共立项1 000余项。二是市级学术团体活力增强。通过年初召开的全市学会工作，以会代训，提高学会办会能力；营造争先创优的氛围；指导学会换届改选和年检工作，2家学会完成换届工作，23个学会完成年检工作；开展学会"小金库"专项治理，进一步规范学会发展；支持学会承接政府转移的社会职能。（韩明升）

【科普评优活动】 2010年，克拉玛依市科协科技人员服务工作深入细致。一是开展全疆十大科技人物、科技事件推荐活动。克拉玛依市市长、新疆油田公司总经理陈新发被评为自治区十大科技人物。二是加强科技工作者举贤荐优力度。市科协向自治区推荐各类科技奖项20人，其中讲理想、比贡献科技标兵2人。新疆油田公司采油一厂关泉生获科技标兵，另有2人获新疆青年科技奖，有3人获自治区优秀科技工作者称号，有1人获全国优秀科技工作者称号。三是做好科技人员宣传报道工作。在《克拉玛依日报》、《克拉玛依广播电视报》、《晨报》等媒体累计发布信息100多条次，2篇信息被中国科协网录用，30篇被自治区科协录用、2篇被市委录用。

（韩明升）

克拉玛依市文学艺术界联合会

【市文联领导名单】

党组书记、副主席：多里坤·吐鲁洪

主席、党组副书记：赵钧海

副主席、纪检组组长、党组成员：高连成

秘书长：刘龙平（2月离任）

【基本情况】 2010年，克拉玛依市文学艺术界联合会机关有职工18人，其中副处级以上领导干部3人、其他干部14人、工人1人。汉族职工11人，少数民族职工7人。文联下属10个协会，有团体会员单位4个，共有会员3 412人，其中国家级会员36人、省部级会员405人。全年文联组织举办文艺展演、文艺比赛35场次；会员创作出版文艺图书10部；获全国性文艺奖7项，获文艺机构举办的全国奖7项，获省部级文艺奖80项，获地市级文艺奖311项，获社会团体举办的各类文艺奖9项，《新疆石油文学》、《玛依布拉克》两本文学期刊各编辑出版发行4期，共刊发石油职工创作的文学作品120余万字，美术、摄影、书法作品250余幅。（申广志）

【文联五届四次全委（扩大）会】 2010年3月26日，克拉玛依市文联召开五届四次全委（扩大）会。文联委员、各文艺家协会理事200多人参加会议。文联主席赵钧海作题为《振奋精神，学习创新，推动克拉玛依文艺事业大繁荣》的工作报告，阐述深入开展科学发展观教育和加强民族团结进步教育的活动落实情况，总结2009年的工作，安排文联及各文艺家协会2010年的工作。克拉玛依市副市长祝贺香讲话，要求开展好马克思主义“五观”和“四个认同”、“三个离不开”、“三爱”、“六好”等思想政治教育工作，以文艺为武器，为克拉玛依的经济发展、社会稳定、民族团结提供强大的文化舆论支持。要始终坚持马克思主义在意识形态领域的指导地位，坚持“二为”方向和“双百”方针，坚持“三贴近”原则，加强文艺队伍建设、打造文艺精品，为克拉玛依打造世界石油城作出贡献。

（申广志）

【文艺惠民活动】 2010年，克拉玛依市文联及各文艺家协会以提高服务水平、联络、协调、服务为目的，组织文艺进社区、文艺上前线、文艺下基层、文艺下乡村的文艺惠民活动。10月，组成33人的文艺小分队，编创10个优秀节目，分别深入到乌尔禾区、小拐乡和风城作业区、陆梁油田作业区、彩南油田作业区、石西油田作业区和火烧山采油厂等农牧区及石油生产一线慰问演出，行程1 500多千米，演出9场。电影家协会深入乌尔禾乡、小拐乡、克拉玛依社区和军营放电影110余场；书法家协会组织会员写春联、送春联和书法进万家活动，现场指导、授课，全年写春联等1 500余幅，协会获全国书法进万家先进集体称号；戏剧家协会参与京剧、豫剧、秦腔等戏迷票友活动，活跃社区居民的业余文化生活。文联机关坚持每年春节与古尔邦节前，看望和慰问老文艺工作者。（申广志）

【企业及群众团体文艺展演活动】 2010年8月，克拉玛依市油田党委宣传部主办，市文联、石油文联承办2010克拉玛依企业及群众团体文艺展演活动，19个节目获奖，14日举行专场文艺晚会，市油田领导郭仲军、祝贺香、管峰云等观看演出并颁奖。（申广志）

【承办展览与专业会议】 2010年8月底，中国石油60句名言书法展和中国石油书法家协会秘书长工作会议在克拉玛依市举行。中国书协、中石油书协的白煦、刘恒、樊胜利、齐治欣、于恩东等领导参加大会；克拉玛依市、油田党委常委、宣传部部长郭仲军在开幕式上致辞。会议期间展出中国石油书法家创作的石油句言书法作品60件。展览接待来自全国石油系统的书法家及爱好者120余人。（申广志）

【克拉玛依市第十届摄影艺术展】 2010年11月11日，为纪念克拉玛依油田勘探开发55周年，由克拉玛依市文联、石油文联主办，摄影家协会承办、CPE新疆油建公司冠名的克拉玛依市第十届摄影艺术展在克拉玛依举行。摄影艺术展共收到作品500余件，参与人数82人，选出100幅优秀作品参展。作品在文化街展厅展出12天，接待观众3 000余人次。刘诗江的《姐妹》、杨斌的《暴风即将来临》等14件作品获金、银、铜奖。市领导郭仲军、雷红霞、祝贺香等领导参观影展。

（申广志）

【中国石油集邮协会第五次代表大会】 2010年9月16日，中国石油集邮协会和石油文联、石油集邮协会在克拉玛依举办中国石油集邮协会第五次代表大会。克拉玛依市市委副书记、常务副市长宋友立参加会议并致辞。（申广志）

【举办“双语”书法比赛】 2010年5月，克拉玛依市文联和市教育局共同举办第七届少数民族中小学生“双语”书法比赛，100余名爱好书法的维吾尔族中小学生参加汉、维吾尔两种文字的书法比赛。共有67名选手进入决赛。

（申广志）

【扶持制度签约】 2010年，克拉玛依市文联实施克拉玛依签约作家、艺术家和重点文艺作品扶持制度，首批签约13位作家、艺术家和3个重点文艺作品扶持项目。市文联主席赵钧海与签约人分别签订协议书，颁发聘书，并向社会公布。外地签约作家邱华栋、丁燕、殷常青创作的反映克拉玛依的作品《地名：克拉玛依》、《石油、石油》、《克拉玛依手记》、《克拉玛依的味道》、《克拉玛依之城》、《克拉玛依素描》等，分别刊登于《诗刊》、《作家》、《诗歌月刊》、《作品》、《延河》、《诗选刊》等全国著名期刊，大力宣传克拉玛依，进一步提升克拉玛依知名度；本地签约作家艺术家郭志凌、依不拉音·尼亚孜等的创作均取得较大进展。

刘龙平的长诗《克拉玛依吟》、曹建勋的长篇小说《大漠烟》等也相继完成或出版。签约作家、艺术家及重点扶持作品项目共发表作品145万字，入展、发表美术、书法、摄影作品198幅。（申广志）

【评选第二届克拉玛依文艺奖】 2010年，克拉玛依市文联积极做好第二届克拉玛依文艺奖的作品申报工作。阿尔斯兰·塔里甫的长篇小说《油城之情》、付剑锋的油画《红潮－石油系列》、孙国兴的油画《塔里木人》等14件作品获作品奖；青年作者钳达获新人奖；赵钧海的报告文学《飞翔在白垩纪的翼龙》、尹德朝的中篇小说《我们都是杨来顺》、广播剧《西圣地》等7件作品获荣誉奖；陈皋鸣、安定一、张红军3人获文艺贡献奖。

（申广志）

【评选第十七届黑宝石文艺奖】 2010年，克拉玛依市文联组织开展第十七届黑宝石文艺奖评选活动。阿尔斯兰·塔里甫的长篇小说《温暖大地》、刘巾的水彩画《花语》、李伯霖的书法作品《草书》、郭新的摄影作品《疾风》等45部（件）文艺作品获黑宝石文艺奖。

（申广志）

【文学作品出版】 2010年，克拉玛依市文联经与新疆人民出版社、新疆青少年出版社策划协商，筛选、审读克拉玛依市2009年发表的300多万字的文学作品，精选出70余万字的文学作品，编辑出版《新疆石油文学作品精选2009》和《玛依布拉克文学作品精选》。（申广志）

【报刊编辑出版】 2010年，克拉玛依市文联创编人员创新思维，团结协作，编辑《新疆石油文学》和《玛依布拉克》两种期刊，相继开辟签约作家、重点扶持等新栏目，推出克拉玛依石化公司、克拉玛依润滑油厂、油田公司采油一厂、油田公司井下作业公司职工摄影美术作品选、克拉玛依区书法剪纸作品选等专栏，集中展示和推出来自基层的文艺创作精品，两种期刊全年共刊登文学作品120余万字，刊发美术、摄影、书法作品250余幅。所发部分作品先后在《人民文学》、《西部散文选刊》等刊物刊登。（申广志）

【文艺骨干培训】 2010年，克拉玛依市文联和各文艺家协会把提高文艺骨干的创作水平和普及辅导培训紧密结合。美术家协会积极参与白碱滩区书画院、金龙镇书画社成立的指导工作，多次举办美术骨干培训班；舞蹈家协会组织5人参加在福州举办的全国产业行业舞蹈编导班，舞蹈骨干水平有较大提高。协会深入街道、社区培训大批舞蹈爱好者，成为各类文艺汇演的中坚力量；书法家协会邀请著名书法家白熙、刘恒、于恩东来克拉玛依举办书法讲座，现场点评学员作品；摄影家协会先后邀请新疆著名摄影家李学亮、晏先和广东摄影家谢墨来克拉玛依授课，现场点评优秀作品，并与克拉玛依移动公司联合举办摄影活动10多次，培养一批摄影新人。（申广志）

【文艺交流】 2010年，克拉玛依市文联和各文艺家协会加强对外交流与协作力度，开阔视野，锻炼队伍。作家协会组织9人参加百名作家笔会暨新疆电子音像出版社首届作家签约仪式，有6人被新疆电子音像出版社聘为签约作家；美术家协会积极参与国际著名画家杨鸣山、旅美画家周勇在克拉玛依的美术展与交流活动；独山子区文联邀请著名作家毕淑敏开办心理健康与幸福人生讲座。市文联接待新疆文联原副主席、著名评论家王仲明率领的赴油田采风团，中国美术家协会党组书记吴长江率领的中国美术家新疆采风团，中国电影协会西北西南电影工作会议采风团，新疆作家协会组织的大自然笔会，著名作家阿来、艾克拜尔·米克提、宗仁发、施战军等采风团以及全国著名画家俞晓夫写生采风团等，并互相交流与切磋，扩大创作视野。

（申广志）

【作品发表】 2010年，克拉玛依市文联作家协会有多篇作品在全国著名刊物《散文》、《美文》、《作家》、《诗刊》、《星星》、《北京文学》等发表。赵钧海、申广志等3人的文学作品在《人民日报》发表。赵钧海的散文《陪母亲逛街》在《散文》发表后，入选"2009中国散文排行榜"，并连续14次被转载；赵钧海的散文《我的恍惚的农场光阴》在《美文》杂志发表后，被中国散文年会组委会、《散文选刊》杂志社评选为2010年中国散文排行榜第七名，并入选《2010年我最喜爱的散文》；尹德朝的中篇小说《红矿帽》在《清明》头题发表，并刊登在《小说选刊》佳作搜寻栏目介绍，短篇小说《心形小镜》入选《飞天60年典藏短篇小说卷》；刘龙平的诗歌《搭便车的乌鸦》入选《2010中国诗歌佳作选》；郭志凌荣登《绿风》三弦琴栏目；申广志、潘伟、顾伟、谢耀德、刘小晖均有作品入选《亚心文萃》、《2010新疆小说佳作》、《2010新疆散文佳作》等各种选集；青年作者钳达用汉、蒙两种文字创作，出版散文集《套住记忆的乌尔禾》、诗集《戈壁蓝色的乌尔禾》；陆喜的散文集《戈壁听雨》、钱伟明的散文集《魅力准噶尔》、刘琼的诗集《无意绽放》等相继出版发行。电影家协会张红军任编剧的电影《变成太阳的手鼓》在克拉玛依举行首映式；美术家协会付剑锋的油画《红潮一石油系列》、摄影家协会桑圣江的摄影《油区新客》等入选世博会石油馆；彭召胜、李树一、胡建哲、李喜生、冯健的作品分别入选新疆多个美术作品展；鲍忠远在《四川美术》刊登5幅人物肖像油画作品；摄影家协会居建新有7幅作品被《中国摄影》推出。

（申广志）

【获奖作品】 2010年，克拉玛依市文联、石油文联组织的文学（文艺）作品获全国作品奖4项，全国性荣誉奖3项，获文化艺术机构举办的全国奖项7项；获省部级作品奖80项，省部级荣誉奖3项；获社会团体举办的各类文艺奖9项；获地市级作品奖311项，地市级荣誉奖8项。

全国性作品奖

2010年全国摄影艺术展览

主办单位：中国摄影家协会

《疾风》（组照） 郭新 优秀作品

《冬牧》 张新民 优秀作品

中国（芮城）永乐宫 第三届国际书画艺术节

主办单位：中国书法家协会、中国美术家协会、山西省文学艺术联合会等

《隶书条幅》书法 王纪林 入展奖

2010年度全国春节文艺晚会 暨春节特别节目评选

主办单位：中国电视艺术家协会

《腾飞·克拉玛依》 电视艺术家协会 春节文艺晚会好作品

全国性荣誉奖

2010年“中国书法进万家”活动

主办单位:中国书法家协会

克拉玛依石油书法家协会　先进集体

王砚充　先进个人

王纪林　先进个人

文化艺术机构举办的全国奖项

2010年度中国散文排行榜

主办单位:中国散文年会组委会、《散文选刊》杂志社

《我的恍惚的农场光阴》　赵钧海　第七名

2010年度中国散文年会

主办单位:中国散文年会组委会、《散文选刊》杂志社、《长篇小说》杂志社

《我的恍惚的农场光阴》　赵钧海　中国百篇散文奖

《藤》　朱凤鸣　二等奖

“全国百名作家看白茶”2010年度中国散文笔会征文评选

主办单位:中国散文年会组委会、《散文选刊》杂志社、《长篇小说》杂志社

《妻子的背影》散文　张良英　二等奖

全国第二届中山图书奖评选

主办单位:《散文选刊》杂志社、香港文学促进会、香港文学报社、中山文学院

《圣土集》文学作品集　安定一　全国第二届中山图书奖

《小说选刊》首届全国小说笔会

主办单位:《小说选刊》杂志社

《这是谁的水壶》短篇小说　尹杰　三等奖

省、部级作品奖

“恒光杯”全国公安文学大奖赛新疆赛区作品评比

主办单位:新疆作家协会、新疆公安消防总队

《阿岚的烦恼》短篇小说　刘小晖　三等奖

2010年上海世博石油馆参展艺术作品

主办单位:中国石油天然气集团公司、中国石油文联

《中国石油系列组画之一》　付剑锋　优秀书画作品

《中国石油系列组画之二》　付剑锋　优秀书画作品

《和谐油田》摄影　桑圣江　优秀摄影作品

《钻探魔鬼城》摄影　居建新　优秀摄影作品

《勘探沙海》摄影　居建新　优秀摄影作品

《向阳花开》摄影　许莉　优秀摄影作品

第二届新疆社会主义新农村建设书法篆刻作品展览

主办单位:新疆书法家协会

《篆书条幅》书法　徐忠新　一等奖

第五届新疆群众舞蹈大赛

主办单位:自治区党委宣传部、自治区文联、新疆兵团文联、新疆电视台、新疆舞蹈家协会、自治区《老年康乐报》报社

《门球乐》舞蹈　退管中心　群舞表演一等奖

《梅兰竹菊》服饰　退管中心　服饰表演一等奖

《老石油的喜悦》舞蹈　退管中心　群舞表演三等奖

第六届新疆少儿舞蹈比赛

主办单位:自治区党委宣传部、自治区文联、新疆兵团文联、自治区关心下一代工作委员会

《跳吧!伙伴们》　王菁　阿依古丽　最佳创作奖

《我爱劳动》　郑爱华　最佳创作奖

新疆广播电视文艺奖

主办单位:新疆广播电视局、新疆广播电视协会

《望西》音乐电视　吴黎　马兵　张艺舰　二等奖

《大爱无疆、世代相传》公益广告　艾比布·巴吾东　崔效铭　郎涛　二等奖

《美丽的江南——的克拉玛依河》文艺专题　强新钢　刘珈玮　谢玉芳　三等奖

《克拉玛依花朵》第89期　少儿节目　艾尼瓦尔　吐尔逊·木沙　麦哈巴·甫拉提汗　地力努尔　三等奖

《“六一”儿童文艺晚会》　少儿节目　艾尼瓦尔　吐尔逊·木沙　麦哈巴·甫拉提汗　地力努尔　三等奖

“走进四姑娘山”影友联谊会

主办单位:《中国摄影》杂志社

《秋韵》摄影　夏建国　优秀奖

社会团体举办的各类文艺奖

“金鹏展翅”2010第四届中国民族语言、民族题材电视节目展示与研讨

主办单位:联合国教科文组织北京办事处、中国民族影视艺术促进会

《蜘蛛侠》译制片　电视艺术家协会　一等奖

2010年努肉孜节文艺晚会　综艺晚会　电视艺术家协会　二等奖

《克拉玛依花朵》106期　少儿节目　电视艺术家协会　三等奖

第四届“民族情”全国书画艺术大赛

主办单位:中国书画家协会、中国书

画大家网、南京书画艺术交流有限公司、民族情全国书画大赛组委会

《王安石梅花诗》草书　李伯霖　金奖

《幽香目佩》国画　李伯霖　金奖

2010 上海世博·中国著名书画家精品邀请展

主办单位：中国国画家协会、中国写意画协会、中国振鸣书画院、中国当代书画精品邀请展组委会

书法　李伯霖　银奖

第六届“金鼎奖”全国书法美术大展赛

主办单位：中国书画研究院、“金鼎杯”全国书法美术大展赛组委会

书法　李伯霖　银奖

首届“晋唐风韵”全国书画艺术大赛

主办单位：中国书法艺术院、中国书法大家网、南京珠湖书画艺术交流有限公司、晋唐风韵全国书画艺术大赛组织委员会

书法　李伯霖　银奖

第二届“翰墨颂中华”全国书画艺术大赛

主办单位：中国艺术家协会、南京珠湖书画艺术交流有限公司、翰墨颂中华全国书画大赛组委会

书法　李伯霖　银奖　（申广志）

克拉玛依市工商业联合会（商会）

【领导名单】

主席：赵武生

副主席：陆世安、阿不力孜·吾马尔江、郭长有、王殿辉、王建国、张元清、贺文华、谢光国、罗李强、何世春、王江、陈相侠、方四明、吕天军、段其军、熊玉兰

秘书长：张艾华

【基本情况】 2010 年，克拉玛依市工商企业联合会（商会）机关设综合科、会员联络科（光彩事业办公室），编制 6 人，实有 4 人。全市有个体工商户 1.7 万户，注册资金 10.2 亿元，从业人员 3.2 万人；私营企业2 179户（其中民营科技企业 84 家、高新科技企业 23 家），注册资金 13.8 亿元，从业人员 2.3 万人。全年非公有制经济实现总产值 95 亿元。市工商联（商会）有会员 155 个，其中企业会员 114 个、个人会员 41 个。（张艾华）

【调查研究】 2010 年，克拉玛依市工商联（商会）先后走访会员 80 多家（次），召开座谈会 4 次，了解会员企业基本情况，征求企业家的意见和建议，反映企业家诉求。学习贯彻中共中央、国务院《关于加强和改进新形势下工商联工作的意见》精神，结合克拉玛依市工作实际，提出加强和改进工商联工作的建议。经过调查研究，撰写《克拉玛依市 2009 年民营经济发展报告》。（李　军）

【非公经济单位教育活动】 2010 年，克拉玛依市工商联（商会）认真做好非公经济单位的思想政治工作和非公经济组织推荐工作，使非公经济单位各项工作健康发展。在会员中开展热爱伟大祖国、建设美好家园主题教育等活动，走访企业和召开座谈会，向会员企业宣传党的方针政策和克拉玛依市委、市政府有关会议精神。推荐地质公司、康佳公司、地威诺公司等企业参加全国就业与社会保障先进民营企业、新疆跨越式发展最具成长力企业评选活动；推荐方四明等人参加新疆青年创业奖评选活动。新疆天麒工程项目管理咨询公司被授予自治区参与新农村建设先进民营企业。（李　军）

【经济服务】 2010 年，克拉玛依市工商联（商会）大力开展会员经济服务活动，组织开展联谊活动 60 余次，搭建会员间的交流与合作平台；应会员要求，为会员协调解决有关融资、工程款结算、施工建设、科技产品推广、企业员工内部矛盾等问题 30 多件；协助联商公司筹建工商联会员企业联合办公大楼，协调解决有关用地、规划设计等方面问题。积极开展教育培训工作，参与市经贸委组织的中小企业高层管理培训班，20 多名企业负责人参加培训；组织 10 名会员企业负责人参加北京大学 EMBA 学习。先后组织两批共 32 名企业家赴台湾商贸考察，10 名企业家参加市台办组织的赴台湾经贸考察团，17 名企业家赴青岛学习考察。（李　军）

【学习实践科学发展观活动】 2009 年 9 月至 2010 年 3 月，克拉玛依市工商联（商会）在非公经济单位开展学习实践科学发展观活动。全市有 95 家非公有制经济党组织参加自治区第三批深入学习实践科学发展观活动。参加学习的非公经济组织中，设立党委的有 10 家，设立党总支的有 5 家，党支部的有 80 家。克拉玛依市、新疆油田公司改制企业 76 家，私营企业 13 家，商业聚集区联合党支部 6 家参加学习实践活动。参加学习实践活动的党员共有2 590名，其中女党员 288 名、少数民族党员 298 名、35 岁以下党员 190 名。市工商联按照属地管理和分类指导的原则，积极参与指导非公经济组织学习实践活动，准确把握学习实践活动的总体要求，合理安排各阶段工作，在各区委、街道党工委和参学单位的共同努力下，完成三个阶段的工作任务。（张艾华）

【创先争优活动】 自 2010 年 6 月起，克拉玛依市工商联（商会）在非公有制经济单位中组织开展创先争优活动和百日集中组建党组织工作。全市注册登记的非公有制企业，剔除分支机构后的非公有制经济组织有1 988家，其中规模以上企业 92 家，个体工商户17 098户，有党员3 859名，建立党组织 146 个。在百日集中组建活动中，克拉玛依 4 个区从实际出发，积极探索适合非公有制经济组织党建工作的途径和方法，通过单独组建、联合组建、挂靠组建、依托行业管理部门组建等形式设置党组织，新组建党组织 32 个，覆盖党员 141 名。至年底，全市非公有制经济组织党组织应建已建率 100%，规模以上企业 100% 单独组建党组织，非公有制经济组织党员 100% 纳入党组织管理，实现党的组织和党的工作全覆盖。（张艾华）

克拉玛依市归国华侨联合会

【市侨联领导名单】

主席：赵卫国

副主席：阿合麦江·麦麦提、杨昌武（兼）、王立堂（兼）

【**基本情况**】 2010年，克拉玛依市归国华侨联合会设主席1人、专职副主席兼侨联秘书长1人、兼职副主席2人，委员19人。事业编制3名，级别为正县级，与外事侨务办公室合署办公。克拉玛依市归国华侨联合会是市归侨、侨眷依法成立的人民团体，主要职能是按照《中华全国归国华侨联合会章程》开展活动，维护归侨、侨眷的合法权益。

（阿合麦江·麦麦提）

【**基层组织建设**】 2010年，克拉玛依市归国华侨联合会按照全国第八次侨代会精神和自治区侨联关于加强侨联组织建设的要求，加大工作力度，进一步完善基层侨联组织。一是推进街道侨务工作规范化建设，利用街道社区分级分片管理带来的发展机遇，探索侨务管理新模式。二是抓好结合，促进双向服务，使侨务工作在和谐社区建设中发挥突出作用。通过积极支持和指导基层侨联组织建设和开展活动，维护民族团结和社会稳定。三是做好归侨、侨眷的参政议政工作。全年侨界人士人大代表共向政协和人大提出11项提案和建议。

（阿合麦江·麦麦提）

【**侨务工作**】 2010年，克拉玛依市外事侨务办公室接待归侨侨眷来信来访34人次，办理侨眷证14本，咨询维权、住房、就业、探亲、出入境待遇、身份证明等各类问题25人次。积极开展扶贫帮困送温暖活动，全年组织慰问归侨侨眷10人次。（阿合麦江·麦麦提）

【**慰问联谊**】 2010年，克拉玛依市归国华侨联合会走访探望老归侨、侨眷家庭10户。送去慰问金、慰问品2 000余元。在春节前，举办迎新年联谊会，进一步增进归侨、侨眷之间的友谊。

（阿合麦江·麦麦提）

【**侨联四届四次全委扩大会**】 2010年4月26日召开，讨论如何围绕克拉玛依市、油党委中心工作开展侨联活动。会议倡议克拉玛依市归侨、侨眷认真学习国家法律法规，深入学习实践科学发展观，为维护各族归侨侨眷的共同利益、为克拉玛依市打造世界石油城作出贡献。（阿合麦江·麦麦提）

【**获得荣誉**】 2010年，克拉玛依市归国华侨联合会获自治区侨联成立30周年纪念活动优秀组织奖。克拉玛依市侨眷巴依木拉提的书法作品获自治区侨联30周年书画展三等奖，市民卡米力江、腾永芬、曹荣坤书画作品获自治区侨联30周年书画展优秀奖。

（阿合麦江·麦麦提）

【**侨界文化交流**】 2010年，克拉玛依市侨界对外文化交流日益丰富，取得可喜成果。8月中旬，克拉玛依市旅美画家、美国新泽西美术学院教授、美国罗格斯大学亚洲文化中心艺术顾问周勇到克拉玛依市举办油画展及摄影展，并举办多场学术讲座及交流活动。9月上旬，钢琴演奏家古丽米娜·马哈木提夫妇自美国回克拉玛依访友讲学，举办钢琴演奏音乐会。9月底，世界华人美术家协会澳洲地区秘书长、南澳大利亚皇家美术家协会理事杨鸣山到克拉玛依市举办画展。（阿合麦江·麦麦提）

·小资料·

中国侨联的性质、地位、作用和基本职能

中国侨联是由全国归侨、侨眷组成的全国性人民团体，是党和政府联系广大归侨、侨眷和海外侨胞的桥梁和纽带。中国侨联是全国性的一级人民团体，是全国政协的组成单位，各级侨联与同级工会、青年团、妇联等人民团体享有同等待遇。《归侨侨眷权益保护法》第八条规定：“中国侨联和地方侨联代表归侨、侨眷的利益，依法维护归侨、侨眷的合法权益。”第二十三条还规定：“归侨、侨眷合法权益受到侵害时，被侵害人有权要求主管部门依法处理，或者向人民法院提起诉讼。归国华侨联合会应给予支持和帮助。”侨联的性质决定了其为侨服务的根本宗旨，侨联的基本职能是“群众工作、参政议政、维护侨益、海外联谊”。

驻市中央石油石化企业

新疆油田公司

【中共新疆油田公司委员会领导名单】（见市、油田党委部类）

【中共新疆油田公司纪律检查委员会领导名单】（见市、油田党委部类）

【新疆油田公司副总师以上行政领导名单】

总经理：陈新发

副总经理：徐卫喜、阿不来海提·克尤木（7月离任）、孙晓岗、匡立春、包尔汉·卡哈尔（11月任职）、聂海光、杨学文（11月离任）、况军、朱水桥（11月任职）

安全总监：孙晓岗（兼）

总会计师：余同钢

总经理助理：赵玉建

地球物理副总工程师：吕焕通

安全副总监：陈荣灿

副总工程师：范炳章、张学鲁、郑前贺、王从乐

开发副总地质师：朱水桥（11月离任）

勘探副总地质师：王绪龙

总法律顾问：黄庆民

【新疆油田公司总经理办公室领导名单】

主任：张峰

副主任：图尔荪·赛伊迪、刘发军、闫兴福

【新疆油田公司基本情况】 2010年，中国石油天然气集团公司新疆油田分公司（以下简称新疆油田公司）主要业务包括油气勘探开发、生产服务、矿区服务和其他辅助业务，主要勘探与生产领域位于准噶尔盆地及其外围盆地。2010年，新疆油田公司设机关处室26个，机关直（附）属单位20个，基层单位40个。另设相对独立的矿区服务事业部，机关处室9个，机关直属单位3个，基层单位9个。油田公司有员工54 293人。累计探明石油地质储量21.9亿吨、天然气地质储量2175.8亿立方米，油气资源探明率分别为25.2%和8.7%。投入开发油气田29个，累计生产原油2.9亿吨，采出程度18.2%；累计生产天然气534亿立方米（气层气196.7亿立方米），已开发气层气可采储量采出程度12.7%。原油输送管道34条，年输送能力1 500万吨；天然气输送管道32条，年输送能力120亿立方米。（刘　晓）

【总经理办公室基本情况】 2010年，新疆油田公司总经理办公室设置主任、副主任岗位，内设秘书科、文书督查科、综合科，在编人员15人。总经理办公室主要负责油田公司行政综合性文件、材料、会议报告、领导讲话的起草和公司大事记、年鉴的采集编发工作；负责生产经营信息、调研和督办工作；负责协调机关及直附属单位的工作运行，负责突发事件应急协调；负责行政来文管理、公文制发及印信管理和公司行政秘书、文书工作管理；负责行政领导日常办公和公务活动安排；负责组织协调生产经营大型会议、活动；负责公司品牌（标识）日常管理和业务协调工作；负责对外联络和接待管理工作；负责维文翻译审核；负责各级人大、政协议案、提案的办理工作；负责驻外机构办事业务的管理；负责机关行政事务中心、档案中心管理和对公司所属单位行政办公进行业务指导。（刘　晓）

【主要生产经营指标完成情况】 2010年，新疆油田公司生产油气1 089万吨、38亿立方米，完成油气商品量1 080万吨、18.5亿立方米。新增石油探明储量7 690万吨（可采1 646万吨）、控制储量8 438万吨、预测储量7 470万吨；新增天然气预测储量519亿立方米。生产服务全年完成试油203层、井下作业16 834井次、供水5 844万立方米、发电15.3亿千瓦时、供电22.8亿千瓦时、机械制造3.6亿元、物资供应42.49亿元、客运周转量8.4亿人千米。实现总收入472.16亿元、税前利润174.79亿元、每桶油现金贡献162.67元、每桶油完全成本22.87美元（其中油气单位操作成本8.92美元）、经济增加值（EVA）104.19亿元、税费142.69亿元。（刘　晓）

【总经理办公会议】 2010年1月11日，陈新发主持召开总经理办公会，审议并通过财务资产处关于公司2009年度财务决算情况的汇报。

1月20日，陈新发主持召开总经理办公会，审议《2009年投资费用计划执行情况及2010年投资费用计划安排建议（草案）》。

2月8日，陈新发主持召开总经理办公会，听取供水公司关于造林减排基地发展规划情况汇报。

3月1日，陈新发主持召开总经理办公会，审议并通过《关于调整新疆油田公司专业委员会（领导小组）的建议方案》和《新疆油田公司2010年员工培训项目计划》。

3月29日，陈新发主持召开总经理办公会，听取并研究“三重一大”决策流程控制规范、一季度生产经营计划执行情况及二季度生产经营计划安排建议、集资建房政策及推进职工住房改善意见3个汇报。

4月12日，陈新发主持召开总经理办公会，听取并研究公司疗养费、高温费、误餐费和交通费实施方案。

6月17日，陈新发主持召开总经理办公会议，审议公司2 500万吨油气当量发展规划。

6月21日，陈新发主持召开总经理办公会，审议《新疆油田公司组织机构设置规范》编制及实施方案。

6月28日，陈新发主持召开总经理办公会，审议《对采油一厂合同化员工马艳美的处理建议》和《新疆油田公司2010年上半年生产经营计划执行情况及三季度安排建议》。

8月2日，陈新发主持召开总经理办公会，审议《新疆油田培训中心健康、安全与环境培训业务发展的建议》和《克拉玛依综合游泳馆管理建议》方案。

8月23日，陈新发主持召开总经理办公会，审议《克拉玛依职业教育培训（工程教育）基地规划》、《机械制造总公司新建迁建规划》和《物资供应总公司仓储设施搬迁规划》。

8月30日，陈新发主持召开总经理办公会，审议《矿区服务事业部机关设置建议》和《新疆油田公司克拉玛依区存量土地利用调整规划方案》。

9月6日，陈新发主持召开总经理办公会，审议财务处关于2010年公司资产报废情况的汇报。

9月13日，徐卫喜主持召开总经理办公会，听取人事处和社保中心关于退岗职工家属补费纳入基本养老保险统筹工作情况的汇报。

9月27日，陈新发主持召开总经理办公会，审议规划计划处关于《新疆油田公司2010年前三季度生产经营计划执行情况及四季度安排建议》、《新疆油田公司今冬明春天然气配置方案及“十二五”天然气产销平衡意见》和生产运行处关于《2010年油田公司扶贫及捐助地方项目》。

10月25日，陈新发主持召开总经理办公会，审议人事处关于对判缓刑员工处分的建议。

11月15日，陈新发主持召开总经理办公会，听取人事处《关于调整一线关键艰苦岗位员工基本工资标准实施方案》和规划计划处《关于2011年勘探开发投资计划落实及编制安排建议》。

11月22日，陈新发主持召开总经理办公会，听取规划计划处关于公司2011年勘探开发投资计划的汇报，就有关问题作出安排。（刘　晓）

【履行社会责任】 2010年，新疆油田公司秉承奉献能源、创造和谐的企业宗旨，积极履行社会责任，树立负责任大公司的形象。

抗雪救灾　1～3月，阿勒泰地区遭遇60年不遇的特大雪灾，市、油田组建联合救援抢险队赴阿勒泰、塔城地区抗雪救灾。共打通道路4 000多千米，救援被困村庄、冬窝子211个，解救被困群众7万多人，保障运送救灾物资961.5吨，最大限度地减低暴雪灾害造成的损失。

安全发展　新疆油田公司连续第10年实现无生产亡人事故和重大环境污染事故。开展安全生产大检查、驻外机构安全专项检查和重点部位消防检查等活动，投入专项资金2.64亿元，整改安全隐患46项；开展水体污染应急预案与突发事件新闻媒体应急联动演练，提升了应急反应能力。将承包商纳入HSE体系管理，举办承包商HSE培训班18期，培训3 200人次。

清洁发展　新疆油田公司加强污染源监测与控制，完成6座污水外排处理设施和35座（台）燃气（油）锅炉的检测与分析；深化反应吸附法处理作业废水研究与应用，开展石西油田高矿化度废水盐生植物修复处理技术研究，盐生植物的栽培和修复进入试验阶段；编制完成年度温室气体排放清单和总结报告，为“十二五”环保指标的确定和减排措施的制定提供了技术依据。国家973项目“二氧化碳植物吸收减排的基础研究”通过验收，研究成果填补多项国家空白。

节约发展　新疆油田公司深化节约挖潜、降本增效劳动竞赛活动，实施项目407个，节约投资、成本及费用3.55亿元。投资1.5亿元，实施机电、注汽等系统节能技术改造。红浅火驱试验取得多项成果，彩南联合站节能改造实行合同能源管理，准东石油基地实施热电联供节能改造，获集团公司和自治区节能节水型先进企业。

数字油田　新疆油田公司信息管理系统进一步完善升级，扩大了数字油田的覆盖范围和应用深度，正式启动智能新疆油田建设工程，基本确定智能油田的建设蓝图和技术路线，持续推进数字油田产品和技术向数字城市的移植，助推了克拉玛依数字城市和信息产业的发展。与克拉玛依市联合，举办首届信息化创新克拉玛依国际学术论坛，扩大油田信息化的影响力，展示信息化建设成果。

扶贫帮困　全年新疆油田公司投入扶贫资金1 800万元，用于托里县、和布克赛尔县莫特格乡建设抗震安居房以及援助地方项目。积极开展困难员工帮扶活动，累计投入帮扶资金3 672万元，帮扶2.6万人次，送温暖工作实现常态化。开展退岗家属补费纳入统筹养老保险管理工作，1.58万名符合参保条件的退岗职工家属补费参保。（刘　晓）

【重要行政文件】

一、2010年油田公司文件（部分）

1月7日，印发《关于采气一厂原油生产业务划入采油二厂管理的通知》。

2月2日，印发《关于下达2010年生产经营计划的通知》

2月9日，印发《新疆油田公司承包商健康安全与环境（HSE）管理规定（暂行）》。

2月25日，印发《关于进一步加强投资控制 推进石油工程招议标工作的通知》。

2月25日，印发《关于做好呼图壁气田改建储气库工作的通知》。

3月3日，印发《新疆油田公司招标管理实施细则》。

3月4日，印发《关于表彰公司2009年度“节约挖潜、降本增效”劳动竞赛先进单位（个人）及优秀项目的决定》。

3月4日，印发《关于2010年“节约挖潜、降本增效”劳动竞赛活动安排的通知》。

3月18日，下发《关于印发〈新疆油田公司因公出国（境）团组和人员管理办法〉等三个管理法的通知》。

3月25日，印发《新疆油田公司关于全面实施基础管理建设工程的通知》。

4月8日，印发《关于废止新疆油田公司〈钻井液用粉状磺化沥青〉等6项企业标准的通知》。

4月12日，印发《关于调整公司绩效考核管理职能的通知》。

4月12日，印发《关于印发〈新疆油田公司动火作业许可管理实施细则〉等六项作业许可管理制度的通知》。

4月16日，印发《新疆油田公司油气田开发资料录取管理规定》。

4月25日，印发《关于治安保卫中

心供水设施治安保卫业务及人员划入供水公司管理的通知》。

4月28日，印发《新疆油田公司建设工程承包商质量管理规定(暂行)》。

5月5日，印发《新疆油田公司信息化工作管理规定》。

5月11日，印发《新疆油田公司2010年质量管理体系建设方案》等两个建设方案。

5月24日，印发《新疆油田公司质量计量工作考核指标》。

6月1日，印发《关于印发〈新疆油田公司员工健康疗养标准〉等三个标准的通知》。

6月1日，印发《关于做好2010年度抗震工程项目实施的通知》。

6月14日，印发《关于授予孟洁等21人为"新疆油田公司技术能手"称号的决定》。

6月17日，印发《关于发布〈抽油机用节电(控制)器技术要求及检验方法〉等37项企业标准的通知》。

7月7日，下发《关于印发〈新疆油田企业补充医疗保险管理办法〉的通知》。

7月20日，下发《关于印发〈新疆油田公司岗位设置办法〉和〈新疆油田公司机构编制管理办法〉的通知》。

7月20日，印发《关于2010年度岗位工资考核晋档的通知》。

7月21日，印发《关于表彰"十二五"规划编制工作先进单位、优秀规划成果及先进个人的通知》。

8月20日，下发《关于印发〈新疆油田公司劳动合同管理办法〉和〈新疆油田公司劳动合同管理工作程序〉的通知》。

9月9日，印发《克拉玛依市、新疆油田解决城镇未参保集体企业退休人员基本养老保障等遗留问题的实施方案》。

9月14日，印发《新疆油田未上市业务解困扭亏实施方案》。

9月26日，印发《新疆油田公司物资供应商管理实施细则》。

10月2日，印发《新疆油田公司物资管理办法》。

10月12日，印发《关于发布〈油田污泥脱水离心机安全操作和维护规程〉等11项企业标准的通知》。

10月21日，印发《新疆油田公司工程造价管理办法》和《新疆油田公司价格管理办法》。

11月22日，下发《关于印发〈新疆油田公司节能节水管理办法〉等4个管理制度的通知》。

12月6日，印发《新疆油田公司设备管理办法》。

12月27日，印发《内部控制管理手册》(新疆油田公司分册)(2011版)。

12月30日，印发《关于表彰"对安全环保工作有突出示范作用的基层站队、突出影响的管理者、突出贡献的工作者"的决定》。

12月30日，印发《关于表彰2010年度安全生产、环境保护先进单位的决定》。

二、2010年油田公司部门文件(部分)

1月29日，印发《新疆油田公司"安全生产十周年"系列活动方案》。

2月4日，印发《〈内部控制管理手册〉(新疆油田公司未上市业务分册)(2010版)的通知》。

2月4日，印发《关于明园地区天然气入户工程的批复》。

2月9日，印发《关于公布2009年度第二批废止规章制度目录的通知》。

2月25日，印发《关于下发新疆油田公司2010年交通安全、消防安全专项工作方案的通知》。

3月2日，印发《新疆油田公司2010年HSE体系推进工作计划》。

3月3日，印发《新疆油田公司钻井工程甲方供料管理规定(暂行)》。

3月5日，印发《关于举办新疆油田公司第六届职业技能竞赛的通知》。

3月11日，印发《关于新疆石油管理局油田地面化学剂质量监督检验站更名的批复》。

3月12日，印发《新疆油田公司2010年员工培训项目计划》。

3月16日，印发《关于下发新疆油田公司防洪应急预案的通知》。

3月16日，印发《新疆油田公司承包商健康、安全与环境(HSE)准入证办理细则》。

3月17日，印发《新疆油田公司2010年应急管理工作方案》。

3月17日，印发《关于成立重点要害部位安全防范系统建设项目协调领导小组的通知》。

3月18日，印发《新疆油田公司机关公务用车管理办法(暂行)》。

3月24日，印发《关于评选新疆油田公司技术能手的通知》。

3月24日，印发《新疆油田公司2010年职业健康工作方案》。

4月7日，印发《关于下达2010年物资管理考核指标的通知》。

4月22日，印发《新疆油田公司钻井工程方案与设计管理规定》

4月19日，印发《关于表彰2009年度公司质量管理小组活动成果的决定》。

4月13日，印发《关于对2010年度集团公司晋升职称水平统一考试中违纪人员进行处理的通报》。

4月14日，印发《新疆油田公司临时用电安全管理实施细则》。

4月25日，下发《关于印发公司所属体育场馆面向社会开放实施方案的通知》。

5月6日，印发《新疆油田公司工程建设项目自购材料价格管理实施细则》。

5月7日，印发《关于进一步加强标识应用与管理工作的通 知》。

5月19日，印发《关于划转桑达公司持有克市商业银行股权的通知》。

6月9日，印发《新疆油田公司内部控制运行评价管理办法》。

7月6日，印发《新疆油田公司成本节约奖管理办法(暂行)》。

7月8日，印发《新疆油田公司生产经营与财务预算双签管理办法(暂行)》。

7月22日，印发《关于认真实施〈新疆油田公司组织机构设置规范〉等三个管理文件的通知》。

7月27日，印发《新疆油田公司油气田地面工程标准化建设规模化采购管理细则》。

8月13日，印发《新疆油田公司人才对口支持工作管理办法》。

8月13日，印发《关于下达2010年石油专用管材和普通钢材结算价格的通知》。

8月20日，印发《新疆油田公司劳动纪律管理规定》。

8月25日，印发《新疆油田公司采油(气)工程方案管理规定》。

8月26日，印发《新疆油田公司宣传贯彻石油天然气管道保护法实施方案》。

9月6日，印发《新疆油田公司应收

款项管理办法》。

9月17日，印发《关于转让克拉玛依普林生态科技有限公司无形资产的通知》。

9月27日，印发《关于开展2010年度职称评审工作的通知》。

9月28日，印发《关于新疆油田公司2010年建设工程预(结)算办法的通知》。

10月21日，印发《新疆油田公司重大活动档案管理细则》。

11月20日，印发《新疆油田公司健康、安全与环境管理(HSE)目标责任考核方案》。

11月24日，印发《关于发布2010年度企业管理现代化创新优秀成果的通知》。

12月2日，印发《新疆油田公司公房出租消防安全管理办法(暂行)》。

12月9日，印发《关于划转昆仑银行股份有限公司股权的通知》。

12月10日，印发《新疆油田公司操作服务人员聘任到一般管理岗位或专业技术岗位管理暂行办法》。

12月23日，印发《关于2010年度财务决算工作安排的通知》。

12月29日，印发《关于进一步规范驻外机构接待管理工作的通知》。

（高桂英）

【文印管理】 2010年，新疆油田公司接收各类文件2 444个(其中股份公司2 113个、自治区各厅局146个、周边和克拉玛依各部门137个，油田公司各单位请示报告48个，油田信息、办公室通报162期，传阅公司领导14 168人次，部门10 945人次；网上接收集团公司专网发文2 443件；上传集团公司请示、报告等各类文件179件；传阅纸质带密文件502件、1 774人次；组织发送特快专递806封，挂号信、平信152封。加强印章管理，全年使用各类印章、钢印34 650次；刻制新印章6枚。因磨损重新刻制印章10枚，作废10枚。 （高桂英）

【信息工作】 2010年，新疆油田公司编发《油田信息》142期1 301条，平均每周编发3期25条。其中总部专报61期，被集团公司办公厅采用38条，其中《新疆油田公司积极支援北疆地区抗雪救灾》上报中共中央办公厅，《新疆油田火驱试验项目取得多项开创性成果》得到股份公司副总裁赵政璋批示。全年向集团公司报送信息工作综合考核得分52分，居集团公司第六位，被评为集团公司信息工作先进集体；编印《情况通报》55期993条，其中领导指示160条；编印《一周要情》330条，基层动态440条；《油田信息》采编情况通报3期；《领导参阅》18期239条；工作进展8期。

（刘 晓）

【督查工作】 2010年，新疆油田公司围绕公司重大决策和重点工作部署，完善督查工作责任体系，加大督查催办力度，重点对《基层组织机构设置实施方案审查》等135件事项进行全程跟踪督查，编发《督查通报》、《办公室通报》24期。

（卢德环）

【文秘工作】 2010年，新疆油田公司起草各类文字材料180多件、150多万字，重点完成油田公司三届三次职代会及2010年工作会议总经理工作报告、提案答复报告、经营管理工作报告等重要会议报告；公司领导在安全生产、油气勘探、油藏评价及产能建设、油田开发、经营管理等工作会议，以及新疆油田勘探开发55周年座谈会、与斯伦贝谢公司合作20周年庆祝会、纪念克拉玛依1号井出油55周年暨采油一厂成立50周年庆祝大会、风城油田作业区原油产量突破百万吨庆典大会、采油二厂原油产量重上200万吨暨建厂50周年庆祝大会等的讲话材料及集团公司领导干部会议发言材料和向股份公司审计组的述职报告；油田公司向自治区党委书记张春贤，集团公司蒋洁敏、李新华、喻宝才、王国樑等领导及股份公司监事会的汇报材料；公司向全国政协社会和法制委员会调研组、国资委国有大型企业监事会、全国与自治区人大代表视察组、自治区政协视察组、克拉玛依市人大政协视察组、宝山钢铁股份有限公司等工作汇报材料或情况介绍材料；首届信息化创新克拉玛依国际学术论坛主题报告、集团公司领导干部会议代表现场参观解说词、学习贯彻集团公司2010年工作会精神情况报告、学习华北油田精细管理经验的安排、落实蒋洁敏总经理来油田调研时确定事项的情况报告、油田公司转变发展方式工作方案等重要材料；油田公司工作总结、大事记、社会责任报告及集团公司、自治区、克拉玛依市、克拉玛依区年鉴新疆油田部分；编发《办公室通报》26期，及时通报公司各单位及机关五项费用发生情况、重要事项督办情况、重要文件办理情况和领导重要讲话；起草相关制度、文件、致辞、嘉奖令、贺信等数10篇。 （刘 晓）

【接待服务】 2010年，新疆油田公司组织和参与公务接待170多批，接待来宾2 100多人次。其中国家部委、自治区、集团公司(股份公司)等省部级领导接待17批次；集团公司(股份公司)上级机关部门、石油石化兄弟单位、大中专院校、国际合作企业等领导接待30多批400多人次；完成地、州、市、县等周边地区党政代表团接待50批600多人次；组织了集团公司2010年领导干部会议现场参观活动。配合市政府有关部门组织首届信息化创新克拉玛依国际学术论坛，多项服务创新成为大会的亮点。

（王智杰）

【后勤服务】 2010年，新疆油田公司加强后勤服务管理，完善机关楼宇及周边绿化带硬件设施，完成公司机关所辖办公楼配套暖气、消防、天然气、下水、绿化等管网的维修改造。加强消防安全培训，组织机关消防监控人员参加消防器材使用及灭火演练，提高机关员工消防安全意识和应急处置能力。加强生产调度指挥中心后期建设管理，检查施工质量，督导功能配置，完成了多个项目招标，完善办公室分配方案。加强联合办公楼物业管理，理顺6家单位的服务协作、合同签订、费用结算程序，组织多次应急疏散演练。全年履行机关后勤及物业服务合同16份，处理费用125项。

（王智杰）

【综合管理】 2010年，油田公司按照民族团结年活动部署，稳妥推进职工餐厅民汉合餐工作，公司及所属单位职工餐厅全面实现合餐目标，得到各族职工的积极响应。全年收发处理传真1 000多份，接听电话9 000多次，均按领导批示及时协调办理。通知协调各类会议900多次4 000多人次，均做到无差错、无遗漏。协调公司机关接待、联合办公用车6 000多车次，保障生产、接待公务用车。积极推进油田公司及所属单位文体健身场馆资源共享，制定实施体育场馆管理规定等21项管理制度，15家场馆实现集中统一管理和内部开放，向社会开放工作稳步推进；组织开发文体场馆管理信

息系统,完成4.8万名员工信息的导入和3.2万名员工健身卡的办理发放工作。 （张建明）

领导调研

【油田公司副总经理调研活动】 2010年1月1日,匡立春带领新疆油田公司相关部门领导到风南钻井作业现场,对节日期间的安全生产保障措施进行全面细致的检查,听取钻井、地质等各项工作情况汇报。匡立春对该单位入冬以来所取得的阶段性成果给予充分肯定,要求全体工作人员进一步密切配合、精细管理,安全、快速钻井,力争在风城地区取得更大的发现,为2010年全年勘探目标任务的完成奠定坚实基础。

1月10日,阿不来海提·克尤木带领油田公司相关部门负责人,代表新疆油田公司到阿勒泰市了解雪灾情况并将100万元的捐款交到阿勒泰地区地委委员汪鉴定手中。11日,阿不来海提·克尤木赶往塔城了解雪灾情况,给塔城地区受灾群众送去100万元捐款。

1月13日,阿不来海提·克尤木带领油田公司劳资处、维稳办、信访办等相关部门负责人到准东地区调研。听取汇报后,阿不来海提·克尤木充分肯定准东采油厂党委的各项工作,并综合分析当前面临的形势和存在的不稳定因素,对近期和今后一个时期的工作提出要求。强调稳定信访工作事关地区和谐、企业发展大局,厂党委要一如既往,高度重视,组成工作组,及时摸排不稳定因素,采取灵活有效的方式和方法,关心处理职工群众热点难点问题,全力做好油田保卫工作。

1月26日,杨学文带领油田公司安全环保处等相关部门负责人到石西油田作业区,检查指导春节前安全生产工作。杨学文先后到石西集中处理站、污水处理站等站区了解生产运行情况,对关键设施设备和重点生产岗位进行安全检查。要求有关人员要确保低温状态下消防泡沫的完好,在紧急情况下能够发挥作用。要认真落实安全生产责任制和各项防范措施,扎实做好节日期间安全生产工作,坚决杜绝重特大事故的发生。

1月27日,况军带领油田公司矿区服务事业部相关部门负责人到明园职工医院和明园新时代大酒店调研。听取两个单位基本概况、近年来工作取得的成绩、重点工作开展情况、工作中存在的问题以及下步工作思路和重点工作安排等方面的汇报。况军要求两个单位要进一步明确定位和发展方向,不断提高优质服务水平,提升服务品质,增强经营创效能力,用心服务,用情服务,努力把医院和酒店建设成为乌鲁木齐最好的单位之一。

1月28日,况军带领油田公司矿区服务事业部相关部门负责人到乌鲁木齐办事处(明园物业管理中心)指导工作。听取办事处领导关于明园地区历史沿革、办事处基本情况、重点工作开展情况等方面的工作汇报,况军要求办事处要提高认识,理清思路,紧紧围绕关注民生、维护稳定、科学发展、构建和谐这个中心,抓好经营管理、安全生产,落实好领导提出的各项工作要求,全面推进办事处各项工作再上新台阶。

2月4日,余同钢带领油田公司生产运行处等相关部门负责人到三坪水厂检查指导工作,先后参观三坪水厂的净水间、清水池、反冲洗泵房等部位,详细询问原水来源、处理工艺、水质监测、反冲洗水的回收利用情况,了解水厂的安保系统建设情况和运行情况,对三坪水厂的安保及安全工作表示满意。

2月8日,聂海光带领油田公司生产运行处等相关部门负责人到供电公司调研。聂海光先后对北郊集控中心、110千伏枢纽变电所设备、集控中心、变电所安全监控措施以及节日保电措施的制定情况及工作人员的工作现状进行检查。聂海光指出,北郊集控中心是油田公司生产要害场所,担负着油田生产和油城人民生活供电的重任,搞好安全供电至关重要,电力职工要发扬不怕困难的优良传统,保证油城电力需求。

2月9日,匡立春带领油田公司安全环保处、科技信息处等相关部门负责人到陆梁油田作业区检查节日安全工作,慰问一线员工。匡立春到油田石南21集中处理站,听取该站站长关于开展节前自检自查及慰问困难员工等一系列活动的汇报,实地查看站区消防泵房和锅炉房加热间,详细询问站内设备的完好状况及应急预案的演练情况。要求处理站要做好应对极端天气的充分准备,将关键岗位巡检到位,关键设备检修好保养好。

2月9日,阿不来海提·克尤木带领油田公司相关部门负责人到重油公司九区92号原油处理站进行节前检查,落实春节期间的安全生产和油田保卫措施。阿不来海提·克尤木要求重油公司做好员工思想动态分析,及时掌握员工动态,密切关注异常情况,做好维稳防恐工作,确保油田生产和社会秩序稳定。

2月10日,聂海光带领油田公司相关部门负责人到准东基地调研,并对准东基地工作进行全面评审。听取汇报后,聂海光指出,准东石油基地是真正意义上的独立工矿区,基地要建成健康生活、时尚生活的基地,凸显精神文化、体育健身气息。实现规划的前提是油田一定要发展,一定要上百万吨,准东采油厂要对规划分成阶段,明确实施阶段目标,全面了解与利用好现有政策,做好可行性研究,细化实施步骤。准东采油厂全体职工要同心同德,一心一意冲刺百万,促使规划目标早日实现。

2月11日,匡立春带领油田公司相关部门负责人到西部钻探公司驻克拉玛依的录井公司、测井公司和钻井工艺研究院调研,听取录井、测井、研究院项目组和西北缘项目经理部的汇报,充分肯定有关单位的工作成果。匡立春要求相关单位要从基础资料出发,做好资料的全面消化、分析和对比,落实巨厚砂体的沉积成因和分布规律;要加强井震结合,强化相带追踪划分,做好井位部署,力争在更广阔的区域进行拓展,进一步扩大勘探成果;要加快钻井现场中完进度,积极做好三开钻进准备,早日落实目的层—风城组的区带油气规模。

2月11日,况军带领矿区服务事业部相关部门领导到燃气公司市区供应站西环气站调研,并看望和慰问一线员工。况军到液化气储备站,详细了解站内的设备设施,仔细查看视频监控系统的运行状况,询问液化气灌装和灌装设备运行情况,并就安全管理等问题提出具体要求。

2月20日,匡立春带领油田公司勘探处等相关部门负责人到勘探开发研究院调研,看望勘探一线的科研人员。匡立春询问节日期间科研人员加班情况及目前科研人员返岗情况,重点关注2010年勘探重点区块——风南5井区的研究进展情况。希望勘探科研人员在新的一年里，能够以饱满的斗志迎接新的挑战，为全面实施“6136”工程奋勇拼搏。

2月20日，杨学文带领油田公司油藏评价处、开发处等相关部门负责人到勘探开发研究院油藏评价所、开发所、工程所调研，并看望和慰问科研人员。杨学文走访3个研究所科研人员办公室，详细询问和了解各所及项目组的工作进展概况，并就新的一年的油藏评价、油气开发和科研等工作提出具体要求。

2月21日，阿不来海提·克尤木带领市纪委、市委组织部相关部门负责人参加治保中心民主生活会，并调研相关工作。听取汇报和发言后，阿不来海提·克尤木对民主生活会体现出的团结、民主的氛围和治保中心各项工作取得的成绩给予充分肯定。阿不来海提·克尤木就如何全面贯彻公司职代会暨年度工作会议精神、强化班子团结、提高队伍整体素质、增强党员干部的防恐意识以及不断完善应急预案和信息报送制度建设等工作提出具体要求。

2月24日，匡立春带领油田公司勘探处等相关部门负责人到勘探公司现场办公，听取勘探公司对西湖1井钻井工程施工方案及管理策划。匡立春要求全体参战人员思想上要高度重视，管理上要严密组织，技术上要加强投入。要在保证安全和质量的前提下，控制投资、早见成果。

3月9日，匡立春带领油田公司勘探处等相关部门负责人参加百泉1井试油论证会议，并对试油论证提出建设性的指导意见。匡立春强调，百泉1井的下步工作，一是要围绕风城组勘探成果进行区域认识和重点落实。二是要深入消化主要显示段的邻井资料，加强井震结合和油藏追踪，精细刻画油藏的展布状况。三是要做好后续试油工作策划、压裂方案优化和施工组织协调，确保全面考虑、统筹安排、严密组织、科学管理和精细施工。

3月9日，杨学文组织油田公司油藏评价处、开发处、规划计划处、科技处等相关部门负责人审查二次开发三维地震项目研究进展情况。勘探开发研究院二次开发三维地震综合研究项目组汇报二次开发三维地震的研究总体设计、地质解释研究进展及综合研究计划安排等工作。杨学文充分肯定二次开发三维地震项目所取得的成果和认识，强调二次开发三维地震项目要做好整体部署、总体设计工作，落实好责任、目标、任务，扎实开展好各项工作，为寻找新增储量、搞清剩余油潜力分布，进一步提高克拉玛依油田产量和采收率提供保障。

3月9～11日，余同钢带领油田公司财务处等相关部门负责人到采油一厂、百口泉采油厂、采油二厂、重油开发公司、试油公司调研，检查指导几个单位的财务管理工作。听取汇报后，余同钢就人员配置，大预算管理、成本分析、区块核算、安全环保等方面的工作提出具体要求，强调指出了在财务管理工作中必须做好的7个方面的问题。要求各单位要围绕建设现代化大油气田目标，推进精细管理，控制投资成本，稳步提升持续发展能力和整体经济效益。

3月11日，况军带领矿区服务事业部相关部门负责人到白碱滩物业管理公司调研。况军指出，白碱滩物业管理公司作为一个承担着繁重社会责任的油田后勤服务单位，在维护稳定方面发挥了重要作用，况军希望该公司继续以为驻矿单位和辖区居民提供优质的服务为己任，为实现现代化大油气田提供坚实的后勤保障。

3月12日，杨学文带领油田公司开发处等相关部门负责人到采油工艺研究院检查指导工作。杨学文对风城SAGD现场试验、“采油及井下作业新技术、新装备研究与现场试验”、火烧油层等5个集团公司(股份)重大项目进展情况表示满意，并就下步工作提出具体要求。

3月12日，余同钢带领油田公司财务处等相关部门负责人到陆梁油田作业区、石西油田作业区，调研生产经营情况和财务管理情况。余同钢指出，两个作业区地处沙漠腹地，工作、生活环境艰苦，但是作业区干部职工不怕吃苦，甘于奉献，创造了新疆油田建设速度快、产量增长快、技术水平一流、经济效益最佳的优良业绩，也为新疆油田公司实现跨越式发展作出巨大的历史贡献。

3月16日，聂海光带领油田公司规划局好处等相关部门负责人到勘探公司和开发公司调研。聂海光对2010年经营管理工作提出四点要求，强调要通过细致的工作，不断完善计价体系，打造公正、合理的计价平台；要着眼长远、超前谋划，积极培育勘探开发市场，调整市场结构；要强化经营管理，扎扎实实做好基础工作，不断总结提炼先进的管理经验，为领导决策提供可靠的参考依据。

3月18日，况军带领矿区事业服务部相关部门负责人到离退休职工管理中心检查指导工作。况军指出，退管中心管理服务的2.5万多名离退休职工是社会的弱势群体，他们都是油田的功臣，让他们安享晚年是组织的责任和义务，既要让他们享受生命的乐趣、也要他们享受油田改革发展的成果。

3月23日，杨学文带领油田公司开发处等相关部门负责人到开发公司第一、第三、SAGD项目经理部检查指导西北缘油藏评价和产能建设工作。杨学文对2010年西北缘油藏评价和产能建设工作提出六点要求，强调要做好SAGD重大试验项目的组织管理工作；要高度重视安全、环境保护和防洪工作，丝毫不能放松井控工作，防止发生井喷事故；解决好风景区和农田等环境敏感区产能建设与环境保护的关系，抓紧落实洪水可能影响的区域，提前预防。

3月23日，余同钢带领油田公司财务处等相关部门负责人到明园新时代大酒店调研。余同钢要求，酒店要紧紧围绕油田公司发展大局，狠抓经营管理工作，推进节约挖潜，降本增效劳动竞赛活动，加大市场营销力度，深化和完善接待工作程序，充分发挥好接待服务、政务联络的窗口形象作用，全面完成各项工作任务；要高度重视解困扭亏的工作，按照公司的要求，制定详细、可操作性强的工作方案，把解困扭亏的工作落到实处。

4月7日，杨学文带领油田公司开发处、油藏评价处等相关部门负责人到开发公司第二项目经理部和天然气项目经理部检查指导油藏评价和产能建设工作。准东采油厂、采气一厂、彩南油田作业区、石西油田作业区、陆梁油田作业区等单位的领导参加调研汇报。听取汇报后，杨学文对腹部及东部地区的油气藏评价和产能建设起步工作表示肯定，认为项目经理部的工作扎实、细致、非常到位。

4月8日，杨学文带领油田公司相关部门负责人到安全联系点石西油田作业区检查春季安全生产工作。杨学文先后到天然气处理站和石西集中处理站两个一级要害站库，详细询问生产运行情况，并到厂房和装置区对关键设施设备和重点工艺流程进行认真细致地安全检查。杨学文指出，安全工作就是应该层层落实，明确责任，使全体员工主动自觉地做好安全工作。

4月9日，余同钢带领油田公司安全环保处、生产运行处等相关部门负责人到供水公司调研。余同钢要求供水公司要结合供水工程点多、线长、面广的特点，注重点面结合，重点做好白杨河流域上、下游的洪水疏导工作；结合雪灾洪水应急总体预案的部署，完善重点工程应急个案的各项措施，细化管理，责任到人；加强与油田公司防洪办的沟通与协调，保证抗洪物资储备充分、应急设备调用及时，保证能在第一时间组织实施抢险工作。

4月29日，杨学文带领油田公司开发处等相关部门负责人参加油田公司在红003井区现场召开60万吨稠油处理站和35千伏变电所开工仪式，并调研工程情况。杨学文指出，红003井区是近十年来探明储量规模最大的稠油区块，该井区的建设对新疆油田的稳产和发展，克拉玛依经济及克石化公司的发展，具有重要意义。该井区建成后，将进一步减轻采油工的劳动强度，提高工作效率，改变稠油开发后期高成本运行的局面。

5月7日，余同钢带领油田公司生产运行处等相关部门负责人到风城油田作业区防洪一线慰问抗洪人员，并检查指导作业区防洪工作。余同钢听取作业区经理马国安关于作业区面临的防洪形势以及作业区已采取的防洪措施等情况介绍。要求作业区为防止洪水来袭，将井区用堤坝围住，同时为防止造成油田污染，对区域内所有油污及钻井遗留泥浆等进行全面清运，要制定防洪应急预案，在最后一道堤坝防线被冲垮时，员工要有序撤离安全地点，以保证人员生命以安全。

5月13日，余同钢带领工会、生产运行处等相关部门负责人到供水公司抗洪一线察看水情并慰问各族职工。余同钢查看730水文站和白杨河水库水情，详细询问抗洪抢险人、财、物的准备情况。要求供水公司要加强水情监测及洪水预测预报工作，结合雪灾洪水应急总体预案的部署，细化管理，责任到人，务必打好抗洪抢险这场攻坚战役。

5月15～21日，阿不来海提·克尤木带领油田公司生产运行处、勘探公司、开发公司等相关部门负责人，先后到乌苏、吉木萨尔、阜康等县市和生产建设兵团农六师，就土地征用、道路改造、探区地面设施建设等相关事宜进行工作交流，并到油田公司在该地区以及生产建设兵团农十二师境内的产能建设重点勘探井涉及的土地、林业、草场、环保等问题现场调研，与对方交流沟通和协商。

6月2日，阿不来海提·克尤木带领油田公司生产运行处、开发公司和建设施工单位的有关领导到车60井区检查油田建设用地管理情况。阿不来海提·克尤木深入了解生产规模和工作进度，察看井场、道路施工用地情况，详细询问与当地农牧民关系。对开发公司在生产施工过程中对保护用地所采取的管理措施给予充分肯定。对进一步做好节约用地，保护耕地、林地，加强环境保护和搞好地方关系提出明确要求。

7月6日，匡立春带领油田公司勘探处等相关部门负责人到东方地球物理公司西部前指调研，听取东方地球物理公司围绕准噶尔盆地油气勘探工作的技术汇报，双方就准噶尔盆地的物探技术攻关进行深入探讨。匡立春要求东方地球物理公司要紧密围绕新疆油田公司的大发展多做工作。同日，匡立春到勘探公司各勘探项目经理部对上半年工作进行调研。要求成立风城地区、沙门子地区联合项目管理小组，靠前指挥，强化专业管理力度，确保勘探任务的快速、顺利完成。

7月7日，匡立春带领勘探处、勘探公司、勘探开发研究院的相关领导和专家到地球物理所调研科研人员对钻井现场跟踪的认识及工作思路，了解指导各区带油气勘探进展情况。匡立春针对各单位汇报的内容，提出一些思路和技术问题供与会人员交流和探讨，对各研究区项目组的工作表示肯定。匡立春指出，油气勘探研究要及时跟进钻、试现场，做好理论与生产实际的相结合工作，为尽快拿下油气勘探规模储量、实现勘探大发展的目标而努力。

7月8日，杨学文带领油田公司开发处等相关部门负责人到红003井区调研。在查看完现场生产情况后，杨学文指出，红003井区是新疆油田建设现代化大油气田过程中，地面工程标准化的示范区，一定要把它建设成为展示新疆油田的一个窗口，努力实现地下开采石油，地上观光旅游的目标。杨学文还就红003井区如何确保产能建设的质量、确保安全、确保投资不超以及确保工期等提出具体要求。强调，60万吨稠油处理站和35千伏变电所要在10月31日前投产，钻井工作要在8月底前完成。

7月9日，匡立春带领油田公司勘探处等相关部门负责人到勘探现场检查指导工作，慰问奋战在生产一线的各族勘探员工，对新探区获得高产油流表示祝贺。在现场，匡立春听取现场技术人员的工作汇报，随后又考察试产情况，要求勘探人员要充分解放思想，全面认识并推广中途测试的成功经验，为实施"6136"工程、加快建设大油气田作出更大的贡献。

7月19日，杨学文带领油田公司开发处、规划计划处、工程技术处等相关部门负责人参加克拉美丽气田产能建设工作会议并调研气田生产情况。听取汇报后，杨学文指出，克拉美丽气田通过几年实施，地质认识总体清楚，总体上按方案实施，采用以直井压裂、水平井分级压裂投产为主，欠平衡为辅开发方式开发，实施过程中要加强现场跟踪研究，进一步落实构造及火山岩内幕特征，不断优化上钻顺序。

8月18日，匡立春带领油田公司勘探处等相关部门负责人和部分专家到勘探开发研究院调研，听取股份公司攻关项目进展情况汇报。匡立春指出，石炭系的几个区带都是重点勘探领域，通过几年的项目攻关工作，深化了地质认识，取得重要发现，相关技术解决实际问题。

8月19日，况军带领矿区服务事业部相关部门负责人到绿成公司调研指导。况军要求绿成公司要继续围绕油城百姓做大、做实、做强，扩大规模，站稳脚跟。强调这是为克拉玛依人民造福，要继续把食品安全搞好，做好各项防疫工作，要细心、谨慎，要为油城百姓提供安全、优质的绿成系列产品。

9月14日，况军带领矿区服务事业部相关部门负责人到通讯小区调研。况军对克拉玛依物业公司在小区建立物管站的工作模式及小区的物业服务效果、绿化、环卫工作表示肯定，并对矿区居民停车难和垃圾清运等问题提出建议。

9月27日，杨学文带领油田公司开

发处等相关部门负责人到开发公司第一、第二项目经理部检查指导工作，并慰问前线员工。杨学文要求项目经理部在前期取得成果的基础上继续做好红003井区的后期规划和建设，为地下高效采油，地面观光旅游的新型油田建设积累更丰富的经验和技术。要继续发扬部署周密、实施严谨、措施得当的工作作风，为油田的发展建设作出更多贡献。

9月28日，杨学文带领油田公司相关部门负责人到石西油田作业区检查指导工作。杨学文深入现场查看设备运行和管理情况，随机检查施工人员对安全管理规定的掌握情况，看是否有存在违反规定的行为。杨学文指出，各生产单位不但要管得好，还要将要求落实到位，这样才能确保过程安全、质量优良。他希望该站再接再厉，加强日常管理，把各项工作做实做细，推动管理水平更上一个新的台阶。

9月29日，聂海光率油田公司生产运行处等相关部门负责人到供电公司北郊集控中心、110千伏枢纽变电所检查节前的安全工作。聂海光指出，北郊集控中心及110千伏枢纽变电所是油田公司生产要害场所，担负着油田生产和油城人民生活供电的重任，要做好节日期间的各项安全措施和应急预案，切实做好电力运行的安全工作，保证工作人员的人身安全和设备的正常运行。

10月9日，杨学文带领油田公司相关部门负责人先后到百口泉采油厂和开发公司第二项目经理部调研。听取汇报后，杨学文分析百口泉采油厂生产运行存在的困难及未来发展的方向，肯定该厂在滚动勘探、油藏评价、队伍建设、基层党建等方面取得的成绩。对开发公司第二项目经理部提出7点具体要求。

10月18日，匡立春带领勘探处等相关部门负责人到西北缘探区石桥1井钻井现场，听取管理人员关于石桥1井地质资料的汇报，与各级管理人员交流和探讨。在掌握大量第一手资料、了解到该井气测显示十分活跃后，匡立春果断决定对石桥1井显示层进行中途测试。并要求勘探公司做好各项生产工序的衔接，保证各项施工作业的安全顺利。之后，匡立春还查看放喷池，对环境保护工作提出明确的要求。

10月19日，匡立春带领油田公司勘探处等相关部门负责人到南缘探区西湖1井调研，会同有关人员对西湖1井录井资料进行分析、察看和对比。在听取管理人员的汇报后，匡立春要求在钻揭该储层100米后进行及时测井，进一步搞清油气水性质，为下一步决策提供充分的资料依据。

10月19日，匡立春带领油田公司勘探处等相关部门负责人到阜东2井，对该井的试油作业进行检查指导。匡立春首先察看试油现场的工作生活状况。随后，到正在进行试油作业的现场，查看阜东2井从勘探到试产的详细过程，与勘探公司及研究院各位技术专家就该井下一步的施工以及该区块生产进行讨论，希望员工们再接再厉，能够更好地为新疆油田建设出一份力。

10月20日，匡立春到盆地东部勘探现场、腹部勘探现场、陆梁油田作业区检查指导工作。匡立春鼓励现场人员再接再厉，圆满完成该井钻探任务和原油生产任务，为新疆油田的天然气增储上产再立新功。要求安全培训不能流于形式，一定要结合本站的生产实际有针对性地开展培训工作，针对冬季气温低的特点，冬防保温工作一定要做实做细。

10月21日，余同钢带领油田公司财务处等相关部门负责人到数据中心调研数字油田建设应用情况。余同钢参观中心计算机机房、中石油新疆区域中心机房和数字城市机房，随后到信息运行监控室参观指导，听取数字油田建设成果汇报，观看数字油田应用系统演示，查看近期投产井和新区块的数据入库情况，了解数据更新周期与流程，以及外部单位施工数据质量保障手段。

11月3日，余同钢带领油田公司财务处等相关部门负责人到新港公司调研流化床项目工程建设情况。余同钢听取新港公司总工程师、项目经理刘永学对新疆油田九$_1$—九$_5$区块合作项目九$_2$区注汽系统锅炉改造工程进展情况的汇报，来到九区流化床施工现场调研，进一步了解施工进度、流化床工作流程等，就有关问题提出具体要求。

11月5日，杨学文带领油田公司相关部门负责人到监理公司调研。杨学文指出，监理公司由副处级单位升格为正处级单位，级别升格是油田公司党委从油田公司的发展大局、从监理公司的实际效益出发，反复协商、慎重研究决定的，并经过多方努力，得到集团公司的批准。

11月8日，匡立春带领油田公司相关部门负责人和有关专家参加西湖1井试油方案论证会。匡立春听取各方面的汇报，提出三点要求：一是勘探公司和试油参战单位成立领导小组，全面、细致、科学策划，确保工序有序衔接，在安全第一的前提下，加快完井作业、试油工程进度，早日获产，实现南缘下组合的勘探突破。二是优化试油管串结构，借鉴塔里木油田深井改造经验，降低施工难度。三是确保油层低伤害，作好完井液配伍实验，优选体系。勘探处、勘探公司、试油公司、采油研究院和斯伦贝谢公司的领导、专家参加会议。

11月10日，杨学文带领油田公司开发处等相关部门负责人到监理公司调研。听取汇报后，杨学文指出，要把监理公司打造成让油田公司领导放心、集团公司一流、西北第一的队伍，为建设现代化大油气田、打造世界石油城提供强有力的保障。杨学文要求监理公司领导进一步加强班子建设，加强政治学习，争做学习型领导和学习型领导班子，政治上清醒、作风上务实，带领监理公司员工从思想上、行动上统一到油田公司的发展上来，团结协作，使公司领导班子成为有凝聚力的领导集体。

11月16日，聂海光带领财务处、规划计划处、人事处、企管法规处、勘探处、开发处、工程技术处、生产运行处、设备处、概预算管理部、物资管理部、勘探公司、开发公司等职能部门对试油公司、井下作业公司等7家单位进行解困扭亏实施进展督导调研。聂海光要求各单位要从目前人员、业务、机构、装备设施、市场环境等拥有的资源多方面研究，要明晰业务发展定位，围绕发展定位，在人员结构、业务发展、市场开发方面持续调整到位，努力实现增收节支、解困扭亏的目标，不给将来留下新包袱，为今后企业的发展打下坚实基础。

11月25日，杨学文带领油田公司相关部门负责人到采油一厂红003井区调研，并为该区60万吨稠油处理站正式建成投产剪彩。杨学文先后参观站区中控室内和施工现场，了解设备试运行情况。杨学文指出，红003井区是克拉玛依油田近十年来探明储量规模最大的稠油区块，同时肩负着建设绿色油田、打造地面工程标准化的重任。油田公司提出将该区块打造为地下高效采油、地上观光旅游的油田建设样板，使其成为克拉玛依油田一道亮丽的风景线，并为今后类似油田的开发积累经验。

11月26日，匡立春带领油田公司勘探处等相关部门负责人到石桥1井现场，对该井试油作业进行现场指导。匡立春在试油方罐旁察看从地层排出液体的颜色、比重等物理性质，随后召集勘探公司、试油公司、西部钻探钻井队讨论该井的下步试油任务。匡立春要求，为确保该井各项施工作业的安全顺利进行，现场施工技术人员与配合单位要积极沟通，勘探公司领导要亲自在施工现场监督、协调作业。要保证生产工序环环紧扣，保证每道生产工艺技术安全准确地完成。

11月28日，聂海光带领油田公司相关部门负责人到明园新时代大酒店主楼维修改造施工现场实地勘查，调研工程进展情况。

12月7日，杨学文带领油田公司开发处等相关部门负责人到开发公司天然气项目经理部，调研克拉美丽气田产能建设冬季会战进展情况，并实地查看配合冬季压裂投产施工新建的保温车库运行状况。杨学文要求必须确保后续生产的安全。一是确保年末完成克拉美丽气田新建天然气生产能力50万立方米/日的工作任务，工作目标是新建天然气生产能力60万立方米/日。二是滴西18井区的DXHW183、DXHW184水平井要尽快进系统生产，拿出地层水分离回注地下的施工方案。三是抓紧新完钻天然气井的投产组织，争取在2011年1月20日完成。

12月15日，匡立春带领油田公司勘探处等相关部门负责人在新时代大酒店召开西湖1井试油工程阶段分析会。听取汇报后，匡立春详细询问了解前期工作细节，掌握各项数据和资料进展情况，充分肯定前期试油、储层改造和资料跟踪分析研究工作。

12月16日，匡立春带领油田公司勘探处等相关部门负责人专程到西湖1井调研，并慰问试油公司现场参战员工。听取汇报后，匡立春到施工现场察看油井退液情况并询问有关情况。匡立春要求第一项目经理部和有关配合单位，要认真做好这口股份公司重点井的管理和监控工作，特别是在冬季严寒的情况下，要有针对性地做好作业风险评估。

12月21日，杨学文带领油田公司开发处、安全环保处等相关部门负责人到彩南油田作业区调研，并参加联合站供热系统节能改造项目投产启动仪式。杨学文到联合站供热系统节能改造项目现场，详细了解该项目的概况以及生产现场的系统、流程、设备。杨学文要求作业区加强管理，确保系统安全顺利运行。

石油外事

【油田公司对外合作部领导名单】

副主任：孙士军、唐志壮

副总监：李军民

【基本情况】 2009年12月7日，根据新疆油田公司总经理办公会议审议通过的《新疆油田公司机关及直附属机构编制方案》，成立对外合作部，作为公司直属机构，总经理办公室的外事管理职能和相应工作划出，并入对外合作部。2010年1月22日，油田公司机关组织机构调整会议，决定对外合作部开始组建。2月1日，对外合作部作为公司机关直属机构单独运行。对外合作部人员编制15人，实有8人，设有3个科室：外事管理科、市场开发科和项目管理科。主要负责油田公司因公出国（境）团组及人员的管理、因公护照管理以及涉外邀请、外国专家管理，国际友好往来、技术交流和外事接待工作。对口支持中国石油中亚地区油田项目工作的组织协调、组织开展境外项目开发、帮扶改制企业拓展境外业务。境外项目管理以及项目备案登记、海外项目HSE工作协调和防恐安全培训、对口业务联系及相关信息的统计上报、出口业务指导与管理、油田公司驻境外机构业务管理。组织国内对外石油合作项目的论证、立项、报批、谈判及管理。 （李军民）

【制度建设】 2010年，油田公司先后修订《新疆油田公司因公出国（境）团组和人员管理办法》、《新疆油田公司因公护照管理办法》、《涉外邀请和接待工作管理办法》、《新疆油田公司涉外突发事件应急预案》和《新疆油田公司涉外恐怖袭击突发事件应急预案》。确定各科室分工，制定各岗位的工作职责、岗位描述和业务工作程序。 （尹　勇）

【外事管理】 2010年，油田公司对外合作部办理、受理出国（境）团组111批272人次，其中中亚油气项目生产性技术支持和人才对口支持团组60批，192人次，其他临时出国团组44个68人次，控制无实质性内容的出访团组7个12人次。公司接待外宾12批57人次，组织完成新疆油田公司与斯伦贝谢公司合作25周年庆祝活动和助学捐赠活动，组织接待法国驻华使馆商务专员等外宾来访4批30人次。全年未发生违反外事纪律的现象。对外合作部把外事教育作为因公出国管理的重要内容，坚持对首次因公出国（境）人员的外事教育。根据出国团组执行任务的性质不同，开展有针对性的出国教育内容，对技术支持、执行项目的人员除了正常的出国教育内容外，侧重对社会安全、目的国发生的涉及他国人员案例方面的教育内容，以此提高出国人员的安全防范意识。 （李军民）

【境外市场开发】 2010年，油田公司基本完成哈萨克斯坦对口技术支持工作的布局，承担哈萨克斯坦阿克纠宾和克孜洛尔达地区2个超千万吨级油区的技术支持工作。全年签订各类合同总额1 400万美元。在外工作人员约50人。帮扶地方企业拓展海外业务，组织12家地方企业召开走向中亚座谈会。有针对性地为有实力的地方企业与哈萨克斯坦油气田企业牵线搭桥，提供市场信息，建立沟通渠道。并通过组织相关单位召开打造大海外工程务虚会，为今后公司海外业务的开展理清思路。通过开展哈萨克斯坦相关油气田勘探开发区块技术支持服务项目，为克拉玛依地区有关企业提供项目信息，收到较好的实效。安排俄罗斯乌法研究院专家到新疆油田公司考察，支持科力公司承担哈萨克斯坦北部扎奇油田提高采收率项目，全年签订合同额80万美元；新科澳等3家改制企业赴哈萨克斯坦进行市场考察，并取得初步效果；针对KMK公司稠油油田开发项目，引领华隆公司参加市场开发。针对哈萨克斯坦斋桑区块稠油以及天然气开发项目，新科澳公司积极参与稠油运输项目投标；针对哈萨克斯坦阿拉扣区块钻井项目，引领西钻钻井队伍中标3口探井项目。编制完成公司“十二五”海外业务发展规划。根据哈萨克斯坦公司提出的岗位需求，油田公司第一批人才对口支持人员，经过报名、审核、初选、面试等环节选定的13名对口支持人员，陆续到中油哈萨克斯坦公司项目岗位任职。（孙士军）

【海外项目管理】 2010年，油田公司组织公司海外项目人员参加海外防恐安全培训，分5批培训对口技术支持和人才对口支持及执行境外项目人员155人次。组织完善相应应急预案，并进行海外应急预案桌面演练。按集团公司要求，加强海外项目备案管理，对哈萨克斯坦、土库曼斯坦开展的《让纳若尔油气田开发调整钻采地面方案研究》、《阿克纠宾油田2010年地质油藏技术支持》、《油气田勘探开发技术支持》和《阿姆河右岸自备电站生产运营承包服务合同》等合同项目进行备案。针对中信集团在哈萨克斯坦阿克纠宾地区购买的KMK油田公司稠油油田状况，从3月开始，介入其相关技术服务项目，负责组织人员承担3D地震现场监督、稠油油田作业现场监督、试验区开发方案以及稠油井口设备供货项目。（黄国涛）

【涉外问题研究】 2010年3月2日，油田公司对外合作部组织采油院、勘探开发研究院、外贸公司有关单位领导就公司海外市场开发和项目统一管理问题座谈，会议传达新疆油田公司副总经理况军关于打造中亚油气技术服务基地的工作思路以及实现海外市场开发和项目统一管理的要求，进一步统一各单位开展海外项目的思想认识、明确对外合作部今后的工作方向以及需要解决的有关事项。

6月4日，对外合作部会同企管法规处于在油田公司办公楼第一会议室联合召开克拉玛依地方企业"走出去"工作座谈会，贯彻落实克拉玛依市、油田党委、市政府提出的打造世界石油城，建设油气技术服务基地的新思路新目标，把克拉玛依打造成中亚人才和技术支持基地，带动地方企业走出克拉玛依，走进中亚，走向世界。油田公司相关单位、CPE驻克单位和新疆科力、新科奥、华隆公司等11家油田技术服务能力较强的地方企业主要领导等50人参加座谈会。

8月5日，对外合作部主持召开打造大海外工程务虚会。公司副总经理况军及公司所属相关涉外项目单位勘探开发研究院中亚所、采油工艺研究院、井下作业公司、试油公司、物资供应总公司（外贸公司）及人事处、地方企业代表科力公司等单位的相关领导和人员参加会议。

8月26日，对外合作部召开涉外防恐安全应急预案桌面推演工作会议。会议对涉外防恐安全应急预案进行全面推演，对存在的问题提出修订方案。油田公司勘探开发研究院、采油工艺研究院及外贸公司等相关单位主管海外（安全）负责人参加会议。

10月12～14日，中国石油海外勘探开发公司（CNODC）首次海外科技与信息化工作会议在京召开，新疆油田海外技术支持中心由油田公司况军带队参加会议。来自CNODC各地区公司、项目公司以及相关单位的代表160多人参加会议。

11月30日，对外合作部召开专门会议，讨论修订油田公司海外"十二五"规划草案。油田公司企管法规处、科技处及相关二级单位勘探开发研究院、采油院、物资供应总公司、试油公司、井下作业公司及部分对外合作部相关人员参加会议，并就对外合作事宜进行研讨，提出具体意见。（孙士军　尹　勇）

【对外合作与交流】

斯伦贝谢专家到克拉玛依交流 2010年3月4日，美国斯仑贝谢公司专家到勘探开发研究院与院采气所科研人员，就如何又快又好地完成新疆油田公司"呼图壁气田地下储气库完井工程研究"方案编制工作进行技术交流。油田公司开发公司、勘探开发研究院相关科研人员一同参加技术交流活动，听取相关技术介绍。会议介绍了地下储气库、水平井固井难点及技术解决方案等技术，与斯仑贝谢公司专家进行座谈交流，提出问题和建议。

新疆油田公司对口支持阿克纠宾地区 5月20日，对外合作部孙士军、王章进在阿拉木图CIK总部拜见副总裁孙波，汇报新疆油田公司对口支持哈萨克斯坦公司工作开展情况，听取汇报后，孙波就有关工作作出明确安排，由新疆油田公司派出技术支持组对口支持哈萨克斯坦公司阿克纠宾地区和克孜洛尔达地区项目；上述两个地区油气当量均在千万吨级以上，其中阿克纠宾地区要达到1500万吨级，任务繁重，个别项目油藏管理工作非常薄弱，亟须技术支持。

新疆油气科学研究院与俄罗斯乌法石油研究院开展技术交流 6月28日，新疆油气科学研究院与俄罗斯乌法石油研究院就提高油田采收率进行技术交流。会议由油田公司对外合作部副主任孙士军主持，中国石油哈萨克斯坦北部扎齐公司总地质师孙志坚，俄罗斯乌法石油研究院扎哈诺夫、瓦吉姆、彼得诺维奇，新疆油气科学研究院勘探开发分院、勘察设计分院以及对外合作部有关人员参加技术交流会。

新疆油田公司与中国石油阿姆河天然气公司签订合作协议 7月19日，新疆油田公司与中国石油阿姆河天然气公司签订智能化油气田科研合作和阿姆河右岸自备电站生产运营承包服务。阿姆河天然气公司是中石油集团在土库曼斯坦建立的公司，主要承担阿姆河天然气合作开发项目的管理工作。阿姆河天然气项目是中国石油迄今为止在境外最大的陆上天然气合作开发项目，也是中国在境外最大的天然气项目。在智能化油气田科研合作项目上，油田公司将承担数字化建设中的软件模块等相关技术服务工作。在阿姆河右岸自备电站生产运营承包服务中，油田公司将派出22名相关技师，对阿姆河燃气电站的保运以及供发电的设备维护提供支持，同时还将对当地的员工进行培训。

斯伦贝谢/西方奇科地球物理公司领导到新疆油田公司走访交流 7月21日，斯伦贝谢/西方奇科地球物理公司陆地技术副总裁Denis Sweeney、西方奇科中国区总经理吴洪波等，到新疆油田公司勘探开发研究院地物所进行陆上地震高密度采集技术交流。参加会议的有新疆油田公司副总工程师吕焕通及勘探公司、勘探开发研究院、东方地球物理公司新疆地调处相关技术人员。会上，斯伦贝谢/西方奇科地球物理公司作陆上地震高密度采集技术报告，着重介绍国际上较为先进的陆地二维地震技术、陆地三维地震施工设计理念、高效可控震源采集技术及数据处理技术的发展等情况。针对这些技术方法的发展，与会人员进行深入的讨论，特别是针对比较适合准噶尔盆地地震勘探采集的技术方法进行详细的咨询和了解，对相关问题达成共识。（尹　勇　郑　丽）

【新疆油田公司与斯伦贝谢公司合作25周年庆典】 2010年10月15日，新疆油田公司召开与斯伦贝谢公司合作25周年庆典大会，油田公司副总经理匡立春主持会议；油田公司副总经理杨学文致欢迎辞。双方代表汇报25年来在勘探开发方面的合作情况，交流管理技术经验。克拉玛依市市长、油田公司总经理陈新发和斯伦贝谢公司中国区总裁许成祝在庆典上讲话。 （尹 勇 郑 丽）

企业信访

【油田公司信访办公室领导名单】

主任：何保华（7月任职）

副主任：王隆亮、苏秦娟

【基本情况】 新疆油田公司信访办公室是新疆油田为适应形势需要，促进企业改革、发展、稳定，由新疆石油管理局和新疆油田分公司两大企业于2008年1月在进行机构重组后联合成立及归属新疆油田公司总经理办公室业务管理的职能科室。根据油田信访稳定工作形势发展的需要，为进一步做好油田信访稳定的各项工作，2009年8月1日，中共新疆油田公司委员会、新疆油田公司对信访工作机构进行了调整，并重新界定和明确工作职能和范围。调整后的新疆油田公司信访办公室设置为新疆油田分公司机关直属处室（独立处级单位）；人员编制10人；处室领导正职1人，副职2人；科室设立3个：办信接访科，信息督查科，综合科；2010年底，有人员10人，本科以上6人（含硕士学历1人）；高级政工师3人。主要承担贯彻上级有关信访的方针、政策、规定及信访工作部署；负责做好来信来访的接待和处理，承办上级交办的信访事项；负责与有关部门的联系与沟通，及时反馈信息并协调处理信访相关问题；负责公司所属单位信访的检查、指导、考核和督察督办以及来信来访的调查研究，提出解决问题的建议和办法，协调督促所属单位落实。业务上接受克拉玛依市政法委领导。

（孔德军）

【信访工作会议】 2010年1月8日，新疆油田公司召开机关有关部门、二级单位主管信访工作的领导以及信访办负责人近80人参加的信访工作会议。会议总结公司2009年信访工作取得的成绩，分析当前信访稳定形势和工作中存在的问题，并安排部署2010年公司信访重点工作。公司总经理助理、市油田党委组织部常务副部长赵玉建主持会议，公司副总经理阿不来海提·克尤木参加会议。公司信访办作题为《深入学习实践科学发展观，努力做好信访工作，为公司和谐稳定发展服务》的工作报告，市油田党委维稳办通报全市维稳形势。会议结束时，阿不来海提·克尤木作讲话，对公司2009年信访工作取得的成绩给予充分肯定，并对各单位下步的信访工作提出五点要求：一是切实增强做好信访工作的紧迫感和责任感。二是不断扎实基础工作，进一步增强信访工作的适应性和规范性。三是超前入手，进一步增强工作的预警性和主动性。四是积极稳妥、扎实有效地推动信访问题的解决。五是进一步加强信访队伍建设。六是在信访工作中落实民族团结宣传教育工作，为公司持续稳步推进现代化大油气田建设创造和谐稳定的发展环境。

（孔德军 郑 莉）

【工作成效】 2010年，油田公司信访办公室按照克拉玛依市、油田党委关于打造世界石油城以及公司建设现代化大油气田的总目标，通过开展领导接访、矛盾排查、积案化解、困难帮扶等具体工作超前化解矛盾，实现年初工作目标。一是通过解决民生问题，化解群体性上访。克拉玛依市、油田党委和主要领导贯穿和谐理念抓信访，倾听民意、保护民生、力解民忧，陆续出台惠民政策，投入人力、物力、财力解决退岗家属统筹养老问题，提高再就业人员、内退职工的待遇，减少矛盾，有效化解3个重点群体的集体访问题。按照市、油田党委关注民生、改进民生的要求，各级信访部门始终坚持符合科学发展的民生观，在工作重心上由稳控向化解转变，对群众反映的问题，只要合理，符合政策，都想方设法解决；对要求不合理的，向群众讲明法律和政策规定，做好解释劝导工作；对生活有特殊困难的，区别对待，个案解决，取得人事、工会等部门的支持，切实做到第一时间掌握信息、第一时间赶到现场、第一时间开展扶贫帮困。二是通过超前预防化解，减少信访事件的发生。信访办公室完善矛盾排查机制，努力从源头上把住上访关口，切实做到对矛盾纠纷产生原因、涉及人数、包案领导、责任单位、解决办法底数清，责任明。健全信息网络，提升预警能力。全年开展集中排查4次。各二级单位报送信息157条，比上年增长21%；公司信访办编辑《信访情况周报》49期，《信访情况通报》20期，《信访情况反映》16份，提出工作建议60多条，为公司领导掌握信访形势，了解社情民意提供了参考依据。三是通过强化责任，稳控包案，化解信访难题。信访办公室对情况复杂、矛盾突出、久拖难决的历史积案，参照从属关系、涉事单位和有利于稳控的思路全部落实包案责任，统筹调动各方面力量，形成化解矛盾纠纷的整体合力。实行“三定、三包”和“四个一”的包案措施。即定领导，定措施，定责任及包调查，包处理，包稳定的包案责任制；责任单位负责包案的领导签订1份责任书；给上访老户每人建立1份档案；每人设立1个帮教小组；每人定1套稳控方案，从困难帮扶、政策解释、思想疏导等方面不断转化上访老户。四是通过强化基层基础工作，重心下移，形成一线化解信访问题的大前沿。信访办公室坚持固本强基，关口前移，重心下移，及时化解，就地解决。督促基层单位加强对信访工作的管理，建立健全信访例会，矛盾排查、领导接访，信访考核等制度，管理逐步科学，从制度建设、重点人员有效稳控率、信访问题处理及时率、信息报送质量等方面量化指标，细化考核，强化责任，将信访工作变成硬任务。对逾期未能办结的，及时督办，直到案结为止。对信访问题多、群众上访量大、工作比较薄弱的单位，通过调研、走访等方式加强具体指导，不断提高基层信访工作整体水平。五是通过政企联合接访，形成合力，提升化解突发群体性上访事件的能力。信访办公室强化与市信访局的联动机制，实现信息共享，加强协同作战，多渠道、多手段化解和缓解矛盾。 （孔德军）

【获得荣誉】 2010年2月，油田公司信访干部孙斌被评为克拉玛依市2008～2009年度维护稳定工作先进个人；邵军英、孔德军被评为克拉玛依市2008～2009年度维护稳定信息工作先进个人；7月，冯强被评为2009年油田公司机关优秀党员；9月，毛永强被评为自治区体育道德风尚奖优秀裁判员。 （孔德军）

西部钻探工程公司

【西部钻探工程有限公司领导名单】

总经理、党委副书记：杨盛杰（5月离任）、马永峰（5月任职）

党委书记、副总经理：韩炜

党委副书记、纪委书记、工会主席：魏银广

副总经理：赵明方、潘仁杰

副总经理、安全总监：佟德安

总会计师：赵彩玲

副总工程师：许树谦

总经理助理：何湘清、惠龙

安全副总监：田富林

【基本情况】 截至2010年底，中国石油西部钻探工程有限公司（以下简称中国石油西部钻探公司）下设14个机关处室、11个直附属单位和14个二级单位。员工20 302人，平均年龄37岁，拥有公司级以上技术技能专家、学科带头人75人，中高级专业技术职务780人，中高级技师347人。有资产总额112亿元，大型工程技术服务设备655台（套），年钻井能力370万米，综合测井1万井次，录井2 800口，固井1 300口。国内服务区域在新疆、吐哈、青海、玉门、塔里木等8个油田，位于新疆、青海、甘肃、内蒙古、四川5省区。其中关联交易油田3个，国内其他油田5个。具备支撑西部和中亚地区油气业务发展的雄厚实力。国外服务区域主要分布在哈萨克斯坦、乌兹别克斯坦、沙特、埃及4个国家。其中公司配套工程技术服务在哈萨克斯坦、乌兹别克斯坦两国具有主导优势。

公司以2个钻井工艺研究院为核心、2个博士后流动站为前沿、现场应用为主体的研发体系日趋完善，有钻、测、录井等专业研发人员400人以上。形成特色鲜明、优势突出的常规井、特殊工艺井、深井、超深井配套技术系列，具备应对西部油气田普遍存在的地表环境恶劣和高温、高压、高陡、易漏、可钻性差、厚煤层等复杂地层的钻探实力。垂直钻井系统、欠平衡钻井用套管阀、过套管电阻率测井系统达到国际先进水平，综合录井仪达到国际水平，直井定向射孔等技术达到国内领先水平，深井、超深井钻完井技术等技术达到国内先进水平。

公司以打造西部和中亚工程技术服务第一品牌为目标，坚持专业化、高端化、差异化的原则，努力实现“四个转变”，即从外延式扩张向注重质量内涵式增长转变、从粗放式管理向精细化管理转变、从提供单项施工服务向提供一体化总包配套服务转变、从工程施工型企业向技术服务型企业转变。首次全面完成集团公司下达的各项业绩指标，生产经营形势整体稳定向好，为“十二五”良好开局赢得主动。全年先后获国家级高新技术企业，自治区安全生产先进企业、节能工作先进集体、优秀外经企业，集团公司安全生产先进企业、钻井工暨井控职业技能竞赛团体亚军等称号。

（杨全荣）

【生产经营指标完成情况】 2010年，中国石油西部钻探公司开钻1 166口，完成进尺271.8万米，比上年增长39.1%。其中国内完成238.3万米，国外完成33.5万米；综合测井8 102井次，增长57%；录井2 080口，增长75.4%；固井1 499口，增长47.8%。实现总收入82亿元。（许　均）

【生产建设】 2010年，中国石油西部钻探公司始终把提高服务能力、促进油气业务增长作为首要任务，努力提高施工质量效率，为西部和中亚地区各油田目标任务完成作出贡献。一是进一步巩固关联交易市场主体地位。坚持把新疆、吐哈、青海油田作为生存发展的基础市场，与油田建立定期沟通联系制度，双方合作更加紧密，生产运行的连续性和均衡性明显提高。回迁多部钻机，在3个油田分别开展钻井上产会战，支持油田产能建设，成功钻探石桥1井、风南5井、吉深1井等一批重大发现井。全年完成进尺195.5万米，比上年增长39.9%，平均队年进尺1.62万米，增长50.2%，工作量占有率高于钻机占有率8.3个百分点。二是优化调整外部市场，实现规模和效益同步增长。抓住塔里木上产的有利时机，公司上下联动，新进钻机6部，测井、录井、固井等业务全面跟进，使南疆地区钻机总量达到20部，规模实力显著增强，增收49%。三是积极培育新的经济增长点，发展后劲不断增强。测井专业主动开拓市场、创造客户需求，获得韩城煤层气项目，过套管电阻率测井技术得到市场认可，南疆、长庆和海外市场工作量分别增长66.7%、90.3%、96.6%。录井专业紧跟油田需求，着力发展优势项目，水平井综合录井地质导向技术、远程传输系统全面推广，累计向外部市场走出队伍11支。固井压裂公司以边际贡献为工作量取舍标准，迅速做大经济总量。四是积极向油田推介特色技术和产品，四级分支井、井下套管阀等项目成功进入西南、辽河和冀东等市场，推动高附加值业务加快发展。新疆油田特殊工艺井总包项目运行良好，青海油田水平井市场开拓取得显著进展，全年在国内外完成特殊工艺井服务308口。苏里格项目圆满完成各项任务，取得苏77区块当年评价、当年建产、当年投产的优异成绩，实现油气合作开发业务良好开局。（许　均）

【科技创新】 2010年，中国石油西部钻探公司突出科技创新在转变发展方式中的支撑作用，持续推进特色技术战略，加快自主创新步伐，核心竞争力又有新提高。一是组织重大科技项目攻关，强化先进成熟技术推广应用，技术进步对主营业务发展的支撑作用得到有效发挥，实现科技创效2.85亿元。二是围绕油田勘探开发难题，组织实施重大科研项目68项，获省部级成果4项，通过国家级高新技术企业资格认证；利用科技优势助力油田勘探开发，推广全过程欠平衡钻井、气体钻井等特色技术，在提高单井产量、提高油气发现率、钻井提速等方面效果显著；其中在吐哈马491井应用氮气欠平衡钻井技术，机械钻速比常规钻井提高3倍，产量比邻井提高3～4倍。三是围绕生产现场技术难点，完善西部复杂深井超深井优快钻完井配套技术，解决玉门酒东区块测井成功率低、塔河油田承压堵漏时间长等一批技术难题。四是围绕油田所需的高端服务，加快推进科技利器产业化，控压钻井技术研究取得阶段性进展，过套管电阻率测井仪升级取得突破，垂直钻井系统性能进一步完善，雪狼录井仪、卡壁式预应力固井地锚、尾管悬挂器3项产品被列入集团公司自主创新重要产品名录。

（许　均）

【国际化经营】 2010年，中国石油西部钻探公司围绕海外业务既定发展目标，扎实推进项目目标管理、市场开发、设备更新改造、后勤支持保障、安全和HSE及防恐、海外员工本土化管理和外事、外宣等各项工作。强化项目管理，推行大包服务模式，提升创收空间。新签合同额近3亿美元，其中大包井合同额占86%，比上年提高20个百分点，更加凸显经营效益。哈萨克斯坦各项目高效组织生产，并积极开拓市场，新进钻井、录井、技术服务队伍11支，业务规模持续扩大，其中阿克套项目收入突破7 000万美元，完成年度计划的146%。乌兹别克斯坦项目针对钻机等停的严峻形势，努力拓展修井、固井市场，有效改善了经营状况。沙特项目精心运作水井项目，使钻机全面投入生产，顺利扭亏为盈，取得进入该市场以来的最好效益。埃及项目依托ECDC公司平台，保持平稳运营。秘鲁项目正在筹建，有望拓出新的效益市场；与吉尔吉斯斯坦多家油公司建立合作关系。（许　均）

【安全环保】 2010年，中国石油西部钻探公司面对国际、国内严峻的安全环保形势，扎实开展各项工作。一是在安全环保难度日益增大的情况下，有效应对一系列重特大自然灾害的冲击和影响，经受住施工难度增大、业务领域不断拓展、作业场所分散等各种考验，保持安全环保大局持续稳定，连续3年获自治区、集团公司安全生产先进单位。二是融合杜邦经验的HSE体系建设有序推进，各级干部的体系管理意识和能力进一步增强。三是完善全员责任体系，层层签订责任书，认真落实各级领导、机关定点联系安全生产要害部位制度，以安全生产责任制为核心的岗位责任制得到有效落实。四是突出风险管理。抓好井控安全，对37个作业区域进行全面风险评估，对重点井加强监控，在特殊工艺井、深井强化司钻岗前培训，全年发现处置溢流25起。狠抓交通安全，利用GPS监控系统加大车辆监控力度，开展交通安全培训870人次，违章行为比上年下降68%。五是全面执行开工验收等制度，结合不同阶段的安全生产重点，及时开展大检查活动，治理隐患，严查“三违”，“三基”和“三标”工作不断夯实。六是广泛开展安全轮训、安全家书等安全文化活动，组织队站和班组井控、防硫化氢等应急演练3万多次，开展大规模联合演练2次，员工安全意识和队伍作战能力进一步提升。（许　均）

【节能降耗】 2010年，中国石油西部钻探公司投资2027万元用于节能节水项目，推进主要耗能设备设施的升级换代。一是通过应用钻机“油改电”，节能发电机、直流电动钻机无功补偿装置、气动隔膜泵、冬季钻井用余热保温油罐改造、泥浆回收重复利用和污水处理循环利用等20项节能节水技措项目，实现技措节能2 406.54吨标准煤，技措节水4.52万立方米，加上钻井提速，共实现节能3.39万吨标准煤、节约新鲜水10.41万立方米，减少二氧化碳排放7.35万吨，减少二氧化硫排放93吨，创效1.64亿元，被评为集团公司2010年度节能节水型企业。二是节能钻机及泥浆回收重复利用技术节能降耗成果显著。全年投入6部“油改电”钻机和1部电动钻机，使用公网电力作为能源驱动钻机，钻进11.25万米，减少柴油消耗6 667吨，创效1 962.95万元；应用泥浆回收重复利用技术，将完成井泥浆罐的泥浆回收处理后应用到其他井上，每回收1立方米钻井液可节约0.6立方米的新鲜水量，累计实现泥浆回收重复利用3.93万立方米，减少新鲜水用量2.36万立方米，节约泥浆成本1 178.37万元。三是开展能源审计，规范管理行为。对公司重点用能用水单位进行能源消耗综合审计，编制《节能节水专项审计报告》，对审计反映出来的各类问题，逐项整改消项。四是加大现场监督检查，杜绝资源浪费。对用能、用水全部实行定额管理，现场跑、冒、滴、漏现象得到有效遏制。五是开展中国水周和全国节能宣传周的宣传工作。系列宣传报道50多篇；悬挂宣传横幅标语60多条，张贴宣传画127张；办黑板报宣传148块；开展节能节水知识讲座70场次，3 000多人参加，并组织观看《人·水·法》宣传片；征集我为节能节水建言献策256条；全面开展钻井提速“大节能”宣传，全力降低能源单耗等活动，节能节水意识明显增强。（杨全荣）

【精细管理年活动成效显著】 2010年，中国石油西部钻探公司全面开展精细管理年活动，大力推进精细管理和规范管理，以预算管理和成本控制为重点的经营管理水平明显提高。在经营管理方面，严格按照年度预算目标，按季度细化下达工作量、收入、成本、费用指标，全员签订业绩合同，严考核硬兑现；定期开展经营分析活动，并采取效能监察、联合审计等综合性措施，及时查找问题，提高经营管控能力。在财务管理方面，境外项目会计集中核算系统上线运行，实现国内外一体化会计集中核算；完善关联交易基础资料，深入开展成本、价格测算，为推进结算工作提供翔实数据。在成本管控方面，严控投资，减少支出，压缩外租车辆，规范小车管理，管理性支出和五项费用继续下降；强化长期待摊资产清查和管理，费用大幅下降；推行单井、单队、单项工序、单项业务“四单预算”，严控钻头、油料、泥浆、运费“四项费用”，推广节能减排项目，钻井进尺综合能耗下降10.9%，超额完成群众性挖潜增效指标。在基础管理方面，扎实推进以质量、计量、标准化为重点的基础管理建设工程，规范流程和制度管理。（杨全荣）

【改革调整】 2010年，中国石油西部钻探公司按照建设专业化钻探公司的总体思路，在管理与制度上持续创新，管理体制和运行机制进一步理顺。在考核激励方面，加大考核兑现力度，鼓励创收创效，出台超额完成指标分成政策，进一步树立收入凭贡献的政策导向；建立专项奖励基金，对玉门提速、苏里格投产、处置险情等作出突出贡献的单位和个人给予重奖，调动广大员工建功立业的积极性。在内部改革方面，划转调整苏里格、长庆、南疆市场队伍，基本形成每个单位面向2～3个市场的业务格局；推进物资系统改革，成立物资管理部和物资采购中心，基本理顺物资系统管理体制，为规范物资管理、降低采购成本、提高采购效率创造了条件。在人才选拔方面，出台基层工程技术骨干人才选拔机制，对集团公司职业技能竞赛获奖员工在待遇和岗位晋升方面给予政策支持，评选公司10大杰出青年，进一步畅通员工成才渠道。（杨全荣）

【党群工作】 2010年，中国石油西部钻探公司持续深化“四好”班子创建活动，大力开展党支部建设“六个一”工程和创先争优活动，深入推进忠诚事业、承担责任、艰苦奋斗、清廉奉献主题教育，效益观念、责任观念、竞争观念在各级班子和干部队伍中有效树立，谋长远、想大事、干实事的风气进一步形成。推进干部公开推荐选拔，加大交流力度，使一批受到群众拥护的优秀干部脱颖而出。深入开展形势目标任务责任主题教育，大张旗鼓宣传先进典型，营造比市场开发业绩，比经营管理业绩，比安全稳定业绩，比廉政建设业绩的干事创业氛围。积极推进基层建设，培育绿色作业队78个，“五型班组”创建达标率80%。（蒋　毅）

【综治维稳】 2010年，中国石油西部钻探公司做好维护社会稳定工作。一是做好重点时节慰问工作。围绕“两节”、“两会”以及集团公司领导干部会议等特殊敏感时期，做了大量细致的维稳工作，确保公司大局稳定、员工队伍稳定和一方平安，3次受到集团公司发电嘉勉。二是重视维稳责任体系构筑。在全国“两会”和上海世博会等特殊时期，公司向13个单位下发维稳责任令，基层各单位、驻外各项目也分别与244个队站（车间）签订世博会安保防恐责任书（状），建立公司、基层单位、队站（车间）三级维稳责任网络。三是重视矛盾纠纷排查化解。组织所属单位开展不稳定因素和矛盾纠纷、安保防恐隐患拉网式排查10次，查出影响稳定的信访问题和安保防恐隐患74项，整改率100%。针对信访热点、难点问题，召开联席会议4次，落实信访办结时限和责任人。深入各单位开展安保防恐督导检查5次，发现隐患7项，整改率100%。四是重视应急处突能力训练。修订完善《群体性事件应急预案》，组织应急演练13场次。与所在地政府加强应急预案对接，组织参与地方安保防恐应急演练2次，锻炼和提高队伍的应急反应能力。五是重视平安创建和网络舆情管控工作。制定《平安单位创建活动实施方案》，全面启动平安单位创建工作。组建网络评论员队伍，随时关注公司局域网、国际互联网论坛发帖，牢牢把握舆论导向。定期举办各种维稳培训班，丰富维稳安保专业知识和业务技能。（蒋　毅）

【和谐企业建设】 2010年，中国石油西部钻探公司坚持以人为本，规范和提高市场化、劳务用工和合同化员工待遇标准，加快推进玉门下山工程等一批民生项目，发展成果进一步惠及广大员工。深入开展劳动关系和谐单位创建活动，努力扶贫帮困送温暖，发放帮扶金527万元，筹集互助金114万元，安排疗养4 477人、健康体检9 402人。大力推进企业文化建设和精神文明建设，加强职工书屋建设，为基层配发图书4.7万册、书箱223个，组织劳模参观世博会，营造和谐的文化氛围。落实维稳责任，开展平安单位创建活动，确保企业平安稳定。（蒋　毅）

【履行社会责任】 2010年，中国石油西部钻探公司先后参与青海玉树地震救灾、阿勒泰暴雪抢险，树立良好的企业形象。年初，阿勒泰地区遭受60年不遇的雪灾，造成人畜大面积受灾，房屋、道路等生产生活设施大量损毁，直接经济损失4 556万元。公司成立抗雪救灾突击队，集结30多人、7台大型推土机、1辆装载机、8辆运输车、2套应急发电装置等设备。在阿尔泰市和哈巴河、布尔津、富蕴、吉木乃4县的5个救灾点实施救援工作，共打通道路1 170千米，连通乡镇12个、牧场2个、村庄和冬窝子126个，解救各族群众16 259户、61 580人，圆满完成抗雪救灾任务。（蒋　毅）

独山子石化公司

【中共独山子石化公司委员会成员名单】

党委书记：付德新

党委副书记：徐福贵、努尔麦麦提阿曼

党委委员：肖宏伟、麦麦提伊力、吕健、陈俊豪、刘吉法、吕蔷、任立新

【中共独山子石化公司纪律检查委员会成员名单】

纪委书记：努尔麦麦提阿曼

纪委委员：任军革、李波、李德学、秦明东、帕塔尔托乎提、姜玉强

【独山子石化公司副总师以上名单】

总经理：徐福贵

副总经理：付德新、肖宏伟、吕　健、陈俊豪、刘吉法、吕　蔷、任立新

副总工程师：李法新、刘明晖

总经理助理：任军革、白继晨

副总会计师：范芒

【基本情况】 2010年，中国石油独山子石化公司有职工1.3万人，大专以上文化程度占61%，资产总额近400亿元，主要炼化装置73套，具备1 000万吨/年原油加工和122万吨/年乙烯生产能力，可生产燃料油、聚烯烃、橡胶等26大类600多种炼化产品。原油、天然气、成品油管道贯通。4个主力水源，总供水能力4立方米/秒。具备200方原油储备能力，正在建设300万立方米国家战略储备。公司是首批国家环境友好企业。全年实现销售收入514亿元，利税总额108.8亿元。（李全文）

【炼化生产】 2010年，中国石油独山子石化公司生产建设快速发展、综合实力大幅增强、民生工程全面推进。围绕科学运作好世界级规模炼化一体化企业的奋斗目标拼搏进取，全面完成KPI指标。一是严格执行平稳、均衡、效率、受控、协调方针，炼化生产平稳运行。炼油优化资源结构、加工方案，强化操作受控，实施老区汽油加氢催化剂撇头、新区加氢裂化停工消缺等措施，最大限度保证平稳均衡生产。全年加工原油873万吨，比上年增长46%。高标号汽油比例达到100%，高附加值产品低凝柴油、航煤产量分别增长27%和23%。二是乙烯围绕运作好世界级规模工厂的目标，快速消化新技术、新工艺，推行关键机组特护、设备预知维修，实施产品差别化战略，新老区优势互补、灵活转产，实现平稳优化运行。生产乙烯120万吨，增加2.4倍。专用料比例87%。三是电厂优化机炉运行方式，科学匹配2个单元，供电、供热耗标煤指标处于股份公司领先水平。四是营销系统提高“五定班列”和成组直达列车发运效率。水电汽信系统强力支持。矿区服务保障能力不断增强。电气预防性试验连续7年实现零事故。（李全文）

【生产管理】 2010年，中国石油独山子石化公司进一步强化生产管理，取得好的成效。一是加强装置区及球罐设施防冻防凝检查，确保安全生产。重点对炼油、乙烯新老球罐区、装置区的盲端管线、死角进行检查消缺。利用夏、秋两季组织三大厂更换一批高效疏水器、伴热线及盲端，为安全过冬打下基础。二是严格执行生产计划，重点抓好物料平衡。

保证哈萨克斯坦原油和局内原油进厂量，合理控制外调，保证库存。在保证乙烯老区产品质量的前提下，控制高酸值原油掺炼量，保证产品质量。三是做好轻烃、石脑油进厂卸车协调，保证按月度计划均衡进厂。四是协调柴油、固体产品出库。落实提高装运速度五项管理规定，加强装车环节的管理和考核，关注固体产品出库动态，及时协调解决问题，实现装运制度规范化。五是组织好节前生产检查工作，确保节日期间生产平稳。六是加强火炬排放管理，加大监控力度，加强装置平稳控制，制定控制指标，降低生产损失。七是加强生产应急管理。修订18个公司级专项应急预案，组织140万吨原油商业储备库区、公司办公大楼消防疏散演练。增加应急物资配备，完善应急通信建设，完成独山子区安民信息平台建设。八是加强节能、节水管理。确定公司节能节水工作目标和重点，制定考核实施细则，分解指标，强化考核，全面完成上级下达的考核指标。九是抓好生产供水保障。针对水源水质频繁超标问题，清理一水源渗水河床，调整各水源及厂区绿化的运行方式，保证生产及居民正常用水。制定相应的应急处理方案，组织演练，保证供水系统平稳运行。十是加强运输管理。严格审核公司值班车辆单车费用，加强运费审核管理，安装GPS监控终端监控车辆运行，督促有车和用车单位严格执行程序文件，规范用车管理及运费结算工作。十一是加强电力系统运行管理。组织各电气单位对户外高压电器设备进行定期巡检，发现问题及时处理，保证污闪期电网安全运行。规范电气预试各环节管理，实现第七次零事故目标。完善电力调度自动化系统，为调度指挥搭建可靠的运行指挥平台。十二是强化MES（炼油与化工运行系统）管理。优化MES系统，实现生产系统、供水系统实时监控。实施调度视频会议系统，调度会议涵盖了所有生产单位。（李全文）

【重点工程】 2010年，中国石油独山子石化公司重点工程快速推进，战略布局趋于优化。储运配套、污染治理等一系列重点项目快速实施，完善国际一流石化基地布局。投资23.77亿元的300万立方米原油储罐主体建成，初步形成500万立方米原油储备能力。全国首套焚烧炉进入施工后期，新区炼油碱渣处理设施、危险废物填埋场预处理单元达到中交条件，提高环境保护水平。石脑油火车及轻烃汽车卸车项目5项单元中交，为扩大乙烯原料来源奠定基础。石油萘扩建项目一次试车成功，推进产业结构调整。（李全文）

【企业管理】 2010年，中国石油独山子石化公司企业管理持续加强，运营水平不断提升。一是强化考核。向生产单元倾斜，经营指标突出安全平稳生产、生产计划执行、成本受控、指标先进，逐级分解，指标预警，逐月讲评，全面完成KPI指标。二是持续提升核心竞争力。按照老区保持先进，新区达设计值的工作目标推进达标，23项重点指标进入股份公司前三名，14项指标持续保持第一。新区指标87%达设计值。三是持续夯实基础管理。加大对新区的管理审核力度，结对帮扶，缩小新老区管理差距。实施基础管理建设工程，制定质量、计量与标准化工作、制度建设、流程管理的中长期改进方案，年度计划完成率95%。注重设计层面的制度优化，梳理“三重一大”决策、财务、审计、外事管理流程，开展提升工程结算相关业务流程执行力专项治理活动。四是防范经营风险。加强法律风险防控，完善与ERP相配套的内控手册，重视内控体系的日常执行和监督，开展自我测试两次，顺利通过外部监督测试。五是规范经营管理秩序，完善股权管理和法人单位监管。（李全文）

【安全环保】 2010年，中国石油独山子石化公司加强安全环保工作。一是细化责任管理。公司与直属单位、机关部门签订责任书，层层分解。深化直线责任和属地管理。改革重奖重罚机制，突出对连续实现安全生产的累进重奖。公示公司管理层、直属单位第一负责人HSE承诺，定期进行书面安全述职。二是改进体系运行。对20年来各类事故事件进行统计分析，举办HSE体系文件及规章制度专题培训。制定工艺危害分析计划，发布《风险台账建立指南》，建立动态风险管理台账。对机关、单位、车间开展体系审核，提升运行绩效。两级机关部门完善和规范专业管理考核实施细则。三是强化培训教育。举办危险化学品取证、特种作业人员取证复审等182个培训班，培训9 542人次。制作播放32起典型事故案例，开展组织安全生产月、一封安全家书、“安康杯”竞赛等宣传教育活动，促进安全文化的形成。四是开展隐患排查治理。整改炼油厂二催化装置ESD等54项重大风险，制定恶臭治理方案，开展固体包装库、管线盲肠死角、火灾报警、装卸站场作业、防洪防汛、火炬系统、联锁保护、铁路专用线等34次专项检查，各类问题全部落实整改。五是加强检维修施工管理。启动施工作业期间员工突发伤病预防与紧急救治计划，开展受限空间、安全带、脚手架、涂装作业的集中治理，规范、固化检修作业现场目视化看板，能量隔离实行挂牌上锁，打开人孔设立明显标识。建立公司、分厂专业处室、基层车间站队、承包商管理人员专业检查表，加强全过程的监督监护。六是严格奖惩举措。建立完善安全生产举报和奖惩机制，立功嘉奖3个集体、6名个人，通报表彰5个集体、9名个人。严格反违章禁令的执行，全年查处违章和纠正各类违章行为2 950起，局部停工整改57次，零宽容清除出场42人。七是抓好交通、消防、应急管理。组织4次交通安全专项检查，利用GPS手段加强交通违章监控，严把长途车辆审批、“三交一封”制度的执行和车辆完好检查。聘请专家进行防御型驾驶培训，对623名兼职准驾人员进行实际驾驶技能考试。开展生产装置、出租屋、公共场所和施工驻消防专项检查，明确高层建筑防火、防震及预防火灾事故要求。完善应急预案，组织单位级应急演练91次，车间（站、队）级演练480多次。八是推行低碳循环经济，全面实施清洁生产。成立低碳循环经济领导小组，制定3年低碳循环经济规划及目标。完成低碳循环经济项目30项，万元产值二氧化硫及COD排放量分别比2005年降低21%及71%，万元工业产值耗能量超额完成13.9%，全年节能5.6万吨标煤，节水65万立方米。城区新增绿化面积10公顷，空气质量优良天数占99%。九是强化环保设施投用，实现污染减排目标。114座“三废”及综合利用环保设施和23套重点环境在线监测设施投运率99%以上。“三废”及噪声达标排放，废渣处理处置利用率100%。（李全文）

【科技发展与人才培养】 2010年，中国石油独山子石化公司科技进步助推发展，各类人才快速成长。以新产品开发、新技术应用和瓶颈攻关为主线，加速技术进步。原油评价、合成树脂、橡胶开发及防腐中心成为总部重点实验室、特色研究中心，被列入总部技术支持体系。全年实施公司级攻关项目25项、技措27项，获得国家授权专利5项。通过科技攻关，汽油辛烷值提高1个单位，丁二烯运行周期由一年延长到30个月，流化床锅炉连续运行达到6个月。开发合成树脂、合成橡胶新产品11个牌号，其中PE100管材专用料TUB121N3000和聚丙烯高流动性抗冲共聚产品K9928产品性能优异，得到用户普遍认可和高度评价；SBS产品T161B的持续质量改进和T6302、T171的及时开发生产满足了市场需求。ERP系统功能拓展实现单轨运行，信息化应用、自控水平不断提升。公司进一步完善人才培训体制，创新方式方法，3支队伍快速成长。突出制度学习、体系培训和履职能力提升，累计培训9万人次，满足了集约化生产需求。在股份公司加热炉操作工技能竞赛中，获1枚金牌、2枚银牌、3枚铜牌，团体第二名的好成绩，在集团公司石油金属结构制作工技能竞赛中获得铜牌。

（李全文）

【设备管理】 2010年，中国石油独山子石化公司强化设备管理工作，确保设备安全运行。一是加强制度建设。制定《自动化控制系统病毒防治管理规定》、《出厂产品计量监督管理规定》，修订《检维修管理规定》等8项制度。二是抓好35台关键机组特护工作。三是完善状态监测系统。老区关键机组全部安装S8000监测系统，新区14台已安装2台。根据S8000在线系统采集的数据，每月出具监测报告，每季度出具《旋转机械状态监测季报》。专人在线巡检，专家会诊，及时解决问题。四是做好特种设备管理工作。检验压力容器348台、工业管道14 496米。对到期未检的压力容器进行RBI检验工作，气瓶、起重机械、电梯、叉车、厂内机动车辆到期检验率100%。五是做好设备防腐监测工作。完善腐蚀防护管理体系与腐蚀监测网络的建设，完成炼油厂1 000万吨/年蒸馏等7套装置154条管线501个测厚点的高温测厚。六是做好设备“创完好”工作。公司设备完好率超过98%，主要设备完好率达到100%。公司创完好区域（装置）合计1 006个（套），完好974个（套），平均完好率96.82%。七是做好电气设备管理。完成预防性试验及检修工作，实施隐患治理项目7项，组织电气专项检查，消除不安全隐患。八是加强计量管理。举办计量检定人员培训复查取证班、石油及液体石油产品外销计量人员培训班135人次，检定计量器具44 780台件，新建标的6项计量标准。

（李全文）

【质量管理】 2010年，中国石油独山子石化公司进一步加强质量管理，全面贯彻落实质量管理体系。一是加强现场管理，过程预防，保证质量受控。检查包装袋储存发放、正品包装确认方式、执行情况，组织包装袋跌落试验2次，对存在的问题进行了规范。根据天气变化及时检查顺丁橡胶、两聚等固体产品存放情况，规范出库，落实责任，保证质量。组织乙烯厂、天利高新开展新产品标识的设计工作和丁苯橡胶装置包装袋尺寸调整，审核换版固体产品包装袋尺寸和版样，确保大项目化工固体产品包装袋的正常投用和规范使用。二是组织对质量管理制度执行情况10次专项审核，抽复查化验分析工作7次，保证质量管理体系的有效运行和检验工作质量。做好硫磺等工业产品生产许可证年度复审。三是抓标准落实，做好标准化工作。制定24个化工产品暂行指标，下发J50－08、K9928、S2025、50AF等新产品指标，保证公司新产品顺利出厂。参加全国塑料标准化技术委员会石化塑料树脂产品分会（SAC/TC15/SC1）和全国石蜡标委会的年会标准审查和行业标准《苯乙烯－丁二烯嵌段共聚物SBS》审查，开展高密度聚乙烯树脂（TUB 121N3000）混配料的PE100管材料的认证。四是加强质量培训，开展质量月活动。注册QC（质量管理）小组361个，推荐优秀小组成果18个，其中2个小组获国优。完成公司质量专业基础建设工程的现状摸底及基础建设工程3～5年实施方案。（李全文）

【和谐企业建设】 2010年，中国石油独山子石化公司将关注民生、促进就业、保障收入等惠民措施列入“六大工程”，政企联合，全力推进，确保人民群众共享发展成果。老区热、暖、电系统改造全部完成，危房搬迁结束，住宅外墙保温、屋面整修，2 200套经济适用房交工，职工居住条件大为改善。完成中小学校舍抗震加固。购置医疗急救设施，打造120生命救助绿色通道。新建、改造退管站，营造关爱老人的温馨家园。660快速解决生活难题，被评为集团公司优质服务集体。专业对口职工子女基本就业。利用各种渠道，体察群众诉求。与政府联手，严控房价物价。增加倒班员工误餐、防暑费，提高退休职工采暖费、生活补贴和抚恤费标准。多层次、多渠道实施送温暖工程，全年帮扶金额468万元，提供困难职工子女助学金62万元。（李全文）

【配套业务建设】 2010年，中国石油独山子石化公司配套业务全力为炼化生产和工程建设提供优质高效服务。一是打造民生服务精品。锅炉房完成达标改造，脱硫系统一次开车成功，煤耗持续名列集团公司第一名。773户居民顺利搬迁。68栋楼实施外墙保温，220栋楼整修屋面防水，众鑫花园通过国家级物业管理示范小区验收。购置急救医疗设施，120扩建门诊楼扩，建设大急救体系。“660服务中心”获集团公司先进集体称号。二是开展规范管理年活动。制定《“十二五”业务发展计划》，将基层建设、班组建设、制度管理、现场管理纳入日常基础管理范畴，生产、服务做到管理有制度、服务有规范、工作有标准，25个精品项目全面通过验收。梳理“三重一大”，规范重大事件集体决策流程。建成内控体系，规范业务流程，控制经营风险。三是以培训为本提升全员素质。举办安全管理、项目施工、精品创建、物业管理、生产操作、服务礼仪等专项培训8万人次，选拔20名优秀选手、28名精品项目优秀技能人才，树立98名行业技能典范。四是狠抓思想政治工作。举办服务民生、铸造品牌文艺汇演，召开第三届我服务、我成长青年论坛，开展健康沙龙、读书沙龙活动，丰富职工文化生活。加强现场劳保监护，配备112个医用急救箱，关心员工健康。设立爱心应急基金、大病救助金，发放困难补助，关爱困难职工。

（李全文）

【审计工作】 2010年，中国石油独山子石化公司认真做好工程审计工作，管理水平得到提升。一是强化重点工程过程监督，做好项目结算审计。开展独山子石化公司千万吨炼油百万吨乙烯建设项目工程结算审计,做好项目竣工决算审计准备。完成基本建设投资、检维修等4 236个单项工程结算审计,严把资金审查关。二是以风险管理为导向,实施专项审计。开展千万吨炼油百万吨乙烯工程建设期资金审计、300 万立方米原油储罐设施建设期审计、停工检修资金跟踪审计、安全隐患治理项目专项审计以及矿服建设投资项目审计,促进企业防范风险、增强管理能力,提高资金使用效益和政策执行效果。三是开展经济合同签约前监督,加强事前防范。加强支出性经济合同签约前审计,审计经济合同3 569项,参加合同招投标、谈判 243 项。四是拓展审计领域,开展信息系统审计。学习先进单位做法,研究信息系统审计的技术手段,开展职工医院 HIS 信息系统审计。五是控制资金风险,开展表外资金专项审计。加强对住房公积金、帮扶资金、工会经费等表外资金的审计力度,重点关注资金使用效益和政策执行效果。六是坚持离任必审和法人公司经营管理审计。七是推进审计信息化建设。合同辅助审计按进度推广使用,财务辅助审计系统年底正常运行。建立审计信息沟通平台,定期编发审计工作简报,促进审计工作的沟通和交流。

(李全文)

【财务管理】 2010 年,中国石油独山子石化公司进一步加强财务管理工作。一是加强制度建设。梳理岗位职责 107 个,完善24 项财务制度,修订物资核算等7 项会计核算。完善精细化核算系统,增设新开工的 18 个生产装置、203 个辅助生产装置、2 个销售车间。ERP 上线单轨运行。二是强化全面预算管理。明确投资、收入、成本、费用全面受控的预算管理格局,采用直线管理与专业管理相融合的模式,建立清晰的责任体系和压力传递机制。直线管理下达考核指标43 项,专项管理下达费用指标 28 项,分解落实到车间班组 1138 项。三是实现资金安全高效。对上市、未上市、控股法人单位统一资金管理,应用资金集中管理平台,实施资金全过程精细化管理。开展“小金库”专项治理,加强清欠管理事前控制,严格审核购买商品付款方式。四是加强税务筹划、营造宽松经营环境。密切关注国家税收政策的调整,积极加强与税务部门、关联企业的沟通协调,充分享受国家优惠政策。五是提高资产运营效果。加强物资管理监管力度,真实反映存货价值,降低潜亏风险。加强固定资产管理,做好在建项目核算、工程款结算、转资。推广应用不良资产信息系统,加强不良资产管理与处置,实现公司效益最大化。六是突出内控体系自我完善和运行监控。持续加大测试系统应用,完成 2 次内控自我测试。通过普华审计外部测试,确保了体系长效、高质量运行。七是加强财会队伍建设。组织税务知识、会计理论、内控体系、ERP 系统运用、资金平台等多项培训,培训人员620 人。参加集团公司第一届财务系统英语演讲大赛获组织奖;开展形式多样的文体活动,丰富文化生活,提升团队的凝聚力与创造力。

(李全文)

【宣传文化】 2010 年,中国石油独山子石化公司不断加强企业文化宣传工作。一是强化思想道德建设。开展“热爱伟大祖国,建设美好家园”系列活动,组织宣讲近百场次,特色主题教育活动 24 场次,受教育人数和参加活动8 000多人。结合炼化生产实际开展公民道德建设月活动,在商业服务业中评选 2008 ~ 2009 年度 10 家优秀诚信企业和 20 家优秀诚信经营户。开展我身边的好人评选、思想政治工作案例征集活动。二是抓好文明创建。秉承惠民创建的思想,精心实施精神文明建设“六大工程”,积极推进文明创建长效机制建设。建立文明创建数字化平台,推动创建工作日常化、规范化、数字化。4 个单位通过市级文明单位验收。7 个单位(社区)通过届满验收,2 个单位(社区)申报自治区文明单位(社区),2 个单位推荐参加自治区最佳文明单位评选。三是加强新闻报道。突出重大活动报道,突出公司工作会、新区装置首次安全平稳过冬、“六大工程”推进情况和建设成果、各类先进典型的宣传,做好质量月、安全生产月、节水月、节能周、世界环境日、消防宣传日主题活动宣传。全年在省部级以上媒体刊播反映独山子的新闻稿件 840 多篇(条),其中头条新闻 30 多篇(条)。四是扎实推进企业文化建设。弘扬大庆精神、铁人精神,报纸、电视、在线都开辟宣传专栏,印发了宣传学习折页。修订《企业文化手册》,组织“家园 · 独山子”原创诗歌朗诵比赛活动。以百日广场文化活动为主阵地,以文化中心、网络在线等为新的平台,扎实开展丰富多彩文化活动。设计制作公益类宣传牌、独山子旅游折页和企业贺卡。发挥网络信息作用,加强政策宣传解释和引导。六是开展独山子第 29 个民族团结教育月活动,精心组织,营造氛围,做到了认识、措施、落实“三个到位”。公司获自治区民族团结模范单位称号。

(李全文)

【纪检监察】 2010 年,中国石油独山子石化公司加强纪检监察工作,开展系列廉政建设活动。一是加强廉洁自律教育,推进廉洁文化建设。利用报纸、网络、电视等多种媒介渠道积极宣传党纪法规。订购《中国石油领导人员反腐倡廉教育读本》、《国有企业领导人员廉洁从业若干规定》、《中国共产党党员领导干部廉洁从政若干准则》等读物 460 多份,发放至副处以上领导干部及班子成员。印发《廉洁(政)文化作品集》,针对物资采购、仓储、供应等重点部门,结合近年来典型案例,开展廉政讲座 5 次,209 名关键岗位人员参加学习。二是推进惩防体系建设,完善机制。梳理 53 个“三重一大”业务流程,编制风险控制文档 51 个。督促二级单位完成相应重大决策控制措施的编制工作。三是强化监督检查,促进廉洁从业。落实《若干规定》和《若干准则》,加强领导干部作风建设。召开《加强领导干部作风建设,解放思想,建设世界一流的石化基地》为主题的专题民主生活会,层层传达学习,严格检查考核。对存在的突出问题,重点摸查,有针对性进行廉洁谈话。对班子成员的自检自查及剖析严格把关,健全制度,完善监管措施。四是以规范管理、服务企业为目的,开展效能监察及专项治理工作。在项目监管方面,明确部门职责和工作界面,健全管理制度。对工程发包、大额资金使用等事项集体审议,监督过程。在投资管理上,严格执行财务制度,资金专人审批,专款专用。在承包商选择上,严格资质审查、市场准入,强化招标管理。排查 2008 年以来 88 项在建、竣工工程的项目决策、规划许可、招投标、资金拨付使用等情况,对发现的问题,分类逐项查找原因,提出整改及防范措施。组织协调会、座谈会,通报情况,督促整改。五是注重信访基础管理,抓好案件查办。信访件按程序进行妥善处理,初核了结率100%。六是以提高纪检监察工作履职能力和工作为目标,加强纪检监察干部业务素质。举办纪检监察干部培训班,17个单位的纪委书记、纪检监察工作负责人和专兼职纪检监察干部39人参加培训。（李全文）

【工会工作】 2010年,中国石油独山子石化公司结合加强基础管理建设、发展低碳循环经济、安全治本、关注民生、促进就业、保障收入“六大工程”的推进,发挥专业特长,强化服务能力建设。一是围绕中心工作开展劳动竞赛。参与自治区重点工程劳动竞赛,组织300万立方米国家储备库和电气预防性试验劳动竞赛,对保障工期和质量起到促进作用,得到管理层认可。二是加强创先争优活动的组织。徐福贵被评为全国劳动模范,郑海涛被评为集团公司特等劳动模范,徐凯军等6人被评为集团公司劳动模范,阿不力米提等3人被评为自治区劳动模范。加强立功活动的组织,第一时间组织评价调查,6名个人、3个集体给予记功表彰,9名个人、5个集体受到通报嘉奖。三是深化民主管理基础。召开职代会联席会议22次,审议通过《独山子石化公司员工健康疗养实施办法》、《关于明确员工误餐费的通知》和《公司小劳保优化管理实施方案》,答复落实7条建议意见。评议领导干部248人,参加22个基层单位的评议。四是推进民生工程。多渠道搭建管理层与基层职工群众沟通交流平台,协调解决群众关心的热点、焦点问题。制定扶贫帮困送温暖活动方案,规范救助范围及标准,形成完善的社保体系和互助保障体系。建档困难户128户,帮扶6 985人次,帮扶金额4 677 495元。五是高效完成集团公司领导干部工作会议文艺晚会策划组织。六是加强自身建设。通过克拉玛依市总工会对申报的模范工会、11个模范职工之(小)家检查验收,获市模范工会称号。（李全文）

【维稳工作】 2010年,中国石油独山子石化公司针对要害部位多、分布广的特点,进一步强化维稳工作,确保社会稳定。一是加强组织领导,明确职责任务。公司与基层单位、区属单位、驻区单位签订安保责任状,明确“一把手”维稳安保工作责任。开展影响稳定的风险因素排查评估,制定了重要时期、重点时段维稳安保方案。二是强化措施,扎实做好特殊时期的维稳工作。采取超常安保措施,全力抓好“七五”敏感期、集团公司领导干部会和世博会期间的维稳安保工作。三是企地联动,构建起全方位的社会治安防控体系。全面检查人防、物防、技防和信息防工作,规范有毒有害易燃易爆物品的管理。加大对重点要害部位、生命工程(水源地)、金融系统、通信设施、原油储备库区、输油气管道的督查力度,切实落实“四防”措施,强化内部安保体系运行。开展专项应急预案演练,强化应对突发事件的能力。四是严打严防“三股势力”破坏活动。坚持主动出击、露头就打的方针。发挥宗教事务三级管理网络职能,依法加强对宗教活动场所管理,严格落实少数民族领导干部联点宗教活动场所责任制,强化对宗教人士的教育培训工作。五是强化矛盾纠纷排查工作,进一步完善大调解大信访机制。梳理可能引发影响稳定的群体和个体,全面掌握各种矛盾和隐患。对重点人员登记册造,责任到人,促进思想转化。对上访人员,逐人见面谈话,明确责任单位和责任人,做好解释说服工作。六是齐抓共管,切实做好禁毒工作。开展无毒社区、无毒单位、无毒学校创建活动。深入推进吸毒人员动态管控机制建设,继续开展拯救行动。七是以综治宣传月为契机,大力开展平安宣传。坚持团结、稳定、鼓劲、和谐、正面宣传为主的方针,重点宣传《新疆维吾尔自治区社会治安综合治理条例》等法律法规,印制《条例》200本,宣传单2万份,集中开展综治工作培训班1次。悬挂横幅100条,发放平安家庭证书1.5万张、平安明信片1.5万张、平安短信5万条。84%的单位达到克拉玛依市级平安单位标准,95.8%的家庭达到平安家庭标准。（李全文）

【履行社会责任】 2010年,中国石油独山子石化公司投资190万元建设察布查尔县琼博拉乡克其克博拉村养殖中心,设养殖大棚18座,5月底开建,9月底交付使用,实现当年开工当年见效。建设琼博拉乡支其克博拉村引水工程主管道工程,解决贫困人口165户743人的饮水困难问题,基本满足农牧民的实际需求。4月14日,青海玉树地震灾情发生后,公司紧急调运4 000吨航煤救援青海玉树灾区。（李全文）

【工作会议】 2010年1月29日,独山子石化公司召开2010年工作会议,公司领导徐福贵、付德新、努尔麦麦提·阿曼、肖宏伟、麦麦提·伊力、吕健、陈俊豪、刘吉法、吕蔷、任立新、李法新、王学锋、任军革、白继晨、范芒、李旭升、张德新、石穿、侯小平等参加会议。大会由努尔麦麦提·阿曼主持。徐福贵作题为《牢记责任,奋发进取,持续推进国际一流现代化石化基地建设》的工作报告。报告指出,2009年,是独山子实现跨越式发展、永载史册的一年。公司认真落实应对金融危机的系列措施,炼化生产优化平稳,各经营单元健康运营,城市化进程显著加快。投资300亿元的千万吨炼油百万吨乙烯工程,在新中国成立60周年前夕全面建成投产,并入选新中国成立60周年百项经典暨精品工程。报告分析2010年公司面临的形势,对2010年重点工作进行部署。会议下达2010年生产经营任务,提出节能减排目标。表彰乙烯厂乙烯联合车间等21个模范车间、炼油厂加氢联合车间制氢工艺四班等20个模范班组、张其军等22名劳动模范。徐福贵、付德新与三大厂、矿区服务事业部负责人签订业绩合同,向各单位负责人颁发方针目标责任书。付德新就落实徐福贵所作的工作报告提出具体要求。强调要履行肩负的职责,实现既定目标,打造高素质的干部员工队伍,构建以人为本,关系和谐的区域环境,坚定不移地把世界一流现代化石化基地建设推向前进。（李全文 郑 立）

克拉玛依石化公司

【中共克拉玛依石化公司委员会成员名单】

党委书记:默新社

党委副书记:张有林、余国孝

党委委员:李明科、许立甲、梁永智、秦本记

【中共克拉玛依石化公司纪律检查委员会成员名单】

纪委书记:余国孝

纪委副书记:何元科

纪委委员:姜海湖、木黑提·科可乃依、

王凤兰

【中国石油克拉玛依石化公司副总师以上行政领导名单】

总经理：张有林

副总经理：默新社、李明科、许立甲、梁永智、秦本记

副总工程师：杨建湘、苑乃奎、木黑提·科可乃依

副总经济师：周有胜、姜海湖

安全副总监：李杰

副总会计师：葛钊

【基本情况】 2010年，中国石油克拉玛依石化公司公司下设机关处室12个；直属机构2个，基层单位23个，其中二级单位4个、二级半单位5个，有员工3 600多人。加工规模达到500万吨/年，并正在完善配套建设600万吨/年加工能力。公司高档润滑油生产能力60万吨/年，重交通道路沥青生产能力100万吨/年，成为产品特色突出、具有较强市场竞争力的炼油企业。公司有主体装置40套，固定资产53.8亿元。自备热电厂发汽能力为520吨/小时，发电能力24兆瓦/小时。炼油化工研究院拥有科研人员196人，科研仪器及设备先进齐全，具备较强的稠油加工及润滑油和沥青科研实力。有28种产品获省、部优产品称号。L－DRA/A46冷冻机油等5种产品获国家银质奖。环烷基橡胶油产品被中国质量协会评为全国用户满意产品，重交通道路沥青被自治区评为新疆名牌产品，环烷基油系列产品获集团公司中国石油优质产品称号。公司连续17年保持自治区文明单位称号。先后获全国守合同、重信用企业，中国企业诚信经营示范单位，集团公司质量管理卓越企业等称号，获新自治区颁发的开发建设新疆奖状，全国五一劳动奖状。被评为自治区30强工业企业（集团），被自治区列为首批循环经济试点单位和自治区级环境友好企业，并获自治区项目环境保护“三同时”先进企业称号。 （黄国强）

【生产能力】 中国石油克拉玛依石化公司产品占据国内60%以上市场份额。BS光亮油产品质量标准达到国际先进水平，打破国外产品在国内长期垄断的局面。中高档橡胶油占据国内70%以上市场份额。开发投产的新型环保轮胎橡胶油符合欧盟环保法规，取得进入国际轮胎橡胶市场的通行证，改变国内环保轮胎橡胶油长期依赖高价进口的局面，使轮胎及橡胶行业成功突破贸易保护技术壁垒。冷冻机油产品在国内具有极高的声誉，市场占有率达85%，同时依托自主开发的先进生产工艺，产品品质不断提高，实现冷冻机油新产品向新日本石油、爱默生等外资企业的稳定销售。高等级重交通道路沥青年生产能力达到100万吨，生产量占中国石油沥青生产总量的25%，是西北地区最大的生产基地。为西部多省区指定首选沥青产品，铺设80多条高速公路，占西北地区30%以上市场份额，承担新疆地区100%的沥青供应。至2010年底，公司具备生产各类石油化工产品160多种、主导产品40多种能力。 （黄国强）

【炼油生产】 2010年，克拉玛依石化公司克服原油价格持续上涨、加工成本居高不下等不利因素，优化原油进厂结构，优化生产方案，优化产品结构，开展各种高附加值产品增产工作，增产低凝柴油、高标号汽油、航煤、润滑油基础油等方案，狠抓重点物料平衡工作，实现原油加工效益最大化。全年加工原油471万吨，其中加工稠油317万吨。生产高标号汽油47.56万吨，超年度计划7.56万吨，比上年增加5.37万吨；航煤生产13.95万吨，超年度生产计划1.95万吨，增加3.37万吨；低凝柴油生产69.15万吨，超年度计划4.15万吨，增加1.68万吨；生产润滑油65.32万吨，超年度计划0.32万吨，增加7.72万吨；生产沥青68.04万吨，增加3.58万吨；丙烯生产2.63万吨，超年度生产计划0.13万吨，增加0.08万吨。热电厂发电1.62亿千瓦时，产汽117万吨。全年实现主营业务收入229亿元，增加52亿元；上缴税费51亿元，增加1亿元。稠油加工量、高标号汽油、航煤、沥青、白油、加工损失率等10项指标均创历史最新水平。 （黄国强）

【安全管理】 2010年，克拉玛依石化公司狠抓全员安全环保责任落实，组织签订各级人员HSE目标管理责任书。一是抓好安全责任的落实。年初14个机关处室、21个基层单位全部与总经理签订HSE目标责任书，各单位层层分解、签订责任书2 700多份。组织开展领导干部安全述职活动。继续做好集团公司HSE“九项原则”、反违章“六项禁令”的贯彻落实。环保优先、安全第一、质量至上、以人为本的理念以及安全源于责任、源于设计、源于质量、源于防范等认识逐步深入人心。领导带头参加各类检查、带头参与HSE讲课、带头开展安全经验分享讲述、机关科级以上领导定期下基层，已逐渐转化成各级领导的自觉行为。二是推进HSE管理体系建设。为促进体系与专业管理有机融合，全年组织进行测量管理专业、产品包装、设备、电气、固废、工艺变更、半成品管理等10个专业的联合检查。在对公司HSE管理体系现状进行量化评估打分和分层次开展培训、学习基础上，完成了集团公司15项规范的转化，其中作业类程序已在3个单位试行，其他程序全部开始执行。强化生产受控信息沟通，实施24小时生产问题通报制度，对装置存在的问题实施动态跟踪管理，并通过周通报、月考核等方式强化各单位生产受控意识。公司已编制各类操作卡总计1 000多份，各生产单位新装置开、停工试车必须有完整的总体试车方案及操作卡。坚持危险作业周计划审批制度，在各生产单位开展无危险作业竞赛活动，开展每周安全监督和“三违”查处通报讲评，提高各类作业现场的风险受控程度。三是抓好安全隐患排查治理的动态化管理。坚持隐患“三级评估、两级管理”模式，在部分生产车间推行建立隐患检查评估管理系统。各单位开展日常隐患排查、评估、治理、验收、销项的全过程管理。继续做好两级排除隐患的评估奖励，全年对216起排除隐患的290人次奖励5.8万元。开展重点领域、关键部位的隐患排查活动。先后开展系统管线隐患排查、油品存储罐区专项检查、机械呼吸阀液压安全阀和阻火器专项检查以及管沟及埋地管线隐患集中整改、全厂废旧管线摸底排查等10多项。四是逐步建立完善应急管理体系。完成公司级突发事件总体及12个专项应急预案的修订工作，并按要求完成审核、评审向总部、政府主管部门备案。各基层单位也全部按要求完成应急处置预案的修订，在全公司范围内组织应急预案专项学习、考试，合计参加考试达2 529人次。按照每季度1次实际演练的要求，全年各基层单位合计演习487场次，演习培训率及参与率都超

过98%，应急演习合格率100%。1月、12月，分别以球罐泄漏和天然气系统管线泄漏为假想情况，组织多方联动的综合应急响应实际演练。（黄国强）

【环境保护】 2010年，克拉玛依石化公司以污染减排、节能降耗、保障污染物稳定达标排放为重点，开展安全环保基础年活动，推进环境隐患治理项目。一是加强环境管理制度建设和监督检查力度，确保各项环保业绩指标的顺利实现。完成自治区、集团公司及公司提出的各项业绩指标，再次实现重大环境污染责任事故为零和5万元以上环境污染事故为零的总目标，“三废”排放得到有效控制和削减，全年处理工业废水378.2万吨，污水达标率100%，公司实现有控废气排放综合合格率100%，厂界噪声合格率100%，完成目标指标要求。共产生工业废渣8.2万吨，综合利用率90.2%，各类废渣的排放都得到有效处置，废渣处置率100%。12月，公司获自治区重点污染企业节能减排先进单位称号。二是抓好环境监测。公司环境监测站全年累计完成监测分析7万多项，分析准确率100%。除完成正常工艺卡片规定任务外，环境监测站还配合新装置的试车、职业病场所检测等。迎接自治区环境监测总站监督监测3次，克拉玛依市例行监测10次，配合验收监测1次，迎接国家环保部、西北督察中心、自治区环保厅、自治区环境监测总队以及克拉玛依市环保局、环境监察支队监督检查共32次，各项监督监测结果实现100%合格。三是推进污染减排项目。公司夯实基础，消除隐患，先后完成热电厂烟气脱硫、Ⅱ套污水回用等项目的建设。其中热电厂烟气脱硫项目已投产，该项目的投用改善了金龙镇地区的环境空气质量。公司污水回用装置运行平稳，完成公司下达的污水回用指标。完成剩余装置的清洁生产审核工作，产生无低费方案150项，中高费方案28项，其中组织实施116项，34项列入清洁生产审核规划，各项方案预计投资1 373.4万元，其中无低费方案预计投资9.4万元，中高费方案投资1 364万元，取得3 822.1万元的经济效益，减少废水排放量27.842万吨，减少进入污水处理场COD约161吨、石油类169.33吨，减少公司废气排放72 456.38万标准立方米，减少二氧化硫排放13.194吨，减少固体废弃物排放152.88吨。（黄国强）

【质量管理】 2010年，克拉玛依石化公司建立《模拟蒸馏测定馏分油馏程》、《溶剂组成和溶剂含量》等分析方法，加强质量管理。一是完善《绝缘油中PCA稠环芳烃含量》检测分析方法，严格遵守工艺卡片和产品标准要求，完成各项分析任务，馏出口、半成品、产品出厂分析准确率分别为99.8%、100%、100%；盲样抽查准确率100%；随时完成临时性分析配合生产调整及售后服务。全年完成馏出口分析440 659项，临时分析2.87万项次。开展全面质量管理活动，共注册涉及生产、质量、节能等11个方面90个QC小组。公司QC小组成果获省部级一等奖1个、二等奖3个。二是完成《高档白油》、《18号润滑脂基础油》、《NAP1004环保型轮胎橡胶塑剂》、《KP25号变压器油基础油》技术要求等11项企业标准、协议标准。负责中国石油天然气集团公司标准《橡胶油安定性试验法》、《橡胶油紫外光安定性试验法》等的制定工作。三是完成国家交通部对公司生产的重交通道路石油沥青的产品认证年度审核工作。完成中国石油统一应对欧盟REACH法规的石油产品物质检测分析及对标等工作。全厂产品出厂符合率100%，实现3 406批次成品出厂任务，未出现厂内及厂外质量事故。上级抽检产品质量合格率100%，6次接受自治区、股份等上级部门对公司9个品种23个批次的抽检，所有抽检产品全部合格通过。（黄国强）

【节能减排】 2010年，克拉玛依石化公司能量系统优化项目有序推进，确定节能项目273项，并陆续开展实施。加强对能源消耗的监控与分析，狠抓公司节能节水措施落实，强化节能现场管理，有效降低了能源和新水消耗。全年实施第二期生产装置热联合等38项节能节水项目，实现节水37.83万吨，完成计划的252.2%；节能2.57万吨标煤，完成计划的514%；炼油综合能耗61.66千克标油/吨，比计划降低3.34个单位，新水单耗0.65吨/吨，比计划降低0.05个单位。烟气脱硫等环保装置及设施运行水平不断提高，Ⅱ套深度污水处理回用装置成功投用，有效降低了新水消耗及污染物排放量。全年COD排放量165吨，比上年下降29%；石油类排放量9吨，下降40%；二氧化硫排放量1 350吨，下降34%。外排污水综合合格率等环保指标全部达标，连续11年实现重大环境污染责任事故为零。（黄国强）

【财务管理】 2010年，克拉玛依石化公司财务工作致力于提高服务决策水平，加强产品成本及利润即时测定，为公司按照市场需求及时调整生产计划提供数据。加强对完全成本加工费、商品率等关键指标的对比分析，摸清管理现状，查找自身差距，挖掘内部潜力。定期安排专项分析。通过季度财务专题分析会以及工程结算问题专题会，与业务部门决策共谋、优势互补，把价值管理的职能、手段渗透到财务工作的各个层面和公司生产经营的各个环节。加强资产管理基础工作，提高资产使用效率。全面开展资产清查，开展固定资产减值测试。根据股份公司批复意见，于6月和12月分别对20万吨/年甲醇等3套长期闲置装置计提资产减值准备35 954万元。进一步提高资金管理水平，坚持收支两条线管理。组织开展2009～2010年资金安全专项检查和“小金库”专项治理工作。全面推行资金管理平台项目，持续强化欠款清收力度。加大投资资金管理力度，严格管理区分，认真核算，积极参与现场盘点，及时完成公司5个大型项目的决算转资工作，准确地反映项目资金的实际完成情况。建立技改技措项目台账登记制度，为准确分析项目资金完成情况，合理控制投资资金打下良好的基础。积极开展工程建设领域突出问题专项治理工作，对公司近年工程建设项目进行自查，对存在的问题及时上报和分析，并按照公司要求整改。（黄国强）

【规划计划】 2010年，克拉玛依石化公司组织编制“十二五”发展计划，针对“十二五”期间的安全环保、节能节水、油品质量升级、设备装备技术进步、人力资源、企业文化、科研发展、矿区服务等专项工作，完成11个专项规划。为加强重点建设项目的投资控制管理工作，充分发挥公司各部门在项目投资控制工作中的作用，确保项目投资控制目标的实现，制定《克拉玛依石化公司重点项目投资控制管理办法》。管理办法以项目初设批复概算为总投资目标，各专业部门按项目投资分解指标开展投资控制和管理工作，努力做到投资控制管理工作职责明确，程序规范，全程受控。先后制定60万吨/年连续重整装置及配套项目投资控制分解指标、完善稠油集中加工及配套工程项目投资控制分解指标。全面采用ERP系统管理平台，投资计划项目已全部纳入ERP系统管理。项目概算分解、投资控制通过ERP系统平台实施。通过ERP系统的管理平台，实施项目投资控制管理的实时监控，极大地提高投资控制的管理水平，实现投资管理的事前控制。全年共下达股份公司投资计划项目9项，总投资63 892万元。其中炼化项目5项，计划投资额62 530万元；公用工程项目4项，计划投资额1 362万元。全年无计划外项目，无超投资项目。（黄国强）

【企业管理】 2010年，克拉玛依石化公司完善业绩管理体系，提高业绩考核管理水平。一是优化考核指标项目和指标考核权重，加大关键业绩指标考核力度。根据集团公司的要求，现金贡献、将“EVA”增加值、全员绩效考核体系建立指标纳入公司业绩考核体系，进一步发挥绩效考核的导向作用和激励约束作用。强化对自考指标的过程管理，加强对管理职责特别是机关处室职责履行情况检查。二是通过开展调查研究和学习兄弟单位的先进管理经验，制定并实施公司全员绩效考核办法，构建公司全员绩效考核体系。三是开展整章建制工作。开展规章制度评审工作，组织相关处室、单位修订管理制度57项，提高管理制度的有效性。针对企业经营管理中存在的薄弱环节，制定《克拉玛依石化公司全员绩效考核办法》、《克拉玛依石化公司巡检管理办法》、《克拉玛依石化公司重点项目投资管理办法》、《克拉玛依石化公司服务商管理办法》，修订《公司机关科级以上领导下基层管理规定》、《克拉玛依石化公司案件纠纷处理实施细则》，推进公司各项工作顺利进行。四是开展2008～2009年度管理成果评审工作。审批立项管理创新项目35项，依据评审办法及评审结果对各项目进行定级，有11项管理成果获得等级奖励，其中二等奖4项、三等奖7项。五是开展“五型”班组的验收、总结、表彰工作。“五型”班组创建工作得到稳步推进，基层单位创建工作的主动性和积极性发生根本性改变，实现创建工作质量的跨越式提升，全面开创基层建设工作新局面。六是抓好合同管理。全年签订合同1 075～1 578份，合同金额70 342～89 435万元。合同审查率100%，合同履行率100%，没有发生合同纠纷。（黄国强）

【物资管理】 2010年，克拉玛依石化公司以保障公司的生产和资本性项目建设为中心，按照物资采购管理工作的“四项原则”，全面完成物资采购任务指标。完成60万吨/年连续重整项目29 845万元采购工作、120万吨/年柴油加氢项目12 652万元采购和100万吨/年延迟焦化项目9 748万元采购工作。全年累计签约合同（含采购单）2 075份，总金额62 020万元。完成公司生产及项目建设到货入库物资额（不含税）52 347万元，出库物资额（不含税）52 154万元，年末库存（不含税）12 975万元。周转天数92天，周转次数3.96次，年末1年以上无动态物资4 890万元，完成电子商务采购额3 318万元。完善与集团公司物资采购管理需要相匹配的物资采购管理体制，先后制定《物资领用实施办法》、《随机资料管理办法》、《退料管理办法》、《采购物资入库验收管理细则》等11项管理办法和规定。供应商管理职能全部归口物资部门。8月，物资采购管理工作大检查后，针对提出问题，及时整改，至年底，所涉及的采购业务均按照总部要求实施。加强对库存物资的检查，全年盘库4次，抽查物资120项，落实整改查出的问题。通过对外适时处理报废物资，为已失效的SBR改性剂找到买家，挽回损失54.6万元；对积压不再使用的烟道挡板退回厂家，挽回损失16.8万元。（黄国强）

【设备管理】 2010年，克拉玛依石化公司不断提高设备可靠性及工艺技术安全性，狠抓技术创新，提高检维修质量，做好设备运行维护、工艺优化、安全保障等工作，保证公司装置的安全平稳运行，并创国内加工高酸值稠油装置长周期运行先进水平。一是完善设备管理制度。修订《设备管理支持性文件》、《克拉玛依石化公司检维修及工程建设项目承包商HSE体系管理规定》等13项制度。通过完善和补充管理制度，进一步理清管理职责和程序。二是坚持做好设备检查工作，开展设备创完好活动，完成设备综合管理平台开发。全年设备管理各项经济技术指标完成情况比较好，设备完好率、静密封点泄漏率等基础指标一直保持较高水平，实现全公司各生产装置仪表自控率≥99%，关键回路自控率100%的目标。（黄国强）

【科技信息管理】 2010年，克拉玛依石化公司开展提高总体经济效益、增加产品市场竞争能力、降本增效，开展一系列的以应用“四新”技术、提高产品质量、促进产品升级换代为主要内容的科技攻关活动。一是抓好科技攻关。主要有改性沥青稳定生产技术攻关、污水汽提长周期运行技术攻关、在延迟焦化装置推进HRDC工业实验项目、先进控制技术攻关、焦化装置抑焦增收剂试用、汽柴油质量升级方案、组织NAP17环保轮胎油试生产、组织酮苯装置复产及开展石蜡基基础油生产方案优化、润滑油络合脱氮工业化等。二是加强信息工作。做好MES项目运行维护，不断拓展功能。为保证MES流程图的准确性和及时性，定期对MES流程图进行巡检，对于在巡检过程中发现的问题，组织各车间MES系统维护员及时修改，各车间MES系统流程图的准确率均达到99%以上。在MES实际运维中，对MES系统功能进行有效拓展，班长交接班记录和班组运行工程师记录电子化、技术日报电子化、自控率系统的开发与集成。三是ERP生产系统迁移切换工作顺利完成。完成ERP权限测试和信息系统总体控制测试，测试结果显示：信息系统总体控制测试没发现例外事项。通过与模块关键用户讨论评估，完成全部例外事项的整改。四是根据集团公司信息管理部《关于加强信息系统安全建设工作的通知》及检查工作计划，检查组于10月12～13日对公司进行信息系统现场安全检查；11月28日至12月3日对公司信息系统网络进行现场安全检查和评估。评估结果显示，公司信息安全管理工作切实、有效，符合上级管理部门相关要求。（黄国强）

【科研开发】 2010年，克拉玛依石化公司开展各级科研项目34项，其中股份公司级科研项目13项（其中新开项目4项）、公司级科研项目21项（其中新开项目13项）。为解决生产、营销过程中发生的各类不同问题，有针对性地开展临时性科研任务59项。投入科技经费7 004万元。全年通过股份公司统一上报并得到受理的专利申请16项，获得专利授权10项，其中发明专利4项、实用新型专利6项。公司技术进步奖评审一等奖4项、二等奖8项、三等奖17项、鼓励奖10项。公司“环烷基油深加工技术研究及产品开发应用”获中国石油天然气集团公司科学技术进步奖一等奖，“薄层结构专用硬质道路沥青研制”获中国石油和化学工业联合会科学技术进步奖二等奖，“准噶尔盆地环烷基原油深度开发质量监控体系的建立及应用”、“焦化液化气除焦除硫制备化工原料的技术研究及应用”分别获三等奖。（黄国强）

【审计工作】 2010年，克拉玛依石化公司做好工程项目审计工作，切实堵塞管理漏洞。开展实施审计项目22项。其中工程项目结算审计17项，项目结算审计覆盖率100%；集团公司财务专项审计1项；公司财务专项审计4项。财务审计计划完成率100%；离任审计率100%；审计建议采纳率达90%以上。通过审计，核减工程造价240.85万元，审减率1.49%。

（黄国强）

【人才管理】 2010年，克拉玛依石化公司完成1 083名管理和专业技术人员的年度考核工作。完成专业技术职务任职资格评审工作，其中推荐评审教授级高级工程师2人，推荐评审高级专业技术职务人员13人，推荐参加集团公司专业化评审高级专业技术职务人员14人，评审中级专业技术职务人员31人，评审初级专业技术职务人员14人。推进公司博士后工作站的人才引进工作。制定《克拉玛依石化公司员工绩效考核办法》、《克拉玛依石化公司经济增加值考核办法》，全面推进全员绩效考核工作。全年有38人取得技师资格，聘用技师35人；11月，有1人取得高级技师资格，技师资格2人，全部聘用。至年底，公司在聘技师134人，高级技师4人。

（黄国强）

【技能竞赛】 2010年，克拉玛依石化公司4名选手参加炼化企业工艺加热炉操作工职业技能竞赛，获1枚铜牌、2个优秀奖。6～9月中旬，公司举办第五届职业技能竞赛活动，有7个单位17个竞赛工种参加竞赛，17名选手获得金奖，18名选手获得银奖，20名选手获得铜奖，44名选手获得优秀奖，4个参赛单位获得竞赛优秀组织奖。全年有662名操作工参加鉴定考试。其中初级工参加鉴定38人，合格率73.7%；中级工参加鉴定53人，合格率56.6%；高级工参加鉴定491人，合格率72.3%；技师参加鉴定80人，合格率70%。（黄国强）

【纪检监察】

惩防体系建设 2010年，克拉玛依石化公司各级党组织坚持以科学发展观为统领，推动惩防体系建设工作不断深化。一是党委召开专题会议，听取纪委工作汇报，分析反腐倡廉工作所面临的新形势和新任务，对扎实推进党风廉政建设提出总体要求。二是召开科级以上干部大会，传达集团公司纪检监察工作会议精神，部署反腐倡廉工作。在党员领导干部和关键岗位人员中开展重温党风建设责任书和廉洁从业承诺书活动，层层以“一岗双责”落实党风建设责任制。三是惩防体系建设牵头部门按照《推进计划》把惩防体系6个方面、49项重点工作分解落实到机关各部门和各单位，各牵头部门对照督促检查，从源头上预防腐败问题的发生。四是完善制度体系，以规范关键领域和规范权力为核心，进一步明确“三重一大”决策流程和程序，并纳入内控管理系统。修订完善投资、财务管理、工程管理、招标、物资采购、合同管理、生产安全事故管理、生产事故责任追究等一系列规章制度19项，加强了廉洁从业的制度保障。公司以贯彻落实《中国共产党党员领导干部廉洁从政若干准则》和《国有企业领导人员廉洁从业若干规定》以及集团公司党组提出的“五条禁令、二十个不准”等条规为重点，开展反腐倡廉、预防腐败等各项学习教育活动。全年没有发生党员干部严重违法违纪案件。

专项检查 公司开展厉行节约和“小金库”的专项检查。一是纪委对于出国境、会务、庆典、公务用车，“三重一大”决策制度执行、接待费用控制、车辆配置进行专项检查，没有发现违规违纪行为。二是通过配合财务处重点检查“小金库”工作，对于应上缴财务而未及时上缴的款项，责令相关单位（部门）立即上缴。对于管理方面存在的问题，责成相关单位和部门限期整改并采取防范措施。

民主监督 公司进一步强化效能监察与民主监督和党内监督工作。通过开展物资集中采购管理和60万吨/年连续重整工程建设2项效能监察工作，相关处室和单位完善和修订管理制度19项，检查整改管理方面问题16个。在招标过程中，公司纪委履行监督职能，全年参加监督招标、竞争性商务谈判和独家谈判580次，对于9家供应商不规范投标按废标处理，查出供应商缺少相关资质及程序不符合规定102项，并都相应按规定要求整改。

重点治理 公司不断推进工程建设领域突出问题重点治理工作。一是专项治理工程建设领域突出问题，召开专题协调会4次，跟踪核实问题16人次，整章建制19项，对梳理的14个问题，整改50%。对于无法整改的7个问题，均制定防范措施。二是公司60万吨/年连续重整及其配套建设项目，被列入国家扩大内需投资的项目，定期向集团公司汇报项目施工进度、资金到位和使用、完成实物工作量等情况，确保项目建设在总部管控和监督下按照规范运行。

（黄国强）

【干部管理】 2010年，克拉玛依石化公司进一步做好干部管理工作。组织职工代表对公司7名领导班子成员及班子整体进行民主评议和信任度测评。做好党员领导干部个人有关事项报告工作，公司81名副处级以上党员领导干部进行个人事项报告。制定《克拉玛依石化公司领导干部选拔任用管理办法》。至年底，公司副处级以上高级管理人员89人，其中新提拔正处级干部1人、副处级干部4人。（黄国强）

【组织建设】 2010年，克拉玛依石化公司进一步加强组织建设工作。一是健全基层组织。下发《关于做好公司基层党组织换届选举工作的通知》，公司各级党组织开展换届选举工作，完成公司基层党委、党总支、党支部的换届改选工作。换届选举后，公司各级党组织由4个基层党委、6个党总支，59个党支部构成。二是做好党员发展与管理。全年发展党员39人，38名预备党员转正，发展党员工作完成率100%。公司1 120名党员开展民主评议党员工作，评议率99.8%，党员合格率100%。组织入党积极分子培训班1期，57名积极分子参加党的基本知识系统学习。三是开展帮困助学活动，全体党员缴纳"特殊党费"1.6万多元。各级党组织和全体党员开展以奉献石油当先锋、我为党旗添光彩为主题活动，开展以推进科学发展、增进民族团结、促进和谐稳定、服务职工群众、加强基层组织为目标的创先争优活动，完成思想发动、公开承诺、领导点评、群众评议的阶段性工作。（黄国强）

【企业文化建设】 2010年，克拉玛依石化公司企业文化建设围绕生产经营和发展建设，积极推进安全、廉洁两大文化建设，深入推进"三优形象"创建工作，统一思想、凝心聚力，为实现公司各项目标任务提供强大的精神动力。一是推进"三优形象"创建工作。4月下旬，公司向各单位党支部下发"三优形象"创建活动调研问卷。4月中旬，对确定的公司《企业文化建设丛书之三》入选集体及个人进行公示，协助记者采访47名个人和13个集体，启动该书的编撰工作。5月上旬，在公司门户网站开设"三优形象"创建专栏。二是扎实开展安全文化、廉洁文化建设。《翼龙天地》报刊登安全生产大家谈文章13篇；开展"四二六"警示日签名活动和1封安全家书征文活动和主题演讲；举办公司第二届消防安全运动会。公司门户网站开设党风廉政建设专栏，继续开展"廉政杯"征文活动，在《翼龙天地》刊登优秀征文4篇。三是开展全员读书活动以及形势、目标、任务、责任主题教育活动和创先争优宣传教育等活动。四是加强对内对外宣传力度。公司主门户网站发布公司新闻496条、上传基层信息1 641条；通知公告信息512条，行业动态信息425条，日常工作及子网站信息2 000多条。12月31日，公司门户网站视频新闻栏目开播，实现"三位一体"的新闻宣传报道模式。全年公司在各类媒体发表稿件395篇，其中在省部级媒体发表文章76篇，在《中国石油报》发表45篇，在市局三家媒体上发稿296篇，上传中国石油门户网站稿件119篇。全年编辑出版《翼龙天地》报30期。（黄国强）

【工会工作】 2010年1月28～29日，克拉玛依石化公司召开第十三届职工代表大会和第十五次工会会员代表大会暨2010年工作会议，大会听取并审议通过《总经理工作报告》、《职代会工作报告》、《财务工作报告》和《职工提案答复报告》，听取公司领导班子和领导个人的述职报告并组织对领导班子、领导个人进行民主测评，通报2009年度关键业绩指标完成情况并签订2010年生产经营工作业绩合同，表彰2008～2009年度模范单位3个、公司级劳动模范3人，4项十佳40人。会议选举产生公司第十五届工会委员会委员、第十五届工会经费审查委员会成员，表决通过公司第十三届职代会各职能委员会成员。召开职代会联席会5次，审议通过总经理上半年工作报告，审议通过关系职工切身利益的《员工健康疗养实施办法》、《企业年金实施办法》、《劳动合同管理办法》等，充分发挥职代会民主管理与监督的作用。工会组织积极发挥作用。一是加强厂务公开民主管理。工会加强对厂务公开工作的监督检查，要求各职能处室充分重视厂务公开工作，及时更新维护厂务公开信息，并加强厂务公开的管理考核，全年公布（发布）厂务公开信息200多条，公司工会坚持组织职工代表参加公司总经理办公会、生产经营例会和经营情况分析例会，较好地发挥了厂务公开和民主管理工作的作用。二是扎实开展劳动竞赛活动。年初，表彰2009年下半年献计献策3个先进单位、56条计策和合理化建议。上半年，收集各类计策和建议67条，通过劳动竞赛委员会会议评审，分别评出有价值计策9条、鼓励奖计策和合理化建议29条，并给予表彰奖励。三是坚持开展"安康杯"竞赛活动，主动配合安全生产工作。全年检查发现文体活动场所安全隐患与问题22个，均安排整改。坚持定期组织职工代表对厂区进行安全监督检查，先后进行安全监督检查4次，共发现问题13项，下发安全整改通知单13份，至年底，已整改落实8项。四是抓好扶贫助困送温暖工作。春节、国庆节等重大节日期间，组织慰问特困户、困难户、劳模等42人次，2次组织办理发放集团公司专项扶贫帮困资金150.38万元，帮扶困难职工1 527户，全年为8户困难职工按月发放困难补助，为7名困难职工子女办理爱心助学基金。3月，工会组织员工同心互助金捐款活动，共筹集捐款33万多元。五是坚持开展经常性文化体育活动。先后组织开展春节文艺演出和游园活动、三八妇女节系列文体活动、庆国庆职工集体健步跑活动和"三大球"联赛活动。11月，完成年度职工体能测试工作，公司3 164名职工参加体能测试，总体达标率90.34%。在参加上级举办的各类比赛中，获名次47项，其中前三名20项。六是发挥女工组织作用。公司女职工委员会结合女工特点，组织开展巾帼建功活动，公司炼油第三联合车间气体分馏装置被评为克拉玛依市三八红旗集体，销售总公司女职工委员会被评为克拉玛依市先进女职工集体。（黄国强）

【共青团工作】 2010年1月，克拉玛依石化公司团委根据团员青年特点开展活动。一是抓好评优和培训工作。2月，首次组织对青年工作支部会员和共青团员进行评议测评，并对会籍、团籍进行年度注册登记。3月，组织对基层20个支部进行团青工作达标检查，炼化院、销售总公司和检验中心青年工作支部被评为优秀支部，11个支部达到合格标准。10月，举办青年数码摄影培训班，公司摄影爱好者40多人参加培训，同时进行数码摄影后期制作PHOTOSHOP软件培训，有17人参加培训。12月，协同质量安全环保处共同举办冬季行车安全知识讲座和青年理财知识讲座，公司380多名专兼职驾驶员和私家车驾驶员听讲座。公司团委特邀理财专家重点讲解股票投资理财知识。二是开展竞赛活动。8月，公司团委完成青年岗位讲述活动试点工作，并举办青年岗位讲述活动经验交流会，基层团青支部书记34人进行交流。9月，岗位讲述活动在全公司推行，共组织举办车间级岗位讲述比赛14场次，组织开展协作区岗位讲述比赛3场次。12月，经基层团支部推荐、申报、检查考核并经严格审核，炼油第一联合车间蒸馏工艺五班、炼油第二联合车间加氢工艺二班、炼油第三联合车间高压加氢工艺二班等13个班组被评为公司青年安全生产示范岗。三是开展文化娱乐活动。1月，公司团委成立公司青年乐队，队员15人；2月，举办单身青工迎新春团拜会；4月，举办庆祝五四运动91周年红歌会暨第三届青年歌手大赛；9月，公司团委协同金龙镇办事处联合举办金龙镇首届融入自然、挑战自我17千米自行车赛，142名车手参加比赛；10月，举办第二届"石化杯"台球赛。（黄国强）

油气勘探

勘探概况

【油田公司勘探处领导名单】
处长：曾军
副处长：王建

【勘探处基本情况】 2010年，新疆油田公司勘探处内设计划科、技术科、综合科3个科室，编制定员15人，其中领导职数4人，实际人数12人。勘探处是新疆油田公司机关职能处室，是油田公司勘探领导小组的日常办事机构，全面负责油田公司勘探业务管理。主要职能是：负责组织编制勘探中长期规划、年度计划；负责制定勘探规章制度与管理标准并监督执行；负责编制勘探部署方案及方案调整；组织物化探部署、探井井位部署论证，组织落实年度勘探部署方案；组织勘探项目可行性研究报告和初步设计审查评估；负责天然气（含煤层气）评价、石油控制、石油预测评价部署及相关储量审查和管理工作；负责组织勘探科研项目的计划、立项、检查、成果审查工作；负责公司矿权归口管理，负责勘探矿业权、勘探的探井报废、勘探数据的管理；负责对进入油气田市场的部分勘探队伍进行专业资质审查；负责勘探科技装备计划制定、勘探设备选型审查；组织勘探项目投资效益分析和经济评价；协助做好油气勘探投资控制及勘探资金宏观管理工作。（潘立君）

【勘探工作会议】 2010年1月26日，油田公司召开勘探工作会暨“6136”工程动员会。油田公司领导阿不来海提·克尤木、包尔汉·卡哈尔、聂海光、郭仲军，西部钻探公司副总经理潘仁杰以及油田公司有关部门和单位负责人80多人参加会议。会议总结2009年油田公司的主要勘探成果，安排部署2010年勘探工作。会议结束时，油田公司副总经理匡立春讲话，要求2010年的勘探部署，要以全面实施“6136”工程为核心，立足6个战略性领域，紧盯亿吨级大场面，保证拿下1个亿吨级规模控制储量区，落实“两油一气”3个亿吨级规模储量场面，准备6个亿吨级规模储量目标，确保完成新增三级油气储量8亿吨任务，并为2011年的工作奠定坚实基础。重点做好3个方面的工作：一是在勘探研究方面，要大胆预测，大力跟进，大打进攻仗。二是在勘探技术方面，要牢固树立实行一切工程技术都要为实现地质目的服务的宗旨，提速度、提符合率、提效率。三是在勘探管理方面，要做到优化研究力量配置、细化项目过程管理、深化降本增效措施。（潘立军　文　博）

【油气勘探概况】 2010年，新疆油田公司勘探工区位于准噶尔盆地、和什托洛盖盆地、塔城盆地、福津盆地、库普盆地及伊犁盆地。截至年底，已依法取得39个油气勘查许可证和25个采矿许可证，总面积135 923.942平方千米。其中准噶尔盆地内依法取得22个油气勘查项目许可证和25个采矿权项目许可证。外围盆地在和什托洛盖盆地、塔城盆地、福津盆地、库普盆地和伊犁盆地登记17个勘查项目。准噶尔盆地完成二维地震测线128 298.6千米，三维地震173个区块、满覆盖面积34 931.6平方千米，已完钻探井3 940口，进尺785.12万米。累计发现29个油气田，其中西北缘9个、腹部7个、准东8个、南缘5个。根据《准噶尔盆地第三次油气资源评价》研究结果，全盆地石油总资源量868 140万吨，天然气总资源量25 098亿立方米。累计探明石油地质储量211 974.82万吨（2010年未交探明储量），探明率24.417%。探明天然气地质储量2 135.81亿立方米，探明率8.5%。剩余控制石油地质储量54 137万吨，剩余天然气控制地质储量650.51亿立方米。剩余预测石油地质储量52 819万吨，剩余天然气预测地质储量3 290.96亿立方米。潜在石油资源量165 025万吨，推测石油资源量384 187.24万吨，二者占总资源量的63.26%。潜在天然气资源量8 680.3亿立方米，推测天然气资源量10 340.42亿立方米，二者占总资源量的75.79%。石油探明率24.417%，天然气探明率8.5%，表明盆地石油、天然气勘探潜力仍然很大。（潘立君）

【油气勘探部署】 2010年，新疆油田勘探工作主题是战略目标进攻年。主题目标为主攻6个具战略意义的重大领域。主题内涵为甩开预探，加强风险勘探，大打勘探进攻仗；形成1个亿吨级规模储量区；控制3个亿吨级规模储量场面；准备6个亿吨级规模储量目标井位。主题组织为实施“6136”工程。指导思想是油气预探深入贯彻落实总经理蒋洁敏关于突出整体勘探、实现规模增长的指示精神，确定“四个立足”的油气预探指导思想：立足富油气区，夯实储量增长基础；立足岩性地层，大力寻找优质储量；立足南缘前陆，准备规模储量；立足北疆海相，谋划后备接替领域。部署原则：一是现实展开（初步形成亿吨级规模储量区）：玛湖凹陷斜坡区、吉木萨尔凹陷—北三台凸起区、滴北凸起带。二是战略突破（力争控制亿吨级规模储量场面）：车排子凸起周缘、南缘冲断带上组合，呼—牧构造带下组合、四棵树凹陷下组合。三是加快准备（努力寻找亿吨级规模、优质、高效储量）：东道海子凹陷北斜坡、车—芳—台地层圈闭发育带、北疆海相盆地伊犁区、环克拉美丽山前带。全年石油预探与天然气勘探项目计划钻井74口，进尺26万米，其中石油探井56口，进尺20.015万米。天然气探井18口，进尺5.985万米。计划二维地震1 300千米，三维地震1 200平方千米。风险勘探下达钻井3口，进尺1.52万米。矿权保护计划钻井3口，进尺0.65万米。（潘立君）

【油气勘探队伍】 2010年，油田公司在勘探研究上，努力构建勘探大科技局面，主要是4支研究队伍。第一支是勘探开发研究院，是油田勘探研究的核心力量和科技龙头。第二支是准东采油厂勘探开发研究所。第三支是东方地球物理公司研究院乌鲁木齐分院准噶尔研究中心。第四支是中国石油勘探开发研究院西北分院准噶尔研究中心。另外有中国石油北京勘探开发研究院总院、杭州地质研究院和部分石油院校研究人员。勘探技术服务单位主要有试油公司、井下作业公司、采油工艺研究院和东方物探公司、川庆钻探公司物探公司、西部钻探公司所属钻井公司、地质录井公司、测井公司、钻井工艺研究院以及部分其他队伍等。（潘立君）

【勘探工作量完成情况】 2010年，油田公司石油预探与天然气勘探项目完成二维地震837.12千米，三维地震766.66平方千米。完成建场测深631千米。完成矿权保护重磁2 308平方千米。完钻探井66口，正钻井12口，进尺20.757万米。风险勘探完钻探井3口（1口跨年井），正钻井2口，完成进尺1.6478万米。矿权保护勘探完钻井2口，完成进尺0.4428万米。合计完钻探井71口、正钻井14口，进尺22.8476万米。完成试油87层，新获工业油气流井18口井20层。（潘立君）

勘探成果

【油气勘探成果】 2010年，油田公司勘探系统以大勘探工程为指导，立足大盆地，推进大联合，开展战略目标进攻年主题活动，加快实施“6136”工程，石油预探与天然气勘探取得一个重要发现、两个重要进展、四个重要苗头。一个重要发现是车排子凸起地层岩性油气藏获重要发现，形成油气富集带。两个重要进展：一是风南5井二叠系云质岩再获高产油气流，新增7 000万吨规模储量。二是北三台凸起西斜坡多层系勘探成效显著，5 000万吨储量基本落实。四个重要苗头：一是南缘下组合首次钻遇丰富油气显示，盆地天然气勘探展现新领域。二是玛13井三叠系油气显示活跃，玛北地区再获新发现。三是夏盐15井侏罗系发现可靠油层，腹部岩性勘探期待新突破。四是金龙6井石炭系钻遇天然气层，中拐凸起勘探见到好苗头。12月，在成都召开的中国石油2010年度油气勘探年会上，新疆油田沙门子地区石油勘探获股份公司重大发现一等奖。（潘立君）

【车排子凸起地层岩性油气藏获重要发现】

钻探背景 车排子地区地震勘探工作始于20世纪70年代末期，截至2010年，车排子地区二维测网密度1千米×1千米~2千米×2千米。红车断裂带大部分被三维地震覆盖，共计26块。完钻探井167口，其中预探井100口、评价井67口。有三级储量区块19个，累计探明石油地质储量4 751.45万吨、累计探明天然气地质储量32.4亿立方米。2009年10月，沙门1井在白垩系中途测试获工业油气流，折算日产油27.79吨、日产气80 000立方米，由此打开车排子凸起周缘中生界油气勘探的新局面。2010年，为扩大沙门1井勘探成果，在车排子凸起与红车断裂带分界线附近部署上钻石桥1井。该井为新疆油田分公司钻探的一口外甩探井，钻探目的主要是扩大车排子凸起周缘白垩系勘探成果，开辟油气勘探新领域。

油气显示及试油成果 石桥1井于2010年7月开钻，钻探过程中在白垩系见到良好油气显示，累计气测解释气层27米。10月，该井进行及时测井。综合气测、录井油气显示、测井资料综合解释气层25米。11月，该井在白垩系中途测试，折算日产气110 288立方米，测试结果为气层。

油藏认识与勘探成果 石桥1井区块东侧靠近沙湾凹陷，南侧紧邻四棵树凹陷。根据石桥1井后效天然气地化分析，石桥1井油气主要来自于沙湾凹陷二叠系，也有侏罗系油气源的贡献。石桥1井区块白垩系构造形态为北东向的单斜，构造向北抬升，地层向北变薄尖灭，两侧发育多条近南北走向的正断裂，断裂和地层尖灭相组合，形成1个断层——地层圈闭。根据录井资料，白垩系储层岩性为三角洲前缘亚相的席状砂、河口坝沉积。石桥1井白垩系储层与沙门1井区白垩系储层在岩相、岩性上非常相似。根据沙门1井区岩心、录井、测井资料综合分析，预测石桥1井区储层孔隙类型以原生粒间孔、剩余粒间孔为主，其次为粒内溶孔，属低孔、低渗储层。石桥1井钻探过程中，发生4次溢流，槽面见鱼籽状气泡，槽面未见油花，岩屑录井未见荧光显示，气测数值高，气测解释为气层，中途测试结果为气层，因此，综合分析认为石桥1井区块白垩系为断层—地层型气藏。2010年，石桥1井区块白垩系气藏上报天然气预测储量。

发现意义 石桥1井的突破，开辟准噶尔盆地天然气勘探新领域，充分证实车排子凸起周缘超覆尖灭带是一个新的油气富集区，整体推动准噶尔盆地中新生界岩性地层油气藏勘探进程。至年底，沿车排子凸起环带在白垩系和侏罗系发现众多圈闭，充分表明车排子凸起周缘中生界广阔油气勘探前景。（潘立君）

【风南5井二叠系云质岩获高产油气流】

钻探背景 玛湖凹陷西北斜坡的勘探始于20世纪50年代中期，历经50多年的勘探开发，先后在三叠系及二叠系发现油藏。至2010年底，该区三叠系勘探程度较高，油藏已基本连片，并且已经投入开发。二叠系风城组勘探程度相对较低。玛湖凹陷西北斜坡二叠系发育含云质的特殊岩性，风城1井于2008年在二叠系云质岩中途测试获折算日产油109.8吨，发现风城1井区油藏。风南5井在2009年钻至二叠系云质岩时显示十分活跃。而二叠系火山岩的勘探程度则相对较低。通过对该区精细的构造解释及岩性追踪，辅以相干和分频等技术，总结玛湖凹陷西北斜坡二叠系云质岩类和火山岩类的区分特征，从而发现由断裂相交形成的多个二叠系构造圈闭以及由岩性控制的二叠系岩性圈闭。2010年针对玛湖凹陷西北斜坡二叠系云质岩的勘探先后部署风南6等7口井,针对二叠系火山岩勘探钻探风21井。

油气显示及试油成果　风南5井于2009年10月开钻,二叠系油气显示活跃,累计岩屑荧光870米;气测解释油层8层111米、油气同层1层3米、含油水层1层3米、差油层1层9米;测井解释油层5层50.2米。风南5井钻揭二叠系发生溢流,气测总烃含量由11 594ppm升至200 266ppm,最高953 089ppm。放喷过程中返出大量油气,点火焰高5~12米,累计见褐色原油约40立方米。2010年7月在二叠系试油获高产工业油流,日产油49.31吨、日产气3 530立方米,试油结果为油层。

风南052井是风南5井二叠系的评价井,该井于2010年6月开钻,钻井过程中二叠系显示活跃,累计岩屑荧光90米。取心获油浸级岩心4.57米、油斑级岩心0.7米、油迹级岩心1.33米。气测解释油层7层36米、差油层1层2米。测井解释油层13层35.3米。7月,该井在二叠系中途测试,获高产工业油流,折算日产油48.6吨、日产气1 277立方米。

风21井于2010年4月开钻,在二叠系钻揭熔结凝灰岩39米,油气显示良好,录井见连续荧光显示。气测十分活跃,总烃最高488 442ppm,气测解释油层2层13米。测井解释油层5层20.2米。完井后于9月在二叠系进行试油,日产油9.21吨、日产水5.98立方米,试油结果为油水同层。

油藏认识与勘探成果　根据构造精细解释和储层研究,风南5井区块二叠系油藏具有纵向含油层系发育的特点,其中夏子街组油藏类型为受特殊岩性体控制的岩性油藏,东面和西面受断裂控制,西南部和东北部受岩性尖灭控制。风南5、风南7井区块二叠系油藏均为断块控制的构造油藏。风21井区块二叠系油藏类型为受断鼻控制层状分布的构造油藏,东面受风3井断裂控制,其余方向受构造线控制。通过该区二叠系储层及油藏综合分析,基本明确二叠系云质岩油气富集、高产3个主要因素。2010年度风南5井等3个区块二叠系上交了控制和预测石油地质储量。风南5、风南052和风21井的重大突破,带动整个玛湖凹陷西北斜坡二叠系的勘探。正钻的风南7井为扩大二叠系含油领域的预探井。2010年,玛湖凹陷西北斜坡二叠系落实7 000万吨规模储量。

发现意义　玛湖凹陷西北斜坡勘探取得巨大进展,使该区云质岩有利储集带分布范围不断扩大,拓展二叠系油气勘探的新场面,推动西北缘云质岩优质储层的整体勘探。风南5、风南7和风21井区块的发现,形成砂砾岩、火山岩和云质岩三类储层“三足鼎立”的良好勘探局面,进一步展示玛湖凹陷西北斜坡的勘探潜力,对于拓宽勘探思路、谋求规模性油气发现具有十分重要意义。至2010年底,乌尔禾构造带已突破,夏子街构造带正在钻探,期望在艾里克湖构造带开辟新的油气勘探场面。

(潘立君)

【北三台凸起西斜坡多层系勘探成效显著】

钻探背景　北三台凸起油气勘探始于20世纪50年代,完成1:20万重磁力普查,20世纪80年代开始大规模勘探,完成二维地震详查工作,20世纪90年代开始陆续实施三维地震勘探。20世纪80年代至20世纪90年代,相继上钻预探井和评价井数十口,发现北三台油田及数个不同层系的油藏。20世纪90年代末至2004年在油田评价和开发过程中又陆续发现和探明北90井区等数个不同层系的小型油藏。在此期间,虽然针对三叠系、二叠系和石炭系钻探了北89等数口探井或评价井,但钻探效果不理想,基本没有投入较大的勘探工作量,勘探处于低谷当中。2005年,随着北80井在三叠系恢复试油获工业油气流、B701井三叠系试油获工业油气流,北三台凸起的勘探也随之升温。之后,先后上钻西泉1等数口预探井,发现西泉1井区块石炭系、二叠系油藏和西泉2井区石炭系油气藏。2009年钻探西泉3井,该井在石炭系试油,日产油7.61吨,发现了西泉3井区石炭系油藏。随后又上钻西泉4至西泉10等一系列预探井及西泉091、西泉101等评价井,至2010年底,这些井均已完钻。经过试油,发现西泉5井区块三叠系油藏和气藏、西泉7井二叠系气藏、西泉9井区块及西泉10井区块石炭系油藏。此外,针对北三台凸起北部沙南地区的石炭系、二叠系和三叠系部署沙丘13井,针对阜东斜坡区侏罗系河道砂体部署阜东2井,均获良好油气显示,经过试油,发现阜东2井区块侏罗系油藏。

油气显示及试油成果　西泉5井于2009年6月开钻,该井白垩系荧光显示3层30米,气测异常2层15米。三叠系荧光显示4层17米、气测异常14层55米。二叠系气测异常1层1米。石炭系荧光显示3层41米、气测异常6层16米。三叠系测井解释油层5层11.4米、解释气层2层3.4米,石炭系测井解释含油水层6层24.7米。2009年9月在西泉5井石炭系试油,日产油1.1吨、日产水4.16立方米,试油结果为含油水层。2010年4月对三叠系试油,日产油36.22吨、日产气21.687万立方米,试油结论为气层。6月,对三叠系又一层试油,日产油8.46吨、日产水3.83立方米,试油结论为油水同层。

西泉7井于2009年9月开钻,该井白垩系荧光显示8层85米、气测异常11层89米。二叠系荧光显示3层13米、气测异常3层8米。石炭系荧光显示1层4米、气测异常4层7米。二叠系测井解释油层1层4米、含油层1层1.25米、油水同层2层3.13米,石炭系测井解释含油层1层12米。2010年4月对西泉7井二叠系试油,日产油5.3吨、日产气16.502万立方米,试油结论为气层。

西泉9井于2009年10月开钻,该井三叠系荧光显示4层16米、气测异常3层6米。石炭系取心4筒,第一筒心长0.77米,为荧光级。第二筒心长0.77米,为油迹级。第三筒心长2.75米,为油迹级-荧光级;第四筒心长1.4米,为油浸级。石炭系测井解释油层13层33.5米。2010年5月对西泉9井石炭系试油,日产油10.68吨、日产气0.095万立方米、日产水4.8立方米,试油结论为油层。

西泉10井于2009年10月开钻,该井石炭系荧光显示4层26米、气测异常3层8米。石炭系测井解释油层16层24.6米。2010年3月对石炭系试油,日产油13.47吨、日产气0.67万立方米、日产水38.62立方米,试油结论为油水同层。

阜东2井于2009年7月开钻,该井白垩系气测异常1层2米。侏罗系齐古组荧光显示9层18米、气测异常14层23.48米。侏罗系头屯河组荧光显示24层102米、气测异常11层64.77米。2010年10月对阜东2井侏罗系试油,日产油6.67吨、日产水0.024立方米，试油结论为油层。

沙丘13井于2010年4月开钻，该井二叠系荧光显示7层58米、气测异常10层35.5米。石炭系荧光显示2层30米、气测异常6层35米。三叠系测井解释油层4层8.7米、油水同层1层3.6米，二叠系测井解释油层7层21.8米，石炭系测井解释油层1层21.9米。2010年7月对沙丘13井石炭系试油，日产油0.16吨，试油结论为干层。2010年8月对二叠系试油，日产油0.49吨，试油结论为含油层。2010年11月对三叠系试油，日产水0.46立方米。

油藏认识与勘探成果 经过近几年的勘探，北三台凸起各层系均有油藏发现，已经形成从石炭系至白垩系多层系立体勘探局面。石炭系油藏主要分布在不整合面附近，油藏类型以构造－岩性型和构造型为主，同时，断裂对石炭系油气成藏具有重要作用，储层物性优劣对含油性影响较明显。西泉9井石炭系2010年提交预测石油地质储量。西泉10井石炭系2010年提交控制石油地质储量。二叠系油藏受古构造影响，以断层－地层型、地层型、断块型为主，砂体含油性较好，是北三台凸起的主力油层之一。三叠系油藏以岩性型为主。西泉5井三叠系2010年提交控制凝析气地质储量和控制石油地质储量。侏罗系勘探区域主要分布在阜东斜坡区，储层以河道砂体为主，油藏类型以岩性型和断层－岩性型为主。阜东斜坡侏罗系河道砂体的地震识别技术已经比较成熟，充分发挥勘探协同工作环境优势，利用三维可视化等技术精细刻画不同时期形成的河道砂体。侏罗系齐古组和头屯河组河道砂体广泛发育，勘探目标多，勘探面积大。阜东2井侏罗系当年提交预测石油地质储量。2010年在该区多层系勘探全面展开，石炭系、三叠系、侏罗系多井获工业油流，5 000万吨储量基本落实。

发现意义 北三台凸起石炭系油藏、二叠系油（气）藏、三叠系油藏、气藏及侏罗系油藏的发现，充分展示北三台凸起地区油气多层系纵向分布的整体含油特征，验证前期对该地区已经形成的地质认识，证实北三台凸起油藏类型多样，不同层系主要油藏类型各有不同，提升北三台凸起的勘探潜力，为北三台凸起近期开展全层位立体勘探打下坚实的基础。（潘立君）

【南缘下组合首次钻遇丰富油气显示】

钻探背景 南缘下组合大型背斜构造发育，勘探程度低（基本均未钻揭），西湖背斜为南缘冲断带四棵树凹陷一有利钻探目标。西湖背斜的油气勘探始于20世纪50年代，大致经历4个阶段：第一阶段：重磁勘探阶段（50年代初至60年代末）。以重磁资料为基础的勘探，钻探西1井，井底层位为新近系，全井未见油气显示。第二阶段：地震及上组合钻探阶段（1980～1991年）。主要以大规模二维地震勘探为主，1986年、1989年、1990年采用道距30米和50米，30次、60次或90次覆盖的施工参数，实施三轮数字地震勘探，测网密度1千米×1.5千米～1千米×2千米。根据二维地震资料解释发现西湖背斜构造圈闭，并相继钻探西参2井、西3井，在新近系见不同程度油气显示，其中西参2井获低产油流。第三阶段：中组合钻探阶段（1992～2001年）。进行统一参数地震资料的重新处理工作，为落实古近系的含油气性钻探西4井和西5井。西4井在古近系获良好气测显示。西5井白垩系和古近系均见良好的油气显示，并首次在白垩系试油获含油水层一层，初步证实了西湖背斜具有多层系成藏的特征。第四阶段：地震精细勘探与中下组合钻探准备阶段（2006～2010年）。西湖背斜二维资料虽经多次重新处理，仍无法满足精确刻画断裂、圈闭的需求，并且二维地震剖面深层资料品质不理想。2008年，针对西湖背斜主体部位部署实施98平方千米的三维，落实西湖背斜各圈层构造高点与圈闭形态。上、中、下3套油气成藏组合中，在上、中组合发现的多为未充满的大构造、小油（气）藏，下组合的钻探程度极低，潜在资源量巨大，是实现战略突破的重要领域。西湖1井是中石油股份公司2010年钻探的1口风险探井，钻探目的主要是查明四棵树凹陷西湖背斜含油气性，为该区的中、下组合进一步勘探研究提供基础资料。主探目的层侏罗系、古近系，兼探目的层为白垩系。

油气显示及试油成果 西湖1井于2010年3月开钻，该井在侏罗系油气显示活跃，岩屑荧光显示11段厚48米。气测显示活跃，气测异常10段合计57米，总烃量最低14 481ppm，最高365 255ppm，组分出至异戊烷。钻揭侏罗系后，气测异常明显，槽面见20%针尖状气泡和黄褐色、星点状油花，集气点火可燃，焰长3～5米，橘红色。测井解释孔隙度8%～10%，渗透率1～2mD，最大20mD。测井解释侏罗系油气层10层厚126米。至2010年底，该井正在试油。

油藏认识与勘探成果 从西湖1井和西湖背斜已钻井油气显示及试油成果来看，西湖背斜具多层系含油气的特点。西湖1井所钻探的深部油气藏以中下侏罗统烃源岩为油气源，白垩系底砾岩和侏罗系砂岩为储层，白垩系泥岩为区域性盖层，以断裂和不整合面为油气主运移通道，形成自生自储式油气藏，圈闭类型以断鼻构造为主。结合其烃源条件、埋藏深度、圈闭和储集层类型以及成藏特点，西湖1井区侏罗系油气藏类型为断背斜型凝析气藏。根据西湖1井侏罗系油气显示及地质认识，2010年11月提交侏罗系凝析气预测地质储量。

发现意义 西湖1风险探井是南缘真正意义上针对下组合进行钻探的1口井，其钻探取得的突破对开展南缘下组合油气勘探工作具有非常重要的意义，主要表现在2个方面：一是展示四棵树凹陷北部独卡雁行背斜构造带与南部高泉构造群下组合油气勘探新领域。四棵树凹陷北部独卡雁行背斜构造带和南部高泉构造群侏罗系发育有近10个圈闭，这些圈闭构造落实、圈层多、面积大，并且这些圈闭与西湖背斜圈闭属于同一构造类型。因此，西湖1井的钻探成功将打开四棵树凹陷下组合油气勘探的新领域，这些圈闭都将是四棵树凹陷下一步钻探的可行目标。二是将带动南缘中东段下组合油气勘探、探索侏罗系城墙砾岩在覆盖区的勘探。西湖1井在南缘西段四棵树凹陷的钻探成功，对南缘中东段下组合的油气勘探有很重要的指导意义，它将带动南缘中东段下组合油气勘探。其中霍玛吐背斜构造带和呼牧构造带大构造下组合圈闭圈层多、面积大，都是有利的油气勘探目标，其中下组合大于30平方千米的圈闭有17个。在呼牧构造带和齐古断褶带广泛发育侏罗系，不论从地面露头还是钻遇井上都可知道，侏罗系地层储层厚、岩性物性都较好，并且长山1井侏罗系有较好的油气

显示。地面露头资料展示，下组合侏罗系规模、有效储层广泛发育，与上覆白垩系巨厚(500～2 000米)泥岩，构成一套配置优越的储盖组合。（潘立君）

【玛13井三叠系油气显示活跃】

钻探背景　玛13井是为落实玛2井北三叠系断层岩性圈闭含油气性而部署的1口预探井，该井距乌尔禾镇约22千米、玛北油田约6千米。主探三叠系、二叠系，兼探侏罗系，该井于2010年12月完钻。

油气显示　玛13井位于玛北油田探明储量面积之外，油气显示主要集中在三叠系。该井在三叠系取心1筒5.32米，获荧光级岩心5.32米。三叠系克拉玛依组累计岩屑荧光21米。气测解释差油层1层6米、油层1层5米。测井解释差油层4层11.3米、差油层6层12.3米、油层1层2.7米。三叠系百口泉组岩屑见荧光显示38米。气测解释干层1层34米、含水油层2层18米。测井解释油层3层8.1米、含油层1层9.1米。

油藏认识与勘探成果　玛13井主探层为三叠系及二叠系。从实钻结果看，三叠系钻遇砂砾岩储层，油气显示较好，油层发育。二叠系岩性偏细为粉砂岩、泥质粉砂岩，无油气显示。玛13井三叠系油层段位于玛2井油层之上，与玛北油田三叠系油藏不属于同一油藏，玛13井区三叠系油藏类型为构造背景下的岩性油藏。玛13井兼探层三叠系另一层也见到良好油气显示，较玛湖凹陷北斜坡带已试油井段，物性变好，构造位置有利，有望取得突破。

发现意义　近几年来，对于玛湖西斜坡的油气勘探一直处于停滞不前的处境，先后钻探玛9井等井，均未见到较好的油气显示。因此，玛13井一旦获得突破，将会扩大玛湖斜坡区中生界勘探成果，拓展新疆油田油气勘探的新领域。

（潘立君）

【夏盐15井侏罗系发现可靠油层】

钻探背景　夏盐凸起油气勘探工作始于20世纪80年代，该区侏罗系油气显示丰富，已发现多个油气藏，其中夏盐3井区上交侏罗系预测天然气地质储量，基002井区侏罗系探明石油地质储量、探明天然气地质储量，石南13井、石南14井侏罗系新增控制石油地质储量，2009年夏盐11井区、玛东4井区侏罗系新增控制石油地质储量。夏盐凸起形成于海西末期，印支期相对稳定，燕山期振荡活动，喜马拉雅期向南掀斜。现今整体表现为向北东抬升、向西南倾伏的鼻状构造。受燕山期构造运动，整体处于张性应力环境，同时伴有侧向扭动，断裂多为走滑性正断层，垂直断距一般不大。该期构造运动在夏盐凸起上形成2个鼻状构造带：一为石南4—石南21—石南28井近北东向展布的基东鼻状构造带，轴部受基东断裂切割，该断裂延伸长度约20千米，基本贯穿整个鼻状构造带，断开层位从三叠系至白垩系底，同时伴生一些走向大致相同，规模相对较小的正断裂，在此构造带上已发现石南油气田。二为沿玛东4—夏盐10—夏盐3—夏盐1—石南13井近南北向展布的夏盐鼻状构造带，该构造带规模相对较小，为低幅度构造，轴部发育北西—南东向的正断裂。

油气显示　夏盐15井于2010年11月开钻，该井钻探过程中，在侏罗系岩屑见荧光显示3层厚29米，气测异常显示3层厚6米。在侏罗系取心两筒，第一筒心长3米，获油迹级岩心1.07米。第二筒心长1米，荧光级岩心0.68米。测井解释油层1层8.4米、含油水层1层7.8米。

油藏认识与勘探成果　该区勘探的主要思路是奔着鼻状构造背景下的断层-岩性圈闭进行探索。断裂在该区油气成藏过程中起很重要的作用，深层断裂起沟通油源、油气运移通道的作用，中浅层小断裂在构造高部位起到封挡油气，形成断块圈闭的作用。邻区莫北地区滚动勘探及钻探结果也表明小断裂对成藏起着控制作用。

发现意义　夏盐15井的突破将证实侏罗系鼻凸构造带油气富集的主控作用，为腹部地区侏罗系岩性地层油气藏勘探提供典型的示范意义。即将试油的夏盐15井有望扩大该区侏罗系含油领域，带动整个夏盐鼻凸带侏罗系的勘探。

（潘立君）

【金龙6井石炭系钻遇天然气层】

钻探背景　金龙6井位于准噶尔盆地西北缘中拐凸起，中拐凸起是一个处于玛湖凹陷、盆1井西凹陷和沙湾凹陷之间近北西-南东向展布的继承性正向二级构造单元，面积约1 500平方千米，构造位置优越，长期位于油气运移指向区，有兼收3个生烃凹陷的烃类运移、聚集之利，油源供给十分充足。中拐凸起区地震勘探工作始于20世纪70年代，90年代进入大规模勘探阶段，至2010年底，二维测网密度2千米×3千米～1千米×2千米，三维地震资料已基本覆盖全区。已探明二叠系含气面积33.09平方千米，探明天然气地质储量206.72亿立方米。探明侏罗系含油面积2.7平方千米，探明石油地质储量167.53万吨。该区石炭系勘探程度相对较低，探明石炭系含油面积12.70平方千米，探明石油地质储量745.00万吨，另有剩余出油气井点11口。2009年3月，克021井在石炭系试油，日产油66.38吨、日产气0.76万立方米，获高产工业油流。此外，通过老井复查发现，钻揭石炭系的井大多数都见到良好的油气显示，表明中拐凸起石炭系具有较大的勘探潜力。同时中拐凸起二叠系泥岩发育，直接覆盖在石炭系之上，具备高产的储层条件和有效储盖组合。2010年7月，通过对重新处理的中拐—五八区连片三维资料的精细解释，在中拐凸起上发现多个较可靠的断层—岩性圈闭，首先部署了金龙6井。

油气显示及中途测试成果　金龙6井于2010年8月开钻，该井钻探过程中，在二叠系、石炭系录井见不同程度油气显示。进入石炭系，气测异常显示4层厚49米，气测解释为气层。取心获3米深灰色油迹安山岩、3.9米绿灰色荧光安山岩。在石炭系井壁取心28颗，获油迹级壁心2颗、荧光级壁心11颗。10月，对石炭系进行中途裸眼测试，日产气598立方米，未见水，从而有望发现金龙6井区块石炭系气藏。

气藏认识与勘探成果　金龙6井石炭系出气层段岩性为安山岩，根据岩心样品分析资料，石炭系火山岩储层孔隙度分布范围在2.2%～8.7%之间，平均孔隙度3.99%。渗透率分布范围在0.015mD～18.6mD，平均渗透率为4.26mD。储层为孔隙和裂缝双重介质。金龙6井气藏初步分析为受不整合面及构造控制的岩性型气藏，由二叠系气源岩形成的天然气沿不整合面运移至构造高部位在石炭系有利岩相成藏，气藏紧邻石炭系顶面，气藏上倾方向由断裂封堵，储层物性相对较好，气藏顶部发育近

80米厚的泥岩作直接盖层。断裂对该区天然气成藏起到关键作用。断裂既可起到沟通下部气源与上部储层的作用，又可在局部产生裂缝等，有效改善储层。

发现意义　金龙6井的发现，进一步证实中拐凸起为油气富集带，石炭系为油气并举的有利勘探层位。综合分析认为，中拐凸起石炭系气藏为大的构造背景下的火山岩岩性气藏，岩性以中基性火山岩为主。中拐凸起在石炭纪—二叠纪经历强烈的抬升、褶皱和剥蚀，石炭系内部断裂较发育，从而改善了储层的储集性能。中拐凸起剥蚀区石炭系之上沉积了上乌尔禾组乌三段稳定的湖相泥岩，与下伏石炭系形成良好储盖组合。因此，中拐凸起石炭系具备有利的天然气成藏条件，有效勘探面积360平方千米，预测天然气储量1 500亿立方米，是实现天然气突破的现实领域。金龙6井钻遇石炭系天然气藏，使中拐凸起石炭系勘探领域向东扩展近10千米。至2010年底，已识别出地质条件相似的火山岩岩性圈闭3个，总面积68平方千米。（潘立君）

勘探技术

【物探技术攻关】

西北缘逆掩断裂带攻关效果显著　2010年，油田公司针对西北缘构造复杂、埋深跨度大、资料信噪比低、障碍物密集、地表复杂的特点，持续开展数字检波器、高密度技术现场试验、小面元、高覆盖、长排列的三维攻关，见到较好的效果，并初步形成西北缘逆掩断裂带的配套技术：（1）针对目标的观测系统优化技术。（2）干扰噪声一体化压制技术。（3）可控震源高效采集技术。（4）海量数据实时监控及快速检查评价技术。采用上述方法在西北缘红旗坝地区三维勘探，资料改善效果明显。

石炭系火山岩进一步攻关取得成效　2010年是准噶尔盆地地震攻关年，腹部的石炭系攻关是重中之重。在准噶尔盆地陆东、五彩湾等地区开展针对提高石炭系火山岩资料品质的地震勘探技术攻关，见到较好效果，资料品质明显上台阶，获可靠的深层石炭系资料，天然气勘探获重大突破，发现五彩湾和克拉美丽气田。在滴水泉凹陷附近，采用9串横向大组合技术，深层资料有一定的改善，但还是无法解决石炭系内部成像问题，在滴南石炭系攻关二维采用3线2炮加9串横向大组合（组合基距132米）的方式进行攻关，使该区的石炭系资料取得明显效果，为该区准确建立地质模型提供依据。

南缘山地地震持续攻关取得良好效果　2010年，针对南缘地区地下构造和射线路径复杂、表层结构复杂、激发接收条件差的技术难点，在南缘吐东地区和长山1井区进行地震勘探攻关，取得较好效果。在吐东地区，针对山前巨厚黄土区激发接收条件差的特点，在该区采用2线2炮和强化激发参数（100%高速层激发）等针对性攻关方案，使该区黄土区的资料得到明显改善。在长山1井区，针对地下地质条件复杂的特点，观测系统采用25×25至12.5×12.5的细分面元和160～400次的高覆盖技术。表层调查采用折射、微测井、地质雷达等多手段。激发和接收采用高精度遥感数据（0.6米精度正射影像、6.25米精度数字高程模型），通过提取高程、坡度、起伏度、湿度等属性综合优选炮检点技术，使长山1井三维的资料改善明显。

（孙茂亭　潘立君）

【钻井技术应用】

优化井身结构　2010年，油田公司对相同或相似构造上有成功钻井经验、地质条件较为清楚的区块，继续开展井身结构优化工作，缩小表套、技套尺寸，不下或少下技套，以实现全井提速和降低成本的目的。在西北缘车排子和乌夏地区，依靠强化钻井液的抑制和封堵能力，解决井壁失稳和井漏的问题，实现不下技术套管的目的。腹部通过对邻井实钻分析，总结区块钻井经验，针对勘探目的及要求，对滴21—滴24、芳5、夏盐15等6口井井身结构进行优化，表层套管由339.7毫米改为273.1毫米，节约成本54.9万元。准东吉木萨尔地区、北三台地区充分利用聚合盐钻井液体系的优点，抑制三叠系烧房沟组、二叠系梧桐沟组泥岩的分散造浆和水敏垮塌，解决井壁失稳问题，成功实现不下技套二开完井的目的。南缘冲断带上的长山2井，地层压力系统复杂，周边邻井都是采用四开完井，该井通过分析各个井段的技术难点，针对每个难点找出相应的技术对策，采用聚合盐泥浆体系实现三开完井井身结构。通过优化井身结构，达到降低钻井成本和缩短钻井周期的目的，平均单井节约工期约20天左右。

推广适用欠平衡钻井技术　2010年，总结前几年欠平衡钻井技术成功的经验和失败的教训，强化资料分析，加强可行性评估，因地制宜地采用以液相为主、气基为辅的适用欠平衡钻井技术，并加大实施力度。全年实施欠平衡钻井24口，占比28.6%。应用欠平衡技术使多个区块和多口井及时发现和保护油气层，减少井漏风险，提高钻井速度。乌夏二叠系夏子街组、风城组直劈裂缝发育，采用欠平衡钻进，减少井漏风险，有效保护油气层。风南5、石桥1、沙门2、沙门3、沙门011等井及时发现和保护油气层。风南5、风21、克百1等井实施液相欠平衡钻井，机械钻速明显提高。滴中2井充氮气钻井平均机械钻速比泥浆钻井提高43.3%。统计应用欠平衡技术探井平均机械钻速较邻井提高20%～63%。

防漏、堵漏技术再上台阶　2010年，在《准噶尔盆地重点勘探区块钻井防漏、治漏配套技术研究》科研项目实施中，各项目部参与，用科研成果指导现场生产。通过进一步研究和推广随钻堵漏、刚性材料堵漏、注水泥堵漏和充氮气液相欠平衡防漏堵漏等技术，减少地层漏失、出水和坍塌情况，降低复杂时率。西北缘经理部一方面针对各区块的地层特征，优化井身结构，制定相应的表层套管和技术套管下入深度，有效防止地层压力突变引起的井漏。另一方面优化综合堵漏和随钻堵漏配方，针对地层孔隙大小、裂缝程度等特性，调整匹配堵漏剂，有效封堵漏层，做到提前预防、及时堵漏。以克夏地区的效果为例，该区井漏次数17次，比上年减少30次，钻井液漏失量减少3 376立方米。腹部滴水泉鼻隆带地层压力低，易发生井漏。2010年，在该区带钻探滴21～滴24井。针对易漏的地质特点，经理部加强监督管理，应用科研成果，关键环节及时检测钻井液性能，指导现场技术人员根据所钻地层岩性、泥浆性能的变化，有针对性地调整钻井液性能。在处理井漏后，及时组织现场人员分析成功的经验和井漏的原因。通过以上一系列措施，取得较好效果:滴23、滴24井的井漏次数、漏失量、处理时间大幅降低。

改进钻井液体系 2010年,加强钻井液技术,提高处理剂之间的配伍性,减少其作用的相互抵消,相对降低成本,并且加强监督,减少处理剂的重复使用,保证钻井液性能在设计范围内。继续改进钻井液体系,在易泥包的软地层推广应用快钻剂,在复杂地层推广应用聚合盐钻井液体系,减少井下喷、塌、漏、卡等复杂情况的发生,保证安全钻进。西北缘的车排子凸起及红车断裂带白垩系、侏罗系、二叠系泥岩发育,地层水敏性强、易水化分散膨胀、虚泥饼增厚、造成缩径、钻井液固相含量高、钻头易泥包,提钻挂卡严重等现象。在车排2、沙门2、沙门3和红光6等井推广使用快钻剂,钻井液润滑性、流变性显著增强,提速效果明显,平均提速达到26.32%。腹部芳草1井使用快钻剂,二开井段机械钻速比设计提高38.12%,三开井段机械钻速比设计提高7.41%。快钻剂在软地层推广应用,效果明显。

通过分析研究,改进原来的钻井液体系,推广应用钾钙基聚磺—有机盐体系,使风城地区二叠系风城组钻井液污染得到有效解决。腹部的达巴松地区上部泥岩水化膨胀严重,经常造成缩径、挂卡严重,且含砂岩地层渗漏频繁,钻井液漏失严重。通过对8井的邻井资料仔细分析、论证,从钻井液的泥饼防渗透性入手,将价格昂贵的钾钙基钻井液体系换成了经济适用的聚磺防渗漏钻井液体系,既防止泥岩的缩径、崩塌,又减少每天的钻井液补充量,节约勘探投资。准东吉木萨尔地区充分利用聚合盐钻井液体系的优点,抑制三叠系烧房沟组、二叠系梧桐沟组泥岩的分散造浆和水敏垮塌,解决了井壁失稳问题。

(孙茂亭　潘立君)

【录井测井适用技术应用】

推广氯离子滴定技术,油气水识别初见成效 2010年,油田公司随着欠平衡钻井技术的推广,油气发现变得轻而易举,但如何准确评价地层流体成新的难题。由于欠平衡钻进,地层压力大于井筒压力,钻揭储层段时,地层流体进入井筒,油气显示无形中被放大,呈现出强烈的油气侵现象,特别是高压低渗储层,放大的油气显示掩盖真实的地层流体特征,依靠录井现场手段很难准确判别地层是否含水,为此,2010年推广氯离子滴定技术,加强地层水的识别,已初见成效。

应用碳酸盐岩分析技术,现场准确识别云质岩类 随着勘探程度的加深,探井钻遇的地层越来越复杂,井也越来越深,复杂岩性的识别一定程度上影响了勘探的进度,尤其是风城地区二叠系夏子街组和风城组,云化岩类、云质岩类、碳酸盐化岩类、火山碎屑岩和蚀变岩类交互出现,现场仅靠肉眼无法准确识别岩性,严重影响了储层评价和下步工作的展开。2010年,应用碳酸盐岩分析技术,帮助现场准确识别云质岩类。

利用测井套后成像技术解决非常规固井难题 随着井深的逐步增加,工程难题不期而至,为顺利进行钻井施工,在风南5、百泉1、沙门2、沙门3等井使用超高或超低密度的水泥浆固井,使用常规手段很难准确检测固井质量,2010年,采用斯伦贝谢最新的Isolation Scanner套后成像测井技术,准确评价固井质量,为完井试油、压裂提供可靠的依据。

利用P型核磁测井,评价地层孔渗特性 2010年,采用EXCELL-2000系列P型核磁测井,对西湖1井齐古组进行整体分析评价,快速、直观地反映了地层储集层孔渗特征及含油气性。图谱分析可以看出:西湖1井核磁T2谱在砂岩层段基本呈单峰或双峰分布,幅度相对较高且峰的位置相对靠后,表明本井储层物性较好,储层孔隙度以中孔为主。核磁有效孔隙度主要在8%~14%左右,渗透率在1Md~10mD左右。自上而下粘土束缚水及毛管束缚水所占比例逐渐增多,泥质含量逐渐增大,渗透率逐渐降低,物性逐渐变差。(孙茂亭　潘立君)

【试油配套技术应用】

酸性疏水缔合物压裂液在西北缘云质储层成功应用 2010年,油田公司用胍胶压裂液体系改造西北缘云质岩类储层,压裂液破胶不彻底的问题日渐凸显,用胍胶压裂液体系压裂12井次,其中10井次出现压裂液破胶不彻底的问题。由于该储层地层水具有强碱性,而缔合性压裂液是在酸性或中性的条件下交联,地层水对缔合性压裂液原液及冻胶有稀释破胶的作用,这对压裂后的破胶问题具有积极作用。酸性疏水缔合物压裂液与储层地层水、原油、岩粉均不发生反应,与该储层地层水、原油、岩粉具有较好的配伍性。在百泉1和风南4井、风南052成功应用,压裂液的携砂性能、破胶等性能良好。

首次实施水力喷射分层加砂压裂技术 金河1井试油层段跨度大、储层物性差异大、井身质量差,常规压裂工艺措施不适应在该井进行。经多次组织专家论证和调研,确定利用水力喷射分层加砂压裂技术进行储层改造。2010年7月9日,完成金河1井四层段的水力喷射分层加砂压裂施工,总用射孔液120.8立方米,压裂液459.94立方米,射孔石英砂6.6立方米,压裂用低密陶粒砂51立方米,泵压47至55兆帕,油管排量6~7.2立方米/3秒,套管排量2.1~3.45立方米/3秒,平均砂比24.87%,施工参数和液体性能全部符合设计要求。水力喷射分层加砂压裂技术首次成功应用,丰富储层改造技术。金河1井试油最终结果为干层(含气),与储层自身的物性、含油气性有关。但对于含油丰度较高、物性较好、层数多、单层厚度小的油气层,改造和增产效果应该更为明显。

西湖1井射孔、测试、压裂三联作,加快试油进度 西湖1井由于井深、压力高,按常规试油程序,费时费工,冬季作业更为严峻。新疆油田多次组织有关专家研讨、论证,通过科学设计、精心组织,西湖1井成功实现射孔、测试、压裂三联作。该井于11月27日射孔(井段6 139~6 160米),11月27、28日破堵,11月30日压裂。西湖1井成功压裂,创造新疆油田井深最大、地层压力最高、施工泵压最高、砂比最高等储层改造施工指标新高。

转向压裂+螺杆泵排液技术在吉191井应用与效果 针对吉19井区二叠系梧桐沟组原油油质稠、储层强水敏、地层易出砂等特点,在吉191井采用转向压裂、覆膜砂防砂以及螺杆泵排液工艺施工。压后采用螺杆泵求产,实现24小时连续工作,日产油9.12立方米,日产水9.89立方米,累计产油176.72立方米,累计产水104.64立方米。原油物性:密度0.8878克/立方厘米,50℃粘度31.7mPa.s,相对于吉19井压后抽汲日产油6.06立方米,该井压后泵排液量增产显著。

CDMA裂缝检测技术在吉171井应用与效果 在西泉3井、吉171及吉23

井实施CDMA电位法压裂裂缝方位监测，对裂缝的方向及裂缝长度的监测有一定的指导作用。特别是吉171井转向压裂的裂缝监测，监测资料表明，裂缝转向是成功的。在转向前，目的层在320°方向出现压开裂缝（该裂缝从320°方向偏到310°方向），在120°方向也压开裂缝。在转向压裂后，320°方向的裂缝在25～45米之间形成一条新的裂缝，方位从320°转向270°，即本次转向压裂施工使目的层裂缝成功转向。（孙茂亭　潘立君）

油田公司勘探公司

【油田公司勘探公司领导名单】

经理：凌立苏

书记、副经理：杜青才

油田公司勘探钻井总监：宋桂友

副经理、总地质师：吕复苏

副经理、安全总监：张伟

总工程师：许江文

总会计师：张兆新

物探总监：宫建青

【基本情况】 2010年，新疆油田公司勘探公司在册专业技术人员74人，其中高级48人、中级21人、初级5人。公司下设经理办、财务办、经营办、生产办、监督办5个办公室及西北缘、腹部、南缘外围、准东、非常规、物探6个项目经理部。主要职责是：以项目管理形式组织油田公司油气勘探生产，组织完成物探、钻井、录井、测井、测试等勘探生产任务。

（彭松桥　刘佩煊）

【物探工作会议】 2010年1月27日，新疆油田公司在勘探开发研究院召开物探工作会议。油田公司领导匡立春、王绪龙等及特邀老专家、勘探开发研究院、东方物探公司、川庆物探等单位80多人参加会议。会上，油田公司勘探公司、勘探开发研究院、东方物探公司、川庆物探、中石油勘探开发研究院西北分院等6个单位作2009年度物探技术研究进展及下步工作策划等12个专题报告。报告从地震采集、处理、解释等多方面分析和总结近几年的物探研究工作，系统展示物探技术及应用，具体安排存在的问题及下一步工作重点。会议指出，2009年度，油田公司物探工作强化管理，优化设计，精心组织，精细施工，大力推广及应用物探新技术、新方法，紧密围绕储量目标和地质任务，分层次有重点的合理安排生产，及时解决勘探生产中所需要解决的一系列物探问题，为上钻及储量上交提供可靠的基础资料。物探科研工作紧紧围绕复杂构造成像和盆地岩性勘探两大主题展开，从基础研究到前沿技术攻关设立4个大项目16项子课题，在油田公司相关单位的大力协作下，物探技术不断取得发展和进步，分别在宽线大组合技术、重磁电震联合勘探、叠前时间偏移处理技术及腹部沙漠区高精度三维资料等技术方面取得显著效果。油田公司副总工程师吕焕通对物探研究工作在勘探工作中所发挥的作用给予充分肯定，指出物探研究工作存在的问题，并针对2010年的物探工作提出几点具体要求。强调要把重点突破区选准、选好，并希望物探人员要精心、发奋、务实，为顺利实施油田公司"6136"勘探工程作出贡献。（彭松桥　刘佩煊　文　博）

【勘探任务完成情况】 2010年，新疆油田公司勘探公司以生产安全、党风廉洁为根本前提，以规范化、标准化、制度化管理为基础，立足大勘探，依靠大科技，实施大联合。通过强化过程监管，持续推动管理、科研、工艺及技术的不断创新，完成油田公司下达的生产经营目标任务。在物探方面，组织地震队7个，非地震物化探队5个，VSP队1个，全年完成二维地震1 544平方千米，三维地震826.7平方千米，重磁2 308平方千米，VSP测井16口。在钻探方面，组织钻机34部，全年钻井80口（包括6口跨年井），完成钻井73口井，钻井总进尺22.9697万米。组织试油队伍9支，完成试油52井/87层，获工业油气流21层，总获油率24.14%，超额完成石油控制储量和石油预测储量任务。

（彭松桥　刘佩煊）

【勘探重要发现】 2010年，新疆油田公司勘探公司在石油预探与天然气勘探取得1个重要发现、5个重要进展、4个重要苗头的勘探成果。1个重要发现：车排子凸起地层岩性油气藏勘探获重大发现，开辟准噶尔盆地天然气勘探新领域，充分证实车排子凸起周缘超覆尖灭带是1个新的油气富集区，整体推动准噶尔盆地中新生界岩性地层油气藏勘探进程。5个重要进展：一是风南5井风城组云质岩再获高产油气流，新增7 000万吨规模储量。二是北三台凸起西斜坡多层系勘探成效显著，5 000万吨储量基本落实。三是吉木萨尔凹陷针对性增产工艺技术攻关取得进展，开拓油气勘探的新领域，吉17井区梧桐沟组落实控制石油地质储量2 034万吨。四是滴水泉地区滴20井获高产油流，侏罗系岩性勘探获得新进展。五是前陆斜坡第三系车峰19井再获高产工业油流。4个重要苗头：一是南缘下组合钻遇丰富油气显示，盆地天然气勘探展现新领域。二是玛13井三叠系油气显示活跃，玛北地区有望再获新发现。玛13井三叠系百口泉组油气显示的发现证实玛湖凹陷北斜坡第一坡折带为油气富集带，展示良好的勘探前景。三是夏盐15井侏罗系钻探发现良好油气显示。四是金龙6井石炭系钻遇天然气显示层，中拐凸起勘探见到好苗头。（彭松桥　刘佩煊）

【项目管理】

项目体系建设　2010年，新疆油田公司勘探公司经过认真实践与探索，在项目管理体系建设中再次取得突破，独具准噶尔盆地地域特色的项目管理体系已经形成，实现传统经验型管理模式的跨越。至年底，管理体系包含3种成熟的过程管理模式：一是巡井管理模式，主要针对一般预探井特殊井段、复杂时段、关键工序的监督管理，以及物化探地震勘探项目的监督管理。二是驻井管理模式，主要针对重点探井，重点复杂井段、重点工序的监督管理。三是联合项目管理模式，主要针对集团公司战略探井、难度较大的复杂深井及重点攻坚会战区块。联合内容包括决策、管理、作业及物资设备，目的是通过决策及管理的协调统一，以及物资设备、人才、技术的共享与互补，减少界面协调工作量，顺畅沟通，确保费用、效率、质量和安全得以有效控制。公司在联合项目管理总体思路指导上，通过进一步精细管理，形成以重点攻坚会战区块为目标的区域一体化联合项目管理模式和以重点单井为攻坚目标的单井联合项目管理模式。随着管理体系建设的完善与成熟，为加快勘探节奏，提高生产管理效率，以及油气勘探攻坚任务的完成提供重要保障。

一体化联合项目管理　勘探公司将勘探重点部署在东部地区，其工作总量接近公司全年工作总量的50%。针对吉木萨尔凹陷工作量大，时间紧，任务重以及该区域侏罗系以下地层可钻性差，机械钻速低，储层改造困难等一系列技术难题。借鉴克拉美丽气田会战经验，在该区域实施一体化联合项目管理。一是组织成立油田公司会战领导小组。二是成立勘探公司工程指挥小组和现场实施管理小组。三是对项目人力资源进行优化配置。四是对地质与工程、各专业之间、方案与现场、现场各作业施工单位之间的一体化运作实施整体推进。区域一体化联合项目管理保障决策、科研、管理与作业施工的有机整合，实现沟通的高效、作业的无缝衔接、监督的到位和运作的规范，加快勘探节奏，保障重点区域目标任务的完成。

重点单井联合项目管理　西湖1井是股份公司部署在准噶尔盆地南缘的1口重点风险探井，其主攻南缘下部成藏组合的目标任务对于新疆油田的发展具有重要的战略意义。该井于2010年3月开钻，在重点单井联合项目管理模式的科学实施下，通过超前谋划、靠前指挥，克服井深、钻遇层系多、压力系统复杂、设计工期短、钻进施工难度大等一系列客观难题，历时245天，于11月下旬完钻。该井实现新疆油田超深井当年上钻、当年完钻、当年试油的目标，创造西湖地区井深最大、钻机月速度最高、生产时率最高、复杂事故率最低等多项钻井指标新高。同时，也开创新疆油田压裂井深最大，压力最高，施工泵压最高，砂比最高等多项纪录。西湖1井的成功钻探，一方面从管理上再次坚定联合项目管理模式的信心，推动项目管理体系建设的丰富与完善。另一方面从技术上打破南缘下部成藏组合及整个准噶尔盆地超深井钻探的技术禁区，为攻克新的复杂井、困难井、战略井奠定坚实基础。

钻井提速　勘探公司通过加强项目管理、强化适用技术集成应用，实现钻井综合提速。钻井综合提速管理水平得到很大提高，平均机械钻速由上年的4.29米/时提升至4.62米/时，非生产时率由上年的6%降至3.1%，钻机月速度由1 098米/台月大幅提升至1 429米/台月。

固井质量　勘探公司针对2009年公司在固井质量方面存在的问题以及低压易漏长封段固井这一技术难题对油气勘探的影响与制约，公司将此作为全年专项工作进行重点突破。管理上，强调“三个准备”、“两个精心”即井眼准备、固井方案准备、固井工具准备、严格按设计精心组织、精心施工。工艺上，合理推广应用超低密度、双凝水泥浆、塞流注替等固井新工艺。通过集中专项攻关，狠抓过程监督。公司固井质量一次合格率比上年上升近10个百分点，优质率比上年上升近30个百分点。

中途测试　风南5井在夏子街组、风城组等层系油气显示十分活跃。为尽快落实该井地层含油的准确信息，勘探公司组织试油公司、克拉玛依钻井公司等相关单位的领导和专家精心策划中途测试工作。经过试产，日产天然气12 500立方米、折日产油204吨。石桥1井是新疆油田公司部署的1口外甩预探井，11月26日，勘探公司中途测试喜获工业气流，这是新疆油田在车排子凸起中生界大型地层油气藏勘探的主要发现。

（彭松桥　刘佩煊）

【安全管理】　2010年，新疆油田公司勘探公司重点梳理和强化以安全与环保为中心的生产安全和以党风廉政建设为中心的政治安全。并将生产安全和政治安全作为公司全体党员及领导干部立岗立身的根本前提。“双安全”的重要地位在公司生产经营管理中得到提升。在安全环保工作方面，通过强化安全制度，抓好安全培训，加强安全检查，规范安全管理，严格市场准入，签订安全合同，落实安全责任，突出HSE建设，公司实现连续11年零伤害、零污染管理目标，被评为油田公司年度安全生产先进单位。二是在党风廉政建设方面，不断加强宣传教育工作，重点加强国家廉政法律法规的宣传教育，牢固员工的思想防线。加强权利的监督与制约，既高度重视自上而下的组织监督，又高度重视自下而上的民主监督。既高度重视党内监督，又高度重视党外监督。全年没出现违规现象。（彭松桥　刘佩煊）

·小资料·

勘探队员之歌

作词：佟志贤

是那山谷的风，吹动了我们的红旗，
是那狂暴的雨，洗刷了我们的帐篷。
我们有火焰般的热情，战胜了一切疲劳和寒冷。
背起了我们的行装，攀上了层层的山峰，
我们满怀无限的希望，为祖国寻找出富饶的矿藏。

是那天上的星，为我们点燃了明灯。
是那林中的鸟，向我们报告了黎明。
我们有火焰般的热情，战胜了一切疲劳和寒冷。
背起了我们的行装，攀上了层层的山峰，
我们满怀无限的希望，为祖国寻找出富饶的矿藏。

是那条条的河，汇成了波涛的大海，
把我们无穷的智慧，献给祖国人民。
我们有火焰般的热情，战胜了一切疲劳和寒冷。
背起了我们的行装，攀上了层层的山峰，
我们满怀无限的希望，为祖国寻找出富饶的矿藏。

油气开发

油气生产

【油田公司开发处领导名单】
处长:朱水桥
副处长:刘顺生、吴坚强

【基本情况】 2010年,新疆油田公司开发处内设综合管理科、开发管理科、油藏工程科、天然气管理科和开发合作科,有人员13人。主要负责油田公司油气开发管理、天然气开发管理、油藏研究与管理、油田基础管理以及合作开发等工作。(孟继刚)

【主要生产指标完成情况】 2010年,油田公司生产原油1 089万吨,完成年计划的100%;生产天然气38亿立方米,完成年计划的100%;新建天然气生产能力3.3亿立方米,完成计划的82.5%;井下作业完成20 635井次,完成年计划21 450井次的96.2%。油田注水(汽)完成注水注汽量5 382.5万立方米(吨),其中稠油注汽2 332.5万吨,稀油注水3 050万立方米;动态监测完成17 483井次,其中试井完成15 056井次,生产测井完成2 427井次。(孟继刚)

【生产运行】 2010年,油田公司开发处认真做好生产运行组织工作,确保原油生产顺利进行。一是进一步完善《2010年一季度原油生产考核奖励办法》,明确各采油单位的交油量及奖励政策,确保一季度油气生产平稳运行。一季度实际生产水平28 937吨,实际生产原油260.4万吨,完成季度计划的100.2%。二是强化生产运行监控与分析,依据旬度油气生产运行曲线,本着超前组织、优化运行的工作思路,狠抓停产井、冬关井复产,积极实施高效增产措施,优化注水注汽,做好冬防保温,保证全年原油生产态势的有效掌控。三是及时了解生产运行动态、掌握生产变化原因,针对生产运行中存在的问题制定切实可行的措施,确保油气产量的平稳运行。四是积极组织原油上产工作。及时调整各单位生产任务指标,召开上产动员大会,加大增产措施的资金投入,加大措施工作量。通过各生产单位的积极努力,全面完成全年产任务。(孟继刚)

【基础管理】 2010年,油田公司开发处按照完善注采系统提高水驱储量控制程度、加大分注等措施力度,改善剖面动用状况的工作思路,实施措施12 386井次,是上年的1.8倍,注采关系得到调整改善。通过精细注水、强化管理,油田递减明显减缓,稳产基础夯实。占稀油产量的32%的8个注水专项重点项目,在老井更新、油井转注、检管/重配、水井大修上完成工作量448井次,加强注水跟踪,改善油藏开发效果,自然递减率相对于2008年下降1.4个百分点,比上年下降4.4个百分点。(徐崇军)

【油藏精细描述】 2010年,油田公司开发处进一步做好油藏描述工作,油藏精细描述由规模开展向重点突破转变,按照精确、精细、上水平、上台阶的工作目标,重点开展8个区块的精细油藏描述工作,"六、七区克下组精细油藏描述项目"通过股份公司的验收。通过井震联合攻关,实现应用地震资料识别5米断距断层、5米薄砂层和5米微构造的目标,为二次开发三维地震资料的深化应用、精细油藏描述上水平闯出一条新路。建模和数模等主要软件使用时间37.4万小时,大大提高油藏研究工作效率和工作质量,并形成一批精细油藏描述的技术骨干。(丁振华)

【重大开发试验】

三项重点试验 2005~2010年,油田公司在稀油老区相继开展克拉玛依砾岩油藏七东1区克下组聚合物驱、克拉玛依砾岩油藏六中东克下组提高水驱采收率、克拉玛依砾岩油藏七中区克下组复合驱3个股份公司级重大开发试验项目,通过5年的试验与攻关,已初步形成砾岩油藏二次开发、三次采油等系列配套技术,建立保障重大试验顺利开展的管理体系、规章制度和操作规范,培养出一批专业化人才队伍。其中六中东克下组油藏提高水驱采收率试验已于2009年通过股份公司验收,七东1区克下组油藏聚合物驱试验于2010年11月完成设计聚合物段塞注入,七中区克下组油藏复合驱试验已初步满足注入条件。

克拉玛依砾岩油藏七东1区克下组聚合物驱试验 试验区采用五点法井网、200米井距,有注入井9口、采油井16口,原始地质储量193.9万吨。针对试验区聚合物驱的特点与动态特征,及时采取跟踪调整措施,全年实施油水井措施4井次,不断增加见效井,16口油井全部见效,见效率100%。试验区在2010年11月完成方案设计的0.5PV聚合物溶液后,仍然继续注聚。至年底,试验区累计注聚0.51PV,完成总设计注入量的103%。日产油量由注聚前的37吨上升到42.6吨,综合含水由95.6%下降到90.8%,采油速度0.8%,采出程度52.1%。试验区4口中心采油井全部见效,最大含水率下降30.1个百分点,增产量占全区的40.3%,综合含水由注聚前的93.3%下降到88%,已提高采出程度9.2%,提高采收率11.3%。

克拉玛依砾岩油藏七中区克下组二元驱试验 试验区采用五点法井网、150米井距,有注入井18口、采油井26口,地质储量120.8万吨。2008年启动,开展工业化试验地质研究、驱油体系配方研究和注入工艺设计。试验区已基本完成空白水驱阶段目标，地层压力保持程度100%，建立起较好的注采平衡关系，进入试注阶段。2010年实施各类油水井措施112井次，动态监测128井次。完成地面注入站建设与设备调试、KPS生产装置改扩建，形成每年3万吨KPS的生产能力，研制出在吸附性、乳化能力、界面张力等方面达到要求的二元驱配方：0.25%（KPS+复配剂）+0.15%聚合物，采用污水配液。该配方岩心试验提高采收率20%以上，试验区提高采收率15.4%。　（徐崇军）

【二次开发】 2010年，油田公司开发处加快实施二次开发工作，按照“三重”理念和克拉玛依油田二次开发规划部署，遵循研究一块、实施一块、稳定一块的原则，稳步推进二次开发工作。新疆油田公司老区年新建产能47.31万吨，其中二次开发建产能22.3万吨，平均单井日产油5.2吨，含水率55.0%，与实施前老井对比日产油提高3.1吨，含水下降12个百分点；单井日产高于上年二次开发区块新井4.0吨的水平。至年底，开发处组织相关部门和单位先后在以六、七、八区三叠及二叠系油藏为主的18个油藏进行二次开发重大试验、试点工程和整体实施，全年编制方案27个，建产能117万吨。实施二次开发的区块，平均单井日产油由实施前的2.0吨提高到实施后的3.92吨，含水65%左右，累计增油170.1万吨。其中7个已整体实施完成并投入注水开发的二次开发区块，井网完善程度大幅度提高，水驱控制程度由72.1%提高到89.5%，最终采收率由26.8%提高到34.2%。通过实施优化注水，水平自然递减控制在4.1%，含水上升率-2.3%。　（戴　勇）

【天然气开发】

天然气生产　2010年，油田公司开发处认真做好天然气生产过程中的各个环节，通过加强气藏动态监测，强化气藏动态分析，掌握气藏生产能力，科学组织气田生产，合理安排气田处理装置检修，实现老区安全平稳生产；实施气藏精细管理、气井分类治理，采取上返、补层、排液等措施，恢复气井产能，减缓气藏递减；强化气藏前期评价与产能建设相结合、气藏前期评价与老井利用相结合，深化气藏认识，加快前期评价步伐。全年完成天然气工业气量38亿立方米，完成年计划100%，比上年增加2亿立方米，增长5.6%；采取从西气东输二线多下载气量、主力气田超负荷生产、减少自用等措施，有效地确保冬季城市民用气和乌鲁木齐石化公司、独山子石化公司等单位重点工程用气，全年完成天然气商品量18.45亿立方米，完成年计划的108.5%，超额完成股份公司下达的销售任务。

产能建设　在克拉美丽气田前两年产能建设深化地质认识的基础上，针对火山岩岩体、岩相变化大，储层埋藏深、预测精度低，气水关系复杂等难题，在实施过程中加强现场跟踪研究，结合钻、试、采资料进行地震动态解释，调整钻井轨迹8口井，全年完钻开发井13口，其中水平井6口，开发井成功率100%，新建产能3.3亿立方米。　（张　虹）

油气田开发形势

【油田基本情况】 截至2010年底，新疆油田投入开发油田27个，动用地质储量160 222.66万吨，可采储量42 918.73万吨，油水井27 223口，其中采油井23 070口、注水（汽）井4 153口，平均单井日产油量2.06吨，单井日注水（汽）54.2立方米，采油速度0.7%，综合含水76.5%，累计生产原油2.8亿吨，采出程度17.7%，可采储量采出程度65.9%。　（徐崇军）

【油田开采趋势】

储采比趋于合理　2010年，新疆油田通过新区动用、老区综合治理等工作，保持资源投入与产出的平衡。年储采平衡系数1.31，储采比13.1。

油田注采保持平衡　稀油油田通过优化注水，注水量由上年的3 201.7万吨下降到3 060万吨，减少141.7万吨，年度注采比1.15，平均地层压力17.0兆帕，压力保持79.4%，比上年提高0.2个百分点。

含水上升正常　老井综合含水78.9%，其中稀油老井综合含水65.3，相对上年上升1个百分点，含水上升率1.6%；稠油综合含水88.3%，含水上升0.4个百分点。含水上升基本正常。

油田递减正常　新疆油田绝对油量递减13.9%，比2008年下降0.9个百分点，比2009年下降2.4个百分点。其中稀油10.9%，稠油22%，均为历年来较高水平。

单井日产油量上升　通过开展稳定并提高单井产量活动，分新井和老井2个层次；立足于成熟技术规模应用、开发方式转变和精细现场管理，2010年全油田单井日产油量比上年明显上升，其中稀油3.16吨、稠油1.17吨。　（徐崇军）

【气田开采形势】

基本情况　截至2010年底，新疆油田探明气层气地质储量2 140亿立方米，动用地质储量1 542.48亿立方米，气层气生产能力28.77亿立方米。投产气井142口，2010年平均日产气714.2万立方米，累计采气196.65亿立方米，已开发可采储量采气速度2.7%，已开发可采储量采出程度20.4%，储采比23.2。

克拉美丽气田开采　克拉美丽气田是油田公司投入开发的第一个火山岩气田。克拉美丽火山岩气藏递减快，稳产难度大。该气田2010年底标定产能9.53亿立方米，占公司气层气总产能33.1%。气田2008年年底投入试采以来，表现出压力下降快、单位压降采气量低、含水上升快等特点，2010年地层压力下降3.68兆帕，下降幅度9.18%，比上年上升5.13%；2010年单位压降采气量1.6亿立方米，仅为玛河气田的50%；水气比上升快，2010年平均为17.1克/立方米，比上年上升2克/立方米，气田见水井达到13口，占投产井总数的50%。气田生产形势严峻，稳产难度大。

存在问题　截至2010年底，油田公司探明未动用气层气地质储量597.52亿立方米。其中克拉美丽气田未动用储量430.46亿立方米，占未动用储量72%。根据克拉美丽气田开发方案部署，剩余未动用储量均用来接替稳产；其他气藏剩余未动用储量，由于储量不落实、待评价和规模小、远离集输系统等原因，近期无法利用。近两年天然气未提交探明储量，已有探明储量经近年大规模动用，后备资源显得严重不足，若天然气新增探明储量得不到及时补充，将面临无储量可动用、无产能可建的局面，天然气可持续发展形势严峻。　（张　虹）

油藏评价

【油田公司油藏评价处领导名单】
处长：刘明高
油藏地质总监：欧阳可悦
副处长：张君劼、张明玉

【基本情况】 截至2010年底，新疆油田公司油藏评价处内设综合管理科、评价管理科、方案管理科，有人员11人。主要负责新疆油田的油藏评价、新区产能建设等管理工作。油藏评价处跟踪预探成果、深化滚动勘探开发、强化评价产能结合、加强跟踪研究调整，全面完成新疆油田的油藏评价及原油产能建设任务。（王海东）

【工作量完成情况】 2010年，新疆油田公司共完成三维地震采集满覆盖面积460平方千米；开钻评价井95口，完钻91口，完成进尺17.57万米，完成年计划进尺的91.7%；评价井试油89井137层，已获工业油流48井61层；开展老井恢复试油57井61层，获工业油流21井21层。完钻新井1 219口，进尺139.4万米年产油。新建原油生产能力135万吨，原油新井产量65万吨。（王海东）

【新增储量完成情况】 2010年，新疆油田公司经中国石油天然气股份公司初审，全年新增探明石油地质储量7 689.69万吨，可采储量1 645万吨，分别完成年计划的102.5%和105.5%；其中滚动探明新增石油地质储量7 361.71万吨，可采储量1 566.94万吨，分别占全年完成量的95.7%和95.2%，滚动探明石油地质储量创历史新高。（王海东）

【油藏评价主要成果】 2010年，新疆油田公司油藏评价成果主要体现在四个方面。一是紧密跟踪预探，探明西泉1井区二叠系梧桐沟组油藏；二是注重基础研究、深化老区勘探，滚动探明2个千万吨级整装区块（莫116井区整体探明优质稀油储量、重18井区探明稠油储量）；三是立足富油区带，突出整体性评价，培植了5个千万吨级区块；四是通过超前研究，为2011年准备10个目标，已部署16口评价井，其中7口井已完钻。（王海东）

【原油产能建设】 2010年，新疆油田公司产能建设实现优质高效，完成全年产能建设任务。一是围绕深化“研究促发现、集成技术促发展”活动主题，在原180万吨部署方案的基础上，在股份公司下达投资框架内，优选出131.33万吨原油产能区块，优化后高投资产能由11.43万吨调减为0，深井（井深＞3 000米）产能由15.36万吨调减到10.14万吨，稠油产能由58.07万吨调减到51.61万吨。二是通过跟踪研究取消地质条件复杂、实施风险大的20个区块103口井；同时新增地质条件落实的22个区块178口井。与年初部署相比，进尺不超，多建产能3.67万吨；实现开发井空井率为零，低效井率0.16%，单井产能超设计0.1吨。三是水平井技术成熟配套。通过不断攻关试验，形成水平井轨迹设计及跟踪优化、水平井钻井、水平井采油等12项配套技术，制定水平井技术应用管理规范，解决9类油气藏水平井开采技术问题。四是评价、产能一体化成果突出。在风城、莫116、百71、吉7、车60、克021、五2区7个区块整体部署评价井、开发控制井或试验井组。结合钻试情况，及时部署滚动扩边井和开发控制井，全年在33个区块滚动建成原油生产能力82.5万吨，占当年产能的61.1%。通过滚动勘探在莫116、百71、五2区等22个区块为2011年准备127.29万吨的产能，占70.7%。（王海东）

油气开发单位

油田公司开发公司

【领导名单】
经理：宋渝新
书记、副经理：王康军
副经理、安全总监：杨志毅
副经理、总工程师：张建华
副经理：周易凯、狄长海
副经理、总地质师：麦欣
总会计师：张兆新（7月离任）、竹建伟（7月任职）
钻井总监：陆军
地面总监：李予

【基本情况】 截至2010年底，新疆油田公司开发公司内设5个职能科室：经理办公室、地质办公室、工程技术办公室、经营管理办公室、综合管理办公室。下设第一、第二、第三项目经理部、风城SAGD项目经理部、天然气项目经理部5个项目经理部。有安全总监（副处级）1人、总会计师（副处级）1人、钻井总监（副处级）1人、地面总监（副处级）1人、安全副总监（正科级）1人和10名公司领导，总人数89人。第一项目经理部承担采油一厂、二厂以及重油公司所辖区域的油藏评价、产能建设任务；第二项目经理部承担石西、陆梁、彩南作业区所辖区域的油藏评价、产能建设任务；第三项目经理部（百口泉）评价协调组承担百口泉采油厂、风城油田作业区所辖区域油藏评价、产能建设任务；天然气项目经理部负责准东采油厂、采气一厂所辖区域的油藏评价和产能建设工作；风城SAGD（开发超稠油的一项前沿技术）项目经理部负责风城SAGD实验区项目。（徐江涛）

【油藏评价】 2010年，油田公司开发公司围绕油气生产建设，认真抓好油藏评价工作。一是坚持“四立足、四加强”的工作方针，科学部署，精心施工，油藏评价再创辉煌。全年完钻评价井95口，进尺17.64万米。完成三维地震采集460平方千米。试油88井133层，获工业油（气）流50井63层。新增探明石油地质储量7 689.69万吨，可采储量1 645.46万吨，完成计划任务的105.5%。滚动探明石油地质储量占总探明储量的95.9%，创造新疆油田勘探开发史上的最高纪录。克021井在石炭系获日产116吨的高产油气流，为油藏评价工作奠定基础。车503井在井深450米的沙湾组，获日产17吨的高产轻质油流，拓展了浅层找油新领域。莫116井区探明整装优质储量1 920万吨，成为2011年稀油建产的重点区块。重18井区新增探明储量3 375万吨，成为稠油建产的主战场。吉7井区梧桐沟组已获工业油流5井6层，初步显现出千万吨级规模的整装油藏雏形。3次获得总经理嘉奖。（徐江涛）

【产能建设】 2010年，油田公司开发公司认真抓好产能建设工作，确保生产正常运行。一是坚持评价优先的工作原则，通过超前组织设计编制，加快工作节奏，统筹钻机运行等措施，做到方案编制、钻井施工、试油试采、分析研究环环相扣，有条不紊。在钻机资源十分紧张的情况下，平均用13台钻机就完成全部工作量。二是重点抓好资料的录取工作，为评价井部署、储量计算提供有力保障。三是重点区块的滚动勘探成效显著。莫116井区和重18井区共完成评价进尺314.7米，搞清了油层的展布，精细刻画了构造形态，搞清油层展布、油气水界面和产能规模。四是超前谋划、精细管理，原油产能建设再创佳绩。全年完钻井1 218口，进尺139.76万米，固井质量合格率96.89%，井身质量合格率100%。新建原油产能132.25万吨，新井产油69.7万吨，产能贡献率52.7%。开发井钻井成功率100%，空井率0，低效井率0.16%。投产新井1 129口，转抽1 029口，压裂288口（抽汲诱喷作业79口、氮气气举诱喷46口、酸化11口）。新井安装1 201口，建采注、配汽计量站96座，建注水、注汽、接转站27座，建各类管线463.8千米，各类电力线119.4千米；建成以红003井区60万吨原油处理站及1座35千伏变电站为代表的系统工程。（徐江涛）

【生产管理】 2010年，油田公司开发公司克服持续低温、钻机结构不合理等诸多困难，全力解决产能建设方面的诸多难题，确保生产顺利运行。一是突出工作的预见性和计划性，及早谋划，编制完成全年生产运行指导意见。利用现场实施启动前的时间，组织有关人员认真研读方案，开展技术交流，提前制定实施原则、运行计划和经营控制指标。通过这些措施，钻机利用率明显提高，非生产性组织停工得到严格控制，有效缓解钻机能力不足的矛盾。以新井产量任务63万吨计算，超产6.7万吨。二是组织开展2次会战，力保产能建设任务如期完成。大干200天会战是产能建设史上时间最长、工作任务最重、成效最大的活动，公司全体员工及各参战单位积极响应号召，投入到会战中。通过会战，有效提升钻井速度、投产进度，新井产量节节攀升；红003井区60万吨原油处理站工程仅用5个半月就建成投产，所有工程投产一次成功，运行平稳。组织开展克拉美丽天然气冬季投产会战。经过80天的努力，取得突出效果，全年完钻13口井，形成天然气日产能力94.5万立方米，建产能3.12亿立方米。投产新井7口、恢复利用老井4口，试气确定日生产能力达到60万立方米以上。三是发挥多专业联合优势，精心组织，跟踪调整，科学运行，为完成全年任务奠定基础。地质工作以持续做好现场跟踪研究为核心，及时调整井位部署和钻井顺序。在西泉1、车60等井区共取消实施风险井25口，减少低效进尺3.2万米，确保方案的高效实施；钻井工程以方案优化和再提速为主线，采用先进的钻井工艺技术，钻井速度创近五年最高水平。全年平均钻机月速提高14.2%，达到2 756.63米/台月，平均机械钻速提高5.84%，达到9.59米/小时。采油工程着重在加快投产速度、提高投产效果方面下工夫，精细组织生产，开展技术攻关和技术研究，在重点区块实现单井平均节约投产时间1.5天、日增油1.2吨以上；地面工程以强化基础管理为抓手。积极开展“一会两考”，提高项目管理人员综合素质。四是推行模块化、标准化建设，推进工程分级管理，认真开展地面工程方案预审优化、投资估算和竣工验收工作，取得好的效果。（徐江涛）

【经营管理】 2010年，油田公司开发公司以强化“三算管理”为基础，实现事后算账向事前控制的良性转变，投资控制成效显著。一是在计划投资存在缺口的情况下，重点抓工程的估算、预算、结算和投资预警工作。产能部署一出台，开发公司经营管理部门与各专业技术部门迅速展开全年工作量与投资的测算工作，分类开展投资平衡，全年对50个钻井工程项目、10个地面建设工程项目进行“三算管理”，涉及金额30亿元以上。二是加强内控体系建设，理顺合同管理工作流程。全年与80多家施工单位签订合同400余份，签订内部包保协议合同70余份，合同签约率、三项审查率、履约率100%。对红003、车60、重32井区钻井工程进行了招标，涉及工作量约24万米，其他区块开展一对一议标，对投资控制起到一定作用。三是多方沟通协作，钻采专用设备材料甲供料取得良好效果。开发公司在总结上年经验的基础上，制订现场管理和结算的规定，全年可为施工单位减少3 000万元以上的成本投入，仅油、套管就为油田公司节约1.5万米，节约投资1 407万元。四是通过调研，确定较为合理的钻井定价方法，有力指导钻井结算工作。在钻井定价体系不全的情况下，科学制订定价原则。在关联交易总协议未签订的情况下，西部钻探等钻井技术服务单位，按正常程序同开发公司签订产能建设钻井合同。全年完成各类投资72.2亿元。其中原油产能52.78亿元，油藏评价5.89亿元，天然气8.35亿元，三维地震1.4亿元，科研及其他3.78亿元。（徐江涛）

【重点区块建设】 2010年，油田公司开发公司以打造地下高效采油、地面观光旅游为目标，优质高效开展红003井区产能建设工作。红003井区是全年实施的最大整装稠油开发区块，按照油田公司地下高效采油、地面观光旅游的建设要求，确定6口井—平台、2平台—管汇、4管汇—供热的布局方式，开展整体设计和精细施工。一是反复优化，形成平台井的最优组合。充分考虑217国道、奎屯—北屯铁路等地面复杂条件影响，完成51个平台、49口直井、207口定向井的井位测量，实现平台东西成行、南北成列。二是钻采协调一致，精细施工。制定《定向井现场管理规定》、《平台井钻井工程与交接井管理办法》等规章制度。重点抓好定向井井位复核、轨迹修正、完钻轨迹的检查核实，确保平台井口、闸门、采油树一条线，误差小于3厘米，井口高度误差小于1厘米。三是地面建设一站先行，以点带面，效果明显。以油区干线公路、注汽干线为参照目标，整体测绘、分步实施，以2号接转注汽站及1－7管汇点为建设样板，后续跟进，达到站场建设的一致性。通过各专业及各参战单位的共同努力，预定目标基本实现。（徐江涛）

【重点试验】 2010年，油田公司开发公司稳步推进以SAGD为主的稠油开采配套技术试验，为风城油田年产400万、稳产16年提供技术支撑。通过重32、重37两个SAGD先导试验，基本形成一系列配套技术，各井组产量呈现稳定上升趋势，取得初步试验效果。针对现场试验中存在的问题，开展油藏精细描述对比研究、水化学分析研究、汽液界面调控技术研究、试验效果改善方法研究，真正形成完整的SAGD开采配套技术。在重32井区，开展9口水平井分段完井开采

试验,分注分采井,单井日产20吨左右,效果明显好于常规井,为提高稠油水平井开发效果提供新的思路。 (徐江涛)

【精细管理】 2010年,油田公司开发公司积极探索精细管理模式,提升陆9井区水平井产能建设综合效益。推行斯伦贝谢地质导向包月模式,实现精细管理。通过全区规划、逐井分析,建立实施顺序筛选大表,并结合地面配套改线和配钻停注要求,确定水平井上钻顺序。精确控制6个关键环节,单井关键点计划时间精确到0.5天。实现6部钻机和地质导向服务的流水作业,最后一轮井的建井周期由初期的24天缩短到16天,全区50口水平井的实施节约1台钻机,整体工期缩短30天以上。油田公司开发公司被国外合作公司誉为国际水准的生产组织。 (徐江涛)

【挖潜增效】 2010年,油田公司开发公司建立全员参与节约挖潜、降本增效活动的长效机制,劳动竞赛和合理化建议活动成效显著。公司成立劳动竞赛管理机构,完善挖潜增效活动的立项、实施、检查、评审和表彰程序,做到年初有计划、过程有监督、年底总结表彰,形成长效机制,调动全员参与的积极性。全年上报劳动竞赛9项,立项实施6项,合理化建议申报74项,经审核确立41条,近324人次参加,节约投资2.45亿元。 (徐江涛)

【安全管理】 2010年,油田公司开发公司强化HSE管理,实现全年安全生产零事故目标。一是切实履行直线责任、属地管理职责,审核承包商资质262个,巡查重点工序、旁站监督检查29 619次,查出并整改问题25 429个。组织井控安全、环保检查7次。二是抓综合治理、注重环境评价,开展创建绿色油气田活动。全年投资1 598万元,完成766口井废泥浆处理。及时开展安全和环境影响评价工作,完成安全评价1项、环境影响评价7项、环境保护验收6项。全年安全生产无事故,被评为油田公司安全生产先进单位。 (徐江涛)

【油藏评价暨产能建设工作会】 2010年1月15日,油田公司召开油藏评价暨产能建设工作总结会。会议总结2009年度油藏评价和产能建设工作;油田公司采油二厂、勘探开发研究院、CPE新疆设计院、CPE新疆油建公司、工程监理公司等单位作表态发言。会议指出,2009年油田公司积极应对金融危机带来的诸多困难,在工作量不足和投资大幅下降等不利因素的影响下,圆满完成油藏评价和产能建设任务,维护了克拉玛依地区大局的和谐稳定。全年油田公司产能建设完钻油水井674口,天然气井6口,新建原油产能79.51万吨,新建天然气生产能力3亿立方米,开发井实现空井率为零、低效井率小于0.5%的要求,各项工程技术指标达到优良。油田公司SAGD开发先导试验、火山岩气藏提高单井产量现场攻关试验、火驱开发先导试验、克拉美丽气田二期工程等重大试验、重点工程进展顺利,钻井工程技术进步明显,地面标准化工程取得重要进展。油田公司副总经理孙晓岗针对产能建设问题强调7个结合,即产能建设要与稳定并提高单井产量相结合,与HSE管理相结合,与长期稳产和效益相结合,与当年新井贡献率相结合,与新工艺新技术评价相结合,与技术创新和技术配套结合,与地质、钻井、采油工程等专业的结合。会上,油田公司副总经理杨学文对油藏评价和产能建设工作提出具体的要求和部署,要求相关单位要集中力量部署优化开发方案的编制工作,方案编制人员要做好优化和跟踪调整,特别是油藏方案编制人员,要把握好补充油藏能量的时机,提高产能建设质量。 (徐江涛 郑 立)

油田公司采油一厂

【领导名单】

党委书记、厂长:关泉生

党委副书记、纪委书记、工会主席:韩江军(4月任职)

副厂长、总工程师、安全总监:胡学雷(4月离任)、李拥军(4月任职)

副厂长:艾克拜尔·台甫拉

副厂长、总地质师:徐常胜(4月任副厂长)

总会计师:王根泰(11月免职)、瞿静川(11月任职)

【基本情况】 截至2010年底,新疆油田公司采油一厂探明98个层块,叠加含油面积436.37平方千米,探明石油地质储量3.53亿吨,可采储量7 414.5万吨。其中稀油面积356.32平方千米,探明石油地质储量2.38亿吨,可采储量5 173.74万吨;稠油面积114.1平方千米,探明石油地质储量12 986万吨,可采储量2 628.3万吨。累计动用石油地质储量1.84亿吨。累计产油3 272.52万吨,累计生产天然气25.95亿立方米。全厂有油水井4 707口,其中采油井4 374口。有54座地面供热站、130台高压蒸汽锅炉。全厂在岗职工2 848人,其中民族职工801人,女职工1 610人,内退职工78人,劳务合同工568人,党员806人。在册干部619人,其中管理岗位人员227人、专业技术岗位人员392人。研究生以上文化程度23人,大学737人,大专686人,中专623人,高中258人,技校521人。具有高级专业技术职务资格36人,中级315人,初级223人。职工平均年龄37.8岁。 (刘 瑛)

【业绩指标完成情况】 2010年,油田公司采油一厂原油产量120.4万吨,完成油田公司年调整计划的101.4%;交油率99.1%。生产天然气3 912万立方米,交气量1 753万立方米。油气单位操作成本控制在公司计划指标范围内。全面完成安全环保业绩目标、连续11年实现安全生产重大事故、重大损失、污染、伤害事故为零的目标。基础管理类等指标均控制在油田公司下达的目标值内。 (刘 瑛)

【油田开发】

老区稳产 2010年,油田公司采油一厂以稳定并提高单井日产量工作为契机,以实现老区精细化管理为目标,狠抓原油稳产上产工作,完成全年生产任务。全年老区产油106.6万吨,单井日产量由1.06吨上升到1.32吨。加强生产组织运行管理,及时优化调整,上半年老井超产2.1万吨。启动注水开发基础年工作,在红山嘴示范区实施以精细注水为重点的综合治理工作,扭转部分井区生产被动的局面。强化老井综合挖潜研究和增产措施的实施,实施各项措施104井次,增油2.3万吨,单井增油47吨。坚持开展小修会战,全年完成小修作业3 017井次,组织红山嘴油田、红001井区的修井会战工作。科学调整注汽运行节奏,开展优化注汽工作,油汽比提高0.03个百分点,实现稠油老区日产油量递增。加大红浅大坝收油工作力度,积极采取措施，完成红浅大坝收油工作，回收原油1.76万吨。

新区产能建设　采油一厂全年完钻开发井400口，其中水平井1口，新建产能36.45万吨，新井产油13.8万吨。积极开展产能建设会战工作。狠抓设计方案的优化、细化和跟踪落实工作，认真抓好钻井、地面工艺、投产工作进度，努力缩短新井见产周期。加强新井临投工作的组织协调，及时制定工作计划，加快优化调整，落实各环节工作，提高新井贡献率。加大产能建设后备方案的落实力度，编制红032井区等4个后备方案，确保完成产能建设任务。组织48口新井注汽临投工作，新井注汽4.3万立方米，产油1.5万吨。

滚动勘探　采油一厂按照整体研究、整体勘探、整体评价、整体探明、整体开发的思路和探明、培植、准备3个部署层次，深化研究，大胆探索，获得多项新成果。在车60至车28井区齐古组、红53井区克下组等区块开展油藏精细研究和整体评价工作，新增探明石油地质储量近千万吨，全面完成油田公司下达的800万吨石油探明储量任务。开展车排子地区沙湾组、齐古组、清水河组及红山嘴地区三叠系等区块的油藏控制因素研究和评价工作。在车503井区新近系沙湾组、车28至车60井区齐古组等油藏获得5个新发现和2项新进展，基本落实稀油储量1 000万吨，为2011年培植了储量目标。在车35井区精细三维、红山嘴北精细三维、二次开发地震等目标区开展目标识别和成藏规律研究。深挖边探井及开发井的潜力，积极开展恢复试油工作。在DC302井区齐古组和西山窑组、红96井区西山窑组、车69井区清水河组油藏获得4个新发现，滚动勘探领域不断扩展，为2011年准备了储量目标。其中车503井区沙湾组油藏成为准噶尔盆地新近系沙湾组埋深最浅的油藏，获得油田公司总经理嘉奖令。

上产夺油　采油一厂组织全面完成120.3万吨原油生产任务、为厂庆50周年献礼和大干四季度、全面完成各项原油生产任务的上产会战活动。6月底，全厂原油生产水平达到3 500吨；10月底，产能重点区红浅采油作业区日产油1 000吨以上，全厂产量突破3 700吨大关，踏上120.3万吨奋斗目标的剩余水平。（刘　瑛）

【安全管理】　2010年，油田公司采油一厂牢固树立安全发展、清洁发展的理念，落实“六项禁令”，深化“五会”达标、“反三违”工作。全面开展HSE体系建设工作。开展安全生产11周年系列活动。积极落实有感领导、直线责任和属地管理理念，加大安全监管力度，严格执行《承包商健康安全与环境（HSE）管理规定》。制定《采油一厂员工“三违”行为处罚管理规定（暂行）》、《采油一厂车辆使用管理规定》、《采油一厂10项作业许可管理实施细则（暂行）》等安全管理制度。深入开展安全监督检查和隐患排查工作，严格落实新作业许可规范，厂安全委员会全年组织各类检查7次，检查岗位（场、点）495个，查出事故隐患243个，下发隐患整改通知单77份。连续11年实现安全生产重大事故为零的目标。（刘　瑛）

【环境保护】　2010年，油田公司采油一厂认真开展清洁生产审核工作，全面开展油田敏感区域的安全环保隐患治理工作，完成红浅大坝收油工作，开展油污治理和地貌恢复工作。国家环境重点监测点——红浅稠油处理站污水外排在线监测通过检查验收，进一步巩固绿色油气田创建成果。被评为油田公司环境保护先进单位。（刘　瑛）

【科研应用】　2010年，油田公司采油一厂围绕油田稳产和上产，大力实施科技创新战略，投入科研资金2 068万元，确立科研项目28项，3个项目获油田公司技术成果奖，4个项目获油田公司技术创新奖，并向股份公司申报14项专利技术。启动风城稠油燃煤注汽锅炉试验工程。开展股份公司重大开发试验项目——红浅1井区火驱先导试验项目的研究和现场实施工作，取得阶段性进展。完成红003稠油处理站和车89集中处理站的建设工作，提高生产效率。组织红003井区及稠油处理站破乳剂实验、红浅1井区防砂技术研究及稀油污水防垢技术研究和现场实施工作，取得较好的效果。围绕数字油田建设目标，加快自动化技术的研究应用。开展火驱生产管理系统的建设和车2处理站、风城供汽联合站自动化系统建设及稀油处理站自动化升级改造。（刘　瑛）

【经营管理】　2010年，油田公司采油一厂落实精细化管理理念，突出效益第一原则，全面实施基础管理建设工作。进一步强化预算管理和成本管理，确保勘探开发、安全环保、技术创新、油区配套改造投入。严把投资费用关，对资金计划、项目实施和结算进行全过程监控，审减工程费用783万元。完善《采油一厂货币资金管理办法》、《采油一厂支付结算管理办法》等制度，有效控制成本。深入开展节约挖潜、降本增效劳动竞赛活动，确定竞赛项目81项、合理化建议32项，实现节约挖潜目标5 503万元。编制厂“十二五”发展规划，确定厂“十二五”期间工作目标，为推进“十二五”末年产原油200万吨目标建设指明方向。深入推进内控体系及ERP系统建设工作，提高风险防控能力和执行力。进一步加强合同管理，通过强化招议标和合同网上动态管理，有效防范和控制了合同风险，共签订各类合同558份。（刘　瑛）

【基础管理】　2010年，油田公司采油一厂启动基础管理建设工程，完善规章制度体系和管理流程，加强质量、计量和标准化管理，实现产品与施工作业质量管理的内部控制，形成规范的管理体系，建立长效机制。一是计量管理取得成果。积极开展检定项目实验室建标和计量器具检定优化工作，不断提高计量器具的现场质量控制。进一步完善厂用能计量器具配备体系设置表和用能计量器具配备统计台账。加强计量器具数据信息化管理，掌握计量器具的生产实用和库存管理情况。在用计量器具周检率100%，计量标准器和强检计量器具周检率100%。二是QHSE管理不断完善。深化QHSE体系建设工作，开展体系的完善和监督审核工作，制定《采油一厂地面建设工程质量监督管理实施细则》。三是QC管理成果丰硕。加强QC成果质量管理，严把立项、实施、评审质量关，全过程实施跟踪管理。1项成果获得国优，3项成果获股份公司成果奖，9项成果获自治区成果奖。2006～2010年连续5年采油一厂被评为石油工业质量管理小组活动优秀企业。（刘　瑛）

【技术监督】

井下质量监督　2010年，油田公司采油一厂完善井下监督、二次上修井审查、井控专项检查等制度，对存在问题进行消项验证。修订完善《抽油泵的修复、检验及发放、回收监督制度》，保证作业质量。完成井下作业监督3 011井次，其中小修3 003井次，整改鉴定 39 井次，新泵检验305 台，检验修复泵 958 台，检验清洗修复油管15 046根。

工程质量监督　采油一厂实施《采油一厂地面建设工程质量监督管理实施细则》，进一步理顺科室及施工单位在施工过程中的质量监督关系。严把工程质量监督关，加大重点工程、重点井的现场质量监督，全年监督施工项目 16 项，查出各类问题 5 项，并限期整改，最终抽检质量合格率 100%。

入库物资质量管理　采油一厂加强物资质量监督管理，强化入厂物资的质量监督，进一步完善管理监督程序，规范物资计划、采购、入库、使用等各环节，保证油田大宗物资的入库合格率。严格开展物资质量问题的调查和处理工作，开展重点物资的清理检查。全年实施现场监督 17 大类 579 个批次，一次抽查合格率 100%，验收合格率 100%。全年物资保障率、计划准确率及质量抽检合格率均为 100%。（刘　瑛）

【队伍建设】　2010 年，油田公司采油一厂进一步强化员工队伍建设，取得好的效果。一是强化员工培训。积极落实创建学习型组织、争做知识型员工活动，全面开展素质教育和技能培训，培训2 423人次。加大少数民族员工的专业技能和操作水平培训工作力度，采取多种形式开展汉语言文字、专业技能、安全操作培训。采油一厂获油田公司第六届技能竞赛团体优秀奖，1 人获集团公司职业技能竞赛采油专业个人二等奖。二是强化安全教育。以提高安全素质、培养习惯为目标，分层次、有针对性地开展许可作业、应急管理、HSE 信息系统等安全教育和岗位培训工作，进一步深化 HSE 体系的培训工作及安全管理经验共享活动，切实提高全员安全生产意识和技能。三是积极开展“五型班组”建设活动。在不断总结、推广先进经验的基础上，开展现场督导和交流活动，对上报的 85 个“五型班组”、10 个新疆油田先锋号进行普查和指导，取得明显成效。（刘　瑛）

【精神文明建设】

宣传思想工作　2010 年，油田公司采油一厂以科学发展观为统领，牢牢把握科学发展、构建和谐两大主题，坚持开展形势、任务、目标、责任以及热爱伟大祖国，建设美好家园和大庆精神、铁人精神主题教育活动，将广大员工的思想统一到原油上产的实际行动中。

创先争优活动　采油一厂突出领导班子能力建设和基层党组织、党员干部队伍先进性建设，深入开展创先争优活动。制定活动方案及方法步骤，并将活动细化为 3 个阶段、3 个层次、4 个活动。召开创先争优活动推进会，详细安排创先争优活动目标、内容、标准、时间。23 个党（总）支部和 780 多名党员进行提诺、签诺、亮诺和评诺活动，群众评议满意率 92% 以上，党组织承诺 113 项，兑现 107 项，党员承诺2 947项，兑现2 857项。

党建工作　采油一厂强化“四好”领导班子建设，进一步深化思想理论、党风廉政、能力作风、制度建设等内容，领导班子带队伍的能力、科技兴油的能力和保持队伍稳定的能力全面提高。深入开展基层党支部“六个一”创建活动，认真落实标准化党支部建设工作，积极培养“优秀”党员队伍，涌现出 3 个先进党支部、3 名优秀党务工作者、9 个先进党小组、23 个优秀党员责任区和 39 名优秀共产党员。

企业文化建设　采油一厂组织成立 50 周年系列庆祝活动，出版发行图书《丰碑下的足迹》和专题片《石油沃土》。举办纪念克拉玛依 1 号井出油 55 周年暨采油一厂成立 50 周年庆祝大会和庆典文艺晚会，油田公司领导充分肯定厂 50 年发展建设取得的成绩，并颁发总经理嘉奖。

纪检监察　采油一厂认真落实党风廉政建设责任制，重新修订《采油一厂副总师以上领导干部党风廉政建设联点负责制》。以学习贯彻《廉政准则》和组织学习《镜鉴》活动为重点，积极开展廉洁从业警示教育。认真开展工程建设领域专项治理工作，层层落实责任，确保取得实效。认真开展效能监察工作，成立小金库治理、工程建设项目和物资采购效能监察工作小组，分阶段落实工作任务，效能监察工作水平不断提升。

民族团结　采油一厂认真开展民族团结年活动。深化民族团结进步教育工作。开展“热爱伟大祖国，建设美好家园”主题教育活动，组织“坚持马克思主义宗教观，正确认识新疆宗教工作现状”专题报告会，使“三个离不开”思想更加深入人心。

维护稳定　采油一厂认真开展信访稳定工作，在广泛开展思想教育的基础上，突出工作的针对性和实效性，运用各种方法，处理好热点、难点问题。认真开展世博会期间的安保防恐、信访稳定工作。

工青妇工作　采油一厂坚持和完善职工代表大会制度，推行厂务公开、区务公开和班务公开，深化民主管理。大力开展节约挖潜、降本增效劳动竞赛活动，实施劳动竞赛项目 81 项，提合理化建议 32 项，实现节约挖潜目标5 503万元。开展送温暖工程，共办理各类互助补偿、送温暖金 7.1 万元，支付助学金3 000元。为患病员工办理补助 1.6 万元，为家庭困难员工办理补助9 600元。开展青年安全生产示范岗、“一团一品”创建活动，充分发挥团员、青年在生产一线的骨干作用。以加强“四自”教育为主，以维护妇女合法权益、提高女工素质为重点，深入开展“巾帼建功”活动，大力宣传各项政策法规，扎实推进基础管理工作。

油田保卫　采油一厂全面推进和谐油区建设，认真落实“一岗三责”，加大油区人防、物防、技防力度，协助公安机关破获涉油案件 2 起，挽回经济损失 170 万元。（刘　瑛）

【荣誉称号】　2010 年，油田公司采油一厂被评为克拉玛依市主要污染物减排先进企业、模范工会女职工委员会、五四红旗团委标兵、对外宣传工作先进单位、广播电视通讯报道先进单位；石油工业质量管理小组活动优秀企业；新疆油田公司自 2000 年连续 11 年被评为安全生产先进单位、2010 年度安全生产先进单位及环境保护先进单位；新疆油田公司“十二五”规划编制工作先进单位；2009～2010 年度新疆油田公司规划计划工作先进单位；新疆油田公司 2008～2010 年办公室工作先进集体；新疆油田公司 2010 年地面工程地理信息系统竞赛二等奖；获新疆油田公司第六届技能竞赛团体优秀奖，采油、集输、电工工种团体优胜奖，集输工种个人一等奖；新疆油田公司“节约挖潜、降本增效”劳动竞赛先进单位；克拉玛依区民兵工作先进单位、先进基层武装部、战备训练先进单位；红浅采油作业区被中华全国总工会授予“模范职工小家”;百重七供汽联合站5号站获自治区青年文明号;油田地质研究所获油田公司“十一五”科技工作先进集体;王健在集团公司2010年采油工职业技能竞赛中获银牌;论文《精细管理实现红山嘴油田稳产》获股份公司第二十三届(2010年度)全国石油石化企业管理现代化创新成果(行业部级)三等奖;论文《浅谈企业如何应对危机,走出发展新路子》获股份公司全国石油石化企业管理现代化优秀论文三等奖。　（张云鹏　刘　瑛）

油田公司采油二厂

【领导名单】

党委书记、厂长:杨生榛

党委副书记、纪委书记、工会主席:何保华(7月离任)、陈刚(7月任职)

副厂长、总地质师:胡新平

副厂长:阿不都沙拉木·库尔班

副厂长兼安全总监:蔡贤明

总工程师:赵美刚

【基本情况】 截至2010年底,新疆油田公司采油二厂所辖油田93个层块投入开发,探明已开发含油面积548.37平方千米,探明已开发石油地质储量50 691.11万吨。动用石油可采储量13 802.23万吨。累计生产原油11 176.59万吨,生产天然气155.32亿立方米。油水井总数4 920口。全厂在册员工3 258人,在岗职工3145人,劳务工、市场用工407人,内退职工113人;民族职工1 093人,女职工1 762人;党员887人,管理人员258人,专业技术人员493人,操作人员2 508人;大学以上文化程度553人,大专文化程度820人,中专、高中、技校文化程度1 885人。职工平均年龄40岁。　（易　静）

【业绩指标完成情况】 2010年,油田公司采油二厂生产原油201.2万吨,超产3万吨;天然气5.55亿立方米,超产0.62亿立方米,分别完成年度计划的101.5%和112.57%;油气当量合计245.4万吨,超产7.9万吨;单位油气操作成本、基础管理类指标均控制在目标值以内。　（易　静）

【油田开发】

生产运行　2010年,油田公司采油二厂受年初持续低温影响,现场生产施工、井下作业、新井投产滞后,原油生产起步慢、运行困难。面对原油产量紧张的不利局面,通过探索低温季节现场管理新方法,抢抓井下作业开工时率,加快躺井扶正,有效扭转了原油生产的被动局面;5月贯彻落实公司上产会战精神,及时召开上产会战动员会,通过加快实施增产措施、新井投产进度,全面掌握原油上产工作的主动权;7月,开展“大干30天、产量上6 000”上产奋战活动,到下旬原油日产水平达到6 000吨,并且连续运行3个月,为原油产量重上200万吨起到推动作用。

老区稳产　采油二厂重点开展股份公司级项目六、七区克下组油藏综合治理和七八区八道湾组油藏注水专项治理。结合前期研究成果,对52个注水开发单元压力系统进行调整、应用。以提注复压为主,不同类型油藏采取不同注水对策,全年注水1 194万立方米,注采比保持在1.38左右,其中优化注水增油3.29万吨,减少低效、无效注水30万立方米。坚持“三优先”的原则,在措施选井、施工和后期管理上下工夫,不断提高措施有效率。全年实施各类增产措施488井次,措施有效率提高3.6个百分点,增产油量11.99万吨。油田地层压力稳定在14.93兆帕,含水上升率1.7%,老井递减率由13%下降到9%,平均单井日产量2.32吨,提高0.32吨,成为油田公司递减最小的采油厂。

滚动勘探　采油二厂采取纵向挖潜、横向扩边的做法,分探明、培植、准备3个层次开展工作,实施评价井3口,试油5井6层。七东1克上组油藏扩边探明石油地质储量106.9万吨;八区下乌尔禾组油藏北部扩边、530井区克下组油藏扩边及五2区克下组东部扩边3个层块基本探明石油地质储量1 230万吨。培植八区佳木河组油藏扩边、八区下乌尔禾组东南部扩边等6个目标区块,探明储量1 650万吨。白803、克502获高产工业油流,探明储量800万吨。

产能建设　采油二厂在八区下乌尔禾组、八区克上组等11个区块完钻投产新井246口,新建产能24.17万吨,新井产油14.14万吨,产能贡献率58.5%。　（易　静）

【油田地面工程建设】 2010年,油田公司采油二厂严格执行工程建设内控流程,以质量、安全、环保、投资控制为中心,开展项目管理,精心优化方案设计,严格落实现场施工“五交底”工作,加强施工过程的协调、管理、考核和投资控制。组织完成七中区二元复合驱开发试验注入站建设,开展81号原油污水处理站技术改造、天然气处理站技术改造、71号转油站改扩建、六区、八区克上和八克下分压注水等7个方案的编审工作。　（易　静）

【科技信息管理】 2010年,油田公司采油二厂坚持科技与生产经营实际相结合,不断提升企业自主创新能力。一是在精细地质研究方面,以砂体构型和定量剩余油研究为主,开展八区克上组、三区克拉玛依组等4个二次开发区块的深度油藏描述。二是在二次开发方面,开展八区克上组等4个油藏的二次开发方案编制,以及八区克上组和八区下乌尔禾组的开发研究和试验,落实70万吨以上的产能。三是在重大开发试验项目方面,开展砾岩油藏聚合物驱工业化试验。通过深化见聚动态分析,强化单井现场管理,加强见聚井管杆防偏磨防断脱技术攻关,平均检泵周期延长1倍,保证聚合物驱试验顺利开展;开展砾岩油藏复合驱工业化试验,已完成前缘水驱阶段各项工作,完成注入站建设,试运行正常,正在进行调剖和前缘段塞试注;开展六、七区克下组油藏深部调驱试验,30口油井不同程度见效,累计增油7 753吨;开展的六中区克下组内源微生物矿场激活试验进展顺利,已见到试验效果。四是在提高四大系统效率研究方面,持续开展抽油井智能间抽控制技术和抽油机节能技术改造,深化分区分压注水、抽油井优化设计和工艺配套技术的研究,编制的方案和设计均通过公司审核。五是在增产增效措施方面,推广应用老井转向压裂39井次,累计增油1.7万吨,平均单井增油438吨;针对油藏特性开展的分层(选层)压裂、水力喷射压裂工艺试验,取得较好的效果;推广应用水井带压作业104井次,大幅减少对油藏和地面污染,提高注水时率。六是在数字油田建设方面,建成8563井站自动化示范区,可通过自动连续采集的井站生产动态数据,发现各类异常情况、摸清单井生产规律;完成生产业务扩大后的信息系统整合,优化重构开发生产数据资源体系,推广实施井下作业措施设计业务管理系统，开展油藏动态分析系统、信息网络虚拟化应用和智能油田建设需求分析等6个科研项目研究，巩固并提高数字油田系统应用效果，为全面启动智能化油田建设奠定了基础。全年确立32个科技攻关项目，项目计划完成率96.9%，科技成果应用率、转化率均达到100%。获油田公司级科技成果奖4项，有7项革新技术获专利。（易　静）

【企业管理】 2010年，油田公司采油二厂以流程梳理和制度完善为切入点，按照自上而下、统一设计、循序渐进原则，全面推进内控建设，认真落实纳入公司内控体系管理的221个流程及风险控制措施，在内控审计中做到"零例外事项"。加强基础管理，优化业务流程，修订完善12项规章制度，使管理界面更加明晰、管理责任更加落实、操作行为更加规范；以有效执行为目标，建立以监督、评价、管理改进为核心的内部控制考核实施细则，企业经营管理水平和风险防范能力全面提升；科学优化人力资源，实施动态管理，核定岗位定员，通过挖掘内部潜力和输入外部劳务等方式，缓解人员紧张的局面。按照公司机构设置"三控制一规范"的要求，进一步规范机构设置和职能定位。采气一厂稀油业务整体划转后，通过有序资产交接，优化工作制度，加强工作交流，实现思想、文化、管理和技术的融合；有效控制投资成本，严把项目立项、资质审核关，严格项目"五落实"制度，杜绝事后合同。对部分区块井下检泵作业、抽油井清防蜡施工开展承包尝试，取得较好效果。坚持集约化、规范化、精细化的预算管理原则，优化管理程序，加强执行过程监控，预算执行的控制能力明显增强。强化资产全过程管理，进一步落实固定资产投资竣工验收、资产移交及转资工作责任。全年签订各类交易合同263份，金额12.4亿元，合同履约率98.5%，完成公司投资计划的96%；资金计划实际执行14.18亿元，资金计划完成率99%。（易　静）

【安全环保】 2010年，油田公司采油二厂牢固树立科学发展、安全发展、清洁发展的理念，全面落实有感领导、直线责任、属地管理的安全环保责任，以HSE和质量管理体系建设为主线，在全厂范围内开展管理岗位质量和HSE需求培训，三级安全环保监督网络进一步健全。采气一厂稀油业务划转后，及时组织开展现场作业、设施设备危害因素、环境因素识别和风险评价原则方法的宣传贯彻，实现管理体系的全覆盖。以实现第10个安全生产年活动为契机，以提高操作人员、技术管理和监督人员的整体执行力为重点，深入开展集团公司反违章禁令和"五会"达标工作。实行动态风险管理，强"三基"、反"三违"，加大突出重点领域、关键环节、要害部位和特殊时期的隐患排查治理。巩固创建绿色油田成果，大力开展清洁生产和"四无"班组创建活动，夯实基层安全管理基础。以提升全员安全意识为目标，推行安全经验分享，强化员工安全培训和考核，促进员工从要我安全向我要安全、我会安全的转变。狠抓承包商现场安全管理、施工作业现场监督和交通安全管理，持续推行作业前安全分析和危害因素识别，推广施工现场"五交底"工作，促进承包商现场施工安全管理各项措施的落实。采油二厂连续10年被评为油田公司安全生产先进单位，并获油田公司环境保护先进单位的称号。第四采油作业区获油田公司有突出示范作用的安全环保基层站队称号，1人获突出贡献的安全环保工作者称号。（易　静）

【精神文明建设】

创先争优活动　2010年，油田公司采油二厂巩固和扩大学习实践科学发展观的成果，深入开展创先争优活动，制定原油产量重上200万吨并稳产3年以上、确保连续10年实现安全生产以及加强民族团结进步教育、企业文化建设、"四好"班子建设和"五型班组"创建活动相结合的创先争优实施方案，细化活动内容，组织开展创建"四强"党组织、争当"四优"党员的系列活动，大力推进公开承诺和领导点评工作，在推动科学发展、促进和谐建设、服务员工群众、加强基层组织方面取得阶段性成果。全厂党组织和党员的参与率均达到100%。

领导班子建设　采油二厂持续推进"四好"班子建设，突出抓好理论学习、作风培养和业绩考核，深入开展领导干部读书学习活动，提高两级领导班子的思想政治素质和管理能力；坚持任人唯贤、德才兼备、以德为先的用人导向，加大领导干部公开竞聘和工作交流力度，全年选聘交流管理干部30人。坚持从制度入手，完善干部选拔、任用、交流和中层管理人员业绩考核办法，建立以业绩为核心的干部考核机制。进一步规范党委工作程序及议事规则，完善集体领导与分工负责相结合的工作制度，形成团结协作、执行有力的良好风气。

反腐倡廉建设　采油二厂以贯彻落实《廉政准则》为重点，深入开展以学习准则、严守纪律、廉洁从政为主题的党风廉政教育活动，通过实施"五个一"活动方案，组织专题学习、举办辅导讲座、开展警示教育，党员领导干部的廉洁从业意识进一步提高。率先开展廉洁风险防范管理工作，采取多种方式，围绕工作流程，立足重点岗位，解剖典型案例，共查找出风险点260多处，使廉洁风险点的控制环节更加准确有效。大力开展廉洁文化建设，通过征集并发布廉洁警句、小故事等方式，在全厂形成了弘扬正气、以廉为荣、以贪为耻的良好氛围。全年党员领导干部没有发生违纪、违规现象。

基层建设　采油二厂积极推进以"六个一"为重点的标准化党支部创建活动，有效落实基层建设实施细则，实现党支部工作制度、组织制度、基础资料的标准化建设，有6个党支部达到油田公司级标准化党支部标准。发展新党员34人，进一步优化党员队伍结构，达到班班有党员的工作目标。实施"双培双带"工程，加强班组长培训和班站建设，实现"五型班组"建设的制度化、标准化、科学化。全厂一线班组有95%以上达到"五型班组"的标准。

企业文化建设　采油二厂坚持把企业文化融入企业生产经营和管理全过程，创新企业文化的养成机制和长效机制，通过挖掘、凝练企业自身的特色文化。深化排头兵文化建设，大力实施"12345"企业文化工程，形成一整套具有采油二厂特色的企业文化建设体系。扎实推进学习型企业建设，开展千万图书送基层、"百万员工品书香"、学习在石油、每日悦读10分钟等读书活动。举办原油产量重上200万吨暨建厂50周年庆祝活动，组织完成"五个一"工程主题活动。编辑《白碱滩赞歌》文集，编印《跨越50年》画册，制作《油海潮头谱华章》专题片，建设"英雄193井"展馆等。

民族团结进步教育　采油二厂深化"五观"、"四种意识"和"三爱"教育，切实增强各族员工团结意识。按照公司民族团结年活动要求，制定实施方案，细化运行内容，开展30项民族团结活动。全面落实《少数民族教育五年规划》，通过开办汉语知识、技能提高、计算机操作等培训班，提高民族员工的技能水平。高级工中的民族人数已由上年的32%提高到34.1%；以油田公司提高民族工人汉语表达能力试点单位为契机，积极开展"双语互学"活动，通过编写适合少数民族员工需求的培训教材，实行学习考核情况与个人效益工资挂钩的学分制管理方法，促进民族员工学汉语的积极性，在公司举办的民族员工汉语比赛中，获团体优胜奖。

维护社会稳定　采油二厂强化"一岗两责"，有效落实油田保卫、社会治安综合治理的各项具体措施；加大"三防"投入力度，在一级要害岗位安装监控、防盗装置；加强对重点人员的帮教、转化、监控管理，列管率、帮教率均为100%；积极协助政法部门严密监控非法宗教活动和打击暴力犯罪活动，创造良好的发展环境。坚持标本兼治，加强源头治理，认真对待和妥善解决群众反映的问题，落实领导接访下访制度。全年受理各类来信来访32起，处结率100%。配合公安机关抓获犯罪嫌疑人8人，教育25人，奖励"见义勇为、一岗两责"有功人员41人次。全年没有发生刑事案件。

（易　静）

【工青妇工作】　2010年，油田公司采油二厂坚持"两会一制"、厂务公开等民主管理制度，进一步深化厂务公开、队务公开和班务公开，员工的参与权、知情权、评议权和监督权得到充分保障。一是深入开展节约挖潜、降本增效主题活动，大力实施"1234"管理增效工程，组织完成劳动竞赛项目、合理化建议177项，实现挖潜目标3 809万元。二是大力开展油田先锋号、巾帼建功等主题创建活动，举办多种形式的群众性文体活动，充分展示广大员工的良好精神风貌。三是坚持党建带团建，紧密围绕服务企业生产经营、服务青年成长成才两条主线，以提高团员青年综合素质为目标，充分发挥共青团在生产工作中的生力军作用。四是坚持企业发展和保障员工切身利益的协调统一。围绕好环境、好心情、好身体、好精神文明建设目标，建成并投用科研、生产辅助及生产指挥和基层办公用房，改造中心站4座，按"五型班组"标准，配备各类设施，创造良好的工作和生活环境。组织全厂员工健康体检，对1 567名女工进行妇科病专项检查；为2 698名职工发放健康疗养补助。五是开展"1＋1扶贫帮困"和送温暖工程，全年慰问生产一线员工、生病住院员工及帮助困难员工4 560人次，支出资金68.1万元。

（易　静）

【荣誉称号】　2010年，油田公司采油二厂主要获得以下荣誉：中国石油天然气集团公司先进集体；油田公司安全生产先进单位；油田公司节约挖潜、降本增效劳动竞赛先进单位；油田公司生产自动化应用先进单位一等奖；克拉玛依市对外宣传工作先进单位；油田公司2008～2010年度人口和计划生育系统先进集体；油田公司2009～2010年度社会治安综合治理工作模范单位；油田公司首届服装服饰展演赛最佳风采奖；克拉玛依市、新疆油田公司党内统计工作先进集体；采油二厂工会被评为中国石油天然气集团公司先进工会组织，克拉玛依市、油田公司模范工会；采油二厂第四采油作业区获油田公司安全生产示范站队称号；第四采油作业区8519站被推荐为全国安康杯竞赛优秀班组。黄秀梅被评为自治区劳动模范，闫仁庚被评为中国石油天然气集团公司劳动模范。

（易　静）

油田公司百口泉采油厂

【领导名单】

厂长、党委书记：闫亚洲（12月离任党委书记，任厂长、党委副书记）

党委书记：江跃明（12月任职）

党委副书记、纪委书记、工会主席：刘焕华（10月离任）、余世庆（11月任职）

副厂长、安全总监：江跃明（12月离任）

副厂长：买买提·依不拉音

总地质师：尚建林

总会计师：竹建伟（7月离任）、郭文刚（7月任职）

【基本情况】　截至2010年底，新疆油田公司百口泉采油厂所辖百口泉、玛北两个油田9个区块共20个油藏，共计探明含油面积166.3平方千米，探明石油地质储量22 034.9万吨，动用地质储量13 260.4万吨，动用可采储量3 608.04万吨。累计产油2 833.39万吨，产气19.25亿立方米。年底总井数2 668口，其中稀油区815口、稠油区1 853口。拥有计量站224座、原油处理站2座，年处理能力160万吨；污水处理站2座，日处理能力2.1万立方米；天然气处理站1座，日处理能力20万立方米。至年底，资产原值70.46亿元，净值42.99亿元。全厂设7个机关科室、6个职能部门、9个基层单位。在册员工总数1 702人，其中合同化员工1 334人、市场化员工及劳务工368人；管理及技术人员400人、民族员工517人、女员工884人、党员454人；高级专业技术职务21人、中级167人、高级技师18人。员工平均年龄38.6岁。

（陈建全）

【业绩指标完成情况】　2010年，油田公司百口泉采油厂油气操作成本75 632万元（其中人员费用20 252万元），单位操作成本23.04美元/桶，考核口径的单位操作成本控制在公司下达的指标20.4美元/桶以内；管理费用控制在1 758万元以内，全年完成固定资产投资、大修7 182万元。

百口泉采油厂全年生产原油62.8万吨，交油量62.8万吨；生产天然气4565万立方米，超额265万立方米，交气量2 800万立方米；员工伤亡事故千人死亡率、较大以上环境污染责任事故起数均为零；按公司节能成效考核办法，实现节能量4 500吨标煤，节水0.9万立方米。

百口泉采油厂领导班子无重大违纪违规问题和累计50万元以上经济损失，负面影响较大法律事件为零，及时排查化解各种不安定因素，规模性群体上访事件为零。员工总量控制（期末人数）在公司下达的1 772人以内（实际1 702人）。

（陈建全）

【滚动勘探】　2010年，油田公司百口泉采油厂科研人员对区域地质情况进行整体解剖，开展三维精细构造解释等研究，在百71井区白碱滩组、古53井区石炭系获得新发现，初步落实含油面积20.9平方千米，石油地质储量1 100万吨。12个圈闭通过公司圈闭论证会评审，圈闭面积82.79平方千米。

（陈建全）

【油气生产】　2010年，油田公司百口泉采油厂在百乌28、百113、古53和百71

四个井区完钻开发井29口,建产能3.45万吨。生产原油1.5万吨。老区稳产以开发基础年稳定并提高单井产量工程为核心。开展稀油老区综合治理,完成注水井措施214井次,分注率由63.4%提高到68.9%,含水上升率控制在1.5%,油藏自然递减率由上年的16.4%下降到11.6%。调整措施结构,实施压裂、隔抽、补层等措施60井次。稠油区以油井分类分治为核心,实施组合注汽、提高水平井注汽速度、一注多采及转换开发方式试验,增油7.6万吨。绝对油量综合递减率下降11.6个百分点。稳定并提高单井日产量工作达到预期效果,年末单井日产水平1.08吨。全年完成井区中心站网络及视频监控建设,实现油田区域24座中心计量站、生产基地指挥中心等要害重点部位24小时监控。保养抽油机3 463台,调整抽油机13台,更换抽油机基础25套,整改设备隐患400余起。组织新一轮QHSE管理体系滚动审核工作,审核15个单位。抓好井下作业等各项监督工作,监督检查热油车施工质量80井次,对管杆泵修复车间检查55次,物资管理站入库物资监督检查4次,共31种375件,抽查蒸汽干度228台次,审核核减蒸汽量3 760吨。(陈建全)

【科技工作】 2010年,油田公司百口泉采油厂设立油田公司级课题18个,在油藏评价、油田开发、工程技术等方面取得一批成果。申报专利15项,获得国家专利授权7项,在公开刊物及技术交流会发表论文18篇。(李晓 高翔)

【经营管理】 2010年,油田公司百口泉采油厂成立九大重点成本费用项目管理组,全年成本控制在公司下达的指标(20.4美元/桶)以内。通过公司及相关单位的检查和审计。修订完善《内部控制手册》。及时修订《合同管理实施细则》,实现网上合同管理。全年签订合同183份,金额56 257万元。完成固定资产及大修理费用6 733万元。对270项符合报废条件的资产进行报废处理,报废原值15 094万元、净值8 229万元。层层分解节能指标,重点耗能用水设备定额管理。应用智能间抽电控箱,实施抽油机节能改造、优化注水注汽等措施,综合能耗5.09千克标煤,比上年下降15.6%;注水用电单耗5.88千瓦时,下降17.9%。全年实现节能量4 500吨标煤,节水0.9万立方米。(陈建全)

【人力资源】 2010年,油田公司百口泉采油厂注重培养各类高层次人才,建立一支由16名学科技术带头人、5名技能专家、18名高级技师组成的科研、技能领军队伍。一是做好岗位调整。经营管理干部岗位调整2人次,专业技术干部岗位调整7人次,内部调配操作员工92人次。分配实习生14人。二是抓好员工技能轮训、持证上岗和“一个专题”培训工作。组织各类培训班105个,培训员工3 100余人次。在新疆油田公司第六届职业技能大赛中获采油、集输工种2个团体优胜奖和5个个人一等奖、3个二等奖、2个三等奖。三是抓好人才管理。全厂管理人员和专业技术人员大专及以上学历比例达到95%,操作层员工队伍高中及以上学历比例达到96%。(李晓)

【劳动竞赛】 2010年,油田公司百口泉采油厂开展节约挖潜、降本增效活动。以控制油气操作成本为核心,在油、气、水、电、蒸汽等方面实施挖潜增效项目114项,采纳合理化建议23条,挖潜3 342万元。(高翔)

【安全环保】 2010年,油田公司百口泉采油厂层层分解厂健康安全环保管理考核指标,逐级签订目标管理责任书。一是落实安全制度,做好安全检查。领导检查联系点88次,检查到位率100%。修订完善厂《健康安全环保管理考核办法》等12项规章制度和方案。落实八项作业许可管理制度,实现安全环保零事故目标。二是开展HSE体系推进年活动,抓好安全教育。全年组织安全管理监督人员22人参加公司HSE15项标准、安全管理等培训,开展基层单位技术人员及典型违章人员培训169人次,举办职业病防治法宣传讲座(120人次听取)及HSE管理工具方法培训,组织80人参加公司清洁生产审核培训。对新入厂员工、转岗员工实施三级安全教育。举办33期“五会”轮训,632名员工参加轮训,考试达标率96%,员工持证上岗率100%。三是开展安全风雨10年活动。开展安全征文,征集安全家书、安全文章107篇,举办安全经验分享故事会、安全环保知识抢答赛、低碳减排,绿化生活主题板报比赛,1 000余人次参与活动。稠油处理站污水岗被推荐为公司十大有突出示范作用的安全站队,百21采油作业区运行六班班长李海涛被推荐为公司十大有突出贡献的安全环保工作者。首次将管理岗纳入第三次危害因素辨识与控制范围,基本做到全员、全过程覆盖。全厂22个单位对1 554项活动进行辨识,评价出中度风险33项、重大风险5项。四是加强隐患排查与治理。全年开展安全、工业卫生等检查17次。投资440万元整改防雷设施隐患、34座配汽间和51.9千米高压注汽管线隐患。加强报警器、安全阀校验和压力容器的检验,整改存在的问题。加强交通安全管理,规范员工乘车行为,对乙方服务车辆加强监管,发现问题及时整改。强化预案实战演练。基层单位共组织预案演练396次,修订预案17项。(陈建全)

【职业健康】 2010年,油田公司百口泉采油厂落实《职业健康管理办法》,对有毒有害岗位、噪音、有毒物品等有害因素进行检测,对350余名员工进行职业健康体检,对1 700多名员工进行健康体检。落实极端气候劳动保护防范措施,发放价值358万元防暑降温物品。(李晓)

【党建工作】 2010年,油田公司百口泉采油厂党委中心组全年学习48次(集中学习讨论14次)。基层14个党支部全部达到厂级标准化党支部要求,6个支部被评为公司级标准化党支部。发展党员17人。建立创先争优活动活运行机制,各支部制定创先争优承诺书,党员制定创先争优活动计划书。通过支委包片、党员包重点的方式,开展争创科研之星、红旗设备、红旗井等活动。450名党员重温入党誓词,82名党员参加诗歌朗诵,150名党员演讲比赛活动、42名党员传唱红歌。工会、共青团在本系统组织开展创先争优活动。(陈健全)

【班组建设】 2010年,油田公司百口泉采油厂以一线班组为重点,把创建新疆油田先锋号和“五型班组”作为加强基层建设、提高班站执行力的重要载体,纳入劳动竞赛体系。对班组建设的制度、台账进行梳理和规范,以岗位练兵、技能交流、授牌表彰等形式,开展创先争优活动。全年新增15个“五型”班组。至年

底，有54个班组通过审核达标，占全厂一线班组的85%。（陈健全）

【民主管理】 2010年，油田公司百口泉采油厂推行厂（区、班）务公开。实施“三公开一监督”制度，以关系职工切身利益的制度措施、经费使用、劳保福利等方面为重点。召开征求职工代表意见有关会议9次、职代会联席会议3次，职工代表轮流参加厂务会336人次，113名职工代表公开述职。（陈健全）

【廉洁从业建设】 2010年，油田公司百口泉采油厂认真落实《2009～2010年惩防体系建设工作计划》。党委书记与班子成员及基层各单位和科室负责人签订廉洁从业建设责任书27份，签订廉洁协议书109份。全年领导干部坚持到党风建设联点单位参加学习、讲课、指导党风建设工作，共43场次。14个基层党支部与厂党委一起学习贯彻《廉政准则》，153名党员参加《廉政准则》知识测试答题。组织机关党员干部50多人到克拉玛依市反腐倡廉教育基地学习，基层党支部学习教育94场次。开展工程建设领域突出问题专项治理工作，检查2008～2009年度建设的31个工程项目，涉及资金11 003万元，没有发现违纪违法问题。厂纪委参与各类项目、物资采购招议标50次，140个项目。（陈健全）

【信访维稳】 2010年，油田公司百口泉采油厂针对退岗职工家属基本养老保险统筹工作，做好解释、疏导和相关服务。确定15名基层信访维稳信息联络员，密切关注维稳动态，每周五及时汇报情况。投入100万元落实技术防范措施，实现维稳、治安事故零目标。年初与厂14个基层单位及部门签订治安保卫责任书，与外来施工队伍及时签订治安保卫协议69份。开展重点部位安全监督检查996次，检查执勤点718个，开展防恐应急演练4次，设伏157人次，大型会议活动保卫执勤20次。加强戒备时期巡逻，抽调民兵10人，执行安保维稳防恐巡逻300余天、588次。全年重大刑事案件、重大治安案件、一般刑事案件均为零。（陈健全）

【民族团结教育】 2010年，油田公司百口泉采油厂举办民族团结系列讲座13次、比赛9次。挑选思想素质好、技术过硬的汉族师傅与少数民族青工签订师徒合同，结成语言对子、生活对子、技术对子65对。在油田公司职业技能大赛上，分别获采油、集输工种2个团体优胜奖和5个人一等奖、3个二等奖、2个三等奖。与克拉玛依市第三中学开展企校结对，建立团员青年物资捐赠专柜。开展“热爱伟大祖国，建设美好家园”主题实践活动，采取座谈会、讨论会、板报、专栏等形式，开展主题教育宣讲30余场，受教育人数1 000余人。采油厂全年在油田公司网络发稿466篇，厂网发稿2 265篇，市内媒体发稿167篇，市外媒体发稿23篇。（陈健全）

【扶贫帮困送温暖】 2010年，油田公司百口泉采油厂开展扶贫帮困送温暖活动。不断充实扶贫帮困基金，累计借款281人次。全年发放13.4万元扶贫帮困基金，实施对困难职工在生活救助、医疗救助、子女入学救助上的一体化帮扶。投入30万元持续开展送文化、送健康、送清凉进井站活动。开展《婚姻状况调查问卷》，参加人数1 246人，占全厂职工总人数的80%。组织职工向受灾地区和贫困群众捐款捐物，捐款22.5万元。慰问离退休人员70人次、困难职工40人次。（陈建全）

【提案征集与答复】 2010年，油田公司百口泉采油厂收集归并提案36个。其中关于生产经营管理方面的14个，占总数的38.89%；关于安全生产和劳动保护方面的2个，占总数的5.56%；关于生活福利方面的14个，占总数的38.89%；关于职工培训人事管理方面的6个，占总数的16.66%。厂领导及有关科室部门对36个提案进行答复。至年底，有6个提案已经得到解决，17个提案已安排相关科室和部门落实解决，7个提案因条件不具备暂时无法解决，6个提案主要反映的是日常管理方面的问题，已经反馈到相关部门，在工作中进行加强和改进。（董应发）

【荣誉称号】 2010年，油田公司百口泉采油厂主要获得以下荣誉：全国企业文化建设优秀单位；自治区民族团结进步模范单位；油田公司2010年度财务管理工作先进集体一等奖；克拉玛依市、油田模范工会；油田公司节约挖潜、降本增效劳动竞赛先进单位；油田公司第六届职业技能大赛采油、集输工种团体优胜奖；克拉玛依市党报党刊发行工作先进集体；2009～2010年度克拉玛依市、油田公司党内统计工作先进集体；油田公司“十二五”规划优秀成果二等奖；油田公司“风雨十年”安全主题活动优秀组织单位；油田公司第四届青工论坛单井增产、青年争先活动优秀组织单位；油田公司“一团一品”创建活动优秀组织单位；油田公司知识产权宣传周系列活动优秀组织单位；克拉玛依市、油田公司第九届“共青杯”体能挑战赛冠军；稠油处理站污水岗获油田公司有突出示范作用安全站队称号；百21作业区获中央企业红旗班组；油田地质研究所获集团公司先进集体。（李晓 高翔）

油田公司重油开发公司

【领导名单】

经理、党委书记：张新国

党委副书记、纪委书记、工会主席：刘超

副经理兼总工程师：王卓飞

副经理兼安全总监：吴平

副经理：阿不都热西提·阿不力米提

总地质师：黄伟强

总会计师：徐海东

【基本情况】 2010年，新疆油田公司重油开发公司管辖克拉玛依油田六区、九$_5$南、九$_6$—九$_9$区、克浅井区的稠油区块。截至年底，累计探明含油面积84平方千米，探明地质储量13 757.05万吨，动用含油面积71.34平方千米，动用地质储量11 768.72万吨，累计生产原油3 354.17万吨。公司总井数6 022口（不含报废井），其中采油井5 603口；拥有原油处理站4座，污水处理站2座，供热站41座，油田高压注汽锅炉132台套。公司设8个机关科室，9个职能部门，13个基层单位（采油作业区队、联合站），有员工2 621人（不含内退37人），平均年龄37岁。男员工1 327人、女员工1 294人，民族员工775人；干部569人，其中拥有初级专业技术职务186人、中级312人、高级47人、教授级高工1人；工人2 052人，其中技师、高级技师以上141人、高级工以下1 911人。公司研究生、本科、大专学历以上人数近1 500人，占员工总数的57%。（王怀武 张一）

【业绩指标完成情况】 2010年，油田公司重油开发公司生产原油105.018万吨，锅炉产汽1 098.4万吨，完成年配注计划1 110万吨的99%，节省汽量11.6万吨；完成井下作业5 627井次、动态监测47 968井次；投产新井116口，建产能8.1万吨。吨油操作费等基础管理指标均控制在油田公司考核范围之内，杜绝重、特大事故发生，连续14年实现安全生产。 （王怀武　张　一）

【原油生产】

老区稳产　2010年，油田公司重油开发公司以稳定并提高单井日产量工程为主线，在注好汽、注够汽的基础上实施一系列稳产、上产措施，有效弥补产能建设区钻井速度缓慢、相关地面采油配套设施不完善、老区配钻停注等不利影响，确保全年产量顺利完成。强化油藏精细管理，实时掌握油井生产动态，提高油井生产时率。强化重点措施选井，优化挖潜措施方案，实施重点挖潜措施12项252井次，阶段增油1.8万吨，开展群众性挖潜18 087井次，阶段增油1.5万吨。加大优化注汽力度，对吞吐井进行分类分治，延缓低效区块转轮注汽节奏，重点强化九$_6$区、J230等主力产油区块转轮注汽力度，加大对特超稠油井、水平井、汽窜井等特殊井的多方式辅助优化注汽，有效稳定和提高单井生产能力。深化、细化蒸汽驱井组分类治理工作，以连续汽驱和间歇汽驱相结合的方式，扩大整体调剖规模，减少蒸汽无效循环，进一步夯实油田稳产基础。

生产运行　重油开发公司强化新井投产组织协调，实行全过程跟踪管理、全岗位安全风险识别与评价，优化实施方案及应急预案，确保新井投产安全有序。健全节能管理制度，修订、完善水、电、气系统运行规章制度和风险评价体系，及时更新老化线路和设备，完善停水、停电、停气应急预案，不断提高系统运行可靠性。加强交通运输管理，合理调控车辆运行状况，保障交通安全。加强储罐清砂和采油工艺管理，做好锅炉、机泵设备日常维护，重点抓好安全技术改造及隐患整改工作，确保油田采、注、输管网安全平稳运行。 （王怀武　张　一）

【安全环保】

安全生产　2010年，油田公司重油开发公司坚持安全第一、环保优先、质量至上、以人为本的理念，完善安全环保规章制度，逐级签订安全环保稳定责任书，落实安全环保责任，细化分解考核指标。深入开展“安康杯”、百日安全生产无事故、安全生产月等活动，狠抓队伍素质建设。坚持领导干部安全联系点检查和作业区、班站自检自查制度，践行有感领导，落实直线责任，强化属地管理，全员安全环保意识明显提高。加强重要环节和要害部位安全管理，开展隐患排查和专项治理工作，优化各类生产应急预案，组织井控、油气火灾爆炸等各类应急预案演练，全员处置突发事件的能力逐步提高。严格施工现场监管，认真落实项目工程“五交底”规定，员工和承包商的“反三违”意识明显增强，公司和所属承包商违章起数分别同比下降38.5%和53.6%。持续开展年度QHSE体系内、外部监督审核，公司QHSE管理体系更加完善。

环境保护　重油开发公司开展创建绿色油田活动，多次组织员工清理生产场所工业垃圾。开展“三废”治理项目建设，杜绝油田污染事故发生。全年投入安全环保隐患治理资金4 347万元，大力推广应用节能措施，通过实施锅炉节能改造、采暖系统汽改水、稠油污水锅炉回用等项目，有效降低生产成本。推进站区标准化建设和恢复油区自然地貌工作，加大对各类污染源的整治和监管力度，公司安全生产、清洁生产的基础进一步夯实。 （王怀武　张　一）

【经营管理】

节约挖潜　2010年，油田公司重油开发公司积极开展以降本增效为主题的劳动竞赛，各科室、职能部门切实把控投资、降成本、提质量的要求落实到生产、经营管理的各项工作中去。全年公司级劳动竞赛项目立项47项，完成率100%，整理、上报油田公司级劳动竞赛项目24项，完成21项。加强节能基础管理工作，水、电、气消耗量同比下降，为完成公司生产经营指标奠定基础。

投资计划　重油开发公司按照“一控、二保、三缓”的原则，将资金向保证正常生产、治理安全隐患、保障员工利益方面倾斜，严把审批关，控制施工规模，提高资金使用率。严格履行合同管理制度，全年签订合同216份，签约率100%，经营活动合规有据。充分掌握、严格审签各生产单位的年度重点需求项目，逐一分析，优化方案，科学安排项目投资，落实固定资产投资及大修费用8 346万元，审签建设项目40项，购置各类设备196台套。

财务管理　重油开发公司通过科学编制预算，做好成本指标的分解与下达。组织开展天然气、材料等专题分析，及时掌握生产经营动态和资金运作情况。开展区块效益评价和对标成本管理，细化成本分析单元。开展账外账、小金库和资金安全专项清查工作，规范资金审批和内部稽核，确保资金安全。加强物资供应管理，确保物资保障率和质量抽检合格率。开展固定资产清查工作，动态掌握固定资产状况，提高资产使用效率。

企业管理　重油开发公司强化内控执行力度，组织开展年度内控手册修订工作，优化工作流程，强化执行过程的监督检查，进一步完善内控体系，提高工作效率和风险防范能力。完成公司“十二五”规划的编制工作。

（王怀武　张　一）

【科技兴油】

油藏研究　2010年，油田公司重油开发公司对九$_{7+8}$区齐古组（J_3q）、九$_{6+9}$区八道湾组（J_1b）、九区南石炭系（C）、六区齐古组（J_3q）和九$_6$区齐古组（J_3q）5个区块油藏开展精细描述，覆盖含油面积43.58平方千米，地质储量8 664万吨。及时推广应用油藏精细描述和数值模拟技术研究成果，开展优化井网、井距、开发方式、注采参数研究，为油田开发方案调整和采收率提高提供技术支持。完成《九$_8$区齐古组油藏小井眼加密配注方案》等一批成果报告，为指导油田开发、改善开发效果提供依据。

工艺技术　重油开发公司加大科研攻关力度，强化科研成果向生产力的转化，着力解决现场生产技术难题和关键技术。全年承担油田公司级科研项目13项，开展新技术、新工艺现场试验9项，实施化学降粘、化学防砂、高效驱油助剂采油、稠油化学法采油、井下防沉降增产增效技术挖潜措施5项62井次。编制完成转蒸汽驱、加密调整、热采试油等工艺技术方案，为油田开发提供技术保障。

信息建设　重油开发公司加强信息自动化设备设施的精细化管理，建设公司信息、自动化设备维护管理系统，实现维护过程的流程化管理和综合统计分析。完成A2系统采油、供热数据的采集及历史数据的迁移，实现供热数据的源点采集和报表的自动生成发布。加强信息安全管理，对公司所有涉密计算机进行标定管理，建立健全网络管理巡检制度，实现不同岗位用户计算机的分级管理和网络流量的实时监控。推广使用ERP、成本管理、网上报销、合同管理网上审批等信息管理系统，公司信息化建设见到成效。（王怀武　张　一）

【员工培训】 2010年，油田公司重油开发公司积极推进人才强企战略，不断完善人才培养、使用、评价、激励机制，统筹推进经营管理、专业技术、操作技能人才队伍建设。通过外派学习、自办培训、岗位练兵、技术比武等多种形式，强化全员教育培训，"三支队伍"的业务能力明显提升，公司人才队伍结构不断改善。在集团公司采油工职业技能竞赛中，公司2名参赛选手分获铜牌和优秀选手奖，选派24名员工参加油田公司第六届职业技能竞赛，其中19人获奖。严格落实公司民族员工培训计划，通过开展安全、法制、汉语水平等多种培训，不断提升民族员工的综合能力。全年外派培训532人次，自办培训51期3 111人次，累计实施培训项目110多项。

（王怀武　张　一）

【党建工作】 2010年，油田公司重油开发公司召开中共重油开发公司第五次代表大会，听取和审议第四届委员会和纪律检查委员会工作报告，选举产生第五届委员会和纪律检查委员会。深入开展"四好"领导班子创建活动，巩固创建成果。标准化党支部创建覆盖面100%。认真落实指导基层支部班子换届工作，扎实推进基层党支部标准化管理，修订、印发公司标准化党支部创建考核办法和标准。强化党员理论教育，严格落实"三会一课"制度，建立健全党员教育长效机制，党员教育覆盖面100%，开展争创学习型组织、争做知识型员工主题读书活动，为各党支部配发各类书籍18种2 800余本。发展新党员20名，预备党员转正16名。（王怀武　张　一）

【维稳工作】 2010年，油田公司重油开发公司针对世博会、亚运会等维稳特别重点阶段的特点，定期召开信访稳定工作例会，积极开展矛盾纠纷排查化解工作，加强公司接访、下访工作力度，各级领导干部亲自接待、督促、落实群众信访问题。做好退岗职工家属基本养老保险统筹工作，实现公司1 391名退岗职工亲属99.8%参保。严格履行对改制企业的帮扶监管职责，协助市、区两级改制企业协调办，做好银河公司换届选举工作。加大"人防、物防、技防"工作力度，更新、完善油区防卫系统，对公司一级要害部位、库房、机关楼实施24小时监控。做好"两节"、"两会"、世博会、亚运会及公司各项活动期间的安全稳定工作。加强对公司办公场所和生产区域的巡查力度，全年组织巡逻5 400余人次，抓获盗窃人员16人，追回经济损失24万余元。抽调民兵、预备役官兵参加军事训练、维稳执勤、小拐抗洪共计1 800余人次，均顺利完成任务。（王怀武　张　一）

【精神文明建设】

企业文化　2010年，油田公司重油开发公司开展以和谐重油为主题的篮球、羽毛球等文体活动，举办民族团结演讲比赛、安全征文及迎春节、送祝福、送春联等活动，编制、发布《企业文化手册》和《安全环保文化手册》，汇编《5 000天我们共同走过》等作品。围绕公司不同阶段重点工作，做好先进人物、先进事迹的宣传报道，全年在公司主页发布稿件2 900余篇，油田公司采用484篇、市油田各新闻媒体采用123篇、省部级以上新闻媒体采用167篇。

民族团结　重油开发公司以民族团结年为契机，开展"五观"、"四个认同"、马克思主义宗教观和党的民族政策等宣讲活动，组织员工学习新疆发展史、民族区域自治法等知识，进一步统一各族员工的思想认识，旗帜鲜明地反对民族分裂。通过开展"五五"普法、少数民族员工法制教育、"一二·四"法制宣传日活动，提高员工的法制意识。开展民汉结对子及"互学一句话、共跳一支舞"等活动，营造团结和谐的氛围，使"三个离不开"的思想深入人心。

工会工作　重油开发公司强化民主管理，坚持厂务公开，及时召开职代会联席会议，保障员工合法权益。广泛开展群众性劳动竞赛、巾帼建功等活动。做好扶贫帮困送温暖工作，健全困难职工档案，实行领导干部"1+1"联系困难户制度，努力为员工排忧解难。开展心理健康讲座、女工专项体检、特殊岗位职业健康体检等，确保员工身心健康。

共青团工作　重油开发公司持续加强团组织建设和团员青年的思想教育。推进"一团一品"、"青年文明号"等创建活动，举办青年职业生涯规划、导师带徒、青工技术比武等活动，不断提升青年员工的综合素质，促进青年岗位成才。开展以"红色、绿色、暖色"为主题的志愿服务活动，帮扶困难学生，加强校企合作与交流，倡议团员青年为玉树地震捐款，履行团员青年服务社会的责任。组织开展单井增产、青年争先以及青年科技论坛等活动，为公司原油上产、降本增效发挥团员青年的生力军和突击队作用。（王怀武　张　一）

【荣誉称号】 2010年，油田公司重油开发公司主要获得以下荣誉：被评为全国"安康杯"竞赛活动优胜企业（连续第3年）；公司工会被评为中国石油天然气集团公司先进工会组织；集输联合站被评为中国石油天然气集团公司先进集体。保持自治区文明单位称号；获克拉玛依市、新疆油田公司平安单位（连续第5年）；油田公司节约挖潜、降本增效劳动竞赛先进单位；油田公司支持帮扶改制企业先进（母体）单位；油田公司油水井三级地质动态分析竞赛优胜单位；油田公司第六届职业技能大赛（采油工团体第一、热注运行工团体第一、维修电工团体第二）团体优胜奖。油田公司对外宣传工作先进单位、人口和计划生育系统先进集体、党内统计工作先进集体、党报党刊发行工作先进集体；油田公司民族团结年及"兄弟情、姐妹谊"主题比赛最佳组织单位、"一团一品"创建和单井增产、青年争先优秀组织单位；公司团委获克拉玛依市、新疆油田五四红旗团委标兵（连续第6年）；公司连续11年获油田公司安全生产先进单位称号，连续14年无重大安全生产责任事故发生，实现安全生产5 000天。（王怀武　张　一）

油田公司准东采油厂

【领导名单】

党委书记、纪委书记、副厂长：王少峰
厂长、党委副书记：李斌

党委副书记、工会主席:阿不都克里木·阿迪力
副厂长:宋德文
副厂长、总地质师:徐学成(1月离任)
副厂长、物业管理中心主任:曲炳楠
总会计师:王勇
总工程师、安全总监:刘卫东

【基本情况】 截至2010年底,新疆油田公司准东采油厂下设工会以及机关科室17个:党委办公室、厂长办公室、组织(人事)科、纪委(监察科)、党群工作(企业文化)科、劳动工资科、规划计划科、财物资产科、企管法规科、生产运行科、生产技术科、工程作业科、设备节能科、安全环保科、物业运行科、公益事业科、基建工程科。直属部门8个:保卫科(社会治安综合治理办公室)、安全环保监督站、工程造价管理站、技术监督站、物资管理站、信息档案管理站、社保事务所、职业技能鉴定站。基层单位21个,其中副处级单位7个、科级单位14个。按业务类别划分为油气生产、工程技术和生产服务、矿区服务三大板块,其中油气生产单位4个:火烧山作业区、沙南作业区、探井作业区、勘探开发研究所;工程技术和生产服务单位9个:井下技术作业公司、供电公司、水务公司、物资供应公司、通讯公司、机械厂、小车大队、培训中心、准东企业人民武装部;矿区服务单位8个:供热公司、物业管理公司、园艺公司、职工医院、离退休管理中心、广播电视中心、文体中心、接待公寓。在册员工3 845人,由汉、维吾尔、哈萨克等18个民族组成,其中民族员工1 120人。有干部1 193人,其中民族干部263人;副科级以上领导干部237人,其中民族24人;中级以上专业技术干部575人,其中民族77人。有党员2 269人(含离退休党员、家属党员、再就业党员),民族党员250人;在岗党员1 077人,其中民族151人。厂党委下设7个基层党委,12个党总支部,6个直属党支部,共计138个党支部。准东采油厂是一个集油气资源勘探、开发、生产及油藏地质研究、油田工程技术服务、生产服务和矿区服务等为一体的综合性业务单位。管辖火烧山油田、北三台油田、沙南油田、沙北油田和三台油气田、马庄气田等油气田。累计探明石油地质储量15 356.67万吨,探明石油可采储量3 414.21万吨;累计开发动用石油地质储量11 739.25万吨,动用石油可采储量2 628.37万吨,分别占探明储量总量的76.4%和77%。累计探明天然气地质储量27.35亿立方米,天然气可采储量16.25亿立方米;累计动用天然气地质储量27.35亿立方米,天然气可采储量16.25亿立方米,天然气储量动用程度100%。共有开发井1 152口,其中采油井858口(不含报废井)、采气井8口、注水井286口。 (张铁锋)

【生产指标完成情况】 2010年,油田公司准东采油厂生产原油67.05万吨,其中老井65.2万吨,老井超计划2 000吨;生产天然气4 462万立方米,超计划462万立方米;油田注水360万立方米。新增石油探明储量314万吨,控制储量3 372万吨,预测储量3 546万吨。井下作业完成1 013井次,动态监测1 455井次。油气操作成本按计划指标11.1美元/桶运行。 (张铁锋)

【油气勘探】 2010年,油田公司准东采油厂部署探井37口、评价井24口,提交三级石油地质储量7 232万吨,其中北三台凸起西斜坡5 198万吨、吉木萨尔地区2 034万吨,形成北三台—吉木萨尔亿吨级规模储量区。自主探明石油地质储量314万吨,可采储量72万吨,达到储采平衡。在北三台凸起西斜坡,多层系立体勘探取得重大突破,相继发现西泉9井区石炭系油藏、西泉10井区石炭系油藏、西泉5井区克拉玛依组油藏和韭菜园组凝析油气藏、北211井区梧桐组油藏和阜东2井区头屯河组油藏等。在吉木萨尔地区全面开展勘探会战,部署探井12口、评价井10口,吉171、吉191井在梧桐沟组试油获得高产;吉7井区新钻4口评价井均获高产油流,基本落实2 300万吨探明储量。 (张铁锋)

【油田生产】 2010年,油田公司准东采油厂以原油稳产为目标,积极应对新区产能调减造成的产量压力,扎实推进稳定并提高单井日产量工程、油田开发基础年活动和油田注水专项治理,全年老井超产2 000吨,老区开发达到历史最高水平,油量综合递减1.0%,比上年下降8.8个百分点,火烧山作业区实现绝对油量不递减。实施增产措施123井次、复产158口井,增油量5.2万吨。重启注水井洗井工作,创建注水与调剖结合的新模式,实施注水井措施243井次,油田含水上升速度得到有效的控制,含水上升率0.8%,比上年下降7.9个百分点,H1、H2、H3、S202、沙丘3、北31等6个区块实现绝对油量不递减,“火烧山油田配注方案编制及实施”获油田公司优秀开发项目一等奖。新井产能紧跟油田公司部署,及时调整产能方案,探井作业区全力抓好新区建设,实现西泉1井区注采同步,确保油田稳定开发。全年完钻新井42口,钻井总进尺8.11万米,新建产能4.68万吨,新井年产油1.85万吨。 (张铁锋)

【矿区服务】 2010年,油田公司准东采油厂积极履行保障生产、服务生活、维护稳定三大责任,管理体制不断完善,服务水平不断提高,民生工程扎实推进,矿区环境持续改善,各项工作平稳有效运行。全年供应液化气818吨,供暖104.74万平方米,供水300万立方米,处理污水70万立方米,供电2 232万千瓦时,绿化养护317.48万平方米,环卫保洁面积91.4万平方米,楼道保洁面积5万余平方米,日外运处理垃圾20吨,开展居民报修服务2 087项次,职工医院患者门诊6.36万人次,住院治疗1 080人,职工体检3 697人次,免疫接种5 425人次。 (张铁锋)

【经营管理】 2010年,油田公司准东采油厂完善内控体系,做好ERP系统的上线运行,推动经营管理走向规范化。深入开展节约挖潜、降本增效劳动竞赛活动,实现节约挖潜4 075万元。全面启动未上市解困扭亏工作,合理调整产业结构,提升专业化管理水平,有序退出亏损严重的南疆大修、石西小修和彩南油田作业区生活服务等业务,成立新技术开发服务公司。加快走出去的发展步伐,开通五彩湾煤化工园区供水业务,承包阿姆河天然气公司土库曼斯坦自备电站发供电业务。比上年减少亏损6 880万元,减亏幅度38%。 (张铁锋)

【科技管理】 2010年,油田公司准东采油厂贯彻实施大科技工程,对制约油气田发展的关键技术开展联合攻关,全年开展科技项目72项,申报专利13项,获集团公司科技进步奖1项、油田公司技术创新成果奖6项、采油厂突出贡献奖1

项，授权专利2项。加强科技创新，建立油藏保护—压裂防砂—螺杆泵举升的稠油开发配套技术，新型螺杆泵在吉7井区取得新突破，吨油成本由183元下降到42元。开辟火烧山H_4^1层综合治理示范区，为改善区块开发效果提供了新思路。创新水溶性和油溶性转向压裂技术，火烧山油田水平井开发获得高产。吉7井区开展试验井组开发试验、室内水驱试验和CO_2驱油试验，为油田稳定高效开发提供技术保障。

（杨明群　张铁锋）

【信息化建设】 2010年，油田公司准东采油厂智能化油田稳步推进，油区网络实现千兆升级，视频监控系统启动，准东石油基地地理信息系统逐步实施，加强数据库的迁移和管理，保证计算机网络稳定、高效、安全运行。

（樊振刚　张铁锋）

【安全环保】 2010年，油田公司准东采油厂扎实推进HSE管理体系建设，大力推行有感领导、直线责任和属地管理，加强承包商监管，逐级签订安全责任书和岗位安全承诺书。广泛开展安全经验分享，深入贯彻15项HSE管理规定，将承包商纳入HSE管理体系，组织承包商培训93期1 466人次。加大反"三违"力度，查处各类"三违"149起。深入开展隐患排查工作，落实资金6 384万元用于隐患治理。深化"四无"班组创建和"五会"达标，实现全员、全岗位覆盖，员工安全环保意识不断增强，实现连续11年实现无生产亡人事故和重大环境污染事故。（张铁锋）

【质量节能】 2010年，油田公司准东采油厂持续强化质量监管，产品质量抽检合格率100%。深入开展群众性质量管理活动，23项QC成果获油田公司优秀奖，13个小组获自治区优秀奖，1个小组获国优奖。深入开展节能减排工作，按期完成基地热源改造，关停矿区3座供热锅炉?；园艺公司大力推广绿化滴灌技术，实现年节水6万立方米；投资1 109万元用于生产系统节能节水改造，抽油机系统效率提高3%。全年实现节能3.27万吨标煤、节水57.2万立方米，分别完成公司下达指标的160%和397%。

（张铁锋）

【人才培养与职工培训】 2010年，油田公司准东采油厂贯彻实施人才强企战略，加强三支人才队伍建设，评聘油田公司级学科带头人7人、厂级学科带头人38人，选拔技师和高级技师11人、技术能手12人，5人获油田公司三级动态分析能手称号，10人被评为采油厂先进科技工作者。实施大培训工程，全年累计培训员工2 013人次，其中派外培训482人次。

（张铁锋）

【社会治安综合治理】 2010年，油田公司准东采油厂召开综合治理年度工作会，部署维稳综治工作任务。一是进一步完善反恐应急预案，健全指挥协调机制。充实综治保卫机构，成立22个治保委员会、97个治保小组，成员731人。以上海世博会安保为主线，全面落实值班制度，累计对重点部位检查454次，完成15次采油厂大型活动和重要会议的安保工作。全年矿区发生盗窃案件7起，比上年下降42%。下发《关于加强学校、幼儿园及周边治安防范和安全管理工作的通知》，专题部署加强学校、幼儿园安保防恐工作。二是确立特殊时期维稳工作零报告制度，对涉及稳定的异常情况，确保第一时间报告地区维稳办和上级主管部门，共上报信息27期，情况反映5期，其他情况报告5份。三是配合公安机关加强对危安重点人员的管控，全面掌握相关动向。四是坚持完善信访例会制度，及时上报重要信访信息。加强对进京上访和越级上访重点人员政策法规的宣传教育、疏导工作，将排查出的12名重点人员与12个单位签订包案任务分解书，明确包案措施和职责，全面掌握、及时了解其行为动态和思想变化，确保重点人员不离开视线。全年接访165批584人。五是依法加强宗教事务管理，保证宗教活动正常开展。坚持在信教群众中开展党的宗教政策和爱国爱教教育，累计学习21次。认真落实少数民族领导干部联系宗教活动场所和宗教人士谈话制度，开展谈话69人次。

（樊振刚）

【党建与宣传工作】 2010年，油田公司准东采油厂在全体党员中切实抓好党建工作，大力宣传在各项建设事业中涌现出的好人好事。一是扎实开展创先争优活动，持续深化"四好"班子创建，加快推进学习型党组织建设。按照"四知四清四掌握"和"一管三带一联四满意"的要求，扎实推进社区"红细胞"工程。二是持续开展形势、目标、任务、责任教育，着力推进惩防腐败体系建设，建成并启用反腐倡廉教育基地，全面开展"小金库"专项治理，大力推行领导干部廉洁从业公开承诺。三是坚持对内对外2条主线，通过电视、报纸、网络等阵地，引导舆论，把握方向，全年通过电视台、厂门户网站发布各类新闻5 304条（篇），厂门户网站累计发布新闻3 843篇，在新疆油田公司门户网站发布新闻307篇，在矿区服务事业部门户网站发布新闻352篇。

（张铁锋）

【工会工作】 2010年，油田公司准东采油厂按期召开职代会，组织职工代表参加厂生产例会、招投标会议，对涉及职工利益的重大事项，及时召开职代会联席会议进行审议，职工的知情权和监督权得到较好的落实。一是以提高管理效能为重点，广泛开展节约挖潜、降本增效劳动竞赛活动，确定13项重点项目和20项各单位自管项目，节约挖潜1 000余万元。二是深入推进"五型班组"创建活动，3个班组获新疆油田先锋号称号。将民族团结年与创建学习型组织、争当知识型职工等活动结合起来，开展送图书下基层、员工品书香活动，为野外3个油区单位送书1 000余册。三是关心职工生活。在夏季高温时节，厂工会拨资金25万元为在岗职工购置防暑降温用品。职工劳动保护监督检查工作得到加强，安排职工带薪疗养1 154人次。开展爱心救助活动，应急借款11人，一次性应急大病救助21人，大病救助8人，共计52.16万元。四是开展文体活动。先后举办"民族团结杯"职工运动会、羽毛球、篮球、围棋等多项体育赛事和全厂庆七一职工文艺汇演，组织文艺小分队前往生产一线慰问演出，同时组队参加克拉玛依水节文艺调演、油田公司职工篮球赛、自治区羽毛球冠军赛等，均取得优异成绩。五是开展评比选树活动。推荐全国劳动模范1人、集团公司和自治区劳动模范2人、油田公司级先进个人和班组共计55个。六是做好帮贫扶困工作。健全厂和准东矿区扶贫帮困管理办法，对困难群体建立翔实的动态管理台账。全年为24户厂级困难家庭发放节日慰问金、生活费等费用91.8万元，为148户矿区困难家庭发放金秋助学、五项费用减免等费用71.73万元。（张铁锋）

【共青团工作】 2010 年，油田公司准东采油厂深入开展"一团一品"创建工作，集中开展举团旗、戴团徽、唱团歌、过团日主题活动。一是积极推进学习型团组织建设，购买价值 1 万元书籍送到生产一线。二是开展青年小讲堂 190 余次，切实提升团员青年的综合素质。三是积极开展青年志愿者活动，组织青年志愿者为一线员工和离退休老职工义诊。四是与准东教育中心团委联合举办中小学生红歌赛，唱响主旋律。 （张铁锋）

【荣誉称号】 2010 年，油田公司准东采油厂获得以下荣誉：自治区质量管理活动优秀企业；油田公司安全生产先进单位和环境保护先进单位；油田公司节能节水型企业创建活动第一名；准东宗教活动场所被评为克拉玛依市"五好"活动场所；准东采油厂工会获全国模范职工之家和克拉玛依市、油田模范工会称号；厂女职工委员会获克拉玛依市、油田模范女职工委员会称号；厂团委获克拉玛依市、油田团委"一团一品"创建活动优秀组织单位；李晓华当选为全国劳动模范。 （杨明群）

油田公司彩南油田作业区

【领导名单】

经理、党委书记：刘辉元（1 月离任）、徐学成（1 月任职）

党委副书记、纪委书记、工会主席：何胜彪（12 月离任）

副经理、总工程师、安全总监：杜文军（11 月离任）

副经理：司马义·阿不力米提

总地质师：沈楠

【基本情况】 截至 2010 年底，新疆油田公司彩南油田作业区有职工 412 人。其中干部 82 人，工人 330 人；男职工 275 人，女职工 137 人；民族职工 93 人；大专以上学历 255 人；具有初级专业技术职务 38 人，中级 28 人，高级 10 人；中共党员 139 人。作业区机关设 7 个办公室（经理党委办公室、人事组织科、计划科、财务科、生产运行科、生产技术科、安全环保科），下设 3 个附属单位（物资管理站、信息档案站、技术监督站），8 个基层单位（油田研究所、中心控制室、第一采油站、第二采油站、第三采油站、联合站、天然气站、综合服务站）。作业区位于新疆准噶尔盆地东部沙漠覆盖区，进入古尔班通古特沙漠 70 千米，是中国第一个百万吨级沙漠整装油田，也是中国第一个自动化油田。 （卢军强）

【生产指标完成情况】 2010 年，彩南油田作业区生产原油435 265吨，超产原油 4.63 万吨；完成油田注水 286.2 万立方米；生产天然气8 680万立方米，外输天然气6 217万立方米，超产天然气 717 万立方米；油气单位操作成本得到有效控制，节约 44.27 万元；实现第 11 个安全生产零事故年，被评为油田公司安全生产先进单位；获新疆油田稳定并提高单井日产量工程、新疆油田注水专项治理工程优秀开发项目特等奖。 （卢军强）

【滚动勘探】 2010 年，彩南作业区主打滚动勘探攻坚战，大力实施油藏评价和产能建设工程，取得好的效果。加大科技投入，深化油藏研究，加快油田近外围寻找油气资源步伐。年初成立 3 个滚动勘探油藏评价项目组（分别是白家海凸起滴西 4 项目组、五彩湾凹陷项目组、滴水泉项目组），积极寻求公司政策和技术支持，不断加强与研究院、东方物探等科研单位的合作，按照探明、培植、准备 3 个层次开展工作。全年通过油田公司井位论证会部署的评价井 14 口，已完钻 9 口，有 5 口井（彩 514、彩 141、C3150、C3530、C3119）获工业油气流。部署三维地震老资料重新处理 3 个区块，满覆盖面积1 017平方千米。老井恢复试油 9 口 10 层，试油取得气层 1 层，油水同层 1 层，含油水层 1 层、水层 7 层。滚动勘探工作取得两个新发现、三个重要进展、两个可期待目标。

两个新发现 2010 年，作业区取得两个新发现。一是滴 20 井区发现新油藏，展示出滴水泉环带滚动勘探潜力较大。滴 20 井于 3 月 24 日在八道湾组试油，6 毫米油嘴自喷试产，日产油 17.8 吨，含水 3%，截至年底累计产油1 350吨，滴 20 井区八道湾组油藏探明石油地质储量 400 万吨。二是东道海子断裂带发现多套含油气层系，有望探明近千万吨级储量规模。该区块新发现圈闭 18 个，面积 43.8 平方千米，钻评价井 8 口，获工业油气流 7 口；特别是彩 514 井在侏罗系齐古组、西山窑组、三工河组、八道湾组、三叠系韭菜园组、二叠系梧桐沟组六套层系中见良好油气显示，综合解释油气层总厚度 48.5 米，在三叠系韭菜园组、二叠系梧桐沟组试油获工业气流，有望探明近千万吨级储量规模。

三个重要进展 2010 年，作业区取得三个重要进展。一是 C3150 井获工业油流，加快彩 31 井区侏罗系西山窑组难动用储量整体开发。2002 年彩 31 井区西山窑组申报含油面积 10.7 平方千米，石油地质储量 747 万吨，为有效动用该区块储量，在重新认识油藏的基础上部署 C3150 井，于 2010 年 3 月压裂投产，平均日产液 6.5 吨，日产油 5.4 吨，含水 16.7%。随后又部署 C3119 井，目的层西山窑组显示良好，录井、测井解释均为油气层。二是彩 135 井区再获新成果，侏罗系滚动勘探场面进一步扩大。彩 141 井在 $J_1s_2^2$ 获工业油流，C3606 在 $J_1s_2^1$ 见良好油气显示，预测 $J_1s_2^1$ 可能发育多个岩性油藏，在五彩湾凹陷沿着斜坡分布，展示出该区良好的滚动勘探潜力。三是滴西 12 井区扩边开发效果好，滚动勘探前景广阔。2010 年底，滴西 12 井区累计生产原油 12.75 万吨，占可采储量的 30.44%。

两个可期待的目标 2010 年，作业区实施产能建设区块 4 个，完钻开发井 23 口，新建产能 2.92 万吨，产油 1.58 万吨。作业区取得两个可期待的目标。一是重新认识彩 24 井区 $J_1s_2^1$ 油藏，新的评价目标日益凸现。在彩 24 井区发现侏罗系三工河组地层岩性圈闭，圈闭面积 21.3 平方千米，高点埋深 -1 090米，闭合度 100 米。二是滴 312 井二叠系梧桐沟组见油气，开辟新的滚动勘探领域。滴 312 井在二叠系梧桐沟组压裂试油，累计产油 0.47 吨，产水 69.35 立方米，为滴水泉断裂带上盘二叠系梧桐沟组首次见油，开拓了彩南油田滚动勘探的新领域。 （卢军强）

【老区稳产】 2010 年，彩南油田作业区全面启动注水基础年活动，以注好水、注够水、有效注水为方针，以改善水驱效果减缓油田递减为目标，大力实施精细开发工程，打好老区攻坚战。从 5 月开始，油田产量逐渐进入稳中有升阶段，作业区不断强化油田注水、推进注水技术攻关，从开展注水现状调查、加强注水井管理，增加注水井点、恢复地层能量，优化分注级别、完善注采对应关系，加大调剖范围，扩大水驱波及体积等方面入手，精心组织，全面打响精细注水会战。三工河组油藏通过平面上调控水量，剖面上加强$J_1s_2^1$、$J_1s_2^3$层注水，恢复油藏能量，为油藏提高排液量稳产打好基础；西山窑组油藏保证试验井组注水，减少压力较高的行列区、西北部注水，防止水淹水窜；八道湾组油藏通过调剖、分注调整剖面控制水窜，同时提高注水量，保持地层能量。全年实施调水205井次，增加注水43万立方米，有效提高注水效率和注水利用率。全年重点开展三工河组油藏注采井网完善、低液井解堵；西山窑组、八道湾组油藏系统防膨；八道湾组油藏调剖，优化配注等工作。重点针对西山窑组储层强水敏特性，开展防膨稳定剂筛选及评价。至年底，在19个注水井组开展系统防膨试验，增加注水量25%，平均注水压力比措施前下降1.9兆帕，其中10口井效果明显，平均注水压力比措施前下降3.3兆帕。注水压力上升速度减缓，并趋于稳定。作业区启动彩9井区三工河组、西山窑组油藏分线及防膨注水工程，开展低产油井综合解堵增产工作，共实施15口井，11口井见效，累计增油3 704吨。调剖计划实施调剖41口，实施59口，有25个井组明显见效，见效油井53口，日增油28.2吨，累计增油3 145吨。老区综合治理由原来的控水稳油转变为提液稳油和系统防膨注水，取得一定成效，共实施各类工作量330井次，平均单井增油253吨，累计增油26 814吨。油藏自然递减、综合递减由上年的18.4%、16.3%下降到9.2%、4.2%。通过精细注水，提液稳油等工作的开展，综合治理见到成效，油水井动用程度提高，有效控制含水上升速度，油田综合递减逐步减缓，老区开发形势明显好转。

（卢军强）

【挖潜增效】 2010年，彩南油田作业区认真学习华北油田精细管理经验，紧紧围绕油田公司稳定并提高单井产量“牛鼻子”工程，在全面摸查老井恢复试油的基础上，加强躺井恢复、新井投产、油井措施等方面的精细管理，组织修井队伍加紧躺井、冬关井的春季复产工作。做到躺井早扶正、措施早动手、方案早准备。开展单井保温、调参工作，通过摸底单井保温、回压、泵效情况，完成单井提温84口，平均降回压0.02兆帕，调参23口井，日增油量20.2吨。同时加强油田基础管理，狠抓生产运行和组织协调，努力减少占产时间和影响产量的因素。各采油站以现场管理为主攻方向，细化单井、井组分析，有针对性地制定一井一策措施，积极开展低产井、低能井管理，强化油田巡井、日常维护、井下监督，跟踪油井热洗工作，确定合理的热洗周期，不断提高单井产量。联合站、天然气站在污水处理回注、原油处理交接、促进安全生产方面狠下工夫，确保交油工作顺利进行。坚持把节约挖潜、降本增效活动作为年度重点工作来抓，劳动竞赛委员会多次召开会议，从申报立项、组织落实、监督检查、审核验收4个方面对劳动竞赛进行科学有序的组织管理。全年计划实施19个节约挖潜、降本增效劳动竞赛项目，已实施15项，实现挖潜985万元，增油3万吨。特别是新建彩8井区、滴12井区采出污水处理回收装置，工程设计污水处理能力240立方米/日，年节约成本64万元。采取合同能源管理的模式，对联合站供暖系统进行节能改造，系统运行后，可节约大量一次性能源，降低运行成本。不断挖掘内部潜力，自行组织人力保养抽油机429口，管理水源井13口井。利用伴生气发电陆续在彩8井区、滴西12井区、彩36井、滴20井安装燃气发电机组，安装总功率750兆瓦，节约用电成本。三工河组油藏井网日趋完善，地层能量充足具备实施电潜泵提排条件，全年实施25口，23口见效，单井日增油4吨，累计增油8 524吨。

（卢军强）

【安全管理】 2010年，彩南油田作业区全面落实岗位自查、基层抽查、机关督查、隐患复查安全管理要求，扎实开展基础工作检查，采取措施消除事故隐患，切实筑牢安全生产防线。以强化安全意识、提高安全素质为着力点，使以人为本、安全发展的理念深入人心，通过强化安全管理，狠抓责任落实，杜绝各类事故的发生。一是从思想认识入手，加大宣传力度。全面启动安全生产月活动，大力开展危害因素辨识和安全经验分享工作，组织召开作业区安全经验分享交流会，使大家从事故的成因、危害及预防措施中吸取教训，营造良好的安全生产氛围。开展第二轮清洁生产审核培训和关键岗位安全资格培训工作，通过规范HSE体系文件（两书一卡），主动消减管理、作业、施工中的风险，使HSE体系有效运行，“九项原则”深入人心。二是从技能培训入手，强化预案演练。从机关到基层，各族员工坚持学习安全知识，掌握安全操作技能，油田2号公寓举行消防应急疏散演练，联合站组织消防实战模拟演习，中控室组织电器着火和触电急救演练，天然气站开展趣味安全竞赛活动，各采油站组织硫化氢中毒应急救援演练，要求员工必须做到“三懂三会”（懂得本岗位火灾危险性，懂得基本消防知识，懂得预防火灾的措施；会报火警，会扑救初起火灾，会组织疏散人员），提高全员安全意识和安全技能。三是从组织落实入手，强化监督管理。机关职能科室配备5名专职安全监督员，全面开展隐患排查治理工作，及时监督整改作业现场安全隐患，HSE监管向承包商有效延伸；同时严格各种危险作业、特种作业票据管理，严肃查处违章行为，严格执行项目建设“五交底”工作（即施工项目作业前工程方案交底、关联工艺交底、场所风险交底、防范措施交底、应急预案交底），严格规范施工程序，确保油田现场施工作业的平稳运行。作业区连续11年实现安全生产零事故。

（卢军强）

【队伍建设】 2010年，彩南油田作业区大力开展创先争优和推进学习型党组织建设、党建“三联”示范点创建活动。一是各党支部以安全生产创高效、精细管理促上产、团结稳定建和谐为指导，开设基层和机关科室向作业区党委讲课的特色课堂，推进学习型党组织建设和每日悦读10分钟活动，开展标准化党支部创建、党员责任区、党员品牌工程、党员承诺等活动。二是严格执行工程建设项目管理询价制度、竣工验收制度，实行动态管理，各级党员领导干部认真履行岗位职责，做到廉洁自律。三是改善职工文化生活环境。组织春节游园活动、三八妇女节庆祝活动、“迎春杯”拔河比赛和“民族团结杯”排球、篮球、羽毛球联赛。四是以民族团结年活动为主线，进一步加强民族团结和维护稳定工作。召开民族团结年活动动员大会，邀请自治区党校教授开办8讲民族团结大讲堂。开展“一帮一、结对子”师带徒活动。五是做好稳定工作，建立和完善内部治安防范网络，严格落实一岗两责，认真做好物资防范及治安保卫工作，群防群治，严抓细管，确保油田社会政治稳定。六是积极参与组织准东地区劳务合同工招录工作，对作业区员工未就业子女采取提前培训、电话家访、点对点联系等办法，推进职工子女就业。七是积极做好退岗职工家属参保工作，为符合条件的109名家属办理参保。（卢军强）

油田公司石西油田作业区

【领导名单】

经理、党委书记：王正才（4月离任）、胡学雷（4月任职）

党委副书记、纪委书记、工会主席：陈刚（7月离任）、张新华（12月任职）

副经理、安全总监：汪政德

总地质师：饶政

总工程师：丁亮

【基本情况】 截至2010年底，新疆油田公司石西油田作业区投入开发石西、莫北、石南、陆南4个油气田的26个油藏及5个气藏共31个油田开发单元。有在册职工575人。其中男职工464人，女职工111人；有管理人员和专业技术人员225人，操作服务人员350人，平均年龄35岁。有集团公司技能专家1人，公司级学科带头人3人，技能专家1人，作业区级学科带头人6人。（王 芳）

【主要业绩指标完成情况】 2010年，油田公司石西油田作业区克服主力油藏开发阶段转变、成本费用紧张、超低温异常天气等困难，积极谋划，细致部署，缜密组织，完成各项业绩指标，原油生产持续保持百万。全年生产原油103.5万吨，天然气交气量28 205万立方米，完成年计划的102.6%；油田注水293.82万立方米，油气单位操作成本4.61美元/桶；安全生产实现零事故年目标。员工总量控制在公司计划指标以内。全年无大规模群体性事件；领导班子做到清正廉洁。（王 芳）

【油气生产】

生产组织　2010年，油田公司石西油田作业区一季度新增开井数15口，扶正躺井55口，增产措施19井次，完成原油生产25.46万吨，完成计划的101.8%。二季度抢投新井11口，增产措施35井次，扶正躺井54口，实现“时间过半，老区生产任务过半”目标。三季度，组织油井增产措施17井次，躺井扶正72井次，新井投产16口。四季度，加快上产步伐，全力冲刺103.5万吨目标，抢投新井16口，增产增注措施16井次，完成全年生产任务指标。

老区稳产　石西油田作业区认真抓好老区稳产工作。一是精心配注，科学调控注水。全年动态调水113井层，减少产水0.74万立方米，增油4 916吨。二是加强水井综合治理。通过有效实施增注、分注、投转注、调驱等措施，累计增加注水20余万立方米。三是稳步推进“四个一”工程。石南31油田通过平面动态调控和对含水上升的区域进行调剖治理，控制含水上升，减缓了油藏递减。石南4油田依靠井网调整，采用调驱、提排等手段，改善水驱效果。莫北油田扎实开展油藏精细描述，细致分析油藏潜力，通过调整注采结构等措施，减缓注入水窜问题，保持并恢复油藏地层压力。石西石炭系油藏通过控水、调参、酸压等措施实现了油藏稳产。

产能建设　石西油田作业区围绕全年新井产能建设10.32万吨目标，始终坚持早准备、早介入、早安排、早落实，早见油的新井投产运行方略，加快接井、作业、诱喷、转抽等环节工作进度，全力促产能建设提速。投产新井47口，产油47 533吨。（王 芳）

【科技管理】 2010年，油田公司石西油田作业区开展科技项目8项，课题30个。其中《新疆油田油气生产自动化数据远程传输与应用》获中国石油化工科技创新三等奖；《油田天然气处理装置管网振动分析及控制措施研究》获市科学技术进步三等奖，《石西石炭系油藏开采规律及可采储量预测研究》等项目获公司科学技术创新成果三等奖；《沙漠数字油田建设中的自动化应用技术》等3篇信息技术论文在首届信息化创新克拉玛依国际学术论坛上分别获一等奖、二等奖。全年有5项实用新型技术申请专利，均已通过股份公司审查，待国家知识产权局受理。组织完成《石西地区滚动勘探评价部署研究》及《莫北地区滚动勘探评价部署研究》两大地质基础研究项目，落实圈闭24个，上钻评价井14口，获工业油气流8井16层。莫北地区落实探明石油地质储量1 920万吨。整体确定以石西凸起—盆1井凹陷西斜坡带为滚动评价目标区，优先准备石南16井B块—石南44井三维覆盖目标潜力区，找到了石西地区浅层油气滚动勘探有利目标区。（王 芳）

【安全环保】 2010年，油田公司石西油田作业区以扎实推进HSE管理体系建设为主线，严格执行HSE管理九项原则和安全生产十六项制度，严细落实八项作业许可制度，严抓承包商HSE管理。制定完善《石西油田作业区健康安全环境（HSE）考核办法》等管理制度和规定9项。逐级签订HSE责任书和承诺书60余份。全年组织安全经验分享1万余人次、安全知识培训450余人次，完成对1个总体预案和13个专项应急预案的修订和发布，组织大型应急演练2次，实战应急演练33次，累计参加400余人次。治理80余口抽油井，硫化氢浓度超过20ppm油井的去除率100%。深化“四无”、“五会”达标活动，“四无”班组达标率95%，“五会”抽考500余人次，达标率98%，全年自检自查安全隐患170起，整改落实率100%，连续11年被评为公司安全保护先进单位。（王 芳）

【经营管理】 2010年，油田公司石西油田作业区稳步推进企业精细化管理工作。一是进一步加强生产组织管理，成立新井产能建设、减缓老区递减等6个项目组，各项目组按工作职责、统筹管理，较好地完成各项任务目标。二是启动并发布《石西油田作业区基础管理建设工程实施方案》，完善基本管理制度53项，新增《石西油田作业区健康安全环境（HSE）考核办法》等制度4项。三是严格投资管理，完成固定资产投资8 564万元，26个建设和维护项目。四是合同管理严格市场准入，共签订合同217份，总金额51 864万元。五是深化内控管理和ERP上线运行，降低企业运行风险。六是建立节约挖潜、降本增效长效机制，主动控制成本能力进一步提高。全年组织实施降本增效措施75项，增油7.2万吨、增气866万立方米、节电197万千瓦小时、节水32.3万立方米、节气199万立方米、节约机油0.7吨，共计1 120万元。（王 芳）

【员工培训】 2010年，油田公司石西油田作业区组织培训85项430人次，组织员工技能鉴定220人，合格率86%。搭建员工成长平台，实施岗位成才计划，中级以上专业技术人员从93人增长到106人，高级工以上人员比例从39%增加到48%。在公司第六届技能大赛中，作业区获维修电工一、二、三等奖、采油组集体项目团体优胜奖。（王　芳）

【党群工作】

党组织建设　2010年，油田公司石西油田作业区深化"四好班子"建设工作，全面推进创先争优活动，基层党支部标准化合格率100%，深入开展党员责任区、党员先锋岗等主题实践活动。

民主管理　石西油田作业区落实职工代表大会制度、职工代表巡视制度，将作业区经营决策的重大方案和涉及职工切身利益的问题，提交职代会审议通过。进一步深化厂务、站务、班务三级厂务公开网络体系，经理办公会、安全例会等重要会议，职工代表都积极参与，让职工及时地了解和掌握油田生产经营的准确信息。适时召开基层站务公开交流会，增强企业民主管理。疏通诉求渠道，积极开展大接访工作，员工的知情权、参与权、表决权、监督权得到体现。

企业文化　石西油田作业区进一步加强员工职业道德、民族团结进步和形势、目标、任务、责任以及"热爱伟大祖国，建设美好家园"等主题教育活动，开展"说石西人，唱石西歌，做石西事"活动，充分发挥石西大讲堂作用，开展心理咨询、健康讲座、技术交流等活动。加强企业文化手册和形象识别的宣传贯彻工作，选树先进典型，推广企业文化建设新成果、新经验，打造树形象、展风采、暖人心品牌，展示良好的企业形象。

工青妇工作　石西油田作业区工青妇组织围绕生产建设发挥积极作用。一是工会以队伍、文化、温暖和工会自身"四大工程"建设为重点，围绕中心，服务大局，突出维护，重在建设，提高执行，严格监督。二是团员青年充分发挥其后备军和主力军的作用，不断推进基层团建创新，获克拉玛依市、油田五四红旗团委标兵称号。三是女工组织积极开展巾帼建功活动，开展宣传《妇女权益保障法》和《女职工劳动保护规定》等法律、法规，提高女职工法律保护意识，对115名女工进行妇科病体检。四是注重对困难群体的帮扶救助，全年对67户职工家庭进行临时性困难补助，发放一次性补助金慰问金共13.7万元。五是关心职工身心健康，全年职工体检累计1 078人次，职业健康体检167人次，组织职工健康疗养45人次。

维稳保卫　石西油田作业区进一步加强警企联合的合力作用，加大油田保卫力度，成立由各基层站、消防支队、护厂队共同组成的油区巡逻队，共同维护油区的和谐稳定。加强重点时段维稳工作的跟踪管理，确保世博会等重点时段的安全生产、治安稳定。（王　芳）

油田公司陆梁油田作业区

【领导名单】

经理、党委书记：霍进

党委副书记、纪委书记、工会主席：黄庆智（4月离任）、唐学军（7月任职）

副经理兼安全总监：周光华

总地质师：陈伦俊

总工程师：韩力

【基本情况】　截至2010年末，新疆油田公司陆梁油田作业区投入开发的有陆9、陆12、陆13、陆15、陆22和石南21、石南10井区等8个井区29个开发层系，共探明含油面积118.4平方千米。累计建成原油生产能力272.26万吨；有油水井1 279口，其中采油井963口、注水井316口；累计产油1 598.2万吨，累计产气15.88亿立方米，累计注水2 840.31万立方米；有计量站68座；水源井29口；集中处理站2座，原油处理能力200万吨/年，天然气处理能力80万立方米/日。作业区设7个职能科室、3个直属单位，7个基层单位，有员工481名，平均年龄34岁。有管理和专业技术人员198人，其中教授级高级工程师1名，高级专业技术职务24人，中级69人。有操作人员283人，其中高级技师7名，技师14名，高级工96名。有本科以上学历259人，大专147人。有油田公司级技术专家1名，学科带头人4名、技能专家2名，作业区学科带头人7名。有党支部9个，中共党员190名，占员工总数的39.5%。（周　朋）

【主要业绩指标完成情况】　2010年，油田公司陆梁油田作业区生产原油190.5万吨，超产3.6万吨，完成计划的101.9%。生产天然气2.34亿立方米，完成计划的112.1%。操作成本3.299美元/桶，全年节约6.86万元。

安全环保实现零事故、零伤害、零污染目标。全年职工队伍稳定，无大规模群体性事件，领导班子勤政廉洁。

油田含水上升率2.97%，油量自然递减率、综合递减率分别为11.9%和8.6%，采收率保持程度100%，动态监测完成率101.1%，原油外输含水率0.17%。（周　朋）

【生产运行和科技兴油】

生产运行　2010年，陆梁油田作业区开展油田开发基础年和稳定并提高单井产量活动。抓好油田冬季管理，重点开展保温、清蜡等工作，做到少躺井、少减产。累计组织调整工作制度354井次，有效率97%，增油7 800吨；组织实施增产措施101井次，有效率80.2%，增油6.01万吨。全年组织3次大规模上产会战，陆梁油田日产水平重新跃上百万吨生产能力，产油190.5万吨，超产3.6万吨。

基础管理　陆梁油田作业区深入研究薄层底水油藏和低渗高饱和油藏水驱油规律，实施精细注水和优化注水，组织动态调水275井次，增油7 917吨。完善注采结构，实施增注、分注、调剖、补层等措施80井次，累计增注7.11万立方米。全年地层压力保持程度97.1%，油量自然递减、综合递减分别控制在11.9%和8.6%以内，保持较高水平。

产能建设　陆梁油田作业区加强油藏跟踪研究，优化调整方案，陆9井区和石南21井区的油藏地质方案获油田公司优秀方案一等奖。优选上钻井位，优化钻井环节，平均单井建井时间减少6天，大幅提高了新井生产时率；加强油井作业、抽油机安装及投产管理协调，生产实现无缝衔接。累计投产新井81口，建成产能17.26万吨，新井全年产油14.0万吨，超产6.8万吨，产能贡献率81.1%。

滚动勘探和油藏评价　陆梁油田作业区开展储量增长年活动，强化老资料精细解释，发现新圈闭6个。优选重点评价潜力区域，深挖老井滚动勘探潜力，新发现陆12头屯河组、陆9胜金口组等探明储量潜力区4个。开展油藏评价综合研究，在陆151井区完钻评价井7口，试获工业油流6井10层，探明石油地质储量337万吨。

科技兴油　陆梁油田作业区开展油田公司9项19个课题、作业区13个课题的研究工作。陆梁油田立体综合调整工程研究取得良好效果，调整部署水平井108口，建产能38.5万吨，平均单井日产油12.5吨，建成新疆油田最大的稀油水平井区块。开展石南21井区注采结构调整工程先导性试验。全年获国家专利3项，省部级科技进步二等奖2项、三等奖1项，公司技术创新一等奖1项、二等奖2项。

工艺技术应用　陆梁油田作业区开展水平井、分支井等复杂结构井配套采油工艺应用研究，研制出防漏热洗管柱和低温固体防蜡管，解决水平井结蜡严重问题，检泵周期由240天延长到360天以上；首次开展水平井ACP找水、堵水工艺技术先导性试验，取得较好效果；开展薄层底水油藏排水采油试验，增油1 000吨。石南21集中处理站污水处理系统扩建工程和陆梁油田立体调整注水系统扩建工程等重点工程竣工投产，提高了系统运行能力。（周　朋）

【企业管理】　2010年，油田公司陆梁油田作业区通过强化预算管理，细化成本核算，加强投资过程控制，积极开展挖潜增效活动，经营管理工作成效显著。一是建章立制，规范运作，基础管理水平持续提高。启动基础管理建设工程，组织规章制度修订工作，新增制度1项，修订2项，形成6大类94项规章制度体系。开展管理现代化创新工作，获省部级优秀论文二等奖2篇、三等奖1篇，油田公司优秀成果1项。加大内控执行力度，迎接油田公司内控测试，未发生例外事项。二是强化成本预算管理，操作费用得到有效控制。全面推进大预算管理，将预算指标分解落实到各职能部门和基层单位，进行专项控制。实施动态跟踪，强化过程控制，每月分析预算执行情况，保证各项费用在受控状态。实行大宗费用项目化管理，做到主管业务部门总体控制与基层单位分项控制相结合，并进行绩效考核，形成一套有效的成本管理体系。三是夯实财务基础工作，不断提升财务管理水平。严格执行《股份公司会计手册》和《油田公司会计核算手册》，促进会计工作的规范化、程序化和标准化。强化资金计划管理，统筹资金调度，资金支出计划符合率保持在98%以上。开展专项治理小金库自检自查，有效堵塞资金安全漏洞，获油田公司2010年度财务管理先进单位二等奖。四是狠抓投资项目管理，全面提高投资效益。强化投资计划和项目管理，组织好重点项目的报审，努力争取增量投资。加强项目全过程造价管理，积极推行工程量清单报价和建设工程招标工作，有效降低工程成本。全年完成23个投资项目，完成投资1.6亿元，投资规模首次突破亿元大关。五是加强外部市场管理，确保施工作业质量。坚持市场准入监督把关制度，开展服务单位年度业绩考核，保证服务队伍的质量。全面推行合同管理信息系统，全年签订合同191份，金额4.3亿元，网上合同3项审查率、签约率、履约率均达100%；全年未发生合同纠纷案件，获克拉玛依市第八届“守合同、重信用”单位称号。六是节约挖潜节能减排，建设节约型企业。加强基础管理，作业区“沙漠之鹰”QC小组获石油工业质量管理小组二等奖和自治区优秀质量管理小组二等奖。大力开展节约挖潜、降本增效活动，组织3大类16个重点项目的实施，挖潜增效2 307万元。开展天然气发电、大罐天然气回收等项目，全年节能2 100吨标煤，节水3.62万立方米。（周　朋）

【安全环保】　2010年，油田公司陆梁油田作业区进一步落实安全责任，推进HSE体系建设，加强承包商管理。一是HSE管理体系有效运行。深入开展HSE管理体系推进年活动，全面梳理管理制度及HSE程序文件，共修订制度12项、明确程序3项、完善程序文件7个。逐级分解落实岗位安全责任，形成完备的安全责任体系。完成HSE管理体系第二次内审工作，没有发现严重不符合和系统性不符合，保持体系的有效运行和持续改进。二是安全培训工作扎实开展。抓好常规培训、特色培训和承包商培训，组织安全经验分享9次，开展各类常规培训89次3 373人次；进行集团公司15项HSE管理标准培训76人次；举办取证培训班4期121人次。将承包商纳入安全培训计划，组织承包商员工进行5次专项业务培训，考试2次，167人次参加。三是风险控制进一步加强。加强隐患治理，争取专项资金1 135万元，完成3个隐患整改项目。坚持三级隐患排查治理，查出隐患12项，整改3项，待整改的9项拟定防范措施。严把作业许可审批管理，严格审批流程，加强现场监管，办理各类作业票2 330份。加强承包商管理，严把“五关”，做到“五交底”，确保施工作业风险受控。四是环境保护工作成效显著。持续开展创建绿色油气田活动，处理固体废物723吨，回注污水181万吨，增收伴生气64.4万立方米，实施苇格固沙23.19万平方米。组织第二轮清洁生产审核工作，完成中期报告的编制。推广燃气发电，在陆梁集中处理站和陆12井区各建成一座燃气发电站，回收利用伴生气1.4万立方米/天。五是安全文化建设持续推进。大力宣传安全源于质量、源于设计、源于责任等安全环保理念。认真总结提炼安全管理经验，1篇论文获油田公司第三届HSE论文发布会一等奖。举办第二届安全技能比武、十大安全环保先进工作者评选和安全风雨九周年系列活动，提升员工安全意识。（周　朋）

【精神文明建设】

党建工作　陆梁油田作业区深入开展创先争优活动，组织突出贡献者选树，作业区在市油田做典型经验交流发言。积极开展“四好班子”和标准化党支部建设，6个基层班子均达到“四好班子”标准。发展新党员9人，预备党员转正9人。不断强化党风廉洁从业教育和党纪政纪教育，开展第12个党风廉政教育月活动。

队伍建设　陆梁油田作业区组织副科级岗位和机关一般管理人员竞聘会，提拔使用7名科级干部、12名专业技术干部充实到机关一般管理岗位。选聘油田公司级学科技术带头人4名，作业区级7名。全年外派培训88项205人次，内部培训17项781人次。组织参加公司第六届员工职业技能大赛，采油工种获团体第三名，集输工种获二等奖1名、三等奖2名；2名采油工代表新疆油田参加集团公司大赛；在公司三级地质动态分析竞赛中，作业区获团体第三名，7名选手均获油田公司分析能手称号。

企业文化建设　陆梁油田作业区培育形成热爱陆梁、奉献陆梁、崇尚科学、追求卓越的陆梁精神，编辑出版《辉煌陆梁》、《企业文化手册》和《沙漠高效油田企业文化发展战略研究》。强化学习型企业建设，组织"学习在石油·每日悦读10分钟"全员读书活动。开展"热爱伟大祖国，建设美好家园"等主题教育活动。积极宣传作业区的业绩，配合完成中央电视台新闻宣传片和《相约演播室——陆梁行》的录制，提升作业区的知名度。召开第四届党建暨思想政治工作研讨会，取得各类成果29项。

维稳工作　陆梁油田作业区开展国防教育、军事训练和拥军慰问等活动。认真落实"一岗两责"，抓好"三防"工作，强化安保防控，制定世博会期间安保防恐和维稳信访实施方案。成立护厂队，组织重点部位巡查560次，盘查外来人员1 286人次、车辆568车次。强化警企联合，共同开展专项整治行动6次，实现零发案。

工青妇工作　陆梁油田作业区工会广泛开展劳动竞赛、技能比武、提合理化建议等活动，确立竞赛项目16项，挖潜2 307万元。认真履行维护职能，抓好企业民主管理，收集整理各类提案33条，立案31条，立案率93.9%。共青团开展单井增产，青年争先等主题活动，促进青年成才。女工组织开展女工素质提升工程，评选市油田女工文明示范岗1个、女工建功立业先进个人1名。组织首届"健康杯"羽毛球赛、迎新春棋牌赛等各类文体活动12项，1 100人次参加，丰富员工业余生活。

生活服务　抓好公寓建设管理，完成公寓办公区的搬迁，员工的工作环境和条件进一步改善。倡导健康向上的生活理念和生活方式，合理调整饮食结构，提高餐饮服务质量。强化公寓管理，开展文明宿舍管理活动。抓好环境绿化美化工作，作业区获自治区绿化先进集体称号。努力为员工办实事，办好事，看望慰问伤病员工34人次。（周　朋）

【获得荣誉】　2010年，油田公司陆梁油田作业区主要获得以下荣誉：油田公司"十二五"规划编制工作先进单位；油田公司安全生产、环境保护先进单位；油田公司财务管理工作先进集体二等奖；油田公司节约挖潜、降本增效劳动竞赛先进单位；油田公司节能工作先进单位；油田公司油水井三级地质动态分析优胜单位；克拉玛依市平安单位。作业区工会获2008～2009年度克拉玛依市、油田模范工会；作业区团委获克拉玛依市、油田五四红旗团委；油田公司单井增产、青年争先优秀组织单位；石南采油站获集团公司先进集体；陆梁采油站党支部获油田公司先进基层党组织；石南21集中处理站工会获克拉玛依市、油田模范职工小家；自动化中控室获新疆油田先锋号称号；石南采油站地质资料岗获克拉玛依市、油田2009～2010年度女职工文明示范岗；陆梁集中处理站团支部获克拉玛依市、油田五四红旗团支部。

霍进被评为集团公司劳动模范、集团公司2008～2009年度安全环保先进个人、自治区质量管理小组活动卓越领导者；周光华被评为油田公司有突出影响的安全环保管理者；陈伦俊、单朝晖、姬承伟被评为油田公司"十二五"规划编制工作先进个人；丁涌被评为2008～2009年度克拉玛依市、油田优秀工会干部；朱新平被评为油田公司节能工作先进个人；李长虹被评为2008～2009年度石油工程造价管理先进个人；舒静被评为克拉玛依市、油田2009～2010年度女职工建功立业先进个人；潘忠、单朝晖、初春生、谭建华、刘建东、谭星平、王永昌、张永利被评为油田公司节约挖潜、降本增效劳动竞赛先进个人；石小娟、辛丽霞、刘风江、王杰、杨志国、杨志强、孟凡宾被评为油田公司油水井三级地质动态分析能手；井银被评为克拉玛依市、油田优秀团委书记；利楠被评为克拉玛依市油田优秀团干部；赵波、李新建、徐浩天被评为克拉玛依市、油田优秀团员。（周　朋）

油田公司风城油田作业区

【领导名单】

党委书记、经理：马国安

副经理：李纪国、樊玉新

党委副书记、纪委书记、工会主席：王鑫

副经理、安全总监：陈陆建

总地质师：何周

【基本情况】　截至2010年底，新疆油田公司风城油田作业区管辖风城、乌尔禾、夏子街3个主力区块，18个稀油开发单元和4个稠油开发单元，管辖面积248.3平方千米，生产战线128千米。拥有探明石油地质储量18 954万吨，其中稀油12 866万吨、稠油6 088万吨。动用地质储量9 298.84万吨，占探明储量的49%，其中稀油7 545.84万吨、稠油1 753万吨。累计动用可采地质储量1 830.49万吨，剩余可采地质储量2 996万吨。截至12月，作业区下设7个职能科室、4个直属机构、6个基层单位，用工总量1 086人，其中女员工439人，民族员工291人，管理及专业技术人员280人。（仇发全）

【主要业绩指标完成情况】　2010年，油田公司风城油田作业区生产原油100.024万吨，完成计划的105.95%；生产天然气8 711万立方米，外输天然气7 778万立方米；滚动勘探新增探明石油地质储量1 004万吨；实际发生操作成本84 977万元，单位操作成本14.19美元/桶，成本控制在考核指标范围内，预算考核节约22.4万元。作业区连续5年实现零事故、零伤害、零污染的安全环保目标。（仇发全）

【勘探开发】

滚动勘探　2010年，油田公司风城油田作业区以潜在油气资源为突破口，采用三维地震精细解释、二次测井解释及油藏地质综合研究等技术，做到整体规划，重点解剖，逐步落实，开展乌夏断裂带油气藏滚动评价研究、老井利用及恢复试油方案和新增探明石油地质储量计算等研究，滚动勘探效果显著。全年实施老井利用及恢复试油9井9层，获工业油流7井7层，累计增油2 500吨。同时在乌118井八道湾组、乌109井三工河组获2个突破性发现；在乌33井三叠系油藏扩边、夏50井克上组、夏58井八道湾组取得3个新进展；新增探明石油地质储量1 458万吨，其中1 004万吨通过股份公司审查。

老区精细开发　风城油田作业区遵循夯实基础、提升水平的管理理念，以油田公司稳定并提高单井产量及油田注水基础年为契机，大力夯实油田稳产基础，乌5井区注采结构调整、乌33井区精细注水、重检3井区底部隔水等工作成效显著；大力实施油井增产措施，稀油油田实施返补层、压裂等措施45井次，增油8 993吨；稠油区积极推广优化注汽，老区递减得到有效控制。

产能建设　风城油田作业区健全产能建设管理办法，建立协同工作环境，协调新区钻井与老区注汽关系，减少配钻影响；充分利用老区富余汽量，加快投产进度；协调水处理站、配汽站、施工队伍等配套资源，安全抢投抢建；克服钻井、地面建设滞后等不利因素，产能贡献率大幅提升。全年新投油水井271口，建产能26.25万吨，累计产油14.52万吨，产能贡献率47.8%。（仇发全）

【经营管理】 2010年，油田公司风城油田作业区经营管理更加规范。一是完善管理制度，提高预算执行力。修订预算管理办法和工作制度，强化成本管理，积极化解成本压力，确保完成预算目标。突出降本增效，分解预算指标。定期开展预算执行情况分析，及时反馈信息，确保预算受控。与各单位签订业绩合同，与季度考核挂钩，奖惩分明，提高预算执行力。全年预算执行率100%。二是规范管理流程，提高内控管理水平。作业区围绕夯实基础，提升水平管理理念，以公司开展的基础管理建设工程为契机，加强内控体系建设，不断提高企业管理水平。进一步完善运行机制和监督机制，完善内控体系建设和ERP系统上线运行，做到各项工作受控运行。进一步规范岗位工作流程，修订岗位规范及考核标准，做到内控体系建设与企业管理目标一致，推动经营管理走向规范化、精细化、科学化。三是加强工程项目管理，提高投资管理水平。作业区根据油田公司公司项目管理要求，对工程建设项目成立项目经理部或项目组，明确项目负责人，并对工程项目的工期、质量、安全环保和投资承担责任。全年完成夏子街转油站改造等老油气田改造项目12项，重32井区地表汽窜治理等安全隐患治理项目5项，机电系统技术改造等节能项目2项，乌尔禾前线生产基地倒班公寓配套系统建设等辅助工程4项，完成投资2.42亿元，完成公司下达投资计划的99.38%。（仇发全）

【安全生产】 2010年，油田公司风城油田作业区加大安全管理力度，连续5年实现安全生产无事故。一是严细管理，夯实HSE基础管理工作。作业区深化安全、环保、职业卫生、井控、应急等基础管理工作。开展全员风险辨识，落实重点风险管理控制措施，保障各类施工作业和特殊、重点时期的安全生产；环保管理与区域特性紧密结合，保证农田、景区、河道区域环保措施有效；职业危害场所检测及防范措施到位。二是制定预防预案。制订作业区突发事件总体应急预案及15个专项应急响应预案，开展各级应急演练35次。三是促进HSE表现水平上台阶。作业区努力做好五项工作，即安全生产制度完善、细化，开展操作卡的评审修订及两书一表的编制工作；员工安全教育培训，开展HSE知识教育等内容的安全知识培训27批次，累计受教育人数1 520人次；现场安全监督管理，开展各类监督97次，作业区及承包商违章数量分别比上年下降68.4%和54.5%；HSE管理工具推广应用，施工项目“五交底”、安全经验分享、作业许可审批制度有效执行；承包商管理，承包商执行统一HSE标准有效落实。（仇发全）

【员工培训】 2010年，油田公司风城油田作业区不断完善培训机制。不断推进“三支队伍”的建设，进一步完善培训机制、规范培训层次管理，全面实施教育培训工程，主要呈现“三新”工作特点。一是培训环境有新的改善。作业区建成投用集输工种员工培训基地、员工电教室和培训教室。二是培训实用性有新的亮点。作业区民族职工培训务实有效，以理论学习为主导，以派外轮训为辅助，以民汉结对、发放教材、季度考试等为手段，不断提升和巩固少数民族职工汉语表达能力；自主培训覆盖面广，全年开展自主培训219期，4 134人次；各单位优选技术力量强、工作经验丰富的技师、高级技师，自发组成培训团，利用业余时间，开展技能鉴定前的理论和实际培训。全年技能鉴定合格率74.16%。三是培训模式有新的突破。举办技术大讲堂12期，共计1 291人次参加培训；以季度抽考为平台，全面检验员工的综合素质，不断提升员工整体技能水平，员工抽考率97%以上，平均成绩80分以上；举办第三届职业技能竞赛，60名选手参加2个工种6个项目的比赛，其中24名选手在比赛中获得优异成绩。伏宝坤、马平原分获油田公司第六届技能大赛采油工种二、三等奖，游梁式抽油机调平衡获得团体第二名。（仇发全）

【精神文明建设】

党建工作 2010年，油田公司风城油田作业区不断夯实党建基础工作。一是根据作业区关于创建标准化党支部的通知精神，党委组织部门通过阶段工作检查，标准化支部工作验收。设立党建园地，创新党建活动载体，加强支部间的交流沟通。创建作业区级标准化党支部2个。二是作业区党委制定创先争优工作方案，方案紧密围绕“四强”“四优”创建目标，明确作业区党委以争做增储上产先锋、争做科学管理典范、争做文明企业示范、争做履行社会责任楷模、争做党建工作旗帜为活动主题的工作思路，在基层党支部和党员中大力开展党员责任区、党员身边无事故、争创党员先锋岗、争当党员先锋活动，进一步推进基层党组织建设。

惩防体系建设 风城油田作业区严格执行党风廉洁从业建设责任制，制定党风廉洁从业和惩防体系建设工作计划。以《廉政准则》为重点内容，通过中心组专题学习并撰写心得体会，组织党员干部知识答题、展板宣传、辅导讲座等活动加强两级班子党风党纪教育。召开惩防体系工作推进会，分解47项具体任务；开展企检共建系列活动；落实工程建设领域突出问题专项治理工作和效能监察工作，分析整改问题23个，开展招议标现场监督180多项，有效提升作业区精细化管理水平。开展每月学习1案例、警示基地与法庭现场教育、家庭助廉承诺等多种形式的反腐倡廉教育，涉及党员干部、家属和关键岗位人员共计521人次。

企业文化建设 风城油田作业区认真开展民族团结年以及形势、目标、任务、责任和“热爱伟大祖国，建设美好家园”等主题教育，组织百万吨庆典文艺演出、相约演播室、慰问演出等文艺活动，开展篮球、乒乓球、羽毛球比赛等体育竞技活动，唱响《风城石油人》之歌，持续推动作业区企业文化建设。

工青妇工作 风城油田作业区切实维权，保障职工权益，加强民主管理，推进厂务公开，深入开展节约挖潜，降本增效劳动竞赛和创建“五型班组”活动，大力实施扶贫帮困送温暖工程，举办丰富多彩的文体活动，形成人企和谐、安定团结的良好局面；贯彻落实计划生育基本国策，关爱女职工身心健康；扎实开展安全风雨十周年活动。以青工意识教育为主线，以企业安全文化为载体，通过开展一封安全家书、安全故事征文、演讲比赛、安全环保摄影展等文化活动,影响和激励青工加入到安全环保生产行列中。

维稳工作　风城油田作业区围绕世博会安保、信访稳定工作部署,加强领导干部值班、检查和联系制度,落实重点要害部位安保防范工作;加大科技投入,落实重点要害岗位人防、物防、技防措施;加强应急预案管理,提高作业区应对突发事件的能力;加强油、地、兵联防建设。通过各项工作的落实和开展,作业区油田保卫工作不断加强。（仇发全）

油田公司采气一厂

【领导名单】

厂长、党委副书记:唐伏平

党委书记、副厂长:张辉(12 月任职)

副厂长、安全总监、总工程师:柳海

副厂长:居来提·司马义

总会计师:钟晓虎

总地质师:石新朴

【基本情况】　2010 年,新疆油田公司采气一厂主要从事准噶尔盆地天然气开发与管理工作,是新疆油田公司唯一专业化运作的采气厂。至年底,有机关科室 8 个、直附属单位 5 个、基层单位 9 个。共管辖 5 个气田,分别是准噶尔盆地腹部的克拉美丽气田、莫索湾气田、南缘的玛河气田、呼图壁气田、盆地西北缘的五八区气田。全厂累计探明气藏 17 个,投入开发 12 个,探明天然气地质储量 1 841.35亿立方米,动用储量 972.13 亿立方米,可采储量 666.54 亿立方米,储量动用程度 52.8%,采气速度 2.35%,累计产气 146.22 亿立方米,采出程度 14.95%,可采储量采出程度 22.07%,储采比 23.7,管辖气井 75 口。截至年底,有员工1 012人,在岗职工 931 人。其中女职工 353 人,民族职工 116 人;管理与专业技术人员 314 人,操作人员 617 人,其中高级技师 17 人、技师 59 人。职工平均年龄 36.9 岁。（王世朝）

【主要业绩指标完成情况】　2010 年,油田公司采气一厂生产天然气 23.33 亿立方米,生产原油 20.5 万吨,油气当量 215 万吨;新建气井生产能力 2.7 亿立方米;油气单位操作成本 2.45 美元/桶,控制在公司考核指标之内;全面完成年度安全环保指标,连续 5 年获公司年度安全生产先进单位,企业基础管理水平显著提高,获总经理嘉奖令和集团公司先进集体称号。（王世朝）

【气田开发】　2010 年,油田公司采气一厂以高效开发为重点,以提高采收率为目的,工作重心由产能建设为主,转变为管理上水平,队伍提素质,科研重实效,实现气田开发老区硬稳定、新区快上产。天然气生产比上年增加 1.6 亿立方米,增长 7.8%。

油气评价　采气一厂取得 1 个重要发现、获得 1 个新成果、取得 3 个新进展:通过对中拐 - 五八区三叠系 - 石炭系滚动评价和攻关,在克 021 井石炭系夺取了滚动勘探评价 1 个重要发现,并由此获总经理嘉奖令;在中拐凸起克 029 井乌尔禾组油藏获 1 个新成果,落实原油地质储量 200 万吨。天然气方面,在滴西 14 井区梧桐沟、八道湾组和滴西 12 井区呼图壁河组滚动评价取得 3 个新进展,落实天然气地质储量 45 亿立方米。

气田精细化管理　采气一厂按照瞄准瓶颈、分类研究、精细管理的思路,建立科学经营气藏模式,分类制定区块管理措施,新气田以落实地质构造、分级管理气井、科学调配气量为主,老气田开展整体开发调整,延长开采期限。初步落实主力气田的开采特征和生产规律,切实保障天然气采、净、输各个环节的安全平稳运行。

产能建设　采气一厂组织为期 60 天的克拉美丽气田产能建设大会战,牢牢把握上产主动权。全年完钻新井 13 口,形成日产能力 100 万立方米,建成产能 3.3 亿立方米。

增气工程　采气一厂按照落实储量、开发调整、满足负荷、减缓递减的思路,对 11 口停关井采取补孔、压裂、维修等增产措施,形成 35.5 万立方米生产能力,进一步巩固了稳产基础。

调度管理　采气一厂对地质产量、工艺参数实行季配月调,严格执行调度指令,保证平稳运行和供应。提早部署防洪、防汛、防冻工作。加强管道和探井的普查、巡检,组织《石油天然气管道保护法》的宣传普及,提升周边政府、居民管道保护的意识。

重大项目管理　采气一厂实行重大项目集体作战、中小项目各自为战。抓住夏秋有利时机,采取轮站作业方式,有计划地完成 9 套处理装置检修和玛河气田地基下沉等工程。比计划提前 11 天,增加供气量2 500万立方米。（王世朝）

【经营管理】　2010 年,油田公司采气一厂延伸生产经营一体化成果,进一步推进各项工作标准化、系统化和规范化。一是抓好基础管理。按照专业化、一体化管理思路,落实“三控一规范”要求,调整安全环保科、技术监督站的职能,合并采气研究所和工艺研究所,达到整合资源、提升实力的目的。基本形成新疆油田采气行业技术监督专业涉及的质量、计量、监督、标准化发展思路。二是抓好科学规划。把科学规划作为业务发展的切入点,注重理清思路和整体布局,历时 2 年时间编制“十二五”发展规划,被评为公司规划计划先进单位。三是抓好整章建制。编撰并印发《采气一厂规章制度汇编》,收录采气行业制度 90 项,梳理流程 226 项,形成新疆采气首部专业化管理制度,推动各项基础工作程序化、规范化和法制化。四是抓好降本增效。研究实施减少注醇量和增加富气回收等 10 个重点项目,实现节约挖潜 1 395万元。（王世朝）

【安全环保】　2010 年,油田公司采气一厂坚持环保优先、安全第一、质量至上、以人为本的理念,通过做好安全管理、安全监督、安全技术、安全培训 4 篇文章,开展安全生产风雨 10 周年活动,连续 5 年被评为公司级安全生产先进单位,实现连续 13 年无安全生产重大责任事故。一是抓好安全管理。实现 HSE 体系全覆盖。修订并发布 B 版 HSE 管理体系文件,形成“1 + 17 + 21”应急预案模式,完成体系审核和管理评审,推广 HSE 管理工具和方法应用,不断提升安全管理水平,HSE 体系运行管理受到集团调研组的肯定。二是抓好安全监督。成立 QHSE 监督室,实行监督人员派驻制,使监督检查更加及时到位。按照属地管理、同等对待原则,把承包商纳入 HSE 体系管理和培训范畴,统一管理,统一考核,全年没有发生因严重违章被责令停工和安全责任事件。三是抓好安全技术攻关。组织开展高压气井安全技术等 8 项课题攻关,应用 HAZOP 分析方法等先进工具,切实提高气田装置的安全性和可操作性。6月，发起并举办天然气安全环保技术研讨会，来自大庆、吉林、西南等单位的100余名专家、学者与会学习交流，达到扩展思路、提高水平的目的。四是抓好安全培训。在全厂范围内开展三大系统联合实战应急演练及员工应急能力考核，一线员工覆盖率74%，全年组织应急演练和桌面推演517次，安全培训3 612人次，提升了员工自我保护意识和班组应急处置能力。

（王世朝）

【科技攻关】 2010年，油田公司采气一厂针对火山岩和凝析气藏的高效开发，展开综合性、多学科技术攻关。一是紧紧围绕生产需要和技术发展方向，全年开展26项课题攻关研究，其中公司级项目16项，完成新技术推广项目3项，获公司级以上科技进步奖3项，申报国家专利18项，实现科技增气2 100万立方米。二是在数字气田建设的基础上，进一步提高装置自动化水平，开展注醇自动化、高压高产气井远程调压调产、轻烃自动装车的技术研究。率先开展智能气田规划研究，基本完成准噶尔盆地气田监控中心的设计方案。三是针对气田生产中的技术难题，全力组织攻关，开展高密度无固相压井液、水平井分段压裂等井下工艺技术的消化吸收和现场实施，取得良好效果。四是组织天然气引射装置和防砂节流器等工艺的现场应用，提升气田开发效果。“中拐凸起滚动勘探方向及目标评价”获公司科技成果一等奖。

（王世朝）

【员工培训与干部交流】 2010年，油田公司采气一厂实施员工大培训工程，管理人员采取内培训外调研、写职业规划、下基层工作实习的方式，突出抓好作风和能力建设；技术人员通过研讨会、技术课、送院所学习、跟进重点项目等方式，提升技能素质和创新能力；操作人员通过技能竞赛、应急演练、技能培训等，进一步提升履行岗位职责的能力。全年组织内外培训666人次。举办第二届职业技能竞赛和气井三级地质动态分析比赛。10月，在油田公司油水井三级动态分析竞赛中，获团体第一、两个单项第一。实施机关、基层、研究单位干部交流制度，推进干部轮岗、交流和公开选拔，其中公开竞聘上岗3名中层干部，平均年龄30岁。

（王世朝）

【精神文明建设】

创先争优活动 2010年，油田公司采气一厂以“创先争优树一流，天然气开发当尖兵”为主题，围绕四个方面开展工作，即围绕创建学习型企业，改进作风创先争优；围绕凝心聚力促发展，促进转型创先争优；围绕关心员工、主动服务创先争优；围绕提高干部素质、争做表率创先争优。通过开展“三不让、四关爱”、组织互助组解决员工困难、开展机关部门干部下基层工作实习活动，使活动更加深入有效。

党建工作 采气一厂进一步完善基层党组织四好领导班子、标准化党支部创建和加强基层党的建设的一系列规章制度，使基层党组织工作更加规范化、制度化、程序化。其中3个支部获得公司级标准化党支部，有6个支部达到厂级标准化党支部考核标准。

企业文化 采气一厂普及发展理念、统一员工思想、规范员工行为，重点突出打造国内一流采气厂主题。厂围绕青工成长提出“我与气田共成长”实践主题；围绕民族团结工作提出“同干采气事、同是一家人”实践主题；围绕企业文化建设，全力塑造新疆采气、争气增气的文化品牌；通过编写《我与气田共成长》，举办演讲比赛、抢答赛、文艺汇演进气田等系列活动，塑造深入人心的特色品牌。

纪检监察 采气一厂按照突出预防，保护干部，维护企业的思路，着力营造崇廉尚勤的廉洁文化，狠抓源头治理、学习教育和效能监察3个方面，采取发放廉政挂历、一周一警示片、到乌鲁木齐第三监进行警示教育等方式创新开展教育；结合“8个禁止”、“52个不准”，副科级以上干部撰写心得体会；进一步规范驻外气田资金管理和凝析油拉运管理程序。

工会工作 采气一厂积极构建和谐劳动关系，维护职工合法权益。一是推进企业民主管理，召开职工代表联席会议，加大厂务公开力度，指导基层单位自主召开职工（代表）大会，使企业重大事项和决策中都能听到职工意愿。二是常态化开展送温暖活动，全年慰问一线职工384人次、住院职工72人次。三是丰富员工文体活动，相继开展健身操大赛、篮（排）球赛、气田巡演等，展示新疆采气人风貌。

共青团工作 采气一厂以“我与气田共成长”为主题，积极打造“六化”团组织。认真落实党建带团建责任，全力打造品牌团支部，通过参与组织克拉玛依市水节部分活动，开展“平安气田杯”安全知识抢答赛、采气一厂桌球比赛以及写春联、青年志愿者大手拉小手、关爱残疾人等活动，不断提升共青团服务企业生产经营、服务青年成长成才的能力。

女工工作 采气一厂组织女工开展巾帼建功、班组建设等实践活动，修订和完善厂女职工委员会工作制度等，开展技能培训、岗位读书、趣味体育活动，推动女职工整体素质的全面提高。

基层建设 采气一厂认真贯彻落实《新疆油田公司基层建设实施细则》，组织召开“五型班组”交流会，推动生产一线和辅助单位创建活动同步开展，“五型班组”创建率93%。

信访工作 采气一厂实现由积极稳控向主动化解转变、由突发应急向提前研判转变、由记录台账向总结经验转变、由宣传政策向“事要解决”的4个转变，有效推动退岗家属补费参保工作，全年接待来信来访78起，回复率、处理率100%，有效化解大部分上访人员在子女就业、基地搬迁等方面的矛盾。

维稳保卫 采气一厂层层落实维稳责任，通过夯实思想根基、执行领导值班、细化应急预案、落实防控措施、做好油地协作，充分利用全员防护、日常巡逻、油地联动、警企联手防范网络的作用，共同维护稳定环境，完成安保维稳任务。

基地关闭 采气一厂按照推进基地关闭、规划办公场所、建立指挥中心的原则。基本完成基地关闭主体工程，员工喜迁新城区。

和谐共赢 采气一厂组织3场油地共建座谈会、3场合作企业业务交流会，强调与地方政府和合作企业的沟通协商、共同发展、互利共赢，以取得长期的理解、信任和支持。

（王世朝）

【获得荣誉】 2010年，油田公司采气一厂主要获得以下荣誉：集团公司先进集体，股份公司天然气开发先进单位，自治区安康杯竞赛先进单位，自治区无线电管理先进单位，保持自治区精神文明单位，盆5天然气处理站获自治区级青年文明号；油田公司公司总经理嘉奖、油田公司规划计划先进单位、油田公司油水井三级地质动态分析竞赛团体第一名、油田公司安全生产先进单位、油田公司环境保护先进单位、油田公司节能节水先进单位、油田公司劳动竞赛先进单位；克拉玛依市、油田模范工会，克拉玛依市、油田民族团结进步模范单位；油田公司厂务公开先进单位、通信报道先进单位；克拉玛依市、油田模范女职工委员会，克拉玛依市、油田维稳调研成果暨维稳典型事例征集优秀组织单位、油田公司财务管理工作三等奖。“地面工程标准化设计与推广”获油田公司优秀开发项目一等奖；“采气一厂‘十二五’业务发展规划”获油田公司规划优秀成果一等奖；厂团委获油田公司单井增产、青年争先活动优秀组织单位；风雨10年、祝您平安活动油田公司优秀组织单位；玛河采气作业区、呼图壁天然气处理站获新疆油田先锋号称号；呼图壁采气作业区获油田公司安全生产风雨10年突出示范作用基层站队。

唐伏平被评为油田公司安全生产风雨10年有突出影响的安全管理者；汪学敏被评为油田公司安全生产风雨10年有突出贡献的安全环保工作者；库尔班江·阿不都克里木被评为集团公司劳动模范；解永海被评为自治区重点工程劳动竞赛先进个人；聂绍敏被评为克拉玛依市三八红旗手；赵菊红被评为油田公司优秀工会干部；张有兴获油田公司油水井三级地质动态分析井组第一名；金科宏获油田公司单井分析第一名；王玉获油田公司井组分析第二名；李波获油田公司区块分析三等奖；向梦、李玉东获油田公司单井分析三等奖；刘钦峰获克拉玛依市首届蛙游比赛男子组50米第一名。（王世朝）

油田公司油气储运公司

【领导名单】

党委书记、纪委书记、工会主席：古鸿飞
经理、党委副书记：孙建刚
副经理、安全总监：赵文峰
副经理、总会计师：张靖国
副经理：卡德尔·哈米提
总工程师：汪开雄

【基本情况】 截至2010年底，新疆油田公司油气储运公司管线总里程3 788千米，年输油能力1 500万吨，年输气能力120亿立方米。公司有16个输油、输气站（队），10个辅助生产单位，7个科室。有员工1 025人（含内退员工47人），其中管理与专业技术人员314人、操作与服务人员711人；民族员工213人；党员415人。全年实现安全、环保重大责任事故为零的目标。加强思想政治工作和党风建设，保持职工队伍的稳定，及时消除各种不安定因素，完成油田公司的各项业绩指标。（高　原）

【主要业绩指标完成情况】 2010年，油田公司油气储运公司输送原油1 370万吨，销售原油1 068万吨，销售天然气31.9亿立方米。原油周转35.9亿吨千米，天然气周转4 690亿方千米，成品油中转134万吨。原油自用及损耗率0.43%，天然气自用及损耗率0.67%，原油外销含水率0.19%。上缴利润2.51亿元，上缴管理费1.2亿元。油气单位管道营运成本14.62元/吨，应收款项余额控制在1 500万元以内。管道有效保护率94.5%、设备完好率99%。（高　原）

【基础设施建设】 2010年，油田公司油气储运公司立足长远，大力推进油气储运基础建设。实施固定资产投资项目9项，总投资4.79亿元。部分重点工程进展顺利。一是王家沟油库储罐及公用工程建设。项目共投资6.78亿元，于4月2日复工，原油储罐建设已经全面完工。二是701油库安全技术改造工程建设。项目投资1.2亿元。包括对701油库的现有工艺、消防系统、污水处理系统进行改造。统一规划全站管线和线缆，合并站内配电间，对电气、仪表及自动化控制、通信、水暖等配套系统进行设计改造，大幅度提升701油库的原油储运水平、安全环保水平、自动化运行水平。三是夏～百输气管道安全技术改造等4项重点工程。为满足风城油田的开发需要，油田公司批准对九区一级配气站进行扩建、对百～电输气管道进行安全技术改造、对夏～百输气管道安全隐患进行整改、对乌尔禾～风城输气管道进行大修改造，线路总长56千米，四个项目总投资9 589万元。四是王家沟门站工艺改造工程。项目投资1 540万元，包括新建联络线过滤、调压和计量装置；对原有站控系统进行扩容；建设视频监控和周界防范系统。项目完成后可解决乌鲁木齐地区天然气供应量不足的问题，提升王家沟门站的自动化控制水平，强化安全防范。五是夏子街天然气增压站新建脱水装置及站区安全完善工程。项目投资1 636万元，包括新建脱水装置、过滤器及配套工艺设施；并配套建设供配电、仪表、水暖、消防等系统。六是输油气管道违章建筑物及根深植物拆迁。全年下达投资2 060万元，主要完成剩余的1.2千米管线的施工及收尾，以及克拉玛依辖区内输油气管道违章建筑物及根深植物的拆迁。全年安排大修理项目47项，总体维修费用4 032万元，分步对站区工艺、设备设施、管线储罐、自动化系统等进行维修维护。七是维修改造704站、705站、706站、四泵站、六泵站老公寓，进一步改善职工生活质量。（高　原）

【安全与环保】 2010年，油田公司油气储运公司进一步提升健康、安全与环境管理水平。一是围绕油田公司安全生产10周年活动要求，公司组织开展系列活动。各级领导带头分享安全经验，有效落实个人安全行动计划，积极开展安全征文。分岗位、分专业、分层次开展HSE培训。通过公司领导授课、专家授课等方式强化培训15项HSE标准、承包商考核办法等内容，共开展培训6期，培训269人。二是准确传达集团公司视频会议精神，认真落实油田公司安保工作要求，全面落实有感领导、直线责任、属地管理理念。公司审批下发《安全环保考核办法》、《承包商绩效考核办法》等8项管理制度，进一步明确所有生产、生活站点的管理责任。三是进一步加强安全监督管理工作，开展交通安全、承包商管理、作业许可管理、食堂食品管理等14个专项监督。全年开展动火作业、有限空间作业等危险性作业现场旁站监督323次，发现并督促整改安全隐患220项。四是全面梳理应急体系，陆续修订、完成公司总体应急预案、22个基层应急预案、17个专项预案的审批工作。在基层同步开展培训，促进应急管理水平整体提高。五是深入推进隐患排查专项治理活动。积极动员、组织开展第二轮清洁生产审核工作。六是进一步强化作业许可管理。逐条讲解、学习、贯彻“七项许可作业”实施细则，及时梳理存在问题，确保实施到位。七是针对季节气候特点，公司全面制定并落实夏季防暑、冬季防冻措施，杜绝疲劳作业，全面强化交

通安全管理。（高　原）

【生产运行管理】 2010年，油田公司油气储运公司全面强化生产运行管理。一是在原油运行方面，严格按输油气运行方案组织生产。认真开展分析和预测工作，合理调整工艺参数，提高设备运行水平。做好各种油品的调配，确保均衡输送。积极做好百重～92号站、百克线、三化线、北十六线、克独线等重点管线的分析、监控及加剂运行管理。高度关注加热炉的运行管理、电力系统的维护保养。突出抓好克乌线自动化系统的运行管理和分析总结。为确保独山子—克拉玛依—乌兹别克斯坦—哈萨克斯坦油反输线的均衡输送，满足西部管道的冬季运行要求，公司加大与独山子石化公司、西部管道公司的协调力度，灵活调配油品和输量，确保哈萨克斯坦油安全、平稳输送。全面开展节能降耗工作，通过管线清管、平衡输送、越站运行、躲峰用谷等措施，有效提高了管输效率。二是在天然气运行方面，随着新疆油田自产配气量的不断攀升以及西气东输二线北疆联络线全面贯通，促使天然气环网总配气量大幅度跃升。公司针对现状，严格执行计划，高度关注变化，加强输气管网、工艺设备的管理维护，强化清管作业，落实西二线来气的分级调压，确保不出现冻堵。突出对天然气管网的动态分析和灵活调配，加强民用气、油田生产等重点工业用户的保障力度。三是在销售计量方面，进一步完善油气交接计量管理，加强日常维护，完成天然气、原油计量系统检定，确保仪表正常运行，有效实现准确计量。四是在春季防洪方面，针对去冬今春北疆地区连降大雪，给生产管理带来困难的现状，按照油田公司的统一部署，公司对各站点的防洪情况进行排查，确定31个重点防洪地段，制定应急预案，实施驻点排查，建立每日汛息通报制度，对存在隐患的东梁沟等区域进行修复加固，确保春洪期间各条管线的平稳运行。（高　原）

【科技管理】 2010年，油田公司油气储运公司以推行大科技工作思路和建设数字化、智能化油气储运系统为目标，从生产技术、经营管理等方面，全面推进创新工作，广大技术人员的创新能力不断提升，科技支撑作用愈加明显。通过积极做好油田公司重点工程项目、公司维修改造方案及输油气运行方案的编制工作，为各项重点工作的顺利开展做好充分准备。完善和巩固数字储运建设，全面清理生产指挥系统，优化完善功能。完成地理信息数据库填充，突出做好数据采集、自动化系统、电视监控和周界防范系统的检查与维护。大力推进管网优化运行、节能降耗等技术研究。围绕生产难点、热点开展风城超稠油输送工艺研究工作，为风城作业区稠油外输奠定技术支持。（高　原）

【管理体系建设】 2010年，油田公司油气储运公司不断完善各项管理工作。一是全面加强预算管理，进一步细化和完善业绩指标考核体系，实行成本精细化管理，较好的完成油田公司下达的考核指标，各单位能够按照公司业绩考核的要求，有效控制成本支出。油气销售方面，通过优化销售结构，管输盈利能力进一步增强。积极开展节约挖潜、降本增效活动，为实现年度经营指标打牢坚实基础。二是做好天然气推价营业税转增值税的纳税主体调整、合同变更和资金结算的相关工作。三是加强投资管理。积极与上级沟通，推动项目方案审查进度，确保投资及时下达和项目的提早启动。四是强化内部审核，规范管理评审，确保QHSE管理体系有效实施、内控体系建设持续改进、党建及企业文化建设管理体系高效运转。开展ERP系统的完善和维护工作，确保系统的有效运行。五是持续改进“三项体系”管理考核工作，进一步修改完善考核细则，加大网络考核权重，突出精细管理，提高工作效率。六是帮助威龙公司和路通公司合并，组织开展HSE培训，规范承包商行为，引导和提高员工素质，全力助推改制企业做大做强。（高　原）

【治安保卫】 2010年，油田公司油气储运公司为确保安全稳定和输油气管道的平稳运行，全面启动安保防控工作，认真落实“四防”措施，强化应急管理，完善属地责任制，加强重点部位的值勤巡检，积极做好矛盾纠纷的排查化解，开展普法宣传教育，做好重要事件、重大会议期间辖区内的安全保卫工作，确保全年公司各项工作平稳有序。积极发挥企地、企警联防优势，扎实开展油气田及输油气管道生产治安秩序专项整治行动，配合有关部门严打涉油犯罪。积极推进违章占压清除工作，管道安全隐患得到有效治理。开展管道保护宣传，大力宣传《管道保护法》，为管道的合法建设、守法运行、依法保护，全面提升管道保护水平奠定良好基础。（高　原）

【队伍建设】 2010年，油田公司油气储运公司大力实施人才战略，不断完善人才的培养、考评、激励机制，统筹推进专业技术、经营管理、操作技能和安全监督人才队伍建设。一是围绕强基础、练内功、提素质，广泛深入开展形式多样的岗位练兵、技术比赛、“五型班组”创建活动。全面推进学习型企业建设，培育知识型员工。二是充分利用技能培训、自办培训以及外派技术人员到院校和厂家学习等各类培训模式，强化全员素质教育。全年累计完成培训73项，培训958人次。“十一五”期间，共评聘中级专业技术人员79人、高级专业技术人员23人。先后有68人取得技师资格、3人取得高级技师资格。涌现出集团公司劳动模范2人、自治区劳动模范1人，油田公司和公司两级技能专家3人、学科带头人8人、技术能手15人。三是认真落实服务基层、建设基层、发展基层的工作要求，推动节约挖潜、降本增效劳动竞赛向深层次、高水平发展。从优化运行、基础管理和技术创新入手，全年节约挖潜1 600万元，被油田公司评为节约挖潜、降本增效劳动竞赛先进单位。完成油田公司第六届职业技能大赛油气储运赛事。公司12名选手获油田公司技能大赛专业赛区前三名。（高　原）

【企业文化建设】 2010年，油田公司油气储运公司全面打造具有油气储运特色的企业文化。中央电视台“新春走基层”栏目摄制彩石中间站职工周江1天的工作，并在央视新闻频道滚动播出。公司被油田公司授予民族团结进步教育模范单位称号。开展加强作风建设主题教育活动，通过廉洁承诺、专题讲座、案例教育、文化展览等多种形式，持续加强党员干部的思想、组织、作风建设。通过全面推行花园式泵站建设，不断完善办公场所、公寓食堂、文体活动室的服务功能和配套设施，职工生活水平显著提高。（高　原）

石油工程技术服务

生产运行

【油田公司生产运行处领导名单】
处长:姜毅
总监:刘承玉(10月离任)
副处长:吴远纶、张年富、郑学中、成新华

【基本情况】 2010年,新疆油田公司生产运行处内设6个科室:综合科、总值班室、生产运行科、生产保障科、公共关系科、公路运输科,有人员23人。主要负责油田公司生产值班、生产运行、系统保障、公共关系、土地管理、公路运输等日常生产管理和生产协调工作;保证油田公司各项生产运行工作的正常进行;发挥组织、指挥、协调、监督、服务职能,以油气生产为中心,做好油气生产的保障工作,确保公司原油生产任务和经营目标的实现。 (张　勇)

【主要指标完成情况】 2010年,油田公司完成原油输送中转1 440万吨,其中完成哈萨克斯坦原油输送350万吨。西气东输二线天然气下载量3.8亿立方米,天然气调配集输量41亿立方米,比上年增长13.4%;产水5 920万立方米,供水5 780万立方米,减少882万立方米,引水3.5亿立方米,完成6个井区的水源勘探,共打水井10口;发电15.32亿千瓦时,供电20.88亿千瓦时。增长3.1%。自发电1.62亿千瓦时,增长1.1%;旅客周转量10亿人千米。油田公司年发生运输费用5.3亿元,其中上市部分3.2亿元、未上市部分2.1亿元;勘探开发建设共征用土地835宗,面积468.33公顷,征地费用合计1 652万元。其中临时征地416宗,面积315.53公顷,征地费用915万元;长期征地419宗,面积152.8公顷,征地费用737万元。 (熊建平)

【天然气调配】 2010年,油田公司民用天然气累计调配8.91亿立方米,比上年增长27.95%;工业用气累计7.45亿立方米,增长36.4%;油田自用气累计17.22亿立方米,下降0.7%。应对气田装置检修、西二线下载气量、风城508天然气线投运等影响天然气系统运行的情况,确保公司天然气产、供、用的运行平稳。 (张金生)

【天然气管理】 2010年,油田公司完成26套天然气处理装置检修工作,对检修方案及期间生产运行进行优化。由于玛纳斯河和克拉美丽气田装置检修期间,天然气管网系统压力明显不足,协调西二线下载天然气200万立方米/日,确保北疆天然气管网的平稳运行。天然气装置检修从4月初开始,到9月结束。采油二厂的3套天然气处理装置轮流检修时会有部分油田伴生气放空,为减少天然气放空量,运行处启动已停用的直径426毫米输气管道,输送采油二厂的油田伴生天然气至六区供稠油热采和电厂使用,至年底,该工艺已完成。电厂已投入使二厂低压气,冬季二厂低压气量减少,重油热采计划明年开春后使用该天然气。西二线从采用临时联络线进行投产,供气能力低,供气线多次出现冻堵现象,为满足需要,2月增加加醇装置,提高天然气下载能力。北疆民用气和工业用气的大幅增加,生产运行处组织完成对北疆天然气输配管网系统进行调整改造,提升关键站点的压力等级。11月2日,由生产运行处组织采气一厂、油气储运公司等相关单位进行西二线天然气下载量增加到400万立方米/日的测试,下载瞬时量达到计划量16.6万立方米/小时,系统压力和天然气出口温度都保持在正常运行范围之内,测试取得成功。西部管道西二线从昌吉分输站通过北疆联络线向新疆油田公司环网已具备大输量供气的能力。 (吕　新)

【信息化建设】 2010年,油田公司积极做好油田生产指挥系统2.5版的升级工作,实现油田生产指挥系统按专业划分,加大图示化应用功能,突出油气田生产运行效果分析。油田生产指挥系统逐步向实用、准确、综合、快捷的方向发展,提高了生产运行信息化、智能化管理水平。 (陈文广)

【水源勘探及供水管理】 2010年,油田公司完成陆151、车排子、准东水源地、滴西12、彩9、石河子将军山等6个井区10口水源井的钻井及配套任务,完成进尺4 450米,完成投资1 000万元。供水公司产水量5 920万立方米,全年售水5 780万立方米,保障克拉玛依、油田公司居民生活、生产用水需求。为保证供水需求,维修保养部分引水渠道,大修渠道13.5千米,换渠道底板、边板4.8千米,维修渠道涵洞、过水桥、新建管线7.8千米,抢修改造各类管线3.5千米。第五净化水厂实现开工建设,完成投资2 000万元。完成调节水库和黄羊泉水库除险加固工作。造林减排1 333.3公顷,节水灌溉项目总投资1 186万元。渠改管项目完成投资313万元。温室维修改造工程已完成并投入使用,已播种21万粒各类蔬菜种子。 (吴清泉)

【防洪管理】 2010年4月,油田公司对油田公司各单位防洪、防汛工作进行检查,并参加克拉玛依市政府组织的对辖区内主要防洪地段的防洪设施检查工作。6月下旬,讨论和审查2010年油田公司防洪方案;8月下旬,施工图设计全部完成;9月,防洪工程方案得以批复,计划投资3 881万元。油田公司在准东、玛纳斯河等4个重点地区防洪投资3 881万元(此部分为跨年工程),其他地区防洪投资800万元,总计4 681万元。(胡钟林)

【电力生产管理】 2010年,油田公司加强重点电力工程建设和电力管理工作。一是建成克拉玛依市区110千伏昆仑变电所输变电工程。工程于4月1日动工,建设规模1 876.73平方米,变电所主变压器容量2×3.15万千伏安,电压等级110/6千伏,工程概算总造价7 103万元。由克拉玛依供电公司项目总负责,11月建成并带电运行。二是建成克拉玛依油区九$_{7+8}$区110千伏变电所35千伏配电室扩建工程。工程投资1 800万元,于2008年9月开工建设,2010年6月9日投产运行,进一步提高供电可靠性和降低电网运行损耗。三是完成风城110千伏变电所及系统配套工程方案设计的准备和上报工作。风城110千伏变电所及系统配套工程是结合新疆电力公司新建的220千伏百口泉变电站,油田公司在此基础上,新建4~5条110千伏电力线路,至年底,该项目已通过集团公司咨询专家的评审。(杨 伟)

【运输管理】 2010年,油田公司切实做好运输管理,确保车辆运输正常进行。一是组织抢险救灾。1月,组织阿勒泰地区抢险救灾工作,出动各类车辆66辆。3月,组织30台设备赶赴和布克赛尔县抢险救灾。4月,组织8辆车帮助牧民牲畜转场。10月,组织石西公路抗洪抢险。二是组织客运公司132辆油田送班车移交中石油运输公司协调工作,给中石油运输公司协调车场、修理厂房、生活点,保证移交后的送班车正常运行。三是监督、检查克拉玛依市区公交班车运行情况。基本完成城市公交车替换中巴车运行。合理协调运管部门、客运公司调整公交线路、班次,增加每条线路的车数,延伸市区公交车线路,所有线路上班高峰每间隔10分钟发一班车,基本解决群众上下班高峰期乘车难的问题。(王再胜)

【路政管理】 2010年,油田公司重点查处挖掘、占用、污染、倾倒沙石料以及超限运输等危害油田公路的行为,确保油田公路的安全畅通。全年组织人员上路巡道213次,巡道里程3 500多千米,收缴道路补偿费125万元。(张舒杰)

【公路管理】 2010年,油田公司做好公路管理工作。一是向集团公司争取1亿元资金计划,对火—彩路、盆5—莫北路大修改造施工作业,同时对乌33油区旅游公路15千米路面进行罩面大修改造,完成大沙河公路12千米公路的大修改造。二是对克拉玛依河道上的23座不同结构类型桥梁分别做检测和荷载实验以及安检评价,完成其中4座重点桥梁的加固改造工作。三是参与克拉玛依部分公路线路的选择,多次深入现场踏勘,组织公路维修。(胡春香)

【公共关系】 2010年,油田公司争取地方政府支持,保证勘探施工用地的顺利征用。一是先后征用油田公司重点探井齐6A井、富参1井建设用地。二是西泉井区产能建设用地采取支付临时用地补偿费方式,在年底进行土地勘测定界,确定用地面积和地类,签订补偿协议,进行用地报批,土地登记。三是做好呼图壁天然气储气库前期建设准备。按照集团公司的要求,新疆油田公司承担呼图壁天然气储气库建设任务。(杨 勇)

【土地管理】 2010年,油田公司将收到的7家改制企业申请变更土地登记的17宗土地情况汇总、整理,形成初步处置意见,组织召开存量土地资产处置领导小组会,讨论处置意见,形成会议备忘录,成为改制企业办理土地变更登记的依据。(努 尔)

【石西公路抗洪抢险】 2010年10月6日,玛纳斯河上游持续泄洪,泄洪总量超过4.5亿立方米,造成克拉玛依段河堤决口,洪水进入克拉玛依—石西沙漠公路23千米处。公路两侧有石—克原油、天然气管道以及电力、通信光缆等线路。险情发生后,油田公司生产运行处立即启动抗洪应急预案,调集施工队伍和机械进行筑坝拦水作业,防止洪水冲毁公路及其他生产设施。组织1 000多人次和20台大型设备,将1亿立方米的洪水阻挡在公路两侧,确保石西沙漠公路的畅通。在抗洪中,抗洪指挥部积极组织实施河道疏通、封堵决口、构筑拦水坝、疏导洪水、垫高路面等一系列措施,保障石西沙漠公路的畅通,完成抗洪保路任务。(段国强)

【自治区石油用地工作联席会议】 2010年8月20日,由新疆油田公司承办的自治区第十一届石油企业公共关系石油用地工作联席会议在乌鲁木齐市召开。自治区经信委、国土资源厅等部委,新疆石油协会、土地协会等行业协会,新疆油田公司、塔里木油田等中石油、中石化驻疆在疆企业等单位参加会议,就如何深入贯彻落实中央新疆工作座谈会精神,全面合理有效地做好石油企业用地和公共关系工作进行探讨。(张 勇 文 博)

工程技术服务

【油田公司工程技术服务处领导名单】

处长:张学鲁

开发钻井总监:周红灯

副处长:王振昌、向瑜章、贾久波(11月任职)

【基本情况】 截至2010年底,新疆油田公司工程技术处设有钻井工程管理科、采油(气)工程管理科、井下作业管理科和综合管理科4个科室,员工17人。正处级干部2人,副处级干部3人,正副科级干部4人。教授级高级工程师2人,高级工程师9人,工程师6人。主要负责油田公司钻井工程管理、采油(气)工程管理、井下作业管理等工作任务;负责工程质量检查监督以及油田新技术、新工艺的推广和使用;负责井控安全管理、安全检查监督以及技术服务等工作。(王济新)

【环保钻井液体系试验推广】 2010年,油田公司相继在车排子地区、滴西12井区、陆151井区、莫北2井区、石南21井区及西泉1井区试验使用环保钻井液体系,共应用35口井,其中在车排子农田地区和西泉环境敏感地区实施23口井,取得良好的效果,为进一步推广应用奠定基础。(邢林庄)

【油田超深井钻探技术】 2010年,油田公司完成西湖1井6 268米的钻探任务。该井位于准噶尔盆地南缘山前冲断带四棵树凹陷西湖背斜构造,在钻探过程中,刷新新疆油田多项钻井纪录,直径508毫米套管下深605米,创造大尺寸套管下深纪录;直径 339.7 毫米的套管下深3 956米,刷新新疆油田 ZJ70 钻机下深纪录;单级固井水泥量达 320 吨,创造新疆油田固井注水泥量最新纪录等。
（邢林庄）

【西北缘二叠系提速试验成功】 2010 年,油田公司针对西北缘二叠系风城组地层钻井速度慢的问题,积极寻求与地层相适应的提速工具及措施,针对风城 012 井的地层岩性特征,优选涡轮钻具 + 孕镶式金刚石钻头的组合,在试验井中3 690 ~ 3 879米应用时,一次入井最大钻井进尺达到 189 米,最高平均机械钻速 1.63 米每小时,比常规的牙轮钻头在本井同井段最大进尺提高 7 倍,最高平均机械钻速 3.5 倍,为乌 - 夏断裂带二叠系钻井提速提供了新的技术思路。
（邢林庄）

【水平井选择性完井试验】 2010 年,新疆油田水平井选择性完井试验进展顺利,在风城超稠油区块成功应用 10 口井,陆 9 井区成功试验 4 口井,为水平井的固完井方式和高效开采提供新的有益探索。
（邢林庄）

【陆东—五彩湾火山岩气藏提高单井产量现场攻关试验】 2010 年,油田公司提高单井产量现场攻关试验形成一套针对火山岩气藏的压裂改造技术,取得较好的应用效果。通过优化施工参数,对含底水气藏射孔高度控制、压裂规模优化,控制人工裂缝高度;优化支撑剂段塞,应用前置液中加入 40 ~ 70 目支撑剂段塞,进一步降低压裂液滤失;优化无固相气井压井液体系性能,研究应用可回收有机盐无固相压井液体系实现气井低伤害压井作业,岩心渗透率恢复率 > 90%。全年现场实施 7 井次(3 口水平井、4 口直井),施工成功率及有效率均达到 100%,平均单井日增气 7.9 万立方米。
（孟祥燕）

【新疆风城油田超稠油 SAGD 开发先导试验】 2010 年,油田公司 SAGD 开发先导试验形成 SAGD 水平井循环预热控制、均匀布汽、举升、动态监测和以 sub - cool 控制为核心的注采参数动态控制等较完整的配套技术,并已实现相关设备研制自主化。至年底,重 32 井区阶段生产时间 13 ~ 19 个月,单井组日产油 20 ~ 24 吨,重 37 井区阶段生产时间 5 ~ 9 个月,单井组日产油 7.9 ~ 26.6 吨,取得较好试验进展。
（栾海军）

【新疆油田红浅 1 井区火驱先导试验】 2010 年,油田公司火驱先导试验进展顺利,初步形成火驱电点火配套工艺、生产动态监测、火线调控、火驱生产井压井和生产管理等 10 项配套技术,其中针对新疆油田浅层稠油特点,研发具有自主知识产权电点火系统,申报专利 4 项。6 月,hH012 井点火,试验 1 期 3 口井点火任务完成;动态监测产出气平均二氧化碳含量 13.5%,一氧化碳低于 0.2%,氧气接近零,呈现出高温燃烧特征。9 月,试验区产量上 15 吨,增产原油达到方案设计目标,处于见效和产量上升阶段。12 月除硫装置投产成功,实现废气达标排放。
（栾海军）

【注水井基础管理】 2010 年,油田公司加强注水井基础管理。大力推广应用以同心集成式、偏心测调细分层注水工艺为主的井下分注工艺,全年实施 232 口,其中同心集成式和偏心分注工艺应用占总井数的 95% 以上。至年底,新疆油田注水井分注井实施分注1 446口井,分注率 45.16%。加大对油田注水井的检管和洗井力度。全年完成检管 581 口,包括新井 161 口井在内的 742 口井全部采用防腐油管,全年应用 42.27 万米。分别在采油一厂、采油二厂、百口泉、准东、彩南等采油厂(作业区)开展现场的带压洗井现场试验,全年完成洗井2 267井次,其中用在线洗井车洗井 605 井次。
（荣垂刚）

【裂缝性、高应力云质储层压裂技术】 2010 年,针对准噶尔盆地西北缘乌夏断裂带二叠系风城组油藏储层岩性复杂、胍胶压裂液体系与地层不配套、储层埋藏深(> 4 000米)和天然裂缝发育等问题,工程技术处组织开展攻关工作,研制酸性疏水缔合物压裂液,将延迟交联技术、复合降滤措施优选、强制闭合快速返排技术和二次加砂工艺的联合应用,在该区域压裂取得明显成果。压裂成功率由上年的 44.4% 提高到 83.3%。沙门 1 井压后日产油最大 45.19 立方米,日产气平均3 000立方米左右。
（孟祥燕）

【超深井压裂工艺】 2010 年,油田公司采用超深井压裂工艺,组织相关单位对西湖 1 井进行压裂改造。在压裂改造中,面临超深(6 139 ~ 6 160米)、地层破裂压力高(140 兆帕)、井温高(140℃)、压裂难度大等问题。经过研究,采用盐酸预处理、压裂液加重、大直径压裂管柱等技术措施降低破裂压力,配合采取支撑剂段塞、选用覆膜陶粒和追加胶囊破胶剂。11 月 30 日,西湖 1 井压裂获得成功,井口破裂压力由预计的 157 兆帕降低到 123 兆帕,加砂压力 93 到 104 兆帕,入井陶粒 35 立方米,砂比 22.9%,支撑缝长 160.1 米,支撑上缝高 84.8 米,支撑缝宽 3.7 毫米,创造了新疆油田压裂施工最深井,施工压力最高,温度最高的新纪录。
（孟祥燕）

【稠油水平井分段完井试验】 2010 年,油田公司为提高稠油水平井段动用程度,组织相关单位在风城油田重 32 井区的水平井进行稠油水平井分段完井、分段注汽试验 9 口井。试验采用高温管外封隔器分段完井,并下入 3 种结构的注采管柱,对 6 口井进行管内注采管柱工艺试验。至年底,已完成第一轮注汽。通过井温测试表明,分段完井水平井吸汽剖面得到改善,生产状况也得到一定改善。
（孟祥燕）

【稀油水平井分段完井试验】 2010 年,油田公司对存在底水的薄层油藏稀油水平井,采用遇油自膨胀封隔器实现水平井段分段,应用变参数筛管、调流控水筛管等对水平井产液进行控制,达到水平井段分段动用、产液剖面均匀推进、延长无水采油期的目的。完成陆 9 井区呼图壁河组油藏水平井选择性完井现场试验实施方案,现场实施选择性完井 4 口。
（孟祥燕）

【水平井冲砂工艺试验】 2010 年,油田公司水平井冲砂工艺取得较大进展。全年现场试验氮气泡沫工艺 18 口水平井,累计增油3 361.5吨。继续推广自主研制的同心管射流冲砂工艺,全年作业 24 口水平井,单井平均恢复产油量 5 吨/日,全年累计恢复产油6 386吨。
（栾海军）

【新工艺、新技术应用】

带压作业技术　2010 年,油田公司带压作业井难度由低压到高压逐渐展开。严格规范作业现场标准化安装,制定合理规范的操作规程,并严格现场执行。开展带压作业投堵工艺研发，组织工程技术人员持续改进并使用好现有投堵工艺，采取自主开发与联合研制相结合模式进行新的投堵工艺研发（胶皮自动膨胀式投堵工艺、液体堵塞技术）。针对腐蚀、结垢问题，井下作业公司试验螺杆钻、酸洗、螺旋清垢器等多种方式清理管内垢层；采用化学堵塞、机械堵塞、水泥堵塞相结合的方式解决水井管内堵塞问题。自行设计、投入使用的堵塞器有滑块捞矛式堵塞器、可退捞矛式油管堵塞器、锥形胶塞丢手式堵塞器、小直径堵塞器。至年底，带压作业可以进行的作业内容有更换井口闸门及整套采油树、换井内结构、冲砂、找漏、转注、活动解卡打捞等。作业最高油压16.1兆帕，套压21.3兆帕。注水井常规维修需关井扩散地层压力，各区块关井扩压时间不同，取单井平均关井扩压时间30日，单井常规修井平均占修时间为4日，带压作业单井修井平均占修时间为13日，比常规修井作业减少21日。带压作业技术与常规作业方式相比，该技术使得原始地层得到很好的保护，降低修井液对产层的污染，减少油水井关井降压和排液，避免注入能量的浪费和地面污染，最大限度地降低了作业风险和减少压井等复杂工序的作业成本。全年完成带压作业152口井。带压作业队月施工能力平均为3.5井次/队，年施工能力平均为28井次/队。至年底，油田公司有5套带压作业装置。

套管补贴技术　油田公司完成10口井套管补贴工作，其中完成低碳钢膨胀管补贴作业5口井，补贴总长度111.02米，一次性补贴最大长度30.02米，所施工井膨胀管最大下入深度1 828.7米。“低碳钢膨胀管补贴工艺技术研究与应用”项目在2009年完成2口井3段膨胀补贴试验基础上，对膨胀工具和施工工艺不断改进、优化。5月27日，在腹部项目部由小修作业队完成第一口低碳钢膨胀管补贴井，此次施工是新疆油田公司自行研制的低碳钢膨胀管技术在小修作业中的首次应用。低碳钢膨胀管膨胀工具获得国家知识产权局颁发的实用新型专利证书。低碳钢膨胀管补贴技术可以应用于小修作业中，相比常规大修作业补贴更具价格优势，同时具有膨胀管补贴后，井筒通径大，有利于再次维修作业及生产管柱、工具的入井；抗内压强度大，最大限度的保护生产管柱及延长采油周期。

开窗侧钻工艺技术　油田公司完成套管内侧钻井26口，其中侧钻水平井18口、侧钻定向井8口。轨迹控制全部实现MWD无线随钻监控，保证轨迹控制精确，入靶准确，各技术指标达到工程设计要求，井身质量合格率100%，中靶率100%，达到进一步提高储量动用程度和最终采收率之目的。在直径139.7毫米套管内开窗侧钻水平井实现规模化应用，完井均采用半程固井技术，在水平段将打孔管换成割缝筛管，尺寸由直径73毫米增加到直径88.9毫米，既增强防砂效果，又增大流通面积，同时为后期井筒内维修施工创造更有利的条件。一是完成C2256长靶前位移侧钻水平井。C2256侧钻水平井是新疆油田第一口靶前位移大于300米的完井采用半程固井的侧钻水平井，施工中通过降垂深找油层和在井斜65°～70°处重新钻斜导眼，落实了储层构造和油层数据。二是首次使用245毫米六方钻杆管外套铣获得成功。设计245毫米管外套铣六方钻杆并对其配套，在采油二厂六中区12－10油井（三高井）进行套铣补漏，确认油层套管在84～90米井段套管漏失。三是完成DC1002井3个分支的定向侧钻分支井。3个分支分别为：侧钻点井深1 333米，侧钻方位260°，垂深1 600米（海拔深度－1 309.42米）；侧钻点井深1 313米，侧钻方位55°，垂深1 595米（海拔深度－1 304.42米）；侧钻点井深1 363米，侧钻方位140°，垂深1 608米（海拔深度－1 317.42米）。

酸化压裂工艺技术　4月10日，油田公司完成勘探公司重点探井沙门1井大型压裂施工。沙门1井是勘探公司的重点探井，位于西北缘车排子斜坡区，是该区块唯一的探井。本次施工井段为4 724～4 747米，现场配备8部压裂主机车及20多辆大型辅助配合设备，采用小比例泵泵送交联，施工最高压力89兆帕，施工最大排量4.2立方米/秒，添加陶粒30立方米。

准南煤田煤层气压裂　8月10日，油田公司完成准南煤田ZN－01井煤层气压裂施工，在最高排量达到8立方米/秒的情况下，按设计要求添加支撑剂50立方米，入井压裂液800立方米，施工最高压力17兆帕。

LG2－H1水平井分段大型酸压　8月24日，油田公司在塔里木油田成功实施LG2－H1水平井分段大型酸化压裂作业。LG2－H1水平井位于新疆轮台县，井深5 833米，水平段长度512米，此次施工是对该井水平段进行分4段酸压，设计施工液量2 400立方米。施工共计历时15小时注入井筒总液量2 377立方米（其中酸液920立方米），施工排量保持在6～6.9立方米，施工压力在78～95兆帕。

水平井水力喷射分段压裂施工　11月12日，首次完成新疆油田排子油田CHHW001水平井水力喷射分段压裂施工。CHHW001水平井位于新疆油田排子油田境内，该井最大井斜82.39°，水平位移635.95米，水平段长366米。该井设计液量1 420立方米，支撑剂82立方米，油套管同时施工。施工采用一条龙作业，在施工过程中又追加100立方米压裂液。经过连续7小时的施工，最终入井液量油管1 194立方米，套管310立方米，加支撑剂82立方米。

深井及水平井打捞技术　深井直径139.7毫米套管内SDP－102射孔枪身留引子鱼头打捞技术再次凸显优势，打捞出MB2068井内SDP－102射孔枪身；吉001水平井在水平段采用滚珠扶正器管柱组合扶正导向技术，打捞出水平段隔层桥塞，畅通井筒。最后采用该技术在水平井底成功座封桥塞，完成该井的施工。

SAGD井常规井下作业工艺技术　完成SAGD井下作业施工12口。在SAGD项目作业方面，井下作业公司配合油田公司超稠油经济开发技术配套研究和超稠油SAGD先导试验与过热蒸汽试验的实施，在前期常规作业的基础上，逐步摸清注汽井和生产井之间的相互影响规律，争取在压井液和压井工艺的选择方面有所突破，为后期SAGD复杂井下作业奠定基础。

工程测井和制氮作业技术服务　井下作业公司完成测井技术服务28井次；完成制氮作业156井次。研发适用于气举的计算软件、氮气伴注计算软件、氮气置换计算软件。在工程测井方面解决不同井况下，解释参数调整与优化、误差修正等问题，确保解释结果准确，提升工程测井数据的分析和解释水平，为单井采油方案的制定、井下作业方案设计和区域总承包提供科学、直观的技术支持。

高温高压井深井试油技术的应用　该项技术集中使用国内外先进可靠的井下测试工具和地面设备。有 RD 循环阀、RD 安全循环阀、高精度电子压力计、RTTS 封隔器、高压三相分离器、除砂器、ESD 安全阀、MSRV 泄压阀和全套数据采集系统等。对地面流程进行精心设计，采用双放喷流程设计，保证施工安全可靠。在管柱力学计算、出砂预测、测试压差控制、下模拟管柱、射孔测试联作管柱、坐封、射孔、生产制度的确定、压井和封闭技术等工序都经过精心的准备和设计，技术日趋成熟。在西湖 1 井（井深 6 139米、压力系数 2.05、井温 143℃）成功应用，包括井下 RTTS 封隔器和 RD 阀、含除砂器和液控阀的全套地面高压三相分离器流程。（刘中军）

【技术服务】 2010 年，油田公司利用连续油管进行冲砂作业、钻灰作业以及配合制氮车气举作业共计 25 井次。3 月 31 日，在八区 T85683 井连续油管冲砂作业成功，是连续油管设备的首次作业，标志着连续油管工程技术服务正式在现场启用。

套管内冲砂工艺　2010 年，利用 2⅝ 寸连续油管对八区 T85683 井、T87011 进行冲砂作业。通过 2 口井的作业，确定 2⅝ 寸连续油管作业的基本技术参数：(1) 连续油管车在摆放时，车辆尾部距井口 10 米，油管滚筒的中心位置对准井口。(2) 连续油管在入井后，每 300 米的提拉测试时，上提速度 3 米/分，上提距离 20～30 米，上提过程中要观察指重表的变化情况。(3) 连续油管在探砂面时，以悬重下降 20KN 认为遇到砂面。(4) 以 150 升/分为小排量循环，泵压在 4～6 兆帕。(5) 连续油管下放速度不大于 22 米/分，每 300 米要进行一次提拉测试。(6) 冲砂时连续油管下放速度 10 米/分，排量控制在 250～350 升/分，泵压 10～13 兆帕。(7) 连续油管在上提时，速度不大于 28 米/分，距 50 井口时速度为 5 米/分，距井口 10 米时速度为 1 米/分。

油管内冲砂工艺　利用 2 寸连续油管在车 43 井进行 2⅞ 寸油管内冲砂解堵工艺，从1 884米冲至2 140.85米，冲出大量的压裂砂。本次工艺成功的实施，取得以下技术数据：(1) 在 2⅞ 寸油管下 2 寸连续油管摩阻会加大，比在套管内增加 15－17KN 的阻力。(2) 冲砂时，使用 700 型水泥车泵三档使压力稳定在 10－12 兆帕之间。(3) 冲砂时连续油管下放速度应控制在 5 米/分，速度过大则增加摩阻，负荷不稳。

连续油管钻灰作业　在百 21 井区 1003A 井实施钻灰塞作业。在钻塞过程中，确定以下技术参数：(1) 在探塞面时，距离塞面 30 米时速度降至 10 米/分，距离塞面 5 米时，速度控制在 1 米/分，悬重在下降 15～20KN 认为遇到塞面。(2) 钻塞时，泵压 4～6 兆帕，排量 280～320 升/分，钻压 5～15KN。(3) 匀速送转时，保持下放速度在 0.15～0.3 米/分。(4) 钻进过程中，泵压超过 6 兆帕时，螺杆制动。

水平井冲砂技术　累计完成水平井冲砂 42 口，其中泡沫冲砂作业 18 口井、同心管射流冲砂 24 口，通过冲砂作业修复 42 口井。在风城作业区重 32 井区的 FHW12009 井，利用连续油管对 1 口双管稠油水平井完成泡沫冲砂作业。3 月 22 日，应用制氮新工艺陆续完成风城油田作业区重 37 井区 FHW201P 井等 6 口井套管氮气隔热施工作业。6 月 15～16 日，完成石西作业区莫北油田 MB2247 井3 962米的深井气举诱喷施工任务。11 月 12 日，利用电磁探伤仪具有过油管测井的优势，完成石西油田 SH1125 井带压测井作业。该井井口油压 13.8 兆帕，实施中为仪器配重、使用电缆防喷盒，解决了仪器下入难题。

（赵忠祥　刘中军）

【数据库建设】 2010 年，油田公司加强井下作业数据库的建设工作。一是根据 2009 年 1 月井下作业管理系统运行以来存在的问题——措施类与大修类的修井业务只在各厂内部运转的情况制定统一的标准，并在系统中进一步完善，实现在油田公司的业务流转，并开发相对应的月报及年报，满足相关部门及各采油厂的报表应用。二是进一步完善系统的各项功能，加强各专业库之间数据和应用的充分共享，扩大应用范围，使各单位用户切实的得到方便和快捷，系统的建设优化管理模式，规范井下业务，提高企业管理水平及业务部门编写措施的效率，使管理数据能及时生成，便于各级部门及时掌握情况并决策。三是开展井下作业管理系统相关培训工作，对涉及井下作业的油田公司相关业务处室、各采油单位及施工单位共 36 家进行分业务单独培训或全面统一推广培训，共计 10 次 65 个课时，参加培训 434 人。

（赵忠祥　郑　军）

【外部市场服务】 2010 年，油田公司加强外部市场酸化压裂技术服务工作。一是完成塔里木油田克深 5 井超高压加砂压裂施工。克深 5 井位于塔里木盆地库车坳陷克拉苏构造带克深区带克深 5 号构造高点上的 1 口风险探井，完钻井深 6 875米，完钻层位白垩系巴什基奇克组。4 月 2 日，为确保压裂工艺的成功，首次选用 40% 硝酸钠延迟交联加重压裂液体系（比重 1.32），降低沿程摩阻和井口施工压力。二是完成塔里木油田迪那 2－20 井超高压加砂压裂施工，迪那 2－20 井加砂压裂施工压力 92 兆帕，加入支撑剂（陶粒）43.2 立方米、入井液量 509 立方米，井深5 104米，4 月 9 日压裂施工，创造国内超高压井压裂施工加支撑剂纪录。三是首次完成塔里木油田“三超”（超高压、超深、超高温）井分层压裂施工。11 月 9 日，首次完成塔里木油田位于库车县的迪那 2－26 井“三超”井分层压裂施工。井深5 186米，分 3 层对该井压裂。（赵忠祥　刘中军）

【井控安全管理】 2010 年，油田公司加强井控安全管理，减少和杜绝事故发生。一是完善井控管理组织机构和规章制度。调整充实油田公司井控领导小组。公司各相关二级单位也根据本单位的实际情况及时调整井控领导小组成员，保障井控工作的组织机构、管理网络健全顺畅。开展油田公司井下作业井控实施细则修订工作。12 月底，完成油田公司层面上的审订工作，下发《关于印发〈新疆油田公司井下作业井控实施细则〉的通知》。二是全面夯实现场井控安全基础，彻底杜绝超期服役的井控装置。加强现场防喷演习制度的落实，邀请井控装置生产厂家开展技术讲座和技术交流，使各级井控管理人员对井控装置的性能知识有更进一步的了解。狠抓现场防喷器安装的试压工作。将防喷器现场安装不试压视为严重违章，并适时召开分析会，确保防喷器安装试压在现场得到落实。三是做好井控装置维修、试压、检验工作。井控装置维修检测中心严格执行井控维修检验策划，并根据井控装置维修检测市场环境的变化，及时调整作业制度和运作方式，有条不紊的进行井控维修试压以及现场服务工作，全年累计维修检验2 387台件(改制单位641台)；现场服务130井次(改制单位20次)，租赁井控装置及附件12台(件)，保证油田公司市场所属井队生产正常进行。四是狠抓井控培训，严把井控技能关。进一步加强井控培训工作，增强井控培训效果，井控培训中心建立健全各类井控培训管理制度，不断完善组织机构，加强教学管理，采取有效措施提高培训效果。全年举办井下作业井控培训班20期，培训1 175人。五是开展井控检查。工程技术处按井控实施细则要求，安排两次井控检查工作。主要对油田公司油气生产单位、井下作业工程技术服务单位以及多经改制企业的井下作业施工单位共计78个作业现场。结合不同施工工况进行25人次现场防喷演习，对51个现场操作人员进行硫化氢检测仪器的正确使用与正压式空气呼吸器的正确穿戴考试。查出问题132个，其中立即整改85个、限期整改37个、建议整改10个。对存在的问题要求各单位确定责任人按"消项制"限时整改关闭。

(刘中军　李玉军)

【安全隐患治理】 2010年，油田公司根据突出重点、方案优先、集中实施、整体规划的治理原则，安全隐患治理优先安排石西高井口压力油井50口井，油转气井治理26口的治理；第二批安全隐患治理集中修井作业力量对水渠附近的油水井进行封井和治理。股份公司下达全年治理167口井，费用7 004万元。其中油转气井26口，资金2021.6万元；石西高井口压力治理井50口，资金2 765.1万元；敏感区域(水渠附近)井91口，资金2 217.3万元。在实施过程中，新疆油田公司完成计划167口井的治理工作，还完成临时增加的6口高危油转气井治理，全年完成173口井的治理工作。

(赵忠祥　郑　钧)

井下作业

【油田公司井下作业公司领导名单】

经理、党委副书记：庞德新

党委书记、副经理：吴刚(4月任职)

党委副书记、纪委书记、工会主席：杨胜(4月任职)

副经理：于光、丁士辉、塔依尔·亚森

副经理兼总工程师：秦文革

副经理、安全总监：陈永祥

总会计师：梁金霞

【基本情况】 2010年，新疆油田公司井下作业公司主要从事油、水、气井大修(侧钻)、小修(带压、气井、SAGD、水平井冲砂、氮气、连续油管)酸化压裂、浅油层钻井等工程技术服务。公司下设第一工程技术服务公司、第二工程技术服务公司、第三工程技术服务公司、第五工程技术服务公司、腹部项目部、大修井项目部、酸化压裂公司、钻井项目部、运输分公司、技术服务公司、井控装置检测维修中心11个主营单位；有质量安全环保监督站、供应站、研究所、档案信息服务中心、职工培训中心、职工活动中心6个生产辅助单位。有基层车间(队)143个，班组359个。其中钻修队14支，大修(侧钻)队18支，小修队60支，酸化压裂队6支。公司机关下设经理办公室、党委工作部、生产运行部、安全环保部、物资装备部、工程技术部、企管计划部、财务资产部、劳动工资部、群众工作部、纪检监察部、武装保卫部12个部室。公司党委下设基层党委6个、党总支7个、党支部148个，有党员1 596名。至年末，公司在册员工4 916人，其中合同化用工(在册职工)3 333人、市场化用工514人、劳务用工1 069人；少数民族职工1 494人，女职工609人，内退职工273人，有研究生8人，本科717人，大专1 525人，中专459人，技校748人，高中439人，初中及以下1 020人；高级专业技术职务33人(其中教授级高级工程师1人)，中级337人，助理级459人，员级204人；新疆油田公司核心技术专家3人，新疆油田公司技术专家1人，新疆油田公司学科带头人3人；厂处级学科带头人5人；集团公司技能专家1人，油田公司技能专家1人，高级技师6人，技师51人，高级工1 124人，中级工520人，初级工938人。公司拥有固定资产原值12.75亿元，净值5.19亿元，固定资产新度系数0.407。拥有各类钻修压及其配套设备862台套，设备综合新度系数0.379。其中修井机132台，新度系数0.356；压裂主机车38台，新度系数0.312。

(李松颖)

【主要指标完成情况】 2010年，油田公司井下作业公司大修完井108口，标准井次4 182个；南疆大修23口。小修完井4 300口，标准井次37 113个；压挤堵井900口。酸化压裂完成1 077个自然井次，其中一体化总包施工583个自然井次，南疆压裂63个自然井次。钻井完井总进尺14.53万米，其中水平井进尺1.03万米；定向井进尺1.71万米。承包区块原油生产1.36万吨。新技术应用439井次，其中侧钻完井24口，带压作业146口，水平井冲砂42口，气井维修16口，SAGD施工12井次，工程测井28井次，制氮作业146井次，连续油管作业25井次。全年总收入10.4亿元。

(李松颖)

【生产管理】 2010年，油田公司井下作业公司加强队伍协调，统一生产指挥，严格过程控制，打破小修作业完全"一对一"的服务格局，落实压裂一体化总包施工，集中区域展开大修侧钻作业，实施修压联产、大小修连作的一体化联合作业，实现交叉互补。总体工作量比上年增长24%，小修单队作业能力增加100标次，有5支队伍年工作量超1 000个标次；侧钻生产周期缩短5.8天；带压作业单队作业能力29井次，超集团公司年均计划6井次。重点井、重点区域、重点项目和紧急、重大生产任务推行项目管理，先后组织春季压裂会战、夏子街油改气、塔里木"三超"井压裂、西北缘封井、石炭系隐患整改、克拉美丽气田冬季压裂、石西冬季复产等重点项目，完成风城1井、大北301井、西湖1井、DX2449井、LU1092井等重点井施工任务。

(李松颖)

【技术进步】

成熟工艺技术实现规模化应用

2010年，油田公司井下作业公司稳步推进新工艺、新技术。在钻井技术方面，定向井轨迹控制技术、水平井技术服务工作量大幅增加，并实现对外服务；应用小尺寸双层隔热套管半程固井工艺完井，进一步提升小井眼完井技术水平；采用复合导向钻井技术主动控制井斜，佳木河组平均机械钻速由每小时2.18米提高至6.94米。在侧钻技术方面，完成套管内开窗侧钻26口，总进尺超过8 000

米,单井日产量上升7.2吨,含水下降45.2%。C2256侧钻水平井,水平位移405.78米,创新疆油田侧钻水平位移最新纪录;LU1092侧钻定向井过煤层技术,创造国内微小井眼钻井先例;DC1002侧钻定向井,首次涉足钻前油藏研究与侧钻地质设计领域。在套管补贴技术方面,完成10口11段膨胀管补贴,补贴长度190.56米,并在小修作业中成功实施2井次。h86017稠油热采井,成功实施新疆油田第一口7寸套管高温补贴作业;具有自主知识产权的低碳钢膨胀管补贴一次成功膨胀5组螺纹,补贴长度为30.6米。

新工艺技术研究与推广应用 带压作业工艺全面推广,实现更换采油树、冲砂、解卡、打捞、找漏等带压作业工艺,研制了螺旋清垢器,形成了液体桥塞、机械堵塞及注水泥相结合的投堵工艺,基本解决了带压作业投堵难题。带压施工最高油压16.1兆帕、套压21.3兆帕。水平井同心管负压射流泵冲砂和氮气泡沫冲砂技术日趋成熟,油井含水率最高下降45.8%,单井最高日增产45立方米。连续油管作业实施10种不同工艺的连续油管及配合作业,连续油管洗井、解堵、气举技术在陆梁油田侧钻水平井形成系统化作业。高压大排量制氮工艺最大作业深度4 200米,形成了气举、气驱、隔热、助排等一系列配套技术。工程测井综合找漏、侧钻分支井定位开窗、带压过油管测井等多项测井技术初步形成。“三超井”压裂技术实现精确制导。实施大北301井、西湖1井等7井10层“三超井”压裂作业,形成8项标准化作业规范,刷新施工排量、单层入井液量多项纪录,创造最高压力136.7兆帕和工作压力126兆帕两项世界纪录。

新技术攻关 论证、确定科技攻关项目12项(其中油田公司级项目2项),转接项目8项。“生产井油套管工程检测技术应用研究”获油田公司2009年度科技成果三等奖,“石西油田石炭系地层中深井直径139.7毫米套管内侧钻技术研究与应用”参加自治区成果评审,“抽油杆取出工具”获油田公司2009年度优秀专利发明(设计)人奖,不压井油管阀、管具加压装置、膨胀管膨胀工具、抽油杆清蜡装置、滑动芯轴流道换向器5项获实用新型专利。 (李松颖)

【结构调整】 2010年,油田公司井下作业公司一线队伍员工结构更趋合理。分流人员332人,接收新员工207人,一线作业人员比上年增长2.2%,大中专以上文化程度人员占到65%,平均年龄从2007年的42岁降低至36岁,综合素质明显提高。一是队伍转型调整见到成效。加快常规作业队伍向特色技术服务转型,升级改造两支具备“三超井”作业能力的压裂队伍,侧钻、带压作业、水平井冲砂、气井维修等18支特种作业队伍已经形成作业能力。全年完成特色技术作业439井次,增长6.3%,进一步推动公司向高技术含量、高附加值的特色业务转型。二是新增业务取得新突破。积极探索低效区块及边零井新的生产模式,与采油一厂签订拐5井区、车21井区合作开发承包协议,平稳运行214天,实施增产措施92井次,累计生产原油1.36万吨,实现业务收入675万元。与采油二厂、重油公司、石西作业区、风城作业区4家采油单位建立新的井下作业承包业务模式,涉及井数3 462口,提高修井质量,缩短了占井时间。为公司优化业务、实现解困扭亏开辟新途径。三是资产结构进一步优化。资产总值下降2 335.48万元,资产折旧费下降3 000多万元。盘活设备实现租赁收入873万元。进一步调整库存物资结构,降低库存931万元,下降18%,降低管材库存759万元。 (李松颖)

【安全管理】 2010年,油田公司井下作业公司扎实开展安全管理活动,推行直线责任、属地管理,在油田公司率先推进全员安全承诺和个人行动计划。开展风险识别与预防控制活动,加强重点作业审批、监护。严格落实夏季防暑降温和冬季“八防”措施,及时排查整改隐患,全力预防和纠正“三违”行为,不断夯实安全生产基础。在业务、收入大幅增长的生产经营形势下,现场违章比上年下降57起,千人违章率、产值事故率均大幅下降,现场问题减少1025个,违章减少17起。安全环保生产形势持续好转,杜绝了一般B级及以上工业生产事故和井喷事故。 (李松颖)

【设备、设施更新改造】 2010年,油田公司井下作业公司购置工程技术作业设备6项(连续油管车2套、管汇工具车2辆、制氮车1套、混配车1辆、供液车1辆、电动带压作业装置1套),完成设备到货验收、现场操作培训、调试及投产应用工作。实施修井机油改电节能改造8台、蒸汽车、水泥车一体化节能改造8套、节能技术升级改造750电动钻机一部。报废处置设备、设施259台套,降低老旧高耗设备运行成本和废旧物资的管理成本。 (李松颖)

【解困扭亏】 2010年,油田公司井下作业公司解困扭亏工作取得显著成效。一是完善管理体系。公司编制完成2010~2015年工作量及市场份额预测、投资安排等工作规划和公司五年解困扭亏方案。实行预算执行偏差问责制,实现费用节超的实时反映,适时调整初步实现发展战略与年度预算和滚动预测的有效衔接。及时跟进过程监督和成本预警分析,促进经营管理向生产全过程延伸。在三公司和腹部实施盈亏平衡指标试点运行,完成员工培训站以教养教的经营模式,为公司解困扭亏和各业务板块的自负盈亏经营模式转变积累了经验。二是优化收入结构改善经营效果。公司增加业务、区域选择的主动性,实现新工艺新技术收入增收9 033万元,外部市场增收4 533万元,采油联产承包收入675万元,租赁收入873万元,对外培训收入248万元。提高资金回款速度,欠款清理工作取得实效,全年累计到位资金13亿元,减少资金占用费215万元。三是挖潜增效推动解困扭亏。有效挖掘内部资源潜力,降低运行成本,促进公司增收减亏。开展设备自保自修,检查并整改问题751项。开展劳动竞赛项目98项,报油田公司42项,合理化建议626条,产生效益4 000多万元,万元变动费率下降1%。 (李松颖)

【信息化建设】 2010年,油田公司井下作业公司加强信息建设,开发新版企业门户,制作50周年庆典等4个二级网站,开发应用员工考勤系统、信息共享平台等5个管理系统,7个数字油田系统应用平稳。实现野外生产驻地和驻外基地与公司联网运行,网络安全建设得到加强。综合档案实现电子化管理,移交各类档案2 628卷,456件,电子文件438个,5 837页。收集2003~2009年度修井总结、钻井、大修地质年报、科学技术研究类档案电子文件1 170个,并上传档案信息管理系统,完善油田公司勘探开发数据库,全年提供各类档案服务148人次,1 145卷件次。（李松颖）

【员工教育培训】 2010年,油田公司井下作业公司加强培训软、硬件配套建设,通过集团公司井控培训资质审核。成立司钻办和实训办,定期开展"教案评比、授课观摩、讲课比赛、课件制作"等教学竞赛活动,师资力量和教学水平得到提高。承担了油田公司、改制企业的井控、司钻培训任务,全年举办各类培训班133期,培训5 779人次,其中司钻、井控对外培训1 270人次,公司内部员工自培率由20%提高到90%。（李松颖）

【党的建设】

形势教育 2010年,油田公司井下作业公司结合集团公司、油田公司各项工作会议精神,深入15个基层单位,开展形势、目标、任务、责任,"热爱伟大祖国、建设美好家园"宣讲报告会17场次,1 550人次听取报告。

理论学习 公司坚持中心组学习制度,拓宽中心组学习人员范围,做到学习有计划、有考勤、有记录、有体会。通过党员电教等形式,加大党员、干部的党风廉政建设教育力度,加强法律法规和时事政治、上级领导讲话精神的学习,提高党员、干部的政治理论水平。

干部队伍建设 公司进一步完善"四好班子"创建办法,注重工作落实和综合业绩考评,建立三级测评机制,实施月度考核,全年派外培训干部178人次;充实一线井队的干部队伍力量,内部交流管理、技术岗位人员35人次,促进基层"四好"班子建设。

党支部建设 公司加强基层党支部建设,配备基层专职支部书记112人,配备率80%以上。发展新党员71人,无党员班组减少85个,加快班班见党员进程。召开基层党支部建设工作经验交流会,公司90%以上的党支部党建工作规范有效,基层党支部的核心堡垒和党员的模范带头作用进一步体现。

党风廉政建设 公司组织廉政教育学习2 755人次,与公司180名科级干部和重点岗位人员签订公司家庭助廉承诺书,并在网上公开承诺,主动接受群众监督。对4名新提拔的科级管理岗位人员进行任职前廉政谈话,对基层领导班子成员警示谈话11人次。组织开展学廉政准则,促廉洁从业廉政知识抢答赛,进一步提高党员干部的廉洁意识。

效能监察 公司在物资采购管理、基建投资、油料及小金库管理等工作中开展效能监察,落实整改14个突出问题。

班组建设 全面落实集团公司基层建设纲要,持续开展"五型班组"创建活动,84%的一线班组达到"五型班组"标准,基层建设取得明显成效。

创先争优活动 公司广泛开展共产党员做模范、一个党员一面旗帜、党支部安全生产竞赛创先争优系列活动。公司148个党支部、1 400多名在岗党员进行党组织创优、党员争先公开承诺,增强广大党员工作的责任感,征集党员安全生产合理化建议829条,形成"党员亮身份、群众有榜样"的良好局面,强化全员安全意识和奉献精神,促进了公司安全生产。（李松颖）

【企业文明建设】

民族团结 2010年,油田公司井下作业公司开展第29个民族团结进步教育月活动,结民汉对子792对,公司35岁以下民族员工结对子率100%。为基层车间、井队的精品书架配备新疆历史、党和国家的民族宗教政策等有关民族团结方面的图书1 425册(套)。组织少数民族员工汉语、计算机知识训677人次,24人获得汉语五级以上资格,1人获得油田公司少数民族员工学汉语知识竞赛朗读项目三等奖。培养、使用少数民族班组长21人,少数民族干部派外学习9人次。检查、走访联点清真寺64次,及时了解、掌握参加宗教活动人员的情况。黎建东被评为自治区民族团结进步模范个人。

厂务公开 公司各级职代会审议通过38项制度、管理办法。强化厂务公开责任,落实民主管理,邀请职工代表参与公司经营管理活动40多人次,采纳落实职工代表意见和建议23条。开发运行网上考勤系统,公开两级机关、后勤直属单位工作人员的出勤情况,接受职工群众监督,连续3年实现职工休假率达到100%。

关爱员工 公司筹集安排资金1 492万元,发放职工疗养补偿费3 951人次,帮扶各类困难群体71户,落实帮扶资金64.38万元,慰问生病住院职工1 580人次28.5万元。组织近三年获得公司级双文明先进个人赴上海世博会考察180人次。投入资金500多万元,解决300多名单身职工的住宿和就餐问题。改善野外基地生活条件,7个固定基地、20多个活动基地全部实行一体化管理。开展冬送温暖、夏送清凉,全年慰问一线井队400多队次。组织职工体检500多人次、女职工特殊体检600多人次。组织卫生与健康知识讲座5场次,1 000多人次参加,为基层车间队配备体能测试仪器、健康秤和血压计等器材,提高职工的健康意识。组织公司未就业职工子女进行考前辅导培训,帮助困难职工家庭48名子女解决就业问题。

共青团工作 公司集中开展了青工大拜师、青年安全示范岗、青年创新创效、青年小讲堂等主题活动,参加市、油田团委举办的第九届青年体能挑战赛、克拉玛依第十一届水节水、水、水夺标大赛,激发广大青年员工爱岗敬业、钻研技术、安全生产的热情。

文体活动 公司进一步完善职工活动中心软、硬件设施,组织开展了篮球、排球、羽毛球、乒乓球等各类文体活动26场次,职工参与面90%,实现月月有活动,人人齐参与的全民健身目标。参加克拉玛依市第七届运动会等体育赛事,获得8个团体奖项,24人取得名次。编排文艺节目,参加市、油田公司文艺"三下乡"活动,把演出带到油田生产现场、农牧团场,展示井下人的精神风貌。荣获克拉玛依市企业文化展演活动1个一等奖,2个三等奖。

新闻宣传 公司加强宣传报道工作力度及时捕捉生产一线的优秀人物、好人好事、典型事迹,向油田公司网《公司动态》投稿323篇,采用252篇;向新闻媒体投稿件666篇,发布有关活动信息62条。其中克拉玛依广播、电视台采用430篇;《新疆石油报》与《克拉玛依日报》采用165篇,《新疆日报》采用3篇,《工人时报》采用45篇,《中国石油报》采用5篇,《石油商报》采用5篇,《中国石油摄影报》采用8篇。基层各单位向公司网投稿1 450篇,采用1 360篇。

帮扶监管改制企业 公司落实市油田党委关于母体企业帮助改制企业发展的有关工作要求,与9家改制企业签订帮扶协议,建立定期走访机制,帮助改制企业扩大业务范围、增加经营收入。全年帮扶的7家改制企业全部实现盈利。

（李松颖）

【维稳信访】 2010年，油田公司以抓稳定、促和谐、保平安为工作主线，将社会治安综合治理及平安建设、维护稳定等各项工作贯穿于公司的整个生产经营工作之中。投入资金50多万元安装技防监控设施，设置重点要害部位的安全防范（警戒）区域，严格落实非常时期24小时领导带班制度，全年治安巡逻检查1 765岗次。选派65名民兵预备人员参加区武装部、预备役工兵团、区公安局巡警大队组织的应急执勤任务，向上级部门报送维稳信息26条。开展普法宣传教育，抓好矛盾纠纷排查化解，及时反映社情民意，接待群众来信来访来电196人次，立案解决71人次，反馈各类信访信息41条。

（李松颖）

【庆祝公司成立50周年】 2010年，油田公司井下作业公司开展庆祝公司成立50周年系列纪念活动。编印《风雨兼程五十年》、《劲旅光耀五十年》庆典书籍、画册，制作《油田华佗、光辉历程》专题片，召开庆祝大会，编排《戈壁劲旅的足迹》庆典晚会，系列庆典活动全面回顾公司50年的成长历程，集中展示公司50年的辉煌成就，传承公司50年积极向上的人文品质，激发公司各族员工爱岗爱企的热情，促进公司企业文化建设。

（李松颖）

【获得荣誉】 2010年，油田公司井下作业公司保持自治区文明单位称号，公司质量管理小组被评为自治区优秀质量管理小组。公司获克拉玛依市守合同重信用单位、克拉玛依市平安单位、克拉玛依市维护稳定工作先进集体、克拉玛依市支持帮扶改制企业先进母体单位、赴阿勒泰地区抗雪救灾先进集体、新疆油田公司环保先进单位、油田公司“十二五”规划编制先进单位、油田公司石油工程造价管理工作先进单位、油田保卫先进集体、油田公司社会治安综合治理及平安建设先进单位等称号。 （李松颖）

试油服务

【油田公司试油公司领导名单】

经理、党委副书记：王新河

党委书记、副经理：黄璜（4月任职）

党委副书记、纪委书记、工会主席：任建国

副经理：李庆立、朱东明、邓新明、伊明江·阿斯卡尔

总工程师：王祖文

总会计师：郭永军（7月任职）

【基本情况】 截至2010年底，新疆油田公司试油公司在册职工1 075人，劳务输入人员426人，外雇工90人，合计用工总量1 591人，其中在岗合同化987人、内部退养合同化员工88人。管理人员225人，专业技术人员177人，操作服务人员1 101人。管理和专业技术人员中，高级专业技术职务50人，中级195人，初级127人；博士研究生1人，硕士生17人，大学生221人，大专生116人。操作服务人员中，技师22人，高级工391人，中级工80人。公司组织机构分别按一线生产单位、二线辅助生产单位、三线后勤单位、机关职能部门设置。公司设党政办公室、组织人事科、经营计划科、财务资产科、纪委监察科、质量安全环保科、设备管理科、工程技术与市场管理科、武装保卫科等科室。基层单位36个，其中大队级单位13个、队级单位23个。有副处级以上领导9人，副总师3人，正科级29人，副科级33人。公司有党员461人，在岗干部党员232人，工人党员160人，内退党员69人。其中女党员44人，少数民族党员40人。有7个党总支，34个党支部。公司拥有资产55 534万元，其中固定资产原值36 040万元，净值13 754万元。拥有各类设备及生产用具1 592台（套），其中主要生产设备357套，A类设备57台套，设备原值34 165万元，设备净值12 040万元，设备新度系数0.55，设备综合完好率99.18%，主要设备综合利用率40.17%。

（商羽情）

【试油队伍】 2010年，油田公司试油公司主要从事勘探开发井的试油（地层测试、试井）、试采等技术服务工作。公司年试油工作能力300层左右，地层测试年工作能力300井次，地面计量年工作能力200井次，电子压力计试井年工作能力300井次，可以满足各类复杂井、高难度井（如高温、高压、高产、高含硫井，深井、大套管井）的施工需求。有施工队伍66支，试油11支，甲级2支，乙级9支；大修2支，甲级1支，乙级1支；小修2支，甲级1支，乙级1支；地层测试10支，甲级3支，乙级3支，无资质4支；地面计量23支，甲级1支，乙级2支，无资质20支；试井队12支，甲级1支，乙级2支，无资质9支；液氮作业队3支（无资质）；桥塞投灰作业队2支（无资质）；连续油管作业队1支（无资质）。

（商羽情）

【试油生产】 2010年，油田公司试油公司在车排子、小拐、红山嘴、百口泉、风城、乌尔禾、夏子街、、滴西、滴南、达巴松、陆梁、莫北、彩南、沙南、古牧地、白家海、奇台、北三台、玛纳斯、吉木萨尔等59个区块150口井上开展试油作业，完成试油层位203层（其中勘探87层，开发评价116层）。获工业油气流78层，获油气率36.79%；试油层位合格率100%、资料合格率100%。一般工序合格次数开发井全年累计成功2 664次，合格率100%；探井全年累计成功2 952次，合格率100%。特殊工序合格次数开发井全年累计成功191次，合格率100%；探井全年累计成功229次，合格率99.57%。 （商羽情）

【经济效益】 2010年，油田公司试油公司总收入43 696万元，其中试油收入34 900万元、外部市场5 376万元、其他收入3 420万元。发生成本费用51 561万元；账面亏损7 865万元，油田公司下达控亏指标－6 323万元，剔除预算外因素后实际利润－2 581万元，超额完成3 742万元。 （商羽情）

【试油工作亮点】 2010年，油田公司试油公司管理工作呈现出七大亮点。一是在勘探试油方面，滴20井仅用7天时间便取得2010年战略目标进攻年第一个振奋人心的发现；西北缘地区风南5井风城组、风南052井夏子街组及风险探井石桥1井清水河组连续取得重要突破。二是在评价试油方面，北缘克021井压裂后经过现场密切跟踪和试井方案优化，日产油量突破100立方米，成为2010年评价区块的重大突破；腹部莫116井区评价试油顺利完成，先后有8口井17层获工业油气流。公司经研究提出对车26井石炭系恢复试油获工业油流，为车排子地区滚动评价作出了贡献。三是试油文化建设稳步推进。

完成《试油公司企业文化手册》、《安全文化分册》、《廉洁文化分册》、《现场服务行为分册》的编印、发布和宣传贯彻，完成试油发展室的设计、布展工作。四是获得集团公司先进集体荣誉。公司被评为中石油集团公司2005～2009年度先进集体。五是创新业绩考核办法，不断实施精细化管理。推行预算——核算——考核一体化模式，将预算纳入考核体系。考核的管理性指标逐步实现量化，增强了考核指标的可操作性。按照精细化管理的要求，不断细化核算单元。六是项目部作用不断展现，试油生产组织更加高效。实践项目部管理模式，充分发挥项目部的作用，提高基层生产组织能力。加强工序之间的衔接，加快试油节奏，对西湖1井、石桥1井等重点井、克拉美丽气田及准东地区的试油会战，做到提前介入、准备充分、衔接严密，各项工序一次成功。七是小改小革纳入科技管理，员工参与热情高涨。创新推广小改小革管理工作，鼓励支持技术管理人员、操作人员开展小改小革研究活动，充分发挥广大员工的创造性，调动员工的工作热情，全年收集小改小革成果58项，经评审确定小改小革成果45项。（商羽情）

【安全管理】 2010年，油田公司试油公司围绕油田公司下达的安全环保责任书和质量管理工作要点，以QHSE管理体系的有效运行、反违章禁令的严格落实为基础，以现场质量控制、HSE九项管理原则、直线责任、属地管理为抓手，落实质量安全环保责任。加大源头控制，加强现场风险管理。一是规范QHSE管理，落实管理责任，践行有感领导。本着谁主管、谁负责，谁执行、谁负责的直线管理原则，做到管工作必须管安全。落实“六项安全责任”，做到一级对一级，层层抓落实；各分管领导、职能部门对其分管工作和负责领域的HSE工作负责；每位员工都对所承担工作（任务、活动）的HSE负责。有效整合QHSE管理体系内审与各类检查，采取安全观察与沟通的方法，以指导为主、监督为辅，有效提高QHSE管理效果。二是加大源头控制，全员参与危险源辨识，加强现场安全指导，及时消除隐患。深入开展安全经验分享制度，试油公司各级领导带头，规定利用各种会议（包括班前班后会），均利用3～5分钟时间，进行安全经验分享，充分利用事故资源，激发员工互相学习，积极参与HSE管理，使员工自觉纠正不安全习惯和行为。在公司网页开设安全经验分享栏、违章曝光台和违章举报电话，进一步提高员工的安全意识。员工主动及时上报未遂事件，将“三不伤害”提升到“四不伤害”，有效预防事故的发生。全年上报未遂事件7起。三是完善承包商管理制度，开展对公司所有承包商的评价，明确监管责任，共提出49个议题，21项文件修改需求，进一步增强了风险意识，完善了各项管理制度，员工安全意识明显增强。四是创新工作方式，各单位QHSE指标先自行申报、然后由职能部门审核、公司讨论评价签订责任书，迈出从结果目标控制到过程目标控制的关键一步。创新开展员工诚信建设，搭建员工诚信档案平台，从荣誉、创新、质量、安全等6方面对员工的诚信情况进行考量，实现了有效激励员工、提升管理水平的目的。（商羽情）

【经营管理】 2010年，油田公司试油公司以梳理内部管理流程为契机，持续改进内控体系和ERP系统，逐步加强内控体系、ERP系统和QHSE体系的融合性。推进经营及财务管理的过程控制，使生产与经营有效结合，逐步实现从源头抓起，全过程跟踪控制。推行自下而上、上下结合的预算编制方式和内外口径一致的统计、财务报表模式，同步提高机关、基层的经营管理水平。强化经营与财务分析，推行相同业务的横向对标。深入开展节约挖潜、降本增效活动，全年实现挖潜增效3 920万元。（商羽情）

【培训工作】 2010年，油田公司加大员工培训力度，培训员工2 021人次，其中培训各类管理人员428人次，专业技术人员322人次，操作人员1 271人次。公司自办培训项目16个。开展职业技能鉴定工作，全年考核鉴定20个工种347人，取证170人，鉴定合格率75%。（商羽情）

【设备管理】 2010年，油田公司试油公司坚持设备“可视化”管理，加强设备安全隐患的排查整改，增强设备本质安全。设备使用单位参与做好设备前期购置阶段的论证工作，在设备购置选型上尽量做到同类设备型号相对统一，同时，积极吸纳节能减排技术，降低能源消耗和污染排放，实现清洁生产。开展设备技术交流活动，组织高压三相分离器自动控制系统、发电机组、润滑油等方面的专项技术培训，提高设备管理水平和技术水平。完成生产设备零星维修609台次，一级维护567台次，二级维护293台次；完成机动车辆年审210辆。（商羽情）

【科技工作】 2010年，油田公司试油公司科技工作围绕推进科技管理工作和新技术推广应用工作，不断提升公司核心竞争力的要求，瞄准国内外先进试油技术，以科技创新为先导，开展先进技术的攻关研究，为现场技术难点提供技术支撑。完成油田公司级科研项目8项，公司级项目12项，获得专利13项，获得油田公司科技成果二等奖1项，三等奖1项。（商羽情）

【新技术、新工艺推广应用】 2010年，油田公司试油公司新技术、新工艺推广应用效果良好。新立5项新技术、新工艺推广项目，为科技研究的推广和产生效益做试点，缩短施工时间，提高成功率，降低施工成本，减轻人员劳动强度，取得了一定的经济效益和社会效益。（商羽情）

【企业文化建设】 2010年，油田公司试油公司以公司文化手册、廉洁文化分册、安全文化分册、现场服务行为分册为支撑，形成具有试油特色的文化体系，为公司发展提供精神动力、舆论支持和思想保证。结合生产实际，利用各种场合，采取多样宣传教育形式，进一步营造文化氛围，对全体员工进行全面的行为训练和文化规范训练，达到文化进班子、进车间、进班组、进现场的目的。同时，与绿色油气田、设备可视化管理、现场标准化工作紧密结合，完善企业视觉识别系统的管理规范，大力推进形象化工程。在公司范围内举办两次大的企业文化知识培训，同时下发企业文化手册1 500份，企业文化宣传上墙画120份。（商羽情）

【井控、应急管理】 2010年，油田公司试油公司贯彻落实《井控实施细则》，组织公司一级井喷应急演习，并通过演习总结，对《新疆油田公司试油井喷突发事件专项应急预案》作业文件进行再修订。对跨年度、过冬井开工试油作业的，按照开工先后次序，进行全覆盖开工验收检

查工作。完成24台套井控装备购置计划。全年井控零事故。（商羽情）

【地质资料管理】 2010年，油田公司试油公司做好试油地质资料录取工作，加强对基础资料的后期解释处理工作，及时进行试油工艺及后续措施的评估，努力提高试油地质资料在寻找油气过程中的作用。跟踪重点井试油进展，优化试油方案，解决现场实际问题。试油资料内部全准率99.98%，比上年上升0.03个百分点，施工成功率99.98%，上升0.01个百分点。油田公司数据中心发布的数据质量公报中公司的数据差错率为零，数据上传及时率100%，资料全准率持续提高。（商羽情）

【信息化管理】 2010年，油田公司试油公司在信息化基础建设、系统研发方面加大投入和力量，先后完成《试油公司员工培训管理信息系统》、《试油公司节能分析系统的开发》、《试油地层测试解释处理系统》3个项目的开发和试油远程数据传输系统的推广应用建设，加快了公司的信息化建设步伐。（商羽情）

【获得荣誉】 2010年，油田公司试油公司被评为中国石油天然气集团公司先进集体，油田公司环境保护先进单位，克拉玛依市、新疆油田公司综合治理先进单位，克拉玛依市、新疆油田公司党内统计工作先进集体，克拉玛依市、新疆油田公司女职工工作先进单位，获克拉玛依市计划生育系统质量管理成果一等奖，获克拉玛依市、油田公司"五四"红旗团委标兵，获油田公司财务管理工作一等奖，获克拉玛依市第七届运动会足球比赛第五名，获克拉玛依市第七届运动会排球比赛女排第五名，测试分公司数控分队获克拉玛依市、新疆油田公司级青年文明号，机关团支部、S80317队团支部获克拉玛依市、新疆油田公司级五四红旗团支部，"莫深1井高温高压深井试油(气)技术研究应用"获新疆油田公司技术创新奖二等奖，"试油用井下电子脱卡器的推广应用"获新疆油田公司技术创新奖三等奖，"推行可视化管理、提高设备管理水平"获新疆石油学会2010年油(气)田设备管理与技术研讨优秀论文一等奖。（商羽情）

钻井生产

【中国石油西部钻探工程公司克拉玛依钻井公司领导名单】

党委书记：尹照强
经理、党委副书记：陈建国
党委副书记、纪委书记、副经理：李宪留
党委副书记、工会主席：买买提·阿尤甫
副经理：吴应凯
总工程师：李生林
总会计师：刘万禹

【基本情况】 2010年，中国石油克拉玛依钻井公司有员工6 243人(含内退职工715人)，其中干部1 205人，女员工917人，少数民族员工1须648人。合同制员工4 304人，市场化员工1 177人，劳务用工762人。各类管理专业技术人员1 199人，大学本科以上学历7人，本科学历531人，大专学历1 571人；高级专业技术职务41人，中级321人。公司机关设14个科室：党政办公室、生产运行科、工程技术科、安全质量环保科、设备管理科、企管法规科、经营计划科、财务资产科、项目管理科、组织人事科、纪检监察科、治安保卫科、群工科、企业文化办公室；下辖13个基层单位：钻井地面工程服务公司、管子公司、物资供应公司、钻井搬迁服务公司、泥浆技术服务公司、工具技术服务公司、井控技术服务公司、安全环保监理公司、信息服务中心、文化教育中心、小车队、农林公司、职工活动中心；下辖9个机关附属机构：第一项目经理部、第二项目经理部、第三项目经理部、探井项目经理部、技术中心、人事服务中心、机关事务中心、设备管理中心、成本管理中心和62支钻井队。公司拥有各型钻机70部，各类配套施工机具上千台(套)，固定资产原值8.78亿元，净值4.08亿。公司全年开钻341口，完井340口，进尺89.8万米。平均队年进尺1.44万米，比上年增加5 144米。公司在新疆油田市场综合占有率43%，保持上年水平。其中探井市场占有率63.69%，提高4.25个百分点。钻机月速2 088米/台月，提高17.9%；机械钻速6.43米/小时，提高12.33%；生产时率94.5%，提高0.44个百分点；纯钻时率46.62%，提高2.93个百分点；事故复杂时率3.36%，降低0.31个百分点。井身质量、固井质量合格率均为100%，取心收获率98.22%，增加0.29个百分点。零事故单位13个，占92.86%；零事故井队56支，占90.32%，实现了"五个"杜绝，各项指标均控制在考核范围之内。（郭永华）

【机构调整】 2010年，克拉玛依钻井公司调整部分组织机构。一是将钻前工程公司更名为钻井地面工程服务公司。在原有职能基础上，增设基建维修综合队。主要职能是负责公司基础性的基建维修(主要包括地坪施工、井场道路修建、排水沟、散水面、管网及外配维修服务)。二是将运输公司更名为钻井搬迁服务公司，在原有职能基础上，扩充现有维修车间车辆维修业务范围。扩充后的维修车间主要职能是负责公司以外的运输车辆、特车的维修、保养以及车辆委外修理的管理和监督。三是在设备管理中心增设维修综合队，主要职能是负责井队液压大钳和长杆泵的维修、保养工作。四是在技术中心增设钻井新工艺、新技术的研发、推广和应用工作，负责钻井复杂、事故处理、取心、特殊工艺及钻井现场技术服务工作。五是在物资供应公司设立劳保用品加工车间，主要职能是负责一线井队所需的日常劳保用品加工。六是对文化教育中心职责进行分解，主要负责公司内部员工的培训工作。文化教育中心的文艺宣传工作、职工活动场所管理工作所涉及的业务内容及人员划归职工活动中心；文化教育中心图书馆、陈列室管理工作、会议服务工作及人员划归机关事务中心。七是将工具公司的接头加工业务划归管子公司，工具公司仍负责接头租赁业务。（郭永华）

【经营管理】 2010年，克拉玛依钻井公司把精细管理、降本增效作为全年工作的一条主线贯穿到生产经营的全过程，转变思想观念，创新工作思路，细化管理措施，分解任务指标，落实岗位责任，严格考核兑现，促进了目标成本管理的实现。

精细管理年活动 公司成立精细管理年活动领导小组，同时成立精细市场开发与关联交易等8个专项推进组。制定精细管理方案，明确市场占有率、单位变动成本、生产时率、提速等目标，制定29条具体措施。修订完善101个生产经营管理和党群管理办法，首次实行全员签订业绩合同制度，推行机关科室联点制度，使精细化管理更加制度化和规范化。

专项费用管理 2010年，公司将24项专项费用控制指标分解到各科室、各单位，作为业绩指标权重最高项进行考核。建立预算执行情况月度对标分析制度，坚持专项费用逐级审核管理，建立预算执行情况预警监控机制，并重点加强机关科室对专项费用审批审核控制力度。在运费管理上，本着充分利用自有车辆、提高利用率的原则，减少外雇值班车数量，确保公司内部车辆使用率达到95%以上；在水费管理上，实行口井水费承包制度，减少生产用水量节水1万多立方米；在工具及材料管理上，按照性价比进行优选；在油料管理上，实行单台钻机、单台车辆定额管理，每米单车油料消耗有不同程度下降。

钻井队成本定额管理 公司在分析各区块近3年实际钻井成本的基础上，参照设计和合同价格，编制了各区块不同钻机类型可控成本定额，分别在莫北、车60井区、东部和八区等4个主要区块进行了单井成本"写实"。修订完善了各区块、不同井型和不同类型钻机的柴油、修理费、钻头、运费等10大类可控成本定额，实行单井管理，定额考核，季度兑现。

材料管理 公司修订物资材料管理办法，明确岗位责任，强化项目经理部监督职能，边远井队设立材料供应点，油区内部井队实行统一供送。加强物资计划、审批、供送、验收、使用等关键环节管理，加强现场材料检查，及时发现问题，及时整改。开展现场材料清查盘点工作，建立无动态材料回收库房，实行统一管理。

内部挖潜 公司依靠内部资源和力量，开展井场基础制作、钻机配套、设备工具维修、基建维修、零部件制作、劳保用品加工等项目，全年累计挖潜2605万元，完成年度指标的173%。挖潜较好的项目有：再利用拆卸报废设备配件，创效750万元；使用回收泥浆1.4万立方米，创效351万元；完成井场基础、整改钻机262井次，设备加工609台件、创效270万元；修理加工设备，创效230万元；实行单车油料定额，挖潜100多万元。

（郭永华）

【市场开发】 2010年，克拉玛依钻井公司在新疆油田综合占有率43%，保持上年综合占有率水平。其中探井市场占有率63.69%，增加4.25个百分点。

优化钻机资源 公司根据新疆油田公司2010年勘探开发方案，为保证钻机多投入、早投入，多打进尺，经多方协调，向集团公司申报置换恢复6部ZJ20钻机，新引进1部ZJCZ30钻机，使钻机利用率100%。

强化沟通交流 公司成立市场开发领导小组，及时了解掌握井位部署和甲方需求，公司各层面与新疆油田公司勘探和开发公司沟通交流，就市场开发、井位分布等达成共识。按照不同区块、不同结算价格体系，公司对前两年在新疆油田44个区块911口井成本进行套算。参照2010年计价体系，签订开发井合同22份，进尺68万米；特殊井合同1份，进尺13万米；莫2井区、八区克上、八区乌尔禾区块实行总包模式。

西南油气田市场 公司在西南油气田市场上坚持验收交底、组织协调、大型施工、技术把关等"五到"现场。在武胜设立前线组，现场及时协调解决问题。完善后勤保障系统，续签框架协议17份。策划施工方案，细化流程，强化重点环节衔接配合，实现平台井搬安72小时，生产效率96%以上。优化技术方案，强化执行力，综合机械钻速和月速度分别提高24%和20%。坚持单井分段考核机制，强化资金管理审核，统一调配现场材料，减低了成本。

开拓外部市场 公司积极开发新疆关联交易以外市场，组织2部ZJ20钻机承包安东石油公司硫磺沟煤层气的2口井施工，合计进尺1586米，实现煤层气市场零的突破。根据海外井控装备检测维修工作推进会的要求，公司组织3名检测人员，对哈萨克斯坦26支井队和3个项目经理部，进行现场工作人员培训、井控装置质量检测及维修等工作。

（郭永华）

【重点工程】 2010年，克拉玛依钻井公司为保证油田勘探工作需要，在队伍、机具和后勤支撑资源配置上，优先满足探井施工，尤其把重点工程始终摆在勘探工作的首要位置。全年公司19台钻机从事探井，占公司在新疆油田钻机总量的30%。在重点工程方面，公司加强施工过程管理，优化技术措施，加强巡井检查指导，探井综合钻机月速度达1297米/台月，比上年提高9.1%。一是加强过程监控。公司在库参1井、昭参1井、九运2井等外甩探井，成立7个现场项目组。在风南5井等8口井的关键和特殊施工阶段，成立9个现场工作小组。实现专人单井把关，严格落实技术措施，保证重点井施工正常。二是优化技术措施。公司运用液相欠平衡控压钻井、油基泥浆钻井、充气欠平衡钻井等技术措施，取得良好效果。探井综合钻井月速度1 297米/台月，提高9.1%。三是勘探成果显著。公司承钻风南5井、风南052井、石桥1井、金龙6井、莫122井发现良好油气显示。其中风南5井中途测试日产油236立方米，创近几年新疆油田中途测试单井产量最新纪录；风南052井在二叠系，中途测试日产油55立方米；石桥1井在车排子凸起，中途测试发现油气流，获新疆油田公司油气勘探年会重大发现一等奖。

（郭永华）

【科技工作】 2010年，克拉玛依钻井公司运行科技项目12个，5项获国家级成果奖和专利证书，2项获西部钻探级成果奖，申报3项实用新型专利。其中三棱钻铤防斜打快技术、莫北钻井提速综合配套、钻井设备集成优化配置等7个项目在现场取得较好效果。

知识产权 公司申报的"油井套管头悬挂器防倒装置"、"井控管汇泄压和清洗装置"和"自锁螺母、自锁螺母和载重设备立柱自锁装置"3项专利，获国家知识产权局颁发的实用新型专利证书；公司申报的"职工培训综合信息管理系统V1.0"和"钻井井控多媒体网络培训系统V1.0"2项软件，获国家版权局颁发的计算机软件著作权登记证书。

技术论文 公司在各类刊物上发表论文和学术报告16篇。公司参加第十五届五省(市、区)稠油开采技术论文征集活动，1篇论文获二等奖；参加2010年度全国石油石化企业管理现代化创新优秀成果、优秀论文、优秀著作发布交流会，2篇论文获石油工业质量学术论坛三等奖；参加2010年油(气)田设备管理与技术研讨论文征集活动，3篇论文分获三等奖和优秀奖。

科技成果 公司2项成果获西部钻

探2010年技术创新成果奖。其中“TB－1型套管保护器的研制与应用”获二等奖,“合川须家河油田定向井钻井技术研究与应用”获三等奖。 (郭永华)

【安全管理】 2010年,克拉玛依钻井公司注重事先预防,突出过程控制,落实直线责任,强化属地管理,实现了安全生产。

责任联动 公司细化分解安全环保指标,逐级签订安全环保责任书4 992份,与相关单位签订安全环保协议书112份,明确了双方责任。实行重点风险的监管责任和公司领导分管制度,建立安全生产立体式、全天候的责任联动网络体系。通过24小时监控生产的全过程,实现全程监控,及时发现问题,及时处理解决。

安全监督 公司加强对物和人的不安全行为以及作业环境要素的监督,坚持专职监督、旁站监督和全员监督相结合的管理方式。下达监理指令17 800份,观察沟通记录卡2 200份,纠正不安全行为2 100次,HSE监理在现场检查出各类隐患11 178个,整改率达到100%。公司下发风险预警单14份,按照风险4个等级划分,逐级进行处理,将安全隐患消除在萌芽状态。

应急管理 公司进一步完善应急预案,实现与西部钻探总预案、油田和地方应急预案的对接。建立三级井控管理模式,明确各级责任。加强井控取证培训,确保井控持证率达到100%。落实井控九项管理制度,开展各类应急演习6 149次,全年有效处理16起井口溢流事件,避免井喷事故的发生。

安全意识 公司在运行两书一表、STOP卡、风险提示卡的过程中,实行监理与员工“一对一”的培训卡制度,现场培训8 887人次。开展了安全经验分享、安全文化作品征集、小故事演讲、安全板报巡展、安全月等活动,员工安全环保意识和安全环保知识进一步提高,实现要我安全向我要安全的观念转变。

安全检查 公司先后开展钻机起步验收、体系内审、安全生产大检查、井控安全检查等活动192队次,查出不符合3 698个,安全提示125项。检查出来的问题由现场监理、项目经理部安全人员验收,公司随机抽查,验证关闭率100%。公司成立安全环保隐患治理项目整改和验收小组,完成28项安全技措项目的整改验收。开展绿色作业队创建活动,21个钻井队(车间)获西部钻探绿色作业队称号。 (郭永华)

【员工培训】 2010年,克拉玛依钻井公司员工以确保员工持有效证件上岗,增强现场操作技能,提高员工综合素质能力为重点,主要开办取证类培训、专业技术类培训和管理提升三大类培训。共计开班117期,培训员工4 112人次,完成计划的109%。其中取证类培训开办班88期,培训员工3 043人次;专业技术类培训开办班18期,培训员工530人次;管理提升培训开办10个项目,培训员工539人次。

技能竞赛 公司员工技能竞赛围绕生产需求、定人定向、注重质量、常态化、均衡化的工作思路开展。启动网络版《钻井操作指南》培训课件编写工作和培训基地建设,开展岗位大练兵、技能大比武活动。公司承办西部钻探钻井工、钻井井控技能竞赛活动,获总成绩第一名,同时获17个奖项。公司派选手参加集团公司职业技能竞赛,2人获金银铜3块奖牌。

第二届职业技能竞赛 2010年,公司举办第二届(柴油机工、泥浆工)职业技能竞赛,188名柴油机工和泥浆工参加。10名柴油机工和8名泥浆工获优秀选手,公司授予技术能手称号。

(郭永华)

【党群工作】

党组织建设 2010年,克拉玛依钻井公司党群工作围绕全年生产经营目标,将“四强、四优”创先争优活动与“六个一”党支部达标相结合,充分发挥党组织的保障职能。在党支部创建达标验收过程中,公司有17个支部达到西部钻探标准,43个支部达到公司标准。公司建立党员电教基地,配置相关设施和学习资料,组织党员集中培训学习。开展党员先锋岗、党员责任区、党员身边无事故等活动,促进党支部工作目标管理。加强党员队伍管理,注重在生产一线吸收骨干、专业技术人员入党,新发展党员44名,27名预备党员按期转正。

领导班子和干部队伍建设 公司制定和落实“三重一大”决策制度,明确决策范围、决策形式、决策程序,对涉及公司长远发展和职工群众切身利益的相关工作都通过相关会议研究决定。在全公司范围内公开竞聘钻井队队长和技术员岗位,新聘任8名钻井队队长,新聘任钻井队技术员28名,调整33名钻井队干部。制定业绩考核管理办法,逐级签订责任书,通过日常考察,阶段调研、能力评估、年度述职等手段,完成公司各级领导班子、技术专家、学科带头人,以及103名科级干部、32名钻井队干部、833名一般管理和专业技术人员的考核评价工作。同时,公司对“四好”领导班子创建工作进行总结分析,提出针对性改进措施,广泛推广成功经验。

创先争优活动 公司党委成立创先争优活动组织机构,制定《深入开展创先争优活动实施方案》,提出工作目标。公司坚持把创先争优与各类创建达标活动相结合,修订完善创建方案,量化创建标准,有效推动创建达标工作。先后开展党员先锋示范岗、党员责任区、党员身边无事故等活动,公司有11个基层党支部和46名个人被西部钻探表彰。公司抗雪救灾突击队被西部钻探记集体特等功,70151钻井队和50593钻井队被西部钻探记集体一等功,公司有1人被评为全国劳动模范,2人被评为集团公司劳动模范,20队次被评为西部钻探学大庆,做主人,保安全,创一流主题劳动竞赛红旗队。

党员代表大会 2010年12月22日,公司召开重组以来的第一次党员代表大会。这次大会的主题是以邓小平理论、“三个代表”重要思想为指导,贯彻落实科学发展观,加强党的建设,发挥政治优势,把握发展机遇,提升发展能力,为打造西部一流的钻井公司而努力奋斗。会上,公司党委书记尹照强代表中共克拉玛依钻井公司委员会,作题为《发挥政治优势,提升发展能力,为打造西部一流的钻井公司而努力奋斗》的工作报告;公司党委副书记、纪委书记李宪留代表中共西部钻探克拉玛依钻井公司纪律检查委员会,作题为《持续推进惩防体系建设,促进公司和谐健康发展》的工作报告。大会审议并通过中共西部钻探克拉玛依钻井公司委员会和中共西部钻探克拉玛依钻井公司纪律检查委员会工作报告,选举产生中共西部钻探克拉玛依钻井公司第一届委员会和纪律检查委员会。

“提素”工程 公司制定3年全员

“提素”方案,《方案》坚持岗位技能、职业道德与文化素质并重,操作岗位、技术岗位与管理岗位并举的原则,建立健全与“提素”相配套的管理制度和激励约束考核机制,以激发员工的“提素”热情。

人力资源管理　公司开展有针对性的岗位调整、市场化用工与劳务用工身份互换、退回劳务派遣企业等工作,完成年度员工能力评价工作。开展基层工程技术骨干人才选聘工作,出台专项管理办法和选拔方案,开展专业技术职务评审和技能专家、技师高级技师考评工作,通过初级133人、中级30人的评审工作,向西部钻探申报高级专业技术职务5人,对公司87名技师、高级技师进行考评。加强人员调配工作,将202名优秀员工纳入到后备人才管理,完成116名大专院校生的落户工作。　(郭永华)

【党风廉政建设】

党风廉政责任制　2010年,克拉玛依钻井公司进一步明确党风廉政建设责任。公司党政主要领导分别与基层各单位、机关各部门和钻井队签订党风廉政建设责任书102份,签订科级、副科级廉洁承诺书99份。各基层单位结合实际,与基层车间队和关键岗位人员签订廉政责任书、廉洁从业承诺书295份,对103名科级干部进行了廉政测评,对10名新提拔科级干部和17名井队干部进行了任前廉政谈话。

惩防体系建设　公司继续推进《公司建立健全惩治和预防腐败体系建设2008～2012年工作策划》,进一步明确惩防体系建设任务目标。新建和完善6项党风廉政建设工作制度和办法,其中包括完善《公司党风廉政建设责任工作考核办法》,出台《关于落实“三重一大”决策制度的实施规定》,修订《公司管理人员任职廉政谈话的规定》,落实《公司监督部门联席会议制度》。针对19项制度运行中的薄弱环节和突出问题,由纪检监察科牵头,组织人事、财务、企管、群工、宣传、安全等科室联席会议协调。建立公司领导和机关科室联点制度,建立纪检监察例会制度,召开纪检监察工作例会3次。

反腐倡廉教育　公司以开展“五个一”廉政教育活动为契机,开展形式多样的廉政教育活动,强化党纪条规和廉洁从业意识教育。开展以《廉政准则》、《若干规定》等法规、法纪为主要内容的答题学习活动,参加人员552人次。加强警示教育,组织观看《沉重的代价》、《抵制诱惑》、《慎交友警示录》等视频录像,组织警示教育89场次,参加人员2 781人次,领导干部上廉政党课270人次。公司与白碱滩区检察院建立廉政共建机制,邀请克拉玛依市检察院、白碱滩区检察院人员进行预防职务犯罪讲座,327名党员干部和关键岗位人员参加。

效能监察　公司以精细化管理年活动为契机,紧紧围绕外雇车辆费用、钻井队可控成本管理、油料管理、物资采购等4个关键环节开展效能监察工作。公司纪检监察科与生产运行科、财务资产科,就外雇车辆费用管理效能监察工作沟通与交流;开展钻井队可控成本费用效能监察,公司成立4个调研组,对涉及成本的钻头、材料、油料等10项可控成本进行写实,并出台钻井队可控成本定额标准;开展油料管理专项检查,重点检查钻井队在油料管理制度的监督与落实工作。派员入驻井队,以抽查方式参与并监督井队油品管理工作。自设举报电话,纪检监察科、治安保卫科接到举报电话5次,受理5起。　(郭永华)

【企业文化】　2010年,克拉玛依钻井公司企业文化建设重点是加强员工思想政治工作,提升队伍素质。强化政治理论学习,做到计划、时间、内容、考核等4个落实,深入开展形势、目标、任务、责任主题教育活动,加强民族团结教育,落实党的民族宗教政策,巩固民族团结进步教育成果。加大内外宣传力度,重视网络舆情监控工作。制定《员工行为规范》手册,规范员工的工作、学习和生活习惯。

企业文化宣传　先后开辟主题劳动竞赛、精细管理等20多个宣传专题,跟踪报道生产过程中的亮点工程、先进典型和感人事迹。通过对外发表新闻稿件、更新完善主要办公场所、生产现场、户外广告等视觉系统,重新设计和更换机关楼橱窗内容、文教中心会议室、部分户外广告牌及基层单位标识。开展安全家书、安全诗词朗诵和安全小故事演讲比赛,推荐3名优秀选手参加西部钻探演讲比赛,获1项第一名,2项第二名。

宣传报道　围绕公司重点工作、劳动竞赛、党代会、冬季安全生产等亮点工程进行,开辟“冲刺2010”,“献礼党代会”等专题栏目和全方位打造高素质人才队伍等系列报道,在西部钻探报上作党代会专版宣传。全年公司在内部网页报道1 920篇,西部钻探网页发表813篇,西部钻探报纸278,外宣277篇,其中在《工人时报》、《中国石油报》、《石油商报》、新浪网、中央电视台等省部、国家级媒体刊发稿件30多篇。

精神文明创建　公司调整精神文明建设领导小组,制定2010年精神文明建设工作策划,制定创建学习型企业《实施意见》。开展“学习在石油・每日悦读十分钟”全员读书活动;充分利用公司健身场馆,持续开展乒乓球、羽毛球等系列体育比赛;举办首届员工书法、绘画、摄影、手工类艺术品展;举办首届青年歌手大奖赛和新年音乐会,完成2010年度专题宣传片的制作。

民族团结进步　公司围绕热爱伟大祖国,建设美好新疆这一主题,开设民族团结进步教育月专栏,广泛征集和宣传民族团结先进事迹;举办民族团结进步教育系列活动;举办“三个离不开”、“四个认同”、“五观”、“六好”为主要内容的专题讲座;开展民族团结进步教育先进评比工作,召开民族团结进步教育工作表彰大会,表彰民族团结模范单位3个,先进单位6个,模范个人10人,模范对子10对,先进个人77人。

企业社区共建　公司与白碱滩芙蓉社区联合签订企业社区共建协议,出台《共建方案》,明确相关职责和要求。在维护稳定、综合治理、党员管理、扶贫帮困等方面达成共识,为芙蓉社区配备部分办公用具和文体活动用品。

(郭永华)

【维稳工作】　2010年,克拉玛依钻井公司积极开展矛盾隐患检查和防恐应急演练,下发安保防恐责任令,落实维稳责任,加大信访工作力度。公司未发生群体访、进京访、越级访事件,未发生影响稳定的社会治安案件和刑事案件。公司先后于3月、7月和11月受到西部钻探公司的电报通令嘉勉,被评为克拉玛依市平安先进单位。

落实维稳责任　在公司党委扩大会、一届二次职代会暨2010年工作会议上,公司党政主要领导与各基层单位签订维稳责任书97份。抓好重点阶段和敏感时期的信访维稳工作。公司先后下发《关于切实做好元旦春节和全国“两会”西部钻探“三会”期间维护稳定工作的安排》、《钻井公司2010年维稳信访工作要点》、《关于做好上海世博会期间信访维稳和防恐工作的安排意见》等。按照《公司信访工作管理办法》，对于重点信访对象，实行“四定三包”制度，即定领导、定措施、定时间、定责任、包案件调查、包问题处理、包人员稳定。为重点人员建立档案，有针对性地进行疏导教育工作。

矛盾纠纷排查 公司建立和完善信访矛盾纠纷排查调处的工作机制，着力解决职工关心、群众关注、社会热点方面的问题。公司先后召开维稳信访领导小组会议9次，信访联席会议5次，开展矛盾排查活动3次，排查出影响稳定的矛盾纠纷和隐患8件。公司职工群众反映比较强烈的问题，有内部退养职工工资进档效益工资补差问题；内部退养职工的健康体检问题；职工遗孀医药费报销问题；职工转内地治病家属差旅费报销问题；伤残职工生活卫生用品的费用等问题。针对这些问题，公司及时向西部钻探主管部门汇报、沟通，得到西部钻探领导和业务主管部门的政策支持，问题得到及时处理，矛盾纠纷及时化解，保证了公司的和谐稳定。

企地联动机制 公司信访、治安保卫部门与市政府信访局、市油田党委维稳办、信访办、白碱滩区政法委、维稳办、信访局、公安分局等有关部门保持经常联系沟通，及时掌握信访动态和治安舆情。

突出信息预警 公司把信访维稳工作纳入到政工例会工作中，每周二汇报队伍和员工的思想状况和上周信访动态情况，安排部署本周信访维稳工作，对重点人员做到心中有数，提前预警。在元旦、春节、全国“两会”、西部钻探“三会”及上海世搏会特别重点维稳阶段，公司信访办、治安保卫科及时向市维稳办、西部钻探信访维稳科、综治科及白碱滩区维稳办、综治办报送重要信息22份，“零报告”136人次。全年公司受理信访总量比上年下降51.2%，上访人数下降79.4%，群体上访为零，全年无重复访、集体访案件，未发生进京上访案件。 （郭永华）

【工会、共青团工作】 2010年，克拉玛依钻井公司坚持职代会和职工代表团组长联席会议制度，深化厂务公开机制，畅通民主管理渠道，促进了劳动关系的和谐。

劳动竞赛活动 公司成立劳动竞赛领导小组，广泛开展劳动竞赛活动。为适应新疆油田公司200天产能建设会战需要，5～10月，公司开展奋战160天、完成70万米的劳动竞赛，18口井刷新区块最新纪录。其中30586队承钻的XQ1047井钻机月速4 671米/台月，创西泉井区历史纪录；40531队承钻的CH6031、CH6020井，钻机月速度分别为6 705米/台月和7 332米/台月，2次创车60井区历史纪录；50585队承钻的MB2287井，刷新莫北2井区历史纪录；30917队连续五口井打破区块历史纪录。3支井队上3万米，2万米7支井队上2万米，35支井队上1万米，是近几年来进尺登上2万米、3万米台阶井队数量最多的一年。

员工关怀 克拉玛依钻井公司对奖金分配、业绩考核等涉及员工利益的问题，公司坚持由职代会和职工代表团组长联席会议审议，并在考核系数上体现向钻井一线、关键岗位和艰苦岗位倾斜的原则。公司积极争取政策，解决井队员工轮休期间生活补贴等问题。及时完成工资晋档、市场化用工转录、管理岗位聘任等工作。开展送温暖活动，捐资助学、慰问扶贫困难群体476人次44万元，大病救助14人16万元。职工带薪疗养2 400人，健康体检4 778人。国庆、中秋节、肉孜节和古尔邦节等节日期间，公司慰问生活困难户158户，一线作业单位75个，发放慰问金及困难补助费38.47万元。

文体活动 公司制定冬季系列文体活动策划，设置16个活动项目，充分利用冬休时间，组织篮球、乒乓球、羽毛球等业余队开展比赛，丰富了广大员工的业余生活。

共青团一届二次团委（扩大）会议 3月30日，公司召开共青团一届二次扩大会议，传达西部钻探工团会议和公司“三会”精神，回顾和总结2009年工作，分析公司面临的形势和任务，部署2010年共青团工作。会议表彰近年来在生产经营活动中涌现出来的十佳青年，同时对聘请的首批青工技校教师颁发聘书。 （郭永华）

【荣誉称号】 2010年，克拉玛依钻井公司被评为中国石油天然气集团公司先进集体；公司工会被评为自治区先进工会；公司70151钻井队获中央企业红旗班组；公司被评为克拉玛依市2010年度平安单位；公司赴阿勒泰抗雪救灾突击队立西部钻探特等功；公司70151钻井队、50593钻井队立西部钻探一等功；钻井地面工程服务公司特车队、40552钻井队、50593钻井队、40549钻井队被评为西部钻探2010年一季度红旗队；钻井地面工程服务公司、40531钻井队、50585钻井队、30641钻井队、50590钻井队、40548钻井队被评为西部钻探2010年二季度红旗队；钻井搬迁服务公司汽车二队、30917钻井队、50593钻井队、50590钻井队、40553钻井队被评为西部钻探2010年三季度红旗队；钻井泥浆技术服务公司、40531钻井队、50585钻井队、50029钻井队、40552钻井队被评为西部钻探2010年四季度红旗队；安全质量环保科、经营计划科、设备管理科被评为西部钻探2010年度红旗科室；40531钻井队、50029钻井队被评为西部钻探2010年度青年突击队；50217钻井队、50585钻井队、50593钻井队、30641钻井队、30917钻井队、30918钻井队、40532钻井队、40536钻井队、40551钻井队、40552钻井队、40660钻井队、50029钻井队、50584钻井队、50599钻井队、50603钻井队、70145钻井队、工具技术服务公司套管作业队、管子公司钻具车间、井控技术服务公司井控车间、物资供应公司配件库、钻井搬迁服务公司汽车四队被评为西部钻探2010年度绿色作业队。公司被白碱滩区评为社会治安综合治理模范单位。

50585钻井队书记吴平河被评为全国劳动模范；公司地面工程公司安装一队一班班长依明江·米吉提被评为自治区劳动模范；公司党委书记尹照强、70145钻井队队长王林被评为集团公司劳动模范；公司50593钻井队队长曾大军、50029钻井队队长丁靖、公司第一项目经理部经理兼书记齐国忠、公司工程技术中心现场工程师艾尔肯·斯迪克被评选为西部钻探第二届劳动模范；马景松被评为集团公司安全生产先进个人；周文获2010年集团公司钻井工技能大赛金牌；李坤获2010年集团公司钻井工技能大赛银牌和井控职业技能大赛铜牌。 （郭永华）

测井服务

【中国石油西部钻探公司克拉玛依测井公司领导名单】

经理、党委副书记:王界益

党委书记、纪委书记、工会主席:隆山

副经理:张昌美、穆塔力夫·麦麦提、王建国、孙德杰

总工程师:戴诗华

【基本情况】 截至2010年末,中国石油西部钻探公司克拉玛依测井公司合同化员工1 301人,市场化用工164人,劳务用工65人。公司有各类专业技术、管理干部749人,其中具有教授级高级专业技术职务3人,副高级94人,中级327人,初级305人,未评聘20人;员工中博士学历3人,硕士研究生学历49人(其中硕士学位39人),大学本科397人,大专325人,中专256人,女员工339人,少数民族员工200人,党员500人。有测井、射孔、生产测井一线作业分公司8个,测井资料解释、测井新技术发展研究等单位4个,5个后勤辅助单位。15个机关科室,4个机关附属。公司完成综合测井8 098井次,完成年度指标的97.8%,其中裸眼测井4 515井次,生产测井1 405井次,射孔2 178井次。全年总收入5.48亿元,比上年增长30.92%,总支出5.32亿元,完成考核利润8 927万元,实现了扭亏增盈。技术指标持续改善。测井资料合格率、射孔发射率、射孔命中率保持100%;资料优质率达到99.5%。探井解释符合率80.75%,开发井解释符合率96.73%。井壁取心收获率99.7%。顾客满意度达到95%以上。新疆油田测井实现综合提速6.71%。安全环保基础不断夯实,节能减排扎实有效。HSE/OSH/EMS管理体系通过年度监督审核,安全环保实现零伤亡、零事故、零损失目标。万元产值综合能耗0.035吨标煤,万元产值水耗2.689立方米。完成了西部钻探下达的考核指标。

(徐 明 杨 勇)

【经营管理】 2010年,克拉玛依测井公司扎实开展精细管理年活动,以预算管理和成本控制为重点的经营管理水平明显提高。一是在预算管理方面,按照以收定支、量入为出的原则,进行预算指标的分解和落实。全员签订业绩合同,实行严考核、硬兑现。定期召开经营分析会,及时调整预算控制方案,提高预算的符合度和控制力。坚持效益原则,优化投资项目,全年完成固定资产投资3 303万元,其中用于测井主力装备更新2 874万元。二是在成本控制方面,加强电缆、马笼头、井下仪器及配件等大宗材料的管理,严格控制委外修理,积极推行井下仪器配件国产化替代,有效降低生产成本;全面压缩非生产性开支,“五项费用”比上年下降3%;深入细化班组核算,射孔分公司将射孔枪、射孔弹、射孔配件及燃料费用分解到班组,坚持每天统计分析班组消耗情况,抓住成本控制关键环节,取得明显成效。三是在精细管控成本方面走在前列。全年公司综合变动成本比下达的指标降低11%。实施群众性挖潜增效项目156项,实现挖潜增效301.6万元。在基础管理方面,以质量、计量、标准化为重点的基础管理建设工程全面启动,企业内控体系建设不断深入,严格招投标管理、合同审查及签订,经营行为更加规范。强化资金管理,加大应收账款的清欠力度,做到应收尽收,颗粒归仓,资金回款率达到100%。四是开展固定资产、长期待摊资产的清查工作,核销处置不良资产,存量资产得到优化。设备管理推行“六定六化”管理模式,加强设备现场管理,设备完好率达到98.5%。五是广泛开展群众性的质量管理小组活动,有1个课题获中国质量协会石油分会优秀QC成果奖,有3个课题获自治区优秀QC成果奖。测井研究所动态监测QC小组获中质协会石油分会优秀质量管理小组称号,C1452队获质量信得过班组称号。信息化建设取得新进展,开发“射孔枪管柱设计软件”和“三相流管理系统”,公文处理、合同管理、财务网上报销系统、ERP系统有效运行,A7系统全面上线运行,为公司资源共享搭建了平台。

(徐 明 杨 勇)

【市场开发】 2010年,克拉玛依测井公司在新疆油田传统市场,充分发挥前线测井项目部的支撑作用,做到生产靠前组织、服务靠前保障。一是持续推进测井提速工程,正点到井率99.95%,测井一次成功率99.93%,实现综合测井提速6.71%,为钻井提速和油田产能建设提供有力的支持。二是加大测井资料在油藏、地质、工程领域的应用,带动特殊项目测井市场的扩大,EMI、MRIL测井工作量比上年增长33.3%和45.5%,旋转式地层取心工作量增长220.5%。三是传统市场的主力军地位进一步稳固。全年新疆油田裸眼测井市场占有率99%,生产测井市场占有率66%,射孔市场占有率100%,全年完成综合测井7018井次,增幅47.69%。实现收入4.72亿元,增幅27.74%。四是积极开拓国内外市场。在国内外部市场,充分发挥高难复杂井、水平井、侧钻井测井技术的独特优势和地缘优势,积极抢占塔里木市场,市场份额在与国内7家测井公司的同台竞技中保持前列。测井资料解释评价与塔里木油田开展合作研究,为后续市场的扩大打下良好基础。天山以南市场全年完成测井120井次,增长53.8%,实现收入3 025万元。塔里木分公司获塔里木油田油气勘探三大阵地战劳动竞赛“测井杯”。长庆油田市场取得新突破,业务规模持续扩大。全年完成综合测井293井次,增幅90.3%,实现收入873万元。苏里格气田项目通过深化对苏77区块的综合地质研究,精细开展测井资料解释评价,测井解释符合率85%,为井位部署和评价井试气方案提供决策依据;野外作业施工实现曲线合格率、射孔命中率、正点到井率、资料全准率4个100%,为苏77区块实现当年评价、当年建产、当年投产作出贡献。开辟中油煤层气韩城市场,成为公司外部市场新的增长点,实现创效275万元;开拓非传统作业市场,进入湖南中核勘探公司射孔作业市场;过套管电阻率测井技术进入吐哈油田,完成测井10口;岩石物理实验成功走向市场,实现创效280万元。在海外市场上,依托西部钻探EPC总包,完成咸海1井全部26井次作业和资料解释评价。哈萨克斯坦合作项目运行平稳,自主经营的生产测井项目进展顺利,全年海外完成综合测井291井次,实现收入2 142万元,增幅14.5%。

(徐 明 杨 勇)

【重点工程】 2010年,克拉玛依测井公司应用高难复杂井测井技术先后在西湖1井、风城1井、克深202井、吐北4井、哈602井等一批超深、超高温高压井中作业成功,展示公司在极端复杂条件下

的测井技术水平。柯东1井的作业成功，为该井储层认识和油气重大发现提供有力的技术支持，获塔里木油田总经理的通令嘉奖；"高张力"井克深7井测井创造集团公司陆上油田测井最新纪录(8 001米)；TZ82－1H井水平井段长达1 033米的微电阻率扫描成像测井，创造集团公司陆上油田6寸小井眼最长水平段成像测井纪录；旋转式地层取心在西泉9井以100%收获率获取优质岩心41颗，创造新疆油田单井取心颗数新纪录。米东1井大井眼核磁共振测井作业、金河1井CAST－F成像测井资料采集和解释处理的成功应用，打破国外公司的垄断，彰显公司在高端市场上的技术实力。测井资料解释处理与评价显示测井作为油气田慧眼的能力，通过精细评价和深入地质油藏综合研究，为油田提供准确可靠的测井解释评价成果。乌国咸海1井处理解释20个项目，经试油验证，结果和测井解释完全一致，使咸海1井取得重大突破。新疆油田风南5井、沙门1井、滴20井、克021井、莫122井、西泉9井等多口重点探井相继取得重大发现，为油田增储上产作出贡献。

(徐　明　杨　勇)

【科研管理】　2010年，克拉玛依测井公司围绕油田勘探开发需求，科技攻关取得一批新的成果。第二代过套管电阻率测井仪研制取得新突破，为仪器定型和产业化应用奠定基础。LWD地质导向测井技术研究获得新进展，完成5口井的现场实验，油层钻遇率均达85%以上。全年实施重大科研项目10项，"准噶尔盆地腹部火成岩岩性测井识别方法研究"获集团公司科技进步二等奖，"XCRL过套管电阻率仪研制"获西部钻探技术创新一等奖，3个项目分获二、三等奖，有7项实用新型专利获国家知识产权授权，37篇论文分别在国内外测井学术会议、专业刊物上发表。

(徐　明　杨　勇)

【安全管理】　2010年，克拉玛依测井公司安全环保工作突出预防为主，进一步落实责任，强化监管，安全环保基础不断夯实。全员签订安全环保责任状1 439份，签订个人安全行动计划1 424份。强化HSE管理原则和反违章禁令的常态化管理，加强员工HSE培训，组织员工开展"三违"辨识活动，编辑《"三违"及隐患典型案例警示手册》，开展各种形式的安全经验分享300多次，员工反"三违"能力和事故防范能力进一步提高。突出加强重点领域、要害部位、关键环节和特殊时期的安全环保监控管理，开展井控检查、设备专项检查、特殊时段安保防恐检查和冬季安全生产大检查活动，检查和治理问题585个。全年投入HSE资金2 249.7万元，安全环保隐患得到有效治理，本质安全水平进一步提高。积极推进HSE管理体系建设，HSE表现水平持续改进，"三基"和"三标"管理不断夯实。开展各类应急演习67次，公司应急保障和员工应急处置能力进一步提升。广泛开展安全漫画、安全家书、安全摄影等安全文化活动，营造了浓厚安全文化氛围，员工的安全意识显著增强。积极推进清洁生产，倡导绿色施工，扎实开展绿色作业队创建活动，测井二分公司、塔里木分公司被命名为西部钻探绿色作业队。测井公司被评为安全生产先进单位。

(徐　明　杨　勇)

【员工培训】　2010年，克拉玛依测井公司以提升素质和提高技能为重点，扎实开展员工培训工作。安排75名少数民族员工参加汉语培训班学习，开办以少数民族测井技术骨干人员为核心的测井技术人员培训班，41名专业技术人员参加培训学习。组织专业技术干部技术达标考试，完成606名一般管理人员和专业技术人员的年度考核工作，提高专业技术人员的业务能力。强化人才队伍建设，推荐评选西部钻探专业技术骨干14人，公司级专业技术骨干16人。全年开展各类培训263期，培训7 969人次。

(徐　明　杨　勇)

【领导班子建设】　2010年，克拉玛依测井公司进一步加强党的建设，取得好的成效。一是纵深推进"四好"班子建设，完成16个基层单位和115名科级领导干部的考核工作，公司领导班子被西部钻探评为"四好"领导班子，经理王界益、副经理张昌美被评为优秀领导，14个基层单位领导班子职工测评满意度达到80%以上。二是扎实开展"四优"、"四强"创先争优活动。三是落实党委中心组学习制度，不断增强领导班子驾驭复杂局面、引领科学发展、维护企业安全稳定的能力。四是健全完善选拔任用机制，按照干部管理要求，续聘和交流任职80人次，提拔聘任15人，各级领导班子的整体素质进一步提升。五是按要求召开专题民主生活会，通报年度党员领导干部专题民主生活会整改方案落实情况，说明年度党员领导干部民主生活会准备情况，提出2条会议需要解决的问题并制定整改措施，完成16个基层单位的党员领导干部民主生活会。六是持续抓好学习实践科学发展观活动整改落实方案的落实。公司党委对5个方面整改任务，明确督查的措施和责任部门，深入抓好整改方案的落实，进一步巩固学习实践活动的成果。七是开展党支部建设"六个一"创建达标和"四优"、"四强"创先争优活动，命名表彰6个基层先进党组织、10个"六个一"达标党支部和23名优秀共产党员。涌现8个西部钻探红旗队、9个西部钻探级"五型班组"、43个公司级优秀"五型班组"、1个自治区"安康杯"优胜班组，101个班组达到"五型班组"标准。C1518队获集团公司先进集体称号，于志刚获集团公司劳动模范称号。

(徐　明　杨　勇)

【廉政建设】　2010年，克拉玛依测井公司落实党风廉政建设责任制。制定《测井公司党政领导班子成员党风廉政建设责任分解》，签订党风廉政建设责任书，党委中心组廉政学习4次，公司组织廉政教育2次，对新提拔和岗位调整的8名副科级以上干部进行任前廉政谈话。扎实开展反腐倡廉教育，学习贯彻《中国共产党党员领导干部廉洁从政若干准则》、《国有企业领导人员廉洁从业若干规定》及集团公司下发的10篇案例剖析材料精神，公司党委召开专题会议，讨论交流学习心得体会，形成发言材料和整改方案。推进惩防体系建设。建立、完善各项制度，开展案例警示教育，115人参加公司组织的预防职务犯罪专题讲座。落实"三重一大"决策制度，重点开展工程建设项目管理效能监察和物资集中采购管理效能监察，参加各类谈判85次，涉及金额3 341万元。

(徐　明　杨　勇)

【企业文化建设】　2010年，克拉玛依测井公司广泛开展群众性安全文化创建活动，征集安全家书、安全小故事等781片/条，制作《测井公司企业文化(员工)手册》，塑造公司整体形象。开展形势任务教育和大庆精神、铁人精神学习教育活动，完成各类宣传稿件800多篇，上报推荐政研论文及优秀企业文化论文9篇，获西部钻探2008～2010年宣传思想工作先进单位称号。全面上线运行测井公司全国文明单位OA管理系统，实现公司精神文明建设工作的远程动态电子考核。公司获西部钻探2008～2010年宣传思想工作先进单位、“五五”普法先进单位。 （徐 明 杨 勇）

【维稳工作】 2010年，克拉玛依测井公司围绕全国“两会”和世博会等特别重点阶段，各级党组织贯彻上级维稳工作指示和要求，明确任务，落实责任，强化监督，及时处置各类信访安保突出问题，确保公司稳定和谐，受到西部钻探通电嘉奖。深化民族团结教育，涌现出阿不列孜等3名民族团结模范个人，阿哈提·沙吾提等20名民族团结先进个人和阿地力等10个民族团结模范对子。扎实开展第28个民族团结进步教育月活动，表彰公司两年来涌现的民族团结模范，营造和巩固各族员工和睦相处、合作共事的良好局面。 （徐 明 杨 勇）

【工会工作】 2010年，克拉玛依测井公司工会围绕公司中心工作，较好地发挥职能作用。落实民主管理、厂务公开等制度，全年召开7次职代会联席会议和4次基层工会主席会议，12个基层单位的20多名基层职工代表参加公司工作例会，3名职工代表参加公司生产经营分析会、体系管理评审会议，民主管理制度不断完善，民主参与、监督力度不断加强。深入开展学大庆、做主人、保安全、创一流主题劳动竞赛、巾帼建功等活动，持续推进劳动关系和谐单位创建，广泛开展扶贫帮困、大病救助、金秋助学、送温暖活动和丰富多彩的群众文体活动，为公司营造和谐健康的发展环境。 （徐 明 杨 勇）

录井服务

【中国石油西部钻探公司克拉玛依录井工程公司领导名单】

党委书记、纪委书记、副经理：陈德山
经理、党委副书记：胡道雄
党委副书记、副经理、工会主席：伊利亚斯·谢力甫
副经理、安全总监：马瑞杰
副经理：薛晓军（7月任职）

【基本情况】 截至2010年底，中国石油西部钻探克拉玛依录井工程公司有员工928人，其中在册合同化员工617人，市场化员工252人，外雇劳务工59人，女员工200人，少数民族员工167人，大专以上学历634人。高级专业技术职务49人，中级179人，初级222人。下设机关部室8个：党政办公室、群工纪检治保部、组织人教部、生产技术部、安全环保部、产业市场部、计划经营部和财务资产部。一线生产单位7个：录井一公司、录井二公司、录井三公司、录井四公司、录井五公司、录井国际公司、四川项目部科技研发单位3个：录井技术中心、录井资料评价中心和综合录井仪制造厂。辅助生产单位3个：信息中心、服务公司和环卫中心。有关键生产设备228台（套），其中综合录井仪80台、地化仪器32台、岩心扫描仪3台、卫星站56台（含主站1套）、车辆57辆，整体新度系数0.46，综合完好率98.7%。公司固定资产原值1.75亿元，净值8 710万元。 （张凌静）

【经营管理】 2010年，克拉玛依录井工程公司完成录井1 613口，其中在准噶尔盆地完成探井录井43口、油藏评价井录井66口、开发井录井1 395口、国内外部市场完成录井34口、国外完成录井75口。探井完井资料合格率100%，岩心卡取率100%，油气显示发现率100%。各类工程隐患预报1 029次，工程事故预报率、符合率100%，岩屑剖面符合率98.33%，油气解释符合率75.67%，圆满完成西部钻探公司下达的各项录井技术指标。全年公司完成收入2.17亿元，总成本1.98亿元，其中固定成本1.46亿元、变动成本0.52亿元。考核剔除成本3 751万元，完成西部钻探5 300万元考核利润指标，并超额盈利381万元。公司对QHSE体系进行3次换版，进一步完善、健全各项管理制度和作业文件，使其更具针对性和实用性。全年完成设备投资项目9项、完成投资金额2 392.47万元。签订合同200份。其中收入类合同33份，金额23 087.92万元；支出类合同167份，金额4 014.6万元。 （张凌静）

【市场开发】 2010年，克拉玛依录井工程公司进一步加强市场开发工作，在传统市场开发方面，与油田公司加强沟通、交流，进一步提高服务质量，市场占有率95.83%，比上年提高2个百分点。在国内外部市场开发方面，川西南市场保持5支队伍规模。塔里木市场队伍规模由4支增加至7支。录井四公司L11020队在塔指三大阵地战劳动竞赛年度录井队伍评比中，获得“录井杯”；塔河油田优秀施工队伍评比（116支录井队伍评前10名），有2支队伍入围。在海外市场开发方面，新增哈萨克斯坦克孜洛尔达及北里海2个区块，队伍规模由5支增加至13支。 （张凌静）

【重点工程进展】 2010年，克拉玛依录井工程公司加快重点工程建设步伐，取得积极成果。一是综合录井仪产业化得到发展，雪狼系列综合录井仪品质得以不断提升。软件方面，扩大雪狼2.0录井软件在现场的使用范围；硬件方面，完成信号采集技术升级、内部结构改进，快速色谱仪、VGA信号网络传输新技术在现场使用取得良好效果。先后参加乌兹别克斯坦国际石油展、美国OTC海洋技术会议和设备展、乌鲁木齐振威国际石油石化设备展览和哈萨克斯坦国际石油及天然气展会。全年生产雪狼录井仪13台，外销2台。二是油气勘探、开发取得丰硕成果。分别在新疆油田公司石桥1井、风南5井、西泉9井、莫122井发现良好的油气显示，相继在乌夏断裂带、车排子凸起、滴南凸起、中拐凸起、吉木萨尔凹陷等区块获得重大突破。 （张凌静）

【科技工作】 2010年，克拉玛依录井工程公司认真贯彻落实西部钻探公司关于科技工作的有关指示精神，进一步加大科技投入力度，促进科学技术的转化。一是加大科技研发力量的投入，全年承担各类科研项目9项，其中集团公司科研项目2项、西部钻探科研项目3项、自筹项目4项。二是水平井综合录井地质导向技术发挥重要作用。该技术在67口水平井应用，各井油气显示发现率、油气显示解释符合率均达100%，油层钻遇率96.5%。三是地化录井技术在油田开发得到推广应用。在开发井增加地化录井项目，包括热解色谱、热解—气相色谱、三维荧光光谱分析和核磁共振分析，

充分利用地化录井新技术帮助现场合理划分油、气、水层、识别原油性质及储层物性等问题，大幅度提高了录井综合解释准确率。（张凌静）

【安全管理】 2010年，克拉玛依录井工程公司认真做好安全管理工作，进一步完善管理制度，取得好的效果。全年组织多次安全责任大检查，完成安全隐患治理1项，投入资金37.62万元。一是出台录井坐岗管理办法，增加正常钻进和特殊作业环节的坐岗报表，为井控安全工作提供进一步保障。二是不断完善车辆及驾驶员的管理制度、冬季行车制度、内部准驾及长途车、夜间车审批制度，并有效落实。全年除对1次未执行“三交一封”的司机处罚外，无超速和其他违章发生。三是修订、完善公司总体预案和16个专项应急预案，开展交通事故和综合办公楼火灾事故应急演习，参演人员120人。各基层单位和录井现场结合各自实际进行了井喷、硫化氢气体危害、人员触电、消防、自然灾害等应急演习500多次。在全公司范围内，分不同层次开展安全经验分享活动。四是开展我为安全献计策活动，共征集建议、感言、心得、认识等1 200多条，部分建议已经立项为科研题目。征集上交西部钻探安全文化作品安全家书32篇，安全小故事25篇，安全漫画37幅，安全短信100条，安全感言84条，安全摄影18幅，安全演讲3篇，安全创新作品2件，安全文艺16篇。公司获西部钻探安全生产示范岗位1个，西部钻探安全生产明星8人。（张凌静）

【员工培训】 2010年，克拉玛依录井工程公司采取多种措施，进一步加大员工培训力度。培训工作围绕生产经营中心，采取走出去、请进来、内部培训等方式，针对员工需要和公司发展实际，开展专业技能操作、井控、外语、资质取证等培训。全年培训各类专业技术人员834人次。（张凌静）

【党组织建设】 2010年，克拉玛依录井工程公司扎实开展“四好”领导班子、创先争优活动，深化党建目标管理和党员责任区管理模式。制定不同岗位“四优”党员标准、党委公开承诺书。积极推进“六个一”先进党支部、基层建设示范队（站）争创活动和民族团结进步教育活动，引导广大员工，立足岗位争当“四优”共产党员、“五型员工”，取得好的效果。（张凌静）

【企业文化建设】 2010年，克拉玛依录井工程公司加大宣传和舆论导向作用，充分展示公司生产管理、科技进步、生产活动中等方面取得的成绩。收集整理劳模事迹材料，与《西部钻探报》、《克拉玛依日报》、西部钻探新闻中心等媒体联系，广泛宣传报道公司劳模先进事迹。在公司网页上开辟专栏，及时登载公司涌现出来的先进典型事迹，向全公司广泛宣传劳动模范、先进人物的先进事迹。全年在《中国石油报》、《科技日报》、《工人日报》、《新疆石油报》、《克拉玛依日报》等报纸和西部钻探网站发表各类稿件350篇，给各单位配置下发图书8 000多册，书架60个。（张凌静）

【维稳工作】 2010年，克拉玛依录井工程公司严格落实西部钻探维稳工作目标，进一步完善社会治安综合治理措施，积极建立健全维稳长效机制，切实落实领导责任，加大帮扶力度，注重人文关怀，杜绝规模性群访事件，确保公司内部和谐稳定。建立组织严密、反应灵敏、协调有序、运转高效的保障稳定长效机制。切实落实党政主要领导稳定工作第一责任人的责任，进一步加强领导，定期召开会议，排查不稳定因素，加强群体性突发事件应急预案的演练。畅通基层信访渠道，落实领导干部信访接待日制度，变群众上访为干部下访，解决职工群众关心的热点、难点问题，保持了公司的稳定大局。（张凌静）

【工会工作】 2010年，克拉玛依录井工程公司有重点、分步骤底深入开展“五型班组”创建活动。公司有103个班组，经过各单位自评考核和公司相关部室的3次检查验收，所有班组均达到“五型”班组的标准。全年立项实施群众性挖潜增效项目52个，创效益176.11万元，超额完成西部钻探公司下达的挖潜创效指标80万元的任务。利用冬休、节假日期间，组织员工开展丰富多彩的文化体育活动。先后举办庆三八娱乐活动、“民族团结杯”拔河比赛、钓鱼比赛、录井杯篮球赛、团体长跑、棋牌、跳绳、电影专场、迎新春歌唱比赛等丰富多彩的文化娱乐活动。全年帮扶救助临时困难员工4 740元，救助大病员工1.5万元，慰问患病住院员工38次，节日慰问离退休职工16户，慰问一线员工520人次。622人参加员工同心互助捐款，总额51 890元。（张凌静）

【主要工作会议】 2010年1月26日，克拉玛依录井工程公司召开党委扩大会、一届二次职代会暨2010年工作会议。会议总结回顾2009年该公司各项工作取得的成绩，客观分析2010年面临的严峻形势，全面安排部署2010年各项工作任务和奋斗目标，将目标任务层层分解到基层各单位，公司领导与各单位签订目标责任书。1月27日，公司召开2010年技术工作会议。对技术工作做全面总结，并对技术专家、学科技术带头人、技术能手表彰奖励。3月3日，公司召开共青团克拉玛依录井工程公司第一次代表大会，审议通过公司团委工作报告，选举产生共青团克拉玛依录井工程公司第一届委员会。3月5日，克拉玛依录井工程公司召开2010年安全环保工作会议，学习贯彻公司2010年安全环保工作会议精神、确定2009年安全环保工作思路，安排部署2010年安全环保工作。（张凌静）

【获得荣誉】 2010年，克拉玛依录井工程公司L11070队被评为中国石油天然气集团公司金牌队；L11028队、L11037队被评为集团公司银牌队；L11059队被评为集团公司铜牌队。公司被评为西部钻探人口与计划生育工作先进单位、群众安全文化建设先进单位、节能节水管理先进集体。录井一公司、录井二公司被评为西部钻探绿色作业队；录井一公司党支部被评为西部钻探工程公司先进基层党组织；录井一公司党支部、录井三公司党支部、录井五公司党支部被评为西部钻探工程公司“六个一”达标党支部。四川录井项目部、录井一公司、录井五公司、录井二公司分别被评为西部钻探公司一、二、三、四季度红旗队。录井一公司被命名为上半年青年突击队；党政办公室被评为西部钻探公司“三优一满意”红旗科室；录井五公司葛新成、吐尔洪·木沙被评为西部钻探劳动模范；录井国际公司王洪伟被评为西部钻探十大杰出青年。（张凌静）

质量·安全·环保

市质量技术监督

【市质量技术监督局领导名单】
党组书记、局长:张生浩
纪检组长:马海江
副局长、工会主席:胡耘
副局长:王明成

【基本情况】 2010 年,克拉玛依市质量技术监督局内设机构有办公室、组织人事科(监察室)、计划财务科技科、法制宣传科、质量监督科、标准化科、计量科、特种设备安全监察科、食品安全监督管理科、稽查队;技术机构有市产品质量检验所、市计量检定所、市纤维检验所、市锅炉压力容器质量安全检验所、市特种设备安全检验所;直属局有克拉玛依区质量技术监督局、白碱滩区质量技术监督局、独山子区质量技术监督局、乌尔禾区质量技术监督局。市区两级共有职工118 人。其中行政人员 44 人,事业管理人员 74 人;大专以上文化程度 110 人;少数民族 13 人;女职工 37 人;党员 59人,团员 20 人;高级工程师 6 人,工程师13 人,助理工程师36 人。主要承担克拉玛依市的产品质量管理、食品安全管理、标准化管理、计量管理、质量安全监察、质量法制建设以及质量管理队伍建设和培训等职能。 (王 洪)

【质量管理】 2010 年,克拉玛依市质量技术监督局全力开展质量提升活动,一是大力营造质量提升活动的舆论氛围。在网络媒体上开辟质量提升专栏 2 个,编辑简报 12 篇,在报纸期刊上宣传报道39 篇,组织宣传、咨询活动 12 次,发放宣传资料1 200余份,服务企业 21 家,出动服务人员 107 人次,免费组织培训 10 次,培训企业 183 家次,组织质量分析会议 8 次,组织专家解读 5 人次。二是全面推进质量兴市(区)战略,已实现质量兴区活动的全面覆盖,4 个区均已开展质量兴区活动,进一步推进市质量振兴事业全面、协调和健康发展。自各区开展质量兴区活动以来,共表彰先进单位40 家,表彰先进个人 19 人。三是加大支持重点企业力度,积极争创名牌产品。大力扶持市重点企业积极争创名牌产品,向新疆名牌推进委员会推荐新疆油田公司机械制造总公司、新疆康佳投资(集团)有限责任公司等 8 家企业 11 个产品申报新疆名牌产品。新疆油田公司机械制造总公司骆驼牌抽油机、新疆昌恒纺织有限责任公司环洲牌棉纱、新疆康佳投资(集团)有限责任公司康都牌包装钢桶、新疆独山子天利高新科技有限股份公司泥火山牌 2 - 丁酮、新疆独山子天利实业总公司天山牌煅烧焦获得新疆名牌产品称号。四是加强质量状况分析工作,积极为政府决策提供依据。编写《2010 年克拉玛依市质量状况分析报告》,以产品质量、食品、特种设备三大安全为重点,突出以质取胜、名牌带动、标准化引领"三大战略",认真查找存在的问题,并进行原因分析,及时提出改进质量状况的对策建议,科学分析市质量现状,为政府决策提供有价值的质量状况分析和建议。五是推进源头监管力度,加快完善产品质量监管制度。监督检查市辖区内 131 家生产经营企业销售的 17 种产品,范围涉及乳制品、桶装纯净水、糕点、面粉、食醋、熟肉制品、白酒、葡萄酒、水泥制品、砖、配装眼镜、柴油机油等。共监督抽检 326 个批次产品,合格 320 个批次,产品批次综合合格率98.2%,比上年提高 5 个百分点。其中抽检食品生产企业 76 家,183 个批次,合格 178 个批次;抽检轻工、化工产品生产企业 27 家,42 个批次,合格 42 个批次;抽检建材产品生产企业 28 家,101 个批次,合格 100 个批次。 (王 芳 王 洪)

【食品安全监管与整治】 2010 年,克拉玛依市质量技术监督局深入开展食品安全监管与整顿工作,严把食品企业准入关,强化证后监管工作力度。一是从市场准入条件入手,严把质量关。达不到要求的企业不予行政许可,全年受理 15 家食品企业取换证申请,并取得 17 个QS 证书。二是从证后监管工作入手,严把监管关。通过开展日常巡查、产品定期抽检、添加剂备案、许可证年审等工作,对已获许可证的企业严格跟踪监管。全年对 7 家存在管理失控企业处以暂扣食品生产许可证处理,以督促其完善质保体系;对多次整改无效,无法持续满足食品安全要求的 4 家企业,注销其食品生产许可证。三是突出重点和关键环节,严把食品添加剂关。质监局通过督促企业按照卫生部公布的第一、二批食品中可能违法添加非食用物质名单和卫生部公布在传统工艺一直使用、但未经批准使用的食品添加物质名单进行自查;配备满足称量所需精度等级的计量器具;完善食品添加剂购进和使用台账记录;严格落实食品添加剂使用备案;严格现场验收检查等多项措施督促企业加强食品添加剂管理与使用。至年底,市全部企业均能主动履行进货查验程序,并称量添加使用。四是加强对乳及含乳食品生产企业风险监控工作。全年开展6 次针对乳制品和含乳食品生产企业的专项检查,8 月,又将三聚氰胺检测范围扩大到含乳食品,确保辖区乳制品和含乳食品生产企业始终处于受控状态,未发现含三聚氰胺物质的问题乳和问题原料乳粉。 (刘劲松 王 洪)

【重点产品专项整治】 2010 年,克拉玛依市质量技术监督局在全市范围内组织开展食品、计量、特种设备、建材、农资、家电下乡产品、液化石油气产品、能效标识等专项执法检查活动。共出动执法人员1 264人次，检查食品加工企业126家、工业品生产企业152家、家电下乡中标销售企业44家、液化石油气充装企业13家、农资生产企业10家、商场超市20家、集贸市场9家、酒店12家。截至年底，克拉玛依市质量技术监督系统共立案72起，结案63起。

（王　芳　王　洪）

【标准化管理】 2010年，克拉玛依市质量技术监督局组织开展工业、农业、服务业标准及自治区地方标准的立项申请工作。组织开展自治区级农业标准化示范区无公害牛羊肉及国家级农业标准化示范区珍珠鸡、生猪养殖的示范区建设指导工作。大力开展标准化良好行为企业创建工作，促进地方工业企业标准化管理水平进一步提高。有效推进魔鬼城景区服务业标准化试点工作，为克拉玛依市服务业广泛开展标准化工作积累经验。全年办理组织机构代码证9 335家。其中办理组织机构代码证新办717家，变更961家，换证817家，年检3 431家，迁出71家，废置128家。

（阳　繁　王　洪）

【计量监督】 2010年，克拉玛依市质量技术监督局监督检查全市4个辖区集贸市场、商场（超市）、餐饮业、加油站、医院、农资生产（销售）单位等在用计量器具，共抽查90余家单位的在用计量器具2 300余台（件），受检率合格率95%，面向社会开展计量义务咨询60人次、免费向社区提供血压计检定130台、人体秤81台、检测眼镜100余付。抽查小食品（包括月饼、瓜子等）、调味品、熟肉制品、涂料、汽车用润滑油等5类商品，共对20个批次的样品进行定量包装商品净含量检测，实物净含量检验合格率100%，净含量字符高度标注合格率100%。全年组织各区对辖区内的22家单位销售的童车、电动玩具、弹射玩具、金属玩具、塑胶玩具、娃娃玩具六类玩具产品进行监督检查，共检查800余件，结果为90%以上加贴有“CCC”标志。市质监局计划用3年左右时间（2010～2012）率先在克拉玛依市集贸市场、加油站、餐饮业、商店、医院和眼镜店等与人民群众生活密切相关的领域，初步建立起以经营者自我承诺为基本框架的诚信计量体系。克拉玛依市已有7家集贸市场和18家加油站签订诚信计量自我承诺书，年度行动阶段性目标基本完成。

（李贤华　王　洪）

【特种设备安全监察】 2010年，克拉玛依市质量技术监督局完成全市特种设备安全监察工作任务。年初与石油、石化等17家特种设备使用单位签订《克拉玛依市特种设备使用单位安全责任告知书》，与20家气瓶充装单位签订《克拉玛依市气瓶充装单位安全责任告知书》，与8家特种设备检验机构签订《克拉玛依特种设备检验机构安全责任承诺书》。全年检验特种设备1 846台，其中监督检验特种设备267台（压力容器制造监检178台、压力容器修理监检4台、压力容器安装监检78台、工业锅炉安装监检7台），定期检验特种设备1 579台（压力容器定检1 268台、工业锅炉定检311台）；车用气瓶安装监检93只；压力管道定检146.1千米；安全阀效验11 851只；在用气瓶定期检验83 911只，判废23 605只。开展针对性专项检查。对易燃易爆和危险性较大的危险化学品生产经营单位、气瓶充装单位、公众聚集的商场及节日期间连续生产企业的锅炉、压力容器、电梯、起重机械等进行专项检查，共检查86家单位，其中特种设备生产单位、检验单位、气瓶充装单位11家、汽车加气站5家、特种设备使用单位70家。检查中对存在事故隐患的35家单位发出特种设备安全监察指令书。全年新注册特种设备322台，其中机电类设备110台、承压类设备212台，注册各类气瓶44 395只，车用气瓶251只。开展车用气瓶安装监检及普查工作。共举办各专业培训班47期，其中司炉工培训21期，培训人员1 104人；压力容器6期，培训人员858人；起重机械5期，培训人员243人；承压焊工14期，培训人员411人；水处理工1期，培训人员56人。合计培训特种设备作业人员1 872人，其中通过考核合格取证人员1 852人，占应取证人数的98.9%。

（彭　静　王　洪）

【法制宣传】 2010年，克拉玛依市质量技术监督局全面推行阳光执法。集中案评64件，合格率100%，无一起诉讼案件，案件涉案货值千余万元。在全面总结“五五”普法工作基础上，有针对性地撰写“六五”普法论文，开展“六五”普法课题的研究。落实好周三学习制和一法一考制，通过不断学习，提升队伍的执法能力、监管能力、服务能力和检测能力。采取办培训、编手册、贴挂图、制展板、送服务以及“三一五”等大型系列活动开展社会普法。3月，在组织的计量服务进社区活动中，市区两级质监局组织市计量所、市质检所技术骨干组成技术服务队进驻4区9个社区（街道办），为居民家中共计451台件人体秤、血压计和眼镜进行免费检定、检测。围绕质量提升年活动和质监文化建设等认真抓好质监宣传工作，加强与新闻媒体的紧密合作，进一步提高新闻宣传工作的导向性和普及性，至年底，新闻媒体采稿61篇，制作《计量小常识》画册2 000本、宣传展板16块。

（姜冬华　王　洪）

【技术培训】 2010年，克拉玛依市质量技术监督局制定每周三学习制度，并列出学习重点，包括法律法规、市委市政府文件、先进事迹等。一是工会组织结合“五五”普法活动，对职工进行普法教育，给每个工会小组都发《中华人民共和国工会法》、《职工劳动权益简明手册》、《“四五”普法知识问答》、《干部法律知识读本》等普法知识读本。工会组织职工学习《工会法》、《劳动法》和《劳动合同法》，使每个职工法律意识进一步加强。二是加强岗位练兵、提高职工技能。特检所全所人员年初进行为期5天的业务培训，学习讲解新制定的质量管理手册，包含质量管理体系总的要求、各项管理职责检、检验检测实施、质量管理体系分析与改进，各类程序文件和工艺流程，工作表格等。组织职工学习《特种设备安全监察条例》，并进行测试。组织职工进入克拉玛依石化公司进行检验人员基本法律、安全知识学习。纤检所组织职工进行铜金属、苯甲酸盲样比对测定和柴油、机油比对试验，提高职工专业技术水平和岗位的实际检测操作水平。10～11月，市质监局工会组织选拔6人参加自治区质监系统第五届岗位练兵和技术比武大赛，取得较好的成绩。参赛人员张伯江、易涛代表自治区质监系统参加全国质检系统技术比武大赛。全年积极组织职工参加乌鲁木齐市和内地各种岗位培训，学习管理、执法、继续教育、取证换证等37人次。三是开展送温暖工程，工会组织全局职工为1名患重病职工捐助13 100元，并积极帮助办理保险补助金。在妇女节、劳动节开展丰富多彩的体育活动，进一步丰富职工干部的业余生活。四是积极推进人才强检战略计划的实施，加快人才队伍建设步伐，引领广大干部职工提高素质，提升业务本领。公务员培训主要以行政执法、财务等项目为主，全年派出19人次参加培训，培训人员占公务员总数的41.3%；组织各类专业技术人员执业资质的取（换）证培训53人次，培训人员占事业单位人员总数的75.7%。五是加大专业技术队伍的教育培训和岗位练兵，共派出各类检验鉴定员及行政执法人员学习培训42人次，开展岗位练兵38人次，参加自治区系统技术比武6人次。

（雷红光　李新焕　王　洪）

【党建工作】 2010年，克拉玛依市质量技术监督局不断改进机关和部门工作作风，提高依法行政水平和增强服务社会能力。一是坚持党的理想信念教育不放松。2月26日，组织全局党员干部观看关于《廉政准则》宣传贯彻的视频讲话并撰写学习心得体会。组织党员干部观看克拉玛依近几年涌现出来的先进人物图片展，开展向师延林等先进模范人物的学习活动。二是坚持党的路线方针政策教育不放松。围绕构建社会主义和谐社会，不断提高广大党员干部对最高社会目标与当前奋斗目标的认识；围绕中心工作，组织好每周三下午的集中学习和每周五上午的科所长例会，把学习与管理、监督、服务相结合，增强学习的实效性，做到重要精神学习宣传及时，确保政令畅通。三是坚持法律法规教育不放松。制定每月普法计划，提供学习资料等，坚持每月一法，对照执法责任制考核试行办法及考核评分细则开展行政执法责任制考核，进一步规范和提升查办案件、文明执法的水平。7月15日，组织全体党员干部参观反腐倡廉教育基地，观看中央纪委监察部制作的警示教育片。四是坚持专业知识教育不放松。从落实人才强检战略，加快质监事业发展出发，做到缺什么，学什么，增强学习的针对性。五是认真抓好党风廉政建设。年初，各区局、检验检测机构负责人签订责任书，把党风廉政建设、纠风工作与行政业务工作相统一。严防只收费不服务、先收费后服务和多收费少服务等侵害群众利益的问题。严格执行质量技术监督“八个严禁”、“五要”、“五公开”、“十不准”等规定，有效地约束党员干部的行为。全年组织主要领导上党课3次，党风廉政形势教育2次，治理商业贿赂专题教育1次，组织典型案例警示教育1次，维护稳定、安全知识讲座2次。（郜胜红　王　洪）

市安全生产监督

【市安全生产监督管理局领导名单】

局长：佟晖

副局长：马顺宇、高峻

【基本情况】 2010年，克拉玛依市安全生产监督管理局有17人，下设办公室（安全生产应急指挥中心）、安全生产监察科、危险化学品管理科、信息与技术装备科4个科室，执法监察支队1个。主要承担着克拉玛依市的安全生产监督、安全制度建设、安全责任落实、隐患治理、安全生产执法、应急体系建设、安全人员培训教育等职能。克拉玛依市全年发生各类事故1 332起，死亡71人，伤203人，直接经济损失229.5万元。与上年相比，事故起数上升2.4%，死亡人数下降1.4%，受伤人数下降12.1%，经济损失上升37.3%。（马万里）

【“十一五”安全监管工作回顾】 “十一五”期间，克拉玛依市始终把安全生产工作作为社会经济发展的重要保障，把保护人民群众生命财产安全作为安全生产工作的出发点和根本目标，认真履行安全生产监管职责，扎实推进隐患排查和整治，不断强化安全生产基层基础工作，安全监管工作取得明显成效，基本实现安全生产与经济社会同步协调发展，保持安全生产形势的持续稳定好转。2010年与2005年相比，全市亿元GDP生产安全事故死亡率下降63.37%，工矿商贸从业人员10万人死亡率下降70.8%，道路交通万车死亡率下降56.89%。

（马万里）

【工作部署】 2010年，克拉玛依市安全生产监督管理局根据自治区下达的目标任务，完善目标管理考核方案和考核细则，坚持重责、重奖、重罚原则，严格实行“一岗双责”和一票否决制，逐级分解事故控制指标，坚持季度安全生产例会制度。针对不同时期安全生产形势和特点，重点具体安排安全生产年活动、事故隐患排查治理、世博会安保、亚运会安保、安全生产联合检查等工作，推动各项工作的深入开展。2月，组织召开安全生产工作会议，总结上年度工作，安排2010年工作。表彰安全生产工作成绩突出的独山子区、白碱滩区、乌尔禾区、克拉玛依区、市安监局、市消防局、市建设局、市机关事务管理局、市行政执法局、市交通局、市旅游局、市环保局、市农林牧业局、市文化局、市广播电视局、市经贸委、腾飞粮油购销储备有限责任公司、市教育局、市质量技术监督局、市公安局、市农业综合开发区管委会、市财政局、市监察局、人民银行、建设银行、农业发展银行、电信公司、移动公司、市城投公司、市第二人民医院、克拉玛依润滑油厂、中国人民财产保险公司等32个单位。市领导与相关单位层层签订安全生产目标管理责任书，将安全生产纳入精神文明创建和领导干部政绩、业绩考核，加大奖惩力度，使安全生产目标管理工作日趋完善。（马万里　郑　立）

【安全生产专项行动】 2010年，克拉玛依市安全生产监督局分别在危险化学品、建筑施工、交通运输、消防、农业机械、烟花爆竹、非煤矿山、民爆器材等重点行业和领域，组织开展隐患排查治理和执法监督检查，有效遏制和防范重特大事故的发生。

危险化学品、烟花爆竹管理　市安监局加快推进化工企业生产装置和储存设施自动控制技术改造，加强对危险化学品、烟花爆竹等物品储存、运输、销售和使用等各个环节的监管工作，积极开展重大危险源普查和应急救援演练，依法加强危险化学品从业单位的审批和许可，强化项目“三同时”的审查，严厉打击非法违法生产经营建设行为。全年检查危险化学品从业单位360家次，取缔非法生产乙炔气窝点1处。

建筑施工场所安全管理　市安监局严格落实企业安全主体责任，加大对建筑起重机械和个人防护用品使用的监督检查，加强对安全管理人员的培训教育，积极开展文明工地创建活动，推进安全

质量标准化工作，组织开展事故应急演练，提高现场施工人员的自我防护意识。全年检查工程项目714项，在建工程安全监督率和开工安全审查率均为100%。

道路交通安全管理 市安监局深入开展交通“五进”、百日交通安全和创建平安畅通区等活动，狠抓道路事故隐患排查整治，全面治理道路交通，重点加强对校车、中巴车和危险化学品运输车以及超速行驶、酒后驾车等违法行为的整治，认真开展营运车辆安全检查和督查，加大GPS监控管理系统建设力度，将重型货车、半挂车纳入GPS监控范围，及时发布恶劣天气预警信息，深入开展交通安全宣传，有效预防道路交通事故的发生。

消防安全管理 市安监局大力开展构筑社会消防安全防火墙工程，积极组织各类消防宣传主题活动，重点开展人员密集场所、高层和地下建筑、易燃易爆场所、城乡结合部和“三合一”场所等火灾隐患专项治理和季节性消防安全大检查，检查单位1 429家，挂牌督办重大火灾隐患单位1家，拆除防盗窗和铁栅栏1万余处，拆除影响逃生疏散的障碍物面积约5 300平方米。

农机安全管理 市安监局积极开展农机安全隐患排查，强制解体报废拖拉机20辆，加大对驾驶操作人员的安全培训，通过开展平安农机创建活动，全市创建平安农机乡2个、平安农机村7个、平安农机户36户。加强森林草原防火工作，新建醒目警示牌14个，修建消防通道6条近20千米、防火隔离带60多条90千米。

防洪安全管理 市安监局加强管辖区域防汛日常巡查，重点督查泄洪渠、防洪堤坝的安全状况，以及河道疏通、防汛预案、应急抢险物资和设备等情况，拆除中心城区后山防洪通道中的违章建筑物，成功抵御白杨河流域和玛河古道河流的2次特大洪峰。

执法检查 市各行业和领域主管部门加大执法检查力度，通过联合执法检查，持续推进非煤矿山、职业卫生、民爆器材等重点行业和领域的安全生产专项治理和隐患排查整治工作，取得明显效果。全年共开展执法行动194次，检查各类企业和单位31 359家，查出一般隐患7 814项，已整改7 478项；查出的2项重大隐患已整改完毕，落实整改资金3 900万元。 （马万里）

【安全生产投入】 2010年，克拉玛依市、区两级政府设立715万安全生产专项资金，用于保障安全生产工作的开展。落实900多万元配套资金，积极推进道路交通、消防、农机等安全生产隐患治理工作扎实开展。积极为企业开展安全生产技术改造提供资金保障，年初，市安监部门联合财政部门，制定安全生产专项资金管理暂行办法，推进安全基础和支撑体系建设。 （马万里）

【“十二五”规划编制】 2010年，克拉玛依市安全生产监督局认真组织安全生产“十二五”规划的编制工作，在完成“十一五”总结评估和现状调查的基础上，启动安全生产“十二五”规划编制工作。同时，将安全生产、应急救援和化工行业安全发展等规划，纳入全市国民经济和社会发展“十二五”规划当中，有序推进规划编制工作，全年落实规划编制经费88万元。 （马万里）

【监管体系和创建】 2010年，克拉玛依市安全生产监督局进一步加强安全生产监管机构和队伍建设，不断健全安全生产监管网络体系，成立市、区两级安全生产执法监察（应急指挥中心）机构，将职业卫生监管职能下放区级执法监察机构，强化街道、社区专职安全生产监管员的配备，组建市级和克拉玛依区、独山子区应急救援支队（大队），分批完成消防特勤队伍以及公安现役消防中队灭火救援攻坚组的建设。深入开展安全生产监管示范创建工作，独山子区被评为自治区级安全生产监管示范区，克拉玛依区、白碱滩区、乌尔禾区已完成自治区级创建自检工作。在危险化学品、建筑施工、非煤矿山、交通运输等高危行业和各企事业单位，实行安全生产费用提取和风险抵押金制度，共有81家企业缴纳1 300余万元的安全生产风险抵押金。在全市推广重点行业领域安全标准化工作。至年底，克拉玛依市有1家机械制造从业单位达到三级安全标准，2家危险化学品生产企业达到二级安全标准。 （马万里）

【企业安全生产】 2010年，克拉玛依市安全生产监督局扎实开展《国务院关于进一步加强企业安全生产工作的通知》宣传贯彻工作，进一步严格企业安全生产准入条件，实施安全进企业和主动上门服务等措施，促进企业安全投入。市安全生产监督局努力推动安全标准化工作，制定安全执法检查计划和重点，推行联合执法检查机制，定期深入企业一线开展安全检查，突出抓好重点城区、重点园区、重点企业以及大中型企业等人员密集企业的监督检查。深化宣传和安全培训，通过电视、广播、报纸、举办培训班等多种途径，将通知精神迅速传达贯彻到各区、各部门和所有企业及职工。全年培训企业负责人、安监人员、特殊工种人员2 000多人。 （马万里）

【宣传教育】 2010年，克拉玛依市安全生产监督局围绕安全发展、预防为主的主题，先后组织开展安全生产月、中小学安全教育月、“安康杯”竞赛和创建青年安全生产示范岗、消防志愿者等活动，扎实推进安全生产“五进”、企业无事故月等创建活动，通过《交通红绿灯》、《安全大视野》等安全生产专题节目和主题宣传活动，向全社会宣传安全生产法律法规知识，提高广大群众安全意识，营造关爱生命、关注安全的良好氛围。积极开展领导干部安全培训和行政执法业务培训，先后培训500余人次。不断强化对企业负责人、特种作业人员和安全管理人员的培训、考核、发证工作，抓好特殊工种取证培训和农民工岗前培训工作，确保100%持证上岗，提高企业员工的安全防范能力和素质。 （马万里）

【应急救援】 2010年，克拉玛依市安全生产监督局推进重特大事故应急救援和社会联动救援体系建设。与应急部门实行信息共享，积极沟通应急物资储备等情况，使安全生产应急救援融入市政府应急的大应急救援体系当中。在不断加强专业培训、配备应急救援装备、及时修编各类救援预案的基础上，组织开展应急演练，增强应急救援实战能力，全年组织人员密集场所火灾、交通事故、硫化氢泄露等160多场不同形式的应急救援演练，参演单位103家、人员达5万多人。加强事前防范，推进预警机制建设，针对不同时期工作特点以及恶劣气象条件，及时发布大风、高温、强降温、雨凇等预警信息，有效减少事故的发生。全年发布预警通知18次。 （马万里）

【事故查处】 2010年,克拉玛依市安全生产监督局加大安全生产执法力度。会同公安、消防、经贸、环保等部门多次组成联合检查组,对事故隐患突出、治理难度大的安全问题开展联合执法。同时,加强与监察等部门的沟通协调和配合,严格按照“四不放过”原则,查处各类责任事故,落实责任追究。对事故处理情况实施跟踪督办,突出抓好吸取事故教训和落实防范措施两个重点,达到举一反三、防范同类事故重复发生的目的,事故结案率100%。完善事故约谈制度,认真落实事故调查处理备案制度,定期通报各区事故调查处理结案和备案情况,及时公布事故查处结果,接受社会监督。全年发生3起生产安全事故,均由市安监、监察、建设等部门进行联合调查,并对相关责任人严肃处理。 (马万里)

市环境保护

【市环境保护局领导名单】

党组书记、局长:孙凡

副局长:宋彩虹、张宝忠

【基本情况】 2010年,克拉玛依市环境保护局下设办公室、法规宣教科、计划财务科、环境管理科、污染控制科5个科室和环境监察支队、环境科研监测中心站、核与辐射环境监测站、机动车尾气污染监控中心、环境保护科学研究所及环境信息中心6个直属专业管理机构(其中核与辐射环境监测站、机动车尾气污染监控中心与环境科研监测中心站合署办公)。全局有职工64人。主要职责是贯彻执行国家环境保护的方针、政策、法律、法规,研究拟定克拉玛依市环境保护的政策和环境保护目标规划,负责克拉玛依市的大气、水体、土壤等环境保护的监测工作和组织全市的排污申报登记与排污许可、环境影响评价、“三同时”等环境管理制度的实施及指导协调全市的环境保护宣传教育等工作。 (陈 薇)

【环境保护工作会议】 2010年3月2日,克拉玛依市召开环境保护工作会议。会议全面总结2009年的工作,部署2010年的工作。各区政府领导、相关企业负责人以及街道社区环保干事约350人参加会议。会议指出,2009年,克拉玛依市环境保护各项工作取得喜人成绩。一是完成年度环境保护目标考核和污染物总量控制任务,在自治区环境保护目标责任制考核中,克拉玛依以全区第一的成绩获环境保护目标责任书完成情况成绩突出地州市称号,并连续9年获此荣誉。在污染物总量控制方面,全市实施二氧化硫削减工程5项,实施化学需氧量削减工程3项,实现二氧化硫减排871吨,实现化学需氧量减排308吨。二是城市环境综合整治定量考核成绩突出。三是关注民生年环境保护专项行动成效显著,严厉打击违法排污企业,解决群众关注的环境热点问题。四是建设项目环境监察力度不断加大,建设项目环境监管能力得到提升。五是中央驻市企业加大污染治理资金投入,主要污染物排放得到有效控制。六是环境监测和环境科研各项工作圆满完成。会议表彰落实2009年度环境保护目标责任书的成绩模范区、成绩突出区以及独山子区等10个优秀单位。授予新疆油田公司新港公司等5家企业为主要污染物减排先进企业,授予新疆康佳投资(集团)有限责任公司等3家企业为建设项目环境保护“三同时”先进企业。市长陈新发与各区政府领导签订环境保护目标责任书并就环境保护相关问题提出要求。

(陈 薇)

【环境保护目标考核】 2010年初,克拉玛依市政府与自治区签订2010年度环境保护目标责任书。为将责任书中各项任务落到实处,市长陈新发与市属4个区长以及市政府各相关部门签订2010年度环境保护目标责任书。各区、市政府相关部门按照职责分工制定详细的实施计划并加以落实。年底,市政府组成检查考核组,对环境保护目标责任完成情况进行考核,各区、市政府各相关部门均通过考核。污染物总量控制工作坚持存量削减和增量控制两手抓,通过严把工业项目环境准入关,加强建设项目的环境管理,指导企业新建和改扩建污染治理设施,大力实施清洁生产和循环经济,加强对所有排污单位的日常监管等措施,克拉玛依市提前超额完成“十一五”污染物总量控制任务。“十一五”期间,全市共投入减排资金9.79亿元,其中废水治理投入5.78亿元,新建、改扩建废水处理设施10项;废气治理投入4.01亿万元,新建和改扩建二氧化硫减排项目6项。截至2009年,共实现削减化学需氧量排放量641.7吨,完成自治区下达的计划指标的102.3%;削减二氧化硫排放量8 337.9吨,完成自治区下达的计划指标的139.5%。 (陈 薇)

【城市环境综合整治定量考核】 2010年,克拉玛依市环境保护局将城市环境综合整治定量考核作为市环境保护工作的重要内容。考核内容包括城市环境质量、污染控制、环境建设、环境管理4项指标。通过市政府各部门、各单位的全力配合,市环保局整理分析各项考核指标的完成情况,形成技术报告和工作总结。经过自治区环保厅考核,克拉玛依市在全疆19个城市中名列第一。在全国113个环境保护重点城市中,克拉玛依市环境质量名列前茅。 (陈 薇)

【环境安全检查】 2010年,克拉玛依市环境保护局结合关注民生年活动,大力开展环境安全检查和环境保护工作,取得积极成效。一是扎实开展饮水安全保障工作。按照《饮用水源地专项检查实施方案》,联合油田公司相关部门对百口泉地下水源地、白—克明渠等9个饮用水源地进行环境污染隐患排查。重点检查饮用水源地附近有无新、改、扩建工业项目,外排污水及污染物污染水源地的情况。通过监督检查,各相关管理部门都能认真落实突发污染事件应急制度,在保护区安排专人进行24小时值守看护,确保全市饮用水源安全。二是积极开展餐饮业污染治理专项行动。采取分重点、分区域的方法,将群众反映强烈的餐饮业油烟和噪声扰民问题列为重点治理对象。全市出动环境执法人员2 274人次,突击检查1 386家餐饮企业,查处存在环境污染问题的企业48家,对其中44家下发环境保护限期整改通知书,4家进行立案处罚。至年底均已结案,有效控制了餐饮业污染。三是积极开展建筑施工业和娱乐业的噪声污染治理工作。环境保护部门联合公安、行政执法等相关单位,加大对建筑施工和娱乐业噪声的污染防治力度。严格办理夜间施工审批许可手续,并加强监督检查。全年出动799人次,检查和监测地处环境敏感区的207项建筑施工项目,依法处罚9家违法施工单位。在中、高考期间，共出动640人次对考点周围进行昼夜间巡查，处理违规施工案件8起。四是稳步推进农村环境建设和保护工作。克拉玛依区通过加快村镇环境保护基础设施建设、保护农村饮用水水源、大力推广清洁能源、加快生态农业建设等措施，小拐乡人居环境大为改观，乡村环境不断美化，生态农业快速发展。乌尔禾区按照环境保护规划，大力推进农村垃圾的收集与处理，实施农村绿化美化工程、花果乡建设等项目，乡村面貌得到显著改善。五是开展环境风险源及污染事故处置能力检查。检查全市涉及生产、经营、使用危险化学品的69家企业，掌握全市检查企业的化学物质情况、环境风险防范措施和应急资源准备情况，提高企业环境风险防范能力。白碱滩区将专项检查与环境监察工作有机结合，将涉及检查的34家企业列为日常监督检查的重点对象，针对存在问题要求企业整改，积极防范环境污染事件的发生。六是着力开展重金属污染防治工作。环境保护部门加大对重金属污染物排放企业的监管，对全市可能涉及重金属排放的48家企业进行现场检查和采样检测，从源头上控制重金属污染。七是积极开展污染防治设施检查。组织开展中心医院、污水处理厂、生活垃圾填埋场等13处污染防治设施的监督检查。通过每月1次的现场监督检查，各企业污染防治设施设备完好率和运转率均达100%。八是全力做好信访工作。保持"12369"环境保护热线等信访渠道的畅通，针对群众反映情况，认真开展调查、处理工作。全年环境保护系统受理群众举报131起，比上年下降14%，环境信访投诉举报案件处理率和答复率均达100%。克拉玛依区将信访工作与日常执法、数字化城管、效能投诉监督系统相结合，进一步提高环境信访案件的处理效率和质量。（陈　薇）

【建设项目环境管理】　2010年，克拉玛依市环境保护局认真做好建设项目的环境管理，进一步提升环保水平。一是努力把好建设项目环评准入关。认真落实环评一票否决制度，建立健全政府各部门之间横向信息互通和联动机制，杜绝了未批先建现象的发生。通过组织项目论证会、重点项目联席会议，召集相关部门研究讨论建设项目管理方案，通报管理情况。全年共审查、审批建设项目环境影响评价文件737项，参与上级部门建设项目环评文件预审16项。市环评执行率和规划环评执行率均达100%。二是努力把好建设项目环保监督、验收关。着重从贯彻落实《环境影响评价法》、"三同时"和环境保护竣工验收等环节入手，联合发改、建设、规划等职能部门，开展工程建设领域突出环境问题治理工作。出动执法人员452人次，清查建设项目112个，责令限期整改32家，32家单位已全部完成整改并通过复检。全年对590项新开工建设项目进行"三同时"检查，执行率保持在100%。（陈　薇）

【重点企业污染治理】　2010年，克拉玛依市环境保护局坚持油气勘探开发与环境保护和谐发展的方针，指导企业开展环保工作。新疆油田公司、独山子石化公司和克拉玛依石化公司等中央驻市企业积极落实环保措施，加大污染治理资金投入，主要污染物排放得到有效控制，形成生产建设与环境保护协调发展的良好局面。新疆油田公司坚持安全第一、环保优先、质量至上、以人为本的原则，大力发展循环经济，开展绿色油气田和环境友好型企业创建活动。油田建设项目"三同时"执行率100%，油田废气、废水达标率100%，污水回用率90%。油田公司将清洁生产纳入HSE体系，建立起长效运行机制，制定清洁生产技术规范，确定能够推广应用的节能减排方案。同时，公司加强科技攻关，油田采出污水处理实现达标回用，并对油田作业污染防治技术开展研究，取得初步成效。独山子石化公司污染减排和循环经济实施工作成绩突出，获自治区主要污染物减排先进企业和循环经济试点示范单位称号。全年实施环保治理及污染减排项目13项，实施清洁生产方案61项，创造经济效益1 200多万元。公司组织开展环境因素识别评价，确定重大环境因素140个，制定环境管理方案27项，开展5项重点环境保护项目的调研，并确定实施方案。克拉玛依石化公司大力推进污染治理建设项目，获自治区主要污染物减排先进企业称号。自热电厂烟气脱硫项目实施以来，全年累计脱除二氧化硫量1 100多吨，达到预期减排目标；第二套污水深度处理回用装置投入使用，全年中水回用量比上年提高77.5%。（陈　薇）

【环境保护宣传教育】　2010年，克拉玛依市环境保护局加大环境保护宣传力度，以提高市民环保意识为目标，以创绿活动为载体，紧紧围绕环境保护中心工作，精心组织各类面向社会、面向大众的宣传活动。6月5日，克拉玛依市举行纪念"六五"世界环境日系列宣传纪念活动。表彰市、区两级绿色学校、绿色社区以及国家级、自治区级和市级的污染源普查工作先进集体和先进个人。市妇联、各类兴趣协会开展低碳家庭、低碳生活的主题宣传活动。市中小学生举办环保手工艺品义卖活动。各辖区围绕国家生态城区创建、污染减排、污染源普查等宣传主题，举办环境保护法、环境保护科普知识的宣传和咨询活动。市环保局充分利用克拉玛依日报、克拉玛依电视台等新闻媒体，大力宣传环境保护工作。坚持每日在电视台滚动播报全市空气质量，与广播电台联办《环保之窗》节目54期，在《中国环境报》发表专题报道2期，在自治区环保厅网站和环保宣教网等网站发布信息1 786篇。"十一五"期间，克拉玛依市绿色创建活动成效显著，至2010年底，已有国家级绿色学校2所，自治区级绿色学校8所，克拉玛依市级绿色学校45所；国家级绿色社区1个，自治区级绿色社区5个，克拉玛依市级绿色社区73个。（陈　薇）

【环境监测】　2010年，克拉玛依市、区两级环境监测站完成城市大气、饮用水源、声环境、重点污染源等各项监测任务。一是做好空气质量监测工作。全年取得空气质量监测数据33万个，取得地表水、地下水监测数据9 276个，声环境质量监测数据6 288个，污染源监测数据10 747个。监测结果表明，克拉玛依市环境质量总体良好，空气环境质量全年Ⅰ、Ⅱ级天数100%，其中Ⅰ级（优）天数达到190天，占全年天数的52.05%；Ⅱ级（良）的天数175天，占全年天数的47.95%。二是做好饮用水监测质量工作。全市饮用水源地水质达标率100%，地表水和地下水的水质均达到国家Ⅲ类水质标准。城市区域环境噪声和道路交通干线噪声平均值分别为53.3分贝和64.0分贝，均符合国家声环境质量标准。三是逐步加强对辐射工程建设领域、放射源和电磁辐射工作场所的监管。开展全市放射源及射线装置调查,调查结果表明,克拉玛依市从事放射性活动的单位,在管理机构、制度、防护和应急设施等方面都较为完善。编制完成《克拉玛依市辐射性污染源调查与评价报告》,大量监测数据表明,市辐射环境安全情况良好。四是完成辐射环境自动监测站的基础设施建设,克拉玛依市成为全国首批100个辐射环境自动监测建站城市。五是做好污染源清查工作。市环保局结合第一次污染源普查成果编写的《克拉玛依市污染源普查技术报告》被评为国家级二等奖,市第一次污染源普查领导小组和独山子区污染源普查办公室获国家级先进集体称号。 （陈 薇）

【环境科研】 2010年,克拉玛依市环境保护局积极开展环境保护科学研究,并组织实施科研成果的转化。克拉玛依区开发的环境保护信息应用管理系统通过测试验收后投入日常使用。市环保局组织研发的“克拉玛依石化公司污水库流域中有机污染物污染监测分析研究”项目获克拉玛依市科技进步二等奖。编制完成《克拉玛依市“十二五”生态建设和环境保护规划》、《克拉玛依市“十二五”低碳经济产业发展规划》和《克拉玛依市饮用水水源保护区划分技术报告》、《克拉玛依市城市环境功能区划技术报告》,为环境保护工作提供有力的技术支撑。 （陈 薇）

【环境保护创新】 2010年,克拉玛依市环境保护局努力做到环保工作的求实创新,推动各项工作不断迈向新台阶。一是加快污染源普查成果实际应用工作。独山子区将污染源普查数据引入独山子数字城市建设,为该区制定经济社会发展和环境保护规划提供科学依据。二是推进国家生态城区创建工作。克拉玛依区委、区政府率先提出创建国家生态城区的目标,掀开克拉玛依市创建工作的序幕。克拉玛依区和独山子区国家生态区创建工作相继通过自治区级考核,并报请国家环保部考核。克拉玛依区通过国家环保部的技术评估,成为新疆第一个通过技术评估的行政区。白碱滩区积极开展国家生态城区创建工作,创建规划已通过自治区环保厅的评审。三是深入开展关注民生年活动。出动市、区两级环境监察人员4 083人次,检查工业企业、建筑施工业、第三产业1 822家,严厉查处一批环境违法案件,切实保障全市人居环境质量。四是全面推进“十二五”环保规划编制工作。积极组织、精心谋划,协调相关部门和单位。完成《克拉玛依市“十二五”生态建设和环境保护规划》和《克拉玛依市“十二五”低碳经济产业发展规划》的编制。 （陈 薇）

油田公司安全环保

【油田公司安全环保处领导名单】

处长:陈荣灿(11月离任)、张佑明(11月任职)

副处长:张佑明(11月离任)、萨依绕·哈依甫拉、邢晓光(11月兼职)

【基本情况】 2010年,新疆油田公司安全环保处内设综合管理科(体系管理科)、安全技术科、安全管理科、环境保护科、交通与消防科5个科室,有人员14人。主要负责油田公司安全、环保规章制度制定和管理体系的建立,安全环保计划的落实,重大安全和环保隐患项目治理、安全环境检测检查以及消防管理、交通安全管理、安全生产检查、安全环保考核,参加安全事故、环保污染事件应急处理等工作。全年没有发生一般A级及以上的生产安全事故和上报环境污染事故,完成安全环保年度各项业绩指标。获集团公司安全生产、环境保护先进单位;获自治区安全生产目标管理先进单位;连续3年获自治区安全生产目标管理先进单位称号。 （彭元江 任克英）

安全生产

【HSE体系建设】 2010年是推进HSE管理体系建设3年计划的最后一年。新疆油田公司实现HSE体系管理全覆盖,按照全面建立实施HSE体系的目标,安排经验丰富的单位对13家未建HSE体系的单位开展“一对一”辅导,确保完成体系建设任务。截至9月底,油田公司所属44家二级单位完成HSE管理体系的建立工作并运行,6家驻外办事机构完成危害因素识别和控制措施制定,HSE管理体系已覆盖公司所有业务;HSE理念、工具、方法宣贯全覆盖。结合集团公司HSE体系运行质量评估要求,公司召开HSE体系推进工作恳谈会,各单位体系主管部门负责人和体系联系人近100人参加恳谈会,重点宣传贯彻和交流《集团公司HSE管理体系运行质量评估标准》和集团公司2010年安全环保会议上试点企业体系推进典型做法。公司抽调参加集团公司HSE咨询师的骨干对百口泉采油厂、采气一厂、供水公司、新疆培训中心4家单位进行HSE体系推进调研辅导,掌握公司HSE体系的运行现状及存在问题,“调研辅导推进”的模式在基层单位得到较好反响;按照稳步推进,注重实效的思路,公司积极推广安全经验分享、个人安全行动计划、安全观察与沟通等工具方法。完成动火、受限空间、移动式起重、管线打开、临时用电、挖掘、脚手架、高处作业等8项作业许可制度的转换,强化过程控制,提高风险控制水平。 （彭元江 张 楠）

【安全生产10周年活动】 2010年,油田公司下发“安全生产10周年”系列活动方案等6项工作方案,确定每月1个安全活动主题,大力营造安全氛围。在全体员工中开展第三届HSE优秀论文征集活动,有22家单位上报论文126篇。9月9日,油田公司召开第三届HSE论文发布会,有8篇论文进行交流。6～7月,在《中国环境报》连续开办4期《新疆油田公司环境保护系列报道》。8月,发行《油气田环境保护》新疆油田专刊,刊登论文26篇。公司团委牵头开展“风雨安全10年——讲述难忘的人和事”安全征文和安全经验(故事)分享活动,共组织安全经验分享会27场,安全经验分享活动162次,撰写安全征文1 156篇;石西油田作业区和陆梁油田作业区组织开展安全技能比武;采油一厂、井下作业公司等单位开展以“风雨安全10年——讲述难忘的人和事”为活动主题的朗诵、演讲、征文等多种形式的安全经验分享活动。 （彭元江 张 楠）

【安全生产月活动】 2010年5月21日,油田公司印发《新疆油田公司2010年“安全生产月”活动方案》,各单位根据生产特点,制定符合实际的安全生产月活动实施方案,成立活动领导小组,按照直线责任，精心组织，细化措施，采取喜闻乐见、易于参与的形式组织开展专题讨论、演讲比赛、知识竞赛等活动。各单位通过在本单位网页上设置安全经验分享专栏，收集整理各种信息资源，定期上传、更新有关安全经验分享内容，强化HSE资源共享，使之规范化、常态化、多元化，开展多种渠道分享活动，形成人人爱讲、人人爱听的局面。公司积极组织参加国家安全监管总局、中华全国总工会联合开展的以树立安全意识，提高应急能力为主题的全国安全生产应急知识竞赛活动，层层动员，掀起学习安全生产应急知识的热潮，所属33个单位21 168人参加答题活动。在安全生产月期间，公司还举办陆上天然气安全环保技术研讨会，研讨内容涵盖当前天然气安全环保生产、储运、使用领域等相关方面的技术水平和最新成果，从来自国内15个陆上天然气生产单位的78篇技术论文中确定32篇进行专题交流，为促进国内天然气行业的安全持续发展提供交流平台，也为新疆油田公司学习国内陆上天然气生产单位在钻井、采气、集输处理、天然气管道输送、城市燃气五大环节过程中的安全环保先进经验提供良机。

（彭元江　张　楠）

【职业健康】 2010年，油田公司坚持预防为主、防治结合的方针，认真开展职业危害因素检测，强化员工职业健康监护，切实保证员工岗前、岗间、离岗职业健康体检率100%。公司各单位均建立职业危害项目接触人员名单，对从事（接触）职业危害作业的员工进行上岗前、在岗期间、离岗和应急时职业健康检查，同时督促承包商对所承揽的工程服务项目岗位人员进行三岗体检，按计划完成职业健康体检6 138人，体检率100%。对从事放射作业人员职业健康体检和剂量监测严格执行国家标准要求，为接触放射性作业的全体人员232人建立职业健康监护档案。还建立职业危害防护用品发放、使用、报废等基础信息台账，确保防护用品的使用有效性。12月13～17日，举办职业健康业务培训班，系统培训42个单位的50多名职业健康管理人员，强化职业危害防治意识，锻炼员工应对突发职业危害的处置能力。6月1～12日，安全环保处组织多家单位和卫生防疫机构的专业人员联合检查井下作业公司、百口泉采油厂、克拉玛依物业公司等13家单位的职业危害、传染病疫情和食物中毒事件的预防措施落实情况，确保夏季施工作业员工身体健康与生命安全。

（彭元江　张　楠）

【安全培训】 2010年，油田公司安全培训工作按照年初制定的计划逐项实施。安全环保处根据各单位、各相关部门的培训需求，制定年度培训计划，选派人员参加集团公司培训。同时根据实际需要，自办各类安全培训班，将提高员工素质作为抓基层建设的第一要务，加大安全教育培训投入，持续推进5个层次按需施教的培训工作。分层次、按类别培训公司及二级单位管理人员、承包商。举办安全生产管理人员培训班3期，300余人参加培训；举办HSE专题培训班3期，300多人次参加培训；开展HSE信息系统应用专题培训，260多人参加培训；举办危险与可操作分析（HAZOP）方法培训班2期，70余名技术骨干参加培训；推荐4人参加集团公司HSE咨询师培训班，选派人员参加集团公司HSE管理体系审核员以及运行质量评估培训，扩大利用HSE培训资源，为公司储备一批高素质HSE管理人才。

（彭元江　张　楠）

【应急建设】 2010年，油田公司安全环保处完成预案在自治区的评审和备案；开展水体污染应急预案与突发事件新闻媒体应急联动演练；二级单位有针对性地开展应急演练3 000余次；60人参加集团公司应急预案审核员和应急业务培训。应急救援信息平台建设按计划完成应急资源基础数据、视频系统、应急车辆系统功能的集成，以油气储运公司总站为试点，在三维地理信息平台上初步实现立体、直观的应急救援指挥。

（彭元江　任克英）

【隐患治理】 2010年，油田公司安全环保处进一步加强安全隐患管理，预防重大事故发生。依法计提使用安全生产费用，按照轻重缓急、风险高低的原则，科学合理地实施安全隐患专项治理工作，集团公司下达12项安全隐患治理资金22 754万元。组织审查5批安全隐患实施方案，并下达治理投资26 382万元。加强隐患治理成效的跟踪，确保隐患治理落到实处。通过HSE信息化手段督促项目按计划落实，各单位累计录入各类危险源、特种设备和隐患排查治理信息14 761条，为领导决策和提升安全设施设备本质安全水平打下坚实基础，增强了抵御安全环境风险和应对突发事件的能力。

（李　龙　韩永生）

【承包商监管】 2010年，油田公司下发《承包商HSE管理办法》，明确承包商准入、作业施工、监管措施、考核惩处等要求。一是采取对承包商的违章行为下达预警、停工整改等举措，累计下达停工整改指令21次，有效增强承包商遵章守纪的自觉性。二是举办18期承包商HSE培训班，400多家为公司提供基本建设、工程技术、交通运输和其他服务的承包商企业法人、安全负责人、安全管理人员和施工作业人员共3 200余人参加培训。培训内容紧密结合生产实际，侧重宣传贯彻HSE知识和相关管理制度，推动承包商安全管理规范化和系统化。召开首届承包商安全监管工作研讨会，9家主要承包商企业分别介绍现场安全监管典型经验、做法，138家承包商的代表210多人参加研讨。

（李　龙　韩永生）

【特种设备安全监测】 2010年，油田公司安全环保处加强特种设备的监督检验工作，按照属地管理的原则做好新、改建设工程特种设备安装监检和注册，进一步完善特种设备和油田专用容器的安全操作规程和应急预案。按计划开展特种设备、油气场所和信息场所防雷和防静电设施、固定消防设施、有毒有害等场所的安全检测，共检测特种设备3 191台套、安全阀8 436只、有毒有害气体检测仪器探头5 783个、防雷防静电接地点35 987个。通过各种计划性监督检测，进一步强化生产装置安全设施的可靠性。

（李　龙　韩永生）

环境保护

【环保指标完成情况】 2010年，油田公司安全环保处认真抓好环境保护工作，油田环境进一步改善。新疆油田废气达标率100%，工业废水处理率100%，废水达标率100%，污水回用率90%。全年主要污染物排放量COD为663.5吨、石油类37.7吨、二氧化硫1 447.9吨，为集团和政府下达污染物排放控制指标的60%。

（黄新春）

【减排工程管理】 2010年，油田公司对红浅稠油污水回用锅炉改造工程、克浅

10稠油污水回用锅炉改造工程等污染减排工程强化管理，确保其稳定运行，保障减排效果，红浅稠油污水全部回用锅炉，污水零外排，年可减少外排废水约182.5万吨，减少COD排放182.5吨，减少石油类排放18吨。并有年约160万立方米水温50℃的达标污水重复利用到生产上，年节约清水用量近160万立方米，节省天然气0.08亿立方米，合计年可节约资金1 100万元。正式投用准噶尔盆地南缘的呼图壁气田用于加热富气的回收装置，确保准噶尔盆地整装气田的富气全部实现回收利用。

（黄新春）

【污染控制】 2010年，油田公司在HSE体系中建立环境因素识别、评价和控制程序文件，积极组织开展环境因素识别和筛选，其中近300个为重要环境因素，形成公司及各二级单位环境因素清单，并对评价出的重要环境因素制定相应的对策措施和清洁生产方案，建立监控措施和应急措施，确保各类环境因素持续保持受控状态；开设《疆油田公司环境保护敏感目标分布特征及应对环境风险的分级研究》科研课题，已完成对新疆油田区域内的重大污染源、危险源的调查，分析重大污染源的特性、分布，并确定环境风险目标。（黄新春）

【环境评价】 2010年，油田公司先后开展西泉1井区、车60井区开发等17个建设项目的环境影响评价；开展红浅稠油污水回用锅炉改建工程等10个建设项目的环保竣工验收，对滴西12井区项目等24个竣工项目安排项目管理部门、单位提出验收申请。保证了建设项目环境影响评价和"三同时"制度执行率100%。

（黄新春）

【温室气体普查】 2010年，油田公司开展温室气体排放清单编制工作。清单编制工作历时3个多月，通过清单编制工作，掌握公司温室气体排放现状和2005年排放基数，了解公司所面临的温室气体问题，为公司下步制定温室气体减排方案和措施提供科学依据。（黄新春）

【环境监测及统计】 2010年，油田公司重点做好3方面的环境监测及统计工作。一是及时维护HSE信息系统。建立自上而下的数据统计体系和完善、规范的环境保护资料档案。二是强化环境能力建设及监测。5月底，环境监测站取得国家级废水监测资质认证，已经逐步开展油田环保日常监测工作。全年对油田公司6套外排污水处理系统和35座（台）燃气（油）锅炉进行系统检测、分析、评价，提出有效措施。三是加强在线监测。完成对六九区、红浅稠油污水处理站2个国家重点监控的污染源加装自动在线监测系统，并与地方环保机构监测系统联网，实现数据上传；对供热公司8座单台容量14兆瓦以上的锅炉安装在线监测，实现废水废气排放的动态监管。

（黄新春）

【环保监督检查】 2010年，油田公司进一步强化环保监督检查工作，取得好的成效。一是完善体制，逐步建立长效机制，修订下发《新疆油田公司2010年健康、安全与环境管理目标责任考核方案》，并依据考核方案现场考核所属单位年度健康安全环保目标责任的落实情况，根据考核结果兑现。二是严格监管，努力夯实防治基础，进一步加强生产单位HSE稽查队的现场环保监督力度。

（黄新春）

【隐患治理】 2010年，油田公司安排开展环保隐患治理项目4个大项6个小项，安排资金5 997万元。隐患治理重点是废液池原油回收及土油坑治理、作业废水治理、外排含油含盐污水人工湿地处理工程及生活污水治理工程，所有项目均按工程进度施工。治理敏感区20余个土油池，恢复油田地貌近11 000平方米；开建石西油田修井废液池，完成后可实现石西修井作业废水的规范处置；开展彩南井下作业废水及油泥处理试验，为进一步解决制约油田环保发展的作业废水和油泥的治理问题提供技术依据；对采油二厂、采油一厂、百口泉废液池进行综合治理，开展废油回收、污水处理。

（黄新春）

【清洁生产审核】 2010年，油田公司开展第二轮清洁生产审核工作，3月，公司下达第二轮的清洁生产审核方案和审核计划，129名清洁生产审核内审员通过自治区的培训取得内审员合格证，7 000余名员工通过清洁生产审核知识的培训。审核重点从采油（气）、原油（气）处理、集输、油田公用工程等专业核实和验证清洁生产措施实施后产生的绩效，制定符合油田实际情况的清洁生产技术规范，确定石油勘探开发各专业可行并且能够推广应用的节能减排方案，截至年底，已筛选评价出中高费方案84个，已实施74个，占88%，无低费方案123个，已实施106个，占86%。（黄新春）

【应急体系建设】 2010年，油田公司制定公司2010年应急工作方案，加强"一案三制"和应急支撑体系建设。8月19日，油田公司组织原油泄露水体污染应急预案与突发事件新闻媒体应急联动演练，公司相关部门、单位及克拉玛依市政府相关部门和单位等16个单位、35台设备，200多人参演。油田所属各基层二级单位还组织其他突发事件情况下的环境应急演练100余次，有效提高基层的应对能力，形成较为完善的环境应急体系和快速反应机制。（黄新春）

【污染防治】 2010年，油田公司进一步强化污染防治工作，着力保持油田清洁。一是开展高矿化度废水盐生植物修复处理技术研究。进行盐生植物的栽培和修复试验，种植面积约200平方米，盐生植物耐盐性较好，可在沙漠腹地开展盐生植物利用。二是针对油田酸化压裂作业废水，采用反应吸附技术进一步加大现场应用，在火烧山油田及石南21处理作业及采油废水合计约20余万立方米。三是持续开展以油气田地貌恢复到自然状态、生态环境得以保持的绿色油田创建活动，使油田环境面貌得到改善。

（黄新春）

【环保宣传】 2010年，油田公司以实现第10个安全生产年主题活动并结合"六五"世界环境日主题，通过黑板报、网络信息、电子屏幕、小报、环保宣传挂图和标语等多种形式进行宣传。环保专业骨干分别参加集团公司、自治区环保培训班。公司与《油气田环境保护》编辑部联系，创办1期《油气田环境保护》新疆油田公司专刊；在《中国环境报》连续4期刊载新疆油田公司环境保护措施典型系列报道。（黄新春）

【先进表彰】 2010年12月30日，油田公司表彰2001年以来在HSE管理工作中涌现出的先进集体和个人。授予准东采油厂等36个单位为安全生产先进单位称号；授予采油一厂等33个单位为环境保护先进单位称号；表彰连续10年获得新疆油田公司安全生产先进单位称号的采油二厂、百口泉采油厂、乌鲁木齐办事处(明园物业管理中心);授予准东采油厂火烧山作业区联合站等12个单位有突出示范作用的安全环保基层站队称号;授予关泉生等10人对安全环保工作有突出影响的管理者称号;授予刘金玉等20人有突出贡献的安全环保工作者称号。

安全生产先进单位(36家):采油一厂(连续11年)、重油开发公司(连续11年)、彩南油田作业区(连续11年)、石西油田作业区(连续11年)、新港公司(连续10年)、勘探开发研究院(连续10年)、采油二厂(连续10年)、百口泉采油厂(连续10年)、乌鲁木齐办事处(明园物业管理中心)(连续10年)、陆梁油田作业区(连续9年)、准东采油厂(连续6年)、采气一厂(连续5年)、风城油田作业区(连续5年)、采油工艺研究院(连续5年)、克拉玛依电厂(连续5年)、小汽车服务公司(连续5年)、消防支队(连续5年)、明园新时代大酒店(连续5年)、供电公司(连续4年)、供热公司(连续4年)、白碱滩物业管理公司(连续4年)、油气储运公司(连续3年)、克拉玛依物业管理公司(连续3年)、通讯公司(连续2年)、物资供应总公司(连续2年)、治安保卫中心(连续2年)、克拉玛依技师培训学院(连续2年)、接待服务总公司(连续2年)、明园职工医院(连续2年)、燃气公司、机械制造总公司、勘探公司、开发公司、供水公司、上海联络处、离退休职工管理中心

环境保护先进单位(33家):准东采油厂、采油一厂、采油二厂、采气一厂、百口泉采油厂、重油开发公司、彩南油田作业区、石西油田作业区、陆梁油田作业区、新港公司、风城油田作业区、油气储运公司、井下作业公司、试油公司、供热公司、克拉玛依电厂、机械制造总公司、供水公司、供电公司、通讯公司、燃气公司、勘探开发研究院、采油工艺研究院、物资供应总公司、小汽车服务公司、乌鲁木齐办事处(明园物业管理中心)、克拉玛依技师培训学院、明园新时代大酒店、明园职工医院、克拉玛依物业管理公司、白碱滩物业管理中心、新疆石油报社、消防支队

有突出示范作用的安全环保基层站队(12个):准东采油厂火烧山作业区联合站、采油二厂第四采油作业区、采气一厂呼图壁采气作业区、百口泉采油厂稠油处理站污水岗、重油开发公司采油作业五区、风城油田作业区夏子街采油站、新港公司九1—九5合作项目联合处理站、试油公司第二试油项目部S80325队、油气储运公司总站、供电公司电力调度中心运行室、消防支队一大队、克拉玛依物业公司保温车间

有突出影响的安全环保管理者(10名):李斌(准东采油厂厂长)、关泉生(采油一厂厂长)、唐伏平(采气一厂厂长)、张新国(重油开发公司经理)、杨俊武(彩南油田作业区安全副总监)、周光华(陆梁油田作业区副经理兼安全总监)、赵场贵(新港公司副经理)、王国华(供电公司副经理兼安全总监)、张明武(小汽车服务公司经理)、周红灯(工程技术处钻井总监)

有突出贡献的安全环保工作者(20名):王振新(准东采油厂安全副总监)、刘金玉(采油二厂第四采油作业区安全员)、汪学敏(采气一厂技术监督站站长兼教导员)、李海涛(百口泉采油厂百21作业区运行六班班长)、王音平(石西油田作业区石西集中处理站站长)、张建兵(风城油田作业区风城采油站副站长)、鲁梅(新港公司稀油作业区运行班班长)、李江(井下作业公司腹部项目经理部经理)、吐鲁洪江·拜克力(井下作业公司大修项目部C08339队二班班长)、梁俊忠(试油公司质量安全环保科主管)、阿不都·米力克(油气储运公司总站安全员)、贺英(燃气公司市区供应站站长)、隋永建(克拉玛依电厂运行部锅炉专业安全员)、吴德荣(客运公司公交一大队驾驶员)、王建福(物资供应总公司乌储运公司汽车吊驾驶员)、王坚(机械制造总公司抽油机一厂游梁班班长)、汤建华(供热公司西北车间钳工班班长)、阿斯亚(供水公司第一净化水厂水处理运行二班班长)、孟繁明(消防支队消防一大队驾驶员)、李洪云(白碱滩物业公司维修分公司维修二队电工班班长)

(元江 克英 郑立)

油田公司质量管理与节能

【油田公司质量管理与节能处领导名单】

处长:衣怀峰

副处长:杜文军(11月任职)

质量总监:万全根

【基本情况】 2010年,新疆油田公司质量管理与节能处内设质量标准管理科、计量管理科、节能管理科、综合减排科4个科室,人员12人。有新疆油田公司石油天然气克拉玛依工程质量监督站、新疆油田公司技术监督检测中心(西北油田节能监测中心)2个附属机构。主要负责质量管理和监督、标准化、计量、节能节水管理工作;制定并组织实施质量、标准化、计量、节能管理制度;编制质量、标准化、计量、节能的发展规划、年度计划和考核指标并监督落实;组织企业标准体系建设和制定企业标准;建立质量、计量、节能节水管理体系;指导各专业标准化技术委员会的工作;负责采购物资、自产产品、地面工程建设的质量监督和处理;负责对进入油气田市场的服务(供应)商进行产品质量、标准、节能等专业资质审查以及质量认可证、节能产品认可证的发放、管理和证后监督;负责组织推广质量、标准化、计量、节能先进管理、技术和方法;建立并完善公司计量量值传递(溯源)系统;负责节能节水技术改造工程项目的管理及能耗统计分析与信息报送,考核评价公司所属单位用能用水和节能节水指标;负责组织、参与重大质量事故的调查、处理;参加新建、扩建、技术改造等重大工程项目的计量、节能方案的审定、论证和可行性研究,参加竣工验收;负责质量、标准化、计量、节能教育培训;负责技术监督检测中心、石油天然气克拉玛依工程质量监督站、西北节能监测中心等技术机构的业务归口管理。

(赵福生)

质量标准化管理

【基础管理】 2010年,新疆油田公司召开基础管理建设工程启动会,成立新疆油田公司基础管理建设工程领导小组,全面部署实施基础管理建设工程各项工作。29个单位分别成立基础管理建设工程领导小组,并编制上报实施方案;组织开展自上而下的质量标准化要点内容提示与宣讲,公司层次完成13期多媒体材料的编制与宣讲,各单位累计完成150多期课件的编制与宣讲,宣讲范围覆盖各级领导、技术人员和操作员工。定期

召开领导小组办公室例会，落实工作进展，安排下步工作，确保基础管理建设工程工作有序开展。（张建国）

【质量管理体系建设】 2010年，油田公司启动公司机关质量管理体系建设工作，已完成质量手册、程序文件的编写。各单位积极推进质量管理体系建设。机械制造、井下、试油、新油监理公司等12个单位先后通过质量体系第三方认证，持续保持注册认证资格；未认证企业在建立完善质量管理体系的同时，重视质量管理体系的内部审核，较好地保持了质量管理体系的有效运行。（张建国）

【产品质量监督】 2010年，油田公司质量管理与节能处严格施行采购产品质量认可证制度，对产品进行质量检验和企业质量管理水平考核，实行优胜劣汰，考核不合格的企业和产品不准进入油田市场。全年对594个厂家1 435项产品进行考核发证和换证。强化采购物资的产品质量监督抽查，全年累计抽检各种产品532批次，抽检综合合格率95.1%。配合集团公司石油工业油田化学剂、采油工程、机械、仪器仪表、国家油气井口设备、国家石油管材、井下工具、原油及石油产品、天然气等质检中心监督抽查油田公司采购使用的采油集输用化学剂、钻井液添加剂、压裂用支撑剂、游梁式抽油机、抽油泵、原油及天然气等共56批次产品，综合合格率98.2%。强化不合格品的处理力度，下发7期质量公报、1期质量通报、对11家不合格生产企业及不合格产品做出退换货、停止采购等处理，不合格产品后处理率100%。（张建国）

【工程质量监督】 2010年，油田公司质量管理与节能处强化对重点工程、关键环节等监督。全年工程质量监督站共监督新建、扩建、技术改造项目169项，下发质量问题处理通知书97份，工程质量监督覆盖率100%，焊缝一次监督抽检合格率96.2%。组织召开工程建设当中设计环节、监理环节质量突出问题分析会，集中对存在的16项突出问题进行解剖和分析，明确相应的纠正和预防措施。（张建国）

【质量管理活动】 2010年，油田公司质量管理与节能处编制下发《质量管理考核指标体系》，从质量事故、体系建设等不同角度，对34家单位实施有针对性的量化考核。广泛开展质量管理小组活动，质量成果数量逐年增加，水平不断提高，完善QC小组活动成果的申报、表彰和奖励机制，实现与公司劳动竞赛项目的对接。全年共注册质量管理小组1 140个，选出公司级优秀QC小组成果90项，分别表彰奖励。6个QC小组获国优奖，24项成果获石油行业奖，71项成果获自治区优秀奖，创造直接经济效益3.74亿元。新疆油田公司分别获新疆维吾尔自治区质量管理小组活动30周年组织推动奖和新疆维吾尔自治区质量管理小组活动优秀企业称号。全面开展用户“七满意”活动，开展用户满意度调查测评工作，在申报集团公司用户“七满意”项目中，接待服务总公司等4个单位、15个项目获石油行业用户“七满意”称号。（张建国）

【标准化管理】 2010年，油田公司承担集团公司企业标准制定修订项目4项，复审项目6项和34项新疆油田公司企业标准的制定、修订任务；开展对进入新疆油田公司物资企业标准的审查，会同各专标委召开企业标准审查会，审查采购产品标准310项。全年购置、配备各类标准13 857册，清理废止各类标准5 982册。并将标准文本配备到各部门各岗位。组织完成质量、标准化信息模块的完善和新项目立项建设工作。并通过对质量标准化信息化平台功能多次扩展和升级，录入、分析等功能运行正常，实现了质量、标准化等信息的动态查询。标准化信息系统共有各类标准文本信息8 425项，目录信息167 917条，年累计访问1.57万人次。（张建国）

计量工作

【基本情况】 2010年，油田公司设有17个计量技术机构，建立几何量、热工、力学、电磁、时间频率、无线电、物理化学等7大类60项129套计量标准装置，其中公司最高标准46项59套，公司次级标准14项70套。能够依法开展七大类131种计量器具的量值传递，自检覆盖率70.18%。通过实验室计量认证认可的质量监督检验站和实验室共有14个，其中通过国家计量认证和国家实验室认可二合一评审的1个、通过国家计量认证2个、通过省级计量认证11个（其中有1个自治区授权站）。至年底，共配备计量器具9大类158 468台件。全年有计量检定员243人，油气交接计量操作员966人，持证上岗率100%；应检定计量器具161 367台次，实际检定计量器具160 883台次，周检率99.7%；应检强检计量器具8 758台次，实检8 758台次，周检率100%。（甘丛笑）

【量值传递体系建设】 2010年，油田公司质量管理与节能处合理规划量值传递体系，依法开展计量器具检定、校准工作。全年新建公司最高计量标准1项2套、公司次级计量标准2项3套，依法组织完成公司最高计量标准40项46套、公司次级计量标准13项34套复查考核，依法组织完成4项11套计量标准强检授权考核。（甘丛笑）

【能源计量器具配备及管理】 2010年，油田公司质量管理与节能处根据GB17167－2006《用能单位能源计量器具配备和管理规范》和Q/SY 1212－2009《能源计量器具配备规范》，统一规范各级用能组织的划分及用能边界的确定，利用计量管理系统摸清能源计量器具现状，建立和完善能源计量器具台账及配备统计信息库。实现能源计量器具分级分项分类统计分析及动态管理，提高能源计量基础保障作用和管理水平。组织开展能源计量器具需求和完善情况调查，编制公司能源计量工作“十二五”发展计划。（甘丛笑）

【测量管理体系建设】 2010年，油田公司质量管理与节能处编制公司基础管理建设工程（计量部分）实施方案，制定公司测量管理体系认证方案和运行计划；召开测量管理体系工作专题会议，宣传贯彻GB/T 19022－2003《测量管理体系 测量过程和测量设备的要求》，组织开展测量过程识别、测量设备的计量确认等工作。（甘丛笑）

【源头计量控制】 2010年，油田公司质量管理与节能处依托测量系统（仪器设备）的产品质量认可准入审核，新建、改扩建项目中计量部分的设计审查、工程验收等过程监督，从源头上强化计量控制。全年组织完成44项采购仪器仪表产品企业标准的备案审查、王家沟门站天然气计量系统等9个项目的设计图纸审查、6个计量系统投产前的检查验收。

（甘丛笑）

【计量人员培训和实验室资质认定】 2010年，油田公司质量管理与节能处组织举办测量管理体系标准宣传贯彻培训58人次，油气交接计量操作工上岗培训111人次，自治区计量检定员上岗培训66人次，集团公司计量主考员上岗培训7人次，测量管理体系内审员取证培训59人次。参加自治区举办的计量认证内审员上岗培训28人次，为各类计量人员依法持证上岗、提高计量工作能力提供保证。采油工艺研究院化学实验中心等5个机构通过计量认证复查评审。

（甘丛笑）

节能减排

【节能节水管理】 2010年，油田公司质量管理与节能处把节能降耗作为转变发展方式的切入点和突破口，推进资源节约型企业建设，节能节水工作成果显著。全年油田公司综合能耗为337.1万吨标煤，比上年上升0.2万吨标煤，上升0.06%；新鲜水消耗9 054万立方米，比上年上升529万立方米，上升6.2%。实现节能9.6万吨标煤，节水231万立方米，超额完成全年的节能节水任务。获新疆维吾尔自治区节能先进集体和集团公司节能节水型先进企业称号。

（张　犁）

【合同能源管理】 2010年，油田公司质量管理与节能处抓住国家对推进合同能源管理出台鼓励政策的时机，在彩南联合站节能改造和玛北油田机采系统节能改造工程中，开展合同能源管理模式的试点和探索。在实施探索中，研究合同能源管理运行中遇到的诸如合同文本、节能效果测定、财务支付、资产权属等问题，提出解决方案并形成公司合同能源管理的标准文本。不仅推进公司节能减排工作的深入开展，同时为集团公司引入合同能源管理模式奠定实验基础。

（张　犁）

【能源结构调整】 2010年，油田公司质量管理与节能处坚持把能源结构调整作为节能减排的重要突破口。6月，实施准东石油基地热电联产节能改造工程。利用新疆阜康发电厂循环水余热对准东石油基地供热（供热面积100万立方米），淘汰10台燃煤供热锅炉，年减少约5万吨标煤、减少二氧化碳排放12.5万吨。8月，新疆油田公司与中节能环保科技投资有限公司签订节能减排合作框架协议书，以合同能源管理的方式开展在注汽锅炉以煤代气燃料结构调整方面的合作。由中节能公司负责建设燃煤锅炉，生产符合稠油热采要求的蒸汽。新疆油田公司购买蒸汽，减少天然气消耗，提高天然气商品率。对促进新疆油田公司在油气开采领域的节能降耗，拉动节能服务产业发展等方面具有重要的意义和示范作用。

（张　犁）

【节能技术进步】 2010年，油田公司投入节能专项资金引导和推动节能技术进步和节能降耗工作。一是投入节能专项技术改造资金1.5亿元，开展油田机电系统综合节能技术改造工程和稠油注汽系统节能技术改造工程；二是组织西北油田节能监测中心对公司2009年节能专项项目实施效果进行评价总结和资料建档；三是加强节能技术示范和评审认证工作，组织专家评审“往复式潜油电泵”等4项节能新技术；四是严格实施节能产品认证管理，为28项节能产品办理准入证。

（张　犁）

【国家“973”计划项目课题研究】 2010年9月16～18日，新疆油田公司承担的国家973计划项目“温室气体提高石油采收率的资源化利用及地下埋存”第九课题《二氧化碳植物吸收减排的基础研究》子课题通过验收；10月28～29日，研究课题通过项目验收，综合评定为优。课题发表论文35篇，其中SCI（科学引文索引）、EI（工程索引）收录11篇次，申请专利5项。出版1部专著《全球变化的区域响应》，培养硕士13名、博士后3名。

（张　犁）

油田公司治安保卫

【油田公司治安保卫中心领导名单】

党委书记、副主任：石延生

党委副书记、主任：杨克强

党委副书记、纪委书记、工会主席：戚焕友

副主任、安全总监：李营

副主任：阿布力米提·喀德尔

【基本情况】 2010年，新疆油田公司治安保卫中心按照《新疆油田公司总经理办公会会议纪要》精神，持续推进业务整合。4月底，将52名治安保卫人员、治安保卫业务和安全责任移交供水公司；12月31日，按照《新疆油田公司总经理办公会会议纪要》关于有序移交外部单位治安保卫工作的相关要求，分别与西部钻探测井公司、钻井工艺研究院，完成测井公司准东中子源库、克拉玛依中子源库、测井炮库和钻井工艺研究院机关4个要害部位执勤业务和保卫职责的移交工作，38名治安保卫人员撤出对上述外部要害部位的执守。至年末，治保中心机关设有党政办公室、安全保卫科、经营计划科、财务科、人事科、技术信息科6个职能科室及基层单位后勤保障服务站，下设油田应急大队、公司机关大队、油田保卫大队、外部服务大队4个治保大队，6个治保中队、3个治保小队。中心在册员工514人（含离岗休养43人）。管理干部60人，其中副处级以上领导干部5人、科级管理干部25人、高级主管3人、主办和助理主办27人。女员工（包括管理人员）18人，少数民族干部10人，操作服务人员411人。主要职责是负责油田公司内部治安保卫管理工作；制定、组织实施油田公司治安保卫总体规划计划；对公司所属各单位治安保卫工作进行业务指导、监督和检查；对油田公司重点要害部位、公司机关办公楼的值守及应急事件的处理；负责油田公司内保队伍建设和人员培训等。具体承担新疆油田公司王家沟油库、油储总站、油储701站、液化气总站、油田公司机关、克拉玛依石化公司等重点部位的治安保卫和应急处突工作。同时承担着维护克拉玛依社会政治稳定的任务。

（张丽红）

【治安保卫管理】 2010年，油田公司治安保卫中心持续推进油田治安保卫业务整合，扎实履行管理职能，强化优质服务理念，狠抓公司治安保卫管理工作。一是监督、检查和指导职能有效落实。中心针对“两节”、“两会”、上海世博会、乌鲁木齐“七五”事件周年、广州亚运会等特殊敏感时段和重点时间节点，统筹安排安保维稳工作任务，切实加强对公司各单位的指导和检查，通过明察暗访，隐患、风险排查，强化制度落实和应急管理，采取企地联防、警企联动，群防群治、联防联治，完善人防、物防、技防等防控措施，加强对油田重点区域、关键设施和社会面的防范力度。二是落实治保例会制度。中心定期牵头召开公司治安保卫工作例会，有针对性地组织公司油田生产类单位、宾馆院校等人员密集型单位、水电暖讯气等事关民生单位，召开片区保卫工作座谈会，研究解决治安保卫工作中存在的突出问题，共同夯实治安保卫工作基础。三是教育培训职能进一步强化。开办5期保卫干部和保卫操作人员培训班，对公司各单位72名保卫干部和104名治安保卫人员进行包括理论素养、业务技能、体能素质等方面的强化培训。11月，邀请公司相关部门和服务单位保卫工作领导观摩中心岗位练兵、技术比武劳动竞赛，为在全公司保卫系统推广劳动竞赛、技能比武活动奠定良好基础。四是油田治安保卫数字化、信息化建设取得新进展。在牵头完成对公司各单位技防系统使用管理现状和国内先进技防监控系统的调研论证的基础上，配合参与油田重点要害部位（油气储运公司总站、采油一厂稀油处理站）技防建设系统工程。五是油田要害"三防"建设有新突破。在对油田要害部位人防、物防、技防和外部环境方面存在的潜在危险、有害因素进行充分识别和分析、研究的基础上，从填补油田要害"三防"建设空白，促进治安保卫工作科学、快速发展出发，制定《新疆油田公司重点要害部位"三防"标准》（讨论稿），提交市油田党委主管领导和政法委、市公安局、公司有关部门领导、专家广泛征求意见和建议，为进一步完善"三防"建设标准，规范油田治安保卫工作机制提供科学依据。六是油田保卫信息交流平台建设得到加强。充分发挥信息预警机制作用，切实做好对各类安保维稳信息的收集、汇总、整理分析和上报，为公司领导获取、掌握、研判安保维稳工作动态提供可靠保障，并以此来指导工作。充分利用《油田卫士报》，总结推广各单位工作中的亮点和经验，介绍交流新措施、新方法。（张丽红）

【维护社会稳定】 2010年，油田公司治安保卫中心全面落实历时7个月的上海世博会期间安保防恐工作任务，妥善应对乌鲁木齐"七五"事件周年和集团公司领导干部大会等重点敏感时段的安保防恐维稳工作。在世博会安保重点工作阶段及特殊敏感时期，严格按照市油田党委的相关部署，提前着手，早做准备，充分发挥专业化安保维稳力量作用，组织、协调公司各单位共同落实重点时段、特殊敏感时期安保防恐任务，动员一切力量，持续保持对境内外各种敌对势力意图进行恐怖破坏活动的防范态势，确保油田生产秩序和社会政治稳定大局。为维护市、油田正常办公秩序，中心出动应急响应人员493人次；大型集会保卫43次，出动安保人员890人次。（张丽红）

【要害目标治安保卫】 2010年，油田公司治安保卫中心扎实落实"三个强化"，即强化政治意识、强化责任意识、强化体能素质管理理念，以严之又严，细之又细，实之又实的工作态度，从防破坏、防爆炸、防恐怖袭击、防盗窃的实战需要出发，持续加强对安保防恐措施、应急预案、应急力量储备、物资装备保障等重点措施的落实，有针对性地提升重点要害部位的防范等级，强化"一岗两责"的落实，坚持逢包必检、可疑必查、视情报警的安检模式，切实加大对进出要害部位的人员、车辆的验证力度。同时采取定期与不定期、明查与暗访相结合的方式，对要害部位执勤工作进行监督检查，随时掌控守卫要害辖区的工作动态，提高要害部位防范系数，确保守卫要害目标安全。全年中心全员进入一级戒备58天；移交公安机关和服务单位治安案件6起，协助公安机关抓获犯罪嫌疑人8人；进行油田重点部位巡逻检查89 411次、社会面治安巡逻检查328次；检查阻止无证车辆进入要害部位46辆，检查阻止无证人员进入要害部位1 304人次；开展油田重点部位安全检查3 378次。（张丽红）

【安全管理】 2010年，油田公司治安保卫中心以建设HSE管理体系为主线，不断推行直线责任、属地管理和有感领导理念，着力在全员转变观念、养成习惯、提高能力上下工夫，始终把安全管理的重点放到抓现场、抓预控、抓基础、抓落实上。9月17日，中心HSE管理体系A版正式发布实施。按照管业务必须管安全以及谁主管、谁负责，谁执勤、谁负责的原则，进一步明确安全管理目标责任制。通过与各基层大、中队层层签订安全管理责任状，全员编写并执行个人安全行动计划等措施，将安全责任与利益挂钩，坚持严考硬兑，安全管理责任有效落实。切实加强对全员《安全生产法》、《道路交通安全法》等法律法规、集团公司"六条禁令"、"五会"、"四无"和中心相关安全管理规定的学习教育和考核。以安全生产月、世界环境日、节能宣传周、消防宣传日等活动为契机，深入开展安全经验分享、要害安全大检查、安全隐患专项治理、安全知识讲座、安全意识、责任大讨论等一系列主题活动，加强安全文化建设，强化员工对安全管理工作的理解力和执行力，安全管理基础工作进一步强化。全年开展安全活动13次，参加活动人员5 356人次；组织开展安全教育培训9次，参加培训人员647人次；对车辆进行专项监督检查16次；各单位开展内部应急演练139次，参加演练人员1 670人次。（张丽红）

【队伍与制度建设】 2010年，油田公司治安保卫中心以深入开展创先争优活动为契机，坚持统筹兼顾，持续推进"四好班子"建设，以加强支部自身建设为重点，不断丰富标准化党支部创建内容，有效发挥党支部和各族党员在油田治安保卫、维护社会稳定工作中的战斗堡垒和先锋模范作用。一是通过深入贯彻落实《廉政准则》，强化惩防体系建设，党风廉政建设责任制逐级落实，效能监察的监督保证作用充分发挥。业务骨干、各类先进代表的模范带头作用彰显。二是通过深入开展向王东江、靳新河等先进典型人物、先进事迹学习活动，提高业务骨干、各类先进代表在全员中的影响力，带动和引导全员共同进步。三是教育培训机制得到落实，全年选派74名管理干部参加业务培训；安排67名员工进行岗位培训；组织200名员工参加公司技能鉴定。四是机关指导基层制度进一步落实，充分利用安全检查、工作调研、业务考核等有利时机，深入基层单位和执勤哨位与员工开展谈心交流，掌握基层工作动态，为中心党委的决策部署提供可靠依据。五是岗位练兵活动和优质服务班组（哨位）、岗位明星等创建工作成效明显，队伍整体素质进一步提高。六是管理制度进一步完善。中心以建立推进HSE体系为契机,进一步梳理和完善中心16项管理制度及各单位、各部门岗位工作职责,同时对各项管理制度进行细化、量化,建立自上而下、层层递进的管理模式,有力促进了基层建设管理工作。（张丽红）

【内控管理】 2010年,油田公司治安保卫中心制定绩效薪酬考核兑现办法等管理制度,并在运作的过程中不断加以完善,使中心各项管理工作更加科学化、规范化和制度化。一是实施预算管理,提高经营水平。加强对基础建设、物资采购、车辆维修、油料等费用的计划和预算,进一步提高预算的有效性和可操作性,确保经营管理目标的顺利完成。二是加强经营计划管理,牢固树立过紧日子的思想,统筹制定中心年度经营计划管理目标。三是进一步规范合同管理审批程序和监督管理工作,有效节约经费,合理地降低成本,收到明显效果。全年中心共签订经营合同22份,总金额3 738.97万元。其中收入类合同3 447万元,支出类合同291.97万元。“五项费用”管理落实到位,实现公司下达的控制指标。（张丽红）

【三届职代会暨2010年工作会议】 2010年4月2日,油田公司治保中心召开三届职代会暨2010年工作会议,来自中心各条战线上的80余名职工代表参加会议。大会听取并审议通过主任工作报告、职代会工作报告、财务状况通告及工会经费审查工作报告,提出治保中心2010年的指导思想和工作目标。机关科室和基层大队签订党风廉政建设责任书、安全环保健康工作目标责任书、社会治安综合治理及平安建设目标管理责任书、计划生育目标管理责任书和流动人员计划生育管理责任书;与副科级以上干部签订廉洁自律承诺书;会议表彰在2009年油田治安保卫、维护社会稳定工作中作出突出贡献的先进集体、个人、工会积极分子和优质服务班组(哨位)、岗位明星。（张丽红）

【安保防恐暨维稳信访工作会议】 2010年4月23日,油田公司召开安保防恐暨维稳信访工作会议。会议主题是认真贯彻落实集团公司党组、自治区党委和市油田公司党委关于进一步做好上海世博会期间克拉玛依的安保和维稳工作的有关会议、文件精神。公司机关有关部门和所属单位主管领导以及保卫信访部门负责人140余人参加会议;市、区公安部门有关领导应邀参加会议。会上,治保中心主任杨克强传达集团公司相关会议和文件精神;市公安局副局长邓正涛通报当前社会治安稳定形势,就进一步加强油田公司内部治安保卫工作提出建议;市油田党委政法委副书记、公司保卫处处长白新泰通报自治区党委有关会议精神,并安排公司安保防恐、维稳信访工作。公司副总经理阿不来海提·克尤木代表市油田党委提出具体7点具体要求。强调要认清形势,明确职责,健全组织机构,加强组织领导,认真落实各项治安保卫和维稳工作措施。（张丽红 文 博）

【文明建设】

企业文化建设 2010年,油田公司治安保卫中心将廉政(洁)文化建设、安全文化建设、管理文化等一同纳入到企业文化建设中。通过各种渠道、采取各种形式的文化活动,不断提高员工综合素质。文明执勤的责任和意识得到增强,业务技能、服务质量和工作水平提高,文明科室、大队、中队、小队、哨位(班组)、优质服务班组(哨位)、岗位明星达标率100%。

民族团结 治安保卫中心在各族员工中广泛开展“谈个人成长,讲民族团结,谈企业发展,讲拼搏奉献”为主题的“两谈两讲”活动,加强对员工“三个离不开”、“四个认同”和“五观”、“三爱”、“六好”教育,进一步加深各族员工间的兄弟情谊。

宣传工作 全年采编信息稿件318篇,其中《新疆法制报》、《克拉玛依日报》、《石油报》、电台、电视台采用35篇;中国石油网、油田公司网等采用近150篇;编发内部品牌刊物——《油田卫士报》10期;向公司总经理办公室上报信息165篇,《油田信息》采用18篇,向市油田党委系统上报信息300余篇,采用62篇。

普法工作 治安保卫中心以法治实践为重点,突出抓好宣传发动、组织机构、建章立制、责任落实4个环节,结合全年各个时期的普法重点,将法律宣传教育活动与国际禁毒日、全国法制宣传日、公民道德建设月、民族团结进步教育、安全生产月、党风廉政建设教育月、宪法法制宣传月相结合,在全体员工中开展多层次、多渠道、多种形式的法治教育、职业道德教育和文化素质教育,各族员工知法守法、依法执勤的法律意识和道德观念明显提升。

内部和谐稳定 治安保卫中心建立健全重点排查人员思想动态信息档案,将各类不稳定因素消除在萌芽状态,解决在内部、解决在基层。把握政策,做好企业内退员工的稳定工作,通过改善内退职工福利、深入内退职工家庭走访慰问等工作,帮助内退职工办实事,解难事,确保员工队伍和企业内部和谐稳定。全年受理各类内部信访案件4起,办结4起。（张丽红）

【荣誉称号】 2010年,油田公司治安保卫中心获集团公司先进集体称号。保持自治区文明单位和自治区卫生红旗单位称号;获克拉玛依市“五五”普法工作先进集体、2010年度新疆油田公司安全生产先进单位、克拉玛依市社会治安综合治理先进单位、克拉玛依区人口和计划生育系统2008～2010年度先进集体称号。（张丽红）

油田公司消防

【油田公司消防支队领导名单】

党委书记、支队长:张杰

党委副书记、纪委书记、工会主席:庞云全

副支队长:孙成江

副支队长、安全总监:焦勇

【基本情况】 2010年,新疆油田公司消防支队内设党委办公室、战训科、装备管理科、安全消防监督管理科、计划财务科、人事组织科6个科室;有信息档案管理站、员工培训站2个直属单位;管辖准东消防大队、王家沟消防大队、克拉玛依石化公司消防大队、白碱滩消防大队、乌尔禾消防大队、石西油田作业区消防大队6个消防大队,共有人员530多人。支队以坚决预防和遏制重特大火灾事故为目标,积极落实消防安全责任制,加大消防基础设施建设,做到早研究、早计划、早部署、早落实,扎实推进大排查、大整治、大宣传、大培训、大演练活动,深入开展适应新形势下灭火和抢险救援的岗位练兵,有效提高灭火救援能力,完成火警出动及时率100%、消防事故处置成功率100%、消防执勤服务满意率100%以及消防隐患整改率100%四项指标,为克拉玛依市经济建设和油田公司安全生产作出贡献。（王　波）

【消防出警】 2010年,油田公司消防支队受理报警1 070次,处置驻地辖区火警214起,出动消防车588车次,参战警力2 704人次;参与社会抢险救援58次,出动消防车130车次,出动警力629人次,抢救被困遇难、遇险人员68人。全年配合油田安全生产现场动火执勤1 201次,出动消防车1 274车次,出动警力3 998人次。其中一级动火执勤894次,出动消防车946车次,出动警力2 973人次;二级动火执勤297次,出动消防车310车次,出动警力968人次;大型压裂执勤10次,出动消防车18车次,出动警力57人次。与上年相比一级动火执勤上升134%,二级动火执勤下降69%。全年组织参与各类灭火演练407次、出动消防车1 984车次,出动警力6 396人次。（王　波）

【战备执勤】 2010年,油田公司消防支队在做好日常战备执勤、业务训练和现场监护工作的同时,突出技战术研究,全面提高支队灭火救援等综合能力。一是加强业务培训,提高业务技能。聘请武警指挥学院教授培训消防指挥员。举办4期通讯员培训班,选派5名指战员参加潜水员培训班并全部取得国际通用潜水证及自治区海事局颁发的五级船舶驾驶证。二是开展演练,提高实战技能。相继开展"六一〇"高层商住楼重特大火灾事故应急演习、"六二一"水库突发污染应急处置演练、"九一七"乌兰长输管道突发事件演练等大型演习。全年开展灭火演练407次,出动消防车1 984车次,警力6 396人次。三是参加新疆消防总队打造消防铁军技能比武。夺得企业专职队共9个竞赛项目的6个第一名,团体总分位居第二。四是健全防洪防灾应急体系,完成抗洪抢险任务。在克一石公路抗洪抢险中,参战人员积极履行油田消防队伍的政治责任和社会责任。五是技战术研究效果明显。坚持灭火抢险救援课题每季度研讨,专项课题不定时研讨的方式,特别是针对中石油西北销售新疆王家沟石油商业储备库"四一九"储油罐火灾,支队把研讨会延伸到火灾现场,共同探讨储油罐类火灾的扑救以及固定消防设施在遭到破坏的情况下如何快速解决,通过对力量调集、技战术应用、安全防护等模拟回放,增强研讨效果。举办固定消防设施及灭火救援设备器材改造研讨会。六是提高服务质量,派外执勤服务满意率100%。（王　波）

【防火监督】 2010年,油田公司消防支队贯彻预防为主、防消结合的方针,坚持公司统一领导、单位全面负责、部门依法监督、全员共同参与的消防工作机制,全面履行监督检查职能。一是实现检查到位率100%的业绩指标。全年开展专项消防监督检查6次,参与公司组织的各项检查4次,查出火灾隐患404处。二是检查与指导相结合,监督工作扎实有效。采用检查固定消防设施和应急演练现场指导相结合的方式,全年检查油气场站80个,查出火灾隐患195处。三是参加公司地面工程方案设计审核会8次,发现问题24处,提出意见33条;参加工程竣工投产前联合检查验收工作7次,现场发现火灾隐患29处,提出整改意见29条,实现消防隐患整改率100%。四是加强动火现场管理。检查一级工业动火1 017次,查出火灾隐患165处,当即督促现场整改。通过严格动火管理,全年公司一级动火未发生火灾事故。五是开展宣传教育。应邀到各单位利用发烟设施模拟真实火灾现场进行应急疏散演练、举办消防大队开放日等,全年累计培训269次,培训7 730余人。六是认真贯彻落实《中华人民共和国消防法》、《新疆维吾尔自治区消防条例》以及公安部《构筑社会消防安全"防火墙"工程工作方案》,提高社会单位消防安全"四个能力"(检查消除火灾隐患能力、组织扑救初起火灾能力、组织人员疏散逃生能力、消防宣传教育能力)建设,努力构筑油田公司消防安全"防火墙"工程,创造安全生产环境。（王　波）

【安全管理】 2010年,油田公司消防支队以油田公司安全生产目标化管理要求为目标,以提升员工安全意识为重点,强化集团公司"六条禁令"贯彻执行力度,深入开展"五会"达标、风险辨识和隐患排查治理工作,以直线责任、属地管理职责为目标,严格落实安全责任,支队未发生安全责任事故,确保支队安全生产形势的持续稳定,保证执勤战备工作的有序运行。一是用丰富的安全活动促进安全工作的落实。科级以上干部制定个人安全行动计划书,举办"一封安全家书"、"风雨安全5周年"演讲和安全经验交流会等活动,加强干部员工对安全工作的认识。支队共制定个人安全行动计划26份。二是HSE体系全面实施。从调研、抽调骨干培训、组织编写管理手册和程序文件、发布实施到全员宣传贯彻,标志着支队安全管理工作进入规范时期。三是加强检查,狠抓"三违"。定期开展个人防护用品和救援装备、消防举高车辆、食品卫生、动火现场执勤人员、车辆等安全专项检查,并对查出的问题及时整改和通报。四是强化监督检查的落实。针对问题分析原因,提出整改建议和防范措施,消除各类安全隐患。支队全年开展内部专项检查8次,自检自查416次,检查部位1 441处,查处并整改隐患12处。五是加强安全教育培训。全年开展安全活动535次,参加活动人员4 320人次。组织安全学习390课时,参加学习9 902人次。（王　波）

【装备管理】 2010年,消防支队加强科学研究,提高装备管理能力,车辆装备在消防工作中的作用得到有效发挥。一是坚持日检、周查制度。定期维护、保养执勤车辆装备,狠抓车辆装备管理。全年完成车辆一级保养153台次,二级保养2台次、项修320台次。二是加强培训。在技师技术学院集中开展专业培训,切实提高了管理及操作人员业务水平。三是利用器材装备管理系统、GPS定位系统和视频监控系统,及时掌握设备运行情况,对执勤车辆进行远程故障诊断、维修和保养,进行远程授课。四是设备革新应用效果显著。支队研制的水罐加热装置防冻技术,保证冬季消防执勤灭火救援任务的顺利开展。新研制使用的空气加热器,经集团公司消防技术装备专家组评定为消防车泵浦保温的最佳设备,并在中石油集中采购消防设备中推广应用。（王　波）

【信息化建设】 2010年,油田公司消防支队强化创新意识，开展科技攻关，信息化水平进一步提高。完成战训业务管理系统开发，收集整理执勤调度系统和器材装备系统应用需求，为系统升级做准备。积极配合油田公司开展新疆油田应急救援系统的建设。完成对3G视频传输系统主要设备和网络环境测试工作。研究新时期消防应急救援预案信息系统建设。完成消防应急预案系统升级总体方案。开展信息操作人员培训，提高信息化操作水平，全年组织培训4次，90余人次。（王　波）

【员工培训】 2010年，油田公司消防支队以强化"三基"为基础，注重"三支队伍"建设，队伍整体素质得到加强。一是加强全员培训。共组织内部培训班9个，培训392人次。二是加强管理人员的培训。全年培训33人次。三是加强少数民族员工的培训。有14名少数民族员工参加少数民族汉语培训班、计算机培训班，少数民族员工在竞赛活动中取得优异成绩。四是连续培训两批共计128名新工，又从新员工中挑选出56人进行驾驶员培训，已全部上岗。（王　波）

【社会消防培训】 2010年，油田公司消防支队深入开展以消防进社区、进学校、进企业、进家庭为主要内容的消防宣传"四进"活动，以提高社会消防安全意识、减少火灾事故发生为目标，按照试点、推广、普及、提高的原则，建立消防工作社会化长效机制，为打造平安油城、构建和谐社会创造良好的消防安全环境。一是通过防火检查、灭火演练及消防安全知识答题，有针对性地对社会各界进行消防安全培训。二是通过各种消防宣传活动加大宣传力度，开展"一一·九"宣传日、安全生产警示日等活动，加强群众的安全意识和消防知识的学习。三是面向社会，积极开拓服务窗口。强化对学生特别是中小学生开展消防宣传教育，普及消防知识，提高消防安全意识，增强抗御火灾的能力。四是组织开展全国第18个消防宣传日活动。围绕"全民关注消防、生命安全至上"的活动主题，利用讲课、广播、网络、板报、报刊等多种形式进行宣传，开展各类应急疏散和灭火实战演练活动。消防宣传周期间，共悬挂消防宣传横幅128条，制作宣传板报89期，下发消防安全宣传单8 160张；消防安全培训171次，参加学习10 772人；各类应急演练76次，参加人数5 335人，有32批次6 116人到消防站现场观摩。（王　波）

【消防科技】 2010年8月，首届信息化创新克拉玛依国际学术论坛在克拉玛依举办，消防支队的《卫星通信系统在新疆油田应急救援工作中的应用》获优秀论文一等奖，并刊登在首届信息化创新克拉玛依国际学术论坛文集第一篇；有1篇获优秀论文二等奖，2篇获优秀论文三等奖。在新疆油田设备管理技术研讨会上，支队1篇论文获设备信息化管理优秀论文二等奖，并作为典型应用在会上进行交流发言。支队组织开发的"油田消防管理信息系统"获油田公司科技成果三等奖。支队QC小组撰写的《原油罐防腐作业爆炸事故成因及对策》在自治区首届安全生产论文评选中获一等奖。（王　波）

·小资料·

《新疆维吾尔自治区消防条例》中对相关违规行为的处罚规定

有下列行为之一的，予以警告，责令其限期改正。逾期不改的，对有关负责人、责任人员处以100元以上500元以下罚款，对单位处以1 000元以上10 000元以下罚款：

（一）防火责任人不履行消防工作职责的；

（二）未按规定配置安装消防器材、设备和设施，或者管理不善，影响正常使用的；

（三）从事易燃易爆化学物品等特种作业人员，未经消防业务培训，上岗作业或者违反安全规程操作的；

（四）损坏、擅自拆除、停用消防器材设备，占用、堵塞消防通道、防火间距或其他影响消防设施使用的；

（五）未按规定采取防火、防爆、防雷和防静电等安全措施的；

（六）违反粮棉加工、储存和农机具作业消防安全规定的；

（七）建筑施工现场作业违反消防安全规定的。

科学技术

市科技管理

【市科技局领导名单】
局长:胡克
副局长:魏新

【基本情况】 2010年,克拉玛依市科学技术局内设4个职能科室:办公室、项目成果管理科、技术市场管理科、高新技术管理科。内设1个挂靠单位:知识产权局(知识产权局。内设2个职能科室:政策法规科和管理实施科。原有的市信息化办公室于4月从科技局划出。截至年底,在册职工17人,其中行政人员12人、参照事业单位管理人员5人。主要负责市科技项目管理、技术市场管理、科技信息管理、知识产权管理、新技术的开发与研究以及科技政策法规的组织实施和贯彻落实。 (陈 捷)

【科技进步先进市(区)创建】 2010年,克拉玛依市及4个区以巩固全国科技进步先进市创建成果为中心,加大科技兴市(区)实施力度,使克拉玛依市、区科技进步工作在高的起点上不断实现新的跨越。一是加大科技兴市(区)实施力度。克拉玛依市保持全国科技进步先进市荣誉称号,4个区在通过全国科技进步考核的基础上,克拉玛依区创建为首批自治区科技强警先进县(市、区),乌尔禾乡、小拐乡创建为2008~2009年度自治区科技进步先进乡(镇),昆仑街道办事处创建为首批2008~2009年度自治区科技进步先进街道。二是通过开展创先工作,4个区党委、政府及科技管理部门的科技意识、自身能力和基础管理工作都得到明显提高。在2009~2010年度县(市、区)党政领导科技进步目标考核中,4个区均实现"四优"目标。克拉玛依区和白碱滩区被推荐为自治区党政领导科技进步目标考核先进集体。 (陈 捷)

【科研经费及项目管理】 2010年,克拉玛依市科技局按照整合克拉玛依市、区两级科技资源,集中力量办大事的思路,制定下发《克拉玛依市科技项目分级管理暂行办法》,基本形成两级管理,三方合作的分级管理机制,科技项目立项的科学性、公正性得到进一步提高。全年下达二批科技计划,确定市重大项目8项,重点项目17项,指导性项目51项,安排科技项目专项资金2 530万元。 (陈 捷)

【可持续发展实验区建设】 2010年,克拉玛依市走资源型城市与可持续发展之路。市科技局以实验区建设规划中的重大项目为依托,组织12项重大支撑项目的实施,争取国家、自治区各类项目及资金的支持,组织专家编写《油气田开发中环境污染治理研究》争取国家"863"项目支持。同时,以实验区建设为平台,将中央石油石化企业和地方企业的科技项目和资源进行有机整合,研究探索将学校纳入克拉玛依市可持续发展实验区的建设内容,实现实验区建设与经济社会发展同步推进的新跨越。 (陈 捷)

【科技强乡富民工程】 2010年,克拉玛依市科技局和市农牧局在小拐乡、乌尔禾乡、农业开发区及国营牧场深入实施科技强乡富民工程,确定棉花种植、畜牧养殖、庭院经济等科技示范户88户。选择神农、兴民、绿康等18个农村经济合作组织作为扶持的重点,结合科技之冬活动开展各类科技培训12期,培训农民4 616人,投入专项扶持资金50万元。为利用现代信息化技术加快农牧民科技致富步伐,投入专项资金支持两乡建设农村牧区计算机培训中心并投入使用,为实现农村牧区同步进入城市现代化奠定科技基础。 (陈 捷)

【获自治区科技进步奖项目】 2010年,克拉玛依市有3项科技项目获自治区科技进步三等奖。

直径529智能型管道检测器的研制与应用

完成单位:克拉玛依金叶实验检测有限责任公司

主要完成人:孙文成、杨理践、陈勇、周林元、刘晨东、付鑫、孙志强

克拉玛依油田稠油油藏高温封堵调剖技术研究

完成单位:新疆华隆油田科技股份有限公司

主要完成人:兰林、李燕、戴彩丽、房泽轶、张文新、赵福麟、过洪波

钢体PDC(人造金刚石复合片)钻头的研制与应用

完成单位:新疆帝陞艾斯钻头工具有限公司

主要完成人:王国华、袁志勇、陈冰姿、李新州、李恩波、范碧桃、孟钢

(陈 捷)

【市优秀科技成果奖】 2010年,克拉玛依市评选出奖励成果49项,其中一等奖7项、二等奖16项、三等奖26项。

一等奖(7项)

内接箍油管热采水平井测试工艺开发与应用

完成单位:新疆华隆油田科技股份有限公司

主要完成人:王树斌、李江、张祥、黄晓明、周建平、孙长江、刘波

束缚水修井液研究与应用

完成单位:克拉玛依市三达有限责任公司

主要完成人:王益军、柳海、马喜平、

黄保军、李纲要、贾剑平、王晓磊、任定益、李霞

自由基法无灰分散剂生产工艺的研究

完成单位:新疆蓝德精细石油化工股份有限公司

主要完成人:田永宏、陈科、苏杰、王晓刚、周军、郑红艳、乌斯曼·麦提尼亚孜、王发质、叶涛

1 000吨/年超重力法合成高碱值纳米石油磺酸钙添加剂中试装置工艺工程化研究

完成单位:克拉玛依市金山石油化工有限公司

主要完成人:罗来龙、牛春革、白生军、代敏、马忠庭、韩韫、雷兵、李子叔、孟祥胜

钛纳米涂层防腐油管的开发及应用

完成单位:克拉玛依市科能防腐技术有限责任公司

主要完成人:张朝军、王正才、韩忠、丁亮、章敬、陈晓明、陈建华、杨俊涛、冯志

嵌入式技术在太阳能 LED 照明装置中的技术研究及应用

完成单位:克拉玛依地威诺节能有限责任公司

主要完成人:苏建明、张照兵、高春芹、郑金华、张宝泉、肖金元、江龙、张飞

职业教育人才培养模式的研究与实践

完成单位:克拉玛依职业技术学院

主要完成人:王和、樊宏伟、付梅莉、卢平、胡黎明、徐国鑫、罗李强、张磊、汤志

二等奖(16 项)

水平井连续油管测试技术研究及应用

完成单位:克拉玛依新科澳化工有限公司

主要完成人:雷家华、张河、宋飞、李文峰、玉兰、范肇卿、易晓忠

酸溶性加重体系及配套技术的研究与应用

完成单位:新疆贝肯能源工程股份有限公司

主要完成人:李青山、段志明、马喜平、王小玉、张川、田永岗、李明

三次采油中石油磺酸盐的优化

完成单位:新疆金塔投资(集团)有限公司

主要完成人:高峰、杨栩、陈权生、任敏鸿、刘剑波、张玉福、师理民

失活加氢催化剂器外再生技术研究及工业化应用

完成单位:克拉玛依市科比技术有限责任公司

主要完成人:李俊义、马莉莉、母建益、蔡烈奎、熊春珠、王雪梅、向东

石油磺酸盐装置副产物酸渣的环保化处理及综合利用

完成单位:新疆金源石油化工有限公司

主要完成人:樊景峰、杨栩、赵利、马世昌、石池江、朱峰、汪克斌

防腐排气增效水平井泵关键技术的研究与推广应用

完成单位:克拉玛依亚龙石油泵有限公司

主要完成人:薛永伟、倪利华、罗杰、马云鸿、高洪刚、赖雷、徐天兵

钻井废泥浆现场处理工艺及设备的研发及应用

完成单位:新疆塔林投资(集团)有限责任公司

主要完成人:李建华、刘宇程、方永春、杨鸿川、马伟、尚玉龙

克拉玛依市石化公司污水库流域中有机污染物监测分析研究

完成单位:克拉玛依市环境保护局、北京大学

主要完成人:王永华、孙凡、杜海波、李立人、刘欣、张红丽、刘娴

克拉玛依气象灾害监测预警与决策信息服务系统

完成单位:克拉玛依市气象局

主要完成人:杨建成、孙东霞、史永强、王光辉、杨锐、王继新、李江

油田含水在线连续测试技术的研究及推广

完成单位:克拉玛依市金牛工程建设有限责任公司

主要完成人:赵江、艾志久、王斌、赵显钧、康季燕、李萍、郑华林

克拉玛依市区胆石症患者胆汁细菌分型及药敏分析

完成单位:克拉玛依市中心医院

主要完成人:罗超英、刁红亮、乌尔班·木尔沙里木、郭小泉、丁锦辉、叶舟、卢宝卫

64 层螺旋 CT 冠脉成像对冠心病的诊断价值研究

完成单位:独山子石化医院

主要完成人:赵骐、白建军、渠述秋、程晓燕、朱新利、唐育红、丁梅

慢性阻塞性肺疾病(COPD)患者及其睡眠呼吸障碍临床特点研究及治疗

完成单位:克拉玛依市中心医院、北京大学人民医院

主要完成人:何忠明、宋镇、高庆江、李鸿霞、韩芳、宋玉玲、陈燕

高效集约化养猪集成与示范

完成单位:克拉玛依瑞恒畜牧开发有限责任公司

主要完成人:武磊、孙敬礼、王乐、张永超、李大全、黄涛、付江涛

中国石油大学国家大学科技园克拉玛依园发展战略规划与运作模式研究

完成单位:克拉玛依市科技局、中国石油大学人文社会科学学院、中国石油大学经济管理学院、中国石油大学国家大学科技园办公室

主要完成人:赵武生、夏从亚、胡克、张虎、魏新、刘广生、范秋芳

克拉玛依市建设和谐社会评估指标体系研究

完成单位:克拉玛依市委党校、行政学院,新疆油田公司工程咨询中心、中国石油大学(北京)人文社科部

主要完成人:黄松波、刘雁湖、韦晓莉、饶恒久、高艳、赵首智、李荣军

三等奖(26 项)

复合深部调驱技术的研究与应用

完成单位:克拉玛依市正诚有限公司

主要完成人:魏东、曹金园、李亚军、张雷、王淘

水性环保型金属防腐蚀涂料开发及应用技术研究

完成单位:新疆华生化工涂料有限公司

主要完成人:朱斌、孙长斌、孙波、王建华、张学荣

脱硫杀菌剂性能改进研究

完成单位:克拉玛依博奥工贸有限责任公司、新疆油田公司勘探开发研究院

主要完成人:赵晖、严忠、黄连华、黄立国、郭金善

1 号低温极压锂基润滑脂的研制

完成单位:克拉玛依市金山石油化工有限公司

主要完成人：贾艺峰、柯友胜、李欣、熊良铨、周塬

工业级正己烷分离工艺的研发应用

完成单位：新疆康佳投资（集团）有限责任公司

主要完成人：田雨、牛建军、冉文斌、魏国清、马驰

高碱性硼化环烷酸钙的研制

完成单位：新疆蓝德精细石油化工股份有限公司

主要完成人：郑东海、王发质、陈科、苏杰、陈小莉

钢桶开卷生产线柔性化工艺技术的研究

完成单位：独山子石化机械制造有限公司

主要完成人：张在伟、宁文宏、许瑞龙、陈春峰、董明锋

油田集输埋地管道检测技术的研究与应用

完成单位：克拉玛依市科比技术有限责任公司

主要完成人：金文房、张飞豹、杜新燕、秦风、李佳林

油田天然气处理装置管网振动分析及控制措施研究

完成单位：克拉玛依市科比技术有限责任公司

主要完成人：高洪英、刘智勇、李烽、贾严刚、唐伟

铝用阳极焙烧过程沥青烟气治理的研究与应用

完成单位：独山子天利实业总公司

主要完成人：徐刚、尤学民、孙伟、施政武、宋春浩

JRZJ型注汽管线阻热支架的产业化应用

完成单位：克拉玛依西飞石油电气有限责任公司

主要完成人：祝勇、张异平、裴志胜

克拉玛依市生活污水厂剩余活性污泥资源化应用研究

完成单位：克拉玛依市建设局

主要完成人：刘波涛、曾焕斌、林岩、陈晓、刘凯

利用回收废料生产XPS隔热保温板技术的研发及应用

完成单位：克拉玛依市维德橡塑制品有限公司

主要完成人：骆昌平、陈兵、骆鹰、史志明、陈炜

城市道路半刚性基层裂缝病害及对策研究应用

完成单位：新疆石油工程建设有限责任公司

主要完成人：张建宁、张宏伟、周文生、陈军、肖辉

油田油井数据远程自动跟进监控系统研发与应用

完成单位：克拉玛依市博瑞科技发展有限公司

主要完成人：张汉、来现利、马克明、李顺芳、陈铁斌

克拉玛依地区妊娠期甲状腺功能减退的调查及干预

完成单位：克拉玛依市中心医院、独山子石化医院、克拉玛依市人民医院

主要完成人：李建宁、周黎黎、赵印春、王新荣、谢勇

n－3多不饱和脂肪酸对重症感染病人炎症反应的随机对照研究

完成单位：克拉玛依市中心医院、新疆医科大学第一附属医院

主要完成人：李嵘、佐小华、杨玉平、李莉、包学静

原发性骨质疏松症的相关因素分析及相关问题的临床研究

完成单位：克拉玛依市中心医院

主要完成人：廖燚、汪少波、彭斌、毛烽、张艳

克拉玛依地区宫颈疾病流行病学调查及干预治疗

完成单位：克拉玛依市中心医院、独山子石化医院、克拉玛依市第二人民医院

主要完成人：鲁菊英、梁新芳、秦万平、薛小平、刘苗

端粒与软组织肉瘤染色体易位的关系与意义

完成单位：克拉玛依市人民医院、克拉玛依市中心医院

主要完成人：于民、马建平、周克明、肖翠兰、吴叶菊

多种药物对血液检验结果准确性的影响

完成单位：克拉玛依市人民医院、克拉玛依市中心医院

主要完成人：杨媛魁、杜刚、王福刚、朱文秀、孙克红

沙棘系列产品的开发及深加工技术研究

完成单位：新疆嘉轩生物有限公司

主要完成人：王健、王博英、何斌、张景萍、姚丽萍

克拉玛依地区牛焦虫病综合防治技术应用研究

完成单位：克拉玛依市农牧科学技术研究所、乌尔禾乡兽医站

主要完成人：金鑫、李小军、马英成、樊向东、李明强

克拉玛依农业开发区农田主要病虫害预测预报技术及应用的研究

完成单位：克拉玛依市农牧科学技术研究所、石河子大学农学院

主要完成人：杨江平、张建华、朱环元、牛生和、李东

克拉玛依改制企业现状分析与发展对策研究

完成单位：克拉玛依市经济贸易委员会、新疆财经大学、新疆油田分公司工程咨询中心

主要完成人：孙振江、崔光莲、樊亚利、桂斌、辛尚洋

克拉玛依知识产权战略研究

完成单位：克拉玛依市知识产权局

主要完成人：吴建华、邓翔、宿新泰、杜鸿东、买买提·江　（陈　捷）

【科技合作与交流】　2010年，克拉玛依市科技局鼓励企业实施大科技和走出去发展战略，探索建立产学研、科工贸、技工贸等一体化的新型院地合作机制。先后组织地方企业的企业家、工程技术人员参加北京科博会、深圳高交会和全国发明展览会，组织民营、高新技术企业的领导和专家赴加拿大等国家学习、考察，与自治区科技厅等在克拉玛依举办俄罗斯科学院新西伯利亚分院技术推介会，签订合作意向6份。鼓励和支持加强企业与国内高校、研究机构和企业间的合作与交流，为企业技术合作搭建平台。

（陈　捷）

【民营科技和技术市场】　2010年，克拉玛依市科技局登记技术合同近300项，民营科技企业的技术合同交易额1.2亿元，协助企业办理技术贸易、技术合同减免税469.4万元，技术市场管理和技术贸易活动取得明显成效。全年撤销4家不符合条件的民营科技企业资格，对14家企业提出限期整改的要求，新认定民营科技企业10家，克拉玛依市民营科技企业总数80家，职工总数8 000人，综合实力继续列居新疆第三。　（陈　捷）

【高新技术产业】 2010年，克拉玛依市科技局进一步推进石油石化产业特色产业化基地建设，促进高新技术产业发展。有13个项目得到国家科技部科技型中小企业技术创新基金项目支持，获890万元的国家资金支持。完成国家火炬计划2项，国家重点高技术产品认定2个；自治区创新基金项目3项，获无偿补助70万元；高新技术发展项目1项，无偿补助40万元；全年获项目补助资金1 000万元。11月下旬，市科技局推荐20个项目申报国家科技部创新基金项目。至年底，克拉玛依石油石化特色产业基地在全国238个基地中，总收入位居第4，上缴税额位居第3，净利润位居第1名。

（陈 捷）

【科技园建设】 2010年3月，克拉玛依市科技局促成中国石油大学（华东）西部研究院在克拉玛依市正式揭牌，并落户大学科技园区。11月，促成常州大学与克拉玛依市人民政府建立起全面战略科技合作关系。至年底，大学科技园各项管理制度及科技园区规章制度逐步完善，有8家企业入驻园区，全年园区实现营业总收入6 445万元，实现税收1 356万元。

（陈 捷）

【知识产权与专利】 2010年5月，克拉玛依市通过国家知识产权试点城市验收。至年底，全市有国家知识产权工作试点企业1家，知识产权工作示范企业4家，知识产权工作交流站3家，企业的自主创新意识明显提升。全年分2批下达专利实施计划项目10个，安排专项资金445万元，争取自治区专项支持资金125万元，为企业办理实用新型和发明专利申请减缓手续21件，协助金牛信泰公司首次申请自治区PCT专利，并获专项资助资金24万元。全年累计申请专利232件，授权专利177件。9月，市科技局组织9家地方企业赴西安参加第19届全国发明展览会，有11项参展项目获奖，其中金奖3项、银奖3项、铜奖5项。

（陈 捷）

【基础建设】 2010年，克拉玛依市科技局认真抓好基础建设工作。一是推行政务信息公开制度，努力改进工作作风。认真落实首问负责制、限时办结制和责任追究制，自觉接受社会各方面的评议和监督，按照市科技局建设“五型”部门的要求，受理基层和群众对服务态度和工作效能的投诉，及时解决存在的问题，营造科技部门良好形象。二是认真落实党风廉政建设责任制。围绕领导干部“四大纪律、八项要求”，坚持同部署、同检查、同落实、同考核，自觉做到依法行政，廉洁勤政，使党风廉政责任制，做到人人有责任，层层抓落实。三是完善各项工作规章制度。充分发挥制度的监督约束作用，用制度加强对工作人员的管理，同时认真抓好各项制度的落实和检查工作，使人员管理、项目立项、成果评审等各项业务走上制度化、规范化的轨道。

（陈 捷）

油田公司科技信息管理

【油田公司科技信息处领导名单】
处长：徐洪德
副处长：沈建林、岳新建
石油学会副秘书长：胡小房

【基本情况】 2010年，新疆油田公司科技处内设综合管理科、科技项目管理科、科技计划科、信息管理科、成果管理科5个科室，在岗员工16人。公司科技管理委员会下设油气勘探、油气田开发、油气田钻采工程、油气田地面工程、安全环保及质量节能、信息管理、物资装备、经营管理8个专业委员会，初步建立起由公司科学技术委员会、专业技术委员会和二级单位科学技术委员会组成的三级科技决策层。具体负责新疆油田公司（含矿区服务事业部）的科技、信息化建设以及新疆石油学会和公司科学技术委员会办公室的统一管理工作，承担研究制定科技信息管理职能。建立由公司科技信息处、各专业处室和二级单位科研管理部门组成的两级科技管理层。

（赵丽萍）

科技管理

【科研规划编制】 2010年，油田公司科技信息处围绕主营业务发展目标，推进大科技工程实施，深化数字油田成果应用，集中力量开展国家、集团（股份）公司和油田公司重大项目攻关和新技术推广应用。一是推进海外技术中心建设，强化技术成果有形化、集成化，不断完善科技创新组织和管理体系，规范科技管理，大幅提升自主创新能力和核心竞争力，为公司年度业绩指标完成和主营业务发展提供有力的技术支撑和保障。二是深化公司科技发展战略研究，全面完成“十二五”科技规划编制工作。“十二五”科技规划编制是跨年度工程。自2008年10月启动以来，按照现状分析、科技展望、总体规划编制“三步式”程序展开，至2009年底，相继完成4个专题研究、9个专业规划编制和专业审查汇总工作。2010年，油田公司科技信息处在3个直属研究院汇编9个专业规划的基础上，充分吸收各方意见，牵头编写完成《新疆油田公司“十二五”科技发展规划》（送审稿），并根据公司规划领导小组审查意见进一步修改完善。7月29～30日，在公司规划计划工作会上作专题汇报，公司“十二五”科技发展规划通过公司规划领导小组审查，并被评为优秀规划成果，科技信息处被评为“十二五”规划编制工作先进单位。年底，科技信息处根据油田公司发展规划再次进行修订，按照规划目标和奋斗目标形成2个版本的科技发展规划。“十二五”科技发展规划作为公司科技发展的纲领性文件，全面总结“十一五”科技现状及主要进展，分析“十二五”业务发展对科技的需求，进而明确公司科技发展指导思想、总体目标，提出科技发展策略和重点攻关任务，为油田公司“十二五”乃至今后一个时期的科技发展明确方向，奠定了基础。

（赵丽萍）

【科技攻关】 2010年，油田公司科技信息处狠抓科研攻关，科技攻关成果显著，有力支撑油田公司主营业务发展。一是按照突出重点、攻克关键、创新与再创新并重、务求突破和有所作为的方针，以寻求油气大发现，提高储量接替率、动用率和采收率为核心，分超前研发重大储备技术、重点突破制约油田发展的关键技术、推广应用成熟适用技术3个层次有效组织年度科技计划项目攻关和现场试验。二是组织重点技术项目公关。国家、集团（股份）公司级基础研究和技术攻关重点项目《新疆北部泥盆—石炭系海相含油气盆地构造沉积演化与油气资源评价》、《准噶尔叠合盆地油气分布规律及有利区预测》、《砾岩油藏二次开发调剖调驱技术研究及应用》等11个接转项目进展顺利。《二氧化碳植物吸收减排的基础研究》通过国家重大基础研究计划项目验收。持续开展的9个油田公司级重大科技项目攻关以及6个股份公司重大开发试验均取得重要进展和现场应用效果。《准噶尔盆地岩性地层油气藏富集规律与勘探目标优选》项目取得重要进展，指导部署的车排子凸起石桥1井在侏罗系清水河组中途测试获高产工业油气流，展现车排子凸起及周缘地层岩性油气藏富集新领域。《准噶尔前陆盆地油气勘探理论与技术》项目获突破性进展，指导部署的重点风险探井西湖1井钻遇丰富油气显示，展现南缘下组合天然气勘探新领域。《准噶尔叠合盆地油气分布规律及有利区预测》项目取得新进展，指导开展的北三台凸起西斜坡多层系勘探成效显著，5 000万吨储量规模基本落实，有力推动了准东地区油气勘探工作。《克拉玛依油田二次开发技术研究与应用》取得显著经济效益。至年底，二次开发已完钻1 339口井，建产能117万吨，增产原油170万吨，主力区块井网完善程度大幅度提高，水驱储量控制程度、采收率分别提高17.4和7.4个百分点。其中7个已整体实施完成并投入注水开发的二次开发区块，井网完善程度大幅度提高，水驱控制程度由72.1%提高到89.5%，最终采收率由26.8%提高到34.2%。通过实施优化注水，水平自然递减控制在4.1%，含水上升率－2.3%，实现含水不升，二次开发成效明显。系列配套技术完善和丰富了砾岩油藏开发模式，为推进克拉玛依油田二次开发工程起到重要指导和示范作用。《二氧化碳植物吸收减排的基础研究》通过国家重大基础研究计划项目验收。课题从规模化二氧化碳植树减排的评价标准和方法、高效固碳、能源植物筛选与全生长季造林技术研究、减排林区水土资源可持续利用及生态安全、减排林区土壤改良试验研究、减排植物生物质全组分高效资源化利用方法等5个方面开展科学研究，丰富和补充相关基础理论、技术和方法，科学地指导造林实践活动，取得良好的生态和社会效益。全年油田公司申请发明专利3项，出版专著1部。发表论文35篇，培养博士3人，研究生13人，全面完成课题计划任务和目标。（赵丽萍）

【重大开发试验】 2010年，油田公司科技信息处做好重大开发试验工作，风城超稠油SAGD重大开发试验取得阶段性成果，达到方案设计指标。经试验探索，在重32井区总结形成全新的超稠油生产管理思路：首先，以集团注汽为原则，把握新井投产和转轮井注汽时机，总体协调、整体推进。其次，以建立集中温场，提高油层注入蒸汽的热利用率，从而达到改善油井生产效果的目的。第三通过分块间隔、面积注汽减少采油井间的干扰，提高生产运行的整体效率。经课题攻关，在3个方面实现技术创新：一是实现超浅层超稠油油藏多层系水平井立体开发。二是开展超浅层超稠油油藏直井与水平井组合方式试验。三是首次整体采用集团注汽投产优化技术。根据重32 SAGD成熟工艺和经验，稳步推进重37井区SAGD试验。至年底，重32井区通过立体开发，产能达到50多万吨。预计重32井区总产能将达到120万吨，最终采收率27%。风城超稠油SAGD重大开发试验的有效实施，为风城超稠油资源全面规模开发提供有力的技术支撑和技术储备。红浅1井区稠油火驱先导试验稳步推进，hH008、hH010、hH012注气井陆续点火成功，至年底，验区12口生产井开始见效，含水从100%降到80%左右，12口生产井日产油17t/d左右，累积产油超过1 400吨。（赵丽萍）

【技术创新】 2010年，油田公司科技信息处着力抓好技术创新工作，有效推动科技转化。集团公司重点项目《水平井管外化学封隔器（ACP）控水技术》完成现场注入试验，实现筛管完井的水平井管外多级分段，为水平井找水、堵隔水、分采、分段改造等提供基础条件。陆梁油田LU9146侧钻水平井完成半程固井施工作业，标志着新疆油田第一口定向井开窗侧钻水平井取得成功。连续油管作业技术正式投入现场服务，相继成功完成常规井冲砂作业和双管稠油水平井泡沫冲砂作业。水力喷砂射孔工艺技术取得突破性进展，首次实现不动管柱两级三层压裂施工，喷枪过砂量由原先的13立方米提高到33立方米，基本满足生产井的压裂加砂需求。油水井带压作业实现规模化应用，已完成修井任务146井次，比上年增加75井次，年均作业能力已超过集团公司计划年均水平。引进的第一台35兆帕电动带压作业装置成功投用，实现带压不放喷、不压井作业。油田设备设计制造取得新进展，研制的50吨高干度油田注汽锅炉、撬装蒸汽计量、监测与调控装置已在风城油田投入现场试验。坚持生产目标导向，各生产单位以科技增油（气）、降本增效为主题，重点开展提高单井产量攻关试验研究，深化油气藏综合研究，推广二次开发配套技术，推广应用微生物清防蜡技术、螺杆泵采油、老井转向压裂、射孔压裂转抽一体化技术、调剖调驱技术、酸化增注技术等一批成熟、适用工艺和专利技术，实现科技增油220万吨。各项目承担单位认真组织科技计划项目实施，从项目组织、任务、人员、经费、设备、协作6个方面落实保障措施，两级科技管理部门强化科技项目研发全过程规范管理和关键环节控制，协调解决存在的问题，确保大多数项目按开题设计和专项合同（计划任务书）要求顺利完成研究任务，达到预期目标。经科技信息处会同机关各专业管理部门对科技计划项目进展情况上、下半年的检查与考核，全年科技项目计划完成率98.8%（考核指标95%以上），重大项目计划完成率100%，科技成果应用率96.5%（考核指标90%以上），实现科技增油42万吨。取得一批创新性强、实用性好、效益显著的创新成果，为地质目标的实现和原油产量的稳定提供了强有力的技术保障。

（赵丽萍）

【资源配置】 2010年，油田公司科技信息处进一步优化科技资源配置，完善科技创新组织体系。一是按照实施大科技工程的统一部署，遵循“一个整体、两个层次”的原则，稳步推进公司科技资源优化配置，进一步完善科技创新组织体系。公司参加第三次全国科技援疆工作会议，作《乘借科技援疆东风，共建现代化大油气田》的经验交流，并与中国石油大学（华东）等院校就进一步加强企校合作、落实科技援疆会议精神进行座谈。科技信息处紧密跟踪国家大力推进科技援疆有利政策，联合申报自治区科技支疆项目2项。推进海外业务技术支撑体系建设和中亚油气勘探开发对口生产技术支持工作，签订4个技术支持项目。二是进一步完善公司科技管理制度体系。根据集团公司相关政策，结合公司科技管理实际，对企业科技管理内控流程完善设计，完成公司“三重一大”决策流程编制，梳理并修改完善科技重大项目和重大新产品开发研究两个内部控制流程编制和上报工作。（赵丽萍）

【科研项目管理】 2010年，油田公司科技信息处强化科技项目计划管理，全面推行主营业务驱动、生产目标导向、顶层设计的科技发展新思路，严把新开科技项目立项审查关。全面整合各级各类科技项目，油气勘探、油藏评价、油气田开发、工程技术、信息技术、生产与矿区服务以及其他技术下达科技项目44项、课题397个，其中油气勘探8项、油藏评价4项、油气田开发7项、工程技术4项、信息技术6项、生产与矿区服务5项、其他技术10项。全年安排科研经费66 489.5万元，其中国家拨款2 210.5万元，集团公司拨款2 470万元用于项目研究、拨款3 800万元用于重大现场试验，股份公司勘探开发投资支持19 220万元，上市单位吨油成本计提13 500万元，未上市单位费用列支4 500万元，重大开发试验费投入20 789万元，勘探开发及配套工程技术科技投入占年度总投入的94%。（赵丽萍）

【项目实施过程管理】 2010年，油田公司科技信息处选择一批重点科技项目，大力推进科技项目制管理及项目经理负责制试用。推动科技经费规范化管理，与审计部门开展对重点单位、重点项目的科技经费管理和使用情况的审计，对审计中发现的问题，督促有关单位认真整改，并及时反馈整改效果。定期监控和公布科技管理信息系统在研项目立项报告、项目进展、阶段成果、年报等全过程管理动态运行情况，推动《集团公司科技管理系统》、《新疆油田公司科技信息管理系统》应用。举办53名科技管理岗位人员参加的公司第四期科技管理培训班，进一步提升科技管理人员业务水平和综合素质。在科技培训中，首次采取学员论文发布的形式，增进交流，挖掘经验，为公司不断加强和改进科技管理工作提供调研机会，形成的成果具有一定的参考借鉴价值。推行开放式科研，加强科技对外协作项目管理。对一些重大项目或关键技术难题，在充分利用自有技术及人力资源基础上，与国内外科研机构、高等院校等单位联合攻关，全年审批“四技”类技术合同538项，合同总额47 105万元，上市单位签约342项（50万元以上的合同）、合同金额27 422万元，院校合作52项、总额3 503万元。未上市单位签约134项（50万元以上的合同）、合同金额15 849万元，院校合作10项、总额331万元）。坚持市场准入制度，按照公平公正、有序竞争，优胜劣汰、适度保护，技术先进、适当引进的原则，严把科研技术服务队伍准入审批关，全年办理技术市场准入队伍248家，其中单项准入132家、专业准入7家、年审26家。加强技术合同审核、监管及服务队伍业绩考评，逐步建立了一批具有良好信誉、较为固定的科技外援队伍。（赵丽萍）

【重大科技成果培育】 2010年，油田公司科技信息处开展技术有形化集成，成果与知识产权管理工作成效显著。组织完成公司2009～2010年度技术创新成果评审与奖励工作。全年各单位申报成果185项，经审查同意参加评审108项，评定103项技术创新成果，重奖460万元。其中“准噶尔盆地西北缘红车断裂带滚动勘探方法及亿吨级储量高效探明”成果获特等奖，17项成果获一等奖，40项成果获二等奖，45项成果获三等奖。组织推荐19项科技成果参加2010年度自治区科技进步奖评审，有5项成果获自治区科技进步奖奖励。组织推荐7项科技成果参加集团公司技术创新奖、技术发明奖评审，有6项成果获集团公司技术创新奖奖励，1项成果获集团公司技术发明奖奖励，其中“准噶尔盆地西北缘红车断裂带滚动勘探方法及亿吨级储量高效探明”、“准噶尔盆地火山岩油气藏测井评价方法与技术”获二等奖，“新型耐高温酸化缓蚀剂的开发与研究”获技术发明奖。科技奖励向一线科技人员倾斜，严格限定机关和企业领导人员获奖。（赵丽萍）

【技术有形化推进】 2010年，油田公司科技信息处推进油田公司技术有形化工作，加快先进成熟技术共享与推广。按照集团公司统一部署，完成集团公司范围内30项重大技术有形化。新疆油田公司承担的“一体化勘探研究平台”技术有形化项目是集团公司启动的21项技术有形化项目之一。至年底，已将技术手册、宣传手册的最终稿及DVD宣传片呈交集团公司科技管理部领导审阅，等待终期验收。开展井下节流器、色谱分析及应用、一趟管柱挤注桥塞、浅层稠油水平井冲砂技术、浅层稠油水平井有杆泵举升工艺技术、多重复合平衡游梁式抽油机等6个公司级技术有形化项目，科技信息处4次召开技术有形化工作会议，提出工作要求，制定工作计划，明确工作任务，形成技术框架雏形。至年底，已完成6项技术有形化开题设计及中期检查。（赵丽萍）

【知识产权保护】 2010年，油田公司知识产权保护及专利管理工作取得新进展。一是加强知识产权管理。科研立项时明确知识产权量化指标，项目验收时检查知识产权完成情况。科技信息处对有多项发明创造的12名发明人、设计人的先进事迹进行特别宣传。对认定为中国石油天然气集团公司自主创新重要产品的2项专利技术，制作成电子宣传专栏进行宣传。二是强化知识产权保护宣传。科技信息处借助“四二六”世界知识产权日，组织公司开展保护知识产权宣传周活动。活动期间，更新公司门户网站的知识产权保护专题网页，新增公司发明家、自主创新重要产品2个栏目。公司知识产权专题网页点击率7 029次，科技信息处开展有奖答题活动。活动结束后，科技信息处从2 300多份答卷中，抽出100名优胜者进行奖励。公司所属各单位有300多人参加形式多样、内容丰富的专题讲座、交流会、报告会、座谈会等活动。在各单位悬挂宣传横幅59条，张贴宣传挂图268张，制作展板36块，发放相关书籍600多册。评选出优秀专利27件、优秀发明人83人、知识产权先进单位6家进行奖励。三是申报科技成果。科技信息处从近年来开发形成的自主创新产品中择优推荐“油层保护封隔器”、“同心管分层注水管柱”、“CYJ3－2.5－9HYL多重复合平衡游梁式抽油机”、“YZG－22.5 14－G1油田注汽锅炉”等8项核心技术和产品申报集团公司自主创新重要产品。“井下节流器及其打捞工具”和“KCY453DS/JD一趟管柱挤注桥塞”2项核心技术经过形式审查、专家组评审、网上公示及集团公司科技管理部审核、报集团公司批准，被集团公司认定为自主创新重要产品，并列入集团公司自主创新重要产品目录中，于10月获集团公司自主创新重要产品证书。全年申请专利141件,其中发明专利15件。获授权专利98件,其中发明专利6件,专利授权专利数量均创历史新高,尤其是发明专利申请数显著增长。

(赵丽萍)

【科技交流】 2010年,油田公司科技信息处开展国内外技术交流。根据学会章程和新疆石油地质编辑部工作需要,于7月召开新疆石油学会第六次会员代表大会和新疆石油地质第八届组委会。借助新疆石油学会平台,围绕油田勘探开发及工程技术、信息化建设、节能、环保和安全等科研和生产需求,组织承办或参加信息化创新克拉玛依国际学术论坛、新疆石油学会油(气)田设备管理与技术研讨会、新疆石油学会2009年度炼化技术年会、第十五届五省(市、区)稠油开采技术研讨会、天然气安全环保技术研讨会、新疆石油学会2010年抽油机技术与管理研讨、第三届西部地区石油地质开发实验新技术研讨会、新疆石油学会2010年物资管理学术研讨会、海相碳酸盐岩油气成藏理论与勘探开发关键技术研讨会、水平井开发技术研讨会等10多项大型国内学术交流会议,参会人数2 000多人次,编辑印刷论文集2册,交流论文1 200多篇,其中公开出版论文2册,发表论文177篇。为会员单位和理事订阅《石油知识》,出版《新疆石油地质》、《新疆石油科技》期刊10期、26 200本,发表论文300篇,约112万字。新疆石油学会被国家民政部授予全国先进社会组织。

(赵丽萍)

信息建设与管理

【信息化体系建设】 2010年,油田公司科技信息处稳步推进智能化油田建设,不断升级数字油田建设成果。一是加强数据共享、知识管理、过程控制、人工智能等的系统研究和应用集成,实现生产、管理、决策业务的智能协同,力争"十二五"期间全面建成智能化油田信息化建设的新任务,深入推进数字新疆油田建设成果应用,开展智能化新疆油田建设工作。二是持续调整完善以公司领导为决策层、机关部门为管理层、数据中心为执行层、各二级单位信息档案管理站、技术专家和技术支持队伍为支持层的信息化工作体系,为数字新疆油田的建设提供制度上的保障。至年底,油田公司直接从事信息化工作的信息技术人员总数达到429人,其中大学本科以上学历占74%,高级职称占14%,中级职称占37%。

(刘江涛)

【信息规划编制】 2010年,油田公司科技信息处开展"十二五"信息与通信网络规划编制工作,初稿提交审查后,根据审查意见进行修改完善,通过公司批准。"信息与通信网络发展规划"获油田公司"十二五"规划成果三等奖。启动智能化油田建设工作。开展智能化油田规划方案研究工作,基本确定智能化油田的概念、内涵、技术框架,确定智能化油田实现的蓝图和技术路线,该方案将指导公司今后5~10年的信息化建设工作。

(刘江涛)

【信息标准体系建设】 2010年,油田公司科技信息处持续推进公司信息标准体系建设工作成效显著。一是修订《新疆油田公司信息化工作管理规定》。二是在公司信息专标委精心组织下,对《井设计数据传输加载管理规范》等16个标准进行开题立项论证讨论,确定13个专题项目。三是进行《开发静态数据采集管理规范》等9个管理与服务标准、《井设计数据库逻辑结构》等4个专业标准的修订、完善。至年底,已经完成《井设计数据库逻辑结构》等6个标准项目的验收,《开发静态数据采集管理规范》等8个标准在征求专家意见。四是组织7项信息管理规范申报油田公司企业标准。全年申报公司级信息标准8个,其中6个标准经征求专家意见和完善已具备标准审查条件,2个标准已提交送审稿。四是参与集团公司信息标准修制定工作,开展《钻井井史数据填写规范第1部分:陆上钻井》初稿和A1标准编制工作。

(刘江涛)

【数字油田信息建设】 2010年,油田公司科技信息处完善升级数字油田信息系统建设及深化应用,全年开展信息基础研究、数字新疆油田建设与深化应用、油气生产管理信息系统研发、生产辅助管理信息系统研发、综合管理信息系统研发与应用和勘探与生产数据库建设及应用系统完善6项42个课题的研究工作,提升数字油田应用系统的覆盖范围和应用深度。一是完成虚拟化数字油田应用系统集中发布平台的建设与推广应用研究工作,在钻井日报系统、勘探生产系统5.0、数据质量校验和勘探协同环境建设上取得较好的应用效果,发布和应用95套数字油田应用系统、6套专业工具,搭建专业应用软件集中管理使用、外部数据源单位数据上传快速稳定安全的平台,为保证数据中心的数据安全提供新的思路和解决方案。二是建立和推广信息运维监控平台,完善大屏幕优化展示和网络运行监控功能。系统实时监控新疆区域和新疆油田网络、应用服务器和应用系统的运行状况,第一时间感知系统网络的运行状态,主动发现并及时处理遇到的各类问题。全年信息运行监控中心接待来自国资委、中石油总部、新疆、国内其他油田和其他地区政府机构的50多批客人,600多人参观。大屏幕监控系统不仅成为网络和系统管理员工作的必备工具,也成为展示新疆油田数字化成果展示的平台。三是视频会议系统得到广泛应用。至年底,硬件视频会议已扩至46个会场,软件视频会议具备50个点同时参会的能力。全年召开各类视频会议944场次,参会人数22 300人次,其中采用硬件视频会议系统召开730场会议,参会人数20 000人次,采用软件视频会议召开214场会议,参会人数2 300人次。

(刘江涛)

【信息推广】 2010年,油田公司科技信息处重点开展ERP系统的建成和单轨运行,A1、A2和信息化工作管理平台等一批统建系统的深化应用。承担集团公司勘探与生产调度指挥系统(A8)的建设和A2系统的运维、广域网运维等工作。开展集团公司信息系统安全建设、身份管理与认证等项目的前期准备工作。集团公司卫星通信系统项目、人力资源管理系统、健康安全环保系统、电子公文系统、财务网上报销系统、信息化工作管理平台、合同管理系统、纠纷案件信息系统、内控业务流程管理系统、股权管理系统、效能监察管理信息系统、访信息管理系统、矿区服务管理系统、身份认证与管理项目、广域网改进项目等统一建设的信息系统在新疆油田公司得到深入应用,取得良好的应用效果,提升了油田公司生产、经营和管理的整体水平。新疆区域网络中心电子邮件用户总数107 120个。截至10月18日,电子邮件用户比上年同期用户总数增长15.3%,新增用户数增长199.8%,进出邮件数减少17.8%,流量增长11.7%。电子邮件用户的使用范围增长幅度199.8%。

（刘江涛）

【软硬件技术管理】 2010年，油田公司科技信息处进一步加强计算机软硬件和生产自动化技术管理工作。一是以专业应用软件购置、地理信息系统建设、各生产单位计算机服务器、网络基础设施改造完善为重点，会同开发处、工程技术处、基建工程处、规划计划处、数据中心等部门完成各单位申报的计算机工程项目的论证审查，编制公司计算机工程项目建议计划，投资7 678万元，其中上市单位5 678万元、未上市单位2 000万元、专业软件投资3 849万元（上市3 080万元、未上市769万元）。全年实际完成8 394万元，其中上市单位6 438万元、未上市单位1 956万元、专业软件投资3 997万元（上市3 358万元、未上市639万元）。发挥规模采购优势，降低采购成本，做好公司计算机软硬件选型和购置工作。截至12月底，油田公司购置台式计算机1 500台，便携式计算机138台，服务器40台和162台打印机等。二是开展地区公司骨干网络建设及相关工作，开展新疆油田准噶尔盆地西北缘通信链路扩容项目。项目建成并投入运行，满足油田公司西北缘地区各二级单位骨干层链路提升到1 000米需求，链路具有丰富的QoS和CoS功能，达到电信级保护。三是完成风城油田作业区乌尔禾公寓试油公司南京区域等多家单位的网络接入工作，开展重油开发公司、百口泉采油厂、准东采油厂等单位的网络升级改造工作。四是完善和提升新疆油田公司网络结构的合理性以及网络平台的整体处理能力，为新疆油田应用系统信息传递提供可靠、安全、高效、稳定的网络传输平台。新疆油田公司重点要害单位安全防范系统完善整合项目建设工作进展顺利。成立以副总经理孙晓岗为组长的项目建设协调小组和项目建设经理部。重点要害单位安全防范系统完善整合项目进展顺利，已完成一期试点工程的建设工作。（刘江涛）

【信息交流】 2010年，油田公司科技信息处广泛开展信息技术培训与交流，承办首届信息化创新克拉玛依国际学术论坛数字油田分论坛。8月12～13日，首届信息化创新克拉玛依国际学术论坛在克拉玛依市召开，国内外专家学者和嘉宾760多人参加会议，共同探讨数字油田、数字城市和信息化发展问题。新疆油田公司科技信息处、数据中心和新疆石油学会承办数字油田专题论坛，中国科学院、中国工程院的2位院士，美国、英国、加拿大、伊朗的4位专家，中石油、中石化、中海油、延长油田以及知名IT厂商的代表270多人参加会议。中国科学院院士李德仁、中国工程院院士叶声华及专家22人作专题发言。科技信息处组织、选派信息管理人员参加集团公司信息技术培训。至年底，有45人参加集团公司信息系统运维管理培训班、信息安全技术培训班、中国石油A1系统深化应用技术培训、高级数据库管理技术培训和信息化工作商务管理培训班。组织油田公司计划内信息技术培训6期、培训人数266人次；组织内部及二级单位人员进行专题交流讲座12期，420人次。

（刘江涛）

【获自治区科技进步奖项目】 2010年，油田公司获自治区科技进步奖5项，1人获自治区科技进步突出贡献奖。

一等奖（1项）

风城油田重32井区齐古组超稠油油藏有效开发技术研究

完成单位：中国石油新疆油田分公司

主要完成人：杨学文、孙新革、钱根葆、喻克全、欧阳可悦、杨智、陈学兴、阿布都艾尼·买买提、何万军、张元、杨柳、段畅

二等奖（2项）

系列连杆复合平衡抽油机的研制

完成单位：中国石油新疆油田分公司

主要完成人：张建成、王树行、买文庆、刘牧洲、黄文涛、李东平、蔡立科、保尔、但永军

陆梁油田透镜状、薄互层、边底水油藏开发技术研究

完成单位：中国石油新疆油田分公司

主要完成人：孙晓岗、霍进、石国新、周光华、陈伦俊、戴勇、路建国、石军、谭建华

三等奖（2项）

克拉玛依油田井身结构优化及钻井提速技术研究与应用

完成单位：中国石油新疆油田分公司

主要完成人：周红灯、杨志毅、刘颖彪、陆军、钟守明、张文波、李维轩

地震资料处理评价体系的建立及应用方法研究

完成单位：中国石油新疆油田分公司

主要完成人：娄兵、范旭、郑鸿明、刘新军、罗勇、潘龙、严红

【获集团公司科技进步奖项目】 2010年，油田公司获集团公司科技进步奖7项，其中二等奖4项，三等奖3项。获技术发明三等奖1项。

二等奖（4项）

新疆北部火山岩油气藏地质认识与评价技术

完成单位：中国石油勘探开发研究院、中国石油新疆油田分公司、中国石油吐哈油田分公司、中国石油勘探开发研究院廊坊分院，中国石油勘探开发研究院西北分院

主要完成人：邹才能、王绪龙、梁世君、张光亚、唐勇、梁浩、侯连华、闫玉魁、凌立苏、卫延召

准噶尔盆地西北缘红车断裂带滚动勘探亿吨级储量的发现与高效探明

完成单位：中国石油新疆油田分公司

主要完成人：张明玉、谈继强、刘明高、欧阳可悦、关泉生、徐常胜、杨志冬、赵建章、刘俊奇、李宏

特殊天然气藏开发配套技术

完成单位：中国石油勘探开发研究院、中国石油西南油气田分公司、中国石油长庆油田分公司、中国石油塔里木油田分公司、中国石油大庆油田有限责任公司、中国石油新疆油田分公司

主要完成人：贾爱林、卢涛、钟兵、江同文、徐正顺、陆家亮、何东博、钱根宝、李保柱、冀光

准噶尔盆地火山岩油气藏测井评价方法与技术

完成单位：中国石油新疆油田分公司、中国石油西部钻探工程有限公司

主要完成人：孙中春、隆山、欧阳敏、戴诗华、陈新、董彦喜、罗兴平、王洪亮、蒋宜勤、杨永生

三等奖(3项)

火烧山裂缝性特低渗透砂岩油藏稳油控水技术研究

完成单位:中国石油新疆油田公司

主要完成人:李斌、徐学成、吴承美、朱跃胜、王国先、王宁

一趟管柱射孔、压裂、不压井转抽工艺技术研究

完成单位:中国石油新疆油田公司

主要完成人:袁新生、章敬、孙新、张勇、王群立、李璐

勘探开发一体化信息系统研究、集成与应用

完成单位:中国石油新疆油田公司

主要完成人:曾颖、李清辉、支志英、金云华、石峰、胡顺全

技术发明三等奖(1项)

新型耐高温酸化缓蚀剂的开发与研究

完成单位:中国石油新疆油田公司

主要完成人:高建村、袁飞、冯丽、田润丰、萨丽塔娜特

【获油田公司技术创新奖项目】 2010年,油田公司有技术创新奖103项,其中特等奖1项,一等奖17项,二等奖40项,三等奖45项。

特等奖(1项)

准噶尔盆地西北缘红车断裂带滚动勘探方法及亿吨级储量高效探明

完成单位:采油一厂

主要完成人:杨学文、张明玉、谈继强、刘明高、欧阳可悦、关泉生、徐常胜、杨志冬、赵建章、李庆、李宏、买买提·加马力、韩銘毅、耿梅、刘胜涛

一等奖(17项)

新疆北部石炭系火山岩油气地质理论、核心技术与勘探重大突破

完成单位:新疆油田公司、吐哈油田公司、中国石油勘探开发研究院

主要完成人:唐勇、张光亚、梁浩、黄卫东、杨迪生、汪建富、张国清、谷新萍、赵宝中

准噶尔盆地火山岩油气藏测井评价方法与技术

完成单位:勘探开发研究院

主要完成人:孙中春、陈新、欧阳敏、罗兴平、蒋宜勤、万策、樊海涛、潘拓、王刚

风城地区下二叠统油气成藏条件分析与风城1井的钻探发现

完成单位:勘探开发研究院、风城作业区

主要完成人:张越迁、何周、刘振宇、杨海波、刘巍、黄立良、赵长永、徐怀宝、黄治赳

准噶尔盆地南部中上侏罗统—下白垩统深部碎屑岩优质储层分布区预测

完成单位:勘探开发研究院

主要完成人:雷德文、阿布力米提·依明、孔玉华、唐勇、常秋生、陈磊、瞿建华、万敏、王力宏

准噶尔盆地多角度弹性参数联合反演在典型目标区的研究与应用

完成单位:勘探开发研究院

主要完成人:娄兵、朱明、毛海波、程志国、沈坚正、邹玉萍、王贤、谭佳、程惠

克拉美丽气田火成岩气藏开发技术研究

完成单位:勘探开发研究院

主要完成人:王延杰、王彬、钱根宝、喻克全、潘前樱、杨作明、李道清、麦欣、庞晶

新疆浅层稠油油藏地质分类标准及其开发技术政策研究

完成单位:勘探开发研究院

主要完成人:木合塔尔·买买提、喻克全、马鸿、孙新革、任香、李军民、董宏、杨柳、段畅

超稠油蒸汽辅助重力泄油双水平井钻井工艺技术

完成单位:勘探开发研究院

主要完成人:周红灯、张文波、王朝飞、舒振辉、关志刚、路宗羽、聂明虎、王飞、熊旭东

同心管射流负压冲砂工艺技术研究与应用

完成单位:采油工艺研究院

主要完成人:谢斌、骆向杰、田志宏、袁新生、周华、王卓飞、杨宇尧、鲁斌、李德龙

一趟管柱射孔、压裂、转抽工艺技术研究

完成单位:采油工艺研究院

主要完成人:袁新生、章敬、孙新、张勇、王群立、李拥军、余勇、李璐、黄振明

火烧山油田(H14)层裂缝性低渗砂岩油藏稳产技术研究及应用

完成单位:准东采油厂

主要完成人:徐学成、朱跃胜、吴承美、牙力坤·牙生、张乐园、郑观有、南慧、钱立军、万文胜

中拐凸起石炭系-三叠系滚动勘探方向及目标评价

完成单位:采气一厂

主要完成人:石新朴、廖伟、唐伏平、颜泽江、李臣、胡清雄、侯向阳、胡宗芳、刘金香

百口泉油田百乌28、百113、百31井区滚动勘探及新增探明石油储量研究

完成单位:百口泉采油厂

主要完成人:尚建林、王勇、王林生、聂建疆、杨建军、王智忠、刘林、何斌、郭守波

陆梁油田侧钻水平井开发调整技术研究

完成单位:陆梁作业区

主要完成人:霍进、陈伦俊、路建国、李彬文、姬承伟、范赛华、马骥、杨志强、许维娜

新型耐高温酸化缓蚀剂的开发与研究

完成单位:新疆石油培训中心、采油工艺研究院

主要完成人:高建村、袁飞、冯丽、田润丰、萨丽塔娜特、岳宏、何立军、木合塔尔·吾买尔哈里、林浩

数字油田信息运行监控体系的建立与应用

完成单位:数据中心

主要完成人:陈仕意、石国伟、王辉、马文涛、王晓军、李志红、刘英、任新、杨雯雯

数字油田信息标准体系的建立

完成单位:数据中心

主要完成人:曾颖、陈国朗、李中泉、支志英、谭向农、马秦晋、李平、杨兵、徐金兰

二等奖(40项)

低信噪比地区叠前去噪方法开发及应用

完成单位:勘探开发研究院

主要完成人:范旭、蒋立、郑鸿明、史建新、杨建新、王在民、张绪建

吉木萨尔凹陷二叠系梧桐沟组层序划分及成藏有利带研究

完成单位:勘探开发研究院、准东采油厂

主要完成人：贾希玉、谭强、王斌、张金凤、宋永、职文栋、吴俊军

库普、福津盆地石油地质条件综合研究

完成单位：勘探开发研究院

主要完成人：孔玉华、阿布力米提·依明、崔炳富、万敏、张从侦、张国清、鲍海娟

准噶尔盆地夏盐10井区侏罗系岩性油藏的发现

完成单位：勘探开发研究院

主要完成人：张越迁、陈永军、多力坤·买买提明、蓝文芳、吴海生、李霞、张蓉

陆东－五彩湾地区石炭系油气源研究及成藏分析

完成单位：勘探开发研究院

主要完成人：向宝力、蒋宜勤、廖健德、刘翠敏、赵孟军、任江玲、李林

白家海凸起侏罗系坡折控藏条件研究

完成单位：勘探开发研究院

主要完成人：杨迪生、黄芸、吴坚、陈勇、陈杨、张继武、马志亮

准噶尔盆地三个泉及西湖背斜区复杂地表静校正方法研究与应用

完成单位：勘探开发研究院

主要完成人：薛为平、刘宜文、郑鸿明、蒋琳、潘龙、姚茂敏、常玉蓉

克拉玛依砾岩油藏砂体构型研究

完成单位：勘探开发研究院

主要完成人：许长福、刘顺生、彭寿昌、吴小军、罗刚、王晓光、庞彩芹

克拉玛依砾岩储层水驱油机理研究

完成单位：勘探开发研究院

主要完成人：刘红现、王延杰、许长福、朱亚婷、王晓光、彭寿昌、吕道平

浅层稠油水平井注蒸汽开发规律及优化设计研究

完成单位：勘探开发研究院、安全环保处

主要完成人：木合塔尔·买买提、吴俊英、阿不都艾尼·买买提、杨风祥、陈燕辉、石磊、刘莉

克拉玛依砾岩油藏综合分类及二次开发调整潜力研究

完成单位：勘探开发研究院

主要完成人：唐春荣、朱亚婷、戴勇、覃建华、陈豫川、屈怀林、伍顺伟

车排子地区滚动勘探开发目标优选及部署方案研究

完成单位：勘探开发研究院

主要完成人：薛新克、马辉树、黄小平、杨玉珍、张吉辉、齐洪岩、谢宗瑞

水解聚丙烯酰胺测试分析技术研究

完成单位：勘探开发研究院

主要完成人：娄清香、陈素萍、买尔当·吐尔逊、帕提古丽·麦麦提、李红、聂小斌、杨晓红

准噶尔盆地深层－超深层油气藏勘探开发经济界限及投资决策系统研究

完成单位：采油工艺研究院

主要完成人：王屿涛、徐建辉、董蔚凯、董广华、乔文龙、陈秀玲、王晓钦

准噶尔盆地VSP数据库建设与应用研究

完成单位：勘探开发研究院

主要完成人：徐群洲、罗玢、帕尔哈提·阿西木、魏金兰、吕武香、于燕、陈宏斌

七中区克下组砾岩油藏复合驱驱油机理研究

完成单位：勘探开发研究院

主要完成人：周惠泽、程宏杰、刘刚、聂振荣、娄卫胜、朱桂芳、楼仁贵

新疆油田浅层特、超稠油水平井有杆泵举升技术研究

完成单位：采油工艺研究院

主要完成人：黄晓东、张辉、郎建军、张丽萍、杨宇尧、荣垂刚、姚满仓

油田含油污水橇装生物处理装置研制

完成单位：勘察设计研究院

主要完成人：孙国成、杨萍萍、丁亮、梅俊、宋新萍、朱泽民、戴新河

西泉地区二叠系梧桐沟组油藏评价部署研究

完成单位：准东采油厂

主要完成人：李培俊、何贤英、庞瑶、吴建英、富玉芳、宋小彬、朱喜萍

压电控制找隔水管柱技术研究

完成单位：准东采油厂

主要完成人：李斌、刘卫东、陈新志、谢建勇、王海龙、石彦、谈卫

八区克上组油藏精细剩余油定量表征及二次开发试验

完成单位：采油二厂

主要完成人：杨生榛、林军、郝卫国、赵文苹、吕海峰、王平、武鑫

克75井区气田开发后期地面配套工艺技术研究

完成单位：采气一厂

主要完成人：柳海、刘德青、张锋、李名生、马江、万吉东、黄良福

百21井区克下组油藏综合治理研究及实施

完成单位：百口泉采油厂

主要完成人：王勇、聂建疆、汤传意、仇建平、李建国、熊健、郑钧

整体高温封堵、调剖技术适应性及提高九区蒸汽驱开发效果研究

完成单位：重油开发公司

主要完成人：张新国、郑爱萍、王利华、李娟、吕其军、付志、哈丽丹·阿不都卡德尔

新疆油田石油污泥综合处理技术研究与应用

完成单位：重油开发公司

主要完成人：张新国、王卓飞、耿亚伟、吴平、王国兴、郭召海、李强

石南21井区低渗透油藏采油配套工艺技术研究

完成单位：陆梁作业区

主要完成人：韩力、贾久波、王中武、李海涛、许博、王涛、吴伟

石南21井区低渗透油藏低含水期稳产调控技术研究

完成单位：陆梁作业区

主要完成人：石国新、桑林翔、侯峰、邢坤、孟亚玲、宋春浩、谭敏

滴西12井区呼图壁河组低阻、薄层油藏地质综合研究

完成单位：彩南作业区

主要完成人：秦旭升、戴雄军、章彤、江晓晖、雷旭东、赵蕾、刘峰

彩南油田含油污泥综合处理技术研究与应用

完成单位：彩南作业区

主要完成人：杜文军、董新民、杨宴彬、李勇、唐东、罗正波、陈明

风城特稠油破乳剂优选

完成单位：风城作业区

主要完成人：胡新玉、樊玉新、欧阳建利、刘俊德、孙森、刘东明、郑小林

乌尔禾低温敏感性油藏定向井注采工艺配套技术研究

完成单位：风城作业区、勘探开发研究院

主要完成人：胡新玉、王亮、陈陆建、李杰、李新强、刘勇、张金钟

6FA型燃机联合循环优化技术应用

完成单位：克拉玛依电厂

主要完成人：李辉、辛黎虎、陈大兵、

张忠江、何旭、蒋雪峰、张民胜

油田注汽锅炉系列水处理装置研制

完成单位：机械制造总公司、采油一厂

主要完成人：贡军民、周建平、王玉明、王玉新、路亚莉、姜传方、杨杰

经阴道彩色多普勒超声对盆腔静脉淤血症诊断的临床研究

完成单位：明园职工医院

主要完成人：叶萍、王晖、彭伟、姜宏、哈丽沙·耐依木、熊惠玲、阿丽米拉·夏米西丁

高品质液态乳的研究与应用

完成单位：绿成农业开发有限责任公司

主要完成人：王琴、任远庆、于凡、石翠娟、刘玉华、文克勤、蒋波

新疆油田工程造价管理信息系统

完成单位：概预算管理部

主要完成人：唐秀宝、罗海英、周志勇、王巨东、袁苗、刘建、许龙

莫深1井高温高压深井试油(气)技术研究应用

完成单位：勘探公司

主要完成人：许江文、王新河、王祖文、陈超峰、米红学、苏存元、王补信

油气生产数据一体化集成与共享应用的建立

完成单位：数据中心

主要完成人：胡顺全、金云华、惠煜、朱玉凤、陈思璘、郭怡晓、魏伟

准噶尔盆地高精度测绘控制网建立与应用

完成单位：数据中心

主要完成人：李清辉、刘淮、黄健、桑建雄、肖力、文伟帆、侯军

新疆油田分公司石油勘探开发区生态环境保护规划与污染防治对策研究

完成单位：安全环保处

主要完成人：陈荣灿、萨依绕·哈依甫拉、李龙、黄新春、李慧敏、吴平、胡学雷

三等奖(45项)

风城地区叠前成像技术研究与应用

完成单位：勘探开发研究院

主要完成人：蒋在超、张仲祜、贾希玉、李震华、张绪建

基于地震属性约简的含油气智能预测方法研究

完成单位：勘探开发研究院

主要完成人：刘宏杰、林茂、李文捷、刘亚村、孙晓薇

新疆油田砂砾油藏非固井水平井油气层保护钻井液技术应用研究

完成单位：勘探开发研究院

主要完成人：李建国、戎克生、高飞、徐生江、左丞

乌夏断裂带钻井提速技术研究与应用

完成单位：勘探开发研究院

主要完成人：杨虎、张伟、杨洪、周鹏高、毛新军

玛河气田高压气藏完井工艺技术研究及应用

完成单位：勘探开发研究院

主要完成人：徐小辉、李纲要、刘利、王晓磊、聂洪力

火烧山联合站水处理系统中粘稠物质成分分析及对策研究

完成单位：勘探开发研究院

主要完成人：吴运强、刘卫东、冷严、谈卫、谢姝

多氢酸酸化工艺技术研究

完成单位：采油工艺研究院

主要完成人：袁飞、成一、张健强、王斌、刘应根

低渗透气藏压裂助排剂研究

完成单位：采油工艺研究院

主要完成人：王玉斌、李纲要、张建远、王晓磊、张涛

太阳能技术在新疆油田的应用研究

完成单位：勘察设计研究院

主要完成人：何林海、王珽、杨楷鹏、吴伟栋、王延磊

无线局域网通信技术在沙漠油田自动化中的应用研究

完成单位：勘探开发研究院

主要完成人：马赟、李国荣、吴燕、宋学华、薛银河

勘探开发技术标准数据库建设与应用

完成单位：勘探开发研究院

主要完成人：王屿涛、段非、曹菁、库尔班江·托乎提、李娜

车排子油田车95井区沙湾组油藏高效开发研究

完成单位：勘探开发研究院

主要完成人：高阳、江晓晖、丁湘华、邱子刚、龙燕

乌尔禾油田乌33井区克下组油藏细分沉积微相及精细注水研究

完成单位：勘探开发研究院、风城作业区

主要完成人：邱子刚、赖年、彭永灿、彭明超、乐江华

车89井区含硫化氢油气集输系统安全运行技术研究

完成单位：采油一厂

主要完成人：李拥军、黄继红、朱玲全、夏玮、杜雪峰

红001井区油井出砂量预测及对策研究

完成单位：采油一厂

主要完成人：郑朝新、姚团军、薛志宇、刘冬冬、闫旭东

采油一厂油气生产自动化系统建设与应用

完成单位：采油一厂

主要完成人：王玉新、官洪斌、刘晓刚、周盈、张虎

七西区下克拉玛依组油藏滚动扩边及新增探明石油储量的研究

完成单位：采油二厂

主要完成人：肖春林、解克萍、彭建成、王辉、邱争科

七中东区三工河油藏滚动开发实施跟踪研究

完成单位：采油二厂

主要完成人：杨丽、袁述武、胡虎距、李文峰、赵文苹

六九区石炭系火山岩油藏压裂工艺研究

完成单位：采油二厂

主要完成人：向枢杲、孟祥燕、纪拥军、袁峰、传平

排液采气工艺技术研究

完成单位：采气一厂

主要完成人：哈斯木·艾克热木、单江、杨剑、杨海、马江

重32井区2009年产能建设方案跟踪优化与提高开发效果研究

完成单位：风城作业区

主要完成人：杨兆臣、肖见、李建新、张大伟、赵长虹

六—九区稠油站区节能保温技术试验研究

完成单位：重油开发公司

主要完成人：李强、魏新春、王连生、李鹏程、王金罡

六、九区油藏出砂规律研究及综合防砂技术应用

完成单位：重油开发公司

主要完成人:吴军、郭仕洋、陈容、张利明、李伟

稠油老区内部未动用薄油层潜力分析研究

完成单位:重油开发公司

主要完成人:黄伟强、彭通曙、吕其军、鲁小会、王利华

六、九区浅层稠油水平井举升工艺技术优化及推广应用

完成单位:重油开发公司

主要完成人:芦学惠、王连生、栾海军、陈容、杨洪

石西石炭系油藏开采规律及可采储量预测研究

完成单位:石西作业区

主要完成人:饶政、张春光、李勤良、邓玉森、王华

石西油田原油稳定技术优化研究与应用

完成单位:石西作业区

主要完成人:丁亮、黄强、刘智勇、夏新宇、郭军

彩9井区西山窑组低渗透储层渗流能力下降原因分析及对策研究

完成单位:彩南作业区

主要完成人:秦旭升、罗兴旺、张武、程皇辉、富勇

抽油井井下管柱“三防”技术研究及应用

完成单位:彩南作业区

主要完成人:丁亮、刘智勇、张春光、陈晓明、陈书良

准东油区高效清防蜡新技术应用研究

完成单位:准东采油厂

主要完成人:徐梅、石彦、王国先、罗永全、崔建国

前牙残根保存修复的临床研究

完成单位:准东采油厂

主要完成人:王斌、金素、林华、巩路、吴超英

深根性植物对管道防腐层影响及其对策

完成单位:油气储运公司

主要完成人:卡德尔·哈米提、蔡和国、刘康、韩龙学、于培金

生产井油套管工程检测技术应用研究

完成单位:井下作业公司

主要完成人:庞德新、杨文新、王铮、朱广亮、郭新维

燃机励磁系统技术应用研究

完成单位:克拉玛依电厂

主要完成人:张玉海、柴昕、陈照嫦、赵萍、蒲君惠

长输管道全自动焊技术的推广应用

完成单位:油建公司

主要完成人:梁志荣、杨俊明、张俊华、黄鹏、邓斌

试油用井下电子脱卡器的推广应用

完成单位:试油公司

主要完成人:魏雪泉、谭宗华、李永山、贺存福、桂军

九浅5井区克拉玛依组油藏开发研究

完成单位:新港公司

主要完成人:杜大鸣、张俊、汪力生、王固生、任标

软化水站外排污水回收技术研究

完成单位:新港公司

主要完成人:刘永学、杨旭东、戴玉良、张伟新、杨现立

新港公司生产自动化技术研究与应用

完成单位:新港公司

主要完成人:刘永学、杨旭东、杨现立、何燕、解利军

油田消防管理信息系统研发与应用

完成单位:消防支队

主要完成人:孙成江、刘林、黄玮、张守森、马磊

陆东五彩湾石炭系多裂缝火成岩储层压裂改造技术研究及应用

完成单位:勘探公司

主要完成人:李雪彬、王玉斌、金立新、关强、黄卫东

新型复合非金属软管和玻璃钢储罐在油田地面建设工程中推广应用

完成单位:开发公司

主要完成人:王康军、武伟、陈庆春、谢旗、辜新军

准噶尔盆地地层压力剖面资料录取解释和应用

完成单位:新港公司

主要完成人:郭桂生、陈华勇、张仲华、朱昌云、刘瑞兰

新疆油田改制企业调查研究

完成单位:工程咨询中心

主要完成人:李荣军、赵京敏、石明、郑建荣、牛美灵

咨询评价信息管理系统

完成单位:工程咨询中心

主要完成人:赵国良、龙刚、刘宝琴、孙海旗、韦毅　　（石向京　赵丽萍）

油田公司数据管理

【油田公司数据中心领导名单】

主任:曾颖

副主任:陈国朗、谈继强

软件总工程师:李清辉

网络总工程师:陈仕意

【基本情况】 2010年,新疆油田公司数据中心设7个科室,分别是数据监督科、数据管理科、系统管理科、研发管理科、网络管理科、信息安全科和中心办公室。至年底,中心在册职工53人,其中拥有高级职称人员22人,中级职称28人,初级职称3人。研究生学历10人,大专以上学历43人,员工平均年龄40岁。承担着新疆油田公司信息规划方案编制、数据监督管理、计算机网络和信息安全建设、信息系统研发以及油田计算机应用技术支持工作。同时承担总部A6、A8、A11等重点项目及集团公司部分信息标准制修定工作。

（王　辉　陈功英）

【智能化油田建设】

规划设计　2010年,油田公司的信息化建设重点从油田数字化转向油田智能化。5月,数据中心通过招标方式聘请跨国IT公司承担智能化新疆油田的规划设计,选定IBM公司作为智能化新疆油田建设规划的编制合作方。油田公司专门组成领导小组、专家和工作小组,经过近8个月的努力工作,完成智能化新疆油田建设总体规划。结合油田生产的特点,开创性地提出智能化油田的概念模型、技术框架和建设方案,为深化新疆油田公司未来信息化建设,推进信息技术与油田生产的深度融合,进一步提高勘探开发效率奠定坚实的基础。按照规划,智能新疆油田计划在2020年建成。通过智能油田建设,将进一步提升克拉玛依油田信息获取与整合能力、数据模拟与分析能力、预测和预警能力、过程自动处理能力、专家经验与知识运用能力、系统自我改进及生产持续优化能力,实现生产过程自动化、科研工作协同

化、生产指挥可视化、分析决策智能化。

实施步骤　油田公司智能油田建设计划分阶段、有步骤地实施“8233 工程”。“8”即建设油田生产 8 个专业应用（战略决策、勘探、油藏管理、生产管理、油气井管理、井场、生产保障、储运）；“2”即建立 2 个管理中心（面向管理的一体化运行中心，面向 IT 和基于云计算的数据中心）；“3”即升级 3 类基础设施（全面的传感网络、自动采集与控制设备、先进的 IT 基础设施）、创建 3 种协同环境（自动操控环境、主动优化环境、虚拟专家辅助研究环境）。具体分为三步走：第一步，建立油田地质模型和生产业务模型体系，实现对油藏和生产过程的自动监测、分析、预警和优化。第二步，建立专家知识管理体系，实现智能化的知识共享和研究协作。第三步，建立综合决策支持体系，实现生产部署、调控的智能化。（王　辉　陈功英）

【总部项目建设】　2010 年，油田公司数据中心作为中石油集团信息化建设 17 个内部支持单位之一，参与或承担油气水井数据管理系统（A2）、数字盆地系统（A6）、勘探与生产调度指挥系统（A8）、油气生产物联网系统（A11）的建设和完善任务，在各项目组共同努力下，主要取得几方面的成果：一是完成勘探生产调度指挥系统（A8）系统整体优化和升级。设计开发完成新的用户界面和总部生产指挥大屏幕展示系统，组织制定数据采集上报规范和数据质量监控流程，同时对系统持续改进，系统运行速度提升2～3 倍，初步实现总部生产数据的正常化管理。二是强化系统运行维护队伍培训。全年培训交流 12 期 500 多人参加。勘探与生产分公司各处室的应用岗位培训覆盖率 100%，应用覆盖率 100%。三是完成重点探井实时数据子系统部署。该系统于 3 月初开始在地区公司实施部署工作，6 月底推广完成，累计访问 8 万多人次。四是参与数字盆地系统（A6）可研报告编写，完成系统总体框架和可行性研究。油气生产数字化建设指导意见和可研报告初稿。

（王　辉　陈功英）

【系统推广应用】　2010 年，油田公司数据中心加大数字新疆油田成果的推广力度。年初，制定数字油田成果推广应用方案及计划，确定推广应用的重点用户。主要工作内容包括油田信息基础应用平台的完善和应用，数字油田信息系统运行维护及推广，应用系统建设与升级。经过一年的努力，全面完成年初制定的工作任务。在应用推广中，举办数字油田应用系统培训班 70 多期，2 000 多人次参加培训。全年系统访问量比上年上升 20% 以上，未上市单位管理岗位中员工的中石油统一电子邮件拥有率 100%，统一防病毒软件安装率达到预期的 65% 以上，部分单位在 85% 以上，少数单位 100%。同时组织完善运维体系，用户问题得到及时解决。全年为用户提供技术支持近6 000次，解决问题2 000多个。为扩大对勘探开发研究的支持，实施开发项目库在研究院和采油单位的推广应用，紧跟油田开发步伐，建立相应的研究项目库。开展油田数据资源调查进行分类规整，为下步开展油田智能化建设的数据搜索、分析和服务应用奠定基础。在信息门户建设方面，3 月，召开未上市单位门户建设推进和部署会，安排部署建设任务，计划开展门户建设评比。会后，未上市业务的各个单位组织和安排门户建设，落实单位信息化主管领导，确定信息化建设和运行维护部门，设立建设管理岗位，门户建设工作走入正轨。至年底，各个单位都拥有自己的门户，并逐渐成为单位信息公开、工作动态发布的窗口。为提升研究软件应用效率，开展专业研究软件的虚拟化应用试验，完成勘探开发研究院图形处理软件的发布工作。开展 DISCOVERY 专业软件往虚拟环境移植的实验，通过多次努力，最终因软件许可授权问题而未成功，但为专业软件的高效率应用作有意义的尝试。同时，根据移动办公的需要，开展数字油田应用系统在智能手机上应用的测试工作，完成虚拟平台智能手机发布环境测试和安全策略应用。

（王　辉　陈功英）

【网络基础与信息安全建设】　2010 年，油田公司数据中心信息网络建设重点有 2 个方面：一是做好公司骨干网络优化调整工作。主要完成准噶尔盆地环网升级改造，传输带宽增加到 40G。建立石西、准东、地物所等 6 个骨干传输节点，优化传输网络资源。对重油开发公司、百口泉采油厂、准东采油厂、采油一厂、油气储运公司、通讯公司和客运公司等单位的内部局域网络进行升级改造，将准东采油厂、石西作业区和陆梁作业区的网络带宽从 100 兆提升到1 000兆。油田较大园区网均实现千兆以上接入油田办公网络，计算机网络变得更加高速畅通。二是加强网络安全建设。对油田互联网出口资源进一步整合，部署新一代防火墙，提升互联网访问速度。根据公安部门的要求部署网络安全审计系统，使网络出口安全进一步加强。重点加强未上市单位桌面安全系统部署推广。未上市单位桌面安全系统部署率由不到 10% 提高到 60% 以上，新疆油田公司整体信息安全得到进一步加强。

（王　辉　陈功英）

【启动油田虚拟应用环境建设】　2010 年，油田公司数据中心启动油田虚拟应用环境建设工作，目的是采用虚拟桌面技术，实施油田生产、经营和管理信息都通过虚拟桌面进行。用户可以查询、分析和获知油田运行数据，但不能在非授权情况下拷贝、下载数据，既保证数据的安全和保密，又免除安装大量客户端程序的繁琐流程和维护工作。经过 9 个月的持续建设和完善，虚拟应用环境全面建成，形成应用系统集中、统一发布的环境，为用户提供便捷、安全的办公环境。数字新疆油田建设形成的 113 套应用系统，基本实现在虚拟桌面上发布应用。形成包括数字勘探、数字井筒、生产指挥、数字化管理、数字化经营、数字评价、数字化开放、数字采油厂、数字矿区等 10 多类系统的集中应用环境。

（王　辉　陈功英）

【数据建设与管理】　2010 年，油气生产数据实现及时、完整、准确和自动入库，数据传输正常化率 99.9%，生产数据接收率 100%，入库率 100%，数据差错率 0.0024‰。

数据正常化管理　数据中心进一步扩大数据正常化监督管理范围。在开展勘探、开发、储运、生产辅助等专业 57 个数据源单位、1 701个数据源点清查和数据流程梳理的基础上，将井下作业、采油工程、试井、生产测试、油气水分析化验、水电讯暖、生产运行等数据纳入本年度数据正常化监督管理范围扩展的主要领域，并实现对这些数据从传输、质检到入库的全过程监督管理。

历史数据入库　数据中心对一批历史遗留的重要历史数据入库进行入库管理。全面完成探井试油、特殊测井、地震成果数据建设,新增3 177口开发井钻井资料、150井试油资料、4 671口井射孔历史数据入库。

数据应用管理 数据中心进一步提升数据应用服务在生产管理、科学研究中的作用和地位,充分发挥数据资源集中管理的优势,及时提供数据下载服务。为勘探开发业务管理部门提供油气勘探、油藏工程、采油工程、新井生产报表数据处理服务的功能进一步增强。实现勘探开发研究项目新数据的正常化加载,为30个重点研究项目及时提供数据分发服务。新搭建油藏工程项目研究应用环境,建立6个项目研究工区,为勘探开发综合研究提供高效数据服务。

A2系统深化应用 2010年,是油田公司实施A2系统完善与深化应用3年规划的第一年。A2系统项目组按照集成、融合、提高的原则,从数据模型优化、数据采集扩展、报表系统完善、综合应用集成4个方向开展深化应用工作。从日数据监督、月报数据处理、应用系统和数据库系统维护等各个侧面,针对影响月报数据正常化存在的问题逐一分析并落实解决措施。油田公司月报数据在股份公司的排名从倒数第二上升到第三。扩展后的采集系统于11月23日在油田公司12个采油单位全面单轨运行,并且达到采集范围扩大、录入方式增加、数据质量保证、录入点前移、效率全面提高的效果,实现数据采集系统第一阶段功能提升的目标。算法管理工具、报表工具研发所取得的初步成果受到总部的关注,所定制的报表和集成的综合查询功能进入全面测试阶段。新疆油田A2深化应用任务通过总部组织的验收。

A1系统深化应用 按照总部推进EPDM应用的要求,结合新疆油田实际,初步拟定扩模型、建同步、加数据、再分发、保应用的路线图。即扩展EPD米数据模型至全部覆盖现有中心数据库的数据范围,建立从中心数据库到EPD米的数据同步机制,中心数据库历史数据加载至EPD米数据库中,建立从EPD米数据库到项目数据库的数据传输机制,确保基于勘探开发项目数据库对科研的应用支持作用。开展基本实体、录井2个部分的模型扩展优化和数据加载实验。开展《中国石油勘探与生产技术数据管理办法》和勘探与生产技术数据管理系统物探、钻井、录井、测井、试油、分析化验、油藏地质7个专业数据管理规范的编制工作,为新疆油田信息标准上升为集团公司标准奠定基础。

(王 辉 陈功英)

【信息项目管理】 2010年,油田公司立项开展的信息技术研发和数据库建设项目5个,包括信息基础研究、数字新疆油田建设与深化应用、油气生产管理信息系统研发、生产辅助管理信息系统研发、综合管理信息系统研发与应用,涉及课题42个。其中下达到数据中心统一组织研发实施的信息科研项目涉及研究课题22个。在对所承担科研项目进行实施管理之外,数据中心承担其他8个技术研发类信息项目的建设实施监督。为保证项目按照计划和工作范围平稳展开,信息项目开题论证与需求评审同步进行。经过认真组织和严格评审,所有项目从开始就明确工作内容和范围,确定工作计划,研发工作顺利开展。全年油田公司计算机软硬件工程建设项目共计118项。计算机软硬件工程建设项目包括勘探计算机、油藏评价计算机、油气开发计算机、工程技术服务、生产服务、社会化服务、公司直属等7大类。实施中,将硬件购置项目委托物资供应总公司组织采购,软件购置和工程实施项目由数据中心牵头组织。全年承担信息系统维护项目4大项,包括线路租赁和技术服务、GPS车辆监控系统维护、信息系统维护、档案馆资料维护等。至年底,所有维护项目全部完成合同签订工作,开展正常维护。 (王 辉 陈功英)

【技术交流】 2010年,油田公司数据中心进一步推进数字城市、数字油田建设的国际交流工作。结合打造世界石油城研讨数字城市、数字油田和信息产业发展,加强信息技术交流合作。7月15日,集团公司领导蒋洁敏、王宜林、周吉平等到数据中心考察,听取新疆油田信息化建设和应用情况汇报,实地感受数字油田建设应用成果,并给予新疆油田信息化成果极高评价。8月,克拉玛依市举办首届信息化创新克拉玛依国际学术论坛。在会议筹备和召开中,数据中心广泛联系国内信息界同行、兄弟油田信息化部门和信息技术专家,交流技术、加深感情。先后接待来自国资委、中石油总部、新疆、国内其他油田和其他省市政府机构的31批参观访问团,总人数近700人。10月7日,自治区党委书记张春贤在克拉玛依考察期间,专程到数据中心信息运行监控室了解数字油田建设进展和成果,对新疆油田的信息化建设给予肯定。 (王 辉 陈功英)

【获得荣誉】 2010年,油田公司数据中心获中央企业红旗班组(科室),集团公司先进集体;李清辉被评为集团公司劳动模范。数字油田信息运行监控体系的建立与应用、数字油田信息标准体系的建立项目获油田公司技术创新成果一等奖,油气生产数据一体化集成与共享应用的建立、准噶尔盆地高精度测绘控制网建立与应用项目获油田公司技术创新成果二等奖。数据中心负责编制的《信息与通信网络发展规划》获新疆油田公司"十二五"规划成果三等奖。王辉、石国伟被评为油田公司"十二五"规划编制工作先进个人。 (王 辉 陈功英)

科研单位

油田公司勘探开发研究院

【领导名单】

院长、党委副书记:况军(7月离任)、邵雨(12月任职)

党委书记、纪委书记、工会主席:梁轶

副院长:雷德文、钱根宝、薛新克(12月任职,同时离任总地质师)

副院长、安全总监:刘楼军

总工程师:朱志宏

总地质师:支东明(12月任职)

【基本情况】 2010年,新疆油田公司勘探开发研究院机关设有7个科室:院长(党委)办公室、人事(组织)科、科研管理科、计划财务科、安全运行科、QHSE体系办公室、党群(企业文化)工作科。下属6个副处级研究单位,包括勘探研究所、地球物理研究所、油藏评价研究所、开发研究所、石油工程研究所、中亚油气研究所。3个技术支持单位:实验中心、采收率研究所、计算信息中心。4个技术服务单位:《新疆石油地质》编辑部、技术服务公司、器材供应站、科技文化服务中心。年末，全院在册职工1 288人，其中副处级以上领导22人，具有硕士及以上学位的200人，大学学历567人，大专学历268人；具有高级及以上技术职务的338人，中级487人，初级253人。勘探开发研究院是集地球物理、油气勘探开发地质、油气藏工程、钻采工艺、地面工程、实验技术、提高采收率技术、计算机应用和科技信息于一体的综合性研究机构。主要任务是通过研究制定和优化勘探部署、开发方案、工程方案，增加商业储量，提高效益产量，确保勘探开发投资的高效益。

（王屿涛　杨艳君）

【科研项目获奖情况】 2010年，油田公司勘探开发研究院承担科研项目20个，其中重大项目9项、重点项目10项、生产型项目1项；专题142个，其中新立专题77个，接转专题54个，滚动专题11个。承担国家级专题3个、集团公司专题5个、股份公司项目1个，专题13个。完成的科研项目获自治区科技进步一等奖1项、三等奖2项；获集团公司科技进步二等奖1项；获油田公司技术创新奖34项，其中一等奖8项、二等奖16项、三等奖10项。申请发明专利2项，实用新型专利1项；授权发明专利1项、受理实用新型专利1项。（王屿涛　杨艳君）

【重大科技攻关项目进展】 2010年，油田公司勘探开发研究院承担的8项重大科技攻关项目取得重要进展。

新疆北部泥盆—石炭系战略选区与勘探部署研究　划分残余盆地构造格局，结合石炭系盆地烃源岩与储层发育特点，划分四大战略勘探领域，其中伊犁盆地是北疆石炭系碳酸盐岩勘探的首选地区，克拉美丽山前带仍是近期勘探的主战场。

准噶尔盆地岩性地层油气藏勘探研究　一是揭示了车排子凸起周缘多层系接连突破，1个大型油气富集带在握。二是滴南凸起南斜坡见到好苗头。三是以油气运聚成藏为主线，迎着油源斜坡方向、立足坡折控砂带，实施夏盐15获油层。

准噶尔盆地天然气勘探目标优选与关键技术研究　表明滴水泉凹陷北部石炭系勘探具备展开条件，是落实千亿方级天然气规模储量的现实地区。大井地区石炭系目标多、勘探程度低，是寻找环克拉美丽石炭系规模气藏的现实区域。滴南凸起南带下石炭统烃源岩分布广、厚度大、丰度中等、成熟度高，北邻克拉美丽气田，具有多源区供烃的有利条件。

准噶尔盆地前陆盆地油气勘探理论与技术　证实西北缘二叠系沿着克夏断裂带发育多个次一级的断裂构造发育带，总体上西部断裂相对发育，风城组地层厚度大，地层构造背景有利。认为有效储盖组合、断裂及裂缝是控制西北缘二叠系前陆油气成藏的3个重要因素，裂缝的发育程度决定产量的高低。另外，开展南缘齐古断褶带下组合区带地质评价，明确喀拉扎组为南缘侏罗系顶部一套巨厚规模储层。南缘第三系前陆斜坡区整体具备形成规模油气藏的圈闭及油气藏的通道条件。

复杂地震地质条件下的高精度成像方法研究　使得滴南凸起攻关二维石炭系内幕成像较以往地震资料有较大幅度改善；通过强化采集，结合配套的石炭系成像技术，攻关二维较以往资料品质有明显改善；石炭系内幕较以往成像品质有较大幅度改善；石炭系受多次波影响较大，合理压制多次波，仍然是影响该地区精细速度建模的重要环节；针对石炭系合理准确的速度建模依然是制约石炭系内幕成像的瓶颈所在。南缘大构造高精度成像技术及精细速度研究取得关键认识：全局或部分偏移扫描速度建模是南缘低信噪比地区首选技术；形成叠前提高信噪比流程；静校正反演技术在南缘建立近地表模型初见成效；采集参数设计与采集时机对南缘资料成像品质影响较大；南缘地区速度信息与切除需要细致分析与多次反复，同时叠前深度偏移能改善南缘山地高陡构造成像品质。

二次开发技术研究与应用　划分水平井高效开发技术研究及应用不同研究阶段，确定阶段研究目标；完成稠稀油水平井实施区块地质条件筛选和油藏工程研究方案及开采技术政策研究；对水平井开发的边底水油藏地质条件进行细分类，形成薄层边底水油藏水平井地质设计及现场跟踪技术，归纳影响水平井开发的主要因素，确定合理开采技术政策；总结适合稀油油藏水平井产能计算方法和渗流特征；开展水平井汽驱试验区效果跟踪分析评价、超稠油水平井高干度蒸汽提高单井产量试验；开展选择性完井改善水平井吸汽不均试验、稀油水平井分段完井工艺论证，实施完成陆9井区呼图壁河组油藏4口水平井的分段完井、注采工艺设计；开展稠油油藏水平井分段完井注采工艺研究，重32井区9口井投入现场实施。

提高采收率技术研究及应用　开展深部调驱技术对六中东、七中区克下组油藏具有较好的适应性。截至11月底，有36口油井见效，见效率73.5%，累计增油9 976吨，提高采收率1.12%。聚合物驱工业化试验基本形成适合砾岩油藏的聚合物驱9项配套技术，增油降水效果明显，中心井区已提高采出程度9.1%，为砾岩油藏进一步提高采收率奠定基础。复合驱工业化试验研究经过近3年前缘水驱试验、配方优化、注入站建设，注化学剂时机基本成熟，至年底，正在试注聚合物。火驱开发先导试验初步掌握火驱研究、生产及调整与控制技术，自主研发点火系统，为蒸汽开发后期的接替技术的探索奠定了基础。

风城超稠油和油砂矿有效开发技术研究及应用　建成两个国内最浅层超稠油双水平井SAGD试验区，生产473天，单井组累积平均日产油19～24吨，油汽比0.22～0.3。形成精细地质建模、SAGD双水平井设计技术和油藏工程优化设计技术，初步形成SAGD钻井、采油和地面配套技术。（王屿涛　杨艳君）

【油气勘探研究及成果】 2010年，油田公司勘探开发研究院甩开预探，车排子凸起及周缘大型地层岩性油气藏勘探获重要发现；强化风险勘探，南缘下组合西湖背斜侏罗系获得重要苗头；整体部署、整体推进，玛湖凹陷西北斜坡二叠系特殊岩性勘探、北三台凸起周缘多层系勘探获重要进展，勘探良性循环格局进一步巩固。

一个重要发现　车排子凸起地层岩性油气藏获重要发现，有望形成油气富集带。石桥1井位于车排子凸起的轴部，具有大型鼻状构造背景。11月27日，该井在白垩系清水河组4 516.63～4 610.66米中途测试，折算日产气110 288立方米，测试结果为气层。石桥1井区块白垩系清水河组气藏新增天然气预测储量519亿立方米，含气面积90平方千米。石桥1井的突破，开辟了准噶尔盆地天然气勘探新领域，充分证实

车排子凸起周缘超覆尖灭带是一个新的油气富集区，整体推动了准噶尔盆地中新生界岩性地层油气藏勘探进程。

两个重要进展 风南5井风城组再获高产油气流，新增7 000万吨规模储量。风南5井于7月13日在风城组4 418～44 416米试油，获高产工业油流，日产油49.31吨，日产气3 530立方米，试油结果为油层。玛湖凹陷西北斜坡勘探取得巨大进展，使该区云质岩有利储集带分布范围不断扩大，拓展二叠系油气勘探的新场面，推动西北缘云质岩优质储层的整体勘探。北三台凸起西斜坡多层系勘探成效显著，5 000万吨储量基本落实。针对北三台凸起北部沙南地区的石炭系、二叠系梧桐沟组和三叠系韭菜园组、克拉玛依组部署沙丘13井，针对阜东斜坡区侏罗系河道砂体部署阜东2井，均获良好油气显示，经过试油，发现阜东2井区块侏罗系头屯河组油藏。充分展示北三台凸起地区油气多层系纵向分布的整体含油特征，验证前期对该地区已经形成的地质认识，证实北三台凸起油藏类型多样，不同层系主要油藏类型各有不同，提升北三台凸起的勘探潜力，为北三台凸起近期开展全层位立体勘探打下坚实的基础。

四个重要苗头 南缘下组合首次钻遇丰富油气显示，盆地天然气勘探展现新领域。西湖1井于3月14日开钻，11月2日完钻，西湖背斜具多层系含油气的特点。11月提交齐古组凝析气预测地质储量488.32亿立方米。西湖1风险探井钻探取得突破展示四棵树凹陷北部独卡雁行背斜构造带与南部高泉构造群下组合油气勘探新领域。将带动南缘中东段下组合油气勘探、探索侏罗系喀拉扎组城墙砾岩在覆盖区的勘探。滴西32井石炭系见到丰富显示，陆东天然气勘探势头良好。滴西32井在石炭系油气显示活跃，再次证实滴南凸起石炭系次凸控藏的成藏模式，拓展天然气勘探新领域。根据地震资料、磁力、建场测深及地面露头资料认为下石炭统火山岩体成带发育，有望形成新的天然气勘探接替区。夏盐15井侏罗系发现可靠油层，腹部岩性勘探期待新突破。夏盐15井在侏罗系三工河组油气显示丰富，将证实侏罗系鼻凸构造带油气富集的主控作用，为腹部地区侏罗系岩性地层油气藏勘探提供典型的示范意义。金龙6井石炭系钻遇天然气层，中拐凸起勘探见到好苗头。金龙6井于10月31日对井段3 436.29～3 560.5米进行中途裸眼测试，日产气598立方米，未见水，从而有望发现金龙6井区块石炭系气藏。金龙6井的发现，进一步证实中拐凸起为油气富集带，石炭系为油气并举的有利勘探层位。石炭系具备有利的天然气成藏条件，有效勘探面积360平方千米，预测天然气储量1 500亿立方米，是实现天然气突破的现实领域。

重点区块建设 勘探开发研究院进一步推进油藏评价和滚动勘探，实现储量大增长。坚持整体探明、重点培植、积极准备的原则，抓好重点区块评价部署和实施。主要在风城、莫北、陆151区块开展油藏评价工作。完成新增原油探明储量5 302.3万吨，占整个新疆油田公司探明储量的69%，新增原油技术可采储量1 100.75万吨，占新疆油田公司技术可采储量的67%。莫北油田滚动勘探获总经理嘉奖令。 （王屿涛 杨艳君）

【油气开发研究及成果】 2010年，油田公司勘探开发研究院承担26个原油区块、4个天然气区块的开发方案编制与实施跟踪研究，新建原油产能94.816万吨和天然气产能3.99亿立方米。通过方案优化和加强现场跟踪研究，钻井成功率100%，低效井率为0。

切实加强难采储量评价 本着差中选优、先优后劣的原则，对全部已探明未开发储量区块进行较为系统深入的详查和研究分析。其中探明未开发储量57 880.02万吨，占总探明储量的27%。待核销地质储量5 850.77万吨，待落实储量11 298.86万吨，落实储量40 730.39万吨。落实储量中已安排动用地质储量1 565.87万吨，地面限制地质储量1 596.2万吨，待复算储量2 577.76万吨，已动用未上报储量817.63万吨，接替动用储量1 340.03万吨，待评价储量32 832.9万吨。待评价储量中难开发储量21 832.85万吨，近期可开发储量11 009.05万吨。

火山岩气藏开发攻关试验成效显著 在全面开展各项基础研究的基础上，完成火山岩岩性岩相特征、储层分类、气藏类型、可动用储量评价、气体渗流规律、产能评价研究，初步建立火山岩气藏开发技术政策界限及开发模式。确定“直井＋水平井”以压裂为主、欠平衡为辅的主体开发技术，结合不同储层类型优选合理开发技术，建立陆东地区火山岩有效储层分布模式，形成一套适合陆东地区的火山岩气藏产能评价方法。现场攻关试验效果显著，实施16口井，其中直井12口，水平井4口。试采产量超过攻关目标，常规直井平均日产气8.28万立方米，是攻关目标的1.4倍。欠平衡直井平均日产气12万立方米，是攻关目标的2倍。压裂水平井平均日产量28万立方米，是攻关目标的1.4倍，欠平衡水平井平均日产量6.8万立方米。

储气库可行性研究及时完成 落实气库选址工作，将呼图壁储气库定位为兼顾调峰和战略储备双重功能，开展储气库建设的学习和交流，加强地质气藏工程研究，开展构造、气库密封性、储层、砂体、注采能力、工作气量、方案设计及优选等研究，完成储气库建设可行性方案研究并通过股份公司审查，设计储气库库容量107亿立方米，压力运行区间34兆帕～18兆帕，工作气量45.1亿立方米，推荐方案整体部署，分期实施，设计注采井34口，全部为直井，Ⅰ期25口，Ⅱ期9口，部署监测井2口，气库日均注气量1 550万立方米，应急日均采气量2 789万立方米，季节性调峰日均采气量1 066万立方米～1 900万立方米。

（王屿涛 杨艳君）

【石油工程研究及成果】 2010年，油田公司勘探开发研究完成40个区块的钻井工程方案，38项钻井工程标准设计，158项（评价井96项）单井钻井工程设计。同时完成39个重点产能区块的采油采气工程方案及评价井实施意见，41个区块的地面工程方案编制。协助彩南作业区完成采油工程方案4个，完成新疆油田重32井区稠油水平井分段完井9口井注采管柱单井工艺设计等工作。一是钻井、采油和地面工程方面的研究和攻关，并取得显著成果。红浅1井区火驱开发固井完井技术研究，满足火烧油层固井高温条件要求；克拉玛依油田八区调整井高效开发钻井技术研究与应用现场取得好的效果；陆东－五彩湾火山岩气藏开发钻井技术研究和现场试验取得重大进展；新疆油田不同类型油藏采油工艺技术适应性分析，为提高新疆油田开发的整体效益提供技术指导；抽油井井口回压与泵效关系研究，在现场得到有效应用；盆5凝析气田提高气井单井产量配套工艺研究取得重要进展；超临界二氧化碳流体注入井井喷分析与井控方案研究取得重要认识；新疆油田中—深层稠油经济开采技术研究取得阶段成果。二是努力完成节能项目，推动新疆油田公司各项节能工作顺利进行。完成新疆油田公司2010年节能节水专项技术改造可行性研究4项。节能节水专项实施方案为《新疆百重7等油田稠油注汽系统节能技术改造可行性研究》、《新疆石西等油田原油处理系统降低储罐油气损耗节能改造可行性研究》、《新疆百口泉等油田机电系统综合节能技术改造可行性研究》、《彩南油田污水热泵采暖节能技改项目可行性研究》。

（王屿涛　杨艳君）

【海外技术支持和合作研究】 2010年，油田公司勘探开发研究院阿克纠宾项目组全面做好阿克纠宾公司三大油田、四大油藏的现场实施及跟踪工作，科学合理的提出各项措施，确保阿克纠宾公司618万吨原油产量任务的顺利完成。PK项目组开展GPT、GeoWorks、Discovery、ResTools等地质应用软件的培训工作，为下步顺利开展技术支持工作提供坚实的技术基础。曼格什套项目组根据MMG公司的要求，优选编制卡拉姆卡斯油田3口侧钻水平井实施方案。开展曼格什套公司"十二五"规划相关部分的编写，确立公司"十二五"期间稳产420万吨的目标。（王屿涛　杨艳君）

【信息化建设及成果】 2010年，油田公司勘探开发研究院紧密结合和跟踪数字新疆油田建设和勘探开发、科研生产的实际，发挥信息技术与勘探开发业务有机结合的优势和特点，开展油气勘探开发研究系统、协同工作环境建设、新疆油田中长期发展战略研究等一系列卓有成效的研究，并取得重要成果。一是开展数字盆地系统（A6）建设工作。数字盆地系统（A6）是以盆地为整体研究单元，以统一构造地质模型为基础，应用信息技术，从空间和时间，为用户提供盆地、区带、圈闭、油藏不同尺度综合研究、生产信息展示、统计分析，为管理决策层和科研人员在盆地研究、勘探部署、油气藏评价、油气藏开发等方面提供信息查询、研究分析的支撑平台。新疆油田公司作为A6建设的主体单位，开展前期可行性研究工作和相关的技术研究。勘探开发研究院作为此项目的责任单位，在A6的具体实施中，组织技术人员开展相关工作，使A6项目前期的可行性研究工作有实质性地进展。二是持续建设油气勘探开发专业信息系统。以地震资料解释成果发布与浏览系统、勘探战略选区信息化工作平台建设、勘探开发协同工作环境持续建设和完善为目标，开展关键技术的攻关，形成勘探开发专业信息化建设的特色技术。同时《新疆油田勘探研究成果数据管理系统建设与应用》项目的顺利完成亦是对"十二五"智能新疆油田建设进行有益尝试和探索，为中石油A6项目的开展奠定基础。三是开展新疆油田中长期战略发展研究。根据新疆油田"十二五"及中长期发展战略制定的需要，从总结"十一五"油气勘探开发和经营现状入手，全面分析和探讨准噶尔盆地常规和非常规油气资源及勘探开发潜力。应用油气预测系统软件，对准噶尔盆地石油、天然气储量、产量进行全生命周期的预测，定量分析油气储量、产量增长规律。结合油气储量、产量增长的其他因素，全面研究和评估"十二五"规划各项勘探开发指标完成的可行性，并提出油气勘探开发战略和布局。在此基础上，结合新疆油田上市、未上市业务发展现状，开展油田公司体制的研究。其中油气储量、产量的预测工作填补新疆油田资源预测研究方面的空白。

（王屿涛　杨艳君）

【企业管理】 2010年，油田公司勘探开发研究院探索适合科研生产实际的管理方式，有效集成管理资源，推行党群工作一体化和大管理的理念，各项管理工作、党群工作同安排、同部署、同考核，取得明显实效，有效减轻基层负担。具体实施以QHSE体系和内控管理体系为主线，强化体系运行监督机制，注重过程控制。加强基层班组建设，以"五型班组"创建为平台，已命名"五型班组"51个，达标率94.4%。开展以科技增效、管理挖潜为主题的劳动竞赛活动，控制各项费用支出。全年审核批准劳动竞赛、挖潜增效项目95项，院内评奖63项。深入推进基础管理年活动，强化优化勘探开发方案是最大节约的观念，进一步提高科研项目运行质量。全年注册QC课题95项，其中3项课题获新疆维吾尔自治区优秀QC成果二等奖、1项课题获新疆油田公司优秀QC成果二等奖，7项课题获新疆油田公司优秀QC成果三等奖。（王屿涛　杨艳君）

【人才培养】 2010年，油田公司勘探开发研究院以提高全院职工的综合素质为核心，以促进科技创新为目的，加强学习型领导班子、学习型机关、学习型所（中心）、学习型班组四大学习型组织建设。培养造就大批科研人才和管理人才，提高研究院的创造力和综合竞争力。全年召开"十二五"人才开发规划编制交流会、首届地震解释技术上台阶技术竞赛及交流会等，选派2人参加首届中国石油勘探开发青年学术交流会。举办以科技增产青年争先为主题的第二届青年专家论坛。派外培训532人次，自办班培训397人次，各单位岗位培训6 113人次。勘探开发研究院有集团公司专家3人、油田公司技术专家19人、油田公司学科技术带头人26人。

（王屿涛　杨艳君）

【获得荣誉】 2010年，油田公司勘探开发研究院被中国文化学会评为中国企业文明十佳单位；被新疆油田公司评为节约挖潜、降本增效劳动竞赛先进单位；连续11年被评为新疆油田公司安全生产先进单位，连续17年被评为克拉玛依市（区）综合治理模范（先进）单位。（王屿涛　杨艳君）

油田公司采油工艺研究院

【领导名单】

院长、党委副书记：王嘉淮

党委书记、副院长：蒙光荣

党委副书记、纪委书记、工会主席：盛校仑

副院长：潘竞军

副院长、安全总监：向河

总工程师：袁新生

总地质师：蔡圣权

【基本情况】 2010年，新疆油田公司采油工艺研究院机关设有7个科室：院办公室，人事科，经营计划科，科技科，安全质量科，财务科及党群办公室；院下属有6个研究单位，6个技术支持单位及4个后勤服务单位。采研院有在册员工441

人，其中职工431人，劳务合同工10人，干部身份的312人，工人身份的129人，少数民族职工71人，男职工284人，女职工157人。有博士研究生学历的5人，有硕士研究生学历的22人，有大学本科毕业的202人，有教授级高级工程师2人，具有高级专业技术职务的69人，中级137人，初级122人，有省、部级专家1人，集团公司专家1人，高级技师1人，技师3人。 （古力加瓦尔）

【科研成果】 2010年，油田公司采油工艺研究院取得科技成果27项，其中获集团公司科学技术进步三等奖1项，油田公司技术创新成果5项，评定出院科技成果21项。申请专利27件，其中发明专利7件，获授权专利16件，其中发明专利2件。《KCY453DS/JD一趟管柱挤注桥塞》获集团公司自主创新重要产品认定，完成技术服务839井次，实现各项收入17 242万元，考核超额利润2 846万元。 （古力加瓦尔）

【重点项目进展】 2010年，油田公司采油工艺研究院开展科技项目57项，71个课题。其中集团公司项目1项，股份公司重大开发试验项目3项，油田公司项目26项，院级项目27项。一是科技攻关取得10大亮点。分别是火驱电加热点火及模拟监测技术达到国内领先水平、水平井完井优化理论及设计方法研究取得突破、水平井化学封隔器（ACP）顺利入井、一趟管柱多层水力喷砂射孔压裂现场试验成功、超稠油SAGD水平井完井管柱优化和注采控制技术取得较好效果、超稠油SAGD井下温压监测技术成型配套、陆东地区火山岩气藏提高单井产量配套技术基本形成、彩南油田三工河组油藏综合解堵技术已见成效、高温高压白云质储层大型压裂技术取得突破、酸化与加砂压裂联作技术取得进展。二是重大试验项目和重点工程取得新进展。主要是：

克拉玛依红浅1井区火烧油层先导试验 为国家重大实验项目。采油工艺研究院研发具有自主知识产权的电点火器、多点温控系统、点火过程模拟监测系统，注气点火井口装置、注气工艺管柱，完成了新疆油田火驱实验室建设方案。实施点火3井次，一次性点火成功，点火系统综合技术性能指标达到国内先进水平。截至2010年底，试验区平均日产气89 405.4立方米，日产油20.42吨，累计产油2 478吨，累计产气1 893万立方米。这一项目的开展对于新疆油田稠油开发后期进一步提高采收率、实现老区稳产具有重要意义，同时对于国内同类油藏转变开发方式和高效开发具有借鉴和示范作用。

采油及井下作业新技术、新装备研究与现场试验 为集团公司重大实验项目。采油工艺研究院完成水平井完井优化理论及设计方法研究，水平井化学封隔器、水平井冲砂等工具研制，研发了水平井完井优化设计、水平井同心油管负压冲砂水力参数优化设计、稠油水平井三维杆柱力学分析3套设计软件，形成水平井完井优化技术、水平井控水技术及浅层稠油水平井同心油管负压冲砂工艺技术等7项专有技术，至年底，该项目申请专利12项，已获授权6项。

风城超稠油SAGD采油工程配套工艺研究 为股份公司重大研究项目。采油工艺研究院在前期研究的基础上进行SAGD注汽、生产、测试井口的现场试验，高温大排量有杆泵系统研制也取得阶段成果，高温电潜泵系统国产化研究也取得突破，形成双水平井SAGD循环预热配套技术，双水平井SAGD形成双管注、采生产及调控技术，SAGD井下温压监测技术，均匀注汽配套工艺技术，SAGD生产测试配套井口等较完整的配套技术，相关设备研制、设计、制造实现自主化，有效降低成本，提升风城超稠油开发技术水平，为大规模工业化开发积累了经验。

陆东—五彩湾火山岩气藏采气工艺技术研究和现场试验 为股份公司重大试验项目。采油工艺研究院经过3年关键技术攻关试验，形成配套的气藏压裂工艺优化设计系列技术，形成以羟丙基胍胶压裂液体系为主的压裂液技术；完成气举管柱方案等相关设计、模拟、优化及压井液体系性能评价；形成一套适合于陆东－五彩湾地区的火山岩储层改造技术、气藏保护液技术并探索研究排水采气工艺技术。

呼图壁气田地下储气库建设 为股份公司重点工程项目。采油工艺研究院在可借鉴技术及经验相当少的情况下，完成呼图壁储气库建设注采气工程可行性研究专题报告，形成储气库完井方式、参数优选技术、储气库生产管柱与井下工具优选技术、井口与地面安全控制系统优化技术、管柱腐蚀实验与预测技术、储气库工作液技术、储气库老井封堵工艺与化学封堵剂技术等系列配套技术，为新疆油田呼图壁储气库建设提供理论依据与技术支撑，大大提升院在采气工艺方案设计方面的能力，同时积累宝贵经验。 （古力加瓦尔）

【基础管理】 2010年，油田公司采油工艺研究院成立基础管理建设工程领导小组，安排部署相关工作，推动基础管理建设工程全面实施。修订和完善管理制度136项，保证内控体系正式运行。进一步加强全面预算管理，通过开展对现有新技术推广项目进行摸底、制定扭亏增盈措施、优化设计和入井液配方优化、降低库存提高资金使用效率等措施，把节约挖潜、降本增效活动落实到具体工作中，有效控制费用开支，降低经营成本，保证全年目标的实现。 （古力加瓦尔）

【科技信息管理】 2010年，油田公司采油工艺研究院完成实验数据管理系统研发，建立实验数据库标准体系，实现网上检测委托、样品调度、实验数据的录入与报表处理。建立采油工艺研究院采油工艺方案与现场施工设计集成管理系统，使采油工程方案与现场施工设计采用统一平台，规范网上校对、审核、批准等流程管理，实现方案与设计文件等相关信息数据库管理与动态查询。全年完成堵水新技术调研、采油（气）井口及相关装置的研究与应用，最新稠油防砂、冲砂工艺技术调研和稠油热采人工举升新技术调研等4个院科技情报调研项目，《新疆石油科技》刊登论文100篇、信息30篇，发行3 000多册，《采油工艺信息》刊登文摘40篇。 （古力加瓦尔）

【财务管理】 2010年，油田公司采油工艺研究院对院属单位下达绩效考核指标以及"五项费用"控制指标。研究院在预算执行过程中，将指标层层细化分解，落实到基层单位或部门，签订绩效合同，使全院上下建立有效的内部激励与约束机制，确保全院绩效指标的完成。11月1日，集团公司对研究院实施整合，院作为上市业务中的科研板块，一方面承担油田增储上产解决技术难题的责任，另一方面参加未上市业务的年终考核，完成减亏指标，要求院担负创效增收任务。院领导给全院各单位下达“五项费用”控制指标，制定并完善一系列内部管理制度，使各项成本费用得到有效控制。

（古力加瓦尔）

【安全环保管理】 2010年，油田公司采油工艺研究院坚持安全第一、预防为主、综合治理的方针，以零事故、零伤害、零污染为安全环保工作目标，倡导自主管理，规范HSE管理体系的运行和监督管理。一是配合油田公司HSE体系推进工作，开展QHSE内部审核、管理评审。通过认证，纠正和整改审核中查出的不符合及问题。二是强化风险控制和隐患治理，全面落实安全生产责任制，保证直线责任、属地管理全面落实。三是深入贯彻集团公司HSE“九项管理原则”和反违章禁令，强化现场安全管理，加大对“三违”的查处力度。四是深化“五会”达标，全面开展安全经验分享活动、“四无班组”建设，全面开展“五交底”工作。五是加大员工安全教育培训力度，保证各项安全生产措施的有效落实。六是抓好交通安全管理。全年安全出车5 218趟次，安全行驶96万千米，连续5年未发生一般及以上交通事故。七是开展以抓质量水平提升，促发展方式转变为核心理念的一系列质量管理活动，进一步有效提高管理质量和产品质量水平。全年院安全环保指标未突破油田公司下达的杜绝指标和控制指标，获油田公司安全生产先进单位和环境保护先进单位称号。 （古力加瓦尔）

【人才培养】 2010年，油田公司采油工艺研究院通过对骨干人才的选拔、培养和使用，逐步构建起骨干人才队伍梯次结构。院有管理期内的集团公司高级专家1人，自治区有突出贡献优秀专家1人，油田公司专家2人，油田公司学科技术带头人6人，院级学科技术带头人30名。全年新增高级职称3人，评定中级职称9人、初级职称5人。引进10名硕士学历的见习生补充到院科研队伍中。有1 112人次参加各类技术培训，培训项目55个。院举办第二届青年科技论坛，征集到科技论文30篇，开展青年科技创新基金项目的考核验收及评比表彰工作，有20个项目通过考核验收。提拔任用正科级干部3人、副科级干部6人。 （古力加瓦尔）

西部钻探公司克拉玛依钻井工艺研究院

【领导名单】

院长、党委副书记：陈若铭

党委书记、副院长、纪委书记、工会主席：柳建

副院长、安全总监：宋朝晖

副院长：赵子仁、艾才云（9月任职）

总工程师：张兴国

【基本情况】 截至2010年末，中国石油西部钻探工程有限公司钻井工艺研究院，在岗员工475人，其中女职工110，少数民族职工66人，市场化用工22人，外雇工7人；管理人员114人，专业技术人员229人，操作人员132人，博士2人，硕士28人，本科196人；教授级高工1人，高级工程师54人，工程师129人。公司技术专家3人，公司学科技术带头人3人，职工平均年龄37.2岁，党支部16个，党员223人。设有8个机关科室，有6个机关附属单位、14个基层单位。克拉玛依钻井工艺研究院是专门从事钻井新工艺、新技术、新工具、新产品的研究与开发、钻井工程设计、现场技术服务的科技型企业。 （李国相　傅　强）

【经营管理】 2010年，西部钻探克拉玛依钻研院的主要生产经营指标是实现营业收入21 700万元，利润总额3 650万元，百元变动成本指标35.47。实际工作量大幅上升，海外市场哈萨克斯坦技术服务工作量比上年增长232%，伊拉克市场从无到有，超额完成西部钻探公司下达的经营指标。全年签订技术服务合同73份，实现经营收入27 936万元，完成公司下达生产经营指标的129%，比上年提高73%。实现考核利润5 726万元，完成利润指标的157%。实现变动费用下降3%的目标，百元产值变动成本35.03元，达到考核指标。新增固定资产原值588万元，年末固定资产原值32 472万元，净值21 105万元。

（李国相　傅　强）

【科技管理】 2010年，西部钻探克拉玛依钻研院投入科研经费3 600万元，占总收入的12.9%。其中集团公司和西部钻探公司投入经费2 318万元，院自筹经费1 282万元。全年开展科研攻关项目31项，其中国家863项目1项，国家973项目1项，国家重大专项3项，集团公司项目3项，西部钻探公司项目14项，院自筹项目9项。科研项目计划完成率在95%以上。重点科技项目取得突破性进展和阶段性成果。

控压钻井技术研究　完成系统集成和室内联调测试，在新疆油田沙门011井实施现场试验，并获成功，实现钻井过程中的自动节流控制及起下钻过程中的井筒压力控制，完全达到预期目标。该项技术已获5件国家专利授权。

应力波井筒数据传输技术研究　分别在新疆油田D940128、D940236和D93637三口井进行试验，均达到试验目的，实现数据不受钻井流体影响在井筒内快速传输，其中在新疆油田D93637井井眼轨迹数据与MWD数据一致，传输速率是所用MWD的20倍，研究取得新的突破。该项技术已获实用新型专利4项，申报发明专利1项，研究成果处于国际先进水平。

Ⅱ型随钻井底压力测量技术（Ⅱ型PWD）　在中石化塔河油田TP121X井试验，井深5 994米，试验进尺189米，仪器累计工作时间168小时，信号传输正常。

TAML 4级分支井钻、完井技术　进入西南油气田合川001－45Z和岳101－56Z两口井进行施工作业。截至12月，2口分支井均已完成主井眼和斜向器下入、定位、开窗等作业，安全进入分支井眼钻进，稳斜钻进钻至井深2 300米，其中合川分支井已钻完分支井眼进尺。围绕油田勘探开发需求开展的《气密封井下套管阀的研制》、《直径139.7毫米水平井分段压裂工具的研制》、《SAGD成对水平井钻井技术》，《井下安全阀的研制》、《可膨胀尾管悬挂器的研制》等项目按计划进行，关键技术全部取得突破，部分项目已完成室内系统测试，具备现场试验条件。 （李国相　傅　强）

【科技成果与专利】 2010年，西部钻探克拉玛依钻研院获西部钻探公司科技成果一、二等奖各1项。申报并被受理专利申请83件（发明专利18件），获授权专利77件，申报数量比上年增加24%。至年末，钻研院申报并被受理专利456件，其中包括国外专利12件、发明专利61件。拥有授权有效专利327件，其中

包括国外专利9件,发明专利4件。

（李国相 傅 强）

【技术服务】 2010年,西部钻探克拉玛依钻研院技术服务市场主要在克拉玛依油田、西南油气田、塔河油田、塔里木油田及哈萨克斯坦等,整体工作量大幅增加。一是定向井技术服务。全年完成305口井(含国外),与上年同期(145口井)相比,工作量增加110%。其中国内定向井202口,水平井56口,纠斜侧钻井5口;国外哈萨克斯坦及伊拉克水平井13口,定向井29口。二是打捞技术服务。全年完成技术服务59井次,其中南疆塔里木及塔河油田19井次、新疆油田内部市场24井次、哈萨克斯坦16井次。事故处理成功率100%,优质服务率在96%以上。三是顶驱技术服务市场主要分布在南疆,工作量比上年有所减少,全年完成技术服务7口井,其中塔里木油田4口,滴西克拉美丽气田1口,哈萨克斯坦北里海项目2口。四是欠平衡技术服务。全年完成充氮气钻井服务2口,泥浆欠平衡钻井1口,精细控压钻井技术服务1口,旋转控制头技术服务14口,山西旋转头服务9口井。五是取芯技术服务。全年完成取心井27口,常规10井次,密闭8井次,保型3井次,保型密闭6井次,总进尺780.63米,收获率96.97%。热采套管头服务,完成854井次,增加259.57%。六是钻井液技术服务。全年施工109口井,完成108口井。七是固井公司技术服务。全年完成水平井完井44口(哈萨克斯坦5口),水平井半程固井43口,地锚预应力施工762井次(其中哈萨克斯坦3口),西南分支井主井眼完井2口井。八是水泥浆技术服务。全年完成探井92口井、开发井137口、MTC21口井,水泥及水泥外加剂质检248次。九是垂直钻井系统在塔里木油田柯东101、新疆油田风南8进行现场试验。井下套管阀完成冀中油田西73X井、辽河油田陈古1-1井和安1-H8井3口井的技术服务。十是钻井工程设计服务。全年完成新疆油田、新港公司、苏里格区块、四川油气田钻井工程方案设计688项。其中方案3项,区块钻井工程标准设计6项,全井钻井工程设计172项、单井钻井工程设计507项。

（李国相 傅 强）

【亮点工程】 2010年,西部钻探克拉玛依钻研院服务工程显示八大亮点:一是西南油气田合川001-64-X2定向井顺利完井,提速效果显著。该井实钻26天,与同区块已钻定向井平均钻井周期46天相比,工期缩短43.65%,创合川区块定向井提速最新纪录,受到甲方一致好评。二是滴中2井充氮气欠平衡钻井赢得甲方奖励。新疆油田滴中2井,通过采用充氮气泥浆欠平衡钻井技术,有效克服地层压力系数低、地层裂缝发育、易漏失等开发难点问题,实现了钻井时效增长114%、有效防止漏失、发挥辅助勘探等技术特点,工程服务被评为2010年新疆油田勘探优质工程,赢得甲方合同额上浮10%的奖励。三是成功打捞吐哈油田温3-5606井中子源和密度源测井仪器,受到甲方好评。四是水平井固完井技术服务获油田公司高度肯定。新疆油田六中、百重、陆9等区块累计开展水平井固完井技术服务36口井,取得施工质量合格率100%的好成绩,获新疆油田公司及井队的高度肯定。五是井下套管阀技术刷新纪录。服务华北油田安1-H8井套管阀成功开关作业33次,创国内井下套管阀作业无故障运行最高纪录。六是地锚预应力固井技术服务取得好指标。完善预案中各种井下复杂的应急处理措施,取得很好工作效果,地锚现场技术服务完成697口井,成功率99.7%。七是取心技术服务保持较好业绩。全年完成取心27井次,总进尺780.63米,平均收获率96.97%。其中玉东2-113井保型冷冻取心总进尺82.03米,收获率97.38%,为该区块历史最高水平。八是哈萨克斯坦卡拉姆卡斯区块的K2357C侧钻水平井仅用10天时间就完成从造斜至完钻的全部作业。该井井眼轨迹光滑,油层钻遇率高,喜获高产。获甲方的一致赞扬,并将原来10口井的合同增至20口井。

（李国相 傅 强）

【市场开发】 2010年,西部钻探克拉玛依钻研院通过合理布局市场,技术服务更加均衡,国内外部市场和海外技术服务市场的市场份额逐步扩大,作业能力进一步提高,抵御市场风险的能力进一步增强,盈利水平进一步提高。一是主动出击,牢固树立服务意识,巩固新疆油田传统市场。通过加强与新疆油田公司勘探、开发及所属各项目部、改制企业及西部钻探新疆油田特殊工艺井项目部的沟通联系,多次开展质量回访,建立与开发公司、勘探公司互访机制,及时、准确掌握油田生产动态,为关联交易费用的商谈、结算及合同的签订顺利进行奠定基础。二是努力扩大外部市场份额。为扩大外部市场份额,主动赴塔里木油田,与中石化西北油田分公司、塔里木油田公司有关领导交流,寻求外部市场的突破。西南油气田获工作量22口,天山以南市场获得工作量24井次。三是依托公司积极开拓海外市场。先后投标阿根廷项目、伊朗项目、叙利亚项目及伊拉克项目等,完成哈萨克斯坦30口定向井水平井、8井次的打捞技术服务和5井次水平井完井技术服务等工作,并中标伊拉克定向井轨迹控制项目和哈萨克斯坦顶驱技术服务项目。

（李国相 傅 强）

【安全管理】 2010年,西部钻探克拉玛依钻研院牢固树立环保优先、安全第一、质量至上、以人为本的理念,通过落实安全责任、强化安全培训、加大隐患治理、执行"六大禁令"、遵行"九项原则","三违"现象得到有效遏制,本质安全进一步提升,安全基础进一步夯实,安全形势整体稳定。实现安全生产零伤害、零损失、零事故目标,考核指标全部控制在西部钻探下达的安全生产责任状的指标范围内。开展学习在石油每天阅读10分钟、安全环保基础年和"安康杯"竞赛活动等主题实践活动。以宣传贯彻集团公司反违章禁令为主线,组织完成《安全家书》27篇、《安全小故事》7篇、《安全绘画》11幅,超额完成公司团委下达的全年工作任务。（李国相 傅 强）

【员工培训】 2010年,西部钻探克拉玛依钻研院完善技术研发带头人人才管理暂行办法和技术服务核心骨干人才评选及管理办法,在全院营造尊重知识、尊重人才的良好政策环境,始终把事业留人、感情留人、待遇留人作为钻研院稳定人才、持续发展的基石,完善奖励机制,充分调动科研、技术服务人员开展技术创新和提供优质服务的积极性和创造性,促进骨干人才队伍的稳定和发展。全年组织院内部培训1 754人次。组织岗位技能提高派外培训330人次。特殊岗位派外培训417人次,操作证换证/取证率100%。根据公司开拓海外市场的工作部署,先后组织国际井控、国际HSE、海外安保取证培训、俄语、波斯语培训78

人次。培养选拔院首席研发师 7 人,院技术服务核心骨干人才 11 人。全年评聘初级工程师 21 名、中级工程师 14 名、高级工程师 2 名。（李国相 傅 强）

【劳动竞赛】 2010 年,西部钻探克拉玛依钻研院组织所属单位认真开展争创"五型班组"、劳动关系和谐单、"三优一满意"和群众性勤俭节约、挖潜增效主题实践等活动,全年完成群众性挖潜增效 108.6 万元,完成全年任务的 271.6%；获 2009~2010 年度公司劳动模范 2 名;评选出院级先进"五型班组"8 个,公司模范"五型班组"4 个,院"五型班组"达标率 90% 以上;评出公司主题劳动竞赛红旗队 4 个、青年突击队 1 个、"三优一满意"红旗科室 1 个。

（李国相 傅 强）

【企业文化建设】 2010 年,西部钻探克拉玛依钻研院弘扬求实、团结、创新、奋斗的团队精神,发挥党政工团作用,努力培育职工健康、积极向上的生活和工作作风。一是在全院范围内开展形势、目标、任务、责任和服务、质量、作风主题教育等活动,进一步提高支部班子成员的思想政治素质和理论水平。二是加大宣传报道力度,大力宣扬科技创新成果、技术服务实力和精神文明建设等情况。全年西部钻探公司网站采用宣传稿件 328 篇,《西部钻探》报采用宣传稿件 116 篇,对外媒体采用宣传稿件 260 篇。三是公民道德建设、民族团结、普法宣传日常化,开展民族团结座谈会和联谊活动。四是职工的文体活动丰富,举办迎新春歌咏比赛、庆五一、迎五四趣味运动会等活动,全年健身中心健身人数11 500多人次。（李国相 傅 强）

【获得荣誉】 2010 年,西部钻探克拉玛依钻研院被评为中国石油先进集体、2009~2010 年度社会治安综合治理模范单位、西部钻探公司"四好班子"。西部钻探公司授予钻研院 2008~2010 年宣传思想工作先进单位、统计工作先进单位、安全生产先进单位。科研中心党支部、化验中心党支部、钻井打捞技术服务公司党支部被评为西部钻探工程公司"六个一"达标党支部。陈若铭被评为集团公司技术专家;李晓军、刘灵获公司级劳动模范,柳建获优秀党务工作者,王新东获优秀党支部书记,宁世品被评为第二届西部钻探工程有限公司十大杰出青年,李跃明被评为第二届西部钻探工程有限公司优秀青年;金鹏林、任艳被评为 2008~2010 年优秀宣传思想工作者;杨玲、褚媛媛被评为 2008~2010 年优秀通讯员;杨玲被评为克拉玛依对外宣传工作先进个人。

《Ⅱ代井下套管法研制》获自治区科技成果一等奖《PWD-Ⅱ型泥浆脉冲随钻井底压力监测系统研制》和《MBY-Ⅱ型取心密闭液的研制》分获西部钻探公司技术创新成果一等奖、二等奖。《自动垂直钻井系统》和《分支井、水平井钻完井工具》获西部钻探公司品牌奖,《特种取心技术服务工程》获西部钻探公司创优质工程奖,《城油田重 37 井区 SAGD 先导试验区 FHW208 井组水平井钻井工程设计》获西部钻探公司创精品设计,《向井、水平井技术服务》获西部钻探公司创优质服务奖。《顶驱主轴报废再利用》、《井下事故处理辅助决策系统》、《螺杆维修》、《提高欠平衡钻井设备现场效率》、《自制钻杆泥浆过滤网》、《提高悬挂器组装效率》、《提高 MWD 仪器电池利用率》获西部钻探公司群众性勤俭节约、挖潜增效主题实践活动百项技术创新成果。《新型取心密闭液的研制》获自治区第 31 次优秀质量管理小组成果发布三等奖、石油工业质量管理小组成果一等奖,质量管理小组被评为自治区、石油质协优秀质量管理小组和全国质量信得过班组。

（李国相 傅 强）

气象服务

【市气象局领导名单】

党组书记、局长:周永刚

党组副书记、纪检组组长:柳新鹏

副局长:杨建成(3 月离任)、冀新琪

【基本情况】 2010 年,克拉玛依市气象局内设 10 个机构,分别是克拉玛依区气象局、农业开发区气象局、克拉玛依市人工影响办公室、气象台、技术保障部、信息采编部、业务法规科、财务科、科技服务中心和行政办公室。在职职工 57 人,其中干部 55 人,工人 2 人,少数民族职工 7 人,女职工 24 人,党员 28 人,大学以上学历 29 人,具有高级专业技术职务职称的人员有 6 人,中级 30 人,初级 18 人。

（吴春云）

【气候评价】 2010 年,克拉玛依年平均气温 8.3℃,比历年偏低 0.3℃,年极端最高气温 40.7℃,极端最低气温 -27.8℃。主要表现为后冬和春季气温偏低,夏季气温略偏低,使 2010 年克拉玛依夏季气候较为凉爽,秋季气温偏高。2~5 月,气温持续偏低,其中 3 月气温偏低幅度最大,月平均气温与历年平均气温相差 -4.1℃。7~8 月,平均气温比历年夏季平均值偏低 0.5℃,9~11 月,均成偏高趋势。其中 11 月气温特偏高。年高温日数(日最高气温≥35℃)26 天,与历年平均高温日数基本相当,但比上年偏多 15 天。9~11 月,气温的持续偏高对克拉玛依地区秋收作物生长、收获比较有利,特别是有利于棉花的后期收获。年降水量 127.6 毫米,比历年平均降水量偏多 2~3 成左右,比上年降水量偏多 1 成左右。主要表现为:降水次数较频繁,但每次天气过程降水量不大,降水主要集中在 2 月、4 月、6 月、7 月和 10 月,其中 4 月、6 月和 10 月属特偏多。年内出现 2 次较大的降水天气过程。分别是 4 月 18 日 21.3 毫米的降雨量和 2 月 27~28 日降下的中量雪,最大积雪深度 10 厘米。年大风日数 39 天,比历年平均大风日数明显偏少,比上年大风日数偏少 18 天,春、夏季主要是 7~8 级阵性大风天气较多,秋季大风比历年显著偏少。年内出现一次春季强大风天气。3 月 21 日,克拉玛依市区到百口泉一线刮 9~10 级西北风,市区极大风速 29.3 米/秒。百口泉极大风速 33.6 米/秒。3 月 30 日进入春季,比历年平均开春期偏晚 14 天左右,比上年开春期偏晚 23 天,由于气温异常偏低,农田积雪融化晚,农机不能进入农田作业,从而使 2010 年春季播种期偏晚近半个月左右。11 月 21 日进入冬季,比历年平均入冬期偏晚 14 天,比上年入冬期偏晚 11 天。年最大积雪深度 10 厘米。最晚终雪日在 3 月 21 日,无霜期 211 天,年最大冻土深度 145 厘米,全年日照总时数2 723小时。

（吴春云）

【主要气象灾害】

大风 2010 年 3 月 21 日,克拉玛依出现强大风回寒天气,市区到百口泉一线刮9～10级西北风，市区瞬间极大风速29.3米/秒。百口泉极大风速33.6米/秒。天气过后，市区最低气温下降到-7℃；外滩区最低气温下降至-9℃。大风造成停电，影响油井停抽717井次，影响液量2 189吨，影响油量356吨，影响锅炉运转8台次，影响注汽量100立方米。天气过后，气温有些下降，市区最低气温下降到-7℃；外滩区最低气温下降至-9℃。强大风使油田野外作业单位送班车辆受阻。

寒潮　12月3～4日，克拉玛依出现大风寒潮天气，市区到百口泉一带刮8～9级西北风，克拉玛依地区气温明显下降。12月3日夜间到4日，小拐、五五新镇，独山子、东部油田均下小到中量的雪，五五新镇和东部油田降温幅度10℃以上，达到寒潮天气标准。

暴雪　2月22日夜间到23日，克拉玛依市独山子区出现有气象记录以来的最大1次冬季降水天气，降水量29.7毫米，12小时降雪达到暴雪，雪深25厘米。造成独山子区、217国道和乌奎高速公路交通受阻，对石化生产和克拉玛依市交通运输造成不利影响。

干旱　3月21日至4月16日，克拉玛依地区基本没有降水，并且气温上升较快，土壤墒情流失较快，造成克拉玛依区出现春季阶段性干旱，给作物出苗生产带来一定的影响。

大雾　11月28～30日，克拉玛依地区出现大雾天气，持续时间3天之长，特别是11月28～29日市区到独山子一线出现浓雾天气，能见度不足百米，给市内各路班车和长途班车行驶带来一定的困难。由于及时采取有力措施，没有造成重大交通事故。

冰雹　6月28日，克拉玛依金龙镇至白碱滩一线出现强对流天气，17时20分至17时30分白碱滩农场、金龙镇农场降下冰雹，目测冰雹最大直径20毫米。使农户棉花、瓜果蔬菜受到不同程度的损害，部分作物绝收。经济损失共计587万元。　（吴春云）

【气候影响评价】

气候对农业生产的影响　2010年，克拉玛依市春季弱冷空气活动频繁，气温持续偏低，降水偏多，尤其是4月，降水量与历年相比偏多3倍以上。春季温度条件不足使农作物播种期推后。9月、10月气温正常，11月气温偏高，日照条件较好。因此，棉花生长期内热量条件较为充足，整个生长期的气象条件基本能满足棉花生长。受春季气温持续偏低和4月阶段性干旱影响，粮食作物生产受到一定程度的不利影响。全年克拉玛依市大风日数偏少，4月和6月降水偏多，夏季气温比历年同期平均气温偏低，抑制了病虫害繁殖。气候条件有利于蔬菜、瓜果及林木生长。

气候对石油生产的影响　2010年，春季气温偏低，对油田勘探工作造成一定的影响，夏季高温日数偏少，对油田生产和油田野外作业比较有利。9～11月克拉玛依地区气温持续偏高，秋高气爽，没有强大风天气，全年为油田公司完成原油生产和天然气生产任务创造有利气象条件。

气候对市区空气质量的影响　2010年，克拉玛依市空气质量较好。全年出现大雾天气7天，11月28～30日连续3天均有浓雾，但比上年偏少3天。大风日数39天，强大风仅为1次，对克拉玛依市空气质量影响不大。全年晴天日数在86%以上，市区冬季取暖排放的烟尘浓度明显低于历年平均值，全年空气质量优、良率99%。　（吴春云）

【气象服务】　2010年，克拉玛依市气象局召开天气新闻发布会5次，电视台报道重大天气及重大事件5次。利用其他媒体宣传报道天气和气象服务动态25次。全年发布冷空气入侵预报、大风降温预报、高温预报等重大气象信息20期，发布预警信号12次。同时为克拉玛依区5月文化节、8月水节、魔鬼城9月文化节等大型活动提供气象保障。2009年冬季至2010年春季，塔城、阿勒泰等地区遭遇罕见的暴雪灾害，卫星云图积雪监测数据显示，白杨河流域上游积雪比往年多2.1倍，春汛期间极有可能诱发较大的洪水。根据防洪工作会议要求，每天定时向市政府防洪指挥部、新疆油田公司提供防洪专项预报，制作防洪预报92期。为进一步了解高山雪情，4月27日气象台预报人员及气象服务人员驱车前往1 500米高的浅山地带查看雪情，特别制作雪情分析材料，报送到克拉玛依市防洪指挥部、新疆油田公司，为市政府领导安排部署防洪指挥工作提供决策依据。7月30日至8月10日玛纳斯河上游出现大的洪水，市气象局针对此情况开展相关气象服务，并派专人与市防洪办人员一起驻守防洪第一线。全年出现8级或以上大风5次，寒潮强降温天气2次，高温天气过程4次，气象台均提前做出预报，并以重要气象信息或预警方式向政府、企业以及通过媒体向社会发布。气象预报服务人员坚持24小时值班，及时将天气强度和变化情况发送到市政府应急办，建议采取相应措施。及时收集、整理上报气象灾情。在气象信息服务、应对突发事件方面，注重多部门联动，在重大灾害性天气来临之前，分别与市安监局、市应急办、各中小学及企业单位加强信息交流，建立多部门联动机制。　（吴春云）

【法制教育宣传】　2010年，克拉玛依市气象局通过昆仑街道办“五五普法“工作的验收。4月28日，以自治区气象局巡视员帕尔哈特·乌斯曼为组长的《气象灾害防御条例》宣讲组到市气象局，向全局职工解读新颁布实施的《气象灾害防御条例》，并就学习贯彻《气象灾害防御条例》和开展气象科技服务存在的问题与科以上干部进行交流。市气象局就学习宣传和贯彻实施《气象灾害防御条例》工作安排，一是将《气象灾害防御条例》报送市政府法制办备案，在克拉玛依政府信息网公开。二是在局域网上公开《气象灾害防御条例》组织全局职工进行学习。三是利用安装在社区、宾馆、酒店及油田各厂处的气象LCD、LED电子屏幕及电视天气预报栏目进行《气象灾害防御条例》的宣传工作。四是在办公楼前悬挂宣传标语进行宣传。五是就气象灾害防御联动机制问题与政府相关部门进行多次协商，编制完成《克拉玛依市处置气象灾害应急预案》。　（吴春云）

【依法行政】　2010年，克拉玛依市气象局大力加强依法行政。防雷办和市安监局组成联合调查组，走访调查市区经营太阳能热水器的8家经销店，防雷检测技术人员发现部分经销厂家对雷电和漏电概念模糊，雷电危害意识淡薄，甚至部分经销厂家将机壳直接连在屋顶防直击雷的避雷带上，起不到防雷作用，适得其反，起到引雷作用，违反防雷规范的有关规定和技术要求。检查结束后，防雷办就此次太阳能热水器安装使用专项调查中发现的问题和存在的安全隐患，以及今后城市建设过程，应如何应对雷电灾害等提出理论依据和可行性建议。防雷办执法人员与新疆油田公司安全监督中心人员对油田防雷工作进行为期半个月的专项检查，对油田建筑物、油气设备、静电、管道、灌区、断接卡等项目逐条对照检查，针对在检查中存在的问题，提出整改建议。（吴春云）

【防灾减灾】 2010年，克拉玛依市气象局做好防雷安全检测、设计审核、防雷工程竣工验收工作，并对油田公司、重油公司、油气储运公司、新港公司、克拉玛依石化公司、独山子石化公司、新捷公司和各市属、局属防雷要害单位进行全面系统的防雷、防静电检测，在雷雨季节到来前完成大部分工作任务。全年防雷检测达到上万个点。遇有大风、雷电、冰雹、暴雨、强降温等易造成灾害的天气时，及时组织人员调查灾情，按时上报旬、月灾情报表。与市安全生产监督管理局联合下发《关于开展雷击风险评估工作的通知》文件，制定工作流程，由市防雷办统一组织评估机构对辖区内建设项目和场所进行雷击风险评估，并组织有关专家对评估报告进行评审。对市体育馆、少儿活动中心、图书馆、燃气公司、普瑞大厦等项目开展雷电灾害风险评估，雷击风险评估报告内容完整、标准规范、便于操作。5月12日，参加由市政府组织防灾减灾日宣传周活动。制作气象灾害科普展板20多块，发放《气象灾害防御条例》宣传单500多份。9月15日，市发展和改革委员会同意气象部门提出的规划编制意见，并将《克拉玛依市气象灾害防御规划（2010～2020年）》纳入克拉玛依市国民经济和社会发展重点专项规划中，同时市政府也相应成立规划编制领导小组，《克拉玛依市气象灾害防御规划（2010～2020年）》具体编撰工作正式启动。（吴春云）

【人工影响天气】 2010年，克拉玛依市气象局持续实施《2009～2011年克拉玛依人工增雨（雪）应急工程实施方案》，范围包括克拉玛依市4个区以及克拉玛依主要河流上游山区——阿尔泰山系、塔城山系、天山山系。以飞机人工增雪和地面人工增雨（雪）作业催化、监测为重点，建成覆盖克拉玛依上游山区主要河流集水区和主要山区草场的人工增雨（雪）技术体系，实施全年无间隙人工增雨（雪）作业，力求作业覆盖区的降水量明显增加。落实标准化人工影响天气作业点建设，距车排子油田公路12千米处建成标准化人工影响天气作业点并投入使用。新增固定火箭架一部，流动火箭车两部。5个人工增雨应急工程自动气象站，11个地面人工增雨（雪）作业点。主要分布在克拉玛依区至乌尔禾区一线河流集水区、浅山区及平原。同时为满足飞机人工增雪业务和机组人员工作生活需要，在天气雷达站附近新建410平方米的飞机增水保障基地。5月中旬，自治区人工影响天气办公室专家来克拉玛依市检查指导人工影响天气，对克拉玛依市高炮火箭进行维修、保养、审验，排除了隐患。7月中旬，首架无人驾驶人工影响天气作业实用飞机落户克拉玛依市，小巧灵活，性能优良，无需特殊的专业跑道就能起降，适应性强，除用于人工影响天气作业外，还兼备应急救灾航拍功能。11月25日，增雪飞机进入克拉玛依新机场。进行人工增雪作业13次。增水量与历年同期明显增加。同时参加奎－玛流域人工影响天气联防工作。防雹增雨期间，克拉玛依市政府通过广播、电视、报纸、公文向社会发布人工影响天气作业通告。并实行工作岗位不定时和定时抽查制，增强防雹人员的工作责任心。在作业前后，严格做到对所有设备进行检查、维修、保养，按规定操作。当出现重大天气，市、区两级人工影响天气办公室及周边团场人武部的领导都能赶到现场指挥作业，解决疑难问题。天气过后，及时深入作业区实地调查，反馈作业情况和信息。（吴春云）

【应急建设】 2010年，克拉玛依市气象局加强应急演练，提高面对突发重大事故气象应急处置水平。起草《克拉玛依市处置气象灾害应急预案》，经征求各成员单位反馈意见，并经克拉玛依市法制办、应急办审核。根据克拉玛依市政府专项预案管理规定，预案作为政府专项预案在市应急办备案，相关部门遵照执行。预案规定，在克拉玛依突发公共事件应急体系总体框架下，依托市政府应急管理联动工作机制，贯彻市政府统一领导、分级负责、快速反应的原则及以人为本、科学决策、预防为主、协同应对的原则。《克拉玛依市处置气象灾害应急预案》根据克拉玛依市主要气象灾害的特点和实际情况明确预警级别，并对全市各部门应对突发气象灾害的组织指挥体系及职责，预警预防机制、应急响应、后期处置、应急保障等作出详细的任务分工和职责要求。6月10日，市气象局组成6人应急救援队，参加安监局举办的高层商住楼重特大火灾事故演练。10月30～31日，市气象局在大拐地区举行实战应急演练，无人驾驶人工影响天气作业飞机首次对无名湖区域水情进行航拍及视频采集，航拍信息发送到应急指挥车视频采集系统中。此次应急演练是对应急指挥车的各项功能进行实战检验。主要有应急通讯、单兵视频采集、气象资料接收、现场气象要素监测、应急指挥、车辆状况、应急后勤保障。另外首次进行的无人机航拍，实现利用应急车指挥无人机飞行及信息收集的功能。达到检验设备，培训人员，提升应急工作处置、应急指挥、应急保障等能力的目的。9月17日，组织职工在局综合办公楼旁的空地上进行1次消防应急演练。（吴春云）

【业务建设】 2010年，克拉玛依市气象局修改和调整业务质量考核办法，加重业务质量在考核中的比重，明确业务人员的职责，基础业务管理得到加强，业务质量稳中有升，全年地面观测业务质量0.04‰，达到自治区优秀指标，探空观测质量0.0‰，5项探空指标均达优秀。51243、51159、51246站全年报表预审无错情。酸雨观测站错情率0.0‰。新一代天气雷达业务质量，在上年基础上稳步提高。地面探空有10人次获百班无错情。在春季气象服务之前及汛期气象服务之前对各业务部门组织开展业务检查。4月1日，市气象局高空探测业务从701X型雷达切换到GFE(L)1型二次测风雷达，探空仪也从400兆电子探空仪换型为GTS－1型电子探空仪。经过半年紧张的筹备、调试后，GFE(L)1型二次测风雷达正式投入业务运行。5月，引进的曙光高性能集群计算机系统投入试运行。系统能够很好地适应容量计算和能力计算需求，具备高性能、高效能、高密度、低能耗的特点，为克拉玛依开展数值天气预报业务奠定硬件基础。9月22日，由中国气象局组织的以高润祥为组长的专家组一行4人对克拉玛依新一代天气雷达进行业务验收，检查组先后检查审核《克拉玛依新一代天气雷达系统项目建设工作报告》、《新一代天气雷达系统项目建设财务收支报告》、《新一代天气雷达系统设备运行情况报告》、《新一代天气雷达系统业务应用报告》、《新一代天气雷达系统业务验收技术参数测试记录》及雷达站建设的各项档案材料，并到新一代天气雷达站进行实地检查，克拉玛依新一代天气雷达通过业务验收。出台气象信息员、协理员管理办法、日常工作规定，建立农村基层气象信息员队伍。完成气象协理员、信息员队伍气象防灾知识的培训。给每位信息员、协理员配发《气象灾害防御条例》、《气象信息员知识读本》、《农村生产气象灾害应急避险常识》、《农村气象信息员培训教材》、《气象信息员工作手册》等书籍。在乌尔禾乡、小拐乡建立农村气象信息服务站。克拉玛依市所有区、乡镇、农村实现区、乡两级政府有分管领导，村村有气象信息员，农村气象信息接收覆盖面100%，气象预警信息能及时传达给农牧民。（吴春云）

【气象科研】 2010年，克拉玛依市气象局在各类期刊发表论文19篇，其中核心期刊1篇。分别是《克拉玛依市1959～2008年降水变化的特征分析》、《克拉玛依市近50年气温变化的特征分析》、《克拉玛依市高温日的气候特征及变化》、《自动站质量控制软件的应用》、《局域网流量测量与分析》、《新一代天气雷达数据存储系统设计》、《用VB开发报文发送实时预警提示系统的方法》、《克拉玛依近30年雷暴、闪电日气候特征分析》、《多普勒天气雷达在沙尘天气监测中的应用》、《浅谈冬季室外拍摄设备的保护》、《对自动气象站日常维护工作的几点思考》《古尔班通古特沙漠腹地降水特征分析》《克拉玛依高温日数的气候特征及持续高温过程环流型分析》《远程视频会商系统建设》，《浅析克拉玛依市气象局网络升级设计及应用》、《中央控制系统在气象视频会商中的应用》、《浅谈智能化住宅小区通信网络平台设计》、《演播室蓝屏抠像技巧》、《气象新闻的拍摄技巧》。市气象局对以上发表论文的人员进行奖励。其中《克拉玛依沙尘天气气候特征及成因分析》在第27届中国气象学会年会上参加大会交流。《克拉玛依气象灾害监测预警与决策信息服务系统》获克拉玛依市科技进步二等奖。该项目综合利用新一代天气雷达、自动气象站、台站历史资料和Ncep再分析资料，采用面向对象、插件编程等计算机网络通信技术，建立以气象灾害综合监测、信息传输和信息分析、加工处理为主体的气象灾害监测预警与决策信息服务系统。利用该系统可及时、准确地获取各种气象灾害的监测数据，大幅度地提高信息的时效性，并在统一的平台上将各类灾害信息进行综合、加工、分析、整理，得到全面综合的气象灾害预报、预警情报，针对社会不同的需求，通过多种渠道手段将灾害预警信息及时传递给用户。其中新一代天气雷达回波监测预警系统进一步发挥新一代天气雷达的作用，灾害性天气查询分析显示业务系统填补新疆的空白，并在新疆多家气象台站推广应用。有4项局内课题通过验收。其中《防雷检测数据采集系统》于2010年4月投入业务使用，该系统采用新大陆pt980数据采集器，它具有数据采集、GPRS无线传输功能。可以实时地将检测数据通过GPRS传到局里的服务器上。便于管理人员快速地进行管理、查询、统计及打印报表、检测证、整改通知书等。这项系统在新疆乃至全国尚属首例。5月8日，与市科技局联合举办小学生气象科普知识竞赛活动，全市有6所小学组队、300名学生参加竞赛活动。竞赛分为必答题、齐心协力、实践操作3个环节，市气象局给各参赛学校赠送近500本科普书籍。9月20日，由克拉玛依市科协主办，市气象学会承办2010年科普日克拉玛依无人驾驶飞机飞行表演，市航模协会应邀参加这次表演。市政府副秘书长邱长林及市科协领导深入现场指导。由市气象局引进的无人驾驶人工影响天气作业飞机和航模协会的航模机进行飞行表演，克拉玛依军分区官兵及第二小学的部分师生观看表演。（吴春云）

【专项调研】 2010年6月12日，中国气象局副局长王守荣率中国气象局贯彻中央新疆工作座谈会精神赴疆调研组一行7人，在自治区气象局局长史玉光的陪同下到克拉玛依调研指导工作。克拉玛依市副市长阿不都热合曼·克里木、市政府副秘书长邱长林全程陪同检查组调研。检查组首先到克拉玛依区气象局查看台站建设及职工工作生活情况，随后到市气象局，听取克拉玛依市气象局局长周永刚的工作汇报，看望全体工作人员。王守荣对克拉玛依市气象局多年来在地方经济发展、城市建设及民族团结社会稳定方面所做出的成绩给予充分肯定，尤其对克拉玛依气象现代化建设、台站建设给予赞扬，同时对克拉玛依政府多年来对气象部门的关心及大力支持表示感谢。王守荣指出，中国气象局将一如既往地关心、支持气象事业发展，和自治区气象局一起努力促进克拉玛依气象事业更大发展。在人才培养方面，要充分发挥中国气象局培训中心及新疆培训分中心的作用，同时中国气象局培训中心也要加强调研，开展有针对性的培训。（吴春云　郑　立）

【气象应急指挥车落户克拉玛依】 2010年10月24日，全国气象部门最大方舱级应急指挥车抵达克拉玛依市。这辆应急指挥车是中国气象部门功能最强、容量最大、仪器最全的方舱级应急指挥移动平台。整个应急车长12米，可进行舱体双向扩展，扩展后空间可同时容纳20人举行会议、现场办公、处理突发灾情和开展应急救援等。车上配有8要素综合气象观测系统（包括温度、湿度、气压、风向、风速、雨量、暴晒、辐射），能够实时监测现场气象条件，并通过GPRS将数据传至远端指挥中心，同时全车配备高清会商系统、车内外高清监控、无线图像传输系统、无人飞机无线图像传输系统、调音台及矩阵切换系统。通过车内会商终端，利用卫星、3G、无线网络、光缆等通信手段，将现场数据、语音、图像等资料快速的传到指挥中心，为救援抢险工作安排提供第一手资料。卫星通信系统涵盖广域网、局域网、无线网桥等多种网络构架，满足不同环境网络需要。还配有车载冰箱、车载饮水机、风道式中央冷暖空调、床位休息区等，以满足工作人员长时间监测灾情和重大活动气象保障。该车的无人飞机控制系统，能使小型无人飞机快速升降、保证以应急车为中心，半径30千米之内的空中应急侦察、灾情监测等。克拉玛依市一旦发生突发性事故或火灾、地震、洪水等各类地质灾害，这辆车可对事故或灾害现场的风速、风向、云层变化等气象数据进行分析，并预测预计救援时间内的天气状况，为救援提供决策性依据。（吴春云　郑　立）

【行业文明建设】 2010年，克拉玛依市气象局在全局职工中开展阅读《苦难辉煌》写心得体会活动，全局38名职工撰写心得体会，对心得体会进行评奖，市直机关写心得征文中，市气象局2人获二等奖，1人获三等奖，1人获鼓励奖。气象局技术保障部、办公室被评为学习型科室，克拉玛依农业开发区气象局、财务科被评为文明科室，并给予人均1 000元的奖励。全年向各类媒体投稿103篇，发稿88篇，其中《中国气象报》3篇，中国气象网站4篇，其余为政府公众信息网、新疆气象网站。从2月上旬开始，组织单位全体职工53人分6批参加党的民族宗教政策和民族团结专题讲座暨维护民族团结征文和演讲比赛活动，选出4篇征文，1篇获三等奖，1篇获优秀奖。选出1名职工参加7月在自治区气象局举办的演讲比赛获三等奖。 （吴春云）

【荣誉称号】 2010年，克拉玛依市气象局被自治区气象局命名为新疆政务公开示范点，被自治区气象局评为目标考核达优单位。气象局获克拉玛依市社会治安综合治理先进单位、克拉玛依市绿化先进单位、克拉玛依市人口与计划生育一类单位(连续6年获此殊荣)。市气象局人工影响天气办公室被评为新疆人影系统先进集体，市气象局技术保障部被评为克拉玛依市工人先锋号先进集体。周长江被评为自治区人工影响天气工作先进个人，兰文杰被评为自治区气象科技服务先进个人，胡锦波被评为克拉玛依市绿化先进个人。 （吴春云）

地震监测

【市地震局领导名单】

局长：程钢

副局长：于克滋(4月离任)

【基本情况】 2010年，克拉玛依市地震局内设综合科(挂防御救援科牌子)和监测预报科2个职能科室。编制8人，实有8人，其中自治区事业人员4名，克拉玛依市事业人员4名，党员3名。主要职责是根据《中华人民共和国防震减灾法》和国家、自治区的有关法律、法规、政策，负责管理、监督、检查、实施克拉玛依市防震减灾工作，负责克拉玛依市防震减灾工作领导小组办公室工作。结合实际，组织编制、实施市防震减灾规划和计划，推进市防震减灾体系和相应经费渠道的建立和完善；会同有关部门制定克拉玛依市地震应急预案并监督检查落实情况；发生破坏性地震时，承担市抗震救灾指挥部办公室(市抗震救灾指挥机构的办事机构)职责，会同有关部门组织并参与地震灾害调查与损失评估，参与制定地震灾区重建规划等。 （韩永刚）

【地震监测】 2010年，克拉玛依市地震局负责红浅地震前兆观测站、后山国家地震监测站、后山倾斜观测站、和布克赛尔地震监测站和柳树沟地震监测站5个站点、8套观测仪器的运行维护，完成每天24小时、全年365天的数据监测和后续资料处理上报等工作。截至12月31日，分析处理地震事件14 949个，收集观测数据788.4万个，现场标定仪器35次，归档整理数据约55GB，保证资料的连续、及时、准确、可靠，为国家的地震前兆观测工作作出贡献。 （韩永刚）

【震灾预防体系建设】 2010年，克拉玛依市地震局依据《防震减灾法》、国务院《地震安全性评价管理条例》和《新疆维吾尔自治区实施〈地震安全性评价管理条例〉若干规定》，结合克拉玛依市实际，制定《克拉玛依市建设工程地震安全性评价管理实施方案》，为实现履行职能的规范化、程序化、制度化奠定基础。同时，还针对做好地震重点危险区的震灾防御工作，制定2010年克拉玛依市应急准备工作方案。 （韩永刚）

【应急救援体系建设】 2010年，克拉玛依市地震局认真做好地震应急救援体系建设工作。一是修改完善《克拉玛依市地震应急预案》，以确保做到一旦有震情发生，能够临震不乱、指挥得当、处置有序、联络畅通、队伍齐全。二是组织建立克拉玛依市地震应急救援分队。三是经市地震局协调，成立独山子区地震局，并已组建完成，进一步加强对独山子区防震减灾工作的领导。 （韩永刚）

【建立宏观观测网】 2010年，克拉玛依市地震局根据国家、自治区地震局的要求，为加强宏观地震异常现象的收集、上报工作。在做好站点现场勘察、筛选和人员培训基础上，在克拉玛依市4个辖区内选定9个地震宏观观测点，开展动物异常观测及信息收集工作，观测项目包括猪、牛、鸡、鸽子、鱼5大类。7月，投入全面运行。宏观观测网的建立作为捕捉大震、近震、临震信息的前哨，已成为克拉玛依市地震监测预报工作重要的组成部分。 （韩永刚）

【防震减灾知识宣传】 2010年，克拉玛依市地震局进一步普及防震减灾知识，提高全体市民的防震减灾意识和综合能力。一是做好防震科普宣传，开展“五一二”防震减灾周大型集中宣传活动。5月1日是新修订的《防震减灾法》实施纪念日，5月12日是国家防灾减灾日和汶川特大地震纪念日，市地震局紧抓有利契机，以宣传防震减灾法律法规和地震科普知识为重点，促进社会安定和谐为目的。5月，在全市范围开展防震减灾宣传活动。在“五一二”防灾减灾日和“七二八”唐山地震纪念日期间，开展一系列宣传活动：更新展出防震减灾相关知识的展板，在克拉玛依电视台，广播电台分别播出防震减灾专题节目，在克拉玛依日报发表防震减灾专版访谈文章，邀请新疆地震局领导在独山子区举办防震减灾专题讲座，发送防震减灾专题短信，更新充实市地震局网页，利用网络扩大防震减灾宣传面。二是全面推进中小学防震减灾科普教育。会同市教育局在全市中小学开展防震减灾答题知识竞赛和应急演练等活动，在活动中，要求充分发挥学生辐射家庭、家庭辐射社会的宣传教育作用，起到教育1个学生，带动1个家庭，辐射整个社会的小手拉大手效果。三是举办防震减灾知识竞赛活动。通过克拉玛依日报、市政府办公平台和网络组织举办以防震减灾知识主题的答题竞赛活动，在全市进一步扩大防震减灾工作的社会影响。 （韩永刚）

【获得荣誉】 2010年，克拉玛依市地震局配合自治区地震局“十五”期间在克拉玛依建成1个基于光纤专业网络的信息节点。在中国地震局首次组织的年度评比中，市地震局的信息节点及专业网络管理获第二名。 （韩永刚）

综合经济管理

发展改革与计划管理

市发展和改革

【市发展和改革委员会领导名单】
主任:部瑞宏
党组书记、副主任:陈旭
副主任:刘三来、刘冠军、韩斌

【基本情况】 2010年,克拉玛依市发展和改革委员会内设12个行政职能科室:办公室、政策法规科、综合业务科、发展规划科、投资管理科、重点项目办、国民经济动员办公室、价格管理科、收费管理科、粮食购销调控科、粮食监督检查科、粮食流通信息科;1个所属单位:市价格监督检查局(挂价格举报中心的牌子,行政编制副处级);4个直属事业单位:市价格认证中心、市军粮供应站、市粮油质量检验中心、市粮食财务管理中心,均为全额预算管理。总编制60人,其中行政编制46人、事业编制13人、机关工勤编制1人。至年底,在职工作人员52人,其中女职工24人,少数民族职工7人,党员33人。主要负责克拉玛依市的经济发展研究、发展规划制定、国民经济计划制定、投资管理、重点项目管理、价格管理、收费管理以及粮食购销调控与监督等工作,宣传和贯彻国家和克拉玛依市有关发展改革的方针政策,依法行使管理职权。 (温志勇)

【年度计划编制】 2010年,克拉玛依市发展和改革委员会完成全市国民经济和社会发展的各项计划编制工作。一是在总结2009年全市经济和社会发展计划执行情况的基础上,经过深入调查研究和综合分析,形成《克拉玛依市2009年国民经济和社会发展计划完成情况及2010年计划(草案)》,并经市十二届人大三次会议审议通过。二是完成《关于克拉玛依市2010年国民经济和社会发展计划执行情况及2011年国民经济和社会发展计划(草案)的报告》,提出克拉玛依市2011年经济社会发展的主要目标和发展思路。 (温志勇)

【发展规划】 2010年,克拉玛依市发展和改革委员会认真履行市"十二五"规划工作领导小组办公室职责,组织、统筹协调各区、各有关部门积极开展"十二五"规划编制工作,按照规划编制工作方案明确的任务要求狠抓落实。一是加强督察,掌握动态,做好衔接,加快推进。二是在规划研究编制工作中,努力以科学发展观为统领,重视民意、关注民生,突出政府公共服务,突出创新发展,突出绿色发展,并积极吸收主体功能区规划理念,统筹经济、社会、资源与环境,结合克—白城镇组团远景规划研究,提出全市产业发展和社会发展的空间布局意见。三是认真梳理规划项目,力求把规划做实。在前期调研、收集项目的基础上,进一步细化"十二五"期间的重点项目建设的空间布局与建设时序。至年底,已汇总包括基础设施、资源开发利用、生态建设、环境保护、防灾减灾与公共安全、社会事业与公共服务、国防建设与应急保障、经济发展与产业引导等方面的438个项目,投资规模超过1 800亿元。四是进一步理顺规划管理关系,明确规划审查报批事宜。会同市规划委员会办公室起草并印发《关于明确克拉玛依市"十二五"专项规划审批事项的通知》。经过第一、二阶段的前期研究和规划编制工作,总体规划(规划纲要)和各专项规划已经总体完成初稿阶段征求意见的任务,并陆续转入规划相互衔接、专家论证、民意征求、报批和备案阶段。克拉玛依市"十二五"规划指标体系及测算课题,已与自治区信息中心合作完成。 (温志勇)

【经济社会发展研究】 2010年,克拉玛依市发展和改革委员会积极争取国家和自治区的智力支持,组织开展重大课题和政策研究,充分发挥经济综合部门的决策参谋作用。一是加强"十二五"规划前期研究工作。在规划编制中能及时并充分贯彻落实国家和自治区"十二五"发展思路和政策,切实发挥对规划的指导和参考作用,与中国社会科学院城市发展与环境研究中心合作进行克拉玛依市可持续发展战略研究工作,送审稿已于8月3日向市政府会议作专题汇报。同时结合该课题研究初步成果,起草克拉玛依市资源型城市可持续发展试点工作总体方案。9月13日,向国家发改委东北司(主管全国资源性城市可持续发展工作)作专题汇报,积极落实国发〔2007〕38号文件,争取国家政策和资金支持。二是为确立克拉玛依市在天山北坡区域应有的发展定位,积极抓住国家发改委开展天山北坡经济区发展规划研究工作的机遇,争取更加重要地位和发挥更加重要的作用,根据国家发改委西部司建议,经请示市领导同意,由市发改委委托中国科学院地理科学与资源研究所开展天山北坡区域克拉玛依发展战略研究。该研究成果将为即将纳入国家重点区域规划(由国家发委组织审查,报国务院批准)的天山北坡经济区发展规划编制提供重要参考和有力支持。三是为汇聚中外专家学者智慧,大力促进克拉玛依可持续发展和区域协调发展,积极争取国家对资源型城市的政策支持,并不断扩大克拉玛依国际能源城、世界石油城的影响力,克拉玛依在5个申办城市中脱颖而出，获中国区域经济学会2011年年会暨资源型城市可持续发展国际论坛的承办权。四是围绕打造世界石油城，建设国家石油石化生产基地、石油战略储备基地和国际能源通道，推动石油石化支柱产业上、中、下游一体化，加快地方产业发展，壮大地方企业，增强地方经济实力、活力和资源型城市可持续发展的能力，就加快克拉玛依市产业发展，联合市经贸委组织开展《关于加快克拉玛依市产业发展的指导意见》的研究工作，至年底，已完成初稿。五是协助市规划局开展克—白组团规划前期研究工作。通过与克拉玛依区和白碱滩区2个区政府及其发改委领导的座谈和交流，经征询有关部门和专家咨询意见，提交克—白组团产业规划和社会事业规划建议。（温志勇）

【区域经济融合发展】 2010年，克拉玛依市发展和改革委员会积极推进市与周边城区经济融合发展工作。一是加强与塔城地区"十二五"规划的衔接，结合2009年评审会议提出的意见和两地"十二五"发展战略和目标，进一步修改完善研究报告。4月26日，参加克塔经济融合合作意向工作会议，就两地经济融合发展的基本情况进行总结，认真分析存在问题，提出下一步的融合发展思路，并进一步调整和完善各项合作意向。二是与生产建设兵团农七师发改委等部门召开两地经济融合协调会。9月9日，克拉玛依市发改委主要领导及相关科室人员赴农七师，与农七师发改委、商务局、财务局、土地局等部门就两地经济融合相关事宜召开协调会，就两地经济融合中的规划、土地、税收优惠政策、产业布局、农副产品供应、人才技术支持以及联席会议制度等方面的议题进行了讨论。最终，两地就今后经济融合发展过程中存在的问题达成共识，形成一致意见，为两地实现合作共赢、利益共享在运行机制和政策等方面打下基础。（温志勇）

【项目前期工作】 2010年，克拉玛依市发展和改革委员会加大项目前期工作力度，进一步完善市、区两级"三位一体"的项目储备体系，实现项目储备库动态管理。一是统筹安排项目前期工作计划。组织编制2010年市项目前期计划，其中建设规划计划安排前期规划项目22个、项目前期计划安排前期储备项目75个，其中26个项目为拟列入2010年重大前期项目。同时要求项目责任单位成立由主要领导为组长的项目前期工作机构，并确定联络人，报市发改委备案。二是合理安排项目前期经费。根据项目前期工作实际进展情况和年内前期费用需求，以及结合以前年度已安排的项目前期费用，市发改委进行综合平衡后，统筹安排项目前期费用3 100万元。既保证项目前期工作的顺利开展，又提高资金的使用效率。三是制定和完善政府投资项目前期工作相关制度。市发改委草拟《克拉玛依市项目前期管理暂行办法》，经过反复讨论和征求意见，内容已日趋成熟。制定并下发《克拉玛依市文体中心建设项目代建制管理办法（暂行）》。四是抓好重大前期项目推进工作。在加强克拉玛依市项目前期管理，推进项目前期进度的同时，市发改委重点抓好市委、市政府领导关注的重大前期项目的推进工作。紧紧围绕市委、市政府提出的建设"五大基地"、发展"三大产业"、搭建"两个平台"，把克拉玛依打造成为世界石油城的宏伟目标和市政府2010年重点工作，将技术工人培训基地建设、石油科研基地建设、文化产业园区、文体中心、体育场馆配套设施（运动员公寓）等项目列入2010年重大前期项目。对于重大前期项目重点关注，按时对重大前期项目进展情况进行上报，积极协调重大前期项目推进过程中出现的各种问题，保证重大前期项目的顺利推进。五是从基本建设项目前期工作中存在的主要问题入手，逐步加强项目前期管理工作。为进一步加强克拉玛依市项目前期管理工作，提高项目前期工作质量，针对项目前期工作中存在的主要问题，市发改委采取了以下措施：在项目前期工作中积极引入市场竞争机制。编制可行性研究报告和初步设计，要逐步通过竞标方式，择优选择符合相应资质的中介机构，明确相关事项及责任，以确保前期工作的质量和效率；在项目前期计划中明确项目责任单位和项目配合单位，要求项目责任单位成立由主要领导为组长的项目前期工作机构，确定联络人专门负责该项目建设过程中的联系与沟通；要求项目责任单位编制详细的项目前期实施方案和进度计划大表，且将项目前期工作动态情况于每周报市发改委；积极推进项目代建制，对于不了解基本建设业务和没有基建专业人员的项目责任单位，可以委托代建单位开展前期工作，同时将委托合同报市发改委备案。（温志勇）

【投资计划管理】 2010年，克拉玛依市发展和改革委员会多次与市财政、建设、农业、教育、交通、城投公司等部门衔接，反复修改投资计划，经市政府常务会讨论、人大财经委员会审议通过，下达2010年克拉玛依市政府投资计划。全年克拉玛依市计划投资项目37项、其他类项目5项，项目总投资332 455万元，年内计划总投资95 067万元。重点工程7项，具体项目为：文体中心、南湖中学、南新公园一期、社区卫生服务设施、老年服务设施、克拉玛依区武装部、石化工业园区基础设施。经9月28日最终调整，克拉玛依市2010年投资计划项目增加至46项（其中投资项目41项、其他类项目5项）。由于区属投资项目未能按年初计划实施，市投资计划总体安排调减至90 990万元。其中国家及自治区补助资金4 424万元、市财政资金62 334.4万元、区财政资金21 553万元、地方债券及自筹等其他资金2 678.6万元。截至年底，41项工程竣工5项（南湖中学、克拉玛依市鼠防检测站、消防车辆购置、消防局训练场地改造、五中校园环境改造）；在建项目27项，未开工8项，取消并调整计划1项（农副产品加工园区—石化工业园区（建设农场）项目与小拐镇—绿叶农场公路进行项目调整）。年底完工项目21项，跨年实施12项。（温志勇）

【投资项目管理】 2010年，克拉玛依市发展和改革委员会加强政府投资项目管理，对列入的投资计划项目，将建设任务分解落实到各区、各部门。加强对相关部门的衔接服务，参与多次项目协调会的筹备及有关材料的准备工作，衔接配合加强项目管理，保障全市各项目建设的顺利推进。严格把好项目建议书、可行性研究报告、方案设计、初步设计及概算的编报和审批关。进一步规范政府投资项目审批程序，对项目的可行性、建设规模、建设时序、总投资等按程序进行严格控制和审核，科学合理地控制项目规模和建设标准，提高审批工作的质量和效率，对项目建设过程中涉及调整建设内容、造价概算等事项严格评审。按期交流相关部门工作情况和建设项目推进情况，逐月落实工作重点。对各单位提出需要追加的项目，及时组织有关部门现场调研，听取各方面意见，在此基础上妥善处理。加强对工程招投标工作的指导、协调和监督。协同有关部门共同规范工程招投标活动，严格规范招投标程序。在政府投资项目审批中，明确招投标方式和范围。对因有特殊要求或特殊情形项目，其勘察、设计、施工、监理和重要设备、材料等货物采购需采用邀请招标或议标方式的，都事先批准，并由有关部门进行全程监管。完成建设项目立项批复45项、方案批复43项、初步设计及概算的批复71项、招投标核准方案52项，下达抗震加固工程、地方债券、前期费用、以前年度欠款等投资计划19项。

（温志勇）

【企业自筹项目管理】 2010年，克拉玛依市发展和改革委员会加强以核准和备案制为主的企业投资管理工作，真正落实企业投资自主权，努力提高办事效率。主动建立与建设、国土、规划、环保等部门的沟通协调机制，牵头规范和修订项目审核流程，简化项目审批手续，进一步提高项目审批、核准、备案效率。一是对符合国家法律法规、符合国家宏观调控政策、产业政策的项目备案，全年办理企业投资备案项目15个，总投资3.9亿元，占地833 220平方米，建筑面积66 943平方米；办理企业核准项目2个，占地面积62 614平方米，建筑面积28 842平方米，总投资2 977万美元。二是在城市总体规划和近期建设规划的指导下，严格按照市房地产开发项目立项审批流程，在对房地产企业申报的项目相关材料审核后，办理房地产开发项目立项批复21项，其中经济适用房开发项目9项，占地面积22.1万平方米，建筑面积42.7万平方米，投资7.7亿元；商品房开发项目12项，占地面积20.13万平方米，建筑面积27.7万平方米；投资3.8亿元。

（温志勇）

【融资计划组织安排】 2010年，经市融资工作领导小组专题研究，市政府第二十八次常务会议审定，并报市人大财经委审查批准，市发改委编制并下达2010年克拉玛依市融资项目投资计划。本次安排克拉玛依市融资计划投资项目7项，年内计划融资8.4亿元，其中续建项目5项，计划投资46 329万元（其中包括2009年融资余额13 204万元）；新建项目2项，计划投资37 671万元。对本次下达的融资计划投资项目，市发改委作为市重点工程管理，要求各项目建设单位高度重视并切实加强项目的管理工作，严密组织，有序实施。并严格执行市政府投资项目管理和融资管理等有关规定，确保工程建设质量，完成年内投资计划。按照项目的审批程序，市发改委完成融资投资计划内建设项目立项批复18项、初步设计及概算批复44项、招投标核准方案34项。至年底，5项续建项目已进入正常施工阶段；2项新建项目中城市公交系统设施建设正在进行前期审批工作；文体中心项目开工建设。（温志勇）

【争取中央投资项目】 2010年，克拉玛依市发展和改革委员会根据中央新增扩大内需投资建设要求，多次到自治区发改委汇报工作。按照上级部门的要求，反复修改并上报涉及各行各领域的民生、公、检、法、城市基础设施建设及配套项目。同时对项目的前期工作做完善的准备工作，要求项目单位与相关部门及时落实项目可行性研究报告编制、规划选址意见、国土预审意见、环境影响评价及财政部门的地方配套资金承诺函等相关资料，由市发改委收集、整理、初审核后，编制上报克拉玛依市城市基础设施等各领域争取2010年中央预算内资金支持建设项目投资计划6次24个项目，总投资1 009 552.4万元，分别为农村饮水安全项目1个，总投资239万元，其中申请中央预算内资金127万元；教育申报项目4个，申报投资305 707万元；水利和生态基础建设项目3个，申报投资99 919万元；文化体育项目4个，申报投资421 000万元；民政项目3个，申报投资13 273万元；检察院、法院3个，申报投资6 482万元；编制上报档案馆项目2个，申报资金2 232.4万元。根据自治区发改委《关于上报利用亚洲开发银行和世界银行贷款项目的通知》要求，市发改委组织有关专家对克拉玛依申报项目进行审核和编制，联系相关单位咨询项目信息，编制项目建议书，测算工程投资金额，上报亚洲银行贷款项目4个，总投资16亿元人民币，申请贷款1.3亿美元。经过克拉玛依市积极争取衔接，自治区发改委下达2010年奎屯至克拉玛依高速公路项目计划115千米，总投资392 179万元，其中有中央预算内资金82 700万元，地方配套49 479万元，银行贷款26亿元；争取中央扩大内需项目16项，以及农村公路等中央预算内和自治区预算资金6 236万元；另外自治区还下达克拉玛依市地方债券资金计划3批8 534万元。（温志勇）

【建设领域工程专项治理】 2010年，克拉玛依市发展和改革委员会制定《克拉玛依市发展和改革委员会工程建设领域突出问题专项治理工作实施方案》，成立市发改委专项治理工作领导小组。重点对2008年以来立项、在建和竣工的3 000万元以上政府投资和其他投资项目的审批、核准、备案等情况，以及扩大内需项目进行排查和自查自纠，认真对照检查内容和要求，逐项检查。对自查出来的问题，认真分析原因，并及时整改，保证工程建设项目的决策、审批依法合规，做到科学发展。（温志勇）

【价格管理】 2010年，克拉玛依市发展和改革委员会针对当前的价格形势，开展市场价格监测工作，落实好各项价格调控措施，努力保持价格总水平基本稳定。一是贯彻落实国家和自治区相关政策要求，规范政府价格决策。针对克拉玛依市农业开发区土壤次生盐渍化趋势，为保证水土安全，在全面调研的基础上，组织召开农业用水价格调整座谈会，做好价格论证，完善农业开发区水价相关调整方案。针对房产价格的变动情况，在会同相关部门加强监管的同时，积极引导企业合理确定价格。配合做好供热暗补改明补的相关工作。会同相关部门研究提出克拉玛依市供热计量热价。二是加强市场价格监测，为领导决策当好参谋和助手。针对市民关注的粮油肉菜价格变动较大的实际，在监测分析的基础上，及时提出以稳定和提高重要农副产品生产储备能力为抓手，落实涉企、涉农的各项收费政策，加强与周边地区的信息沟通交流，进一步完善市保障市场供应稳定市场价格工作机制，发挥克拉玛依市副食品价格调节基金作用，促进生产、保障供应和市场价格的基本稳定。（温志勇）

【收费管理】 2010年，克拉玛依市发展和改革委员会积极开展清费、治乱、减负工作，加大对行政事业性收费管理工作力度。一是完成收费许可证年度审验工作。全市审验收费许可证427个，新办证11个，审验率100%，审验收费总金额72 952.15万元。查验一般非税缴款书和各类票据261.83万份，账册288本。查处涉及教育、社会力量办学、环卫收费等问题5件，退还用户1.21万元。二是落实国家和自治区各项收费政策，积极协调做好相关工作。及时转发自治区发改委《关于自治区新增医疗服务项目价格的通知》、《关于特种设备安全检验检测收费标准等有关问题的通知》、《自治区环境监测和技术有偿服务收费管理办法》、《关于取消机动车辆逾期检验收费的通知》等文件，并按照有关文件要求，做好政策的落实工作；完成垃圾处理费、处理量年度资料上报工作。三是不断完善相关收费政策，规范各类收费行为。完成魔鬼城景区区间车票价的核定工作，运营情况良好。针对住宅小区停车收费较乱的现状，就相关政策进行明确，并协调部分物业公司的管理情况。对南湖、西月潭等6个小区的住宅物业收费进行备案、协调。并对市房产局关于能否适当提高住宅物业费标准的请示意见给予答复。对市委党校各类培训班、建筑业协会培训班及部分社会力量办学机构提出的收费申请在调查测算的基础上给予批复。（温志勇）

【价格监督检查】 2010年，克拉玛依市发展和改革委员会针对市场价格变化形势，加大市场价格巡查和监管力度。一是开展涉农价格和收费（农机服务收费）政策落实情况、涉企收费、教育收费、行业协会收费、成品油等专项检查工作。通过检查，各类收费均能按有关规定严格执行，各种农资供应价格基本稳定，农机购置补贴、家电下乡补贴政策落实到位，未发现以各种名义的乱收费行为。二是积极开展价格举报的查处工作，切实为民排忧解难。充分发挥“12358”价格举报电话的作用，落实“12358”价格举报电话值班制度。全年接受各类价格举报11件，价格咨询121件，反映内容涉及水、电、暖气、中巴车、食品、房地产、物业、中小学收费、医疗收费、药品价格等，涉及金额20多万元。至年底已组织退款9万多元。三是加大节日市场价格监管力度。相继开展元旦、春节、五一、肉孜节、中秋、十一等节日市场检查和市场巡查。节日期间，市及各区价格监督检查人员出动检查人数262人次，检查各类经营者2 858户次，实施经济处罚32件，处罚金额910元。重点对客运、旅游及各大超市、集贸市场的收费以及粮油、肉、蛋、禽、奶、大蒜、绿豆等主要销售价格进行检查，以明码标价为突破口，同时采取提醒告诫、实施行政处罚、联合相关执行单位共同治理等形式，规范市场价格行为。（温志勇）

【价格鉴证】 2010年，克拉玛依市发展和改革委员会认真开展涉案物品价格鉴定工作。全年共受理各类涉案物品价格鉴证34件，涉案总金额463万元，其中民事案件4件、刑事案件30件。在刑事案件免收鉴定费的基础上，保持优质服务、提高工作效率。在开展认证工作中，坚持做到严把委托受理关、现场勘验关、市场调查关、出具结论关、案卷归档关，严格执行涉案物品价格鉴定操作流程，并落实案件集体审议制度，确保每一起鉴证结果客观、科学、公正。（温志勇）

【粮食调控】 2010年，克拉玛依市发展和改革委员会确保克拉玛依市粮食安全，把确保全市粮食储备和市场粮油供应作为重要工作来抓，积极筹措粮源。一是多次向自治区粮食局和自治区发改委汇报相关情况，积极争取落实粮源。通过不懈努力，自治区在下达2010年全区粮食收购计划时为克拉玛依市安排小麦收购计划9 000吨（其中塔城地区6 000吨、农七师129团场2 000吨、克拉玛依市的两个乡及克拉玛依农业开发区1 000吨），有效缓解克拉玛依市粮食轮换、加工和供应粮源问题。二是探索与辖区内农牧团场建立长期稳定的粮食收购关系，多次派工作人员深入辖区内农牧团场就有关粮食收购等问题进行协调和沟通。同时积极争取自治区粮食局和自治区发改委支持，自治区在下达2010年全区粮食收购计划时第一次给克拉玛依市下达在辖区内129团场收购小麦2 000吨的计划任务，拓宽克拉玛依市粮食收购渠道。在执行129团场的2 000吨收购计划时，因克拉玛依市两个乡及农业开发区2010年基本无粮可收，通过与相关部门协商，克拉玛依市将自治区下达的两个乡及农业开发区1 000吨收购计划调整到129团场。克拉玛依市在129团场实际收购小麦3 940吨。三是积极与奎屯、乌苏等周边粮食产区进行协调洽谈，为独山子区解决3 000吨粮食收购任务，有效降低企业的经营费用。（温志勇）

【粮食清仓查库】 2010年，克拉玛依市发展和改革委员会认真开展全国粮食库存检查工作。确定清仓查库的组织领导、检查的范围、内容、方式、进度安排及工作要求，对各项工作进行周密的部署，督导各粮食承储企业开展自查工作。经企业自查，克拉玛依市2010年3月末国有粮食企业实际库存与企业保管账、统计账、财务账账实相符、账账相符、账表相符。（温志勇）

【粮食安全管理】 2010年，克拉玛依市发展和改革委员会进一步加大以粮油储备安全、粮油产品质量、粮食加工企业安全生产为重点的安全生产监管力度，确保克拉玛依市粮食安全。一是开展安全生产年各项活动。4月中旬制定市发改委2010年安全生产年工作方案，全方位层层签订安全责任书，进一步明确安全生产责任及任务，同时加大对粮食企业安全生产及粮食市场监督检查力度，确保安全生产各项工作扎实开展、富有成效。二是开展消防安全专项治理活动。分别于1月20~22日、5月14日派出工作人员参加由市经贸委牵头的市场安全检查，跟踪管理国有粮食承储单位的两处消防隐患；针对市政府安全检查组在春节安全检查期间发现市腾飞粮油购销储备有限公司制粉车间三楼电气线路连接不符合防爆要求的情况，市发改委4月9日下发责令整改通知书，于4月8日、11日、20日3次对该公司整改过程进行督促检查；5月5日、6日派2个检查组分别检查市腾飞粮油购销储备有限公司和独山子区粮油贸易总公司火灾防控工作；从7月下旬至9月下旬，派检查组对市属粮食企业开展消防安全大清查、大整治工作。对企业周围出租房屋和新库区建筑工地开展摸底调查。三是开展节日市场巡查工作。2月25日至3月14日，对市腾飞粮油购销储备有限公司和独山子区粮油贸易总公司的储粮安全、安全生产开展监督检查工作，重点检查储备原粮、成品粮，生产车间、厂（库）区等卫生环境、生产、安全设施以及有关安全管理制度等;4月30日,开展五一节前安全生产检查,对市腾飞粮油购销储备有限公司存在的车辆进出登记和南北两侧围墙不符合安全规定的情况提出整改意见;9月30日,检查市腾飞粮油购销储备有限公司厂、库区,针对挂面生产车间存在的安全隐患提出整改意见。四是开展储粮安全监管工作。从7月开始监管市腾飞粮油购销储备有限公司和独山子区粮油贸易总公司的粮食收购工作;于9月19~21日委托市粮油质检中心抽取两家承储企业收购的小麦4个库房的样品,进行粮食质量抽检工作。五是开展粮食企业出租房屋专项治理工作。针对粮食企业出租房屋存在的问题,于3月1日下发情况通报,要求市、区粮食安全主管部门要督促粮食企业对所有出租房屋逐户排查、不留死角,排查情况要逐一登记,建立档案。经检查验收不能保证消防安全和人员安全的,要立即停业整顿。在企业进行自检自查的基础上,抽查企业出租房屋,对2处一般隐患提出整改要求。(温志勇)

【第三次城镇居民粮油供需平衡调查】 2010年,克拉玛依市发展和改革委员会组织开展克拉玛依市第三次城镇居民粮油消费专项调查工作。按照全市人口总户数的万分之二十的比例,抽样调查200户,调查时间为2010年10月1日至12月31日。至年底,《克拉玛依市2010年城镇居民粮油消费调查表》已通过相关渠道发放到抽样调查居民手中,并计划按时回收,进行数据录入、统计汇总与分析。最终形成克拉玛依市2010年社会粮油供需平衡调查报告。(温志勇)

【军粮供应】 2010年,克拉玛依市发展和改革委员会军粮供应站扎实做好军粮供应各项工作,深入部队办理全年增供计划,做好日常军粮供应及电子报表的报送工作;积极主动开展送货上门服务,全年累计为部队送大米3 000千克,面粉4 800千克,油300多箱;组织货源,完成全年的军粮增供任务。(温志勇)

油田公司规划计划

【油田公司规划计划处领导名单】

处长:王从乐

总监:曾大秀

副处长:宋俊新、何杰、张俊(11月任职)

【基本情况】 2010年,新疆油田规划计划处内设综合计划科、战略规划科、项目管理科、矿建规划科、投资管理科、生产计划科、销售管理科、综合统计科8个科室,有24名员工。主要负责组织编制公司中长期发展规划及发展战略研究、投资项目前期工作和后评价管理、年度投资计划及投资项目的审查批复和投资控制,公司年度、季度生产经营预算计划和相关业绩考核指标,固定资产投资建设项目的设计管理和油田辅助配套项目的业务管理,综合统计工作、归口管理统计信息发布,关联交易投资预算管理,油气生产盘库管理和原油、天然气及附属产品的销售管理。(陈 鹏)

【"十二五"规划研究和编制】 2010年,油田公司规划计划处精心组织,科学编制,顺利完成"十二五"规划编制工作。构建以公司综合发展规划为引领、专业规划和专项规划为支撑、各二级单位规划为基础的规划体系。成立规划编制领导小组和协调办公室,各专业部门分别成立规划编制小组,各基层单位分别成立相应工作机构,编制完成29项专题研究成果,4个专业一体化规划、10个专项规划,19个二级单位规划和公司综合发展规划。组织编制完成2 000万吨、3 000万吨油气当量的中长期发展规划,为公司持续有效较快协调发展起到了重要指导作用。(陈 鹏)

【超稠油开发研究】 2010年,油田公司规划计划处围绕风城超稠油经济有效动用,积极探索转变开发方式,应用全生命周期理论组织编制风城超油开发规划和配套的供水、供电、供气、外输等系统工程研究工作。推进燃煤注汽锅炉试验工程进度,编写并向总部汇报原油开发项目全生命周期管理的实施意见,确定以风城超稠油开发作为试点项目,为风城稠油油田的有效开发提供了保障。(陈 鹏)

【存量土地规划研究】 2010年,油田公司规划计划处按照公司发展规划和克拉玛依市城市建设总体规划,结合克拉玛依—白碱滩中部城镇组群区域远景规划,经过与市政府相关部门多次对接,完成克拉玛依城区存量土地利用规划,为公司存量土地利用提供有力指导。该规划对位于市中心城区内的、与城市建设总体规划不相符的企业生产辅助设施和配套设施,提出将逐步外迁或进行调整、整合,置换出部分土地,用于完善城市功能,满足城市发展需要和公司及改制企业生产发展的用地需求。(陈 鹏)

【重大战略规划研究】 2010年,油田公司规划计划处积极推进工程教育培训基地、机械加工制造基地、物流仓储基地、科研办公基地等重大规划项目的前期工作。组织完成教育培训基地规划方案的编制、审查和修改完善,完成一期工程项目单体方案及基地系统配套方案的编制和审定,开展规划用地上建筑生产设施的规划、迁建工作;组织完成物流仓储基地规划方案、项目可研报告的编制、审查和上报;编制完成《风城油田作业区生产生活基地规划》、《勘探开发研究院南院、北院建设规划》、《玛河气田生活基地规划》等。组织研究供热业务发展,推进热电联供项目加快进程。结合热电联供项目前期工作的开展,启动供热业务整合发展的研究,研究提出多套方案,并从人员妥善安置、经营管理难度和方案实施难度等方面比选和论证,提出推荐方案。(陈 鹏)

【项目管理】 2010年,油田公司规划计划处加强项目全过程管理,提高项目管理水平。一是积极推进重点项目前期工作,开展呼图壁储气库建设工程、夏子街油田整体改造二期工程、百联站污水处理系统改造工程、油田主干公路大修改造工程等11项重点项目的前期工作,上报股份公司或集团公司完成立项,推动项目启动建设。二是积极组织油田建设项目前期工作,加快建设进度。围绕产能建设部署,加快开发项目的审查批复,完成29个区块地面方案批复,批复投资11亿元;加快老油田调整改造、安全环保节能改造、油气储运重点项目设计审查和批复,批复项目24大项,投资7亿元。协调推进项目实施,加快王家沟库区原油储罐工程、玛河气田公寓等工程开工建设。三是加强项目后评价工作,不断提高工作质量。完成陆东五彩湾天然气勘探项目自评价并通过集团公司咨询中心的独立后评价;同时完成玛河气

田开发、彩石克输气管道建设详细后评价。 （陈　鹏）

【争取投资】 2010年，油田公司规划计划处密切横向配合、强化纵向沟通，积极争取投资，投资到位创历史新高，为公司发展提供坚实的资金保障。针对年初总部下达计划钻井投资和成本严重不足的局面，将争取投资作为推进现代化大油气田建设和打造世界石油城的重点工作，坚持整体谋划、突出重点、精选项目，着力开展以下工作：一是组织勘探公司、开发公司、概预算管理部、试油公司、井下作业公司等单位近60多人，耗时近2个月，按单井单项工程对2010年钻井工程进行投资和成本测算，并通过廊坊造价中心的验算和认可，最终股份公司追加钻井工程投资4.92亿元。二是积极争取部分历史遗留问题的解决，保证油田轻装上阵发展。抓住各种有利时机，充分利用各种层面、各种机会陈述遗留问题形成的客观原因和解决方案，取得总部领导和部门的认可，追加2000～2008年产能建设地面工程投资缺口7.94亿元，占14.84亿元缺口总额的53.49%；六家联合办公楼、生产指挥中心附楼项目的资金也得到落实，分别增加9 000万元和3 400万元。三是一批事关油田持续发展的重点项目和专项投资得到落实。机关各相关部门紧密协作，研究院、设计院等单位积极配合，强化项目前期研究和论证工作，认真评估项目技术经济可行性，使重大开发实验、油田注水专项治理等重大项目通过了总部审查，落实投资44 130万元。先后组织编制安全环保、防洪工程、道路建设等专项论证报告，并积极向总部汇报沟通，落实投资70 902万元。全年落实投资及费用149.5亿元，比年初安排增加37.93亿元，创油田公司成立以来最高水平，百万吨产能建设投资也从2009年的32亿元提高33.4亿元。 （陈　鹏）

【投资安排】 2010年，油田公司规划计划处在投资安排上坚持突出重点、优化投资结构、统筹协调平衡，努力实现公司资源的优化配置和整体优势的充分发挥。一是安排油气勘探投资29.71亿元，以大勘探工程为指导，积极开展战略目标进攻年主题活动，加快实施“6136”工程，取得显著的勘探成效，全年获1个重大发现、5个重要进展和4个重要苗头，公司储量任务全面超额完成。二是安排产能建设投资65.8亿元，围绕稳定并提高单井日产量“牛鼻子”工程，坚持优化新区产能方案，重点推进油田注水专项治理等老区稳产工作，加大侧钻加深、老井恢复试油等增产、增储措施的投资力度，完成年度油气产量任务，单井日产稳步回升。三是安排科研投资3.4亿元，一批重点攻关项目取得新进展。四是安排隐患治理投资4.7亿元，全年无重特大安全以及环境污染事件发生。五是安排节能专项投资1.4亿元，确保股份公司节能考核指标的顺利完成。六是安排生产设施改造投资8.75亿元。全年安排11个原油处理站场改造项目、7个天然气处理站场改造项目，持续构建现代化大油气田生产储输格局，夯实大发展的设施基础。 （陈　鹏）

【投资管理】 2010年，油田公司规划计划处夯实基础、精细管理，提高投资管控能力。一是修订钻井计价体系，推进建立长效定价机制。钻井工程投资占到勘探开发业务投资的65%以上。编制完成《2010年钻井系统工程计价标准》，规范定价依据与原则，并通过与各施工单位的积极沟通，取得普遍接受和认同，为投资管控和关联交易平稳运行初步搭建了科学规范的平台。二是认真组织年度工作部署，推动生产经营持续发展。7月，部署各部门、各单位、各专业的建设项目论证工作，并组织公司各专业、各部门共同研究年度生产经营指标，编制和上报2011年度投资建议计划，11月与股份公司就任务指标、成本指标、工作量和资金安排等进行充分交流和对接，并根据股份公司下达的框架指标，围绕2011年储量、产量和未上市业务减亏目标，组织各有关部门编制完成2011年生产经营实施计划，经总经理办公会审定后已组织实施。三是精细计划管理以推进ERP系统运行为基础以内控完善为抓手，将年油气预探钻井计划下达到单井、油藏评价和油气开发钻井投资下达到区块，按照成熟一批、审批一批、下达一批的原则下达计划，进一步细化投资计划管理。 （陈　鹏）

【生产销售管理】 2010年，油田公司规划计划处科学组织生产，加强产销协调，实现油气生产安全平稳运行和效益实现。一是认真编制下达年度、季度、月度计划，计划对生产指导作用进一步加强。年初围绕公司年度业绩目标，科学合理地分解各单位各部门的生产任务，确定各单位的业绩考核指标。加强季度计划执行情况总结分析，安排好下一阶段生产经营重点工作，落实全年工作部署，督促计划完成进度。二是强化原油产运销储综合平衡，保证生产后路畅通。认真落实股份公司销售计划，紧密跟踪原油生产，认真做好平衡方案，强化产运销监控，优化管线运行，协调各方关系，维持合理库存，根据管道运行和石化公司生产特点优化油品流向，确保原油生产后路畅通，增加销售效益。三是积极履行社会责任，有效保障北疆地区城市民用天然气供应。按照“保重点、保民生、保稳定”的原则，加大天然气供需协调力度，积极争取中亚天然配置计划量，优化、平衡自产气和中亚气两种资源，采取多项措施积极应对北疆城市冬季“气荒”，确保北疆重点城市和重点工程供气。 （陈　鹏）

【推进钻井工程关联交易】 2010年，油田公司规划计划处积极推进钻井工程关联交易工作。一是统一计价平台，减少沟通差异。年初，与西部钻探公司共同协商确定采用10标准作为新疆油田钻井系统工程市场招议标和合同签订的计价依据。二是科学合理地匹配产能、产量、工作量和投资的关系，股份计划下达后，经过认真测算和分析，在确保储量、产量任务完成的基础上，压缩部分钻井工作量。三是积极向总部反映投资缺口和成本水平，争取投资。组织相关单位历时数月，以近两年数千口井的分析对比资料和客观生产实际，细致地向股份公司造价中心廊坊分部反映新疆实际钻井成本需求与计划成本差距过大的问题，最终得到股份公司的认可，追加钻井投资4.92亿元。四是深化、细化结算方案。在股份公司廊坊造价中心的协调和组织下，与西部钻探公司进行分项目分专业的逐项对接，双方确认关联交易工作量。同时，组织勘探公司、开发公司测算全年勘探开发工作量，并根据投资到位情况细化和深化结算方案，保障公司勘探开发生产任务的完成和关联交易工作的推进。公司与西部钻探关联交易结算顺利完成，试油、井下作业公司实现解困扭亏方案目标，基本满足改制企业的发展需求，保持地方经济的相对稳定，实现多方共赢、和谐发展。（陈　鹏）

【挖掘投资潜力】 2010年，油田公司规划计划处优选4个重点挖潜领域，以点带面的在全部投资建设项目中展开。钻井工程不断优化方案部署、优化井身结构、优化测录井项目、优化试油工序、推进钻井提速、推广使用活动钻井基础、修复利用旧油管；地面工程全面推行标准化设计、优化简化地面集输工艺；全面推进石油工程招议标工作，积极推行甲方供料，开展修旧利旧，加强物资采购，严控项目建设成本。经过加强项目论证、优化项目设计、抓实施工管理，全年挖潜增效实现投资节约1.5亿元。（陈　鹏）

【矿区建设】 2010年，油田公司规划计划处进一步改善居民生活条件，加快民生工程的建设步伐。一是组织编制完成中心城区供水、供发电、供暖、通信、天然气等基础设施规划和新疆油田数控中心、单身员工公寓、科研中心规划方案编制。二是组织实施油田公司生产调度指挥中心项目和大板副楼工程、玛河气田公寓建设、采油二厂办公区建设、明园新时代大酒店维修改造等项目，协调友好步行街综合楼项目政府注资相关事宜。三是加大矿区基础设施更新改造力度，实施天然气入户工程、第五净化水厂、110千伏昆仑变电所、前进锅炉房扩建工程、准东石油基地军垦北路道路建设工程等一批重点项目。四是实施居民住宅维修和配套设施建设，累计维修改造居民住宅405套。准东石油基地和油气储运公司昌吉小区员工集资建房工作稳步推进，进一步完善矿区基础设施和文体设施建设，职工生产、生活条件不断改善。（陈　鹏）

【基础管理】 2010年，油田公司规划计划处牢固树立服务发展的意识，进一步夯实规划计划事业发展基础。不断完善规划计划工作管理体系，修订和完善投资管理手册，明确规划计划各项业务工作流程，提高规划计划工作的规范化和科学化水平。加强统计管理，提高统计服务水平，完善统计报表制度，保证统计数据质量，汇编《2000～2009年统计摘要》，持续强化和提高统计分析水平，公司被评为集团公司"十一五"统计工作先进单位。加强队伍建设，努力培养素质高、作风过硬、服务意识强的规划计划队伍，开展规划、项目管理、统计、造价管理等一系列专业培训，不断提高规划计划系统人员素质和工作能力。

（陈　鹏）

【规划计划工作会议】 2010年7月29日，油田公司在独山子区召开规划计划工作会议，油田公司副总经理聂海光，机关各处室、各基层单位主要领导、计划科长及业务骨干参加会议。会议的核心内容是总结表彰公司"十二五"规划成果。会上，规划计划处、勘探开发研究院、科技信息处作专题汇报。准东采油厂、采油一厂、采油二厂、陆梁油田作业区代表基层单位汇报规划成果。会议表彰8家"十二五"规划编制工作先进单位、115名先进个人和35项优秀规划成果。会议进行分组讨论交流，与会各单位就如何提高公司规划计划工作水平等问题提出很多意见和建议。会议指出，油田公司历时两年，花费大量人力物力编制"十二五"发展规划，明确未来5年乃至10年内公司和各单位的主要任务。要重点抓落实，对各单位在"十二五"规划中提出的战略部署、重大举措、重大研究课题和重大试验项目开展深入的前期研究工作，提出具体措施，加快实施步伐。

（陈　鹏　文　博）

资产管理

市国有资产监督管理

【市国有资产监督管理委员会领导名单】

主任：王家隆

副主任：徐刚

【基本情况】 2010年，克拉玛依市国有资产监督管理委员会内设机构办公室、统计评价与业绩考核科、产权管理与企业改革改组科3个职能科室，增设国有企业监事会管理工作办公室（科级事业机构）。克拉玛依区国有资产监督管理委员会、独山子区国有资产监督管理委员会成立。有职工11人，党员8人。其中高级会计师1人、会计师3人、注册资产评估师1人。主要职责是根据市政府的授权，依照《公司法》、《企业国有资产法》等法律履行出资人职责，监管市属企业国有资产，承担监督所监管企业国有资产保值增值的责任。指导推进国有企业改革重组。按法定程序和干部管理权限对所监管企业领导人员进行考核、任免并根据经营业绩进行奖惩，向所监管企业派出监事会或监事。负责企业国有资产产权、统计、收益等基础管理和流失查处工作，督察所监管企业贯彻落实安全生产及有关法规、标准等工作。

（王利宾）

【国有资产保值增值】 2010年，克拉玛依市国资委以开展关注民生年活动为契机，以加快发展、强化监督为工作目标，将监管工作寓于服务企业实际当中，使国有企业经济效益和质量得到逐步提高，截至年底，克拉玛依市地方国有企业国有资产总额57.7亿元，国有资本27.3亿元。实现销售收入9.9亿元，比上年增长66%；利润总额1.1亿元，增长12%；企业增加值3.6亿元，增长56%；已上缴税金5 339万元，增长43%；职工收入增长11%，国有资产保值增值率104%。（王利宾）

【企业改革】 2010年，克拉玛依市国资委积极推进企业各项改革。将新疆西部绿洲生态有限责任公司下属物业管理公司个人股权全部收归国有，理顺产权关系，维护国有资产权益。调查审批克拉玛依市城投公司下属鹏基物业公司回购个人股权，完善公司法人治理结构。指导独山子粮贸公司产权制度改革，通过解决改制企业突出问题，促使企业建立健全现代企业制度，提高公司经营管理水平。积极稳妥地做好市升达公司破产工作。审批市国投公司、市城投公司出资设立小额贷款公司，批复出资额及出资比例，并按《公司法》健全公司法人治理结构。深化改革，增强国有企业的发展活力，指导监管企业内部工资制度、人事制度、劳动制度改革，进一步增强企业凝聚力，提高企业市场竞争能力。

（王利宾）

【业绩考核】 2010年，克拉玛依市国资委在监管企业全面施行企业负责人经营业绩考核和薪酬分配工作。研究制定并落实规范国有企业负责人职务消费以及特殊贡献奖励办法等制度。在总结经验的基础上，不断深化考核方法，因企施策，优化考核指标，提高考核指标的合理性和可操作性，不断完善考核机制。在4月召开的国有资产监管工作会议上，市国资委公布上年度企业负责人业绩考核结果和薪酬分配方案，下达当年企业经营业绩目标考核值，并与各监管企业负责人签订经营业绩考核责任书。同时进一步健全业绩考核激励奖惩工作机制。（王利宾）

【产权管理】 2010年，克拉玛依市国资委进一步加强国有产权管理。深入开展企业国有产权调查和产权登记年检工作，对全市、区涉及国有资产的企业开展2008～2009年两个年度的产权调查，并按要求做好上年度国有产权登记年检工作。严格按照国有产权转让有关规定，加强与自治区产权交易中心的沟通协作，指导企业对涉及交易的产权事项尽量进场交易，按照国有产权转让的原则、程序和要求，在评估的基础上，合理确定挂牌底价，按规定认真做好资料的审核备案等工作，维护国有资产权益。（王利宾）

【统计评价】 2010年，克拉玛依市国资委始终把企业财务监督作为国有资产监管的重要内容。以财务工作为抓手，定期检查企业资产运营状况，掌握企业经营运行态势，促进国有资产高效运营；加强业务培训，实现新旧《企业会计准则》平稳过渡，确保市国有企业全部执行新的企业会计准则。加强和规范企业各类财务报表管理，做好企业财务报表的审核汇总工作，进一步提高各类企业财务报表编报水平和经济运行分析工作质量。指导监管企业规范会计核算，提高会计信息质量和人员业务素质。引导和督促所出资企业加强内部审计和内控机制建设。（王利宾）

【监管服务】 2010年，克拉玛依市国资委认真做好企业监管服务工作。一是做好引进大企业大集团后续服务工作。市商业银行股份有限公司更名为昆仑银行，为实现其发展战略，该行制定增资扩股方案，为保护原自然人股东利益，克服各种困难，按要求完成230多名自然人股权增加工作，稳妥做好引进大企业大集团后续服务事宜，维护投资者权益和油城社会稳定。二是围绕发展、监管、服务的主题，采取灵活措施，提供全方位服务，加强配合协调，优化结构调整，帮助国有企业破解发展难题。三是积极推进、加快重点企业的改革发展，扶持优势企业做大做强，支持企业内部资源有效整合，增强市场开拓能力。积极参与，协调配合做好市、油田公司驻外机构整合工作。四是认真履行出资人职责，向监管企业委派和推荐委机关工作人员兼任企业董事、监事，积极参与企业决策，密切联系，强化监管，增强服务企业的能力。五是完善公司法人治理结构，规范企业董事会、监事会和经理层职责，督促检查企业"三重一大"制度落实情况，推进企业各项改革，促进企业加快发展。（王利宾）

油田公司资本运营

【油田公司资本运营部领导名单】

主任：王鲁沂

副主任：邹利平、游建军、李伟贤

【基本情况】 2010年，新疆油田公司资本运营部内设股权投资科、股权管理科、资产经营科、专职董监事办公室、集体资产管理科、综合科6个科室，主要负责油田公司长期股权投资项目的管理与处置；清理债权项目，盘活利用、处置变现闲置低效资产；油田公司驻外机构资源整合及资产经营管理与考核；集体资产管理与运营；清理规范油田公司非主营业务。（李曙辉）

【股权项目处置】 2010年，油田公司资本运营部加大国有法人股权退出工作力度，采取多种途径和方式，完成年度计划处置任务，取得很好的经济效益，并有力推动总体处置工作进展。一是通过进场挂牌交易，完成克拉玛依新科澳化工有限公司、克拉玛依亚源有限责任公司和新疆中亚油气有限公司中的国有法人股权转让，收回转让款849.68万元。二是严格按照公司法与公司章程规定，规范实施股权清算，完成新疆准噶尔生态股份有限公司、新疆新油物业管理有限责任公司的清算注销。三是走法律道路，依据仲裁决定完成福建漳浦兴盛瓷业有限公司的股权核销。年内，除了完成上述6项处置计划外，还对所有余下的19个计划处置股权项目开展程度不同的工作，其中12个采取进场交易方式进行转让的股权项目已全面启动，进入不同程度操作阶段；克拉玛依宝硕管材有限公司已经克拉玛依市高级人民法院立案，正依法定破产程序清算；对新疆油田资产管理有限公司、厦门北星房地产开发有限公司和香港励源公司进行处置前期的调研准备工作；对厦门新油贸易公司等3家非常规处置的项目也开展证据收集与手续补充完善工作，以争取得到集团公司同意进行股权核销。（李曙辉）

【股权管理】 2010年，油田公司资本运营部在加快股权处置进程的同时，以获取存续股权项目预期投资回报为股权管理工作的中心内容，确保完成集团公司下达给新疆油田公司的年度股权投资收益－78万元的考核指标。在认真研究分析各参控股企业生产经营状况基础上，编制科学合理的股权收益预算指标；加强事中管控能力，充分发挥专职董监事专业专职优势，定期收集填报股权信息，实时动态管理；加强股权投资项目年终决算工作，实际完成股权投资收益3 042.51万元，超额3 120.51万元，通过集团公司考核。（李曙辉）

【债权清理】 2010年，油田公司资本运营部组织实施债权清理计划，积极处置变现，回笼资金1 436万元。包括出售伊犁石油大厦和张家港一处房产，收回846万元；处置新源钢铁公司资产，收回部分矿石款10万元，新源县人民政府补偿的2宗商品用地中的1宗实现销售，收回资金580万元。资本运营处积极办理多处内地房屋产权证明，为下步的出售变现提供前提条件。（李曙辉）

【公房租赁管理】 2010年，油田公司资本运营部加强公房租赁工作，实行归口统一审批、分级负责管理机制，制定实施《公房出租管理办法》，编制执行公房出租合同和公房出租安全责任合同标准文本，提高油田公司总体公房出租管理的标准化规范化水平。对本部直接负责管理的出租公房，重点强化承租户的安全经营意识，落实执行安全协议，确保全年所有出租公房安全运营未出事故，同时依合同约定，按期足额收取租金476万元。（李曙辉）

【驻外机构资产经营管理与整合】 2010年，油田公司资本运营部作为油田公司驻外机构整合工作的牵头负责部门，在积极调研、充分协商、多次修改、反复完善的基础上形成油田公司驻外机构有偿转让给克拉玛依市政府的方案，并在12月初，先行组织完成上海、成都两地办事处的资产移交工作。同时为保证移交后驻外办事处的资产经营管理工作能持续有效运行，更好地实现无缝对接，在整合全过程中，通过定期掌握分析驻外机构资产经营状况，编写季度简报和年度报告，加强信息交流与管理沟通，进一步巩固提高驻外办事处资产管理和经营水平，切实保障移交后驻外机构服务油田职工、服务克拉玛依市民的工作质量不降低。（李曙辉）

【其他业务】 2010年，油田公司资本运营部开展清理规范油田公司非主营业务工作：一是巩固2009年对未上市业务单位开办的14家非主营业务实体清理规范的成果，除2家出租车代理公司因移交条件不成熟仍维持运作外，其他均已按计划采取移交政府部门管理、实施内部资源专业化整合、面向社会公开转让退出和规范管理持续经营等方式清理规范完毕。二是将荒置20多年的原新疆石油管理局所属库车大涝坝农场土地（总面积2 030万平方米）委托给准东工程技术公司管理，明确要求受托方采取措施加强土地管理，恢复原有果林园养护，保护好水源地，确保现有土地不再流失。三是参与油田公司存量土地规划与开发利用工作。四是将原新疆石油管理局在伊宁市的1公顷土地转让给新疆新捷燃气股份公司，收取土地款276万元。五是帮助改制企业协调解决土地租赁及资产转让问题。（李曙辉）

统计管理

国家统计调查

【国家统计局克拉玛依调查队领导名单】

队长：王维翰

副队长：石平

【基本情况】 截至2010年底，国家统计局克拉玛依调查队有职工11人。其中队长1人、副队长1人、科长1人、副科长1人、副主任科员1人、科员6人（其中基层锻炼1人）；党员8人；大学本科9人、大学专科2人；女职工6人，占职工总人数55%；全队职工平均年龄35.8岁。克拉玛依调查队下设办公室（人事、财务、纪检监察）、综合科（执法检查）、农牧业调查科、住户和价格调查科、统计监测科、工商调查科6个科室。主要职责是按照上级相关部门的要求，承担克拉玛依地区的人口调查、住户和价格调查、农牧业调查、工商调查、环境统计监测评价以及统计执法检查等。（石　平）

【信息写作】 2010年，克拉玛依调查队在完成各项工作的同时，及时为市委、市人大常委会、市政府、市政协和有关部门提供国民经济运行情况等方面的统计资料。全年编印信息动态资料120篇，撰写调查分析15篇。在市、油田党委系统对全市各单位信息上报及采用情况通报中，调查队上报、采用的信息排名前列。在资料编辑中，及时完成克拉玛依年鉴（2010年卷）中《统计调查篇》的编写上报工作。固定资产投资价格调查的前三季度所涉及企业18家，较好地完成报表的上报任务。撰写各类信息和分析5篇。调查队被评为克拉玛依市直机关系统新闻宣传工作先进集体。（石　平）

【调查表编报】 2010年，克拉玛依调查队在严格控制调查数据质量的前提下，按照新疆调查总队的总体要求，及时更新和维护各专业名录库，较好地完成克拉玛依市2010年度月报和季报调查数据的上报任务。在各被调查单位、个体经营户和住户的积极配合下，按时完成数据的收集工作。严格按照调查方案要求审核数据，及时完成各项调查任务，并根据实际工作需要，自行设计调查表数据汇总程序，在全面完成新疆调查总队任务的同时，牢固树立为地方社会经济发展服好务的思想。在新疆调查系统工作评比中，克拉玛依调查队获综合考核评比三等奖；专业评比分获流通消费价格调查工作一等奖（地方点）；城镇住户调查工作综合考核三等奖；工业品价格调查专业获二等奖；规模以下工业抽样调查工作二等奖，固定资产投资价格调查工作三等奖。（石　平）

【规模以下工业抽样调查】 2010年，克拉玛依调查队按照自治区调查队要求，开展规模以下工业抽样调查工作，通过大样本调查确定克拉玛依市2010～2015年的全部样本25家。其中工业企业12家、个体工业13家。工业抽样调查做到准确、及时，并完成本年度报表的填写报送工作。（石　平）

【工业品价格（PPI）抽样调查】 2010年，克拉玛依调查队开展工业品价格抽样调查，并完成任务。有调查企业26家，涉及14个大类行业，19个中类行业，24个小类行业，覆盖36种产品，近50种规格品。组织专门人员，在及时完成月报表报送任务的同时，积极撰写信息和分析，多篇文章被国家统计局新疆调查总队网采用。（石　平）

【城镇住户基本情况调查和大样本轮换】 2010年，克拉玛依调查队按照《2010年全国城镇住户基本情况抽样调查制度》的要求，从下半年开始，开展城镇住户基本情况抽样调查（为轮换记账户做准备）和大样本轮换工作。按规定克拉玛依市的大样本轮换量为1 920户，为确保新一轮抽中的常规户样本的准确性，根据实际情况，自加压力，将样本量扩大为2 400户，完成实际记账户的10倍。（石　平）

【物价（CPI）调查】 2010年，克拉玛依调查队及时掌握国家政策性调价，确保基础价格的准确性。物价调查专业组在每月逢五、逢十按时调查蔬菜价格，在调查的基础上，填写价格变化记录并按时上报，较好地完成了全年报表的采、编、报工作。同时，及时撰写居民消费价格方面的各类信息和分析，多篇文章被报刊和政府公众信息网及新疆调查总队网采用，为政府和公众提供了一定的决策依据和消费参考。（石　平）

【服务业抽样调查】 2010年，克拉玛依调查队根据《新疆部分服务业调查抽样制度》的规定，按时完成本市服务业抽样调查半年报工作。克拉玛依市服务业抽样调查的半年报表中有103家样本企业。经调查核实，查询不到可能消亡企业9家、转行1家、注销企业1家、停产企业1家、其余91家正常上报报表。全年克拉玛依市服务业抽样调查年报中，涉及克拉玛依市111家企业。（石　平）

【畜禽监测】　2010年，克拉玛依调查队认真开展畜禽监测工作，通过对畜禽监测的清查摸底，更新畜禽监测调查单位，确定全年畜禽养殖户（单位）14户（其中畜禽养殖规模户7户、畜禽养殖单位7家，散养户未纳入样本内）。结合调查资料，撰写各类信息和分析材料3篇。

（石　平）

【法制建设】　2010年，克拉玛依调查队为贯彻落实国家统计局、监察部、司法部联合召开的《中华人民共和国统计法》和《统计违法违纪行为处分规定》执行情况大检查电视电话动员会议精神，克拉玛依市及时成立由市统计局、国家统计局克拉玛依调查队、市监察局、市司法局4家单位组成的统计执法大检查领导小组。从7月12～20日，按照工作计划，联合执法检查组开展对全市范围内的41家政府机关、企事业单位进行执法检查。检查包括城镇居民收入、工业品价格指数、固定资产投资完成额、批发零售住宿餐饮企业、资质以上建筑企业和亿元以上固定资产投资项目等专业的2008～2009年统计报表情况等重点指标。检查组采取检查统计报表、原始凭证、统计台账，查阅文件、资料等方式现场检查，确保检查工作取得切实成效。同时，克拉玛依调查队结合“五五普法”等内容，自行命题，组织全队职工参加《统计法》及《统计违法违纪行为处分规定》知识答题活动，进一步巩固学习内容，增强自身对贯彻执行新修订的《统计法》的自觉性。在此基础上，利用调查工作之便，深入企业、个体经营店面，发放并宣讲新《统计法》内容，切实提高宣传成效，使广大统计调查对象明确了其自身在统计调查活动中的权利和义务，更加理解和支持统计调查工作，为工作的顺利开展创造良好的社会环境。克拉玛依调查队被国家统计局新疆调查总队评为统计普法工作先进单位，统计法规制度新建设工作先进单位。克拉玛依调查队被克拉玛依市依法治市领导小组命名为法制机关。（石　平）

【信息化工作】　2010年，克拉玛依调查队全面开展政府系统公文无纸化传输平台的应用、加强内网FTP建设，建立本单位的门户网站，建立精神文明考核系统，积极开展信息化工作。根据克拉玛依市政府开展无纸化办公的要求，派专人学习协同办公平台系统，并组织单位职工进行统一学习，熟练掌握安装、使用方法。由于此系统只能在克拉玛依市政府内部网站安装，调查队通过内外网的物理切换，保障协同办公平台系统和新疆调查总队FTP的使用。通过协同办公平台，实现公文处理、重要通知发送、文件直传等功能，全面开展无纸化办公。与4个区统计局需要每月进行数据传输，为此搭建FTP平台，保障数据的高效传输。给每个科室都设立相应的文件夹，实现内部职工之间的文件传输，避免U盘等介质使用中病毒传播等问题。在日常工作，重视加强网络安全（维护）员的职责教育，对于办公网络出现的问题，网络安全（维护）员均能如实记录、及时处理，并总结归纳。12月3日，克拉玛依调查队网站建设开始发布并进入试运行阶段。（石　平）

【组织工作满意度民意调查】　2010年，克拉玛依调查队按照新疆调查总队的要求，开展群众对组织工作和组工干部的满意度民意调查，听取群众对组织工作的真实意见和看法，为提高选人用人公信度和改进组织工作提供量化参考。制定调查方案，并于8月23日至9月16日开始实施调查工作。在调查过程中，严格按照调查方案、调查程序开展问卷调查，采用多阶段、分层、随机等距抽样方法，分别对克拉玛依市本级、克拉玛依区、白碱滩区、独山子区和乌尔禾区152个行政、事业、企业和乡村所抽取的500人进行现场问卷填写工作。调查对象完成问卷填写后，调查人员逐一现场审核确保没有出现漏填和错填现象后收回问卷，确保调查的准确性和真实性。9月17～19日，完成克拉玛依市组织工作满意度民意调查工作，完成调查问卷640份。按照规定，将已调查的140份国家样本问卷现场封卷，并直接寄送国家统计局。对500份自治区调查样本问卷，进行录入和审核后，直接报送新疆调查总队。（石　平）

【公共安全感满意度调查】　2010年，克拉玛依调查队为了解各区公众安全感、公众平安建设参与率、公众对政法、综治部门的满意度，根据新疆调查总队的总体安排和要求，于9月中下旬分别在克拉玛依区和独山子区实地开展公众安全感及对政法综治工作满意度的调查。并于9月29日完成600份调查问卷的现场填写工作。由于本次调查工作涉及的调查对象职业分布广、人员杂、数量多、涉及面广。调查队领导高度重视，提出严格要求，并成立相应工作领导小组，明确工作分工、具体到人，详细制定调查方案。调查过程中，调查人员严格按照预先制定的方案要求，对调查对象的配比问题，问卷的注意事项，都做仔细核实，使该项工作得以顺利进行。调查问卷回收后，按照录入程序，仔细审核调查问卷、规范操作，高质量地完成调查问卷的录入和上报工作。（石　平）

【党风廉政建设民意调查】　2010年，克拉玛依调查队按照自治区党风廉政建设民意调查工作部署和要求，开展群众对党风廉政建设的意见和看法调查，正确评估反腐败斗争形势，为党和国家制定有关政策提供参考依据。调查于10月22日开始到25日结束。为做好调查工作，专门成立调查工作领导小组，明确工作分工，共同组织协调，联合制定《2010年克拉玛依市党风廉政建设民意调查工作方案》。根据方案要求，采取住户规模比列法（PPS）和随机等距抽样原则，在克拉玛依区抽选6个社区150户，独山子区抽选2个社区50户。在入户调查前期，克拉玛依调查队专门培训调查员，详细讲解方案和问卷，并强调提高调查工作的保密意识。在调查过程中，及时调整出现的特殊情况，确保问卷调查的真实性、客观性和代表性。调查期间，调查员在现场填写完后，认真审核。

（石　平）

【城市环境满意率调查】　2010年12月上旬，克拉玛依调查队分别对克拉玛依区和白碱滩区实地开展克拉玛依市全国2010年公众对城市环境保护满意率的调查，并于12月10日完成调查问卷的填写工作。调查中，采用住户规模比例法（PPS）在城市中抽选调查社区，分别选中克拉玛依区和白碱滩区16个社区，在社区中按照随机等距抽样原则进行抽选调查户，每个社区选中25户，抽取400

户调查户。根据本次调查工作涉及的调查户数比较多、涉及面广的特点，调查队领导提前与环保部门沟通、协调，制定工作方案，及时培训调查人员，详细讲解调查指标。调查结束后，克拉玛依调查队严格按照录入程序，仔细审核调查问卷、规范操作，按时高质量地完成调查问卷的录入、上报工作。（石 平）

【政府效能建设满意度调查】 2010年，克拉玛依调查队会同市监察局开展政府效能建设满意度调查，调查工作从12月开始月底结束。调查范围涉及克拉玛依市本级人大代表，政协委员，以及克拉玛依区、白碱滩区、独山子区和乌尔禾区的调查对象，共计430人。调查期间，调查人员逐一现场填表、审核，确保没有出现漏填和错填现象后收回问卷430份，确保调查的准确性和真实性，并及时完成调查问卷的录入、审核和调查报告的撰写任务。（石 平）

【专项调查与达标工作】 2010年8月，克拉玛依调查队按照新疆调查总队的要求，开展专项调查工作，取得积极成果。一是开展大企业大集团人才工作调查。8月，完成由新疆调查总队统计监测处安排的大企业大集团人才工作问卷调查工作。在调查期间，发放和回收调查问卷100份，并完成问卷的录入和上报工作。二是开展家电商品价格调查。11月，接到新疆调查总队综合处通知，要求在克拉玛依市开展家电商品价格调查工作。接到通知后，立即开展调查价格。调查前期，共摸底调查12家家电商品卖场。经新疆总队筛选，确定对4家符合要求的家电商品卖场进行价格调查月报工作，较好地完成调查和报表上报工作。三是开展中国卷烟零售客户满意度调查。11月，接自治区统计局相关部门通知，在克拉玛依市开展中国卷烟零售客户满意度调查工作。此项工作发放和回收调查问卷40份，完成任务。四是实现会计达标。7～8月，通过克拉玛依市财政局会计基础工作规范化检查，顺利达标。五是实现档案达标。8月，克拉玛依市档案局验收克拉玛依调查队档案基础工作。（石 平）

【党员领导干部民主生活会】 2010年1月26日，克拉玛依调查队召开2009年度党员领导干部民主生活会暨领导干部述职述廉考核会议。会议首先进行领导干部述职述廉考核，调查队队长、副队长分别对一年来的工作情况及德、能、勤、绩、廉五个方面进行述职述廉，并开展民主测评。市委组织部对克拉玛依调查队队领导一年来的工作成绩给予肯定。考核工作结束后，进行党员领导干部民主生活会。对会前所征集到的群众意见进行梳理和讨论，并提出初步的整改意见。（石 平）

【统计调查业务工作会议】 2010年2月10日，克拉玛依调查队召开统计调查业务工作会议。克拉玛依市统计局与克拉玛依区、独山子区、白碱滩区和乌尔禾区统计局的领导以及部分业务工作人员共同参加会议。克拉玛依调查队队长王维翰传达2010年全区统计调查工作会议精神，并重点传达学习国家统计局新疆调查总队总队长余晓明在全区统计调查工作会议上作的《以“三个提高”为主线，开创全区统计调查事业新局面》的讲话。会议结束时，王维翰讲话。王维翰指出，统计调查要围绕提高数据质量、提高统计调查能力、提高统计公信力开展工作；调查队要与克拉玛依市统计局及各区统计局精诚合作、优势互补，资源共享，继续发扬统计精神，共同为克拉玛依市的统计事业贡献力量。会上，参会人员相互交流了工作经验，畅谈了工作思路和想法，并表示要围绕共同目标做好各项调查工作。（石 平 郑 立）

【工业生产价格统计调查工作会议】 2010年12月16日，克拉玛依调查队在乌鲁木齐召开工业生产价格统计调查工作会议。会议全面总结2010年克拉玛依市工业品价格调查工作、系统布置2011年工业生产者价格统计调查工作，更加深入地贯彻执行工业生产者价格统计调查改革的方法制度。来自克拉玛依市相关部门负责人和统计业务人员30多人参加会议。会议重申工业生产价格工作的重要意义；新疆调查总队生产投资价格调查处副处长王伟参会并对工价工作的重要性、工价改革和如何做好工价工作等方面的内容，向参会人员做了讲解；宣读2010年度克拉玛依市工业品价格调查工作先进企业和先进个人表彰文件，并向受表彰者颁发荣誉证书；由专业人员讲解工业生产者价格统计调查制度和网上直报操作步骤。与会代表就进一步提高服务水平和工价工作每月采价、网上直报系统操作过程中遇到的实际问题进行广泛讨论。（石 平）

【党风廉政建设】 2010年，克拉玛依调查队针对存在的问题，在统计行业中开展党风廉政建设，取得好的效果。一是制定2010年党风廉政建设工作计划，并认真落实监督检查措施，防止违纪现象的发生。在工作中，坚持两手抓，两手都要硬的原则，坚持党风廉政建设与文明创建工作相结合，加强组织领导，加大工作力度，严格执行党风廉政建设责任制。二是认真贯彻落实党风廉政建设责任制，切实加强干部作风建设。党支部按照克拉玛依市《关于签订领导干部廉洁从政承诺书的通知》的安排，开展领导干部廉洁从政承诺书的签订工作，并在网上进行公示。三是制定《克拉玛依调查队财务管理相关制度汇编》，加强财会岗位人员的培训，确保从源头遏制腐败现象。四是突出重点，扎实做好《廉政准则》学习。五是通过召开专题会议、及时观看警示教育片，撰写心得，组织参观由市委组织的廉政教育图片展等方式，加强反复倡廉的警示教育，增强反腐倡廉的坚定性和自觉性。全队职工严格遵守法律法规和廉洁从政各项规定，没有发生违法违纪问题。（石 平）

【行业文明建设】 2010年，克拉玛依调查队进一步加强行业文明建设工作，推动各项工作的开展。一是制定民族团结进步责任制，落实相关措施，深入开展民族团结教育专题活动，调查队召开以谁是我们的敌人，谁是我们的兄弟姐妹为主题的民族团结专题讨论座谈会。编排的《和谐油城》节目在第五届克拉玛依市机关组织的民族团结、共创和谐文艺汇演活动中获三等奖。二是进一步落实自治区和克拉玛依市关于创建文明单位的有关规定，积极开展文明单位创建活动。6～9月，先后完成对4个行政区的公共文明指数实地测评工作，文明城区实地考察及撰写考察材料工作，克拉玛依区和白碱滩区的窗口行业情况实地测评，克拉玛依区文明单位和文明社区复验工作。（石 平）

市统计管理

【市统计局领导名单】

党组书记、局长:王朝晖(11 月任职),李美疆(3 月离任)

副局长:吕永庆、喻江涛

【基本情况】 截至 2010 年底,克拉玛依市统计局有职工 16 人。其中党组书记、局长 1 人,副局长 2 人,调研员 1 人,科长 3 人,副科长 3 人,副主任科员 1 人,科员 4 人,助理工程师 1 人;有党员 13 人;大学本科 14 人、大学专科 2 人;女职工 7 人,占职工总人数 44%。市统计局下设办公室、法规教育科、综合平衡科、社会经济统计科、社会经济普查科 5 个行政科室和统计信息管理中心 1 个事业单位。主要负责克拉玛依市的统计报表填报、统计分析、统计服务与创新、统计信息化建设以及社会经济调查和社会经济普查等工作。 (刘文军)

【统计报表】 2010 年,市统计局全面完成 2009 年全市国民经济各行业统计年报和 2010 年国民经济各行业月报、季报的编报任务。在自治区统计系统 2009 年专业统计年报和 2010 年定期统计报表评比中,核算、基本单位、交通运输统计等专业获二等奖;工业、农业、固定资产投资、房地产、建筑业、贸易、外经和旅游、能源、劳动工资、科技专业获三等奖。在专项统计工作评比中,信息化建设、妇女儿童规划纲要监测获二等奖,统计法制、纪检监察、统计教育、统计设计管理获三等奖。 (刘文军)

【统计服务与创新】 2010 年,市统计局围绕全市中心工作和经济社会发展中的热点、焦点问题,努力为各级领导、社会各界提供更优质、更高效的统计服务。编写季度经济运行情况分析,积极编撰全市《领导干部经济要情参考》等统计资料,向自治区统计局、克拉玛依市委、市政府报送政务、经济信息 36 期。及时为市委、市政府和有关部门提供国民经济运行情况等方面的统计资料,全年编印经济运行统计分析资料 34 篇。在报送的资料中,反映 2009 年克拉玛依市经济运行情况简析、克拉玛依市 2010 年上半年国民经济运行分析、克拉玛依市房地产现状分析与展望、关于克拉玛依市城市转型和可持续发展的若干问题、克拉玛依市产业结构现状、金融信息和旅游三大新兴产业现状分析、从劳动力资源调查资料看克拉玛依市劳动力资源在“十一五”期间的变化和发展、2010 年克拉玛依市政风行风评议社会测评情况、2009 年克拉玛依市妇女儿童发展纲要执行情况简析、克拉玛依市地方企业外向型经济发展情况调查报告等分析资料,受到有关方面的关注和领导的好评。在《克拉玛依日报》上发布《克拉玛依市 2009 年度国民经济和社会发展统计公报》和《克拉玛依市第二次全国经济普查主要数据公报》,完成克拉玛依市《领导干部手册(2010)》和《统计年鉴(2010)》的编印及发放工作,按月印发反映克拉玛依市国民经济主要指标《领导干部经济要情参考》资料。在年初“两会”期间,编辑、印制3 500册《盘点 2009》、《身边的统计》、《小康社会进程监测》折页统计资料和1 000册《中华人民共和国统计法》,在“两会”现场设立统计信息咨询服务台,在“两会”期间向与会代表发放。增加“两会”服务专题网站,为“两会”服务增添新的内容。较好地发挥统计部门为地方党政领导提供决策参谋的服务功能,实现统计服务由平面向纵深发展。同时,积极配合市委文明办做好克拉玛依市创建全国文明城市的相关工作;在全市妇女儿童“两纲”统计监测、创建国家环保模范城市复验工作、创建国家级科技城区等工作中发挥积极的作用。市统计局被评为克拉玛依市落实环保目标责任书先进单位,克拉玛依市纠风工作良好单位,克拉玛依市级模范职工小家;市直机关标准化党支部、平安单位、先进党支部。 (刘文军)

【人口普查】 2010 年,市统计局认真组织力量进行第六次全国人口普查工作,通过人口普查查清“五普”以来克拉玛依市人口数量、结构、分布和居住环境等方面的变化情况,为科学制定国民经济和社会发展规划,统筹安排人民物质和文化生活,提供真实准确的人口统计信息支持。组织第六次人口普查是统计局承担的跨年度工程。市政府于上年 10 月 28 日下发《关于成立克拉玛依市第六次全国人口普查领导小组的通知》,成立由副市长赵武生为组长、19 个成员单位组成的克拉玛依市第六次全国人口普查领导小组。市属 4 个区、各街道等都成立普查机构。市、区人口普查办公室认真做好每一阶段的工作,采取各种措施强化质量控制,落实工作责任,深入普查一线,加强检查、督导,保证普查工作质量。市人口普查办公室建立人口普查工作定期报告、例会制度。各区人口普查办公室每周五前报告本区 1 周工作进展情况。市人口普查办公室每周一召开工作例会,分析研究人口普查工作情况,促进全市人口普查工作开展。在各级普查工作人员和2 000多名普查员、普查指导员的共同努力下,高质量完成人口普查前期准备工作、普查机构和经费落实、普查区划制图及地址码、普查业务培训、宣传动员、普查物资准备、普查摸底、长表抽样、入户登记复查、查遗补漏、事后质量抽查、光电录入及数据处理培训、快速汇总和90%普查短表光电录入工作,使克拉玛依市的人口普查工作取得阶段性成果。 (刘文军)

【统计专项调查】 2010 年,市统计局认真做好统计专项调查工作。一是 1～4 月完成 2010 年基本单位调查工作。本次调查新增、变更、剔除法人单位 686 个,其中新增法人单位 121 个、变更法人单位 523 个、剔除法人单位 42 个;新增、变更、剔除产业活动单位 159 个,其中新增产业活动单位 24 个,变更产业活动单位 91 个,剔除产业活动单位 44 个。二是做好城乡划分工作,准确评价城镇化水平,合理规划城乡布局,统筹城乡发展,打好规范统计工作的基础。1～2 月,根据自治区统计局工作安排,市统计局对城乡划分清查工作进行自检自查工作。检查结果表明,克拉玛依市的城乡清查数据完全符合国家、自治区的要求,一次性通过国家、自治区验收。三是做好“三上企业”核查工作。对全市规模以上工业、限额以上批发零售和住宿餐饮业、资质内建筑业以及房地产业所有企业的基本情况进行精细核查。核查内容包括企业名称是否规范、组织机构代码是否准确、企业联系电话、详细地址、行业划分、隶属关系等一系列企业基础信息,对其进行逐一比对核实。市、区两级统计工作人员,按时完成“三上企业”核查工作,为基本单位名录库系统成为重点调查、抽样调查的样本库打下坚实的基础。四是认真做好第二次全国R&D资源清查工作，全面调查了解克拉玛依市R&D活动的总体规模、分布以及政府对R&D活动扶持政策的落实情况等。通过清查，规范科技统计工作，完善科技统计指标体系，提高数据质量。五是完成克拉玛依市2009年度妇女儿童“两纲”统计监测工作，认真撰写、编印“两纲”统计监测报告。（刘文军）

【统计抽样调查】 2010年，市统计局认真开展统计抽样调查，取得好的效果。一是4～6月，制定《克拉玛依市2010年劳动力调查实施方案》，安排劳动力调查工作，抽样调查以市为总体，采取分层、多阶段、整体概率比例的抽样方法，按全市人口3%抽样，调查抽取的全市9个街道，39个居委会，100个调查小区的3 000多户，1万多人。完成调查样本的抽选、行政区划编码及绘图、调查物资的准备、调查人员的选聘和培训、清查摸底、入户登记、质量抽查、数据编码、数据处理等一系列工作。二是完成群众安全感调查工作。4～6月，组织开展群众安全感调查工作，调查工作是以劳动力样本为基础，每户抽1名18岁以上人口进行，从接受劳动力调查的3 000多户家庭中，随机抽取1名18岁以上居民，对人民群众所关心的社会治安状况、群众对当前社会治安状况的心理感受、群众对政法工作和队伍建设的满意程度等问题进行调查。三是配合市政府纠风办，做好市政风行风测评问卷调查工作。对市行政执法局、市房产局2个部门开展机关作风和政风行风评议；为配合文明城市创建工作，新增加社会各界对市政府在落实科学发展观，构建和谐社会方面的满意度调查。调查测评采取统一部署分级组织的方式，问卷测评实地调查工作于8月中旬在全市及4个辖区展开，完成调查问卷的测评、审核、编码、录入、汇总工作，并提交测评报告；全面、客观、公正地把群众和企事业单位对被评单位政风行风的实际状况真实反映上来。为保证样本能全面、准确、客观、公正地反映出测评结果，在样本抽取时严格按照随机等距的抽样方法抽取，全市各类样本总量1 946个。（刘文军）

【统计法制】 2010年，市统计局加大统计执法工作力度。一是作好统计执法大检查工作。5月，出动统计执法人员14人，执法检查各专业统计工作，检查内容包括统计数据质量、原始凭证、统计台账建立健全，统计人员持证（统计从业资格证）等情况。检查工业，批发零售、住宿餐饮，建筑业，房地产，劳动工资等专业的30家单位；其中立案2家单位，分别给予处罚1 000元和警告处分。二是作好统计执法大检查。克拉玛依市成立由市统计局、国家统计局克拉玛依调查队、市监察局、市司法局组成的统计执法大检查领导小组。7月12～20日，市统计局等联合执法检查组开展全市范围内的统计执法大检查工作。发出统计检查查询书4份，其中立案查处3起。对提供不真实统计数据的单位分别给予责令改正、给予警告和行政罚款的处罚。三是为更好地学习宣传新《统计法》，推动新《统计法》的贯彻实施，加强市统计系统、各行政机关、企事业单位领导和统计人员的统计法律意识，市统计局积极组织本系统和本辖区范围内的统计人员参加新《统计法》的培训和学习。四是做好《统计法》宣传工作。3月20日，与市政府其他部门一起在市文化大夏门前，摆放展台、展板、悬挂横幅开展宣传活动，在展台上方悬挂依法统计、真实可信的宣传横幅，向市民宣传《统计法》。局领导也亲自走上街头向市民发放《统计法》、《身边的统计》、《克拉玛依市2009年经济建设和社会发展统计公报》等宣传资料，并向市民解答有关统计法、统计公报以及统计小知识等方面的问题。《统计法》宣传小册子刊登统计法全文和统计法实施细则中的部分条款。活动期间，向广大市民共发放各种宣传小册子600多份。（刘文军）

【统计教育】 2010年，市统计局认真抓好行业系统的继续教育工作，采取多种形式组织人员积极参加继续教育、学历教育及到内地和疆内学习和培训，不断提高统计人员的文化水平和专业知识水平。年初，组织做好统计专业资格考试的资格审查和书籍征订工作。9月18日，组织全国统计从业资格考试，按照自治区统计局的统一部署，分别在克拉玛依区、独山子区和准东石油基地等3个考点、13个考场同时开考，全市有340名统计人员报名参加考试。（刘文军）

【信息建设】 2010年，市统计局采取多种措施夯实统计信息化工作基础，不断提升统计信息化服务水平。一是严格遵守保密法的规定，认真做好统计信息系统的安全保密工作。从制度建设、管理措施、技术手段等方面全面消除安全隐患，确保统计信息网络系统安全、可靠、稳定地运行。在加强网络安全监控体系建设的同时，建立健全保密管理制度，坚决执行涉密不上网，上网不涉密，严防数据泄密。全国“两会”期间以及全年无一起网络与信息安全责任事故发生。二是整理收集统计资料，完成“两会”服务专题网站的制作，如期在“两会”期间为与会代表提供统计信息咨询服务。三是加强统计信息系统的软硬件管理和日常维护工作。建立健全设备管理台账，做好计算机设备管理。认真完成市人口普查办公室统计信息网络环境的搭建和第六次全国人口普查数据处理设备的接收、验收工作。在计算机设备报废、更换、调拨、维修过程中，做好清理计算机存储信息的管理工作，杜绝泄密事件的发生。做好服务器及数据库信息的按期备份、统计信息内网网站、网络系统及文件传输系统日常维护、安全防范及各类计算机故障的维护工作。四是按自治区信息中心的要求，完成基于统计信息系统网络的市、区两级新邮件系统建设。完成克拉玛依市2009年统计信息系统建设基本情况调查年报工作。

（刘文军）

【文化建设】 2010年，市统计局通过开展丰富多彩的活动，提高队伍的争优创先意识和凝聚力。一是积极开展党员公开承诺活动。认真学习市委、市直机关党工委关于争优创先的有关文件精神，撰写党员公开承诺内容。全局人员结合自己工作岗位实际按时完成党员承诺内容。审核党支部公开承诺内容和全体党员公开承诺的内容。在审核的基础上，党支部书记和全体党员签订党员公开承诺书，并要求每位党员在工作中对照执行，在党员民主评议时进行考核。二是关心退休职工，开展慰问活动。1月29日，在春节来临之际，局领导、工会、办公室等一行人带着大米、清油、水果等500元的慰问品，走访慰问的5位退休职工，并给在南京居住长年患病的退休职工富宝印通过邮政礼仪送去鲜花。9月17日，局领导和党支部、工会人员到5位退休职工家，给每位退休的职工1盒月饼、两箱水果等价值200元的慰问品。三是进一步增强全市统计系统的凝聚力。举行全市统计系统迎新春联谊会，市统计局党组书记、局长王朝晖，国家统计局克拉玛依调查队队长王维翰在联谊会上致新年贺词。市统计局、国家统计局克拉玛依调查队、各区统计局(发改委)的全体职工近70人参加联谊会。统计系统干部职工自编自演文艺节目，有赞扬统计工作的诗朗诵《统计人——我为你骄傲》、反映人口普查工作的小品、小魔术以及歌舞等丰富多彩的文艺节目，充分展现全市统计系统和谐共进，昂扬向上的精神风貌。（刘文军）

经济贸易

【市经济贸易委员会领导名单】

党组书记、主任：孙振江

副主任：田新社、桂斌、王建国(11月离任)

【基本情况】 截至2010年底，克拉玛依市经贸委有11个科室，工作人员33人，占总编制数的80%。大专以上文化程度占总人数的97%。党员22人，团员6人。主要承担克拉玛依市的经济贸易运行、地方企业管理与发展、招商引资与服务、改制企业帮扶、商品流通管理以及食品市场、酒类市场、成品油市场整顿和相关市场管理等工作。2010年，克拉玛依市被评为自治区外经贸显著增长地州(市)；市经贸委获自治区招商引资工作贡献奖、自治区经济和信息化系统先进集体、自治区经济和信息化系统信息报送工作先进集体、克拉玛依市落实环境目标责任书先进单位、克拉玛依市安全生产优秀单位、克拉玛依市城市管理工作先进单位等称号。（王　权）

【经济运行】 2010年，克拉玛依市工业生产保持较快增长，企业利润大幅增加，消费品市场日趋活跃，经济运行质量总体保持良好态势。主要经济指标都创历史最高水平，全年实现地区生产总值710.2亿元(现价，下同)，按可比价格计算，比上年增长17.4%。全市工业规模和经济效益明显提高，规模以上工业企业累计实现工业总产值1 326亿元(现价)，增长18.6%；实现销售收入1 435.3亿元，增长46.3%，实现利润226.2亿元，增加1.38倍。地方工业规模和经济效益明显提高，其中24家地方重点工业企业实现销售收入100.18亿元，增长83.4%，利润总额8.6亿元，增加1.67倍。工业产销率99.9%，产销衔接良好。（王　权）

【引导地方企业发展】 2010年，克拉玛依市经贸委积极、全面地开展企业服务工作。一是贯彻实施国家、自治区及市加快中小企业发展的各项政策措施。在企业项目遴选工作方面，及早进行组织安排，提前开展项目储备，有效的提高市申报项目的质量、效率及入选率。筛选全市16家企业的16个项目申报国家和自治区专项资金。与市劳动和社会保障局等相关部门沟通，明确困难企业的认定范围、条件及工作程序。完成汇总和整理市近220家企业的申报资料，兑现社保补贴1亿多元。二是全面推进克拉玛依市企业的信息化建设。除在政策层面落实对企业信息化项目的支持外，还积极组织与企业信息化业务相关的部门和单位参加自治区的企业信息化年会和企业信息化工作会议，力求各相关部门和企业了解到更多、最新、前沿性的企业信息化业务动态、技术开发和应用发展方向的等情况，以更好地服务于企业信息化建设的开展。同时，利用各种机会向企业宣传《自治区信息化条例》及“两化融合”工作的意义和作用，充分调动企业积极性，营造企业主动参与信息化建设的氛围。三是开展主题多样的行业(企业)调研工作，了解掌握企业的状况，为政府经济决策提供参考。组织参与主题多样的调研活动：配合市政协开展有关地方经济发展现状调研；配合自治区党委、市人大常委会开展关于克拉玛依市《中小企业促进法》贯彻落实情况的调研，协助市委有关领导开展关于改制企业发展情况的调研；开展地方经济运行质量调研，对企业反映最为集中、普遍的石油石化市场准入、结算价格、人才落户等问题进行深入研究，并形成意见上报市委、市政府协调解决。（王　权）

【招商引资目标任务完成情况】 2010年，克拉玛依市经贸委紧紧抓住克拉玛依跨越式发展的大好机遇，进一步围绕市委、市政府确定的打造世界石油城总体目标，突出克拉玛依发展优势，以建设“六大基地”，发展“三大产业”为重点，拓宽招商渠道，优化投资环境，做好项目储备，在引进大集团、大项目，创新招商引资方式，软环境建设等3个方面取得新的突破。全市共落实招商引资在建项目136个，项目总投资130.94亿，年内计划投资43.54亿，实现到位资金40.15亿元，比上年增长35.4%，完成全年目标任务的121.2%，实现3年翻一番，其中克拉玛依区实现到位资金15.67亿元，完成目标任务的101%；独山子区实现到位资金12.08亿元，完成目标任务的120.8%；白碱滩区实现到位资金3.94亿元，完成目标任务的127%；乌尔禾区到位资金0.56亿元，完成目标任务的140%；农业综合开发区实现到位资金0.89亿元，完成目标任务的179.8%；石化园区实现到位资金5.46亿元，完成目标任务的109%(总量分别计入克拉玛依区、白碱滩区)，国电2X350兆瓦热电联产项目实现到位资金7亿元。（王　权）

【招商引资机制】 2010年，克拉玛依市经贸委不断创新和完善招商引资工作机制。一是加强对招商引资项目跟踪服务及绩效考核工作，实行招商引资项目责任制。在克拉玛依市、区两级政府实施招商引资目标管理责任制，市长分工负责制和项目跟踪负责制。进一步完善考核办法，加强动态管理，完善重大项目协调服务领导小组机制，充分发挥政府领导的高位推动及各部门、各区在具体项目实施过程中的协调跟踪服务作用。二是认真落实《关于实施投资项目审批程序绿色通道的意见(试行)》，突出项目预审会的统领作用，强化部门协同机制和并行办理，实施项目的并联审批，提高项目服务的实效性。（王　权）

【招商引资软环境】 2010年，克拉玛依市经贸委不断完善招商引资政策，加强服务，形成促进跨越发展的政策体系和软环境优势。出台《克拉玛依市鼓励投资促进重点产业发展若干政策》，制定《克拉玛依市地方财政突出贡献企业、地方财政贡献成长企业评选奖励办法》、《关于支持重大投资项目有关问题的会议纪要》、《克拉玛依市户籍迁入管理暂行办法》、《关于实施投资项目审批程序绿色通道的意见(试行)》、《关于实行招商引资重点项目责任考核的通知》等一系列的鼓励投资和加强发展的配套文件和实施办法,形成具有克拉玛依特色的招商引资政策体系和政策洼地。政策从财政贡献额奖励、前期费补助、贷款贴息、土地费优惠、行政事业性收费减免等多个方面对项目前期、建设期、建成期进行支持,进一步加大对重点产业和重点项目的扶持和优惠力度。同时各部门进一步优化审批程序,实行并联审批,将行政审批时间压缩到工业项目32天,商贸项目85天(不含房地产项目)。

(王　权)

【招商引资活动】 2010年,克拉玛依市经贸委进一步明确以项目作为会展活动重点,抓好会展前期准备和项目对接工作,提高项目的签约率和履约率。精心组织筹备西洽会、产学研对接会、乌洽会、水节经贸推介会、厦洽会、西博会等重要招商活动,取得丰硕成果。乌洽会上,克拉玛依市获最佳组织奖、最佳布展奖两项大奖。作为全年招商展会的重头戏——水节经贸推介会,与中国化工信息中心共同举办打造世界石油城·克拉玛依经济合作与项目推介会暨2010全国石油化工技术服务(克拉玛依)论坛,会议紧紧围绕打造世界石油城主题,有克拉玛依区域优势、产业优势、人才优势、市场优势和一批精心遴选的投资项目的整体推介,以及经济合作项目签约仪式,举办关于加快市石化下游产业发展,建设油气技术服务基地的论坛。大会签约24个项目,签约金额46.6亿元,分别比上年增长84.6%和49.3%。全年展会签约项目38个,签约金额超过76.8亿元。

(王　权)

【安全专项整治】 2010年,克拉玛依市经贸委坚持安全第一,预防为主,综合治理的方针,在全市经贸领域中开展系列安全生产督察工作,严厉打击非法违法生产经营行为,有效遏制各类重特大生产安全事故,维护广大人民群众生命财产安全。一是做好全市经贸领域安全生产大检查工作,组织相关部门,对全市大型商场、超市、市场、星级饭店、储备粮库、棉麻加工厂房等重点监管场所进行周密细致的节前安全生产联合大检查工作。二是积极开展五一、世博会和国庆期间安全生产检查工作,对准噶尔商场、彼此满意超市、铜锣湾中胜百货、汇嘉时代商场、准噶尔农贸市场、国贸商城、首佳商场、花园商场、圣诞超市、钻井市场等全市20余家大型商场、超市和市场进行细致检查。三是努力做好全市经贸领域构筑社会消防安全防火墙工程有关工作。四是明确责任,认真落实电力行业监管工作。五是加大宣教力度,努力做好安全生产月有关宣传教育活动。六是深入开展安全生产年及隐患月报工作情况。全年市经贸委职责范围内未发生死亡事件和人员重伤或经济损失累计5万元以上的事故。

(王　权)

【食品安全】 2010年,克拉玛依市经贸委从维护人民群众根本利益的高度出发,加强屠宰企业检查,有效提升屠宰管理水平,遏制私屠乱宰的不法行为,保障市场肉品的供给质量,全市没有发生肉食品安全事故。一是大力打击私宰行为,营造优良环境。克拉玛依市、区两级经贸委采取多种方式加强私屠滥宰的打击力度,经常性联合公安、农牧、工商等职能部门对全市的私屠滥宰行为突击检查,同时各区经贸委强化属地原则,蹲点守候私宰点,摸清情况,集中力量依法打击各个私宰点。开展联合执法30次,出动检查人员240人/次,通过高密度,高频次的检查,有效遏制私屠滥宰行为。二是强化定点屠宰场管理,努力提高肉品质量。狠抓屠宰场的内部建设管理,要求各屠宰企业严把畜禽活体入厂关,建立和健全畜禽活体宰前检疫制度,杜绝未经活检的畜禽进厂屠宰,严格屠宰工序,完备肉品品质检验设备,规范检验程序,建立健全肉品检验日志,并按规定出具畜禽产品品质检验合格证。对屠宰环节中发现的病害肉、劣质肉,按有关规定及时处理,坚决杜绝不合格肉品和其他有害肉品进入市场。三是对运抵屠宰厂的各类畜禽活体,经查验“三证”不全的,畜禽屠宰企业在拒绝卸载的同时,及时向农牧检疫部门、屠宰行业管理部门汇报,并做好记录。对日屠宰量有较大波动,畜禽在待宰期间出现异常或连续死亡等现象,各畜禽屠宰企业立即向政府相关部门报告,严禁病害畜禽进入屠宰场及流入市场。尤其在十一期间,市经贸委组织相关人员多次检查格林公司等5家定点屠宰企业,为保证全市各族人民能吃上放心肉尽职尽责。

(王　权)

【规范酒类市场】 2010年,克拉玛依市经贸委抓好《新疆维吾尔自治区酒类管理条例》、商务部《酒类流通管理办法》的宣传,提升市民酒类消费自我保护的意识。为使《条例》和《办法》真正得到有效落实,一是举办1期酒类法律法规培训班,参加培训对象主要是全市的酒类批发企业、名酒店(行)、商场和超市的法人代表83人,全市批发企业培训率100%,名酒店(行)培训率100%,特别是对新办酒类批发许可证的企业面对面辅导,切实增强酒类批发企业和零售商的法制观念。二是大力宣传《条例》和《办法》,发放宣传资料及法律法规读本1 000多份。并在市、区主要街道商场、超市、名酒行,校园周边的报亭、销售店,人员集中的农贸市场张贴禁止向未成年人销售酒类标识676份,营造良好的依法经营氛围。三是做好酒类批发企业的办证、换新证工作。1月,对全市43家持有酒类批发许可证的企业进行年审、换新证业务,仅用半个月时间完成,完结率100%;按照《条例》要求,经营资质审查新申请的7家企业,对经营场地、仓储设施等进行实地勘验,符合办理条件的,给予办理。对条件不成熟的,帮助整改,待条件具备后给予办理,7家经营酒类批发企业的申请通过初审,并获得自治区酒类专卖管理局核准发证,完结率100%;至年末,全市有50家企业持有酒类批发许可证。

(王　权)

【成品油市场管理】 2010年,克拉玛依市经贸委进一步加大成品油市场监督管理力度,积极开展成品油零售企业年审工作,年审全市52家加油站,其中41家加油站符合年检要求通过年审、4家加油站不参加年审、6家加油站申请注销、1家加油站因危化证正在办理过程中,申请暂缓年审。做好自治区旅游厕所检查工作,并按照自治区有关政策,帮助企业争取及落实旅游区交通沿线社会加油站厕所建设项目的补贴资金申请工作。积极落实行业监管职责,规范成品油经营企业的经营行为,认真做好成品油经营企业诚信经营宣传及成品油分销体系“十二五”规划的前期调研、资料收集等相关工作,协助自治区商务厅做好农村成品油市场供应、加油站(点)建设等情

况的调查摸底工作。（王 权）

【典当与拍卖管理】 2010年，克拉玛依市经贸委年审两家典当公司。截至10月，鑫盛和典当公司典当余额2 772万元，其中不动产抵押典当余额904万元，动产质押典当余额1 868万元，开展典当业务251笔。开展克拉玛依市拍卖行业年审工作。对2家拍卖企业地址变更申请进行实地查看并上报自治区。至10月，市拍卖企业举办30场拍卖会，拍卖成交金额1 899.3万元。（王 权）

【二手车市场管理】 2010年，克拉玛依市有4家二手车交易市场和2家二手车经销公司。对西环路二手车交易市场搬迁事宜作协调工作。多次召集相关部门召开专题会议，对二手车交易市场检查中发现的问题进行沟通交流，通过二手车交易管理的工作联席会议，加强二手车交易市场的监管。加大对报废汽车拆解企业监管的力度，从报废汽车单入手，严格监管程序。全年拆解汽车1 097辆。（王 权）

【改制企业帮扶】 2010年，克拉玛依市改制企业帮扶工作在各驻市中央企业和市政府的关怀下有新的进展，取得阶段性成果。一是从加大帮扶监管力度和稳定职工队伍两方面入手，不断把改制企业各项工作引向深入，推动改制企业健康稳定持续发展。全面完成母体单位帮扶监管责任书签订工作。此项工作涉及新疆油田公司、克拉玛依石化公司、独山子石化公司、西部钻探公司及中石油CPE5家公司29家母体单位和82家改制企业，均在规定的时间里完成目标责任书签订工作，为改制企业平稳健康发展奠定基础。二是改制企业《公司章程》修订工作持续推进。经过克拉玛依市、区两级协调办的共同努力，改制企业公司章程修订工作按照预定的进度计划，按照先易后难原则，针对企业实际稳妥推进，取得较大进展。从根本上保证企业规范管理。三是鼓励兼并、做大做强、走集团化发展工作取得实质性进展。改制企业兼并重组、走集团化发展的道路有良好的开端。历史遗留问题的解决有新进展。对原来梳理的土地产权、股权纠纷、债权债务、员工权益等4大类20多项历史遗留问题，协调解决10多项。（王 权）

【企业技术改造】 2010年，克拉玛依市经贸委抓好企业技术改造工作。积极指导企业开展技术改造、挖潜增效，积极组织项目申报，争取国家、自治区各类资金支持1 452.5万元，其中争取国家工业中小企业技术改造项目资金396万元，自治区技术改造项目专项资金380万元，自治区重点技术创新项目资金115万元，节能减排、新型墙材专项资金71.5万元，中小企业发展专项资金490万元。通过抓好重点技术改造项目，进一步优化投资结构，提高企业的生产装备水平，增强企业的自主创新能力和市场竞争能力。（王 权）

【商贸流通管理】 2010年，克拉玛依市经贸委开展市场管理长效果机制和内贸市场建设工作。在市场管理工作中，坚持建管并重的原则，通过规范城区经营秩序，强化市场管理等方法，进一步加大市场建设力度，规范市场交易行为，为居民群众创造安全、文明、整洁的购物消费环境。制定市场管理工作长效机制实施方案，按照方案要求，定期不定期会同相关部门对各区市场管理长效机制工作进行督导检查。同时将市场的改建和扩建作为重要手段，积极争取国家和自治区的内贸发展扶持资金，联合市财政局通过实地查看选择绿丰盐业蔬菜有限公司和中太牛羊屠宰厂作为项目承建单位。（王 权）

【家电下乡与汽车换新】 2010年，克拉玛依市经贸委根据自治区家电下乡和汽车以旧换新的文件精神，及时召开部门联席会议，统一协调、组织、实施相关工作。制定汽车以旧换新工作实施方案，在《克拉玛依日报》、克拉玛依电台等主流媒体上开展宣传造势活动，印制下发家电下乡、汽车以旧换新政策解读传单3 000多份，使城乡居民了解掌握党和国家的惠民政策，积极参与家电下乡、汽车以旧换新工作。至9月底，全市有74家家电下乡备案销售网点销售家电下乡产品3 097台（部、件），销售金额630万元。其中冰箱1 930台，销售金额387.7万元；彩电617台，销售金额156.6万元；手机18部，销售金额1.3万元；洗衣机241台，销售金额27.9万元；计算机100台，销售金额35万元；空调3部，销售金额0.89万元；热水器171件，销售金额19.9万元；微波炉17件，销售金额0.94万元。办理汽车以旧换新车238辆，补贴金额294.4万元。（王 权）

【对外经济贸易】 2010年，克拉玛依市经贸委加强对外经贸企业管理层及业务人员的培训，加强与相关部门及涉外企业的沟通交流，及时了解并努力解决企业在开拓外部市场中存在的问题，鼓励和支持企业实施走出去战略，充分利用国内国际"两个市场"、"两种资源"，不断实现新的发展与突破。全年完成进出口总额2.8亿美元，比上年增长53.2%。其中出口总额2.55亿美元，增长138.4%；进口2 504.2万美元，实现顺差2.3亿美元；对外承包工程、技术服务收入1.1亿美元。（王 权）

【节能减排】 2010年，克拉玛依市经贸委以完成"十一五"节能目标任务为重点，加强工业"三废"综合利用。一是积极开展工业循环经济建设，狠抓重点用能企业节能技术措施落实和能源使用情况监测，组织调整节能减排工作领导小组，制定并下发相关文件，通过节能管理建设、重点行业能效对标、制定节能预警方案等措施，扎实推进节能减排工作。二是进一步发挥节能工作协调机制的积极作用，指导重点用能企业建立能源统计、分析及报告制度。各重点用能企业也分别与所属分公司及车间签订节能目标责任，将节能目标任务层层分解，节能措施落到实处。自治区节能监察总队对克拉玛依市节能工作和重点监控耗能企业进行检查考核，各重点企业全部完成"十一五"计划节能量，保证克拉玛依市节能目标任务的完成。（王 权）

【自身建设】 2010年，克拉玛依市经贸委深化学习科学发展观的成果，巩固"六讲"的成效。一是以创建标准化党支部、学习型部门、精神文明建设先进单位和争先创优活动为载体，进一步培育积极向上的意识，提高部门人员工作素质和整体凝聚力。二是以民族团结和维护稳定为主题开展教育并付诸实践，为克拉玛依和谐作出贡献。三是以落实廉政纠风工作责任制为抓手，通过透明办事程序和结果，将廉政纠风目标责任与工作任务指标阶段性一并检查。四是组织制定各部门详细规划和运行大表，同时结合上年规划措施，对照、检查、分析部门规划,创新亮点。提出加强措施和办法,进而提高部门工作效率,确保各项任务的完成。五是发挥各组织作用。党支部、工会、团支部积极开展有利于员工身心健康的活动,提升经贸委的整体形象。 (王 权)

工商行政管理

【市工商局领导名单】

党组书记:付新明

局长:魏烈

副局长:艾力江·胡达拜提、左少英、王殿辉

纪检组长:张继昌

【基本情况】 2010年,克拉玛依市工商局下辖克拉玛依、独山子、白碱滩、乌尔禾4个区局和6个基层工商所。市工商局机关内设办公室(含信息科和12315申诉投诉举报中心)、组教科、法规科、纪检(监察)科、计财科以及企业注册登记、企业监管、商标广告、合同消保、市场经济检查大队等10个科室(队),同时挂靠管理市消费者协会、私营个体企业协会、广告协会和工商学会4个社会团体。有在职干部187人,由汉、维吾尔、哈萨克、回、锡伯、蒙古、达斡尔7个民族构成,平均年龄36岁;其中少数民族42人,占22.5%;女性62人,占33%;党员123名,占66%;大专(含专业证书)以上文化的183人,占97.8%。有退休职工29人。主要承担克拉玛依市的企业登记管理、合同管理、个体私营经济监督管理、商标管理、广告管理以及食品安全监督管理、消费者权益保护等工作,宣传党和国家关于工商行政管理的方针政策,依法行使整顿和规范市场经济秩序职权。 (程立东)

【市工商行政管理工作会议】 2010年2月5日,克拉玛依市召开工商行政管理工作会议。会议全面传达全国、全疆工商工作会议精神,总结2009年工作,表彰双文明建设先进集体和个人,部署2010年各项任务,市工商局并与4个区工商局签订2010年双文明目标责任状。会议确定2010年克拉玛依市工商行政管理工作的总体思路是认真贯彻自治区工商行政管理工作会议精神,按照高举民族团结旗帜,坚定不移地维护社会稳定,牢牢把握"四个只有",推进"四项建设"的要求,坚持一手抓执法、一手抓服务,进一步深化促进经济发展服务年、信息化建设推进年、工作机制创新年、业务技能强化年"四年"活动,努力提升执行力、控制力、公信力、凝聚力"四力",推进和着力加强监管服务责任区层级管理、食品安全电子监管、广告发布前法律咨询服务、规范行政执法行为、服务非公有制经济发展、市场主体登记监管信息综合利用、培育发展驰名著名商标、"一会两站"规范化建设、深化信息化应用、加强廉政(监管)风险点防范管理10项重点工作,全面完成好各项任务,为促进克拉玛依经济社会又好又快发展作出新的更大贡献。全市工商系统100多名代表参加会议。 (程立东)

【企业登记管理】 2010年,克拉玛依市工商局进一步深化促进经济发展服务年活动。一是把握机遇,大力开展招商引资工作。结合对口支援项目的实施,主动与对口的陕西省、西安市工商局沟通联络,充分发挥招商引资桥梁纽带作用。7月,联合市经贸委、招商局组团在西安市召开招商引资洽谈会,与西安市5家企业签订投资意向协议,意向资金约10亿元,项目涉及石油石化、机械加工、纺织、制衣等领域。8月,邀请西安市工商局组织当地企业参加克拉玛依市经济协作洽谈会,3家企业与克拉玛依市签订投资协议,金额1.3亿元。二是制定措施,狠抓自治区工商局《立足工商职能,促进新疆经济跨越式发展和长治久安的45条意见》的贯彻落实。成立服务发展、政策法规、商标战略、市场监管、食品安全五个项目调研组,针对《意见》中需要进一步细化的内容,深入企业调研走访,制定下发《首次创业备案制度》、《大企业大项目联络员制度》、《经营场所登记意见》等10项制度办法。全年办理首次创业备案登记7户;办理股权出质登记2起,数额3 535万元;解决金龙镇市场、大农业开发区等地109家经营户因不能提供产权证明而长期无法办照的问题。三是推进登记畅通工程,深化一次性告知、限时办结和预约服务等服务方式。至年末,全市有内资企业1 013家、私营企业2 179家、农民专业合作社37家、个体工商户17 193家。 (程立东)

【企业个体私营经济监督管理】 2010年,克拉玛依市工商局进一步做好企业个体私营经济监督管理工作。一是以推进大监管为目标,深化监管服务责任区工作。制定《监管服务责任区层级管理办法及考核细则》和《监管服务责任区效能比武工作方案》。明确三级监管职责、范围、标准、检查形式、考核指标和责任追究办法,使监管责任区工作有制度保障。进一步落实信用分类监管,强化对重点行业的巡查力度。进一步提升3G移动执法效能,在巡查中同步核对主体数据,标注监管属性,对执照到期、前置许可到期等信息进行清理和修改。二是以监管服务责任区工作为抓手,各项监管工作得到有效落实,通过监管责任区查办各类案件201起,罚没款123万元。三是做好企业年检、个体户验照工作。采取私个协例会宣传、媒体公告、电话催示、上门年检等方式,不断提高年检、验照工作效率。年检率和验照率分别为98.48%和95.58%。 (程立东)

【合同管理】 2010年,克拉玛依市工商局大力开展守合同、重信用单位创建工作。开展第八届市级守合同、重信用单位认定工作。6~7月,通过过检查,征求税务、质监、银行等8个部门的意见,媒体公示等程序,认定西部钻探工程有限公司等45家企业为市级守合同、重信用单位。至年末,全市有国家级守合同、重信用单位14家,自治区级守合同、重信用单位46家,克拉玛依市级守合同、重信用单位45家。二是加强对合同格式条款的监督检查。全年对11家汽车经销单位的销售合同、定车合同、交车确认单、定车合同、新车订购单、购车协议书、汽车维修保养接待单、客户订货确认单等合同格式条款内容按照《新疆维吾尔自治区合同格式条款监督条例》的有关规定进行对照检查,对存在问题以约请合同制定者谈话和召开座谈会的形式帮助企业整改合同格式。 (程立东)

【商标管理】 2010年,克拉玛依市工商局引导企业加快实施商标战略。积极培育商标品牌,康佳、绿成等4件商标被认定为著名商标,使全市新疆著名商标总

数达到6件。制定《克拉玛依市区域内驰名著名知名商标协作保护办法》，邀请40多家驰名著名知名商标企业加入协作保护体系，成立由工商和商标企业共同参加的协作保护小组，建立联络站和保护网络，实现工商和企业联动的商标保护新格局。严厉打击商标侵权假冒行为，开展商标专项整治行动，全年查办商标侵权案件8件，没收各种侵权名酒280多瓶、"昆仑"牌润滑油120多桶，假冒农资30吨。 （程立东）

【广告管理】 2010年，克拉玛依市工商局开展广告发布前法律咨询服务工作。全局建立广告发布前法律咨询服务工作站9个，在68家重点广告经营单位建立广告联络员制度。受理广告发布前法律咨询服务229件，通过咨询整改23条。有效预防虚假违法广告的发布。加强广告监测。监测各类广告57 882条，责令停止发布违法广告15条。深入开展各类广告市场专项整治工作。发出行政告诫15条次，下达行政指导建议书24份，约谈媒体、广告经营单位24家次；收缴违法印刷品广告2 000份，清理违规户外广告12面，立案查处广告违法案件10件，案值14.39万元，罚没款金额3.13万元。 （程立东）

【整顿和规范市场经济秩序】 2010年，克拉玛依市工商局找准监管重点，抓住整治难点，立足大要案查处，积极开展各类专项整治。一是以推进新农村建设为主线，深入开展红盾护农执法行动。制定下发《克拉玛依市工商系统"2010红盾护农"行动实施方案》，分春耕、夏播和秋收3个阶段集中开展专项整治工作，先后出动执法人员268人次、检查各类农资经营户301户次，立案查处1起销售掺杂使假的化肥案，案值3.5万元，没收30吨掺假"瑞呈牌"精致有机肥、收缴罚款2万元，调解4起涉农纠纷，为农民挽回经济损失1.42万元。二是强化商品交易市场信用分类监管力度，提升监管效能。稳步推进商品交易市场信用分类监管工作，严格按照程序和标准规范实施信用分类评定。全市有17个市场纳入商品交易市场信用分类监管。三是深化网络商品交易监管工作。修订完善《克拉玛依市工商系统加强网络商品交易及有关服务监督管理的实施意见》，对三级工商部门的职责任务、网站性质甄别的标准办法、网店主体真实信息标注的具体操作等作出明确规定。并根据从相关部门获得的信息资料，逐一甄别出经营性网站37个、网络交易平台3个、网上店铺1 200多户。及时召开监管座谈会，组织各网站负责人学习讨论《网络商品交易及有关服务行为管理暂行办法》。全市有11家经营性网站备案。四是深入开展创建无传销社区工作。坚持提前防控，打防并重的方针，充分整合社会力量，追根溯源，齐抓共管。全市84个社区全部开展无传销社区创建活动，创建覆盖率100%。牵头召开北疆区域打击传销规范直销执法协作第一次会议，建立北疆区域打击传销工作协作制度和信息交流制度。五是强化各类专项整治，加强市场监管。先后开展春节和"两会"期间市场监管、节日期间猪肉市场监管、农副产品市场监管、烟花爆竹市场监管、积极配合做好平抑物价上涨专项整治、农村市场专项整治等专项整治工作。立案查结各类案件394件，大要案件65件，收缴罚没款176万元。

（程立东）

【食品安全监管】 2010年，克拉玛依市工商局进一步推进和提升食品安全电子监管效能，切实把好食品流通准入关。一是网上监管和实地巡查并重，食品安全电子监管系统应用与综合业务软件食品经营主体标注和食品流通许可软件应用相结合。全面推行食品安全监管数字证书，全市11家生产企业、226家批发商、2 625户食品零售商全部进入食品安全电子监管系统。二是严把流通环节食品主体准入关，保证食品流通许可审核工作规范有序进行，准予许可2 566个，实现食品流通许可受理、审核、监管全部电子化管理。三是积极开展食品安全专项整治工作。开展食品添加剂、白酒市场打假扶优、乳制品市场检查、草原雪饮料检查等14项食品安全专项整治，查处各类食品案件115起，案值112.3万元，罚没款43.02万元，没收不合格食品1 813千克，货值金额75.36万元。查获的2 334瓶假冒泸州老窖特曲白酒涉案金额32万元，移交司法机关追究刑事责任。四是开展食品快速检测和流通环节食品安全监测工作。检测9类40种124组食品，其中合格122组，合格率98.39%；质量监测17类52种137组食品，经检测合格134组，不合格3组，合格率97.8%，查办案件2起，案值0.8万元，罚没款0.7万元。积极开展食品安全示范店创建工作，已创建示范店60家。起草《克拉玛依市开展食品安全示范街和示范社区创建工作实施意见》，由市食品安全领导协调小组下发；五是会同卫生、质监、消协等部门，复验已命名的食品安全示范店，考核申报示范店的经营户。全市已建立食品示范店60家，其中农村食品示范店6家。 （程立东）

【消费者权益保护】 2010年，克拉玛依市工商局进一步开展消费教育和引导工作。一是以提高生产经营者诚实守法、自律意识和提高消费者依法维权意识和能力，引导科学、健康、理性、文明消费，促进和谐消费为目标，召开专题会1次，开展大型宣传、咨询活动21次，在校授课培训活动5课时，培训消费维权工作者、志愿者79人次，培训消费者5 540人次，培训行业、企业有关人员5 070人次，发放宣传资料44 550份，制作展板等637张，发布消费警示和提示40条，开展消费知识竞赛2场，在电台、电视台、报刊等媒体机构开展讲座12次，制作网页1个。二是开展家电下乡、汽车摩托车下乡市场专项整治工作。对家电下乡、汽车摩托车下乡销售网点加强监管，进一步规范家电下乡销售网点的销售资格。全市有家电下乡销售企业数23家，已备案销售网点55个。三是以推进大维权为重点，依托12315投诉申诉举报平台，开展"三一五"宣传、咨询、服务、维权活动。不断加强和提高"一会两站"规范化工作水平。全年共受理解决投诉申诉举报916件，为消费者挽回经济损失79万多元。 （程立东）

【信息化建设】 2010年，克拉玛依市工商局狠抓数据质量建设，推动各项工作的精细实严。年初，工商局党组针对数据质量存在的问题进行多次专题研究，提出数据质量建设标准，对数据纠错的方法、步骤、时间做详细安排，利用检测软件全面测试，逐个纠正数据中存在的逻辑性错误；采取书式档案与软件录入数据逐户核对，谁核对谁负责的责任追究方法，对检测出的错误数据落实到人，盯住不放、跟踪纠错；从严控制巡查监管即时录入数据，确保数据的时效性和真实性。全局核对注册档案3万多户，纠正各类错误数据7万多项，经计算机检测各项数据指标的完整性、准确性99%以上，实际抽查书式档案和网上数据的一致性98%以上。开展信息化建设推进年，提升自主研发和应用水平。开发综合考核系统，改造升级户外广告登记监管和广告发布前法律咨询服务系统，搭建网络商品交易监管系统。通过专题培训、现场指导、以会代训等方式不断强化全员应用水平。全年共举办专题培训班8次，培训干部200多人次。

（程立东）

【干部教育】 2010年，克拉玛依市工商局结合关于深入开展创先争优活动的部署，以落实综合考核机制为重点，强化管理，扎实有效抓好自身建设。一是抓好干部教育培训。制定干部教育3年规划和岗位大练兵、技能大比武活动方案。严格进行岗位练兵法律法规知识考试。同时，加大培训力度，全年集中组织各类业务培训班10期，参加培训干部650人次。二是深入开展创先争优活动。以提高履职尽责能力，提升服务发展水平，增强干部队伍素质，树立良好工商形象为活动主题，成立领导小组，制定实施方案和运行大表，召开动员会。通过开展让党员亮身份，让党组织评、让工商干部评、让服务对象评的“一亮三评”活动，在全系统形成争当先进、学习先进、赶超先进的良好风气，推动创先争优活动深入开展。三是民族团结教育进一步深化。以热爱伟大祖国、建设美好新疆为主题，以增进互信、增进感情、增进团结为抓手，深入开展马克思主义“五观”、新疆“三史”和“四个认同”教育以及评选十佳民族团结模范、民族团结知识擂台赛和手拉手、一帮一、结对子活动。组织民族团结教育26场次，参加人数1 800人次；评选表彰一批民族团结模范集体和先进个人。四是“六好工商所”建设水平进一步提升。以“六好”创建为目标，进一步规范服务标准，强练服务内功，对创建所所容所貌进行整体规划，提升创建水平，创建的红山工商所通过自治区工商局难收。五是工商文化常态化建设扎实推进。及时制定常态化建设方案，调整机构，以弘扬白杨精神为重点，深入开展理论研讨和宣传等各类活动，使工商文化建设工作步入常态化轨道。（程立东）

【行业文明建设】 2010年，克拉玛依市工商局积极指导基层单位自治区级文明单位复检验收工作。面对自治区文明单位复验末位淘汰的新规定，改变以往各区工商局单位迎检创建的惯例，正确制订统一步调、分别实施、突出特色、共同进步的方针，注重统筹全局，从文字材料收集、多媒体汇报片制作、软件维护管理、监管职能发挥等方面，全程督促指导4个区工商局，切实抓好前期筹备、中期落实、后期见效等各项迎验准备工作，通过复验。二是周密部署，积极抓好全国文明城市创建工作。贯彻落实市创建全国文明城市工作会议精神，加强创建工作组织领导，加强与相关部门的协作配合，注重协调、增强合力，指导各基层单位严格按照统一步调、整体推进的方针，落实各项创建任务。将创建工作与工商职能业务有机结合，根据创建形势需要，不断改进工作方法、丰富创建内容，积极服务于创建工作大局，全力以赴，抓好各环节工作，全力确保全市工商系统创建工作思想认识、检查指导、贯彻落实“三到位”。（程立东）

【党风廉政建设】 2010年，克拉玛依市工商局依托党廉系统软件，推动“两风险”防范管理深入开展。一是采取网上督察、定期考核、及时反馈、限时整改等方式，加强对系统“两风险”防范管理工作的组织领导和行政监察。将党廉系统软件考核数据与综合考核系统对接，全面推进以软件促考核、以考核促规范、以规范防风险良性模式的形成，切实增强抵御、防范风险的能力和意识。二是围绕《廉政准则》，认真开展反腐倡廉教育。全系统以支部为单位，从学、写、听、说、宣5个方面着手，强化对《廉政准则》的学习贯彻，切实做到真学、真懂、真用。三是认真开展第12个党风廉政教育月活动。教育月期间，全市工商系统以统一步调、分步实施、注重实效、整体推进为原则，在确保完成上级规定动作的同时，以每周一活动、天天受教育为目标，组织开展形式多样的主题教育活动。组织全市各级工商部门以支部为单位，先后开展观看王瑛先进事迹电视剧、观看预防职务犯罪电教片、举办反腐倡廉知识测试、开办预防职务犯罪培训班、参观反腐倡廉教育基地、每周1条廉政短信以及向患病民族干部捐款等活动。四是开展廉洁从政承诺活动。以开展《廉政准则》学习教育为契机，积极开展廉洁从政承诺书和家庭助廉承诺书签订活动。全市工商系统45名中层以上党员领导干部签订廉政从政承诺书，182名干部及其家属签订家庭助廉承诺书，承诺率100%。五是把工商廉政文化建设作为工商文化建设的重要组成部分，进一步深化、拓展和延伸。充分利用市局机关以及4个区工商局红盾廉政网，加强正面宣传引导，营造健康向上的舆论环境。全新改版《纪检监察工作简报》，增强《纪检监察工作简报》的实时性、实用性、导向性和知识性，不断丰富系统干部党风廉政建设知识，切实增强廉政文化建设影响力。六是开展向市场主体和服务对象述职述廉活动。全系统各级工商行政管理部门召开基层执法人员向市场主体和服务对象述职述廉大会6场次，50名一线执法人员向当地人大常委会、政协、纪委以及企业、个体工商户的150多名社会各界代表述职述廉，现场发放行风测评问卷150多份，满意率（含基本满意率）97.8%。七是规范窗口服务，积极开展行风示范窗口创建活动。开展网上窗口满意度调查，及时掌握服务窗口的服务动态，切实解决服务意识不强、工作效率不高等问题。确定市局注册登记大厅作为创建工作重点，从健全制度、提高服务质量、增强窗口效能等方面，对创建工作进行贴近式、紧密型指导和帮助。八是积极指导克区工商局城南工商所、五五中心工商所通过市纠风办对政风行风示范窗口单位的复检验收。九是积极组织参与行风热线直播，解答民问、民声。通过行风热线、“12315”投诉热线等多种方式，及时发现损害群众利益的问题。十是采取联席会、协调会、联合检查、集中办案等形式，快速解决损害群众利益的违法行为。组织参加行风热线4期，其中新疆广播行风热线3期，克拉玛依市广播行风风热线1期。（程立东）

【法制建设】 2010年，克拉玛依市工商局深入开展行政指导工作。一是制定《实施行政指导暂行办法》和《轻微违法行为行政指导暂行办法》及相关文书，明确行政指导的范围、责任和程序。对可能对相对人权益有重大影响的行政指导项目，推行立项审批制、审议制和联席会议制，同时把实施行政指导工作列入年度考核。立项实施行政指导37次,行政告诫314次,发放公司风险告知书40份。独山子区工商局开展行政指导的经验做法被《中国工商报》刊发。二是认真开展执法质量考核。推行行政执法质量季考月评制度,定期针对行政许可档案、行政处罚案卷、公物仓管理情况进行抽查,并对执法办案人员进行执法水平测试,进一步提升干部队伍的依法行政水平。 (程立东)

【消费者协会工作】 2010年,克拉玛依市消费者协会多渠道、多形式地开展消费与服务"三一五"国际消费者权益日宣传咨询服务月活动。制定《克拉玛依市2010年"三一五"国际消费者权益日宣传咨询服务月活动实施方案》,成立领导小组。组织广告经营户、个体工商户、私营企业、大中型商业服务企业等在主街道、主会场、店堂门前悬挂宣传横幅或条幅320幅;通过媒体连续1个月滚动播出宣传口号,通过移动公司短信平台向2万用户群发宣传短信,通过电视和报纸刊发2009年度受理消费者投诉10大典型案例、市工商系统2009年度打假维权10大典型案例和消费者投诉的热点分析,制作2期专题节目。在全市4个区繁华地段组织开展大型现场宣传咨询服务活动,活动中,出动宣传、曝光车21辆,散发维、汉两种文字的宣传材料2万多份,展示消费知识宣传板报53块。现场为消费者讲解识假防假知识、接待咨询1 000多人次,受理解决消费者投诉24起,为消费者挽回经济损失2万多元。销毁假冒伪劣商品11大类,标值84.14万元。二是进一步深化"一会两站"规范化建设,不断完善消费维权服务网络体系。在独山子区的8个社区建立"一会两站",全面完成"一会两站"在克拉玛依市各区全覆盖的目标任务。全面开展网上维权工作,年末,各区"一会两站"的网上维权开通率平均80%。三是开展消费者评议活动。将自治区消协统一制定的6个方面评议内容的调查问卷印制1 000份,分别发放至各级消协及基层,面向市民广泛征集消费热点问题以及意见和建议。根据各个渠道集中反应的问题,分别整理出有线电视、汽车销售与维修服务、物业服务、室内装修、中介服务和远程购物6大服务行业中存在的重点突出问题,并针对问题,各区消协组织召开由上述6个行业的企业代表、消费者和律师代表参加的座谈会,在消协对收集整理的问题进行点评、消费者和律师代表进一步提出意见和建议的基础上,提出全面的整改意见和要求。四是开展争创2009~2010年度消费维权诚信单位活动。广泛动员各相关企业在自愿、平等、公平、诚信的基础上,积极参与争创活动。经过企业的认真筹备、申报,各级消协通过实地考察、严格审核和征求社会各界意见,最终向自治区消协推荐9家申报自治区级消费维权诚信单位的企业和1家申报国家级承诺履行保护消费者权益社会责任诚信服务单位的企业。五是做好日常受理消费者投诉工作。全市各级消协受理解决消费者投诉675件,解决率100%,为消费者挽回经济损失74.55万元,消费者的满意率98%以上。 (程立东)

【私营个体企业协会工作】 2010年,克拉玛依市私营个体企业协会积极做好促进非公经济发展工作。一是抓好自治区工商局、私营个体企业协会促进经济发展战略合作协议签约项目的落实,签订项目招商引资2个,全部落地,履约率100%。二是积极配合市、区两级招商办,组织私营企业参加西洽会、喀交会、乌洽会和西部峰会等各类招商活动。三是加强基层协会规范化建设。在全市私个协会系统开展基层协会规范化建设活动,重点解决基层协会在机构设置、人员配备、经费保障、会费收取等方面存在的困难和问题,积极探索新形势下基层协会建设与服务工作的新思路、新方法,以加强基层协会的服务工作为落脚点,全面促进协会职能作用的发挥。召开克拉玛依市私营个体企业协会第一次妇女代表大会。 (程立东)

【广告协会工作】 2010年,克拉玛依市广告协会深入落实广告会员季例会制,广告从业人员580人次参加例会。推行杜绝违法广告承诺制,与68家广告企业签订杜绝违法广告承诺书,并在克拉玛依主流媒体公开。促进广告行业精神文明建设,积极组织动员30家广告经营单位参加民族团结公益广告大赛活动,17家广告经营单位选送43幅优秀广告作品参加中国公益广告黄河奖新校园,新家园公益广告大赛活动。全市有4家广告企业被评为新疆广告行业文明单位,1家广告企业被评为第八届全国优秀公益广告评选先进单位。 (程立东)

【工商行政管理学会工作】 2010年,克拉玛依市工商行政管理协会做好理论研究和学术交流工作。确定学会工作要点和重点调研课题下发各区学会,各级学会专门成立课题研究小组,确定调研重点和具体任务,并层层分解到人。选出10篇论文上报自治区工商学会。全体会员在《中国工商报》、《中国消费者》、《工商行政管理研究》、《新疆工商》、《新疆法制报》、《都市消费晨报》、《克拉玛依日报》、克拉玛依电台、电视台等各类媒体刊播各类稿件300多篇。(程立东)

国土管理

市国土资源管理

【市国土资源局领导名单】

党组书记、副局长:黄军平

党组副书记、局长:王成功

副局长:伊沙克江·玉素甫、陈绍刚(4月任职)

纪检组组长:邵献军

【基本情况】 2010年,克拉玛依市国土资源局在册干部职工91人,内设10个职能科室:纪检组(监察室)、办公室、计划财务科、人事教育科、规划和土地利用科、耕地保护和建设用地科、地籍管理科、测绘管理科、矿产资源管理科、政策法规科。5个派出机构:独山子区国土资源分局、克拉玛依区国土资源分局、白碱滩区国土资源分局、乌尔禾区国土资源分局、农业综合开发区国土资源分局。1个挂靠单位:市处理土地草场纠纷领导小组办公室综合科;4个事业单位:勘测信息中心、市土地交易中心、市土地储备(整理)中心、综合档案室。主要承担克拉玛依市的土地规划和利用、耕地保护和建设用地管理、土地交易、土地测绘、土地储备与开发、矿产资源管理与保护以及土地保护宣传等职责。按照自治区及克拉玛依市政府的有关规定,依法行使土地执法检查及管理职权。 (曾 燕)

【土地规划利用】 2010年，克拉玛依市国土资源局召开34次用地预审局长办公会，完成174宗建设项目用地预审。通过招标拍卖挂牌出让国有土地使用权52宗地，面积77公顷，成交价款18 083万元。年初，市政府发布实施新一轮《克拉玛依市城镇土地定级与基准地价更新成果》，在房地产管理、市政建设、财政、税收、司法等领域得到广泛的应用。正式启动土地利用总体规划修编工作，召开土地利用总体规划修编工作动员会，完成土地利用总体规划专题研究报告及大纲初稿；运行土地市场动态监测与监管系统；完成2007～2010年出让合同和划拨决定书的补录；全年委托评估87宗地，经过专家会审87份，备案87宗；向国土资源厅上报土地利用总体规划局部调整方案，争取到调整指标110公顷。（曾 燕）

【耕地保护与建设用地】 2010年，克拉玛依市国土资源局耕地保护责任履行到位，通过自治区验收。一是完成克拉玛依市、区、乡、村四级耕地目标责任书的签订，制定《克拉玛依市耕地保护目标责任考核办法》并报市政府发布实施，完成市耕地目标责任书考核自查工作，配合克拉玛依区政府开展小拐地区开荒土地治理整顿工作，完成全市基本农田标志牌更新工作，对市农业综合开发区基本农田现状进行核查以及市二调基本农田成图工作。二是完成建设用地审批201宗，其中行政划拨86宗，面积130.53公顷；有偿出让115宗，面积160.11公顷，其中通过招标拍卖挂牌出让国有土地使用权52宗地，面积91.42公顷；针对土地评估结果，完成54份初步审核协议出让国有土地使用权出让金工作；出具会议纪要28份，批前公示34份。三是不断加大对民生项目用地的扶持力度，建立重点项目审批绿色通道，全力支持克拉玛依市石油石化企业的发展。全年完成克拉玛依市第一至第六批次、原油储备库、轻馏分、第五净化水厂等重点项目（485公顷）。向自治区国土厅和国家国土资源部的申报审批工作。用于交通等基础设施建设的用地供应总量89.38公顷；供应住房用地47.99公顷，其中廉租房0.08公顷、经济适用房31.64公顷、普通商品房16.27公顷，基本完成供地计划。四是完成奎克高速公路克拉玛依段的建设用地项目资料报批及征地拆迁工作并发放征地补偿费3 409.26万元。追缴企业2000～2009年欠缴土地出让金2 200多万元。五是完成国家土地西安督察局对克拉玛依市农用地转用、土地征收审批和房地产用地专项整治工作情况的迎检以及自治区土地出让合同清查等9项专项清理工作。（曾 燕）

【土地执法检查】 2010年，克拉玛依市国土资源局认真做好土地卫星遥感图片执法检查工作。经卫星遥感监测克拉玛依市变化图斑有54块，面积343.37公顷。此次卫片执法检查是对全国实施全覆盖检查的第一年，也是依据15号令对土地违法严重地区政府实施问责的第一年。为此，市国土资源局与市国土资源执法监察支队共联合下发土地卫片执法检查工作实施方案，并全面完成宣传动员、自检自纠、督察整改等阶段工作。9月，通过自治区国土资源厅的验收。经最终核实，克拉玛依市没有违法用地，也没有需要增补的图斑。土地卫星遥感图片执法检查通过自治区相关部门验收。（曾 燕）

【土地交易】 2010年，克拉玛依市国土资源局加大对全市划拨土地租赁或改变用途的清查、整理力度，进一步规范土地交易市场，确保土地交易市场有序发展并加强窗口管理。土地交易综合办证大厅成功创建自治区级政风行风建设示范窗口。局综合办证大厅在创建自治区政风行风示范窗口的基础上，进一步健全大厅的各项服务功能，重新划分各业务窗口，增加建设用地办理窗口。办理划拨土地租赁手续57宗，办理土地转让手续156宗，为居民住房办理国有土地使用证5 698本，代征契税、印花税657.62万元。（曾 燕）

【第二次土地大调查】 2010年，克拉玛依市国土资源局完成市辖区变更调查数据汇总及质量分析报告以及克拉玛依市耕地质量分析报告。通过克拉玛依市第二次全国土地调查数据库国家质量核查软件的质检，完成克拉玛依市地州级数据库建库工作。对二调数据库中的建设用地进行核查，涉及地块24个，总面积11.4万亩；完成二调数据库升迁的招标采购工作，至年底进入实施阶段；对二调组织、实施情况、招标及经费方面进行自检自查。克拉玛依市第二次全国土地调查成果通过自治区第二次全国土地调查办公室验收。（曾 燕）

【测绘管理】 2010年，克拉玛依市国土资源局编制完成《克拉玛依市基础测绘"十二五"规划》，经过专家论证修改后上报克拉玛依市"十二五"规划领导小组办公室审批；完成克拉玛依市测绘资质复审换证工作；开展测量标志动态巡查、基础测绘成果保密检查、地理信息市场专项整治等日常测绘专项检查工作；开展"八二九"测绘法宣传工作；完成建设国家陆态网基准站（克拉玛依）收尾工作。基础测绘投入大幅增长，全年投入资金1 013万元，完成基础测绘144.4平方千米。（曾 燕）

【土地储备及开发整理】 2010年，克拉玛依市国土资源局实现市土地储备（整理）中心与市城市建设资金管理办公室合署办公，市土地储备中心职能得到加强；市政府出台《关于加强土地储备和管理的通知》、《克拉玛依市土地储备管理办法》和《克拉玛依市土地储备证管理办法》，确定克拉玛依市统一收储、统一整理、统一管理、统一供地的土地储备政策；全年实施82宗土地储备，储备土地面积4 488公顷。国家投资克拉玛依市的0.19万公顷、0.2万公顷土地开发项目通过自治区竣工验收。4月，国家投资克拉玛依区小拐乡团结新村基本农田整理项目动工建设，在国家资金没有及时到位的情况下，完成设计工程量1/3多。8月，利用0.19万公顷、0.2万公顷项目核减资金开展的乌尔禾乡查干草村等2个村基本农田整理项目开工。（曾 燕）

【信息化建设】 2010年，克拉玛依市国土资源局信息化建设水平得到提升。6月，经自治区电子政务办、国土资源厅信息中心、克拉玛依市电子政务办等专家评定，专家组对国土资源局电子政务系统一、二期项目给予高度肯定，项目通过验收，至年底已进入维护期。（曾 燕）

【矿产资源管理】 2010年，克拉玛依市国土资源局承担治理任务的国家投资的克拉玛依市九公里废弃采坑地质环境治理项目外业竣工。该项目总费用540万元，4月中旬正式开工，完成6个采坑治理，回填土方约30万立方米，治理采坑面积约10.9万平方米，恢复土地面积19.2万平方米。9月，项目通过自治区国土资源厅野外验收。国土资源局完成矿产资源开发利用统计年报汇总及采矿权年检换证工作，制定《克拉玛依市2010年度重要地质灾害隐患点防灾预案》，成立防治地质灾害应急指挥领导小组，对克拉玛依市的地质灾害防治工作进行统一管理。完成汛期地质灾害隐患排查工作并向自治区国土资源厅申报3个地质灾害治理项目，制定《克拉玛依市矿山地质环境治理恢复保证金缴存使用管理办法》，已有15家矿山企业缴存矿山地质环境治理恢复保证金。完成22块采矿权标识牌埋设，完成矿业权实地核查并通过上级验收。加强戈壁土采挖管理，实施动态巡查。 （曾 燕）

【政策法规宣传及信访】 2010年，克拉玛依市国土资源局法制建设稳步推进。国土局认真开展法制宣传教育培训工作，在“四二二”世界地球日、“六二五”土地日等活动中，采取多种形式开展内容丰富的宣传活动，全年上报各类信息53篇，在媒体上发表宣传报道148篇。 （曾 燕）

【依法行政】 2010年，克拉玛依市国土资源局完成规范性文件清理工作，对2个规范性文件提交市政府法制办建议废止；清理2000年以来制定的制度，完善和保留58项制度制作成国土资源局规章制度汇编，并报备市政府法制办；制定《关于加强土地监管维护良好土地管理秩序的通知》上报市政府发布实施；开展国土资源执法动态巡查，做好违法用地检查和用地违法及审批事项移交工作，全年向市国土资源执法监察支队移交需进行调查处理的违法用地函10份，移交新审批建设用地资料6批74份；办理市信访事项2件，接待来访群众59人次。 （曾 燕）

【党风廉政建设】 2010年，克拉玛依市国土资源局认真抓好行业文明建设。一是开展创先争优和团队精神教育月等活动，做到组织领导、任务目标、监督措施三落实，全局没有发生工作不作为、乱作为以及吃拿卡要等现象，也没有发生乱收费、乱摊派、乱罚款的事件。白碱滩区分局荣获自治区青年文明号称号；乌尔禾区分局通过自治区政风行风示范窗口复检。二是抓好廉政建设。修订、规范《集体会审》制度，对各项资金使用工作，建立跟踪督导、问题约谈责任追究制度；与市检察院建立工作联系制度；组织全体党员参观反腐倡廉教育基地，观看反腐倡廉教育图片和警示教育片；在办公楼各楼层最醒目的地方悬挂26幅以廉政教育为主题的漫画、廉洁警示语；主动接受社会监督，全年参加自治区国土资源厅系统行风热线节目2期，参加市政府《新广行风热线》节目1期。 （曾 燕）

市国土执法监察

【克拉玛依市国土资源执法监察支队领导名单】

党组书记：贾雨亮

支队长：康林斗

【基本情况】 克拉玛依市国土资源执法监察支队成立于2005年9月，隶属自治区国土资源执法监察总队，为副处级全额拨款管理单位。主要承担着克拉玛依区域内的国家有关土地管理法律法规、矿产资源法律法规和土地政策的宣传与贯彻执行，依法组织和实施克拉玛依地区土地管理、矿产资源违法行为的立案查处工作，并完成克拉玛依市委、市政府交办的其他工作。2010年，市国土资源执法监察支队编制15人，在职14人，在岗领导职数6人。 （郭 锋）

【立案结案】 2010年，克拉玛依国土资源执法监察支队立案（结案）128起，收缴罚没款527.4万元。其中土地违法案件立案（结案）122起，收缴罚没款526.85万元，矿产资源违法案件立案（结案）6起，收缴罚没款0.55万元。 （郭 锋）

【动态巡查】 2010年，克拉玛依国土资源执法监察支队切实加强动态巡查，建立健全《执法监察动态巡查工作制度》和《执法监察动态巡查工作方案》，将全市境域划分为三级巡查区，建立动态巡查台账，落实动态巡查管理责任。全年巡查470多次，出动巡查人员940多人次。发现各类国土资源违法违规行为130起，下达责令停止违法行为《通知书》128份，口头制止2起。 （郭 锋）

【土地卫星拍片执法检查】 2010年，克拉玛依国土资源执法监察支队认真开展土地卫星拍片工作。检查中，涉及克拉玛依市的有54个图斑，有56宗土地，卫星拍片监测图斑面积293.6公顷。由克拉玛依监察支队参与成立的联合核查组，深入实地逐个对照图斑，对实际用地进行核实、测量和拍照，核查土地面积433.3公顷，基本摸清克拉玛依市土地卫星拍片图斑真实的用地情况和存在的问题。 （郭 锋）

【小拐乡土地清理整顿】 2010年，克拉玛依国土资源执法监察支队组织专人整治克拉玛依区小拐乡土地违法开荒和生态破坏问题。根据中央、自治区和国土资源厅土地清理和整顿小拐乡土地问题的批示。市、区两级政府组织十几个部门近200人的工作组进驻小拐乡。对小拐地区2万多公顷、清理整顿涉及农户406户的开荒地。工作组分为6个工作队和1个违规查处组，2名支队主要领导分别担任小拐、五五片区的总指挥，并担任2个工作队队长。抽调10名执法监察人员在小拐乡督促清理整顿工作。立案查处不听劝阻的违法开荒户；对拒不配合清理整顿工作、顶风作案的违法开荒户，组织有关部门督促法院进行强制执行，有力地推动克拉玛依市小拐地区土地清理整顿和生态恢复工作的有效开展。 （郭 锋）

【党风廉政建设】 2010年，克拉玛依国土资源执法监察支队积极开展党风廉政建设、民主评议政风行风工作和机关执行力建设。一是深入开展创先争优和热爱伟大祖国、建设美好家园活动。二是认真贯彻落实克拉玛依市党风廉政教育月活动的各项规定，积极制定活动办法和措施，不断健全党风廉政建设各项制度，完善举措，扎实推进惩防体系建设。三是强化党风廉政相关文件的学习，落实责任，制定党风廉政工作要点、加大对廉政准则学习贯彻力度，召开专题民主生活会，开展党组织建设活动，使党建工作有力的促进执法监察工作。四是制定国土资源执法监察信访接待制度，安排专人接待信访工作，开通信访专线12336。认真对待每件（次）群众来信来访，做到件件有落实、事事有回音。 （郭 锋）

油田公司工程概预算管理

【油田公司概预算管理部领导名单】
主任:唐秀宝
副主任:赵林生、王吉昌

【基本情况】 2010年,新疆油田公司概预算管理部属于新疆油田公司机关直属部门(正处级)。内设有7个职能科室:系统工程科、油田管理科、油田工程科、价格管理科、钻井预算科、钻井定额科、综合科。有职工28人。其中国家一级造价资格证人员8人、国家二级造价资格证人员6人、国家三级造价资格证人员5人。注册造价师资格人员6人、高级经济师8人、高级工程师3人。

(王吉昌)

【地面造价】 2010年,油田公司概预算管理部完成《克拉玛依第五净化水厂》、《准东油田接入地方电网系统配套工程项目》、《采气一厂玛河作业区生活基地首期工程》、《风城油田作业区乌尔禾前线生活基地办公楼工程》、《新时代酒店改造工程》等16个项目设计概算审查。确保完成《九区一级配气站—风城输气管道安全技术改造工程》、《市区天然气入户工程》、《风城110千伏变电所项目》、《西泉1井区2010年地面建设工程方案设计》、《重32井区2010年地面建设工程方案设计》等28个重点建设项目项目的估算审查。完成建设项目投资估算审查116项,估算审查额21.6亿元,审定19.29亿元;完成概算批复16项,审查概算8.36亿元;批准概算7.16亿元;完成工程结算审核9.8亿元,核定金额9.65亿元;完成工程标底审核34份。报审9 602万元,审定9 231万元。

(王吉昌)

【价格管理】 2010年,油田公司概预算管理部做好价格管理,取得显著成效。一是完成《新疆油田建设工程材料指导价格》的编制,发布29大类1.2万多条材料指导价格。二是编制发布《2010年新疆油田普通钢材和石油专用管材结算价格》,编制发布212项材料价格。三是在概预算部《价格定额管理信息简报》中发布油品类、建材类材料结算价格条目446项。四是进一步规范工程自购材料价格管理方式,研究制定颁布《新疆油田公司工程项目自购材料价格管理实施细则》,明确自购材料的范围、自购材料价格管理责任主体、自购材料价格审查原则、自购材料价格确定方式、自购材料价格报审程序等内容。细则发布执行后,取得比较好的成效,全年审核自购材料201批次,6 452项价格。五是妥善做好地属改制企业产品价格审核管理工作。本着维护稳定、确保生产、实事求是的原则,适度调整油田用化工产品的价格,既使改制企业调价要求得到合理增长,又降低公司采购价格成本;对地属企业配电柜等产品实行成本核定价,价格水平基本维持上年水平。全年审核下发地产品价格13批次,207项价格。六是配合扭亏解困工作扎实做好基础产业价格调整建议方案。(王吉昌)

【钻井造价】 2010年,油田公司概预算管理部推行《新疆油田公司2010年钻井系统工程计价标准》。一是《2010年钻井系统工程计价标准》推行工作取得实效,在油田产能建设井、部分评价井预结算中应用,为年度钻井系统工程投资的有效控制和工程施工服务合同的顺利签订起到比较好的作用。二是确保重点钻井工程投资估算概算审编工作,为投资计划决策提供专业支持。根据现有4套钻井计价体系,完成3批次油田公司钻井、物探系统大规模投资测算,为油田公司投资决策提供了重要依据。三是完成《2010年克拉美丽气田开发方案概算》、《风城超稠油开发项目概算》等6个重点油气田开发项目概算编制及审查;配合新疆油田公司勘探开发业务“十二五”规划专题工作,完成2011~2015年物探钻井工程成本测算,提出《新疆油田公司“十二五”规划物探钻井工程成本预测明细方案》;完成2011年油田公司投资建议计划中成本测算工作。四是完成集团公司造价部门新编《钻井系统工程计价方案》套算工作。完成新疆油田开发井及评价井钻井工期、测井、射孔及固井工程计价标准的编制工作。五是审查核定钻井工程造价67.3亿元。(王吉昌)

【计价依据】 2010年,油田公司概预算管理部启动新疆油田百万吨产能建设投资估算指标编制工作。组织完成新疆油田地面建设工程标准化预算编制。组织专门力量成立标准化设计预算审核小组,制定标准化预算工作方案,根据设计单位提供的第一批标准化设计图纸,完成76个单体工程的标准化预算指标的编审工作。组织完成《金属罐、管道无气喷涂防腐涂料定额》编制。完成11种涂料26个子目的金属罐、管道无气喷涂防腐涂料定额编制。按照股份公司造价管理部门的要求,完成《石油建设安装工程概算指标》计价材料价格和机械台班价格确定、《石油安装工程预算定额》的相关问题和意见的基础资料调查整理上报工作。完成油田注采井大修理作业项目计价标准调整的基础工作。组织试油公司展开新疆油田《2010年钻井系统工程计价标准》中试油作业项目标准的持续修订工作。(王吉昌)

【信息系统建设】 2010年,油田公司概预算管理部新开发的地面造价管理信息系统获油田公司科技成果二等奖。通过1年的运行,系统的应用性能得到全面验证,系统建设目标——编审规范化、工作程序化、管理科学化目标已基本实现。工程造价管理信息系统研究开发和应用、网络化运行将对提高新疆油田公司工程造价管理工作效率,探索工程概、估算管理新方法,提升造价管理信息化工作水平起到重要作用。(王吉昌)

【业务培训】 2010年,油田公司概预算管理部完成1个主体培训班次。一是依托长江大学的专业优势,举办1期工程造价管理培训班,61名造价管理人员参加培训。培训课程安排紧密围绕油田造价管理工作的实际需要,学习内容包括《建设项目全过程造价管理》、《建设工程工程量计价清单》最新造价理论与实践课程。二是扎实做好造价人员继续教育,抓好验证工作。举办4期造价员继续教育培训,306名造价人员参加学习。并根据日常业务工作实际表现和资格验证要求,完成47个单位319人的上报资料审验,初审意见按要求上报总部,282人通过资格审查。组织12名注册造价师参加自治区主管部门主办的注册造价师注册继续教育培训学习。三是开阔视野,向兄弟油田交流学习。5月,在准备开展新疆油田标准化预算工作前期,概预算部组织本部门和部分二级单位8名造价人员赴长庆油田公司观摩学习油气田建设工程推行标准化预算的先进做法、先进经验。四是集团公司高级业务培训。组织14人参加集团公司石油工程注册造价专业人员高级学习班。

（王吉昌）

油田公司企管法规(内控)管理

【油田公司企管法规处(内控与风险管理处)领导名单】

处长:郑前贺(1月离任)、董庆民(1月离任)、徐建辉(1月任职,同时离任副处长)

副处长:黄之彦(1月任职)、赵峰(11月任职)

独立董事:李建伟(11月离职)

【基本情况】 2010年,新疆油田公司企管法规处(内控与风险管理处)内设7个科室:内控管理科、市场管理科、法律事务科、招标管理科、合同管理科、规章制度科、综合管理科,在册人数24人。主要负责企业内部控制及风险管理;油田市场综合管理;企业重大经营决策的法律咨询和论证,管理法律事务及法律纠纷;招标管理;规章制度综合管理;法律授权业务,企业工商登记业务;普法依法治企工作;企业内部结构调整工作;企业管理相关协会、学会等工作。（张峰铭）

【基础管理建设工程】 2010年,油田公司企管法规处按照《新疆油田公司基础管理建设工程实施方案》,在流程管理方面,规范"三重一大"决策流程;梳理优化工程结算相关业务流程,对其涉及的6个三级流程、25个四级流程确认责任部门,分析流程运行瓶颈与制约因素,逐步建立流程运行保障机制;印发《新疆油田分公司内部控制运行考核管理办法》,建立流程管理监督评价制度,逐步形成"流程有人管、责任有落实、运行有保障、执行有监督、结果有评价"的流程管理工作格局。开展公司规章制度体系和单体制度评价工作,指导基层单位开展制度清理汇编,审查新发布《新疆油田公司建设工程承包商质量管理规定》等43项制度,完善高产井、评先选优表彰奖励、造林减排等重点领域及高风险领域管理制度,清理公司42项废止制度。公司现行有效制度有375项,基本保证生产经营安全方面的制度覆盖到位。（张峰铭）

【内部结构调整】 2010年,油田公司企管法规处认真分析各业务特性及与油田主业发展的关联度,有针对性地采取各项措施,推动公司结构调整和优化升级。修订完善未上市业务解困扭亏发展定位,立足结构优化,明确回购业务、专业化重组业务、移交直管业务以及保留和退出业务。配合集团内部业务重组,将采油工艺研究院、监理公司纳入上市业务管理。为改善机械加工业务结构,配套建设机械加工基地,与宝鸡石油钢管厂合作建设新疆制管项目。起草碳汇林基地规范管理意见和生活服务业务整合方案,制定广播电视中心、市委党校、物资供应驻外工作组等改革方案,有序退出油田送班业务。深入开展热电联供供热模式的研究,为下步城市供热建设及供热体制改革做好了前期准备工作。（张峰铭）

【内控管理】 2010年2月4日,新疆油田公司正式发布未上市部分2010版内控手册,完成2010版内控手册测试信息系统14个上市单位的初始化工作。开展内控自我测试,抽取108个流程跟单测试、关控测试和信息系统测试,对流程中的327个K点进行关键控制测试,督促各单位及时整改测试中发现的问题。组织2010版手册宣传贯彻和流程管理培训,公司内控业务人员和岗位操作人员400多人参加培训。按照股份公司统一安排,结合公司自我测试及外部审计发现,机构业务调整、ERP系统单轨运行和各相关部门、单位修订意见,修订完善2010版内控手册。完成ERP蓝图整合、配合ERP审前调查和单轨上线前的审计等工作。8月,公司实现ERP系统单轨上线。（张峰铭）

【市场管理】 2010年,油田公司企管法规处全面清理已办理市场准入的企业,重点清理工程建设和工程技术服务队伍,向未在本地注册的企业做好宣传工作,鼓励将其注册地变更到本地或在本地注册子公司。对外地企业从事的常规业务原则上采取单项准入,已办理正式准入的企业在年检中进行变更。对市场过于饱和一般工程技术服务、建筑、绿化服务、化工产品服务等业务原则上禁止新增准入。通过1年的运行,5家企业没有批准准入,近10家企业限制(调整)准入项目或限制(调整)服务范围,有效地调节油田市场。举办70多人次参加的资质管理培训班,进一步提高资质管理水平。组织开展工程技术服务资质申报和年审工作,共完成6类新增项目78支队伍工程技术服务资质的申报、106支工程技术服务队伍的资质年审工作。新增6部深井钻机资质,批准动用5只完井作业队伍,结合生产需要评定临时乙级队伍资质46支。至年底,17家企业228支施工队伍已纳入资质管理范围。

（张峰铭）

【招标管理】 2010年,油田公司企管法规处制定下发《新疆油田公司招标管理实施细则》,将招标管理工作重心转移到审批招议标方式上,加强控制与监督,确保公司交易规范和挖潜增效目标的实现。严格执行集团公司《招标管理相关文件格式及范本》,进一步规范招、议标行为。对各单位上传信息错误、不招标理由、投标人资质不清、准入内容不符等近300个问题,及时退回并督导整改。按照集团公司"两级管理、统一建库"的总体思路,推荐上报物资类招标评审专家70人,为逐步建立公司及所属单位两级招标评审专家库奠定基础。

（张峰铭）

【合同管理】 2010年,油田公司企管法规处做好合同管理工作。一是做好第九批标准合同文本的推广应用工作,将集团公司下发的九批118份标准合同文本分别在公司合同管理信息系统和企管法规处网页上发布,公司标准合同文本使用率95%以上。二是组织并起草公房出租合同标准文本及合同能源管理合同标准文本。三是积极开展物资类合同与服务类合同并轨上线的准备工作。四是完善合同统计分析系统应用中存在的问题。五是组织开展克拉玛依市第八届守合同、重信用企业申报活动,公司12家单位获得第八届克拉玛依市守合同重信用单位。全年签订各类合同23 536份,合同金额466.4亿元。其中上市部分4 246份,合同金额215.7亿元;未上市部分19 290份,合同金额250.7亿元。所签合同均合法有效。（张峰铭）

【法律事务管理】 2010年，油田公司企管法规处强化法律事务管理。一是建立企业年检台账，配合工商行政部门对公司及所属16家法人企业、80家分支机构完成2010年度工商年检工作。二是全面调查摸底公司商标，公司有注册商标6个。三是完成公司律师证年检和企业法律顾问注册工作。四是从防控法律风险出发，加强设立、合并、分立、收购和注销经营性机构的法律论证和主体资格管理。协助井下作业公司完成塔里木项目部营业执照注册登记；办理上海克拉玛依天山大厦宾馆和新疆油田公司生产调度指挥中心工程项目经理部的授权委托书；出具苏州市阊胥路130号土地办理到新疆油田资产管理公司名下的法律意见书等。全年办理证照证明305份，出具授权委托书44份，出具法律意见书5份，出具其他类证明5份。 （张峰铭）

【维护公司合法权益】 2010年，油田公司企管法规处高度重视劳动争议、工程转包违规挂靠分包、侵权损害赔偿等案件，对经济额度较大、疑点难点较多、群体性以及可能对公司产生重大影响的案件，进一步加大集中管理和统一协调力度，充分利用内外部法律资源，会同涉案单位做好案件处理，维护公司整体利益和形象。公司纠纷案件总数是53件，标的额4 166.47万元。其中新发生案件27件，标的额1 107.14万元；结转案件26件，标的额3 059.33万元。正在处理40件，标的额3 971.8万元；处理完成13件，标的额194.67万元，避免经济损失1 500多万元。重点代理的案件有风城油田作业区输水管线爆管索赔工程款纠纷案；西部酒店房屋租赁合同纠纷案；钱某诉新疆油田公司侵犯生命权、健康权、人生权纠纷案等。加强纠纷案件分析制度，针对劳动争议纠纷案件特点和成因，编发一期《纠纷案情简报》，向各单位进行通报。 （张峰铭）

【"五五"普法依法治企】 2010年，油田公司企管法规处组织开展丰富多彩的普法宣传教育，持续推进"五五"普法依法治企工作。一是组织开展《石油天然气管道保护法》宣传贯彻系列活动及自治区第七个宪法、法律宣传月活动。二是发放《宪法新旧对照》等普法学习资料7 000多册。三是举办《侵权责任法》等法律知识专题讲座。四是编发6期《"五五"普法园地》。五是认真开展"五五"普法自检自查、总结验收工作。 （张峰铭）

【改制企业帮扶】 2010年，油田公司企管法规处帮助改制企业加强管理，妥善解决历史遗留问题。一是进一步完善改制企业帮扶工作组织机构，明确各单位及专业部门负责改制企业的帮扶工作职责，落实部分单位向改制企业委派高管人员。二是协调处理改制企业股权量化等历史遗留问题，先后协调银河公司集体股量化、亚东公司股权纠纷、三达公司投资纠纷和通德公司股东权益等问题。三是扩大工程技术服务企业的施工能力。动用新友公司新增8支小修作业队伍，新增4部钻机，另将4部浅钻钻机变更为中深钻机，大大提高了改制企业的作业能力。四是做好改制企业业务整合指导工作。协调华隆公司股份制改造和红有公司战略合作，编制生活服务业务重组方案帮助荣康公司做大生活后勤服务业务，完成小规模钻井队伍合并重组工作等。五是加强引导，帮助改制企业转型和开拓外部市场。创拓公司1支压裂队伍、4支侧钻队伍；准东工程建设公司2支侧钻队伍；宏兴公司21支测试及小修队伍接替主业队伍在塔里木油田和中石化西北油田开始作业。 （张峰铭）

【企业协会管理】 2010年，油田公司企管法规处组织企业协会对各单位上报的30篇管理现代化成果进行筛选和评审，评选出11项优秀成果，并设为一等奖1项、二等奖2项、三等奖3项、优秀奖5项。推荐上报中国石油企协7篇优秀成果、33篇论文；其中有2篇成果分获二等奖和三等奖、1篇论文获一等奖、3篇论文获二等奖、13篇论文获三等奖。 （张峰铭）

·小资料·

企业管理的含义与社会责任

企业管理是指管理者为有效地达到组织目标，对组织资源和组织活动有意识、有组织、不断地进行的协调活动。这个概念包含5层意思：(1)管理是一种有意识、有组织的群体活动，不是盲目无计划的、本能的活动。(2)管理是一个动态的协调过程，主要协调人与事、人与物以及人与人之间的活动和利益关系。(3)管理是围绕着某一共同目标进行的，若目的不明确，管理便无从谈起。(4)管理的目的在于有效地达到组织目标，提高组织活动的成效。(5)管理的对象是组织资源和组织活动。

企业社会责任(Corporate social responsibility，简称CSR)是指企业在创造利润、对股东承担法律责任的同时，还要承担对员工、消费者、社区和环境的责任。企业的社会责任要求企业必须超越把利润作为唯一目标的传统理念，强调要在生产过程中对人的价值的关注，强调对消费者、对环境、对社会的贡献。

首届信息化创新克拉玛依国际学术论坛剪影

2010年8月12日，由克拉玛依市、新疆油田公司承办的首届信息化创新克拉玛依国际学术论坛召开。中国工程院、中国科学院的12位院士以及28位外籍专家和嘉宾等近800人参加论坛。来自《人民日报》、新华社、中央人民广播电台、中央电视台、《科技日报》以及新疆、克拉玛依市的媒体记者参加报道。论坛主题是借助国内外专家之智慧，引导克拉玛依数字油田、数字城市科学发展，进一步提升克拉玛依市发展水平，为克拉玛依市打造世界石油城提供智力支持。

首届信息化创新克拉玛依国际学术论坛新闻发布会。

首届信息化创新克拉玛依国际学术论坛会场。

克拉玛依市、新疆油田公司党委书记徐卫喜向大会致欢迎辞。

中国科学院院士、学部工作局局长周德进向大会致辞。

首届信息化创新克拉玛依国际学术论坛剪影

中国工程院学部工作局副局长阮宝君向大会致辞。

国家工业和信息化部信息化推进司副司长董宝青向大会致辞。

中国石油天然气集团公司副总经理王宜林向大会致辞。

新疆维吾尔自治区人大常委会副主任、自治区科协主席张国梁向大会致辞。

新疆维吾尔自治区党委常委宋爱荣向大会致辞。

中国科学技术协会书记处书记、党组成员冯长根向大会致辞。

首届信息化创新克拉玛依国际学术论坛剪影

克拉玛依市、新疆油田公司党委副书记，克拉玛依市市长、新疆油田公司总经理陈新发作主题报告。

中国科学院院士童庆禧作开场发言。

自治区向克拉玛依市颁发自治区工业化、信息化融合试验区牌匾。

中国工程院院士与中国科学院院士进行学术交流。

首届信息化创新克拉玛依国际学术论坛剪影

首届信息化创新克拉玛依国际学术论坛新疆油田公司展区。

首届信息化创新克拉玛依国际学术论坛现场直播。

首届信息化创新克拉玛依国际学术论坛论文集由中国科学技术出版社正式出版发行。

克拉玛依市开展热爱伟大祖国、建设美好家园系列活动剪影

2010年7月7日，克拉玛依市、油田党委召开热爱伟大祖国、建设美好家园主题教育活动动员大会，对全市开展系列教育活动进行广泛动员和全面部署。活动与第29个民族团结进步教育月紧密结合，选拔200名宣讲骨干组成宣讲队进机关、进企业、进农村、进学校、进社区、进家庭、进清真寺宣讲，使各族人民群众“四个认同”思想进一步巩固。

克拉玛依市、油田公司党委召开热爱伟大祖国、建设美好家园主题教育活动动员大会。

徐卫喜作主题教育动员讲话。

陈新发主持主题教育动员大会。

张红彦传达自治区相关会议精神。

郭仲军作主题教育活动安排。

克拉玛依市开展热爱伟大祖国、建设美好家园系列活动剪影

克拉玛依市委举办热爱伟大祖国、建设美好家园主题教育活动宣讲员培训。

克拉玛依市各单位先后开展热爱伟大祖国、建设美好家园主题教育动员和宣讲活动。

克拉玛依市各社区在居民中开展热爱伟大祖国、建设美好家园主题教育活动。

新疆石油学院团委与新疆石油学院社区共同举办热爱伟大祖国、建设美好家园联谊活动。

克拉玛依市开展热爱伟大祖国、建设美好家园系列活动剪影

克拉玛依市第十五小学开展回顾油城历史，做有为的油城小主人主题融情教育活动。

新疆恒通监理公司举行热爱伟大祖国、建设美好家园主题演讲比赛。

新疆油田公司井下作业公司举办爱祖国、爱新疆、爱油田少数民族汉语朗诵比赛。

克拉玛依市中心医院开展热爱伟大祖国、建设美好家园摄影、书画、剪纸展评活动。

克拉玛依市开展热爱伟大祖国、建设美好家园系列活动剪影

在主题教育活动中，克拉玛依市中小学生自发清理公交车站台小广告和站台卫生。

在主题教育活动中，克拉玛依市昆仑路街道社区服务中心义工走上街头义务理发。

克拉玛依市、新疆油田公司开展热爱伟大祖国、建设美好家园“三下乡”活动。

克拉玛依市委领导对主题教育活动情况进行阶段性调研。

新疆油田公司赴阿勒泰地区抢险救灾剪影

2010年1月，新疆阿勒泰地区连续4次遭受强冷空气袭击，出现60年一遇的寒潮暴雪灾害。克拉玛依市、油田党委全力以赴支援灾区抢险工作。在较短的时间内，集结抢险救援人员162人，组织各类抢险救援车辆66辆。抢险救援团队共打通道路2 052千米，救援被困村庄、冬窝子211个，解困群众6.7万多人，保障运送救灾物资（草料、食品、煤炭等）961.5吨。

新疆油田公司组织召开紧急动员会议，商讨抢险救援事宜。

新疆油田公司组织运输队伍装运救急用品和生活物资。

新疆油田公司副总经理孙晓岗致辞，为抢险救援队伍出征送行。

中国石油克拉玛依销售分公司调运-35号油品2 524.8吨、航空煤油21.16吨送到灾区，保障受灾地区油品供应和生产生活正常运行。

新疆油田公司赴阿勒泰地区抢险救灾剪影

新疆油田公司组织44台（辆）大型抢险救援设备紧急驰援灾区。

新疆油田公司救援队在救灾现场布置机械设备。

新疆油田公司抢险救援队夜以继日清理积雪，打通道路。

新疆油田公司赴阿勒泰地区抢险救灾剪影

新疆油田公司向阿勒泰地区捐款100万元。

新疆油田公司副总经理阿不来海提·克尤木接受媒体采访。

新疆油田公司抢险救援队完成救援任务返回克拉玛依时，阿勒泰地委向抢险救援队赠送锦旗。

新疆油田公司副总经理阿不来海提·克尤木与载誉归来的抢险救援队成员合影。

新疆油田公司赴阿勒泰地区抢险救灾剪影

阿勒泰地委书记张汉东专程到克拉玛依市向新疆油田公司赠送题为“雪域茫茫抗灾急 油城滚滚送真情”的锦旗，感谢克拉玛依市人民的无私援助。

新疆油田公司党委书记徐卫喜与到访的阿勒泰地区领导交流救灾情况。

伊犁哈萨克自治州

阿勒泰地区行政公署

感谢信

中国石油天然气集团公司新疆油田公司：

从去年12月上旬以来，新疆阿勒泰地区连续出现强降温、强降雪和大风天气过程，对阿勒泰各族群众生产生活特别是畜牧业生产带来严重影响。截止目前，已造成全地区37.77万人受灾；因灾伤病386人；因雪崩死亡2人；紧急转移5637人；倒塌房屋1303间，倒塌、损坏牲畜棚圈2490座；损坏房屋11622间，5.3万头（只）采食困难的牲畜被及时转移，仍有221.7万头（只）牲畜受灾，占存栏的81.6%。据测算，此次风雪灾害造成新疆阿勒泰地区直接经济损失达1.55亿元。贵公司领导得知灾情后，给予高度重视，在第一时间内作出反映，委托贵公司副总经理阿不来海提·克尤木同志专程前来阿勒泰，捐赠抗灾资金100万元。这是阿勒泰收到的第一笔捐赠资金，让我们深切感受到贵公司对阿勒泰各族群众的深情厚意。对此，阿勒泰地区行署代表全地区65万各族群众向贵公司表示衷心的感谢！

近年来，新疆油田公司坚持奉献能源、创造和谐的企业宗旨，以保障全疆油气安全供应为己任，本着“油气并举”发展原则，在油气资源勘探开发、石油天然气化工等领域取得了骄人的业绩，有力推动了新疆优势资源转换战略的实施。贵公司在加快自身发展的同时，坚持不懈地履行一个国有企业的经济责任和社会责任，以高度的社会责任感积极参与新疆经济社会发展。去年以来，贵公司与我地区健全完善了高层定期沟通机制，进一步加强了沟通交流，并在财力、物力、人力等方面对阿勒泰经济社会发展给予了大力支持，特别是此次严重雪灾发生后，贵公司雪中送炭，捐赠抗灾资金100万元，为阿勒泰人民全力开展抗灾自救工作提供了支持和帮助。阿勒泰地区各族人民将永远铭记在心，我们将以此为动力，战胜灾害，加快发展，不断开创阿勒泰地区经济社会发展新局面。

祝贵公司事业兴隆、再创佳绩！祝贵公司各位领导身体健康、阖家幸福！

二〇一一年一月 日

阿勒泰地区致新疆油田公司的感谢信。

克拉玛依石化工业建设剪影

2010年，独山子石化公司实现销售收入514亿元，利税总额108.8亿元，销售收入与利税总额均创历史新高。

2010年，独山子石化公司千万吨炼油百万吨乙烯工程14项主要指标进入中国石油前三名，其中有9项名列第一。该工程项目获中国石油天然气建设质量样板工程称号。

2010年5月13日，辽宁石油化工大学独山子石化研究生培养工作站正式成立，该工作站是辽宁石油化工大学在省外首次设立的工作站。

2010年6月18日，独山子石化公司乙烯厂净化水联合车间净化水装置纯氧曝气池首次投入纯氧运行，工作效率提高50%以上。

2010年5月31日，独山子石化公司乙烯厂首次成功生产出苯乙烯——丁二烯嵌断共聚物T6302产品，产品各项质量指标达到国家合格品标准要求，填补了新疆化工产品生产史上的空白。

克拉玛依石化工业建设剪影

2010年6月1日，独山子石化公司乙烯厂苯乙烯装置回收尾气系统正式投用，实现了尾气100%回收利用的目标。

2010年11月9日，独山子石化公司举行综合应急救援大队成立暨特勤消防站落成剪彩仪式，标志着独山子特勤消防站正式投入执勤。

2010年12月13日，独山子石化公司集中供热锅炉烟气脱硫除尘系统1号、2号、3号脱硫塔全部投入使用。该装置投产后，二氧化硫排放浓度、粉尘浓度均远低于国家标准。

2010年，独山子石化公司百万吨乙烯生产出高密度聚乙烯、全密度聚乙烯、聚丙烯、聚苯乙烯、丁苯橡胶等5类46种牌号合格固体产品，外销量突破百万吨大关。

2010年，独山子石化公司投资23.77亿元的国家原油战略储备库——300万立方米原油储罐主体工程完工，初步形成500万立方米原油储备能力。

克拉玛依石化工业建设剪影

2010年1月7日，克拉玛依石化公司烟气脱硫装置生产出合格的硫酸铵产品，标志着公司烟气脱硫装置试车成功。

2010年6月29日，克拉玛依石化公司完善稠油集中加工配套工程暨600万吨年加工能力项目奠基。该项目建成投产后，克拉玛依石化公司将新增100万吨年稠油加工能力，年稠油加工能力实现400万吨；年原油加工能力也将由原来的500万吨跃至600万吨。

2010年8月12日，克拉玛依石化公司年生产12万吨的酮苯脱蜡装置复产试车一次成功，并生产出合格产品。

2010年12月10日，克拉玛依石化公司铁路专用线首趟货运列车发车。

克拉玛依石化工业建设剪影

2010年9月26日，克拉玛依石化公司年节约5 000吨标煤、增效500万元的能源管理系统正式投入使用。

2010年10月14日，在北京召开的首届国际企业文化高端论坛暨国际企业文化最新学术成果中国发布会上，克拉玛依石化公司获中国企业文化建设50强。

2010年11月1日，克拉玛依石化公司通过中国船级社QHSE再认证审核。

2010年12月29日，克拉玛依石化公司2 300吨沥青产品首次通过奎北（奎屯——北屯）铁路发运。

2010年12月，克拉玛依石化公司新建的液化气球罐和丙烷球罐投入使用，有效保证了克拉玛依市及周边地区生活用液化气的供应。

财政·税收·审计

财　政

市财政管理

【市财政局领导名单】
局长：贾庆昌
党组书记、副局长：钟安军（10月离任）
副局长：段凌云、王新民、党文举（11月任职）、王朝晖（11月离任）
总会计师：苏伟（11月任职）

【基本情况】 2010年，克拉玛依市财政局内设办公室、预算科、国库科、社会保障科、农业财务科（挂乡镇财政管理局牌子）、经济建设科、企业财务科（挂涉外科牌子）、行政政法财务管理科、教科文财务管理科、综合科、会计事务管理科、行政事业资产监督管理科和监察科（挂纪检监察室牌子）、金融科14个职能科室；票据管理中心、电子信息管理中心、会计人员管理中心、财政投资审核中心、预算审核中心5个事业单位。同时，归口管理市国库支付中心（中心内设9个职能科室）、市税政法规办公室（办公室内设2个职能科室）、市农业综合开发办公室（办公室内设1个职能科室）、市政府采购办公室。主要职能是财政支出、社会保障、经济建设、资产管理、财务监察及会计事务管理、推进企业上市、融资管理等工作。 （王海蒙）

【财政收支】 2010年，克拉玛依市地方财政收入46.4亿元，比上年增长30.2%。其中市级增长35.9%，克拉玛依区增长19.8%，独山子区增长43.1%，白碱滩区下降4.7%，乌尔禾区下降10.4%。全口径财政收入221.4亿元，增长35.5%。地方财政支出59.2亿元，增长30.4%。 （王海蒙）

【财政工作会议】 2011年1月24日，克拉玛依市召开财政工作会议。会议总结2010年全市财政工作情况，部署2011年财政工作。会议确定2011年的市财政工作要紧紧围绕市委、市政府的各项工作部署，本着"谋发展、促民生、增收入、强基础、提效益"等宗旨，落实积极财政政策，充分发挥职能作用，加大收入组织力度，调整优化支出结构，着力扶持经济发展，强化财政管理和监督。 （王海蒙）

【财政管理】 2010年，克拉玛依市财政局积极促进石油行业加快发展，会同相关部门为中央驻市企业健康发展提供财税政策服务，鼓励中央驻市企业又好又快发展。一是加大支持经济社会发展力度，进一步拓宽融资渠道，增加多渠道资金投入，有力保障事关经济社会长远发展、改善民生、维护稳定等民生项目的支出。推动城乡协调发展，全年"三农"投入7 998万元，进一步支持城乡一体化建设和农业基础设施建设、农业产业化经营，促进农业综合生产能力提高，推动农业和农村经济发展。二是加大征管力度，确保应收尽收。进一步健全财税库联席会议制度，及时解决收入征管问题，努力形成征管合力。三是争取政策支持，力争本地利益最大化。财税等相关部门密切协作，向上级部门汇报中石油石化产品销售体制调整和成品油消费税改革对克拉玛依市地方财政收入的影响，得到认同。四是科学安排财政支出，切实保障民生建设。认真落实国家、自治区关于厉行节约和加强评比达标活动管理的要求，持续调整优化支出结构，科学安排财政支出。五是严格控制一般性资金，集中财力，努力保障民生支出和事关我市长远发展的重点项目支出，保持了民生支出较高的增长水平。 （王海蒙）

【财政监督】 2010年，克拉玛依市财政局进一步完善财政预算定额体系，探索开展财政项目库建设，基础数据库实现动态更新。一是在全疆率先启用新版部门预算软件，实现基础资料库、预算编制库、项目管理库"三库合一"，全面掌握预算单位人员、工资及津贴补贴、资产等信息，为财政管理决策提供基本依据。二是加强预算编制与预算执行等环节的结合，合理确定部门维持正常运行、完成日常工作任务的基本需求。初步探索建立财政项目库。三是探索大监督体系建设。初步开展财政监督介入预算编制、预算执行，事前审核、事中监控、事后评审相结合，涵盖资金运行全过程的监督管理。四是严肃财经纪律，健全"小金库"治理长效机制。对19个事关民生和社会关注度高、资金额度较大的项目开展评价试点。五是制定农口专项资金的绩效考评体系，对6个部门的10类资金进行追踪问效。通过绩效评价，有效提高资金管理效能。六是建立行政事业单位国有资产管理信息系统，及时、全面掌握单位国有资产的信息，紧扣资产管理各个环节，规范资产管理流程，提高财政资产监管水平。完成非税收入收缴管理系统的上线工作。 （王海蒙）

【财政建设】 2010年，克拉玛依市财政局为保障财政的履职需要，设立正处级金融办并暂交市财政局管理，增设预算审核中心，分设教科文科和行政政法科等科室，担保中心划归财政管理。通过联合相关部门、深入企业、基层实地调研等形式，组织开展多个财政课题研究，增强工作的预见性和主动性，在及时为党委、政府决策提供前瞻性建议的同时，提高财政队伍工作水平。进一步规范克拉玛依市会计人员继续教育市场，被自治区列为全疆网上继续教育推行试点地区。强化党风廉政建设，加强对党员干部特别是领导干部的理想信念、廉洁从政、党纪国法和优良传统教育，筑牢拒腐防变的坚固防线。（王海蒙）

油田公司财务资产管理

【油田公司财务处领导名单】

处长：何湘君

副处长：冯克礼、孟祥稳、吴晋文、陈霞、陈湘圆

【基本情况】 2010年，新疆油田公司财务资产处、预算办公室整合成油田公司财务处。下设综合管理科、预算管理科、成本管理科、会计核算科、资金管理科、资产管理科、信息管理科、税价科、稽查科、关联交易科、机关财务科11个科室，有职工56人。资金结算中心属油田公司机关附属单位，业务上接受财务处领导。下设综合信息科、结算科、出纳科、会计科、器材分理处、白碱滩分理处、准东分理处、乌鲁木齐分理处、乌鲁木齐市中油受理处9个科室，有职工64人。主要承担新疆油田公司财务预算管理、财务成本管理、资金管理、资产管理、税价管理、财务信息管理以及会计核算、财务稽查和关联交易等职能。贯彻落实国家的财政方针和政策，依法行使财政管理职权。（胡青鸿）

【经营业绩】

经营状况　2010年，油田公司实现账面总收入472.16亿元，实现总支出297.64亿元，实现账面利润174.79亿元。公司上市业务实现总收入370.54亿元，全年发生各项支出总计178.32亿元，全年实现账面利润192.49亿元。按股份公司业绩考核口径，实现考核利润84.86亿元，比业绩考核指标增加4.31亿元。全年公司未上市业务实现总收入101.62亿元，发生总支出119.32亿元，当年发生账面亏损17.7亿元（剔除集团公司考核认可因素，亏损14.61亿元，完成集团公司业绩指标）。

财务状况　截至2010年末，油田公司资产总额896.57亿元，比年初增加64.02亿元，负债总额333.21亿元，减少4.90亿元。年末，公司上市业务资产总额739.83亿元，增加72.01亿元。负债总额248.35亿元，增加7.35元。所有者权益491.49亿元，增加64.68亿元。资产负债率33.57%，降低2.52个百分点。

未上市业务财务状况　2010年，油田公司未上市业务资产总额156.74亿元，比年初减少7.99亿元。负债总额84.86亿元，减少12.25亿元。所有者权益总额71.88亿元，增加4.26亿元。资产负债率54.14%，上升2.62个百分点。

税费完成情况　2010年，油田公司实现各类税费142.69亿元，缴纳各类税费139.47亿元。

关联交易情况　2010年，油田公司上市业务向关联方提供产品服务4.3亿元。关联方向公司上市业务提供产品服务总金额79.7亿元。

主要业绩指标完成情况　2010年，油田公司完成考核利润84.86亿元，比业绩指标多实现利润4.31亿元；新增石油探明可采储量1 645.46万吨，比业绩指标多85.46万吨；经济增加值EVA模拟44.87亿元，比业绩指标多4.29亿元；年原油商品量1 080万吨（含新港公司），比业绩指标多完成1万吨；天然气商品量18.5亿立方米，比业绩指标多完成1.2亿立方米；桶油现金贡献75.24元/桶，比业绩指标多5元/桶；桶油完全成本22.65美元/桶，持平，油气单位操作成本10.23美元/桶，剔除人员费用、油水井大修、注水专项治理、电费顺价等因素后单位操作成本为8.92美元/桶，持平；应收账款周转天数7.44天，完成股份公司年初下达的指标；其他应收款比年初1.99亿元减少2 823万元，完成股份公司下达的清欠任务。（胡青鸿）

【会计基础管理】 2010年，油田公司完成《FMIS7.0系统会计核算操作手册（含上市、未上市）》的修订工作，会计核算制度体系进一步完善。通过日常检查、监督、考核和答疑、指导，促使各单位能严格按会计制度和手册要求进行规范核算和账务处理，进一步规范二级单位会计基础核算，使统一的制度能有效发挥作用。获得总部财务会计报告二等奖。（胡青鸿）

【预算管理】 2010年，油田公司实施EVA模拟考核，健全完善符合实际的财务管理体系，指标分解逐步细化科学，引导作用加强；预算编制从年度预算逐步向3年滚动预算、年度预算和月度跟踪预测扩展延伸，初步实现长远发展与年度预算有效衔接；初步建立上市业务、未上市业务预算联动机制，一体化优势得以显现，资源调配能力加强；对标管理从无到有，全面与华北油田进行对标分析，精细化管理在油田稳步推开；加强过程监控，定期组织大型的财务分析交流活动，查找问题，认清差距，交流经验，通过预算与资金协同计划、生产与预算"双签"衔接，确保公司预算执行始终处于受控状态，共同提高管控水平和能力；推动预算信息系统开发工作，取得阶段性成果；上市业务预算成绩突出，未上市解困扭亏取得突破。（胡青鸿）

【资金管理】 2010年，油田公司完成商业保险上市、未上市部分完全统保和区域统保工作，以及为推行资金管理平台系统的准备工作。开展资金安全管理专项检查，及时发现问题、堵塞漏洞，确保资金安全。重点进行资金安全检查和"小金库"专项检查；清查未上市部分的银行账户，使公司未上市部分银行账户由145户减少到103户，进一步降低资金安全风险；通过网上银行等信息化手段，将未上市业务所属单位的银行账户通过网上银行实行自动上划归集的零余额管理，强化银行账户和资金运行的监控和使用效率。加大清欠力度，积极降低陈欠，确保完成每年清欠工作目标，编制和下发《新疆油田公司应收款项管理办法》。（胡青鸿）

【资产管理】 2010年，油田公司加强对不良资产、无形资产管理，通过扩展资产管理范围，建立以效益为中心的全过程管理体系；在"十一五"企业专业化重组集中时期，扎实做好重组前期方案优化和资产评估，确保资产顺利交接和员工队伍稳定，支持公司改革重组顺利推进。做好专业化重组中采油工艺研究院、监理公司、上海联络处、成都办事处驻外机构资产的资产评估、移交工作；先后开展无形资产清查、未上市业务资产清查、对外经营性租赁资产摸底清查、管理局移交政府管理资产清理、闲置资产专项清查，全面、准确地掌握各资产状况，为加强资产核算和管理、企业业务重组和废旧资产管理奠定基础。做好闲置资产调剂、报废、核销及账务处理工作，盘活存量资产，夯实资产质量。通过资产全过

程以及技术、实物和财务管理相结合，提高资产使用效率。（胡青鸿）

【税价管理】 2010年，油田公司税价管理工作取得成效，全年为公司节约税款12.9亿元。参与资源税制改革方案制定工作，促进国家优先在新疆实行资源税改革；召开新疆区域税收协调小组会议，为税务人员培训生产知识，配合各级税务部门和总部的税收检查，加强与税务部门和地方政府的沟通，创造宽松和谐的纳税环境；2010年天然气推价工作圆满完成；不断深化原料油的定价机制，使制定的价格更趋合理，有力地保障油田生产后路的畅通和效益的最大化。（胡青鸿）

【财务信息管理】 2010年，油田公司完成ERP系统建设工作，达到ERP与FMIS有效融合；从推广使用资产管理信息系统（AMIS6.0），到AMIS6.0与和资产信息管理系统（AMIS7.0）并行，促进促进资产管理不断升级；分别完成财务部门辅助管理信息系统、成本管理信息系统（CMIS7.0）和财务网上报销系统的推广应用工作；开发建设预算管理系统和区块效益评价系统；为各种财务系统的运行提供培训、维护和技术支持，加强信息系统管理、安全维护等基础工作，为全面实现财务管理目标提供技术支持，有力保障财务核算与管理工作的正常开展，极大的提升管理效率。（胡青鸿）

税 收

国家税收

【市国税局领导名单】

局长：曹新川

副局长：徐立光、吴阳、杨剑

纪检组长：吴晋江

【基本情况】 2010年，克拉玛依市国税局机关内设8个职能科室：办公室、政策法规科、流转税管理科、所得税管理科、征收管理科、计划财务科、人事教育科和监察室，另设机关党委办公室。1个事业单位（信息中心），2个直属局（稽查局和北疆分局）。下辖克拉玛依区国家税务局、独山子区国家税务局、白碱滩区国家税务局和乌尔禾区国家税务局4个所属区（县）局，克拉玛依区国税局五五税务分局1个派出机构，全局职工317人，其中少数民族38人。国税局是主管克拉玛依市国家税收工作的行政机构，隶属自治区国家税务局垂直领导，正处级建制。主要职能是负责国家税收政策法规的制定和宣传学习、流转税管理、所得税管理以及税收征收管理和税收等监察工作。（徐秀菊）

【税收任务完成情况】 2010年，克拉玛依市国税局组织各项税收收入1 708 413万元，完成调整计划的105.33%。其中增值税665 699万元，完成105.68%，消费税788 883万元，完成101.27%，企业所得税240 008万元，完成120.18%，储蓄利息所得税146万元，完成91.25%，车购税13 677万元，完成104.09%。累计完成地方一般预算收入186 337万元，完成计划的106.38%。成品油税费改革划转增值税28 347万元。（刘艳燕）

【税务登记】 截至2010年底，克拉玛依市国税局管辖纳税人户数11 934户，分布在73个行业中。企业2 802户，个体9 110户。按经济类型划分，国有企业115户，集体企业48户，股份合作企业2户，有限责任公司587户，股份有限公司86户，私营企业1 922户，其他企业42户，港澳台及外商投资企业22户，个体9 110户；按税种划分，增值税纳税人11 131户（其中一般纳税人1 137户），消费税纳税人97户，企业所得税纳税人1 894户（其中外资企业22户），储蓄存款利息个人所得税纳税人17户。个体工商户正常开业户8 054户（剔出非正常户）。其中达起点户3 452户、未达起征点户4 602户。年新增纳税人2 633户，其中内资企业400户、港澳台及外商投资企业1户、个体工商户2 232户；减少纳税人1 853户，其中内资企业232户、港澳台及外商投资企业1户、个体工商户1 620户。（寇晓波）

【税务登记证联合验证】 2010年，克拉玛依市国税局与地税局按照上级有关部门的指示精神，共同制定税务登记证的联合验证工作方案，明确分工，统一行动，完成9 944户纳税人的验证工作。通过联合验证，及时发现纳税人信息的变化情况。清理出漏征漏管户18户、纳税人信息变化的431户。（徐秀菊）

【税收减免】 2010年，克拉玛依市国税局累计减免税收收入26.4亿元，其中民政福利企业减免增值税0.09亿元，中西部投资减免企业所得税24.7亿元，国产用作乙烯、芳烃类产品原料的石脑油、绝缘油类产品免征消费税1.17亿元，车购税税率调整及设有固定装置的非运输车辆减免0.34亿元，其他减免各项税收0.1亿元。（刘艳燕）

【出口退税】 2010年，克拉玛依市出口总额2.55亿美元，比上年增长138.4%。克拉玛依市国家税务局累计为11家出口企业审核办理出口货物退（免）税8 421万元，增长489%，其中退税额5 746万元，免抵额2 675万元。（唐 艳）

【执法督察与案件复查】 2010年，克拉玛依市国税局加强执法检查与案件复查工作。执法督察查出5大类36个问题。查出的问题比上年下降76%。开展税务稽查案件复查抽审。对稽查局查结的4家企业进行案头和实地检查，案件复核中发现1家企业存在少征税款的问题，及时追征税款，追究责任。通过案件复查，强化过程监控，及时发现和纠正中存在的问题，降低了税收执法风险。全年审理重大税务违法案件7起，占稽查查结案件的16%，并下发审理意见书，经审理调减税款313.85万元、调增税款89.6万元，调减稽查局建议拟处罚款234.42万元。按照执法过错责任追究办法对120名干部进行批评教育、内部通报等责任追究，经济惩戒6 742元，执法正确率100%，综合排名位居全疆前三名。（徐秀菊）

【优化纳税服务】 2010年，克拉玛依市国税局针对中小企业法人、财务主管、会计举办专题税收难点辅导讲座6场，参加辅导431人次。加强“12366”纳税服务热线管理工作。积极宣传“国家税务总局关于纳税人权利与义务的公告”，在政府网站，国税系统门户网站公告。将日常收集的热点问题及纳税人的权利与义务公告和税务网站的功能说明编印1万册宣传资料发放纳税人。（徐秀菊）

【整顿和规范税收秩序】 2010年，克拉玛依市国税局严厉打击涉税违法行为，开展对药品经销行业、房地产业及建筑安装业、石化行业、教育培训业、汽车销售业等的税收专项检查工作,开展打击发票违法犯罪工作,采取多项有效措施提高稽查办案质量,取得良好成效。全年查办案件72件,组织自查166户。查补收入3 034.07万元。查处假发票6万多份。进一步加强与公安、地税等相关部门在案件查处中的配合,对性质严重、影响恶劣的大要案,加大处罚和曝光力度,震慑不法分子。（宋　杨）

【落实"信息管税"】 2010年,克拉玛依市国税局推广普通发票辅助软件,强化"以票控税"管理手段。自9月1日起,市国家税务局在全系统范围内启用身份核查比对系统,防止不法分子利用虚假身份信息从事涉税违法活动;建立财政、工商、国税、地税四方数据交换平台,实现国地税工商之间的登记户数的信息自动比对交换;做好全区国税系统税务综合办公信息系统的推行工作,举办8期培训班,全局314名干部职工均接受培训。7月10日,车辆购置税电子档案管理系统上线运行,实现车购税征管档案电子化管理和数据的省局集中,方便、快捷服务纳税人;推行增值税防伪税控网上报税系统,有257家企业通过防伪税控系统远程抄报税。（徐秀菊）

【金税工程情况】 2010年,克拉玛依市国税局加强各类数据管理,保证增值税各系统的正常运行。全年采集存根联144 065份,认证抵扣联244 244份,"四率"考核达到规定标准;举办5期防伪税控系统远程抄报税培训班,有560名企业财务人员参加培训。（毕艳瑞）

【党风廉政建设】 2010年,克拉玛依市国税局层层签订党风廉政建设目标责任书,签订责任书78份。6名处级领导、4个基层局的主要领导签订廉政承诺书并在外网公开。对192名税务干部进行预防执法风险,防范职务犯罪教育;对新提拔和轮岗的39名科级领导干部、37名股级干部、60名重点岗位和重点人员进行廉政谈话;对各区国税局纪检组长、监察室主任、纪检监察业务骨干进行培训。全系统开展执法监察52次,提出监察建议62条,协助建章立制13项;对2个基层局一把手进行经济责任审计;加大对重点岗位重点人员的监督力度。对干部亲属从业情况实行动态监督管理,要求随时申报,已将20名干部亲属从业情况纳入了监督管理。对60名重点岗位、重点人员进行廉政谈话,对51名重点岗位人员进行轮岗。（任素敏）

【政风行风建设】 2010年,克拉玛依市国税局走访纳税人、纪委、检察院、查看办税服务厅意见簿、走访纳税户489户23次,发放问卷调查1 084份,收集意见建议17条,纳税人满意度98%。全系统6个办税服务厅均为行风建设示范窗口。全年问责130人次,金额22 170元,其中科级干部22人、一般干部108人。市国税局连续两年被克拉玛依市纠风办评为优秀单位。（任素敏）

【教育培训】 2010年,克拉玛依市国税局加强税务人员的培训和教育工作。全局干部参加区局、市政府、市局和本单位组织的各类培训班81期,培训干部1 612人次。（杨宗江）

【税务学会】 2010年,克拉玛依市税务学会组织调研论文61篇,其中国税40篇、地税19篇、社会各界2篇。参加自治区税务学会2010年北疆片区(博州)税收理论研讨会,获一等奖1篇、获二等奖1篇、三等奖2篇、优秀奖1篇。参加自治区税务学会税收理论(税收征管与信息化建设)专题研讨会,获二等奖论文1篇。获2009年度自治区税务学会先进单位。（袁　建）

【石化企业税收征管研讨会】 2010年6月21日,由克拉玛依市国税局承办,克拉玛依市财政局协办的全国大型石化企业税收征管研讨会在克拉玛依市召开,来自全国16个大型石化企业税收征管单位代表参加会议。会议邀请国家财政部税政司、财政部科研所、国家税务局大企业司、中国石油天然气股份公司财务部、中国石油大学、自治区国税局参加。会议主要围绕成品油税费改革对企业和地方财政影响及建议措施以及如何做好大型石化企业的税收征管与服务进行研讨与经验交流。克拉玛依市副市长赵武生介绍克拉玛依石油资源储量、炼化加工能力以及近年来克拉玛依石油勘探开发情况,并重点介绍克拉玛依打造世界石油城的规划及中央新疆工作会后给克拉玛依石油石化加工及产业链发展带来的契机,以及将来克拉玛依在五大基地建设、三大产业发展的优势。（袁　建　郑　立）

【获得荣誉】 2010年,克拉玛依市国税局获得全国社区服务先进单位、自治区国税局先进单位、克拉玛依市平安单位、克拉玛依市对外宣传先进单位等称号。（袁　建）

地方税收

【市地税局领导名单】

党组书记、副局长:周进超
党组副书记、局长:杨志农
副局长:邓林
纪检组长:高玉良
总经济师:孔令官

【基本情况】 2010年,克拉玛依市地税局机关内设7个职能科室(办公室、监察室、人事教育科、征收管理科、税政法规科、计划财务科、信息科),另设2个派出机构(石油税收征管局、稽查局)、1个事业单位(机关服务中心)。下辖4个区地税局(克拉玛依区地税局、独山子区地税局、白碱滩区地税局、乌尔禾区地税局)。至年底,全局共有在册职工199人,登记管理纳税户16 651户,其中企业管户3 936户,个体管户12 715户。主要职能是负责克拉玛依市地方税的征收管理、国家和自治区税收法律法规宣传执行、地方税收规章制度及规范性文件制定、地方税收执法监督检查等工作。（何全民）

【税收任务完成情况】 2010年,克拉玛依市地税局累计组织各项收入433 019万元,其中税收收入363 912万元(自治区一般预算税收收入263 597万元)。累计完成克拉玛依市属各项收入249 031万元,比上年增长22.72%。（何全民）

【营业税】 2010年,克拉玛依市营业税累计入库85 501万元,比上年增长13.73%。营业税各行业累计税收有增有减,其中金融保险业、服务业、建筑安装业和其他行业增长,房地产业和交通运输业(主要是管道运输业)下降。从营业税收入各税目的分布情况看,建筑业、服务业、房地产业、交通运输业、金融保险业收入占营业税总收入的97.16%,

比重分别为42.60%、28.49%、9.03%、7.19%、9.86%。（何全民）

【个人所得税】 2010年，克拉玛依市个人所得税累计入库71 908万元，比上年增长11.85%。原因是上年同期受油田产能发展战略及油田服务项目承包减少的因素影响，以石油主业为依托的改制企业工作量大幅减少，油田企业职工和改制企业职工个人收入受到影响，使上年同期市地税局工资薪金个人所得税基数较低。（何全民）

【企业所得税】 2010年，克拉玛依市企业所得税累计入库15 611万元，比上年增长7.46%。其中企业所得税汇算清缴入库3 141万元，下降24.44%；企业所得税预缴入库11 880万元，增长15.34%。（何全民）

【资源税】 2010年，市资源税累计入库53 631万元，比上年增长280.39%。增长主要原因是受政策性因素影响，7月1日开始执行原油天然气资源税从量计征改从价计征的新资源税税率。（何全民）

【城市维护建设税】 2010年，克拉玛依市城市维护建设税累计入库115 055万元，比上年增长36.81%，其中一般预算城建税60 722万元，增长39.44%。城建税增长原因：一是独山子石化公司石化产品的产量大幅增加使增值税、消费税增幅显著。二是受国家政策影响，成品油消费税税率提高，使石化企业城建税增幅较大。三是国际原油价格高于上年同期使原油开采企业油田公司城建税大幅增加。（何全民）

【其他各地方小税种收入情况】 2010年，克拉玛依市各地方小税种累计入库22 206万元，占税收收入合计的6.1%。其中印花税累计收入3 516万元，比上年下降11.79%。房产税、车船税、土地增值税、土地使用税等其他地方各税累计增幅在19%~40%之间。（何全民）

【各区地税实现税收收入情况】 2010年，克拉玛依区地税局累计税收收入113 112万元，比上年增长16.62%。累计完成一般预算税收收入85 584万元，完成年计划的101.04%。独山子区地税局累计完成税收收入26 160万元，增长36.93%。累计完成一般预算税收收入24 888万元，完成年计划的117.12%。白碱滩区地税局累计完成税收收入21 227万元，下降11.15%。累计完成一般预算税收收入14 687万元，完成年计划的82.05%。乌尔禾区地税局累计完成税收收入4 903万元，下降6.65%。累计完成一般预算税收收入3 747万元，完成年计划的80.58%。（何全民）

【税收征管】 2010年，克拉玛依市地税局进一步强化税收征管工作。一是对2007~2009年房地产开发项目涉及总面积820万平方米的186宗土地、54个经济适用房项目、50个商品房开发项目的分析、比对、评估内容进行分解和细化。从土地征用及拆迁，到房屋建设和房产销售，以及房屋保有、使用，转让整个系统，利用第三方信息，与纳税人自查的信息进行比对分析，发现漏报和异常情况采取相应措施。全年房地产企业自查补缴税款3 000多万元。二是以第三方信息为突破口有效加强户籍管理。开发搭建登记信息共享平台，建立信息交换制度。与市财政局、市国税局、市工商局建立长效的信息交换和协作共享机制，明确交换内容。加强比对信息应用。通过登记信息比对系统与工商部门登记信息进行比对，筛选核查487家企业，有效实现利用软件比对登记信息，加强户籍管理的工作目标。三是加强独山子千万吨炼油、百万吨乙烯营业税设备扣除的管理。明确独山子千万吨炼油、百万吨乙烯工程设备与材料的划分标准、设备扣除的申报内容和程序、设备扣除的审核要点等问题。制定设备扣除的工作规程，细化设备扣除的审核内容、审核方式、审核流程、文书资料等工作要求，为设备扣除工作的顺利开展提供保障。四是结合税务登记审验，强化土地使用税、房产税的清理。在年度税务登记证审验工作中，要求税务登记证审验的纳税人提供缴纳土地使用税、房产税的有效证明，对不能提供房产税和土地使用税缴纳有效证明的，必须查明情况清理，全年累计清理8 329户，补交各项税款193.5万元，对41户未申报纳税人进行处罚，累计罚款2 750元。五是落实各项税收优惠政策。扶植改制企业、新办企业的发展，积极创造再就业条件，为下岗职工提供快捷服务。到石西油田、石化工业园区、克石化厂、独石化厂、重点改制企业开展调研，为重点税源企业提供政策服务，与市改制企业协调办合作加强与改制企业沟通，落实再就业优惠政策，加大检查核实力度，缓解就业压力，维护全市社会稳定。（何全民）

【税务稽查】 2010年，克拉玛依市地税局重点检查企业32家，其中在查案件2家、在审案件5家，查结案件25家；查处税款658.79万元、滞纳金43.36万元、罚款65.24万元，共计767.39万元；已入库税款658.79万元、滞纳金43.36万元、罚款65.24万元；组织90家企业开展自查，有问题69家，查补入库税款2 881.51万元、滞纳金76.98万元；以前年度查补本年度入库税款774.09万元、滞纳金24.46万元；以上共计入库税款4 314.39万元、加收滞纳金144.8万元、罚款65.24万元，总计入库税收4 524.43万元。（何全民）

【税法宣传】 2010年，克拉玛依市地税局结合税法宣传实际，把宣传对象区分为三个层面。一是社会公众层面，主要以广大市民关心的购房、买车、房屋出租、家教服务等纳税问题为主，以提高市民纳税意识。二是青少年层面，主要以税收的意义、作用为主，结合学校德育教育，使中小学生从小树立税收法制思想，增强对社会主义税收的认同感。三是企业纳税人层面，主要以专题税收难点辅导为主，以解决纳税人在具体纳税过程中遇到的疑惑，正确把握税收政策。全年举办企业纳税人辅导8期，278人次参加学习；制作专题宣传短片5个，在电视台播放；举办全市中学生税收与我，我与克拉玛依作文比赛。同时，注意把税法宣传与纳税服务有机结合起来，为符合条件的纳税人，按程序及时办理下岗再就业、财产损失税前扣除、购买国家资产抵减企业所得税，福利企业减免企业所得税等各项税收优惠政策的手续，进一步提升纳税服务质量，满足纳税人的实际需求。（何全民）

【队伍建设】 2010年，克拉玛依市地税局召开第三次克拉玛依市、区二级思想政治工作会议，表彰一批优秀思想政治工作单位、个人和岗位能手。加强干部在职培训和再教育。组织全局税政业务、办公室业务、会计等专业培训班7

期，培训160多人次，参加区局组织的各期离岗培训，培训23人次，全局新增注册税务师3人，会计初、中级上岗证37人。（何全民）

【党风廉政建设】 2010年，克拉玛依市地税局以《廉政准则》学习教育活动为契机，出台《关于推进内控机制建设增强廉政风险防控工作的实施意见》和《关于加强内控机制建设增强廉政风险防控工作的实施方案》。召开全局内控机制建设工作座谈会，廉政风险防范系统工程全面启动。核心是以执法过错责任为归责原则，明确责任追究的形式、范围、对象、过错责任划分原则程序等。通过这些规定，实现岗位职权与责任相对应，界定执法责任的标准和责任形式，解决追究什么、如何追究的问题，进一步增强全局干部的工作责任心和勤政廉政意识。（何全民）

【安全管理】 2010年，克拉玛依市地税局以创建平安单位、和谐地税为目标，制定《克拉玛依市地税局社会治安综合治理工作实施办法》，及时调整局社会治安综合治理领导小组，修订《克拉玛依市地方税务局处置群体性治安事件应急预案》、《克拉玛依市地方税务局处置重大节日期间突发事件应急预案》、《市地税系统突发公共事件总体应急预案》3项应急预案。“三防”投入资金30多万元，在各区办税大厅安装远程安全监控设备。每月对办公楼内的各类设施、设备的运行情况进行综合检查，发现问题及时纠正，确保办公楼内的消防设施、灭火器材配备完好、电梯、中央空调设备安全运行，物业管理、保安监控、24小时在岗位巡逻，车辆管理严格有序，办公楼内过道、大厅、休息场所卫生整洁，保证工作安全有序的开展，也为纳税人提供方便、快捷、优质的服务。市地税局被评为克拉玛依市2009～2010年度综合治理先进单位。（何全民）

审　计

市审计

【市审计局领导名单】

党组书记、局长：王军

副局长：况萍

副局长、纪检组长：苏富庆

【基本情况】 截至2010年末，克拉玛依市审计局有职工25人，其中党员17人，大学本科以上学历22人，中级以上专业技术职务11人，其中高级4人。内设8个职能科室：办公室、法制监察科、财政审计科、行政事业与社会保障审计科、经贸与金融审计科、固定资产投资审计科、经济责任审计科和农业资源环保审计科。市审计局主要职责是对市本级及其各部门的财政收支，国有及国有控股企业、事业单位的财务收支真实合法效益；部门党政主要领导干部和国有企业领导人员履行经济责任情况，以及其他应当由审计机关审计的事项，依法进行审计监督。宣传和贯彻落实国家有关审计工作的方针、政策，依法行使审计管理职权。（徐　瑛）

【审计工作概况】 2010年，克拉玛依市审计局完成审计项目17项，审计调查项目9项，查出违规行为金额2 227万元，管理不规范金额24 509万元。审计处理后，已上缴财政291万元，审计挽回经济损失346万元，审计提出建议64条，审计移交纪检监察部门1件1人，涉及金额366万元。（徐　瑛）

【“十二五”规划编制】 2010年，克拉玛依市审计局编制完成克拉玛依审计工作“十二五”规划。规划内容包括：一是明确坚持二十字审计工作方针，推动审计创新，依法履行审计监督职责，全面监督财政财务收支的真实、合法和效益的工作思路。二是确立加强对重点资金、重点单位、重点项目的审计监督，加大查处重大违法违规和经济犯罪问题的力度。三是全面推进绩效审计和计算机审计，全面建立被审计单位基础信息资料库。四是扩大审计覆盖面、降低审计风险，注重从体制、机制、制度以及政策措施层面发现、分析和解决问题的重点任务。（徐　瑛）

【财政审计】 2010年，克拉玛依市审计局开展本级预算执行审计工作，同时结合对白碱滩区和乌尔禾区原区委书记的离任经济责任审计工作，开展财政决算审计。审计揭示克拉玛依市、区两级财政和有关部门在项目支出预算编制、部门预算执行、项目预算执行监控、专项资金使用管理、政府采购管理、有关政府部门有效履行管理和监督职责等方面存在的问题，并结合实际提出预算单位加强项目预算编制和执行管理工作，财政等相关部门进一步加强项目资金审批和项目管理及逐步建立项目资金管理使用情况绩效考评机制，对重要、重大项目资金管理使用情况进行跟踪问效等意见和建议。审计结果得到市人大常委会、政府和财政部门的充分肯定和高度重视。（徐　瑛）

【专项资金审计】 2010年，克拉玛依市审计局对保障性住房资金、住房维修基金、新农村建设资金、森林生态效益补偿资金、学校医院抗震加固工程资金、教育专项资金、甲型H1N1流感防治资金、医院维修基金、拉动内需项目专项资金、福利彩票和体育彩票、地方政府债务情况、玉树地震抗震救灾资金物资及部分行政事业单位差旅费管理使用情况开展审计和审计调查。通过审计揭示专项资金在分配、使用、管理过程中存在的项目实施过程中违反招投标规定，部分项目实施滞后或未实施，部分专项资金闲置或形成损失浪费，改变资金用途等问题，提出了改进意见和建议，督促管理部门完善相关规章制度，切实提高专项资金的使用效益。（徐　瑛）

【经济责任审计】 2010年，克拉玛依市审计局加强与组织、纪检监察等部门的沟通协调，开展领导干部经济责任审计工作。采取对部门单位领导干部的经济责任审计与常规财务收支审计相结合，对各区党政领导干部的经济责任审计与财政决算审计相结合的方式。全年完成党政领导干部经济责任审计项目10项，涉及领导干部10人。通过审计，揭示部分被审计单位在财政预算管理、专项资金使用、重点建设项目管理、政府采购、固定资产管理、奖金津贴发放、部门职责履行、国有资产处置和违规理财等方面存在的问题，并依法依规处理。（徐　瑛）

【固定资产投资审计】 2010年，克拉玛依市审计局针对投资规模日益扩大，建设项目管理需要进一步规范的实际，组织克拉玛依市、区两级审计机关加大固定资产投资审计力度。一是重点开展对市区道路、学校医院抗震加固、石化园区基础设施建设、各区的重点建设项目等工程项目的竣工结算审核工作。全年已审核完毕的单项单位工程 91 项，施工单位申报结算金额106 943.63万元，经造价咨询机构审核88 294.32万元，在此基础上，审计人员核定87 289.16万元，累计核减1 005.16万元。二是通过对竣工结算审核情况进行统计分析，提出需要进一步加强对造价从业人员计价行为的监督管理工作的建议。4 月，克拉玛依市审计局联合市建设局、市发改委、市财政局下发《克拉玛依市建设工程造价专业人员管理暂行办法》，进一步完善克拉玛依市规范建设工程造价从业人员行为的管理制度。三是加强固定资产投资审计工作。由市审计局牵头，市发改委、市财政局、市建设局和四川大学共同参与开展政府投资项目审计监督技术体系及应用研究工作。（徐　瑛）

【其他审计项目】　2010 年，克拉玛依市审计局接受财政部门的委托，对克拉玛依日报社 2009 年度财政拨付资金收支情况、市社保中心 2009 年度代管中小学离退休教师费用收支情况开展审计调查，并核对确认各预算单位的银行账户和往来账款余额。同时，参与“小金库”专项治理、工程建设领域突出问题专项治理、政府采购、机场移交等各项工作，配合市发改委、经贸委、财政局、监察局、机关事务局等部门做好工作。

（徐　瑛）

【审计业务建设】　2010 年，克拉玛依市审计局进一步强化审计业务建设工作，提升审计管理水平。一是召开审计项目小结会，加强审计项目经验交流。选送人员参加审计系统及政府相关部门组织的业务培训，开展内部培训和业务交流。10 月，召开全市审计机关审计项目小结会，对市审计局 7 个科室当年完成的 15 个审计项目开展经验交流。从审计目标的确定、审计思路的切入点、审计方法的使用、审计证据的获取和编制、审计报告的撰写等方面对各个审计项目进行梳理、总结和提炼，反思审计过程中存在的不足和缺憾，提高审计业务技能和实战能力。二是开展审计项目质量检查，推行优秀审计项目评选工作。市审计局对各业务科室和各区审计局的业务质量检查和优秀审计项目评选工作已形成制度。通过每年 1 次的质量检查，评选出年度优秀审计项目进行交流，并及时纠正各业务科室和各区审计局的错误做法，推动全市审计执法质量的提高。三是进一步加强党风廉政建设工作，坚持依法行政，加大内部监督力度。全面落实市审计局《惩防体系建设 2008～2012 年工作实施方案》中明确的年度工作任务，加强宣传教育、制度建设、作风建设及惩防体系建设工作。市审计局与各区审计局和各科室签订党风廉政建设和纠风责任书。四是加强审计现场的监察和审计回访，强化内部监督管理机制，切实保持审计机关的良好形象和公信力，全年未发生违法违纪行为。（徐　瑛）

油田公司审计

【油田公司审计处领导名单】

处长：梁玉斌

副处长：马杰

【基本情况】　2010 年，新疆油田公司审计处内设综合管理科、审计管理科和内控信息科，人员 9 人，其中处长 1 人，副处长 1 人。审计中心人员 54 人，主任 1 人，副主任 3 人，下设 8 个科室：综合室、财务审计一室、财务审计二室、财务审计三室、基建审计室、合同审计室、物资采购审计室、驻乌鲁木齐审计室。审计中心属机关附属单位，负责审计业务的具体实施，并接受审计处的领导。审计处、审计中心有注册会计师 1 人，注册造价工程师 6 人，注册评估师 1 人，注册税务师 1 人，国际注册内部审计师 6 人。审计处属油田公司机关职能处室，负责公司审计业务的管理。主要承担新疆油田公司财务管理审计、基建工程项目审计、合同经营管理审计、物资采购审计、经济责任审计、管理和效益审计等职能；宣传贯彻国家和集团公司有关审计工作的方针政策，依法行使审计职权。（高　澜）

【审计工作概况】　2010 年，油田公司审计处围绕为又好又快建设现代化大油气田提供强有力的审计支持这个中心工作目标，秉承监督寓于服务，预防胜于查处两个工作理念，贯彻精、深、透的 3 字工作原则，按照 4 个转变的内容，持续推进队伍建设和审计工作转型，创新审计工作方式、方法，拓展审计领域，队伍建设和审计工作转型步入良性循环的轨道。全年完成审计项目 35 个，其中专项审计 8 个、经济责任审计 9 个、建设项目竣工决算审计 11 个、表外资金审计 2 个、内控自我测试 2 个、迎接股份公司审计 3 个。提出并被采纳的审计意见、建议 161 条，配合总部、公司相关部门完成的项目 12 个，为加强公司经营管理，完善内部控制、增加企业价值发挥了积极作用。

（高　澜）

【审计系统工作会议】　2010 年 1 月 28 日，油田公司审计处召开审计系统工作会议。会议全面总结油田公司 2009 年审计工作，安排和部署 2010 年的工作任务，并表彰 2009 年的优秀项目、红旗班组和先进个人。会议明确 2010 年的审计目标，提出主要从八个方面开展工作。一是围绕公司经营管理中心工作，着力开展以管理效益和内部控制为内容的专项审计。二是围绕建设领域突出问题专项治理，做好建设工程审计工作。三是深入开展领导人员经济责任审计工作。四是围绕公司内控体系建设，做好内控自我测试工作。五是继续做好表外资金年度审计工作，关注帮扶资金使用效益。六是推进审计信息化建设工作。七是做好总部对油田公司审计的迎审工作。八是进一步加强队伍作风建设，努力建设一支具有“执行力强、团结协作、勇于创新、甘于奉献”的审计队伍。（高　澜）

【基本建设审计】　2010 年，油田公司审计处通过开展建设项目全过程跟踪审计，逐步实现建设项目审计工作的转型。一是建设工程审计彻底从工程结算必审向建设工程项目全过程跟踪审计转变，审计重点由侧重于工程造价审核向建设项目管理活动全过程监督转变。从建设工程的前期立项、招投标管理、合同签订履行、现场管理、工程结算抽审等建设项目管理流程和内部控制方面入手，深入工程施工现场，收集各二级单位基本建设管理制度的建立执行、机构设置、人员配备情况的第一手资料，深入分析基建项目管理存在的问题，提出有针对性的管理建议，促进了公司各单位建设项目管理水平和经济效益的提高。二是对公司重点工程项目开展竣工决算审计。全年完成竣工决算审计项目 11 个，审计经济事项涉及金额 10.86 亿元，审出问题金额3 162.29万元，提出并被采纳的审计意见、建议 30 条。（高　澜）

【经济责任审计】 2010年,油田公司审计处根据油田公司党委组织部委托,完成经济责任审计项目9个,其中任中审计7个、离任审计2个,提出并被采纳的审计建议55个。审计工作在加强领导干部监督管理,规范企业经济行为,促进企业提高经营管理水平方面发挥应有的作用。一是充分发挥经济责任审计工作联席会议的作用。审计处做好与党委组织部、纪委、财务处等经济责任审计工作联席会议成员单位的协作、配合,按照联席会议工作计划决策,确定审计工作重点和单位,组织开展经济责任审计工作,通过联席会议汇报经济责任审计成果,促进经济责任审计工作重视程度和作用的进一步提高。二是进一步规范审计程序。做好审前调查,明确审计范围;充分听取组织部、纪委等相关部门的意见,编制好审计工作方案;做好审前公示;开好进点会、座谈会和征求意见交流会;加大后续整改力度。通过严格工作程序,使经济责任审计工作更加客观、公正、规范。三是为领导干部正确履职创造良好环境。审计处推进经济责任审计侧重点由财务收支审计向内部控制制度审计、管理效益审计转变,强化监督与服务两大职能。关注领导干部经济指标完成情况,从预防为主的角度出发,重点查找内控制度和管理上的漏洞,多方面、多角度分析问题产生的根源,提出切实可行的管理建议,被审计单位采纳,营造领导干部既想干事、能干事、干成事又不出事的良好环境。 (高 澜)

【管理和效益审计】 2010年,油田公司审计处有针对性地开展以管理效益为内容的专项审计工作,将审计内容定位在管理和效益上,调查分析被审单位经营流程和内部控制状况,提出改进管理的建议,促进被审单位管理水平和经济效益的提高。一是围绕经营管理的重点环节和节约挖潜的重点项目开展经营预算管理、积压物资管理、采油单位抽油泵管理情况专项审计。通过调查和分析管理现状,提出完善经营预算管理制度、开展旧泵修复和利用、积压物资在公司范围内调剂使用等管理建议取得良好效果。二是围绕公司未上市业务扭亏解困目标,开展机械制造总公司经营盈亏专项审计。通过审计,确认资产家底,分析其亏损的原因,提出完善管理和内部控制制度建议14条。三是维护公司股权权益,开展股权投资项目管理情况的专项审计。审计人员从经营状况着手,对公司国有资产的处置情况、对外投资及实物资产的管理现状等进行全面的审计调查,从改进和加强公司股权投资管理的角度分别提出审计建议和风险提示,为公司加强股权管理及规范处置提供审计支持。四是持续关注表外资金的安全规范管理,开展"一二·八"专项基金和扶贫援助资金的专项审计,对基金和援助资金收入、支出的合规性、真实性进行审查,重点关注内部控制制度建立及执行情况,提出加强内部管理,提高资金安全性等管理建议,督促相关管理部门加强管理,保障各项基(资)金管理安全和使用有效。五是针对领导关心的难点、热点问题,开展专项审计调研,提出审计建议,为领导决策提供支持。 (高 澜)

【内控体系测试】 2010年是新疆油田公司未上市业务内控体系手册发布并正式运行的第一年,内控体系建设覆盖单位扩大到51家(含机关直属单位),审计处先后分2个批次组织57人次开展测试工作,完成22个单位、194个流程、399个关键控制点的测试任务,提出管理建议10条,为促进公司内控体系有效运行、规范管理提供强有力的支持。 (高 澜)

【审计信息化建设】 2010年,油田公司审计处加快信息化建设的步伐。一是加强领导,转变观念,审计处主要领导亲自参与审计信息化建设工作,多次召开审计信息化建设方面的专题讨论会,转变观念,增强信息化意识,营造加快审计信息化建设的良好氛围。二是贯彻集团公司审计工作会议及新疆油田信息化建设总体规划精神,找准审计信息化建设工作的重点突破方向,编写《新疆油田公司"十二五"审计信息化工作发展规划》,形成指导今后审计信息化建设工作的纲领性制度文件。三是采取多种举措,以工作质量、工作职责、日常维护等方面为切入点,建立适应新疆油田审计业务需求的审计管理业务流程,严格操作程序,严把录入审核关,从源头上把好质量关;指定专人负责,适时更新系统信息,做好系统的日常维护工作,并按集团公司审计部的要求,对审计工作统计报表运行情况进行全面测试,强化审计管理系统应用,提高了审计项目的管理水平。四是进一步加强审计门户网页的版面设计工作、网页的动态管理、网页的内容维护工作。 (高 澜)

【审计培训与理论研究】 2010年,油田公司审计处先后派出107人次参加集团公司、油田公司举办的培训班。举办内部学习讲座3次。全年有4篇论文获得中国内部审计协会石油分会优秀论文奖,其中二等奖1篇、三等奖3篇;有10篇论文获自治区内部审计理论研讨优秀论文奖,其中二等奖1篇、三等奖4篇、优秀奖5篇,同时新疆油田公司还获得自治区内部审计理论研讨组织奖。 (高 澜)

【业务建设】 2010年,油田公司审计处从审计职业道德、工作理念和廉洁从业等思想教育入手,不断引导审计人员转变观念。一是从加强领导班子自身建设入手,使审计工作更加规范化、制度化。二是充分发挥审计组织的作用,调动审计人员工作积极性,增强审计队伍的凝聚力。三是完成创先争优公开承诺,进一步提高审计人员的工作的责任感和使命感。四是开展科级干部聘任工作。对审计处和审计中心正副科室长进行集中聘任,审计处和审计中心分别有7人由副科级岗位走上正科级岗位,4人由一般管理岗位走上副科级岗位。五是完善内部激励机制,营造浓厚的奖优、学优的良好氛围。六是坚持预防为主,不断推进党风廉政建设。坚持每周三组织业务学习,领会党纪条规和文件规定精神。七是开展学习勤廉先进典型事迹、违纪违法典型案件警示教育,组织审计人员到新疆第三监狱参观,接受教育。 (高 澜)

【获得荣誉】 2010年,新疆油田公司被评为自治区2008~010年度内部审计工作先进单位;获得集团公司2009年度审计信息化建设二等奖;《油田公司所属部分单位商业保险管理情况专项审计》(二等奖)、《油田公司所属单位外雇工管理情况专项审计调查》(二等奖)和《油田公司客运公司(含市运输公司)资产负债损益情况审计》(三等奖)3个审计项目被评为中国石油天然气集团公司2009年度优秀审计项目。李胜路被评为自治区2008~2010年度内部审计先进工作者。 (高 澜)

银行·保险

银 行

中国人民银行克拉玛依市中心支行

【领导名单】
党委书记、行长：王志虎
副行长：袁建华、宋绍军
工会主席：彭江
纪委书记：郭静红

【基本情况】 2010年，中国人民银行克拉玛依市中心支行职工总数79人。内设机构包括党委部门4个：党委办公室（与行政办、法律事务办合署）、组织部（与人事科合署）、宣传群工部（与机关党办、工会办公室、团委合署）、纪检办公室（与监察室合署）；行政科室10个：办公室、货币金银科、外汇管理科、国库科、会计财务科、科技科、货币信贷与统计科、人事科、内审科、保卫科；临时机构1个：后勤服务中心。 （秦 军）

【货币政策执行】 2010年，人民银行克拉玛依市中心支行认真执行适度宽松的货币政策，结合实现克拉玛依跨越式发展和打造世界石油城的总体思路和要求，先后出台一系列金融支持地方经济发展的指导意见和工作措施，大力支持和推动克拉玛依资源型城市转型与可持续发展。一是在新疆率先探索推动中小企业集合票据融资工作，着力拓宽企业融资渠道，受到市政府和乌鲁木齐中心支行充分肯定。二是定期召开经济金融形势分析会，积极引导金融机构不断优化信贷结构，均衡把握贷款投放节奏和力度，为地方经济发展方式的转变和经济增长质量的提高提供有力地金融支持。全年辖区金融机构累计向企业发放贷款100.64亿元，本外币贷款新增11.69亿元，增长8.41%。三是加大信贷政策宣传力度，督促金融机构统筹配置信贷资源，积极引导金融机构加大重点领域和薄弱环节，特别是重点项目、改善民生、新兴产业及“三农”、中小企业的信贷支持。全年金融机构累计向辖区中小企业发放贷款99亿元，比上年增长163.51%；累计发放下岗失业小额贷款1 160万元，增长141.67%；累计向两乡219户农户发放春耕生产资金贷款507万元，增长42.82%；辖区6家民贸民品企业中有两家首次获得优惠利率贷款。四是加强房地产市场的监测分析，督促金融机构认真落实差别化房地产信贷政策，配合市房产局、发改委等部门开展房地产市场综合治理工作，确保克拉玛依市房地产市场的健康有序发展。 （秦 军）

【金融稳定】 2010年，人民银行克拉玛依市中心支行以克拉玛依市金融稳定工作领导小组为平台，加强与政府相关部门、金融监管部门及金融机构、企事业单位的信息交流，健全金融稳定工作制度和协调机制。密切关注国有商业银行分支机构深化改革情况，跟踪监测掌握昆仑银行引进中石油战略投资后的内部改革进程，及时向市政府、上级行反馈昆仑银行改革发展中出现的新情况和新问题，并就其存在的问题和风险组织召开与其高管人员的约见谈话，有效推动其迅速成长为全国性商业银行。指导帮助鑫盛小额贷款公司不断完善内部管理，推动金融改革和创新稳步开展，保证辖区金融业安全稳健运行。 （秦 军）

【外汇管理】 2010年，人民银行克拉玛依市中心支行进一步加大国际收支核查力度，设立外汇指定银行专职核查员提高国际收支数据质量，加强异常跨境资金流出流入和外汇形势的监测分析。认真落实外汇管理重点领域和关键环节改革的各项政策，做好外汇政策反馈、宣传及培训等工作，辖区外商投资和境外投资企业参检率分别为100%和85%。增强服务意识，优化外汇业务办理手续，促进贸易投资便利化。指导昆仑银行成为辖区首家获准经营即期结售汇业务的法人金融机构。扎实做好跨境贸易人民币结算与投资试点工作，积极为昆仑银行申办跨境人民币结算业务提供政策指导，帮助昆仑银行成功开办人民币跨境贸易业务。 （秦 军）

【征信管理】 2010年，人民银行克拉玛依市中心支行做好环保信息和企业拖欠工资信息的收集，加快法院执法信息采集进度；开展征信知识宣传和培训30余次；征信系统信用报告使用范围不断扩大，全年中支征信系统办理信息报告查询业务170余笔；优化辖区信用环境，积极配合地方政府开展文明城市创建工作。 （秦 军）

【金融统计】 2010年，人民银行克拉玛依市中心支行进一步强化调查统计工作质量和效率，完成《新疆金融统计60年年鉴》金融数据录入审核工作，深入开展石化、房地产特色信息调研工作，提高对经济金融形势分析判断的准确性和前瞻性。完善信息共享机制，为上级行和地方党政部门决策提供客观的数据参考。 （秦 军）

【支付清算】 2010年，人民银行克拉玛依市中心支行加强支付体系建设。全面推广支票影像系统和小额支付系统定期贷记业务，做好非现金支付工具的推广应用，深入开展银行卡安全教育与管理，积极推行账户管理现场检查考试制度，有效提升辖区银行账户管理工作水平。全年支付系统处理业务812 178笔,金额1 715.79亿元,比上年同期分别增长119.69%、245.52%。(秦　军)

【国库管理】 2010年,人民银行克拉玛依市中心支行不断提高国库服务与监管水平。推进财税库银横向联网工作,拓展国库直接支付范围,推动财政性补助等各项惠民政策的及时落实。做好国债发行与兑付工作,加强国库内控与监督管理,加大对基层国库业务的指导和检查监督,有效防范国库资金风险,提升国库服务能力和水平。(秦　军)

【货币金银】 2010年,人民银行克拉玛依市中心支行加强现金供应预测,确保辖区现金合理供应,进一步规范回笼券清分和残损券销毁工作,严格遵守货币发行纪律,积极构建城乡社区反假货币网络工作站,加强反假币宣传培训和现场检查力度,维护好人民币信誉。全年共投放发行基金42.52亿元,回笼26.73亿元,净投放15.79亿元。(秦　军)

【金融科技】 2010年,人民银行克拉玛依市中心支行不断强化信息安全,积极开展IT系统应急演练,做好应用系统推广、升级与维护工作,完成全疆桌面设备统一安全管理平台项目建设试点工作,加强对辖区银行业金融机构信息安全工作的协调指导,科技保障能力持续增强。(秦　军)

【干部管理与培训】 2010年,人民银行克拉玛依市中心支行认真做好干部选拔任用竞争上岗工作,有8人走上中层干部岗位,14人走上非领导职务岗位,3人同级转任,新提拔的干部群众满意度98.75%。加大教育培训力度,丰富培训内容和培训方式,取得好的效果。全年组织各类专题培训12期、600余人次,转培训20期、233人次,参加上级行现场培训64期、129人次,参加远程培训6 000多人次。(秦　军)

【廉政建设】 2010年,人民银行克拉玛依市中心支行深入开展党建和党风廉政建设工作,切实抓好中心组理论学习,党委班子科学决策、依法履职、推动科学发展的能力不断提高。通过行长接待日、行长信箱以及党务、政务、行务公开等方式畅通党委同职工群众的沟通渠道,大力推进民主建设工作进程,积极试点开展党务公开工作,相关经验和做法得到上级行肯定。不断完善党建量化考核和党建工作机制,加强党员教育和培训,通过学习型党组织建设等创先争优活动,提升党员干部的党性修养和综合素质。切实落实党风廉政建设责任制,认真贯彻《廉政准则》,深入开展廉政教育和案件治理专项活动,进一步巩固制度落实年成果,有效推进行风建设标准化管理。(秦　军)

中国银行克拉玛依市石油分行

【领导名单】

党委书记、行长:倪素芬(12月任职)、陈定华(12月离任)

副行长:李浩、陈宏、张宏民

纪委书记:孙晓萍

【基本情况】 2010年,中国银行股份有限公司克拉玛依市石油分行内设8个部门:综合管理部、人力资源部、公司业务部、个人金融部、计划财会部、风险管理部、监察保卫部、营业部。有从业人员251人,其中在册职工152人,有党员82人,民族职工17人,女职工183人。辖属独山子区支行、2个营业部、11个经营性支行、2个分理处。主要经营人民币存贷款、外汇存贷款、国内国际结算、信用卡、各项代理业务、出国留学金融服务、网上银行业务等人民银行、银监局批准经营的商业银行业务。(包旭东)

【资产业务】 2010年,中国银行克拉玛依石油分行响应市、油田公司党委提出的打造世界石油城目标,在油田公司加大产能建设的情况下,积极支持克拉玛依石油石化企业发展,加大对中小企业的信贷支持力度,积极支持独山子、克拉玛依石化工业园区和克拉玛依市招商引资的项目。行领导带领客户经理深入企业详细了解其生产经营、工程建设方面的资金需求,加强新疆分行和克拉玛依行整体联动,对27户授信企业加大有效信贷投放,新增贷款64 043万元,贷款余额和新增额均列同业首位。至年底,各项贷款余额170 355万元,公司贷款157 567万元,零售贷款11 674万元。(包旭东)

【负债业务】 2010年,中国银行克拉玛依市分行实施业务发展、内控管理、提高管理者素质三个"一把手"工程,始终把存款工作作为首要工作来抓。按照新疆分行要求进行全行动员,积极营销,争揽各项存款。对克拉玛依新成立的企业和招商引资的项目事前介入,积极营销,争揽企业存款;对授信企业提高存款和结算量,积极争揽克拉玛依地区的中小企业存款,促进公司存款的有效增长,公司存款比上年新增29 529万元,企业存款余额379 246万元。发动全行员工利用元旦、春节、五一、中秋等节日各单位给职工发放工资、奖金、节日补助和年底企业资金回笼时机,积极开展"开门红"、"虎啸行动"、"赢在夏季"以及"迎中秋、庆国庆"和挑战自我等各项劳动竞赛活动,积极营销存款。完善激励约束机制,有效促进存款业务的持续快速增长。至年末,储蓄存款比上年新增41 764万元,储蓄存款余额312 697万元,创历史新高。(包旭东)

【国际业务】 2010年,中国银行克拉玛依市石油分行各项外汇存款1 207万美元,其中个人外汇存款1 137万美元、企业存款70万美元。充分利用中行海内外机构众多,结算快捷、方便的特点,积极发挥中行外汇业务优势,全年办理结售汇12 174万美元,国际结算业务量5 349万美元,国外汇款2 445万美元。充分发挥中银汇兑的品牌优势,为克拉玛依出国及留学人员提供存款证明242份、金额1 528万元。保函及信贷证明业务量及收益处于克拉玛依市各家商业银行的前列。(包旭东)

【中间业务】 2010年,中国银行克拉玛依市石油分行把传统业务和新业务相结合,进行组合营销,促进中间业务的有效增长。大力发展公司资产业务,不断增强中间业务的议价能力,增加贷款客户财务顾问费、银行承兑汇票敞口承诺费等中间业务收入,大力发展企业网上银行业务,新增企业网上银行275户,加大结算业务量。积极拓展个人客户基础工作,大力发展借记卡、理财业务,向客户销售保险、基金、银行卡、个人网银、第三方存管业务,努力增加个人有效客户数量，扩大基础客户群。全年争揽个人中高端客户913户，开展个人网上银行13 410户，借记卡新增13 410张，中银卡新增3 407张，长城卡新增581张，代理保险4 627万元，代销基金3 329万元，加大对手机银行、网上银行、外汇买卖等业务的宣传营销力度，努力增加中间业务收入，至年末，实现中间业务收入3 504万元，超额完成新疆分行下达的中间业务指标，任务完成情况列中行地州行前列。（包旭东）

【网点转型】 2010年，中国银行克拉玛依市分行把网点转型作为可持续发展的重要工作，按照新疆分行的具体实施，对林园路支行、独山子支行大庆东路分理处进行搬迁改造，共改造营业面积825平方米。对林园路、永红路、白碱滩3个网点按经营性分支机构职位设定和人员配置要求进行全功能网点建设，发挥网点资源优势，在服务、销售、流程上进行全面的软转型。提升网点综合效益，向新疆分行积极申请增加5台ATM自助设备，累计投放自助设备31台，提高自助设备在克拉玛依市区的覆盖率，为克拉玛依市民提供良好的金融服务。（包旭东）

【党建工作】 2010年，中国银行克拉玛依市分行加强党员队伍建设，加强党建促发展，坚持党委中心组理论学习制度，提高党员干部的思想认识，使各项业务在行党委领导下快速发展。认真落实党风廉政责任制，加强党员队伍建设。认真执行《国有企业领导人员廉洁从业若干规定》，行党委与22名部门负责人签订党风廉政建设责任书，明确责任和要求。在中国共产党建党89周年之际，组织开展3名新党员入党宣誓和82名老党员重温入党誓词活动，表彰3个优秀党支部和7名优秀党员。（包旭东）

【企业文化建设】 2010年，中国银行克拉玛依市分行加强企业文化建设，营造团结、温馨、和谐，积极向上的文化氛围。举办迎新春联欢晚会，开展庆三八徒步健身走活动，创造新业绩、创造新生活优秀模范女工经验交流会，组织员工参加中国银行新疆分行举办的金融业务知识竞赛，获二等奖。在员工中开展读好书、学制度、谈体会活动，举办各类训练营、业务知识抢答活动11场，督促员工加强技能训练，提高员工业务水平和综合素质。与新科澳公司开展羽毛球友谊赛，增进员工友谊，密切银企合作，搭建与客户沟通的桥梁。积极参与社会公益慈善捐赠活动，组织员工开展向云南遭受旱灾地区和玉树地震灾区捐款活动，向行内患病职工开展捐款献爱心活动，增强员工的凝聚力。参加克拉玛依市政府组织开展的共建和谐社区活动，与光明、建工社区签订扶贫帮困协议，帮助2户孤寡老人。（包旭东）

工商银行克拉玛依石油分行

【领导名单】
党委书记、行长：乐成军
副行长：杨宪法、王怀荣
纪委书记、工委主任：张丽湘（兼）

【基本情况】 截至2010年末，中国工商银行股份有限公司克拉玛依石油分行有员工601人。其中女员工393人，民族员工76人；大专以上学历524人；党员296人。内设办公室、财务会计部、个人金融业务部、机构与公司业务部、风险管理部、人力资源部、运行管理部、监察室、工会办公室9个部门及6个附属中心。下辖大十字支行、白碱滩支行、独山子支行、东疆支行和石化支行5个支行、23个营业网点（含15个二级支行）。自1985年成立至2010年末，石油分行累计实现利润12.19亿元；累计投放各项贷款199.47亿元。（王新宇）

【经营效益】 截至2010年底，中国工商银行克拉玛依石油分行实现拨备前利润1.46亿元，比上年增长407.16万元；拨备后利润1.46亿元。（王新宇）

【存款业务】 截至2010年底，工商银行克拉玛依石油分行人民币各项存款余额131.16亿元，比年初增加17.7亿元（不含同业存款），存量、增量同业排名均为第一（不含昆仑银行）。其中对公存款余额52.68亿元，比年初增加11.56亿元，余额、增量均居同业第一位；储蓄存款余额78.47亿元，比年初增加6.13亿元，余额、增量均稳居同业第一。（王新宇）

【贷款业务】 截至2010年底，工商银行克拉玛依石油分行人民币各项贷款余额11.96亿元，比年初增加2.18亿元，存量、增量同业排名均为第三位（不含昆仑银行）。其中公司贷款余额9.66亿元，比年初增加1.85亿元，余额、增量均居同业第三位；个人贷款余额2.28亿元，比年初增长3 435万元，余额、增量分别居同业第一、第二位。全行资产质量持续好转，不良贷款率由上年末的0.03%下降至0.02%。（王新宇）

【中间业务】 截至2010年底，工商银行克拉玛依石油分行共销售个人理财类产品、基金、保险、国债39.59亿元；销售法人理财产品75.94亿元、品牌金10.9千克、品牌金积存新开户为4 042户销售26.08千克、品牌银74.6千克。实现中间业务收入4 790万元，位居同业第一。其中对公中间业务收入1 330万元，占全行中间业务总收入的27.77%，完成任务的101.36%；实现个人中间业务收入3 460万元，占全行中间业务收入的72.23%，保持同业占比第一的优势地位。（王新宇）

【电子银行业务】 截至2010年底，工商银行克拉玛依石油分行实现电子银行业务中间业务收入929万元。新增企业网上银行128户，完成全年任务300户的43%，实现交易额1 487.49亿元；新增个人网上银行客户10 577户，新增个人证书客户10 080户，实现交易额378.42亿元；新增电话银行个人客户10 966户，新增手机银行个人客户13 199户。全行ATM单机日均业务量笔数440笔，离柜业务量占比（含自助）为84.38%，比上年增长11.13个百分点。其中电子银行业务量占比为56.76%，增加5.63个百分点，位居新疆第一。（王新宇）

【国际业务】 截至2010年底，工商银行克拉玛依石油分行各项外汇存款余额573万美元，比年初上升69万美元。其中对公外汇存款1万美元，储蓄外汇存款572万美元，比年初增加71万美元。国际结算3 480万美元，完成区分行任务的58%，全年实现结售汇3 826万美元。（王新宇）

【银行卡业务】 截至2010年底，工商银行克拉玛依石油分行银行卡有效发卡量

395 797张。其中信用卡55 490张,比上年增加9 696张;借记卡340 307张,增加20 402张;新发理财金卡5 017张,分别完成区分行计划任务的69.26%、27.39%和456.09%。实现银行卡中间业务收入1 107万元,增加325.65万元。

（王新宇）

【内控管理】 2010年,工商银行克拉玛依石油分行本着业务发展,内控先行的原则和坚持依法合规经营的指导思想,大力开展内控评价达标工作及反洗钱等活动,深入开展治理商业贿赂,狠抓党风廉政建设,切实落实综合治理、安全保卫、消防安全、案件防范工作责任制,坚持案源排查制度。一是认真落实安全保卫目标管理责任制,与各支行、部门层层签订社会治安综合治理、消防工作、案件防范目标管理等责任书,将安全责任逐级分解,落实到人。二是加强安全检查,做好技防设施日常维护,抓好重点要害部位的安全保卫工作,深入开展安防演练。三是加强节日期间的安全保卫及车辆管理工作,确保全行各项业务的安全稳健运行。四是强化内部控制,加强各项基本制度的贯彻执行,突出检查的重点内容及关键环节,加强对要害部门和岗位以及易发案部位和环节的监督检查,并严格落实整改措施和方案。五是加大对违规违章行为的处罚力度,强化员工的制度观念,风险防范意识和自我保护意识得到增强,遵章守纪、规范操作的自觉性得到提高,对全行内控工作起到促进和截漏堵弊的积极作用。

（王新宇）

【人力资源管理】 2010年,工商银行克拉玛依石油分行稳妥有序地完成内设机构整合改革工作;成立市区业务发展中心,投产运行远程集中授权系统和会计凭证档案影像管理系统,完成自助设备运营中心第一阶段的设置及人员配备工作;启动机构网络布局优化项目试点工程,并初步完成项目前期准备工作。优化区域布局,强化营销渠道建设,对网点进行升格、搬迁和改造装修,改善网点的营业环境,达到分流网点业务与压力、提高服务质量的目的,满足不同层次客户、不同类型产品销售的需要。深化人力资源提升项目实施工作,完善岗位职级体系,拓宽员工发展通道,强化激励约束机制,在全行开展非管理类员工职务聘任工作,开展岗位任职资格评定,确定岗位序列及职务层级归属,全面构建员工的职业发展机制。加大资格认证、转岗和中年员工振兴等的培训力度,全年组织参加总、分行及本行各类培训94期,人员2 800人次。

（王新宇）

【客户服务】 2010年,工商银行克拉玛依石油分行不断健全服务管理体制,结合服务价值年10大工程,加强组织推动,确保服务价值年活动的有序开展;通过加强客户投诉管理、实行行长坐堂制、落实大堂制胜工程、深入做好"细节100"工程、实行内部服务承诺制、扎实开展员工业务技能培训、规范营业网点服务管理、加大自助机具投放力度、强化远程集中授权业务管理、查找服务工作中存在的问题、做好问题整改落实等措施,网点服务效率明显提升。成立自助设备运营中心,提升服务质量。联合相关业务部门开展岗位练兵、业务技能比赛和劳动竞赛,提高员工的业务能力和综合素质。加大ATM和POS机等自助设备的投入,加强管理,提高设备使用率,强化客户服务渠道建设。组织开展近50场客户恳谈会和理财沙龙。（王新宇）

【党建工作】 2010年,工商银行克拉玛依石油分行抓好党风廉政建设工作。一是按照谁主管、谁负责的原则,分解党风廉政建设和反腐倡廉建设工作责任,逐级签订党风廉政建设工作目标责任书。二是抓好领导干部廉洁自律工作,在全行深入开展《廉政准则》培训、学习活动;深入开展评议行风工作,进一步推动全行干部员工优良作风的养成。三是制定实施创先争优活动方案,以创建先进基层党组织、争当优秀共产党员为主要内容,积极开展党性教育、党员亮牌、党员承诺等活动。四是围绕"五强"党支部和"五优"共产党员目标,以工作争先、服务争先、业绩争先、增加核心竞争力和经营活力为载体,激发和鼓励各党支部和党员领导干部敬业奉献,开拓创新。

（王新宇）

【企业文化建设】 2010年,工商银行克拉玛依石油分行以深入推进精神文明创建和工行企业文化传播导入工作为重点,扎实推进企业文化建设工作的深入开展,通过自治区文明行业工商银行精神文明建设先进单位复查验收。一是强化队伍思想教育与引导。实施石油分行员工思想座谈会制度,组织举办3期员工思想座谈会,358名员工参加座谈会现场交流,收到员工意见建议30条,均得到及时的处理与回复。二是开展巾帼建功活动,1人获总行级巾帼岗位标兵称号,1人获新疆分行巾帼岗位标兵称号,1个二级支行被新疆分行授予巾帼文明示范岗称号。三是广泛开展员工文化体育活动。相继举办春节团拜会、迎三八女工厨艺大比拼、女工畅谈"一分耕耘,一分收获"百字征文、迎五一体育竞赛、第二届职工运动会等文体活动;组队参加新疆分行第二届乒乓球、羽毛球比赛、第一届象棋比赛和白碱滩区政府举办的羽毛球比赛,营造积极向上的企业文化氛围。四是做好员工关爱工作。为全行425名女工购买了团体女性特定疾病保险、安排妇科检查;帮扶特困员工和生活困难及离退休干部,发放慰问救助资金9 000元;完成员工和先进人物的健康疗养工作。全年组织看望生病住院员工105人次,元旦、春节慰问员工及离、退休人员351人次。五是加强公民道德教育。通过深入开展公民道德建设月活动、第28个民族团结教育月活动等加强员工思想道德教育,进一步提高全行员工的道德素养;青海玉树地震发生后,全行员工捐款3.8万元。六是组织开展企业文化主题教育活动,增强员工对企业的认同感和队伍的凝聚力与执行力,促进全行经营效益及资产质量的不断提高。

（王新宇）

建设银行克拉玛依石油分行

【领导名单】

党委书记、行长:沈伟建

党委副书记、副行长:赵新午(正处级)

纪委书记:彭玉忠(正处级)

副行长:庞慧琴、哈卫军

风险主管:陈文(副处级)

【基本情况】 截至2010年末,中国建设银行股份有限公司克拉玛依石油分行在册职工463人,比上年减少15人;劳务用工11人。全员平均年龄40.09岁;党员199人,女员工231人,民族员工41人。有高级、中级、初级专业技术资格的分别为3人、106人、272人;有五级、六级、七级、八级专业技术岗位职务的分别为12人、18人、20人、6人；国际金融理财师3人，金融理财师24人；专职个人客户经理24人；硕士学位1人，大学本科196人，专科204人，中专以下29人。石油分行下设7个职能部门：综合管理部、人力资源部、风险管理部、纪检监察部、公司业务事业部、个人银行事业部、财务会计部；1个营业部：直属营业部；2个综合型城区支行：独山子支行、白碱滩支行；1个单点城区支行：东部油田支行；3个网点型支行：石化支行、朝阳支行、城南支行；10个分理处：石油分理处、光明分理处、友谊分理处、通讯分理处、油建分理处、新城分理处、迎宾分理处、独山子支行明珠分理处、独山子支行新联分理处、白碱滩支行中兴路分理处；共有营业网点17个。（赵小宁）

【经营绩效】 2010年，建设银行克拉玛依石油分行各项业务按照预期目标实现稳步推进和健康发展。经营效益好于预期，全面完成区分行核定计划。全年完成区分行年度税前利润计划的104.15%；完成区分行年度净利润计划的111.90%；实现经济增加值3 071万元，计划完成率135.09%；成本收入比57.49%，比上年上升3.17个百分点。（赵小宁）

【存款业务】 2010年，建设银行克拉玛依石油分行负债规模在疆内系统、同业中保持前列。全行全口径存款余额95.41亿元，比年初下降6.2亿元。其中企业存款余额49.34亿元，企业存款下降9.2亿元（剔除石油分行机构、集团客户存量存款大额转出19.18亿元，全年企业存款实际新增9.98亿元）；储蓄存款余额46.07亿元，比年初新增3.04亿元。在疆内建行系统，兄弟行各类援疆资金入账21.7亿元的情况下，石油分行全口径存款余额仍位居第二。同业内，全口径存款余额占比29.82%，其中企业存款余额同业占比33.14%，储蓄存款余额同业占比26.95%，全口径存款余额、企业存款余额、储蓄存款余额排名位列第二。（赵小宁）

【资产业务】 2010年，建设银行克拉玛依石油分行资产业务领域拓宽，小企业贷款发展迅速。各类贷款余额15.72亿元，比年初减少254万元。其中非贴公司类贷款余额15.3亿元，比年初增加1 818万元，完成贴现400万元，比年初减少2 274万元；个人类贷款余额4 214.2万元，比年初增加202万元。贷款余额同业排名第二，AA级以上客户贷款余额占比达79.89%。全年小企业贷款投放4.03亿元，余额2.29亿元，客户数47户，余额和客户数在全疆均位列第四。累计发放国内保理67笔，金额1.98亿元，比上年增加5 175万元，实现中间业务收入143.33万元，增加32.37万元。国内保理累计发放额、余额、利息收入、管理费收入均在全疆名列第一。资产质量继续保持较高水平。按五级分类口径，不良贷款额647.43万元，不良贷款率0.41%，下降0.1个百分点。纯新发放贷款连续4年不良率为零。（赵小宁）

【中间业务】 2010年，建设银行克拉玛依石油分行中间业务比上年增长，战略性产品增幅明显。完成中间业务毛收入4 210万元，完成区分行核定计划的88.55%。中间业务收入占主营业务收入的22.96%，收入100万元以上产品有12个，占收入总量的93.74%。全行中间业务收入在当地同业占比为30.4%，同业排名第二。对公中间业务收入1 144.09万元，个人中间业务收入3 065.78万元，疆内建行系统排名第二。（赵小宁）

【信用卡业务】 2010年，建设银行克拉玛依石油分行全行银行卡发卡量近30万张，实现收入1 039.8万元，当地同业排名第二。（赵小宁）

【基金销售】 2010年，建设银行克拉玛依石油分行基金销售额29 795万元，实现基金收入794.47万元，当地同业排名第一，完成KPI（791万元）计划的100.44%。（赵小宁）

【黄金业务】 2010年，建设银行克拉玛依石油分行实物金销售额46千克，账户金交易869千克，实现黄金业务收入66万元，当地同业排名第一，完成KPI（107万元）计划的61.68%。（赵小宁）

【代理寿险】 2010年，建设银行克拉玛依石油分行代销银行保险产品6 375万元，实现寿险业务收入302万元，当地同业排名第二，完成KPI（300万元）计划的100.67%。（赵小宁）

【电子银行】 2010年，建设银行克拉玛依石油分行电子银行业务收入271.6万元，当地同业排名第一。客户覆盖率、贡献度不断提高，账务性交易占比22.83%，比上年提升11.4个百分点。从电子渠道销售基金占基金销售总量的50%。（赵小宁）

【其他业务】 2010年，建设银行克拉玛依石油分行凭证式国债销售收入183万元，在疆内建行系统内、当地同业均排名第一。全年发生结售汇3 108.94万美元，比上年增加749.3万美元，当地同业排名第二。（赵小宁）

【个人中高端客户】 2010年，建设银行克拉玛依石油分行全行个人VIP客户数7 476户，年增305户。其中私人银行客户5户，年增1户，完成KPI计划的100%；高端客户（黑金级）43户，比年初新增6户，完成KPI计划的100%；白金级客户1 410户，比年初新增93户，完成KPI计划的50.33%；金级客户6 023户，比年初新增210户，完成KPI计划的4.45%。VIP客户AUM34.17亿元，比年初新增2.29亿元。理财卡发卡数4 791张，理财卡办卡率51.45%，超额完成新疆区分行下达的发卡新增计划。（赵小宁）

【网点管理】 2010年，建设银行克拉玛依石油分行完成五星级网点的申报及验收工作，完成通讯分理处装修改造及搬迁工作。加强网点日常管理，建立人员、培训、检查、考核等各项管理措施，完善网点服务保障机制，努力提高服务网点的工作实效。积极推进使用网点业绩评价考核系统，开展零售网点销售平台（PBCS）的推广使用工作，完成全辖智能排队叫号机的升级。（赵小宁）

【风险防控】 2010年，建设银行克拉玛依石油分行不断深化教育、制度、监督并重的防控体系，提升基础管理水平，严防风险和案件。坚持案件防控联席会议和风险例会制度，强化操作风险的防范，实现全年不发生案件和重大违规事件的工作目标。（赵小宁）

【客户服务】 2010年，建设银行克拉玛依石油分行加强向党工作站服务品牌建设，金融服务能力和水平进一步提升。石油分行营业部被评为全国千佳文明示范单位和新疆建行“十佳”向党工作站，品牌影响力不断扩大。在总行上年网点服务质量调查中，分行基本评价得分98.25分，柜面营销服务能力不断提高，大堂经理、个人业务顾问服务质量得到较大改观。（赵小宁）

【企业文化】 2010年，建设银行克拉玛依石油分行组织开展关爱员工活动，解决员工关心的热点问题。开展第三届职工运动会、文艺汇演等丰富多彩的文体活动；集中解决劳务用工人员的转正问题；组织职工体检；坚持做好婚丧嫁娶慰问工作；组织表现突出的先进个人到内地参观学习；坚持任人唯贤，选拔综合素质高、业务能力强的员工充实到中层干部队伍中，畅通员工职业生涯通道；建立困难职工档案，对全行13名困难职工进行救助，提升员工的满意度和信任度。（赵小宁）

农业银行克拉玛依石油分行

【领导名单】

党委书记、行长：严明（4月离任）、张伟（4月任职，同时离任副行长）

副行长：桑斌、邱健（5月任职）

纪委书记：吴军

【基本情况】 截至2010年末，农业银行克拉玛依石油分行有职工181人，内退人员4人，退休人员6人。其中有大专以上学历150人，有中级专业技术职务25人，党员84人，少数民族职工22人。平均年龄35岁。内设机构12个部室：人力资源部、财务会计部、综合管理部（与党委办公室合署办公）、信贷管理部、公司业务部、监察部、个人金融部、运营管理部、信息技术管理部、内控合规部、安全保卫部、资产处置部。辖属1个县级支行，1个二级分行营业部，10个二级支行，2个分理处，共计14个营业网点。年内石油分行获新疆分行2010年春天行动零售业务综合营销活动基金营销奖B组第一名，1人被评为新疆分行2010年春天行动零售业务综合营销活动金钥匙春天之星，1人被评为新疆分行2010年春天行动零售业务综合营销活动金钥匙管理明星；1人获新疆分行第七届柜台业务技术比赛综合知识测评第三名，1人获新疆分行第七届柜台业务技术比赛ABIS第五名；3个单位获石油分行营销技能提升年活动优秀团体奖，10人获石油分行营销技能提升年活动优秀个人奖；7个单位（部门）被评为石油分行年度先进集体；27人被评为石油分行年度先进个人。（赵吉琪）

【负债业务】 截至2010年末，农业银行克拉玛依石油分行人民币各项存款229 135万元，比年初减少6 170万元，增量市场份额排名第三，排名比年初上升一位。其中储蓄存款余额139 933万元，比年初增加12 221万元，完成分行年度计划的61.11%；对公存款余额89 202万元，比年初减少18 391万元，完成分行年度计划的-61.51%，增量市场份额排名第三。（赵吉琪）

【资产业务】 截至2010年末，农业银行克拉玛依石油分行各项人民币贷款余额94 432万元，比年初增加40 164万元，完成分行计划，增量市场份额排名第二，排名比年初上升一位；不良贷款余额525万元，比年初减少630万元，低于分行余额控制计划425万元；现金清收不良贷款630万元，完成分行年计划315%；代理财政部资产回收金额302万元，完成分行年计划的302%。（赵吉琪）

【中间业务】 截至2010年末，农业银行克拉玛依石油分行代理保险销售额1 944万元，代理保险手续费收入92.22万元，完成分行年度计划的92%；投资银行业务收入30.4万元，比上年增加20.4万元，完成分行年度计划的102%；单位人民币结算业务收入32万元，完成分行年度计划的128%；代理基金销售量7 251万元，实现手续费收入85万元，完成收入计划的42.22%；托管手续费收入10.8万元；国债销售量13 404万元，实现手续费收入84.99万元，完成分行年度计划的370%；全年销售个人人民币理财产品金额共计47 817万元，实现收入18万元，完成分行年度计划的43.33%；销售实物黄金11.3千克，实现收入11万元，完成全年收入指标的138.3%；个人人民币结算业务收入416万元，完成全年收入指标的95.6%。（赵吉琪）

【银行卡业务】 截至2010年末，农业银行克拉玛依石油分行累计发放借记卡95 759张，存款余额42 888万元，借记卡收入403.5万元，完成分行年度计划的100.76%。累计发放贷记卡7 374张，其中准贷记卡384张，比年初减少19张；贷记卡新增2 339张，其中普通贷记卡新增1 866张、尊然白金贷记卡新增473张，实现信用卡业务收入47万元。全行现有POS特约商户522户，全年新增195户，消费交易额12 000万元，实现收单收入122万元，完成分行年度计划的200%。（赵吉琪）

【电子银行业务】 截至2010年末，农业银行克拉玛依石油分行个人网银注册客户新增7 798户，个人电话银行新增7 322户，个人手机银行新增6 014户，消息服务新增7 768户，完成计划的148.21%；企业网银注册客户新增28户，企业电话银行新增44户，完成分行年度计划的37.33%。电子银行业务收入314万元，完成分行年度计划的105%。其中自助银行实现业务收入225万元，新增自助银行设备15台；金穗支付通实现业务收入8万元，新增金穗支付通设备73台。（赵吉琪）

【小企业服务】 2010年，农业银行克拉玛依石油分行在做好重点客户重点项目营销的同时，将克拉玛依市石油化工行业附属中小企业作为重点，以各小企业联合商会为中介，对辖内中小企业进行摸底调查，以小企业简式贷款品种为主打产品，充分发挥小企业简式贷款快速、简便的特点，通过积极、多方营销，及时满足小企业信贷资金需求，全年发放小企业贷款4 000万元，并确立以农行中小企业经营中心、个贷经营中心为主体，以四川商会担保公司、投资公司和河南商会小额贷款公司、投资公司为补充，推进克拉玛依市小企业金融服务街建设的发展思路。（赵吉琪）

【科技工作】 2010年，农业银行克拉玛依石油分行高度重视科技工作。完成综合办公信息系统二期改造工作。完成柜员指纹认证系统上线工程，实现柜员身份认证安全、高效、便捷、规范管理。完成动态可扩展网络系统（MSTP）一期建设项目，提升全行网络的延伸能力和系统部署的灵活性，满足图形化、多类型、多业务的综合应用对数据通信的需要，为全行业务拓展提供更好的基础支撑。完成智能终端一期工程的推广上线工作，为全行一线柜员搭建图形化、智能化的操作平台环境，极大提升工作效率。（赵吉琪）

【风险防控】 2010年，农业银行克拉玛依石油分行牢固树立风险为本、内控优先、规则至上、稳健经营的理念，始终保持案件防控的高压态势，以“三基”建设为抓手，以防范市场、信用和操作风险为目标，完善风险管控机制，提高案件防范能力和风险管理水平。一是加强案件专项治理工作。制定《克拉玛依石油分行2010年案件防控工作计划》、《克拉玛依石油分行2010年案件防控工作实施方案》，落实“一岗双责”，实施案件防范领导班子成员案防包点制，落实案防分析例会制、一把手承诺制、条线业务检查责任制等防控措施，发挥好内外部监管合力。二是开展自律监管及专项大检查，加大对重点业务、重点环节的检查频次和力度，规范业务操作，严格落实整改，防控各类操作风险和案件的发生。对3个营业机构进行整体移位接管检查。全年组织销毁作废、停用银行卡13 378张、停用业务印章13枚，作废重要空白凭证8 438份，消除风险隐患。同时定期不定期开展突击查库，对金库、全辖柜员现金箱、重空、ATM钞箱等进行突击检查。全年组织280余人次开展飞行查库，其中金库检查102人次。三是配合内外部监管检查，提升基础工作水平。接受分行内控合规部对大十字支行进行的整体移位检查、行长责（离）任审计及内部控制评价，接受总行集中审计组的专项审计。四是完善运营管理组织体系建设方案，推进后台作业中心建设，落实操作风险管控。积极推进集中工程建设，加快作业中心、现金中心、监控中心管理建设，提高业务集中度，提升营运物资集中配送能力，充分发挥监控作用，建立健全运营管理风险防控体系。五是落实《中国农业银行员工违规行为积分管理办法》，增强员工日常行为管理，提高自身防微杜渐的能力。（赵吉琪）

【安全保卫】 2010年，农业银行克拉玛依石油分行强化安全保卫工作的集约化管理，落实各项安全防范措施。一是强化安全责任制落实。认真落实谁主管、谁负责的原则，逐级落实领导、部门和岗位责任，建立责任明确、奖罚分明、风险共担、利益相连的激励制约机制。二是做好案件防范教育工作，认真查找安全保卫工作中的安全隐患及风险点，并制定有效措施、办法，防止安全环节出现风险隐患。三是强化全员安全防范教育，增强安全经营意识。召开由全行员工参加的安全防范教育大会；开展防暴预案演习，通过安全防范教育，增强员工风险防范责任意识，为全行各项业务的顺利开展打下坚实基础。（赵吉琪）

【人力资源管理】 2010年，农业银行克拉玛依石油分行深化人力资源改革，完善岗位职级体系，拓宽员工发展通道，强化激励约束机制。制定克拉玛依石油分行员工绩效考核管理办法，调动柜员工作积极性，激励柜员不断提高业务素质，增强市场竞争能力，逐步完善员工收入与个人能力、工作效率相匹配的激励机制。11月，组织实施全行各部室经理、副经理（含独山子支行行长、副行长）全岗竞聘工作，优化中层干部队伍结构，为石油分行各项业务全面发展提供了保障。（赵吉琪）

【员工培训】 2010年，农业银行克拉玛依石油分行加大培训力度，提高员工整体素质。年初修订《克拉玛依石油分行员工培训管理实施细则》，完善培训、考核方式。累计委派外出参加疆外培训27人次。举办各类培训班57期，完成全年计划的108%，累计培训1 750人次。组织员工学习新业务、新知识及各项会计内控制度，针对工作中存在的问题开展培训工作，安排网点会计主管做好员工的岗位练兵活动，全面提高一线员工的业务素质和服务水平。开展营销技能提升年活动，进行网点集中导入，努力提升员工识别客户、营销客户、管理客户的能力，为零售业务可持续发展打造一支高素质、高效能的专业化营销队伍。（赵吉琪）

【党建工作】 2010年，农业银行克拉玛依石油分行的党建工作取得新进展。采取建立联合党支部的方式，将机关党支部与支行、网点党支部合并，做到党建工作与业务经营相互促进，提高基层营业网点的战斗力，充分发挥党员干部的模范作用。落实发展党员的双培养工作，通过集中培训及日常的关心、培养工作，把优秀的业务骨干培养成为党员，把优秀党员培养成为业务骨干，全年组织15名入党积极分子参加市委党校培训。（赵吉琪）

【企业文化】 2010年，农业银行克拉玛依石油分行积极适应农行股份制改革上市后的新形势，加强企业文化建设。一是坚持把职代会作为保障员工民主政治权利的根本制度，建立健全职代会会前审核审批制度。二是组织公开、公正竞赛评先活动，举办新春文艺联欢晚会、三八节茶话会，并组织户外拓展活动。三是开展帮扶慰问，关心困难员工生活。春节前夕慰问困难员工、退休老职工，并给2名特困员工发放慰问金。四是落实建立服务员工制度。为员工购买团体意外伤害保险，为女员工购买重大疾病补充医疗保险，开展一年一度的体检工作。五是积极推进职工之家建设。加大职工之家基础设施投入，解决员工工作、学习和生活中的现实困难。六是发扬友爱互助作风，组织全行员工为玉树灾区捐款15 300元。（赵吉琪）

农业发展银行克拉玛依市分行

【领导名单】
党委书记、行长：杨娟
副行长、纪委书记：陈涛
副行长：宋晓明

【基本情况】 2010年，农业发展银行克拉玛依市分行在岗人员27人，其中中共党员13人。内设机构为4部1室：办公室（党委办公室）、客户服务部、信贷与风险管理部、计划信息部、财务会计部。（路晓燕）

【经营绩效】 2010年，农业发展银行克拉玛依市分行发放各类贷款35 144万元，各项贷款余额32 491万元，各项存款余额1 312万元。全年累计支持企业收购、调销小麦4.55万吨，油脂850吨。支持政府公益性贷款项目贷款24 515万元，并率先在全疆系统内发放首笔银团

贷款，实现中长期贷款零的突破。全年发放棉花收购贷款3 000万元。连续15年无不良贷款。（路晓燕）

【资金计划】 2010年，农业发展银行克拉玛依市分行从信贷结构调整出发，适时调整各类贷款投放计划，确保政策性及准政策性贷款计划的落实，满足中长期贷款投放需求；灵活调度资金，合理控制头寸；加强现金及利率管理，认真做好统计、保险代理、存款组织与管理工作；进一步与地方财政的沟通协调，确保财政补贴资金的足额到位；加强业务经营分析活动，强化引领指导及谋划作用，取得较好效果。（路晓燕）

【经营管理】 2010年，农业发展银行克拉玛依市分行加强财会基础管理，确保经营目标顺利实现。积极组织财务收入，强化收息管理，确保全年各项利息应收尽收。一是按时编制财务计划，及时发现经营管理中的困难和问题，提出应对措施，较好地完成上级行下达的年度经营目标。二是推行岗位操作流程建设，将各岗位流程纳入综合操作流程管理，为柜员操作提供规范的工作指引。三是发挥委派财务主管和会计辅导的监督指导作用，结合现场检查与远程监控，及时发现和解决财会工作中存在的问题。通过加强岗位轮换、强制休假、远程监控等有效方式，降低临柜人员的操作风险；做好反洗钱、账户管理及大、小额支付系统管理等工作。四是做好非现金结算推广工作。离柜结算业务推广工作稳步实施；实现全员工资、经费等通过网银发放，日常财务报销实现零现金结算；加强与当地邮政储蓄银行业务合作，促成部分开户企业收购资金实现非现金结算，降低现金结算的安全隐患，提高工作效率。五是强化固定资产管理。科学安排固定资产投资，优先满足业务发展需要及新营业办公用房启用时各项业务的正常开展。借助固定资产查询和统计软件，加大闲置资产处置力度，进一步改善固定资产结构。六是集中采购工作有序开展。全年围绕集中采购项目召开会议11次，均严格按照集中采购操作规程办理，完成各项采购工作任务。七是加快营业办公用房建设步伐。新购营业办公用房的选址、审查、审批已完成，装修工作按照既定目标实施；及时建立健全组织机构，从工程质量、进度、投资等方面进行周密安排及监督实施；抽调专人狠抓进度管理，加大现场监管力度，确保了购建项目按计划交付使用；本着对历史负责、为现在服务、替将来着想的原则，加强基建项目档案管理；在购置新办公用房上严格按照勤俭、实用的原则，项目投资总额及建筑面积均控制在总行下达的指标内。（路晓燕）

【信贷管理】 2010年，农业发展银行克拉玛依市分行进一步强化信贷管理。一是把好贷款准入关。开展客户信用评级和统一授信管理工作，评级授信工作全面纳入CM2006系统操作，全年评级客户7家，授信总额55 597万元，无特别授信及公开授信。二是做好贷款初步审查上报工作，在制度允许的范围内，力争做到贷款初审与贷款调查无缝衔接，办贷质量和效率明显提高。全年审查贷款20笔，贷款发放20笔，累计金额47 144万元，全部获得自治区分行批准。三是抓好信贷制度执行。落实上级行16项信贷制度和《信贷业务操作手册》以及银监会“两个办法、一个指引”，并结合制度执行年活动把制度的执行作为年度信贷基础工作的重点；实施客户经理贷款管理尽职记录制度；完成贷款客户风险排查、信贷管理情况回头看；密切配合当地银监局对地方政府融资平台贷款进行清查；做好CM2006系统、人民银行企业征信系统、综合报表平台信贷监测分析报表系统的运行、维护与监测等工作，系统数据质量得到明显提升。（路晓燕）

【风险防控】 2010年，农业发展银行克拉玛依市分行进一步强化风险意识。贷款全过程严格执行各项信贷管理制度，抓住贷款投放、库存监管和收贷收息3个封闭管理关键环节，因企制宜，建立个性化贷后管理方案，有效防控风险。在加强企业自有资金到位率、抵押变现率的基础上，要求棉麻企业参加保险，并将农发行作为第一受益人。充分发挥CM2006、银监会非现场监管报表、人行企业征信等系统的作用，做到信贷管理与风险防控并举。充分发挥法律顾问的法律审查作用。（路晓燕）

【电子化建设】 2010年，农业发展银行克拉玛依市分行进一步加快电子信息化建设。参与总行“两地三中心”灾备系统演练，同时保质保量完成区分行灾备系统建设。全力推动综合报表平台和信贷信息真实性核查系统的推广应用。完成新建机房工程项目方案的设计改造，确保新建机房达到安全可靠、节能高效和具有可扩充性的标准。进一步加强制度体系建设，严格执行相关信息技术规范；做好全行各应用系统主机、数据库、服务器和网络系统的日常运行维护和管理；加大信息安全工作力度，完善计算机突发事件应急处理预案，保证计算机系统安全运行，防止计算机病毒及黑客的侵蚀。（路晓燕）

【安全管理】 2010年，农业发展银行克拉玛依市分行进一步推进安全保卫工作的制度化、规范化建设。结合克拉玛依市特点，建立健全预防为主、群防群治的安全保卫体系。组织员工参加消防演练，提高防卫技能；做好现金守押、营业场所、计算机房等重点部位的安全防范；做好监控、110电话联网报警系统运行维护与管理；做好新办公楼安防、监控设施装修等；强化监督检查，克服麻痹心里，确保安全运营。（路晓燕）

【内部审计】 2010年，农业发展银行克拉玛依市分行按照上级银行的有关规定，对2009年度财务会计报告、经营管理考核指标完成情况及2009年主要经营管理指标数据进行内部专项审计及监测；对2010年业务经营情况进行常规审计；整改落实2009年总行审计查出的问题，整改面100%。积极配合银监局等外部监管部门的监管工作，做到报告及时准确，资料真实齐全。（路晓燕）

【党建工作】 2010年，农业发展银行克拉玛依市分行进一步加强党建工作。围绕中心工作和重点工作，开展“四强四优”创先争优等系列活动。坚持党委中心组学习、每周三例行学习制度。以领导干部民主生活会、党员领导干部述职述廉大会为形式，认真总结经验，查找不足，结合实际制定今后5年发展规划，完成银行业内控和案防制度执行年活动。层层签订党风廉政建设和防范案件责任书，组织全员观看《钟声示警》、《远离商业贿赂》、《远山的红叶》等教育片。与开户企业签订廉政共建协议书，签订面

100%。（路晓燕）

【企业文化建设】 2010年，农业发展银行克拉玛依市分行充分运用市级文明单位创建、青年文明号、青年岗位能手和女职工文明示范岗等创建载体，组织开展创建学习型银行、争做知识型员工业务技能比赛活动。通过银企座谈会、行风义务监督员联席会议等方式，提升农发行社会形象。参加自治区分行摄影书法比赛等，3幅作品获得新疆维吾尔自治区分行第三届职工摄影、书法、绘画作品展优秀奖。成功创建为克拉玛依市级文明单位。（路晓燕）

昆仑银行克拉玛依营业部

【领导名单】
党总支书记、总经理：刘成忠
副总经理：唐宗恒、樊红斌、田军学（9月任职）

【基本情况】 昆仑银行克拉玛依营业部前身是2006年6月成立的克拉玛依市商业银行。2009年4月，中国石油增资控股克拉玛依商业银行。2010年再次增资扩股。4月20日，中国银监会批准克拉玛依市商业银行更名为昆仑银行克拉玛依营业部。5月25日，昆仑银行克拉玛依市商业银行正式更名为昆仑银行克拉玛依营业部，并开始营业。银行内设7部1室，分别为公司业务部、个人金融部、中小企业部、信贷管理部、内控合规部、财务会计部和办公室。辖内共有11家支行，其中克拉玛依市区7家、白碱滩区1家、独山子区3家。职工总数204人，其中女性147人，少数民族19人。

昆仑银行克拉玛依营业部主要业务范围有吸收公众存款，发放贷款，办理国内外结算，办理票据承兑与贴现，发行金融债券，代理发行、代理兑付、承销政府债券，买卖、代理买卖外汇，从事银行卡业务，提供信用证服务及担保，代理收付款项及代理保险业务，提供保管箱服务，以及经中国银行业监督管理委员会批准的其他业务。（陈晓环）

【生产经营】 2010年，昆仑银行克拉玛依营业部存款总额64.34亿元，比上年增长90%，在本地区同业占比由年初的9.83%提高至16.1%，各项存款新增市场份额占比93%；各项贷款总额182.71亿元，增加159.39亿元，增长6.8倍；全年累计发卡9.95万张，新增发卡7.49万张，完成全年预算目标149%，代发工资客户4.16万人；通过银团贷款、委托贷款、贸易融资、承兑汇票、保险代理、国际结算等多种渠道，拓展中间业务收入，实现中间业务收入3 005万元，完成全年预算的11倍。（陈晓环）

【经营绩效】 2010年，昆仑银行克拉玛依营业部实现营业收入31 351万元，比上年增加23 537万元；费用总额4 320万元，低于预算指标266万元；成本收入比13.78%，低于总行35.6%的控制指标；全年实现拨备后利润20 317万元，考核利润11 036万元，完成预算指标的178.8%；全年纳税总额1.78亿元；不良贷款额670.73万元，比年初下降77.27万元，不良贷款率0.07%，比年初下降0.26个百分点。（陈晓环）

【重大事项】 2010年，昆仑银行克拉玛依营业部牵头组织完成昆仑银行第一笔银团贷款，总合同金额79 515万元，其中营业部银团份额3亿元，取得历史性突破。积极争取集团公司政策和总行支持，支持克拉玛依市政府为保障民生工程的建设融资需求。办理第一笔由中国石油天然气集团公司委托发放的委托贷款2.6亿元，用于克拉玛依区、独山子区、白碱滩区的教育设施的改扩建及抗震加固。国际结算业务实现零突破。9月、10月先后完成包括国际结算系统、贸易信贷登记系统、直接投资外汇业务信息系统等在内的7个系统的搭建工作。10月，为中油测井公司开出第一笔外汇保函，全年累计国际结算量3.71亿美元，跃居克拉玛依同业市场第一的位置，进出口量占到克拉玛依地区70%。在中国石油天然气集团公司领导干部会议期间，成功组织昆仑银行大型专题营销活动。（陈晓环）

【主要荣誉】 2010年，昆仑银行克拉玛依营业部被评为昆仑银行总行级先进集体；昆仑银行克拉玛依大庆路支行被评为新疆银行业文明规范服务金牌服务单位。（陈晓环）

保　险

中国人民财产保险股份有限公司克拉玛依市分公司

【领导名单】
党委副书记、副总经理：樊玉保（主持工作）
副总经理：米亮（11月离任）、陈冬、侯佩锋（12月离任）、卓克虎（12月任职）

【基本情况】 2010年，中国人民财产保险股份有限公司克拉玛依市分公司在册职工55人。具有中级专业技术职务6人、初级24人。聘用非在编人员103人、个人营销代理人5人。分公司党委设党委办公室，5个党支部，有党员60人。总经理室下设综合职能部门6个：办公室、人力资源部/教育培训部/监察部、信息技术部、营销渠道管理部/客户服务管理部、法律部、理赔督察办公室；设工会办公室；6个事业部：车辆保险事业部、财产保险事业部、农险事业部、意外健康险事业部、责任信用险事业部、货物运输保险事业部；3个中心：承保中心、理赔中心、财务中心。机构网点9个：在市区设4个营销部：营销一部、营销二部、营销三部、中介业务部；3个分支机构：白碱滩支公司、准东石油支公司、独山子支公司；2个保险营销服务部：五五新镇营销服务部、乌尔禾区营销服务部。被评为总公司级地州市分公司经营业绩50强、学习先锋团队，第二届自治区最佳文明单位，自治区分公司先进职工之家、新疆保险行业协会新疆保险行业诚信经营先进集体以及克拉玛依市爱心企业、平安单位、人口与计划生育工作一类单位、安全生产工作优秀单位等，通过自治区级文明单位复验和自治区级行风建设示范窗口复验。

（李　咏）

【主要业务】 2010年，人保财险克拉玛依市分公司经营的主要业务有财产损失保险、责任保险、信用保险、意外伤害保险、短期健康保险、保证保险、人民币或外币业务;与上述业务相关的再保险业务;各类财产保险、意外伤害保险、短期健康保险及其再保险的服务与咨询业务;代理保险机构有关业务;国家法律法规规定的或国家保险监管机构批准的其他业务。全年开办险种1 500多个。

（李　咏）

【业务发展】　2010年,人保财险克拉玛依市分公司紧扣促发展、增效益、防风险主基调,实行精细化管理,夯实基础管理,挖掘盈利潜力。提前召开年度工作会议,提出年度工作的指导思想、工作思路和工作重点,提出力争在3～5年内,将公司打造成社会认可、员工满意的一流的管理、一流的效益、一流的服务、一流的队伍"四个一流"公司,与成就职业生涯、保障薪酬福利、明德立业、和谐共赢公司和员工愿景目标,统一员工思想,增强发展意识,各项工作取得良好业绩。全年上缴国家各项税金2 384万元,为克拉玛依各企事业单位及个体工商户承担石油险、财产险、人身意外伤害险等各类保险金额818亿元,处理各类已决案件21 483件,已决赔款7 317万元。

（李　咏）

【基础管理】　2010年,人保财险克拉玛依市分公司不断强化员工队伍的发展理念、服务意识、效益第一观念、执行力观念,工作效率进一步提升。制定并完善《经营管理绩效考核办法》、《各产品线考核制度》,层层签订经营目标责任书,细化任务,责任到人;强化分析、监控与督导,坚持每周、月、季业务分析制度,按期召开司务会、晨会、业务分析会、部门例会等,对业务情况、赔款额、赔付率、结案率、应收保费进行同比分析和考核,查找存在的问题,预测下月完成情况;严格督办和落实反馈制度,按月考核发放薪酬;深入实施客户经理制,制定客户经理管理办法,层层签订客户经理责任状,加强费用管理,强化"效益第一"和服务至上观念。（李　咏）

【市场开拓】　2010年,人保财险克拉玛依市分公司探索和维护多渠道销售业务模式,推动业务稳步快速发展。一是强化团队建设。实施客户经理制,严格实施《客户经理制考核办法》,签订绩效目标责任状,全面调动每位客户经理积极性;按照《保险中介管理办法》、《营销员管理办法》,建立健全客户经理档案,保险代理合同签订率100%,兼业代理资质持证率100%;全面推行一、二级团队建设,根据业务量大小,在市区营销部设置3个一级团队、10个二级团队,制定并实施《经营团队管理和费用考核办法》、《县支公司、营销部、经营团队负责人考核办法》,在业务、管理、政策等方面给予大力支持,利用晨会加强产品知识学习和销售能力培训,运用墙报、龙虎榜等形式,营造比、学、赶、帮、超浓厚竞赛氛围。二是强化渠道建设。深入拓展警保合作,全面贯彻落实自治区警保联动会议精神,通过召开总结大会、联席会议,制定并实施联动工作系列方案,联合开展路检路查、夜查,现场宣传交强险与交通安全知识等,有效提高市民的保险意识和交通安全意识。三是开办电销业务。续与交通、运管、车检、银行、邮政等单位合作,实现个人代理、中介代理多种形式并举的业务发展模式。四是开展争先创优、群星闪耀、力争实现保费2亿元竞赛活动、家财险劳动竞赛活动、行动就有可能责任信用险营销竞赛活动以及冲刺45天、克难攻坚完成意外险任务竞赛活动,紧抓中央和自治区对新疆加大投资力度这一有利时机,跟踪落实外部市场发展计划。五是积极与政府相关部门合作,应邀参与由安监局牵头组织的跨年度建设工程复工前安全大检查、安全生产月消防演习和宣传咨询活动,积极推广工程险、特种设备责任险、雇主责任险、团意险、火灾公众责任险、餐饮业经营者责任险、家庭财产保险等一揽子保险业务。分公司应邀参加新疆油田公司举办的保险知识培训班,展示人保财险良好的服务品质。六是与克拉玛依市住房公积金管理中心沟通合作,在全国唯一特别授权开办住房公积金个人抵押贷款保证保险业务。七是认真履行校责险三方协议,与克拉玛依市、油田公司工会合作,签订并办理女性特定疾病保险业务。（李　咏）

【内控建设】　2010年,人保财险克拉玛依市分公司组织学习《依法合规经营制度汇编》,严格执行总公司"6条禁令"、理赔纪律"8条禁令"、财经纪律"15禁令"、《对违法违规责任人处理暂行规定》、见费出单、保监会70号文件、《有价单证保证金制度》、公司《内控制度》、《(再)转授权书》及行业协会、各产品线合规经营有关规定,建立健全管理制度和损余物资处理登记台账,在所辖理赔职场悬挂《理赔纪律八条禁令》,聘请社会义务监督员,接受社会各界监督。积极参与当地行业协会互检互查,引领行业自律,提升公司形象。认真开展证章照牌、空白单证、小金库等专项治理自查自纠工作,深入学习《新疆分公司对虚假保单和虚假赔案违法违纪违规责任人处理的暂行规定》,从源头上杜绝违规行为的发生。严格应收保费管理,强制清收往年形成的应收保费,严格监控新发生的应收保费。开展反洗钱法宣传,深入学习新疆和克拉玛依保险行业协会、总区分公司有关违规违纪通报。组织部门负责人层层签订依法合规经营承诺书、党风廉政建设和反腐败责任书、纠正行业不正之风责任状、党员领导干部廉洁自律提示函、理赔工作人员提示函,与达标修理厂签订廉政协议书,落实党风廉政建设责任制,不断加强内部管控,有效促进公司依法合规经营。（李　咏）

【客户服务】　2010年,人保财险克拉玛依市分公司把保险服务贯穿于承保、理赔全过程。一是制定并实施本部各部门服务承诺,强化上级为下级、后台为前台、全员为客户的服务理念,积极为业务一线提供政策及技术服务,帮助解决方案制作、招投标等各类问题,协同基层拓展业务。二是制定并实施客户服务实施规划,通过95518专线回访、专人电话回访、中石油集团业务服务部与一、二级经营团队联合回访以及总经理室成员深入客户单位走访座谈等形式,多方了解客户需求,及时以晨会、《客户服务信息》等方式反馈各相关部门。逢春节、中秋、十一等重大节假日,及时为客户送去茶叶、水果、月饼等礼物,联合油田公司工会组织慰问患大病女职工,开展拔河、羽毛球、篮球等体育健身联谊活动。三是联合交警、消防部门,深入客户单位开展交通消防安全与保险知识讲座;举办"世博·亚运"万张门票大抽奖门票派发仪式,为12名中奖客户派发世博会、亚运会门票等。四是全面落实客户节理赔服务承诺,制定《快捷赔案处理办法》,简化理赔流程。制定并实施《查勘岗工作流程规范》,提高查勘岗人员的工作技能及服务态度。及时与客户、承保公司联系沟通,优先处理异地理赔案件,集中人力物力做好省内和省间通赔工作。五是建立优质客户绿色服务通道，由各经营单位、产品线、集团客户部、理赔中心等部门通力配合，全力以赴解决各环节出现的问题，提高客户满意度。依据《汽车修理厂（4S店）达标协作检查验收方案》和《汽车整车维修业经营条件审核表》，对28家申报合作修理厂开展考评验收工作，有26家修理厂通过验收合格。（李　咏）

【员工培训】 2010年，人保财险克拉玛依市分公司以提升员工素质、强化服务技能为目的，开展内容丰富、形式多样的培训活动。一是制定并实施《2010年培训规划》，利用网络、光碟、视频、专家授课等多种形式，开展团队执行力、交通安全法、保险法、反洗钱法、反邪教警示教育等各项法律法规以及各类保险条款实务的学习。二是组织3个中心员工开展核保核赔师及岗位技能培训与考核，选派60多人参与区分公司培训，开展读书与分享活动，观看电影《第一书记》、《女检察官》并撰写心得。三是积极打造学习型企业，提升综合素质，人人创先争优。四是积极组织参加行业协会组织的保险代理人资格考试，落实营销员持证上岗制度等，有效提升员工综合素质，促进公司业务又好又快发展。（李　咏）

【品牌宣传】 2010年，人保财险克拉玛依市分公司加大品牌宣传力度，多角度、多形式开展人保品牌宣传，提高知名度。一是充分利用公司大屏幕、《克拉玛依人保财险信息》、《警保联动信息》、警保联动宣传展板、宣传橱窗、警民便民服务卡，积极向《中国保险报》、《新疆人保财险信息》、《阳光快车》、克拉玛依保险行业协会刊物、《克拉玛依日报》等投稿，及时传达各项工作部署，宣传好人好事、典型事迹，加大机动车交强险业务、火灾公众责任险等新险种业务的推广宣传。二是充分利用警保联动宣传平台，深入客户单位开展交通安全与保险知识宣传，积极组织或参与安监局、行业协会、中巴协会开展的“三一五”宣传咨询活动、首届出租车行业法律法规保险知识抢答赛、交通事故处理及保险知识讲座。三是在中小学范围内开展平安上学交通安全征文等，有效提升广大市民、中小学生的交通消防安全和保险意识。四是与克拉玛依电视台签订电视宣传方案，从公司整体形象、优质服务理念和举措、多样化产品介绍、警保联动动态、员工风采等方面，以广告、动态新闻等方式开展全方位、多视角宣传；在冬季冰雪路滑之际，在《克拉玛依新闻》上采访播放95518专线和查勘理赔服务情况；参与电视台《大拜年》活动；制作视频积极上报区分公司企业文化办；开发公司网站及精神文明建设网站等，全面提升人保财险品牌影响力和竞争力。（李　咏）

【党建工作】 2010年，人保财险克拉玛依市分公司组织制定党委中心组、党支部学习制度和学习计划。一是深入开展创先争优活动。制定实施方案，推行党员公开承诺，组织学习吴焰等各级领导讲话，组织观看电影《第一书记》、《女检察官》等并撰写观后感和学习心得。二是开展“我是一名合格党员”演讲比赛，推荐的业务部党支部王晨嫣获区分公司演讲比赛二等奖。三是开展领导干部民主生活会。广泛征集党内外意见建议，制定整改措施。四是做好收缴党费和发展新党员等工作。发展4名新党员，确定3名入党积极分子考察对象。至年底，公司有党员及入党积极分子60人，占全体员工人数的30%。（李　咏）

【温暖工程】 2010年，人保财险克拉玛依市分公司充分发挥党工团妇组织的作用。一是着力建设职工之家。利用节假日，组织开展“迎新年·庆新春”趣味运动会、庆五一、庆五四职工运动会以及北疆片区夏季职工运动会、庆七一徒步活动、保费规模突破2亿元庆祝活动暨演讲比赛等，增强员工凝聚力。二是启动员工关爱基金，开展送温暖活动。分公司深入病困员工及员工家属家中探望并发放慰问金，做好员工福利和节日物品发放。组织部分员工及家属赴乌鲁木齐市体检，在六一为15岁以下子女发放购书卡，办好职工食堂，做好上下班车发车工作。三是组织参观公安系统市民开放日，下发严禁酒后驾车的通知，邀请交警为员工讲授道路交通安全法，加大安全、卫生、值班、考勤等检查力度。四是开展“热爱伟大祖国、建设美好家园”主题教育宣讲活动和优生优育健康知识宣传，做好计划生育综合治理工作。五是根据业绩情况，评选表彰先进集体和个人，并派外考察学习等。（李　咏）

【典型赔案】 2010年7月26日，人保财险克拉玛依市分公司承保的1辆挂车与太平洋财险公司承保的1重型货车发生碰撞，造成2人死亡的重大交通事故。经调查，符合赔付条款，支付赔款249 540元。

2010年5月17日，人保财险克拉玛依市分公司承保的1辆车发生碰撞事故，致使对方车上人员当场死亡。经调查，符合赔付条款，支付赔款11万元。（李　咏）

中国人寿保险股份有限公司克拉玛依石油分公司

【领导名单】

党委书记、总经理：高德

纪委书记、副总经理：蒋晓林（6月任职）

副总经理：黄建江

【基本情况】 2010年，中国人寿保险股份有限公司克拉玛依石油分公司设办公室、人力资源部、监察部、客户服务部、财务会计部、个险销售部、团险销售部、银行保险部、健康险部9个部门（科室），下辖独山子支公司、白碱滩支公司、准东支公司3个分支机构。有职工93人，其中女职工73人，少数民族4人，大专及以上74人。公司设党支部2个，有党员24人。开办人寿保险、健康保险、意外伤害保险、养老（年金）保险等4大类保险近百个险种，其中以国寿康宁终身（定期）保险、国寿福禄满堂养老年金保险（分红型）、国寿福禄双喜两全保险（分红型）、国寿人身意外伤害综合保险、国寿鸿盈两全保险（分红型）、国寿美满人生年金（分红型）保险、安享一生两全保险（分红型）等为主要险种，新开办国寿新鸿泰两全保险（分红型）等。全面完成新疆分公司下达的年度考核指标。（刘玉丹）

【业务发展】 2010年，中国人寿保险克拉玛依石油分公司坚持“三个坚定不移”，努力实现“人富司强”。以各种业务竞赛贯彻全年业务发展始终，并多次举办大型人寿创业、投资理财、新产品推介会和保险咨询活动，积极拓展人寿保险市场，满足克拉玛依市人民对人寿保

险产品和保险服务的需求。全年实现总保费32 861.95万元，赔给付金5 821.6万元。（刘玉丹）

【客户服务】 2010年，中国人寿保险克拉玛依石油分公司将新春大拜年、高端客户答谢会、健康知识讲座等一系列活动贯彻经营发展始终，并以国寿“1＋N”、第四届客户节、国寿鹤卡推广客户服务活动为契机，通过推广国寿的服务内容和服务项目，不断提高客户服务人员及销售人员整体素质，有效提升服务质量。充分发挥中国人寿“95519”客户服务专线电话的服务优势，对客户实行全方位、全过程、全天候、全员化服务，做好客户保费缴付、保费垫缴和领取生存金提醒服务，及时解决客户投诉问题。以优秀的服务品质实力打造中国人寿95519品牌。全年接待客户9 700多人次、完成1 400多件已决案件的理赔工作。（刘玉丹）

【内部管控】 2010年，中国人寿保险克拉玛依石油分公司进一步强化内控管理。一是严格执行《办公楼管理规定》、《加班管理办法》、《考勤管理办法》、《员工休假管理办法》等行政管理文件，对公司各部门执行力情况以扣分制进行登记考核，并在每周一公司早会上通报一周检查情况。二是制定《2010年度绩效考核办法》、《财务工作质量考核办法》等，财务管理始终坚持以发展为第一要务，严格控制成本支出，加强员工勤俭节约、有效合规开支的意识，进一步实施财务向一线倾斜，把每次开支与业务发展结合起来，使每项开支都能促进业务发展，全年业务及管理费比上年多开支131.51万元，增长8.6%，为员工所缴纳的“五险一金”增长1.62%，其中公积金增长29.38%，提高员工收入和福利保障。三是严格执行《柜面工作质量考核实施办法》，加强对柜面人员工作质量的考核；每季度开展1次柜面员工服务满意度调查问卷，有效提升柜面服务质量，提升工作效率，利用现场和非现场培训对柜面人员进行业务技能、礼仪培训，提升柜面人员综合素质。四是扎实开展诚信我为先、风险早防范主题教育活动，在各营销职场内张贴诚信用语和培训规划，每周一的大晨会开展每周一句诚信用语活动，使诚信经营成为每一位从业人员日常的自觉行动，从而提高服务质量，提升社会形象；加强督察工作，不断增强营销员合规展业意识，规范展业行为。五是制定并执行《克拉玛依分公司案件责任追究清理工作方案》。深入查找公司系统在经营管理和落实规章制度方面存在的突出问题，推进效能监察工作；持续开展小金库自查自纠工作，深入查找各部门在经营管理和落实规章制度方面存在的、容易引发小金库问题的薄弱环节。完成内控标准推广执行及404流程、反洗钱、法律合规工作；深入推进非现金收付模式；开展固定资产核查、关键岗位检查、打击“三假”、财务、业务真实性专项自查和县支公司的测试及缺陷整改工作，提高各单位员工诚实守信、依法合规经营意识，进一步夯实制度基础、强化执行力度；实行严格的责任追究机制，切实做好防范非正常退保工作；清理保单检查卡及违规保险存折。六是加强投诉及回访管理，有效发挥回访工作维系客户和防范风险的功能。严格落实单证发放制度，每月对销售部门人员及兼业代理机构手中持有的有价及重要空白单证进行清理，对清理发现的超期、超量单证及时回缴、核销处理，有效降低风险的发生。积极配合完成新疆保监局对分公司中介业务现场检查和缺陷整改工作。通过新疆分公司业务、财务、单证、印章管理等方面专项检查及新疆保监局现场检查。（刘玉丹）

【文明建设】 2010年，中国人寿保险克拉玛依石油分公司坚持推广中国人寿成己为人、成人达己双成理念为核心的企业文化，强化员工的思想教育和道德教育，不断加强企业文化建设；一是与市教育局、市公安局交警支队等单位开展中国人寿杯少年儿童平安回家系列活动。二是在全公司开展“诚信我为先”全员教育活动。三是积极承担社会责任，开展捐款捐物活动，玉树地震后，公司员工捐款15 121元。四是开展幸福工程救助贫困母亲活动，公司女员工自发捐款1 001元。（刘玉丹）

【品牌宣传】 2010年，中国人寿保险克拉玛依石油分公司强化品牌宣传。一是以克拉玛依电视台栏目特约商家为平台，集中对国寿“1＋N”品牌服务、国寿客户节、诚信我为先主题教育、新产品上市、增员等进行专题宣传，向社会宣扬国寿雄厚实力，保险诚信为本，服务社会大众的宗旨和双成文化。二是重点加强对系统内省级以上媒体的投稿，在《中国人寿》杂志、《中国保险报》、《新疆法制报》、《国寿客户报》、《克拉玛依电视报》等系统及省、市级媒体宣传图、文报道曝光率明显提升，较好地扩大公司的宣传面，有效提升公司在当地的影响力。三是开展视觉统一形象（CI）执行情况检查，统一更换A、B柜面标识牌。四是组织开展国寿“1＋N”、“六一六”客户节和姚明广告宣传等系列活动，深化“国寿鹤卡”推广工作，不断提升公司品牌形象。（刘玉丹）

【机构改革与人事管理】 2010年，中国人寿保险克拉玛依石油分公司成立教育培训部，初步完成岗位及人员配置，公司培训逐步趋向系统化、信息化。制定《克拉玛依石油分公司2010年绩效核办法》，进一步完善公司员工考核办法、职能绩效考核办法，由基本考核与矩阵考核相结合，使考核指标更加科学化。合理分工班子成员，最大限度地发挥班子成员的指导、引领作用。调整4名干部，提拔2名员工为县支公司经理助理，4名副职中层干部转正。完成历史档案进行清理和扫描，清理2009～2010年股份档案1 209盒、集团档案3 310盒，累计40多万份。（刘玉丹）

【队伍建设】 2010年，中国人寿保险克拉玛依石油分公司坚持每周卫生、纪律、精神风貌检查和点评制度，设立每月服务明星榜和展业明星榜，开展柜面之星、优秀柜面经理等评优评先活动。各销售渠道先后组织举办新产品培训班3个、代资考培训班11个、增员培训班2个、初级主管培训班1个、开门红培训班5个、分红培训班1个、新人班4个、保全员培训班1个、基本法培训班3个、冲刺2010训练营1个。培训人数3 100多人，合格率100%。各职能部门先后参加新疆分公司举办的客户服务技能、财务预算和资金管理、信息技术、非销售类人员初级课程、理赔、SAP固定资产模块上线、人力资源管理等各类培训班，并利用现场、和非现场（视频）相结合的形式，先后多次对A、B柜面员工及个险销售人员主管、组训进行培训，内容包括银行代扣代付业务的操作实施办法、操作流程、新单证启用的相关规定等内容、《柜员手册》、《内控手册》、标准化服务与礼仪等多方面。利用业余时间组织开展反洗钱培训班、消防知识讲座等。先后组织开展团体跳绳比赛、新春联谊会等文体活动,增强员工的集体荣誉感和团结协作意识。 (刘玉丹)

【党建工作】 2010年,中国人寿克拉玛依石油分公司通过集中、自主学习等多种形式,进一步培养领导干部、党员讲政治、识大体、顾大局的责任意识。一是组织公司党员干部学习系统内党员先进事迹。通过开展争先创优学习、评比、点评等活动,增强党员争先创优意识。二是强化党风廉政建设责任制,建立和完善集中采购和招标制度。公司党委与公司各部门签订党风廉政建设责任书、案件防范责任书、合规经营承诺书,深入推进惩防体系建设。全年各大宗物品采购均通过采购委员小组审议,由综合管理部、财务会计部、监察部共同办理。三是强化党工团建设,注重党员的培养与发展。重视维护女员工合法权益,坚持民主政治、民主管理、民主监督。四是为困难员工办实事、解难事,做好扶贫送温暖工作。五是建立健全公司团组织,组织开展丰富的文体活动。六是坚持落实党委中心组集中学习制度,党员干部学习制度和党员领导干部评议制度,坚持落实党员民主生活会、总经理工作恳谈会、总经理业务分析会、形势教育课,公司业务协调会和员工学习等"五会一课"制度。 (刘玉丹)

【典型赔案】

被保险人王某,由其工作单位投保国寿团体人身保险,保额合计40万元,缴纳保费285元。2009年11月19日,被保险人王某以间断发热咳嗽一周,呼吸困难1天,抽搐3天为主诉入院医治,当日因重症肺炎,疑似甲型H1N1流感,呼吸衰竭,多脏器功能障碍,医治无效死亡。经调查属于保险责任,赔付死亡保险金40万元。

被保险人阿某,于2009年9月1日连续投保国寿学生平安保险,缴保险费50元,保险金额7.5万元。被保险人阿某于2009年11月8日被传染上甲型H1N1流感医治无效死亡,死亡原因为重症病毒性肺炎(甲流)引起多脏器功能衰竭。经调查属于保险责任,赔付死亡保险金1万元,医疗保险金45 500元。

被保险人杨某,于2009年5月由其工作单位投保国寿人身意外伤害综合保险,其中意外伤害保险金额13万元,保险费150元,意外医疗保险金额2万元,保险费50元,保险期间1年。2010年4月8日,被保险人杨某因车祸死亡。经调查属保险责任,赔付意外伤害保险金13万元。

被保险人杨某,于2009年5月4日投保国寿团体人身意外伤害保险,缴纳保费190元,保额20万元。被保险人于2010年2月20日在作业区工作时不慎被活动弯头砸伤头部死亡。经调查属保险责任,给付保险金20万元整。

被保险人张某,于2001年4月投保国寿康宁定期保险,保险金额5万元。2010年7月19日,被保险人确诊为右肺癌,急需用钱治疗,2010年8月16日提交理赔申请,经调查确属保险责任,赔付重大疾病保险金5万元。

被保险人韩某,于2006年9月2日投保国寿康宁定期保险,保险金额10万元;2009年9月1日在中学投保国寿学生平安险附加住院医疗险,缴费50元,住院医疗保额6万元。2009年12月5日,被保险人因持续发热经医院确诊为急性非淋巴细胞性白血病M4c,住院持续化疗。经调查属保险责任,赔付康宁定期重疾保险金10万元,学平险住院医疗保险金6万元。

投保人安某,于2003年10月22人为其女儿投保国寿康宁定期保险,年缴保费1 400元,保险金额10万元。2010年8月初,被保险人发现右乳有一黄豆大小肿块,于2010年8月9日在局麻下行肿块切除术手术,术后病理报告显示右乳浸润性导管癌,以右乳癌收住入院,完善入院检查,于2010年8月20日在全麻下行右乳癌改良根治术,术后对症支持治疗。经调查属保险责任,赔付重疾金10万元。

被保险人潘某,于2000年10月投保康宁终身保险,保险金额2万元。2009年9月经体验发现患左乳癌,2010年施行手术并化疗。经调查属保险责任,赔付重疾金4万元。

被保险人杨某,于2005年6月11投保国寿保康宁终身保险,保险金额2万元;附加定期保险、保险金额10万元;2008年4月18日投保国寿鸿丰两全保险,保险金额74 340元。2010年9月10日,被保险人因车祸死亡。经调查属保险责任,赔付保险金383 020元。

被保险人孟某,于2000年8月30日投保康宁终身保险,保险金额2万元。2009年9月4日因患二型糖尿病应激性溃疡入院治疗无效死亡。经调查被保险人出险情况属实,属于保险责任,给付保险金6万元。

被保险人王某,于2009年9月投保国寿康宁终身保险,保险金额6万元,年缴保险费5 700元。于2010年6月7日至10月20日因宫颈鳞状细胞癌入院治疗。经调查属保险责任,给付重疾金12万元。 (刘玉丹)

中国太平洋财产保险股份有限公司克拉玛依中心支公司

【领导名单】

党组书记、总经理:宋辉

副总经理:沈剑锋

【基本情况】 2010年,中国太平洋财产保险股份有限公司克拉玛依中心支公司在册员工40人,其中大专以上文化程度32人,中共党员6人,中级以上专业技术职称5人。聘用人员4人,营销代理人4人。9月,由原来总经理室下设的9个部门整合为5个部门,分别是销售管理部(下设销售推动岗、渠道业务岗、核保岗、农险业务岗)、客户服务部(下设理赔科、出单管理专员、服务管理专员)、财务部、综合管理部、销售团队,有1个支公司:独山子支公司。 (何文秀)

【保险险种】 2010年,太保产险克拉玛依支公司开办的主要险种有企业财产险、家庭财产险、工程责任险、雇主责任险、人身意外伤害险、交通事故强制保险、机动车辆综合险等20多个险种及国家法律法规规定的或国家保险监管机构批准的其他业务。新增险种有政策性农业保险,新增业务主要有电话销售业务。销售电话4006095500。私家车的商业险若上年度未出险,在原价上打7折后又可在费率上再优惠15%,交强险按照保监局的有关规定进行优惠。 (何文秀)

【业务发展】 2010年,太保产险克拉玛依中心支公司完成保费8 152.43万元,其中农险保费4 489.15万元,非农险保费3 663.38万元;各险种立案3 904件,已决案件3 770件,赔款支出4 807万元;实现报表利润1 371.31万元,比上年同期高出735.46万元,增幅115.67%。上缴国家各项税金279万元,完成分公司下达的各项考核指标。 (何文秀)

【内控管理】 2010年,太平洋产险克拉玛依中心支公司坚持以发展为主题、以服务为主线、以合规经营为根本的宗旨强化安全生产和内部管理。一是落实核保政策,从承保源头上杜绝和防范风险。二是加强印章、合同及各项费用支出的管控。三是学习监管机构和公司内部的各项规章制度,确保各项政策、措施落到实处,避免违规和违法经营行为的发生。 (何文秀)

【企业文化建设】 2010年,太平洋产险克拉玛依中心支公司在开展日常培训工作的同时,多次组织员工进行诚信教育学习,使员工在保险条款、展业技巧、沟通话术和为客户服务水平上得到进一步的提高。组织消防安全知识培训2次,给员工发放防火器材。4月24日,青海玉树县发生强烈地震,全体员工捐款2 220元。 (何文秀)

【客户服务】 2010年,太平洋产险克拉玛依中心支公司利用客户服务中心和95500服务专线的优势,兑现服务承诺、发挥服务职能。公司领导带领相关部门的负责人定期拜访与征求客户的意见和建议,将意见和建议一一落实并及时反馈给客户,增进与客户的相互了解。 (何文秀)

【员工培训】 2010年,太平洋产险克拉玛依中心支公司进一步强化服务第一、客户至上、诚实守信的理念。开展学习贯彻新《中华人民共和国保险法》、《中华人民共和国反洗钱法》、《员工行为准则》等系列培训活动。参加总公司和新疆分公司组织的业务知识培训20多人次,提高员工的服务质量和服务水平及自身素质。参加行业协会组织的保险代理人考试,落实员工持证上岗的制度。 (何文秀)

【典型赔案】 2010年1月1日,物资供应总公司在支公司投保1辆牌照号码为新J06888的途锐车,缴纳保费6 837.68元。7月29日12时30分,由王某驾驶新J06888号车沿乌—伊西路自西向东行驶至青年路口时,不慎追尾前方新C10495(新D0505挂)号车,造成新J06888车受损。支公司接到报案后及时赶赴现场查勘,于8月24日向被保险人赔付65 833元。

2010年3月,支公司承办新疆生产建设兵团农七师农业保险工作。农险保费4 475.76万元(农户自缴1 566万元,财政补贴2 909.76万元)。农作物在保险期间发生灾情,各团定损面积2.26万公顷,支公司赔款金额3 778万元。 (何文秀)

中国太平洋人寿保险股份有限公司克拉玛依中心支公司

【领导名单】

党委书记、总经理:李永强

副总经理:何雪

【基本情况】 2010年,中国太平洋人寿保险股份有限公司克拉玛依中心支公司设有计财部、业务管理部、个人业务部、银行保险部、保费部、团体业务部、行政人事部6部1室,下辖白碱滩支公司。有正式员工37人,保险代理人640人,正式员工中,本市户口占85%以上,保险代理人中75%以上是本市户口。 (新 娟)

【保险险种】 2010年,太平洋寿险克拉玛依支公司主要开办的银行代理业务和团险险种有金丰利两全保险(万能型)、红利发两全保险、红葵花保险、红利发两全保险(C)、(2008)团体意外伤害保险、附加(2008)意外伤害团体医疗保险、旅游安全人身保险、建筑工程施工人员团体短期意外险(B)、附加建筑工程施工人员团体短期医疗保险(B)、乘客人身意外伤害保险、出国人员人身意外伤害保险、学生幼儿短期意外伤害保险、附加学生幼儿定期寿险、附加住院团体医疗保险等。个险业务开办的主要险种有小康之家·小博士少儿两全保险、长泰安康(A、C)、太平盛世状元红两全保险(分红型)、小康之家英才成长两全保险(分红型)、附加少儿大学教育金两全保险、鸿鑫人生两全保险(分红型)、附加鸿鑫人生加倍关爱重大疾病保险、金泰人生(A、B、C款)终身寿险(分红型)等险种。 (新 娟)

【客户服务】 2010年,太平洋寿险克拉玛依支公司以客户为本、服务创新为己任,时刻把消费者的利益放在首位,通过为消费者提供更优质的、更人性化的服务来提升公司的竞争能力。太平洋人寿保险全国客户服务咨询电话"95500"包括咨询、查询、理赔报案、投保预约、售后服务预约、投诉受理、急难救助受理、意见和建议等。开展每周服务之星评比活动,完善服务环节,提高服务水平。 (新 娟)

【业务发展】 2010年,太平洋寿险克拉玛依支公司贯彻执行发展、管理、服务、合规、品质、效益12字方针,跻身中国品牌价值10强,获由《亚洲保险评论》杂志颁发的亚洲最佳寿险公司奖。公司获中国企业社会责任杰出企业奖。公司全面超额完成各项业务计划指标任务,克拉玛依新保市场份额占54%,全年保费收入20 979万元。上缴营业税金及附加费54万元。 (新 娟)

【赔付情况】 2010年,太平洋寿险克拉玛依支公司结赔案947件,调查赔案726件,查勘费2.2万元,受理业务员柜面、电话咨询1万多件,体检80件,装订赔案947件,共计赔付341万元。 (新 娟)

【典型案例】

被保险人杨某,52岁,于2004年9月投保生效支公司长泰安康B 7份、综合意外伤害保险计划(B)款保障"168"1份、鸿运年年两全保险3份,年缴保费30 178元,保额23万元。2010年1月,被受益人杨某某向支公司提出身故理赔申请,经核实被保险人本次因车祸身故情况属实,属于保险责任,向受益人给付身故保险金23万元。

被保险人潘某某,39岁,于2006年10月投保生效长泰安康B 4份,年缴保费1 884元,保额4万元。2009年12月,被保险人因宫颈癌住院治疗,2010年1月,向支公司提出重大疾病提前给付申请,经立案审核属于保险责任,支公司向被保险人给付重大疾病保险金2万元。

被保险人渠某某,40岁,2009年5月,被保险人单位为其投保生效支公司团体意外伤害保险70份,保额7万元,保费72元。2009年10月,被保险人渠某某因电击死亡。2010年2月,受益人向支公司提出意外伤害的理赔申请,支公司受理该案后,经调查情况属实,2010年2月,支公司向受益人给付理赔款7万元。

被保险人吴某某,38岁,于2008年8月投保阳光丽人两全保险、附加阳光丽人疾病保险2份,保额15万元,年缴保费3 600元,2009年4月投保支公司小康之家·如意安康两全保险(A款60岁领)、附加小康之家·如意安康重大疾病保险(A款,60岁领)保险15份,保额15万元,年缴保费7 710元。被保险人吴某某于2009年10月确诊为宫颈癌住院治疗,2010年2月,向支公司提出重大疾病提前给付申请,经立案审核属于保险责任,支公司向被保险人给付重大疾病保险金30.12万元。 (靳 娟)

中华联合财产保险股份有限公司克拉玛依分公司

【领导名单】

党委书记、总经理:欧长平

副总经理:张迪光

【基本情况】 2010年,中华联合财产保险股份有限公司克拉玛依分公司有在册合同制员工23人。其中党员7人,研究生学历2人,大专以上学历15人,聘用人员3人,保险代理人5人。分公司党委下设1个党支部。总经理室下设职能部门4个:办公室、财务部、业务管理部、客户服务部。在克拉玛依区域内下设3个营销业务部:分公司营业部,金龙镇营销服务部、白碱滩营销服务部。

(谢国平)

【主要险种】 2010年,中华财险克拉玛依分公司主要保险险种有财产损失保险、各种责任保险、信用保险、意外伤害保险、短期健康保险,保证保险等;与上述业务相关的再保险业务;各类财产保险、意外伤害保险、短期健康保险及其再保险的服务与咨询业务;代理保险机构有关业务,国家法律法规规定的或国家保险监管机构批准的其他业务。

(谢国平)

【业务发展】 2010年,中华财险克拉玛依分公司围绕保稳定、防风险、促发展、增效益的指导方针,转变发展理念,树立以效益为中心的指导思想,扎实推进各项工作的开展,对业务的承保质量进行强化管理,进一步调整内部的治理结构,推进精细化管理,切实增强领导决策的执行力和员工队伍建设。全年实现保费收入887.34万元,处理案件3 000多件,支付各类赔款409.88万多元。

(谢国平)

【内控管理】 2010年,中华财险克拉玛依分公司加大险种结构的调整,加强"两核"管理,坚决落实核保政策,实现承保、理赔、财务的分公司集中管理,开展全系统理赔质量年活动,理赔服务能力得到很大提升,从源头上进一步杜绝和防范风险。不断加强对于各项费用支出的管控,从细节着眼,从小事入手,领导带头,层层落实,全年综合费用比上年同期下降12%。各项经营数据有较大的改观,盈利能力得到加强。 (谢国平)

【客户服务】 2010年,中华财险克拉玛依分公司认真执行总公司开展的理赔质量年活动,秉承团结、负责、勤奋、进取的企业精神,进一步加强和完善客户服务质量和规范,进一步优化理赔流程,为客户提供更为快速、便捷的服务。同时进一步完善全国统一服务电话95585专线职能,设立全方位的服务回访制度,专人负责客户投诉意见,提高服务人员的专业化水平,为客户提供更为全面、周到的服务。 (谢国平)

中国平安财产保险股份有限公司克拉玛依中心支公司

【领导名单】

总经理:陈新武

【基本情况】 2010年,中国平安财产保险股份有限公司克拉玛依中心支公司设有总经理室、客户服务部、综合管理部、业务管理部4个职能部门;下辖克拉玛依本部、白碱滩营销服务部、独山子区营销服务部(计划单列)、准东营销服务部(计划单列)4个营销服务部,在册员工29人。主要经营业务范围涵盖车险、财产损失险、责任保险及信用保证保险等一切法定产险业务及国际再保险业务,开办的主要险种有:企业财产损失保险,家庭财产损失保险,建筑工程保险,安装工程保险,货物运输保险,机动车辆保险,保证保险,信用保险(出口信用险除外),短期健康保险,意外伤害保险,以及上级公司在中国保监局批准范围内授权的其他财产险保险业务。支公司开发推出个人抵押贷款房屋保险、个人分期付款购车保证保险、律师责任保险、会计师责任保险、医师责任保险、董事及高级职员责任险等符合市场需求的新险种,至年底,经营险种150多个。 (张春梅)

【经营情况】 2010年,平安财险克拉玛依中心支公司在克拉玛依首家推出电话车险业务。完成保费2 204.5万元,完成计划任务的116.03%,理赔服务承诺平安车险,万元以下,资料齐全,一天赔付,除开通全国统一客户服务电话"95512"外,还开通快速理赔报案电话13709905512。全年处理各类已决案件2 735件,已决赔款5 144.72万元。

(张春梅)

【业务发展】 2010年,平安财险克拉玛依中心支公司采取有力措施强化业务发展。一是采取直销渠道行动举措。定期培训提高营销技巧和展业话术,以团队为单位,团队长陪同组员挑选几个地点进行拜访;以团队为单位2人1组摸底式走访当地中小改制企业,提高团体客户的投保比率。二是综拓渠道行动举措。定期邀请产险优秀业务员到寿险做经验分享,激发寿险业务员的积极性;加强产品卖点和优势的培训,财产险主推家财宝,意健险主推寿险的短版;加大财险在寿险的业务宣传力度,提升专业技能水平。三是重客渠道行动举措。挑选精兵强将成立重客攻关小组,全面部署攻克策略和方向;仔细罗列重客名单,责任到人。四是车行渠道行动举措。根据以往合作关系,用送修理赔车的方式主推2~3个车行与公司独家合作;指定和更换专业性强和业务技能高的业务员专门负责车行业务;团队长对车行进行陪同展业，负责建立车行业务客户的联系档案。争取提高车行客户的续保率。五是新渠道行动举措；加大宣传力度，指定专人负责新渠道业务。（张春梅）

【险种划分举措】 2010年，平安财险克拉玛依中心支公司主要采取的举措有：一是新车在公司核保政策一律0.855折的情况下，提升综合服务水平。二是提升续保率，对个体车优质客户，加大跟踪和回访力度，加强与客户的沟通联系，提升售后服务质量，制定行之有效的奖惩措施。三是加大电销业务的宣传力度，提高市场占有率。四是加强险种的培训，全面熟练掌握主推和基本险种。五是在日常的激励方案中，把财产险达标作为首要的指标考核，给业务员灌输和培养做财产险的工作习惯。六是充分发挥意健险推动专员的职能作用，把分公司的有关意健险的业务信息，业务政策及时宣达和推行。（张春梅）

【反洗钱宣传】 2010年，平安财险克拉玛依中心支公司开展形式多样的反洗钱宣传活动。在客服大厅门口醒目位置悬挂内容为营造良好的金融法制环境确保金融经济健康发展的横幅；制作以营造良好的金融法制环境、确保金融经济健康发展为主要内容的展板；制作内容多样的展架，放置在客服大厅的醒目位置；抽调专人在各机构客服门店客户等待区向客户放宣传册，讲解有关反洗钱的知识。12月6日，开展重点可疑交易案例解析研讨会，内容为：重点可疑交易典型案例解析，向各机构直接负责反洗钱具体工作的人员宣讲法律法规，明确各岗位的反洗钱职责。（张春梅）

【安全管理】 2010年，平安财险克拉玛依中心支公司按照上级部门的有关规定，进一步强化安全管理措施，全面落实安全责任制，实行安全管理一票否决制。公司领导支部的负责人签订安全责任书，层层落实安全责任。将安全工作分解落实各个业务办公室，规范各办公室的安全生产监督检查机制。公司制定安全管理实施方案，成立由5人组成的安全领导工作小组，按照市区两级安全生产监督管理部门的要求，依据机构实际业务工作开展情况，及时向有关部门报送安全生产工作信息及各类专项工作总结。除在每周一的工作例会上强调安全工作，适时宣传安全生产法律法规和安全知识，落实隐患治理等各项措施。全年没有发生事故迟报、漏报和隐瞒不报的现象。（张春梅）

中国平安人寿保险股份有限公司克拉玛依中心支公司

【领导名单】

总经理：潘军（11月离任）、蔡卫强（11月任职）

【基本情况】 2010年，中国平安人寿保险股份有限公司克拉玛依中心支公司设有总经理室、客户服务部、营销部、行政部、财务部、保费部6个职能部门，下辖克拉玛依本部、白碱滩营销服务部，在册员工14人，开办的主要险种有财富人生保险、万能保险、智盈人生保险等各种适应各类人群的险种。（阮吉峰）

【经营情况】 2010年，中国平安人寿保险股份有限公司克拉玛依中心支公司在克拉玛依地区开通“95511”业务，完成保费3 223万元，完成计划任务的100%。除开通全国统一客户服务电话“95511”外，还开通快速理赔报案电话6233103。全年处理各类已决案件358件，已决赔款345万元。（阮吉峰）

·小资料·

《中华人民共和国保险法》中关于保险合同事项的规定

一、保险人的名称和住所；

二、投保人、被保险人的姓名或者名称、住所，以及人身保险的受益人的姓名或者名称、住所；

三、保险标的；

四、保险责任和责任免除；

五、保险期间和保险责任开始时间；

六、保险金额；

七、保险费以及支付办法；

八、保险金赔偿或者给付办法；

九、违约责任和争议处理；

十、订立合同的年、月、日。

城市建设与管理

城市规划

【市城市规划管理局领导名单】

党组书记、局长:康建军(10月离任)、陈路(11月任职)

副局长:涂玉桂、霍懋敏

【基本情况】 2010年,克拉玛依市城市规划管理局内设办公室、总工程师办公室、规划管理科、建设用地及工程管理科、计划管理科、政策法规及监督检查科6个职能科室,下设1个派出机构(克拉玛依市城市规划管理局独山子区分局)、1个事业单位(规划编制研究中心)。行政编制27人,事业编制15人。全局有职工30人。主要负责克拉玛依市的城市总体规划、重大建设项目前期论证、城市规划与管理、建设用地与工程管理、国家政策法规的执行与监督检查等工作,依法行使城市建设与管理职权。

(纪 杰 朱 玮)

【远景规划编制】 2010年初,克拉玛依市委、市政府提出打造世界石油城的远景发展目标,为克拉玛依市未来的发展定下基调。市城市规划管理局着手编制克拉玛依区、白碱滩区远景发展规划。一是开展多项专题研究,涵盖多项成果,提出符合城市发展目标的空间布局规划和有序推进的计划,以及谋划建设东部商务新城与世界石油城的空间发展战略意义。二是围绕产业发展,明确各功能分区与定位。落实应急水库、城市生态走廊、新居住用地、商务区、落实商业金融中心、职业教育培训基地、物流仓储基地等项目位置。进一步明晰老城区、城南新区、西部新城、东部商务新区、九公里生态城以及白碱滩城区和石化工业园区7个功能分区的定位和空间布局。对中心城老区重点街道准噶尔路、昆仑路两侧的用地发展和建筑形态做好前瞻性地规划控制。三是城市的空间形态基本确定。克拉玛依市的发展蓝图由战略框架进一步深化到三维设计的深度。5月,克拉玛依区白碱滩区远景战略规划总图向全市范围公布,并广泛征求意见。

(纪 杰 朱 玮)

【城市整体设计】 2010年5月,克拉玛依市城市规划管理局开展克——白中部城区城市总体城市设计。为选择高水平的设计方案,更好地落实克拉玛依打造世界石油城的宏伟目标,邀请美国NBBJ、上海五合新力、上海思纳3家规划设计单位参与方案征集工作。为体现科学决策,克拉玛依市政府成立专项工作组研究讨论克—白中部城区城市空间发展战略及城市整体设计方案。经工作组讨论研究,最终选定由美国NBBJ建筑设计公司承担整体城市设计的深化调整工作。11月,美国NBBJ公司提交《克—白中部城区整体城市设计》,规划明确克拉玛依城市整体定位,城市空间框架以及老区、南部新区、西部新城、东部商务新城、生态农业城等7个分区的定位、产业、功能布局和城市空间形象和准噶尔路、昆仑路、经四路、迎宾路城市道路景观设计,并研究市级综合医院和大学城2个项目的选址和建设规模。经专项工作会议讨论,得到克拉玛依市专项工作组的认可。12月,NBBJ公司接受委托,开展大学城、城南综合商务区及克拉玛依市级综合建设详细规划工作。

(纪 杰 朱 玮)

【"十二五"规划编制】 2010年,克拉玛依市城市规划管理局组织编制完成"十二五"基础设施专项规划。为指导克拉玛依市4个区的"十二五"期间的建设工作,市城市规划局牵头组织编制各区的近期建设规划和"十二五"基础设施专项规划,其中"十二五"基础设施规划配合新疆基础建设投资申报工作已上报自治区审查通过。

(纪 杰 朱 玮)

【专项规划编制】 2010年,克拉玛依市城市规划管理局做好专项规划编制,取得预期成果。一是组织乌尔禾区与独山子区开展战略规划和总规修编工作。年初,市规划局协同区政府同步开展乌尔禾城区总体规划修编和独山子城区战略发展规划的工作,在远景规划的层面制定城市空间发展规划,独山子区已完成中期规划,乌尔禾区已确定方案。二是开展完善城市功能专项规划编制。市规划局结合城市总体规划开展多项专项规划的编制调研,在响应打造世界石油城,发展三大新兴产业的规划目标下,与相关局委办及各区政府协作开展克拉玛依旅游业发展总体规划、物流专项规划、商业网点规划、克拉玛依区、乌尔禾区及独山子区旅游发展专项规划的编制,为金融、信息、旅游产业的发展空间提前筹划布局。三是制定详细规划编制。在关注城市远景空间发展的同时,规划部门将老城区的改造建设作为重点,组织编制覆盖23平方千米范围的克拉玛依老城区整体控制性详细规划,将老城区规划目标定性为:合理划分街坊分区,提出相应规划建设控制要求,完善公共服务功能、改善居住、交通环境,增设停车场、美化街景、塑造城市风貌。在此目标下,开展老区工业用地置换、公共服务设施、商业网点、停车位、绿地、可发展居住用地6项专题调查,重点解决停车场建设不足、公共配套、公园绿地分布不均等问题。协助独山子区、白碱滩区和乌尔禾区开展以改造老区环境,完善公共服务为主的整体控规编制工作。四是编制住房规划。市规划局编制出市属4个区约550公顷范围面积并以经济适用住房为主的控制性详细规划,保障克拉玛依市

4个区住房规划建设顺利开展。同时，针对老区和新区不同建设特点，进行宜居住宅专题研究，用于指导小区规划建设。五是实施城市三维辅助决策系统建设。市规划局开展城市设计三维数字模型和城市规划三维辅助决策系统的建立工作。通过招标确定北京伟景行公司为软件供应商和人员培训方。至年底，正在进行资料收集。（纪　杰　朱　玮）

【规划评审】 2010年，克拉玛依市城市规划管理局组织各类规划审查工作。按照规划逐级审查制度，组织10多次专家审查会议和市规划委员会分组会议。一是原则通过由卫生局组织编制的《克拉玛依市卫生事业发展规划（2010～2015年）》、市规划局组织编制的《克拉玛依火车站站前区域控制性详细规划及站前广场修建性详细规划》、民政局组织编制的《克拉玛依市地名总体规划（2008～2020年）》、建设局组织编制的《克拉玛依污水处理和利用总体规划（2008～2020）》、白碱滩区政府组织编制的《白碱滩区东部综合交易市场控制性详细规划》、《白碱滩熟食品加工基地片区控制性详细规划》。二是组织专家评审会，对前进小区、国光小区、风华西、二手车交易市场改造4项居住区控制性详细规划，城市花园、永安小区、西月潭C区、天阳4项居住区修建性详细规划以及城区绿化管网专项规划进行审查。三是对经过规划委员会审查通过并修改完毕的规划成果：《克拉玛依黑油山公园老年社区规划方案》、《白碱滩熟食品加工基地片区控制性详细规划》、《白碱滩区东部综合交易市场控制性详细规划》、《克拉玛依市人防工程建设规划（2008～2020）》，向市政府申请批复，并获批准。四是按照规划委员会工作职责，开展对各类规划计划审查批准工作。对市交通局组织编制的《克拉玛依市道路交通运输站（场）规划》、市旅游局开展的黑油山、克1号井等5个景区修建规划提出具体编制要求，明确规划编制费用。

（纪　杰　朱　玮）

【专项治理】 2010年，克拉玛依市城市规划管理局开展城市规划管理综合执法专项治理工作。一是按照城市管理长效机制工作方案，在全市范围内开展在建工程项目执行《城乡规划法》情况专项检查。对克拉玛依市区、居住区乱搭乱建现象进行专项治理，对违法违规项目按照情节轻重进行行政处罚。全年拆除违法乱搭乱建建筑物600多处、55 000多平方米；检查在建工程项目68项，发现违法违规项目18项，立案查处项目9项。在居住区容积率专项检查中，未发现违规现象。二是开展工程建设领域突出问题专项治理工作，全面清理检查规划审批及许可事项，对违法情况较为严重的建设单位下发整改书，要求其他各建设单位要引以为戒，认真吸取教训。三是加大对《城乡规划法》的学习宣传力度，提高工作人员素质，确保依法办事，全力维护城乡规划法的权威性。（纪　杰　朱　玮）

【规划管理】 2010年，克拉玛依市城市规划管理局完成建设项目初步选址200多项，申报国债项目选址39项，核发建设用地规划许可证76项，核发建设工程规划许可证150项，核发乡村建设规划许可证1项，核发临时建设规划许可证12项。一是保障规划实施。对住房、市政公用设施、石油石化工业项目、国债资金项目在强制指标达标的情况下，优先办理审批，提高审批效率，加快项目落地。二是保证建设项目的各项功能。严格控制各项规划指标。在建设项目日常审批工作中，严格控制各项规划建设指标，以保证各项建设的功能合理性。三是严控绿化指标。按照国家园林城市的要求，依据《城市绿线管理办法》、《新疆维吾尔自治区实施城市绿线管理规定》，严格按照规定标准配套建设绿地。四是严控停车位指标。下半年，组织完成老城区停车位专项调查工作。结合城区机动车增长，预测2010～2015年停车位需求量，提出停车位建设的基本原则和近期采取的解决方案。计划老区以挖潜闲置土地为主，利用空地、改造原油田公司锅炉房、限时征用企事业单位停车场，部分城市道路路边限时停车等措施，可满足现状60%的停车需求。对新区的建设，要求户数与停车位全部达到1:1，停车率100%。（纪　杰　朱　玮）

【张永坤在克拉玛依市调研】 2010年5月18日，自治区住房和城乡建设厅纪检组组长张永坤一行3人到克拉玛依市，对克拉玛依市城市规划管理局《廉政风险和监管风险管理实施意见（试行）》的制定情况进行调研。在调研会上，市规划局局长康建军向纪检小组汇报规划编制工作以及学习、宣传《自治区实施〈城乡规划法〉办发》情况。汇报《克拉玛依市城乡规划管理规定》制定工作、容积率问题专项治理工作和党风廉政建设和精神文明建设等5个方面的情况，重点介绍市规划局《廉政风险和监管风险管理实施意见（试行）》的制定情况。张永坤对克拉玛依市规划局《廉政风险和监管风险管理实施意见（试行）》中，提出建立健全廉政预警和防范机制，强化对权力运行的监督和制约，从源头上遏制腐败的方法表示肯定，并鼓励市规划局积极探索、向内地先进城市和地区借鉴成熟经验，建立健全规划系统惩治和预防腐败长效机制，提高干部拒腐防变能力，最大限度地遏制和减少腐败现象发生。（纪　杰　朱　玮）

【"十二五"规划评审会】 2010年11月12日，克拉玛依市召开克拉玛依市农业发展"十二五"规划专家评审会。会议由副市长阿不都热合曼·克里木主持。市发改委、规划局、农业开发区管委会、农牧局等相关部门领导及新疆油田工程咨询中心、绿城公司等相关部门领导参加会议。会议围绕《规划》的发展目标、战略定位、主要任务、区域布局、重点产业等方面进行深入论证，并原则通过这一规划。会议认为，这一规划，综合考虑克拉玛依市农业发展的现状，明确"十二五"期间克拉玛依市农业发展的指导思想和发展目标，提出建设形成四大产业、七大生产基地、五大重点工程的发展重点及主要任务，阐述"十二五"期间农业发展的保障措施。会议结束时，阿不都热合曼·克里木就下步工作提出四点要求。强调要进一步完善规划，使规划更加具有前瞻性、全局性、针对性和可操作性，与经济社会发展规划相衔接，引领和推动未来5年克拉玛依市农业农村经济发展。农业部门要着重加快农业发展方式转变，增加农牧民收入，提升农业企业和农业产品的竞争力以及推进农民转市民工程，全力促进克拉玛依市农业经济协调、快速发展，农民生活水平持续稳定提高。要加快推行农牧民市民化工程，制定城乡一体化实施意见，建立推进城乡一体化的长效机制，逐步实现城乡二元结构向一元结构转变，到2015年基本实现城乡

一体化发展格局，使全市农牧民基本享受城市市民医疗、养老、住房等社会保障同等待遇。（朱玮文博）

城市建设

【市建设局领导名单】
局长：刘波涛
纪检组长：杨文智（10月任职）
副局长：曾焕斌、周利军

【基本情况】 2010年，克拉玛依市建设局内设10个职能科室：办公室、纪检监察室、财务科、计划科、勘察设计科、项目管理办公室、建筑管理科、城镇建设科、人事教育科、招标投标管理办公室。下属市政公用行业办公室、市建设工程质量监督站、市建设工程安全监督站、市建筑材料测试中心、市建筑企业劳保费用统筹管理站、市城建技术档案馆、市工程造价标准定额管理站、克拉玛依建设工程交易中心、克拉玛依建设职工教育培训中心、市污水处理厂、市政工程管理处、离退休职工管理站、车队、克拉玛依石化工业园污水处理厂14个科级事业单位和市园林绿化管理局1个副处级挂靠事业单位，有干部职工306人。主要职责是贯彻执行国家及自治区有关城乡建设事业的方针、政策和法律、法规。研究制定全市建设事业政策、规定和改革方案，对全市建设事业进行行业管理。负责全市建筑市场、勘察设计市场、绿化、建设工程质量和安全、市政公用设施行业、建设行业教育培训和建筑节能管理等工作。（原兴胜）

【建设规划】 2010年，克拉玛依市建设局依据城市总体规划，做好道路系统、绿化管网等11项各类专项规划编制工作。至年底，绿化管网规划已经市政府批准；污水处理与利用规划、供热、供电、天然气、地下管网等规划结合克白远景规划正在进行调整；通讯专项规划正在编制规划方案；市政基础设施"十二五"建设规划已完成初稿。（原兴胜）

【工程建设】 2010年，克拉玛依市建设局有8项工程，安排资金2.59亿元。包括第二污水处理厂建设（跨年项目）、胜利路后续工程、银河路西延、桥梁加固工程、市区公交车站台改造工程、DN600绿化水管线改线工程、油田公司井下型砂车间迁建工程临时供热工程、拆迁工程（西部钻探测井四分公司及综合车间迁建工程、天池路拆迁）。至年底，除友谊桥桥梁加固工程桥面铺装及防水工作待2011年春季施工外，其他项目均已完工或完成年度投资计划。（原兴胜）

【项目前期工作】 2010年，克拉玛依市建设局认真做好项目前期工作，由建设局负责的第二污水处理厂污水处理收集系统、南郊污水处理厂再生水利用工程、油建路贯通、东环路防护林体系工程等15项工程的项目前期工作按计划进行。至年底，克拉玛依市市政基础设施（含农村）2011年的155项项目储备工作进展顺利。（原兴胜）

【民生工程建设】

城乡抗震安居工程 6年来，克拉玛依市累计完成农村抗震安居住房674户，已全部入住；427户应拆除旧房已全部拆除；230户改作他用房屋已全部挂牌。2010年，主要做好抗震安居工程的进一步加固和检查验收。至年底，克拉玛依市在新疆率先基本完成农村抗震安居工作。

城乡抗震加固工程 2009～2010年，克拉玛依市共计完成抗震加固工程195项，面积54.17万平方米。至年底，克拉玛依市教育系统抗震加固工程全部完成；卫生系统抗震加固工程已完成总量的86%。

无障碍城市创建 3年来，克拉玛依市完成无障碍改造项目1 204个。12月，国家住房和城乡建设部检查验收克拉玛依市无障碍城市创建工作，认为克拉玛依市符合无障碍建设城市标准和要求。

供热计量改革试点 2010年，克拉玛依市完成供热计量装置安装的民用建筑面积214.59万平方米，其中试点区域既有建筑（含公建民用）总改造面积113.74万平方米。

建筑节能改造 3年来，克拉玛依市已完成既有居住建筑节能改造100.43万平方米，超额完成自治区下达给克拉玛依市80万平方米的任务。

天然气入户工程 2010年施工的17个小区正在进行户内安装、试压工作。克拉玛依市中心城区燃气管道安全改造工程和燃气管道新建工程已全部完成。

地下管网管理 2010年，完成西月潭小区等区域310千米管线的探测工作。完成全市5 854幅地形图及独山子区、白碱滩区2个区656幅地形图的整理、分袋、编目工作。（原兴胜）

【市政设施建设】 2010年，克拉玛依市建设局加强对市政设施的日常巡查管理，实现道路完好率85%、亮灯率98%、垃圾无害化处理率100%、防洪堤坝坡完好率100%的工作目标，为市民创造良好的生产生活环境。全年办理建筑工程施工许可证186件，道路占用挖掘许可证114件，发放接排水申请表10份。石化工业园污水处理厂加大安全隐患整改力度，编制完成各项规章制度，进入调试运行阶段。市污水处理厂全年处理污水2 687.34万立方米，污泥4 620吨，清理窨井8 000多口，污水处理率91%、水质达标率98%、排水设施（管道）完好率98%、窨井盖完好率100%。强化对城市供水、供热、燃气等市政公用行业的监督管理，《克拉玛依市供用热管理办法》和《克拉玛依市燃气管理办法》已印发实施。抓好创新市政事务管理，建立与油田公司矿区服务部和生产运行处的紧密联系沟通机制，为市民提供优质、安全、可靠的公共服务产品。路灯节能自动化控制课题研究取得初步成果，在幸福路安装城市LED路灯数字化监控管理系统，实现对单盏路灯的控制，达到节能减排的目的。（原兴胜）

【园林绿化】 2010年，克拉玛依市建设局结合克拉玛依市政府对绿化工作的新要求，调整城区绿地系统规划，并督促各区加快编制和实施本区的绿地系统规划，进一步改善城市绿化面貌。开展银河公园、第二防护林带状公园改造等7项绿化项目的前期工作。抓好城市绿化树苗培育工作，与油田公司碳汇林基地、克拉玛依区园林局、自治区农垦科学院等10家可供苗木单位取得联系和沟通，落实168公顷苗圃基地建设项目，达成克拉玛依市绿地用苗意向。全年植树（包括乔、灌木）148.91万株，栽植花卉

177.7万株，全市绿地面积2 222.15公顷，新增绿地20.13公顷；建成区绿地率38.86%，绿化覆盖率42.9%，人均公共绿地面积11.81平方米/人；严格依法、依规办理移树、占用绿地等行政许可事项99项；审核102项建设工程绿化配套指标。（原兴胜）

【建筑业管理】 2010年，克拉玛依市建设局开展建筑市场综合整治专项检查工作。加强对招标公告发布、招标文件备案、投标单位资格审查、开标、评标、中标单位确定以及中标通知书发放等各环节的监管，不断规范招投标各方主体行为，最大限度降低招投标过程中违法违规行为的发生。有形市场全年交易工程项目有154项，交易金额17.45亿元。以施工图设计文件审查为切入点，狠抓建筑节能、抗震设防和无障碍设施等勘察设计强制性标准的贯彻落实，有效提高勘察设计文件的质量，全市勘察设计单位备案率100%。认真做好建筑材料检测工作，完成各类建筑材料检测9 674组。进一步规范工程造价市场秩序，及时完成全市建筑工程材料价格信息测算发布工作。抓好建筑行业劳保统筹管理工作，全年收取劳保费6 500万元，超额完成全年3 000万元的工作任务。坚持扶优扶强，加快市建筑业企业发展。主动帮助有实力、守信誉的企业提升资质。建立企业人力资源信息库，完善人才培养机制，组织项目经理到外地学习，专门为企业培训各类专业技术人员和管理人员893人，建设岗位继续教育培训1 170人，对8 000多人次的进城务工人员进行职业技能岗位培训。同时，通过各地州建设窗口平台，为企业扩大市场提供支持。（原兴胜）

【工程质量管理】 2010年，克拉玛依市建设局坚持开展建设工程质量巡查，重点检查施工企业实施工程项目质量监控、项目监理机构履行质量责任行为等情况，进一步提升了质量监督效果。开展质量通病专项治理，实施监理月报制，严格落实住宅分户验收制度，确保工程建设项目工程质量和全过程处于受控状态。全年监督工程项目530项（不包括独山子区），建筑面积257.34万平方米，下发工程质量整改通知书56份，停工整改通知书11份。（原兴胜）

【工程安全管理】 2010年，克拉玛依市建设局严格落实《克拉玛依市建设工程安全生产预警提示制度（暂行）》、《克拉玛依市建设工程重大危险源管理办法》等一系列安全管理制度，深入开展建筑安全专项整治，扎实做好安全生产“三项行动”和“安全教育月”各项活动，持续开展以防范施工坍塌、支模架坍塌、塔吊倒塌、高空坠落、触电、物体打击等为重点的安全专项整治。开展建筑起重机械设备（起重吊装）专项检查，加强对建筑起重机械设备的安全监管，加大对特种作业人员持证上岗情况的监督管理。强化夏、冬季和大风、暴雨等特殊时段及重要节假日期间的安全生产监管，开展专项安全防范检查，发布安全生产预警短信8次，共计2 087条。全年对全市728项（含独山子区）工程项目进行安全监督，建筑面积335万平方米，下发整改通知单123份，停工通知单40份。（原兴胜）

【绩效考核】 2010年，克拉玛依市建设局制定《市建设局绩效考核实施细则》，对全局24个科室、单位，111个管理和专业技术岗位，分别制定各自的岗位量化评分标准，并将绩效考核分为半年和年度考核，以督促和检查工作目标的完成情况。极大地提高了工作人员的工作效率。（原兴胜）

【学习型单位创建】 2010年，克拉玛依市建设局认真开展学习型单位创建工作，全局各单位（科室）制定年度学习计划，每周组织1次集中学习，职工个人每周自学时间不少于2小时，职工每人每月完成1篇心得体会，每个单位1个季度进行1次考核，年终组织全体干部进行1次闭卷考试。市建设局每月将选出的优秀心得体会汇编成册，便于大家交流。全年编辑《优秀心得汇编》12期。同时，举办第四届职工职业技能竞赛。在广大干部职工中形成自觉、主动、积极的学习氛围。（原兴胜）

【廉政建设】 2010年，克拉玛依市建设局全面落实《惩防体系建设2008～2012年工作实施方案》中明确的年度工作任务，加强宣传教育、制度建设、作风建设及惩防体系建设工作，开展工程建设领域突出问题专项治理工作。组织全局39名副科级以上领导干部签订廉洁从政承诺书，并在网上予以公开，主动接受社会监督。建设局注重具体工程项目建设中的反腐工作，与克拉玛依市检察院坚持开展重点建设工程廉政共建活动，与参与第二污水处理厂建设的施工、监理等企业签订廉政责任书。党员干部受监督率100%。全年未发生任何违法违纪行为。（原兴胜）

【主要荣誉】 2010年，克拉玛依市工程造价标准定额管理站被评为新疆工程造价管理工作先进单位，该站崔燕、侯国栋被评为新疆工程造价管理先进工作者。克拉玛依市城建档案馆被评为自治区城建档案工作先进集体，该档案馆馆长蒙丽霞被评为自治区城建档案工作优秀馆长，马依拉·卡那哈提被评为自治区城建档案工作先进工作者。克拉玛依市污水处理厂南郊污水处理泵站被评为克拉玛依市巾帼文明岗。（原兴胜）

城建投资

【市城市建设投资发展有限责任公司领导名单】

董事长、总经理：张平

副总经理：蒋德平、许新平、郎文勇（7月任职）

【基本情况】 2010年，克拉玛依市城市建设投资发展有限责任公司内设4个部门：行政部、计划财务资产部、审计监察部、质量安全环保部。下属2个分公司：城市建设投资发展有限责任公司房地产分公司、城市建设投资发展有限责任公司土地整理开发分公司。下属5个全资子公司：城投工程建设项目管理有限责任公司、石化工业园开发有限责任公司、城投碎石开采有限责任公司、城投物业服务有限公司、城投资产经营有限责任公司。公司投资控股、参股5个公司：城投鹏基物业服务有限公司、城投文化传媒有限责任公司、魔鬼城旅游开发有限责任公司、鑫盛小额贷款股份有限公司、新疆鑫盛资产经营有限责任公司。公司参股1个单位：克拉玛依市昆仑银行。（赵子仪）

【工程建设与管理】 2010年，克拉玛依市城建投资公司确定以城市规划为先导,完善城市功能体系,提供公共产品和服务,实现城市整体增值的发展战略,运用多种投资方式,多渠道筹措资金,开展与城市建设相关的经营活动。对城市建设项目投融资进行管理,通过多元化发展,已搭建起集团化管理、板块化运作的经营构架,围绕公司、分公司、全资子公司、控股、参股公司衍生的工程建设、置业、文化旅游、金融4大板块全面开展工作。发挥投融资、土地储备及整理、城市建设、城市经营4项职能,将城市资源与公司经营有机结合,不断完善城市综合功能,努力提升城市品位。一是工程质量和安全生产管理水平稳步提高。在工程实施过程中严格执行按照基本建设程序,加大力度建精品工程,在质量管理、进度管理、效益管理、安全管理中突出精细化运作特征。编制《项目管理体系模块》和《项目管理实施规划》,确保工程项目实施方案的有序落实,推进各项工程的稳步实施。二是狠抓工程板块管理。全年完成工程招标工作19项,组织签订各类经济合同168份。对工程项目管理公司和石化园开发公司进行资源整合,实现人、财、物的集中统一管理,承担图书馆、体育馆、石化园生产指挥中心、人民医院门诊(医技)楼、第二加油站迁建工程、石化工业园区基础设施等共计28项(市区工程15项,园区工程13项)工程的建设管理,完成道路工程有5项,道路长度共计3 284.83米房屋建筑工程9项,总建筑面积共计24.89万平方米。为16家入园企业提供"三通一平"工作。碎石开采公司完成政府赋予的平抑克拉玛依市碎石产品价格的任务,拉动碎石产品整体价格回落,降低市政工程建设成本。（赵子仪）

【安全生产管理】 2010年,克拉玛依市城建投资公司进一步强化安全生产监督管理,启动QHSE体系认证工作。一是加强安全体系建设管理,修改完善《市城投公司安全生产管理暂行制度》、《市城投公司交通安全管理暂行制度》,编制完成《环境保护管理暂行规定》、《质量事故管理规定》。二是进一步强化安全管理工作力度,加强安全生产隐患排查治理日常管理工作,深入开展强"三基"、反"三违"、除隐患、保安全活动,切实保证隐患彻底整改到位,从源头上杜绝事故隐患发生。三是启动QHSE体系认证工作。与北京船级社认证公司等多家认证单位联系,举办2次贯标前的体系编写辅导培训,基本解决体系编写过程中各单位存在的疑难问题,推进QHSE体系认证工作顺利进行。四是狠抓质量安全责任制度的建立和落实,QHSE体系的贯标活动正式进入实施阶段,逐步形成规范配套、简便易行、操作性强的制度和规程。五是坚持定期召开工程例会,对发现的问题及时通报、解决。对不符合施工规范要求的,立即限期整改,坚持文明施工,努力把施工影响降低到最低程度。安委会注重安全生产教育工作,明确安全生产工作目标,强化工作责任,层层签订安全生产责任状,形成从上到下较完善的安全生产管理体制。全年未发生安全生产责任事故,有力保障生产经营的稳定发展。（赵子仪）

【经营情况】

城建土地整理 2010年8月,克拉玛依市国土资源局与城市建设资金管理办公室合署办公,提出并建立克拉玛依市土地储备计划管理等一系列管理制度,制定完成《克拉玛依市土地储备管理办法》,《克拉玛依市土地储备操作手册》、《土地储备工作流程》等。根据城市总体规划,结合城市建设重点工作和规划建设时序,对城区规划重点用地实施土地储备;提出并丰富土地储备融资的新方法新模式,并报财政等有关部门进行研究。

房地产开发 公司工程建设板块由城投工程建设项目管理有限责任公司、石化工业园开发有限责任公司、城投碎石开采有限责任公司组成。克拉玛依市南新路休闲广场的开发建设,实现以绿养绿的新开发模式,全年完成项目建设工程量的85%,城投公司与经营户100%签订房屋租赁合同。完成西月谭经济适用住房施工前期工作。初步完成大桥西开发项目的规划设计方案、完成福利厂、皮鞋厂土地过户手续,与天宏化工厂达成拆迁补偿初步意见。完成穿城河北岸休闲旅游商业街、南湖公园商业街和西部新城等前期储备项目完成前期策划及论证。

资产经营 公司置业板块由城投公司土地整理开发分公司、城投公司房地产开发分公司、城投资产经营有限责任公司、城投物业服务有限公司、城投鹏基物业服务有限公司组成。新天地商业街出租率100%,提前完成全年房屋出租目标。理顺通讯管道出让程序,严格竣工验收,完成市区、石化园区、西南科技园11条道路通信管道的验收。

物业管理 公司完成首届信息化创新克拉玛依国际学术论坛及"三会"等多次大型重要会议的接待工作;完成克拉玛依市政府1 693场次会议,音响服务321次,特约服务38次;完成质量管理体系换版,规范、建立《合同评审制度》、《绩效考核办法》等一系列管理制度;组织完成后备人才选拔,建立内培师制度;完成洗衣店的正式运营;完善安全生产综合管理机制,成立安全管理部;组织形式多样的活动,展现员工风采。

文化经营 公司文化旅游板块由城投文化传媒有限责任公司、魔鬼城旅游开发有限责任公司组成。城投文化传媒公司全面改造户外站台广告,并对准噶尔路的拱形广告牌进行招商,恢复损坏的拱形架线路;拆除阻碍城市无障碍设施,恢复无障碍通道;同时已安装6块LED广告屏并交付使用,为城市形象对外推广起到积极的作用,提升城市品位;在狠抓有形资产的开发、使用的同时,进行无形资产权属调查;全年影城接待观众24.45万人次,丰富油城市民业余文化生活。魔鬼城旅游开发公司采取各种营销措施和手段吸引游客,针对新开发的区间车项目,进行大量的介绍和推广工作。景区接待游客18万人次。

金融管理 公司金融板块由鑫盛资产经营有限公司、鑫盛小额贷款股份有限公司组成。鑫盛资产经营有限公司业务规模趋势是稳中有升,尝试性开展"股权过户+典当借款"、"股权质押过户+存货监管"等业务操作模式并初见成效,进一步设计"投资+借款"的产品方向,在融资渠道方面与小额贷款公司建立新的信贷关系,开拓资金融资渠道和融资方式,有效对冲了外部环境竞争带来的冲击,增强企业核心竞争力。鑫盛小额贷款股份有限公司按照规范经营,诚信经营、贴心服务、稳健发展的工作方针,完善规章制度,严抓财务管理,对周边市场进行调研,业务量逐步增长趋稳。公司通过自筹融资与银行融资相结合的形式,发挥投融资平台作用,确保城市建设的顺利实施。（赵子仪）

【综合管理】

教育活动 2010年,克拉玛依市城建投资公司将各种主题教育活动与打造学习型组织、培养学习型员工、建设具有城投特色的企业文化"双学一建"活动相结合,分3个阶段、5个板块进行,先后开展"激发自我潜力·愿景征集活动"、我要做复合型人才活动、读书与学习心得计划活动、强化人才配置和培养活动、我为公司献计献策活动等12项活动,提升员工解决问题的能力、专业技术能力。

薪酬改革 公司重新制定薪酬方案,建立内部竞争机制。以岗位评价为依据,对岗不对人。坚持责任、风险和利益的一致,侧重于把利益向关键岗位和有贡献的员工倾斜,实现奖勤罚懒,按劳取酬的分配目标。加强对员工的工作态度、能力和业绩等因素的考核,年终以业绩为依据按比例进行奖惩。通过考核,实现人事、劳动、薪酬"三位一体"的滚动淘汰制,使薪酬补偿、激励、调节的3个功能得到全面体现。

财务管理 公司财务管理围绕经营框架开展,加强资金安全管理力度,分析投资项目,确保投资有效性,并拟定完成《市城投公司"十二五"规划(草案)》,确定公司发展方向。审计监察部门加快由单纯审计向审计监察的职能转变,特制定监察制度,完善审计工作的操作流程及岗位职责,加大内部审计监察工作力度,定期审定所属公司财务经营管理情况,提出整改建议。建立完善财务内部审计报告档案,确保审计监察工作有章可循、有据可依,切实将工作落到实处。

(赵子仪)

【获得荣誉】 2010年,克拉玛依市城建投资公司石化园生产指挥中心工程被评为国家级AAA级安全文明标准化诚信工地称号及自治区级建筑安全文明施工现场;石化工业园区站前街道路及系统配套一期工程获自治区优质工程奖;城投文化传媒公司被评为克拉玛依市级平安单位、市直机关平安单位,获克拉玛依市市属企业及国有控股企业财务报表编报先进单位二等奖;被评为克拉玛依市财务会计决算一等奖及财务信息快报先进单位。在克拉玛依市档案局档案立卷督查工作中被评为优秀单位;公司篮球队在克拉玛依市第六届"健康杯"篮球比赛中晋级八强;城投鹏基物业公司在中国物业管理协会第三次会员代表大会上当选为理事单位、参加克拉玛依市第五届职工文艺汇演获三等奖;参加克拉玛依市水节文艺活动获三等奖。公司通过ISO9001:2008质量体系认证。

(赵子仪)

房产管理

【市房产管理局领导名单】

党组书记、局长:徐乃华(4月离任)、张宝源(4月任职)

副局长:唐卫东

【基本情况】 2010年,克拉玛依市房产管理局内设办公室、行业监督管理科、市场管理科、产权产籍管理科、计划财务科、政策法规监督管理科、市拆迁管理工作领导小组办公室7个科室和市房屋产权交易中心1个事业单位。核定编制39人(其中正式编制32人,临时编制7人)。至年底,有职工32人,临时工7人,共计39人。主要职责是贯彻执行国家、自治区颁布的房地产法律、法规及政策,对全市房产行政管理工作进行监督管理和业务指导;组织编制所辖区域内房地产业的中长期规划及住房建设的年度计划并组织实施;负责房产产权的确定、审查,进行产权登记、颁证,办理产权的转移和房屋变更登记手续;负责全市房屋拆迁管理与危险房屋鉴定工作;负责全市物业管理与行业监管工作等。

(何 丹)

【住房保障】 2010年,克拉玛依市房产管理局进一步加强对城市住房保障工作的组织领导,落实廉租住房保障政策,大力推进经济适用住房建设。一是确立2010年住房保障目标任务:即在2009年对符合规定住房困难条件、申请廉租住房及租赁补贴的城市低保家庭实现应保尽保的基础上,全年规划建设经济适用住房3 500套(含80套廉租住房),基本解决城市低收入住房困难家庭和其他住房困难家庭及无房户的住房问题。二是组织、指导各区开展廉租住房管理和租金补贴发放工作。全年开工建设廉租住房80套,落实廉租住房建设资金653万元,核准享受廉租住房补贴低保家庭388户,并按照克拉玛依市廉租住房租赁补贴每户每月480元的标准,发放廉租住房租金补贴205.97万元。三是制定完善《关于加强房地产市场管理进一步规范商品房预售管理工作的通知》等管理规定,组织编写《房地产法规法规政策文件选编》,并及时发放到全市150多家房地产企业,规范房地产企业诚信经营意识,进一步完善市住房保障及房地产市场监管制度。

(何 丹)

【房地产市场宏观调控】 2010年,克拉玛依市房产管理局认真落实国家、自治区宏观调控政策,强化住房保障工作。一是认真执行住房规划和年度计划,加大住房供应结构和土地供给管理调整力度。在市发改、规划、国土、建设、财政等有关部门支持、配合下,组织实施《克拉玛依市住房建设规划(2008~2012年)》和《克拉玛依市住房保障规划和年度计划(2008~2012年)》。为提高房地产开发建设特别是保障性住房建设工作透明度,按照自治区统一要求,于3月及时制定并向社会公布2010年经济适用住房(含廉租住房)建设计划,并报送自治区住房和城乡建设厅备案。二是狠抓保障性住房建设管理工作,进一步规范经济适用住房(含廉租住房)的建设和管理工作,选择有实力、声誉好的房地产开发企业参与经济适用住房(含廉租住房)建设项目招投标,加大经济适用住房(含廉租住房)建设项目安全质量监管力度,坚持经济适用住房预销售许可公示制度,组织中心城区经济适用住房公开预销售抽签活动,严格经济适用住房销售对象,保护中低收入住房困难群体的切身利益,确保经济适用住房建设管理任务的顺利完成。全年开工建设经济适用住房3 511套、建筑面积37.73万平方米,投资3.64亿元;其中配建廉租住房80套,建筑面积0.4万平方米。

(何 丹)

【房屋产权交易和权属登记管理】 2010年,克拉玛依市房产管理局进一步完善产权产籍与房产交易管理制度,开展房产交易与权属登记"一站式"、"一条龙"服务,进一步推动房产交易与权属登记管理的规范化、制度化建设。全年办理各类房屋权属登记8 220件,整理入库房地产档案11 260卷,查阅利用档案1 326卷;发放商品房预售许可证25件,预售面积42.68万平方米;办理各类房产交易手续7 500宗,交易金额19亿元,协助

地税部门征收契税及二手房营业税共计3 400万元。（何　丹）

【房屋拆迁与危房鉴定管理】　2010年，克拉玛依市房产管理局进一步健全房屋拆迁管理机构及制度，深入拆迁现场宣传解释、协调解决各类拆迁问题，保证建设项目顺利进行。按照国家、自治区有关危险房屋管理规定，开展房屋安全鉴定工作，办理房屋安全鉴定业务37宗，鉴定面积0.47万平方米。（何　丹）

【企业资质及行业管理】　2010年，克拉玛依市房产管理局引导和鼓励房地产企业参加行业创先评优活动，促进房地产行业健康发展。全年审批权限内企业资质23宗，组织9个项目申报自治区级、3个项目申报国家级物业管理示范住宅小区（大厦、工业区），其中申报国家级物业管理示范住宅小区的2个项目已通过专家评审，并报住房和城乡建设部审批。同时做好房地产行业信访投诉受理工作，全年受理房地产信访投诉案件51起，对每起信访投诉均能尽力进行协调解决，做到不激化矛盾，全力维护当事人的合法权益。（何　丹）

【房地产市场专项整治】　2010年，克拉玛依市房产管理局进一步净化房地产市场环境，完善整顿规范工作机制，加强与有关部门的联动和沟通。成立克拉玛依市房地产市场专项整治领导小组及工作机构，以房地产开发和交易环节为重点，组织有关部门重点对商品房预售市场进行专项整治，对群众反映强烈的11家房地产开发企业违规预售问题，依照有关规定进行查处，有关开发企业向500户购房户退还违规售房款，合计9 560万元，维护购房者的合法权益，打击商品房预售违规行为。（何　丹）

【行业文明建设】　2010年，克拉玛依市房产管理局开展政风、行风评议工作，建立完善岗位职责、工作流程等各项管理制度，加强机关党组织和党员队伍建设，促进局党风廉政建设和精神文明建设工作的有效、扎实开展。坚持为群众办实事、办好事，实现工作作风新转变，对市属直管住宅水、电、暖实施进行日常维修养护，为2 449户居民提供住宅水、电上门收费服务。（何　丹）

行政执法

【市城市管理行政执法局领导名单】
局长：赵卫东
副局长：叶列平、艾比布拉·尼牙孜

【基本情况】　截至2010年底，克拉玛依市行政执法局内设办公室、法制科、业务科业务科室，所属单位是行政执法支队（文化市场稽查支队、规划执法支队）。机关有12人，行政执法支队有10人。主要职责是负责国家、自治区和克拉玛依市有关城市管理法律、法规、规章和规范性文件的宣传与执行、组织全市范围内的有关城市管理执法大检查，提出行政执法建议，监督和考核各区局工作，办理适用听证程序的行政处罚案件。（汤　雷）

【依法行政】　2010年，克拉玛依市城市管理行政执法局加大行政执法管理力度，确保城市管理顺利进行。一是加强制度建设，进一步发挥监督检查、指导协调职能。建立全市网吧、娱乐场所《日常检查登记簿》、《从业人员名簿》318份。制定《关于进一步加强业务工作信息管理的通知》、《业务科绩效考核办法》、《业务科学习培训管理规定》、《业务科下基层检查工作管理规定》等业务工作相关制度。二是召开每季度业务工作例会，推广交流各区执法局的先进经验。与各区局签订安全生产、环境保护、食品安全、爱国卫生以及创建全国文明城市目标责任书、克拉玛依市构筑社会消防安全防火墙工程2010～2012年目标责任书，确保市政府的重点工作落实到位。加强调研指导，基层调研30次，协调工作关系、解决工作难题，进一步推动业务工作的开展。三是印发《市执法局社会治安重点地区排查整治工作方案》、《市城市管理行政执法局开展校园周边综合环境治理实施方案》、《市城市管理行政执法局2010年打黄扫非行动方案》、《创建全国文明城市2010年度实施方案》等15个专项治理文件，指导、协调市局支队、各区局开展专项治理68次。四是加强对各区的城市管理工作进行现场考核，及时对存在的问题进行督查督办。向4个区执法局、市行政执法支队下达工作任务通知118份，制发《督查通知书》31份，落实督查督办事项1 046起。五是配合各级牵头部门做好执法工作。配合牵头部门联合执法80次；向各牵头部门传递工作信息296次。主动做好与相关部门之间的衔接配合工作，建立相关制度8项，基础台账30项；召开衔接工作会议16次；年度传递、接收信息178份，制发工作联系函20份；传递园林绿化、市容环卫行政处罚决定书49份，文化市场行政执法处罚决定书18份。与市规划局联合印发《治理城乡规划区内违规搭建行为工作衔接制度》，办理市规划局建设工程违法处理意见的工作函4起，落实违法违规乱搭建行为的整治。（汤　雷）

【创新考核机制】　2010年，克拉玛依市城市管理办公室进一步探索考核考评方法，创新考核手段。成立城市长效管理综合考评领导小组。考评领导小组下设现场检查组，配备车辆、摄像、照相器材等必要设备，采取日常检查和重点检查相结合，专项检查和跟踪督办相结合的方式，现场检查考核各区政府、市政府各牵头部门每月的工作完成情况，并对市委、市领导督办的事项进行督查、考核。现场检查考核组根据年初确定的考核原则、考核目标、考核内容，按照现场检查—督查督办—现场复查—考核点评等模式定期进行检查考核。现场考核时做到问题的发现与图像的采集同步，使考核工作做到查证有实据、扣分有根据。严格考核纪律、考核标准，对单位督查交办问题，做到及时交办、铁面督办，杜绝人情分、面子分，不搞平衡。每月召开点评会议，通报考核结果，并将检查考核结果在市政府网站公布，确保考核工作公开、公正、公平。全年组织召开点评会5次，现场检查考核、督查督办45次，下发《督查（办）通知书》61份，发现问题353起（市容类191起，餐饮卫生85起，规划类29起，文化类23起，工商类23起，语言文字类2起）。办结277起，未办结76起，办结率78.47%。督办市委、市政府领导批示15起，下发《督查（办）通知书》15份，回复率100%，办结率100%。（汤　雷）

【“六乱”治理】　2010年，克拉玛依市城市管理行政执法局组织克拉玛依区局开展4次市容专项整治。对乱堆放、乱吊挂等行为进行立案查处。全年立案60起,罚款26 560元;独山子区局成立专项治理领导小组,开展每天1次联合检查,每周1次由主管区领导带队大检查。全年下发《督查通报》22期,《周工作简报》6期,制定《独山子区市容市貌长效管理考核办法》,整改全区956处影响市容市貌的行为;白碱滩区局查处各类违法行为600多起,说服教育各类违章人员1 000多人次,取缔占道、店外经营700多起,清理城乡结合部卫生10处,面积5 000多平方米;乌尔禾区重点治理龙脊路以西、客运站以南门前乱堆放杂物现象。克拉玛依市、区两级执法局与农七师137团场城建监察大队联合执法,清理34户的占道经营、影响市容行为,签订"门前三包"责任书92户,使乌尔禾区市容环境明显改善。全年市、区两级执法局责令改正3 256处"六乱"行为,立案363起,罚款55 230元。 (汤 雷)

【专项治理】 2010年,克拉玛依市城市管理行政执法局加大专项治理力度,努力净化社会环境。一是加强户外广告、牌匾管理。市执法支队、克拉玛依区局在迎接中石油干部会议的工作中,更新大型广告51处,公益广告公交站牌1 358面,道路标识44处。拆除设置不规范的广告牌匾1 061平方米。独山子区局更新整陈旧广告牌匾581块,公交站台宣传版面189面,投资3 400元修缮公共广告张贴栏,对38家亮化不合格单位下发责令改正通知。白碱滩区局下发责令改正书20份,整治广告130多条,清除残留广告垃圾100多处。二是进行犬类治理。各区建立长效管理机制,明确相关职能部门和单位的职责,把犬类专项治理作为长期工作常抓不懈。全年办理犬只准养证787个,收容犬只1 451只;发放宣传单3 000多份,发布《犬只认领、领养通告》27次;受理解决群众举报156起,建立违规档案287份;当场处罚216起,罚款8 900元。三是强化早(夜)市管理。各区局制定《餐饮业店外经营行为管理办法》。按照主干道严禁,次干道严控,背街小巷有序的原则进行设置;经营做到"四统一",即统一地板胶、统一桌椅、统一服装、统一垃圾桶,明确经营时间;签订文明经营承诺书135家;不定期组织卫生、环保、工商、公安等部门联合执法75次,整改发现的241处问题。四是查处违法建设。市行政执法支队、各区局,依托数字化城市管理系统严格监控私搭乱建行为,坚决查处已建、在建的违章建筑,将主要街道和居民小区私搭乱建的治理列为全年的重点工作。全年下发责改通知书91份,查处违反《城乡规划法》的案件31起,罚款190 224元,限期拆除违法建筑19处,拆除面积26 426.8平方米。市行政执法支队强拆2处违法建筑物,拆除面积381平方米。克拉玛依区强制拆除胜利路东郊垃圾场非法搭建建筑物,拆除面积1 305平方米;乌尔禾区开展白杨河河道治理工程的动迁,摸底调查85拆迁户,并督促、监督过渡房补贴的发放。五是强化车辆抛撒治理。市、区两级执法局制定篷布覆盖标准,发放文明施工告知书1 150份,查处44辆抛撒车辆,罚款6 650元;克拉玛依区实行"错时制"开展集中专项治理,检查车辆136车次,组织180名驾驶员学习相关的法律法规,立案查处56起,罚款7 800元,白碱滩区与25家施工单位签订文明施工责任书,通过整治施工车辆道路抛撒行为得到遏制。 (汤 雷)

【文化市场集中整治】

出版物市场整治 2010年,克拉玛依市城市管理行政执法局组织各区行政执法局追缴各类非法出版物。全年组织行动73次,传递文化市场整治工作信息32次,印发文化市场各类文件7份。出动检查人员2 268人次,检查出版物市场844家次,检查音像市场1 529家次,印刷复印企业431家次,查缴非法盗版图书3 462册,内部资料性出版物300册,盗版音像制品13 438盘,电子软件2 752张,非法报刊期刊269份,立案26起,处罚款69 200元。取得出版物市场整治工作的阶段性胜利。在"四二六"世界知识产权日,开展以拒绝盗版,从我做起为主题的绿书签行动的宣传活动,举行全国集中销毁侵权盗版及非法出版物克拉玛依分会场销毁活动。销毁违法音像制品32 129张,电脑软件4 568张,盗版图书3 000多册,淫秽光碟65张。

娱乐场所整治 市城市管理行政执法局结合平安世博文化市场专项保障行动要求,开展世博会知识产权主题宣传,集中清查音像店、书店、报刊亭及电子软件市场、大型歌舞娱乐场所卡拉OK曲库。针对娱乐场所及图书、音像出版物市场,重点打击各类违法违规文化经营活动,检查49家网吧、16家游戏厅、56家图书、音像出版物经营场所、32家印刷厂;收缴非法音像制品3 567张,立案查处2起、罚款2 200元。

教辅教材治理 市城市管理行政执法局针对8月底教辅教材书籍销售旺季现状,在全市开展教辅教材集中治理活动,集中检查承接教辅教材的印刷、复印企业、经营书店,向图书经营者及印刷企业业主宣传相关法律知识,以及盗版教辅材料的鉴别知识,并抽检8家图书出版物经营场所和11家印刷企业,进一步遏制盗版教辅教材,规范教辅教材的用书秩序。

安全隐患治理 市城市管理行政执法局联合市消防局、市文化局等部门组建检查组,抽查4个区236家文化场所的安全生产情况,检查部位1 689处,查出17家经营场所存在安全生产隐患,指出场所各类安全生产隐患417处,当场整改62处,限期整改355处。

迎接交叉检查 7月31日至8月1日,自治区文化厅新疆文化市场交叉检查组(南疆组)到克拉玛依市进行交叉执法检查和举行执法证换证考核。交叉检查组重点检查市开展平安世博文化市场专项保障行动、文化市场管理情况、贯彻落实《新疆维吾尔自治区文化市场行政执法(综合执法)考评细则》,建立《互联网上网服务营业场所日常检查登记簿》、《娱乐场所日常检查登记簿》等管理制度的情况,共同交流南北疆文化市场管理、稽查的先进经验,自治区文化厅检查组充分肯定行政执法局在规范管理、制度化建设方面取得的成绩,促进了市文化市场稽查水平提高,激励我们改正执法不足,切实维护文化市场繁荣和社会稳定。

特殊时段治理 在哀悼青海玉树地震、舟曲泥石流遇难同胞的特殊时段,市城市管理行政执法局根据国务院、自治区文化厅举行全国哀悼活动的紧急通知,安排部署哀悼活动期间的停止娱乐治理。采取电话联系和现场检查等方式,通知辖区茶楼,歌舞娱乐等400家、网吧49家停止营业。出动检查人员110人次,出动车辆52车次。市、区两级执法局值班夜间督检网吧25家、台球厅6

家、酒吧13家、KTV23家。对未按要求停止经营活动的17家娱乐场所、2家网吧实施清场。（汤　雷）

【规范网吧经营】2010年，克拉玛依市城市管理行政执法局建立《网吧日常检查登记簿》、《网吧从业人员登记簿》94份，开展暑假期间网吧专项治理；下发《进一步加大暑假期间文化市场经营场所监管的通知》，把网吧管理纳入现场检查考核重点。暑假期间，市、区两级执法局组织相关部门进行6次联合执法检查。充分发挥网吧协会的作用。支持网吧协会的换届选举，组织协会领导到各区调研，将独山子、白碱滩、乌尔禾地区的15家网吧纳入市网吧协会的统一管理。帮助协会修订《协会章程》、《协会行业自律公约》等8项制度。利用社会监督机制，发动社区群众举报违法违规经营场所，同时对文化经营者和员工进行政策法规培训学习4次。克拉玛依市人大常委会对实施《互联网上网服务营业场所管理条例》情况进行调研，检查4个区18家网吧，现场查阅网吧实名制登记、网吧内部管理制度建设及应急预案编制情况等，对克拉玛依市在网吧管理方面取得的经验以及所作出的成绩给予充分肯定。为进一步规范和加强网络游戏的经营管理，维护新疆的社会稳定，在全市开展网络游戏专项整治行动。在整治期间，加强非法网络游戏的监管和治理，组织人员全面检查网吧市场、互联网经营单位，重点查处网吧私架服务器、非法经营网络游戏和接纳未成年人进入的违法违规经营行为。全年市、区两级执法局出动人员232人次，检查场所318家/次，查处接纳未成年人4起，查处2家"黑网吧"，清缴11台电脑，删除17款单机游戏，办理自治区文化厅督查督办私服案件2起，查处私自架设游戏服务器3起，共计罚款24 080元。（汤　雷）

【电子游艺场所监管】2010年，克拉玛依市城市管理行政执法局加大对电子游艺娱乐场所的监管力度。7月以后，针对市区14家较大规模的电子游艺场所，召开电子游艺娱乐规范经营工作会议，对各经营业主进行法律教育，与所有经营业主签订电子游艺娱乐规范经营责任书，要求各场所将详细信息报支队备案，对场所除法定节假日外接纳未成年人现象进行突击检查。全年取缔3家未经许可擅自设立的游戏娱乐场所，收缴游戏主机28台，罚款39 000元。（汤　雷）

【校园环境治理】2010年，克拉玛依市、区两级执法局集中治理校园周边环境，严查校园周边违规经营行为。制定《校园周边食品安全整治实施方案》，落实巡查监管责任制。克拉玛依市、区两级行政执法局参与食品安全专项整治行动，日常监管严查食品流动售卖人员。发现流动食品有隐患的，立即查处、没收物品，对学校、托幼园所周边，违规从事流动售卖人员的监管，实施流动无照商贩登记管理，建立流动无照商贩档案253份，取缔学校周边35处流动商贩集中经营点，记录在案、接受教育、受到处罚的流动商贩多达百人。严格执法，加大巡查力度。采取"错时执法"的工作模式，在学生放学及课间时间，对校园周边加大巡查力度，查缴淫秽色情"口袋本"及音像制品、有害卡通画册、不良玩具、非法小广告等，严厉打击校园周边游商走贩和违法违规经营行为，整治工作出动人员732人次，出动车辆230车次，检查校园周边音像、出版物和相关经营单位786家次，查缴盗版音像制品3 614多张，查缴非法出版物（图书、报刊）341本，疏堵结合。执法人员日常检查向校园周边经营者发放告知书，加强对无照商贩和文化市场经营者的引导教育，在强市论坛、报社加强舆论宣传，呼吁全社会共同关注校园周边食品安全问题，消除校园周边食品安全和社会文化综合环境隐患。（汤　雷）

【文明城市创建】

加强制度建设　2010年，克拉玛依市城市管理行政执法局制定《市行政执法局创建全国文明城市2010年度实施方案》，明确各区局创建全国文明城市目标任务，制定创建全国文明城市工作运行大表，全面落实各项创建指标，收集整理5类15项各项创建指标资料9册。加强督查力度，及时调整第三季度现场考核内容，督查督办创建文明城市、文明城区事项118起。

完善决策机制　市城市管理行政执法局进一步完善科学民主决策机制，制定《市城市管理行政执法局重大决策责任追究制度》、《市城市管理行政执法局重大决策事项法律咨询制度》等制度，通过深入贯彻落实局务会议、重大案件集体讨论、重大处罚意见征询等决策制度，进一步规范行政决策行为，促进决策的民主性和科学性，有效预防行政决策过错行为。全年讨论制定10多条工作制度，有5起重大案件向规划、文化部门征求意见并通过案件集体讨论决定。

城市管理考评　市城市管理行政执法局加强对依法行政工作的组织领导。及时调整依法行政工作领导小组成员，完善依法行政工作机制，对本单位行政执法责任进行分解和量化，逐级签订依法行政责任书，形成主要领导亲自抓，分管领导具体抓，职能科室抓落实的工作格局，做到年初有安排、年中有检查、年终有总结，切实做到各环节任务和责任落实到位。执法局先后制定《克拉玛依市城市管理行政执法局内部监督考核评价体系》、《克拉玛依市城市管理行政执法局行政执法过错责任追究情况报告办法》等制度，通过不断完善行政执法权力运行监督机制，逐步形成结构合理、配置科学、程序严密、制约有效的行政执法制度规范体系。（汤　雷）

【执法案件管理】

落实执法责任　2010年，克拉玛依市城市管理行政执法局制定《市城市管理行政执法局行政执法过错责任追究情况报告办法》，认真落实《市执法局行政执法过错责任追究实施办法》，加强行政执法事前、事中、事后全程监督力度，严格落实案件审核程序，实现从立案到结案的全面审核，切实监督执法过错行为。全年未发现执法过错案件，无行政复议撤销案件，无行政诉讼败诉案件。

案件审核　市城市管理行政执法局对于行政处罚案件的审核工作，按照《市执法局对行政处罚案件加强法制监督的办法》规定，严格审核程序，对行政处罚案件从立案到结案审批实现事前、事中、事后的全面审核，案件办结后，落实回访制度，行政管理相对人到法制部门填写文明办案回执卡，便于真实了解执法过程中存在的问题。全年市局执法支队立案12起，其中文化市场案件5起、市容环卫案件1起、城乡规划案件3起、市政工程案件3起。经审核有3起案件存在书写不规范等方面的瑕疵，上述问题均在下发行政处罚告知书前予以改正，未

发生1起过错案件。

案卷评查　市城市管理行政执法局落实案卷评查制度,组织行政处罚案卷评查工作,对上年度所办案件的执法主体、证据收集、执法程序、适用法律、处罚适当性、文书规范等方面进行检查评比。全年评查两级执法局上年度办结的一般程序行政处罚案卷283件,其中市局执法支队9件,克拉玛依区执法局147件,独山子区执法局78件,白碱滩区执法局43件,乌尔禾区执法局6件。评选出优秀案卷10个,并对优秀案卷承办人予以表彰奖励。

规范自由裁量权　市城市管理行政执法局本着依法、科学、有序、和谐管理城市的理念,探索有效规范自由裁量权的途径和办法,以六项举措规范自由裁量权:一是制定制度,完善细则,切实规范自由裁量行为。二是推行执法过错责任追究制度,有效规范执法行为。三是严格落实审核程序,加强案件审核。四是开展案卷评查,加强执法监督。五是发挥案件讨论委员会作用,重大案件集体讨论决定。六是尊重监管部门,重大处罚听取相关部门意见。通过上述措施,基本杜绝了行政处罚畸轻畸重,滥用行政处罚自由裁量权的现象。

规范法律文书　市城市管理行政执法局重视法律文书的规范化制作,不断完善案卷的制作规范,力求执法程序合法简化,案卷制作规范标准。先后制发《案件管辖办法》、《案件编号管理规定》、《行政处罚案件办案规范》、《修改部分法律文书》、《关于规范法律文书和案卷内文书顺序的通知》等文件。克拉玛依市、区两级执法局文化市场案卷的制作将统一按国家文化部统一的文化市场执法文书执行。

票据和罚没物品管理　市城市管理行政执法局加大罚款票据和罚没物品的管理力度,制定《市城市管理行政执法局行政处罚罚没款缴纳流程图》、《市城市管理行政执法局先行登记保存证据及没收物品处理流程图》,明确罚款收缴和罚没物品管理的操作规程,指定专人负责票据和物品出入库管理工作,杜绝坐收、坐支以及私分罚没财物等违纪行为的发生。

证件管理　市城市管理行政执法局对执法证件的申领、审核、颁发等环节严格把关,在换发新证、人员调出、新人调入时,及时收缴旧证,建立《行政执法证》和《执法监督证》档案,在日常执法检查中要求执法人员必须先出示执法证件亮明身份,才能进行执法检查。把亮证执法以及执法行为规范作为执法监督的重要内容,对违反规定的行为,一律按相关规定追究其责任。

规范性文件清理　市城市管理行政执法局认真落实国务院《全面推进依法行政实施纲要》,高度重视规范性文件清理工作,采取3项措施确保清理工作落实到位:一是召开会议研究,明确清理工作任务,保障清理工作条件。二是及时认真梳理,做到清理范围明确。三是明确工作要求,按照谁制定、谁清理的原则,各科室各司其职,确保清理工作有序推进。清理规范性文件2件,分别是《克拉玛依市家禽家畜管理办法》和《克拉玛依市户外广告管理暂行办法》。年底对2部规范性文件已重新修订。

(汤　雷)

【执法信息管理】　2010年,克拉玛依市城市管理行政执法局认真抓好执法信息管理,确保信息畅通。一是加强信息报送工作。及时向市人大常委会、市政府法制办公室、市依法治市领导小组等上级部门上报执法局依法行政工作动态,通过市政府建立的信息平台,实现各行政执法部门的信息交流。全年报送法制信息10多篇、依法行政相关文件8件,案件统计报表12份,客观、真实的地向市人大常委会、市政府以及市依法治市领导小组报告依法行政工作情况。二是建立重大行政行为信息报备制度。落实备案规定,向市政府法制办公室备案重大具体行政行为3件,其中城乡规划案件2件,文化市场案件1件。严格审批各区执法局备案的重大具体行政行为。2010年,各区执法局备案重大具体行政行为41件,其中克拉玛依区局31件,独山子区局5件,白碱滩区局4件,乌尔禾区局1件。经审查41件具体行政行为均符合备案条件,重大具体行政行为的备案、审查率100%。　(汤　雷)

【法律知识宣传】　2010年,克拉玛依市城市管理行政执法局以增强百姓法律意识、解决城市管理热点难点问题为目的,以新颁布法律法规为重点,以专项行动为典型,以法律宣传咨询日为契机,大力开展城市管理法律法规的普法宣传活动。先后开展《娱乐场所管理条例》、《城乡规划法》、《新疆维吾尔自治区〈城乡规划法〉实施办法》、《城市建筑垃圾管理规定》等新颁布法律法规的宣传贯彻工作。认真开展《行政复议法》的普法宣传,印制专题展板1块,印发宣传资料1 000多份,组织《行政复议法》专题考试1期。同时参加市政府组织举办的《行政复议法》宣传论文征集活动,上报论文8篇,其中1篇获三等奖,其余均获鼓励奖。全年开展法律宣传咨询活动5次,制作宣传展板9块,向市民发放印制的执法联动卡、法律法规宣传材料共计7 000多份,在网络、报纸等媒体上发布各类信息120多篇。　(汤　雷)

【执法专业培训】　2010年,克拉玛依市城市管理行政执法局坚持开展形式多样、内容丰富的学习培训活动,切实提高两级执法人员的依法行政能力。一是认真落实年初项目培训计划。9月和11月,分别在乌鲁木齐和市委党校开展《法制业务骨干培训班》和《公共基础法律知识培训班》,2期培训班两级执法局有118人次参加学习培训。二是加强对培训工作的组织领导。安排专人负责,全面规划部署,为保证培训工作质量,专门聘请自治区法制办、建设厅、文化厅等单位领导亲自授课,确保培训质量。三是坚持开展每月学1法活动,特别是狠抓领导干部学法制度的落实,做到领导干部带头学法,记录学习笔记,确保领导干部学习计划、内容、时间、效果的“四落实”,从而带动全局自学活动的顺利开展。四是按季度组织执法人员开展业务知识考试。根据工作重点和法律法规宣传重点设置考试题目,除季度法律法规业务考试外,还开展宪法知识考试、维稳知识考试、信访知识考试、党风廉政知识考试、行政复议法考试、新颁布法律法规知识考试等。五是组织竞赛活动。活动内容丰富多彩,竞赛试题包含新疆历史、民族团结、油城建设、党风廉政、信访常识、国防教育、普法知识等方面的内容,比赛分为必答、抢答、技能趣味比赛、才艺展示4个环节进行。六是通过外出学习,开阔执法人员的视野。全年先后派出9批30多人次参加建设、规划、文化、安全等相关领域组织的学习培训,从不同领域、不同角度吸取知识,要求外派学习人员撰写学习心得体会。　(汤　雷)

【政风行风评议】 2010年，克拉玛依市城市管理行政执法局认真学习市政府纠风办《关于认真做好2010年民主评议政风行风工作的通知》、《关于印发克拉玛依市2010年纠风工作实施意见的通知》等文件，成立以局长为组长，副局长为副组长，各科负责人为成员的民主评议工作领导小组，由法制科具体负责民主评议工作的组织实施，确保民主评议政风行风工作顺利开展。制定《市执法局2010年度民主评议政风行风工作实施方案》和《市执法局2010年纠风工作安排意见》，明确纠风和民主评议政风行风工作的指导思想、基本原则和目标责任，成立政风行风评议工作机构，按4个阶段部署工作任务，对工作任务进行具体分解细化，责任落到实处。7月，市纠风办派驻的评议员对执法局政风行风建设工作进行细致认真的监督检查，指出工作中存在的问题重视不够、基础资料不规范、队伍素质有待提高、普法宣传力度不够等5个方面的问题，提出4条整改建议。执法局按照《对市行政执法局纠风工作评议的情况反馈》要求，及时召开局党组会议反复研究，逐条进行剖析与整改。

（汤　雷）

【执法效能建设】 2010年，克拉玛依市城市管理行政执法局不断加强执法效能建设。一是制定《市执法局2010年机关效能建设工作安排意见》，安排部署效能建设工作。按照效能建设工作安排，市执法局全面开展"四查四规范"活动：一查服务态度，规范工作言行；二查依法行政，规范工作流程；三查履职尽责，规范工作制度；四查工作纪律，规范内部管理。二是强化法制监督，局突出5个环节：一是科学民主决策，提高依法决策水平；二是规范自由裁量权，规范行政处罚行为；三是履行法制审查制度，严把案件质量关；四是严格罚缴分离制度，执法行为规范；五是强化社会监督，提高执法公信力。行政执法局围绕市委、市政府打造世界石油城，建设高品质城市目标，及时调整工作思路，坚持依法、科学、和谐、有序管理城市的理念，将抓好各区政府数字化城市管理平台建设、不断完善大城管格局作为主要工作来抓，及时深入到各区掌握数字化城市管理平台建设的现状和问题。成立现场考评小组，实现对各区政府、市级牵头部门完成工作任务的动态管理。

（汤　雷）

【主题教育活动】 2010年，克拉玛依市城市管理行政执法局在执法行业中认真开展主题教育活动。一是开展创先争优活动。4月，成立领导小组和专门工作机构，制定实施意见，确定科学发展、开拓创先，争创一流的城市管理工作的活动主题，选用标准化党支部、学习型党组织、党员示范岗位为活动载体。活动期间，全局17名党员制定创先争优个人计划，4名党员领导干部确定基层联系点，做出10多项公开承诺。二是启动热爱伟大祖国、建设美好家园主题教育活动。通过座谈讨论、参加主题教育培训、制定主题教育计划等形式，扎实做好主题教育活动的各项工作。三是开展民族团结教育月活动，举办宣传教育活动2次，观看民族团结教育先进事迹电教片1次，开展以民族团结教育为主要内容的联谊活动1次，组织民族团结徒步行1次。四是开展我身边的好人评选活动。制定《关于完善经费使用的规定》、《行政处罚自由裁量权行使规定》、《关于进一步加强案件评查工作的意见》等制度，实现以制度建设规范执法行为的目标。五是开展廉政教育活动。认真落实行政执法责任制和过错责任追究制，开展仪容风纪、立（销）案管理、调查取证措施、罚没物品管理、当场收缴罚款、执法文书领用和票据领用等方面的执法检查，不断规范执法行为。全年执法队员没有接受过纪检、监察部门的调查、处理和投诉现象。

（汤　雷）

·小资料·

《新疆维吾尔自治区行政执法证件管理办法》中规定的申领行政执法证的行政执法人员必须具备的条件

一、有明确的行政执法工作岗位及具体的行政执法职责；

二、熟悉本部门法律、法规和规章，掌握相关的专业知识；

三、经过人民政府法制机构或者自治区人民政府所属工作部门法制机构行政执法业务培训，考试或者考核合格；

四、是行政执法机关的正式工作人员。

申领行政执法证的申请包括行政执法依据、执法范围、法定权限、处罚种类和执法人员名册等内容。

人事·劳动·社会保障

市人事管理

【市人事局领导名单】
局长:王习军
副局长:杨东献、王琴芝

【基本概况】 2010年,克拉玛依市人事局内设办公室、公务员管理科、工资福利科(市工资改革领导小组办公室)、事业单位管理科、专业技术人员管理科(市专业技术人员职称办公室)、人才开发科、教育培训科、军队转业干部安置办公室(自主择业军队转业干部服务中心)8个职能科室及市人事考试中心1个事业单位。截至年底,全局有职工19人。其中党员15人,女职工5人;大专以上文化程度19人。主要负责克拉玛依市公务员招录、考核与管理、干部任免、人才引进与使用、大中专毕业生与复转军人就业、教育培训及工资管理等工作,制定和执行有关人事管理方面的政策和法规,依法行使人事管理职权。(周 敏)

【人才队伍建设】

教育、医疗人才队伍建设 2010年,克拉玛依市人事局围绕建设一流的教育和一流的医疗目标,调整人才工作思路,创新选人用人方式。实施面向全国招聘教育、医护专业紧缺人才和高层次人才。全年招聘中小学、幼儿教师182人,其中研究生9人,本科生154人;招聘医疗卫生人员33人,其中研究生12人,本科生18人。与市委组织部共同开展第二届教育专业和重点医学人才选拔工作,评选出第二届特级教师19人、学科带头人49人、骨干教师223人,医学专家12人、学科带头人27人、医学技术骨干88人,并落实相关待遇,即:给特级教师和医学专家每人每月享受2 000元、学科带头人每人每月享受1 000元、骨干教师和医学技术骨干每人每月享受500元的岗位津贴。在市属3所医院建立绩效考核奖励制度,并向优秀骨干人员倾斜,稳定和调动现有医务人员的积极性。制定出台教育、医疗系统人员分流意见,克拉玛依市、区教育系统实施88人的分流安置,137名待分流人员正在进行培训。

公务员和事业单位人才队伍建设 市人事局结合全市公务员编制和队伍现状以及事业单位管理和专业技术岗位的用人需求,为环科所、农科所、规划局等单位引进研究生6名,面向社会公开招录公务员143名,招聘事业单位管理和专业技术人员92名,基本满足各用人单位的工作需要。全年全市机关事业单位充实人才总量470人,其中研究生29人,本科379人。

清华大学研究生实践基地建立 市人事局坚持高端引领原则。赴清华大学招录硕士、博士研究生公务员,并在克拉玛依市建立清华大学研究生社会实践基地。开展首批清华大学9名硕士、博士研究生在克拉玛依市2周社会实践锻炼,使清华学子对克拉玛依市经济社会发展情况以及长远战略目标有基本了解和认识,为引进清华大学高层次人才奠定基础。

地方企业人才服务 市人事局结合"十二五"人才发展规划编制工作,完成对地方规模以上116家中小企业的人才资源统计工作,初步掌握地方企业人才队伍现状以及存在的问题。以《自治区海外赤子来新疆服务行动计划》为平台,组织新疆西部明珠公司、新疆众利禾石油机械制造有限责任公司分别与美国银风叶片设计有限公司总裁陈宇奇博士、加拿大阿尔伯塔大学化工学院研究员顾国兴博士达成技术项目合作。完成新疆西部明珠公司与美国银风叶片设计有限公司总裁陈宇奇博士合作项目论证,计划于2011年4月启动,实现海外智力和克拉玛依企业项目技术创新的合作,使克拉玛依市引智工作取得首次突破。指导企业做好提高待遇高级工程师等16个专业网上申报职称工作,并对相关企业进行网上申报程序等业务培训,进一步加大职称评审政策的宣传力度,扩大评审范围。(周 敏)

【干部教育培训】 2010年,克拉玛依市人事局本着严管、真学、有收获的要求,加大对现有人才的培训和开发工作力度。在北京石油管理干部学院举办科级干部任职培训。在广州石油培训中心举办市区业务骨干公共行政管理培训。首次走出国门,在新加坡举办市政府各委、办、局及4个区科级干部骨干公共管理培训,学习新加坡在依法治国、公务员管理、人才战略实施、教育制度改革、廉政建设等方面的先进经验和做法,并把克拉玛依市打造世界石油城战略和招商引资政策等作为与新加坡培训机构对接交流内容,扩大对外宣传。在市委党校举办机关事业单位新录用工作人员初任培训,将克拉玛依打造世界石油城战略目标任务纳入培训内容,增加新录用人员的使命感和责任感。同时,在克拉玛依电大主办石油工程类、建筑类、机电类、综合类等初、中、高级继续教育培训班8期,726名专业技术人员参加继续教育。从卫生系统、图书系统选拔推荐12名少数民族科技骨干赴内地高等院校、科研院所及有关机构参加高级研修和短期培训,并首次将汉族专业技术人员纳入特培范围。选派中心医院、文化系统3名专业技术业务骨干赴新疆医科大学和自治区文化厅参加特殊培养。选派50多名业务骨干参加国家各部委对口援疆干

部培训。全年举办各类培训班83期,累计培训机关事业单位工作人员4 812人次。 (周 敏)

【工资福利】 2010年,克拉玛依市人事局继续推进工资收入分配制度改革,机关事业单位工作人员的工资收入和津补贴水平协调增长。一是按照自治区的统一部署,给执行机关事业单位工资制度的机关事业单位工作人员增加津补贴和生活补贴,调增艰苦边远地区津贴。二是不断改革机关事业单位后勤服务社会化管理方式,通过劳务派遣用工的单位达到95%。三是根据克拉玛依市经济社会发展状况和调整最低工资标准的水平,将原21个劳务工种增加到31个。四是在全市机关事业单位实行绩效考核奖励的办法。五是开展公共卫生和基层医疗单位绩效工资实施工作,全市14家公共卫生和基层医疗单位676名工作人员实施绩效工资。 (周 敏)

【公务员管理】 2010年,克拉玛依市人事局强化竞争择优机制,干部选拔任用的科学化、规范化水平和选人用人的公信度进一步提高。全年任用科级干部69人,其中正科级26人、副科级43人,竞争上岗16人,初任职竞争上岗率在90%以上。不断改革干部培养方式,把交流干部和使用干部相结合,建立科级干部、新录用公务员和党政机关干部到基层锻炼的长效机制,对机关事业单位不具有2年基层工作经历的干部选派到基层锻炼,达到培养、锻炼干部和实现人才资源互补的目的。全年选派干部到基层锻炼16人,轮岗交流26人,新招录的143名公务员已派到基层锻炼一年。组织实施《公务员法》5周年系列宣传活动,开展征文、公务员法及配套法规网上知识答题。 (周 敏)

【专业技术人员管理】 2010年,克拉玛依市人事局不断加强专业技术人员管理,制定出台《克拉玛依市中级专业技术职务任职资格评审量化赋分标准》,坚持技术职务资格评审向基层一线倾斜,突出以能力、实绩和贡献评价专业技术人才,克服以往唯资历、唯论文倾向,完善专业技术人才评价指标体系。全年实施建筑工程等29个系列43个专业的职称评审工作,1 132人获专业技术职务任职资格,其中高级133人、中级216人、初级341人,初定职442人。开展自治区享受政府特殊津贴人员推荐工作,在全市范围内选拔推荐3名专业技术人员参加评选,中心医院1人入选。 (周 敏)

【毕业生就业】 2010年,克拉玛依市人事局确立以人才质量为前提,引进人才与兼顾促进高校未就业毕业生就业相结合的思路。向自治区争取公务员招录倾斜政策,扩大招录本市毕业生的比例。事业单位除教育、医疗和紧缺专业高层次人才面向全国招聘外,其余招聘全部面向本市未就业高校毕业生。同时,克拉玛依市、区两级政府共同开发机关事业单位公益性岗位,强化对就业困难对象的援助,重点解决低保、零就业家庭以及就业困难的高校毕业生就业。全年市、区两级政府提供就业岗位1 632个,解决高校毕业生就业1 458人(女性827人、少数民族521人),其中市区机关事业单位提供用工岗位600个,实现高校毕业生就业460人。市、区两级政府提供公益性岗位1 032个,实现就业998人。会同有关部门组织未就业高校毕业生就业见习334人次,审核审批见习补贴金额98.38万元。 (周 敏)

【人事服务与管理】 2010年,克拉玛依市人事局认真做好人事人才服务工作,与红有公司密切合作,共同开发人事管理信息软件系统,完成10大模块169项数据内容设计以及数据采集和审核工作,平台搭建已初步完成,正式进入试运行阶段。协助市委组织部共同编制完成《克拉玛依市"十二五"人才发展规划(2011~2015)》和《克拉玛依市中长期人才发展规划(2011~2020)》。完成13名计划分配军转干部和5名自主择业军转干部的安置工作。同时,加大96名自主择业军转干部日常管理和服务力度,大部分自主择业军转干部已实现就业和创业。认真落实重大节日慰问制度、定期通报经济社会发展情况制度以及军转干部各项待遇政策,确保企业军转干部和自主择业军转干部稳定。不断强化人事考试管理服务工作,全年完成29项资格考试的报名工作,各类考试报名人数12 861人。组织完成19类人事考试,考试人数16 480人次。开展干部职工健康体检和保健品发放工作,全年安排健康体检人数9 369人,领取保健品人数3 145人。稳慎处理中央企业移交市政府管理的部分退休教师上访问题。 (周 敏)

【基础建设】 2010年,克拉玛依市人事局开展学习型单位建设、创先争优、公民道德建设月、民族团结进步教育月等一系列主题活动,人事系统文明建设水平不断提升。一是通过开展党风廉政教育月、领导干部网上廉政承诺、《廉政准则》学习教育、小金库专项治理等工作,人事系统的党风廉政建设和惩防体系建设不断巩固和加强。二是通过开展行风热线、"四查四规范"效能建设、矛盾纠纷排查化解、信访案件办理、政务公开等活动,人事系统政风行风建设水平不断提升,工作效率更加务实高效。三是以阳光招录、干部任免、教育培训、职称评审、人事考试等业务工作为抓手,不断改进服务方式和工作手段,在服务中实施管理,在管理中体现服务,各项工作的制度化、规范化、科学化运作水平进一步提升。 (周 敏)

市机构编制

【市机构编制委员会办公室领导名单】
副主任:刘小涛(主持工作)、马国华

【基本情况】 2010年,克拉玛依市机构编制委员会办公室有行政编制14名,实有在职人员9人。内设综合科(监督检查科)、机关科、事业科3个科室,下设事业单位登记管理局(副处级)。办公室是市机构编制委员会的常设办事机构,负责全市、区行政管理体制和机构改革以及机构编制的日常管理工作,既是市委的工作部门,又是市人民政府的工作部门。 (王晓佳)

【机构编制现状】 截至2010年底,克拉玛依市行政编制总数1 988名,占用行政编制总计1 627人。其中市本级机关使用行政编制1 117名,占用行政编制人员883人。克拉玛依市4个辖区使用行政编制871名(含乡镇40名),占用行政编制人员744(含乡镇27人)。全市各类事业单位523个,核定事业单位编制数

14 152名，其中全额编制数11 289名，差额编制数2 684名，经费自理编制数159名，企业化管理编制数20名。实有在职人数11 294人，其中全额实有人数9 052人，差额实有人数2 043人，经费自理实有人数178人，企业化管理实有人数21人。（王晓佳）

【机构调整与设置】 2010年，克拉玛依市机构编制委员会办公室根据市政府的要求，进行机构设置与调整。一是优化整合克拉玛依市应急指挥平台机构设置。根据《自治区基层应急平台体系建设指导意见》，办公室就市本级政府现有应急系统的机构、编制情况进行深入调研、分析，在市政府办公室、公安局密切配合下，结合克拉玛依市的实际，下发调整设置市应急管理办公室文件，充分依托电子政务平台，整合公安“三台合一”平台。在市公安局110指挥中心基础上组建克拉玛依市应急指挥中心（挂市政府总值班室牌子），满足克拉玛依市突发事件应急管理工作需要，全面提升市政府应对和处置突发事件的能力。二是全面加强和改进克拉玛依市巡逻防控队伍建设。为全面加强市社会面巡逻防控工作，维护国家安全、维护社会和谐稳定，增强人民群众的安全感，经研究决定，成立各区公安分局巡逻（巡警）大队，核定了专项编制，进一步有效提高市社会治安能力。三是完成克拉玛依市、区两级法、检院系统机构改革工作。编办对市、区两级法院、检察院系统在机构编制方面的执行情况、实有人员现状进行专题调研，结合自治区为市核定的司法专项编制总数，进一步提出健全完善克拉玛依市法院、检察院组织建设体系的意见及办法，并经市机构编制委员会研究通过后，于4月下发市、区两级法、检院系统机构编制方案，完成克拉玛依市新一轮市区两级法、检院系统机构改革工作。加强基层组织领导和维稳机构建设。四是为更好地履行基层组织建设的各项工作职能，根据市委组织部工作需要，办公室结合实际，经编委会研究决定，成立克拉玛依市及4个辖区党委基层组织建设领导小组办公室。（王晓佳）

【机构编制保障】 2010年，克拉玛依市机构编制委员会办公室认真做好机构编制保障工作。一是全面支持教育事业发展。在保证克拉玛依市“双语”教师队伍编制稳定的基础上，根据克拉玛依区教育资源布局调整的实际，成立克拉玛依市雅典娜、南湖小学、克拉玛依市克拉玛依区雅典娜幼儿园，为相关单位增设编制。二是加强基层流动人口服务和养老服务管理机构。5月，市机构编制委员会办公室根据市委办公室《关于印发〈克拉玛依市关于进一步加强流动人口和管理工作的实施意见〉的通知》精神，为4个辖区设立区流动人口服务管理办公室，健全克拉玛依市基层流动人口服务管理机构。10月，经编委会研究决定，成立独山子区、白碱滩区养老服务管理中心，进一步推进养老服务社会化进程。三是完成信息产业机构的优化、整合工作。上半年，编委会办公室结合市委、市人民政府对信息化建设工作的要求，在政府办公室、科技局的配合下，印发《关于下达克拉玛依市信息化和电子政务办公室机构编制等有关问题的通知》，配齐编制人员，保证数字克拉玛依建设的各项方针、政策能够得到贯彻落实。（王晓佳）

【编制核定】 2010年，克拉玛依市机构编制委员会办公室为进一步规范临时用工，降低政府行政运行成本，针对2008年以来，用工单位工作需求及劳务用工的实际，逐年核定各单位临时用工编制，使克拉玛依市本级临时用工的核定保持在1 000名左右。编委会办公室经认真调研，先后同意市公安局、市人民检察院、市妇联、市供销合作社联合社、市人防办、市疾病预防控制中心、市国土资源局、市文化局、市农林牧业局等多家单位使用后勤临时辅助人员。在加强机关后勤服务工作管理的同时，为就业再就业工作提供就业岗位，保持市本级临时用工核定平稳。（王晓佳）

【事业单位年检登记】 2010年，克拉玛依市机构编制委员会办公室认真做好事业单位的年检和登记工作。至12月31日，克拉玛依市、区两级已登记事业单位149家，其中新登记事业单位13家，需要年检的事业单位136家，办理事业单位年检136家，年检率100%，合格率100%。办公室对35家需变更事业单位进行变更登记，核发新的事业单位法人证书，并在《克拉玛依日报》进行公告。克拉玛依市事业单位登记管理局对事业单位档案严格实施“一户一档”制度，在年审工作结束后，对事业单位法人的登记档案进行整理，将所有年检的事业单位的相关材料按有关顺序进行归档，形成事业单位包括设立、变更、年检和注销等一整套完整有序的档案，为今后加强事业单位监督管理奠定坚实的基础。（王晓佳）

市劳动和社会保障

【市劳动和社会保障局领导名单】

局长：武新华

党组书记：孙兵

副局长：阿不都热依木·沙吾提、王晓耕

【基本情况】 2010年，克拉玛依市劳动和社会保障局内设办公室、劳动工资科、就业管理科（就业岗位开发办公室）、培训科、劳动保障监察科（挂社会保险基金监督科、劳动保障监察支队牌子）、劳动保障仲裁科（挂市劳动争议仲裁委员会办公室、市劳动争议仲裁委员会仲裁庭、市劳动关系三方协调委员会办公室牌子）、社会保险科和政策法规科8个职能科（室）。有人员54人。下设市社会保险管理局（副县级）、市劳动保障信息管理中心、市劳动鉴定委员会办公室和市职业技能鉴定中心4个事业单位。主要负责克拉玛依市劳动工资管理、就业管理、职业培训、社会保险、劳动保障监察和劳动争议仲裁等工作，制定和执行有关劳动和社会保障政策法规，依法行使劳动和社会保障职权。（孔小辉）

【劳动就业】 2010年，克拉玛依市劳动和社会保障局坚持确保民生、惠及百姓的原则，充分发挥政策促进就业功能。制定下发《关于进一步做好促进就业工作有关问题的通知》，扩大社会保险、住房公积金和职业培训补贴范围。实施就业见习生活费和意外人身伤害保险全额补贴政策；实施就业援助金补贴政策，将就业援助金按自治区规定的最高额度5 000元补贴；延长困难企业社会保险、岗位补贴及在岗职工培训补贴期限，并将企业发布就业岗位新吸纳人员作为申报条件,使企业享受政策与吸纳就业有效衔接。通过落实各项政策,全市就业再就业资金支出1.5亿元,其中培训补贴988.63万元,劳动派遣补贴505.83万元,社会保险补贴2 166.8万元,岗位补贴3 407万元,职业技能鉴定补贴10.43万元,小额担保贷款贴息119.45万元,就业见习补贴114.86万元,扶持公共就业服务费用183.6万元,小额担保贷款担保基金安排额度600万元,拨付各区人力资源市场建设资金3 500万元,创业引导性资金1 000万元,少数民族补贴368.85万元,住房公积金163.61万元,促进就业和职业培训奖励589.57万元。为127名自主创业者发放小额担保贷款1 083万元。坚持在帮扶企业中稳定就业,尽量减少现有岗位流失,全年认定困难企业115家,兑现困难企业补贴26 199万元,其中社保补贴25 881万元;在职职工培训补贴318万,受益职工166 090人次。

就业困难人员帮扶　市劳动和社会保障局扩大就业援助范围,使更多困难群众得到就业援助和政策实惠。为就业困难人员提供税费减免、小额贷款、各项补贴等优惠政策扶持。组织实施春风行动、就业援助月等促进就业专项活动,通过举办就业困难人员小型双选会、送岗位入户等形式,帮助就业困难人员实现就业、稳定就业。克拉玛依区将就业困难人员帮扶工作列入目标考核内容,依托充分就业社区平台,为就业困难人员提供零距离就业帮扶。开展送岗位、送技能、送服务、送政策"四送"活动,入户提供各项就业服务300多人次,确保有就业愿望和就业能力的就业困难人员都能得到一次稳定的就业机会。

完善服务手段促进就业　市劳动和社会保障局进一步完善公共就业服务平台建设,已投入3 500万元进行4个区的人力资源市场平台建设。一是全年投入400万元对各区街道社区劳动保障平台进行设备更新,推进就业服务专业化、制度化、社会化"三化"建设。二是加大对基层劳动保障平台经费的投入力度,新增各类基层劳动保障工作人员近47人,基层劳动保障平台实现机构、人员、经费、场地、制度、工作的"六到位",各级基层劳动保障平台工作人员持证上岗率在80%以上。三是发挥克拉玛依市、区、街道、社区四级劳动保障平台作用,加大用工信息采集力度。通过各级人力资源市场、电子大屏幕、数字电视等媒介向社会广泛发布,及时为企业和求职者提供信息服务。四是建立健全人力资源市场供求信息分析评估月报制度,定期分析全市就业动态情况,阶段性深入全市重点改制企业调研,及时掌握企业用工动态趋势,并制定相应对策措施。全市建立就业见习基地46家,就业见习260人。五是推行劳动就业二版信息系统,已录入个人信息65 898条,单位基本信息2 563条。落实就业失业登记制度,将大中专毕业生及各类失业人员全部纳入街道、社区统计登记管理。全面开展创建充分就业社区活动,已建充分就业社区76个。

完善就业体系　市劳动和社会保障局通过强化和完善促进就业的政策扶持体系、责任考核体系、公共服务体系、职业培训体系和就业援助体系,推进市场化就业机制建设和就业观念的转变。全市实现就业再就业4 369人,完成目标任务的146%,其中女性2 278人,少数民族1 554人,大中专毕业生1 659人,"两劳"人员27人。坚持在促进发展中扩大就业,增加更多的就业岗位。全年发布岗位信息7 082个,完成目标任务的157%,其中国家机关事业单位670个,驻市企业1 336个,改制企业、私营企业5 076个。开发公益性岗位728个,完成目标任务的364%。坚持在就业援助中帮扶就业,解决困难人员就业264人,帮扶成功率在80%以上。零就业家庭动态为零,城镇登记失业率控制在2%以内。

(孔小辉)

【社会保险】

修订完善保险政策　2010年,克拉玛依市劳动和社会保障局健全完善社会保险政策体系。修订完善《克拉玛依市城乡居民基本医疗保险办法》,调整筹资标准,增加财政补助额度。提高最高支付限额标准,将年度内基金支付限额标准由3万元提高至6万元。建立连续参保激励机制,对连续缴费满规定年限的参保人员,每满一年医疗费基金支付比例增加1个百分点,最多增加5个百分点。提高生育保障标准,对符合条件的人员,基金定额补助由500元提高到800元。修订完善《克拉玛依市国家机关事业单位和社会团体补充医疗保险管理办法》,扩大门诊补助范围,补助范围由门诊9种大病调整为所有门诊疾病发生的费用。提高补助标准比例,将补助比例调整为起付标准至5万元以内的按80%,5万元以上的按90%予以补助。扩大目录外补充范围,将门诊13类大病发生的在自治区药品报销目录以外的药品费用按补充补助标准比例给予报销。将临床必需的,但在自治区职工基本医疗保险诊疗及医疗服务目录外的部分医疗项目按补充补助标准比例给予报销。调整进城务工人员住院医疗保险待遇,参保人员住院医疗的,每次住院医疗费用按80%支付,年度内住院统筹基金累计最高支付限额10 000元。

社会保险扩面征缴　市劳动和社会保障局加大社会保险扩面征缴力度,确保各项待遇按时足额发放。坚持社会保险参保缴费与扶持政策有机结合,在做好减轻困难企业缴费负担的同时,加强社会保险政策宣传,提高用人单位和职工的参保缴费意识。深入实地调查核实,准确掌握企业用工及参保情况,规范社会保险缴费标准,严格缴费基数申报审核程序,防止少报、漏报及故意降低缴费基数等现象发生。通过书面和实地稽核,挽回和减少基金损失150多万元,切实维护劳动者的权益。全市城镇职工基本养老、医疗、失业、工伤、生育保险、城乡居民医疗保险、新型农村社会养老保险参保人数分别在14.5万人、17.6万人、13.5万人、15.8万人、13.9万人。市属征收各项社会保险费2.7亿元。调整企业退休人员基本养老金,调整后克拉玛依市养老金人均水平2 081元,增加213元。开展一次性节日慰问活动,向1 454名离退休职工、家属和困难遗属发放一次性节日慰问金44.04万元。实施离退休人员冬季采暖费补贴政策,月增资120元。

未参保集体企业退休人员参保　市劳动和社会保障局稳步做好市属未参保集体企业退休人员补费参保工作。根据《自治区关于解决城镇未参保集体企业退休人员基本养老保障等遗留问题的试行办法》和《市、油田解决城镇未参保集体企业退休人员基本养老保障等遗留问题的实施方案》规定,各级劳动保障部门采取有效措施,充分利用广播、电视、报纸、网络等新闻媒体和街道、社区劳动保障工作平台,用维吾尔、汉两种语言全面宣传未参保集体企业退休人员纳入基本

养老保险统筹有关政策，及时将未参加城镇企业职工基本养老保险的“五七工”、家属工纳入基本养老保险统筹范围。（孔小辉）

【职业技能培训】 2010年，克拉玛依市劳动和社会保障局不断改善劳动者素质结构，实施特别职业技能培训计划。一是组织对困难企业在职职工、大中专毕业生、失业人员、新成长劳动力、农村劳动力和进城务工人员开展中短期技能提高培训、职业技能培训、储备性技能培训、创业培训和定向、订单式培训。根据市场需求，合理设置培训专业，调整教学内容，增强培训的针对性。二是采取校企联合、部门联合的方式，发挥各自优势，降低培训成本。三是制定完善培训补贴政策，进一步扩大职业培训补贴覆盖范围，全市就业技能培训补贴的工种涵盖石油石化特有工种、制造业、建筑业通用工种、服务业通用工种、计算机高薪技术模块、专项能力等两大类93个工种。加强公共实训基地建设，独山子区、白碱滩区公共实训基地已挂牌运作。强化职业技能鉴定服务，拓宽鉴定领域。四是严格民办职业培训学校管理，规范办学行为，促进民办职业培训健康发展，新审批定点培训机构2家。全年全市组织各类培训56 247人，完成目标任务的137.2%。其中在岗职工培训36 461人，完成101.2%；就业再就业培训4 337人，完成123.9%；创业培训637人，完成127.4%；职业资格证书取证10 487人，完成104.9%；农村劳动力转移培训14 812人。（孔小辉）

【劳动监察】 2010年，克拉玛依市劳动和社会保障局全面推进“两网化”试点工作。全市划分13个监管网格、47个网点，聘用劳动保障监察协管员47名，初步形成市、区、街道、社区四级联动、上下贯穿的网络格局，基本建成以专职监察员为主体、监察协管员协助、兼职监察员为补充的监察队伍体系。进一步完善用人单位网格化管理数据库，采集用人单位劳动用工管理信息10 669户，确保信息数据的真实、准确、完整，实现劳动用工、劳动合同等信息的动态监控。一是稳步推行建筑施工工地劳务人员实名制管理试点工作。制定下发《克拉玛依市关于开展建筑施工企业施工工地劳务人员实名制管理试点工作的指导意见》，在克拉玛依市广阳建筑安装工程有限责任公司、新疆三联工程建设有限责任公司等5家建筑施工企业实行实名制管理试点工作，实现体检和健康档案管理实名制、劳动合同管理实名制、岗前培训和安全教育实名制、工作考勤实名制、工资支付实名制的预期管理目标。二是加大劳动保障监察执法力度。在加强日常检查的同时，集中开展进城务工人员工资专项检查、春暖行动、整治非法用工打击违法犯罪等6项专项行动，严厉打击非法用工、恶意拖欠工资、用工不签订劳动合同等违法行为，营造和谐用工的环境。全市各级劳动监察机构主动检查用人单位765户次，督促用人单位补签、续签劳动合同810人，缴纳工伤保险和大病住院医疗保险810人，下达责令整改指令书24份，书面询问通知书5份，口头责令29家用人单位进行限期整改。接待处理群众个人投诉、集体上访合计435起。（孔小辉）

【劳动关系】 2010年，克拉玛依市劳动和社会保障局建立健全劳动争议调解组织，在市11家街道办事处全部建立劳动争议调解委员会。加强以劳动用工备案为基础的劳动合同管理工作，全市劳动用工备案企业3 427家，备案人数152 947人，签订劳动合同人数149 295人，劳动合同签订率99.6%。集体合同数量持续增加，覆盖劳动者面不断扩大。全市签订集体合同企业1 388家，建立工会组织的企业集体合同签订率98%以上。处理劳动争议案件166件，涉及劳动者191人，案件涉及金额300多万元。开展“双百双规范”试点工作，全市有176家享受政府补贴的企业签订双百双规范承诺书。（孔小辉）

【劳动工资】 2010年，克拉玛依市企业工资分配宏观调控持续加强。市劳动和社会保障局发布部分行业、工种（岗位）劳动力市场工资指导价位、工资增长指导线和2009年行业人工成本信息，为企业科学合理确定劳动者工资报酬提供依据。调整克拉玛依市最低工资标准，最低工资标准由不低于800元/月调整为不低于960元/月。严格工时审批制度，审批下发塔林、采丰、西部明珠等24家企业实行特殊工作制的批复，涉及员工14 739人。继续大力推行进城务工人员工资保障金制度，全市登记163个新建工程施工项目，征收工资保障金1 090万元，工资保证金1 797万元。（孔小辉）

【业务培训与教育】 2010年，克拉玛依市劳动和社会保障局开展全市基层劳动保障工作人员业务培训，全市4区2乡132名基层劳动保障工作人员参加培训。一是为落实对地方企业的帮扶，规范企业用工，免费举办2期企业劳资人员、管理业务培训班，有80多家地方企业的150名企业劳资人员参加培训。二是全面落实党风廉政建设责任制。制定《2010年党风廉政建设和反腐败工作安排》、《2010年机关效能建设实施方案》。为确保廉政教育达到实效，开展警示教育活动，组织劳动保障系统党员干部观看《廉政准则》、《治理小金库》辅导讲座，赴市委党校参观反腐倡廉教育基地，参观展览馆、1号井等爱国主义教育基地。党员领导干部签订廉政承诺书，并在劳动保障局域网站进行公示。市劳动保障系统全年未发生有违反领导干部廉洁自律规定的人和事。三是认真落实行政许可法，切实提高依法行政水平。加大对行政执法的监督力度，完善行政执法案卷评查制度、规范性文件前置审查制度。在实施行政许可工作中，严格按照法定程序、时限、条件等实施行政许可，无违法问题发生。全年办理行政许可2 990项，其中审批初、中级职业资格2 439人次，审查集体合同77件，受理工伤认定申请450件，审批不定时工作制和综合计算工时工作制24家。四是深入开展矛盾排查化解工作，及时化解关系群众切身利益的矛盾纠纷。建立健全各科室、各区、街道、社区四级网络，充分利用街道、社区加大排查力度，及时化解和调处矛盾纠纷。（孔小辉）

【基础建设】 2010年，克拉玛依市劳动和社会保障局加快劳动保障信息化建设进程。一是稳步推进金保工程一期建设步伐，先后召开12次协调会，研究解决相关事宜。组织完成28万社保数据的整体迁移、软件升级更新和55万人口信息数据比对工作。制定下发《克拉玛依市社会保障卡发放管理办法》，开展4次刷卡测试。至年底，全市发卡测试人数有2万多人。二是深入开展创先争优活动。成立创先争优活动领导小组,制定符合劳动保障实际的实施方案,不断创新活动载体,有效推动工作顺利进行。三是开展争做优质服务标兵、"每周一星"活动,提升党员干部整体形象。四是建立联系点制度,加大对基层劳动保障工作人员的业务指导力度。五是实施公开承诺制度,主动接受社会和群众监督,每名党员干部按照"五带头"标准,提出具体的工作目标和措施,主动做到亮身份、做表率、增动力。六是努力创建学习型组织。制定下发《市劳动和社会保障局建设学习型组织实施方案》,开展"五个一"学习活动,即每周组织一次业务学习,每月推荐读一本好书,每季度组织一场专题讲座,每半年撰写一篇学习心得体会,工作人员每年至少接受一次学习培训。 (孔小辉)

市人才劳动力交流

【市人才劳动力交流中心领导名单】

主任:李军

副主任:居来提·夏亚合买提

【基本情况】 2010年,克拉玛依市人才劳动力交流中心内设7个科室:综合科、毕业生就业指导科、职业介绍所、人事代理科、信息科、就业培训科、外来劳动力管理办公室。有编制25人,其中19人具有人才中介师资格,均为大专以上学历。人才中心为克拉玛依市人民政府直属的县处级全额拨款事业单位,主要职能是负责克拉玛依市的人才交流、毕业生就业指导、职业介绍、就业前培训、就业见习、人事代理、企业紧缺人才引进、就业信息收集发布和管理等工作。 (张立群)

【就业概况】 2010年,克拉玛依市人才劳动力交流中心坚持以人为本和公平、公正、公开、择优、帮扶的原则,通过进一步提高日常职业介绍、毕业生就业指导、就业前培训、就业见习等工作的服务质量,加大就业岗位信息发布和就业政策宣传力度,规范开展人才引进工作,拓展人事代理业务,加强流动人员档案管理,完善信息化服务平台,全力促进就业和扩大就业,为克拉玛依市实现跨越式发展和长治久安,以及打造世界石油城的目标而努力作出应有的贡献。全年市人才劳动力交流中心发布就业岗位4 372个,实现就业1 662人,组织10场次1 628人参加培训,组织大型招考10次。实现就业的1 662人中女性820人,少数民族383人,低保19人。就业人员分布在国家机关事业单位和中央、自治区驻市单位774人,私营、改制单位、其他单位710人,自谋职业、灵活就业、个体178人。全年有308家用工单位发布就业岗位4 372个,其中中央、自治区驻市石油石化单位提供岗位585个、国家机关事业单位提供岗位404个、改制企业提供岗位346个、石油石化企业专业技术人员的7次招考活动,报名人数有1.2万多人次,通过资格审查8 638人。至年底,仍在人才劳动力交流中心登记的失业人员2 014人,其中女性1 303人,少数民族898人,低保15人。 (张立群)

【就业服务】

日常职业介绍 2010年,克拉玛依市人才劳动力交流中心不断创新工作方法,规范工作程序。通过采取多种有效措施,围绕努力促进和扩大就业的目标,稳步推进各项就业服务工作的开展。通过了解、掌握每位求职者的个人信息资料和就业、失业状态,以及个人求知意向,根据用人单位提供的岗位招聘信息,及时调出相近专业的求职登记人员信息,组织好专业化或个性化双选,主动进行引导,并有针对性地为各类求职人员提供日常职业推荐,重点推荐大龄、女性、少数民族、低保户。通过有针对性的推荐服务,提高日常介绍的匹配成功率,有效促进就业。

岗位信息发布 人才劳动力交流中心坚持每周定期通过《新疆石油报》、《克拉玛依日报》、电视台、克拉玛依市政府公众信息网、人才中心网站、油城信息港等媒体发布1次就业岗位信息。在人才交流大厅通过室外电子大屏、就业咨询热线、信息栏等同步发布信息,求职者可以全天候咨询就业信息和就业政策。至年底,发布各类用工信息共计4 372个。加强岗位信息发布的准确性和有效性管理,走访了解发布岗位招聘信息的企业,尤其是小型、知名度不高的企业,并在中心网站介绍、宣传,让求职人员对企业有所了解。对发布岗位信息不实和想通过发布岗位信息达到其他目的用工单位列入黑名单,限制发布信息。

困难群体就业帮扶 人才劳动力交流中心将困难群体帮扶作为重点工作之一,指定专人负责职业指导工作,进行面对面指导。根据困难群体个人情况,通过就业见习、政府公益岗位托底安置等方式,实现其就业。针对低保家庭未就业子女,由中心每位党员与其"结对子"进行一对一的帮扶。通过努力,有13个低保家庭子女实现就业。

复转军人"双选" 克拉玛依市全年接受退役士兵及转业士官78人,属于克拉玛依市本级安置共计62人(不包括独山子16人)。其中女兵4人,少数民族10人,转业士官1人。克拉玛依区39人、白碱滩区17人、乌尔禾区3人、异地入伍2人、转业士官1名。市人才劳动力交流中心深入企业进行岗位摸底调查,向企业介绍复转军人情况,经过多方努力,有66名复转军人通过"双选"安置就业。

专业化招考 市人才劳动力交流中心组织10次招考活动,始终坚持公开、公正、竞争、择优的原则,根据招聘活动内容制定招考工作预案、安全预案,按照公布信息、组织报名、笔试、面试、体检、岗前培训、办理录用手续的运行程序,组织招考活动。活动全程由不同责任单位相互衔接、相互监督,并同时接受纪检部门、群众监督,营造公平、竞争平台。

外部就业市场开拓 市人才劳动力交流中心加大开拓外部就业市场力度,与自治区人才市场、乌鲁木齐市人才市场、南疆人才市场、西南销售公司等单位建立信息共享机制,广泛挖掘外部就业岗位,通过中心各类信息发布平台及时更新发布外部岗位信息,引导和鼓励克拉玛依市毕业生到外部就业,多渠道的缓解克拉玛依市就业压力。根据克拉玛依市打造世界石油城的目标要求,为充分发挥石油石化专业市场人才资源储备、配置作用。5月中旬,由中心领导带领相关工作人员前往新疆多个地州,利用半个月的时间,对当地企业的人才需求情况以及当地人才市场关于石油石化紧缺人才引进和用工信息共享问题进行座谈和调研,了解各地州人才需求情况。一方面将加大与疆内外人才市场紧密联系,提前做好石油石化专业人才资源储备和配置,实现信息资源共享化。另一

方面筛选出一些有效的岗位，引导、推荐克拉玛依市未就业人员多渠道实现就业。（张立群）

【就业指导与宣传】 2010年初，市人才劳动力交流中心根据毕业生情况和就业政策，制定全面的就业指导和就业宣传计划。一是整理印制毕业生登记须知、毕业生就业指导问答解析等宣传手册各2 000份，分发给毕业生及其家长，让毕业生能够及时全面了解当前的就业形势和登记程序。二是通过克拉玛依日报开展4期就业指导专题报道，在人才中心院内宣传栏开展10期就业典型事例和就业形势的系列宣传。通过开展就业指导和就业宣传，正确引导毕业生及其家长转变就业观念，树立正确的择业观，同时营造社会共同关注就业的氛围。（张立群）

【就业前培训与就业见习】 2010年，克拉玛依市人才劳动力交流中心根据年初制定的培训计划，培训工作有条不紊的开展，全年组织10场次培训，培训人数1 628人，其中组织计算机培训1次。组织行政能力测试培训5次，毕业生就业指导5次。为使失业人员了解、掌握就业见习政策，就见习岗位，市人才劳动力交流中心通过电视、宣传栏、咨询服务等多种形式，进行就业见习工作的全方位宣传，并做到每月发布1期最新的见习岗位信息。至年底，有54家单位申报见习单位，22家单位开展就业见习工作。全年申请就业见习的人员有300多人，其中191人开始就业见习，其中男性46人，女性145人，少数民族76人。有40人通过就业见习与见习单位签订劳动合同。（张立群）

【人事代理服务】 2010年，克拉玛依市人才劳动力交流中心以精诚敬业、热情服务为指导思想，以稳根本、重服务为工作原则，扎实认真地做好每一项服务，提高工作质量，强化服务意识，为克拉玛依市各类人员的流动、管理、交流提供优质服务。全年接收档案2 910份，转出档案1 974份。出具各类证明材料、调档函、接收函82份。办理社会人员退休手续125人。新增19家企业签订档案托管协议。对217名集体户挂靠人员进行日常管理，户口使用率5%。至年底，中心存放档案16 437份，签订人事代理服务协议84家企业。（张立群）

【人才落户服务】 2010年，克拉玛依市人才劳动力交流中心加强与地方企业的沟通，引导企业合理进行人才引进和吸纳本地未就业人员承担社会责任。召开地方企业紧缺专业人才引进落户的联席会议，按照《克拉玛依市人才引进落户若干规定》和克拉玛依市紧缺专业人才引进落户政策，与市公安局、市经贸委共同商定采丰公司等20多家改制企业人才引进人员的落户申请，审核通过97名申报落户人员，为相关人员办理落户手续。（张立群）

【信息化服务平台建设】 2010年，克拉玛依市人才劳动力交流中心通过不断完善信息化服务平台，毕业生报到、档案查询等一系列服务工作以完全实现网络化服务，充分营造市场化就业服务机制的氛围。为能更好地发挥中心中国新疆石油石化专业市场网的作用，满足政府和企业招考的需求，市人才劳动力交流中心对网站的报名考试系统进行升级，升级后由每天几百人的压力测试值提升到千人以上，实现网上缴费功能，极大地改变了以往人员集中聚集的报名、审核方式。升级后的数据库可接纳报考人数由以前的不到3万人，提升到可安排25万人考试的需求，不但解决了克拉玛依市日见增长的招考需求，同时也满足了新疆局部地区大型招考的需要。（张立群）

【矛盾纠纷化解】 2010年，克拉玛依市人才劳动力交流中心对可能产生不稳定因素和苗头隐患的重点部门进行重点关注。中心领导多次强调全体职工要以促进就业，维护社会稳定为目标，以高度的责任感，带着感情妥善处理群众反映的各种问题，努力化解各种矛盾，扎扎实实做好就业服务工作。全年接待来信、来访、来电6 800人次，其中来访4 100人次，办结率100%。对克拉玛依市领导批示给人才中心关于就业问题的上访信件，都由专人负责。通过与本人沟通、了解情况，并根据上访人员实际情况，多方联系，推荐就业工作岗位，消除不稳定因素。全年收到上访批件20起，有18起得到解决，有2起正在落实过程中，有效化解了突出的矛盾纠纷。（张立群）

【基础建设】 2010年，克拉玛依市人才劳动力交流中心以建设学习型党组织、推进机关作风转变为主线，切实加强基础建设工作。一是建设学习型党组织。成立由主任和各科室负责人为成员的学习型党组织建设领导小组，制定下发《人才中心2010年学习安排》，制定理论学习计划和理论学习制度。二是开展创先争优活动。党组制定下发《开展创先争优活动实施方案》，成立创先争优活动领导小组，开展比学习，看精神状态。比工作，看工作实效；比服务，看服务意识；比奉献，看贡献大小的“四比四看”活动，提升活动效果。三是加强作风建设。以作风建设和党员领导干部廉洁从政为内容，向各科室和党员下发征求意见函，广泛征求意见建议。四是开展优质服务窗口创建活动，不断规范服务标准、服务程序、服务承诺、服务言行，窗口服务质量和水平不断提升。五是深入开展廉政准则活动。以观看辅导讲座电教片、支部主要负责人讲廉政党课、组织知识测试、撰写学习心得体会等形式，引导党员干部牢固树立正确的权力观、地位观和利益观。（张立群）

油田公司人事管理

【油田公司人事处领导名单】

处长：张建国

副处长：阿力根·阿不都扎克、陈新文（3月任职）、张智勇

【基本情况】 2010年，新疆油田公司人事处内设10个科室：综合科、劳动组织科、工资科、员工管理科、专业技术人员管理科（职改办、博管办）、培训科、技能开发科、人事档案信息科、劳动保障科、机关人事科。主要职能是根据国家和集团公司有关政策，研究制定公司人力资源管理政策、制度、规定并监督执行；负责公司人力资源中长期规划和年度计划编制、组织实施；负责劳动组织、机构编制和劳动定员定额管理工作；负责用工总量的控制与管理；负责薪酬、保险、福利管理等工作。（高新林）

【企业用工情况】 2010年，新疆油田公司有在册员工51 204人，其中管理和专

业技术人员16 757人,女员工21 504人,少数民族员工12 697人,内部退养员工2 588人,市场化用工9 471人。

（高新林）

【机构调整】 2010年,油田公司进一步调整规范机构、职能和编制,优化组织结构。一是组织调整公司机关及直附属机构、职能、人员（涉及机构18个）,完成《新疆油田公司机关及直附属机构编制方案》的实施工作,达到集团公司的要求。二是按照集团公司"三控制一规范"和《油气田企业组织机构设置规范》要求,制定《新疆油田公司组织机构设置规范》、《新疆油田公司机构编制管理办法》和《新疆油田公司岗位设置办法》,并按标准调整规范32家二级单位的机构编制,明确矿区服务事业部机关机构编制。通过调整规范,二级单位机构设置进一步优化,压缩管理层级,精简机构,初步形成规范的组织机构体系和岗位设置标准体系。三是根据公司发展战略,持续推进业务机构重组工作。将采气一厂原油生产业务和人员划转到采油二厂;将采油工艺研究院和新疆石油工程建设监理有限责任公司整体纳入上市业务管理;将治安保卫中心供水设施治安保卫业务及人员移交供水公司管理;将井控培训业务划入技术工人培训中心;将乌鲁木齐办事处的牌子和下属的建安公司、房产公司划归新时代大酒店;配合开展将成都办事处、上海办事处向市政府移交工作;按照集团公司要求,组织完成液化气销售业务的移交工作。

（高新林）

【人力资源合理配置】 2010年,油田公司人事处合理调剂、配置人力资源,有效控制油田公司用工总量。一是深入挖掘内部潜力,盘活用工存量。开展内部人力调剂,分批从井下作业公司、消防支队等单位,调剂206人充实到风城油田作业区、采油一厂、采油二厂等单位,确保油田重点生产项目。通过内部招聘、平衡调剂等方式,组织从井下作业公司、党校、百口泉采油厂等单位调剂130名驾驶员,转岗培训后充实到客运公司城市公交驾驶岗位,向燃气公司调剂32人,确保中巴车退市、城市燃气发展等重点工作人力需求。二是合理控制和配置新增人员。新增837人,充实专业技术和一线生产岗位。其中引进主专业高校大学及以上毕业生252名,接收复转军人25人,稳妥招录劳务工500人（含12月拟招300人）,接收原管理局招录技校毕业生60人。三是有效控制用工总量。配合公司未上市业务扭亏解困工作,测算、提出相关单位扭亏用工控制任务指标。编制年度用工计划,将用工总量指标签入单位业绩合同,纳入业绩考核,严格控制执行。四是在保障生产经营人力需求的同时,完成集团公司下达的2010年油田公司用工总量比上年度减少900人的控制指标。

（高新林）

【绩效考核管理】 2010年,油田公司人事处加强薪酬保险、绩效考核管理,进一步提高员工收入。一是精细做好薪酬总额管控工作。加强人工成本分析研究,按季度统计分析公司人工成本运行状况并上报集团公司。精心编制公司薪酬年度运行计划,严格落实审批制度,跟踪掌握,确保按计划平稳运行,提高了工资计划的准确性、科学性。及时完成4 277名管理和专业技术员工薪酬考核晋档工作,人均月增资79.5元。根据集团公司的部署,完成员工工资标准的调整工作,人均月增资290元。调整内退员工退养生活费待遇,将原按岗位（技）工资、地区补贴80%发放的生活费,调整为100%发放。二是加强绩效考核管理。根据集团公司的要求,仔细研究、周密安排、部署经济增加值（简称EVA,下同）考核推进工作,开展EVA指标模拟考核工作。认真完成季度、年度业绩考核兑现工作,完成公司所属各单位领导班子成员年度业绩考核兑现奖的测算审批工作。三是加强企业年金管理工作,制定完善相关政策和管理办法,使企业年金工作制度化、规范化。扎实做好劳动保险有关工作,认真核定社会保险缴费基数,按时足额缴纳各类社会保险。按照市油田党委的工作部署,参与协调退岗家属工纳入社会养老统筹和再就业人员待遇调整相关工作,平衡不同群体的利益诉求,促进社会和谐稳定。（高新林）

【人才队伍建设与管理】 2010年,油田公司人事处扎实推进管理、专业技术和操作技能人才队伍建设,取得好的效果。一是开展一般管理与专业技术人员年度考核工作。规范、完善一般管理与专业技术人员聘任管理政策,规范一般人员聘任审批手续。按照新核定的编制定员,有序开展聘任工作,逐步实现员工岗位、身份、待遇的统一。二是坚持评聘分开,切实做好职称评审工作。全年评审正高级职称12人、副高级职称145人、中级职称478人。开展人才对口支持工作。制定出台《新疆油田公司对口支持工作管理办法》,加大人才对口支持工作力度,加强对口支持后备员工培训。培养选拔13名人员陆续充实到哈萨克斯坦公司关键岗位;协调9个基层单位10人借调到海外技术支持中心工作;为10名哈萨克斯坦公司新员工提供岗位实践锻炼机会,提高业务素质,积累工作经验。三是加强技能人才队伍建设,完成14名集团公司级技能专家和43名油田公司级技能专家年度考核工作,按照相关规定给予有关待遇。完成对公司技术能手的评选工作,审核评选出100名公司技术能手。完成技师协会的改选,调整协会领导机构,增补协会理事、副理事长,表彰公司技术能手和技术工人优秀论文。四是加强公司博士后科研工作站管理,引进博士后研究人员参与公司主要科研生产研究,充分借助石油院校的科研力量,服务油田建设发展。

（高新林）

【员工培训】 2010年,油田公司人事处全面实施大培训工程,培训三项工程建设、技能大赛取得新的突破。一是科学组织制定并认真落实年度培训项目计划。以核心骨干为重点,优化归并培训项目,分级分类、统筹开展培训工作。紧跟油田勘探开发和大油气田建设,大力推进专业技术人员新技术、新工艺、新方法和理论知识的培训,强化经营管理人员业务培训,强化操作服务人员技能培训。全年完成培训项目869个,培训58 972人次,其中管理和专业技术人员完成培训项目588个26 643人次,操作服务人员281个32 329人次。培训基地、教材、师资三项工程建设取得重大成果。二是专兼职教师队伍整体素质进一步提升。完成采油、集输等主要工种实训厂房建设。完成热注、采气、集输等5个工种电子教材编写,采油、集输、热注3个工种多媒体课件开发,以及培训系统操作平台的建设。改善培训环境和培训条件,为油田公司创新培训模式,探索远程培训,实现理论教课与现场模拟同步进行奠定基础。三是开展公司第六届职业技能竞赛和公司油水井三级地质动态分析竞赛活动。全力参加集团公司采油工种技能竞赛，取得个人1枚银牌、1枚铜牌，团体优胜奖第五名的成绩，实现公司此项赛事零的突破。四是配合公司民族团结年活动，将民族团结教育内容纳入教材，设置课程。开展少数民族员工专题培训，完成公司少数民族员工学汉语竞赛活动，促进少数民族员工队伍素质不断提高。（高新林）

【劳动用工管理】 2010年，油田公司人事处根据国家《劳动合同法》颁布实施、原企业职工奖惩条例废止等实际情况，牵头起草和修订《新疆油田劳动合同管理办法》、《劳动合同管理工作程序》和《新疆油田公司劳动纪律管理规定》，健全完善公司劳动管理的规章制度，进一步规范企业劳动合同管理和劳动纪律管理。及时做好员工劳动合同的签订、续签、变更、解除、终止工作，对各单位依法用工情况进行认真检查指导，加大力度清理、整改劳动用工管理中存在的问题，协助妥善处置劳动争议问题，有效规避劳动用工风险。开展市场化用工、劳务工转录工作。135名市场化用工、劳务用工转录为合同化员工，2 351名劳务工转录为市场化用工，建立员工有序补充机制，极大地调动了市场化用工和劳务工的钻研技术、提高技能、扎根一线的积极性。（高新林）

【机关人事管理】 2010年，油田公司人事处做好机关人事管理工作，机关人事工作更加严谨规范。一是按新机构编制方案做好机关人员调整的同时，按照公开、公平、公正的原则，严格按照程序组织油藏评价处、计划处、财务处、档案中心、审计中心开展17个岗位的竞聘工作。对公司机关拟提拔的70名科级干部人选进行考察，撰写考察材料。根据人事任免决定，起草印发33份任免文件，任免137人。二是严格按照有关规定认真审查干部学历、学位档案，及时更新维护信息并归档。认真做好调动、借聘工作。全年办理调动手续194人，借调手续22人、借用手续5人。协调安排11人次前往昆仑燃气公司应聘面试、培训、试用等事宜。（高新林）

【人力资源规划】 2010年，油田公司人事处科学编制公司“十二五”人力资源规划，深入开展人力资源规划战略研究，客观评价公司人力资源现状，深刻分析油田“十一五”人力资源开发规律、存在问题、面临形势和发展环境，紧紧围绕公司发展战略，按照前瞻性、科学性、协调性、系统性、可行性的原则，科学编制油田公司“十一五”人力资源规划。明确油田公司“十二五”期间人力资源发展方向、工作目标和重要任务，客观预测人力资源的结构性需要，提出实现需求的有效途径，同时为规划顺利实施制定具体的保障措施。人力资源规划获公司“十二五”规划优秀成果二等奖。（高新林）

【人力资源系统应用】 2010年，油田公司人事处全面推进人力资源管理系统应用，增强掌控能力。一是开展人力资源管理系统管理应用的培训工作，加大对人力资源信息系统使用维护情况的考核力度，定期开展检查、考核、评比，发现问题限期整改，有力促进信息系统维护管理和应用水平的全面提升。二是完成托管单位人力资源信息系统管理方式的调整工作，规范统一统计分析和成本核算口径。完成ERP人事系统各个业务模块的测试运行和上线应用，各项工作走在西部油田的前列。三是加强人事档案管理，提高人事统计分析质量，及时按要求分析报送数据信息，为领导决策和部门工作提供服务。通过加强人力资源信息系统的应用与管理，提高管理水平和工作效率。（高新林）

油田公司职业技能鉴定

【中国石油新疆职业技能鉴定中心领导名单】

主任：王阳福

副主任：许召瑞、陈树立、李永成

【基本情况】 2010年，中国石油新疆职业技能鉴定中心内设综合管理科、考务管理科、题库管理科3个科室，7个职业技能鉴定站，有工作人员36人，其中高级工程师4人、工程师32人，大专及以上文化程度33人，取得国家职业技能鉴定管理人员证书26人、质量督导员证书39人，管理着1 260名考评员。业务除负责油田公司职业技能鉴定工作外，根据集团公司职业技能鉴定指导中心《关于规范职业技能鉴定机构名称和鉴定范围的通知》精神，担负克拉玛依石化公司、克拉玛依润滑油厂以及石油行业改制企业等单位的职业技能鉴定工作。同时负责中国石油天然气运输公司职业技能鉴定站的业务托管工作。鉴定范围涉及石油勘探、钻井、采油、炼油、化工、油田建设、交通运输、水电、机械、通讯、供热等25个行业(专业)300多个工种。鉴定级别包括初级、中级、高级、技师、高级技师。地域覆盖东至彩南油田，西至独山子石化工业基地、北至准噶尔盆地、南至塔里木盆地，足迹遍及天山南北。2010年，职业技能鉴定中心获自治区、集团公司先进职业技能鉴定中心，2个鉴定站获集团公司先进站，9人获集团公司职业技能鉴定先进个人。（那艾斯毛）

【职业技能鉴定】 2010年，职业技能鉴定中心实际鉴定工种140个；鉴定15 355人次，合格率62.5%，验证考核2 175人次，合格率73.6%。理论试卷制卷1 212种，共计13 000份。安排理论考试494场次、阅卷10 966份。完成新疆油田公司下达的11 101人次鉴定计划，完成率102%。受集团公司委托，完成西部管道公司、西部钻探、克拉玛依石化公司、新疆销售的52个工种3 410人次的鉴定工作。实现年初制定的顾客满意度≥95%、鉴定质量投诉率≤5‰的质量目标。（那艾斯毛）

【题库的开发与维护】 2010年，职业技能鉴定中心完成井下作业工、仪表安装工、燃气轮机机电运行工、汽轮机运行值班员、电气值班员、热力司炉工、变电站值班员、化学水处理工(低压)、热注运行工9个工种的题库修订工作。加油站操作员题库，在中石化“十一五”题库中实际操作部分不符合加油站操作员的实际工作情况，结合中石油销售板块的加油工题库进行修改调整，原中石化题库中实际操作项目中的评分标准需要细化。新增加钻井液工、硫铵工2个工种题库。订购104套题库资源(中石化16个、中石油88个工种)。至年底，已有95个工种题库。全年2次发布通知启用36个工种题库，其余工种将在2011年起全面启用。（王晓岚）

【基础建设】 2010年，职业技能鉴定中心做好操作技能鉴定场所建设，在石西作业区增加1个鉴定场所。结束整装油田没有鉴定场地的历史，为整装油田数字自动化采油工种的鉴定提供便利。补充完善百口泉采油厂和风城作业区鉴定场地，其中百口泉采油厂力度最大，新增抽油机2台，教学模具和工用具若干，工具陈列室4间，教室8间，为培训和鉴定提供更加便利的条件。 （那艾斯毛）

【信息管理】 2010年，职业技能鉴定中心新增机构和鉴定工种，中心人员做比较大的调整，对中心网络管理平台运行的程序造成较大影响。中心对系统程序进行修改，根据人员变动情况进行授权，各站按工种进行分配，保证系统正常运行。在日常工作中，对数据库中的历史数据进行清理、剥离，减少数据冗余。对运用过程中出现的各类问题进行数据修改，保证数据的安全性，数据备份。全年未出现系统数据安全事故。网上现存有从2000～2010年各类鉴定成绩数据14万多条记录，网上浏览量累计25万人次。 （那艾斯毛）

【质量督导】 2010年，职业技能鉴定中心委派督导员对采油技师等一些重点鉴定批次进行质量督导。落实领导及有关科室人员巡考制度，保证鉴定质量。聘请基层单位11位人员为职业技能鉴定信息采集员，负责收集基层单位和职工群众对职业技能鉴定工作的意见和建议，跟踪研究和调查职业技能鉴定工作中发现的问题，定期反馈到中心。同时对国家、集团公司和新疆油田公司职业技能鉴定工作的相关政策进行宣传、解释。受集团公司委托，完成对西部钻探公司、吐哈油田、新疆销售公司、青海油田的鉴定质量督导工作。 （那艾斯毛）

【考评员管理】 2010年，职业技能鉴定中心进一步提高鉴定质量和提高考评员持证率有效率。受集团公司职业技能鉴定指导中心的委托，在克拉玛依和自治区党校各举办1期考评员培训班，各单位推荐责任心强、职业道德好、技术过硬的人员参加考评员培训班。聘请自治区有关专家亲自授课，培训考评员146人、高级考评员39人。经结业考试均取得国家职业技能鉴定考评员证书。 （那艾斯毛）

油田公司社会保险管理

【新疆油田矿区服务事业部社会保险管理中心领导名单】

主任：张建国（兼）

常务副主任：贺保（正处级）

副主任：何永录、张承杰

【基本情况】 2010年，新疆油田矿区服务事业部社会保险管理中心有员工150多名，其中3个副主任，40名正副科级。有女职工78人，占员工总数的60%，员工平均年龄44周岁，机关12个科室。除5个险种科室以外，还设有基金、信息、社保档案、家属医疗费报销、征费、综合和财务管理7个科室，下属10个保险事务所实行窗口式服务，分布于克拉玛依、独山子、准东、乌鲁木齐等地。中心建立党的总支委员会，下设机关、克拉玛依市区、外滩区和乌鲁木齐市明园4个党支部，有党员81名。主要负责新疆油田企业、独山子石化、克拉玛依石化、润滑油厂、西部钻探、地调处、CPE新疆油建、设计院以及改制多经企业等390多家企业的在职职工、离退休（退职）人员、市场化用工（就业职工子女）以及有偿解除劳动合同接续保险人员等近15万人的养老、医疗、失业、工伤、生育等保险的管理和业务经办。此外，还担负着3万多名油田退岗职工家属、遗属、遗孀生活补贴、医疗费、供养直系亲属抚恤金的支付和离退休（退职）人员护理费的审批发放；养老金实行社会化发放。每年基金和统筹外资金收支近90亿元。中心基本形成5个险种齐全的社会保险体系，成为向新疆油田、石化及改制多经企业提供经办服务的社会保险机构。为维护社会稳定、企业发展起到积极的作用。 （王瑞霞）

【社会保险基金收支】 2010年，社保中心管理的9项基金和非统筹费用总收入496 061万元，支出418 824万元，年度收支结余77 237万元。一是五项社保基金收入445 148万元，支出373 764万元，收支结余71 384万元。养老保险基金收入329 904万元，其中缴费收入213 371万元。基金支出291 999万元，其中保险待遇支出115 451万元，基金收支结余37 905万元；医疗保险基金收入83 177万元，其中缴费收入80 611万元。基金支出46 100万元，其中医疗待遇支出45 673万元。基金收支结余37 077万元；失业保险基金收入19 707万元，其中缴费收入19 449万元。基金支出30 828万元，其中待遇支出95万元，为困难企业拨付社会保险补贴和岗位补贴21 533万元。基金收支结余11 121万元；工伤保险基金收入5 573万元，其中缴费收入5 528万元。基金支出2 663万元，其中待遇支出2 659万元。基金收支结余2 910万元；生育保险基金收入6 787万元，其中缴费收入6 717万元。基金支出2 174万元，其中待遇支出2 174万元。基金收支结余4 613万元。二是四项其他专用基金收入6 983万元，支出3 291万元，年度收支结余3 692万元。进城务工人员住院医疗保险基金收入102万元，其中缴费收入101万元。基金支出21万元，其中医疗待遇支出21万元。基金收支结余81万元；补充医疗基金收入6 733万元，其中缴费收入6 684万元。基金支出3 116万元，其中医疗待遇支出3 116万元。基金收支结余3 617万元；新疆油田退岗家属大病救助基金收入101万元，支出154万元，基金超支53万元（用以前年度结余弥补）。社保违规行为举报奖励基金收入47万元，没有支出，年度结余47万元。三是退岗职工家属生活补贴及医疗费、遗属生活困难补助、离退休人员生活补贴、水电液化气补贴，以及支付退岗家属、遗属遗孀"双节"慰问金等非统筹费用收入43 930万元，支出41 769万元，收支结余2 161万元。 （王瑞霞）

【社会保险待遇调整】 2010年，社保中心认真做好社会保险待遇调整工作。一是根据自治区《关于调整2010年企业退休人员基本养老金有关问题的通知》规定，按时完成33 238名退休人员2010年度养老金待遇调整工作，并于2月5日前将调整的养老金发到退休人员的手中，人均月增资208元。二是根据自治区人力资源和社会保障厅、财政厅《关于统一乌鲁木齐地区企业离休人员补贴标准的通知》精神，调整745名离休人员及新中国成立前参加革命老工人生活补贴标准。其中厅局级32人，人均提高617

元;处级363人,人均提高536元;科级及以下64人,人均提高441元;新中国成立前老工人286人,人均提高449元,并于6月25日发放到离休人员的手中。三是根据油田公司《关于调整油田职工遗属生活困难补助费标准问题的通知》精神,调整遗属生活困难补助费标准3 768人,合计月增资25.25万,补发75.83万。四是根据自治区人民政府办公厅《关于对参加自治区城镇企业职工基本养老保险社会统筹的离退休人员实施冬季采暖费补贴的通知》规定,为离退休人员增加采暖费补贴34 282人,月增资411.38万元,补发3 280.75万元。根据自治区人民政府办公厅《关于对参加自治区城镇企业职工基本养老保险社会统筹的有关退休人员实施生活补贴的通知》规定,为符合条件的15 270名退休人员增加生活补贴。合计月增资183.24万元,补发366.74万元。根据自治区人民政府《关于调整2009年工伤(亡)职工工伤保险待遇的通知》规定,调整工伤(亡)职工工伤保险待遇。其中调整伤残津贴1 317人,月增资9.33万元,补发215.99万元。调整生活护理费45人,月增资0.44万元,补发9.62万元。调整供养亲属抚恤金待遇252人,月增资2.25万元,补发53.99万元。五是根据克拉玛依市、油田党委《关于2010年春节暨2009年古尔邦节期间向离退休职工、家属工和困难遗属发放一次性节日慰问金(帮扶金)的意见》精神,于1月19日,完成向17 026名退岗职工家属和困难遗属按人均300元标准发放一次性节日帮扶金工作。完成中秋、国庆对14 000名退岗职工家属每人300元慰问帮扶金发放工作。 (王瑞霞)

【社会保险待遇审核支付】 2010年,社保中心严格按要求审核和支付社会保险,各项待遇。一是按月足额发放440 241人次的离退休人员养老金128 291.26万元。其中统筹内养老金113 011万元,非统筹金3 338.67万元,企业生活补贴11 941.59万元。审核支付685名离退休人员和参保人员死亡丧葬费及救济费1 753.84万元;支付437人次离退休职工及参保人员供养直系亲属死亡丧葬费65.28万元;审核支付44 955人次遗属生活困难补助费1 624.44万元;审核支付2 868人次因工死亡人员抚恤金310.08万元。审核支付7 368人次离休、新中国成立前参加革命的退休老工人的遗孀生活困难补助费611.65万元。退还个人账户211人次,计372.93万元;申拨转移个人账户16人次,计28.7万元。二是报销参保人员基本医疗保险费共计373 012人次(其中住院15 167人次、门诊357 845人次),医疗费总额58 136.64万元(其中住院费14 913.73万元、门诊医疗费43 222.91万元;个人账户金支出15 883.56万元,统筹金支出32 927.54万元)。进入补充医疗补助范围188 353人次,补助总金额3 114.87万元。三是审核支付一次性因工伤残补助金275人,支付金额697万元;审核支付1~4级伤残人员津贴6人;审核支付一次性工亡补助金124人,支付工亡补助金和丧葬补助金244万元,审核支付陪护费92人次,金额21万元;完成43个参保单位11 477名进城务工人员及外雇人员参加工伤保险审核和缴费基数核定工作。审核支付3 126人次工伤治疗费1 138万元;审核支付22人工伤辅助器具配置费21万元。四是办理95名失业人员失业保险登记,发放失业保险金1 522人次,金额77.89万元;办理医疗保险补助金383人次,补助金额17.4万元。五是享受生育保险待遇4 301人次,其中享受生育津贴878人,支出1 468万元;报销生育医疗费1 992人,支出658万元;报销计划生育医疗费1 431人次,支出48万元。审核外地生育医疗费用62人次。六是完成18 655名退岗职工家属生活费及医疗补贴待遇按时足额发放工作。退岗职工家属门诊医疗费报销33 920人次,审核医疗费总额2 379.26万元,报销支付1 184.55万元;居保门诊报销11 712人次,报销支付189.36万元。住院医疗费报销4 289人次,审核住院费总额1 961.77万元,报销支付796.44万元;居保住院报销3 758人次,报销支付1 954.52万元。审核异地就诊医疗费528人次,费用总额946.7万元。审核大病救助127人次,救助金额158.97万元。其中救助特困户鳏寡孤独人员8人次,救助金额1.82万元;其他大病救助119人次,救助金额157.15万元。 (王瑞霞)

【缴费基数审核与基金征缴】 2010年,社保中心完成对377家参保企业社会保险费缴费基数的核定工作。审核114 655名参保人员缴费申请,核定工资总额692 860.42万元。一是申报基本养老保险缴费109 750人(114 655人中4 905人没有申报基本养老,属于政府托管人员),申报工总额656 685.6万元,核定基本养老缴费基数616 638.1万元。二是申报基本医疗缴费110 441人(4 214人不在医疗参保范围),申报工资总额684 258.5万元,核定基本医疗缴费基数685 180.8万元。 (王瑞霞)

【退岗职工家属纳入基本养老保险统筹】 2010年,社保中心根据《新疆维吾尔自治区关于解决城镇未参保集体企业退休人员基本养老保障等遗留问题的试行办法》,以及配套的实施细则,为妥善解决退岗职工家属纳入自治区基本养老保险统筹问题,结合中国石油驻疆石油、石化企业实际,经新疆油田公司、塔里木油田公司、吐哈油田公司、乌鲁木齐石化公司、独山子石化公司、克拉玛依石化公司、西部钻探公司、石油运输公司、东方物探乌鲁木齐基地管理处、CPE新疆油建和设计院、新疆销售公司11家单位共同协商研究,制定《中国石油驻疆企业解决退岗职工家属纳入基本养老保险统筹工作实施方案》,切实解决退岗职工家属纳入基本养老保险统筹工作。《实施方案》出台前,按照集团公司维稳办关于指定新疆油田公司党委书记徐卫喜为新疆地区总协调人,负责协调驻新疆各企业统一做好退岗家属工纳入养老保险统筹工作的通知要求,为落实自治区《试行办法》精神,解决好驻新疆各企业退岗家属纳入养老保险统筹问题,社保中心在乌鲁木齐先后3次召开由驻疆各企业人事、社保、信访、离退休管理等部门负责人参加的退岗职工家属纳入自治区养老保险统筹工作座谈会。通过会议讨论交流,与会人员对如何贯彻自治区文件精神以及退岗职工家属新旧待遇衔接、企业给予一次性缴费补助、管理服务方式等问题统一思想,达成共识,认真修改《实施方案》,并于6月23日上报集团公司审批。此后,中心和维稳办领导2次赴京协调、催促《实施方案》修改、审批事宜。集团公司于9月6日电话批准驻疆11家企业上报的《实施方案》。9月10日,克拉玛依市、油田公司召开干部大会传达自治区关于解决城镇未参保集体企业退休人员基本养老保障等遗留问题的试行办法、集团公司维稳办的电话批准意见以及《市、油田解决城镇未参保集体企业退休人员基本养老保障等遗留问题的实施方案》。市、油田党委书记徐卫喜要求各单位、各部门要认真抓好传达学习、宣传动员、引导参保工作，力争不放弃一个人，不遗漏一个人，让每一位退岗职工家属明明白白选择补费参保，享受到政策所带来的好处。市、油田干部大会后，社保中心立即召开全体员工大会，传达学习市、油田党委干部大会精神，全面部署启动退岗职工家属补费参保经办工作。中心成立经办工作领导小组，组建工作办公室和政策业务、审核审批、信息技术服务、缴费管理、后勤保障5个业务经办指导小组．按照稳步有序、方便快捷的经办原则，每个社保所分设3个具体业务经办岗位，明确各岗位职责和经办流程。自9月15日起，社保中心各保险事务所正式办理退岗职工家属参保申请、身份审核、填表登记、缴纳养老保险费等补费参保业务。广大退岗职工家属补费参保。在此期间，为加强正确的舆论导向引导，让广大退岗职工家属充分了解自治区政策内容，社保中心组织各区、街道、社区劳动人事、社保、信访、维稳等部门专业人员，组成6个政策宣讲小组，深入各个街道社区，采取召开“五七工”家属工座谈会、入户宣讲、发放宣传资料等形式，面对面讲解政策，解答疑问。印制发放宣传手册25 000册、个人补费参保申请25 000张。每天出1期《新疆油田补费参保工作快报》，重点反映工作进展情况和需要注意的问题，第一时间呈送市油田领导和有关部门，出快报15期。9月15日，社保中心正式开始办理参保手续，至12月31日，办理退岗职工家属补费参保手续15 704人次，占符合条件应办总人数的98%。缴费总额38 952.24万元，人均缴纳2.48万元。发放企业一次性补费困难补助8 153.924万元，人均补助5 200元。有15 402人领取基本养老金。至年底，退岗职工家属补费退休后养老金水平是55~69岁月养老金615元，70~79岁月养老金685元，80岁以上月养老金720元。 （王瑞霞）

【管理制度建设】 2010年，社保中心进一步规范和完善各项管理制度。一是规范有关工作程序和员工职业行为，维护良好的工作秩序和中心服务窗口形象，提高工作效率。制定下发《中心议事制度》、《中心学习制度》、《中心服务大厅管理规定》、《中心会议室管理规定》、《中心服务大厅咨询台工作管理规定》、《中心服务大厅电子大屏管理及宣传内容的规定》等规定制度。二是根据《中国石油天然气集团公司企业补充医疗保险管理办法》精神，针对新疆油田现行企业补充医疗保险近3年多的运行情况进行数据测算、对比分析，制定《关于印发〈新疆油田现行企业补充医疗保险管理办法〉的通知》及相关配套政策。三是为保证临床治疗需要，确保参保人员享受到应有的医疗保险待遇，根据原国家劳动和社会保障部《城镇职工基本医疗保险用药管理暂行办法》精神，结合本地实际，起草下发《关于进一步规范人血白蛋白医疗保险报销问题的规定》。四是根据自治区《关于成立自治区社会保险标准化工作领导小组的通知》精神，为贯彻落实自治区社会保险标准化工作的指导意见，制定下发《关于成立新疆油田社会保险标准化工作领导小组的通知》。成立中心标准化工作领导小组，负责组织实施社保中心社会保险标准化工作。 （王瑞霞）

【推进社保IC卡开发建设】 2010年，社保中心与克拉玛依市社保局配合，按设计要求部署到位IC卡加密机，并对IC卡读卡器的兼容性、稳定性、安全性等方面做充分测试，及时对系统软硬件提出整改要求，并限期解决。从3月中旬起，先后组织3次共计100多人次的批量测试，并对发现的问题全部进行处理解决。同时，抓住参保人持卡就医结算项目的重点工作，先后与克拉玛依市中心医院、人民医院、第二人民医院、独山子职工医院、明园职工医院等各医疗机构召开会议讨论，在改造完成各家HIS系统的前提下，确定报销目录范围和对应关系，严格审核目录匹配项目，并组织人员进行持卡测试，及时修正错误。经过4次组织测试，发现并及时修正错误。至年底，IC卡从稳定性、兼容性、可靠性等方面已具备上线运行条件，并在一定范围内发放IC卡进行试运行，待逐步扩大发卡范围后，全面实现持卡就医。 （王瑞霞）

【开通网上综合查询系统】 2010年，社保中心推出社会保险参保人员网上综合查询业务。在推出综合查询应用系统前，一是全面核对17万名参保人员基本信息，夯实基础。二是发动各业务科室反复讨论确定最佳开发方案，协调开发人员不断进行修改完善。三是做好有效率的测试工作。查询系统上线后，社保中心及时编印《新疆油田社会保险综合查询系统应用指南》，分发到各参保单位，便于参保人员准确、快捷地上网查询有关个人社保信息。 （王瑞霞）

【完成《新疆油田企业社会保险数据统计汇编》】 2010年，社保中心组织人员汇编《新疆油田企业社会保险数据统计汇编》。主要汇集1999~2008年的社会保险相关数据。根据历年基金财务年报、各险种年度社会保险统计数据编制而成。《数据统计汇编》分6个部分，分别对油田社保机构概况以及5大险种的参保人员、基金收支等业务数据进行图文统计，以作为业务资料备查。针对10年间油田企业多次重组、机构变动、人员划转分流变动频繁，所产生的社会保险数据量大且庞杂的实际，社保中心相关科室密切配合，查阅大量资料，反复核实分类汇总，保证统计数据的完整性和准确性。 （王瑞霞）

【优质服务】 2010年，社保中心将优质高效服务融入工作实践中，在如何提高工作效率和工作质量上下工夫，让参保单位和参保个人满意。一是确保离退休人员养老金的按时足额发放，保证每月8日前将养老金足额打入离退休人员个人账户。二是坚持兑现医药费报销10日内完成的服务承诺。三是做好有偿解除劳动合同人员接续保险工作。四是定期召开离退休人员座谈会，宣传社保政策，解答热点问题，同时听取他们对社保工作的意见和建议。五是接受参保人员的监督。每年聘请40名离退休人员作为义务监督员，将执行社会保险政策和提供服务的行为置于大众的监督之下。六是会同有关部门做好退岗职工家属中特困户、困难户和鳏寡孤独人员，以及患大病退岗职工家属的大病救助工作。七是做好社保研讨工作。4月23日，中心召开业务分析暨论文研讨会交流12篇论文。 （王瑞霞）

油田辅助生产

物资管理

【油田公司物资管理部领导名单】
主任：张劲松
副主任：何光荣、马兆中

【基本情况】 2010年，新疆油田公司物资管理部有职工19人，其中主任1人、副主任2人。内设7个科室：综合管理科、财务科、物资计划及工程项目管理科、信息管理科、物资管理科、材料科、机电科。主要负责油田公司物资采购、供应、电子商务的管理，组织做好物资采购和供应的保障工作。负责制定公司物资采购和供应规章制度并监督执行；负责物资计划管理和计划方案的组织制定，对公司和所属单位的物资计划进行汇总平衡和审核、审批；负责对公司物资采购信息平台的应用和运行实行统一管理；负责物资采购合同的专业审查；负责物资仓储管理、物资统计、动态分析工作；负责中石油二级物资供应商的准入管理工作，组织入网供应商的动态管理和考核；负责物资采购招标的管理和监督工作；负责闲置物资调剂和废旧物资的管理工作。 （左玉梅）

【指标完成情况】 2010年，新疆油田公司完成电子采购15亿元，完成集团公司考核指标；集中采购度90%（集团公司下达指标是90%）；物资供应保障率99%，重点工程保障率100%（下达指标是物资供应保障率>98%）；物资抽检合格率>99%（下达指标是物资抽检合格率>98%）；全年节约采购资金8 452万元；集中采购度92%（集团公司下达指标90%）；购进物资总额37.47亿元，其中物资供应总公司集中采购物资金额34.41亿元，占油田公司物资采购总额的92%；下属单位自行采购物资金额3.06亿元，占采购总额8%；公司2010年期末库存物资10.53亿元，比年初减少4.32亿元。 （左玉梅）

【物资供应保障】 2010年，油田公司物资管理部确保油田公司重点工程的物资供应。一是加强组织管理，成立重点工程保障领导小组，实行专人管理，及时掌握工程物资需求和施工进度。二是制定重点工程项目物资运行大表，及时掌握重点工程用料排产和交货情况，依据轻重缓急，协调相关单位，做好催交催运工作。三是选派专人进驻工程项目现场，及时与工程项目部沟通，通报到货情况，同时主管业务的部门领导定期带领相关人员到施工现场，核对工程料表，打破传统供应模式，实现与工程项目部勤联系、勤沟通、勤贴近。全年重点工程保障率100%。 （左玉梅）

【制度建设】 2010年，油田公司物资管理部进一步推动集中采购工作。2009～2010年度，集团公司相继下发一系列物资采购管理办法，物资管理部积极做好相关工作。一是认真做好集团公司制度的学习贯彻，明确上级部门的采购政策。二是抓好公司相关制度的修订和贯彻执行。系统梳理和分析油田公司相关业务领域的管理制度和业务流程。修订和完善《新疆油田公司物资管理办法》、《新疆油田公司物资供应商管理实施细则》等管理规定，明确涉及部门、岗位的工作职责，以形成主管部门工作到位、相关部门和单位密切配合的工作格局，做到责任清楚、界面明晰，为推进集中采购规范采购行为提供制度支持。 （左玉梅）

【供料管理】 2010年，油田公司物资管理部做好钻井工程甲方供料工作，确保工程顺利进行。一是深入开展调研工作。组织专人调查摸底公司钻井工程原有的工作模式、运行机制和工作流程，依据调研和上年部分钻井工程甲方供料试点情况，与物资供应总公司多次讨论，起草完成钻井工程甲方供料实施方案初稿。物资管理部多次前往乌鲁木齐和准东地区，向西部钻探公司主管部门和单位说明推行甲方供料工作的目的，从合作、双赢、共同发展的角度出发，协商需要双方配合解决的相关问题，取得良好的效果。二是广泛征求意见。物资管理部与钻井公司工程技术部门、经营管理部门和项目主管单位共同研究，完善实施方案，达成共识意向，为推进钻井工程甲方供料工作奠定基础。三是完善管理制度，为建立有效的甲方供料运行机制提供制度支撑。按照前期制定完善的实施方案，起草下发《新疆油田公司钻井工程甲方供料管理规定（暂行）》文件，按照由易到难，从主到次，有计划、分步骤的实施钻井工程甲方供料工作的思路，确定对钻井工程所用油管、套管、采油（气）井口等3个品种实行甲方供料。3个品种物资约占钻井材料成本60%以上。四是加强协调，积极解决甲方供料中存在的问题，确保工作平稳运行。在钻井工程甲方供料工作实施过程中，密切跟踪甲方供料工作运行情况，协调ERP项目组完善ERP系统中钻井工程甲方供料计划编报和结算业务流程，并组织ERP培训工作；为解决工程项目部人员不足的问题，与物资供应总公司协商选派专人驻项目部配合甲方供料的相关工作；多次前往西部钻探公司，协商解决甲供物资现场配送问题；多方协调，认真解决钻井工程甲供物资结算滞后的问题，组织具体业务人员逐个环节分析查找结算滞后原因，保证相关工作顺畅运行。五是及时解决问题。公司主管领导多次召开会议协调解决工作中存在的问题，保证钻井工程甲方供料工作的顺利进行。累计销售套管77 039吨，8.35亿元；油管13 108吨，1.38亿元；各种采油（气）井口1 330台，4 893万元，通过甲方供料节约投资3 055万元。（左玉梅）

【标准化设计与规模化采购】 2010年，油田公司物资管理部完成重点工程物资采购。一是做好风重32井区标准化示范区迎检工作。3月，勘探与生产分公司组织对油田公司风重32标准化示范井区进行验收检查。组织物资供应总公司等单位对风重32井区的设备、材料供应情况进行认真细致地分析，并按照验收要求对涉及物资规模化采购资料进行整理，完成标准化迎检工作。二是建章立制，积极推进标准化设计规模化采购管理体系建设。成立公司标准化设计规模化采购管理领导小组和工作小组；结合油田公司地面工程管理现状，与基建处、设备管理处、开发公司、物资供应总公司、CPE新疆设计院充分交流沟通，制定下发《新疆油田公司油气田地面工程标准化建设规模化采购管理细则》，为油田公司原油、天然气产能建设范围内井场、集输、注水（气）处理等工艺系统的标准化设计、规模化采购提供管理依据。三是保障《规模化采购管理细则》等文件的贯彻执行，提高执行力。组织人员建立《规模化采购管理体系》文件。在充分掌握资料的基础上，编写人员与各级领导、管理部门及有关人员经过不断讨论、研究，历时近3个月，完成体系编写，并提交相关部门进行审定。

（左玉梅）

【集中采购】 2010年，油田公司物资管理部对集团公司已实现集中采购的物资，严格执行相关规定。按规定由地区公司采购管理的物资，由物资供应总公司实施集中采购。其中符合招标条件的严格按公司招标管理办法组织招标，不符合条件按公司规定审批后实施。全年集中采购物资34.41亿元，占公司采购总额92%，超额完成集团公司下达的90%工作目标。其中采购一级物资12.8亿元，通过招标和比质比价节约资金5 397万元。在物资采购中，坚持同等条件下，优先选用克拉玛依市、油田公司和地方产品的原则。以讲大局、讲稳定为前提，认真落实油田公司扭亏解困工作方案。在参与集团公司集中采购工作中，积极向相关人员说明情况，为克拉玛依本地企业争取政策，在市场准入、计划和合同审批过程中严格把关，保证本地企业市场份额，全年采购克拉玛依市、油田公司和地方企业产品7.96亿元，占公司采购总额的21%，市场份额比上年提高10个百分点。（左玉梅）

【电缆授权采购】 2010年，油田公司物资管理部根据集团公司整体一级物资核心供应商控制在1 000家左右，20%供应商实现80%采购量并与重要供应商建立战略合作伙伴关系的工作要求，完成来集团公司电缆采购量及主要供应商调查摸底工作，优化电缆联动价格，完善目录价格维护工作方案。通过集中招标评审，优选供应商，发挥规模采购优势，有效降低采购价格，其中电力电缆和控制电缆新一轮挂网目录价格较上一期整体下浮7.5%。信号电缆、通信电缆、承荷探测电缆、潜油泵电缆价格较以往中石油所属企业签订合同价格整体下浮5%～10%。为做好电力电缆、控制电缆、信号电缆、通信电缆、石油专用电缆5个品种的授权集中采购管理工作，新疆油田公司组织成立由副总经理担任组长、物资管理部主任、物资供应总公司总经理任副组长，机关相关部门负责人参加的授权集中采购领导小组。从健全体系、统一标准、科学制定采购方案、精心组织招标评标等几个方面入手，逐步建立职责明确，界面清晰、更新及时的运行机制，确保采购工作顺利进行。（左玉梅）

【信息化及ERP建设】 2010年，油田公司物资管理部根据ERP总体实施情况，积极参与ERP物资组业务调研和分析活动。一是与科技信息处、数据中心、宏有公司等单位就ERP运维体系进行充分沟通，按照ERP总部运维要求，建立三级运维管理体系，形成有效的管理模式，为ERP单轨运行提供保障。二是认真解决ERP系统应用中存在的问题，收集用户问题2 784个，一级运维处理2 667个，通过问题管理平台上报问题117个。集中处理测试2次，解决存在问题报表31张。4月，组织完成物资模块BW报表集中培训和测试工作。8月，组织完成物资模块报表问题集中处理培训。三是为加强ERP用户操作使用水平，组织开展技能培训工作。全年组织ERP培训8期，培训700多人。同时针对用户需求，重点对重油公司、数据中心等单位进行物资模块上线培训。

（左玉梅）

【采购质量监管】 2010年，油田公司物资管理部认真做好物资采购质量管理工作。一是加强计划管理，做到编制准确，上报及时。根据油田产能建设实际，在市场调查和预测的基础上，分析各种物资的供需变化趋势，超前准备，准确把握，及时审核，有效提高了计划管理水平。在基建项目图纸初设阶段，深入项目组及设计部门，提前了解设备材料的规格型号、数量、资源方向和生产周期，避免计划遗漏或重复上报，为后续采购供应赢得主动。二是完善计划运行程序，严格计划审核管理，杜绝任何形式的计划外采购。全年计划综合准确率达到90以上。三是切实加强物资质量管理工作。从源头入手，加强供应商队伍建设。严格执行市场准入制度和产品质量认可制度，通过“两证”严格控制供应商市场饱和或过剩产品的准入，减少同类物资供应商过多的情况，稳定供应渠道，确保采购产品质量。四是贯彻落实物资入库质检工作，不定期到各单位库房抽查。在集团公司采购产品质量监督抽查中，新疆油田公司没有发现不合格项；在油田公司质量管理与节能处组织的内部抽查中，五期质量公告抽查采购产品计375批次，3批次不合格，抽检综合合格率99%。五是认真配合公司质量管理体系建设工作。在体系建设过程中，结合本部门的实际工作需求，提出建设性的建议。六是进一步完善驻厂监督制造制度，保证大宗、关键物资的采购质量。认真执行物资强检目录，对关键物资实行100%的质量检验，确保物资质量万无一失。（左玉梅）

【效能监察与挖潜增效】 2010年，油田公司物资管理部积极配合油田公司纪委开展物资采购效能监察工作。一是认真组织检查人员学习物资管理各项规定，加深理解，确保做好监察工作。检查工作对进驻单位采购过程实施随机抽查，按照40%的比例抽查计划、合同、招标、质检、进口物资采购、结算等相关资料，全年编制监察底稿53份。二是针对梳理出的问题，从管理角度出发，分析产生问题的根源、管理漏洞和薄弱环节，抓住重点和关键，认真听取审计、财务、纪委等部门的建议，提出整改意见和治理对策。三是积极开展挖潜增效工作。全年完成修旧利废节约4 364万元，回收废钢铁21 997吨，废品利用628万元，账外物资处置利用192万元。（左玉梅）

设备管理

【油田公司设备管理处领导名单】
副处长：耿亚伟

【基本情况】 2010年12月，新疆油田公司设备管理处调整处组织机构，取消修造管理科，保留采输设备管理科、机动设备管理科、综合管理科等3个科室。有职工9人，其中女职工3人。设备管理处担负着新疆油田数万台油气采输生产设备、工程技术服务设备及生产服务设备的管理职责。同时还负责对所属机械制造企业进行业务指导。（杨楷鹏）

【制度建设】 2010年，油田公司设备管理处为规范管理流程，明确管理职责，理顺管理环节，重新修订完善规章制度，使管理工作进一步规范。先后修订《新疆油田公司设备管理办法（暂行）》和《新疆油田公司ERP系统设备模块运维管理实施细则》，并于12月初发布实行。（杨楷鹏）

【编制"十二五"设备规划】 2010年，油田公司设备管理处根据新疆油田整体勘探开发部署，结合各生产单位设备现状，详细分析"十二五"期间新疆油田公司各类设备的适应性，完成新疆油田公司"十二五"设备规划。根据不同业务特点，针对油田采输、工程技术、生产服务等不同类别设备，分别制定各自的发展方向和目标，为公司"十二五"设备管理发展方向与发展规模指明方向。（邓 奇）

【新购设备选型管理】 2010年，油田公司设备管理处为保证所购设备的技术先进、质量可靠、经济可行，根据待购设备的价值量大小、技术复杂程度或其在生产工艺中所处位置的重要性等几方面因素，对于重大、关键设备，组织有关管理部门、设计单位、建设单位、生产单位、技术专家对这些重点设备进行技术选型论证，对所购置的设备进行详细、全面的技术调研和对比，形成公司审定确认的技术要求文件，作为设备招标订货及最终签订技术协议的基本依据。重点组织选型论证风城油田重18井区过热注汽锅炉等10多项重点设备购置项目，组织对5套节能项目大罐抽气装置等设备购置项目与厂家进行技术方案交流。（姜传方）

【设备标准化】 2010年，油田公司设备管理处组织专家审查油田公司《钢制常压车装椭圆罐》、《分体相变加热炉操作规程》等9项企业标准送审稿。制定《过热注汽锅炉》和《高干度注汽锅炉》等2项企业标准，修订《热力采油湿蒸汽发生器水处理软化系统运行操作规程》等3项标准立项。完成设备专标委两年以来的标准化工作总结，召开设备专标委年会，讨论通过有关专业标准并予以发布，同时研讨重组改制以来设备标准化方面的工作，安排"十二五"期间以及2011年设备标准化工作。（郭 强）

【设备挖潜增效】 2010年，油田公司设备管理处在各单位开展油田设备挖潜增效活动，取得好的效果。通过闲置抽油机、注汽锅炉等闲置设备挖潜利用，以及加强报废设备的处置及回收管理等节约挖潜、降本增效措施，共实现节约创效1 380多万元。其中挖潜抽油机50台、注汽锅炉1台分别用于新区建设，节约设备直接投资610万元；调剂再利用闲置车8辆，节约设备直接投资250万元；通过加强管理协调，加快处置速度，取得闲置、报废设备处置回收收益550万元。（范海燕）

【交流与研讨】 2010年，油田公司设备管理处积极组织搭建设备交流和研讨平台，进一步提升设备管理水平。7月28～29日，设备管理处在乌鲁木齐组织举办2010新疆油（气）田设备管理与技术研讨会。来自新疆油田分公司、吐哈油田分公司、塔里木油田分公司、中石化西北油田分公司的70多名设备管理与技术人员代表参加研讨。研讨会收到论文270多篇，经评审收入论文集的174篇。有26篇优秀论文在研讨会上发布和交流。会议期间，还组织各位参会代表参观第九届新疆国际石油石化装备展。新疆石油学会物资装备专业委员会主任、新疆油田公司副总经理聂海光出席并讲话。9月，设备管理处在乌鲁木齐组织召开新疆石油学会2010年抽油机技术与管理研讨会。新疆油田、吐哈油田抽油机设备管理与技术人员，从事抽油机研究、设计、制造、配套的各生产厂家代表100多人出席。会议着重对立式抽油机在性能、安全、可维护性等方面应进行综合研讨和交流，使有关技术人员对立式抽油机的技术特点和节能优势有了更为全面的认识。（郭 强）

【设备专项检查】 2010年7月，油田公司设备管理处下发专项检查通知检查各生产单位主要生产设备。重点检查对象为锅炉、压力容器和起重设备，检查范围包括设备主体、结构附件、附属设施、辅助及相关工艺设施。检查主要针对设备的完好状况，例保、检修制度及规范的执行情况。检查、抽查各类设备1 450台（辆），其中锅炉115台、压力容器309台、起重设备186台、车辆134部、其他设备166台。通过检查，未发现重大的设备安全隐患。检查发现的大部分问题随后都整改完毕，小部分问题由设备管理单位自行解决，或通过相关部门协调解决，限期处理。9月，设备管理处再次组织人员，专项检查各生产单位设备安全运行和管理工作。（王斌虎）

【机修机制项目管理】 2010年，油田公司设备管理处在保证修造质量前提下，积极推广设备自修自保活动，尽可能降低设备维修成本。对无法自修的设备按照先改制企业再外部市场的原则进行设备外修控制，较好的控制设备维修成本支出。为保证修造项目质量水平，对该类项目合同的审查主要着重从项目内容、费用预算、技术质量要求、验收标准、承担厂家选择等几个方面。全年组织对提供服务的250多家机修机制企业进行合格供应方评价，有效地保证机修机制项目在厂商选择上的严谨性和科学性。（范海燕）

【重点项目试验准备】 2010年，油田公司设备管理处为有效降低稠油开采的成本压力，做好燃煤注汽锅炉有关设计研发工作，组织相关部门、单位赴太原锅炉厂实地调研，与太原锅炉厂、清华大学进行技术交流，并在后期组织有关单位与太原锅炉厂和清华大学签订稠油热采高干度燃煤注汽锅炉研发合同，并进行稠油热采高干度燃煤注汽锅炉试验准备。风城稠油开发燃煤注汽锅炉试验工程已通过股份公司审查，计划投资1.3亿元在风城建设1台130吨/小时循环流化床燃煤注汽锅炉。鉴于循环流化床燃煤锅炉配套设备多，工艺复杂，建设要求高，经协调联系，设备管理处组织有关人员前往独山子石化公司进行现场考察学习。至年底，该项目进入设备订货准备阶段。 （姜传方）

【重点设备验收】 2010年，油田公司设备管理处根据新疆油田公司“A”类设备验收管理相关要求，组织对各单位关键、重要生产设备开展设备到货验收和最终质保期验收工作，重点跟踪验收2套进口连续油管作业车和2套进口35兆帕不压井作业装置的现场运行和技术状况。 （王斌虎）

【中石油“昆仑”压缩机油替代进口油品】 2010年，油田公司设备管理处积极推广中石油自主品牌油品，实现天然气压缩机用油国产化，降低设备的运行成本。试点应用“昆仑牌”压缩机专用油，通过对试验过程机组运行情况和机检修过程各配件磨损情况的综合分析，“昆仑牌”固定式燃气发动机油能够保证设备平稳运行，可以替代进口的固定式燃气发动机油。年初，设备管理处发布油品替代通知，公司各有关单位已经陆续开展油品替代工作，年节约20%润滑油消耗费用。 （郭　强）

【锅炉干度自控系统应用】 2010年，油田公司设备管理处认真做好锅炉干度自控系统的应用。该系统实现锅炉出口干度的在线实时监测与控制，特别是采用调节锅炉进天然气量的方式控制锅炉出口干度，确保锅炉的安全、平稳运行。系统投用后，改善了员工的工作环境，显著减少员工的工作强度，保证注汽质量，延长锅炉的安全使用寿命，增加生产安全系数，同时还节约燃气消耗。 （姜传方）

【专业培训】 2010年5月19～27日，油田公司设备管理处在新疆培训中心组织举办第一期设备油水管理培训班，有43人参加培训，主要为各单位设备管理科室业务人员。12月14～23日，设备管理处举办第二期设备技术骨干培训班，有64人参加培训，主要培训对象为各单位设备技术骨干。全年组织ERP专项培训6期，培训450人次。 （尹小静）

【重点项目引进】 2010年，油田公司设备管理处积极组织引进优质装备制造项目，为装备（机械）制造业务结构调整和产业升级做好准备。一是完成与宝鸡石油钢管公司合作建设12万吨/年大口径螺旋焊管生产线的前期谈判、合作框架协议签订、设计单位招标、可研初审、评估等工作。二是引进江苏金石集团进行高压井口装备制造项目合作，年底前基本完成项目可研、初步设计等前期工作。三是就石油专用管厂建设的有关事项与宝钢集团多次沟通。四是完成三抽设备生产制造企业的初选工作。 （邓　奇）

【ERP系统设备模块运行】 2010年，油田公司设备管理处切实抓好ERP系统设备模块平稳运行工作，取得好的成效。至年底，ERP设备模块已实现上市12家、非上市20家的有关业务管理工作，入库设备29 195台。各单位用户提报设备购置申请6 199项，产生维修工单19 326项，维修通知单18 991项，录入月运转记录720 111条。4月，完成对总部制定的蓝图方案的反馈意见以及差异方案调整计划，后期又完成新疆油田ERP蓝图与内控流程的对照工作。 （尹小静）

物资供应

【新疆油田公司物资供应总公司领导名单】

党委书记：李建石

党委副书记、总经理：蔡利

党委副书记、纪委书记、工会主席：孟庆民（7月离任）

副总经理：曹新江、漆国忠、刘爱新、哈力克·阿不都热合曼

总会计师：李琴

【基本情况】 截至2010年底，新疆油田公司物资供应总公司有在岗员工1 207人。其中女员工485人，少数民族员工219人，管理和技术岗位556人，操作及服务岗位651人；具有中高级专业技术职务204人、初级及以下367人；具有中专以上学历737人。物资供应总公司下设机关科室15个，专业公司11个，在乌鲁木齐和克拉玛依分设中转、储备库，在全国设有7个物资催交催运组；辖有自力公司、运输公司2个经营实体。设有文体中心、综合服务队、绿化队等后勤服务单位3个。拥有固定资产原值23 866.5万元，净值10 357.1万元。 （邹明志）

【业绩目标完成情况】 2010年，油田公司物资供应总公司严格控制各项费用，通过加强管理、降本增效，实现销售收入42.04亿元；安全工作完成油田公司下达的各项指标，保持了油田公司安全生产先进单位称号；仓储管理三级库达标率100%、二级库达标率90.5%、一级库达标率26%，入库物资合格率100%，用户满意度93%，均超额完成上级下达的指标任务。克拉玛依、乌鲁木齐两储运公司货物吞吐量50.12万吨，合理调配运力，货物拉运18万吨，其中运输公司承运6.5万吨；自力公司进一步优化产品结构、加强对承包商的管理，稳定员工队伍，全年实现销售收入1 380.21万元；乌供站“宝石花”宾馆收入再创新高，实现收入1 063万元，首次突破千万元大关。 （邹明志）

【集中规模采购】 2010年是集团公司全面推行集中采购工作的第一年，油田公司物资供应总公司以突显集团化、规模化采购优势为重点，全面推进集中采购工作，修订完善《物资供应总公司物资采购管理实施细则》，将集中采购明确纳入物资采购管理范围。加强对油田二级采购物资的管理，采取整合计划等措施，扩大招标采购范围。加强对大额物资谈判采购和小额物资比质比价采购的组织管理，采取减少中间环节、多轮报价充分竞价等有效方法，进一步降低采购成本，提高整体效益。全年组织招标98次，招标金额2.36亿元，中标金额2.18亿元，网上点击采购13.4亿元，招标和网上采购节约额2 598万元，大额物资谈判采购节约6 121万元，比质比价节约2 728万元。 （邹明志）

【油田物资保障】 2010年，油田公司物

资供应总公司完善各项措施，物资保障效力明显增强。对物资的生产、运输等环节进行跟踪及催交催运，确保所需物资按时到货；提高检验、配送与交货的时效性，确保用户所需；在各项目组进驻供应代表，实行全方位保障、零距离服务，确保重点工程的物资供应。全年为油田公司提供各类物资37.24亿元、向西部钻探销售物资3.11亿元、向社会单位销售物资1.69亿元，其中为油田重点工程提供物资18 497项、9.4亿元，材料供料率、现场服务及时率都为100%。

（邹明志）

【安全管理】 2010年，油田公司物资供应总公司以油田公司安全生产十周年活动为主线，开展HSE体系推进年活动；制定实施方案，广泛开展安全知识宣传、安全我和你演讲比赛、管理者个人安全行动计划、安全经验分享等活动，进一步提高全员安全素质；QHSE管理体系换版工作顺利完成，通过中油认证中心再认证。全面落实安全环保责任制，加强作业场地的安全管理，根据工作特性进行风险识别，制定防范措施，取得较好的效果；进一步加强监督检查，安全隐患和违章现象得到及时有效的治理；加强承包商的管理和作业许可管理，堵塞安全环保管理中的漏洞，为各项工作的顺利开展提供更可靠的安全保障。

（邹明志）

【质量管理】 2010年，油田公司物资供应总公司着力提升全员质量意识，坚持利用每周二的生产例会进行质量、计量、标准化知识的宣传贯彻，全年举办专题讲座42期；加强制度的完善，制定物资质量控制实施细则、质量事故报告制、保管保养管理办法等规章制度，进一步细化物资质量的管理，切实做到“三注重”：一是注重过程监督。在验收、发放过程中实施精细管理，加强信息反馈，强化物资验收及出库质量，做到计量率、外观质量检测率、验收及时率100%。二是把好入库物资质量关。对到货物资严格执行质检，确保采购产品质量合格率100%、采购物资质量检验率100%、出库物资合格率100%。三是注重在库物资的盘点清查及保管保养。根据料性特点实施保养方案，安排专项资金对库存时间长的物资进行维护保养，改善存储条件，对在库物资质量起到了很好的保障作用。 （邹明志）

【仓储管理】 2010年初，油田公司物资供应总公司召开仓储管理会议，部署仓储管理工作，克拉玛依、乌鲁木齐2个储运公司按照总公司仓储达标上等级的要求，严格执行“三到位”原则，同时认真开展“十过硬”仓管基本功提升活动，使仓管人员的素质明显提高；通过仓库达标升级工作，促进了仓储管理水平的进一步提升，推动库房达标建设，从而使总公司仓库管理水平实现了新的跨越。全年公司对所属的42个库（场）进行达标升级检查验收，库场达标率均超额完成上级下达的指标任务。 （邹明志）

【甲方供料】 2010年，油田公司物资供应总公司有效推行油田公司钻井工程甲方供料工作，确保全年钻井工程正常进行。制定甲方供料业务流程，明确管理目录，在实施过程中，克服经验、人手、场地、设备等环节的不足，通过上级部门做了大量的协调工作，多次联合邀请建设单位参加甲供料工作流程协调会，协助建设部门将2 000多口井的钻井甲供料消耗信息录入其管理系统，保证甲供料结算工作的顺利开展，全年完成甲供料8.77亿元。 （邹明志）

【内部合同管理】 2010年，油田公司物资供应总公司进一步规范内部合同管理制度，认真做好合同的审查工作，全年审查合同12 666份、金额40.07亿元。对于生产经营中的重大决策，切实做好咨询论证工作。在执行过程中，规范操作，做到事前预防、事中控制，有效避免合同管理漏洞和经营风险，全年没发生违纪违法现象。 （邹明志）

【外贸业务】 2010年，油田公司物资供应总公司签订进出口合同4 685.71万美元。出口方面，主抓海外市场的巩固与开拓。充分发挥哈萨克斯坦3个办事处的功能，增强专业队伍的力量，巩固阿克纠宾传统市场，进一步扩大现有市场的份额，同时有效收集各区域市场信息，做好资源储备工作。对于新增的土库曼斯坦市场，保持良好的发展态势，通过为合作方精心做好服务与技术支持，逐步扩大业务量与市场占有率，海外市场外部客户已发展到27家；进口方面，主抓业务的优化服务。不断向进口业务的前端延伸，充分利用多年来积累的国际贸易经验降低进口物资成本，做好进口货物的减免税工作，为油田公司节约资金，同时利用海关AA类管理资质，使油田进口物资通关更加便利。 （邹明志）

【财务管理】 2010年，油田公司物资供应总公司预算管理得到进一步强化。通过定期召开预算会，剖析预算执行情况和经营指标完成情况，查找预算执行中存在的问题，制定相应措施，确保按照预算执行，同时通过托收承付结算，缩短结算周期，保证料款的及时收回，有效降低应收料款的挂账金额，缓解资金压力，确保有限资金用于重点物资的采购。资金运营效益有所提高。坚持资金的高度集中管理，加强货币资金在采购与付款、销售与收款、工程维修项目等关键点的控制，加强资金计划管理，同时合理调配使用资金，提高资金运营效率，降低资金占用费。 （邹明志）

【节能降耗】 2010年，油田公司物资供应总公司围绕节约挖潜、降本增效的“183”目标，从推进精细化管理、创新挖潜的方式方法入手，各单位、部门高度重视、精心安排、全员参与，把劳动竞赛活动贯穿于生产经营的全过程。总公司修订燃油、水消耗定额，对各单位能源消耗继续实行指标管理，全年节约水1万立方米、节能10.5吨标准煤。全年实现挖潜增效6 800万元，超额完成目标任务。

（邹明志）

【供应商管理】 2010年，油田公司物资供应总公司进一步完善供应商的考核机制，将供应商管理作为精细化管理的重要内容认真加以落实，完成集团公司二级物资供应商的准入推荐及换证工作，同时建立供应商信誉体系，从信用资质、技术领先程度、企业规模、生产能力、售后服务水平、使用业绩等方面对供应商进行科学评价和动态考核，促使供应商严格按照约定全面履行合同，有效降低经营风险，确保采购物资质量。

（邹明志）

【内控体系建设】 2010年，油田公司物资供应总公司认真做好油田公司未上市内控手册的学习、贯彻落实工作。积极组织相关业务人员认真学习内控手册，将具体业务流程分解落实到业务岗位，明确流程风险及风险防控措施，使业务人员树立风险管理意识，提高理论联系实际的能力;抽调专人配合新疆油田公司开展两次内控手册实施情况的自我测试,对72个流程进行关控测试和跟单测试,抽取样本1 279个,及时整改发现的例外项,并按照内控要求,补充完善相关的规章制度。 (邹明志)

【信息化建设】 2010年,油田公司物资供应总公司更加注重信息化建设,把该项工作放到提升软实力的高度加以重视,加大投入和科研开发的力度;在提升全员信息化意识及参与程度上下工夫,建立兼职信息员制度,网络的日常维护管理工作进一步得到加强;加大门户网站建设的力度,各科室都建立并维护其自有的子门户,增强实用功能,在油田公司未上市企业网站评比中获一等奖。公司更加注重信息化立项及成果的转化工作,首个自主研发并在油田公司立项的信息科技项目《火车站站场物流管理系统》顺利完成。结合自身实际,开发长途用车网上审批等一批实用软件,进一步提高管理水平和管理效益。 (邹明志)

【设备管理】 2010年,油田公司物资供应总公司认真做好设备管理工作,取得好的效果。一是积极做好设备资产的效用评价工作。年初,总公司成立设备清查小组,清查总公司范围内的所有设备,停用和处置一批维修费用高、生产效率差、安全系数低的设备,提高资产的使用效率。二是加强设备的监督检查,开展春冬两季设备大整修,对有安全隐患、有故障的设备及时进行修理,确保设备的安全完好。三是是盘活闲置资产。在对总公司闲置资产重新进行安全评估与经营风险评估后,对能有效控制风险的闲置设施、设备、场地进行对外租赁,全年增收357万元。 (邹明志)

【员工培训】 2010年,油田公司物资供应总公司以加强人才队伍建设为重点,不断提高员工队伍素质。加强全员教育培训,以针对性、时效性为主,采用自培和派外学习等形式,全年举办HSE知识、ERP系统、专业公司综合业务、仓储管理等各类培训班151个、培训员工1 516人次。 (邹明志)

【环境保护】 2010年,油田公司物资供应总公司加大对环境建设的投入,全年改造绿地1 100平方米,栽种花卉3.2万株,分获克拉玛依市、区两级绿化先进单位和环境保护先进单位称号。 (邹明志)

【和谐企业建设】 2010年,油田公司物资供应总公司以构建和谐社会、创建平安企业为主线,全面完成社会治安综合治理的各项工作任务。一是做好安全防范和重点要害部位的管理。认真落实"一岗双责",开展重点要害部位专项治理,强化"世博"、"亚运"期间的安保和维稳工作。二是认真做好信访工作,通过现场办公、日常接访、信访例会等形式,倾听员工的合理诉求,全年接访26人次,为广大员工排忧解难。三是认真开展民族团结年活动,在各族员工中深入开展谁是我们的敌人,谁是我们的兄弟姐妹主题大讨论、"五观"、"四个认同"和反分裂斗争再教育活动,使"三个离不开"思想进一步深入人心。四是广泛开展民汉员工结对子活动,共结成民汉师徒思想、技术对子142对,民汉生活帮扶对子6对。四是关心员工身心健康。认真落实员工健康体检和女职工体检,合理安排带薪年休假和疗养假。深入开展扶贫帮困、送温暖活动。全年走访看望困难职工、职工遗孀51人次,慰问离退休职工474人次,发放各种困难补助金9.44万元;对困难职工进行大病补助、扶贫帮困、金秋助学32人次、金额19.65万元。组织开展多项健康向上的文体活动,丰富了员工的业余文化生活。 (邹明志)

机械制造

【油田公司机械制造总公司领导名单】

总经理、党委副书记:齐天喜(7月离任)、张金力(11月任职)

党委副书记、纪委书记、工会主席:张希斌(1月离任)、杨建军(1月任职)

副经理、总工程师:张金力(11月离任)

副总经理:阿布拉·阿尤甫、岳军

【基本情况】 截至2010年底,新疆油田公司机械制造总公司内设行政办公室、党群部、人事部、经营部、财务部、生产部、安全机动部、体系办、保卫科等科(部室);下属产品开发研究所、质量监督检测中心、物资管理供应中心、职工教育培训中心4个职能部门,有抽油机一厂、抽油机二厂、抽油机三厂、井口制造厂、油管抽油泵厂、压力容器一厂、压力容器二厂、锅炉制造厂、金属结构厂、金工一厂、金工二厂、阀门制造厂、铸钢厂、锻造厂、氧气厂、管件制造厂、特车制造厂、防腐保温厂、汽车性能检测站、机械产品监测站、车队21个生产单位;有销售公司、汽车销售公司、资产经营办、友联出租公司4个经营单位和综合服务队、北方文体中心2个后勤单位;在册员工1 395人(含内退职工92人),高级专业技术人员36人。各类管理人员253人,专业技术人员92人,技能操作人员945人。公司有固定资产原值1.34亿元,固定资产净值5 591万元。拥有各类设备1 276台,数控设备41台,具备完整的质量保证体系及完善的理化检测手段和先进探伤检测设备,可满足铸造、锻造、机械加工、热处理、焊接、修理、改造和氧气、液氮、液氧以及理化检测实验等需要。在油田注汽锅炉、抽油机、井口和一、二、三类压力容器、金属结构件、阀门制造以及油管加工、特车改造等领域积累丰富经验。 (刘瑞景)

【生产能力与认证】 新疆油田公司机械制造总公司形成年生产油田注气锅炉40台、采油(气)井口2 500套、抽油机1 800台、油管加工1万吨;一、二、三类压力容器及金属结构件3 000吨、各类阀门5 000套(只)、铸钢件2 500吨、锻钢件1 500吨;氧气17万瓶、液氮2 000立方米的生产能力。主导产品市场以新疆油田为主,主要分布在采油、输油、注水、注汽等各个生产方面,是油田生产不可缺少的重要组成部分。油田注汽锅炉、抽油机、井口装置、压力容器等产品远销哈萨克斯坦及国内其他油田。公司取得具有国家质监总局、自治区劳动厅、克拉玛依市技术监督局、新疆油田公司等颁发的专业产品生产许可证、QHSE管理体系认证、美国石油学会API Q1体系认证和11E(抽油机)、6A(井口)、5CT(油管)单项产品认证。具有三类压力容器制造许可证,一、二类压力容器设计许可证,油田注汽锅炉制造许可证、抽油机生产许可证、抽油泵生产许可证、井口装置生产许可证、压缩液化气体生产许可证、道路

运输经营许可证。（刘瑞景）

【生产经营】 2010年，油田公司机械制造总公司实现销售收入4.6亿元。其中汽车销售收入8 366万元；抽油机销售1 120台，井口1 600套，油田注汽锅炉17台，压力容器90台。（刘瑞景）

【科技进步】 2010年，油田公司机械制造总公司技术开发得到推进、科研能力明显提升。集中优势力量开展科研攻关，使一批关键技术取得突破并得到推广应用，科技支撑作用更加明显。全年承担油田公司级科研项目11项，技术有形化项目1项，立项资金560万元，获国家专利5项，在核心科技期刊发表科技论文11篇。通过科研项目的有效实施，新产品产值5 882万元。节能抽油机、油田注汽锅炉技术达到国内领先水平，产品相变加热炉已经投入现场使用。（刘瑞景）

【员工培训】 2010年，油田公司机械制造总公司职工培训工作本着"实际、实用、实效"的原则制定培训规划，从提高职工队伍素质入手，从培养各类优秀专业人才抓起，使一批高层次复合型人才迅速成长起来，并走上重要的技术管理岗位。一是建立完善岗位用人机制。真正做到能上能下、能进能出、人尽其才、才尽其用。用制度来保证想干的有机会，能干的有舞台，干成的有位子。全年公开竞聘5个管理和专业技术领导岗位，竞聘通过按岗位公告、个人申请报名、资格审查、考核考评、确定人选并公示五个程序进行，整个过程严密细致，操作透明，结果公正。二是建立完善技能培训机制。全年制定培训计划109期（含油田公司对二级厂处的培训和公司补充计划），组织和参加各类培训班127期，1 463人次。公司教育培训中心首次走出去到生产现场进行培训服务，先后为百口泉采油厂、陆梁油田、彩南油田、井下作业公司等单位培训特种作业人员350人次。已培养出一支高素质的员工队伍，其中高级专业技术职务36人、中级96人，技能专家2人，工人技师23人，高级工438人、中级工86人；油田公司级学科技术带头人2人、厂处级学科技术带头人7人。（刘瑞景）

【劳动竞赛】 2010年，油田公司机械制造总公司加快"三支队伍"建设，以创建"五型班组"为载体，加大班组建设力度，对98个班组考核"五型班组"达标情况，达标率83.7%。人才队伍结构不断改善，使学业务、钻技术的良好氛围更加浓厚。通过开展职业技能竞赛、岗位练兵、技术比武等活动，员工的实际操作技术和安全操作技能明显提高，涌现出一批操作能手和技术尖子。全年选派4名选手，代表新疆参加全国的技术比武，为油田公司和总公司争得荣誉。参加油田公司第六届职业技能大赛，1名电工获得优秀选手奖。参加油田公司举办的少数民族汉语言竞赛，获抄写三等奖1名和笔试三等奖1名的成绩。公司举办第二届职工技能大赛，来自20个基层单位的179名参赛选手参加9个工种的比赛，有4个集体和35名选手获奖并受到表彰奖励。（刘瑞景）

【安全质量管理】 2010年，油田公司机械制造总公司进一步强化企业管理，取得好的效益。一是加强安全、环保和职业健康管理。公司进一步加强安全环保工作，工作基础得到有效夯实。坚持"安全第一、环保优先、质量至上、以人为本"的理念，始终把安全生产作为第一任务，集中人力、物力和财力抓好这项"天"字号工程，强化安全环保工作的各道关口。二是强化素质培训。以安全环保年为契机，广泛开展安全征文、演讲、答卷等内容丰富、形式多样的活动，安全经验分享活动更加规范化、常态化、多元化。全年有800多人次参加安全管理资质、许可作业管理、应急知识等换证取证和培训；发放《典型事故案例》、《第一管理》、《安全经验分享知识》等书籍560本；与400多人次员工座谈交流安全管理工作方法与经验；编制了特种作业持证人员复审培训预警系统，保证了特种作业人员在证件有效期内持证上岗。三是强化制度落实。修订完善17项安全环保规章制度，逐级签订32份健康安全环保管理责任书；有70名中层以上领导干部制定个人安全行动计划；各单位建立"三违"自查自纠的工作制，实行管理人员跟班管理制。责任落实覆盖全体员工和岗位，覆盖生产经营和管理全过程。四是强化现场监督。深入开展安全生产无事故等活动，践行有感领导，落实直线责任，强化属地管理。加强施工现场监督管理，认真落实项目工程"五交底"规定，开展隐患排查和专项治理28次，员工和承包商的"反三违"意识明显增强。五是强化环境保护。大力推广应用节能措施，推进清洁生产，加大对各类污染源的整治和监管力度，配合市疾控中心对总公司6处41个点的作业场所进行职业病危害因素检测；为铸钢厂造型厂房安装通风设施、配备个人防护用品；完成3个抽油机厂的抛丸、涂装生产线的安装，有效地治理了喷漆环境污染。公司实现无重、特大安全生产责任事故和环境污染事故目标。（刘瑞景）

【产品质量管理】 2010年，油田公司机械制造总公司完善各项管理体系，通过北京中油认证中心的现场再认证审核；完成体系监督检查、内部审核、管理评审、外部监督审核工作；抽油机、油管、井口产品通过美国API石油学会换证审核；完成医用氧生产许可证换证及医用氧GMP认证；修订完善手册、程序文件和作业文件；产品标准覆盖率100%，实施率100%，促进体系有效执行。通过强化过程控制保证产品质量，让员工明白质量是干出来的，不是检验出来的道理，全员的质量意识普遍提高，每万元产值废品额同期降低4.24元，各项产品均达到年度质量目标。全年注册成立18个群众性QC小组，并积极开展活动，获多项国家和新疆油田公司荣誉。9月，公司通过自治区技术监督局对5项计量标准的考核工作。（刘瑞景）

【企业管理】 2010年，油田公司机械制造总公司精细管理得到深化，经营水平逐步提高。通过严谨、系统、不断完善的规章制度和管理办法，使管理工作的各个单元更精细、高效、有序、持续运行；通过对工作目标的分解、细化和落实，使精细管理贯彻到工作的每个环节，提升整体执行力。一是财务管理。科学分解预算，做好成本指标的分解与下达，实现资金、成本的合理运用和配置。及时掌握生产经营动态和资金运作情况，不断加强预算执行掌控能力，使管理水平和风险控制能力都得到有效加强。二是节能降耗管理。从强化基础管理、安全生产、提高产品和服务质量等方面入手，持续开展节约挖潜、降本增效主题劳动竞赛活动，完成18个重点节约挖潜项目，实现节约挖潜、降本增效267万元,完成计划的121%。三是经营管理。公司成立19个专业管理领导小组,明确工作职责、任务和工作制度。各基层单位结合实际,细化分解目标措施,将责任落实到每个岗位、每位员工,使管理单元更加细化,管理目标和责任更加具体化,同时,加大考核力度,考核的触角横向到边、纵向到底、不留死角,让精细化管理成为人人参与的全员管理。四是信息化管理。严格按照内控要求开展业务,提高业务流程的规范性和可控性;修订和完善切实可行、操作性强的规章制度45项,部门工作职责12项;推广使用ERP、成本管理、网上报销、资金预算、合同管理网上审批、档案管理等信息管理系统,信息化建设见到成效。（刘瑞景）

【生产服务管理】 2010年,油田公司机械制造总公司进一步提升基础保障功能,生产服务稳步推进。受国际金融危机的持续影响,油田产能建设、市场需求的不稳定因素依然存在,在工作量不稳定,任务不均衡的情况下,及时调整工作思路,围绕保油田产能建设的一系列工作有条不紊的展开。一是把科学谋划作为重要保障。为应对油田生产需要,公司制定实现生产经营总值4亿元的工作目标。以超前分析,超前部署,超前储备的工作思路,实时掌握油田生产动态,变被动为主动做好产品的储备工作,以应对油田生产临时性和突发性任务所带来供求矛盾。通过组建设备维修中心、充实调配生产一线员工等举措,不断调整优化生产布局和产品结构,力争在变中求进,主营业务生产能力得到提升,较好地应对了生产中的各种困难。二是把生产运行作为重中之重。持续强化生产组织运行和现场日常管理,在抓现场管理的同时带动和促进其他基础管理工作水平的提高。加强设备的维护保养,设备完好率96.6%。加强设备维修造,全年投入设备修理资金180万元,完成起重机修理、铸钢厂6千伏线路改造、探伤机修理等11个项目;加强物资供应管理,累计检验外购外协件16.6万件,对检验不合格品按规定做出相应的处置,从控制源头保证原材料质量,提高物资保障率;加强职能部门间协作,形成安全、技术、物资供应、生产、质量检验、销售服务等部门互相协调、密切配合、规范运作的生产管理运行机制,确保生产平稳运行。三是把售后服务作为重要环节。完善《售后服务管理办法》快速应急服务机制,全年有300多人次到油田生产现场为用户提供技术指导服务;坚持服务回访制,及时了解用户对生产、服务、质量等方面的意见和建议,得到用户肯定,赢得生产主动权。四是把现场调研作为重要手段。围绕形势、目标、任务、责任以及创先争优等活动内容,总公司领导分别带领相关部门负责人,先后两次到各单位进行现场办公,要求各部门各单位在现场办公中做到"五个到位":即思想认识到位、沟通交流到位、查摆问题到位、整改方案到位、制度建设到位。调研中收集整理各方面各类意见和建议,其中员工关心的热点、难点、疑点、焦点问题,如安全管理、生产协调、技术工艺、劳动用工、产品质量、指标考核、公司搬迁、疗养政策等方面的98个问题,成为解决的重点。对于能即可解决的问题,责任部门迅速确定具体整改时间,对于牵扯到几个部门才能解决的问题,通过协调会的方式,一起分析部署,认真整改,做到员工关心的问题优先改,规章制度问题大胆改,影响生产经营问题尽快改。（刘瑞景）

【企业文明建设】 2010年,油田公司机械制造总公司扎实开展企业文明建设活动,不断提升建设水平。一是坚持党建联点责任制和标准化党支部创建工作,创建覆盖面100%,党员教育覆盖面100%。阀门制造厂党支部被评为克拉玛依市、油田公司先进基层党组织;阀门制造厂和金工二厂党支部被评为油田公司标准化党支部;有3个单位获公司双文明先进集体、30人获公司双文明先进个人称号。二是抓好落实党风廉政建设。积极落实党风廉政建设责任制和《廉政准则》等各项任务;集中开展物资集中采购、工程建设项目及车辆运输3项专项效能监察工作;完善廉政谈话、诫勉谈话、轮岗及干部问责制度,加强对党员干部监督教育,为公司发展提供纪律保证。三是加强维稳工作。落实"一岗两责"制度,完善信访网络,畅通信息渠道,定期组织不稳定因素排查,及时掌控和预防各类异常上访事件的发生。公司获克拉玛依市平安建设先进单位称号。四是加强和谐企业建设。在公司网页上开设创先争优、安全教育、献计献策等专栏,丰富和完善企业文化内涵。全年发布信息219篇,为各单位配发学习材料19种、1 546册;以举办迎新春联欢会,举办趣味运动会、钓鱼比赛,参加水节体育项目和第七届职工运动会等活动为契机,展示公司良好的企业形象和员工精神风貌。五是加强民族团结进步教育。公司强化实施《少数民族员工教育培训"十一五"计划》,使少数民族员工的综合能力得到进一步提高。民族团结先进个人阿里木江·牙生,民族先进对子卡德尔、李静,阿依夏木·依不拉音、陈敏受到油田公司的表彰,公司连续多年获克拉玛依市民族团结先进单位称号。六是关爱员工温暖人心。以关注员工身心健康为重点,开展员工健康体检、特殊工种和女工专项体检等活动,及时做好甲流防控;健全领导联系帮扶困难户制度,全年动用救助金、储蓄基金、慰问金11万元,为294人职业健康体检;共青团组织通过开展青年安全岗创建、青年精品书架建设、安全征文等活动,团员青年的综合素质不断提升;女工组织为女职工特定疾病健康互助保险246人次、体检373人次;计划生育各项指标均达标,连续多年被评为市计划生育责任目标达标一类单位。（刘瑞景）

【二届五次职代会暨2010年工作会议】 2010年2月27日,机械制造总公司召开二届五次职代会暨2010年工作会议。会议听取审议并通过公司总经理齐天喜所作的题为《科学发展,服务大局,为现代化大油气田建设提供坚实保障》工作报告;听取审议并通过党委副书记、纪委书记、工会主席杨建军所作的题为《围绕中心任务,发挥主力军作用,为实现总公司科学发展和谐发展保驾护航》职代会工作报告;听取副总经理张金力所作的《总公司财务状况通报》和纪委副书记陈卫青所作的《总公司反腐倡廉建设情况通报》。会上,公司领导班子成员作工作述职并民主测评,组织进行民主推荐公司级后备干部,民主测评公司副科级以上干部。会上,总公司向各单位下达2010年生产经营目标责任书、质量管理责任书,签订2010年党风廉政建设责任状,颁发2010年维护稳定工作责任书,命名2009年度"五型班组",表彰2009年度质量工作先进单位。会议结束时,齐天喜代表党委作题为《认清形势，统一思想，扎实工作，为推动总公司和谐发展汇聚强大的动力》讲话，对全年工作提出要求。（刘瑞景）

【获得荣誉】

集体荣誉　2010年，油田公司机械制造总公司被评为"十一五"新疆机电工业技术进步工作先进集体、连续第11年被评为自治区机电行业统计信息工作先进集体，新疆油田公司安全生产先进单位和环境保护先进单位、财务管理工作评比二等奖和财务分析先进单位；被克拉玛依市、油田公司评为2008～2009年度先进工会，预备役工兵团基层全面建设先进单位、先进基层武装部和战备训练先进单位、2009年度社会治安综合治理先进单位，获克拉玛依市第七届运动会体育道德风尚奖；公司阀门制造厂被评为集团公司先进集体。

获奖成果　《9.2吨系列压力油田注汽锅炉研制》获第三届全国职工优秀技术创新成果三等奖，并在北京人民大会堂受到中央领导的表彰；《系列连杆复合平衡抽油机的研制》获自治区级科技进步二等奖、CYJS5－3－18HY抽油机获自治区优秀新产品三等奖、《油田注汽锅炉系列水处理装置》成果获新疆油田公司科技创新二等奖；公司节能降耗QC小组被中国质量协会、中华全国总工会、中华全国妇女联合会、共青团中央、中国科学技术协会联合命名为全国优秀质量管理小组，其成果《常规十型抽油机节能改造》获全国机械工业优秀质量管理成果一等奖、全国机械工业第二十九次"双代会"成果发表优胜奖、新疆油田公司质量管理小组成果一等奖；公司压力容器二厂沙漠之鹰QC小组成果《提高锅炉管一次焊接合格率》获2010年度全国机械工业质量管理小组成果一等奖、新疆油田公司质量管理小组成果二等奖；"骆驼牌"抽油机和"MMC"油田注汽锅炉获新疆名牌产品；普法工作板报获克拉玛依市"五五"普法工作成果板报展三等奖。

个人荣誉　公司产品开发研究所所长周建平获中国石油劳动模范称号；公司党委副书记、纪委书记、工会主席杨建军获克拉玛依军分区关心支持国防建设的好领导称号；公司行政办公室主任王玉明获预备役工兵团优秀预备役军官称号；抽油机一厂游梁班班长王坚获油田公司安全生产10周年有突出贡献的安全环保工作者称号。（刘瑞景）

·小资料·

新疆油田公司机械制造总公司生产的3种抽油机简介

一、常规、异相型游梁式抽油机

常规型、异相型抽油机是稀油和稠油抽采的主要设备，具有结构简单、性能安全可靠的特点、主要参数满足油田需要，符合SY/T5044－2000规定。其中10型抽油机曾获新疆维吾尔自治区优质产品称号和中国石油天然气总公司优质产品称号。

二、特型游梁式节能抽油机

特型游梁式抽油机包括：下偏复合平衡型抽油机、弯游梁抽油机、对称双驴头抽油机、多重复合平衡型抽油机。其性能参数符合SY/T5044－2003的相关规定。该类机型继承了常规机结构简单、结实耐用的优点，并具有长冲程、低冲次特点，装机容量小，节能性好，操作维护方便，是节能型抽油机的主要代表机型，深受油田用户欢迎，获新疆名牌产品和中国石油石化装备名牌产品称号。

三、立式无游梁抽油机

属于无游梁抽油机，符合SY/T 6729－2008标准要求，主要结构特点是采用塔架结构，动力传递直接。平衡方式采用对称平衡，平衡度较高。整机装机容量低，机械效率高，能耗低，油杆上、下行速度分别可调，冲程、冲次无级调节。操作简单，调整冲程、冲次都是按钮控制。具有无线集中监控接口，可实现集中监控。(1)摩擦换向立式无游梁抽油机。工作系统采用摩擦传动，选用了变频调速电动机、摆线针轮减速机，传动路线短，传动效率高。(2)复式永磁电机立式无游梁抽油机采用外转子低速电机直接悬挂负荷，省去传动环节，提高传动效率。

油田基本建设

建设工程管理

【油田公司基本建设工程处领导名单】
处长：王月华（兼抗震办公室主任）
天然气管理总监：胡雪峰
副处长：冉蜀勇（兼抗震办公室副主任）、路学成

【基本情况】 2010年，新疆油田公司基本建设工程处内设工程管理科、工程技术科、公建管理科、综合科4个科室，有人员12人。履行公司基本建设系统管理职能，负责基本建设工程的过程管理和技术、科研管理，基本建设工程技术中长期发展规划的编制和审查，所属工程建设企业的生产协调、技术管理和市场开发组织。全年承建工程项目239项，项目总投资81.22亿元。承监工程质量合格率达100%，质量、安全责任事故、交通安全事故均为零。 （刘忠泉）

【油（气）田工程项目】 2010年，油田公司基建工程处承担的产能建设主要围绕红003、重32、莫北2、克拉美丽气田等41个区块进行。全年新建原油产能131.45万吨、天然气产能3.3亿立方米。全年编审地面方案55项；组织配套建设各类井场997座，安装抽油机741台；建设稠稀油计量、接转、注汽站109座，注汽锅炉15台，处理站2座，注水站4座；建设清水处理装置2座，特稠油处理站水处理2万立方米二期工程，无盐水处理及换热站工程；建设天然气配气橇2座，集气站扩建2座；各类管线451.5千米；35千伏变电站1座，杆架式变电站280座，电力线130.7千米。实施老区地面工程技术和安全改造31项。全年编审可研方案、初步设计17项50多次。其中石南21污水处理系统扩建等10项重点工程在入冬前完工并投产。实施油气储运项目9项，王家沟油库原油储罐建设工程11月建成投产；王家沟油库库区公用工程完成年度建设目标；呼图壁储气库建设工程地面部分按照计划有序开展前期工作，完成初步设计和主要设备订货。 （刘忠泉　刘国良）

【公用设施建设项目】 2010年，油田公司基建工程处组织建设的友好商业步行街油田商住楼工程、克拉玛依市委党校干部培训公寓工程、新疆油田电网安全改造工程、物资供应总公司油田物资开架库房工程、科研生产基地第一职工餐厅工程、采油二厂科研生产辅助及生产指挥办公用房工程、勘探开发研究院地物所配电中心工程、昆仑110千伏变电所工程等重点工程按时建成投产，生产调度指挥中心工程按照进度计划完成主要工程量，第五净化水厂建设工程按计划开工建设。 （刘忠泉　袁东明）

【重大试验与科研项目】 2010年，油田公司基建工程处会同油田公司相关部门进行超稠油SAGD开发先导试验，取得阶段性成果，地面工艺首次试验清水反渗透除盐技术，使普通注汽锅炉产出过热蒸汽，不但解决SAGD用过热蒸汽问题，而且在常规稠油水平井获得显著的增产效果。全年安排科研项目40项（接转项目22项、新开项目18项）。重点项目主要有新疆油气田地面工程标准化建设技术及体系研究、风城超稠油集输处理及输送工艺技术研究、三次采油地面配套工艺技术 研究、新疆油田公司注水水质现状调查及对策研究等。

试验确定超稠油掺柴油长距离输送方案。2010年，火驱试验项目取得阶段性成果。建成1套满足红浅火驱要求的高压空气供气系统及尾气脱硫装置，油层燃烧废气实现达标排放，探索1套火驱生产管理技术。

七中区二元复合驱试验取得阶段性成果。8月，二元复合驱试验地面注入站投入运行。基建工程处组织相关部门采用一元调液法，地面系统粘度损失≤8%，注入装置浓度配制误差≤5%，聚合物浓度可调范围1 500～2 500毫克/升。该注入装置是在大庆油田同类装置基础上的集成创新，具有先进实用性，好操作，配制误差下小等优点；原油处理和聚合器物污水处理方案设计编制完成，已通过股份公司审查。

风城燃煤锅炉试验。基建工程处通过调研、研究和论证，初步选定燃煤流化床锅炉供汽技术，与清华大学、太原锅炉厂开展合作。开展以油田污水为水源的130吨/小时循环流化床燃煤锅炉示范工程建设，12月，试验工程方案设计通过股份公司的审查。

呼图壁储气库建设工程正式启动。储气库建设目的是用于国家“西气东输”二线调峰。对油田公司的天然气生产和调配将起到积极作用。设计规模45.1亿立方米/年；一期注气规模27.9亿立方米/年，采气规模20亿立方米/年；二期采气规模25.1亿立方米/年。储气库建设方案已通过股份公司审查，完成压缩机选型与订货，建设准备工作已就绪。 （刘忠泉　刘国良）

【注水基础年活动】 2010年，油田公司基建工程处在注水开发油田设监测点198个，取样化验214样次，重点分析悬浮物、含油等控制指标，基本摸清水质现状与治理方向。根据普查结果，在八区、石南、百口泉、陆梁、乌尔禾、沙南、北三台等水质不达标、注水不满足的区块，开展药剂筛选中试、工艺技改、系统扩建、管网清洗。全部完成后，可使3.5万立方米/日污水实现达标，新增注水能力

1.13万立方米/日;出站达标率由69%提高到90%。 (刘忠泉　刘国良)

【标准化设计】 2010年,油田公司完成油气田井口、中小型站场的标准化设计定型图及配套计价指标88套,正式发布69套。产能建设过程中应用模块图28套,定型图11套,覆盖区块37个,涉及投资5.4亿元;标准化设计覆盖率100%。红003井区产能建设,是股份公司地面工程标准化设计示范项目,实施标准化设计后,比常规设计节省投资739.6万元,设计工期缩短33%,建设工期缩短50%,投产一次成功。标准化管理步入正轨,完善配套管理制度。按照3年规划的进度安排,完成《新疆油田公司地面工程标准化设计定型图成果管理办法》,建立《新疆油田公司地面工程标准化建设规模化采购管理体系》,并完成配套程序文件编制;《新疆油田公司标准化计价管理办法》、《工厂化预制管理规定》正在编制中。 (刘忠泉)

【工程竣工验收】 2010年,油田公司基建工程处完成石南31井区开发建设地面工程(2005~2007)、九6区齐古组、八道湾组油藏地面建设工程(2006)、九$_7$-九$_8$区齐古组稠油油藏注蒸汽开发地面建设工程(2005~2007)3项股份公司级重点工程的竣工验收工作,完成石西油田作业区公寓扩建工程、陆梁油田作业区公寓扩建工程2项油田公司级重点工程的竣工验收工作。 (刘忠泉)

【抗震减灾管理】 2010年,油田公司基建工程处下发《关于做好2010年度抗震工程项目实施的通知》。其中公共建筑与生产建筑类鉴定面积124 054.99平方米,加固面积31 913.46平方米;生命线工程类加固面积15 419.74平方米;重点学校类鉴定面积32 625平方米,加固面积49 315.01平方米;住宅类鉴定面积60 037平方米,加固面积9 519平方米。完成克拉玛依职业技术学院7个单体、克拉玛依市委党校(电大)4个单体、供电公司3个单体等抗震加固方案审查。 (刘忠泉　袁东明)

【公建工作会议】 2010年1月8日,油田公司在油田公建项目经理部召开2009年度公建工作总结会议,油田公司副总经理聂海光、副总工程师王从乐及相关处室领导参加会议。会议听取油田公建项目经理部及所属各项目部2009年以来的工作汇报及2010年工作部署。油田公建项目经理部阐述了2009年度直管工程、2010年度待建工程及公建项目经理部自身建设工作,并提出下步设想及面临待解决的问题,指出要积极响应油田公司挖潜增效目标,做好投资控制、成本节约工作,并对2010年完工工程风城油田作业区一期工程、石西沙漠油田作业区公寓和陆梁油田作业区公寓以及工程生产调度指挥中心、明园友好商业步行街、采油二厂办公楼等跨年度工程进行阐述,分别简要回顾工程质量、安全、投资控制、工期等方面情况。油田公建项目经理部经理就项目部运行以来的制度建设、作风建设、安全质量、投资控制总结性发言。会议结束时,聂海光讲话,肯定油田公建项目经理部成立以来的成绩,并提出四点要求:一是加强公建项目经理部和所辖各项目部的队伍建设、制度建设。二是做好统一管理、统一计划,加大管理力度,理顺工作流程,做好统筹安排。三是对待建工程及跨年工程重点建设项目进度狠抓落实,做好工程质量、安全尤其是投资控制工作。四是做好建设项目的监察工作,做好廉政建设工作。 (刘忠泉　郑　立)

油田勘察设计

【新疆石油勘察设计研究院(有限公司)领导名单】

党委书记、副院长:李晓光

院长、党委副书记:文中新

党委副书记兼纪委书记、工会主席:马云俊

副院长:骆伟、关延君、张书华(4月任职)

总工程师:何浩

【基本情况】 截至2010年末,新疆石油勘察设计研究院(有限公司)有职工713人。其中管理专业技术人员585人,技能操作人员89人,内退人员39人;博士研究生2人,硕士研究生28人,大学本科442人,大专122人,中专27人;教授级高级工程师2人,中级259人,初级182人。设计院专业设置主要包括油气田规划、城市规划、油气集输、油田工艺、油气储运、天然气工艺、炼油化工、工业与民用建筑、道路与桥梁、给排水、污水处理、热工、暖通、电力电气、通信、自动化仪表、化工设备与机械、机修、总图运输、工程测量、工程地质、岩土工程、腐蚀与防护、油田化学、油气与水土分析检测、计算机应用、技术经济、工程监理、新技术研发销售、科技信息、综合档案及生产、技术、经营、财务等管理职能部门。经过多年的科研开发和技术积累,设计院在原油处理、长输管道、稠油开发、天然气应用、炼化工艺等方面具备了上下游一体的设计能力。同时在沙漠公路设计、油田自动化、专有设备研发、标准化设计及城市和矿区建设等方面都具有成熟的专业技术,并具备了沙漠整装油田建设的成功技术和经验,具备参与国家石油天然气开发重大项目的能力。是一家综合实力强、科研技术领先、社会评价好的诚信企业,曾多次获各类科研成就奖,是新疆守合同重信用企业。 (陆　喜)

【经营情况】 2010年,新疆石油勘察设计研究院(有限公司)实现经营收入5.2亿元,利润总额3 500万元,完成价值工作量近8亿元,业务转型初显成效;员工收入实现较大提升,企业认同感进一步增强,确保实现安全生产无事故,为实现"十二五"跨越式发展打下良好的基础。 (陆　喜)

【机构调整】 2010年初,新疆石油勘察设计研究院(有限公司)完成组织机构的调整,并制定全部机构的岗位职责描述。一是在机关管理层面,组建市场开发部、总承包部,工作总体实现平稳运行,较好的履行对相关业务的协调、指导、支持职能。二是在专业室所层面,以市场需求和企业定位为导向,本着集中资源、重点发展的原则,将油田工艺、天然气工艺、炼化工艺整合为一;对水环境专业单独设所;对规划、总图、道路进行专业整合。三是结合组织机构调整,任免和调整78名中层干部,使一批年轻专业人员走上中层领导岗位。将各室所的教导员和副总工程师岗位全部撤销。把17名优秀人才优先配置到EPC业务、市场开发管理等业务岗位。 (陆　喜)

【市场开发】 2010年,新疆石油勘察设计研究院(有限公司)明确市场重点,总体建立市场开发机制,初步形成市场开发、人人有责的工作局面。把EPC工程总承包市场开发作为转变发展方式、迅速提升规模效益的现实突破口,以疆内及周边储运工程、中油煤层气开发、中油技术开发公司海外项目为重大潜力市场,通过前期服务工作,为项目的跟踪介入赢得主动,为后续工作奠定基础。坚持以油区传统市场为发展根基,以勘察设计为龙头基础业务,保障新疆油田55个区块、132万吨原油、1.5亿立方米天然气产能建设和市政、矿区、克石化项目的顺利实施。全年新签合同额6.6亿元;承接各类项目900多项,比上年增长80%。 (陆 喜)

【EPC业务】 2010年,新疆石油勘察设计研究院(有限公司)承接8个EPC项目,3个投资过亿元,4个当年竣工。新疆新捷燃气公司米东CNG基地工程等项目赢得业主高度评价;红003井区60万吨/年稠油处理站及35千伏变电所工程等新疆油田总包项目全面覆盖产能区块、系统工程、科研试验、安全技改、节能环保五大工程类别,为EPC业务的快速发展,培养了人才,积累了经验,鼓舞了士气。 (陆 喜)

【项目与战略管理】 2010年,新疆石油勘察设计研究院(有限公司)强力推行项目管理。按照以工日制为基础,以项目经理为管理核心,部门(委员会)认定考核的项目管理模式,制定《设计项目管理实施细则》、《设计项目人工时考核管理办法》;建立涵盖17个主要专业、150个各类典型项目的人工时定额体系;研发基于设计流程管理系统的人工时网络申报系统;推进项目分级管理与项目经理责权利下放;实现设计岗位人工时量化考核,保障业务量激增情况下生产组织的平稳运行。制定《三年发展计划纲要》与《"十二五"发展规划》,明确企业的发展方向、目标与重点措施,为未来发展提供保障。 (陆 喜)

【质量管理】 2010年,新疆石油勘察设计研究院(有限公司)在勘察、设计、EPC总包业务大增的情况下,通过加强QHSE体系运行和监督,强化过程环节的控制和执行,推进主导专业"四张图"、"三个指导"在设计中的统领作用,促进质量的持续、渐进提升。设计院在克拉玛依市勘察设计企业综合评比中,经过综合勘察设计单位自评、建设单位评价、审图机构评价和市建设局抽查情况得出综合评定结果,综合评定得分93.40分,名列10家勘察设计单位的榜首。按照精细化管理的要求,技术质量部初步建立质量管理分析7个子系统,并在实际工作中应用,将发现的问题与各专业室所沟通,使管理更贴近实际,在工作量大量增加的情况下,设计变更总数量比上年同期下降19.5%,平均每张1号图变更数量下降22.01%。由于设计错误、设计遗漏发生的变更数量下降2.7%,设计质量有所提高。 (陆 喜)

【客户服务】 2010年,新疆石油勘察设计研究院(有限公司)举办品牌服务承诺发布会,进一步提升产品和服务质量、打造优势品牌的决心。向新疆油田公司、克拉玛依市政府、克拉玛依石化公司、西部管道公司等业主郑重承诺:将以CPE的品质和信义,为客户提供星级服务,并开通公布星级服务热线,保证严格实施首问负责制和24小时答复制。项目管理部组织进行4月、8月2个批次的顾客满意状况调查,满意和很满意项占调查表总选项的98.8%。组织重点客户回访与投产前设计检查近20次,检查力度明显加强。针对业主及相关方提出的问题,进行举一反三、组织剖析、制定具体整改措施,并逐步督察整改落实,收到好的效果。4月,在全院开始实行问责制,全年下达问责单66份,问责102人次,罚款金额24 490元,并在院网曝光台予以曝光和公示。 (陆 喜)

【科技进步】 2010年,新疆石油勘察设计研究院(有限公司)进一步强化科技进步工作。设计项目获得中国测绘行业科技进步奖1项,勘察、设计各类优秀成果奖153项。其中省部级以上项目奖21项,公司级22项。新申请并被受理专利9项。"油田采出水处理方法"获得国家发明专利,新增专有技术产品1项。全年共承担科研课题21项。其中CPE总部下达科研项目2项;新疆油田公司横向科研项目18项;塔里木油田公司横向科研项目1项。科技总投入1 500多万元。全年科研结题项目6项,通过市科技局科研成果验收评定1项,通过院级科研成果验收评定1项,获新疆油田公司技术创新奖2项。开展以稠油、超稠油地面配套技术为重点的超稠油开发、火驱开发和复合驱开发特色技术研究,并取得重要进展,为保障风城超稠油400万吨/年规模化经济开发的顺利实施提供技术支撑。通过对工艺流程、平面布置、技术经济、节能减排进行优化,实现油气田生产能耗降低不小于2%的优化设计目标。新疆油田公司重点科研项目"风城超稠油开发地面工程配套技术研究"、"高干度过热锅炉地面注蒸汽配套技术和高温密闭集输工艺技术"已在SAGD试验区工业应用。"高温超稠原油密闭脱水技术"、"采出水密闭处理技术"、"掺轻烃不加热输送技术"在实验室取得突破,下步将相继进入现场工业化试验。"新疆油田注水水质达标稳定技术研究"科研项目,阶段研究成果水化学调控技术取得试验成功,水质完全达标,为新疆油田公司各污水站水质达标稳定开好前端,奠定了技术基础。 (陆 喜)

【体系运行】 2010年,新疆石油勘察设计研究院(有限公司)根据业务转型和工作机构的调整变化,及时补充,修改和完善QHSE体系。对缺乏实际经验,暂未纳入体系的总包业务,积极采取措施参照CPE总部的体系执行。组织内审、外审和管理评审,使体系在运行中改进提升。内审共开出1个一般不符合项,5个典型整改项。不符合项和典型整改项全部按不符合项要求整改,并分析原因,实施纠正措施。11月,上级认证机构对设计院管理体系进行第一次监督审核,体系建立和运行得到认证机构专家的一致好评,开具1项不合格项已得到关闭。设计院通过质量、环境体系和健康安全体系的监督审核。 (陆 喜)

【标准化工作】 2010年,新疆石油勘察设计研究院(有限公司)以设计管理规定、统一技术规定等为主,初步形成新疆油气田地面工程标准化设计管理体系。同时以油气田标准化设计为契机,组织三维软件应用培训,在油、气、水、热等工艺系统设计中推行三维设计,设计方法上有新的突破。全年完成标准化模块图62套,定型图22套,共计144个目。至年底,新疆油田标准化工作取得阶段成果，基本全面涵盖稀油油区、稠油油区以及气田气区的中、小型站场。完成的标准化设计可满足新疆油田产能建设的需要，已经用到新疆油田的37个产能区块中，并建成红003井区标准化示范区。在该示范区成功应用丛式井地面集输工艺、注汽站与接转站合建、单井计量技术、计量配汽管汇站全露天布置技术、锅炉半露天布置技术、锅炉排放水回收技术、注汽锅炉余热利用、无塔式低位真空除氧技术、高压采气工艺技术应用、富气回收工艺技术应用、单井橇装试采装置、多井式加热炉的应用、110千伏、35千伏、6千伏变电所全封闭技术等13项技术创新成果。集油区、油气处理站场标准化设计覆盖率分别达到100%、70%，标准化三维配管设计覆盖率达到100%。全年推广模块化、撬装化油田专有设备340台套，实现整体产能建设投资降低3%～6%，缩短施工周期30%。

（陆　喜）

【品牌建设】　2010年，新疆石油勘察设计研究院（有限公司）将成就员工、成就客户作为CPE品牌的核心价值，突出CPE就是服务这一重点，建立服务领先优势，塑造CPE就是最佳服务品牌形象。重点在EPC项目中开展创建品牌建设样板工程和打造金牌服务员工与金牌服务团队2项活动。一是红003井区60万吨/年稠油处理站及35千伏变电所工程的60万吨稠油处理站，使用技术最先进、现代化程度最高、配置最合理设计，为新疆油田类似工程的地面建设树立样板。二是项目设计组提出自动化程度高、技术水平高、工程投资和运行成本低的“两高一低”设计思路，从方案设计、初期设计到施工图设计以及从平面布置到工艺流程，进行全过程、全方位的设计优化，精心造就地下高效采油，地上观光旅游的绿色油田样板。三是《新疆新捷燃气公司米东CNG基地工程》从设计到建成仅用7个月时间，快速、优质、安全交付运行，及时缓解乌鲁木齐冬季气荒问题，实现中石油对乌鲁木齐市政府实施蓝天工程的具体承诺。四是石南21集中处理站污水处理总包工程采用拥有自主知识产权的《离子调整旋流反应法》污水处理技术，工程技术水平高、质量好、建设速度快，受到油田公司领导和专家的高度评价。五是在西气东输二线联络线昌吉首站调压阀冻堵排险、克拉美丽气田滴西18集气站加热炉故障排除、西部管道公司克—乌成品油复线洪水冲刷抢修、石西油田公路水毁抢修等应急设计中，设计院5次为新疆油田公司、西部管道公司紧急提供技术支持，并顺利完成任务。六是召开CPE品牌建设工作会议，举办服务承诺发布会，规范办公场所及工程一线视觉形象，在10个重点项目中开展创样板工程、做金牌服务团队劳动竞赛活动。七是严格实施首问负责制和24小时答复制，配合施工做到随叫随到。八是组织重点客户回访与投产前设计检查近20次，制定整改预防措施74项，重大项目和一般项目前期策划率达到100%，设计变更率下降19.5%。

（陆　喜）

【形象宣传】　2010年4月开始，新疆石油勘察设计研究院（有限公司）在原站点基础上，对院油网站点进行完善、重建。于5月中旬基本建成并投入应用。该站点共设置精品工程、图片新闻、院新闻、专题报道、“风采·榜样”等静态和动态栏目20多个。为确保网页内容充实，并能够及时更新，设计院里将网页的维护工作专门进行责任分工，每个栏目都确定维护的具体责任部门和责任人。在地方新闻媒体宣传中，设计院特别关注在转型过程中，对设计项目、EPC工程中的先进技术、质量优势、服务优势和先进的管理理念的对外宣传，着力提升知名度、信誉度和社会认同感。（陆　喜）

【绩效考核】　2010年，新疆石油勘察设计研究院（有限公司）进一步加强绩效考核力度，先后制定《设计室所长管理岗位绩效考核实施细则》、《管理部门正、副科室长绩效考核实施细则》、《一般管理人员绩效考核实施办法细则》、《院长助理、副总师绩效考核实施细则》、《经营承包制单位领导绩效考核实施细则》等一系列制度。12月，组织科室长和管理岗位的人员在本单位员工大会上述职，并接受院领导、管理部门和员工的考核。组织院4名副总师在全院干部大会上述职和考核，将考核结果直接与本人的效益工资挂钩。对设计人员制定《设计项目管理实施细则》、《设计项目人工时管理考核办法》，初步建立起涵盖17个主要专业、150个各类典型项目的《人工时定额》。工时考核直接与员工效益工资挂钩，调动设计人员工作的积极性，为效益工资的分配提供具体、可靠的数据依据。

（陆　喜）

【人事管理】　2010年，新疆石油勘察设计研究院（有限公司）共制定、修订人力资源管理制度、办法和模板29个，为人力资源工作的开展提供制度保证，为院管理法制化建设奠定基础。根据CPE编制规划要求，各部门编制完成院干部“四化”建设和人力资源3年发展计划及“十二五”发展规划。推荐公司一、二、三级专家和杰出青年57人。其中一级专家3人，二级专家14人，三级专家33人，杰出青年7人。

（陆　喜）

【员工培训】　2010年，新疆石油勘察设计研究院（有限公司）认真实施管理法制化、学习制度化和员工职业化工作，取得较好的成效。采取形式多样、有针对性地对员工进行专业培训。组织员工参加集团公司的各类培训28人次；参加公司各类培训186人次；自行组织集团公司专业技术职务英语培训90人；组织EPC系列培训391人次；派外送培项目管理培训18人次；其他专业培训129人次。

（陆　喜）

【用工机制改革】　2010年，新疆石油勘察设计研究院（有限公司）制定《劳动用工管理办法》，推行以派遣员工为主的用工形式。充分发挥乌鲁木齐市的地缘优势，7月，设计院与新疆博达人才开发有限公司等派遣机构签订合作协议，采取人才派遣方式招聘应届大学本科毕业生24人，硕士研究生16人，有一定工作经验的专业技术人员11人。减少企业直接用工，拓宽人力资源配置渠道，缓解人力资源紧张的矛盾。利用派遣机构，解决新招大学生的落户问题和大学生晋升专业技术职务问题。

（陆　喜）

【管理法制化】　2010年，新疆石油勘察设计研究院（有限公司）管理法治化建设迈上新台阶。一是把制度建设作为“四化”建设的重要内容，全年制（修）订各类制度98项、模板71项，总体实现与公司管理、制度的全面对接，为进一步做好制度建设工作明确方向。二是实现QHSE管理体系的有效运行，初步建立EPC项目管理体系，完善发布院“1＋17”

总体应急预案体系，院内所有危险源得到有效控制，充实程序文件、模板等 EPC 相关制度 69 项，为各类业务的安全规范开展提供支持。三是全面启动问责制，累计问责 110 多人次，全员工作正点率、服务规范化和有法必依意识得到较大增强。（陆　喜）

【党建工作】 2010 年，新疆石油勘察设计研究院（有限公司），加快推进在重点工程项目组设立临时党支部试点进程。制定《新疆设计院深入开展创先争优活动实施方案》；开展创建“四好”领导班子和“六个一”党支部活动；在党员中开展争做“四优”共产党员活动；进一步深化党员责任区、党员先锋岗活动；进一步细化党建相关工作的工作流程和考核标准。以纪念建党 89 周年系列活动为契机，做好 26 个党内先进的选树申报和表彰奖励工作，全年发展党员 15 人。落实学习制度化措施，组织全员研读书目 800 本次。（陆　喜）

【民主管理】 2010 年，新疆石油勘察设计研究院（有限公司）在院八届二次职代会上听取和审议《院长工作报告》、《财务工作报告》、《职代会工作报告》，并重点审议实行项目管理制后新制定的《2010 年绩效考核管理（暂行）办法》、《设计项目管理实施细则》和《设计项目人工时考核管理办法》等涉及员工切身利益的管理制度。针对员工提出的意见和建议，院工会召开职代会联席会，审议《设计项目人工时考核管理办法》的修订意见。12 月，院召开干部大会，29 名职工代表对 7 名院领导进行述职测评。在年度绩效考核工作中，各单位职代小组参与对 75 名中层干部的年度考核，其中考核为优秀的 70 名，考核为称职的 5 名。院工会编制《职代会与工代会实施办法》等 12 项工作制度、10 项工作模板。（陆　喜）

【劳动竞赛】 2010 年，新疆石油勘察设计研究院（有限公司）结合我是光荣石油人，爱岗敬业作贡献主人翁精神主题实践活动，在红 003 井区 2010 年地面建设工程、石南 21 集中处理站污水处理系统扩建工程、新捷燃气公司米东区 CNG 母站及生产基地工程等 10 个重点工程项目中开展创建品牌建设样板工程、争创金牌服务团队和争做金牌服务员工劳动竞赛活动。油气储运所、自动化仪表所、工程经济所和出版室等各基层单位相继开展阶段性的劳动竞赛活动。院工会围绕公司二届五次职代会上提出的“五型班组”创建活动要求，深入基层走访调研，总结推广各基层单位在创建活动中的好经验和好做法。建筑规划工会将推进“五型科室”活动与院各项主题活动相结合，提炼出“三型四保、五促一节”使用 8 字诀；设备所在创建活动中，结合自身实际开展子午书简读书心得交流活动和快乐大讲台、有才你就来的系列演讲活动。（陆　喜）

【关注民生】 2010 年，新疆石油勘察设计研究院（有限公司）认真做好关注民生工作。一是开展常规慰问活动。院领导和有关部门、科室在各节假日期间慰问 EPC 工程、勘察等工程现场及在办公楼加班员工共计 240 多人次；与基层室所领导一同慰问节假日在外工作的员工家属 14 人次；看望院劳模、工伤职工、职工遗孀、维稳民兵和离退休老同志 34 户；六一节为职工子女发放节日慰问品 270 多份；在春节和中秋节、国庆节“双节”前夕组织家在外地的单身员工和新员工举行团拜，参与 50 人次。二是关心员工健康。院工会制定《院健康管理实施办法（试行）》，建立院健康管理体系。按计划安排员工体检，全年体检 634 人，体检率 98.1%；建立员工健康档案，并组织 1 期关爱自己、注重健康专题讲座，参加 80 人；院工会在网上建立心理健康咨询服务专栏，并积极与克拉玛依区心理健康教育及咨询中心联系，在院网上向员工公布心理咨询服务电话。三是为 699 名符合新政策条件的职工办理健康疗养费发放工作，按原有政策应享受但未享受疗养的职工，根据原政策标准办理疗养补助 496 人。为 51 名员工办理健康疗养、334 人办理职工（带薪）休假、75 人办理探亲假、11 人办理婚假、57 人办理补休。四是做好帮扶工作。制定《困难职工帮扶资金管理办法》。全年为 3 名患病的职工申请克拉玛依市困难职工帮扶资金 1.1 万元，为 2 位职工办理大病补偿资金22 617元；将员工同心互助金纳入到员工帮扶基金中；与北京办事处医疗协调科联系，为 10 名员工和员工家属协助转院的有关事宜。五是履行社会责任。坚持在六一前夕慰问共建幼儿园的老师和孩子；在助残日慰问克拉玛依市聋哑学校的师生；在春节前夕到金色桑榆日托中心看望老人，为他们送去大米、面粉、清油等节日慰问品。院工会全年共组织参加各类公益捐款活动 4 次，捐款78 582元。（陆　喜）

【文体活动】 2010 年，新疆石油勘察设计研究院（有限公司）组织开展丰富多彩的文化体育活动。组织员工参加克拉玛依水节系列活动、“建设杯”篮球赛以及克拉玛依市、油田公司组织的文体活动共计 20 多次，参加员工1 000多人次。在克拉玛依市第七届运动会的 9 个比赛项目，获得桥牌亚军、网球团体季军、女双季军，乒乓球男女团体第七名，总成绩在参加本届运动会的 48 个单位中位列第 18 名。院工会创新工作模式，积极开展网上建家，并在原有基础上进一步加大建家工作力度，职工对院建家工作满意度 98%。12 月，院工会建家工作通过集团公司直属机关工会检查验收工作组的验收，被评为 2009～2010 年度集团公司直属机关工会模范职工之家。院女职工委员会开展创建五一巾帼标兵岗和争做五一巾帼标兵活动，邀请资深心理学和管理学专家开展 1 次职业女性情绪管理和音乐心理减压专题讲座，90 多名女工参加。组织院 186 名女员工参加由克拉玛依市、油田公司工会女职工委员会举办的团体女性特定疾病保险活动。（陆　喜）

石油工程建设

【新疆石油工程建设有限责任公司领导名单】

总经理、执行董事：黄鹤

党委书记：苏衍桥

党委副书记、纪委书记、工会主席、职工监事：俞有林

副总经理：徐风刚、王月斌、赛买提·阿不来提、崔玉淼（5 月任职）

总会计师：戴支援

【基本情况】 2010 年，新疆石油工程建设有限责任公司在册人员（含派遣员

工）2 629人。其中女职工608人，少数民族职工525人，内退人员93人，管理和专业技术岗位人员914人。有国家一、二级注册建造师137人，注册造价师12人、注册安全工程师11人；集团公司级技能专家1人；油田公司级技能专家3人；学科带头人1人。主要技术工种为电焊工、气焊工、管工、铆工、安装电工、仪表安装工、吊装工、探伤工、操作手等，全部持有国家、自治区、克拉玛依市等有关部门颁发的各类等级上岗证书。拥有设备3 284台/套。其中施工设备及大型机具1 483台/套、辅助工（器）具476台/套。新度系数0.5。通过中国施工企业管理协会信用等级复评，再获AAA级信用企业。（程　琼）

【生产经营情况】 2010年，新疆石油工程建设有限责任公司坚持以市场为导向，以提速转型升级为手段，以EPC总承包和国际化经营为目标；坚持发展速度、发展质量与经济效益相协调，转变发展方式，全面实现公司持续、协调、跨越式发展。全年完成跨年工程62项，新开工工程38项，新签合同81份，合同额18.88亿元，完成经营收入20.2亿元，实现利润2 000多万元。全面完成CPE下达的经营指标，完成重组以来的各项工作。（程　琼）

【主营业务情况】 2010年，新疆石油工程建设有限责任公司承建新疆油田重点区块红003井区60万吨原油处理站及35千伏变电配套工程、风城重37井区SAGD试验区集中换热及无盐水处理站工程竣工投产；克拉美丽气田滴西18集气站改扩建工程完工；王家沟原油储罐主体安装全部完工；路桥市政项目分布在奎一克、乌拉斯台、裕民、喀什以及克拉玛依市区锅炉房改造；管道及储罐项目，主要集中在宁夏固原、江西鹰潭、甘肃兰州；国际业务以希望油田转油站EPC项目为代表，精心运作，信守承诺，包机抢投保运，赢得赞誉，实现工程顺利投产；兰州储备库项目实施充分发挥"倒装法"工艺优势，提高质量和速度，施工进度获得多方好评；宁夏固原西二线（东段）14标段管道工程在多次评比检查中，各项指标稳居第一，顺利通过初步验收；哈萨克斯坦扎纳诺尔南区转油站一次投产成功。（程　琼）

【项目管理与创优】 2010年，新疆石油工程建设有限责任公司工程（项目）管理部设有技术管理岗、体系管理岗、品牌管理岗、科技管理岗、资质管理岗。主要负责公司项目管理、科技管理、资质管理、品牌管理、分包管理、应急管理等工作。项目部全面开展CPE文化宣传贯彻，从视觉、行为和理念3个层面加强项目建设，努力实现对接与融合。各岗位做出服务承诺，做到熟悉和了解客户的需求，以此提高公司品牌的知名度、美誉度和客户忠诚度，提升公司品牌价值。多项工程、管理成果获国家级、省部级、市局级荣誉。公司工程一公司承建的新疆油田风城油田1号特稠油联合站工程获集团公司石油天然气建设质量样板工程称号；工程二公司承建的克浅10稠油污水处理及回用锅炉改造工程获CPE优秀总承包项目二等奖；西部原油成品油管道工程获中国工程焊接协会全国优秀焊接工程一等奖；风城油田重32井区2008年风城1号稠油处理站工程、玛河气田地面建设工程、彩－石－克管线扩能工程获全国优秀焊接工程奖；风城油田重32井区2008年风城1号稠油处理站工程、玛河气田地面建设工程、石南油气田21井区地面建设工程获中国石油工程建设协会石油天然气优质工程金奖，采气一厂稀油污水处理新建工程、乌尔禾—风城油田稀油80万吨稀油处理站获石油天然气优质工程银奖；天然气公司"精心服务客户、确保优质工程"获第五届全国建设工程优秀项目管理成果一等奖；工程一公司"科学规范管理、创建精品工程"、南疆公司"项目管理创新在吉拉克处理站的应用"、路桥二公司"加强过程控制，规范项目管理，打造油建品牌"获第五届全国建设工程优秀项目管理成果二等奖；工程二公司"服务上星级 促进工程项目建设"，工程一公司"科学组织、精细管理、打造精品"获得第五届全国建设工程优秀项目管理成果三等奖；路桥二公司承建的克拉玛依东环路二期工程第二标段和克拉玛依市石化工业区站前街道路配套系统工程双双获新疆市政金杯示范工程奖，2个工程的项目经理分别获新疆市政优秀施工项目经理称号；风城油田重32井区2008年风城1号稠油处理站工程、玛河气田地面建设工程获国家优质工程银奖；2人获石油工程建设优秀项目经理称号、1人获全国工程建设优秀项目经理称号。（程　琼）

【市场服务】 2010年，新疆石油工程建设有限责任公司强化市场服务理念，进一步做好市场服务。一是信承诺、守道义，传承CPE服务。为确保哈萨克斯坦希望油田转油站EPC项目按时投产，油建公司紧急包机拉运急需的管件、阀门、设备等小型材料到现场，体现CPE人诚实守信，兑现承诺，履行合同，为帮助客户成功，不惜一切代价的服务理念，赢得各方赞誉。二是站排头、做表率，展现CPE风范。新疆油建承建的兰州国家石油储备基地工程第三标段中第13号罐，在43天时间内完成主体安装工作，比计划提前2天，为其他5个主体安装标段树立了榜样。三是重责任、作奉献，弘扬CPE精神。10月6日，石西公路突遇洪水，给油田生产电力线设施造成严重威胁。公司组织排除石西公路洪水险情，确保油田大动脉的畅通。油建管道公司西二线南昌—上海支干线项目部受到洪水袭击，设备被淹，施工现场被冲。公司管道员工全力保护机械设备，同时将300袋大米和300桶食用清油等救灾应急物资送至遭遇洪水袭击受灾最严重的村庄——贵溪市河谭镇的河谭村。四是打硬仗、扛大旗，对标CPE速度。公司在人员、设备、材料组织、调转、运输受阻等不利情况下，全力攻关、全国联动，开辟服务于工程建设保驾护航的绿色通道，展现国际商务运作的超强实力。五是抓服务、提效率，体现CPE作风。公司开展机关作风建设年活动，机关部门负责人在公司大会上公开承诺，同时结合解放思想大讨论、"谁是我的客户"等活动，强化机关服务职能，提升机关服务效率。（程　琼）

【改革与创新】 2010年，新疆石油工程建设有限责任公司着力打造学习型企业。一是制定打造学习型企业方案，全员发放推荐读本，动员广泛开展读书学习与心得交流。每月评选读书明星，积极示范带动。建立青年书屋26个，提供各类图书1.5万多册。通过心得交流、新书推荐、感言签名、好书互换等形式，推动读书学习活动的普及。二是规范运作方式，强化项目管理。根据CPE项目管理模式，公司结合自身实际，将项目部作为管理考核主体，编制发布项目管理体系文件。并按照区块、专业指导各分公司成立相对固定的项目部37个，下达项目人员安排。开展项目管理的现场服务与指导，组织工程项目评价，项目管理运作能力得以提升。（程　琼）

【科技管理】 2010年，新疆石油工程建设有限责任公司以制度建设推进科技进步。一是建立健全管理制度。制定《科技管理办法》、《科研项目管理模板》、《科技成果及技术改进奖申报及评审管理模板》和《科技奖励办法》。二是做好科技成果管理。完成克拉玛依市科研项目"城市道路半刚性基层裂缝病害及对策研究应用"的验收及成果评审，该项目获市科技成果三等奖；完成油田公司科技成果"长输管道全自动内根焊＋双焊炬自动焊技术的引进、推广及应用"的申报工作，该成果获得油田公司技术创新三等奖；完成公司级科技成果及技术改进项目的征集、评审和奖励工作；完成科技成果和科研项目的资料归档工作；申报CPE级科技成果。（程　琼）

【财务管理】 2010年，新疆石油工程建设有限责任公司响应对接转型，建制度，梳流程，服务公司跨越式发展。梳理工作流程，整合优化财务管理制度。重新梳理流程，对公司原有财务管理制度23项进行梳理、完善和修订，在整合修订过程中结合公司机构调整、业务定位广泛征求了基层和部门的意见，先后召开基层修订征询意见会2次，新增制度2项、撤并制度12项、修订完善制度11项、沿用1项，分别于4月和5月发布，制作财务模板25项。（程　琼）

【企业管理】 2010年，新疆石油工程建设有限责任公司围绕公司3年发展计划及5年发展战略规划的发展定位、发展目标和工作部署，制定精细化管理活动实施方案，把精细化管理的理念、方法贯彻落实到各项具体工作中，从基础、细节工作做起，力求把每一件小事都做到精、准、细、严，梳理工作流程，堵塞管理漏洞；围绕公司2011年工作思路、工作重点和目标，制定《公司2011年生产经营改革方案》。（程　琼）

【计划管理与绩效考核】 2010年，新疆石油工程建设有限责任公司制定2010年投资建议计划及调整计划。结合公司的特点，研究绩效考核标准和公式的计算方法，完善各单位绩效目标责任书的内容，制定《CPE油建公司绩效考核管理办法》，进一步理顺完善公司的生产经营绩效考核工作，逐步建立公司生产经营绩效合同考核体系，为公司下步的生产经营目标绩效合同考核工作奠定基础。（程　琼）

【基建与内控管理】 2010年，新疆石油工程建设有限责任公司完成集团公司标准预制化厂改造维修工程项目的筹建工作；完成工程一公司三层办公楼维修项目、培训中心三层培训楼维修项目、电气公司办公楼及场地维修项目、供应站办公楼维修项目、书剑苑5个公共厕所维修改造项目、体育馆外墙维修改造项目等 多项基建维修项目。内控体系及ERP项目与CPE融合建设日常管理与组织协调工作，确保公司ERP的顺利上线。（程　琼）

【综合统计管理】 2010年，新疆石油工程建设有限责任公司编制、修订《综合统计管理办法》；参照集团公司以及CPE总部的综合统计管理办法，修订公司《综合统计工作管理办法》；进一步推进统计工作标准化、精细化管理；完成CPE总部、自治区外经委、市、区统计局、建设局、调查队各类统计报表的统计上报工作，全年制作统计报表47份。其中CPE经营计划处（战略发展部）18份、集团公司外部24份、公司内部5份；完成各类统计分析报告13篇。（程　琼）

【安全管理】 2010年，新疆石油工程建设有限责任公司强化安全监督工作，开展安全管理"双刃剑"活动。公司安全监督人员派驻施工现场，行使安全监督责任。一是在项目实施过程中，公司安全监督人员与项目安全管理人员相互监督。通过安全"双刃剑"活动开展，有效降低现场的事故隐患数量，提高现场安全管理水平。公司编制《十项特殊危险作业及审批许可制度汇编》，指导公司各类特殊危险作业的实施。严把特殊危险作业现场措施是否到位关，严格审查每一项措施落实情况。确保各项特殊危险作业的顺利完成。二是强化安全监督。公司监督中心进行定期和有重点的监督、检查。增加对现场临时用电投入，采取标准化柜盘配置，现场蹲点监督和专项指导巡查等手段，从工程临时用电配置的源头进行治理；加强项目设备入场验收的监督，减少不合格设备的入场；对脚手架搭设的材料如扣件检验证明等进行检查和脚手架使用前验收监督。风险评价和各项安全措施的落实到位，施工过程严格按程序作业，实现安全生产无事故。三是抓好交通安全管理。公司30辆车安装车载GPS，全部车辆后排安装安全带。公司机动车保险96辆，按照集团公司非上市企业保险规定办理，甲、乙方能够认真履行合同规定义务，没有发生事故无法理赔的事件。全年审核机动车驾驶员141人，非职业驾驶员10人、职业驾驶员141人。各单位对驾驶员的教育，能够按照公司规定进行，记录齐全。公司每月编制驾驶员安全教育重点内容，及时在网上发布，供各单位教育使用。全年编制10期交通安全教育材料。（程　琼）

【质量管理】 2010年，新疆石油工程建设有限责任公司严把工程质量，质量管理水平逐步提高。通过质量通病的治理、质量问责制的实施、行业质量验评规范的贯标培训及QC小组活动的学习培训，组织专项质量检查等活动加强公司质量管理工作。开展以抓质量水平提升，促发展方式转变为主题的质量月活动。开展《质量通病防治手册》编制工作，对加强现场施工质量起到积极指导作用。为确保项目工程质量管理有据可依，保证施工现场在用标准的有效性，公司按季发布新旧标准信息，及时收集各单位的征订信息，订购标准，全年下发标准3 094册，工具书40册，图集452册；做好标准的更替工作，下发3期标准目录及作废目录。按期完成全年计量检定任务，检定计量器具10 486件，计量标准监测率100%；9月、11月组织季度质量、计量、标准工作检查，检查覆盖率100%；完成35项标准器的授权工作。参与股份公司组织的油气田地面建设工程质量检查，结合检查结果，召开质量问题分析会。组织编制《质量通病防治手册》。（程　琼）

【物资管理】 2010年，新疆石油工程建设有限责任公司认真做好物资供应与管理工作。建立健全各项规章制度，完善制定物资系统管理办法。重新制定《物资供应管理办法》、《物资计划与采购管理办法》、《供应商管理办法》、《物资仓储管理办法》、《工程剩余物资管理办法》、《物资采购绩效管理办法》、《物资结算与单据发票管理办法》、《物资统计报表管理办法》等,对物资的采购管理工作做出具体规定。二是加强岗位培训。组织材料系统42名人员开展ERP系统公共数据编码平台(MDM)培训,及物资系统采购师和助理物流师取证培训。三是严把物资采购需求计划审核关。在采购招标、谈判、询价前,对用料需求要素,参照历年上报情况和实地考查情况,逐一审定。四是加强集中采购管理,提高采购效益。贯彻落实《CPE新疆油建公司物资供应管理办法》,加强集中采购管理和加大招议标采购力度。在公司合格的物资供方名单内实施常用材料年度一次性单价商务谈判进行采购业务,做到数据来源真实、准确,招标资料整理齐全、及时。五是加强供应商管理。将供应商管理纳入客户关系的管理范畴,最大限度的降低风险、强化竞争优势的供应结构,在物资合格供方评审中选取实力强信誉比较好、有价格优势的供货商。全年发布合格供应商4批合计221家,其中备案6家。发给供应商物资准入证合计122份,将170家供方资料单本单账实行档案化管理。六是做好现场服务。选派管理人员前往各单位的施工现场监督检查、指导、服务,及时解决物资供应过程中出现的问题。 (程　琼)

【特色管理】 2010年,新疆石油工程建设有限责任公司深化"四化"建设,夯实发展根基。一是学习制度化。以专业系列、基层单位为考核对象,建立学习考勤、考核、通报、交流、学习档案制度;申请设立专项基金,用于奖励表现优秀的专业系列和单位。二是创新制度化。建立创新考核机制,加大对技术、工艺、制度、管理创新的奖励与考核力度,对奖励考核政策进行宣传贯彻,形成全员知创新、全员思创新、全员促创新的良好局面。三是员工职业化。公司加快推进员工队伍结构转型,制定从基层选拔管理和技术人员办法。先后举办EPC项目管理、建造师、兼职教师等各类培训班45期,培训2 490人次。四是管理法治化。结合制度接轨工作的安排部署,在推进制度整合、升级、总结以往制度执行情况的基础上,召开制度建设推进会,制定制度建设工作推进计划,并坚持跟踪督促实施。 (程　琼)

【人力资源管理】 2010年,新疆石油工程建设有限责任公司制定《新疆油建人力资源转型规划》、《新疆油建2010~2015年人力资源培训规划》、《注册建造师培养规划》、《2010年度人力资源工作创新规划》,以规划为工作目标开展各项工作。全年分4批招录新员工82人。根据施工生产需要,办理人员岗位调动813人次,其中内部调动690人次、内部离岗9人、调出19人、减册95人。通过公开竞聘,落实群众对干部选拔任用的知情权、参与权、选择权、监督权。全年由公司推荐、CPE总部评选一级技术专家2人、二级技术专家1人、管理专家4人、技能专家1人、杰出青年技术人才4人。2月,公司成立培训中心,制定《培训管理办法》、《兼职教师管理办法》、《员工培训合同》,修订《执业资格管理办法》、《建造师培养办法》等办法,采取送出去、请进来和自办班等多种形式、多个层面的开展培训工作。公司分别举办新疆培训中心班组长培训班、广州培训中心班组长培训班、管工技能提高培训班、兼职教师培训班、脚手架及临时用电培训班、安全取证培训班、项目管理培训班、少数民族学汉语培训班、人力资源管理师培训班、一二级建造师考前串讲及冲刺班、造价师考前培训班、采购师考前培训与组织考试、物流师培训班等派外培训或外聘师资与内训结合的方式,加大职业化培训的力度。 (程　琼)

【企业党建】 2010年,新疆石油工程建设有限责任公司以开展"六个一"党支部创建为重点,编制印发《创建标准化党支部工作3年规划》,召开标准化党支部工作启动会,明确责任目标以及达标工作部署和要求,进一步夯实党建基础;贯彻民主集中制原则,落实"三重一大"决策制度。全年新成立、换届党总支、党支部13个。办理转递党员关系805人,发展新党员32人,预备党员转正24人。公司被评为CPE优秀党务工作者6人、优秀共产党员20人、先进基层党组织7个、党员先锋工程2个;获评集团公司直属机关先进基层党组织1个、优秀共产党员2人、优秀党务工作者1人。 (程　琼)

【廉政建设】 2010年,新疆石油工程建设有限责任公司党委大力实施惩治和预防腐败体系建设,强化规章制度的修订完善与执行监督,全面落实领导干部廉洁自律、效能监察和源头治理等重点工作。一是开展廉政教育。每月发送廉洁短信,举办案例警示教育报告会,开辟廉政书屋,组织警示教育,开展劝廉家书征集活动,收到家书140封,用亲情筑起廉洁防火墙。二是加强制度建设,严肃纪律规范程序。制订完善7项工作制度,提高基层支部工作制度化、规范化、标准化水平。三是加强纪检监察,注重教育强化监督。注重对党员干部的监督,及时处理收到的职工群众举报信件,确保公司生产经营工作的健康环境。 (程　琼)

【企业文化建设】 2010年,新疆石油工程建设有限责任公司开展形势任务面对面宣讲及热爱伟大祖国,建设美好家园主题教育活动。及时报道生产经营、市场开拓最新进展,广泛宣传对接转型的生动实践。强化企业宣传工作,全年收到基层来稿1 500多篇,累计向CPE信息网投稿400多篇,在市级以上电视、广播、报纸、网络等媒体发表新闻144篇,其中在人民网、新华网、中石油网等省部级以上媒体发表新闻稿件68篇。编发《CPE文学》3期;开通油建网上论坛,不断营造健康向上的文化氛围。组织表彰晚会、文艺汇演、篮球、乒乓球、羽毛球等文体活动。开展青春飞扬CPE及青年精品书架建设,激励广大青年忠诚油建、奉献岗位。公司成立建设学习型企业活动读书指导委员会,向职工推荐或分发优秀书目,开展"每月一星"评选活动,读书体会文章在公司网页刊登并向CPE报推荐。公司为25个基层单位(项目部)配置书架、书柜,配发各类图书4 898册。 (程　琼)

【和谐企业建设】 2010年,新疆石油工程建设有限责任公司全面落实职工的政治权益、经济权益、文化权益。一是坚持前线慰问与送温暖活动,开通爱心咨询热线,组织员工同心互助金捐款。公司建立扶贫帮困长效机制,做到组织落实,资金到位,审批严格。公司在重大节日慰问困难员工109人次,职工大病补助10人,困难员工子女金秋助学1人,员工互助会补偿1人,共发放帮扶金35.84万元。有6户少数民族困难员工家庭脱贫解困,分批组织职工体检。二是开展人文关怀活动,为一线职工送文化、送健康、送清凉,把企业的关怀和温暖送到每个职工心中。公司向在岗员工每月发放一箱牛奶,在五一节、国庆节慰问一线员工、劳模、伤病职工、困难职工3 300多人次,慰问费用68.54万元。对1 123名员工发放健康疗养费950万元。对生病住院的员工,发放慰问品。三是开展健康教育,组织职工体检和女职工检查,规范健康管理。公司将健康体检提升到健康管理的高度,制定《员工健康管理实施办法》,并制定干预方案。初步建立公司全员每年体检、健康评估,制定健康计划,进行健康管理干预的一套员工健康管理体系。全年常规体检2 006人,其中异地委托体检260人。安排女职工妇检463人。四是坚持把维护政治稳定作为硬任务和第一责任,着力加强人防、物防、技防措施,加强厂区门卫管理、辖区执勤巡逻,采取重点区域守候、重点人员帮教转化和调解,不断强化突发事件处置能力。先后抽调243人次参加维护稳定治安巡逻,确保上海世博会、广州亚运会等重点、敏感时期的平安稳定。公司被评为克拉玛依区社会治安综合治理先进单位。五是开展创先争优活动。制定实施方案,做出公开承诺。以相约国旗下安全讲话,以亲情共筑安全防线、推行半军事化管理、党员承包责任制等措施做典型示范,带动各工程项目现场将创先争优活动引向深入。六是开展"五型班组"创建活动。公司一线64个班组中有49个达到创建标准,创建率76.6%。公司工会被评为克拉玛依市模范工会,3个基层工会被评为市级模范职工小家,1人被评为克拉玛依市级优秀工会干部。3个中队(机组)被评为克拉玛依市工人先锋号。公司工会委员会被集团公司党组评为先进工会组织。公司职工小家建设通过集团公司直属机关工会的初步验收。六是开展热爱伟大祖国、建设美好家园活动,共青团全面开展青春飞扬CPE及青年精品书架建设,举办"青春飞扬·我最精彩"挑战麦克风主持人大赛。公司西气东输二线项目部(东段)被命名为集团公司直属机关青年文明号,公司团委获集团公司直属机关五四红旗团委称号。 （程　琼）

工程监理

【新疆石油工程监理有限责任公司领导名单】

经理、党总支副书记、安全总监:陈建荣
党总支书记、副经理:谷斌
副经理:夏守印、钱忠林、吕纯刚
工会主席:王小平

【基本情况】 截至2010年底,新疆石油工程监理有限责任公司机关内设8个职能部门:经理(党委)办公室(党群工作部)、计划财务科、人事(组织)科、工程监理科、工程监督科、质量安全环保科、企管法规科(招投标代理中心)、技术信息科;下设8个基层单位:西北缘监理监督部、腹部监理监督部、风百监理监督部、准东南缘监理监督部、矿区工程监理部、电气仪表工程监理部、物探监督部、油气储运工程监理部。主要承担新疆油田公司油气勘探开发的地面建设、油气储运、房屋建筑等工程监理及地球物理勘探、钻井、地质录井、地球物理测井、试油和井下作业等工程监督任务,具有石油化工、房屋建筑、市政、电力工程建设四项国家甲级监理资质和人防、通信、公路工程监理及招标代理等资质。年末,公司在册员工187人,其中合同化用工(在册职工)159人,市场化用工28人;少数民族职工17人,女职工30人,内退人员2人。硕士研究生学历1人,本科87人,大专77人,中专9人,技校2人,高中3人,初中及以下8人。具有高级专业技术职务23人,中级74人,助理级55人,员级11人,公司级学科带头人9人。有技师1人,高级工7人,中级工5人,初级工1人。在册员工平均年龄40.75岁。国家注册监理工程师44人,行业监理工程师45人,持有股份公司石油工程高级监督证2人,中级监督证18人,初级监督证21人。10月17日,监理公司正式升格为油田公司下属正处级单位,11月1日起回购纳入油田公司上市业务。 （娄卫胜　杨　骞　傅咏抗）

【主要指标完成情况】 2010年,新疆石油工程监理有限责任公司签订工程监理合同88份;签订工程监督技术服务合同3份。监理业务在完成和继续承监上年跨年项目的基础上,新承监工程项目249项,其中跨年项目83项、新建项目166项;监督业务已完成1 378口钻井、1 191口地质录井、876口测井、107口试油(气)井、269口大修(侧钻)井以及7个二维地震采集项目(835.45平方千米/29 691炮)、7个三维地震采集项目(1 277.46平方千米/137 749炮)、1个重磁项目(5 946点)、2个电法测深项目(631千米/4 168点)的监督工作。全年清退不合格材料设备构配件73批,查出质量安全隐患19 330项,发出监理整改通知单806份,比上年增长20.3%;发出工程暂停令157份,增长72.5%。钻井、地质、测井、试油、井下作业五大专业监督累计巡井32 026井次,增长24.1%,查处井控、HSE、设备、资料等问题并关闭销项7 817项,增长14.4%。全年工程监督提合理化建议83条(开发公司),采纳74条,节约取心进尺219.66米、钻井进尺855米,减少25次标斜,避免6次错误取心,消除42次事故隐患,节约了生产成本,缩短了工程周期。监理监督绩效考核覆盖率100%,承监工程质量合格率100%,资料合格率100%。（娄卫胜）

【经营管理】 2010年,新疆石油工程监理有限责任公司坚持改革创新,依靠现代化的管理降低成本。一是实行成本目标管理与经济责任制相结合,层层分解,强化成本核算。二是加强资源管理,减少资金占用,优化资金结构,合理分配资金,从而优化资本结构。三是通过调剂、租赁等多种形式,加大资产的流动和重组优化资本结构,实现资本的扩张,提升生产保障能力,降低成本,达到降本增收,增销增利的良好效果。四是加强资金管理,控制支出节约费用,提高资金营运效率。五是对监理、监督业务整合与改善,减少不必要的分工与无法增值的业务。全年实现生产经营收入7 550万元,比上年增长40%,全员劳动生产率为17万元/人,增长13%。

（娄卫胜　解　冰）

【安全管理】 2010年,新疆石油工程监理有限责任公司坚持统一监管、做专做优、保障有力的发展定位和"345"发展目标,狠抓基础管理,确保监理监督事业有力推进。一是抓建章立制,大力推进规范化管理。把建立健全各项规章制度作为做好基础工作的切入点，清理和补充公司原有管理制度及岗位职责46项，制定《新疆油田公司石油工程监督管理办法》、《监理公司学科带头人管理办法》、《廉洁从业管理办法》和巡视督查指导意见等18项规章制度，汇编发布实施管理制度64项。实行公司领导与联系区和责任点安全包保挂钩制；制定并实施公司安全监理管理办法、安全生产责任制、事故报告和调查及处理规定、安全生产考核办法等，完善项目监管机构HSE（安全）责任及各级（七岗）安全职责，在公司网页上设立巡视督查报告、承包商违章通报、安全经验分享、“三违曝光”4个栏目，使安全生产做到认识、制度、投入、措施、监督考核“五到位”，实现用制度管权、管人、管事，推进公司的规范化运作。二是抓Q/HSE体系建设，保障管理运行高效有序。公司成立考评小组，审查、修订62个管理制度，83个岗位职责的合法性、程序性及文本格式，8月11日，通过北京中油安全环境认证中心质量管理体系认证和中国石油健康安全环境管理体系认证。三是抓资源优化配置，不断满足监管现场工作需要。坚持内调和外招“两手抓、两步走”。从试油、井下等单位挑选出一批具有专业基础的新员工充实到监理监督队伍。广泛接收社会优秀监理监督人员，通过多方面考评录用部分专业监督人员，基本满足现场工作需求。四是狠抓落实属地管理、直线责任，夯实现场质量安全管理基础。以Q/HSE管理体系为基础，针对监管项目的性质、结构、规模和风险程度进行A B C三级分类，A类工程管理和技术文件由公司组织审查，B、C两类由监理部组织审查，控制各类方案、措施、规划、细则、总结等技术文件的质量。按照谁审核谁负责、谁签字谁负责原则，根据监理规范及《新疆油田公司HSE承包商管理办法》、《井控九项管理制度》，制定《工程开（复）工报审程序》，严格实施开（复）工管理规定，实行工程监管审、查、停、报和总监签认制，确保工程开工前在管理上有统一的规范性执行标准，单位工程、分部工程、检验批次有专人负责。五是施工管理过程中，严格执行基本建设和监理工作程序，做好施工组织设计、专项施工、临时用电等方案措施的审查和落实工作，把好队伍资质，特殊工种持证上岗、工序质量检验等关键部位和关键环节，不符合条件的限期整改，整改不合格的，不准施工。六是加大对钻井、试油、井下作业首轮井的一开验收力度，加强对重点井、重点工序、重点环节的巡查力度，实现质量和安全受控。通过试验、巡检、必检、旁站、检查等手段和事前、事中、事后控制等措施，从整体上保证工程建设的质量和安全。七是狠抓现场督查工作，进一步提高员工队伍的执行力。公司以消除“八一一”事故负面影响为动力，迅速成立安全生产、行政管理、资料管理、员工技能、廉洁从业5个巡视督察组，制定督察管理办法及考核实施细则，出台《巡视督察指导意见》，成立督察办公室，进一步完善督察内容及督察报告制度。各督察组定期和不定期地深入监理监督部级监管现场进行督察，并将督察结果纳入公司考核。4月以来，行政管理督察组共查处执行力问题9项，发布督察报告35期；安全督察对重点监理工程安全督察132次，一般工程安全督察263次，“三违”曝光38起，重点工程安全督察覆盖率100%，一般工程安全督察覆盖率35%；资料督察查出不符合项284个，发出通知单25份；廉政督察查处廉洁从业制度落实问题25项；员工技能督察查处问题36项。整个督察工作在公司网页和电子屏幕通报32期，对个别问题责任者进行处罚。

（娄卫胜）

【员工培训】 2010年，新疆石油工程监理有限责任公司制定员工培训计划和实施方案，加大培训投入。全年外派150人次参加工程、安全和监理监督专业技术培训学习，其中24人次参加油田公司油气工程技术培训。3人参加二级厂处项目培训。组织办班培训5期，对工程师签字人员进行重点培训，参加培训学习294人次；监理监督部自办转岗上岗及专业培训7期，累计参加533人次，内部培训的主要内容包括专业知识技能、质量管理通病、问题分析、防范措施、规范标准宣传贯彻及作业许可制度学习。制定新员工培训计划，强化以监理监督部授课培训和各专业组授课培训相结合、室内培训和现场培训相结合培训。

（娄卫胜）

【基础设施建设】 2010年，新疆石油工程监理有限责任公司新增监管装备、工器具138台，数码相机48部，使监理检测设备、工器具达到446台（套），购置《建筑工程施工质量验收规范》等各类质量验收、安全技术、电气工程验收规范以及各类图集914本（册）。累计投资1 200多万元，新建和扩建4个监理监督部办公生活基地，制定基地服务和住宿标准，以招标形式优选服务方，配备管理和服务人员，实现员工宿舍公寓化；建立伙食管理委员会、食堂管理办法及炊管服务岗位职责，建立健全基地办公和生活设施设备台账，在基本满足监管现场工作和生活物品需求的同时，把公司后勤服务“六到位”措施落到实处。

（娄卫胜）

【信息化建设】 2010年，新疆石油工程监理有限责任公司加快办公自动化和监理监督工作数字化建设，以监理项目管理大师试运行和利用石油工程监督专业技术与综合管理系统为重点，推进数据知识共享、监管工作协同、生产过程自动、系统应用一体、生产指挥可视、分析决策科学的数字化建设进程。投入资金332.6万元，加大电脑配置率，提高电脑配置水平，推进智能办公软件研发进度，为实现智能监管奠定基础。同时，公司大多数办公基地实现100米光纤接入。通过加大资金投入、调入专业人员、向专家咨询等手段，不断改版门户网站。

（娄卫胜）

【企业文明建设】 2010年，新疆石油工程监理有限责任公司认真抓好企业文明建设。一是抓好组织建设。组建9个党支部，将130名在册党员（其中正式员工党员81名），分别划到机关2个支部和基层6个支部进行管理。二是关心员工生活。在员工关爱工程建设的活动中，坚持员工例行体检，员工生日送蛋糕、送鲜花、送祝福，节假日和员工伤病住院领导慰问和探望，员工子女高考，领导登门鼓励与祝贺；解决机关人员的午餐困难，添置阅览室的报刊资料。三是抓好文体活动。开展迎春长跑、棋牌比赛、广播体操比赛、游泳比赛、徒步体能锻炼、主题教育演讲比赛、举行干部员工座谈会、贤内助座谈会等系列活动，活跃员工生活，增进相互了解。四是开展廉洁从业自检自查和互检互查，把违规违纪苗头和隐患消灭在萌芽状态，全年没发生任何贪污腐败现象，确保公司维稳和廉政建设目标的实现。五是抓好维稳工作。积极化解各种矛盾，在上海世博会、广州亚运

会期间，加大人防、物防和技术防范力度，确保一方平安。（娄卫胜）

【获得荣誉】 2010年，新疆石油工程监理有限责任公司承监的风城油田重32井区2008年地面建设工程风城1号稠油处理站工程和玛河气田地面建设工程分别获2010年度国家优质工程银质奖。承监石南油气田南21井区地面建设工程获中国石油工程建设质量审定委员会优质工程金质奖；承监乌尔禾80万吨稀油处理站工程获中国石油工程建设质量审定委员会优质工程银质奖；红003井区工程技术优化设计与实施获新疆油田公司优秀开发项目一等奖；井控与监督管理获油田公司优秀开发项目二等奖。公司获克拉玛依区平安单位称号；团支部被评为五四红旗团支部。吴爱军被评为集团公司劳动模范；蒋纲被评为新疆油田公司优秀共产党员。（娄卫胜）

工程咨询

【油田公司工程咨询中心领导名单】

主任：王从乐（7月离任）、齐天喜（7月任职）

副主任：赵国良

总工程师：郭晓峰

总经济师：李荣军（4月离任）

【基本情况】 新疆油田公司工程咨询中心为新疆油田公司的下属单位，具有独立法人资格，同时挂新疆克拉玛依生产力促进中心的牌子。截至2010年末，中心有员工35人，其中在职人员25人、聘用专家10人；党员23人，教授级高级工程师1人、高级工程师21人。中心具有国家甲级工程咨询资质，国家甲级安全评价资质。2010年，中心取得国家级示范生产力促进中心资质。中心研究范围和服务项目有开展石油天然气、市政公用工程等专业的咨询评估和政府、企业发展战略研究；编制石油石化和管道专业安全预评价、现状评价和验收评价报告；为中小企业提供科技咨询、科技培训、成果转化等服务。（刘宝琴）

【业务综述】 2010年，油田公司工程咨询中心完成各类咨询评价项目99项，业务以油田公司和市政府委托为主。一是做好评估咨询。中心组织完成《克拉玛依石化工业园区供电项目前期研究可研评估》和《白克排水管线工程建设必要性论证》等项目，为油田和政府投资项目的方案优化和投资节约作出贡献。二是做好重大项目可行性研究。为贯彻落实市、油田党委年初提出的打造世界石油城的目标，中心配合"六大基地"和"三大产业"建设，承担"教育培训基地建设前期研究"和"克拉玛依市再生水利用及生态基础建设项目建议书"等多项重大项目的前期研究及方案策划工作。三是做好后评价工作。完成《陆东五彩湾天然气勘探项目自评价》等项目，总结新疆油田投资活动中的经验和教训，达到后评价的目的。四是做好规划咨询。参与政府部门重大课题的超前研究和专题研究。编制《新疆油田矿区医院医疗卫生业务"十二五"专项发展规划》、《新疆油田"十二五"天然气需求与平衡专题研究报告》和《克拉玛依国民经济动员"十二五"规划》，为克拉玛依市、油田公司争取投资提供充分的依据。五是做好安全评价。完成《风城油田火驱辅助重力泄油项目安全预评价》等报告，为新疆油田产能建设提供技术保障。中心连续3年为新疆油田公司28家单位开展安全现状评价工作，辨识危险有害因素，提出预防整改措施。六是做好科技咨询。中心为中小企业提供科技立项审查、专利转化、科技监理、项目后评估等300多项，为中小企业义务培训科技管理人员，5批418人次。提高本地区自主创新能力和地方企业的规模化、产业化发展。（刘宝琴）

【基础管理】 2010年，油田公司工程咨询中心开展质量年活动，确立科学咨询，公正评价，持续改进，顾客满意的质量方针。一是做好资质与体系维护。完成工程咨询、安全评价国家甲级资质重新取证工作和国家示范生产力促进中心取证工作。重新修订和颁布中心管理体系文件，项目运行工期符合率提高，重大项目的报告质量提高。二是做好技术专家与成果推荐工作。中心郭晓峰、龙刚2人被评为新疆油田公司级学科技术带头人。《克拉玛依市文体中心建设项目前期咨询》获中国石油天然气专业委员会优秀成果三等奖。《新疆油田改制企业调查研究》和《咨询评价信息管理系统》项目获新疆油田公司科技创新成果三等奖。三是加强信息化建设。对门户网站进行改版和发布；与新疆科技情报研究所合作，建立科技文献资源共享平台，为中小企业科技服务提供信息支持。四是加强技术交流。与石河子市科技局、生产建设兵团生产力促进中心、阿勒泰地区和胜利油田森诺工程公司等进行交流。（刘宝琴）

·小资料·

工程咨询业务范围包括的内容

根据《工程咨询业务管理暂行办法》规定，工程咨询的业务范围包括下述四个方面：

一、为国家、行业、地区、城镇、工业区等的经济发展提供规划和政策咨询或专题咨询；

二、为国内外各类工程项目提供全过程或分阶段的咨询；

三、为现有企业的技术改造和管理提供咨询；

四、为国内外客户提供投资选择、市场调查、概预算审查和资产评估等咨询服务。

油品生产销售·化工园区建设

油品生产销售

独山子润滑油厂

【领导名单】
厂长、党委书记:梁传照
副厂长:阿不来提·买买提、李勇

【基本情况】 截至2010年底,独山子润滑油厂有员工215人,其中大专以上学历127人,占全厂员工总数的59%;具有专业技术职务的人员90人,其中高级2人、中级50人、初级38人;生产操作人员138人。女员工104人,占50%;少数民族员工61人,占28%。党员62人,占29%。厂机关设厂长办公室(党委办公室)、人事科(组织科)、计划科、财务科4个科室和生产技术部、质量安全环保部、营运部3个装置管理部门。生产技术部下设调合、成品、包装、仓储等装置,质量安全环保部下设质检中心、计量室等装置。生产技术部调合装置主要加工进厂的基础油,加剂调合成成品油;包装装置主要负责中小包装油品的灌装;成品装置主要负责对油品的检验和出厂工作,为独山子润滑油厂的油品出厂末端。质量安全环保部主要负责产品化验分析,基础油、添加剂、原材料进厂验收和把关。营运部主要负责产品发运工作。
(谢耀德)

【生产管理】 2010年,独山子润滑油厂油品一次调成合格率97.7%,产品出厂合格率100%。153号加热站板式换热器投用后,蒸汽耗量大幅度增加,比上年提高47.2个百分点,全年油品总产量不到上年的30%,单位总能耗急剧增加到上年的5倍以上。检维修费用控制在公司的指标范围内;加剂成本控制在配方要求范围内;生产设备保持完好状态,实现全年生产无事故。(谢耀德)

【生产发展】 2010年,独山子润滑油厂开展防冻液装置扩建工作,将防冻液装置生产能力扩大到5万吨。润滑油厂将161号、162号2座2 000立方米油罐改造为乙二醇储罐。9月,完成腾罐、清罐工作;10月开始进行油罐防腐和工艺管线的铺设工作,11月具备储存乙二醇条件。(谢耀德)

【技术革新】 2010年1月,独山子润滑油厂4套压缩空气流量计投入计量使用,结束高额摊派计量。压缩空气流量计投用后,全年使用压缩空气2 243 000立方米,降低压缩空气用量69%,节约动力费用89.4万元,节能降耗效果显著。针对153号板式换热器投用1年来存在的换热能力不足和末端流量不足的突出问题,年初厂部提出改造方案,9月完成改造,试运行后,供热保障能力明显提高,末端流量明显增加。调合蒸汽伴热改电伴热后,虽然增加耗电量,但节约大量的蒸汽,冬季每月降低总单位能耗约20千克标油/吨。(谢耀德)

【交通安全管理】 2010年,独山子润滑油厂实行严格控制外派车辆的管理规定,厂办集中管理车辆,并配备车辆灭火器。厂办邀请当地交通部门人员给全厂司机及私家车主进行冬季交通安全教育。节假日期间,除生产用车外,其余车辆严格按照“三交一封”制度执行。实行风险抵押金制度,加大对违章司机的处罚力度,并每月进行2次以上的抽查,对发现未正常“三交”的司机严格考核,排除私自用车发生意外事故。坚持车辆的定期维修保养制度,与外雇车辆签订安全运输协议,确保交通安全。全厂没有发生车辆交通事故。(谢耀德)

【HSE体系运行】 2010年,独山子润滑油厂修订质量、健康、安全和环境的体系文件22个。分解落实目标指标,并制定相应的措施,系统评价管理体系,TS16949评审25个过程,评审HSE体系有关的要素,通过全面系统的评审,证明独山子润滑油厂的质量、职业健康安全和环境管理体系是充分、适宜和有效的。组织各单位对危险源、环境因素进行全面识别和评价,并对危险源和环境因素制定控制措施。根据监测计划监测毒有害作业场所及污染源按规定的监测频率。组织相关单位测量和监视HSE绩效和TS过程绩效。各生产装置每季度根据季节组织应急演练,全年开展12次应急演练,机关组织1次应急演练。全年制定持续改进项目27个,全部验收合格;制定2个HSE管理方案并均已验收合格。(谢耀德)

【内控体系建设】 2010年,独山子润滑油厂以内控工作为主线,以完善会计基础工作、健全内部控制制度、强化内部预算管理,特别是强化资金预算管理等方面,积极开展工作,取得显著成效。一是在内控工作开展方面,严格执行股份公司银行账户管理办法。认真上报资金计划并严格按公司批复的资金计划执行,对基础油、添加剂、包装物、资本性投资项目等专项资金实行专款专用;专门成立由计划科、财务科、营运部组成的资产清查小组,定期全面清查全厂的存货、固定资产,对存货的盘盈盘亏分析原因,及时进行处理;对闲置、待报废固定资产进行技术鉴定,并上报润滑油公司进行资产报废处理。二是在产品销售方面,严格执行公司的价格政策和出库程序。三是在结算付款方面,严格执行付款审批

程序。内控工作通过股份公司检查组的管理层测试。（谢耀德）

【职工培训】 2010年，独山子润滑油厂充分调动广大员工学技术、钻业务的积极性，引导员工走岗位成才之路，不断提高员工队伍的整体素质，构建优秀技能人员脱颖而出的平台，现场监察生产部和质量部开展的技术比武，对在比武中获胜的员工给予嘉奖。厂部安排20项培训项目，至年底全面完成，参加各种类型的培训班19项，参加培训人员141人，基层单位组织各类技术课32次，出勤率90%。（谢耀德）

【企业文化建设】 2010年，独山子润滑油厂进一步丰富职工文化生活。一是组织岗位练兵、趣味性等8项活动。参加润滑油公司乒乓球赛，获团体第四的成绩；在润滑油公司成立10周年纪念日之际，推荐摄影、书法、十字绣30多件作品参赛，职工的艺术作品获征文、书法、摄影3个项目一等奖；推出本厂自编、自排舞蹈《昆仑女工风采》在工作会上演出，展示企业职工风采。二是举办生产运动会。4月，以快乐参与、团结互助、熔炼团队为主题的润滑油厂第二届生产运动会开幕，来自厂调合队、成品队、质检队、快速换油中心队及机关队5支队伍，约200名选手参加竞赛。三是办好职工之家。建成多功能职工之家和基层活动室2个活动场所及润滑油厂图书阅览室。四是做好扶贫帮困送温暖工作。在春节、十一、中秋节、古尔邦节期间组织慰问困难户，发放困难补助1.8万元。五是制定《关于进一步建立和完善全员参与扶贫帮困工作长效机制的实施意见》，积极组织捐款活动，向困难人员捐款金额16 730元；向甘南舟曲灾区捐款22 390元。（谢耀德）

克拉玛依润滑油厂

【领导名单】

厂长：王伟卫

党委书记：刘勇

副厂长：马书杰（9月离任）、吴明东

【基本情况】 截至2010年底，克拉玛依润滑油厂有员工335人，其中大专以上学历204人，占全厂员工总数的61%；具有专业技术职务的人员95人，其中高级15人、中级35人、初级45人；女员工170人，占51%；少数民族员工57人，占17%。厂机关设置为：财务科、计划科、生产技术科、质量安全环保科、人事科（党委组织科）和厂长办公室（党委办公室），以及机关直属营销部。基层单位有调合车间、成品车间、化验室。其中营销部下设乌鲁木齐、独山子、连云港3个代运站。（陈飞燕）

【生产经营】 2010年，克拉玛依润滑油厂基础油接收总量66.83万吨，完成年度预算60万吨的111.4%；销售总量65.56万吨，完成年度预算60.5万吨的108.4%。全厂实现安全生产无事故，车辆交通无事故，无环境污染事故、无人身伤亡事故、无设备事故，全年一次调合合格率100%，产品出厂合格率100%。（陈飞燕）

【生产管理】 2010年，克拉玛依润滑油厂应对外部市场变化，积极调整经营方案。根据市场变化起伏较大的特点，润滑油厂积极采取备种措施，协调基础油结构及总量，优先生产市场急需的产品，缓解供需矛盾。根据克拉玛依石化公司装置情况，及时信息通报；与克拉玛依石化公司协调基础油接入；优化生产配方，增加生产总量，缓解供需矛盾。优化45号变压器油生产方案，增产市场紧缺的45号变压器油。全年生产新产品18个，销售数量45 962吨，其中主要新产品比上年多生产15 782吨。全年完成检维修项目138项次，主要完成调合车间、成品车间办公楼维修，厂房、管架以及罐区等区域的基础设施维修；新建试验化验楼、中试基地迁建、成品洗罐间、过滤机等投资项目建设并交付使用。完成安全整改项目6项。包括调合车间动力电缆安全整改；调合车间、成品车间铝芯电缆的更换；成品车间消防道路整改；成品排污系统铺设一条排污管道。完成60万吨/年配套改扩建工程各项专项验收，已正式申请竣工验收。编撰完成《克拉玛依润滑油厂配套改扩建工程竣工验收报告书》和竣工验收鉴定书两册14章，近10万字。（陈飞燕）

【发运系统运行】 2010年，克拉玛依润滑油厂逐步完善发运体系、提高发运能力。经过十年的努力，克拉玛依润滑油厂已具备铁路、公路同时发运条件。3月底，根据中国石油天然气股份有限公司总体发展战略，克拉玛依润滑油厂与克拉玛依石化公司、新疆时代设计院举行克拉玛依石化公司铁路专用线开工大会。确定铁路专用线及其配套项目的建设目标：力争全年铁路专用线项目全部建设完毕，年底顺利投产。克拉玛依润滑油厂针对这一目标，在力保全年65万吨润滑油产品安全、平稳发运的条件下，全力配合铁路专用线项目润滑油区块的建设。12月10日，克拉玛依铁路专用线工程润滑油区项目试车一次成功，装铁路罐车18节，发运品种包括变压器油、橡胶油、150BS光亮油三大类产品，920吨。至年底，铁路东区已具备正常发运条件。全年发运各类润滑油65.56万吨，火车发运1.08万车次，汽车发运2.1万车次。（陈飞燕）

【QHSE体系运行】 2010年，克拉玛依润滑油厂坚持实施总值班及干部联系点制度，明确安全职责、完善HSE管理网络。建立、健全安全组织体系，明确安全生产责任；完善HSE目标责任体系，严考核、硬兑现；狠抓隐患治理，企业本质安全、工作环境明显改善；大力开展学习集团公司9项原则、“六大禁令”、销售企业作业许可管理规定、润滑油公司15条管理规定，培育企业良好的安全文化。狠抓承包商管理，落实属地管理原则；完善应急体系，定期开展实际演练，合格率100%；环保业绩指标全面完成，污染减排继续保持良好水平。日常质量管理工作严谨有效，相关体系均通过审核，保证了管理体系有效运行。（陈飞燕）

【内控体系建设】 2010年，克拉玛依润滑油厂加强财务分析工作，提高财务管理水平。持续加强财务基础工作，深化内控体系流程建设，积极开展资金专项自查工作，保证资金安全，杜绝违规现象。根据公司的统一部署，克拉玛依润滑油厂ERP系统实现并行，并通过股份公司ERP单轨审批，实现与FMIS融合、集成。全面提升会计信息决策支持能力，同时加强资金集中管理，提高资产使用效率。生产经营计划管理实现产销平衡、结构合理，依靠ERP系统，提高了计划的准确率和订单执行率。（陈飞燕）

【培训工作】 2010年，克拉玛依润滑油厂着力打造高素质职工队伍。加强全员培训，加快管理人员、专业技术和操服人员3支队伍建设，健全完善人才培训、选拔、使用、激励机制等配套政策和措施。8月，在第四届技术比武中，来自各基层单位198名选手参加油品储运调合工、油品分析工等10个工种的竞赛，是历年来报名人数最多，平均年龄最高、学习热情最高涨的一次技术比武。全年履行集中培训46次，参与培训631人次，14人通过年度的技师资格考评。 （陈飞燕）

【企业文明建设】 2010年，克拉玛依润滑油厂持续深入开展学习实践科学发展观活动。一是坚持以“两个主题教育”活动为主线，通过加强思想政治建设、组织建设、制度建设和全面培训，不断提高领导班子整体水平和班子成员的综合素质。二是强化超前防范，积极推进廉洁文化建设，为职工群众作表率。三是大力开展“四好”领导班子和“六个一”党支部创建活动，严格落实党风廉政建设责任制，坚持民主决策原则。四是采取多种措施加强民族团结，制定民族团结进步教育月活动计划，把维护民族团结，构建和谐社会作为重要工作来抓，通过民汉结对子、一对一帮扶等实际活动，切实解决各族员工的实际困难，营造团结友爱、和谐向上的民族团结氛围。五是发挥工会组织桥梁纽带作用，不断丰富员工的业余文化生活，着力帮助职工解决实际困难。厂工会积极组织开展扶贫帮困送温暖活动，各基层工会坚持认真落实“六到家”制度，及时把温暖送给每个职工，有力促进了和谐企业建设。厂被评为集团公司先进集体、集团公司直属党委先进集体，连续5年被评为润滑油公司先进单位。 （陈飞燕）

克拉玛依销售公司

【领导名单】

经理：王国胜

党委书记：韩广利

副经理、工会主席、安全总监：倪涛

副经理：武军林

总会计师：李敏英

【基本情况】 2010年，克拉玛依销售公司设6科1室3个中心，分别为营销科、财务科、人事科、加油站管理科、质量安全管理科、综合管理科、经理办公室和配送中心、计量中心、后勤服务中心，另有16座零售网点。公司隶属于中国石油天然气股份有限公司新疆销售分公司，主要从事成品油的收购、配送、批发、零售和非油业务的销售工作。公司加油站网点遍布市区、外滩区和各交通要道，24小时为客户提供加油服务。公司作为新疆七大配送中心之一，还肩负着阿勒泰地区、塔城地区、克拉玛依地区以及新疆油田公司生产用油的供应保障工作，在冬季还承担着北疆片区低凝柴油的配送职能，年收购量在43万吨以上，最大配送半径达703千米。 （韩青青）

【主要指标完成情况】 2010年，克拉玛依销售公司收购成品油45.99万吨，完成配送37.76万吨，实现销售总量18.61万吨，比上年增加2.02万吨，增长12.18%，其中销售汽油3.56万吨、销售柴油15.05万吨；实现批发量9.78万吨，完成销售任务的105.16%，实现零售量8.83万吨，完成销售任务的106.39%。发行中国石油加油卡7 080张。 （韩青青）

【营销管理】 2010年，克拉玛依销售公司紧跟市场销售节奏，灵活利用资源杠杆和品牌效应，立足零售，多创效益，取得较好的成绩。一是做好资源衔接，保障辖区供应。随着辖区成品油销售的增长以及铁路、管输的开通，配送工作的压力日趋加剧。公司积极与塔城、阿勒泰地区及相关兄弟公司强化沟通，加强联系，有效确保配送计划时效性的完成。8月，实现58 500吨的配送量，日均发货2 000吨的历史记录；全年收购油品45.99万吨，比上年增长6.94万吨，确保3个地区市场的稳定供应以及油田生产的正常开展。二是抗击风雪，履行三大责任。年初，北疆遭遇罕见的低温、雨雪天气袭击，作为货源地，公司积极协调生产厂家，联系低凝点柴油，解决货源问题、协商操作事宜，通过积极努力，确保塔城、阿勒泰地区抗灾用油，确保油田生产用油，确保乌昌地区对低凝点柴油的需求。三是主动控制市场，保证市场份额。积极走访油田大客户、批发客户、零售客户，服务油田生产，紧盯工程客户，加强与社会站合作，确保油田生产用油的全额供应，站前销售的稳步增长和辖区的市场份额不丢失。四是积极应对复杂严峻的市场变化，调整思路，灵活营销，促销上量增效。深入分析克拉玛依市场的结构和规律，研究制定相应的营销策略，正确处理好量、价、效的关系，持续发挥克拉玛依批发业务的优势，进一步提高零售比率，树立零售和批发两手抓，两手都要硬的思路。加大97号汽油调拨量，冬季加大国道站0号柴油的协调力度。积极发挥小油罐灵活的优势，对农业用油和工程用油等用户实行点对面的实时服务。五是积极开展促发展、上规模、增效益劳动竞赛。按照新疆销售公司统一部署，制定方案，细化指标，逐级分解，形成全员促销售、人人比贡献的良好氛围，小拐加油站克服困难把油送到农户开荒地。六是规范管理，高效运营，非油业务进入稳步发展阶段。全年实现便利店销售446.69万元，完成年度计划的106.36%，比上年增加113.57万元，增长34.17%，开店率86.67%。

（韩青青）

【基础管理】 2010年，克拉玛依销售公司从管理、服务、形象、效益4个方面入手，打造管理服务精品加油站，落实工作措施，夯实基础工作，进一步增强企业创效能力。一是围绕迎检，强化基础管理。公司通过对加油站的维修改造、设备更新、标识更换、墙面粉饰，对《加油站管理规范》、《加油站管理细节手册》、定置化管理、加油站经理汇报模板等方面的学习、演练，在汗水的浇灌中，公司所属加油站在硬件和软件上都得到了强化。二是抓基础工作，提升管理水平。严格按照《加油站管理规范》和《加油站细节管理手册》，编发公司管理人员加油站现场检查学习培训资料，提升加油站管理水平。三是抓情感营销，提升服务水平。采用“一站一策”方式，指导加油站推广开展延伸服务项目，增加洗车、加水、送报纸、清凉饮品等项目。按照“三看到、五听到”的标准要求，提高加油站服务水平。四是抓品牌管理，提升形象水平。加大维修改造力度，逐步推行昆仑好客便利店的规范化包装工作。加强吨级站和星级站的培育，发挥苑泉样板站、八一标杆站、西环培训示范站以点带面作用。实现新增万吨站1座，5 000吨加油站10座；新增三星级加油站1座，三星级加油站10座，占加油站比例65%，加油站达标率100%。五是加强加油站信息化管理和发展。公司信息化建设步伐进一步加快,使用购销存新系统,全面推广ERP系统,零管系统标志着零售工作迈入信息化时代。（韩青青）

【精细管理】 2010年,克拉玛依销售公司通过精细化管理实现公司管理方式的标准化、管理水平上台阶、管理成果效益化。一是加强精细化管理。结合公司实际情况和当地发展趋势,梳理出32项重点工作和149条具体措施,各项工作和措施明确责任领导、部门和负责人,指导各项工作有序开展,形成事前科学计划、事中认真落实、事后严格考核的精细管理模式。二是加强业务流程梳理和管理,补充和完善现有的制度,细化对象、职能和岗位,将每一项工作分配、落实和考核到位,减少周转环节,有效提高工作质量和效率。三是立足服务于油田的生产、建设和发展。积极与克拉玛依市政府、油田公司、石化公司等单位加强沟通和联系,将加油站网络建设工作纳入当地城市道路建设的长远规划中,为企业的持续发展奠定了基础。四是推行机关加油站,培养优秀的基层管理人才。公司首次推行机关加油站,加油站从站长到加油员工主要由机关人员组成,实行机关人员轮换制,培养和打造一批业务精、经营行、管理好的基层管理人才。五是严肃财务管理。加强预算管理、现金管理、资产管理,开展年度预算—月度预算—周预算—日预算的预算分层分级落实,做到事前安排,事中监督、事后总结;加强内部控制与监督机制,确保资金安全,提高资金存行频率。六是计量工作逐步走向规范化。修订《油品损溢管理办法》、《回罐油管理办法》,严格执行数质量管理相关制度,加强油品出厂标准密度的监测,加大油品损溢管理的监督检查力度,有效遏制加油站盈余油的不良流失,确保公司效益。（韩青青）

【安全管理】 2010年,克拉玛依销售公司认真落实安保责任,积极推动有感领导、直线责任和属地管理。一是分解安全环保考核指标,组织签订安全环保责任书,落实责任。二是强化承包商管理和特种作业安全管理,确保作业受控。三是大力推进HSE体系建设,结合"六条禁令"、"安全生产月"、"一一·九"消防宣传日,积极开展员工安全培训教育,培训员工171人次。四是抓好安全检查。组织有关单位和人员安全评价7座加油站,为7座加油站办理或更换危化证。五是组织有关部门为公司所有车辆安装GPS系统,监督车辆运行情况。六是认真组织落实中央新疆工作座谈会、上海世博会、集团公司领导干部会议等时期的安保工作,全年未发生安全环保事故。（韩青青）

【基础设施改造】 2010年,克拉玛依销售公司抓好基础设施建设与改造工作。先后完成104加油站、九公里加油站、胜利路加油站、金龙镇加油站、迎春路加油站和乌尔禾加油站6座加油站的改造任务;完成三坪镇加油站的改建任务。全部完成公司所属加油站零管系统的工艺管线、配套系统、环境保护部署工作;完成克拉美丽撬装加油站的网点建设,第二加油站搬迁工程已进入收尾阶段。

（韩青青）

【人事管理】 2010年,克拉玛依销售公司人事管理各项工作取得新成效。一是完善薪酬分配制度,实现全员业绩考核。制定《中国石油新疆克拉玛依销售公司员工薪酬分配办法(试行)》,实行机关与基层薪酬上下联动机制。调整员工基本工资和津补贴标准,合同化员工收入增长15.75%,市场化用工收入增长26.12%,充分调动劳务派遣员工的工作积极性,稳定劳务用工队伍。二是严格控制用工总量,提高劳动效率。加强用工计划管理,将加油站的用工总量与站经理业绩合同挂钩,确保员工总量控制在新疆销售公司编制以内。为解决加油站一线员工倒班问题,采取跟单测试的方法,为制定加油站倒班制度奠定基础。三是培训工作凸显新亮点,培训质量稳步提高。创新培训方式,充分利用多媒体教学手段,因地制宜开展培训。重视信息化技术的应用和发展,在公司内开展加油站零管系统培训、发卡业务培训等,提高一线员工实操能力和水平。全年完成各项培训工作47期次,培训476人次,包括股份公司4期次、新疆销售公司32期次、本公司11期次。四是推进人才开发战略,提升队伍整体素质。树立人才成就企业,企业造就人才理念,建设符合企业发展的三支队伍。进一步盘活人力资源,管好、用好油田劳务派遣员工,使员工能切实融入公司的发展中。

（韩青青）

【企业文化建设】 2010年,克拉玛依销售公司党建工作取得较好成绩。一是主题教育活动扎实开展。组织党员领导干部和广大员工积极开展转观念、上销量、增效益、促发展主题教育活动,积极开展创先争优活动,做好党员领导干部的公开承诺工作,认真落实《关于中国石油思想政治保障体系建设的意见》。二是认真抓载体建设,保证党建工作取得实效。强化学习型党委、党支部的建设和管理,全年组织各类学习35次。三是充分发挥党建"三联"作用,开展学先进、争先进活动。四是筑牢惩防体系根基。开展忠诚事业、承担责任、艰苦奋斗、清廉奉献主题教育和"小金库"自查活动。8月,组织党员领导干部和入党积极分子观看1次电教片,重温1次克拉玛依发展史、参观1次廉政教育基地的活动。四是以人为本、和谐稳定。完成"五型班组"的创建工作,开展千万图书送基层、百万员工品书香以及每天阅读10分钟、扶贫帮困献爱心等全员捐款活动。五是关心员工生活。全年走访慰问患大病职工、遗孀及困难人员32户,送去扶贫帮困资金和爱心基金34 300元,为1名高考学子发放奖励金2 000元,发放疗养费19.2万元,奖励年度先进员工赴内地考察学习。六是加强宣传工作。在《中国石油报》等报刊上稿14篇,公司被评为集团公司宣传工作先进报道单位。

（韩青青）

化工园区建设

【克拉玛依石油化工工业园区管理委员会领导名单】

主任:郜瑞宏(兼)

副主任:祁崇淮、崔涛

【基本情况】 2010年,克拉玛依石油化工工业园区管理委员会有专兼职人员14人。其中兼职人员1人、长期借调人员3人、专职干部10人,研究生文化程度1人、本科8人、大专1人,党员7人。管委会下设综合办公室、经济发展局、规划建设局、招商局4个科室。主要承担克拉玛

依石化工业园区整体规划编制与实施、园区前期准备、园区基础设施建设、园区招商引资以及国有资产的管理工作。（谢宏禄）

【调整完善规划】 2010年，克拉玛依石化工业园区进一步调整完善园区规划。一是调整园区功能及产业布局和园区总体规划，增加机械制造与加工和承接克拉玛依市区搬迁的其他工业企业的功能，并开展搬迁企业基本情况的摸底调查工作。二是配合市经贸委开展化工产业发展规划的编制工作。（谢宏禄）

【基础设施建设】 2010年，克拉玛依石化工业园区管委会组织当年园区基本建设计划的落实，保证入园企业的需求。市政府投资计划安排的园区12项基础设施建设项目，总体实现年初确定的投资建设目标。园区开发建设5年多来，累计投入克拉玛依市财政资金14亿元，已先后建成园区道路38.5千米；建成工业用水管线38千米；绿化用水管线56千米，新建绿化面积71万平方米；供电线路（电缆）52千米，变电站2座；工业综合管架6千米；工业蒸汽管线6千米；天然气管线26千米，二级配气站1座；高标准建设园区消防站1座；新建和改造污水提升泵站2座，污水收集管线39千米，并建设5万方/日处理能力的园区污水处理厂。（谢宏禄）

【招商引资】 2010年，克拉玛依市随着宏观经济形势的好转，尤其是市委、市政府提出打造世界石油城、建设“五大基地”宏伟目标及其一系列重大措施的实施，给石化工业园区加快发展给予强大动力。通过园区管委会和克拉玛依市、区两级政府相关部门的通力合作，园区招商引资步伐明显加快，特别是入园企业及项目的数量和规模明显提高，全年实现投资6亿元，比上年增加1亿元。在招商引资中，一是续建项目顺利实施，其中11个投资项目年内基本建成。二是12个新入园项目陆续开工并加快建设。三是另有14个新的拟入园项目正在积极洽谈或开展前期准备工作。（谢宏禄）

【前期工作准备】 2010年，克拉玛依石化工业园区管委会细化调整园区规划、产业定位及功能布局。一是加强领导，建立高位推动机制。为加强对克石化千万吨扩能工程和地方后续产业及项目建设以及上、中、下游一体化开发工作的统一领导、统筹协调和总体指导工作，通过高位推动，以确保克拉玛依石化公司千万吨扩能工程和地方后续产业及项目建设的顺利实施和总体目标的实现。二是高起点规划，科学谋划产业发展项目。克拉玛依石化扩能工程确定之后，管委会积极主动与克拉玛依石化扩量工程专业组进行可供原料的初步对接，并草拟《产品规划方案》作为先期招商洽谈的蓝本。为使产业发展定位及项目的选择更加科学准确，分别与国内化工专业最具实力的5家设计单位联系、了解有关情况。经认真比选，正式与惠生（中国）化工工程院签订委托编制《克拉玛依石化千万吨扩能工程后续化工产业方案设计及项目报告》的协议。三是好中选优，着手筛选投资主体。在加快推进产业及项目准备工作的同时，管委会着手开展投资企业的筛选工作。就选择项目投资主体的基本思路、原则及条件等问题进行认真研究；组织人员专程赴内地有针对性地考察外地意向企业；加强与本地有一定实力的企业的联系，许多企业都相继正式提出投资意向。通过上述工作，为克拉玛依石化正式提供原料清单、后续产业发展项目确定后的选商工作奠定良好的基础。（谢宏禄）

【产业发展】 2010年，克拉玛依石化工业园区有工业企业80家，实现营业收入304.26亿元，工业总产值294.76亿元，工业增加值83.51亿元。其中78家地方企业实现营业收入60.91亿元，实现工业总产值58.32亿元，工业增加值8.64亿元。产业发展方面，已形成主要产业链。一是以炼油为龙头的石油化工产业链，在液化石油气深加工方面，已建成3万吨/年聚丙烯装置和2万吨/年顺酐装置，其中顺酐装置正在进行扩建，新增2万吨产能2011年可投产；在芳烃深加工方面，正在建设16万吨/年聚苯乙烯装置，计划明年投产。二是天然气化工产业链，20万吨/年天然气制甲醇、10万吨/年甲醇制甲醛、5万吨/年甲醛制乌托品装置均已建成投产。三是油田轻烃深加工产业链，园区相继建成5个油田轻烃预处理厂，建成6万吨/年轻烃异构化和3万吨/年轻烃预分馏装置，3万吨/年戊烷和10万吨/年轻烃芳构化项目正在作前期工作。四是园区机械制造和加工产业及油气技术服务产业发展势头良好，煤化工产业和物流产业正在起步。（谢宏禄）

·小资料·

润滑油基础知识

什么是润滑油 润滑油是由基础油和添加剂严格按一定比例调配而成。主要的添加剂有抗磨剂、抗氧化剂、清洁分散剂等。

润滑油的功能 1. 润滑及减低磨擦阻力润滑油的作用，就是润滑发动机内的各种机件，并在两者表面之间形成一层油膜，以减低磨擦阻力，使运作更加顺畅。2. 密封性作用润滑油必须在活塞环与汽缸之间形成有效的密封性，以防汽体的泄露和外界的污染物浸入。3. 冷却作用在运转过程中，机件与机件的相互磨擦产生的热量或高温，润滑油的作用就是冷却及减低发动机的温度。

公用事业

矿区服务

【油田公司矿区服务事业部领导名单】

党工委书记：张红彦

党工委副书记、主任：况军

党工委副书记、常务副主任：郑前贺（11月任职）

党工委副书记、纪工委书记、工会主席：姚廷法

副主任：王晓琳、曾大秀（11月任职）、梁重生（6月离任）

【基本情况】 2010年，新疆油田公司矿区服务事业部为新疆油田公司的下属分支机构，与油田公司的其他业务分开运行、分开核算、分开考核。矿区服务事业部按分公司模式组建，机构级别为副局级，机关内设机构为正处级。至年末，矿区服务事业部机关在册人员60人，内设党群工作部、规划计划部、财务部、人事部、安全环保部、运行管理部、矿区建设部、综合管理办公室和绿化委员会办公室9个部门。3个机关直属单位，9个基层单位。年末在册人员317人，其中社会保险管理中心124人、有线电视网络公司104人、职工文化活动中心89人。矿区服务系统的二级单位有克拉玛依物业管理公司、白碱滩物业管理公司、明园物业管理中心、供热公司、燃气公司、广播电视中心、克拉玛依日报社、离退休管理中心、明园职工医院9个单位，准东物业管理中心属准东采油厂内设机构，由准东采油厂管理。主要承担着克拉玛依地区、乌鲁木齐明园地区、准东地区的矿区建设、物业管理、供热、离退休职工管理等工作。 （纪灵芝）

【计划财务】 2010年，油田公司矿区服务事业部修订完善《新疆油田矿区服务业务“十二五”发展专项规划》、组织编制《新疆油田矿区医疗卫生服务业务“十二五”专项发展规划》、《新疆油田矿区既有建筑外墙保温改造“十二五”规划》，具备全面审查条件。项目前期立项工作按照程序不乱、节奏加快、充分调研、严格把关的原则，组织项目前期工作，提高可研报告质量。坚持限上项目实行立项审批制，全年开展项目前期工作48项，涉及投资总额5.67亿元。 （纪灵芝）

【安全管理】 2010年，油田公司矿区服务事业部推行直线责任、属地管理和有感领导理念，有效落实安全环保质量工作部署，全面实施HSE体系管理，着力构建安全环保长效机制。以新疆油田实现第10个安全生产年主题活动为契机，全面普及安全经验分享活动，举办风雨安全10年、打造平安矿区青工论坛，开展“五会”达标、创建“四无”班组、“反三违”和标准化建设等活动，提高全员的风险意识和防范能力。一是深入抓好隐患治理工作，投入资金5 912万元，集中解决矿区供暖、供气、供排水、环境噪声以及公共安全方面存在的18个隐患问题。在集团公司3年隐患专项治理工作启动两年来，累计争取到位资金14 065万元，共解决50个重大安全环保隐患问题，矿区暖、气、电、水四大系统和小区公建等基础配套设施得到调整改造。二是持续推进HSE管理体系建设，有4家单位建立、发布并运行管理体系，矿区所属单位全部实施HSE体系管理，各单位健康、安全与环境管理的承诺、方针、目标及管理要素的控制进一步明确。三是大力实施关注小区消防安全、构建和谐平安小区消防达标建设活动，强力构筑消防安全防火墙，小区消防安全管理水平明显提高。四是加强日常巡查与专项监督检查，及时发现并整改隐患，强化生产服务受控管理。完善车辆安全监控系统，把私家车交通安全风险教育纳入单位交通安全教育之中，交通安全管理迈上新台阶。建立健全《大面积停暖事件专项应急预案》、《居民住宅楼突发事件应急预案》等10项应急预案，开展应急培训与实战演练，应急处置能力明显提升。 （纪灵芝）

【物业管理】 2010年，油田公司矿区服务事业部执行集团公司统一发布的5大类12项矿区服务标准，根据不同服务类型，参与制定《居民小区清洁保洁工作规范》、《居民小区治安协管工作规范》和《物业服务工作考核规范》等25项物业管理与服务标准，科学量化物业管理目标。组织物业管理与服务标准在11个物业小区实施，得到小区居民的认可。同时制定《石油物业小区施工准入暂行管理办法》。在供热燃气管理方面，制定《克拉玛依市用热管理办法》和《克拉玛依市城镇燃气管理办法》，制定《供热服务管理办法》、《燃气服务管理办法》、《星级服务车间评比考核细则》，通过以上管理办法、标准、细则的制定，使管理部门对基层单位检查、督促、评比、考核等工作都有依据，进一步规范管理行为，提高基层单位的服务质量和服务意识，协调解决了供热燃气在生产运行中出现的各类问题。 （纪灵芝）

【矿区建设管理】 2010年，油田公司矿区服务事业部加大对民生工程的整改力度，把老百姓的切身利益放在首位，逐步改造居民住宅小区环境，对居民住宅进行大修、抗震加固、屋面维修、外墙保温和外墙粉刷，扩建和改造供热系统，加快实施天然气入户，增加和改善离退休职工活动场所等。提高了职工生产生活场所的安全性、舒适性。 （纪灵芝）

【综合管理】 2010年,油田公司矿区服务事业部审查各类合同1 610份,合同金额99 258.84万元。其中买卖合同452份,基本工程建设合同450份,供用水电气热合同98份,承揽合同212份,运输合同58份,其他类合同340份。全年招标106次,涉及金额17940.909万元(中标金额)。其中设备购置招标52次,基本建设项目招标54次。"五五"普法工作开展以来,事业部机关以电子板报、普发试卷等方式进行宣传,并在事业部的网页上开办普法知识专栏作为普法专业阵地。同时为提高企业法制文化建设,积极开展形式多样的各类普法答卷及普法考试活动。完成事业部主页网站、综合办网页的日常维护、信息发布工作。全年发布通知通告110条,工作动态信息1 257条,其他各类上报油田公司及其他信息524条。上报集团公司矿区工作部并采纳82条。 (纪灵芝)

【绿化环保】 2010年,油田公司矿区服务事业部强化全民义务植树工作。根据属地管理原则,动员新疆油田公司、西部钻探公司、克拉玛依石化公司和克拉玛依润滑油厂所属38家单位的3.6万人次,5月28日至9月20日,完成工作难度比较大的克拉玛依东环路绿地换土、施肥和平整林床工作。共完成换挖土方量10.8万立方米,拉运肥料0.96万立方米,绿化带宽50米,长1 939米。确保义务植树尽责率100%,树木成活率达到90%以上。组织开展白碱滩和克拉玛依所属72个小区的绿地普查工作,重新清点72个小区绿地整体情况,精细掌握每个小区绿化建设情况。 (纪灵芝)

【规范管理年活动】 2010年,油田公司矿区服务事业部坚持以规范管理、科学发展、建设和谐矿区为宗旨,以全面履行保障生产、服务生活、维护稳定三大职责为核心,深入开展规范管理年活动,紧密围绕"六大规范"的具体目标和工作要求,强化活动组织领导,落实活动机制措施,突出任务落实,活动进展顺利,实现年初工作目标。以规范管理年活动和基础管理建设工程为载体,宣传贯彻集团公司矿区物业服务、供暖供电服务、燃气供应服务、社区医疗服务等12项矿区服务标准,开展对标和达标工作。系统规划新疆油田矿区服务业务标准体系建设目标与任务,初步确定事业部标准体系的框架结构和各专业的标准体系,理顺矿区各项业务标准的配套性和相互关系。完善物业管理与服务标准68项,实现物业服务业务标准全覆盖。 (纪灵芝)

【优质服务】 2010年,油田公司矿区服务事业部在10个小区推行"一站式"服务试点,推进22个标准化物管站建设,贴近业主,及时服务、细心服务;连续3年开展星级服务物业小区、星级服务供热车间劳动竞赛活动,先后有79个物业小区和137个车间(队)获事业部星级服务称号,三星级服务小区29个、车间(队)42个,南林小区获集团公司级示范小区,2人获集团公司服务明星称号。星级服务活动得到集团公司矿区服务工作部的高度评价和认可,在全集团公司系统内推行。创新服务理念,倾心为民服务。物业、供热、燃气、医疗、社保、离退休和新闻宣传等业务,推出具有鲜明行业特点的优质服务项目,贴心服务、用心服务,真情服务、温情服务,服务质量和水平大幅提升,用户满意度不断提高,投诉率大幅降低,矿区居民的归属感和幸福感进一步增强。 (纪灵芝)

【矿区建设】 2010年,油田公司矿区服务事业部累计下达投资及维修项目488个。其中新建、改扩建等项目319个,维修项目169个。相继完成西北锅炉房扩建、准东热电转供、有线电视前端机房传输平台改造等投资项目和7栋住宅大修、223栋住宅外墙保温、129栋住宅屋面维修、7栋住宅抗震加固、17栋住宅暖气改造等维修项目。实施供热系统管网维修1.65万米、供排水管线维修2.6万米、小区环境综合治理12万平方米、住宅抗震鉴定近6万平方米。矿区居民水电气远程抄表集中监控系统工程基本建成,共完成79个小区、59 690户居民住宅、62 687只载波电表以及204台集中器的安装工作,一次抄读成功率稳定在95%以上。 (纪灵芝)

【节能减排】 2010年,油田公司矿区服务事业部深入开展节能节水型企业创建活动,实行目标考核和定额管理;实施居民住宅节能改造230栋、38.46万平方米,对供热设备和公建系统进行节能技术改造,提高供热系统运行效率和供热质量,实现按需供热和节能降耗。投入近千万元,建成投用脱硫塔1座和部分锅炉除尘系统改造;与鲁能阜康能源有限公司合作,实现准东石油基地热电转供,关停燃煤供热锅炉3座;优先选用低硫份煤炭作为锅炉燃料,原煤含硫率控制在0.5%左右。全年矿区系统节能7 244吨标煤,节水95万立方米;减排二氧化硫691吨、烟尘1 188吨、一氧化碳31 297吨。健全质量、计量和标准化管理体系,突出重点工程和主要产品的质量监督,质量管理全面加强。全面推进ISO9000质量管理体系建设,共有6家单位建立ISO9000质量管理体系,3家单位通过认证。发表QC成果43项,其中3项获得自治区三等奖,20个QC小组被评为自治区优秀QC小组。供热公司被评为石油工业用户满意企业,克拉玛依物业管理公司、白碱滩物业管理公司同时被评为石油工业用户满意服务单位。 (纪灵芝)

【员工培训】 2010年,油田公司矿区服务事业部以油田公司培训规划为指南,以安全教育为主线,以供热、燃气、物业、绿化等工种为主体,以提升员工素质和管理水平为重点,以基层工作需求为导向,充分利用内部培训机构、石油院校、社会培训资源,组织开展矿区特色培训。全年累计举办矿区层面培训班57期、培训员工3 164人次。选派33人参加集团公司等部门举办的培训20项;选派769人参加组织部、人事处组织的培训62项。 (纪灵芝)

【人事管理】 2010年,油田公司矿区服务事业部积极开展内部劳动力挖潜和余缺平衡调剂工作,基本缓解事业部内部劳动力紧缺问题。一是按照油田公司规范用工的相关要求,探索工作量整体外包试点工作,减少有关单位的劳动力投入,在一定程度上缓解劳动力紧缺的压力,在矿区业务的市场化运作、社会化服务方面做有益尝试,积累经验。二是遵循小机关、大管理的模式,调整优化事业部机关机构设置方案,报经油田公司批复同意后,及时完成事业部机关内设机构编制、机关及直属单位一般管理岗位聘任工作。三是做好薪酬管理及业绩考核工作,及时调整解决运行中存在的机制不顺、职能交叉、重叠或缺失以及职能作用发挥不到位等问题。 (纪灵芝)

【平安矿区建设】 2010年,油田公司矿区服务事业部深入开展"六个一"党支部创建以及党员责任区、党员示范岗、党员义务奉献日、油城先锋等创先争优活动。一是为适应重组整合的新形势,积极研究探索新的工作思路、工作方法,促进新机制的顺利运行。二是切实加强反腐倡廉教育,使党员领导干部自觉遵守廉洁从业的各项规定。三是切实改进工作作风,着力解决职工群众关注的实际问题。四是严格落实责任,确保矿区系统廉洁自律和反腐倡廉工作取得明显实效。五是围绕事业部中心工作和重点工作,大力宣传重点民生工程,形成以报刊、电视、广播、网络等全方位、广视角、多层次的宣传报道工作格局。组织开展建设现代化大油田——矿区篇的新闻宣传报道工作、"十一五"矿区服务工作成果展示活动,拍摄各类专题片24部,报纸专版宣传30多期,上报各类稿件4 560篇。六是强化企业文化建设。组织开展主题文艺演出、廉政建设歌咏比赛、春节联欢会、双语演讲、迎国庆、迎亚运健身活动等丰富多彩的文化体育活动。在全国、自治区中老年门球赛中取得优秀成绩,编排的节目获全国优秀奖。配合承办自治区第五届老运会(北疆赛区),获优秀组织奖。七是按照服务发展、服务员工的总体思路,推进节约挖潜、降本增效活动深入开展,坚持"五必访"和"三必送"活动,深化青年文明号创建,组织开展矿区青年志愿行、建精品书架送文化到一线、青工论坛等系列活动。八是不断完善和落实维稳工作制度,逐步建立健全企地联防、各方联治工作机制。在世博会、乌洽会和亚运会等重要时期,将安保防恐、维稳信访作为首要政治任务来抓,确保油田生产和社会政治稳定。 (纪灵芝)

【获得荣誉】 2010年,油田公司矿区服务部供热公司、克拉玛依物业公司、明园物业管理中心和广播电视中心被评为集团公司或自治区文明单位;离退休管理中心被评为全国老龄工作先进单位、集团公司离退休工作先进单位;新疆油田公司和克拉玛依石化公司被评为全国绿化模范单位,有2人获全国绿化奖章。 (纪灵芝)

住房公积金管理

【市、油田住房公积金管理中心领导名单】

主任:曹建斌

副主任:孙洪莲

【基本情况】 2010年,克拉玛依市、新疆油田公司住房公积金管理中心内设综合信息科、归集管理科、贷款管理科、资金管理科、稽核科5个职能科室,下设独山子分中心和乌鲁木齐明园、准东2个管理部。中心实有人员29人(不含独山子分中心),其中油田公司所属人员24人,克拉玛依市属人员5人。主要职责是按照国家相关法律、法规,管理辖区内住房公积金和住房制度改革工作。具体负责住房公积金归集、使用计划的编制和执行,住房公积金的归集支取、个人贷款的发放回收以及住房公积金的保值增值等工作。 (崔颖)

【住房公积金归集支取】 2010年,克拉玛依市、油田住房公积金管理中心归集住房公积金182 432万元,比上年增长7.92%;提取住房公积116 954万元,增长5.7%,提取率64.11%。截至年末,累计归集住房公积金1 139 591万元,提取住房公积金603 432万元,余额536 159万元,住房公积金个人账户138 743人。 (崔颖)

【住房公积金个人贷款发放回收】 2010年,克拉玛依市、油田住房公积金管理中心发放住房公积金贷款55 882万元,比上年增长51.67%;回收贷款33 719万元,增长17.91%;发放贷款户数3729户,增长11.31%。截至年末,累计发放住房公积金贷款304 841万元,发放贷款36 253户,回收贷款164 100万元,贷款余额140 741万元。 (崔颖)

【住房公积金保值增值】 2010年,克拉玛依市、油田住房公积金管理中心进一步完善与各商业银行的协作机制,确定各家银行的资金规模,签订定额资金不离户转存协议。合理安排沉淀资金的定存期限,在确保资金使用的前提下,作到收益最大化,将资金用好用活。全年住房公积金实现业务收入15 975万元,其中住房公积金存款利息收入9 128万元、委托贷款利息收入4 898万元、增值收益利息收入646万元、国债利息收入1 300万元,贷款罚息等其他收入3万元。公积金业务支出7 546万元,其中住房公积金利息支出7 096万元、住房公积金归集手续费支出231万元,委托贷款手续费支出219万元。全年实现增值收益8 429万元。 (崔颖)

【住房补贴发放】 2010年,克拉玛依市、油田住房公积金管理中心重点解决原新疆石油管理局供热公司在职职工累计月住房补贴的发放和部分单位遗漏的在职职工住房补贴,以及一些市属单位和自治区垂管单位职工住房补贴的发放工作,确保全市职工住房补贴发放工作政策的连续性和一致性。全年审批发放职工住房补贴303人,发放金额185万元,至年末,累计发放职工住房补贴11.97万人,发放金额87 280万元。 (崔颖)

【制度建设】 2010年,克拉玛依市、油田住房公积金管理中心进一步夯实基础管理工作,确定本年为制度建立完善年,组织建立和完善《克拉玛依住房公积金管理办法》、《克拉玛依住房公积金归集管理办法》、《克拉玛依住房公积金贷款管理办法》、《克拉玛依住房公积金管理中心工作规则》等17项规章制度。通过各项制度的建立和完善,进一步促进住房公积金业务的健康发展。 (崔颖)

【住房公积金扩面】 2010年,克拉玛依市、油田住房公积金管理中心针对非公有制企业点多面广,信息变化频繁,扩面工作难度较大的现实情况,积极创新工作机制,完善住房公积金催建催缴管理制度,利用工商、税务部门的信息平台,不断加大扩面管理工作力度。全年新增公积金开户单位50多户,增加汇缴人员1 448人。住房公积金缴存总额突破100亿元,住房公积金覆盖率96.4%。 (崔颖)

【贷款风险防范】 2010年,克拉玛依市、油田住房公积金管理中心进一步规范住房公积金个人贷款审核、审批、抵押、保险和发放制度,有效地防范贷款风险。一是进一步完善住房公积金贷款项目审批管理办法,确保住宅楼盘项目的真实可靠,有效防范虚假楼盘骗贷风险。二是制定个人住房公积金贷款操作规程,进一步规范个人贷款审核基本标准和办理程序,有效避免人为风险的发生。三是加强贷款抵押物的核查,要求必须做到先落实抵押后放款。四是与中国人保财险克拉玛依分公司签订住房公积金个人抵押贷款保险协议,引入保险公司为借款人提供保证保险,进一步拓宽个人贷款担保渠道,解决贷款职工找保证人难的问题。五是将贷款额度的确定方式由原来的信誉评分制改为配额制。六是将贷款逾期3个月以上的人员每月在信息网站上公告,有效控制贷款逾期率。全年住房公积金贷款逾期32户,逾期额9.15万元,逾期率0.07‰,比上年降低0.13个千分点,比国家要求的控制标准降低1.43个千分点。 (崔　颖)

【并网核算管理】 2010年前,由于历史原因,克拉玛依市、油田住房公积金管理中心对独山子分中心仅限于政策和业务指导,业务信息系统没有并网,没有实施统一核算。2010年7月,按照上级主管部门和管委会的要求,与独山子石化公司协调,完成独山子分中心信息系统与中心信息系统数据库合并工作,实现统一管理与核算,提升内控管理水平。 (崔　颖)

【住房公积金信息化管理】 2010年,克拉玛依市、油田住房公积金管理中心对信息网络设施进行有效整合,将原有的4条数据光缆合并为2条;将原有的电信互联网出口迁移到新疆油田数据中心;将独山子分中心和明园管理部纳入油田专网统一管理。以油田数据中心强大的技术实力和高效的安全设备为依托,为克拉玛依互联网用户提供更加有效的住房公积金业务办理与查询平台。同时,进一步完善住房公积金信息系统,增强系统报表数据的统计、核算及分析功能;归并部分冗余公积金管理账户;实施银行扣卡和公积金还贷同银行数据的有效衔接;增强公积金贷款的贷前、贷后管理程序。 (崔　颖)

【专业会议】 2010年6月7日,克拉玛依市、油田公司住房公积金管理委员会年度第一次会议召开。会议审议通过《2009年度住房公积金归集和使用情况报告》、《2010年度住房公积金归集、使用计划及增值收益分配预算》、《关于核销独山子分中心国债呆账的建议》等事项,并就今后的住房公积金管理工作提出要求。 (崔　颖)

供水管理

【油田公司供水公司领导名单】

经理:邓国良

党委书记:梁建鹏(12月任职,同时离任副经理)

党委副书记、纪委书记、工会主席:贾学渊

副经理:曹兆才、阿不力米提·乌苏尔、赵谧(4月任职)

林业总工程师:李中邵

【基本概况】 2010年,新疆油田公司供水公司下设1个副处级作业区、16个机关科室和25个基层车间。员工总数2014人,其中市场化用工320人,再就业人员791人,在册职工903人。高级专业技术职务22人,中级139人,供水公司是新疆境内资产规模最大的供水企业,集调、蓄、产、供、验、销于一体,主要承担着保障克拉玛依居民生活、油田生产、农田灌溉、林地管护和城市绿化供水的重要任务。获油田公司安全生产优进单位称号,保持自治区级精神文明单位、市级民族团结模范单位和综合治理模范单位等称号。 (王艳秋)

【主要指标完成情况】 2010年,油田公司供水公司没发生安全事故。全年经引水工程引水3.47亿立方米,其中向和布克赛尔县放水4 248.8万立方米,向生产建设兵团农十师184团场放水8 614.9万立方米。白杨河水库来水2.67亿立方米,洪水期来水2.17亿立方米,全年共出库2.5亿立方米,其中向百克明渠放水4 076万立方米,通过引洪干渠向风克放水4 325万立方米,向乌尔禾放水3 409万立方米,全年溢洪1.24亿立方米。截至12月20日,五大水库库容分别为:白杨河水库973.6万立方米,三坪水库2 478万立方米,西郊水库2 981.7万立方米,调节水库1 600.2万立方米,风城水库5 838.5万立方米。全年共产水5 840.26万立方米,比上年同期减少579.97万立方米。销售水5 534.78万立方米,减少453.65万立方米。产销率94.77%,增加1.5个百分点。管网水水质检验合格率100%,出厂水水质检验合格率100%。 (王艳秋)

【管网建设】 2010年,克拉玛依第五净化水厂开工建设,完成2个2万立方米清水池的浇筑任务。油田公司供水公司积极参与管线的可研、设计、布线、施工,以及竣工后的管网冲洗、试压、联头工作,并配合有关部门对道路和小区供水管线的改造,满足城市对供水的需求。完成的管线项目有:天山路至准噶尔路DN300穿PE管300米;新建银河路西段风华北小区DN400管线460米;胜利路南段中部1号井DN400,包括井子改造,1 200米;首站至万杰加油站DN400,穿PE管250米,首站至万杰加油站DN700,PE管穿管250米;永红路西延段至西郊路DN400移位改线,150米;南湖二期东湖路DN300,890米。 (王艳秋)

【HSE体系管理】 2010年,油田公司供水公司围绕油田公司实现第10个安全生产年主题活动,开展安全经验分享、个人安全行动计划、行为安全观察与沟通活动,贯彻落实15项HSE管理规范。一是进一步强化重点领域、要害部位、关键设施、特殊环节、敏感地区的安全监管,将承包商安全管理纳入单位统一的HSE要求和控制范围,初步形成双向交底、属地单位监管的格局。颁布《供水公司违章行为处罚管理考核办法(暂行)》,加大"三违"曝光力度,查处"三违"行为47起。二是开展水体污染应急联动演练、液氯泄漏应急演练和林地消防演练,提升应急反应能力。三是开展安全生产隐患排查工作,逐级建立隐患整改台账,挂牌督察、逐个销项,整改隐患6项。四是开展车辆动态管理,大力整治超速行驶、酒后驾驶等突出问题,交通安全管理工作进一步加强。五是组织进行HSE内部审核和管理评审,推动公司HSE管理持续改进。 (王艳秋)

【企业管理】 2010年,油田公司供水公司坚持高水高用,低水低用的原则,及时根据用水需求变化优化运行方案,利用末段泵站高压配电室加固改造的时机，首次实现末段泵站的停运。在渠道大修段的项目上成立管网中心，使供水主干管线抢修更专业、及时、高效。在经营管理上，抓住主要成本不放，尤其是可控成本如电费、材料费等，通过合理调整流程，实施科学运行方案，降低产水单耗，真正做到抓大而不放小。与大农业用户签订供用水合同，实行以支管为单位的局部轮灌措施，对大农业的土地进行全面核查，收费面积比上年增加917.93公顷，增加农业供水收入。严格按照投资管理程序规范操作，坚持谨慎和突出重点的原则，实施严格的技术经济论证，全年完成固定资产投资和大修理费用8 638万元。共对102个招标项目进行招议标，审查审核各类合同293份，合同履约率100%。（王艳秋）

【科技信息】 2010年，油田公司供水公司组织实施油田公司审批的北疆第四系地层明渠最优结构研究及应用、三坪水厂水处理工艺技术改进研究、林纸基地杨十斑吉丁虫生物学特性及防治技术研究等5个科技项目的项目管理工作。完成《水电信暖气地理信息系统V1.0升级》项目市区主干管网基础地理信息数据的采集入库工作；完成《供水生产数据管理系统》的开发工作，实现供水生产数据采集、传输、存储、处理、发布、管理和应用于一体的生产数据管理系统。对公司门户网站进行全面改版和功能扩充，门户网站的实用信息和访问量大大提高，已成为公司信息发布、查询的重要工作平台。（王艳秋）

【造林减排】 2010年，油田公司供水公司造林减排作业区大力推进高效节水灌溉项目，并将“渠改管”工程与之统筹考虑，完成10条支渠和部分斗渠的“渠改管”工作。通过不断完善运行管理和监督考核，推进林地抚育间伐、病虫死树清理及有害生物防治工作，林地管护水平不断提高，林地面貌有较大改善。启动苗圃基地建设工作，以自建苗圃的形式，培育适合林地生长的自培苗木，从而降低造林成本，提高树木成活率。进一步完善作业区的灌溉系统，维修和改造部分供电系统，新建部分消防道路，维修、硬化道路13千米。外围资金和项目申请取得较大进展，林地的节水灌溉、生态林建设、低效林改造、有害生物防治、沙化治理、土壤改良等项目顺利实施。（王艳秋）

【教育培训】 2010年，油田公司供水公司举办各种培训班31期，培训员工1 507人次。其中自培短期培训898人次，干部派外培训323人次，工人短期派外培训178人次，特殊工种派外培训108人次。基层岗位培训176期，培训员工2 084人次，岗位练兵76期，培训员工1 048人次。通过采取集中授课与自学相结合、课堂教学与实际操作相结合的方法，实施分层次、分等级、分岗位的技能培训和岗位练兵，涌现出一批转岗能上岗，上岗能胜任和“一岗精、二岗通、三岗会”的复合型岗位优秀人才。（王艳秋）

【创先争优】 2010年，油田公司供水公司积极开展创先争优活动。公司1个党总支、35个党支部、379名党员，制定出“五比五看五争先”的目标，要求基层各支部结合生产经营中心任务，为完成全年的生产经营任务奠定坚实的基础。公司党委召开专题会议，收集归纳广大党员和群众的意见、建议，在学习型党组织建设、领导班子建设、干部选拔任用、安全文化建设、坚持“三会一课”制度、加强效能监察、深化党务公开、强化信访维稳工作等8个方面的内容，向上级党委和广大党员作出郑重承诺。（王艳秋）

【维护稳定】 2010年，油田公司供水公司调整充实维护稳定领导小组，确定维护稳定工作例会制度，编制完善《供水公司维护稳定工作责任制度》、《供水公司信访接待制度》和《供水公司群体性上访事件应急预案》、《供水公司突发信访事件应急处置预案》等规章制度。专门指定本单位具体工作联系人，制定相应的工作方案和措施，确保企业内部的和谐稳定。严格执行一般信息定期报，重要信息及时报，重大信息立即报，非常时期信息日报告制度，有事报事，无事报平安，确保信息渠道畅通。在世博会期间，分西干渠沿线、农业开发区、克拉玛依区3个区块，下达特别重点阶段稳控保障任务书，以“七个确保”和“四个坚决”为目标，通过分解工作任务，全方位、全过程落实安保防恐和维稳信访工作责任，全力以赴做好重点生产设施的安全保卫工作，确保敏感重点时期安全供水目标顺利实现。全年西干渠沿线和大农业开发区没有发生水事纠纷，没有农户个访和群体上访事件；克拉玛依区也没有因爆管、抢修、水质等原因引发上访和涉稳问题。抓好“五五”普法工作的深入开展。全年中心组集中学习10次，其中普法学习6次。举办法律普及专题讲座4期，开办普法学习班2期，组织普法答题活动1次。讲座覆盖率90%，答题活动覆盖率100%。（王艳秋）

发电管理

【油田公司克拉玛依电厂领导名单】

党委书记、厂长：李辉

党委副书记、纪委书记、工会主席：韩洪增

副厂长兼安全总监：张玉海

副厂长：张红光

总工程师：李军

【基本情况】 2010年，油田公司克拉玛依电厂完成《克拉玛依电厂机构编制实施方案》，经公司人事处审核批复于年底组织实施。机构重组后机关科室设置8个：厂长（党委）办公室、计划科、财务科、人事（组织）科、生产技术科、质量安全环保科、党群工作科、工会办公室。直属单位设置5个：生产调度室、HSE监督站、物资管理站、信息自动化所、保卫部。厂属基层单位4个，生产运行部、运行维护中心、轮南电站为科级，综合服务站为车间级。生产运行部下设运行一、二、三、四、五5个车间级基层单位；运行维护中心下设维护队、供热站、化验室3个车间级基层单位。岗位设置及定员为：领导层设厂长、书记、副书记、纪委书记、生产副厂长、经营副厂长、总工程师、工会主席、安全总监岗位9个，领导职数5人。设副总工程师、安全副总监2个岗位，人员2人。机关科室岗位设置58个，定员44人。直属部门设置岗位24个（管理17个、专业技术7个），定员35人（管理人员21人、专业技术人员14人）。直属部门操作服务人员11名及岗位保持现状不变。基层单位管理和专业技术岗位设置35个，定员45人（管理人员20人、专业技术人员25人）。操作服务人员315人,合计人员360人。截至年底,全厂在册员工483人,其中合同化员工430人、市场化员工53人;少数民族职工37人,女职工179人。全厂在岗职工456人(不含内退27人),其中在岗管理、专业技术人员131人、操作服务人员325人。具有高级专业技术职务9人、中级50人、初级79人;高级技师2人、技师22人、高级工236人、中级工19人、初级工6人。硕士研究生学历3人,本科学历91人,大专学历197人,中专学历33人,技校学历52人,高中学历45人,初中学历35人。全厂有中共党员194人,有党总支2个,党支部16个。

(曾守万)

【经济技术指标完成情况】 2010年,克拉玛依电厂完成发电量15.3亿千瓦时,比上年增长2.3%;供热130万吉焦,增长14.89%。节约天然气1 378万立方米。售电天然气单耗0.244立方米/千瓦时,下降3.56%。 (曾守万)

【安全生产管理】 2010年,克拉玛依电厂深入开展安全生产10周年、安全经验分享、“五会达标”、创建“四无”班组等活动。修订完善《克拉玛依电厂安全生产奖惩管理规定》和《克拉玛依电厂处罚违章行为管理规定》。组织开展春节、五一、国庆节前安全大检查和安全活动月活动。进行危害(环境)因素识别和评价,辨识危害因素467项。完成应急预案编写工作,共编写10个一级预案,3个二级预案。组织编写《克拉玛依电厂执行油田公司7项作业许可制度实施办法》,5月1日,正式实施集团公司许可作业管理规定。在电厂网站主页上开辟安全经验分享专栏。征集清洁生产论文3篇,清洁生产审核方案20个,上报电厂清洁生产审核报告。完成燃料区的人体防静电设施的安装和电厂事故案例汇编。有效开展环保与职业卫生管理,组织248名员工进行职业健康体检。奖励发现重大设备缺陷的26名个人和5个集体。 (曾守万)

【运行管理】 2010年,克拉玛依电厂严格落实油田公司安全生产管理制度,强化电网优化运行,合理调配运行方式,开展节能减排、降本增效活动、开展“五会”达标活动。通过每日生产安全例会,落实工作安排执行情况,对即将进行的工作进行危险因素识别及预防,坚决杜绝无计划工作,工作无计划。严格执行“两票三制”和“五不操作”、“五不办理”制度。全年启停机炉393台次,安全操作253 653项。严格落实设备日常维护保养制度,保证重大设备缺陷不过夜,防止设备超保、漏保、带病运行。加强监盘质量及巡回检查工作。建立设备运行管理台账、班组巡回检查设备明细,对设备定时、定点检查。完善生产现场设备、管线标识。进行隐患排查及专业典型事故案例分析。修改“五会卡”,制作风险提示卡,实现了清洁、高效发电。

(曾守万)

【设备管理】 2010年,克拉玛依电厂设备管理严格执行《新疆油田公司设备管理办法》,开发应用电厂设备检修管理信息系统,健全设备台账,及时分析诊断设备状况。一是全面推行检修工艺卡制度和检修作业指导书制度,落实“五交底”,对检修全过程特别是关键工艺、程序进行有效的过程控制,对检修后设备的质量指标、安全指标、经济指标纳入严格的量化考核。全年机组检修14台次,其中大修2台次、中修1台次,检修后机组一次启动成功率100%。二是加大技术攻关力度,采取设备重大疑难问题专业组联合攻关,解决4号余热锅炉供热改造、无盐水厂用段改造、11号机励磁调节装置改造、消防水系统安全技术改造等重要技术问题。针对新设备、新技术的投入使用,编制《集成膜法水处理运行规程(试行)》、《MS6111FA燃气轮机检修规程(试行)》、《4号余热锅炉检修规程(试行)》等5种运行规程。

(曾守万)

【财务管理】 2010年,克拉玛依电厂强化预算管理,严格按预算指标控制成本费用。一是组织编制财务收支预算及成本预算,注重成本控制的全过程。坚持分析和监督预算执行情况。全年编制财务成本预算5次,编制上报内部经营分析24份。二是从会计基础资料、业务流程和岗位规范入手,加强会计基础工作,进一步提高会计管理水平。三是加强资金管理。按公司要求上报年、月、周资金预算,上报资金预算及资金预算执行情况25份。对现金管理、印鉴管理、各类票据管理、往来款项管理、资金岗位设置等等严格把关,确保资金的安全性和效益性。四是强化制度管理,全年制定、修改和完善财务管理制度14项。完成《未上市业务解困扭亏的整体方案》、《解困扭亏优化方案》以及相关的解困扭亏基本报表的编制工作、“小金库”治理、未上市企业财务会计基础工作专项稽查等工作。 (曾守万)

【科技管理】 2010年,克拉玛依电厂向油田公司申报科技项目2项:“克拉玛依电厂能耗在线分析应用研究”、“克拉玛依电厂直流系统技术应用研究”,全部通过审批。3月,完成2项课题的开题论证报告及专项合同,并录入科技信息系统。克拉玛依电厂“6FA型燃机联合循环优化技术应用”、“燃机励磁系统技术应用研究”2项成果报告获新疆油田公司技术创新二、三等奖。科技成果报告“克拉玛依电厂自动发电控制系统应用研究”获中国石油和化工自动化应用协会科技进步三等奖。科技成果报告“克拉玛依电厂集中控制技术应用研究”已申报中国石油和化工自动化应用协会科技进步奖。信息技术论文《群集技术在我厂SIS系统中的应用》获克拉玛依信息技术协会三等奖。全年收集技术创新观点,征集技术人员论文48篇。对厂级18项技术成果进行评审。 (曾守万)

【技术引进及技术改造】 2010年,克拉玛依电厂改造11号机励磁系统,采用南瑞继保公司的RCS-9400-30励磁调节系统,该装置采用两套自动跟踪、自动切换的微机控制自动励磁装置,实现DCS遥控启励,增磁、减磁、无功功率自动调节。完善4号增压机监控系统,采用双冗余服务器以及服务器/客户端模式对4号增压机监控系统进行升级,实现与原1号、3号增压机控制系统整合,方便系统操作与管理。对首站,甲站供热DCS改造,实现甲站无人值守。完善厂区图像监视系统,在生产区重新安装17个监控头,并对以前的监控点进行改造。安装电厂门禁系统和访客易系统。完成电厂门户、自动化所、物资供应、职工教育等子网的正式上线运行。 (曾守万)

【员工培训】 2010年,克拉玛依电厂180名员工进行特殊工种验证,合格率100%。216名员工参加岗位考核比武。公开竞聘燃气轮机机电运行技师等7个岗位,经过现场述职、答辩、讲课、信任度测评，评比出1名高级技师、11名技师。至年底，电厂有技能专家1名，高级技师2名，技师21名。与职业技能鉴定中心共同举办技师、高级技师交流会。全年收集技术论文、管理论文95篇，共评出一等奖4篇、二等奖12篇，三等奖20篇。232名员工参加计算机培训、少数民族汉语培训、班组长培训等各种不同类型的培训。（曾守万）

【体系建设】

内控体系建设　2010年1月11～31日，油田公司集中完成二级单位（未上市部分）内控手册的修订工作，主要包括流程图、风险控制文档（RCD）、控制证据表单或制度文件等。5月26日至6月3日，油田公司审计处对电厂进行内控测试，测试方法是按照新疆油田公司2010版内控手册（未上市分册）进行，测试期间检查证据450份，重点对合同与纠纷管理、财务管理、物资管理流程和风险点进行测试，测试共发现例外事项36项，其中不了解如何实施控制导致控制结果不正确3项、了解如何实施控制但控制结果不正确20项、实施证据不完整5项、缺少重要实施证据8项。6月，油田公司下发《新疆油田公司内部控制运行评价管理办法》，按照要求分别于9月和12月对电厂内控流程运行进行季度自查，2次自查流程96项和39项，涉及风险控制文档71个和28个。8月3日，油田公司公司下发《关于建立保障措施提升流程执行力的通知》文件及《关于开展内控自我测试例外事项整改工作的通知》，提出提升流程执行力的具体实施步骤。10～11月，进行内控手册修订，实现ERP与内控流程的挂接。

质量管理体系建设　6月，电厂成立质量管理体系领导小组，编写质量管理手册和质量管理程序文件。7月30日，发布电厂质量管理体系文件，8月1日正式实施。11月25日和12月17日进行内部审核和管理评审。

健康、安全与环境（HSE）管理体系建设　2月，克拉玛依电厂获北京中油认证中心对电厂HSE管理体系再认证资格证书。1月22日，电厂组织全员进行危害因素辨识和评价，完成《电厂危害（环境）因素识别和评价清单》，全厂共辨识出危害因素467项，其中重大危害因素11项、环境因素28项（重要环境因素2项），装订成册下发。10月20～21日，电厂HSE管理委员会对全厂11个部门5个基层单位进行HSE管理体系内审，开具不符合报告2个。11月26日，电厂召开健康、安全与环境管理体系管理评审会议，对年度健康、安全与环境管理体系的适应性及其执行情况进行总体评价。12月10～11日，北京中油健康安全环境认证中心对电厂HSE管理体系进行监督审核，开具4个不符合项，电厂通过年度现场监督审核。（曾守万）

【组织建设】　2010年，克拉玛依电厂党委以建立学习型基层党支部为重点，制定党建工作安排，组织38名党员接受党员专项培训。全年发展党员4名，组织8名入党积极分子参加培训，选派4名支部书记参加支部书记培训、2人分别参加组织员培训班和政工干部培训。组织开展庆七一系列活动。各支部开展民主生活会、上党课、党日、入党宣誓、重温入党誓词等活动。召开学习型党支部建设座谈交流会。6月1日，组织6名基层支部书记开展对外学习交流活动。做好5个基层支部换届和增补支委、审核把关工作。（曾守万）

【干部管理】　2010年，克拉玛依电厂党委严格坚持德才兼备、任人唯贤的原则，加强对干部的管理与监督。一是组织开展管理、技术人员年度考核，被考核人员130名，其中20名管理和专业技术人员考核评定为优秀，其他均评定为称职。组织实施管理及技术岗位人员调整12人，其中4名通过考核、考查聘任到正科级岗位、1名聘任到高一级岗位、7名调整岗位。二是配合公司组织部做好公司级技术专家、学科技术带头人选拔工作，推荐2人参加公司级选拔，1人获得公司级学科技术带头人。三是审核通过并实施《克拉玛依电厂学科技术带头人选拔及管理试行办法》，组织电厂学科技术带头人选聘工作，3人选聘为厂学科技术带头人。四是落实干部培训计划，合理做好管理、技术人员培训选派，参加集团公司、油田公司级各类业务培训学习班40期，接受培训72人次。负责起草组织机构编制方案，提交上级审核批准。（曾守万）

【创先争优活动】　2010年7月12日，克拉玛依电厂召开创先争优动员大会，下发《关于成立克拉玛依电厂深入开展创先争优活动领导小组的通知》，制定《克拉玛依电厂深入开展创先争优活动实施方案》。第一阶段为广泛发动，安排部署工作。第二阶段为全面争创，扎实推进。党性教育活动、党员身边无事故活动结合实际正常有序开展。公开承诺活动扎实推进。全厂176名在岗党员均做出公开承诺，15个党支部也相继做出公开承诺，电厂党委承诺经过意见征集，从领导班子建设、经营管理、安全生产管理、维护稳定、精神文明建设、廉洁自律等6个方面在网上进行公开承诺，自觉接受职工群众的监督。（曾守万）

【和谐企业建设】　2010年，克拉玛依电厂积极打造和谐平安的厂区环境。一是加强人防措施，严格执行厂区出入证制度。二是加强物防管理，维修厂区、厂房所有照明设施，维修、加高厂区北侧、东侧围墙，消除潜在的隐患，保证“物防”设施的完整性。三是加强技防设施建设，完善厂区图像监视系统，形成由126个摄像点组成的监控网络。四是落实领导“一岗双责”，确保层层责任明，事事有人管。特别在世博、亚运、节假日等特殊敏感时期加强周边单位的治安联防，确保电厂辖区的安全稳定。五是持续完善厂区建设，完成厂区道路改造、宿舍楼改造等多项工程，春秋两季种植各类乔木200多棵、藤灌木2.04万多株、草坪2 000多平方米。六是加大和谐企业建设的工作力度，统筹好电厂与明珠公司、科电公司的健康发展，履行好企业的社会责任。（曾守万）

【民主管理】　2010年，克拉玛依电厂落实职工代表大会、职代会联席会议制度、厂务公开制度，贯彻执行“三级民主管理”要求。召开电厂第九届二次职工代表大会。建立厂务公开领导机构和监督机制，80多名职工代表参加厂务会。各类先进的评选、职工疗养、疗养费补偿款发放等事关职工切身利益事项均进行公示。各基层单位奖金发放、职工疗养、公休、探亲、加班等事项全部公开。厂务公开制度健全，厂务公开内容真实可信，职工满意度100%。（曾守万）

【劳动竞赛】　2010年，克拉玛依电厂工会积极开展劳动竞赛及献计献策活动。

制定《运行部安全经济指标竞赛管理办法》和《运行部安全经济小指标管理制度》。组织开展"安康杯"劳动竞赛、百日安全生产无事故、千次操作无差错、水质化验调整合格率100%、百小时监盘调整无差错、秒秒压红线、"四无班组长"、值际小指标劳动竞赛、万千米安全行驶无事故等竞赛活动。制定优秀检修能手竞赛考核标准。劳动竞赛奖励标准由过去的2.5万元/月提高到8万元/月。

（曾守万）

【获得荣誉】 2010年，克拉玛依电厂连续5年获油田公司安全生产先进单位和2010年环境保护先进单位称号。通过HSE体系外部审核和自治区文明单位复检，并被市文明办推荐申报第二届自治区最佳文明单位。被评为2008～2009年度克拉玛依市、新疆油田公司先进工会，克拉玛依市、新疆油田公司2008～2009年度维护稳定工作先进集体，克拉玛依市、新疆油田公司通讯报道先进单位，油田公司节约挖潜、降本增效劳动竞赛先进单位，白碱滩区和谐社区建设共建先进单位，白碱滩区尊师重教先进单位。（曾守万）

供电管理

【油田公司克拉玛依供电公司领导名单】

党委书记：赵卫国

经理、党委副书记：李振华

党委副书记、纪委书记、工会主席：张兰新

副经理、电力调度中心主任：李彦峰

副经理、安全总监：王国华

副经理：孟晓天

总工程师：热西旦·司马义

【基本情况】 截至2010年底，新疆油田公司克拉玛依供电公司下设1个电力调度中心（副处级单位），机关6部1室：经理办公室、党群工作部、计划经营部、财务资产部、劳动工资部、生产技术部、安全环保部，3个机关附属部门：项目基建办、教育中心、设计室，12个基层单位：变电工区、线路工区、安装工区、自动化所、电费管理所、客户服务中心、电试所、车队、供应站、综合维修队、安全监理站、电管站。公司有职工869人，其中少数民族职工102人，女职工386人。具有高级专业技术职务18人，中级82人。职工中硕士研究生4人，本科学历147人，大专327人，中专48人，技校91人，高中177人，初中及以下75人。有中共党员303人（含在职党员292人，内退党员11人），有党总支2个、党支部17个。

（孙爱卿）

【主要经营指标完成情况】 2010年，油田公司供电公司完成购电量20.88亿千瓦时，比上年增长4.07%；完成售电量20.02亿千瓦时，增长3.41%；完成基本变容量1 281万千伏安，增长2.21%。全网综合购电单价控制在0.417元/千瓦时，降低0.003元/千瓦时，全年实现盈利3.17亿元；电网供电可靠率达到99.907%，电压合格率96.98%，电网联络线下网负荷合格率81.3%。

（孙爱卿）

【电网设施】 2010年，克拉玛依电力系统总装机容量360.1兆瓦。有110千伏变电所14座，共28台主变压器，总容量574.1兆伏安。110千伏线路26条，线路总长度722.736千米。35千伏正式变电所24座，简易变电所52座，主变压器101台，变压器总容量497.73兆伏安。35千伏线路57条，线路总长度达956.743千米。（孙爱卿）

【电网建设】 2010年，油田公司供电公司各项工作围绕着生产有序、作业高效、行为安全全面展开。一是完成油田公司新建重点项目110千伏昆仑变电所及配套线路工程，12月9日，实现变电所一次送电成功，满足了克拉玛依西南城区今后以至中长远负荷发展需求。二是完成技改项目21项，完成线路巡视11 540千米；箱变、分接箱、开闭所检查1 350台次，临变、撬装开关站检查测试150次座；变电所维修18座。三是完成8座变电所62台开关、35组刀闸更换检修和10座变电所线路、主变微机保护装置的定检。四是完成北郊、炼油开闭所、九$_2$、六区、气站等7座变电所电气倒闸操作微机"五防"装置的安装；完成北郊、百口泉等5座变电所视频监控和周界入侵报警系统建设。五是完成10多套电网主网架电源备用自投和继电保护装置的改造换型），保证电力设备的完好。六是配合油田公司完成油气生产、石化生产、市政工程建设、铁路高速道路建设、小区天然气改造工作137项。七是新增油田产能变压器379台，完成南湖二期、风华北小区的电源建设工程。（孙爱卿）

【安全管理】 2010年，油田公司供电公司强化生产现场和直接作业环节的安全监管，全面落实安全环保工作各项部署。一是监控电网调度运行、工程施工作业、电气倒闸操作及电力设备管理的全过程、各个环节，采取有力措施，层层传递压力，人人落实责任，增强干部职工做好安全工作的使命感和紧迫感。二是以开展HSE体系推进年活动为契机，提高干部职工有感领导，直线责任，属地管理的思想认识，修订63个运行操作规程、5个专业工种现场标准化作业指导书、4个专业工种的作业指导卡，促进"六条禁令"、"九项管理原则"的落实，确保15项管理规范得以贯彻执行。三是强化承包商管理，制定《供电公司承包商健康安全与环境管理实施细则》，对所有入网作业的电力施工单位进行建档，从施工资质、人员取证、电力安全、应急常识培训及施工过程等方面进行严格监督、审核，与12家承包商签订健康安全与环保责任书。四是规范作业人员行为，将油田公司作业许可制度衔接整合到电气作业工作标证中，生产作业严格执行"两书一卡"、"三票一单"，保证各个作业环节的安全。五是按照公司对油田、社会、用户的承诺，完善优质服务保障体系，加大各工区（队）的风险识别、隐患排查、应急管理力度，组织11次特殊时期、重点阶段、重要线路设施及职业卫生健康的安全大检查，完成9项安全隐患整改，确保关键环节、重点领域的安全。六是围绕油田公司安全10年的系列活动，广泛开展安全经验分享、安全承诺保证和"十大安全理念"多形式的安全教育，大力宣传安全环保先进事迹和人物，树立紧安全弦、干安全事、做安全人、保安全目标的良好氛围，进一步推进具有供电特色的安全文化体系建设。（孙爱卿）

【科技信息管理】 2010年，油田公司供电公司充分利用网络信息，按电网调度、稳定控制、输电、变电、配电、用电等不同专业进行分组，细化研究，制定完善公司"十二五"发展规划。先后派出多名人员赴内地学习考察，拟出智能化电网建设的初步方案，为实现克拉玛依电网数字化、智能化奠定基础。公司紧密结合生产管理中存在的问题，坚持小、实、活、新的原则，在提高质量、降低消耗、增加效益等方面，以4个油田公司科研项目和36个公司QC课题为核心，持续开展课题攻关和新技术推广应用，其中“提高W101变电所6KV母线电压合格率”课题分别获省部级和油田公司级QC成果，12项课题获公司级QC成果。

（孙爱卿）

【企业管理】 2010年，油田公司供电公司加强电网调度管理，在满足电网安全、可靠运行前提下，合理调整运行方式，安排最合理的检修方式，最大限度降低电网非正常运行的时间，进一步优化购电结构。一是通过建立完善线损管理体系，提高分析手段，降低电网损耗；通过加强用电监察，提高计量装置的安全、准确、防窃电性能，进一步减少电量流失，严格控制各项成本费用，实现降本增效。二是坚持完善制度、规范管理、狠抓落实，集中力量加快推进以ERP为核心的经营管理系统建设，持续改进HSE/OSH管理体系，建立ISO9000质量管理体系，完善应急管理机制，通过多样化的达标、创建活动，全面落实直线责任、属地管理，加大事故隐患排查力度，全员风险防范意识明显增强。三是按照优化结构、做专做强的总体要求，进一步完善组织机构，整合管理资源，梳理管理流程，将用电管理所分成两个科级单位（电费管理所和客户中心），加强基层单位的工作职能，使各专业管理权限、界面分布更加规范全面；加强合同管理部门对合同签订、履行的咨询、督导、督查力度，完善和规范合同会审制、结算审批制的管理和授权委托管理工作，杜绝公司重大经营风险的发生。（孙爱卿）

【劳动竞赛】 2010年，油田公司供电公司将节约挖潜、降本增效和培养职工节约意识的主题贯穿于各项工作中。一是制定《供电公司2010年度节约挖潜、降本增效活动实施方案》，健全组织领导机构，召开节约挖潜、降本增效劳动竞赛动员会，明确全年工作目标，确立36个劳动竞赛项目。年底，评选出11个优秀项目计策上报油田公司，有9个项目获奖，实现节约311万元、增效310万元的工作目标。二是组织相关部门修订完善《供电公司创建“五型”班组活动方案》和《供电公司创建“五型”班组考核细则》，开展“五型”班组和油田先锋号创建活动，有36个班组被命名为“五型”班组，占生产一线班组的80%，实现油田公司“五型”班组达标要求。三是以落实“安康杯”各项竞赛指标为手段，以保障职工安全健康为目的，在职工中开展身边查隐患、岗位反违章、热心提建议、全员促整改为主题内容的竞赛活动。四是广泛深入开展女职工建功立业活动。开展女职工建功立业活动，充分发挥女职工在公司持续、稳定、协调发展中的作用，涌现出19户安全和谐家庭，19名好媳妇、好儿媳、好母亲，7个女职工文明示范岗，6名女职工建功立业先进个人，6名优秀女职工之友，5名优秀女职工工作者。（孙爱卿）

【员工培训】 2010年，油田公司供电公司进一步完善职工培训制度，充实公司的教育培训园地，增强员工培训的实效性。一是举办班组长提高型培训班2期，60名班组长参加培训。全年培训员工906人次。二是制定《新疆油田公司供电公司学科技术带头人考核标准》，做好油田公司、厂处级学科带头人的选聘任工作，有1人被聘为油田公司级学科带头人，3人被聘为厂处级学科带头人。三是组织开展第十六届职工技术比武，有效的调动员工学技术的积极性。

（孙爱卿）

【民主管理】 2010年2月9日，油田公司供电公司召开四届四次职工代表大会暨2010年工作会议。与会的87名职工代表和24名列席代表听取审议经理李振华作的《服务油城建设，保障油田发展，为持续推进现代化电网建设而努力奋斗》的工作报告，公司领导进行年度述职，并与各基层单位签订2010年度绩效合同、安全环保责任书、维护稳定工作责任书及党风廉政建设责任书。通过职工代表联席会、基层民主议事会和厂务公开等形式，落实职代会的各项职权，保障员工的参与权、知情权、评议权和监督权，使厂务公开工作进一步完善。全年召开职工代表大会1次、职代会联席会议1次；民主评议各级领导干部68人次，称职率100%；征集职工提案14条，立案12条，提案答复率100%；组织两级职工代表和部分职工对2008～2010年集体合同履行情况进行调查测评，下发民主测评表180份，回收169份，对履行新疆油田公司集体合同情况满意和基本满意率达93%；对2011～2013年新疆油田公司新一轮集体合同征集意见，整理汇总5条意见上报油田公司工会。

（孙爱卿）

【温暖工程建设】 2010年，油田公司供电公司把开展扶贫帮困送温暖活动作为党政联系职工群众、构建和谐企业的重点来抓，切实为职工办实事、做好事、解难事。一是重要节日慰问离退休职工、职工遗孀、困难家庭、残疾人员、节日值班人员、劳动模范、住院职工719人次17.3万元。其中慰问离退休职工302人次91 860元，慰问遗孀32人次15 860元、慰问临时困难户9人次5 000元、慰问残疾人员8人次2 080元、慰问住院职工108人次16 200元、慰问劳模10人次1.02万元、岗位慰问250多人次4.2万多元。二是执行领导联系困难户制度，为职工大病外出就医、家庭出现临时变故的提供帮助，为4名职工申请应急解困互助金1.1万元、7名职工办理互助金借款15.5万元、5名患重病的职工及亲属协调安排去北京、上海和成都等地治疗。三是为12名患病职工（包括职工家属及子女）办理医疗补助14.48万元。四是组织动员全体员工开展扶贫帮困献爱心活动，捐款7.3万元。五是为820名职工补发2010年之前所欠疗养补助288.26万元，同时按新政策安排156名（30年以上工龄）职工健康疗养，并发放疗养补助75.34万元。六是组织职工各类体检916人次，其中女职工专项体检370人次，有毒有害特殊体检26人次，专项体检4人次，40岁以上职工体检516人次。（孙爱卿）

【党建工作】 2010年，油田公司供电公司落实党风廉政责任，进一步抓好党的建设。一是组织副科级以上党员干部到克拉玛依党校廉政教育基地参观学习，使廉洁从业环境得到保障。二是持续推进基层党支部标准化、“四好”班子创建活动，开展亮牌示范主题、公开承诺工作、党员干部读书学习等系列活动。三是开展争先创优活动，共召开各类动员会、推进会18次，领导班子成员深入调研2次，召开座谈会26场次，开展领导点评320人次，群众评议165人次，深入现场督察46次，发督察通报3期，群众对公司党委公开承诺的满意度100%，基层党支部满意度均在90%以上。在克拉玛依企业基层党组织建设暨创先争优活动推进会上，公司党委有2篇经验材料在会上作交流。四是推荐2个基层党支部和4名优秀党员参与人民网·中国共产党新闻网开展的“五好”党组织风采大赛和我身边的优秀共产党员推选活动。五是在基层窗口服务单位开展党员挂牌上岗，佩带党徽亮身份，设立保电抢修先锋岗、综合服务示范岗等6大先锋示范岗，为党员设岗定责。六是是分批组织40名党员和6名入党积极分子参加市委党校举办的党员素质提高班和培训班。全年发展新党员9名，预备党员转正8名，新培养发展入党积极分子6名。七是修订完善《标准化党支部创建考核细则》，有10个党支部被命名为公司级标准化党支部，5个党支部被命名为市、油田公司级标准化党支部。八是组织召开党建工作表彰会，对3个标准化党支部进行命名，表彰3个先进基层党组织、2名优秀党务工作者和16名优秀共产党员。（孙爱卿）

【企业文化建设】 2010年，油田公司供电公司不断推进企业文化建设，开展丰富多彩的文体活动。一是举办职工羽毛球、篮球、乒乓球、象棋、趣味比赛等。公司各文体协会积极参加克拉玛依市、油田公司组织的各项赛事活动，在庆祝克拉玛依油田勘探开发55周年文艺汇演中，自编自导的大型舞蹈《开拓者》获一等奖，在克拉玛依第二届“红有杯”信息界篮球邀请赛中获业余组第三名，在克拉玛依移动全球通VIP俱乐部2010集团客户羽毛球选拔赛中获团体第四名，在克拉玛依第二十一届中老年篮球比赛中获第六名，在克拉玛依市第七届运动会钓鱼比赛中，公司员工张有才、姜鲁平分别获个人第二名和第五名。公司团委组织青年志愿者前往克拉玛依聋哑学校开展扶残助残活动，义务整改低压线路，维修照明设备等。举办第三届“民族团结杯”职工足球友谊赛。45名团员青年为我国西南等旱灾地区捐款1 000元。（孙爱卿）

【获得荣誉】 2010年，油田公司供电公司被评为全国“安康杯”竞赛优胜企业、新疆油田公司生产先进单位、油田公司劳动竞赛先进单位、油田公司女职工工作优秀单位。公司获油田公司信息门户建设与应用二等奖。（孙爱卿）

供热管理

【油田公司供热公司领导名单】

经理、党委副书记：吴兴明

党委书记、副经理、纪委书记、工会主席：罗卫钢（12月任党委书记、副经理）

副经理：朱兰方（12月离任）、斯迪克·吐尔孙

副经理、总工程师：何军

副经理、安全总监：王喜良

总会计师：余绪芬（11月任职）

【基本情况】 截至2010年末，新疆油田公司供热公司有在册员工2 025人，其中女员工1 106人，少数民族员工570人。公司设有机关科室17个，机关直属、附属单位7个，基层单位35个。其中市区直属16个供热车间；外探区2个分公司，下设5个热电联供站和10个供热生产车间。公司有在用热水锅炉119台，锅炉总容量1 293兆瓦。主要承担克拉玛依市区、白碱滩区、乌尔禾区的居民及公共设施的供暖任务，供暖总面积1 200万平方米。（赵婉）

【主要经营指标完成情况】 2010年，油田公司供热公司实现总收入3.75亿元，成本支出4.89亿元，扣除经费补贴后，实现收支平衡。出口温度合格率99.6%，用户室温合格率99.6%。完成固定资产投资项目11项，完成投资2 380万元，维修项目支出3 410万元，安全环保隐患治理改造项目4项，投资2 373万元。（赵婉）

【生产服务】 2010年，油田公司供热公司严格按照“三承诺，四规范”标准，深入开展供热承诺服务活动，发挥一站式服务（6250000）作用，简化手序，方便用户。发放供热宣传单4.5万多份，在电视、报纸、强市论坛开辟专栏，向社会公布报修电话及供热通知，开展用户座谈会，邀请用户对服务情况实时监督，实行透明服务、公开服务。全年共放满意度调查表22 317份，用户满意率98.8%。坚持用户至上原则，对不在修缮范围而其他责任单位又不能一时解决的问题，利用自身技术优势，采取先解决不热问题，确保用户房屋室温达标，再根据资产、责任协调分担。（赵婉）

【设备管理】 2010年，油田公司供热公司做好设备管理工作，确保供暖设备正常运行。4月，锅炉停炉后，公司成立检修领导小组，合理规划组织各项检修工作。全年完成锅炉检修121台，检修辅机387台，检修水泵537，检修上煤除渣设备177台，外网阀门19 730只，检修板式交换机181组，检定计量器具6 141块，各类设备检修完成率100%。（赵婉）

【热能基础建设】 2010年，油田公司供热公司针对部分供暖设备和管线老化情况，加快实施设备更新工作。全年新扩建锅炉房1座（西北锅炉房扩建），换热站改造2座（永安4号站、昆仑2号站），安装锅炉2台（西北锅炉房安装1台，更换1台）。公司有管网753 175.2米，全年完成管网检修34 826米。（赵婉）

【煤炭采运】 2010年，油田公司供热公司根据煤矿的产能建设和煤炭供需形势，进行风险评估，提前与供煤相关单位签订48万吨的煤炭供需合同，采用在煤矿圈地储煤和承包销售优质煤矿井的方式，提前控制优质煤源，科学制定调运时间和存煤时间，防止存煤损失，规避风险。煤炭质量监测制度化，坚持每周一次，随车抽样，全年共抽检煤样120次，确保煤炭质量标准化。（赵婉）

【安全管理】 2010年，油田公司供热公司下发《供热公司2010年安全环保健康工作要点》的通知，与23个车间（队）、2个分公司安全第一责任人签订安全生产责任状，逐步落实安全生产目标、责任和考核制度。一是维护集团公司HSE信息系统数据。组织新增基层系统用户学习班2期，累计培训70人次。二是完善公司总体应急预案，开展应急演练、岗位练兵、技能竞赛等活动，开展“四无班组”创建和“五会”达标活动。三是加快技术改造。锅炉大修、设备改造、小区改

造、道路改造和各种委外施工作业等严格执行"五交底"工作。四是落实集团公司属地管理责任，4月，公司下发《关于落实（HSE）直线责任、加强属地管理的若干规定（暂行）》通知，开展安全检查，全年查处"三违"行为197起，其中查处油田公司"三违"45起，查处公司各单位"三违"12起，施工单位"三违"33起。公司查处本单位及施工单位"三违"152起，"三违"处理率、曝光率100%。 （赵　婉）

【教育培训】 2010年，油田公司供热公司培训管理和专业技术人员545人次，3 612天。操作和服务人员培训2 451人次，20 542天。总计培训2 996人次，24 154天。按在岗员工1 928人计算，全年岗位人均培训12.5天。708名员工参加自治区专家民族团结教育讲座和民族宗教观讲座；举行安全现场急救培训2次；举办办公自动化班与计算机日常维护与安全管理培训班各1期，培训63人；5名计量检测人员参加取换证培训；举办供热基层车间管理干部培训班培训1期，35人参加培训；通讯员培训班培训1期，46人参加培训；司炉工换证班9期，培训司炉工503人；培训化验工121人次，电工35人，电气焊工50人，行吊工24人。 （赵　婉）

【职代会暨工作会议】 2010年1月26日，油田公司供热公司召开三届二次职工、会员代表大会暨2010年工作会议，来自公司机关和基层的171名职工代表、68名列席代表参加会议。会议听取并审议经理吴兴明作的题为《优质服务，安全供热，促进公司持续稳定科学发展》的工作报告，审议财务工作报告、工会工作报告和提案答复报告，总结表彰安全环保与健康工作。公司领导与各生产单位签订新一轮安全生产责任状，下达生产经营目标责任书。 （赵　婉）

燃气供应

【油田公司燃气公司领导名单】

党委书记、纪委书记、工会主席：范大平（4月任纪委书记、工会主席）

党委副书记、经理：刘惟焕

党委副书记、纪委书记、工会主席：杨志奇（4月离任）

副经理：孙晋龙（7月离任）、吴朝明（10月离任安全总监）

副经理、安全总监：王东华（7月任副经理，10月任安全总监）

【基本情况】 截至2010年底，新疆油田公司燃气公司机关设党政办公室、党群工作部、生产运行科、组织人事科、安全环保质量科、经营管理科和财务资产科7个科室，下设天然气输配中心、天然气抢险维修中心、液化气储备站、钢瓶检验站、液化气供应站、送气服务中心、物资供应站、技术信息中心和治安保卫中心9个基层单位。公司有在册职工388人，其中内退职工54人，员工中大专以上学历170人，中级以上专业技术职务37人，中级工、高级工195人。公司总资产1.33亿元，其中固定资产总额6 725万元。日储备能力800吨，有克拉玛依市区、外滩区等9个液化气供应站，液化气用户10万户。管辖天然气管线环线、支线近100千米，有克拉玛依中心城、黑油山、拓湖、白碱滩沁园4座天然气配气站，天然气用户10 619户。 （吴桂林）

【主要指标完成情况】 2010年，油田公司燃气公司完成液化气管输1.8万吨，供应量128万瓶，检验钢瓶8.1万只，新增天然气用户4370户，通迅花园、西月潭、南湖、风云小区等6个新区陆续开通天然气，全年输配天然气3 856万立方米。全年加上补贴以及矿区服务事业部认可的各项调整因素，实现略有盈余。五项费用全部控制在预算范围内，职工收入稳步增加，较好的完成上级部门下达的预算目标考核任务。未发生人员伤亡事故，气瓶充装重量合格率100%，投诉问题解决率100%，合同化员工和市场化劳务用工人数未超指标。 （吴桂林）

【生产运行】 2010年，油田公司燃气公司在克拉玛依石化液化气长输设备检修期间，协调金塔公司和顺通公司槽车拉运，共拉运液化气3 844吨，保障气源稳定。平均每月灌装量同比上年同期增加4 660瓶，实现钢瓶检验量增加4.6万只。投入450万元，新购置天然气检漏车2辆、天然气巡检车4辆。累计巡查管线和阀井4 000次，检查调压箱10 476次，调压柜1 500次，巡检路线5.5万千米。完成管线切换连头、抢险抢修28次，成功率100%。 （吴桂林）

【天然气入户工程】 2010年，油田公司燃气公司落实天然气入户工程建设资金1.25亿元，完成招标18项，签订合同81份，完成物资采购金额1 500万元。制定《天然气开户管理规定》及实施方案，完成克拉玛依市区碧水云天、雅典娜、南湖一期、西月潭等6个小区的整改，完成4 192户，协助城市燃气项目经理部推进南林小区、胜利小区、古田小区等17个区的入户工程建设和部分老区的安全改造。 （吴桂林）

【安全环保】 2010年，油田公司燃气公司认真开展"二一"警示日、安全生产10周年和安全生产月系列活动。层层签订消防安全责任状和生产安全责任状，加强生产作业现场和施工现场的检查和监督力度，落实《燃气公司承包商健康安全与环境（HSE）管理规定（暂行）》。制定《2010年HSE管理体系运行计划》，开展HSE九项原则研讨会，对体系文件进行全面修订，开展内部审核、管理评审，通过北京中油健康安全环境认证中心的外部审核。年检、校验各类压力容器、仪表、安全附件736台（个），全年投入安全隐患整改资金598万元，实施储备站卧罐区工艺管线、检验站锅炉房、黑油山和拓湖配气站视频监控系统等17项安全隐患项目整改治理。 （吴桂林）

【优质服务】 2010年，油田公司燃气公司推行热情周到，精心对待客户；安全高效，用心创造服务；追求卓越，齐心打造企业；共铸和谐，同心奉献油城的理念，重点抓好话务班和营销厅服务管理办法和流程的完善改进。依托质量管理体系，制定《燃气供应服务管理规定（试行）》等4项制度。全年开展天然气用户安全常识与服务培训80期，培训居民近7 000户，上门为用户提供各类维修服务3 800多户次，其中燃气青年志愿者服务孤寡和贫困老人141户次。确定燃气服务投诉监督电话，建立燃气24小时客服机制，营销厅周末安排人员办理业务，安装POS刷卡机，方便用户，提高工作效率。 （吴桂林）

【企业管理】 2010年，油田公司燃气公司完成“十二五”规划的编制，全面落实各项建设资金约1.42亿元。完善《燃气公司合同管理办法》，全年签订合同304份，涉及金额2.4亿元，合同上线率100%。严格按照矿区服务事业部招投标管理办法进行招标，完成招标工作22项。组织各类法律专题学习35次，参加人员960人次，员工法律意识不断增强，获油田公司“五五”普法先进集体称号。做好资金预算管理，执行率99%。加强资金安全管理，全年预收液化气、天然气款，没有出现资金安全问题。做好资产清查和处理工作，结束以往年年清查无动态状况。完成集团公司“小金库”专项治理。公司获油田公司财务管理工作评比三等奖。 （吴桂林）

【基础管理】 2010年，油田公司燃气公司不断提高执行力建设，下发《燃气公司管理人员问责管理办法（试行）》，实行督查工作动态管理。实现石化工业园区天然气系统的托管，以高起点完成资料和现场工作的交接，为安全投产和平稳运行奠定基础。全力维护网络安全，保障公司燃气呼叫系统、机关楼等所有网络的正常运行。完善燃气信息管理系统的建设，整合派单系统，将饮服气、燃气维修纳入到派单系统，提高工作效率。煤能耗量比上年减少182吨，电能耗量减少4.6万千瓦时，水耗量减少0.15万立方米。 （吴桂林）

【员工培训】 2010年，油田公司燃气公司投入培训费用63.4万元，培训员工522人次，其中外派培训265人次、内部组织培训257人次。所有培训人员中，管理人员培训145人次，专业技术人员培训30人次，操作服务人员培训347人次，少数民族员工培训78人次。选拔天然气业务人员40人，分两期前往西南石油大学，参加城市天然气技术培训班。加强操作工取换证培训，培训217人，所有员工完成取证和换证任务。完成特种作业培训112人次，对新入厂、转岗员工进行入厂三级安全教育24人次。

（吴桂林）

【党群工作】 2010年，油田公司燃气公司推进党支部建设目标管理和标准化党支部创建。一是加强党建工作载体推进，深化轻轻松松做不了共产党员主题实践活动。二是开展创先争优活动，9个党支部的130多名党员全部公开亮诺。三是全面推进学习型企业建设，开展第九个公民道德建设月和学习身边集团公司劳模活动。四是有效发挥效能监察，全年未发生违纪违法案件。公司青工委获各类荣誉12项。五是信息宣传报道取得新的突破。全面运行文明单位创建系统，保持自治区文明单位称号。六是强化基础设施建设。公司投入313万元，完成燃气综合楼和天然气抢险基地的投用，组织37名员工参加职业健康体检，在高温天气阶段及时为员工配备必要防暑物品。七是开展民族团结年和第29个民族团结进步教育月活动，做好信访工作，完成公司退岗职工家属养老统筹工作。八是维护公司稳定，严格落实人防、物防、技防、信息防“四防”措施，继续深化和落实“一岗两责”，开展矛盾纠纷排查和风险评估，加强对重点群体和人员的稳控。全年累计开展各类安保检查247次。公司保持克拉玛依市级平安单位称号。 （吴桂林）

物业管理

克拉玛依物业管理

【克拉玛依物业管理公司领导名单】

党委书记：张福忠

经理：李卫国

党委副书记、纪委书记、工会主席：邱云桂

副经理：阿不拉·塔西、安河森（7月任职）

【基本情况】 截至2010年底，克拉玛依物业管理公司用工总数3 472人，其中职工968人，市场化用工92人，劳务派遣职工子女144人，再就业人员1 965人，其他人员303人。少数民族员工1 310人，女性员工1 986人。公司机关有党政办公室、劳动人事科、经营计划科、财务资产科、物业管理科、工程维修科、预算科、纪委、质量安全环保科、团委、武装保卫科等职能科室12个。基层单位及车间队13个，其中物业管理分公司5个、配套服务单位8个。公司主要管理克拉玛依区54个住宅小区，共计1 432栋、41 677套住宅，下水井11 383口，绿地面积216万平方米，保洁面积290万平方米，垃圾房129个、公厕24座，车棚59个，庭院灯、草坪灯3 825盏。公司主要负责小区绿化、保洁、治安协管、房屋及公共设施维修、下水维修以及金龙镇地区全方位的生活及生产物业等工作。拥有固定资产原值10 492.22万元，净值7 006.81万元。 （黄文飞）

【绿化管理】 2010年，克拉玛依物业管理公司严格履行《绿化养护合同》，细化量化考核指标，做到每月有安排、每周有计划、每天有落实。加强日常检查考核，完善物管站每日检查考核制度、物管科每周检查通报制度和每月绿化工作例会制度，及时通报、协调和督促整改存在的问题，提升绿化养护质量。全年养护绿地216万平方米，浇水684万立方米，树木涂白18万株，种植花卉39万株，补种草坪6万多平方米，施肥93吨。保持小区优美的环境。公司获克拉玛依市、区两级绿化工作先进单位称号。

（黄文飞）

【保洁管理】 2010年，克拉玛依物业管理公司建立保洁工作三级检查考核体系，由公司物管科抽查分公司、分公司检查物管站、物管站检查保洁人员工作质量。建立每周通报制度，在每周的生产例会、生产《简报》上通报保洁工作抽查情况。公司与区环卫局签订协议，采用垃圾清运总承包的方式，保证小区垃圾日产日清。坚持特殊天气领导干部联点单位制度，遇到大雪等特殊天气时，要求各级领导干部及时赶到现场，组织人员做好清扫工作。在克拉玛依市创建全国文明城市期间，在第22个爱国卫生月活动中，开展形式多样的卫生清理活动。全年清运垃圾21 810吨，协调处理乱堆乱放、乱搭乱建3 522处，清理小广告18 806处。 （黄文飞）

【治安协管】 2010年，克拉玛依物业管理公司的小区治安协管工作在直接管理向监督管理过渡后，进一步明确双方管理界面，建立定期联系机制，规范管理工作。加大日常检查考核力度，每周坚持开展夜查，严肃处理各种违章行为。加强与公安局、居委会、街道办事处的联防联动，形成齐抓共管的良好氛围，降低了小区可防性案件发案率。全年巡逻巡检62 207次、处理车辆乱停乱放4 322次、处理小商户乱摆摊点23 801次、处理夜间扰民109次、发生治安案件报“110”处理56次、帮助居民关电子门121 147次、登记出入车辆104 339次、开关小门104 821次、为居民服务1 818次、好人好事283次,收到居民锦旗18面、感谢信45封。

（黄文飞）

【维修服务】 2010年,克拉玛依物业管理公司严格执行维修人员服务标准,坚持跟踪回访制度,及时发现整改问题,提高维修服务质量。加大小区公用设施维修力度,确保设施设备使用性能完好。全年维修住宅公共部位及配套设施10 901次,管网解堵4 135次,维修室内照明及单元电路755次,维修室外低压电网2 608次,室内外给水维修1 266次,暖气维修1 192次,巡检外井18 158口,清理打捞排水井8 172口,小区未发生污水外溢现象。（黄文飞）

【挖潜增效】 2010年初,克拉玛依物业管理公司召开节约挖潜、降本增效总结表彰及动员大会,全面总结2009年工作,安排部署2010年节约挖潜、降本增效工作,制定2010年节约挖潜、降本增效主题劳动竞赛实施方案,分解指标,落实责任单位和科室。全年立项36个,完成率100%,合计节约费用630多万元,超额完成年初确定的任务目标。公司申报的13个节约挖潜项目,有1项获得二等奖、1项获得三等奖,其他11项获得优秀奖。公司被新疆油田公司评为节约挖潜劳动竞赛先进单位。（黄文飞）

【标准化物管站建设】 2010年,克拉玛依物业管理公司以东风物业管理二站为试点,制定《东风二站标准化配置方案》,统一设计制作标识牌,配置设备设施,试点工作取得成效。一是在胜利物管站、北斗新月物管站、友好物管站等7个物管站开展第二批试点推广工作,在小区树立标准化物管站的良好形象。二是开展“四会”站长活动,要求物管站的站长会干、会讲、会写、会沟通协调。三是开展“三细”活动,要求物业管理人员平时要细心、做事重细节、助人很细致。四是推广集团公司矿区服务业务管理信息系统,健全完善检查考核台账,规范监督考核工作。五是坚持物管站的每周例会制度、物管站与居委会的每周会议制度,加强与小区居民的沟通交流,充分发挥物管站的“大管家”作用,帮助解决实际困难和问题,得到小区居民的一致好评。六是在公民道德建设月活动中,开展小区优质服务宣传日活动,发放《石油物业宣传册》1.5万多份,普及物业服务知识。

（黄文飞）

【标准化小区建设】 2010年,克拉玛依物业管理公司坚持对小区公用设施设备进行整体规划,克服天然气入户、“三网合一”在小区大面积开挖的不利条件,科学安排组织住宅大修7栋、外墙保温4个整装小区137栋、屋面治理17栋、南泉南苑离退休职工活动管理中心建设、南泉地下水治理、金龙镇热水管线改造等重点工程项目,尽最大努力减少扰民现象,进一步改善小区面貌,显著提升小区品质,给居民营造更加舒适的生活环境。统一制作安装小区宣传栏、小区停车登记标识等,树立整齐规范的标准化小区形象。胜利分公司红山小区等4个小区申报自治区级优秀小区,昆仑分公司南林小区被评为集团公司和谐示范小区。

（黄文飞）

【标准化服务】 2010年,克拉玛依物业管理公司制定完善清洁保洁、治安协管、绿化、维修、公共管理共五个部分72项标准,形成整套物业管理与服务的标准体系。一是完善三级服务体系,机关科室积极为基层单位服务,及时提供政策解释、业务指导和培训;基层分公司积极为小区物管站服务,经常到物管站检查指导工作;小区物管站积极为小区居民服务,及时妥善解决居民反映的问题。二是完善三级沟通协调机制,公司与区政府每半年召开一次例会、物业管理分公司与街道办事处每月召开一次例会、物管站与居委会每周召开一次例会,加强沟通,增进互信,赢得支持,增强为小区居民提供优质服务的合力。三是规范三级监督考核体系,小区物管站作为一级考核部门,负责每天对小区绿化、保洁、治安协管、维修等工作质量进行检查考核;物业管理分公司作为一级考核部门,负责每天对小区物管站的工作情况、专业化公司的整体服务情况进行检查考核;物管科每周对物业管理分公司的工作情况进行抽查、考核和通报,提升了物业服务质量。（黄文飞）

【评先选优】 2010年,克拉玛依物业管理公司进一步完善“一星”(优质服务明星)、“一旗”(流动红旗物管站)评比办法,明确“一星”、“一旗”评比范围和流程。规范评比程序,每周由物管站站长考核物管员,物业管理分公司考核物管站,每月由物业管理分公司将本月考核按得分高低排名上报物业管理科,最后由物业管理科组织考核组,在各物业管理分公司之间实行综合评定,前8名评为当月的优质服务明星和流动红旗物管站。全年评出每月“一星”86人次,每月“一旗”90个次,维修公司的陶全友、昆仑分公司的周丽被推荐为集团公司优秀服务明星。昆仑分公司的王宇迪、金龙镇分公司的克里木. 玉山被评为矿区服务事业部优秀服务明星。全年有37个班组申报创建“五型班组”,有30个班组通过检查验收,使公司达标“五型班组”数量增加到65个,占公司一线班组的85%,完成公司“五型班组”的创建目标。加强先进典型宣传力度,在公司生产例会、网站、机关的电视和电子屏幕等载体上通报表扬。

（黄文飞）

【平安与环境保障建设】 2010年,克拉玛依物业管理公司围绕保障小区平安,让油田广大职工能安安心心上班;保障小区环境,让油田广大职工能舒舒心心生活的任务目标,夯实基础,完善制度,规范管理,大幅提升服务质量。在对小区1 581户居民进行满意度问卷调查,小区治安协管满意率99.13%,环境卫生满意率99.36%,维修服务满意率99.03%,绿化环境满意率98.92%,服务态度满意率99.47%,服务效率满意率99.65%,综合满意率99.26%。在矿区服务事业部“星级服务”物业小区评比中,有17个小区被评为“三星级”物业小区、18个小区被评为“二星级”物业小区、8个小区被评为“一星级”物业小区。

（黄文飞）

【基础管理】 2010年,克拉玛依物业管理公司编制《克拉玛依物业管理公司2009年规章制度汇编》,完善《克拉玛依物业管理公司绿化工作管理办法》等15项制度,健全完善各项规章制度。一是修订质量计量标准化管理、流程管理和规章制度管理体系;加大工程项目前期准备工作,保障投资计划下达后能早开工;强化合格供方评审,加强招投标管理,合同签订、履约率达100%;加强工程施工过程监管,保证安全施工、工程质量和文明施工;健全工程回访网络,落实回访责任,保证回访期间的工程应修尽修。二是规范财务管理,完善《财务工作考核细则》,推行全面预算管理和全成本核算,严格控制费用支出,连续第3年获奖,被评为油田公司财务管理工作二等奖。三是加快信息化建设,完成公司信息门户改版,升级计算机网络,把公司、基层单位、物管站和班组的270多个信息点连入公司局域网和油田网,搭建安全快速稳定的网络环境,被评为油田公司非上市企业信息门户建设一等奖。四是加大对外宣传力度,向集团公司矿区服务工作部投稿采用6篇,向报纸、电视台、广播电台投稿采用72篇,向油田公司门户网站投稿采用76篇,向矿区服务事业部主页投稿采用156篇,在公司门户网站发布信息1 402篇,向油田公司油田信息投稿采用15篇。 (黄文飞)

【安全管理】 2010年,克拉玛依物业管理公司进一步加强质量体系和HSE体系建设,取得好的成果。一是落实安全责任。3月,通过北京中油健康安全环境认证中心HSE体系认证;6月,完成ISO9001质量体系文件换版工作。制定《克拉玛依物业管理公司安全生产系列活动方案》,开展安全生产10周年活动,强化职业健康工作,加强环保源头控制。坚持直线责任、属地管理原则,与基层单位签订HSE目标责任书,签订率100%,全面实行《个人安全行动计划书》,制定率100%,保障质量体系和HSE体系的有效运行。二是加强日常安全管理,严格"五会"达标工作,坚持日常安全检查通报和每周安全经验分享,突出交通安全、施工现场、承包商HSE管理,严查重罚违章行为。全年开展各类安全检查1 121次,发现安全隐患148项,查处员工"三违"行为34起,查处承包商"三违"行为158起,开展应急预案演练178次、1 345人次,确保全年安全生产指标的圆满完成。三是强化小区消防安全管理,制定小区灭火预案、小区消防达标工作计划,在小区主干道划分消防通道,配置消防设施及器材,在楼道安装消防公约和防火警示牌,发放安全用电用气双语宣传单9.6万多份。公司连续第3年被评为油田公司安全生产先进单位,金龙镇分公司保温车间被评为油田公司有突出示范作用的安全环保基层站队。 (黄文飞)

【员工培训】 2010年,克拉玛依物业管理公司培训员工2 014人次,其中自办培训班30期,培训1 549人次,派外培训465人次,特殊作业人员持证上岗率100%。充分利用公司兼职教师资源,举办10期内部培训班。举办公司第七届职工技能大赛。加大少数民族员工培训力度,有57人参加少数民族汉语知识培训。进一步提升了员工队伍素质。 (黄文飞)

【企业文明建设】 2010年,克拉玛依物业管理公司大力实施企业文明建设措施,进一步提升公司形象。一是深入开展创先争优活动和争创学习型党组织争当学习型共产党员活动以及热爱伟大祖国、建设美好家园主题教育活动和标准化党支部创建等活动。昆仑分公司党支部、天山分公司党支部通过市油田公司级标准化党支部复检,维修公司党支部被命名为市油田公司级标准化党支部。金龙镇分公司党支部被评为市油田公司级优秀基层党组织。二是开展扶贫帮困献爱心活动,全年慰问一线员工1 350人,慰问困难职工家庭17户,看望生病住院职工11人,办理职工大病救助和发放互助保险9人,发放慰问品及慰问金共计11.84万元。公司通过自治区文明单位复检。三是突出公司特点,开展少数民族职工岗位练兵和技术比武活动、民汉职工互帮互学结对子活动、窗口服务人员"双语会话"知识竞赛等一系列活动。四是抓好维稳工作。公司党委与12家基层单位签订物业管理公司社会治安综合治理及维护稳定目标责任书,签订率100%。全年办理来信来访16次,办结率100%。 (黄文飞)

白碱滩物业管理

【白碱滩物业管理公司领导名单】

党委书记、经理:崔新正

党委副书记、纪委书记、工会主席:刘增峰

副经理:张传贵、那曼·热合曼、刘华章、郭恩林

【基本情况】 截至2010年底,新疆油田公司白碱滩物业管理公司用工总数2 192人。其中职工1 118人(含内退职工102人),劳务派遣人员1 042人,市场化用工32人。女职工712人,少数民族职工414人。内设9个职能管理科室,8个基层单位。负责白碱滩、百口泉和三平镇地区居民住宅小区的物业管理工作。承担着城区绿化、环卫保洁、垃圾清运、物业管理、小区协管,以及辖区内居民住宅的维修、供配电、供排水管网的管护和相关费用收缴等综合性服务工作。管理绿地面积165万平方米;卫生保洁面积275万平方米;居民住宅小区27个,居民住宅楼621栋,共计21 662户;管理和维护供排水管线194千米,污水检查井4 175口;承担着57座变压器和77.6千米低压电力线路管护工作。同时,还管理着1个游泳馆以及11座自行车棚等。 (张春梅)

【综合服务】 2010年,油田公司白碱滩物业管理公司完成126栋,737户居民的五亭平房拆迁、2 488户三平镇居民一、二期整体回迁、1.4万户居民是否使用直排式热水器的入户调查、1.5万多本自行编制的《居民住户服务手册》的逐户发放、1.4万多户职工住房档案相关数据的采集、核对和录入工作;完成房产交易、产权变更498户;房屋租赁1 093套,续签、新签合同305份;对辖区616栋楼房单元门、窗、玻璃损坏情况进行统计、上报;对符合2010年大修条件的新城花园2栋住宅楼47户逐户摸底调查,完成1栋32户的大修钥匙交接、协调搬迁和竣工验收工作,给18个小区、504栋、1 468个单元楼安装《居民防火公约》。全年完成室内、外排水解堵1 868次;排水系统维修488次;供水维修398次;更换电表41块;电力线路维修783次312米;为居民上门维修服务2 917次;维修更换井盖86个;更换各种照明灯1 775个;巡检外井21 980口、打捞排水井7 078次;居民供水系统更换47米、排水系统更换72米;电力线路更换电缆614米;保养闸门419个、更换闸门540个;管线解冻29次、补漏32次。完成新建项目1项,住宅楼节能改造28栋,住宅楼大修、加固工程48栋,沁园小区供水管网改造2 400米,水牛游泳馆屋面维修等工程。 (张春梅)

【安全与环保】 2010年,油田公司白碱滩物业管理公司严格执行集团公司"六条禁令"及油田公司"三严五会",开展油田公司安全生产10周年活动,全面落实生产安全、交通安全、消防安全及施工

现场检查等各项安全活动,实现零事故、零污染、零伤亡的目标。编制、修订《安全生产管理规定》等14项安全管理制度,确保各项制度有效落实;各级管理人员制定我的业务、我担责行动计划,9人获得矿区服务事业部组织的风雨安全10年,打造平安矿区活动奖项;举办有171人参加的HSE体系标准知识讲座,56人参加的质量管理体系知识培训和42人参加的质量管理体系内审员取证培训班。公司与驾驶员签订驾驶员安全驾驶责任书。公司43辆生产用车安装GPS车辆监控,举办驾驶员安全知识培训班2期。公司各单位及消防重点要害岗位建立消防档案,举办5场共计260多人参加的消防安全知识培训。开展有369人参加的溺水、消防等应急演练活动;举办2期60多人参加的承包商安全管理培训班。对从事有毒有害职业岗位的54名员工进行职业健康体检。 (张春梅)

【小区绿化】 2010年,油田公司白碱滩物业管理公司制定18个小区绿化、环卫及4个外包小区的工作检查标准和考核细则,处置小区开挖按程序管理26项。全年栽植树木8 850株,地锦5.8万株,种花64.3万株,宿根花卉扩繁移植近31万株,节约成本120多万元;施有机肥2 201立方米、复合肥101吨,喷洒农药4 658千克,翻地16万平方米,树木涂白15.7万株,树木修剪13万株;更换绿化供水管网646处计8 552米,更换微喷13万套,更换闸门及配件6 158个,布设PE管线6.5万多米。 (张春梅)

【小区保洁】 2010年,油田公司白碱滩物业管理公司加大卫生清扫和保洁服务工作的监督检查力度,按照日产日清的原则,及时组织垃圾清运工作,全年清运生活垃圾6 536车次计2.3万吨,清运绿地垃圾5 128吨;对居民小区570栋楼房1 890个单元楼道卫生实行每周两次集中清扫、分散保洁、不定期进行抽查的工作模式,加强对楼道清扫保洁工作的管理。 (张春梅)

【治安协管】 2010年,油田公司白碱滩物业管理公司不断开展矛盾纠纷排查及化解工作,全面负责对所管居民小区24小时管理,强化门卫责任落实,促进辖区平安稳定。全年巡逻检查17.3万次;小区城管监督7 570次;帮助居民关电子防盗门2.1万次;关配电箱和电表箱门37次;为居民提供服务1 370次;清理小区乱停乱放车辆343次;制止小区小商贩乱摆摊点220次;发现绿化及生活用水跑、冒、滴、漏70次;制止小区扰民情况245次;小区内发生治安案件向“110”报警62次;发现火灾后向“119”报警3次;向120报急救3次;对小区内可疑人员盘问17次,清理非法宣传小广告120次(568张);友情提示48次;为居民提供各种帮助666次;制止偷盗11次;制止破坏公共设施28次;公建设施损坏报有关部门317次;捡拾物品归还失主33次;调解居民纠纷22次;制止打架斗殴9次;扑灭火源21次。 (张春梅)

【民主管理】 2010年,油田公司白碱滩物业管理公司工会落实职代会的各项职权,充分发挥职工参政、议政作用。在职工代会闭会期间,召开职代会联席会议3次,对各基层单位48名领导干部进行民主评议和民意测评。公司利用职代会、办公例会等各种会议,以及公司网站和公司简报等载体,坚持对公司重大决策、生产服务、物业管理重大问题、涉及职工切身利益方面的问题、党风廉政建设等方面的问题适时公开,提高了公司各项工作的透明度。 (张春梅)

【劳动竞赛】 2010年,油田公司白碱滩物业管理公司深入挖掘增收节支的潜力,实施宿根花卉扩繁、空间绿化、小区绿化改造、节能降耗和修旧利废等项目,增收节支取得成效。申报油田公司级挖潜增效管理项目10项,公司级管理项目18项,实现挖潜节约964万元,超额完成公司年初确立的350万元的活动目标。公司紧紧围绕内强素质、外塑形象,开展一系列富有成效的活动,有效地促进职工队伍建设。公司59个班组中有52个达到“五型班组”创建标准;18个小区有17个达到三星级物业小区标准,2个小区获集团公司级和谐示范小区;有10人当选公司十佳服务明星,1人当选矿区服务事业部十佳服务明星,1人当选集团公司服务明星;5人当选公司基层队优秀管理者;6人当选公司女职工建功立业先进个人;精选66篇《民族团结大家谈》心得体会编印成书。 (张春梅)

【职工培训】 2010年,油田公司白碱滩物业管理公司组织1 180人参加各类培训。自办培训班6个,培训400多人。开办以提升企业职业女性的内涵和素养为目的的阳光女性培训班,培训120人;开展以提高自救互救技能为目的的职业健康与现场急救培训班,培训人员100人;少数民族汉语培训班57人;开展经管员技能鉴定考前培训班,培训30人;绿化工高级班1个,中初级班2个,培训员工214人。 (张春梅)

【内控体系建设】 2010年,油田公司白碱滩物业管理公司围绕规范管理模式、加强监督考核、提升管理水平的工作目标,全面加强内控体系建设。将85份接收上级部门及本公司下发的成文汇编成册;组织50人进行规章制度培训工作;筛选出适合公司运行的流程图283个及RCD文档120个。 (张春梅)

【QHSE管理体系建设】 2010年8月16日,油田公司白碱滩物业管理公司发布实施质量管理体系(QMS),收集国家、地方法律法规要求141项;公司规程217项;国家标准104项。公司内部审核组于10月20～22日对本公司所属各部门、单位及部分现场进行内部审核,发现58项不符合,均为一般性不符合。其中危害因素识别与评价14项,运行控制16项,设施完整性2项,能力培训与意识6项,应急管理4项,法律、法规及其他要求15项,不符合、纠正措施和预防措施1项。并于12月初完成对不符合项的追踪、验证关闭工作。 (张春梅)

【企业文明建设】 2010年,油田公司白碱滩物业管理公司进一步加强企业文明建设。一是开展创先争优活动,基层党组织的战斗堡垒作用和共产党员的先锋模范作用得到较好发挥。发展党员12人,预备党员转正16人。二是强化廉政教育。公司纪委组织48名中层以上管理人员到乌苏监狱接受廉政教育,强化党员干部的廉洁自律意识。三是开展文化体育活动,丰富职工文化生活。举办第四届民族团结杯排球赛;开展有240人参加的热爱伟大祖国,建设美好家园红色经典歌曲大合唱比赛活动;举办迎双节、民族一家亲水上趣味活动;组织庆三八、五一职工趣味运动会,促进企业文化建设。 (张春梅)

商贸·旅游·非公经济

商 贸

供 销

【市供销社领导名单】
主任:任和生
副主任:李明强、魏天生

【基本情况】 截至2010年底,克拉玛依市供销合作社联合社机关内设办公室、综合业务科、财会审计科。核定事业编制10人,实有人数11人,其中正处级干部1人、副处级干部2人、科级干部5人、科员3人,大学学历3人、大专4人、中专3人、高中1人。有企业员工500人。市供销社管理控参股企业7家:家佳乐商贸有限责任公司、银祥棉麻有限责任公司、联农烟花爆竹有限责任公司、祺帆再生物资有限责任公司、家佳乐物业有限公司、农兴农业生产资料有限责任公司(乌尔禾基层供销社)、供联商贸有限责任公司;下设1家社会团体组织:农业农村合作经济组织协会。代管1家民营企业:双盛茶叶畜产品有限责任公司。市供销社以服务"三农"为宗旨,指导、协调农村合作经济组织业务活动,行使社有资产出资人代表和管理职能,对社属企业进行行业管理、维权、协调和服务,负责重要农业生产资料棉花、化肥、农药及烟花爆竹等特殊商品物资的经营管理。(王仕萍)

【企业经营】 2010年,克拉玛依市供销社在参与农业产业化经营、稳定大宗农产品市场、加强社有资产监管方面做了大量工作,为繁荣地区经济、推动行业发展、稳定员工收入作出一定贡献。全年实现主营业务收入11 850万元,净利润357万元,资产总额23 804万元,所有者权益7 248万元,上缴税费总额253万元,社会贡献总额1 689万元。(王仕萍)

【企业改革】 2010年,克拉玛依供销社贯彻落实国务院《关于加快供销社改革发展的若干意见》,从制约系统发展的薄弱环节、为农服务的关键环节、经营服务的重点环节等不同方面入手,把自我发展与促农增收有机结合起来,努力成为经营性服务功能充分发挥、公益性服务作用不断体现,助农增收成效明显的现代合作经济组织,不断提高服务"三农"的质量和水平。一是找准目标。结合区域特点、地方特色和政府的重托,明确定位,明确职责,明确方向,制定工作重点,运用现代企业管理制度发展壮大社属企业;分阶段、有步骤地慎重推动新农村现代流通网络建设促进合作经济组织发展。二是推动目标,以项目带动社有企业做大做强,增强实力,发展自己;利用社有企业形成的经济基础服务"三农"有所作为,最终达到用实力带动服务,以服务促进实力的目的。(王仕萍)

【企业监管】 2010年,克拉玛依市供销社加强社有资产监管,提高资产运行质量。一是强化重要岗位人员管理,加强社有资产管理。通过社属企业法定代表人、董事、监事和财务总监的推荐、考察、选派、管理、考核,确保供销社集体资产的保值增值。严格实行重大事项报告制度,加强信息的传递沟通,规范决策程序,确保派出董事、监事忠实履行职责、有效行使权力。建立健全社有资产监管、业绩考核和效能监察机制,通过管人、管事相结合,把社有资产的运营、管理、监督和保值增值责任落实到位。二是强化财务审计,加强社有资产监督。严格执行《会计法》、《企业财务通则》和《供销合作社社有资产监督管理暂行规定》等财务规章制度,遵守财经纪律和各项会计制度。坚持审计向企业末端延伸,发挥审计监督职能,重点抓好资产审计、项目审计、效益审计,正确反映财务状况和经营成果,杜绝社有资产流失,保证企业健康有序发展。三是理顺管理关系,实现专业化经营。针对家佳乐商贸公司内部经营管理方面存在的问题,实施专业化重组,从家佳乐商贸公司分立出家佳乐物业公司、供联商贸公司。家佳乐商贸公司从事各市场资产经营管理,家佳乐物业公司负责各市场物业管理。供联商贸公司做为供销社的全资公司,从事家佳乐超市的管理业务,全力承担企业社会化责任。(王仕萍)

【新网工程建设】 2010年,克拉玛依市供销社在改善设施、优化布局、规范管理、打造品牌、提升服务上狠下工夫,大力提升网络的信息化、标准化、现代化水平,提高网络建设和运营标准,不断壮大自身实力和提高为农服务能力。5月,通过合作方式筹集资金1 500万元改扩建家佳乐超市主入口,建成增加营业面积3 000平方米;筹资900万元用于家佳乐超市室内装修改造和超市空调、消防设施更新和维护。(王仕萍)

【棉花购销】 2010年,克拉玛依市供销社进一步制定棉花购销政策。棉麻公司全年实现棉花销售2.3亿元。9月,开秤收购,籽棉收购价格上升之高之快创历史新高,平均价格10.67元/千克,与上年相比收购价格上涨50%。筹集收购资金1.3亿元,收购籽棉1.2万吨,籽棉平均公定衣分35%。加工生产皮棉4 350吨、短绒157吨、棉籽6 000吨。

2010年,克拉玛依市供销社棉麻企业积极应对市场风险变化。一是发挥龙头作用,稳定棉花市场,不参与恶意炒作、哄抬价格,重合同,守信誉,维护市场秩序,理性分析产需形势,谨慎入市收购。棉花收购过程中杜绝“打白条”、禁止高价承诺、延期付款现象，切实保护农民利益。二是严把收购加工质量关，下大气力做好异性纤维的挑拣工作，严禁掺杂使假、以次充好、等级掺混、有意亏重等恶劣行为发生。三是谨慎选择时机促进棉花销售，规避防范市场经营风险。市供销社深入产棉区，实地调研，了解掌握棉花种植面积、科学测产、采收时间、价格情况、订单签收、营销渠道、营销方式等，及时编报信息，制定切实可行的棉花外销对接方案，为棉花产销对接做好基础性工作。四是采取快收购、快加工、快销售方式，规避棉花经营风险。注重市场开拓、品牌建设、营销网络等长效机制建设，进一步整合资源，突出优势，扩大市场，不断提升企业竞争力。

（王仕萍）

【农资购销】 2010年，克拉玛依市农副产品市场价格涨幅之高之快在历史上少有。化肥市场放开，竞争主体多、利润低、风险大，市供销社农资企业通过控制购进实现零库存管理规避经营风险，全力以赴做好农药销售服务，维系企业生存。全年购进化肥2吨，农药22 251千克，其中杀虫剂7 949千克、杀菌剂3 992千克、除草剂10 310千克。实现农资销售收入150万元。（王仕萍）

【烟花爆竹批发】 2010年，克拉玛依市供销社农资公司严格管理，做好烟花爆竹喜庆危险品的经营。建立严格的商品质量检验制度，严把进货质量关，从源头杜绝假冒伪劣、违禁产品入市，保证商品质量的安全。建立严格的库房安全保管制度，设专用库房，落实仓库通风、干燥、防火、防晒、防潮、防漏、防霉、防蚀等安全措施，设专人看管，严格保管、领发安全管理制度。建立严格的商品销售制度，做好烟花爆竹零售网点选址、布置、安全防范工作，做到“四专一防”，即专点经营、专库存放、专柜销售、专人售货，确保销售安全。严格做好大型焰火燃放活动的安全防范，根据举办大型焰火晚会的时间、地点、环境、活动性质、规模以及燃放烟花爆竹的种类、规格和数量，确定危险等级，设计安全燃放工作人员，以专业、安全的燃放服务实现大宗烟花爆竹安全销售的双赢效果。累计购进烟花爆竹76万元，花样10类100多个品种，实现销售122万元。（王仕萍）

【集贸市场资产经营】 2010年，克拉玛依市供销社家佳乐商贸公司签订租赁合同845份，其中房屋租赁合同325份，房屋平均使用率92%；摊位设施租赁合同520份，三坪和红山市场摊位平均使用率50%、其他市场摊位平均使用率90%。合同签订履约率100%。全年投入110.6万元用于各市场房屋、水、电、暖管网等基础设施更新维护。实现收入926万元，其中市场资产租赁收入634万元，综合服务费292万元。（王仕萍）

【集贸市场物业服务】 2010年，克拉玛依市供销社物业公司认真做好集贸市场各项基础管理服务工作。一是加强市场安全防范。坚持市场消防安全宣传教育工作，利用广播、简报、展板、讲座、标语、宣传单（画）等多种载体，通过日讲、月讲、重大节日重点讲的长期宣传，提高全员安全防范意识和水平，全年开展消防宣传教育活动160多次、组织消防演练4次。建立完善市场消防设施、用电、用火等安全管理基础台账，做好日常巡查防范，做到情况清、变化清，保证消防设备完好使用，进出口、通道畅通无阻，严格大功率用电、明火使用的审批和管理。加大巡逻和特殊时期夜查力度，做好市场治安防范，及时调解市场经营户之间、经营户与消费者之间的矛盾纠纷，处理打架、斗殴7起，抓获偷窃14人，为经营户挽回损失13次，受到经营户表扬22次。准噶尔市场、红山市场、白碱滩市场被评为平安市场。二是加强市场卫生清洁。严格要求保洁组人员营业期间时刻巡回做好市场清洁，清洁组人员按时按点做好市场日产垃圾的清运工作，通过时刻清扫、日产日清的卫生管理保证市场环境干净整洁。坚持春秋两季除“四害”定时投药，投放灭鼠药15千克、蟑螂药80千克，投药覆盖率98%。三是加强市场规范化管理。完善消防安全、业户档案、计划生育、食品安全卫生、计量器具、蔬菜肉食检疫、农副产品价格数量申报、营业执照审验、除四害药品管理等基础资料，加强基础信息资料规范管理，做到情况清、变化清，通过规范管理全年顺利迎接消防、治安、物价、营业执照、计划生育、食品安全、环境卫生、卫生检疫、计量器具等部门100多次的行业检查，树立业界良好的物业管理形象。五是加强市场餐饮、食品卫生安全管理。严格食品经营主体市场准入，监督经营者落实食品采购进货验收、索证索票和食品安全规范台账，积极推进原料进货溯源制度，从源头跟踪管理保证食品安全，增强流通环节食品安全的事前监控能力，鼓励和引导食品餐饮业采用良好生产、卫生规范，提高食品安全管理水平。

（王仕萍）

【精神文明建设】 2010年，克拉玛依市供销社狠抓精神文明建设。一是以坚定理想信念为重点，加强思想建设。探索研究新情况、新问题，拓宽工作思路，创造性地开展工作，使社有企业不断发展壮大。二是以健全民主集中制为重点，加强制度建设。三是加强和谐供销社建设，增强团结和凝聚力。四是以丰富多彩群体活动为载体，加强企业文化建设。创建学习型企业，活跃员工精神生活，投入3 000元购置100多本图书丰富员工业余文化生活，节假日举行文体活动3次参加人数150多人次。五是坚持开展扶贫帮困送温暖活动。全年慰问离退休人员30人次9 000元，看望伤病员工6人次900元，慰问困难户4人次1 200元。六是开展关爱健康活动。全年投入9 740元为26名女员工进行妇科检查；投入1.5万元购置健身活动器材，倡导员工加强体育锻炼，建立健康的生活理念。（王仕萍）

烟草专卖

【克拉玛依烟草专卖分局（公司）领导名单】

党组书记、局长（经理）：李立新

纪检组长、副局长：杨文德

副经理：曾广宇

【基本情况】 2010年，新疆烟草专卖局克拉玛依烟草专卖分局、新疆克拉玛依市烟草公司为自治区烟草专卖局直属单位，同时挂靠克拉玛依烟草专卖分局和克拉玛依市烟草公司两块牌子。年末在职员工86人。分局（公司）内设8个科室和1个县级专卖局（营销部）：办公室、专卖监督管理科、卷烟营销中心、物流配送中心、财务管理科、经济信息中心、安全保卫（物业管理）科、市区专卖管理办公室（客户服务部），独山子区烟草专卖局（营销部）。克拉玛依辖区有卷烟经营户1 670户（包括歇业户），其中克拉玛

依市区1 159户(含外滩区)、独山子区511户。(石桂莲)

【制度建设】 2010年,克拉玛依烟草专卖分局(公司)加强制度建设,促进内管效能。一是从落实责任制入手,与执法部门签订责任书,将执法责任作为年度目标考核内容。进一步将责任书内容分解,与专卖执法人员签依法行政责任书,将依法行政工作制度化、规范化,保证规范执法、依法行政。二是按照查处分离的原则,进一步完善行政执法工作相关制度。相继制定《行政执法过错责任追究实施办法》、《行政执法人员监督检查制度》、《行政执法责任评议考核制度》、《案件移送制度》和《执法人员市场检查制度》等五项制度,提高监管工作的针对性和有效性。(石桂莲)

【经济效益】 2010年,克拉玛依烟草专卖分局(公司)总资产5 440.63万元,固定资产3 891.87万元,流动资产1 548.76万元,资产负债率68.01%。全年购进卷烟8.66亿支(1.73万箱),比上年下降6.3%;销售卷烟8.7亿支(1.74万箱),下降4.9%。实现销售收入31 001万元(含税),增长10.9%。三项费用1 299万元,增长11%;上缴税利(含增值税、企业所得税和四小税)2 191万元;实现利润总额698.9万元。(石桂莲)

【人员培训】 2010年,克拉玛依烟草专卖分局(公司)强调通过教育培训提高内管意识。全年举办内管人员和业务经营人员培训班5期,参训人员200人次,使内管工作人员和经营人员对行业内管制度和规定的相关细节更加清晰,认识更加统一。根据零售客户的需求,开展品牌培育培训,营销专题培训,新办证户首次订货上门指导服务、经营指导和法规培训等。全年开展上述培训23场,1 630人次,邀请工业企业开展品牌培育讲座1场,120人次;开展新办证户首次订货上门指导服务258人次,经营指导和法规集中培训3 426人次。全年未发现执法人员违法违纪现象和行政执法差错、行政复议以及由此引发的诉讼案件。(石桂莲)

【网络建设】 2010年,克拉玛依烟草专卖分局(公司)以精准营销作为开展感动服务和终端建设的载体,以工作优化作为促进感动服务和终端建设的手段。用2个月的时间组织调研、制定工作方案,通过实施"六维客户分类法"确定新的客户分类标准,完成对全市1期600多零售户的分类调整工作。一是重视卷烟零售行业协会建设。全年发展协会会员1 000户。协会以双月刊《油城金叶》宣传烟草行业的政策、发布网建动态、交流经营经验、通报查处案件,发放近万份。组织零售客户代表参观新疆卷烟厂,召开零售客户代表座谈会,测评克拉玛依烟草服务工作情况,征求他们对服务工作的意见、建议,通过协会凝聚零售客户,使网建工作建立在坚实的市场基础之上。二是因地制宜,推出一系列服务终端的措施。开设QQ客户互动平台,印制《客户经营指导书》,发放服务联系卡和诚信经营提醒卡等。三是贴近零售客户,解决实际问题。在零售客户生日、喜事时送上温馨祝福,慰问生病和受伤的客户,成立帮扶基金帮助弱势特困零售客户解决困难,提高服务零售客户的整体能力。四是以网上订货作为开辟感动服务和终端建设途径。积极开展推进电子商务的宣传和调查工作,在市场调查的基础上,组织内训师精心筹划培训课程,分4个批次对具备网上订货条件的零售客户进行新商盟网上订货培训。五是通过细化客户分类,广泛开展精准营销和个性化服务,推进新商盟网上订货工作。全年有1 097家零售客户实现网上订货,网上订货率73.97%。物流中心的RFID系统全面安装调试完毕,运行稳定,为下步深入开展"三网合一"电子商务工作奠定基础。(石桂莲)

【烟草专卖管理】 2010年,克拉玛依烟草专卖分局(公司)丰富监管形式,筑牢打假基础。一是明确目标责任到人。制定分局专卖工作目标,把打假工作的任务落实到部门和岗位,开展市场日常监管的基础上,坚持每月进行市场监管交叉检查,确保市场监管的成效。二是专项整治取得明显成效。分局制定《开展卷烟市场清理整顿专项行动实施方案》,按照业态分类和商圈类型划分出7项重点区域,开展高频次检查和蹲点布控。在专项行动期间共查处各类违法涉烟案件18起,结案17起,结案案件总案值72 245.65元。三是发挥联合执法机制作用。经过持续沟通与协商,分局与工商行政管理局签订联合执法协议书。成立联合协作工作领导小组和联合执法办公室,建立具有实际意义的联合协作执法工作机制,联合工商和公安交警部门组织联合清理整顿活动5次,联合路检4次,出动人员30多人次,车8辆次,检查客、货车120辆,加大对无证运输及假私非行为的监管力度。通过开展日常检查、专项行动、片区交叉检查、工商联合执法和电话举报核查等多种市场监管方式,有效维护国家和消费者利益,查获各类案件72起,42起已立案处理,没收非法卷烟202.44条,莫合烟20千克,案值129 732.7元,其中30起已移交工商行政管理部门,合计案值40 718.15元,涉案卷烟681条。市场净化率99%。四是坚持开展群众性的法规宣传活动。全年开展法律法规进社区活动3次,制作以新修订的烟草专卖法及"12313"举报、投诉服务电话为主要内容的板报张贴到社区宣传栏,利用社区平台,宣传烟草专卖法律法规及消费者维权知识,提高消费者的法律意识和维权意识。利用"三一五"打假活动、公民道德建设月活动和"十二·四"执法活动开展现场政策法规咨询,接待消费者400人次,发放宣传单1 500多份。(石桂莲)

【预算管理】 2010年,克拉玛依烟草专卖分局(公司)严格执行全面预算管理制度。分局(公司)在预算编制时,采取自下而上、讨论分析、共同制定的方式,调动全员参与的积极性和管理透明度。预算指标确定后,分解到各个部门,对成本费用执行情况实行定期核算、考核,保证全方位、全过程管理。对大额资金的运作和对外资本性支出项目实行实施部门申请,审计、法规和纪检审核审批,没有列入预算的项目坚决不开支。提高预算的约束力,强化全员的预算识和成本意识。在资产管理上,通过建立ISO质量管理体系,完善并严格执行《固定资产管理办法》、《低值易耗品管理办法》和《物资采购管理办法》等相关制度,进一步明确工作职责与流程;在费用管理上做到严格控制、合理使用。全年预算执行率98%,费用率水平为5%,低于新疆行业平均水平。(石桂莲)

【企业文化建设】 2010年,克拉玛依烟草专卖分局(公司)一是积极宣传国家烟草专卖管理政策。在办公楼门厅的大屏幕上滚动播出图文并茂的宣传内容，并不断完善分局(公司)网页。新增《讲党性、重品行、做表率争先创优专题活动》、《热爱伟大祖国、建设美好家园专题教育活动》和《廉政准则主题活动》3个专栏。在3项活动开展期间开展相关知识答题活动，参与人员250人次；在在线学习平台上增加企业文化和廉政文化学习考试模块，方便员工随时学习和测评学习成效；撰写各类工作信息和学习体会文章560篇，向自治区局网站上报各类信息350篇，采用率93%。二是开展每日背诵好习惯和《烟草人之歌》每天唱活动。在新落成的办公楼楼道悬挂企业文化和廉政文化图文宣传画，营造企业文化氛围；开展读书活动，根据员工的岗位和特点选购图书、发放购书卡，开展读书交流活动。三是开展感动人物评选活动，通过评比确立感动团队。制定《感动团队实施方案》，稳步开展创建活动。同时依托协会开展诚信经营示范店、十大感动客户和优秀协会会员的评选活动。全年评选出诚信示范店80家、优秀协会会员100名。通过树立优秀零售终端典型，以点带面，推动企业文化建设工作向终端建设延伸。　(石桂莲)

旅　游

【市旅游局领导名单】

局长:欧阳卫(11月离任)、刘刚(11月任职)

副局长:胡军、王克林

【基本情况】　2010年，克拉玛依市旅游局内设办公室、业务科2个职能科室，市旅游质量监督管理所(市旅游培训中心)1个事业单位。截至年底，有在职人员14人，其中党员12人，女职工5人，少数民族职工4人。主要承担克拉玛依市的旅游资源开发、旅游项目建设、旅游产业要素建设、旅游客源市场开拓以及旅游质量监管等职能。　(徐　敏)

【旅游概况】　2010年，克拉玛依市旅游行业围绕打造世界石油城、建设西部旅游胜地的目标，抓住中央新疆工作座谈会和新一轮对口援疆，以及市委、市人民政府把旅游业列为突出发展的“三大新兴产业”之一的机遇，加快旅游产品建设和产业要素建设，强势开展旅游宣传促销，大力拓展旅游客源市场，全年旅游接待156.1万人次，比上年增长56%；旅游收入9.26亿元，增长38%。　(徐　敏)

【旅游项目建设】　2010年，克拉玛依市旅游局坚持突出重点，持续推进以石油工业旅游、地质地貌旅游、城市休闲旅游“三大品牌”为支撑的旅游产品建设，不断丰富城市旅游项目，旅游产品开发收获新成果。一是开展本市及周边旅游资源普查，建立城市旅游资源库。普查全市72处自然和人文旅游资源，建立《克拉玛依市旅游资源库》和《克拉玛依市旅游项目库》；开展周边旅游资源普查工作，编制完成克拉玛依市周边旅游资源普查表。二是开展规划编制工作，以规划统领旅游业发展。完成《石油工业旅游发展规划》、《石油工业旅游发展战略研究》的编制和评审工作，确定打造世界级石油工业旅游目的地的战略目标；完成《克拉玛依市旅游业发展总体规划》、《“十二五”旅游业发展规划》的编制工作；开展新中国石油第一井——克拉玛依1号井、黑油山等5个旅游景区景点修建性详规的编制工作。三是积极争取国家、自治区扶持。克拉玛依市被国家和自治区列为建设国际性的特色旅游城市和旅游综合改革配套试验区。新中国石油第一井——克拉玛依1号井被列入全国红色旅游经典名录，国家发改委、国家旅游局已报请国务院把克拉玛依市列入《全国红色旅游发展规划纲要》。四是依托优势，加快红色旅游资源开发。把新中国石油第一井——克拉玛依1号井、英雄193井、石油会战遗址、中苏石油合作旧址、克拉玛依展览馆纳入自治区红色旅游项目；编制并向自治区上报《新中国石油第一井——克拉玛依1号井旅游基础设施建设项目可行性研究报告》、环评报告以及用地审批、规划审批等资料，争取国家对红色旅游景区基础设施建设项目2 986万元的资金支持，已通过自治区评审并报国家审批。五是开展旅游景区景点基础设施建设，完善景区功能。完成世界魔鬼城游览道路建设，编制完成景区游览体系设计方案，开通游览观光火车；按照四星级“农家乐”标准，开展金碧野度假村建设；开展文化一条街创建3A级景区工作，指导克拉玛依区完善游客接待中心、商业服务、景区标识系统等功能，通过自治区旅游局的评定，被评定为3A级景区；开展星级“农家乐”评定工作，农业开发区荒漠绿洲生态园被评定为五星级“农家乐”，乌尔禾乡葡萄园休闲庄、农业开发区凯地度假村、小拐乡神农采摘观光园被评定为四星级“农家乐”，全市“农家乐”31家。争取自治区旅游局支持，建成世界魔鬼城、恐龙文化苑、白沙滩4座旅游厕所。至年底，全市已建成37家旅游景区景点、31家“农家乐”、4家滑雪场，A级景区数量增加到8家，其中国家4A级景区2家(世界魔鬼城、克拉玛依河)、3A级景区2家(恐龙文化苑、白沙滩)，2 A级景区4家(克拉玛依展览馆、雅典娜综合游泳馆、白杨河大峡谷、大漠国际高尔夫球场)；世界魔鬼城已成为新疆旅游北线上的三大支撑景区之一，克拉玛依河景区成为享誉疆内外的著名夜间旅游景区，形成以观光游为主体，休闲度假游、体育探险游、农业生态游、冬季冰雪游等并驾齐驱的旅游产品体系。　(徐　敏)

【旅游产业要素建设】　2010年，克拉玛依市旅游局坚持政府主导、企业主体、市场化运作的原则，推进旅游“六要素”建设，完善城市旅游功能，提高旅游综合效益，旅游产业扩张实现新跨越。一是培育壮大旅游产业规模，延伸旅游产业链条。加强与疆内外旅行社的对接，把克拉玛依河、文化一条街等城市景观和5家商场、6家旅游餐饮娱乐单位纳入旅游团队线路；强势促销旅游招商引资项目，加强与市内外企业的对接，有4家星级饭店(2家五星级饭店、1家四星级饭店、1家旅游饭店)将开工建设；开展旅游接待达标饭店认证工作，经初评、复查和公示，认证确定旅游接待达标饭店18家。二是积极发展会展、赛事经济，拓展旅游新领域。克拉玛依市相继组织召开集团公司2010年领导干部会议、首届信息化创新克拉玛依国际学术论坛等大型全国级、国际级会议，举办新疆奇石、根雕暨克拉玛依市旅游纪念品设计大赛等新疆、全国级大型赛事，刺激旅游市场消费；星级饭店、大型会展场所接待各类大型会议613场次，接待2.6万人次；会展、赛事成为克拉玛依市旅游新亮点。

三是加快旅游商品开发，广辟旅游商品销售渠道。相继开发石油工业系列、新疆民俗系列、剪纸十字绣系列、奇石系列、根雕系列、手工艺品系列、旅游歌曲书籍系列、地方名酒系列8大系列3 500多款特色旅游商品；在世界魔鬼城景区设立旅游商品集中销售基地，乌尔禾区形成初具规模的奇石市场，在文化一条街设立奇石馆，在世纪公园游客服务中心、东弛机电市场设立旅游商品商店，旅游纪念品开发企业达到9家、旅游商品经营户218户；按照建设北疆地区最大奇石市场的思路，草拟《克拉玛依市奇石市场建设方案》，对建设选址、投资主体、建设方案等进行充分地论证；组队参加新疆第五届旅游纪念品设计大赛及展销活动，获1项金奖、1项银奖，新禾信旅游纪念品开发公司获自治区优秀旅游商品企业奖，市旅游局获大赛优秀组织奖。至年底，全市旅游企业已发展到165家，其中旅行社17家、星级饭店20家、旅游景区景点37家、“农家乐”31家、滑雪场4家、旅游餐饮住宿购物娱乐单位56家。旅游业直接从业人员8 103人。

（徐　敏）

【客源市场拓展】　2010年，克拉玛依市旅游局大力拓展客源市场，确保游客稳步增长。一是加强与主要客源市场的对接，拓展疆外市场。采取专题促销活动、旅游专业展会、新闻媒体、网络等多种方式强势促销旅游产品；加强协调，与全国13个城市的旅游部门、158家旅行社达成客源互送、线路对接等共识。二是加强区域旅游协作，巩固疆内市场。以实现共赢、共同发展为目标，不断强化与塔城地区、阿勒泰地区、伊犁州直、石河子市在客源互送、线路对接、联合促销、品质保障等领域协作的深度，吸引大批周边地区游客。三是举办系列旅游活动，刺激本地旅游市场消费。持续不断地开展系列旅游活动，吸引21万人次市民、游客参加活动，带动自助游市场的持续升温，实现四季旅游市场的有效对接。

（徐　敏）

【旅游宣传促销】　2010年，克拉玛依市旅游局开展强劲有力的旅游宣传促销活动。一是在北京召开克拉玛依市旅游推介会。4月3日，在北京召开克拉玛依市旅游推介会，引起国内外的极大关注，为打造克拉玛依市旅游品牌，使克拉玛依市走向全国、走向世界奠定良好的基础。二是举办大型赛事及考察活动。8月27～30日，举办新疆第六届国际旅游节参观考察活动，20多个国家的旅游部部长、旅行商和全国16个省市旅游局局长、旅行商176人欢聚克拉玛依。参加第六届中国旅游城市（县）发展大会，中国旅游竞争力城市公益评选专家评审委员会向克拉玛依市颁发中国优秀生态文化旅游城市奖牌。克拉玛依市委书记徐卫喜获中国旅游城市建设优秀市长荣誉；8月20～23日，举办新疆奇石、根雕暨克拉玛依市旅游纪念品设计大赛及展销活动，巴基斯坦以及国内内地4个省市和新疆13个地州市的1 300多名奇石收藏者、根雕作者参加，参赛、参加展销活动的奇石、根雕精品3万多件，吸引16万人次市民和游客参观；世界魔鬼城景区吸引来自全国各地的数百家摄协的8 300多名摄影家前来拍摄。三是实施走出去与请进来并举的战略，加大对外促销力度。先后在长三角、珠三角举办旅游专题促销活动，到疆外15个城市促销旅游资源，组团参加国内旅交会、国际旅交会、西部旅游产业博览会、全国旅游商品博览会等旅游专业展会，参加自治区旅游局组织的春季旅游促销活动，在市内外主流媒体、网络刊登旅游宣传文章618篇。四是开展市内宣传，引导市民旅游消费。8月12～17日，举办2010新疆国际旅游文化美食节暨克拉玛依市第六届旅游文化美食节活动，吸引15万人次市民、游客参加；8月12～13日，举办千名老人游油城活动；举办春季、秋季旅游宣传促销活动，发放旅游宣传资料15万份。五是编印旅游宣传资料，夯实旅游宣传基础。编印克拉玛依旅游交通图、旅游风光扑克、旅游风光片、旅游宣传袋、旅游笔、旅游风光明信片等旅游宣传品，向国内外游客广泛发放。

（徐　敏）

【旅游市场监管】　2010年，克拉玛依市旅游局引导旅游企业树立良好的信誉。一是加强旅游安全管理，确保旅游行业安全平稳运行。全面落实旅游安全生产、维稳责任制，构筑起旅游行业四级安全管理网络。建立旅游安全联合执法机制，会同市安全生产监督局、市消防局、市卫生局等部门对旅游市场开展18次安全联合检查，实现旅游行业零事故、零投诉和旅游安全、秩序、质量、效益“四统一”的目标。二是坚持以人为本，加强旅游人才培训。制定2010年旅游从业人员培训计划，开展旅游行业全员培训工作，集中培训2 100人次。三是持续推进旅游服务质量提升年活动，提升旅游业运行质量。制定旅游行政管理干部诚信服务承诺书和旅游行业诚信经营公约，形成社会、游客、舆论、行政“四位一体”的诚信监督体系；以强化日常监管和评定复核为抓手，开展星级饭店质量提升活动；以推行A级景区评定为抓手，引导旅游景区景点完善功能、强化管理、提升服务；以宣传贯彻《旅行社条例》为切入点，进一步规范导游执业行为。四是加强旅游市场监管，开展旅游市场秩序专项整治活动。实现无重大旅游投诉案件、无严重侵害游客合法权益行为、无重大旅游违法违规经营行为、无旅游安全事故“四无”目标。

（徐　敏）

【主要荣誉】　2010年，克拉玛依市旅游局被评为自治区级文明单位、自治区旅游安全工作优秀单位、自治区旅游信息工作先进单位、自治区旅游宣传促销工作先进单位，市安全工作优秀单位、市外宣工作先进单位、构筑社会消防安全防火墙工程先进集体，获第五届中国新疆冰雪旅游节暨冬季旅游产业博览会最佳展台奖、第五届中国新疆冰雪旅游节暨冬季旅游产业博览会最佳组织奖、第五届新疆旅游商品大赛优秀组织奖、第二届中国新疆国际旅游摄影节暨国际胡杨节最佳组织奖。

（徐　敏）

非公经济

非公企业概况

【基本情况】　2010年，克拉玛依市有个体工商户17 098户，注册资金10.2亿元，从业人员3.2万多人；私营企业2 179户，其中民营科技企业84家、高新科技企业23家，注册资金13.8亿元，从业人员2.3万多人。全年非公有制经济实现总产值95亿元。市工商联（商会）有会员155个，其中企业会员114个、个人会员41个。全市注册登记的非公有制企业，剔除分支机构后的非公有制经济组织有1 988家，其中规模以上企业92家。

非公经济单位建立党组织的有146个，党员3 859名。（王正力）

【地方经济发展】 2010年，克拉玛依市地方经济得到较快发展，取得显著成效。一是地方工业高速增长，工业生产规模不断扩大。至年底，克拉玛依市地方工业企业主要聚集区石化工业园区已有工业企业80家，其中78家地方企业总产值已超过36亿元；天利高新、天利实业、金塔公司、康佳公司、安泰公司、华澳公司等一批地方企业规模不断扩大，实力不断增强。规模以上地方工业企业实现总产值91.9亿元，比上年增长35.3%。全市规模以上工业企业累计完成工业总产值1 326.1亿元，增长18.6%。二是地方企业健康发展。地方企业不断优化治理结构，加强经营管理，规模不断扩大，实力进一步增强，年销售收入（产值）1亿元以上的地方企业41家。进一步加大政府对地方企业的支持力度，通过技改、节能减排、中小企业发展、贴息等方式投入2.16亿元引导地方企业发展。积极推进企业上市，华澳、康佳等地方企业已被自治区纳入上市后备企业储备库。地方企业经济效益显著提高，61家地方重点企业累计实现销售收入162.8亿元，增长65.9%；实现利润17.2亿元，增长2.28倍。全年实现地方生产总值95亿元，增长16.2%。地方经济对地方财政的贡献16.2亿元，增长31.9%。三是外向型经济健康发展。积极鼓励地方企业外向型发展，帮助企业走出去，举办中亚国家经贸科技合作交流会，建立与国外企业的对口关系，增强企业开拓国际市场的能力。全年克拉玛依市地方企业实现外向型收入（产值）45亿元，增长近40%。地方外贸企业总数达到72家。以石油石化下游产品、石油机械制造加工为主的对外贸易持续攀升，全年完成进出口总额2.8亿美元，增长53.2%，其中进口0.25亿美元、出口2.55亿美元，实现贸易顺差2.25亿美元。（王正力）

【改制企业帮扶】 2010年，克拉玛依市通过开展区域性、行业性职代会，推进平等协商集体合同、工资集体协商制度和厂务公开工作，维护改制企业职工的合法权益。改制企业职代会建制率100%，厂务公开建制率98%。103家改制企业签订综合类集体合同，覆盖职工4.2万人；85家改制企业签订工资专项集体合同，覆盖职工2.3万人。建立母体单位工会与改制企业工会的对应帮扶机制，公司20家基层单位工会与46家改制企业工会签订帮扶指导协议书，加大对改制企业工会帮扶指导的力度。一是制定鼓励企业发展的优惠政策，加快中小企业、服务业的发展壮大。近两年，克拉玛依区财政投入资金704.98万元用于扶持企业发展。其中11家企业得到中小企业发展资金321.98万元、7家企业获服务业发展引导资金259.1万元、32家企业获"质量兴区"品牌奖励资金124万元。通过财政资金的扶持，解决克拉玛依区中小企业和服务业因资金短缺发展缓慢的困境，企业通过设备更新、工艺改造、产品研发和提高服务等显著提高市场竞争力。二是积极组织企业申报各类扶持资金，推动企业产业升级和结构调整。根据中央新疆工作座谈会精神，积极引导企业申请国家、自治区和市级各类优惠政策，包括税收优惠政策、新产品新技术开发推广资金、企业技术改造专项资金以及克拉玛依市中小企业发展专项资金和节能减排专项资金等，支持克拉玛依区地方企业重大项目的投资建设，促进企业产业升级和结构调整。三是加大补贴和税收减免力度，帮助企业科学发展。克拉玛依区积极组织非公企业申报社会保险补贴、岗位补贴和在岗职工培训补贴。保险补贴和岗位补贴稳定企业职工队伍，培训补贴提高企业职工技能，为长远发展打下坚实基础。税务部门对企业所得税、增值税、购置税20多项内容给予税收优惠政策，为企业应对困境、持续发展发挥重要作用。三是为非公经济企业提供保障。2月，克拉玛依市劳动和社会保障局制定下发《2010年克拉玛依市劳动和社会保障工作要点》，以非公有制企业为重点，全面落实劳动合同、集体合同和劳动用工备案制度，大力推行工资集体协商机制。开展劳动关系"双百双规范"活动试点工作，确保试点区域内用人单位百分之百签订劳动合同、百分之百缴纳社会保险，规范工资支付、规范工时管理。建立和推行劳动纠纷企业或街道劳动争议调解组织先行调解机制。探索劳动保障仲裁实体化建设，择机筹建劳动保障仲裁院。至年末，对全市的1 013家内资企业、2 179家私营企业以及37家农民专业合作社等基本纳入保障体系。

（王正力）

【改制企业监管帮扶例会】 2010年3月16日，克拉玛依市政府召开改制企业监管工作例会。市改制企业协调办、克拉玛依区、白碱滩区改制企业协调办分别汇报近期对改制企业监管工作的情况。市油田工会、驻市中央石油石化企业的企管法规部门领导就母体单位监管帮扶改制企业情况作重点发言。市改制企业稳定发展协调指导小组组长包尔汉·卡哈尔对前一阶段各有关部门及驻市中央企业对改制企业所做上的监管帮扶工作给予肯定，要求相关部门和单位按照领导的要求，积极有效的做好工作，使改制企业做强做大，促进克拉玛依改制企业长期稳定健康发展，有效促进克拉玛依的经济发展和社会和谐。

11月8日，克拉玛依市委、市政府召开改制企业监管帮扶工作例会。会议通报近期改制企业帮扶监管情况，研究讨论部分企业重组、换届选举及历史遗留问题的清理情况。市改制企业稳定发展协调指导小组组长包尔汉·卡哈尔和副市长赵武生出席会议。赵武生要求公司章程修订工作要深入持续下去，公司要组织员工广泛开展《公司法》的学习宣传贯彻活动，领会章程的内容和作用，让每个股东了解自己的职责义务，以维护好自己的合法权益；对于企业的重组问题，在企业自愿的情况下，进行合理可行的重组，政府给予积极支持；对历史遗留问题的解决，要考虑周到全面，依法依规地进行，要有好的解决办法和方案。包尔汉·卡哈尔强调，改制企业的工作重点，一是改制企业要自身树立进一步开拓市场，特别是外部市场的理念。二是各单位要把握好对改制企业的帮扶力度，主要是对本地的困难企业做好帮扶。三是对改制企业的兼并重组工作，合作对象要慎重对待，要在充分调研了解的基础上进行合作。四是对新出现的问题要引起重视，及时了解，讨论处理。（王正力）

非公企业选介

【华澳公司】

基本情况　克拉玛依华澳石油化工进出口有限公司成立于2001年11月，注册资金8 800万元，是集生产、销售、经营于一体的股份制企业,是以生产加工石化产品为主,兼营国内外物质贸易、服务的综合经营实体。截至2010年末,公司内设党政办、生产技术部、安全环保部、财务部、经营计划部5个科室及2个精细化工生产厂、1个分公司、1个项目部组成。公司有员工247人,其中女员工78人。有研究生2人、本科49人、大专124人。公司有高级专业技术职务人员6人、中级10人、助理级22人、员级2人。技师2人、高级工14人、中级工44人、初级工32人。公司资产总额3.2亿元,产值7亿多元,实现利润1 276.47万元。主要经营油田系列产品开发、生产、销售,油田技术服务,油田新工艺、新技术推广,进出口业务(专项审批除外),燃料油生产、经营,石油产品(专项审批的除外)、机械设备租赁,普通货物运输、危险货物运输(限分公司经营),车用清洁燃料生产及销售。公司的主要产品有6号芳烃抽提油、5号中芳型油漆及清洗用溶剂油、橡胶工业用原料油、塔顶油、油漆工业用原料油、轻润基础油、柴油机清洁燃料、非临氢异构化车用清洁燃料2号、3号、戊烷气等产品,其产品已走出新疆进入西北、西南、华中、华东等内地市场。2004年、2006年和2009年公司3次被评选为克拉玛依20家重点企业之列,并获AAA信用企业,2006年被评选为克拉玛依市科技企业,2007年被评选为自治区高新企业,克拉玛依区文明单位。2008年4月获商务部赋予的成品油仓储经营资格,成为克拉玛依地区第一家被国家商务部赋予该资质的地方企业。2008年6月,自治区工商行政管理局正式将"九龙源"(溶剂油)商标认定为第五届新疆著名商标。2009年获首届克拉玛依市知名商标,2009年7月成为自治区中小企业协会会员单位。

经营业绩　2010年,华澳公司成品油生产年度计划为14.3万吨,实际完成14.68万吨,完成年度预算生产量的102.67%。实现主营收入102 306.91万元,完成年度预算指标的109.82%;总收入111 654.61万元,完成年度预算指标的115%。全年累计销售公司各类产品21.89万吨,完成年度产品销售计划的95.85%,完成销售收入102 306.91万元。

重点项目建设　2010年,华澳公司加快实施重点项目。一是上市工作得到稳步推进。年初,董事会确定的各项重点工作中,华澳公司的上市筹备工作被定为未来2年工作的重中之重,对公司能否顺利实现跨越式发展和全面升级的目标具有极其重要的意义。为此,公司专门成立上市领导小组,稳步推进上市工作。二是加快发展华澳精细化工园区项目。华澳精细化工园区30万吨/年轻烃预分馏项目是公司轻烃产业链项目群中的龙头项目,也是公司发展的重点项目,经过近1年的紧张筹备,该项目的各项前期工作已基本完成:完成项目的建议书及可行性研究报告,并通过项目专家评审会的审查;完成项目地质勘查和施工图设计工作,并经过数次的图纸会审,对设计多次提出改进提议,使项目的设计思路能够更加贴近实际使用情况,同时也将减少建设过程中的设计变更和返工情况的出现;完成项目施工前期各类手续和证书的办理工作。

安全管理　2010年,华澳公司在各岗位员工中深入开展岗位职责要会、操作规程要会、岗位风险要会、防范措施要会、应急预案要会的"五会"达标活动,认真落实安全第一、预防为主的方针,结合安全生产月和世界环境日、消防日等活动,在员工中展开讨论,认清所在岗位危险源,熟练掌握防范措施,从自身做起杜绝"三违",实现全年零污染事故的环保目标。

企业履行社会责任　2010年,华澳公司积极履行社会责任。一是组织专人到西安等内地高等院校和克拉玛依职业技术学院为公司招聘新员工,全年招收新员工43人,都已填充至各所需岗位,有效缓解公司人员紧张的局面,同时为公司30万吨/年预分馏项目储备的人员。二是开展节能挖潜、降本增效活动。公司制定《华澳公司节能降耗活动考核办法和实施细则》,按活动评选标准,评选出一等奖1名、二等奖1名、三等奖1名、鼓励奖2名。其中《配电系统改造项目》、《中心材料库废旧阀门修复项目》2个项目参加克拉玛依市、油田公司级节能活动的评比。三是开展员工培训、岗位练兵活动。积极组织公司50名员工参加年度技能等级考核,将需要技能鉴定的各工种人员数量63人进行提前上报。组织管理人员27人参加危险化学品安全管理的培训班,并取得危险化学品管理资格证;3人参加中国石油天然气集团公司培训中心组织的承包商HSE培训班,并取得培训合格证;7人参加消防安全培训;2人参加危险化学品注册登记培训班;20人参加液化石油气槽车充装作业取换证培训,并取得资格证;对新招员工进行三级安全教育18次,参加人员97人次。全年员工日常安全培训1 727人次,外协作业人员安全教育295人次。四是积极开展各类文体活动和劳动。6月,公司举办首届职工手工作品征集活动;10月,公司羽毛球队代表公司参加油田公司机关"民族团结杯"羽毛球团体赛,取得团体第八名的成绩;12月,公司为全体女职工安排1次妇科检查。五是积极加入克拉玛依预备役部队。组织60名干部及员工加入预备役部队,成立了克拉玛依陆军预备役工兵团地雷爆破连。　（韩道云）

【新科澳公司】

基本情况　克拉玛依新科澳化工有限公司主要承担新疆油田公司采气一厂、采油二厂、百口泉采油厂和风城油田作业区、石西油田作业区、陆梁油田作业区3个油田作业区的化工、测试、热油、巡井值班以及中石化西北油田公司、河南油田公司新勘中心车排子油田采油工程管理等项工作。下属研究院、化工分公司、测试分公司、特车分公司、化学技术服务公司、运输公司、塔河油田项目部、车排子油田项目部、风城油田项目部及油管防腐厂和汽车修理厂等基层单位。公司机关设党政工作部、计划经营部、市场开发部、财务资产部、生产安全技术部、供销部,有员工1 769人,企业资产总额3.3亿元。公司主要经营化工产品生产、销售和技术服务、油田测试技术服务、油田特车技术服务、油田运输服务和采油工程设计施工、管理服务、管材防腐、汽车修理等。公司生产的化工主打产品有KXD系列油田破乳剂,油田污水处理剂系列、KXDQ稠油降粘剂系列、KXC粘土稳定剂系列以及油田压裂、修井用液、化学清防蜡施工等。8月,公司通过国际管理体系资格认证复审,11月被评为自治区纳税信用等级A级企业。公司历时半年,编制完成公司"十二五"发展规划,明确今后5年的发展目标,即"628213"工程。同时,确定2011年工作主题是市场开发年,工作目标是"44321"。

经营业绩　2010年,新科澳公司把

2010年作为科技创新年主攻方向，科学制定“35996”奋斗目标，首次把科技工作纳入年度经营考核工作指标，全年完成公司级科技项目51项，申请专利10项，其中8项已获得国家专利局授权。公司争取到克拉玛依市、油田公司和自治区级科技项目9项，有7篇论文发表在省部级以上学术期刊上。公司《水平井连续油管测试技术研究与应用》项目获克拉玛依市科技进步二等奖。涌现出技术员工标兵王东文、科技标兵苑新红和基层管理标兵阿地力·库尔班3个标兵模范，而且在精细管理、创先争优、创建标准化党支部、民族团进、劳动竞赛、综合治理、队伍稳定等方面都取得很大成绩，连续第3年实现零死亡的安全生产目标。

企业履行社会责任　2010年，新科澳公司积极履行社会责任。一是以实际行动为政府分忧，在本身还有富余员工的基础上，克服困难腾出采油工岗位，一次性招收115名克拉玛依市、油田子女到公司就业。二是积极建设和谐企业。为840名40岁以上员工进行职业健康体检，为239名已婚女员工进行妇科体检。拿出22.9万元，用于资助困难员工子女上大学费用、慰问一线员工及患病住院员工。2月，安排48名公司双文明先进个人和管理人员赴发达地区考察。三是积极开展文体活动。先后举办迎新年联欢会；三八妇女节健康徒步行；庆十一拔河、跳绳比赛；参观展览馆等活动。四是积极参加克拉玛依市、油田公司工会，克拉玛依区和白碱滩区举办的水节趣味竞技比赛、羽毛球比赛、演讲比赛等活动，参加员工1 000多人次。（卢　克）

【博达公司】

基本情况　2010年，克拉玛依博达工贸有限责任公司有员工4 600多人。公司直属机关职能部门5个：人力资源部、财务部、经营部、生产技术装备部、审计部。下辖2家分公司：博达钻修井分公司、博达银都酒店分公司；14家以产业专业化为主子公司：新疆博达源房地产开发有限责任公司、明居房地产开发有限责任公司、新疆金新液压有限公司、博达物业服务有限公司、博达机械有限责任公司、博达金胡杨旅行（社）有限公司、博达劳务派遣有限公司、准噶尔商贸有限有限责任公司、准噶尔大厦物业管理有限公司、博达运输有限责任公司、博达建筑安装有限责任公司、博达生态环保科技有限责任公司、博达物流有限责任公司、博达自动化科技开发有限责任公司；2家参股公司：托里县三联碎石有限责任公司、博达金盛广告有限公司。公司注册资金1 600万元，业务主要涉及油田钻井、修井技术服务、钻前工程、油田储油罐清理及污油泥回收处置、房地产开发、油田化工产品、机械修理、液压制品、建筑石料加工、商贸市场、劳务派遣、物业管理、旅游业、飞机票代售、宾馆酒店服务、建筑安装、危货运输、电子技术开发、广告制作等多个行业。2003年被自治区人民政府授予重点支持30户成长型工业企业，为克拉玛依市2006～2008年度地方重点扶持企业，2009年被克拉玛依区人民政府评为维护稳定工作先进单位和异常宗教现象集中整治先进单位。被克拉玛依市政府评为2009年度建设项目环境保护“三同时”先进企业、2009年度劳动关系和谐先进企业、2009年度“安康杯”优胜企业。2010年被克拉玛依区政府评为绿化工作先进单位、被克拉玛依区总工会评为模范职工之家。

经营业绩　2010年，博达公司实现总产值3.04亿元。全年完成钻井149口，总进尺5.65万米。公司开发的嘉和花苑经济适用房工程，总规划10万平方米，全年1期开发7栋，年末4栋已封顶。博达银都酒店全年收入2 373万元。全年签订各类合同200份，合同履约率100%，已连续7年保持100%的履约率。年末，公司对下属单位进行工作业绩考核，对完成经营指标的单位给予兑现，未完成考核指标的单位不予兑现。

企业履行社会责任　2010年，博达公司下属党总支部1个，党支部13个，党员181人。公司切实做好国有企业有偿解除劳动合同人员再就业工作，全年安置原新疆石油管理局有偿解除劳动合同人员2 862人次；为公司困难职工、离退休职工发放慰问金、慰问品2.58万元；在古尔邦节前夕，公司领导亲自到少数民族困难家庭去慰问，送去慰问金、慰问品；公司为家庭成员有重大疾病的员工石明捐款11 230元，公司工会借款捐助4万元；公司针对民族员工多的特点，坚持抓好民族团结进步教育工作，在员工中牢固树立“三个离不开”的思想，促进民汉员工之间相互尊重、相互学习、相互帮助、相互团结的和睦氛围。公司被克拉玛依区人民政府评为维护稳定工作先进单位和异常宗教现象集中整治先进单位。（柳景山　祁　春）

【永升公司】

基本情况　截至2010年底，永升集团公司注册资本为3.58亿元。母公司永升建设集团有限公司有员工917人。注册资本为1.56亿元。集团下设18个分公司（厂），控股经营11个子公司，参股投资7家公司。具有化工石油、房屋建筑、市政公用、公路工程施工总承包一级资质，钢结构工程、消防工程、公路路基工程、公路路面工程、建筑装饰装修工程专业承包一级资质和房地产开发一级资质。公司不断完善公司治理结构，实施产业结构调整，确立以建筑施工和房地产开发为主营业务的主业突出、多元发展的产业格局，初步形成集建筑勘察与设计、建筑施工、房地产开发、建材生产、电气产品、检测设备及物流为一体的上下游产业链。公司被评为全国志愿服务贡献奖、自治区AAA级诚信单位、新疆银行业信贷诚信企业客户、自治区厂务公开民主管理先进单位、自治区劳动关系和谐企业、幸福工程救助助贫困母亲爱心单位、新疆希望书库爱心单位、克拉玛依市爱心企业称号。

经营业绩　2010年，永升集团公司实现销售收入19亿元，实现利税2.1亿元，其中建筑施工产业共完成各类工程项目305项，实现产值13.9亿元，比上年增长20.7%。科技博物展览馆基础工程通过“鲁班奖”中间检查验收，并于7月21日作为主会场承办自治区建筑安全文明施工现场会；奎屯—北屯铁路克拉玛依火车站项目完成年度建设任务。路桥分公司塔裕公路项目部被自治区交通建设管理局评为优秀项目部。集团房地产业全年新开工80多万平方米，开发建设项目有投资5亿多元的雅典娜商业广场项目，启动投资20亿元、建筑面积70万平方米的长沙克拉美山庄项目。多元产业全年实现销售收入2.9亿元，增长11.5%，其中产品销售收入2.1亿元，服务及其他收入8 017万元。全年创建自治区级安全文明工地12项，创建市级安全文明施工工地4项。独山子区西宁路街道办事处工程和克拉玛依烟草专卖分局办公楼工程荣获自治区优质工程天山奖；迎宾路（西侧）城市快速道大修工程荣获新疆市政金杯示范工程奖。公司《大型异形建筑结构施工关键技术的研究与应用》被列为克拉玛依市重大科技计划项目，填补了克拉玛依市房屋建筑领域科研立项的空白。集团下属子公司永升华宇科技有限公司公司通过克拉玛依市民营科技企业和国家高新技术企业认定。

企业履行社会责任　2010年，永升集团公司先后分2次派出30人，以及大型设备和车辆近20台前往阿勒泰、和布克赛尔参加抗雪救灾。向新疆希望书库、西南旱区、幸福工程救助贫困母亲活动、爱在油城——慈善助学等进行捐款；在传统节日慰问武警部队、消防支队、驻地部队，累计支出50万元。举办克拉玛依市第五届“永升杯”乒乓球赛，赞助克拉玛依市三八国际妇女节100周年“我心中的歌”赛歌会等活动。　（赵升阳）

【三联公司】

基本情况　截至2010年底，新疆三联投资集团有限公司有员工667人，注册资金1亿元，拥有国家房地产开发一级资质、房屋建筑工程施工总承包一级资质、钢结构专业承包一级资质，以及管道、路桥、石油化工、水利水电等工程施工等专业资质。是控股3家公司、参股3家公司其中参股3家上市公司的大型企业集团。集团公司优化企业运行机制，完成产业结构调整和企业改革，现代企业制度更趋规范。公司的主导产业主要有房地产开发、商品房销售、租赁、工业与民用建筑、市政工程建设、油田地面工程建设、水利水电、路桥施工、建筑材料生产、新型感光材料研发、生产，以及投资运营、人寿保险、物业管理、园林绿化等关联产业。公司各产业通过技术创新、管理创新和制度创新，在提升企业品质和塑造企业形象都有突出表现。在全国施工企业管理协会第六届会员大会上，再度荣膺全国优秀施工企业称号。公司承建的克拉玛依石化工业园区生产指挥中心工程先后荣获自治区安全文明工地、国家建设部质量安全标准化示范工地、国家AAA级安全文明诚信工地等称号。7月，石化工业园生产指挥中心工程作为新疆建筑安装工程安全文明施工现场观摩会分会场，迎接新疆各地州市的建筑主管部门、监理单位、施工企业等近千名代表的观摩。在安全质量月活动中获克拉玛依区总工会、区安全生产管理局颁发的“安康杯”优胜企业称号。

经营业绩　2010年，三联集团公司实现总产值13亿元，克拉玛依各产业公司向国家、地方累计上缴税款4 640万元。工程建设产业承建工业、民用、公建、市政建设及油田地面工程125项，施工面积近30万平方米；完成油田、探临公路、农村道路、城市道路共计18项，累计长度65千米，全年生产商品混凝土、沥青混凝土14.7万立方米；房地产开发产业全年实现房地产销售面积18.47万平方米，物业服务面积95万平方米。公司质量、环保、安全体系更趋完善，QHSE通过年度审核。新疆三联房地产开发公司重合同，守信用，全力打造克拉玛依阳光世纪新城汇福三期四幢小高层这一商住建设工程，四幢高层均在年内实现竣工验收并交付用户，不但工程质量符合设计要求，而且提前交房，在克拉玛依房地产业和高层建筑开发中实现了提前交房的开发效率。

企业履行社会责任　2010年，三联集团公司连续10多年保持诚实守信、按时还贷，照章纳税的企业形象；公司对社会、员工公开承诺，坚持做到不裁员、不减薪，主动为员工上调薪酬标准；为470名员工晋升工资，每人平均年收入增长5 700元；积极参与社会公益活动，主动向克拉玛依慈善总会捐款5万元；热心参与美化、绿化城市建设、为残疾人提供便利和服务；在八一建军节前夕，坚持慰问武警和驻克部队；主动参与文化、体育、教育等社会活动，完善企业教育基地建设；关注和重视社会就业工作，接纳聘用大中专毕业生和社会失业人员111人，为农民工提供就业岗位近4 000个，为农民工进行体检、办理意外伤害保险、组织开办农民工业余学校和各类讲座，聘请劳动保障、公安、司法、卫生防疫等政府部门专业人员对农民工授课、培训，在农民工队伍中广泛开展争先创优活动，对43名优秀农民工实施表彰。集团公司也先后荣获克拉玛依绿化先进单位、克拉玛依“安康杯”优胜单位、克拉玛依区先进工会、克拉玛依扶残助残爱心企业、克拉玛依区新市民管理先进单位、克拉玛依区学习型党组织等称号。公司连续5年通过政府遵守劳动保障法律法规诚信企业复核。　（赵忠铮）

【天圣公司】

基本情况　截至2010年底，克拉玛依天圣工程建设有限责任公司注册资本7 000万元，年施工能力10亿元以上。总资产5.38亿元，其中固定资产9 817万元、流动资产3.53亿元、无形资产4 251万元。公司下设10个部门和防腐保温安装公司、建筑公司、电气公司、安装公司、保温材料厂等8个生产单位以及汽车服务公司、太阳城宾馆等3个服务单位。全年从业人数1 333人，其中固定人员482人、管理人员158人。主营业务有化工石油工程、房屋建筑工程、市政工程、化工石油设备管道安装工程、防腐保温工程、送变电工程、土石方工程、管道工程施工；保温材料生产与销售、防腐保温绝缘管生产、加工与销售。辅助业务有金属制品加工与销售、进出口业务、劳动业务、房屋租赁、餐饮、货物运输、汽车修理、住宿、烟酒、饮料销售。拥有化工石油工程施工总承包二级资质和GA1级+GB类+GC1级压力管道安装许可证。市场准入项目有工程建设、物资产品、运输服务。被克拉玛依市政府评为遵守劳动保障法律法规诚信企业、管理规范（改制）企业；享受各种补贴近900万元，享受300万元的贴息贷款优惠政策。连续4年获克拉玛依市级社会治安综合治理和平安单位称号。2010年被评为克拉玛依市级普法工作模范企业、年度财务信息快报评比先进单位、工人先锋号、女职工文明示范岗以及克拉玛区模范工会、“双爱双评”和文明单位等称号。

经营业绩　2010年，天圣公司完成产值2.8亿元，实现利税2 678万元，实现净利润318万元。公司按照抓机遇，优结构，共发展的经营宗旨，进一步转变思维、亮点突出，基础管理工作稳步提升。呈现出十大亮点：一是红003井区60万吨稠油处理站实现当年设计、当年施工、当年投产，罐土建基础制作质量获得业主好评以及涉及土建、安装、电气、防腐保温沙漠区块莫北注水泵房和陆151加药间的综合性工程完成，均验证公司施工管理的综合水平不断提高，并有能力逐步渗透和承担。二是国家重点工程王家沟油库历时21天的一级动火联头工作的成功，证明公司安全网络系统的高效性和严密性日益加强。三是3PE小生产线一次投产成功，成为克拉玛依市科技创新项目,获取专项资金。四是科研课题《储罐内防腐施工技术研究》历时2年,作为新疆油建的知识产权,已通过CPE专家组审核验收,获得科研经费。五是公司在哈萨克斯坦扎拉若尔投资的3PE防腐厂通过CNPC驻哈萨克斯坦基建处等相关领导组成的检查组验收,填补当地钢质埋地管道防腐的空白。六是在国外施工现场管理中,公司国外工作人员克服当地气温高、生活条件有限、人员不足、风沙作业的困难,群策群力,从3PE作业线的安装、调试、投产运行到产品批量生产出厂,受到业主CNPC的高度赞扬。3PE成品管的外观成型和质量深得当地阿克纠宾州动力燃气公司的满意。七是公司"圣字"商标被评为自治区第7届著名商标。八是乌尔禾80万吨稀油处理站工程荣获中石油工程建协评定的优质工程银质奖。九是玛河气田地面建设工程荣获中石油工程建协评定的优质工程金质奖。十是风城油田重32井区2008年地面建设工程风城1号特稠油处理站工程获中石油工程建协评定的优质工程金质奖。

企业履行社会责任　2010年,天圣公司积极履行社会责任,关注员工身体健康。全年组织员工体检449人次,救助困难员工家庭6.2万元,为青海玉树、甘肃舟曲受灾群众捐款共36 766元。

(吴明琼)

【汇利公司】

基本情况　截至2010年底,克拉玛依汇利有限责任公司注册资金360万元,资产总值6 000多万元。公司机关设公司办公室、财务部、生产协调部、人力资源部、经营运输部、供应部6个部门,下设前线服务分公司、公寓服务分公司2个分公司和汇利物业服务有限责任公司、汇利科技发展有限责任公司、新疆鸿盛泰房地产开发有限责任公司3个子公司。公司主要从事油田野外、井队后勤一条龙生活服务,油田井上电气焊、电气线路、照明设施安装及维修、公寓管理、货物运输、劳务派遣、物业管理、房屋租赁;工程管理服务;机械设备、五金交电、电子产品的维修与销售;服装、日用品、建材、化工产品销售等业务,并拥有对生活物资的加工、储藏、销售等设施和网点。

经营业绩　2010年,汇利公司完成总产值5 791万元,完成年计划的98%。其中总公司实现产值收入5 131万元、汇利劳务派遣公司58万元、汇利物业服务公司165万元、汇利科技发展公司437万元;全年上缴税金527.4万元。

重点工作　2010年,汇利公司全面落实基础管理年活动,着力基础管理和规范化建设工作,建立健全各项制度,公司上下形成用制度规范行为、按制度办事、靠制度管理的长效机制。一是全面提升油田野外、井队后勤生活服务水平,全面保障东疆、南疆与克拉玛依周边地区的市场需求,强化安全风险控制,把好交底关、验收关、监督关,全年未发生大的安全事故。二是全面做好房地产市场的建设和开发,实现公司在房地产领域的可持续发展。汇利花园小区建设及物业服务工作正常运行。汇利科技发展有限责任公司业务稳定,把培育和把握新技术、开拓新市场及做好信息产业作为关键点,以科技带动产业,以技术挖掘项目,取得多项高技术含量的项目成果。三是全面落实生产经营目标责任制。与各公司、分公司及部门签订目标经营合同,明确经营目标和考核要求。公司建立信息统计制度,每月对各单位、各部门的经营、生产情况进行统计周报、月报;收集各部室规范化管理工作进展情况,形成公司管理工作动态及时掌控的局面,为公司管理者做出决策与生产计划提前安排提供信息与平台。7月,公司对质量管理体系进行第二版换版、修订工作。公司始终坚持优质服务,质量第一,顾客至上,诚实守信,持续改进的质量方针,确定质量目标与工作考核内容,确定公司生产经营工作程序化、服务标准化、检查落实制度化,实现质量管理体系运行的适宜性、符合性和有效性,实现质量管理体系的有效控制和运行。

企业履行社会责任　2010年,汇利公司深入开展争先创优活动。一是投入大量资金,采取请进来、送出去,坚持内、外部培训相结合。在内部培训中,安排专门的学习时间,聘请专业人员讲授企业经营管理、质量管理体系、法律法规等方面的知识。在外部培训中,公司有选择有针对的开展各项专业技能培训,公司员工脱产参加炊事员专业技能培训39人次,派外和内地考察学习3人次,外请老师讲课3次,培训人员90人次。二是把送温暖、帮扶困难职工作为维护职工权益的一项重要工作来抓。公司看望慰问生病住院员工总计9人次,发放慰问金2 298元。夏季高温期间,公司代表克拉玛依区总工会及公司领导将清凉饮料、西瓜和生活用品送到一线职工。三是积极组织开展文化体育活动。公司在三八节、五一节、中秋节等节日期间,组织开展各种文化娱乐活动。公司被评克拉玛依市为企业文化建设规范达标单位。公司党支部被评为克拉玛依区优秀党支部,公司工会被评为克拉玛依市级先进工会。

(张小康)

【金塔公司】

基本情况　截至2010年底,新疆金塔投资(集团)有限公司机关设有6个部室、7个生产车间、11个分支机构(子、分公司),有员工338人。公司以生产销售石油化工产品、精细化工产品为主,兼具液化气销售、高端红花籽食用油的生产、涉外三星级酒店、货物运输、印刷等服务的综合性企业集团。企业资产总额67 800万元。金塔公司获克拉玛依市重点企业和地方财政突出贡献企业,克拉玛依区十佳安全先进优胜单位等称号。

经营业绩　2010年,金塔公司销售液化气7.14万吨,实现销售收入2.62亿元;销售油品18.95万吨,实现销售收入8.98亿元;全年总计实现销售收入11.73亿元,比上年增长27%;实现税后利润4 874万元,增长33%。超额完成了年初制定的生产经营计划。塔城鑫龙燃气公司实现销售收入3 034万元,利润161万元;连云港泛美公司实现销售收入1.22亿元,利润135万元;乌鲁木齐翼龙大酒店实现营业收入1 749万元,利润66万元;乌鲁木齐红果实公司实现销售收入884万元,利润61万元;伊犁金塔燃气公司实现销售收入1 647万元,利润50万元;奎屯华锐公司实现销售收入478万元,利润6万元;阿拉山口金翼公司实现销售收入3 900万元,利润3.5万元;翼龙宾馆实现营业收入525万元,盈亏平衡;顺通公司实现经营收入1 200万元;石河子金塔燃料公司实现销售收入672万元,亏损25万元;新疆金塔燃气公司实现销售收入2 937万元,亏损62万元;金源石化公司基本没有销售收入。

重点工作　2010年,金塔公司以零死亡、零伤害、零事故为目标,以安全文化建设为载体,完善《安全生产事故应急救援综合预案》等40项制度;修订《安全生产责任制和考核实施细则》，严格落实各级各类人员的安全生产责任，全年查处违章现象13起，考核63人次；加强三级安全管理网络建设，切实强化现场安全检查和隐患整改，全年开展专项检查15次，发现隐患360项，整改治理357项，整改率99%，基本消除人的不安全行为、设备环境的不安全状况和管理上的漏洞，确保安全生产的可控、在控。公司工程建设的重点工作是化工车间磺酸盐装置的工艺技术改造，投资60万元，于4月动工建设，7月中旬完成竣工验收。将原来的釜式磺化改造为喷射式磺化，优化工艺结构，生产出合格的水溶性磺酸盐，实现产品质量的提高、单位能耗的下降和周边环境的保护；建设4个3 000立方米的油罐，建成159平米的泵房和2个3 000立方米的油罐基础工程。

企业履行社会责任 2010年，金塔公司认真履行社会责任。一是依法维护员工利益。贯彻《劳动法》和《劳动合同法》，与169名员工续签劳动合同，与3名新招员工签订劳动合同，组织员工培训取证、资格复审达110人次；制定《工龄工资实施办法》，修订《员工内部退休管理办法》和《新招员工工资待遇规定》；累计发放员工工资1 432万元，缴纳社会保险505万元，保持员工工资与企业经济效益同步增长、社会保险按时足额缴纳的良好态势；组织280名员工健康体检，累计致贺、治丧、慰问、看望员工50名，发放应急解困金37 500元，发放员工节庆福利130万元，支出员工餐费110万元。二是关心员工生活。建立员工救助基金，累计110万元，当员工遭遇重大疾病或严重灾害时，及时给予有力的救助。建立困难员工档案，实行动态化管理。采取多方筹措原则，筹集资金6万元。春节期间，为9户困难员工家庭提供基本生活补助；国庆期间，为8户家庭提供补助；全年下发应急解困金37 500元。在员工婚育病丧帮扶方面，有5名员工结婚，工会给每人赠送600元的贺金，并参加结婚典礼；有7名员工家属或员工生育，工会委派代表，到医院或员工家里看望，并给每人赠送300元的礼金；有25名员工或员工亲属因病住院，工会给每人致送500～1 000元不等的慰问金。有2名员工和13名员工亲属去世，工会慰问并提供车辆及其他力所能及的帮助。在员工节庆福利发放方面，公司在元旦、春节、五一、中秋、十一等节日期间，给每位员工发放清油、大米等生活福利品和礼金；对连云港和昆山的在岗员工及集团公司的内退员工，一次性给予现金补助。全年累计发放补助130多万元。三是积极开展文体活动，活跃文化生活，稳定员工队伍。公司利用宣传栏、电子显示屏，举办《公司章程》、《劳动合同法》、劳动纪律、环境卫生、民族团结等知识的宣传教育；开展三八妇女节、五四青年节、七一建党节员工趣味联欢活动；协助质量安全环保部，参加安全生产检查和考评；组织员工进行8次郊游活动；组织参加克拉玛依石化公司工会、克拉玛依区总工会、金龙镇办事处工会工委会等单位举办的篮球比赛、排球比赛、足球比赛、羽毛球比赛、趣味运动会和田径运动会等赛事和集体长跑活动。在克拉玛依石化公司举行的第十届员工“篮球·排球·足球”联赛上，公司男篮获项目比赛第二名、女排获项目比赛第三名、男足获项目比赛第三名。在克拉玛依区总工会和文化体育局联合举办的第三届企业员工冰雪趣味运动会上，公司获纤夫的爱项目比赛第二名、冰上保龄球项目比赛第三名。（顾　平）

【塔林公司】

基本情况 新疆塔林投资（集团）有限责任公司（以下简称塔林公司）是2002年5月30日由原钻井公司所属的塔林实业开发总公司、钻井实业开发公司、钻井花园宾馆3家单位整体分流改制而成。截至2010年底，公司注册资本金4 490万元。有员工760人，其中女员工278人，少数民族员工83人，家属工39人，管理局青工46人，管理局买断职工333人。党员129人，团员26人。管理、技术、技能人员367人，其中经营管理人员141人、专业技术人才123人、技能人才103人。专业技术人员中，取得高级专业技术职务的有4人（经济类）、中级27人、初级92人。技能人才人员中：取得技师职业资格8人、高级工17人、中级工71人、初级工15人。公司机关总部由行政人事部、财务经营部、生产技术部3部分组成，下设14个业务单位。拥有各类值班车、送班车等专用车200多辆，能够满足钻井生产需要的车辆服务。拥有占地面积5 000平方米中型商场，主要提供包括劳动保护用品在内的各类生活用品、商业批零经营。国际业务主要包括成品油、机电产品出口和国际工程施工。主要经营工程技术服务及工业产品，包括石油钻井完井、修井作业；钻井专用工具加工与组装；石油钻井生产、生活设施制造；野营房制造；工业氧气、筛网、滤芯、高压阀门、管汇、橡胶制品、瓷砖、木器制品的生产。商贸包括成品油销售、国际贸易、商业批零经营。服务业包括餐饮、旅游接待、印刷服务、运输服务、机械修理、加工组装服务、纯净水生产销售。2010年，公司获得白碱滩区十佳明星企业，区级科技新产品2T－5T柱式旋臂起重机，白碱滩区安全优秀生产单位，环境保护目标责任书先进单位，人口和计划生育系统2008～2010年度先进集体，井下技术事业部党支部荣获区级先进党支部称号。

经营业绩 2010年，塔林公司实现销售收入1.97亿元。其中主营业务收入1.79亿元、其他业务收入1 905万元，完成董事会下达指标1.8亿元的109%；实现利润总额330万元，实现利税总额1 026万元，资本净收益率7.35%，完成董事会下达资本净收益率7%指标的105%。继2009年投资改造长庆钻井项目2个队的井架及基础后，2010年又投资近200万元，更新野营房、井控装置等设备，取得长庆油田准入资质，全年开钻35口，完井35口，进尺56 792米。投资配套ZJ－50钻机在新疆油田投入使用，成为首个涉足中深井钻探的改制企业；ZJ－20钻机开始进入青海油田钻井，提高装备利用，拓展市场领域。与第三方合作成立山西晋城桓源钻探公司，进入煤层气钻探领域。控股的乌鲁木齐市天物科技公司开发的城市生活污泥无害化处置及资源化利用环保新项目进展顺利，获自治区政策扶持资金627万元和国家科技部创新基金53万元。

生产管理 2010年，塔林公司认真做好生产管理。一是认真执行ISO9001、HSE等3个体系标准，作业文件贯穿生产全过程，安全生产态势良好。定期进行安全检查与专项安全检查相结合。多次进行安全设备设施、现场生产、食品安全的排查等，发现不合格项348项，现场整改关闭345项，对重大安全隐患单位责任人进行通告批评和罚款处理。二是加大安全培训力度。公司开支安全培训费用5.2万元，分别安排单位经营责任

人、安全管理专(兼)职人员、安全重点岗位员工进行非煤矿山责任人培训、承包商HSE培训、钻井HSE、井控、交通法规等安全培训,消防演练操作训练等,切实提高员工的安全防范意识和安全专业知识及安全防范技能。全年无重大人员伤亡事故发生,实现生产安全、交通安全、消防安全等方面零事故率的目标。三是做好债务清理。福建漳浦兴盛瓷业公司的债权问题在2009年得到解决的基础上,公司认真分析该项目今后的发展趋势和公司运作的利弊,出售90%的财产权,彻底解决公司历史遗留问题;积极清理国外项目遗留问题。也门国东方公司遗留问题经与合作方多次磋商已得到妥善解决,收回款项160多万元。阿联酋项目已经完工,至年底,正与合作方进行债权债务的清理。四是推动四川郫县天山公司重组工作。慎重选择合作伙伴,商讨改制、合作或出售方案,研究选择符合公司实际情况的运营方式。至年底,此项工作正在运行中。四是做好资质认证。公司组织专门力量办理产品资质,取得加重机生产制造资格证书和维修资格证书,取得固井地锚等产品的市场准入资质。

企业履行社会责任　2010年,塔林公司积极履行社会责任。一是加强组织建设。8月,下发《关于开展创先争优活动的通知》,在全公司党支部和党员中深入开展创建先进党支部、争做优秀共产党员活动。公司签订领导干部廉洁从业承诺书使领导干部真诚接受各方面的监督。各党支部根据《中国共产党纪律处分条例》的规定,积极签订党风廉洁建设责任书。全年发展新党员4人,预备党员转正3名,培训入党积极分子15名。二是开展关心员工生活。公司坚持把员工利益摆在重要位置,对薪资标准进行上调,人均月增加工资400元;侧重公司骨干岗位技能、专业知识提升的培训。全年各类培训支出25.9万元;组织56名生产技术管理骨干到上海世博会参观学习;安排符合条件的13名员工赴内地风景旅游区进行健康疗养;全年安排员工身体检查360人次,女工体检180人次。三是开展文化体育活动,稳定员工队伍。公司利用冬季工作量较少、人员集中的便利条件,举行冬季文体活动。包括篮球、拔河、齐心协力跑、跳大绳、夹乒乓球、定点投篮、袋鼠跳、背球接力赛等比赛活动,参加人员1 000多人次;利用三八节组织女职工开展跳大绳、踢毽子、打扑克、乒乓球、跳棋等多种适合女职工身心健康的活动,参加人员200多人次。四是解决员工困难。公司建立公司困难员工档案,全年慰问救助困难家庭28户66人次,发放困难补助金4.08万元。根据困难职工档案,为困难职工子女申请金秋助学补助;公司工会按时召开职代会,审议与员工利益密切相关的集体合同、工资集体协商协议书、女职工权益保护专项集体合同、民主评议公司领导干部和重大改革方案及公司制定的规章制度。五是开展文明创建活动。公司员工中开展争做优秀员工、文明家庭以及创先争优活动和争做岗位能手等活动,并给予一定的物资奖励,提高了员工的工作积极性和责任感。　(邬小玲)

【荣昌公司】

基本情况　新疆克拉玛依市荣昌有限责任公司位于克拉玛依市白碱滩区东宾路23号,始建于1955年,1998年11月整体改制。2003年7月通过ISO9001:2000版审核,2007年取得API4F-0141证书。2003~2010年,公司销售收入连续8年突破1亿元大关。公司先后被评为自治区民营科技企业、2008~2009年度自治区科学技术进步二等奖、2009~2011年度克拉玛依市地方重点企业、自治区颁发的高新技术企业证书、守合同重信用和3A信用企业;连续3年被白碱滩区评为科技进步先进企业、十佳明星企业。截至2010年底,荣昌公司有员工365人。机关设有事务部、财务部、市场经营部、生产技术开发部。下设钻机设备修理厂、内燃机修理厂、机械制造厂、电器仪表修理厂、机械加工厂、进口设备修理厂、经贸公司、沃克工贸有限公司、荣腾石油机械有限公司、荣华石油机械有限公司、荣德昌石油工程技术服务有限公司,是一支具有焊接、修理、制造、装配技术过硬的专业化队伍。2010年,公司注册资金900.62万元。其中国有法人股(钻井公司)262.33万元,占股本总额的29.13%;企业法人股(塔林公司)43.51万元,占4.83%;员工持股会出资594.76万元,占66.04%。公司主要经营各类石油工程、钻井设备、钻井底座、钻井井架、试油井架、泥浆净化系统制造;钻井作业、车载钻机、柴油机、发电机组大修;机械产品加工、钢丝绳吊索等制作。2010年,公司获克拉玛依市级平安单位。公司经理钱德洪被评为自治区机械工业劳动模范、自治区劳动模范。

经营业绩　2010年,荣昌公司实现销售收入1.54亿元,利润总额181万元,公司总股本9 006 228.78元,分红利润122万元,每股应分红利0.13元。全年制造产品、设备修理、加工件、出厂产品23 826台/件,出厂产品合格率100%;售后服务次数1 018次,售后服务率100%;顾客满意度调查168次,顾客满意度98.6%。市场开发能力逐步做大做强、做优做精。首先站稳西部钻探公司克拉玛依钻井公司和准东钻井公司的内部市场,向新疆油田公司市场发展。将井下、试油、地质等单位转化为荣昌公司的传统市场,利用技术优势,积极向外来钻井作业队伍提供服务。在外部市场上,公司把荣腾公司放在以南疆塔里木油田设备修理市场为主,把荣华公司放在以东疆、青海、吐哈、四川、内蒙古等油田设备修理市场为主,提升新的经济增长点,努力开拓制造和修理项目。在国外市场上,公司常驻哈萨克斯坦区域服务和专业的修理网点,逐步调整生产经营策略,向多元化业务发展,先后开展中石化、东方公司等30多个哈萨克斯坦钻井队售后服务,在哈萨克斯坦市场上拥有较高的知名度。下半年,公司根据工作量下滑趋势,派出优秀的领导干部和优秀的业务骨干人员,在青海油田市场开展石油工程相关业务。

重点工作　2010年,荣昌公司着力抓好重点工作。一是加快新产品、新项目开发。公司科技人员以市场为导向走联营、联合之路,共同开发出6个新产品、新项目。先后开发出电动钻机改造、ZJ40钻机转盘交流变频电驱动控制系统、YFQ-1200型钻井液液气分离器、RCT2010型椭圆振动筛、ZJ30型丛式井钻机平移装置、钻井泥浆罐自动清砂系统等项目。申请《智能软启动控制器快速检测试验装置》和《石油钻机泥浆泵吸入滤清器锁紧装置》2项专利。二是稳住效益,狠抓经营管理。重点抓控制物资采购和零星采购,减少中间供应商,完善合同定价、计划审批监督机制和成本控制管理工作。同时狠抓招投标预算指标的落实,严格按投标预算开展各项工作,坚持预算指标的刚性化,过程监控价格制度化，落实责任具体化，加大各分厂的招投标预算管理责任和目标。为分厂生产管理合理有效配置资金资源，盘活库存经营链提供一条畅通捷径。三是加快质量管理体系建设。坚持ISO9001:2008 和 API4F 国际质量管理体系标准，严把产品质量检验关，确保出厂产品合格率100%。

企业履行社会责任　2010 年，荣昌公司加快员工培训工作，进一步提高员工素质。全年有 160 人参加电气焊、压力容器、无损探伤、行车工、钻机修理工、柴修工、车工、电工等高级工、中级工取证复审；公司逐步提高外雇用工的整体素质和薪资待遇，形成竞争上岗、奖勤罚懒、优胜劣汰、能进能出的动态用人工资机制；开展丰富多彩的群众性活动，利用节假日开展乒乓球、羽毛球、拔河比赛、跳绳等趣味活动，参加区工会组织的篮球比赛，获得好名次；在国庆节、春节前夕，开展对特困弱势群体上送温暖活动，为困难职工家庭发放节日食品 22 份，4.3 万元；为困难职工捐款 3 次，总额 1.6 万元；慰问看望患病职工 30 人次，发放慰问品8 000元。　（陈海滨）

【迪马公司】

基本情况　截至 2010 年底，克拉玛依市迪马有限责任公司机关设事务部、企管部、生产技术部、财务部，下设泥浆车间、综合车间、供送运输服务分公司、运输分公司、轮台泥浆材料厂。有职工 154 人，由汉、维吾尔、哈萨克、回、达斡尔等 9 个民族组成，其中原国企职工身份职工 116 人、原国企青工 6 人、新进人员 32 人；少数民族职工 27 人，女职工 43 人；具有大专及以上文化程度 50 人、中专文化程度 10 人、高中（含技校）27 人、初中及以下文化程度 67 人；有管理人员 37 人，专业技术人员 30 人（其中工程师 4 人、助理工程师 16 人、员级 10 人）；党员 51 人（预备党员 2 人），共青团员 16 人。主要为西部钻探各钻井公司、固井压裂公司、钻井工艺研究院提供钻井开钻、补充用坂土轻泥浆，补充、应急用不同密度的重泥浆，高粘、高坂含等不同类型的特殊泥浆，钻井液用造浆材料膨润土粉，钻井泥浆加重材料重晶石粉、铁矿粉、石灰石粉，固井用石英石粉、高炉矿渣粉，野外钻井生产用地下水等产品；自产产品、钻井生产生活用水、钻井用原油、固井液等的供送运输服务，回收泥浆、废液废料、泥浆材料的回收运输和倒运；钻井井控应急重泥浆、加重料等的储备与应急运输保障服务。公司占地面积 8.4 万平方米，基地占地面积 5 万平方米，独山子铁粉厂占地 1.2 万平方米，轮台泥浆材料厂占地面积 2.2 万平方米，成品库房6 474平方米（其中轮台泥浆材料厂 2 590平方米、独山子铁粉厂 600 平方米、白碱滩基地3 068平方米、东部 216 平方米），野外有 4 套前线泥浆生产设施、设备，容积 60 立方米水罐 30 个，各类砂泵 20 台。年生产泥浆 10 万立方米。拥有 7 台套国内先进的摆式磨粉机，其中白碱滩厂区 3 台、独山子厂区 2 台、轮台泥浆厂 1 台、陕西省平利县 1 台；150 吨电子衡各 2 台，年生产泥浆固体材料能力 15 万吨。拥有各种大型车 78 辆，其中罐车 50 辆、随车吊 5 辆、翻斗车 4 辆、装载机 4 辆、其他车 17 辆，年供送运输能力可达 200 万立方米。拥有各类野营房 34 栋，具备在野外设立多个前线服务点的能力，在腹部、东部有 5 个野外服务点。注册资金 790 万元。其中西部钻探克拉玛依钻井公司出资 156.7 万元、新疆塔林投资（集团）有限责任公司出资 111.1 万元、员工持股会出资 522.2 万元。

经营业绩　2010 年，迪马公司企业资产总额9 953万元，固定资产原值4 645 万元，净值1 820万元。产值总额 1.24 亿元（其中新疆油田以外市场创收1 306万元）。上缴税金 635 万元。年内通过 ISO9001:2008 质量体系换版认证审核；分别取得中国石油天然气集团公司钻井液用 OCMA 膨润土、钻井液用重晶石粉、钻井液用氧化铁矿粉和钻井液用石灰石粉四种产品认可证书，西部钻探内部服务市场运输市场准入证，塔里木油田市场准入证，川庆钻探工程有限公司物资采购钻井液用重晶石粉和钻井液用石灰石粉等 2 种产品市场准入证，并申请办理川庆钻探市场准入证增项。公司被评为 2009～2010 年度市级先进工会，再次被命名为市级平安单位。同时分别被评为区级先进基层党组织、十佳明星企业、社会治安综合治理先进单位、和谐社区建设共建先进单位、安全生产优秀单位、落实环境保护目标责任书先进单位、人口和计划生育系统 2008～2010 年度先进集体、2009～2010 年度尊师重教先进单位，2006～2010 年度“五五”普法先进单位，被区委推荐为自治区非公经济组织先进党组织。

重点工作　2010 年，迪马公司针对西部钻探实施精细化管理带来的各种困难，全面部署 8 个方面的重点工作。一是加强市场开发，提高市场占有率。二是突出精细管理，实现降本增效。三是强化安全管理，推动安全发展。四是抓好产品质量，满足用户需求。五是开拓外部市场，增强发展后劲。六是加强基层建设，提升队伍素质。七是加强党组织建设，发挥政治核心作用。八是坚持以人为本，保障员工利益。全年没有发生重大安全生产责任事故，也无重大生产、经营、指挥和决策失误，重大人身伤亡责任事故为零。在 8 家客户单位满意度调查中，对公司的产品质量、包装质量和服务质量满意度 100%。

企业履行社会责任　2010 年，迪马公司认真开展基层党建深化拓展年和标准化党支部创建活动，一类党支部 100%，标准化党支部 80%，党员合格率 100%，党员优秀率始终保持在 95% 以上；公司抓好社会治安综合治理工作，全年未发生黄、赌、毒等社会丑恶现象，治安灾害事故为零；公司高度重视社会稳定和反邪教工作，深入开展民族团结进步教育和平安单位创建活动，全年无职工参与非法宗教和民族分裂活动；公司积极做好“两劳”回归人员安置和帮教工作，安置 7 名“两劳”回归人员；在全公司范围内集中开展向青海玉树地震灾区献爱心捐款活动，捐款14 120元；组织青年志愿者到白碱滩区为老服务中心开展为老服务志愿者活动；六一儿童节和八一建军节，开展专项节日慰问活动（同时慰问区新成立的巡逻大队）；为因病提前退休的廖小亢献爱心捐款6 955元；在第 29 个民族团结进步教育月活动中，为病逝职工的母亲送去大米、面粉、清油等慰问品。

（张　庆）

【鑫塔公司】

基本情况　2010 年，克拉玛依市鑫塔有限责任公司注册资金1 324万元，员工持股会 960.7 万元，占总股份 72.54%（国有股），西部钻探工程公司克拉玛依钻井公司 363.6 万元，占总股份 27.46%。有员工 393 人。其中女员工 197 人，占员工总数 49.75%；汉族员工 299 人，占 76.09%；少数民族员工 94 人，占 23.92%。主要经营范围有餐饮服务、公寓管理、国内商业、国际贸易、货物运输、服装加工销售、生活用纸加工、劳务输出、钻井物资供应、烹饪及生活服务技艺培训、设备机电修理、野营房维修、房屋场地与设备租赁、劳动保护用品生产、床上用品与盖布加工。公司生产经营单位有前线一公司、前线二公司、前线三公司、前线四公司、供应公司、维修公司、被服厂。外部市场有控股公司——哈萨克斯坦毕拉米达有限责任公司;全资子公司——克拉玛依市鑫劳务派遣有限公司;控股公司——克拉玛依市鑫塔物业服务有限责任公司。

经营成果 2010年,公司实现总产值7 117.4万元,实现利税87.2万元。

市场开拓 2010年,公司不断开发新的市场,新开发、拓展的市场有西部钻探克拉玛依钻井、准东钻井等70多个钻井队野营房的制冷、电器、野营房的维修工作;南疆塔里木油田市场不断拓展,由上年的7个钻井队和1套基地公寓生活服务项目,增至为2010年9个钻井队和两套基地公寓服务项目;克拉玛依市监理工程有限责任公司生活服务项目;胜利油田70162钻井队的生活服务项目。

工程服务 2010年,公司进一步提升产品质量,加大对设施设备、员工教育投入。一是为使劳保品符合国家规定要求,新增M403A织物摩擦带电电荷量测试仪1台、M403滚筒摩擦机1台、T202多功能强力机1台、工业洗衣机1台,使产品出厂合格率有较大的提升。二是维修千吨保鲜库,不断提高存储质量。年初,由市压力容器检测中心对保鲜库在用的压力容器进行周期性探伤检测,合格率100%。三是保鲜库安装防雷设施,对保鲜库的安全运行提供可靠保证。四是面对钻井服务市场分散、运距远的特殊情况,为确保井队的食品安全,投资100多万元新增运力2辆8吨冷藏车,为钻井服务市场配有4辆套大型冷藏车,运力32吨。五是服务市场全面推行《质量 环境 职业健康安全》标准化作业。完善基础工作建设,规范管理与作业程序。从而使服务质量、工作质量,管理质量及环境意识有较大的提升,促进公司的持续改进与发展。公司在中石化西北局塔河采油二厂项目推行现代酒店"五常"管理,靠先进的服务理念,赢得顾客方的好评和信任。

党组织建设 2010年,公司设有公司党委,下设8个基层党支部:机关党支部、前线一公司党支部、前线二公司党支部、前线三公司党支部、前线四公司党支部、供应公司党支部、物业公司党支部、维修公司党支部。有党员114人,其中女党员19人,占党员总数的13.15%;少数民族党员9人,占7.89%。公司党委通过电教、会议、发放学习资料等各种形式组织学习,在党员中进行党员自身素养和反腐倡廉教育,教育党员树立爱企如家的无私奉献精神。114名党员参加评议,全部为合格党员。前线二公司党支部获白碱滩区级优秀党支部,张用锁获白碱滩区级优秀党支部书记,白碱滩区级优秀党员为唐绍生、赵尔松、纪殿孝、艾合买提,公司级优秀党员为何孝灵、开沙尔肉孜、黄旭、张兴财、朱品英。

企业履行社会责任 2010年,克拉玛依市鑫塔公司进一步健全工会组织,积极履行社会责任。有工会会员393人。其中少数民族会员94人,占会员总数23.91%;女会员197人,占50.13%。工会组织有公司工会委员会和8个基层工会委员会。做好员工培训工作,全年开展各类培训13项207人次。生产现场精细管理培训1人,制冷工取证培训2人,制冷工操作资格证复审7人,QSHE管理体系内审员培训4人,营养配餐食高级研修班培训8人,高级人力资源管理是学习班培训1人,物业管理现代礼仪培训104人,食品安全、财会知识培训45人,安全生产责任人安全生产管理人资格证取证17人,国家注册审核员换班培训班培训3人,企业合同管理培训1人,秘书岗位资格认证培训1人,物业管理从业人员岗位继续教育培训13人。公司被评为中国烹饪协会2010～2012会员单位,克拉玛依市城市管理突出贡献单位,白碱滩区安全生产优秀单位,白碱滩区落实环境保护目标责任书先进单位。(纪殿孝)

【黑豹公司】

基本情况 截至2010年底,克拉玛依市黑豹工程有限责任公司有员工223人,其中外雇工59人,女员工54人,民族员工28人,从公司内部外雇工转录员工9人。有专业技术人员63人,其中高级专业技术职务3人、中级10人、初级50人。建筑师持证,一级建造师3人、二级建造师12人。拥有房屋建筑安装工程技术管理和专业施工队伍、各种施工机具和运输设备251台(套)。公司注册资本金2 047万元,固定资产2 557.4万元,企业资产总额13 179.06万元。管理机构设生产安全部、工程技术部、经营合同部、党工群事务部、财务部;生产单位有建筑安装专业化队伍水电暖安装队、建筑装修装璜队、专业防水防腐队、工程爆破队、15个建安队、4个水利工程队、砼预制厂;油田地面工程分公司:油田地面工程专业工程队5个;机械化设备分公司:运输车队、特车队、修理厂;农机机械化服务分公司。公司企业资质具备房屋建筑安装工程施工总承包贰级、土石方工程专业承包贰级、建筑装修装饰工程专业承包叁级、防腐保温工程专业承包叁级、公路路基工程专业承包叁级、新疆油田公司健康安全与环境(HSE)准入证、西部钻探公司钻井井场基础工程施工小型爆破作业工程及货物运输准入证。

经营业绩 2010年,黑豹公司严格控制生产成本和非生产成本,把好开源、节流关,做好企业资质升级工作,盘活房地产行业。以外部市场弥补内部市场工程量不饱和的工作指导思想,保证企业持续稳定发展。承揽完成克拉玛依市白碱滩区中心路街道第二社区卫生服务中心工程、新疆贝肯能源工程股份有限公司办公楼等5项新建工程。在新疆油田公司承揽完成克029井、莫北MB2281井、风城012井、滴西DX1826井、等134项井场基础工程。在勘探公司承揽完成东道3井道路工程A段、风南6井钻前道路及基础工程等26项探临工程,全年完成收入10 307.78万元,成本费用9 364.96万元,实现利润总额942.82万元。

企业管理 2010年,黑豹公司加强内部管理,追求效益保平稳。一是根据不同类型的材料用量和涨价的因素,研究制定相应的措施,严格管理,保证企业平稳持续的发展,维护公司、股东、员工利益,从材料的审批、采购,入库、出库、使用的全过程都得到控制。二是加强质量管理。公司认真做好上岗再教育学习和培训工作,全体员工持证上岗率达95%以上,把ISO－9001、ISO－14001管理体系运行与实际工作联系起来,工程质量合格率100%。三是抓好安全管理。在各项工作和施工中,严格按照行业安全操作规程和新疆油田公司健康、安全与环境HSE管理规定作业,杜绝人身、机械、工程质量事故。四是抓好员工培训。全年安排员工外部培训125人次，其中油田公司HSE培训22人，“八大员”取证培训13人，专业技术人员继续教育7人，会计继续教育17人，机动车驾驶取证培训28人，电气焊取证培训8人、电工取证培训9人，建筑业务知识培训21人，都按期取得相应的证书。公司被克拉玛依市税务局授予2009～2011年纳税信用A级单位，被自治区诚信评估中心授予2009～2010年自治区AAA级诚信单位。（田 源）

【天利公司】

基本情况 天利实业总公司是独山子石化公司下属的独立法人企业。截至2010年底，天利实业总人数668人（不含已改制单位人员），其中全民职工164人、家属92人、职工子女204人、外雇工208人；本科学历251人、硕士1人、大专177人、中专40人、高中及以下学历者199人，注册资金1.4亿元。公司下属单位有炭素厂、化工一厂、化工二厂、分析检测中心、综合服务中心、公用工程、独山子大酒店（设在乌鲁木齐市的四星级涉外酒店）、制衣厂、供销公司、房产管理办、家属管理站、天利天元化工厂12个单位。公司生产经营的主要范围为碳素系列产品、偏三甲苯、石油萘、溶剂油、多种抗氧剂等石油化工产品及原材料，房屋租赁、货物运输、制衣等。公司控股公司有天利高新技术股份有限公司和天鑫工贸有限责任公司；参股公司有新疆三得新材料有限公司和新疆麦里非金属矿业有限责任公司。公司拥有对外贸易权，自产品煅烧焦、预焙阳极及代理的石化产品远销俄罗斯、蒙古、巴基斯坦等国家。是自治区重点外贸对口联系企业。

经营业绩 2010年，天利公司在安全生产、市场营销、基础管理、项目建设、社会稳定5条战线整体受控，取得较好的成绩，实现安全生产无事故。全年生产经营总值5.81亿，比上年增长139.94%；经营销售收入6.64亿元，增长121%；全面完成了石化公司交给的各项任务指标。资产负债率69.9%，主营业务销售利润率17%，总资产报酬率5.52%，资本保值增值率10.46%；年末贷款总额9.46亿元，其中石油萘扩建项目固定资产贷款1.8亿元、碳五综合利用项目固定资产贷款3.5亿元、化工助剂和石油萘装置固定资产贷款余额1.1亿元、流动资金贷款3.06亿元；全年实际发生管理费用732.12万元，其中差旅费31.77万元、业务招待费27.32万元。与预算基本持平。全年支出贷款利息2 455万元，减少80万元；发放工资奖金2 571.11万元（不含偏三甲苯和运输公司司机行车补助）、缴纳各项社会保险、企业年金及公积金1 769.68万元、福利费支出320.3万元，合计为员工支出4 661.09万元。

生产管理 2010年，天利公司生产组织能力进一步提高。一是公司专业部门善于总结提高，相互之间的配合进一步加强，使安全生产中的问题得到较好的解决，通过与各生产厂的无缝对接，较好地保证生产受控。化工助剂的技术攻关，通过总结分析、反复试验，解决诸多影响产量和质量的问题。二是专业管理善于在借鉴中提高。通过借鉴先进管理经验，使石油萘扩建装置一次通过独山子石化公司专业处室的检查确认。三是各装置生产有序受控，石油萘装置满负荷生产，能耗逐步降低。扩建装置一次投料开车成功，新旧装置衔接有序、平稳过渡；偏三甲苯装置保持经济运行态势；炭素厂克服冬季上料困难及设备老化问题，产量同比实现增长；天利天元化工厂编织袋合格率和收率持续提高，生产成本逐步降低，产品质量及售后服务受到用户好评。全年生产煅烧焦87 266吨、偏三甲苯8 378吨、石油萘装置加工量完成99 335吨、生产合格抗氧剂919吨。四是抓好营销管理。进一步加大市场信息的收集和分析力度，努力寻找终端客户，提高直销率。同时建立顾客评价体系，经过试评价，收到较好效果。制衣厂完成秋装改版为牛仔服的艰巨任务。石油萘和硫磺编织袋通过国家铁道部审核，为石油萘的火车发运奠定基础。四是强化“三结合”管理。将QHSE管理体系与标准化管理体系有机地结合起来，明确216项管理规定，制度覆盖面纵向到底、横向到边，保证各项工作有章可循、有法可依；将内控体系与“三重一大”监控体系有机结合起来，各项帐务往来、招投标管理、工程建设等均按体系标准程序执行，减少失误、降低成本、防止违规操作；将管理诊断与现场督导有机结合起来，针对部分单位基础管理薄弱的问题，组织调研和分析，制订强化基础管理工作计划，修订基础管理评价标准、现场规范标准，并付诸实施。

重点工程建设 2010年，天利高新公司主要开展2项重点工程。一是石油萘扩建装置建成投产。该装置于4月26日动工。公司成立开工指挥部，编制、完善配套的开工资料，按照石化公司开工100条要求，逐项落实开工前的生产准备工作。开展大干30天、决战9月等系列活动，促进项目进度。11月18日装置中交；11月19日石化公司组织新装置开工验收；11月19日装置进原料、催化剂再生；12月6日产出合格产品，标志着装置一次开车成功。二是碳五项目建设进展顺利。项目已在自治区完成整体立项，分离装置所需资金已基本到位，分离装置施工图设计已基本完成；装置原料罐区基础已完工。橡胶和树脂装置工艺包的技术引进已完成相关协议及合同的签署。与碳五项目配套的公用工程中，3万平方米成品库房钢结构主体已基本安装完毕；126米高的火炬和循环水系统已建成，具备投用条件；检维修厂房和火车装车栈桥已建成投用；管控中心7月投用；所涉及到的地下管网、给排水、道路已基本完成。

企业履行社会责任 2010年，天利公司认真履行社会责任。一是做好员工思想工作，保持员工队伍稳定。为保证集团公司干部大会顺利召开，公司提前对重点人员逐个开展思想教育，及时掌握其动态，定期慰问走访困难家属及特困家庭，给予补助。同时组织150多名家属代表进入大项目工地进行参观。为解决好退岗家属群体养老待遇历史遗留的问题，积极配合社保中心和区政府有关部门落实相关政策，安排协调家管站等部门及时有序的完成退岗家属转社保工作。至年底，全部退岗家属已转入自治区养老统筹，退岗家属养老保障问题得到妥善解决。二是提高残疾人收入。公司本着发展成果共享的原则，出资调整编织袋生产的计价标准，使在岗位员工平均收入增加21%以上。同时追加资金184.55万元调整员工“六险一金”基数，补交差额，进一步解除员工的后顾之忧。三是抓好员工文化娱乐活动。公司党工团组织充分利用三八、七一、十一、中秋、春节等节日，组织丰富多彩、寓教于乐的活动，进一步培养员工爱岗敬业、热爱劳动的思想。（杨 波）

农 业

农林牧业

【市农林牧业局领导名单】
局长：杨建发
副局长：斯提瓦力地·哈斯木

【基本情况】 2010年，克拉玛依市农林牧业局编制46人，实有38人。内设行政科室5个：办公室、农业科、林业科、畜牧兽医科、乡镇企业（农机）管理科。所属参照公务员管理的事业站所5个：市动物卫生监督所（同时挂市动物疾病控制与诊断中心牌子）、市草原监理站、市农机安全监理所（同时挂市农牧机械化技术推广站牌子）、市森林病虫鼠害防治检疫站（同时挂市植物保护检疫站、市农产品检测中心两块牌子）、市林管总站。其中女职工12人，少数民族职工9人。职工中硕士研究生学历1人，大学学历28人，大专6人。全局有党员24人，团员3人。 （张 琼）

【"十二五"规划评审】 2010年11月12日，克拉玛依市"十二五"规划工作领导小组办公室联合市农林牧业局召开《克拉玛依市农业发展"十二五"规划》专家评审会。专家组成员由市发改委、市规划局、市社会经济发展研究中心、市农业开发区管委会等相关部门领导及新疆油田工程咨询中心、绿城公司的相关专家组成。专家组成员认为，规划综合考虑克拉玛依市农业发展的现状，明确"十二五"期间农业发展的指导思想和发展目标，提出"建设形成四大产业、七大生产基地、五大重点工程"的发展重点及主要任务，对"十二五"期间农业发展的保障措施进行阐述，符合克拉玛依市农业发展特点和现状。副市长阿不都热合曼·克里木对进一步完善规划提出要求。 （张 琼）

【农业农村经济】 2010年，克拉玛依市实现农业总产值8.1亿元（不含乡镇企业、现价、下同），按照可比价计算，比上年增长12%。农村经济总收入6 778万元，增长11%。农民人均纯收入10 296元，增加2 420元，成为新疆首个农民收入过万元的地州市。其中小拐乡农牧民人均纯收入10 500元，净增2 000元；乌尔禾乡农牧民人均纯收入10 043元，净增2 522元；国有牧场牧民人均纯收入7 500元。 （张 琼）

【种植业】 2010年，克拉玛依市农作物播种10 429公顷。皮棉平均亩（0.07公顷）产105千克，实现总产1.18万吨。蔬菜瓜果种植面积131.8公顷，比上年减少25.6公顷，实现总产0.72万吨，饲草料等其他作物种植面积1 948.47公顷，增加177.5公顷。 （张 琼）

【农业产业化】 2010年，克拉玛依市农产品加工业总产值4.2亿元，比上年增长10%。现代化生猪、奶牛养殖基地建成并投入运行。全市有存栏千头以上规模的猪场5个、生猪养殖基地（小区）3个。三达公司建成全疆最先进的万头现代化生猪养殖场。全市地产猪肉本地市场占有率达到80%以上，生猪产业规划纳入自治区总体规划。绿成公司核心牛群数量1 500头，乳品加工厂日生产加工能力100吨，全年生产乳制品9 002吨，比上年增加2 052吨，产值4 200万元，牛奶产品本地市场占有率达到70%以上，生产供应学生奶1 500吨，惠及中小学生近4万人。设施农业基地建设发展较快。克拉玛依市政府调整出台温室大棚财政补贴政策，每座新建温室补贴标准提高到2.5万～3万元。农业开发区绿农公司在原有百亩规模基础上新建节能日光温室100座，实现当年建棚、当年生产、当年见效；乌尔禾区百亩设施农业生产基地投入生产；三达公司、永丰瓜果蔬菜合作社等农业企业积极发展温室大棚建设。农业旅游业呈现良好发展局面。乌尔禾乡结合魔鬼城旅游景观，统一标准建设30家农家乐，举办民俗文化旅游节；小拐乡建成农业生态园，开办哈萨克风俗餐饮，吸引游客；农业开发区积极发展休闲和观光农业，全年接待游客9.8万人次。 （张 琼）

【林业生态环境保护与建设】 2010年，克拉玛依市完成人工造林156公顷。对国家级公益林管护质量、资金使用效能和基础设施建设进行专项检查，规范国家级公益林和地方公益林区划界定工作。加强征占用林地执法监督和管理，全年收取资源补偿费277万元。开展毁林开垦行为查处和治理工作。按照收回土地、恢复生态的原则，市区两级政府抽调146人，成立6个工作组，其中市农业牧业局抽调6名工作人员重点清理和整顿小拐非法开垦土地，查处无任何草地用地手续非法开垦草地生产经营者23户，收回土地5 466.67公顷，对收回土地实施围栏封育等植被恢复措施。 （张 琼）

【畜牧业】 2010年，克拉玛依市牲畜年末存栏15.43万头（只），比上年增长7.3%，出栏14.28万头（只），增长9.85%。畜产品肉类总产量9 944吨，增长17.5%。奶类产量8 959吨，增长28.9%。禽蛋产量990吨，增长11.24%。 （张 琼）

【乡镇企业与农机管理】 2010年，克拉玛依市乡镇企业实现营业收入6 192万元，比上年增长5.7%，增加值1 745万元；实现税后净利润576万元，增长

15.4%。全市农机总动力3.14万千瓦，农用拖拉机保有量767台，各种农机具1 566台(套)。农机化综合水平达到80.3%。平安农机创建工作成效显著，农机安全管理工作继续实现零事故和零死亡的目标。（张 琼）

【品牌认证】 2010年，克拉玛依市天地农牧公司的“天锦”牌猪肉获第八届中国国际农产品交易会金奖；瑞恒公司的“瑞恒”牌冷鲜肉，原野公司的“穗穗康”牌真空包装糯玉米、“嘉轩”牌葡萄酒、三达公司的“三达”牌珍珠鸡蛋，绿成公司的“金绿成”牌灭菌乳、酸牛乳，中太公司的“中太”牌鲜冻牛羊肉获首届中国农产品品牌博览会优质农产品金奖；“金绿成”牌乳制品、“三达”牌珍珠鸡蛋获首届新疆特色农产品交易会产品金奖。（张 琼）

【农产品质量安全管理】 2010年，克拉玛依市农林牧业局全面开展蔬菜、畜产品和生鲜乳有毒有害物质残留检测工作。市区两级监督检测机构检测蔬菜(含水果、食用菌)样品2.7万个，检测合格率99%，企业自律检测蔬菜样品10.1万个，检测合格率99.5%. 完成检测畜产品样品5 000个，未检出瘦肉精等违禁化学品。完成7批次433个样品的生鲜乳检测，未检出三聚氰胺等有害物质。（张 琼）

【生鲜乳抽样检测】 2010年5月11日，自治区兽药饲料监察所来克拉玛依市对生鲜乳进行抽样和检查。此次抽查，共抽检生鲜乳收购站4个、鲜奶运输车辆1辆，抽取样品5批次，重点检测生鲜乳中三聚氰胺、水解蛋白、抗生素等违法添加物。（张 琼）

【优惠政策落实】 2010年，克拉玛依市获得国家、自治区森林生态效益补偿、农作物良种补贴、农机具购置补贴、奶牛标准化养殖场建设等农林牧业各类专项资金共计1 975万元。市区两级财政投入资金7 998万元用于农业农村经济的发展。对新增的533头高产奶牛补贴96万元；对自产的4 736吨原料奶补贴237万元；对105座新建日光温室补贴315万元；对248.8公顷生态公益林补贴223万元。同时为两乡农户发放春耕生产担保贷款446万元。（张 琼）

【安全生产】 2010年，克拉玛依市农林牧业局依法强化农机牌证管理，全市拖拉机上牌率和年度检验率达到95%，拖拉机驾驶员持证率90%。进一步巩固平安农机乡、村、户创建成果，完成克拉玛依区和乌尔禾区创建自治区级“平安农机示范县(区)”的申报工作。开展农机安全隐患排查与治理，有效消除了安全隐患。建成地州级林业有害生物预测预报站，强化林业有害生物监测工作。加强苗木调运检疫和产地检疫，全年检疫苗木110万株。针对碳汇林基地杨十班吉丁虫危害严重的情况，供水公司造林减排作业区采取飞机防治的措施，起飞250架次，同时还采取地面防治措施，综合防治面积0.33万公顷，有效控制了虫害蔓延。开展乡镇企业消防安全隐患专项治理行动，加强对从业人员的安全技能培训，组织森林草原消防培训和演习，修建防火隔离带和消防通道，全年乡镇企业无事故、森林草原无重大火灾发生。（张 琼）

【动物防疫检疫】 2010年，克拉玛依市农林牧业局落实辖区负责制和领导责任制，按时完成春秋两季重大动物疫病强制免疫和常年补免工作。同时做好羊痘、结核病、布病等常见多发病、地方流行性和季节性疫病防治，提高防疫工作整体成效；全面开展畜禽抗体水平监测，跟踪检查免疫密度和效果，对未达到标准的二次补免，全年抗体检测平均合格率88%；进一步规划、强化屠宰检疫和外调动物及动物产品的监管工作。全年防、检疫各类动物160万头(只)/次，免疫禽类86万羽次。全年无重大动物疫病发生。（张 琼）

【农技推广】 2010年，克拉玛依市农林牧业局实施科技富民工程，示范推广棉花节水高产、畜种改良、良种良法等实用技术。实施农村信息化建设工程，“农信通”、“三电合一”服务体系建设不断完善，全年提供科技服务信息14万条。全面实施测土配方工作，指导农民科学施肥，对0.67万公顷耕地开展土壤化验、配方设计，为农牧民免费提供施肥技术指导。引进推广肿腿蜂防治杨十斑吉丁虫技术，在碳汇林基地实现以虫治虫的生物防治目标。饲草料高产栽培技术、新型高品质液态乳产品的研究开发、高效集约化生猪养殖技术集成与示范等一批科研成果在农牧业生产中得到推广和应用。（张 琼）

【农民市民化工程】 2010年，克拉玛依市农林牧业局系统研究实施农民变市民试点工作有关政策，组织人员到内地考察学习，结合成都、重庆等内地成功经验，对体制和机制的创新进行有效探索，制定乌尔禾乡农民变市民的实施方案和具体步骤，完成乌尔禾乡农民变市民试点准备工作，各项前期摸底调查、宣传动员等工作已有序开展。小拐乡结合自身特点，按照农区社区化的模式积极探索城乡一体化和农民变市民工作。（张 琼）

【农业农村工作会议】 2010年3月2日，克拉玛依市农业农村工作会议召开。市人大常委会副主任王俊生以及各区委、区政府，市委、市政府有关部门，农业开发区管委会，各区农口部门，小拐乡、乌尔禾乡党委、政府，部分涉农企业，科技示范户，乡镇企业代表160多人参加会议。会议的主要任务是全面贯彻落实中央、自治区农村工作会议以及市委九届六次全委(扩大)会议和市十二届政府第三次全体会议精神，认真总结2009年克拉玛依市农业农村工作，以发展现代农业、加快实施城乡一体化为主题，安排部署2010年农业农村工作。市农林牧业局局长杨建发作题为《统筹兼顾、科学发展、努力推进现代农业和城乡一体化进程》的工作报告，市油田党委常委、宣传部部长郭仲军讲话，副市长阿不都热合曼·克里木对2010年重点工作提出具体要求。（张 琼）

【设施农业会议】 2010年4月28日，克拉玛依市农林牧业局在市农业综合开发区召开设施农业现场会。各区、乡和政府部门领导，相关企业、超市、金融机构负责人参加会议。克拉玛依市农林牧业局局长杨建发主持会议，农业综合开发区管委会主任孙代军发言，绿农公司、永丰瓜果蔬菜合作社分别介绍经验。副市长阿不都热合曼·克里木讲话，针对克拉玛依市蔬菜自给率仅为10%，蔬菜主要依靠周边地区供应，质量难以监管，市场应急保障能力不足的状况，提出农业综合开发区下一阶段的发展目标。争取用3年时间建成千亩以上设施农业生

产基地，保障市民需求，为市民提供安全、优质的农产品。（张　琼）

【畜牧工作会议】 2010年6月11日，克拉玛依市召开畜牧工作会议。市委办公室、市政府办公室、宣传部、组织部、团市委、市妇联等部门，各区（含农业开发区）分管领导、各区农林水牧局局长，2乡、3个牧场的领导、市属畜牧企业负责人和畜牧协会会长等参加会议。克拉玛依市农林牧业局局长杨建发通报近几年克拉玛依市畜牧业发展情况及下阶段工作思路和目标。副市长阿不都热合曼·克里木对市畜牧业发展提出新的目标和工作要求。绿成公司、三达公司及独山子牧场等畜牧企业作经验交流发言。（张　琼）

【自治区农机化信息统计工作会议在克拉玛依召开】 2010年9月2日，自治区农机化信息统计工作会议在克拉玛依市召开，来自全疆各地州负责农机化信息统计工作的47名代表参加会议。会议由自治区农机局副局长依米提·肉孜主持。克拉玛依市副市长阿不都热合曼·克里木致辞，自治区农机局党组书记王晓文讲话。会议总结2009年全疆农机化信息统计工作，表彰2009年农机化信息统计工作的先进集体和先进个人，部署2010年农机化统计年报和2011年农机化统计季度（预测）报表，解决《新疆农机网》和《农机化统计报表》网上直报系统运行过程中出现的问题，讨论《新疆农机化政务信息工作管理办法》、《新疆农机化政务信息和对外宣传工作表彰奖励办法》、《新疆农机化管理统计评比办法》修订意见，征求《新疆农机网》改版意见。对今后农机信息统计工作如何开展，参会代表提出很多建设性的意见，为推进农机信息统计工作的快速发展起到积极的作用。（张　琼）

【动物防疫会议】 2010年9月8日，克拉玛依市召开2010年秋季动物防疫工作会议。会议首先由市农林牧业局杨建发局长通报克拉玛依市1～8月动物防疫工作情况，针对性分析存在的问题，重点部署秋季动物防疫工作。克拉玛依市防重指挥部指挥长、副市长阿不都热合曼·克里木出席会议并作讲话。克拉玛依市防重指挥部有关成员单位农牧、卫生、公安、工商、经贸等部门领导，各区及农业综合开发区主管领导、区畜牧兽医局局长以及动物卫生监督所所长等参加会议。（张　琼）

水务管理

【市水务局领导名单】
党组书记、副局长：董晓林
局长：房岩军
副局长：巨生军（5月离任）

【基本情况】 2010年，克拉玛依市水务局内设办公室、水政水资源科（挂市节水办公室牌子）、农牧水利水保科（挂水产科牌子）、规划与建设管理科、城市供水管理科5个职能科室。市防汛抗旱指挥部办公室设在市水务局。下属市水政综合监察支队（市渔政监察支队）和市水利工程质量监督站2个事业单位。截至年底，全局有职工17人。其中党员12人，少数民族职工3人，女职工4人。主要职责是贯彻落实国家及自治区有关水法律、法规、方针、政策，统一管理克拉玛依市水资源，负责水利各项规划编制、水政、渔政监察执法、水利规划与建设管理、农田水利建设、水土保持工作、市防汛抗旱指挥部办公室日常工作、水产科技等工作。（焦　萍）

【项目前期工作】 2010年，克拉玛依市水务局编制《克拉玛依市水利发展“十二五”规划》。按时完成上报《克—白中部城镇资源规划》（方案）中的水资源及水利工程布局规划。将独山子区曙光新村纳入北村饮水安全工程范畴。重新编制《克拉玛依市独山子区北村饮水安全工程实施方案》。《克拉玛依市节水型社会建设规划》、《克拉玛依市城市饮用水水源地安全保障规划》通过政府批复。第六净化水厂建设的前期工作正在进行可行性研究、编制阶段，应急水库建设开展库址选址前期论证工作。克拉玛依市中型灌区节水配套改造项目前期已完成，且纳入自治区总规划中，并上报国家水利部审查。（焦　萍）

【重点工程建设】 2010年，克拉玛依市病险水库除险加固工程进入收尾阶段。白碱滩水库除险加固工程合同项目于6月30日全部完成，12月9日完成蓄水安全鉴定工作。黄羊泉水库除险加固工程合同项目在10月底全部完成，12月24日完成蓄水安全鉴定。白碱滩区生态水库扩建项目工程竣工已验收。城镇水利建设进展顺利，日处理能力20万立方米的克拉玛依市第五净化水厂已开工建设，独山子第四水源二期金沟河流域引水工程已得到自治区水利厅批复，待中石油批准。在造林减排项目区开工建设666.67公顷林地间高效节水工程，白碱滩区、小拐乡完成并投入使用高效节水灌溉面积153.33公顷。（焦　萍）

【农田水利建设】 2010年，克拉玛依市水务局加强农田水利建设工作，取得显著成效。争取到自治区高效节水、小型农田水利建设补助资金600万元。其中克拉玛依区小拐乡团结新村小型农田水利建设工程项目（总投资180万元，自治区补助资金90万元）于5月开工建设，至年底，已完成工程量90%；完成《克拉玛依市独山子区国有牧场引水枢纽改造中央小型农田水利建设项目实施方案》、《克拉玛依市独山子区国有牧场自治区小型农田水利建设工程实施方案》初步审查及上报立项，2个项目已为克拉玛依市争取到中央及自治区水利补助资金200万元；克拉玛依市中型灌区节水配套改造“十二五”规划编制完成，并纳入自治区总规划中上报水利部审查。小拐乡、乌尔禾乡对自治区、克拉玛依市、克拉玛依区、乌尔禾区财政投入的小型农田水利工程项目、抗旱打井工程及渠道清理、抗旱设施维修完成情况进行检查落实验收。（焦　萍）

【水利宣传】 2010年，克拉玛依市水务局结合严格水资源管理，保障可持续发展的宣传主题，开展各种宣传活动。第十八届世界水日和第二十三届中国水周期间，在克拉玛依市电视台1套和3套黄金时段播放水利部制作的水利行业“五五”普法电视系列宣教片《人·水·法》；在克拉玛依市政府办公平台视频栏目里播放；向全市移动、电信手机用户发送节约保护水资源的宣传短信；发放《中华人民共和国水法》宣传单1 000多份。为进一步落实《水法》、《防洪法》、《河道管理条例》等法律法规，市水务局联合市国土资源局、乌尔禾区政府及相关部门对乌尔禾区白杨河段、独山子区奎屯河

上游进行专项执法检查，对检查中发现的采砂不规范影响行洪问题进行处置。（焦 萍）

【取水许可审批】 2010年，克拉玛依市水务局对辖区内3家单位11套取水许可证进行年审。各取水单位共取水资源量12 803.09万立方米，其中取用地表水资源量10 375万立方米、地下水资源量2 428.09万立方米；全年批准各单位计划取用水资源量13 076.42万立方米，其中地表水资源量9 800万立方米，地下水资源量3 276.42万立方米。（焦 萍）

【土地清理整顿】 2010年，克拉玛依市水务局积极参与克拉玛依市、区两级政府对小拐地区非法开荒、掘井清理整顿工作。在辖区荒漠戈壁腹地实施非法开采地下水专项治理整顿行动，出动巡查人员150人次、行程2 000多千米，发放通告、承诺书等宣传材料200多份，走访约谈种植户200户次，调查种植户60户，调查面积0.2万公顷，水井120多眼。制止2起非法凿井事件，下发责令整改通知书7份，拆除2处未经审批机关批准的机井，对5户擅自凿井的开荒户进行处罚并限期拆除取水设施，清理违法打井队7支，查封水井240眼。征收欠缴水资源费178多万元。（焦 萍）

【水产管理】 2010年，克拉玛依市水务局认真做好水产品管理工作，确保水产品安全无害。一是抓好水产品质量安全管理。市水务局对在克拉玛依生产领域、流通领域、消费领域内销售的鲜活水产品开展水产品质量安全监测抽检工作，共抽样42份，查处2份抽样不合格水产品。采取财政补贴办法完成全市主要水产养殖地（面积约26公顷）无公害农产品认证、无公害水产品产地认证工作，为克拉玛依市民安全食用地产水产品提供质量安全保证。二是抓好渔业船舶安全管理。市水务局开展渔业船舶安全监督管理工作，对艾里克湖水域内登记造册并上报的43艘渔业船舶进行现场安全抽查，对于检查出的安全隐患问题责令其限期整改。（焦 萍）

【水土保持】 2010年，克拉玛依市水务局积极开展水土保持监督执法工作。一是做好开发建设项目水土保持方案报审工作，对全市新建、在建的未办理水土保持方案的开发建设项目，加强督促、检查，促使其依法编报水土保持方案进行审批。全年有25个开发建设项目办理水土保持方案审批手续，共审批复46个项目，征缴水保两费21万元。二是完成《克拉玛依市乌尔禾区城区段白杨河小流域水土保持综合治理工程初步设计报告》初步审查及上报立项工作，项目总投资155.69万元，其中中央预算专项资金100万元，于4月29日已通过自治区发改委、水利厅的审查，至年底，该项目正在实施。三是组织参加全疆水土保持法律、法规知识竞赛，获二等奖。（焦 萍）

【防汛抗旱】 2010年，克拉玛依市防汛抗旱指挥部办公室及早部署防汛抗旱工作。5月以来，白杨河流域、玛河流域相继暴发洪水，白杨河来水最高达182立方米/秒。7月，玛纳斯河夹河子水库最大下泄流量达200立方米/秒。面对汛情险情，市水务局及各级防汛部门、各防汛责任单位及其他各有关单位高度重视，狠抓落实，防汛工作有力、有序、有效开展，确保全市重要水利、油田设施安全运行。一是市防汛办及各区防汛相关部门多次组织防汛大检查，对安全隐患问题认真整改，确保行洪安全。二是采取有效措施防洪度汛。共投入300人次、编织袋8.9万条、大型车辆50台次完成白杨河乌尔禾段、玛纳斯河小拐段、奎屯河段等险情险段的加固工作。三是加强防汛抗旱投入。由市级财政共补助90万元，储备防汛应急物资及修建防洪加固工程，确保防汛各项工作的落实。（焦 萍）

【水利普查】 2010年9月，克拉玛依市水务局正式启动克拉玛依市水利普查工作。成立水利普查领导小组，办公室设在市水务局，领导小组办公室设立3个工作组，有6名专职人员负责具体工作。市水务局落实办公场所，配备办公设备，组织参加专业培训9期。市属4个区相应成立普查领导小组和办公室。（焦 萍）

农业综合开发

【市农业综合开发区领导名单】

党工委副书记、管委会主任：孙代军

党工委书记、管委会副主任：晋朝清

党工委委员、管委会副主任：蒙敏

【基本情况】 2010年，克拉玛依市农业综合开发区管委会内设党政综合办公室、农林牧业局、经贸科技局、社会事务局、建设环保局、财政审计局、水利电力局、安全生产监督管理局和农业综合开发办公室8个行政部门和林管站、植物种子检疫站、动物卫生防疫监督所、农产品质量安全监测站4个事业单位。有在编人员43人，其中公务员29人，参照公务员管理人员8人，事业在编人员3人；工勤人员3人；研究生学历1人，大专以上学历90.7%，女职工15人，少数民族职工8人。处级以上干部4人，正科级干部11人，副科级干部7人。主要负责开发区整体基础设施建设规划，研究制定建设方案，审批和管理各类建设工程；研究制定开发区农业综合经济发展战略、中长期发展规划及年度计划，并对实施情况进行监督检查；研究制定开发区农业（农、林、牧业）及加工业的开发、生产政策，确定主导产业；引导农、林、牧及加工业等各产业结构的合理调整、资源的合理配置和产品品质的改善提高，促进农业产前、产中、产后生产经营服务一体化建设等。（郑显梅）

【生产经营】 2010年，克拉玛依市农业综合开发区按照打造世界知名现代石油城的长远发展战略目标和保菜、压棉、兴旅、促畜的发展思路，以构建克拉玛依市后勤保障服务基地为目标，以打造“三大产业”、建设“四大基地”为重点，着力抓好以创建国家科技园为目标的6项重点工作，有序推进经济、政治、社会事业的顺利开展。全年生产总值4.28亿元，比上年增长37.6%；争取国家农业综合开发项目2个，总投资1 472万元，获得各级财政补助资金490万元；招商引资8 990万元。（郑显梅）

【启动“1346”计划】 2010年，克拉玛依市农业综合开发区实施“1346”发展计划：“1”即1项中心工作，为围绕为最安全、高品质的世界知名石油城提供安全、优质的生活保障与服务这一中心工作，到“十二五”末期努力实现农业增加值8亿元，年平均增速16%；“3”即发展3大服务型产业，以设施农业、生态农业旅游、农副产品加工为主体的农业综合开发区三大核心产业；"4"即完善4类保障性基地，推进建设集标准化高产奶牛、绿色有机农产品生产、特种养殖、碳汇生态林为主的四大生活类保障基地；"6"即着力抓好6项重点工作，创建国家农业科技园区、推进九公里生态新区建设、加快农业产业化进程、实施农产品品牌建设、构筑生态安全体系和社会化服务体系建设。（郑显梅）

【业务发展】 2010年，克拉玛依市农业综合开发区农管委完成《农业综合开发区产业发展研究》的编写和中期汇报工作，把农业开发区定位为：依托克拉玛依、服务克拉玛依、适应克拉玛依不断增长的发展需求，满足全市人民各种需求，发展集生产性、生活性、生态性等多功能于一体的都市农业。组织实施农业综合开发区总体规划、产业加工区控制性规划修编及庭院居住区概念设计。围绕开发区生态、宜居、产业加工、物流等功能，规划建设庭院居住区、产业加工区、旅游接待服务区、国际空港物流区，湿地公园、碳汇林森林公园、构筑与开发区产业发展相适应的空间、产业布局。全年落实开发区投资计划项目7个，前期工作计划项目3个，安排计划资金2003万元。农业开发区林管三站、动物防疫体系设施、农业开发区林区1号消防通道、荒漠生态园外配和农用水管网计量装置改造工程进展顺利，科技楼建筑防雷设施项目、林业二场至林业三场、克榆路岔口至林场路的道路改建工程完成。（郑显梅）

【农业种植】 2010年，克拉玛依市农业综合开发区各类农作物播种面积7 873.67公顷，比上年增长12%。特色经济作物种植规模进一步扩大，种植加工番茄98.27公顷、油莎豆153.33公顷、无壳南瓜61.33公顷、蓖麻10公顷。受棉花市场价格持续走高、市场相对稳定以及种植户对棉花价格预期普遍看好等因素的影响，棉花播种面积5 427.93公顷，增长20%。（郑显梅）

【主要农作物品种】 2010年，克拉玛依市农业开发区粮食作物播种面积324.93公顷，产量3 292吨、产值559.6万元；棉花5 427.93公顷，产量6 351吨、产值16 523万元；蔬菜162.53公顷，产量13 210吨、产值797万元；瓜果71.33公顷，产量4 180吨、产值301万元；油料作物92公顷，产量234吨、产值164万元；打瓜籽1 205.33公顷，产量1 588吨、产值1 588万元；苜蓿233.33公顷，产量2 380吨、产值238万元；青贮玉米104.67公顷，产量7 065吨、产值191万元。（郑显梅）

【林业管护】 2010年，克拉玛依市农业综合开发区0.08万公顷"三北"四期荒漠林封育工程完成，完成66.67公顷苗圃基地建设，共计实现造林面积533.33公顷，栽植各类苗木100万株，生态公益林管护质量明显提升，农业开发区绿色长廊得到进一步巩固和加强。（郑显梅）

【畜牧业发展】 2010年，克拉玛依市农业综合开发区大力扶持养殖企业、养殖户，逐步推进规模化、专业化、品牌化发展，全年牲畜存栏10 286头（只），比上年增长10%，饲养各类禽类56 877只（羽）。推进养殖业结构调整，树立特种养殖优势与规模化发展并举的发展理念，加强新品种的引进和技术推广，养殖规模不断壮大，形成了马鹿、野猪、獭兔、珍珠鸡、乌骨鸡、野山鸡等特种养殖，产品附加值和商品率不断提高，全年实现销售额1 000多万元。（郑显梅）

【设施农业建设】 2010年，克拉玛依市农业综合开发区推动设施农业规模化、产业化发展，扶持培育以绿农公司为主的设施农业龙头企业，建设日光温室大棚109座并投入使用。（郑显梅）

【生态农业建设】 2010年，克拉玛依市农业综合开发区开展生态农业建设和旅游发展规划，做好景区规划管理，鼓励扶持发展星级农家乐，推进高品质度假村建设，推动特色旅游龙头企业发展。投资近1 000万元扶持、培育永升原野公司、嘉惠公司为龙头的生态农业旅游企业，打造金碧野山庄、荒漠生态园高品质度假村。基本形成以庭院区为中心，城乡公路四通八达，林带、路网和相应设施配套齐全，田园风光、现代设施农业、荒漠生态、碳汇林、农家乐等特色鲜明的农业生态旅游格局，全年开发区接待游客9.8万人次，旅游总收入180万元。（郑显梅）

【乳品产业】 2010年，克拉玛依市农业综合开发区针对乳品产业发展的实际情况，加大政策、项目、资金支持力度，扶持以绿成公司为龙头的乳制品加工企业，加大饲草种植、奶牛养殖、乳制品生产基地建设，带动开发区乳制品产业链发展。奶牛存栏2 458头，乳产品日生产加工能力100吨，全年销售各类乳制品近1万吨，比上年增长15%，产值4 200万元，乳制品本地市场占有率70%，供应学生奶1 500吨，"金绿成"被自治区评为知名商标。（郑显梅）

【招商引资】 2010年，克拉玛依市农业综合开发区贯彻落实招商引资工作目标责任制、项目负责制、高位推动机制等工作机制，围绕香港昊汉集团公司番茄酱厂、新疆富汇公司油莎豆等重点投资项目开展服务，从项目前期对接到有关程序办理，实行全程跟踪服务，与多家外地投资商就产业加工、设施农业建设、生物药品开发、物流配送、生态建设等方面项目合作进行洽谈，与香港怡悦公司达成投资2 900万美元建设年产4 000吨番茄酱厂的项目合作协议，全年招商引资8 990万元。（郑显梅）

绿成农业

【新疆绿成农业开发有限责任公司领导名单】

党总支书记、董事长兼总经理：李军
副总经理：唐洋

【基本情况】 2010年，新疆绿成农业开发有限责任公司有人员104人，各类专业技术人员80多人，其中高级专业技术职务11人（教授级高工1人）。公司设5个机关科室2个管理站，下设6个基层单位。克拉玛依市农科所与绿成公司是一套班子两块牌子。有耕地0.33万公顷，奶牛存栏1 500多头，种猪1 000头，年销售育肥猪近1.2万头；年销售各类乳制品9 000多吨、蔬菜1 000吨。绿成公司是以市场为导向、加工业为龙头、畜牧业为主导、种植业为基础的农业高新技术企业。承担克拉玛依0.33万公顷生态农业示范区的开发经营管理和畜牧产业开发、建设任务。曾获自治区农业产业化龙头企业,克拉玛依市地方重点企业,克拉玛依市 AAA 信用企业,克拉玛依区、克拉玛依市、自治区守合同、重信用企业和克拉玛依市 A 级诚信纳税企业、安全生产先进单位、环境保护达标单位、干部人事档案管理先进单位。"金绿成"商标获克拉玛依市知名商标,自治区著名商标。 (江 杰)

【生产经营】

乳品业 2010 年,新疆绿成农业开发有限责任公司进一步落实生产管理职责,全面完成油田公司下达的考核利润指标,实现安全生产,职工收入稳步提高,企业和谐发展。全年乳品厂销售各类乳制品9 002吨,比上年增长 15%。依靠科技不断开发适销对路和高附加值产品,开发新品种 5 个;完成旧车间产能改造并投入使用,产能从日处理 30 吨增加到 100 吨;加强销售队伍的建设,多次组织派外培训,通过销售队伍之间的传、帮、带等多种方式对销售员进行培训,不断开拓外部市场,奎屯和塔城市场销售取得了突破。在不断拓展市场的同时,加大品牌建设力度。在首届中国农产品品牌博览会、中国农产品品牌大会上,"金绿成"灭菌奶、酸牛乳获中国优质农产品金奖。8 月,"金绿成"商标获自治区第七届著名商标。

种植业 绿成公司通过调整种植结构,恢复生产设施,实现集约化管理。购进 1 台大型指针式喷灌机,做好饲草饲料基地建设,牧草总产大幅度提升,苜蓿年产1 616.2吨,比上年提高 27%。压缩棉花种植面积,加大苜蓿、籽粒、青贮玉米等作物种植,逐步实现合理轮作。加大农产品销售力度,鸡蛋和糯玉米上市销售,为实现农业产业由生产型向销售服务型的转变进行有益的探索,全年销售农资 500 多万元。对蔬菜产业进行尝试,开设蔬菜专卖店 1 个,效果良好。全年蔬菜种植面积3 209.27公顷,籽粒玉米 100 公顷,花卉 5 万株,苗木 8 万株,鲜食玉米 20 万穗,实现收入 1 400 多万元。

畜牧业 绿成公司奶牛养殖业健康发展,原料奶各项指标全部达到国标;推广使用饲料喂养机日粮,对奶牛进行牛群营养需要和分群管理,精细化管理,奶牛单产水平稳步上升。全年自产牛奶4 674.74吨,比上年增长 31.4%。成母牛单产水平由上年的 4.9 吨/头,提高到 5.2 吨/头,奶牛存栏递增 7.3%,提高 2 个百分点。销售肥猪 11 670 头,增长 3%,新增零售终端 5 家,使得零售终端达到 16 家。 (江 杰)

【企业管理】 2010 年,新疆绿成农业开发有限责任公司加大经营目标考核力度。一是按照效益优先,兼顾公平的原则,严考核硬兑现。建立月度工作任务考核、季度综合考核和年度全面考核的考核体系,加大考核力度。对盈利、费用、亏损单位区别对待,拿出 50% 的效益工资进行考核,对完不成经营指标的一律不兑现效益工资,奖优罚劣。对综合考核不合格项,规定整改措施和整改时间,对重复发生的不合格项给予加重处理。二是加强内控和合同管理,实现采购过程的有序运行。根据油田公司的要求和合同管理的需要,对合同进行上线运行,提高合同签订的质量和履行的质量,强化合同的管理和计划的准确性,对公司的内控管理发挥积极作用。三是加大干部管理力度。对干部进行严格的动态考核,对考核合格干部按期转正,实行试岗、待岗、下岗"三岗制",对出现安全重大事故的责任人予以免职,对 2 个单位考核不称职干部予以解聘,按照业绩评价,形成能上能下的干部竞争机制。四是优化公司机构设置。将畜牧中心与养殖小区合并重组,公司两名副总师领导到一线兼职,10 名干部调整交流。五是加大招投标和大宗物资采购管理力度,强化资金管理。全年资金预算准确性 93%;推行基础管理建设工程,不断完善管理制度。加大材料采购的监督与考核力度,节约资金 3 万多元。六是产品质量进一步提高。大力开展节约挖潜、降本增效工作。按照油田公司要求,机关和基层单位大力开展节约挖潜、降本增效工作,全年节约费用和增加效益 95 万元。 (江 杰)

【HSE 管理】 2010 年,新疆绿成农业开发有限责任公司贯彻集团公司反违章禁令,深化"五会"达标和"反三违"工作,推进"四无"班组建设,全面开展"五交底"工作。召开专题安全会议 4 次,开展各类安全检查 8 次,查处问题 368 个。组织安全培训 10 次,培训 211 人,新修订《安全管理规定》和《交通安全管理办法》。完成公司各单位的 HSE 风险评价和 HSE 体系文件的编写和发布工作。全面启动清洁生产审核程序,制定高中底的清洁生产治理方案,整改乳品厂 CIP 清洗系统。整改乳品厂 1、2 号蒸汽锅炉极其附属配套设备和开发区农场辖区内农户的入户电线存在安全隐患情况。在乳品厂和新牛场组织消防演练 4 次;对畜牧单位和从事原料奶检测的 83 名员工进行职业病体检。 (江 杰)

【质量体系建设】 2010 年,新疆绿成农业开发有限责任公司以质量目标和过程管理为质量管理的重点,不断完善质量管理制度,加大监督考核力度,制定《生鲜乳运输储存规定》,明确各级管理人员和奶站管理人员、运输人员的责任,完善生鲜乳运输交接记录,从制度上保证生鲜乳的质量安全。在首届中国农产品品牌博览会、中国农产品品牌大会上,"金绿成"灭菌奶、酸牛乳获中国优质农产品金奖。 (江 杰)

【科技管理】 2010 年,新疆绿成农业开发有限责任公司承担科研信息项目 5 个,其中承担油田公司项目 4 个、承担克拉玛依市农业开发区管委会 1 个。"新型高品质液态乳产品的研究开发"获油田公司科学技术进步奖成果二等奖,"克拉玛依地区牛焦虫病综合防治技术应用研究"、"克拉玛依农业开发区农田主要病虫害预测预报技术及应用的研究"获克拉玛依市科学技术进步三等奖。在省部级以上刊级发表专业论文 10 篇。 (江 杰)

【和谐企业建设】 2010 年,新疆绿成农业开发有限责任公司进一步强化责任管理,努力构建和谐企业,取得好的效果。一是关心员工生活。绿成公司重新修订员工考勤、补贴等制度,在节假日、公休等休息时间,对加班员工按工作量及时发放节假日补助。二是加大劳动保护制度的贯彻落实,购置 1 辆送班车,改善员工上下班条件。三是做好维护稳定工作。妥善解决影响稳定的突出问题。四是在基层支部深入开展创先争优主题活动。五是加强党风廉政建设工作。把任务分解到每个牵头部门和关键岗位。全年没发生违法违纪现象。 (江 杰)

交通·通信

公　路

交通管理

【市交通局领导名单】
局长:曾云飞(10月离任)、谢军(10月任职)
党组书记、副局长:刘建中(10月离任)
副局长:张京平、陈伟(10月任职)

【基本情况】 2010年,克拉玛依市交通局有编制19人,实有18人,内设办公室、交通战备办公室、客运管理办公室、运输科、公路科、财务科6个科室。主要承担克拉玛依市的公路路网规划、农村公路的建设、管理和养护;市辖区城市客运(含公交、中巴和出租车)管理;督导各区政府和有关交通行政执法部门做好全市交通行业的管理;交通系统的法制建设和执法监督;交通行业的文明建设、廉政纠风工作;交通战备、交通运输、基础设施建设等重大事项,以及与铁路、民航部门的协调工作。 (邹永军)

【公路交通基础设施建设】 2010年,克拉玛依市交通局加快公路交通基础设施建设,取得新进展。一是完成奎屯至克拉玛依高速公路建设项目开工建设论证。克拉玛依至乌尔禾、塔城、呼图壁等3条高速公路建设项目列入自治区计划开工建设项目,进入招投标阶段。二是完成克—白快速干道立项工作。克拉玛依—白碱滩快速干线是"克白城镇群组"一体化建设中的重要通道,已列入2011年的建设项目。三是林纸基地公路建设项目和白碱滩客运站装修改造项目于10月底竣工并交付使用。四是农业开发区—小拐镇的公路建设项目开工建设。五是南湖和风华北公交停车场(首末站)项目10月完成项目招投标工作。六是继续做好西月潭公交停车场(首末站)项目设计。针对用地规划调整,该项目选定新址,计划在2011年3月开始重新设计。 (邹永军)

【城市公交数字化智能管理】 2010年,克拉玛依市交通局积极适应城市建设和发展需要,推进城市公交数字化智能管理系统在公交行业的应用。由市交通局及客运企业提出需求、移动公司投资建设该系统,已完成系统平台建设,在中心城区345辆公交车上安装相应的终端设备并开始试运行。中心城区出租车内的GPS调度监控和车顶的电子屏顶灯安装工作在年底前完成。 (邹永军)

【城市交通管理】 2010年,克拉玛依市交通局落实城市管理长效机制,抓好交通管理。一是开展道路运输和城市公交市场秩序的治理整顿工作,规范经营行为,加大对非法营运行为的整治力度,开展对影响出租车行业稳定的"黑车"等非法经营行为的专项治理工作,遏制"黑车"增长势头。二是加强对客运站、国贸商城等人流集散场所运营秩序的管理。配合公安部门,重点加强对克拉玛依客运站周边影响社会治安、交通环境、运营秩序的拉客、喊客、围堵乘客等现象的治理,取得较好效果。三是持续推进精细化管理工作,提高公交管理水平和服务质量,开展创先争优、行业文明竞赛等各项工作,城市管理交通组的工作在城管委的年度考核中被评为优秀。 (邹永军)

【安全生产】 2010年,克拉玛依市交通局强化安全生产工作,签订安全生产责任书,全面落实各相关单位的目标责任。加大安全生产工作宣传和监管的力度,重点加强危险化学品运输的管理,开展专项检查和整治活动,立足抓源头、抓苗头问题,针对部分危险化学品运输企业存在的安全隐患问题,下发停运整改通知并督导企业进行整改。市交通系统安全生产工作在市安委会的考核中被评定为优秀。 (邹永军)

【公交管理体制改革】 2010年,克拉玛依市交通局根据城市发展的需要,启动以个体中巴车退出公交市场经营、国有公交有序衔接为主要内容的中巴车管理体制改革。相继完成人员、车辆相关数据摸底、费用测算、民意调查、风险评估、应急准备等工作。6月26日,市政府印发《克拉玛依市中巴车管理体制改革的通知》,8月18日正式发布实施。至年底,中心城区和发往金龙镇的7条中巴车全部退出市场,国有公交企业有序衔接。为稳妥实现中巴车管理体制改革目标,市交通局了解掌握中巴车从业人员关心的问题,做好不稳定因素的摸底排查和信息上报工作;建立信访联系沟通制度,做好可能出现问题的应急准备工作;派驻政策解释组,贴近从业人员进行政策宣传,加强就业帮扶工作。市交通局在全市信访工作年度考评中被评为优秀。 (邹永军)

【行业文明建设】 2010年,克拉玛依市交通局开展公交文明竞赛活动。一是开展对交通系统影响城市文明创建因素的摸底排查工作,梳理问题,督导整改。二是开展积极向上的文化体育活动,宣传交通系统的核心价值和服务理念。三是提高从业人员的职业素质,开展对道路运输、城市公交从业人员的安全营运、文明服务知识培训。四是弘扬交通人承担社会责任的精神,成立雷锋车队、爱心车队等志愿者服务队伍,开展清明扫墓车、帮扶结对子、助残助老爱心接力、社会义务联防、高考爱心直通车等公益性服务活动，涌现油田公司客运公司公交三大队和独山子、白碱滩、友联出租公司等先进集体和一批文明车辆、车组。全年在交通系统评出文明竞赛先进集体4个、文明公交车主25个、市级出租车50个。 （邹永军）

【党风廉政建设】 2010年，克拉玛依市交通局落实"一岗双责"，将党风廉政建设责任制作为贯穿全年工作的主线。一是通过领导的工作报告、年度廉政纠风工作安排、反腐倡廉任务分解，将党风廉政建设责任与业务工作同安排、同检查，以党风廉政建设及纠风工作目标责任书等形式，层层分解目标责任。二是通过领导干部民主生活会、党员民主生活会、到市委党校廉政教育基地接受警示教育、观看剖析违法违纪人员典型案例、学习先进纪检干部、党纪条规知识竞赛等形式对干部职工进行廉政教育。三是加大对"小金库"和交通建设领域突出问题治理整顿工作的力度，围绕交通建设领域的重点环节，边查边纠，完善制度，堵塞漏洞。四是通过治理公路"三乱"联席会议，加强公路绿色通道政策和治理公路"三乱"工作的监督检查，开展效能监察和行风评议。五是在公路建设领域开展阳光工程和与检察部门的廉政共建活动，从源头上防止腐败。市交通系统队伍健康稳定，辖区无公路"三乱"现象，公路建设领域无拖欠农民工工程款现象，绿色通道政策得到严格执行。市交通局的年度纠风工作被市政府定为优秀。 （邹永军）

客运服务

【油田公司客运公司领导名单】

党委书记、副经理：黄拥智（4月任职，10月离任）、刘焕华（10月任职）

经理、党委副书记：黄庆智（10月任职）

党委副书记、经理：刘金生（10月离任）

党委副书记、纪委书记、工会主席：王臻

副经理、安全总监：秦玉文

副经理：顾守克、高树杰

【基本情况】 截至2010年底，新疆油田公司客运公司有员工1 548人（含内部退养职工114人）。油田公司员工1 362人，其中在岗员工1 256人、内退员工178人（女员工345人、少数民族员工398人）；市属员工186人，其中在岗员工178人、内退员工8人（女员工52人、少数民族员工51人）。还管理着市运输公司退休职工103人，职工遗孀29人。公司下设14个职能科室和19个生产经营单位。其中营运大队9个：油田值班一、二大队，公交一、二、三、四、六、七大队，长途大队；客运站4个：克拉玛依客运站、乌鲁木齐客运站、白碱滩客运站、乌尔禾客运站；汽车修理厂（站）2个；职工培训学校1个；驾驶员培训学校1个；机关及后勤服务单位2个。公司有车辆及施工设备626辆（台）。其中大型长途客车45辆，中型油田值班客车140辆，公交客车352辆，其他生产用车89辆，还有行吊、机床等设备。主要承担油田班车客运服务、克拉玛依市长途旅客运输、城市公共交通运输、市区中巴客运等任务。 （张杏林）

【生产经营指标完成情况】 2010年，油田公司客运公司完成旅客周转量11.2亿人千米，货物周转量149万吨千米。实现收入1.37亿元，成本支出2.71亿元，账面超支1.34亿元，剔除物价和成本上涨因素，经油田公司考核后，实际超支8 470万元，控制在预算范围内，与预算相比减少443万元，实现年度经营目标。 （张杏林）

【企业改革重组】 2010年，油田公司对客运公司行政级别进行调整，由原来的二级半单位（副处级）调整为二级单位（正处级），核编新的机构设置。公司进行一系列重组和调整。一是成立IC卡管理中心，完善各项规章制度，加强IC卡业务管理。二是撤销油田值班二大队，新购置167辆公交客车，从油田各二级单位商调141名驾驶员。通过增驾培训，充实到公交客运生产岗位，新成立公交五、六、七大队，大公交经营框架基本形成。有2个大队投入运营，整个运行情况良好。三是对小车队、维修车间、永红路加油站及综合服务中心的相关业务进行整合重组，实行专业化管理。将客运宾馆划归克拉玛依客运站，实行一体化经营。 （张杏林）

【管理体系建设】 2010年，油田公司客运公司全面建立和完善HSE、ISO9001、ERP、OA办公自动化等管理体系，HSE管理体系在安全管理中运行，ISO9001管理体系通过内审程序，ERP管理体系管理范围不断扩展，OA办公自动化管理体系在机关运行的基础上逐步向基层单位延伸，完善内控体系组织机构、工作职责和岗位工作流程，并制发文件进行宣传贯彻，通过内部测试，确认内控体系建设完全达标。 （张杏林）

【安全管理】 2010年，客运公司积极推进HSE管理体系建设，强化安全意识和责任落实。开展第10个安全生产年主题教育活动，加强《中华人民共和国道路交通安全法》、《客运公司安全生产等14项管理规定》的学习教育。修订完善14项安全管理规章制度，按照管工作、必须管安全的原则，公司经理与基层单位签订安全环保责任书。推进HSE体系建设，建立安全环保管理程序，编制简洁实用的"两书一表"，并组织3次内部审核，将HSE管理理念渗透到安全管理工作的各个环节，为外部审核创造条件。利用车场日活动和现场监督检查，推行口述工作程序和安全注意事项，提高员工的安全操作技能和风险防范能力。注重员工互动参与，开展安全讲谈，员工之间相互教育、相互提醒、互帮互学，营造人人都是安全宣传员、人人都是安全教育者的良好氛围。公司各级领导经常深入基层、作业现场和岗位，讲述安全、指导安全，认真落实有感领导，为员工树立良好形象，有感领导更加深入人心。各级安全监督人员发挥人防、技防作用，利用工作日、节假日和夜间，采取抽查与日常工作检查的方式，全年查处违章行为236起，处理107起，整改129起。公司设立属地管理单位、业务主管科室、安全监督部门"三道防线"，加强承包商（租赁户）的安全监督管理。全年查出承包商（租赁户）"三违"行为12起，与上年相比大幅度下降。 （张杏林）

【经营管理】 2010年，油田公司客运公司制定《配合中巴车管理体制改革工作应急方案》，成立公交车辆衔接领导小组和应急处置领导小组，下达工作任务，落实工作责任，对所有中巴运行线路进行踏点摸底，测算所需顶替车辆和人员数量，在油田公司大力支持下，从各二级单位分两批调入驾驶员141人，通过增驾培训，充实到公交车驾驶岗位，为中巴退市提供人力支撑。同时，配合市政府做好中巴退市的相关工作,确保中巴稳步退市。至年底,中巴6条线路退出营运。公司投入61辆公交车进行衔接,剩余5条中巴线路正在筹备之中。根据油田公司退出油田值班、大力发展公交的整体规划,按照油田公司与中国石油天然气集团公司运输公司双方达成的协议,成立油田值班业务移交领导小组,制定交接方案,保证了油田值班业务的顺利交接。至年底,已移交2个车队、1个车场、59辆客车。其他车辆设备和设施已做好移交准备。 (张杏林)

【财务管理】 2010年,油田公司客运公司明确管理职能,完善预算管理制度和审核制度,严格控制预算外项目,维护预算的严肃性和权威性,公司所有经营活动全部纳入预算管理范畴。加强目标成本管理,完善控制措施,加大考核力度,将可控成本进行层层分解,落实到部门、单位和每位员工;从源头上加强成本控制和监督,杜绝随意增添预算外项目和增加成本行为。本着以收定支、量入为出的原则,完善审批程序,坚持收支两条线和一支笔审批制度,加强资金流量控制,确保客运生产所需资金周转。 (张杏林)

【合同管理】 2010年,油田公司客运公司在加强合同和招投标管理的前提下,推进公司规章制度修订工作,收集整理公司及参照执行油田公司规章制度209项,分2批废止公司规章制度101项,修订规章制度65项,全面完成公司规章制度修订和汇编工作。同时,开展"五五"普法教育工作。全年签订合同287份,合同标的金额1.1亿元,合同三项审查、签约、履约率分别达到100%,有效地规避经营风险。 (张杏林)

【设备管理】 2010年,油田公司客运公司制定《CNG汽车一、二级保养规程》、《CNG客车维护保养操作规程》等规章制度,填补克拉玛依市CNG汽车无管理规章的空白。完善《设备管理规定》,加强设备强制保养工作,规范设备一级保养,实行强制性二级保养,健全检查考核机制。采取季度检查、专项抽查等形式,与季度效益工资挂钩考核,提高车辆保养对号入座率,设备的整体技术性能也得到进一步提升。完成新购进的167辆公交车交接验收、安全摆放,并办理相关手续,做好投入运营前的各项准备工作。将设备检查由年检改为季检,开展春运、春季、冬季前的设备检查抢修,抽查各种车辆151辆次,排查各类隐患1 596项。全年设备故障率3.36%,维修费用率5.28%,车辆完好率96.3%,主要在用设备利用率92.16%。 (张杏林)

【人事管理与培训】 2010年,油田公司客运公司以推进ERP人力资源管理系统为重点,及时准确地维护人力资源管理系统基本信息,使人力资源信息系统平台有序运行。采取脱产、半脱产等形式,加强各级管理人员、生产骨干的专业知识教育,全年举办各类培训班33期,培训驾驶员、修理工、电焊工等867人次;派外委培各级管理人员163人次。 (张杏林)

【三届二次职工代表大会暨工作会议】 2010年2月5日,油田公司客运公司召开三届二次职代会暨2010年工作会议。会议审议通过《经理工作报告》、《财务工作报告》、《职代会工作报告》,听取《安全环保工作情况通报》,通过《经理工作报告决议(草案)》和《职代会工作报告决议(草案)》,讨论公司新制定和修订的规章制度和管理办法,签订2010年绩效合同、2010年党风廉政建设责任书、安全环保稳定责任书,并对公司领导班子成员进行民主评议和测评。 (张杏林)

【组织建设】 2010年,油田公司客运公司党委围绕推动发展抓党建,抓好党建促发展的工作方针做好组织建设。一是开展创先争优活动,编制活动方案,创新活动方式,划分活动阶段和步骤,召开动员大会,对活动进行安排部署。二是开展标准化党支部创建活动。公司党委把创先争优活动与创建标准化党支部有机结合起来,与客运特色服务有机结合起来,下发《标准化党支部管理暂行办法》,把创先争优活动不断推向深入。三是开展星级客运站创建活动。公司加强共产党员号车组创建工作,广泛征求意见和建议,开展公开承诺工作,较好地完成第一阶段的工作任务。四是强化理论学习,努力构建学习型党组织,编制《客运公司建设学习型党组织实施方案》,把各项规定学习内容落到实处。 (张杏林)

【廉洁从业建设】 2010年,油田公司客运公司开展学习《廉政准则》、党风廉洁从业教育月活动,并对重要经营项目进行效能监察。在学习《廉政准则》活动中,邀请市油田纪委领导来公司进行《廉政准则》辅导,分层次学习胡锦涛、贺国强在有关会议上的讲话;开展征文比赛,进行广泛交流。在第12个党风廉政教育月活动中,悬挂宣传横幅,组织相关人员到市委党校廉政教育基地参观学习,组织39名中层干部赴自治区第三监狱接受面对面警示教育。对工程建设领域突出问题专项治理进行自检自查,对物资采购、公交零售票款等项目进行效能监察,开展"小金库"专项治理,使纪检监察工作得到全面落实。 (张杏林)

小汽车服务

【油田公司小汽车服务公司领导名单】

经理、党委副书记:张明武

党委书记、副经理:黄璜(7月离任)、孟庆民(7月任职)

副经理:栾利人

【基本情况】 截至2010年底,油田公司小汽车服务公司有职工335人(含内退职工),党员147人,少数民族职工49人,女职工24人。公司下设4个分公司、1个维修中心。公司机关有5个职能科室及1个直属单位(生产调度室)。 (文 彬)

【生产经营】 2010年,小汽车服务公司坚持以安全生产为主线,以优质服务为要务,以强化预算、控制成本为基础的经营方针,努力抓好各项管理,促进全员素质提升。全年车辆行驶838万千米,比上年增长5.8%;工作小时54万小时,增大0.7%;车辆完好率99%,上升0.5个百分点;出勤率86.55%,下降0.99个百分点;全年收入4 876万元,支出9 086万元,亏损4 210万元,比亏损补贴3 067万元多亏1 143万元。 (文 彬)

【经营管理】 2010年,小汽车服务公司坚持预算在先、经济合同在先,强化运行管理监督,确保不突破预算,使成本开支保持在合理的区间运行。不断完善各项规章制度,将严格执行规章制度作为公司管理的抓手,确保规章制度的落实。加强内控管理,明晰管理程序和工作职责,理顺工作流程,力求达到工作有条不案。大力开展节约挖潜、降本增效劳动竞赛活动。确定挖潜增效项目和目标，坚持以油料效能监察为重点，努力减少外购油和非正常燃油现象。开展岗位练兵和劳动竞赛活动，采取内培外训等形式加强职工技术培训，不断提高职工学习技术、钻研业务的自觉性。加强设备管理基础工作。强化三级检验制度和维修对号入座率，通过开展设备大检查活动、"考斯特"长途出车前进厂检查等有效举措，增强员工重质量爱设备的理念，保证了车辆出勤率和完好率。

（文　彬）

【安全环保管理】　2010年，小汽车服务公司按照公司HSE管理体系建设推进计划，组织开展HSE体系的完善工作。一是组织内审，讨论完善程序文件和作业文件，及时查找和关闭不合格项，不断完善审核程序及内容，使HSE体系更加方便操作考核。二是强化全员风险意识，落实安全预防方针。进一步加强道路风险、设备风险、人员风险评价工作，有效削减和规避风险。三是开展全员安全查隐患活动，要求每月每位职工查找和反映自身观察到的安全隐患现象，并对重要案例进行分析。邀请专业人员举办专题讲座，加强全员消防意识，更换230具车配消防器，进行消防现场灭火演练。落实有感领导、直线责任、属地管理，提高全员安全检查和防范理念，促进了预防为主方针的落实。四是开展习惯性违章整治活动。加大道路违章纠查力度，组织路查、夜查42次，检查车辆970次，查处违章行为6起。并派出20人次配合油田公司安全监督中心进行安全专项检查，共检查车辆45辆次，发现违章3人次，对以上违章现象和行为均进行必要的处罚和教育。同时，利用多媒体开展习惯性违章危害的宣传教育，增强驾驶员克服习惯性违章的自觉性，违章现象大幅减少。五是开展全国安全生产月活动，张贴宣传挂图，发放宣传材料，组织200多名员工参加安全生产应急知识竞赛，公司连续第5年获油田公司安全生产先进单位称号。（文　彬）

【服务管理】　2010年，小汽车服务公司开展服务质量宣传教育，增强员工服务意识。一是抓好服务过程的细节，及时总结大型接待的经验，从细节查找不足，从对比兄弟单位的服务亮点中查找自身不足，不断完善服务举措，提升服务质量。二是坚持回访用户制度，及时听取用户意见，慰问关心野外一线员工。三是发现服务质量问题，有关领导主动回访了解，及时改正不足。7月中上旬，集团公司领导干部会议在克拉玛依市召开，此次接待服务出动车辆40余辆，接待客人200多人次，顺利完成接待任务。

（文　彬）

【企业文明建设】　2010年，小汽车服务公司抓好企业文明建设。一是以创先争优活动为契机，抓好创建标准化党支部工作。按照创先争优"五好"标准和标准化支部创建目标，以创先争优和创建活动推动支部建设，提升战斗堡垒作用和党员先锋模范作用的发挥。二是落实监督机制。落实中央《建立健全惩治和预防腐败体系2008～2010年工作规划》，组织第12个党风廉政建设月活动，组织干部收看《以权谋私利 金钱毁前程》案例剖析材料和警示片，组织党员到乌鲁木齐市第三监狱参观，听取在押犯人忏悔实录，对党员进行现身说法廉政教育。三是开展建设学习型城市活动和公民道德教育月活动，不断提高全员素质。坚持"三必访"，关爱职工，关心职工，努力营造企业和谐环境。四是加强社会治安综合治理和法制宣传教育，强化计划生育措施的落实；加强环境绿化美化工作，倡导环境保护意识，努力打造花园式企业。五是加强民族团结教育，促进稳定团结局面。组织开展"热爱伟大祖国，建设美好家园"主题教育活动，印发《小汽车服务公司2010年民族团结年活动方案》，组织开展"谁是我们的敌人，谁是我们的兄弟姐妹"大学习、大讨论，提高全员维护民族团结、反对民族分裂的自觉性。（文　彬）

民　航

【新疆机场集团有限（责任）公司克拉玛依机场领导名单】

总经理：赵树其

副总经理：郭金平

【基本情况】　2010年12月，克拉玛依机场管理部正式移交新疆机场集团有限（责任）公司统一管理，更名为新疆机场集团有限（责任）公司克拉玛依机场。有领导职数2人，其中总经理1人、副总经理1人。内设综合管理部、空管业务部、地面服务部、安检站、消防护卫部、保障部、安全质量管理部和派出所8个部所，有人员51人。克拉玛依机场为4D级机场，有停机位10个，可满足757以下大型飞机满载起降。候机区有座位300余个。（姚园园）

【生产经营】　2010年，克拉玛依机场共保障出港航班366架次，进港航班365架次，训练航班1 214架次，备降航班66架次，调机23架次，包机3架次，降雪31架次，物探129架次，通航69架次，军航6架次，总计2 272个架次，比上年增长122%。出港旅客16 862人，备降过站旅客3 462人，进港旅客13 590人，旅客吞吐量33 914人，增长3.16%。出港行李11 605件/132.02吨，进港行李7 743件/85.32吨，进港货物233件/4.3吨，增长46.32%。（姚园园）

【目标任务完成情况】

服务质量　2010年，克拉玛依机场航班正常率92%，比上年提高4个百分点。放行正常率95%，下降3个百分点。客票差错率为零，货物邮件差错率为零，行李运输差错率为零。顾客满意度100%，全年未发生服务质量有效投诉事件。

员工培训　全年完成外送、内部培训项目31项、47人次；分队（班组）长轮训100%；安排各岗位培训项目21个，参训人员31人次；复训项目10个，参训人员17人次。持证上岗率及培训合格率均为100%。

飞行区标志、标识整改　飞行区标志、标识整治是2010年克拉玛依机场重要的安全工作之一。克拉玛依机场与克拉玛依市政府、新疆机场集团协调，完成项目上报、图纸设计、工程量核算等事项，并在11月完成标线、标牌的整治工作。（姚园园）

【安全管理】　2010年是民航安全体系建设年。克拉玛依机场抓好安全生产，强化安全管理长效机制。一是落实主体责任，严格责任追究。制定2010年度安全目标管理责任书，细化有关控制指标、安全管理职责及考核奖励的内容，要求各部门根据安全管理责任书进行进一步分解，做到助理级及员工级的划分。配合集团的安全业绩检测，年初制定安全之星的促进奖励计划，推动了安全管理水平的提升。二是坚持安全教育制度，加强员工安全操作技能培训。加大特殊时期的安全教育培训力度，"八二四"伊春空难事件发生后，立即组织全员进行安全检查，组织各部主管结合伊春空难对机场现阶段的安全运行工作进行深入分析研讨，结合机场实际制定相应的管理措施。三是推进安全标准化建设，加强安全生产技术管理。加大对沥青道面的预防性维护及维修的研究工作，特别是在修补材料上下大工夫。四是完善应急救援预案，提升综合应急救援能力。为确保机场的应急救援工作，结合集团有关对应急救援工作的安排，组织全员围绕"安康杯"活动，对机场周边8千米的地势、地形进行徒步巡查。五是综合治理扎实有效。全年未发生重大刑事案件、治安灾害事故和火灾事故，未发生集体和个人上访事件。（姚园园）

【设备管理】 2010年，克拉玛依机场把执勤车辆、设备设施换季维护保养放在安全管理工作的首位，成立换季领导小组，制定换季工作计划，对设备设施换季工作作出具体的安排。组织全体人员召开换季动员会，开展换季业务技术培训，并强调换季工作中容易出现的安全问题。通过制定维护维修制度，加强对机场通信、导航、供电、助航灯光、地面保障车辆及候机楼内所有设施的系统性维护，发现问题及时整改。各部门在日常工作中定期检查维护设备，详细记录工作台账，确保所有设施设备处在良好的运行状态。（姚园园）

【节能减排】 2010年，克拉玛依机场开展节能宣传教育工作。采用挂横幅、办板报、节能培训等办法，提高员工对节能减排工作的认识。全面做好能耗普查工作。对机场电表、车辆用油、饮用水及灌溉用水近3年来的能耗情况进行统计，并制定节能减排目标和措施，层层分解落实至各岗位。绘制负责水、电、暖走向简图，并制定节能减排量化表，分析总结节能经验。规范能源统计工作。确保能源统计数据的真实可靠，严格遵守能源统计资料的上报时间。（姚园园）

【备降服务】 从2010年11月27日起，因连续几天大雾，致使进出乌鲁木齐国际机场的多架航班延误、备降。克拉玛依机场作为乌鲁木齐国际机场的主要备用机场，承担大部备降接待任务。27日，共有8个航班备降在克拉玛依机场，机场接待滞留旅客1 179人。28日，乌鲁木齐天气短暂转好，备降航班陆续离港。29日，有6个航班备降克拉玛依机场，有860名旅客滞留克拉玛依机场。机场工作人员通宵值班，及时解决滞留乘客的食、住、行问题。（姚园园）

【机场管理】 2010年，克拉玛依机场做好机场管理，呈现五大亮点。一是加强业务训练，注重员工培训。机场运输服务部门自行组织《克拉玛依机场使用手册》换页内容、《克拉玛依机场运输服务部运行手册》、ATR平衡图、销售系统（包括南航BTB网上电子客票销售）及南航外站手册学习。安检部对机场安检人员进行安检知识培训和岗位技能操作训练。二是不断规范和完善不停航施工管理。在机场不停航施工组织准备过程中，机场派出所以明确安全责任、加强现场管理、严把人员审核和安全教育关为重点，进一步健全安全管理系统，为进一步落实安全责任制，综合人员背景调查、进场施工审核、安全教育状况、个人安全记录4个方面内容，为进场施工人员建立"不停航施工安全管理个人档案"，并与42名施工人员签订安全责任书。组织不停航施工单位进行集中安全教育2次，进一步加强不停航施工的现场勤务工作，现场检查61人次，督促整改项目5项。三是服务质量持续提高。运输服务部形成首问负责制、服务承诺、投诉意见反馈、服务责任追究等一系列制度，从工作流程上向零缺陷看齐；并把精细化、品牌化服务有机融合，细化服务内容，改进服务环节，形成问询、售票、接机、登机一条龙优质服务机制。四是配合南航新疆分公司机组飞行训练。为配合南航新疆分公司机组的飞行训练工作，克拉玛依机场积极准备，满足机组对地面服务的各项需求。训练组教员称赞克拉玛依机场硬件设施及净空条件十分适合飞行训练。五是完成物探飞机保障任务。10月4日，云南英安航空B—3832运12物探飞机飞离克拉玛依机场，标志着克拉玛依机场完成为期近3个月的通航保障任务。该机任务为托里至和布克赛尔地区的石油天然气探测飞行，由于此次任务作业周期长、面积大，多为山区超低空作业，飞机起飞后无法与乌鲁木齐联系。克拉玛依机场航务部积极与区域管制中心协调，并与区域管制中心及委托方签订安全责任书，通航飞机空中交通活动由克拉玛依机场全权负责，并对飞机停放、设备开放、人员配置等进行合理安排，确保探测飞行安全万无一失。此次保障任务从7月8日开始至10月4日结束，期间共保障160个飞行架次。（姚园园）

【党的建设】 2010年，克拉玛依机场针对重组后的实际，加强党的建设。支部通过召开党员大会、职工大会、中心组学习会议及上党课等形式共学习14次。开展党风廉洁从业教育。采取召开党员大会和职工大会、收看电教片、阅读反面典型案例文字材料等方式开展警示教育。截至10月，支部共组织集中学习《廉政准则》6次，受教育党员覆盖率100%。三季度进行了全体职工党风廉洁从业教育测试。抓组织建设。通过建立完善党课制度、党员思想汇报制度、党员活动制度、党员定期培训制度，采取问卷调查、召开职工大会等方式，全力解决职工群众的困难和遇到的各种问题。支部培养入党积极份子3人，为2名预备党员办理转正手续，党员总数达到19人。加强综合治理工作。签订综合治理、平安单位创建责任书，并将责任落实到人，施行有效。（姚园园）

【企业文明建设】 2010年，克拉玛依机场党支部将创建克拉玛依区文明单位纳入主要工作目标。一是根据自治区文明单位测评体系，将创建工作分为党的建设、环境建设、道德建设、民族团结、文化建设、综合治理、业务工作8大块，制定《克拉玛依机场创建克拉玛依区精神文明单位实施方案》，将创建工作细化分解，责任到人，奖罚分明，年底通过检查验收。二是坚持开展企业文化建设。团支部带头组织读书、实践、成才的主题活动，增设阅读角、学习园地、最新报刊消息等读物归类。三是开展创先争优活动，成立领导小组，召开基层党建带团建深入开展创先争优活动座谈会，对活动进行部署安排。四是开展热爱伟大祖国、建设美好家园主题教育活动。6月，机场党支部召开主题教育活动动员大会并举办主题教育专题培训班。五是开展“安康杯”竞赛活动，全面推进女职工建功立业工程和女职工文明示范岗建设。全年新创建克拉玛依区文明单位1个，行风建设示范窗口2个，确立效能监察项目2项，新创建集团公司级服务品牌1个，新建立女职工文明示范岗1个。机场工会组建率100%，员工入会率保持98%以上。计划生育政策执行率100%，出生人口政策符合率100%。（姚园园）

邮　政

【克拉玛依市邮政局领导名单】

党委书记、局长：王正平

副局长、纪检委书记：董九洲

副局长、工会主席：闫少华（6月任职）

【基本情况】 2010年，克拉玛依市邮政局拥有二级单位24个，其中行政科室6个，生产科室18个，有邮政网点30处，分布在市区、独山子区、金龙镇、乌尔禾区、小拐乡、共青镇、五五新镇及辖区内的兵团团场。全局共有从业人员452人，其中正式职工220人（女性104人，少数民族26人）、劳务工232人。企业长年开办包裹、集邮、机要、农资分销、函件广告、报刊发行、电子汇兑、代理信息和邮政储蓄等业务。全面完成2008年制定的3年规划。市邮政局被中国邮政集团公司授予2009年度全国邮政用户满意企业称号。被自治区邮政公司评为安全生产先进单位。邮政局技术科连续3年获全区计算机系统安全运行年竞赛综合考评第一名，速递局获得新疆邮政管理局颁发的快递服务优胜奖。

（袁　峰）

【经营情况】 2010年，克拉玛依市邮政局坚持把发展放在第一位，采取一系列积极措施做好经营管理工作，取得明显成效。全局邮政业务收入（按同口径计算）累计完成4 790万元，比上年增长11.14%。按结算口径计算，邮政收入4 358万元，增长12.27%。人均劳动生产率（按有效收入计算）7.89万元，增长15.18%。邮政经济运行呈现出发展加速、结构优化的良好态势。全面完成自治区邮政公司下达的预算目标和自定目标。

（袁　峰）

【业务发展】 2010年，克拉玛依市邮政局各项业务得到较快发展。一是业务发展较快。全局各项业务中除包裹、电子商务业务负增长外，其他各项业务均实现正增长。其中函件业务收入316万元，比上年增长19.7%；集邮业务收入711万元，增长15.8%；报刊业务收入426万元，增长6.2%；速递业务收入831万元，增长19.6%；分销业务收入147万元，增长5%；代理金融业务收入1 547万元，增长13.6%。二是效益质量明显提升。在各类费用涨价和人工成本增长的情况下，通过流程优化、降本增效、减员增效等措施进一步加大增收节支力度，严格控制非生产性成本支出，变动成本得到有效控制，企业有效业务收入3 565万元，增长17%。三是业务结构调整取得新进展，重点业务发展势头强劲。函件的数据库和中邮广告业务加强产品创新，分别完成区公司下达计划目标的136.5%和246.3%，剔除邮政贺卡因素增长39%，为进一步优化函件业务的结构起到突出的作用。集邮业务紧抓上海世博会、广州亚运会等重大题材和收藏热的兴起实现快速发展，成为邮政局第一个提前3个月完成全年计划目标的专业，起到表率作用；报刊业务积极推进重点营销项目，报刊专用单订阅、报刊代投、零售报刊进加油站等项目实现较大突破。信息和代理业务不断挖掘市场潜力，积极培育邮政短信业务，开发18 373笔，增幅56%；航空机票销售2 223张，增长312%。承揽中石化加油站、兵团加油站以及小拐乡、乌尔禾区、克拉玛依区收费站的代收款业务，实现收入21.2万元，成为电子商务业务新的增长点。速递业务的增幅高于全区同业平均水平。速递揽收“团队＋片区”的营销模式效果显现，国内异地特快邮件累计实现收入427万元；同城特快业务大力拓展新市场，拓宽新领域，在警邮合作中再续新篇，开创驾校学习一条龙服务，仅此1项实现收入34万元。农资分销业务克服农资市场竞争激烈等因素，实现稳步增长。代理金融类业务低开高走，储蓄余额从年初增长缓慢到全年余额增长24%，呈现出持续增长的态势。进入5月，邮政开展储蓄劳动竞赛，在保持老客户开发新客户的同时，大力开拓新市场，在多年与锦田棉业建立良好合作关系的基础上，与锦隆公司、锦盛公司牵手，签订非现金结算业务合作协议，邮银双方齐心协力出谋划策发展储蓄。至12月底，克拉玛依邮政和邮储银行新增存款超过2.37亿元，存款余额（含银行）规模达到12.24亿元，邮储活期占比保持在43%。其中邮政各网点新增余额2.298亿元，储蓄余额9.3亿元，创历史新高。

（袁　峰）

【经营管理】 2010年，克拉玛依市邮政局经营理念不断提升。年初，出台《营销体系建设实施方案》、《大客户管理办法》等营销管理制度，鼓励员工走向营销岗位，从各专业局中选出21名营销精英，成立11支专职营销团队，打破专业营销的局限，开展跨专业的综合营销和大项目营销。局领导发挥首席营销员作用，营销人员为客户提供专业化用邮方案和个性化服务。兼职营销人员多为营销能力强、业务精通的支局长、所主任，经过调整，全局有55名专兼职营销人员，占全局员工总人数的12%。调整后的营销队伍在全局各项营销工作发挥主力军的作用，全局专兼职营销人员完成营销业绩1 217万元，人均22.13万元，其中11支营销团队累计实现营销收入967万元，3名营销员个人完成收入超过100万元。邮政局进一步细化成本预算管理，制定成本费用预算管理办法，明确各单位预算管理责任和职能，对各二级单位的可控费用下达明细预算并与每月绩效工资挂钩考核，在全局形成人人关心成本、人人节约成本的意识。完善相关部门归口管理的通信费、油料费、修理费、宣传费、招待费等招投标及审批手续，使变动成本得到有效控制。

（袁　峰）

【营销管理】 2010年，克拉玛依市邮政局抓好营销管理工作，重大营销项目取得新成就。一是做好重点节点期间的营销工作。在端午邮情、思乡月营销活动期间，优化产品组织和销售渠道，做好各环节的服务保障工作，端午邮情、思乡月销售额与上年相比稳步上升。端午邮情创收27万元，思乡月实现销售额270万元，创收132万元，比上年增长8%。克拉玛依地区人均享有邮政思乡月超过

10元。二是做好邮政贺卡营销工作。邮政贺卡业务采取团队营销模式，实现定制型贺卡收入109.3万元，增长15%。三是做好报刊收订工作。通过全方位的市场调查，组织工作人员上门收订，充分利用报刊社的优惠政策，加大内部奖励力度，激发揽收人员的积极性，实现报刊收订一次性流转额1 584万元，私费订阅占比为45%。四是做好新邮预订工作。邮政局业务人员以保老增新为主要思路，坚持市、县、支局联动，注重宣传，强化营销，规范经营，紧抓集邮协会、大客户、投资收藏者三大市场，做大集邮业务市场规模。全面完成区公司下达的目标，实现收入211.7万元。（袁　峰）

【人力资源管理】 2010年，克拉玛依市邮政局制定《2010年业务发展奖励政策》，规定营业局、专业局以业务收入为主，职能部门以管理职责为主，同时又兼顾财务、质量、营销、培训及政令畅通等指标的考核模式。特别是将自治区公司统一安排的营销战役作为全局的一项重要工作来抓，以部门为单位按照员工个人完成的情况发放奖励。工资靠业绩、收入看贡献的理念得到员工的广泛认同，使真正能干事、干实事员工的个人价值得到充分实现。民主推荐4名后备干部，并纳入人力资源管理工作中。（袁　峰）

【网运管理】 2010年，克拉玛依市邮政局树立大局意识，理顺阿勒泰地区和塔城地区所有进出口邮件的经转流程。利用区公司强化邮件全程时限，组开3条邮路，重新编制作业计划，最大程度地提高进出口邮件的传递时限。以"三化"改革和创优争先劳动竞赛为契机，对克拉玛依市、区及城市支局所有邮件实行分拣前置，实现中心局与支局投递的紧密衔接，在节约支局分发人员的基础上加快邮件的投递时限。对大宗揽收邮件开通绿色通道，直接进中心局进行分拣处理。根据邮件处理量不同，在2个平台之间进行人员灵活配置，减少生产中由于邮件种类不同造成不同岗位不同时段忙闲不均等现象，处理进出口普通邮件人均日处理量提高22%，处理给据邮件提高59%。通过网运系统对邮件容器使用单位进行时时网上监控，准确掌握邮件容器分布情况，动态调拨，加快邮件容器周转。（袁　峰）

【安全管理】 2010年，克拉玛依市邮政局高度重视上海世博会、广州亚运会期间的安全管理工作，连续开展各类大规模安全检查，规范安全管理基础台账，对查出的安全隐患及时整改，对重点整改项目实行挂牌督办，限时完成。调整和加强守押人员管理，严把用人政审关，严格执行枪支规范化管理。加强各网点邮件禁限寄的试寄、排查、通报和考核工作，确保邮件安全万无一失。经过自治区公司安全生产小组的评定，克拉玛依市邮政局获得970分，被评为自治区安全生产先进单位。（袁　峰）

【审计监督管理】 2010年，克拉玛依市邮政局开展内部控制审计和财务收支审计，加强对企业各项成本费用的监督，促进企业降本增效。配合区公司审计处完成印制费、往来账、局长届满审计等专项审计工作，完成本局范围零星工程审签18个，参与三项设备购置，审减额7.51万元，审检率10.9%，审减覆盖率100%。（袁　峰）

【通信能力建设】 2010年，克拉玛依市邮政局进一步加强通信能力建设。一是推进营投网和机要"6S"建设，提高服务能力。将营投网建设纳入保持全国邮政用户满意企业的重要指标之一，广泛开展创新服务理念、创建示范窗口和星级服务窗口评比活动，规范服务行为，改善服务环境，提高服务质量，并跟进检查，全年检查592人次，下发整改通知单115份、整改意见356条。二是筹措资金，通过购买和租用等方式，调整优化网点布局，把宝贵的网点资源向市场优势地区迁移，提高资源的利用率。至年底，南湖邮政所、园丁邮政所网点建设资金筹备到位。三是新增生产用车6辆。四是开展机要管理达标活动，为克拉玛依市局和县局机要营业网点安装监控设施，改造市局的营业室，彻底分离用户交寄区和机要工作区。五是推进信息网应用，强化支撑功能。邮政信息化水平不断提高。完成投递信息管理系统推广、商函业务信息系统集中改造、农资连锁配送信息系统上线，实现商函业务信息系统、投递系统、名址信息系统以及名址维护系统之间的信息互通，全过程地实现实物流与信息流的融合，完成个人网银系统、邮政储蓄ATM硬件加密、网点终端加密、支付网关网点前置系统上线等工程建设，自主维护ATM机节约维护费用3万多元。六是推进克拉玛依市信报箱建设。呼吁社会各界加强和重视邮政公共基础建设，支持邮政发展。积极与建设局、规划局沟通，独山子开发商在新建的别墅区投资建设信报箱164户，市区昆仑大厦新建信报箱198户，填补克拉玛依市商品房无开发商投资建信报箱的空白，全年新增信报箱331户，全地区累计安装信报箱17 089户，安装率28.7%。（袁　峰）

【企业党建】 2010年，克拉玛依市邮政局抓好企业党建工作。召开党员领导干部民主生活会，开展热爱伟大祖国、建设美好家园和加强民族团结、构建和谐企业主题教育活动。在创先争优活动中开展在工作上争当领军式人物、在岗位上争做专家型人才主题活动。以自治区劳动模范王新荣为标杆，在全局广泛开展学优赶先、敬业奉献主题实践活动，利用《油城邮政报》、《油城邮政信息》等宣传阵地及时报道企业涌现出的先进人物、先进事迹。开展对照党章找差距、立足岗位创佳绩学习教育活动。七一期间，举办系列庆祝活动，进一步推进企业党的建设工作，为邮政改革发展做好服务支撑保障。（袁　峰）

【和谐企业建设】 2010年，克拉玛依市邮政局进一步开展和谐企业创建工作。维护员工合法权益，坚持局务公开，推进民主管理。按时慰问和帮扶困难职工。在春节、三八、五一、中秋、十一等节假日前夕，开展丰富多彩的文体活动。逐步改善员工生产和生活条件。推广巴音郭楞蒙古自治州邮政工会读书活动的做法，举办书友小组及新人局大学生授书仪式。友谊路支营业支局通过工人先锋号的复验。对领取独生子女证或光荣证的退休职工进行调查摸底，为符合政策的33名退休人员发放计划生育家庭奖励金。开展"三杯"劳动竞赛和创建节约型企业、学习型组织、知识型员工等创争活动，开展技术比武、劳动竞赛，增强员工的学习意识、拼搏意识、主人翁意识。认真落实职工提案，深化局务公开，企业民主管理进一步深化。（袁　峰）

电　信

中国电信克拉玛依分公司

【领导名单】
党委书记、总经理:段庆龄
副总经理、纪检书记、工会主席:马新福
副总经理:肖鹏(1月任职)、李志刚(5月任职)

【基本情况】　截至2010年末,中国电信克拉玛依分公司设有综合管理部、人力资源部、财务部、党群工作部、市场部、政企客户部、公众客户部、客户服务部、号百运营中心(企业合作发展部)、业务支撑中心、网络部等部室,下辖分支机构有独山子分公司、白碱滩分公司及五五新镇、乌尔禾、小拐等3个农村电信支局。公司有各类通信机房32个,ONU点58个,营业网点14个。有员工252人,其中少数民族36人,女性118人,退休职工99人。开办的业务有固定电话、无线市话、移动通信、有线宽带、无线宽带和ICT等信息增值服务项目。　(岳雪莲)

【市场经营】　2010年,中国电信克拉玛依分公司坚持品牌统领经营,落实基础管理制度,优化网络服务保障能力,加大存量市场的保有力度和增量市场的竞争力度,提升全业务经营能力,稳步扩大用户规模。全年量收基础得到进一步巩固,市场占有率稳步提高,各项业务量指标完成率在全疆名列前茅。一是发挥全业务优势,扩大用户规模。全面梳理各类销售品,重新明确以宽带和天翼手机产品为两条主线的销售品体系,有效融合传统业务和移动业务,推动公司全业务用户规模以较快速度提升。二是相继开展以翼网情深、天翼腾飞、翼呼百应为主题的多种营销活动,移动、宽带等业务得到较快发展,实现融合套餐的规模发展,比上年提升8.57个百分点,“我的e家”品牌认知度进一步提升。三是收入结构持续优化,非话收入占比稳中有升。ICT业务规模不断扩大项目结构持续优化,签约平安校园、“12345”政府热线呼叫中心等多个城市信息化建设项目。四是以经营管理和业务管理为抓手,梳理经营工作中的各项流程,逐步形成较为完整的经营管理制度。五是加强公司内部各部门之间的协同配合,组建三级稽核体系,通过业务稽核规范经营行为,查找工作漏洞,有效支撑业务发展和经营工作的开展。　(岳雪莲)

【渠道建设】　2010年,中国电信克拉玛依分公司强化渠道管理,渠道销售能力得到提升。整合社会渠道和网格营业厅,让网格营业厅和代销网点相互补充,使渠道布局更为合理。对公司二、三级、农村营业厅、社会合作营业厅实行统一管理,在保证各项营销政策规范落实的同时,提升营业人员的销售及服务能力,资金和营账管理得到进一步规范。实现对社会渠道及其销售过程的集中管控,保证公司营销政策在社会渠道的落实过程中不走样,使社会渠道的经营行为更加规范。加强对农村综合信息服务点的建设,加大电子渠道的宣传推广力度,完善电子渠道管理流程,提升电子渠道的认知度,有效地配合实体渠道的销售服务工作。　(岳雪莲)

【欠费管理】　2010年,中国电信克拉玛依分公司欠费收缴工作取得实效。成立欠费收缴工作领导小组,集中力量清理催收欠费,并通过打票、欠费管理制度控制新欠费的产生。健全票据、收入和欠费的稽核管理流程,从制度上规避资金管理风险。规范代办费结算流程,制定代理商分级管理办法,有效地降低企业经营风险。公司应收账款欠费率比上年下降4.51个百分点。　(岳雪莲)

【网络建设】　2010年,中国电信克拉玛依分公司将宽带提速工程作为全年的工作重点,不断满足市场对更高带宽、更优网络的需求。宽带提速和光进铜退建设全面启动,至年底,克拉玛依4米以上宽带端口占比大幅度提升,达到95.84%,8米以上宽带接入能力的用户占比达87%以上。持续推进政企客户支撑体系建设和标准化建设。建立行业客户工程师队伍,专人承包客户网络,加强客户机房巡检制度,做好客户网络评估并出具网络运行分析报告,落实预防性维护。　(岳雪莲)

【基础管理】　2010年,中国电信克拉玛依分公司不断强化管理基础,推进企业的精细化管理。优化劳动组织,提升人力资源使用效率。成立公众客户部和客户服务部,明确岗位职责,以更好适应公司的全业务经营。加强对县分公司的扶持和标准化农村支局建设,为提高农村经营收入提供有效的人力资源保障。制定营账稽核制度,分步骤、有计划地对历年来形成的虚计量收和呆坏账进行全面核实处理,为公司未来的发展创造健康的财务环境。加强催督办工作,强化企业执行力,确保公司的各项政策和会议精神能够有效落实。　(岳雪莲)

【和谐企业创建】　2010年,中国电信克拉玛依分公司开展以“四强四优”为主要内容的创先争优活动,并开展公司的党建工作和精神文明建设工作,以创党员示范岗和流动红旗岗活动为载体,突出党员和团员先锋模范作用。开展形式多样的综合治理宣传活动,组织打靶、消防演练等活动,全年企业的安全形势良好,通过市安全和消防大检查和全国无障碍城市检查组的检查。主动为员工排忧解难,帮助员工释放压力。举办“天翼腾飞”春季长跑比赛、“我运动、我健康、我快乐”文体活动、庆祝三八国际劳动妇女节红色经典赛歌会,开办心理健康快乐人生专题讲座等,营造健康向上、团结和谐的企业氛围。　(岳雪莲)

中国联通克拉玛依分公司

【领导名单】
党委书记、总经理:马国忠
副总经理、工会主席:高勇
副总经理、纪委书记:李寿华

【基本情况】　2010年,中国联合网络通信有限责任公司克拉玛依市分公司设综合部、计划财务部、运行维护部、网络建设部、市场销售部、集团客户部、客户服务部、3G销售公司8个部门,下辖城区营销中心、白碱滩分公司、和布克赛尔分公司3个县分公司,有员工150人。
(王　蕾)

【市场经营】　2010年,联通克拉玛依分公司坚持以人为本促发展的新思路,坚持在发展中创新、在发展中探索、在发展中突破，积极探索有效发展之路。通过围攻行动、亮剑行动、拾花工专项市场营销活动以及暖春计划等一系列营销活动，不断调整目标市场，共发展用户22 321户。各县分公司通过组织电影下乡、纳凉晚会、与连队团场共同慰问困难户等形式开展营销活动，起到一定效果。针对固网市场，还出台特定小区宣传和特殊资费政策，每周安排工作人员进行宽带、固网业务的宣传与办理。10月，固话业务发展首次突破100户以上；11月，数据宽带业务发展首次突破100户以上。抓住3G业务优势，细分市场，有效地发展3G业务。组织召开"宽视界"视频监控推介会，积极推进克拉玛依数字化城市及油田数字化信息化建设。

（王　蕾）

【渠道建设】 2010年，联通克拉玛依分公司加强营销渠道的建设和管控，充分发挥渠道的营销能力。各分公司大力发展合作营业厅、手机卖场。开展"筑巢引凤"、买断赠送礼品、渠道追加奖励、全年渠道评比、代理商联谊等活动，不断增强渠道营销能力。加大渠道建设力量，注重渠道的发展、转型与扶持。先后成立5个营业部，填补区域管辖服务的盲点。明确分渠道发展目标，并纳入考核。不断优化代理商，通过设置渠道专项奖励、房屋补贴、全年渠道评比、代理商联谊以及渠道策反、更换一类手机卖场的门头、建立3G品牌店及"沃专区"等活动，大大提升联通品牌形象。至年底，共发展合作渠道营业厅27家，村居连企（名誉员工、非签约店、代理点）721家，公司共有合作渠道营业厅及代理商748家，渠道业务发展量占公司业务发展总量的85%以上。（王　蕾）

【网络建设】 2010年，联通克拉玛依分公司加快各项工程进度及通信网络建设，依据保质、保量、保期的工作要求，不断提升网络建设水平。一是改善克拉玛依市区网络深度覆盖，解决油田部分地区和部分矿区网络覆盖盲区，完善市郊工业园区和农业开发区的网络覆盖，提高道路覆盖信号质量，为市场经营形势好转提供有力的支持。全年建设2G基站28座、3G基站51座，架设光缆线路519千米，建设管道21千米，室内分布48处，建设WLAN（无线局域网）系统12套。二是在配套的传输建设工作中，完成136团环网改造升级，白碱滩3G环网成环和白碱滩油区环网成环，沙漠环网传输设备升级，137团沥青矿至魔鬼城基站的光缆线路的架设，乌尔禾至和什以及夏子街油田基站传输环网物理链路的建设等工作。三是推进共建共享工作，与电信、移动合作，共建共享管道、基站资源，节约国家资金2 200万元；与移动公司共享铁塔5座，共建站房4座，共享基站电力设备4处；与电信公司共享铁塔34座；与塔城电信公司共建光缆线路34千米；与移动公司共建管道31.1千米，节约投资540多万元。四是在数据专线和固定网络网宽带方面，先后完成中国人民银行、塔城电力公司沙继海变电站、通泽驾校专线、汇嘉时代、通讯花苑小区、友联大厦固话宽带，南湖营业厅、国美营业厅和农行营业厅光缆线路的施工和设备安装等工程。五是不断加强网络运行质量的管理，优化网络，提高网络运行的效益。先后针对38个营业网点的接入进行改造，完成45条专线的接入。制定和实施翻频方案，优化2G/3G网互切换。同时完成GBSC升级；配合区公司完成HLR、193、17911、17910数据割接；对2G/3G网互操作升级割接；完成克拉玛依、塔城、阿勒泰应电路调整、备份和信令收敛；完成塔城A口电路的扩容，MSS网和BSS网向DCN网割接；完成友谊路固网机房的搬迁。升级和改造白碱滩方向、九公里方向、沙漠环以及和布克赛尔地区的传输网。

（王　蕾）

【业务发展】 2010年，联通克拉玛依分公司行业应用取得新突破，集团攻坚取得成效。一是抓住3G业务优势，细化市场定位，有效发展3G业务。分别根据资费优势锁定运输行业、根据增值业务优势锁定时尚青年、根据终端优势锁定商务人士和企事业单位领导等，对不同的消费群体进行定向营销，共发展用户1 000余户，发展单位13家。与当地诺基业公司合作，借助诺基亚终端销售渠道进行体验式发展，有效开辟新的用户发展途径，发放体验卡620户，发展客户75户。二是调整集团客户部的业务结构，重视行业应用的发展。在克拉玛依组织召开"宽视界"视频监控推介会，参加单位86个，人员170人，现场有意向的单位20家。至年底，签订通讯公司1 000米专线，年收入90万元；政府短信业务合作，年收入6万元；数据中心100米专线，年收入12万元。签订测井公司无线视频会议传输协议，年收入1.2万元。三是集团名誉员工的发展实现从数量向质量的逐步转型。全年发展高质量技术型的名誉员工59人，占名誉员工总数的9.23%。通过名誉员工发展的用户占集团总发展量的60%。全年发展集团客户117户，比上年增长67%；发展集团用户1 837户，增长75%；发展专线17条，发展商务固话42户，商务宽带28户。签订集团名誉员工协议630份，发展有效集团名誉员工429户。（王　蕾）

【客户服务】 2010年，联通克拉玛依分公司积极发挥自有营业厅服务、产品销售、客户维系3项核心职能，全面促进标准化营业厅的建设，推广自有营业厅单厅核算、指标量化、二次考核、服务明星、营销状元评选等激励机制，客户服务的各项管理工作得到提高。一是注重用户投诉，注重问题预判预处理，加强客户投诉满意度监查制度及数据分析制度建设，将用户投诉作为服务短板及时解决，有效地提高客户满意度。积极开展积分兑换及主题俱乐部活动，为用户提供个性化的服务。二是完善维系人员的考核办法和薪酬调整，并建立3G专属维系队伍，实现维系人员的专职化。制定1～5级的用户维系办法，加强维系质检工作，使维系工作有大幅度的提高。三是落实自治区公司各项活动方案，CRM系统出账保有81.58%，全疆排名第11位，摆脱长期出账保有全疆排名后三位的情况；收入保有率81.63%，全疆排名第四位。四是加强3G俱乐部的建设，规范投诉流程，并将用户咨询作为关注重点，在每周召开的服务质量联系会上，现场处理，立时整改，用户满意度逐步提升。

（王　蕾）

【企业管理】 2010年，联通克拉玛依分公司进一步完善各项基础管理制度和内控体系，初步应用全成本体系。一是加大资金监管力度，推行预算管理，强化工程的过程管控，建立健全部门各类经济台账，严防跑、冒、滴、漏，以向管理要效益为目标，确保效益的可持续增长。二是抓基础管理，发现并解决专线收入计费系统与在计费与收费与系统及与区公司不一致的问题，杜绝此项业务收入的不准确性,保证工程按期挂帐和转固,实现物资管理的安全有效。三是调整公司绩效考核办法,并在执行过程中不断补充、完善,起到有效的激励作用。四是加强重要部位和容易出问题环节的监督控制,重点是工程招投标、物资采购、车辆设备维修、代理费结算支付等方面的监控。（王　蕾）

【企业文明建设】 2010年,联通克拉玛依分公司加强企业文明建设。一是配合区公司开展摄影、书法、演讲比赛活动,开展趣味运动会、健身、春游等文化体育活动,努力办好食堂、宿舍和员工之家,创造和谐愉快的工作环境。二是加强员工培训。全年组织员工参加自治区公司组织的疆外培训15人次、疆内培训126人次,公司内部员工培训622人次,代经销商、合作营业厅业务培训168人次,参加培训累计931人次。三是安排员工享受年休假。享受年休假、探亲假员工102人,占员工总数的78.2%。为所有在册员工及部分第三方员工缴纳住房公积金,报销冬季取暖费,员工各项待遇有大的改善。四是抓好队伍建设。党组织召开民主生活会,发展新党员2名,确定入党积极分子4名。组织党员、入党积极分子、干部10余人参观爱国主义教育基地。（王　蕾）

中国移动通信克拉玛依分公司

【领导名单】

党委书记、总经理:李伟

副总经理、工会主席:张鹏

纪委书记、副总经理:王谊斌

【基本情况】 截至2010年末,中国移动通信集团新疆有限公司克拉玛依市分公司内设综合部、党群工作部、财务部、人力资源部、网络部、市场部、集团客户部、营销中心、全业务支撑部9个部门,下辖白碱滩、独山子、小拐、乌尔禾4个营业部。员工292人(女性215人,少数民族36人)。主要业务有移动电话、家庭宽带、TD固话、集团专线、国际互联网、综合信息化业务、数据业务及视频电话等。（于文英）

【市场经营】 2010年,中国移动克拉玛依分公司不断深化全业务运营转型,大力推进TD建设发展,保持行业领先地位和主导优势。全年有3家市场份额比上年底下降0.93个百分点,网内话务量增长1.16%,业务收入增长6.09%。积极推进手机媒体化和手机多用化,手机证券、手机阅读、手机支付等个性实用化数据业务深受油田职工喜爱。广泛合作,创新推动12580的规模营销。在全疆率先推出本地手机报,积极推广手机电视。广泛参与社会信息化建设,与克拉玛依市政府签订无线数字克拉玛依建设合作协议,推出社区通、移动警务、智能交通、克拉玛依手机报等一系列信息化项目,数据采集、智能监控、GPS定位等物联网业务广泛应用于水电暖及油田生产一线,物联网业务用户占比达到3.2%,处于全国领先水平。（于文英）

【客户服务】 2010年,中国移动克拉玛依分公司完善以品牌为核心的客户价值体系建设,深入开展“便捷服务 满意100”、“信用100”等主题活动。营业服务网点达到51个,代办点500余家,遍布城镇、乡村及团场。丰富积分应用,全年开展各类全球通VIP俱乐部特色活动50余场,提升服务客户的能力与水平。多措并举,提升电子渠道应用水平,电子渠道普及率达到39.1%,位列全疆首位,业务分流效果明显。发挥铁通公司的协同效应,在业务营销、办理、实施、服务等方面理顺流程,形成合力。（于文英）

【网络建设】 2010年,中国移动克拉玛依分公司加强面向全市业务运营的网络支撑体系建设,融合推进第二代移动通信及具有中国自主知识产权的第三代移动通信网络建设,完成2G网39个基站、TD 91个基站工程,克拉玛依市区覆盖率达到99.87%。实施光纤、管道进单位、入小区提速工程,完成地面光纤工程3个汇聚环、21个接入环网割接。传输网已经形成核心层、汇聚层、接入层的3层网络架构,为业务发展及数字城市建设储备网络资源。主动开展基础设施共建共享,共建铁塔7座、杆路47千米、基站7个、传输线路47千米,共建管道9.3千米,节约投资约510万元。持续对商业区、交通干线等进行重点整治,开展TD专题优化项目,各项KPI指标均已达到自治区公司挑战值。不断提升维护水平,推进电源系统配套整治工作,构建全业务支撑新模式,积极探索集团及行业信息化维护体系建设,不断提升响应速度和维护效率。（于文英）

【企业管理】 2010年,中国移动克拉玛依分公司加强管理创新,优化组织机构,建立工程建设中心、集团业务支撑中心、全业务支撑部,调整优化集团客户部,实现独山子营业部的交接工作,建立面向行业信息化的综合运营支撑系统。加强固移融合的专业队伍建设,加大综合信息服务人才培养力度。作为全疆第一个试点地州,开展绩效管理工作规范化、信息化、流程化建设。推进薪酬一体化工作,制定《专业技术人才激励管理办法》,为激励员工积极性、留住核心人才进行了积极的探索和尝试。建立闭环管理流程,运用绩效杠杆提升成本管理能力,基站节能减排节约28万元。内部耗材、水电费节约21万元,各级员工低成本高效率运行意识得到有效提升。（于文英）

【企业文明建设】 2010年,中国移动克拉玛依分公司加强企业文明建设。一是开展创先争优主题活动,进行“小金库”专项治理及反腐倡廉主题教育活动。二是选举产生新一届工会委员会,发挥工会、共青团组织的桥梁纽带作用。三是开展各项劳动竞赛,以文明示范窗口、青年文明号为载体,全面推进班组建设和企业文化示范点建设。公司实现文明创建工作达标测评体系档案的电子化管理,做到创建工作数字化、常态化和规范化“三化”管理,友谊路营业厅被评为克拉玛依市女职工文明示范窗口。四是积极承担社会责任,开展李传韵音乐会、水节音乐会、助学结对子、科技强警、开发残疾人爱心套餐等公益活动,持续开展水节、“两会”等重大节日活动及油田抗洪抢险的网络应急通信保障工作。全年实施积极扩容50余次,共出动应急人员30余人次。五是狠抓安全生产,建立健全各项安全制度20余项,全年开展安全生产大检查5次。搞好综合治理,加快第二综合生产楼工程建设。公司获克拉玛依市安全生产工作优秀企业、自治区“安康杯”竞赛先进单位、自治区无线电台站管理先进单位、自治区诚信单位、自治区百佳文明单位等称号。（于文英）

油田公司通信

【油田公司通讯公司领导】

经理、党委副书记:陈虎

党委副书记、纪委书记、工会主席:高晓民

副经理、总工程师:尹凤昌

副经理:陈星辉

【基本情况】 截至2010年底,新疆油田公司通讯公司有员工690人(内退职工42人、劳务合同工13人),其中女员工331人,少数民族员工71人,干部230人,大专以上学历311人,具有高级专业技术职务15人、中级103人、初级79人。公司机构设置为8个机关科室、2个直属单位、11个基层单位。公司所辖的石油通信专网以克拉玛依市区为核心,横跨准噶尔盆地、覆盖北疆油田生产作业区域,是集话音通信、数据通信、综合业务于一体的现代化通信网,通讯公司实现全业务发展。公司围绕新疆油田公司下达的年度业绩考核指标,积极投身油田建设,稳步发展传统业务,持续提升服务水平,全年实现总收入9 224万元,全面完成油田公司下达的各项业绩指标。 (刘振瑜)

【主营业务】

数据通信 2010年,新疆油田公司通讯公司全力为新疆油田公司、西部钻探等87家一、二级石油、石化企业提供数据通信服务,保障油田生产需求。全年存量总收入完成计划的100%,新增数据电路完成计划的111%。实施油田公司25座作业区站点,18套传输设备的统一维护,实现数据通信业务收入持续向上。

无线数据传输 通讯公司进一步加强数据传输业务在油田生产的推广应用,已建成采油二厂数据汇聚点265个、夏子街油区数据汇聚点166个,数据采集传输运行效果良好。为西湖1井钻探项目实施野外卫星通信服务;发挥数据网络优势,实施西部管道公司、新捷燃气公司等单位信息网接入,搭建跨区域协作平台。

基础通信业务 通讯公司全年基础通信业务总收入完成计划指标的104%。坚持以满足油田生产通信需求为工作重心,不断加大《油田公司通讯业务价格收费标准》的执行力度,推动固话业务的平稳发展。油田公司内部基础通信业务签约率95%,比上年提高5个百分点;市属企业、改制企业签约率80%,超前完成西部钻探、CPE等石油企业续约工作,基础通信业务收入稳步到位。

营销管理 通讯公司持续开展"油网·关爱"营销活动,实施差异化营销,推动基础通信业务惠及油田员工的多层面应用,一定程度上缓解市场压力;充分利用丰富的网络资源,发挥油网优势,适度发展增量市场,实行新建小区点对点营销,推行优化产品组合包装营销模式及个性化营销方案,新建区域占有率达到44%,新区增量比上年同期提高5%。

通信建设 通讯公司重点完成新疆油田环准噶尔盆地传输承载网改造工程,为智能油田建设搭建40G带宽的数据传输支撑平台。配合集团公司完成生产经营调度专网建设扩容项目及设备更新,完成大庆等四大油田所管辖三级单位调度专线的通信接入,共计建设92个语音点。依托新疆油田职工生活小区天然气入户建设工程,同步实施天然气入户配套通信管道建设项目,至年底,已完成4个小区通信配套建设。以南湖二期等4个小区为试点,采用"三网融合"技术实施通信网络接入测试,运行效果良好。利用数据资源,承建克拉玛依市金保工程光纤数据网络平台。完成克拉玛依—乌尔禾光缆杆路安全隐患治理工程。

基础设施 通讯公司全年实施新建小区通信接入20个区块,接入用户1 300户,办公区域通信接入10个区块,维护抢修施工104项;配合政府城市建设需求,实施通信基础设施配套建设,各施工项目按期完工。

技术进步 通讯公司全年编制22项通信建设方案及通信技术推广应用方案,强化通信发展技术保障,为公司领导科学决策提供基础依据。积极参与首届信息化创新克拉玛依论坛活动,征集论文16篇,获一等奖1篇、三等奖3篇、优秀奖3篇。

信息化建设 通讯公司优化完善公司门户网站建设,网上办公得到强化,门户网站跨入油田公司先进行列。油城信息港服务内容贴近需求,访问量持续攀升,流量峰值超过1.6G;电子商务栏目成长迅速,为本地宽带用户提供淘宝、商务洽谈的服务平台;建立健全信息数据平台维护管理制度,有序开展公司企业网基础设施维护,为各项工作开展提供信息网络应用保证。 (刘振瑜)

【生产运行管理】

安全管理 2010年,新疆油田公司通讯公司以推进HSE体系建设为主线,于3月10日正式启动HSE管理体系建设工作,分步开展HSE管理手册和程序文件编写、制定以及发布、宣贯、试运行等专项工作。修订完善以安全生产责任制为主的22项制度、公司突发事件应急处置办法和5个专项应急预案,建立健全系列安全环保制度。深化"我要安全"理念,推行全员安全承诺,开展危害因素辨识、评价和控制清单的建立工作,梳理出248项风险点,制定控制措施。建立完善管理人员的个人安全行动计划,完成个人HSE管理行动计划。各级领导带头落实经验分享,把实施经验分享作为公司各层面会议之前必须的工作环节,基层各单位经验分享有计划、有落实,安全经验分享逐步规范化、常态化。大力开展HSE体系培训,员工风险意识和防范能力不断提高;先后组织HSE体系文件的宣贯培训、油田公司五项作业许可实施细则培训、15项管理规范培训、消防专题培训以及专兼职驾驶员的交通安全知识专题培训,参加培训653人。结合油田公司安全10周年活动的开展,以板报、网络、专刊等载体加大宣传力度,风雨安全10年安全征文活动共征文88篇。有感领导、直线责任、属地管理在实际工作中得到有效落实。开展各重点时期、重要部位安全生产大检查活动,查隐患,抓整改,安全关口前移,实现生产运行、公司各项会议之前工程建设、交通运输安全风险全面受控。公司获油田公司安全生产先进单位、环境保护先进单位称号。

生产管理 通讯公司稳步推进质量体系建设,各项工作有序实施。修订完善通信生产应急预案,开展各专项应急演练。完成通信地理信息系统数据采集,基础网络布局逐步清晰,公司获油田公司地理信息数据采集竞赛优秀奖。严格执行通信设备、机动设备管理制度,完善车辆维修管理流程,细化管理措施;升级改造账务系统全网话单监控模块,实现账务系统稳定、高效运行。生产基础设施管理完善到位，获克拉玛依市城市管理委员会颁发的城市基础设施管理突出贡献奖。

网络维护　通讯公司认真执行年度通信设备维护作业计划，全年交换、电源、传输、数据网络运行完好率99%。开通集团公司193部调度专线电话传输链路，确保指挥信息畅通。严格实施发电机、电瓶周期性维护管理，切实提高电源维护效率。新建SCDMA基站3套，满足夏子街油区无线数传需求。完成GPS安全检测系统割接，达到油田公司车辆安全监控管理需求。加大干线光缆线路巡检力度，全年光缆敷设45.73千米、接续906芯次，传输链路运维支撑保障到位。

（刘振瑜）

【通信服务】　2010年，新疆油田公司通讯公司以建立油田生产服务响应机制为抓手，进一步完善承诺服务制度，严格执行公司对外承诺，按时完成承诺时限内的工作任务，服务时限缩短，服务效率提高。推行微笑服务、跟踪服务、维护全天候服务，各服务主体在继承的基础上推陈出新，各具特色的服务模式、服务活动在工作过程中得到有效验证。加大《通信服务管理规范》的执行力度，岗位练兵、业务培训形式多样，业务技能有较大提高。服务监督关注细节落在实处，有序开展明查暗访，加强客户投诉、申告的统计分析，完善客户咨询服务，各项业务抽查合格满意率保持平稳，通信服务满意率99.8%。　（刘振瑜）

【企业管理】

经营管理　2010年，新疆油田公司通讯公司坚持把开源工作作为重点，客观分析生产经营现状，明确解困扭亏工作的基本思路，指导解困扭亏工作的顺利实施。根据油田公司的经营考核管理要求，明细考核指标，注重过程管理，坚持指标说话，绩效考核更加规范。强化投资管理，确保通信重点建设项目的实施。坚持全面预算管理，严格实行资金集中管控，加强重点成本费用项目控制，实现预期目标。加大应收账款管理力度，清欠工作落到实处。推行ERP系统实际应用，为经营管理工作提供基础信息。深化节约挖潜、降本增效劳动竞赛活动，全员市场营销助力通信业务发展。

基础管理　通讯公司进一步完善内控体系和防风险体系，第一阶段内控测试达到管理标准。修订完善《通讯公司合同管理办法》等规章制度，确保合同履约规范。加大员工出差管理力度，出台相应管理办法、配套措施，降低成本性支出。健全完善各项财务管理制度，“小金库”专项治理深入严细，管理控制能力得到加强，财务工作获油田公司财务管理三等奖。

规范架构　制定《通讯公司机构编制方案》，适时完善公司组织架构。

培训人才　通讯公司开展首次学科技术带头人评选，3名厂处级通信技术学科带头人脱颖而出。坚持以建立学习型企业、培养知识型员工为推动力，培训体系运行顺畅，培训内容的针对性和实用性得到加强，理论与实际结合的更加紧密，员工的安全素质、业务技能、执行力明显提升。全年开展HSE体系、质量体系、通信业务等多项培训，累计培训员工1 185人次。

后勤保障　通讯公司实施物资供应1 198万元，按时、保质、保量满足通信生产建设需求；车辆运输严细管理服务生产，全年安全行驶101.5万千米；综合性服务为各项工作的正常开展提供水、电、暖、卫生环境的基础保障；各岗位立足本职，保证公司工作的顺利进行。

（刘振瑜）

【企业文明建设】　2010年，新疆油田公司通讯公司加强企业文明建设。一是开展创先争优活动，召开动员大会，下发专门文件，取得好的效果。二是落实党风廉政建设责任，惩防体系建设稳步推进。三是开展创建学习型企业、争做知识型员工活动。每日悦读10分钟活动在基层涌现出许多好经验、好做法。四是落实“一岗双责”制度和推进“三防”标准规范化建设，完成安保维稳各项工作。五是关注民生，关心员工生活，开展扶贫帮困和送温暖活动，实施对困难群体有效救助。全年为患大病员工申请办理大病补偿15人次；为困难员工办理借用互助金、应急解困4人次；节日慰问78人次。完成员工带薪疗养计划，组织员工健康体检496人，女工特殊体检297人。六是开展民族团结年以及热爱伟大祖国，建设美好家园主题教育活动，进一步巩固和谐发展的良好局面。　（刘振瑜）

·小资料·

《新疆维吾尔自治区消防条例》关于消防通信的有关规定

县级以上人民政府应当健全消防通信保障系统，完善消防通信网，建立有线与无线相结合、基础电信网络与机动通信系统相配套的消防应急通信系统，确保消防应急救援工作的通信畅通。电信业务经营单位应当根据当地公安机关消防指挥中心及消防站的分布情况，优先保障119报警线路、调度通信专线的接入、使用、维护，确保与供水、供电、供气、医疗救护、交通运输等部门的消防应急救援调度通信线路畅通。无线电管理部门应当保障消防无线通信专频专用，不受干扰。

教　育

教育行政管理

【市教育局领导名单】

党委书记：杨书义

教育局局长：彭建伟

党委副书记、纪委书记：赵国文

党委副书记、工会主席：阿斯亚·吾马尔

副局长：朱素玲、张宝源(5月离任)

【基本情况】　2010年，克拉玛依市教育局机关设党政办公室、成人教育科、安全保卫科、基本建设和教学装备管理所、人事科、普教科、教师继续教育中心、招生考试中心、督导室、网络管理中心、计财科、双语办公室、家庭教育指导中心等科室，在册人员75人，其中副处级以上5人，科室长15人。有各级各类学校87所，其中普通高等学校1所、普通中等专业学校1所、普通中学18所(高中14所、初中4所)、普通小学31所、幼儿园34所、特殊教育学校1所、职业技术培训机构1所。在职教职工6 893人，其中普通高等院校514人、普通中等专业学校465人、普通中学2 577人、普通小学2 250人、幼儿园1 072人、特殊教育学校15人。专任教师5 075人，其中普通高等院校276人、普通中等专业学校225人、普通中学2 123人、普通小学1 956人、幼儿园483人、特殊教育学校12人。在校学生63 057人，其中普通高等院校学生3 732人、普通中等专业学校学生1 064人、中学生25 175人(高中生9 229人、初中生15 946人)、小学生24 256人、幼儿园学生8 774人、特殊教育学生56人。克拉玛依市小学适龄儿童入学率、巩固率稳定在100%；初中入学率100%，巩固率99.5%以上；普通高中入学率80.5%以上，普通高考文理综合平均上线率达96.8%。小学、初中、高中教师学历合格率分别99.95%、99.46%、93.87%。

(程生虎)

【教育督导】　2010年，克拉玛依市教育局开展教育现代化示范性、规范化学校(幼儿园)的综合督导评估工作，完成9所学校(幼儿园)教育现代化示范性、规范化学校的综合督导评估工作，完成对13所学校市级德育达标校的专项督导和复评工作，并指导高级中学、独山子第二中学通过自治区德育示范校的评估验收和自治区德育达标校的复评。至年底，全市有42所中小学通过市级德育示范校、达标校评估，6所学校被评为自治区级德育示范校、达标校，有自治区示范性高中3所、市级示范性学校(幼儿园)20所、市级规范化学校(幼儿园)32所。市教育局落实阳光体育工程和《学校艺术工作规程》，对15所学校进行体育艺术工作专项督导，克拉玛依市获自治区学生阳光体育运动先进地州市称号。

(程生虎)

【继续教育】　2010年，克拉玛依市教育局全面实施《中小学幼儿园教师继续教育"四五"规划》，构建教、研、训一体化的校本培训模式。一是开展新一轮包括各级教育行政管理人员、学校领导、骨干教师、优秀教师等在内的各级各类培训工作，先后派出多批教育教学骨干人员赴北京、上海、南通等教育发达地区挂职研修，并制定优秀教师招聘及名优教师培养方案，力争为创办与打造高品质城市相匹配的一流教育，培养高素质、专业化、创新型的师资队伍。二是开展国培计划——中西部地区中学骨干教师培训、中小学书记校长培训、澳门—新疆英语教师第四期培训、自治区中小学双语教师教材教法培训、中小学汉语言民族团结教育国家课程骨干教师培训、自治区幼儿园教研骨干培训、中小学骨干教师赴北京挂职培训、中小学教师民族团结教育国家课程远程培训、教育行政管理干部高级研修培训、自治区中小学班主任远程培训、中小学教师暑期培训、李吉林情境教育培训等，培训5 000多人次，邀请内地省市的教育专家及教学名师60多人。培训课题依据教师总体培训需求及教育发展全局分层次、分学科确定，培训采取专家主题讲座，学员示范课、公开课展示，案例分析，说课、评课、互动交流、教学实践经验介绍、座谈研讨等多种形式展开。三是加快培养高层次教育教学专业骨干教师队伍，全年有15名教师通过教育硕士研究生选拔考试，其中2人被北京师范大学录取，13人被新疆师范大学录取。4月，市教育局举办克拉玛依首届中小学班主任和谐育人专业能力大赛，全市83名班主任参加比赛，观摩教师2 000多人次。在由中国伦理学会德育专业委员会、中央教科所《和谐德育研究与实验》总课题组主办的全国中小学首届班主任和谐育人技能大赛中，克拉玛依市13名中小学班主任获11个二等奖、2个三等奖。在选送的225篇教育故事和45个主题班会设计方案中，获一等奖29个、二等奖86个、三等奖155个。

(程生虎)

【教育规划实施】　2010年，克拉玛依市教育局结合"十二五"教育改革发展规划的实施，进一步研究制定方案，健全完善教师补充和培养机制。一是研究制定优秀骨干教师招聘具体方案。市教育局每年将面向全国招聘优秀骨干教师，特别是各省、地级市的特级教师、学科带头人和骨干教师来克拉玛依市从事短期合同制任教或长期任教，以快速扩大优质师资队伍比例。二是制定教师分层培训的具体方案。内容包括市级特级教师、学科带头人到内地名校对口交流培训、赴国外学习考察、进行学术休假、出版学术刊物，选派市级骨干教师到内地发达地区和先进学校开展教学实践挂职培训、参加学术交流活动和高级研修，以及开展骨干教师传帮带、结对子、青年教师基本功训练及大赛和教坛新秀评选活动等，全方位提升教师队伍素质。三是制定与内地教育发达地区和重点师范院校建立对口支援关系的具体实施方案，以及中小学名师培养方案和学科基地建设方案，筹备建立名师工作室和学科建设基地，建立境内外教师研修基地等，促进名师工作室、学科基地校的建设，并充分发挥其示范、辐射作用。8月26日，市高中数学名师工作室正式成立。名师工作室将在国家课程改革专家和内地名师工作室指导下，以教学名师和学科带头人为核心组成员，组织带动各学科教师开展教学、教研工作，并逐步构建德才兼备、爱岗敬业、乐于学习、勇于创新、结构合理、适应教育改革发展需要的高素质师资队伍，为全面提升市教育教学质量奠定坚实人才基础。 （程生虎）

【教学改革】 2010年，克拉玛依市教育局贯彻落实《克拉玛依市中小学优化课堂教学模式，提高课堂教学效率实施方案》，将3月定为中小学课堂教学观摩月，4月定为课堂教学质量月。活动期间，举办以小学初中教学衔接和转变学生学习方式、提高教学有效性为主题的教学开放日活动。来自全市中小学各学科近900名学校领导和教师参加开放日的听课、参观、现场研讨及后期的网上研讨活动，为中小学教学衔接和不同学科教师交流研讨搭建较好的平台，举行小学生个性化读写结合的探究课题研讨活动，进一步推进课题研究的深入进行。克拉玛依市先后有4所小学申请国家基础教育中心外语研究中心实验校。克拉玛依市与北大附中建立长期的教育合作交流工作关系，并选派骨干教师到北大附中张思民名师工作室参加培训，学习引进先进经验和做法。市教育局选派15名高中学校的教学主管领导、骨干教师和教研员参加由教育部基础教育课程杂志社与教育部北京师范大学基础教育课程研究中心联合主办的全国高中学校数学新课程改革经验交流暨研讨会，并推荐市自治区级特级教师冯祥杰参加教育部师范司组建的国培计划——2010年普通高中课改实验省数学教师远程培训指导团队，学习引进全国高中新课程改革的先进经验和做法，进一步推进克拉玛依高中课程改革的步伐。7月3～4日，由自治区教育科学研究所主办，克拉玛依市教育局承办的自治区基础教育课程改革现场观摩交流研讨会在克拉玛依市举行。交流大会集中展示克拉玛依市实施基础教育课程改革实验以来，在课堂教学改革、校本教研制度建设、教师专业发展状况、学生评价制度改革，学校校园文化建设等方面的探索实践及取得的经验成果。来自教育部、教育厅及全疆各地州、市教育领导、专家及中小学校长和骨干教师代表1 500多人参加会议。市教育局组织编写完成高中新课程选修教材《克拉玛依》，进一步填补地方选修教材空白。 （程生虎）

【素质教育】 2010年，克拉玛依市教育局坚持德育为先、全面发展，不断提高中小学生的综合素质。一是以学习和践行《弟子规》为载体，以家庭教育和学校德育工作为依托，在全市教育系统开展弘扬中华传统文化及孝亲尊师工作，逐步在全市教育系统营造学习和弘扬中华优秀传统文化的良好氛围，用传统优秀文化来净化孩子们的心灵，强化热爱祖国、孝敬父母、关爱他人、诚实守信、礼貌待人等优良品质。二是大力开展阳光体育运动，提高学生身体素质。各学校充分利用体育课、大课间、课外活动等开展各种丰富多彩的体育活动，保证学生每天有1小时的体育锻炼时间，逐步培养学生良好的锻炼习惯。4月24日，市教育局在金龙镇游泳馆举办克拉玛依市第四届中学生游泳比赛。暑假期间，市教育局举办篮球夏令营、青少年户外拓展、青少年军校等各类丰富多彩的素质训练活动。9月28～30日，市教育局举办第十九届中学生田径运动会，推动阳光体育运动的持续开展。6月2日，在沙湾县召开的自治区学生阳光体育运动现场经验交流会上，克拉玛依市获自治区学生阳光体育运动先进地州市称号。三是普及科技知识，不断提高青少年科技素养。市教育局与科协等单位联合开展科技大篷车巡展、三维立体神秘星空科普展览、青少年科学调查体验、环保知识小讲座、“尚德电力杯”第四届中国青少年创意大赛克拉玛依赛区选拔赛等活动。7月27～30日，在江苏泰州中学举办的以鼓励创新、普及新能源知识和低碳生活理念为主题的第四届中国尚德创意大赛全国总决赛上，克拉玛依市7所学校获全国创新型学校奖，4所小学取得全国小学组团体金奖，5所中学分别获得全国中学组团体金奖和全国中学组团体银奖。克拉玛依学生代表队展示的太阳能水陆两栖小车、太阳能研究实验装置、太阳能自动追踪系统、太阳能低碳校园模型等低碳创意作品，受到组委会的一致好评。 （程生虎）

【招生考试】 2010年，克拉玛依市研究生考试、普通高考、成人高考3次国家级考试涉及考生4 670人。其中全国普通高考的考生2 740人（不含三校生90人）。汉语言考生2 312人，民语言考生428人。按自治区统一划定的最低控制线，克拉玛依市汉语言考生上线率90.83%，比上年提高2.13个百分点，民语言考生上线率86.21%，提高4.68个百分点。克拉玛依市普通高考民汉考生综合录取率97.3%，提高3个百分点，比自治区平均录取率高25.53个百分点。克拉玛依市成人高考实行网上报名，报名人数1 572人，其中专科升本科918人、高中起点专科654人。 （程生虎）

【双语教学】 2010年，克拉玛依市教育局进一步优化双语教学内外部环境，扩大办学规模，提高办学效益，协调各区教育局和相关部门，在原有基础上合理规划和调整学校布局，制定加快推进“民汉合校”工作的实施意见，进一步实施“民汉合校”工程，将克拉玛依区民语言学校第四小学合并到第七小学，使第七小学成为民汉合校。并计划将独山子第一小学合并到第四小学、第三小学合并到第二小学，使独山子第四小学、第二小学成为民汉合校的小学，将准东第一小学合并到第二小学，使其成为民汉合校。在2012年前，使克拉玛依第八中学完成民汉合校，从更高的层面上推进民汉教育同步发展，大力推进双语教学步伐。为优化双语教学师资队伍，推进“双语”教学进程，市教育局制定双语教师出口和入口工作方案，逐步合理分流不能胜任双语教学的教师，招聘能胜任双语教学的优秀教师进入双语师资队伍，从根本上提升双语教学质量。 （程生虎）

【家庭教育】 2010年,克拉玛依市家庭教育工作取得长足进步。市家庭教育研究指导中心先后以纠正中小学生注意力涣散现象、提高学生学习效率、营造家庭快乐学习氛围、指导和矫正厌学孩子行为、开发学生的学习潜能等5个方面为主要内容,举办《学生自我成长系列训练课程》的培训。以弘扬和学习中华优秀传统文化和传统礼仪道德为主要内容,在每周日上午面向社会开展克拉玛依中华传统文化公益讲堂及幸福人生讲座。各个学校家庭教育指导师坚持公益性、平民化、落地式的家庭教育理念,除常规的家庭教育工作外,还利用中华家庭教育网、学校网页,建立博客资源、学校QQ群、班级QQ群、UC课堂等现代化手段为提高家长家庭教育素养服务,实现了家庭教育指导工作常态化。7月16～21日,市教育局与新疆中华传统文化研究会在新疆技师学院共同举办首届中华传统文化幸福人生公益讲座,来自乌鲁木齐、克拉玛依、乌苏、奎屯、塔城等多个地州县市的教师、医护人员、机关干部、工人、个体经营户、学生、家长等社会各界人士近500人参加幸福人生讲座。全市各区、街道办事处、中小学逐步启动和谐家庭教育工程,建立和完善家庭教育指导中心及相关机构。各校(园)均成立班级家庭教育指导委员会,家庭教育工作扎实有序、稳步推进,家长对校(园)家庭教育工作的参与率和支持率越来越高,逐步形成社会各方积极参与,专家科学指导,各学校、社区、街道办及相关部门密切协调的家庭教育工作新局面,使学校教育、家庭教育和社会教育形成合力。家庭教育在促进未成年人思想道德建设和学校教育教学工作方面发挥积极作用。 (程生虎)

【合作交流】 2010年,克拉玛依市教育局加大交流与合作力度。一是实施开门办学的方针,采取走出去,引进来的方式,推进校际间、区域间、国际间的交流与合作,先后与俄罗斯新西伯利亚、澳大利亚等国家和地区学校达成多个项目的教育合作意向。9月14～24日,俄罗斯新西伯利亚第三中学12名学生在3名教师的带领下,来到克拉玛依市第六中学交流访问;克拉玛依市选派17名中学生赴新西兰RELA国际语言学院进行为期2周的交流学习,选派15名中学生赴俄罗斯新西伯利亚交流学习;先后外派25名教育管理干部和中学优秀英语教师,赴英国、澳大利亚、俄罗斯和港澳等地区进行高级研修培训。二是加强与教育发达地区及高等院校的教育合作。市教育局与江苏南通市教育局达成教育对口支援与合作的意向,南通市在骨干教师挂职支教、中小学教师、教研员培训、名师工作室、学科基地校建设等方面与克拉玛依市开展长期的教育交流与合作。克拉玛依市6所中小学与南通市6所中小学建立了友好学校。市教育局先后与华东师范大学教育科学院和人大附中达成合作意向,筹备建立双名培养基地和克拉玛依普教系统名校长名师培养工程刘彭芝卓越校长卓越教师培养基地。三是通过合作引进联合国教科文组织华东师范大学教师教育教学联席学校网络计划,作为加强市中小学与内地及亚太地区中小学联系、交流的桥梁,开阔国际视野,推动市教育开放和国际交流与合作。克拉玛依市第十三中学通过专家组实地复审成为在全国范围内选择的首批11所实验学校之一,参与由联合国教科文组织亚太教育局提供、华东师范大学承办的项目研究。 (程生虎)

【信息化建设】 2010年,克拉玛依市教育局进一步提升教师信息化素养,优化网络信息服务功能,推进数字化校园建设步伐;开展教师教育技术能力培训,全面提高中小学教师教育信息技术应用能力,促进信息技术在教学中的有效运用;不断拓展、优化教师研修网和数字化教学平台,使常规校本教研与网络环境下的校本教研有机整合,营造更加开放、民主、和谐、互助、互动的教研氛围,全面构建网络化的教学与研究环境,深入研究和实施基于网络资源环境下的有效教学、有效管理模式,并积极探索建立电子书包,进一步推进现代信息技术与学校教育教学的整合应用,以信息化带动教育现代化。 (程生虎)

【校外教育】 2010年,克拉玛依市少儿活动中心的办学规模稳定在2000人,校外教育工作质量进一步提升。在自治区文学艺术界联合会、自治区音乐家协会主办的"卡西欧杯"第十三届全国少年儿童电子琴大赛新疆赛区总决赛上,克拉玛依市少儿活动中心14名选手获得3个二等奖、2个三等奖、9个优秀奖。 (程生虎)

职业教育培训

中国石油新疆培训中心(新疆石油学院)

【领导名单】
党委书记、纪委书记、副主任(副院长):白克立·乌麻尔(4月离任)
党委书记、主任(院长):吴西华(4月任职)
副主任(副院长):侯炳超

【基本情况】 截至2010年末,中国石油新疆培训中心(新疆石油学院)有勘探开发系、化学工程系、机械电子工程系、经济管理系、计算机科学与技术系、社会科学系、基础科学系、HSE部8个教学系部。有员工338人,少数民族占39%。其中管理岗位人员148人,专业技术岗位人员118人(其中专兼职教师100人),操作服务人员79人。正高级专业技术职务3人,副高级89人,中级143人,初级34人。博士、硕士研究生41人,大学本科191人,大专以下113人。主要承担中国石油新疆油田公司、吐哈油田公司、塔里木油田公司、独山子石化公司、克拉玛依石化公司、乌鲁木齐石化公司、西部钻探公司、西部管道公司、CPE新疆油建公司等单位的培训计划,为企业发展储备人才。 (张　玲)

【培训调研】 2010年,新疆培训中心(学院)对集团公司驻新疆石油石化企业进行两次调研回访,深入各企业机关处室和下属二级单位,落实新疆油田公司、吐哈油田公司、塔里木油田公司、独山子石化公司、克拉玛依石化公司、乌鲁木齐石化公司、西部钻探公司、西部管道公司、CPE新疆油建公司等单位的培训计划。全年举办培训班266个班次,培训学员15 138人次(其中为新疆油田公司举办培训班109期,培训学员7 059人次)。培训班次比上年增长29%,培训人次增长34%。 (张　玲)

【设计培训项目】 2010年，新疆培训中心(学院)通过多次召开培训协调会和培训课程研讨会、集体备课和学员问卷调查等方式，对培训内容、培训方式、师资配备、教学方法等方面进行研究，从组织需求、岗位需求和个人需求3个层面精心设计培训课程，配备经验丰富的培训专家授课，授课内容紧密联系企业实际，理论与实践相结合，教学与演练、研讨、实地考察相结合，取得良好的培训效果。 (张 玲)

【HSE培训】 2010年，新疆培训中心(学院)针对企业生产安全应急管理部门负责人、应急救援指挥人员及应急管理骨干举办10期安全人员培训班，尤其是2期4个班次的杜邦HSE咨询师培训班的引进，为中心开辟安全培训新领域，同时为集团公司培养一支熟悉石油行业和安全领域的HSE管理咨询专家队伍。一是为新疆油田公司举办18期承包商HSE培训班，培训2 304名承包商，为油田公司贯彻《HSE管理九项原则》中承包商管理执行统一的健康安全环境标准奠定坚实基础。二是举办企业领导干部HSE培训班，为集团公司和新疆油田公司培训147名处级领导干部，对新疆油田公司近200名科级干部进行HSE专题培训。 (张 玲)

【服务企业】 2010年，新疆培训中心(学院)进一步做好为企业服务工作。一是为新疆油田公司举办天然气生产技术培训班，并专门组织学员赴长庆、四川、塔里木、中石化塔河油田和新疆油田公司油气田考察实训，增强培训的实效性；为乌鲁木齐石化公司和东方地球物理新疆地质调查处分别举办了英语模拟托福培训班，对企业近120名中高级经营管理人员和集团、地区两级管理、技术、技能专家进行语言培训。二是为油田企业提供培训服务的领域还涉及专业技术、计算机技术、经济管理、基层建设、党政、法律、少数民族干部语言等。三是举办学术大讲堂活动，邀请专家讲授《迈向更平衡增长的起点》和《石油市场发展趋势与石油企业加快发展方式转变》2个专题。来自新疆各石油石化企业的领导及培训学员近300人参加学术活动。四是组织集团公司外语考试。中心组织集团公司涉外人员外语水平考试。来自西部钻探公司、吐哈油田公司、西部管道公司、中国石油工程设计公司新疆设计院的147名职工参加考试。 (张 玲)

【教学检查】 2010年，新疆培训中心(学院)成立教学检查工作小组，严格开展培训教学检查活动。教学检查评价体系由专家听课评析、查看教学资料、培训学员评价三部分构成。教学检查组根据培训教学计划，采取随机抽取的方式听课。教学检查结束后将意见和建议反馈授课教师，定期汇总后反馈教学系部。教学检查活动规范培训教学及管理，提高教师授课水平，对培训教学质量的提高起到积极作用。 (张 玲)

【培训资质复审】 2010年6月，由国家安监总局、自治区安监局组成的专家组，对新疆培训中心(学院)国家一级安全生产培训机构资质进行复审。专家组听取中心(学院)工作汇报，实地考察安全生产培训设施，查阅安全培训基础资料。根据复审标准，逐项检查中心(学院)2007~2009年开展的安全生产培训工作情况。经过全面复审，专家组对中心HSE培训工作给予充分肯定，尤其对教师的敬业精神、工作的严谨细致、教学硬件设施的建设水平给予高度评价。 (张 玲)

【规划制定】 2010年，新疆培训中心(学院)精心规划"十二五"HSE、经营管理干部培训工作。根据新疆油田公司对中心(学院)培训主营业务发展方向的指示精神，在油田公司安全环保处的具体指导下，中心组织力量，在总结中心"十一五"教育培训工作经验的基础上，经过系统调研、深入探讨和反复论证，制定未来5年HSE、经营管理干部培训项目整体发展规划，为"十二五"中心教育培训事业的发展奠定基础。 (张 玲)

【合作办学】 2010年，新疆培训中心(学院)充分利用剩余教育资源与新疆大学、克拉玛依职业技术学院合作开展本、专科学历教育，招生250名。学院以对学生和主办院校高度负责的办学理念，从严治教，提升质量，切实加强教风、学风建设，大力提高学生综合素质，毕业生就业率达81%；与中国石油大学(华东)、中国石油大学(北京)、东北石油大学(原大庆石油学院)合作开展函授、远程网络成人学历继续教育，招生600名。 (张 玲)

【教学科研】 2010年，新疆培训中心(学院)新立项教学科研项目13项，其中横向课题11项、纵向课题2项，承担1项中国石油2010年科技创新基金项目。项目涵盖石油勘探开发、天然气开发工艺、油田化学、HSE咨询等方面，合同经费455万元。中心(学院)获得1项国家发明专利、1项国家实用新型技术专利；1项集团公司技术发明奖、1项集团科技创新基金项目优秀成果；1项油田公司科技进步一等奖。中心(学院)面向石油石化企业开展科技、管理咨询服务。 (张 玲)

【基础建设与校务管理】 2010年，新疆培训中心(学院)进一步加强基础设施建设，改善办学条件。一是重点基本建设项目——新学员公寓建设工程于2009年4月开工，2010年已建至7层。完成教学楼、培训公寓消防改造，外租房消防通道改造，运动场地下电缆敷设，培训公寓供暖系统及窗户改造等工程项目。二是切实加强校务管理，与有关单位签订绩效合同、安全环保稳定责任状，落实任务，责任到人。三是坚持校务公开制度，强化民主管理与监督，教职工利益得到有效维护。 (张 玲)

【安全管理】

HSE体系建设 2010年，新疆培训中心(学院)组织相关人员制定中心HSE体系建设总体方案，下达《关于建立新疆培训中心健康、安全与环境(HSE)管理体系工作的安排》，经过发布HSE管理手册和程序文件、对HSE管理体系进行内部审核等规定程序，于12月下旬完成中心HSE体系管理评审。将安全管理责任切实落实到全员，安全管理水平有较大提升。

隐患排查整改 中心(学院)组成安全检查小组，定期进行有针对性的安全检查及隐患排查工作。一是对发现的问题逐一提出整改意见和措施，并责成有关部门限期整改，形成安全工作的长效机制，切实杜绝安全隐患，做到零污染、零伤害、零事故。二是定期举办交通安全、消防安全、食品卫生、社会公德、安全生产应急知识专题讲座，强化师生员工安全意识。三是与乌鲁木齐市沙依巴克区消防局、油田公司消防支队、明园职工医院等有关单位，开展人员密集场所消防应急疏散预案演习，近千名教职工和学员、学生参加演习。四是分别开展教学楼、图书馆、实验楼的消防应急疏散预案演习。

综合治理　中心（学院）调整充实治安综合治理委员会、安全生产委员会、维护稳定工作领导小组、普法工作领导小组、意识形态工作领导小组和抗震救灾领导小组等机构。一是按照油田公司的要求，采取提前部署、主动防范、全面管控、领导干部值班等多种措施，加强春节、“两会”期间和上海世博会以及乌鲁木齐“七五”事件一周年节点期间的安全保卫工作。二是举行两次处理突发事件的演练，提高安保人员的快速反应能力、默契配合能力及突发事件的处置能力。三是重点排查整治重点公共场所，聚居区、人口密集场所，进一步细化防破坏、防纵火、防投毒、防爆炸、防冲击等工作预案。四是排查化解职工内部矛盾，把影响稳定的因素解决在基层和内部，维护校园稳定。　（张　玲）

【精神文明建设】　2010 年，新疆培训中心（学院）加强精神文明建设工作。一是按照油田公司的统一部署和创先争优活动实施意见，成立组织领导机构，进行动员教育，制定实施方案，明确目标任务，进行检查督导，活动取得初步成效。二是“三会一课”制度形成长效机制。做好标准化党支部复验工作和党员发展、教育和管理工作。三是坚持中心组学习制度，不断提高各级领导班子科学决策能力。四是开展党风廉政教育月活动，党委成员公开廉政承诺，与重要和关键岗位人员签订廉洁从业承诺书。五是坚持任前廉政谈话、述职述廉、民主生活会制度，做好效能监察和群众来信来访工作。六是抓好热爱伟大祖国，共建美好家园主题教育活动，积极组织开展正面宣传，树立正面典型，文明创建工作通过自治区文明委考核，保持自治区文明单位称号。　（张　玲）

克拉玛依市委党校（行政学院、电视大学）

【领导名单】

党校校长：宋友立（兼）

党校常务副校长、行政学院院长：黄松波

党校副校长、行政学院副院长：加帕尔·艾木杜力、查心刚、张守玲

【基本情况】　2010 年，克拉玛依党校（行政学院、电视大学）机关有行政办公室、机关党委办公室、工会办公室、人事科、安全设备科、财务科、企业管理科 7 个科室。设有培训中心、教务处、奥鹏学习中心、科研办公室和学生科 5 个教学管理机构，下设 7 个部 1 个中心：政治理论教研部、经济管理教研部、外语教研部、计算机教研部、工程医疗教研部、第一基础教研部、第二基础教研部、信息图书资料中心。后勤服务部门有总务科。2010 年底，有教职工 320 人。其中干部 226 人、工人 63 人、内部退养人员 31 人；女职工 163 人，少数民族职工 90 人。专职教师 121 人，其中少数民族教师 46 人，教职工中高级专业技术职务 53 人、中级 144 人、初级 29 人。学校占地面积 171 327.46平方米，建筑面积53 713.85平方米，图书馆藏书134 144册。全年生产经营指标完成3 844万元。　（刘春芳）

【职业培训】　2010 年，克拉玛依市委党校（行政学院、电视大学）培训中心累计培训各级各类班次 139 个，各类讲座 102 场，培训学员 9856 人次，在承办的培训班次中，市、油田公司组织部主办的主体班次 23 个，其中中青班 1 期、科级干部培训班 2 期、党支部书记培训班 4 期、党员培训班 10 期、会计人员继续教育培训班 6 期；市人事局主办的培训班 18 个，其中科级干部培训班 2 期、专业人员继续教育 12 期、公务员任职培训班 1 期 2 个班、企事业单位人员任职培训 1 期 2 个班等；克拉玛依区组织部主办的社区居委会工作人员任职培训班 8 期；为各单位举办的安全急救培训班 20 期。学校为克拉玛依市、油田公司举办管理类、汉语培训、急救类、法制类、综合类等各类培训 74 个班级。为克拉玛依社区周末大讲堂共开设讲座 34 场，其他类讲座 60 多场。　（刘春芳）

【成人学历教育】　2010 年，克拉玛依党校（行政学院、电视大学）加强招生宣传力度。全年招生 989 人，奥鹏学习中心招生 145 人。其中大连理工大学招生 68 人，华中师范大学招生 41 人，中国医科大学招生 36 人。在开放教学方面，招生 142 人，其中春季招生 62 人、秋季招生 80 人；华东网络招生 552 人，其中春季招生 347 人、秋季招生 205 人；西安石油函授与北京石油函授招生 150 人。成人学历教育在面授辅导、网上导学、教学实践等方面做出有益探索，正确把握教学的全过程，确保各教学环节科学衔接，充分发挥网络助学功能，逐步实现教育观念和教学模式的良性转变。学校坚持从严管理，从严治考，落实考务考评制度，提升考务管理水平。教材组织供应有序，全年发放教材 5.27 万册。按期完成教学评估检查工作，取得阶段性成果。学校做好新疆电大开放教育工作规范和质量考核检查和上报工作以及函授教学办学备案。推进学籍管理精细化，班主任管理规范化，成人教育管理与服务水平不断提高，获新疆电大教学管理先进单位称号。　（刘春芳）

【普通生教育】　2010 年，克拉玛依党校（行政学院、电视大学）与克拉玛依职业技术学院联合办学，为该校委培一年民考民预科生 117 人，与克拉玛依职业技师学院联合办学，招收物业管理、园林养护、酒店管理 3 个专业学生 206 人，其中 3 年制职业中专生 7 个班。至年底，在校普通学历生共计 325 人。在学生管理上，不断总结经验，做到“四个坚持”。一是通过举办讲座、观看影片、座谈会、学生大会、师生谈心、家校联系等方式，坚持加强对学生的经常性教育。二是充分发挥团组织、团员的模范作用，坚持培养学生自我管理能力，使学生健康全面发展。三是坚持加强班主任工作，班主任管理有硬要求、有勤检查、有严考核。四是坚持强化校风、学风、班风，着力抓好学生基础管理。通过严格管理，普通生整体情况逐渐好转。　（刘春芳）

【教学科研】　2010 年，克拉玛依党校（行政学院、电视大学）坚持从制度建设、学刊出版、教研论坛等多方面出发开展科研工作。获省部级科研成果奖 4 项，校级科研成果奖 30 项。在公开出版的学术刊物上发表论文 41 篇，7 篇论文获奖，2 个教学课件在中央电大课件竞赛中获佳作奖，5 项课题结题，获得各级各类课题立项 13 项。成立科研办公室，建立和完善《科研项目管理办法》、《科

研成果评选及奖励暂行条例》、《教师年度科研能力评价试行办法》、《科研工作量折算办法》等相关科研管理制度，完善科研管理体系，科研管理工作更趋规范。完成《新疆石油教育学院学报》向《克拉玛依学刊》更名的相关工作，首期刊物即将出版发行。（刘春芳）

【内部管理】 2010年，克拉玛依党校（行政学院、电视大学）进一步加强安全管理。一是落实安全责任制。修订完善各项规章制度，加强交通安全教育和防火安全管理，开展安全教育月活动，构筑"防火墙"工程，完成HSE体系文件建立和发布。全年安全督导检查9次，自查隐患52个，投入安全技措经费2.8万元，更换干粉灭火器205具，保证消防器材完好率达到98%以上，学校被评为安全达标单位。二是财务管理进一步规范。加大财务制度建设及执行力度，完善资金管理和预算管理，财务基础工作得到巩固，完成油田公司年初下达的经费承包指标。三是采购招标工作有序开展。全年召开工程招标和物资采购会议10多次，各种零星采购190多次，350多项。四是进一步强化合同管理和设备管理，规范工作流程。全年办理合同34份，对校内资产进行清查、造册登记，及时更新设备台账。五是组织新《保密法》宣传教育活动，健全保密规章制度，教职工保密意识得到提高。六是不断加强外事管理和服务，依法聘请外国文教专家，全年引进3名外籍教师。七是加强档案管理工作，明确专兼职档案员职责，完善档案管理网络，修订各项工作制度，顺利通过外事和档案工作年检。八是做好后勤系统基础管理。信息图书资料中心继续加强信息化建设和图书馆管理。做好网络运行管理和教学平台维护，加强学校门户网站建设，新版网页功能齐全、体系架构完整、信息资源比较丰富，推进学校信息化工作水平。完成库藏图书的数据录入，实现图书数字化管理。

（刘春芳）

【队伍建设】 2010年，克拉玛依党校（行政学院、电视大学）进一步加强专兼职教师队伍建设。一是做好学科带头人和骨干教师的选拔及管理工作，起草骨干教师聘任协议、年度工作任务书及聘期目标责任书。向上级评审委员会推荐9名教师参加专业技术职务评定。全年选派教师30多人次外出进修或短期培训。选送3名老师赴华东石油大学学习，全年外聘教师近百人次，教学师资结构得到优化。二是进一步加强管理人员岗位培训和业务培训，全年31名管理干部参加培训。在全校范围内公开选聘8名优秀干部到管理岗位工作。三是定期把操作服务岗位的技术工人分期分批派往培训站进行技能培训，全年有9人次参加岗位技能考核取证，其中2人通过技能鉴定取得更高级别的证书。

（刘春芳）

【文化建设】 2010年，克拉玛依党校（行政学院、电视大学）广泛参加和举办小型多样、丰富多彩、健康向上、群众喜闻乐见的系列文化体育活动。参加市妇联举办的我心中的歌赛歌会中获二等奖。参加第二十一届市中老年篮球比赛获第五名。参加第七届市运动会"体育彩票杯"排球比赛获第五名。参加教育局"烛光杯"羽毛球比赛和市"永升杯"乒乓球比赛。举办"迎新春"文艺演出、拔河比赛和"民族团结杯"排球、保龄球、羽毛球等体育比赛活动，活跃职工精神文化生活。（刘春芳）

克拉玛依职业技术学院

【领导名单】

党委书记、副院长：彭建春

院长、党委副书记：王和

副书记、纪委书记、工会主席：扎克·司马义

副院长：周刚、付梅莉

【基本情况】 2010年，克拉玛依职业技术学院校园占地85公顷，建筑面积223 052平方米，固定资产1.72亿元，教学实验实训设备资产9 128.43万元，图书馆6 000多平方米，藏书28.4万册，电子图书461.6GB，学院校园网骨干万兆、1G到桌面，与CNPC网、Internet宽带网相联，教学、办公、完全实现网络化，教学、生活、文化、体育设施比较完整。教学、科研、评价、办公、资源等实现网络化。学院有国家示范性院校重点建设专业5个，省级特色专业2个；国家紧缺人才培养基地1个，自治区中职师资培训基地2个。学院积极实施名师工程，有自治区优秀教学团队3个，自治区名师3人。专业带头人13人。学院有在岗教职工514人，专任教师280人，"双师型"教师157人，来自行业企业的兼职教师217人。在职、在读研究生占专任教师的30%，外教2～3人，专兼职实习实训指导教师50多人。全年学院招收全日制新生1 526人，毕业生2 040人，成人教育在册学生532人。至年底，在校生4 139人。毕业生"双证书"获取率98.9%，就业率95.1%。2010年，学院通过国家示范性高职院校建设验收。

（于洪波）

【教学管理】 2010年，克拉玛依职业技术学院依据区域经济建设和人才需求，合理设置石油工程、石油化工、机械工程、汽车工程、电子工程、电气工程、建筑工程、信息工程、工商管理、旅游与酒店管理十大类专业，39个专业方向。其中国家示范性院校重点建设专业5个，国家紧缺人才培养试点专业1个，省级示范专业3个。自治区优秀教学团队2个，以高职为主，面向全国17个省、市、自治区招生。学院牵头的新疆石油石化职教园区，采用理事会的管理模式，其运作理念是校企合作，共建职教园区。在自治区职教领导小组的领导下，开展专业培训和对口支援等项工作。学院多元化办学卓有成效，实训基地建设实现多渠道投资建设的良好开端；汽车专业被国家六部委确定为紧缺人才培养基地；酒店管理专业被自治区确定为自治区特色专业，旅游与酒店管理专业被自治区旅游局确定为旅游定点培训单位，克拉玛依旅游局确定为旅游培训中心，自治区教育厅确定为职教师资培训基地；石油、石化、电气专业被新疆三大油田、独山子石化公司等几大石化企业确定为员工培训基地；电气工程专业被自治区教育厅确定为职教师资培训基地；石油化工专业经自治区人民政府批准为自治区石油化工专业高技能人才培训基地。完成4栋学生公寓楼、2栋教学楼和风雨操场的抗震加固保温工程项目工作，总投资约2 800万元。学院始终把提高教育教学质量，培养学生综合素质放在各项工作的首位。坚持以就业为导向，以服务为宗旨，突出高职办学特色，走产学相结合办学之路。实施"四项改革、六个结合、两项工程"。学院各专业已拥有较完善的需求专业、人才规格论证的丰富经验和资料，专业建设日益趋向成熟。根据现有专业，结合地区经济发展实际

情况，打造出以工科为主，石油化工为特色的10大类专业平台，为地区经济发展的支柱产业、特色产业服务。学院实施校园文化建设工程，推进校园文化建设从物质文化、制度文化、精神文化建设，营造校园文化建设氛围，从深层次树立学院形象，提高学院的知名度。通过制度文化建设，完善各项规章制度建设，提高管理水平。（于洪波）

【学生教育与管理】　2010年，克拉玛依职业技术学院本着以人为本、规范化管理的学生管理工作理念，从学院学生管理的客观现实出发，进行思想教育工作，开展专项活动。一是利用讲座、电视对学生进行民族团结，校纪校规和安全方面的教育，先后举办5场法制教育报告会，2场安全教育现场观察摩会，2场预防艾滋病讲座，组织全校学生艾滋病防治知识调查问卷和观看展览，7次专题讲座，6场新生入学教育，举办第十七届文化艺术节和第四届社团节，开展学风建设年活动。二是进一步巩固主题班会活动的质量。为加强学院德育工作，定期检查落实主题班会开展情况，发挥主题班会在学生管理中的作用。三是利用各种大众传播媒介，开展宣传教育活动。举行每周一升国旗仪式。在公民道德建设月、学雷锋活动月、民族团结活动教育月、普法教育活动以及五四、七一、十一特殊时间，以小报、黑板报、知识竞赛、文艺汇演等形式进行爱校、爱国等教育。四是加强学生干部培训工作，开办2期学生干部培训班，进行民汉班级结对子活动，加强民族团结。五是邀请国家教育部高教司原司长、中国高职高专院校人才培养工作评估委员会副主任委员、中国产学研合作教育协会常务副会长朱传礼教授来院作报告。六是举办学院第一届大学生社团联合会会员大会。大学生社团联合会在以后的工作中将以服务同学，规范社团发展为工作重心，以锐意进取，开拓创新，丰富校园文化生活为宗旨，共同携手进步。（于洪波）

【内部考核】　2010年，克拉玛依职业技术学院强化管理，提高教学管理水平，加强各项考核工作。修改《克拉玛依职业技术学院学生管理规定》、《克拉玛依职业技术学院辅导员管理办法》，《克拉玛依职业技术学院辅导员考核办法》、《克拉玛依职业技术学院学生实习管理办法》、《克拉玛依职业技术学院班主任考核办法和津贴发放办法》等制度，为使学院学生管理科学化，引入竞争机制，将班主任、班集体、学生视为一体，实行量化考核，不断完善管理规章制度和考核制度，得到广大师生员工的认可。（于洪波）

【帮困助学】　2010年，克拉玛依职业技术学院认真做好帮困助学工作，为学生排忧解难。与银行联系做好特困生助学贷款工作，全年有13名学生取得助学贷款。270多名学生取得补助和减免部分学费，补助和减免部分学费金额20万多元。为100多名学生提供勤工俭学岗位；为4 200多名学生办理学生平安和意外伤害医疗保险和城乡居民基本医疗保险。学院累计为3 159名学生发放国家助学金，合计总金额为310.25万元；为257名学生申请国家励志奖学金，合计金额128.5万元；4名学生申请国家奖学金，合计金额3.2万元。学生获得学院奖学金841人次。（于洪波）

【学生考核取证】　2010年，克拉玛依职业技术学院有15名高级考评员，40名考评员，5名质量督导员，共有1530名学生参加16个职业工种的初、中级的职业技能鉴定，其中1 485名学生通过鉴定，取得职业资格证书，取证通过率97.14%。学院经管系共有120人次参加3个职业的国家职业资格全国统一鉴定考试，其中66人通过鉴定考试，取得职业资格证书。自治区教育厅等相关部门在学院设有大学生英语四级应用能力考试、大学生计算机等级考试、计算机中级考试、HSK汉语水平测试及普通话水平测试等社会化考试考点。（于洪波）

【教学科研】　2010年，克拉玛依职业技术学院完成自治区高校科研计划青年教师科研启动基金项目“高职电气自动化专业工作过程系统化课程体系研究”；完成自治区高校科研计划项目2项；完成“基于工作过程的（石油钻井地质）项目课程开发的研究与实践”，项目资助资金2.5万元；完成属自治区高校科研计划青年教师科研启动基金项目“行动导向教学法在高职电气自动化专业学习领域课程教学中的研究与应用”；完成科研克拉玛依市重点项目“职业教育人才培养模式的研究与实践”，获克拉玛依市科技进步一等奖；完成科研项目“高职石油化工生产技术专业课程体系开发与实践”，获自治区科技进步二等奖。（于洪波）

【精品课程建设】　2010年，克拉玛依职业技术学院立项的院级精品课程19门，其中示范专业13门、非示范专业6门。完成国家级精品课程《石油化工流体输送单元操作》；完成自治区级精品课《固井与完井》、《石油化工流体输送单元操作》、《化工泵的运行、维护与检修》以及《压缩机的运行、维护与检修》。《钻井、录井与测井》被国家教育部资源勘察教指委评为精品课。（于洪波）

【评比选树】　2010年，克拉玛依职业技术学院在广大师生中开展各种评优活动，评选出自治区优秀招生就业指导工作者2人，自治区优秀班主任5人，自治区优秀学生管理工作者3人，自治区级三好学生1人，自治区级优秀毕业生57人；克拉玛依市级三好学生60人，克拉玛依市级优秀学生干部30人，克拉玛依市级先进班集体12个，克拉玛依市级“五四”红旗团支部5个，克拉玛依市级优秀团员12人，克拉玛依市级优秀团干部12人，克拉玛依市级优秀团委书记1人，克拉玛依市级优秀青年支部书记1人，克拉玛依市级优秀青年团支部1个；院校级优秀团支部16个，院校级双文明班级44班次，院校级优秀毕业生70人；评选出优秀学生干部319人次，“三好学生”4人，优秀团员68人。（于洪波）

中国石油新疆技师学院（克拉玛依技师培训学院）

【领导名单】

党委书记、院长：王亚雄

党委副书记、纪委书记、工会主席：李琦

副院长：麦麦提·苏来曼、陈继光

【基本情况】　2010年，中国石油新疆技师学院克拉玛依技师培训学院（新疆油田公司技术工人培训中心）占地面积72.5万平方米，建筑面积16.8万方米。学院内设院长（党委）办公室、人事（组织）科、计划财务资产科、机动安全科、教学研究室、培训教学科和保卫科7个科室。下设学生工作部、综合学科、石油工程学科、机电学科、驾训学科、机械学科、学员接待中心、综合服务中心、物业管理中心和治安队10个部门。有教职工463人(在岗406人),其中教师225人。研究生7人,大学本科160人,大专45人,中专及其他13人;高级专业技术职务43人,中级112人,初级50人;有技能等级的156人,其中高级技师17人,技师60人,高级工43人,中级工36人。拥有双师型教师140人。培训内容包括有钻井、采油、集输、石油地质、修井、餐饮服务、汽车驾驶与修理、电工、车工、钳工、电焊、铆工、管工、计算机等方面。
(王莎莎)

【职业培训】 2010年,克拉玛依技师培训学院完成职工培训10 274人,其中初级工6 832人、中级工1 935人、高级工1 162人、技师164人、高级技师25人;安全等项培训1 492人。完成技能鉴定5 753人,其中初级工2 270人,中级工1 582人,高级工1 488人,技师181人,高级技师25人。完成658名职业中专学历班学生的教学任务,完成第十中学1 200多名师生的后勤保障和配合管理工作。
(王莎莎)

【基地建设】 2010年,克拉玛依技师培训学院进一步推进学院作为自治区重点扶持的石油工程公共实训基地和示范性技工院校的建设工作,获得自治区实训基地建设资金546万元。实施井下作业仿真模拟培训系统、钻井地面联动系统、油田作业驾驶教练车等设备的充实和热工、电工实训基地的后期建设工作。
(王莎莎)

【师资队伍建设】 2010年,克拉玛依技师培训学院组织109名教职工参加疆内外培训学习;安排12名教师到生产现场实习调研;学校内部培训370人次;函授学习9人,其中获得本科学历1人,专科学历2人;组织参加技能等级鉴定26人,获高级工5人、中级工3人、初级工4人。
(王莎莎)

【体系建设】 2010年,克拉玛依技师培训学院初步建立起QHSE体系,全力推进体系运行。着力加强安全工作,强化安全意识。全校员工通过了学校组织的HSE考试,校属各单位年度考核全部达标,机电学科、机械学科两个单位达到先进标准。学院在油田公司的年度HSE检查考核中,得到考评专家组的充分肯定。
(王莎莎)

【承办第六届技能大赛】 2010年,克拉玛依技师培训学院承办了新疆油田公司第六届职业技能大赛。为参加集团公司大赛的集训选手提供师资、实训场地以及优质的后勤服务保障。在院集训的选手,参加集团公司采油工职业技能大赛获个人银牌1枚、铜牌1枚,团体三等奖。
(王莎莎)

【获得荣誉】 2010年,克拉玛依技师培训学院被评为油田公司安全生产先进单位、油田公司环保先进单位、克拉玛依市绿化工作先进单位、克拉玛依市平安单位、白碱滩区综合治理先进单位、和谐社区建设共建先进单位。石油工程学科、综合服务中心和学生工作部党支部获油田公司党委命名的标准化党支部称号。
(王莎莎)

·小资料·

国家教育“十二五”规划中关于发展任务的相关规定(节选)

1. 建立稳定的学前教育服务体系,推进早期教育开展

(1)高质量、高标准地推行学前三年教育,基本形成0~6岁的学前教育一体化体系;城区幼儿(学前三年)入园率达到96%以上,农村幼儿(学前三年)入园率达到86%以上。0~3岁早期教育工作有序推进。

(2)构建以公办幼儿园(所)为主体,以社会力量办园并举的多元化办园格局;

(3)到2015年,乡镇中心园(所)以上均达到省定标准。

(4)到2012年,幼儿园专任教师学历全部达标,其中大专及以上学历达50%,2015年大专以上学历达75%,培养一批名优骨干教师。

2. 提高义务教育的整体办学条件和水平,加快义务教育均衡发展

(1)保证6~14岁人口都能按时入学,完成九年义务教育。初中在校生年辍学率城区低于2%、农村低于3%。

(2)2013年之前,全市义务教育学校通过省级标准化学校验收。

(3)以继续加大对义务教育学校建设投入,不断改善其办学条件以及通过“市管校用”的教师队伍管理手段改革,积极推进义务教育均衡发展。

文化·体育·新闻

文化管理

【市文化局领导名单】
局长:常锋英
副局长:肖开提·努尔买买提、刘伟

【基本情况】 克拉玛依市文化局为克拉玛依市文化局、新闻出版局、版权局、文物局四合一的单位。截至2010年末,市文化局内设办公室、文化市场科、新闻出版科、社会文化艺术科、财务科5个科室,下属市图书馆(国家一级馆)、市群艺馆(国家一级馆)、市展览馆、市歌舞团、市文物保护管理所5个事业单位。全局有职工116人,其中党员52人,女职工63人,少数民族职工21人。主要承担克拉玛依市的文化市场管理、新闻出版管理、版权管理、文物管理等职能,依法宣传党和国家有关文化管理的各项方针和政策,组织开展各种文化娱乐活动。 (基晓华)

【文化市场概况】 截至2010年10月底,克拉玛依市有各类文化经营场所812家,其中市级文化类民办非企业3家,艺术培训业务范围包括民乐、围棋和美术等15个。全市有出版物发行单位77家,复印打印单位157家,印刷企业37家,娱乐场所(包括歌厅、舞厅、卡拉Ok厅、夜总会、迪厅、酒吧、练歌房、音乐茶座以及具有娱乐功能的场所)共250家,互联网上网服务营业场所58家,音像制品经营场所160家,其他类文化经营场所50多家,游戏场所20家。 (基晓华)

【文化大项目建设】 2010年,克拉玛依市文化局组织文化大项目建设工作,取得阶段性成果。一是抓好三馆建设工作。就克拉玛依市三馆建设的理念、陈展概念设计、陈展大纲编制、布展设计、展品及展项规划等相关问题进行学习与咨询,全年完成28万字的陈展概念设计大纲。至年底,三馆建设正在深化、细化陈展大纲第八稿。二是为配合陈展大纲的撰写工作,发动市文化系统所有工作人员投入到广泛宣传石油石化历史文物的征集工作中。至年底,已征集石油石化历史文物5 000多件,并完成按照文物规范要求整理、编号、入库、建档等工作。与市科技局共同完成科技博物展览馆科技馆部分的项目整理,共计5万多字,图片150多张。同规划局一起汇编城市规划馆相关资料。全年累计整理、编写科技博物展览馆展陈资料及大项目建设相关资料汇编14本,50多万字,收集整理图片资料5 000多幅。科技博物展览馆展品修复已列入议事日程,临时文物库房搭建工作已完成。三是为将科技博物展览馆建成精品工程、阳光工程,与代建单位签订严格的委托代建合同,制定《克拉玛依市科技博物展览馆、文化馆工程财务资金管理细则》、《克拉玛依市科技博物展览馆工程印章使用管理办法》、《工程建设单位管理制度》等规章制度,明确市文化局与相关单位、部门的责任和义务,严格规范各项工作程序。合同签订程序、资金审批程序等,努力做到有章可循,避免在工作中出现相互推诿、扯皮等不和谐因素。 (基晓华)

【第十一届水节系列活动】 2010年8月10~15日,克拉玛依市举办第十一届水节系列活动,活动共有16个大项24小项。本届水节的特点:一是社会参与面更广泛,市直机关承办的整台晚会共有35个单位450人参加。二是油田系统职工首次亮相水节舞台,进行企业职工文艺展演专场。三是旅游美食文化、名优特小吃街展时间延长到1周时间,增加特色品种。四是新增中国移动克拉玛依分公司赞助的《移动真情·和谐之声》专场晚会,由新疆爱乐乐团伴奏演出。本届水节活动参与人数更多、辐射面更广,舞美、灯光、音效在往年的基础上更加推陈出新、华丽夺目,营造欢乐祥和的城市节日氛围。 (基晓华)

【第八届社区文艺展演】 2010年4~8月,市文化局举办第八届社区文艺展演活动,在全市开展群众文艺展演和群众美术、书法、摄影作品大赛,围绕热爱伟大祖国,建设美好家园主题,展现克拉玛依富强、和谐、健康、欢乐的精神风貌。参赛节目和作品来自企业职工、专业协会作者和社区作者,均经过各社区、各街道及各单位的严格选拔。活动期间,有38个综艺节目和143幅书法、绘画和摄影作品获奖。 (基晓华)

【第九次百日广场文化活动】 2010年5~10月,市文化局组织克拉玛依市第九次百日广场文化竞赛活动,活动同时在克拉玛依区、独山子区、白碱滩区和乌尔禾区4个行政区的92个社区全面开展。活动总场次1 106场,参演群众30.21万多人,观众58.2万人次,参与率73.68%,比上年提高53个百分点;各级财政总投入875.75万元(人均文化活动费用21.35元),增长11.5%;宣传报道656篇,其中中央媒体播发2篇,自治区媒体播发50篇,克拉玛依市、区媒体播发604篇。 (基晓华)

【第三次乡村百日文体活动】 2010年初至4月15日,市文化局组织开展克拉玛依市第三次乡村百日文体竞赛活动。活动开展农牧民喜闻乐见、形式多样的文体活动46场,参演群众3 654人,观众10 100人次。 (基晓华)

【少儿文化艺术周活动】 2010年，市文化局制定《关于举办克拉玛依市2010年少儿文化艺术周的通知》文件，对少儿文化艺术周活动的主题和内容等方面作出具体要求。少儿文化艺术周活动相关组织单位，围绕团结、稳定、发展主题，结合市、区实际以及各自特点开展形式多样、主题突出的少儿文化活动。活动周期间，全市举办书展、画展等各类活动13项，参加活动的小演员2 730人，观众1.3万多人，经费总投入近18万元。

（基晓华）

【纪念抗战胜利65周年群众文化活动】 2010年7月，市文化局组织开展纪念抗战胜利65周年群众文化活动。联合团市委等相关部门，具体安排部署市开展抗战胜利65周年群众文化活动，克拉玛依区、独山子区、白碱滩区和乌尔禾区4个区组织纪念活动9场。（基晓华）

【参加各类文艺比赛】 2010年，克拉玛依市文化局组织相关部门参加上级组织的各类文艺比赛活动，取得好的效果。一是参加自治区第八届新疆青年歌手大奖赛。克拉玛依市选拔出8个节目12人进入复赛；克拉玛依市的玛利亚和艾克拜尔分别获得二等奖和三等奖。二是完成克拉玛依市参加全国第十五届群星奖的参评组织工作。克拉玛依市共有6个艺术门类的84件作品、1个公共文化服务项目和1个群文之星参评。其中评出46件作品、1个公共文化服务项目和1个群文之星报送自治区参加全国第十五届群星奖的评选。三是完成克拉玛依市参加第六届"新城杯"新疆儿童书画大赛参赛组织工作。评选出各中小学、幼儿园及民非企业的作品1 503幅参加自治区参加第六届"新城杯"新疆儿童书画大赛，其中包括书法作品53幅，摄影作品36幅，绘画作品1 414幅。四是完成永远的辉煌——第十二届中国老年合唱节的组织工作。克拉玛依区红柳花老年合唱团被选中代表新疆参加全国第十二届中国老年合唱节。五是组织第七届全国"四进社区"文艺展演节目的选拔工作，从基层报送的节目中，评选出5个节目报送自治区文化厅，有2个节目被选中并推荐参加全国展演。

（基晓华）

【文化下乡】 2010年，克拉玛依市文化局下发《关于上报两乡（牧场）2010年度文化需求的通知》，对小拐乡、乌尔禾乡文化站和牧场的文化需求进行摸底调查。根据两个乡的需求反馈，制定《2010年文化下乡工作方案》，做好预算并购置文化设备。在文化下乡活动期间，组织相关部门给小拐乡和乌尔禾乡购买赠送图书590册，书架7个，手风琴1架，电子琴1架，冬不拉2个，库布孜2个，演出服装32套，舞蹈靴20双。（基晓华）

【农家书屋工程建设】 2010年，克拉玛依市文化局做好农家书屋工程建设。向克拉玛依区小拐乡、乌尔禾区乌尔禾乡的农家书屋配送民语图书7 937册、汉语图书1 825册、民语音像制品967盘、汉语音像制品510盘、汉语杂志108册、民语杂志385册。二是新建设2家农家书屋。落实克拉玛依市农家书屋建设配套资金，考核验收，确保市农家书屋工程的顺利实施。三是开展农家书屋阅读讲演活动。4月13日，在市图书馆学术报告厅举办"我的书屋·我的家"——克拉玛依市农家书屋阅读讲演活动，向自治区农家书屋阅读讲演活动办公室推荐3名表现优秀的参赛选手。（基晓华）

【文化书市和天山读书节活动】 2010年4月27日，在克拉玛依市文化局的组织下，由市新闻出版（版权）局牵头组织克拉玛依市区8家规模较大的出版物经营单位，在世纪广场举办克拉玛依市第十届文化书市活动。9月4日，在克拉玛依书城举行第五届天山读书节全民阅读活动启动仪式。书店设置爱国主义、民族团结教育、红色经典、中华文化经典、服务"三农"等6种主题专柜，推荐50种优秀图书作为重点阅读书目。

（基晓华）

【国防教育图片展】 2010年，克拉玛依市文化局与市委宣传部联合举办迎接中国人民解放军建军83周年图片展。为保证图片成功展出，克拉玛依市委宣传部与市文化局组织制作庆八一国防教育图片。从8月1日起，图片陆续在克拉玛依军分区、钟楼步行街、预备役工兵团等地展出。国防教育期间，共展出40块展板、250余幅图片，展板内容由法律篇、警示篇、形势篇等7个部分组成，数万名群众观看展出。（基晓华）

【文化市场管理】 2010年，克拉玛依市文化局加强文化市场管理。一是强化文化管理人员学习。组织文化市场管理人员及广大经营者，加强对《娱乐场所管理条例》和《音像制品批发、零售、出租管理办法》的学习和培训。全年牵头组织文化市场经营例会9次，学习《互联网上网服务营业场所管理条例》等法规，传达学习中央及自治区有关加强文化市场建设及维护文化安全工作的文件和通知。二是做好文化市场管理宣传。文化市场管理部门将汇编成册的国务院《娱乐场所管理条例》、《互联网上网服务营业场所管理条例》及《音像制品管理条例》法规，发放给文化市场各经营单位。各级文化市场管理部门还利用政务公开日、法制宣传周等活动，走上街头、商场、学校等向群众发放国家有关文化市场管理的宣传单，并就有关知识及时向群众进行讲解。三是组织经营者业务培训。5月7～17日，在乌鲁木齐举办小型胶印机培训班。四是不断加强正面引导，整顿规范文化市场。各级文化市场管理部门针对文化市场中存在的传播盗版及非法出版物和部分互联网、电子游戏场所非法接纳未成年人的现象，与相关部门加强对文化市场的清理整顿力度，严厉打击非法活动。至10月底，市文化局会同市委宣传部、工商行政等部门，对全市50多家网吧进行4次全面的检查。与市消防局、行政执法局联合，共同对市区部分娱乐场所进行各类安全复查，共检查各类文化经营场所100多家（次），对10多家消防存在隐患的场所当场提出整改要求。五是积极引导，加强调控。针对市文化市场存在的发展布局不合理、整体不平衡特别是低水平重复等问题，充分利用行政法律等手段，严把新办文化经营项目的审批环节。分别在《克拉玛依日报》等相关媒体上刊登市文化局、新闻出版局有关文化市场行政许可事项公告的事宜。在新办娱乐、网吧、音像等经营场所的审批上，坚持对场地面积、设施、人员素质等进行严格要求，从源头上限制低水平、低档次、低格调的文化经营场所的市场准入。至年底，全市90%以上的娱乐场所都安装安全监控装置。

（基晓华）

【安全管理】 2010年，克拉玛依市文化局重视安全工作，坚持从组织领导入手，采取一系列必要措施，确保各项工作扎实开展。一是文化局机关及文化系统各单位结合实际，成立安全工作领导小组，由局领导同机关各科室和系统各单位负责人分别签订责任书，明确具体目标和任务，做到领导亲自抓、一级抓一级、层层抓落实，推动了文化系统的安全职责落实工作。二是制定相应的实施方案和具体措施，先后制定《各类安全工作方案》等，全面指导文化系统安全工作的开展，为明确责任、狠抓落实提供理论依据。三是市文化局召开各类安全工作会议18次。局领导对各项具体工作进行层层动员、部署，把安全工作列入全年工作重要议事日程。四是坚持深入排查、全面整改的方针，推动安全隐患排查整治工作。文化系统各单位每月开展安全自检自查及排查整改信息上报工作。系统各单位共排查各类安全隐患14项，至年底，所有隐患均在限期内整改完毕。在重大活动、重要节日期间，局领导带队进行多次检查，同时要求系统各单位领导要亲自带队，组织开展安全大检查，加强本单位的值班和门卫安检制度，确保活动、节日期间各项安全工作落实到位。五是加大联合执法力度。全年牵头组织市公安、工商、行政执法、环保等部门开展12次文化市场联合检查，共检查印刷、网吧、歌舞厅等文化娱乐场所78家。通过检查促进文化经营单位建立健全自检自查制度和各项安全管理制度。六是做好专项检查。在第十一届水节系列活动举办期间，作为水节组委会办公室，多次召开水节活动安全协调会议，每项活动都制定详细的应急预案和安全保卫措施，确保在大型水节系列活动中无安全事故发生，完成水节的各场大型演出活动任务。六是开展安全教育培训工作。认真开展第九个安全生产月活动，采取挂横幅、做板报等形式，营造宣传氛围。6月13日，组织人员参加安全生产咨询日活动，发放公共文化娱乐场所安全小常识350多份；组织文化系统干部职工113人参加全国安全生产应急知识竞赛答题活动，普及大家的安全生产应急知识；邀请政安防火知识宣传中心讲师举办3次消防安全知识讲座，进一步加强文化系统安全生产管理工作；结合制定的《应急预案演练计划表》，市文化局分别在群艺馆、歌舞团组织开展扑救火灾、人员疏散等应急演练，进一步提升各单位“四个能力”的建设；加强管理人员的安全培训。8月26～30日，市文化局共选派6人参加在乌鲁木齐市举办的安全管理人员培训班。（綦晓华）

【非物质文化遗产保护】 2010年，克拉玛依市文化局做好非物质文化遗产的宣传保护工作。6月12日，举办克拉玛依第五届文化遗产日宣传系列活动，征集非物质文化遗产实物刺绣、剪纸、捏面人等实物20多件。申报市级和自治区级非物质文化遗产项目，完成8个市级非物质文化遗产项目的确认工作，重新编写克拉玛依市首批市级非物质文化遗产名录编码。确定克拉玛依根雕、剪纸、木偶戏3项为自治区级非物质文化遗产申报项目，至年底，申报准备工作正在进行中。指导各区做好非物质文化遗产保护工作。进一步完善4个区非物质文化遗产图片、文字、地图集、电子文档等档案材料的整理工作，督促区级非物质文化遗产名录体系认定标准审批情况及区级非物质文化遗产项目的保护计划，并组织培训基层非遗工作人员。（綦晓华）

【文物工作】 2010年，克拉玛依市文化局文物清查与保护工作。一是完成第三次全国文物普查第二阶段工作。对普查到的24处文物保护单位，均已建立电子和纸质双套普查文档。5月24日，自治区文物局文物普查办公室验收专家组对克拉玛依市文物普查实地文物调查阶段成果进行检查验收，共校验不可移动文物记录24条，通过率100%；实地文物调查行政村覆盖率100%。二是申报并确认市级文物保护单位。市文化局组织相关人员筛选新发现的18处文物保护单位，申报7处为克拉玛依市级文物保护单位，最终确认6处为克拉玛依市市级文物保护单位。8月13日，市政府印发《关于公布第一批市级文物保护单位的通知》的文件，公布克拉玛依友谊馆、老政府办公楼、油建北村清真寺、克拉玛依黑油山地窖、101窑洞房、独山子第一套蒸馏釜遗址为克拉玛依市级文物保护单位和文物保护单位的保护范围及建设控制地带。（綦晓华）

【工业遗产保护】 从2010年5月22日起，克拉玛依市文化局配合自治区文物古迹保护中心展开工业遗产调查工作，重点调查机械制造总公司、管道防腐厂、物资供应总公司厂区，并做资料搜集和记录，同时实地调研101窑洞房、英雄193井、第二机械厂等文物保护单位和相关企业，发现一批老的机械设备共24处。6月，中国文物信息咨询中心项目审核委员会专家实地调研认为，克拉玛依机械厂（昆仑路片区）及物资供应总公司是具有历史、技术、社会、建筑或科学价值的工业文化遗存，符合工业遗产的定义，在克拉玛依具有典型的代表性，非常具有保护价值，并出具评估报告。12月24日，克拉玛依市政府下发《关于命名机械制造总公司（机械厂）和物资供应总公司厂区为首批市级工业遗产保护区的通知》。（綦晓华）

【市图书馆工作】 2010年，克拉玛依市图书馆分编入库普通图书6 000多册，接待读者近7万人次，借阅书刊15万册次。全市已有3个公共图书馆，107个街道（乡镇）社区图书室和乡村农家书屋，88个企事业单位图书室和48个中小学校图书阅览室，平均1 829人拥有1座图书馆室。市图书馆以每年1.2万册的速度递增馆藏，至年底，总藏量59.2万余册，办证率已达到克拉玛依市区总人口的10%。6月，克拉玛依区60个街道、社区图书室、青少年读书园地、世纪公园图书馆与市图书馆已实现资源共享、一证通服务。（綦晓华）

【市群艺馆工作】 2010年，克拉玛依市群艺馆影剧院配合各单位完成演出、会议30多场次。开展文化下基层服务活动，在克拉玛依区银河街道向阳北社区、白碱滩区中兴路街道新河社区、乌尔禾区柳园社区等基层文化站进行书法、绘画、声乐、舞蹈、合唱等专业的辅导和培训，培训92次，培训400多人次。书画院专业人员创作出油画35幅，书法74幅，国画73幅，摄影91幅，发表论文8篇。（綦晓华）

【市展览馆工作】 2010年，克拉玛依市展览馆累计接待观众17 899人次，其中未成年人4 050人次。展览馆对展厅、基础设施、绿化等进行全面闭馆维修改造。对馆藏的737件文物、已征集的1 574件文物，按照文献书籍、图片资料、生产项目、生活工具等类别进行逐个分类、编号和基本信息数据采集工作。展览馆为加大宣传推介力度，印制克拉玛依展览馆

《参观指南》宣传品1万份，在克拉玛依市14家星级宾馆、酒店发放《参观指南》宣传品3 455份。（基晓华）

【市歌舞团工作】 2010年，克拉玛依市歌舞团加强业务训练，面向各基层单位开展文艺骨干培训。先后组织人员培训克拉玛依市直机关职工30人次120课时；为残联进行辅导、排练演出30人次126课时；为离退休职工管理中心木卡姆艺术团进行器乐培训人员30多人次，每周2次；为勘标开发研究院职工进行音乐课程讲座1次；5月，参加克拉玛依市直机关文艺汇演的编排及演出活动；7月，参加克拉玛依市第十一届水节晚会演出，同时积极筹备市歌舞团的重组整合等相关工作。（基晓华）

档案管理

市档案管理

【市档案局（馆）领导名单】

局长：郭宝凤

副局长：高彬

【基本情况】 截至2010年末，克拉玛依市档案局（馆）内设综合科、业务指导科、保管利用科（现行文件查阅中心）、档案信息技术科和编研科5个职能科室，事业编制22人，其中处级领导职数3人，科级领导职数7人。有职工18人，其中干部17人，工人1人；女职工11人，少数民族职工3人，大专以上文化程度17人，党员15人。市档案局与市档案馆实行局、馆合一，是市委、市政府的直属事业单位，由市政府管理为主。市档案局（馆）履行全市档案事业行政管理和保管利用两种职能。（郐国贤）

【"十二五"规划编制】 2010年，克拉玛依市档案局（馆）启动全市档案事业发展"十二五"规划编制工作。一是密切关注、及早动手。年初，在制定全年档案工作要点时，将"十二五"规划编制工作纳入议事日程。在全市规划编制工作启动伊始，及时向市发展和改革委员会提出编制全市档案事业发展规划工作的申请。二是加强领导，建立健全机构。成立克拉玛依市档案事业发展规划编制工作领导小组，具体负责"十一五"规划执行情况的综合评估，并在此基础上编制全市档案事业发展规划编制工作。三是思想发动、宣传先行。先后在党组会和局务会上，学习市政府关于"十二五"规划编制的有关文件精神。通过思想发动和政策宣传，使全体干部职工进一步清楚认识到编制全市档案事业发展规划的重要意义。四是程序严谨、稳步推进。在全市档案事业发展规划编制过程中，严格按照全市规划编制工作方案的要求，注重编制工作程序的科学性、规范性、民主性。至年底，《克拉玛依市档案事业第十二个五年发展规划》已向市发改委申报备案。（郐国贤）

【档案局（馆）长会议】 2010年3月16日，克拉玛依市档案局（馆）召开全市档案局（馆）长会议。各区档案局馆长、各科室长以及市人大常委会办公室、市政府办公室、市政协办公室、市中级法院、市检察院、市地税局等有关部门档案人员参加会议。会议传达自治区档案工作会议精神，总结2009年全市档案工作，并安排部署全市2010年主要任务。克拉玛依区、独山子区、白碱滩区和乌尔禾区4个区档案局（馆）长分别就各区2009年档案工作的特色和亮点以及2010年工作目标作专题汇报。（郐国贤）

【"十一五"档案事业发展综合评估】 2010年8月，克拉玛依市档案局（馆）开始对克拉玛依市辖克拉玛依区、独山子区、白碱滩区和乌尔禾区4个区的"十一五"档案事业发展情况进行综合评估。从总体情况看，各区档案行政管理部门在"十一五"期间能抢抓档案事业发展的机遇，积极争取区委、区人民政府领导的重视与支持，努力改善档案工作条件，使各项基础业务工作不断得到加强，档案工作服务能力和水平均有显著提高，市、区两级档案行政管理部门已形成健康快速可持续发展的良好态势。（郐国贤）

【档案馆管理】 2010年，克拉玛依市档案局（馆）秉承巩固、发展、服务、创新的档案工作理念，市、区两级档案行政管理部门以创建国家级档案馆为目标，进一步建立健全档案工作管理制度，提升馆藏档案保管利用服务水平。白碱滩区和独山子区档案局完成国家二级档案馆创建各项准备工作。11月25～26日，独山子区和白碱滩区档案馆分别以88.5和89.5分的成绩，通过自治区档案局组织的国家二级档案馆测评。（郐国贤）

【档案执法检查】 2010年8月2～5日，克拉玛依市档案局（馆）会同市卫生局组成档案行政执法联合检查组，对市中心医院、人民医院、第二人民医院、疾控中心等4家医疗卫生系统单位的档案工作进行专项检查。检查采取听、看、查、议的方法，对照《新疆维吾尔自治区区级医疗卫生单位档案行政执法检查标准》的6大项30小项指标，逐条逐项地检查。对个别档案管理工作滞后的单位，市档案局下发整改通知书，责令限期整改，并要求将整改情况及时上报。（郐国贤）

【机关档案督察】 2010年，克拉玛依市档案局（馆）对年度档案进行立卷督察，以档案立卷督察为手段，进一步强化基础建档单位的档案工作。一是首次将市工商联、供销社等11家单位纳入档案监督指导和督察的范围。市档案局从3月开始，对新增单位档案工作进行上门指导，通过与相关单位领导积极沟通，获得多数单位的理解与支持，至年底，11家单位中已有8家启动建档工作，并通过年度立卷督察考核。二是强化对机关1号楼各单位的文书、业务档案的指导。三是注重档案立卷督察工作的效果。从8月初开始，组织对机关行业72家单位进行档案立卷督察工作，通过档案立卷督察工作，机关档案工作归档质量得到有力保证。（郐国贤）

【档案业务管理】 2010年，克拉玛依市档案局（馆）做好档案业务管理工作，取得好的成绩。一是社区档案工作晋升自治区先进等级。年初，市档案局确定第一批19个社区创建社区档案先进等级（自治区级）工作目标。12月初，第一批社区申报单位各项准备工作就绪。受自治区档案局的委托，市档案局与市民政局组成社区档案工作创建自治区先进等级联合评审组，先后对独山子区和克拉玛依区的19个社区档案工作进行考核验收。通过听汇报、查资料、看实体等形式评审。评审组认为，各社区档案组织机构健全、分类准确，档案制度和档案基础硬件设备相对完善，实现档案纸质目录与电子目录相配套管理的目录检索体系，档案工作实现制度化、正常化，提高社区档案为民服务的满意度。经报请自治区档案局审批，独山子区金山路街道第二社区等19个社区全部晋升为自治区先进等级。二是进行专业档案的规范化、标准化建设。充分发挥地市级档案行政管理部门宏观管理的作用，指导相关部门（单位）将档案理论结合实际进行探讨与研究，根据专业档案的形成过程及不同特点，在遵循档案共性规范的前提下，突出本单位专业档案的特色，协助共同制定各专业档案的案卷格式及编目方法。先后制定劳动监察、劳动保障金、劳动仲裁、职业医师执业注册、出生医学登记、病残儿医学鉴定等相关的档案业务规范，专业档案整理归档工作日益规范。（邬国贤）

【档案馆建设】 2010年，克拉玛依市档案局（馆）做好档案设施的抗震加固、节能和维修改造工程。年初，市档案馆楼整体抗震加固、节能保温和维修改造工程列入全市年度抗震加固建设项目。至年底，市档案馆楼抗震加固、节能和维修改造工程完成。（邬国贤）

【馆藏档案资源建设】 2010年，克拉玛依市档案局（馆）进一步拓展征集领域，馆藏档案资源建设进一步完善。一是做好档案征集工作。先后征集到摄影记者和老红军的光盘2张、照片3 872张、底片13 898张、其他档案37件进馆。二是做好档案接收进馆工作。按照年初确定的接收进馆计划，先后接收乌鲁木齐“七五”事件及市房产局、环保局、机关事务局、仲裁委、广播电视局、锅检所等12家单位的档案进馆，共10 127卷425件、照片819张，光盘10张。其中文书档案345卷3 649件、会计档案960卷，科技档案4 014卷，仲裁案件档案127卷、采购档案84卷，房屋拆迁档案2 461卷，印章19枚。同时完成各移交单位档案目录和全宗卷的装订、装盒排架工作。三是做好档案借阅利用工作。全年市档案馆提供利用档案306人次，提供照片93张。四是做好政府信息公开查阅点建设。市档案馆作为主要提供纸质文件材料介质的市政府信息公开查阅点，至年底，硬件设施已经准备就绪，并按照《关于开展市政府市政府公开信息送交工作的通知》精神，已经接收42个单位2 562份政府信息公开文件，并全部规范编目上架。（邬国贤）

【档案科研】 2010年，克拉玛依市档案局（馆）做好档案科研工作，取得阶段性科研成果。自行开发的“克拉玛依市档案馆环境监测自动控制系统开发与应用”项目获国家档案系统科研项目三等奖。《档案中的克拉玛依》作为软科学研究项目获自治区档案系统科研项目二等奖。（邬国贤）

【数字档案馆建设】 2010年，克拉玛依市档案局（馆）将数字档案馆建设作为“十二五”期间的重点工作目标进行规划。全市数字档案馆建设按照“五统一”原则进行设计，以“一体化”综合办公平台为依托，以数字化、网络化的应用为基础，确立数字档案馆建设的“四大目标”，即构建4个基础设施平台（数字档案信息传输平台、采集平台、存储管理平台、信息应用平台）、建设2个大型数据库（全文数据库、目录数据库）、开发4个综合管理系统（机关档案管理系统、综合档案馆数字信息管理平台、档案信息发布系统、电子公文接收管理系统）、制定一套完整的操作标准和规程，力争在2014年全面实现档案及相关信息资源数字化、信息服务网络化、信息载体多样化、管理流程自动化，信息共享整体化，从而构建全方位档案信息保障体系，建设符合克拉玛依市档案管理各方面要求的数据资源中心，形成全市数字档案管理网络平台，力争走在全疆前列。2009年，克拉玛依市数字档案馆建设一期项目已纳入数字克拉玛依建设总体规划。至2010年底，应用平台建设已完成档案收集、档案著录、档案管理等5个模块的开发与调试工作，馆内珍贵档案数字化扫描已完成100万页文书档案、1 130分钟视频档案、上万张照片档案。（邬国贤）

【档案教育培训】 2010年，克拉玛依市档案局（馆）以内培外训为重点，扎实推进对全市广大档案工作者的业务培训。一是树立学习先进典型。进一步学习和发扬刘义权先进精神，激励档案工作者更好的投入到全市档案事业发展中。在档案业务培训班上，除讲授档案业务专业知识外，还增加《刘义权先进事迹报告会》和《档案工作者的职业素养漫谈》专题，首次将档案工作者职业素养内容纳入到年度业务培训中。二是举办硬笔书法和摄影培训班1期。中国硬笔书法协会副秘书长许凌、新疆石油报社摄影部原主任张志和应邀对56名档案工作者进行硬笔书法和摄影培训。（邬国贤）

【档案编研与宣传】 2010年，克拉玛依市档案局（馆）做好档案编研与宣传工作。一是举办通过数字看发展——克拉玛依市档案事业“十一五”成就展。展出从档案基础设施建设、档案资源建设、档案公共服务建设、档案基础业务建设、档案馆社会教育功能建设、档案法制建设、档案科研和信息化建设、档案人才队伍建设8个方面，以点带面的再现“十一五”规划实施以来，全市档案事业取得的成就。二是举办岁月如歌家庭档案展。与市妇联在市文化步行街展厅举办以岁月如歌为主题的家庭档案展览，展览以宝宝康乐、学生时代、工作足迹、家庭生活、快乐收藏5个篇章为基本线索。对克拉玛依区、独山子区、白碱滩区、乌尔禾区选送的73户、163册家庭档案进行登记造册，从中挑选出参展的家庭档案。3月1～8日，岁月如歌家庭档案展在市区繁华地段文化步行街展厅展出。三是举办大型情景剧《用爱记录历史》。创作以档案为主题的音乐情景表演剧《用爱记录历史》，讴歌克拉玛依市档案事业近年来取得的工作成绩。经过初赛和复赛，《用爱记录历史》先后在市机关第五届文艺汇演和克拉玛依市群众文艺展演中获二等奖和优秀奖。四是做好内部刊物和对外宣传。全年编辑《克拉玛依档案》4期（双月刊），《工作动态》12期（月刊）。反映全市档案工作的宣传稿件及信息动态先后在《克拉玛依日报》、《克拉玛依新闻》、《新疆档案》、《中国档案报》等媒体及栏目上被刊用20多篇。（邬国贤）

【档案学会年会】 2010年12月2～3日，克拉玛依市档案局（馆）在乌鲁木齐召开档案学会年会。一是以深入学习刘义权活动为组成部分，举办以服务油城发展、争当兰台先锋为主题的市档案系统远学刘义权、近学身边人故事会。12名选手讲述自己身边刘义权式档案工作者的先进事迹,使与会人员接受深刻的思想教育。二是举办全市档案人摄影和硬笔书法比赛获奖作品展。共展出54名档案工作者围绕热爱伟大祖国、热爱美好家园、热爱档案事业的主题,自行创作的符合时代精神,反映克拉玛依城市建设和油田开发的秀美景色,反映档案工作和档案工作者精神风貌的获奖摄影和硬笔书法作品。三是组织观看由市档案局自创自演的,在市直机关第五届文艺汇演中获得二等奖,在市第十一届水节演出中获得优秀奖的大型情景剧《用爱记录历史》。 (郇国贤)

【文明单位创建】 2010年,克拉玛依市档案局(馆)做好创建文明城市公共文明指数相关材料的审核把关。经过对各单位上报材料审核—整改—审核的反复运作,共审核54家单位报送的244大项、554小项指标的材料。至年底,克拉玛依市创建自治区文明城市重大活动档案267卷已接收进馆。迎接自治区级文明单位复查验收。制定切实可行的精神文明创建长期规划和年度计划,调整和充实精神文明创建工作领导小组成员,按要求悬挂文明单位牌匾、设立文明单位公示栏,并严格依照《测评体系》8个方面的测评内容收集、整理资料。做到组织领导、人员机构、管理协调、检查监督和奖惩激励"五到位"。9月,通过自治区级文明单位复查。 (郇国贤)

【行业文明建设】 2010年,克拉玛依市档案局(馆)开展以行业文明建设为主题的各项活动。一是支部换届。6月12日,召开全体党员大会,选举产生新一届支部委员会委员。二是开展创优活动。先后开展创先争优活动和热爱伟大祖国、建设美好家园主题教育活动,成立创先争优活动领导小组,制定《市档案局开展创先争优活动实施方案》、《市档案局开展热爱伟大祖国、建设美好家园主题教育活动实施方案》。9月2日,举办党员创先争优公开承诺仪式。局领导、党支部、各科室及党员代表宣读公开承诺书,局领导向市直级优秀共产党员颁发党员先锋岗标志牌。三是开展谁是我们的敌人,谁是我们的兄弟姐妹为主题的大学习大讨论活动。四是开展"读民族团结书籍·唱民族团结歌曲"活动。组织全局职工系统学习党的民族宗教政策、《新疆维吾尔自治区民族团结教育条例》、《画说民族团结故事》等书籍,分批参加市直机关党工委党的民族宗教政策和民族团结专题教育讲座,并组织学唱《一家人》等歌曲。五是扶贫帮困,捐资助学。在坚持开展每人每月捐献1元钱活动的同时,积极响应市慈善总会关于向贫困家庭中学生捐资助学活动的号召,全局15名党员参与捐款,共捐款1 800元。 (郇国贤)

油田公司档案管理

【油田公司档案中心领导名单】

主任:李松英

副主任:高新霞

【基本情况】 截至2010年末,新疆油田公司档案中心内设综合管理科、业务指导科、档案管理科、数字档案科4个科室,有员工22人。基层单位档案机构45个,有专职档案员141多人,兼职档案员637多人。主要承担新疆油田公司档案目标的制定、油田公司基层单位的档案管理指导以及油田档案资料的管理工作。 (刘治兰)

【档案工作会议】 2010年1月27日,油田公司档案中心召开首次档案工作会议,来自油田公司机关和基层单位的领导及档案管理人员180多人参加会议。会议总结新疆油油田公司成立以来的档案工作,分析当前档案工作面临的形势和问题,明确下步工作目标,安排部署2011年和今后一个时期的工作。会议表彰了3个获集团公司档案工作先进集体和6名先进个人、10个获油田公司档案工作先进单位和30名先进个人。 (刘治兰)

【学习刘义权活动】 2010年,油田公司档案中心在油田公司范围内,组织开展学时代楷模刘义权、在本职岗位作贡献、我比刘义权差在哪里主题学习讨论活动,下发征文通知,收到征文93篇;召开学习刘义权,为党作贡献演讲会,以演讲、朗诵、歌舞、说唱等多种形式,展现新疆油田公司多个系统在平凡的岗位上所表现出的不平凡业绩,来自油田公司各单位的档案管理人员160多人参加演讲会;油田公司采油一厂档案室主任周克萍作为新疆油田公司刘义权式的档案员被推荐到集团公司。 (刘治兰)

【基础业务建设】 2010年,油田公司档案中心加强业务建设。一是加强业务监督和指导。组织档案工作联合检查组,分5个组对公司所属44个单位的档案工作进行年度检查,这种联合检查的方式给各单位之间搭建相互学习、相互交流、相互探讨的平台,达到取长补短,共同进步的目的。二是加大档案的收集力度。以汇编荣誉档案为契机,加大对荣誉档案、实物档案、图片档案等不同类别、不同载体档案的收集力度。制定《新疆油田公司重大活动档案管理细则》,并狠抓落实。三是在公司范围内全面推行归档范围确认制和备案审批制,形成双向制约机制,确保应归档文件材料及相应电子文件全部归档。全年接收归档283 327卷(件),电子文件56 327件,特殊载体档案12 043件;提供利用档案10 747人次,85 839卷,245 384件,复印26 372张;网上查询21 076次。四是严格"四参加"制度的执行力。档案中心、基层档案馆(室)协同相关部门参与项目的检查验收、设备的开箱验收、产品的出厂验收,有效控制各阶段、各环节档案资料的管理。档案中心参加集团公司项目竣工验收1个,组织公司级建设项目验收、档案专项验收及参加项目联合检查共计49个,下属基层单位档案人员参加自管项目验收119个。五是采取多种形式开展培训。主办业务讲座4次;协同公司公建项目部、矿区事业部等9个部门举办培训班,承担相关内容的授课;充分利用现场的真人、真事、真案卷,开展有针对性培训,现学现用。六是规范库藏档案鉴定。档案中心会同财务部门对馆藏的5 000多卷会计档案进行鉴定,组织勘探处、数据中心等单位对勘探开发研究院93 486盘地震老磁带进行鉴定销毁。七是组织完成《党和国家领导人考察克拉玛依油田汇编电子图册》,成为新疆油田档案行业第一个电子编研成果。八是做好人事档案复检。干部人事档案以97.3分的成绩通过集团公司复检及审核验收;配合相关部门完成489卷处级干部ERP信息的补充完善工作。 (刘治兰)

【档案数字化建设】 2010年,油田公司档案中心开展馆(室)藏重要公文、荣誉档案数字转化,历史档案目录录入工作。

全年新增油田公司历史档案目录数据397 136条、全文扫描454 237页。至年底，新疆油田公司档案目录数据总量3 797 825条，历史档案扫描3 188 284页。（刘治兰）

【基础设施建设】 2010年，油田公司投入183万元，维修改造档案中心办公区及库房；投入170万元用于开展档案数字转化；公司部分基层单位也相继投入201.59万元用于增加设施设备、库房改造、档案信息化建设，全年新增库房面积91.2平方米。（刘治兰）

体 育

【市体育局领导名单】
党组书记、副局长：李小清
局长：郭仲平
副局长：杨蕾

【基本情况】 截至2010年末，克拉玛依市体育局内设职能科室3个：办公室、竞训科、群体科，下属事业单位2个：业余体校、体育服务中心，有职工28人。其中少数民族职工2人，女职工8人；教练员6人（高级教练员1人，中级4人，初级1人）；技师2人，高级工3人；中级工1人；党员16人。市体育局主要设施有成人和儿童露天游泳池、网球馆（内有3块场地）、田径场（400米标准塑胶跑道、人造草坪足球场）、草坪足球场、综合训练馆2座、综合训练楼（棋牌馆、老年活动厅、乒乓球训练厅）1座、室外篮球场5片、室外灯光网球场7片、门球场2块。（芦爱芝）

【编制"十二五"规划】 2010年，克拉玛依市体育局按照打造世界石油城的总体部署，加强市体育事业"十二五"规划编制工作。总结和评估"十一五"期间体育工作，开展细致的调研，广泛征求意见建议，编制体育事业发展"十二五"规划。3月31日至4月2日，组织调研组深入克拉玛依区、独山子区、白碱滩区和乌尔禾区4个区进行规划编制前期调研，详细了解各区体育工作的现状和存在的问题，为做好今后的体育工作和编制"十二五"规划提供第一手资料。至年底，完成规划编制初步方案。（芦爱芝）

【体育法制管理】 2010年，克拉玛依市体育局进一步加强体育法制建设，不断完善依法行政工作制度，在做好体育行政执法和执法职权清理的同时，规范体育行政许可及备案工作。全年行政执法20件，行政许可6项，行政处罚11项，行政确认4项，其他行政执法职权34项。（芦爱芝）

【参加国际赛事与交流】 2010年12月，自治区选派4名残疾人运动员代表中国参加在广州举行的亚残运会，其中克拉玛依市运动员李玲获铅球和铁饼2枚金牌，陈立平获铁饼银牌。12月19日，由克拉玛依市体育总会主办，克拉玛依市台球协会、克拉玛依"奥德威"台球会所承办的世界职业斯诺克顶级高手斯蒂芬·亨得利与马克·金表演台球对抗赛在克拉玛市体育局综合训练馆举行，300多名观众观看比赛。（芦爱芝）

【参加自治区第十二届运动会】 2010年3月，自治区召开第十二届运动会。克拉玛依市体育代表团共有212名运动员参加速滑、射击、乒乓球、篮球、女子拳击、跆拳道、摔跤、射箭、游泳、武术散打、女子摔跤、田径12个大项的角逐。市运动员在此次比赛共获得39枚金牌、34枚银牌、31枚铜牌、38个第四名、37个第五名、25个第六名、27个第七名、18个第八名，团体总分1 821.5分，在新疆各地州市中团体总分排名第五名，综合成绩排名第5名，并获体育道德风尚奖。2月4日，在速度滑冰比赛中，克拉玛依市运动员获得1枚银牌、4枚铜牌、3个第四名、6个第五名、5个第七名、3个第八名成绩；5月8日，在射击比赛中，克拉玛依市运动员获得15枚金牌、10枚银牌、3枚铜牌、4个第四名、1个第五名、3个第六名、6个第七名、2个第八名；5月22日，在拳击比赛中，克拉玛依市运动员获得2枚金牌、1枚银牌；7月19日，在游泳比赛中，克拉玛依市运动局获得4枚金牌、8枚银牌、8枚铜牌、14个第四名、8个第五名、8个第六名、6个第七名、5个第八名；7月30日，在射箭比赛中，克拉玛依市运动员获得3枚金牌、1枚铜牌、4个第四名、8个第五名、2个第六名、2个第七名、3个第八名；8月2日，在乒乓球比赛中，克拉玛依市运动员获得1枚金牌、5枚银牌、3枚铜牌、3个第四名、3个第五名、1个第六名、1个第七名、1个第八名；8月21日，在跆拳道比赛中，克拉玛依市运动员获得3枚铜牌、2个第五名；8月21日，在武术散打比赛中，克拉玛依市运动员获得4枚金牌、1枚银牌、2枚铜牌、2个第五名；8月8日，在摔跤比赛中，克拉玛依市运动员获得1枚金牌、3枚银牌、4枚铜牌、6个第四名、4个第五名、1个第六名、6个第七名；8月19日，在田径比赛中，克拉玛依市运动员获得7枚金牌、5枚银牌、3枚铜牌、4个第四名、3个第五名、5个第六名、1个第七名、4个第八名。（芦爱芝）

【参加自治区第七届少数民族运动会】 2010年9月9～16日，克拉玛依市体育局组织体育代表团共32人，参加在哈密举行的自治区第七届少数民族运动会4个项目的比赛。获得银牌1枚、铜牌1枚、3个第四名、6个第五名、7个第六名、4个第七名、3个第八名，并获体育道德风尚奖。（芦爱芝）

【参加全国赛事】 2010年7月，全国残疾人田径锦标赛在北京举行，克拉玛依市运动员陈立平获铅球第一名、铁饼第一名、标枪第一名。李玲获得铅球第一名（破全国纪录）、铁饼第一名、标枪第一名。青素萍获铁饼第二名、标枪第二名。于诗瑞获铅球第二名、铁饼第二名、标枪第二名。9月，全国特奥会在福州举行，克拉玛依市残疾人运动员李超获铅球第一名、100米第一名、跳远第一名。王丹丽获轮滑第一名。（芦爱芝）

【克拉玛依市第七届运动会】 2010年，克拉玛依市举办第七届运动会。单项比赛从3月开始到8月结束。比赛设16个大项114个小项，有来自市属各区、驻市石油石化企事业单位的48个代表队的3 600名运动员参加比赛。独山子区获得总分第一名，第二名克拉玛依区，第三名市教育局，第四名克拉玛依石化公司，第五名市直机关，第六名采油二厂，第七名供热公司，第八名白碱滩区。（芦爱芝）

【克拉玛依市少数民族传统体育运动会】 2010年5月15日，克拉玛依市体育局、市民宗委共同承办的市第二届少数民族运动会暨全民健身周启动仪在克拉玛依市大西沟举行。来自克拉玛依市4个区的276名运动员，参加9个大项比

赛。克拉玛依区获团体总分第一名，白碱滩区获团体总分第二名，乌尔禾区获团体总分第三名。（芦爱芝）

【竞技体育】 2010年，克拉玛依市以围绕备战自治区综合运动会和年度体育比赛为目标开展系列体育竞赛活动，竞技体育连创佳绩。一是确定竞技项目。按照科学发展观要求，制定市竞技体育发展战略，进一步优化项目结构，调整项目布局，确定射击、游泳、速滑、摔跤为重点项目，集中精力做优做强；确定田径、乒乓球、跆拳道等为一般项目或基础项目，着力培育夺金点，扩大夺金面，适当裁减弱势项目，提高效益。二是重视加强业余训练和业余体校工作。建立健全符合体校管理的各项制度，加强训练管理，逐步形成以体校训练为主导，多种训练基地、培训班等为辅的训练机制，进一步推进业训管理的规范化、多样化、科学化。三是组队参加区内外体育竞赛，竞技水平不断提升。（芦爱芝）

【青少年体育】 2010年，克拉玛依市、区两级体育和教育部门，采取切实可行措施贯彻落实中共中央、国务院《关于加强青少年体育增强青少年体质的意见》，成立由市教育、体育部门和团委组成的克拉玛依市青少年阳光体育活动领导小组，制定青少年阳光体育活动实施计划，建立评比表彰制度，有计划地组织开展学生远足、长跑、野营和举办夏（冬）令营等多种形式的校外体育活动，培养学生参加体育锻炼的兴趣和自觉性，提高青少年学生的身体素质。（芦爱芝）

【老年体育】 2010年，克拉玛依市各级老年体协坚持开展晨晚练点活动的退休站、社区点达到116个（点）。老年协会骨干组织并带领训练的健身队伍有腰鼓队4支，健身球队28支，门球队58支，太极拳剑队18支，健身气功队28支。老年人经常参加各类体育健身、比赛活动的老年人累计达8万多人次。在日常工作中，为满足老年人的活动需求，各级老年协会以基层退休站、社区活动点为基础，所有退休站活动室、活动设施，全部按时开放，保证最大开放时间，对附近离退休职工居住集中、周边其动场所较少的退休站，坚持在双休日、节假日开放活动室，保证老年人的节假日活动需求。全年退休站平均开放时间300天，中心55间台球室、89张台球桌、53间乒乓球室、87张乒乓球台、137间棋牌室、29间健身室等室内活动场所、设施利用率100%。所有室外活动场地（包括32个门球场、7个地掷球场），除4个门球场维修外，其余28个门球场、7个地掷球场，全部正常开放使用。全年离退休职工参加退休站组织日常活动累计达到125万多人次。全年开展健身展示类、棋牌类、小球类等展示、比赛512场次，参与老人7.86万人次。（芦爱芝）

【业余训练】 2010年，克拉玛依市业体育局以备战自治区第十二届运动会为目标，召开备战动员大会，体校与全体教练员签订参加自治区运动会目标任务责任书，加大管理力度，向管理要成绩。各队教练员都制定出详实的多年训练计划、年度训练计划，并能按阶段计划和周计划实施训练。有目标和责任全体教练员信心倍增，教练员始终坚持“三从一大”的训练原则，学习研究和总结科学训练方法，不断探索训练的新经验、新方法，努力提高科学训练水平。重视加强业余训练工作，建立健全符合业训的各项制度，加强训练管理，逐步形成以体校训练为主导，多种训练基地、培训班等为辅的训练机制，进一步推进业训管理的规范化、多样化、科学化。（芦爱芝）

【体育场馆开放】 2010年，克拉玛依市体育局贯彻《公共文化体育设施条例》和《克拉玛依市公共体育场地设施向社会开放管理办法》，牵头协调有关部门制定公共体育场馆对外开放的相关制度，同时进一步加大场馆开放的监督检查力度。8月24日，召开公共体育场馆开放社会义务监督员聘用仪式，会同市教育局和4个区，在市属25所中小学校实现公共体育场馆对外开放，缓解市群众体育健身与体育场地开放不足的矛盾。（芦爱芝）

【体育指导员建设】 2010年，克拉玛依市、区体育部门重点加强社会体育指导员的管理，积极发挥社会体育指导员作用。在对外开放的公共体育场馆内、晨晚练健身点、社区居民健身小广场内都有计划有组织的安排一批体育指导员进行健身指导，切实发挥指导员的引导、鼓动、组织的作用。至年底，克拉玛依市有各级各类社会体育指导员922人，其中国家级10人、一级69人、二级442人、三级401人，有各类晨、晚练点173个，注册登记的晨晚练健身点95处。（芦爱芝）

【体育彩票销售】 2010年，克拉玛依市体育局加强体育彩票销售工作，取得好的成效。全市有体彩终端机130台，即开型专卖场36个，竞彩旗舰店4家，有320多人从事体育彩票销售工作。体彩分部紧紧把握管理、服务、公正、安全的工作原则，从内部服务抓起，不断改进管理模式，提高服务质量，努力促进体彩销量的增长。全年完成6 542万元，位全疆第三名。其中“顶呱刮”即开型体育彩票2 541万元。（芦爱芝）

【体育协会活动】 2010年，克拉玛依市体育局从单项体育协会的实际出发，采取加强领导、积极指导、建章立制、监督管理、促其规范的工作原则，不断发展壮大单项体育协会。协会通过开展健身项目培训、展示、比赛等多种活动，充分发挥自身的优势，建立自身良好的形象，吸引和带动广大群众参与健身。6月13日，成立克拉玛依健身气功协会，全年建立以市体育总会为主管的19个单项体育协会。

市体育总会　6月29日，市体育总会召开五届一次理事会，有33人参加会议。会议审议通过修订后的《克拉玛依市体育总会章程》、《克拉玛依市体育总会第四届理事会工作报告》、《克拉玛依市体育总会第四届理事会财务工作报告》、《克拉玛依市体育总会第五届理事会选举工作说明》、《克拉玛依市体育总会第五届理事会理事人员建议名单》，有39人当选为克拉玛依市体育总会第五届理事会理事。会议选举郭仲平为市体育总会主席，周耀邦、刘刚、张守华、彭建伟、樊小哲、张清泉、段凌云、杨蕾为市体育总会副主席，赵治南为市体育总会秘书长。经会议提议李世伟、张建国、王秀莲为市体育总会副秘书长。

桥牌协会　1月1日，市桥牌协会组队参加自治区桥牌协会在博尔塔拉州举行的2010年新疆“桥协杯”桥牌赛。1月25日，参加全国季度同场双人通讯赛2次，参加比赛运动员70人次。2月7日，组队参加自治区桥协组织举办的自治区名人双人桥牌赛，克拉玛依市有4

人参加比赛。3月10日，组队参加市桥牌锦标赛，有12个队参加，运动员75人。2月10日，组队参加迎新春桥牌双人赛，有40名运动员参加比赛。4月下旬，组织举办桥牌培训班1期，有60多人参加培训。5月20日，组队参加全年桥牌双人排位赛，有30名运动员参加比赛。6月15日，组队参加市桥牌超霸杯赛，有25名运动员参加比赛。7月20日，协助克拉玛依区文体局棋牌俱乐部举办克拉玛依区"和谐社区杯"桥牌比赛，有60名运动员参加比赛。7月27日，在市体育局桥牌馆承办自治区2010年桥牌锦标赛，全疆共有18支代表队参加比赛，克拉玛依市矿区服务事业部代表队、新港代表队、双信桥牌俱乐部分别获第二名、第三名、第四名。公开双人赛张浩/马培志获得第一名。8月8日，组队参加全民健身桥牌双人赛，有40名运动员参加比赛。8月10日，协助市体育局、油田公司体协完成克拉玛依第七届运动会的桥牌比赛。8月13日，组队参加在银川市举行的第十五届西北五省区"沙湖杯"桥牌锦标赛，获第五名和赛会体育道德风尚奖。10月19日，组队参加参加在辽宁省锦州石化公司兴城疗养院举行的全国石油职工"锦州石化杯"桥牌比赛，获公开团体赛第九名，公开双人赛张浩/江伟获第三名，张浩、江伟获优秀运动员，团队获体育道德风尚奖。10月5日，组队参加自治区桥协组织举办的自治区混合双人桥牌赛，克拉玛依市有4人参加比赛。

汽车、摩托车协会　5月3日，市汽摩协会组织6辆摩托车和4辆汽车19人驾车阿勒泰春游。5月14日，组织6辆摩托车驾车裕民行，摩托车协会裕民办事处与裕民摩友交流。6月18日，组织6辆摩托车和6辆汽车、25人举行"爱我油田"汽车摩托车沙漠穿越自驾活动，驾车穿越夏子街、陆梁、石西、彩南、火烧山等沙漠油田。9月25日，组织8辆摩托车和4辆汽车、28人自驾车到布尔津的白哈巴进行摄影活动。11月26日，组织18名会员到铁厂沟与车邦俱乐部举行联欢活动。

篮球协会　4月11日，市篮球协会举办中国业余篮球公开赛克拉玛依市赛区第十二届中老年篮球比赛。举办克拉玛依市首届"篮协杯"篮球比赛，承办克拉玛依市第十四届中学生篮球比赛、克拉玛依市第七届运动会篮球比赛、第十届教育系统"园丁杯"篮球比赛、第二届设计系统"设计杯"篮球比赛、第二届信息系统"红有杯"篮球比赛、第六届"健康杯"篮球比赛。参加中国业余篮球公开赛新疆赛区在昌吉州的总决赛，独山子石化公司获青年组第一名，45岁以上中老年队获中老年组第二名。参加自治区第十二届全运会青少年篮球比赛。

网球协会　9月10日，市网球协会承办自治区在克拉玛依举行的第五届老年人运动会（北疆赛区）网球赛，克拉玛依市运动员获2枚金牌、6枚银牌。举办克拉玛依市第七届职工运动会网球赛、第十届"共青杯"网球赛、"华奥杯"新人网球赛。10月，克拉玛依网球协会通过选拔赛，选派6名网球运动员参加国家网球中心和浙江台州网球协会联合举办的首届全国老年网球赛，克拉玛依代表队获铜奖。

高尔夫球协会　6月14日，高尔夫球协会举办市高尔夫春季开杆赛，有20人参加比赛。7月17日，举办夏季友谊赛，有22名运动员参加比赛。8月21日，举办秋季邀请赛，有22名运动员参加比赛。10月23日，举办金秋收杆邀请赛，有24名运动员参加比赛。

门球协会　6月，门球协会举办中国门球冠军赛新疆分区赛克拉玛依选拔赛。承办自治区第五届老年人运动会、第二届老年运动会门球赛。全年主办克拉玛依市级赛事6次，共有258个队，近千人参加比赛。2月，举办春节体育大拜年活动门球比赛，有6只代表队64名运动员参加比赛。2月，举办首届"和谐矿区杯"门球邀请赛，有8只代表队54名运动员参加比赛。5月，举办克拉玛依市民体育大会门球赛。6月，举办民族团结年离退休职工运动会门球赛。8月，组队参加中国门球协会冠军赛新疆分区赛荣获第二名。9月，承办自治区第五届老年运动会门球赛，克拉玛依市运动员获第一名、第六名。组队参加"天津银行杯"全国女子门球公开赛车。组队参加全国少年儿童门球邀请赛获得体育道德风尚奖。组织举办克拉玛依市中老年门球比赛，共有24只代表队183名运动员参加比赛。

老年体协　3月，老年体协组织举办门球新规则培训班和对专兼职干事业务技能考核等项工作，培训考核117名门球骨干、文体干事。4月，选派8名门球骨干参加自治区门球竞赛规则与裁判法培训班的学习。4月16日，组织开展"民族团结杯"离退休职工运动会。历时3个月，共有286支代表队，2 478名运动员参加各项预赛和决赛。5月8日，协助市残联举办残疾人运动会，并策划开幕式大型文艺表演活动。7月15日，组队参加在塔里木油田举行的中石油第十一届离退休职工新疆片区台球选拔赛，获团体第一名。8月8日，由克拉玛依市老年体协、油田公司离退休职工管理中心在克拉玛依市体育局田径场举办"民族团结杯"暨全民健身日老年人健身展示活动。有2 000多名老年人参加全民健身展示。8月9日，组队参加在乌鲁木齐石化公司举办的中国石油第十一届离退休职工台球比赛，获团体第二名。9月，推荐1人参加中国门球协会门球国际裁判员晋级考核。9月10日，承办新疆（北疆片）第五届老年人运动会，来自北疆各地州的各大行业、大专院校和生产建设兵团农六师共12支代表团的809名运动员，107名裁判员参加比赛，克拉玛依获最佳组织奖、新疆油田公司退管中心组织的代表克拉玛依市参加健身秧歌比赛的代表队二队、钓鱼代表1队获体育道德风尚奖。克拉玛依代表队在各项比赛中，获团体金牌22枚、银牌23枚、铜牌24枚。组织克拉玛依中老年太极拳剑比赛，全市有24只代表队144名运动员参加比赛。

乒乓球协会　2月8日，乒乓球协会组织"信全和"比赛总决赛，信全和一队、电信代表队、油田公司采研院代表队获前三名。3月20日，组织"信全和"和卫生系统乒乓球邀请赛，市中心医院、白碱滩医院、人民医院获前三名。举办公仆组单打比赛，刘云、杨志农、钱一林获前三名。9月25日，举办第五届"永升杯"乒乓球比赛，克拉玛依石化公司、创业公司、市直机关获男子青年组第三名；永升集团、克拉玛依石化公司、油田公司油气储运公司获女子青年组前三名；钻井公司、永升集团、北区总站获男子中年组前三名；永升集团、钻井公司、北区总站获女子中年组前三名；独山子石化公司、克拉玛依石化公司、市直一队获公仆组前三名；阿赛买江、唐广深、邹泽亮获公仆组单打前三名。11月12日，举办第三届"建设杯"乒乓球比赛，油田公司供热公司、设计院、市建设局获团体前三名,贺中华/张燕、伊长龙/陶秀菊、丁建国/袁翠兰,获混合双打前三名,伊长龙、闵文桀、李志胜获男子单打前三名,张燕、王兰、扎丽晶获女子单打前三名。参加自治区第十二届全运会乒乓球赛,获男子甲组团体冠军,并获男子单打第二名、第三名,男子双打、混双第二名、第三名。

羽毛球协会　5月15日,羽毛球协会与克拉玛依市总工会、克拉玛依移动公司、新疆油田公司体育协会共同举办全市羽毛比赛。全市有33个单位,400名运动员参加比赛。市中心医院、克拉玛依石化公司、油田公司机械制造总公司获前三名。5月27日,举办克拉玛依市第七届运动会"体育彩票杯"羽毛球比赛。11月6日,协会组织克拉玛依市、油田5支代表队参加自治区羽毛球协会和自治区体育中心联合举办的自治区"齐鲁证券杯"羽毛球冠军赛,新疆油田公司一队、二队分别获团体第四名、第八名;独山子代表队获第五名。克拉玛依市少年选手包揽少年组个人单打前四名。11月13日,协会组织3支代表参加新疆移动公司组织的全疆集团客户羽毛球邀请赛,市中心医院获亚军。11月27日,组织全市羽毛球选手热身友谊赛。11月29日,组织全市羽毛球选手与中国石油大学(北京)羽毛球选手进行比赛交流。

中国象棋协会　1月2日,中国象棋协会组织迎新年百人中国象棋比赛。2月6日,开展全民健身春节大拜年中国象棋比赛。3月下旬,协办克拉玛依市教育局举办的第三届教职工中国象棋比赛。3月20日,协办克拉玛依第七届运动会三棋比赛。6月中旬,组织协办克拉玛依前进社区第四届邻里节中国象棋比赛。6月26日至8月15日,在世纪公园开展克拉玛依市夏季休闲棋类系列活动,活动内容有中国象棋擂台赛、车轮大战、残局讲解、中国象棋少儿培训班等10多项活动。6月中旬,组织协办克拉玛依区和谐社区中国象棋比赛。7月下旬,组织克拉玛依第十四届"供热杯"中国象棋比赛。11月下旬,组织协办克拉玛依第七届中国象棋精英赛。

围棋协会　5月1日,在克拉玛依区文化茶楼,由克拉玛依区文体局主办,克拉玛依市围棋协会、区体育运动协会协办组织全市首届少儿围棋定段、定级赛。有132名运动员参加比赛。共产生3段3名,2段10名,1段14名。2级10名,3级14名,4级15名,5级15名,10级20名,15级14名。8月8日,由克拉玛依区文体局主办,克拉玛依市围棋协会、克拉玛依区体育运动协会协办全疆第三届"油城杯"青少年围棋公开赛在克拉玛依市举行,全疆8个地州市代表队参加比赛,克拉玛依市棋手获9岁以上组的团体亚军、个人亚军,9岁以下组获团体第四名。8月15日,克拉玛依市组织由9名运动员组成的代表队参加全疆第三届"奥生杯"少儿围棋、级位评定大赛,克拉玛依市运动员丁清元获得业余5段证书;代耕宇、梁振鹏获得业余4段;张宸浩、李博宇、吴元昊、黄千迁定为3段;黄子喻、刘家昂定为1段。10月4日,组队参加首届"沙雅杯"全疆少儿围棋邀请赛。10月5日,举办第二届"友情杯"围棋赛,薛振江、向新平和李成分别获前三名。10月23日,协助克拉玛依区文体局举办全市小学生围棋比赛,参加146人。11月29日,围棋国手邵炜刚九段来克拉玛依市指导,与克拉玛依市15名棋手进行让2子到5子不等的多面打比赛,克拉玛依市棋手取得15局中的7局胜。

武术协会　4月28日,武术协会在钟楼广场举办迎五一武术展演,70多人参加。5月,在第二小学、第七小学、实验小学、第十五小学举办小学传统武术比赛,有120名运动员参加。6月1日,参加克拉玛依区在世纪公园举办的庆六一校园文化展示活动。有60多人参加武术表演。组织30多人参加克拉玛依市第五届残疾人运动会开幕式表演。庆端午节在钟楼广场举办全民武术健身展示活动,120多人参加。9月,参加克拉玛依市第七届体育运动会,40多人参加开幕式武术表演。10月,在第二小学举办克拉玛依区第三届老少同乐武术比赛,200多人参加。

钓鱼协会　5月8日,市钓鱼协会在阿依库勒水库举办"克石化杯"暨克拉玛依第24届钓鱼比赛,有68名运动员参加比赛。6月5日,在阿依库勒水库举办"广电杯"钓鱼比赛,有68名运动员参加比赛。7月10日,在阿依库勒水库举办"白衣天使杯"钓鱼比赛,有67名运动员参加比赛。7月31日,在克拉玛依钓鱼馆举办"油田建设杯"钓鱼比赛,有66名运动员参加比赛。8月5日,在阿依库勒水库举办克拉玛依市东区职工钓鱼比赛,有68名运动员参加比赛。8月14日,在九公里鱼塘举办"和谐矿区杯"钓鱼比赛,有90名运动员参加比赛。8月28日,在九公里鱼塘举办"科技开发杯"钓鱼比赛,有88名运动员参加比赛。9月1日,在钓鱼馆举办"中国移动杯"客户钓鱼邀请赛,有66名运动员参加比赛。9月18日,在九公里鱼塘举办"庆十一迎国庆"钓鱼比赛,有68名运动员参加比赛。6月10日,协会承办克拉玛依区"和谐社区"钓鱼比赛,有84名运动员参加比赛。6月20日,承办银河社区"社区我的家"钓鱼比赛,有22名运动员参加比赛。7月15日,承办克拉玛依市第七届运动会钓鱼比赛,有80名运动员参加比赛。组队参加自治区举办的首届抛竿赛中,克拉玛依市代表队获团体第二名;张洋建获个人第五名;王占喜获个人第六名。6月,协会派遣2名裁判员到自治区钓鱼协会接受培训,获得一级裁判员称号。11月10日,自治区钓鱼协会召开年度总结表彰会议,克拉玛依市协会被评为自治区先进运动协会,李继强被评为优秀运动员。

市东区体育协会　市东区体协组织克拉玛依市首届蛙式游泳比赛,有9个单位100多名游泳爱好者参加;举办"勘探开发杯"迎春保龄球比赛;举办第三届女职工迎三八4项体育比赛,100多名女职工参加比赛;3月25～27日,举办"采油一厂杯"中国象棋和"采油一厂杯"扑克牌双扣、拱猪对手赛。5月,举办"井下作业杯"篮球比赛,物资供应总公司获冠军。6月下旬,协会与向阳北社区联合举办第十届"共建杯"健康家庭趣味运动会。7月20日,在《全民健身条例》颁布1周年之际,协会在金龙镇游泳馆举办"物资供应杯"男子、女子和公仆组50米、100自由泳、蛙泳比赛,4×50米自由泳混合接力赛。8月14日,组织体育干部休闲钓活动。8月下旬,协会举办克拉玛依市第二届水上趣味运动会,比赛项目5项。8月18日,协会承担第八届克拉玛依水节千米横渡水库活动的裁判工作。9月4日,在2号塘钓鱼馆举办"客运杯"室内钓鱼比赛。10月20日,举办第八套广播体操比赛,油田公司物业公司、采油工艺研究院、小汽车公司、市中心医院、超越体育广场等5个单位参加比赛,物业公司夺得第一名。12月4~5日,在采研院文体中心举办"科研开发杯"东区职工乒乓球比赛,有11个单位,男女17支代表队87名运动员参加比赛。油田公司采油一厂、勘探开发研究院、物资供应总公司分别获男子团体前三名,勘探开发研究院、采油一厂、物资供应总公司分别获女子团体前三名。油田公司井下作业公司吴明胜、采油一厂刘红卫、采油工艺研究院盛校仑分别获男女单打和公仆单打第一名。

(芦爱芝)

【获得荣誉】 2010年,克拉玛依市体育局被评为全国百城千村健身气功交流展示活动最佳展示奖,全国体育系统"五五"普法工作先进单位,自治区地、州、市体育总会工作先进单位。克拉玛依体育彩票管理分部获自治区体育彩票工作销售贡献奖、市场贡献奖,赵治南被自治区体育总会评为先进个人。石书信被自治区评为体育彩票工作先进工作者。(芦爱芝)

广播电视

【市广播电视局、广播电视中心领导名单】

局长、主任、党委副书记:江永红

党委副书记、纪委书记、工会主席:尹光雄

副局长、副主任、安全总监:艾比布·巴吾东

副局长、副主任、总编辑:祝连平(12月任副局长、副主任)

副局长、副主任:马兵(12月任职)

【基本情况】 截至2010年末,克拉玛依市广播电视局、新疆油田公司广播电视中心(以下简称克拉玛依市广电局、油广中心)设党政办公室、总编室、人事教育科、计划财务科、科技科、社管安保科6个机关科室,下设电台、电视台、广播电视报社、译制中心、党员电教中心、服务中心6个基层单位。有职工286人,其中企业合同化员工158人(包括内部退养人员8人),企业市场化用工50人,劳务合同工7人,市属职工51人,市属临时用工20人。大专以上学历208人,初级以上专业技术职务180人,少数民族职工85人。广播电台有职工59人(其中少数民族23人)。3个自办频率,每天各播出16~18小时,有《克拉玛依新闻》、《926快乐吧》等17档自办节目,其中汉语主频率直播节目每天8小时,占播出总时的三分之一。电视台有职工127人,(其中少数民族41人),无线发射6套电视节目,包括克拉玛依电视台1套、2套节目,新疆电视台1套、2套节目,中央电视台1套、7套节目。有5套自办频道,每天各播出16~24个小时,有《克拉玛依新闻》、《相约演播室》、维语《周末谈》等7档自办节目。克拉玛依广播电视报社有职工17人,《克拉玛依广播电视报》为周一刊,彩色24版。译制中心有职工8人,年译制150部(集)影视剧。党员电教中心于2010年1月划归广播电视局(中心),有职工4人,承担着市、油田党委党员电教工作。

(潘 伟)

【广播节目】 2010年,克拉玛依市广电局、油广中心广播节目覆盖克拉玛依市区及白碱滩、百口泉、石西等百里油区以及小拐、独山子、奎屯、乌苏、石河子周边县市团场近100多千米。广播电台三套节目播出365天20 440小时。在国内及疆内各类媒体发表稿件110条(篇)。其中中央人民广播电台播发新闻13篇;新疆人民广播电台播发62篇;《中国广播网》刊发36篇。长消息《克拉玛依民族团结工作成效显著》等两件作品和《克拉玛依新闻》播音主持均获第十二届全国少数民族语言广播电视优秀作品三等奖。《居家养老乐晚年》、《感受铁人精神——油田行》等15件作品分获新疆广播电视节目评选二、三等奖。(李 琳)

【电视节目】 2010年,克拉玛依市广电局、油广中心完成中国石油天然气集团公司领导干部工作会议、首届信息化创新克拉玛依国际学术论坛、打造世界石油城、我是克拉玛依人等大型会议和活动的宣传报道以及中石油集团公司原油管道泄露应急演练的现场直播等大型活动。向中央电视台、中国石油报道、新疆电视台投稿236条,其中中央电视台采用28条、新疆台采用87条,《中国石油报道》采用消息76条,专题5部。有4件作品获新疆广播电视新闻评比一、二、三等奖。3件作品分获全国少数民族语言广播电视优秀作品评比二、三等奖。2010年克拉玛依春节电视文艺晚会被中国电视艺术家协会评为全国春节文艺晚会好作品。2010年诺肉孜节电视文艺晚会(维吾尔语)获中国民族语言电视节目展示与研讨(第四届金盆奖)二等奖。

(张 倩)

【广播电视报】 2010年,克拉玛依市广电局、油广中心广播电视报出版报纸51期,编辑版面1 224块,发稿7 000多条,刊发本地图片559张。其中推出特刊5期,专刊122期,采写《独家报道》51期。

(牟月梅)

【电影发行放映】 2010年,克拉玛依市广电局、油广中心电影公司共放映《绽放》、《鲜花》等7部220场次;《革命到底》、《天上草原》等25部100场次;放映故事片和科普片共计24部次,观众8 000多人次。农村电影放映覆盖率100%。新天地影城共放映影片69部,放映870多场次,观众10万多人次;完成自治区广电总局下达的72场次放映任务。

(刘 力)

【重点报道】 2010年,克拉玛依市广电局、油广中心全面完成各项宣传任务,舆论影响力和引导力进一步提升。一是围绕打造世界石油城进行深度报道。播出专题报道27期,政府领导访谈录11期,系列报道7集,《小白杨》、《周末谈》、《克拉玛依花朵》进行深入报道。二是加强民族团结年的宣传。播出新闻114条,广播电台、电视台各栏目都推出一些系列报道,电视台《周末谈》栏目深入到百口泉录制2期反映民族团结的节目。三是加强关注民生年的宣传。广播《民生大视野》、电视《聚焦民生》等专栏,及时从就业、医疗、教育、市政等热点问题进行宣传报道和舆论引导。四是加强建设学习型城市的宣传。及时宣传报道各单位开展的建设学习型企业、学习型班组、学习型党组织等各项活动和先进典型,对营造良好的学习氛围起到积极的作用。五是及时全面报道抗灾救援情况。电视台、广播电台成立抗灾前线报道组,深入一线,报道抗灾抢险全过程。广播电台联合阿勒泰、塔城广播电台开设特别节目《2010牵手同行》,让油城市民及时了解受灾地区信息。六是对重要

会议、重大事件的全过程宣传报道水平进一步提升。首届信息化创新克拉玛依国际学术论坛的直播，广播、电视都创造连续直播7小时的纪录，出色完成各项工作任务，得到集团公司、市油田党委的表扬。七是组织和开展大型系列宣传活动，进一步提升，广播、电视、报纸的联动机制。《我是克拉玛依人》是局(中心)重点推出的大型系列宣传活动。经过精心策划，周密安排，广播电台、电视台、广播电视报统一行动，广播电视报开办征文，刊登稿件40多期。电视台《我是克拉玛依人》栏目开播，全年播出60期。广播电台开办征文和系列访谈，与中国移动联合举办我喜爱的广播节目主持人评选和业余主持人大赛活动。八是对外宣传、沟通、交流的能力进一步提升。外宣工作成为全年宣传工作的新亮点。电视台外投稿件216条，其中新疆台发消息69条，《中国石油报道》采用68条，4部专题。中央电视台采用26条。广播电台外投稿件145条，采用105条。其中中央人民广播电台采用8条；新疆人民广播电台采用62条；《中国广播网》采用36条。特别是春节期间，央视《新闻联播》播出综合新闻，《东方时空》《新闻直播间》和《24小时》3个栏目播出新闻特写，《中国石油报道》播出电视专题。7月26日，由中央电视台和克拉玛依电视台联合采写、拍摄的10年新西部专题新闻在央视特别关注栏目播出。广播电台与新疆电台、大庆台、疆内各地州台联办专题直播节目7期。九是节日长假期间，新闻宣传保障能力进一步提升。广电局加强新闻宣传，首次实现节日期间新闻不重播的目标。(潘　伟)

【品牌建设年活动】　2010年，克拉玛依市广电局、油广中心开展品牌建设年活动，有针对性地强化新闻、专栏节目的质量，并开办新的栏目，取得较好的效果。一是提高新闻节目的质量。狠抓头条新闻工程，实行头条新闻申报制度，确保头条新闻质量。狠抓新闻自采率，在电视《克拉玛依新闻》播出2 917条中，记者采制1 722条，新闻自采率第一次达到59%。聚焦民生播出133期，新闻特写播出70期。首次尝试特约新闻评论员，提升新闻的深度和力度。二是电视台《相约演播室》专题节目有新突破。《相约演播室》由周一期增加到周二期，实现每月2期互动访谈。《相约演播室》启动油田行主题系列访谈节目，先后走访5家油田单位，完成一线采访任务。三是开办新栏目。5月，电视台推出系列讲座节目——《油城讲坛》栏目，全年录制36期，播出32期。采取新的机制，开办电视《食神》栏目，全年播出34期。按照创建无障碍城市的要求，按时开办电视手语新闻节目。广播电台为提高节目质量，自加压力，新开办《一路欢歌》《音乐下午茶》等5档栏目。广播电视报持续改版，报纸质量有新的提高。四是做好翻译和译制工作。广播电视维语新闻节目保持与汉语新闻同步进行。《周末谈》共制作播出29期，《克拉玛依花朵》播出26期，举办首届中小学爱祖国，爱家乡，讲团结主题自创作品演讲比赛，为克拉玛依少数民族的小作家们提供了展示自己的平台。共译制影视剧130部(集)。全年电视台《克拉玛依新闻》播出2 917条，播出各类专题300多期，广播电台《克拉玛依新闻》和《广播新闻网》共播发新闻8 600多条，播出各类专题573期。广播电视报社共发行报纸48期，编辑1 142个版面，发稿7 000多条，创办专刊3期。(潘　伟)

【数字化网络建设】　2010年，克拉玛依市广电局、油广中心先后完成电视台制作网、制作机房、新闻频道值机机房、广告机房的改造。新制作网投入使用，20台非编工作站和4台配音工作站、文稿、媒资工作站全部投入使用。电视台演播大厅的喷淋改造系统，至年底，进入后期阶段。高效完成新闻频道机房的搬迁，搬迁后的新闻频道运行正常。广播电台音频工作站系统于5月初升级改造，广播电台前端基本实现数字化播出。局(中心)购置5辆新闻采访车并投入使用，完成村村通工程。局(中心)于6月开始实施开通卫星广播电视村村通工程。为小拐乡和乌尔禾乡发放安装天线837套，安装调试大喇叭9套。(潘　伟)

【专业队伍建设】　2010年，克拉玛依市广电局、油广中心加强新闻从业人员队伍建设，加快人才培养。一是加强职业道德教育。按照《关于2010年深入开展新闻战线"三项学习教育"活动的意见》，以增强社会责任、树立良好形象为主题，开展"三项学习"教育活动，严格杜绝虚假报道。二是创新培训模式。选派记者、编辑等4批次8名业务骨干到四川电视台、东方卫视电视台、新疆电视台、央视驻南京记者站等实地学习；挑选2名基础好、条件优的人员前往中国传媒大学长期培训；承办由市油田党委组织部、宣传部组织的广播电视通讯员培训班2期，培训100多人。邀请中央电视台、新疆电视台的专家授课，广电局14名业务骨干参加授课。三是注重外培与内培相结合。全年共选派78人次参加编辑、记者、技术、安全、管理等各类培训班；加强岗位培训和岗位练兵，各单位积极采取各种形式，邀请新疆电视台的专家授课、培训人员学习回来讲座、厂家专业人员讲课、利用春晚向专家学习等方式，不断提高业务能力；加大对少数民族职工队伍的培训力度。外派播音、主持、翻译等19人次到国家翻译局、北京民族题材电视研讨班、新疆电视台等参加培训。在坚持组织少数民族职工汉语口语比赛的基础上，开展少数民族职工汉语演讲、书法、朗诵比赛，组织对8名翻译人员业务水平的摸底测试。全年外派培训100多人次，自我培训200多人次。(潘　伟)

【内部管理】　2010年，克拉玛依市广电局、油广中心加强管理，完善机制，确保各项工作顺利进行。一是加强财务管理，确保成本控制。局(中心)严格执行预算，认真做好基建项目的规划、审批和立项工作。矿区服务事业部经费指标2 420万元，市财政拨款802万元，经营创收1 300万元。全年累计支出4 709万元。财务工作在上级审计、财务等部门的日常检查和专项检查中，没有发现有账外资金、账外资产、私设"小金库"的情况，没有发生违规违纪问题。二是加强绩效考核，狠抓基础管理。修订和完善《双文明考核办法》，并严格按照考核办法对各单位进行季度考核。三是加强安全管理工作，确保安全播出。坚持领导带班制度，不断完善制度，制定各类应急预案，特别是在世博会重点保障期，制定预案，成立应急救援指挥部，确保制度措施执行到位。积极推进HSE管理体系建设，成立领导小组和办公室，进行体系知识宣传贯彻，编写体系文件，并进行发布。11月，完成第一次内审。至年底，电视台安全优质播出17 459小时，安全发射18 827小时。广播电台三套节目累计安全播出16 686小时。四是加强社管和行业管理。2月,由广电局(中心)牵头,开展市境外卫星电视专项整治工作。查出私装卫星电视接收设施5 410套。全市主动拆除非法安装使用设施1 016套,签订不收看境外电视承诺书311份,有效遏制居民区非法使用卫星电视接收设施的现象。（潘　伟）

【经营管理】 2010年,克拉玛依市广电局、油广中心超额完成经营创收任务。一是制定创收670万元的指标。成立经济部,加大内容性软广告的开发,为政府、企业制作专题,增加创收。文艺部充分抓住大型活动的时机,利用演播室、转播车等优势,广开创收渠道,收到较好效益。多次召开经营创收会,分析市场,制定措施,梳理优势资源,设计细分广告时段,调整节目受众影响力,在标版广告、植入性广告上取得好的效益。二是注重开发商业广告。重点培育汽车、餐饮、文化娱乐业等新的业务增长点。将美食节评比与品牌栏目《926快乐吧》相融合。加大联办节目力度,《民生大视野》栏目由克拉玛依区政府冠名播出,为创收提供条件。三是开设特色创收栏目。广播电视报加强与局委办联办版面,为单位制作专版、专刊;加强与电信、移动、珠宝商等行业、商家的合作力度,使经营创收工作有很大起色;服务中心严格执行采购合同制度和三审制度,严把产品质量关,保障各类物资采购及供应,及时收缴租赁户费用,超额完成创收任务。四是抓责任落实。局(中心)多次召开经营创收分析会,查找原因,制定激励措施,狠抓落实。成立临时经营创收办公室,加大经营创收全盘策划、整体推进力度。电视台全年任务620万元,实际完成660万元。广播电台全年任务120万元,实际完成160万元。广播电视报全年任务70万元,实际完成93万元。服务中心全年任务200万元,实际完成250万元。局(中心)共完成创收1 300万元,超额完成矿区服务事业部下达的创收任务。（潘　伟）

【党组织建设】 2010年,克拉玛依市广电局、油广中心以开展创先争优活动为主线,加强学习型党组织建设,各党支部召开以创先争优为主题的党员大会,签订党员创先争优承诺书。做好党员发展工作,全年发展党员7名,并确定9名培养对象。开展党风廉政教育月活动,制定《开展第十二个党风廉政教育月活动实施方案》,召开动员会,与各基层单位、关键岗位人员签订廉政承诺书。组织党员干部学习《廉政准则》、参观反腐倡廉教育基地、观看案例展板和廉政教育片。各基层党支部制作廉政教育宣传展板,为党员干部发送廉政短信。深入开展热爱伟大祖国、建设美好家园主题教育等活动。民汉职工结对率100%。无违法违纪案件发生。广电局通过自治区文明单位复检。（潘　伟）

报　社

【克拉玛依日报社(新疆石油报社)领导名单】

党委书记、副社长、副总编:孙庆奎

党委副书记、社长、总编辑:唐跃培

副社长、副总编:麦麦提·萨吾提(10月离任)

副总编:胡林、袁舟滨(4月任职)

【基本情况】 截至2010年末,克拉玛依日报社(新疆石油报社)机关内设党群工作部、总编(社长)办公室、财务资产部、人力资源部4个科级部门。有员工188人,其中正式合同化员工123人,劳务合同工和市场化用工52人,内退职工13人,实际在岗职工175人。大专以上学历137人,其中中级专业技术职务68人,副高级以上14人。报社实行的是党委领导下的总编(社长)负责制。同时报社有编辑委员会、经营管理委员会、安委会分别对新闻业务、经营管理、安全生产工作进行管理。报社下属部门和单位有编采业务板块和经营业务板块。编采业务板块有日报编辑部、石油报编辑部、网络事业部、城市新闻部、企业新闻部、专题部、摄影部、组版室、维吾尔文编辑部、维吾尔文记者部、翻译室共11个科级部门。经营业务板块有广告部、印刷厂、发行部3个科级单位。报社有固定资产原值4 668.45万元,净值3 168.27万元,净额2 077.16万元。总支出4 884.6万元,其中2 962.6万元为市、油田公司、克拉玛依石化公司的联合经费补贴,1 922万元为广告、印刷、发行的创收。唐跃培被评为自治区宣传文化系统"四个一批"人才。唐跃培、魏海生、周逢武、袁舟滨、江池、吴燕被授予新疆十佳新闻工作者、中国石油天然气集团公司优秀新闻工作者称号。（薛新民）

【报刊发行】 2010年,克拉玛依日报社(新疆石油报社)发行部在紧抓投递质量的同时,积极进行市场的维护与调研,针对传统市场的变化,努力采取措施进行有效应对。与上年度相比,《克拉玛依日报社》、《新疆石油报》的发行份数、发行收入都有所增加。全年《克拉玛依日报》汉文报为周五刊,版数由上年的四开十六版增至四开二十四版,每期定价0.5元。共发行244期,平均发行量2.5万份,总发行量610万份,发行量比上年增长14.4%。维吾尔文报为周三刊,四开八版,每期定价0.5元,共发行142期,平均发行量0.36万份,总发行量51.12万份,发行量和上年基本持平。《新疆石油报》为周一刊,四开十六版。全年《新疆石油报》平均发行量1.92万份,总发行量96万份,增长11.6%。（薛新民）

【日报扩版】 2010年1月1日,克拉玛依日报社(新疆石油报社)对日报汉文版正式改版、扩版。日报改版、扩版后具备以下特点:一是AB叠的分割、双报头的使用,解决报纸内容指导性、权威性与服务性、娱乐性的冲突,使民生新闻、社会新闻在B叠上充分反映。二是本土化特征更加明显,日常报道更加丰富多彩。改扩版以后,平常每期的本地新闻至少在6个版以上,大量的城市新闻基本呈现整座城市的日常运行形态。三是日报热线建立报纸与市民的感情联系。日报热线的规模化推出,已处理3 000多个市民来电,刊登1 000多篇稿件,不仅为市民排忧解难,解决过去无人问津的难题,促进社会的和谐稳定,而且破除日报与市民之间的隔膜状态。四是服务性、文化性明显增强。在改扩版中推出的处世、新知、史林、连载、社会新闻等专刊,使日报的服务性、娱乐性也得到比较充分的体现。对准噶尔大讲堂、本土英华等活动的过程与内容更加详尽的报道,使日报的文化内涵明显提升。五是版式更加精美、成熟。随着版面的增加和更多专刊的出现,给精细化的编辑手段和版式设计提供较大的施展空间。改扩版后，日报新闻版版式设计更加大气、专刊版版式设计更加精美、副刊版版式设计更具创意，较好地实现内容和形式的完美统一。在汉文版进行改扩版的同时，日报维吾尔文报也进行改版。维吾尔文版新开设民族团结、见证人、好邻居、我也是克拉玛依人、法制天地、多彩人生、社区生活等专栏，扩大报道领域和范围，舆论引导能力和服务性大为增强。新华社主办的《中国名牌》杂志在筛选中国报业大典的入选报纸时，《克拉玛依日报》作为全国仅有的8家城市日报入选，是西北地区唯一入选的城市日报。（薛新民）

【《克拉玛依手机报》创刊】 2010年7月13日，《克拉玛依手机报》正式上线，至年底，有1.5万名用户。《克拉玛依手机报》是克拉玛依市的第一份手机报，是全疆的第二份手机报。《克拉玛依手机报》的创刊，既使克拉玛依市、油田党委增加1个舆论阵地，又使报社增加1个发展的制高点。报社拥有第一、第四、第五3种媒体，三种媒体都在克拉玛依市处于领先地位。（薛新民）

【重点报道】 2010年，克拉玛依日报社（新疆石油报社）进行多次重点报道。一是打造世界石油城报道。围绕打造世界石油城的城市发展战略构想，克拉玛依日报社（新疆石油报社）组织立体化报道。在构想正式提出仅十几天后，日报就推出3万多字的长篇专访，对打造世界石油城的战略构想进行全面、深入、系统的解读。此后仅用5天，日报又开始连续推出10篇评论，对与这一战略构想有关的问题进行更加深入的分析和阐释。随后，日报又推出一系列高端访谈，请克拉玛依市政府、油田公司各部门、各单位的负责人结合自身工作实际谈认识、谈打算。同时，开辟“打造世界石油城”专栏，及时报道相关的措施、行动和进展。9月25～28日连续推出4篇评论，围绕1座城市需不需要远大目标、世界石油城是不是空洞的口号、世界石油城是不是概念的整合、世界石油城与民生的关系4个问题，进行深入分析和正面回答。年底，日报连续推出15篇评论，从信心、策略、文化支撑等各个方面分析、提出建议。二是支援灾区报道。2～3月，阿勒泰、塔城地区发生特大雪灾，报社组织专人对克拉玛依派出救灾队奔赴阿勒泰、塔城等地区救灾情况进行及时而全面的报道，揭示救灾的意义和克拉玛依人付出的努力。三是会议报道。对油田公司职代会，克拉玛依市、油田纪委工作会、矿区服务事业部总结表彰大会、克拉玛依“两会”进行全景式报道。四是民族团结报道。5月是民族团结月，报社组织力量对民族团结方面的各项活动进行专题报道。报社设立民族团结专版，开辟《民族团结之歌》专栏。活动期间，日报关于民族团结方面的报道达96篇，图片18幅，报道声势超过往年。五是做好“热爱伟大祖国，建设美好家园”主题教育活动的宣传报道。大力制造声势，形成舆论关注热点，开办“热爱伟大祖国，建设和谐家园”专栏，报社刊登此类稿件、图片100多篇。六是完成全国政协副主席李兆焯来克拉玛依考察调研报道。七是完成集团公司领导干部会议报道。推出13个版的相关报道。八是完成对首届信息化创新克拉玛依国际学术论坛的报道。8月12～13日，首届信息化创新克拉玛依国际论坛在克拉玛依召开。报社围绕论坛，从准备、策划到具体实施都提前介入。8月9日，推出长篇评论——《在百舸争流中勇拔头筹》，接着连续刊发长篇通讯《数字化：老油田的凤凰涅磐》、《数字化：城市品质的内在提升》。九是完成第十一届水节报道。水节的报道历时近1个月，报纸刊发文字15万多字，刊发图片150多幅，涉及版面100多块。十是做好乌洽会报道。9月1日，第十九届乌洽会召开。报社记者在乌洽会召开期间全程跟踪，按照1天1篇稿件要求，及时反映克拉玛依市在乌洽会上的参展情况和签约情况。十一是做好10月6～7日自治区党委书记张春贤到克拉玛依考察报道。增加出版1期报纸，突出报道特色。（薛新民）

【系列特刊】 2010年，克拉玛依日报社（新疆石油报社）推出《2009视觉记忆》、《魅影彩虹沟》、《医疗改进》、《油田家族·西北缘卷》、《油田家族·准东卷》、《油田家族·腹部卷》、《油田家族·南缘卷》、《大漠擒龙》、《人命关天》9本特刊。对重大题材、重大主题以杂志化、书籍化特刊的形式进行规模化的集中报道。1月1日，推出32版的《2009视觉记忆》，以精美新闻图片组合形式，对2009年克拉玛依市政治、经济、文化等各个领域发生的大事进行回顾。3月22日，推出56版的《魅影彩虹沟》，向读者揭示西大沟不为人知的神奇瑰丽景色，丰富市民对市旅游资源的认识，提出如何保护与开发旅游资源的独到见解。7月15日，推出42版的《医疗改进》，深度关注克拉玛依市的医疗质量问题，展示近年来医疗战线的进步，分析医疗领域的问题，提出改进医疗的建议。9月21日至11月2日，《新疆石油报》分4卷共288版40多万字，连续推出的《油田家族》专刊，以为克拉玛依油田所属的27个油田逐一立传的创新形式，形象、生动、全面、系统地展示克拉玛依油田的勘探开发历程。12月20日，推出64版的《大漠擒龙》，全面、系统地回顾准噶尔盆地的油气勘探历程，比较详细地展现勘探史上的重大事件、关键人物和关键决策，对准噶尔盆地勘探历程中的经验和教训进行梳理和总结，对未来的油气勘探提出了宝贵的建议。12月30日，推出88版的《人命关天》，对油田公司10年来的安全生产工作进行全面回顾，展示油田公司10年安全生产的成果与经验。特刊以安全综述、安全故事、安全案例、安全家书、安全祝福等丰富多彩的内容和灵活多变的形式，对广大读者进行安全教育。（薛新民）

【专刊化建设】 2010年，克拉玛依日报社（新疆石油报社）重视专刊化建设，并把专刊作为重要发展策略之一。《新疆石油报》在石油石化报道的规模化、深度化、人性化、现场化上取得新的进展。报道开设“油田家族”、“克21井的无声教诲”、“石油夫妻”、“咱爸·咱妈”、“油气田一线行”等专栏，成为具有石油石化特色的专刊。《油城消费指南》注重专题时尚与亲切以及版面的活泼与灵动，在广告新闻化、广告专题化、广告系列化上进行大胆的尝试。是新疆唯一的1本由报社主办的时尚生活专刊。《油城周末》把社区纵横、家在社区2个本土化专刊作为主打产品重点经营，通过对记者回访、社区焦点2个主要栏目，使报纸与居民、社区的联系更加紧密。（薛新民）

【网络发展】 2010年，克拉玛依日报社（新疆石油报社）加强网络建设工作，确保网络畅通。5月重新启动克拉玛依网。开网当月的日点击率升至120万人次，最高日点击率突破160万人次，创造历史新高。克拉玛依网通过采取组织市委主要领导做客论坛、策划摄制视频节目、闲谝世界杯、对强市论坛进行升级改版、增加群组和个人空间等措施，有力地推动网站的发展，使网站的影响更加全面与深入，使克拉玛依网高踞克拉玛依第一网位置。（薛新民）

【品牌拓展】 2010年，克拉玛依日报社（新疆石油报社）坚持以开展文化经贸活动的方式，创造性地引导舆论提升报社品牌价值。一是报社与克拉玛依区委宣传部合作，开办准噶尔大讲堂。大讲堂共举办18场，讲座内容涉及到教育、心理、管理、保健、艺术等各个方面。二是举办克拉玛依第三届汽车文化节。6月28日至8月15日，报社与乌鲁木齐晚报社再次合作，精心策划，严密组织，确保活动的成功。在2天的汽车展销中，各路车商共卖车191辆，成交额2 823.98万元。三是举办本土英华系列品评活动。从4月开始，报社与市书画院合作，以每月1期的速度，对8位本土文学艺术家的作品进行品评。四是举办中秋诗会。诗会吸引67名朗诵爱好者报名参加，20位朗诵者最终通过选拔登台朗诵。五是主动地开展经营工作。各合作单位以报社良好的品牌形象为依托，全年创收1 922万元。广告部通过召开客户联谊会、开办商业精英论坛、举办小型房产交易会、坚持记者轮流值班等形式，进一步密切与广告客户的关系，扩大广告市场范围，超额完成报社下达的创收任务。（薛新民）

【文字翻译】 2010年，克拉玛依日报社（新疆石油报社）切实作好文字翻译工作，全年维吾尔文翻译室配合维吾尔文编部，为维吾尔文报翻译100多篇，29.8万字的各类报道、通讯、消息、通知、公告、评论、社论等稿件。翻译《生命线》等特刊的大部分稿件。为《石油技术》杂志翻译各类科技资料110多篇，共计35.6万多字；为各上级部门和有关部门翻译有关资料11.4多万字；为油田公司翻译4.7万多字的资料；翻译其他外来资料3.5万多字；翻译公章、门牌、店名、广告等30多件。（薛新民）

【内部管理】 2010年，克拉玛依日报社（新疆石油报社）以发展战略凝聚人心。一是以规章制度制定和实施推动职工转型；以狠抓学习提高职工的素质；以狠抓作风建设提高机关服务水平；以规范化运作堵塞各种可能出现的漏洞；以严考核、硬兑现调动职工的积极性。二是通过机关各部门和相关单位的努力，各种投资、维修计划顺利实施，一批设备得到增加与更新。三是来稿管理井井有条，稿费发放及时准确。四是HSE管理体系初步建立，安全工作有效开展。五是职工利益得到有效保证，行之有效的考核体系继续正常运行。六是报社内网建设初具规模，内部管理有新的平台。七是报社管理大全初稿草拟完成。八是OA系统、网上报销系统、经略广告管理系统投入使用。九是物资采购管理进一步规范。（薛新民）

【作品获奖情况】 2010年，克拉玛依日报社（新疆石油报社）在参加由自治区新闻工作者协会、中国石油新闻工作者协会、中国地市报协会、中国企业报协会组织的好新闻评比中，有90件新闻作品获奖，其中一等奖12件，二等奖35件，三等奖43件。

克拉玛依十大好新闻 2月13日，由克拉玛依日报社和中国移动克拉玛依分公司举办的“移动杯”2010年克拉玛依十大好新闻揭晓：克拉玛依市确立打造世界石油城发展战略、克拉玛依市面向全国公开招聘人才、中石油干部大会在克拉玛依市召开、克拉玛依市首次举办信息化创新国际论坛、个体中巴车有序退市、克拉玛依市为退岗家属办理养老保险、克拉玛依石化公司启动千万吨扩建、新疆油田公司石桥1井喜获工业气流、肾病女孩孙可盈在爱心中痊愈、克拉玛依市农牧民人均纯收入过万。

荣誉榜 石油报社获自治区第七届“双十佳”报纸；7月，新疆石油报社印刷厂QC小组获新疆自治区质量协会第31次优秀质量管理小组成果三等奖。

克拉玛依市、油田公司级 石油报社被评为克拉玛依第十届水节优秀组织单位；克拉玛依日报社获市、油田公司工会、中国移动通信新疆有限公司、克拉玛依羽毛球协会全球VIPj09年度固定用户羽毛球选拨赛优秀团队奖；石油报社被评为新疆油田公司矿区事业部工作先进单位；新疆石油报社QC小组获新疆油田公司矿区服务事业部QC成果一等奖；石油报社被中共克拉玛依市委评为年度民族团结先进单位；石油报社被评为新疆油田公司先进工会单位；石油报社被克拉玛依区计生委评为计划生育先进单位；石油报社新疆油田公司安全生产先进单位；石油报社被评为新疆油田公司油田安全生产合格单位；石油报社被评为新疆油田公司环境保护先进单位；克拉玛依日报社、石油报社被评为克拉玛依市政府赴阿勒泰地区抗震救灾先进集体。（薛新民）

【优秀新闻工作者表彰会】 2010年11月8日，克拉玛依市召开庆祝全国第11个记者节表彰会。克拉玛依市领导郭仲军、王新明、雷红霞、祝贺香参加表彰会。会议通过新修订的《克拉玛依新闻工作者协会章程》。会上，40名来自克拉玛依日报社、市广播电视局、准东采油厂广播电视中心、中国石油报新疆油田记者站、独山子石化公司新闻传播中心、西部钻探公司新闻中心和新疆法制报驻克拉玛依记者站的优秀新闻工作者受表彰。其中有10人获得克拉玛依市十佳新闻工作者称号；30人获得克拉玛依市优秀新闻工作者称号。报社记者张丽、李翔和唐晓芳获克拉玛依市十佳新闻工作者称号；阿布力提甫·麦麦提、刘亚峰、蔡晓青、莫延兰、阿不都外力、赵晋、王克、张兆耕、刘红艳、买买提江和吐尔洪·买买提获克拉玛依市优秀新闻工作者称号。会议结束时，克拉玛依市委常委、宣传部部长郭仲军讲话，对今后如何进一步加强对内对外宣传、更好地发挥媒体宣传报道的桥梁和纽带作用提出具体的要求。强调克拉玛依市各媒体新闻工作者要始终坚持正确的舆论导向和正面宣传为主的方针，紧紧围绕市委、市政府和各石油石化企业党委的中心工作，为展示克拉玛依良好形象，提高克拉玛依市对外影响力，发挥积极作用；为克拉玛依市打造世界石油城，营造良好的社会氛围和舆论环境。表彰会前，记协全体人员表决通过新一届记协理事会暨记协第六届理事会理事、常务理事、名誉主席、主席、副主席、秘书长和副秘书长等人选。（薛新民 郑 立）

卫生·医药

卫生行政管理

【市卫生局领导名单】
局长:许强
副局长:杨良佩

【基本情况】 截至2010年底,克拉玛依市卫生局内设职能科室6个:办公室、规划财务科、法制监督科、医政科、疾病控制科、社区农村卫生科。挂靠单位1个:市爱国卫生运动委员会办公室(市健康教育所);直属事业单位5个:市卫生局卫生监督所、市疾病预防控制中心、市中心血站、市献血办公室、市卫生学(协)会管理办公室。有在岗职工(不包括市疾病预防控制中心)62人。主要承担克拉玛依市的卫生法制监督、卫生体系建设、疾病预防控制、社区卫生服务以及爱国卫生管理、健康教育和克拉玛依市所属医院卫生管理等职能,宣传贯彻国家卫生管理方针政策,依法行使卫生管理职权。 (刘 炜)

【卫生事业发展】 "十一五"期间,克拉玛依市卫生总投入18.71亿元(包括市、区财政投入18.44亿元,争取国家和自治区资金0.27亿元),其中医疗机构12.00亿元,公共卫生机构1.57亿元;人均卫生事业费由2005年的666.06元增加到2009年的1 702.36元,增加2.5倍;卫生事业费占财政支出的比例由2005年的5.8%增加到2009年的10.35%。克拉玛依市中心医院、人民医院、第二人民医院的固定资产总值大幅增加,由2005年的2.7亿元增加到2010年的6.44亿元,增长238.8%。克拉玛依市、新疆油田公司投资8 231万元完成市疾控中心实验楼、市紧急救援中心、市人民医院外科楼、市第二人民医院住院二部改建工程、市第二人民医院综合楼新建工程、市疾控中心鼠疫监测站。引进核磁共振、直线加速器、320排CT等大型先进设备。克拉玛依市卫生事业获省部级以上称号8个;自治区级科技成果进步奖2项;克拉玛依市级科技成果进步奖69项;发表医学科研论文1 497篇;引进微创、介入等多种先进技术和项目427项;面向基层推广应用21项适宜技术。 (刘 炜)

【居民健康指标】 "十一五"末,克拉玛依市居民健康素质明显改善,孕产妇死亡率从2005年的59.5/10万下降到0/10万,婴儿死亡率下降到6.77‰,5岁以下儿童死亡率从9.52‰下降到7.25‰。常规免疫五苗接种率从81.82%提高到93.27%,传染病报告发病率686.26/10万,合格碘盐食用率97%。2010年全市门诊人次270万人次,比2005年增加62万人次,增长22.96%;住院人数36 240人次,比2005年增加5 970人次,增长16.47%;手术人次14 690人次,比2005年增加6 108人次,增长41.58%。近年来,克拉玛依市济困医院和济困门诊累计救助困难群众64 808人次,减免各类医疗费用73.44万元。 (刘 炜)

【卫生服务】 "十一五"期间,克拉玛依市、区两级卫生行政、疾病预防控制、卫生监督网络基本形成。初步健全应对突发公共卫生事件的指挥和协调机制,完善各类卫生应急预案的制定,建立网络直报系统,疫情预警和研究判断能力显著提高。组建卫生应急处理专业队伍。自愿无偿献血率自2006年以来持续保持100%,有利地保障市临床平稳用血。克拉玛依市无甲类传染病报告,无重大传染病疫情发生,持续保持无脊髓灰质炎状态,免疫规划针对性传染病得到有效控制,鼠疫、艾滋病、结核病等重大传染病防治工作进一步规范,妇女儿童健康水平持续改善,职业病和地方病防治工作进一步加强,推进基本公共卫生服务均等化,免费向城乡居民提供11类20项基本公共卫生服务和自治区重大公共卫生服务项目。连续5年深入开展以病人为中心,以提高医疗质量为主题的医院管理年活动,医院管理水平和医疗服务质量明显提高,病人满意度94%。社区卫生工作群众满意度90%以上,年门诊量超过90万人次。

社区积极推行卫生监督量化分级管理,食品卫生监督量化分级管理率、住宿业量化分级管理率、游泳场所量化分级管理率分别为95%、89.4%、100%。克拉玛依区、独山子区饮用水合格率100%。克拉玛依市在自治区率先启用卫生监督信息化管理系统,实现及时、高效、科学的卫生监督管理,成为西部地区第一个地级国家卫生城市,并通过国家复审,被国家确定为中西部地区首座建设健康城市试点市。创建无烟环境示范单位25家,获自治区和国际迈向无烟中国项目组的表彰。 (刘 炜)

【疾病预防控制】 2010年,克拉玛依市卫生局组织开展42310名重点人群甲型H1N1流感应急接种工作,有效控制疫情的扩散,降低疫情对社会经济及生产生活秩序的影响。一是保持无甲类传染病和无脊髓灰质炎状态,有效控制麻疹、手足口病、流行性腮腺炎、细菌性痢疾等传染病的流行。全年传染病报告发病率686.26/10万人,比上年下降11.55%,报告法定传染病2 152例,其中乙类传染病1 272例,丙类传染病880例。二是艾滋病防治项目和结核病防治工作进展顺利。全年发现HIV感染者50例,死亡6例,治疗35人。将艾滋病防治知识和政策宣讲纳入干部培训体系,培训初任公务员和科级干部287名,克拉玛依区被自治区确定为艾滋病防治示范区。三是逐步规范结核病病人发现、追踪管理、网络直报和转诊等工作,累计发现活动性肺结核病人199人,其中涂阳109人,完成自治区下达任务的136.25%,涂阴90人,完成任务的120%。四是免疫规划和强化免疫工作成效显著。全市累计接种一类疫苗73 583人次。目标儿童疫苗接种率均保持在90%以上,免疫规划疫苗接种范围内的传染病发病率已降至历史最低水平。两轮脊髓灰质炎强化免疫活动接种适龄儿童26 516人,自治区快速接种率评估100%。麻疹强化免疫接种适龄儿童14 727人,自治区快速接种率评估97.8%。完成8 702人的乙肝疫苗查漏补种。（刘　炜）

【卫生规划】 2010年,克拉玛依市卫生局按照自治区卫生局的有关要求,完成《克拉玛依市卫生事业发展规划(2010～2015年)》的制定,提出规划目标和各项工作指标,明确医疗资源的配置和各医疗卫生机构的发展定位,为构建一个功能互补、体系完整、综合服务的现代化卫生服务体系确定了框架。市属4家综合医院分别完成"十二五"发展规划的制定,市卫生局组织有关专家初审后报市政府相关部门待审批,完成克拉玛依市卫生规划制定任务。（刘　炜）

【医疗卫生管理】 2010年,克拉玛依市卫生局开展医院管理年和医疗质量万里行活动,进一步健全临床专业质控组,完善临床路径管理和单病种质量控制制度,组织开展临床路径试点工作。一是加强处方管理。建立和完善院内感染管理长效机制,每半年对医疗服务信息进行1次公示。全年受理医疗事故技术鉴定9起,完成鉴定8起、终止1起。二是开展创建优质护理服务示范工程活动。进一步深化临床基础护理质量管理,落实各项护理操作规范,提高护理队伍整体素质。全年医疗系统深入社区、两乡开展卫生宣教、义诊活动50次,受益群众累计1万多人次。三是积极推行国家卫生部《病历书写基本规范》,减少一般护理记录的内容,在医院系统认真开展平安医院创建工作,切实维护广大医务工作者的正当权益,为医务人员创造良好的执业条件和工作环境。四是抓好医务人员和人才培训工作。全年有计划地选派166名义务管理、护理、药事等方面的人员赴疆内外参加卫生管理和卫生专业技术培训,确保本市的卫生专业技术水平和卫生管理水平能够与疆内外知名医院逐步接轨,提高医院核心竞争力,为打造一流医疗卫生提供人才和技术保障。同时做好医学专家、技术骨干的选拔、考核工作和医院的绩效考核工作,充分调动专家、骨干和工作人员的积极性。利用继续医学教育软件,进一步规范、加强医学教育管理。完成72名住院医师规范化培训和127个继续医学教育项目。全年克拉玛依市公立医疗卫生机构门、急诊总量约270万人次,急诊抢救成功率97.1%,住院病人36 240人次,治愈好转率98.2%,住院手术病人14 690人次。各医疗卫生机构救助困难群众近2万人次,减免各类医疗费用27.09万元。（刘　炜）

【对口支援】 2010年,克拉玛依市卫生局推进卫生对口支援项目。市中心医院和华中科技大学附属同济医院签订为期10年的对口支援协议,同济医院首批选派的3名专家在市中心医院挂职科主任和院长助理,免费为克拉玛依市培养20名进修医生。克拉玛依市与同济医院就共同承担或参与国家和自治区级科研项目进行洽谈,通过加强与同济医院的技术合作,进一步带动克拉玛依地区医疗技术水平的整体提高。（刘　炜）

【社区卫生服务】 2010年,克拉玛依市卫生局完成9个社区卫生服务中心和10个社区卫生服务站的规范化建设,2个社区卫生服务中心和12个社区卫生服务站正在建设中。社区卫生服务机构规范化建设率80%,社区卫生服务覆盖率100%。克拉玛依市在社区卫生服务机构累计实施11类20项免费基本公共卫生服务项目,各级财政按照人均23.46元的标准免费为各族群众提供基本医疗卫生服务。全市所有社区卫生服务机构和乡卫生院均被自治区列为基本药物制度试点单位,并按照《自治区基层医疗机构基本药物目录》所列举的药物品种、剂型、生产经营企业以及配送公司,在自治区网上药品集中采购平台上进行药品采购,同时实施基本药品零差率销售。通过开展全科团队服务,拓展公共卫生服务项目,社区卫生服务已逐步完成4个根本性的转变:即服务对象从患者个体向健康群体的转变、服务内容从单一的基本医疗向"六位一体"综合服务转变、服务过程从间断的医院服务向连续的终生卫生保健服务转变、服务方式从被动等待病人向主动走进社区和家庭转变。各社区医疗系统实施高血压、糖尿病规范化管理,推广病人自我管理经验,完善、丰富和充实健康小屋项目。

市卫生局在全市卫生系统组织开展"我运动,我快乐"以及"让专家走进社区,为居民健康把脉"活动。全年有45 186名重点人群免费纳入健康档案管理;6 258名0～3岁儿童在社区卫生服务机构享受免费系统保健管理;社区卫生机构为22 754名60岁以上老年人免费接种流感疫苗;12 678名60岁以上老年人享受免费健康体检,2万多人免费接种流感疫苗;51 436人次接受社区健康教育;90多万人次免收门诊挂号费和诊疗费。（刘　炜）

【卫生执法监督】 2010年,克拉玛依市卫生局组织各级卫生监督部门以食品安全整顿为抓手,坚持日常监管与专项整顿相结合,促进食品生产、流通、消费等各个环节的衔接,保障人民群众的食品安全。一是加强食品安全风险监测和重大食品安全事故处理工作。市卫生局坚持卫生监督信息公示制度,在经营场所、《克拉玛依日报》、市政府公众信息网和卫生监督网公示监督结果,通过新闻、短信以及电子屏幕等方式提醒广大群众及时了解卫生监督信息,让消费者共同参与卫生监督,提高全社会公共卫生意识。二是进一步规范卫生执法监督行为,有效促进各项卫生监督工作特别是重点任务的落实。市卫生局强化职业卫生监督、饮用水卫生监测、学校卫生监督管理、打击非法行医及非法采供血等各项工作有序开展。完成全年重大活动食品安全保障工作。在新疆卫生执法监督互查工作中,克拉玛依市和克拉玛依区均取得总分第一的成绩。克拉玛依市建设健康城市工作不断推进,城乡卫生面貌得到明显改善,农村无害化厕所普及率100%,病媒生物防制工作连续两年被评为自治区先进城市。（刘　炜）

【120 接警台建设】 2010 年 3 月，克拉玛依市卫生局按照市政府关于“110”、“119”、“122”及“120”“四警合一”的工作要求，在“110”指挥中心建立“120”接警台，从各医疗机构抽调 9 名医务人员专职负责全市（除独山子区）“120”的接警工作，实现全市社会急救工作的集中受理和统一调度。4 月，完成 4 个“120”分站建设，制定下发《克拉玛依市 120 急救工作管理规定》，对各医院急救中心的责任片区、“120”接警台、急救医护人员及医院的接诊和信息上报工作作出明确的规定。 （刘 炜）

【卫生信息化建设】 2010 年，克拉玛依市卫生局加快信息化医疗卫生服务水平，提升服务效率。组织制定《克拉玛依市卫生信息化建设规划（2010～2015 年）》、《基于居民健康档案的区域卫生信息化平台建设方案》和《克拉玛依市社区卫生信息系统建设技术方案》3 项方案，均由国家卫生部、中华医院管理学会、中国医药卫生事业发展基金会、自治区卫生厅、新疆医科大学第一附属医院、自治区人民医院等单位组成的专家组评审通过。同时完成克拉玛区社区卫生信息系统建设试点项目。该系统涵盖居民基本信息、就诊记录、健康检查记录、慢病管理等方面的健康管理信息，并与医保持卡就医系统、民政局的人口数据库进行对接，基本实现居民健康档案一点录入，多点使用，动态更新、信息共享，逐步实现全市居民健康档案的信息共享，为克拉玛依市的区域卫生信息平台建设奠定基础。 （刘 炜）

【卫生应急救援】 2010 年 8 月，青海玉树发生地震后，克拉玛依市卫生局组织抗震应急防疫队赶赴灾区进行救援。防疫队在玉树期间，克服工作、生活环境恶劣等多种困难，积极主动，努力工作，重点开展灾区传染病疫情监测、消杀消毒、生活饮用水卫生指导及防疫知识宣传等工作。防疫队负责的片区未发生传染病和聚集性食物中毒事件，圆满地完成救灾防疫任务，得到青海省卫生厅抗震救灾前方工作组等部门的一致好评。8 月 19 日，中共中央、国务院和中央军委在青海西宁举行全国抗震救灾总结表彰大会，克拉玛依市卫生应急防疫队被评为全国抗震救灾英雄集体。 （刘 炜）

食品药品监督管理

【市食品药品监督管理局领导名单】
党组书记、局长：张迎春
副局长：娇胜田

【基本情况】 截至 2010 年底，克拉玛依市食品药品监督管理局内设综合科、政策法规科、稽查科、注册管理科 4 个科室。有工作人员 10 人，其中局领导职数 2 人。克拉玛依辖区内有医疗单位 5 家，药品经营企业 150 多家，医疗器械经营企业 110 多家。主要职能是负责药品（医疗器械）生产、流通、使用全过程的监督管理，负责食品、保健品、化妆品安全管理的综合监督、组织协调和依法组织开展查处重大事故。 （陆启新）

【落实食品药品安全监管职责】 2010 年，克拉玛依市食品药品监督管理局进一步强化食品安全监管机制，确保克拉玛依市食品安全。组织召开 2010 年全市食品药品安全工作会议，副市长祝贺香以及市属各区政府分管食品药品安全工作的副区长、市食品药品安全监管职能部门及相关部门领导和各区食品安全协调领导小组办公室主任等 40 多人参加会议。会议通报克拉玛依市 2009 年食品药品安全监管工作情况，提出 2010 年的工作思路和要点。会议就进一步加强食品安全监管工作，避免各部门之间职能交叉，杜绝推诿、扯皮现象发生，防止在食品药品监管体制改革期间出现监管盲区和漏洞做出安排。祝贺香代表市政府与 4 个区政府以及 10 个食品药品安全监管职能部门签订食品药品安全工作目标责任书。 （陆启新）

【开展食品药品安全整顿】 2010 年，克拉玛依市食品药品监督管理局组织协调各区、各部门认真开展食品安全整顿工作。一是制定《克拉玛依市 2010 年食品安全整顿工作安排》，明确食品安全整顿重点工作。要求农牧、水务、质监、工商、卫生、经贸等部门分别牵头，其他各相关部门积极配合，切实落实食品安全监管职责，严厉打击违法违规行为，有效保障群众的饮食安全。二是转发国家以及自治区出台的各项政策性文件，为各区、各部门工作的顺利开展提供政策依据。三是汇总各区、各部门每月的工作动态，上报至自治区相关部门和市政府，使有关领导能够及时了解克拉玛依市食品药品安全工作进展。四是组织各区、各部门开展重大节日期间的食品安全检查、不合格食品专项检查、问题奶粉清查、“地沟油”专项检查等工作。市食品药品监督管理局被评为自治区食品药品监督系统药品安全整治先进单位。 （陆启新）

【药械市场整治】

药品购销票据管理 2010 年，克拉玛依市食品药品监督管理局进一步加强对医药市场的日常监管，规范药械市场经营秩序。要求各药品经营企业及医疗机构购进药品、医疗器械时必须认真索取留存供货方开具的出库复核单、增值税专用发票或增值税普通发票，切实做到票、账、货相符。对现场检查中无法及时提供合法票据的行为，严格按照《药品管理法》第 80 条的规定从重处罚，全年查处理无购货票据案件 5 起。

外埠药品经营企业备案和监管 市食品药品监督局确保药品供货企业的资质合法，保证药品供应渠道规范有序，从源头杜绝假劣药品流入克拉玛依市，加大对外埠药品供应企业的登记备案管理。凡未到市食品药品监督局进行登记备案的药品生产或批发企业，要求各零售药店及医疗机构不得与之发生药品购销业务，否则对违法违规行为从重处罚，并将供货企业列入市药品供应企业黑名单。市食品药品监督局将 6 家未登记备案，擅自与零售药店进行业务往来，并且不能及时提供合法供货票据的企业列入到克拉玛依市药品供应企业黑名单中，全面彻底地规范药品供应渠道。

药品安全电子监管 市食品药品监督局要求各药品经营企业从业人员必须熟练掌握网络操作技能，保证每天药品购、销、存数据能够及时录入、上传，现场检查时随机抽取的药品要在 1 分钟之内查到进货票据，做到快速索证索票。同时将有关药品经营管的通知、通告在第一时间通过药品安全电子监管系统和药品管理平台 QQ 群通知到各涉药单位，使其能够及时了解掌握各项政策规定以及假劣药械信息，不断提高自身管理水平，确保药械质量安全。

医用氧专项检查　湖南省郴州市儿童医院违法使用工业氧的案件曝光后，市食品药品监督局根据自治区局《关于开展医用氧监督检查工作的通知》精神，立即组织对全市规模以上医疗机构以及医用氧生产、经营企业进行全面检查。油田公司机械制造总公司医用氧厂能够严格按照有关规定生产、销售气态医用氧，全年未发生药品质量事故和药品不良反应病例。有3家医疗机构是通过克拉玛依市中克公司从新疆八钢佳域工贸总公司乙炔气厂购进、由八钢能源中心制氧厂生产的液态医用氧进行集中供氧，另有6家医疗机构则分别使用油田公司机械制造总公司医用氧厂生产的或奎屯金号角气体有限责任公司销售的气态医用氧，未发现使用工业氧的形为，并且医用氧的储存、管理和使用也符合有关政策规定。在医用氧专项检查过程中，发现医用氧生产企业存在医用氧检验报告书不全、资料管理不规范等问题，责令相关单位整改处理。

疫苗流通专项检查　市食品药品监督局先后对全市经营和使用疫苗的单位开展两次全面检查，重点检查疫苗购进渠道是否合法、冷链运输是否规范、储存及使用是否符合规定等，检查一级以上医院7家、各级疾控单位8家，未发现克拉玛依市疫苗经营和使用单位存在违法违规现象。

"美瞳"购销专项检查　市食品药品监督局根据群众举报，检查在市区某中学附近的1家小商店非法销售"美瞳"情况，查获14只俗称为"美瞳"的软性角膜接触镜。依法进行查扣处理，同时及时发布公告，并请《克拉玛依日报》、《北疆晨报》等媒体做相关报道，告诫群众应到有医疗器械经营企业许可证的隐形眼镜店购买合格产品，发现无证经营行为以及经营无中文标识、无注册证号或无合格证明的类似产品，及时向当地药监部门举报。向工商、卫生、质监和教育等部门进行情况通报，并请协助查处此类产品。组织各区食品药品监督管理局开展专项检查，在国贸商城1家小百货店中又查获14只"美瞳"，依法进行了处理。（陆启新）

【药品抽验暨不良反应监测】　2010年，克拉玛依市食品药品监督管理局根据自治区局下达的药品、医疗器械抽验任务，抽验药品160批次（其中计划抽验134批次、监督抽验26批次），其中化学药品49批次、抗生素18批次、中成药65批次、中药饮片28批次，检验合格率86.9%；另外抽验医疗器械16批次样品，送往自治区食品药品检验所检验。进一步加强对药品不良反应的监测工作，收到各药品经营企业和医疗机构报告的药品不良反应病例274例，已全部上报至自治区药品不良反应监测中心。（陆启新）

【法制宣传】　2010年，克拉玛依市食品药品监督管理局大力开展食品药品安全宣传，营造良好的食品药品安全消费环境。一是充分利用"三一五"国际消费者权益日、公民道德建设月等契机，先后参加5次全市性的上街便民宣传活动，接待群众咨询上百人次，发放各种宣传资料近3 000份。二是通过报纸、电视、网络等媒体大力宣传报道食品药品安全监管工作动态，使社会各界能够及时了解有关情况，《克拉玛依日报》和《北疆晨报》刊登相关宣传报道16篇。三是与气象部门积极合作，在克拉玛依市各大商场、宾馆、汽车站等人员聚集场所，通过40多块液晶显示屏滚动播出食品药品安全知识，增强群众的安全意识。四是在《克拉玛依日报》以及单位网站上发布《食品药品安全警示》12期，安全公告2期，告诫群众警惕假冒伪劣食品药品的危害，不断提高防范意识。五是积极参与市政府纠风办与克拉玛依市广播电台联办的行风热线栏目，认真解答群众关心的8个热点问题，并有效处理、答复两件群众的咨询、投诉。市食品药品监督管理局被评为克拉玛依市2008～2009年度"两制"工作先进集体、依法行政先进单位。（陆启新）

【党风廉政建设】　2010年，克拉玛依市食品药品监督管理局建立完善学习教育机制，把干部职工的思想教育和纪律教育纳入食品药品监管工作的全过程，总体部署，统一计划，分步实施。一是开展学习贯彻《廉政准则》活动。采取集中学习、个人自学、组织讨论、做笔记、写心得、开座谈会、观看专题片、参加集中辅导等形式，深入学习《廉政准则》，强化干部职工的党性观念和纪律意识，规范从政行为。二是深入开展廉政文化建设活动，在办公场所设立以一个核心（人民满意）、两个安全（食品药品安全、监管队伍安全）、"三项原则"、"六种精神"为主要内容的宣传板报，建设诚信服务、团结协作、依法监管、敬业奉献、为政清廉、文明执法理念。三是通过组织党员干部参观市委党校组织的廉政图片展，以系统内出现的干部不廉洁问题为戒，对全局党员干部进行廉洁从政的集体谈话。四是开展落实《自治区食品药品监管系统五项服务承诺》和《自治区食品药品监督管理系统工作"五条禁令"》的学习教育活动，把严格执行"五项承诺"和"五项禁令"变成干部职工的自觉行动，防止腐败问题的发生。（陆启新）

【主题教育活动】　2010年，克拉玛依市食品药品监督管理局根据市委、市直机关党工委要求，组织开展各项主题教育活动。一是开展创优争先活动。成立以党组书记、局长及副局长为正副组长，各职能科室长和党支部委员为成员的创先争优活动领导小组，制定《市食品药品监督管理局党支部开展创先争优活动实施方案》，安排整体活动的时间节点，并将责任层层分解，落实到具体科室及人员。二是开展热爱伟大祖国、建设美好家园活动。制定《市食品药品监督局开展热爱伟大祖国、建设美好家园主题教育活动实施方案》，具体安排活动，举办教育活动专题讲座。8月21日，邀请市直机关中央新疆工作座谈会议精神宣讲团成员，给全体员工进行《抓住历史大机遇、建设美好新疆》讲座。（陆启新）

疾病预防控制

【市疾病预防控制中心领导名单】

主任：杨德民（兼副书记）

书记：刘岩（4月任职）

副书记：潘学军（11月离任）

副主任兼工会主席：王复元

副主任：彭元章

【基本情况】　截至2010年底，克拉玛依市疾病预防控制中心下设中心办公室、财务科、总务科、防疫科、健康教育科、生物防治科、结核病防治所、妇幼保健所、职业卫生科、公共卫生科、慢性病防治科、预防医学门诊、性病艾滋病防治中心、检验科 14 个科室。为副处级建制机构,是行使疾病预防控制的专业机构。承担着全市传染病、地方病预防控制、计划免疫、职业卫生、放射卫生、学校卫生、妇幼保健、健康教育、卫生检验和除“四害”消毒等多项疾病预防控制工作任务,是全市卫生防病业务技术指导中心和卫生质量监测检验中心。2010 年,中心加强对重大传染病的防治与监测,努力做好卫生技术服务工作,开展健康危害因素的监测与评价,宣传卫生防病知识,完成上级部门交给的各项防病工作任务。组建克拉玛依市卫生应急防疫队,赴青海玉树抗震救灾援助,并被评为全国抗震救灾英雄集体。 (赵忠年)

【**重大疾病监测与防控**】 截至 2010 年底,克拉玛依市报告乙、丙类传染病例2 133例。其中法定传染病报告1 755例(甲类传染病 0 例、乙类传染病1 061例、丙类传染病 694 例)、其他传染病 378 例。传染病死亡 4 例。市疾病预防控制中心根据病例情况,认真做好防控工作,取得好的效果。

甲型 H1N1 流感防控 截至 2010 年 2 月 22 日,全市接种甲型 H1N1 流感疫苗44 290人,有效遏止疫情扩散。自 2010 年 5 月 10 日以后,市流感监测过程中再未检出甲型 H1N1 流感。

手足口病控制 2010 年,全国春季手足口病疫情爆发,给克拉玛依市传染病防治工作带来新的压力,市疾病预防控制中心坚持预防为主、依靠科学、快速反应、高效处置的原则,加强防控工作,取得显著成效。1 ~ 10 月,全市累计报告手足口病 243 例,绝大多数患者已痊愈,未出现危重病例或死亡病例。

脊髓灰质炎强化免疫 3 月 1 ~3 日和 4 月 1 ~3 日,市疾病预防控制中心开展两轮消灭脊髓灰质炎强化免疫活动。常住儿童中第一轮应种儿童数7 979人,实种儿童数7 751人,97. 14%;第二轮应种儿童数8 133人,实种儿童数7 847人,接种率96. 48%;流动儿童中第一轮应种儿童数5 174人,实种儿童数5 002人,接种率96. 67;第二轮应种儿童数6 158人,实种儿童数5 916人,接种率 96. 07%。自治区考核评估第一、二轮强化免疫接种率评估均为 100%。

麻疹疫苗强化免疫 9 月 11 ~16 日,市疾病预防控制中心组织相关部门在全市统一开展适龄儿童麻疹疫苗强化免疫活动。为期 1 周的麻疹强化免疫活动,接种适龄儿童14 727人。9 月 17 ~18 日,市卫生局评估组对全市 4 个区进行快速接种率评估,每个区随机抽取 90 名适龄儿童,全市调查 360 人,调查接种 354 人,接种率 98. 33%。其中克拉玛依区接种率 97. 78%、独山子区接种率 96. 67%、白碱滩区接种率 98. 89%。

乙肝疫苗查漏补种 9 月下旬,市疾病预防控制中心在全市开展 15 岁以下(1996 ~2001)人群乙肝疫苗查漏补种工作。经摸底登记目标人群总数21 688人。其中 1996 年3 607人、1997 年4 224人、1998 年4 028人、1999 年3 504人、2000 年3 317人、2001 年3 008人;需补种 1 针次的 445 人、需补种 2 针次的 242 人、需补种三针次的4 066人。2010 年 9 月 25 ~28 日,接种 4701 人。其中需补种 1 针次的应种 445 人,实种 438 人;需补种 2 针次的应种 242 人,实种 238 人;需补种 3 针次的应种4 066人,实种 4 025人。

结核病防治 2010 年,自治区结核病项目办给克拉玛依市下达任务数是涂阳 80 例,(其中新发涂阳 65 例),免费涂阴 75 例,合计活动性肺结核病人发现任务数是 155 例。截至 10 月 31 日,克拉玛依市、区两级结防所门诊接诊初诊人数 503 人、胸透 502 人、拍片 502 人、查痰 489 人。全市发现活动性肺结核病人 173 人,其中涂阳 88 人,完成自治区下达任务的 110%;发现涂阴 85 人,完成自治区下达任务的 113%;管理活动性肺结核病人 173 例。市疾病预防控制中心积极开展督导检查、健康教育、实验室质控、卡介苗 12 周阳转考核等工作,不断加强全市结核病防治的基础管理工作。

性病、艾滋病监测 2010 年,市疾病预防控制中心进一步加强性病、艾滋病监测工作,防堵病例传播。一是开展重点人群的监测。对性病门诊就诊者(国家级哨点)完成 403 人份的艾滋病血清学检测,检测出梅毒 22 例,未检出艾滋病。对暗娼(省级哨点)完成 416 人份的艾滋病血清学检测,检测出梅毒 4 例,新发艾滋病感染者 1 例。对长途卡车司机(国家级哨点)完成 518 人份的艾滋病血清学检测,检测出梅毒和丙肝各 2 例,未检测出艾滋病。对孕产妇(国家级哨点)完成 415 人份的艾滋病血清学检测,未检测出艾滋病。二是开展中央转移支付艾滋病检测。对羁押场所人员完成 716 人份的艾滋病血清学检测,检测出梅毒 9 例,新发艾滋病感染者为 7 例,既往艾滋病感染者为 1 例。VCT 门诊检测 275 人,检测出 4 例艾滋病病毒感染者。检测 21 名艾滋病感染者的配偶及性伴,未检出艾滋病。检测 2 名艾滋病感染者的子女,未检出艾滋病。截至 10 月底,全市报告 40 例 HIV 感染者。其中本地报告 36 例,外地转报 4 例。 (赵忠年)

【**职业卫生防治**】 2010 年,克拉玛依市疾病预防控制中心健康体检 18 个单位接触职业病危害因素的 2002 名作业人员,职业健康监护开展率 111. 2%。截至 10 月 31 日,接受 34 个单位委托检测,检测 30 种职业病危害因素,检测覆盖率 113%。全年接受 5 家单位 8 项建设项目职业病危害评价工作,已完成 8 项报告书,有 6 项报告书已通过评审。年初,中心职业卫生技术服务、职业健康检查、职业病诊断 3 项资质续展及新增项目以优秀成绩全部通过自治区专家组考核评估,并获自治区卫生厅颁发的资质证书。 (赵忠年)

【**保健婚检**】 2010 年,克拉玛依市疾病预防控制中心认真做好妇幼保健、婚检及预防医学门诊工作,取得好的效果。一是妇幼保健工作。围产保健:管理(孕)产妇1 700人,系统管理率 70. 29%;住院分娩2 513人,剖宫产率 53. 32%。儿童管理:保健管理率 59. 84%,系统管理率 84. 7%,母乳喂养率 68. 68%,纯母乳喂养率 18. 16%。新生儿疾病筛查:合格率 94. 39%,阳性检出率 1. 86%。二是婚、孕前检查(2009 年 10 月 1 日至 2010 年 9 月 30 日):开展婚、孕前检查 1 852人,检出异常 390 人,异常检出率 21. 06%,指定传染病 206 人,传染病检出率11. 12%。三是预防医学门诊(2009 年 10 月 1 日至 2010 年 9 月 30 日):从业人员体检3 932人,检出异常 49 例,异常检出率 1. 25%。儿童体检5 031人。其中入托体检4 480人,检出异常 116 例,异常检出率 2. 59%,乙肝专项检查 366 人,检出异常 33 人,异常检出率 9. 02%。其他体检 185 人。托幼园所工作人员体

检634人,检出异常21例,异常检出率3.31%。 (赵忠年)

【公共卫生监测】 2010年,克拉玛依市疾病预防控制中心进一步做好公共卫生监控,严防卫生事故发生。一是开展学校传染病防控。抽查4个区15所小学518名五年级学生碘缺乏病知识知晓情况。检查指导16所中学春季呼吸道传染病防控工作。对三中和十中23名学生尿汞采样送检,检测结果及时反馈学校,消除水银污染的疑虑。对八中、高级中学结核病散发病例现场处置,筛查78名密切接触师生,未发现具有结核病体征者,排除结核病疫情扩散。对市教育局直属5所中学1 318名不接种甲型H1N1流感疫苗学生进行调研,分析不接种原因。对三中学生水痘疫情现场调查处置,指导学校开展消毒、通风换气、隔离治疗和登记上报。二是开展环境卫生监测。对神州中医院、国医堂医院、市人民医院等6家医院污水处理情况进行调查并建立档案。检测中心鼠防监测站实验室照度、紫外线强度。采集世纪大厦直饮水水样5份送检并进行卫生学评价。开展两乡农村生活饮用水水质监测,全年采集水样48份,完成卫生学评价报告48份。完成两乡土源性线虫病相关情况调查。 (赵忠年)

【卫生检验服务】 2010年,克拉玛依市疾病预防控制中心按照上级部门的要求,积极为社会各界及时提供准确的卫生检测数据。自2009年11月1日至2010年10月31日,中心检验科采(或收)各类样品36 555份;完成检验201 766项次。其中防病检验收5 243份,完成19 289项次;卫生检验收18 402份,完成33 700项次;健康体检收12 910份,完成14 877项次。较2009年度采(或收)样品增加1.6%、检验项次增加47.2%,检验工作量明显增加。 (赵忠年)

【灭鼠灭害】 2010年,克拉玛依市疾病预防控制中心按照上级部门的要求,做好灭鼠灭害工作,保持环境卫生。一是积极拓展服务范围。通过白碱滩区机关事务局招标,中标白碱滩区灭鼠、灭蟑药品采购项目;通过克拉玛依市农业综合开发区管委会招标,中标克拉玛依市农业综合开发区灭蚊蝇消杀服务项目。二是提供优质的消杀服务。每季度对签协议的5家大型餐饮有害生物开展消杀工作。三是开展农业开发区、飞机场灭蚊蝇。截至10月底,累计在蚊蝇孳生地投药6次,灭蚊蝇打药12次,飞机场打药14次,共114车药,有效控制了克拉玛依市的蚊蝇密度。 (赵忠年)

【病媒生物防治】 2010年,克拉玛依市疾病预防控制中心做好病媒生物防治工作。一是开展病媒生物监测。对全市鼠、蟑螂、蚊、蝇密度每月监测一次。全年捕获鼠类328只、蟑螂4 610只、蚊类5 784只、蝇类1 509只。鼠类平均密度为克拉玛依区2.1%、独山子区1.2%、白碱滩区1.8%、乌尔禾区1.5%。蟑螂平均密度为克拉玛依区3.9只/张、独山子区0.3只/张、白碱滩区0.1只/张、乌尔禾区7.2只/张。蚊子平均密度为(人工小时法监测)克拉玛依区6.1只/小时、独山子区3.3只/小时、白碱滩区6.0只/小时、乌尔禾区5.8只/小时。蝇类平均密度为(诱蝇笼法监测)克拉玛依区8.1只/笼、独山子区1.2只/笼、白碱滩区1.4只/笼、乌尔禾区3.8只/笼。二是做好鼠疫监测站运行前的准备工作。做好鼠防监测站实验室所需各种仪器、设备及耗材的申报工作,制定《克拉玛依市鼠疫疫源地三级监测网建设方案》、《克拉玛依市疾控中心突发鼠疫事件应急预案》及《准噶尔荒漠鼠疫监测站工作纪律规定》以及鼠防实验室工作制度、各种仪器操作程序等。同时,积极开展鼠类标本采集工作。全年采集大沙鼠血清样本143份,制作脏器标本151份,制作跳蚤标本3 709只、蜱标本63只。三是普及鼠疫防治知识。先后赴新疆油田公司机关、石西油田作业区、陆梁油田作业区、准东采油厂,举办鼠疫防治知识的培训,累计培训企业人员267人次,发放宣传册1 000多本。邀请自治区鼠防专家对克拉玛依各区疾控中心、医院、社区卫生服务中心等医务骨干培训97人次。 (赵忠年)

【地方病防治】 2010年,克拉玛依市疾病预防控制中心积极实施地方病防治措施,有效控制地方病蔓延。一是完成碘盐监测任务。组织开展全市碘盐监测活动。从克拉玛依区、白碱滩区、独山子区、乌尔禾区随机抽查所辖区300户居民,采集食用盐样品300份,监测1 200份居民户食用盐样。全市碘盐覆盖率97.75%,碘盐合格率99.23%,合格碘盐食用率97%。二是监测儿童尿碘水平。采集白碱滩区、独山子区及乌尔禾区8～10岁儿童尿样220份。三是普及碘缺乏病防治知识。在全国第17个防治碘缺乏病日,开展多种形式碘缺乏病防治健康教育活动。悬挂主题宣传横幅7条,中心网站公益广告栏滚动播出科学补碘,持续消除碘缺乏病宣传主题和广告语,印发碘缺乏病宣传小册子1万册,宣传画220张。四是大力开展布病(布鲁氏杆菌)监测工作。布病检测绿成公司71名从事畜牧养殖业人员,检测结果均为阴性。 (赵忠年)

【慢性病防治】 2010年,克拉玛依市疾病预防控制中心进一步做好慢性病监测和防治。一是开展疾病死因监测工作。截至9月,全市死因报告745人。其中循环系统疾病死亡278人、肿瘤死亡249人、呼吸系统疾病死亡48人、中毒和意外伤害死亡44人、内分泌和代谢疾病死亡25人、传染病和寄生虫病死亡13人。二是规范疾病管理服务。截至9月30日,全市居民健康档案建档22 790份,建档率8.8%;老年人健康管理17 464人,管理率66.8%;高血压患者规范管理3 644人,管理率5.6%;糖尿病患者规范管理1 141人,管理率5.2%;开展35岁及以上居民首诊血压测量63 053人次。三是设立社区健康小屋。在克拉玛依区、白碱滩区和独山子区的社区居委会建立3个健康小屋,成立慢性病患者自我管理小组,通过知识讲座、技能传授、患者之间互助交流,使慢性病患者树立慢性病可控可治的信心。至年底,3个健康小屋已完成11期520人的健康技能培训。四是做好中央补助地方的慢病综合干预项目。完成中央补助地方1万名妇女乳腺癌筛查工作,经对筛查结果分析,全市妇女乳腺良性疾病患病率13.81%,乳腺良性肿瘤患病率1.56%,乳腺癌患病率40/10万,40～50岁年龄段妇女为女性乳腺疾病及乳腺癌普查防治重点。 (赵忠年)

【卫生疾控宣传】 2010年,克拉玛依市疾病预防控制中心充分发挥电子通讯网络信息传播的优势,大力普及卫生防病知识;通过加强与新闻媒体的联系与合作,不断扩大对外宣传力度,积极营造求真、务实、高效的良好形象,一是发挥新闻媒体的舆论导向作用。截至12月31日,通过《克拉玛依日报》、克拉玛依电视台、《北疆晨报》、《克拉玛依电视报》反映中心工作70次;为纪念第15个世界防治结核病日,在《克拉玛依日报》发布《结核病:健康的慢性杀手》纪念专刊;在《克拉玛依日报》民生改善行动系列特刊《医疗改进》部分整版展示中心“双文明”建设成果。6~8月,《克拉玛依日报》、《北疆晨报》先后4次头版跟踪报道中心应急防疫队赴玉树抗震救灾工作。二是发挥通信网络的信息传播作用。截至年底,通过中心网站累计编发各类信息314篇。其中反映中心动态128篇、区内外动态75篇、科普文章95篇、疾病预报12篇。三是多渠道、多形式普及卫生知识。截至年底,中心先后举办24场专业技能和专业知识培训及讲座。为纪念《职业病防治法》实施8周年,编印一期纪念《职业病防治法》特刊,下发油田各企业安全生产单位,收到安全部门好评;编印一期《防治职业病,造福劳动者》中邮专刊,印发1万份加入全市行业报发放社会各界。为普及公众鼠疫防治知识,编印《鼠疫预防知识》科普手册1 000册。在市区繁华地段文化大厦对面公交站台橱窗开辟卫生知识宣传阵地,先后制作完成麻疹、乙肝、口腔保健、艾滋病防治知识4期内容。为展示中心5人赴玉树抗震救灾的精神风貌,及时记载中心重大历史事件,编印《克拉玛依市卫生应急防疫队赴青海玉树抗震救灾纪念画册》,受到市卫生局的好评。

(赵忠年)

【绩效考核】 2010年,克拉玛依市疾病预防控制中心在近2个月的时间内完成2008~2009年的基础资料收集、溯源、数据填报及自评工作,按时完成绩效考核前期准备工作,准备接收自治区绩效考核组的验收。一是加强组织领导,增强责任意识。中心成立疾病预防控制绩效考核办公室和技术指导组,技术指导小组由中心领导和科室主任共14人组成,为具体实施绩效考核工作提供技术指导和咨询。为切实保证工作质量和效率,中心主任并与各科(室)长签订责任状,各科室负责人作为部门绩效考核工作第一责任人,进一步强化绩效考核工作的责任意识。二是广泛动员,周密部署。9月初,中心将地市级机构绩效考核104项指标分解到各科室,任务作明确划分,由承担主要任务的责任科室负责收集材料及组卷,配合协作科室提供相应数据资料,共同完成。三是组织实施,督查整改。绩效考核办公室组织相关专家对照卫生部《疾病预防控制工作绩效评估标准》,逐一梳理和全面了解每项指标的解释要义和考评资料准备要求,制定《疾病预防控制绩效考核指标任务分解表》。对绩效考核的组织实施、数据复合、督查整改、汇总迎评、现场考核各个阶段工作详细分工;绩效考核办公室和技术指导组与各部门进行实时沟通,随时通报工作要求,解答工作疑难,及时查找和整改存在问题,确保各部门随时获取所需指标变动情况。对各科室上报的数据进行整理、归档、立卷。 (赵忠年)

【支援玉树抗震救灾】 2010年4月14日,玉树县发生大地震后,克拉玛依市疾病预防控制中心按照自治区卫生厅和克拉玛依卫生局等上级部门要求,紧急行动,全力支援青海玉树抗震救灾。5月26日,接到组建赴玉树卫生应急防疫队的通知后,中心领导高度重视,迅速研究部署组队事宜。5月27日进行动员,28日抽调5名专业人员组成克拉玛依市卫生应急防疫队,进行专业知识和技能的紧急培训。同时紧急购置个人防护用品和药品及应急设备,做好出发前的充分准备。6月1日正式出发。6月4日赶到青海玉树,与前期到达的乌鲁木齐市卫生防疫队进行工作交接。6月5日,卫生防疫队正式开始工作,6月14日返回克拉玛依。期间防疫队员们重点开展灾区传染病疫情监测、消杀灭和防疫知识宣传等工作。在临时就医点接诊各类患者59人、平均每日接诊6至7人;指导志愿者完成对当地40多座厕所、200多处垃圾堆放点灭蝇工作,累计消杀8 000多平方米;培训宣传人员20多人、张贴常见传染病防治知识宣传画册100份、发放宣传单3 000多张、指导培训当地志愿者常用消杀药品的配比和使用方法4次。整个监测期间,卫生应急防疫队负责的片区未发现有传染病病例,也未发生聚集性的食物中毒事件。防疫队得到青海省CDC、当地防疫指挥部及负责片区工作人员的认可和好评。 (赵忠年)

药品销售

【克拉玛依新特药业有限责任公司领导名单】

董事长、总经理:田伟

党支部书记、财务总监:颜景洲

副经理:马学东

【基本情况】 截至2010年底,国药集团新疆新特克拉玛依药业有限公司下属6个职能科室:质量科、销售科、业务科、财务科、综合办公室、独山子分公司。在册职工54人。其中经营管理人员9人、专业管理技术人员19人(卫生技术人员13人、经济类1人、会计类5人);有本科以上学历11人,大专24人;党员16人。公司是集中成药、中药材、中药饮片、化学原料药、化学药制剂、抗生素、生化药品、生物制品、医疗器械等销售为一体的中型药品批发经营单位。 (柳海娜)

【经营指标完成情况】 2010年,克拉玛依新特药业公司积极调整经营思路,在经营工作中始终贯彻GSP(药品经营质量管理规范),以全面质量管理为重点,以质量第一、诚信为本、顾客至上为公司质量管理方针,以促进克拉玛依市和谐社会及为广大克拉玛依市民提供安全用药为目标,全力推进公司发展战略的实施,取得好的成效。全年实现含税销售收入16 268万元,利润总额600万元,利税总额857万元。 (柳海娜)

【经营管理】 2010年,克拉玛依新特药业公司面对日益严峻的市场竞争,按照一体化运行思路,强化管理,提高科学管理水平,以科学发展观为指导,推动各项工作持续开展。一是持续健全和完善各项管理制度,不断提升管理水平。重新梳理经营中各项业务流程,对关键控制活动加以明确。二是加强财务监督,严格预算管理,合理配置资金,确保资产安全。强化对预算执行全过程的监控管理,不断提高预算的约束机制和预算管理水平,降低费用开支,以达到提高科学管理水平的目的。三是不断强化药品经营质量管理,通过GSP跟踪检查及医疗器械经营许可证经营范围的增加。5月初，就医疗器械经营许可证经营范围进行增补，并于6月21日完成审批、11月初通过地方药监局的GSP跟踪检查、12月底新建药品物流中心通过药监部门检查验收。四是加强信息化建设，8月下旬，公司切换使用《国药分销管理系统（CMS）》，在进行业务专题培训、调整业务模式、整理基础数据的基础上，公司员工克服困难，加班加点，确保公司CMS软件9月1日正式启用，其采用VPN技术与总部服务器连接，实现数据共享。五是加强市场整合，拓展市场网络建设。组建市内、市外2个分部，制定重点维护克拉玛依本地区市场，相应加大明园、准东、博乐、塔城等地市场网络建设。同时加强零售市场拓展的销售方向，以提高该市场份额的占有率。六是药品物流中心建设工作。公司药品物流中心严把工程质量关，严格工程实施进度，将药品物流中心建设项目打造为廉洁工程。现药品物流中心已通过消防、药监部门验收，并已投入使用。（柳海娜）

【市场诚信运作】 2010年，克拉玛依新特药业公司坚持诚信经营，做好引进新品种及自治区器械挂网工作。年初中标塔城、阿勒泰、克拉玛依3地区的基药配送企业。至年底，公司在自治区城市社区卫生服务中心基本药物采购目录中获3 896种品规的授权、在自治区新型农牧区合作医疗基本药品目录中获5 582种品规的授权。针对克拉玛依医疗单位用药结构的变化，公司加快品种结构的调整，同时积极引进新品种，增加药品的供货渠道，引进新品种106个。（柳海娜）

【药品资质管理】 2010年，克拉玛依新特药业公司重视资质管理，优化购销结构。注意从源头上进行控制筛选合格的、质量信誉好的企业作为供货方，以保证企业在合法经营的前提下，为市场提供质量可靠，保障人民健康的药品。在销售客户端，严格审核销售客户的资质，把药品供给有销售资格的客户，特别是特殊管理药品，做到笔笔必须有申购单方可开票，保证麻药供应手续完备，符合要求。公司全面整理客户资料，并根据购进及销售情况系统维护客户数据。全年新建首营企业59家，增加首营品种19个，质量档案40个，销售客户9家。其中医院、诊所1家，药店8家，均与客户签订质量协议、销售合同。（柳海娜）

【药品信息管理】 2010年，克拉玛依新特药业公司做到对相关药品政策信息高度的敏感性，便于及时、准确地开展质量管理工作。公司通过采取上网收集，关注报刊、电视的宣传及药监局下文等形式来健全公司外部质量信息，并将相关要求下达到有关科室，遵照要求执行工作。内部质量信息的完成，要求加强日常监督与反馈，及时发现问题，反馈解决。（柳海娜）

【药品验收管理】 2010年，克拉玛依新特药业公司加强药品验收工作，把好药品流入的第一关。验收工作依照国家《药品法》、《药品经营质量管理规范》的规定，对验收记录要求各项内容认真核对，验收员在完成药品质量验收的同时，要根据验收结果，填写药品入库通知单，对不符合要求的药品填写拒收单。在大批量到货，并面临销售急需药品等待出库的时候，质量人员均参与到验收录入工作中，在保证工作准确性的条件下，高效地为销售做好内部服务工作，把控流入公司药品的合格性。全年完成药品验收任务10 788批次，因破损，包装变形等原因拒收药品95批次。对单据不全的暂放待验区不予入库同时通知业务科索要，保证质检报告书和随货同行票据的完备性，并在网络开通后及时完成从上年7月5日以后的电子监管药品上传工作。（柳海娜）

【药品养护管理】 2010年，克拉玛依新特药业公司药品养护工作始终遵循“三三四”养护原则，按季度循环养护一遍，并进行微机记录。完成养护药品18153批次。每月对库存有问题药品、近效期药品、滞销药品汇总报告相关科室处理，并监督处理结果。养护员按照GSP（药品经营质量管理规范）要求，每日对库房温湿度定时两次监测，并对不符合要求的条件指导保管员调控，如撒水增湿，开换气扇除湿、除味等。按月收集温湿度记录表，设施设备使用记录表。（柳海娜）

【药品质量管理】 2010年，克拉玛依新特药业公司进一步强化药品质量管理工作，确保进入市场的药品安全。为使不合格品及时的得到清理，防止其不安全隐患的产生，公司质量管理科及时验收、审核、确认因滞销、退货、运输、储存环节中产生的不合格品，将其存入不合格品库中，按季度对季度内产生的不合格品上报公司管理层审核批准其报损销毁，由药监局最终监督销毁。全年完成不合格品验收审核任务3批次，药监局分两次监督销毁药品品种数量209批次、金额57 972.46元，厂家过期就地监督销毁品种数量122批次，金额69 012.82元。（柳海娜）

【教育培训】 2010年，克拉玛依新特药业公司制定培训制度，进一步加强人才能力建设，有计划地培养公司所需专业技术人员。在经营中公司注重加强员工培训工作，对各岗位开展业务知识和技能培训，确保员工技能提高，促进工作有效开展。全年累计培训163人次。（柳海娜）

【安全管理】 2010年，克拉玛依新特药业公司进一步完善安全管理制度，牢固树立预防为主、安全第一思想，落实安全责任。公司领导与各科室负责人签订安全责任书，并将其纳入科室目标考核中，对安全生产事故实行一票否决。扎实做好日常管理和节假日安全检查工作，构建层层分解、各负其责的安全工作格局。全年没有发生经营安全和药品质量安全事故。（柳海娜）

【文化建设】 2010年，克拉玛依新特药业公司以创建文明单位活动为载体，不断加强企业文化建设。一是年初与科室负责人层层签订党风廉政建设责任书，落实党风廉政建设责任。二是扎实开展创先争优活动，党员、领导干部带头学习，不断深化党员先锋岗、党员责任区活动，充分发挥党员先锋模范作用。三是在经营工作中扎实推进惩防体系和党风建设，着力强化廉洁自律、效能监察和“小金库”专项治理等工作，并坚持将司务公开与经营管理紧密结合起来，进一步规范“三重一大”制度落实，廉洁从业环境得到有效巩固。四是依据围绕经营抓党建、抓好党建促发展的工作思路，加强党员、管理人员及关键岗位对《国有企业领导人员廉洁从业若干规定》、《廉政准则》等知识的培训与学习。五是积极维护职工权益，开展送温暖活动。组织全体员工向玉树地震灾区捐款7 620元，慰问住院、患病职工 15 人次，召开部分离退休职工座谈会，发放离退休生活补贴5 760元。公司工会对 8 名已婚妇女开展特定疾病健康检查，帮助部分女员工参加《团体女性特定疾病健康互助保险》。公司被克拉玛依市直机关党工委评为文明单位和平安单位。（柳海娜）

医 院

市中心医院

【领导名单】

党委书记：陈培武

院长、党委副书记：宋镇

党委副书记、纪委书记、工会主席：凌立省

副院长：孙国良、高庆江、叶舟、刘永江

【基本情况】 2010 年，克拉玛依市中心医院占地面积 7.84 万平方米，建筑面积 7.73 万平方米。中心医院内设职能科室 59 个，其中临床科室 26 个；医技科室 10 个；急救中心、门诊部各 1 个；机关及附属科室 16 个，后勤部门 5 个。床位编制 660 张，实际开放床位 800 张。有职工总数1 270人，高级专业高级职务 260 人、中级 380 人、初级 402 人，医护人员 936 人。（杨淑梅　励　莉）

【医疗任务完成情况】 2010 年，克拉玛依市中心医院门诊871 095 人次，住院15 641人次，急诊54 174人次，各类手术例数9 942例，手术6 930人次，床位使用率 100.02%，床位周转次 26.07 人次，平均住院日 11.89 天，放射检查56 155 人次，B 超检查29 546人次，CT 检查21 662 人次，核磁检查5 135人次，检验 406.11 万项。（杨淑梅　励　莉）

【医院管理】 2010 年，克拉玛依市中心医院制定“十二五”发展规划；重新确定“三甲”医院必备医疗技术项目 189 项；按照多劳多得、优劳优得、效率优先、兼顾公平的原则，制定出新的中心医院绩效考核方案；对外协作和对口受援迈出新步伐，8 月医院与华中科技大学同济医学院附属同济医院正式签署对口医疗支援合作协议，率先在全疆医疗机构中启动对口受援工作，并于 9 月 3 日举行联盟医院揭牌仪式。12 月，克拉玛依市委书记徐卫喜带领政府有关部门来院调研，共谋医院发展大计。（杨淑梅　励　莉）

【医疗质量管理】 2010 年，克拉玛依市中心医院进一步强化制度建设，新增、修订《关于进一步加强派外进修学习管理规定》等各项制度 40 多项，并对 2005 年以来新增修订的规章制度与岗位职责增补汇编成册下发；重点加强急危重症病人的管理，制定《急诊危重病人收治工作的补充规定》；推行手术分级及手术权限管理，重新修订《中心医院医师及手术分级制度》；加强合理用药的管理，制定《药品管理和使用若干规定》，对抗生素用药排名前 5 位、普药排名前 10 位的药品限期限制使用；加大对重点部门、重点环节的院感监测、督导力度，全年医院感染发病率小于 10%，医院感染现患调查实查率≥96%，各项指标基本符合部颁标准。（杨淑梅　励　莉）

【医疗服务】 2010 年，克拉玛依市中心医院全面开展优质护理服务示范工程活动和临床路径试点工作。制定下发《优质护理服务示范工程》活动实施方案和 16 项基础护理项目操作流程与评价标准，举办护士长基础护理工作规程及操作培训班；按照重点实施、整体推进原则，10 月召开临床路径工作动员大会，制定下发《中心医院临床路径管理工作实施办法》、《中心医院临床路径实施细则》，在皮肤科等 6 个科室试点实施单纯性阑尾炎等 13 个病种的临床路径工作。（杨淑梅　励　莉）

【科研教学】 2010 年，克拉玛依市中心医院承担市级立项课题 11 项、院级科研立项课题 10 项。病理科《细胞学与 HPV 检测在宫颈癌筛查中的应用及卫生经济学评价》、营养科《维持性血液透析患者医用食品研发及临床应用研究》等项目被确立为市级第一批科研项目。《克拉玛依地区妊娠甲状腺功能减退的调查与干预》等 6 个项目获市级科技进步奖，其中二等奖 2 项、三等奖 4 项。《三镜联合治疗胆囊结石并肝外胆管结石》等 21 个项目获院级科技进步奖，其中二等奖 5 项、三等奖 16 项。（杨淑梅　励　莉）

【人才培养】 2010 年，克拉玛依市中心医院组织各教研室主治医师教学查房 17 次；组织实习生专题讲座 32 次；举办各种层次学术活动 52 场，参加培训 9 000多人次；邀请 32 名疆内外专家讲课；有 161 名医务人员接受各种在职学历教育，其中本科 148 人、研究生 13 人。12 月 31 日，投入资金改扩建的新技能培训区投入使用。（杨淑梅　励　莉）

【信息化建设】 2010 年，克拉玛依市中心医院完成全院 LIS 系统安装、调试、培训以及本地化开发等工作，实现检验科、核医学科、体检中心等检验科室的 LIS 系统的应用工作；并于年底实现检验报告的自助打印；完成一卡通门急诊挂号系统的开发应用、持卡就医结算软件和 HIS 系统的接口开发、数据匹配、硬件安装调试等应用工作。（杨淑梅　励　莉）

【基础建设】 2010 年，克拉玛依市中心医院投入7 500多万元，完成美国 GE 公司 1.5T 核磁共振升级改造，先后购置东芝公司320 排螺旋 CT、飞利浦公司 16 排 ECT、大型彩超、柯达公司 DR 机及各种腔镜等一大批具有国内先进水平的医疗设备；在基本建设方面，历时近两年建设，完成洁净手术室改造工程并于 12 月投入使用；按照三星级标准完成心内科楼和感染楼的内装修并于 8 月投入使用；污水处理站重建工程基本完成，患者的就医条件和环境得到进一步改善。（杨淑梅　励　莉）

【精神文明建设】 2010 年，克拉玛依市中心医院开展“热爱伟大祖国、建设美好家园主题教育”活动，并与创先争优活动同步进行，各支部通过医院网络、宣传栏等方式，将支部的活动方案和党员的承诺对外公布，公开接受群众监督。举办以热爱祖国、热爱油田、热爱医院为主题的知识抢答赛；进行名科名医的宣传报道，先后推出呼吸科主任李鸿霞等 23 名典型人物和心内科等 8 个专业科室，全面展示医院良好的社会形象和技术实力；大力开展评先树优劳动竞赛活动，开展形式多样的岗位练兵、技术练兵，以及查隐患、献良策、促安全活动，涌现出一批爱岗敬业的先进代表。（杨淑梅　励　莉）

市人民医院

【领导名单】

院长、党委副书记:哈巴西·哈瓦嗯

党委副书记、纪委书记、工会主席:徐建平

副院长:孙改生、肖翠兰、孙建国(7月任职)

【基本情况】 截至2010年底,克拉玛依市人民医院内设临床科室16个、医技科室5个,全院编制床位260张,有职工418人,其中高级专业技术职务人员59人、中级131人。各类专业技术人员355人,是一所以特色专科、医、教、研、防为一体的综合性二级甲等医院,也是绿色通道保险定点医院。医院固定资产15 069.6万元,拥有检测、诊断治疗仪器300多台,GE16排螺旋CT、东芝120全自动生化仪、800MA胃肠机,飞利浦IU33心脏彩超、GEE8腹部彩超、多功能钬激光手术系统等大型先进医疗设备。1996年在克拉玛依地区率先开展远程会诊,已于上海、新疆医科大学一附院等疆内外多名医学专家进行医疗技术理论与实践交流。连续两年被新疆医科大学一附院评为优秀网络医院。医院开展特色诊疗项目,糖尿病、传统医疗、精神疾病诊疗在本地区居领先水平。 (王海林)

【医疗任务完成情况】 2010年,克拉玛依市人民医院完成门诊量398 993人次、比上年增加25 795人次,增长6.9%;急诊46 636人次,出院6 735人,与上年持平,日均门诊量1 093人次,与上年持平;床位使用率105%;完成手术1 908台次;病床周转28次/年,平均住院日12.8天,出入院诊断符合率98.3%,手术诊断符合率99.5%,无菌手术切口甲级愈合率〉(98.8%),大型X光检查阳性率63.4%,CT阳性率81.6%,院内感染率2.4%。功能科完成B超等各类检查36 400人次,放射科完成CT等各类检查27 533人次,检验科完成大生化等各类检验11.2万人次。总收入18 652万元,其中医疗业务收入11 882万元,增加1 012万元,增长9.3%。 (王海林)

【"十二五"规划制定】 2010年,克拉玛依市人民医院制定院"十二五"发展规划,为加快医院跨越式发展打下基础。医院将以大专科、小综合的模式发展,紧密围绕"123"发展规划,即1个目标、2个重点、3个建设,加快医院发展建设步伐,努力提高医疗技术水平、服务质量和服务效率;按照做大做强重点专科、做精特色专科、做优特色专病的工作思路,使院成为克拉玛依市的心理卫生康复中心、妇幼保健中心、中医传统康复中心、老年慢性病治疗中心、健康管理中心;打造政府满意、患者满意、职工满意自治区级优质医院。 (王海林)

【医疗质量管理】 2010年,克拉玛依市人民医院深入开展医疗质量万里行活动,医疗质量持续改进。以《自治区医院评价指标体系》和卫生部《2010年医疗质量万里行活动方案》为标准,制定《市人民医院2010年医疗质量万里行活动实施方案》。紧紧抓住市财政局、卫生局、人事局3家单位对医院全年两次绩效考核的有利时机,加大全院医疗质量自检自查和整改力度,推进全院医疗质量的持续改进。 (王海林)

【完善管理制度】 2010年,克拉玛依市人民医院加强对医疗文书的质控工作,医疗基础不断提升。一是认真贯彻落实卫生部《病历书写基本规范》(2010版),重新修订《市人民医院病历书写基本规范》,对危重、疑难、死亡病历加大质控力度,将病历缺陷率与甲级率挂钩,重点强调大中型手术的术前讨论、危重症患者病历讨论的书写质量,依法执业,医嘱执行记录等;减少病案中常见错误,有效降低医疗事故的发生率。全年质控病历6 735份,回收率99.9%,病案缺陷率16.5%,甲级率94.7%。二是加强对核心制度的落实和监督,医疗质量更加安全。医院切实把以病人为中心作为保障医疗安全工作的出发点和落脚点,不断规范医院各项管理制度。将核心制度贯穿于日常医疗工作过程中,严格对首诊负责制、三级医师查房、疑难危重病例讨论、术前讨论、交接班等制度执行情况进行督促检查,修订下发《关于调整各职能委员会的通知》、《市人民医院总值班制度》、《关于规范外请专家有关事宜的通知》等相关制度,不断完善医疗核心制度管理。并邀请新疆医科大学第一附属医院的专家系统指导检查医院医疗质量。针对制度管理上存在的薄弱环节,提出了切实可行的整改办法。在市财政局、卫生局、人事局3家政府部门对医院年终绩效考核中取得第一名的好成绩。 (王海林)

【药事管理与处方点评】 2010年,克拉玛依市人民医院进一步完善药事管理和处方点评工作。全年坚持开展临床药师下临床参与查房,加强外科系统围手术期抗菌药物预防应用。定期举办大外科系统围手术期抗菌药物不合理使用分析专题讲座,编撰《药学通讯》杂志,制作药师、患者、临床医师安全用药联系卡等,为临床医师提供各类药学信息咨询,提高临床医师合理使用抗生素的意识,降低院大外科系统围手术期用药比例,逐步推进抗菌药物的合理使用。不断规范麻醉药品、精神药品的采购、保管、处方开具、使用等环节的管理,保障患者用药安全。按照医院处方评价制度要求,制定《市人民医院处方点评制度(暂行)》,通过开展对抗菌药物专项点评工作,有效干预医师处方,规范医师用药行为,促进合理用药。 (王海林)

【感染管理】 2010年,克拉玛依市人民医院重视和发挥医院感染管理工作的作用。加强重点科室院感管理及医务人员职业防护,开展全员院感防治培训和专科培训7次,培训率98%。加强手术室医院感染管理,进一步规范腔镜清洗、消毒灭菌和手术室设备层管理,发现问题及时整改。开展医院感染病历质控工作,全年质控病历6 735份,感染率2.4%,例次感染率2.5%,漏报率0。及时检查抗菌药物合理应用情况,将抗菌药物使用率、病原学送检率纳入科室绩效考核,全院抗菌药物使用率明显降低,病原学送检率不断提高。 (王海林)

【护理服务】 2010年,克拉玛依市人民医院推广优质护理服务示范工作,护理服务内涵不断丰富。一是在全院范围内开展以夯实基础护理,提供满意服务为主题的优质护理服务示范工程活动。制定创建优质护理服务示范病房活动实施方案,召开创优质服务,树护理品牌宣传动员推广介绍大会。医院内一科、外科、妇产科3个病区确定为院首批优质护理服务试点病房。二是医院以夯实基础护理为切入点，重新修定试点科室的基础护理方案，明确分级护理服务内涵、服务项目，优化工作流程，提升基础护理质量和住院患者满意度。此项工作运行9个月以来，取得阶段性进展。三是为加强医院护理文化建设，成立市人民医院护理志愿者服务团队，开展护士节徒步踏青健身活动，“精彩瞬间·感动你我”摄影比赛等主题活动，充分展现医院护理人员良好的精神风貌和职业修养。

（王海林）

【队伍建设】

人才队伍建设　2010年，克拉玛依市人民医院引进和选拔高层次医学人才。医院积极争取政策，到疆内外进行高层次人员选拔工作，选拔3名医学硕士研究生。按照市选拔医学专家和学科带头人的标准，在综合评选的基础上，选拔出医学专家1人，学科带头人3人和14名技术骨干。选拔任用2名科级干部。

员工培训　医院强化医务人员继续教育培训工作。制定完善短期和中长期人才进修培训计划，加快医疗人才梯队的建设。为适应医学发展的新要求，加大外请专家授课力度，分别邀请东南大学附属医院、自治区人民医院等疆内外知名专家教授来院作专题讲座，全年派出各类人员参加短期学习班、研讨会80多人次。申报获批继续医学教育计划40项，其中自治区级项目4项，完成率95%，累计参加人数2 500多人次，个人学分达标率95%。利用好医生、华医网等医学网络平台组织网上学习，320多人参加。全年发表论文34篇，其中国家级5篇、省部级29篇。

梯队建设　医院做好护理队伍的梯队建设工作，培养护理骨干人才。全年先后选派护士长和护理骨干92人次，赴新疆医科大学第一附属医院、自治区人民医院、昌吉州人民医院参观学习。首次采用远程信息交流的方式，组织全院15个科室护士长和护理骨干参加中法护理远程论坛交流会，为探索和改进护理技术操作培训模式。5月，在借鉴外院经验的基础上，在全院开展标准化护理技术操作，将多媒体授课与现场操作演示相结合，评委点评与现场观摩相结合，基本实现演示科室与观摩科室护理人员对标准化操作的学习和互动，调动护士参与学习培训的积极性。全年组织护理人员业务学习25次，护理查房2次，举办继续医学教育讲座5次，标准化操作7次，发表护理论文6篇，累计听课2 626人次。护理技能考核合格率90.9%。9月，医院选派出7名优秀护理人员赴新医一附院参加自治区医护技能邀请赛，在与新疆52家医院代表队的竞技中获一等奖1名、二等奖1名，团体26名的好成绩。

（王海林）

【特色专科建设】　2010年，克拉玛依市人民医院坚持人无我有、人有我专的专科发展方向，不断拓展和深化糖尿病诊疗、中医康复医疗、精神疾病诊疗和妇幼保健专科建设，切实发挥出特色医疗服务在本地区医疗市场竞争中的优势。一是糖尿病专科内二科通过应用《糖尿病和代谢综合症专家诊疗管理系统》，对就诊患者实施膳食指导和胰岛β细胞功能评价，建立电子档案开展动态管理，积极开展糖尿病并发症三级防治诊疗工作，初步建立以糖尿病患者为核心的全方位管理的医患互动平台。完成与新疆医科大学合作的“超重、肥胖人群口服抗氧化剂的干预研究”课题工作。内三科为门诊、住院患者建立糖尿病病历、糖耐量异常病历、少数民族专科病历等糖尿病专科特色病历，并不断规范专科、专病诊疗流程和模式，专科管理成效显著，吸引患者就诊。糖尿病专科以克拉玛依市糖尿病关怀协会、联合国糖尿病日等为依托，定期编印糖尿病科普宣传报，开展糖尿病健康知识讲座、病区健康宣教、糖尿病患者联谊和少数民族患者健康教育活动。对血液净化室进行改扩建，新增加血透机、血滤机8台，按照国内一流标准对水处理系统、集中供液系统等相关配套设施进行改造，可解决40名患者的透析治疗工作。二是精神康复中心一科、二科全年收治病人581人，比上年增长27%，病床使用率135%以上。精二科不断提高门诊神经症诊断和心理治疗水平，举办心理咨询专题培训班，开展松弛治疗新业务，不断提高医务人员专业理论技能水平。加强对恢复期病人的精神康复治疗，更加系统规范，更人性化，促进患者社会功能的恢复，更好地回归于社会和人群。三是启动争创全国综合医院中医示范科室工作。进一步完善科室专病、专科管理制度，规范各项诊疗程序，并按照中医病历书写要求，修订中医科现有病历格式，将煎药室划归药剂科专人专岗管理，使专科工作更科学、规范，为争创全国性中医示范专科积极努力。四是健康体检工作实现个性化、特色化运作。建立和完善局部体检HIS系统，实现与检查科室的局域网络数据链接和共享；引进先进超声波身高体重检测仪、全自动血压计，并根据全市企事业单位个人不同需求开展职工健康多形式的个性化体检套餐服务，缩短各类体检出报告时间，缩减工作流程，提高工作效率。全年完成体检140 161人次，创经济效益12 292.06万元。

（王海林）

【科研管理】　2010年，克拉玛依市人民医院加强对新技术、新项目的引进，全院各临床、医技科室不断提升特色医疗技术服务水平，推动医院整体医疗服务质量的提高。一是外科手术取得新突破。外科独立完成腹腔巨大囊肿切除术1例，开展食道裂孔疝修补术，乳腺癌保乳成型术，胃癌跟治术等高难手术；妇产科独立完成腹腔镜下子宫全切术10例，卵巢囊肿剥除术、子宫肌瘤剥除术等高难手术50多例；完成宫腔镜检察术600多人次，开展宫腔镜电切术20多例；完成妇科超声聚焦技术治疗200多例。聘请新疆军区医院专家3次来院指导开展盆底疾病障碍重建术，治疗患者12例。独立完成外阴白斑超声聚焦治疗2例，填补本地区空白。骨神经外科自主开展人工全膝关节置换术2例，开展微创手术关节镜直视下膝关节病灶清除术，并针对80岁高龄以上老人合并股骨粗隆间粉碎骨折患者，开展闭合复位动力髋固定术，取得成功。二是医疗成果显著。内一科积极开展专科门诊，分别开设高血压病、冠心病、哮喘病专科门诊，加强高血压病患者的管理和随访工作，建立高血压患者档案200多例；开展无创呼吸机治疗二型呼吸衰竭、重度哮喘等疾病，取得良好的临床效果。儿科开展支原体咽拭子培养、穴位帖敷技术、氧动力雾化吸入治疗等新技术；皮肤科加强与自治区人民医院、新疆医科大学合作，不断提高对风湿病常见病、多发病的诊疗技术治疗；手麻科开展喉罩麻醉技术；开展神经刺激器在高龄病人、髋关节置换等下肢手术麻醉中的运用；开展经周围血管的中心静脉置术。功能科、放射科、检验科等医技科室也不断拓展新的服务项目。完成第11届院级成果暨第10届新技术新项目评审工作,表彰院级成果1项、院级新技术7项、新项目11项。三是强化医疗合作。医院加强与疆内外医院的技术交流与合作,上海援助新疆第八期"银龄行动"的2位妇产科、中医科医学专家在院进行为期2个月的门诊及教学查房等医疗技术服务工作,累计门诊人数近3 000人次。开展网络医院工作,完成远程会诊人数192人次,比上年增加84人次,医院再次被新疆医科大学第一附属医院评为优秀网络医院。四是医院急诊工作不断加强。全市120急救统一调配后,医院结合患者的就医需求,合理设置科室,配备医护人员,增强门急诊技术力量,畅通急救绿色通道,使患者得到及时有效的救治。全年急诊接诊量大幅提升,危重抢救病人比例增加,接诊患者41 257人次,其中抢救病人2 284人,增长64.2%。(王海林)

【社会化服务】 2010年,克拉玛依市人民医院坚持开展社会化服务工作,取得好的效果。一是坚持开展医疗对口支援和下乡扶贫工作。做好对乌苏市人民医院的医疗支援工作,全年派出副高级以上专业技术职务人员4人。完成2批次的医疗队对小拐乡卫生人员的专业知识的培训及送医送药工作,累计参加培训的医务人员14人次,接诊患者100多人次,捐赠4 000多元常用药品。二是做好医疗扶贫济困工作。收治低保住院患者102人次,减免费用172 756.56元;接诊门诊患者2 054人次,减免费用61 943.44元。合计减免费23.47万元;接受救助站送治"三无"人员中危重、精神病患者7人。三是积极做好社区药物维持治疗门诊工作。全年美沙酮治疗门诊完成入组服药271人次,维持率72%,累计发放药物1 051 953毫升。四是全面做好金保工程的运行和医疗保险协议工作。克拉玛依市金保工程从上年12月初正式启动,按照市医疗保险部门要求,多次调试修改医院HIS系统,与市油田公司2家社保部门加强信息交流,定期反馈,顺利完成医院系统基本调试、运作。根据医疗保险部门对医院住院费用、执行医疗服务协议的检查情况反馈,及时召开科室与医疗保险部门座谈会,认真落实整改,有效保障医疗保险协议的执行。(王海林)

【基础设施建设】 2010年,克拉玛依市人民医院内科楼抗震加固完成并投入使用,通过政府采购办、采购中心采购医疗设备58台,完成全年设备政府招标采购任务的100%。完成数字胃镜、彩超、ICU等大型设备的招标工作;做好新门诊智能系统的招标前期工作。

(王海林)

【行业行风建设】 2010年,克拉玛依市人民医院开展好市人民医院第11个党风廉政教育月和第10个行风整顿月活动。开展廉洁行医诚信服务教育、党纪党规、卫生法规教育和医院规章制度教育,不断规范党员干部履职行为,增强纪律观念和遵纪守法意识。全年中心组学习有关党风廉政建设内容4次。利用院例会、院管理委员会进行党风廉政学习教育两次。规范院网上药品集中采购工作,对医院网上药品集中采购的全过程进行监督。开展医疗服务价格检查工作,开展无红包医院创建活动。设立院信访办并由专人负责,加大对医疗纠纷的防范力度,规范医疗纠纷事件报告制度和处理流程,每月定期开展门诊、住院患者满意度调查;临床科室对医技科室服务满意度调查;临床、门急诊科室对机关职能科室满意度调查及科室员工对科主任满意度调查工作,增强约束监督机制,全年患者、职工满意度均能保持在90%以上。组织党员干部到克拉玛依反腐倡廉教育基地观看廉政教育展。每月定期对用量大的药品实行网上公示,全年因药品用量过大而暂停或限制使用的药品7个。(王海林)

【精神文明建设】 2010年,克拉玛依市人民医院加强职工队伍思想教育工作,开展形式多样的主题教育活动,推进医院精神文明建设的健康和谐发展。一是扎实推进主题教育活动的深入开展。制定《深入开展创先争优活动实施意见》,成立以院长主抓,党群部门群策群力,基层科室广泛参与的组织机构。在活动开展的过程中,积极开展"三史"、"四个认同"教育。在院内网络和院报设立"热爱伟大祖国、建设美好家园和创先争优活动"专栏,加强对基层先进典型事例、人物的学习和宣传。在全院13个基层党支部中开展党员公开承诺活动,基层党支部活动亮点多,成效显著,公开接受群众和患者监督。活动期间,举办深入学习贯彻中央新疆工作会精神宣讲会;《新时期医院管理方法和艺术》学术讲座和爱祖国、促团结、共和谐青年足球邀请赛等主题活动。二是落实市人民医院社会治安综合治理及平安建设工作目标责任书,加强消防安全重点部位管理,重新核定院内消防安全重点部位和院、科两级责任人,制定《消防安全重点部位责任领导职责》、《消防安全重点部位科室长职责》,进一步规范安全学习、检查、巡查制度。坚持对医院重点要害部门、重点岗位定期进行消防安全生产大检查,举办消防安全专题讲座2次,举办火灾逃生救援应急演练,及时消除安全隐患,确保医疗工作安全。医院保持克拉玛依市平安单位称号。三是发挥工、青、妇的职能作用,为医院文明建设服好务。编发院报9期。院工会、共青团组织充分发挥好各自的职能作用,解决职工关心的热点、难点问题,认真落实院务公开制度,及时解决职工关心的热点问题,开展好扶贫帮困送温暖、劳动竞赛及各类文体活动;院计划生育工作各面工作指标均达到区计生委下达的标准。(王海林)

市第二人民医院

【领导名单】

党委副书记、院长:马骏

党委副书记、纪委书记、工会主席:曹勇

副院长:朱善军、朱光荣、焦新亮

【基本情况】 截至2010年底,克拉玛依市第二人民医院占地面积39 150平方米,建筑面积26 497平方米;绿化面积1.8万平方米,绿化率46%。医院设机构44个,百口泉社区卫生服务中心纳入保健科。医院有各类身份职工361人,其中正式职工316人、劳务合同工39人、内退职工6人。卫生技术人员271人。高级专业技术职务人员59人、中级119人、初级98人,床位288张。医院是一所集医疗、急救、预防保健、康复、科研、教学实习及社区卫生服务于一体的综合性国家二级甲等医院。

(牛顺平 施志新)

【医疗任务完成情况】 2010年,克拉玛依市第二人民医院诊疗220 292人次,其中门诊201 560人次、急诊18 732人次。

健康检查22 867人次、入院4 017人、急诊抢救743人次、住院病人手术731人，病床使用率64.5%，平均住院日12.2天，放射X线检查11 720人次，CT检查3 955人次，各类化验检查113 266人次，功能科进行各类检查20 063人次，病理检查2 049人次，肾透析2 634人次，出生新生儿347人，全院抢救成功率86.7%，出入院诊断符合率98.6%，无菌手术切口甲级愈合率98.4%。医院的基础护理合格率、危重患者护理合格率、护理文书书写合格率、毒麻药品管理合格率、常规器械消毒合格率、健康教育覆盖率、消毒隔离合格率、择期手术术前、术后访视率、护理理论考核、技术操作合格率均达到标准。（牛顺平　施志新）

【科技新项目】　2010年，克拉玛依市第二人民医院开展降钙素元（PCT）检测、EB病毒抗体检测等4个新项目，开展数字化床边X光检查、鼻窦镜的应用等新技术7项。其中《原发性高血压肥胖患者血清胰岛素水平与降压达标的关系》、《灸脐法对糖耐量异常者血糖及糖化血红蛋白的影响》为克拉玛依市科技项目，《关于胎儿产前超声检查应用的研究》、《青少年正畸治疗中影响牙根吸收的因素探讨》、《油田一线育龄期女工生殖健康现状分析及健康促进研究》为新疆油田公司科技项目，全年在国家或省部级杂志上发表论文20多篇。

（牛顺平　施志新）

【医疗管理】　2010年，克拉玛依市第二人民医院制定和下发《2010年医院“医疗质量万里行”活动实施方案》和《医院管理年活动目标任务分工》，明确工作重点、组织分工、活动安排，监督落实等内容。全年抽查门诊或住院病历、处方、检查申请单等36次，开展13次现场运行质量检查。修订完善《医院应急预案及流程汇编》54条，发布医院感染相关制度、规定20多条。对全院和重点科室院感管理、院感监测工作检查30多次，下发现场整改通知书51份，通报环境卫生学监测不合格的2个科室，并处罚金2 000元。对医院感染病例上报及登记、工作人员手卫生等全面检查15次，专项检查15次，完成年初制定的19条计划，计划执行率100%。（牛顺平　施志新）

【护理管理】　2010年，克拉玛依市第二人民医院修订和完善护理核心制度5个，修订完善《护理标识规定》，新增《护理工作中保护患者隐私有关规定》、《患者坠床与跌倒制度及防范措施》，补充完善17个护理应急预案、20个护理服务流程，使护理工作逐步规范化、流程化。完成5年以上主管护师完成“三基”理论考核2次、全院技术操作考核1次。分别对5年内护理人员开展“三基”理论考核两次。对全院护理人员开展“三基”操作考核1次。完成5年以内护理人员“三基”理论考核4次，完成基础技术操作培训及考核1次。对新招护理员进行测血压、床上洗头等护理操作培训两次。

（牛顺平　施志新）

【安全工作】　2010年，克拉玛依市第二人民医院为进一步落实患者安全目标工作，制定患者病情评估制度，处方点评制度、危急值报告等相关制度。全年组织全院性医疗安全检查15次，完成对医师处方权年度审核，取消个别不符合行医要求人员的处方权，为手术科室医务人员购买医疗保险，进一步提高医疗工作的抗风险能力。组织开展3次全院性急救应急演练，强化应对突发公共事件的处置能力，在门户网站建立安全消防知识学习栏，设立安全生产曝光台专栏，聘请消防专家举办安全管理预防、“四个能力”建设、逃生自救，安全疏散等安全讲座，开展大型的消防应急疏散、应急逃生自救的消防演练活动。在安全生产工作中，全年未发生医疗事故和安全生产事故，再次被评为市油田级安全生产优秀单位。（曹复员　施志新）

【打造学习型医院】　2010年，克拉玛依市第二人民医院不断外请北京、广州、湖南、自治区等知名医院专家到院指导工作、传授经验、举办各类学术交流30多次。派外参加各类学习72人次，派外长期进修学习11人次。完成自治区II类医学继续教育项目20项，1 900多人次参加学习。先后组织专题讲座16次，组织基本技能操作技术培训4次，规范化培训住院医师和工作5年内的护理人员，外科系统及门急诊医护人员106人申请狂犬病暴露处置上岗证，组织12次全院临床教学查房，提高医务人员业务水平。（施志新）

【“十二五”规划编制】　2010年，克拉玛依市第二人民医院围绕克拉玛依市、油田党委提出的将克拉玛依打造成世界石油城的远景规划，提出创建疆内一流医院的构想。医院成立医院规划编制领导小组，多次对医院的定位和发展进行科学论证，并对院内的医疗建筑进行重新规划布局，提出医院的规划要符合社会经济的发展，与不断提高的社会需求相适应，与不断发展的医疗技术相适应。在医疗建筑设计上，要体现建筑的前瞻性和可持续性，以保护环境的绿色生态为原则。医院还专门组织相关部门的人员到内地知名医院，观摩学习新的医疗技术和先进流程，提出医院发展规划。

（施志新）

【基本建设】　2010年，克拉玛依市第二人民医院医院投资139万元完成百口泉社区楼房的抗震加固工程，投资76万元完成传染楼抗震加固工程，投资53万元完成北围墙加固工程，投资49万元完成电厂到医院的供热蒸汽管线的敷设，拆除锅炉房。（施志新）

【文明单位创建】　2010年，克拉玛依市第二人民医院将创建自治区文明单位工作作为全院的一项重点工作来抓，成立创建工作领导小组，确定创有目标，赶有方向，学有榜样的工作思路。健全班子建设、队伍建设、法制建设、廉政建设等机制。强化干部职工政治理论和业务知识学习，将创建学习型组织与创建文明单位相结合，开展《公民道德建设实施纲要》宣传教育活动。不断加强民族团结、健康教育、绿化美化、综合治理、爱国卫生等工作，相互促进，共同发展。取得自治区精神文明单位称号。在创先争优活动中，严格按照医院实施方案和市油田创先争优领导小组办公室工作提示的要求，确保创先争优活动各阶段的工作落到实处。各基层支部和全体党员都能积极投身到创先争优活动中来，按时上报信息、月报、报表，通过创先争优活动，各党支部、党员认真对照承诺的内容进行践诺，党支部的凝聚力得到更进一步的巩固，党员的先锋模范带头作用更加彰显。（郑秀义　施志新）

【党风廉政建设】　2010年，克拉玛依市第二人民医院加强民主管理，实行院务公开，做好周围职工群众的思想工作，化解矛盾，解决问题，凝聚力量，提高战斗力。中心组坚持每月2次的学习，组织观看《廉政准则》光碟、《关于对共产党员、党组织在反分裂斗争中违反党的政治纪律行为的处分规定》等专题讲座。学习《以权谋私利，金钱毁前程》等10篇案例剖析材料。组织机关党员干部、支部书记和关键岗位人员35人参观反腐倡廉教育基地，96名党员干部观看《廉政中国》、《欲之祸》、《国企蛀虫》等警示教育片。组织1次以《执业医师法》、《药品管理法》、《医德规范》、"十不准"、"八不准"学习测试活动，参加学习测试150多人。制作教育月主题宣传横幅和廉政警示教育画8副。结合建党89周年，开展论文征集活动，收到论文20多篇。组织30多名中层干部旁听了白碱滩区法院组织的利用职务犯罪的公审大会。接受教育的党员干部职工400多人次。（郑秀义　施志新）

【工青妇工作】 2010年，克拉玛依市第二人民医院工青妇组织围绕医院中心工作积极开展各项活动。从关心医院职工身心健康出发，利用节假日，组织开展护理操作比赛、红歌赛、冬季长跑比赛、摄影比赛、棋牌、联欢等职工喜闻乐见的健身活动。全年慰问8户疾病困难职工，慰问金7 000多元。帮助1名逝世职工缴纳8 000元应急丧葬费。利用元旦、春节、古尔邦节期间对离退休、军烈属节日慰问，并送去慰问品、慰问金2 500多元。坚持对节日上岗职工进行上岗慰问，慰问金5 500元，节日发放就餐证1 800多元。全年慰问患病职工60多人，并将慰问品送到患病职工手中。医院被评为克拉玛依市先进工会、先进女职工委员会、先进妇女组织、自治区卫生系统巾帼文明岗，克拉玛依市三八红旗手等。（刘艳萍　施志新）

油田公司明园职工医院

【领导名单】

党委书记、纪委书记、工会主席：蒋昭君
党委副书记、院长：兰建忠
副院长：丁里玛提·买买提

【基本情况】 截至2010年底，新疆油田公司明园职工医院有机关职能（部门）、后勤服务科室15个，临床医疗业务科室15个，临床医技和体检科室6个，社区医疗服务站2个。有各类员工281人，实际在岗269人。其中专业技术人员225人、机关管理23人、工勤人员（工人、市场化用工、劳务工）21人，其中市场化用工、部分劳务派遣工为专业化临床医疗技术人员。少数民族职工占全院职工的28%。具有正高级专业技术职务1人、副高级34人、中级120人、初级88人。油田公司级专家1人、学科带头人2人、技术骨干13人。具有研究生学历3人、本科91人、大专98人、中专78人、高中及以下11人。员工平均年龄41岁。有党员81人。院党委辖管6个基层党支部，分别是内科系统党支部、外科系统党支部、医技科室党支部、门急诊党支部、后勤党支部和机关党支部。医院为国家二级甲等医院（非营利性医疗机构）、自治区文明医院、自治区（乌鲁木齐市）城镇职工基本医疗保险定点医疗机构、石油职工医疗保险定点医院、自治区白内障复明手术定点医院、自治区骨质疏松诊疗中心，实有开放床位201张。自治区卫生厅批准的诊疗项目有预防保健、内、外、妇产、妇女保健、儿、儿童保健、眼、耳鼻咽喉、康复医学、麻醉、医学检验、病理、医学影像、中医、口腔、皮肤科门诊等。（赵　华）

【主要医疗工作量完成情况】 2010年，油田公司明园职工医院克服外科住院楼抗震加固、手术室洁净改造和新时代大酒店装修封闭等事项干扰所带来的不利影响，较好地完成各项工作任务。全年诊疗112 099人次，出院3 044人次，平均床位使用率73%，平均住院日15.8天，床位周转15.14次，手术797台次，完成各类健康体检6 716人次，入院诊断与出院诊断符合率98%，药品收入占医疗总收入的67.5%，全院治愈率34.22%，好转率58.85%，病死率0.44%，病历甲级率100%，处方合格率97%，健康宣教100%。收入4 093万元。2010年全年门诊病人满意度96.79%，出院病人满意度98.18%，职工满意度98.27%。（赵　华）

【医疗业务管理】 2010年，油田公司明园职工医院医疗业务管理取得新进展。一是全面健全质量体系，完善管理职能，强化医疗质控作用。医院成立质量办，明确职责和工作制度，把医疗质量管理作为医院管理的首要职能，不断强化基础质量、环节质量和终末质量，以及医疗技术质量和服务质量的全方位系统化的体系管理。开展医疗质量万里行活动，重点落实医疗质量和医疗安全核心制度，持续改进医疗质量工作存在的问题，不断提升医院质量水平。每月在院《简报》上反馈质量检查情况，肯定成绩，持续改进，并加强质量绩效指标评价管理考核。全年抽查病历1 054份，其中出院病历860份、运行病历194份，甲级病历率100%。5月，医院数字化信息系统上线后，医院实施电子病历，为规范电子病历书写，印发《病历书写规范、电子病历管理规范汇编》，并制定电子病历质检考核表，有效控制电子病历质量不良差异发生，为规范电子病历书写管理、防范医疗管理风险打下良好基础。全年合理使用抗生素病历抽查300份，抗生素合理使用率91%。门诊处方抽查2 227张，合格率98%。二是开展手术安全检查。开展手术安全检查工作，由具有执业资质的手术医师、麻醉医师和手术护士三方，分别在麻醉实施前、手术开始前和患者离开手术室前，共同检查患者身份、手术部位等40项内容。至年底，检查手术病人795人次。三是开展医疗技术临床应用管理。医院根据卫生部下发的《医疗技术临床应用管理办法》，将医疗技术项目进行分类，按照医疗技术的安全性、有效性、操作难易、风险高低将其分为Ⅰ、Ⅱ、Ⅲ级，建立分级目录，并按照分级管理制度，对具有不同专业技术职务任职资格的医师开展不同级别的手术限定。四是积极开展单病种临床路径。医院在内科、外科、妇科、眼耳鼻喉科等专科实施单病种临床路径工作，全年已开展的病种有急性单纯性阑尾炎、急性ST段抬高心肌梗死、子宫平滑肌瘤、老年性白内障、慢性鼻窦炎、慢性化脓性中耳炎等。通过标准化、规范化和程序化的疾病诊治计划，减少不必要的医疗护理差异，从而缩短住院天数，减少并发症感染率，控制医疗成本支出，改善医疗品质，提高患者满意度，预防医疗纠纷。五是加强医院环境卫生及感染检测管理。医院调整医院感染管理委员会，进一步明确感染管理三级网络体系的组成及各级管理人员的职责。完善医院感染管理制度，下发《医务人员手卫生规范》、《医院消毒供应中心管理规范》等6项行业卫生规范，督察全院消毒灭菌、隔离技术、手卫生依从性等工作。开展耐药菌（MRSA，VRE）的防控工作，督促和加强科室消毒隔离措施的落实。全年还开展不同形式的院内感染专题培训7次，270人次参加。全年医院院内感染率、环境卫生、消毒灭菌效果及手卫生监测结果均达到了卫生部的标准要求。六是完善体检功能，健全保健体检构架，拓展服务业务。医院将体检中心单独设科，增配一流设备、人员，不断完善体检服务流程、体检中心的功能和相关制度，并增加动脉弹性测定、肺功能、人体成份分布、女性液基细胞学检查、血液幽门螺杆菌检查等相关体检项目，使体检工作更加人性化。全年体检中心开展健康体检6 716人次，比上年增加1 669人次。（赵 华）

【优质护理服务示范工程活动】 2010年，油田公司明园职工医院开展优质服务示范工程活动。医院成立创建优质护理示范工程活动领导小组，加强管理和指导，对危重、生活不能自理者，医嘱需要严格限制活动、卧床休息者，大手术后尚未恢复自理能力者，由护理人员亲自为患者实施生活护理，护理服务内容包括翻身扣背、床上擦浴、更换衣物、剪指甲、口腔护理、会阴护理、膀胱冲洗、管道护理等，以及医嘱所要求的各项专科治疗和护理，健康教育的内容。并将基础护理列入优质服务窗口考核范围。通过优质护理服务示范工程活动的开展，病人的满意度不断上升，收到患者表扬信388封。心脑血管病专科、王家沟医疗站、胸腹肝胆外科及功能科被评为医德医风先进科室，高振华等24名医生护士获医德医风优秀个人称号。（赵 华）

【社区服务】 2010年，油田公司明园职工医院积极开展"六位一体"的社区医疗服务，并开展志愿护理服务下社区活动。一是完善组织机构。4月，成立医院石油社区医疗卫生服务管理中心，按照职能分工明确业务职能；6月，将原社区医疗卫生服务总站调整为社区卫生服务中心，全面落实明园社区医疗卫生服务业务工作，并分设王家沟社区医疗卫生服务站和明园社区卫生保健服务站。二是完善工作流程。制定社区医生服务流程、出诊服务流程、社区护士服务流程、双向转诊服务流程、医疗纠纷处理流程、社区突发公共卫生事件处理流程等12项流程。三是举办下社区健康知识课堂活动。在明园和王家沟社区举办4期健康知识讲座内容包括糖尿病、高血压、冠心病防治措施，300名居民参加。四是为石油社区居民建立健康档案。明园、王家沟社区卫生服务站有计划对社区居民进行健康调查并建立健康档案，指导社区居民合理饮食、运动，改进不良的生活方式。建立健康档案50份。五是积极开展护理服务下社区活动。由护理部牵头组织医院资深大夫和护士对活动不便、瘫痪、多种疾病共存、带管、有伤口的社区居民进行家访，提供社区医疗上门巡诊服务，全面检查1名病情平稳的"植物人"，并进行吸痰、翻身扣背护理，送温暖，送方便，送关爱。开展医护人员上门家访31次、电话随防408次、发放宣传材料375份。（赵 华）

【安全维稳】 2010年，油田公司明园职工医院安委会和维稳领导小组积极发挥作用，以推行院科两级安全责任管理模式、综合安全和维护稳定为中心工作，强化安全管理，构建平安和谐医院。一是以科室为单位开展全员参与的安全风险辨识活动。编制明园医院危害因素清单，提高医务人员的安全意识和防范风险的技能。二是开展安全知识、维护稳定知识的宣传教育活动。利用医院《简报》、宣传栏、安全讲座等形式向职工宣传交通、消防、"六项禁令"、HSE体系管理等安全知识，通过幻灯、视频短片等形式开展安全经验分享活动。三是组织院科两级应急预案演练活动。分别组织以大内科、大外科为单元的医疗救护应急预案演习和全院性的医疗救护与消防灭火相结合的应急预案演演习共3次。四是建立明园职工医院HSE管理体系，使医院HSE管理工作步入更系统、更规范、更科学的轨道，提高了HSE管理水平。通过各种安全培训及宣教活动，进一步提高全体员工的安全意识，夯实医院安全管理基础，明园职工医院被评为油田公司安全生产、环境保护先进单位。（赵 华）

【数字化系统信息平台建设】 2010年5月，油田公司明园职工医院进行数字化系统信息平台改造的正式运行，成为克拉玛依地区首家实现信息平台数据共享的数字化医院。医院上线的系统包括基础管理系统、电子病历系统、医学影像管理系统、实验室管理系统、医疗质量管理系统等系统功能的多层面、综合运用，代表企业医院现代化一流管理水平的基本实现。同时，可实现克拉玛依市、油田职工、家属、参保人员就医"一卡通"。（赵 华）

【员工培训】 2010年，油田公司明园职工医院按各科人员技术配置情况，在业务紧需、评优选优的原则下，内外结合，拟定切实可行的人才培养计划，全年有20人参加长期进修，106人参加各类专业的短期培训；组织医务人员在"华医网"进行继续医学人文知识专项培训186人次，均取得国家卫生部颁发的继续医学教育证书；并组织全院性业务讲座11课次，其中邀请疆内知名专家讲座5课次，院内专家讲座6课次。同时重点培养自身的优秀人才。医院出台《重点医学人才选择、管理办法》，并评选出油田公司级医学专家1人，学科带头人2人，技术骨干13人。出台《后备人才选择、培养实施方案》，不断加强制度建设，为中青年技术骨干成长成才营造良好环境。（赵 华）

【科技创新】 2010年，油田公司明园职工医院坚持把依靠科技创新，实施科技兴院作为重要工作来抓。功能科完成的《经阴道彩色多普勒超声对盆腔静脉淤曲综合征的临床研究》获油田公司科技创新成果二等奖。医院承担油田公司级科研立项课题3项。积极开展业务管理课题的研究，有《病历书写规范及质量管理优化临床应用》等3项管理课题进行院内科研项目的立项。开展新技术、新项目的运用。全年向油田公司社保管理中心，申报新开展的诊疗项目18项，18项均通过审核批示列入医保报销范围。（赵 华）

【劳动竞赛】 2010年，油田公司明园职工医院组织开展职工全员岗位（医学）技能劳动竞赛工作。全员岗位技能劳动竞赛分2个阶段，5个竞赛组进行竞赛，并在实施岗位练兵和技能竞赛活动的基础上，开展创先争优活动。并评选出劳动竞赛先进集体和个人。心脑血管病专科等6个科室被评为矿区服务事业部三星级服务科室，内分泌糖尿病专科等7个科室被评为矿区服务事业部二星级服务科室，门诊部等8个科室被评为矿区服务事业部一星级服务科室，鄢萍获矿区服务事业部十佳服务明星称号。

（赵　华）

【党的建设与创建活动】 2010年，油田公司明园职工医院以创先争优活动为载体，抓好党员队伍建设。一是组织8名入党积极分子参加培训班的学习，广泛吸收入党积极分子参加义务奉献活动等。全年发展新党员5名，预备党员转正3名。二是举办1期红色教育培训班，派出党支部委员、优秀党员、老党员和新党员代表18人到延安和井冈山参加学习考察。三是关心党员生活，慰问5名生病党员。四是在建党89周年之际，组织庆七一集体党日活动，表彰先进党支部、优秀共产党员。五是以支部为单位，开展“红歌”合唱会和永远跟党走、奉献当先锋主题诗歌朗诵会。六是在全体党员中组织开展创先争优活动。成立创先争优活动领导小组，明确工作职责，制定《关于在医院党的基层组织和党员中深入开展创先争优活动的实施意见》，安排创先争优活动，活动取得好的效果。七是开展学习型医院创建活动。下发《学习型医院创建方案》，并开展“学习在石油·每日悦读10分钟”全员读书活动。各科室制定读书计划、读书活动实施方案，努力营造崇尚读书、自觉读书，形成爱读书、读好书、善读书的浓厚氛围。（赵　华）

【廉政文化建设】 2010年，油田公司明园职工医院组织开展党风廉政和廉洁文化建设工作。一是落实廉政责任。年初，院党委与所属6个党支部签订党风廉政建设责任书，分解落实廉政责任。认真组织、积极开展党风廉政、廉洁从业、文明服务、遵纪守法等内容的教育活动。院党委组织中心组学习12次，其中党风廉政学习6次。院属各支部、各科室也按照院党委要求，定期组织党员和职工进行学习。二是重点加强院领导干部和重点部门负责人廉洁自律工作。组织推进院《建立健全惩治和预防腐败体系2008～2010年工作计划》实施。制定下发《明园职工医院关于执行“三重一大”制度的实施办法》。在第12个党风廉政教育月活动期间，以学习准则、严守纪律、廉洁从政为主题，开展系列教育活动。三是在院《简报》上开辟党风廉政教育专栏，组织党员、中层干部、关键岗位人员进行以《廉政准则》为主要内容的学习和答题活动。四是认真组织开展对工程建设项目、药品集中采购、设备物资采购等的监督检查。在招标工作中，坚持与投标公司签订廉政共建协议书，纪检部门全程参与监督。五是认真组织开展工程建设领域突出问题专项治理和“小金库”专项治理工作。组织院中层以上干部和重点管理岗位人员41人，到自治区第三监狱开展警示教育。全年全院未发生任何违纪违法事件。

（赵　华）

【宣传工作】 2010年，油田公司医院紧密围绕中心工作，将内部宣传工作的重点放在医院的质量管理、全员岗位技能劳动竞赛、医院重点工作动态以及各科室的新进展、新变化等内容上，全年印制院《简报》25期。医院成立网站管理小组，改版医院网站。新版网站于7月23日正式运行，设立图片新闻、通知公示、医院动态、健康保健等4个动态栏目，设立医院概况、就医指南、医疗质量管理、HSE等18个固定栏目。在《克拉玛依日报》上进行医疗改进专刊宣传、安全专刊宣传；在《克拉玛依广播电视报》进行改善民生，创造和谐“十一五”成果展宣传。全年上报宣传稿件95篇，其中矿区服务事业部网站采用93篇，油田公司网站采用61篇，集团公司矿区服务事业部采用9篇。与克拉玛依市广电局合作，录制明园职工医院“十一五”发展成果展的专题片，并在克拉玛依电视台展播。医院被矿区服务事业部评为宣传报道暨“十一五”成果展示活动优秀组织单位。

（赵　华）

【民族团结】 2010年，油田公司明园职工医院制定《明园职工医院“民族团结年”活动方案》，组织开展“热爱伟大祖国、建设美好家园主题教育”活动；开展谁是我们的敌人，谁是我们的兄弟姐妹民族团结大讨论；组织迎新年职工文艺演出；举办《民族团结年“兄弟情、姐妹谊”主题演讲》比赛；组织开展扶贫帮困、金秋助学活动；组织开展职工运动会、集体徒步活动等，为职工增进思想交流和情感交流搭建平台。（赵　华）

·小资料·

国家“十二五”医疗规划中关于加强城乡医疗服务体系建设的规定

加强以县医院为龙头、乡镇卫生院和村卫生室为基础的农村三级医疗卫生服务网络建设，完善以社区卫生服务为基础的新型城市医疗卫生服务体系，新增医疗卫生资源重点向农村和城市社区倾斜。大力推进基层医疗卫生机构综合改革，建立多渠道补偿机制，形成新的运行机制。加强以全科医生为重点的基层医疗卫生队伍建设，完善鼓励全科医生长期在基层服务政策，每万人口全科医师数达到2人。加快推行分级诊疗、双向转诊制度，形成各类城市医院和基层医疗机构分工协作格局。完善区域卫生规划，鼓励和引导社会资本举办医疗机构，放宽社会资本和外资举办医疗机构的准入范围，形成多元办医格局。

社会生活

民政

【市民政局领导名单】
局长:李显坤
党组书记、副局长:张清泉
副局长:吴焕平、吐尔逊·哈思木

【基本情况】 2010年,克拉玛依市民政局编制29人,实有25人。内设职能科室8个:办公室、优抚安置科(挂市"双拥"工作领导小组办公室牌子)、基层政权和社区建设科(挂市社区建设指导委员会办公室、市村务公开领导小组办公室牌子)、社团和民办非企业单位管理科(挂民间组织管理科牌子)、社会福利和社会事务科(挂最低生活保障科、市温暖工程办公室牌子)、区划地名办公室、计划财务科、政策法规和信息化建设科;所属事业单位4个:市殡葬管理处、市福利彩票发行中心、市福利院(同时挂儿童福利院、光荣院牌子)、市救助管理站(同时挂市流浪未成年人救助保护中心、市救灾物资储备中心牌子);挂靠事业单位1个:市老龄工作委员会办公室。主要承担克拉玛依市的地名管理、社会救助体系建设、"双拥"模范城市建设、复转军人优抚安置、基层政权和社区建设、社会福利和社会事业管理、社团和民办非企业单位管理、政策法规和信息化建设、救灾与社会救助管理以及殡葬管理和社会福利彩票发行等职能。依法宣传党和国家有关民政方面的方针政策。(刘苗苗)

【社会救助】 2010年,克拉玛依市民政局进一步完善和规范社会救助体系。一是不断完善社会救助体系。为切实解决重度残疾人家庭的生活困难,将家庭人均月收入低于最低工资标准的重度残疾人纳入最低生活保障范围;提高城乡低保标准和农村"五保"供养标准,全年累计为1 314户2 649名城乡低保对象发放生活保障金877万多元;为581名"五七"工发放补贴资金172.4万元;向42名孤儿发放生活补贴18.144万元。二是重新修订城乡医疗救助办法。办法于7月1日颁布实施,实现城乡医疗救助一体化,建立资助参保、门诊救助、大病救助、临时救助、慈善救助相结合的"五位一体"的城乡医疗救助模式,全年实施城乡医疗救助348人次,支出救助资金60万元。三是救助管理工作进一步规范。克拉玛依区利用信息化手段,有效提高救助工作的效率;白碱滩区完善相关救助制度,独山子区慈善救助工作取得较好的社会效益,乌尔禾区扎实做好各项基础工作。全年累计下拨各类救助资金1 000多万元,做到规范管理,使用操作阳光透明。(刘苗苗)

【"双拥"共建】 2010年,克拉玛依市民政局以创建全国"双拥"模范城为契机,扎实开展形式多样、内涵丰富的"双拥"共建活动,不断掀起走访慰问驻市部队新高潮,全年向部队赠送价值70多万元的慰问品。克拉玛依市、区两级人民政府投入近2.2亿专项资金,用于克拉玛依区人武部、独山子区特勤消防站、白碱滩区公安消防大队、乌尔禾区人武部等部队基础设施建设和后勤保障建设。驻市各部队围绕保增长、保民生、保稳定的工作要求,先后派出官兵1 000多人次,走访机关、团体、企事业单位、街道乡、社区村150多个,走访慰问社区群众、困难党员、军烈属、特困官兵等2 000多人次,发放慰问金42万元。在自治区对克拉玛依市创建自治区"双拥"模范城的检查验收中,克拉玛依市申报的3个区及市本级"双拥"工作均获较高评价。(刘苗苗)

【优抚安置】 2010年,克拉玛依市民政局开展复转军人的优抚安置工作,对伤残抚恤金和义务兵优待金发放准确到位。及时调整优抚对象、无军籍退休人员生活补助标准,加强军休干部和无军籍职工管理,完成军休干部的移交接收工作。各级民政部门协调解决随军家属就业、住房、子女升学等方面问题。开展退役士兵职业教育培训,稳妥完成83名退役士兵安置工作,全年支付安置有偿转移金128万元。(刘苗苗)

【新社会组织创先争优】 2010年,克拉玛依市社会组织新设立党支部2个,联合党支部7个,党员活动支部(临时党支部)21个,党员活动小组10个,党建工作指导员9名;建立工会组织(工会小组)17个、共青团组织29个、妇女组织17个。按照市委、市政府开展基层组织创先争优和党组织百日集中组建活动工作安排,制定下发有关文件,落实各项工作任务,确保活动正常开展,取得好的效果。(刘苗苗)

【"小金库"专项治理】 2010年,克拉玛依市民政局为建立健全惩治和预防腐败体系,推进反腐倡廉建设,按照市委"小金库"治理长效机制工作部署,牵头完成全市社会团体"小金库"专项治理的各阶段工作。清理纳入专项治理范围的克拉玛依市、区的134个社会团体,未发现违规违纪现象。(刘苗苗)

【城乡社区建设】 2010年,克拉玛依市民政局完成第四届社区居委会换届选举工作,全市各社区均实现100%直选,选民参选率89.62%。克拉玛依市社区建设"五百"工作机制得到自治区党委、人民政府的充分肯定,并在全区推广实施。市民政局召开"五百"工作机制推进会,在全市全面推进和谐社区建设,有32个社区达到市级和谐社区标准,克拉玛依区获全国社区服务先进单位。独山子区狠抓“五百”工作，提升为民服务水平；白碱滩区抓基础抓规范，试点社区经验全面推广；乌尔禾区完善社区建设机制，启动农村社区建设实验全覆盖创建活动，开展社区信息管理平台的推广工作，组织社会工作师职业资格考试，全市有53名社区工作者取得国家社会工作师职业资质，26人取得社会工作师职业登记证书。 （刘苗苗）

【社会福利事业】 2010年，克拉玛依市民政局制定《关于支持社会力量兴办福利机构暂行办法》、《克拉玛依市社会捐助管理办法》，对克拉玛依市19家福利企业进行年检，接受群众向玉树地震灾区的捐款37.6万元。全年销售彩票9 788万元，为国家筹集公益金3 426万元，克拉玛依市留成公益金744.16万元，全年支出福彩公益金607万元用于慈善总会助学金、克拉玛依区老年活动中心、独山子区居家养老日托站、白碱滩区老年活动中心、乌尔禾区居家养老服务中心、各区慈善超市等市、区两级民生项目建设。 （刘苗苗）

【慈善事业】 2010年，克拉玛依市民政局指导各级慈善机构开展以助学、助残、安老、助孤、助困、赈灾为工作重点的各项活动，募集善款342.8万多元，物资100件，救助困难人员938人，发放救助金195.55万元，救助贫困学生283人，发放助学金65.6万元；争取中华慈善总会项目2项，节约资金324.2万元，将3 479件衣物等送往遭受严重雪灾的福海县。 （刘苗苗）

【防灾减灾】 2010年，克拉玛依市民政局广泛开展防灾减灾宣传周活动，向群众散发宣传材料千余份，展出宣传展板46块。独山子区选派的人员代表克拉玛依市参加比赛，获自治区防灾减灾知识竞赛第三名；克拉玛依市获优秀组织奖；克拉玛依市级救灾物资储备库建设项目已纳入“十二五”基本建设项目计划。下拨救灾资金54万元，并及时足额发给受灾群众。 （刘苗苗）

【社会事务管理】 2010年，克拉玛依市民政局认真做好社会事务管理。一是加强婚姻收养登记管理，婚姻收养登记合格率100%。二是制定清明节应急预案，开通祭扫公交专线，加强服务管理，确保清明节祭扫活动安全、有序。三是开展清理整顿公墓工作，取得好的成效。独山子区民政局获自治区清理整顿公墓先进单位。 （刘苗苗）

【社会组织管理】 2010年，克拉玛依市民政局进一步规范社会组织年检工作程序。社会团体年检合格率99%，民办非企业单位合格率90%，职工持股会合格率76.2%。各级民政部门加强对社区社会组织的登记管理，全年新登记成立社会团体6个、民办非企业单位10个，办理变更登记事项8件、注销登记事项4件，登记和备案社区社会组织547个。 （刘苗苗）

【区划地名管理】 2010年，克拉玛依市民政局加强界线管理，开展平安边界工作，修复1号和5号界桩，增设7个标识物；重新印制《新疆维吾尔自治区县级行政区域界线详图集·克拉玛依市·克拉玛依区分卷》彩图3卷；初步建立市、区、乡（街道）三级行政界线管控网络。进一步规范全市地名命名更名申报程序，全市命名住宅小区、道路、地理实体、人工建筑地名14个，注销地名1个，新建住宅楼栋编码125个，单位编码225个，发放门牌9 950块，设置道路双杆标志牌14块；开展标准地名设标规范化检查，修复30条道路138块标志牌；将5台地名触摸屏分别设置在车站、酒店等人员密集场所，为群众提供更为丰富、便捷的地名服务；承办自治区地名规划促进会；编印《克拉玛依市住宅小区现状图册》。 （刘苗苗）

【民政规划及理论研究】 2010年，克拉玛依市民政局开展市民政事业“十二五”发展规划的编制工作，发布并实施《克拉玛依市城市地名总体规划（2008～2020）》、《克拉玛依市殡葬事业发展规划2008～2020）》。《克拉玛依市民政事业发展十二五规划》已通过市政府审议。由市民政局组织人员撰写并选送的《克拉玛依市民办教育培训市场的思考》，获克拉玛依市法治论文评比一等奖；《克拉玛依市社会救助体系思考》论文在全区民政系统评比中获三等奖；4篇论文获优秀奖。全年共计向克拉玛依市政府、自治区民政厅、国家民政部提交理论研讨论文13篇，均获奖或发表在省级以上刊物上。 （刘苗苗）

【民政信息化建设】 2010年，克拉玛依市民政信息管理系统开发社会组织业务管理（包括年检、行政许可、监督管理、执法查处、档案管理、报表统计、业务培训、信访工作等）、优抚安置（包括评残、评烈等）、区划地名边界管理（包括边界管理、地址数据库、民政业务GIS应用）、社区信息管理（乡管理、村管理）、福利彩票管理、救助管理站信息、社会事务和社会救助管（收养、廉租房、社会捐赠、福利企业、福利机构等）等功能，至年底，基本完成民政各业务子系统主要功能开发，进入试运行及推广使用阶段。 （刘苗苗）

【民政项目建设】 2010年，克拉玛依市民政局通过立项，市殡仪馆及殡葬管理处迁建、西湖公墓绿化改造、西山穆斯林新、老公墓绿化改造、骨灰公墓迁建、救灾物资储备库建设6个公共服务设施建设项目已完成前期工作，独山子区殡仪馆建成完工，各区为老服务中心、站点建设取得较大进展。 （刘苗苗）

【民政部门建设】 2010年，克拉玛依市民政局完成8件人大代表建议和政协委员提案的办理工作。开展民政系统规范性文件及执法依据清理工作。党风廉政建设扎实推进，实现对所属各事业单位财务的集中管理，加大对民政资金的监督、检查力度；安全事故隐患排查、治理工作机制进一步健全，安全生产工作平稳运行；广泛深入开展政风、行风民主评议活动，聘请15名义务政风、行风监督员，在全市民政系统政风、行风建设群众测评活动中，群众满意率96%以上；深入开展机关效能建设活动，民政机关的服务效率、执行能力得到较大提高。 （刘苗苗）

【地名规划会议】 2010年，克拉玛依市规划委员会召开会议，审查通过《克拉玛依市城市地名总体规划》。由克拉玛依市政府相关部门及各区领导组成的各位评审评定，该规划基础资料完整、文本规范、内容全面、可操作性强，充分体现具有克拉玛依市特色的地名文化。评审会上，克拉玛依市副市长祝贺香指出，地名规划要积极适应克拉玛依市打造世界石油城工作目标的要求，在地名命名中突出石油城市的特色。同时要紧密结合各区性质定位，开展地名命名，构建特征明

显、传承适度、好找好记的城市地名体系。（刘苗苗）

【文明建设】 2010年，克拉玛依市民政局以创建标准化党支部为契机，进一步加强机关党支部建设。一是以开展创建领导班子好、工作业绩好、工作机制好、党员干部好、群众反映好"五好"党支部活动为载体，推进机关党支部规范化建设和管理。二是以内强素质，外塑形象，争创一流业绩为突破口，狠抓职工整体素质、工作作风、思想作风建设。三是认真落实"三会一课"制度，不断完善和提高机关支部民主生活会和民主评议党员工作质量。四是完成局机关党支部换届工作。五是全年发展1名预备党员和2名入党积极分子，有3人已递交入党申请书，支部成员与职工谈话9人次。六是开展特色活动。先后开展青年志愿者活动、青年文明号建设活动、青工文化与技术培训活动，丰富业余文化生活。团支部获市直级五四红旗支部，2名团员分获克拉玛依市、油田优秀团员和市直级优秀团员。6月，市民政局被评为市直机关标准化党支部。（刘苗苗）

慈善事业

【市慈善总会领导名单】

会长：祝贺香

副会长兼秘书长：赵红华（专职）

【基本情况】 2010年，克拉玛依市为推动慈善事业发展，加强慈善组织的领导，健全慈善组织体系，调整组织机构。第一届理事会副会长、常务理事等部分人员由于工作变动，不再担任市慈善总会理事会工作。根据《克拉玛依市慈善总会章程》，在一届六次常务理事会议上调整通过，名誉会长由徐卫喜、陈新发担任。副会长、常务理事人员由阿不力克木·艾则孜、杨平、木塔力甫·克里木担任。增补王习军、姚卫为市慈善总会常务理事。克拉玛依市、区两级慈善机构作为独立法人，市慈善总会对各区慈善协会无直接管理责任，具有指导业务的职能，按照属地管理、分级负责的原则独立开展工作。克拉玛依市慈善总会内设综合部、目的救助部2个职能科室，实有人数4人，其中处级1人，科级2人，科员1人。市慈善总会发扬人道主义精神，弘扬中华民族传统美德，发动和依靠社会各界力量，联系国内外慈善组织和知名人士，筹募慈善资金，开展社会救助，扶助困难群体，发展慈善事业，促进社会和谐文明。（赵　娣）

【资金筹募】 2010年，克拉玛依市筹集善款501.74万元，物资35 661件（市本级募款313.16万元，物资100件）；争取中华慈善总会项目2项，募集项目设备价值479万元；救助各类困难人员1 589人次，发放救助金（物品）共计207.29万元。缓解困难家庭孩子缴不起学费、特困人员生活难、就医难等突出问题，全面完成各项工作任务。（赵　娣）

【援助项目】 2010年，克拉玛依市慈善总会争取到中华慈善医疗阳光救助工程补贴项目。为白碱滩区三平路街道社区卫生服务中心、白碱滩区卫生局第二社区卫生服务中心募集到飞利浦HD6彩色多普勒超声诊断系统加彩超工作站、飞利浦心电监护仪（SU RSIGN VM6）、加拿大ICD数字化X线摄影系统（DR数字拍片机）各2套设备，总计价值399万元，实付资金154.8万元，中华慈善医疗阳光救助工程补贴资金224.2万元。争取到中华慈善总会周大福慈善爱心电脑教室免费项目，为克拉玛依区八一小学、独山子区第一小学、克拉玛依市第十六小学、克拉玛依市第二十小学4所小学争取到电脑教室援建名额，每间教室配18台电脑、18套桌椅、1台打印机、1付耳机。同时还为每台电脑免费安装最先进程序软件1套，总计设备价值80万元。（赵　娣）

【扶贫济困】 2010年，克拉玛依市慈善总会响应中华慈善总会慈善情暖万家工作安排，让慈善情暖万家活动贯穿全年。在肉孜节、古尔邦节、元旦、春节、六一节、国庆节、重阳节等重大节日期间，开展上门慰问活动。全年为1 589名各类困难人员送去207.29万元的现金或生活必需品。（赵　娣）

【捐资助学】 2010年，克拉玛依市慈善总会与企业、团体、社会各界沟通联系，充分发挥会员单位的作用，开展捐资助学活动。市、油田工会全力支持慈善助学工作，注入金秋助学项目资金74.1万元；市福利彩票发行中心集全社会1张彩票、1份爱心的力量，将筹募福彩资金80万元注入福彩助学爱心关注项目；市委组织部号召各基层党支部及全体党员开展结对助学活动，注入党支部助学结对子项目资金7.02万元；团市委号召各基层团支部开展大手拉小手结对子活动，深入校园开展企校结对、融情油城活动，使助学工作充满活力；市妇联倡导人人可慈善、人人可公益的慈善理念，通过开展爱心1元捐助活动，筹集资金帮助更多的贫困妇女儿童；克拉玛依日报社多次通过报纸宣传报道不幸家庭的困难，号召全社会伸出援手，帮助面临不幸的家庭渡过难关发挥积极作用。全市资助大中专贫困生450人，发放助学金167.18元；资助高中贫困生120人，发放助学金21.2万元，资助初中小学生82人，补贴学习费用4.8万元，实现助学工作的100%。（赵　娣）

【感恩教育】 2010年，克拉玛依市慈善总会在受助学生中广泛开展感恩教育活动。一是成立受助大学生志愿者队伍。组织受助大学生感恩祖国、感恩社会志愿服务进校园道德建设活动，通过受助大学生志愿服务进校园和参观展览馆，培养受助大学生懂得感恩祖国、感恩社会、感恩老一辈石油人打造的良好环境的意识，树立受助学生不畏生活艰辛，自强自立、互爱互助的良好品格。二是针对受资助学生不知道自己学费来源的现状，结合"爱在油城·慈善助学"活动暨克拉玛依市慈善事业10年发展图片展活动让学生回顾克拉玛依市慈善事业10年发展历史，组织46名大学生义工开展为期2天的街头募捐活动，锻炼受助学生的意志和社会实践能力。三是组织受助学生撰写《感恩祖国·感恩社会》慈善征文活动。让受助学生通过撰写体会、心得、感谢信等形式的征文，表达在受助过程中，得到的人格尊重、经济帮助、心灵呵护和精神鼓舞。征文活动有389名受助学生参加，160篇文章入选《感恩祖国·感恩社会》慈善征文集，所有参与征文活动的同学全部受到表彰奖励。（赵　娣）

【爱心捐助】 2010年，克拉玛依市慈善总会广泛开展慈善活动。曾受助已工作多年的向庭昌定期捐出每月积攒的零花钱;爱心人士盂先生定向捐款已坚持数年;爱心人士吕先生将自己省吃俭用的10万元积蓄一次性捐赠给慈善总会,用于救助困难人群;民间团体河南商会借商会成立之机向慈善总会捐资10万元,为民间团体起到公益榜样的作用。永升建设集团有限公司、三联公司、移动公司以及克拉玛依市保安服务总公司、市工商银行、地质工程有限责任公司、市邮政储蓄银行等企事业单位在克拉玛依市爱在油城慈善助学活动暨慈善事业10年发展图片展活动现场举牌认捐,均取得好的效果。 (赵 娣)

【慈善宣传】 2010年,克拉玛依市各级慈善组织与媒体合作,广泛开展慈善宣传活动。一是以活动促宣传。在市慈善总会成立10周年之际,市慈善总会组织克拉玛依市"爱在油城·慈善助学"活动暨慈善事业10年发展图片展、"慈善助学·放飞梦想"优秀贫困大学生奖励金发放仪式等8项慈善活动,在克拉玛依日报进行为期1个月的慈善宣传报道。各区慈善宣传教育活动各具特色,克拉玛依区慈善协会与区少工委共同举办"爱心援助你我·直通校园家园"为主题的系列活动,通过卷面答题、现场答题2种方式,对全区近14 000名少年儿童进行慈善知识的普及。在六一儿童节来临之际,开展爱在行动红领巾慈善捐助活动,全区15所小学的学生为第三中学的慈善爱心屋捐赠生活日用品10 881件价值5.7万元。独山子区慈善协会组织受助大学生开展"热爱伟大祖国,建设美好家园"专题教育,让受助大学生好好学习,以优异的学习成绩回报党和政府及社会各界。白碱滩区慈善协会在街道对受助学生开展"感恩·慈善"教育活动。乌尔禾区找准企业和慈善组织的共同点,做好捐赠免税宣传工作。二是借项目带宣传。市慈善总会结合2010牵手同行抗雪救灾项目、行风热线节目、周大福慈善爱心电脑教室免费援助项目等大型项目宣传活动,以专题访谈、新闻报道、网站宣传、专栏专刊等形式,宣传报道慈善项目。克拉玛依区开展情暖夕阳、阳光家园、街道月月捐、妇女1元捐等项目。独山子区开展爱心的士车队等助老、助困、助医、助残项目。通过项目宣传,吸引更多的爱心企业和爱心个人参与到慈善事业中来,推动慈善事业的发展。全年市慈善总会在中华《慈善》杂志发表宣传稿件22篇;在北疆《晨报》发表宣传稿件2篇;在《克拉玛依日报》发表宣传稿件55篇。慈善总会加强对《中华慈善年鉴》等刊物投稿和市政府网站的信息报送。市慈善总会获克拉玛依市直级宣传工作先进单位。 (赵 娣)

【队伍建设】 2010年,克拉玛依市慈善总会进一步加强慈善队伍建设。一是切实做好队伍教育培训,创建学习型组织。总会派各区、街道慈善工作者7人参加新疆慈善总会在北京举办的慈善组织能力建设培训班,培训课程包括救灾、筹募、项目管理、外事管理、财务管理、对外宣传等主要领域,使参加培训的人员对慈善工作有更全面的认识。二是不断创新慈善捐赠管理模式和运行机制。结合经常性捐助工作,在独山子区举办慈善超市建设运行模式座谈交流观摩活动,通过参观、交流,相互学习各具特色的慈善超市管理模式和运行机制,开阔慈善工作人员眼界,提高慈善超市的运作效率。三是结合慈善工作,开展创先争优活动。围绕"五个好"、"五带头"在工作中创先争优,建立党务公开制度、党员公开承诺书公示制度、党员义务奉献活动日制度、党员廉洁自律制度等。四是制定慈善长远规划。编制完成《克拉玛依市慈善事业"十二五"规划》,为实现慈善事业管理体系科学化、规范化奠定了坚实的基础。五是做好慈善档案入档工作。慈善总会被评为档案考核优秀单位。 (赵 娣)

残疾人事业

【市残疾人联合会领导名单】

市残联四届主席团主席:祝贺香

副主席:图苏江·苏莱曼、苏丽娟(4月任职)、王雪源、屈程程、艾斯卡·奴尔、朱玲、郑占营、张景河(5月离任)

执行理事会理事长:苏丽娟(4月任职)

【基本情况】 截至2010年底,克拉玛依市残疾人联合会机关内设办公室(挂市人民政府残疾人工作委员会秘书处牌子)、综合业务部两个职能科室,下属事业单位为市残疾人劳动就业服务部(挂市残疾人福利基金会牌子)。实有干部6人,其中处级1人、科级2人、科员3人。残疾人联合会履行代表、管理、服务职能;代表残疾人共同利益,维护残疾人合法权益;开展残疾就业、康复、文化、体育等业务和组织各种活动,直接为残疾人服务;承担市人民政府委托的部分行政职能,发展和管理残疾人事业。 (刘 水)

【残疾运动员获奖】 2010年3月22日,自治区残联副理事长热依汗·衣沙木丁受中国残联等机构委托,向克拉玛依市残疾人运动员青素萍、陈立平发放63.5万元奖金,鼓励她们在北京残奥会上取得优异成绩。在2008年北京残奥会上,青素萍获F57/58级女子标枪冠军,为新疆夺得本届残奥会唯一一枚金牌。陈立平在女子F56/F57/F58级标枪、铁饼决赛中,分别获第四、五名的好成绩。自治区人民政府和克拉玛依市人民政府先后召开表彰大会,对青素萍、陈立平进行表彰奖励。2010年12月,在广州举行的亚残会上,克拉玛依市残疾人运动员李玲获铅球、铁饼2枚金牌,陈立平取得铁饼第二名。 (刘 水)

【市残联第四届三次主席团会议】 2010年4月27日,克拉玛依市残联召开第四届主席团第三次会议。会议由市政府副秘书长、市残联第四届主席团副主席图苏江·苏莱曼主持。会上,克拉玛依市残联第四届执行理事会向主席团报告2009年残疾人工作,提出2010年工作意见。选举产生市残联第四届主席团副主席、执行理事会理事长。来自全市相关单位的43名市残联第四届主席团委员参加会议。克拉玛依市副市长、市残联第四届主席团主席祝贺香讲话,对自强模范、残疾人运动员等先进典型取得的成绩给予充分肯定,就进一步做好市残疾人工作提出希望和要求。苏丽娟当选市残联第四届主席团副主席、执行理事会理事长。 (张龙豪)

【创建全国白内障无障碍城市】 2010年,克拉玛依市残联扎实开展全国白内障无障碍城市的创建工作。一是建立完善白内障复明工作机制,贫困白内障患者全部实现免费手术,残疾人、低保户和低于最低工资标准的白内障患者实施复明手术的，在城镇职工或城乡居民医疗保险报销的基础上，按差额给予手术经费补助，最高一次可给予补助金额2 500元。二是协调做好城市无障碍建设的宣传、监督、检查和组织实施。开展残疾人家居无障碍的调查工作，根据残疾人的个性化要求，对有需求的残疾人、老年人家庭进行无障碍改造。三是加快设施建设。全年投入残疾人就业保障金138万元，与市广播电视局合作完成市电视台电视手语新闻节目的开播，使城市无障碍建设整体推进。先后在独山子区、白碱滩区、克拉玛依区开办4期手语培训班，对公共服务机构、医护、社区、教育、交通协管、旅游、服务行业等不同行业的500多名从业人员进行中国手语培训。至年底，自治区和国家联合检查组先后对克拉玛依市全国无障碍城市建设的创建工作进行检查验收。继克拉玛依区、白碱滩区2009年被确定为全国白内障无障碍县（区市）后，独山子区被确定为全国白内障无障碍县（区市），克拉玛依市被确定为全国白内障无障碍市。克拉玛依市成为新疆唯一一个全国白内障无障碍市。（张龙豪）

【创建全国残疾人工作示范城市】 2010年，克拉玛依市残联创建全国残疾人工作示范城市工作进展顺利。克拉玛依市市长陈新发代表市政府与中国残联理事长王新宪签署创建任务书，各区政府和各有关部门领导与陈新发签订创建任务书，切实将创建工作纳入重要议事日程。克拉玛依市成立由市委常委、独山子石化公司党委书记付德新、克拉玛依市副市长祝贺香为组长，市政府副秘书长图荪江·苏莱曼、市残联理事长苏丽娟为副组长，各区、各有关部门领导为成员的克拉玛依市创建全国残疾人工作示范城市工作领导小组，制定《克拉玛依市创建全国残疾人工作示范城市总体实施方案》、14个配套实施方案和重点工作运行大表，分解目标任务，落实责任部门。各级各部门层层签订创建任务书，将创建工作纳入到各级各部门的职责范围，纳入工作重点。4月，中国残联组联部副主任邹柏林全面考察克拉玛依市创建全国残疾人工作示范城市工作开展情况。6月，克拉玛依市召开创建全国残疾人工作示范城市工作动员会，为创建工作的全面开展奠定基础。7月，全国创建全国残疾人工作示范城市研讨会在浙江嘉兴举行。克拉玛依市残联理事长苏丽娟在大会上作题为《完善保障机制、强化服务体系、扎实开展全国残疾人工作示范城市创建工作》的交流发言。11月，克拉玛依市召开创建全国残疾人工作示范城市推进会，对照全国残疾人工作示范城市标准和《克拉玛依市创建全国残疾人工作示范城市总体实施方案》及14个配套实施方案确定的目标任务，结合全国残疾人工作示范城市验收发展指标和验收硬性指标，进行任务分解、细化。12月，市残联协调各相关单位加大创建工作的推进力度，安排部署创建工作的自检自查工作。（刘　水）

【扶残助残活动】 2010年，克拉玛依市残联深入基层调研，了解残疾人的状况，听取残疾人工作的汇报，帮助解决存在的问题。元旦、春节、五一、十一等节假日期间，各级党委、政府和社会各单位先后走访慰问500多户残疾人家庭、20多家社会福利企业和扶残助残先进单位，送去米、面、油和电视机等慰问品价值30多万元。克拉玛依市河南商会给市残联捐赠3台计算机。各类志愿者组织根据残疾人的需求，为残疾人提供清理家务、陪护照料等服务，解决残疾人的实际困难。（张龙豪）

【残联成立20周年庆祝活动】 2010年，克拉玛依市残疾人联合会开展各种形式的活动庆祝市残联成立20周年。6月27日，市政府召开市残联成立20周年庆祝大会，自治区残联副理事长王璐和市委常委、宣传部部长郭仲军出席大会，分别代表自治区残联党组、理事会和市委、市政府向克拉玛依市残联成立20周年表示祝贺。市残联与克拉玛依日报社联合举办让生命更精彩残疾人征文比赛，开展掌握一技之长、共享阳光生活残疾人幻灯片制作比赛的作品征集活动，组织3期以残疾人运动员和残疾人亲属参加的同观油城新貌、喜看油城发展的一日游等系列活动，促进残疾人的社会参与。6月27日，庆祝市残联成立20周年暨第四届残疾人艺术汇演在市群众艺术馆影剧院举行，有24个节目参加比赛。组委会精选出的17个舞蹈、小品、器乐、声乐节目进行汇报演出，近300名残疾人演员参与演出活动。其中音乐散文《你、我、他》和大合唱《好日子》获特等奖，音舞诗画《我心飞翔》等3个节目获一等奖；克拉玛依区残联、克拉玛依福利实业有限责任公司分别获突出贡献奖。（刘　水）

【残疾人社会保障体系建设】 2010年，克拉玛依市残联围绕残疾人在就业、康复、教育、生活保障等方面的实际情况和要求，加强残疾人社会保障体系的建设力度。积极协调有关部门先后出台《关于印发〈克拉玛依市安置残疾人就业奖励实施细则〉的通知》、《关于将克拉玛依市生活困难的重度残疾人纳入城乡居民最低生活保障范围的通知》、《关于克拉玛依市实行白内障患者手术经费补助的通知》、《关于印发〈克拉玛依市残疾人健康体检工作实施方案〉的通知》、《关于对克拉玛依市残疾人参加新型农村社会养老保险给予补贴的通知》、《关于对克拉玛依市困难残疾人给予临时救助的通知》、《关于对克拉玛依市灵活就业残疾人参加基本养老保险、城镇职工医疗保险予以补贴的通知》、《关于对克拉玛依市残疾学生、困难残疾人家庭学生实施免费教育和教育补助政策的通知》等10多个规范性文件，进一步完善残疾人保障制度体系，为提高残疾人的社会保障水平奠定坚实基础。（刘　水）

【工作考核检查】 2010年11月11～12日，自治区残联党组成员、纪检组长杨丰连带领自治区残联检查考核组检查克拉玛依市"十一五"期间残疾人工作情况。杨丰连在克拉玛依市副市长祝贺香陪同下，全面检查考核克拉玛依市残疾人工作"十一五"期间以及2010年度目标任务完成情况。（张龙豪）

【残疾人体育训练基地建设】 2010年，克拉玛依市残联经过协调与沟通，由新疆康采恩工业科技有限责任公司投入资金100多万元，建立集食宿、健身、训练、生活为一体的残疾人体育训练基地。自治区残联把全区残疾人运动员投掷项目的冬训任务安排在克拉玛依市。自治区残联为基地拨付资金40多万元，用于粉刷房屋和运动员生活补助。市、区两级残联关心残疾人训练基地的建设，多次深入基地现场，协调处理排水不畅、床位缺少等各种问题，市残联及时购买床、被褥、床单等用品和消毒柜、冰箱、电视机等生活用品,配备训练器材,克拉玛依区残联配备消防器材,送去米面油等必需品,确保运动员的正常训练。协调新疆油田公司矿区事业服务部减免训练基地的水、电、暖等费用。（张龙豪）

【新疆康采恩残疾人体育训练基地剪彩仪式】 2010年3月22日,新疆康采恩残疾人体育训练基地揭牌剪彩仪式在克拉玛依市白碱滩区三平镇举行。自治区残联副理事长热依汗·衣沙木丁,克拉玛依市副市长祝贺香出席仪式。（张龙豪）

【举办第五届残疾人运动会暨第二届特奥运动会】 2010年5月7～9日,克拉玛依市举办第五届残疾人运动会暨第二届特奥运动会。自治区残联副理事长热依汗·衣沙木丁,克拉玛依市委副书记、市长陈新发,市委常委、总工会主席包尔汉·卡哈尔及有关部门领导出席开幕式,同1 000多名群众观看入场仪式和开幕式大型演出。开幕式结束后,进行《和谐油城,残运同辉》大型演出。演出有生命阳光、和谐神韵、美好明天3个篇章10个节目。来自克拉玛依市的15个代表队397名运动员参加乒乓球、举重、羽毛球、射击、田径等5个大项117个小项的竞赛。大会决出金牌110枚、银牌90枚、铜牌72枚、第四名60个、第五名44个、第六名27个。陈立平在女子F54级标枪比赛中以14.82米的成绩超14.78米的世界纪录,李玲在女子F57级铁饼比赛中以28.3米的成绩超24.95米的世界纪录。领导为获优秀组织奖、体育道德风尚奖、团队精神风貌奖、团体总分前8名的单位和优秀运动员、优秀裁判员、优秀志愿者颁发奖牌和奖杯。（刘　水）

【参加自治区第五届残疾人运动会】 2010年5月16～19日,自治区第五届残疾人运动会在乌鲁木齐市举办。克拉玛依市代表团获金牌数第二名、奖牌数第二名、团体总分第二名和超三项世界纪录的优异成绩。克拉玛依代表团的45名运动员在4个大项71个小项的比赛中,获30枚金牌、22枚银牌、11枚铜牌,以423分的总成绩紧随乌鲁木齐市代表团,获本届残疾人运动会团体总分第二名。本届比赛有2人超三项世界纪录,均为克拉玛依市残疾人运动员在投掷项目上创造的。其中李玲在女子F57级铁饼决赛中以27.86米的成绩超24.95米的世界纪录、在F57级铅球决赛中以10.03米的成绩超9.79米的世界纪录,陈立平在F54级女子标枪决赛中以15.99米的成绩超14.78米的世界纪录。克拉玛依市残疾人运动员、北京残奥会女子标枪冠军青素萍代表运动员宣誓。努尔夏提·努尔、张新成等16名运动员获个人体育道德风尚奖。（刘　水）

【参加全国体育比赛】 2010年7月9～12日,在全国残疾人田径锦标赛上,代表新疆出战的克拉玛依市残疾人运动员李玲、陈立平、青素萍、于诗瑞在比赛中取得6金、5银的好成绩。此次比赛,自治区残联选派全区18名残疾人运动员参加,获奖牌15枚。其中克拉玛依市残疾人运动员4人获奖牌11枚。陈立平、李玲在女子F54级和女子F57级的铅球、铁饼、标枪项目中获6枚金牌,青素萍在女子组F57级标枪、铁饼项目中获2枚银牌。于诗瑞在女子组F60级铅球、铁饼、标枪获3枚银牌。李玲以9.98米的好成绩破女子F57级铅球全国纪录。9月,全国第五届特奥运动会在福建省福州市落下帷幕,克拉玛依市特奥运动员李超、刘煜、苏巴提、王丹丽、王志鹏、陈楚元在比赛中取得8金2银3铜的成绩。克拉玛依市残联被评为全国特奥工作先进单位,市残联理事长苏丽娟和运动员李超被评为2006～2010年全国特奥工作先进个人和全国优秀特奥运动员。市残联被自治区体育局评为自治区全民健身活动先进单位。（刘　水）

【残疾人康复】 2010年,克拉玛依市残联将残疾人康复工作作为残疾人事业发展的重点,把实施康复救助工程项目作为残疾人康复工作的主要内容。开展低视力患者筛查及配镜工作,在低视力普查的基础上,为低视力患者配发78副助视器。调查残疾人辅助器具需求,84名有需求的残疾人免费获轮椅、拐杖等辅助器具。开展全国爱耳日活动,举办克拉玛依市健康听力、享受生活助听器捐赠仪式。自治区残联副理事长热衣汗·依沙木丁出席捐赠仪式,50名听力障碍者得到免费捐赠。全年有816名残疾人接受社区康复服务,近千名残疾人参加免费健康体检,75名肢体残疾人得到康复训练,免费发放辅助器具201件。开展精神病防治康复工作,202名精神病人得到监护,52名贫困精神病人得到免费服药救助,9名精神病患者得到住院医疗救助共计32 400元,1名听力障碍儿童获5万元人工耳蜗救助款,1名孤独症儿童得到自治区抢救性贫困儿童救助项目的4 000元救助资金。（刘　水）

【残疾人就业】 2010年,克拉玛依市残联根据残疾人的愿望和企业的用工需求,做好残疾人就业工作。一是开展残疾人就业和培训意向调查,依托社会各类培训机构,做好残疾人就业安置工作。二是加强残疾人就业保障金宣传、审核和征收工作,及时沟通地税部门,解决存在的问题,全年征收残疾人就业保障金2 581万元。三是开展残疾人就业援助。通过集中就业、分散就业和个体就业3种渠道,大力扶持残疾人就业。四是做好残疾人职业技术培训,克拉玛依市、区残联和劳动部门制定切实可行的培训计划,采取多种形式,对残疾人进行定向职业技术培训,提高残疾人就业素质和就业竞争力。举办计算机、手工珠艺培训班,培训各类残疾人120人次、安置残疾人就业96人。对安置残疾人就业超过规定比例的用人单位奖励260多万元。五是完善残疾人就业的规范化管理,残联、民政等有关部门经常检查和监督各单位安排残疾人就业、残疾职工的工资、保险、福利等情况,切实维护了残疾职工的权益。8月,市残联组织各类别残疾人、残疾人工作者代表17人到上海参观以残疾人为主题的综合展馆生命阳光馆。做好第二代残疾人证换发工作。至年底,第二代残疾人证领取人数占克拉玛依市残疾人人数95%以上,超额完成自治区下达的任务。（刘　水）

【残疾人社会保障】 2010年6～8月,克拉玛依市残联对全市残疾人基本情况进行汇总、整理和分析,为做好残疾人工作做好数据支持。在克拉玛依区、独山子区和白碱滩区相继实施阳光家园计划,中央资金投入41万元、市、区两级财政配套资金32万元,为150名残疾人提供集中托养和居安安养服务。一是发挥七彩家园的典型示范作用,市3个七彩家园托养16～50岁的智力残疾人30多人;将259名生活困难的残疾人纳入城乡居民最低保障范围，实施困难残疾人临时救助政策，解决部分残疾人家庭面临的突发困难；为635名残疾人发放基本生活费165万元；为249名无业重度残疾人发放慰问金12万元；为10名残疾学生发放自强奖学金4.3万元。二是把贫困残疾人纳入城乡医疗救助范围。将低保残疾人、家庭人均月收入低于本市当年城乡低保标准1.4倍的城乡低收入残疾人、家庭人均月收入低于最低工资标准的重度残疾人列为救助对象，给予免费使用轮椅、120救护车，免收挂号费、门（急）诊诊疗费、门诊注射费和输液观察费，减半收取各项基本辅助检查费用及住院床位费、手术费、处置费和各种劳务性收费；对参加医疗保险报销后的自费部分按60%的比例给予限额2万元的救助；对救助后家庭仍然特别困难的重大疾病患者，给予临时医疗救助，救助金额5 000元。三是完善救助政策。市政府出台《关于将克拉玛依市生活困难的重度残疾人纳入城乡居民最低生活保障范围的通知》，以普惠加特惠的政策方式对重度残疾人给予倾斜照顾。对最低生活保障家庭的重度残疾人本人，全额发放低保金且不计入其家庭收入，对重度残疾人家庭月人均收入高于低保标准、低于本市当年最低工资标准的，残疾人本人享受全额低保金待遇，全年有69名重度残疾人享受特惠政策。

（张龙豪）

【残疾人教育】 2010年，克拉玛依市残联推进残疾人教育工作的深入开展，为重度残疾儿童少年提供送学、送教材上门活动，给予聋哑学校27万元的办学经费。为5名考入高等院校的残疾考生发放自强奖学金2.4万元。对考入普通高中等院校的残疾学生在发放一次性奖学金的基础上，给予80%的学费补助。出台《关于对克拉玛依市残疾学生、困难残疾人家庭学生实施免费教育和教育补助政策的通知》，加大对残疾儿童、学生及残疾人家庭子女受教育的保障力度。对接受幼儿园教育的残疾儿童和困难残疾人家庭的儿童免收入园费，对义务教育阶段的残疾学生和困难残疾人家庭学生给予每人每年500元的助学补助。

（张龙豪）

【助残宣传】 2010年，克拉玛依市残联及时协调各新闻媒体通过多种形式不断加强对残疾人事业的宣传。一是在全国助残日期间，协调克拉玛依日报社连续刊发专版，集中宣传残疾人自强模范、扶残助残先进集体和先进个人的事迹，扩大残疾人事业的宣传。二是办好专版专栏。与克拉玛依人民广播电台按照每周播出1期节目的约定，办好残疾人之声电台节目。转播克拉玛依市第五届残疾人运动会暨第二届特奥运动会开幕式和克拉玛依市第四届残疾人艺术汇演的实况6次。通过办好《关注残疾人》内部刊物和完善残联信息网站等方式，丰富残疾人事业的宣传形式和内容。三是做好励志影片的宣传放映工作。协调各有关部门做好影片《绽放》的宣传、放映工作。在自治区残联工作会议上，自治区残联代表中国残联授予克拉玛依市残联、克拉玛依区残联全国“两刊”宣传工作先进单位；市残联被自治区残联和自治区记者协会评为新疆残疾人事业好新闻评选活动组稿先进单位；市残联被克拉玛依市直机关党工委授予新闻宣传工作先进集体荣誉称号。（张龙豪）

【残疾人文化】 2010年，克拉玛依市残联开展文化助残、爱心赠书等活动，提高残疾人的文化素质和生活质量。市图书馆设立盲文及盲人有声读物区，配置电脑、耳机，电子盲文阅读器，从北京盲人出版社订购收藏盲文书刊164种328册。全市11个街道（乡）建成标准配置的公共电子阅览室，并纳入市图书馆的管理平台。其中社区（村、牧场）综合文化站有图书室96个（其中农家书屋6个），全部建立残疾人读物书架（角），设立标示牌，形成面向基层、均衡布局、便利服务、惠及百姓的四级设施网络。开展基层残疾人特艺人才摸底工作，建立特艺人才库，选拔有文艺特长的残疾人，成立市残疾人业余艺术团。安排残疾人和社会各界观看励志影片《隐形的翅膀》，举行为您的快乐和幸福心理健康讲座活动，举办市残联成立20周年让生命更精彩的主题征文比赛等活动。8月，独山子石化公司炼油厂职工徐军代表新疆参加由中国肢残人协会主办，甘肃省残联承办的西部12省区弦乐之美、走进西部肢残人诗歌朗诵邀请赛，市残联选送的作品《让我们的心去飞翔》获创作奖。9月，在第三届新疆盲人歌手及器乐独奏大赛比赛中，由克拉玛依市选送，盲人杜利均演唱的参赛曲目《火苗》获三等奖。向市政府、自治区残联信息中心，中国残联信息中心等网络媒体发送克拉玛依市残疾人事业的新闻稿件1 000多篇。（张龙豪）

【残疾人组织建设】 2010年，克拉玛依市残联率先在全区开展基层残疾人组织规范化建设工作，对照规范化建设标准，查缺补差，认真整改，夯实残疾人工作的组织基础。全市14个乡（镇、街道）都建立残联，配备残联专职干部，全面落实街道、社区残疾人专职委员的选聘工作，兴建一批残疾人服务设施，强化服务内容和服务效果，确保基层残疾人组织规范化建设的达标。联合市劳动和社会保障局、市人事局、市财政局制定《关于将残疾人专职委员纳入公益性岗位管理的通知》，将市残疾人专职委员纳入公益性岗位管理。克拉玛依市按照每60名残疾人选配1名残疾人专职委员的标准确定选配数量，全市91个社区（村）全部成立残疾人协会，有13个残疾福利企业和5个残疾人较多的大企业建立残疾人协会。在保证残协工作经费的基础上，按照每个残疾人每年50元的标准，为社区核拨残疾人活动经费，为社区残协、残疾人活动室、残疾人康复站配备文体用品和康复器材，各社区残协推出涉及残疾人生活、就业、教育、康复等方面的服务项目30多项，为残疾人提供人性化、个性化的服务。肢残人协会、智力残疾人及亲友协会、聋人协会等5个残疾人专门协会相继开展残疾人家庭联谊会、心理健康教育讲座、读书写字比赛、到魔鬼城进行郊外踏青等活动，1 000多名残疾人参加活动。（张龙豪）

【信访维权】 2010年，克拉玛依市残联协调相关部门共同开展残疾人法律救助工作。一是健全法律救助组织。建立残疾人法律救助工作站，扩大为残疾人提供法律救助的能力和范围，对需要法律帮助和服务的残疾人在咨询、文书代写、调解、代理等方面给予无偿帮助。二是为残疾人提供“三优先”的法律服务。在克拉玛依市、区、街道建立5个残疾人法律援助中心和14个残疾人法律援助工作站，形成完善的残疾人维权工作网络，各类法律服务机构和各级法律援助中心为残疾人提供优先、优质、优惠的法律服务和法律援助。三是推动残疾人驾驶汽车工作有序开展。市残联、经贸委、公安局、交通局、卫生局、工商分局、质量技术监督局联合印发《关于做好克拉玛依市残疾人驾驶汽车相关工作的通知》。加强对社会大众的宣传,倡导守法出行、文明出行,对残疾人驾驶汽车予以礼让和方便,共同营造为残疾人驾驶汽车提供便利的良好社会氛围。及时做好残疾人机动轮椅车的调查、统计、汇总和上报。四是加强普法宣传、教育工作。编印《克拉玛依市实施〈残疾人保障法〉办法》学习宣传材料,鼓励和引导广大残疾人和残疾人工作者学法、守法,运用法律武器维护自身合法权益,依法推进残疾人事业。五是加强对残疾人法律工作人员的培训,扎实做好残疾人信访工作。加强残疾人信访矛盾纠纷的摸底排查工作,做好信访工作的登记和办理,实行领导包案负责制,确保残疾人及其亲属的各类信访问题得到有效化解,维护残疾人的合法权益。六是开展残疾人政策研究工作,认真办理人大代表、政协委员涉及残疾人事务的议案、提案。加强与残疾人、残疾人亲友和残疾人工作者中人大代表、政协委员的沟通联系,为残疾人参政议政提供相关服务工作。市残联被克拉玛依市信访局评为信访工作先进单位。

(张龙豪)

【残疾人综合服务中心建设】 2010 年,克拉玛依市残联与市发改委、规划局、国土资源局等部门加强协调与配合,督促残疾人综合服务中心建设工作,确保市残疾人综合服务中心建设项目的如期立项。项目建设规模15 073.82平方米,其中综合楼11 610.26平方米,土建、装修部分3 463.56平方米。经过各方努力,将残疾人综合服务中心纳入到克拉玛依市 2011 年和"十二五"的重点建设项目,加快项目建设前期各项工作的推进力度。协调各有关单位按计划完善供热、供电、消防、排水等系统,完成项目方案设计、设计概算、岩土工程勘察等项目前期工作,为项目 2011 年开工建设打好基础。

(张龙豪)

【评优活动】 2010 年,克拉玛依市残联做好扶残助残先进集体和先进个人推荐工作。在自治区自强模范暨扶残助残先进集体和个人表彰大会上,白碱滩区科技局副局长杜民、克拉玛依区残疾人运动员青素萍获自强模范称号;克拉玛依区昆仑路街道南林社区党总支书记、主任孙义玲获扶残助残先进个人称号;市残联副理事长苏丽娟获残联系统先进工作者称号;独山子石化公司获扶残助残先进集体称号;独山子石化公司工会副主席付玉坤代表扶残助残先进集体在大会上作交流发言。 (张龙豪)

计划生育

【市人口和计划生育委员会领导名单】
主任:黄雪松
副主任:刘晓荣

【基本情况】 截至 2010 年底,克拉玛依市人口和计划生育委员会内设 3 个行政科室:办公室、宣传教育科技科、流动人口管理科;3 个事业单位:计划生育协会、药具站、计划生育技术指导所;4 个县(区)人口计生委:克拉玛依区人口计生委、独山子区人口计生委、白碱滩区人口计生委、乌尔禾区人口计生委。全委编制 23 人,其中事业编制 14 人。实有人员 16 人,其中公务员 7 人,事业编制 9 人。主要职能是贯彻执行计划生育法律、法规、规章和政策,制定人口发展规划和相关政策实施细则,推进以生殖健康、避孕节育措施知情选择为主要内容的优质服务工作,促进人口与经济社会协调和可持续发展。 (窦婷婷)

【人口计划生育实施情况】 2010 年,克拉玛依市完成自治区下达的各项责任目标,被授予目标管理责任制考核一等奖并获人口贡献奖,受到自治区表彰。至 9 月 30 日,全市计划生育管理人口 329 880人(不含生产建设兵团人口,下同),已婚育龄妇女63 030人。全年出生 2 290人,出生率 6.94‰,自然增长率 4.83‰,出生人口政策符合率 99.83%,出生性别比 104∶100,综合节育率 85.4%,人均计生事业费 45 元。

(窦婷婷)

【优生促进工程】 2010 年,《克拉玛依市生育服务证管理办法》正式实施,规定夫妻申办生育服务证,需持有婚前或孕前医学检查报告和婚孕前保健知识培训合格证。计生和卫生部门以此为契机相互配合,保障出生缺陷一级预防服务措施落实到位。一是通过举办优生优育知识培训班、孕妇沙龙等,增强待孕夫妻的预防出生缺陷知识和意识。全年有 3 000多名育龄妇女参加孕前指导培训,考试通过后取得《培训合格证》,待孕妇女优生优育知识培训覆盖面 95%。二是广泛宣传,提高免费服务落实率。全年有2 055人进行婚孕前检查,比上年增加 380%;4 000名妇女领用叶酸;436 人进行四项病毒检测。通过综合干预,克拉玛依市育龄妇女预防出生缺陷知识知晓率显著提高。三是专业咨询指导机构初步建立。市人口计生委分别与市人民医院、市中心医院合作开办妊娠营养咨询门诊和孕前优生咨询室,促进优生优育工程顺利进行。 (窦婷婷)

【人口早期教育】 2010 年,克拉玛依市人口和计划生育委员会继续做好人口早期教育工作。一是更新教育理念。选派 60 名计生干部、幼教老师赴上海参加人口早期教育培训班。计生委、教育局联合开展人口早期教育观摩课活动,搭建早教老师交流平台。二是加强基础建设。财政投入早教经费 20 万元,对原有早教园区装修扩建,开设新的早教中心。三是抓好检查落实,为人口早期教育提供保障。全年开展早期教育13 666 人次,比上年提高 26%。5 月,独山子区第一幼儿园通过克拉玛依市人口计生委验收,获中国人口早期教育暨独生子女培养示范基地称号。 (窦婷婷)

【生殖健康管理】 2010 年,克拉玛依市人口和计划生育委员会做好生殖健康管理,取得好的效果。一是在克拉玛依区小拐乡和乌尔禾区乌尔禾乡开展农牧民生殖健康项目,全年为 354 名农牧民进行妇女病普查,占农村已婚育龄妇女的 77%。对患妇女常见病的 168 名农牧民免费治疗,跟踪随访。通过项目实施,建立农牧民育龄妇女生殖健康档案,掌握其生殖道疾病的基本情况,提高农牧民生殖健康知识知晓率,增强妇女防护意识。二是联合卫生部门展开人流状况调查。2~9 月,全市调查终止妊娠人员 900 多人,通过分析年龄、婚姻、职业、避孕等情况,采取针对性干预措施降低人流比,保护妇女身心健康。截至 9 月,克拉玛依市的人流数比上年同期下降 54%。 (窦婷婷)

【完善利益导向机制】 2010年，克拉玛依市人口和计划生育委员会进一步完善计划生育利益导向机制，重点组织调研中央驻克拉玛依市企业家属工、地方企业退休职工的一次性奖励落实问题，梳理摸底全市18 000多名家属工。针对部分未兑现人员，根据市委、市政府领导的批示意见，与各中央驻市企业进行协调，形成解决方案，落实一次性奖励政策。（窦婷婷）

【流动人口计划生育管理】 2010年，克拉玛依市有流动人口8.4万人，其中跨省流动人口6.4万人。克拉玛依市被国家确定为全自治区唯一的全国流动人口计划生育基本公共服务均等化试点城市。市人口和计划生育委员会强化流动人口计划生育服务管理，做好相关工作。一是强化综合治理，加强流动人口计划生育管理力度。计生与教育部门联合审核入学新生家庭《流动人口婚育证明》5 646人。与公安户籍部门配合审验落户申请1 956人，查出计划外人员25人，征收社会抚养费12人。二是实现网格化服务管理，实现全市网格化服务管理一盘棋模式。按照以点带面、循序渐进原则，确定6个街道为市级流动人口示范点。三是密切合作，强化流动人口信息采集。利用综治委建立的流动人口综合动态信息平台，充实和完善自治区、国家流动人口计划生育信息平台的采集、反馈和维护工作，实现流动人口计生信息实时变动、异地查询。四是加强技术服务，扩展流动人口计划生育服务内容。为流动育龄妇女进行生殖健康检查，建立服务档案。全年办理生育联系卡415人次，向怀孕妇女278人发放叶酸，有218人次参加早教培训，162人次参加新生命培训。（窦婷婷）

【人口信息化建设】 2010年，克拉玛依市人口和计划生育委员会在全市开展人口信息系统建设工作。全年采集、录入常住居民112 658户、250 348人的人口信息，录入率76%，基本建立人口数据库，实现预期目标。（窦婷婷）

【工作会议】 2010年2月，克拉玛依市召开人口与计划生育工作表彰大会。市政府依据责任目标考核结果，决定授予克拉玛依区人口和计划生育目标管理责任制考核一等奖；授予白碱滩区、独山子区、乌尔禾区人口和计划生育目标管理责任制考核二等奖；授予克拉玛依市总工会、市政府办公室、市教育局、市公安局、市民政局、市财政局、市人事局、市卫生局、市直机关党工委人口和计划生育综合治理优秀单位；授予市委宣传部、团市委、市发展和改革委员会、市科技局、市民族宗教事务委员会、市监察局、市司法局、市劳动和社会保障局、市国土资源局、市建设局、市环保局、市农林牧业局、市人口与计划生育委员会、市广播电视局、市文化局、市审计局、市统计局、市编委办、市工商行政管理局、市食品药品监督局、市妇联人口和计划生育综合治理达标单位。会议要求各区、市政府各部门加大对人口和计划生育工作的领导力度，在计划生育家庭奖励扶助、优质服务、综合治理、经费投入等方面创出新经验、新方法，形成政府主导、部门联动、社会参与、齐抓共管、统筹解决人口问题的工作格局，完成自治区下达的各项人口和计划生育责任目标。（窦婷婷　郑　立）

老龄工作

【市老龄工作委员会办公室领导名单】
主任：李显坤
专职副主任：沙占勇

【基本情况】 2010年，克拉玛依市老龄工作委员会办公室挂靠市民政局，为全额拨款事业单位，有编制6人，实有4人。内设综合科和宣传维权科两个职能科室。主要负责克拉玛依市老年文化体育活动、敬老教育宣传活动、老年维权与保障、老年优待证发放管理、居家养老管理等职能，依据党和国家方针政策做好老年服务工作。至年底，克拉玛依市常住人口27万多人，其中60周岁以上老年人3.56万人，占全市总人口的12.8%，老龄化程度进一步加剧。全年组织参加自治区老龄办干部培训和各区举办业务培训5期，培训区、街道、社区老龄干部78人。（刘　健）

【老龄委全会】 2010年3月2日，克拉玛依市召开老龄工作委员会第八次全体会议。来自市老龄委各成员单位及街道、社区的代表98人参加会议。会议由副市长祝贺香主持，市老龄办专职副主任沙占勇作题为《关注民生、构建和谐、努力实现克拉玛依市老龄事业又好又快发展》的工作报告。会议对2009年老龄工作进行回顾，安排部署2010年老龄工作任务。市政府副秘书长图荪江·苏莱曼宣读《关于表彰克拉玛依市老龄工作先进单位、先进个人的决定》，为10家获克拉玛依市老龄工作先进单位称号的部门、单位授牌。会议结束时，市、油田党委常委、总工会主席包尔汉·卡哈尔作讲话，对做好2010年老龄工作提出四点要求：一是要加快发展居家养老事业，满足老年人高质量的养老需求。二是要进一步加强老年维权工作，切实维护好老年人合法权益。三是要充分发挥老年群众组织和老年人的作用。四是要强化宣传教育，不断丰富老年人的精神文化生活。（刘　健）

【创建活动】 2010年，克拉玛依市老龄工作委员会办公室按照自治区老龄委《关于开展全国、自治区老龄工作先进单位和先进个人评选表彰活动的通知》和《关于进一步深入开展老龄工作先进单位、先进个人评选表彰活动的补充通知》精神，统筹规划、周密部署，确保创建工作的顺利开展。各级领导做到高度重视，认识明确统一；建立工作网络，形成创建合力；创建目标明确，工作扎实有效；社会参与，全民关怀，调动社会各界力量，推动老龄事业发展。在克拉玛依区、白碱滩区和独山子区自查、整改的基础上，4月10～13日，市创建工作领导小组办公室抽调专人，对照创建工作组织领导坚强有力、敬老宣传教育广泛、老年政策法规落实、养老保障水平逐年提高、为老服务设施健全、老年人精神文化生活丰富和创建机制有效7条标准，通过听取创建工作汇报，实地检查，查看资料等方式，全面考核验收申报全国和自治区老龄工作先进单位的克拉玛依区、白碱滩区、独山子区和新疆油田公司退管中心的创建工作，克拉玛依区97.9分，白碱滩区93.5分，独山子区95.8分，新疆油田公司退管中心100.6分。11月，经自治区和国家创建全国老龄工作先进区领导小组审核，克拉玛依区、油田公司退管中心被评为全国老龄工作先进单

位；白碱滩区、独山子区被评为自治区老龄工作先进单位；克拉玛依区委副书记、区长张虎被评为全国老龄工作先进个人。（刘 健）

【老年文体活动】 2010年，克拉玛依市老龄工作委员会办公室不断丰富老年人精神文化生活，提高老年人生命生活质量。4月，与市旅游局、体育局、乌尔禾区政府共同组织举办以老年人为主体的“我和春天有个约会”系列旅游活动。活动形式多样，内容丰富，有踏春游、体育游、徒步游、民俗游和观光游等活动内容，有5 600多名老年人参加活动。5月19日，由市老龄办、油田公司退管中心主办，市老年协会协办的克拉玛依市中老年门球比赛正式开幕。参加比赛的队伍有24支，经过132场激烈比赛，克拉玛依区天山街道一队等获团体比赛第一名至第八名。5月24日，市老龄办与油田公司退管中心组织太极拳（剑）比赛，有24支队伍参加比赛，8支队伍获奖。8月12～13日，市老龄办与市旅游局、克拉玛依区、市老干局、油田公司退管中心共同组织第八届千名老人游油城活动，有1 000多名老人参加旅游活动。7～8月，市老龄办组织参加自治区老年文化艺术节活动。经过各区和相关成员单位选拔、收集整理，收到上报节目24个、书画作品30幅。经过市专家评审组评审，评选出《美丽的新疆》等优秀节目作品16个（一等奖5个、二等奖5个、三等奖6个）。克拉玛依区老年协会获优秀组织奖。克拉玛依市推荐出8个节目、8幅书画作品参加自治区比赛。经自治区专家评审组的评选，克拉玛依市推荐的3个节目分别获自治区老年文化艺术节的一、二等奖，3幅书画作品分别获二、三等奖，克拉玛依市老龄办获此次艺术节的优秀组织奖。9月10～13日，举办自治区第五届老年人运动会，来自12个地区、代表队的700多名老年运动员参加门球、台球、乒乓球等13个竞赛项目的角逐。油田公司退管中心获最佳组织单位奖。至年底，克拉玛依市各类老年文化团体190个，文体骨干7 400多人，经常参加活动的老年人17 000多人。（刘 健）

【敬老宣传月活动】 2010年9月，是自治区第12个敬老宣传月。克拉玛依市老龄工作委员会办公室依靠老龄工作委员会各成员单位，开展形式多样、内容丰富的老年宣传、文体及健康知识普及活动，深入基层为老年人办好事、办实事，取得显著的社会效果。一是开展慰问走访活动。在自治区老人节前，市委、市政府领导带领老龄、民政等部门领导，慰问看望高龄、少数民族老人代表和200多名入住6所养老机构的孤寡和特困老人，送去慰问品和慰问金，把党和政府及全社会的关怀带给各族老年人。在自治区老人节前，市委、政府发布《致全市各族老年朋友的慰问信》，《克拉玛依日报》刊登，广播电视播录。市老干局对35名离退休职工进行慰问。各区党委、政府开展走访慰问活动。油田公司退管中心领导分别慰问公司所属离休干部、新中国成立前参加革命工作退休工人及遗孀1 490人，发放离退休职工“双节”慰问金26 283人，总计1 600多万元。独石化公司离退处发放离退休职工双节慰问金3 729人，总计228万元。在中秋节、国庆节到来之际，为4 880名离退休职工和职工遗属发放大米、清油、牛奶、月饼，上门慰问。二是开展老年文体活动。9月，市老龄办和退管中心承办自治区第五届老年人运动会，来自12个地区的近千名老年运动员参加比赛。各区、各单位结合实际广泛开展摄影书画、诗歌朗诵、演讲、文艺演出、门球、乒乓球、柔力球、厨艺大比拼、金婚老人庆典、百岁老人生日祝寿、夕阳艺苑才艺展、太极拳（剑）、健步走、趣味运动会等活动。克拉玛依区银龄风采、独山子区举办的热爱伟大祖国，建设美好家园为主题的第三届中老年书画摄影比赛和关注老年生活、尽我最大职责的第六届快乐老人健步行活动以及市老干局的树敬老之风，建美好家园诗文朗诵比赛、退管中心开展的五好离退休职工、“三节”书画摄影展尤其亮点突出，有35 400多名老年人参与其中。三是敬老助老，认真落实《优待规定》。克拉玛依市为1 000多名80周岁高龄老人进行健康体检，投入健康体检费50多万元。为60多名90周岁以上老人发放特殊生活补贴。四是组织讲座，加强老年教育。各区、各单位开展老年健康、医疗保险知识、中老年人日常口腔保健以及传承美德、弘扬孝道、构建和谐为主题的知识讲座等活动。五是加强宣传工作。广播电视、克拉玛依日报通过专题栏目大力宣传报道新时代敬老、爱老、助老的先进典型，在全社会形成敬老助老的良好氛围，增强全民的敬老意识。各区、成员单位加大宣传工作力度，向新闻单位投稿，办好老龄信息宣传简报。采取不同形式大力宣传“一法”、“一条例”等相关法律知识。9月，全市悬挂横幅224条，黑板报60多块，组织学习“一法、一条例”培训3 600多人次。（刘 健）

【主题教育活动】 2010年4月26日，克拉玛依市老龄工作委员会办公室会同市民政局、教育局、广播电视局、团市委、妇联、关工委等7部门联合下发《关于组织开展第四届全国敬老爱老助老主题教育活动评选表彰工作的通知》，要求按照自治区的工作部署，各区原则上推荐孝亲敬老之星各1名，推荐克拉玛依市敬老模范单位1个。各区老龄办按照《通知》精神，自下而上层层选拔，开展评选推荐工作。经过各区层层推荐并经市主题教育活动组委会审定，向自治区推荐王群、薛钰、赵文莲、吐亚4人为自治区和全国孝亲敬老之星，推荐吐亚为中华孝亲敬老楷模，推荐克拉玛依市克拉玛依区为敬老模范单位。12月15日，全国敬老爱老助老主题教育活动组织委员会下发《关于表彰2010年中华孝亲敬老楷模、中华孝亲敬老楷模提名奖、全国孝亲敬老之星和全国敬老模范单位的决定》，授予克拉玛依市薛钰、王群、赵文莲、吐亚4人为全国孝亲敬老之星，克拉玛依市克拉玛依区为敬老模范单位。（刘 健）

【老年调研及维权】 2010年3月，克拉玛依市老龄工作委员会办公室组织市老年协会相关人员对4个区和相关成员单位，就老年维权问题进行为期1周的调研，在调研的基础上，起草克拉玛依市老年维权工作调研报告，为市委、市政府决策，进一步加强老年维权工作奠定基础。6月，召开市老年维权工作经验交流会，市老龄委制定下发《关于征集老龄优秀调研报告、论文的通知》，对老龄工作进行理论探讨。10月，对征集的各区、各单位老龄优秀调研报告、论文进行评审，评选一等奖4个、二等奖5个、三等奖7个、优秀奖16个。至年底，全市四级老年维权组织机构有110个，3个区建立法律援助老龄办工作站，在法院设立老年法庭,老年人权益得到保护。司法部门做好老年人法律援助和法律服务工作,全年办理老年人赡养费追索、再婚财产分割等法律援助案件185件,接待解答老年人来访咨询2 000多人次,免收老年人代理费、咨询费30多万元。做好老年人的来信来访接待工作,接待老年人2 586人次,为维护老年人权益提供保障。 (刘 健)

【老年优待管理】 2010年,克拉玛依市老龄工作委员会办公室老年优待工作扎实推进。一是贯彻落实《克拉玛依市优待老年人规定》,注重落实老年人的各项优待。对有本市常住户籍且年满90周岁以上的高龄老人按标准每月发放200元或300元的特殊生活补贴,为80周岁以上的高龄老人进行健康体检。二是做好老年人优待证的发放管理工作,全年办理老年人优惠服务证183本,老年人优惠待遇证1 590本。 (刘 健)

【老龄“十二五”规划编制】 2010年,克拉玛依市老龄工作委员会办公室委托全国社工协会专家、学者在科学评估“十一五”规划的基础上,精心编制《克拉玛依市老龄事业发展第“十二个”五年规划(2011~2015年)》。结合克拉玛依国民经济和社会发展的实际,在深入分析克拉玛依人口现状及特点、发展现状及存在问题的基础上,对2011~2015年克拉玛依市老龄事业发展做出全面规划,明确指导思想、基本原则、发展目标、主要任务和措施与建议。《规划》已在征求相关部门、单位意见的基础上进行规划多次修改。至年底,规划已通过规划评审,上报市政府。 (刘 健)

【为老服务】 2010年,克拉玛依市老龄工作委员会办公室为老年人办实事,好事常态运行。市委、市政府领导在自治区老人节等节日慰问看望高龄、少数民族老人代表和入住养老机构的孤寡和特困老人,送去慰问品和慰问金。各区党委、政府及油田公司退管中心开展走访慰问活动。全年走访慰问5 000多人,发放慰问金26 000多人,总计1 800多万元。市建设局、市残联、市老龄办、各区政府开展创建无障碍建设城市活动,加快推进综合服务设施、公共场所的无障碍建设和设施改造。 (刘 健)

【老年人社会保障】 2010年,克拉玛依市老龄工作委员会办公室进一步做好老年人社会保障工作。一是基本养老保险和最低生活保障制度不断完善。至年底,全市国有企业离退休人员的基本养老金按时足额、100%社会化发放。市民政局实施城乡居民最低生活保障制度,将符合条件的180名贫困老年人全部纳入低保范围,实现应保尽保。市计生委推行计划生育家庭奖励扶助制度,享受此政策的老年人5 284人。二是全面实施新型农村社会养老保险。至年底,已有80%符合条件的农牧民登记参保缴费,其中有331人享受新型农村养老保险待遇。小拐乡签订《家庭赡养协议》,乌尔禾乡拟开展试点工作。至9月,油田公司退岗职工家属有11 613人补费,办理参加养老保险统筹的手续。老年医疗保障和卫生服务得到加强,克拉玛依市已有32 000名离退休老人享受医疗保险。举办多种形式的社区健康教育活动,每年为60周岁以上老年人免费接种流感疫苗,累计58 600多人。 (刘 健)

【银龄行动】 2010年6月5日,上海援助新疆第八期银龄行动老年志愿者一行7人抵达克拉玛依市。7日,定点进行实施援助行动,援助日期截至7月30日。老年志愿者年龄最大的70岁,志愿服务项目为中医内科、妇产科、眼科、骨科、内分泌科、类风湿科、烧伤整形科。分别在克拉玛依市中心医院、市人民医院和市第二人民医院援助。7名专家援助均以门诊坐诊为主,每周一到周五早晨开设专家门诊,下午在病房进行教学查房,根据病例讲解治疗方案。专家手把手传授经验和技术,培训学科带头人、解决疑难病症、会诊、查房、手术示教、学术讲座等。医疗专家接待治疗门诊病人4 500人次,教学查房134次,普通查房59次,科室专业讲课19次,全院讲课3次,指导手术13次。安排2批次、专家3人次到乌尔禾乡开展医疗服务,服务对象329人次,举办面向油城市民的健康讲座1次,听课人数500多人。 (刘 健)

【居家养老服务】 2010年,克拉玛依市老龄工作委员会办公室加快居家养老服务进程。一是制定有关政策。为应对人口老龄化的趋势,切实解决有限的养老资源与急剧增长的养老需求之间的突出矛盾,制定《克拉玛依市关于全面推进居家养老服务工作的指导意见》,从目标任务、基本原则、居家养老服务方式、组织实施和保障措施等方面做出明确规定,5月,以市政府办公室文件下发各区、各单位。二是加快养老服务基础设施建设。克拉玛依老年活动中心已完成主体建设。黑油山公园老年社区项目已开工,由市城投融资进行建设。确定的5个居家养老日托中心开工顺利,其中油南、文明、拓湖居家养老日托中心已竣工验收。风华、城西古北、古南、北斗新月、黎明曙光、前进社区居家养老日托站已陆续开始运行。东风、红旗民主、教育、幸福永安社区日托站正在选址或建设中。白碱滩区老年服务中心已投入运行,做到管理规范,服务到位。三是评估服务对象。全年评估老人266名,其中健康老人18名,重度依赖老人55名,轻中度依赖老人193名。累计重度依赖上门护理的老人276名,服务时间9.1万小时,随着居家养老日托中心(站)陆续完工,投入使用后日托场所累计为1 903名老人提供服务。四是统一政府购买服务项目价格。进一步规范居家养老服务机构行业标准,统一政府购买服务项目价格、各服务场所基本生活照料服务项目(配餐、理发、临时托养)等价格。规范各居家养老服务中心引入的服务商提供的服务项目价格,按照至少低于市场价的20%标准执行。 (刘 健)

【老龄信息宣传】 2010年,克拉玛依市老龄工作委员会办公室宣传工作进一步加强。广播电视、克拉玛依日报通过专题栏目大力宣传报道新时代敬老、爱老、助老的先进典型,在全社会形成良好敬老氛围。《克拉玛依日报》围绕居家养老、银龄行动等出专版8期,采用稿件100多篇。出《油城老龄信息》14期,使用信息380多条。上报自治区老龄办宣传通讯共计76条,新闻媒体采用老龄信息486条。不断加强信息化建设,完善油城老龄网站。市老龄办和克拉玛依区老龄办被自治区评为老龄信息宣传工作先进单位。 (刘 健)

【老年教育】 2010年,克拉玛依市、区老年大学进一步规范教学管理工作,在传统书画、舞蹈等专业的基础上,增设数码摄影、理财等专业课程,办学规模逐步扩大、办学质量不断提高。全年开办 31 个班级，招收学员 800 多名。市老年协会与市高血压病防治协会共同开展老年健康教育活动，受益老年人2 800多人。市老年协会注重整合资源、形成合力，与市高血压病防治协会共同开展老年健康教育，致力于提高高血压及相关疾病的防治意识，开展科普宣传活动下社区活动。协会结合卫生宣传日活动，举办 4 场大型科普知识讲座，免费为社区居民测血压 665 人次、随机健康咨询 385 人次、参加社会公益活动 4 场次。同时高血压协会发挥自身的医学优势，与市中心医院、克拉玛依区银河街道共同合作，就高血压个性化健康教育示范街道为主题，首创克拉玛依市第一个健康城市试点街道，每周三定期进行营养与高血压健康教育和健康咨询。（刘　健）

离退休职工管理

【油田公司离退休管理中心领导名单】

党委书记：康明礼

党委副书记、主任：樊小哲

党委副书记、纪委书记、工会主席：蒲光勇

副主任：阿合买提江·坎吉、陈科

【基本情况】 2010 年，新疆油田公司有离退休职工28 514人（含准东公司2 058人、新疆石油学院 233 人、克拉玛依职业技术学院 244 人）。退管中心直接管理离退休职工25 979人，其中党员11 405人；离休人员 314 人；退休人员25 478人；妇女9 895人；少数民族4 455人；生活不能自理 368 人；精神病患者 295 人；工伤、职业病人员1 797人。离退休职工中，年龄在 60～69 岁人员有7 679人；70～79 岁人员有7 048人；80 岁以上人员有 957 人。全年去世离退休职工 439 人，新增离退休职工 987 人。离退休职工管理中心机关内设党政办、组织人事科、纪委办、财务科、管理科、文体科、综合科、工会办、计划生育办、采购办 10 个科室。中心下设东区总站、西区总站、南区总站、北区总站、白碱滩总站、乌鲁木齐明园 6 个退管总站和干休所 7 个副处级单位。6 个退管总站管辖36 个退休管理站。中心有在册职工 643 人。（刘　伟）

【管理服务】 2010 年，油田公司离退休职工管理中心深入开展离退休职工之家创建活动，修订完善创建考核验收标准，加强创建实施计划制定、氛围营造、督促检查、考核验收等过程管理，经年底考核验收，3 个退休站被评为模范离退休职工之家、12 个退休站达到离退休职工之家标准。制定发布《离退休服务工作规范》、《退休站活动场所保洁质量规范》、《离退休信息统计工作规范》，完善管理服务质量控制标准和量化考核体系。完成集团公司离退休职工管理信息系统数据采集、录入，并接入系统上线运行。组织近2 000名离退休党支部书记、离退休职工代表就近就地参观油田发展、工农业生产、油城新貌，先后分 3 批组织 78 名离退休职工赴上海观摩世博会。组织专人整理收录老年饮食保健、养生益寿等方面的知识，编纂成近 30 万字的《老年保健养生小常识》，印发离退休职工 1.35 万册。全面推行为老服务全程代办制，将日常服务从退休站点延伸至老职工家中。全年累计为离退休职工粘贴药费单据 166.42 万张，报销医药费 1.02 亿元；办理住院陪护6 602人次；家访离退休职工16 477人次；上门慰问离退休职工7 764人次；处理老职工后事 439 起，协助处理离退休职工家属后事 69 起，离退休职工服务满意度 98%。获全国老龄工作先进单位称号。（刘　伟）

【维稳信访】 2010 年，油田公司离退休职工管理中心落实维稳信访长效机制，注重通过来信来访了解离退休职工的思想动态和生活状况，妥善解决离退休职工的合理诉求，全年受理老职工来信来访 216 件，结案率 100%，信访量比上年下降 14%。坚持矛盾纠纷预先排查化解，定期召开信访工作分析会，健全完善突发事件应急预案，研判排查不稳定因素，落实责任，包案到人，有效化解 3 起群体事件苗头、14 起个体不稳定因素。加大困难人员帮扶力度，健全离退休职工及遗属困难帮扶档案，关心帮助生活困难人员、看望慰问生病住院人员、资助身患重大疾病人员，救助、借助老职工 1 236人次，发放借救助金1 064万元。（刘　伟）

【思想政治教育】 2010 年，油田公司离退休职工管理中心坚持抓好离退休职工的政治理论教育，全年采取举办专题报告会、学习辅导、座谈讨论等多种形式，开展政治理论教育、形势政策教育、公民道德教育等各类宣讲教育活动 263 场次，学习教育覆盖面 75%。以开展民族团结年活动为载体，以爱祖国、爱新疆、爱油田、爱克拉玛依为主题，全年开展热爱伟大祖国、建设美好家园主题教育宣贯以及谁是我们的敌人，谁是我们的兄弟姐妹大讨论、民族团结主题演讲等活动 40 多场次，参与 1.2 万多人次。加大离退休工作宣传力度，全年在省部级刊物上发表宣传稿件 349 篇、市属媒体上发表 780 篇；在《克拉玛依日报》刊载专刊 11 期；与广播电台合办老人世界栏目 46 期；与电视台联合拍摄制作离退休工作专题片。油田公司、矿区主页采用信息 195 条；自办老年简讯 6 期；利用门户网站发布信息报道1 596条，制作宣传专题 3 期，门户网页点击率 5 万多次。（刘　伟）

【党组织建设】 2010 年，油田公司离退休职工管理中心以党组织争先科学发展、党员争做油城先锋为实践载体，按照"五个好"、"五带头"和公开承诺的目标要求，在各级党组织和党员中广泛开展形式多样的创先争优活动。深化离退休职工党支部建设目标管理和五好党支部创建，大力推行党支部"四个一"组织活动模式，为离退休职工党员发放学习资料 1.1 万多册，组织 203 名离退休职工党支部书记外出考察学习，实现离退休职工党支部组织健全率、活动正常率、党员纳入管理面"三个"100%。规范老年党校和党建活动室建设，老年党校全年授课 90 场次，培训离退休职工党员 6 000多人次，全年各级党组织利用党建活动室上专题党课 200 多场次。4 月下旬，召开创建"五好支部"工作经验交流会，对 25 个党支部的典型经验作大会交流和宣传推广。七一前，走访慰问高龄党员、困难党员 800 多人，召开庆七一总结表彰大会，表彰 20 个先进党支部、10 名优秀党支部书记、151 名优秀共产党员，命名 2008～2009 年度标准化党支部 23 个。（刘　伟）

【老有所为】 2010 年，油田公司离退休职工管理中心健全各级关工委组织，广泛开展设岗定责、"五比五看"、"五好"

离退休职工评比等活动，组织“五老”人员在社区建设、关心教育下一代、维护社会治安等方面发挥作用。全年累计组织3 000多人参与小区保洁、公共设施维护、为民服务等义务奉献活动，近2 000人参与社区、退休站的治安巡逻，参与关心教育下一代工作“五老”人员4 000多人次。 （刘 伟）

【老年文体】 2010年，油田公司离退休职工管理中心根据现有文体设施、活动场所条件和老职工的需求，着力推进活动场所标准化、规范化、人性化建设，充分发挥场地设施应有效能，广泛组织老职工开展科学健康的各种日常文体活动，全年离退休职工参加退休站组织日常活动124万多人次，活动参与率56%，活动设施利用率99%。举办离退休职工运动会、少数民族离退休职工书法现场赛、离退休职工健身成果千人展示等活动；协助市体育局、老龄委举办市中老年太极拳剑比赛、门球赛、残疾人运动会开幕式表演等10多项大型赛事；完成自治区第五届老运会（北疆赛区）承办任务。全年组队代表市、油田参加全国、自治区和集团公司各类比赛，获43个团体奖项、72个个人奖项。加大对各老年文体协会的指导支持力度，新成立老年健身气功协会，挖掘培养离退休职工文体活动骨干600多名，全年累计为各协会投入活动经费80多万元。加强老年大学基础建设，规范学籍注册、教学督导、质量评估等教学管理工作，新开办4个教学点，新增民族舞蹈、数码摄影等特色专业课程，全年办班52班次，招收学员1 524名。 （刘 伟）

【健康安全环保】 2010年，油田公司离退休职工管理中心深入开展安全环保基础年活动，严格执行安全生产责任制，全面落实直线责任、属地管理。加强工作人员及老职工安全环保教育，坚持安全经验分享、危害风险识别、隐患排查整改，全员安全意识明显提高。全面开展HSE管理体系建设，完成管理手册、程序文件和作业文件的编写，HSE管理体系首次内审后顺利投入运行。深化会岗位职责、会操作规程、会岗位风险、会防范措施、会应急预案“五会”达标和无违章、无隐患、无事故、无污染“四无”退休站创建活动，加强施工现场、活动场地、道路交通、大型活动的安全检查，严肃整治“三违”行为，突出抓好职工执行《反违章禁令》安全行为习惯养成，杜绝各类事故发生，被评为油田公司安全生产先进单位。 （刘 伟）

【基础设施建设】 2010年，油田公司离退休职工管理中心加强基础设施建设，润福退休站、钻井三站新建项目完工。全年完成矿区服务事业部基建维修整改资金554万元，对9个退休站进行维修改造，更新一批活动器材和办公用品。加快中心计算机信息网络建设，完成中心门户网站的改版升级，实现中心、总站、退休站计算机三级网络办公。 （刘 伟）

【财务资产管理】 2010年，油田公司离退休职工管理中心加强财务资产内部控制，理顺管理流程，强化财务预算管理、审批程序和费用控制，规范和优化合同管理流程，深入开展节约挖潜、降本增效活动，全年支出经费总额结余30万元，挖潜降本节约76.9万元，完成矿区服务事业部下达的经费控制指标。 （刘 伟）

【队伍建设】 2010年，油田公司离退休职工管理中心落实“四好班子”创建工作，严格执行民主集中制，坚持“三重一大”问题集体讨论决定，推进惩治和预防腐败体系建设，各级领导班子成员思想理论水平和廉洁自律、引领发展的能力得到进一步提高。健全完善干部公开选拔、竞争上岗和考核评价体系，16名干部走上科级领导岗位，干部队伍结构得到优化。扎实推进学习型机关、学习型团队、学习型单位建设，广泛开展读书活动、技能竞赛、岗位练兵、交流研讨等学习活动，举办首届服务员“六清楚”技能大赛。加强职工培训，分3批组织99名管理人员赴上海参观世博会；在新疆培训中心先后举办2期服务人员培训班、2期管理人员培训班、1期统计人员培训班，共计培训198人；派外参加各类培训282人。中心推进企业文化建设，在《油田公司企业文化手册》框架内，结合时代特征、油田特色、离退休工作特点，制定企业文化建设实施方案，着力抓好办公、活动场所企业文化宣传牌和标识等视觉形象的宣传，广泛开展离退休工作核心理念用语、中心厂歌征集活动，推动企业文化的传播与落地。 （刘 伟）

民族宗教

【市民族宗教事务委员会领导名单】
主任：吾拉木丁·依布拉音
副主任：吾提库尔·毛拉洪、蔡德忠

【基本情况】 截至2010年底，克拉玛依市民族宗教事务委员会内设3个科室：宗教科、民族科和办公室，有人员11人，下设1个伊斯兰教协会，有1个宗教活动点，有宗教活动场所21个。主要负责克拉玛依市党的民族宗教政策的宣传、学习和贯彻以及克拉玛依市宗教活动场所的管理、宗教人士培训和民族团结进步教育等工作，依法行使民族宗教管理职权。市民宗委对申请民族成分更改并符合条件的24人更改民族成分。 （热西旦）

【民族团结进步教育】 2010年，克拉玛依市委成立克拉玛依市民族团结进步教育工作领导小组，下设民族团结教育办公室。领导小组办公室设在市民宗委，负责全市民族团结教育活动的创建工作。市民宗委拟定出市民族团结教育工程建设提纲，包括民族团结教育5年规划、考核细则等制度。11月23日，组团参加自治区民族工作会议暨第六次民族团结进步表彰大会，独山子石化公司、油田公司百口泉采油厂2个单位获自治区民族团结模范单位；油田公司井下作业公司黎建东等4人获自治区民族团结模范个人。组织人员开展慰问活动，慰问17名民族团结先进个人和2009年获全国民族团结进步模范称号的先进个人，并推荐参加国家民委、自治区民委组织的民族团结进步模范代表参观团。 （热西旦）

【少数民族传统体育运动会】 2010年5月15日，克拉玛依市民族宗教事务委员会会同市体育局举办第二届少数民族传统体育运动会。来自克拉玛依区、独山子区、白碱滩区和乌尔禾区4个区的276名运动员参加运动会的速度赛马、且里西（维吾尔族式摔跤）、绊跤（中国式摔跤）、博克（蒙古式摔跤）、斗鸡、斗羊、扳手腕、押加（背式拔河）和国际象棋9个项目的竞赛。组团参加在哈密举办的自治区第七届少数民族传统体育运动会，克拉玛依市参赛项目有民族式摔跤、押加、高脚竞速、国际象棋4个项目，有32名运动员参加竞赛。获银牌2枚、铜牌1枚，并获大会体育道德风尚奖。

（热西旦）

【民考汉学生登记】 2010年，克拉玛依市民族宗教事务委员会做好克拉玛依市各少数民族民考汉学生的登记管理工作，对参加高考的维吾尔族、哈萨克族、蒙古族、柯尔克孜族、塔吉克族、锡伯族、乌孜别克族、塔塔尔族、达斡尔族、藏族、俄罗斯族11个民族的203名考生的民族成分进行审核，确保登记管理工作顺利开展。

（热西旦）

【争取少数民族发展资金】 2010年，克拉玛依市民族宗教事务委员会会同市财政局对克拉玛依市2009年少数民族发展资金使用情况进行1次全面检查；对克拉玛依市4个区申报的项目进行研究，并向自治区相关部门上报克拉玛依市独山子区国有牧场巴音沟度假村旅游农庄建设等4个项目，申请项目资金80万元，解决小拐乡特色养殖项目10万元。（热西旦）

【增加民宗干部编制】 2010年，自治区民族宗教事务委员会给克拉玛依市下拨6名民族宗教干部编制人员指标，市民宗委经过研究，上报人员需求计划，落实人员到位工作。自治区民宗委给克拉玛依区民族宗教事务委员会、白碱滩区民族宗教事务委员会、独山子区民族宗教事务委员会、乌尔禾区民族宗教事务委员会各配备1辆工作车。（热西旦）

【有组织朝觐】 2010年，克拉玛依市民族宗教事务委员会根据自治区民族宗教事务委员会（宗教局）分配的自费朝觐名额，以公正、公开的工作态度进行合理分配，安排出境前的培训、体检工作。58名自费朝觐人员和2名带队干部10月18日前往沙特阿拉伯，12月4日安全返回。

（热西旦）

【零散朝觐专项治理】 2010年，克拉玛依市民族宗教事务委员会进一步加大对制止零散朝觐工作的力度。发放制止零散朝觐、走有计划朝觐之路维吾尔文、汉文宣传张贴画400套。根据新形势制止零散朝觐工作要求，修改完善制度。通过各级民宗部门努力、细致的开展工作，保持零散朝觐零控制。（热西旦）

【宗教事务管理】 2010年，克拉玛依市民族宗教事务委员会完善实行分级分片包干责任制度，坚持领导干部联系宗教活动场所、与宗教人士谈话制度，联系场所的干部除每月下基层1次外，每周五都到场所蹲点；了解各宗教活动场所依法开展宗教活动情况，对全市宗教活动场所进行节前和主麻日检查，并及时向相关部门通报信息；召开伊斯兰教宗教与社会主义社会相适应经验交流会。

（热西旦）

【宗教人士培训】 2010年5月17日，克拉玛依市民族宗教事务委员会会同市委统战部举办第三轮爱国宗教人士第二期（汉语言）培训班。全市3所回民宗教活动场所的宗教界人士15人参加培训。

（热西旦）

【制止在校学生参与宗教活动】 2010年1月，克拉玛依市民族宗教事务委员会做好未成年人进入清真寺参加宗教活动的专项治理工作，组成调研组对克拉玛依市管辖的克拉玛依区、独山子区、白碱滩区和乌尔禾区4个区以及油田公司准东采油厂进行为期10天的调研。加大制止在校学生参与宗教活动工作的力度。克拉玛依市未成年人参与宗教活动得到显著遏制。（热西旦）

【创建平安宗教场所】 2010年，克拉玛依市民族宗教事务委员会制定克拉玛依市平安宗教场所基本标准和评分细则。克拉玛依市、区两级民族宗教部门分别成立领导小组，完善措施，落实责任。11月，检查验收克拉玛依区、独山子区、白碱滩区和乌尔禾区4个区创建活动，平安宗教场所达标率80%。（热西旦）

【民族宗教工作会议】 2010年3月16日，克拉玛依市召开民族宗教工作会议，来自克拉玛依市各部门、石油石化企业各单位的领导和相关人员100多人参加会议。会议总结2009年度民族宗教工作，安排部署2010年的民族宗教工作。会议由副市长阿不都热合曼·克里木主持，市民族宗教事务委员会党组书记、主任吾拉木丁·依布拉音作工作报告，市油田党委常委、市油田工会主席包尔汗·卡哈尔讲话，市政协副主席、统战部部长王新明参加会议。会议就新形势下的民族宗教事务管理提出具体要求。（热西旦）

【市宗教工作领导小组会议】 2010年8月11日，克拉玛依市召开宗教工作领导小组会议，就伊斯兰教斋月期间的维护稳定工作进行部署。市民族宗教事务委员会、市委统战部、市公安局、市伊斯兰教协会等单位的领导参加会议并先后发言，就如何做好伊斯兰教斋月期间管理进行探讨。会议通报近期工作，副市长阿不都热合曼·克里木出席会议并讲话。

（热西旦）

【重点清真寺检查】 2010年7月2日，克拉玛依市委常委、工会主席包尔汗·卡哈尔检查指导白碱滩区新河新村清真寺、克拉玛依油建北村清真寺等场所的安全工作，与宗教人士谈心，了解清真寺管理情况。（热西旦）

【专题调研】 2010年4月27日，克拉玛依市人大常委会民族宗教侨务委员会调研组到市民族宗教事务委员会调研。市民族宗教事务委员会党组书记、主任吾拉木丁·依布拉音就2009年以来，特别是乌鲁木齐“七五”事件发生后，宗教事务的管理情况进行汇报。调研组对市民族宗教事务委员会在民族团结和维护宗教领域稳定方面开展的工作给予肯定，同时对克拉玛依区、独山子区、白碱滩区和乌尔禾区4个区的调研情况进行反馈。

（热西旦）

【伊斯兰教协会工作】 2010年1月，克拉玛依市伊斯兰教协会进行教职人员资格认定工作。此次资格认定工作对象是克拉玛依市4个辖区在职的伊斯兰教教职人员和正在接受培养的、年龄在55以下的中青年教职人员，对其中多年从事清真寺教职工作的55岁以上的教职人员免考，直接发放宗教人员资格证。资格认定考试采用现场答题方式进行，考试内容包括党的宗教政策及国家的有关法律法规，伊斯兰教教义教规、解经、诵经、圣训等。克拉玛依4个区以及油田公司准东石油基地的19名教职人员参加考试。经过考核，中青年教职人员合格率94%。3月，市民族宗教事务委员会会同市殡葬处举办穆斯林丧葬服务人员（买曾、布维）培训班。38名维吾尔族、回族、哈萨克族、柯尔克孜族等族人员参加培训。10月，市民族宗教事务委员会会同市殡葬处在穆斯林殡葬服务中心举办穆斯林丧葬服务人员表彰活动，表彰表现突出的11名丧葬服务人员。（热西旦）

市辖区建设

克拉玛依区

【领导名单】

区委书记:田清生

区委副书记、区长:张虎

区委副书记、政法委书记:张国栋

区委常委、纪委书记、总工会主席:黄春燕

区委常委、组织部部长:张建军

区委常委、人武部政委:魏兴波(6月离任)、吴建国(6月任职)

区委常委、常务副区长:迪力夏提·玉苏普阿吉

区委常委、副区长:荣立克

区委常委、宣传部部长:赵虎

区人大常委会主任:马金林

区人大常委会副主任:许根强、张新锁、张建诚、迪丽拜尔·阿不都力米提

副区长:王玲、张桂平、蒋革新、周晨、卞卫国(4月任职)

【基本情况】 克拉玛依市克拉玛依区位于克拉玛依市中部,是克拉玛依市的中心区,也是克拉玛依市党、政、军机关和国家特大型企业新疆油田公司、克拉玛依石化公司机关所在地,是全市政治、经济、文化和商业中心。克拉玛依区地处加依尔山南麓、准噶尔盆地古尔班通古特沙漠西北边缘,位于东经80°44′~85°10′、北纬44°39′~45°25′之间,距新疆首府乌鲁木齐市313千米,航程280千米。北与白碱滩区相连,南与奎屯市、乌苏市接壤,东以沙湾县为界,西靠托里县。地形南北长、东西宽,呈条形,总面积5 510平方千米,其中城区面积25.19平方千米。有汉、维吾尔、哈萨克、回、蒙古、满、锡伯、土家等38个民族。克拉玛依区辖6个街道(镇)、55个社区、1个乡。境内还有新疆生产建设兵团农七师129团场、130团场、五五农机厂及农八师136团场4个团场(厂)。2010年末总人口23万人(不含生产建设兵团人口),少数民族4.21万人,农村人口1.2万人;人口出生率6.21‰。耕地面积1 554.4公顷,粮食播种面积203.5公顷,经济作物播种面积1 183.5公顷。属典型的大陆性气候。 (郝 燕)

【经济建设】 2010年,克拉玛依市克拉玛依区完成生产总值189亿元。其中第一产业增加值0.9亿元,比上年增长10.3%;第二产业增加值137.7亿元,增长8%;第三产业增加值50.4亿元,增长11%。

农林牧渔业 全年实现总产值6 537.1万元,比上年增长12.1%。其中农业产值3 792.7万元,牧业产值403.5万元。主要农产品产量:粮食670吨,棉花2 954.6吨。年末牲畜存栏6.78万头(只),出栏率30.4%。肉类总产2 401.9吨,羊毛6.2吨,牛奶140吨,禽蛋180吨。年内完成造林面积20公顷。乡镇企业完成总产值1 542万元,实现纯利润77.1万元。年末拥有农牧业机械总动力13 076千瓦。

工业 全年实现总产值51.45万元,比上年增长35%。工业增加值11.58万元,增长29%。主要工业产品产量:小麦粉10 759吨,润滑油252 925吨。全年建筑业完成总产值46.8亿元,建筑企业施工房屋建筑面积977 540平方米,竣工面积214 919平方米。

全社会固定资产投资21.21亿元。其中基本建设投资14.85亿元。完成邮政业务总量3 747万元。年末城镇固定电话用户76 938户,农村固定电话用户8 042户;移动电话用户19.92万户;计算机互联网用户50 757户。社会消费品零售额25.63亿元。贸易进出口总额1 259万美元,其中贸易出口额994万美元,贸易进口额265万美元。接待旅游者75.1万人(次),旅游收入4.18亿元。全区地方财政收入10.47亿元,比上年增长19.77%;地方财政支出12.5亿元,增长17.44%。 (郝 燕)

【城区综合经济】 2010年,克拉玛依市克拉玛依区生产总值189亿元,年均增长7.5%。其中第一产业年均增长10.3%,第二产业年均增长8%,第三产业年均增长11%;地方财政收入10.47亿元。社会消费品零售总额25.63亿元,城镇居民年人均可支配收入19 650元,城镇居民年人均消费性支出16 744元;农牧民人均纯收入10 500元。第三产业快速发展。建成克拉玛依区熟食品加工基地和新天地商业街、红星商业街、准噶尔商业街及阿山路机电市场。加大对企业人才培训和财税支持力度,推进改制企业重组兼并和强强联合,一批有潜力的企业不断发展壮大,优化经济结构。招商引资成效显著。5年来,招商引资项目241个,实际到位资金75.18亿元,年均增长11%。汇嘉时代、香港铜锣湾集团、台湾见龙集团、苏宁电器、山东新鲁能源公司等一批行业龙头相继投资落户。 (郝 燕)

【农业生产】 2010年,克拉玛依市克拉玛依区小拐乡科技推广站已完成总工作量的80%,完成乡中心幼儿园单体部分,4村1牧场的系统、道路基本完工,绿化、美化环境改造正在进行,完成小拐村旧房改造、锅炉房新建工作。开工建设团结新村533.3公顷土地综合治理项目,完成小拐村新建河水滴灌95.4公顷。加强为农服务。与农业银行合作,为138户农民解决生产资料小额贷款343.9万元,统一采购质优价廉的农用

地膜40吨、化肥220吨、滴灌带650万米,采购新陆早39、42系优质棉种56吨,杜绝坑农害农事件发生。完成农作物种植面积1 268.47公顷(含开发区233.33公顷),比上年减少4.4%。其中玉米种植面积133.67公顷,增长22.52%;棉花种植面积977.8公顷,增长2.43%;籽棉单产261.14千克,下降8.04%,总产量3 830.14吨,下降5.81%;油葵种植面积50公顷,打瓜种植78公顷,西葫芦种植24.33公顷,其他作物种植面积4.67公顷。年末,牲畜存栏26 545头(只),育肥出栏13 752头(只)。种植福禄考、加龙头、蓝亚麻、四季玫瑰等宿根花卉2.67公顷、30多个品种,经营总收入20万元,盈利5万元。克拉玛依区全年销售土鸡、野山鸡、野鸭4万只,土鸡蛋10万余枚。神农合作社、阿克陶等农家乐年接待游客8 000人次,总收入90万元,盈利30万元。完善4个绿色农副产品直销店服务功能,绿色蔬菜、牛羊肉、猪肉及优质棉絮产品、土鸡、土鸡蛋等销售效果良好,年销售总额300万元。中科院新疆分院小拐村200公顷科研试验基地和优质棉种繁育基地开工建设,土地平整、土壤改良工作已完成,试种薰衣草13.33公顷。（郝　燕）

【医疗卫生】　2010年,克拉玛依市克拉玛依区实施社区卫生服务机构的规范化建设,对胜利、天山路街道社区卫生服务中心,长征、南湖、苑泉、油龙社区卫生服务站实施改扩建工程,至年底,胜利路街道社区卫生服务中心和油龙、长征社区卫生服务站已投入使用,实行外观标识、服务环境、服务流程等"十统一"。推行全科医师团队,实施网格化管理,逐步实现居民大病到医院,小病在社区就诊模式,社区卫生服务覆盖率100%。建成以居民健康档案为基础的区域性信息服务网络,为35岁以上人群进行45 116人次的首诊血压测量,对2 499名高血压患者、985名糖尿病患者实行分级、分类管理。开展两轮16 551人次脊髓灰质炎疫苗(糖丸)强化免疫活动,自治区、市快速评估接种率均为100%,计划免疫疫苗接种率均超过国家规定的标准。为1 343名老年人提供健康讲座、咨询、测量血压、血糖、心电图检查等服务,其中评估85人,建立健康档案73人。残疾人体检及建档411人。开展居民健康档案及80岁以上老人入户体检工作。60岁以上老人累计建档16 124人,建档率80.24%;80岁老人新增建档184份,其中入户建档127份。全年为80岁以上老人1 082人体检3 527人次,体检率82.5%。全年门诊量483 853人次,治疗165 604人次,辅助检查82 070人次,家床出诊服务4 775人次,签订加床服务协议1 311人次。依照法定程序处理处置医疗垃圾9 033千克,全年无医源性感染暴发事件发生。（郝　燕）

【教育事业】　2010年,克拉玛依市克拉玛依区以改善教育教学环境为目的,扎实推进名师工程,选派215名优秀教师前往上海、南京、深圳等地挂职培训,教师整体素质全面提高。克拉玛依区骨干教师占教师总数11.2%,形成自治区、克拉玛依市、克拉玛依区以及学校四级骨干教师、学科带头人队伍。"双语"教学进一步深化,1~5年级少数民族学生全部推行"双语"教学模式,少数民族幼儿入园率98%。推进一校一品、特色出彩特色教育,实现小学毕业生至少掌握2项具有克拉玛依区特色文体技能目标。（郝　燕）

【信息化建设】　2010年,克拉玛依市克拉玛依区以构建数字克拉玛依区为目标,在西北地区首家建成数字化城管新模式,实行"12319"城市管理服务热线和"96555"行政效能监督投诉热线24小时受理处置制度。先后实施网吧监控、食品监控、餐具卫生消毒监控和校园监控,开通启用"城管通"、"社区通"、"警务通",提高城市管理水平和工作效能。完成市、区、乡、村四级政务联网,OA办公平台实现区属部门全覆盖。全面推广应用社会事务综合管理系统,电子居民系统初具规模。在小拐乡率先实施"三电合一"农村信息服务平台项目,实现城乡信息化相互协调、共同发展。实施平安校园、平安居家养老、平安社区医疗监控项目,在克拉玛依市率先启用推广"警务通",建设具有克拉玛依市特色的移动警务应用系统。（郝　燕）

【体育基础设施建设】　2010年,克拉玛依市克拉玛依区完成以体育运动为主题、以健康服务为亮点的生态休闲健身公园系统工程。10月10日,生态休闲健身公园开园。设置门球、篮球、轮滑等10个健身运动项目,已完成园内轮滑场、足球场、篮球场以及园区道路、水系统等基础设施,完成园林绿化90%,园内种植3.4万株乔木、灌木、花卉。完成12名体育指导员、健康指导师上岗培训,为市民提供体制测试和机能测试、健康运动指导、运动训练、项目培训等服务。举办自治区轮滑年度赛、自治区首届"油城杯"轮滑公开赛。开园以来为3万多人次提供休闲体育锻炼服务。（郝　燕）

【创建国家生态区】　2010年,克拉玛依市克拉玛依区围绕创建国家生态区的总体目标,进一步细化园林绿化管理规范和标准,以人行道树无缺株,绿篱无断档,城区主要道路、地面无裸露,绿化设施无缺损,园林植物无病虫害灾害,绿化树木无尘垢"六无"为目标,提升绿地精细化管理水平。按照打造精品路、标志路工作思路,在城区绿化建设中加大推进色叶植物应用,相继完成苗园路(迎宾路—油建路段)、油建路中段(昆仑路—油建桥段)、昆仑路(测井公司—西环路段)等10条新建道路的绿化建设和节水滴灌建设。种植乔木、灌木、花卉20.73万株。依托科研课题《克拉玛依园林树木复壮集成技术研究》成果,完成天山、胜利、友谊路1 052株衰弱树木的复壮工作,建成区绿地率36.57%,绿化覆盖率42.05%。

克拉玛依区有102个建设项目依法履行环境评价、验收手续,执行率100%。完成1 222家工业企业、小型医疗机构、建筑施工企业、餐饮、娱乐、服务行业污染源申报登记工作,申报率100%。完成年度二氧化硫排放削减3%的目标。环境敏感区餐厅的油烟净化装置安装率100%,噪声排放达标100%,辖区所有社区全部建成绿色社区,27所校(园)全部建成绿色学校。6月,克拉玛依区被评为全国生态文明建设先进区。9月,通过国家环保部对克拉玛依区创建国家生态区的技术评估,成为新疆首个通过技术评估的国家生态区。（郝　燕）

【创建全国精神文明建设先进区】　2010年,克拉玛依市克拉玛依区以公民道德建设月活动为载体,连续开展十佳文明市民、十佳社区工作者、十佳教育工作者、十佳义工·志愿者等评比选树活动。

实施“九大工程”、“五色”主题实践活动，营造未成年人健康成长的社会环境；开展“四个认同”教育、民族团结教育，“三个离不开”的思想更加深入人心。义工·志愿者服务事业逐步壮大，形成一支以党员为先锋、以青年团员为骨干、社会公众广泛参与的社区义工服务队伍。义工·志愿者人数发展到20 894人，成为推动克拉玛依区精神文明建设的重要力量。完成全国精神文明建设工作先进区创建任务。（郝　燕）

【创建全国平安区】　2010年。克拉玛依市克拉玛依区始终坚持对“三股势力”的高压严打态势，以治安防控体系建设为重点，以平安创建为切入点，以治安突出问题和重点地区治理为突破口，依托“十支队伍”、拓展“六大载体”，开展矛盾纠纷排查化解，平安建设持续深入推进。实施科技强警战略，刑事案件、治安案件发案数量逐年下降，人民群众对社会治安的满意度得到提升。重新修改、印发《克拉玛区租赁房屋管理暂行办法（修订）》。克拉玛依区对辖区所有社区和11个重点区域出租房屋18 775户、57 773名流动人口进行系统的规范化、法制化服务和管理。协助公安机关办理暂住证36 509人，提供违法犯罪线索311条。在配合开展的6次大规模清查行动中，查处各类违法犯罪案件82起，抓获网上在逃人员28人。克拉玛依区被授予自治区科技强警先进区称号，提前1年完成全国平安建设先进区创建任务。（郝　燕）

【创建全国和谐社区示范区】　2010年，克拉玛依市克拉玛依区确立“五百”工作机制，建立关爱居民联络员、民情回应等制度，将“串门、知情、管事、解难、暖心”10字工作方针融入到社区工作的方方面面，形成社区党建、社区自治、社区平安、社区管理“四位一体”工作模式。形成网格化管理、梯次式自治模式，社区直接选举率100%。加强社区基层民主自治建设，开展社区工作者与居民、党员与群众交朋友活动，制定《克拉玛依区社区工作者和居民交朋友实施意见》，实现与居民零距离接触，居民对社区关爱联络员的知晓率达到90%，对社区活动的参与率达到60%。进一步完善服务体系，形成一街多品、一居多特格局，打造居家养老、老友关爱圈、邻里节等一批服务居民的新品牌。完成全国和谐社区建设示范区创建目标。（郝　燕）

【创建全国科技进步示范区】　2010年，克拉玛依市克拉玛依区全面落实科教强区发展战略，在全区形成大科技工作格局，累计投入科技3项资金5 900万元。建立企业新技术引进、消化、吸收、应用的科技创新模式，搭建产学研合作平台，与中科院农业高新技术产业中心、中科院新疆分院合作建立克拉玛依现代农业技术研究与示范基地。与中国石油大学合作建立大学科技园，企业孵化体系初步形成。科普活动蓬勃开展，居民科学素质明显提高。完成全国科普示范城区、全国科技进步先进区创建任务。（郝　燕）

【创建全国社区教育示范区】　2010年，克拉玛依市克拉玛依区加大社区教育投入，整合社区教育资源，涌现出周末大讲堂、全民终身学习活动周、六点钟学校等一批特色教育品牌。编印社区教育系列读本《维吾尔日常用语》，免费向居民发放，开展社区教育，组织1次读书征文活动、开展1次学习技能大赛、组织1次读书诵读活动、举办1次读书交流活动、出1期读书学习活动简报的“五个一”活动，营造人人学习、时时学习、处处学习的良好氛围。全年有53个社区图书室与市图书馆全部联网，实现通借通还。克拉玛依区各校园场地、场馆向居民全面开放。社区教育三级网络不断完善，形成具有本土特色的社区教育品牌。提前两年完成全国社区教育示范区创建任务。（郝　燕）

【城区建设与管理】　2010年，克拉玛依市克拉玛依区切实推进城市管理“四个转变”，构建大城管工作格局。以“四个不见”为目标，加大城区综合治理力度。通过实行城市管理错时工作制、建立行政执法联动机制，完善城市管理工作机制。数字化城管体系高效运行，基本实现城市管理问题在街道、社区层面得到有效解决，凸显街道办事处在城市管理中的主体地位。重点加强环境卫生、噪声污染，特别是犬类违规饲养、私挖地下室、早夜市店外经营等突出问题的专项治理。（郝　燕）

【文化大区建设】　2010年，克拉玛依市克拉玛依区以普及文化为基础、特色文化为亮点、精品文化为品牌三大文化格局基本形成。区、街道、社区三级文化管理网络全面形成。社区文化、石油文化、校园文化、老年文化、民族文化和军营文化成为特色文化的重要组成部分。其中剪纸、根雕、漫画、轮滑、走向冰雪冬季系列活动成为独具特色的文化品牌。克拉玛依区文化艺术节已成为百姓的节日、文化的盛会。全面启动CIS项目，在全区推广以城区精神为核心的文化价值观，整体应用城区形象识别系统，增强城区凝聚力，塑造和展示现代化文明城区形象。（郝　燕）

【劳动就业和社会保障】　2010年，克拉玛依市克拉玛依区通过各种途径实现就业人员1 373人，完成就业目标任务的137.3%。稳定就业人数占实现就业总数的86%，弹性就业人数占实现就业总数的14%。零就业家庭动态为零。全年利用各种途径挖掘较高质量岗位1 638个，完成提供有效岗位目标任务的136.5%，克拉玛依区开发公益性岗位127个，完成目标任务的212%。全区结存失业人员734人，城镇失业率0.69%。开发政府公益性岗位，扩大政府购买岗位范围，开发保洁、保绿、协管类公益性岗位127个，实现就业104人。同时加大对物业服务行业岗位开发力度，与辖区用工需求较多的博峰、永安、恒鼎鑫等物业公司建立长期性紧密型合作，对用人单位所需的保洁员、保安员等岗位采取先培训、再推荐的工作模式，做好岗位推荐，有重点地向民族和女性倾斜。全年开发物业行业岗位300余个，200余人实现就业。克拉玛依区所有岗位均在克拉玛依图文电视、区政府公众信息网、人力资源服务中心电子滚动大屏、5个街道办事处、55个社区发布，供广大求职者选择。（郝　燕）

【养老服务】　2010年，克拉玛依市克拉玛依区建立以居家养老为主、机构养老为辅的养老服务格局。已建成21个日托中心（站），9个日托中心（站）正在建设中，老年文化活动中心完成土建总工作量的97%、金龙镇居家养老服务中心完成单体工作量的37%，黑油山老年社区公园完成前期规划设计工作，一期工程建设已经启动。小拐乡敬老院已交付使用。居家养老服务工作围绕让阳光温暖所有老人的目标，深化“5536”系统工程，即运用“五力合一”联动机制和“三结合”服务方式，为“五类”重点服务对象提供“六大类”系列服务，持续改进居家养老工作。多层次、多形式、全覆盖的居家养老服务网络基本形成，个人购买为主、社会购买与政府购买为辅的养老服务机制已经建立，“两走”（走进小家，服务大家；走出小家，融入大家）服务模式扎实有效。辖区老年人就近可以进行康复训练、助餐、助浴等6大类、49项无偿、低偿亲情化服务项目。全年首评老人302人，其中健康老人19人、重度依赖老人74人、轻中度依赖老人209人，持评老人1 042人次。全年重度依赖上门护理的老人503人，服务时间10.1万小时。（郝　燕）

【机关效能建设】 2010年，克拉玛依市克拉玛依区在41个部门导入并实施质量管理体系，建立严密、系统的制度框架，使各项工作都有明确的质量标准、工作程序和考核依据。克拉玛依区积极构建体系式监督、立项式监督，第三方审核的三层次监督模式，完善社会事务受理、工程建设、政府采购等领域的管理长效机制。启用“96555”投诉监督热线，通过电子监察方式，建立统一的群众投诉受理中心，形成上下贯通、左右连接、统一有序的工作格局。制定《克拉玛依区内审员管理办法》，明确全区各单位内审员的职责、培训、评价等具体内容。制定克拉玛依区行政监督联席会议制度，加强行政监督部门的沟通与协作，整合行政监督资源，形成监督合力，提高监督实效。制定《克拉玛依区效能监督考核办法》，采取现场操作的方式逐条将考核办法与实际工作贯穿在一起进行培训讲解，为自检自查和监督考核打下良好基础。（郝　燕）

【党的建设】

基层党建　2010年，克拉玛依市克拉玛依区全面落实基层党建工作责任制。调整和完善党建工作领导小组和区委、各直属党（工）委两级督导检查考核制度，推进党建工作上下联动机制的有效运行；社区党建工作取得新进展。开展在职党员参与社区建设的“红细胞”工程，全年有24 933名党员参与活动，占社区党员总数的95%，在职党员参与社区服务活动的人数达到65%以上。实现社区党组织实体化运作。成立区企业党工委和各街道非公经济党委。非公经济、两新组织及商业聚集区的党组织组建工作取得重大进展，确保了党建工作的全覆盖。小拐乡各村“两委”班子全面加强，街道包村效果显著，党支部的凝聚力和战斗力大幅度提升。

干部队伍建设　克拉玛依区注重培养有责任感和事业心的年轻干部、妇女干部、民族干部和党外干部，各级领导班子力量得到全面加强。强化机关干部能力和素质培训，建立健全机关干部培训的管理体制和运行机制，分层次、分类别、多渠道、大规模、重实效的干部教育培训格局更加完善。

党风廉政建设　克拉玛依区大力推进教育、制度、监督并重的惩治和预防腐败体系建设，筑牢党员领导干部拒腐防变的思想道德防线。督促区属领导干部做好廉洁自律工作，与区属252名科级领导干部签订个性化廉政承诺书，并进行公示。采取个别和集中相结合的方式，对新提拔任职及转岗的正、副科级领导干部进行任职廉政谈话42人次。坚持以人、财、物、事为重点，加强对权力运行的监督力度，形成事前、事中、事后全过程权力运行监控机制。（郝　燕）

【区人大常委会工作】 2010年，克拉玛依市克拉玛依区人大常委会紧紧围绕区委中心工作，切实发挥依法监督以及重大事项决定和人事任免等职能，做到早提醒、真帮助、早建议、献真诚。全年区六届人民代表大会召开全体会议1次，召开区人大常委会会议7次，主任会议18次，听取和审议“一府两院”工作报告20项，通过决议、决定11项，开展工作视察6项、调研1项、执法检查3项，配合市人大常委会开展视察3项、调研4项、执法检查1项，形成专题文字报告14篇，依法任命国家机关工作人员25人，免职17人，补选区人大代表1人。组织40名代表向选民述职，全年处理群众来信来访39次、41人。编印常委会工作简报6期，并将简报内容及时在区人大常委会网页更新，撰写通讯报道15篇。组织12名国家机关工作人员进行任前法律考试。履行宪法赋予的职权，审议决定重大事项，强化法律监督、工作监督和被任命国家工作人员的监督，督促和支持“一府两院”依法行政，公正司法。3月10～12日，召开克拉玛依区第六届人民代表大会第三次会议。（郝　燕）

【群众团体工作】

区总工会　2010年，克拉玛依市克拉玛依区总工会下属11个工会工作委员，390个基层工会，有会员37 902人，其中女职工会员15 790人，少数民族会员7 273人。新建企业工会20家，发展会员4 000人。3月5日，召开克拉玛依区总工会三届二次全委（扩大）会议，安排2011年工作。

团区委　克拉玛依区有基层团工委7个（其中街道团工委5个、教育团工委1个、机关团工委1个），基层团委9个，团总支12个，团支部184个，包括区直属机关、街道社区、教育系统、农牧区、改制企业、非公经济六大行业的团员青年8 356人，其中团员2 826人。3月5日，团区委召开共青团克拉玛依区四届三次全委（扩大）会议。

区妇联　克拉玛依区下属天山路、胜利路、昆仑路、银河路、金龙镇5个街道及小拐乡妇联，区机关、教育、卫生、融汇城投公司4个妇委会。克拉玛依区妇联本着听实话、察实情、重实效的工作作风，深入基层、深入妇女群众，加大调研工作力度，分别指导雅典娜社区、北斗星月社区、小拐乡妇联文明家庭创建、巾帼文明岗创建、基层妇女组织建设等工作。区妇联全年接访妇女47名，接访率100%。

区文联　8月27日，经中国舞蹈家协会舞蹈教育委员会研究决定，授权克拉玛依区文联建立中国舞蹈家协会舞蹈培训基地，区文联副秘书长朱生军被授予中国根艺美术大师、新疆工艺美术大师称号。（郝　燕）

【获奖情况】

国家级荣誉　2010年，克拉玛依区被评为全国文化先进县（区）、全国生态文明先进区、全国科普益民试点区、全国妇女健康示范点、全国残疾人社区康复示范区；克拉玛依区委政法委被评为全国预防和处理邪教先进集体，克拉玛依区妇联被评为全国妇女健身活动示范点、全国城乡妇女岗位建功先进集体，克拉玛依区统计局被评为2009年全国城乡划分清查工作先进集体,克拉玛依区文体局被评为全国全民健身活动先进单位,克拉玛依区关心下一代工作委员会被评为全国关心下一代工作先进集体,克拉玛依区银河路街道人民调解委员会被评为全国模范人民调解委员会,克拉玛依区消防大队被评为全国执法示范大队。

自治区级荣誉 2010年,克拉玛依区被评为自治区2009年度抗震防灾工程先进县(市、区)、自治区招商引资先进集体、自治区妇女健身活动示范站点、自治区规范教育收费示范县(区、市)、科技强警先进县(区)、自治区级文明城区、自治区灭蟑灭鼠先进城区;克拉玛依区质量技术监督局被评为自治区依法行政先进单位,克拉玛依区民政局双拥办公室、城乡低保办公室、婚姻登记办公室被分别评为自治区民政基层窗口行风建设先进单位,克拉玛依区人民法院被评为自治区优秀法院,克拉玛依区环保局被评为自治区级普查先进单位,克拉玛依区文体局被评为自治区物质文化遗产工作先进单位,克拉玛依区妇联被评为自治区城乡妇女岗位建功先进集体、自治区维护妇女儿童权益先进集体、自治区维护妇女儿童权益先进、自治区妇女健身活动示范点,克拉玛依区消防大队被评为自治区民族团结进步模范集体、自治区消防监督执法示范单位,克拉玛依区公安分局胜利路派出所被评为自治区公安机关执法示范单位,克拉玛依区地税局、克拉玛依市地税稽查局被评为自治区文明单位,克拉玛依区审计局被评为自治区经济责任审计工作先进集体,克拉玛依区人事劳动和社会保障局社会保险服务大厅被评为2008~2010年度自治区人力资源和社会保障系统优质服务窗口,克拉玛依区国家税务局被评为自治区税务系统民族团结先进集体,第一小学被评为第一批自治区中小学知识产权教育试点学校,第二小学被评为自治区依法治校示范学校、自治区级双文明单位,克拉玛依区胜利路街道计划生育办公室被评为自治区幸福工程救助贫困母亲爱心单位、拓湖社区委员会被评为自治区科普惠民先进社区,克拉玛依区昆仑路街道办事处被评为2008~2009年度自治区科技进步先进街道、自治区妇联基层组织建设示范街道、雅典娜社区居委会被评为自治区未成年人思想道德建设工作先进集体。

个人荣誉 2010年,克拉玛依区环保局娜仁被评为第一次全国污染源普查工作先进个人。

2010年,克拉玛依区委史志办公室郝燕被评为2006~2009年度自治区地方志工作先进工作者,克拉玛依区文体局王福中被评为自治区百日广场文化活动先进个人、古丽米热·麦麦提被评为自治区非物质文化遗产普查先进个人,克拉玛依区环保局王长岭、阿丽娅、杨宁被评为自治区第一次全国污染源普查工作先进个人,克拉玛依区科技局陈锦军被评为自治区科普工作先进工作者,克拉玛依区人民法院袁蓉被评为自治区法院办案标兵,克拉玛依区国家税务局许静被评为自治区国税系统优秀办税服务人员、薛霞被评为自治区国税系统城乡妇女巾帼建功先进个人,克拉玛依区胜利路街道办事处柴林被评为自治区级先进个人,克拉玛依区昆仑街道办事处钱梅被评为自治区"两基"工作先进个人、木尼热·肉孜被评为自治区劳动模范、吐尔洪·肉孜被评为自治区第六次民族团结进步模范个人、南林社区委员会孙义玲被评为自治区先进扶残助残先进个人,克拉玛依区天山路街道办事处吴雪梅被评为自治区安全生产工作先进个人、阿孜古丽·热合曼被评为自治区"三八"红旗手,克拉玛依区银河路街道办事处郭丽君被评为2009年自治区污染源普查先进个人,实验小学王国燕、第二小学曾佩志被评为自治区"两基"工作先进个人。 (郝 燕)

独山子区

【领导名单】

区委书记:付德新

区委副书记、区长:徐福贵

区委副书记、区人大常委会主任:努尔麦麦提·阿曼

区人大常委会副主任:石穿、热比亚·依米提、徐辰

副区长:王学锋(常务)、帕力万·尤努斯、焦凤辉、徐华、泉体民(12月任职)

区长助理:泉体民(12月离任)

区政协主席:张德新

政协副主席:徐天昊、阿不都热依木·阿不都克里木

【基本情况】 克拉玛依市独山子区地处天山北麓,准噶尔盆地西南边缘。是一个以石油化工为主的工业城区,南屏天山,北隔312国道与奎屯市毗邻,西邻乌苏市,东与沙湾县接壤,距克拉玛依市中心城区150千米,距乌鲁木齐市公路里程250千米。独山子区辖金山路街道办事处、西宁路街道办事处2个街道办事处和新北区办事处,有16个社区居民委员会。中国石油独山子石化分公司是区内最大的石化企业,区内还有独山子润滑油厂、中联油西北公司、中国石油西北化工销售独山子分公司、中国石油西北销售独山子分公司、西气东输二线输气分公司及检维修中心、新疆寰球公司等中央石化企业;另有新疆独山子天利高新技术股份有限公司、独山子天利实业总公司、独山子蓝德精细石化股份有限公司等多家地方石化企业。独山子区总人口8.74万人(含流动人口3.19万人),其中常住少数民族人口1.45万人。 (薛金玲)

【经济发展】 2010年,克拉玛依市独山子区完成地区生产总值104.84亿元,比上年增长86.34%。其中第一产业增加值1 193万元;第二产业完成97.83亿元,增长94.88%;第三产业完成6.89亿元,增长7.72%。全口径税收收入82.4亿元,地方财政总收入8.9亿元,地方一般预算收入5.2亿元,分别增长64.25%、47.1%和39.78%。财政总支出8.9亿元,增长47.59%;一般预算总支出8.36亿元,增长48.57%。完成工业总产值529.04亿元,增长88.86%;全社会固定资产投资24.68亿元,下降56.85%;社会消费品零售总额5.74亿元,增长7.25%;城镇居民人均可支配收入17 000元,增长10.84%;人均消费性支出17 310元,下降7.09%。年末,金融机构各项存款余额54.8亿元,增长23.42%,其中居民储蓄存款余额26.5亿元,增长15.7%。城镇登记失业率1.2%。落实招商引资项目9个,到位资金10.2亿元。 (薛金玲)

【石化生产】 2010年,独山子区炼化生

产企业准确把握复杂多变的市场形势，科学应对资源多变、气候恶劣、新装置安全稳定运行难度大等严峻挑战，优化生产组织，加快技术消化，全年加工原油873万吨，生产乙烯119万吨，比上年分别增长46%和143%。实现销售收入500亿元，利税109亿元。经济技术指标保持行业领先，盈利能力位居中国石油炼化企业首位。千万吨炼油百万吨乙烯实现连续稳定运行16个月，创国内同类装置最高水平。300万立方米国家原油战略储备库主体建成，西气东输二线独山子支线投入运营，资源配套保障能力不断增强。己二酸运行平稳，石油萘扩建投产，结构调整收效明显。固体废料焚烧炉主体建成，烟气脱硫、污水回用、异味治理等环保项目按期投用，环境保障能力得到提升。（薛金玲）

【地方经济】 2010年，克拉玛依市独山子区为天利高新、天利实业、蓝德精化等企业争取技改和重大项目发展补贴资金1 357万元；为36家中小企业争取上级社保专项补贴3 400万元。培训23家企业69名管理人员；组织60名民营企业和工商户代表赴内地考察学习。粮贸公司、商贸公司完成改制。组织14家企业参加乌洽会、水节项目推介会，签订合作项目2项，意向投资14.3亿元。玛依塔柯酒店成为首府之外北疆地区首家五星级酒店，天联国际旅行社入选疆内十强旅行社；全年接待游客22万人次，旅游收入6 995万元，分别增长6.8%和9.5%。私营企业和个体工商户分别达到368家和3 265户，从业人员9 005人，注册资本6.58亿元。（薛金玲）

【城区规划】 2010年，克拉玛依市独山子区编制完成独山子区战略发展规划、旅游发展总体规划纲要和市政综合管网规划、“十二五”住房保障规划等9项规划，东部新区机动车服务中心和商业中心等一批重大项目规划方案通过论证。建成区控制性详细规划覆盖率95%以上。（薛金玲）

【城区建设】 2010年，克拉玛依市独山子区安排建设项目68项，完成投资6.2亿元。文化中心、熟食品加工基地、特勤消防站、殡仪馆、西宁路社区服务中心、安庆路残疾人活动中心等工程竣工投用；300万立方米水库开始蓄水。金山路社区卫生服务中心竣工验收，人力资源培训中心等工程开工建设。老区改造二期工程完工，改造面积11.4万平方米；三期工程稳步推进。新建、改建天津路、大庆西路、金山路等6条城市道路。生活污水处理厂扩建、中水蓄水库易址新建工程有序推进。体育中心工程获“鲁班奖”。（薛金玲）

【城区管理】 2010年，克拉玛依市独山子区有效发挥城管委职能，综合整治成效明显，查处一批行政违法案件。大庆路两侧建筑立面、亮化改造取得实效；路灯亮灯率98%以上。“12345”阳光热线运行良好，接处投诉咨询2 236件，处理反馈率100%，群众满意率88.65%。养犬办证率91%。拆除违章建筑2 300多平方米。2个小区成为国家优秀物业小区。取缔传销窝点9个、游戏赌博点1个；查处异地营运车辆73辆。新增、更新公交车15辆，补贴公交运行费213万元；新建、改造候车亭105个。公交车、出租车GPS及IC卡系统建成投用。补贴60多万元统一出租车颜色标识和司机服装。（薛金玲）

【生态建设】 2010年，克拉玛依市独山子区建筑外墙保温改造2.87万平方米，供热管网平衡改造22万平方米，看守所电采暖改造完成，取缔供热小锅炉2台，全区集中供热率97%。完成杭州路以东新区天然气管道敷设和门站建设。全年处理各类生活垃圾2.88万吨，无害化处理率100%；处理生活污水414.97万立方米，处理率92.4%，达标率95.6%；减排二氧化硫4 500吨，环境空气质量优良以上天数360天，其中一级天数169天、二级天数191天。种植乔灌木、宿根花卉206.6万株，新增绿地42.5公顷。（薛金玲）

【促进就业】 2010年，克拉玛依市独山子区积极促进大中专毕业生和复转军人就业工作。全年开发就业岗位1 855个，实现就业1 321人，培训人员2 965人次，有1 623人获得职业资格证书，支出就业经费1 422万元。劳动监察“两网化”工程顺利推进。全年发放失业救济金80万元，救济1 200人次；发放小额担保贷款19万元。城镇登记失业率在1.2%以下。（薛金玲）

【社会保障和救助】 2010年，克拉玛依市独山子区新增各类社会保险和城乡居保参保人数4.32万人次，社会保险综合参保率96%以上。征缴各类社保基金9 860万元，比上年增长16.68%；支付各类社保金2 315万元。166名“五七工”、家属工纳入社会养老保险。发放各类救助金、保障金、慰问金392.84万元，850名低保、低收入人员、贫困学生、无业残疾人、无收入老人和大病患者得到及时救助和慰问。免费为全区60岁以上老人体检、接种流感疫苗；为90岁以上老人发放特殊生活补贴、慰问金9.03万元；补贴老人乘车、洗浴等费用120万元。康复训练、居家托养救助残疾人90人；60位残疾人和残疾人家庭配发生活辅助器材、实施无障碍改造。解决113户低收入困难家庭住房。处理涉及1 700多人的劳务纠纷470起，解决拖欠工资470多万元。办理法律援助案件14件。发放牧民救灾款物51万元；向玉树和舟曲灾区捐款46.37万元。（薛金玲）

【平抑物价】 2010年，克拉玛依市独山子区针对物价上涨过快的现状，采取有力措施平抑市场物价。区政府组织相关部门制定物价管理办法，在全区设立临时便民蔬菜直销点22个；财政补贴蔬菜运费及古尔邦节期间活羊差价等费用90万元，降低市民生活成本，维护市场稳定。（薛金玲）

【社会治安综合治理】 2010年，克拉玛依市独山子区以上海世博会期间安保和维护社会稳定为主线，做好敏感特殊时段的安保工作。一是严厉打击刑事犯罪，刑事案件数量下降2.1%。二是开展流动人口清查、治爆缉枪等专项行动，登记流动人口3.14万人。三是加大科技强警投入力度，新增治安监控点169个。四是开展异常宗教集中整治和平安宗教活动场所创建活动，完成有组织朝觐工作，实现零散朝觐零目标。五是“五五”普法通过市级验收。六是开展社区矫正试点工作，社区矫正对象53人。七是调处矛盾纠纷383起，成功率97%。全年接待上访群众287人次，答复率100%，信访总量下降35.65%。妥善处理驻区单位家属工养老问题，安置原区属破产企业职工26名。八是发挥政民互动平台作用，区政府门户网站政民互动栏目

受理群众来信3 375件，比上年增长75.5%，答复率98.4%。（薛金玲）

【安全生产】 2010年，克拉玛依市独山子区围绕安全生产年，扎实开展百日安全无事故、周六安全生产日活动以及安全生产隐患排查、消防安全和危险化学品、非煤矿山、烟花爆竹专项整治行动，整改隐患1 726项。建设领域HSE管理体系不断完善，培训2 848人。强化交通管理，新增道路测速监控点23处；检查车辆3.19万辆次，重点治理酒后驾车和超速行驶行为，行政拘留23人。全年发生事故278起，死亡11人、伤62人，直接经济损失27.44万元；事故起数、受伤人数、直接经济损失分别比上年下降3%、28.7%、12%，死亡人数上升10%。（薛金玲）

【应急管理】 2010年，克拉玛依市独山子区应急队伍建设得到加强，成立区地震局，依托区公安消防大队成立区综合应急救援大队。组织应急演练36次，修订应急预案16件；建立安民信息发布平台，发布安民信息2次；有效应对"二二三"暴雪和草原虫害。新增30万元的应急物资储备。防震减灾预警和应急救援能力加强。（薛金玲）

【食品药品质量安全】 2010年，克拉玛依市独山子区熟食品加工基地正式投用，食品供应安全得到有效保障。启用食品安全电子监管系统，429家食品零售商、批发代理商全部纳入"一单通"和"大备案"。开展餐具消毒和地沟油、食品添加剂专项检查。销毁病害肉260千克；查扣无证食品袋4.54吨。餐饮经营户卫生监督公示和量化分级管理实施率100%。检测农产品样品1.4万份，合格率99.9%。建成疫苗电子监管系统。全区药品流通场所实现实时监控，回收、销毁案值1.16万元过期、假劣药品。（薛金玲）

【教育事业】 2010年，克拉玛依市独山子区第六幼儿园、十四小综合楼工程开工建设；校舍抗震加固改造2.02万平方米。"双语"教育稳步推进。招录教师54名，派36名骨干教师赴内地培训。小学毕业统考、中考综合评价全市领先，高考综合上线率99.4%。344名农民工子女就近入学。新建校园治安监控点34个，增配校园保安39名，校园安全无事故。二中通过自治区示范高中复评。严格执行一费制，获自治区收费示范区称号。1.6万名居民参与社区教育，获全国社区教育示范区称号。（薛金玲）

【科技创新】 2010年，克拉玛依市独山子区实施科技项目22项，财政科技投入1 581万元。新增专利申请12项，授权16项；培育知名商标10个。34个单位取得质量管理、职业健康和环境体系认证，9个项目获市科技进步奖；4家企业被评为国家高新技术企业和自治区民营科技企业；参加自治区青少年科普竞赛夺得奖牌20枚；获自治区科普示范城区称号。（薛金玲）

【公共卫生】 2010年，克拉玛依市独山子区社区诊疗人数增长14.4%。社区常用药品实行财政补贴，零差率销售。计划免疫接种1.89万人次，接种率96%以上。健康城市建设扎实推进。为986名退休人员发放一次性计划生育奖励金、保健费150多万元。加强区域流动人口计划生育合作。实施人口出生缺陷社会化干预工程，全区人口出生率9.01‰，自然增长率6.20‰，维持低生育水平。（薛金玲）

【文化体育事业】 2010年，克拉玛依市独山子区开展百日广场文化系列活动149场，参与群众10万多人次。加强文物管理，争取自治区资金220万元，维修石油工人俱乐部。举办首届市民体育大会；参加市第七届全运会和社区文艺展演，获奖牌48枚、团体总分第一。区档案馆晋升为国家二级档案馆。《独山子区年鉴》正式出版。（薛金玲）

【信息化建设】 2010年，克拉玛依市独山子区人口数据库和地名地址库建设完成，更新完善了空间地理信息数据库。cors基站建成投用。网络安全体系进一步加强。地理信息共享平台获国家住建部示范项目称号。（薛金玲）

【社区建设】 2010年，克拉玛依市独山子区"四知四清四掌握"、"五百工作"、"四类管理法"进一步落实。第三届社区居委会换届直选完成，选民参选率92.77%。4个社区通过市和谐社区验收，1个社区获全国和谐社区建设示范社区称号。在社区深入开展热爱伟大祖国，建设美好家园主题教育活动，"双拥"共建和文明建设成果进一步巩固，通过自治区文明城区复审。（薛金玲）

【依法行政】 2010年，克拉玛依市独山子区开展规范行政处罚自由裁量权试点工作，细化180项行政处罚标准。规范性文件全部上网公开，备案审查率100%。行政复议案件办结率100%。获自治区行政执法责任制先进单位称号。办理人大代表议案、建议152件、政协委员提案169件，群众满意率不断提升。（薛金玲）

【行政效能建设】 2010年，克拉玛依市独山子区设立行政服务中心，在新疆率先启用一站式网上审批暨电子监察系统；20个部门155项行政许可和服务事项实行网上审批办理，办理过程实现实时监控，累计办理1 471件，办理时限缩短30%以上。深入开展创先争优、"四型"机关、政风行风评议为主题的效率效能和机关作风建设，机关效能和服务水平进一步提高。36个单位的投诉电话列入专项效能监察。控制行政成本，五项经费压缩7%。审计项目18个，采纳建议41条。（薛金玲）

【廉政建设】 2010年，克拉玛依市独山子区深入开展工程建设领域突出问题专项治理，整改问题29项，核减工程造价2 000多万元。加强政府集中采购调研，节约资金870万元。50多名领导干部和关键岗位工作人员到福海监狱接受警示教育；副科级以上干部及重要岗位工作人员廉洁从政承诺书上网公示。（薛金玲）

【获奖情况】

国家级荣誉 2010年，独山子区被评为全国社区教育示范区、全国社区养老服务先进区、第三批全国白内障无障碍县；独山子第一次全国污染源普查领导小组办公室被评为第一次全国污染源普查先进集体；区农林水牧局被评为黄河流域（片）水土保持执法监督先进集体；区金山路街道办事处被评为第二批全国社区教育示范街道；区统计局被评为第二次全国经济普查先进集体；独山子图书馆被评为国家二级、自治区一级图书馆;区档案馆被评为国家二级档案馆。

自治区级荣誉　2010年,独山子区被评为自治区安全生产监管示范区、自治区科普示范区、自治区老龄工作先进单位、自治区百日广场文化活动竞赛先进区、自治区灭鼠灭蟑先进城区;区民政局被评为自治区清理整顿公墓工作先进单位;区执法局被评为自治区文化市场行政执法先进单位;区文体局被评为自治区全民健身活动先进单位;区食品药品监督管理局被评为自治区食品药品监督管理系统先进单位;金山路街道办事处被评为自治区第二次全国经济普查先进集体;区质监局被评为自治区质量技术监督系统依法行政考核优秀单位。

市级荣誉　2010年,独山子区被评为落实环境保护目标责任书成绩突出区、城市管理先进单位;区环保局被评为市级全国第一次污染源普查先进集体;区公安分局被评为市平安建设先进单位、市公安局警务实战技能比赛第三名;区文体局被评为市第八届社区文艺展演优秀组织奖;区残联被评为市第五届残疾人运动会暨第二届特奥运动会最佳组织奖、参加自治区第五届残疾人运动会突出贡献单位;区金山路街道办事处被评为市三八红旗集体、市"两基"巩固提高迎国检先进单位、市第五届残运会道德风尚奖、市平安单位;区西宁路街道办事处被评为市平安单位、市第一次全国污染源普查先进集体、市第九次百日广场文化活动竞赛优胜街道;区金山路街道办事处关工委、西宁路街道办事处关工委被评为克拉玛依市2008~2010年度关心下一代工作先进集体;区金山路街道办事处人口和计划生育系统、西宁路街道办事处人口和计划生育系统被评为2008~2010年度市先进集体;区直机关团委被评为市五四红旗团支部。　(薛金玲)

白碱滩区

【领导名单】

区委书记:王荣

区委副书记、区长:熊跃伟

区委副书记、纪委书记、政法委书记、区总工会主席:韦怀琴(2月离任)

区委副书记、政法委书记:王宗起(4月任职,兼组织部长)

区委常委、区人武部政委:党吉德(7月离任)、秦宏杰(7月任职)

区委常委、宣传部部长:杨述军

区委常委、副区长:曾晓辉

区委常委、教育党工委书记:艾尼·肉孜(2月兼区总工会主席)

区委常委、纪委书记:刘新(4月任职)

区委常委、副区长:鲍依娜(4月任常委)

区人大常委会党组书记、主任:董振英

区人大常委会党组副书记:胡金忠(12月离任)

区人大常委会副主任:刘孝、李长青、那曼·热合曼

副区长:克里木江·依明、刘爱民、陶新生(3月挂职)、王咏剑(4月挂职)

【基本情况】　克拉玛依市白碱滩区位于准噶尔盆地的西北缘,距乌鲁木齐市335千米,北与托里县接壤,南同和布克赛尔蒙古自治县连接,西南是克拉玛依区,东北是乌尔禾区,地处东经84°57′~85°15′,北纬45°34′~45°43′,地形轮廓呈条形,全区总面积1 400平方千米。白碱滩地貌总体多为戈壁(荒漠),属典型的中温带大陆气候。常年干燥少雨,冬冷夏热。春秋季时间较短且多风,干旱多风是白碱滩气候的主要特征。辖区调节水库、三平水库、生态水库总库容5 510万立方米;全区耕地面积933.3公顷,林地22 933.3公顷,牧草地64 666.7公顷。白碱滩区空气质量一级171天,二级194天。区辖2个街道办事处,16个社区居委会,4个流动人口管理委员会。辖区内驻有中央石油企业西部钻探克拉玛依钻井公司、新疆油田公司采油二厂、新疆油田公司采气一厂、新疆油田公司克拉玛依电厂、新疆油田公司试油公司、新疆油田公司白碱滩物业管理公司、西部钻探固井压裂工程公司、中国石油新疆技师学院、新疆油田公司井下作业公司第二工程技术服务公司9家国有企业。地方企业19家,私营企业169家,个体工商户2 174家。年末总人口53 955人,其中少数民族11 635人,常住人口42 921人,比上年减少1 520人,流动人口11 034人。全年人口出生率6.43‰,死亡率1.27‰,自然增长率5.16‰。　(张选厚)

【六届四次人代会】　2010年2月2日,克拉玛依市白碱滩区召开第六届人民代表大会第四次会议。参加会议的代表121名。会议听取和审议区人大常委会、区人民政府、区人民法院和区人民检察院工作报告,审议并审查批准区人民政府关于白碱滩区2009年国民经济和社会发展计划执行情况及2010年国民经济和社会发展计划的报告,听取和审议并审查批准区人民政府关于白碱滩区2009年财政预算执行情况和2010年财政预算报告。大会补选赵永强为区人民检察院检察长,并报市人民检察院提请市人大常委会批准任命,赵小强为区人大常委会委员。会议期间,收到代表们提出建议、批评和意见85件,经白碱滩区人大常委会机关工作部门合并整理后,实际交"一府两院"及相关部门办理60件,办理答复率100%,代表满意率94.7%。　(张选厚)

【经济发展】　2010年,克拉玛依市白碱滩区贯彻落实保发展、保民生、保稳定决策部署,着力改善民生和促进社会和谐进步,国民经济保持平稳发展。全年完成地区生产总值118.3亿元(现价,下同),比上年增长5.5%。其中第一产业增加值3 000万元,增长4.4%;第二产业增加值112亿元,增长5.6%;第三产业增加值6亿元,增长4.35%。三次产业增加值比例为0.26:94.67:5.07。地方生产总值11.6亿元,增长6%。全年实现农业总产值8 058.29万元,各种农作物播种面积541.8公顷,增长3.89%。其中粮食作物播种面积67公顷,棉花播种面积458公顷。至年末,牲畜存栏数25 800头,家禽存栏数21 000只,出栏肉猪48 800头。

工业经济　白碱滩区工业企业全年实现总产值124.81亿元,比上年增长23.71%。驻白碱滩区中央企业累计完成总产值114.58亿元,增长25.1%,生产原油221.93万吨,天然气28.89亿立方米,钻井进尺83.58万米,发电量15.32亿千瓦时。地方工业完成总产值10.23亿元,增长10%。全年累计完成社会固定资产投资34.85亿元,其中地方固定资产投资9 332万元。建筑业总产值6.7亿元,增长6.35%,竣工产值6.23亿元,增长7.9%;地方财政收入1.65亿元,下降4.7%,地方财政支出

3.9 亿元，增长 16.5%。年末居民储蓄存款余额 23.03 亿元，下降 1.37%。全年保费收入4 482万元，增长 1.45%；赔付支出1 226万元，增长 5.6%。城镇居民人均可支配收入17 295.4 元，增长 12.3%，城市居民人均消费性支出 15 957.2元，增长 0.1%。

地方经济　白碱滩区调整工作思路，加强对地方企业帮扶力度。一是发挥改制企业帮扶领导小组作用，支持建筑安装企业联合重组，筹建石油机械装备制造行业协会和化工企业行业协会，助力企业发展。二是完善科技扶持体系，制定出台《白碱滩区科技人才培养专项经费管理办法》，修订《白碱滩区科技项目资金配套管理办法》，全年安排科技资金1 354万元，直接拨付企业科技经费 521.4 万元，帮助企业确立市级以上科技项目 13 个，争取上级科技拨款 504 万元。三是推进公共物业管理服务社会化，鼓励地方企业参与城市环卫、绿化、公益设施维护等服务。四是组织地方企业有针对性参加招商会展，签订一批投资合作项目。五是举办地方企业技术骨干专业培训 6 期，培训 300 人次。

招商引资　白碱滩区进一步完善招商引资工作机制，明确相关工作部门责任、权利和义务，细化项目引进程序，强化招商引资项目动态监管，落实项目全程跟进式服务。全年招商引资项目 26 个，投资总额 3.94 亿元，比上年增长 63.6%。开工项目 17 个，其中石油石化工业园区 8 个、房地产项目 4 个、农业项目 2 个、白碱滩镇工业项目 3 个，到位资金 3.35 亿元。（张选厚）

【"十二五"规划编制】 2010 年，克拉玛依市白碱滩区委托自治区发改委经济研究院编制完成《第十二个五年规划白碱滩区国民经济和社会发展纲要（草案）》，共分"十二五"期间的发展基础与环境、"十二五"时期的发展思路和目标、"十二五"时期经济社会发展的重要任务、实施规划的保障措施 4 章 18 节。编制工作从 2009 年 4 月启动，前期围绕《"十二五"经济发展思路》、《科技创新》、《经济结构调整优化》、《民主法制建设》、《拓展招商领域》、《工业园区建设》、《财政管理体制改革》、《提高信息化水平》、《现代生态农业开发》、《教育体制改革和机制创新》、《突发事件应急管理机制》、《城区建设发展》、《文化体制和文化产业发展》、《提高公共卫生保障水平》、《食品药质量监督》、《人口增加和结构变化预测》、《人力资源和人才培养》、《推进城市管理》、《公共交通管理》、《就业和社会保障体系》、《安全生产管理》、《宗教事务管理》、《城市规划建设》、《资源节约和生态环境保护》、《国防事业、社会治安管理、法制工作及社会和谐稳定》25 个课题，组织专家组调研，全面分析经济社会发展指标数据。

白碱滩区结合克拉玛依市委、市政府提出的打造世界石油城和"克—白一体化"规划目标，先后就白碱滩区的产业发展导向、城市发展布局、重大项目投资、社会事业发展等方面进行深度调研，并同克拉玛依区领导座谈交流。经过多次征求意见反复讨论修改，于 9 月通过评审，正式形成"十二五"规划纲要稿，拟提请区六届人大四次会议审议批准。同时配套编制《白碱滩区近期建设规划》、《白碱滩区住房建设规划》、《白碱滩区教育事业发展规划》、《白碱滩区人才发展规划》、《白碱滩区信息发展规划》等专项规划。（张选厚）

【城区建设管理】 2010 年，克拉玛依市白碱滩区重点新建、改扩建、维修改造一批民生工程。其中新建第 19 小学综合教学楼、跃进幼儿园综合教学楼、中兴路街道第二社区卫生服务中心、动物卫生防疫所及荒漠林管护站、消防大队办公楼等重点工程，总建筑面积21 104.21平方米，总造价3 891.2万元；新建经济适用房1 154套、128 500平方米，建成销售 966 套、106 715平方米，新建商品房 330 套、55 000平方米；全面完成教育系统 10 项单体教学楼抗震加固及节能改造，面积22 164.08平方米；新增中兴路第一街道社区卫生服务中心等无障碍通道 5 处，完成 16 个社区居委会办公活动场所无障碍通道维修和沁苑社区牡丹园防滑路面改造；维修路灯 632 盏，更换损坏电缆1 000米，更换及维修井盖 85 个，疏通排水 124 处，维修更换道路交通红绿灯控制器 28 组，维修破损路面约 100 平方米，完成零星工程 25 项，零星维修项目 413 项，更换沿街果皮箱 121 个，维修垃圾斗 12 个。拆除 702 东方苑临时建筑 10 处、3 000平方米，拆除电厂西村和南园违章建筑 10 处、2 900平方米，拆除五亭新村旧危平房 126 栋、20.04 万平方米。开展"城市管理年"活动，探索政企共建共管模式，构建数字化城市管理体系，导入 ISO9000 质量管理体系，固化 9 大类行政工作流程，与建筑施工单位分别签订文明施工责任书，建立分管领导牵头的社会管理联系会议制度，推动城区建设良性发展。全年受理 96581 热线电话 790 起，处理 776 起，无行政复议案件。（张选厚）

【劳动就业】 2010 年，克拉玛依市白碱滩区通过各种途径实现就业再就业 619 人，比上年增加 174 人，完成全年目标任务的 155%，其中女性 290 人、少数名族 240 人，零就业家庭动态为零。城镇登记失业人员失业率 1.5%。全年累计提供就业岗位 848 个，完成目标任务的 170%，其中开发公益性岗位 223 个，完成目标任务的 496%；中央、自治区驻市企业 180 个，改制、私营及其他企业 445 个。就业见习 89 人，其中 54 人签订劳动合同。全年支出就业专项资金 959 万元，比上年增长 123%。其中扶持公共就业 122 万元，政府购买岗位补贴 431 万元，少数民族就业补贴 63.2 万元，社会保障补贴 177 万元，住房公积金和实训补贴 66.8 万元，职业培训补贴 40 万元，就业见习补助 59 万元。组织各类培训 5 427人，完成目标任务的 268%，其中企业在岗职工培训3 382人，完成 338.2%；就业再就业培训 701 人，完成 350.5%；就业指导培训 220 人，完成 110%；企业内部外来务工人员培训1 124人，完成 187.3%。全区取得职业资格证书人数 672 人，其中高级工 415 人，技师 27 人，高级技师 1 人，物业、家政服务、计算机等专项职业证书 229 人。（张选厚）

【文化建设】 2010 年，克拉玛依市白碱滩辖区有文化馆 2 座、电影院 1 座，共计 3 个放映厅 930 个座位，多功能展厅 1 座，图书馆 4 座（藏书 28.1 万册）；街道文化站 2 个，社区综合活动室、棋牌室 38 个，社区图书阅览室 19 个（藏书 1.53 万册）；街心公园 4 个，6 个绿化休闲广场；11 座文化体育综合活动馆，10 个田径场，1 座室内游泳馆，12 个室外篮球场，40 个室外乒乓球台，8 个羽毛球馆，23 个乒乓球馆，20 个健身房；社区晨练点 32 个，健身气功活动站 16 个，健身路径

30条，健身器械411种(件)。白碱滩区公共体育设施面积400万平方米，人均拥有公共体育设施面积69.84平方米。白碱滩区开展第九次百日广场文化活动和第八届社区文艺展演，共举办各类文化活动223场次，参与演出人员1.5万多人次，观众人数7.3万多人次，投入文化活动经费45.1万元。举办"美丽·白碱滩"大型水节演唱晚会，被评为克拉玛依市第八届社区文艺展演综艺晚会金奖。白碱滩区形成14个文体协会和24支文化队伍，有社会体育指导员182名，其中一级体育指导员11人、二级体育指导员86人、三级体育指导员85人。5月，白碱滩区"雏鹰青少年体育俱乐部"成立，设篮球、羽毛球、跆拳道、武术培训班，培训学员200人次。年末，有各类文化经营场所100家。其中印刷厂3家、书店20家、音像制品零售出租店14家、网吧9家、歌舞娱乐场所27家(含茶社)、动漫游艺厅9家、台球厅4家、文印店5家、广告公司9家，经营总面积1.32万平方米，从业人数385人。白碱滩区文化、公安、工商、行政执法等部门联合开展专项执法检查6次，检查经营单位86家，查处网吧违规经营7起，当场整改消防隐患37处，下发限期责令整改通知书6份，没收非法书籍198本、盗版影像制品146张。（张选厚）

【扶贫帮困】 2010年，克拉玛依市白碱滩区为234户、495人发放最低生活保障金158.5万元；对低保家庭"五项"减免费用20.6万元；为67户低收入家庭、191人发放临时救助金9.55万元；为4人发放重大疾病救助金1.86万元；为46人发放基本医疗救助金3.44万元，为低保障家庭发放39.2万元购药卡；为低保家庭和低收入家庭发放春节一次性帮扶金14.27万元；为3名60岁以上"五七工"补贴8 760元；发放无业残疾人生活费494人次32.604万元；发放残疾人慰问金6.1万元，为2名通过函授取得本科学历的残疾人发放自强奖学金1万元；支出1.6万元为80名残疾人体检。区慈善协会救助贫困大中专生80名，救助金额28.543万元，基层党组织开展慈善助学，同15名高中贫困生结成帮扶对子，资助金额2.7万元。为青海玉树地震灾区和甘肃舟曲山洪泥石流灾区捐款共计32.9万元。（张选厚）

【社区建设】 2010年，克拉玛依市白碱滩区进一步强化社区建设，取得好的成效。一是开展创建全国和谐社区建设示范城区，制定并印发《白碱滩区创建全国和谐社区建设示范区实施方案》，召开动员大会，表彰取得全国和谐社区建设示范街道称号的中兴路街道以及在和谐社区建设中成绩突出的区委组织部、跃进社区、采气一厂等18个先进集体、20名先进个人和40名优秀志愿者。二是进行第四届社区居委会换届选举工作。从1月20日开始到6月27日结束，通过调查摸底、宣传动员、选民登记、具体实施几个阶段，共登记选民3.08万人，参加投票选民2.74万人，16个社区居委会选举产生主任16名、副主任19名(民族2名)、委员111名(其中民族36名)，产生居民小组277个、居民代表311名，直选率100%，居民参选率89.89%。三是探索社区管理长效机制。开展试点引路，在五亭社区、育成社区试点的基础上，又确定沁苑、五新社区为试点，区委书记、区长包联试点社区；推行区直机关党支部联系社区工作制度，22个党支部分别联点16个社区和4个管委会，机关干部累计下社区1 910人次，走访居民2 380户，联系帮扶困难家庭38户，为群众办好事、实事80件。四是营造和谐稳定的社区环境。推进"四知四清四掌握"、四类管理法工作机制，落实"五到五必访"、"两小时巡访"工作模式和"五百"活动。举办居民论坛、"两小时学校"、夕阳红互助结对等特色创建活动，促进居民自治；开展社区文体活动，营造和谐氛围，各街道社区全年开展各类文体活动246场次，参加居民8.587万人次。五亭、沁苑、五新3个社区分别被评为市和谐社区建设示范社区。（张选厚）

【普通教育】 2010年，克拉玛依市白碱滩辖区有普通中学3所、小学4所、幼儿园7所。其中自治区德育示范校1所，市德育示范校2所，市示范化学校2所，规范化学校2所。在校学生7 836人，其中民族学生2 644人，小学生3 472人、初中生2 974人、高中生1 390人。幼儿园入托幼儿1 358人，其中民族337人，入托率98.07%，民族幼儿入托率96.99%。全区各类专任教师805人，其中民族150人，中学教师419人、小学教师297人、幼儿教师89人。小学入学率100%，升学率100%，中学入学率100%，升学率100%。全区应届高考生343人，综合上线率99.7%。双语教育稳步推进。民语1～4年级"双语"班汉语、语文、数学三科综合及格率90.7%，优秀率46.7%，比未实行双语教育前分别提高17.8%和25.8%。教师继续教育不断加强。组织各类教育培训1 365人次，其中国家级培训48人次、自治区级培训212人次、市级培训554人次、区内培训551人次。注重加强校园安全教育管理。投资2 239.24万元，新建第19小学综合楼、跃进幼儿园综合楼，建筑面积11 321.47平方米；提前一年完成教育系统抗震加固项目，年内完成抗震加固面积22 164.88平方米；定期组织师生进行防震、消防紧急疏散演练和安全教育；加强校园安全保卫，在学校、幼儿园安装电子监控器156个，招录40名校园保安在学校、幼儿园执勤。深化民族团结进步教育。

2010年，白碱滩区把"热爱伟大祖国、建设美好家园"主题教育融入到教育教学的全过程，坚持在品德与社会课程中每学期至少上6课时民族团结教育课；举办民族团结讲座、民族团结小故事、少数民族集体舞、少数民族教师汉语水平比赛、民族团结手拉手书画和少数民族学生双语书法比赛等系列活动。年末，全区表彰13个尊师重教先进单位，9名师德标兵，14名优秀班主任，26名优秀教师，23名优秀教育工作者，5名自治区讲课比赛获奖教师和3名全国百佳(园长)教师。（张选厚）

【敬老服务】 2010年，克拉玛依市白碱滩区60岁以上老人4 074人，有4 000余人居家养老。5 219名离退休人员的管理和服务由油田公司离退休管理站和区退休管理站两种模式运行，并把改制企业退休人员服务纳入区退休站服务范围，实现离退休人员管理服务全覆盖。在日常服务中发挥离退休管理站、街道、社区和社会力量，共同承担敬老服务，实现以居家养老为主、机构养老为辅的养老服务模式。4月，集饮食起居、休闲娱乐、健身医疗为一体的为老服务中心试运行，6月30日正式投入运营。白碱滩区全年入住全托老人47人次，日托2人次，接待参观老人2 000多人次。新建300平方米的跃进社区老人日托站投入使用。

白碱滩区老年大学举办书法、绘画、舞蹈、剪纸、戏曲、乐器等学习培训班13个，招收学员260人。组织700名60岁以上老人参加油城一日游活动；举办中老年门球比赛，32人参加活动；49名老人参加钓鱼比赛；为老服务志愿者活动230次，发放为老服务宣传册500多份、宣传单2 000多份；新办老年优待证204本，优惠证35本；投入3.05万元，为61名80岁以上老人免费体验，为9名90岁以上老人发放特殊生活补贴1.75万元，走访慰问320名高龄、困难、孤寡老人；白碱滩区出租车协会女子车队14名司机同7名独居、孤寡、残疾老人结对帮扶，签订为期1年的免费服务承诺书。（张选厚）

【医疗卫生】 2010年，克拉玛依市白碱滩区辖有国家二级甲等医院1所，3个社区卫生服务中心，5个社区卫生服务站，11家个体诊所，29家药品店。专业卫生技术人员389人，其中民族114人，病床288张。新建中兴路街道第二社区卫生服务中心投入使用，面积2 793平方米，改造三平路街道社区卫生服务中心，面积1 960平方米；全面实行基本药物制度，严格执行社区医疗基本药物零差率销售政策，73种基本药物差价50.33万元。全年就诊456 884人次，其中社区卫生服务机构就诊236 592人次，比上年增加11 470人次；健康体检23 929人次，其中60岁以上老人健康体检361人次。完成计划免疫11 012人次，强化免疫7 268人次，其中儿童脊髓灰质炎强化免疫3 928人次，麻疹疫苗强化免疫2 175人次，儿童流感疫苗接种500人次，15岁以下学生乙肝疫苗接种665人次；60岁以上老人流感疫苗接种2 996人次，妇幼保健4 671人次，儿童保健3 517人次；建立居民健康档案11 507人，慢性病随访5 341人次；开展常见病、多发病健康知识讲座128场次，受教育8 000人次，发放各类健康教育宣传单31 200份，发放艾滋病预防知识宣传册5 000份、宣传画120份、宣传单5 000多份。

白碱滩区在中兴路街道第一社区卫生服务中心全面启动国家级慢性病管理综合干预防治工作示范点、国家级全科医师团队示范点、全国社区卫生服务示范中心创建工作。全年办理卫生许可证436份，从业人员卫生知识培训2 780人，检查辖区经营单位2 546户次；对职业卫生、餐饮服务业、建筑工地、学校食堂等重点食品卫生开展监督量化分级管理。组织医疗机构专项检查4次，查处非法行医1家；食品卫生专项监督检查8次，责令整改496户次；餐具消毒监测检查4次，采样673份，合格率88.2%；接种率98.89%，碘缺乏病监测300户，合格碘盐299份，碘盐覆盖面100%，碘盐合格率99.67%；对全区8所学校幼儿园专项卫生检查4次86户次，下发卫生监督整改意见书8份；检查药品医疗器械经营、使用单位32家次，检查涉药单位30家次，特殊药品经营单位26家次；开展清理家庭小药箱活动，回收过期药品269盒（瓶）。（张选厚）

【法治建设】 2010年，克拉玛依市白碱滩区依法治区稳步推进，下发《白碱滩区2010年普法依法治理工作要点》，开展“法治五进”活动和法制城区创建工作，开展法律宣传6次，印发宣传资料3 050份，组织公职人员普法考试3 500人。下发《关于认真做好“五五”普法检查验收和全力推进法制城区创建等各项工作的通知》，开展“五五”普法检查验收。全年受理群众来信来访63件204人次，答复率100%，办结率90%；开展矛盾纠纷排查48次，调解各类纠纷225起，成功率99%；办理法律援助案110件。加强社会面巡逻，成立白碱滩区治安巡逻大队，招录协警36人，配备警车3辆、单警装备42套；招录校园保安40名在各学校、幼儿园执勤。全年刑事案件审结95件，审结率100%，刑事发案下降15.6%，执行案件执结172件，执结率90.53%，执结标的金额706.03万元；民商事案件审结460件，审结率98.71%，审结标的金额1 574.21万元；行政、治安案件办结197件，查处违法人员287人。开展平安创建活动，13 975户家庭被命名为白碱滩区平安家庭，98个单位被命名为区级平安单位，2个街道、16个社区和4个管委会、98个单位分别被评为市级平安街道、平安社区和平安单位。白碱滩区被评为创建全国法治城区先进单位。（张选厚）

【市场管理】 2010年，克拉玛依市白碱滩区有商场1家，超市4家，集贸市场4家，宾馆4家，个体工商户2 174家，每月展销点1个。社会消费品零售总额2.6亿元，比上年增长6%。人均消费性支出15 957.2元。区政府出台稳定物价措施，加大居民日用品、粮油、蔬菜、肉食品监管力度，打造放心食品和放心肉工程。市场监管部门开展数据质量建设年和打击假冒伪劣商品活动，落实《食品安全法》，与经营户签订食品经营户承诺书和食品质量安全保证责任书，实施零销售商“一单通”进货，维护消费者权益。餐饮业及公共娱乐场所预防性卫生监督覆盖面100%，上市畜禽屠宰检疫合格率100%，食品生产加工企业产品质量合格率95%。全年查处各类案件114件，案值337.56万元，罚没款38.8万元；其中食品违法案件18件，案值5.7万元，罚没款4.8万元。（张选厚）

【ISO9000质量管理】 2010年，克拉玛依市白碱滩区贯彻全面推进依法行政实施纲要，推进政府自身建设和管理创新，提升社会管理和公共服务能力，首次在政府28个部门全面导入ISO9000质量管理体系，开展全面质量管理年活动。制定《白碱滩区政府导入ISO9000质量管理体系工作实施方案》，成立以区长为组长，28个部门领导为成员的领导小组，先后组织部门领导、内审员及业务工作人员培训4次，培训524人次，28个政府部门完成《质量手册》、《程序文件》、《部门工作手册》三级文件，健全725项工作制度，完善352个业务流程，46名内审员经培训取得内审员资格证书，通过近一年运行，各部门工作主体明确，管理层次清晰，工作流程规范流畅，行政效能显著提高。经中国船级社认证公司审核，白碱滩区政府以及28个部门分别取得ISO9001:2008质量管理体系认证证书。（张选厚）

【科技兴区】 2010年2月5日，国家科技进步示范县（市）授牌暨表彰大会在克拉玛依市白碱滩区召开。自治区党委常委尔肯江·吐拉洪、自治区副主席靳诺、国家科技部农村科技司综合处处长侯立宏、自治区科技厅党组书记约尔古力·加帕尔、自治区科技兴新领导小组办公室主任段生荣，克拉玛依市、油田党委书记徐卫喜，副书记、常务副市长宋友立，副市长赵武生出席会议，尔肯江·吐拉洪、靳诺为白碱滩区授牌并颁奖。尔肯江·吐拉洪、徐卫喜先后讲话。白碱滩区以创建全国科技示范区为契机，进一步深化科技兴区战略，重点优化科技兴区软环境。一是科技政策体系进一步完善。编制完成《白碱滩区国家科技示范县(市)建设与发展规划(2010～2012年)》，出台《白碱滩区科技人才培养专项经费管理办法》、《白碱滩区专家顾问团管理(暂行)办法》、《白碱滩区科技项目资金配套管理办法》等制度。二是科技示范区建设项目有序开展。完成自治区科技兴新一把手抓第一生产力示范工程项目"环保节能技术在油田生产中示范与推广"推荐与申报，获自治区科技拨款100万元；确立科技计划项目2批21项，项目总投资5 619万元，区本级拨付科技项目资金469万元；上报市级以上科技项目13个，其中国家级4个、自治区级1个，获上级科技拨款504万元。三是加大科技投入力度。全年安排投入科技经费1 434万元，其中直接拨付企业科技经费524万元。四是构建院(校)企合作平台，促成7项共8 000万元合作项目。五是开展"我的低碳生活"、抗震减灾、青少年自我保护、公民防诈骗等各类科普知识宣传活动41场次，参加21 112人次。全年涌现出10名区级科技拔尖人才、7家科技进步先进企业、1个产学研合作示范基地、10家十佳明星企业、10家"守合同、重信用"企业、10名光彩之星，命名6个地方名牌产品和7项科技优秀新产品、新技术。至年底，全区有自治区级民营科技企业25家，高新技术企业4家。（张选厚）

【安全环保】 2010年，克拉玛依市白碱滩区召开安全生产专题会议，区长与16个部门、41家企业签订安全生产目标责任书，与13个部门和31家企业签订环保目标责任书。新建消防大队办公楼，动物卫生防疫所及荒漠林管护站，面积6 117.9平方米；成立白碱滩区安全生产执法监察大队(区安全生产应急指挥中心)，建立联合执法、行政问责工作制度；开展安全生产示范街道、社区创建工作，区辖2个街道及16个社区分别达到市级安全生产示范街道、社区标准。

白碱滩区加强校园安全防范。全面完成校园抗震加固，增强校园安全系数；配备40名校园保安执勤；加强校园技防措施，安装电子监控器156处；加强城区交通安全防范，在主要路口和校园门前安装减速带，配备20名交通协警执勤。拆除危房和违章建筑，拆除面积20.63万平方米，消灭安全消防隐患。加强安全生产监督检查，全年开展各类安全检查350次，出动执法人员500多人次，发现危险化学品等各类安全隐患240处，下整改指令通知书45份，处罚企业13家，罚款2.06万元。全年发生一般性安全事故4起，比去年下降46.1%，无人员伤亡；发生火灾6起，下降40%，无人员伤亡，直接经济损失1.48万元，下降43.2%；交通事故97起，上升102.1%，伤57人，上升46.15%，死亡5人，下降16.67%，直接经济损失6.17万元，下降2.98%。白碱滩区全年未发生重特大安全生产责任事故。全年完成41家企事业单位排污申报登记，依法对13家企业征收排污费5.6万元；开展绿色创建活动，全年栽种苗木63.84万株，种植草坪4.2万平方米。年底，辖区有市级以上绿色社区14个、绿色学校6所，其中自治区绿色社区1个、绿色学校2所。远征社区南园小区获花园式小区称号，油田公司采油二厂物资供应站获花园式单位称号。（张选厚）

【基层党建深化拓展年活动】 2010年，克拉玛依市白碱滩区开展基层党建深化拓展年活动。一是拓展基层党建巩固年活动成果，以开展创建学习型党组织为载体，以争先创优为主要内容，推进机关效能建设。二是拓展和谐社区、平安社区创建经验，以落实"四知四清四掌握"工作机制为重点，提高街道社区党组织服务居民的能力。三是拓展民族团结教育教学成果，提升校园党建工作水平，全面提高双语教学质量。四是拓展思想政治工作方法和内容，加强全科医务团队建设，发挥卫生系统党组织协调服务能力。五是拓展改制企业党建工作模式，提高企业创新能力，推进企业跨越式发展。（张选厚）

【党代会常任制试点】 2010年是克拉玛依市白碱滩区被自治区党委确定为3个党代会常任制试点县(市、区)的第二年。1月6日，白碱滩区召开第二次党代会常任制大会即中共白碱滩区第三届代表大会第三次会议，大会听取和审议通过党委工作报告和纪委工作报告。会议期间，收到议案4件，建议、批评和意见17件，经大会议案审查委员会议，苏敏等12名代表提出的《关于开展学习型党组织建设工作》作为大会正式议案，其余3件改为建议、意见，连同其他17条建议、意见一并经区委有关部门整理后按照《白碱滩区党代表提案、意见、建议办理办法》，分别交相关部门办理。办理答复率100%，代表满意率100%。闭会期间，有36人次党代表列席区委、区政府组织召开的5次重大决策会议，70人次参加白碱滩区城镇规划、绿化规划、风貌规划等评审会。（张选厚）

【创先争优活动】 2010年，克拉玛依市白碱滩区按照有方案、有计划、有主题、有载体、有目标、有承诺的要求，在全区各级党组织和党员中开展创先争优活动。一是成立以区委书记任组长的活动领导小组，实施层级负责、双督双导和每周通报讲评工作制度。二是把中央新疆工作座谈会议精神、自治区党委七届九次全委扩大会议精神、克拉玛依市九届七次全委扩大会议和区委三届三次党代会精神作为必学内容，统一思想认识；邀请疆内外知名专家学者，举办建设学习型城区系列讲座9次，引导机关工作人员树立促进白碱滩区跨越式发展和长治久安的紧迫感责任意识。三是开设创先争优专题网页，组建区内系统创先争优QQ群，基层党组织之间相互借鉴、相互促进。四是组织举办首届非公有制企业党建论坛，确定塔林实业(投资)有限责任公司、迪马有限责任公司、金牛有限责任公司、宏业有限责任公司4家企业为试点单位，为地方企业开展创先争优活动探索经验。五是组建"立足本职"作贡献、创先争优当先锋——身边的感动事迹报告团，来自各行业的13名先进典型人物分系统巡回报告3场次，引导全体党员立足本职作奉献。六是开展非公有制企业党组织百日集中组建活动，在街道层面建立非公有制企业联合党支部，把不具备单独建立党组织的企业按片区纳入联合党支部管理，实现创先争优活动全覆盖。（张选厚）

【获奖情况】

国家级荣誉　2010年，克拉玛依市白碱滩区保持全国文化先进县(市、区)、国家级科技进步示范县(市)、全国平安畅通县区称号；被评为全国法治县（市、区）创建活动先进单位；中兴路街道保持全国和谐社区建设示范街道称号；区档案局被评为国家二级档案馆；区公安分局三环派出所被评为全国一级公安派出所。

自治区级荣誉　2010年，白碱滩区被评为自治区文明城区、平安城区；中兴路街道被评为自治区关心下一代工作先进集体；白碱滩区民政局被评为自治区基层窗口行风建设先进单位；白碱滩区中兴路司法所被评为自治区规范化建设考核优秀单位；白碱滩区公安分局刑警大队被自治区公安厅记集体二等功，命名为公安机关执法示范单位；白碱滩区科技局网站被评为自治区科技新兴优秀网站；白碱滩区统计局被评为自治区第二次经济普查先进集体。

市级荣誉　2010年，白碱滩区被评为克拉玛依市党政领导科技进步目标责任考核优秀城区、城市管理工作先进单位、绿化工作先进单位、关心下一代工作先进集体、安全生产优秀单位。白碱滩区科技局等8个部门共获克拉玛依市级荣誉15项。（张选厚）

乌尔禾区

【领导名单】

区委书记：魏天峰

区委副书记、区长：王智深

区委副书记、纪委书记、政法委书记：杨汉荣

区人大常委会主任：魏天峰

区人大常委会副主任：艾吾兰、韩致远

区人大常委会党组副书记：邸宝

副区长：赵晖、王晓林、李建新（4月任职）、唐勇（4月任职）

【基本情况】　克拉玛依市乌尔禾区位于准噶尔盆地西北边缘，克拉玛依市东北90千米处，面积2 587.37平方千米。境内有油田公司百口泉采油厂、风城油田作业区、进下作业公司第五工程技术服务公司、新疆生产建设兵团农七师137团场、新疆军区所属乌尔禾兵站以及市、油机关和厂处的蔬菜基地与农场、中国石油天然气运输公司二分公司车队、和布克赛尔县盐场、托里县火箭牧场二大队等单位。区辖乌尔禾、百口泉两镇和乌尔禾乡。截至2010年底，全区常住人口2 215人，其中民族人口1 023人，农村人口1 505人。人口出生率14.4‰，死亡率10.67‰，自然增长3.73‰。全区人口总计3 738人（含1 523名暂住人口，不含137团场人口），由24个民族构成。属温带大陆性气候。（全顺龙）

【经济发展】　2010年，克拉玛依市乌尔禾区实现地区生产总值48.61亿元，比上年增长8%。其中第一产业增加值599万元，增长6%；第二产业增加值479 381万元，增长8%；第三产业增加值6 150万元，增长8%。财政收入9 752万元，增长2.7%，财政支出9 643万元，增长1.60%；固定资产投资39 235万元，增长38.27%；社会消费品零售总额2 068.1万元，下降9.62%；城镇居民人均可支配收入1.26万元；农牧民人均纯收入10 043.1元，增长33.53%；年末城乡居民储蓄存款余额14 149万元，增长66.5%。（全顺龙）

【财政税收】　2010年，克拉玛依市乌尔禾区实现财政收入9 752万元，其中一般预算收入4 029万元，地方财政支出9 643万元。完成国税收入2 187.79万元，地税收入4 903万元。（全顺龙）

【石油生产】　2010年，克拉玛依市乌尔禾区辖内的百口泉采油厂生产原油62.8万吨、天然气4 565万立方米。风城作业区生产原油100.024万吨，完成计划的105.95%。生产天然气8 711万立方米，完成计划的100%，外输天然气7 778万立方米，完成计划的100%。（全顺龙）

【非公经济发展】　2010年，克拉玛依市乌尔禾区个体私营经济户规模和实力不断壮大，辖区有个体工商户661户、私营企业39家，从业人数1 129人，注册资金2 898万元。乌尔禾区在增加地方财政收入、促进就业、群众致富等方面成效显著。（全顺龙）

【招商引资】　2010年，克拉玛依市乌尔禾区实现招商引资项目8个，其中工业科技项目3个、旅游文化项目4个、房地产项目1个，已到位资金5 622万元，超额完成原定任务的40.5%。（全顺龙）

【农村经济】　2010年，克拉玛依市乌尔禾区农牧业实现总产值1 800万元，农民人均纯收入1 004万元，其中种植业纯收入343.08万元，占农牧民纯收入34.02%；畜牧业实现纯收入231.6万元，比上年增长35.4%，占农牧民纯收入的22.97%。在农业基本建设、重点公益林管护、油田基地服务等方面实现劳动力转移81人。全年非农收入433.64万元，增长7.64%，占农牧民纯收入43.01%。（全顺龙）

【农民市民化进程】　2010年，克拉玛依市乌尔禾区在考察学习成都等地先进经验的基础上，起草完成《农民市民化方案》，形成统筹城乡发展的新思路，启动《乌尔禾区农牧民转市民、技能培训五年规划（2011～2015）》，加大农牧民素质培训力度，先后组织绿化工储备、农家乐厨师、汽车驾驶员等多项培训。在市政府和白碱滩区政府的支持下，协调解决703砖场（地点名称）农民的整体搬迁问题。（全顺龙）

【制度建设】　2010年，克拉玛依市乌尔禾区完成机关工作制度的修编，形成区委议事规则3项、政府议事规则3项。修编规范性文件7个、党群内部管理制度12项、政府内部管理制度17项。制定《乌尔禾区目标工作督察考核办法》，细化考核目标，对全区30个部门进行季度考核。加大重大活动档案的监督、指导、接收力度，首次对永久保存文书档案进行数字化处理，档案信息化建设取得阶段成果。（全顺龙）

【旅游开发】　2010年，克拉玛依市乌尔禾区旅游总收入实现2 095万元，比上年增长9.4%，魔鬼城景区接待游客18万人次，门票收入363.7万元；白杨河景区接待游客0.74万人次，门票收入6.3万元。创建四星级农家乐1家、三星级农家乐8家，侏罗纪大酒店被评定为克拉玛依市乙级达标饭店。在魔鬼城旅游景区开通区间观光车，分别在魔鬼城和恐龙文化苑内建设星级旅游公厕。区政府与魔鬼城、白杨河大峡谷景区签订安全责任书，进行隐患排查，及时督促整改发现的问题，及时处理游客投诉案件，妥善

解决经营户与景区管理的矛盾纠纷，积极协调规范奇石市场。全力打造旅游节庆品牌，创办为期1个月的乌尔禾区民俗文化旅游节，每周突出1个活动主题，形成以民俗竞技场为主场所、以独特的民俗文化活动为载体的旅游新看点。活动期间，乌尔禾区旅游业收入近500万元。 （全顺龙）

【城乡基础设施建设】 2010年，克拉玛依市乌尔禾区建成城乡基础设施、文化教育、旅游和环境改造等23个市政基本建设项目，稳步推进柳树街卫生服务中心外配套、动物防疫站外配套、城乡排水管网、白杨河南岸绿化4个项目建设工作。开展"五清五改"、花果乡建设、农家乐特色包装等惠及农牧民的民生工程。积极协调区高速公路建设事宜，配合设计院做好选线工作。 （全顺龙）

【城区绿化】 2010年，克拉玛依市乌尔禾区对绿化种植区域进行清理、修复、补植。进一步安排好雅龙园、白杨河南岸、社区卫生服务中心等区域绿化工作。完善"天山杯"竞赛工作长效机制，做好各项创建工作。 （全顺龙）

【城乡管理】 2010年，克拉玛依市乌尔禾区积极开展涉及市容环境卫生、文化市场、语言文字、无照商贩治理、犬类治理等专项工作，逐步实现城乡统一执法新格局。乌尔禾区开通乌尔禾区至农七师137团场连队公交车。全年开展"三库一湖"地下水源地以及水厂水质的安全检查，城镇饮用水质符合国家二级标准。 （全顺龙）

【就业与社保】 2010年，克拉玛依市乌尔禾区提供就业岗位163个，安置就业人数103人，完成就业目标任务的206%。开展职业培训工作，培训273人，完成目标任务的124%。加强劳动保障监察工作，追回拖欠民工工资6.2万元，结案率100%。城乡社会保障体系不断健全，乌尔禾区全年城乡居民医疗保险参保率90%以上，农村养老保险参保率96%。 （全顺龙）

【社会救助】 2010年，克拉玛依市乌尔禾区开展扶贫济困送温暖活动，累计发放各类救助金、慰问金26.8万元；发放城乡低保金27.17万元；全面完成无障碍改造工作；积极做好全国残疾人工作示范城市创建筹备工作；严格执行无业残疾人领取无业生活费审批制度，帮助4名残疾人实现就业。 （全顺龙）

【公共卫生】 2010年，克拉玛依市乌尔禾区全面加强重点传染病的监测和防控工作，完成各项计划免疫和强化免疫接种任务。开展医务人员培训，加强医疗机构监督管理，整合资源加强服务，不断提高社区卫生服务中心和乡卫生院医疗服务水平，为辖区居民基本医疗提供保障。乌尔禾区大力开展爱国卫生和健康教育，维持低生育水平，计划生育率保持100%。全年未发生城乡公共卫生安全事故。 （全顺龙）

【教育事业】 2010年，克拉玛依市乌尔禾区进一步巩固和夯实"两基"成果，加强和改进学校德育工作，深化学校教育精细化管理，推进幼儿园小学衔接工作，加大教师学习培训力度，全面提升基础教育整体水平。加强校园周边环境治理，配备专职安保人员，为学生营造良好安全的学习生活环境。 （全顺龙）

【公共安全】 2010年，克拉玛依市乌尔禾区开展各类安全生产专项治理工作，严格落实安全生产责任制。进一步完善食品安全网络，实现食品安全全程可控。加强宗教事务管理工作，积极走访联点清真寺。全面落实社会治安综合治理各项措施，全年公安机关立刑事案件破案率88.8%。落实领导包案制度，通过矛盾纠纷排查，逐一制定出解决方案，全年受理来信来访52件、98人次，办结率95%。 （全顺龙）

【科技事业】 2010年，克拉玛依市乌尔禾区进行科技项目申报和项目前期调研，做好项目的结题工作，通过2008～2009年度自治区科技进步先进乡（镇）考核。乌尔禾区结合克拉玛依市科技富民方案，认真开展第二十一届"科技之冬"农牧民培训，进一步提高农牧民的综合素质。 （全顺龙）

【文化体育】 2010年，克拉玛依市乌尔禾区以开展百日广场文化活动竞赛为契机，通过麦德尔节、诺如孜节、那达慕等多种民族文化活动，丰富农牧民文化生活。发挥社区文化阵地作用，开展舞蹈、马头琴、声乐等文艺培训，完成克拉玛依市第八届社区文艺展演活动。积极组织参加市第五届残运会，取得12枚金牌、4枚银牌。 （全顺龙）

【普法教育】 2010年，克拉玛依市乌尔禾区进一步加强法制建设，完成"五五"普法工作任务，稳步实施"法治六进"，司法行政队伍建设进一步加强，区司法局获自治区司法行政系统集体二等功；深入开展人民调解，全年受理各类矛盾纠纷26起，调解成功25起，调解成功率96.2%。 （全顺龙）

【职能建设】 2010年，克拉玛依市乌尔禾区推进政府自身建设，提升社会管理创新和公共服务能力。按照区委打造学习型城区要求，制定完善政府工作规则、政府常务会集体学习制度等制度，决策监督机制进一步完善。完成武装部搬迁、法院和检察院两院正式驻地办公、柳园社区换届选举，成立百口泉流动人口管理办公室。深入开展"四知四清四掌握"活动。不断转变社区服务方式，丰富服务内容，逐步把街道、社区建设成政府管理城区、服务居民的重要窗口。健全政府规范性文件制定、废止、备案制度。主动接受人大及其常委会的监督，定期向区人大及其常委会报告工作。认真办理人大代表议案1件、建议19件，答复率100%，满意率76.4%。 （全顺龙）

【兵地企建设】 2010年，克拉玛依市乌尔禾区按照克拉玛依市政府的指示精神，积极做好各项支援建设与油田服务工作。一是将油田基地建设纳入城区总体规划，及时为企业办理规划、立项、用地、环评等相关手续，逐步扩充城市发展规模，为油田发展谋篇布局。二是及时协调油田生活基地建设和油田开发工作有关事宜，处理好基地供水、供暖不足等问题。三是整合现有人力资源，做好油田低端市场的承接准备工作。四是重视兵地融合发展。主动协调兵地关系，年初召开兵地融合发展恳谈会，在经济融合发展上达成共识。兵地双方就医疗卫生工作进行对接，初步制定出教育资源共享方案，并联合举办乌尔禾区首届小学生运动会。 （全顺龙）

驻市生产建设兵团团场

农七师129团场

【领导名单】
政委：何新平
团长：田文、王天云（3月任职）
副团长、人武部长：史红喜
副政委、工会主席：桂建国
副政委、纪委书记：赵丽静（3月离任）、焦丽萍（3月任职）
副团长：张勇（3月任职）、盛涛
总经济师：窦建国
总农艺师：冯志超
总会计师：赵宝玉

【基本情况】 新疆生产建设兵团农七师129团场位于准噶尔盆地古尔班通古特沙漠西南边缘的奎屯河冲积平原。团部驻地位于217国道独—克公路段55千米东侧，南距奎屯市50千米，北距克拉玛依市80千米。土地面积539平方千米，拥有耕地9 380公顷。奎—北铁路纵贯团场境内。地理位置优越，工农业基础设施完善，交通便利，通信发达，是一个以农为主，农、林、牧、副全面发展，工、交、建、商、文教、卫生齐全的中型现代化国营农场。土地面积256平方千米，可垦面积近1.7万公顷。2010年有耕地面积1.1万公顷，总人口19 403人，年末从业职工4 290人，其他从业人员726人，其中农业职工3 031人；年末退休人数3 211人，离休人数22人；全团有15个农林牧连队，1个限额以上工业法人单位（五五酒厂），6个工业产业活动单位，建筑单位1个，其他及服务单位9个。

（马战胜）

【经济总量】 2010年，农七师129团场实现生产总值54 128万元，比上年增长22.56%。其中第一产业完成30 261万元，增长19.16%，占总增加值55.91%；第二产业完成7 438万元，增长25.47%，占总增加值13.74%；第三产业完成16 429万元，增长27.96%，占总增加值30.35%。从增加值构成上看，劳动者报酬18 028万元，增长33.9%；固定资产折旧3 160万元，增长8%；生产税净额2 647万元，增长33.2%；营业盈余30 293万元，增长19.05%。实现利润699万元。全团完成社会总产值115 083万元，增长18.73%。全团有15个农林牧连队，1个限额以上工业法人单位（五五酒厂），6个工业产业活动单位，建筑单位1个，其他及服务单位9个，拥有耕地1.1万公顷。全团固定资产投资8 128万元，增长11.7%，职均收入21 966元，增长28.8%。

（马战胜）

【农业生产】 2010年，农七师129团场坚持突出主业、优化结构，强技强管、注重效益的发展思路，在职工"五保三费"持续增加的情况下，仍然负担职工"五保三费"1 060万元。团场以夯实农业基础，增强农业发展后劲为目标，投资60余万元收弃200公顷；投资80余万元整合农渠223条；投资220万元新增加压滴灌面积333.3公顷；投资260万元挖排50余千米，清淤14.25千米，修桥涵70座，改善农业生产条件。全团承包面积1万公顷，费用自理率100%。小麦种植在国家补贴不足的情况下，团出资60余万元给小麦种植户每亩地补贴30元，农资补贴标准达到每亩90元。通过合理调整农作物种植，科学调整种植业结构，大力推广间作、套种、复播和立体栽培技术，提高单产促进职工增收。全团棉花面积4 333公顷，小麦面积1 767公顷，玉米1 933公顷、油葵1 100公顷、甜菜200公顷、西红柿1 000公顷等。

林果业、设施农业建设　团场有蔬菜大棚342座，产蔬菜2 900吨，育苗105座，每座棚平均收入1.1万元，有果园283.6公顷，亩均收入1.2万元。团加大林果业和设施农业投入力度，新增防风固沙林40公顷，出资12万元扶持职工发展庭院果树。投资1 000余万元在11连新植葡萄146.7公顷，成活率90%以上；投资1 079万元在3连新建设施齐全的大棚134座共40公顷。为解决地少人多的问题，团场加大发展林果蔬菜业等设施农业，推进土地承包集约化经营，实现农业生产的可持续发展。

农业生产　团场全年完成农林牧业总产值57 878万元，其中种植业总产值42 008万元、林业总产值503万元、牧业总产值7 950万元、农林牧服务业产出7 417万元。完成农业增加值30 261万元，其中种植业增加值22 556万元、林业增加值235万元、牧业增加值3 611万元、农林牧服务业增加值3 859万元。农作物播种面积1.19万公顷。其中小麦1 767公顷，产量10 656吨；玉米1 933公顷，产量25 868吨；棉花4 333公顷，总产9 523吨；蔬菜1 133公顷，总产116 280吨；油葵1 100公顷，总产4 043吨；甜菜200公顷，总产20 160吨。全年施用化肥量11 075吨，地膜使用量481吨。

林业生产　团场全年植树造林面积51公顷，其中常规造林51公顷，四旁植树36万株，成林抚育面积3 123公顷，本年新增育苗面积8公顷。全团场拥有苹果面积61.6公顷，葡萄222公顷，向社会提供果品3 580吨，比上年增长59.4%，完成计划的100%。在促进团场全面发展中，把林业建设与团场产业结构调整、发展生态农业、建设和谐社会有机结合起来，加大造林投资力度，扩大造林面积，有效遏制风沙对农作物的侵蚀。

养殖业生产　团场采取与乌苏信用社协调贷款450万元，团连干部出资帮助职工养殖的办法,促进个人养殖户发展养殖业,猪羊牛禽蛋总量均实现不同程度的增长。年末牲畜存栏数3.65万头(只),比上年增长25.86%,其中猪1.33万头、牛2 100头、羊21 100只;肉类总产量2 673吨,增长28.57%,羊毛产量93吨,牛奶产量8 988吨,增长5%,禽蛋产量545吨,增长27.63%。 (马战胜)

【工业生产】 2010年,农七师129团场完成工业总产值21 214万元,比上年增长30.59%,其中国有企业完成13 556万元,个体工业完成7 658万元。完成工业增加值6 101万元,其中国有企业完成3 308万元,个体工业完成2 793万元。主要工业产品产量:短绒167吨,面粉118吨,复合肥11 044吨,白酒3 015吨,混合饲料13 132吨;红砖1 000万块,水泥制品9 560立方米;有机肥料6 550吨。工业经济在三次产业中的比重不断攀升。

(马战胜)

【建筑业】 2010年,农七师129团场拥有农业机械总动力37 473千瓦。建筑行业改制卓见成效,全年完成施工产值6 928万元,比上年增长21.37%,实现增加值1 337万元,增长15.1%。房屋建筑施工面积27 090平方米,房屋竣工面积27 090平方米,工程合格率100%。

(马战胜)

【固定资产投资】 2010年,农七师129团场围绕改善民生、建设新型团场、构建和谐连队,统筹发展各项社会事业。全年社会投资8 128万元,从投资管理渠道看,基本建设投资2 627万元,从生产结构看,生产性建设投资3 354万元,占投资总额的41.26%。从资金来源看,企业自筹资金2 233万元,利用其他资金3 296万元。国家预算内资金1 699万元。以项目推进"三化"发展和基础设施建设,新建500套廉租住房以及中小学校舍抗震加固。修筑通连公路30千米,渠道防渗、挖排、电子阅览室等一批国家投资和补助项目得以实施。投资2 627万元用于农田水利基本建设,提高资源的利用率,投资878万元对11 256平方米校舍实施抗震加固;投资30万元修建学校院墙;投资20万元更换教师和学生桌椅。投资40多万元实施"两免一补"政策。加大招商引资力度,总投资2亿元的水泥粉磨站项目已落户五五经济开发区;日烘干300吨的烘干厂已建成投产;五五酒厂合作项目正在洽谈中。全年新增房屋建筑27 090平方米,新增造林面积51公顷,当年挖排清淤64.25千米,防渗渠5千米。新增农机具143台(架)。固定资产投资的快速增长,拉动了全团经济持续、稳定、健康发展。 (马战胜)

【交通运输】 2010年,农七师129团场私有和个体运输户拥有的车辆已占绝大多数,成为团场运输业的主要力量,发挥着满足经济发展和人民生活需要的重要作用。年末实现产值8 171万元,比上年增长18.6%,其中货运业5 495万元、客运业2 676万元,当年实现增加值4 590万元,增长18.33%。当年货物周转量15 092万吨千米,增长13.1%,当年旅客周转量4 009万人千米,增长18.57%。

(马战胜)

【批发、零售、餐饮业】 2010年,农七师129团场以第三产业为主的个体私营经济得到迅猛发展,全团有1 179家个体工商户,新增注册资金3 000万元,其中商业476户、餐饮业121户。从业人员2 977人,个体商业的繁荣促成团场消费品市场品种齐全,货源丰富。全年居民消费价格水平上涨18.7%,完成消费品零售总额20 563万元,比上年增长8.23%;餐饮业完成8 034万元,增长15.7%。随着棉花价格上涨,职工收入增加,加之机电产品"三下乡"活动的开展,消费品持续保持旺销。采用特殊的优惠政策和措施,吸引大批商家前来投资经营。依托五五地区人流、物流、信息流方便快捷的地缘和资源优势,团场不断加强与克拉玛依农副产品的交流合作,从而提高第三产业的快速发展,实现职工收入的多元化。 (马战胜)

【职工培训】 2010年,农七师129团场职业技能鉴定部门积极配合农七师和团场做好农艺工高级、家畜饲养工中级、计算机操作员(中级)考试工作。3月,有1 059名职工参加农艺工、畜牧工技能考试。12月,对80名在校学生进行理论和上机操作考试,合格率98%。医院有61名医护人员参加阳光工程护理培训班,为保证培训质量,制定详细的教学计划,骨干医生任培训班课程。5月11日,61名学员参加农七师统一组织的笔试、技能操作考试,合格率100%。根据农七师要求,农广校工作站在职工中招生100名现代农艺技术脱产中专班学员,至年底全部录取注册,并正式开学上课。

(马战胜)

【教育事业】

教学规模 2010年,农七师129团场有完全中学1所、完全小学1所、幼儿园1所。中小学在校生1 701人,其中高中28人、初中677人、小学996人;教学班48个,其中高中2个、初中19个、小学27个;寄宿学生574人,其中小学298人、中学276人;教职工239人,其中男64人、女175人;教职工中有专业技术职务198人,其中中学高级教师11人、中学一级教师36人、中学二级教师28人、中学三级教师1人、小学高级教师40人、小学一级教师70人、小学二级教师4人、政工师1人、助理会计师7人;本科及以上学历101人、大专学历98人、中师(中专)及以下学历40人。教育科下设教研室、农广校工作站。五五中学占地面积41 468平方米,校舍面积8 199平方米,其中普通教室2 223平方米、实验室691平方米、微机室567平方米、行政办公用房716平方米、生活用房4 002平方米,体育运动场面积23 868平方米。拥有图书9 986册,电子图书38.6GB、计算机154台。

教学水平 团场教研水平不断提高。由教师撰写的26篇论文在各级各类教育刊物上发表。29名教师分获国家、自治区、兵团级辅导教师奖。学生在各级各类竞赛中共有93人次获奖,其中有8人次获国家级奖、49人次获自治区或兵团级奖、18人次获地区级奖。全年参加高考人数86人,文科35人,最高分466分;达到大专以上分数线31人,上线率88.6%。理科51人,最高分581分,达到大专以上分数线36人,上线率70.6%。在自治区高中学业水平考试中,各科成绩合格率较上年均有所提高。有198人参加农七师中考,师高中录取计划内760分以上79人,计划外744分以上18人;123团高中录取48人,总录取人数147人,录取率62.82%。

青少年教育 在农七师举办的青少年科技活动展览中,五五中学参赛作品小制作2件、科技教具4件,其中1件获国家银奖、1件获农七师二等奖。科幻画10幅,其中有3幅科幻画送兵团展览。团场巩固和发展"两基"成果,改善办学条件,加强控辍保学力度,确保适龄少年、儿童入学率100%，初中学生辍学率控制在3%以内。实行一年级入学通知书制度，保证适龄少年儿童（含残疾少年儿童）按时入学，坚持实行学生辍学情况汇报制度和责任追究制度，保证资料完整性、真实性、规范性和延续性。小学适龄儿童入学率100%；适龄残疾儿童少年入学率100%；小学生辍学率0；初中生辍学率1.6%；15周岁文盲率0；15周岁初等教育完成率100%；17周岁初级中等教育完成率96.09%。

基础设施建设　团场努力改善办学条件，一是利用国家专项资金对小学1号教学楼、2号教学楼、宿舍楼、中学科技楼进行抗震加固及节能改造，总建筑面积11 234.79平方米，工程计划资金876.3万元。由新疆北方建设有限公司承建，7月15日开工，11月15日竣工并交付使用。二是团场投资30多万元维修小学的教师讲桌、学生课桌、黑板、教室窗帘及中小学实验信息技术设备。三是团场投资40多万元新建中小学铁艺围墙400多米。

教学保障　团场贯彻落实义务教育经费保障机制，做好家庭经济困难寄宿学生的界定，中央彩票公益金资助普通高中生的补助金9 000元已发放到每个学生。2009年秋季至2010年春季共免教科书款345 942.1元（其中小学免教课书2 283人，中学1 580人）。2009～2010学年对贫困住宿学生生活补助专项资金353 100元，一次性将贫困住宿生生活补助资金由团场财务科转入教育后勤账户，并以饭票形式按月足额发放到贫困住宿学生手中。为保证连队住宿小学生每周回家的安全，团场投入10万多元免费接送小学生回家。

体育与科技竞赛　团场认真抓好阳光体育运动，保证学生每天有1小时的体育锻练时间。1月，选送5名中学生参加农七师体育局、奎屯市文体局举办的集训队。3月12日，参加师第三届中小学生机器人暨第六届中小学电脑制作比赛中，有11人获奖，其中一等奖4人、二等奖5人、三等奖2人，五五小学组获团体三等奖。4月29日，召开中学生田径运动会；5月30日，五五小学举办趣味运动会，同时组建中小学生田径运动队，参加农七师第十二届青少年田径运动会，取得团体总分第六名；儿童组取得第三名。参加农七师第九届青少年科技大赛，获电脑动画一等奖3人、二等奖5人、三等奖2人；综合实践、小论文二等奖2人、三等奖1人；获小发明、自制教具二等奖2个、三等奖1个，由中学教师制作的教具《太阳光线与经纬网关系推动仪》获兵团三等奖；由小学教师指导的电脑动画《咱团场也通公交啦》参加全国第十一届中小学电脑制作活动作品在湖北武汉参加面试和竞赛，获小学组电脑动画二等奖。

师资队伍建设　团场重视加强教师第三轮继续教育培训工作，中小学制定完善校本培训细则，做好各种培训资料的建档和每位教师的成长记录档案。2009年7月至2010年7月有小学教师73人、中学教师82人参加第三轮继续教育培训。其中20名中小学教师参加兵团统一组织的计算机等级考试，合格率95%，有26名教师参加教育部教育远程技术能力的培训考核。9月，有143名中小学、幼儿园教师参加兵团统一组织的专业理论培训考试，及格率97%。中小学校根据《农七师中小学教育教学工作检查细则》规范教学常规管理，教学检查组成员定期或不定期听课和反馈平均不少于5节。（马战胜）

【医疗卫生事业】

医疗现状　截至2010年末，农七师129团场职工医院有101人，其中医院工作人员64人、3个社区门诊诊所15人、15个基层卫生室22人。有管理人员3人，医疗卫生技术人员87人，其中执业医师27人、执业助理医师12人、注册护士26人、药师（士）5人、检验技师（士）4人、影像技师（士）2人、其他卫生技术人员11人。有其他技术人员3人，工勤技能人员8人，年内退休人员1人。医院设院办、门诊科、药剂科、检验科、医疗技术科、内（儿、传染）科、外科、麻醉科、影像科、后勤、供应室、财务科等科室。住院部设60张床位，全年收治患者1 867人次，抢救危重患者80人次，抢救成功率88%；甲级病历合格率99.8%，实际开放总床日数21 900，实际占用总床日数14 508，出院者占用总床日数14 819，床位使用率66%，全年无医疗事故发生。

基层卫生员管理　团场基层医务人员22人，分别设在全团15个农业连队，负责本单位职工的健康保健、医疗宣传、基本疾病的治疗。卫生员的业务及行政均属团职工医院管理。医院对其有健全的培训与绩效考核计划。每月培训3次，培训结果记入年终绩效考核中。

医疗经费收入　全年团场医疗总收入755.69万元，其中团拨经费297.83万元、事业收入457.86万元。医疗收入207.90万元，其中住院费收入143.7万元、门诊收入64.2万元；药品收入245.31万元，其中门诊收入44.55万元、住院收入133.66万元、诊所收入67.10万元；其他收入4.65万元。医疗总支出755.69万元，其中事业支出153.04万元、医疗支出386.02万元、药品支出216.63万元。

医疗经费支出　团场医疗工资支出222.79万元，其他支出532.9万元。经费收支与上年同期对比，医疗总收入增加116.71万元，其中上级补助收入增加26.57万元、医疗收入增加60.61万元、药品总收入增加30.33万元、其他收入减少0.8万元。经费支出比上年增加116.71万元，其中药品所耗用的成本增加26万元、养老统筹费增加2.76万元、办公费增加1.42万元、材料费增加75.7万元、维修费增加22.99万元、水电费增加2.92万元、培训费增加11.16万元、工会经费及职教费增加0.44万元、交通费增加0.21万元、福利费增加2.15万元、居民体检等费用增加29.48万元、其他支出增加24.68万元、取暖费减少0.1万元、保险费减少3.69万元、电话费减少0.17万元、工资津贴减少79.24万元。（马战胜）

【卫生监督与监测】　2010年，农七师129团场疾病预防控制中心有干部职工15人，其中领导业务3人、专业人员12人、副主任医师1人，主治医师6人、医师3人，主管医师和主管护师各1人。初级卫生保健全面贯彻落实国家初级卫生保健发展规划（2001～2010年）纲要精神，结合团场初级卫生保健发展规划具体内容，加大环境治理力度，加强甲级卫生室建设。

疾病预防控制　团场建立健全突发公共卫生事件应急处理机制，制定突发公共卫生事件与重大传染病疫情控制应急预案，成立由分管领导为组长的疫情控制领导小组，完善应急处理机制，建立和充实突发公共卫生事件应急处置队伍，购置必备物资及疫情防护用品，做好个人防护。按照农七师疾控中心的统一要求，进一步完善传染病信息网络直报。加强各医疗单位信息传递，提高了疫情报告的及时性、准确性。

重大传染病防控 团场严格按照国务院《突发公共卫生事件应急条例》和农七师《突发公共卫生事件应急预案》的各项要求，认真做好甲型H1N1流感疫情防控，密切监测各种传染病疫情动态，及时上报手足口病、禽流感、甲型H1N1型流感日报表、周报表及零报表，并设立疫情专用电话。进一步规范学校、托幼机构等重点场所防控工作，疾控中心人员分成5个小组，严格按照《学校甲型H1N1流感防控工作方案》要求，每周五进行逐项检查和指导中小学校、幼儿园（包括私人幼儿园）落实晨午检、发热病人隔离治疗、因病缺课追踪登记报告、教舍通风消毒、健康知识宣传、信息报送等防控措施。

计划免疫 团场预防接种冷链运转正常，全年完成两轮强化脊髓灰质炎免疫工作；完成"四二五"麻疹疫苗查漏补种工作。常规疫苗免疫接种：卡介苗、脊髓灰质炎疫苗、百白破疫苗、麻疹疫苗乙肝等五种疫苗接种率100%。0～6岁儿童460人，预防接种建卡460人，建卡率100%。完成接种工作任务。

传染病监测及管理 团场全年法定传染病发病人数88人，发病率489.76/10万，疫情报告率100%，疫情报告及时率100%。完成传染病监督、监测及管理工作。按性病报告管理要求，完成全年性病疫情报告工作；下发艾滋病防控工作通知，提供免费VCT咨询和检测，按要求完成网上登记和直报，团场未发现阳性病例；全年接诊可疑肺结核病人68人，发现和管理活动性肺结核病人10人，治愈率100%。

地方病防治 团场根据《中央公共卫生专项资金碘缺乏病防治项目技术方案》规定的具体要求，对全团场所有的商店、餐饮业的碘盐进行半精量测定，合格率100%。对32户居民的食盐进行含碘量精量测定。户用碘盐合格率100%。对全团场8～12岁常住儿童进行地甲病流行病学调查，抽取8～12岁学生804名，甲状腺肿大人数29人，患病率36.06‰。普及地方病健康教育，开展宣传活动3次，发放宣传资料300份。氟斑牙调查804人，患病人数160人，患病率19.90%。氟骨症调查280人，患病率为零。地砷检查342人，患病18人，地砷患病率5.3%。建立健全领导小组，成立技术小组，及时召开牙防工作会议，安排牙防工作任务。开展小学生牙病普查工作，普查人数1 097人，查出患龋299人，患龋率27.26%。推广适宜新技术，完成小学生六龄齿窝沟封闭工作，实查322人，实封302人，封闭率93.79%。大力开展爱牙护齿及爱牙日宣传活动，普及牙病防治常识。

慢性病防治 团场做好慢性病人档案管理，慢性病建档数11 678人，建档率100%。应完成健康体检人数7 697人，实完成体检人数7 220人，体检率93.8%。继续做好病人的随访管理，其中高血压病人534人，管理534人，管理率100%，规范管理率92.4%，控制率90%。糖尿病109人，管理109人，管理率100%，规范管理率93.5%，控制率90.3%。重性精神病人16人，管理16人，管理率100%，规范管理率88%，显好率87.5%。大力加强慢性病防治培训，对基层卫生人员专业培训4次。考核全团场基层慢性病防治工作的质量，并进行总结、评比、通报。

妇幼保健 全年全团场孕产妇43人，活产42人，产妇建卡43人，产前检查43人，早孕建卡42人，早孕建卡率97%。孕产妇系统管理率97%。住院分娩率100%。产后访视43人，产后访视率100%。新法接生43人，新法接生率100%。无孕产妇死亡，死产1人。无新生儿破伤风发生。全团场7岁以下儿童460人，系统管理443人，系统管理率96.3%。0～3岁以下儿童161人，健康管理率100%，系统管理率98.1%。婴幼儿、5岁以下儿童无死亡。

食品卫生监督 全年餐饮服务业健康体检154人，办理健康合格证154人，新办卫生许可证29个，审验卫生许可证55个，合计84个。办理卫生许可证19个，健康合格证27个。饮食服务业餐具消毒检测12户，合格12户，合格率100%。公共场所抽样检测6户，合格6户，合格率100%。

学校卫生 全团场有中小学校2个，开设健康教育课程2个，健康教育开课率100%。应体检中小学生1 895人，实际体检1 824人，体检率98.12%。调查结果：查出身高上等104人，下等12人，体重上等87人，下等23人，营养不良23人，肥胖23人，近视人数179人。中小学生健康知识知晓率93%，卫生行为形成率86%。

环境卫生管理 团场大力开展春季爱国卫生运动，组织卫生检查活动，并评比通报检查结果。在丰水期对团场生活饮用水进行2次监测。

职业卫生管理 团场规范职业病报告工作，理顺职业病报告渠道，规范报告方法，收集并上报作业场所职业病危害因素监测卡，职业危害接触X光线2人，砂石料厂（私人）78人，接触粉尘75人。结合《职业病防治法》大力开展宣传活动，深入企业宣传6次，现场咨询1 800人次，接受咨询200人次，出动宣传车两次，电视播放宣传知识1周，发放宣传资料400份，张贴宣传画20张。非生产性农药中毒死亡2例。

健康教育 团场完善组织建设，指导协调健康教育工作开展。全年召开健康教育工作协调会议2次。培训健教兼干2次，培训连队职工累计32次，受教育人次5 000余人次。充分利用每个宣传日活动，结合卫生防病重点，广泛开展各类宣传教育活动。开展公民健康素质基本知识与技能活动16次。高血压、肝炎、手足口、甲流等重点疾病宣传6次，播放影像资料3次，发放各种宣传品24种，累计1万余份。开展大型宣传活动10余次，受益人群2万余人次。全年自制宣传资料16种1 000余份，全部发放到基层进行宣传。提高职工群众的健康意识和自我保护能力。居民健康知识知晓率91.77%，卫生行为形成率72.24%。 （马战胜）

【精神文明建设】

宣传活动 2010年，农七师129团场以创先争优和热爱伟大祖国、建设美好家园活动为载体，以发展团场经济为着眼点积极开展文化宣传活动，社会各项事业得到长足发展。一是抓好宣传与技能培训。通过聘请专家讲课、举行观摩交流大会和观看录像等多种学习形式，开展中心组集中学习8次。团连两级组织科技种田宣讲团、理论宣讲团，深入全团场各基层单位进行宣讲，宣讲时间45天。年末送出去参加学习的通讯员16人次。团场举办各类技能学习班，

培训人数6 500人次，职工受训率95%以上。全团场2 300名职工参加冬季军事训练，15个农业连队的900余名职工进行军事技能表演。二是加强对政工干事的管理。全团有政工干事16人，分布在15个农业连队、1个畜牧单位。主要负责本单位的职工教育、文化宣传以及报刊投稿工作。对政工干事的管理，年初，团党委出台2010年政工干事管理办法和百分制考核制度。宣传科采取送出去、请进来、召开座谈会等行之有效的办法，提高通讯员的业务水平。二是组织开展全团公民道德宣传教育活动。以知荣辱、树新风、促和谐为主题，广泛倡导和努力践行20字公民基本道德规范。三是开展争当文明职工活动与和谐小康家庭评选活动以及十星级文明户、师团道德模范评选活动，有200户职工家庭获和谐小康家庭称号，并挂上光荣牌。四是充分利用广播、板报等宣传阵地大力宣传各类先进典型、团党委的各项规章制度及规定。全年累计在地级以上报刊、电台、电视台、网络上刊稿1 463篇（条），其中报刊登载中央级稿件5篇、省级稿件96篇（条）、地区级稿件376篇（条）。五是做好“一帮一”扶贫帮困工作。全年发放救济基金20余万元，年受助职工200多人。六是做好基础设施建设。先后在团场3连、6连、7连、8连、9连等单位建起文化活动室。新建4连基层文化活动室已开工建设。利用国家项目资金68万元，团场投资6万余元建成高标准的电子阅览室。七是丰富群众文化生活。团场组织举办春节文艺晚会、元宵节民间艺术表演、范县民间戏曲展演、书画作品展。在七一前，举办庆祝建党89周年及建团50周年歌咏比赛，28个参赛单位2 000余名干群参加比赛。团场还以建团50周年为契机，邀请豫剧团、话剧团、歌舞团等多个文艺团体前来演出。

电视、广播宣传　团场有线与农七师联网后，可收40多个频道的节目，建有无线发射塔和300瓦发射机，可同时转播发射中央1套、中央7套卫星节目，发射范围80千米范围内，15个农业连队的调频广播正常使用。电视台全年在兵团电视台用稿80条，师电视台用稿520条。制作电视专题片12部，在农七师播出2部。在好新闻评选中，团场电视台报送的好新闻分别获农七师党委宣传部新闻评选一、二、三等奖。与农七师电视台联合拍摄的专题《无影灯下》获好专题三等奖。完成3万字长达43分钟的专题片的文字稿件的撰写任务。团场投入经费41 452元，单位初装费、收视费244 824元。至年底，全团新增闭路电视用户200户。团场基层单位有广播室20个，机关广播由电视台兼管。全年播出新闻1 366条。各单位调频广播转播电视差转台节目，时间与机关同步。团场加强设施建设，加大对电视台的硬件设施投入力度。投资25万元改造广播电视线路，为职工群众发放60套卫星地面接收器，清理7个20户以下有线电视盲点；投入8 300元，维修采编播设施；利用国家项目资金，对辖区内60户居住在牧点、水点的居民实施安装卫星地面接收装置，解决看电视难的问题；对团场新建廉租房投资6万余元，及时联网入户，提高城镇有线电视网络覆盖率。广播、电视结合各阶段农业生产开办栏目，春播期间的栏目有《春满垦区》、《春播进行时》、《督查通报》、《春播战报》；田管期间开办《田管一线》、《庭院经济花开果硕》；秋收期间，开办的栏目有《三秋战报》、《金秋人物》《锦棉质量行》，《抓质量、促进度、增效益》；冬季开办的有《职工素质培训专栏》、《科技之冬》、《一线职工话承包》；结合党建两级联创活动，开设的栏目有《先锋颂》、《岗位标兵》、《学习落实科学发展观》、《公仆颂》；结合种植业结构调整，开办的栏目有《产业结构调整、致富职工群众》、《农家百事通》、《市场连着你我他》、《农牧天地》、《农事指南》；结合兵师团党委的方针政策的贯彻落实，常年开办《学习栏目》。

文化市场整顿　团场认真坚持扫黄打非工作目标管理责任制，有安排、有检查、确保文化市场健康繁荣有序发展。调整扫黄打非工作领导小组，下发《一二九团扫黄打非工作领导小组的通知》。召集网吧经营业主学习2次，与文化经营业主签订合法经营责任书、安全生产责任书。开展扫黄打非集中行动6次、专项治理行动6次，检查音像制品门市1户。在辖区内开展群众性的捐书赠书活动，共捐献图书3 000多册。用于订阅党报党刊的经费39万元。团场编辑的《历史的足迹》一书7月由中国文化出版社出版，印数500册。　（马战胜）

【人民生活】

就业现状　2010年末，农七师129团场总人口19 403人，当年出生69人，人口自然增长率0.25‰。年底实有从业人数7 267人，其中个体从业人员2 977人；第一产业从业人数3 031人；第二产业中工业从业人数706人，建筑业从业人数208人；第三产业中交通运输从业人数1 027人，商贸、餐饮从业人数1 561人，教育从业人员269人，医疗保健从业人员140人，其他从业人员325人。当年在岗职工劳动报酬9 487万元，比上年增长28.32%。年末实有职工4 290人，支付劳动保险金2 343万元，支付待业保险费115万元。在岗职均纯收入21 966元，增长28.8%。全团五大保险统筹金足额上缴，完成征缴计划的100%。年末，团场4 290名职工全部签订劳动合同。3 211名退休职工的工资按月足额发放，100%实现社会化统筹。

养老保险　团场养老保险实行兵团级统筹，医疗、工伤、生育、失业保险仍实行师级统筹，确定统筹基数。农七师核定医疗统筹缴费基数11 653.83万元，养老统筹缴费基数6 879.99万元，工伤、生育、失业统筹缴费基数为6 879.99万元。按照规定，职工每人每年应缴大额医疗保险60元，补充医疗保险60元。当年参保职工最低缴费1 808.88元。团场4 443名参保职工当年实际缴纳各项社保金834万元。参加农七师统筹人数4 429人，团实际参保4 443人；师统筹金任务1 376万元，团场实际缴纳1 376万元，上缴率100%。职工个人应缴养老保险金548.25元，团场实际收缴548.25元，完成计划的100%。

养老金发放与管理　团场退休人员养老金实行社会化发放，人员由社区统一管理和服务。按照边工作、边规范的原则，社区管理离退休人员雏形已形成。截至2010年末，团场实有离退休人员3 100人，其中异地居住人员487人（含上海57人），当年实际发放离退休人员养老金5 317.9万元，基本做到按月及时足额发放。

医疗保险统筹金　团场参加农七师统筹人数4 413人，团场实际参保4 413人；农七师计划应收统筹金699.23万元，团实际上缴699.23万元，完成计划的100%。职工个人应缴137.17万元，实际缴纳137.17万元。当年参加大额医疗保险人数4 443人，个人应缴 27 万元，实际征缴27 万元，完成 100%。团场除离退休人员外，劳资科协助中华联合财产保险公司为职工开展补充医疗保险工作，标准为每人每年 120 元，当年实际参加补充医疗保险人数4 508人，实际征缴职工补充医疗保险 54.092 万元。新中国成立前工作的离、退休人员医疗费实行实报实销，师按每人每年 2 万元预收，当年团场实缴 49.2 万元。

工伤、生育、失业保险　团场参加农七师统筹人数4 429人，团实际参保4 443人。农七师统筹任务 68.8 万元，团场实际缴纳 68.8 万元。当年处理工伤、亡事故 17 起，组织评残鉴定 15 人，农七师工伤赔付 29.19 万元；参加农七师生育保险统筹人数4 429人，团场实际参保4 443人。农七师统筹任务 20.64 万元，团场实际缴纳 20.64 万元，完成任务的100%。参加农七师失业保险统筹人数4 429人，团场实际参保4 443人。农七师统筹任务 68.8 万元，团场实际缴纳 68.8 万元，完成任务 100%。个人应缴 68.53 万元，实际征缴 68.53 万元，完成任务的100%。　（马战胜）

农七师 130 团场

【领导名单】

政委：李儒平

团长：程文瑞（3 月离任）、杨宝玉（3 月任职，同时离任副团长）

副政委、纪委书记：冉德宝

副政委：刘玉华（3 月任职）

副团长：毕双杰（3 月任职）、管永生、李增壁

武装部长：张维军

总农艺师：陈庆明

【基本情况】　新疆生产建设兵团农七师 130 团场地处天山北麓冲积洪积平原中部，准噶尔盆地西南边缘。地跨克拉玛依、奎屯、乌苏、沙湾 3 市 1 县。2010 年，全团场土地总面积 612.46 平方千米，共辖建制单位 58 个，其中农业连队 17 个。团场总人口19 630人，其中汉族19 129人、维吾尔族 33 人、哈萨克族 216 人、回族 96 人、蒙古族 25 人，其他少数民族 131 人。计划生育率 100%。年内团场就业人数4 922人。第一产业人数2 369人，第二产业的人数 321 人，第三产业人数2 232人，其中批发零售业 525 人、住宿餐饮业 207 人、科技交流和推广服务业 23 人、水利管理业 55 人、居民服务业和其他服务业 98 人、教育 287 人、卫生 130 人、广播、电视、电影和音像业 12 人、公共管理和社会组织 64 人。团机关干部和工勤人员数 63 人；季节性劳动用工人数3 200人，其中拾花工2 000人。团部共青镇位于国道 217 线独克公路 38 千米处，有常住居民7 161人，分 2 个社区进行管理，镇内有 12.5 万锭的棉纺织厂，有日生产能力2 500吨番茄酱厂、年加工能力23 600吨的棉花加工厂，有能生产多种农机具的农业机械厂，有占地8 000平方米的大型农贸市场。镇西 5 千米处皇渠沟与奎屯河交汇处是胡杨河自然生态旅游区。2010 年，团场获兵团农业灌溉信息化技术集成应用与示范科学技术进步三等奖；团场工会被评为兵团工会系统“五五”普法先进单位。　（孟广宏）

【经济建设】　2010 年，农七师 130 团场完成生产总值 6.2 亿元，比上年下降 3%。第一产业完成 3.95 亿元，增长 27.5%。其中农业 3.11 亿元，增长 32.2%；林业 0.048 亿元，下降 20%；畜牧业 0.45 亿元，增长 30.2%；渔业 0.003 亿元，下降 42.6%；农业服务业 0.34 亿元，增长 1%。第二产业完成 0.93 亿元，下降 54.5%，其中工业完成 0.78 亿元、建筑业 0.15 亿元。第三产业成 1.32 亿元，比上年增长 6.2%。年内各种农作物总播面积 14 642.6 公顷。播种小麦3 289.27公顷，总产20 203吨，单产 409 千克；播种玉米1 025.8公顷，总产11 540吨，单产 750 千克；油料作物向日葵籽1 390.47公顷，总产3 755吨，单产 180 千克；播种棉花5 040.6 公顷，总产皮棉11 500吨，单产 152 千克；甜菜 66.67 公顷，总产5 500吨，单产5 500千克；蔬菜类2 577.73 公顷，总产 243 997 吨，单产6 310千克；瓜果类 123.33 公顷，总产9 568吨，单产5 172 千克。打瓜 333.33 公顷，总产 765 吨，单产 153 千克；苜蓿 362.8 公顷，总产5 345吨，单产 982 千克；青贮 400 公顷，总产 2.7 万吨，单产4 500千克。荒山荒（沙）地造林面积 133 公顷，四旁（零星）植树 125 万株，年末实有封山（沙）育林面积 13 公顷，新修渠道 20 千米，渠道防渗 38 千米。年末实有大牲畜 0.37 万头。牛 0.36 万头，骆驼 0.01 万峰，羊 1.83 万只，猪 0.67 万头，家禽 0.94 万只，兔 0.17 万只。主要畜产品产量总计2 237吨，其中牛肉 385 吨、骆驼肉 31 吨、猪肉1 323吨、羊肉 452 吨（绵羊肉 293 吨）、家禽肉 32 吨、兔肉 14 吨。绵羊毛 72 吨，牛奶12 483吨，禽蛋 598 吨，蜂蜜 95 吨，羊皮2 400张，其中绵羊皮1 400张。机械化农业及园艺机具制造 518 台，清油2 900 吨，番茄酱32 155吨，水果类年末实有面积 78 公顷，其中结果面积 77 公顷，总产量1 519 吨。蔬菜播种面积2 577.73公顷，产量243 997吨。池塘养殖面积 13.8 公顷，产量 77 吨。农业机械总动力44 698千瓦，大中型拖拉机 393 台、小型 424 台，大中型拖拉机引配套农具1 321部，小型机引配套农具 134 部。各种汽车 519 辆。　（孟广宏）

【基本建设项目】　2010 年，农七师 130 团场投资15 007万元，其中投资2 500万元用于农田水利建设；投资 319 万元用于防护林建设；投资1 892万元用于渠道除险加固；投资4 067万元用于廉租房建设；投资 830 万元用于小学教学楼加固；投资4 600万元用于胡杨河酱厂三期工程；投资 384 万元用于建设甘肃移民安置房；投资 415 万元用于连队综合治理。　（孟广宏）

【社会事业】　2010 年，农七师 130 团场有完全中学 1 所（团完全中学），一贯制学校 1 所（三角庄民汉学校）、中心幼儿园 1 所，剧院、影剧院各 1 所。在校学生总数2 513人，其中小学生1 252人。年末全团教职工总数 287 人，比上年减少 17 人。年内团场有医院、防疫站各 1 所，医院床位数 80 床，医护、防疫人员 130 人，比上年减少 1 人。　（孟广宏）

【人民生活】　2010 年，农七师 130 团场单位年末从业人员3 102人，在岗职工工资总额7 367万元。农业连队在岗职工2 083人，劳动报酬总额4 908万元。团属事业单位在岗职工人数 591 人，劳动报酬总额1 537万元。其中学校在岗职工人数 287 人，劳动报酬总额1 537万元；医院在岗职工人数 130 人，劳动报酬总额 305 万元；其他事业单位在岗职工人

数174人，劳动报酬总额293万元。季节性劳动用工人数3 800人，劳动报酬总额3 895万元，其中拾花工人数3 200人，劳动报酬总额2 420万元。团场全年用电量7 993万千瓦时。团场电话年末用户数量5 417户，移动电话年末用户数量9 911户，互联网用户数量1 417户。

（孟广宏）

【种植业结构调整】 2010年，农七师130团场坚定不移地贯彻落实减棉、稳粮、增畜、增林果政策方针，全团种植面积1.144万公顷，其中棉花4 200公顷、番茄1 333公顷、小麦2 533.3公顷、玉米866.7公顷、油葵1 133.3公顷、食葵333.3公顷、打瓜433.3公顷、苜蓿366.7公顷、其他小作物240公顷，麦后复播面积866.7公顷。（孟广宏）

【新技术应用】 2010年，农七师130团场加快新科学技术应用，取得好的成效。一是改进播种方式。大力推广膜上精量点播、超宽膜播种式，超宽膜面积达到32%，膜上精量点播达到100%。新技术推广转化为职工的自觉行动。二是改进品种结构。主要推广早熟优质品种新陆早33号为主，示范种植新陆早42号、新陆早48品种；适当种植冀棉958。三是提高滴灌技术的应用率。全年达到1.04万公顷，番茄、油葵、玉米、青贮等皆用滴灌。实现全团90%以上的面积采用滴灌。四是改进保苗技术，提高保苗率。100%滴水保全苗技术，全团棉花保苗株数1.58万株以上，比上年增加1 100株；玉米保苗6 300株，比上年增加620株。五是新技术推广力。100%推广番茄杂交种育苗移栽，移栽面积1 133.3公顷，占总面积的85%，保障合理的番茄苗密度，为丰产打下良好基础。六是推广滴灌小麦，提高单产，滴灌小麦麦后复播达到866.7公顷，实现两年三熟，提高土地和滴灌设备利用率及单位面积产出率，达到节本增效目的。七是推广棉花高密度高产高效栽培技术380公顷，平均单产348千克。八是推广番茄机械采收面积达到133.3公顷，实施机采棉666.7公顷，有力地推动农业机械化进程。

（孟广宏）

【粮食生产】 2010年，农七师130团种植小麦以冬小麦为主，总面积为2 533.3公顷，占播种面积的22.1%。主要品种为新冬22号，还有小部分新冬27号、新冬16号、新冬17号，滴灌面积2 330.3公顷，其余为常规灌。采用了一机5带，15厘米等行距种植模式。收获期亩穗数38万穗，穗粒数29，千粒重39克，单穗重1.12克，最高单产567千克。全团平均单产388千克，比上年递增10%，总产13 973吨。种植玉米866.7公顷，占总播种面积的7.6%，主栽品种为抗病、抗旱的郑单958和SC704，亩株数4 995株，单株穗数1个，穗粒数475粒，单穗重144.5克，千粒重305.76克。全团平均单产736千克/亩（0.067公顷），最高单产1 094.29千克。（孟广宏）

【棉花生产】 2010年，农七师130团棉花总面积4 200公顷，占总播种面积的36.7%。全团平均单产314千克，比上年增长7%，总产1 950万千克；超宽膜（2膜16行）达到219.5公顷，其余为3膜12行和2膜12行。主栽品种有710、81－3、冀棉958、冀棉908、早33、早41（福全10号）、早42（垦62）、中棉26等。主要技术措施为膜上气吸式精量点播，滴水出苗技术的应用有效地提高出苗率，保苗株数为1.6万～1.7万株，亩（0.067公顷）收获株数1.42万株；植株高度55～65厘米；单株果枝台数5～7个；单株结铃4.5个，单铃重4.9克，衣分37%～41%。棉花机械采收面积666.7公顷，平均单产380千克，采用（66＋10）×9.3厘米行株距配置，收获株数14 548株，机采棉品种是早33号。（孟广宏）

【番茄、油葵栽培】 2010年，农七师130团种植番茄1 333.3公顷，移栽1 133.3公顷，直播133.3公顷，栽培模式主要是一膜两行90厘米膜和1.2米膜及一部分单垄单行。收获株数2 568株，单株果数48个，单果重63克，平均单产6.8吨，比上年递增21%，最高单产12.92吨。油葵1 133.3公顷，单产196.5千克；食葵333公顷，单产184.8千克；打瓜433公顷，单产124千克；苜蓿366.7公顷，单产780千克；其他小作物240公顷；麦后复播面积866.7公顷，单产152千克，总产1 881吨。（孟广宏）

【农业植保】 2010年，农七师130团给基层连队配备专职植保员25人，人均植保管理面积217公顷。连队技术人员23名，测报人员3名。使用的主要农药品种有杀虫剂、杀菌剂、杀螨剂、除草剂、种衣剂、生长调节剂等。团植保测报站全年向基层连队及周边团场及师农业局印发《病虫情报》10期、《虫情警报》3期，召开植保例会和现场会19次，植保检查评比4次。植保工作坚持物理防治为主、化学防治为辅的方针，全团摆放频振式杀虫灯1 300盏，累计诱杀棉铃虫16.9万只，购进棉铃虫性诱芯诱蛾5 600粒，累计诱杀棉铃虫越冬代和一代雄性成虫6.2万只，在7月下旬至8月中旬全团共摆杨枝把3 450把，诱杀三代棉铃虫成虫0.93万只，有效地降低棉铃虫发生基数。团场大力推广生物农药防治主要害虫，使用了科云NPV、领峰等生物制剂，不仅提高了防治效果，还保护生态环境。全团大面积使用诱虫笼，减少农药使用量。

（孟广宏）

【测土配方施肥】 2010年，农七师130团化验室承担着全团的测土配方施肥工作，通过对土壤的分析测定及平衡施肥，提高肥料的利用率，对土壤的培肥改良及防止土壤结构退化也起到很好的作用。土壤化验室共分析化验水样16个，18连玉米地土样9个，牛场小麦地土样4个，各项试验取土化验28个。秋季土壤化验面积3 418公顷，地块621块，化验项目包括有机质、速效氮、速效磷、速效钾、总盐等3 105项次。全年分析化验各类水样、土样678个，3 274项次，累计化验分析面积358.7公顷。（孟广宏）

【滴灌管理】 2010年，农七师130团以节水灌溉为突破口，加大新科技的推广运用。以7连节水滴灌自动化示范为样板，辐射带动全团各连队。团水利服务中心7个节水技术人员分片区对全团17个单位进行滴灌示范、引导、服务。现场示范引导承包户正确使用滴灌，解决滴灌运行当中存在的疑难问题。加快提升滴灌技术应用水平。起到引导一个连队示范一个片区，带动全团节水滴灌管理水平。通过技术服务、示范系统内的棉花单产350千克以上，冬小麦单产600千克以上，番茄单产10吨以上，油葵单产280千克以上，各种作物均取得良好的经济效益。（孟广宏）

【环境综合整治】 2010年，农七师130团认真开展团、连队环境综合整治工作，改善职工群众生活环境质量，保障职工群众的生命财产安全，提高职工群众的生产、生活环境水平。团对1连、4连、7连、16连安置住房小区的道路、林床、房前屋后的菜地进行规划和建设，以点带面对全团各连队进行环境综合整治工作，要求各连队清理公共区域的垃圾，组织各家清理房前屋后的林床、道路、菜地、柴草等。团投资25万元拆除、修整全团农业连队的危旧住房，使连队整体环境得到改善。团组织物业中心、司法、土地、建设等部门清理整顿城镇违章建筑、临时摊点、废品收购点，加大住宅小区公共设施的管理力度，规范垃圾堆放点。宣传环保法律法规，围绕"六五"世界环境日的主题，在机关门前、光明路和主要路口悬挂宣传横幅6条，团完全中学学生和奎屯路社区居民在团光明路、朝阳里小区捡拾垃圾，通过广播电视宣传环保知识和法律法规。（孟广宏）

【住房规划与管理】 2010年，农七师130团建立健全房产档案的各项规章制度，编制档案目录，完善档案管理数据库，积极推进房产档案信息化的建设。团制定和完善档案管理各项相关制度，编制科技档案总目录、分类目录、专题目录等有关内容，大大提高房产管理的规范化和科学化水平。全年办理住房登记、转让的户数126户，办理个人抵押贷款227户，负责处理日常职工群众的房产纠纷工作4起，辅助上级部门进行房产估价工作6起。团团域规划，城镇总体规划，共青镇环境规划，城镇控制性详细规划严格按规划实施建设，实行规划一盘棋、审批一支笔，分步实施，处处以规划为依据，保证规划的严肃性。加大城镇基础设施建设，通过对口援疆和积极申报国家投资等措施，加快实施集中供热工程、天然气工程、污水处理工程、城镇道路建设、公园和休闲绿地建设等一系列城镇基础配套设施建设，加快团场城镇化的进程。（孟广宏）

【商业发展】 2010年，农七师130团以工业园区为基础，加大招商引资力度，加快农贸市场建设，规划活畜交易市场。招商引资项目以胡杨河酱厂为主，投资6 200万元新增1 500吨/日鲜果（包括预蒸发750吨/日）生产线和基础设施。团在劳动节和国庆节期间组织防疫站、畜牧兽医工作站、派出所、工商所对食品、肉类进行专项检查。5月，对辖区内农资店进行专项检查，查处假冒农药21瓶。团做好家电下乡工作，全年农户申请补贴数量905辆，发放家电下乡补贴资金23.5万元。摩托车、农用车256辆。补贴资金53.3万元。团依托五五工业园区和食品工业园区，团和湖北丹江口盛嘉工贸公司签订年产3万吨光伏刃料项目合资协议书和新疆金松硅业公司签订年产10万吨工业硅项目资协议书。两项总投资9.5亿元。（孟广宏）

【安全生产】 2010年，农七师130团继续重视安全工作。根据不同季节下发文件强调安全重点防范内容，组织相关部门对全团进行3次安全大检查、2次机动车辆专项检查。及时消除事故隐患15处，进行5次阶段性复查，全年查处多类事故隐患12处，提出整改意见11条，消灭隐患。年初，团领导与各单位签订安全生产目标责任书，年底检查并评出安全生产先进单位和个人予以奖罚，实现全年安全生产无重大事故。

（孟广宏）

【维护社会稳定】 2010年，农七师130团切实加强治安管理工作，确保社会稳定。一是在流动人口的管理工作方面搭建流动人口多重管理平台，把外来人员的管理逐步纳入规范化、制度化轨道，全力维护团场社会治安秩序稳定，全年全团共计登记管理流动人口5 600余人。二是落实安置帮教责任人，落实帮教措施，建立帮教档案，适时检查、督促。当年有刑释解教人员12名，其中6人在辖区。在辖区人员中，帮教率100%，无人重新犯罪。三是做好校园及周边治安整治。针对5月全国接连发生暴力伤害中小学生、儿童的恶性案件，团制定《维护校园安全稳定实施方案》，团党委书记分别与政法办、派出所、学校、司法所、信访办、社区、医院、防疫站、安全生产委员会办公室等相关部门责任人签订责任书，明确目标、任务和责任，各相关部门各负其责狠抓落实，做到查的清、控的住、防的严，团学校及幼儿园未发生针对师生的伤害案件，为学校营造良好的教育教学秩序。四是做好调解工作。制定《130团人民调解、行政调解、司法调解实施办法》，充分运用调解手段化解矛盾纠纷。全年排查受理各类矛盾纠纷120件，调解120件，调解成功118件，调解率100%，调解成功率98%。五是深化领导干部、青少年、职工和外来流动人员的普法教育，共为干部、职工和流动人员上法制课40余课时，受教育人数3 200余人次。团普法办联合奎屯垦区法院、检察院和团政法办、派出所、土地分局，举行上街法律宣传咨询活动3次，发放宣传单1 000余份；咨询人数500余人次。

（孟广宏）

【精神文明建设】 2010年，农七师130团场进一步强化精神文明建设力度，确保各项工作顺利进行。一是制定《新闻宣传工作管理办法》，与基层单位签订新闻宣传目标任务责任书，对政工员坚持以会代培，每月进行1次新闻业务培训，定期总结新闻写作方法和要点。先后派出14人参加兵团日报社、兵团电视台、师宣传部举办的骨干通讯员培训班。对新上任的10多名大学生政工员采取定主题、定思路、定期交稿、定期改稿的办法，帮助大学生政工员实现零刊稿的突破。全团在各级报刊台刊稿（播）各类新闻稿件1 461篇（条），其中在中央电视台用稿8条，在《兵团日报》头版发表稿件8篇，在兵团电视台用稿195条。二是精心组织好主题宣讲活动。成立8个宣讲组，分2个阶段深入30个基层单位宣讲，受教育群众3 800余人次。三是深入开展"五个一"活动，即举办1期领导干部专题理论培训班，深入开展1次大宣讲、大讨论活动，组织开展1次专题片播放，举办1期种植能手、养殖状元培训班，编印1本《学习实践科学发展观先进事迹汇编》，树立民兵应急反恐分队和防疫站等2个先进集体和魏红光、杨巧等20个先进典型。四是抓好典型宣传。全年开办"共青之星"电视专栏32期，集中宣传杨青莲、李公良等6名种植养殖致富能手，赵建莉等8名优秀党员，树立母新玲等4名道德模范。五是加强科技宣传。全年开办"科技直通车"电视专栏61期，为农工提供天气预报和病虫测报、市场信息、种植养殖、园艺实用技术等科技服务。六是编写民族团结宣传提纲，组织开展"我身边的民族团结故事"征文比赛，开办"我身边的民族团结故事"电视专栏。学校组织开展"我身边的民族团结故事"演讲和手抄报展览；医院组织送医义诊活动，免费救助400元药品。七是开展捐赠活动。6名挂职干部向三角庄民汉学校13名贫困学生捐赠学习用品。八是开办“时代先锋”电视专栏，宣传10名基层优秀共产党员。开展公民道德建设月活动，评选道德模范9人，保持兵团文明单位荣誉。7连获兵团文明生态小康连队称号。九是在职工群众中开展“树典型、争先进”活动，宣传表彰10名致富之星、137户和谐小康家庭。开展诚信职工创建活动。全团评选出30名4A级诚信职工。十是开展文化活动。举办迎“双节”文艺活动、虎年话廉书法摄影比赛、元宵节社火和花灯展、庆三八联谊会、庆祝建党89周年活动、廉政之声文艺演出等20多场群众性文化活动，实施6连综合活动室建设工程，完成173套直播卫星注册、安装、调试工作。全年放映公益电影237场次，9 000多人次看上免费电影。面向社会聘任14名网吧义务监督员，对校园周边文化市场进行2次专项检查，创造良好的文化市场环境。（孟广宏）

农七师137团场

【领导名单】

党委书记、政委：孙洪波（3月转任团长）

党委副书记、团长：王国恩（3月转任政委）

副政委、纪委书记、工会主席：孟庆荣

副团长：蒙韬、汪德斌

人武部部长：汤胜明

总农艺师：苟克勤

【基本情况】 新疆生产建设兵团农七师137团场是由乌尔禾垦区、和什托洛盖煤矿、阿吾斯奇牧场和奎屯泉沟垦区四片分隔的区域组成。年末总面积64 111.19公顷，其中耕地面积3 670.6公顷、园地652.89公顷、林地295.16公顷、牧草地面积49 366.01公顷、居民点工矿用地982.12公顷、交通用地193.51公顷、水利设施用地601.54公顷、未利用土地8 349.36公顷。全团总人口8 557人。其中汉族8 262人，占总人口的96.55%；哈萨克族30人，占0.35%；回族121人，占1.41%；蒙古族116人，占1.36%；其他少数民族28人，占0.33%。出生人口数66人，人口出生率7.7‰；本年迁入262，迁出122人，死亡34人，人口死亡率3.37‰，降低42.32%。年末人口中，男性4 334人，女性4 223人，分别占人口总数的50.65%和49.35%，人口自然增长率4.33‰。下辖基层单位22个，其中农业单位9个、牧业单位1个、工业单位3个，建筑、供销、商业企业各1个。团属事业单位学校、医院、社区服务单位有职工258人，有个体劳动者2 333人。在从业人员中从事第一产业人数2 071人，第二产业人数378人，第三产业1 670人。是一个以农牧业为主，工交建商、旅游全面发展的国有农场。全团在岗职工1 783人，比上年增加58人，增长3.36%。职工工资总额3 356万元，比上年增加721万元，增长27.36%。在岗职工平均工资17 756元，增长13.34%。（吴向群）

【经济建设】 2010年，农七师137团场实现总产值34 179万元，比上年增长33.2%。其中第一产业总产值完成11 047万元，增长28.1%；第二产业总产值完成13 324万元，增长51.05%，其中工业完成6 872万元，增长23%；第三产业总产值完成9 808万元，增长20%。全团完成生产总值14 373万元，增长29.23%；第一、二、三产比例分别为32:39:29，社会消费品零售总额7 771万元，增长13.73%；完成固定资产投资总额6 452万元，增长35.3%；资产负债率100%，下降3.77%；职均生产总值8.19万元，人均生产总值1.68万元；职均工资收入1.91万元，增长22%。团场亏损516万元，增加285.48万元。团场亏损数增加，主要原因是努肯泥沃特格煤矿停产，沥青矿受市场影响及生产周转资金匮乏停产，增加工业亏损571万元。

第一产业 团场全面加强基础设施建设，增强经济发展后劲，大力推进设施农业建设。把发展蔬菜、食用菌、畜牧、林草四大产业作为农业结构调整的主攻方向和助农增收的重要途径，制定《137团退棉扩园优惠政策》等4个产业发展措施，温室大棚、果蔬面积、蔬菜总产、产值分别增长67.5%、136.7%、154.5%和172.7%。蔬菜基地不断扩大，投入蔬菜基地建设资金3 120万元，新增菜地179.8公顷，新建日光温室478座。全团瓜果蔬菜生产面积473.3公顷，日光温室3 350座，年产蔬菜4.2万吨，年产值4 500万元。完成第一产业增加值5 049万元。完成农产品无公害产地认定，辣椒、黄瓜、茄子通过国家绿色食品认证，“绿衡牌”辣椒在北京举办的首届新疆特色优质农产品交易会展览展示中获金奖，农业产业化、规模化、集约化发展速度明显加快，设施农业成为调整结构、助农增收的新亮点。创造产品出口平台，通过塔城永利公司和绿源公司出口西红柿820吨，产值172.2万元。针对阿吾斯奇牧场的气候条件，启动300公顷食用菌建设基地项目，投资264万元，建设大棚24座，双孢菇、阿魏菇、金针菇试种成功，销售食用菌43.836吨，销售收入27.7万元，为今后食用菌基地建设奠定基础。扎实打好绿色品牌战略，设施农业成为调整结构、助农增收的新亮点。做大做强种植业、养殖业、果树园艺业，使农业增产，农工增收。2010年全团完成农林牧副渔总产值11 046万元，其中种植业产值7 515万元，增长31.04%，林业产值2万元，牧业产值3 405万元，增长24.13%，渔业产值55万元，减少3万元。

种植业 团场农作物总播种面积2 386.65公顷，其中粮食作物517.2公顷；棉花种植面积1 053.47公顷；蔬菜种植239.73公顷，新建日光温室478座；西甜瓜种植100.8公顷；油葵种植面积104.4公顷；打瓜种植142.67公顷；甘草69.2公顷；果园种植45.836公顷；绿肥86.67公顷。主要农产品产量：皮棉1 040吨，下降15%，单产130千克；粮食4 065吨，蔬菜总产39 200吨，增长200.67%，西甜瓜总产3 793吨，增长130.92%；食用菌产量46吨，油料总产180吨。2010年拥有农业机械总动力10 961千瓦，大中型拖拉机51台，小型拖拉机166台，农用运输车辆160台，联合收割机6台。

畜牧业 团场存栏各类牲畜9.6万头只，完成计划的108.23%。其中大牲畜6 800头只，羊84 400只，猪4 800头。肉类总产量1 898吨，比上年下降64.33%。羊毛总产量166吨，比上年下降8.5%. 牛奶总产量3 852吨，比上年下降37.1%。禽蛋总产量125吨。各类牲畜繁殖成活51 500头只，成活率83.2%. 全年就防疫工作召开会议26次，完成各类畜禽防疫332 436头（次）。畜产品检疫各类牲畜胴体4 314头（只）。落实国家对能繁母猪补贴及保险政策，核实符合母猪补贴576头，53个养殖户享受惠民资金85 248元。依据国家奶牛保险补助政策,个体户奶牛参加保险14头,补助金3 528元。完成饲料贮备3 309吨。

林果业　团场全年完成造林面积40公顷,幼林抚育作业面积133公顷,成林抚育面积133.33公顷。林业产值0.2万元。实施退耕还林补植工作,牧场2002年333公顷退耕还林项目,于2010年底第一阶段8年拨款期已满,兵团及国家进行严格验收后,达到国家退耕还林总体要求。泉沟退耕还林使666.67公顷枸杞干果生产形成产业,进行退耕还林后实施退耕还林套种面积63公顷,生态文明连队造林成活率85%。完成枸杞干果生产标准园建设121.7公顷。

工业、建筑业　团场工业经济整体运行平稳增长。完成工业总产值6 872.1万元,增长130%,工业增加值完成2 908万元,增长16%。137团煤矿已经形成年产30万吨的生产能力,生产原煤296 857吨,销售原煤9万吨,30万吨改扩建可研的上报和30万吨改扩建可研已经通过兵团发改委的评审工作,自治区"十一五"规划批准规模为年产45万吨;自治区"十一五"规划批准努肯泥沃特格煤矿规模为年产60万吨。与河南中润科技有限责任公司合作开发137团努肯泥沃特格煤矿,全年投资2 300万元。因综合原因,努肯泥沃特格煤矿处于停产状态。销售天然沥青618.8吨,投资400万元的沥青矿环境治理项目已完成。电站购电578.13万千瓦时,售电479.85万千瓦时,回收率83%,保障团场经济建设和职工群众生活用电。主要工业产品产量:原煤302 541吨,比上年下降144.6%。

建筑业　团场完成建筑业总产值6 452万元。完成竣工产值3 726万元,比上年增长17.06%。团场对较大工程项目进行严格招投标,按招标程序办事,对施工单位进行摸底,多方选择,实地考查,把造价降到最低限度,保证工期和质量。完成房屋建筑竣工面积25 518平方米,竣工房屋价值315.1万元。新建住宅楼6幢220户,完成农房改造工程178户,其中泉沟分场住房建设(A)工程40户。

第三产业　团场通过招商引资,推动旅游开发、商贸物流为主的现代服务业不断壮大,第三产业蓬勃发展。团场第三产业总产值9 808万元,增长0.89%;第三产业完成国内生产总值5 047万元,增长11.88%;完成社会消费品零售总额7 771万元,增长13.73%;商品销售总额6 867万元,增长12.77%;"三产活团"的作用进一步凸现。

商业　团场商场整体租赁,每年收取18万元租赁费,宾馆利用旅游开发,提升传统服务业,发展新兴服务业,接待游客65 000人次。宾馆完成营业收入125.29万元。住宿和餐饮业完成2 422万元。商品批发和零售业完成总产值2 454万元。商品零售额增长12.47%,实现经营收入126.16万元,实现扭亏增盈。惠民合作社全年实现农资经营收入200万元,职均收入2.288万元。代购各类物资74万元,销售国内外果蔬菜2万吨,同时双孢菇、阿魏菇、金针菇在牧场的试种成功,全年销售食用菌菇43.837吨,其中双孢菇37.57吨、阿魏菇3.93吨。试种阿魏菇、金针菇2.337吨,免费对团3043份果蔬样品进行农药残留量检测。与农九师塔城永利公司和绿源对外贸易有限公司合作,组织蔬菜销售。通过巴克图和吉木乃口岸出口西红柿820吨,产值172.2万元。在克拉玛依绿丰盐业农产品批发市场设立农产品销售摊位13个,并推进绿衡蔬菜进入克拉玛依准噶尔等大超市。

交通运输业　团场全年完成运输业总产值2 962万元,比上年增长18.53%,实现增加值1 516万元,增长25.19%。货运量33.96万吨,增长9.72%。货物周转量5 127.96万吨千米,增长2.87%。客运量29.70万人,增长10%。旅客周转量2 821.5万人千米,增长8.478%。营运业务收入2 961.68万元,个体运输纯收入933.05万元。　(吴向群)

【基础建设】　2010年,农七师137团场投入蔬菜基地建设的资金3 120万元,其中职工自主投资1 970万元,团场连队协助贷款1 150万元,团场贴息100万元。作为庭院经济发展启动基金,采取2~3年滚动发展方式运行,以特色养殖和扩园建棚为载体,对有技术、有项目、想创业却又缺乏资金的职工实施帮扶,发展庭院经济。修建楼房8栋300套,平房21套,完成6连和阿吾斯奇牧场平房保温节能改造138户。职工群众的生活质量和居住条件得到提高。扎实推进水利、生态建设,完成土地整理、牧场水库加固、南干渠防渗等重大项目建设,新修防渗渠道41.7千米,全团节水灌溉面积94%,生态林面积4 666.7公顷,森林覆盖率12.8%。团场投资264万元,建设大棚24座,销售收入27.7万元。年初,阿吾斯奇牧场发生60年一遇的特大雪灾,给团畜牧业生产带来重大影响。团党委及时组织牧工开展保畜自救,团场为62户牧工购买饲料补贴8.55万元,发放援助饲料、粮食163吨。团场将农机补贴向温棚农机倾斜,为职工购买大棚机械提供方便,全团职工投资386.7万元,新购卷帘机284套,热风炉9套,保温被2.32万平方米,温室机械27台(套),农机具19台(套)。农机补贴资金1 275 821元。　(吴向群)

【社会事业】

困难救助　2010年,农七师137团场积极推进新连队、新家庭、新职工计划,实施"幸福工程·救助贫困母亲"项目,引导贫困母亲发展特色养殖和温棚蔬菜种植,积极争取幸福工程项目30万元,为30位贫困母亲发放30万元"幸福工程"救助款。受助贫困母亲家庭人均收入增长46%,脱贫率100%。惠及人口100人,团工会投入庭院经济发展基金20万元。团委阳光助学行动中资助贫困学生10名,资助金额2.79万元,在救助大病患者中捐款总额34 165.3元。全团最低生活保障人员6 054人次,发放低保金、困难补贴2 077 742元,救济慰问金63 255元,救济粮19.5吨,实施医疗救助22人,救助金额6万余元。对甲流等重大传染病进行有效防控,全民健康意识日益普及,门诊接诊1.6万人次,住院治疗1 020人次。

纠纷调解　团场妥善处理群众来信来访,开展矛盾纠纷排查,有效化解社会各方面的利益矛盾。特别是在全国"两会"期间,开展团领导大接访活动,接待群众来访20批(次)28人,比上年同期分别下降28.57%和6.67%,越级访6批(次)9人,下降66.67%和65.38%;排查各类信访问题13件;化解12件,化解率92.3%。处理遗留问题4件5人,息访5人,投入资金92.75万元。

劳动保护　2010年,农七师核定团场上缴的企业五项社会保险基金1 090.15万元,比上年增加537.49万元,增长97%。在困难危机形式下,团场缴纳企业统筹养老金573.47万元，医疗金149.31万元，工伤、生育、失业金19.38万元。办理“五七”工参保230人，补费387.35万元。社会化发放退休人员养老金2 891.62万元。对参加基本医疗保险的3 610人核报住院费91.18万元。给参加居民医保的2 810人核报医疗费7.46万元。为“两矿”287名临时农民工办理工伤保险，支付工伤保险待遇29.88万元，支付生育保险待遇3.22万元。审核职工探亲110人，核算探亲路费13.25万元。（吴向群）

【教育事业】

教育规模 2010年，农七师137团场校园占地总面积54 365平方米，校舍建筑总面积7 655平方米，生均校舍建筑面积6平方米。团中学教职员工总人数100人，其中志愿者1人，专任教师86人。总人数中在编在岗人员81人，编外人员10人。团基础教育继续实行的是一团一校九年一贯制义务教育，团中学2010年有小学教学班15个，小学生563名；初中教学班10个，初中学生393名。全团7～12周岁小学适龄儿童503人，其中在团内学校就读346人，适龄户籍儿童入学率100%，全团13～15周岁初中适龄少年392人，初中毕业和团外就读的157人，流失1人，适龄户籍少年初中入学率99.7%。学前教育全团共有3～6周岁户籍学前幼儿289人（其中3～4周岁儿童88人、4～5周岁儿童87人、5～6周岁儿童114人），入园幼儿总数209人，入园率100%。学前班入学人数80人，毛入学率100%（含无户籍和不足6周岁儿童）。团场学前教育以团机关幼儿园、乌尔禾区安阳幼儿园、10连幼儿园为主，团中学附设学前班2个。团场新建837平方米幼儿园1座。

教育教学成果 团场小学毕业班人数145人，毕业人数145人，毕业率100%，语文和数学合格率均为100%。初中毕业班人数120人，毕业人数120人，毕业率100%，其中参加中考的六门学科综合成绩在全师10个团场中排名第二。语文单科全师排名第一；物理单科全师排名第二；数学、外语单科全师排名第三。有59人考取农七师高级中学，有61人考取团场高中（含各类中等专业技术学校）。137团中学中小学生在参加国家、兵团和自治区组织的多学科竞赛中有多人获奖。其中获全国三等奖4人；获兵团一等奖12人，二等奖13人，三等奖12人；获农七师一等奖2人，二等奖1人，三等奖1人。中学教师获国家级竞赛教师辅导三等奖2名，优秀辅导奖1名；获兵团竞赛教师辅导一等奖2名，二等奖2名，优秀辅导奖2名。团场实行鼓励职工参加成人教育，制定成人教育奖学金优惠政策，使团场职工队伍文化素质不断提高。2010年度，成人大专毕业人数18人，其中函授毕业18人。至年底，进行成人大中专学习人数23人，其中当年招生本科12人、大专11人。（吴向群）

【文化事业】 2010年，农七师137团场职工文化活动中心内设有棋牌室、桌球室、乒乓球室、图书室。健身操场1个，安装健身器材20套，职工健身广场等娱乐设施齐全。全民健身活动深入开展，每逢节假日及星期二、四、六晚上，由团工会举办露天舞会，丰富职工文化生活。开展迎春晚会、元宵灯会、秧歌大赛、红歌大赛、国庆诗会等职工群众活动。5月，电视台开通调频广播电台，系统全天候、满负荷运行正常，2套开路电视信号和1套调频广播电台信号覆盖乌尔禾地区30千米的范围。137团电视台集无线广播、电视、有线传输、新闻录制为一体，广播电视，每晚播出团场当天新闻，充分发挥广播、电视覆盖面广、影响力大的作用，着重宣传团党委的工作思路、工作目标，统一广大干部群众的思想。《137团宣传网》和《商务网137团分站》的开通，按照“三贴近”原则，全年电视台在兵师台共外发稿370条，其中师台刊稿286条、兵团台刊稿84条。全团11名新闻工作者及业余通讯员共在县市级以上媒体刊稿853篇。其中国家级34篇，省级平面媒体50篇，省级网络媒体364篇，地师级平面媒体96篇，县市级4篇，兵团电视台66篇，农七师电视台239篇。在农七师综合信息网137团分网发布团场工作信息344条，发布其他信息2 077条。信息发布量和点击率在全师处于领先地位。历时8个月的《137团简史》编撰完成，通过农七师初审。137团获2010年度党政信息工作先进集体。薛富有获2010年度农七师优秀通讯员一等奖和农七师信息化工作先进个人，薛富有采写的《政策推动，利益驱动，137团蔬菜产业越做越大》获2010年度农七师报纸新闻奖消息类的一等奖，《没有军衔的戍边人——记137团阿吾斯奇牧场党总支书记项瑞芝》获通讯类的二等奖，《有感于不能把城镇化简单的理解为盖房子》获言论类新闻奖；郑峰、隋梅拍摄的《137团建设“四大基地”促团场跨越式发展》获2010年度农七师电视新闻长消息类三等奖。（吴向群）

【卫生事业】 2010年，农七师137团场疾病预防控制中心有业务用房467平方米，环境道路400平方米。单位总人数18人（其中疾控中心8人、连队卫生人员10人），计算机8台，打印机8台，复印件1台，电冰箱4台。办理卫生许可证173个单位。办健康证、培训证295人，办证率100%。卫生监督173个单位，比上年增长1.76%。科学计划免疫工作的规范实施，接受各类免疫3 655人次，强化免疫（师评估小组抽查）成功率100%。认真完成“五苗”接种率100%，积极开展其他疫苗接种工作，其中8个月至4周岁儿童麻疹接种251人，流感疫苗接种1 000人。加强传染病防控工作，全年传染病报告本地27人，发病率32.2%，艾滋病检测574人，高危人群干预12次共132人，结核病初诊19人，确诊4人，痰涂片检查22人，总发病率4.7%。卫生人员培训10次，共计80人。大众宣传600人次，传单2 000余张。死亡网络直报36人，报告完成率100%。认真做好妇幼保健工作，完成孕产妇建卡50人。系统管理率100%，住院分娩率100%，母乳喂养率96.6%。团场有综合性二级乙等医院1座，占地面积1.5万平方米，建筑面积5 337平方米，业务用房3 400平方米。医院设编制床位30张，实际开放床位40张。医院有职工总数59人，其中农七师医院派院长、书记共2人，在职职工48人，合同制人员9人。其中专业技术人员52人，中级27人、初级18人。大学本科15人，大专19人，中专19人。医院设有院办、医务科、护理部、医技科、门、急诊、住院部、药剂科、财务等部门。诊疗科目设有内儿科、外妇科、口腔科、中医理疗科、检验科、放射科等。提供24小时的医疗服务。医院拥有美国GE公司生产的MAX640－CT机、500MA－X光机、全数字彩色超声诊断仪、美国MD魅力1800全自动生化分析仪、迈瑞3000血细胞分析仪、同步12通道心电图仪、生命体征监护仪、监护型心电除颤仪、呼吸机、洗胃机等先进的数字诊断分析系统20余台。全年医院总收入505.5万元，比上年同期增加125.5万元。其中诊疗费用比例58%，药品费用比例42%。门诊就诊人数13 800人次；住院病人数1 020人次。出院病人数1 017人次。出入院诊断符合率≥99.7%。各类手术83例。手术前后诊断符合率100%；无菌手术切口甲级愈合率100%；门诊处方合格率≥96.4%；根据师卫生工作会议及农七师执行药品零差率会议精神。从5月1日起，团医院实施国家基本药物在内的229种药品零差率销售，为职工群众提供安全、有效、价廉的药品，真正让职工群众得到实惠。11月，农七师社保管理中心对团医院的医疗保险工作检查考核，该院取得91.7分，名列师第7名。

（吴向群）

【民生工程建设】 2010年，农七师137团场运用援疆政策，加大项目争取，10件实事和民生工程进展顺利。项目开发按照改善农业基础设施建设、加快城镇化建设步伐的总体要求，通过优化项目结构，抢争项目，全年落实项目16个，总投资6 252.48万元，项目到位资金2 964.23万元。衔接项目4个，项目投资1 256.01万元。在年初承诺的10件实事中，除气调库和阿吾斯奇草场小水利工程跨年度建设外，其余8件全部完成。一是实施廉租房项目，修建楼房8栋300套，平房21套，完成6连和阿吾斯奇牧场平房保温节能改造138户。二是引进资金300万元，修建日光节能温室60座。三是完成投资149万元的双语幼儿园建设。四是投资684万元，对团部给水、供热管网进行全面改造。五是投资200万元引进蔬菜净加工包装机和监测设备，免费检测果蔬样品3 043份。六是投资436万元的南干渠斗支渠防渗工程，完成工程量的50%。七是在新疆油田公司的援助下，投资26万元，为学校新建环保公厕、改建校门，改变学校的环境面貌。八是投资22万元，新建四连连队综合活动室。团投资1 108万元，完成217国道文化商业街改造主体工程、学校教学楼抗震加固、阿吾斯奇水毁公路、白杨河水毁大坝、7连蔬菜标准园园区道路、阿吾斯奇牧场晒场等项目工程。217国道文化商业街改造一期主体工程完成，为二期、三期改造积累经验，奠定基础。

（吴向群）

【人民生活】 “十一五”末，农七师137团场生产总值、基本建设投资、社会消费品零售总额分别是“十五”末的2.5倍、2.06倍、1.45倍，三次产业结构从37∶21∶42调整为32∶39∶29，经济结构调整取得新突破。职工纯收入比“十五”末增长83.9%。新增城区规划面积3.2平方千米，团部综合功能和聚集效应显著提升，城镇化率48%，比“十五”末增长11个百分点。扎实推进交通建设，实施通连油路25条123.8千米，新修桥梁2座，公路通车里程186.5千米，全团道路通达深度和通行能力不断提升，通过乌尔禾区政府支持，团内公交车开通，职工群众行路难问题得到改善，职工收入水平和生活质量有大幅提高。2010年，农七师137团场在岗职工1 783人，比上年增加58人。职工工资总额3 356万元，比上年增加721万元，增长27.35%。职工收入水平进一步提高。在岗职工年平均工资17 756元，增加2 090元，增长13.34%。

（吴向群）

【精神文明建设】 2010年，农七师137团场把“三个文明、十件实事”建设与构建和谐社会相结合，促进团场跨越式发展和长治久安，为建设新型团场奠定良基。一是加强党组织建设。在学习实践和创先争优活动中，全团共有3个总支、19个党支部的792名党员干部参加活动。2个党支部通过农七师“五好”党支部验收，12名一线职工加入党组织，集中整改解决问题21个，达到党员干部受教育、科学发展上水平、职工群众得实惠的要求。表彰奖励2009～2010年度5个先进基层党组织、45名优秀共产党员和5名优秀党务工作者，表彰老干总支部10名“五有”优秀共产党员，阿吾斯奇牧场党总支书记项瑞芝进入兵团道德模范候选人。二是加强党风廉政建设。以学习贯彻中央援疆工作座谈会、中央新疆工作座谈会精神和《建立健全惩治与预防腐败体系2008～2012年工作规划》为前提，以廉政文化“六进”为抓手，深入开展党风廉政教育、纠风专项治理，加大案件查办力度。收到转信访信件3件，其中上级转信访信件2件，了结3件。立案1件，结案1件。受到开除党籍处分1人。三是增进干部交流。坚持集体领导、民主集中、个别酝酿、会议决定的原则，建立《“三重一大”制度》，依靠集体智慧决策，强化民主监督，减少决策失误。全年提拔交流干部29人。四是坚持党管武装的原则，贯彻落实军警兵民联合管边、控边、建边机制，军警兵民“四位一体”的维稳戍边体系进一步加强。对牧场民兵进行15天赴边合训任务，完成民兵整组工作，完成白杨河抗洪抢险、乌尔禾区首届民俗文化节安保等重大任务。投资30万元配置双湖民兵执勤哨所生产生活设备，充分发挥民兵执勤哨所在守边、固边、稳边、控边、兴边的作用。配合兵团巡视组处理群众来信来访15件，整改落实问题15件，使兵团巡视工作达到预期目的。五是抓好社会治安综合治理。司法综治工作以维护社会稳定为首要目标，将“五五”普法验收工作与深入开展法治团场创建活动相结合，通过“五五”普法验收。调解员调处各类民间纠纷67宗，调解成功58宗，有效制止4起群体上访纠纷，调解成功率90%以上，有效制止3起群体上访纠纷。六是做好案件审理。乌尔禾人民法庭受理各类民商事案件15件，审结15件，在审结的件案件中调解9件，撤诉2件，调撤率73%。参与诉讼保全案件5件。无上诉和缠诉缠访。法庭参与指导基层人民调解组织调解案件78件，调解成功73件，调解成功率97.4%。法庭在日常工作中，接待来访群众372人次。法院利用“一二·四”法制宣传日活动，联合团司法办等部门送法到连队、企业、牧场、社区，为民众提供法律咨询，解答法律疑问，并发放诉讼宣传资料、便民联系卡100余份。

（吴向群）

农七师五五机械制造有限责任公司

【领导名单】

总厂领导

党委书记、厂长：曹纪禄（9月离任）

副厂长兼纪委书记：薛鸿（9月离任）

公司领导

董事长兼总经理：刘云

副书记:王季平
监事:喻启忠(9月任职)

【基本情况】 2010年9月,新疆生产建设兵团农七师五五农机厂进行机构改革,撤销原五五农机厂,组建成立五五机械制造有限责任公司。公司实行股份、董事长负责制。重组后公司设有4个部:生产部、销售部,财务部、技术部,1个办公室。公司主要从事各类农业机械研制、开发、生产、销售。从业人员39人,其中工人28人、技术人员4人、管理人员5人、财务人员2人。设有车工车间、钳工车间、下料车间、冲压车间、产品组装车间、翻沙车间,有400吨压力机,大型剪板机和各种机床100余台。主要产品有各种类型及型号的联合整地机、重耙、中耕追肥机、深松机、茎杆粉碎机、折翼耙、施肥机、植树开沟机、大桶、双铧犁、钉齿耙、残膜回收机、大棚穴盘育苗精量播种机等产品。企业占地面积26.3万平方米,工房面积7.1万平方米,南距奎屯市50千米,北距克拉玛依市80千米。是新疆联合整地、中耕追肥机及其他系列产品的重要生产厂家。 (王季平)

【生产经营】 2010年,农七师五五机械制造有限责任公司生产整地机120台、液压偏置重型耙20台、中耕机等其他产品56台,实现工业总产值523万元,实现销售收入491万元,比上年减少49万元,销售成本374万元,减少96万元,销售费用37万元,增加12万元,主要原因是运费比上年增加3万元,运输费用受成品油价格调整的影响比上年上涨,售后服务比上年减少2万元,销售机构经费比上年增加8万元。管理费用80万元,减少23万元,业务招待费减少11万元,技术开发费减少12万元。公司全年实现利润10 228.28元。公司主要销售的是享受国家补贴的农机具,国家补贴款有40%左右到下一年度才能给拨付,年底,应收账款余额289万元,比上年的402万元减少113万元,主要原因补贴款拨付及时。公司加大力度到各大农机局催收欠款。存货176万元,比上年减少32万元,产成品比上年增加85万元。公司生产的产品难以达到规模,新产品暂时形不成批量。原材料涨价,生产的产品利润微薄。公司对资金的回收及签订合同上狠下工夫,争取减少债务,杜绝烂账、死账现象。公司申报知识产权实用新型专利产品2项,获兵团农七师科技成果进步一等奖1项、兵团科技成果进步三等奖1项,公司被评为新疆生产建设兵团创新型企业试点单位。 (王季平)

【新产品开发】 2010年,农七师五五机械制造有限责任公司加大对新产品的试制及改制,使新产品早日进入市场,为企业创造价值。公司大力推进以企业为主体、市场为导向、产学研结合的技术创新体系建设,着力培养企业创新人才,不断优化企业创新环境,整体推动企业技术创新,进一步提高企业的自主创新能力,为加快新型工业化进程、实现兵团党委确定的大调整、大转变的战略目标奠定基础。公司加大科技创新建设,已批准申报的国家项目2项,其中农业转化资金项目和中小企业创新基金项目。全年有5大类14项新产品通过自治区农机推广鉴定中心鉴定推广,1项新产品通过兵团农机推广鉴定中心鉴定。公司组织协助新疆农垦科学院机械装备研究所完成"新疆干旱半干旱土壤残膜污染治理"和"番茄深松起垄施肥机的研制"等项目结题验收工作。 (王季平)

【职工生活与培训】 2010年,农七师五五机械制造有限责任公司职工收入有所增加,总经理月工资2 000元,副职1 500元,部门负责人1 300元,业务科员1 100元,职工人均年收入15 897元。全年组织在职人员培训36人次,参加全国及区内学术会议8人次,举办学术活动12次,科技人员在各级刊物上发表论文2篇。 (王季平)

【企业管理】 2010年,农七师五五机械制造有限责任公司将工作计划细致分解落实,对年度工作的重点进行责任落实,使各项科研项目工作落实到部门、责任人,使公司的各项管理工作形成系统、有效运转体系。一是树立技术创新意识,不断加快企业技术进步和产业升级。二是强化技术创新的培训、经验交流和学习,培养技术创新人才队伍,不断提高企业技术人员素质。三是加强科研院所和企业技术创新的互动性,促进科技成果的转化。四是以不断开发新产品为龙头,进一步拓展思路,确保公司的健康持续发展。五是完善安全组织协调、安全工作机制、安全技术防范体系,努力实现安全生产的长效管理。六是以面向农村、服务农户为宗旨,提高产品质量,扩大营销网络。公司有2~3个新产品投放市场,产品质量达到合格要求。 (王季平)

农八师136团场

【领导名单】
政委:董志华
团长:郑万里
副团长:翟胜江、王文生
副政委:孙浩(5月任职)
纪委书记、工会主席:陈春华
人武部长:陈卫
总农艺师:王立辉

【基本情况】 新疆生产建设兵团农八师136团场(小拐镇)位于新疆天山北麓,古尔班通古特沙漠、准噶尔盆地西南缘,克拉玛依市境内,玛纳斯河最下游。东距石河子市150千米,北距克拉玛依市55千米,西距奎屯市130千米,南距沙门子镇40千米。201省道克榆公路纵贯团场,交通十分便利。团场下辖独立核算单位36个,其中农业连队13个,事业单位、工商建筑企业19个,中学1所,小学2所,职工医院1所。在岗职工3 312人,离退休人员1 847人,年末全团总人口11 567人,其中女性5 915人,流动人口1 520人,少数民族65人。当年出生57人,人口自然增长率0.43‰,计划生育率100%。死亡53人,死亡率5.10‰。 (蒋 平)

【经济建设】 2010年,农八师136团场生产总值2.2亿元,经营收入2.99亿元。其中第一产业增加值16 650万元,比上年增长44%;第二产业增加值1 350万元,增长15.8%;第三产业增加值4 000万元,增长7.67%。全团固定资产投资8 166万元,减亏2 000万元,收支基本平衡。

种植业 2010年,团场种植棉花6 666.7公顷,籽棉总产3万吨,全团13个农业连队总计兑现2.3亿元,创历史新高。种植蔬菜133.3公顷,外销蔬菜

3 000吨。实现产值800万元。

林业　2009～2010年，团场投资605万元，共营造经济林、防护林213.3公顷，成活率95%以上，投资332万元的肉苁蓉项目200公顷，正在有序实施。外围沙漠补植梭梭666.7公顷。沿呼克公路小拐段两侧整修林床129.3公顷，长15千米。为团部小拐镇区提供白蜡、海棠、山楂、圆冠榆、垂榆、丁香等观赏苗木9 000余株，全年营造的防护林和退耕还林改造任务全面完成，通过上级部门验收，团场被国家林业局授予“三北”防护林建设体系优质工程。

畜牧业　2010年，团场为6个养殖大户贴息贷款500余万元，用于发展养殖业。投资800万元在4连新建1座现代化万头猪场，一期工程已经完工。全年生猪出栏7 000头，牛150头，羊2 500只，鸡7 000只。畜牧业产值1 500万元，占农业产值9%。在牲畜疫病防治方面，主要抓禽流感、鸡新城疫、猪瘟、高致病性猪蓝耳病、口蹄疫等强制免疫疫病防控工作，严格落实羊梭菌病、羊痘、仔猪付伤寒、鸡法氏囊等传染病的基础免疫。加强结核、布病疫情监测、消毒灭源等工作使免疫密度、免疫标识率均达100%，平均免疫合格率在80%以上。

工交建商业　2010年，团场与石河子银力集团联手，出资2 500万元新建1条机采棉加工生产线，为将来棉花市场化收购奠定基础。克拉玛依红旗商场经过3年改造，已经开张营业。新组建的新伟房地产小拐分公司实现产值6 000余万元。改制后的供销科、油料科、蔬菜公司和农机中心等4个团办企业，运行状态良好，发展势头强劲。（蒋　平）

【人民生活】　2010年，农八师136团场职工工资总额3 315万元，全团离退休费2 350万元。全团职均收入2.3万元，比上年增长15%；人均收入1万元，增长10%；农业一线职均收入4.5万元，增长100%。全团年末存款余额1.2亿元。（蒋　平）

【社会事业】　2010年，农八师136团场完成的社会事业项目主要有：投资2 500万元新建一条机采棉生产线；投资2 600万元新建廉租楼300套；由大连投资619万元援建的团中学3幢教学楼抗震加固工程完工；投资500万元新建1座20吨锅炉房；投资200万元修建7千米通营公路1条；饮用水改造工程；投资50万元新铺设镇水泥道路500米，新建商业门面房1万平方米。（蒋　平）

【“十一五”计划完成情况】　截至2010年底，农八师136团在“十一五”期间累计完成生产总值7.16亿元。其中第一产业4.9亿元，第二产业5 631万元，第三产业1.79亿元。固定资产投资累计3.99亿元。农业一线职均收入由2005年的1.36万元增加至2010年的4.5万元。人均收入由2005年的5 350元增加至2010年的1万元。全团累计实现利润890万元。（蒋　平）

【“十二五”规划】　2010年，农八师136团场制定“十二五”规划方案和主要奋斗目标。计划实施的远景目标是主要经济指标（按GDP2.2亿元计）：其中第一产业1.665亿元，第二产业0.135亿元，第三产业0.4亿元。到2012年，实现生产总值3.106亿元，年均增长19%。其中第一产业2.295亿元，增长17%；第二产业0.235亿元，增长32%；第三产业0.576亿元，增长20%。人均GDP2.69万元，人均收入1.5万元，年递增15%。到2015年，实现生产总值5.25亿元，年均增长19%。其中第一产业3.714亿元，增长17%；第二产业0.541亿元，增长32%；第三产业0.995亿元，增长20%。人均GDP4万元，人均收入2万元，增长15%。到2020年，力争在2015年基础上翻一番，实现生产总值10.5亿元，人均GDP8万元，人均收入4万元。计划2011年经济社会发展的主要预期目标是实现生产总值2.612亿元，增长19%。其中第一产业1.954亿元，增长17%；第二产业0.178亿元，增长32%；第三产业0.48亿元，增长20%。人均收入1.2万元。团场经营收支平衡，略有盈余。（蒋　平）

·小资料·

新疆生产建设兵团农七师简介

新疆生产建设兵团农七师辖有奎屯天北新区及10个团场，垦区主要分布在奎屯市、乌苏市、克拉玛依市、和布克赛尔蒙古自治县境内，总面积5 906.9平方千米，耕地面积8.8万公顷。垦区内地势平坦，土地肥沃，气候适宜，有奎屯河、四棵树河、古尔图河、白杨河4条河流，有黄沟一库、黄沟二库、柳沟、泉沟、奎屯、车排子六大水库。全师拥有丰富的水力、土地和光热资源；拥有棉、酱、畜、粮、糖等丰富的农业资源；拥有煤炭、石油、天然沥青、黄金、石英、石棉等独特的自然矿产资源；同时还拥有魔鬼城、胡杨河等旅游资源和8万公顷天然草原资源。

接待服务·驻外机构

接待服务

新疆油田公司接待服务总公司

【领导名单】

党委副书记、总经理:张培德

党委副书记、纪委书记、工会主席:李月梅(4月离任)、王梅花(4月任职)

副总经理:刘发军、阿扎提·吾马尔、刘涛

【基本情况】 2010年,新疆油田公司接待服务总公司有员工446人。机关设总经理(党委)办公室、人事科、行政事务管理科、接待科、计划财务科、安全保卫科6个职能科室和物资管理部1个机关直属部门。下设物业管理部、文体场馆管理部、克拉玛依宾馆、宝石花酒店、克拉玛依外宾馆、油城宾馆、开门红酒楼、综合服务中心8个基层单位。 (程立勇)

【经营指标完成情况】 2010年,新疆油田公司接待服务总公司经营收入7 491万元,完成预算收入的113%,比上年增加收入2 251万元,再创历史新高。完成油田公司下达的接待服务亏损补贴指标。全年完成克拉玛依市、新疆油田公司指令性接待任务100%。 (程立勇)

【接待服务】 2010年,新疆油田公司接待服务总公司先后完成全国政协副主席李兆焯的接待工作。完成中央军委委员、总参谋长陈炳德的接待工作。完成台湾海基会董事长江丙坤、大陆海协会会长陈云林的接待工作。完成自治区党委书记张春贤的接待工作。完成接待的主要会议有:集团公司2010年领导干部会议、首届信息化创新克拉玛依国际学术论坛等。全年完成VIP特级A级接待5次,B级接待21次,C级接待35次。在集团公司2010年领导干部会议的接待工作中,公司专门成立领导小组,对接待工作和会务工作统一领导,统一指挥,承担接待服务的宾馆和行政事务部在工作上既有分工又有协作,高质量地完成会议的接待服务任务,受到与会代表的好评。全年重大接待项目差错率为零,接待服务满意率95%,客户满意率93%。在2010年中国质量协会石油分会开展的石油工业用户"七满意"评选中,公司获用户满意企业荣誉称号。

(程立勇)

【安全质量管理】 2010年,新疆油田公司接待服务总公司认真抓好安全质量管理工作,确保生产安全。一是建立健全公司、宾馆、班组三级安全网络。公司与各宾馆、酒店签订健康安全环保责任状。根据谁主管,谁负责原则,明确安全生产第一责任者。公司5位领导对所有基层单位和机关实行安全承包,落实职责,做到思想到位,工作到位。二是投入安全技措资金,整改安全隐患。改造各单位的电力线路和各宾馆后堂设备设施以及液化气房。配备和更新消毒、保温、保鲜、卫生清洁设备,使所有设备设施都能达到克拉玛依市的环保要求和安全要求,预防并消除事故隐患。三是完善安全制度,深入开展安全宣传。建立完善《食品卫生检查考核制度》、《餐厅卫生消毒制度》、《重大接待食品卫生留样制度》、《蔬菜残留农药清洗检查制度》等安全制度,组织《安全生产法》和《消防法》的培训,组织"四懂四会"和"六条禁令"的考核,强化员工安全意识,防止各类安全事故的发生。四是建立内外结合的安全卫生检查制度。公司采取请进来的办法,主动与卫生防疫部门联系,每季度2次聘请卫生防疫人员来公司进行抽查,对检查出来的问题立即进行整改,并在公司范围内曝光,使公司上下引以为戒,杜绝同类问题的再次发生。公司所属各酒店均获市级A级卫生单位。五是建立QHSE安全质量管理体系。公司成立QHSE安全质量管理体系领导小组,建立并发布QHSE安全质量管理体系,将安全质量管理纳入科学化、规范化、标准化管理流程中。全年公司未发生一般A级及以上生产事故、重大交通责任事故和重大环境污染事故以及食品卫生安全事故,食品卫生达标率100%。实现油田公司下达的安全生产考核目标,被评为油田公司安全生产先进单位,连续2年获油田公司级质量安全环保先进单位荣誉称号。 (程立勇)

【设施完善】 2010年,新疆油田公司接待服务总公司不断完善基础设施建设。克拉玛依外宾馆维修改造工程是油田公司投资的重点建设项目,工程总投资1 100万元。年内公司投入255万元新建超大型蒙古包,改造后的克拉玛依外宾馆内外环境优美,装饰风格独特,成为接待工作的补充场所,经营收入有较大提升。分别对油城宾馆、友谊餐厅、开门红酒楼、宝石花酒店进行装修、改造,及时更新更换各单位的设备设施,改善其经营环境。改造各单位基础管网线路,扩建洗衣房。 (程立勇)

【员工培训】 2010年,新疆油田公司接待服务总公司将建标、对标、创标的"三标"法贯穿于培训工作中。自建立VIP接待标准后,每年均安排组织管理人员、接待人员、厨师和服务人员赴各地学习培训,进行对标,通过学习培训找差距、找不足,不断完善和改进标准。先后邀请广州白天鹅宾馆高级西餐厨师到克拉玛依宾馆传授西餐烹饪和管理技能，邀请乌鲁木齐酒店管理专家对部门经理、前厅服务员进行管理知识、前厅服务技巧的培训。与乌鲁木齐石油培训学院共同开办班组长学习班，与市人才交流中心联合举办礼仪培训班。组织管理人员和服务人员到南京京陵旅游职业学院、山东旅游学院进行礼仪培训、形体培训。公司举办形体培训班，使公司接待、礼仪及服务人员的形象气质显著提高。9月11~13日，第20届中国厨师节暨首届中国清真美食文化节在乌鲁木齐市举行，公司8名员工参加厨艺大赛，获2金、4银及2个十佳奖项。 （程立勇）

【企业管理】 2010年，新疆油田公司接待服务总公司行政事务工作得到迅速发展。一是先后完成油田公司信息楼、联合办公楼的物品配备、物业保洁队伍的选配工作，保证信息楼和联合办公楼如期投入使用。二是完成油田公司15家文体场馆的集中管理，建立规章制度，开辟场馆信息服务系统，制作发放健身卡。三是建立完善行政事务管理规定，编撰完成《新疆油田公司行政物业管理手册》。四是进一步完善行政事务服务标准，加大对服务过程、服务结果的监督考核力度。五是对行政事务中心现有人员进行培训，使他们的业务能力能够适应新的管理工作的需要。克拉玛依宾馆完成各项接待任务，多次得到有关领导及宾客的称赞。在中国旅游饭店业协会全国星级酒店金星奖的评选活动中，克拉玛依宾馆获第一批中国旅游饭店金星奖。宝石花酒店营业总收入1 100万元，达到收支持平。全年营业总收入1 862万元，超额完成经营指标。克拉玛依外宾馆克服地理位置偏远、人员少的困难，通过蒙古包特色餐饮、风情夜市烧烤，不断创新的精美菜肴，赢得广大宾客的美誉。油城宾馆年经营收入765万元，实现内部利润23万元。开门红酒楼有效抓住早餐和中午自助餐扩大收入，通过开发面点降本增效，全年实现收入555万元，继续保持连续5年的增长势头。综合服务中心有力保障石西油田作业区、风城油田作业区的后勤服务工作，开拓风城公寓的服务工作。完成作业区百万吨庆典活动的服务，石西服务部完成第三公寓开张庆祝活动的服务，同时均承担国家、自治区、企业团体领导的参观考察接待任务，实现年收入1 676万元。 （程立勇）

【企业文化建设】 2010年，新疆油田公司接待服务总公司不断改善各宾馆员工的居住条件，丰富企业文化建设。一是完善设施。先后建设和改造开门红、外宾馆、综合服务中心的员工宿舍，安装空调，订制衣柜等家具设施，配备电视、影音播放设备等。公司还在宿舍区院内修建小型篮球场，开办图书阅览室，为丰富员工的业余文化生活创造条件。二是关心员工的身心健康。按规定定期组织女职工体检、员工健康体检。公司每季度的小劳保增加到300元，在春节、五一、十一、中秋节、古尔邦节都为员工发放福利。三是开展业余文化活动。公司工青妇制定文体活动运行大表，结合行业特点，开展小型多样、健康向上的文化娱乐活动。节假日期间，组织篮球、羽毛球、乒乓球、拔河、跳绳、广播操等比赛，开展户外拓展训练，增强了队伍的凝聚力。四是创办《接待风景苑》小报，宣传好人好事。全年出版发行小报7期7 000份，集中反映公司员工精神风貌，推介公司创新菜品。五是表彰先进。公司全年评出服务明星319人，其中获三颗星、四颗星的服务明星有45人。 （程立勇）

【组织建设】 2010年，新疆油田公司接待服务总公司开展标准化党支部创建活动，规范基层党支部的工作程序，按照标准考核基层党支部。一是开展公司领导干部党建联点责任制，做到层层落实，定期检查。二是完善管理人员考评体系，综合考核公司机关和基层管理人员，对考核不合格的管理人员给予诫勉。三是将干部理论学习系统化、长期化，积极营造学习型企业氛围。将中心组学习扩大到科级干部，并且建立每周三下午2小时的学习制度。四是加强机关制度建设，全面改进机关作风。实行机关干部义工劳动制度，要求50岁以下机关干部每年不少于60小时的基层义工劳动时间，并且与年终奖金和干部绩效考核挂钩。五是坚持以职工代表大会为基本形式的企业民主管理制度，凡是涉及职工利益的重大问题，都分别在公司职代会和职代会联席会上进行讨论和审议。 （程立勇）

新疆油田公司
明园新时代大酒店

【领导名单】

总经理、党总支副书记：周建民

党总支书记、副总经理：毕建中

副总经理、安全总监：卢光华

副总经理、工会主席：汪仲夏

【基本情况】 2010年，新疆油田公司明园新时代大酒店由13个部门组成，职能部门4个：党政办、计划财务部、人力资源部、质量管理部；经营部门6个：公关营销部、前厅部、餐饮部、客房部、康乐部、石油宾馆；后勤保障部门3个：工程部、安全保卫部、网络管理部。酒店员工队伍由合同化员工、市场化员工、劳务派遣用工3部分组成。员工总数475人，其中合同化员工83人，市场化员工68人，劳务派遣员工324人。主要担负着克拉玛依市、新疆油田公司及各机关处室在酒店召开会议的组织接待任务；新疆油田公司职工公务出差、观光旅游、看病疗养等的接待服务工作；保持与乌鲁木齐相关部门、周边地区的政务联络以及克拉玛依市政府、油田公司相关部门的业务联系；做好酒店国有资产的经营与管理；完成油田公司下达的各项任务。 （曹玉珍）

【酒店规模】 2010年，新疆油田公司明园新时代大酒店金座（主楼）设有6种房型的客房208间（行政套、豪华套、观景套、蜜月套、单、双标间）；餐饮部设有中、清、西3个餐厅，约600个餐位；有空间良好的多功能厅、宴会厅，可同时容纳500人会议；康乐健身设施中有乌鲁木齐酒店最好的国际标准短池游泳馆、保龄球馆、健身中心；有夜总会、桑拿、美容美发、棋牌室；有商务中心、旅行社、精品店等。8月，金座停业装修改造。6月26日，明园新时代大酒店银座开业。银座楼高19层，拥有客房、餐饮、会议、康乐、娱乐等设施，功能完善，设施齐备。整体装修豪华气派，高雅赏目，舒适温馨，为宾客营造家的氛围。银座客房237间，其中大家庭房11间，小家庭房12间，双标178间，单标36间。餐饮有中、清、食街3个餐厅，10个豪华包间，2个50~100人的会议、宴会场所，餐饮区域同时能够容纳500多人用餐。康体娱乐设施有健身房、乒乓球馆、高尔夫球馆、羽毛球馆、KTV 会所。酒店银座投资千万元打造新疆智能化商务国际酒店品牌,成为首家实现数字化管理的酒店。明园石油宾馆由 A、B、C 三栋楼组成,设有 4 种房型的客房 142 间(套间、单人间、标准间、三人间);餐饮设有汉餐和民餐 2 个餐厅,约 170 个餐位;会议室 3 个,其中 A 楼可容纳约 30 人,B 楼可容纳约 40 人,C 楼可容纳约 120 人的会议。

(曹玉珍)

【经营业绩】 2010 年,新疆油田公司明园新时代大酒店强化经营管理和接待服务工作,取得显著成效。全年实现收入 4 601.1万元,比上年增长 35.2%,其中酒店实现收入3 624.2万元,完成预算指标的 102.6%,石油宾馆实现收入 976.9 万元。整体成本费用支出11 964.1 万元,其中酒店10 065.9 万元,石油宾馆 1 552.8万元,接待科 345.4 万元。"五项费用"完成控制指标的 99.6%,全面完成各项计划经营任务。(曹玉珍)

【接待服务】 2010 年,新疆油田公司明园新时代大酒店始终坚持接待无小事的工作理念,提出"程序、网络、信息"6 字方针,把个性化、差异化、人性化服务融入接待工作之中,强化接待服务职能,规范接待工作流程,组建 VIP 接待礼仪小组,实行 VIP 专人服务制度,制定《VIP 礼仪小组管理办法》,强化接待小组的统一、协调和规范。坚持重大接待召开协调会和总结会制度,完善接待服务、政务联络网络,建立覆盖全区的旅游接待网络。全年完成集团公司总经理蒋洁敏、全国政协社会和法制委员会调研组张俊九主任等 21 次重大 VIP 接待任务。完成机场接送任务 667 次,共计4 121 人次,火车接送 280 人次。办理机票1 790 张,火车票2 336张。(曹玉珍)

【营销管理】 2010 年,新疆油田公司明园新时代大酒店深入分析和研究市场动态,做好市场细分工作,针对不同客源市场,制定不同营销措施,拓宽客源市场,强化市场竞争意识。与 20 多家网络订房公司建立合作关系,逐步建立完善国内营销网络。对集团公司驻疆 20 多家企业进行拜访和回访,接待油田内部会议、团队 60 多个。接待外部市场会议 240 个,团队 181 个,网络订房共计1 460 个间夜,创客源份额增加历史最高水平。全年新开发会员 65 位,比上年增长 10%,续卡会员 40 位,会员消费总额 320 万元。(曹玉珍)

【财务管理】 2010 年,新疆油田公司明园新时代大酒店推行总体预算、部门预算两级控制制度,每月召开经营分析会,做好预算指标完成跟踪分析,严格执行季度考核制度。加强资产管理,严抓收货与库房管理,规范出入库手续,完善报废处置及购置程序。全面落实银座固定资产的盘点清查,划分保管部门责任,建立台账资料,按程序处置主楼固定资产、低值易耗品。加强资金管理,落实资金授权分级管理制度,建立预算内资金支出责任人审批制度,坚持预算外资金支出责任人限额审批制度,严格控制预算外支出,做到所有资金支出受控,提高资金流动效能。财务管理工作连续 4 年获新疆油田公司财务管理工作三等奖。

(曹玉珍)

【成本管理】 2010 年,新疆油田公司明园新时代大酒店坚持成本卡管理制度,严格控制客房成本率、餐饮成本率、销售成本率,做到及时分析超支原因,调整控制重点。加强能耗成本控制,制定能耗控制指标,与部门签订经营管理责任书,强化节能考核力度。强化人力资源配置,提升人工成本控制能力。进一步优化组织结构和人员配置方案,科学规范酒店机构编制。在银座开荒、金银座并行 2 个月及金座停业搬迁阶段,采用工作量外包、合理调配人员等用工方式,保证接待服务任务的完成,有效控制劳动用工,降低人工成本。严格控制接待费用,规范内部接待宴请、折扣权限控制等管理办法,有效控制接待费用的支出。严格控制"五项费用"支出,确保年度五项费用控制目标的实现。(曹玉珍)

【人力资源管理】 2010 年,新疆油田公司明园新时代大酒店认真做好人力资源管理工作,确保酒店正常运行。一是抓好招聘工作。酒店严格执行按编制用工、按标准用人的原则,拓宽招聘渠道,最大限度满足岗位用人。与独山子职业技术学院、石河子职业技术学院等 5 家学校签订校企合作协议。二是抓好员工培训。严格执行三级培训制度,开展形体礼仪、安全教育、实用英语、岗位交叉、酒管系统操作、工作规范培训等多方面培训任务,完成培训项目 21 个,培训员工3 076人次。与克拉玛依职业技术学院等院校建立培训合作基地。三是抓好员工考核。完善《明园新时代大酒店年度全员综合考评方案》,根据岗位、级别设定考核内容,以管理能力测评与专业技能相结合作为考核综合成绩,真正做到优胜劣汰,达到促进员工素质提升,改进工作质量,提高服务水平的目的。为推进酒店基础管理建设,推进培训体系的建立工作,通过体系的建立,强化培训管理工作,增强指导科学发展的能力。

(曹玉珍)

【质量管理】 2010 年,新疆油田公司明园新时代大酒店以狠抓质量这个生命线为重点,认真落实质量管理工作,制定质量提升年活动总体计划和方案,开展形式多样的质量主题活动,坚持星级标准的灌输与学习,把质量管理工作切实纳入部门的日常管理工作中。8 月,以理念创新、服务创新、产品创新为主题,开展第五个优质服务月活动,让宾客体验到酒店的新面貌、新气象、新起色。推进质量体系建立工作,开展 QC 小组活动,完成 QC 课题 44 个,有效促进质量工作的不断提高。酒店入住顾客满意率 99.21%,比上年提高 1.06%。全年涌现出拾金不昧的员工 45 人次,捡到宾客遗失物品 46 件,金额 14 万元。(曹玉珍)

【安全管理】 2010 年,新疆油田公司明园新时代大酒店按照"环保优先、安全第一、质量至上、以人为本"的工作方针,围绕新疆油田公司第十个安全环保年的总体工作目标,深入贯彻集团公司反违章禁令和"反三违"工作,深化"五会"达标,推进"四无班组"建设。全面开展"五交底"工作,狠抓责任落实,夯实安全环保基础,进一步提升安全环保管理水平。开展新入职员工安全教育培训 83 人次,开展全员风险防控体系及消防安全知识培训 340 人次。连续第 5 年被评为新疆油田公司安全生产先进单位。

(曹玉珍)

【企业管理】 2010 年,新疆油田公司明园新时代大酒店编制完成明园新时代大酒店(乌鲁木齐办事处)"十二五"发展规划纲要。依照优化流程、提高效率、适应市场、和谐有序的管理方针,修订完善《员工手册》、《酒店 2010 年度考核细则》、《酒店公务接待管理办法》等10多项规章制度，制定《培训管理办法》、《招聘管理办法》、《会员管理办法》、《质量管理办法》等9项规章制度。（曹玉珍）

【党建工作】 2010年，新疆油田公司明园新时代大酒店认真抓好党建工作，取得好的效果。一是坚持中心组学习制度。全年组织党员领导干部集中学习10次，组织观看电教片1次，组织学习交流2次，累计学习时间50多小时。二是坚持抓好党支部建设。选派1名党支部书记参加市油田公司党委组织部举办的党支部书记培训班。全年召开支部书记例会8次，组织支部成员专题业务学习2次，创作板报4期。三是认真落实党员学习教育培训制度。组织党员参加酒店各类培训136人次。3月，组织17名申请入党的人员参加新疆石油培训中心举办的第27期入党积极分子培训班。四是开展民主评议党员工作。酒店参加评议党员51人，评议率100%。五是召开七一总结表彰大会，表彰1个优秀党支部和6名优秀党员。六是重视党员发展，制定发展计划，完善工作程序，提高发展质量。全年培养入党积极分子4名，发展新党员8名，1名预备党员按期转正。（曹玉珍）

驻外机构

市政府驻乌鲁木齐办事处

【领导名单】

主任：石刚

副主任：王军燕

【基本情况】 2010年，克拉玛依市政府驻乌鲁木齐办事处进行机构调整。将原宾馆更名为克拉玛依大厦，重新调整办事处机构和克拉玛依大厦部门框架。办事处设8部1室。分别为总经理办公室、财务部、餐饮部、人力资源部、前厅部、客房部、工程部、安保部、质检部。由办事处副主任兼任克拉玛依大厦总经理。下设常务副总经理和副总经理。在册职工19人，借调政府机关车队司机2人，外聘员工140多人。大厦有南北2栋楼，分别按三星和四星级标准装修配置，有125间不同类型客房。其中北楼客房有豪华A套房1间、豪华B套房1间、行政套房4间、普通套房8间、单人标准间25间、双人标准间36间。南楼客房有普通套房10间、单人标准间23间、双人标准间17间。客房内设独立可调式空调、数字互动电视、互联网、国内长途电话。大厦北楼一层设有可提供80人同时就餐的自助餐饮服务区，二层设有8个装修典雅、风格各异的包厢，一个可容纳80多人的多功能厅。商务中心可提供打字、复印、收发传真业务。大厦北楼地下停车场有40辆停车位，并设有自助洗车服务。（杨国华）

【制度建设】 2010年，克拉玛依市政府驻乌鲁木齐办事处进一步完善管理制度。一是抓管理制度的完善，重新逐一梳理原宾馆以往出台的《管理制度》、《管理条例》、《奖惩制度》、《服务操作规范》等规章制度，对不适应的规章制度进行有针对性的完善修改。重新修订和完善《岗位工作操作规程》、《财务管理制度》、《值班人员工作职责》、《采购工作制度》等一系列规范性制度245项，使其在执行操作中有章可循，有规可依。二是在各部门工作信息及宾客满意度反馈的基础上，及时调整服务工作中出现的问题。在健全各项规章制度的基础上，狠抓制度的落实和实施，推动和鼓舞广大员工遵章守纪，加强自身学习，提高业务技能。经过制度的实施，转变部分员工浮躁、散漫的工作作风，员工的精神面貌有较大的改观。三是针对工作存在的问题，加强制度建设的检查和落实，规范操作程序。克拉玛依大厦结合实际编制《克拉玛依大厦员工手册》，发放到每位入店员工的手中，使其明确自己的权利和义务，用规章制度约束自己的行为。四是办事处大厦特聘请翼龙酒店各部门经理到大厦进行为期半年一对一、面对面的工作指导，力争使大厦各岗位领导的管理能力尽早达到星级酒店的要求和标准。五是推出早例会制度、经理值班制度、部门工作日志等一系列新的规章制度，规范工作程序，提升工作水平。（杨国华）

【接待服务】 2010年，克拉玛依市政府驻乌鲁木齐办事处努力做好接待服务工作，完成市政府赋予的各项任务。克拉玛依大厦自4月试运营以来，到年底接待市政府各级领导和工作人员13 892人次，接待市财政局会计人员培训班4期，接待克拉玛依区、市卫生局、市旅游局、自治区财政厅、华澳公司会议10多次，接待会议人员2 133人。（杨国华）

【政务联络】 2010年，克拉玛依市政府驻乌鲁木齐办事处进一步抓好政务联络工作。4月26日至12月31日，办事处利用克拉玛依大厦平台，与自治区党委办公厅、自治区人民政府、自治区党委宣传部、自治区党委组织部、自治区财政厅、自治区卫生厅、自治区建设厅、自治区交通厅、自治区教育厅、自治区旅游局等建立政务联络关系。工作中协助市政府各部门，做好与自治区各厅、委、办的工作联系。协助市经贸委做好第十九届乌洽会代表团预备会接待工作。先后3次协助市政府和市信访局做好克拉玛依市有关人员上访劝返工作。在劝返工作中，及时向市政府和市信访局汇报情况，安排专人、专车，腾出客房用于信访服务。日常工作中加强与驻地政府的工作联系，自觉接受当地政府部门的工作指导，遵守驻地政府的工作要求，做好年度驻乌鲁木齐机构备案审查和劳动年检审验工作。（杨国华）

【大厦开工】 2010年初，克拉玛依市政府驻乌鲁木齐办事处大厦2栋楼装修工程陆续收尾，开工准备阶段全面启动。为使开工工作有序开展，办事处、大厦领导根据工程进度和工程区域进行分配，以工程、客房和餐饮3部分进行合理安排，确保开工按时完工。办事处大厦南、北楼相继交工后，办事处在短时间内完成125间客房、8个餐饮包厢、会议室、员工餐厅、大堂及公共区域的卫生清洁及物品摆放，对所有装修施工遗留问题逐一进行检修和排查，调试安装机器设备，按市政府要求完成开工任务。（杨国华）

【设施配置】 2010年初，克拉玛依市政府驻乌鲁木齐办事处在新老楼基本建设和内外装修完成后，抓紧事件进行各项内部配置。为尽早投入运营，办事处领导班子进行6次专题研究，细化配置方案。配合市政府采购中心，利用3个多月事件，按照专业先行、合理配置、适当超前的原则进行物品配置。完成125间客房、8个包厢及公共区域共计13大类2 000多个物品、总额900多万元的配置任务。4月6日，大厦南楼具备运营条件。5月2日，大厦北楼投入运营。（杨国华）

【员工招聘】 2010年初，克拉玛依市政府驻乌鲁木齐办事处认真做好人员招聘工作。一是利用乌鲁木齐晚报，加大宣传力度。悬挂招聘广告，尽可能让更多的人知道克拉玛依大厦的招聘事宜。二是与克拉玛依职业技术学院联系，招聘适合办事处、大厦各岗位有用人才。三是由人力资源部具体负责招聘工作，认真了解应聘人员的基本情况，按照大厦要求严格把关。四是组织体检，确保受聘人员身体健康，避免传染病人的进入。五是组织新聘人员到翼龙大酒店进行正规化的岗前业务培训，使新聘人员初步掌握规定岗位的业务知识和基本技能。招聘各岗位员工150多人。（杨国华）

【员工培训】 2010年初，克拉玛依市政府驻乌鲁木齐办事处在大厦开业之前就对所有招聘员工进行规范化的培训和系统的理论授课，组织人员到星级酒店进行全方位培训和实习。一是根据工作特点，先后进行《消防知识和消防实际操作》、《客房业务操作》、《安全管理》、《早、夜班工作程序》、《餐饮业务》、《客房清洁程序》、《员工手册》等内容的培训。二是采取请进来、走出去的方法，对所有到岗人员，分批、分期输送到翼龙酒店进行理论知识、专业技能和岗位技能等全方位培训。三是采取跟班学习、岗位培训，每位入职员工接受为期30天的实地培训，对新进员工快速掌握岗位技能起很好的作用，使员工较快掌握岗位操作技能。四是聘请岗位专业人员，对办事处员工进行消防、服务、岗位技能培训。全年累积培训员工2 000多人次。（杨国华）

【财务管理】 2010年，克拉玛依市政府驻乌鲁木齐办事处严格财务和物资采购制度，采取集中采购和集体采购方法，坚持公开、公正、透明的工作程序，坚决杜绝利用工作之便行不正之风。对所有需要采购的物品，采取由使用部门填报采购申请单，领导审批后方可联系采购，并保证采购物品保质、保量、价优并及时到位。建立完整的出、入库手续，对所有采购到位的物品，由使用部门、保管、采购三方人员参加对物质逐笔登记、核对、入库。实行办公物品统一购买，各部门根据工作需要，统一领用，在资金使用过程中，遵循取之合法，使用合理，开源节流，讲求效益，内部有序，责任到人的原则，实行财务预审制度，日常报销、物品采购，均由大厦领导预审，再由办事处主管领导集中审核、签字报销。明确职责权限，建立大厦财务管理体系，增设日审，应收应付，成本核算，对各级库房物质，使用软件进行管理，每日清盘。做到对每项工作、每个工作环节都有章可循、有规可依，使财务管理工作进一步规范化、制度化。（杨国华）

【服务管理】 2010年，克拉玛依市政府驻乌鲁木齐办事处引入星级酒店管理模式，高起点、高标准、严管理。一是抓住卫生质量不放松。严格执行月计划、周计划卫生要求，认真落实逐级查房制度，遇到重大接待任务部门负责人采取现场走动管理，营造温馨舒适的住房环境。二是抓礼貌问候服务不放松。不管是何时何地，不管是对宾客，还是领导、同事，均以个性化服务满足宾客的需求。三是抓节能降耗不放松。加强对易耗品管理，降低损耗。四是定期对各岗位员工进行评优工作。充分发挥员工的工作积极性，对在工作有突出表现的，大厦给予派出学习、考察的机会，实施有效奖励机制，提供良好的发展空间，聘请管理专业精英，专业指导大厦各岗位工作，提升大厦专业管理人员工作能力和管理水平。（杨国华）

【安全管理】 2010年，克拉玛依市政府驻乌鲁木齐办事处进一步强化安全保卫与管理工作，取得好的效果。一是制定安全规章制度。先后出台《消防安全管理制度》、《门卫值班管理制度》、《客人登记入住制度》、《日常安全巡检制度》、《消防设施维修保养制度》、《安全生产奖励制度》、《安全生产目标管理制度》等，要求全体人员严格执行。二是抓好制度落实工作。办事处与各科室、各部门签订内部治安保卫工作责任书，规范工作程序，定期检查、总结、考评和奖惩，将平安建设落到实处。三是建立安全责任联系制度。办事处与当地政府、派出所沟通，并根据乌鲁木齐市消防大队的要求，建立消防宣传和教育培训制度。聘请消防部门专业人员，培训办事处全体员工的消防知识和消防技术操作规程，组织办事处全体员工进行消防演练，建立消防巡查制度，在办事处院内醒目位置张贴消防知识宣传画，开辟消防知识宣传栏。12月，由自治区市旅游局、自治区消防总队、伊犁州消防支队、乌鲁木齐晨报及乌鲁木齐电视台组成的联合消防检查，对办事处进行全方位消防安全检查，检查联合检查组对大厦的消防设施设备的配备给予高度评价。办事处和大厦全年无发生刑事案件、治安案件和安全事故。大厦被评为消防安全先进单位。（杨国华）

市政府驻北京联络处

【领导名单】

党工委书记、主任：邢业军

党工委副书记：刘渭

副主任：张元明、纪莉丽、傅士然

【基本情况】 2010年，克拉玛依市驻北京联络处内设机构3个：行政办公室（含财务业务）、接待科、后勤总务安全保卫科，级别均为正科级。人员构成情况：副处级1名，正科级2名，副科1名，行政编制4名，事业编制3名，工勤人员2名；联络处下设宾馆，为自收自支的事业单位，经理、副经理都是兼职。服务人员由宾馆根据工作需要和财力情况自行聘用。主要承担克拉玛依市在北京举办的各种会议、人员公务出差、群众旅游、看病等接待服务工作；保持与北京相关部门和周边地区的政务联络以及与克拉玛依市相关部门的业务联系；做好办事处国有资产的经营与管理工作；完成市政府下达的各项工作任务。（秦　芳）

【经营业绩】 2010年，克拉玛依市驻北京联络处完成各项经营工作。全年实现各项收入523万元，客房出租率55.1%。（秦　芳）

【经营管理】 2010年，联络处召开全体职员工工作会议，部署全年工作安排，与各部门签订任务指标，落实工作任务。宾馆根据联络处的要求，制定全年工作计划和各部门的目标责任制，提出指导各项工作开展的总体工作思路。宾馆经理与各部门经理及主管、领班在创收、创利、创优上出主意，想办法。一是调整销售方案、拓宽销售渠道等相关经营措施，在原有协议公司、网络订房、上门散客仅3条自然销售渠道的基础上进行业务拓展，增加会议、团队等渠道，并按各渠道客源点占宾馆总客源的比例，相应的按比例分解指标，明显促进销售业绩的提升。二是根据销售方案，联络处所属单位全面实行全员经营目标责任制，将任务目标层层落实到各部门，做到责权利分明，任务落实到人。深入了解市场的基础上，结合联络处房源情况，广泛开拓市场，从旅行社到社会团体到会议用房，与新老客户建立广泛的业务关系，尽量保住客源不断。前厅宾馆的门面、窗口，除充分利用宾馆给予的政策，加大促销力度外，还特别重视塑造宾馆的窗口形象，合理销控房间，保证宾馆利益最大化。客房部根据宾馆要求，建立晨会制度，对当日的工作进行布置，提高服务水准。服务人员提倡微笑服务，文明用语。坚持勤打扫、勤清洗、勤整理，保持环境整洁、优美、舒适。三是在减少亏损方面，做到在提高经济收入的同时努力降低消耗成本；在减员增效上，要求各部门严格核算工作量，能少用1人就绝不多用1人。教育职员工树立节水节电节能源意识，由于重视抓成本控制，抓增收节支，虽然在多项限制的不利因素下，全体职员工努力工作，开源节流，经营收入维持常年水平。四是宾馆餐饮部对服务员工严格要求，热情服务，餐厅厨师认真钻研烹饪技术，在熟悉各类菜肴制作的同时，突出地方菜系的特色，保证饭菜的可口和营养。为广开客源，开拓市场，餐厅开展系列营销活动。五是在接待方面，根据接待对象，调整菜谱，调整风味，从做工上、火候上能够尽可能使领导和宾客们满意。对待病人，根据病人的病情，安排不同口味的病号饭。（秦　芳）

【政务联络】 2010年，克拉玛依市驻北京联络处加大开展政务工作的力度，配合克拉玛依市各委办局，各区政府做好各项工作。一是联络处协助市旅游局完成红色旅游推介会的筹备与组织工作，在社会公众面前树立新中国石油长子的良好社会形象。二是联络处配合市财政局加强同中国保监会，中国石油昆仑银行、中油财保及中燃油、中燃气等部门的联系，通过走访，热情服务，建立起顺畅的沟通渠道，为项目的落地打下较好基础。三是联络处配合市财政局在北京开展相关公务活动，大力宣传克拉玛依油田在加速发展新疆经济中的重要作用，得到国家财政部税政主管部门的认可与支持。四是联络处保持同自治区财政厅、发计委、国资委、信访局、民宗委等部门的联络关系，确保这些部门在北京各项公务工作的顺利进行。六是做好上访人员的管理和劝返工作。2010年经过清理整顿而保留的各地驻北京办事处工作职能的一项重要任务就是代表派出地政府在首都行使维稳职责，为做好这部分人的工作，联络处和市信访局保持畅通的联络渠道，及时掌握这部分人的基本动态，把工作关口前移，遇到有上访人来北京的通知，立即同工委取得联系，工作中分工不分家，不推脱，不扯皮，始终维护政府良好的窗口形象。在对待进北京上访人员方面，正确区分问题性质，做到接访询情讲工作方法，劝返接待讲艺术水平，努力做到不激化矛盾。全年未发生1起非法上访事件，工作受到自治区信访局的高度肯定。七是在做好政府信息采集方面，联络处加强信息采集的力度，扩大信息源，努力做到采集的信息有较高参考价值，较好完成了2010年上报信息目标。（秦　芳）

【接待服务】 2010年，克拉玛依市驻北京联络处在确保为各级领导公务活动提供服务的同时，也为克拉玛依市人民来北京学习、旅游、就医、办事等提供优良服务。在寒暑假，通过各种渠道，安排专人，寻找票源，使学生顺利返疆。克拉玛依市来京看病的市民很多，有的身患重病，需要长时期在北京治疗。联络处除安排好他们的食宿、用车，还安排专人负责他们与医院的联络工作，及时解决他们在治疗期间的实际问题。联络处办公室对每次来北京看病人员都与油田驻京办医疗协调科联系，对重病人员需要安排陪护的、需要送饭的都想尽办法为他们去做。联络处的司机们在治疗上、生活上处处关心他们，使病人能在京安心治疗，病人和病人亲属对联络处的服务十分满意。全年接待宾客18 484人次，预订飞机票106张、火车票228张。（秦　芳）

【内部管理】 2010年，克拉玛依市驻北京联络处加强队伍的整体管理，提高队伍的全心全意为人民服务的意识，教育职工要有爱心，乐于奉献的精神。一是进一步完善制度化和规范化建设。强化责任管理，建立健全岗位责任制，以此充分调动职工积极性，做到奖惩分明，激发职工干劲。二是加强安全管理。始终秉承安全第一，预防为主的理念，要求职工深入学习安全防范知识，增强安全防范意识。针对上海大火案件，联络处结合本单位实际，动员职工对车辆、消防设施、水、电、气等方面进行全方位排查，消除隐患，加强员工特殊岗位持证培训，保障经营工作安全运行。三是稳定员工队伍。联络处领导从关心职员工的生活入手，每逢节假日餐厅给职员工在饮食上进行改善，员工的队伍进一步团结和稳定，使联络处的工作进入良性循环状态。联络处全年没有发生安全责任事故。（秦　芳）

市政府驻
上海联络处

【领导名单】

党工委书记、主任：胡金修

副主任：刘亚旭

【基本情况】 2010年，克拉玛依市政府驻上海联络处内设行政办公室、宾馆、物业公司、财务室。有职工8人（借调1人），实有占编人员7人，其中联络处副主任1人，科长2人，主任科员1人（正科级），科员2人，工勤人员1人，另聘用服务人员20人。主要承担克拉玛依市在上海举办的各种会议、人员公务出差、群众旅游、看病等接待服务工作，完成市政府下达的各项工作任务。（王志杰）

【接待服务】 2010年，克拉玛依市政府驻上海联络处以世博服务保障为重点，狠抓责任落实，科学统筹、细致谋划，在人员少、任务重、事务繁多的情况下，开展大量富有成效的工作，完成市政府下达的各项工作任务。自5月28日酒店公寓试运营至世博结束，联络处全年收支平衡，接待来沪人员6 265人次，其中政府团队65批，散客2 837人次，接待人次创联络处成立以来之最。为做好世博会期间的筹备工作，联络处精心筹划、全面部署世博会接待服务工作。年初，召开专题会议，统一思想认识，在明确职责要求、人员分工，建立工作机制等方面做了细致安排，精心筹划世博会接待应对措施，主动加强与市人大、政协、市区两级政府及委办局的持续联络，及时掌握来沪需求信息，提前做好接待准备工作。在世博接待服务工作中，联络处尽可能为每一批来宾提供住宿、餐饮、票证、游园、交通等方面的服务，确保各项接待任务的完成。（王志杰）

【大楼装修收尾】 克拉玛依市政府驻上海联络处大楼装修工程是跨年度工程。工程于2010年7月竣工，为确保世博会期间的正常接待使用，该项目于3月初提前复工，如期完成一层餐厅、天井和酒店公寓大堂的装修工作，完成空调及热水的调试工作，完成弱电门禁、门铃、网络和相关软件的安装及培训工作。联络处项目组成人员在代建单位组织下，对此次装修内容进行多次细致、全面的验收，对空调及热水系统进行多次调试和试行，对接待用房的网络、门禁和酒店管理软件等内容进行多次测试和完善，力求提高装修质量，满足各项使用功能，达到宾客入住的接待要求。在项目的投资控制方面，联络处本着节约成本，总价控制的原则，对用量多的装修材料进行市场询价和调研，多家比选材料规格和价格，力争选购性价比高的设备和材料。（王志杰）

【酒店公寓运营前期筹备】 2010年，克拉玛依市政府驻上海联络处认真做好酒店公寓运营前期筹备工作，取得预期效果。开展各类采购活动，对各类设备、用品、材料进行选样、选型、比值比价，签订合约，保证各项支出在财政预算范围内。在供货商的选定上，采取多家单位报价、筛选，严格坚持平等竞争、诚实信用的原则，开展资格审查，市场调研，实地考察，小组审议，举手表决的工作程序。项目组在酒店管理软件供应商的选择上，一是详细了解兄弟办事处软件使用的品牌、效果、价格。二是对计划竞争的供应商及软件分别摸底，了解所提供的管理软件在上海各酒店的使用及售后服务情况。三是在投标会上请专业的酒店管理人员对管理软件的展示打分并提出意见。四是实行二次报价，要求供应商报出最低出售价格及服务承诺。五是组织项目组成员审议汇总的供应商软件情况，举手表决，通过采取的一系列措施，购买的管理软件从最初的报价5.9万元降到2.5万元，仅此一项就节省3.4万元。（王志杰）

【酒店运营管理】 2010年，克拉玛依市政府驻上海联络处确立酒店公寓经营管理模式，分步有序进行人员招聘，做好人员培训工作。一是联络处为规避经营风险，经多方咨询，确立以所属物业公司作为酒店公寓的管理主体进行经营管理。结合酒店公寓特点，搭建组织架构，确立酒店公寓编制，制定人员工资标准体系。二是在人员的招聘上，为确保各项工作高效进行，节约控制人力成本，采取分步有序，逐步到位的办法进行人员的招聘。对于职位缺口较大的部门，采取多种的招聘方法来尽快补足，除人才市场招聘、劳动力市场招聘外，还通过酒店业渠道在专业酒店人才网上发布搜寻招聘信息，请劳动职业介绍所帮忙发布信息和推荐人员，通过同行协助寻找和推荐酒店公寓所需的人才等方式落实入职员工。三是为保障酒店公寓试营业的顺利运营，联络处着手对所有入店员工开展为期15天的系统培训，培训内容涉及克拉玛依城市概况介绍，酒店公寓软件和硬件的介绍、酒店公寓的仪容仪表规范、礼貌礼仪的重要性、个人素养、职业道德、消防安全知识及全员销售技巧等，不仅从全方位加强员工对克拉玛依城市及酒店公寓的认识和知识面的拓展，也大大提高了员工的工作积极性。四是完成酒店公寓的建章立制。联络处适应工作形势变化，边工作、边探索、边完善，经过近半年的努力，制定切实可行的比较完整的酒店公寓管理制度、岗位责任制以及操作流程，保证酒店公寓正常的运转。五是确立市场定位，开展预订工作，保证政府团队入住。联络处在酒店公寓试运行之前，根据对世博的预期判断，确定2010年酒店公寓的市场定位为内部接待，接待对象为克拉玛依群体。专门安排办公室与人大、政协、市区两级政府及委办局开展预订房间工作，确保住宿不发生冲突，最大限度提高房间入住率。（王志杰）

【安全管理】 2010年，克拉玛依市政府驻上海联络处始终坚持安全第一，预防为主的方针，进一步强化安全管理意识。一是严格履行与施工方签订的安全责任书，定期安全检查施工现场。二是对司机定期加强安全行车教育。三是对重点部位的用电、用气实行严格的规范化管理，定期检查。四是对租户的安全用电问题实行严格管理，经常性检查，发现问题及时处理解决。五是强化员工安全防火教育培训工作。全年对酒店设施和大楼施工情况进行10多次安全检查。通过检查，进一步增强施工人员、联络处员工的安全意识，确保大楼装修工程的施工安全、设备设施的正常运行、酒店公寓的正常运营，避免各类安全事故的发生，保证了联络处各项工作的顺利进行。（王志杰）

市政府驻广州办事处

【领导名单】
党工委书记：张文义
主任：肖建国（兼）
副主任：李电

【基本情况】 2010年，克拉玛依市政府驻广州办事处编制1人，有外雇工3人。主要承担克拉玛依市在广州举办的各种会议、人员公务出差、群众旅游、看病等接待服务工作；保持与广州相关部门和周边地区的政务联络以及与克拉玛依市相关部门的业务联系及协调工作；做好办事处国有资产的经营与管理工作；完成市政府下达的各项工作任务，努力促进广州和克拉玛依两地商品、资金、人才、文化、信息、科技、资源的交流与沟通。（李电）

【经营业绩】 2010年，克拉玛依市政府驻广州办事处认真做好经营管理工作，在人员少的情况下，努力完成增收节支任务。全年实现各项收入48.53万元，其中财政补助收入8.15万元，事业收入30.09万元，其他收入10.29万元；事业支出50.77万元，其中公务费支出24.25万元，业务费支出7.62万元，接待费支出18.9万元。上缴财政5.5万元，提取修购基金3万元，固定资产374.6万元。（李电）

【接待服务】 2010年，克拉玛依市政府驻广州办事处克服人少事多等实际困难，以认真负责的工作热情和高度的责任意识，高效的服务理念为克拉玛依市、新疆油田公司到广东地区出差、学习、考察、看病等人员在住宿、饮食、票务出行等方面尽可能提供优质的服务。为克拉玛依市、新疆油田公司项目单位到东南地区考察做好联络牵线工作，先后陪同、协助克拉玛依各区政府、区纪检委、街道办、区委组织部等考察、学习交流广州及周边地区先进经验，陪同克拉玛依市农林牧业局组织的代表团参加2010新疆特色林果产品（广州）交易会，安排接待克拉玛依市体育局等单位组织的广州亚运会观摩团，联系购买门票，策划交通出行等相关事宜。全年接待出差人员700多人次，组织陪同到广州、深圳、珠海、东莞、江门等地考察学习的团体13批、120多人次，其中厅局级领导10多人次，处级领导50多人次，接送火车、飞机630多人次。 （李　电）

【政务联络】 2010年，克拉玛依市政府驻广州办事处围绕克拉玛依市委、市政府中心工作和要求，发挥窗口作用，与广州市协作办及驻穗联谊会加强联系沟通，相互交流，及时宣传克拉玛依的城市形象、石油资源、经济建设、投资环境、城市绿化及优惠政策，提高服务水平。收集广州及周边地区行政改革、经济发展、城市管理、民生工程、亚运成果等相关信息，全年报送信息50条。为配合克拉玛依市人事局关于在全国招聘中小学教师和医护工作人员的通知要求，办事处在南方人才网上依照原文刊登广告，完成市人事局下达的工作任务。 （李　电）

市政府驻青岛办事处

【领导名单】
主任：张建文
副主任：陈新宝

【基本情况】 2010年，克拉玛依市驻青岛办事处有正式职工8人，设有办公室、财务室、接待科和宾馆部4个部门。主要职能是按照克拉玛依市、油田公司党委和市人民政府的要求，做好与当地党政机关的政务联系、经济联系和友好往来等工作。收集、整理和传递重要的政务、经济信息，为克拉玛依市政府决策提供具有较高参考价值的信息，为部门和企业提供信息咨询服务。协助克拉玛依市各部门拓宽人才、技术、劳务、资金等渠道，为招商引资、经济技术协作提供服务。接受克拉玛依市有关部门的委托，在驻在地及临近省、区、市开展有关业务工作，做好有关联络、协调工作。做好公务接待，对办事处财产进行监督管理，保证国有资产保值增值等。 （关　青）

【主要经济指标完成情况】 2010年，克拉玛依市驻青岛办事处实现收入171.19万元，比上年下降1.28%。其中财政补助收入实现264 500元，下降38.42%；客房收入实现560 962.72元，增长40.66%；车队收入实现189 082元，下降43.16%；租房收入实现437 136.98元，增长12.34%；其他收入实现133 190.3元，下降76.76%；营业收入实现127 074.5元，增长100%。全年费用总支出149.04万元，比上年下降6.17%。其中工资及社会保障费支出738 673.2元，增长9%；公务费支出139 665.43元，下降7.1%；业务费支出252 142.5元，下降56.79%；接待费支出156 323.6元，增长16.37%；购置费支出0元，下降100%；营业支出203 545.09元，增长100%。年度收支相抵盈余221 596.68元。 （关　青）

【接待服务】 2010年，克拉玛依市驻青岛办事处多次配合克拉玛依市和油田公司领导与石油大学开展文化交流活动，完成两批油田公司的培训班和会议的接待任务。一是承担为油田公司在青岛调研、考察、学术交流活动提供服务和牵线搭桥的职责。二是负责自治区财政厅和审计厅的领导到青岛市及周边地市进行交流和考察活动，为参加农博会的克拉玛依考察团提供服务。三是完成为克拉玛依在青岛上大学孩子的购买车票及接送任务。全年接待克拉玛依市、油田公司领导以及各单位出差、探亲、看病人员和学生3 269人次，客房入住人数12 328人次。 （关　青）

【政务联络】 2010年，克拉玛依市驻青岛办事处认真发挥窗口作用，保质保量完成信息报送工作。办事处充分发挥信息灵、渠道广的窗口优势，紧紧围绕山东省委、青岛市政府的重点工作，突出驻地特色，安排专人定期收集与经济发展和民生相关的有参考价值的重要信息，同时加强与青岛市政府和各部门的联系，注重对外宣传和信息调研工作，使信息收集和报送及时准确。本年度上报各类信息57篇。 （关　青）

【基础管理】 2010年，克拉玛依市驻青岛办事处认真抓好基础管理工作，取得好的效果。一是开源节流，增加收入，给政府减轻负担。办事处除自主经营宾馆外，还将闲置房予以出租，盘活资产，使有限的资产发挥最大效益。二是提高餐厅效率和人员使用率，在保证提供住客早餐的情况下，利用有效资源，因地制宜开对外早餐，把很多的内部接待用餐和会议用餐承揽下来，既为办事处增加收入，又为客房留住回头客。三是调整思路，稳定队伍。办事处除按当地标准提高薪酬外，还为重点岗位的员工办理社会保险，使员工队伍稳定下来，从而保证宾馆的正常运行。四是完成综合楼改造后的验收工作。对综合楼的空调进行降噪和减排的处理，不仅提升住客的环境质量，符合国家提倡的低碳理念。五是强化安全管理，严格按照当地消防部门的要求，定期请专家举办安全知识讲座，培训相关人员，在出入口和消防栓等处张贴安全标识和安全器具的使用方法，以防紧急情况发生时，顾客能得到安全保护。全年没发生安全责任事故。 （关　青）

新疆油田公司乌鲁木齐明园物业管理中心

【领导名单】
党委书记：姚建国（1月离任）
主任、党委副书记：姚建国（1月任职）
党委书记、副主任：刘辉元（1月任职）
党委副书记、纪委书记、工会主席：许阳
副主任：阳健、吐尔逊·买提尼亚孜

【基本情况】 2010年11月底，新疆油田公司驻乌鲁木齐办事处进行机构调整和重组，将原油田公司驻乌鲁木齐办事处和新油房地产公司、新油建安公司、原燃材料公司一并划归新时代大酒店，办事处更名为乌鲁木齐明园物业管理中心。此前,明园物业管理中心在油田公司整合物业服务业务方面做了大量前期调研工作,将工作重心从做专做优接待服务转向做精做细物业服务,以为民服务、用心服务为宗旨,较好地实现驻区单位和地区居民双满意的工作目标。根据集团公司精神,矿区建设主要行使保障生产、服务生活、维护稳定的职能。按照这一指导思想,油田公司乌鲁木齐明园物业管理中心主要负责明园地区水电气暖的生产生活供应,担负北疆作业区前线职工的基地生活服务,履行明园、王家沟、昌吉油气储运生活片区的物业管理及治安维护,承担明园地区幼儿保教、车辆服务等工作。中心下属明园、王家沟及油气储运昌吉小区,总占地面积60.99万平方米,绿地面积22.78万平方米,绿化覆盖率46.68%。3个小区有住宅楼96栋,平房35栋,居民3 154户。另在乌鲁木齐南郊设有南山农场,占地128.3万平方米,在鄯善县鲁克沁镇设有沙疗所,占地12万平方米。中心机关下设9个职能科室:党政办公室、纪委、工会、财务科、组织人事劳资科、安全科、生产基建科、企业管理科、计划科和3个附属机构:宣传教育培训中心、成本中心、租赁服务部。下属8家基层单位:水电暖供应公司、生活服务公司、明园物业服务公司、王家沟物业服务公司、小车队、幼儿园、治安中心、鄯善沙疗所。有员工425人,其中合同化员工337人,市场化员工88人,工作量外包人员400人,再就业人员227人,合计1 052人。 (徐紫钰)

【**预算指标完成情况**】 2010年,油田公司乌鲁木齐明园物业管理中心以建设和谐平安家园为统领,大力提升服务保障能力和业务发展能力,经营管理平稳运行,基础建设扎实推进,地区环境日趋和谐,安全稳定成效显著,各项业务取得新的发展。全年中心实现收入4 868.94万元,成本费用净支出9 573万元(含矿管维修费1 945.51万元),经油田公司和矿区事业部考核,完成各项预算指标。五项费用支出211.75万元,完成控制指标。全年落实矿管投资、维修计划3 427万元(不含自有维修计划)。其中矿管投资1 173万元,矿管维修2 254万元。

(徐紫钰)

【**主要工作量完成情况**】 2010年,油田公司乌鲁木齐明园物业管理中心供热总面积75.6万平方米,全年二次转供水58万立方米,二次转供电1 719万千瓦时,供应蒸汽16万吨,供应生活热水4万立方米;为北疆8个作业区2 100名油田员工提供生活服务;幼儿年均在册163人;生产和公务用车安全行驶4万小时,行程61万千米;物业管理面积21.31万平方米,栽种花草2.6万株,清除杂草18.8万平方米,绿地维护2.6万平方米,卫生清扫面积5 386万平方米,清运垃圾4 442吨;"一站式"服务接报维修509次,入户调查2 550户,业主满意率93.08%;小区治安协管巡检1.8万次,车辆登记检查9.9万车次;接待群众上访50多人次,结案率98%。 (徐紫钰)

【**经营管理**】

成本控制 2010年,油田公司乌鲁木齐明园物业管理中心编制下达2010年实施预算,重点压缩非生产性支出,全面实施预算动态管理,完成2010年经营指标测算和财务预算编制及3年滚动财务预算测定。按月度、季度、半年和年度跟踪、检查、通报和考核所属单位预算执行情况。建立健全财务管理、内部审计和财务公开制度,系统梳理经营活动全过程,严格按资金审批程序规范资金运作。解困扭亏工作取得明显成效,重点在执行政策和减少费用支出方面有效应对,合理规避涉税风险。推进水电气暖和物业服务收费制度改革,进行"四到户"改造的前期规划。法律事务、审计监督和效能监察不断深入,市场准入和资质审查制度有效落实,财务预算信息系统得到建立,差旅费等实现网上报销,合同信息系统全面推广使用。

管理规范 中心规范管理年活动有序推进,规章制度和内控体系稳步实施,组织开展集团公司12项标准和矿区25项标准宣贯培训和内控手册执行情况的自我测试,对工程结算相关流程和19个关键控制点进行自查。调整科室绩效考核管理职能,进一步完善符合物业服务特点的绩效考评体系。节约挖潜、降本增效活动贯穿全年,申报挖潜项目19项,挖潜金额483.47万元,水电暖供应公司被评为乌鲁木齐市节能减排先进单位、供热行业先进单位。

计划投资 中心加强工程项目预算审核的监督审查力度,全年上报预审项目87项,投资管理逐步具备前瞻性,投资预算更加及时准确。加强工程质量、进度、安全及文明施工管理,着重加强对隐蔽工程和关键工序的控制。根据属地管理的要求引进质量监督机制,办理工程质量监督手续,成立工程项目组,坚持工程项目开工前施工组织方案和HSE方案审核,坚持每周项目组例会制度,落实项目负责人及现场代表,及时掌握工程进度,发现问题立即督促整改,确保各项工程按计划完工。

运行控制 中心建立生产调度网络系统模式,严格实行所属单位生产运行信息周报制度,实现生产运行动态管控。加强设备管理,严格按照设备管理办法及基础管理考核要求进行督促检查,定期进行资产清查,按程序申请报废处置设备50项,办理车辆过户手续22个,提高了设备使用率。 (徐紫钰)

【**基础建设**】 2010年,油田公司乌鲁木齐明园物业管理中心以消除隐患、完善功能、改变面貌为目标,加大民生工程投入,相继完成明园内外小区环境改造、篮球场和网球场改造、垃圾站改造、明园地区排水管网维修、住宅楼进户暖气管线维修、明园锅炉房连廊改造、明园、王家沟和昌吉小区监控系统安装、3栋住宅楼抗震加固、11栋外墙保温、6栋屋面维修、24栋钢窗更换、幼儿园消防通道维修和电路维修、鄯疗所维修等工程,开展明园地区锅炉房煤改气工程前期工作。特别是克服施工周期短、审批环节多、施工力量紧缺、现场监管难度大等因素,投资872万元,完成明园地区天然气入户工程,使地区1 617户居民用上天然气。

(徐紫钰)

【**物业服务**】 2010年,油田公司乌鲁木齐明园物业管理中心在推广集团公司12项标准和矿区25项标准的基础上,完成8项物业服务制度的编制工作,完善保洁工作检查考核、物业管理信息周报、居民代表联系会议等制度,解决员工工作干什么、标准是什么、怎么能干好的问题;开展矿区物业及公用设施管理子系统的推广运用,物业服务的基础更加扎实;有效发挥小区大管家的作用,对小区施工单位坚持执行《施工临时用电、用水协议》和《小区文明施工协议》,规范用水、用电和施工现场管理;做好居民宣传解释工作,完成多项入户调查任务,在物业费收缴工作中努力克服困难,完成年度下达的收入指标;不断改进和完善"一站式"服务内容,建立孤寡老人联系卡和70岁以上老人住户管理台账,为地区居民解难事、办好事。(徐紫钰)

【和谐企业建设】 2010年,油田公司乌鲁木齐明园物业管理中心班子建设持续巩固,文体活动丰富多彩,企业文化建设彰显成果。行政监察力度不断加大,民主法制建设逐步完善,群众知情、参与和监督管理企业重大事项的渠道不断拓宽。企业发展成果惠及广大员工,在岗员工体检522人,女工体检193人,女工特殊疾病保险207人,员工健康疗养133人,在职职工、退岗家属和再就业人员生活待遇均有所提高;投入近13万元落实扶贫帮困、送温暖机制,退岗家属待遇等一批历史遗留问题得到相应解决;坚持开展平安创建、文明创建活动,连续21年保持自治区级文明单位称号。中心开展第五届职工技能竞赛活动,全年累计举办各类培训班15期、培训员工457人次,派外学习253人次,队伍素质逐年提升。发挥门户网站、新闻宣传栏、企业简报等宣传阵地作用,完成明园物管中心"十一五"工作成果展的制作,拍摄专题片2部,报纸专刊1期,上报稿件638篇,明园物管中心被评为矿区事业部"十一五"成果展示先进单位。(徐紫钰)

【安全管理】 2010年,油田公司乌鲁木齐明园物业管理中心进一步强化安全管理工作,"五会"达标、"六条禁令"、"反违章"、"四无"班组创建等内容得到贯彻落实,并成为广大员工的自觉行动;"两书一表"的执行、安全生产互检工作的落实推动HSE管理体系的进一步实施,有感领导、直线责任、属地管理得到较好落实。持续开展风险识别和安全监督检查,迎接上级部门检查15次,组织内部检查122次;加大隐患排查治理,申请矿区整改资金585万元,完成隐患治理项目12项;组织消防专项检查8次,日常检查25次;加强安全培训,修订完善各类安全管理规定,组织安全培训12次,培训人员600多人次;强化应急管理工作,开展应急处置预案演练84次,参加人员780多人次;重视职业健康管理,对有毒有害作业场所进行检测,职业病在岗体检123人;规范承包商管理,HSE施工方案、现场检查表、"五交底"得到较好推进;油田公司考核指标全部达标,连续10年被评为油田公司安全生产先进单位。(徐紫钰)

新疆油田公司驻北京联络处

【领导名单】

党工委书记、主任:邢业军

党工委副书记、纪委书记、工会主席:刘渭

副主任兼安全总监:张元明

【基本情况】 2010年,新疆油田公司北京联络处内设6个科室:综合管理办公室(财务计划、劳资、人事、党务政务)、接待科、医疗协调服务中心、安全物业科、宾馆部、餐饮部,在职职工31人(其中借调1人),有客房58间,116个床位。主要承担新疆油田公司在北京的政务联络、接待服务、医疗协调服务、维稳信访等工作,完成市、油田党委和新疆油田公司下达的各项工作任务。(蒙义文)

【接待服务】 2010年,新疆油田公司北京联络处在实践大接待工作指导下,实行全员参与接待,全体干部职工在8小时之外轮流值班,保证接待工作有机衔接。始终坚持接待无小事、用心做事,真情服务,注重细节,追求完美的服务理念,认真落实每一个接待细节,确保事事无遗漏、事事有人管、事事能落实。全年接待宾客30 235人次,接待专项会议35个,宾客入住率71.41%,接待副总师以上领导1 226人次,接送行李5 000多件,为来宾办理机票业务387张,为油田公司和西部钻探办理出国签证和护照437本。在餐饮服务方面,完成包括国家领导人在内的各种大型宴请,服务水准和经营创收创造历史最好纪录。全面完成油田公司下达的经营指标和五项费用控制指标。(蒙义文)

【政务联络】 2010年,新疆油田公司北京联络处调整思路,转变工作职能,着眼于为油田的发展和打造世界石油城为目标,从拓宽政务联络渠道,深化与集团公司相关厅局并国家相关部委的工作联系入手,开展以政务、协调、沟通和服务为主要内容的对外联络工作,提高油田公司领导及来京工作人员的办事效率。同时配合油田公司业务处室做好重点项目、重点工程的牵线搭桥和项目评审工作。在2010年的高考招生工作中,协助自治区教育厅和市教委在北京开展与国家教育部、各大高校的联络交流,为扩大油田职工子女的招生名额做了大量富有成效的工作。加强驻地信息采集,将首都有关重要信息及时传递到油田公司,为领导决策起到重要作用,搭建国家相关部委、集团公司与新疆油田公司之间相互了解合作的信息平台。(蒙义文)

【医疗协调服务】 2010年,新疆油田公司北京联络处建立医疗专家联系网络,与北京20多家医院130多位医疗专家建立良好的合作关系。为集团公司领导和在京老领导提供及时、高效的医疗服务,为油田来京就医的职工、家属提供挂号会诊、预约检查、安排住院、协调手术等医疗协调服务服务。全年接待病人680人次,比上年增加14%,其中安排会诊1 566人次,安排住院214人,手术146人,医院接送2 238人次,病历资料会诊65次,机场车站接送病人359次。在做好传统服务的同时,医疗协调工作在不断转型,力求发挥更大的作用。经过医疗协调服务,成功将安贞高血压科引进克拉玛依市中心医院。(蒙义文)

【维稳信访】 2010年,新疆油田公司北京联络处党工委结合全年不同时期维稳、信访工作的重点和北京工作的实际情况,制定应对维稳、信访突发情况的工作预案。联络处党工委独立承担克拉玛依市来京上访人员的劝返工作,党工委班子把做好维稳信访工作。作为一项政治任务加以落实。联络处工委成立以党工委书记为组长,副书记为副组长的维稳、信访领导小组,设立现场工作组、后勤保障组等应对机构。在工委的统一领导下,明确分工、责任到人,相互配合,联动有效,发挥党工委一盘棋的作用。党工委主要领导和主管领导亲自到一线靠前指挥,带领工作人员及时赶赴相关现场做好稳控工作。每逢北京重大活动期间或非正常上访人员来京,工作组同当地有关部门配合,对了解到的群访、独访信息及时同市、油田信访部门取得联系,并对上访人员的劝返工

作做到坚持原则、稳定情绪、措施到位。全年处理集体访3批、个体访5人的非正常上访。（蒙义文）

新疆油田公司驻上海联络处

【领导名单】

党工委书记、主任：胡金修

【基本情况】 2010年，新疆油田公司上海联络处下设党政办公室、计划财务科、综合医疗服务部、宾馆4个科级管理部门。有企业职工23人，女职工13人。高级职称2人，中级职称5人。主要承担克拉玛依市在上海举办的各种会议、人员公务出差、群众旅游、看病等接待服务工作；保持与上海相关部门和周边地区的政务联络以及与克拉玛依市相关部门的业务联系及医疗协调工作；做好联络处店经营及房屋租赁等国有资产的经营与管理工作；完成市政府下达的各项工作任务。（董建新）

【经营责任目标完成情况】 2010年，新疆油田公司给上海联络处下达控亏指标448万元。1～3月，联络处为工程完工调整期，除物业外基本没有收入，4月试营业，5月中旬，世博会的开幕收入有明显增加，尤其是会议团队的入住使客房入住率大幅提高。全年收入766万元，其中客房492万元，租赁收入183万元，其他收入91万元，比上年（上年收入347万元，其中客房117万元，餐饮93万元，租赁等137万元）增加419万元。全年成本1 214万元，减少1 657万元。剔除上年的维修费用1 789万元，实际支出增加132万元，客房物料消耗增加70万元；水电煤气费增加150万元；燃料费增加2万元；洗涤费增加4万元；职工社保公积金等增加9万元；外雇员工劳务薪酬增加24万元；环卫费增加2万元；税金增加23万元。全年亏损448万元，增加138万元。固定资产投资为购置车辆1台，完成投资计划65万元。（董建新）

【接待服务】 2010年，新疆油田公司驻上海联络处以第41届上海世界博览会为契机做好接待服务工作。从年初开始，整体大修改造所管辖的克拉玛依石油宾馆。世博会开幕初期，由于客房服务员短缺，客房卫生清洁得不到及时清扫，联络处组织员工清扫客房卫生。油田公司接待服务总公司选派5名经验丰富、工作业务能力强的服务员到上海联络处帮助工作，解决宾馆接待的难点。从5月1日至10月31日的184天里，联络处先后接待集团公司、自治区各厅局领导12个团队、50多人次；接待克拉玛依市、新疆油田公司离退休员工3个团队；克拉玛依市、新疆油田公司劳动模范4个团队及市、油田公司各基层单位利用出差及节假日、年休假来上海参观世博会的各族职工群众共计27 680人次。全年接待各类团队、培训班、会议32个次，截至11月中旬，接待宾客36 700多人次。（董建新）

【医疗服务】 2010年，新疆油田公司驻上海联络处在已建立并巩固的上海东方肝胆医院、上海肿瘤医院、上海华山医院等十几所全国著名医院的良好基础上，根据市油田公司来沪就治病人的特殊病情，拓展上海龙华医院、上海红房子妇女专科医院、上海胸科医院等5所专科医院，与一批新专家、教授建立友好关系，联络处的医疗服务工作已覆盖上海市最好的医院，服务涉及各种疑难病症。只要来沪的病人需要到哪家医院就诊治疗，联络处都能服务到位。基本形成1天病历咨询、2天住院治疗的快捷通道。联络处根据市、油田公司总工会领导的要求，进一步完善和规范医疗服务管理工作，加强对医疗服务专项资金的合理使用和管理。截至11月中旬，联络处接待克拉玛依市、油田公司来沪医治咨询、住院患者416人次，其中住院78人次、就诊299人次、病历咨询39人次。（董建新）

【经营管理】 2010年，新疆油田公司驻上海联络处拓展联络处办事服务的职能，积极做好经营管理工作。一是规范接待服务标准，扩大接待服务范围，提高接待服务水平。为各级领导来沪离沪的接送、办理票务、行李托运、办理各种事务提供极大方便，全年完成机场内接送服务100多次，解决处理行李超重、身份证丢失等突发问题50多起。二是注重班组建设，提高联络处整体的管理水平。联络处以科室为单位，按各自的职能职责，围绕各科室的岗位职责开展工作，进一步明确各岗位的工作任务和办事程序，同时在各项工作运行中，实行交叉式监督管理，促使各部门的工作都能按程序化、规范化进行。三是做好财务管理。联络处严格执行管理局的各项财务制度，不断完善内部各项管理制度和责任落实工作，认真编制收支预算，强化成本控制，所有收入都纳入统一核算，不截留，不搞体外循环。不该花的钱一分也不乱花。强化对水、电、煤气的控制管理。每月进行核查对比，发现问题，查明原因，及时纠正。四是严把物资管理和采购关。认真遵循程序不可逾越的原则，凡上万元以上的大宗物品采购或维修、改造等项目都必须经处招标小组进行公开招投标；凡属联络处内部的维修采购及对外的招租都已按规范的程序进行公开招标管理。同时加大对物资物品的管理力度，定期盘点清库库存物品，减少库存，确保有限的资金高效运转。五是抓好安全管理。建立联络处科室领导总值班制度、宾馆部门经理周六周日值班制度，坚持每周五的安全巡查制度，每季度的安全考核制度，对发现的安全隐患问题不惜代价及时整改，对食品的卫生严格按照上海市食品卫生条例的规定做好防范工作。由于制度落实工作到位，在上海世博会期间没有发生不安全的事件。六是认真开展创先争优活动。联络处下发文件并明确活动的指导思想、目标任务和主要内容，按照上级党委的要求，整个活动部署按照两个阶段实施，处党工委经过认真研究向全体党员发出公开承诺书。（董建新）

新疆油田公司驻西安办事处

【领导名单】

党工委书记、主任：任玉琪

【基本情况】 2010年，新疆油田公司驻西安办事处内设党政办公室、计划财务科、医疗协调科3个职能科室和石油宾馆、物业管理部2个经营实体。主要承担着市、油田公司在陕西和西安地区的政务联络、接待服务等职能。（魏戎）

【经营业绩】 2010年，新疆油田公司驻西安办事处进一步加强成本管理，坚持经常性的增收节支教育，努力减少费用开支。油田公司给办事处下达预算收入183万元，成本340万元，亏控指标157万元。办事处从细节做起，可花可不花的钱坚决不花，可多花可少花的钱尽量少花，较好完成了油田公司下达的各项目标任务。（魏 戎）

【接待服务】 2010年，油田公司驻西安办事处与附近宾馆取得联系，和多家不同档次的酒店、宾馆签订长期协议，以保证接待服务工作不致因石油宾馆的停业而受影响，并按照依托社会资源开展接待服务工作的实际情况，重新调整办事处的接待服务工作程序。接待克拉玛依市、新疆油田公司副局级以上领导14人次，接待油田公司和市政府出差办事的人员56批389人次，为到西安召开会议、公务出差、医疗看病以及旅游观光的油田公司职工和克拉玛依市民联系住宿1 590多人次。（魏 戎）

【政务联络】 2010年，新疆油田公司驻西安办事处认真履行办事处的联络办事职能，完成克拉玛依市、油田公司党委以及油田公司和市政府各有关部门安排的各项工作任务。加强同陕西省、西安市政府及其有关部门的联系，配合市、油田公司党委、油田公司、市政府及其各部门在陕西、西安地区的工作。4月，第十三届东西部投资与合作贸易洽谈会期间，办事处配合克拉玛依代表团参会、参展，协调各方面关系做了大量工作，受到代表团全体成员的一致好评和市政府领导的充分肯定。6月，根据克拉玛依市对西安办事处的明确定位，办事处认真组织落实，完成相关任务。办事处多次协助克拉玛依市公安局侦破案件、追捕逃犯，受到公安局领导的充分肯定。在帮助市、油田公司职工就医看病、探亲疗养、职工子女就学等方面做了大量工作。同时，重视发挥驻外办事处信息窗口的作用，为市、油田公司党委、油田公司和市政府提供各类信息，较好地完成信息报送任务。（魏 戎）

【内部管理】 2010年，新疆油田公司驻西安办事处不断完善《安全环保工作管理办法》、《接待管理办法》、《车辆使用管理办法》和《物业管理工作制度》等4项制度。一是组织办事处全体职工学习讨论，以保证各项制度切实得到落实，使办事处的各项工作都能做到有章可循，在制度的规范下有序运行。二是坚持把安全管理放在重中之重的位置，建立健全安全管理制度，建立完善的安全管理责任体系，各部门均与办事处签订安全责任书，层层分解安全责任，确保安全责任到人、到岗位。三是加强安全检查工作，办事处定期不定期地对各部门，尤其是重要部位进行安全检查，发现安全隐患，及时予以消除。（魏 戎）

【领导调研】 2010年6月，克拉玛依市市长、新疆油田公司总经理陈新发，油田公司副总经理况军带领市政府及油田公司相关部门负责人到西安办事处调研。陈新发听取办事处关于人员配备、基础设施建设以及经营状况和存在困难等情况的汇报，进行现场察看。针对办事处自2007年9月石油宾馆一直处于停业状态、办事处失去主要收入来源，面临严重困难和问题的状况，陈新发对办事处今后的工作和发展方向做出定位。明确办事处的职责：一是医疗协调。二是教育资源协调、引进。三是招商引资。四是资产做好整合、置换，经营目标达到自负盈亏。五是做好接待服务工作，树立好克拉玛依的窗口形象，围绕建设世界石油城目标和为大油气田服务的原则展开工作。（魏 戎）

新疆油田公司驻成都办事处

【领导名单】

主任、党工委书记：王世平

副主任、党工委副书记：高桂华

【基本情况】 2010年，新疆油田公司驻成都办事处内设党政办、计财科、接待科、成都克拉玛依酒店4个科级单位和部门，有职员工91名，其中成都克拉玛依酒店54人，党政办4人，计财科4人，接待科4人，油田公司合同化员工32人，职工子女5人。主要负责西南地区的政务联系和接待服务；克拉玛依油田职工到川看病、问医的协调服务以及搞好办事处所属资产的经营管理等工作。（王卫江）

【资产经营】 2010年，新疆油田公司驻成都办事处针对旅游餐饮业市场疲软状况，以及种种影响和挑战，寻找客源。加强与兄弟油田和客户联系，参与政府对酒店会议采购招标，及时调整经营计划和工作目标，全年实现经营总收入901.35万元，总支出900.86万元，盈利0.49万元，略有盈余，完成了公司下达的既定目标。（王卫江）

【接待服务】 2010年，新疆油田公司驻成都办事处认真做好接待服务、市场营销和医疗协调服务等工作，取得较好效果。办事处协调克拉玛依市与四川省、成都市的各项工作联络，为克拉玛依市、新疆油田公司到四川出差办事、开会交流、工作学习、看病就医等做了大量工作，发挥了桥梁纽带作用。一是完成接待任务。全年接待VIP客人232批次548人次；集团公司领导11批26人次；接待克拉玛依市、油田公司探亲、出差、学习的职工3 720多人次；接送火车108批次356人次；接送机场680批3 100人次。春节、国庆前，代表市教委前往四川大学、西南石油大学、成都理工大学、电子科技大学、信息工程学院等学校慰问。全年完成接待营销会议和团队、培训等124批次，1万多人次。实现客房收入250多万元，会议室收入40万元。特别是10月18～22日接待自治区参加第十一届西部博览会的代表团，精心组织油田公司天然气开采技术培训和实习等培训班。二是开展挖潜增效活动。制定《成都办事处"节约挖潜，降本增效"活动实施方案》，继续抓好落实工作。通过开展挖潜增效活动，办事处变动成本比上年下降10%，比预算下降6%。（王卫江）

【医疗协调服务】 2010年，新疆油田公司驻成都办事处医疗协调服务377批次560人次。国庆期间，办事处领导带队探望克拉玛依市、油田公司在成都各大医院住院治疗的病人。同时加大与华西医院、416核工业医院、军区医院、肛肠医院、骨科医院、牙种植医院、中医医院等医院的联系，增强与各专业的沟通、了解，为克拉玛依市、油田职工看病就医提供更好、更多的服务。（王卫江）

【安全管理】 2010年，新疆油田公司驻成都办事处认真抓好安全管理工作，确保国有资产和人身安全。一是加强安全责任管理。办事处对安全保卫工作实行集中统一管理，根据人事变动情况，调整充实安全委员会，修订完善安全管理制度，并分工办事处副书记、副主任主管安全保卫工作。各单位、各部门成立安全领导小组，形成安全网络。定期召开安全工作会议，经营协调会上经常强调安全生产，把安全工作寓于各项工作之中。二是在抓好日常安全管理的同时，在重大节假日和经营高峰期组织安全检查，及时发现和解决存在问题。三是抓好交通安全管理。严格“三交”制度，结合接待工作实际和季节变化，经常强调交通安全，车管部门认真落实。全年没有发生大的安全事故，确保了国有资产和人身安全。（王卫江）

新疆油田公司驻广州（深圳）办事处

【领导名单】
党工委书记、主任：张文义
副主任：王永智

【基本情况】 2010年，新疆油田公司广州办事处内设党政办和财务科2个科室，下属物业部、疗养院、站前路招待所3个基层单位。有人员15人，其中党工委书记、主任1人，副主任1人，科级干部7人。主要承担克拉玛依市和新疆油田公司到广州召开的团体会议，员工公务出差，职工旅游、疗养、看病等的接待服务工作以及政务联络和协调工作。（刘 红）

【经营业绩】 2010年，新疆油田公司广州办事处把生产经营任务和安全保障工作放在办事处全年工作的首位，加强内控管理，降本增效。全年收入455.24万元，营业总成本599.76万元，实现净利润－144.63万元，油田公司下达扭困解亏指标－96万元，与公司下达指标尚有48.63万元的差额。原因分析：一是奖金及附加33.19万元。二是调资及附加7.24万元。三是社会保险费由于基数等原因增加8.1万元。四是内退职工1人，产生的相关费用6.99万元。全面完成上级部门下达的各项生产经营任务指标。（刘 红）

【接待服务】 2010年，新疆油田公司广州办事处作为克拉玛依市、新疆油田公司在珠江三角洲地区的对外交流服务窗口，完成新疆油田公司下达的各项对外接待服务工作任务，主动服务于克拉玛依地区各项生产经济建设。全年接待油田公司来广州、深圳等地出差、考察、学习、看病以及途经广州等人员3 000多人次。（刘 红）

【政务联络】 2010年，新疆油田公司广州办事处围绕克拉玛依市、新疆油田公司党委部署及各阶段的工作任务，加强与广州市相关部门的联系与交流，做好信息报送工作。有针对性地收集、挖掘和传递有价值的信息。在信息采、写过程中，注重以服务领导决策为宗旨，始终把提高信息质量放在首位。宣传克拉玛依、新疆油田公司经济社会发展的成果，在外界树立了良好形象。（刘 红）

新疆油田公司驻厦门办事处

【领导名单】
主任、党工委副书记：姚洪友

【基本情况】 2010年，新疆油田公司驻厦门办事处设有机关科室3个：党政办公室、计财科、接待科；所属基层单位2个：培训中心和车队。年末员工28人，其中合同化员工23人（包括内退7人），市场化员工1人，外雇工4人。主要承担中石油和市、油田公司员工来福建省和厦门市出差、疗养、探亲、旅游的吃、住、行接待服务工作；依法经营所属资产，确保国有资产保值增值；完成市、油田公司下达的接待任务和政务联络工作。（李庆伟）

【经营情况】 2010年，新疆油田公司驻厦门办事处实现营业收入198.1万元，其中主营业务收入138万元，其他收入60.1万元；营业总成本496.3万元，其中主营业务成本91.6万元；营业税金及附加值10.23万元，其中主营业务营业税金及附加值8.03万元；管理费用395万元；营业利润－298.2万元，利润总额－223.6万元。（李庆伟）

【接待服务】 2010年，新疆油田公司驻办事处接待各类人员近3 100人，其中油田公司1 600人，克拉玛依市政府系统500人，其他石油单位和地方人员1 000人。客房出租率60%以上。协助油田公司预决算中心完成集团公司2010年工程预决算会议的接待任务。为参加第十四届“九八”中国国际投资贸易洽谈会的克拉玛依市和伊犁州、巴音郭楞州、奎屯市代表团提供吃、住、车辆接送等接待服务。（李庆伟）

【政务联络】 2010年，新疆油田公司驻办事处到厦门市教育局联系，为克拉玛依市教育系统特级教师来厦门进行学术疗养创造良好条件。联系聘请厦门市社保局专家、厦门集美大学教授为来厦门参加公积金业务和物业管理业务培训学习的人员讲课。（李庆伟）

【内部管理】 2010年，新疆油田公司驻厦门办事处认真强化责任管理，进一步强化内部管理措施，管理水平得到提升。一是组织学习、转变观念、提升服务水平。办事处把每日学习10分钟活动与业务学习有机结合起来，员工的文化素养，业务水平进一步提高。二是开展创先争优活动。办事处确定创先争优的总体要求、目标任务、主要内容、主题和实践载体，以最终达到解放思想、转变观念，联系实际，务求实效，在推进厦门办事处和谐发展和长治久安的实践中发挥积极作用的目的。三是加强安全生产，杜绝事故违章。开展安全生产10周年活动，大力宣传、认真组织，使每位员工认真履行属地管理职责，把我的业务我担责、我的岗位我负责落到实处。6月，开展为期1个月的安全生产月活动，把《反违章》禁令作为活动重点，狠抓交通安全，严格执行公司有关规定和办事处的车辆管理办法，杜绝酒后驾车现象。办事处没有发生任何安全责任事故。四是加强党风廉政建设。厦门办事处认真开展第十二个党风廉政教育月活动，落实党风廉政措施，利用学习典型人物的先进事迹，激励党员干部廉洁自律、勇于奉献、牢记宗旨、服务群众。办事处结合自身实际制定厦门办事处解困扭亏工作方案。全体员工千方百计挖掘潜力，开展以增产节约、增收节支为主题的节约一分钱、节约一度电、节约一滴水活动。坚决执行财务一支笔制度。（李庆伟）

人　物

市、油田公司党委常委简历

徐卫喜　男，汉族，新疆吉木萨尔县人，1954年11月生，1970年2月参加工作，1980年12月加入中国共产党，大专文化程度，高级工程师。任克拉玛依市、新疆油田公司党委书记，市人大常委会主任，新疆油田公司副总经理。

曾任新疆石油管理局油建公司工程师，二大队大队长，生产科科长，技术科科长，公司副经理、党委书记，管理局基建副总工程师，市局党委常委、组织部部长兼市局人才交流中心主任，市局纪委书记，市局党委常委、油田公司党委副书记、克拉玛依市代市长，油田公司党委书记、纪委书记、工会主席，新疆石油管理局党委副书记，克拉玛依市市长，西部钻探公司党委书记。

陈新发　男，汉族，河南临汝县人，1960年7月生，1976年9月参加工作，1998年5月加入中国共产党，博士研究生学历，教授级高级工程师。任克拉玛依市、新疆油田公司党委副书记，克拉玛依市市长，新疆油田公司总经理。

曾任新疆石油管理局勘探开发研究院油区勘探室组长、开发室组长、副主任、油区勘探室副主任，新疆石油管理局勘探部技术负责人、主任地质师、副主任、主任，油田公司勘探处处长，新疆油田公司副总经理兼总地质师，克拉玛依市、新疆石油管理局党委常委。

宋友立　男，汉族，山东招远县人，1955年12月生，1972年3月参加工作，1985年3月加入中国共产党，大学文化程度，高级政工师。任克拉玛依市、新疆油田公司党委副书记，政法委书记，克拉玛依市常务副市长。

曾任新疆石油管理局采油一厂、采油二厂、采油三厂工人，采油三厂6大队干部、采油三厂宣传科干事、副科长、科长，采油三厂党委副书记、书记，克拉玛依市、新疆石油管理局党委宣传部部长，管理局党委副书记。

韩　炜　男，汉族，内蒙古凉城县人，1954年12月生，1982年8月参加工作，1976年6月加入中国共产党，博士研究生学历，教授级高级工程师。任克拉玛依市、新疆油田公司党委常委，中国石油西部钻探公司党委书记、副总经理。

曾任新疆石油管理局勘探开发研究院采收率室助理工程师、副主任、主任，院党委副书记兼纪委书记，勘察设计研究院党委书记、代院长，新疆时代公司副董事长、总经理、临时党委书记，市局党委组织部常务副部长、组织部部长，克拉玛依市、新疆石油管理局党委副书记，克拉玛依市、新疆油田公司党委副书记、纪委书记、工会主席。

付德新　男，汉族，山东潍坊市人，1954年7月生，1971年10月参加工作，1976年9月加入中国共产党，大学文化程度，高级政工师。任克拉玛依市、新疆油田公司党委常委，独山子石化公司党委书记、副总经理，独山子区党委书记。

曾任新疆石油管理局采油二厂修井三队工人、指导员，采油二厂宣传科干

事、副科长、科长，新疆石油管理局、克拉玛依市党校党委副书记，克拉玛依市、新疆石油管理局纪委常委、副处级纪检员、管理局监察处处长，管理局采油二厂党委书记，克拉玛依市、新疆石油管理局党委常委、纪委书记。

冯经礼 男，汉族，河北省武安市人，1958年7月出生，1976年2月入伍，

1978年10月加入中国共产党，大学文化程度，大校军衔。任克拉玛依市、新疆油田公司党委常委，克拉玛依军分区政治委员。

曾任新疆军区步兵第4师第10团战士，第4师司令部机要科参谋、机要科科长，南疆军区司令部机要处处长，新疆军区司令部机要处副处长，新疆军区司令部办公室副主任兼机要处处长，新疆军区机要处处长。

包尔汉·卡哈尔 男，维吾尔族，新疆托克逊县人，1963年12月生，1987年7月参加工作，1997年8月加入中国共产党，大学文化程度，高级工程师。任克拉玛依市、新疆油田公司党委常委，克拉玛依市、新疆油田公司工会主席。

曾任新疆石油管理局克拉玛依炼油厂蒸馏车间助理工程师、副主任、主任，厂技术科副科长、炼油厂副总工程师，克拉玛依石化厂副总工程师、厂长助理，克

拉玛依石化工程技术服务公司总经理助理，新疆石油管理局局长助理、副局长，管理局党委常委，中国石油西部钻探公司副总经理。

张红彦 女，汉族，湖南邵阳市人，1962年1月生，1984年8月参加工作，1983年3月加入中国共产党，在职研究生学历。任克拉玛依市、新疆油田公司党委常委、纪委书记、组织部部长，新疆油田公司矿区服务事业部党工委书记。

曾任乌鲁木齐市友谊医院内科医师、医院教育办公室副主任，乌鲁木齐市团委党组成员、团委副书记，乌鲁木齐市卫生局党组成员、副局长，乌鲁木齐市卫生局党组副书记、副局长、党组书记，乌鲁木齐市头屯河区委副书记、副区长、代理区长、区长、区委书记，新疆石油管理局党委常委、组织部部长。

郭仲军 男，汉族，陕西安康市人，1958年2月生，1975年9月参加工作，1980年9月加入中国共产党，大学文化程度，高级政工师。任克拉玛依市、新疆油田公司党委常委、宣传部部长。

曾任新疆石油管理局采油一厂修井大队工人、干部，克拉玛依市、新疆石油管理局团委干事、宣传部副部长、学生少儿部副部长，新疆石油管理局办公室秘书科秘书，克拉玛依市、新疆石油管理局

团委副书记、书记，管理局供电公司党委书记、经理，克拉玛依市、新疆石油管理局党委组织部常务副部长，新疆石油管理局党委常委。

默新社 男，汉族，河北新乐县人，1965年12月生，1988年8月参加工作，1986年12月加入中国共产党，大学文化程度，高级工程师，任克拉玛依市、新疆油田公司党委常委，克拉玛依石化公司党委书记、副总经理。

曾任新疆石油管理局独山子炼油厂炼建处容器车间副主任，独山子炼油厂炼建处副处长、处长，独山子石化总厂基建工程部副主任、主任，独山子石化总厂副总工程师、党委副书记、纪委书记。

孙晓岗 男，汉族，安徽安庆市人，1961年2月生，1982年8月参加工作，1986

年10月加入中国共产党，博士研究生学历，高级工程师。任克拉玛依市、新疆油田公司党委常委，新疆油田公司副总经理。

曾任新疆石油管理局采油一厂油田工艺研究所助理工程师、副所长、所长，石油管理局采油一厂副总地质师、总地质师、副厂长兼总地质师，石油管理局重油开发公司经理、党委副书记，石油管理局采油一厂党委书记、厂长，新疆油田公司采油一厂厂长、党委书记，新疆油田公司总工程师。

市人大常委会秘书长以上领导简历

徐卫喜　任市人大常委会主任（见市、油田公司党委常委简历）。

王俊生　男，汉族，河南林县人，1953年7月生，1970年11月参加工作，

1978年12月加入中国共产党，大学文化程度，高级工程师。任克拉玛依市人大常委会副主任。

曾任克孜勒苏柯尔克孜自治州铜矿冶炼厂化验工，新疆石油管理局试油处3206队实习员，地质队队员，地质科助理地质师、副科长、科长，生产办公室主任，新疆石油管理局试油处副处长，石油管理局油田建设工程公司党委书记、副经理，石油管理局工程建设总公司临时党委书记、副总经理、副董事长。

雷红霞　女，汉族，山西岢岚县人，1954年8月生，1970年6月参加工作，1975年11月加入中国共产党，硕士研究生学历，高级政工师。任克拉玛依市人大常委会副主任兼秘书长。

曾任新疆石油管理局机械厂工人、技术作业处工人，新疆石油管理局技术作业处团委副书记，克拉玛依市、新疆石油管理局团委副书记、书记，新疆维吾尔自治区直属机关党委副书记，自治区测绘局内业队副队长，局市党校副校长，石油管理局多种经营管理处科长，石油管理局劳动服务总公司党委副书记兼纪委书记，管理局供水管理处党委书记，克拉玛依市副市长。

努尔买买提·阿曼　男，维吾尔族，新疆喀什市人，1955年3月生，1971年

5月参加工作，1976年6月加入中国共产党，大专文化程度，高级经济师。任克拉玛依市人大常委会副主任，中国石油独山子石化公司党委副书记、纪委书记、工会主席，克拉玛依市独山子区人大常委会主任。

曾任新疆石油管理局独山子炼油厂仪表车间仪表工、副主任，石油管理局独山子炼油厂厂长助理、副厂长，石油管理局独山子石化总厂副厂长。

石永春　男，汉族，甘肃高台县人，1953年2月生，1970年6月参加工作，1977年7月加入中国共产党，大学文化程度，高级政工师。任克拉玛依市人大常委会副主任，克拉玛依市、新疆油田公司党委办公室主任。

曾任新疆石油管理局井下作业处修理部工人、副主任、主任，生产科副科长、调度室调度长、办公室主任，井下作业处处长助理、副处长、党委书记，石油管理局井下作业公司党委书记，石油管理局总医院党委书记，管理局党委办公室主任，管理局办公室主任。

田清生　男，汉族，山西孝义县人，1954年6月生，1971年5月参加工作，

1979年12月加入中国共产党，大学文化

程度，高级政工师。任克拉玛依市人大常委会副主任、克拉玛依区委书记。

曾任新疆石油管理局机械厂工艺车间车工，管理局百口泉采油厂教师，管理局机械厂工艺车间工人、团支部书记，机械厂团委干事，机械厂井下工具车间、抽油机制造车间指导员，机械厂党委工作部干事，劳资科科员，机械厂组干科干事、副科长、科长，机械厂党委副书记、纪委书记、党委书记，克拉玛依区委常委、区委副书记、区长。

市人民政府秘书长以上领导简历

陈新发 2010年2月任克拉玛依市市长（见市、油田公司党委常委简历）

宋友立 任克拉玛依市常务副市长（见市、油田公司党委常委简历）。

赵武生 男，汉族，甘肃民勤县人，1955年3月生，1974年8月参加工作，1984年7月加入中国共产党，大学文化程度，高级讲师。任克拉玛依市副市长。

曾任新疆石油管理局独山子石油学校教师、地质教研组组长、学生科负责人、教务科副科长、科长，独山子石油学校副校长、校长、党委副书记，石油管理局文理学院党委副书记、常务副院长，克拉玛依市、新疆石油管理局党校常务副校长。

杨晓伟 男，汉族，重庆市人，1959年11月生，1975年8月参加工作，1978年9月加入中国共产党，大学文化程度。任克拉玛依市副市长。

曾任克拉玛依市运输公司工人、克拉玛依市直机关劳资员兼组织干事，克拉玛依市直机关团委干事、团委副书记，

克拉玛依市人民政府办公室副主任，克拉玛依市机关事务管理局副局长，市建设局副局长、临时党委书记，市建设局党委书记、局长，克拉玛依市人民政府副秘书长兼市建设局党委书记、克拉玛依市人民政府秘书长。

阿不都热合曼·克里木 男，维吾尔族，新疆库车县人，1955年7月生，1972年3月参加工作，1986年11月加入中国共产党，大专文化程度。任克拉玛依市副市长。

曾任克拉玛依市公安局干警、翻译、治安队队长，中共新疆石油管理局、克拉玛依市委员会办公室秘书，克拉玛依市

人民政府办公室副主任，克拉玛依市人民政府副秘书长、克拉玛依市民族宗教事务局局长。

祝贺香 女，汉族，河南扶沟县人，1966年7月生，1987年7月参加工作，1987年5月加入中国共产党，硕士研究生学历，高级政工师。任克拉玛依市副市长。

曾任新疆石油管理局通讯公司白碱滩站助理工程师，石油局通讯公司无线站助理工程师、代指导员、副指导员、指导员、副站长，克拉玛依市、新疆石油管理局团委副书记，新疆油田公司党委（总经理）办公室副主任、团委副书记、团委书记，油田公司机关党工委书记、工会副主席，油田公司党群工作处（企业文化处）处长。

杜　勇 男，汉族，河南鲁山县人，1968年2月生，1990年7月参加工作，1996年3月加入中国共产党，大学文化程度，政工师。任克拉玛依市副市长、市人民政府秘书长。

曾任新疆石油管理局勘探开发研究院软件室实习生、助理工程师，新疆石油管理局勘探开发研究院团委副书记、团委书记，克拉玛依市、新疆石油管理局团委组织部部长、团委副书记、团委书记。

市政协秘书长以上领导简历

玉素甫江·阿不都热西提 男，维

吾尔族，新疆伊宁市人，1947 年 10 月生，1970 年 8 月参加工作，1977 年 1 月加入中国共产党，大学文化程度，翻译。任克拉玛依市政协主席。

曾任克拉玛依市商业局干部，克拉玛依市政务办公室翻译、秘书科副科长，克拉玛依市第七届人大常委会副主任，

克拉玛依市副市长，副市长兼克拉玛依市、新疆石油管理局党委政法委副书记。

王新明　男，汉族，山东文登市人，1956 年 5 月生，1974 年 11 月参加工作，1977 年 12 月加入中国共产党，研究生学历，高级经济师。任克拉玛依市政协副主席。

曾任新疆石油管理局运输处二车间工人、秘书科干事、组干科干事，新疆油田公路大队劳动人事办公室主任，筑路公司副总经济师、副经理兼总经济师、经

理、党委副书记，克拉玛依市人民政府副秘书长、秘书长，克拉玛依市、新疆油田公司党委常委，克拉玛依市常务副市长。

陈　娟　女，汉族，山东胶南县人，1956 年 2 月生，1971 年 5 月参加工作，博士研究生学历，教授级高级工程师。任克拉玛依市政协副主席。

曾任新疆石油管理局印刷厂工人，石油管理局科技处图书管理员，石油管理局勘察设计研究院技术员、助理工程师、工程师、研究所副所长、副总工程师，

石油管理局勘察设计研究院总工程师，新疆时代石油工程有限责任公司副总经理、总工程师，克拉玛依市人大常委会副主任。

管峰云　女，汉族，甘肃平凉市人，1951 年 2 月生，1969 年 4 月参加工作，1983 年 7 月加入中国共产党，大专文化程度。任克拉玛依市政协副主席。

曾任新疆石油管理局地质调查处工人，克拉玛依市公安局户籍警、刑警，克拉玛依市人民法院书记员、审判员、庭长、副处级审判员、审判委员会委员，克拉玛依市人民检察院党组副书记、副检察长、检察长、党组书记。

邓国良　男，汉族，河北任丘市人，1953 年 7 月生，1971 年 5 月参加工作，1976 年 7 月加入中国共产党，大学文化程度，高级经济师。任克拉玛依市政协副主席、新疆油田公司供水公司经理、党委副书记。

曾任新疆石油管理局供水处修理部工人，解放军某部战士、通讯员，管理局供水处组干科干事，劳资科干事、副

科长、科长，白碱滩供水大队大队长，管理局供水处副处长、处长、党委副书记、党委书记，管理局供水公司党委书记。

哈巴西·哈瓦嗯　男，哈萨克族，新疆乌苏市人，1959年3月生，1982年7

月参加工作，1984 年 9 月加入中国共产党，大学文化程度，主任医师。任克拉玛依市政协副主席、克拉玛依市人民医院党委书记。

曾任新疆石油管理局职工总医院内科实习医师、医师，内一科医师，内三科医师，内一科主治医师、副主任、主任、副主任医师，管理局职工总医院副院长兼脑系科主任，克拉玛依市人民医院院长、院党委副书记。

田富林　男，汉族，河南开封市人，1955 年 11 月生，1972 年 4 月参加工作，1978 年 12 月加入中国共产党，硕士研究生学历，高级工程师。任克拉玛依市政协副主席、中国石油西部钻探公司安全副总监。

曾任新疆石油管理局钻井处钻井队技术员，钻井处钻井四大队工程股股长、副大队长，钻井处钻井一大队大队长，钻井处钻井一分公司经理，新疆石油管理

局钻井公司副经理、党委常委，钻井公司党委副书记、经理。

赵玉建 男，汉族，山东胶南县人，1953年3月生，1970年2月参加工作，1975年8月加入中国共产党，大专学历，高级政工师。任克拉玛依市政协副主席、新疆油田公司总经理助理，克拉玛依市、新疆油田公司党委组织部常务副部长。

曾任新疆石油管理局钻井处钻井队副队长，钻井处组织科干事，克拉玛依市、新疆石油管理局党委组织部办公室副科级文书、干部管理科科长、副处级组织员、组织部副部长，新疆油田公司人事处（组织部）处长（部长）

杨　平 男，汉族，山东招远县人，1963年6月生，1985年8月参加工作，1989年7月加入中国共产党，大学文化程度。任克拉玛依市政协秘书长兼办公室主任。

曾任克拉玛依市人民政府办公室秘书，克拉玛依市人民政府秘书科副科长、

科长，克拉玛依市人民政府办公室副主任。

克拉玛依军分区领导简历

李建兴 男，汉族，陕西城固县人，1957年8月生，1976年12月参加中国人民解放军，中共党员，大学文化程度，大校军衔。2010年4月离任克拉玛依军分区司令员。

历任中国人民解放军某部战士、参谋、助理员、科长，中国人民解放军驻乌鲁木齐航空军事代表办事处主任，中国人民解放军联勤部军事交通运输处处长，曾在乌鲁木齐陆军学院、运输工程学院进修学习。

李　林 男，汉族，湖北汉阳人，1960年3月生，1979年9月参加中国人民解放军，中共党员，大学文化程度，大校军衔。2010年5月任克拉玛依军分区司令员。

历任中国人民解放军郑州高炮学院学员，炮兵第662团排长、参谋、连长，步兵第11师参谋，步兵第11师高

炮团营长、参谋长、团长，新疆军区高炮旅旅长，新疆生产建设兵团军事部副部长。

冯经礼 2009年10月任克拉玛依军分区政治委员（见市、油田公司党委常委简历）。

黄文学 男，汉族，甘肃武山县人。1958年11月生，1976年12月参加中国人民解放军，1979年2月加入中国共产党，大学文化程度，大校军衔。2010年4月离任克拉玛依军分区副司令员。

曾任中国人民解放军某部班长、排长、参谋，警卫连连长，军司令部作训处参谋，新疆军区司令部秘书，新疆军区守

备旅工化科科长，阿勒泰军分区作训科科长，克拉玛依军分区副参谋长兼预备役工兵团团长、参谋长。

马合木提·乃买提 男，维吾尔族，新疆呼图壁县人，1964年12月生，

1982年10月参加中国人民解放军，1985年7月加入中国共产党，大学文化程度，大校军衔。任克拉玛依军分区副政治委员。

曾任吐鲁番军分区战士，乌鲁木齐陆军学院学员，步兵第二十四团二营六连排长、副连长、三营九连连长，新疆人武学校一队副队长、队长，新疆军区教导

大队文化教研室主任，吉木乃县人民武装部部长，乌鲁木齐县人民武装部政治委员、县委常委。

张振铁　男，汉族，新疆阜康市人，1962年9月生，1979年9月参加中国人民解放军，中共党员，大学文化程度，大校军衔。2010年2月离任克拉玛依军分区参谋长。

历任原乌鲁木齐军区边防七团排长、副连长、连长、营长、团参谋长，温泉县人武部部长、边防七团团长，曾在乌鲁木齐陆军学院、南京陆军学院进修学习。

高文杰　男，汉族，陕西礼泉县人。1963年5月生，1980年11月参加中国人民解放军，中共党员，大专学历，大校军衔。2010年2月任克拉玛依军分区参谋长。

历任中国人民解放军兰州军区第五

通信总站分队长、连长、股长、处长、副主任、主任。

倪　新　男，汉族，江苏镇江市人，1958年11月生，1976年12月参加中国人民解放军，1979年4月加入中国共产党，大学文化程度，大校军衔。任克拉玛依军分区政治部主任。

曾任新疆军区某部战士、排长、政治处干事、副指导员，师政治部组织科干事，新疆军区炮兵旅政治部纪检干事、营教导员，新疆军区政治部秘书处管理科科长、秘书处副处长。

刘崇科　男，汉族，陕西咸阳市人，1963年8月生，1981年10月参加中国人民解放军，1985年9月加入中国共产党，大专文化程度，上校军衔。2010年4月离任克拉玛依军分区后勤部部长。

曾任兰州军区某部战士、班长，师驾训队学员、班长，乌鲁木齐后勤技工训练大队学员，新疆军区某部排长、副连长、连长，克拉玛依军分区后勤部助理员，乌尔禾区人武部后勤科副科长，克拉玛依

军分区后勤部参谋、战勤科长、司令部军务动员科科长。

刘俊山　男，汉族，山东泰安市人，1964年10月生，1980年11月参加中国

人民解放军，1985年3月加入中国共产党，大学文化程度，上校军衔。任克拉玛依军分区后勤部部长。

曾任中国人民解放军原陆军第5师战士，乌鲁木齐后勤训练大队学员，兰州军区守备旅排长、连长，独立步兵第1团后勤处助理员、股长、副处长、处长，克拉玛依军分区科长，克拉玛依市独山子区人武部副部长、部长。

市人民检察院检察长简历

赵德军　男，汉族，山东齐河县人，1956年2月生，1972年3月参加工作，1978年8月加入中国共产党，大学学历。2010年8月撤销克拉玛依市人民检察院

检察长职务。

曾在新疆石油管理局运输处乌尔禾农场接受再教育，后任克拉玛依市公安

局刑警队民警、副队长、刑侦科副科长、刑侦队队长、刑警大队副大队长兼一中队队长，克拉玛依市国家安全局侦察办公室干部、主任、侦察科科长、安全处副处长，克拉玛依市国家安全局副局长、党委书记、局长，克拉玛依市、新疆石油管理局党委政法委员会副书记。

市中级人民法院院长简历

袁玉敬 男，汉族，山东荣成市人，1954年8月生，1971年5月参加工作，1976年7月加入中国共产党，大专文化程度，高级政工师。任克拉玛依市中级人民法院院长。

曾任新疆石油管理局采油二厂保卫干事，克拉玛依市公安局刑警、副指导员、科长，克拉玛依市公安局副局长，塔里木油田公安局局长、党委副书记、党委书记，克拉玛依市公安局局长、党委书记，克拉玛依市、新疆石油管理局党委政法委员会副书记。

油田公司总师以上行政领导简历

陈新发 任新疆油田公司总经理、党委副书记（见市、油田公司党委常委简历）。

徐卫喜 任油田公司党委书记、副总经理（见市、油田公司党委常委简历）

阿不来海提·克尤木 男，维吾尔族，新疆吉木萨尔县人，1950年6月生，1969年1月参加工作，1978年5月加入中国共产党，大专文化程度，高级政工师。2010年6月离任新疆油田公司副总经理。

曾任新疆石油管理局钻井处小学教员、教研组长，管理局钻井处党委办公室秘书、翻译，钻井处党委办公室副主任，钻井处钻井四大队党总支书记，钻井处党委副书记、副经理，克拉玛依市、新疆石油管理局工会副主席、主席，克拉玛依市、新疆石油管理局党委常委，管理局独山子石化总厂炼油厂党委副书记、书记，新疆油田公司党委副书记。

匡立春 男，汉族，山东五莲县人，1962年6月生，1982年9月参加工作，1991年6月加入中国共产党，博士研究生学历，教授级高级工程师。任新疆油田公司副总经理。

曾任新疆石油管理局勘探开发研究院工程师，勘探开发研究院油区勘探室主任，新疆石油管理局测井公司副经理，新疆油田公司勘探处测井总监，新疆油田公司总经理助理。

包尔汉·卡哈尔 （11月任职，见市油田党委常委简历）

聂海光 男，汉族，四川巴中市人，1960年11月生，1983年7月参加工作，1985年9月加入中国共产党，博士研究生学历，教授级高级政工师。任新疆油田公司副总经理、中国石油新疆培训中心（新疆石油学院）主任（院长）。

曾任新疆石油管理局钻井公司6026钻井队实习技术员、助理工程师、副队长，钻井公司生产技术科工程师，钻井工程技术服务公司副经理，钻井公司党委办公室副主任，探井公司经理，管理局井下作业处处长、党委副书记兼人民武装部第一部长，新疆石油管理局井下作业公司经理兼党委副书记、党委书记，新疆石油管理局局长助理、副局长。

杨学文 男，汉族，湖北钟祥县人，1962年6月生，1984年8月参加工作，

1985年4月加入中国共产党，博士研究生学历，教授级高级工程师。2011年11月离任新疆油田公司副总经理。

曾任新疆石油管理局百口泉采油厂采油七队实习员，管理局百口泉采油厂地质科地质员，管理局油田研究所工程

师、副所长、所长，管理局百口泉采油厂总地质师、副厂长兼总地质师、新疆油田公司百口泉采油厂厂长、党委书记。

况　军　男，汉族，山东胶县人，1964年7月生，1985年7月参加工作，1994年6月加入中国共产党，博士研究生学历，教授级高级工程师。任新疆油田公司副总经理。

曾任新疆油田公司勘探开发研究院助理工程师、项目长、副主任、主任、副总地质师兼科技科科长、副院长、院长、党委书记，新疆油田公司总经理助理兼勘探开发研究院院长。

朱水桥　男，汉族，湖北黄梅人，1963年4月生，1983年7月江汉石油学院石油地质勘察专业大学毕业并参加工作，1987年6月加入中国共产党，博士研究生学历，教授级高级工程师。任新疆油田公司副总经理兼开发处处长。

曾任新疆石油管理局采油二厂油田开发所助理工程师、工程师，开发所副所长、所长，采油二厂总地质师、副厂长，新疆油田公司采油二厂副厂长兼总地质师、党委副书记、厂长、党委书记，新疆油田公司副总地质师兼开发处处长。

余同钢　男，汉族，安徽潜山县人，1965年5月生，1990年7月参加工作，1997年6月加入中国共产党，在职工商管理硕士（EMBA），高级会计师。任新疆油田公司总会计师。

曾任中国石油天然气总公司财务部职员，中国石油天然气股份有限公司财务有限责任公司财务部副经理，中国石油天然气股份有限公司财务部会计处副处长、资金管理中心副主任，中国石油天然气集团公司预算管理办公室副总会计师、副主任。

独山子石化公司总师以上领导简历

徐福贵　男，汉族，河北阜城县人，1958年10月生，1982年7月参加工作，1985年7月加入中国共产党，大学文化程度，高级工程师。任中国石油独山子石化公司总经理、党委副书记，独山子区区长。

曾任新疆石油管理局独山子炼油厂常减压车间副主任、主任、党支部书记，独山子乙烯工程指挥部裂解车间主任，独山子炼油厂厂长助理兼乙烯裂解车间主任、乙烯开工生产指挥部常务副指挥，独山子石化总厂副厂长，独山子炼油厂厂长，独山子石化总厂常务副厂长，独山子石化公司党委书记、克拉玛依市、新疆油田公司党委常委。

付德新　任中国石油独山子石化公司党委书记、副总经理（见市、油田公司党委常委简历）。

努尔买买提·阿曼　任中国石油独山子石化公司党委副书记、纪委书记、工会主席（见市人大常委会秘书长以上领导简历）。

肖宏伟　男，汉族，河南上蔡县人，1963年10月生，1989年7月参加工作，

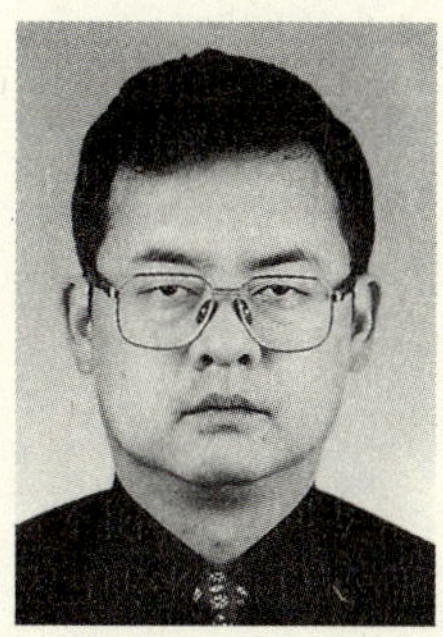

1993年10月加入中国共产党，大学文化程度，高级经济师。任中国石油独山子

石化公司副总经理。

曾任新疆石油管理局独山子炼油厂供应处计划员、独山子炼油厂供应处处长助理、供应处副处长，新疆石油管理局独山子石化总厂供应处副处长、处长，新疆石油管理局独山子石化总厂厂长助理，新疆石油管理局独山子石化总厂供应处处长，新疆石油管理局独山子石化总厂副厂长。

吕　健　男，汉族，河南新蔡人，1959年10月生，1975年10月参加工作，1985年11月加入中国共产党，大学文化程度，高级经济师。任中国石油独山子石化公司副总经理兼矿区服务事业部经理。

曾任新疆石油管理局独山子炼油厂延迟焦化车间副主任，独山子炼油厂聚丙烯车间副主任、主任，独山子炼油厂化工车间主任、党支部书记，独山子炼油厂厂长助理、副厂长，独山子石化总厂副厂长、安全总监。

陈俊豪　男，汉族，福建莆田县人，1963年10月生，1981年8月参加工作，

1987年11月加入中国共产党，大学文化程度，高级工程师。任中国石油独山子石化公司副总经理。

曾任新疆石油管理局独山子炼油厂工程师，新疆石油管理局独山子炼油厂催化车间主任、催化车间党支部书记，新疆石油管理局独山子炼油厂厂长助理。

刘吉法　男，汉族，山东聊城市人，1955年6月生，1982年2月参加工作，1986年3月加入中国共产党，大学文化程度，高级工程师。任中国石油独山子石化公司副总经理。

曾任新疆石油管理局独山子炼油厂仪表车间副主任、新疆石油管理局独山子乙烯工程建设指挥部仪表车间副主任、乙烯开工生产指挥部副总工程师兼独山子乙烯工程建设指挥部仪表车间主任、新疆石油管理局独山子石化总厂乙烯厂副总机械师，中国石油独山子石化公司乙烯厂总动力师、独山子石化公司乙烯厂副厂长兼总动力师。

吕　蔷　男，汉族，青海化隆县人，1963年12月生，1981年8月参加工作，

1992年11月加入中国共产党，大学文化程度，高级工程师。任中国石油独山子石化公司副总经理。

曾任新疆石油管理局独山子石化总厂炼油厂技术处副处长，新疆石油管理局独山子石化总厂炼油厂技术处处长，新疆石油管理局独山子石化总厂炼油厂副总工程师兼技术处处长，中国石油独山子石化公司炼油厂副总工程师，中国石油独山子石化公司炼油厂副厂长、总工程师。

任立新　男，汉族，新疆乌苏市人，1967年6月生，1988年7月参加工作，1998年2月加入中国共产党，大学文化程度，高级工程师。任中国石油独山子石化公司副总经理。

曾任新疆石油管理局独山子石化总厂乙烯厂聚乙烯车间主任，独山子石化总厂技术处副处长、处长，独山子石化公司乙烯厂副总工程师，独山子石化公司乙烯厂总工程师。

麦麦提·伊力　男，维吾尔族，1964年10月生，1983年9月参加工作，大专

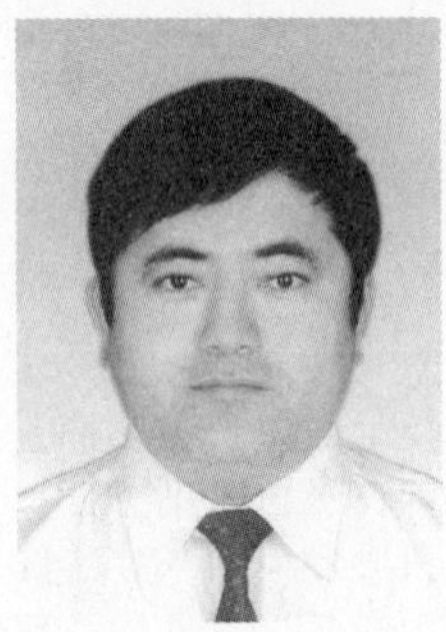

学历，高级政工师，任中国石油独山子石化公司工会主席、党委委员兼矿区服务事业部党委书记。

曾任新疆石油管理局独山子炼油厂蒸馏车间副主任，新疆石油管理局独山子石化总厂炼油厂厂长助理，炼油厂副厂长，新疆石油管理局独山子石化总厂

副总工程师、党委副书记、工会主席。

克拉玛依石化公司总师以上领导简历

张有林 男，汉族，河南漯河市人，1959年7月生，1975年10月参加工作，1984年5月加入中国共产党，大学文化程度，高级工程师。任中国石油克拉玛依石化公司总经理、党委副书记。

曾任新疆石油管理局克拉玛依炼油厂精制车间技术员、副主任、主任，克拉玛依炼油厂生产调度长、厂长助理、厂长、党委副书记，新疆油田公司克拉玛依石化厂厂长、党委书记，克拉玛依市、新疆石油管理局党委常委。

默新社 任克拉玛依石化公司党委书记、副总经理（见市、油田公司党委常委简历）。

余国孝 男，回族，新疆乌鲁木齐市人，1953年1月生，1970年10月参加工作，1977年1月加入中国共产党，大专文化程度，高级政工师。任中国石油克拉玛依石化公司党委副书记、纪委书记、工会主席。

曾任新疆石油管理局克拉玛依炼油厂机修车间工人，克拉玛依炼油厂宣传科干事，克拉玛依炼油厂文化站站长，克拉玛依炼油厂工会副主席、工会主席，新疆油田公司克拉玛依石化厂党委副书记、纪委书记、工会主席。

李明科 男，汉，陕西岐山县人，1954年12月生，1972年11月参加工作，1976年3月加入中国共产党，大学文化程度，高级工程师。任中国石油克拉玛依石化公司副总经理。

曾任新疆石油管理局克拉玛依炼油厂劳动服务公司副经理、机修车间主任、机动科科长、基建工程指挥部副指挥，克拉玛依石油化工厂副厂长、党委副书记，新疆石油管理局克拉玛依石化工程技术服务公司党委副书记、副经理，新疆油田公司克拉玛依石化厂副厂长。

许立甲 男，汉族，宁夏海原县人，1962年9月生，1981年8月参加工作，1986年7月加入中国共产党，大专文化程度，高级工程师。任中国石油克拉玛依石化公司副总经理、安全总监。

曾任新疆石油管理局克拉玛依炼油厂精制车间技术员、主任，设计所、丙烷车间、加氢车间主任，克拉玛依炼油厂生产调度长、副总工程师、厂长助理，新疆油田公司克拉玛依石化厂副厂长。

梁永智 男，汉族，山东龙口市人，1954年10月生，1982年3月参加工作，1981年5月加入中国共产党，大学文化程度，教授级高级工程师。任中国石油克拉玛依石化公司副总经理。

曾任新疆石油管理局克拉玛依炼油厂机修车间技术员，克拉玛依炼油厂基建办公室副主任，克拉玛依炼油厂设备研究所主任，克拉玛依炼油厂副总机械师，新疆油田公司克拉玛依石化厂副厂长。

老红军简历

曾来桂（曾用名曾来福） 男，汉族，江西赣县人，1919年11月生，初中文化，1933年5月参加革命，1936年1月加入中国共产党。战争年代3次负

伤,新中国成立后被定为三等残疾。第二次国内革命战争时期,任中国工农红军第一方面军一军团十五师(少共国际师)战士、通讯员,参加了长征。抗日战争爆发后,任八路军留守兵团供给部通讯员、审核员。1942年2月,转业到陕西延长油矿工作,历任出纳、会计、会计股长、财务科副科长、延安办事处代副主任和主任。1955年4月调入新疆石油管理局,先后任住宅科主任会计,克拉玛依矿务局机械厂主任会计,克拉玛依矿务局行政服务处主任管理员、副科长、科长、副处长,新疆石油管理局服务公司副经理、党委副书记,新疆石油管理局军管会生产指挥部生活服务组副组长,行政管理处处长,生活管理处处长,局机关党委副书记。1982年8月离休。

陈　顺(原名余仁贵)　男,汉族,四川北川县人,1912年11月生。1934年11月在北川县(原石泉县)参加当地共产党游击队。1935年3月参加中国工农红军,在红四方面军38军89师师部当传令兵。1936年6月,在30军88师263团1营3连任班长。1937年4月,由于红军西路军失利,随军转入新疆,被组织派往迪化(现乌鲁木齐市)从事统一战线工作。在新兵营(原西路军)学习文化知识和无线电技术。1938年5月加入中国共产党。1940年1月,随部队回到延安,在中央军委三通局通讯学校学习无线电知识。8月,调三通

局无线电八分队当实习报务员。1941年2月,在延安留守兵团警备五团任党支部书记、电台报务员。从1942年3月起,先后在三局总台、359旅719团电台担任报务员,参加了南泥湾大生产运动。1944年3月起,先后在庆阳军分区358旅旅部、延安联防司令部通讯队任报务员。1945年12月,在延安三局总台担任报务员。1946年12月,担任西北野战军一纵队司令部电台报务主任(营级)。1947年5月起,先后在一野一纵队司令部、一野后勤司令部、一野后勤山西河津禹口门电台队任报务主任、台长、队长、党支部书记。1949年11月,担任第一野战军华东汽车1团电台队队长、党支部书记、团党代表。1951年5月,转业到甘肃玉门矿务局,先后任局党委电台队队长、党支部书记、局直属机关党总支委员。1953年3月到西北党校学习。1954年11月任玉门油矿党委组织部组织科副科长,玉门油矿一届一次党代会代表。1955年11月,任玉门油矿采油厂党委组织部部长、党委常委、监委常委、直属机关总支书记、审干办公室主任等职。1957年5月调入新疆,先后担任克拉玛依矿务局油田处党委副书记兼工会主席、试采处党总支书记、采油一大队党总支书记,管理局采油一厂党委副书记、副厂长。1982年12月离休。

刘国智　汉族,陕西延长县人,1918年7月生。1936年6月参加中国工农红

军陕西省延长县游击队,1937年8月加入中国共产党。1937年7月至1945年9月,在陕西省延长县保安队当战士,1945年10月至1947年5月在陕西省延长县保安2团任司务长,1947年6月至1948年2月任陕西省延长县警备7团副官,1948年3月至1950年1月,调陕西省延长县警备7团1营任副营长。1950年1月从部队转业回到家乡,先后在陕西省延长油矿担任股长、队长、大队长,带领群众搞生产。1954年12月,任中苏石油公司独山子矿务局钻井处泥浆作业部主任。1956年9月,调到克拉玛依,先后任新疆石油管理局克拉玛依矿务局试采处副处长、试油大队副大队长、修井大队副大队长。1964年3月任管理局井下作业处副处长,1973年9月任井下作业处党委书记。1977年4月,调任局职工医院党委书记。1982年9月离休。

李世金　男,汉族,甘肃榆中县人,1917年8月生。1936年6月加入中国工农红军,1936年至1937年10月,先后在红一方面军1师13团2连、国民革命

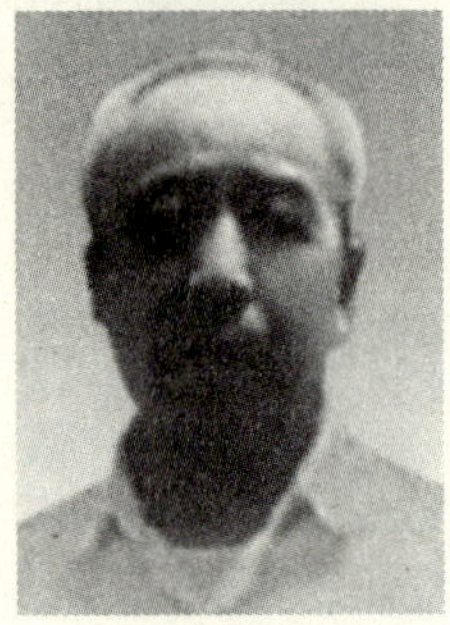

军第八路军5师独立团3营2连当战士。1937年10月调晋察冀军区3团3营11连任副班长。1939年10月至1943年10月,先后担任晋察冀军区五分区6团2营5连1排、6团1连2排排长;1944年11月至1945年8月,担任冀东军区16军分区18团2连副连长。1945年9月至1948年8月,先后担任热河军区30旅66团3连、70团8连、补充团8连、热河军区8纵队30旅练兵营4连连长职务。1948年11月至1949年6月任134师400团2营副营长。1949年9～10月任134师司令部招待所所长。1949年11月,任湖南军区零陵军分区江华县大队副大队长。1950年1～12月,任湖南军区军政干部学校4大队13中队中队长。1951年1～12月任湖南军区16团1营营长。1952～1953年,入湖南军区干部文化学校学习,1954年1月至1956年6月先后担任湖南军区南县兵役局、望城县兵役局局长。参加过著名的平型关战役、百团大战、辽沈战役、平津战役、衡(阳)宝(庆)战役、湘西剿匪作战。1955年获八一奖章、三级独立自由勋章、三级解放勋章。1956年7月至1957年6月,任新疆石油管理局机关工

会主席。1957年7～12月，任卡因地文化培训大队副大队长。1958年1～12月，任小拐疗养所所长。1959～1970年在新疆石油局工会工作，1970年至1978年6月在新疆石油管理局器材供应处克拉玛依总库劳保库任保管员。1978年7月离休。

杨宪荣 男，汉族，河南泌阳县人，1919年6月生。1937年6月在河南省确山县加入工农红军任通讯员。1937年

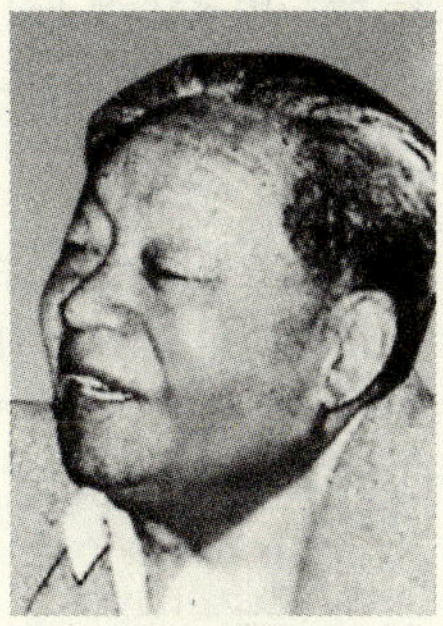

底所在游击队改编为新四军，担任警卫员。1938～1940年调到侦察队担任队长。1940～1942年在延安抗大学习，因病结业后未能上前线作战，被调到边区兵工厂工作，以后又转到延长油矿工作，任材料科科长。1947年任工人支队队长参加游击战。解放后，任延长油矿材料科科长兼书记。1955年1月调新疆石油管理局独山子炼油厂工作，曾任材料科科长、商品站党支部书记、销售科科长、党总支书记等职务。1980年11月离休。

裴绥晋 男，汉族，山西兴县人，1916年6月生。1937年6月参加山西

省兴县组织的牺盟游击队，先后在兴县、静乐县、岚县、临县、岢岚县、佛山县参加游击战斗。1939年12月当排长，参加过临县白文镇战斗，率领敢死队攻破敌人防守。1940年，在359旅7团任通信员、警卫员，后到兵工厂任战士。6月调任延长油矿通信员，1941年2月任油矿生活管理员，1946年任油矿运输队队长。1947年3月16日，由于胡宗南部队进攻延安，钻探队全部撤离油矿。7月任资车支队11大队工人游击队队长。参加过青化砭、蟠龙镇、羊马河战役，1948年2月加入中国共产党。1952年至1954年12月任延长油矿服务科副科长。1955年调入新疆石油管理局工作，担任局办公室总务科科长。1956年3月调任新疆石油学校总务科科长。1958年调任石油局办公室行政科科长。1960年调任局农副业管理处科长。1964年调任石油局驻乌鲁木齐办事处服务部科长。1965年到南山农场工作。1980年5月离休。

亮点人物选录

徐福贵获全国劳动模范称号

徐福贵 男，汉族，中共党员。1958年10月生，1982年7月参加工作，

大学文化程度，高级工程师。2009年5月获全国五一劳动奖章，2010年4月被评为全国劳动模范。时任独山子石化公司总经理、党委副书记，独山子区区长。

1982年，徐福贵从抚顺石油学院石油炼制专业毕业后到原新疆石油管理局独山子炼油厂工作。1986～1991年，负责炼油厂龙头车间——蒸馏车间的生产组织期间，该车间经济技术指标在全国同类装置考核中居前列，蒸馏车间连续3年夺得新疆石油管理局标杆集体奖牌，获得全国能源工业先进集体奖状。1989年，独山子开始加工新疆油田百口泉原油，原油性质变化较大，影响了炼油收率和产品质量。徐福贵精心绘制百口泉原油掺炼比重曲线图，指导生产，改善指标，经济效益持续提高。此后，对电脱盐系统进行大胆改造，年节约化工材料25万元，在全国50多家同类炼油装置考核中，车间各项指标均居前列。1991～1995年参与指挥新疆首套14万吨乙烯工程的建设，担任龙头车间——乙烯车间主任和乙烯工程开工指挥部常务副指挥，9套装置开工达到国内同类装置的最高水平。1999年徐福贵担任独山子石化公司总经理后，强化企业管理，大力实施低成本、差别化、走西口、科技创新、人才开发、持续发展六大战略，全面提升核心竞争力，加快推进科技进步。先后开发新产品44种，取得发明专利12项。开展3个国家"863"项目研究，完成聚乙烯专用料研发等21项股份公司级科研项目。实施60多项攻关措施、278项技改技措。哈萨克斯坦原油加工、合成树脂、合成橡胶三大科研中心建设有序推进，稀土橡胶被科技部列为国家级重点支持项目。突出人力资源开发，为持续发展提供人才支持。以岗位练兵、技术比武、继续教育为载体，着力打造保障炼化生产、满足大石化工程需要的管理、科技和操作3支队伍。公司培养出博士、硕士96人，两级技术专家9人，集团公司技术能手28人。2009年在集团公司技能大赛上夺得4枚金牌。先后在全国石油石化员工技能竞赛中，连续3届分别夺得蒸馏、裂解、催化工种个人第一。公司27项主要经济技术指标，24项名列中国石油前三名，炼油单因耗能、乙烯燃动能耗、聚丙烯单耗等7项指标排名第一。5项指标全国第一。2005年，徐福贵担任全国一次性投资最大、单套装置世界级规模的炼化一体化项目——1 000万吨炼油100万吨乙烯工程建设总指挥，建立高效运行的工程管理组织模式，坚持一流标准，施工高峰时近4万多人，完成投资300亿元，

世界级规模的千万吨炼油百万吨乙烯工程一次顺利试车成功，创造国内大型炼化工程开工新纪录。2009年，公司具备1 000万吨原油加工和120万吨乙烯生产能力，资产总额400亿元，销售收入329亿元，利润31亿元，上缴税费51亿元。与2000年相比，炼油加工量增加1.8倍，乙烯产量增加3倍，资产总额增加4倍，销售收入增加4倍，上缴税费增加9.6倍。经济技术指标进入全国先进行列。胡锦涛总书记专门批示表示祝贺，工程入选新中国成立60周年百项重大经典工程。至2009年底，独山子石化公司千万吨炼油百万吨乙烯平稳运行。新装置16项主要指标已经达到设计值，公司24项主要指标位居中国石油前三位。多年来，在徐福贵的领导下，独山子石化公司各项工作取得优异成绩，先后两次获全国五一劳动奖状、全国质量效益型企业和全国"安康杯"优胜企业称号，获得首届国家环境友好企业称号，3次被评为设备管理国优单位。徐福贵被评为20世纪80年代优秀大学生、厂首届十佳主任、优秀共产党员、中石化总公司优秀车间主任，并获开发建设新疆奖章等荣誉。

李晓华获全国劳动模范称号

李晓华 男，汉族。2010年4月被评为全国劳动模范。时任新疆油田公司准东采油厂火烧山联合站站长兼党支部书记。

李晓华干过采油队、安装队技术员，当过采油队长。1998年8月，28岁的李晓华担任火烧山联合站站长兼党支部书记。火联站是新疆油田的要害单位，集原油处理、油田污水处理、天然气处理、油田注水、系统保温为一体，人员多，工种和岗位杂，技能水平参差不齐。2000年起，针对全站员工技能、取证工种单一，一旦有人生病或请假，其他岗位员工又不能替换顶岗的情况，李晓华开始创建学习型团队，要求岗位员工取五证（集输上岗证、污水上岗证、注水上岗证、电工上岗证、计算机上岗证）。按干什么、学什么，缺什么、补什么，练什么、精什么的原则，坚持每班一题一答，每周一次技术课学习，每月两次岗位练兵，每季一次上岗取证，使火联站员工五证持有率达98%以上，通过岗位互换轮训，每个人都能独立胜任站上的任何一个岗位，全员素质明显提升。李晓华大力开展学习型团队建设，要求员工取得5种主要工种的上岗证，并进行岗位互换轮训。人员素质的提升为科技创新助添了活力，火联站一举跃上"两优、二低、两提高"的新台阶。外输原油含水控制在0.2%以内，优于国家标准2倍；脱后污水含油在0.1%以下，优于新疆油田公司标准2倍；注水单耗低于标准1.5倍，输油单耗低于标准2.6倍，破乳剂单耗低于标准2.8倍。2000～2009年，火联站员工完成科技成果、小改小革近100项，节约资金600多万元；完成QC成果12项，其中李晓华牵头研制的有限空间闸门开启器和柱塞泵柱塞防护润滑装置获得国家知识产权局专利授权，有效地解决了生产难题。火烧山油田距准东石油生活基地180多千米，员工实行每周倒班工作制，每年有一半时间远离家庭和亲人。李晓华组织站上的党员干部成立了虚拟之家，还印发虚拟之家互助组联系卡给站员。在岗员工家里遇到管线漏、换气罐、照顾病人等难题，拨个联系电话，倒休在家的"互助员"会义务帮助解决。火联站的虚拟之家最终成了员工离不开的实实在在的温暖之家。经过李晓华的努力，火联站QC小组被评为新疆维吾尔自治区优秀质量管理QC小组、中国质量协会石油分会2009年度石油工业优秀质量管理小组。火联站连续12年安全生产无事故，多次获全国及省部级荣誉。2005年获全国能源化学总工会先进集体称号，2006年火联站维修班被国务院国资委授予中央企业学习型班组称号，2007年获中石油股份公司先进基层党支部称号，2009年被新疆维吾尔自治区总工会授予工人先锋号称号。2002年李晓华获得克拉玛依市劳动模范称号，2005年被评为克拉玛市十大杰出青年，2007年被评为中石油集团公司优秀党务工作者，2008年被评为中国石油天然气集团公司模范思想政治工作者，2009年获中央企业劳动模范称号。

吴平河获全国劳动模范称号

吴平河 男，锡伯族。2010年4月被评为全国劳动模范，时任中国石油西部钻探工程有限公司克拉玛依钻井公司50585钻井队队长。

吴平河被称作西部石油钻井一线的领头羊，5年来，在吴平河的带领下，哪里有硬骨头井，50585钻井队就出现在哪里，年年钻井进尺在克拉玛依钻井公司名列前茅，并多次创出新指标、新纪录，成为西部钻探工程有限公司最出色的标杆钻井队。多年来，在吴平河的带领下，50585钻井队先后多次创出新指标、新纪录，成为西部钻探工程有限公司最出色的标杆钻井队。2006年，被新疆油田勘探公司授予勘探红旗队称号；2007年，被新疆油田开发公司授予开发红旗队称号；2008年，队年进尺创下32 487米的新纪录，西部钻探公司为该队记集体一等功1次，该队同时获西部钻探公司主题劳动竞赛红旗队和青年突击队称号；2009年，受国际金融危机严重影响和钻井工作量大幅下降的实际，仍然创下队年进尺22 428米的纪录，被西部钻探公司评为主题劳动竞赛红旗队，同时获中国石油集团公司金牌队称号。吴平河的工作特点是：一是以身作则，严格管理。2005 年，他担任队长后，首先遇到的就是400 多千米的钻机长途搬迁工作。钻机搬家安装是大型施工，作业点多，劳动强度大，稍有不慎，就可能导致出现意外事故。钻机搬家安装前，他与队上的骨干一起，认真研究制定实施方案，详细安排每一个工作步骤、每一台设备的装车顺序、每一个作业面的责任人，然后召开会议进行动员，将责任分解落实到每个岗位和每个职工。整个钻机搬安过程他一直坚守在现场，在他的严密组织、精心协调下，整个搬安工作按照实施方案环环相扣，提前两天完成任务，受到公司的高度评价，更赢得职工们的信赖。二是科学打井，屡创佳绩。吴平河根据新疆油田各区块地层的特点和本队设备的现状，采取对应措施，积极学习运用成熟打法，优选钻井参数，强化泥浆管理，严格按设计组织施工。尤其是在新疆油田莫北 2 井区，50585 钻井队承钻的 MB2251 井，井深4 005米，他们仅用 23 天 17 小时就安全、优质、高效完井，钻机月速度高5 069 米/台月，机械钻速 16. 76 米/小时，创下莫北 2 井区开发多年以来的历史新纪录。三是精打细算，降低成本。吴平河在每口井开钻前，都要和成本员一起做好口井预算，将钻井队能够控制的油料费、修理费、材料费、运费等十大项变动费用的控制责任分解到每个岗位，与业绩考核相挂钩，进行严格控制；每口井完井后，他都要认真对照检查分析，寻找差距。近年来，他依托本队的技术优势，在坚持日常性修旧利废活动的基础上，开展了离心机维修、泥浆泵护罩加工等多项技术革新、技术攻关，有效降低了各种费用的支出，使 50585 钻井队在与同区块、同井型、同类型钻机的对比中，连续多年保持各钻井队前列。近 5 年来该队共计节约成本超过 100 万元。四是无私奉献，营造和谐。50585 钻井队是一个由汉、维吾尔、回、哈萨克等多个民族组成的集体，在平时的工作和生活中，吴平河十分重视民族团结工作，他本人精通锡伯、汉、维吾尔、哈萨克 4 种民族语言，与各族职工建立了深厚的友谊，他组织开展的民汉职工结对子一帮一活动，取得实实在在的成效，被西部钻探公司树为典范。吴平河平均每年在钻井一线工作的时间多达 268 天，远远高于其他钻井队的干部，也远远高于本队所有职工，平均每年比别人多奉献 80 多天。2007 年，队上一名职工的子女患重病需要换肾，他得知情况后一次性捐款5 000元。在他的带动下，全队 30 多名职工共计捐款 8 万多元。2008 年，50585 钻井队被西部钻探公司授予首届青年民族团结先进队、民族团结手拉手先进集体称号。

陈新发获新疆优秀科技人物称号

陈新发　男，汉族，河南临汝县人，1960 年 7 月生，1976 年 9 月参加工作，1998 年 5 月加入中国共产党，1995 年获石油大学煤田、油气地质与勘探硕士学位，1998年获中国科学院构造地质学理

学博士学位，教授级高级工程师。陈新发主持过多个国家和中国石油重点科技项目，是玛北、石南、陆梁、莫索湾、玛河、克拉美丽等油气田发现的主要贡献者。他主导在国内率先建成数字新疆油田，并获得多项国家计算机软件著作权，该项目中的成果油气勘探生产信息系统在国内多家油田推广。他先后获得省部级科技进步奖 17 项，其中一等奖 6 项。2007 年获得自治区科技进步突出贡献奖。2007 年 5 月获全国五一劳动奖章，2010 年 6 月被评为新疆优秀科技人物。时任克拉玛依市市长、新疆油田公司总经理。

1980 年，陈新发从新疆石油学校毕业后投身新疆油田建设，长期从事石油地质研究工作，在新疆油田从事勘探开发工作已有 27 个春秋。27 年来，在党组织的教育培养下，陈新发立足本职岗位，勤奋学习，刻苦钻研，潜心开展石油地质研究，锲而不舍地寻找大油气田，把自己的全部身心都投入新疆油田的油气勘探事业中，提出很多有重大价值的勘探思路，为新疆油田油气勘探事业的发展作出了突出贡献。在油气勘探、石油科技和建设数字油田等方面取得突出业绩。伴随着克拉玛依油田的发展，陈新发也从一名普通的石油地质工作者成长为国内石油地质勘探界的知名专家和新疆油田的主要决策者。他主持并主笔完成的一系列研究成果和技术管理规程获得省部级奖励："准噶尔盆地西北缘深化勘探技术研究"、"陆梁隆起三个泉凸起油气成藏条件研究及勘探目标评价"、"准噶尔盆地莫索湾凸起石油地质研究及莫索湾油气田的发现"3 项成果获自治区科技进步一等奖，"油气勘探生产信息系统"、"准噶尔盆地腹部岩性地层油气藏形成条件的研究"、"准噶尔盆地腹部油气富集规律的发现与勘探验证"3 项成果获自治区科技进步二等奖、"准噶尔盆地西北缘三叠一侏罗系储层沉积成岩与评价"获地质矿产部科技进步二等奖，《446 井区白碱滩组储量报告》获国家储量管理委员会银牌奖，"新疆油田空间信息系统建设"、"准噶尔盆地西北缘深化勘探研究及五区南、玛湖新油区的发现"等 6 项成果分获自治区和中国石油科技进步三等奖，主持完成的《圈闭成果管理细则》成为中国石油行业标准，参与编写的《石油天然气勘探信息管理规程》被评为"十五"期间中国石油标准化优秀项目。另外有 10 多篇科研论文和著述在省部级以上刊物发表。注重科技人才培养，坚持把专家人才队伍建设作为重中之重的工作来抓，以高层次人才队伍建设带动全员素质提高。在他的指导下，油田公司人力资源管理部门紧紧围绕公司加快发展的需要和员工队伍实际，合理设置公司、厂处两级技术专家岗位。至 2010 年，油田公司已拥有集团公司级高级技术专家 4 名，公司级技术专家 18 名、学科技术带头人 49 名。广大专业技术人员攻坚啃硬、无私奉献，攻克了一批关键带头项目，形成适合准噶尔盆地特点的勘探开发理论

和配套的技术系列，推动公司科技水平的全面提高。近年来公司平均每年编制下达科研项目50多项、课题200多个，年均投入科技资金2.3亿元，取得一批重大科技创新成果，年均实现科技增油30多万吨，有多项成果获得国家科技进步奖，有数十项成果获得自治区和集团公司科技进步奖。陈新发引领新疆油田公司在科学发展的道路上不断取得辉煌业绩，油田生产实现长足发展，油气产量保持连续26年稳定增长，各项工作取得显著的成绩，顺利实现建设大油气田的目标。

况军获光华工程科技奖青年奖

况　军　男，汉族，1964年7月生，山东胶县人，中共党员。1985年7月参加工作，博士研究生学历，高级工程师。2010年6月获光华工程科技奖青年奖，时任中国石油天然气集团公司新疆油田分公司副总经理。

1985年7月，况军从西南石油学院勘探系石油地质勘察专业毕业后到新疆石油管理局，长期从事石油地质研究工作。多年来，在准噶尔盆地及外围盆地油气勘探研究和部署工作期间，刻苦钻研，勇于创新，在学术上提出许多新的思维和见解，是准噶尔盆地油气系统理论形成的主要贡献者之一、新疆油田近5年油气产量持续向上的主要贡献者之一，也是石西油田、石南油气田、莫北油气田、呼图壁气田、陆梁油气田、莫索湾油气田发现并评价部署方案的主要研制人员之一。况军多次承担国家级、公司级、局级重大科研课题，并获得多项科技创新奖。他直接主持完成的集团公司级项目"准噶尔盆地油气资源二次评价"和"准噶尔盆地大油气田的形成条件及分布规律"获中国石油集团公司领导和专家的好评，这些项目有效地指导了准噶尔盆地的油气勘探。由他主持完成的三级国家项目"准噶尔盆地天然气勘探方向及目标评价"通过国家验收并被给予"国际先进"的最高评价。他主持承担的"九五"国家级攻关项目"准噶尔盆地天然气勘探目标评价"通过国家鉴定并获1999年度自治区科技进步一等奖。他承担完成的重大项目中有1项获国家科技进步二等奖，2项获集团公司科技进步一等奖，5项分获自治区科技进步奖。况军还参加准噶尔盆地"八五"和"九五"油气勘探规划及"6213"加快准噶尔盆地油气勘探部署方案的编制工作。由他独著或合著完成并在国内外各类核心科技刊物上发表的论文有30多篇。况军积极推行以业绩为重点，品德、知识、能力相结合的人才评价体系，逐步形成具有勘探开发研究院特色的充满活力的人才选拔、使用、激励机制，培养和造就了一大批专业人才队伍，为新疆油田公司培养了一大批优秀的管理人才。勘探开发研究院先后获全国文明单位称号、开发建设新疆奖状、自治区综合治理模范单位称号、全国石油系统体育工作先进单位称号等多项国家级、自治区级荣誉，实现了物质文明、政治文明和精神文明的协调发展。多年来，研究院共承担科研项目129个，专题471个。承担国家级专题3项、股份公司专题11项，完成生产性报告1 671份。获国家科学技术进步奖1项，集团公司技术创新奖4项，股份公司技术创新奖6项。获自治区科学技术进步奖26项，油田公司技术创新奖162项，有11项成果获得国家专利。近5年累计承担65个原油产能建设区块和10个天然气产能建设区块的任务和现场跟踪研究工作，新建原油产能677.7万吨、天然气产能10.7亿立方米。为克拉玛依的持续发展，为新疆经济的快速发展、为中国石油的发展作出突出贡献。况军多次获新疆油田公司、中国石油天然气集团和新疆维吾尔自治区各类荣誉称号，2005年被国务院批准为享受政府特殊津贴专家，2008年5月获全国五一劳动奖章。

郑海涛获集团公司特等劳动模范称号

郑海涛　男，汉族，1975年生，1995年毕业于华东理工大学有机化工专业。2004年9月，在全国石化行业技能竞赛中摘取个人金牌。先后获全国技术能手、全国十大杰出青年岗位能手、中国石油第五届优秀青年、新疆维吾尔自治区劳动模范等称号。2010年，被评为集团公司特等劳模，并被授予铁人奖章。时任独山子石化公司乙烯联合车间副主任兼安全总监。

1995年与郑海涛一同走进独山子石化公司的大学生有400多名。在这些实习生中，郑海涛学艺最快、顶岗最早。实习期满时，大部分人只能胜任一个岗位，郑海涛却取得热分离外操、热分离内操、冷分离内操3个岗位的上岗证。半年后，他又拿到冷分离外操上岗证，成了

少见的通岗新人。郑海涛曾担任乙烯厂操作员、主操员、班长、值班长、工段长、车间副主任。经过生产一线多年的锤炼，郑海涛显示出自己的技术实力。在乙烯厂以及独石化历次技术比武中，郑海涛多次名列前茅，成为小有名气的技术能手。2003年，中国石油举办技能大赛，郑海涛被选拔为6人小组成员。在团队比赛中，独山子石化公司一举夺得团体冠军。在中国石油50多名参赛选手中，郑海涛取得第七名。2004年，得知全国石化行业将举办技能大赛的消息后，郑海涛更是发了狠，进行封闭训练，一练就是3个月。9月，全国石化行业技能大赛在北京举行。来自中国石油、中国石化的80多名选手汇聚燕山

石化展开角逐。郑海涛获得金奖。技术上的出类拔萃，让郑海涛在收获荣誉的同时，也面临着诱惑。有好几家合资公司、私营企业想高薪聘请他，都被他婉拒。郑海涛说，自己的成长得到师傅的无私传授，得到组织的悉心关怀，企业还多次选派我赴外考察学习，我从没想过要离开。郑海涛还是技术创新的行业典范。2009 年 9 月 21 日，独山子石化公司百万吨乙烯装置开车投运一次成功。中国乙烯工业行业协会希望技术人员写出技术报告，为国内正在建设的同类大型装置提供技术参考。这一重任顺理成章落在郑海涛身上。一个星期后，《百万吨乙烯装置开车总结》出炉。郑海涛说，多亏他有七八本详细的跟踪笔记。这部《总结》很快成为行业技术指导手册。郑海涛是技术创新树行业典范，1999 年，冷箱出现冻堵故障，影响乙烯装置运行效率，每天损失 2 万多元。生产设备的国外公司提出，只能停产处理。郑海涛组织骨干技术人员反复研讨，采用不停工、低负荷注甲醇的办法解决了冻堵问题，避免了数百万元经济损失。2009 年 11 月底，刚刚投运的乙烯联合车间出现生产波动。装置现场值班干部报告给郑海涛，请求停产处理。乙烯联合车间一旦停产，经济损失很大。生产波动如果不能尽快得到控制，就会造成很大安全风险。正在医院看病的郑海涛，在电话中仔细询问相关参数后，果断决定不停工，排故障。他通过电话传令指挥，24 个岗位 30 多名现场操作工紧急行动。50 分钟后，生产恢复平稳。郑海涛逐步成长为乙烯装置的技能专家。先后参与承担乙烯装置冷箱冻堵技术、延长裂解柴油运行周期等多项重大科技攻关项目，成功解决制约生产的多项技术瓶颈，截至 2010 年，在郑海涛的组织下，技术人员先后破解 30 多项生产技术难题，查找排除 170 余起安全隐患，完成多项重大科技攻关项目，创造经济效益数千万元。

自治区劳动模范

2010 年 9 月 30 日，自治区党委召开劳动模范表彰大会，克拉玛依市有 16 人被授予自治区劳动模范，1 人被评为自治区先进工作者。

肉孜麦麦提·巴克（维吾尔族）　新疆油田公司重油开发公司采油作业五区采油七班班长

阿不力米提·阿不都吉力（维吾尔族）　独山子石化公司乙烯厂乙烯车间工艺一班裂解班长

木合塔尔·穆哈买提（维吾尔族）　新疆油田公司勘探开发研究院副总地质师

艾沙江·买买提吐尔逊（维吾尔族）　新疆石油工程建设有限责任公司工程一公司第十工程队电焊工

阿孜古丽·热合曼（女，维吾尔族）　克拉玛依市克拉玛依区天山路街道康乐社区党支部书记兼主任

石　静（女，回族）　新疆油田公司准东采油厂火烧山作业区采油四队工人

黄秀梅（女）　新疆油田公司采油二厂第四采油作业区巡检四班班长

张学军　独山子石化公司炼油厂生产调度处工程师

谷　刚　独山子石化公司炼建公司乙烯检修分公司焊接技能专家

杨　豪　新疆油田公司油气储运公司销售计量中心维修班技能专家

汪新德　新疆油田公司克拉玛依电厂安全副总监

刘明高　新疆油田公司油藏评价处处长

范惠明　克拉玛依石化公司炼油第三联合车间主任

刘　斌　克拉玛依市新疆金塔投资集团有限公司党委书记、董事长兼总经理

钱德洪　克拉玛依市荣昌有限责任公司总经理

闫亚洲　新疆油田公司百口泉采油厂厂长、党委书记

自治区先进工作者

尤力瓦斯毛拉·吐尔地（维吾尔族）　克拉玛依市公安局刑警支队副支队长

集团公司劳动模范

2010 年 4 月 30 日，集团公司召开先进集体、劳动模范表彰大会。新疆油田公司魏昌建等 26 人、独山子石化公司徐凯军等 6 人、克拉玛依石化公司周宇等 2 人被授予劳动模范称号。

新疆油田公司

魏昌建　准东采油厂火烧山作业区采油一队高级技师

闫仁庚　采油二厂天然气处理站站长

李清辉　数据中心总工程师

叶长新　百口泉采油厂百 21 采油作业区高级技师

库尔班江·阿不都克里木（维吾尔族）　采气一厂采气队克 75 处理站高级工

霍　进　陆梁油田作业区经理

张新国　重油开发公司经理

王正才　石西油田作业区经理

庞德新　井下作业公司经理

买买提·加马力（维吾尔族）　采油一厂检 131 采油作业区地质总监

夏惠萍（女）　勘探开发研究院地球物理研究所总地质师

唐青隽　试油公司项目部经理

肖　刚　油气储运公司彩南站维修巡检班班长

辛黎虎　克拉玛依电厂副总工程师

张　辉　供电公司线路工区技师

付　粮　供水公司营销所支部书记

杨永刚　通讯公司数据中心主任

周建平　机械制造总公司研究所所长

潘竞军　采油工艺研究院副院长

李海军　新港作业分公司员工

张美枝（女）　克拉玛依物业管理公司金龙镇分公司安全办主任

张喜莲（女）　燃气公司液化气储备站员工

金家宇（女）　彩南油田作业区第三采油站班长

吴爱军　石油工程建设监理部副主任

孙　森　风城油田作业区副总工程师

独山子石化公司

徐凯军　炼油厂蒸馏车间

张学军　炼油厂生产调度处副处长

谢燎原　炼油厂炼油第四项目部副经理

谷　刚　炼建公司乙烯检修分公司

艾合买提江（维吾尔族）　乙烯厂空分空压车间副主任

刘广宇（女） 乙烯厂聚烯烃联合车间

克拉玛依石化公司

周 宇 工程管理部工程管理科科长

陈淑建 重整车间班长

逝世人物简介

尚永福 男，汉族，山西宁武人。1928年4月生，1949年3月参加中国人民解放军，同年8月加入中国共产党。曾任中国人民解放军战士，新疆石油管理局钻井处钻井工，石油局钻进处钻井队副队长、队长，钻井处生活供应科副科长。1986年10月离休，享受副处级干部政治生活待遇。2010年1月1日在克拉玛依逝世。

阿不都热合曼·艾力甫夏 男，维吾尔族，新疆和田人。1927年10月出生，1956年5月参加工作，中共党员。曾任独山子矿务局工程处干部，新疆石油管理局克拉玛依工程公司队长、副大队长、党委副书记，石油局农副业处副处长，生活服务公司党委副书记、调研员。1988年9月退休。2010年1月2日在克拉玛依逝世。

李传付 男，汉族，云南华宁人。1927年4月生，1948年10月参加中国人民解放军，1950年1月加入中国共产党。曾任中国人民解放军野战1师1团1营1连战士，中国人民志愿军战士，北京军区工程团1连战士、副班长、班长。1956年3月转业到独山子矿务局工作，历任独山子矿务局钻井处工人，新疆石油管理局采油二厂采油6队技术员，石油局六区会战指挥部技术员，石油局采油二厂基建科技术员，采油二厂木工车间主任、指导员。1985年11月离休，享受副处级干部政治生活待遇。2010年1月3日在克拉玛依逝世。

傅玉林 男，汉族，陕西洋县人，中共党员。1941年4月生，1963年8月毕业于北京石油学院勘探系，分派到新疆石油管理局工作。曾任新疆石油管理局克拉玛依电测站技术员，石油局技术作业处宣传科宣传干事、副科长，技术作业处研究所所长，石油局油田工艺研究所党委副书记，石油局教育中心党委书记，石油局塔里木第一勘探公司工委副书记（正处级），克拉玛依市、新疆石油管理局驻成都联络处（办事处）党工委书记，1998年5月退休。2010年1月14日在北京逝世。

朱世焕 男，汉族，江苏泗洪人，中共党员。1932年7月生，1947年10月参加中国人民解放军。曾任中国人民解放军华东军区警备41团2营战士，华东军区后勤医院护士，中国人民志愿军511医院护士。1956年被授予解放奖章。1958年为支援边疆建设转业到新疆石油管理局工作，历任石油局职工医院急诊科医师，职工医院儿科医师，职工医院保健科主治医师。1992年8月离休，享受副处级干部政治生活待遇。2010年1月20日在克拉玛依逝世。

乌马尔江·托呼提 男，维吾尔族，新疆鄯善人，中共党员。1945年1月在新疆伊犁参加三区革命，为三区民族革命军战士。1950年6月参加石油企业工作，曾任中苏石油股份公司独山子炼油厂工人，炼油厂焦化车间副主任、主任，新疆石油管理局新源铁厂副厂长，新疆石油管理局克拉玛依炼油厂革命委员会副主任、党委副书记。1983年7月离休，享受副局（厅）级干部政治生活待遇，2010年1月26日在克拉玛依逝世。

张兰书 男，汉族，山东昌邑人，中共党员。1928年3月生，1946年9月参加中国人民解放军。曾任中国人民解放军山东西海医院卫生3所护士，解放军华东军区后勤卫生部第二野战医院卫生员，华东军区81医院助理军医、住院军医，中国人民志愿军511医院军医。在部队荣立三等功1次，四等功1次，1956年被授予解放奖章。1958年为支援边疆建设转业到新疆石油管理局工作，历任管理局职工医院外科医师、急诊科医师、主治医师、科副主任、主任、教导员。1988年4月离休，享受副处级干部政治生活待遇。2010年1月30日在克拉玛依逝世。

郭照信 男，汉族，河南邓县人，中共党员。1935年10月生，1956年8月毕业于天津石油学校分配到克拉玛依矿务局电厂工作。曾任克拉玛依矿务局电厂实习员、技术员，新疆石油管理局电厂供电车间技术员、工程师，克拉玛依电厂主任工程师、副厂长、厂长。1993年9月退休。2010年3月15日在上海逝世。

巴拉提·如孜 男，维吾尔族，新疆乌苏人。1937年6月生，1953年4月参加工作，1963年5月加入中国共产党。曾任中苏石油股份公司输油处工人，新疆石油公司输油处工人，独山子矿务局输油处工人，新疆石油管理局输油处工人、车间主任，输油处输油队副队长、队长，输油处革命委员会副主任，石油局技术作业处劳动服务公司副经理。1989年4月退休，享受副处级干部政治生活待遇。2010年3月25日在克拉玛依逝世。

李光金 男，汉族，湖南邵东人。1925年1月生，1944年6月参加革命工作，1949年1月编入湖南省邵阳军分区，1958男8月加入中国共产党。曾任湖南邵东县游击队战士，邵阳军分区独立16团1连3营战士、团部通讯员，解放军水利工程部队9支队上士，湖南省军区27团2营7连司务长，湖南省军区训练团16连司务长12连学员。在部队立功2次。1956年10月转业到新疆石油管理局工作，历任石油局行政处管理员，乌鲁木齐市石油党校学员，行政处招待所管理员，石油局机关社会生活服务公司食品部管理员，服务公司服务3队队长，战备队队长、指导员。1985年11月离休，享受副处级干部政治生活待遇，2010年4月7日在克拉玛依逝世。

胡明月 男，汉族，山西五台人。1931年12月生，1947年12月参加革命工作，1949年10月加入中国共产党。曾任八路军陕西补训团战士、八路军甘肃补训23团战士，八路军战士，中国人民解放军西北野战军第6军16师47团4连战士、班长；解放军第二步兵学校学员。1952年5月转业到石油企业工作，历任新疆独山子中苏石油股份公司建筑队副主任，西安中华总工会干部学校学员，独山子矿务局机械加工厂工会主席，新疆石油管理局采油二厂佳油管车间主任，1986年9月离休，享受副处级干部政治生活待遇。2010年4月9日在乌鲁木齐逝世。

郭　强　男，汉族，陕西富平人，中共党员。1928年12月生，1949年7月参加革命。曾任西安西北人民革命大学学员，西安西北新闻训练班学员，西北《群众日报》副刊室助理编辑，西北人民广播电台文艺编辑组组长，西北师范学院汉语系学员，中国戏曲家协会陕西分会戏曲编辑，中国戏曲家协会山西分会戏曲编辑部干部，甘肃酒泉地区陇剧团戏曲编辑，甘肃酒泉地区五七干校河西化工厂干部，中国戏曲家协会山西分会戏曲刊物编委，西安铁道师范学院教师、学刊主编。1983年招聘到新疆石油管理局克拉玛依广播电台任戏曲编辑（科级干部），1989年1月离休，享受副处级干部政治生活待遇。2010年4月19日在克拉玛依逝世。

刘传英　男，汉族，山东花平人，中共党员。1937年6月生，1956年3月参加中国人民解放军。曾任中国人民解放军战士，中国人民志愿军3分部军事教导营战士。1957年7月为支援边疆建设转业到新疆石油管理局工作，历任新疆石油管理局阜康铁厂机关政工员，石油局克拉玛依炼油厂人事股干事，石油局办公室档案科干事，石油局机关党委干事、政治处副主任，石油局井下作业公司党委副书记、工会主席、调研员。1993年9月退休。2010年4月20日在克拉玛依逝世。

吴生荣　男，汉族，甘肃徽县人。1921年9月生，1949年9月参加革命工作，1956年9月加入中国共产党。曾任中国人民解放军22兵团27师战士，新疆生产建设兵团农九师29团战士，新疆生产建设兵团玛纳斯水管处工7团副排长、工2团副排长，兵团农七师克拉玛依指挥部排长、克拉玛依建筑公司排长，新疆石油管理局油建二处油建6队排长，石油局油建公司5大队16中队排长。1983年3月离休，享受副处级干部政治生活待遇。2010年5月16日在克拉玛依逝世。

董凤翔　男，汉族，安徽霍邱人，中共党员。1936年12月生，1954年3月参加工作。曾任安徽省霍邱县粮食局营业员、粮食局记账员。1956年3月参加中国人民解放军。曾任中国人民解放军南京军区第三建工团海岸炮兵营战士，炮兵营给养排排长。1960年3月为支援边疆建设转业到新疆石油管理局工作，历任管理局运输处机关政治处干事、党委办公室秘书，石油局井下作业处教务主任、车间队指导员，管理局党委宣传部干事，石油局采油一厂秘书科干事、秘书科科长，石油局党委办公室调研室主任，石油局新疆石油报社党总支书记，报社副社长、副书记。1993年9月退休。2010年5月28日在克拉玛依逝世。

赵长祥　男，汉族，四川三台人，中共党员。1936年4月生，1956年6月参加工作。曾任新疆石油管理局行政科干事、行政科秘书，石油局生活服务公司服务5队队长，石油局落实政策办公室负责人，石油局燃料科副科长，石油局南疆勘探指挥部生活办公室副科长，石油局机关党委综合科副科长，新疆石油管理局、克拉玛依市纪律检查委员会审理科科长，纪委打击经济犯罪办公室主任，纪委综合科科长、副处级纪检员，克拉玛依市监察局副局长，市审计局副局长1993年11月退休。2010年6月13日在克拉玛依逝世。

任荣堂　男，汉族，甘肃玉门人。1929年12月生，1946年9月参加工作，1953年10月加入中国共产党，高级工程师。曾任甘肃玉门油矿工程室科员、钻井技术科科员、钻井公司干事，新疆石油公司独山子矿务局钻井处技师，克拉玛依矿务局钻井处钻井队队长、党支部书记、副段长，乌尔禾钻井处段长、党支部书记，新疆石油管理局钻井处段长、党支部书记、党总支书记，钻井处副处长，石油局井下作业处副处长、党委副书记，新疆石油管理局、克拉玛依市革命委员会副主任，新疆石油管理局、克拉玛依市党委常委、石油局副局长。1992年10月退休。2010年6月26日在克拉玛依逝世。

王华印　男，汉族，河南西平人。1925年3月生，1949年7月参加中国人民解放军，1959年9月加入中国共产党。曾任中国人民解放军第三军第七师通讯连战士，解放军西北军区补训3团8连班长，解放军整编公安12团3营10连班长，公安77团3营7连班长。1956年5月转业到甘肃玉门油田任玉门油田油建公司培训大队学员，1975年12月调入新疆石油管理局工作，历任石油局油建公司安装大队班长，石油局驻新疆大学工人宣传队队员，历史系副主任，石油局油建一处三大队8中队教导员、副主任，石油局油建公司退休职工管理站指导员。1985年8月离休，享受副处级干部政治生活待遇。2010年7月1日在克拉玛依逝世。

陈元培　男，汉族，四川南部县人，中共党员。1927年4月生，1947年3月参加中国人民解放军。曾任中国人民解放军6军17师50团战士、副班长、班长、副排长、排长，解放军第二步兵学校班长。1952年4月转业到石油企业工作，历任中苏石油股份公司器材供应处采购员，中苏石油股份公司物资处理组组长，中苏石油公司西安工作组组长、副科长，新疆石油管理局物资供应处二科科长，石油局物资供应处乌鲁木齐供应站站长，石油局物资供应处副处长、工会主席、调研员。1986年12月离休。2010年7月11日在乌鲁木齐逝世。

邹　源　男，汉族，江苏高邮人，中共党员。1929年8月生，1946年8月参加中国人民解放军。曾任中国人民解放军战士，解放军华中医科大学学员，解放军华中第六后方医院见习员，解放军江淮军分区政治部门诊部医务员，解放军皖北军分区直属医院科员，解放军105医院军医，中国人民志愿军511医院军医。1958年9月为支援边疆建设转业到克拉玛依，历任新疆石油管理局职工医院医师、门诊部副主任，医务处副主任，职工医院副院长、党委书记。1989年12月离休，享受副厅（局）级干部政治生活待遇。2010年7月13日在江苏徐州逝世。

马　晋　男，汉族，新疆乌鲁木齐人，中共党员。1927年2月生，1945年3月参加革命。曾任陕北延安大学学员，中国人民解放军陕西绥德警备区司令部供给部文书，陕北延长油矿食堂管理员，延长油矿工会干部、人事劳资科副科长，陕西西安石油地区监察室监察员、科长。1958年7月调入克拉玛依工作。历任新疆石油管理局监察室监察员，监察室科长，管理局钻井处人事劳资科科长，钻井处机关政治协理员，乌鲁木齐石油化工厂工会主席。1980年10月退休，1982年4月转为离休，享受副处级干部政治生活待遇。2010年7月16日在乌鲁木齐逝世。

徐存义 男，汉族，山西侯马人，中共党员。1927年4月生，1947年3月参加中国人民解放军。曾任中国人民解放军西北野战军后勤运输部船委会粮秣员、粮食采购员，解放军西北军区后勤运输部辎重团5连文化教员、辎重团运输参谋，中国人民志愿军后勤5分部后勤处供销员，后勤处副主任。1958年转业到新疆石油管理局工作，历任石油局党校学员，山西省委党校学员，石油局供应处乌鲁木齐供应站副主任、供应站工会主席。1987年12月离休，享受副处级干部政治生活待遇。2010年8月1日在乌鲁木齐逝世。

杨振民 男，汉族，陕西渭南人，高级工程师。1934年6月生，1956年9月毕业于西北工学院分配到新疆石油管理局，1980年7月加入中国共产党。曾任独山子矿务局建筑大队技术员，新疆石油管理局油建处技术员、工程师，油建公司副主任工程师，石油局克拉玛依电厂扩建指挥部副主任工程师，石油局油建公司副经理、经理。1993年9月退休。2010年8月24日在克拉玛依逝世。

纪海富 男，汉族，内蒙古自治区突泉人，1924年6月生，1946年2月参加中国人民解放军，1946年10月加入中国共产党。曾任中国人民解放军战士、副班长、班长、副排长、排长、连长。1955年10月转业到石油企业工作，历任克拉玛依矿务局供应处干部，新疆石油管理局物资供应处工会副主席、工会主席，供应处生活供应科科长，供应处离退休职工管理站站长。1984年12月离休，享受副处级干部政治生活待遇。2010年9月7日在克拉玛依逝世。

林祖彬 男，汉族，浙江青田人，教授级高级工程师。1932年10月生，1954年5月毕业于北京地质学员物探系地球物理专业，同年6月分配到克拉玛依矿务局工作，1983年9月加入中国共产党。曾任克拉玛依矿务局地质调查处地质物探研究队技术员、队长，石油局技术作业处电测大队研究中队工程师，研究室主任，石油局测井公司测井研究所主任工程师、总工程师兼测井研究所所长。1993年11月退休。2010年9月8日在克拉玛依逝世。

卫精业 男，汉族，陕西芮城人，中共党员。1926年12月生，1947年4月参加中国人民解放军。曾任中国人民解放军华北野战军15总队卫生员，中国人民志愿军高炮102师卫生所医生助理，解放军华北军区防空军学员，1956年1月转业到石油企业工作。历任克拉玛依矿务局明园医务所助理医师，管理局地调处机关科员，卫生处干事，新疆石油管理局独山子医院医师，石油局克拉玛依职工医院医师、教导员。1986年12月离休，享受副处级干部政治生活待遇。2010年10月5日在克拉玛依逝世。

黄天定 男，回族，河南新野人，中共党员。1921年6月生，1944年2月参加中国人民解放军。曾任中国人民解放军陕甘宁军区回民支队战士、排长、连长，中国人民志愿军68军204师611团司令部炮兵参谋，炮兵室副主任，炮兵1营参谋长，志愿军204师612团炮兵营代营长，炮兵室副主任。1956年转业到新疆石油企业工作，历任克拉玛依矿务局人事科科长，矿务局地质调查处钻井区队区队长，塔里木矿务局行政处行政科管理员，新疆石油管理局霍城农场管理员、农业队队长，石油局生活服务公司服务2队队长，石油局管线指挥部连长，石油局生活处陶瓷厂车间主任，生活处采购员。1982年9月离休，享受副处级干部政治生活待遇。2010年10月8日在克拉玛依逝世。

韩继武 男，汉族，甘肃武山人。1933年2月生，1949年7月参加中国人民解放军，1953年9月加入中国共产党。曾任中国人民解放军2军卫生学校学员，解放军2军后勤部边疆合作社售货员，1954年转业到石油企业工作。历任新疆石油公司喀什钻井处电测站实习员，新疆石油管理局钻井处作业大队技术员、副站长、工程师，管理局钻井处副处长，钻井处革命委员会副主任，管理局技术作业处党委副书记，新疆石油管理局克拉玛依市党委常委、副局长，克拉玛依市市长，克拉玛依市机构编制委员会主任、市外事办公室主任。1993年2月离休。2010年10月21日在克拉玛依逝世。

阿不力孜·克里木 男，维吾尔族，新疆阿图什人。1934年3月生，1951年3月参加工作，1953年5月加入中国共产党。曾任新疆喀什地区工委学生部干事，喀什地区团委书记，新疆维吾尔自治区党校学员，独山子矿区人事科干事，新疆石油管理局钻控人事科副科长，石油局的党委宣传部宣传科科长，石油局新疆石油报社副总编辑，石油局南疆石油会战指挥部党委副书记，石油局物资供应处党委副书记，新疆石油管理局、克拉玛依市纪律检查委员会副书记。1993年9月退休。2010年11月2日在克拉玛依逝世。

傅昭娣 男，汉族，湖南洞口人，中共党员。1939年5月生，1966年7月毕业于天津南开大学分配到克拉玛依工作。曾任新疆石油管理局采油三厂采油大队宣传干事，新疆石油报社记者、编辑，新疆石油管理局、克拉玛依市党委宣传部宣传科干事、科长、宣传部副部长，新疆石油学院宣传部副部长。1992年9月退休。2010年11月3日在克拉玛依逝世。

高大杰 男，汉族，山东高密人，中共党员。1938年9月生，1956年2月参加中国人民解放军。曾任中国人民解放军0439部队战士，1960年3月转业到石油企业工作。历任辽宁抚顺石油二厂热电培训队党支部书记，新疆石油管理局克拉玛依电厂培训队党支部书记，电厂电气分场党支部书记，电厂检修分场副指导员，电厂生产指挥部负责人，石油局克拉玛依电厂党委书记、副厂长，石油局准东油田三台电厂筹建处负责人，石油局机动处副处长。1993年9月20日退休。2010年11月16日在克拉玛依逝世。

王金山　男，汉族，陕西侵建人。1929年9月生，1947年3月参加中国人民解放军，1948年5月加入中国共产党。曾任中国人民解放军西北军区政治部教导队战士，西北军区宝鸡分区电台班长，中国人民志愿军303部队14大站电话排排长，志愿军303部队军官学校学员，志愿军303部队15大站电话排排长。1956年9月转业新疆石油管理局工作，历任管理局地质调查处特车队队长，地调处203队队长，乌鲁木齐党校学员，石油局农场指导员，管理局生活服务处机关指导员，石油局运输处车队指导员，运输处离退休职工管理站指导员。1988年12月离休，享受副处级干部政治生活待遇。2010年11月17日在克拉玛依逝世。

丁效仁　男，汉族，山东潍坊人。1925年5月生，1949年2月参加中国人民解放军。曾任中国人民解放军山东胶东军区西海兵团3营9连战士，解放军山东胶东军区32炮兵团3营文书，中国人民志愿军铁道工程7师19团侦讯连教员。1956年转业到克拉玛依工作。历任克拉玛依矿务局钻井处钻井队队长，试油队队长，钻井处试油区队区队长，钻井处试油大队调研室主任，钻井处保温大队调研股股长。1985年4月离休，享受副处级干部政治生活待遇。2010年12月1日在克拉玛依逝世。

·小资料·

2010年中共新疆维吾尔自治区委员会书记、副书记、常委、秘书长、副秘书长名单

书　记：王乐泉（中共中央政治局委员兼，4月离任）
张春贤（4月任职）

副书记：努尔·白克力（维吾尔族）
聂卫国（5月离任）
车　俊（5月任职）
杨　刚（12月离任）
韩　勇（12月任职）

常　委：朱锦林
符　强
黄　卫（12月任职）
李　屹（12月离任）
肖开提·依明（维吾尔族）
努尔兰·阿不都满金（哈萨克族）
宋爱荣（女）
朱海仑
白志杰
库热西·买合苏提（维吾尔族）
尔肯江·吐拉洪（维吾尔族）
胡　伟（12月任职）

秘书长：白志杰（兼）

副秘书长：张明理
景海燕（女）
孙昌华
郭永辉
阿不利孜·阿不都热衣木（维吾尔族）
代宁祥
王　伟
邓仁杰（9月任职）

文件选辑

政策·规定

克拉玛依市鼓励投资促进产业结构调整若干政策
（2010年10月13日）

第一条 为进一步加快产业结构调整与优化升级步伐，促进经济社会又好又快发展，为全面建设小康社会、推进城市现代化建设奠定基础，根据有关法律、法规和政策规定，结合克拉玛依市实际，制定本政策。

第二条 继续全面贯彻落实国家和自治区现行的各项优惠政策，鼓励、支持国内外各类企业和个人在克拉玛依市投资发展。

第三条 凡具备条件享受本政策相关条款的企业须在克拉玛依市辖区内注册登记独立法人企业（包括驻市中央企业以多种方式注册成立的法人企业）。

第四条 本政策所称的“对克拉玛依市财政贡献额”是指在一个公历年度内企业实际上缴市、区两级国库的各项税费及教育费附加，其中包括企业自行补缴的以前年度税费及教育费附加，不含有关机关检查补缴的款项。

第五条 当前重点鼓励投资和发展的产业及项目有：

（一）石油、天然气、煤、盐、生物化工及其下游产品加工业；

（二）高新技术和先进适用技术项目（国家重点支持的新材料技术、新能源及节能技术、资源与环境技术等八大高新技术领域）；

（三）节能环保、循环经济（资源综合利用）项目；

（四）农业和农副产品加工及其相关配套的服务业；

（五）旅游业及其相关配套的服务业；

（六）现代物流业、现代商贸服务业；

（七）社区服务业；

（八）社会公益事业；

（九）经市人民政府确定的其他产业及项目。

第六条 项目行业主管部门：

（一）石油、天然气、煤、盐、生物化工及其下游产品加工业为市经贸委；

（二）高新技术和先进适用技术项目为市科技局；

（三）环保减排项目为市环保局；

（四）节能、循环经济项目为市经贸委；

（五）农业、农副产品加工及其相配套的服务业为市农林牧业局；

（六）旅游业及其相关配套的服务业为市旅游局；

（七）现代物流业、现代商贸服务业为市经贸委；

（八）社区服务业为市民政局；

（九）物业管理为市房产局；

（十）社会公益事业为市财政局。

第七条 产业结构调整重大项目的前期费用由财政按30%的比例给予补贴。

（一）市产业结构调整重大项目须符合下列条件之一：

1. 符合本政策重点鼓励投资和发展的产业规定，固定资产投资在5 000万元（含5 000万元）以上的项目；

2. 市人民政府根据项目产业性质认定的其他重大项目。

（二）“项目前期费用”是指投资项目前期工作中具有资质的机构编制可行性研究报告、环境影响评价报告、安全评价报告的费用。

第八条 对于符合第七条第一款规定的重大项目，财政每年安排一定数额的资金根据项目贷款投资进行贴息。贴息时间不超过3年，贴息分别为项目当年实际支付利息的50%、30%、20%。

同一项目已享受本政策中其他条款补贴的，不再享受贴息补贴（重大项目前期费用补贴除外）。

第九条 大力发展石油、天然气、煤、盐、生物化工及其下游产品加工业。

（一）对投资上述产业的项目，自投产之日起5年内按企业对克拉玛依市财政的贡献额，由财政以一定比例拨给企业用于新产品研制和开发，其中固定资产投资额在1 000万元至5 000万元（含5 000万元）的，按前2年40%、后3年20%拨付；固定资产投资额在5 000万元以上至1亿元（含1亿元）的，按前2年50%、后3年25%拨付；固定资产投资额在1亿元以上的，按前2年60%、后3年30%拨付。

（二）对以组建股份有限公司形式从事石油化工及下游产品加工业的企业，固定资产投资规模达到本条第一款相应规模的，财政支持同比增加10%。

第十条 鼓励运用高新技术和节能减排技术新建生产项目。

（一）企业运用高新技术或先进适用技术新建的生产项目，经行业主管部门确定立项，以企业当年对克拉玛依市财政贡献额的40%为限额，由财政按企业对该项目实际投入额的20%拨给企业。

（二）工业企业采取节能减排措施新建的生产项目及通过废弃物综合利用发展循环经济的项目，投产后验收合格，5年内按企业对克拉玛依市财政的贡献额，由财政按前3年40%、后2年20%拨给企业。

第十一条 鼓励投资包括农林产品种植、养殖、加工和销售,以及各类中介、农技、农机、畜牧、兽医等为农业直接服务的相配套产业。

(一)对投资额达到50万元(含50万元)以上的上述项目,自投产之日起,10年内按企业对克拉玛依市财政的贡献额,由财政按前5年70%、后5年30%拨给企业用于再投入。上述项目符合农业综合开发区加工园区规划,并在加工园区投资的,土地出让金按国家工业用地最低标准收取。

(二)对种植生态公益林(含农田防护林)的企业和个人,经市农林牧部门认定,由财政按500元/亩的标准给予一次性补贴,同时5年内由财政每年按50元/亩的标准补贴管护费。种植公益防护林的企业和个人,经市农林牧部门认定,树木定植后5年内定额内灌溉用水由财政按水费的80%给予补贴;种植农田防护林的企业和个人,树木定植后5年内定额内灌溉用水由财政按水费的50%给予补贴。

(三)对饲养高产奶牛的两乡、三个牧场农牧民以及与本市乳品企业签订供奶合同的本市企业和个人,经市农林牧部门认定,由财政按净增头数以1 800元/头的标准给予一次性补贴。

(四)对克拉玛依市自产并出售给在克拉玛依市注册的乳品企业的原料奶,在检验合格后按照0.5元/公斤的标准对出售者进行补贴。

(五)对符合相关规划要求,按标准新建温室大棚,面积在0.05公顷(0.75亩)~0.07公顷(1亩)/个的,按照8 000元/个的标准对投资建设的企业或个人给予一次性补贴;超过0.07公顷(1亩)(含1亩)/个的,按照10 000元/个的标准给予一次性补贴。

第十二条 鼓励投资旅游业及其相关配套的服务业。

(一)投资项目符合所列条件之一者,可享受以下政策:固定资产投资额在100万元至500万元(含500万元)的,5年内按企业对克拉玛依市财政的贡献额,由财政按前3年40%、后2年10%拨给企业用于再投入;固定资产投资额在500万元以上的,5年内按企业对克拉玛依市财政的贡献额,由财政按前3年50%、后2年20%拨给企业用于再投入。

1.按照克拉玛依市旅游业发展规划,对旅游资源普查列表中的资源进行开发、建设,并通过市级(含)以上评审的旅游业项目;

2.符合克拉玛依市旅游业发展规划总体要求,通过开发、建设形成旅游资源的项目;

3.符合克拉玛依市旅游业发展规划总体要求,在旅游景区内提供配套服务的项目。

(二)从事旅游产品开发与生产的,5年内按对克拉玛依市财政的贡献额,由财政按前2年40%、后3年20%拨给企业用于产品开发。

第十三条 大力发展现代化物流业、连锁经营等现代商贸服务业。

(一)在克拉玛依市投资现代化物流业项目,固定资产投资额在500万元至1 000万元(含1 000万元)的,4年内按对克拉玛依市财政的贡献额,由财政按前2年40%、后2年20%拨给企业;固定资产投资额在1 000万元以上的,4年内按对克拉玛依市财政的贡献额,由财政按前2年50%、后2年25%拨给企业用于再投入。

(二)对采取直营连锁和特许连锁经营方式,固定资产投资在500万元(含500万元)以上的项目,4年内按对克拉玛依市财政的贡献额,由市财政按前2年40%、后2年10%拨给企业用于再投入。

投资者应提供以下资料:

1.总部(或特许人)出具的投资决策相关文件;

2.总部(或特许人)的工商营业执照(企业法人)、直营连锁店(或被特许人)的工商营业执照;

3.特许经营合同。

(三)在克拉玛依市投资建设专业批发市场,固定资产投资在500万元(含500万元)以上的,自投入使用起,4年内按对克拉玛依市财政的贡献额,由财政按前2年40%、后2年20%拨给企业用于再投入。

第十四条 鼓励兴办包括城市物业管理在内的社区服务业。

(一)凡符合下列条件之一的投资项目,5年内按对克拉玛依市财政的贡献额,由财政按前3年80%、后2年50%拨给企业用于再投入。

1.面向老年人、残疾人、优抚对象提供的社会福利服务;

2.面向下岗失业人员开展的就业和再就业服务。

(二)对从事以城市物业管理为主要经营项目,具有二级(含二级)以上物业管理资质证书的城市物业专业化管理企业,5年内按对克拉玛依市财政的贡献额,由财政按前3年80%、后2年50%拨给企业用于再投入。

第十五条 鼓励投资兴办社会公益事业项目。

(一)对在城市规划区内投资社会公益事业的项目财政给予一定数额的补贴:固定资产投资额在100万元至500万元(含500万元)的,财政给予投资额10%的补贴;固定资产投资额在500万元以上至1 000万元(含1 000万元)的,财政给予投资额15%的补贴;固定资产投资额在1 000万元以上至5 000万元(含5 000万元)的,财政给予投资额20%的补贴;固定资产投资额在5 000万元以上的,财政给予投资额25%的补贴。财政补贴额计算采用超额累进法,并在投资项目完成验收后以补贴运行费用的方式予以分期拨付。

(二)凡投资兴办中、小学校的,项目建设用地可按行政划拨方式取得土地使用权。经市教育督导机构督导评估后达到一类标准的,财政按所招收义务教育阶段具有克拉玛依市常住户籍的学生人数,按每名学生400元/学年给予补助。

(三)对本条所列的建设项目,免征城市基础设施配套费。

第十六条 对投资市人民政府重点鼓励发展的产业或项目征收的城市基础设施配套费,经行业主管部门认定,由财政按50%返还给投资者。

第十七条 对投资市人民政府重点鼓励发展的产业或项目需要贷款且符合担保条件的,由市中小企业信用担保中心优先提供信用担保。

第十八条 符合本政策的投资者所交纳的土地出让金市、区留成部分的60%,视同对克拉玛依市财政贡献,支持资金随项目投资产生收益当年兑现,资金从预算中安排。

第十九条 办理程序:

(一)申请提交文件。

除投资生态公益林种植、高产奶牛饲养、设施农业以外的其他符合本政策规定的投资者,在向政府行业主管部门书面申请政策优惠时，应提交以下文件和资料：

1.项目立项核准或备案批复文件；

2.项目环境影响评价报告的批准文件；

3.项目可行性研究报告；

4.土地使用证明文件、项目开工许可证；

5.项目相关实施合同书。

投资者应出示上述文件原件，并提交复印件1份由主管部门留存。

(二)项目资格认定程序。

1.除投资生态公益林种植、高产奶牛饲养、设施农业以外的其他符合本政策规定的投资者，应按规定提交所需的文件和资料，并填报《优惠政策申请表》(以下简称《申请表》，见附表)；

2.主管部门正式受理后，应会同市经贸、财政部门在限期内对投资项目享受政策的条件进行审核；

3.投资者持批复的《申请表》及财政部门所需的相关资料到市财政部门办理相关手续。其中：属于一次性补贴的事项，经市财政部门复核后即可办理拨款手续；其他属财政贡献额由财政以一定比例拨付的事项，资金拨付于每年7月和12月定期办理。

(三)财政办理条件及程序。

经审核符合条件的投资者，在申请财政支持资金时，应提供以下文件和资料：

1.经主管部门审核批复的《申请表》及提交主管部门的文件和资料；

2.营业执照、税务登记证(含国税、地税)、公司章程、验资报告；

3.项目完成后第一个月的财务报表；

4.支付凭证；

5.项目前期工作相关的实施合同书(重大项目)；

6.贷款合同(申请贴息项目)。

投资者应出示上述文件原件，并提交复印件1份由财政部门留存。

第二十条 生态公益林种植、高产奶牛饲养、设施农业补贴按相关规定执行。

第二十一条 企业应严格按规定使用财政拨付资金，并在每年年终向市财政部门报送财政拨付资金使用情况，财政部门对此实行跟踪问效。

第二十二条 市人民政府建立促进地方经济发展奖励制度，定期或不定期对为克拉玛依市产业结构调整及经济发展作出突出贡献的各类企业和个人给予奖励，实施办法另行制定。

第二十三条 本政策涉及产业方面的政策由市经贸部门负责解释，涉及财税方面的政策由市财政部门解释。

第二十四条 本政策自公布之日起施行。新克政发〔2004〕1号文件、新克政发〔2005〕1号文件同时废止，但此前已享受相关政策并仍在执行的可继续执行完一个政策周期。

克拉玛依市鼓励投资促进重点产业发展若干政策

(2010年12月7日)

第一条 为加快"世界石油城"宏伟目标的实施步伐，推动本市产业结构调整与优化升级，促进经济社会又好又快发展，根据有关法律、法规和政策规定，结合实际，制定本政策。

第二条 继续全面贯彻落实国家和自治区现行的各项优惠政策，鼓励、支持国内外各类企业和个人在克拉玛依市投资发展。

第三条 凡具备条件符合本政策要求的企业须在本市辖区内注册登记独立法人企业(不包括所得税集中汇缴的中央企业，但包括驻市中央企业以多种方式注册成立的法人企业)。

第四条 本政策所称"对本市财政贡献额"是指在一个公历年度内企业实际上缴市、区两级国库的各项税收，其中不含征收机关稽查补缴以前年度的财政收入。

第五条 当前鼓励投资和发展的产业及项目包括：

(一)能源资源开发产业；能源下游加工产业；装备制造产业(包括能源钻采装备、炼化设备、其他专业高端设备制造业)；油气技术服务业(包括化工业的配套服务产业)；

(二)高新技术和先进适用技术项目(国家重点支持的新材料技术、新能源及节能技术、资源与环境技术等八大高新技术领域项目)；

(三)节能环保、循环经济(资源综合利用)项目；

(四)金融产业(包括银行、证券、保险、信托等)；

(五)信息技术服务业；

(六)旅游业及其相关配套的服务业；

(七)现代物流业(包括能源物流)、现代商贸服务业；

(八)农业和农副产品加工及其相关配套的服务业；

(九)社区服务业；

(十)社会公益事业；

(十一)经市人民政府确定的其他产业及项目。

第六条 项目行业主管部门：

(一)能源资源开发产业、能源下游加工产业、装备制造产业、油气技术服务业、能源物流产业为市经贸部门；

(二)高新技术和先进适用技术项目为市科技部门；

(三)环保减排项目为市环保部门；工业节能(含节能产品生产)项目、循环经济项目为市经贸部门；

(四)金融产业为市金融办公室；

(五)信息技术服务业为市信息化和电子政务办公室；

(六)旅游业及其相关配套的服务业为市旅游部门；

(七)现代物流业、现代商贸服务业为市经贸部门；

(八)农业、农副产品加工及其相配套的服务业为市农林牧业部门；

(九)社区服务业为市民政部门；

(十)物业管理为市房产部门；

(十一)社会公益事业为市财政部门。

第七条 大力发展能源资源开发产业、能源下游加工产业(包括石油、天然气、煤、盐、生物化工及其下游产品)加工业；装备制造产业、油气技术服务业。

(一)对投资能源资源开发产业、能源下游加工产业的项目，自投产之日起5年内，按企业对本市财政的贡献额，由财政以一定比例支持企业用于新产品研制和开发。其中：固定资产投资额在5 000万元以上至1亿元(含1亿元)的，按前2年50%、后3年25%给予支持；固定资产投资额在1亿元以上的，按前2年60%、后3年30%给予支持。

对以组建股份有限公司形式从事能源深度加工产业的企业，固定资产投资规模达到本条第一款相应规模的，财政支持同比增加10%。

（二）对于投资装备制造产业、油气技术服务业的项目，自投产之日起5年内，按企业对本市财政贡献额，由财政以一定比例支持企业用于新产品研发和开发。其中：固定资产投资额在5 000万元至1亿元（含1亿元）的，按前2年50%、后3年25%给予支持；固定资产投资额在1亿元以上的，按前2年60%、后3年30%给予支持。

第八条 鼓励运用高新技术和节能减排技术新建生产项目。

（一）企业运用高新技术或先进适用技术新建的生产项目，以企业当年对本市财政贡献额的80%为限额，由财政按企业对该项目实际投入额的20%支持企业。

（二）工业企业采取节能减排措施新建的生产项目及通过废弃物综合利用发展循环经济的项目，投产后验收合格，5年内按企业对本市财政的贡献额，由财政按前2年50%、后3年25%支持企业。

第九条 大力发展金融产业和信息技术服务业。

（一）对注册资本在1亿元以上，2011年1月1日以后总部设在本市的金融企业，自经营之日起，5年内按对本市所得税部分的财政贡献额，由财政按前2年50%、后3年25%支持企业用于再投入。

（二）对注册资本金在5 000万元以上，总部设在本市的信息技术服务企业，自经营之日起，5年内按对本市财政的贡献额，由财政按前2年50%、后3年25%支持企业用于再投入。

（三）对市政府重大招商引资的金融企业，采取一事一策的办法，经市政府批准后实施。

第十条 鼓励投资旅游业及其相关配套的服务业。

（一）投资项目符合所列条件之一且固定资产投资额在1 000万元以上的，5年内按企业对本市财政的贡献额，由财政按第一年100%、第二年80%、后3年50%支持企业用于再投入。

1.按照本市旅游业发展规划，对旅游资源普查列表中的资源进行开发、建设，并通过市级（含）以上评审的旅游业项目；

2.符合本市旅游业发展规划总体要求，通过开发、建设形成旅游资源的项目；

3.符合本市旅游业发展规划总体要求，在重点旅游景区内提供配套服务的项目。

（二）从事旅游产品开发与生产的，5年内按对本市财政的贡献额，由财政按第一年100%、第二年80%、后3年50%支持企业用于再投入。

第十一条 大力发展现代化物流业、连锁经营等现代商贸服务业。

（一）在本市投资现代化物流业项目，固定资产投资额在1 000万元以上至5 000万元的，5年内按对本市财政的贡献额，由财政按前2年50%、后3年25%支持企业；固定资产投资额在5 000万元以上的，5年内按对本市财政的贡献额，由财政按前2年60%、后3年30%支持企业用于再投入。

（二）对采取直营连锁和特许连锁经营方式，固定资产投资在1 000万元以上的项目，5年内按对本市财政的贡献额，由市财政按前2年50%、后3年25%支持企业用于再投入。

（三）在本市投资建设专业批发市场，固定资产投资在1 000万元以上的，自投入使用起，5年内按对本市财政的贡献额，由财政按前2年50%、后3年25%支持企业用于再投入。

第十二条 鼓励投资农林产品种植、养殖、加工、仓储和销售及其相关配套产业。

（一）对投资额达到500万元以上的上述项目，自投产之日起5年内，按企业对本市财政的贡献额，由财政按第一年100%、第二年80%、后3年50%支持企业用于再投入。

（二）对种植生态公益林（含农田防护林）的企业和个人，经市农林牧部门认定，由财政按500元/亩的标准给予一次性补贴，同时5年内由财政每年按50元/亩的标准补贴管护费。种植公益防护林的企业和个人，经市农林牧部门认定，树木定植后5年内定额内灌溉用水由财政按水费的80%给予补贴；种植农田防护林的企业和个人，树木定植后5年内定额内灌溉用水由财政按水费的50%给予补贴。

（三）对饲养高产奶牛的两乡、三个牧场农牧民以及与本市乳品企业签订供奶合同的本市企业和个人，经市农林牧部门认定，由财政按净增头数以1 800元/头的标准给予一次性补贴。

（四）对本市自产并出售给在本市注册的乳品企业的原料奶，在检验合格后按照0.5元/公斤的标准对出售者进行补贴。

（五）对符合相关规划要求，按标准新建温室大棚，面积在0.05公顷（0.75亩）~0.07公顷（1亩）/个的，按照2.5万元/个的标准对投资建设的企业或个人给予一次性补贴；超过0.07公顷（1亩）（含1亩）/个的，按照3万元/个的标准给予一次性补贴。

第十三条 鼓励兴办包括城市物业管理在内的社区服务业。

（一）凡符合下列条件之一的投资项目，自经营之日起5年内按对本市财政的贡献额，由财政按第一年100%、第二年80%、后3年50%支持企业用于再投入。

1.面向老年人、残疾人、孤儿、优抚对象提供的社会福利服务，以及社会力量开展的非营利性的社会福利服务；

2.面向下岗失业人员、残疾人等开展的就业和再就业服务。

（二）对从事以城市物业管理为主要经营项目，具有二级（含二级）以上物业管理资质证书的城市物业专业化管理企业，自经营之日起5年内按对本市财政的贡献额，由财政按第一年100%、第二年80%、后3年50%支持企业用于再投入。

第十四条 鼓励投资兴办社会公益事业项目（包括：教育、科技、文化、卫生、体育事业项目，环境保护设施建设项目，用于救助灾害、救济贫困、扶助残疾人以及促进社会发展和进步的其他社会公共和福利事业的项目）。

（一）对在城市规划区内投资社会公益事业的项目财政给予一定数额的补贴：固定资产投资额在100万元至500万元（含500万元）的，财政给予投资额10%的补贴；固定资产投资额在500万元以上至1 000万元（含1 000万元）的，财政给予投资额15%的补贴；固定资产投资额在1 000万元以上至5 000万元（含5 000万元）的，财政给予投资额20%的补贴；固定资产投资额在5 000万元以上的，财政给予投资额25%的补贴。财政补贴额计算采用超额累进法，并在投资项目完成验收后以补贴运行费用的方式予以分期支持。

(二)凡投资兴办中、小学校(即非营利性教育设施用地)的,可按行政划拨方式取得土地使用权。经市教育督导机构督导评估后达到一类标准的,财政按所招收义务教育阶段具有克拉玛依市常住户籍的学生人数,按每名学生400元/学年给予补助。

(三)对本条所列的建设项目,免征城市基础设施配套费。

第十五条 对于符合第五条所规定的投资项目所发生的前期费用由财政按50%的比例给予补贴。

前款所称"项目前期费用"是指投资项目前期工作中具有资质的机构编制可行性研究报告、环境影响评价报告、安全评价报告、水土保持评估报告的费用。

第十六条 对于符合第五条规定的产业或项目征收的城市基础设施配套费,经行业主管部门认定,由财政按50%返还给投资者;其他行政事业性收费缴纳市、区部分按现行标准30%给予补贴。

第十七条 对于符合第五条规定的产业或项目的投资者所交纳的土地出让金市、区留成部分视同财政贡献额,其中60%在项目投产后产生收益当年兑现,用于扩大生产。

第十八条 对于符合第五条规定的产业或项目需要贷款且符合担保条件的,由市中小企业信用担保中心优先提供信用担保。

第十九条 对于符合第五条规定,固定资产投资额在1亿元以上的产业或项目,财政每年安排一定数额的资金根据项目贷款投资进行贴息。贴息时间不超过3年,贴息分别为项目当年实际支付利息的50%、30%、20%。

第二十条 对重点鼓励的重大项目实行特殊扶持政策。经市人民政府认定,凡符合本市产业导向(本政策第五条)、投资额巨大(3亿元以上)的重大项目,还可享受以下支持:

(一)自投产之日起第一年对本市财政的贡献额,100%支持企业用于新产品研制和开发。

(二)视项目性质(开发方式)情况对项目土地利用通过以下两种方式之一给予支持:

1. 在城镇建设用地外使用戈壁荒滩建设产业集聚园区、引进符合第五条所列产业项目的,按照国家、自治区的相关政策,免交土地出让金和土地有偿使用费;

2. 按照国家、自治区和本市优惠政策后,应缴纳的土地出让金先由企业自筹全额缴纳。其中:市、区留成部分视同财政贡献额予以支持。

第二十一条 办理程序。

(一)申请提交文件。

除投资生态公益林种植、高产奶牛饲养、设施农业以外的其他符合本政策规定的投资者,在向政府行业主管部门书面申请政策优惠时,应提交以下文件和资料:

1. 项目立项核准或备案批复文件;

2. 项目环境影响评价报告的批准文件;

3. 项目可行性研究报告;

4. 土地使用证明文件、项目开工许可证;

5. 项目相关实施合同书。

申请直营连锁和特许连锁的投资者还应提供以下资料:

1. 总部(或特许人)出具的投资决策相关文件;

2. 总部(或特许人)的工商营业执照(企业法人)、直营连锁店(或被特许人)的工商营业执照;

3. 特许经营合同。

投资者应出示上述文件原件,并提交复印件1份由主管部门留存。

(二)项目资格认定程序。

1. 除投资生态公益林种植、高产奶牛饲养、设施农业以外的其他符合本政策规定的投资者,应按规定提交所需的文件和资料,并填报《优惠政策申请表》(以下简称《申请表》,见附表);

2. 主管部门正式受理后,应会同市经贸、财政部门在限期内对投资项目享受政策的条件进行审核;

3. 投资者持批复的《申请表》及财政部门所需的相关资料到市财政部门办理相关手续。其中:属于一次性补贴的事项,经市财政部门复核后即可办理手续;其他属财政贡献额由财政以一定比例给予支持的事项,于每年7月和12月定期办理。

(三)财政办理条件及程序。

经审核符合条件的投资者,在申请财政支持资金时,应提供以下文件和资料:

1. 经主管部门审核批复的《申请表》及提交主管部门的文件和资料;

2. 营业执照、税务登记证(含国税、地税)、公司章程、验资报告;

3. 项目完成后第一个月的财务报表;

4. 支付凭证;

5. 项目前期工作相关的实施合同书(重大项目);

6. 贷款合同(申请贴息项目)。

投资者应出示上述文件原件,并提交复印件1份由财政部门留存。

第二十二条 生态公益林种植、高产奶牛饲养、设施农业补贴按相关规定执行。

第二十三条 享受本政策的投资项目不再同时享受中小企业发展、节能减排等其他专项资金的支持。

已享受本政策第十四条补贴的项目,不再享受贷款贴息。

第二十四条 企业应严格按规定使用财政支持资金,并在每年年终向市级项目主管部门报送资金使用情况,财政部门对此实行跟踪问效。

第二十五条 本政策涉及产业方面的政策由市经贸部门负责解释,涉及财税方面的政策由市财政部门解释。

第二十六条 本政策自公布之日起施行。新克政发〔2009〕26号文件同时废止,但此前已享受相关政策并仍在执行的可继续执行完一个政策周期。

克拉玛依市相对集中行政处罚权工作衔接规定

(2010年3月26日)

第一条 为加强部门间的协作配合,保障相对集中行政处罚权工作顺利开展,根据自治区人民政府《关于在克拉玛依市开展相对集中行政处罚权试点工作的批复》、《关于克拉玛依市在文化市场管理方面集中行使行政处罚权的批复》和《关于克拉玛依市在语言文字管理方面集中行使行政处罚权的批复》等文件精神,结合实际制定本规定。

第二条 本规定适用于市、区两级城市管理行政执法局(以下简称行政执法局)与相关部门依法履责、协作配合,以及政府法制机构对相对集中行政处罚权工作履行监督职责的活动。

第三条 本规定所称相关部门,是指依照自治区和市人民政府的批复与决定,其全部或部分行政处罚权集中由行政执法局行使的市容环境卫生、城市规划、城市绿化、市政工程、环境保护、文化市场、工商管理、语言文字管理等行政执法部门。

第四条 本规定所称工作衔接,是指行政执法局与相关部门为确保有关法律、法规全面贯彻执行,按照职权划分相互进行的以转送或交换相关文件、联合开展执法检查、移送案件材料、交流工作信息、提出工作建议、参加联席会议以及日常协作配合等活动。

第五条 行政执法局和相关部门应按照自治区人民政府批复、市人民政府的要求和本规定,全面履行职责。

第六条 工作衔接坚持依法行政、各尽其责、协作配合、相互支持和自觉接受监督的原则。

第七条 行政执法局与相关部门加强工作联系,应确定联系人员及联系方式,向社会公开监督举报电话,建立完善协作配合和监督机制。

第八条 市、区两级政府法制机构履行衔接工作的指导、协调、监督和检查职责,有关部门应积极支持和大力配合。

行政执法局与相关部门的衔接制度、执法信息、案件移送情况、案件统计报表等,应同时报送本级政府法制机构备案。

第九条 建立相对集中行政处罚权工作联席会议制度,原则上由政府法制机构每半年召集一次联席会议。

行政执法局、各相关部门、市信访局负责人参加联席会议。必要时,可以邀请其他部门参加;协调解决重要事项时,应有政府主管领导出席。

第十条 相对集中行政处罚权工作联席会议的主要内容:

(一)通报行政管理、行政处罚工作中发现的薄弱环节与不足,以及市民针对城市管理集中反映的问题。

(二)讨论近期主要工作任务以及需要协作配合的事项及具体要求。

(三)讨论执行有关新颁法律、法规以及贯彻自治区、市人民政府工作部署的工作方案。

(四)研究、解决行政执法局与相关部门在实施行政处罚与管理工作中需要协调的重大问题。

(五)研究决定其他需要协调解决的事项。

(六)本级政府交办的事项。

第十一条 政府法制机构根据相对集中行政处罚权工作联席会议讨论情况,可以形成会议纪要,交由各部门共同遵守和执行。

政府主管领导未出席联席会议的,政府法制机构应将会议情况及时向主管领导汇报。

第十二条 召开相对集中行政处罚权工作联席会议时,可以邀请人大、政协机关有关人员以及人大代表、政协委员、执法监督员和新闻媒体参加,接受各方面的监督。

第十三条 各部门传递工作信息,应遵守以下规定:

(一)上级机关文件、业务会议(行政执法局未派员参加的)精神,应在收到文件或者参会人员返回单位之日起3个工作日内向行政执法局传达。

(二)各部门的执法信息,包括行政许可的决定、变更、注销、年检信息以及行政处罚决定书,应在3个工作日内传递。有关案件的处理结论,应当及时传递,并附送决定文书复印件。

(三)各部门自行编制的工作动态,应当及时传递。

为方便工作、提高效率,各部门可以使用电子数据方式传递信息,但应当保证对方确已收到。

信息传递的具体时限要求、方式等,由行政执法局与相关部门协商确定。

第十四条 行政执法局与相关部门应按以下规定做好执法人员的统筹培训工作:

(一)行政执法局应相对确定与相关部门联系的执法人员。相关部门在年初应制定培训计划,对行政执法局确定的人员进行专门业务培训。人员名册和培训计划同时报送同级政府法制机构备查。

(二)相关部门在上级主管部门组织业务培训时,应通知行政执法局派员参加。

第十五条 行政执法局与相关部门建立执法协作机制,加强协作配合:

(一)联合执法检查。行政执法局配合相关部门进行行业整顿,及时查处行政违法行为,依法履行职责;配合做好迎接检查、验收等有关工作,适时提供相关部门所需的案件情况和数据材料。

(二)行政处罚事前告知。行政执法局做出吊销证照、撤销有关批准文件以及责令赔偿损失、责令恢复原状的决定时,应提前3个工作日告知相关部门。

(三)审批前征求意见。相关部门在批准前应征求同级行政执法局的意见。具体事项由行政执法局与各相关部门共同确认。

(四)行政处罚征求意见。行政执法局在决定处罚前就认定事实、适用法律等征求相关部门意见或请求鉴定的,相关部门应在3个工作日内书面回复。对于适用法律分歧较大的,由本级政府法制机构协调。

(五)案件移送处理。相关部门发现或接受公民举报或违法事项,认为需要依法进行处罚的,应及时移交行政执法局处理。行政执法局在规定的时限内处理完毕后,5个工作日内将处理结果书面反馈相关部门。

(六)有关执法配合。相关部门在履行管理职责时,需要行政执法局派员配合的,行政执法局应积极支持。行政执法局、相关部门召开业务会议,应通知对方参加。

第十六条 行政执法局、相关部门应当相互监督,发现对方未依法履行职责的,可以提出工作建议。工作建议未被采纳的,提议单位可以送请本级政府法制机构协调解决。

第十七条 各部门应建立健全工作衔接资料登记备案制度,并指定专人负责,确保工作衔接的各类资料客观、准确、全面、翔实。

第十八条 工作衔接情况纳入政府依法行政考核体系,由政府法制机构组织实施。

第十九条 因工作衔接不到位,严重影响案件查处和行政机关形象,或损害管理相对人利益的,按照《克拉玛依市行政过错责任追究办法》等规定追究相关人员的责任。

第二十条 各区人民政府、市行政执法局、各相关部门可以依照本规定制订实施办法。

第二十一条 本规定由市人民政府法制办公室负责解释。

第二十二条 本规定自2010年4月1日起施行。《克拉玛依市相对集中行政处罚权工作衔接规定(试行)》(新克政发〔2003〕29号)同时废止。

方案·意见

克拉玛依市开展关注民生年活动实施方案

(2010年3月31日)

为认真贯彻市委九届六次全委会和市十二届人民政府第三次全体会精神,按照市委、市人民政府关于开展"关注民生年"活动有关要求,制定本实施方案。

一、以促进就业和稳定就业为核心,保持就业局势基本平稳

1. 完善扩大就业和稳定就业并举的政策措施,建立政策评估考核机制,对重点建设项目进行就业影响评估,提高扩大投资对就业的拉动能力。发布就业岗位信息4 500个,开发公益性岗位200个,实现就业再就业3 000人,城镇登记失业率控制在3%以内。

2. 积极实施特别职业培训计划和就业技能提升计划,加大对公共就业培训机构的投入力度,全年组织各类培训45 000人,力争各类登记失业人员岗前技能培训达到50%;职业资格取证人数达到4 000人。

3. 推动建立全市统一的创业带动就业的创业指导中心,促进各区创业孵化基地建设。加大公共就业服务"新三化"建设力度,启动各区人力资源市场建设。全面推行"就业二版"软件上线工作,建立用人单位岗位动态监测机制。

4. 做好困难群体就业援助工作,指定专人对困难群体实行个性化"一对一"帮扶、上门服务、定向推荐和招录,实现零就业家庭动态为零,使各类大中专毕业生、就业困难人员和少数民族及女性失业人员等三类群体每年有所减少或缓解。

5. 规范和扩大就业见习基地建设,提高就业见习补贴标准,鼓励石油石化企业和机关事业单位招聘有见习实践经历的大中专毕业生。

6. 开展劳动关系"双百双规范"活动试点工作,使企业劳动合同签订率、劳动用工备案率达到97%以上;劳动争议案件结案率达到100%;劳动者举报、投诉案件结案率达到95%以上。

7. 全面推进劳动监察"两网化"国家试点工作,选择2~3家建筑企业试行工地封闭化管理和农民工记工计薪卡制度、指纹考勤制度。

8. 按照数字化城市建设"五统一"原则,在完善金保工程一期建设和实现医疗保险参保人员持卡就医的基础上,逐步推进CPU卡"五险合一"的"一卡通"进程。

组织领导机构:

项目组长:杜勇

副组长:王军、武新华

成员:王庆林、吴刚、佘世庆、周耀邦、刘刚、刘三来、王建国、彭建伟、崔树林、王建江、李显坤、项杰、贾庆昌、王习军、刘波涛、杨建发、王军(市审计局)、李美疆、欧阳卫、刘小涛、李军、曹新川、杨志农、魏烈、王志虎、张景河、张守华、郭长有、张虎、王学锋、熊跃伟、王智深

项目办公室设在市劳动和社会保障局,办公室主任由武新华兼任。

配合部门:市委办公室、市委组织部、市委宣传部、市总工会、团市委、市政府办公室、市发展和改革委员会、市经济贸易委员会、市教育局、市公安局、市监察局、市民政局、市司法局、市财政局、市人事局、市建设局、市农林牧业局、市审计局、市统计局、市旅游局、市机构编制委员会办公室、市人才劳动力交流中心、市国家税务局、市地方税务局、市工商行政管理局、市人民银行、市工商联、市残联、市妇联、各区人民政府

二、提高医疗卫生服务质量,为广大居民提供健康保障

9. 认真开展传染病防治工作,扎实做好甲型H1N1流感等重点传染病的防范和应对工作。加强基础免疫工作,认真实施国家扩大免疫规划和两轮脊髓灰质炎强化免疫活动,做好疫苗针对传染病的防控工作。

10. 健全社区卫生服务体系,力争社区卫生服务覆盖率达到100%。完成11个社区卫生服务中心的规范化建设,社区卫生服务机构规范化建设率达到80%以上。

11. 加强社区卫生服务队伍建设,继续推进全科医师、社区护士岗位培训工作,确保全科医师、社区护士获得岗位合格证的人员达到95%以上,努力让全市居民"家家拥有全科医生,人人享有基本卫生保健服务"。

12. 严格落实国家基本药物制度,加大对社区卫生服务机构和乡卫生院执行国家基本药物制度和实施基本药品零差率销售工作的监督,实施自治区集中网上公开招标采购、统一配送,减少流通环节,降低药品价格。

13. 继续深入开展医院管理年活动。加强处方管理,完善药品用量动态监测和超常预警机制,严肃查处大处方、过度检查、过度治疗等问题。继续推行医院院务公开和医疗服务价格公示制度。认真开展"平安医院"创建工作。加强医疗纠纷处置,依法做好医疗事故技术鉴定及预防接种异常反应鉴定工作。

14. 做好助残、扶贫和对口支援工作,落实济困医疗服务政策,努力保障生活困难的群众病有所医。继续实施"万名医师支援农村卫生工程"和"卫生下乡"活动,进一步做好卫生支农工作。

15. 全面推进建设健康城市"五大健康工程"。做好春秋两季灭鼠灭蟑工作,确保药物覆盖率达到95%以上;做好夏季灭蚊蝇工作,有效降低蚊蝇密度,确保控制在国标范围之内。加大"迈向无烟中国"项目干预活动力度,继续开展无烟环境创建工作。全面贯彻落实《全民健身条例》,促进全民健身生活化、社会化。

16. 逐年实施《克拉玛依市卫生事业发展规划(2010~2015年)》,2010年,重点关注优化医疗资源配置和布局、增强医疗卫生服务能力、加强人才队伍建设、加大公共卫生基础建设投入等方面,为"十二五"卫生事业发展规划目标的顺利完成奠定基础。

17. 逐步整合卫生信息资源,按照"急用先行、成熟先上、科学先进、切实可行"的原则,启动以居民健康档案为核心的区域卫生信息平台建设。

组织领导机构:

项目组长:祝贺香

副组长:图荪江·苏莱曼、许强

成员:刘冠军、魏新、王新民、杨东

献、杨良佩、涂玉桂、杨德民、丁晓卫、郭建辉、周晨、徐华、鲍依娜、赵晖、宋镇、哈巴西·哈瓦嗯、王重、马骏

项目办公室设在市卫生局，办公室主任由许强兼任。

配合部门：市发展和改革委员会、市科技局、市财政局、市人事局、市卫生局、市城市规划局、市疾控中心、市卫生监督所、爱国卫生委员会办公室、各区人民政府、各医疗机构

三、不断培育和壮大优质教育资源，提高教学质量

18. 研究制定《克拉玛依市“十二五”教育改革和发展规划》及相关配套方案，完善教育现代化评估方案和指标体系，进一步提高教育宏观架构的能力和促进教育科学发展的水平。

19. 推进“法治进学校”，争创“依法治校示范校”工作，进一步建立和完善学校法治工作机制。积极开展平安和谐校园创建活动，继续在直属中学建立“环境与职业健康安全管理体系（HSE）”，加大校园周边环境的整治力度，确保师生人身安全和学校教育教学活动的正常进行。

20. 召开基础教育课程改革研讨会，总结经验，搭建交流平台，不断推进基础教育课程改革工作向纵深发展。结合教育部学业质量测评分析反馈结果，切实推进教育评价制度改革。采取有效措施，减轻中小学生课业负担。

21. 深入推进家庭教育工作，尝试开办“家庭教育大讲堂”，逐步构建学校、家庭、社会“三位一体”的科学教育格局。

22. 举办优质课评选、教师专业岗位技能竞赛以及专业知识水平测试等活动，促进广大教师不断提高教育教学能力。举办市、区两级教育局工作人员的全员培训，提高两级教育行政管理人员的素质。研究和制定教师定期轮换交流及任期考核机制，促进区域内学校师资队伍的均衡发展。

23. 深入推进现代信息技术与学校教育教学的整合应用，不断拓展、优化“教师研修网”和“数字化教学平台”，提高教育城域网的利用效率。

24. 积极开展“教学开放日”和“教学科研月”活动，提高研讨、交流的内涵和层次。支持各个学校结合实际，推进与各高等师范院校间、校际间、区域间的交流与合作，不断引进优质智力资源，提升教育整体学术研究实力。

25. 继续强化双语教师培训，深化双语教学工作。落实各项优惠政策，提高少数民族幼儿入园率和出勤率。切实做好“民汉合校”各项工作，不断改善“双语”教学的内外部环境。进一步提高区内初中班、高中班的教育教学质量，为全市“双语”教学提供可资借鉴的经验和做法。

组织领导机构：

项目组长：赵武生

副组长：孙振江、彭建伟

成员：刘三来、邓正涛、吴焕平、段凌云、杨东献、许强、常锋英、郭仲平、马国华、王殿辉、赵红华、吴建华、曾晓辉、王玲、焦凤辉、赵晖

项目办公室设在市教育局，办公室主任由彭建伟兼任。

配合部门：市发展和改革委员会、市公安局、市民政局、市财政局、市人事局、市卫生局、市文化局、市体育局、市机构编制委员会办公室、市工商行政管理局、市慈善总会、市信息化办公室、各区人民政府

四、关注困难群体的基本生活权益，加快完善新型社会救助体系

26. 进一步完善困难群体救助体系，建立同步于经济社会发展和物价波动的救助标准动态调整机制。建立科学的救助对象资格认定、收入核算和管理机制，加强部门之间社会救助信息资源整合和共享。

27. 修订、完善城乡医疗救助办法，使之与城乡居民基本医疗保险实现有效对接。

28. 将生活困难的重度残疾人纳入社会救助体系，依法保障其基本生活权益。

29. 扩大各项社会保险覆盖面，提高基金征缴率。年内城乡居民基本医疗保险参保率达到80%，新型农村社会养老保险参保率达到80%，各项社会保险基金征缴率达到95%以上。

30. 逐步提高城乡居民基本医疗保险保障水平，增强政策的吸引力。调整进城务工人员住院医疗保险参保方式。建立医疗保险定点零售药店管理制度。探索建立健康群体预防保健政策。

31. 建设克拉玛依市流浪未成年人保护中心，加强街头流浪乞讨人员救助管理和流浪未成年人解救保护工作，完善流浪乞讨人员中危重病人、重度精神病人救助制度。

32. 制定实施《社会捐赠管理办法》，规范社会捐助活动。

33. 深化殡葬改革，加强殡葬基础设施建设，增强政府提供殡葬服务的能力；制定困难群众丧葬费减免办法。

组织领导机构：

项目组长：祝贺香

副组长：图苏江·苏莱曼、武新华、李显坤

成员：余世庆、刘三来、贾庆昌、孙兵、王晓耕、许强、王军（市审计局）、李美疆、张迎春、赵红华、苏丽娟、张虎、王学锋、熊跃伟、王智深

项目办公室设在市劳动和社会保障局、市民政局，办公室主任由武新华和李显坤兼任。

配合部门：市委宣传部、市发展和改革委员会、市财政局、市劳动和社会保障局、市卫生局、市审计局、市统计局、市食品药品监督管理局、市慈善总会、市残联、各区人民政府

五、关注群众住有所居问题，努力保障住房有效供给

34. 规划建设经济适用住房（含廉租住房）3 500套。3月份向社会公布2010年城市住宅建设计划，年底全面解决无房户的住房问题。

35. 将住房公积金增值收益在提取贷款风险准备金和管理费用之后，全部用于廉租住房建设，土地出让净收益用于廉租住房保障资金的比例不低于10%，全部纳入财政年度预算安排。

36. 深入开展房地产市场秩序整顿规范管理年活动，进一步规范房地产市场经营行为。

37. 完成克拉玛依市新增低收入家庭住房困难摸底调查和建档工作。

组织领导机构：

项目组长：杨晓伟

副组长：陈路、徐乃华

成员：刘波涛、刘三来、李显坤、段凌云、王成功、宋彩虹、康建军、李晓宏、邓林、王殿辉、贾宇亮、孙洪莲、杨文智

项目办公室设在市房产局，办公室主任由徐乃华兼任。

配合部门：市建设局、市发展和改革委员会、市民政局、市财政局、市国土资源局、市环境保护局、市城市规划局、市人民防空办公室、市地方税务局、市工商

行政管理局、市国土执法监察支队、市住房公积金管理中心、市绿委办

六、完善交通基础设施，提高公交管理水平和服务质量

38. 在稳步实施个体中巴车退市工作的同时，做好沟通协调，实现中巴车退市和国有公交的有序衔接。

39. 继续做好奎屯—克拉玛依高速公路和克拉玛依—乌尔禾高速公路建设工程的沟通协调，创造良好的外部条件。

40. 完成农业开发区林业二场—林业三场、克榆路岔口—林场路和农副产品加工园区—石化工业园区总长27.8千米的道路建设。

41. 完成市区南湖、西月潭、凤华北等3个公交场站建设和白碱滩客运站改造工程。

42. 结合城市客运综合管理、运营的需要，实现GPS智能调度、监控系统在克拉玛依市公交、出租行业的有效运用。

组织领导机构：

项目组长：杨晓伟

副组长：陈路、曾云飞

成员：刘三来、谢军、贾庆昌、武新华、邵献军、涂玉桂、王家隆、孙代军、褚凤英、刘承玉、韩广平、游卫国、秦玉文、荣立克、刘爱民

办公室设在市交通局，办公室主任由曾云飞兼任。

配合部门：市发展和改革委员会、市公安局、市财政局、市劳动和社会保障局、市国土资源局、市城市规划局、市国有资产监督管理委员会、市农业开发区管委会、市信访局、市维稳办、油田公司有关处室、公路运输管理总站、客运公司、各区人民政府

七、关注公共安全问题，努力保障人民群众生命财产安全

43. 完善并落实安全生产目标责任体系，加大目标考核力度，严格执行重特大事故和事故超过控制指标责任追究制度。

44. 认真做好安全生产"十二五"规划编制工作，加大安全生产投入力度，推进公共安全基础和支撑体系建设，支持企业开展安全生产技术改造。

45. 组建安全生产应急救援指挥机构和市、区两级安全生产监管执法机构，成立职业健康监管机构，完善安全生产监管体系建设。

46. 强化日常监督检查，根据不同时期的工作重点，组织开展专项检查、综合检查、联合检查、突击检查，认真执行建设项目的安全生产设施、职业卫生设施"三同时"制度，严厉打击非法违法行为。

47. 以安全生产治理为重点，继续抓好道路交通、矿山、消防、危险化学品、建设等重点行业领域和重点时期、重点部位的治理工作，完善落实隐患排查治理分级管理、重大隐患挂牌督办制度，有效防范重特大事故发生。

48. 认真落实安全生产费用提取、安全生产风险抵押金和依法为从业人员缴纳工伤保险等安全生产经济政策和保障措施，稳步实施安全社区建设试点工作，积极开展农村（社区）消防工作达标活动，推动重点行业领域安全标准化工作。

49. 强化安全生产宣传教育培训，加大消防和安全生产"五进"宣传教育力度，大力营造"关爱生命、关注安全"的舆论氛围。

50. 加强应急救援体系和队伍建设，组织做好应急预案的编制、评审、备案、检查工作，积极开展应急救援演练，加强对恶劣环境和气候条件下可能引发安全生产事故的预防和应急协调机制，及时发布预警，落实防范措施，提高事故灾难处置能力。

51. 严格事故报告和调查处理，突出抓好落实防范措施和吸取事故教训两个重点，按照"四不放过"原则，严肃查处各类事故，落实防范措施，事故结案率100%。

52. 完成食品安全管理体制调整，明确职责与分工，确保市民饮食安全。

53. 加强食品安全监管长效机制建设，建立完善的食品安全监督网络，做到食品安全全链条受控。

54. 提高食品安全检测能力和水平，为食品安全监管提高有力的技术支持。

55. 加强对无证、食品小作坊、流动小摊贩的监督管理。

56. 定期公示餐饮、水质等关系市民饮食安全的检查、检测结果，让市民吃上放心饭，喝上放心水。

57. 加强食品药品安全监管长效机制建设，建立区、街（乡）、社区（村）三级食品药品安全监督网络。

58. 加大食品药品安全宣传教育力度，曝光食品药品生产、经营、消费（使用）各环节的违法行为。

组织领导机构：

项目组长：祝贺香、杜勇

副组长：王军、图苏江·苏莱曼、佟晖、张迎春

成员：田新社、彭建伟、崔树林、贾庆昌、刘全生、刘波涛、曾云飞、杨建发、许强、欧阳卫、赵卫东、孙代军、左少英、张生浩、王明成、周晨、王学锋、克里木江·依明、赵晖

项目办公室分别设在市安全生产监督管理局和市食品药品监督管理局，办公室主任分别由佟晖和张迎春兼任。

配合部门：市经济贸易委员会、市教育局、市公安局、市公安局消防局、市财政局、市建设局、市交通局、市农林牧业局、市卫生局、市旅游局、市城市管理行政执法局、市农业综合开发区管委会、市工商行政管理局、市质量技术监督局、各区人民政府

八、关注城市环境污染问题，努力营造良好的城市环境

59. 开展饮食业油烟、噪声污染专项整治。依据环境保护有关法律法规，对全市城区所有主次干道、居民区内的餐饮业及流动烧烤摊点，在经营过程中产生的油烟、噪声污染实施综合整治，力求实现饮食业污染物达标排放，油烟净化装置安装使用率达到96%。

60. 开展工业噪声污染专项整治。对超过国家规定厂界噪声排放标准、造成环境污染的，依法限期治理并征收排污费；对噪声严重超标，又不能通过治理消除环境噪声污染的企业，依法责令其转产或搬迁。加强建筑施工噪声污染整治，进一步完善和强化夜间施工审批制度，减少建筑施工噪声污染。

61. 开展大气污染专项整治。加强建设项目审批管理，严格执行环保预审制度，对大气污染物排放量大、能耗大、效益差的工业企业，有重点、分时段进行搬迁、改造或关闭停产；禁止在城区内建设炼钢、炼铁、水泥等粉尘污染严重的项目，进一步削减污染物排放总量。

62. 防治煤烟、粉尘污染。加强对企业供热锅炉的监管，将大型供热锅炉纳入在线监测管理。积极推广使用清洁能源。禁止在建成区供热管网覆盖范围内新建燃煤小锅炉。

63. 结合新农村建设，统筹规划，加大对农村环境基础设施投入，认真做好小拐乡、乌尔禾乡农村沼气工程建设，大力推进绿色及有机农产品发展。

组织领导机构：

项目组长：杨晓伟

副组长：陈路、孙凡

成员：宋彩虹、刘三来、曾焕斌、康建军、赵卫东、王殿辉、荣立克、刘爱民、泉体民、王智深、王晓林

项目办公室设在市环境保护局，办公室主任由孙凡兼任。

配合部门：市环境保护局、市发展和改革委员会、市建设局、市城市规划局、市城市管理行政执法局、市工商行政管理局、各区人民政府

九、关注社会需求，加大社会福利事业建设力度

64. 加大社会福利设施投入力度，重点加强对各区为老服务、残疾人帮扶、慈善捐助等社会福利项目的支持力度。

65. 积极贯彻落实《克拉玛依市关于全面推进居家养老服务工作的意见》，探索向社会组织购买服务，推进养老服务社会化，全面开展居家养老、社区照料等社区养老服务，满足老年人高质量的养老需求。

66. 继续加快克拉玛依老年活动中心建设，年内完成15个居家养老服务中心（站）的建设。加快老年社区的规划评审和建设。

67. 研究支持社会力量兴办福利事业的政策，推动社会福利事业多元发展。

68. 全面贯彻落实《全民健身条例》，以构建和完善全民健身服务体系为主要任务，组织开展形式多样、群众喜闻乐见的各类群众体育活动，进一步加大全民健身宣传力度，掀起全民健身新高潮，促进全民健身生活化、社会化。

69. 继续做好新体育中心的建设，全面提升克拉玛依市体育设施建设水平。

70. 进一步加强各类体育协会工作，充分发挥各类体育协会的作用，鼓励协会策划、组织和开展有创意、有规模的群众体育活动，共同营造全民健身氛围。

71. 贯彻落实《克拉玛依市公共体育场地设施向社会开放管理办法》，充分发挥政府的主导作用，加强相关部门间的协调与合作，研究制定相关实施细则，加强分类指导，有序、稳步地推进全市公共体育场地（馆）向社会开放工作，不断提高公共体育场馆使用效率。

组织领导机构：

项目组长：祝贺香

副组长：图荪江·苏莱曼、李显坤

成员：佘世庆、刘三来、彭建伟、乌拉木丁·依布拉音、王建江、李显坤、贾庆昌、江永红、常锋英、郭仲军、王军（市审计局）、李美疆、欧阳卫、沙占勇、陶胜利、陈科、张虎、王学锋、熊跃伟、王智深

项目办公室设在市民政局，办公室主任由李显坤兼任。

配合部门：市委宣传部、市发展和改革委员会、教育局、市民宗委、市监察局、市民政局、市财政局、市广播电视局、市文化局、市体育局、市审计局、市统计局、市旅游局、市老龄办、老干局、油田公司离退休职工管理中心、各区人民政府

十、加强改制企业帮扶力度，努力实现改制企业健康稳定发展

72. 切实发挥领导班子示范带头作用，建立规范的运行机制，加强对改制企业法律政策培训与指导，指导改制企业进行程序把关、过程监管，充分发挥监督约束机制。

73. 继续推进改制企业《公司章程》修订完善工作，重点关注科学民主决策机制、发挥法人治理结构作用、保护职工合法权益、民主管理、工会组织作用等内容。

74. 进一步加强母体单位的社会责任感，树立整体一盘棋的观念，充分发挥好帮扶指导作用。继续坚持对改制企业市场工作量保持同比例不下降的原则，在市场准入、招投标等方面，给予大力扶持，增强企业抵御风险能力和外部市场开拓能力。

75. 密切关注困难改制企业生存发展问题，继续加大帮扶力度，帮助企业走出困境。按照“一企一策、因企施策”和“属地管理、部门协调”的原则，会同各区改制企业协调办和相关部门，选择2~3家矛盾突出、问题复杂、经营困难的企业，共同制定帮扶措施，年内力争基本完成对困难改制企业帮扶和历史遗留问题处理的收尾工作。

76. 进一步加强对改制企业的服务意识，加大资金扶持，组织开展培训（参观、考察）活动，逐步建立为企业服务的社会化体系。

77. 进一步建立健全市、区两级协调办处理突发性紧急信访事件的应急预案，建立矛盾纠纷化解和解决突发性事件工作制度。加大企业矛盾排查及群体性上访问题的协调力度，积极维护改制企业队伍稳定和生产经营的顺利进行。

组织领导机构：

项目组长：赵武生

副组长：孙振江

成员：王建国、谭向东、段凌云、阿不都热依木·沙吾提、曹新川、邓林、王殿辉、徐建辉、屈艺、徐少华、荣立克、焦凤辉、曾晓辉

项目办公室设在市经济贸易委员会，办公室主任由孙振江兼任。

配合部门：市改制企业协调办、市总工会、市财政局、市劳动和社会保障局、市国家税务局、市地方税务局、市工商行政管理局、各区人民政府、油田公司企管法规处、独山子石化公司企管法规处、克拉玛依石化公司企管法规处

克拉玛依市建设学习型企业工作方案

（2010年6月8日）

按照市委《关于建设学习型克拉玛依的意见》（新克党发〔2009〕9号）文件精神和市委关于《克拉玛依市建设学习型城市领导小组及成员单位工作职责》分工，结合克拉玛依市实际，经过认真学习和研究，拟订克拉玛依市建设学习型企业工作方案。

一、开展建设学习型企业的意义

建设学习型企业是克拉玛依市建设学习型城市活动的重要组成。当今时代是知识经济的时代，世界政治多极化曲折发展，经济全球化快速推进，科学技术的发展和知识创新的速度异常迅猛，国家之间、地区之间、城市之间、企业之间的竞争日趋激烈，其中企业之间的竞争是根本，并越来越多地表现为科技进步、知识创新能力的竞争，竞争的本质是人才的竞争和知识创新的竞争，也是学习和学习力的竞争。树立学习、学习、再学习和终身学习理念，构筑终身教育体系，建设学习型城市，成为一个国家、一个地区、一个企业抢抓机遇、迎接挑战、实现可持续发展的迫切需要，也成为每个社会成员适应时代要求实现自身抱负和价值的重要前提。克拉玛依要在竞争中保持自己的优势，实现可持续发展，企业要在激烈的竞争中做大做强，就必须顺应

时代发展的要求，积极建设学习型企业，培养高素质的人才，弘扬创新精神，增强克拉玛依市综合竞争力，为克拉玛依市建设世界石油城，在全疆率先基本实现现代化奠定坚实基础。

二、成立工作组织机构

为加强对克拉玛依市建设学习型企业工作的组织和领导，确保各项工作的有序开展，顺利完成工作目标，成立克拉玛依市建设学习型企业领导小组，组成如下：

组长：孙振江（市人民政府副秘书长兼市经贸委党组书记、主任）

成员：王建国（市经贸委副主任）、田新社（市经贸委副主任）、桂斌（市经贸委副主任）、王晓耕（市劳动和社会保障局副局长）、王殿辉（市工商局副局长）、周云广（市总工会宣教部部长）、荣立克（克拉玛依区政府区委常、副区长）、焦凤辉（独山子区政府副区长）、曾晓辉（白碱滩区政府副区长）、赵晖（乌尔禾区政府副区长）、祁崇淮（石化工业园区管委会副主任）、蒙明（农业综合开发区管委会）

领导小组办公室设在市经贸委企业科，办公室的日常工作由市经贸委副主任桂斌负责，具体联系人为市经贸委企业科科长姜华，联系电话：0990－6245333。

（一）克拉玛依市建设学习型企业领导小组的主要职责

1. 以科学发展观为统领，统筹规划部署全市除交通运输、建筑、房地产及物业服务、旅游以及国有（控股）及国有独资公司等行业（企业）外的经贸领域内建设学习型企业工作。

2. 研究决定建设学习型企业工作的重大事项，讨论解决全市建设学习型企业工作有关推进方案、经费保障、政策落实和评估考核等问题。

3. 协调解决建设学习型企业工作推进中的重大问题，对重要工作、重要活动进行组织协调。

4. 对学习型企业工作开展情况组织督察，对各行业企业的工作进行评估考核。

（二）克拉玛依市建设学习型企业领导小组办公室职责

负责组织、协调、指导建设学习型企业的日常工作。指导制定建设学习型企业工作实施意见和年度工作计划，并组织实施；会同有关部门加强对建设学习型企业工作的检查、指导；及时掌握动态，树立先进典型，扩大示范影响；会同有关部门研究制定学习型企业的考评、奖励办法办法。完成领导小组交办的其他工作。

各区也要相应成立各自区域内的建设学习型企业组织机构，接受市建设学习型企业工作领导小组的指导，积极开展建设学习型企业工作。

三、克拉玛依市建设学习型企业的内容和工作目标

工作内容：

以增强企业综合竞争力为重点，从企业自身实际和可持续发展的要求出发，抓住学习型企业“精简、扁平化、有弹性、不断自我创造、善于学习”的特点，加强对员工新知识、新技能和新工艺的技术培训，加强企业人才培养和人力资源开发，不断提升广大企业员工的学习能力和创新能力，造就高素质的经营管理人才、专业技术人才和职工队伍，树立全新的创业发展观和强烈的市场意识、竞争意识和开放意识，实现员工的自我价值与企业价值的共同提高。

以建设企业文化、增强综合竞争力为目标，参照驻市中央石油企业“五型班组”创建活动，努力推进“员工素质工程”建设，积极开展岗前培训、业务培训、岗位练兵、技术交流、技能比赛、轮岗交流等各种岗位学习活动，不断提高企业员工生产技能和业务水平，逐步提升员工的创新能力。

以“提炼企业精神、唱响企业之歌、建设文化场地、创办企业报刊”为内容，开展企业特色文化活动，丰富企业文化生活。培育整个企业的学习氛围，建立完善的学习教育体系，大力推进创新活动，使企业成为具有人力资源挖掘和再造功能的可持续发展的企业。

工作目标：

以解放思想、更新观念，大力推进体制创新、机制创新、科技创新、管理创新，建设现代化的企业为总体目标，从2010年起，用3年时间在各行业培育一批学习型企业示范单位；再用3年左右的时间，以点带面，创建一大批具有较高水准的与率先基本实现现代化目标相适应的比较完备的学习风气浓厚、学习力和创新力不断增强、充满生机和活力的学习型企业。

第一阶段（2010～2012年），在2010年选定10家企业作为学习型企业示范试点单位进行培育，年内5家企业成为学习型企业示范单位；2011年培育10家企业成为学习型企业示范单位；2012年培育20家企业成为学习型企业示范单位。

第二阶段（2013～2015年），2015年底前在全市各类企业总量中有10%的企业成为学习型企业示范单位。

四、工作步骤

（一）2010年工作步骤

1. 成立建设学习型企业工作组织机构，认真学习市委市、政府关于开展建设学习型城市相关文件，领会开展建设学习型企业活动的深刻内涵和重大意义，通过宣传营造良好的活动环境。

2. 研究确定学习型企业的定义标准，确定考核标准，达标考核奖励办法，制定下发建设学习型企业年度工作计划。

3. 按照建设学习型企业工作计划，通过企业自荐和各区推荐，在全市范围内遴选一批学习型企业示范试点单位。

4. 对确定的学习型企业示范试点单位进行指导。

5. 组织开展对学习型企业示范试点单位的考核工作。

（二）2011年至2015年工作步骤

按照建设学习型企业的工作目标，并结合2010年的工作开展情况，逐年制订年度工作计划，确保工作目标的全面完成。

五、工作措施

1. 对全市企业按行业划分，分类指导，对建设学习型企业示范试点单位根据每个企业的情况，分别制定辅导培育办法，一对一的给予指导。

2. 会同各区经贸部门及行业管理部门适时检查辅导督促试点单位，了解工作进展，协调解决工作中的困难和问题，推进工作开展。

3. 适时召开领导小组会议，研究工作进程中的出现的新情况、新问题。

4. 积极组织企业召开各种形式的建设活动经验交流会和举办各类培训活动。

5. 充分利用各种新闻媒体，围绕学习型企业建设工作，强化宣传策划，精心组织宣传报道，切实加强建设学习型企业的舆论宣传工作。

克拉玛依市进一步完善城市管理长效机制意见

（2010年3月15）

为深入贯彻落实科学发展观，加快城市现代化发展进程，优化人居环境质量，提升长效管理水平，进一步巩固“国家园林城市”、“国家卫生城市”、“国家环境保护模范城市”等一系列创建成果，为创建国家文明城市奠定坚实的基础，实现依法、科学、有序管理城市和建设“富裕、和谐、法治、文明、平安、秀美”克拉玛依的目标，现就进一步完善城市管理长效机制提出如下意见：

一、统一思想，提高认识，增强深化长效管理机制的紧迫性

（一）进一步完善长效管理机制，优化人居环境，造福人民群众。随着城市化和城市现代化的推进，人民群众对环境质量的要求越来越高。完善长效管理机制，创造全市人民长期受益并有效保持的生活环境，是满足人民群众日益增长的物质文化需求的有效途径。

（二）进一步完善长效管理机制，巩固创建成果，提升城市管理水平。各项创建工作阶段性目标实现以后，如何避免出现反弹和回潮现象，确保城市环境稳步提高，是我们面临的一项重要任务。完善长效管理机制，是不断提升城市环境，保持城市环境持续好转的有效手段。

（三）进一步完善长效管理机制，推进城市现代化，创建国家文明城市。积极创建全国文明城市，推进城市现代化，是市委、市政府的重大战略目标。要实现上述目标，除了要加快基础设施建设外，关键要加强城市管理。城市管理要紧紧跟上城市发展的需要，必须不断探索和创新城市长效管理的新机制，全面提升管理水平。

二、总体目标和基本原则

城市长效综合管理的总体目标是：围绕城市经济社会发展需要，以实现城市管理精细化为目标，以完善“六位一体”管理责任制为重点，以构建数字城管体系、创新大城管机制格局为抓手，以加强督查考核和奖惩问责为保障，转变管理理念，创新管理模式，破解管理难题，提升管理效能，努力实现城市长效管理水平、城市容貌景观、群众满意度的再跃升。

城市长效综合管理应遵循以下原则：

（一）坚持重心下移，属地管理。建立市政府统一领导、城管部门牵头负责、各相关部门协调配合、街道社区主抓落实、市民群众自觉参与的两级政府、三级管理体制；实行属地管理、区负总责、重心下移、街道主抓，突出基层政府在城市管理中的主体地位，充分发挥基层政府在城市管理中的基础性和关键性作用，强化基层政府的社会管理和公共服务职能，明确区、街道办事处主要领导为辖区城市管理的第一责任人。

（二）坚持职责明确，严格标准。全面落实市容环卫责任区制度，构建执法队员、环卫保洁员、市容协管员、街道城管干部、各相关部门、企事业单位“六位一体”城市管理责任体系；各区、各有关部门要按照职责分工要求和有关建设管理标准，切实履行责任，严格加强管理，认真抓好落实；要科学划分管理责任区域，明确责任事项，落实管理责任单位和责任人，做到责权清晰、履责有为；要强化对城市管理各类问题的整改，使城市管理工作步入规范有序的轨道。

（三）坚持长效管理，效能优先。转变突击管理方式，扎实推进长效管理。明确长效管理的各项要求和举措，加大工作推进力度，提高执法管理效能，突破管理的难点顽症和薄弱环节，提高城市常态管理水平，使城市容貌和人居环境得到持续改善，不断提升城市的品质和美誉度。

（四）坚持量化考核，奖惩激励。充分利用数字化城市管理平台，创新考核手段，细化考核标准，完善考核体系，建立严格的考核问责机制，把严格考核作为落实长效综合管理的重要手段，实行绩效、绩誉、绩位三挂钩，根据考核结果和工作绩效严格奖惩和问责。

三、突出重点，常抓不懈，明确长效管理的主要任务

（一）数字化城市管理建设

由各区政府具体实施，市科技局、市建设局、市规划管理局、市城市管理行政执法局配合。

1. 充分发挥各区城市管理数字化平台和12319监督指挥中心的作用，依托数字油田建设成果，按照“五统一”原则，稳步推进城市管理数字化建设。

2. 进一步强化行业信息资源整合利用，建设具有基础性、公益性、开放性的信息化基础设施及城市管理业务管理应用系统，并进行推广应用，不断增加城市管理工作的科技含量，推动克拉玛依市信息产业及数字城市建设加快发展。

（二）城市环境卫生管理

由市爱卫办牵头，市建设局、市城市管理行政执法局配合，各区政府具体负责。

1. 落实建成区范围内清扫保洁制度，清扫保洁作业符合《城市道路清洁质量评定标准》，路面、街巷、公园、广场、车站、河道、景区等主要公共场所全天候干净整洁，确保无卫生死角、无污迹、无污水、绿化带无垃圾或悬挂物；果壳箱、垃圾桶等垃圾收集设施齐全、卫生整洁。

2. 认真贯彻执行《城市市容和环境卫生管理条例》的各项规定，按照《国家卫生城市标准》，积极开展创建活动，及时查处各类影响市容环境卫生的行为；与各责任单位签订《门前三包责任书》和《扫雪打冰责任书》，不断提高责任单位自觉维护环境卫生的意识。

（三）市容市貌管理

由市建设局牵头，市城市规划管理局、市交通局、市城市管理行政执法局、市城市建设投资发展公司配合，各区政府具体负责。

1. 严格落实住房和城乡建设部《城市容貌标准》规定，城市主次干道、街巷路面平整完好，禁止违章挖掘和占用城市道路；道路下水道等排水、排污管道保持畅通，无垃圾堵塞、漫溢和窨井盖损坏丢失现象；主要干道、窗口地区无违章占道经营、占道堆放、占道设置，经批准设立的临时摊点卫生保洁措施到位，符合管理要求。

2. 商业用途的布幔、横幅、气球、彩虹气膜、空飘物、标语、彩旗等广告，应按批准的时间、地点和方式设置。主要干道、窗口地区无乱拉乱挂、乱贴乱画等影响市容的现象；

3. 严格按照《克拉玛依市绿色照明规划与设计》的相关规定实施，使道路照明、绿化照明、建筑照明、户外广告照明及重要节点照明相互协调、相互映衬、各具特色、整体和谐；城市功能照明设施完好，城市道路及公共场所装灯率和亮灯率均应达到95%以上。

4. 对公交站台、路灯杆等市政设施,书报亭、售货亭、公用电话亭、彩票亭等各类公共设施,进行合理布点和建设,不断提高公共设施的管理水平。

(四)城乡规划管理

由市规划管理局牵头,市建设局、市城市管理行政执法局、市国土资源局和各区人民政府配合。

1. 规划区内各类新建、改建、扩建的建(构)筑物和设施,应符合城市总体规划,并与周边环境相协调,符合城市容貌标准(GB50449-2008)要求;针对规划区内的乱搭乱建行为,建立动态监管机制,严厉查处违反规划法规的各类行为,组织强制拆除严重影响城市规划的违法建筑,保证城乡规划的实施。

2. 按照《克拉玛依市城乡规划管理规定》及《克拉玛依市户外广告设置规划》的规定,对户外广告分步进行整治、改造,着重提高户外广告设置的品味和档次;临街商铺的店招店牌,应结合路段情况进行统一改造出新,着重提高店招店牌设置的规范化程度及整体和谐统一;对户外广告缺失、损坏的及时进行更换和维修。

3. 加大《中华人民共和国城乡规划法》、《新疆维吾尔自治区实施〈城乡规划法〉办法》、《新疆维吾尔自治区实施城乡规划行政处罚和强制措施规定》等法律法规的宣教力度,不断提高群众的规划意识和守法自觉性。

(五)园林绿化管理

由各区政府具体负责,市建设局(绿委办)、市城市管理行政执法局配合。

1. 根据需要,因地制宜,按照以乔木为主,乔、灌、花、草相结合的原则,逐年进行绿化改造升级,完善绿地结构,发展立体绿化,增设绿化小品,着力营造色彩丰富的城市绿化景观,提升绿化、美化水平和档次。

2. 实行绿地精细化管理,落实养护单位对各类绿地定期浇水、修剪、除草、病虫害防治、施肥的责任,草坪、绿篱修剪及时,缺株、死株应适时补植,公共绿地不出现单处面积大于1平方米以上的泥土裸露;建成区范围内绿地干净整洁,无垃圾杂物、无枯死枝干、无扣绳挂物,水面无垃圾漂浮物。

3. 重视对城市周边的绿化管理和建设工作,加强对现有防风林带、道路两侧林带的管理和维护。

4. 及时查处乱砍滥伐、破坏树木、随意侵占、破坏绿地的违法、违规行为。

(六)集贸市场管理

由市经济贸易委员会牵头,市规划管理局、市城市管理行政执法局、市工商行政管理局配合,各区政府实施。

1. 按照科学规划、合理布局、提升档次、强化管理的原则,利用3年时间,相继新建或改建一批有一定规模、管理较为规范的商品交易市场,如:花卉交易市场、宠物交易市场、旧货交易市场、果品蔬菜市场、餐饮早(夜)市、二手车交易市场等;协调各区政府在社区适当位置设置便民蔬菜(瓜果)等副食品集中零售摊点,满足人民群众不断增长的物质生活需求。

2. 强化和落实市场主办者的责任,引导和规范经营者入市交易;加强对市场内部环境和流通秩序的日常监管,促进守法经营、诚信、公平交易。

3. 市场管理规范,商品划行归市,摊位摆放整齐,无跨门营业,从业人员个人卫生良好。有专职卫生管理人员和保洁人员,落实清扫保洁制度,环卫设施齐全,给排水设施完善,公厕、垃圾箱等设置符合卫生要求,市场内及周边地段无积存暴露垃圾、无污水漫溢。

(七)餐饮早(夜)市管理

由各区政府具体负责。

1. 对餐饮早(夜)市的经营地点、经营条件、防污措施等作出具体规定,以进一步规范餐饮早(夜)市经营行为;要重点监控好各主、次干道夜市集中经营点,提前入手、拿出措施,协调好经营者和人民群众之间的利益关系。

2. 加强食品安全监管,城市主要道路、学校周围、主要公共场所周边,禁止出现无照经营销售食品的流动商贩,确保公共食品卫生安全。

(八)城市交通管理

由市交通局牵头,市公安局、市建设局、市城市规划管理局、市城市管理行政执法局、各区政府配合。

1. 加强交通基础设施建设、强化城市公交客运服务、提升城市公交整体形象;按照打造数字化城市的要求,启动公共交通管理系统建设;及时调整优化公交线路走向和公交站点位置,改造设置在绿化带内的公交站点,完善公交站点设施,为市民营造安全、便捷的出行环境;继续通过综合性举措,对全市道路交通秩序进行整治,加强中巴车、出租车营运管理。进一步抓好中巴车、出租车公司对驾驶员职业道德、规范经营、安全行车的教育管理,切实解决中巴车、出租车随意停车、抢道、违章调头、飙车、超载、压站、卫生脏、服务差等行为,同时切实规范各类车辆的车容车貌,提高服务质量和水平。

2. 加强停车场的规划、建设和管理。研究制定《克拉玛依市停车场规划建设与机动车停放管理办法》,加快住宅小区停车场配套建设,加强住宅小区停车秩序管理。

3. 开展车辆停放专项整治活动,加强重点区域(主要道路、商场、集贸市场、车站、公园、广场等人群聚集场所)的机动车和非机动车停放秩序管理,规范各种车辆停放行为,做到划线、分类、有序停放。

(九)施工工地管理

由市建设局牵头,市城市管理行政执法局、环境保护局、各区政府配合。

1. 切实加强对各类建设工地现场的监督管理,突出抓好护栏设置、出入口硬化、物料堆放、施工扬尘、夜间施工等环节的监管。

2. 加强建筑垃圾运输处置管理,规范建筑垃圾处置核准行为。严格按照有关规定,对违法运输处置建筑垃圾、车辆带泥上路、运输车辆道路抛撒、夜间施工噪声扰民、施工占道等现象进行治理。

(十)住宅管理

由市房产管理局牵头,市城市规划管理局、市建设局、市工商行政管理局、市城市管理行政执法局、市公安局、各物业管理公司、各区政府配合。

1. 严格落实《住宅室内装饰装修管理办法》的各项规定,有效治理破墙开门、变动建筑主体和承重结构、乱挖乱建等住宅改造行为。

2. 加强对外来人员租住房屋管理,监督业主签订房屋租住合同并做好房屋租赁合同备案工作;充分发挥“两级政府、三级管理、四级网络”的体制优势,采取综合手段实施有效管理。

3. 深入开展房地产市场秩序整顿活动,进一步规范房地产市场经营行为;根据物业管理相关法律法规,加强对物业管理企业的监督管理,加大住宅小区物业管理工作力度,不断提高住宅小区的物业管理水平。

(十一)公共场所卫生管理

由市卫生局牵头,市工商行政管理局、市城市管理行政执法局配合,各区政府具体负责。

1. 落实《公共场所卫生管理条例》相关规定,饭馆(餐厅)、旅店业、文化娱乐场所、公共浴室、美容店、理发店等经营单位持有效的卫生许可证,卫生管理制度健全。

2. 严格贯彻实施国标《公共场所卫生标准》GB9663-9673-1996、GB16153-1996的相关规定,各类经营场所室内外环境整洁,无乱扔垃圾、乱贴乱画、乱搭乱建等现象;清洗、消毒、通风等各类卫生措施落实;从业人员操作规范,卫生指标达到国家有关标准。

(十二)犬类和鸽子饲养管理

由各区政府具体负责。

1. 根据各区具体情况制定犬类和鸽子饲养长效管理办法,完善犬类和鸽子饲养的审批程序,杜绝无证养犬养鸽,规范犬类和鸽子饲养行为;规范犬类交易行为和鸽类交易市场,打击利用犬只或鸽子进行赌博行为。

2. 采取有效措施,禁止犬只进入公共场所;及时查处犬吠扰民、犬只伤人、犬类鸽类饲养污染环境等问题。

3. 发挥信鸽协会的作用,增强市民文明饲养、规范饲养的意识;鸽舍的设置应安全、美观,与周围环境协调,不得影响其他居民日常生活,不得破坏原建筑物结构。

4. 定期对犬只、鸽子及其他宠物进行检疫、免疫,预防传染病的发生。

(十三)文化市场管理

由市文化(新闻出版)局牵头,市行政执法局、市工商局、市公安局配合,各区政府具体负责。

1. 不断完善文化市场发展规划,积极培育市场消费新的增长点如艺术收藏品(根雕、奇石玉石、古玩字画、邮票、钱币等)交易市场等,使行业发展既能满足人民群众不断增长的文化生活需求,又能形成有序的竞争秩序。

2. 严格文化经营场所审批程序,对文化经营场所的消防安全、治安管理等方面加大监督检查力度,规范场所经营行为;充分发挥文化市场各行业协会的力量,提高各行业自我管理的能力。

3. 广泛深入开展文化市场各行业的专项治理,严厉打击设黄、设赌等各类违法行为,查处政治性、宗教类非法出版物,净化人民群众的精神家园。

(十四)环境保护管理

由市环境保护局牵头,市行政执法局、市工商局、市公安局配合,各区政府具体负责。

1. 加强主要污染物减排工作,按照"应治尽治、应关尽关"的原则,实行指标控制、量化管理,不断深化污染减排各项措施,加快推进工程减排和管理减排;继续抓好建设项目环评审批、"三同时"监督管理和环保验收工作,积极推行清洁生产,做到"事前、事中、事后"全过程控制,确保环评执行率、"三同时"执行率100%。

2. 针对环境保护工作的难点、热点问题,积极组织开展餐饮业油烟、噪声污染专项整治、工业、建筑施工噪声污染专项整治、社会生活噪声污染专项整治、大气污染专项整治等专项治理行动。

3. 加强环境保护法律法规的宣传,不断提高群众的环保意识,形成政府主动监管、群众自觉监督的环境管理模式,促进城市经济和环境质量的和谐、健康、可持续发展。

(十五)城中村、城郊、乡镇环境卫生管理

由各区政府具体负责。

1. 在加快城中村改造和乡镇新农村建设步伐的同时,要加大城中村和乡镇的环境卫生综合整治力度,实施道路硬化,环境绿化,完善环卫设施,提高清扫保洁水平。

2. 加强城郊结合部环境卫生综合治理,落实管理责任和管理经费,提高管理标准,逐步完善基础设施,加强清扫保洁和垃圾收集、运输管理,加强绿化管养,加强对暂住人口的管理和市容环境意识的宣传教育。

四、创新机制,落实保障,切实把长效管理落到实处

(一)加强组织领导,强化高位协调指挥和督查考评机制。市城市管理委员会成立城市长效综合管理考评领导小组,具体负责城市长效综合管理目标考评的现场检查、考核评价与监督管理,会办、交办、督办城市长效综合管理中的各类问题。组织对各区、各部门的城市管理工作情况进行日常检查、月度点评和整改督办,并通过简报定期公布考评结果,促进各项工作任务落实到位和城市管理工作的深入开展。各区、街道也应建立完善相应的考评机制,形成三级考评体系。

(二)加大城市管理投入,强化奖惩激励机制。切实加大对城市管理工作的资金投入,保证城市管理配套资金每年有所增长,保证各项长效管理措施的落实;配齐配强城市管理执法人员,增强城市管理执法队伍的凝聚力和战斗力;加大城市管理工作的科技投入,增加工作的科技含量,促使各项长效机制科学协调运转。

(三)加大宣传力度,提高市民文明素质。充分利用各种宣传媒体,结合"普法教育"、"法治六进"和"创建学习型城市、争做学习性市民"等活动的开展,采取多种形式,广泛进行宣传、教育、引导,大张旗鼓地进行公民思想道德建设和法治教育,努力形成良好的舆论氛围,强化全体市民的法律意识、维权意识、主人翁意识,进一步提升全体市民的文明素质。

克拉玛依市社会保障卡管理实施细则

(2010年7月29日)

总　则

第一条　为规范克拉玛依市社会保障卡使用和管理,方便参保人员就医和医疗费用实时结算,加强医疗费用结算管理,根据《关于印发〈克拉玛依市社会保障卡管理暂行办法〉的通知》(新克政发〔2010〕43号),结合本市实际,制定本细则。

第二条　本细则适用于克拉玛依职工医疗保险、补充医疗保险和城乡居民基本医疗保险的参保人员,定点医疗机构和社会保险经办机构。

社会保障卡的申领、挂失、换领、注销

第三条　社会保障卡的申领按照社会保险隶属关系在相应的社会保障卡服务网点办理。社会保险关系隶属市社会保险管理局的参保人员,其社会保障卡服务网点为克拉玛依市辖区内各街道劳

动保障事务所；新疆油田参保人员的社会保障卡服务网点为新疆油田社会保险管理中心各社会保险事务所。

第四条 申领社会保障卡，应履行下列手续：

（一）个人申办的，须持本人居民身份证或居民户口簿；委托他人或单位代为办理的，代理人须持委托人居民身份证或居民户口簿，代理人本人居民身份证或居民户口簿；单位代理的，须持社会保险登记证副本或单位介绍信；

（二）提供个人二代居民身份证电子照片，无法提供个人身份证照片的须按以下规格提供电子数码照片：

照片格式为彩色数码照片2寸（白底证件照），jpg文件格式；照片大小介于14KB和200KB之间；像素358×441；分辨率300DPI。

（三）申领人核对《克拉玛依市社会保障卡（个人）申领登记表》或《克拉玛依市社会保障卡（单位）申领登记表》，并签字确认。

第五条 社会保障卡服务网点受理社会保障卡申领时，须审核申领人或代理人的有效证件，按照申领人有效证件通过社会保障卡申领系统平台下载申请人的社会保险参保信息进行核实，经确认下载信息与申领人所持信息一致的，打印《社会保障卡申领登记表》，经申领人或代理人确认签字后，出具《克拉玛依市社会保障卡领取单》。信息不一致的，以居民身份证或居民户口簿为准进行确认。信息确认后，由社会保障卡服务网点按照所属关系将制卡人员信息上报市劳动和社会保障局劳动保障信息管理中心或新疆油田社会保险管理中心征费管理科分别制卡。

第六条 社会保障卡服务网点自受理申领之日起20个工作日内完成制发工作。

第七条 社会保障卡由个人申办的，凭本人居民身份证或居民户口簿和《克拉玛依市社会保障卡领取单》到受理网点领取；委托他人代领的，委托人应出具本人居民身份证和被委托人的居民身份证及《克拉玛依市社会保障卡领取单》。用人单位统一申办的，由用人单位经办人凭社会保险登记证副本或单位介绍信及《克拉玛依市社会保障卡领取单》到受理网点领取，并及时发放给申领人。

社会保障卡服务网点须查验领取人的有效证件，并对申领人社会保障卡信息进行校验，申领人或代理人办理领取手续后，收回《克拉玛依市社会保障卡领取单》。

第八条 持卡人社会保障卡遗失后，可通过以下两种方式进行挂失：

（一）持卡人持本人的居民身份证到社会保障卡服务网点办理书面正式挂失和补卡手续。受他人委托办理书面挂失手续的，被委托人应出示由委托人签名或盖章的书面委托书，委托人、被委托人的居民身份证。社会保障卡服务网点在接到书面挂失后，向挂失人出具受理挂失的凭证，并即时冻结挂失卡的使用。

（二）持卡人因特殊情况不能办理书面挂失的，社会保险关系隶属市社会保险管理局的，暂可拨打社会保障卡服务电话0990－6885719进行电话预挂失。社会保险关系隶属新疆油田社会保险管理中心的，暂可拨打社会保障卡服务电话0990－6889530进行电话预挂失。通过电话方式申请挂失时，应当提供持卡人姓名、公民身份号码、工作单位、联系电话等相关信息，电话挂失受理后即时冻结挂失卡的使用。电话挂失后持卡人应在5个工作日内到社会保障卡服务网点办理书面正式挂失和补卡手续。

第九条 挂失人在预挂失有效期内找回原卡的，可持本人的居民身份证到社会保障卡服务网点办理撤销挂失手续。

委托代办解除挂失手续的，应当出具由委托人签名或盖章的书面委托书，委托人、被委托人的居民身份证或社会保障卡。

办理解除挂失后即时恢复原挂失卡的使用。

第十条 对申请补卡的人员，需填写《克拉玛依市社会保障卡补卡申请单》，同时由社会保障卡服务网点为其签发领卡证明。该证明除作为领取新的社会保障卡凭证外，在标注的期限内，申请补卡的人员，可凭此证明在本市定点医疗机构就医，医疗费用先由个人支付，符合规定的医疗费用到社会保险经办机构报销。

第十一条 有下列情形之一的，持卡人可申请换领社会保障卡：

（一）社会保障卡使用期届满；

（二）卡面内容污损、残缺，无法辨认；

（三）在专用读写设备上不能正确读写或无法读写；

（四）有关部门同意变更卡面登记项目内容；

（五）具有其他合理理由。

持卡人需持原卡和本人居民身份证到社会保障卡服务网点办理换卡手续。20个工作日后，申请换卡人持本人的居民身份证和领卡证明到社会保障卡服务网点领取社会保障卡。换卡手续参照补卡手续办理，同时收回旧卡。

第十二条 社会保障卡的注销

持卡人死亡、调转异地、社保关系转移等原因需注销社会保障卡的，持卡人应及时到社会保障卡服务网点办理社会保障卡注销手续。社会保障卡服务网点将社会保障卡收回。

第十三条 社会保障卡收费标准

参加城镇职工医疗保险和城乡居民基本医疗保险的人员，首次领取社会保障卡不收取工本费，由于个人原因造成社会保障卡丢失、损坏，以及使用期限届满需补换新卡的，按照价格主管部门批准的收费标准收取工本费。

第十四条 社会保障卡在使用和保管过程中，应注意下列事项：

（一）不要接近强磁性物体；

（二）不要弯曲扭转卡体；

（三）不要损伤、玷污、刻划芯片和卡面；

（四）不要受高温影响和强光照射。

医疗费用结算经办

第十五条 参保人员在定点医疗机构就医发生的医疗费用，凡属于职工医疗保险基金、补充医疗保险基金、城乡居民基本医疗保险基金、“一二·八”专项费用支付范围的，由定点医疗机构通过计算机结算系统予以记账，定期汇总向市、油田社会保险经办机构和“一二·八”善后办公室结算。

按医保政策结算后应由个人承担和不属于职工医疗保险基金、补充医疗保险基金、城乡居民基本医疗保险基金、“一二·八”专项费用支付范围的医疗费用，由参保人员与定点医疗机构直接结算。

第十六条 定点医疗机构与社会保

险经办机构的结算申报

参保人员持卡就医发生的纳入计算机结算系统的医疗费用，由定点医疗机构记账，定期分类汇总职工医疗保险基金、补充医疗保险基金、城乡居民基本医疗保险基金应支付的费用总额，填制医疗保险费用结算申报表，分别报市、油田社保经办机构申报。

（一）社会保险关系隶属市社会保险管理局的参保人员医疗费用，分别按以下方式进行申报：

1. 独山子区定点医疗机构向独山子区社会保险经办机构申报；

2. 其他定点医疗机构向市社会保险管理局医疗保险科申报。

（二）社会保险关系隶属新疆油田社会保险管理中心的参保人员医疗费用，分别按以下方式进行申报：

1. 独山子定点医疗机构向新疆油田社会保险管理中心独山子保险事务所申报；

2. 明园职工医院、新疆地调处医院向新疆油田社会保险管理中心乌鲁木齐保险事务所申报；

3. 准东职工医院向新疆油田社会保险管理中心准东保险事务所申报；

4. 其他定点医疗机构向新疆油田社会保险管理中心医疗保险科申报。

第十七条 医疗费用的审核与结算

市、油田社会保险经办机构自受理申报之日起，经审核确认为支付的医疗费用在5个工作日内完成结算，特殊情况不得超过10个工作日。

经审核确认为暂缓支付的医疗费用，自暂缓支付起30个工作日内完成复审，确定是否支付。

经审核确认为不予支付的医疗费用，市、油田社会保险经办机构向定点医疗机构出具“社保不予支付费用汇总情况表”，载明不予支付的原因、金额。

第十八条 预留金

（一）社会保险经办机构从定点医疗机构结算的医疗费用中扣取不超过5%的预留金，用于年度考核各定点医疗机构执行医疗保险政策和医疗服务协议完成情况。

（二）年度考核后，根据考核结果，社会保险经办机构、定点医疗机构应各自对预留金账目按执行的相关规定处理。

第十九条 医疗费用周转金

每年1月份，社会保险经办机构向定点医疗机构拨付一定数额的医疗费用周转金，具体数额按照当年医疗服务协议总额预算的月平均费用确定。医疗费用周转金每年12月份结清。

第二十条 除急诊、急救外，定点医疗机构和参保人员有下列情形之一的，社会保险经办机构不予结算所发生的医疗费用：

（一）同种药品尚余3日以上用量重复开具的；

（二）同一天在定点医疗机构重复开具同种药品的；

（三）同一天在不同定点医疗机构以不同疾病就诊5次以上的。

第二十一条 参保人员持卡就医结算的医疗费用票据（包括明细清单等），其报销联由参保人员个人保存。

附　则

第二十二条 本细则由社会保险经办机构、劳动保障信息管理中心解释。

第二十三条 本细则自2010年8月1日起施行。

克拉玛依市、油田党委推进学习型党组织建设意见

（2010年6月10日）

为贯彻落实党的十七届四中全会关于建设马克思主义学习型政党的精神，按照中央《关于推进学习型党组织建设的意见》和《中共克拉玛依市委关于建设学习型克拉玛依的意见》（新克党发〔2009〕9号）精神，结合市、油田实际，制定推进学习型党组织建设的意见。

一、指导思想

高举中国特色社会主义伟大旗帜，坚持以“三个代表”重要思想为指导，深入贯彻落实科学发展观，全面贯彻落实党的十七大、十七届四中全会、中央新疆工作座谈会、自治区党委七届九次全委（扩大）会议、集团公司思想政治工作会议和市、油田党委九届六次全委会精神，以提高广大党员素质、促进党建工作创新、保持党的先进性为目标，结合创先争优活动，深入开展学习型党组织建设活动，不断加强党性锻炼，提升党性修养，发挥党组织在创建各类学习型组织中的核心作用和党员干部的表率作用，为完成市、油田中心任务提供坚强有力的思想和组织保证。

二、主要原则

1. 围绕中心、服务大局的原则。始终着眼于推动科学发展、促进社会和谐这一中心任务，精心设计活动载体，落实各项工作措施，把握好学习型党组织建设的正确方向。

2. 丰富形式、创新载体的原则。适应新形势、新任务的发展要求，不断丰富学习内容，拓宽学习领域，改进学习方法，创新学习载体，深化学习效果，完善学习体制和机制。

3. 求真务实、学以致用的原则。坚持把学习活动与加强党的基层组织建设结合起来，与解决本单位的工作难题结合起来，通过学习增长知识、增长才干、增长解决问题的本领，在实践中深化学习，做到学习理论与运用理论相统一，通过学习提高促进发展的能力。

4. 示范带动、整体推进的原则。党员领导干部要坚持把学习作为提高素质、增长本领、做好领导工作的根本途径，先学一步，学深一些，成为不断学习、善于学习和学用结合的表率，不断推动党组织和党员的学习。党员个人要将学习带入家庭、带入社区，发挥党员在建设学习型城市中的表率作用。要充分发挥党组织在创建各类学习型组织中的导向、示范和推动作用以及党员在培养具有终身学习能力的社会成员中的表率作用。

5. 常抓不懈、互为联动的原则。要注重借鉴和吸取其他学习型组织创建的好做法和经验，力争做到学习资源共享、学习时间统筹、学习内容交融、学习效果互促。同时，注重与严格执行党内各项制度、创先争优等活动的有机组合。

三、工作目标

到2012年，市、油田基层党组织基本成为学习型党组织，树立一批学习型党组织和学习型共产党员典型。通过开展建设学习型党组织活动，不断提高党员的学习、教育、实践能力，进一步增强党组织的创造力、凝聚力和战斗力。

具体标准：

学习能力得到明显增强。对学习型组织的基本概念、理念及要求有比较准

确、系统的理解;“全员学习、终身学习”等新的学习理念得以确立;组织化、规范化的组织学习和个人学习的行为得到形成;各级党组织、党务干部以及全体党员的学习能力有明显提高。

创新能力得到明显增强。通过学习,推动理论联系实际,注重调查研究和解决实际问题的作风得到更好发扬;新的思想观念以及党建工作新的方式方法及有效机制得到确立;理论学习转化为实践成果的水平有新的提高;围绕本单位中心工作,能够提出新思路、实施新举措、取得新突破、开创新局面。

服务能力得到明显增强。通过学习,巩固党的执政基础、扩大党的群众基础的意识得到强化;民主集中制得到严格执行,党组织科学、民主的决策机制得到健全;批评与自我批评相结合的优良传统得到发扬;发动群众、组织群众、服务群众的水平得到提高。

四、学习内容

1.学习运用中国特色社会主义理论体系。深入学习马列主义、毛泽东思想、邓小平理论、“三个代表”重要思想和科学发展观等一系列重大战略思想,全面系统、完整准确地掌握中国特色社会主义理论体系的重大意义、时代背景、实践基础、科学内涵和历史地位,将马克思主义理论研究和建设成果运用到实践中。

2.深入学习实践科学发展观。认真总结深入学习实践科学发展观活动的成功经验,引导党员干部准确掌握科学发展观的科学内涵和精神实质,建立健全学习实践科学发展观的长效机制,不断推动学习实践活动向深度和广度发展。

3.学习践行社会主义核心价值体系。开展社会主义核心价值体系学习教育,努力把社会主义核心价值体系融入党员干部日常工作学习生活中,以党员干部的模范带头作用推动全社会践行社会主义核心价值体系,引导广大党员干部增强政治敏锐性和政治鉴别力。加强思想道德建设和党的优良传统、民族优秀文化传统教育,带头弘扬民族精神和时代精神,自觉践行社会主义荣辱观,培养高尚道德情操和健康生活情趣,保持昂扬奋发的精神状态。

4.学习掌握与中心工作相关联的知识。注重与其他学习型组织学习内容的融合,积极推动党员干部学习反映当代社会发展趋势的市场经济、国际关系、社会管理和信息技术等方面知识,特别要学习掌握好市、油田“打造世界石油城”和“建设五大基地”、“突出三大产业”、“搭建两个平台”、“实现两个迈进”等重大战略思想和战略决策。党员领导干部要在不断优化知识结构、开阔思路、把握规律中,提高战略思维、创新思维、辩证思维能力,成为本领域的行家里手。党员要注重加强国家法律法规、国情和形势政策教育,加强以群众路线为重点的工作方法教育,切实提高学习实践能力。

5.学习总结实践中的成功经验。深入实践,加强调查研究,虚心向书本学习、向实践学习、向群众学习。要围绕推进中心工作,不断研究新情况、解决新问题,提高分析问题、解决问题的能力。要认真总结和深入学习党的历史经验,并与学习运用党的理论路线方针政策、执政党建设基本经验和党的建设理论结合起来,与服务改革发展稳定大局和党的建设的现实结合起来,获取推动事业发展、做好各项工作的宝贵启示和精神动力。

五、重要载体

1.创新建设学习型党组织的方法。加强和改进党委中心组学习,严格规范管理,增强学习效果。加强和改进务虚研讨,深入研究重大问题和热点难点问题。加强和改进专题调研,深入总结实践经验,形成改进工作的思路和举措。加强和改进主题宣讲,面对面地解答党员干部思想认识上的困惑。加强和改进形势政策教育,深入解读国家、自治区、集团公司和市、油田发展形势和重大方针政策。加强和改进个人自学,引导党员干部养成良好学习习惯。加强和改进专题讲座、报告会、专题电视片、主题教育等学习教育方式,鼓励和支持参加各种形式的成人教育、函授教育、网络教育,不断增强建设学习型党组织活动的吸引力、凝聚力,扩大覆盖面和参与度。

2.丰富建设学习型党组织的形式。广泛开展主题教育活动,围绕重要节庆日以及重大历史事件纪念日,组织开展党的历史、党的优良传统和优良作风、民族精神和时代精神、促进民族团结和军民团结等方面的专题学习教育活动;围绕廉政教育内容,组织开展廉洁自律教育活动;围绕党员民主评议和支部民主生活会内容,组织开展自我教育活动;围绕纪念革命领袖、革命先烈、杰出历史人物等,组织学习英烈英模和英雄人物的先进事迹和崇高思想;围绕我国传统节日,组织学习中华民族的悠久历史和灿烂文化,增强民族认同感。

3.拓展建设学习型党组织的阵地。充分发挥党校、新疆培训中心在教育培训中的主渠道、主阵地作用,努力改进培训方法,提高培训质量。充分运用新闻媒体和互联网、手机等新兴媒体,引导其发挥自身优势。积极运用信息网络技术手段,加强党员干部远程教育、电化教育等学习教育网络建设,不断提高党员干部学习教育的信息化水平。

4.建立健全建设学习型党组织的制度。各级党组织在带头执行建设学习型城市相关学习制度和党内正常的“三会一课”、民主评议党员、党委中心组理论学习制度的同时,认真落实“有学习制度、有学习阵地、有学习记录、有学习体会、有学习效果”的“五有”学习保障措施,逐步建立健全以下制度:(1)规范集体学习制度,领导班子每月集体学习不少于1次;党委每季度至少开展一次党支部书记集中学习;党员领导干部每年至少为联点单位党员上一次党课;党支部每季度至少组织一次党员集中学习,时间不少于2个课时。(2)建立健全培训制度,合理安排岗前培训、业务培训、晋职培训、理论培训等,处级以上党政领导干部参加脱产培训每年一般不少于110学时;市、油田党委组织部每3年安排基层党务工作者特别是基层党组织负责人到党校轮训一次;党委每年根据工作性质对基层支部成员及党小组长进行培训,每5年对基层党员脱产轮训一次,每年对入党积极分子、新党员进行脱产培训。(3)建立健全党员个人自学制度,按照“全员学习、终身学习”的要求,明确个人自学计划和目标,强化党员干部的日常学习,处级以上领导干部要结合工作实际,深入实际、深入基层、深入群众,开展调查研究活动,每年撰写1至2篇有针对性和实质内容的调研报告,党员每季度读1至2本好书,撰写读书体会,养成做读书笔记的好习惯。(4)建立健全考评制度,建立学用结合的考评体系及机制,要突出抓好学习考核管理,并作为民主评议党员、综合考核评价领导班子、领导干部的重要内容,把理论素养、学习态度和学习能力作为选拔任用领导干部的重要依据,形成注重学习的管理和用人导向。

5.注重建设学习型党组织的成果转化。要把建设学习型党组织与创先争优活动结合起来，不断加强领导班子、基层党组织和党员干部队伍建设，使基层党建工作得到促进，工作上有新亮点，基层党组织解决问题的能力得到提高。要把建设学习型党组织与推动市、油田各项工作结合起来，把学习成果转化为运用科学理论、科学知识分析和解决实际问题的能力，促进学习教育成果及时运用于实际工作中。

六、相关要求

1.明确责任，加强领导。各级党委要把推进学习型党组织建设列入重要议事日程，精心组织，抓紧抓好。各级党组织负责人要切实履行建设学习型党组织第一责任人的职责，对所在单位的学习型党组织建设工作全面负责、全程负责，特别是要对学习的实际效果负责。

2.精心筹划，严格考核。各级党委要按照《意见》精神和要求，科学制定本单位建设学习型党组织的实施方案，不断充实和完善措施和办法，明确阶段性的目标和任务。要不断加强对学习的考核，形成科学、合理的学习绩效评价体系和有效的考评机制。

3.分层推进、狠抓落实。企业、机关、社区、学校、农村的基层党组织，要积极开展各种形式的创建学习型党组织活动。要注意抓好离退休人员、非公有制经济组织、新社会组织、流动人口中党员的学习，努力使建设学习型党组织的任务覆盖到每个基层党组织、每个党员。各级党委要加大对基层党组织学习的投入，加强硬件建设，提供必要的设施设备等保障，积极为党员学习教育创造良好条件。

4.强化宣传、营造氛围。各级党委要大力宣传开展建设学习型党组织活动的目的、意义和学习型组织的基本概念及要求，增强各级党组织和广大党员创建学习型党组织的自觉性和责任感。注重培植和宣传学习型党组织和学习型党员典型事迹，不断激发和调动各级党组织和广大共产党员学习先进、自找压力、争创一流的热情和积极性，做到“行业有标兵、身边有榜样”。

5.学用结合、注重实效。坚持推行学习工作化、工作学习化，妥善处理和解决好“工学矛盾”。要研究和探讨加强建设学习型党组织与其他学习型组织创建活动之间的关系，积极探索和实践学习型党组织建设的好方法、好途径，及时总结经验并搞好推广交流。要坚持学用结合，将学习取得的最新成果应用到党的建设及各项工作中去，不断增强学习的成效。市、油田党委将适时对建设学习型党组织先进集体和个人进行表彰，并命名一批“学习型党组织”和“学习型党员”，努力推进学习型党组织建设向广度和深度发展。

中共克拉玛依市委关于推进克拉玛依跨越式发展和长治久安的意见

（2010年12月21日）

为深入贯彻落实党的十七届五中全会、中央新疆工作座谈会精神和国家西部大开发战略，以及自治区和中石油关于推进新疆跨越式发展和长治久安的决策部署，全面落实科学发展观，进一步解放思想，理清思路，明确工作重点，强化推进措施，确保克拉玛依市在全疆跨越式发展中走在前列、在长治久安上作出示范，为克拉玛依市在全疆率先基本实现现代化、打造世界石油城奠定坚实基础，特制定本意见。

一、推进克拉玛依跨越式发展和长治久安的总体要求

（一）实现克拉玛依跨越式发展和长治久安的战略意义

克拉玛依作为国家重要的石油石化基地，新疆重点新型工业化城市，在国家、自治区和中石油的发展和稳定中具有重要的地位。以中央新疆工作座谈会为标志，随着中央、自治区、中石油一系列促进新疆跨越式发展和长治久安政策措施的出台和实施，为克拉玛依跨越式发展提供了强大动力和极为有利的发展环境，克拉玛依已经迎来了大建设、大开放、大发展的千载难逢的历史性机遇。特别是经过50多年的发展和积累，实现克拉玛依跨越式发展和长治久安的物质基础、政治基础、思想基础、群众基础不断巩固；市委提出的到2010年全面建成小康社会的奋斗目标已基本实现，克拉玛依自身发展的基础、条件和优势明显增强；促进经济发展方式转变和结构优化升级，以产业转型带动城市转型，实现城市可持续发展的需求越来越迫切；全市各族干部群众求发展、思稳定、谋富裕的愿望更加强烈，这些都为克拉玛依市跨越式发展和社会长治久安提供了良好的发展要素和现实条件。

但是必须清醒地看到，在推进跨越式发展和长治久安中还存在一些突出问题，主要表现在：经济结构单一矛盾较为突出，地方经济实力不强，城市经济抵御风险能力弱；油气资源的勘探难度不断加大，实现油气产量持续稳定增长面临较大压力；自然环境先天不足，生态环境保护和建设任务艰巨；涉及群众切身利益的民生问题有待进一步改善，维护社会稳定的压力仍然较大；由于全国的对口支援，全疆各地州市呈现你追我赶、竞相跨越发展的态势，克拉玛依市面临严峻挑战和巨大压力等。

着力解决好克拉玛依市发展道路上的矛盾和问题，有效应对国际国内严峻复杂形势所带来的各种压力和挑战，最根本、最关键的就是要通过加快发展、科学发展、跨越发展来解决。对此，全市上下必须统一思想，提高认识，以思想的大解放、观念的大更新、作风的大转变，坚定发展信心，正视发展差距，抢抓发展机遇，以只争朝夕、奋发有为、追求卓越的精神状态和工作状态，全力开创克拉玛依改革开放和现代化建设的新局面，为新疆跨越式发展和长治久安作出更大贡献。

（二）推进克拉玛依跨越式发展和长治久安的总体思路、目标任务和基本原则

“十二五”时期，是克拉玛依市推进跨越式发展和长治久安的关键时期，是克拉玛依市加快转变经济发展方式、促进资源型城市转型和可持续发展的攻坚突破期，也是实施打造世界石油城发展战略的关键推进期，克拉玛依经济社会发展必将迈向一个全新的历史阶段。

指导思想：高举中国特色社会主义伟大旗帜，坚持以邓小平理论和“三个代表”重要思想为指导，深入贯彻落实科学发展观，认真贯彻中央、自治区党委、集团公司党组一系列重大决策部署，立足打造世界石油城的长远战略目标，以实现由“单一资源型城市”逐步向“综合型城市”迈进、由“工业型经济”逐步向“服

务型经济”迈进为目标,以科学发展为主题,以加快转变经济发展方式为主线,以保障和改善民生为根本,稳步推进“632”发展战略,强化科教、人才强市战略,以新思路、新举措走出一条符合克拉玛依实际、独具特色的发展道路,实现克拉玛依跨越式发展和长治久安。

总体目标:实现石油石化产业大发展,地方经济健康快速发展,把克拉玛依建成一座具有向世界提供与油气相关的系统服务能力的新型工业化城市;教育、医疗发展水平国内一流,交通更加便利,通信更加发达,城市公共服务水平显著提升,成为现代化高品质城市;经济社会发展水平与人民群众生活质量同步提升,人民生活更加富裕,城市文化更加先进,生态环境更加优美,社会更加平安和谐,人民群众具有很强的幸福感,建成在北疆具有较强辐射引领作用的宜居宜业城市。力争经过20年到30年的不懈奋斗,把克拉玛依建成世界知名的现代化石油城市。具体实施“三步走”战略目标。

第一步:到2015年跨入全国小康社会先进市行列,世界石油城建设全面推进,人民生活质量和水平显著提升。

第二步:到2020年在全疆率先基本实现现代化,智能油田、数字城市全面建成,世界石油城初具规模,人民生活更加和谐、幸福。

第三步:到2030年或更长一段时间,实现城市转型,打造成世界知名的现代化石油城市,人民过上和谐、幸福、美满、富裕的现代文明、高品质生活。

主要任务:推进“632”发展战略。

“6”:着力建设六大基地,做大做强油气核心产业。即建设油气生产、炼油化工、技术服务、机械制造、石油储备、工程教育等六大基地。

“3”:突出培育三大产业,增强地方经济发展活力。即培育金融产业、信息产业、旅游产业。

“2”:全力打造两个平台,提高城市现代化品质。即打造高品质城市、最安全城市。

“十二五”经济社会发展目标:实现经济跨越式发展,到2015年地区生产总值超过1 000亿元,年均增长9%左右,力争实现两位数增长;地方财政收入达到80亿元,年均增长12%;五年全社会固定资产投资力争超过1 800亿元,年均增长12.5%。石油石化产业实现快速发展,力争到2015年,油气当量突破2 000万吨,炼油加工能力达到2 600万吨,油气技术服务水平国内领先、国际一流,石油储备能力力争超过800万吨。城市功能显著提升,人居环境更加秀美宜居,城市现代化品质进一步提高。人民生活质量和水平不断提高,城镇居民年人均可支配收入超过27 000元,年均增长10%;农牧民年人均纯收入达到15 000元,年均增长12%,城镇登记失业率持续控制在3%以内。社会事业加快发展,城乡社会保障体系基本完善,教育、文化、医疗卫生等社会事业全面发展,科技对经济增长的贡献率进一步提高,研究与发展费用(R&D)占辖区GDP比重超过2%。资源节约型和环境友好型社会建设各项指标确保实现,到2015年单位能耗比“十一五”末下降15%。实现城乡一体化、农业产业化、农村城镇化、农牧民市民化。通过不懈努力,使克拉玛依市跨入全国小康社会先进市行列,在全疆跨越式发展中走在前列、在长治久安上作出示范,在全疆率先基本实现现代化的基础更加牢固。

基本原则:

一是坚持党的领导。坚持把市委总揽全局、协调各方作为推动克拉玛依各项事业发展的根本保障,充分利用好、发挥好市油田党委合一的体制优势,最大限度地整合全市资源,形成全市一盘棋,实现克拉玛依整体协调发展。

二是坚持科学发展。坚持把推动科学发展作为解决一切问题的基础,坚持把加快经济发展方式转变作为推进跨越式发展的根本要求,积极推进“资源型城市”向“综合型城市”转变,实现城市可持续发展,始终在科学发展的轨道上推进跨越式发展。

三是坚持改革创新。坚持把改革创新作为促进发展的强大动力,充分调动方方面面的积极性、主动性和创造性,集中民智民力,激发全社会创造活力,推动全面创新,为跨越式发展和长治久安不断注入新的生机和活力。

四是坚持民生为本。坚持把保障和改善民生作为加快发展的根本出发点和落脚点,更加注重民生优先、造福人民,使各族群众在改革发展中得到更多实惠,不断满足人民群众新时期新阶段的新期盼,建设人民幸福生活的美好家园。

五是坚持民族团结。把加强民族团结作为长治久安的根本保障,不断巩固和发展平等团结互助和谐的社会主义民族关系。

六是坚持维护社会稳定。坚定不移地反对民族分裂、维护祖国统一和国家安全,按照“反暴力、讲法治、讲秩序”的工作要求,坚持一手抓打击犯罪、一手抓和谐建设,切实加强社会管理,健全维稳长效机制,实现稳定保发展,发展促稳定。

二、实现克拉玛依跨越式发展和长治久安的重点工作

(一)建设六大基地,努力推进新型工业化实现新跨越

建设油气生产基地。新疆油田公司加快油气勘探开发步伐,做好风城400万吨稠油生产能力建设,力争到2015年油气当量突破2 000万吨,其中原油产量达到1 500万吨、天然气产量达到65亿立方米,实现大油田向大油气田的历史性跨越,全面建成绿色、数字和人文特征鲜明、充满生机与活力的现代化大油气田。

建设炼油化工基地。打牢独山子炼化稳定运行基础,适时启动老区炼油升级改造,持续推进国际一流现代化石化基地建设。加快推进克拉玛依石化公司千万吨炼油扩能工程。充分利用新疆油田和中亚地区丰富的油气资源,围绕克拉玛依石化公司炼化能力扩能建设,积极推进石化下游和石油石化产业链延伸,力争把克拉玛依石化工业园区建设成为功能布局合理、基础设施完善、聚集效应突出、产业特征明显、辐射带动力强、投资环境一流的现代化石化工业园区。

建设技术服务基地。依托驻市中央企业和地方企业,打造工程技术、工程建设和油气生产服务基地。大力扶持地方企业发展油气技术服务高端业务,借助中央企业品牌优势,通过劳务输出、设备租赁等方式,帮助地方企业走出去开拓市场,提高竞争力,进而提升克拉玛依市地方企业的整体发展实力,与中央企业一道,共同建设油气技术服务基地。

建设机械制造基地。通过引进国内外有实力、有影响的大企业,积极发展石油钻探、采油、炼化和石油石化及成品油储运等装备业,打造机械制造基地,使机械制造业成为立足油田、辐射国内外的产业。

建设石油储备基地。紧紧抓住国家增加石油战略储备和中石油建设石油商业储备的机遇,充分利用克拉玛依区位

以及交通优势，积极争取石油储备库建设项目和资金，不断扩大在克拉玛依地区的石油储备规模，逐步将克拉玛依建设成为我国重要的石油战略储备基地。同时，积极争取布局天然气、成品油储备项目。

建设工程教育基地。以克拉玛依职业技术学院、技师培训学院"两院合一"为主导，实施职业教育、技术工人培训、专科教育等类型的本科以下学历教育和培训；以中国石油大学（北京）为主导，以工程师学院为载体，实施卓越工程师、第二学位、专业硕士、MBA培养，建立博士后工作站和科研机构，面向国内外企业和市场开展国际资质认证培训等高端工程教育。力争用3到5年时间，在克拉玛依建成多层次、多类型、全方位的工程教育基地。

（二）加快转变经济发展方式，努力推进服务型经济实现新跨越

突出培育"三大产业"。培育发展战略性新兴产业是抢占经济、科技制高点的重要举措。全力培育金融产业。依托昆仑银行和其他金融机构大力开发金融产品，为昆仑保险、昆仑证券落户克拉玛依提供更多优惠政策及优惠条件，支持他们在更大范围内发挥资本融通作用。积极创造条件，打造优良的金融生态环境，鼓励和支持各类金融机构在克拉玛依投资发展。大力培育信息产业。定期举办"信息化创新克拉玛依国际学术论坛"，提升克拉玛依市的知名度。依托智能化油田建设、数字城市建设，引进国内外知名软件企业，大力发展软件研发产业和内容数字化产业。引进中石油新疆数据中心及自治区数据中心等落户克拉玛依市，大力发展信息服务业。引进通用电子仪器仪表制造企业，发展硬件制造业。发展呼叫服务等服务外包业，逐步把克拉玛依市打造成为新疆乃至全国的软件研发、信息服务等产业基地。努力培育旅游产业。围绕建设世界石油博览园，深度开发以黑油山、百里油区、克一号井为代表的石油工业资源，以魔鬼城、泥火山为代表的地质地貌资源，以克拉玛依河景区、文体中心为代表的城市人文景观资源，主打工业旅游、科普旅游，配套地质旅游，辅助发展休闲旅游、红色旅游，突出特色与优势，增强城市旅游的承载能力和竞争能力。同时，加快旅游基础设施建设，加强旅游软环境建设，提升旅游接待水平与服务质量。加强特色旅游产品开发，充分发挥旅游的产业带动功能，延伸旅游产业链，发挥旅游对经济的拉动作用。

做大做强地方企业。把培育和壮大地方企业作为推动跨越式发展的重要动力，通过开发项目、鼓励创新、推动上市、优化服务等措施，积极促进各类要素向优势企业集中、向行业龙头企业集聚，建设一批拥有自主知识产权和知名品牌、核心竞争力、主业突出、行业领先的地方大企业大集团。到2015年，力争地方工业占全市工业的比重达到10%以上，销售收入超10亿元的企业达到10家以上，争取在"十二五"期间培育出5～10家具有一定竞争实力、规模较大的上市公司，进而提升克拉玛依市地方企业的整体发展实力。积极开拓外部市场，充分利用国内国际"两个市场"、"两种资源"，引进和培育一大批外向型生产龙头企业，优化出口商品结构，着力提高对外贸易的规模和效益，力争2015年进出口总额突破10亿美元，年均增长达到30%。全面贯彻落实国家和自治区关于促进民营经济发展的各项政策，创造更加宽松的环境，突破制约民营经济发展的体制机制障碍，促进民营经济快速发展。进一步加强改制企业的帮扶指导和监督管理工作，引导改制企业抓住新疆大建设、大开放、大发展的机遇，加快产业结构调整，调整企业产权结构，促进改制企业健康稳定发展。

加快发展现代服务业。把推动服务业发展作为产业结构优化升级的战略重点，以市场化、产业化、社会化为导向，把发展服务业与扩大居民消费有机结合起来，与扩大就业紧密结合起来，全面提高服务业增长质量、效益和水平，促进服务业发展提速、比重提高、结构提升，构建现代服务业体系。以引进中石油金融业务为契机，研究制定优惠政策，千方百计吸引国内外大企业、大集团总部或区域研发中心、销售中心、营运总部或分支机构落户克拉玛依市。加大财税、土地、人才等政策支持力度，促进现代物流、科技服务、信息服务、会展服务、中介服务等服务业加快发展，形成规模优势。以扩大居民消费为重点，完善消费政策，根据市民消费层次，挖掘潜在消费需求，积极培育新的消费热点，促进文化、旅游、体育健身、教育培训、养老等服务性消费，引导消费需求规范增长和结构升级，不断增强消费对克拉玛依市经济增长的拉动作用。到2015年，全市服务业增加值力争超过130亿元，力争翻一番以上。

实施战略性新兴产业培育计划。以重大项目为抓手，以创新型企业为支撑，以自主创新为动力，科学制定规划，加强体制创新，强化政策支持，加大资金投入，积极发挥大学科技园的作用，引导和鼓励地方企业积极进入新能源、电子信息、节能环保、新材料等战略性新兴产业发展领域，打造产业基地，抢占未来经济科技制高点，形成一批具有影响力的大企业。出台加快新兴产业发展的指导意见，制定具体行动方案和支持政策。到2015年，力争新兴产业产值翻两番。

大力发展文化产业。进一步加强对文化产业的研究，积极利用高新技术和现代经营方式改造传统文化产业，延伸文化产业链，推动文化产业转型升级。深化文化体制改革，根据市场经济发展要求和文化发展规律，逐步建立政府引导和社会化、市场化运行的文化发展机制。制定文化产业发展总体规划，充分利用克拉玛依市特有的石油工业资源和城市人文景观资源等文化资源，挖掘克拉玛依文化、石油文化的深厚底蕴，从投融资、税收、土地、人才等多方面优先支持文化旅游、演艺娱乐、网络传媒、影视译制、文艺创作等文化产业的发展。规划建设文化产业园区和基地，逐步形成具有地方特色的优势文化产业群。到2015年，文化产业增加值占GDP比重达到0.5%，文化产业综合实力处于全疆领先水平。

加快经济发展方式转变。把加快经济发展方式转变作为跨越式发展的重要目标和战略举措，深入贯彻落实《中共中央关于制定国民经济和社会发展第十二个五年规划建议》中提出的转变经济发展方式"五个坚持"的基本要求，提高发展的全面性、协调性、可持续性。在保持经济平稳较快发展的同时，把工作重心放到转变发展方式、提高经济增长质量和效益上来，坚持把推进新型工业化建设与生态文明建设有机结合起来，积极发展低碳经济、循环经济，大力推进节能减排，努力推进资源节约型、环境友好型社会建设。以推进克拉玛依可持续发展和增加就业、改善生产生活条件为重点，培育壮大接续替代产业，积极发展吸纳

就业能力强的第三产业，稳步推进资源型城市转型。积极争取纳入国家资源型城市试点城市范围，在政策上得到更多优惠，增强资源型城市可持续发展能力。

推动区域协调发展。加快市域中部克拉玛依—白碱滩城镇组团的一体化发展，培养发展新兴产业的聚集区、总部经济的核心区、建设中心城区的中央商务区，增强中心城区的集聚力和辐射力。独山子区要依托现代石化工业基础和交通区位条件，推动独奎乌区域融合发展。乌尔禾区要以稠油规模开发为契机，努力实现超常规、大跨越发展。

全方位扩大对外开放。把开放带动作为推进跨越式发展的重要战略，着力构建全方位、宽领域、多层次对外开放新格局。进一步加大招商引资力度，创新招商方式，拓宽招商渠道，逐步形成政府引导、政策推动、园区承载、形式多样、特色突出的招商运行机制，把更多的资金、技术、人才和管理经验引进来，把更多的大公司、知名企业请进来，提高引资质量和水平。充分发挥区位优势，积极与中亚国家建立友好城市关系，加强各方面的合作，为克拉玛依市企业开发海外资源、拓展海外市场奠定良好的基础。进一步加强同周边地区、兵团团场的友好往来，广泛开展各个领域的合作与交流，促进与各地经济融合发展，自身发展能力和区域辐射能力显著提升。

（三）打造高品质城市，努力推进城市现代化实现新跨越

加大城市基础设施建设力度。坚持以规划为龙头，以构建北疆区域性中心城市、支撑经济社会协调发展、促进和谐社会建设、满足全市人民生活需要为总体目标，按照高标准、高起点、满足旅游需求的要求，以面向世界的眼光，构建科学合理的城市体系，加强城市基础设施建设，提升城市形象和功能。要高水平规划城市，强化规划的严肃性，新建的每一栋建筑都力求精美有特色，成为全疆的样板，提升城市品位。“十二五”期间，完成科技博物展览馆、图书馆、文化馆、体育馆、青少年活动中心、报业广电大厦、新建中心医院等一批功能性项目建设，进一步加强科技、教育、文化、体育、卫生、民政等公共服务设施建设。加强水利基础设施建设，满足城市发展和生产生活用水需要。

突出交通网络建设。按照对外开放、对内通畅的原则，着力完善现代城市综合交通网络，促进各种交通方式有效衔接，打造便捷、通畅、高效、安全的区域性立体化交通体系。实施奎克、呼克、克塔、克阿高速公路建设，积极构建克拉玛依连接周边城市乃至中亚国家的骨干交通网络。加快克拉玛依火车客运站建设，积极争取直达国内外的客运、货运线路；积极与塔城地区合作，加快推进克拉玛依—塔城—巴克图口岸铁路项目前期工作，为今后延伸至巴克图口岸，与哈萨克斯坦铁路在阿古兹相连创造条件，为加强克拉玛依的国际经济交流与合作、扩大向西开放奠定基础，逐步形成东西相通、南北相连的区域铁路运输枢纽。积极争取克拉玛依机场直达国内和中亚国家的直航线路，为开展国内外经济贸易和商业往来提供便利的空中通道。

建设宜居宜业城市。围绕打造“功能完善、设施一流、信息畅通、管理有序、秀美宜居”的生活环境，抓紧确定克拉玛依—白碱滩城镇组团远景规划和城市设计，保持好白碱滩区、独山子区优良的特色环境，加快南部新城区、乌尔禾生态旅游新城开发建设，完善建设好老城区，努力把克拉玛依打造成宜居宜业、宜旅游的现代化城市。加强城市园林绿化建设，利用已有的水资源建设规模适宜、树种搭配合理的城市周边绿色景观。加快森林公园、东湖湿地和城市周边生态建设、湿地恢复，改善城市生态环境。加强荒漠林和植被保护，加强农田防护林、城市生态林建设，稳步提高市域森林覆盖率。到 2015 年建成区绿地率保持在 38% 以上。

提高城市现代化管理水平。创新城市管理手段，实施网格化、精细化、无缝化、规范化管理，提高城市管理快速反应能力，全面提升城市管理的科学化、信息化、人性化水平。按照“高起点规划、高标准建设、高效能运行”的要求，率先推进信息网络与城市全面对接。通过无线城市网络建设，打造现代化、高智能的数字化城市。加强城市建筑和市政设施管理，建立定期维护、修复和翻新机制。推进城市安全基础设施的改造，加快防灾减灾工程建设，提高应对自然灾害的能力。

（四）实施民生“十大工程”，努力推进社会事业实现新跨越

就业再就业促进工程。充分发挥政府在促进就业中的主导作用，进一步梳理完善政策体系、就业责任体系、目标考核体系、就业服务培训体系和就业援助体系，推进市场化就业机制建设，确保“十二五”期间城镇登记失业率控制在 3% 以内，零就业家庭做到动态清零，24 小时内帮扶就业，未就业大中专毕业生总量处于较低水平，基本实现劳动者充分就业。加强引导和帮扶，进一步促进无学历、低学历人员和刑满解教回归人员的就业。加大就业困难人员技能培训，加强公益性岗位开发，提高公益性岗位补贴标准，实现就业困难人员充分就业。引导更新就业观念，鼓励先就业再择业、自谋职业、自主创业和灵活就业，引导就业方式的多元化。鼓励市民创业、兴办企业，增加就业机会。加大少数民族就业政策落实力度，全面开展少数民族专项技能培训规划，促进少数民族就业。加强劳动执法，完善劳动争议处理机制，改善劳动条件，保障劳动者权益。发挥政府、工会和企业作用，努力形成企业和职工利益共享机制，建立和谐劳动关系。

居民收入增加工程。以保障和改善民生为目的，以提高城乡居民生活水平为核心，以增加困难群众收入为重点，合理调整收入分配关系，逐步提高居民收入在国民收入分配中的比重，提高劳动报酬在初次分配中的比重。全面建立与经济发展及物价增长相适应的最低工资标准调整机制，完善社会保障体系，扩大公共服务供给，加强社会救助，使发展成果更好地惠及全体市民，让城乡居民生活得更加富裕。推进企业职工工资集体协商制度，完善企业工资正常增长机制和支付保障机制。落实涉农补贴到户政策，鼓励农牧民兼业经营，促进农业增产、农牧民增收。

教育质量提升工程。按照“打造一流教育”这一核心，高标准规划、设计和建设教育教学软硬件环境和设施，为打造一流教育奠定坚实基础。加快推进双语教学、民汉合校步伐，加强现有教师双语教学能力培训，到 2015 年基本普及双语教育。扎实推进教育“质量工程”，完善教师进出、培训与激励机制，加强本地学校与国内名校的交流合作，引进国内外优秀教师和先进教学理念，培养高水平的教师队伍，提升教育教学整体质量。充分利用现代技术发展远程教育，加强教育合作，实现与教育发达地区资源共

享,提高克拉玛依市教育教学水平。探索教育创新,大力发展继续教育、职业教育,加强社会办学、民办培训机构的监督管理,保证社会教育健康发展。力争用5至10年左右时间,办成疆内极具特色和吸引力的一流教育。

医疗卫生服务水平提高工程。要以前瞻性、科学性的眼光和国际一流的标准,全力抓好全市医疗卫生建设总体规划编制和设计建设工作,建设具有高水准的医疗卫生服务软硬件环境。健全医疗卫生行业人才引进机制和激励机制,积极引进高层次、高水平、高素质的人才,培养高水平的医疗队伍、专家和学科带头人,充分发挥和调动医疗骨干的积极性和创造性,做到引进来、留得住、用得上。加强与国内外知名医疗机构的合作,建立长效机制,带动并提高医疗服务整体水平。着力提高各医疗机构的软实力和服务水平,最大限度地让群众满意。营造独具特色的医院文化,培育知名院长,大力提升医院和医疗专家的知名度和美誉度,发挥引领带头作用。力争用5至10年左右时间,发展成为疆内极具特色和吸引力的一流水平。进一步完善公共卫生服务体系建设,健全市、区、乡、村各级公共卫生服务网络,重点推进社区卫生服务建设,全面落实市、区两级公共卫生机构和医疗机构在公共卫生工作中的责任,大力提升公共卫生综合服务能力,使基本公共卫生服务以较高水平覆盖城乡全体居民。

社会保障体系完善工程。以社会保险、社会救助、社会福利为基础,以基本养老、基本医疗、最低生活保障制度为重点,加快完善社会保障体系,提高社会保障水平。力争到2015年,社会保险覆盖面达到100%,基本养老金社会发放率达到100%,社会医疗救助覆盖面分别达到市区城市人口和特困群体的100%。进一步做好城乡居民最低生活保障工作,根据克拉玛依市经济发展水平和居民消费价格指数情况,适时调整城乡低保标准,逐步形成完善配套的低保工作体系,切实保障困难群众基本生活。

居民安居工程。严格控制地价,保持房价基本稳定。加强供需双向调控,提高住房有效供给水平,重点抓好经济适用房、廉租房等保障性住房和普通商品房供应,继续改善中低收入家庭的住房条件;有序发展大中套型、中高价位商品住宅,适度安排低密度住宅,满足不同层次的住房需求。“十二五”期间,规划住宅建筑面积650万平方米,其中保障性住房410万平方米,竣工率达到70%以上。切实加强对物业服务工作的指导和监督,引进和支持实力强、资质高、信誉好的房地产开发和物业管理企业,坚决清理、淘汰资质不良、信誉差的房地产开发和物业管理企业,提升物业管理服务水平。深入开展房地产市场秩序整顿规范工作,严厉查处房地产管理部门及其工作人员、房地产开发企业、房产中介机构及其从业人员在房地产开发管理中的违法违规行为。

养老服务深化工程。按照“政府扶持、政策引导、依托社区、社会兴办、市场推动”的原则,以居家养老为主,机构养老为辅,加快各区养老服务设施建设,提高各养老机构的管理和服务水平,满足市民对高质量养老的需求。坚持有偿服务与无偿服务相结合,个人购买服务与政府购买服务相结合,以个人购买为主,政府、社会购买为辅,拓展社会化养老服务功能,为居家老年人提供多层次、方便快捷、优质的服务。以社区为依托,建立城镇企业退休人员统一管理机构,切实做好城镇企业退休人员社会化统一管理服务工作。新建小区必须建立老年活动中心(站),为老年人开展健康科学的文体活动提供条件。

农牧民市民化工程。加快推行两乡城镇化进程,制定城乡一体化实施意见,逐步实现城乡二元结构向一元结构转变,到2015年基本实现城乡一体化发展格局。推进城乡公共资源均衡配置,逐步实现城乡公共服务均等化,到2015年使全市农牧民基本享受与城市市民医疗、养老、住房等社会保障同等待遇。扎实推进农牧民市民化进程,放宽两乡城镇户籍限制,积极引导两乡农村人口向城市转移,尊重农牧民在进城和留乡问题上的自主选择权,使城镇化和新农村建设相互促进、协调发展。

交通畅通工程。按照建设高品质城市的要求,树立交通管理新理念,制定完成城市未来发展道路交通系统规划。坚持“公交优先”战略,加快发展城市公交,进一步提高城市公交运行和服务的质量,努力为市民提供便捷、高效、安全、舒适的现代化城市交通环境。围绕提升城市形象和方便市民出行,加强出租车管理和服务,规范出租车营运行为,推动出租车市场的可持续健康发展。进一步完善智能化交通管理系统、道路交通标志和城区交通治安智能监控系统,提高城市交通现代化管理水平。抓好规划源头管理,提高新建建筑物和居民小区的停车场(库)配建标准,保证足够的停车泊位。积极创造条件开发城市建成区停车空间,加强现有停车场(库)管理。建立停车收费调节机制,缓解停车泊位的供求矛盾。出台优惠政策,鼓励民间资本参与停车场(库)建设,有效缓解停车难问题。

天然气入户工程。加快实施天然气入户工程,力争到2012年全市天然气入户实现全覆盖。加强天然气管道、入户安全管理,完善民用气安全预防处置管理制度,强化居民用气安全知识普及,确保居民用气安全。

(五)以现代文化为引领,努力推进文化建设实现新跨越

大力弘扬和培育社会主义核心价值体系。始终坚持以现代文化为引领,坚持马克思主义在意识形态领域的指导地位,坚持不懈地用社会主义核心价值体系引领多元化的社会思潮,用以爱国主义为核心的民族精神和以改革创新为核心的时代精神鼓舞斗志,用社会主义荣辱观推动形成良好的社会风尚,牢牢把握社会主义先进文化前进方向。大力发展多元、融合、开放的现代文化,将“爱国奉献、艰苦创业、民族团结、求真务实、追求卓越”的克拉玛依精神不断赋予新的时代内涵,切实凝聚各族人民的智慧和力量,使之成为克拉玛依人内在的人文品质和城市的精神脊梁,促进跨越式发展。坚持用科学发展观武装头脑、指导实践,使打造世界石油城成为全市各族人民的共同理想和追求,形成奋发向上的精神力量。

共同推进民族团结文化建设。民族团结是各族人民的生命线,是实现跨越式发展和长治久安的根本保障。深入开展以“热爱伟大祖国、建设美好家园”为主题的民族团结宣传教育活动和民族团结教育工程建设,推进民族团结教育进学校、进清真寺、进社区、进家庭,贴近实际、入心入脑。深入推进民汉结对、联谊、帮扶等活动,使各民族干部群众之间相互交流、相互信任、相互融合,不断巩固和发展平等、团结、互助、和谐的社会

主义民族关系。全面正确地贯彻落实党的民族政策，引导各族市民增强国家意识、法律意识、公民意识，自觉维护国家最高利益，自觉抵制各种狭隘民族意识，增强维护民族团结、祖国统一的责任感。要进一步创新民族团结教育方式，寓教于乐，使民族大团结的观念、意识深入人心，成为干部群众自觉行动。加强意识形态领域反分裂斗争，坚持不懈地开展正面教育和面对面宣传教育工作，加强宣传思想文化阵地的管理。

不断提高市民素质和城市文明程度。以创建全国文明城市为抓手，深入开展群众性精神文明创建活动，提高创建工作水平。在全社会倡导“知荣辱、讲正气、促和谐”文明新风尚，努力形成符合现代城市文明的机关文化、企业文化、社区文化、广场文化。扎实推进公民道德实践活动，深入实施以加强社会公德、职业道德、家庭美德、个人品德建设为主要内容的道德实践活动，积极倡导爱国、敬业、诚信、友善等基本道德规范，构建传承中华传统美德、符合社会主义市场经济的道德和行为规范，全面提高公民思想道德素质。加强未成年人思想道德教育，构建社会、学校、家庭三位一体的思想道德建设体系，净化社会文化环境，保护未成年人身心健康。注重人文关怀和心理疏导，培育奋发进取、理性平和、开放包容的社会心态，建立健康和谐的人际关系。提倡修身律己、尊老爱幼、勤勉做事、平实做人，推动形成我为人人、人人为我的社会氛围。

促进文化事业发展。加大文化建设投入，实施重大文化事业项目建设，建成一批能承办大型文化活动、引领区域文化发展的重大文化基础设施。加强基层、社区文化建设，加大文物、文化遗产保护力度，加快建立健全惠及全民的公共文化服务体系。积极发展新媒体、抢占新阵地，占领发展制高点。加强网络文化建设和管理，营造良好的网络环境。加大文艺创作和生产的扶持力度，通过“内推外联”，形成地域特色鲜明、人文精神丰富、艺术造诣精湛的群体。鼓励社会力量参与公益性文化建设，建立文化事业共建共享长效机制。扩大对外文化交流与合作，整合对外宣传资源，打造宣传推广平台，提升城市的影响力和品牌价值。

（六）打造最安全城市，努力推进长治久安实现新跨越

严厉打击“三股势力”和各类刑事犯罪。牢固树立“稳定压倒一切”、“稳定是第一责任、是硬任务”的思想不动摇，坚持“反暴力、讲法治、讲秩序”的原则和工作重点，坚持把打击和防范放在突出位置，按照“主动进攻、露头就打、先发制敌”的方针，依法严厉打击形形色色的民族分裂势力、宗教极端势力、暴力恐怖势力，谁搞暴力就消灭谁，毫不含糊，绝不能让“三股势力”坐大成势。进一步强化打击力度和手段，严密防范、依法打击各种违法犯罪活动，切实保障人民生命财产安全，保持社会大局和谐稳定。

进一步夯实基层组织建设。进一步深化和完善基层基础性工作，狠抓社区、学校、企业和乡村等基层组织建设，以落实“四知四清四掌握”等行之有效的制度为核心，进一步完善维护基层稳定、标本兼治的长效工作机制，切实加大基层基础性工作力度，把基层党组织建设成为促进改革发展稳定的坚强战斗堡垒，构筑基层反分裂、反渗透的坚固防线，形成社会管理和服务合力。加大“反暴力、讲法治、讲秩序”宣传教育力度，增强各族市民法律意识和维护社会稳定的自觉性。

深入推进平安建设。突出流动人口、重点人员、文化市场、宗教事务和城市边缘地区的管理，健全和完善社会治安综合治理、社会稳定风险评估、社会矛盾调处化解、信息情报收集研判、维稳处突联合指挥机制，提高人防、物防、技防水平，打牢维护稳定的组织和工作基础。加强社会治安综合治理，落实机关、企业、学校、事业单位内部安全防范责任。加强流动人口的服务管理，认真做好社区矫正工作，加强特殊人群帮教管理和服务工作，加大社会管理薄弱环节整治力度，着力解决流动人口就业、居住、社会保障、就医、子女上学等方面民生问题以及其他可能影响稳定的问题。

加强对宗教事务的管理。坚持以敢管、能管、会管、善管为标准，依法加强对宗教事务的管理。强化健康的宗教观念，教育引导宗教人士和信教群众围绕打造世界石油城战略目标，挖掘和弘扬宗教教义、道德文化中有利于社会发展和时代进步的内容，把和平、团结、爱国的思想贯彻到讲经、解经、学经之中。坚决杜绝非法宗教活动在克拉玛依市的出现。加强对朝觐事务的管理，进一步规范有组织朝觐，有效制止零散朝觐。加强领导、精心组织，积极推进领导干部联系清真寺和宗教人士制度，引导宗教与社会主义社会相适应。

加强和创新社会管理。认真落实信访工作责任制，畅通和规范群众诉求表达、利益协调、权益保障渠道，建立重大工程项目建设和重大政策制定的社会稳定风险评估机制，正确处理人民内部矛盾，把各种不稳定因素化解在基层和萌芽状态。对群众的利益诉求，各级领导干部要深入实际、调查研究，及时主动靠前工作，积极从源头化解各种不稳定因素，疏导情绪、化解矛盾，落实政策、解决问题。

加强公共安全管理。强化源头治本、政策治本，加强安全生产的监督和管理，着力构建安全生产长效机制，引导各类企业和从业人员自觉履行安全生产法定义务和社会责任，建立规范的安全生产法治秩序，减少一般事故，杜绝重特大事故。进一步完善交通安全和消防安全体系，稳步推进构筑社会消防安全“防火墙”工程建设，全面提高市民的安全防范素质。建立健全对事故灾难、公共卫生事件、食品安全事件、社会安全事件的预防预警和应急处置体系，健全应急救援体系，加强应急指挥信息系统、应急物资保障和应急避难场所建设，提高处置火灾、地震、疫情等突发公共事件能力，确保人民群众生命财产安全。积极推进食品放心工程，整顿药品流通秩序，加强食品、药品、餐饮卫生监管，严厉打击危害人民群众身体健康和生命安全的非法经营活动。加强食品安全预警防范和快速反应体系建设，提高及时处置食品安全突发事件的能力和水平。

三、为推进克拉玛依跨越式发展和长治久安提供坚强保障

深入推动思想大解放。解放思想是推动克拉玛依跨越式发展和长治久安的强大动力。以思想大解放引领跨越式发展，才能发现、抓住各种机遇，抢占发展的制高点。各级组织和各级领导干部要进一步增强解放思想、转变观念的自觉性和坚定性，树立全局观念，正视发展差距，坚决破除影响发展的思想障碍和陈旧观念，敢于破除条条框框，只要符合科学发展、有利社会民生的，就允许大胆地闯、大胆地干，先干不争论、先试不议论、先做不评论，允许在改革中出现失误，但

决不允许无所作为。要通过思想的大解放，真正解放出开拓创新、敢为人先的思想观念，解放出追求卓越、奋发进取的精神状态，解放出科学合理、协调高效的体制机制，解放出切实可行、行之有效的工作举措，解放出脚踏实地、干事创业的工作作风，以思想大解放释放出的巨大能量，推动解放思想由思想观念层面向实践创新层面转变，为跨越式发展和长治久安提供思想保证和力量源泉。

切实加强领导班子和人才队伍建设。要坚持把加强领导班子和人才队伍建设作为管根本、管长远的大事来抓，以提高各级干部特别是领导干部思想政治建设和能力建设为重点，着力增强领导科学发展的能力、应对复杂局面的能力和解决突出问题的能力，努力培养和造就一支政治上坚强有力，能干事、会干事、干成事的高素质干部队伍，更好地担负起组织领导克拉玛依实现经济跨越式发展、民生显著改善、社会长治久安的历史重任。要加强和完善以惩治和预防腐败体系为重点的反腐倡廉建设，严格执行党员领导干部廉洁从政若干准则及其他党内法规制度，着力解决党风廉政建设方面存在的突出问题。要坚持党管人才原则，大力实施人才强市战略，按照《克拉玛依市"十二五"人才发展规划》的部署，努力在扩大人才数量、调整人才结构、提高人才素质、做好人才选用上下工夫，不断创新人才资源开发与管理机制，积极营造培养和吸引人才的内外部环境，使克拉玛依成为人才高地，为推进跨越式发展和长治久安提供人才支撑。

扎实推进学习型城市建设。以提高人的综合素质为目的，以观念更新为先导，以构建终身教育体系为基础，以建设各类学习型组织为重点，创新学习载体，完善运行机制，带动和激发广大干部群众树立终身学习的良好习惯，养成重规律、善创新的思维习惯，开阔发展眼界，拓宽发展思路、创新工作方法，为克拉玛依经济社会科学跨越发展提供充分的智力支持，不竭的创新源泉，不断提升克拉玛依的创造力、综合竞争力和持续发展能力。

形成推进跨越式发展和长治久安的强大合力。充分发挥市委"总揽全局、协调各方"的领导核心作用，围绕推进克拉玛依跨越式发展和长治久安两大主题，市委、市人民政府和驻市中央石油石化企业牢固树立全市一盘棋思想，坚持做到发展共谋、责任共担、稳定共抓、环境共建，形成推进克拉玛依跨越式发展和长治久安的整体合力。要充分发挥人大职能，做好法律监督工作，为跨越式发展和长治久安提供法制保障。充分发挥政协优势，积极组织引导各界人士围绕推进跨越式发展和长治久安参政议政、献计出力。各群团组织结合各自职能职责，动员广大职工、共青团员、妇女、科技工作者主动投身推进跨越式发展和长治久安的进程中。大力发挥宣传舆论的引导作用，积极为推进跨越式发展和长治久安营造良好的舆论氛围。

加强组织领导。贯彻落实《关于推进克拉玛依跨越式发展和长治久安的意见》是当前和今后一个时期的一项重要政治任务。各区、各部门、各单位要高度重视，紧密围绕推进克拉玛依跨越式发展和长治久安的目标和任务，制定本地区、本部门、本单位的长远规划，明确目标，落实责任，形成各负其责、分工协作、相互配合、共同推进的良好格局，确保《意见》提出的各项任务和要求得到全面落实。

全市各级党组织、各级领导干部和广大党员要切实把思想和行动统一到中央、自治区党委和集团公司党组的决策部署上来，切实把市委的要求落实到打造世界石油城以及实现克拉玛依跨越式发展和长治久安的工作实践中，努力开创克拉玛依科学发展、跨越发展、和谐发展的新局面，为全面实现"十二五"发展目标，为克拉玛依在全疆跨越式发展中走在前列、在长治久安上作出示范作出新的更大的贡献。

细则·办法

克拉玛依市残疾人就业安置奖励实施细则

（2010年7月20日）

第一条 为促进克拉玛依市残疾人就业工作，保障残疾人合法权益，根据《关于实行残疾人就业安置奖励政策的通知》（新克政发〔2008〕33号），结合克拉玛依市实际，制定本实施细则。

第二条 残疾人就业安置奖励是向安置残疾人就业超过规定比例的用人单位予以奖励。

第三条 本细则所称用人单位是指本市行政区域内安置残疾人就业的机关、团体、企事业单位和其他经济组织以及集中安置残疾人就业的福利企业。

第四条 机关、团体、企事业单位和其他经济组织安置残疾人就业超过在职职工2%的比例，福利企业安置残疾人就业超过在职职工25%的比例，可申请安置残疾人就业奖励。

第五条 用人单位与30岁以上首次就业的残疾人签订两年以上劳动合同，且在本单位就业满一年的，可申请安置残疾人首次就业一次性奖励。

第六条 用人单位申请安置残疾人就业奖励须满足以下条件：

（一）按规定与残疾职工签订了两年以上（含两年）的劳动合同、为残疾人办理了规定的社会保险、残疾人就业满一年以上；

（二）劳动合同期内无（违法）解除劳动合同现象；

（三）为残疾职工安排适当的工种岗位，并在劳动报酬、福利待遇、职称评定等方面给予与其他职工同等的待遇，工资待遇不低于克拉玛依市最低工资标准。

第七条 符合奖励条件的中央驻市石油石化企业向市残疾人劳动就业服务机构提出奖励申请，其他用人单位按属地原则向所在区的残疾人劳动就业服务机构提出奖励申请。

第八条 市、区残疾人劳动就业服务机构负责审查用人单位超比例安置残疾人就业情况，审查结果报同级残联，残联会同财政、经贸和审计部门审批。

第九条 用人单位每超比例安置一名残疾人就业，每年给予用人单位8 000元奖励。

第十条 用人单位每安置一名30岁以上首次就业的残疾人，给予用人单位3 000元的一次性奖励。

第十一条 安置残疾人就业奖励按照以下程序办理。

（一）申报阶段（6月1日至30日）。

用人单位向残疾人劳动就业服务机构提出残疾人就业安置奖励申请，报送以下书面材料：

1.《克拉玛依市超比例安置残疾人就业奖励申请表》。

2.《用人单位安置残疾人就业名册》，残疾人证、身份证原件及复印件。

3. 经劳动保障部门鉴证的两年以上（含两年）的劳动合同原件及复印件。

4. 残疾职工缴纳社会保险和住房公积金证明，包括养老保险、失业保险、医疗保险、工伤保险、生育保险和住房公积金（即“五险一金”）。

5. 工资年报、工资花名册。

6. 年度《所得税纳税申报表》。

（二）审批阶段（7月1日至31日）

1. 残疾人劳动就业服务机构对用人单位提交的残疾人就业安置奖励申请材料进行审核。用人单位职工人数以《所得税纳税申报表》所列职工人数为依据。用人单位安置的残疾人须持有克拉玛依市残联核发的残疾人证。

2. 残疾人就业服务机构于7月15日前将安置残疾人就业奖励审核情况报同级残联。

3. 残联会同同级财政、经贸和审计部门对用人单位申请材料进行审查，对于符合奖励条件的予以批准，不符合条件的予以退回并说明理由。

4. 残联于7月31日前将审批意见反馈用人单位。

（三）发放阶段（8月1日至9月30日）

对经批准实行就业奖励的用人单位，按照“谁批准、谁奖励”的原则，由残联按规定兑现奖励。用人单位将审批表和收款凭据提交残联，领取奖励。

第十二条 经市残联批准奖励的用人单位，就业奖励从市级残疾人就业保障金中支出。经区残联批准奖励的用人单位，就业奖励从区级残疾人就业保障金中支出。残疾人就业保障金支付不足的，差额部分从同级财政支出。

第十三条 安置残疾人就业奖励资金用于用人单位扩大再生产购买所需设备、物资和办公用品、无障碍设施建设、劳保用品等方面的开支。

第十四条 各级财政、审计和残联对安置残疾人就业奖励情况进行监督检查。

第十五条 安置残疾人就业奖励审批机关的工作人员玩忽职守、滥用职权、徇私舞弊的，由其所在单位或者有关主管部门给予行政处分；构成犯罪的，依法追究刑事责任。

第十六条 本细则由市残联负责解释。

第十七条 本细则自发布之日起实行。

克拉玛依市城市长效综合管理考核奖惩办法

（2010年3月15日）

第一条 为进一步提高城市管理水平，加强城市常态管理，确保城市管理长效机制落到实处，根据市政府《关于进一步加强城市管理工作意见》的精神，结合克拉玛依市城市管理工作实际，制定本办法。

第二条 市城市管理委员会成立长效管理综合考评领导小组，依据《各牵头部门落实城市管理长效机制考核标准》、《各区政府落实城市管理长效机制考核标准》，具体负责组织实施检查考核，并定期向市城管委汇报工作情况。

第三条 基本原则：按照“以块为主、条块结合、标准统一、严格考核、公平公正”的原则实施检查考核。坚持突出重点、着力解决影响城市环境的主要矛盾，以考核体现鲜明的工作导向；坚持实行严格的责任追究和奖惩激励制度，以考核强化工作措施落实；坚持管理标准，逐步形成一套比较科学的长效管理体系，以考核全面提升工作水平；坚持效率优先、兼顾公平，充分考虑各区的工作特点，以考核调动各个方面积极性。

第四条 考核对象为承担落实城市管理长效机制的市级各牵头部门（以下简称牵头部门）和承担具体工作任务的各区人民政府（农业综合开发区、石化工业园区参照执行）。

第五条 对考核对象相关工作的日常检查主要采用随机暗查方式进行，同时制作图片影像资料，城区部分实行“一周一查”，窗口地区实行“一周两查”，发现问题立即下发整改通知，在整改期限内没有整改或整改不符合要求的，对责任区政府和市级牵头部门同时扣分，月度讲评、年度总评；对市政府各牵头部门实行市考核组和辖区双向考评，除依据《各牵头部门落实城市管理长效机制考核标准》考核外，由各区政府对市级各牵头部门的职能履行、重心下移、工作效率、主动配合、服务意识等方面情况每季度进行一次综合评价。

第六条 每月月底召开考评领导小组工作点评会，通报月度考核情况，评定月度得分，分析点评城市管理工作中存在的问题，研究落实整改措施。考核点评情况由考核小组以城市管理工作简报的形式，向考核对象反馈。年终考核结束后，市城管委检查考核小组对各牵头部门、区政府确定年终考核分，作为年终兑现奖励的依据，并提出奖惩建议报市城管委批准后实施。

第七条 充分发挥各区数字化城市管理平台和12319城市管理服务热线的作用，统一受理市民对涉及城市管理方面的举报、投诉和求助，为市民群众监督城市长效管理提供直接和开放的窗口，平台和热线受理问题的解决情况，将做为考核各区、各部门（尤其是市级网络责任单位）落实城市长效管理的重要内容。市城管委每半年组织一次对城市管理工作进行的民意测评，综合反映市民群众对城市管理工作的满意程度。

第八条 检查考核工作实行“月度考核分+年终综合考核分”制度，即：年终综合考核总分为110分，其中：

1. 考核基础分100分（12个月考核分总和除以12）；

2. 年终综合评价考核10分，根据被考核单位年度工作情况、城市管理综合执法衔接工作考核情况、获得自治区级以上荣誉、工作中的成功经验、机制创新、自治区级以上媒体报道等适当加分。

3. 各区全年平均得分和市政府牵头部门全年平均得分≥90分的为优秀等次；≥80分的为达标等次；低于80分的为不达标等次。

4. 有下列情况之一的单位，在年度考评中实行一票否决，为不达标等次：凡在自治区以上综合考评、国家级创建以及重要活动保障中出现重大责任问题的；在日常管理中因工作失误造成严重不良社会影响的；年度内发生重大安全生产责任事故或严重违法违纪案件的；未能及时完成重点工作目标和工作任务的。

第九条 奖励范围：

（一）在城市管理工作中成绩突出的区政府、市政府有关部门；驻市企事业单位（含驻市部队）；城市管理效果提高明显、群众满意度高的街道办事处、社区居委会。

（二）在城市管理工作中成绩显著、事迹突出的先进个人。

（三）支持和参与城市管理工作的优秀市民。

（四）对严重违反城市管理法律、法规行为及时举报的人员。

第十条 奖励方式

实行精神奖励和物质奖励相结合，由市财政每年列支120万元资金，进行物质奖励。

第十一条 奖项设置：

（一）考核奖（110.5万元）

对各区、市相关部门年度城市管理工作按照优秀、达标、不达标三个层次兑现奖惩。

（二）城市管理先进单位

表彰为城市管理作出突出贡献的先进单位20个；对年度城市管理工作成效突出或进步明显的街道办事处评选城市长效综合管理优秀奖5个，由各区根据全年考评成绩向市城管委推荐申报。

（三）城市管理先进个人（8.5万）

表彰为城市管理工作做出突出贡献的城市管理工作先进个人60名，模范市民50名，奖励标准按市政府有关规定执行。

（四）举报奖励（1万）

根据调查核实的情况，按照所举报违法行为的危害程度，对第一举报人予以奖励，奖励标准50～300元。

第十二条 各区人民政府应参照本《办法》，每年从本级财政预算中列支奖励资金，用于奖励辖区内城市管理工作中成绩突出的单位和个人。

第十三条 本办法由市城市管理委员会办公室负责解释。

第十四条 本办法自下发之日起执行，原克城管办发〔2008〕3号文件同时废止。

克拉玛依市就业见习管理暂行办法

（2010年5月21日）

第一条 为引导和鼓励街道、社区、乡镇和各类企事业单位建立就业见习基地（以下简称见习基地），规范就业见习基地的建设与管理，根据国务院办公厅《关于加强普通高校毕业生就业工作通知》（国办发〔2009〕3号）、自治区《关于促进就业工作的意见》（新党发〔2009〕11号）和《关于进一步促进大中专毕业生就业的通知》（新克党办〔2006〕37号）精神，结合克拉玛依市实际，制定本办法。

第二条 就业见习是为本市城乡户籍登记的未就业大中专毕业生（以下简称“见习人员”）提供就业培训和实践的机会，提高就业技能和对实际工作的适应能力，促进其充分就业。同时，也为用人单位考察了解见习人员的综合素质，扩大选人视野，搭建企业与见习人员就业桥梁创造条件。

第三条 就业见习基地的建设应坚持政府引导、统筹规划、合理布局，用人单位与见习人员双方自愿协作的原则。

第四条 就业见习基地申报条件：

（一）具有良好社会信誉的各类用人单位；

（二）具有良好的就业见习培训场所，具备规范的内部管理制度和工作规章制度，能够按照有关规定对见习人员进行正规有效的管理；

（三）具备符合国家规定的劳动安全卫生工作环境；

（四）具备行业或相关专业代表性；

（五）有一定的发展潜力和就业空间，见习人员见习结束后，能够提供一定数量的就业岗位吸纳见习人员。

第五条 就业见习基地申报程序

（一）单位申请。符合申报条件的用人单位需提出申请，填写《克拉玛依就业见习基地申请表》（见附件1，下同）一式两份，提供营业执照副本或组织机构代码证复印件以及法人代表身份证复印件、企业简介、单位申请报告、见习管理制度等材料，报市、区公共就业服务机构进行初审，并将实地考察、评估后的初审意见报市、区人事部门审核批准。

（二）授牌。对经确认的就业见习基地，经运行一年后，根据见习工作开展情况，在媒体进行公示后由确认单位进行授牌。见习基地挂牌期限确定为三年，每年考核，考核合格的可继续挂牌，不合格的予以摘牌，一年之内不能再次申请就业见习基地。

第六条 就业见习基地职责

（一）建立见习工作管理制度，制定见习方案，组织开展见习人员岗位培训、专业知识传授和上岗实践等工作，落实各项见习措施。

（二）负责见习人员的思想政治教育，引导见习人员树立正确的就业观。

（三）负责做好见习人员见习期间的考核和鉴定工作，出具《见习人员就业见习鉴定表》（见附件2）。见习期满或就业后将《见习人员就业见习鉴定表》存放于见习人员档案。

（四）负责提供符合见习人员专业的见习岗位，按照专业对口、学以致用的原则，充分发挥见习人员专业特长。

（五）负责选配责任心强、经验丰富、具有专业知识的见习指导老师。

（六）负责见习人员基本生活补贴发放工作。

（七）为见习人员见习提供必要的工作、学习、生活环境，并为见习人员购买人身意外伤害保险。

（八）负责接收见习期满考核合格的见习人员就业，或协助推荐见习期满考核合格的见习人员就业。

（九）对违反国家法律法规和见习基地规章制度的见习人员提出处理或辞退意见，填写《解除就业见习通知单》（附件3），并报市人事局或区人事劳动和社会保障局备案。

（十）接收就业见习管理部门监督和管理。

第七条 见习程序和管理

（一）报名登记。尚未就业的大中专毕业生持毕业证、身份证、《就业失业登记证》等有效证件，到市、区公共就业服务机构报名登记，并根据其所学专业或特长选择确定见习基地进行见习。

（二）签订协议。申请见习人员持市、区公共就业服务机构出具的未就业大中专毕业生就业见习通知书到指定的见习基地报到，并与见习基地签订《见习管理协议书》。

（三）劳动纪律。见习人员应遵守见习基地的各项规章制度，未经同意，不得随意离开见习工作岗位。

（四）见习期限。根据见习基地的专业设置情况确定见习期，一般为三到六个月，最长不超过两年。

（五）党团关系管理。见习人员见习期间，党团组织关系纳入见习基地统一管理，按照见习基地党（团）组织的要求，参加组织生活。见习基地党（团）组织应定期对其作出评价和鉴定。

第八条 就业见习生活费补贴标准及申请程序:

(一)补贴标准。参加就业见习的见习人员按本市最低工资标准按月享受见习生活费补贴,就业见习生活费补贴由市、区就业专项资金全额承担。见习基地须为见习人员建立人身意外伤害保险,所需费用由市、区就业专项资金全额承担。

(二)申请补贴程序。见习基地填写《见习人员就业见习补贴申请表》(见附件4)、《见习人员信息表》(见附件5)、《见习管理协议书》和人身意外伤害保险缴费凭证等资料,向市、区公共就业服务机构提出申请,经市人事局或区人事劳动和社会保障局审核,同级财政复核后,拨付用人单位。

第九条 组织管理

(一)市、区人事部门负责对见习基地的宏观管理、指导和监督,并对见习基地工作开展情况进行全面考核,考核内容主要包括见习基地职责落实情况、见习人员生活费发放情况及劳动合同签订率等情况。就业见习基地当年就业见习人员劳动合同签订率不得低于10%。对经考核合格且当年见习人数达到20人(含20人)以上的见习基地,按照《克拉玛依市促进就业和职业培训奖励办法》给予奖励。

(二)凡被见习基地正式录用的见习人员,不再实行试用期,见习基地与见习人员签订劳动合同,见习时间计算工龄,同时按规定补缴见习期间的各类社会保险。

(三)见习期满仍未落实就业单位的见习人员,由市、区公共就业服务机构提供就业指导和推荐就业服务。

第十条 本办法由市人事行政部门负责解释。

第十一条 本办法自2010年1月1日起施行。以往制定的就业见习政策与本办法不符的,以本办法为准。

克拉玛依市、油田党委加强基层党建带工建实施办法

(2010年7月16日)

工会是党联系职工群众的桥梁和纽带,工会工作是党的建设在群众工作中的具体延伸。为贯彻落实党的十七届四中全会《决定》提出的“以党的基层组织建设带动其他各类基层组织建设,活跃基层,打牢基础”的要求和《关于印发〈关于加强基层党建带工建的意见〉的通知》(新党组通字〔2010〕28号)文件精神,制定本实施办法。

一、充分认识加强基层党建带工建的重要性

在新疆迎来大建设、大开放、大发展的新形势下,工会组织团结职工跨越发展、维护职工合法权益、促进社会和谐稳定的责任更加重大。加强基层党建带工建,最大限度地把职工组织到工会中来,更加紧密地团结在党的周围,是加强党对工会工作领导,坚持走中国特色社会主义工会发展道路,增强党的阶级基础、扩大党的群众基础、提高党的执政能力、密切党同广大职工群众联系的迫切需要。各级党组织要从贯彻落实科学发展观,打造世界石油城的高度,深刻认识加强基层党建带工建的重要性,切实把党建带工建抓紧抓好。

二、正确把握基层党建带工建的指导思想和目标要求

指导思想:坚持以邓小平理论和“三个代表”重要思想为指导,深入贯彻落实科学发展观,以推动克拉玛依跨越发展和长治久安为目标,以扩大工会组织在基层的广泛覆盖为重点,以提高基层工会组织服务职工群众的能力为核心,通过加强党的基层组织建设,全面带动基层工会组织的思想建设、组织建设、作风建设、制度建设,更好地把职工群众团结凝聚在党的周围,为克拉玛依改革发展稳定作出更大贡献。

目标要求:通过加强基层党建带工建,促进工会整体工作水平的提高。要继续巩固国有企业的工会工作,在抓深化、抓提高、抓质量、抓规范上下工夫;要进一步加强和推进非公有制经济组织和新社会组织工会工作,建立和完善“市总工会领导、区总工会管理、街道工会落实、聘用人员操作”的工作责任制和管理机制。

通过加强基层党建带工建,扩大基层工会组织的覆盖面和职工入会率。国有、改制企业要确保工会组织发挥作用,任何单位和个人不得借改革之名,将工会组织撤销或与其他工作机构合并。非公有制经济组织和新社会组织在开业半年内必须依法组建工会,职工在25人以上要单独建立工会委员会;不足25人的要建立工会小组,设1名组织委员,纳入街道区域性、行业性联合工会统一管理。工商、地税等部门在登记申报和年检年审时,必须将组建工会作为重要内容,一并督促和检查。力争用3年左右的时间,实现基层工会组织在城乡基层全面覆盖。

通过加强基层党建带工建,增强基层工会组织活力。各级工会要建立工会经费下拨机制,确保基层工会工作正常开展。要大力开展创先争优活动,创建一大批党委重视、行政支持好、组织网络健全好、履行基本职责好、服务职工群众好、围绕中心开展工作好的“五个好”基层工会组织。

三、全面推进基层党建带工建

(一)加强思想建设,提高广大职工的思想道德素质。

党组织要领导工会组织、组织职工群众深入学习马克思列宁主义、毛泽东思想、邓小平理论和“三个代表”重要思想以及科学发展观,坚持用中国特色社会主义理论体系武装头脑,建设中国特色社会主义核心价值体系,更好地凝魂聚气、强基固本,进一步坚定职工群众对马克思主义的信仰、对社会主义的信念、对改革开放和现代化建设的信心、对党和政府的信任。深入学习领会中央、自治区和市、油田对新疆和克拉玛依发展稳定的重大决策部署,实现指导思想上的与时俱进、发展思路上的开拓创新,把职工的个人奋斗融入实现克拉玛依跨越发展的伟大实践。深入进行党的民族理论、民族政策和民族区域自治制度的宣传教育,马克思主义“五观”、“三个离不开”教育,增强职工群众对伟大祖国、中华民族、中华文化、中国特色社会主义道路的高度认同,促进各民族共同团结奋斗、共同繁荣发展,努力把民族团结进步提高到新的层次。深入进行社会主义道德教育,加强社会公德、职业道德、家庭美德和个人品德建设,使职工群众成为社会主义荣辱观的自觉实践者、社会和谐的积极促进者。

(二)加强组织建设,扩大工作覆盖面。

1.突出抓好非公有制经济组织和新社会组织工会组建工作。已建立党组织

而没有建立工会组织的，要在党组织的领导下尽快建立工会组织，工会主席可由党组织负责人兼任；暂不具备建立党组织条件的，要全部先行组建工会组织，依托工会开展党的工作，为建立党组织创造条件。非公有制经济组织和新社会组织工会主席是党员的，要在党组织领导班子中任职。

2.高度重视石化工业园区和民营科技园区工会组建工作。各级工会要对开办的工业园区设立工会工作机构，将园区内的各企业，按照区域相近、行业相似的原则，组建区域性或行业性工会联合会。

3.街道(乡)工会委员会、工作委员会要尽快向工会联合会过渡。开展建立街道(乡)总工会试点，至少配备一名专职工会干部。健全街道(乡)、社区和企业工会组织“小三级”工会组织网络。街道(乡)工会联合会覆盖的范围包括街道(乡)机关、事业单位工会；辖区内的各改制、非公企业工会；社区或村级工会。积极探索在商务楼宇、集贸市场、商业网点中组建工会工作。

4.认真做好农民工入会工作。按照“一次入会、持证接转、全国通用”的原则，加强流动会员和下岗职工工会会籍管理。

5.健全工会女职工委员会。坚持女职工委员会与工会委员会同步组建的原则。企事业单位工会中有10人以上女会员的都应建立工会女职工委员会，不足10人的设女工委员。

(三)加强队伍建设，提高工会干部的整体素质。

坚持以领导班子建设为重点，通过教育培训和实践锻炼，努力建设一支政治坚定、业务过硬、群众工作水平高的工会干部队伍。坚持干部“四化”方针和德才兼备、以德为先原则，把政治素质好、热心服务职工群众、工作能力强的干部选拔到工会工作岗位。党组织要指导工会组织按照《中国工会章程》的规定按期换届，及时整顿后进工会组织。符合条件的社区工会负责人可依法进入社区领导班子。建立一支专、兼、聘相结合的工会干部队伍。各级党组织要把工会干部的教育培训纳入基层党员干部培训整体规划，有计划地组织他们参加党校、行政学院、职工学校的学习培训。有计划地安排工会干部到其他部门挂职锻炼，提高能力素质。

(四)加强作风建设，进一步提高工会组织的战斗力。

党组织要教育引导工会干部牢记全心全意为职工群众服务的宗旨，坚持以人为本、全面发展，紧紧围绕服务经济建设、服务社会稳定、服务职工群众，履行好各项职能：

1.坚持和发展职代会制度，规范运作程序，强化职权落实，从源头上维护职工的合法权益。

2.全面推行厂务公开制度，促进企业管理层思想认识到位、公开内容到位、公开程序到位、公开操作到位、公开监督到位。

3.完善职工董事、职工监事制度，认真履行权利和义务，代表职工参与企业重大决策，切实加强民主监督。

4.认真做好《集体合同》的签订、修订和落实工作，指导帮助员工与企业签订劳动合同，定期进行检查监督，提高合同履约率并积极参与劳动争议调解。

5.积极开展集体协商“要约行动”，建立和规范工资集体协商制度，形成合理的工资增长机制；签订和落实《女职工权益保护专项集体合同》、《职工劳动保护专项合同》，切实维护职工的合法权益。

6.切实做好困难企业和困难职工的帮扶工作，认真落实相关帮扶政策和措施。

7.引导职工发扬主人翁精神，开展群众性劳动竞赛活动，努力为企业排忧解难，为企业健康稳定发展作贡献。

8.建立信息反馈制度，畅通渠道，及时反映和表达企业职工利益诉求，促进和谐企业、和谐社会建设。

(五)开展创先争优活动，发挥职工群众主力军作用。

各级党组织要把创建“五个好”基层工会组织作为创建“五个好”基层党组织的重要内容。加强组织领导和具体指导，以创先争优活动推进基层工会组织工作上水平。要以创建“工人先锋号”为载体，广泛动员职工深入开展“建功立业”主题实践活动，激发职工群众的创新活力。深入开展“争做民族团结的好职工、正确教育子女的好家长、遵纪守法的好公民”和“创建学习型组织、争做知识型职工”活动，大力开展岗位练兵、技能竞赛活动，不断提高职工整体素质。广泛开展群众性精神文明创建和文化体育活动，推动职工文化和企业文化建设。加强工会劳动保护工作，深入开展“安康杯”竞赛活动，依法维护好职工的劳动安全健康和女职工的特殊权益。大力表彰先进模范人物，激励各族职工立足岗位，争创一流佳绩。

四、加强对基层党建带工建的组织领导

各级党委要加强和改进对工会工作的领导，支持工会依法独立自主、创造性地开展工作。要把基层党建带工建作为党的基层组织建设的重要内容，将工会组建率、职工入会率、会费收缴率等指标纳入党组织管理考核体系，实现工会基层组织建设工作与党的基层组织建设工作同步加强、同步推进。

要配强各级工会领导班子，职工人数在200人以上的企事业单位，要配备专职工会干部。在工会换届和调整充实领导班子成员时，各级党委组织部门要事先与上一级工会沟通协商后，按照规定的程序办理。要把工会干部列入党政干部管理范畴。

各级党组织负责同志要及时听取工会工作汇报。要明确一名党组织负责人分管工会工作、一名行政负责人联系工会工作。各级党组织要建立党建带工建联系点，经常深入调研，帮助解决实际问题，努力把联系点建设成为示范点。基层党组织要给基层工会组织交任务、压担子、提要求，指导工会组织围绕党的工作大局和中心任务开展各项工作。

完善基层党建带工建协调联动机制。建立基层党组织统一领导、有关部门参加的工会工作领导协调机制，明确各自职责，定期交流情况。基层党政组织在研究制定本地经济发展和涉及职工利益的重大问题时，要主动听取基层工会组织的意见，支持基层工会组织代表职工参与区域内的社会事务管理。基层工会组织要自觉接受基层党组织的领导，坚持重大问题、重要事项及时向党组织请示报告，确保工会工作正确的政治方向。基层工会组织要主动争取基层党政组织对工会工作的支持，积极做好促进发展、维护稳定各项工作。要把党员教育活动阵地与基层工会创建“模范职工之家”等活动有机结合起来，把党组织扶贫帮困活动与工会组织“送温暖工程”有机结合起来，把党内监督与职工群众民主监督有机结合起来，做到领导力量统筹、制度规范相容、工作人员兼用、活动载体结合、保障资源共享。

要为工会开展工作创造必要的条件。党组织依法支持基层工会组织收缴工会经费。建立工会组织的单位，必须严格按照有关规定，按时足额拨付工会经费。没有建立工会组织的单位，按职工工资总额的2%提取组建工会的筹备金。工商、税务等部门对那些长期不按规定建立工会、不按时足额上缴工会经费的企业，不予年检。要尊重工会的社团法人地位，任何组织和个人不得侵犯、挪用和随意调拨工会的资产和经费。党委、政府、企事业单位要为工会开展工作提供必要的办公设施和场所，给予帮助和支持。工会要严格经费和资产管理，使工会经费和资产更好地为职工群众和工会工作服务。

及时总结推广党建带工建的典型经验，宣传表彰基层党建带工建成绩突出的先进集体和个人。及时研究新情况、解决新问题，积极探索加强新形势下基层工会工作的有效途径，不断提升基层党建带工建整体水平。

克拉玛依市社会保障卡管理暂行办法

（2010年7月28日）

第一章　总　则

第一条　为确保社会保障卡的顺利推行，方便参保人员就医、实时结算，进一步规范定点医疗机构医务行为和参保人员就医行为，根据国家社会保障卡管理有关规定，结合克拉玛依市实际，制定本办法。

第二条　本办法适用于市、油田职工医疗保险、补充医疗保险和市城乡居民基本医疗保险的参保人员，市、油田社会保险经办机构（以下简称社会保险经办机构）以及各定点医疗机构。

第二章　社会保障卡管理

第三条　社会保障卡是参保人员参加医疗保险的凭证，也是参保人员就医和实时结算医疗费用的专用卡。

社会保障卡推行工作由市劳动和社会保障部门组织实施，市劳动和社会保障局劳动保障信息管理中心和新疆油田公司社会保险管理中心负责统一制作、核发社会保障卡。

第四条　单位为职工参保或参保人员在办理完参保手续、足额缴纳医疗保险费后，应及时向社会保险经办机构申请办理社会保障卡。办理社会保障卡应填写申请表，并提供以下资料：

（一）参保人员第二代居民身份证或户口簿；

（二）符合制卡要求格式的数码照片。

制作社会保障卡的工本费，按照市物价部门核定的标准收取。

第五条　参保人员应妥善保管社会保障卡，有下列情形之一的，可持本人有效身份证件向发卡机构办理相关手续：

（一）遗失社会保障卡的，办理挂失或补卡手续；

（二）在挂失期间又找回社会保障卡的，办理解挂手续；

（三）社会保障卡损坏不能使用的，办理补卡手续。

对未及时办理社会保障卡挂失、补卡手续或对社会保障卡保管不善而造成的个人经济损失，由参保人员自行承担。

参保人员委托他人办理挂失、补卡手续的，受托人应当出示本人及委托人的有效证件。

第六条　参保人员可持社会保障卡到社会保险经办机构、定点医疗机构，查询本人医疗保险个人账户金额和医疗费用信息情况。

第七条　参保人员中止参保的，其社会保障卡冻结使用；重新办理参保手续，并缴纳医疗保险费后，社会保障卡解冻恢复使用。

第八条　参保人员因故退保或因工作调动医疗保险关系转出本统筹地区的，参保单位或参保人员应及时持社会保障卡到社会保险经办机构办理社会保障卡注销手续，支取或转移医疗保险个人账户金额。

第九条　定点医疗机构应按照实施金保工程和推行社会保障卡的要求，加快医院信息管理（HIS）系统改造，搭建网络硬件平台，实现电子处方和电子病历管理。

第十条　定点医疗机构应严格执行市、油田医疗保险有关规定，建立健全与社会保障卡管理有关的配套制度，杜绝违规行为的发生。

第三章　就医管理

第十一条　参保人员在定点医疗机构就医时，应出示本人社会保障卡，使用社会保障卡进行医疗费用实时结算。参保人员未出示本人社会保障卡的，定点医疗机构全额收费。

第十二条　参保人员住院时，凭本人社会保障卡在定点医疗机构办理住院结算登记手续。

住院期间本人社会保障卡暂时冻结，不可用于其他就医、开药等医疗费用结算；办理出院手续时，社会保障卡解冻进行住院费用结算。

住院期间，参保人员因故确需到其他定点医疗机构进行CT、MRI等门诊检查诊疗的，由收住院的定点医疗机构出具证明，参保人员可以用现金与其他定点医疗机构进行结算。

第十三条　参保人员因急诊、急救未携带社会保障卡在定点医疗机构门诊就医时，定点医疗机构应先行救治，并出具急诊、急救诊断证明，由参保人员用现金与定点医疗机构进行结算。

因急诊、急救需住院治疗的，参保人员应在住院后3个工作日内凭本人社会保障卡办理住院结算登记手续；若3个工作日内未出示社会保障卡的，全部住院费用由参保人员用现金与定点医疗机构进行结算。

第十四条　参保人员因故需由他人代为开药的，代办人应持本人有效身份证件、参保人员社会保障卡及定点医疗机构出具的相关病情诊断证明代为开药。

定点医疗机构应如实登记代办人的有效身份证件和参保人员社会保障卡信息，核实病情诊断证明。

第十五条　定点医疗机构核对参保人员社会保障卡信息，发现患者使用伪造或冒用他人社会保障卡的，应及时通知社会保险经办机构，由其按照《社会保险稽核办法》（劳动和社会保障部令第十六号）的有关规定予以处理。

第十六条　定点医疗机构医务人员应认真执行国家卫生部《处方管理办法》，严格用药管理；严格执行卫生部门制定的出入院标准，对于不符合国家病种质量控制标准、可在门诊治疗的参保人员，不得收住入院。

第十七条 参保人员出院时，定点医疗机构应出具住院费用明细总清单，由参保人员或其亲属在医疗收费票据上签字确认。拒绝签字或发生争议的，由定点医疗机构协调解决。

第十八条 参保人员因外伤办理住院手续时，定点医疗机构首诊医生应准确详细记录其外伤原因、经过和地点等信息，确认是否属于医疗保险基金支付范围。对不属于医疗保险基金范围支付的费用，由参保人员用现金进行支付。

第十九条 定点医疗机构应妥善保管参保人员门诊处方、住院病历、住院费用明细总清单等原始资料或电子信息，供社会保险经办机构进行抽查核对。

第二十条 定点医疗机构应向参保人员提供与病情相符的医疗服务。属医疗保险基金支付范围外的项目，应事先告知参保人员或其亲属，并签字确认。

第二十一条 参保人员因故外出就医，继续按照《关于克拉玛依市、新疆石油管理局医疗保险参保人员外地就医有关问题的通知》（克就险字〔2002〕3号）执行。

定点医疗机构因医疗设备或技术原因确需转诊转院的，按原转诊转院管理规定执行。

第四章 医疗费用结算

第二十二条 定点医疗机构实行计算机结算系统管理。参保人员发生的医疗费用，属于职工医疗保险基金、补充医疗保险基金、城乡居民基本医疗保险基金（以下简称医疗保险基金）支付范围的，由定点医疗机构通过计算机结算系统予以记账，经社会保险经办机构审核确认后予以拨付。

不属于医疗保险基金支付范围的费用，包括自付段部分、进入统筹基金后个人负担部分、自费诊疗项目以及自费服务设施等，由定点医疗机构与参保人员结算。

第二十三条 社会保险经办机构与定点医疗机构按"定期结算、年度清算"的原则，从医疗保险基金中拨付相关费用。

定点医疗机构应将定期结算内参保人员发生的医疗费用汇总后，填制结算汇总表和财政部门监制的收款收据，向社会保险经办机构申报结算；每年一月底之前，定点医疗机构应将上年度发生的总费用汇总，申报年度清算。

第二十四条 社会保险经办机构自受理定点医疗机构申报结算之日起，应在5个工作日之内完成审核、拨付工作。特殊情况不得超过10个工作日。

对不符合医疗保险规定的，社会保险经办机构可分别作出"暂缓支付"或"不予支付"的审核决定，并出具书面通知。属于"暂缓支付"的，自暂缓支付起30日内进行复审，最终确定是否支付。属于"不予支付"的，医疗保险基金不予支付。

第二十五条 社会保险经办机构向定点医疗机构拨付医疗费用时，按应支付医疗费用总额扣取不超出5%的预留金单独列账进行管理，用于年度对定点医疗机构考核兑现。

预留金的具体比例在《医疗保险定点医疗机构医疗服务协议》中约定。

第二十六条 享受"十二·八"医疗待遇的参保人员发生的医疗费用中，属于"十二·八"专项费用支付的，由定点医疗机构与"十二·八"办公室结算，具体办法由"十二·八"办公室另行制定。

第二十七条 定点医疗机构未与个人结清医疗费用的，社会保险经办机构不受理定点医疗机构的结算申请。

第二十八条 有下列情形之一的，参保人员应使用现金与定点医疗机构进行结算。参保人员可凭社会保障卡或工伤证明、生育服务证、急诊急救证明、门诊处方、治疗单、检查报告单、出院证、医疗收费统一票据、住院费用明细清单、住院病历复印件等资料，向社会保险经办机构申请报销：

（一）因停电、网络故障；

（二）社会保障卡办理、遗失挂失、补办期间；

（三）参保人员住院期间，因定点医疗机构设备原因到其他定点医疗机构进行门诊检查；

（四）参保人员所在单位未缴或欠缴医疗保险费期间；

（五）因工伤、生育发生的属于工伤保险基金、生育保险基金支付范围的医疗费用；

（六）个体灵活就业人员、自由职业者、城乡居民未缴纳全年医疗保险费期间；

（七）由医疗保险基金全额支付狂躁型等精神病的。

第二十九条 参保人员有下列情形之一的，定点医疗机构应按自费处理：

（一）因美容整形、酗酒吸毒、戒酒戒烟戒毒、打架斗殴、自杀自残等发生的医疗费用；

（二）因交通事故、医疗事故、涉及民事、刑事责任的意外伤害等发生的医疗费用；

（三）按现行医疗保险政策规定，医疗保险基金不予支付的其他费用。

第三十条 定点医疗机构有下列情形之一的，社会保险经办机构不予结算所发生的医疗费用：

（一）未认真核对有关证件违规代开药品的；

（二）应当按自费处理而未按自费处理的；

（三）违规收入住院的；

（四）其他检查、治疗和用药不合规定的。

第五章 附则

第三十一条 2010年1月1日至2011年6月30日，原医疗保险证与社会保障卡可并行使用。尚未取得社会保障卡的参保人员住院，按原住院结算手续办理，医疗费用按原方式结算。

2011年7月1日起，原医疗保险证、《住院结算通知单》以及《住院结算证明书》停止使用，原住院结算办理手续不再执行。

第三十二条 市劳动和社会保障部门根据本办法制定实施细则。

第三十三条 本办法由市劳动和社会保障部门负责解释。

第三十四条 本办法自2010年8月1日起施行。

克拉玛依市耕地保护责任目标考核办法

（2010年7月29日）

为贯彻落实《国务院关于深化改革严格土地管理的决定》（国发〔2004〕28号）、《国务院办公厅关于印发〈省级政府耕地保护责任目标考核办法〉的通知》(国办发〔2005〕52号)和《关于印发自治区耕地保护责任目标考核办法的通知》(新政办发〔2007〕233号)要求,切实加强克拉玛依市耕地保护工作,结合实际制定本办法。

一、指导思想

以邓小平理论和“三个代表”重要思想为指导,深入学习实践科学发展观,严格执行土地利用总体规划和土地利用年度计划,合理控制建设用地规模,切实保护耕地特别是基本农田,保障克拉玛依经济社会实现跨越式发展。

二、考核对象

市人民政府每年与克拉玛依区、乌尔禾区人民政府、市农业综合开发区管委会签订《克拉玛依耕地保护目标责任书》,两区区长、管委会主任是第一责任人。两区人民政府与所辖乡人民政府签订耕地保护目标责任书,乡人民政府与村委会、村与农户签订耕地保护目标责任书;市农业综合开发区管委会与各公司或种植户签订耕地保护目标责任书。

三、考核标准

考核实行百分制,具体评分表由市国土资源局制发。

(一)耕地保有量、基本农田保护面积及签订耕地保护责任目标责任书或基本农田保护责任书情况(25分)

耕地保有量不减少的得10分,减少的扣10分。基本农田保护面积不减少的得10分,减少的扣10分。各区人民政府、乡、村、基本农田承包户,层层签订基本农田保护责任书的得5分,责任书签订率少一个百分点的扣1分。

(二)基本农田落实到地块和农户,并在土地所有权证书和农村土地承包经营权证书中注明情况(20分)

基本农田全部落实到地块和农户的得10分,完成率少一个百分点的扣1分;在土地所有权证书和农村土地承包经营权证书中注明的得10分,完成率少一个百分点的扣1分。

(三)执行市人民政府下达的土地利用年度计划中新增建设用地计划指标情况(15分)

实际新增建设用地总量未突破当年下达计划指标的得5分,突破的扣5分;实际新增建设用地占用农用地指标未突破当年下达计划指标的得3分,突破的扣3分;实际新增建设用地占用耕地指标未突破当年下达计划指标的得5分,突破的扣5分;实际新增建设用地占用未利用地指标未突破当年下达计划指标的得2分,突破的扣2分。

(四)执行市人民政府下达的土地利用年度计划中土地开发整理计划指标、土地开发补充耕地指标和土地整理复垦补充耕地指标情况(9分)

建立补充耕地计划执行台账的得4分,未建立的扣4分;完成补充耕地计划的得5分,未完成的扣5分。

(五)落实耕地“占补平衡”情况(10分)

建立新增耕地指标储备库使用管理台账的得5分,未建立的扣5分;补充耕地实行按项目挂钩并考核合格的得5分,不合格的每个项目扣2分。

(六)执行土地利用总体规划情况(6分)

未擅自修改土地利用总体规划的得6分,擅自修改规划的扣6分。

(七)违法案件查处情况(5分)

发生占用耕地或基本农田的土地违法案件的不得分,其他案件发生一起扣0.2分。

(八)国家、自治区资金安排的土地开发整理项目完成情况(5分)

按照项目进度考核,按期完成并竣工验收的得5分,少一个百分点扣1分,出现重大问题的不得分。

(九)耕地和基本农田质量建设情况(5分)

建立耕地质量建设制度的得2分,未建立的扣2分;建立质量监测制度的得2分,未建立的扣2分;有改良土壤措施的得1分,改良土壤措施未实施的扣1分。

四、考核方式及要求

考核采取自查与检查相结合的方法:

(一)克拉玛依区、乌尔禾区人民政府、市农业综合开发区管委会要按照国家的统一规范,结合实际制定耕地保护责任目标考核办法,加强对耕地及基本农田的动态监测并对数据的真实性负责。

(二)每年11月以前,克拉玛依区、乌尔禾区人民政府、市农业综合开发区管委会按照本办法组织一次自查,向市人民政府报告耕地保护责任目标的履行情况,并抄送市国土资源局。

(三)每年11月份,市国土资源局牵头与市监察局、农林牧业局、财政局、审计局、统计局、政府法制办等有关部门,对两区人民政府、市农业综合开发区管委会耕地保护责任目标履行情况进行检查考核,同时汇总考核结果,形成专题汇报材料,做好迎接自治区考核的工作。

(四)市国土资源局牵头对两区人民政府、市农业综合开发区管委会耕地保护责任目标完成情况进行检查;会同市农林牧业局对耕地、基本农田的面积和等级情况进行核查,确定两区人民政府、管委会每年耕地保护目标责任;办理市长与考核对象签订耕地保护目标责任书等具体事宜。

五、考核奖惩

市人民政府每年通报耕地保护责任目标考核结果,考核结果分为优秀(90分以上),合格(80~89分),不合格(79分以下)三个档次。耕地保护责任目标考核结果,作为对区人民政府第一责任人工作业绩考核的内容之一。

市人民政府对于认真履行责任目标、成绩突出的,将给予表彰和奖励;对于考核确定为不合格的,将在全市通报批评,责令整改,限期补充数量、质量相当的耕地和基本农田,整改期间暂停办理该区农用地转用和土地征收审批,不予安排土地开发整理等项目。对考核确定为不合格的,由市监察局、市国土资源局对其用地情况进行全面检查,按程序依纪依法处理直接责任人,并追究有关人员的领导责任。

六、本办法由市国土资源局负责解释,自公布之日起施行。

克拉玛依市
供热管理办法

(2010年11月8日日)

第一章 总 则

第一条 为加快发展城市供热事业,保护环境,节约能源,维护供热经营者和热用户的合法权益,根据国家有关法律、法规和《新疆维吾尔自治区城市供热供水供气管理办法》,结合实际制定本办法。

第二条 本办法所称城市供热,是指由区域供热、热电联供、工业余热等热源产生的蒸汽、热水通过管网供给城市居民和单位冬季保暖用热。

本办法所称供热经营者，是指用自己生产或者使用外单位生产的蒸汽、热水从事供热经营的单位。

本办法所称热用户，是指利用供热经营者提供的热能为其生产和生活服务的城市居民和单位用户。

第三条 本办法适用于本市行政区域内城市供热规划、建设、管理和服务。国家法律、法规另有规定的，从其规定。

第四条 市建设行政主管部门对全市城市供热行业实施统一监督管理，继续加快供热体制改革，逐步推进城市供热市场化；各区建设行政主管部门依照本办法做好供用热管理工作。

发展改革、规划、环境保护、行政执法、公安消防、工商、国土资源、质量技术监督、民政等部门应在各自职责范围内负责城市供热相关管理工作。

第五条 城市供热坚持集中供热、统一规划、分级负责和协调发展的原则。鼓励城市供热行业使用清洁能源，采用先进技术、先进工艺和先进设备，进一步提高城市供热水平。

第二章 规划与建设

第六条 城市供热规划纳入全市国民经济和社会发展规划，由市建设行政主管部门会同有关部门编制，并按照程序报批。

区域集中供热设施的建设应当依照城市供热规划，遵循远近结合、合理布局、统筹安排、分期实施的原则。

第七条 新建、改建、扩建城市供热工程，应当符合城市供热规划，进行环境影响评价，经建设行政主管部门审查同意后，按基本建设程序报批。

第八条 供热工程的勘察设计、施工，应由具有相应资质的单位承担，并严格执行基本建设程序以及国家有关勘察设计和施工技术规范。

锅炉、压力管道的安装使用和维修，应按照市质量技术监督部门有关程序办理相关手续。

第九条 城市供热建设工程应当严格实行质量、安全监督管理制度。

中央企业投资建设的供热工程的质量、安全监督管理由其相应的监督机构负责，其他供热工程的质量、安全监督管理由市、区相应监督机构负责。建设单位应当在工程开工前到相应的监督机构申办监督注册登记手续。

第十条 新建建筑应当严格执行《供热计量技术规程》，安装用热计量装置、室内温度调控装置和供热系统调控装置。已有建筑应当因地制宜，与建筑节能改造同步进行热计量系统改造。

第十一条 城市内开发新区、改造旧区和在城市供热管网敷设区内的建筑物实行集中供热。

禁止再建分散式小型锅炉房和现有分散小锅炉新增供热面积，严格控制临时供热工程的新建和扩建。现有分散小型锅炉房应当按计划予以拆除。

城市供热规划确定需要拆除、改造、合并分散供热设备的，由市建设行政主管部门责令产权单位限期完成。

第十二条 建设单位办理新建、改建、扩建工程项目立项前，需要集中供热的，应向供热经营者提交申请用热报告，取得供热经营者供热承诺书。

第十三条 建设单位在组织建设工程设计图纸会审之前，应当提前20日将相关图纸资料报送供热经营者审核。

建设单位组织竣工验收应当邀请供热经营者参与。

建设工程未经验收或验收不合格的，供热经营者不予供热。

第三章 供热设施管理

第十四条 新建、改建、扩建工程影响城市供热设施安全的，建设单位应当事先与供热经营者商定保护措施，并报市建设行政主管部门备案。

第十五条 建设单位改造、迁移供热设施的，应征得供热经营者的同意，报相关部门批准，按基本建设程序办理。

第十六条 城市供热设施（除热用户产权外）的更新、改造、维修、养护由供热经营者负责。

供热经营者应当建立安全生产责任制，定期对供热管网及其附属设施进行检查、维修和养护，及时消除事故隐患，保证供热设施安全、稳定、正常运行。

供热经营者不得擅自转让、移交和放弃供热设施。

第十七条 所有权属于热用户的城市供热设施可以委托供热经营者进行更新、改造、维修、养护，费用由热用户承担。

如热价中已含该部分费用的，不另行收费。

第十八条 禁止在城市供热主管网及其附属设施安全保护范围内实施下列行为：

（一）修建建筑物、构筑物、挖掘、钻探、打桩、爆破、栽植树木等活动；

（二）向供热阀门室（井）、管沟内排放雨水、污水或者倾倒垃圾、残液；

（三）损坏或者拆除、移动供热管道、管道支架、井盖、阀门、仪表及其他设施和擅自开关、调整供热管网阀门；

（四）在供热管沟内安装其他设施；

（五）其他影响供热设施安全和供热效果的行为。

第十九条 确需进行影响供热设施正常运行的施工或其他活动的，应当事前征得供热经营者的同意，并按要求采取有效措施。

第二十条 城市供热设施需要紧急抢修时，供热经营者在保证安全的前提下可以先行施工，及时向建设行政主管部门报告，在24小时内补办有关手续。

热用户不得阻碍供热设施的抢修，不得阻碍经有关部门批准的城市供热设施改造。

第二十一条 因热用户的供热设施损坏危及公共财产安全需要紧急进行抢修的，负有抢修义务的物业服务企业、供热经营者，按以下程序处置：

（一）及时通知热用户协助、配合开展抢修工作；

（二）热用户不能及时赶赴抢修现场的，及时通知辖区居民委员会和公安派出所。在居民委员会和公安派出所派人见证的情况下入室进行抢修；

（三）抢修结束后，现场抢修负责人和见证人在抢修单上签字确认现场抢修情况。

因抢修过错给热用户造成损失的，经在场的见证人员、抢修当事人共同对财产损失清单予以确认，由抢修单位赔偿。

因实施抢修造成热用户必要的财产损失，由热用户自行承担。抢修单位与热用户对财产损失有争议的，可以由现场见证人员协调解决。

第二十二条 热用户因室内供用热设施损坏等原因跑漏水，造成邻里财产损失的，应承担赔偿责任；物业服务企业可以采取必要措施固定证据,协调解决双方纠纷。

第四章 供热管理

第二十三条 城市供热依法实行特许经营制度。供热经营者应取得特许经营许可证,方可从事城市供热活动。

第二十四条 供热经营者的设备必须符合国家有关蒸汽、热水锅炉安全技术监察规程的规定,定期按相关技术规范和标准对供热设备进行维护、更新和改造。

第二十五条 供热经营者可以对热用户的用热设施进行监督和检查,督促热用户对可能影响供热的设施进行维修、更新。

第二十六条 每年10月15日至次年4月15日为一个供热周期。供热经营者应当及时向社会公布供热管网充水和供热起止时间,如遇气候异常供热时间可适当提前或延后。

在室外温度不低于采暖设计温度、设施设备正常使用的条件下,供热经营者应当保障居民热用户用热不低于国家规定的室内采暖设计温度,非居民热用户用热不低于建筑设计规定的温度。

非居民用户对供热期限、温度等有特殊要求的,可以在供用热合同中约定。

第二十七条 供热经营者应当信守合同,完善管理制度,不断提高服务水平和供热质量。供热设施的操作、维修、管理人员应当经培训合格后,持证上岗。

第二十八条 供热经营者应当制定并及时启动供热应急预案。

第二十九条 供热周期内因突发性故障不能正常供热的,供热经营者组织抢修的同时,应及时通知用户停止供热和恢复供热的时间。

第三十条 有下列情况之一的,供热经营者可以暂时中止供热,处置完毕后立即恢复供热:

(一)用热系统大量失水的;

(二)供热系统出现故障,影响锅炉安全运行的;

(三)供热锅炉房停电或长时间停水的;

(四)其他不可抗力因素。

第五章 用热管理

第三十一条 供热经营者应当在每年9月15日前与非居民热用户签订供用热合同。

合同内容应包括供热期限、室内温度、维护责任、收费标准、缴费时限和结算办法及违约责任等。

供用热合同文本,应严格执行国家标准。

第三十二条 热用户要求停止采暖的,应当于每年9月15日以前向供热经营者提出申请,签订停暖协议。但可能危害其他热用户或者影响室内共用设施安全的,不得停止采暖。

热用户擅自停止采暖,造成他人财产或共用设施的冻结、冻裂等损害所造成损失的,应承担赔偿责任。

第三十三条 非居民热用户变更或其供热面积发生变更的,应与供热经营者重新签订供用热合同。

第三十四条 热用户应当配合供热经营者对城市供热设施进行检查、维修和室温检测,及时反映供热问题,有权投诉供热经营者违规供热行为。

第三十五条 供热经营者、热用户应当自觉保护供热管道、散热器等供热设施。

第三十六条 热用户不得有下列行为:

(一)擅自改变管网布局、拆装供热管线和扩大用热面积,改变供热设施使用性质及运行方式;

(二)擅自在用热系统上安装循环和放水装置、改变热用途,放掉和盗用供热管网循环水;

(三)因装饰、装修而影响供热效果以及供热设施检查和维修;

(四)其他损害供热设施和影响供热效果的行为。

违反前款规定的,由有关部门依法依规处理。

第三十七条 室内最低温度低于国家规定或者当事人双方约定的,热用户应及时向供热经营者反映,供热经营者应在48小时内提出处理方案,热用户应配合进行处理,以保证正常供热温度。

第六章 供热收费管理

第三十八条 城市供热实行“谁用热、谁付费”。

城市供热价格的制定和调整,由市价格主管部门负责,市建设行政主管部门协助管理热价。

第三十九条 热用户应当及时缴纳用热费用。

城市最低生活保障家庭、城市低收入家庭用热费用减免政策,按照有关文件执行。

第四十条 供热经营者应当收费到户,委托其他单位代收用热费的,应当签订委托协议,出具委托书,并支付劳务费用。

第四十一条 因非热用户原因致使热用户室温不达标,且未在热用户投诉72小时内予以处理的,供热经营者应当自热用户投诉之日起,按日折算供热差价退还用热费。如属第三方原因造成的,供热经营者可以向第三方追偿。

第四十二条 收取用热费应当出具加盖供热经营者财务专用印章的票据;入户收费人员应当佩带统一的标志,文明服务。

热用户拖欠用热费,供热经营者经催缴后仍不缴纳的,可以向人民法院起诉或按约定申请仲裁。

第七章 附 则

第四十三条 违反本办法行为,依照《新疆维吾尔自治区供热供水供气管理办法》规定予以处罚。

第四十四条 本办法所称城市供热设施,包括锅炉房、供热管网、换热站、泵站、阀门室(井)、计量器具、室内管道、散热设备及附件等。

第四十五条 本办法由市建设行政主管部门负责解释。

第四十六条 本办法自发布之日起施行。

克拉玛依市燃气管理办法

(2010年11月8日)

第一章 总 则

第一条 为保障燃气使用安全,维护燃气用户和燃气经营者的合法权益,促进燃气事业发展,根据国家有关法律、法规以及《新疆维吾尔自治区城市供热供水供气管理办法》,结合实际制定本办法。

第二条 本市行政区域内从事燃气工程规划、建设、燃气经营、燃气安全事故的预防与处理,生产、生活使用燃气以及相关管理与服务活动,适用本办法。但国家和自治区另有规定除外。

第三条 本办法所称燃气,是指本市行政区域内供生产、生活使用的天然气、液化石油气。但中央石油石化企业生产性用气除外。

第四条 市人民政府成立燃气管理领导小组,负责燃气管理的政策拟定和工作协调。领导小组办公室设在市建设行政主管部门,负责处理日常工作,对本行政区域内的燃气事业实施监督管理,并指导各区做好辖区燃气监督管理工作。

安全生产监督、发改、质量技术监督、行政执法、土地、规划、公安消防、工商等部门在各自职责范围内做好相关燃气管理工作。

第五条 燃气设施布局应当坚持统筹部署、协调发展的原则,统一规划,配套建设,合理利用。

燃气工程建设应当坚持安全、适用、经济、环保、美观的原则,建设过程必须符合基本建设程序。

燃气供应应当坚持"两个优先"的原则,优先满足居民生活用气需要,优先满足本市用气需要。

第二章　规划建设

第六条 城镇燃气管理应当纳入国民经济和社会发展规划以及城市总体规划。

建设行政主管部门会同规划行政主管部门、中央石油石化企业相关部门,依据本市国民经济和社会发展规划以及城市总体规划,以及中央石油、石化企业燃气资源生产供应状况,组织编制燃气发展规划和燃气专项规划。

第七条 城市燃气规划经市人民政府批准后组织实施。因城市经济社会发展的需要确需修编、调整规划的,应当按照程序报送审批。

编制城市修建性详细规划应当与燃气专项规划相衔接,燃气工程建设应当符合燃气专项规划和城市修建性详细规划。

规划确定的燃气设施建设用地,未经法定程序调整,不得改变用途。

第八条 燃气工程项目应当经建设行政管理部门审查同意后,按照基本建设程序进行审批。

配套建设燃气设施的工程,必须与主体工程同时设计、施工和专项验收。

第九条 规划行政主管部门在核发燃气工程选址意见书之前,应当征求建设行政管理部门和燃气经营者的意见。

暂不具备建设条件的,应当按照规划要求,预留燃气设施配套建设用地。未经法定程序批准,不得占用或者改变其用途。

第十条 建设单位办理新建、改建、扩建工程项目立项前,需要配套建设燃气设施的,应向燃气经营者提交申请用气报告,取得燃气经营者供气承诺书。

建设单位在组织建设工程设计图纸会审之前,应当提前20日将燃气工程设计图纸资料送燃气经营者审核,征求燃气经营者的意见后,向建设行政主管部门提出审查申请。

第十一条 燃气工程项目应当进行环境影响评价和安全评价,配套建设相应的环保设施和安全设施,并与主体工程同时投入使用。

第十二条 燃气工程的建设应当依法进行招投标,承担燃气工程勘察、设计、施工和监理活动的单位,应当具有相应的资质,并严格执行国家和地方有关法律、法规和工程建设强制性标准。

第十三条 燃气工程建设应当严格实行质量、安全监督管理。中央石油、石化企业投资建设的燃气工程由其相应的监督机构负责,其他燃气工程由市、区相应的监督机构负责。建设单位应当在工程开工前到相应的监督机构申办监督注册登记手续,监督机构应当依法受理。

在安装、改装和维修燃气管道前,施工单位应按规定向质量技术监督管理部门履行告知手续,并接受检验检测机构监督检验。未经检验合格的,不得交付使用。投入使用后,使用单位应按规定办理压力管道使用登记,并进行定期检验。

第十四条 燃气工程竣工后,建设单位应当依法组织竣工验收,并于验收合格之日起15日内将竣工验收资料及验收报告报建设行政主管部门备案。

燃气建设工程未经验收或者验收不合格的,不得交付使用。

第十五条 燃气工程竣工验收后,建设单位应当按照有关档案管理的规定,收集、整理燃气工程项目的文件资料,向城建档案管理机构和其他有关部门移交。

第十六条 质量技术监督部门依法对燃气管道以及使用单位和检验检测机构进行安全监察。

从事燃气管理的监督检验、定期检验和型式试验的检验检测机构,应当经国务院特种设备安全监督管理部门核准。

第三章　经营管理

第十七条 管道天然气以中央石油、石化企业投资建设经营为主,鼓励社会资金参与。瓶装液化石油气可以多元化经营。

第十八条 燃气经营依法实行特许经营制度。经营单位取得燃气特许经营权证,并经工商行政管理机关登记注册后,方可从事燃气经营活动。

第十九条 管道燃气经营者应当履行下列义务:

(一)燃气经营单位应当守法经营,向用户提供合格产品和优质服务;

(二)编制安全用气手册,向用户普及安全用气常识;

(三)建立用户档案,与单位用户签订安全供用气协议;

(四)对燃气设施定期进行安全检查,及时消除安全隐患;

(五)设置并公布服务热线和抢险抢修电话,设专岗全天24小时值班;

(六)在营业场所公示办事程序、服务承诺和收费标准;

(七)法律、法规、规章规定的其他应当履行的义务。

第二十条 瓶装燃气经营者应当遵守下列规定:

(一)充装必须取得相应的资质许可证书和人员上岗证;

(二)向用户提供符合国家标准的燃气;

(三)对钢瓶的安全状况进行检查,并抽取残液;

(四)钢瓶充装燃气后进行漏气检验;

（五）钢瓶不得超量充装燃气；

（六）不得为不合格、超过检验期限的钢瓶充装燃气；

（七）不得为未建档、未取得压力容器使用许可证、非自有产权的钢瓶充装燃气；

（八）不得为限量充装装置失灵的车用钢瓶充装燃气；

（九）不得向未抽取真空的初次使用或者重新检验后的钢瓶充装燃气；

（十）不得利用液化石油气槽车、储罐直接向钢瓶充装燃气，或者用气瓶相互倒灌燃气。

第二十一条 燃气经营者违反有关规定，依法由建设行政主管部门责令其限期整改，直至撤销其特许经营权。

第二十二条 燃气资源生产企业应当保持城市燃气的供需平衡，建立燃气供应和需求的调配机制，其运行部门会同燃气经营者制定年度燃气分配计划，落实燃气月度生产和供应计划，保持燃气生产、输配和销售的正常运行。

第二十三条 燃气生产供应企业和燃气经营者应当建立燃气资源供求的监测和预警制度，编制燃气应急调度预案，在发生突发事故等紧急情况不能正常生产或供应燃气时，要及时启动燃气应急调度预案，采取相应措施以缓解燃气供需紧张状况。

第二十四条 燃气经营者应当向用户持续、稳定和安全供气，不得擅自停业、歇业或者关闭燃气供气站点。

因故确需停业、歇业或者关闭燃气供气站点的，应当提前90日向建设行政主管部门提交书面告知书。建设行政主管部门应当会同燃气经营者组织有关方面启动应急预案，并向社会公示。

第二十五条 因燃气工程施工或燃气设施维修，确需暂停供气或者降低燃气压力的，燃气经营者应当向所在区建设行政主管部门报告，并提前3日告知所涉及区域用户，同时采取相应的应急保障措施。

因不可抗力或者燃气设施抢险、抢修等紧急情况，确需暂停供气或者降低燃气压力的，燃气经营者应当立即通知用户，同时，向所在区建设行政主管部门报告，并在恢复正常供气前通知用户。

第二十六条 居民和商用天然气实行政府定价；车用天然气和液化石油气实行政府指导价。

第二十七条 燃气计量器具应当符合国家标准。

燃气计量器具须经质量技术监督部门备案，并由指定的计量检定机构首次检验合格后方可安装使用。

用户对燃气计量器具有异议的，可以向质量技术监督部门申请仲裁检定。

第二十八条 燃气经营者应当24小时接受用户报修，按照其承诺的时限或者与用户约定的时间派人到现场维修；对燃气泄漏的报修，应当先行告知用户须采取的应急措施，并立即派人到现场抢修。

第二十九条 管道天然气设施的维护、检修范围划分：居民用户以燃气计量表表后阀为界，表后阀前（含阀）设施由燃气经营者负责日常维护、检修；表后阀后至用气设施由用户负责日常的维护、检修；单位用户以公网接口为界，界外属燃气经营者，界内至用气设施属用户。

属于单位用户维护、检修的燃气设施，可委托具有相应资质的单位进行管理、维修。

管道天然气设施的产权划分：居民用户以燃气计量表为界，表前设施属燃气公司所有；表后（含表）属居民用户所有；单位用户以公网接口为界。

第三十条 燃气经营者应当定期对居民用户室内燃气设施的安装、使用情况进行安全检查。

第三十一条 燃气管网及其附属设施的更新、改造、维修、养护产生的费用，按照《新疆维吾尔自治区城市供热供水供气管理办法》第十五条规定执行。

第四章　使用管理

第三十二条 凡在供气区域范围内的单位和居民，均可申请使用天然气。申请人以书面形式提交燃气经营者，由燃气经营者统一安排，分步实施供气。

申请使用天然气的单位用户和居民用户，必须按照政府关于天然气进户工程收费标准缴纳相关费用。

第三十三条 天然气用户因故需要过户、更改户名、改变住址、销户停用或复接再用，应当提前7天向燃气经营者提出申请，按有关程序办理手续。

第三十四条 居民用户使用燃气，应安装与燃气介质相匹配且符合国家技术标准的燃气器具。

第三十五条 因供气气源种类变化，需要改装燃气器具的，燃气用户可以委托燃气经营者或具有相应资质的其他单位进行改装。燃气器具改装应当符合气源置换的安全技术条件。

第三十六条 燃气用户应当履行下列义务：

（一）遵守安全用气规则，正确使用燃气和燃烧器具；

（二）配合燃气经营者进行安全检查、维修；

（三）管道燃气设施出现不正常情况，应立即告知燃气经营者；

单位用户还应当建立健全安全管理制度，加强操作和维护人员燃气安全知识和操作技能的培训。

第三十七条 管道燃气用户不得有下列行为：

（一）擅自操作安装在燃气用户室内的公用燃气阀门；

（二）以燃气管道、计量表具作为负重支架或者接地引线；

（三）安装使用明令淘汰或不符合气源要求的燃气燃烧器具；

（四）私拆、移动、改动燃气表、管道等天然气设施；

（五）毁损表封、拆卸燃气计量装置或盗用燃气；

（六）改变燃气用途或者转供燃气；

（七）在不具备安全使用条件的场所使用燃气；

（八）在使用天然气的房间同时使用其他介质的燃烧器具、堆放易燃物品、出现明火火源或将其改为居室。

第三十八条 居民用户使用天然气壁挂炉取暖，应事先向燃气经营者提出申请，按照技术条件、安全规范进行安装。

第三十九条 燃气用户应与燃气经营者签订供用气合同，双方共同遵守。

第五章　安全管理

第四十条 建立燃气安全预警联动机制。各部门按照职责分工做好燃气事故应急预案启动工作。

第四十一条 燃气经营者应当建立安全生产责任制，定期对燃气管网及其附属设施进行巡查、检验、疏通、养护、维修，及时消除事故隐患，保障燃气设施安全运行。

燃气经营者应当制定本单位燃气安全事故应急预案，配备应急人员及必要的应急器材、设备，并定期组织演练。发生燃气事故后，燃气经营者应当立即组织抢险抢修，并报告市、区建设行政主管部门和其他有关部门。对影响抢险抢修作业的其他设施，可以采取紧急处置措施，对产权人造成损失的，应当予以赔偿。

第四十二条 燃气供气站应当安装使用燃气泄漏安全保护装置。

室内公共场所或地下建筑物内使用燃气，应当安装使用燃气泄漏安全保护装置，未安装的，燃气经营者不得向其供气。

第四十三条 瓶装燃气用户应当使用符合国家标准的气瓶及适合当地燃气使用要求的燃气器具，并不得有下列行为：

（一）加热、摔砸或倒卧燃气气瓶；

（二）转灌瓶装燃气和倾倒残液；

（三）自行涂改气瓶检验标记、拆修瓶阀、附件；

（四）使用超期限未检验、检验不合格或者报废气瓶；

第四十四条 燃气经营者使用的燃气储罐、气瓶应当符合规定的标准，并按照压力容器管理的有关规定定期检验和更新。

第四十五条 任何单位和个人发现燃气事故或燃气事故隐患等情况，应当立即向燃气经营者或建设行政主管部门、安全生产监督管理部门、公安消防等部门报告。

第四十六条 燃气经营者应当加强对用户设施的定期安全检查，市、区建设行政主管部门应当对安全检查的实施情况进行监督。

燃气经营者应当每两年对居民用户燃气设施及燃气器具的安装、使用情况免费进行一次安全检查，并对用户安全用气给予技术指导。

非居民用户的燃气设施，由用户委托具有相应资质的单位每年进行一次安全检查。

实施安全检查的单位应当将检查结果书面告知用户；存在安全隐患的，用户应当及时进行整改，燃气经营者应当为居民用户整改提供帮助；非居民用户应当委托具有相应资质的单位进行整改。

燃气经营者发现用户违反安全用气规定的，应当予以劝阻、制止，提出书面整改意见，用户应当及时予以整改。

第四十七条 燃气计量装置应当经依法设立的检验检定机构检验合格，并粘贴检验合格标识。用户对无检定合格标识的燃气计量装置可拒绝安装使用。

第六章 设施保护

第四十八条 燃气设施涉及燃气安全，各单位和广大群众都应积极保护。

第四十九条 规划行政主管部门应当会同建设行政主管部门，依据燃气专项规划，规定燃气公共管网及其附属设施以及燃气供应站点的安全保护范围，报市人民政府批准后公布。

经营者应当在燃气设施安全保护范围内设置明显的安全警示标识。

在燃气设施安全保护范围内，禁止实施下列行为：

（一）违反专项规划修建建筑物、构筑物及其他设施；

（二）堆放易燃易爆物品，或者倾倒、排放腐蚀性液体、气体；

（三）开沟挖渠、挖坑取土、钻孔或者种植深根植物；

（四）违反国家有关技术标准、规范进行勘察、施工等建设活动；

（五）其他损坏燃气公共管网及其附属设施，影响其安全、正常运转的行为。

第五十条 确需在燃气设施安全保护范围内实施下列作业的，建设单位应当事先与燃气经营者协商，经建设行政主管部门同意，并采取相应的安全保护措施，在燃气经营者专业技术人员的监督下施工。

（一）开挖沟渠，挖坑取土或种植深根植物；

（二）进行打桩或者顶进作业；

（三）动用明火作业；

因作业不当造成燃气设施损坏的，施工单位应当协助燃气经营者进行抢修；造成经济损失的，应当由施工单位承担赔偿责任。

第五十一条 新建、扩建、改建工程，建设单位在领取施工许可证前，应当向城建档案管理部门、管道燃气经营者查明工程建设范围内地下燃气管线的相关情况。

规划行政主管部门在审核新建、改建、扩建工程项目申请时，应当告知建设单位项目施工涉及的燃气设施安全保护范围。建设工程施工范围内有地下燃气管线等重要燃气设施的，建设单位应当与有关单位共同制定保护方案，签订燃气设施保护协议，管道燃气经营者应当派专业技术人员进行现场指导。

第五十二条 燃气经营者应当在燃气管道、燃气调压站、汽车加气站、液化石油气换瓶站、储备站等重要燃气设施上设置醒目、统一的安全识别标志，并采取相应的安全保障措施。

任何单位和个人不得擅自移动、覆盖、拆除或者损坏燃气设施的安全识别标志。

任何单位和个人发现有可能危及燃气设施和安全警示标志的行为，有权予以劝阻、制止，或立即告知燃气经营者或建设行政主管部门、安全生产监督管理部门、公安消防等部门。

第五十三条 任何单位和个人不得擅自改动燃气设施。因建设需要改动城市燃气公共管网及其附属设施，或者在燃气公共管网及其附属设施周边埋设其他管线的，建设单位应当征得燃气经营者的同意，按照有关规定办理相关手续。

第五十四条 对违法占压燃气管道设施的建筑物或者构筑物，由所在区人民政府依法指定有关行政管理部门强制拆除。

敷设燃气管道设施，因原有建筑物、构筑物的影响而无法满足燃气管道设施保护要求的，由所在区建设行政主管部门组织燃气经营者与建筑物、构筑物权属单位或者个人协商解决，所需费用由燃气经营者承担。

第七章 附 则

第五十五条 违反特种设备安全监察规定的，由质量技术监督部门依法予以处罚。

第五十六条 本办法由市建设行政主管部门负责解释。

第五十七条 本办法自发布之日起施行，原《克拉玛依市燃气管理暂行办法》（新克政发〔2000〕58 号）同时废止。

附　　录

石油信息

世界石油信息

2010 年世界石油探明储量、产量及在产油井数一览表

国家或地区	剩余探明储量[①]（万吨）	比上年增长（%）	在产油井数[②]（口）	估算产量（万吨）	2009 年实际产量（万吨）	比上年增长（%）
世界总计	**20133725.1**	**8.5**	**913978**	**360548.0**	**354543.0**	**1.7**
欧佩克总计	**14587623.0**	**11.9**	**37086**	**145518.5**	**143478.5**	**1.4**
亚太地区小计	**551445.5**	**0.3**	**90784**	**37918.5**	**36479.5**	**3.9**
澳大利亚	45456.6	0.0	1297	2150.0	2319.0	-7.3
孟加拉国	383.6	0.0	77	33.0	33.0	0.0
文莱	15070.0	0.0	779	775.0	769.5	0.7
中国	278795.0	0.0	71542	20275.0	18988.5	6.8
中国台湾	32.6	0.0	71	1.5	1.5	0.0
印度	77057.6	-1.0	3674	3675.0	3323.0	10.6
印度尼西亚	54663.0	0.0	10423	4335.0	4287.5	1.1
日本	604.4	0.0	145	74.0	79.5	-6.9
马来西亚	54800.0	0.0	788	2850.0	2955.0	-3.6
缅甸	685.0	0.0	450	100.0	100.0	
新西兰	822.0	-46.7	69	275.0	252.5	8.9
巴基斯坦	4288.1	0.0	200	315.0	324.5	-2.9
巴布亚新几内亚	1205.6	0.0	46	150.0	195.0	-23.1
菲律宾	1897.5	0.0	11	85.0	101.5	-16.3
泰国	5891.0	-1.1	1178	1225.0	1199.5	2.1
越南	8220.0	0.0	34	1600.0	1550.0	3.2
西欧小计	**150346.3**	**-10.0**	**5822**	**17722.0**	**19683.5**	**-10.0**
奥地利	685.0	0.0	669	88.5	92.5	-4.3
丹麦	11124.4	-23.4	253	1225.0	1304.5	-6.1
法国	1255.3	-9.4	421	90.0	90.5	-0.6

（续表）

国家或地区	剩余探明储量[①]（万吨）	比上年增长（%）	在产油井数[②]（口）	估算产量（万吨）	2009年实际产量（万吨）	比上年增长（%）
德国	3781.2	0.0	1141	250.0	280.0	-10.7
希腊	137.0	0.0	12	11.5	8.0	43.8
意大利	6527.3	12.5	205	475.0	414.5	14.6
荷兰	4247.0	210.0	61	135.0	179.5	-24.8
挪威	77679.0	-15.1	812	9250.0	10335.0	-10.5
西班牙	2055.0	0.0	16	12.0	11.0	9.1
土耳其	3704.9	3.1	915	235.0	228.0	3.1
英国	39150.2	-7.4	1317	5950.0	6740.5	-11.7
东欧及前苏联小计	**1369939.5**	**0.0**	**124628**	**66912.5**	**65092.0**	**2.8**
阿尔巴尼亚	2728.2	0.0	1640	62.5	50.0	25.0
阿塞拜疆	95900.0	0.0	58	5000.0	5000.0	
白俄罗斯	2712.6	0.0		170.0	170.0	
保加利亚	205.5	0.0	281	5.0	5.0	
克罗地亚	972.7	-3.2	690	64.0	69.0	-7.2
捷克共和国	205.5	0.0		16.0	20.5	-22.0
格鲁吉亚	479.5	0.0	283	5.0	5.0	
匈牙利	364.0	0.0	875	67.5	70.0	-3.6
哈萨克斯坦	411000.0	0.0	1160	8000.0	7500.0	6.7
吉尔吉斯斯坦	548.0	0.0		20.0	20.0	
立陶宛	164.4	0.0		12.5	12.5	
波兰	1320.3	0.0	512	65.0	62.0	4.8
罗马尼亚	8220.0	0.0	6000	450.0	450.0	
俄罗斯	822000.0	0.0	105339	50900.0	49583.5	2.7
塞尔维亚	1061.8	0.0	646	75.0	75.0	
斯洛伐克	123.3	0.0				
塔吉克斯坦	164.4	0.0				
土库曼斯坦	8220.0	0.0	2460	1100.0	1100.0	
乌克兰	5411.5	0.0	2494	425.0	425.0	
乌兹别克斯坦	8137.8	0.0	2190	475.0	475.0	
中东地区小计	**10314969.8**	**-0.1**	**15074**	**106474.0**	**105877.0**	**0.6**
阿联酋*[③]	1339860.0	0.0	1456.0	11493.5	11348.5	4.7
巴林	1706.5	0.0	496	155.0	161.0	-3.7
伊朗*	1877037.0	-0.4	2074	18500.0	18700.0	-1.1
伊拉克*	1575500.0	0.0	1526	11800.0	12000.0	-1.7
以色列	26.6	0.0	6	0.5		
约旦	13.7	0.0	4			
科威特*	1390550.0	0.0	1286	10150.0	10025.0	1.2
中立区	68500.0	0.0	761	2700.0	2700.0	
阿曼	75350.0	0.0	2356	4350.0	4062.5	7.1
卡塔尔*	347706.0	-0.1	513	4000.0	4000.0	

（续表）

国家或地区	剩余探明储量①（万吨）	比上年增长（%）	在产油井数②（口）	估算产量（万吨）	2009年实际产量（万吨）	比上年增长（%）
沙特阿拉伯*	3563370.0	0.1	2811	40100.0	39600.0	1.3
叙利亚	34250.0	0.0	136	1850.0	1855.0	-0.3
也门	41100.0	0.0	1649	1375.0	1425.0	-3.5
非洲小计	**1693444.8**	**3.8**	**12205**	**44911.5**	**43589.5**	**3.0**
阿尔及利亚*	167140.0	0.0	2028	6250.0	6200.0	0.8
安哥拉*	130150.0	0.0	1321	8950.0	8850.0	1.1
贝宁	109.6	0.0	8			
喀麦隆	2740.0	0.0	255	320.0	365.5	-12.4
乍得	20550.0	0.0	521	500.0	525.0	-4.8
刚果（前扎伊尔）	2466.0	0.0	150	140.0	140.0	
刚果共和国	21920.0	0.0	460	1350.0	1200.0	12.5
埃及	60280.0	18.9	1491	3700.0	3750.0	-1.3
赤道几内亚	15070.0	0.0	73	1275.0	1300.0	-1.9
埃塞俄比亚	5.9	0.0				
加蓬	27400.0	0.0	397	1225.0	1150.0	6.5
加纳	9042.0	4300.0	3	30.0	30.0	
科特迪瓦	1370.0	0.0	9	225.0	225.0	
利比亚*	635954.0	4.9	2060	7750.0	7750.0	
毛里塔尼亚	1370.0	0.0				
摩洛哥	9.4	-9.0	5	1.5	1.5	
尼日利亚*	509640.0	0.0	3152	10325.0	9125.0	13.2
南非	205.5	0.0	28	70.0	70.0	0.0
苏丹	68500.0	0.0	9	2400.0	2500.0	-4.0
突尼斯	5822.5	0.0	235	400.0	407.5	-1.8
乌干达	13700.0					
西半球小计	**6053579.3**	**34.2**	**665465**	**86610.0**	**83821.5**	**3.3**
阿根廷	34314.1	-0.6	21360	3050.0	2992.5	1.9
巴巴多斯	24.5	0.0	92	4.0	4.0	5.4
伯利兹	91.8	0.0				
玻利维亚	6370.5	0.0	361	215.0	200.0	7.5
巴西	176140.9	0.4	11995	10250.0	9750.0	5.1
加拿大	2400431.8	0.0	62519	13700.0	12950.0	5.8
智利	2055.0	0.0	315	12.5	13.0	-3.8
哥伦比亚	26030.0	40.2	7481	3900.0	3351.5	16.4
古巴	1698.8	0.0	251	250.0	250.0	
厄瓜多尔*	89187.0	0.2	3447	2350.0	2430.0	-3.3
危地马拉	1138.1	0.0	20	60.0	67.5	-11.1
墨西哥	142754.0	0.2	6890	12875.0	13008.5	-1.0
秘鲁	7297.4	19.1	5035	750.0	640.0	17.2
苏里南	1080.9	-0.9	1263	78.5	80.0	-1.9

（续表）

国家或地区	剩余探明储量①（万吨）	比上年增长（%）	在产油井数②（口）	估算产量（万吨）	2009 年实际产量（万吨）	比上年增长（%）
特立尼达和多巴哥	9977.7	0.0	3787	515.0	535.0	-3.7
美国	261957.7	0.0	525998	27450.0	26800.0	2.4
委内瑞拉*	2893029.0	112.5	14651	11150.0	10750.0	3.7

注：①估算剩余探明石油储量统计截至 2011 年 1 月 1 日。②在产油井数统计截至 2009 年 12 月 31 日，其中不包括关闭井、注入井或服务井。③阿联酋数据为阿布扎比、迪拜、哈伊马角和沙迦的合计，原数据单列。④标有 * 号的为欧佩克成员国，欧佩克总计中还包括中立区的数量。⑤储量换算系数为 1 桶 =0.137 吨，产量换算系数为 1 桶/日 =50 吨/年。⑥储量估算是基于官方和调查得到的数据。部分国家甚至已经数年没有更新储量报告，因此一些估算值并没有每年调整。

资料来源：Oil & Gas Journal，2010 - 12 - 20.

（萧　芦）

2010 年世界油气探明储量及石油产量估计值一览表

名次	国家和地区	石油探明储量（万吨）	国家和地区	天然气探明储量（亿立方米）	国家和地区	石油产量（万吨）
1	沙特阿拉伯	3547764	俄罗斯	475440	俄罗斯	50900
2	委内瑞拉	2880359	伊朗	295925	沙特阿拉伯	40100
3	加拿大	2389919	卡塔尔	253511	美国	27450
4	伊朗	1868816	沙特阿拉伯	77882	中国	20275
5	伊拉克	1568600	土库曼斯坦	74995	伊朗	18500
6	科威特	1384460	美国	69238	加拿大	13700
7	阿联酋①	1333992	阿联酋①	64496	墨西哥	12875
8	俄罗斯	818400	尼日利亚	52887	伊拉克	11800
9	利比亚	633169	委内瑞拉	50617	阿联酋①	11493.5
10	尼日利亚	507408	阿尔及利亚	44997	委内瑞拉	11150
11	哈萨克斯坦	409200	伊拉克	31679	尼日利亚	10325
12	卡塔尔	346183	澳大利亚	31130	巴西	10250
13	中国	277574	中国	30281	科威特	10150
14	美国	260810	印度尼西亚	29998	挪威	9250
15	巴西	175369	哈萨克斯坦	24055	安哥拉	8950
16	阿尔及利亚	166408	马来西亚	23489	哈萨克斯坦	8000
17	墨西哥	142129	埃及	21848	利比亚	7750
18	安哥拉	129580	挪威	20376	阿尔及利亚	6250
19	阿塞拜疆	95480	乌兹别克斯坦	18395	英国	5950
20	厄瓜多尔	88796	科威特	17829	阿塞拜疆	5000
21	印度	77502	加拿大	17532	阿曼	4350
22	挪威	77339	利比亚	15474	印度尼西亚	4335
23	阿曼	75020	荷兰	13867	卡塔尔	4000
24	中立区②	68200	乌克兰	11037	哥伦比亚	3900
25	苏丹	68200	印度	10734	埃及	3700
26	埃及	60016	阿塞拜疆	8490	印度	3675
27	马来西亚	54560	阿曼	8490	阿根廷	3050

（续表）

名次	国家和地区	石油探明储量（万吨）	国家和地区	天然气探明储量（亿立方米）	国家和地区	石油产量（万吨）
28	印度尼西亚	54424	巴基斯坦	8397	马来西亚	2850
29	澳大利亚	45258	玻利维亚	7500	中立区[②]	2700
30	也门	40920	也门	4783	苏丹	2400
31	英国	38979	特立尼达和多巴哥	4080	厄瓜多尔	2350
32	阿根廷	34164	文莱	3905	澳大利亚	2150
33	叙利亚	34100	阿根廷	3786	叙利亚	1850
34	加蓬	27280	巴西	3662	越南	1600
35	哥伦比亚	25916	秘鲁	3453	也门	1375
36	刚果（布）	21824	墨西哥	3386	刚果（布）	1350
37	乍得	20460	泰国	3120	赤道几内亚	1275
38	文莱	15004	安哥拉	3096	丹麦	1225
39	赤道几内亚	15004	缅甸	2830	泰国	1225
40	乌干达	13640	英国	2558	加蓬	1225
41	丹麦	11076	叙利亚	2406	土库曼斯坦	1100
42	特立尼达和多巴哥	9934	巴布亚新几内亚	2264	文莱	775
43	加纳	9002	以色列	1981	秘鲁	750
44	越南	8184	孟加拉国	1953	特立尼达和多巴哥	515
45	罗马尼亚	8184	越南	1924	乍得	500
46	土库曼斯坦	8184	德国	1755	乌兹别克斯坦	475
47	乌兹别克斯坦	8102	波兰	1647	意大利	475
48	秘鲁	7265	喀麦隆	1350	罗马尼亚	450
49	意大利	6499	莫桑比克	1274	乌克兰	425
50	玻利维亚	6343	哥伦比亚	1132	突尼斯	400
51	泰国	5933	菲律宾	985	喀麦隆	320
52	突尼斯	5797	智利	979	巴基斯坦	315
53	乌克兰	5388	巴林	920	新西兰	275
54	巴基斯坦	4269	刚果（布）	906	德国	250
55	荷兰	4228	苏丹	849	古巴	250
56	德国	3765	古巴	708	土耳其	235
57	土耳其	3689	突尼斯	651	科特迪瓦	225
58	喀麦隆	2728	意大利	635	玻利维亚	215
59	阿尔巴尼亚	2716	罗马尼亚	630	白俄罗斯	170
60	白俄罗斯	2701	纳米比亚	623	巴林	155
61	刚果（金）	2455	丹麦	581	巴布亚新几内亚	150
62	西班牙	2046	卢旺达	566	刚果（金）	140
63	智利	2046	阿富汗	495	荷兰	135
64	菲律宾	1889	塞尔维亚	481	缅甸	100

（续表）

名次	国家和地区	石油探明储量（万吨）	国家和地区	天然气探明储量（亿立方米）	国家和地区	石油产量（万吨）
65	巴林	1699	赤道几内亚	368	法国	90
66	古巴	1691	新西兰	344	奥地利	88.5
67	新西兰	1535	中立区②	283	菲律宾	85
68	科特迪瓦	1364	加蓬	283	苏里南	78.5
69	毛里塔尼亚	1364	科特迪瓦	283	塞尔维亚	75
70	波兰	1315	毛里塔尼亚	283	日本	74
71	法国	1250	克罗地亚	249	南非	70
72	巴布亚新几内亚	1200	埃塞俄比亚	249	匈牙利	67.5
73	危地马拉	1133	加纳	226	波兰	65
74	苏里南	1076	日本	209	克罗地亚	64
75	塞尔维亚	1057	奥地利	161	阿尔巴尼亚	62.5
76	克罗地亚	968	斯洛伐克	142	危地马拉	60
77	缅甸	682	乌干达	142	孟加拉国	33
78	奥地利	682	爱尔兰	99	加纳	30
79	日本	602	格鲁吉亚	85	吉尔吉斯斯坦	20
80	吉尔吉斯斯坦	546	匈牙利	81	捷克共和国	16
81	格鲁吉亚	477	厄瓜多尔	80	智利	12.5
82	孟加拉国	382	法国	68	立陶宛	12.5
83	匈牙利	362	坦桑尼亚	65	西班牙	12
84	保加利亚	205	中国台湾省	62	希腊	11.5
85	捷克共和国	205	土耳其	62	保加利亚	5
86	南非	205	约旦	60	格鲁吉亚	5
87	立陶宛	164	保加利亚	57	巴巴多斯	4
88	塔吉克斯坦	164	吉尔吉斯斯坦	57	中国台湾省	1.5
89	希腊	136	塔吉克斯坦	57	摩洛哥	1.5
90	斯洛伐克	123	索马里	57	以色列	0.5
91	贝宁	109	捷克共和国	40		
92	伯利兹	91	白俄罗斯	28		
93	中国台湾省	32	西班牙	25		
94	以色列	26	摩洛哥	14		
95	巴巴多斯	24	贝宁	11		
96	约旦	14	希腊	10		
97	摩洛哥	9	刚果(金)	10		
98	埃塞俄比亚	6	阿尔巴尼亚	8		
99			巴巴多斯	1		
	世界合计	20045548		1881198		360548

注:①阿联酋的石油、天然气探明储量和石油产量估计值为迪拜、阿布扎比、沙迦和哈伊马角4个酋长国之和。②中立区指科威特与伊拉克之间的中立区。

数据来源:美国《油气杂志》2010年12月6日。

2010年世界油气探明储量及石油产量估计值地区构成情况表

地区	石油探明储量		天然气探明储量		石油产量	
	绝对量(万吨)	占世界比重(%)	绝对量(亿立方米)	占世界比重(%)	绝对量(万吨)	占世界比重(%)
亚太	549030	2.74	152120	8.09	37919	10.52
西欧	149688	0.75	40198	2.14	17722	4.92
东欧及前苏联	1363940	6.80	615972	32.74	66913	18.56
中东	10269795	51.23	760244	40.41	106474	29.53
非洲	1686028	8.41	146511	7.79	44912	12.46
美洲	6027067	30.07	166153	8.83	86610	24.02
世界合计	20045548	100.00	1881198	100.00	360548	100.00
OPEC	14523736	72.45	908756	48.31	145519	40.36

数据来源:美国《油气杂志》2010年12月6日。

2010年世界主要公司在亚洲、美国和西欧地区的炼油能力一览表

公司名称	炼厂数(座)	炼油能力(万吨/年)
亚洲		
中国石化	27	19855
中国石油	25	13075
埃克森美孚公司	10	9688
新日本石油公司	7	7116
英荷壳牌	13	6624
印度石油	11	6371
信任工业公司	2	6200
印尼国家石油	8	5059
SK公司	1	4085
中油公司(中国台湾省)	3	3850
GS加德士公司	1	3750
东燃/General Sekiyu Seisei KK	4	3141
出光兴产	4	3040
美国		
康菲公司	13	11131
埃克森美孚公司	7	10215
瓦莱罗能源公司	12	9998
BP公司	6	7383
马拉松石油公司	7	5940
壳牌	8	4856
雪佛龙公司	5	4705
委内瑞拉国家石油公司	4	4247
太阳石油公司	4	4125

(续表)

公司名称	炼厂数(座)	炼油能力(万吨/年)
Flint Hills 资源公司	3	4083
Motiva 企业	3	3660
Tesoro	7	3290
西欧		
道达尔公司	15	10605
埃克森美孚公司	9	8340
壳牌	11	7759
阿吉普石油公司	10	4381
BP 公司	8	4345
莱普索 - YPF 公司	5	3546
土耳其石油炼油	4	3066
康菲公司	4	3051

注:炼油能力为3 000万吨/年以上。

数据来源:美国《油气杂志》2010 年 12 月 6 日。

2010 年世界 2000 万吨/年以上大炼厂排名表

单位:万吨/年

排名	所属炼油公司名称	炼厂地点	原油加工能力
1	帕拉瓜纳炼油中心	委内瑞拉法尔孔	4700
2	SK 公司	韩国蔚山	4085
3	GS 加德士公司	韩国丽水	3750
4	信任工业有限公司	印度贾姆纳加尔	3300
5	埃克森美孚炼制与供应公司	新加坡裕廊/亚逸查湾岛	3025
6	信任工业有限公司	印度贾姆纳加尔	2900
7	韩国双龙精油(S - Oil)公司	韩国釜山	2825
8	埃克森美孚炼制与供应公司	美国得州贝敦	2803
9	沙特阿美石油公司	沙特拉斯坦努拉	2750
10	台塑石化股份有限公司	中国台湾省麦寮	2700
11	埃克森美孚炼制与供应公司	美国路州巴吞鲁日	2518
12	Hovensa 股份公司	维尔京群岛圣克鲁瓦	2500
13	科威特国家石油公司	科威特艾哈迈迪港	2330
14	壳牌东方石油有限公司	新加坡布库姆岛	2310
15	BP 公司	美国得州得克萨斯城	2256
16	Citgo 石油公司	美国路州莱克查尔斯	2200
17	马拉松石油公司	美国路州 Garyville	2180
18	壳牌石油公司	荷兰佩尔尼斯	2020
19	中国石化	中国浙江镇海	2015
20	沙特阿美石油公司	沙特拉比格	2000
20	沙特阿美—美孚	沙特延布	2000

数据来源:美国《油气杂志》2010 年 12 月 6 日。

2010年世界主要国家和地区天然气产量

单位:亿立方米

排名	国家和地区	产量	比上年增长(%)	排名	国家和地区	产量	比上年增长(%)
1	美国	6386	2.4	28	利比亚[①]	156	2.4
2	俄罗斯	6243	21.2	29	玻利维亚	138	21.2
3	加拿大	1441	-0.8	30	德国	126	-0.8
4	伊朗[①]	1370	41.7	31	巴西	124	41.7
5	卡塔尔[①]	1098	46.6	32	文莱	119	46.6
6	挪威	1063	2.5	33	科威特[①②]	118	2.5
7	中国	937	10.4	34	哥伦比亚	111	10.4
8	阿尔及利亚[①]	843	1.4	35	巴林	84	1.4
9	荷兰	805	8.2	36	意大利	81	8.2
10	印度尼西亚	800	18.3	37	伊拉克[①]	79	18.3
11	墨西哥	724	-0.4	38	丹麦	75	-0.4
12	沙特阿拉伯[①②]	710	-2.4	39	秘鲁	70	-2.4
13	马来西亚	627	34.6	40	越南	68	34.6
14	英国	597	-4.3	41	罗马尼亚	63	-4.3
15	印度	503	37.2	42	叙利亚	59	37.2
16	阿联酋[①]	466	4.4	43	新西兰	41	4.4
17	澳大利亚	452	6.9	44	日本	33	6.9
18	巴基斯坦	423	1.9	45	突尼斯	32	1.9
19	特立尼达	415	5.5	46	匈牙利	23	5.5
20	埃及	397	-2.8	47	安哥拉[①]	22	-2.8
21	阿根廷	380	-5.8	48	克罗地亚	21	-5.8
22	哈萨克斯坦	345	0.8	49	奥地利	17	0.8
23	泰国	306	162.7	50	法国	7	162.7
24	阿曼	278	53.0				
25	阿塞拜疆	245	67.8		世界合计	31791	11.0
26	尼日利亚[①]	238	-21.6		欧佩克国家	5338	2.7
27	委内瑞拉[①]	235	0.0		北海地区	1975	0.8

注:①为欧佩克成员国。②科威特和沙特阿拉伯产量均包括中立区一半的产量。

资料来源:美国《油气杂志》网上统计。

2010年世界天然气产量地区构成情况

单位:亿立方米

地　　区	产　　量	比上年增长(%)	占世界的比例(%)
美洲	10045	2.0	31.6
西欧	2775	1.7	8.7
东欧及前苏联	8372	19.9	26.3
非洲	1721	-1.5	5.4
中东	4297	24.7	13.5
亚太	4581	17.6	14.4
世界	31791	11.0	100.0
欧佩克国家	5338	2.7	16.8
北海地区	1975	0.8	6.2

资料来源:美国《油气杂志》网上统计。

2010 年全球最大的 25 家炼油公司排名表

单位:万吨/年

排名	公司名称	能力[①]	排名	公司名称	能力[①]
1	埃克森美孚公司	28915	15	新日本石油公司	7116
2	英荷壳牌集团公司	22546	16	俄罗斯石油公司	6465
3	中国石化[②]	19855	17	鲁克石油公司	6085
4	BP 公司	16625	18	马拉松石油公司	5940
5	康菲公司(美国)	13891	19	莱普索 - YPF 公司	5525
6	雪佛龙公司[③]	13778	20	科威特国家石油公司	5425
7	委内瑞拉国家石油公司	13390	21	印尼国家石油公司	4965
8	瓦莱罗能源公司	13083	22	阿吉普石油公司	4520
9	中国石油[②]	13075	23	太阳石油公司	4125
10	道达尔公司	12256	24	SK 公司	4085
11	沙特阿美石油公司	12165	25	Flint Hills 资源公司	4083
12	巴西国家石油公司	9985		合计能力	263667
13	墨西哥国家石油公司	8515		占世界总炼油能力比例(%)	59.8
14	伊朗国家石油公司	7255			

注:①包括各公司在其合资企业中的份额能力。②2009 年底中国石化集团和中国石油集团炼油能力分别达 2.21 亿吨/年和 1.44 亿吨/年。③包括其在加德士公司中拥有的份额能力。

数据来源:美国《油气杂志》2010 年 12 月 6 日。

2010 年世界 50 家最大石油公司总收入等 4 项指标排名表

公司名称	总收入		净利润		总资产		雇员人数	
	位次	亿美元	位次	亿美元	位次	亿美元	位次	人
沙特阿拉伯国家石油公司	1	3180					27	55066
伊朗国家石油公司	21	583.32					11	115000
埃克森美孚公司	2	2844.71	2	192.80	6	2333.23	17	80700
委内瑞拉国家石油公司	15	749.96	25	29.20	12	1496.01	15	91949
中国石油天然气集团公司	6	1781.44	10	102.61	1	3258.52	1	1670000
BP 公司	4	2414.45	3	165.78	5	2359.68	18	80300
皇家荷兰/壳牌集团	3	2789.69	6	125.18	2	2921.81	13	101000
雪佛龙公司	7	1635.27	9	104.83	10	1646.21	25	64000
美国康菲公司	9	1392.88	17	48.58	11	1525.88	39	30000
道达尔公司	8	1566.80	7	117.80	8	1831.06	14	96387
墨西哥国家石油公司	14	865.49	81	-72.49	15	1020.04	7	145146
俄罗斯天然气工业股份公司	12	996.53	1	245.28	3	2764.45	2	393600
科威特国家石油公司	24	502.19					47	15825
阿尔及利亚国家石油公司	27	475.98	20	39.52	21	782.43	29	41886

（续表）

公司名称	总收入		净利润		总资产		雇员人数	
	位次	亿美元	位次	亿美元	位次	亿美元	位次	人
巴西国家石油公司	13	951.40	4	155.04	7	2002.70	20	76919
俄罗斯石油公司	28	469.38	13	65.14	19	832.32	5	158884
俄罗斯卢克石油公司	17	683.76	12	70.11	20	790.19	6	150000
马来西亚国家石油公司	20	625.00	8	116.00	14	1257.00	33	39236
阿布扎比国家石油公司	39	291.00					16	85000
意大利埃尼集团	10	1176.45	15	60.90	9	1684.52	19	78417
尼日利亚国家石油公司	45	232.80					48	15000
卡塔尔石油总公司	30	454.12					62	7000
埃及石油总公司	75	69.82					21	75000
伊拉克国家石油公司	32	426.86					4	290000
利比亚国家石油公司	49	215.58					31	40000
中国石油化工股份有限公司	5	1967.12	11	90.31	13	1287.69	3	371333
挪威国家石油公司	16	743.36	24	29.36	16	969.33	41	28739
俄罗斯苏尔古特油气公司	36	331.12	22	35.83	30	417.88	12	106197
西班牙雷普索尔－YPF 集团	19	681.08	29	21.74	18	832.49	30	41014
印度尼西亚国家石油公司	42	279.64	32	17.40			42	27600
印度石油天然气总公司	47	221.55	19	40.17	42	283.76	37	32826
美国马拉松石油公司	25	490.49	35	14.63	26	470.52	40	28855
阿曼石油开发公司	59	135.55					72	4615
俄罗斯 TNK－BP 公司	33	349.91	16	49.73	41	294.48	28	49182
乌兹别克国家石油公司	81	55.08					8	124000
哈萨克斯坦国家石油公司	64	107.64	39	12.91	34	347.13	23	70000
阿塞拜疆国家石油公司	57	139.59					25	64000
中国海洋石油总公司	37	306.80	21	36.34	22	758.82	24	65800
美国戴文能源公司	74	76.31	79	－24.79	39	296.86	68	5400
印度信诚工业有限公司	31	442.92	18	48.15	24	559.03	43	23365
美国阿帕奇公司	70	86.15	73	－2.92	43	281.86	82	3452
英国天然气公司	53	163.91	23	33.94	29	418.64	65	6079
叙利亚国家石油公司	43	260.00					46	16000
俄罗斯 Novatek 公司	88	28.32	48	8.19	72	64.01	77	4200
美国西方石油公司	55	156.40	26	29.15	28	442.29	56	10100
美国安纳达科石油公司	71	83.43	72	－1.35	25	501.23	75	4300
美国阿美拉达赫斯公司	38	293.85	50	7.40	40	294.65	51	13000
加拿大自然资源公司	69	89.64	37	13.96	31	391.04	79	3827
奥地利 OMV 集团	44	252.98	49	7.97	37	306.94	34	34676
加拿大 Suncor 能源公司	48	221.28	44	10.13	23	664.81	53	12978

资源来源：Petroleum Intelligence Weekly, Dec. 6, 2010.

2010年石油消费量居世界前60位的国家或地区

单位:百万吨

排序	国家或地区	2010年	2009年	2010年比2009年增长(%)	2010年占全球的份额(%)	排序	国家或地区	2010年	2009年	2010年比2009年增长(%)	2010年占全球的份额(%)
1	美国	850.0	833.2	2.0	21.1	31	马来西亚	25.3	24.5	3.3	0.6
2	中国	428.6	388.2	10.4	10.6	32	巴基斯坦	20.5	20.6	-0.6	0.5
3	日本	201.6	198.7	1.5	5.0	33	希腊	18.5	20.2	-8.7	0.5
4	印度	155.5	151.0	2.9	3.9	34	科威特	17.7	17.2	2.8	0.4
5	俄罗斯	147.6	135.2	9.2	3.7	35	中国香港	16.1	14.0	15.2	0.4
6	沙特阿拉伯	125.5	117.2	7.1	3.1	36	越南	15.6	14.1	10.4	0.4
7	巴西	116.9	107.0	9.3	2.9	37	阿尔及利亚	14.9	14.9	-0.1	0.4
8	德国	115.1	113.9	1.1	2.9	38	智利	14.7	15.6	-6.0	0.4
9	韩国	105.6	103.0	2.5	2.6	39	瑞典	14.5	14.6	-0.1	0.4
10	加拿大	102.3	97.1	5.4	2.5	40	菲律宾	13.1	13.1	0.1	0.3
11	墨西哥	87.4	88.5	-1.2	2.2	41	奥地利	13.0	13.0	0.2	0.3
12	伊朗	86.0	85.1	1.0	2.1	42	葡萄牙	12.6	12.8	-1.6	0.3
13	法国	83.4	87.5	-4.7	2.1	43	哈萨克斯坦	12.5	12.1	3.2	0.3
14	西班牙	74.5	75.7	-1.6	1.8	44	乌克兰	11.6	13.3	-13.2	0.3
15	英国	73.7	74.4	-1.0	1.8	45	瑞士	11.4	12.3	-7.1	0.3
16	意大利	73.1	75.1	-2.7	1.8	46	以色列	11.2	11.5	-2.2	0.3
17	新加坡	62.2	56.1	10.9	1.5	47	哥伦比亚	11.0	10.5	4.1	0.3
18	印度尼西亚	59.6	59.2	0.7	1.5	48	挪威	10.7	10.3	3.5	0.3
19	泰国	50.2	49.9	0.5	1.2	49	厄瓜多尔	10.6	10.1	5.0	0.3
20	荷兰	49.8	49.4	0.9	1.2	50	芬兰	10.4	9.9	4.9	0.3
21	中国台湾省	46.2	44.1	4.7	1.1	51	捷克	9.2	9.7	-5.0	0.2
22	澳大利亚	42.6	42.2	0.8	1.1	52	罗马尼亚	9.1	9.2	-1.4	0.2
23	埃及	36.3	34.4	5.4	0.9	53	丹麦	8.7	8.5	2.0	0.2
24	委内瑞拉	35.2	33.7	4.7	0.9	54	秘鲁	8.4	8.1	3.6	0.2
25	比利时和卢森堡	35.0	33.4	4.8	0.9	55	爱尔兰	7.6	8.0	-5.0	0.2
26	阿联酋	32.3	29.8	8.4	0.8	56	卡塔尔	7.4	6.2	18.1	0.2
27	土耳其	28.7	28.2	1.7	0.7	57	新西兰	6.9	6.8	0.1	0.2
28	波兰	26.3	25.3	3.9	0.7	58	匈牙利	6.7	7.1	-5.2	0.2
29	阿根廷	25.7	23.7	8.5	0.6	59	白俄罗斯	6.6	9.3	-29.3	0.2
30	南非	25.3	24.7	2.7	0.6	60	土库曼斯坦	5.6	5.4	3.6	0.1

资源来源:《BP世界能源统计(2011年版)》。

2010年世界分地区石油消费量及其构成

单位:百万吨

地　　区	2010年	2009年	2010年比2009年增长(%)	2010年占全球的份额(%)
北美	1039.7	1018.8	2.1	25.8
中南美	282.0	268.6	5.0	7.0
欧洲和欧亚大陆	922.9	922.2	0.1	22.9
中东	360.2	344.3	4.6	8.9
非洲	155.5	150.9	3.0	3.9
亚太	1267.8	1203.8	5.3	31.5
世界	4028.1	3908.7	3.1	100.0
其中经合组织	2113.8	2094.8	0.9	52.5
非经合组织	1914.3	1813.9	5.5	47.5
欧盟	662.5	670.2	-1.1	16.4
前苏联	201.5	192.7	4.6	5.0

资源来源:《BP世界能源统计(2011年版)》。

2009年世界50家最大石油公司综合排名表(按6项指标综合测算)
(2011年1月公布)

公司排名位次		公司名称	国有比例%	原油储量		天然气储量		原油产量		天然气产量		炼油能力		油品销售量	
2009年	2008年			位次	亿吨	位次	亿立方米	位次	万吨/年	位次	亿立方米/年	位次	万吨/年	位次	万吨/年
1	1	沙特阿拉伯国家石油公司	100	1	369.7	5	77928	1	48565	7	754	10	11870	5	15841
2	2	伊朗国家石油公司	100	3	192.6	1	296111	2	21080	2	1313	14	7830	12	9563
3	3	埃克森美孚公司		12	16.3	13	19258	9	11935	3	958	1	31355	1	29328
4	4	委内瑞拉国家石油公司	100	2	295.4	6	50631	3	15850	18	419	4	15175	8	11803
5	5	中国石油天然气集团公司	100	9	30.7	12	28208	5	13800	8	738	5	14565	13	8322
6	6	BP公司		16	14.7	18	12779	6	12675	4	877	8	13330	3	26859
7	7	皇家荷兰/壳牌集团		26	8.0	16	13891	14	8400	5	877	3	18195	2	28087
8	9	雪佛龙公司		21	9.8	23	7376	12	9360	13	516	12	10790	6	14846
8	8	美国康菲公司		22	8.8	25	6866	15	8080	12	535	6	14510	7	13569
10	9	道达尔公司		25	8.0	22	7452	18	6905	14	509	9	12970	4	16498
11	11	墨西哥国家石油公司	100	11	16.4	37	3388	4	14550	15	466	13	8550	14	7916
12	14	俄罗斯天然气工业股份公司	50.002	18	13.4	2	185924	26	4185	1	4613	25	4405	29	3308
13	12	科威特国家石油公司	100	5	142.2	14	18125	7	12500	35	151	22	5545	21	4321
14	13	阿尔及利亚国家石油公司	100	13	15.8	7	45052	13	8420	6	757	37	2280	33	2473
15	15	巴西国家石油公司	32.2	17	14.4	40	3129	11	10560	28	257	11	10805	10	11488
16	16	俄罗斯石油公司	75.16	10	25.3	21	8165	10	10910	43	127	23	5355	22	4229
17	17	俄罗斯卢克石油公司		14	15.3	27	5176	16	7890	39	142	20	5745	15	7556
17	18	马来西亚国家石油公司	100	19	11.0	9	32689	28	3535	10	640	38	2240	27	3527
19	19	阿布扎比国家石油公司	100	6	73.9	8	34830	17	7015	27	263	35	2500	45	1501
20	20	意大利埃尼集团	30.3	31	4.8	30	5055	23	5035	17	452	27	3735	24	4147
21	21	尼日利亚国家石油公司	100	8	31.2	11	31432	19	6185	36	149	39	2225	49	1081
21	22	卡塔尔石油总公司	100	15	15.0	3	182638	24	4840	9	643	56	1000	55	744
23	26	埃及石油总公司	100	40	2.5	17	13133	34	2210	20	313	28	3630	28	3372
23	23	伊拉克国家石油公司	100	4	161.0	10	31687	8	12410	88	12	26	4000	31	2874
25	24	利比亚国家石油公司	100	7	45.9	20	11327	20	6110	46	113	45	1900	38	1857
26	25	中国石油化工股份有限公司	75.84	36	3.9	48	1908	27	4125	55	85	2	22795	9	11625
27	27	挪威国家石油公司	70.13	39	3.0	28	5139	22	5335	16	459	48	1555	36	2345
28	29	俄罗斯苏尔古特油气公司		20	10.5	33	3945	21	5960	40	136	42	2145	40	1789
29	28	西班牙雷普索尔-YPF集团		53	1.2	47	1910	35	2185	26	272	16	6295	20	5493
30	30	印度尼西亚国家石油公司	100	44	2.0	31	5044	58	870	48	110	24	4965	18	5794
31	31	印度石油天然气总公司	74.14	28	5.9	32	4276	29	3310	24	280	57	975	59	420
32	32	美国马拉松石油公司		45	1.7	68	771	44	1370	50	99	19	5940	17	6287
33	33	阿曼石油开发公司	60	35	4.1	26	5191	37	2115	34	168				
34	37	俄罗斯TNK-BP公司		27	7.5	63	895	25	4200	64	62	44	1940	44	1528
35	35	乌兹别克国家石油公司	100	62	0.7	15	14725	66	465	11	561	55	1100	61	379
36	41	哈萨克斯坦国家石油公司	100	24	8.2	35	3761	40	1880	76	43	46	1720	52	990
37	36	阿塞拜疆国家石油公司	100	30	4.9	29	5097	60	855	58	73	43	1995	58	438

（续表）

公司排名位次		公司名称	国有比例%	原油储量		天然气储量		原油产量		天然气产量		炼油能力		油品销售量	
2009年	2008年			位次	亿吨	位次	亿立方米	位次	万吨/年	位次	亿立方米/年	位次	万吨/年	位次	万吨/年
38	48	中国海洋石油总公司	100	42	2.3	49	1688	31	2550	61	68	52	1205	51	990
39	42	美国戴文能源公司		46	1.7	42	2765	49	1205	25	274				
40	66	印度信诚工业有限公司		89	0.1	46	2112	88	105	37	146	17	6200	19	5699
41	38	美国阿帕奇公司		48	1.5	44	2208	43	1450	32	182				
42	47	英国天然气公司		55	1.0	38	3166	53	910	23	286				
43	40	叙利亚国家石油公司	100	37	3.5	41	2802	52	1035	65	58	53	1200	54	899
44	49	俄罗斯 Novatek 公司		60	0.8	19	11532	75	340	19	323				
45	44	美国西方石油公司		38	3.3	52	1460	33	2445	51	97				
46	44	美国安纳达科石油公司		49	1.4	45	2199	50	1170	31	229				
47	42	美国阿美拉达赫斯公司		51	1.4	67	799	42	1465	59	71	51	1250	37	2158
48	38	加拿大自然资源公司		34	4.2	62	900	41	1590	41	128				
49	44	奥地利 OMV 集团	31.5	57	0.9	66	806	59	860	56	84	34	2650	39	1852
49	64	加拿大 Suncor 能源公司		33	4.6	78	479	38	1950	78	41	41	2165	43	1551

注：换算系数为，原油1桶=0.14吨，1桶/日=50吨/年；天然气10亿立方英尺（Bcf）=2 831.7万立方米，1百万立方英尺/日（MMcf/d）=1 033.55万立方米/年；油品1吨=8桶。

中国石油信息

2005～2010年中国原油进口来源和出口去向一览表

单位：万吨

来源与去向	2005年	2006年	2007年	2008年	2009年	2010年	2010年比上年（±%）	2010年所占份额（%）
进口来源								
沙特阿拉伯*	2217.89	2387.15	2633.22	3636.84	4195.31	4463.00	6.4	18.6
伊朗*	1427.28	1677.42	2053.68	2132.24	2314.72	2131.95	-7.9	8.9
阿曼	1083.46	1318.33	1367.99	1458.46	1163.84	1586.83	36.3	6.6
伊拉克*	117.04	104.58	141.21	186.01	716.30	1123.83	56.9	4.7
科威特*	164.57	280.92	363.23	589.63	707.58	983.39	39.0	4.1
阿联酋*	256.77	304.40	365.09	457.89	330.67	528.51	59.8	2.2
也门	697.85	454.32	323.68	413.22	256.21	402.11	56.9	1.7
卡塔尔*	34.32	33.36	28.27	87.78	61.48	56.02	-8.9	0.2
中东地区小计	**5999.19**	**6560.48**	**7276.37**	**8962.07**	**9746.12**	**11275.63**	**15.7**	**47.1**
安哥拉*	1746.28	2345.20	2499.66	2989.39	3217.25	3938.19	22.4	16.5
苏丹	662.08	484.65	1030.95	1049.92	1219.14	1259.87	3.3	5.3
利比亚*	225.92	338.52	290.58	318.96	634.45	737.33	16.2	3.1
刚果	553.48	541.90	480.14	437.10	408.96	504.83	23.4	2.1
阿尔及利亚*	81.64	25.67	161.28	89.76	160.50	175.40	9.3	0.7
尼日利亚*	131.02	45.19	89.51	35.04	139.32	129.10	-7.3	0.5

（续表）

来源与去向	2005 年	2006 年	2007 年	2008 年	2009 年	2010 年	2010 年 比上年（±%）	2010 年 所占份额（%）
乍得	54.75	55.37	13.21	3.74	14.00	96.31	588.1	0.4
赤道几内亚	383.89	526.65	328.01	270.94	222.13	82.27	-63.0	0.3
加蓬		80.22	88.67	86.69	27.07	42.29	56.2	0.2
喀麦隆				47.38	58.18	35.94	-38.2	0.2
毛里塔尼亚					40.74	14.86	-63.5	0.1
非洲其他国家	7.98	135.36	322.47	66.58	0.00	68.89		0.3
非洲小计	**3847.05**	**4578.74**	**5304.49**	**5395.51**	**6141.75**	**7085.27**	**15.4**	**29.6**
俄罗斯	1277.59	1596.57	1452.63	1163.83	1530.37	1524.52	-0.4	6.4
哈萨克斯坦	129.00	268.28	599.84	567.09	600.61	1005.38	67.4	4.2
阿塞拜疆	0.00			13.32	21.16	12.75	-39.8	0.1
挪威	51.77	32.71	18.11		15.76	7.86	-50.1	0.0
其他国家	0.00	0.00	13.90			35.56		0.1
欧洲/前苏联	**1458.36**	**1897.57**	**2084.48**	**1744.23**	**2167.91**	**2586.08**	**19.3**	**10.8**
委内瑞拉*	192.79	420.28	411.61	646.71	526.67	754.96	43.3	3.2
巴西	134.32	222.28	231.55	302.18	406.03	804.77	98.2	3.4
哥伦比亚		9.41	84.22	114.08	123.83	200.03	61.5	0.8
阿根廷	91.23	170.37	156.64	77.10	71.99	113.55	57.7	0.5
厄瓜多尔*	9.30	20.15	23.46	104.79	178.93	81.03	-54.7	0.3
加拿大	0.00	4.37	46.96	12.38	44.01	30.84	-29.9	0.1
古巴		5.79	5.96		9.85	5.82	-40.9	0.0
其他国家	7.70	112.41	118.00	23.86	0.00	113.07		0.5
西半球	**435.33**	**965.06**	**1078.39**	**1281.10**	**1361.31**	**2104.06**	**54.6**	**8.8**
澳大利亚	23.24	40.21	46.35	89.70	156.50	287.04	83.4	1.2
马来西亚	34.79	11.34	49.89	89.27	223.11	207.95	-6.8	0.9
印度尼西亚	408.52	212.31	228.40	139.32	323.58	139.41	-56.9	0.6
文莱	50.15	41.81	40.34	7.91	52.65	102.46	94.6	0.4
越南	319.55	87.35	49.77	84.38	102.74	68.34	-33.5	0.3
蒙古	2.17	4.54	10.61	15.14	25.61	28.70	12.1	0.1
泰国	119.23	114.84	110.18	76.54	60.75	23.13	-61.9	0.1
巴布亚新几内亚					7.25	16.60	128.8	0.1
新西兰					5.31	6.47	22.0	0.0
缅甸			0.00		4.31	0.00	-100.0	0.0
亚太其他国家	10.74	3.77	38.27	4.13				0.0
亚太地区	**968.39**	**516.18**	**573.81**	**506.38**	**961.82**	**880.10**	**-8.5**	**3.7**
进口量合计	**12708.3**	**14518.03**	**16317.5**	**17889.30**	**20378.89**	**23931.14**	**17.4**	**100.0**
其中：欧佩克	6604.84	7982.85	9060.80	11275.05	13183.19	15102.70	14.6	63.1
中东所占比例（%）	47.2	45.2	44.6	50.1	47.8	47.1		
高硫原油	4225.87	4794.96	5593.07	7090.39	8326.07	9355.59	12.4	39.1

（续表）

来源与去向	2005 年	2006 年	2007 年	2008 年	2009 年	2010 年	2010 年 比上年（±%）	2010 年 所占份额（%）
出口去向								
韩国	205.08	175.21	106.80	64.54	163.31	61.27	-62.5	32.3
日本	95.48	86.28	46.37	116.56	73.76	60.96	-17.4	14.6
朝鲜	52.28	52.40	52.32	52.86	38.48	53.96	40.2	7.6
美国	121.34	118.42	61.63	57.49	72.12	52.04	-27.8	14.3
泰国	5.87	0.79	13.60	4.48	23.67	24.43	.3.2	4.7
马来西亚	58.87	14.77	0.00	16.34	3.97	11.75	195.9	0.8
印度尼西亚	162.31	104.15	34.74	26.07	8.77	8.26	-5.8	1.7
新加坡	70.44	54.07	51.87	35.00	78.29	7.60	-90.3	15.5
澳大利亚	35.01	27.64	7.75		32.63	5.75	-82.4	6.5
印度					9.89	0.00	-100.0	2.0
其他国家		0.00	7.84		13.50	18.20	34.9	2.6
出口量合计	**806.69**	**633.72**	**382.92**	**373.34**	**518.40**	**304.22**	**-41.3**	**100.0**

注：标有＊号的为欧佩克成员国。

资料来源：国家海关总署。

2005～2010 年中国轻柴油进口来源和出口去向表

单位：万吨

来源与去向	2005 年	2006 年	2007 年	2008 年	2009 年	2010 年	2010 年 比上年（±%）	2010 年 所占份额（%）
进口来源								
韩国	25.82	35.25	72.18	151.83	35.52	58.36	64.3	32.4
日本	9.51	6.59	27.46	163.15	23.55	42.86	82.0	23.8
新加坡	6.42	13.59	2.44	6.43	6.29	18.28	190.7	10.2
中国台湾	11.58	8.43	19.83	110.10	26.51	12.50	-52.9	6.9
马来西亚					5.06	6.18	22.1	3.4
泰国	0.17	0.06	5.02	18.07	13.57	3.29	-75.7	1.8
澳大利亚			5.20	2.57				
其他国家	0.10				0.45	3.45	662.6	1.9
亚太地区	**53.60**	**63.91**	**132.14**	**452.16**	**110.95**	**144.92**	**30.6**	**80.6**
俄罗斯	0.08	6.60	30.11	145.54	68.66	34.92	-49.1	19.4
美国	0.00			5.19	4.07		-100.0	0.0
其他国家	0.00	0.00	0.00	21.86		0.04		0.0
其他地区	**0.08**	**6.60**	**30.11**	**172.59**	**72.73**	**34.96**	**-51.9**	**19.4**
进口量合计	**53.68**	**70.52**	**162.24**	**624.75**	**183.68**	**179.88**	**-2.1**	**100.0**
出口去向								
越南	17.67	5.73	3.49	4.62	137.87	172.01	24.8	36.8
新加坡	71.02	30.71	12.03	22.73	148.49	68.81	-53.7	14.7

（续表）

来源与去向	2005年	2006年	2007年	2008年	2009年	2010年	2010年 比上年（±%）	2010年 所占份额（%）
中国香港	6.86	3.14	14.74	2.60	66.56	67.08	0.8	14.4
菲律宾	0.21	0.20	0.19	0.06	0.08	52.42	68578.4	11.2
巴拿马	10.33	11.25	13.07	18.62	14.28	13.30	-6.9	2.8
中国澳门	1.40	0.29	0.28	0.27	7.85	12.78	62.9	2.7
韩国	0.37	0.27	0.42	0.39	0.27	9.82	3504.7	2.1
孟加拉	0.06	0.10	0.10	0.05	4.53	8.93	97.4	1.9
印度	6.50	6.89	5.85	0.38	4.09	8.18	99.7	1.7
澳大利亚	0.15	0.17	0.17	0.25	6.34	8.12	28.1	1.7
马来西亚	0.00				6.47	7.79	20.4	1.7
缅甸	10.67	8.96	7.38	1.60	8.07	7.40	-8.3	1.6
蒙古	2.17	1.43	0.57	0.38	0.92	4.03	336.9	0.9
泰国		0.03	0.04		0.06	3.80	6017.3	0.8
朝鲜	4.67	3.30	1.25	1.40	1.05	3.74	257.3	0.8
其他国家	15.43	5.11	6.44	9.50	43.78	19.06	-56.5	4.1
出口量合计	**147.51**	**77.58**	**66.03**	**62.86**	**450.71**	**467.27**	**3.7**	**100.0**
其中：亚太地区	**125.43**	**62.26**	**48.40**	**39.95**	**431.51**	**434.08**	**0.6**	**92.9**

资料来源：国家海关总署。

2005～2010年中国车用汽油进口来源和出口去向一览表

单位：万吨

来源与去向	2005年	2006年	2007年	2008年	2009年	2010年	2010年 比上年（±%）	2010年 所占份额（%）
进口来源								
新加坡		2.41	2.47	98.86	2.88			0.0
韩国		3.68	2.79	39.43	0.90			0.0
日本	0.00	0.00	0.00	2.27	0.63			0.0
中国台湾			17.43	42.71				0.0
其他国家		0.00		0.03	0.03	0.00	-90.9	0.7
亚太地区	**0.00**	**6.09**	**22.69**	**183.31**	**4.43**	**0.00**	**-99.9**	**21.1**
其他地区	**0.00**	**0.01**	**0.01**	**15.39**	**0.00**	**0.01**	**111.7**	**78.9**
进口量合计	**0.00**	**6.09**	**22.70**	**198.70**	**4.44**	**0.01**	**-99.7**	**100.0**
出口去向								
新加坡	168.90	150.72	231.73	88.10	195.43	216.73	10.9	41.9
印度尼西亚	196.06	91.89	142.53	80.68	197.67	208.09	5.3	40.2
越南	104.58	63.24	55.17	6.18	50.99	48.95	-4.0	9.5
菲律宾	12.44	15.61	17.67	13.64	17.30	10.47	-39.5	2.0
阿联酋	16.40	6.38			1.92	6.58	242.6	1.3
朝鲜	4.09	3.09	2.46	4.32	3.87	5.55	43.2	1.1
缅甸	2.71	2.83	2.11	0.40	1.69	5.19	207.2	1.0

（续表）

来源与去向	2005 年	2006 年	2007 年	2008 年	2009 年	2010 年	2010 年比上年（±%）	2010 年所占份额（%）
马来西亚					1.73	4.28	147.6	0.8
中国澳门	0.97	0.96	1.30	1.18	2.59	4.11	58.7	0.8
巴基斯坦						2.94		0.6
中国香港	0.36	0.24	0.50	0.24	0.74	1.93	160.1	0.4
中国台湾						0.96		0.2
伊拉克					1.80	0.73	-59.3	0.1
蒙古	3.24	0.79	1.33	2.33	0.49	0.58	17.5	0.1
澳大利亚	6.48	3.10	0.99		2.99		-100.0	0.0
其他国家	47.05	11.69	8.42	6.49	15.09		-100.0	0.0
出口量合计	**563.28**	**350.54**	**464.22**	**203.55**	**494.31**	**517.09**	**4.6**	**100.0**
其中：亚太地区	**511.95**	**335.49**	**455.81**	**197.06**	**487.04**	**509.78**	**4.7**	**98.6**

资料来源：国家海关总署。

1995～2010 年中国原油和成品油进出口额一览表

单位：万美元

类别	1995 年	2000 年	2005 年	2007 年	2008 年	2009 年	2010 年	2010 年比上年（±%）
原油								
进口额	464123	1486050	4786053	7968368	12895990	8889558	13493582	51.8
比例①（%）	2.80	6.60	6.28	8.34	11.38	8.84	9.67	
出口额	74755	211895	269601	165438	274871	221720	166145	34.3
比例②（%）	0.38	0.85	0.41	0.14	0.19	0.18	1.59	
成品油								
进口额	269806	365713	1043912	1633613	2996696	1656010	2224443	-25.1
比例①（%）	1.63	1.62	1.37	1.71	2.64	1.65	0.11	
出口额	109538	210718	640666	914946	1366001	1254607	1706195	36.0
比例②（%）	0.56	0.85	0.97	0.75	0.96	1.04	1.08	

注：①占全国进口贸易总额的比例。②占全国出口贸易总额的比例。

资料来源：国家海关总署。

2005～2010 年中国燃料油进口来源和出口去向一览表

单位：万吨

来源与去向	2005 年	2006 年	2007 年	2008 年	2009 年	2010 年	2010 年比上年（±%）	2010 年所占份额（%）
进口来源								
新加坡	487.06	306.85	207.22	390.90	467.57	432.69	-7.5	18.8
马来西亚	67.52	117.67	178.43	160.11	232.83	412.52	77.2	17.9
韩国	685.51	741.23	414.86	354.53	304.78	245.95	-19.3	10.7
日本	242.72	209.58	183.86	149.65	177.22	105.41	-40.5	4.6
印尼	86.20	77.75	67.27	37.86	76.32	100.02	31.1	4.3
泰国	0.96	31.18	84.95	86.95	120.23	19.61	83.7	0.9

（续表）

来源与去向	2005 年	2006 年	2007 年	2008 年	2009 年	2010 年	2010 年比上年（±%）	2010 年所占份额（%）
印度	3.15	10.97	0.00	1.19		8.80		0.4
菲律宾	6.50	12.38	21.30	23.62	3.68	3.74	1.5	0.2
其他国家	32.81	18.30	9.65	26.23	9.07	4.83	-46.8	0.2
亚太地区	**1612.44**	**1525.91**	**1167.54**	**1231.04**	**1391.71**	**1333.58**	**-4.2**	**57.9**
委内瑞拉	73.52	311.50	337.00	395.10	467.11	421.81	-9.7	18.3
俄罗斯	502.06	497.23	448.21	265.17	279.91	355.83	27.1	15.5
哈萨克斯坦	30.09	20.53	67.41	27.47	74.19	57.27	-22.8	2.5
阿联酋	21.18	62.15	54.86	40.30	42.91	17.75	-58.6	0.8
伊朗	166.74	183.83	201.42	119.00	43.40	14.20	-67.3	0.6
美国	13.11	23.56	14.75	33.36	20.87	13.48	-35.4	0.6
乌兹别克斯坦	6.92	5.33	3.10	0.10	5.61	2.82	-49.8	0.1
吉尔吉斯斯坦	0.31	1.36	1.93	1.01	0.50	1.38	174.7	0.1
科威特	1.47	0.00	0.03	1.41	0.78	0.87	11.4	0.0
沙特	88.88	75.78	39.39	14.99	26.23	0.84	-96.8	0.0
其他国家	84.55	85.97	75.98	31.14	47.13	81.59	73.1	3.5
其他地区	**988.83**	**1267.25**	**1244.06**	**929.05**	**1008.65**	**967.86**	**-4.0**	**42.1**
进口量合计	**2601.27**	**2793.16**	**2411.61**	**2160.09**	**2400.35**	**2301.43**	**-4.1**	**100.0**
5-7 号燃料油	2488.80	2658.62	2248.26	1788.76	2090.50	1982.98	-5.1	86.2
其他燃料油	112.47	134.55	163.35	371.33	309.85	318.45	2.8	13.8
出口去向								
巴拿马	135.96	148.38	204.23	353.62	348.91	420.35	20.5	42.5
中国香港	39.88	40.37	28.73	113.36	220.79	218.66	-1.0	22.1
利比里亚	5.45	8.21	11.44	41.96	54.93	78.04	42.1	7.9
韩国	1.46	1.60	2.36	10.35	11.78	35.77	203.6	3.6
德国	0.26	0.24	7.81	28.15	32.96	33.19	0.7	3.4
希腊	4.76	6.84	7.89	13.29	17.55	22.42	27.8	2.3
新加坡	3.55	4.48	27.51	46.05	25.90	22.10	-14.7	2.2
马绍尔群岛	1.57	3.05	4.73	9.28	13.26	20.34	53.4	2.1
菲律宾	0.70	0.67	3.26	4.00	10.55	18.00	70.6	1.8
马耳他	3.23	2.74	7.02	9.98	13.26	14.27	7.6	1.4
英国	1.57	0.74	9.71	25.61	23.27	13.13	-43.5	1.3
巴哈马	3.72	3.18	7.80	8.12	8.08	10.19	26.2	1.0
塞浦路斯	6.87	4.68	5.04	8.03	10.65	9.91	-7.0	1.0
安提瓜和巴布达	1.00	3.16	3.94	7.91	7.21	9.55	32.5	1.0
日本	2.92	2.86	1.86	2.57	9.98	6.17	-38.2	0.6
其他国家	15.59	24.97	44.70	43.33	53.39	57.42	7.6	5.8
出口量合计	**228.49**	**256.16**	**378.03**	**724.58**	**862.45**	**989.51**	**14.7**	**100.0**
5-7 号燃料油	215.27	251.35	313.32	478.33	647.56	831.45	28.4	84.0
其他燃料油	13.22	4.81	64.70	246.25	214.89	158.06	-26.4	16.0
其中亚太地区	**54.72**	**64.77**	**91.22**	**188.45**	**298.33**	**320.11**	**7.3**	**32.3**

资料来源：国家海关总署。

2010 年中国石油进出口量统计一览表

单位:万吨

产品名称	进口量			出口量			净进口量	
	2009 年	2010 年	增减(±%)	2009 年	2010 年	增减(±%)	2009 年	2010 年
原油	20378.89	23931.14	17.4	518.40	304.22	-41.3	19860.50	23626.93
成品油[①]	3696.39	3690.43	-0.2	2504.55	2690.43	7.4	1191.84	1000.00
汽油	4.44	0.01	-99.7	494.31	517.09	4.6	-489.88	-517.07
石脑油	265.12	290.70	9.7	85.47	86.64	1.4	179.64	204.06
航空煤油	576.22	486.80	-15.5	594.49	604.77	1.7	-18.27	-117.96
轻柴油	183.68	179.88	-2.1	450.71	467.27	3.7	-267.02	-287.39
燃料油	2400.35	2301.43	-4.1	862.45	9.51	14.7	1537.90	1311.92
5-7号燃料油	2090.50	1982.98	-5.1	647.56	831.45	28.4	1442.95	1151.53
其他燃料油	309.85	318.45	2.8	214.89	15806	-26.4	94.96	160.39
润滑油	23.65	34.24	44.8	10.06	11.26	11.9	13.60	22.99
润滑油基础油	188.48	208.54	10.6	5.41	8.37	54.8	183.08	200.17
其他成品油	54.44	188.81	246.8	1.65	5.53	235.4	52.79	183.28
液化石油气[②]	409.14	319.62	-21.9	84.89	91.68	8.0	324.25	227.95
其他石油产品	663.96	774.34	16.6	202.39	261.88	29.4	461.58	512.46
石蜡	0.85	0.91	6.7	54.23	51.70	-4.7	-53.38	-50.80
石油焦	329.67	363.54	10.3	139.99	195.20	39.4	189.68	168.34
石油沥青	333.44	409.89	22.9	8.17	14.98	83.2	325.27	394.92
石油合计	25148.39	28715.54	14.2	3310.22	3348.21	1.1	21838.17	25367.33

注:①成品油中除汽油、石脑油、煤油、柴油和燃料油外,还包括液体石蜡和润滑油脂等。②液化石油气包括丙烷、丁烷和混合液化气。

资料来源:国家海关总署。

1990~2010 年中国原油和石油产品净进口量一览表

单位:万吨

产品名称	1990 年	1995 年	2000 年	2005 年	2007 年	2008 年	2009 年	2010 年
原油	-2106	-176	5983	11902	15935	17516	19860	23627
成品油	-224	1025	978	1746	1829	2184	1192	10000
汽油	-163	-170	-455	-563	-442	-5	-490	-517
石脑油	-54	40	-56	-143	-67	-74	180	204
航空煤油	-44	39	46	51	52	92	-18	-118
轻柴油	46	468	-30	-94	96	562	-267	-287
燃料油	6	582	1392	2373	2034	1436	1538	1312
其他成品油	-16	65	81	123	156	174	249	406
液化石油气	11	224	480	611	372	193	324	228
石蜡	-18	-27	-50	-70	-59	-59	-53	-51
未煅烧石油焦	-13	-27	-100	-81	-5	-13	264	246
已煅烧石油焦	0	-17	-29	-60	-79	-75	-74	-78
石油沥青	1	13	124	314	356	321	325	395
原油+石油产品	-2350	1016	7384	14361	183413	20067	21838	25367

资料来源:国家海关总署。

"十一五"期间集团公司油气产量增长情况柱状图

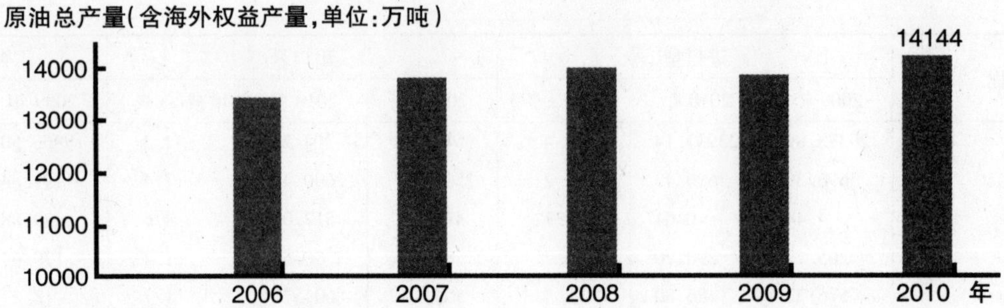

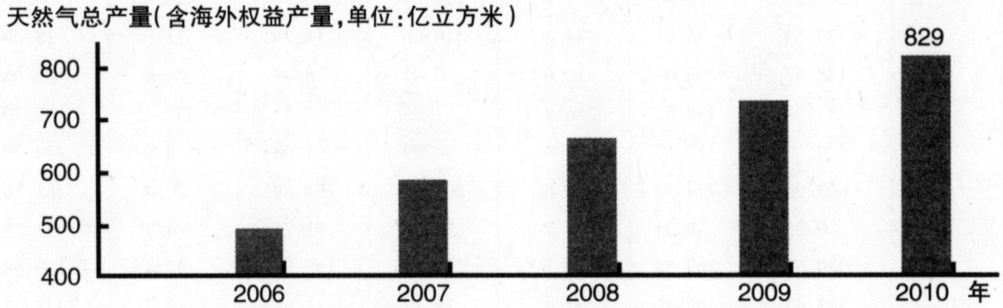

2006～2010 年中国石油国内探明石油地质储量柱状图

(单位:亿吨)

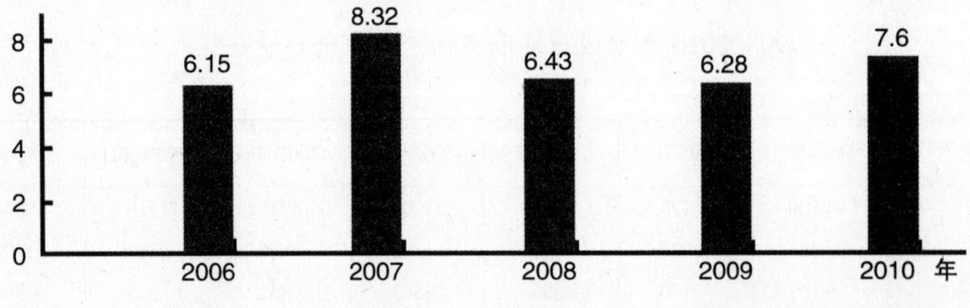

2006～2010 年中国石油国内探明天然气地质储量柱状图

(单位:亿立方米)

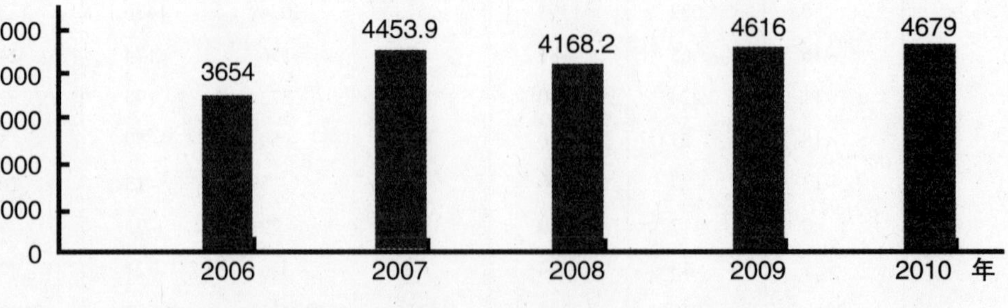

2010年中国原油进口来源及数量

单位:万吨

进口国家和地区	进口量	占进口总量比例(%)	进口金额(万美元)
沙特阿拉伯	4463.00	18.65	2551852.02
安哥拉	3938.19	16.46	2274384.77
伊朗	2131.95	8.91	1203400.38
阿曼	1586.83	6.63	907381.57
俄罗斯	1524.52	6.37	883923.39
苏丹	1259.87	5.26	653827.82
伊拉克	1123.83	4.70	626472.34
哈萨克斯坦	1005.38	4.20	555013.53
科威特	983.39	4.11	546189.28
巴西	804.77	3.36	423291.82
委内瑞拉	754.96	3.15	349563.89
利比亚	737.33	3.08	445351.37
阿拉伯联合酋长国	528.51	2.21	311115.48
刚果	504.83	2.11	279135.36
也门共和国	402.11	1.68	242724.69
澳大利亚	287.04	1.20	161607.56
马来西亚	207.95	0.87	124182.45
哥伦比亚	200.03	0.84	98742.98
阿尔及利亚	175.40	0.73	113049.03
印度尼西亚	139.41	0.58	81375.17
尼日利亚	129.10	0.54	81530.11
阿根廷	113.55	0.47	61328.29
墨西哥	113.07	0.47	58176.06
文莱	102.46	0.43	59741.93
乍得	96.31	0.40	49328.57
赤道几内亚	82.27	0.34	48907.57
厄瓜多尔	81.03	0.34	41145.73
埃及	68.89	0.29	39555.65
越南	68.34	0.29	41616.20
卡塔尔	56.02	0.23	31724.07
加蓬	42.29	0.18	23970.09
喀麦隆	35.94	0.15	20118.00
加拿大	30.84	0.13	15319.05
蒙古	28.70	0.12	14929.01
土耳其	27.42	0.11	18152.58
泰国	23.13	0.10	13131.03
巴布亚新几内亚	16.60	0.07	10433.69
毛里塔尼亚	14.86	0.06	7938.79
阿塞拜疆	12.75	0.05	7448.88
英国	8.14	0.03	5302.93
挪威	7.86	0.03	5187.50
新西兰	6.47	0.03	3778.87
古巴	5.82	0.02	2230.85
合计	**23931.14**	**100.00**	**13493581.58**

资料来源:2011年中国海关进出口统计。

对外宣传成果

2010年克拉玛依市委宣传部对外宣传成果一览表

日　期	媒体(刊物)	栏目(版面)	标题(内容)名称	备　注
1月1日	中新社		刊发题为《新疆油田天然气显现巨大潜力,勘探开发提速》电讯稿	该报道被《星岛日报》、凤凰网等33家媒体转载
1月1日	《石油商报》	元旦特刊	刊发题为《新疆油田公司:现代化大油气田建设稳步推进》的专版报道	
1月8日	《中国石油摄影报》		刊发题为《稳步推进现代化大油气田建设》的专版报道	
1月11日	中央电视台	《晚间新闻》	播发《塔城、阿勒泰受灾地区收到首批捐款》的消息,报道了新疆油田捐助200万元支持塔城、阿勒泰抗击雪灾的情况,并采访公司副总经理阿不来海提。	该消息于次日上午在新闻频道《新闻直播间》栏目重播
1月14日	《中国石油报》		刊发题为《科学审视新形势 持续攀登又一层——新疆油田建设现代化大油气田纪实》的专版报道,并在"新闻会客厅"栏目刊发总经理陈新发的专访报道。	
1月23日	中央电视台	《晚间新闻》	播发了题为《大型清雪设备奔赴阿勒泰救灾》的新闻,报道克拉玛依石油人救援阿勒泰的情况,西部钻探的技术人员接受了采访。	
1月24日	中央电视台	《东方时空》	播发了题为《清雪路上的石油人》的新闻特写,报道了克拉玛依石油人在灾区救援的情况,新疆油田公司的技术人员接受了采访。	
1月25日	《新疆法制报》	头版	刊发《大爱在风雪中延伸》的报道	
1月25日	中央电视台	《新闻30分》、《新闻直播间》和《新闻联播》	播发了题为《阿勒泰救援途中再遇闹海风》的深度报道	
1月26日	中央电视台	《新闻直播间》	播发了题为《齐心协力保障牧民安全过冬天》的深度报道,报道了克拉玛依在灾区救援的情况,副市长杜勇接受了中央电视台记者的采访	
1月26日	新华网和天山网	首页	刊发了题为《克拉玛依组建"抢险救灾突击队"援助阿勒泰地区》的报道	
1月26日	中新社		刊发题为《克拉玛依石油人雪灾一线开辟生命通道》的报道	该报道被4家媒体转载
1月27日	《新疆法制报》		刊发《克拉玛依抢险救灾队在风雪中战斗》的报道	
1月27日	《中国石油报》	头版	刊发题为《新疆风雪紧 石油救灾急》的深度报道;刊发《克拉玛依销售两千吨油品送灾区》的报道;刊发《新疆油建评先进 员工投票定分晓》的报道;刊发《新疆油田科研竞争激活滚动勘探》的报道。	

（续表）

日　期	媒体（刊物）	栏目（版面）	标题（内容）名称	备　注
1月27日	《中国石油报》	二版	刊发《新疆火山岩气藏单井产量止跌》的报道	
1月28日	中新社		刊发题为《中石油首个稠油开采火躯试验在克拉玛依投产》的报道	该报道被搜狐等8家媒体转载
1月28日	《中国石油报》	头版导读、二版头题	刊发题为《抢上风雪阿勒泰——直击中国石油北疆雪灾抢险现场》的报道	
1月28日	《中国石油报》	五版	刊发市、油田党委书记徐卫喜的署名文章《民族团结的基石、并肩奋进的赞歌》	
1月28日	《新疆法制报》		刊发《那朵“宝石花”记者难忘记忆》的报道	
1月29日	天山网	首页	刊发题为《准东油田出动大型机械为青河拓宽道路》的报道	
1月29日	《中国石油报》		刊发题为《新疆油田公司产供天然气创新高》的报道	
1月29日	《人民日报》	五版	刊发题为《石油工人奋战一线抗雪灾》的深度报道	
1月29日	《新疆法制报》	头版	刊发《克拉玛依市、新疆油田公司抗灾救援抢险突击队挺进北沙窝冬牧场——一心只想快点打通“生命通道”》的报道	
2月3日	《中国石油报》		刊发题为《坚持科学发展 突出资源战略——新疆油田持续推进现代化大油气田建设》的专版报道	工会专版
2月5日	中新社		刊发题为《中石油新疆油田公司:将建成现代化大油气田格局》的电讯稿	该报道被加拿大《世界日报》、搜狐网等21家媒体转载
2月8日	《中国石油报》	头版	刊发《中国石油抗雪救灾队凯旋》的报道，副总经理孙晓岗接受了采访。	
2月8日	《中国石油报》	四版	刊发《新疆油田节能新理念结硕果》的报道	
2月9日	《中国石油报》	二版	刊发《情感在无私援助中升华——中国石油救灾队采访札记》的报道	
2月9日	《中国石油报》	三版	刊发《西部钻探水平井录井新技术提高钻遇率》的报道	
2月17日	中央电视台	《新闻联播》	播出了题为《坚守者:奉献与快乐同行》的综合报道，生动讲述了新疆油田公司油气储运员工周江节日期间坚守岗位，全力保障输气安全的动人事迹，折射出新疆油田春节期间生产安全平稳运行的良好态势和一线员工良好的精神风貌。	《东方时空》、《新闻直播间》、《24小时》等栏目播出了题为《一个人的坚守》的4分钟深度报道
2月23日	《新疆日报》	头版	刊发题为《爱，在交流互助中升华——克拉玛依救援队赴阿勒泰抗雪救灾纪实》的通讯报道	
2月24日	中央电视台	《新闻直播间》、《东方时空》	播发《大雪封堵国道，交警部门紧急疏导》，报道了克拉玛依交警疏通被大雪封堵的217和312国道的情况。	

（续表）

日　期	媒体（刊物）	栏目（版面）	标题（内容）名称	备　注
2月24日	中新网		登载题为《新疆首个水主题展览馆开门迎客》的报道	
2月26日	中新社		刊发题为《陈新发当选克拉玛依市市长》的报道	该报道被搜狐等9家媒体转载
3月2号	中央电视台	《东方时空》	播放了题目为《央视147名记者来自基层的收获》的新闻，对央视记者在新春走基层的采访感悟进行了报道。其中，对克拉玛依电视台与央视记者王亚民等合作报道的新闻特写《克拉玛依用寂寞守候温暖》进行了重点回顾，再一次展示了石油工人在边疆为温暖坚守的精神及记者和观众的感动。	
3月4日	中新社		刊发题为《新疆油田二次开发初具规模，老油井重显活力》的电讯稿	该报道被搜狐首页、人民网天津视窗、泰国《暹泰日报》等17家媒体转载。
3月8日	中新社		刊发题为《新疆克拉玛依警方破获一起特大盗窃原油案》	该报道被搜狐等9家媒体转载
3月15日	中新社		刊发题为《首届信息化创新克拉玛依国际学术论坛8月举办》的电讯稿	被搜狐等9家网站转载
3月17日	中新社		刊发题为《新疆克拉玛依推进“数字城市”申报“国家示范”》的报道	该报道被华夏经纬等12家网站转载
3月23日	新华网	新疆频道	刊发题为《中国首届信息化创新克拉玛依国际学术论坛8月开讲》的报道	
3月24日	《新疆日报》	二版	刊发题为《克拉玛依加快建设现代化大油田》的深度报道	新疆新闻网转发该消息
3月25日	《新疆日报》	头版	刊发题为《克拉玛依全力打造“世界石油城”》的报道	新疆新闻网转发该消息
4月3日	中央电视台	零点新闻	刊播了克拉玛依旅游开发的情况，并采访了市、油田党委书记徐卫喜	
4月4日	中央电视台	《新闻联播》	播出了题为《新疆克拉玛依推出石油特色旅游》的消息	
4月4日	中新社		刊发题为《克拉玛依打造“沙漠美人”令中外游客神往》的报道	该报道被搜狐等11家媒体转载
4月7日	中新社		刊发题为《新疆克拉玛依严治粉尘与高毒物品，涉及企业50家》的报道	该报道被搜狐等14家媒体转载
4月12日	中新社		刊发题为《克拉玛依将以6种原油作为城市名片亮相世博会》的报道	该报道被6家媒体转载
4月16日	中新社		刊发题为《克拉玛依将规范售房程序，叫停11家不规范企业》的报道	该报道被7家媒体转载
4月19日	中新社		刊发题为《新疆克拉玛依抗震救援队携先进设备驰援玉树》的报道	该报道被搜狐等11家媒体转载
4月29日	中新社		刊发题为《新疆油田公司连夜伏击捣毁一盗卖原油团伙》的报道	该报道被搜狐等9家媒体转载
4～7月	韩国《金桥》杂志，俄罗斯《伙伴》杂志和《季候风》杂志，法国《欧洲时报》，美国《侨报》		相继刊发《克拉玛依国际学术论坛8月在疆开坛》的报道	

（续表）

日 期	媒体（刊物）	栏目（版面）	标题（内容）名称	备 注
5月1日	腾讯网	《中国人的一天》栏目	刊发了反映采油二厂员工高冀新爱岗敬业故事的大型图片报道	该报道推出5天就跟帖36页
5月2日	中央电视台	《新闻直播间》	播发题为《克拉玛依原油产品亮相世博》的消息	
5月6日	中新社		刊发题为《克拉玛依8月举办首届信息化创新国际学术论坛》的报道	该报道被搜狐的4家媒体转载
5月6日	中新社		刊发题为《新疆克拉玛依2015年将建成首个数字化油田城市》的电讯稿	该报道被搜狐等21家媒体转载
5月6日	香港文汇报、新华网、中新网、凤凰网、新浪网、搜狐网、网易等网站		报道了在克拉玛依召开的首届信息化创新克拉玛依国际学术论坛新闻发布会	
5月8日	中新社		刊发题为《新疆油田加快勘探节奏，力求实现战略突破》的电讯稿	该报道被搜狐、加拿大《现代日报》等媒体转载
5月10日	新浪网	首页——城市专区	刊发题为《克拉玛依国际学术论坛8月举办》的报道	
5月17日	中新社		刊发题为《台湾见龙在新疆克拉玛依投资EPS项目》的电讯稿	该报道被台湾《联合报》、台湾《中国时报》、中国台湾网、搜狐等18家媒体转载。
5月21日	中新社		刊发题为《新疆克拉玛依市旅游业4个月收入超两亿》的报道	该报道被凤凰网等5家媒体转载
5月27日	中新社		刊发题为《中国首个智能化油田开始建设，IBM公司中标》的报道	搜狐、和讯网等12家媒体转载
7月12日至8月8日	中央电视台	旗下5个频道的9个栏目	分时段、多频次地播出首届信息化创新克拉玛依国际学术论坛宣传片	
7月26日	中央电视台	新闻频道《特别关注》栏目	播出“十年新西部”专题新闻《戈壁荒滩起绿地“油城”也宜居》的报道	
7月29日	《新疆日报》		推出《克拉玛依新航向：世界石油城》的专版报道	
8月17日	中央电视台	《新闻联播》	播出题为《克拉玛依依托数字油田建设数字城市》的新闻	
8月17日	中央电视台	《新闻直播间》	播发题为《克拉玛依建设数字城市》的新闻	
8月21日	中央电视台	新闻频道《特别关注》栏目	再次播出克拉玛依数字化城市建设成果及今后发展的相关新闻	
8月25日	天山网、昆仑网		播出市、油田党委书记徐卫喜做客天山网、昆仑网，畅谈克拉玛依跨越式发展和长治久安的发展举措。	
9月28日	中央电视台	《走进科学》栏目	30分钟的专题科教节目《戈壁“小怪虫”》在中央电视台第10套《走进科学》栏目播出	
12月11日	中央电视台	《新闻联播》和《新闻直播间》	播发《新疆500万吨级炼化企业实现铁路专线运输》消息，市、油田党委书记徐卫喜接受了央视采访。	

机构设置

2010年底克拉玛依市、油田公司、独山子石化公司、克拉玛依石化公司机构设置情况表

类别	机构名称	类别	机构名称
市油田党委部门	市油田纪委、油田公司监察处	市政府工作机构	市国土资源局
	市油田党委办公室		市城市规划局
	市油田党委组织部		市国有资产监督管理委员会
	市油田党委宣传部		市石化工业园区管委会
	市油田政法委员会		市建设局
	市油田党委统战部		市安全生产监督局
	市油田党委史志办公室		市环保局
	油田机关工委		市质量技术监督局
	市直机关工委		市药品监督管理局
市人大常委会工作机构	法制工作委员会		市地方税务局
	财经工作委员会		市公安局
	教科文卫工作委员会		市国家安全局
	代表人事工作委员会		市农林牧业局
	城乡建设环境与资源保护委员会		市房产管理局
	民族宗教侨务工作委员会		市教育局
	办公室		市科技局
市政府工作机构	办公室		市体育局
	市发展和改革委员会		市计划生育委员会
	市经济贸易委员会		市文化局
	市人事局		市卫生局
	市劳动和社会保障局		市交通局
	市机构编制委员会办公室		市旅游局
	市财政局		市水务局
	市统计局		市档案局
	市审计局		市外事办公室
	市监察局		市人防办公室
	市民政局		市行政执法局
	市司法局		市机关事务管理局
	市民族宗教事务局		克拉玛依仲裁委员会秘书处
			人民银行克拉玛依市中心支行
			市农业综合开发办公室

（续表）

类别	机构名称	类别	机构名称
市政协工作机构	办公室	市油田公司群团企事业单位及条管单位	市城建投资公司
	提案委员会		市人才交流中心
	经济科技委员会		油田公司绿成公司
	教文卫体委员会		油田公司驻乌鲁木齐办事处
	民族宗教侨务和法制委员会		克拉玛依机场
市辖区	克拉玛依区		市政府驻乌鲁木齐办事处
	独山子区		市驻北京联络处
	白碱滩区		油田公司驻北京联络处
	乌尔禾区		市驻上海联络处
市油田公司群团企事业单位及条管单位	市气象局		油田公司驻上海联络处
	市地震局		市驻广州办事处
	市国家税务局		油田公司驻广州（深圳）办事处
	市工商行政管理局		市驻青岛办事处
	市邮政局		油田公司驻厦门办事处
	市电信公司		油田公司驻西安办事处
	市移动公司		油田公司驻成都办事处
	市联通公司		油田公司接待服务总公司
	市烟草专卖局		市油田公司工会
	市盐务局		市油田公司团委
	市电力局		市妇联
	国家统计局克拉玛依调查队		市文联
	中国工商银行新疆石油专业分行		市科协
	建设银行新疆石油专业分行		市侨联
	中国银行克拉玛依石油支行		市工商联
	中国农业银行克拉玛依石油分行		市慈善总会
	中国农业发展银行克拉玛依市分行		市残疾人联合会
	中保财产保险有限公司克拉玛依石油分公司		油田公司技能鉴定中心
	中保人寿保险公司克拉玛依石油分公司		油田公司矿区服务事业部
	中华联合财产保险公司克拉玛依分公司		油田公司物业管理总公司
	太平洋财产保险公司克拉玛依分公司		油田公司白碱滩基地服务公司
	太平洋人寿保险公司克拉玛依分公司		油田公司供热公司
	平安财产保险公司克拉玛依分公司		油田公司燃气公司
	平安人寿保险公司克拉玛依分公司		油田公司广播电视中心（市广播电视局）
	新华人寿保险公司克拉玛依分公司		克拉玛依日报社
	市人民医院		油田公司离退休管理中心
	市疾病预防控制中心		市中心医院
	克拉玛依新特药业有限责任公司		油田公司明园职工医院
	市油田公司公积金管理中心		市第二人民医院
	市供销社		

（续表）

类别	机构名称	类别	机构名称
市油田公司群团企事业单位及条管单位	油田公司社会保险管理中心	市油田公司群团企事业单位及条管单位	油田公司试油公司
	油田公司有线电视网络公司		油田公司物资供应总公司
	油田公司总经理办公室		油田公司供水公司
	油田公司勘探处		油田公司克拉玛依电厂
	油田公司开发处		油田公司供电公司
	油田公司油藏评价处		油田公司通讯公司
	油田公司生产运行处		油田公司机械制造总公司
	油田公司工程技术处		油田公司客运公司
	油田公司设备管理处		油田公司小汽车服务公司
	油田公司科技信息处		油田公司工程咨询中心
	油田公司规划计划处		新疆恒通监理公司
	油田公司财务资产处		油田公司明园新时代大酒店
	油田公司审计处		油田公司治保中心
	油田公司企管（内控）管理处		新疆石油学院（集团公司新疆职工培训中心）
	油田公司安全环保处		油田公司克拉玛依行政学院（市委党校）
	油田公司质量与节能处		油田公司克拉玛依职业技术学院
	油田公司数据中心		油田公司克拉玛依技师培训学院
	油田公司物资管理部		油田公司消防支队
	油田公司资本运营部	独山子石化公司	总经理（党委）办公室
	油田公司档案中心		纪委（监察处）
	中国石油报社记者站		企业文化处（宣传部）
	油田公司安全环境监督中心		人事处（组织部）
	油田公司勘探公司		工会（团委）
	油田公司开发公司		政法委员会
	油田公司准东采油厂		生产运行处
	油田公司采油一厂		科技信息处
	油田公司采油二厂		规划计划处
	油田公司百口泉采油厂		财务资产处
	油田公司重油开发公司		企管法规处
	油田公司彩南油田作业区		安全质量环保处
	油田公司石西油田作业区		机动设备处
	油田公司陆梁油田作业区		审计处
	油田公司风城油田作业区		工程项目管理部
	油田公司采气一厂		炼油厂
	油田公司油气储运公司		乙烯厂
	油田公司勘探开发研究院		热电厂
	油田公司采油工艺研究院		研究院
	油田公司井下作业公司		营销调运处

（续表）

类别	机构名称
独山子石化公司	工程公司
	供应处
	天利实业
	教育中心
	保卫处
	机要处
	原油处
	信息中心
	外事处
	计量检测中心
	环境检测中心
	工程质量监督站
	小车服务中心
	动力公司
	通讯公司
	炼建公司
	机械公司
	运输公司
	消防大队
	生产调度中心
	电力调度所
	资金结算中心
	电子商务部
	工程造价管理部
	矿区服务事业部
	公共事务管理公司
	职工医院
	新闻传播中心
	文体接待服务公司
	离退休管理处
	社会保险中心
	绿化园林保洁公司
克拉玛依石化公司	总经理办公室
	党群工作处
	人事处（组织部）
	科技信息处
	生产运行处
	机动设备处
	企管法规处
	质量安全环保处
	财务处
	审计处（纪检监察处）
	规划计划处
	物资管理处
	甲醇厂
	炼油第一联合车间
	炼油第二联合车间
	高压加氢车间
	气体综合车间
	重整车间
	销售车间
	化验室
	工业水车间
	焦化车间
	脱硫车间
	检维修中心
	供排水车间
	环境监测站
	工业保洁公司
	原油车间
	销售总公司
	炼化院
	热电厂
	物资装备公司
	计量检定所
	信息所
	小车队
	文体中心
驻市单位	独山子润滑油厂
	克拉玛依润滑油厂
	克拉玛依市石油销售公司
	西部钻探公司克拉玛依钻井公司
	西部钻探公司固井压裂工程公司
	西部钻探公司克拉玛依测井公司
	西部钻探公司克拉玛依地质录井公司
	西部钻探公司克拉玛依钻井工艺研究院
	新疆石油勘察设计院（有限公司）
	新疆石油工程建设有限责任公司
	新疆生产建设兵团农七师 129 团场
	新疆生产建设兵团农七师 130 团场
	新疆生产建设兵团农七师 137 团场
	新疆生产建设兵团农七师五五农机厂
	新疆生产建设兵团农八师 136 团场

《克拉玛依年鉴》(2011 年卷)
摄影人员名单

丁　英	马忠军	井　涛	王　玉	王　权	王　蕾	叶　辉
尼加提	刘宪广	刘银刚	刘朝阳	刘新海	孙爱卿	江　池
米尔汗	纪　宣	邢　华	闫　凌	何晓静	吴叶荣	吴迎春
吴春云	吴莲蔚	吴　敏	宋爱华	宋　鹏	张太亭	张龙豪
张兆耕	张克文	张　玲	张朝辉	张　滨	李文君	李松颖
李浩然	李　增	杜海清	杨中建	杨云平	杨文忠	杨玉峰
杨晓燕	邹永军	陈丽华	陈劲松	陈　捷	周　朋	易奎龙
郑　莉	金　玲	娄卫胜	种玉忠	胡伟华	赵忠年	赵晶晶
赵福生	徐江涛	徐紫钰	涂春霞	郭　新	陶　红	高红梅
常晓燕	彭召勇	彭雁玲	程生虎	蒋　剑	谢　丽	韩万春
韩立群	裘新农	薛　静	戴旭虎			

中共克拉玛依市、新疆油田公司委员会史志办公室已编纂出版的书籍

1.《中共克拉玛依市组织史资料》
2.《中共新疆石油管理局组织史资料》
3.《王其人的一生》
4.《群星璀璨》
5.《领导讲话资料汇编》
6.《情系克拉玛依》
7.《天山石油魂》
8.《中苏石油股份公司》
9.《克拉玛依市志》
10.《新疆通志·石油工业志》
11.《中共克拉玛依市、新疆石油管理局历次代表大会暨历届历次全委会》
12.《中共克拉玛依市、新疆石油管理局历史大事记》(第一卷)
13.《新疆石油管理局年鉴》(1998 年卷)
14.《克拉玛依市、新疆石油管理局年鉴》(1999～2000 年卷)
15.《克拉玛依年鉴》(2001～2010 年卷)
16.《魂系准噶尔》
17.《克拉玛依引水备忘录》
18.《克拉玛依矿务局》
19.《宋汉良与新疆石油》
20.《油田群英谱》
21.《克拉玛依油田 50 年大事聚焦》
22.《瀚海丰碑》
23.《中共克拉玛依市、新疆石油管理局组织史资料》(第二卷)
24.《中共克拉玛依市、新疆石油管理局大事记》(第二卷)

图书在版编目(CIP)数据

克拉玛依年鉴.2011/中共克拉玛依市委员会史志办公室编;中共新疆油田公司委员会史志办公室编.－乌鲁木齐:新疆人民出版社,2011.12

ISBN 978－7－228－14660－4

Ⅰ.①克... Ⅱ.①中... ②中... Ⅲ.①克拉玛依市－2011－年鉴
Ⅳ.①Z524.53

中国版本图书馆 CIP 数据核字(2011)第 219662 号

责任编辑 黄建安 刘 兵 吴佩昀 闫姝廷
责任校对 李 娜 张 炜

克拉玛依年鉴 2011

中共克拉玛依市/新疆油田公司委员会史志办公室编纂

地址:克拉玛依市友谊路 100 号
电话:(0990)6884581 邮编:834000

新疆人民出版社
(乌鲁木齐市解放南路 348 号)
自治区地方志编委会激光照排中心照排
新疆金版印务有限公司印刷
彩页印刷:克拉玛依日报社
880×1230 毫米 16 开本 38.75 印张 48 插页 1800 千字
2011 年 12 月第 1 版 2011 年 12 月第 1 次印刷
印数:1～2000 册

ISBN 978－7－228－14660－4
定价:260.00 元